Kotler의 제 18판

마케팅 원리

Principles of MARKETING

제 18판

Kotler의 마케팅 원리

Principles of MARKETING

Philip Kotler · Gary Armstrong 지음

김건하 · 서주환 · 서찬주 · 송유진 · 송정미 옮김

Σ 시그마프레스

Pearson Education South Asia Pte Ltd
9 North Buona Vista Drive
#13-05/06 The Metropolis
Tower One
Singapore 138588

Pearson Education offices in Asia: *Bangkok, Beijing, Ho Chi Minh City, Hong Kong, Jakarta, Kuala Lumpur, Manila, Seoul, Singapore, Taipei, Tokyo*

3 2 1
23 22 21

ISBN 978-981-3137-29-5

발행일: 2021년 8월 30일
공급처: ㈜시그마프레스(02-323-4845/sigma@spress.co.kr)
가격: 43,000원

http:/pearsonapac.com/

역자 서문

마케팅은 1900년대 초반에 경제학의 한 갈래로서, 어떻게 하면 농산물을 효과적으로 분배하는가라는 주제로 미국에서 시작되었다. 이렇게 시작된 마케팅은 현재 자본주의 나라에서는 가장 인기 있는 사회과학 중 하나가 되었으며, 국내 대학교에서는 경영학과뿐만 아니라 타과 학생들에게도 인기 있는 과목이다. 최근에는 글로벌 트렌드에 편승하여 마케팅을 원서로 가르치고 있는 학교도 있는데, 가장 많이 채택하는 교재가 바로 필립 코틀러(Philip Kotler), 게리 암스트롱(Gary Armstrong) 교수가 저술한 《Principles of Marketing》이다.

그러나 마케팅이라는 학문이 미국에서 시작되어 그 내용을 완벽히 이해하는 데 어려움이 있고 잘못 이해하는 경우도 허다하다. 이에 역자들은 우리나라 학생들이 훌륭한 원저를 제대로 이해하는 데 도움을 주고, 현재 글로벌 시장에서 앞서가는 기업의 사례를 소개하고자 번역에 참여하게 되었다.

이 책을 번역하면서 역자들은 원문의 의미를 유지하면서도 독자가 이해하기 쉽게 옮기려고 최선을 다했다. 하지만 영어와 우리말의 구조가 다르고 문화의 차이도 커서 새로이 등장한 용어를 우리말로 표현하는 데 많은 어려움이 있었다. 완역을 시도하면서 좋은 번역서를 만드는 데에는 노력과 인내가 필요하다는 것을 절감했다.

역자들은 원저의 뜻을 완벽하게 전달하기 어렵다는 번역서의 한계점을 인정하지만, 한편으로는 전 세계 40개국 이상에서 24개 언어로 번역되어 출간된 명실공히 세계 최고의 마케팅 교재를 번역했다는 자부심도 느낀다. 이 책을 통해 우리나라 학생들이 좀 더 쉽고 재미있게 마케팅의 세계에 발을 들여놓기를 바란다.

2021년 8월 코로나와 더운 여름을 보내며
역자를 대표하여 서찬주

저자 서문

마케팅의 새로운 현상

제18판은 고객 가치, 고객 인게이지먼트(engagement), 고객 관계가 중심이 되는 디지털 시대의 마케팅에 영향을 미치는 주요한 트렌드와 새로운 영향 요인을 반영했다. 이 책에서 다루는 새롭고 지속적인 주요 변화는 다음과 같다.

- 고객 인게이지먼트 프레임워크
  고객 인게이지먼트 프레임워크를 계속해서 강화한다. 고객 인게이지먼트 마케팅은 브랜드를 구축하고 브랜드 관련 대화를 이끌어내며 브랜드 경험과 브랜드 커뮤니티를 만드는 과정에서 직접적이고 지속적인 고객 인게이지먼트를 만드는 과정이다. 책 전반에 걸쳐 새로운 내용과 사례를 통해 최신 고객 인게이지먼트 도구와 실전 방법을 소개한다.

- 빠르게 변화하는 마케팅 트렌드와 주제
  제18판은 전통적인 마케팅 영역뿐만 아니라 디지털·모바일·소셜미디어 마케팅, 고객 인게이지먼트 마케팅, 고객 여정, 빅데이터·인공지능과 새로운 마케팅 분석, 마케팅 조사의 주요한 디지털 혁신, 옴니채널 마케팅과 오늘날 소매업의 대대적인 변화, 소비자 직거래(DTC) 마케팅, 실시간 고객 청취 및 마케팅, 마케팅 콘텐츠 제작 및 네이티브 광고, B2B 소셜미디어와 소셜셀링, 온라인 및 동태적 가격결정, 지속가능성, 글로벌 마케팅 등의 최신 주제를 폭넓게 소개한다.

- 온라인, 모바일, 소셜미디어 및 기타 디지털 마케팅 기술
  디지털 콘셉트, 디지털 기술, 디지털 실전 방법 등에 뒤처지지 않도록 노력하는 것은 오늘날의 마케터에게 최우선순위이면서 주요한 도전 과제이다. 제18판은 폭발적인 디지털 기술과 관련된 새로운 최신 주제를 여러 장에 걸쳐서 폭넓게 다룬다. 1장, 5장, 14장, 15장, 17장에서 디지털, 온라인, 모바일, 소셜미디어 인게이지먼트 기술을 살펴보고, 1장, 3장, 4장에서는 빅데이터, 새로운 마케팅 분석, 사물 인터넷, 인공지능을 다룬다. 13장과 17장에서는 옴니채널과 디지털 소매점을 설명하고, 4장과 13장에서는 점점 사용이 증가하는 증강현실과 가상현실을 살펴본다. 1장에서는 디지털 시대의 온라인, 모바일, 소셜미디어 마케팅이라는 주제를 다루면서 디지털 및 소셜미디어 마케팅에서의 흥미로운 추이를 소개한다. 그리고 다이렉트, 온라인, 소셜미디어, 모바일 마케팅을 다루는 17장에서는 온라인 사이트, 모바일 광고와 앱, 온라인 동영상, 이메일, 기타 디지털 플랫폼과 같은 디지털 마케팅 도구를 보다 자세히 설명하는데, 이러한 디지털 도구는 컴퓨터, 스마트폰, 태블릿과 기타 디지털 기기를 통해 언제 어디서나 고객 인게이지먼트가 가능하게 한다.

- 콘텐츠 마케팅과 마케팅 커뮤니케이션
  제18판에서도 마케팅 커뮤니케이션과 브랜드 콘텐츠 생성에서 일어나는 빠른 변화 추이를 추적한다. 마케터는 이제 단순히 통합형 마케팅 커뮤니케이션을 개발하는 데 머무르지 않고 페이드, 온드, 언드, 셰어드 미디어에서 고객 지향적 마케팅 콘텐츠를 고객에게 맞추어 제공하기 위해 고객 및 미

디어와 협력하고 있다. 이와 같이 중요한 주제를 흥미롭게 다루고 있다.

생생한 브랜드 스토리, 마케팅 현장, 사례

제18판은 브랜드 전략과 현대의 마케팅 현안을 잘 보여주는 브랜드 스토리, 마케팅 현장, 사례를 풍부하게 담고 있어 독자는 배운 것을 다양한 측면에서 응용해볼 수 있을 것이다. 전면적으로 개편된 브랜드 스토리, 내용을 이해하는 데 적합한 기업과 해당 기업의 마케팅 이슈를 조명하는 마케팅 현장, 현대의 마케팅 관행을 보여주는 본문 속 다양한 사례를 통해 마케팅을 생생히 접할 수 있다.

지도 및 학습

급격히 변화하고 디지털화되고 사회 지향적으로 변모하고 있는 시장에서 고객 가치와 인게이지먼트를 창출하는 것이 오늘날 마케팅의 모든 것이다. 마케팅은 고객의 본원적 욕구와 구체적 욕구를 이해하고, 조직이 가장 잘 만족시킬 수 있는 목표고객을 설정하며, 목표고객을 확보하고 관계를 키워나갈 수 있는 가치 제안을 하는 것에서 출발한다. 단순히 판매를 뛰어넘어 오늘날의 마케터는 고객과 유대감을 형성하고 자사 브랜드가 고객의 삶과 대화에서 의미 있는 한 부분이 될 수 있도록 고객과 깊은 관계를 형성하고자 한다.

오늘날과 같은 디지털 시대에는 과거 경험을 통해 성공이 증명된 전통적인 마케팅 방법과 함께 마케터가 사용할 수 있는 새로운 도구가 매우 다양하다. 인터넷, 스마트폰, 태블릿을 비롯해 온라인, 모바일, 소셜미디어 등의 고객 관계 형성 도구를 사용하여 고객과 언제 어디서나 브랜드에 관한 대화와 경험을 나누고 브랜드 커뮤니티를 형성할 수 있다. 이러한 일을 잘 수행하는 조직은 시장 점유율, 수익, 고객 자산의 형태로 보상을 받을 것이다. 이 책을 통해 독자는 어떻게 고객 가치와 인게이지먼트가 좋은 마케팅 전략의 추진력이 될 수 있는지를 배우게 된다.

고객 가치와 인게이지먼트에 관한 주요 주제

- 고객을 위한 가치 창출의 대가로 고객으로부터의 가치 획득

  오늘날 마케터는 반드시 고객 가치 창출과 고객 관계 관리에 뛰어나야 한다. 마케팅 분야에서 두드러진 성과를 보이는 기업은 시장과 고객의 욕구를 이해하고, 가치 창출 마케팅 전략을 설계하고, 고객 가치와 감동을 전달하고, 강력한 고객 관계를 구축하는 통합형 마케팅 프로그램을 개발한다. 그 대가로 마케터는 판매, 수익, 고객 충성이라는 형태의 가치를 얻는다. 이러한 혁신적 고객 가치 틀을 1장의 5단계 마케팅 프로세스 모형에서 소개한다. 이 모형은 어떻게 마케팅이 고객 가치를 창출하고 그 대가로 고객으로부터 가치를 얻는지를 자세히 보여준다. 1장과 2장에서 이러한 고객 가치 틀을 자세히 다루며, 이는 책 전체에 걸쳐 잘 녹아 있다.

■ 고객 인게이지먼트와 오늘날의 디지털 및 소셜미디어

디지털 및 소셜미디어는 기업과 브랜드가 고객을 관여시키는 방식과 고객이 서로의 브랜드 행동을 연결하고 영향을 미치는 방식을 변화시킴으로써 오늘날 마케팅을 폭풍 속으로 몰아넣었다. 제18판에서는 전반적으로 새로운 디지털, 모바일, 소셜미디어 기술을 통해 브랜드가 어떻게 고객을 더 깊이 참여시키고 상호작용하는지를 알아본다. 1장의 2개 절에서 이를 다루고 17장에서 디지털 인게이지먼트와 관계 구축 도구의 최신 정보를 요약한다. 독자는 이 책 곳곳에서 확장된 디지털 및 소셜미디어 마케팅을 발견할 수 있을 것이다.

■ 강력한 가치 창출 브랜드 구축 및 관리

강력한 브랜드 자산을 가지고 잘 포지셔닝하는 것은 고객 가치를 창출하고 수익성 있는 고객 관계를 구축하는 데 토대가 된다. 오늘날의 마케터는 브랜드를 강력하게 포지셔닝하고 브랜드가 가치 있는 경험을 창출할 수 있도록 관리해야 한다. 제18판은 브랜드를 깊이 있게 다루는데, 특히 8장에서 브랜드 전략과 강력한 브랜드 구축에 대해 자세히 설명한다.

■ 마케팅 수익률 측정 및 관리

불균등 경제 시대에 마케팅 관리자는 마케팅 비용이 잘 사용되고 있음을 확신시켜야 한다. 이제 마케팅 투자 책임성(마케팅 수익률 측정 및 관리)은 전략적 마케팅 의사결정에서 중요한 부분이 되었다.

■ 전 세계 대상의 지속가능한 마케팅

기술 발전으로 작고 취약한 세분시장이 생겨남에 따라 마케터는 브랜드를 세계적이고 지속가능한 방식으로 마케팅하는 데 능숙해야 한다. 제18판에서는 고객과 기업의 현재 욕구와 미래 욕구를 충족할 수 있도록 글로벌 마케팅과 지속가능한 마케팅의 개념을 강조한다. 본문 전반에 걸쳐 글로벌 마케팅과 지속가능성 주제를 통합하고 19장과 20장에서 이를 중점적으로 다룬다.

교재 교수법과 학습 기능

■ 각 장 도입부

각 장 도입부의 학습목표를 통해 각 장의 내용과 목표를 밝힌 다음, 개관에서 각 장의 개념과 이전 장의 개념이 어떻게 연관되는지를 간략히 설명하고 도입 사례를 소개한다. 자세하고 생생한 브랜드 스토리는 각 장의 핵심 주제를 담고 있어 독자의 흥미를 유발한다.

■ 저자 코멘트와 그림

주요 부분과 그림을 소개하는 저자 코멘트는 독자가 쉽게 학습할 수 있도록 안내한다.

■ 학습목표별 요약, 핵심용어, 토의문제

각 장 후반부에서는 해당 장의 내용을 요약하여 정리하고 주요 개념을 짚어주며, 독자가 배운 것을 복습하고 적용해볼 수 있도록 문제를 제시한다.

취업 역량 개발

실제 브랜드 마케팅 전략과 현재 마케팅 이슈를 심층적으로 살펴볼 수 있도록 각 장마다 두 가지 '마케팅 현장'이 담겨 있다. 예를 들어 유니클로가 어떻게 '모두를 위한 제품'이라는 철학을 실천하는지, 넷플릭스가 고객 경험을 개인화하기 위해 빅데이터와 고급 마케팅 분석을 어떻게 사용하는지, 프리미엄 가격인 애플 제품이 왜 불티나게 팔리는지, 스와이프는 어떻게 15~29세 사용자를 표적화했는지, 인스타그램은 자사, 광고주, 인스타그램 사용자가 윈윈윈할 수 있도록 어떤 전략을 세웠는지, 네슬레는 어떻게 통합형 마케팅 커뮤니케이션을 실행했는지, 소매점 베스트바이는 어떻게 아마존 시대에도 번창하는지, 오랜 기간 대중 광고의 대가였던 코카콜라가 어떻게 디지털, 모바일, 소셜미디어 마케팅을 숙달하게 되었는지, 웨이트로스가 지속가능한 미래를 위한 큰 도약의 일부로 어떻게 자신을 표현하는지를 다룬다.

이 책을 통해 독자는 오늘날 인공지능 마케팅이 '불과 전기가 가져온 것보다 더 큰 혁명'임을 깨닫게 것이다. 기업이 고객의 쇼핑 경험을 강화하기 위해 증강현실과 가상현실을 어떻게 사용하는지, 모바일 마케팅이 어떻게 고객 인게이지먼트를 이끌어내는지도 알게 될 것이다.

저자 소개

필립 코틀러(Philip Kotler)

노스웨스턴대학교 켈로그경영대학원의 S.C. Johnson & Son 국제 마케팅 석좌교수이다. 코틀러는 시카고대학교에서 경제학 석사 학위를, M.I.T.에서 경제학 박사 학위를 받았다. 그는 현재 제15판까지 출간된 《Marketing Management》의 공동 저자이며, 이 책은 전 세계 경영대학원에서 가장 널리 사용되는 마케팅 교재이다. 또한 60권 이상의 저명한 책을 저술했으며 주요 저널에 150개 이상의 논문을 발표했다. 그는 《Journal of Marketing》에 실린 논문으로 유일하게 Alpha Kappa Psi 상을 세 번이나 수상했다.

코틀러는 미국마케팅협회가 수여하는 Distinguished Marketing Educator of the Year Award와 William L. Wilkie 'Marketing for the Better World', Academy for Health Care Services Marketing에서 수여하는 Philip Kotler Award for Excellence in Health Care Marketing, 마케팅 장학금 및 실무의 탁월한 공헌에 대한 Sheth Foundation Medal을 수상했다. 그는 Marketing Hall of Fame의 창립 회원이며, 미국마케팅협회로부터 'Marketing Thought'의 첫 번째 리더로 선정되고 'Handbook of Management Thinking'에서 현대 마케팅 관리 창시자로 지명되었다. 또한 그가 수상한 수많은 상으로는 Sales and Marketing Executives International Marketing Educator of the Year Award, European Association of Marketing Consultants and Trainers Marketing Excellence Award, Charles Coolidge Parlin Marketing Research Award, Paul D. Converse Award 등이 있다. 최근 《포브스》의 설문조사에서 코틀러는 세계에서 가장 영향력 있는 비즈니스 사상가 10인에 선정되었다. 그리고 《파이낸셜타임스》가 전 세계 1,000명의 최고경영진을 대상으로 실시한 조사에서는 21세기의 네 번째 '가장 영향력 있는 비즈니스 저자/구루'로 선정되었다.

코틀러는 Institute of Management Sciences의 마케팅대학 회장, 미국마케팅협회의 이사, Marketing Science Institute의 이사를 역임했다. 마케팅 전략 및 기획, 마케팅 조직, 국제 마케팅 분야에서 많은 기업에 컨설팅을 해주기도 한 그는 유럽, 아시아, 남아메리카 전역을 여행하고 강의하면서 기업과 정부에 글로벌 마케팅 관행과 기회에 대해 조언했다.

게리 암스트롱(Gary Armstrong)

채플힐 소재 노스캐롤라이나대학교의 케넌플래글러경영대학원 학부교육 명예교수이다. 암스트롱은 디트로이트에 있는 웨인주립대학교에서 경영학 학사·석사 학위를 취득하고 노스웨스턴대학교에서 마케팅 박사 학위를 받았다. 그는 주요 경영 저널에 수많은 논문을 기고했으며, 컨설턴트 및 연구원으로서 마케팅 연구, 영업 관리, 마케팅 전략과 관련하여 많은 기업과 협력했다.

그러나 암스트롱이 가장 좋아하는 것은 가르치는 일이다. 블랙웰 석좌교수직은 채플힐 소재 노스캐롤라이나대학교의 저명한 학부 강의에 대해 유일하게 영구 수여된 교수직이다. 그는 케넌플래글러의 학부 프로그램을 가르치고 관리하는 데 매우 적극적이었으며, 마케팅학과장, 학부 비즈니스 프로그램

부국장, 비즈니스 아너스 프로그램 등의 이사를 맡기도 했다. 수년 동안 암스트롱은 사업가 학생 집단과 긴밀하게 협력했으며 여러 UNC 캠퍼스 및 비즈니스스쿨 교육상을 수상했다. 또한 이 학교에서 학부 강의 우수상을 세 차례나 받았는데, 이처럼 재수상한 경우는 그가 유일하다. 가장 최근에 암스트롱은 16개 캠퍼스로 구성된 노스캐롤라이나대학 시스템이 수여하는 최고의 교수 영예인 UNC 교육 우수상을 수상했다.

마크 올리버 오프레스니크(Marc Oliver Opresnik)

선도적인 국제 경영대학원인 SGMI St. Gallen Management Institute의 마케팅 및 경영학 교수이자 이사회 멤버이다. 또한 Technische Hochschule Lübeck의 경영학 교수이자 케임브리지대학교 저지경영대학원, 런던 리젠트대학교, 상하이 화둥이공대학교(ECUST)와 같은 국제 대학의 객원교수이다. 그리고 Shell International Petroleum Co. Ltd.의 경영 및 마케팅 최고관리자로 10년 동안 일한 바 있다.

오프레스니크는 수많은 논문과 책을 저술했다. 케빈 코틀러, 필립 코틀러와 함께 '마케팅의 바이블'인 《Marketing Management》의 독일판을 공동 집필했으며, 《Transnational Marketing Journal》, 《International Journal of New Technologies in Science and Engineering》, 《International Journal of Management & Social Sciences》 등 국제 저널의 공동 편집자이자 편집위원이다.

2014년 3월, 그는 필립 코틀러가 국제적으로 운영하는 Kotler Impact Inc.의 최고연구책임자로 임명되었다. 또한 글로벌 교육 파트너인 피어슨과 함께 온라인·오프라인 학습을 통해 전 세계적으로 마케팅 교육을 강화하기 위한 이니셔티브인 Kotler Business Programme의 CEO로 임명되었다.

오프레스니크는 컨설팅 회사인 Opresnik Management Consulting의 사장으로서 구글, 코카콜라, 맥도날드, SAP, P&G, 유니레버, 로레알, 바이엘, 바스프, 아디다스 등 수많은 기관, 정부, 국제 기업을 위해 일하고 있다. 또한 그는 마케팅, 영업, 협상에 관한 세미나의 코치로서, 전 세계 콘퍼런스의 연설자로서 25만 명 이상에게 큰 가르침을 주었다.

요약 차례

차례

1 마케팅

고객 가치와 인게이지먼트 창출

학습목표 1-1 마케팅을 정의하고 마케팅 프로세스의 단계를 설명한다.
마케팅이란 무엇인가

학습목표 1-2 고객과 시장 이해의 전략적 중요성과 시장을 이해하는 데 필요한 다섯 가지 핵심 개념을 살펴본다.
시장과 고객 욕구 이해

학습목표 1-3 고객 지향적 마케팅 전략의 핵심 구성요소와 마케팅 전략의 지침이 되는 마케팅 관리 철학을 살펴본다.
고객 지향적 마케팅 전략과 계획 설계

학습목표 1-4 고객 관계 관리를 이해하고, 고객을 위해 가치를 창출하고 그 대가로 이익을 얻기 위한 전략을 살펴본다.
고객 관계 경영과 고객 가치 획득

학습목표 1-5 관계 경영 시대에 마케팅의 지도를 변화시키는 주요 추세와 요인을 파악한다.
새로운 마케팅 추세

개관 1장의 목적은 마케팅의 기본 개념을 소개하는 것이다. 첫머리에서는 마케팅이 무엇인지 설명한다. 간단히 말하면 마케팅은 고객을 참여시키고 수익성 있는 고객 관계를 관리하는 것이다. 마케팅의 목적은 고객을 위해 가치를 창출하고 그 대가로 기업 가치를 획득하는 것이다. 다음으로 마케팅 프로세스의 다섯 단계를 개괄적으로 설명하는데, 다섯 단계는 고객 욕구 이해, 고객 지향적 마케팅 전략 수립, 통합적 마케팅 프로그램 개발, 고객 관계 구축, 기업 가치 획득으로 이루어진다. 마지막으로 디지털, 모바일, 소셜미디어라는 새로운 세대의 마케팅에 영향을 주는 주요 추세와 요인을 다룬다. 이러한 마케팅의 기본 개념을 이해하고 시사점을 생각해보는 것은 나머지 장을 배우는 데 든든한 밑거름이 될 것이다.

먼저 세계에서 가장 큰 국제 항공사이자 지구상에서 가장 널리 알려진 브랜드 중 하나인 에미레이트항공(Emirates)의 마케팅에 관한 이야기로 시작하겠다. 에미레이트항공의 성공은 단순히 고객을 A 지점에서 B 지점으로 실어 나르는 수단을 제공하는 것 이상의 많은 것에서 비롯된다. 성공 비결은 바로 고객과 에미레이트항공이라는 브랜드가 깊이 관여되게 하고 다양한 고객과의 친밀한 브랜드 공동체를 통해 고객 가치를 창출하는 고객 중심적 마케팅 전략에 기반을 두고 있다. 이 장과 나머지 장에 걸쳐 고객 가치를 창출하면서 그 대가로 고객 가치를 획득하는 것과 관련된 주제를 배울 수 있다.

에미레이트항공의 고객 가치 중심 마케팅: 고객 인게이지먼트와 브랜드 공동체 수립

에미레이트그룹은 육대주에 걸쳐 155개 도시에서 160개국 이상이 103,363개 팀을 이끌면서 운영하고 있다. 아랍에미리트의 두바이에 본사를 두고 있는 에미레이트항공은 1985년에 설립되었다. 2016년 3월 31일로 끝나는 회계연도에 에미레이트그룹은 28년 연속 수익을 달성했다. 이 기업은 두바이에 위치한 덕을 톡톡히 보고 있다. 두바이는 8시간 이내의 비행으로 세계 인구의 4분의 3에 도달할 수 있는 곳으로서, 이러한 전략적 위치를 통해 고성장의 수익성 좋은 허브 기반 비즈니스 모델을 개발하여 세계에서 네 번째로 큰 국제 항공사가 되었다.

에미레이트항공은 처음부터 최상의 서비스뿐만 아니라 획기적이고 근대적이며 고객 중심적인 서비스를 제공하기 위해 노력했다. 이를 위해 각 목적지의 시장별로 최적화된 제품, 서비스, 경험을 조합하여 고객 중심적 가치 제안(customer-focused value proposition)을 추구했다. 이러한 접근 방식은 인터넷 검색, 이메일 전송, 간단한 전화통화가 가능한 기내 ICE(Information, Communication, Entertainment) 시스템을 비롯한 승객 전용 라운지 등의 제공으로 이어졌다.

마일리지 제공 프로그램인 스카이워즈 프로그램(Skywards Program)은 에미레이트항공이 돈독한 고객 관계를 구축하는 데 중요한 부분이다. 업계 최초로 도입된 이 프로그램을 통해 회원은 네 가지 기본 입력(경로, 요금 유형, 좌석 등급, 계층)으로 마일리지를 얻으며, '마일리지 가속 기능'은 특정 항공편에 보너스 마일리지를 제공함으로써 빈자리가 있는 항공편의 매출을 올려준다.

에미레이트항공은 점점 더 치열해지는 경쟁에 직면하여 프리미엄급 고객에게 두바이 커넥트(Dubai Connect)를 제공하는 등 차별화된 고객 서비스를 시작했다. 두바이 커넥트는 두바이에서의 식사, 차량 서비스, 비자 비용이 포함된 고급 호텔 숙박을 무료로 제공하는 인센티브이다. 또한 쇼퍼 드라이브(Chauffeur Drive)는 일등석과 비즈니스석 고객에게 제공하는 서비스로, 에미레이트항공의 운전기사가 현관 앞에서부터 고객을 모시거나 공항에서 목적지까지 데려다주기 위해 대기한다. 호텔방, 회의 장소, 식당, 골프장 등 어디든 데려다주는 이 서비스는 전 세계 70여 개의 도시에서 이용 가능하다.

대부분의 항공사는 경쟁력을 유지하기 위해 운임을 상당히 낮춰야 했지만 에미레이트항공은 그렇지 않다. 이 항공사는 고객 지향적 마케팅 접근 방식과 고객이 기꺼이 지갑을 열게 하는 서비스 덕분에 안정적인 수익을 내면서 운임을 유지하고 있다. 경쟁사들이 저가와 잘 정비된 항공기를 강조한 반면에 에미레이트항공은 고객 인게이지먼트(engagement) 및 관계를 구축했다. 항공 여행의 기능적 이점을 뛰어넘어 에미레이트항공은 편안함과 세심한 관심에 대한 진정한 열정이라는 '에미레이트 경험(The Emirates Experience)'으로 서비스를 마케팅했다. 고객은 단순히 에미레이트항공을 이용하는 것이 아니라 경험한다는 것이다.

이전에는 고객과 소통하기 위해 대형 미디어 광고에 경쟁사보다 더 많은 비용을 지출하고 유명인과 광고 계약을 했다. 그러나 오늘날과 같은 디지털 시대에 에미레이트항공은 더 깊고, 더 개별화되고, 고객 인게이지먼트에 신경 쓰는 새로운 유형의 고객 관계를 구축한다. 여전히 전통적인 광고에 투자하고는 있지만, 브랜드 인게이지먼트 및 공동체 형성을 위해 고객과 상호작용하는 최신 디지털 및 소셜미디어 마케팅에 점점 더 많은 예산을 쓰고 있다.

에미레이트항공은 고객과 소통하기 위해 온라인, 모바일, 소셜미디어 마케팅을 사용한다. 또한 페이스북, 트위터, 인스타그램, 유튜브, 핀터레스트 등의 소셜미디어 플랫폼을 이용하여 고객 인게이지먼트가 매우 높은 대규모 사용자 집단인 브랜드 '종족'을 만든다. 예를 들어 페이스북 메인 페이지에는 1,000만 개 이상의 '좋아요'가 있다. 또한 트위터의 팔로워 117만 명, 인스타그램의 팔로워 380만 명, 링크드인의 팔로워 110만 명을 보유하여 업계 1위를 차지하고 있다. 에미레이트항공은 이렇게 소셜미디어에 공을 들임으로써 높은 수준의 고객 인게이지먼트를 유지하고, 고객끼리 브랜드에 대해 이야기 나누게 하며, 고객들을 연결하기 위해 디지털 미디어와 전통 미디어를 결합하는 크로스미디어 캠페인으로 브랜드와 고객의 일상생활을 접목하고 있다. 이러한 예로 'Hello Tomorrow(헬로 투모로)' 광고 캠페인이 있다. 2012년에 시작된 이 캠페인은 새로운 경험과 문화를 갈구하는 여행객을 겨냥한 것으로, 다양한 문화를 가진 전 세계 사람들을 연결하여 음식, 패션, 미술, 음악에 대한 새로운 이야깃거리를 이어갈 수 있는 라이프스타일 선택지로서 에미레이트항공의 위상을 정립했다.

에미레이트항공은 고객 인게이지먼트 및 관계를 구축했으며, 고객은 '에미레이트 경험'을 누리고 기꺼이 프리미엄 요금을 지불한다.
Iain Masterton/Alamy Stock Photo

에미레이트항공의 창립 CEO이자 에미레이트그룹의 전 부회장인 모리스 플래너건(Sir Maurice Flanagan)은 에미레이트항공이 단순히 사람들을 A 지점에서 B 지점으로 실어 나르는 수단을 제공하는 것이 아니라 그들의 꿈, 희망, 염원을 연결하는 촉매제라고 강조했다. 또한 그는 자사가 세계를 형성하고 있는 유의미하고 중요한 경험을 만들어내어 사람들과 문화를 연결해준다고 말했다.

광고 캠페인은 뉴욕 타임스퀘어와 이탈리아 밀라노 중앙역의 전설적인 옥외 광고와 인쇄, TV, 디지털 광고 등 다양하다. 전 세계 80개 이상의 시장에서 출시된 이 새로운 브랜드 플랫폼은 세계 여행에 대한 소통과 관여를 통해 에미레이트항공의 새로운 마음가짐을 제시하며, 사람들을 연결하고 여행을 통해 그들의 잠재력을 실현하도록 돕는 에미레이트항공의 약속을 전달했다. 젊은 고객층을 공략하기 위해 'Hello Tomorrow' 광고 캠

> 에미레이트항공은 단순히 사람들을 A 지점에서 B 지점으로 실어 나르는 수단을 제공하는 것이 아니라 그들의 꿈, 희망, 염원을 연결하는 촉매제가 되는 것을 목표로 하고 있다.

페인은 에미레이트항공 페이스북의 TV 스폿 광고로 첫발을 내딛었다. 그리고 에미레이트항공은 BBC와 함께 음악, 음식, 패션, 미술 분야의 유명인과 전문가 14명이 참여한 새로운 시리즈 〈컬래버레이션 컬처(Collaboration Culture)〉를 개발했다. 한편 CNN과는 〈퓨전 여행(Fusion Journeys)〉을 만들었는데, 이는 예술가들이 전 세계의 동료 예술가들과 함께 자기 나라에서 배우고 가르치고 공연을 펼치는 프로그램이다. 또한 에미레이트항공은 야후에 'Inspired Culture(영감받은 문화)'라는 채널을 만들었다. 여기서는 글로벌 스타가 추천한 동영상과 콘텐츠에 접속하여 다른 사람들과 교류하고 창작품에서 영감을 얻을 수 있다.

이 새로운 세계적 문화는 BBC, CNN, 야후를 통해 85개국 4,300만 시청자에게 전해졌다. 에미레이트항공의 인지도는 38%에서 무려 69%로 뛰어올랐으며, 콘텐츠를 접한 시청자의 84%는 에미레이트항공이 세계를 연결하고 '더 밝은 미래'를 여는 브랜드라고 믿었다. 2018년 Brand Finance Global 500에 따르면 에미레이트항공은 추정 가치가 70억 달러로 세계 4위의 항공사 브랜드인 데다 5위권 항공사 중에서 유일하게 미국 항공사가 아니다. 고객 중심의 접근 방식과 ('Hello Tomorrow' 같은) 통합적 마케팅 캠페인의 결과로 에미레이트항공은 여행 산업 외부에서 고객을 향한 몰입, 진정성, 관련성, 차별화를 드러냈다. 에미레이트항공은 제품에서 벗어나 세계적인 고객 인게이지먼트의 담론을 창출하여 고객에게 다가가는 방식을 성공적으로 바꾸었다.[1]

오늘날 성공한 기업은 에미레이트항공처럼 기업의 모든 노력을 고객에게 집중하고 마케팅에 대한 몰입 수준이 매우 높다는 공통점이 있다. 이러한 기업은 잘 정의된 목표시장에서 고객 욕구를 충족하는 데 열정적이다. 이들은 가치 창출을 기반으로 지속적인 고객 관계를 구축하도록 조직의 모든 사람에게 동기를 부여한다.

고객 관계와 고객 가치는 오늘날 특히 중요하다. 급속한 기술 변화와 심한 경제적·사회적·환경적 도전에 직면한 오늘날의 소비자는 보다 신중하게 브랜드와의 관계를 재검토하고 있다. 새로운 디지털, 모바일, 소셜미디어의 발전이 소비자가 물건을 구입하고 상호작용하는 방식에 혁명을 일으켜 새로운 마케팅 전략과 전술이 필요하다. 이제는 실제적이고 지속적인 고객 가치를 기반으로 강력한 고객 인게이지먼트와 지지, 고객 관계를 구축하는 것이 그 어느 때보다 중요하다.

이 장의 후반부에서는 고객과 마케터가 부딪히는 새로운 도전 과제에 대해 살펴볼 것이다. 그 전에 먼저 마케팅의 기본 개념을 알아보자.

저자 코멘트 | 여기서 잠깐 멈추고, 마케팅을 공부하기 전에 이 질문에 어떻게 대답할지 생각해보라. 그런 다음 본문을 읽으면서 답이 어떻게 바뀌는지 확인한다.

마케팅이란 무엇인가

학습목표 1-1 마케팅을 정의하고 마케팅 프로세스의 단계를 설명한다.

마케팅은 고객을 다룬다는 점에서 어떠한 경영상의 기능보다 중요하다. 곧 마케팅의 정의를 자세히 살펴보겠지만, 간단히 정의하자면 마케팅은 고객 인게이지먼트를 높이고 수익성 있는 고객 관계를 관리하는 과정이라고 할 수 있다. 마케팅의 두 가지 목표는 탁월한 가치를 제공하여 새로운 고객을 끌어들이고 가치와 만족을 제공하여 기존 고객을 키워나가는 것이다.

예를 들면 아마존은 '고객이 온라인으로 구매하고 싶은 것은 무엇이든 찾고 발견할 수 있도록' 도와주는 세계적 수준의 온라인 구매 경험을 창출하여 온라인 시장을 장악하고 있다. 페이스북은 '사람들이 일상생활에서 서로 연결되고 공유할 수 있도록' 도와줌으로써 전 세계적으로 월 20억 명 이상의 활동적인 웹, 모바일 사용자를 끌어모으고 있다. 또한 스타벅스는 '누구나 환영받는 따뜻함과 소속감을 느낄 수 있는 문화를 창조함으로써' 미국의 집 밖 커피 시장을 장악하고 있다.[2]

건전한 마케팅은 모든 조직의 성공에 매우 중요하다. 애플, 타깃(Target), 코카콜라, P&G, 마이크로소프트와 같은 대규모 영리 기업은 마케팅을 활용한다. 뿐만 아니라 대학, 병원, 박물관, 교향악단, 심지어 교회와 같은 비영리 조직도 마케팅을 활용한다.

● 웹사이트와 모바일 앱에서 온라인 동영상, 소셜미디어에 이르기까지 마케팅은 전통적인 형태와 새로운 형태로 우리를 둘러싸고 있다.
Leung Cho Pan/123RF

우리는 이미 마케팅에 대해 많은 것을 알고 있고 마케팅에 둘러싸여 있다. 쇼핑몰에 진열된 수많은 제품과 TV, 잡지, 메일함에 가득한 광고에서 마케팅을 볼 수 있다. ● 그러나 최근 들어 마케터는 웹사이트와 스마트폰 앱에서 온라인 동영상, 소셜미디어에 이르기까지 새롭고 다양한 마케팅 접근 방식을 활용할 수 있게 되었다. 이러한 새로운 접근 방식은 대중에게 일방적으로 메시지를 날리는 것 이상을 하며, 직접적이고 개인적이면서 상호작용적으로 다가간다. 오늘날의 마케터는 우리 삶의 일부가 되어 브랜드 경험을 풍성하게 해주려 한다. 다시 말해 우리가 브랜드와 함께 살아가도록 도움을 주고자 한다.

집이든, 학교나 회사든, 노는 곳이든 우리는 어디서 무엇을 하더라도 마케팅을 목격하게 된다. 그러나 마케팅에는 소비자의 시야에 무심코 들어오는 것 이상의 것이 담겨 있다. 우리의 눈을 사로잡는 제품, 서비스, 광고 등의 이면에는 관심과 구매를 이끌어내기 위해 경쟁하는 사람들, 기술, 활동으로 이루어진 대규모 네트워크가 존재한다. 이 장에서는 마케팅의 기본 개념과 실행을 깊이 있게 다룰 것이다. 먼저 마케팅의 정의와 마케팅 프로세스에 대해 알아보자.

마케팅의 정의

마케팅이란 무엇인가? 많은 사람은 마케팅이라고 하면 판매와 광고를 주로 떠올린다. 우리는 매일 TV 광고, 온라인 광고, 카탈로그, 판매원의 화술 등이 홍수처럼 쏟아지는 세상에 살고 있어 그렇게 생각할 만도 하다. 그러나 판매와 광고는 마케팅이라는 빙산의 일각에 불과하다.

오늘날 마케팅은 판매라는 오래된 개념에서 벗어나 고객 욕구의 충족이라는 의미로 이해해야 한다. 만약 마케터가 고객을 효과적으로 관여시키고, 고객 욕구를 이해하고, 탁월한 고객 가치를 제공하는 제품을 개발하고, 적정한 가격을 책정하고, 유통하고, 홍보한다면 제품이 잘 팔릴 것이다. 경영학 분야의 석학인 피터 드러커(Peter Drucker)는 "마케팅의 목적은 판매를 불필요하게 만드는 것"[3]이라고 말했다. 판매와 광고는 마케팅믹스(marketing mix)의 일부분일 뿐인데, 여기서 마케팅믹스란 고객 욕구를 충족하고 고객 관계를 구축하기 위해 사용되는 마케팅 도구의 집합을 말한다.

넓은 의미에서 마케팅은 개인과 조직이 다른 이들과 가치를 창출하고 교환함으로써 자신이 원하는 것을 얻는 사회적·관리적 과정을 말한다. 한편 기업과 관련된 좁은 의미로는 수익성과 가치를 발생시키는 고객과의 교환 관계를 구축하는 과정을 말한다. 그러므로 이 책에서는 **마케팅**(marketing)을 기업이 고객을 관여시키고, 강력한 고객 관계를 구축하며, 그 대가로 고객으로부터 상응하는 가치를 얻는 과정으로 정의한다.[4]

마케팅
기업이 고객을 관여시키고, 강력한 고객 관계를 구축하며, 그 대가로 고객으로부터 상응하는 가치를 얻는 과정

마케팅 프로세스

● 그림 1.1은 다섯 단계로 구성된 마케팅 프로세스 모형을 보여준다. 1~4단계를 통해 기업은 고객을 이해하고, 고객 가치를 창출하며, 강력한 고객 관계를 구축하기 위해 노력한다. 마지막 5단계에서 기업은 탁월한 고객 가치를 창출한 대가로 보상을 받게 된다. 즉 기업은 고객을 위한 가치 창출에 대한 대가로 고객으로부터 가치를 얻는데, 이는 매출, 이익, 장기적 고객 자산의 형태를 띤다.

이 장과 다음 장에서 마케팅 프로세스 모형의 각 단계를 살펴볼 것이다. 이 장에서는 각 단계를

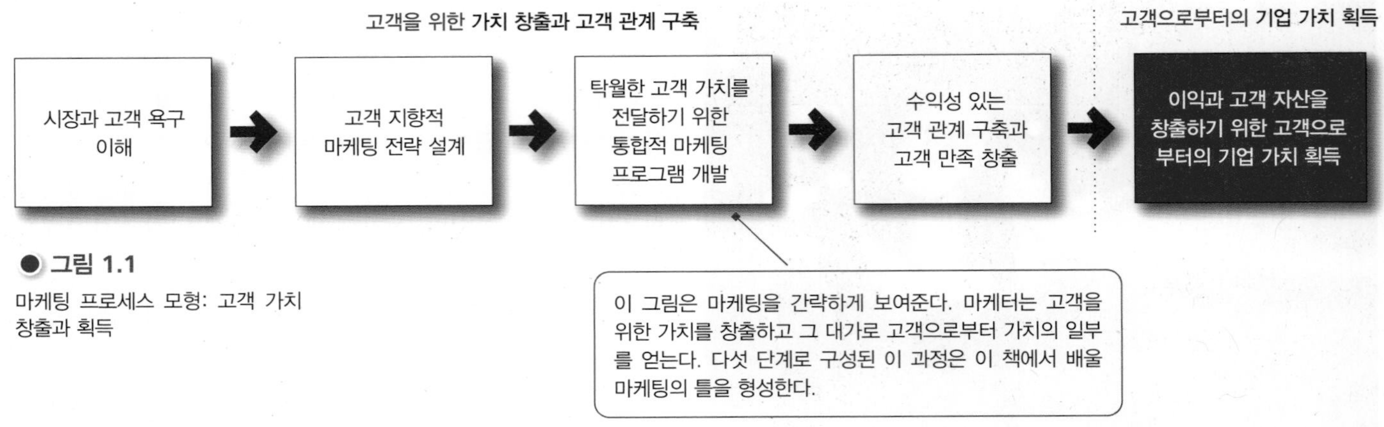

● **그림 1.1**
마케팅 프로세스 모형: 고객 가치 창출과 획득

개괄적으로 소개하고 고객 관계 구축 과정의 1단계(고객 이해), 4단계(고객 관계 구축), 5단계(고객으로부터의 가치 획득)에 대해 자세히 설명한다. 2장에서는 마케팅 프로세스 모형의 2단계(마케팅 전략 설계)와 3단계(마케팅 프로그램 개발)를 자세히 살펴볼 것이다.

저자 코멘트 | 마케팅은 고객을 위한 가치 창출에 관한 것이다. 따라서 마케팅 프로세스의 첫 단계로 기업은 고객과 시장을 완전히 이해해야 한다.

시장과 고객 욕구 이해

학습목표 1-2 고객과 시장 이해의 전략적 중요성과 시장을 이해하는 데 필요한 다섯 가지 핵심 개념을 살펴본다.

기업은 마케팅 프로세스의 첫 단계에서 고객 욕구 및 고객과의 거래가 이루어지는 시장을 이해해야 한다. 이 절에서는 고객 및 시장과 관련된 다섯 가지 핵심 개념, 즉 ① 본원적 욕구, 구체적 욕구, 수요, ② 시장 제공물(제품, 서비스, 경험 등), ③ 가치와 만족, ④ 교환과 관계, ⑤ 시장에 대해 자세히 알아보자.

고객의 본원적 욕구, 구체적 욕구, 수요

본원적 욕구
결핍을 느끼는(지각하는) 상태

구체적(수단적) 욕구
문화와 개인 개성의 영향을 받아 형성된 욕구의 구체적 형태

수요
구매력을 갖춘 구체적 욕구

마케팅의 근간이 되는 가장 기본적인 개념은 인간 욕구이다. 인간의 **본원적 욕구**(needs)란 결핍을 느끼는(지각하는) 상태를 말한다. 인간의 본원적 욕구는 음식, 옷, 따뜻함, 안전을 원하는 생리적 욕구(physical needs)부터 소속감과 애정을 원하는 사회적 욕구(social needs), 지식과 자기표현을 추구하는 개인적 욕구(individual needs)에 이르기까지 다양한 형태가 있다.

구체적(수단적) 욕구(wants)는 문화와 개인 개성의 영향을 받아 형성된 욕구의 구체적 형태를 말한다. 미국 소비자는 음식에 대한 본원적 욕구가 발생하면 빅맥, 프렌치프라이, 청량음료 등의 구체적 욕구를 갖는 반면, 한국 소비자는 음식에 대한 본원적 욕구가 발생하면 설렁탕, 비빔밥 등의 구체적 욕구를 갖는다. 구체적 욕구는 소비자가 속한 사회에 의해 형성되며 본원적 욕구를 충족하는 구체적 수단을 말한다. **수요**(demand)는 구매력을 갖춘 구체적 욕구이다. 구체적 욕구와 이를 충족할 구매력을 지닌 사람들은 가장 높은 가치와 만족을 제공할 수 있는 편익을 갖춘 제품을 구입하고자 한다.

기업은 고객의 본원적 욕구, 구체적 욕구, 수요를 배우고 이해하기 위해 전력을 다한다. 기업은 고객 조사를 실시하고, 산더미 같은 고객 자료를 분석하며, 고객이 구매하고 오프라인이나 온라인에서 상호작용하는 것을 관찰한다. 최고경영자를 비롯해 조직의 모든 구성원은 고객과 가까이 있기 위해 노력한다. 예를 들어 아마존 창업자이자 CEO인 제프 베이조스(Jeff Bezos)는 여전히 고객의 불만을 알아차릴 수 있는 고객 상대 이메일 주소를 가지고 있다. 베이조스는 "나는 이들의 이메

● 고객과 가까이 있기: 에어비앤비의 CEO인 브라이언 체스키와 공동 창업자인 조 게비아는 정기적으로 자사의 접객 지점에 묵으며, 실사용자의 경험을 바탕으로 한 새로운 고객 해결책을 고안해낸다.
Jim Wilson/The New York Times/Redux

일을 대부분 직접 읽어보고 답하는데, 그중에는 내 눈길을 사로잡는 것이 꽤 있다"고 말한다. ● 마찬가지로 에어비앤비(Airbnb)의 CEO인 브라이언 체스키(Brian Chesky)와 공동 창업자인 조 게비아(Joe Gebbia)는 고객의 경험을 가까이에서 확인하기 위해 정기적으로 자사의 호스트에 묵는다. 에어비앤비가 2009년에 숙박 공유업을 시작했을 때 그들은 뉴욕의 모든 호스트를 방문하여 함께 묵으며 리뷰를 쓰고 회사의 높은 비전에 부합하는지 확인했다. 이처럼 현장에 직접 가봄으로써 그들은 실사용자의 경험을 바탕으로 한 새로운 고객 해결책을 고안해낸다.[5]

시장 제공물: 제품, 서비스, 경험

시장 제공물
고객의 욕구를 충족하기 위해 시장에 제공하는 제품, 서비스, 정보, 또는 경험의 조합

소비자의 욕구는 시장 제공물을 통해 충족되는데, **시장 제공물**(market offering)은 고객의 욕구를 충족하기 위해 시장에 제공하는 제품, 서비스, 정보, 또는 경험의 조합을 말한다. 시장 제공물은 유형적 제품에 국한되지 않으며, 판매를 위해 제공되는 무형적 활동이나 편익인 서비스도 포함된다. 예를 들어 은행, 항공사, 호텔, 소매업, 집수리 등의 서비스도 시장 제공물에 해당된다.

보다 넓게 보면 시장 제공물에는 개인, 장소, 조직체, 정보, 아이디어 등의 대상물도 포함된다. 예를 들면 자살 방지를 위해 미국자살예방생명선(National Suicide Prevention Lifeline, NSPL)과 협력한 래퍼 로직(Logic)은 NSPL의 전화번호인 '1-800-273-8255'를 넣은 7분짜리 공익 온라인 동영상을 만들었다. 이 노래와 동영상이 세상에 발표되던 날 NSPL 전화번호로 걸려온 전화가 25% 이상 증가하고 구글 조회 수도 2배나 늘었다. 그다음 달에는 NSPL 웹사이트 방문자 수가 30% 이상 증가했다.[6]

마케팅 근시안
고객에게 제공되는 구체적인 제품에만 주의를 기울이고 그 제품으로 고객이 얻는 편익과 경험의 중요성을 소홀히 여기는 실수

많은 판매자는 고객에게 제공되는 구체적인 제품에만 주의를 기울이고 그 제품으로 고객이 얻는 편익과 경험의 중요성을 소홀히 여기는 실수를 저지른다. 이러한 **마케팅 근시안**(marketing myopia)으로 인해 이들은 마케팅 성과를 올리는 데 어려움을 겪는다. 이들은 제품 자체에 집착하여 고객의 구체적 욕구에만 주의를 기울임으로써 제품 구매의 근원이 되는 본원적 고객 욕구를 망각하게 된다.[7] 즉 제품은 소비자가 당면한 문제를 해결하는 하나의 수단에 불과할 뿐임을 잊어버리는 것이다. 드릴 공구 제조업체는 고객이 원하는 것이 드릴 제품이라고 생각할 수 있지만 고객이 진정 원하는 것은 드릴을 사용함으로써 얻게 되는 구멍이다. 마케팅 근시안에 사로잡힌 판매업자는 고객의 욕구를 더 잘 혹은 더 저렴하게 충족하는 신제품이 나오면 당황하게 된다. 고객은 본원적 욕구가 같더라도 이를 충족하는 새로운 제품을 원할 것이다.

현명한 마케터는 제품과 서비스의 속성 그 이상에 주의를 기울인다. 이들은 제품과 서비스를 잘 조합하여 브랜드 경험(brand experience)을 창출하려고 한다. 한 예로 월트디즈니월드리조트는 놀이공원의 놀이기구만 제공하는 것이 아니라 그 유명한 디즈니 마법을 사용하여 꿈을 실현하는 고객 경험을 창조한다(마케팅 현장 1.1 참조). ● 또한 애플 매장이 큰 성공을 거두는 것은 단순히 애플의 제품을 팔아서가 아니라 애플의 브랜드 경험을 창조하기 때문이다.[8]

애플 매장은 '삶을 편하게 하는' 좋은 경험으로 가득하여 고객을 끌어모으고 있다. 매장 디자인은 깔끔하고 심플하며, 애플 아이패드나 깃털처럼 가벼운 맥북 에어와 흡사한 스타일이다. 북적대는 매장

마케팅 현장 1.1 | 월트디즈니월드리조트: 마법 같은 순간

매년 5,000만 명 이상이 찾는 월트디즈니월드리조트는 전 세계에서 최고로 손꼽히는 관광지이다. 어떤 날은 하루에 30만 명 이상이 미키와 친구들을 보기 위해 디즈니월드의 4대 테마파크(매직 킹덤, 엡콧, 디즈니 할리우드 스튜디오, 디즈니 애니멀 킹덤) 중 한 곳에 찾아온다.

그 많은 사람이 디즈니월드를 찾는 이유는 무엇일까? 그 이유 중 하나는 많은 볼거리에 있다. 디즈니월드는 분명히 환상적인 곳이다. 샌프란시스코와 맞먹는 공간에 짜릿한 놀이기구가 가득하다. 그러나 디즈니월드는 단순히 놀이기구만 제공하는 것이 아니다. 진정한 '디즈니 매직'은 디즈니월드가 어떻게 고객의 방문을 꿈을 실현하는 경험으로 바꾸느냐에 달려 있다.

디즈니월드는 모든 고객이 한순간 한순간을 기억에 담도록 하는 데 몰두한다. 무례하고 무질서하며 지루한 세상에서 디즈니월드는 온정, 질서, 마법 같은 순간을 선사한다. 방문객이 표를 구입하는 순간부터 디즈니월드를 떠나는 순간까지 '디즈니월드는 세상에서 가장 황홀한 곳'이라는 경험을 만들기 위해 끝까지 최선을 다한다.

디즈니월드에서 어느 곳에 가든 무엇을 보든 디즈니 몽상가가 꿈꿔온 매혹적인 세상을 만나게 된다. 엡콧센터의 테스트 트랙(Test Track)을 예로 들자면, 관람객은 단순히 트랙 주위를 둘러보는 것이 아니다. 관람객은 엄격한 테스트 절차를 통해 콘셉트카를 이용하는 GM 테스트 엔지니어가 된다. 매직 킹덤에 있는 비 아워 게스트(Be Our Guest)라는 식당에서는 고객이 단순히 식사만 하는 것이 아니다. 고객은 미녀와 야수의 성에서 눈 내리는 풍경을 바라보며 프랑스풍의 식사를 즐긴다. 그곳에는 갑옷 입은 기사와 금단의 웨스트윙 구석에서 빛나는 마법의 장미가 있다.

사무실 한구석에서 일하는 임원이든 매직 킹덤에서 아이스크림을 파는 사람이든 디즈니월드의 모든 종업원은 고객이 즐거운 시간을 보낼 수 있도록 어떻게 해야 하는지 세심하게 교육을 받는다. 종업원은 자신이 엔터테인먼트 사업에 몸담고 있으며, 고객을 모시는 데 열정적이고 지식이 풍부하며 전문적인 직무를 수행하는 '배우'라는 것을 배운다. 경찰 역, 운전사 역, 청소부 역, 식당 종업원 역 등의 배역을 맡은 배우들은 디즈니월드 '쇼'에서 중요한 역할을 맡고 있다.

의상을 받고 무대에 오르기 전에 배우는 고객을 효율적으로 응대하는 방법을 배운다. '전통(Traditions)'이라는 과정에서는 디즈니의 언어와 역사, 문화를 배운다. 이들은 열정적이고 도움을 아끼지 않으며 항상 친절해야 한다. 온 가족이 사진에 담길 수 있도록 "사진 찍어드릴까요?"라고 제안하는 것과 같은 선행을 배운다. "모르겠어요" 또는 "그건 제 일이 아니에요"라고 말하지 말라고 교육받는다. "가까운 화장실이 어디 있어요?" 또는 "백설 공주의 일곱 난쟁이 이름은 뭐예요?" 등의 질문에 대한 답을 알고 있어야 한다. 그리고 땅에 떨어져 있는 쓰레기를 발견하면 반드시 주워야 한다.

디즈니월드는 고객을 기쁘게 하기 위해 고객과 개인적인 수준에서 함께하도록 배우들을 교육한다. 배우들은 지루함을 황홀함으로 바꿀 수 있는 기회를 능동적으로 찾는다. 예를 들면 어떤 실망한 어린이에게는 패스트패스 이용권이나 스페셜에디션 디즈니 핀을 주거나 그 가족이 원하는 캐릭터를 곧바로 만날 수 있도록 연결해준다. 디즈니월드의 충성고객 중 한 사람은 이러한 특별한 경험을 다음과 같이 회상한다. "제가 세 살 때 일이에요. 저는 신데렐라를 아주 좋아했는데, 오빠가 '신데렐라, 내 여동생이 만나고 싶어 해요'라고 외쳤더니 몇 분 후 신데렐라가 나타나서 인사를 나누었어요."

오늘날 배우들은 개인적인 소통을 도모하기 위해 기술적인 도움을 받고 있다. 예를 들어 디즈니월드의 고객은 매직밴드라는 손목 밴드를 착용하는데, RFID가 내장된 이 매직밴드는 방 열쇠, 공원 출입증, 결제 수단으로도 사용할 수 있다. 매직밴드는 클라우드 기반의 마이매직+(MyMagic+) 시스템과 결합되어 이를 통해 배우는 고객의 이름을 부르며 인사할 수 있고 생일, 기념일과 같은 특별한 상황도 알 수 있다. 디즈니월드는 매직밴드를 이용하여 고객이 원하는 다양한 경험을 가능하게 한다. 예를 들어 디즈니월드를 거니는 사람들은 '서맨사! 참 좁은 세상이야'와 같은 문구를 가까운 스크린에서 볼 수 있을 것이다. 또한 놀이기구 타는 사진이 'My Disney Experience'라는 앱에 나타나기도 할 것이다. 매직밴드는 고객이 줄을 서서 기다리는 동안 나중에 그 놀이기구에 관한 전시물을 보면 떠오르게 할 구체적인 설명을 더하게 하여 놀이기구를 탄 경험에 관해 더욱 고객 인게이지먼트를 높일 수 있게 한다.

이처럼 디즈니월드에 간다는 것은 단순히 놀이기구를 타기 위함이 아니라 꿈이 실현되는 마법의 세계를 경험하게 하는 연출의 한 부분이 되기 위함이다. 디즈니월드는 고객 경험을 제공하는 능력으로 높은 평가를 받아 유수의 기업들이 '마법의 이면에 있는 방법을 찾기 위해' 관리자를 디즈니연구소(Disney Institute)에 보내고 있다. 디즈니월드의 어느 열렬한 팬은 이렇게 말한다. "메인스트리트를 걷고 신데렐라의 궁전을 보면 언제나 가슴이 뛰어요. … 내가 무슨 일을 겪든… 갑자기 세상은 마법과 경이로움, 가능성이 넘쳐나고 행복의 파도가 내게 밀려든다고 느껴지며 내 얼굴에는 강요나 각색이 아닌 자연스러운 웃음이 피어나요. 그야말로 진짜 미소요."[9]

마케팅 경험: 월트디즈니월드리조트에 간다는 것은 단순히 놀이기구를 타기 위함이 아니라 꿈이 실현되는 마법의 세계를 경험하게 하는 연출의 한 부분이 되기 위함이다.
Sunshine/Alamy Stock Photo

● 고객 경험 창조: 애플 매장은 단순히 제품을 파는 것에서 더 나아가 고객의 삶을 편하게 하는 브랜드 경험을 만들어낸다.
Maen Zayyad/Shutterstock

은 소매점이라기보다는 고객이 제품을 선택하여 애플에 관한 모든 것을 마음껏 살펴보는 주민 센터와 같은 느낌이다. 매장 측은 제품을 확신하며 고객에게 자신 있게 권한다. 고객이 제품을 시험해볼 수 있도록 맥, 아이패드, 아이폰, 애플워치 등을 테이블에 진열해놓고, 고객의 질문에 답하고 고객의 변덕에도 잘 대처할 수 있는 직원을 대기시켜 고객이 매장에 오래 머물도록 하고 있다. 또한 지니어스 바(Genius Bar)를 마련하여 모든 경험 수준의 고객이 애플 제품에 관해 알 수 있도록 전문적인 기술 지원을 제공한다. 우리는 단순히 애플 매장을 방문하는 것이 아니라 어떤 가전제품 회사도 따라올 수 없는 경험을 하게 된다. 애플 소매점을 담당하는 한 임원은 이렇게 말한다. "내가 매장에 걸어 들어갈 때 나에게 팔려고 하지 마라. 절대로 팔려고 하지 마라. 그런 건 질색이다. 고객에게 브랜드 경험이 쌓이면 자동적으로 팔릴 것이다." 24개국에 걸쳐 있는 506개 애플 매장은 매일 100만 명 이상의 고객을 끌어모으고 있으며 미국 전역에서 평당 매출이 가장 높다.

고객 가치와 고객 만족

소비자는 자신의 욕구를 충족할 수 있는 다양한 제품과 서비스 대안에 직면한다. 이러한 수많은 시장 제공물 가운데 특정 대안을 어떻게 선택할까? 소비자는 각 시장 제공물이 주는 가치와 만족에 대한 기대를 형성하고 이를 토대로 구매한다. 만족한 소비자는 다시 구매하고 다른 사람들에게 자신의 긍정적 경험에 대해 이야기하지만, 불만족한 소비자는 경쟁사로 갈아타고 다른 사람들에게 자신의 부정적 경험에 대해 이야기한다.

따라서 마케터는 올바른 기대수준을 설정하는 데 주의를 기울여야 한다. 기대수준을 너무 낮게 잡으면 자사 제품의 구매자를 쉽게 만족시킬 수 있지만 많은 고객을 끌어들이지 못할 것이다. 반대로 고객의 기대수준을 너무 높이면 구매자가 실망할 가능성이 높다. 고객 가치와 고객 만족은 고객 관계를 구축·관리하는 데 가장 중요한 토대가 된다. 이 두 가지 핵심 개념은 이 장의 후반부에서 자세히 다룰 것이다.

교환과 관계

교환
거래 상대방으로부터 자신이 원하는 대상물을 얻는 대가로 그에 상응하는 대상물을 제공하는 행위

마케팅은 사람들이 교환 관계를 통해 자신의 욕구를 충족하고자 할 때 발생한다. **교환**(exchange)은 거래 상대방으로부터 자신이 원하는 대상물을 얻는 대가로 그에 상응하는 대상물을 제공하는 행위로 정의된다. 넓은 의미에서 보면 마케터는 시장 제공물에 대한 반응을 이끌어내려고 노력한다. 반응은 단지 제품과 서비스의 구매나 거래를 이끌어내는 것 이상을 포함한다. 정치 후보자가 자신에게 투표하도록 유도하고, 교회가 사람들에게 전도하고, 오케스트라가 청중을 모으고, 사회운동이 아이디어(이념)의 수용을 이끌어내는 것도 반응의 예라고 할 수 있다.

마케팅은 제품, 서비스, 아이디어나 그 밖의 대상을 구입하려는 목표고객과의 바람직한 교환 관계를 구축·유지하기 위해 취하는 활동으로 이루어진다. 기업은 탁월한 고객 가치를 일관성 있게 전달함으로써 강력한 관계를 구축하고자 한다. 이 장의 후반부에서 고객 관계 관리라는 중요한 주제를 자세히 살펴볼 것이다.

시장

시장
제품의 실제 구매자와 잠재 구매자의 집합

교환과 관계라는 개념은 시장이라는 개념과 연결된다. **시장**(market)은 제품의 실제 구매자와 잠재 구매자의 집합을 말한다. 구매자들은 교환 관계를 통해 충족될 수 있는 특정 욕구를 공유하고 있다.

마케팅은 수익성 있는 고객 관계를 창출하기 위해 시장을 관리하는 것을 의미한다. 그러나 이러한 관계를 창출하기 위해 기업은 많은 노력을 해야 한다. 판매자는 구매자를 탐색하고, 구매자의 욕구를 파악하고, 좋은 시장 제공물을 설계하고, 적당한 가격을 책정하고, 시장 제공물을 홍보하고, 적절한 점포를 선정하여 유통해야 한다. 소비자 조사, 제품 개발, 커뮤니케이션, 유통, 가격 책정, 서비스 등은 핵심적인 마케팅 활동이다.

보통은 판매자가 마케팅을 수행한다고 생각하지만 구매자도 마케팅을 수행한다. 소비자가 필요한 재화를 원하는 가격에 구입하기 위해 노력하는 것도 마케팅에 해당된다. 사실 웹사이트, 소셜미디어, 스마트폰 앱 등 오늘날의 디지털 기술은 소비자에게 힘을 실어주었고, 마케팅을 진정으로 상호작용적인 일로 만들었다. 따라서 오늘날의 마케터는 고객 관계 관리는 물론이고 고객이 관리하는 관계도 효과적으로 다루어야 한다. 마케터는 '기업이 어떻게 고객에게 영향을 미칠 수 있는지'뿐만 아니라 '고객이 어떻게 기업에 영향을 미칠 수 있는지'와 '고객이 어떻게 서로에게 영향을 미칠 수 있는지'에 대해 고민하고 있다.

● 그림 1.2는 현대 마케팅 시스템의 주요 구성요소를 보여준다. 마케팅은 경쟁사와 상대하면서 시장을 대상으로 벌이는 활동이다. 자사와 경쟁사는 각각 자신의 제공물과 메시지를 전달하는데, 이는 직접 수행하거나 마케팅 중개상(marketing intermediary)을 통해 이루어진다. 마케팅 시스템의 모든 구성원은 주요 환경 요인(인구통계적, 경제적, 기술적, 정치적, 법적, 사회·문화적 요인)의 영향을 받는다.

마케팅 시스템의 각 구성요소는 다음 단계의 구성요소를 위해 부가가치를 창출한다. 화살표는 각 구성요소가 개발·관리해야 하는 관계를 나타낸다. 따라서 한 기업의 수익성 있는 관계 구축의 성공 여부는 자사의 활동뿐 아니라 최종 소비자의 욕구를 충족하기 위한 전체 시스템의 상호 협력 수준에 달려 있다. 월마트는 협력업체가 저비용으로 상품을 공급하지 않는 한 저가격을 실현한다는 약속을 지킬 수 없고, 포드는 딜러가 뛰어난 판매 활동과 서비스를 제공하지 않는 한 구매자에게 고품질 자동차를 제공할 수 없다.

마케팅 시스템의 각 구성요소는 부가가치를 창출한다. 월마트는 협력업체가 저비용으로 상품을 공급하지 않는 한 저가격을 실현한다는 약속을 지킬 수 없고, 포드는 딜러가 뛰어난 판매 활동과 서비스를 제공하지 않는 한 구매자에게 고품질 자동차를 제공할 수 없다.

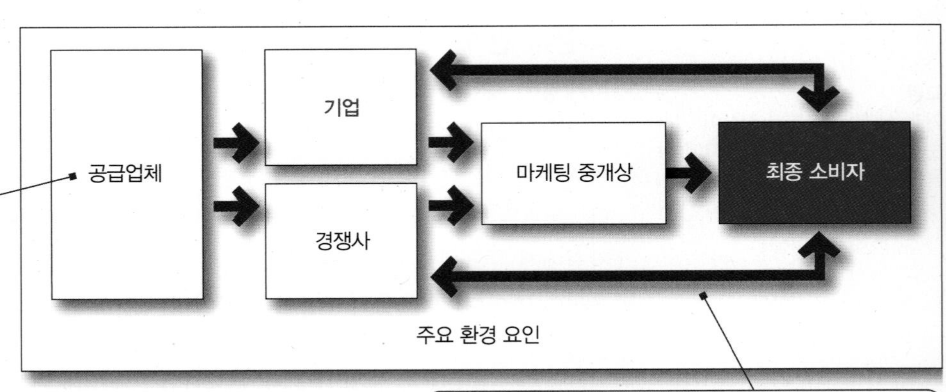

화살표는 고객 가치와 수익성 있는 고객 관계를 창출하기 위해 개발·관리해야 하는 관계를 나타낸다.

● **그림 1.2**
현대 마케팅 시스템

저자 코멘트 | 소비자와 시장을 충분히 이해한 후 기업은 어떤 고객에게 서비스를 제공할 것인지, 어떻게 가치를 제공할 것인지 결정해야 한다.

고객 지향적 마케팅 전략과 계획 설계

학습목표 1-3 고객 지향적 마케팅 전략의 핵심 구성요소와 마케팅 전략의 지침이 되는 마케팅 관리 철학을 살펴본다.

고객 지향적 마케팅 전략

마케팅 관리
목표시장을 선택하고 목표고객과 수익성 있는 관계를 구축하는 과정

소비자와 시장을 충분히 이해하면 마케팅 관리자는 고객 지향적(customer-driven) 마케팅 전략을 설계할 수 있다. **마케팅 관리**(marketing management)란 목표시장을 선택하고 목표고객과 수익성 있는 관계를 구축하는 과정을 말한다. 마케팅 관리자의 목표는 탁월한 고객 가치를 창출·전달·의사소통함으로써 목표고객을 찾아내고, 유인하고, 유지하고, 키워나가는 것이다.

성공적인 마케팅 전략을 설계하기 위해 마케팅 관리자는 두 가지 핵심 질문, 즉 어떤 고객을 대상으로 할 것인가(자사의 목표시장은 무엇인가), 선정된 고객에게 어떻게 최선을 다할 것인가(자사의 가치 제안은 무엇인가)에 답할 수 있어야 한다. 이 절에서는 마케팅 전략의 핵심 개념을 간략히 소개하고 2장과 7장에서 자세히 살펴볼 것이다.

목표고객 선정

기업은 먼저 목표고객을 결정해야 한다. 목표고객 선정은 전체 시장을 동질적인 고객 집단으로 세분하는 작업(시장 세분화)과 그 가운데 특정 세분시장을 선택하는 작업(목표시장 마케팅)을 통해 이루어진다. 어떤 사람들은 가능한 한 많은 고객을 찾아내고 수요를 증대하는 것이 마케팅 관리라고 생각한다. 그러나 마케팅 관리자는 모든 고객을 잘 충족해줄 수 없음을 알고 있다. 모든 고객을 대상으로 노력한다면 어떤 고객도 잘 충족해주지 못하는 결과를 낳을 수 있다. 따라서 기업은 자사가 잘할 수 있는 고객만을 선택하고자 한다. 예를 들어 노드스트롬(Nordstrom)은 부유한 전문직 종사자를 목표고객으로 삼고, 달러제너럴(Dollar General)은 소득이 낮은 가족을 목표고객으로 삼는다.

궁극적으로 마케팅 관리자는 어떤 고객을 목표고객으로 삼을지와 고객 수요의 수준, 수요 발생 시점, 수요의 성격을 설정해야 한다. 요약하자면 마케팅 관리는 고객 관리(customer management)와 수요 관리(demand management)이다.

● 가치 제안: 아마존 알렉사가 탑재된 소노스원은 '음악 애호가를 위한 스마트스피커'로서 알렉사의 모든 장점을 살리면서도 고품질의 소노스 사운드를 제공한다.
The Advertising Archives/Alamy Stock Photo

가치 제안 선택

기업은 목표고객에게 무엇을 제공할지도 결정해야 하는데, 여기에는 차별화 방안과 시장 내에서 자사 제품의 포지션 선택이 포함된다. 기업의 가치 제안(value proposition)은 소비자의 욕구를 충족하기 위해 제공하겠다고 약속한 편익 또는 가치의 집합을 말한다. 제트블루항공(JetBlue Airways)은 여행에 인본주의를 담아서 '그 무엇보다 당신이 최고입니다'라고 제안한다. 이와 대조적으로 스피릿항공(Spirit Airlines)은 '싼 값으로 더 멀리 가세요'라고 제안하며 고객에서 매우 저렴한 요금을 약속한다. 아마존의 에코(Echo)라는 스마트스피커는 "항상 준비 중이고 연결되어 있으며 빨라요. 묻기만 하세요."라고 한다. ● 반면에 아마존 알렉사(Amazon Alexa)가 탑재된 소노스원(Sonos One)은 '음악 애호가를 위한 스마트스피커'로서 알렉사의 모든 장점을 살리면서도 고품질의 소노스 사운드를 제공한다.

이러한 가치 제안은 어떤 브랜드가 다른 브랜드와 차별화되게 한다. 이는 '왜

고객이 경쟁사 브랜드가 아닌 자사 브랜드를 구매해야 하는가'에 대한 답을 알려준다. 기업은 목표시장에서 최고의 경쟁우위를 제공하는 강력한 가치 제안을 설계해야 한다.

마케팅 관리 철학

마케팅 관리자는 목표고객과 수익성 있는 관계를 구축하는 전략을 설계하려 한다. 그런데 이러한 마케팅 전략의 지침이 되는 철학은 무엇일까? 고객, 조직, 사회에 대한 관심 가운데 무엇에 더 비중을 두어야 할까? 문제는 이러한 이해관계가 충돌하는 경우가 많다는 것이다.

조직이 마케팅 전략을 설계 및 실행하는 데 바탕이 되는 마케팅 관리 철학에는 다섯 가지 유형이 있다. 생산 개념, 제품 개념, 판매 개념, 마케팅 개념, 사회적 마케팅 개념이 바로 그것이다.

생산 개념
소비자가 저렴하고 쉽게 구입할 수 있는 제품을 선호하기 때문에 생산과 유통의 효율성을 향상하는 데 주력해야 한다는 사고

생산 개념 **생산 개념**(production concept)은 소비자가 저렴하고 쉽게 구입할 수 있는 제품을 선호한다고 주장한다. 그래서 경영진은 생산과 유통의 효율성을 향상하는 데 주력해야 한다는 것이다. 이 개념은 판매자를 위한 가장 오랜 역사의 관리 철학이다.

생산 개념은 상황에 따라 여전히 유용한 관리 철학이다. 예를 들면 컴퓨터 제조업체 레노보(Lenovo)와 가전제품 제조업체 하이얼(Haier)은 낮은 노동비용, 높은 생산 효율성, 대량유통을 기반으로 경쟁이 치열하고 가격 민감도가 높은 중국 PC 시장을 지배하고 있다. 이처럼 어떤 상황에서는 유용한 관리 철학이지만 생산 개념은 마케팅 근시안을 유발할 수 있다. 이러한 관리 철학에 기반을 두는 기업은 업무 향상에만 전력을 기울이기 때문에 고객 욕구를 만족시키고 고객 관계를 구축한다는 진정한 목표의 중요성을 간과할 위험이 존재한다.

제품 개념
소비자가 최고의 품질, 성능, 혁신적 특성을 지닌 제품을 선호하기 때문에 지속적인 제품 개선을 위해 노력해야 한다는 사고

제품 개념 **제품 개념**(product concept)은 소비자가 최고의 품질, 성능, 혁신적 특성을 지닌 제품을 선호한다고 주장한다. 그래서 이 개념하에 마케팅 전략은 지속적인 제품 개선에 초점을 맞추어야 한다.

제품 품질 및 개선이 마케팅 전략의 핵심 영역이기는 하지만 제품 자체에만 초점을 맞추는 것도 마케팅 근시안을 초래할 수 있다. 예를 들어 어떤 제조업체는 더 나은 쥐덫을 만들 수 있다면 만사형통할 것이라고 믿는다. 그러나 구매자들이 더 나은 성능의 쥐덫이 아니라 쥐를 잡는 더 나은 해결책을 찾고 있다는 사실에 충격을 받기도 한다. 더 나은 해결책은 분사형 화학물질일 수도 있고, 박멸 서비스일 수도 있고, 쥐덫보다 더 나은 성능을 가진 대안 제품일 수도 있다. 게다가 더 나은 쥐덫이라 하더라도 매력적인 제품 설계, 패키징, 가격이 아니라면, 편리하게 구매할 수 없다면, 이를 원하는 사람들의 주의를 끄는 커뮤니케이션 활동이 없다면, 더 나은 제품임을 납득시킬 수 없다면 판매되지 않을 것이다.

판매 개념
충분한 규모의 판매·촉진 노력이 이루어지지 않으면 소비자가 충분한 양의 제품을 구매하지 않을 것이라는 사고

판매 개념 **판매 개념**(selling concept)은 충분한 규모의 판매·촉진 노력이 이루어지지 않으면 소비자가 충분한 양의 제품을 구매하지 않을 것이라는 사고를 말한다. 이 개념은 비탐색재(unsought goods: 보험, 헌혈과 같이 평상시에 별로 생각하지 않는 제품)를 취급하는 업체가 주로 사용한다. 이러한 업체는 잠재고객을 찾아내어 제품 편익에 대해 설득해야 한다.

그러나 공격적인 판매 방식은 상당한 위험을 수반한다. 판매 개념은 장기적이고 수익성 있는 고객 관계를 구축하기보다는 판매 거래를 일으키는 데 초점을 맞추기 때문이다. 이 개념을 수용하는 기업은 시장이 원하는 것을 만들기보다는 기업이 만든 것을 판매하는 것을 목표로 삼는다. 판매 개념은 설득당한 고객이 제품을 구매하면 그 제품을 좋아할 것이라고 가정하거나, 구매한 제품을 좋아하지 않더라도 제품에 대한 실망감을 망각하여 그것을 다시 구매할 수도 있다고 가정한다. 그러나 이러한 생각은 대체로 기업에 부정적인 결과를 초래한다.

마케팅 개념
목표시장의 욕구를 파악하고 경쟁사보다 목표시장의 욕구를 더 잘 충족해야만 조직의 목표가 실현된다는 믿음

마케팅 개념 **마케팅 개념**(marketing concept)은 목표시장의 욕구를 파악하고 경쟁사보다 목표시장의 욕구를 더 잘 충족해야만 조직의 목표가 실현된다는 믿음이다. 마케팅 개념을 수용하는 기업은 고객에 대한 집중과 고객 가치가 매출과 이익의 지름길이라고 생각한다. 생산한 것을 판매한다는 제품 중심적 철학에 비해 마케팅 개념은 고객 요구를 감지하고 이에 대응한다는 고객 중심적 철학이다. 마케팅의 임무는 자사 제품에 맞는 올바른 고객을 찾는 것이 아니라 자사 고객을 위해 올바른 제품을 찾아내는 것이다.

● 그림 1.3은 판매 개념과 마케팅 개념을 비교하여 보여준다. 판매 개념은 내부에서 바깥을 투시하는 시각(inside-out perspective)을 취하는데, 이는 공장에서 생산된 기존 제품을 가지고 상당한 규모의 판매 활동과 촉진을 통해 수익성 있는 매출을 실현할 수 있다는 믿음이다. 판매 개념은 고객 정복, 즉 누가 왜 구매하는지에 별로 관심이 없고 단기적 매출을 올리는 것에만 신경을 쓴다.

이에 반해 마케팅 개념은 외부에서 안을 투시하는 시각(outside-in perspective)을 취한다. 사우스웨스트항공(Southwest Airlines)의 CEO인 허브 켈러허(Herb Kelleher)는 마케팅 개념에 대해 다음과 같이 함축적으로 말한다. "우리 회사에는 마케팅 부서 대신 고객 부서가 있다." 마케팅 개념은 잘 정의된 시장으로부터 출발하여, 고객의 욕구에 집중하고, 고객에게 영향을 미치는 모든 마케팅 활동을 통합한다. 그리하여 고객 가치와 고객 만족을 토대로 올바른 고객과의 지속적 관계를 창출함으로써 이익을 얻는다.

마케팅 개념을 실행한다는 것은 고객이 겉으로 표현한 갈망과 명백한 욕구에 단순히 대응하는 것 이상의 노력을 뜻한다. 고객 지향적 기업은 기존 고객의 욕구를 깊이 이해하기 위해 시장조사를 실시하고, 신제품과 새로운 서비스에 대한 아이디어를 수집하며, 제품 개선 시안을 테스트한다. 이와 같은 고객 지향적 마케팅은 통상적으로 명확한 고객 욕구가 존재하고 고객이 자신의 욕구를 알고 있을 때 효과를 거둔다.

그러나 많은 경우 고객은 자신이 원하는 것을 모르며, 경우에 따라 무엇이 가능한지조차 모른다. 헨리 포드(Henry Ford)가 언급했듯이, "만약 내가 사람들에게 무엇을 원하는지 물어보았다면 그들은 더 빨리 달리는 말이라고 답했을 것이다." 예컨대 20년 전만 해도 태블릿 PC, 스마트폰, 디지털카메라, 24시간 온라인 구매, 디지털 동영상, 음악 스트리밍, 전기자동차 등 지금은 일상의 한 부분이 된 제품을 요구할 생각을 한 소비자가 몇이나 있었을까? 이러한 상황 때문에 고객 주도(customer-driving) 마케팅이 요구된다. 즉 고객 자신보다 고객 욕구를 더 잘 이해하고 고객의 현존 욕구와 잠재 욕구를 충족하는 제품과 서비스를 창출하는 노력이 필요한 것이다. 애플의 전설적 공동 창업자인 스티브 잡스(Steve Jobs)는 이에 대해 다음과 같이 말했다. "우리가 해야 할 일은 고객이 무엇을 원하기 전에 무엇을 원하는지를 생각해내는 것이다. 우리는 아직 페이지에 없는 것도 읽을 수 있어야 한다."[10]

● 그림 1.3
판매 개념과 마케팅 개념의 비교

판매 개념은 내부에서 바깥을 투시하는 시각을 취하는데, 이는 기존 제품과 상당한 규모의 판매 활동에 역점을 둔다. 판매 개념의 목적은 고객이 원하는 것을 만드는 것이 아니라 기업이 만든 것을 판매하는 것이다.

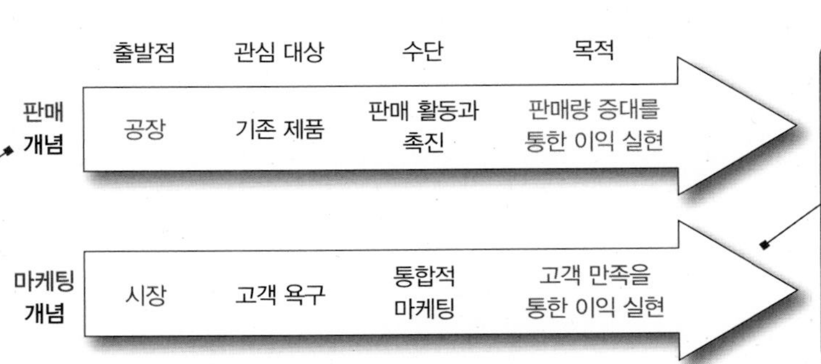

마케팅 개념은 이익을 얻기 위해 고객 욕구를 충족하는 데 역점을 두는 외부에서 안을 투시하는 시각을 취한다. 사우스웨스트항공의 창업자는 이렇게 말했다. "우리 회사에는 마케팅 부서 대신 고객 부서가 있다."

사회적 마케팅 개념
소비자의 욕구, 기업의 목표, 소비자와 사회의 복리 간에 균형을 맞춘 현명한 마케팅 의사결정을 내려야 한다는 믿음

사회적 마케팅 개념 **사회적 마케팅 개념**(societal marketing concept)은 마케팅 개념이 소비자의 단기적 욕구와 장기적 복리 간 상충 관계를 간과할 가능성에 대해 문제를 제기한다. 소비자의 즉각적인 욕구를 충족하는 기업이 장기적인 관점에서 소비자에게 최선을 다하는 것인가? 사회적 마케팅 개념은 기업의 마케팅 전략이 소비자와 사회의 복지를 유지하고 향상하는 방식으로 소비자에게 가치를 제공해야 한다고 주장한다. 사회적 마케팅 개념은 지속가능한 마케팅을 추구하는데, 지속가능 마케팅(sustainable marketing)은 소비자와 업계의 현재 욕구를 충족하고 미래 세대의 욕구를 충족하는 역량을 유지·강화하는, 사회적·환경적으로 책임 있는 마케팅을 말한다.

많은 선도적 비즈니스·마케팅 사상가는 그 범위를 더욱 넓혀서 이제 공유가치(shared value)라는 개념을 설파하고 있는데, 이는 경제적 욕구뿐만 아니라 사회적 욕구가 시장을 정의한다는 관점이다.[11] 공유가치 개념은 사회적 가치를 창출하는 방식으로 경제적 가치를 창출하는 데 역점을 둔다. 구글, IBM, 존슨앤드존슨, 유니레버, 월마트 같은 초우량 기업은 사회와 기업 성과가 서로 겹치는 영역을 고려함으로써 경제적 가치와 사회적 가치를 동시에 창출하기 위한 중요한 노력을 이미 시작했다. 이들은 단기적인 경제적 이득뿐만 아니라 고객의 복리, 비즈니스에 중요한 천연자원의 고갈, 주요 공급업체의 생존 능력, 생산과 판매가 이루어지는 지역사회의 경제적 복리 등에도 관심을 기울인다.

● 그림 1.4에서 보듯이 기업은 마케팅 전략을 수립할 때 기업의 이익, 소비자의 욕구, 사회적 복리 간에 균형을 맞추어야 한다. 작지만 고도의 성장을 하고 있는 제니아이스크림(Jeni's Splendid Ice Creams)은 이러한 방식으로 경영한다.[12]

> 제니아이스크림은 레드체리와 염소 치즈, 와일드베리 라벤더, 리슬링 포치 피어 소르베 등 이색적인 맛의 아이스크림을 만들어 파는 장인 아이스크림 회사이다. 그러나 제니아이스크림은 단순히 아이스크림을 만들어 파는 것이 아니라 그 이상의 일을 하고 있다. 이 회사는 '더 나은 아이스크림을 만들고 사람들을 하나로 모아요'라는 사명문(mission statement)에 전념한다. 이 사명문은 직원이 아침에 잠자리에서 일어나 밤늦게까지 일하게 한다. ● 제니아이스크림은 '유대감 모델(fellowship model)'—지역사회에 의한, 지역사회를 위한—이라는 구호를 따른다. 제니아이스크림 가게에 있는 표지판에는 다음과 같이 자랑스럽게 쓰여 있다. "전 세계에 걸쳐 아이스크림 재료를 키우는 사람들, 만드는 사람들, 생산하는 사람들이 함께 당신의 사랑을 위해 아이스크림을 만들어요."
>
> 야심 찬 사명문을 이루기 위해 제니아이스크림은 좋은 과일과 채소, 현지에서 키우는 소의 우유, 인근 농장에서 생산한 야생화 꿀, 공정거래를 통한 바닐라, 직거래를 통한 초콜릿으로 신중하게 재료를 공급하고 있다. 제니아이스크림은 '환경에 최소한의 영향을 주며 지역사회를 성장시키고 아름답게 만들기 위해 재료를 직접 구입하고 공정거래를 해야 한다'고 믿는다. 또한 지역사회를 참여시키기 위해

● 그림 1.4
사회적 마케팅 개념의 주요 구성요소

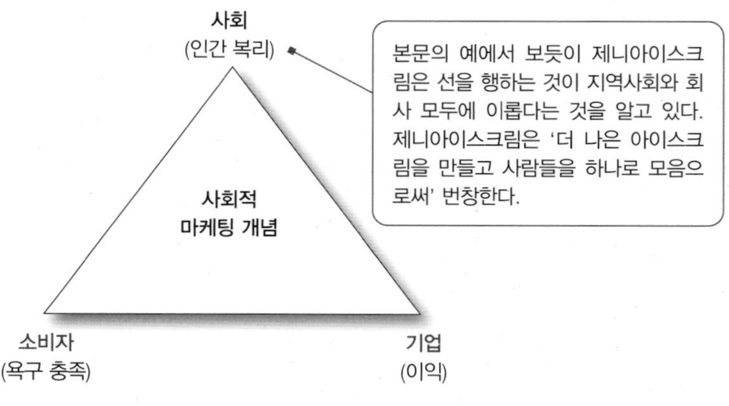

● 사회적 마케팅 개념: 제니아이스크림은 단순히 아이스크림을 만들어 파는 것이 아니라 그 이상의 일을 하고 있다. "전 세계에 걸쳐 아이스크림 재료를 키우는 사람들, 만드는 사람들, 생산하는 사람들이 함께 당신의 사랑을 위해 아이스크림을 만들어요."
Jeni's Splendid Ice Creams, LLC

노력한다. "가게를 열 때 우리는 이웃과의 시간을 갖는다. 우리는 이웃 사람들, 가게를 찾는 사람들과 동반자가 되기를 바란다. 우리는 회사를 하나의 공동체로 생각한다." 이러한 사회적 사명감 덕분에 제니아이스크림은 번창하고 있다. 작은 아이스크림 가게가 15년 만에 10개 도시의 34개 지점으로 성장했으며 지점마다 열렬한 단골손님이 있다. 3,000개 이상의 식료품점에서 제니아이스크림의 제품을 찾을 수 있는데, 이는 선한 일을 하면 지역사회와 회사 모두에 이익이 된다는 사실을 시사한다.

통합적 마케팅 계획과 마케팅 프로그램 개발

기업의 마케팅 전략은 목표고객이 누구인지, 이들에게 가치를 창출하기 위한 방법은 무엇인지를 다룬다. 그리고 마케터는 목표고객에게 기업이 의도하는 가치를 실제로 전달하기 위한 통합적 마케팅 프로그램을 개발한다. 마케팅 프로그램은 마케팅 전략을 행동으로 전환함으로써 고객 관계를 구축한다. 마케팅 프로그램은 마케팅믹스로 구성되는데, 마케팅믹스는 기업이 마케팅 전략을 실행하기 위해 사용하는 마케팅 도구의 집합을 말한다.

주요한 마케팅믹스 도구는 네 가지 유형으로 분류되는데 이를 마케팅의 4P[제품(Product), 가격(Price), 유통(Place), 촉진(Promotion)]라고 한다. 목표고객에게 가치 제안을 전달하기 위해 기업은 먼저 욕구를 충족하는 시장 제공물을 창출해야 한다(제품). 그리고 그 제공물의 적정 가격을 책정하고(가격), 어떤 유통경로를 통해 목표고객이 제공물을 구입할지 결정해야 하며(유통), 목표고객에게 제공물의 존재를 알리고 제공물의 장점을 설득해야 한다(촉진). 기업은 각 마케팅믹스 도구를 잘 결합하여 선택된 목표고객에게 기업이 의도하는 가치를 알리고 전달하는 통합적 마케팅 프로그램(integrated marketing program)을 개발해야 한다. 마케팅 프로그램과 마케팅믹스는 이어지는 장들에서 더 자세히 다룰 것이다.

저자 코멘트 | 마케팅 프로세스의 1~3단계를 잘 수행하면 4단계, 즉 고객 관계 구축 및 관리를 위한 단계에 이른다.

고객 관계 경영과 고객 가치 획득

학습목표 1-4 고객 관계 관리를 이해하고, 고객을 위해 가치를 창출하고 그 대가로 이익을 얻기 위한 전략을 살펴본다.

고객 관계 경영

마케팅 프로세스의 처음 세 단계, 즉 시장과 고객 욕구 이해, 고객 지향적 마케팅 전략 개발, 마케팅 프로그램 개발은 기업에 가장 중요한 네 번째 단계, 즉 고객 인게이지먼트와 수익성 있는 고객 관계 구축으로 연결된다. 여기서는 고객 관계 관리의 기본 개념을 파악한 다음, 오늘날과 같은 디지털 마케팅 시대에 어떻게 기업이 고객을 관여시키는지 좀 더 깊이 있게 알아보자.

고객 관계 관리

고객 관계 관리(CRM) 탁월한 고객 가치와 고객 만족을 제공함으로써 수익성 있는 고객 관계를 구축·유지하는 전반적인 과정

고객 관계 관리는 현대 마케팅에서 가장 중요한 개념이다. 보다 넓은 의미에서 **고객 관계 관리**(customer relationship management, CRM)는 탁월한 고객 가치와 고객 만족을 제공함으로써 수익성 있는 고객 관계를 구축·유지하는 전반적인 과정으로 정의된다. CRM은 고객 획득, 관계 유

지, 육성을 모두 다룬다.

고객 관계 구축의 근간: 고객 가치와 고객 만족 지속적인 고객 관계 구축의 핵심은 탁월한 고객 가치와 고객 만족을 창출하는 것이다. 만족한 고객은 충성고객이 될 가능성이 높으며 해당 기업의 제품을 많이 구매하게 될 것이다.

고객을 획득·유지하는 것은 어려운 일이다. 고객은 흔히 수많은 제품과 서비스 대안 중 하나를 선택한다. 고객은 가장 높이 **고객의 지각 가치**(customer-perceived value)를 제공하는 기업의 제품을 구매하는데, 고객의 지각 가치는 한 기업의 시장 제공물로부터 얻게 될 모든 편익과 이를 위해 지불해야 하는 모든 비용 간의 차이를 경쟁사의 제공물과 비교·평가한 것으로 정의된다. 중요한 점은 고객이 종종 제품의 가치와 비용을 '정확하게' 혹은 '객관적으로' 판단하지 못한다는 것이다. 고객은 지각 가치에 근거하여 구매한다.

고객의 지각 가치
한 기업의 시장 제공물로부터 얻게 될 모든 편익과 이를 위해 지불해야 하는 모든 비용 간의 차이를 경쟁사의 제공물과 비교·평가한 것

가치라는 것이 어떤 소비자에게는 적정 가격의 괜찮은 제품을 의미할 수도 있고, 또 어떤 소비자에게는 더 많은 비용을 내고 더 많이 얻는 것을 의미할 수도 있다. ● 예를 들어 고급스러운 파테크필리프(Patek Philippe) 시계는 2만~50만 달러에 달하지만 이를 하나 소유한 사람에게는 큰 값어치를 한다.[13]

● 고객 가치: 파테크필리프 시계는 2만~50만 달러에 달하지만 이를 하나 소유한 사람에게는 큰 값어치를 한다. "당신은 파테크필리프의 시계를 소유하는 것이 아닙니다. 당신은 다음 세대를 위해 이를 돌보는 것입니다."
Patek Philippe Geneva

귀 기울여보라. 2만~50만 달러의 시계가 왜 비싸지 않고 가치가 있는지 설명하겠다. 파테크필리프의 모든 시계는 스위스의 시계 장인이 엄선된 부품으로 만드는 데 1년이 넘게 걸린다. 아직도 믿음이 가지 않는가? 정확한 시간을 지키는 것 이상으로 파테크필리프 시계는 좋은 투자이다. 고가를 유지하면서도 시간이 갈수록 그 가치가 유지되거나 올라간다. 많은 모델이 지구상에서 가장 탐나는 시계로서 일종의 신화적 존재가 되었다.

그러나 시간을 알려주는 수단이나 좋은 투자보다 더 중요한 것은 파테크필리프를 소유하는 것의 감성적·정서적 가치이다. 파테크필리프의 대표는 이렇게 말한다. "이는 열정을 말한다. 말하자면 파테크필리프 시계가 하나의 꿈이라는 것이다. 그렇지 않다면 아무도 파테크필리프 시계를 필요로 하지 않을 것이다." 파테크필리프 시계는 소중한 추억이 담긴 독특한 소유물로서 집안의 귀한 자산이 된다. 이 기업의 한 관계자에 따르면 "파테크필리프 시계를 구매한다는 것은 직업적인 성공이나 결혼 또는 자녀의 탄생과 같은 개인적인 사건이고, 선물로 주는 것은 사랑이나 애정을 가장 잘 표현하는 것"이다. 파테크필리프 시계는 대를 이어 사용할 수 있도록 만들어졌다. 한 광고에는 이렇게 쓰여 있다. "당신은 파테크필리프의 시계를 소유하는 것이 아닙니다. 당신은 다음 세대를 위해 이를 돌보는 것입니다." 그래서 심지어 2배의 가격에 거래되기도 한다.

고객 만족
제품의 지각된 성능이 구매자의 기대치와 일치하는 정도

고객 만족(customer satisfaction)은 구매자의 기대치에 비해 제품의 지각된 성능이 어떤지에 달려 있다. 제품의 지각된 성능이 기대치에 미치지 못하면 고객은 불만족할 것이고, 기대치와 일치하면 만족할 것이다. 만약 지각된 성능이 기대치보다 높으면 고객은 매우 만족하거나 감동할 것이다.

우수한 마케팅 기업은 중요한 고객을 지속적으로 만족시키는 데 전력을 다한다. 대부분의 연구에 따르면 더 높은 수준의 고객 만족은 더 높은 고객 충성도, 나아가 더 나은 기업 성과를 발생시키는 것으로 나타났다. 현명한 기업은 자신이 제공할 수 있는 것만을 약속하고, 또한 약속한 것보

다 더 많은 것을 제공함으로써 고객을 감동시킨다. 감동한 고객은 반복 구매를 할 뿐만 아니라 고객 전도사(customer evangelist)가 되어 주위 사람들에게 긍정적인 사용 경험을 전파한다.

고객을 감동시키는 데 관심을 두는 기업의 경우 매우 높은 가치와 서비스를 제공하는 것이 기업 전체 문화의 일부분이다. 예를 들어 미국을 대표하는 아웃도어 장비와 공구 소매점인 엘엘빈(L.L.Bean)은 고객 만족을 유지하는 것이 지속적인 고객 관계 구축의 핵심이라는 원칙을 바탕으로 설립되었다.[14]

● 고객 만족: 고객 서비스 챔피언인 엘엘빈은 지속적인 고객 만족이라는 원칙을 바탕으로 설립되었다. "우리 제품 중 하나라도 100% 만족하지 못한다면 구입 후 1년 안에 환불받을 수 있습니다."
Eyal Dayan Photography

매년 엘엘빈은 J.D. 파워의 '고객 서비스 챔피언' 목록을 포함하여 거의 모든 상위 서비스 기업 목록의 10위권 안에 든다. 엘엘빈에서는 고객 서비스 문화가 깊이 흐르고 있다. 100여 년 전 리언 리언우드 빈(Leon Leonwood Bean)은 다음과 같은 고객 보증에 표현된 철저한 고객 만족의 철학을 바탕으로 엘엘빈을 설립했다. "내가 판매한 제품이 닳아서 없어질 때까지 고객이 만족하지 않는다면 판매가 완료된 것이 아니다." ● 오늘날 고객은 제품 구입 후 1년까지는 묻지도 따지지도 않고 반품을 할 수 있다.

엘엘빈의 고객 서비스 철학은 '고객이란 무엇인가?'라는 질문에 대한 창업주의 대답에 잘 드러나 있다. 그의 대답은 여전히 기업 가치관의 근간을 이루고 있다. "고객은 직접 찾아오건 우편으로 문의하건 엘엘빈에서 가장 중요한 사람이다. 고객이 우리에게 의존하는 것이 아니라 우리가 고객에게 의존하고 있다. 고객은 우리의 업무를 방해하는 것이 아니라 우리 회사가 존재하는 이유이다. 우리가 고객을 응대함으로 고객에게 호의를 베푸는 것이 아니라 고객은 우리가 호의를 베풀 수 있는 기회를 줌으로써 우리에게 호의를 베풀고 있다. 고객은 우리가 왈가왈부하거나 맞상대할 대상이 아니다. 아무도 고객과의 언쟁에서 이기지 못했다. 고객은 자신의 욕구를 가지고 오는 사람이다. 고객의 욕구를 고객과 우리에게 이익이 되게 다루는 것은 우리의 몫이다." 또한 엘엘빈의 전 CEO인 리언 고먼(Leon Gorman)은 다음과 같이 덧붙였다. "많은 사람은 고객 서비스에 관해 환상적인 이야기를 하고 있지만, 그것은 하루가 오든 가든 끊임없이 계속되는 지속적이고 연민 어린 활동이라 할 수 있다."

서비스 영웅담으로 넘쳐나는 또 다른 기업은 아마존닷컴, 칙필레(Chick-fil-A), 노드스트롬, 제트블루항공 등이다. 그러나 고객 감동을 이루기 위해 정도가 지나친 서비스를 제공할 필요는 없다. 예를 들어 거품을 빼고 기본에 충실한 식료품 업체 알디(ALDI)는 고객 스스로 식료품을 봉지에 담아야 하지만 매우 만족하는 고객을 보유하고 있다. 언제나 좋은 품질의 제품을 매우 저렴한 가격에 판매하는 알디의 정책은 고객을 매우 기쁘게 하고 계속 재방문하게 만든다. 따라서 고객 만족은 영웅적인 서비스 노력에서 비롯되는 것이 아니라 기업이 기본적인 가치 제안을 얼마나 잘 실행하고 고객이 당면한 구매 문제를 해결하는 데 얼마나 도움을 주는지에 달려 있다.

고객 중심의 기업은 경쟁사에 비해 높은 수준의 고객 만족을 이루려고 하지만 고객 만족을 극대화하려고 하지는 않는다. 기업은 가격을 낮추거나 서비스를 향상하여 고객 만족을 높일 수 있으나 이렇게 하면 기업의 이윤이 떨어질 수도 있다. 따라서 마케팅의 목표는 고객 가치를 수익성 있게 창출하는 것이며, 이를 위해서는 미묘한 균형점을 찾아야 한다. 마케터는 손해를 보지 않고서 끊임없이 고객 가치와 만족을 창출해야 한다.

고객 관계의 수준과 고객 관계 구축의 도구 기업은 목표시장의 성격에 따라 다양한 수준에서 고객 관계를 구축할 수 있다. 이익 기여도가 낮은 고객에 대해 기업은 기본적인 관계 형성만을 추구하기도 하는데, 이는 가장 낮은 수준의 고객 관계이다. 예를 들어 P&G의 세탁세제 브랜드 타이드(Tide)는 고객과 개인적 관계를 형성하기 위해 모든 고객에게 직접 전화를 걸거나 방문하기보다는 제품 경험, 브랜드 구축 광고, 웹사이트, 소셜미디어를 활용하여 고객 인게이지먼트와 관계를 창출한다. 한편 마진율이 높은 소수의 핵심 고객을 대상으로 완벽한 파트너십을 형성할 수 있는데, 이는 가장 높은 수준의 고객 관계이다. 예를 들어 P&G의 영업 책임자들은 타이드를 취급하는 월마트, 크로거(Kroger) 등의 대형 소매업체와 긴밀한 협력 관계를 구축한다. 이와 같은 양극단 사이에서 기업은 다양한 수준의 고객 관계를 개발할 수 있다.

마케터는 일관성 있게 높은 고객 가치와 고객 만족을 제공할 뿐만 아니라 고객과 더욱 강력한 유대 관계를 구축하기 위해 다양한 마케팅 도구를 활용할 수 있다. 예를 들어 많은 기업은 자주 또는 대량으로 구매하는 고객에게 보상하는 정책인 상용고객 우대 마케팅 프로그램(frequency marketing program)을 시행한다. 항공사는 누적 점수 기반의 보상 프로그램을 시행하고, 호텔은 상용고객에게 업그레이드된 방을 제공하며, 슈퍼마켓은 단골고객에게 할인을 해준다.

● 관계 마케팅 도구: 힐튼호텔의 스마트폰 앱인 H아너스는 객실과 시설 이용 옵션을 고객 스스로 선택할 수 있게 함으로써 고객의 브랜드 경험을 강화한다.
Halil ERDOĞAN/123rf.com

오늘날 대부분의 브랜드는 상용고객 우대 프로그램을 마련하고 있다. 이러한 프로그램은 고객의 브랜드 경험을 향상하고 강화할 수 있다. ● 예를 들어 힐튼호텔의 상용고객 우대 프로그램인 H아너스(HHonors)의 경우 고객이 무료 숙박이나 업그레이드를 위해 사용할 수 있는 포인트를 얻으며, 이 누적 포인트는 비행기 예약을 위한 마일리지로도 전환 가능하다. 또한 고객 전용 H아너스 앱을 통해 고객은 숙박 옵션을 선택할 수 있다. 호텔에 도착하기도 전에 e체크인이 가능하며 객실 내 혜택(베개, 스낵 등)을 선택하는 옵션도 제공한다. 여행객은 도착하기도 전에 디지털 프로그램이나 구글 맵을 통해 객실의 전망을 보고 원하는 객실을 선택할 수 있다. 또한 H아너스 앱은 디지털 키의 역할도 하여 고객이 프런트에 가지 않아도 된다. 이 앱의 또 다른 기능은 사용자의 향후 여행을 위한 맞춤 콘텐츠, 우버 차량 서비스 요청 옵션, 식당 추천 등이다. 또한 이후의 숙박에 대비하여 선호하는 호텔이나 객실이 있는지도 알려준다.[15]

고객과 브랜드의 관계에 상당한 변화가 일어나고 있다. 인터넷과 온라인, 모바일, 소셜미디어 등 오늘날의 디지털 기술은 사람들이 서로 관계를 갖는 방식에 큰 변화를 일으켰다. 결과적으로 이러한 사실은 기업과 브랜드가 고객과 관계를 맺는 방식, 고객끼리 연결되어 서로의 브랜드 행동에 영향을 끼치는 방식에 큰 영향을 주었다.

고객 인게이지먼트와 오늘날의 디지털, 모바일, 소셜미디어

디지털 시대가 열리면서 웹사이트, 온라인 광고와 동영상, 모바일 광고물과 앱, 블로그, 온라인 커뮤니티, 주요 소셜미디어(예: 페이스북, 트위터, 인스타그램, 유튜브, 스냅챗)에 이르기까지 새로운 고객 관계 구축 도구가 쏟아져나왔다.

과거의 기업은 여러 세분시장의 고객과 거래하기 위해 주로 매스마케팅에 의존했다. 이와 달리 오늘날의 기업은 목표고객을 더욱 엄선하고 고객과 더욱 깊고 상호작용적인 방식으로 교류하기 위해 온라인, 모바일, 소셜미디어를 활용하고 있다. 과거의 마케팅은 자사 브랜드를 소비자에게 일

고객 인게이지먼트 마케팅
브랜드에 관한 대화, 브랜드 경험, 브랜드커뮤니티를 형성하는 과정에 직접적·지속적으로 고객을 관여시키는 것

방적으로 전달하는 활동이었다. 그러나 오늘날의 마케팅은 **고객 인게이지먼트 마케팅**(customer-engagement marketing)으로, 이는 브랜드에 관한 대화, 브랜드 경험, 브랜드커뮤니티를 형성하는 과정에 직접적·지속적으로 고객을 관여시키는 것이다. 고객 인게이지먼트 마케팅은 단순히 브랜드를 고객에게 판매하는 데에서 진일보하여 자사 브랜드를 고객의 대화와 삶에 의미 있는 부분으로 만드는 것을 목표로 한다.

인터넷과 소셜미디어 이용의 급증은 고객 인게이지먼트 마케팅을 크게 활성화했다. 오늘날의 소비자는 더 나은 정보를 얻을 수 있고, 더 많은 사람과 연결되어 있으며, 과거 그 어느 때보다도 더 많은 힘을 갖게 되었다. 새롭게 무장한 소비자는 브랜드에 관해 더 많은 정보를 가지고 있으며, 브랜드에 대한 자신의 관점을 다른 사람들에게 알리고 그들과 공유하기 위한 다양한 디지털 플랫폼을 이용할 수 있게 되었다. 따라서 이제 마케터는 고객 관계 관리뿐 아니라 고객에 의한 관계 관리(customer-managed relationships)도 받아들이고 있다. 여기서 고객에 의한(고객 주도) 관계 관리란 고객이 자신의 브랜드 경험을 구축하는 데 도움이 되도록 기업 및 다른 고객들과 연결하는 것을 말한다. 마케터는 브랜드 충성도와 구매를 활성화하는 것에서 한 발 더 나아가, 만족한 고객이 브랜드에 대해 다른 사람들과 호의적인 상호작용을 하는 **고객 브랜드 옹호**(consumer brand advocacy)를 창출하고자 한다.

고객 브랜드 옹호
만족한 고객이 브랜드에 대해 다른 사람들과 호의적인 상호작용을 하는 것

소비자가 더 많은 힘을 가지고 있다는 것은 기업이 더 이상 주입식 마케팅(marketing by intrusion)에 의존할 수 없음을 의미한다. 이제 기업은 소비자의 마음을 끄는 마케팅(marketing by attraction), 즉 소비자를 방해하는(소비자에게 끼어드는) 것이 아니라 자발적으로 관여시키는 시장 제공물과 메시지를 창출하려는 노력을 실천해야 한다. 그러므로 대다수 마케터는 이제 매스미디어 마케팅 노력뿐 아니라 브랜드-고객 인게이지먼트와 대화를 촉진하고 고객 브랜드 옹호를 위해 온라인, 모바일, 소셜미디어 마케팅을 함께 수행하고 있다.

예를 들어 기업은 온라인상에서 입소문이 나기를 기대하면서 최신 광고와 동영상을 소셜미디어에 올린다. 기업은 고객들 간의 대화의 장을 열고, 고객 서비스 문제를 해결하고, 고객의 반응을 조사하고, 브랜드 관련 기사, 웹 및 모바일 마케팅 사이트, 콘테스트, 동영상, 기타 브랜드 활동으로 트래픽을 유도하기 위해 페이스북, 인스타그램, 트위터, 스냅챗, 유튜브, 링크드인 등의 소셜미디어를 이용한다. 기업은 보다 사적이고 상호작용적인 수준에서 고객이 관여되기를 기대하면서 자사 블로그, 모바일 앱, 브랜드 마이크로사이트, 고객이 생성하는 리뷰 시스템 등을 제공한다. 소셜미디어를 능숙하게 사용하면 고객이 브랜드와 가까워지고, 브랜드에 대해 이야기하고, 다른 사람들에게 브랜드를 권하게 될 것이다.

고객 인게이지먼트 마케팅의 핵심은 고객의 참여를 유발하고 그들과 관련성이 있는 브랜드 메시지를 가지고 고객의 대화에 참여하는 방안을 찾아내는 것이다. 단순히 재미있는 동영상을 올리거나, 소셜미디어 페이지를 만들거나, 블로그를 호스팅하는 것만으로는 충분하지 않다. 성공적인 고객 인게이지먼트 마케팅은 목표고객의 삶과 고객 간 대화에 관련성이 있으면서 진정한 공헌이 이루어지는 것을 의미한다. 스무디와 주스 회사인 이노센트드링크(Innocent Drinks)를 살펴보자.[16]

● 고객 인게이지먼트: 이노센트드링크는 공격적이고 상업적인 메시지를 전하는 대신 아주 재미있고 비공식적인 방식으로 고객과 소통하여 고객과의 관계를 강화한다.
AL Robinson/Shutterstock

● 이노센트드링크는 '유럽에서 가장 좋아하는 작은 주스 회사'를 목표로 1998년에 설립되었다. 이 회사의 성공 요인은 건강한 식생활과 삶을 추구하는 트렌드에 부합하는 적절한 타이밍이었다. 이

노센트드링크는 공격적이고 상업적인 메시지를 전하는 대신 아주 재미있고 비공식적인 방식으로 고객과 소통했다. 고객 인게이지먼트 마케팅을 통해 이노센트드링크는 고객이 가치 있고 브랜드의 일부라고 느끼도록 고객과 매우 친밀한 개인적인 관계를 조성했다. 이는 가볍고 재미있는 포장 디자인에 잘 드러나 있다. 예를 들어 스무디 병에는 'use by(…까지 사용하세요)' 대신 'enjoy by(…까지 즐기세요)'라고 표기되어 있다. 이노센트드링크의 소셜미디어 전략은 대화를 강조하고 종종 엄숙하지 않은 방식을 사용한다. 게시물은 적절한 주제, 키워드, 해시태그를 건조한 유머 감각으로 다루지만 주스나 스무디 판매와는 전혀 상관이 없다. 공유 게시물에는 반응이 되돌아온다. 펭귄 인식의 날(Penguins Awareness Day)을 맞아 이노센트드링크는 트위터에 자사 제품 어디에도 펭귄이 없다는 문구를 넣은 귀여운 펭귄 만화를 게시했다. 그리고 그림 아래에 덧붙이기를, 그래도 회사가 제몫을 다하고 있다면서 고객에게 이날의 기여에 대해 트윗을 해달라고 요청했다. 이처럼 이노센트드링크는 자사 브랜드의 개성을 고객의 마음속에 심어주면서 고객과의 대화를 창출하고 있다. 이노센트드링크의 관계 지향적인 접근 방식은 트위터에서만 25만 명 이상의 팬과 함께 상당한 팔로워를 확보했다. 이어서 이노센트드링크는 자사 브랜드와 고객의 관계를 더 돈독히 하기 위해 고객이 제작한 콘텐츠를 선택한다.

소비자 주도 마케팅

소비자 주도 마케팅
소비자 스스로 자신의 브랜드 경험과 다른 사람들의 브랜드 경험을 형성하는 데 더 큰 역할을 수행하는 것

고객 인게이지먼트 마케팅의 대표적 유형은 **소비자 주도 마케팅**(consumer-generated marketing)으로, 이는 소비자 스스로 자신의 브랜드 경험과 다른 사람들의 브랜드 경험을 형성하는 데 더 큰 역할을 수행하는 것을 말한다. 이러한 마케팅은 소셜미디어, 블로그, 온라인 리뷰 사이트 및 기타 디지털 포럼에서 소비자 대 소비자 의견 교환을 통해 이루어질 수 있다. 그러나 점점 더 많은 기업이 제품과 브랜드에 관한 콘텐츠를 형성하는 데 보다 능동적인 역할을 수행하기 위해 소비자를 직접 초청하고 있다.

어떤 기업은 고객에게 신제품 아이디어를 요청하기도 한다. 예를 들어 최근에 오레오는 고객에게 새로운 맛에 관한 아이디어를 요구하는 #MyOreoCreation이라는 콘테스트를 진행했다. 또 다른 예로 스타벅스는 My Starbucks Idea 사이트에서 신제품, 매장의 변화, 고객의 스타벅스 경험에 도움이 될 만한 고객의 아이디어를 수집한다. 사이트에서 스타벅스는 이렇게 말한다. "스타벅스로부터 원하는 것이 무엇인지 당신은 그 누구보다 잘 알고 있습니다. 우리에게 말해주세요. 스타벅스에 대한 당신의 아이디어는 무엇인가요? 혁신적인 것이든 단순한 것이든 우리는 당신의 이야기를 듣고 싶어요." 이 사이트에서는 고객을 초대하여 아이디어를 공유하고, 다른 사람의 아이디어에 대해 투표하고 토의하며, 스타벅스가 어떤 고객의 아이디어를 실행에 옮겼는지 볼 수 있다.[17]

고객을 초청하여 자사 광고나 소셜미디어 콘텐츠를 만들게 하는 기업도 있다. 예를 들면 전기자동차를 만드는 테슬라는 트위터에서 대중에게 순위를 묻는 방식으로 팬이 만든 광고 콘테스트를 개최했는데, 결선 진출자 10명 가운데 '놀라울 만큼 저렴한 예산'이 든 광고 3개가 선정되었다. 테슬라는 모델 3라는 세단을 출시하면서 결선 진출자들의 광고를 온라인에 게시하여 수백만 건의 조회 수를 기록하고 테슬라 열성 팬들 간의 상호작용을 촉발했다. ● 1위는 유튜버 소냐 야산스키(Sonja Jasansky)가 제작한 'Sonja's Super Quick Tesla Fan Video'가 차지했는데, 매우 빠르고 기발한 이 동영상은 테슬라의 사양을 부각하면서 전기차에 관한 일반적인 오해를 풀어주었다.[18]

● 소비자 주도 마케팅: 테슬라는 '놀랍도록 저렴한 예산'으로 팬이 제작한 광고 콘테스트를 통해 수백만 건의 조회 수를 기록하고 테슬라 열성 팬들 간의 상호작용을 촉발했다.
Sonja Maria Jasansky

이처럼 성공적인 사례도 있지만 소비자 제작 콘텐츠를 사용하는 것은 시간과 비용이 많이 들 수도 있으며, 기업은 제출된 모든 콘텐츠 가운데 작은 금을 발견하는 데 어려움을 겪기도 한다. 게다가 소비자가 소셜미디어 콘텐츠에 과도하게 개입할 수 있기 때문에 자칫하다가는 역효과를 초래할 수도 있다. 한 예로, 맥도날드는 해시태그 #McDStories를 사용하는 트위터 캠페인을 펼치면서 해피밀과 관련된 따뜻한 이야기를 불러일으킬 것으로 기대했다. 하지만 결과는 정반대였다. 트위터 사용자들이 패스트푸드점에서의 부정적인 경험을 담은 메시지를 올림으로써 해시태그가 배시태그(bashtag: 비난하는 의견을 올리는 데 사용되는 해시태그)로 변했다. 맥도날드는 2시간 만에 이 캠페인을 접었지만 부정적 의견을 담은 해시태그는 몇 주, 심지어 몇 달이 지난 후에도 확산되었다.[19]

소비자가 서로 연결되고 그들의 힘이 커지며 디지털 및 소셜미디어의 인기가 계속됨에 따라, 소비자의 브랜드 인게이지먼트는 마케터의 초청으로 이루어졌든 소비자 자신의 의사에 따른 것이든 중요한 마케팅 요인으로 부상할 것이다. 소비자가 만든 동영상, 공유 리뷰, 모바일 앱, 블로그, 웹사이트를 통해 소비자는 자신의 브랜드 경험과 다른 소비자들의 브랜드 경험을 형성하는 데 점점 더 큰 역할을 하고 있다. 브랜드는 이러한 소비자 임파워먼트를 수용하고 디지털 및 소셜미디어 기반의 고객 관계 도구를 잘 활용해야 한다.

파트너 관계 관리

오늘날의 마케터는 고객 가치 창출과 강력한 고객 관계 구축이 혼자만의 노력으로 실현될 수 없음을 알고 있으며, 그것을 실현하기 위해 다양한 마케팅 파트너와 긴밀한 협력 관계를 구축해야 한다. 마케터는 고객 관계 관리뿐만 아니라 **파트너 관계 관리**(partner relationship management)도 잘해야 한다. 즉 더 나은 고객 가치를 창출하기 위해 기업 내·외부의 파트너와 긴밀하게 공동 작업을 해야 한다.

파트너 관계 관리
더 나은 고객 가치를 창출하기 위해 기업 내·외부의 파트너와 긴밀하게 공동 작업을 하는 것

전통적으로 마케터는 고객을 이해하고 기업 내 여러 부서에 대한 고객의 욕구를 대변하는 역할을 맡아왔다. 그러나 연결성의 시대인 오늘날에는 모든 부서가 고객과 상호작용할 수 있다. 기업 내에서 맡은 직무가 무엇이든 마케팅을 이해해야 하고 고객 지향적이어야 한다. 이에 따라 기업은 각 부서가 고유 업무를 독립적으로 수행하도록 내버려두는 것이 아니라 고객 가치 창출이라는 공동의 목표를 중심으로 모든 부서를 상호 연결시키고 있다.

또한 마케터는 공급업체, 경로 파트너, 기업 외부의 이해관계자와 파트너 관계를 형성해야 한다. 마케팅 경로는 기업과 구매자를 연결해주는 도매업체, 소매업체, 물류업체 등으로 구성된다. 공급 체인(supply chain)은 원자재부터 부품 및 최종 구매자에게 판매되는 최종 제품에 이르기까지 보다 긴 채널을 말한다. 최근 들어 많은 기업이 공급 체인 관리를 통해 공급 체인의 모든 구성원과 파트너십을 강화하고 있다. 이들은 기업의 성공 여부가 자신의 노력뿐 아니라 자사의 전체 공급 체인이 경쟁사의 공급 체인보다 얼마나 더 좋은 성과를 내는가에 의해서도 결정된다는 것을 알고 있다.

고객으로부터의 기업 가치 획득

저자 코멘트 | 그림 1.1을 다시 보라. 마케팅 프로세스의 1~4단계에서 기업은 목표고객을 위한 가치를 창출하고 관여와 강력한 관계를 구축한다. 이를 잘하면 브랜드를 구매하고 옹호하는 충성도 높은 고객으로부터 가치를 얻을 수 있다.

마케팅 프로세스의 1~4단계는 탁월한 고객 가치 창출과 전달을 통해 고객 관계를 구축하는 과정에 관한 것이다. 이 과정의 마지막 단계는 그 대가로 기업 가치를 획득하는 것인데, 이는 현재와 미래의 매출, 시장 점유율, 소비자 옹호, 이익 등의 형태로 나타난다. 기업은 탁월한 고객 가치 창출을 통해 매우 만족한 고객을 얻으며, 이들은 충성고객이 되어 더 많이 구매하고 브랜드를 다른 사람에게 적극 권한다. 이렇게 고객 가치를 창출하고 전달하는 것은 기업에 장기적인 보상이 제공됨

을 의미한다. 이 절에서는 고객 가치 창출의 결과물인 고객 충성도와 고객 유지, 시장 점유율과 고객 점유율, 고객 자산에 대해 알아보자.

고객 충성도와 고객 유지 창출

훌륭한 고객 관계 관리는 고객 만족을 가져온다. 만족한 고객은 충성고객이 되고 기업과 그 제품에 대해 긍정적인 입소문을 낸다. 많은 연구 결과에 따르면 덜 만족한 고객, 다소 만족한 고객, 매우 만족한 고객의 충성도는 큰 차이를 보인다. 매우 만족이라는 평가에서 조금만 떨어져도 고객 충성도의 상당한 감소를 초래한다. 따라서 고객 관계 관리의 목표는 단순히 고객 만족을 창출하는 데 있는 것이 아니라 고객 감동(customer delight)을 창출하는 데 있다.

고객 충성도를 유지하는 것은 경제적인 측면에서 이치에 맞다. 충성고객은 돈을 더 많이 쓰고 더 오래 머무른다. 조사 결과에 따르면 신규 고객을 얻는 것보다 기존 고객을 유지하는 것이 5배 더 저렴한 것으로 나타난다. 반대로 기존 고객을 잃는 것은 기업에 큰 손실이 될 수 있다. 고객 한 명을 잃는 것은 한 번의 매출 손실 그 이상을 의미한다. 즉 이는 한 고객이 기업과 거래 관계를 유지하는 기간 동안 발생하는 누적 구매(고객 생애가치)를 잃는 것을 의미한다. 다음 사례는 **고객 생애가치**(customer lifetime value)의 중요성을 여실히 보여준다.[20]

고객 생애가치
한 고객이 기업과 거래 관계를 유지하는 동안 발생한 누적 구매의 가치

미국 코네티컷주, 뉴저지주, 뉴욕주에서 슈퍼마켓을 운영하면서 높은 수익을 올리고 있는 스튜 레너드(Stew Leonard)는 불만스러워하는 고객을 볼 때마다 5만 달러의 수입이 날아가는 것 같다고 말한다. 평균적으로 한 고객이 한 주에 100달러를 지출하고, 1년에 50주 정도 매장을 찾으며, 10년 정도 그 지역에서 살기 때문에, 고객이 불쾌한 경험을 하여 다른 슈퍼마켓으로 옮겨간다면 스튜레너즈(Stew Leonard's)는 5만 달러의 수입을 잃게 되는 셈이다. 실망한 고객이 자신의 부정적인 경험을 다른 고객들에게 전달하여 그들도 슈퍼마켓을 옮긴다면 손해는 더욱 커질 것이다.

스튜레너즈는 고객이 계속 재방문하도록 '슈퍼마켓의 디즈니랜드'라는 이벤트를 개발했는데, 이는 재미있는 복장을 한 캐릭터, 정기적인 오락 프로그램, 애완동물 동물원, 점포 구석구석에 설치된 애니메이션 장치 등이 그 예이다. 1969년 작은 식료품점으로 시작한 스튜레너즈는 놀라운 속도로 성장했다. 스튜레너즈는 30개 매장을 더 늘려 매주 30만 명 이상의 고객을 대상으로 영업을 하고 있다. ● 이러한 많은 충성고객은 고객 서비스를 위한 열정적인 노력에서 비롯된 것이다. 스튜레너즈의 첫 번째 경영 원칙은 '고객은 항상 옳다', 두 번째 경영 원칙은 '고객이 틀렸더라도 첫 번째 경영 원칙을 다시 읽는다'이다.

● 고객 생애가치: 스튜레너즈는 고객이 계속 재방문하도록 '슈퍼마켓의 디즈니랜드'라는 이벤트를 개발했다. 스튜레너즈의 첫 번째 경영 원칙은 '고객은 항상 옳다', 두 번째 경영 원칙은 '고객이 틀렸더라도 첫 번째 경영 원칙을 다시 읽는다'이다.
Courtesy of Stew Leonard's

이 밖에도 많은 기업이 고객 생애가치를 평가하고 있다. 렉서스는 만족한 충성고객 한 명이 60만 달러의 생애가치를 창출하는 것으로 추정한다. 스타벅스 고객의 추정 생애가치는 1만 4,000달러 이상이다.[21] 사실 기업은 한 번의 특정 거래에서 손실을 입더라도 장기적인 고객 관계를 통해서는 큰 이득을 얻을 수 있을 것이다. 따라서 기업은 고객 관계 구축에 최우선 목표를 두어야 한다. 고객 감동은 이성적 판단에 따른 제품 선호가 아니라 제품과의 정서적 관계 형성을 창출한다. 그리고 이러한 관계 형성으로 고객은 그 제품을 계속 이용하게 된다.

고객 점유율 증대

고객 점유율
해당 제품 범주에 대한 고객의 구매액 중에서 자사 제품이 차지하는 비율

훌륭한 고객 관계 관리는 우량고객 유지를 통해 고객 생애가치를 얻게 해줄 뿐만 아니라 고객 점유율을 높이는 데 기여할 수 있다. **고객 점유율**(share of customer)은 해당 제품 범주에 대한 고객의 구매액 중에서 자사 제품이 차지하는 비율을 말한다. 따라서 은행은 지갑 점유율을, 슈퍼마켓과 레스토랑은 위장 점유율을, 자동차 회사는 차고 점유율을, 항공사는 여행 점유율을 높이고 싶어 한다.

고객 점유율을 높이기 위해 기업은 기존 고객에게 품목의 다양성을 제공하거나, 기존 고객에게 더 많은 제품과 서비스를 판매하기 위해 교차판매(cross-sell)와 상향판매(up-sell)를 유도하기도 한다. 예를 들어 아마존닷컴은 개별 고객의 상품 구매에서 차지하는 자사 점유율을 높이기 위해 3억 명에 이르는 자사 고객과의 관계를 매우 효과적으로 활용한다.[22]

아마존닷컴에 로그인한 고객은 흔히 원래 의도보다 많이 구매하게 되고, 아마존닷컴은 이러한 일이 일어나도록 모든 노력을 기울인다. 이 온라인 대기업은 상품 구색을 계속 넓혀 1억 가지 이상의 제품을 들여놓음으로써 원스톱 쇼핑으로 최적인 장소로 만들고 있다. 아마존닷컴은 각 고객의 구매 및 탐색 기록을 바탕으로 관심을 가질 만한 관련 제품을 추천한다. 이러한 추천 시스템은 모든 매출 가운데 무려 35%에 달한다. 기발한 아마존 프라임(Amazon Prime)과 아마존 프라임 나우(Amazon Prime Now)라는 배송 프로그램은 고객의 지갑을 여는 데 톡톡히 한몫을 했다. 어느 분석가에 따르면 아마존 프라임의 경우 "가끔 구매하던 고객이 주문을 한 지 이틀(심지어 2시간) 후 배송되자 큰 기쁨을 느끼고 아마존 마니아가 되었다." 이것은 단지 온라인상의 이야기이다. 현재 아마존은 고객의 지갑을 더 열기 위해 소비자 식료품부터 가전제품에 이르기까지 거의 모든 제품을 파는 매장을 여는 등 온라인을 벗어나 오프라인 세계로 빠르게 확장해나가고 있다.

고객 자산 구축

단순히 고객을 새로이 확보하는 것뿐만 아니라 고객을 유지하고 육성하는 것도 마찬가지로 중요하다. 한 기업의 가치는 현재와 미래의 고객으로부터 비롯된다. 고객 관계 관리는 장기적인 관점을 취한다. 기업은 수익성 있는 고객을 창출하는 것에 머무르는 것이 아니라 그들을 평생 동안 '소유함으로써' 고객 생애가치를 얻고 더 높은 구매 점유율을 차지하려 한다.

고객 자산
기존 고객과 잠재고객의 생애가치를 합한 것

고객 자산 고객 관계 관리의 궁극적 목표는 많은 고객 자산을 창출하는 것이다.[23] **고객 자산**(customer equity)은 기존 고객과 잠재고객의 생애가치를 합한 것을 말한다. 그러므로 고객 자산은 어떤 기업이 고객을 기반으로 얻게 될 미래 가치를 가늠할 수 있는 척도이다. 수익성 있는 고객의 충성도가 높아질수록 그 기업의 고객 자산이 증가한다. 고객 자산은 현재의 매출이나 시장 점유율보다 기업 성과를 더 잘 측정하는 지표가 될 수 있다. 매출과 시장 점유율은 과거의 기업 성과를 반영하지만 고객 자산은 미래의 성과를 반영하기 때문이다. 캐딜락 사례를 살펴보자.[24]

1970년대와 1980년대에 걸쳐 캐딜락은 자동차 산업 내에서 가장 높은 충성고객을 확보하고 있었다. 모든 자동차 구매자에게 캐딜락은 미국의 최고급 승용차를 상징했다. 1976년 고급 승용차 시장에서 캐딜락은 51%의 점유율을 차지했고, 시장 점유율과 매출에 근거하면 브랜드의 미래는 장밋빛이었다. 그러나 고객 자산 측정치는 암울한 미래를 보여주었다. 캐딜락 고객은 점점 나이가 들어가(평균 연령 60세) 평균 고객 생애가치가 하락하고 있었다. 많은 캐딜락 고객이 마지막 차를 타고 있었다. 따라서 캐딜락의 시장 점유율은 양호했지만 고객 자산은 그렇지 않았다.

이러한 상황은 BMW와 매우 대조적이다. BMW의 젊고 활기찬 브랜드 이미지는 초기의 시장 점유율 전쟁에서 캐딜락에 비해 유리하지 않았다. 그러나 BMW는 보다 높은 고객 생애가치를 가진 젊은 고객(평균 연령 40세)을 확보하는 데 성공했다. 그 결과 BMW의 시장 점유율과 이익은 갈수록 높아졌지만 캐딜락의 경영성과는 매우 악화되었다. 1980년대에 마침내 BMW는 캐딜락을 따라잡았다. 그

● 고객 자산 관리: 고객 자산을 높이기 위해 캐딜락은 젊은 구매자를 위해 클래식 자동차를 다시 멋지게 만들고 있다. GM은 최근 자사의 첫 전기 전용 자동차를 출시하면서 '캐딜락이 자사의 모든 전기자동차를 이끌 것'이라고 발표했다.
General Motors

후 몇 년 동안 캐딜락은 젊은 소비자를 겨냥한 캐디(Caddy)를 날렵한 고성능 디자인으로 다시 멋지게 만들기 위해 고군분투했다. 최근 들어 캐딜락은 BMW, 아우디 등과 효과적으로 경쟁하기 위해 성능과 디자인을 기반으로 한 마케팅을 펼치고 있다. ● 고성능 고급 SUV와 크로스오버(험한 길과 도심을 동시에 달릴 수 있는 차량)에 집중하고 있으며, GM은 최근 자사의 첫 전기 전용 자동차를 출시하면서 '캐딜락이 자사의 모든 전기자동차를 이끌 것'이라고 발표했다. 여전히 다른 고급 브랜드에는 뒤처지지만, 그 결과로 최근에는 고급 자동차 시장 점유율이 상당히 회복되었다. 이 사례가 시사하는 바는 기업은 현재의 매출과 시장 점유율에만 관심을 두어서는 안 된다는 것이다. 고객 생애가치와 고객 자산이 궁극적인 답이다.

올바른 고객과의 올바른 관계 구축 기업은 고객 자산을 신중하게 관리해야 한다. 고객을 관리하고 그 가치를 극대화해야 하는 자산으로 보아야 한다. 그러나 모든 고객이, 심지어 모든 충성고객조차 좋은 투자 대상이 아니다. 놀랍게도 일부 충성고객은 수익성이 없을 수도 있고 일부 비충성고객이 이익을 가져다줄 수도 있다. 그러면 어떤 고객을 확보하고 유지해야 할까?

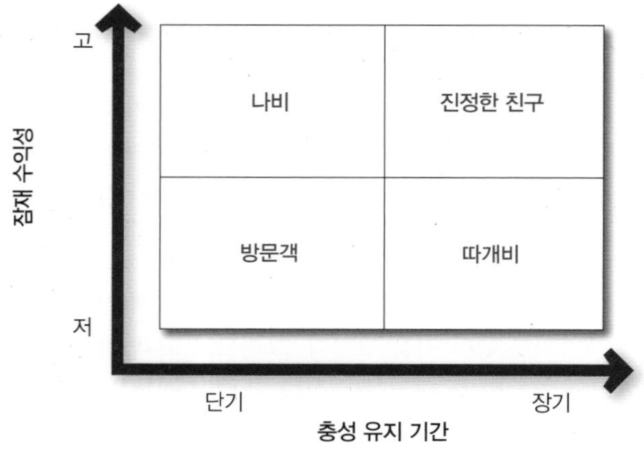

● **그림 1.5**
고객 관계 집단의 유형

기업은 잠재 수익성에 따라 고객을 분류하고 이에 따라 고객 관계를 관리할 수 있다. ● 그림 1.5는 고객의 수익성과 충성 유지 기간을 바탕으로 고객을 네 가지 유형의 고객 관계 집단으로 분류한 것이다.[25] 각 집단은 각기 다른 고객 관계 전략을 필요로 한다. 방문객(stranger) 집단은 낮은 수익성과 짧은 충성 기간의 고객으로, 기업의 제공물과 고객의 욕구 간에 적합성이 별로 없다. 이러한 특성을 지닌 고객에 대한 관계 관리 전략은 단순하다. 즉 이들에게는 전혀 투자할 필요가 없으며 각각의 거래에서 돈을 벌면 된다.

나비(butterfly) 집단은 수익성은 높지만 충성 유지 기간이 짧은 고객을 말한다. 이 고객 집단은 기업의 제공물과 고객 욕구 간의 적합성이 높지만 나비처럼 짧은 기간 동안 제공물을 즐기다가 다른 기업으로 옮겨간다. 자주 그리고 대규모로 주식 거래를 하는 주식시장 투자자들이 좋은 예인데, 이들은 특정 증권 회사와 정상적인 관계를 구축하지 않고 최선의 거래를 제공하는 기업을 계속 탐색한다. 나비 집단을 충성고객으로 전환하려는 노력이 성공을 거두기는 쉽지 않다. 따라서 기업은 이들과 짧은 기간 동안 좋은 거래를 하는 것에 만족해야 한다. 기업은 단발적인 판촉을 통해 이들을 유인하여 서로에게 유익한 거래를 성사시킨 다음 기회가 올 때까지 이들에 대한 투자를 중단해야 한다.

진정한 친구(true friend) 집단은 수익성이 높고 충성 기간이 긴 고객으로, 고객의 욕구와 기업 제공물 간의 적합성이 높다. 기업은 이들에게 감동을 주고 이들을 유지·육성하기 위해 관계 구축에 지속적으로 투자하려 한다. 이들은 정기적으로 재구매하고 그러한 긍정적인 경험을 다른 사람들에게 전달하기 때문에 기업은 진정한 친구 집단을 진정한 신뢰자(true believers) 집단으로 전환하고자 한다.

따개비(barnacle) 집단은 충성 기간이 길지만 수익성이 별로 없는 고객으로, 고객 욕구와 기업 제공물 간의 적합성이 제한적이다. 소액 계좌를 가진 은행 고객이 여기에 해당되는데, 이들은 정기적으로 은행과 거래를 하지만 그 계좌를 유지하는 데 드는 비용을 상쇄할 만큼 충분한 수익을 가져다주지 않는다. 따개비 집단은 배 밑바닥에 붙어 있는 따개비처럼 가장 골치 아픈 고객일 것이다. 기업은 더 많은 제품을 판매하거나, 수수료를 인상하거나, 이들에게 제공하는 서비스 수준을 낮추는 등의 노력을 통해 수익성을 향상할 수도 있다. 그러나 이러한 노력에도 수익성이 향상되지 않는다면 이들과의 거래를 포기해야 한다.

예를 들면 베스트바이(Best Buy)에는 매력적인 반품 정책이 있다. 베스트바이는 일부 고객이 이 정책을 남용한다는 것을 알고 외부 기관인 리테일이퀘이션(Retail Equation)을 이용하여 개별 고객의 반품 행위를 추적하여 기록한다. 이 시스템은 고객의 행위가 반품 사기나 남용을 암시하는 약 1%에 해당하는 구매자를 찾아내도록 설계되어 있다. 특정 점수를 초과하는 구매자에게는 비록 그 고객을 잃을지라도 미래의 반품이 거절당할 것이라고 통보한다. 리테일이퀘이션의 한 임원은 이렇게 말한다. "알려진 원칙 내의 행위가 허용되기는 하지만, 만약 고객이 구입한 제품마다 사용하고 반품하는 것과 같이 원칙의 의도를 위반한다면 베스트바이에 이익을 가져다주는 고객이 아니다."[26]

여기서 중요한 점은 고객의 유형에 따라 다른 고객 인게이지먼트 전략과 고객 관계 전략이 필요하다는 것이다. 따라서 올바른 고객을 선택하여 그들과 올바른 관계를 구축하는 것을 목표로 삼아야 한다.

저자 코멘트 | 마케팅은 진공 상태에서 이루어지는 것이 아니다. 마케팅 프로세스의 5단계를 살펴보았으니 이제 끊임없이 변화하는 시장이 소비자와 마케터에게 어떤 영향을 미치는지 알아보자. 3장에서 이러한 요인과 기타 마케팅 환경 요인을 자세히 다룰 것이다.

새로운 마케팅 추세

학습목표 1-5 관계 경영 시대에 마케팅의 지도를 변화시키는 주요 추세와 요인을 파악한다.

거의 매일 시장에서는 급격한 변화가 일어나고 있다. 그래서 HP의 리처드 러브(Richard Love)는 "변화 속도가 너무 빨라 변신 능력이 경쟁우위가 되고 있다"고 말한다. 뉴욕 양키스의 전설적인 포수 요기 베라(Yogi Berra)는 급속한 환경 변화를 한마디로 이렇게 요약했다. "미래는 과거와 다르다." 따라서 시장이 변하면 이에 발맞추어 기업도 변해야 한다.

이 절에서는 마케팅 환경을 변화시키고 마케팅 전략에 도전하는 주요 추세와 변화 주도 요인, 즉 디지털 시대, 비영리 마케팅의 성장, 급속한 글로벌화, 지속가능 마케팅에 대해 알아보자.

디지털 시대: 온라인, 모바일, 소셜미디어 마케팅

사물 인터넷(IoT)
모든 것과 모든 사람이 모든 것, 다른 모든 사람과 디지털로 연결되는 글로벌 환경

디지털 기술의 폭발적인 성장은 삶의 방식, 즉 의사소통을 하고, 정보를 공유하고, 오락물에 접근하고, 물건을 구매하는 방식에서 근본적인 변화를 초래했다. **사물 인터넷**(Internet of things, IoT) 시대에 온 것을 환영한다. 대략 40억 명(세계 인구의 약 55%)이 온라인에 접속하고 있다. 현재 미국 성인의 80% 정도가 스마트폰을 가지고 있다. 앞으로 디지털 기술이 발전함에 따라 이 수치는 더 커질 것이다.[27]

대부분의 소비자는 디지털 세상에 흠뻑 빠져 있다. 한 연구에 의하면 미국인 중 71%가 잘 때도 휴대전화를 곁에 두고, 3% 정도는 잘 때도 휴대전화를 들고 잔다. 미국에서는 성인 10명 가운데 6명이 온라인 스트리밍을 이용하여 TV를 보고, 85%의 성인은 뉴스를 모바일로 확인한다. 마케터에게 중요한 점은, 스마트폰 사용자 중 79%가 모바일 기기를 이용하여 쇼핑을 하고, 추정컨대 80%의 구매자가 쇼핑을 할 때 매장에서 스마트폰으로 리뷰를 살펴보거나 가격을 비교했다는 것이다.[28]

디지털 및 소셜미디어 마케팅
웹사이트, 소셜미디어, 모바일 광고와 앱, 온라인 동영상, 이메일, 블로그 등의 디지털 마케팅 도구를 이용하여 언제 어디서나 디지털 기기를 통해 소비자를 관여(참여)시키는 것

소비자가 디지털 및 모바일 기술에 푹 빠져 있다는 것은 마케터가 고객 인게이지먼트 수준을 높이는 데 유용한 기회를 제공한다. 따라서 디지털 및 소셜미디어의 급속한 발전과 인터넷은 마케팅 세계를 크게 변화시키고 있다. **디지털 및 소셜미디어 마케팅**(digital and social media marketing)은 웹사이트, 소셜미디어, 모바일 광고와 앱, 온라인 동영상, 이메일, 블로그와 기타 디지털 플랫폼 등의 디지털 마케팅 도구를 이용하여 언제 어디서나 컴퓨터, 스마트폰, 태블릿, 인터넷 TV 등 디지털 기기를 통해 소비자를 관여(참여)시킬 수 있다. 오늘날 모든 기업은 다양한 웹사이트, 뉴스 트윗, 페이스북 페이지, 인스타그램 게시물, 스냅챗 스토리, 유튜브 바이럴 광고와 동영상, 리치미디어 이메일, 모바일 앱 등을 통해 고객에게 다가가 그들의 문제를 해결하고 쇼핑에 도움을 준다.

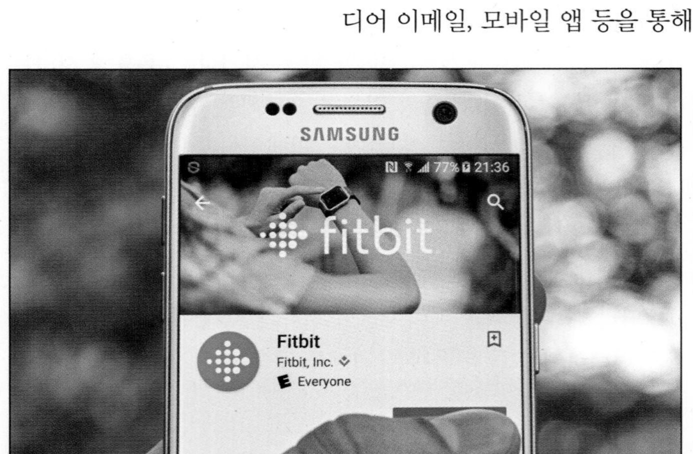

● 온라인 브랜드 커뮤니티: 핏비트 커뮤니티는 핏비트 팬이 다른 사용자들과 영감, 최신 정보, 이정표를 공유하는 소셜허브이다.
dennizn/Shutterstock

가장 기본적인 단계에서 마케터는 정보를 제공하고 제품을 홍보하기 위한 기업 및 브랜드 사이트를 개설한다. 이러한 사이트 중 상당수는 온라인 브랜드 커뮤니티를 운영하며, 이를 통해 고객이 모이고 브랜드와 관련된 관심사와 정보를 교환한다. 예를 들어 화장품 유통업체인 세포라(Sephora)의 뷰티 인사이더 커뮤니티(Beauty Insider Community)는 '세계에서 가장 큰 뷰티 포럼'으로, 소비자가 질문을 하고, 아이디어와 리뷰를 교환하고, 사진을 올리고, 아름다움에 관한 조언과 다른 사람들로부터 영감을 얻을 수 있다. ● 또한 건강관리 앱인 핏비트(Fitbit)의 핏비트 커뮤니티(Fitbit Community)는 이 브랜드를 좋아하는 70만 명을 위한 소셜허브 역할을 한다. 여기는 핏비트 팬은 다른 사용자들과 영감, 최신 정보, 이정표를 공유하고, 40개 주제별 그룹에 가입할 수 있으며, 각 지역의 핏비트 이벤트 정보를 얻고, 브랜드 관련 뉴스와 전문가의 글을 읽을 수 있다. 핏비트는 "사회적 관여가 핵심 동기부여임이 입증되었다"고 말한다. 이 커뮤니티는 "친구와 더 쉽게 교류하고 자신과 마찬가지로 열정을 가진 새로운 사람들을 만나게 해준다."[29]

대다수 기업은 브랜드 사이트뿐 아니라 소셜 및 모바일 미디어를 마케팅믹스에 추가하고 있다.

소셜미디어 마케팅

페이스북, 인스타그램, 트위터, 유튜브, 스냅챗, 핀터레스트, 링크드인 등의 소셜미디어로 연결되는 링크가 없는 브랜드 사이트나 전통적인 미디어 광고는 찾아보기 어렵다. 소셜미디어는 고객 인게이지먼트를 확대하고 사람들이 브랜드에 대해 이야기를 나눌 수 있는 기회를 제공한다.

일부 소셜미디어는 그 규모가 엄청나다. 페이스북의 월 사용자가 23억 명이고 인스타그램은 10억 명, 트위터는 3억 2,600만 명, 스냅챗은 1억 8,600만 명이다. 또한 온라인 소셜 뉴스 커뮤니티인 레딧(Reddit)은 185개국 3억 3,000만 명의 사용자를 보유하고 있다. 한편 카페맘(CafeMom)과 같이 작지만 매우 집중된 소셜미디어도 매우 번창하고 있다. 카페맘은 월간 약 7,500만 명의 엄마들이 활동하는 온라인 커뮤니티로, 해당 커뮤니티의 온라인, 페이스북, 트위터, 핀터레스트, 유튜브, 모바일 사이트에서 의견, 오락물, 위로의 말을 나눈다. 게이머, 프로그래머, 일러스트레이터를 위한 Newgrounds.com, 뜨개질을 하는 사람들을 위한 Ravelry.com과 같은 작은 사이트도 사람들을 끌어모을 수 있다.[30]

온라인 소셜미디어는 사람들이 서로 연결되어 삶에 중요한 정보와 순간을 공유할 수 있는 소위 디지털 가정을 제공한다. 그 결과 실시간 마케팅을 위한 이상적인 플랫폼을 제공함으로써 마케터는 소비자를 브랜드와 중요한 트렌드의 주제, 실시간 이벤트, 명분사업, 개인의 중요한 기념일이나

소비자의 삶에서 일어나는 일들을 연결할 수 있다. 캔디를 만드는 마스(Mars)는 상을 받은 '스니커스 'Snikers Hungerithm(헝거리슴)'이라는 소셜미디어 캠페인을 통해 이를 수행했다. 마스는 인터넷의 '분위기'를 모니터링하고 인터넷이 '화가 났을 때' 실시간 가격인하를 실시했다(마케팅 현장 1.2 참조).

소셜미디어 활용에는 페이스북의 '좋아요', 트윗, 인스타그램 리그램, 유튜브 포스팅 등을 얻기 위해 콘테스트나 판촉을 실시하는 것과 같은 단순한 활동도 포함된다. 그러나 요즘에는 브랜드가 신중하게 통합된 대규모 소셜미디어 프로그램을 만드는 경우가 많다. 예를 들어 에너지 드링크 제조사인 레드불(Red Bull)은 다양한 소셜미디어를 사용하여 열성적인 팬층을 연결하고 고무한다. 레드불은 페이스북에 5,000만 명, 트위터에 200만 명, 인스타그램에 800만 명의 팔로워를 보유하고 있다. 그러나 레드불은 소셜미디어 페이지에서 자사 제품을 거의 언급하지 않는다. 대신 전속력 라이프스타일을 촉진하고 팬과 브랜드의 연결 및 팬끼리의 연결을 도모하고 익스트림 스포츠, 음악, 엔터테인먼트에 관한 공통 관심사를 공유할 수 있는 장을 마련한다. 단순한 에너지 드링크 회사를 벗어난 레드불에 대해 한 분석가는 이렇게 말한다. "레드불은 이제 스포츠 활동과 액션샷을 위한 최고의 브랜드이며, 사용자는 소셜미디어에서 아드레날린이 가득한 게시물을 올리며 추종하고 있다."[31]

모바일 마케팅

모바일 마케팅은 가장 빠르게 성장하는 디지털 마케팅 플랫폼이다. 스마트폰은 사람들이 항상 가지고 다니고, 항상 켜져 있고, 잘 세분화되어 있고, 매우 사적인 소유물이다. 그래서 고객이 구매 단계를 거치는 동안 마케터가 언제 어디서나 고객 인게이지먼트 활동을 펼치기에 이상적이다. 예를 들어 스타벅스 고객은 가장 가까운 스타벅스 매장을 찾고, 신제품을 살펴보고, 주문을 하고, 결제를 하는 것에 이르기까지 모두 모바일 기기를 이용할 수 있는데, 이는 인공지능(artificial intelligence, AI)으로 작동하고 음성 지원이 되는 마이 스타벅스 바리스타(My Starbucks Barista)라는 가상 도우미를 통해 가능한 일이다.

스마트폰 소유자 5명 가운데 4명은 앱이나 모바일 웹을 통해 제품 정보를 검색하고, 매장의 제품 가격을 비교하고, 온라인 제품 리뷰를 읽고, 가정이나 일터, 가게 안에서 쇼핑을 하기 위해 스마트폰을 사용한다. 온라인 구매의 40% 이상이 모바일 기기를 통해 이루어지므로 모바일 구매자에게 다가가기 위해 모바일 광고가 크게 증가하여 현재 디지털 광고비의 3분의 2를 차지하고 있다.[32]

마케터는 모바일 채널을 이용하여 즉각적인 구매를 유도하거나, 쇼핑을 쉽게 할 수 있도록 해주거나, 브랜드 경험을 넓혀주거나, 분주한 소비자에게 다가갈 수 있다. ● 예를 들어 타코벨(Taco Bell)은 소비자에게 다가가기 위해 '중요한 순간'이라는 모바일 광고를 이용한다.[33]

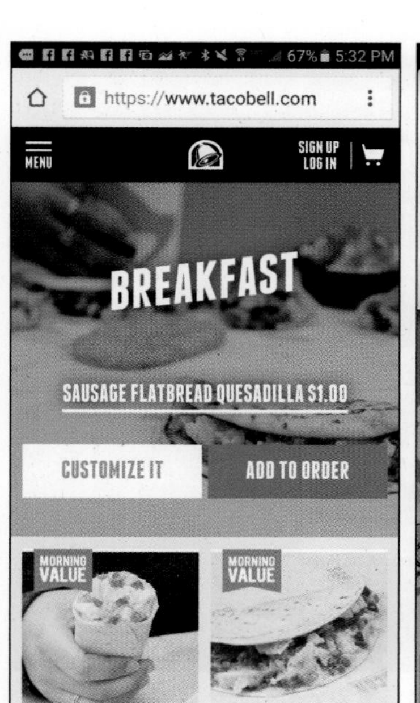

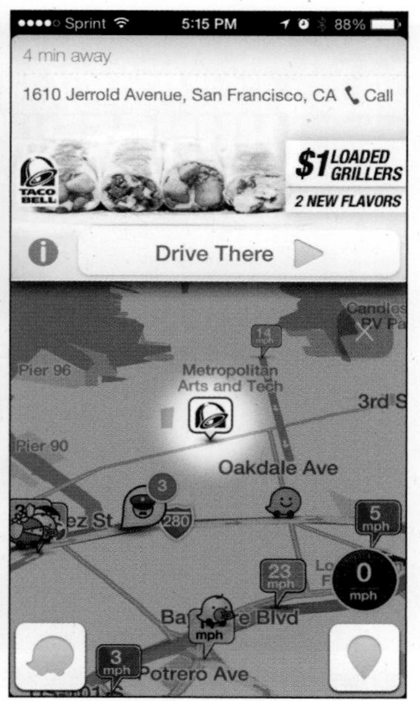

● 모바일 마케팅: 신중하게 타깃팅된 모바일 광고를 통해 타코벨은 소비자가 아침에 눈을 떴을 때와 같은 '중요한 순간'에 다가갈 수 있다.
Taco Bell Corp and Google

아침식사를 공략하기 위해 타코벨은 지속적인 광고 전략의 일환으로 하루를 시작하는 소비자를 특별히 표적으로 삼은 온라인 모바일 광고를 이용한다. 소비자가 아침에 가장 먼저 어떤 앱을 사용하는지, 어떤 뉴스 앱을 가장 선호하는지, 아침식사 레시피를 몇 시에 보았는지 등 특정 행위를 바탕으

마케팅 현장 1.2 | Snickers Hungerithm: 실시간 고객 인게이지먼트

세계 1위 캔디 제조업체인 마스의 주력 브랜드인 스니커스는 세계 최고의 캔디이다. 스니커스는 누가, 캐러멜, 땅콩을 듬뿍 넣고 초콜릿으로 덮은 캔디바로, 출출한 배를 채우고 에너지가 가득한 특성에 대해 '스니커스 만족'으로 오랫동안 포지셔닝했다. 지난 몇 년간 마스는 수상 경력이 있고 재미있는 '출출할 때 넌 네가 아니야(You're not you when you're hungry)' 캠페인으로 스니커스의 포지셔닝을 넓혀나갔다. 이 캠페인은 사람들이 배가 고플 때 고약하게 행동하지만 스니커스를 먹으면 제정신으로 돌아온다는 익살스러운 광고가 특징이다.

'출출할 때 넌 네가 아니야' 캠페인은 출출함이라는 주제로 전 세계에서 통했다. 이 포지셔닝은 남녀노소에게 통했고, 사무원, 공장 근로자, 학생에게도 통했고, 미국, 호주, 심지어 러시아(스니커스의 두 번째로 큰 시장)에서도 통했다. 그 광고 소구는 즉각적이어서 육체적·정서적인 욕구에 의해 출출함이 규칙적으로 일어난다.

캔디는 충동구매 품목에 속한다. 어떤 구매 상황에서 소비자에게는 수십, 수백 가지 선택 대안이 있기 때문에, 사람들이 찾는 브랜드가 되려면 사고 싶을 때 가장 먼저 떠오르는 브랜드가 되어야 한다. 이것을 염두에 두고 스니커스는 최근 호주에서 'Hungerithm'이라는 매우 혁신적인 마케팅 캠페인을 전개했다. 이 캠페인은 '출출할 때 넌 네가 아니야'라는 소구와 함께 소셜 및 모바일 미디어의 실시간 기능을 활용했다.

사람들이 출출할 때 짜증을 낸다는 것을 바탕으로 스니커스는 소셜미디어 채팅을 모니터링하여 실시간으로 대중의 일반적인 짜증 정도를 측정하는 알고리즘, 즉 Hungerithm을 고안했다. MIT와 구글의 도움으로 구축된 Hungerithm은 트위터, 페이스북, 유튜브와 같은 다양한 플랫폼에 걸쳐 하루에 약 1만 4,000개의 게시물을 분석했다. Hungerithm은 흔히 사용되는 3,000개의 단어와 구절을 살펴보고 비속어와 빈정거림까지 해석하여 '인터넷상 가상의 열 받음 지수'를 도출했는데 여기에는 '약이 오름(annoyed)', '안절부절못함(on edge)', '짜증스러움(irritable)', '참지 못함(losing it)', '완전 멘붕 상태(full meltdown)' 등이 포함되었다. 그 후 스니커스는 실시간으로 대중의 기분 상태와 세븐일레븐의 스니커스 가격을 연동시켰다. 인터넷상의 분노가 클수록(출출한 사람이 많다는 것을 암시) 세븐일레븐의 스니커스 가격을 낮추었는데, 이 캠페인 기간 동안 가장 분노한 수준에서는 스니커스 가격이 82%나 하락했다.

마스는 TV 광고, 온라인 동영상, 소셜미디어를 통해 Hungerithm 캠페인을 소개했다. Hungerithm 프로모션에서는 이렇게 밝혔다. "인터넷도 화가 날 수 있는 장소예요. 하지만 우리가 출출해서 그렇다면? 성난 인터넷 = 저렴한 스니커스. 자, 이제 날씨가 꿀꿀하면 더 싼 가격에 스니커스를 즐길 수 있어요. 정치 스캔들이 일어나면? 스니커스를 싼 가격에 먹어요. 유성 충돌 시에는? 당연히 더 싼 가격에 스니커스를 먹어요."

디지털 및 모바일 기반의 Hungerithm 캠페인은 교통체증, 악천후, 세간의 이목을 끄는 스포츠 이벤트, 정치인의 헛수작 등 사람들을 화나게 하는 순간과 장소를 표적으로 삼았다. Hungerithm 캠페인은 이러한 정치, 사회, 연예계 뉴스를 실시간으로 페이스북과 트위터에 올렸다. 모바일로 뿌려대는 가격 쿠폰은 소비자를 실시간 가격으로 사로잡고 가까운 세븐일레븐으로 달려가게 만들었다.

실시간으로 진행되는 Hungerithm은 10분마다 업데이트되었다(하루에 144회). Hungerithm 사이트에는 가격과 분위기 지수를 지속적으로 게시했으며, 스니커스는 호주 최고의 아침 TV 프로그램 2개와 제휴하여 가격과 분위기 지수를 정기적으로 제공했다. 소비자를 최고 수준에서 관여시키는 Hungerithm 지수는 호주에서 전국적인 오락거리가 되었다.

Hungerithm 캠페인은 놀라운 결과를 가져왔다. 판촉 기간 동안 스니커스 판매량이 67% 증가했고, 페이스북에서는 스니커스에 대한 언급이 1,740%, 트위터에서는 120% 늘었다. 이 캠페인이 큰 성공을 거두자 스니커스는 세계 시장으로 확대했다. 미국에서는 Hungerithm이 연말 쇼핑 시즌에 진행되었다. 스니커스의 브랜드 담당자는 다음과 같이 말했다. "연말 연휴는 누구나 스트레스를 받을 수 있는 시간이고 인터넷은 그 분위기를 전해준다. Hungerithm은 스니커스와 함께 매년 이맘때를 보내는 재미있는 방법을 제시하고, 고객이 필요로 할 때 만족감을 선사한다."

가격할인은 위험할 수도 있다. 그러나 Hungerithm의 경우 스니커스는 가격할인을 브랜드의 본질과 전략적으로 연결하여 귀중한 고객 인게이지먼트를 창출했다. 마스의 최고 마케팅 책임자에 따르면 "Hungerithm은 우리가 찾던 디지털 스위트 스폿을 정확히 맞추었다. 모든 이의 관심과 상상력을 사로잡은 제품에 실제 같은 연결 고리를 걸었다."[34]

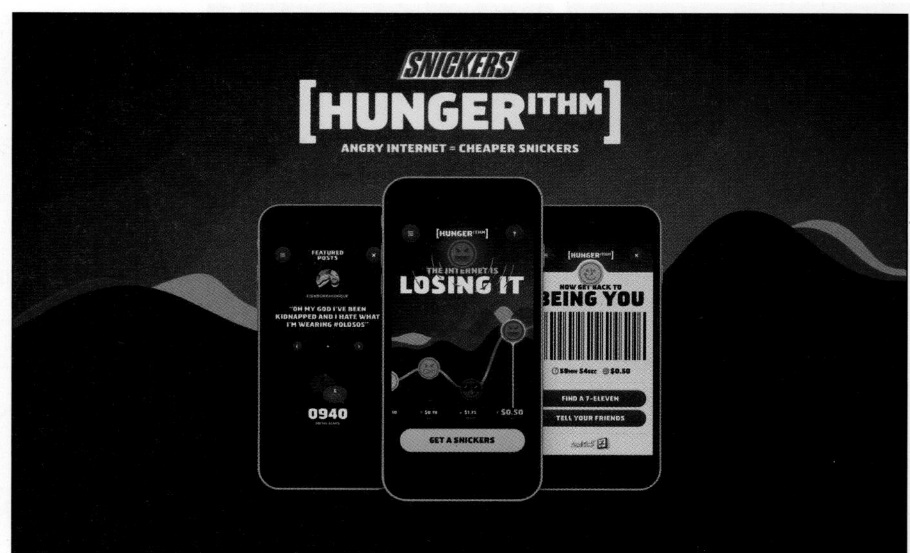

실시간 마케팅: 'Snickers Hungerithm' 캠페인은 실시간으로 사람들의 감정과 스니커스 가격을 연동시켰다. "성난 인터넷 = 저렴한 스니커스."
Mars Incorporated

로 모바일 광고를 만들고 있다. 타코벨의 마케팅 관리자는 "우리는 소비자의 아침 행동을 설계하고 있다"고 말한다. 또한 타코벨은 구글의 웨이즈(Waze)와 같은 내비게이션 및 교통 앱을 사용하여 가까운 타코벨을 찾도록 길안내를 제공하는 등 지역적으로 모바일 광고를 한다. 이러한 방식으로 타코벨은 각 고객의 행동, 경험 및 환경에 따라 모바일 광고를 맞춤화할 수 있다. 타코벨의 한 마케터는 모바일 광고를 통해 "타코벨은 소비자가 아침에 눈을 떴을 때 의지할 수 있는 좋은 경험의 선물"이 된다고 말한다.

온라인, 소셜미디어, 모바일 마케팅은 소비자 관여에 큰 영향을 미치고 있다. 이러한 마케팅 노력의 핵심은 새로운 디지털 접근 방식을 전통적인 마케팅과 결합하여 통합적인 마케팅 전략과 마케팅믹스를 유연하게 창출하는 것이다. 이 책 전체에 걸쳐 디지털, 모바일, 소셜미디어 마케팅을 다루는데, 이는 마케팅 전략 및 전술의 모든 영역에 적용된다. 마케팅의 기본 원리를 살펴본 다음 17장에서 디지털 및 다이렉트 마케팅을 더 자세히 다룰 것이다.

빅데이터와 인공지능

디지털 기술의 폭발적인 성장 덕분에 오늘날 마케터는 어마어마한 양의 데이터를 축적할 수 있다. 이들은 고객 거래에서부터 웹사이트와 소셜미디어 모니터링, 사물 인터넷 기기 등의 실시간 데이터에 이르기까지 다양한 정보원을 이용하고 있다. 브랜드는 이러한 빅데이터를 사용하여 소비자로부터 영감을 얻고, 소비자에게 맞춤형 판매 제안을 하며, 고객 인게이지먼트와 서비스를 향상할 수 있다.

이 모든 빅데이터를 파악하여 브랜드와 고객에게 이익이 되도록 하기 위해 마케터는 더욱 발전된 마케팅 분석으로 눈을 돌리고 있다. 예컨대 마케팅 현장에도 인공지능이 등장했다. **인공지능**은 인간처럼 보고 느끼는 방식으로 생각하고 학습하는 기계이지만 훨씬 더 뛰어난 분석 능력을 가지고 있다. 마케터는 인공지능을 사용하여 전광석화처럼 빠른 속도로 데이터를 분석하고, 이렇게 얻은 통찰력을 적용하여 실시간으로 고객을 관여시키고 구매 과정에 도움을 줄 수 있다.

인공지능 기반의 애플리케이션은 아마존 에코의 알렉사 또는 애플의 시리(Siri)와 같은 고객 서비스 챗봇, IBM의 인공지능 슈퍼컴퓨터 왓슨(Watson)에 이르기까지 다양하다. 예를 들면 최근 한 제약 회사는 실시간 날씨 및 꽃가루 데이터를 기반으로 알레르기 치료제 고객을 위한 맞춤형 모바일 광고를 제작하는 데 왓슨을 사용했다. 빅데이터와 인공지능의 흥미로운 발전은 4장에서 더 자세히 살펴볼 것이다.

● 비영리 마케팅: 비영리 기관인 세인트주드아동연구병원은 '치료법을 찾아내고 어린이를 구한다'라는 특별한 사명을 적극적으로 마케팅하고 있다.

비영리 마케팅의 성장

최근 들어 마케팅은 대학, 병원, 박물관, 동물원, 교향악단, 교회 등 비영리 조직의 전략에서도 중요한 부분을 차지하고 있다. 전국의 비영리 조직은 후원과 회원 확보를 위한 치열한 경쟁에 직면해 있다. 건전한 마케팅은 회원, 기금, 후원을 유치하는 데 도움을 줄 수 있다.

● 예를 들어 비영리 기관인 세인트주드아동연구병원(St. Jude Children's Research Hospital)은 '치료법을 찾아내고 어린이를 구한다'라는 특별한 사명을 가지

고 있다. 이 병원은 매년 7,500명의 환자를 직접 치료하는 데다 미국 및 전 세계 기관과의 협진을 통해 수많은 어린이를 치료하고 있다. 세인트주드아동연구병원은 환자의 가족에게 치료비, 여행비, 주거비, 식비 등을 청구하지 않는다. 사명을 완수하기 위해 이 병원은 강력한 마케팅을 전개하여 하루 200만 달러가 넘는 운영 예산을 모금하고 있다.[35] 모금 활동에는 공익 광고, 유명인의 홍보, 기업 제휴, 온라인상의 폭넓은 참여와 Trike-a-thons, Math-a-thons, Up 'Til Dawn 학생 경영대회, St. Jude Dream Home Giveaway와 같은 행사 등이 포함된다. 세인트주드아동연구병원은 타깃, 도미노피자, 윌리엄스소노마(Williams-Sonoma), 리걸시네마스(Regal Cinemas), 익스피디아(Expedia) 등 70여 개 이상의 기업과 협력하여 기업 고객에게 '당신 삶의 건강한 아이에게 감사하고 건강하지 못한 아이에게 베푸세요'라는 메시지를 전하는 'Thanks and Giving(감사 및 기부)' 캠페인을 매년 펼치고 있다. 그 결과 미취학 아동부터 80세 노인, 학생과 전문가에 이르기까지 개인 기부자들로부터 매년 13억 달러 이상을 모금하고 있다.

정부 기관도 마케팅에 많은 관심을 보이고 있다. 예를 들어 미 육군은 서비스 영역별로 지원자를 유치하기 위한 마케팅 계획을 수립하며, 기타 정부 기관은 에너지 절약과 환경보호에 대한 관심을 진작하거나 흡연, 불법 약물 사용, 비만 등을 억제하기 위해 사회적 마케팅 캠페인을 설계하고 있다. 매우 보수적이었던 미국 우체국도 기념우표를 판매하고, 특송 서비스를 홍보하며, 현대적이고 경쟁력 있는 조직으로 이미지를 개선하기 위해 혁신적인 마케팅을 전개했다. 전체적으로 미국 정부는 미국에서 46번째로 큰 광고주이다.[36]

급속한 글로벌화

오늘날 거의 모든 기업은 규모에 상관없이 글로벌 경쟁에 직면해 있다. 미국의 한 동네 꽃집은 멕시코 화훼 농장으로부터 꽃을 구매하고, 대규모 미국 가전제품 제조업체는 자국 시장에서 거대 아시아 기업과 경쟁하고 있다. 인터넷 소매업체는 전 세계로부터 주문을 받고, 미국의 소비재 제조업체는 새로이 부상하는 해외시장을 겨냥하여 신제품을 출시한다.

미국 기업은 자국 시장에서 유럽 및 아시아 다국적 기업의 세련된 마케팅으로 위협을 받고 있다. 토요타, 네슬레, 삼성과 같은 해외 기업이 미국 시장에서 미국 기업보다 더 나은 마케팅 성과를 보이는 경우가 비일비재하다. 마찬가지로 다양한 산업 영역에 걸쳐 미국 기업도 진정한 의미의 글로벌 경영을 통해 전 세계에서 제품을 생산 및 판매하고 있다. 현재 맥도날드는 전 세계 100여 개국의 3만 6,000개 이상 매장에서 매일 약 6,900만 명의 고객을 맞이하며 수입의 75%를 미국 밖에서 거둬들인다. 190개국 이상에 진출한 나이키도 전 세계 매출 중 58%를 미국 밖에서 올리고 있다.[37] 오늘날 기업은 국내에서 생산된 제품을 국제시장에 더 많이 판매하려고 노력할 뿐 아니라, 더 많은 소모품과 부품을 해외에서 조달하고 전 세계의 특정 시장을 위한 새로운 제품을 개발하고 있다.

따라서 세계 각국의 관리자는 자사가 속한 산업, 경쟁사, 시장 기회에 대해 국내시장의 관점이 아니라 글로벌 관점을 취하고 있다. 즉 이들은 글로벌 마케팅이 무엇인지, 글로벌 마케팅은 국내 마케팅과 어떻게 다른지, 글로벌 경쟁자와 환경 요인은 사업에 어떤 영향을 미치는지, 글로벌화의 수준을 어느 정도로 할 것인지 등을 자문한다. 글로벌 시장은 19장에서 자세히 설명할 것이다.

지속가능 마케팅: 더 많은 환경적·사회적 책임의 요구

마케터는 사회적 가치 및 책임과 자신의 관계, 그리고 지속가능 경영을 재검토하고 있다. 전 세계적인 소비자주의와 환경주의 운동이 성숙 단계로 접어듦에 따라 사회는 마케터에게 지속가능 마케팅을 개발하도록 요구하고 있다. 기업 윤리와 기업의 사회적 책임은 거의 모든 사업 영역에서 중요한 주제이다. 또한 새롭게 바뀌고 매우 집요한 환경보호 운동을 무시할 수 있는 기업은 거의 없다. 기업의 모든 행동은 고객 관계에 영향을 미칠 수 있다. 오늘날의 고객은 기업이 사회적·환경적으로 책임 있는 방식으로 가치를 전달하기를 기대한다.

사회적 책임과 환경보호 운동은 앞으로 기업에 더욱 엄격한 것을 요구할 것이다. 일부 기업은 이러한 움직임에 저항하면서 법 제정이나 조직화된 소비자의 비난에 처했을 때 어쩔 수 없이 예산을 책정하려 할 것이다. 그러나 대부분의 기업은 자신을 둘러싼 세상에 대해 져야 할 책임을 잘 받아들인다. 이들은 지속가능 마케팅을 선행을 통해 높은 경영성과를 실현할 수 있는 기회로 본다. 그리고 즉각적인 고객 욕구를 충족하면서도 고객과 커뮤니티에 장기적 이익을 제공함으로써 수익을 실현하는 방법을 모색한다.

파타고니아(Patagonia), 팀버랜드(Timberland), 메서드(Method), 벤앤제리스(Ben & Jerry's)와 같은 일부 기업은 인본적 자본주의(caring capitalism)를 실행하여 시민주의 정신과 사회적 책임을 지향함으로써 다른 기업과 차별화한다. 이들은 사회적·환경적 책임을 기업 가치와 사명문에 반영한다. ● 예를 들어 저가의 처방 안경으로 매우 성공적인 온라인 마케팅을 펼친 와비파커(Warby Parker)는 '이유 있는 안경'을 판매한다.[38]

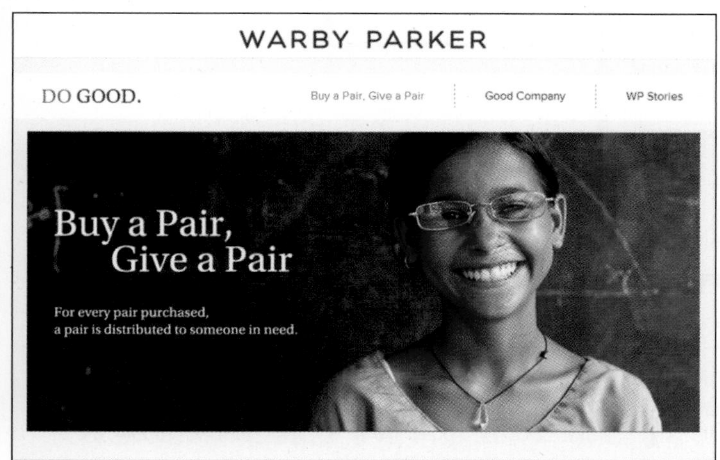

● 지속가능 마케팅: 와비파커는 이유 있는 안경을 판매한다. 와비파커의 공동 창업자는 "기업은 세상에서 이윤을 챙기면서도 선행을 할 수 있다"고 말한다.
Warby Parker

와비파커는 '사회적으로 책임 있는 비즈니스를 영위하면서 놀라운 가격으로 디자이너 안경을 제공한다'는 목표를 가지고 설립되었다. 와비파커는 우선 유통을 간소화하고, 자체적으로 안경을 디자인하며, 고객이 온라인으로 직접 관여하게 함으로써 우수한 품질의 안경을 저가에 판매한다. 와비파커의 안경을 구입하면 "돈을 절약하여 행복하고 잘 보일 것이다."

고객에게 가치를 가져다주는 것을 넘어서 와비파커는 더 원대한 사회적 사명감을 가지고 있다. 전 세계적으로 안경이 필요한 10억 명 이상이 안경을 사용할 수 없는 현실을 지적한다. 이 문제를 해결하기 위해 와비파커는 안경을 하나 사면 안경이 필요한 다른 사람에게 안경을 하나 주는(Buy a Pair, Give a Pair) 프로그램을 시행하고 있으며, 이를 통해 지금까지 500만 개 이상의 안경이 배포되었다. 와비파커는 "누구에게나 볼 권리가 있다"고 말한다. 와비파커의 'Buy a Pair, Give a Pair' 프로그램은 사회적으로 칭찬받을 일이지만 회사와 고객에게도 경제적으로 의미가 있다. 와비파커는 설립된 지 8년 만에 연매출 3억 2,000만 달러 이상을 기록했다. 공동 창업자인 닐 블루먼솔(Neil Blumenthal)은 이렇게 말한다. "기업은 세상에서 이윤을 챙기면서도 선행을 할 수 있다. 선한 안경이 좋은 결과를 낳는다."

지속가능 마케팅은 기업에 기회와 도전을 동시에 안겨준다. 지속가능 마케팅은 20장에서 더 자세히 다룰 것이다.

저자 코멘트 | 마케팅 프로세스를 요약한 그림 1.1을 기억하는가? 이제 이 장에서 설명한 모든 내용을 바탕으로 그림을 확장하여 나머지 본문 전체에 걸쳐 마케팅 학습 로드맵을 제공할 것이다.

그렇다면 마케팅이란 무엇인가

이 장의 앞부분에서 그림 1.1을 통해 마케팅 프로세스에 대한 단순 모형을 보여주었다. 마케팅 프로세스의 각 단계를 살펴보았으니 ● 그림 1.6의 확장된 마케팅 프로세스 모형을 통해 지금까지 설명한 내용을 통합해보자. 한마디로 정의하면 마케팅은 고객을 위한 가치 창출을 통해 수익성 있는 고객 관계를 구축하고 그 대가로 기업 가치를 실현하는 과정이다.

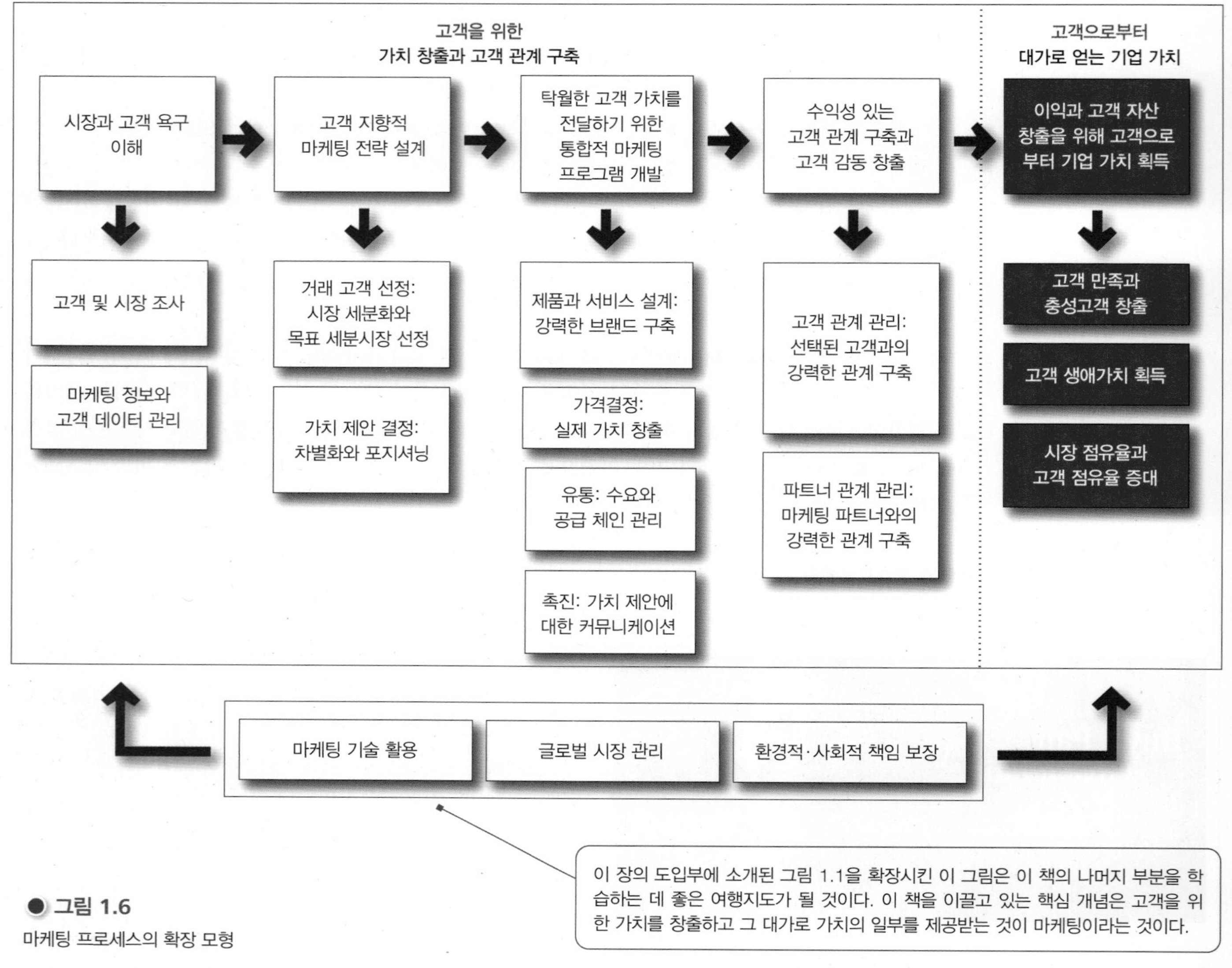

● 그림 1.6
마케팅 프로세스의 확장 모형

마케팅 프로세스의 1~4단계는 고객을 위한 가치를 창출하는 데 초점을 맞춘다. 기업은 먼저 고객 욕구 조사와 마케팅 정보 관리를 통해 시장을 철저히 이해한다. 두 번째 단계는 다음의 두 가지 핵심 질문에 대한 답을 바탕으로 고객 지향적 마케팅 전략을 설계하는 것이다. 첫 번째 질문은 어떤 소비자를 대상으로 할 것인가(시장 세분화와 목표 세분시장 선정)이다. 우수한 마케팅 기업은 모든 고객을 완벽하게 만족시킬 수 없음을 알고 있다. 따라서 제한된 자원을 자신의 역량을 가장 잘 발휘할 수 있고 수익성이 높은 고객에게 집중시키려고 한다. 마케팅 전략과 관련된 두 번째 질문은 목표고객을 가장 잘 만족시킬 수 있는 방법은 무엇인가(차별화와 포지셔닝)이다. 이 질문에 대한 답은 가치 제안으로 표현되는데, 기업은 목표고객을 얻기 위해 그들에게 어떤 가치를 제공할 것인지를 가치 제안을 통해 명시한다.

마케팅 전략이 결정되면 기업은 이에 맞게 통합적 마케팅 프로그램을 개발한다. 통합적 마케팅 프로그램은 마케팅 전략을 고객에게 제공될 실제 가치로 전환하는 데 이용될 네 가지 마케팅믹스 요소(4P)로 구성된다. 기업은 제품 제공물을 개발하고 강력한 브랜드 정체성을 창출한다. 또한 제공물에 상응한 제품 가격을 설정하여 실제 고객 가치를 창출하고 목표고객이 구입할 수 있도록 제공물을 유통한다. 마지막으로 기업은 가치 제안을 목표고객에게 알리고 제공물을 구매하도록 설득하기 위해 촉진 프로그램을 설계한다.

마케팅 프로세스에서 가장 중요한 단계는 목표고객과 가치에 기반을 둔 수익성 있는 관계를 구축하는 것이다. 마케팅 프로세스의 모든 단계에 걸쳐 마케터는 고객 만족과 고객 감동을 창출하기 위해 고객 관계를 실행한다. 그러나 고객 가치와 고객 관계의 창출은 기업 혼자의 노력으로 이루어지는 것이 아니다. 기업은 기업 내부 및 마케팅 시스템 내의 마케팅 파트너와 함께 노력을 기울여야 한다. 즉 기업은 고객 관계 관리를 잘 실행하는 것은 물론이고 파트너 관계 관리도 신경 써야 한다.

마케팅 프로세스의 1~4단계는 고객을 위한 가치를 창출하는 과정이다. 마케팅 프로세스의 마지막 단계에서 기업은 강력한 고객 관계를 구축한 대가로 고객으로부터 기업 가치를 보상받는다. 탁월한 고객 가치의 제공은 높은 고객 만족을 창출하고 그 결과로 반복구매를 이루어낸다. 또한 이는 고객 생애가치와 더 높은 고객 점유율을 획득하는 데 도움을 준다. 이러한 긍정적 결과로 나타나는 것이 바로 장기적 고객 자산의 증가이다.

마케팅 프로세스는 급변하는 마케팅 환경에서 수행되기 때문에 기업은 세 가지 유형의 핵심적 환경 변화 요인을 마케팅 프로세스 실행 시에 고려해야 한다. 즉 기업은 고객 관계와 파트너 관계를 구축하는 과정에서 마케팅 기술을 활용하고, 글로벌 시장 기회를 이용하며, 환경적·사회적 책임 실천을 보장해야 한다.

그림 1.6은 이 책에서 다루는 내용을 개괄적으로 이해할 수 있도록 나타낸 것이다. 1장과 2장에서는 주로 고객 관계 구축과 기업 가치의 획득에 초점을 두어 마케팅 프로세스를 소개한다. 3~6장에서는 마케팅 환경 이해, 마케팅 정보 관리, 소비자와 산업재 구매자 행동 이해 등 마케팅 프로세스의 첫 번째 단계를 설명한다. 7장에서는 마케팅 전략에서 이루어지는 두 가지 의사결정인 목표고객 선정과 가치 제안 결정(차별화와 포지셔닝)을 다루고, 8~17장에서는 마케팅믹스 변수 각각에 대해 자세히 살펴본다. 18장에서는 고객 지향적 마케팅 전략과 경쟁우위 창출 방법에 대해 설명하고, 19장과 20장에서는 마케팅의 특별한 주제인 글로벌 마케팅과 지속가능 마케팅을 다룬다.

경력을 위한 실력 쌓기

마케팅은 흥미롭고 급변하는 분야로서 다양하고 보람 있는 경력을 얻을 수 있다. 마케팅이나 기업 경영 분야의 직업을 고려하고 있지 않더라도 이 책을 통해 배우는 교훈은 어떤 직업을 선택하든 또한 우리의 삶에 일반적인 도움이 될 것이다. 고용주가 직장에서의 성공에 중요하다고 밝힌 많은 기술을 습득하고 적용하면 고용 가능성이 높이는 데 도움이 될 것이다.

이 책을 공부하면서 마케팅 전략과 문제에 대해 배우고 평가함으로써 **비판적 사고력**과 **문제 해결력**을 키울 수 있다. 마케터가 소비자를 관여시키고 브랜드 관계를 창조하기 위해 어떻게 광고, 디지털, 소셜미디어 및 기타 판촉 캠페인을 만드는지를 공부하고 과제를 하면서 설득력 있는 **커뮤니케이션 능력**이 배양될 것이다. **기술과 마케팅 분석**이 어떻게 마케팅 세상을 극적으로 변화시키고 있는지를 알게 되며, 자신의 마케팅 문제를 해결하는 데 이러한 기술 중 일부를 적용할 수 있을 것이다. 마케터가 마케팅 팀의 다른 사람들 그리고 다른 부서의 관리자와 긴밀하게 협력하여 전체적인 조직 전략과 전술을 개발하는 방법을 살펴보면서 **협업과 팀워크**의 중요성을 배우게 된다. 또한 1장부터 지속가능 마케팅에 대한 마지막 장에 이르기까지 **기업 윤리와 사회적 책임**에 대해 자세히 알게 될 것이다.

이 책으로 강의하는 교수는 토의문제와 사례를 가지고 의미 있는 과제를 부여함으로써 학생이 비판적 사고력, 분석력, 의사소통 능력, 발표력, 팀워크 기술을 향상하는 데 도움을 줄 것이다. 그리고 마케팅이 기업 경영에 적용될 뿐만 아니라 우리의 삶에 일반적으로 적용된다는 것을 알게 될 것이다. 남은 생애 동안 당신은 자기 자신을 다른 사람들에게 마케팅하게 될 것이다. 취업하기 위해 면접을 볼 때 어떤 면접관은 "자기 자신을 제품으로 간주하고 나에게 마케팅해보세요"라고 요청하기도 한다. 이 책을 읽은 독자라면 이런 경우 곧바로 답을 할 수 있을 것이다.

학습목표별 요약

오늘날 성공한 기업은 규모가 크든 작든, 영리를 추구하는 기업이든 비영리 조직이든, 국내 기반 기업이든 글로벌 기업이든 상관없이 강력한 고객 지향성과 마케팅에 대한 깊은 몰입이라는 공통점을 가지고 있다. 마케팅의 목적은 수익성 있는 고객 관계를 구축하고 관리하는 것이다.

학습목표 1-1 마케팅을 정의하고 마케팅 프로세스의 단계를 설명한다.

마케팅은 고객으로부터 기업 가치를 얻을 수 있도록 고객을 위한 가치를 창출하고 강력한 고객 관계를 구축하는 과정이며, 마케팅 프로세스는 다섯 단계로 구성된다. 1~4단계에서는 고객 가치를 창출하는데, 1단계에서 마케터는 시장과 고객의 욕구를 이해하고, 2단계에서는 목표고객을 획득·유지·육성하려는 목적으로 고객 지향적 마케팅 전략을 설계하며, 3단계에서는 실제로 고객에게 탁월한 가치를 전달하는 마케팅 프로그램을 구성한다. 이러한 세 단계는 4단계, 즉 수익성 있는 고객 관계 구축 및 고객 감동 창출의 토대가 된다. 마지막 5단계에서 기업은 강력한 고객 관계 구축에 대한 보상으로 고객으로부터 높은 수익성이라는 (기업) 가치를 획득하게 된다.

학습목표 1-2 고객과 시장 이해의 전략적 중요성과 시장을 이해하는 데 필요한 다섯 가지 핵심 개념을 살펴본다.

뛰어난 마케팅 기업은 고객 욕구와 수요에 대해 배우고 이해하기 위해 많은 노력을 기울인다. 이러한 노력은 고객 욕구를 충족하는 시장 제공물을 설계하고 고객 생애가치와 더 큰 고객 점유율을 획득할 수 있는 가치 기반 고객 관계를 구축하는 데 도움이 된다. 그 결과 기업의 장기적 고객 자산이 증가한다. 시장을 이해하는 데 필요한 핵심 개념은 본원적 욕구와 구체적 욕구, 시장 제공물(제품, 서비스, 경험 등), 가치와 만족, 교환과 관계, 시장 등이다. 기업은 가치 제안을 통해 소비자의 욕구를 충족하려고 하는데, 여기서 가치 제안은 소비자의 욕구를 충족하기 위해 기업이 소비자에게 약속하는 편익의 집합을 말한다. 가치 제안은 고객 가치와 고객 만족을 전달하는 시장 제공물을 통해 실현되며, 그 결과로 기업은 고객과 장기적 교환 관계를 형성하게 된다.

학습목표 1-3 고객 지향적 마케팅 전략의 핵심 구성요소와 마케팅 전략의 지침이 되는 마케팅 관리 철학을 살펴본다.

성공을 거두는 마케팅 전략을 설계하기 위해 기업은 먼저 누구를 목표고객으로 삼을 것인지를 결정해야 한다. 이러한 결정은 전체 시장을 동질적 고객 집단으로 나누고 그중에서 키우고 싶은 목표 세분시장을 선택하는 과정을 통해 이루어진다. 그런 다음 기업은 목표로 삼은 고객 집단에 어떻게 다가갈 것인지(시장 내에서 자신을 어떻게 차별화하고 포지셔닝할 것인지)를 결정해야 한다.

마케팅 관리자는 다섯 가지 유형의 시장 지향성 가운데 하나를 마케팅 관리 철학으로 선택할 수 있다. 생산 개념은 생산 효율성을 향상하여 가격을 낮추는 것이 경영자의 과업이라고 주장한다. 제품 개념은 소비자가 최고의 품질, 성능, 혁신적 특성을 지닌 제품을 선호한다고 주장하므로 촉진 노력이 거의 필요하지 않다고 가정한다. 판매 개념의 경우 기업이 대규모의 판매 및 촉진 노력을 기울이지 않으면 소비자가 그 기업의 제품을 많이 구매하지 않을 것이라고 가정한다. 마케팅 개념에 의하면 목표시장의 욕구를 결정하고 경쟁사보다 더 효과적·효율적으로 고객 욕구를 충족할 때 조직의 목표가 실현된다고 주장한다. 사회적 마케팅 개념은 고객 만족과 장기적인 사회 복리를 창출하는 것이 기업의 목표와 (사회적) 책임을 동시에 실현하는 근간이 된다고 주장한다.

학습목표 1-4 고객 관계 관리를 이해하고, 고객을 위해 가치를 창출하고 그 대가로 이익을 얻기 위한 전략을 살펴본다.

넓은 의미의 고객 관계 관리는 탁월한 고객 가치와 고객 만족을 제공함으로써 수익성 있는 고객 관계를 구축·유지하는 과정이다. 고객 인게이지먼트 마케팅은 고객이 브랜드에 관해 대화를 나누고 브랜드 경험을 형성하며 브랜드 커뮤니티를 형성하는 데 직접적·지속적인 고객 참여를 통해 브랜드를 고객의 대화와 삶에 의미 있는 부분으로 만드는 것이 목적이다. 고객 관계 관리의 목적은 높은 고객 자산을 창출하는 것으로, 고객 자산은 모든 고객의 생애가치를 합한 것을 말한다. 지속적인 고객 관계 구축의 핵심은 탁월한 고객 가치와 고객 만족을 창출하는 것이다. 목표고객을 위해 가치를 창출하는 대가로 기업은 고객으로부터 이익과 고객 자산 등의 (기업) 가치를 획득한다.

학습목표 1-5 관계 경영 시대에 마케팅의 지도를 변화시키는 주요 추세와 요인을 파악한다.

마케팅에서 극적인 변화가 일어나고 있다. 디지털 시대는 개별 고객에 대해 배우고, 관여시키고, 관계를 맺을 수 있는 흥미로운 새로운 방법을 창출했다. 그 결과 디지털, 소셜, 모바일 미디어의 발전이 마케팅 세계를 강타했다. 온라인, 모바일, 소셜미디어 마케팅은 고객을 보다 선택적으로 타깃팅하고 더 깊이 관여시킬 수 있는 흥미로운 기회를 제공한다. 또한 오늘날의 빅데이터, 인공지능과 같은 향상된 마케팅 분석은 마케터가 고객에 대해 배우고 상호작용하는 방식을 발전시키고 있다. 핵심은 새로운 디지털 기술과 접근 방식을 기존의 마케팅과 결합하여 원활하게 통합 마케팅 전략 및 마케팅믹스를 수립하는 것이다.

최근 몇 년간 마케팅은 대학, 병원, 박물관, 동물원, 교향악단, 재단, 심지어 교회와 같은 많은 비영리 조직이 추구하는 전략의 중요한 부분이 되었다. 점점 더 작아지는 세상에서 많은 마케터는 고객, 마케팅 파트너, 경쟁업체와 전 세계적으로 연결되어 있다. 또한 오늘날의 마케터는 지속가능의 책임을 재검토하고 있다. 마케터는 자신의 행동이 사회와 환경에 미치는 영향에 대해 더 많은 책임을 지도록 요구받고 있다.

이 장의 내용을 종합하면, 마케팅의 새로운 주요 발전은 고객 인게이지먼트와 고객 가치 창출 및 획득이라는 개념으로 요약할 수 있다. 오늘날 모든 유형의 마케터는 고객, 마케팅 파트너, 주변 세계와 수익성 있는 관계를 구축할 수 있는 새로운 기회를 활용하고 있다.

핵심용어

학습목표 1-1

마케팅 marketing

학습목표 1-2

본원적 욕구 needs
구체적(수단적) 욕구 wants
수요 demand
시장 제공물 market offering
마케팅 근시안 marketing myopia
교환 exchange
시장 market

학습목표 1-3

마케팅 관리 marketing management
생산 개념 production concept
제품 개념 product concept
판매 개념 selling concept
마케팅 개념 marketing concept
사회적 마케팅 개념 societal marketing concept

학습목표 1-4

고객 관계 관리 customer relationship management
지각된 고객 가치 customer-perceived value
고객 만족 customer satisfaction
고객 인게이지먼트 마케팅 customer-engagement marketing
고객 브랜드 옹호 customer brand advocacy
고객 주도 마케팅 consumer-generated marketing
파트너 관계 관리 partner relationship management
고객 생애가치 customer lifetime value
고객 점유율 share of customer
고객 자산 customer equity

학습목표 1-5

사물 인터넷 Internet of things(IoT)
디지털 및 소셜미디어 마케팅 digital and social media marketing

토의문제

1. 마케팅 개념하에서는 어떻게 수익을 얻는지 설명하라.
2. 마케팅 근시안은 무엇인가? 이 상황에서 기업 경영에 미치는 단기적·장기적 영향을 설명하라.
3. 기업이 마케팅 전략을 추구하기 위해 채택할 수 있는 다섯 가지 마케팅 관리 철학에 대해 설명하라.
4. 고객 관계 관리의 개념을 설명하라. 기업 경영에 고객 관계 관리를 반영해야 하는 이유는 무엇인가?
5. 영리 조직뿐만 아니라 비영리 조직에도 마케팅이 중요한 이유는 무엇인가?
6. 디지털 및 소셜미디어 마케팅이 점점 중요해지는 이유는 무엇인가?

2 기업 전략과 마케팅 전략

고객 인게이지먼트, 가치, 관계 구축을 위한 파트너십 형성

학습목표 2-1 기업 수준의 전략 계획 수립과 그 절차를 파악한다.
기업 수준의 전략 계획 수립: 마케팅의 역할 정의

학습목표 2-2 사업 포트폴리오 설계와 성장 전략 개발을 이해한다.
사업 포트폴리오 설계

학습목표 2-3 기업 전략 계획 수립에서 마케팅의 역할 및 고객 가치의 창출과 전달을 위해 마케팅과 그 파트너들이 어떻게 협력하는지 살펴본다.
마케팅 계획 수립: 고객 관계 구축을 위한 파트너십 형성

학습목표 2-4 고객 가치 지향적 마케팅 전략의 구성요소와 마케팅믹스의 구성요소를 살펴본다.
마케팅 전략과 마케팅믹스

학습목표 2-5 마케팅 계획의 요소를 포함한 마케팅 관리 기능을 파악하고 마케팅 투자 수익률의 측정 및 관리의 중요성을 이해한다.
마케팅 노력과 마케팅 투자 수익률 관리

개관 1장에서는 기업이 고객을 위한 가치를 창출하고 그 대가로 기업 가치를 획득하기 위해 실행하는 마케팅 프로세스를 다루었다. 이 장에서는 마케팅 프로세스의 2, 3단계인 고객 가치 지향적 마케팅 전략 설계와 마케팅 프로그램 개발에 대해 좀 더 자세히 살펴볼 것이다. 먼저 조직의 전반적 전략 계획 수립에 대해 알아본 뒤, 수립된 전략 계획에 따라 어떻게 마케터가 기업 내·외부의 고객 관련 파트너와 협력하여 작업을 수행하는지를 설명할 것이다. 이어서 마케팅 전략과 마케팅 계획 수립, 즉 목표시장을 선정하고, 시장 제공물을 포지셔닝하고, 마케팅믹스를 개발하고, 마케팅 프로그램을 관리하는 과정을 살펴보고, 끝으로 마케팅 투자 수익률을 측정·관리하는 문제에 대해 설명한다.

본문을 시작하기에 앞서 훌륭한 기업 전략 및 마케팅 전략을 보여주는 롤렉스(Rolex) 사례를 살펴보자. 롤렉스는 자신에게 중요한 고객과 제품 사양에 집중하여 빠른 성공을 이루었다. 롤렉스는 설립부터 고객 지향적 마케팅 전략(customer-driven marketing strategy)을 추구했으며, 그 과정에서 좋은 마케팅 전략은 성장, 매출, 이익 그 이상을 의미한다는 것을 알게 되었다. 그것은 바로 능숙하게 고객을 관여시키고 고객을 위해 가치를 창출하는 것이다. 롤렉스의 핵심은 그저 손목시계를 파는 것이 아니라 성취감과 상류 계층에 속한다는 감정을 파는 데 있다.

롤렉스: 고객 지향적 마케팅믹스를 통한 브랜드 자산 구축

1905년 런던에서 앨프리드 데이비스(Alfred Davis)와 그의 매형 한스 빌스도르프(Hans Wilsdorf)가 설립한 빌스도르프앤드데이비스(Wilsdorf and Davis)는 훗날 롤렉스SA가 되었다. 롤렉스는 단일 최대 명품 시계 브랜드로, 2017년 매출이 45억 달러로 추정된다. 고급 손목시계는 스위스에서 제조되고 있지만 롤렉스는 자사의 교육을 받은 100개국 이상의 시계공 4,000명과 네트워크를 유지한다. 롤렉스는 설립 이래 고객 가치 지향적 마케팅 전략으로 명품 시계 시장에서 폴 포지션(pole position)을 유지하면서 고객 기반의 중요한 기능에 집중하고 있다.

제품 측면에서 롤렉스는 연구개발을 통해 많은 신제품을 출시하면서도 시대를 초월한 그들만의 유일한 시계를 생산하는 특별함이 있다. 1910년에 롤렉스는 공식시계평가센터(Official Watch Rating Centre)의 스위스 정밀 인증서(Swiss Certificate of Precision)를 받은 세계 최초의 손목시계가 되었다. 1914년에 롤렉스는 영국의 큐 천문대가 롤렉스 손목시계에 당시 항해용 시계에만 수여되던 A급 인증서를 주었을 때 또다시 최초라는 영예를 얻었다. 롤렉스 시계는 전 세계적으로 정밀함의 대명사가 되었다. 1926년에 롤렉스는 세계 최초의 방수 손목시계 '오이스터(Oyster)'를 개발했다.

그 이듬해에 영국 해협을 건넌 젊은 영국 여성 머세이디스 글리츠(Mercedes Gleitze)가 이 시계를 착용했다. 10시간 수영을 한 후에도 시계가 완벽하게 작동했으며, 이 사건은 브랜드 우월성을 전달하기 위한 롤렉스의 광고 전략에 사용되었다. 그 후로 오이스터는 윈스턴 처칠에서 체 게바라, 에미넴에 이르기까지 많은 유명인의 손목을 장식했다.

1953년에 출시된 '서브매리너(Submariner)'는 100미터 깊이에서도 방수가 되는 최초의 시계였다. 같은 해에 에드먼드 힐러리 경(Sir Edmund Hillary)이 이끄는 원정대는 '오이스터 퍼페추얼(Oyster Perpetual)'을 착용했으며, 그의 팀은 최초로 에베레스트산 정상에 올랐다. 이 모든 것이 롤렉스 시계를 정밀성, 성취, 견고성, 신뢰의 대명사로 만들었다. 제품의 디자인은 한눈에 알아볼 수 있는 작은 변화를 통해 브랜드를 경쟁사와 차별화했다. 그것은 독점성과 상류 계층에 속한다는 감정의 외적인 표현이 되었다. 이런 의미에서 롤렉스 고객은 자신이 특별한 성취자 그룹에 속한다는 느낌을 갖는다.

유통 측면에서 롤렉스는 독점적인 네트워크와 제한된 매장 수로 브랜드와 제품이 더욱 독점적으로 보이게 한다. 크리스털 프리즘(crystal prism)은 해당 매장이 롤렉스 공식 판매점이라는 것을 나타내며 이는 모두 고급 지역에 자리하고 있다. 롤렉스 공식 판매점은 위치, 재고 수준, 디스플레이, 연간 광고 측면에서 롤렉스의 상세한 사양을 준수한다. 이를 통해 롤렉스는 시장을 엄격히 통제하고 브랜드를 면밀히 모니터링할 수 있다. 롤렉스는 수요가 늘더라도 생산을 제한함으로써 이러한 포지셔닝 전략을 강화한다. 명품의 경우 시장에서의 희소성이 가치 지각에 확실히 영향을 미치므로 장기적인 관점에서 수요가 증가하고 가치 상승에 기여한다. 롤렉스는 인터넷에서 제품을 판매하지 않는다. 회사 사이트에서 제품 모델과 판매점에 대한 정보를 얻을 수는 있지만 구매할 수는 없다. 따라서 롤렉스는 최선의 서비스를 제공하면서도 유통경로 측면에서는 브랜드의 독점성을 유지할 수 있다.

롤렉스의 가격 책정 전략은 독특하다. 프리미엄 가격 정책을 추구하며 경쟁사와 상관없이 가격을 책정하고 오히려 다른 사람들이 책정된 가격을 따르게 한다. 또한 고객이 회사가 정한 높은 가격을 기꺼이 지불할 것이라고 확신하며 가격인하나 특별 세일을 하지 않는다. 결국 고급 시계 쇼핑객은 대부분 경기 침체에도 롤렉스를 찾는다.

롤렉스는 브랜드 성취와 독점성의 가치를 강화하는 스포츠를 지지한다.
Cal Sport Media/Alamy Stock Photo

홍보 측면에서 롤렉스는 포지셔닝 전략을 효과적으로 전달하기 위해 《파이낸셜타임스(Financial Times)》와 《보그(Vogue)》 같은 고급 출판물의 광고 등 여러 마케팅 커뮤니케이션 도구를 사용하고 있다. 이 회사는 무언가를 성취하고 브랜드의 가치를 강화할 수 있는 사람들을 선택하기 때문에 스폰서십(sponsorship)과 증언(testimonial)이 마케팅 커뮤니케이션의 중심에 있다. 롤렉스가 홍보하는 스포츠는 일반적으로 고급 스포츠로 간주되는 골프, 승마, 요트, 테니스이다. 전통에 따라 롤렉스는 1978년부터 유명한 윔블던 테니스 토너먼트의 파트너였으며, 롤렉스 시계가 센터 코트의 스코어보드에 눈에 띄게 배치된다. 모든 홍보 도구는 '롤렉스 구매자는 부유하고 매력적이고 활동적이며 흥미로운 삶을 살아간다'는 일관된 메시지를 전달한다. 롤렉스는 성공의 표현이다.

앞으로 롤렉스는 경쟁사들이 시장 점유율을 높이기 위해 새로운 방법을 모색함에 따라 점점 더 치열한 경쟁을 겪게 될 것이다. 특히 아시아에서 경쟁이 치열할 것으로 예상된다. 루이뷔통(Louis Vuitton), 모에헤네시(Moët Hennessy), 리슈몽(Compagnie Financière Richemont) 등 명품 대기업은 그 규모 덕분에 특혜를 누리며 광고와 마케팅에서 시너지 효과를 내어 비용을 절감한다. 이러한 기업은 더 많은 시장 잠재력을 창출하기 위해 젊은 고객을 목표로 하고 있다. 롤렉스는 브랜드 자산을 구축하고 향상하는 데 성공했으며 정확성, 고급스러움, 견고성과 같은 가치에 뿌리를 둔 기업 및 제품이라는 뚜렷한 인식을 효과적으로 창출했다. 이는 지속적인 혁신과 함께 고객 지향적 마케팅 믹스를 신중하게 조직함으로써 달성되었다. 롤렉스는 경쟁사의 전략

롤렉스는 세계적인 최대 명품 시계 브랜드로서의 선두 자리를 굳건히 지키고 있다. 롤렉스의 핵심은 그저 손목시계를 파는 것이 아니라 성취감과 상류 계층에 속한다는 감정을 파는 데 있다.

에 성공적으로 대응하기 위해 젊은 프로 골퍼 리키 파울러(Ricky Fowler)와 마르틴 카이머(Martin Kaymer) 같은 선수들을 후원함으로써 젊은 계층을 공략하는 데 성공했다.

롤렉스는 비슷한 목표로 2013년 페이스북에 팬 페이지를 만들고 690만 개 이상의 '좋아요'를 받아, 69만 개를 얻은 브라이틀링(Breitling)과 450만 개를 얻은 카르티에(Cartier)를 앞질렀다. 2013년 롤렉스는 윔블던을 후원한 지 30년 만에 페이스북 앱, 트위터 해시태그, 동영상 콘텐츠 등 많은 디지털 콘텐츠를 추가했다. 2012년에는 극지방 얼음 조사를 위한 심해 임무나 히말라야 탐험과 같이 브랜드와 고객의 관심사에 맞는 주제를 다룬 사내 다큐멘터리를 출시하기 위해 유튜브 채널을 개설했다.

일부 경쟁사가 지닌 비용적 이점에 맞서 롤렉스는 튜더(Tudor)라는 브랜드를 출시하여 마케팅믹스 전략을 성공적으로 적용했다. 전통적인 롤렉스 손목시계보다 훨씬 낮은 가격의 튜더를 출시함으로써 롤렉스는 명품 시장 내에서 접근성이 있는 태그호이어(Tag Heuer)와 같은 경쟁사들과 경쟁하고 젊은 계층을 공략할 수 있었다. 그러나 한편으로는 명품 시계 시장에서 롤렉스 브랜드의 가치가 약화되는 것을 막기 위해 (예를 들면 롤렉스 공식 사이트에서 튜더에 대한 언급을 하지 않음으로써) 두 브랜드를 명확히 차별화하고 있다.

결론적으로 롤렉스는 역동적인 환경에 대응할 수 있는 능력과 맞물려 효과적이고 유연한 마케팅믹스 전략으로 브랜드 자산을 구축할 뿐만 아니라, 경쟁업체의 위협을 성공적으로 물리치고 탄력적으로 세계에서 가장 강력하고 지속적인 브랜드 중 하나로 자리매김했다.[1]

저자 코멘트 | 기업 수준의 전략 계획은 마케팅 전략 및 계획을 이끈다. 마케팅 전략과 마찬가지로 기업의 광범위한 전략도 고객 중심이어야 한다.

기업 수준의 전략 계획 수립: 마케팅의 역할 정의

학습목표 2-1 기업 수준의 전략 계획 수립과 그 절차를 파악한다.

전략 계획 수립
조직의 목표 및 역량과 변화하는 마케팅 기회 간에 전략적 적합성을 개발·유지하는(즉 적합성이 높은 전략 대안을 개발·유지하는) 과정

모든 기업은 특정 상황, 기회, 목표, 자원이 주어진 상태에서 가장 적절한 장기적 생존·성장 계획을 강구해야 한다. 이를 위해서는 **전략 계획 수립**(strategic planning)이 요구되는데, 전략 계획 수립이란 조직의 목표 및 역량과 변화하는 마케팅 기회 간에 전략적 적합성을 개발·유지하는(즉 적합성이 높은 전략 대안을 개발·유지하는) 과정을 말한다.

전략 계획 수립은 기업 내에서 이루어지는 기타 모든 계획 수립의 근간이 된다. 기업은 통상적으로 연간 계획, 장기 계획, 전략적 계획 등을 수립한다. 연간 계획과 장기 계획은 기업의 기존 사업을 평가하고 이를 잘 유지하는 방법을 다루는 반면, 전략적 계획은 끊임없이 변화하는 환경에서 포착되는 기회를 유리하게 이용할 수 있도록 기업을 변신시키는(adapting) 작업과 관련된 것이다.

기업 수준에서 이루어지는 전략 계획 수립 과정은 기업 전반의 목적과 사명을 정의하는 것에서 시작된다. ● 그림 2.1은 전략 계획 수립 과정의 각 단계를 보여준다. 정의된 기업 사명은 기업 활동의 방향을 잡아줄 기업 목표로 구체화된다. 그런 다음 기업의 기획실(본부)은 어떻게 최선의 사업 및 제품 포트폴리오를 구성하고 각 사업 및 제품에 어느 정도 지원을 해야 할지를 결정한다. 이러한 결정을 토대로 각 사업 및 제품은 기업 수준의 전략 계획이 실현될 수 있도록 마케팅 및 기타 부서의 구체적 실행 계획을 개발한다. 따라서 마케팅 계획은 사업단위(사업부), 제품, 시장 수준에서 이루어지는데, 특정 마케팅 기회를 활용할 구체적 실행 계획의 수립을 통해 기업 수준의 전략 계획 수립을 지원한다.

시장 지향적 기업 사명 정의

조직은 무엇인가를 성취하기 위해 존재하며, 이러한 목적을 명확하게 정의해야 한다. 임무를 수행하는 것은 다음과 같은 질문으로 시작된다. 우리의 사업은 무엇인가? 고객은 누구인가? 소비자는 무엇을 가치 있게 여기는가? 우리 사업은 무엇이어야 하는가? 이는 간단해 보이지만 기업이 대답해야 할 가장 어려운 질문 중 하나이다. 성공한 기업은 계속해서 이러한 질문을 제기하며 신중하고 완벽하게 대답한다.

● 그림 2.1
전략 계획 수립의 단계

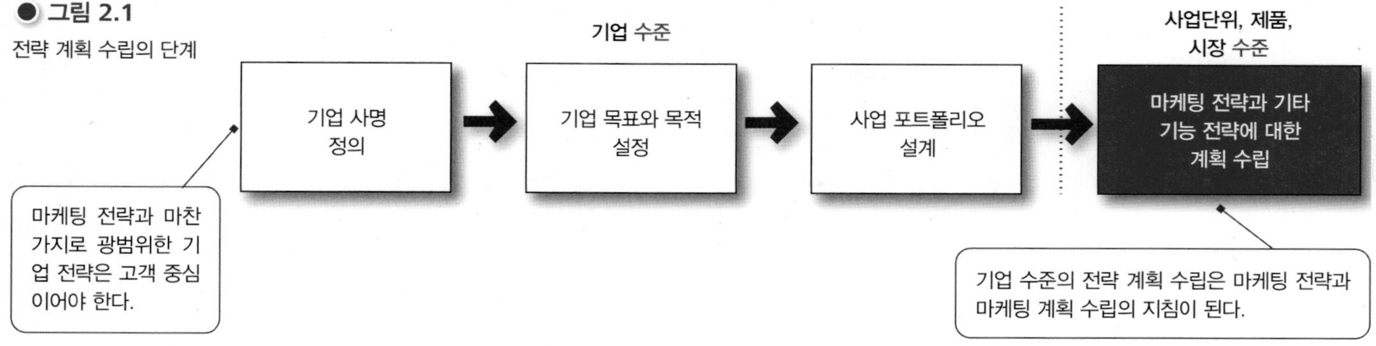

사명문
조직의 목적, 즉 조직이 성취하고 싶은 것을 서술한 것

많은 조직은 이러한 질문에 대한 답을 담은 공식적 사명문을 개발한다. **사명문**(mission statement)은 조직의 목적, 즉 조직이 성취하고 싶은 것을 서술한 것으로, 명확한 사명문은 '보이지 않는 손' 역할을 하여 조직 구성원의 생각과 행동의 지침이 된다.

일부 기업은 제품이나 기술 관점에서 근시안적인 기업 사명문을 만든다(예: 우리 회사는 가구를 생산·판매한다, 우리 회사는 화학 가공처리 회사이다). 그러나 사명문은 시장 지향적이며, 기본적 고객 욕구에 근거하여 정의하는 것이 바람직하다. 제품과 기술은 결국 구식이 되지만 기본적 시장 욕구는 영원히 지속되기 때문이다. 예를 들어 소셜네트워킹 사이트인 핀터레스트(Pinterest)는 사진을 올리는 온라인 공간이라고 정의하지 않는다. 핀터레스트의 사명은 사람들이 좋아하는 것을 수집하고 분류하고 공유할 수 있는 소셜미디어 플랫폼을 제공하는 것이다. 마찬가지로 세포라의 사명은 미용 제품을 판매하는 것이 아니라 고객이 뷰티 잠재력을 발휘할 수 있도록 도와줌으로써 라이프스타일과 자기표현을 판매하는 것이다. 제품 지향적 사업 정의와 시장 지향적 사업 정의의 몇 가지 예를 ● 표 2.1에 제시했다.

● 표 2.1 | **제품 지향적 사업 정의와 시장 지향적 사업 정의**

기업	제품 지향적 정의	시장 지향적 정의
스타벅스	우리는 커피와 스낵을 판매한다.	우리는 한 순간, 한 사람 한 사람, 커피 한 잔으로 사람들의 삶을 풍요롭게 하는 '스타벅스 경험'을 판매한다.
파네라	우리는 캐주얼 패스트푸드를 판매한다.	우리는 고객에게 '있는 그대로의 음식', 즉 맛있는 음식, 기분 좋은 음식, 고객과 주변의 좋은 일에 도움이 되는 음식을 제공한다.
인스타그램	우리는 사진과 동영상을 게시하는 소셜네트워킹 앱이다.	우리는 사람들이 세계의 순간을 포착하고 공유하도록 돕는다.
홈디포	우리는 수선 도구와 집 개량용 품목을 판매한다.	우리는 소비자가 꿈의 집을 실현할 수 있게 한다.
NPR	우리는 공공 라디오 네트워크이다.	우리는 사건, 아이디어, 문화에 대한 더 깊은 이해와 공감으로 청취자가 더 많은 정보를 얻도록 돕는다.
세포라	우리는 화장품 소매업체이다.	우리는 고객이 뷰티 잠재력을 발휘할 수 있도록 도와줌으로써 라이프스타일과 자기표현을 판매한다.
리츠칼턴호텔리조트	우리는 객실을 빌려준다.	우리는 고객의 높은 기대치를 능가하여 기억에 남을 '리츠칼튼 경험'을 창출한다.
월마트	우리는 할인점을 운영한다.	우리는 매일 최저 가격으로 상품을 제공하여 일반인도 부자와 같은 상품을 구매할 수 있는 기회를 제공한다. "돈을 절약하고 더 나은 삶을 살라."

기업 사명문은 의미 있고 구체적이면서 동기 유발적이어야 한다. 많은 기업 사명문은 홍보 목적으로 만들어져 구체성이 결여되어 있고 업무 수행의 지침이 되지 못한다. 기업 사명문은 기업의 장점을 강조하고 시장에서 승리하겠다는 강한 의지를 표명해야 한다.

또한 기업의 사명을 더 많은 이익 창출로 명시해서는 안 된다. 이익은 고객을 위한 가치를 창출한 것에 대한 보상일 뿐이다. 대신 사명은 고객 및 기업이 창출하고자 하는 고객 경험에 초점을 맞추어야 한다. 예를 들어 리츠칼턴호텔리조트는 사업을 객실을 빌려주는 것으로만 보지 않는다. '감각을 살리고, 행복을 심어주고, 심지어 고객의 표현되지 않은 소망과 필요까지도 충족해주는 리츠칼턴 경험'을 만드는 것이 리츠칼턴의 사명이다. 리츠칼턴은 모든 직원이 이 사명을 수행하도록 실질적으로 도울 수 있는 구체적인 서비스 단계를 마련하여 이를 실행한다.[2] 마찬가지로 에어비앤비는 사람들이 묵을 곳을 찾는 것만 도와주는 것이 아니라 사람들이 여행할 때 현지인이 되어 지역 문화와 경험에 몰입할 수 있게 해준다(마케팅 현장 2.1 참조).

기업 목표와 목적 설정

기업은 정의된 사명을 실현할 수 있도록 관리자의 수준에 맞게 이를 구체적인 목표로 전환해야 한다. 기업의 각 관리자는 기업 사명을 실현할 수 있는 구체적인 목표를 가지고 이를 실행할 책임을 져야 한다. 예를 들어 대부분의 미국인은 CVS를 처방약 및 비처방 의약품, 위생 용품, 다양한 편의 및 기타 품목을 판매하는 약국 체인으로 알고 있다. 하지만 CVS헬스(CVS Health)는 훨씬 더 광범위한 사명을 가지고 있다. ● CVS헬스는 스스로를 '사람들의 건강 증진을 돕는 약국 혁신 회사'로 여기고 '건강이 전부이다'를 모토로 내세웠다.[3]

CVS헬스의 광범위한 사명은 비즈니스 목표와 마케팅 목표를 포함한 목표의 체계로 이어진다. CVS헬스의 전반적인 사업 목표는 접근성을 높이고 비용을 낮추며 치료 품질을 향상하는 것이다. CVS헬스는 판매하는 제품과 더불어 연구, 소비자 홍보 및 교육, 건강 관련 프로그램 및 지원을 통해 전반적인 건강관리에 보다 적극적인 역할을 함으로써 이를 달성한다.

그러나 이러한 활동은 비용이 많이 들기에 향상된 수익으로 자금을 지원해야 하므로 수익 향상은 CVS헬스의 또 다른 주요 목표가 된다. 수익은 매출을 늘리거나 비용을 줄임으로써 향상될 수 있는데, 고객 인게이지먼트를 개선하고 의료 시장 점유율을 높이면 매출을 증가시킬 수 있다. 이러한 목표는 곧 기업의 마케팅 목표가 된다.

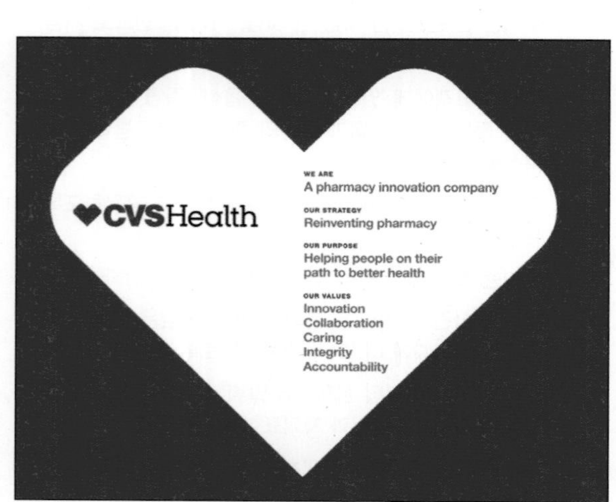

● CVS헬스의 광범위한 사명은 '사람들의 건강 증진을 돕는 약국 혁신 회사'가 되는 것이다. 회사의 마케팅 전략과 프로그램은 이 사명을 지원해야 한다.
CVS Caremark Corporation

마케팅 목표를 지원하기 위해서는 마케팅 전략과 프로그램을 개발해야 한다. 고객 인게이지먼트, 판매 및 시장 점유율을 높이기 위해 CVS헬스는 제품 및 서비스 라인을 재구성하고 확장했다. 예를 들면 '건강 증진'이라는 사명과 어긋나는 담배의 판매를 중단했다. 그리고 CVS 미니트클리닉(MinuteClinic)을 총 9,600개 점포 중 1,100개 이상에 배치하여 외래 의료 서비스를 제공했는데, 2000년 이후 3,400만 명 이상의 환자가 방문하고 있다. 또한 CVS헬스는 만성 질환과 특정 질환을 앓고 있는 고객의 맞춤형 상담을 위해 고객을 만나는 활동의 범위를 넓혔다.

이러한 것들은 CVS헬스의 광범위한 마케팅 전략이다. 각 마케팅 전략은 더 자세히 정의되어야 한다. 예를 들어 빠르게 확장되고 있는 미니트클리닉 서비스는 더 많은 광고와 홍보 노력을 필요로 할 것이며, 그러한 노력을 신중하게 설명해야 할 것이다. 이러한 방식으로 CVS헬스의 광범위한 사명은 일련의 단기 목표 및 마케팅 계획으로 구성된다.

마케팅 현장 2.1 | 에어비앤비의 사명: 어디서든 소속된다 — 머무르지만 말고 살아보라!

에어비앤비는 서비스 산업에 혁명을 일으켰다. 10년이 조금 넘는 기간 동안 낯선 사람의 집에 묵는 것을 대중화한 이 스타트업은 191개국에 600만 개 이상의 공간과 4억 명의 고객으로 구성된 글로벌 네트워크를 구축했다. 특히 세계 최대 호텔 체인으로서 92년 역사를 지닌 메리어트인터내셔널이 127개국 6,500개의 부동산에 125만 개의 객실을 갖추고 있는 것과 비교하면 더욱 놀라운 일이다. 실제로 에어비앤비는 글로벌 6대 호텔 그룹을 합친 것보다 더 많은 방을 보유하고 있다. 에어비앤비는 아주 곳곳에 스며들어서 많은 고객이 브랜드 자체를 동사로 사용한다. “주말에 시카고에 가자. 시내의 에어비앤비로 갈 거야!”

에어비앤비 창업자인 브라이언 체스키와 조 게비아는 샌프란시스코 아파트의 월세를 내는 데 보태려고 아파트 바닥에 에어매트리스 3개를 깔고 하룻밤에 개당 40달러의 숙박료를 받았는데, 이것이 바로 에어비앤비의 시작이다(에어매트리스의 ‘air’는 훗날 회사명을 짓는 데 사용되었다). 체스키와 게비아는 에어매트리스를 예약한 사람들이 머물 수 있는 값싼 장소 이상의 것을 얻었다는 것을 재빨리 깨달았다. 그들은 진정한 ‘지역 주민’ 경험을 한 것이다. 이 아이디어는 여유로운 부동산 소유주와 묵을 곳이 필요한 사람을 연결하는 온라인 숙박 시장인 에어비앤비로 꽃을 피웠다.

기본 에어비앤비 모델의 개념은 간단하다. 호스트(에어비앤비에서 임대할 공간이 있는 부동산 소유주를 지칭하는 말)가 합법적으로 등록을 하는 것에서부터 시작한다. 임대 목록에는 소파, 싱글룸, 스위트룸, 아파트는 물론이고 정박된 요트, 전체 주택, 성까지 포함될 수 있다. 심지어 일부 호스트는 게스트가 텐트를 칠 수 있도록 마당의 공간을 임대하기도 한다. 각각의 위치는 소유주만큼이나 독특하다.

게스트가 에어비앤비를 사용하는 방법은 온라인에서 무언가를 사거나 예약하는 과정과 아주 흡사하다. 등록된 사용자는 도시, 방 유형, 가격 범위, 편의 시설, 호스트 언어, 기타 옵션별로 검색한다. 대부분의 목록은 사진과 세부 사항을 제공함으로써 잠재적인 게스트에게 체류에 대한 정보를 알려준다. 게스트는 예약하기 전에 질문을 하면서 잠재적인 호스트와 연락할 수 있다. 예약이 에어비앤비를 통해 이루어지므로 숙박비는 안전한 인터페이스를 통해서만 전달된다. 게스트가 묵을 장소에 도착하면 호스트는 직접 맞이하거나 체크인을 위한 준비를 마련해준다.

처음에 에어비앤비는 주로 저렴하고 멋진 곳을 찾는 모험심 강한 여행자들을 끌어들였다. 그 밖의 잠재적인 고객은 낯선 사람들과 함께 지내는 것의 리스크나 불편을 겪고 싶지 않아 이용을 꺼렸다. 하지만 점차 그 개념을 받아들이게 되면서 에어비앤비는 빠르게 성장했다. 사람들은 전통적인 호텔에서 제공하는 비슷비슷한 방과 인간미 없는 여행 경험보다 에어비앤비의 진실성과 그들이 제공하는 독특한 경험을 좋아하기 시작했다. 그 깨달음은 에어비앤비와 그 설립자들에게 중요한 전환점이 되었다. 체스키와 게비아는 에어비앤비가 단지 머무르는 공간 그 이상의 것을 제공한다는 사실을 깨달았다. 그들은 브랜드의 영혼을 찾기 시작하면서 어렵지만 중요한 질문을 던졌다. “우리의 사명은 무엇인가? 에어비앤비를 진정으로 정의하는 아이디어는 무엇인가?”

답을 찾기 위해 에어비앤비는 전 세계 수백 명의 게스트와 호스트를 인터뷰했다. 게스트들은 관광객이 되는 것을 기피하고 현지인이 되고 싶다고 밝혔다. 현지 사람들과 어울리고 현지 문화에 몰입하고 싶어 했다. 에어비앤비에 따르면 86%의 사용자는 현지인처럼 살고 싶어서 에어비앤비를 선택했다는 것이다. 그들은 현지에 속하고 싶어 했다.

이러한 발견은 에어비앤비의 사명(당신은 세계 어디에든 속할 수 있고 세계 어디서든 살 수 있다)으로 이어졌다. 새로운 사명은 새로운 브랜드 태그라인인 ‘어디서든 소속된다(Belong Anywhere)’와 새로운 로고인 벨로(bélo)에 영감을 주었다. Airbnb의 ‘A’에는 심장과 위치 핀을 담아냈으며, 에어비앤비는 벨로를 ‘소속의 보편적 상징’으로 제시하고 있다.

에어비앤비의 사명 ‘어디서든 소속된다’는 본사 벽에 걸린 명패나 웹사이트의 About 페이지에 실린 고무적인 설명 이상의 의미를 지니고 있다. 이 사명은 여행 상품부터 마케팅 캠페인에 이르기까지 회사가 하는 모든 것을 주도한다. 에어비앤비는 스스로를 숙소 제공자일 뿐만 아니라 독특하고 진정한 ‘소속됨’을 경험하게 해주는 큐레이터로 본다.

에어비앤비 경험의 본질은 에어비앤비가 일선고객(first-line customer)으로 보는 호스트에 뿌리를 두고 있다. 에어비앤비는 자사의 비전을 진정으로 믿는 숙박 호스트의 전 세계적인 커뮤니티를 양성했다. 에어비앤비는 호스트에게 특정 지침을 따르도록 권장한다. 그러나 이 지침은 호스트에게 공항 픽업이나 걷기 투어와 같은 구체적인 서비스를 제안할 수는 있지만, 독특한 게스트 경험을 형성하기 위한 완전한 자율성을 침해하지는 않는다. 가장 중요한 것은 투숙객의 소속감을 창출하는 것이다.

새로운 사명을 내놓은 직후 체스키는 에어비앤비 오픈(Airbnb Open)이라는 연례행사에서 호스트들에게 이렇게 조언했다. “당신의 세계에서 특별한 것은 당신이 가진 집이 아니라 당신의 삶입니다.” 체스키는 파리에서 열린 에어비앤비 오픈에서 자기 부모님의 경험과 관련된 사진을 공유했다. 첫날에 그들은 전형적인 관광 가이드가 이끄는 일반적인 관광을 했다고 한다. 그러면서 덧붙이기를, “매년 3,000만 명이 파리에 들르지만 그들은 모든 것을 보았음에도 불구하고 아무것도 보지 못한다” 고 했다. 이어서 체스키는 둘째 날에 부모님이 에어비앤비의 최고 호스트가 안내한 대로 파리의 주민처럼 경험한 사진을 보여주었다. 그들은 노상 카페에서 커피를 마시고, 정원을 산책하고, 아늑한

어디서든 소속된다: 에어비앤비의 사명은 단순히 여행만 하는 것이 아니라 어디에서나 속할 수 있고 직접 살아볼 수 있는 세상이 되도록 돕는 것이다. 브랜드 로고인 벨로는 ‘소속의 보편적 상징’이다.
M40S Photos/Alamy Stock Photo

파리 나이트클럽에서 술을 마시고 춤을 추었다. 체스키는 이렇게 제안했다. "파리로 여행을 가면 안 될 것 같아요. 우리가 해야 할 일은 파리에서 사는 것일 거예요."

에어비앤비는 '소속됨'이 그저 호스트와 함께 차와 쿠키를 먹는 것이 아니어도 된다고 지적한다. 많은 호스트는 자신이 빌려주는 숙소에 살지 않으며, 실제로 많은 게스트는 호스트를 만나고 싶어하지 않는다. 더 넓게 보면 소속됨이란 다른 사람의 공간에서 어울리고, 집주인이 없어도 자신이 집주인이 되어 그 지역을 경험하는 것을 의미한다. 이는 현지인이 아니라면 보지 못하고 해보지 못했을 현지에서의 모험을 말한다. 에어비앤비는 최상의 '소속됨' 경험을 변신의 여정으로 본다.

에어비앤비는 새로운 사명에 따라 상품을 확대하기 위해 고객이 숙박뿐만 아니라 자연에서 늑대와 하이킹하는 것, 할렘 복음 합창단에서 노래하는 것, 피렌체에서 요리사 2명과 함께 파스타 식사를 하는 것 등 지역 주민과 함께하는 하루 이틀간의 여행을 예약할 수 있는 플랫폼인 익스피리언스(Experiences)를 도입했다. "이것은 관광이 아니라 당신 자신을 몰입시키고 지역 사회에 합류할 수 있게끔 하는 것"이라고 체스키는 말했다.

또한 에어비앤비는 다양한 숙박 경험을 시작했다. 예를 들어 에어비앤비 플러스(Airbnb Plus)에서는 좋은 리뷰와 섬세함까지 신경 쓰는 것으로 알려진 유명 호스트의 훌륭한 주택을 선택할 수 있다. 최상위 플러스는 집사나 개인 요리사 예약 등 고급 옵션이 있는 프리미엄 럭셔리 주택을 제공한다. 에어비앤비의 사명인 '여행하지만 말고 살아보라!(Don't go there. Live there!)'는 광고 캠페인에도 구현되었다. 다양한 광고에는 도쿄의 예술가 로프트(artist loft), 조용한 로스앤젤레스 휴양지, 아늑한 파리 아파트를 경험하는 사람들이 등장한다. 하지만 이 광고는 게스트가 숙박하는 곳 이상을 얻는다는 것을 암시한다. 첫 번째 광고는 에펠탑이나 개선문 같은 파리의 랜드마크를 지루하게 관광하는 사람들이 "파리에 가지 마. 파리를 여행하지 말고 파리를 하지 말아줘.(Don't go to Paris. Don't tour Paris, and please don't do Paris.)"라고 충고하며 시작된다. 그리고 사람들이 지역 주민처럼 편안하게 노는 따뜻한 장면을 보여주면서 광고는 "단 하루만이라도 파리에서 살라"고 설득한다. 이것이 에어비앤비의 사명 완수이다. 에어비앤비와 함께라면 '어디서든 소속된다'.[4]

저자 **코멘트** | 일단 사명을 정하면 기업은 현재와 미래에 어떤 사업과 제품으로 구성할 것인지에 대한 어려운 결정에 놓인다.

사업 포트폴리오 설계

학습목표 2-2 사업 포트폴리오 설계와 성장 전략 개발을 이해한다.

사업 포트폴리오
기업을 구성하는 사업 및 제품의 집합

기업 사명문과 기업 목표의 지침에 따라 경영자는 사업 포트폴리오를 계획해야 한다. **사업 포트폴리오**(business portfolio)는 기업을 구성하는 사업 및 제품의 집합으로, 최선의 사업 포트폴리오는 기업 강점에 의해 주어진 시장 기회를 가장 잘 살릴 수 있는 사업 및 제품으로 구성된 것이다.

대부분의 대기업은 복잡한 사업 및 브랜드 포트폴리오를 가지고 있다. ● 예를 들어 마스는 세계 최고의 캔디 제조업체로 알려져 있다. 350억 달러 규모의 이 기업은 엠앤드엠스(M&M's), 스니커스(Snickers), 마스(Mars), 트윅스(Twix), 스키틀스(Skittles), 스타버스트(Starburst), 알토이즈(Altoids), 리글리(Wrigley), 오비트(Orbit) 등 세계에서 가장 사랑받는 제과 브랜드를 만든다. 심지어 밥 브랜드인 엉클벤스(Uncle Ben's)도 소유하고 있다.

● 복잡한 사업 포트폴리오: 마스는 세계 최고의 캔디 제조업체로 알려져 있다. 그런데 마스가 세계 최고의 반려동물 영양 및 건강 제품 회사라는 것을 알고 있는가?
Randy Duchaine/Alamy Stock Photo

그런데 마스가 세계 최고의 반려동물 영양 및 건강 제품 회사라는 것을 알고 있는가? 마스는 세계 1위의 반려동물 사료 브랜드인 아이앰스(Iams), 로열캐닌(Royal Canin), 유카누바(Eukanuba), 위스카스(Whiskas), 페디그리(Pedigree) 등을 소유하고 있다. 또한 밴필드(Banfield), 블루펄(Blue Pearl), VCA 등의 반려동물 병원, 개 유치원, 수의학 서비스 회사를 소유하고 있다. 마스는 심지어 개 DNA 검사와 GPS 반려동물 추적과 감시 분야의 성장 중인 사업체도 가지고 있다. 결과적으로 마스는 캔디보다 반려동물 관리 제품과 서비스를 더 많이 판매한다. 이처럼 복잡한 사업 포트폴리오에 대한 전략 및 마케팅 계획은 어렵지만 중요한 과제이다. 그러나 능숙한 포트폴리오 관리를 통해 마스는 '모든 것의 향상을 위한 사업 수행'이라는 창립 사명과 '품질, 책임, 상호성, 효율

성, 자유'라는 다섯 가지 지침 원칙하에 광범위한 포트폴리오를 수익성 있게 관리한다.[5]

사업 포트폴리오 계획 수립은 두 단계 과정을 거친다. 첫 번째 단계는 기존 사업 포트폴리오의 건전성을 분석하여 각 사업에 어느 정도 투자를 해야 하는지를 결정하는 것이고, 두 번째 단계는 성장 전략과 축소 전략 개발을 통해 미래의 사업 포트폴리오를 구성하는 것이다.

기존 사업 포트폴리오 분석

포트폴리오 분석
경영자가 기업을 구성하는 제품 및 사업의 매력도를 평가하는 과정

전략 계획 수립에서 이루어지는 주요 활동 중 하나인 **포트폴리오 분석**(portfolio analysis)은 경영자가 기업을 구성하는 제품 및 사업의 매력도를 평가하는 과정이다. 기업은 더 많은 이익을 낳는 사업에 더 많은 자원을 투입하고, 경쟁력이 약한 사업에 대한 지원을 줄이거나 아예 철수시키려 할 것이다.

사업 포트폴리오 분석을 진행하기 위해 경영자는 먼저 기업을 구성하는 주요(핵심) 사업, 즉 전략사업단위 또는 **전략사업부**(strategic business units, SBU)를 파악하는 작업을 수행해야 한다. SBU는 사업부일 수도 있고, 사업부 내의 제품라인일 수도 있고, 경우에 따라 단일 제품이나 브랜드일 수 있다. 사업 포트폴리오 분석의 다음 단계는 각 SBU의 매력도를 평가하여 각 SBU에 대한 지원 수준을 결정하는 것이다. 대체로 기업은 경영 철학과 역량에 잘 부합되는 제품 및 사업에 진출하고 많은 지원을 하는 것이 바람직하다.

전략 계획 수립의 목적은 매력적인 시장 기회를 자사에 유리하게 만들기 위해 기업의 강점을 가장 잘 활용할 수 있는 방법을 찾는 데 있다. 따라서 대부분의 포트폴리오 분석 기법은 각 SBU를 두 가지 주요 평가 기준, 즉 SBU가 위치한 시장 또는 산업의 매력도, 해당 시장 또는 산업 내에서 SBU의 경쟁적 강점을 토대로 평가한다. 가장 유명한 포트폴리오 분석 기법 가운데 하나는 경영 컨설팅 기업을 선도하는 BCG(Boston Consulting Group)가 개발한다.[6]

BCG 기법

성장-점유율 매트릭스
시장 성장률과 상대적 시장 점유율에 따라 기업의 SBU를 평가하는 포트폴리오 계획 수립 방법

BCG의 **성장-점유율 매트릭스**(growth-share matrix)는 ● 그림 2.2에서 보듯이 **시장 성장률**(market growth rate)과 **상대적 시장 점유율**(relative market share)에 따라 SBU를 매트릭스상에 분류한다. 수직축인 시장 성장률은 시장 매력도를 측정한 것이고, 수평축인 상대적 시장 점유율은 시장 내에서의 기업 경쟁력(company strength)을 측정한 것이다. 성장-점유율 매트릭스상에 표시된 SBU는 그 위치에 따라 네 가지 유형, 즉 스타, 캐시카우, 물음표, 개로 나뉜다.

● **그림 2.2**
BCG의 성장-점유율 매트릭스

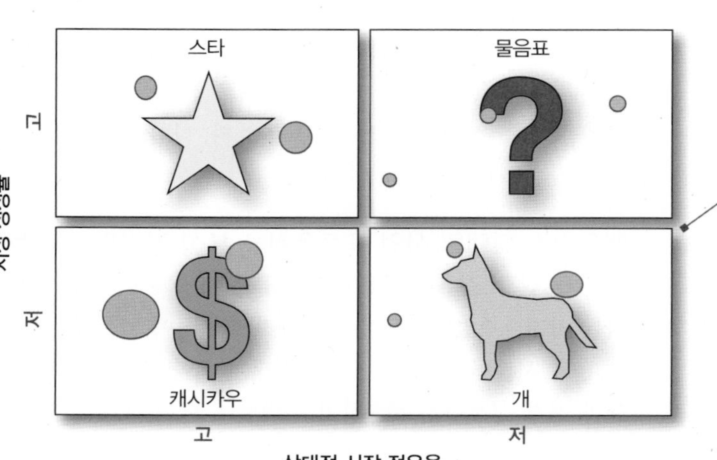

- **스타(star):** 스타 사업단위는 시장 성장률과 시장 점유율이 모두 높은 사업 또는 제품으로, 급속한 시장 성장을 따라잡기 위해 많은 투자가 요구되는 경우가 흔히 발생한다. 시간의 경과에 따라 시장 성장률이 둔화되면 스타 사업단위는 캐시카우로 전환된다.
- **캐시카우(cash cow):** 캐시카우 사업단위는 시장 성장률이 낮고 시장 점유율이 높은 사업 또는 제품으로, 이미 시장에서 확고한 기반을 구축했기 때문에 시장 점유율을 유지하는 데 드는 투자 규모가 그다지 크지 않다. 따라서 많은 현금을 벌어들이기 때문에 기업은 이 자금을 투자가 필요한 다른 사업단위를 지원하는 데 활용할 수 있다.
- **물음표(question mark):** 물음표 사업단위는 시장 성장률이 높고 시장 점유율이 낮은 사업 또는 제품으로, 점유율을 증대하는 것은 차치하고 점유율을 유지하는 데 많은 자금을 필요로 한다. 관리자는 어떤 물음표 사업을 키워 스타로 만들고 어떤 물음표 사업을 포기해야 할지 고심해야 한다.
- **개(dog):** 개 사업단위는 시장 성장률과 시장 점유율이 모두 낮은 사업 또는 제품으로, 자체 사업을 유지하는 데 드는 자금은 벌어들이지만 충분히 창출할 가능성이 없다.

그림 2.2의 성장-점유율 매트릭스에 있는 동그라미 10개는 기업이 현재 보유한 SBU를 나타낸다. 이 기업은 스타 사업단위 2개, 캐시카우 사업단위 2개, 물음표 사업단위 3개, 개 사업단위 3개를 가지고 있다. 동그라미의 크기는 SBU의 매출액에 비례한다. 이 기업의 사업 구조는 아주 좋지는 않지만 괜찮은 편이며, 전망이 있는 물음표 사업에 투자하여 스타 사업단위로 전환하고, 스타 사업을 잘 유지하여 시장 성숙기에 들어서 캐시카우가 될 수 있도록 관리하고 싶을 것이다. 다행히도 상당한 규모의 캐시카우 사업을 2개 보유하고 있으므로 이로부터 벌어들인 자금은 물음표, 스타, 개 사업단위를 지원하는 데 도움이 될 것이다. 한편 경영자는 개 사업단위, 물음표 사업단위와 관련하여 중대한 조치를 취해야 한다.

각 SBU의 매력도를 분석·분류한 뒤 경영자는 각 SBU가 수행할 역할을 결정해야 한다. 기업은 각 SBU에 대해 네 가지 전략 대안 가운데 하나를 선택할 수 있다. 첫 번째는 점유율을 높이기 위해 사업단위에 더 많이 투자하는 것이다. 두 번째는 사업단위의 점유율을 현재 수준으로 유지할 만큼의 투자를 하는 것이다. 세 번째는 장기적 효과에 상관없이 단기적으로 현금 유입을 높여 사업단위를 수확하는 것이다. 네 번째는 사업단위를 매각하거나 투자된 자원을 서서히 회수하여 다른 용도로 사용하고 철수하는 것이다.

시간이 흐름에 따라 성장-점유율 매트릭스상에서 각 SBU의 위치가 바뀐다. 각 SBU의 수명주기가 있는데, 많은 SBU는 물음표에서 시작하고, 시장에서 성공을 거둔 물음표 SBU는 스타의 위치로 이동한다. 시간이 경과하여 시장 성장률이 둔화되면 스타 사업단위는 캐시카우가 되고, 최종적으로 시장에서 철수하거나 개 사업단위로 전환됨으로써 수명을 다하게 된다. 기업은 새로운 제품과 사업을 계속 추가하여 그중 일부가 스타, 나아가 캐시카우 사업단위가 됨으로써 다른 SBU의 자금 지원에 도움이 되도록 해야 한다.

매트릭스 형태의 사업 포트폴리오 분석 기법의 문제점

BCG의 성장-점유율 매트릭스와 같은 사업 포트폴리오 계획 수립 기법은 전략 계획 수립에 큰 변화를 가져다주었다. 그러나 몇 가지 한계점이 있는데, 이러한 분석 기법은 실행하기 어렵고, 분석에 많은 시간이 소요되며, 비용이 많이 든다. 또한 SBU를 정의하는 데 어려움을 겪거나 시장 점유율과 시장 성장률을 측정하기 어려울 수도 있다. 그리고 이러한 기법은 기존 사업의 매력도를 분류하는 데 초점을 맞추고 있기 때문에 미래를 위한 계획 수립에 별 도움이 되지 않는다.

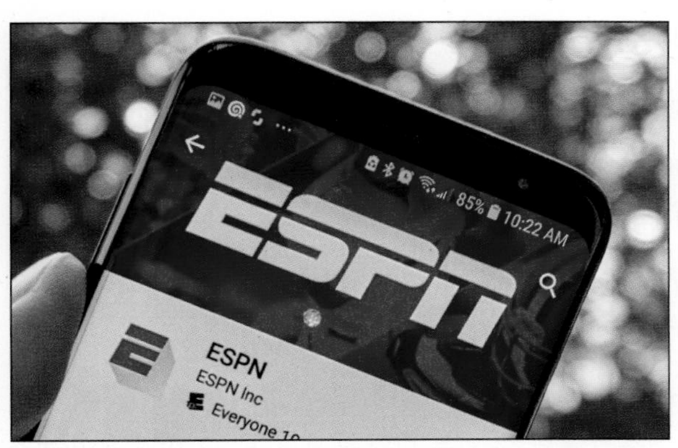

● 사업 포트폴리오 관리: ESPN은 숙련된 포트폴리오 관리를 통해 스포츠 마니아들에게 '어디서든 스포츠를 보고, 듣고, 토론하고, 읽고, 경기하는 곳'이라는 사명으로 강력하게 통합된 브랜드를 구축했다.
dennizn/Shutterstock

이와 같은 문제로 많은 기업은 공식화된 매트릭스 기법의 사용을 포기하고 자사의 경영 상황에 적합한 보다 고객화된 계획 수립 기법을 도입하고 있다. 본사의 임원과 관리자가 주도했던 공식화된 전략 계획 수립 방법과 달리 최근의 전략 계획 수립은 각 사업부로 권한을 이양하고 있다. 이에 따라 기업은 시장을 잘 아는 관리자로 구성된 사업부 팀에 전략 계획 수립의 책임을 부여한다. 디지털 시대에 이러한 관리자는 풍부한 최신 데이터를 손에 쥐고 있으며, 시장에서 변화하는 조건과 이벤트를 충족하기 위해 계획을 신속하게 조정할 수 있다.

포트폴리오 계획 수립 기법이 어려운 경우도 있다. ● 예를 들어 ESPN을 케이블 TV 네트워크나 웹사이트, 모바일 앱으로 알고들 있지만, ESPN은 수년에 걸쳐 50개 이상의 다양한 기업으로 구성된 거대하고 복합적인 브랜드 포트폴리오로 성장했다.[7]

ESPN 브랜드는 본래의 획기적인 케이블 네트워크를 비롯해 ESPN2, ESPNU, ESPN Classic, ESPNEWS, ESPN Deportes(스페인어) 및 여러 대학 콘퍼런스 네트워크에 이르기까지 수많은 네트워크를 구축했다. 이 브랜드는 ESPN.com, ESPN3(연중무휴 24시간 온라인 스포츠 네트워크), WatchESPN(대표적인 ESPN 채널을 볼 수 있는 온라인, 모바일 채널) 등을 포함하여 19개의 웹사이트로 구성된 ESPN Digital Media를 추가했다. ESPN 앱은 전 세계적으로 3개 국어로 13개의 판을 운영하고 있으며, 점수, 뉴스, 하이라이트, 짧은 동영상, 팟캐스트, 라이브 오디오 및 ESPN 직속 채널의 동영상 스트리밍을 제공한다.

뿐만 아니라 ESPN은 《ESPN 매거진(ESPN The Magazine)》을 발행하고 있으며, ESPN 라디오는 세계에서 가장 큰 스포츠 라디오 네트워크이다. 또한 X게임, ESPY, 대학 풋볼, NCAA 농구 경기를 포함한 행사를 관리한다. 그리고 비디오게임, 의류, 스포츠 용품, 심지어 골프 학교를 포함한 ESPN 브랜드의 소비자 제품 및 서비스를 개발한다. 결국 ESPN은 모회사인 월트디즈니의 훨씬 더 복잡한 포트폴리오에서 한 단위에 불과하다. 그러나 ESPN은 숙련된 포트폴리오 관리를 통해 스포츠 마니아들에게 '어디서든 스포츠를 보고, 듣고, 토론하고, 읽고, 경기하는 곳'이라는 사명으로 강력하게 통합된 브랜드를 구축했다. 단순한 기업 집합체가 아닌 ESPN은 몰입형 브랜드 경험체로서 고객의 스포츠에 대한 기억, 현실, 기대와 밀접하게 연결하고 있다.

성장 전략과 축소 전략 개발

사업 포트폴리오 설계에는 기존 사업에 대한 평가뿐 아니라 앞으로 진출해야 할 사업과 제품을 찾아내는 작업도 포함된다. 기업은 더 효과적으로 경쟁하고, 이해관계자 집단을 만족시키고, 능력 있는 사원을 유인하기 위해 성장을 필요로 한다. 그와 동시에 기업은 성장 자체를 목표로 삼지 말아야 한다. 기업의 목표는 '수익성 있는 성장'이어야 한다.

마케팅은 수익성 있는 기업 성장을 달성하는 데 중추적 책임을 진다. 마케팅은 시장 기회를 파악·평가·선택하고 이러한 기회를 포착할 전략을 개발해야 한다. 성장 전략을 파악하는 데 유용한 도구 중 하나는 ● 그림 2.3의 **제품/시장 확장 그리드**(product/market expansion grid)이다.[8] 스타벅스 사례를 통해 제품/시장 확장 그리드를 살펴보자.

제품/시장 확장 그리드
시장 침투, 시장 개발, 제품 개발, 다각화 등의 기업 성장 기회를 파악하기 위한 포트폴리오 계획 수립 도구

시애틀 소재의 한 작은 커피숍으로 시작한 스타벅스는 불과 30년 만에 미국 모든 주와 75개국 이상에서 2만 9,000개가 넘는 매장을 통해 240억 달러의 매출을 올리는 놀라운 성장을 이루었다. 성장은 스타벅스에 계속 활력을 불어넣는 엔진이다. 갈수록 경쟁자가 넘쳐나는 시장에서 높은 성장을 유지하기 위해 스타벅스는 의욕적이면서 다방면의 성장 전략을 추구했다.[9]

● 그림 2.3
제품/시장 확장 그리드

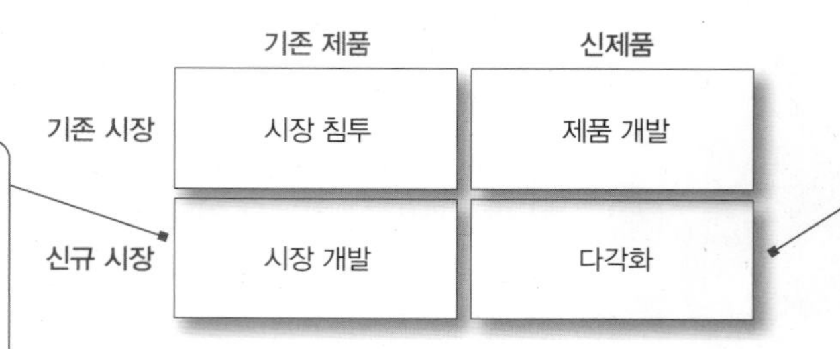

기업은 기존 제품을 가지고 새로운 시장에 진출함으로써 성장을 추구할 수 있다. 예를 들어 스타벅스는 중국 시장에서 빠르게 확장하여 15시간마다 새로운 매장을 열었다.

다각화를 통해 기업은 기존 제품/시장을 벗어나 신규 사업을 시작하거나 인수함으로써 성장할 수 있다. 예를 들어 스타벅스는 스타벅스 리저브 로스터리(Starbucks Reserve Roasteries), 프린치 베이커리(Princi Bakery), 카페(Cafe) 숍 등으로 '초프리미엄' 시장에 진출하고 있다.

시장 침투
기존 제품에 변화를 주지 않고 더 많은 매출을 올릴 수 있는 방안을 모색하는 것

첫째, 스타벅스는 **시장 침투**(market penetration) 수준을 더 깊게 할 수 있는지 검토할 수 있다. 즉 기존 제품에 변화를 주지 않고 더 많은 매출을 올릴 수 있는 방안을 모색하는 것이다. 스타벅스는 고객이 방문하기 더 쉽도록 기존 시장 영역에 신규 매장을 추가로 열 수 있다. 실제로 스타벅스는 작년에 미국에 800개 이상의 매장을 열었다. 스타벅스는 고객 인게이지먼트와 충성도를 높이기 위해 모바일 앱에 새로운 기능을 추가할 수 있다. 예를 들어 최근에 추가된 마이 스타벅스 바리스타 기능은 고객이 음성 명령이나 메시징을 통해 인공지능으로 움직이는 가상 바리스타에게 주문할 수 있게 해준다. 또한 광고, 가격, 서비스, 메뉴 구성, 매장 디자인 등의 개선은 고객이 더 자주 방문하고 매장에서 더 오랜 시간을 보내거나 더 많이 구매하도록 촉진할 수 있다. 식품 메뉴가 지속적으로 늘면서 지난 4년간 조식 품목 판매만 2배로 증가했으며, 현재 식품 판매는 스타벅스 전체 매출의 20%를 차지하고 있다.

시장 개발
기존 제품을 가지고 신규 시장을 개발하는 것

둘째, 스타벅스는 기존 제품을 가지고 신규 시장을 개발하는 **시장 개발**(market development) 전략을 고려할 수 있다. 예를 들어 관리자는 새로운 인구통계적 시장을 검토한다. 장년층 소비자가 첫걸음을 하게 하거나 더 많이 구매하도록 유도하는 것이 하나의 방안이 될 수 있다. 또한 새로운 지리적 시장을 검토할 수도 있다. 스타벅스는 현재 미국 이외의 시장, 특히 아시아 시장에서 매장 수를 빠르게 늘리고 있다. ● 예를 들어 중국의 스타벅스 매장은 지난 6년 동안 800개에서 3,300개로 증가했는데, 이는 평균 15시간마다 새로운 매장이 문을 연 셈이다. 스타벅스는 2022년까지 중국의 매장을 6,000개 이상으로 늘릴 계획이다.

● 성장 전략: 스타벅스는 놀라운 성장을 유지하기 위해 야심 차고 다각적인 성장 전략을 세웠다.
Jens Kalaene/picture-alliance/dpa/AP Images

제품 개발
기존 고객에게 수정된 제품이나 신제품을 제공하는 것

셋째, 스타벅스는 기존 고객에게 수정된 제품이나 신제품을 제공하는 **제품 개발**(product development) 전략을 고려할 수 있다. 예를 들어 빠르게 성장 중인 일회용 시장을 공략하기 위해 비아(Via) 인스턴트커피를 출시하고, 집에서 직접 내려 먹을 수 있도록 원두커피와 타조(Tazo) 티 제품을 케이컵(K-Cup) 팩 형태로 판매한다. 또한 스타벅스는 스타벅스 더블샷, 아이스 익스프레소 클래식, 카페인이 함유된 픽미업인 스타벅스 리프레셔 등 식료품점에서 판매하는 음료수 라인을 지속적으로 확장하고 있다.

다각화
기존 제품과 고객을 벗어나 새로운 사업을 시작하거나 인수하는 것

넷째, 스타벅스는 기존 제품과 고객을 벗어나 새로운 사업을 시작하거나 인수하는 **다각화**(diver sification) 전략을 고려할 수 있다. 예를 들어 스타벅스는 최근 스타벅스 리저브 로스터리와 스타벅스 리저브 바 등 고급 경험을 특징으로 하는 프리미엄 스타벅스 리저브(Starbucks Reserve) 브랜드를 만들었다. 그리고 스타벅스 리저브 위치 내에서 유명한 이탈리아 제빵사 로코 프린치(Rocco Princi)의 요리법을 바탕으로 신선한 빵과 페이스트리, 화려한 코르네티, 포카차 샌드위치 등 이탈리아 음식을 제공하는 프린치 베이커리와 카페를 열고 있다. 또한 스타벅스는 커피와 스낵

가게를 넘어 독립형 부티크 프린치 베이커리를 실험하고 있다. 프리미엄 식품과 음료라는 다양화는 브랜드의 '스타벅스 경험' 포지셔닝과 잘 맞아떨어진다.

기업은 사업 포트폴리오를 성장시키는 전략뿐 아니라 이를 **축소시키는** 전략도 개발해야 한다. 기업은 여러 가지 이유로 일부 제품과 시장을 포기하기도 한다. 제품 또는 시장을 지나치게 빨리 키웠거나 경험이 부족한 제품 또는 시장에 진출했을 수도 있다. 또한 시장 환경이 변하여 일부 제품 또는 시장의 수익성이 과거에 비해 떨어지는 경우도 있다. 가령 불경기에 접어들면 많은 기업은 경쟁력이 떨어지고 수익성이 낮은 제품과 시장을 정리하고 제한된 자원을 가장 경쟁력 있는 제품과 시장에 집중하려고 한다. 게다가 어떤 제품 또는 사업은 오랜 시간이 흘러 자연스럽게 수명을 다하기도 한다.

기업이 이익을 내지 못하거나 전반적인 기업 경영 전략에 적합하지 않은 브랜드 또는 사업을 발견하면 이를 정비하거나, 투자 자금을 회수하거나, 처분해야 할지를 신중히 검토해야 한다. 예를 들어 P&G는 지난 수년에 걸쳐 크리스코(Crisco), 폴저스(Folgers), 지프(Jif), 프링글스(Pringles), 배터리 브랜드인 듀라셀(Duracell), 디오더런트 브랜드인 라이트가드(Right Guard), 진통제 브랜드인 알리브(Aleve), 화장품 브랜드인 커버걸(CoverGirl)과 맥스팩터(MaxFactor), 헤어 제품 브랜드인 웰라(Wella)와 클레롤(Clairol), 반려동물 사료 브랜드인 아이앰스 등 인지도 높은 빅브랜드를 매각하고 가정용 청결 제품과 미용 제품에 집중하고 있다.

저자 코멘트 | 마케팅만으로는 고객 가치를 창출할 수 없다. 기업 수준의 전략 계획에 따라 마케팅은 다른 부서와 긴밀하게 협력하여 효과적인 내부 기업 가치사슬을 형성하고, 마케팅 시스템의 다른 회사와 협력하여 고객에게 공동으로 서비스를 제공하는 외부 가치전달 네트워크를 구축해야 한다.

마케팅 계획 수립: 고객 관계 구축을 위한 파트너십 형성

학습목표 2-3 기업 전략 계획 수립에서 마케팅의 역할 및 고객 가치의 창출과 전달을 위해 마케팅과 그 파트너들이 어떻게 협력하는지 살펴본다.

기업의 전략 계획은 기업이 어떤 사업에 진출할 것이지, 각 사업의 목표는 무엇인지를 정한다. 이에 따라 각 사업단위는 보다 구체화된 사업 계획을 수립한다. 그런 다음 사업단위 내의 주요 기능 부서(마케팅, 재무, 회계, 구매, 생산, 정보 시스템, 인적자원)는 전략적 목표를 달성하기 위해 함께 노력한다.

마케팅은 기업 수준의 전략 계획 수립 시 다음과 같은 측면에서 핵심적 역할을 한다. 첫째, 마케팅은 마케팅 개념이라는 경영 활동의 지침이 될 **철학**을 제공하는데, 이러한 경영 철학은 주요 고객 집단과 수익성 있는 관계를 구축하는 방향으로 기업 전략을 수립해야 한다는 시사점을 제시한다. 둘째, 마케팅은 매력적인 시장 기회를 파악하는 데 도움을 주고 그 시장 기회를 이용할 수 있는 자사의 잠재력을 평가함으로써 전략 계획 수립의 핵심 **투입 요소**가 된다. 셋째, 사업단위 내에서 마케팅은 사업단위의 목표를 실현하기 위한 **전략**을 설계한다. 사업단위의 목표가 정해지면 마케팅의 과업은 이익을 낳는 방향으로 이를 실천하도록 지원하는 것이 된다.

고객 가치와 고객 만족은 마케터가 성공을 거두는 데 주요한 원천이다. 그러나 1장에서 살펴보았듯이 마케팅이 주도적 역할을 수행하더라도 마케터 혼자의 힘으로는 탁월한 고객 가치를 창출할 수 없다. 마케터가 고객 가치 창출 과정에서 주도적인 역할을 하지만, 마케팅은 고객을 유인·유지·육성하는 데 하나의 파트너에 불과할 수도 있다. 따라서 마케터는 **고객 관계 관리**뿐 아니라 **파트너 관계 관리**도 잘 실행해야 한다. 고객을 위해 효과적인 **가치사슬**을 형성하기 위해 기업 내 다른 부서의 파트너들과 긴밀하게 공조해야 한다. 나아가 경쟁사보다 탁월한 **가치전달 네트워크**를 형성하기 위해 마케팅 시스템 내의 다른 기업들과도 효과적인 파트너 관계를 구축해야 한다. 이제 기업 가치사슬과 가치전달 네트워크에 대해 자세히 살펴보자.

기업 내 다른 부서와의 파트너 관계 형성

가치사슬
각 부서가 제품 설계, 생산, 판매, 배송, 사후 서비스를 함으로써 가치 창출 활동을 수행하는 것

기업 내 각 부서는 기업 **가치사슬**(value chain)에서 연결고리(link)로 간주될 수 있으며,[10] 각 부서는 제품 설계, 생산, 판매, 배송, 사후 서비스를 함으로써 가치 창출 활동을 수행한다. 기업의 성공은 각 부서가 부여된 업무를 얼마나 잘 수행하는지, 여러 부서의 활동이 얼마나 잘 조정되는지에 따라 결정된다.

예를 들어 월마트의 목표는 고객에게 가능한 한 가장 낮은 가격으로 원하는 제품을 제공함으로써 고객 가치와 만족을 창출하는 것이다. 월마트의 마케터는 중요한 역할을 한다. 고객 욕구를 배우고 고객이 원하는 제품을 매장 진열대, 웹사이트, 모바일 앱을 통해 경쟁사보다 낮은 가격에 제공한다. 이들은 광고와 상품화 프로그램(merchandising program)을 준비하고 고객 서비스를 제공하여 고객을 돕는다. 이러한 다양한 활동을 통해 월마트의 마케터는 고객에게 가치를 부여하고 전달하는 데 도움을 준다.

● 가치사슬: 월마트의 슬로건인 '돈을 절약하고 더 나은 삶을 살라'는 적당한 제품을 저렴한 가격에 제공함으로써 실현되며, 이는 모든 부서 사람들의 기여에 달려 있다.
Ann Parry/Alamy Stock Photo

그러나 마케팅 부서는 다른 부서의 도움도 필요로 한다. ● 월마트의 슬로건인 '돈을 절약하고 더 나은 삶을 살라(Save Money. Live Better)'는 구매 부서가 공급업체를 발굴하고 저렴한 비용으로 구매하는 기술에 달려 있다. 월마트의 정보기술 부서는 각 매장에서 어떤 제품이 판매되고 있는지 빠르고 정확한 정보를 제공해야 한다. 대형 마트의 디지털 연구개발 그룹은 최신 기술을 웹과 모바일 사이트에 적용해야 한다. 또한 운영자는 효과적이고 저렴하게 제품을 다루고 효과적인 배송 옵션을 개발해야 한다.

기업의 가치사슬은 가장 약한 연결고리만큼만 강하다. 성공은 각 그룹이 얼마나 고객 가치를 창출하고 어떻게 다양한 기능의 활동을 조정하느냐에 달려 있다. 월마트의 경우 구매 부서가 공급자로부터 제품을 최저 가격으로 얻을 수 없거나 가장 낮은 비용으로 제품을 유통할 수 없다면 마케팅은 고객에게 최저가 약속을 이행할 수 없다.

이상적인 것은 고객을 위한 가치를 창출하기 위해 기업 내 여러 부서가 조화롭게 업무를 수행하는 것이다. 그러나 현실적으로 부서 간의 관계는 갈등과 오해로 넘쳐난다. 마케팅 부서는 소비자 관점을 취한다. 그러나 마케팅 부서가 고객 만족을 실현하기 위해 노력하는 것이 다른 부서의 관점에서는 자신의 업무 성과를 저해하는 원인이 될 수도 있다. 마케팅 부서의 활동이 구매 원가를 상승시키고, 생산 스케줄을 저해하고, 재고를 늘리고, 과다 예산을 낳을 수도 있어 다른 부서가 마케팅 부서의 노력에 저항하기도 한다.

그러나 마케터는 모든 부서가 '고객을 생각하고' 가치사슬이 원활하게 작동하기 위한 방법을 강구해야 한다. 오늘날에는 고객을 사로잡으려면 기업 전체의 헌신이 필요하다. 따라서 자신이 맡은 업무가 회계든, 조직 운영이든, 재무 분석이든, IT 담당이든, 인적자원 관리든 마케팅과 고객 가치 창출에서 자신이 맡은 역할을 이해할 필요가 있다. 한 마케터는 이렇게 말한다. "금융, 고객 서비스, 제조에 이르기까지 모든 직원은 고객 경험에서 자신의 역할이 어떻게 작용하는지 알아야 한다. 고객 경험이 마케팅 팀에만 달린 것은 아니지만 마케팅은 분위기를 정하고 다른 모든 부서의 길을 인도한다."[11]

마케팅 시스템 내 다른 기업과의 파트너십 구축

고객 가치를 창출하기 위해 기업은 자신의 가치사슬을 넘어서 공급업체, 유통업체, 최종 고객의 가치사슬에도 신경을 써야 한다. 패스트푸드 체인 서브웨이(Subway)를 살펴보자. 사람들은 단지 서브웨이의 샌드위치가 좋아서 서브웨이를 찾는 것이 아니다. 소비자는 서브웨이 시스템으로 몰려든다. 전국에 걸쳐 서브웨이의 정교한 가치전달 시스템은 신선하고 빠르고 맛있는 샌드위치를 저렴한 가격에 지속적으로 제공한다. 서브웨이는 가맹점, 공급업체 및 기타 업체와 성공적으로 제휴하여 '고객이 원하는 대로 만들라(Make It What You Want)' 포지셔닝 약속을 효과적으로 공동 수행하고 있다.

가치전달 네트워크
성과를 향상하기 위해 공급 체인의 다른 구성원과 파트너십을 형성하는 것

오늘날 많은 기업은 **가치전달 네트워크**(value delivery network)의 성과를 향상하기 위해 공급 체인의 다른 구성원과 파트너십을 형성하고 있다. 오늘날의 시장 경쟁은 경쟁사끼리의 경쟁이 아니라 각 경쟁사에 의해 창출된 가치전달 네트워크 간의 경쟁 양상을 띤다. 따라서 포드와 비교된 토요타의 성과는 포드와 비교된 토요타의 가치전달 네트워크의 품질 수준에 따라 결정된다. 토요타가 최고의 자동차를 만든다고 하더라도, 만약 포드의 딜러가 더 큰 고객 만족을 낳는 판매와 서비스를 제공한다면 토요타는 시장에서 성공을 거두지 못할 것이다.

저자 코멘트 | 지금까지 기업을 중심으로 전략을 살펴보았으니 이제 고객 가치 지향적 마케팅 전략과 프로그램에 대해 알아보자.

마케팅 전략과 마케팅믹스

학습목표 2-4 고객 가치 지향적 마케팅 전략의 구성요소와 마케팅믹스의 구성요소를 살펴본다.

전략 계획에는 기업의 전반적 사명과 목표의 결정이 포함된다. 마케팅의 역할과 마케팅 활동은 ● 그림 2.4에서 보듯이 고객 지향적 마케팅 전략과 마케팅믹스를 관리하기 위해 수행되는 주요 활동을 요약한 것이다.

마케팅 전략
고객 가치 창출과 수익성 있는 고객 관계 구축을 위해 마케팅 활동의 기본 방향을 정하는 것

고객은 마케팅 활동의 중심에 있다. 마케팅의 목표는 고객 가치를 창출하고, 수익성이 있는 강력한 고객 관계를 구축하는 것이다. 마케터는 이러한 목표를 달성하기 위해 **마케팅 전략**(marketing

● **그림 2.4**
마케팅 전략과 마케팅믹스 관리

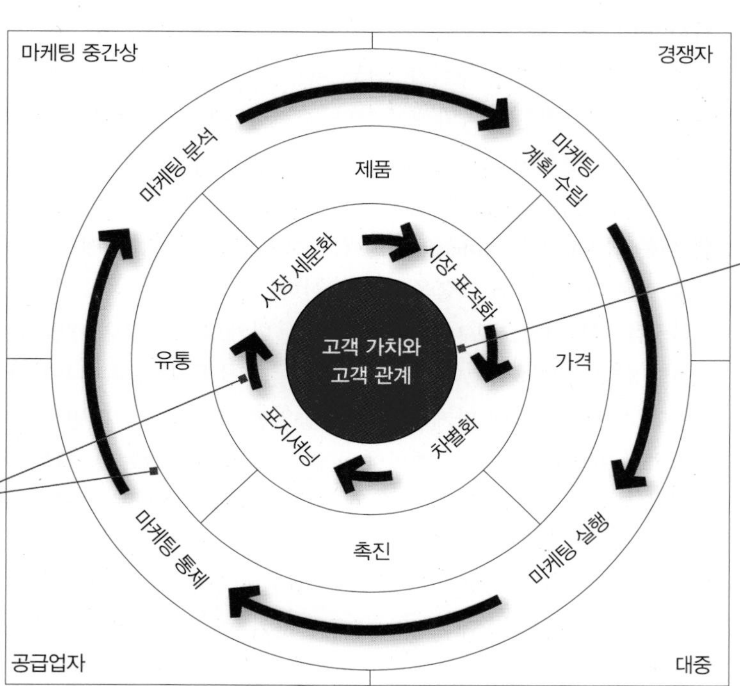

strategy)을 수립한다. 마케팅 전략은 고객 가치 창출과 수익성 있는 고객 관계 구축을 위해 마케팅 활동의 기본 방향을 정하는 것으로, 구체적으로는 어떤 고객을 대상으로(시장 세분화와 시장 표적화) 어떻게 차별화된 마케팅 제공물을 개발할 것인지(차별화와 포지셔닝)를 결정하는 것이다. 마케터는 전체 시장 범위를 파악하고, 그 시장을 유사한 특성을 가진 세분시장으로 나눈 뒤 가장 매력적인 세분시장을 선택하며, 그 세분시장 내 고객을 경쟁사보다 더 잘 만족시킬 수 있는 방안을 강구한다.

기업은 마케팅 전략에 근거하여 통합적 마케팅믹스 프로그램을 설계하며, 마케팅믹스는 마케터가 통제할 수 있는 수단인 제품, 가격, 유통, 촉진으로 구성된다. 최적의 마케팅 전략과 마케팅믹스를 개발하기 위해 마케터는 마케팅 관리 기능을 잘 수행해야 하는데, 주요 마케팅 관리 기능은 마케팅 분석, 마케팅 계획 수립, 마케팅 실행, 마케팅 통제로 구성된다. 이러한 일련의 마케팅 활동을 통해 기업은 주요한 마케팅 환경 요인의 변화와 추세를 탐색하고 이에 적응한다. 각각의 활동을 개략적으로 살펴보자.

고객 가치 지향적 마케팅 전략

치열한 시장 경쟁에서 성공을 거두기 위해 기업은 고객 중심적이어야 한다. 즉 경쟁사로부터 고객을 획득하고 고객에게 더 많은 가치를 제공함으로써 고객을 유지·육성해야 한다. 그러나 고객을 만족시키기 위한 마케팅 노력을 기울이기에 앞서 기업은 먼저 고객 욕구를 이해해야 한다. 훌륭한 마케팅은 신중한 고객 분석을 필요로 한다.

기업은 주어진 시장의 모든 소비자를 대상으로 마케팅 활동을 수행하여 이익을 실현할 수 없음을 알고 있다. 즉 너무 많은 특성과 욕구를 가진 소비자가 시장에 존재하므로 대부분의 기업은 특정 세분시장의 고객 욕구를 다른 세분시장보다 더 잘 충족할 수 있음을 인식한다. 따라서 기업은 전체 시장을 세분화한 다음 자사에 가장 유리한 세분시장을 선택하고 그 시장의 고객을 만족시켜 이익을 창출하는 전략을 개발해야 한다. 마케팅 전략 수립에서 의사결정이 이루어져야 할 핵심적 요소는 시장 세분화, 시장 표적화, 차별화, 포지셔닝이다.

시장 세분화

시장은 다양한 유형의 소비자, 제품, 욕구로 구성된다. 따라서 마케터는 어떤 세분시장이 가장 좋은 기회를 제공하는지 파악해야 한다. 소비자는 다양한 집단으로 세분화할 수 있는데, 소비자를 세분하는 데 이용할 수 있는 기준으로는 지리적 변수, 인구통계적 변수, 심리묘사적 변수, 행위적 변수 등이 있다. 전체 시장을 욕구, 특성, 구매 행동 등이 유사한 구매자 집단으로 나누는 과정을 **시장 세분화**(market segmentation)라고 하며, 기업은 각 구매자 집단(세분시장)에 대해 각기 다른 제품 또는 마케팅 프로그램을 필요로 한다.

시장 세분화
전체 시장을 욕구, 특성, 구매 행동 등이 유사한 구매자 집단으로 나누는 과정

시장을 세분시장으로 나눌 때 마케터는 마케팅 프로그램 개발에 유용한 시장 세분화 기준을 선택해야 한다. 예를 들어 타이레놀 구매자를 고소득 진통제 사용자와 저소득 진통제 사용자로 나누었는데 각 세분시장이 마케팅 활동에 동일한 반응을 보인다면 소득 수준에 근거한 시장 세분화는 효과적인 마케팅 프로그램 개발에 별로 도움이 되지 않는다. **세분시장**(market segment)은 기업의 마케팅 노력에 대해 유사한 반응을 보이는 소비자 집단을 말한다. 예를 들어 승용차 시장에서 가격에 상관없이 가장 크고 편안한 승용차를 원하는 소비자 집단이 하나의 세분시장이 되고, 저가격과 낮은 유지비를 선호하는 소비자 집단이 또 다른 세분시장이 될 수 있다. 하나의 승용차 모델로 두 세분시장이 원하는 것을 동시에 충족하기는 어려울 것이기 때문이다. 따라서 기업은 각 세분시장의 상이한 욕구를 충족하도록 마케팅 노력을 기울여야 한다.

세분시장
기업의 마케팅 노력에 대해 유사한 반응을 보이는 소비자 집단

시장 표적화(목표시장 선정)

시장 표적화
각 세분시장의 매력도를 평가하고 하나 또는 그 이상의 목표 세분시장을 선택하는 과정

전체 시장을 여러 세분시장으로 나눈 다음 기업은 그중 하나 또는 그 이상의 세분시장을 선택할 수 있다. **시장 표적화**(market targeting)는 각 세분시장의 매력도를 평가하고 하나 또는 그 이상의 목표 세분시장을 선택하는 과정이다. 기업은 이익을 실현하는 수준에서 가장 큰 고객 가치를 창출하고 이를 계속 유지할 수 있는 세분시장을 목표시장으로 삼아야 한다.

기업은 한정된 자원을 가졌기 때문에 하나 또는 소수의 세분시장이나 틈새시장(market niche)만을 대상으로 삼을 수 있다. 이러한 틈새시장은 주요 경쟁업체가 간과하거나 방치한 세분시장에 초점을 맞춘다. 예를 들어 맥라렌(McLaren)은 작년에 고성능 자동차를 매우 높은 가격을 매겨 3,340대만 판매했다. 570S 모델을 18만 8,000달러에 판매하고 주문형 FI 모델은 83만 7,000달러부터 가격을 책정했다. 모든 틈새시장 추구 기업이 이렇게 매혹적인 제품을 판매하는 것은 아니다. 수익성이 높은 저비용 항공사인 얼리전트항공(Allegiant Air)은 규모가 작아서 대형 항공사가 무시한 세분시장과 신규 탑승객을 목표로 하여 주요 항공사와의 직접적인 경쟁을 피한다.

대기업은 모든 세분시장을 대상으로 다양한 제품을 판매하기로 결정하기도 하는데, 혼다와 포드 등 대형 자동차 회사가 이러한 전략을 사용한다. 어떤 기업은 다양한 고객층을 가지고 있지만, 같은 기본 욕구를 가진 몇몇 관련 부문을 서비스하기로 선택할 수도 있다. 로레알 그룹은 뷰티 시장의 주요 부문을 다루며 각 부문 내에 많은 하위 부문이 있다. 로레알은 로레알 럭스(L'Oréal Luxe), 컨슈머 프로덕트(Consumer Products), 프로페셔널 프로덕트(Professional Products), 액티브 코스메틱(Active Cosmetics), 더바디샵(The Body Shop)을 통해 더 큰 부문을 공략한다. 이러한 주요 부문 내에서 로레알은 다양한 연령, 소득, 라이프스타일의 고객을 만족시키는 다양한 브랜드를 판매한다. 예를 들어 컨슈머 프로덕트는 가르니에(Garnier), 로레알 파리(L'Oréal Paris), 메이블린 뉴욕(Maybelline New York), 에시(Essie), NYX 프로페셔널 메이크업(NYX Professional Make Up) 등의 브랜드를 판매하고, 로레알 럭스는 랑콤(Lancôme), 조르지오아르마니(Giorgio Armani), 어번디케이(Urban Decay), 디젤(Diesel), 랄프로렌(Ralph Lauren) 등의 브랜드를 판매한다.

대부분의 기업은 한 세분시장을 목표로 하여 제품시장에 진입한다. 만약 그 시장에서 성공을 거두면 점차 세분시장의 수를 늘리고 결국 전체 시장을 겨냥하게 된다. 예를 들어 사우스웨스트항공은 50년 전에 불필요한 서비스를 없앤 통근 항공사로 시장에 진출하여 텍사스와 그 외 남서부 주에서 차상의 항공사로 첫걸음을 떼었다. 틈새시장에서의 초기 성공을 바탕으로 사우스웨스트항공은 미국 내 100곳과 해외 10개국에 추가로 취항하며 미국 내 2위 항공사로 성장했다. 사우스웨스트항공은 220억 달러를 벌며 46년 연속 수익을 올렸다.[12] 한편 식물성 우유 마케터는 특정 알레르기가 있는 사람들을 대상으로 유제품 시장의 소규모 부문을 공략했다. 그런데 이 부문에 대한 요구가 점점 더 커지면서 건강, 피트니스, 라이프스타일 선택으로 더 많은 고객을 끌어들였다(마케팅 현장 2.2 참조).

시장 차별화와 포지셔닝

포지셔닝
목표고객의 마음속에서 자사 제품이 경쟁 제품에 비해 명확하고, 차별화되며, 바람직한 위치에 자리 잡게 하려는 노력

기업은 목표 세분시장을 결정한 다음 각 세분시장에 내놓을 시장 제공물을 어떻게 차별화할지, 그리고 그 시장에서 차지하고자 하는 경쟁적 포지션이 무엇인지 결정해야 한다. **포지셔닝**(positioning)은 목표고객의 마음속에서 자사 제품이 경쟁 제품에 비해 명확하고, 차별화되며, 바람직한 위치에 자리 잡게 하려는 노력을 말한다. 마케터는 자사 제품을 경쟁 브랜드와 차별화하고 목표시장에서 최고 우위를 제공하는 위치를 계획한다.

예를 들어 폴크스바겐은 '작게 생각하세요(Think small)', 로레알은 '나는 그럴 만한 가치가 있기

마케팅 현장 2.2 | 우유가 들어 있지 않은 우유

전 세계 소비자가 우유 대체재를 선택함에 따라 비유제품(dairy-free) 시장이 자연스럽게 생겨났다. 비유제품 부문은 우유 산업의 파생물로 시작되었지만 이후 다양한 부문으로 확장하면서 거대한 산업이 되었다. 예를 들어 웨이트로스(Waitrose) 사이트에서는 30가지 이상의 다양한 우유 대체재를 판매한다. 비유제품 우유 산업의 성장은 건강에 대한 소비자의 염려, 채식주의자의 라이프스타일 확산, 건강 및 피트니스의 새로운 트렌드와 관련이 있다. 전통적인 우유 시장의 요구와 욕구가 진화하면서 소비자는 이제 우유에서도 다른 가치를 추구한다. 다양한 선호를 가진 소비자의 차별화된 요구에 따라 우유 시장에는 새로운 세분시장이 등장했다.

전 세계 동물성 우유의 소비는 식물성 우유와 대조적으로 감소세를 보이고 있다. 이는 유당불내증을 가진 사람들뿐 아니라 우유 알레르기로 고통받는 사람들이 식물성 우유를 소비하고 있기 때문이다. 실제로 많은 사람이 우유로 인한 발진, 설사, 구토 등으로 어려움을 겪고 있다. 소비자는 이제 동물 사육의 환경적 영향에 대해서도 잘 알고 있다. 이들은 동물성 우유에 함유된 항생제, 살충제, 호르몬 등의 잠재적인 오염 물질과 이로 인한 건강의 위험을 인식하고 채식주의자가 되기도 한다.

다양한 재료로 만들어진 식물성 비유제품 음료에는 아몬드 우유, 캐슈넛 우유, 코코넛 우유, 삼베 우유, 귀리 우유, 완두콩 우유, 쌀 우유, 퀴노아 우유, 두유 등이 있다. 이러한 우유 종류는 설탕 포함, 무설탕, 저칼로리, 바닐라, 초콜릿, 바나나 향 등 다양하다. 가장 인기 있는 식물성 우유는 두유, 아몬드 우유, 쌀 우유, 코코넛 우유이다. 많은 소비자가 그 맛을 신경 쓰지는 않지만 두유는 40년 이상 가장 인기 있는 우유 대체재였다. 아몬드 우유는 체중 관리에 도움이 된다고 여겨져 사람들은 스무디를 만들 때 이를 사용하기도 하고 시리얼이나 쿠키와 함께 먹기도 한다. 코코넛 우유는 단백질이 적고 칼로리가 낮으며 특히 아시아와 남아메리카에서 인기가 있다. 모든 식물성 우유는 일반적인 유제품 우유보다 유통기한이 길다는 장점이 있다.

2018년 세계 식물성 우유 시장은 2010년 74억 달러에서 증가한 163억 달러로 추산되었다. 2024년까지 세계 식물성 우유 시장의 규모는 100억 리터로 평가되어 2018~2023년 연평균 10% 안팎의 성장률을 보일 것으로 전망된다. 북미는 세계 시장 점유율의 25%를 차지하며 식물성 우유의 세계 판매를 주도해왔다. 유럽의 비유제품 우유 시장은 2018~2023년 14.5%의 연평균 성장률(CAGR)을 기록할 것으로 예상된다. 아시아·태평양 지역(중국, 일본, 인도, 한국 등)도 2017~2024년 13%의 높은 연평균 성장률(CAGR)을 기록할 것으로 보인다.

우유 대체재 시장의 성장은 기존 식음료 업체의 브랜드 확장을 유도했다. 예를 들어 퀘이커오츠(Quaker Oats)는 귀리 우유 브랜드를 출시할 것이라고 발표했다. 식물성 우유의 빠른 성장, 인기, 용이한 가용성은 기존 유제품 우유 시장에 큰 위협이 되고 있다. 전 세계의 우유 소비가 지속적으로 감소하자 유제품 우유 생산자는 젖소 우유가 건강한 뼈와 치아를 위한 천연 식품임을 강조하는 캠페인을 개발했다. 그들은 또한 식물성 대체재를 우유로 표시하고 판매할 수 없다고 주장했다. 유럽연합의 유럽사법재판소는 비건 및 유제품 대체 브랜드가 '우유', '버터', '치즈'라는 단어를 사용하여 제품을 판매할 수 없다는 획기적인 판결을 내렸다. 그러나 아몬드 우유, 코코넛 우유, 땅콩버터 우유에는 이 판결이 적용되지 않는다. 식물성 우유 생산자는 대부분의 제품을 자신의 재료로 만들었기 때문에 고객을 속인 적이 없으며, 자신이 소비자의 선호도에 따른 가치와 이익을 제공한다고 주장한다.

스웨덴에서 유제품 생산업체와 비유제품 생산업체 간에 흥미로운 분쟁이 있었다. 스웨덴의 유제품 생산업체가 비유제품 우유 브랜드인 오틀리(Oatly)에 소송을 제기했다. 이 유제품 생산업체는 오틀리가 '우유 같지만 인간을 위해 만들어졌어요(Like milk, but made for humans)', '오 와우, 소는 안 돼(Oh wow, no cow)', '우유도 없고 콩도 없어요(No milk, no soy)'라고 광고하며 젖소 우유가 건강에 좋지 않다고 폄하한다고 주장했다. 물론 유제품 생산업체의 총매출이 오틀리의 매출보다 200배나 컸지만 소송은 오틀리의 판매를 크게 증가시켰다.

1980년 두유를 판매하기 시작하여 다양한 유기농 및 비유기농 식물성 제품을 개발하는 벨기에의 알프로(Alpro)와 같은 많은 기업은 고객에게 식물성 제품을 제공하는 데 비전과 사명을 두고 있다. 알프로는 식물성 식품과 음료의 옵션을 확대하는 데 선두 기여자가 되는 것을 목표로 하고 있다. 이 회사는 더 많은 사람의 음식이 식물로 만들어지는 세상을 보는 것이 비전이고, 사람들에게 맛있고 자연적이고 건강한 식물성 영양 식품을 제공함으로써 사람들의 식습관을 바꾸고 싶다고 말한다.

식물성 우유 생산자에게 Z세대와 밀레니얼 세대는 가장 수익성이 기대되는 세분시장이다. 이들은 우유의 영양 성분과 건강상의 이점 및 위험, 동물 복지에 큰 관심이 있으며 식물성 우유 제품군에 기꺼이 더 높은 가격을 지불할 의향이 있다.

소비자 선호도가 진화함에 따라 유제품 산업과 비유제품 산업 모두 확실히 더 많은 변화를 목격할 것이다. 제품 개발은 성공을 결정하는 핵심 요소가 될 것이다. 비유제품 시장은 대체 재료, 새로운 맛, 질감, 제형, 적용 방법을 계속 찾을 것이다. 또한 비유제품이 장기적인 건강과 지속가능한 이익을 제공한다는 것을 증명해야 할 것이다. 동시에 제품 개발과 소비자 행동의 더 많은 변화를 장려해야 한

비유제품 부문은 우유 산업의 파생물로 시작되었지만 이제는 다양한 부문으로 이루어진 거대한 산업이 되었다.
TY Lim/Shutterstock

다. 한편 비유제품의 다른 성장 영역은 요구르트, 냉동 디저트, 아이스크림, 커피 크림, 치즈 등이다.

전통적인 우유 산업에서 긍정적으로 작용했던 가격, 맛, 편리함의 가치는 이제 건강, 안전, 사회적 영향 등 새로운 가치로 대체되고 있다. 낙농업은 더 혁신적이어야 하고 소비자와 더 많이 교류할 필요가 있다. 영국의 가장 큰 우유 생산업체인 알라(Arla)는 영국, 싱가포르, 아랍에미리트에서 탄산 우유를 출시할 계획이다. 일부 사람들은 탄산수와 우유를 배합한 제품이 밀레니얼과 실험적인 고객 사이에서 성공할 것이라고 예측한다. 향미 우유(flavored milk)는 일반적으로 유통기한이 길기 때문에 식물성 우유와 경쟁하는 데 도움이 될 수 있다.[13]

포지셔닝: 아디다스의 슬로건은 '불가능은 없다'이다. 이처럼 단순하게 진술하는 것이 제품 마케팅 전략의 중추를 이룬다.
PCN Photography/Alamy Stock Photo

때문에(Because I'm worth it)', 영국항공은 '세계에서 가장 사랑받는 항공사(The world's favorite airline)', 화웨이는 '가능하게 만들라(Make it possible)', 지멘스는 '삶의 독창성(Ingenuity for life)', BMW는 '진짜 운전의 즐거움(Sheer driving pleasure)', 아디다스는 '불가능은 없다(Nothing is impossible)'라고 말한다.

이와 같은 단순한 슬로건은 마케팅 전략의 중추를 이룬다. 예를 들어 아디다스의 슬로건 '불가능은 없다'는 사람들에게 경계를 허물고 새로운 목표를 세워 위대함을 성취하도록 영감을 준다. 아디다스는 가장 영감을 주는 스포츠 의류 및 운동화 브랜드로 자리매김하려고 노력한다. 아디다스는 캠페인에서 펼쳐지는 이야기를 통해 운동선수와 비운동선수가 그들만의 '불가능한' 것을 실현할 수 있음을 상기시킨다. 부나 명성을 얻지 못할지라도 불가능해 보이는 것을 시도하는 노력이 더 중요함을 강조하는 것이다.[14]

차별화
탁월한 고객 가치를 창출하기 위해 실제로 기업의 시장 제공물을 경쟁사와 차이 나게 하는 것

제품을 포지셔닝할 때 기업은 우선 경쟁우위를 제공할 고객 가치 차별점이 무엇인지를 규명해야 하며, 이는 제품 포지션의 근간이 된다. 기업은 경쟁사보다 더 낮은 가격을 책정하거나 더 높은 가격에 더 많은 혜택을 제공함으로써 더 큰 고객 가치를 제공할 수도 있다. 그런데 기업이 더 많은 가치를 제공하겠다고 약속한다면 반드시 이를 전달해야 한다. 따라서 효과적 포지셔닝은 탁월한 고객 가치를 창출하기 위해 실제로 기업의 시장 제공물을 경쟁사와 차이 나게 하는 **차별화**(differentiation)에서 시작된다. 성취하려는 포지션을 선택했다면 기업은 목표고객에게 그 포지션을 실제로 전달하고 이에 대해 커뮤니케이션하는 조치를 취해야 한다. 즉 기업의 마케팅 프로그램이 선택된 포지셔닝 전략을 지원해야 하는 것이다.

통합적 마케팅믹스 개발

마케팅믹스
기업이 목표시장의 고객으로부터 기대하는 반응을 창출하기 위해 사용하는 통제 가능하고 전술적인 마케팅 도구의 집합

전반적 마케팅 전략이 결정되면 기업은 마케팅믹스를 구체적으로 계획하는 단계로 들어간다. **마케팅믹스**(marketing mix)는 기업이 목표시장의 고객으로부터 기대하는 반응을 창출하기 위해 사용하는 통제 가능하고 전술적인 마케팅 도구의 집합이다. 마케팅믹스는 소비자를 관여시키고 고객 가치를 제공하기 위해 기업이 할 수 있는 모든 것으로 구성되어 있다. 마케팅믹스는 기업이 제품 수요에 영향을 미치기 위해 수행하는 모든 것을 포함하지만 대체로 4P, 즉 제품(Product), 가격(Price), 유통(Place), 촉진(Promotion)으로 분류할 수 있다. 그림 2.5는 각 P에 속하는 구체적 마케팅 도구의 예를 보여준다.

● **그림 2.5**
마케팅믹스의 4P

- **제품**은 기업이 목표시장에 제공하는 재화 및 서비스의 묶음을 의미한다. 포드의 이스케이프(Escape)는 나사, 점화 플러그, 피스톤, 헤드라이트 등 수천 가지 부품으로 구성되며, 몇 가지 유형의 이스케이프 모델과 수십 가지 옵션을 제공한다. 뿐만 아니라 완벽한 구매 후 서비스와 보증을 제공하는데 이것도 제품의 구성요소에 포함된다.
- **가격**은 제품을 얻은 대가로 지불해야 하는 금액이다. 포드는 딜러가 각 이스케이프 모델에 책정할 권장소매가격을 산정한다. 그러나 포드의 딜러는 권장소매가격 그대로 받기보다는 가격할인, 보상판매(trade-in allowances), 신용공여 등의 제공을 통해 각 고객과 가격 협상을 벌인다. 이러한 조치로 현재의 경쟁 상황을 고려한 가격을 책정함으로써 구매자가 지각한 자동차 가치에 맞추려고 한다.
- **유통**은 목표고객이 제품을 쉽게 이용할 수 있도록 하는 기업 활동을 말한다. 포드는 많은 독립 딜러를 통해 다양한 자동차 모델을 판매하고 있다. 포드는 신중하게 딜러를 선정하고 이들에게 강력한 지원을 제공하며, 딜러는 포드 자동차를 재고로 보유하고, 잠재 구매자가 시승하게 해주고, 가격을 협상하고, 판매를 종결하고, 판매 후 서비스를 제공한다.
- **촉진**은 제품의 장점을 알리고 목표고객이 구매하도록 설득하는 활동을 말한다. 포드는 자사 및 많은 자동차 모델에 대한 정보를 미국 소비자에게 제공하기 위해 매년 25억 달러 정도의 광고비를 지출한다.[15] 또한 각 딜러의 영업사원은 잠재 구매자의 의사결정을 지원하고 포드 자동차가 가장 우수하다고 설득한다. 포드와 딜러는 세일, 현금 리베이트, 저이자율의 신용공여 등과 같은 구매 유발 인센티브를 추가적으로 제공한다. 또한 포드의 웹사이트와 페이스북, 트위터, 유튜브, 기타 소셜미디어 플랫폼은 고객이 브랜드와 관계를 맺고 고객끼리 연결되게 한다.

효과적인 마케팅 프로그램은 모든 마케팅믹스 구성요소를 잘 결합한 통합적 마케팅 프로그램을 개발하여 고객 가치를 전달함으로써 마케팅 목표를 실현하는 것이다. 마케팅믹스는 목표시장에 강력한 포지션을 구축하는 데 활용되는 전술적 도구이다.

일부 비판자들은 4P를 지나치게 강조하는 것이 기업 내 일부 주요 마케팅 활동의 중요성을 간과한다고 지적한다. 예를 들어 '서비스는 4P 가운데 어디에 해당하는가?'라고 의문을 제기한다. 그러나 마케팅믹스 요소의 명칭이 P로 시작되지 않는다고 해서 마케팅 프로그램에서 제외해야 하는 것은 아니다. 은행, 항공, 소매업 등의 서비스도 제품이므로 서비스 제품(service product)이라고 부를 수 있을 것이다. 그러면 '패키징은 어디에 해당하는가?'라는 의문이 제기될 수 있다. 이에 마케터는 패키징을 많은 제품 의사결정 영역 중 하나에 포함할 수 있다고 답할 것이다. 그림 2.5는 마케팅믹스의 구성요소에서 제외된 것으로 보이는 많은 마케팅 활동이 4P 가운데 하나에 포함될 수 있음을 보여준다. 중요한 것은 마케팅믹스를 4P, 6P, 10P로 보아야 하느냐가 아니라 어떤 개념 틀이 통합적 마케팅 프로그램의 설계에 가장 유용하냐는 것이다.

그러나 4P에 대한 타당성 있는 비판도 있는데, 이는 4P 개념이 시장을 구매자 관점이 아니라 판매자 관점에서 본다는 주장이다. 오늘날과 같은 고객 가치와 관계의 시대에 4P는 구매자 관점에서 4A로 나타낼 수 있다.[16]

4P	4A
제품(Product)	수용성(Acceptability)
가격(Price)	가용성(Affordability)
유통(Place)	접근성(Accessibility)
촉진(Promotion)	인지도(Awareness)

이러한 고객 중심 관점에서 **수용성**은 제품이 고객의 기대치를 초과하는 정도, **가용성**은 고객이 제품 가격을 지불할 의향이 있고 지불할 수 있는 정도, **접근성**은 고객이 제품을 쉽게 얻을 수 있는 정도, **인지도**는 고객이 제품의 특징에 대해 알고, 그것을 시도하도록 설득하며, 재구매할 것을 상기하는 정도를 말한다. 4A는 전통적인 4P와 밀접하게 관련되어 있다. 제품 디자인은 수용성에 영향을 미치고, 가격은 가용성에 영향을 미치고, 유통은 접근성에 영향을 미치고, 촉진은 인지도에 영향을 미친다. 마케터는 4A의 관점에서 먼저 생각한 다음 이에 상응하는 4P를 개발하는 것이 바람직하다.

저자 코멘트 | 지금까지 마케팅 관리의 마케팅에 중점을 두었는데 이제 마케팅 관리를 살펴보자.

마케팅 노력과 마케팅 투자 수익률 관리

학습목표 2-5 마케팅 계획의 요소를 포함한 마케팅 관리 기능을 파악하고 마케팅 투자 수익률의 측정 및 관리의 중요성을 이해한다.

마케팅 노력 관리

마케팅 관리를 잘한다는 것에는 마케팅도 잘해야 하지만 관리를 잘하는 것도 포함한다. 마케팅 프로세스를 관리할 때 기업은 네 가지 마케팅 관리 기능(marketing management function), 즉 **분석**(analysis), **계획 수립**(planning), **실행**(implementation), **통제**(control)가 필요하다(● 그림 2.6 참조). 기업은 먼저 기업 전반의 전략 계획을 개발하고 이를 각 사업부서, 제품과 브랜드별 마케팅 계획 및 기타 기능별 계획으로 전환한다. 기업의 마케팅 계획은 실행을 통해 실제적 행동으로 전환된다. 수립된 계획과 실행 간의 일관성은 통제를 통해 유지되는데, 통제는 마케팅 활동의 결과를 측정·평가하고 필요한 시정 조치를 취하는 것이다. 최종적으로 마케팅 분석은 계획 수립, 실행, 통제에 필요한 정보와 이에 대한 평가를 제공하는 것이다.

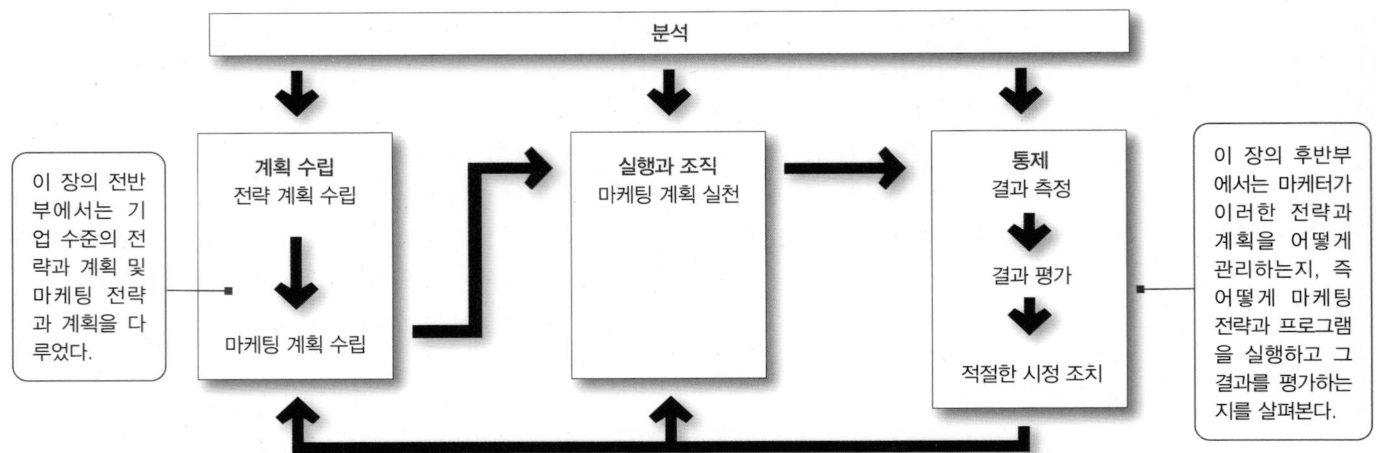

● 그림 2.6
마케팅 관리: 분석, 계획 수립, 실행, 통제

SWOT 분석
기업의 강점, 약점, 기회, 위협을 평가하는 것

마케팅 분석

마케팅 기능의 관리는 기업 상황의 철저한 분석에서 시작된다. 마케터는 기업의 강점, 약점, 기회, 위협을 평가하는 **SWOT 분석**(SWOT analysis)을 실시해야 한다(● 그림 2.7 참조). 강점은 기업이 고객을 잘 상대하여 원하는 목표를 달성하는 데 도움이 되는 기업 내부 역량, 자원, 긍정적 상황 요인 등이고, 약점은 사업 성과를 달성하는 데 방해가 되는 내부적 제약 요소와 부정적 상황 요인이다. 또한 기회는 기업이 자사에 유리하게 활용할 수 있는 긍정적 외부 환경 요인이나 추세를 말하고, 위협은 기업 성과 달성에 위협이 될 부정적 외부 환경 요인이나 추세를 말한다.

기업은 시장 및 마케팅 환경 분석을 통해 매력적인 기회를 발견하고 환경적 위협을 파악해야 한다. 또한 어떤 기회를 활용하는 것이 최선인지 결정하기 위해 현재 및 가능한 마케팅 조치뿐 아니라 기업의 강점과 약점을 분석해야 한다. 이러한 분석의 목적은 기업의 강점을 살려 매력적인 기회를 자사의 것으로 만들고, 약점을 제거하거나 극복하며, 환경 내 위협을 최소화하는 것이다. 마케팅 분석은 다른 마케팅 관리 기능에 제공된다. 마케팅 분석은 3장에서 더 자세히 다룰 것이다.

마케팅 계획 수립

전략 계획 수립을 통해 기업은 각 사업단위에 어느 정도의 지원을 해야 할지 결정한다. 마케팅 계획 수립은 기업의 전반적 전략 목표와 전략 계획의 실현을 돕는 마케팅 전략을 개발하는 것이며, 마케터는 각 사업단위나 제품, 브랜드별로 구체적인 마케팅 계획을 수립해야 한다. 마케팅 계획이 어떤 구성요소를 갖추어야 하는지에 대해서는 제품 또는 브랜드에 대한 마케팅 계획에 초점을 맞추어 설명하기로 한다.

● 그림 2.7
SWOT 분석: 강점(S), 약점(W), 기회(O), 위협(T)

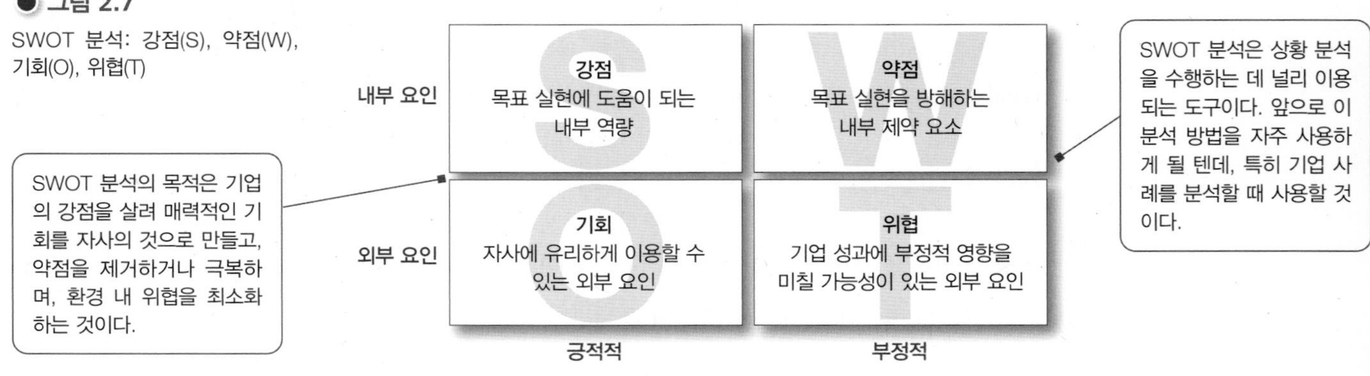

표 2.2 | 마케팅 계획(서)의 구성 내용

구성요소	목적
경영자용 요약 보고서	주요 마케팅 목표와 주요 전략 대안을 간단히 요약한 것으로, 최고경영자가 계획의 요점을 빨리 확인하도록 도움을 주는 데 그 목적이 있다. 계획서의 내용은 경영자용 요약에 따라 서술되어야 한다.
현재의 마케팅 상황	목표시장 및 시장 내 자사의 포지션을 서술하고 시장, 제품 성과, 경쟁사, 유통 등에 대한 정보를 포함한다. • 시장 분석: 시장과 주요 세분시장을 정의하고, 고객의 구매에 영향을 줄 고객 욕구와 주요 마케팅 환경 요인을 검토한다. • 제품 현황 검토: 제품라인을 구성하는 주요 제품의 매출, 가격, 총마진을 포함한다. • 경쟁사 검토: 주요 경쟁사를 파악하고 경쟁사의 시장 포지션, 제품 품질, 가격, 유통, 촉진 전략을 평가한다. • 유통 상황 검토: 주요 유통경로별 최근 매출 추세와 기타 전개 상황 등을 평가한다.
위협과 기회 분석	제품 성과에 영향을 미칠 주요 위협과 기회 요인을 평가하는데, 이는 경영자가 기업 및 기업의 전략에 영향을 미칠 가능성이 있는 긍정적·부정적 주요 환경 요인을 예상하는 데 도움을 준다.
마케팅 목표와 주요 이슈	계획 기간 내에 달성해야 할 마케팅 목표를 서술하고 목표 달성에 영향을 줄 핵심 이슈에 대해 언급한다. 예를 들어 목표가 시장 점유율 15% 달성이라면 이를 위해 고려해야 할 사항이 무엇인지 언급한다.
마케팅 전략	사업단위가 마케팅 목표를 달성하기 위해 고려해야 할 전반적인 마케팅 방향을 다루며 목표시장, 포지셔닝, 마케팅 비용 지출 수준 등에 대해 구체적으로 언급한다. 또한 포지션 달성을 위한 마케팅믹스 요소별 구체적 전략 대안을 요약하고, 각 전략 대안이 계획의 전반부에서 언급한 위협, 기회, 핵심 이슈에 어떻게 대처하는지에 대해서도 설명한다.
행동 프로그램	마케팅 전략을 실천할 구체적인 행동 프로그램에 대해 서술하며 누가, 어떤 조치를, 언제, 얼마의 비용으로 수행할 것인지를 포함한다.
예산	마케팅 활동을 지원할 마케팅 예산 내역을 언급한다. 이는 예상 수입(예상 판매량, 평균 판매가격)과 예상 비용(생산 비용, 유통 비용, 마케팅 비용 등), 그 차이인 예상 이익을 보여주는 예상 손익계산서라고 할 수 있다. 경영자의 재가를 받으면 이는 원자재 구매, 생산 스케줄링, 인사 계획, 마케팅 활동의 토대가 된다.
통제	활동 진행 과정을 모니터링하며, 경영자가 실행 결과를 검토하고 목표 달성에 어려움이 있는 제품을 파악할 수 있게 한다. 마케팅 투자 수익률의 측정에 대해서도 언급한다.

표 2.2에 제품 또는 브랜드의 마케팅 계획을 구성하는 주요 요소를 정리했다. 계획은 경영자용 요약 보고서(executive summary)로 시작되는데, 여기에는 상황에 대한 평가, 주요 마케팅 목표, 실행 방안 등이 포함된다. 다음으로 마케팅 계획에는 자세한 SWOT 분석을 통해 잠재적 위협과 기회, 현재의 마케팅 상황을 다루는 부분을 포함한다. 이어지는 마케팅 계획에서는 브랜드가 달성해야 할 주요 목표를 서술하고, 이를 실현하기 위한 마케팅 전략의 구체적 내용을 요약한다.

마케팅 전략에는 목표시장, 포지셔닝, 마케팅믹스, 마케팅 비용 지출 수준 등에 관한 것을 포함한다. 즉 마케팅 전략은 기업이 기대하는 가치를 얻기 위해 목표고객을 위한 가치를 어떻게 창출할 것인지를 요약·정리한 것이다. 이 부분에서 계획 수립 담당자는 계획서의 전반부에 언급되었던 위협, 기회, 핵심 이슈에 대처하기 위한 각 전략 대안을 서술한다. 뒤이어 마케팅 계획에는 마케팅 전략을 실행하기 위한 구체적 **활동 프로그램**과 이를 지원하는 **마케팅 예산**을 다루는 부분을 포함한다. 마케팅 계획(서)의 마지막 부분에서는 마케팅 활동을 어떻게 **통제**할 것인지를 다루는데, 이는 활동 상황을 모니터링하고, 마케팅 투자 수익률을 측정하며, 적절한 시정 조치를 취하는 데 활용된다.

마케팅 실행

마케팅 실행
마케팅 목표를 달성하기 위해 마케팅 계획을 마케팅 행동으로 전환하는 과정

좋은 전략을 수립하는 것은 성공적인 마케팅을 위한 출발점일 뿐이다. 아무리 훌륭한 마케팅 전략이라 하더라도 이를 잘 실행하지 못하면 아무 소용이 없다. **마케팅 실행**(marketing implementation)은 마케팅 목표를 달성하기 위해 마케팅 계획을 마케팅 행동으로 전환하는 과정이다. 마케팅 계획 수립에서는 어떤 마케팅 활동을 왜 고려해야 하는지를 다루는 반면 마케팅 실행에서는 누가,

어디서, 언제, 어떻게 등을 다룬다.

많은 관리자는 '올바른 일을 하는 것'(전략 수립) 못지않게 '일을 올바르게 수행하는 것'(실행)도 중요하다고 생각한다. 실제로 두 가지 모두 성공을 거두는 것이 중요하며, 기업은 효과적인 실행을 통해 경쟁우위를 달성할 수 있다. 다른 기업과 동일한 전략을 가지고 있더라도 더 신속하거나 나은 실행으로 시장에서 승리를 거둘 수 있다. 문제는 실행이 어렵다는 것인데, 좋은 마케팅 전략을 생각해내는 것이 이를 잘 실행하는 것보다 더 쉬울 수도 있다.

세계가 하나로 연결되는 현시점에 마케팅 시스템을 구성하는 모든 사람은 마케팅 전략과 마케팅 계획을 실행하는 과정에서 함께 협력해야 한다. 예를 들어 존디어(John Deere)는 주택용·상업용·농업용·산업용 장비 등 다양한 제품의 마케팅 계획을 실행하는 데 기업 내·외부의 수천 명이 내리는 일상적인 의사결정과 조치의 도움을 필요로 한다. 마케팅 관리자는 목표 세분시장, 브랜딩, 패키징, 가격 책정, 촉진 활동, 유통 등에 관한 의사결정을 내린다. 이들은 제품 설계와 관련하여 엔지니어와 상의하고, 생산/재고 수준과 관련하여 생산 담당자와 상의하고, 자금 조달 및 현금 흐름과 관련하여 재무 부서와 상의한다. 그리고 광고 캠페인 계획을 수립하기 위해 광고 대행사와 접촉하거나 퍼블리시티 지원을 얻기 위해 언론사와 접촉하는 등 기업 외부인과도 접촉한다. 또한 영업사원은 주택용·농업용·산업용 장비를 구입하는 고객을 설득하도록 존디어의 독립 딜러와 로우스(Lowe's) 같은 대형 소매업체에 부탁을 하고 지원한다.

마케팅 부서 조직

기업은 마케팅 전략과 마케팅 계획을 실행하기 위해 마케팅 조직을 설계해야 한다. 기업의 규모가 작다면 한 사람이 시장조사, 판매, 광고, 고객 서비스 등의 모든 마케팅 활동을 수행할 수 있다. ● 기업의 규모가 확대되면 마케팅 활동 계획을 수립하고 이를 실천하는 마케팅 부서를 도입한다. 대기업의 경우 마케팅 부서가 많은 전문가로 구성되며, 마케팅 부서에는 제품·시장 관리자, 판매 관리자와 영업사원, 시장조사 담당자, 광고 담당자 등 여러 전문가가 있다.

이에 따라 많은 기업이 큰 규모의 마케팅 조직을 책임질 **최고마케팅책임자**(chief marketing officer, CMO) 직책을 도입하고 있다. CMO는 기업 전체의 마케팅 운영을 책임지고 기업의 최고경영진에서 마케팅을 대표한다. CMO는 최고운영책임자(chief operating officer, COO), 최고재무책임자(chief financial officer, CFO) 등 다른 C 수준 경영진과 대등한 수준에서 마케팅을 대표한다.

최고경영진의 일원으로서 CMO의 역할은 고객의 의견을 옹호하는 것이다. 이를 위해 많은 기업이 최고 마케팅 담당자를 '고객 경험 책임자' 또는 '고객 가치 책임자'라고 부른다. 한 마케팅 분석가는 다음과 같이 말한다. "오늘날의 고객 경험은 비즈니스 전략과 일치해야 하며, CMO는 이 프로그램을 기업 수준에서 이끌 수 있는 최고의 후보이다. CMO는 큰 그림의 마케팅 캠페인을 만드는 대신 전체 고객 경험에 책임을 진다."[17]

● 마케팅 담당자는 지속적으로 분석·실행·통제 활동을 계획해야 한다.
Dmitriy Shironosov/123RF

마케팅 부서는 몇 가지 방식으로 구성될 수 있다. 가장 흔히 볼 수 있는 마케팅 조직 유형은 **기능별 마케팅 조직**(functional organization)으로, 이는 판매 관리자, 광고 관리자, 마케팅 조사 관리자, 고객 서비스 관리자, 신제품 관리자 등으로 구성된다. 전국 시장이나 국제시장을 상대로 판매하는 기업은 흔히 **지역별 조직**(geographic organization)을 도입한다. 지역별 조직은 영업 및 마케팅 담당자를 국가, 지역, 지구별로 할당하는 것이다. 매우 다른 여러 제품이나 브랜드를 보유한 기업은 **제품 관리 조직**(product management organization)을 도입하기도 한다. 한 제품라인을 다양한 유형의 여러 시장과 고객에게 판매하는 기업은 각 시장(고객)의 상이한 욕구와 선호에 대응하기 위해 **시장 또는 고객 관리 조직**(market or customer management organization)을 도입하는 것이 효과적일 수 있다. 다양한 제품을 가지고 복수의 지역/고객 시장을 상대로 판매하는 대기업은 대체로 기능적, 지역별, 제품 관리, 시장 관리 조직이 결합된 복합 조직 유형을 도입한다.

최근 들어 마케팅 조직에 관한 기업의 관심이 갈수록 커지고 있다. 많은 기업이 브랜드 관리에 초점을 맞추는 것에서 고객 관리에 관심을 기울이는 방향으로 전환하고 있다. 즉 단순히 제품 또는 브랜드 수익성을 관리하는 것에서 고객 수익성과 고객 자산을 관리하는 데 역점을 두는 방향으로 전환하고 있는 것이다. 이러한 기업은 자신이 브랜드 포트폴리오를 관리하는 것이 아니라 고객 포트폴리오를 관리하는 것이라고 생각한다. 또한 브랜드를 관리하는 것이 아니라 고객-브랜드 경험과 고객 관계를 관리하는 것이라고 생각한다.

마케팅 통제

마케팅 통제
마케팅 전략 및 계획의 실행 결과를 평가하고, 마케팅 목표가 성취될 수 있도록 시정 조치를 취하는 것

마케팅 계획의 실행 과정에서 예상치 않은 일이 많이 발생하기 때문에 마케팅 부서는 지속적으로 마케팅 통제를 실시해야 한다. **마케팅 통제**(marketing control)는 마케팅 전략 및 계획의 실행 결과를 평가하고, 마케팅 목표가 성취될 수 있도록 시정 조치를 취하는 것을 말한다. 마케팅 통제는 4단계로 구성된다. 먼저 관리자는 구체적인 마케팅 세부목표를 설정한다. 그리고 2단계와 3단계에서는 실제 마케팅 성과를 측정하고, 기대 성과와 실제 성과 간의 차이가 발생한 원인을 평가하며, 4단계에서 마케팅 목표와 실제 성과 간의 차이를 해소할 시정 조치를 취한다. 이러한 과정에 행동 프로그램이나 마케팅 목표의 수정이 필요한 경우도 있다.

전술(마케팅 업무) 통제(operating control)는 연간 마케팅 계획에 대비한 실제 성과를 지속적으로 확인하고 필요할 때마다 시정 조치를 취하는 것이다. 전술 통제의 목적은 연간 계획에서 결정된 판매, 이익 등의 목표를 확실히 성취하게끔 하는 것이다. 또한 제품, 영업 지역, 시장, 유통경로별로 수익성을 관리하는 것도 포함된다. 한편 **전략 통제**(strategic control)는 기업의 기본 전략이 시장 기회에 잘 부응하는지 검토하는 것이다. 마케팅 전략과 마케팅 프로그램이 도입된 지 얼마 안 되어 환경 변화를 따라잡지 못할 수도 있으므로 기업은 정기적으로 전반적인 시장 접근 방법을 재평가해야 한다.

저자 코멘트 | 마케팅 투자 수익률을 측정하는 것이 중요하기는 하나 이는 어렵기도 하다. 예를 들어 슈퍼볼 광고는 1억 명 이상이 보지만 30초 방송되는 동안 500만 달러 이상의 비용이 들 수도 있다. 판매, 수익, 고객 인게이지먼트 및 관계 구축 측면에서 이러한 투자 수익을 어떻게 측정하는가?

마케팅 투자 수익률 측정과 관리

마케팅 관리자는 마케팅 비용이 제대로 사용되는지 확인해야 한다. 많은 마케터가 마케팅 지출로 실현된 재무적 성과를 신중히 검토하지 않은 상태에서 큰 규모의 마케팅 예산을 자유롭게 사용하곤 했다. 이들은 브랜드와 소비자 선호도 구축이라는 전반적인 목표를 내세웠다. 그리고 마케팅 활동은 무형의 창의적인 성과를 산출하기 때문에 그 생산성이나 수익률을 측정하기 어렵다고 믿었다.

마케팅 투자 수익률
마케팅 투자로 발생한 순수익을 마케팅 투자 비용으로 나눈 것으로, 마케팅 활동에 투자함으로써 얻은 이익 수준을 측정

그러나 보다 어려워진 경제 상황에서 모든 것이 변하고 있다. 방만하게 자금을 사용했던 시절은 지나가고 마케팅 성과의 측정을 요구하는 시대로 들어섰다. 이제 마케터는 마케팅 전략과 전술이 어떻게 마케팅 성과로 연결되었는지를 설명해야 한다. 마케팅 성과를 측정하는 주요 지표 중 하나인 **마케팅 투자 수익률**(marketing return on investment, marketing ROI)은 마케팅 투자로 발생한 순수익을 마케팅 투자 비용으로 나눈 것으로, 마케팅 활동에 투자함으로써 얻은 이익 수준을 측정한다.

사실 마케팅 수익률을 측정하는 것은 어려운 일일 수 있다. ROI를 측정할 때 R과 I 모두 화폐

단위로 측정한다. 예를 들어 설비를 구입하는 경우라면 설비 구입으로 인한 생산성 향상은 측정하기가 매우 쉽다. 그러나 마케팅 ROI에 대해서는 아직 명확히 정의되지 않은 상태이다. 가령 고객 인게이지먼트, 광고, 브랜드 구축의 효과를 돈으로 환산하기는 쉽지 않다.

기업은 브랜드 인지도, 매출, 시장 점유율 등 전통적인 마케팅 성과 척도를 근거로 마케팅 수익률을 평가할 수 있다. 많은 기업이 이러한 성과 척도를 모아 **마케팅 성과표(marketing dashboard)**를 작성하는데, 이는 마케팅 성과를 모니터링하기 위해 의미 있는 마케팅 성과 척도를 표로 정리한 것이다. 자동차 성능표가 운전자에게 구매한 자동차의 성능을 자세히 보여주듯이 마케팅 성과표는 마케팅 관리자에게 마케팅 전략을 평가·조정하는 데 필요한 구체적인 성과 척도를 제공한다. 예를 들어 VF는 랭글러(Wrangler), 리(Lee), 노스페이스(The North Face), 반스(Vans), 노티카(Nautica), 세븐포올맨카인드(7 For All Mankind), 팀버랜드(Timberland) 등 라이프스타일 의류 브랜드 30개의 성과를 추적하는 데 마케팅 성과표를 활용한다. VF의 마케팅 성과표는 전 세계 주요 시장의 브랜드 자산과 추세, 시장 점유율, 온라인 정서, 마케팅 투자 수익률 등을 추적하는데, 여기에는 VF의 브랜드는 물론이고 경쟁 브랜드도 포함된다.[18]

최근 들어 마케터는 전통적인 마케팅 성과 척도뿐 아니라 고객 획득, 고객 유지, 고객 생애가치 등과 같은 고객 중심적 마케팅 성과 척도를 도입하고 있다. 이러한 척도는 현재의 마케팅 성과와 고객 관계의 강화로 인한 미래 성과를 예측한다.

● 그림 2.8은 마케팅 지출이 수익성 있는 고객 관계라는 유형의 수익률을 발생시키는 투자라는 시각에서 나타낸 것이다.[19] 마케팅 투자는 고객 가치와 고객 인게이지먼트의 향상을 가져오고, 이는 다시 신규 고객 유인과 기존 고객 유지를 증대한다. 이는 다시 개별 고객의 생애가치와 기업의 전반적 고객 가치를 증가시킨다. 마케팅 투자 비용과 고객 자산 증가를 비교하여 마케팅 투자 수익률을 결정한다.

한 마케팅 책임자는 이렇게 말한다. "내가 지출하는 돈이 고객 인게이지먼트를 유도하고 궁극적으로 구매 행동과 수익을 견인하는 다양한 프로그램이 있다는 것을 보여주는 더 심화된 지표로 넘어갈 수 있어야 한다."[20]

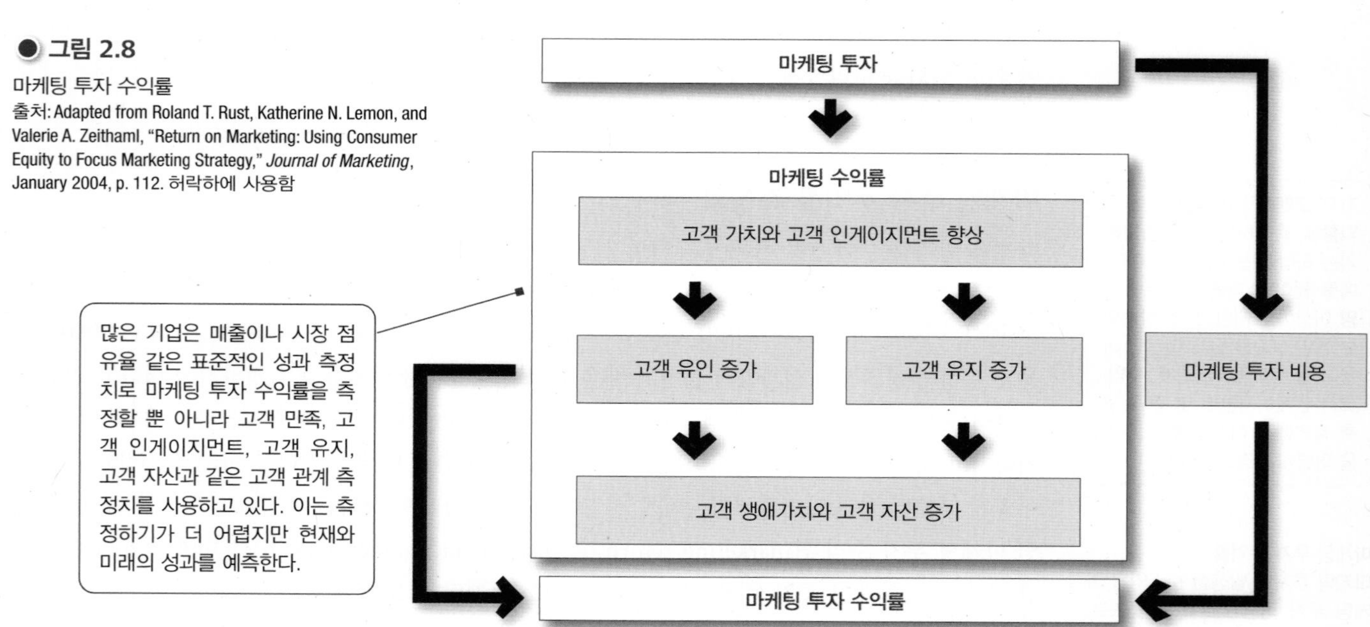

● **그림 2.8**
마케팅 투자 수익률
출처: Adapted from Roland T. Rust, Katherine N. Lemon, and Valerie A. Zeithaml, "Return on Marketing: Using Consumer Equity to Focus Marketing Strategy," *Journal of Marketing*, January 2004, p. 112. 허락하에 사용함

학습목표별 요약

1장에서는 마케팅을 정의하고 마케팅 프로세스의 단계에 대해 설명했다. 2장에서는 기업 수준의 전략 계획 수립과 조직 내 마케팅의 역할을 살펴보았다. 또한 마케팅 전략과 마케팅믹스를 좀 더 깊이 알아보고 주요 마케팅 관리 기능을 검토했다. 이제 현대 마케팅의 기본적 특징을 어느 정도 파악했을 것이다.

학습목표 2-1 기업 수준의 전략 계획 수립과 그 절차를 파악한다.

전략 계획 수립은 기업이 실행하는 다른 계획 수립의 토대를 마련한다. 마케팅은 전략 계획 수립에 기여하며, 기업 수준의 전반적 계획은 기업 내에서 마케팅이 수행해야 할 역할을 정의한다.

전략 계획 수립은 장기적인 기업 생존과 성장을 위해 전략을 개발하는 과정이다. 전략 계획 수립은 4단계, 즉 ① 기업 사명 정의, ② 기업 목표 설정, ③ 사업 포트폴리오 설계, ④ 기능적 계획 개발로 구성된다. 기업 사명은 시장 지향적이고, 현실적이고, 구체적이고, 동기 유발적이고, 시장 환경과 일관성이 있는(조화되는) 것이어야 한다. 기업 사명은 이를 지지하면서 기업 전체의 지침이 될 구체적 기업 목표로 전환해야 한다. 그런 다음 각 사업단위와 제품단위는 기업 차원의 계획에 맞게 자세한 마케팅 계획을 개발해야 한다.

학습목표 2-2 사업 포트폴리오 설계와 성장 전략 개발을 이해한다.

기업 사명문과 기업 목표가 이끄는 방향에 따라 경영자는 기업을 구성하는 사업과 제품의 집합인 사업 포트폴리오를 계획한다. 기업은 환경이 주는 기회에 자사의 강점과 약점을 최적 수준으로 맞춘 사업 포트폴리오를 만들고자 한다. 이러한 바람을 실현하기 위해 기업은 현재의 사업 포트폴리오를 분석·조정하고, 미래 사업 포트폴리오에 맞추기 위해 성장 전략과 규모 축소 전략을 개발해야 한다. 기업은 공식적인 포트폴리오 계획 수립 기법을 활용할 수 있다. 그러나 최근 많은 기업은 자신의 독특한 상황에 더욱 적합한 맞춤형 포트폴리오 계획 수립 방식을 설계하고 있다.

학습목표 2-3 기업 전략 계획 수립에서 마케팅의 역할 및 고객 가치의 창출과 전달을 위해 마케팅과 그 파트너들이 어떻게 협력하는지 살펴본다.

전략 계획에 따라 기업의 주요 기능 부서(마케팅, 재무, 회계, 구매, 생산, 정보 시스템, 인적자원 등)는 전략적 목표를 달성하기 위해 함께 노력해야 한다. 마케팅은 마케팅 개념이라는 기업 경영 철학과 매력적인 시장 기회의 개발을 제공함으로써 기업 수준의 전략 계획 수립에서 핵심 역할을 수행한다. 개별 사업단위 내에서 마케팅은 해당 사업단위의 목표를 성취하기 위한 전략을 설계하고, 이를 실행함으로써 이익을 얻을 수 있도록 도움을 준다.

마케터 혼자의 힘으로는 탁월한 고객 가치를 창출할 수 없다. 마케터는 파트너 관계 관리를 실천해야 한다. 이들은 고객을 위한 효과적인 가치사슬을 형성하기 위해 기업 내 다른 부서와 긴밀하게 공조해야 한다. 또한 경쟁사보다 탁월한 가치전달 네트워크를 형성하기 위해 마케팅 시스템 내의 다른 기업과 효과적인 파트너 관계를 구축해야 한다.

학습목표 2-4 고객 가치 지향적 마케팅 전략의 구성요소와 마케팅믹스의 구성요소를 살펴본다.

고객 인게이지먼트, 가치와 관계 구축은 마케팅 전략과 마케팅 프로그램의 중심이 된다. 시장 세분화, 시장 표적화, 차별화, 포지셔닝을 통해 기업은 전체 시장을 더 작은 규모의 세분시장으로 나누고, 가장 잘 거래할 수 있는 세분시장을 선정한 뒤 목표고객에게 가치를 제공할 방법을 결정한다. 그런 다음 기업은 목표시장에서 자신이 원하는 반응을 만들어내기 위해 통합적 마케팅믹스를 설계한다. 마케팅믹스는 제품, 가격, 유통, 촉진 결정으로 구성된다.

학습목표 2-5 마케팅 계획의 요소를 포함한 마케팅 관리 기능을 파악하고 마케팅 투자 수익률의 측정 및 관리의 중요성을 이해한다.

최선의 마케팅 전략과 마케팅믹스를 찾아내고 이를 실행에 옮기기 위해 기업은 마케팅 분석, 마케팅 계획 수립, 마케팅 실행, 마케팅 통제를 수행한다. 마케팅 계획(서)의 주요 구성요소는 경영자용 요약 보고서, 현재의 마케팅 상황, 위협과 기회 분석, 마케팅 목표와 주요 이슈, 마케팅 전략, 행동 프로그램, 예산, 통제이다. 훌륭한 전략 계획을 수립하는 것이 이를 실행에 옮기는 것보다 쉬운 경우도 흔히 있다. 기업은 성공을 거두기 위해 전략을 효과적으로 실행해야 한다. 즉 수립된 마케팅 전략을 마케팅 행동으로 전환해야 하는 것이다.

마케팅 부서의 조직 구조는 기능별 마케팅 조직, 지역별 마케팅 조직, 제품별 마케팅 조직, 시장별 마케팅 조직이거나 이러한 유형이 결합된 형태이다. 오늘날과 같은 고객 관계 시대에 많은 기업은 제품별 또는 지역별 관리 조직에서 고객 관계 관리 조직으로 조직 관리의 초점을 바꾸고 있다. 마케팅 조직은 마케팅 통제를 실행하는데, 여기에는 일상 마케팅 업무 통제와 전략 통제가 포함된다.

그 어느 때보다도 마케팅의 신용이 마케팅의 최우선 관심사이다. 마케팅 관리자는 마케팅 비용이 잘 사용되고 있는지 확인해야 한다. 오늘날의 마케터는 지출된 비용에 상응하여 부가가치를 창출한다는 것을 보여주어야 한다는 압박을 받고 있다. 이에 대응하여 마케터는 마케팅 투자 수익률을 더 잘 측정할 수 있는 방법을 개발하고 있다. 점차 이들은 전략적 의사결정의 핵심 투입 요소로서 고객 중심적 마케팅 효과 측정치를 사용하고 있다.

핵심용어

학습목표 2-1

전략 계획 수립 strategic planning
사명문 mission statement

학습목표 2-2

사업 포트폴리오 business portfolio
포트폴리오 분석 portfolio analysis
성장-점유율 매트릭스 growth-share matrix
제품/시장 확장 그리드 product/market expansion grid
시장 침투 market penetration
시장 개발 market development
제품 개발 product development
다각화 diversification

학습목표 2-3

가치사슬 value chain
가치전달 네트워크 value delivery network

학습목표 2-4

마케팅 전략 marketing strategy
시장 세분화 market segmentation
세분시장 market segment
시장 표적화 market targeting
포지셔닝 positioning
차별화 differentiation
마케팅믹스 marketing mix

학습목표 2-5

SWOT 분석 SWOT analysis
마케팅 실행 marketing implementation
마케팅 통제 marketing control
마케팅 투자 수익률 marketing return on investment(marketing ROI)
포트폴리오 분석 portfolio analysis
SWOT 분석 SWOT analysis

토의문제

1. 기업 수준의 전략 계획 프로세스에서 마케팅이 수행하는 역할은 무엇인가?
2. 경영자가 사업 포트폴리오를 계획하는 과정에 기업 사명문과 기업 목표가 어떤 영향을 미치는지 설명하라.
3. 효과적인 마케팅 전략을 구현하는 데 시장 세분화, 시장 표적화, 차별화, 포지셔닝의 역할을 설명하라.
4. 새로운 브랜드 제조업체가 어떻게 시장을 세분하고 타깃팅하는지 설명하라.
5. 마케터는 왜 끊임없이 마케팅 통제를 실천해야 하는가? 어떤 단계가 개입되어 있는가?
6. 마케팅 투자 수익률은 무엇이며, 왜 중요한가?

3 마케팅 환경 분석

학습목표 3-1 기업의 고객 서비스 능력에 영향을 미치는 환경적 요인을 파악한다.
미시환경과 거시환경

학습목표 3-2 인구통계적 환경과 경제적 환경의 변화가 마케팅 의사결정에 어떤 영향을 미치는지 이해한다.
인구통계적 환경과 경제적 환경

학습목표 3-3 기업의 자연환경과 기술적 환경의 주요 동향을 파악한다.
자연환경과 기술적 환경

학습목표 3-4 정치·사회적 환경과 문화적 환경의 주요 변화를 이해한다.
정치·사회적 환경과 문화적 환경

학습목표 3-5 기업이 마케팅 환경에 어떻게 대응해야 하는지 살펴본다.
시장 환경에 대한 대응

개관 지금까지 마케팅의 기본 개념과 함께 목표고객과 유익한 관계를 형성하고 발전시키기 위한 마케팅 프로세스의 각 단계에 대해 살펴보았다. 이 장에서는 마케팅 프로세스의 첫 단계인 시장 및 고객의 본원적 욕구와 구체적 욕구를 파악하는 방법을 좀 더 자세히 알아볼 것이다. 이 장을 통해 마케팅이 복잡하고 변화하는 환경에서 작동한다는 것을 알게 될 것이다. 공급업체, 중간상, 고객, 경쟁자, 공중 등과 같은 구성원은 기업과 협력하거나 대립 관계에서 활동하기도 한다. 인구통계적 요인, 경제적 요인, 자연적 요인, 기술적 요인, 정치적 요인, 문화적 요인으로 구성되는 주요 환경 요인은 기업에 마케팅 기회를 제공하거나 위협을 가하기도 하며, 기업이 고객과 유익한 관계를 형성하고 그들과의 장기적인 관계를 발전시키는 능력에 영향을 미친다. 기업이 효과적인 마케팅 전략을 수립하기 위해서는 무엇보다도 먼저 마케팅이 적용되는 환경을 이해해야 한다.

먼저 1990년대와 2000년대 동안 컴퓨터 소프트웨어 세계를 지배했던 과학 기술 분야의 거인 마이크로소프트를 살펴보자. 마이크로소프트의 윈도우(Windows)와 오피스(Office)는 오랫동안 PC 시장에서 필수품이었다. 그러나 독립형 PC의 감소와 함께 스마트폰, 태블릿에서 인터넷 연결 TV에 이르기까지 디지털로 연결된 기기의 급증으로 마이크로소프트는 급변하는 환경에서 제자리를 찾기 위해 고군분투했다. 하지만 이 거대한 기술 회사는 이제 포스트 PC 시대에 소비자에게 없어서는 안 될 관련 브랜드로 자신을 재창조했다.

마이크로소프트: 빠르게 변화하는 마케팅 환경에의 적응

20년 전만 해도 첨단 기술이라면 전지전능한 퍼스널 컴퓨터를 의미했다. 인텔은 PC 마이크로프로세서를 제공하고 델과 HP 같은 제조업체는 기기를 제조·판매했다. 그러나 대부분의 PC를 구동하는 운영체제를 만들어 PC 산업을 진정으로 지배한 것은 마이크로소프트였다. 지배적인 소프트웨어 개발자인 마이크로소프트는 판매되는 모든 컴퓨터에 윈도우 운영체제와 오피스 제품군을 설치했다.

윈도우의 엄청난 성공은 마이크로소프트의 매출과 이익, 주가를 아찔할 정도로 끌어올렸다. 2000년대 초반까지 마이크로소프트는 기업 역사상 가장 가치 있는 회사였다. 이 시절에 마이크로소프트보다 더 적절한 가치를 제공하는 기업은 없었다. 또한 경쟁적인 관점에서 볼 때 마이크로소프트보다 더 강력한 기업도 없었다.

그러나 새로운 밀레니엄의 첫 10년을 거치면서 전 세계가 매혹적인 새로운 디지털 기기와 기술로 빠져들어 가면서 PC의 매출이 주춤해졌다. 컴퓨터 산업은 PC와 같은 고정적이고 독립된 장치가 아닌, 서로 연결된 모바일 장치로 빠르게 전환되었다. 이러한 모바일 장치는 변화하는 세상의 정보, 엔터테인먼트 및 사회화할 수 있는 다양한 방법으로 사용자를 연결해주었다. 하지만 PC와 달리 모바일 기기에는 마이크로소프트의 윈도우가 필요 없었다.

디지털로 연결된 새로운 세계에서 마이크로소프트는 구글, 애플, 삼성을 비롯해 아마존, 페이스북과 같은 더 매력적인 경쟁사보다 뒤처져 있다는 것을 알게 되었고, 이러한 경쟁사는 소프트웨어뿐만 아니라 스마트 기기, 연결 기술, 심지어 디지털 종착지까지 모든 디지털의 완벽한 슬레이트를 제공했다. 마이크로소프트는 여전히 재정적으로 막강하고 세계적으로 지배적인 PC 소프트웨어 제조업체이지만 과거에 누렸던 영광의 일부를 잃었다. 그 결과 기업의 성장이 정체되고 10여 년간 이익이 2000년대 초반 수준에 머물고 있다. 마이크로소프트는 시대에 발맞추어 빠르게 변화해야 했다.

이에 마이크로소프트는 새로운 디지털 세계 질서에 더 잘 적응하기 위해 대대적인 변혁을 시작했다. 마이크로소프트는 단순한 PC 소프트웨어 개발자에서 벗어나 풀라인(full-line) 디지털 경쟁자가 되기로 했다. 시대에 발맞추기 위해 '모바일 퍼스트, 클라우드 퍼스트(mobile first, cloud first)'라는 새로운 전략을 추구했다. 마이크로소프트는 오랜 기간 캐시카우였던 윈도우 운영체제를 모바일 버전으로 개발했다. 또한 시장을 주도하는 생산성(productivity) 앱의 클라우드 기반 유료 구독 버전인 오피스 365를 개발했다.

이와 동시에 마이크로소프트는 개선된 새로운 디지털 제품과 서비스로 파란을 일으켰다. 여기에는 업그레이드된 스카이프(Skype) 버전, 원드라이브(OneDrive) 클라우드 스토리지 솔루션, 혁신적인 새 디지털 하드웨어 제품군[마이크로 서피스(Microsoft Surface) 태블릿, 마이크로 서피스 북(Microsoft Surface Book) 랩톱]이 포함되었으며, 이러한 하드웨어를 통해 훨씬 더 혁신적인 윈도우 장치로 앞장서고자 했다. 또한 마이크로소프트는 전화기 제조업체인 노키아를 인수하고 곧이어 자체 윈도우 기반 서피스 폰을 출시할 것이라는 소문을 냄으로써 휴대전화 분야에 진중하게 가담했다. 마이크로소프트는 서피스 라인이 엑스박스(Xbox) 콘솔과 함께 PC를 넘어선 중요한 디지털 화면(태블릿, TV, 전화)에 더 잘 접근할 수 있기를 바랐다.

그러나 이러한 새로운 계획에도 불구하고 마이크로소프트는 디지털 경쟁업체를 선도하기보다는 여전히 추격하기 바쁘다는 것을 깨달았다. 마이크로소프트 윈도우 운영체제가 쇠락하는 PC 시장을 지배하고 있기는 하지만, 모바일 버전은 애플 iOS와 구글 안드로이드가 지배하는 모바일 운영체제 시장의 일부만을 점유하고 있었다. 서피스 태블릿과 랩톱이 좋은 성적을 거두기는 했지만 애플과 삼성에는 크게 뒤처졌다. 게다가 마이크로소프트는 아직 제대로 된 서피스 폰을 내놓지 못했다.

> 마이크로소프트는 새로운 디지털 세계 질서에 더 잘 적응하기 위해 대대적인 변혁을 하고 있다. PC에서 작동하는 소프트웨어만 만드는 것이 아니라, 이제 어떤 장치나 운영체제를 사용하든 상관없이 전 세계의 모든 사람과 모든 조직이 더 많은 것을 달성할 수 있도록 지원하고자 한다.

급변하는 디지털 마케팅 환경하에 마이크로소프트는 포스트 PC 세계에서는 소비자에게 필수불가결한 브랜드로 탈바꿈했다.
imageBROKER/Alamy Stock Photo

따라서 대규모 변신을 계속하기 위해 마이크로소프트는 또 다른 의미심장한 변화를 단행했다. 이러한 변화는 새로운 사명으로 시작되었다. 마이크로소프트의 초기 사명은 '모든 가정의 모든 책상 위에 컴퓨터를 놓는 것'이었다. 2013년이 되어서야 '개인과 기업을 위해 가정, 직장 및 이동 중인 전 세계 사람들에게 힘을 실어주기 위한 장치와 서비스 제품군을 구축하는 것'으로 더욱 야심 차게 변화되었지만 여전히 제품 중심적인 사명이었다. 그 후 2015년에 마이크로소프트는 더 간단한 사명 '전 세계의 모든 사람과 모든 조직이 더 많은 것을 성취할 수 있도록 하기 위한'을 발표했다.

새로운 사명은 기기나 서비스가 아닌 결과에 초점을 맞추고 있다. 마이크로소프트는 모바일 장치와 운영체제 부문에서 경쟁업체를 뒤쫓기보다는 생산성 도구 부문에서 선두를 달리고자 한다. 그리고 윈도우에 집착하는 대신 생산성 앱과 서비스를 클라우드로 전환하고 있다. 과거의 마이크로소프트는 사용자가 어떤 앱을 실행하든 윈도우상에서 실행하기만 하면 상관하지 않았다. 극적인 변화를 보여주는 새로운 마이크로소프트는 사용자가 마이크로소프트 앱과 서비스를 사용하는 한 어떤 운영체제를 실행하든 상관하지 않았다.

마이크로소프트 클라우드 서비스

의 중심에는 워드(Word), 엑셀(Excel), 파워포인트(Powerpoint) 및 기타 생산성 앱이 포함된 오래된 마이크로소프트 오피스가 있다. 경쟁사인 구글과 애플이 워드프로세싱, 스프레드시트, 프레젠테이션 앱을 가지고 있지만, 오피스는 대기업, 중소기업, 학생 등의 사용자가 작업을 수행하는 데 여전히 금본위제이다. 과거에는 오피스가 윈도우에 추가로 제공되었으나 지금의 계획은 오피스에 모두가 접근할 수 있게 하는 것이다. 오피스 365 유료 서비스는 클라우드에서 접근하여 iOS, 안드로이드, 윈도우와 같은 모든 장치나 운영체제에서 실행할 수 있다.

접근성은 시작에 불과하다. 마이크로소프트의 목표는 오피스 365를 완벽하게 함께 작동하는 새로운 클라우드 기반 온라인 서비스 제품군의 중심으로 만드는 것이다. 이를 위해 마이크로소프트는 워드, 엑셀, 파워포인트의 모바일 버전 외에도 오피스 365 포트폴리오에 끊임없이 확장되는 모바일 생산성 앱, 예컨대 아웃룩 모바일(Outlook Mobile), 투두(To-Do) 같은 세트를 추가해왔다. 또한 클라우드 기반의 오피스 365는 사용자가 스카이프, 원드라이브 클라우드 서비스 또는 데이터 분석 및 통찰력 툴인 파워 BI(Power BI) 등 다른 마이크로소프트 서비스에 가입할 가능성을 높여준다.

마이크로소프트가 나아가는 새로운 방향의 또 다른 핵심 부분은 거대 디지털 기업 아마존, 구글, 삼성, IBM의 최신 격전지인 인공지능(AI)이다. 예를 들어 (전 세계 수억 대의 윈도우 기기에 이미 설치되어 있는) 마이크로소프트의 윈도우10 AI 음성 비서 코타나(Cortana)는 아마존의 알렉사, 애플의 시리나 구글의 OK 구글과 필적하지 못한다. 그러나 마이크로소프트는 경쟁 대신 다른 길을 택했다. 마이크로소프트는 최근 아마존과 제휴하여 이전에 경쟁하던 음성 비서들이 서로 협력하고 연동되게 했다. 알렉사 사용자는 코타나를 소환할 수 있고 그 반대도 가능하다. 이러한 제휴로 아마존 에코 사용자는 마이크로소프트의 생산성 앱에 접근할 수 있게 되었다. 결국 코타나 사용자는 음악을 스트리밍하고 스마트홈 기기를 제어하는 것과 같은 알렉사의 스마트홈 기능에 접근할 수 있게 되었다. 이제 마이크로소프트는 구글 어시스턴트(Google Assistant)와 같은 종류의 통합 코타나를 만들고 싶어 한다.

이러한 것은 할아버지 세대의 마이크로소프트가 아니다. 이미 광범위한 변신이 적절하게 시작되었으며 마이크로소프트는 이제 시대를 앞서가기 위한 올바른 조처를 하는 것 같다. 그 결과 매출과 이익 증가세가 반등했다. 비록 윈도우 운영체제가 아직까지 마이크로소프트 성공의 핵심 요소로 남아 있기는 하지만 이제 마이크로소프트의 미래는 클라우드에 달려 있다. 작년에 상업용 클라우드는 전체 수익의 24%에 달하는 270억 달러에 가까운 수익을 올려 마이크로소프트는 아마존, IBM 등의 다수 기업보다 앞장서서 클라우드 전쟁에서 이기고 있다.

마이크로소프트의 지속적인 성공 여부는 급속하게 변화하는 마케팅 환경에서 효과적으로 적응하고 선도하는 능력에 달려 있다. 마이크로소프트의 CEO는 이렇게 말했다. "마이크로소프트의 앞날에 기회는 무궁무진하다. 그러나 그 기회를 붙잡으려면 우리는 명확하게 초점을 맞추고, 더 빠르게 움직이고, 계속해서 변신해야 한다."[1]

마케팅 환경
목표고객과 성공적인 관계를 구축하고 유지하는 마케팅 관리 능력에 영향을 미치는 마케팅 외부의 구성원과 요인으로 구성됨

기업의 **마케팅 환경**(marketing environment)은 목표고객과 성공적인 관계를 구축하고 유지하는 마케팅 관리 능력에 영향을 미치는 마케팅 외부의 구성원과 요인으로 구성된다. 마이크로소프트처럼 기업은 변화하는 환경을 지속적으로 추적하고 이에 적응하거나 또는 많은 경우 이러한 변화를 선도해나가야 한다.

기업 내 어떤 집단보다도 마케터는 환경 동향을 추적하고 기회를 탐구하는 사람들이다. 조직 내의 모든 관리자는 외부 환경을 관찰할 필요가 있지만 마케터는 두 가지 성향을 가지고 있다. 마케터는 마케팅 환경에 대한 정보를 수집하고 통찰력을 개발하기 위한 마케팅 조사, 마케팅 인텔리전스, 마케팅 분석에 정통해야 한다. 또한 고객과 경쟁자 환경을 파악하기 위해 더 많은 시간을 쏟아야 한다. 환경을 주의 깊게 연구함으로써 마케터는 새로운 시장 도전과 기회를 만나기 위해 전략을 적용할 수 있다.

저자 코멘트 | 미시환경에는 고객을 관여시키고 고객을 위해 가치를 창출하는 능력에 긍정적 또는 부정적으로 영향을 미치는 기업과 가까운 모든 구성원이 포함된다.

미시환경과 거시환경

학습목표 3-1 기업의 고객 서비스 능력에 영향을 미치는 환경적 요인을 파악한다.

미시환경
고객을 관여시키고 서비스하는 기업의 능력에 영향을 미치는, 기업과 가까이에 위치한 구성원(기업, 공급업체, 중간상, 고객 시장, 경쟁자, 공중)으로 구성됨

마케팅 환경은 미시환경과 거시환경으로 이루어져 있다. **미시환경**(microenvironment)은 고객을 관여시키고 서비스하는 기업의 능력에 영향을 미치는, 기업과 가까이에 위치한 구성원(기업, 공급업

거시환경
미시환경에 영향을 미치는 보다 큰 사회적 요인(인구통계적 요인, 경제적 요인, 자연적 요인, 기술적 요인, 정치적 요인, 문화적 요인)으로 구성됨

체, 중간상, 고객 시장, 경쟁자, 공중)으로 구성되고, **거시환경**(macroenvironment)은 미시환경에 영향을 미치는 보다 큰 사회적 요인(인구통계적 요인, 경제적 요인, 자연적 요인, 기술적 요인, 정치적 요인, 문화적 요인)으로 구성된다. 먼저 기업의 미시환경을 살펴보자.

미시환경

마케팅 관리자의 업무는 고객의 가치와 만족을 창출함으로써 고객과의 관계를 구축하는 것이다. 그러나 마케팅 관리자는 혼자서 이 일을 수행할 수 없다. ● 그림 3.1은 마케터를 둘러싼 미시환경의 주요 구성요소를 보여준다. 마케팅의 성공에는 기업의 가치전달 시스템을 구성하고 있는 기업의 다른 부서, 공급업체, 마케팅 중간상, 경쟁자, 다양한 공중과의 관계 구축이 필요하다.

기업

마케팅 계획을 설계할 때 마케팅 관리자는 기업 내 다른 집단(예: 최고경영자, 재무, R&D, 정보 기술, 구매, 영업, 인사 관리, 회계)을 고려해야 한다. 이처럼 서로 연관된 모든 구성원은 내부 환경을 형성한다. 최고경영자는 기업의 사명과 목표, 대략적인 전략과 정책을 수립한다. 마케팅 관리자는 최고경영자가 수립한 광범위한 전략과 계획 내에서 의사결정을 한다. 2장에서 살펴보았듯이 마케팅 관리자는 기업의 다른 부서와 긴밀한 협조 체제를 구축해야 한다. 마케팅 부서가 주도하면서 생산, 재무, 법률, 인사 관리 등 모든 부서는 고객의 근원적인 욕구를 이해하고 고객 가치를 창출할 책임을 공유한다.

공급업체

공급업체(supplier)는 기업의 전반적인 고객 가치전달 시스템에서 중요한 가교 역할을 한다. 이들은 기업이 제품과 서비스를 생산하는 데 필요한 자원을 제공한다. 공급업체에 의해 야기되는 문제는 기업의 마케팅에 심각한 영향을 줄 수 있다. 마케팅 관리자는 공급업체의 공급 효용과 비용을 주시해야 한다. 공급업체의 원자재 공급 부족이나 지연, 자연재해 및 기타 사건 등은 단기적으로는 판매에 영향을 미치고 장기적으로는 고객 만족에 해가 된다. 공급 비용이 상승하면 가격인상을 야기하고 이는 기업의 판매량에 타격을 줄 수 있다.

오늘날 대부분의 마케터는 고객 가치를 창출·전달하는 데 공급업체를 동반자로 생각한다. ● 예를 들어 가정용 가구 소매업체 이케아는 광범위한 공급업체 네트워크와 긴밀한 관계 구축의 중요성을 알고 있다.[2]

세계 최대 가구 소매업체인 이케아는 대표적인 글로벌 컬트 브랜드이다. 스칸디나비아의 이 소매점은 지난해 50개국 422개 대형 매장에 9억 5,700만 명 이상의 고객을 끌어들이고 웹사이트 방문 25억

● **그림 3.1**
미시환경의 구성원

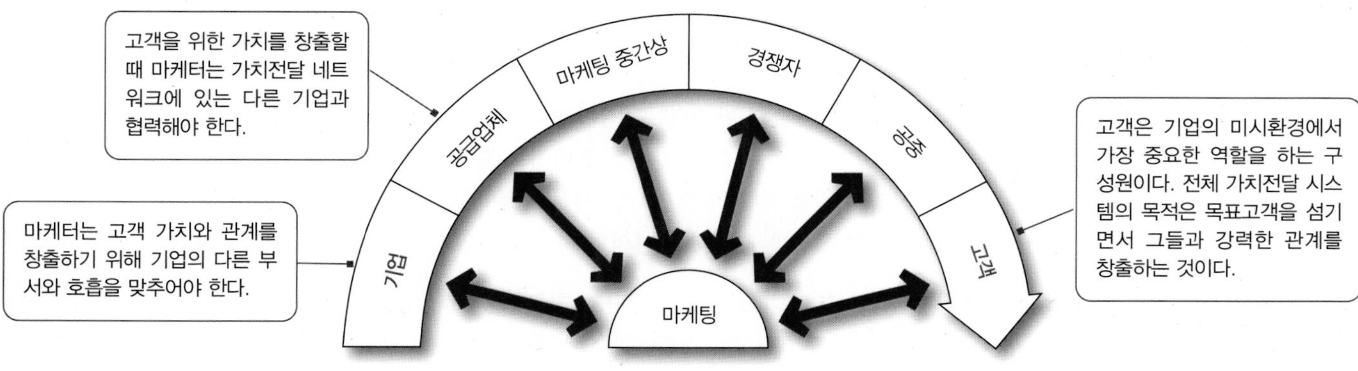

● 공급업체: 세계 최대 가구 소매업체 이케아는 공급업체로부터 구매하기만 하는 것이 아니다. 이케아는 고객의 더 나은 일상을 만들기 위해 유행을 따르면서도 단순하고 저렴한 가정용 가구를 제공하는 과정에 공급업체를 깊이 참여시킨다.

Used with permission of Inter IKEA Systems B.V.

건을 더하여 440억 달러 이상의 매출을 올렸다. 최근 몇 년간 전 세계 소매업 환경이 어려웠음에도 불구하고 이케아는 빠른 속도로 성장하고 있다. 한편 성장의 가장 큰 장애는 새로운 매장을 열거나 고객을 끌어들이는 것이 아니다. 좀 더 정확히 말하면 이케아는 고객이 매장에서 구입할 수십억 달러의 제품을 디자인하고 생산하는 데 도움을 줄 수 있는 적당한 종류의 충분한 공급업체를 찾고 있다. 이케아는 현재 51개국의 약 1,000개 공급업체에 의존하여 진열대를 채우고 있다. 현재의 성장률로 볼 때 그 숫자는 앞으로 10년 동안 2배로 증가할 것이다.

이케아의 사명은 유행을 따르면서도 단순하고 실용적인 가정용 가구를 가능한 한 많은 사람이 구매할 수 있도록 저렴한 가격에 제공함으로써 고객의 더 나은 일상을 일구는 것이다. 그러나 고객의 구매욕을 자극하여 수십억 달러어치의 제품을 판매하려면 이케아는 먼저 모든 제품을 디자인하고 만드는 데 도움을 줄 수 있는 탄탄하고 믿을 만한 협력업체 네트워크를 개발해야 한다. 이케아는 공급업체로부터 제품을 구매하기만 하는 것이 아니다. 신제품의 설계 과정은 최대 3년이 걸릴 수도 있다. 이케아의 디자이너는 기본적인 고객 가치 제안으로 시작하여 프로세스 내내 주요 공급업체와 긴밀하게 협력하여 디자인 개선, 기능 향상, 비용 절감이라는 제안을 실현한다. "디자인 과정을 독특하게 만들어주는 데 공급업체가 매우 중요한 역할을 하고 있다"고 이케아는 밝혔다. 이는 처음부터 끝까지 서로에게 이익이 되는 파트너십으로, 이케아는 다음과 같이 말한다. "집에서 더 나은 삶을 [창조하기] 위한 열정을 가진 파트너로서 함께 성장한다. 우리는 공급업체와 고객 간의 좋은 연결 고리가 되기 위해 노력하고 있다."

마케팅 중간상

마케팅 중간상
기업이 자사 제품을 최종 구매자에게 홍보하고, 판매하고, 유통할 수 있도록 지원하는 회사

마케팅 중간상(marketing intermediary)은 기업이 자사 제품을 최종 구매자에게 홍보하고, 판매하고, 유통할 수 있도록 지원한다. 여기에는 재판매업자, 물적 유통 회사, 마케팅 서비스 대행사, 금융 중개업자가 포함된다. **재판매업자**는 기업이 고객을 찾아내거나 판매가 이루어지도록 도와주는 유통경로상의 회사로, 여기에는 제품을 구매하고 재판매하는 도매상과 소매상이 포함된다. **물적 유통 회사**는 기업이 원산지에서 목적지까지 제품을 저장하고 이동하는 것을 도와준다. **마케팅 서비스 대행사**는 기업이 적절한 시장에 제품을 내놓고 홍보할 수 있도록 도와주는 마케팅 조사 회사, 광고 대행사, 매체사, 마케팅 컨설팅 회사를 말한다. **금융 중개업자**는 은행, 신용보증 회사, 보험 회사, 기타 관련 회사로, 이들은 기업 간의 거래에서 자금 조달을 돕고 제품의 구매나 판매에 따른 위험을 보증하는 기능을 수행한다.

공급업체와 마찬가지로 마케팅 중간상은 기업의 전반적 가치전달 시스템을 이루는 중요한 구성 요소이다. 따라서 오늘날의 마케터는 중간상의 중요성을 잘 알고, 자사 제품을 판매하기 위한 유통경로 구성원에서 더 나아가 함께 일하는 동반자로 인식하고 있다. ● 예를 들어 애플은 전 세계에 수백 개의 직영 매장을 두고 있으면서도 자사 제품 판매를 돕는 공식 리셀러도 활용하고 있다. 애플의 제품은 직영 매장과 공식 리셀러의 매장에서 동일한 가격으로 판매되고 있다.[3]

애플은 공식 리셀러를 파트너로 간주하고 최근 프리미엄 리셀러의 파트너 프로그램을 재정비했다. 이 프로그램은 리셀러 매장이 애플만의 소매 방식을 따르고 애플의 견본품을 진열할 때 애플의 매장

● 중간상과의 협업: 애플은 소매 파트너에게 휴대전화와 스마트워치 이상을 제공한다. 또한 애플은 기술 지원을 약속한다.
picturesbyrob/Alamy Stock Photo

관리 지침과 일관성을 유지할 수 있도록 리셀러 매장의 수리 비용에 보조금을 지원한다. 애플은 공식 리셀러뿐 아니라 공식 서비스 제공업자라 불리는 다른 중개업체도 보유하고 있다. 이들은 고객에게 제품의 수리 및 유지보수 서비스를 제공하는 기업이나 개인이다. 이러한 중개업체는 취급할 수 있는 서비스 규모에 따라 공식 서비스 제공업체, 제한적 서비스 제공업체로 구분된다. 애플은 해당되는 경우 파트너에게 인건비, 운송비와 부품에 대한 보상을 제공하고 제품, 정보 업그레이드, 서비스, 고장 수리, 공인된 기술자를 위한 즉각적인 기술 지원과 같은 종합적인 지원을 한다. 또한 애플의 고객이 웹사이트에서 가까운 서비스 제공자를 검색할 때 사용하는 자원 식별 시스템에 파트너를 포함함으로써 이익을 얻을 수 있게 한다.

경쟁자

마케팅 콘셉트는 기업이 성공을 거두기 위해 경쟁자보다 더 나은 고객가치와 만족을 제공해야 한다고 명시하고 있다. 따라서 마케터는 단순히 목표고객의 욕구에 맞추는 것 이상의 노력을 기울여야 한다. 마케터는 고객의 마음속에 자사의 제공물을 경쟁사의 것보다 더 강하게 포지셔닝함으로써 전략적 경쟁우위를 확보해야 한다.

모든 기업에 통하는 최적의 단일 경쟁적 마케팅 전략은 존재하지 않는다. 각 기업은 전략을 수립할 때 경쟁사에 비해 상대적인 자사의 규모와 산업 내 위치를 고려해야 한다. 산업 내에서 지배적인 위치를 차지하고 있는 대기업은 소규모 기업이 채택하기 어려운 전략을 사용할 수 있다. 그러나 규모가 크다는 것만이 다가 아니다. 대기업이 승리할 수 있는 전략도 있지만 마찬가지로 낭패를 볼 수 있는 전략도 있다. 또한 소규모 기업이 대기업보다 더 많은 수익을 낼 수 있는 전략을 개발할 수도 있다.

공중

공중
조직과 실제적·잠재적으로 이해관계를 가지고 조직의 목표 달성 능력에 영향을 미치는 집단

기업의 마케팅 환경에는 다양한 공중이 포함된다. **공중**(public)은 조직과 실제적·잠재적으로 이해관계를 가지고 조직의 목표 달성 능력에 영향을 미치는 집단이다. 공중에는 다음과 같이 일곱 가지 유형이 있다.

- 금융기관 공중(financial public): 금융기관은 기업의 자금 조달 능력에 영향을 미친다. 주요 금융기관 공중은 은행, 투자회사, 주주 등이다.
- 미디어 공중(media public): 미디어 공중은 뉴스, 기사, 논설 등을 전달한다. 미디어 공중에는 TV 방송국, 신문사, 잡지사 및 블로그와 같은 소셜미디어가 포함된다.
- 정부 공중(government public): 관리자는 의사결정 시 정부의 개발 정책을 고려해야 한다. 마케터는 제품 안전성, 광고의 진실성 및 기타 이슈에 대해 자사의 변호사와 자주 상의해야 한다.
- 시민 활동 공중(citizen-action public): 기업의 마케팅 의사결정에 대해 소비자 단체, 환경 단체, 소수자 집단 등의 단체가 이의를 제기할 수도 있다. 기업의 PR 부서는 기업이 고객 및 시민 단체와 연락을 취할 수 있도록 도움을 준다.
- 내부 공중(internal public): 내부 공중에는 종업원, 관리자, 자원봉사자, 이사진이 포함된다. 대기업은 내부 공중에 정보를 제공하고 동기를 부여하기 위해 뉴스레터나 다른 방법을 활용한다. 종업원이 애사심을 가진다면 이러한 긍정적인 태도는 외부 공중에 확산된다.

● 공중: 내셔널웨스트민스터은행은 지역 자선 단체, 지역사회 단체, 사회적 기업에 아낌없이 기부함으로써 지역사회에 대한 헌신을 보여준다.
Jeff Gilbert/Alamy Stock Photo

- **일반 공중**(general public): 기업은 자사의 제품과 활동에 대한 일반 공중의 태도에 관심을 기울여야 한다. 기업에 대한 공중의 이미지는 그들의 구매 행동에 영향을 미친다.
- **지역 공중**(local public): 지역 공중은 지역 주민과 지역 단체로, 대기업은 통상적으로 이들이 운영하는 지역사회에서 책임감 있는 구성원이 되기 위해 노력한다.

기업은 고객 시장뿐 아니라 주요 공중을 위한 마케팅 계획과 프로그램을 준비할 수 있다. ● 영국의 대표적인 은행 중 하나인 내셔널웨스트민스터은행(NatWest)은 다양한 공익 관련 활동을 통해 지역사회와 강력한 연계를 유지하고 있다.[4]

> 2016년 내셔널웨스트민스터은행은 그룹 차원에서 영국과 아일랜드의 지역 자선 단체, 지역사회 단체, 사회적 기업에 250만 파운드를 기부했다. 많은 비영리 단체는 매년 '기술 및 기회 기금(Skills and Opportunities Fund)' 250만 파운드로 지역사회의 빈곤층을 지원하고 있다. 나아가 2015년에는 직원들이 'Pay-as-You-Earn Scheme'를 통해 총 270만 파운드를 자선 단체에 기부했고, 다양한 지역사회와 자선 사업에 45,437시간 자원봉사를 했다. 같은 해에 내셔널웨스트민스터은행은 자선 기금을 모으기 위해 운동선수를 이용하는 국가적 행사인 스포츠 릴리프(Sports Relief)의 공식 후원자가 되었다. 지난 수년간 내셔널웨스트민스터은행은 노숙자를 위한 '포치라이트(Porchlight)', 세입자를 위한 '디스커버리 파크(Discovery Park)', 청년 자선 단체인 'UKSA'를 비롯해 사람들의 삶의 질을 향상하기 위한 수많은 지역 자선 단체도 지원한 것으로 유명하다. 'Prince's Trust'와는 16년 이상 관계를 맺고 있다. 2014년에는 이 자선 단체를 통해 소외 계층 2,521명을 대상으로 취업 능력 및 멘토링 프로그램을 운영했다.

고객

기업의 미시환경에서 가장 중요한 구성원은 바로 고객이다. 전체 가치전달 네트워크의 목표는 목표고객을 관여시키고 그들과 긴밀한 관계를 형성하는 것이다. 기업은 다섯 가지 유형의 고객 시장을 모두 대상으로 삼을 수 있다. **소비재 시장**은 자신이 사용하기 위해 제품이나 서비스를 구매하는 개인이나 가정으로 구성된다. **산업재 시장**은 추가적인 가공이나 생산 과정에 사용하기 위해 제품 또는 서비스를 구매하고, **재판매 시장**은 재판매로 이익을 창출하기 위해 제품 또는 서비스를 구매한다. **정부 시장**은 공공 서비스를 생산하거나 제품 또는 서비스를 필요로 하는 기관에 전달하기 위해 제품 또는 서비스를 구매하는 정부 기관으로 구성된다. 마지막으로 **국제 시장**은 다른 나라의 소비자로 구성되며 여기에는 소비자, 생산자, 재판매업자, 정부가 포함된다. 각 시장은 판매자의 주의 깊은 조사가 필요한 고유한 특징을 가지고 있다.

저자 코멘트 | 거시환경은 미시환경의 구성원에게 영향을 미치는 더 광범위한 요소로 구성된다.

거시환경

기업과 그 외 모든 구성원은 기업에 기회와 위협을 주는 거시환경 요인 내에서 활동한다. ● 그림 3.2는 기업을 둘러싼 거시환경의 주요 구성요소를 보여준다. 가장 우세한 기업마저 마케팅 환경에서 종종 격동적으로 변화하는 구성요소에 취약할 수 있다. 이러한 요소의 일부는 예측이 불가능하

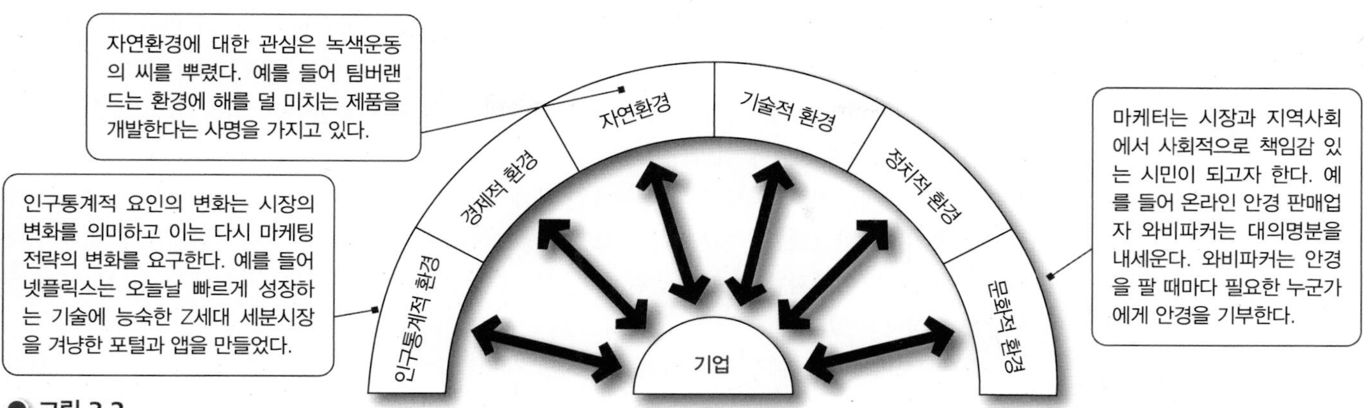

그림 3.2
기업 거시환경의 주요 구성요소

고 통제하기도 어렵지만, 어떤 요소는 능숙한 관리를 통해 예측하고 조절할 수도 있다. 환경을 잘 이해하고 적응하는 기업은 번창할 것이다. 그러나 그렇지 못한 기업은 어려움을 겪게 될 것이다. 한때 시장을 선도했던 제록스, 시어스, 소니, 블록버스터, 코닥 등은 값비싼 대가를 치르면서 이러한 교훈을 얻었다. 이 절에서는 거시환경의 구성요소를 분석하고, 이것이 어떻게 마케팅 계획에 영향을 미치는지 살펴보자.

저자 코멘트 | 인구통계적 요인의 변화는 시장의 변화를 의미하기 때문에 마케터에게 매우 중요하다. 먼저 가장 큰 인구통계적 경향인 인구 연령 구조의 변화를 살펴본다.

인구통계적 환경과 경제적 환경

학습목표 3-2 인구통계적 환경과 경제적 환경의 변화가 마케팅 의사결정에 어떤 영향을 미치는지 이해한다.

인구통계적 환경

인구통계학
인구의 규모, 밀도, 위치, 연령, 성비, 인종, 직업 및 기타 통계학적 측면에서의 연구

인구통계학(demography)은 인구의 규모, 밀도, 위치, 연령, 성비, 인종, 직업 및 기타 통계학적 측면에서의 연구를 말한다. 인구통계적 환경은 사람들과 사람들로 구성되는 시장을 포함하기 때문에 마케터의 주요 관심사이다. 전 세계 인구는 기하급수적으로 증가하고 있다. 현재 전 세계 인구는 75억 명을 넘어섰고 2030년까지 80억 명 이상이 될 것으로 추산된다.[5] 전 세계의 광범위하고 매우 다양한 인구는 기회이자 도전이 된다.

세계 인구통계적 환경의 변화는 비즈니스에 큰 영향을 미친다. 따라서 마케터는 시장의 인구통계적 경향과 성장에 주의를 기울여야 한다. 마케터는 변화하는 연령 구조, 가족 구조, 지리적 인구 이동, 교육과 관련된 특징, 인구 다양성을 분석한다. 여기서는 미국의 가장 중요한 인구통계적 경향을 살펴보겠다.

인구 연령 구조의 변화

현재 미국 인구는 3억 2,800만 명을 넘어섰고 2030년까지 거의 3억 6,000만 명에 다다를 것이다.[6] 미국의 가장 중요한 단일 인구통계적 경향은 연령 구조의 변화이다. 출산율이 낮아지고 기대수명이 길어짐으로써 미국 인구는 급속도로 고령화되고 있다. 1970년에는 평균 연령이 28세였지만 지금은 38세가 되었다.[7] 이러한 인구의 고령화는 시장 및 서비스하는 사람들에게 심각한 영향을 미칠 것이다.

미국 인구에는 여러 세대별 그룹(generational group)이 포함된다. 5개 주요 그룹, 즉 베이비붐 세대, X세대, 밀레니얼 세대, Z세대, 알파 세대와 이들이 오늘날의 마케팅 전략에 미치는 영향을 알아보자.

베이비붐 세대
2차 세계대전 이후 1946~1964년에 태어난 세대이며, 미국에서는 약 7,200만 명에 달함

베이비붐 세대 현재 미국에는 약 7,200만 명의 **베이비붐 세대**(baby boomer)가 있다. 2차 세계대전 이후 1946~1964년에 태어난 베이비붐 세대는 수년간 마케팅 환경을 형성하는 가장 강력한 요인 중 하나였다. 베이비붐 세대의 가장 젊은 집단은 이제 50대 중반이고, 가장 나이 많은 집단은 70대 중반으로 은퇴 생활에 접어들었다.

베이비붐 세대는 미국 역사상 가장 부유한 세대이다. 오늘날 베이비붐 세대는 미국 인구의 22% 정도를 차지하지만 전체 가처분소득의 42%를 통제하고 있다.[8] 이들은 금융 서비스, 새 집과 주택 리모델링, 신차, 여행과 오락, 외식, 건강과 피트니스 상품 및 기타 모든 분야에서 수익성이 좋은 시장을 형성하고 있다.

요즘 일부 마케터는 매우 매력적인 밀레니얼 세대를 겨냥하는 대신 베이비붐 세대를 돌아보고 있다. 나이 든 베이비붐 세대가 과거에 젖어 헤어나오지 못하고, 바깥과 접촉하지 않으며, 신제품에 관심이 없다고 정형화하는 이도 있을 것이다. 하지만 베이비붐 세대가 단계적으로 줄어들며 쇠락한다고 생각하는 것은 오판일 수 있다. 오히려 오늘날의 베이비붐 세대는 스스로를 그런 식으로 바라보기보다는 새로운 삶의 단계로 진입한다고 여기는 경우가 많다.

좀 더 활동적인 베이비붐 세대는 나이가 들어도 젊은 라이프스타일을 버릴 생각이 없다. 예를 들어 현재 50세 이상 성인은 미국 호화 여행 지출의 80%를 차지하고 있다. 베이비붐 세대가 자신의 방식을 고수한다는 일반적인 믿음과 달리, 최근 한 조사는 베이비붐 세대의 82%가 새로운 브랜드에 개방적이라는 것을 밝혀냈다. 베이비붐 세대는 결코 기술 포비아가 아니며, 디지털 방식으로 활동하고 소셜미디어 지식을 늘려간다. 베이비붐 세대의 70% 정도는 현재 모바일 인터넷을 사용하고 있다. 또한 젊은 세대보다 많이 지출하면서 온라인 쇼핑 인구통계에서 가장 빠르게 성장하고 있다.[9]

따라서 베이비붐 세대는 노화 문제에 도움이 되는 제품(비타민, 혈압 측정기, 굿그립 주방 도구 등)을 많이 구매하기도 하지만, 나이보다는 젊은 생각에 어필하는 마케터를 높이 평가하는 경향이 있다. 예를 들어 나이 든 소비자에게 소수의 브랜드가 자신을 어떻게 이해한다고 보는지 설문조사를 하여 '당혹스러워하고, 귀찮아하고, 재미있어 한다'는 결과가 나온 후, 영국의 보험 회사 선라이프(Sun Life)는 고정관념에 도전하는 'Welcome to life after 50(50세 이후의 삶에 들어선 것을 환영합니다)' 캠페인을 벌였다. 한 광고에서는 기품 있는 노신사가 지루한 크루즈 여행에서 집라인을 타고 칵테일 바로 가는가 하면, 일광욕을 하는 미인은 자신이 '62세의 여성'임을 밝히기 위해 챙이 넓은 모자를 들어 올린다. 이 캠페인의 웹사이트와 블로그에는 '나이 먹는 것을 뒤로 미루고 세상을 좀 더 나은 곳으로 만드는 50세 이상의 멋진 사람들'에 대한 이야기가 가득하다.[10]

광범위한 산업에 걸친 기업이 베이비붐 세대 소비자를 사로잡기 위해 다시 노력을 기울이고 있다. 예를 들어 가이코(GEICO)는 이들을 사로잡기 위해 전통적인 미디어와 디지털 미디어에서 광고를 집행한다. 가이코가 오랫동안 진행해온 'It's what you do(그게 바로 당신이 할 일)' 캠페인의 일환으로 잘 알려진 '피터 팬 동창회' 광고는 70세가 되는 베이비붐 세대를 겨냥했다. 이 광고에서 피터 팬은 50년 만의 동창회에 나타나 나이 든 동창들에게 재미있는 농담을 했다. 광고는 이렇게 말한다. "피터 팬이라면 영원히 젊음을 유지하세요. 그게 바로 당신이 할 일이에요."[11]

X세대
베이비붐 세대에 이어 '출산 부족'이 뒤따르고 1965~1980년에 태어난 세대이며, 미국에서는 5,500만 명에 달함

X세대 베이비붐 세대에 이어 '출산 부족'이 뒤따르고 1965~1980년에 미국에서는 5,500만 명의 새로운 세대가 태어났다.[12] 작가 더글러스 코프랜드(Douglas Copeland)는 베이비붐 세대의 그늘에서 자란 이들을 **X세대**(Generation X)라고 불렀다.

이전의 베이비붐 세대와 이후의 밀레니얼 세대보다 그 수가 뚜렷이 적어서 X세대는 '중간에 끼인' 소비자 집단으로서 흔히 간과되었다. X세대도 성공을 추구하기는 하나 다른 집단보다 물질적

인 성향이 덜하다. 이들은 소유보다는 경험을 더 중요시한다. 부모이면서 주택 소유자인 X세대는 자녀와 노부모를 포함한 가족을 더 우선시하고 자신의 커리어는 그다음인 경우가 많다.

마케팅의 관점에서 X세대는 회의적인 집단이다. 이들은 구매하기 전 제품을 집중적으로 조사하고, 양보다는 품질을 추구하며, 공공연한 마케팅 소구에 덜 수용적인 경향이 있는 합리적인 고객이다. 하지만 일단 한 브랜드를 선택하면 다른 세대 집단보다 충성도가 높은 경향이 있다. X세대는 관습과 전통을 비웃는 건방진 광고를 더 잘 수용한다. 많은 X세대는 인터넷 시대 이전에 성장하고 젊은 성인기에 디지털 기술에 적응했다. 오늘날 대부분의 X세대는 완벽하게 적응하여 신기술의 이점을 수용하고 있다. 한 연구에 따르면 X세대는 베이비붐 세대나 밀레니얼 세대보다 온라인 쇼핑을 더 많이 하는 것으로 밝혀졌다. 또한 X세대 시청자는 밀레니얼 세대보다 네트워크로 제작된 TV 드라마를 더 많이 시청한다.[13]

현재 대부분 40대, 50대 초반인 X세대는 성장해서 자리를 잡았다. 이들은 베이비붐 세대의 라이프스타일, 문화, 가치를 계속해서 대체해왔다. X세대는 확고한 커리어를 쌓고 있으며, 점점 늘어나는 가족을 가진 주택 소유자가 많다. 이들은 지금까지 교육을 가장 많이 받은 세대이고 연간 구매력이 상당하다. X세대는 미국 성인의 4분의 1도 안 되지만 미국 전체 수입의 29%를 벌어들인다.[14]

많은 브랜드와 조직은 충분한 가능성을 가진 X세대를 주 목표고객으로 주시하고 있다. 예를 들어 X세대의 82%는 자기 집을 소유하고 있어 단란한 집을 제공하는 마케터에게 중요한 세분시장이 되고 있다. ● 주택 리모델링 소매업체인 로우스(Lowe's)는 X세대 주택 소유자에게 '개선을 멈추지 말라(Never Stop Improving)'고 권고하면서 이들을 집중적으로 공략하고 있다. 광고, 온라인 동영상과 많은 소셜미디어를 통해 로우스는 다양한 실내외 주택 리모델링 프로젝트와 문제점에 대해 조언해줌으로써, 바쁜 X세대 주택 소유자와 가족의 삶을 더 단순하게 만들어주는 솔루션을 제공한다. myLowe's 앱은 24시간 연중무휴 홈 리모델링 관리인 같은 것으로, 고객이 집의 방마다 프로필을 작성하고, 로우스의 구매품을 보관하고, 사진과 함께 제품 목록을 작성하고, 벽난로 필터 교체 시기 등의 알림을 받을 뿐 아니라 주택 리모델링 프로젝트를 계획할 때 온라인으로 매장 직원과 상담할 수도 있다.[15]

● X세대 공략: 로우스는 주택 리모델링 프로젝트와 문제에 대한 아이디어와 조언을 제공함으로써 X세대 주택 소유자에게 '개선을 멈추지 말라'고 권고한다.
Bryan Bedder/Getty Images for HGTV Home by Sherwin-Williams & Lowe's

밀레니얼 세대(Y세대)
베이비붐 세대의 자녀로 1981~1996년에 태어난 세대이며, 미국에서는 7,500만 명 이상에 달함

밀레니얼 세대 베이비붐 세대와 X세대는 언젠가 자신의 통제력을 **밀레니얼 세대**(millennials: Y세대 또는 에코붐 세대라고도 함)에게 넘겨줄 것이다. 베이비붐 세대의 자녀로 1981~1996년에 태어난 밀레니얼 세대는 미국에서 7,500만 명 이상이며, X세대보다 많고 지금은 베이비붐 세대보다 더 큰 규모가 되었다. 20~30대인 밀레니얼 세대는 순전히 그 수만으로도 상당한 구매력을 행사하고, 현재와 미래에 거대하고 매력적인 시장을 형성하고 있다.

모든 밀레니얼 세대의 공통점은 디지털 기술을 편안하게 느낀다는 것이다. 이들은 기술을 받아들인다기보다는 삶의 한 방식으로 여긴다. 밀레니엄 세대는 컴퓨터, 휴대전화, 위성 TV, 아이팟과 아이패드, 온라인 소셜미디어로 가득한 세상에서 성장한 첫 번째 세대이다. 그 결과 모바일이나 소셜미디어 같은 완전히 새로운 방식으로 브랜드와 관계를 맺는다. 밀레니얼 세대를 대상으로 한 최

● 밀레니얼 세대 공략: 온라인 뱅킹에 대한 차임의 깔끔한 기술 중심적 접근 방식은 단순성과 이동성을 좇는 밀레니얼 세대의 욕구를 충족한다. 차임은 '멋진 은행'을 제공한다.
Chime

근 조사에서 응답자 중 75%는 쇼핑을 가장 많이 하는 장소로 온라인 모바일 또는 온라인 노트북을 꼽았으며, 92%는 웹이나 모바일 기기를 통한 은행 업무를 선호한다고 답했다.[16]

밀레니얼 세대는 마케터의 광고보다 자신의 브랜드 경험을 형성하고 다른 사람들과 공유할 수 있는 진실성, 가치, 기회를 추구한다. 다른 세대 집단과 비교했을 때 이들은 검소하고, 실용적이고, 연결되고, 움직이고, 참을성이 없는 경향이 있다. 한 분석가는 다음과 같이 말한다. "밀레니얼 세대는 간단한 콘텐츠(유료화 여부에 상관없이)를 뽑아내고, 새로운 정보와 제품에 대한 관심을 불러일으키기 위해 브랜드와 연결하는 데 개방적이다. 하지만 주요 주의 사항은 [효율적이고] 소화할 수 있고, 유동적인 방식으로 모든 작업을 수행해야 한다는 것이다."[17]

많은 브랜드는 밀레니얼 세대의 욕구와 라이프스타일을 목표로 한 특정 제품과 마케팅 캠페인을 전개해왔다. 예를 들어 금융 서비스 분야에서는 모바일을 우선시하는 밀레니얼 소비자를 공략하는 앱 기반 결제 및 뱅킹 브랜드가 몇 개 생겨났다. ● 빠르게 성장하고 있는 모바일 뱅킹 앱 및 직불카드인 차임(Chime)을 살펴보자.[18]

차임은 대형 은행에 그다지 호의적이지 않은 밀레니얼 세대를 위해 '전통적인' 은행 서비스를 단순화하고 간소화한다. 5년 전 온라인 앱 전용 은행으로 설립된 차임은 최소 잔액, 월별 계좌 수수료, 고액의 초과 인출 보호 등 밀레니얼 세대가 싫어하는 전형적인 당좌 예금계좌를 간소화한다. 차임의 고객은 예금계좌, 지출계좌, 직불카드만 가지고 있다. 차임의 깔끔한 기술 중심적 접근 방식은 단순성과 이동성을 좇는 밀레니얼 세대의 욕구를 충족한다. 차임은 이렇게 말한다. "차임의 모바일 앱은 지점 없는 은행 업무를 원활하게 해주고 어디서든 돈과 계정을 관리할 수 있다." 지난 4년간 차임의 고객은 7만 5,000명에서 300만 명 이상으로 성장했고, 온라인 전용 은행에는 매월 25만 개의 계좌가 늘어나고 있다. 전반적으로 차임은 '멋진 은행(Banking Made Awesome)'으로 불린다.[19]

Z세대
10~20대 시장을 구성하는, 1997~2012년에 태어난 세대

Z세대 밀레니얼 세대 바로 뒤에는 1997~2012년에 태어난 젊은 **Z세대**(Generation Z)가 있다. 10대 초반부터 20대 초반인 Z세대는 현재 미국에서 가장 큰 집단으로 총인구의 26%인 8,000만 명에 달한다. 민족적이고 문화적으로 가장 다양한 세대인 Z세대는 자신의 돈으로 연간 430억~1,430억 달러를 지출하고, 가족의 지출에도 3,330억 달러 정도 영향을 미친다.[20] 이 젊은 소비자들은 미래의 시장을 대변하며, 이들의 현재 구매는 미래에 영향을 미칠 브랜드 관계를 형성하고 있다.

Z세대의 결정적인 특징은 밀레니얼 세대보다 더 디지털 기술을 완벽하게 활용하고 편안하게 느낀다는 것이다. Z세대는 와이파이, 스마트폰, 태블릿, 인터넷으로 연결된 게임 기기와 디지털 및 소셜미디어를 당연시 여기고 항상 지니고 다녀 이동성, 연결성, 사교성이 뛰어난 집단이다. 한 분석가는 이렇게 말한다. "만약 이들이 깨어 있다면 온라인에 접속 중이다." 또 어떤 사람은 "이들의 DNA에 디지털이 들어 있다"고도 했다.[21]

Z세대는 사람들과 사귀거나 쇼핑을 할 때 온라인과 오프라인을 매끄럽게 섞어서 이용한다. 최근 연구에 따르면 이들은 아직 어리지만 Z세대의 절반 이상이 제품을 구매하기 전이나 자신의 물건을 부모가 구매하기 전에 제품에 대해 조사한다고 한다. Z세대 소녀 중 약 39%는 소셜미디어에서 쇼핑의 영감을 얻고, 35%는 브랜드의 뉴스레터를 구독하며, 33%는 자신이 좋아하는 인플루언서가 브랜드와 손잡는 것을 개의치 않았다. 온라인 쇼핑을 하는 Z세대 중 절반 이상은 전자제품, 책,

음악, 스포츠 용품, 미용 제품, 의류, 신발, 패션 액세서리 등 다양한 카테고리에서 온라인 쇼핑을 선호한다.[22]

거의 모든 산업에서 기업은 Z세대를 겨냥한 제품과 서비스를 시장에 내놓는다. 하지만 Z세대와 그 부모를 대상으로 하는 마케팅에는 특별한 어려움이 존재한다. 전통적인 매체와 오프라인 매장은 여전히 이들에게 중요하다. 마케터는 이들이 시간을 보내고 쇼핑하는 곳에서 Z세대를 만나야 한다는 것을 알고 있지만, 점점 더 온라인과 모바일 세계에서 이러한 현상이 일어나고 있다.

오늘날의 젊은이들은 아주 변덕스럽고 이들에 대해 정확히 파악하기도 힘들다. 핵심은 이러한 젊은 소비자의 관여를 유도하고 브랜드 경험을 정의하는 데 도움을 주는 것이다. 예를 들어 라이프스타일 의류 소매업체 아메리칸이글(American Eagle)은 젊은 소비자를 더 깊이 관여시키기 위해 최신 마케팅 캠페인에 Z세대를 끌어들였다. 소셜미디어를 통해 선정된 Z세대 '캐스트 멤버' 10명은 자신의 환경에서 자화상을 만들기 위해 개인 휴대전화와 일회용 카메라를 사용했다. 이 캠페인은 아메리칸이글이 운영하는 미디어와 기타 소셜미디어에서 진행되었으며, 캐스트 멤버들은 여기서 개인적인 이야기와 아메리칸이글의 경험을 공유했다. 한 소매 분석가는 이렇게 말한다. "디지털 네이티브 Z세대 소비자에게 소셜미디어는 자기표현을 위한 귀중한 플랫폼이다. 캐스트 멤버에게 크리에이티브를 넘김으로써 아메리칸이글은 스타일의 개성을 보여주고 다양성, 권한, 소속감을 촉진하여 Z세대 소비자 기반의 진정성 있고 감성적인 공유를 형성할 수 있도록 돕는다."[23]

알파 세대
2012년 이후에 태어난 가장 최근의 세대

알파 세대 가장 최근의 세대는 2012년 이후에 태어난 **알파 세대**(Generation Alpha)이다. 아직은 상대적으로 작은 시장이지만 2025년이면 이들은 밀레니얼 세대보다 더 커질 것이다. 마케터는 알파 세대에 큰 기대를 걸고 있다. 알파 세대라는 이름을 붙인 사회 연구원은 "알파 세대는 역사상 공식적인 교육을 가장 많이 받은 세대, 가장 많은 기술을 공급받은 세대, 세계적으로 가장 부유한 세대가 될 것"이라고 주장한다.[24]

신흥 집단인 알파 세대는 대부분 밀레니얼 세대인 부모의 가계 구매 의사결정에 이미 상당한 영향력을 행사하고 있다. 애플 아이패드가 처음 등장했을 때와 거의 같은 시기에 태어난 아이들은 기술을 당연하게 받아들인다. "강아지를 사달라는 요구는 잊어라. 오늘날 아이들은 기계 장치를 요구한다"고 말한 어느 분석가는 최근 한 동영상에서 "나는 개보다 아이패드를 더 갖고 싶다"고 말한 어린 참가자의 말을 인용했다.

알파 세대는 그들의 부모와 통하는 중요한 관문이다. 최근 한 설문조사에서 미국 알파 세대 부모의 81%는 스마트폰, 태블릿, TV 등의 기계 장치를 자녀의 행동과 요청으로 구매하게 되었다고 응답했다. 그러나 알파 세대의 영향력은 기계 장치에 국한된 것이 아니다. 연구에 따르면 아이들은 엔터테인먼트 옵션과 외식, 자동차 구입, 가족 휴가에 이르기까지 다양한 가족 의사결정에 영향을 미친다.

알파 세대는 단순한 영향력 행사에서 더 나아가 브랜드 선호도를 막 정립하기 시작한 미래의 중요한 소비자이다. 마케터는 이들을 일찍 확보함으로써 이들의 남은 생애 동안 계속될 충성도를 구축하고자 한다. 예를 들어 핏비트는 최근 휴가철에 인기 선물이었던 어린이용 활동 모니터링 장치인 핏비트 에이스(Fitbit Ace)를 판매한다. 핏비트의 CEO에 따르면 에이스는 '가족의 장기적인 관계 창출'을 도움으로써 브랜드 사용자 기반을 넓히고 있다.

알파 세대는 코드커팅(cord-cutting: 유료 방송을 해지하고 인터넷 스트리밍을 이용함) 밀레니엄 세대의 자녀로서 이전 세대보다 TV를 덜 보는 경향이 있다. 하지만 디지털 미디어와 사물 인터넷(IoT) 기술에는 완벽하게 익숙하다. 이에 마케터는 이들을 사로잡기 위해 혁신적인 새로운 방법을 시험하고 있다. 예를 들어 P&G의 크레스트 키즈(Crest Kids)는 어린이가 이를 제대로 닦을 수

● 세대별 마케팅: 베이비붐 세대와 밀레니얼 세대는 이제 어린 알파 세대를 위한 공간을 만들기 위해 자리를 옮기고 있다.
Syda Productions/Shutterstock

있도록 돕고 격려하는 아마존 에코 스마트스피커를 위한 '촘퍼스(Chompers)' 알렉사 기술을 후원했다. 어린이가 2분간 양치질을 하는 동안 알렉사는 아이에게 농담을 하고, 노래를 불러주며, 재미있는 사실을 공유한다.

알파 세대 마케팅의 중요한 문제는 어린이의 개인 정보 보호 및 마케팅 홍보의 취약성과 관련이 있다. 이 세대에 마케팅을 하는 기업은 책임감을 가져야 하며, 그렇지 않을 경우 부모와 공공정책 입안자의 분노를 감수해야 한다.

세대별 마케팅 마케터는 세대별로 다른 제품과 마케팅 프로그램을 만들어야 하는가? 어떤 전문가들은 한 세대에 효과적으로 소구되는 제품이나 메시지를 만들 때마다 다른 세대가 소외될 수 있음을 경고한다. 또 어떤 전문가들은 각 세대가 10여 년의 시간과 다양한 사회·경제적 수준에 걸쳐 있다고 경고한다. 예를 들어 Z세대는 서로 다른 신념과 행동을 가진 10대, 20대 초반에 걸쳐 있다.

따라서 마케터는 각 세대 내에서 연령대를 더욱 구체화하여 보다 세심하게 세분시장을 구성할 필요가 있다. 더 중요한 점은, 사람들을 출생일별로 정의하는 것이 그들의 라이프스타일, 생애주기, 또는 그들이 구매하는 제품에서 추구하는 공통적인 가치에 따라 구분하는 것보다 효과적이지 않을 수 있다는 것이다. 5장과 7장에서 시장을 세분하는 많은 방법을 다룰 것이다.

미국 가족의 변화

전통적인 가정은 남편, 아내, 자녀, 경우에 따라서는 할아버지와 할머니로 구성된다. 한때는 두 자녀와 차 2대를 가진 평범한 가정이 이상적인 모습이었지만 지금은 이러한 모습을 잃어가고 있다.

미국의 경우 기혼 부부가 1940년의 76%에서 감소하여 오늘날에는 절반 이하이다. 18세 이하 자녀와 함께 사는 기혼 부부는 1억 2,800만 가구로, 대략 19%에 해당한다. 자녀가 없는 기혼 부부는 30%, 혼자 아이를 키우는 부모는 8%이다. 독신이거나 성별에 관계없이 가족이 아닌 성인들이 함께 사는 경우는 35%이다.[25]

이혼, 별거, 비혼, 만혼, 재혼을 하거나, 결혼한 후에도 자녀를 갖지 않으려는 사람이 점점 더 많아지고 있다. 최근에는 신혼부부의 17%가 인종이 다르거나 국제결혼이며, 17%는 자녀를 키우는 동성 부부이다.[26] 오늘날 미국 가정 구성원의 변화는 〈모던 패밀리(Modern Family)〉나 아마존의 〈트랜스패런트(Transparent)〉 같은 인기 영화와 TV 드라마에 점점 더 많이 반영되고 있다. 이제는 비전통적인 가정이 전통적인 가정보다 더 빨리 증가하고 있기 때문에 마케터는 비전통적인 가정의 특별한 욕구를 고려해야 한다. 각 유형의 가정은 서로 다른 욕구와 구매 습성을 가지고 있다.

직장 여성의 수도 매우 빠르게 증가하여 1970년 미국 노동력의 38%에서 오늘날 약 57%로 성장했다. 미국 여성 중 40%는 18세 미만 자녀가 있는 가정의 가장 역할을 한다. 자녀가 있는 기혼 부부 가구 중 62%가 맞벌이이고 남편만 직장을 다니는 경우는 28%이다. 한편 아내가 직장에 있는 동안 집에서 자녀를 돌보며 가정을 관리하는 남성이 점점 더 많아지고 있다.[27]

기업은 이제 역동적으로 변화하는 미국 가정의 구조를 반영하기 위해 마케팅 활동을 조정하고 있다. 한때 가족 중심의 광고에서 아빠가 무시되거나 푼수로 묘사되었지만 오늘날의 광고주는 더 자상하고 능력 있는 아빠를 보여주고 있다. 예를 들어 아무도 화장지 같은 물건에 대해 많이 생각하지 않지만, 조지아퍼시픽(Georgia-Pacific)은 앤젤소프트(Angel Soft)를 아기 때부터 성인이 될 때까지 딸을 키워낸 싱글 아빠의 모습이 담긴 훈훈한 광고를 통해 'Be soft. Be strong.(부드럽고 강해지세요)'으로 포지셔닝하여 감정적인 관여를 형성했다. 이 광고는 세심하고 자상한 아빠가 혼자서 딸이 어린 시절부터 10대가 될 때까지 맞닥뜨리는 많은 장애물을 통과하는 것을 도와주다가 "아이를 키울 때는 부드럽게. 혼자일 때는 강하게. 인생은 부드러움과 강인함이 필요하다."라는 말로 끝을 맺는다. 이 시리즈의 또 다른 광고에서는 첫사랑에서 실패한 10대 아들에게 충고하고 위로해주는 자상한 아빠를 보여주었다.[28]

다른 광고는 현대 미국 가정의 증가하는 다양성을 반영한다. 예를 들어 캠벨수프(Campbell Soup)가 펼친 'Made for Real. Real Life(진짜를 위해 만들어졌다. 리얼 라이프)' 캠페인에서 '당신의 아버지' 광고는 〈스타워즈(Star Wars)〉에서 다스 베이더가 한 유명한 대사 '나는 네 아버지이다(I am your father)'를 따라 하면서 아들에게 캠벨의 스타워즈 수프를 먹이는 실제 동성 부부를 등장시켰다. 다른 캠페인과 마찬가지로 이 광고는 기업의 목적(진정한 인생의 순간에서 중요한 진정한 음식)과 브랜드를 일치시켰다. 또한 제너럴밀스(General Mills)는 인종의 다른 부부와 딸로 이루어진 전형적인 젊은 가족이 등장하는 치리오스(Cheerios) 특집 광고(치리오스가 심장에 좋다는 것을 알게 된 딸이 잠든 아빠의 가슴에 치리오스를 붓는 광고, 자신에게 동생이 생긴다는 것을 알게 된 딸이 강아지를 사달라고 협상하는 광고 등)를 내보냈다. 제너럴밀스의 마케팅 담당자는 "치리오스는 많은 종류의 가정이 존재한다는 것을 알고 있고 그들을 모두 축하한다"고 말했다.[29]

지리적 인구 이동

전체 미국인의 약 10%가 매년 이사를 할 만큼 미국에서는 이동이 빈번하다. 지난 수십 년 동안 미국 인구는 스노벨트주(Snowbelt state)에서 선벨트주(Sunbelt state)로 이동했다. 서부와 남부는 인구가 증가한 반면 중서부와 북동부는 인구가 줄어들었다.[30] 지역이 다른 사람들은 구매 행동도 다르기 때문에 이러한 인구 이동은 마케터의 관심을 끈다.

또한 한 세기 이상 미국인은 시골에서 대도시로 이주했다. 1950년대에 사람들은 교외에서 도시로 대거 이동했으며 이러한 추세는 지금도 계속되고 있다. 그리고 점점 더 많은 미국인이 노스다코타주의 마이넛, 노스캐롤라이나주의 분, 미시간주의 트래버스시티, 뉴햄프셔주의 콩코드와 같은 혼잡한 대도시권 너머의 작은 도시인 '마이크로폴리탄(micropolitan) 지역'으로 이동하고 있다. 이러한 작은 도시는 대도시의 많은 이점(일자리, 식당, 오락거리, 지역사회 조직 등)을 가지고 있으면서도 대도시에서 흔히 발견되는 인구 증가, 교통난, 높은 범죄율, 높은 보유세가 없다.[31]

주거지의 이동은 일하는 장소의 변화에도 영향을 미친다. 예를 들어 소도시와 교외로의 이동으로 인해 '재택근무'를 하는 사람이 급속히 증가했으며, 이들은 PC, 태블릿, 스마트폰과 광대역 인터넷 접속의 도움을 받아 가정이나 멀리 떨어진 사무실에서 원격으로 일을 한다. 최근 연구에 따르면 미국인 종업원의 43%가 적어도 얼마간 원격 근무를 하는 것으로 나타났다.[32]

많은 마케터는 수익성 높은 재택근무 시장에 적극 나서고 있다. 예를 들어 시트릭스(Citrix)의 고투미팅(GoToMeeting), 시스코(Cisco)의 웹엑스(WebEx)와 같은 온라인 애플리케이션은 재택근무를 하거나 원격으로 연결하여 작업하는 사람들을 돕는다. 그리고 세일즈포스닷컴(Salesforce.com), 구글, IBM, 슬랙(Slack) 등의 기업은 클라우드 컴퓨팅 애플리케이션을 제공하여 인터넷과 모바일 기기를 통해 어디서나 협업할 수 있도록 지원한다. ● 예를 들어 슬랙은 '스테로이드제 메시징 앱'으로 묘사된다. 슬랙은 실시간 개인 및 그룹 메시징, 채팅룸, 파일 공유, 영상 통화, 다른 클라우드 기반 애플리케이션 및 서비스와의 통합을 통해 원격 사무실과 원격 팀의 사람들을 연결하는 공유 디지털 작업 공간을 제공한다. 'Searchable Log of All Conversations and Knowledge'

● 원격 작업: 슬랙과 같은 앱은 원격으로 일하는 사람들이 인터넷과 모바일 기기를 통해 어디서나 협업할 수 있게 해준다.
Slack Technologies, Inc.

의 약어이기도 한 슬랙은 '전 세계 수백만 명을 위해 매일 작업이 발생되는 곳'이다.[33]

한편 셰어데스크(ShareDesk), 다빈치(DaVinci), 리저스(Regus) 등은 집에서 온전히 일할 수 없는 재택근무자를 위해 완벽한 장비를 갖춘 공유 사무실 공간을 빌려준다. 일별이나 월별, 연 단위 요금을 지불하면 본사에서 근무하지 않는 재택근무자에게 네트워크 컴퓨터, 프린터, 복사기는 물론이고 회의실과 라운지 공간에 이르기까지 일반 사무실과 동일한 편의 시설이 포함된 공유 공간을 임대한다.

고학력, 사무직 종업원의 증가와 전문직 인구의 증가

미국 인구는 교육 수준이 더 높아졌다. 예를 들어 2017년 25세 이상 미국 인구의 90%가 고등학교를 마쳤고, 34%는 학사 학위 이상을 받았으며, 1980년에는 이 비율이 각각 66%, 16%로 나타났다.[34] 점점 더 많은 종업원이 사무직에 종사하고 있다. 일자리 증가율은 전문직이 가장 높고 생산직이 가장 낮다. 2016년에서 2026년 사이에 30개 직종 중 높은 고용률을 보이는 직업은 대부분이 특정 종류의 고등 교육을 요구한다.[35] 교육을 받은 전문직 종사자가 증가하는 것은 사람들이 무엇을 구매하는가뿐만 아니라 어떻게 구매하는가에도 영향을 미친다.

다양성의 증가

각국은 민족과 인종적 구조가 다르다. 미국은 여러 나라와 문화에서 온 다양한 인종이 하나의 동질적인 전체를 구성하기 때문에 흔히 '멜팅 포트(melting pot)'라고 불린다. 그러나 미국은 다양한 집단이 한데 어우러져 있으면서도 중요한 민족·문화적 차이를 유지하고 서로 인정하며 함께 섞여 있기 때문에 '샐러드 그릇'이 되어가는 것 같다.

마케터가 국내외의 매우 다양한 시장에 직면하면서 기업 운영 방식도 범위의 측면에서 국제화되고 있다. 미국 인구는 약 60%가 비히스패닉계 백인이고, 약 19%가 히스패닉계 미국인, 13%가 아프리카계 미국인, 약 6%가 아시아계 미국인, 나머지는 하와이 원주민, 태평양 섬 주민, 아메리칸 인디언, 에스키모 또는 알류트족으로 이루어져 있다. 이러한 민족적 분포의 다양성은 향후 수십 년 내에 폭발적으로 증가할 것으로 예상된다. 2060년까지 미국 인구 중 히스패닉 인구가 약 28%를 구성하고 아프리카계 미국인이 약 15%, 아시아계 미국인이 9%로 증가할 것이다.[36]

P&G, 월마트, 맥도날드, 토요타, 메리어트와 같은 대부분의 대기업은 이제 이처럼 다양한 집단의 하나 또는 모두를 대상으로 특별 설계된 제품, 광고 및 촉진 프로그램을 운영하고 있다. 한 예로 메리어트를 살펴보자.[37]

> 메리어트는 #LoveTravels 캠페인의 일환으로 특히 히스패닉 소비자를 겨냥한 소셜미디어 활동을 시작했다. 유튜브 동영상 시리즈에서 히스패닉계 스타들은 자신들의 유산에 대한 자부심과 여행이 무엇을 의미하는지와 관련된 고무적인 이야기를 나누었다. 메리어트는 유튜브 동영상 외에도 판도라, 페이스북, 트위터, 인스타그램 등에 웹과 모바일 광고를 게재하여 히스패닉계 문화와 여행에 관한 진실하고 실제적인 대화를 이끌어내기를 바랐다.
>
> 좀 더 폭넓게 장기간 지속되고 수상 경력이 있는 메리어트의 #LoveTravels 캠페인은 히스패닉계, 백인계, 흑인계, 아시아계를 비롯해 자녀가 있는 동성 커플과 트랜스젠더 커뮤니티에 이르기까지 다양한 집단을 대상으로 한 포괄적인 노력이 특징적이다. #LoveTravels 웹사이트는 방문자를 다양한 미

국인의 감동적인 영상과 여행에 대한 사랑을 담은 12개 이상의 영상으로 안내한다. 이 웹사이트는 이렇게 말한다. "메리어트는 모두를 환영합니다. 사랑은 모든 사람이 이해하는 세계 공통어이며, 여행을 할 때 문화의 다리 역할을 하고 사람과 장소, 목적을 연결하는 전 세계의 발견을 고무하는 힘을 가지고 있습니다."

다양성은 민족적 유산을 넘어선다. 예를 들어 많은 주요 기업은 노골적으로 게이와 레즈비언 소비자를 목표로 삼는다. 한 추정치에 따르면 스스로를 레즈비언, 게이, 양성애자, 성전환자, 퀴어(LGBTQ)라고 밝힌 미국 성인의 4.5%는 거의 1조 달러의 구매력을 가지고 있다.[38] 〈모던 패밀리〉, 〈트랜스패런트〉, 〈고담(Gotham)〉과 같은 TV 드라마, 〈보이 이레이스드(Boy Erased)〉, 〈보헤미안 랩소디(Bohemian Rhapsody)〉와 같은 영화, 닐 패트릭 해리스(Neil Patrick Harris), 엘런 디제너러스(Ellen DeGeneres), 워싱턴 위저즈의 제이슨 콜린스(Jason Collins), 애플의 CEO 팀 쿡(Tim Cook)과 같은 게이 연예인과 유명 인사가 등장하면서 LGBTQ 커뮤니티는 점점 더 대중의 시선에 노출되고 있다.

다양한 업종의 브랜드는 현재 구체적인 광고와 마케팅 노력으로 LGBTQ 커뮤니티를 공략하고 있다. 예를 들어 메이시스(Macy's)와 베스트바이는 동성 커플이 등장하는 결혼 선물 목록에 대한 광고를 주기적으로 내보낸다. 스타벅스는 최근 동성 커플이 함께 스타벅스 컵을 들고 키스를 하기 위해 몸을 숙이는 모습을 담은 명절 광고를 내보냈다. 또한 프리토레이(Frito-Lay)는 한정판인 도리토스 레인보우스(Doritos Rainbows)를 출시했는데, 이는 '개성을 위한 포용과 지원의 표현'을 상징하는 멀티컬러 칩이다. 그리고 웰스파고(Wells Fargo)는 전국적인 TV 광고 캠페인에 LGBTQ 커플을 출연시킨 최초의 은행 중 하나가 되었다. 청각장애인을 입양하는 레즈비언 커플이 나오는 이 훈훈한 광고는 9개 시리즈의 하나로 다양한 고객 집단의 이목을 집중시켰다. 웰스파고의 대표는 다음과 같이 말했다. "우리는 모든 면에서 대내외적으로 다양성을 포용한다. 이 캠페인은 그 가치가 고객에게 어떻게 서비스를 제공하는지를 보여주는 매우 중요하고 자연스러운 과정이다."[39]

또 다른 매력적인 다양성을 가진 세분시장은 장애를 가진 사람들이다. 미국의 성인 4명 중 1명은 장애가 있으며, 이들은 연간 구매력이 2,000억~5,500억 달러에 이르는 시장에 해당한다. 장애인은 대부분 적극적인 소비자이다. 한 보고서에 따르면 이 세분시장은 매년 7,300만 건의 비즈니스 또는 레저 여행에 173억 달러를 지출하는 것으로 나타났다.[40]

기업은 심신장애가 있는 소비자를 공략하기 위해 어떤 노력을 기울일까? 많은 마케터는 이 시장의 욕구를 충족하기 위해 자사 제품과 서비스를 조정한다. 예를 들어 마이크로소프트의 '액세서빌리티 팀(accessibility team)'은 제품, 서비스, 기술을 시각, 청각, 학습, 이동성 또는 인지적 차이를 포함한 광범위한 장애를 가진 사람들에게 적응시킨다. 그러한 예로 마이크로소프트는 장애를 가진 게이머가 손, 발, 입, 머리 등 자기 몸을 사용하여 게임을 할 수 있도록 지원하는 사용자 지정이 가능한 장치 엑스박스 어댑티브 컨트롤러(Xbox Adaptive Controller)를 최근 선보였다. 최근 광고에서는 일반적인 컨트롤러를 사용하기 힘든 9세의 오웬이 친구들에게 둘러싸여 격려를 받으며 특별한 엑스박스 컨트롤러를 사용하여 비디오게임에서 승리한다. 오웬은 "어댑티브 컨트롤러의 좋은 점은 여러분의 몸이 어떻든, 여러분이 얼마나 빠르든 간에 여러분이 게임을 할 수 있다는 거예요"라고 말하며, 광고는 "누구나 플레이할 수 있게 될 때 비로소 우리 모두는 승리합니다(when everybody plays, we all win)"라고 끝맺는다.[41]

많은 마케터는 장애가 있는 사람과 그렇지 않은 사람의 세상이 다르지 않다고 인식한다. 맥도날드, 버라이즌와이어리스(Verizon Wireless), 나이키, 삼성, 노드스트롬, 토요타, 애플과 같은 기업의 마케터는 자사의 주류 시장에 장애가 있는 사람들을 등장시켰다. ● 예를 들어 올림픽과 동계

● 장애가 있는 소비자 공략: 토요타의 'Start Your Impossible' 캠페인에는 패럴림픽 금메달리스트인 로런 울스텐크로프트 등 이동성 도전을 극복한 선수들의 감동적인 실화를 조명하는 광고가 포함되었다.
Bonny Makarewicz/EPA/Shutterstock; Editorial/Alamy Stock Photo

패럴림픽 기간 동안 진행된 토요타의 'Start Your Impossible(불가능을 시작하라)' 캠페인에는 이동성 도전을 극복한 선수들의 감동적인 실화를 조명하는 광고가 포함되었다. 한 광고는 캐나다의 장애인 알파인스키 선수 로런 울스텐크로프트(Lauren Woolstencroft)가 왼팔은 팔꿈치 아래가 없고 두 다리 모두 무릎 아래가 없는 채로 태어났지만 엄청난 역경을 극복하고 전설적인 패럴림픽 금메달 유망주가 되었다는 내용을 담고 있다. 토요타는 이렇게 말한다. "토요타는 이동성이 자동차를 뛰어넘는다고 믿는다. 이는 모든 사람에게 이동의 자유를 주는 것이다."[42]

미국의 인구가 점점 더 다양해짐에 따라 성공적인 마케터는 빠르게 성장하는 세분시장의 기회를 활용하기 위해 자사의 마케팅 프로그램을 지속적으로 다양화할 것이다.

저자 코멘트 | 경제적 환경은 기회와 위협 둘 다 줄 수 있다. 예를 들어 보다 합리적인 소비자 지출의 대불황 이후 시대에 '가치'는 마케팅의 표어가 되었다.

경제적 환경

경제적 환경
소비자의 구매력과 소비 패턴에 영향을 미치는 경제적 요인

시장은 제품을 구매할 사람뿐 아니라 구매력을 필요로 한다. **경제적 환경**(economic environment)은 소비자의 구매력과 소비 패턴에 영향을 미치는 경제적 요인으로 구성된다. 경제적 요인은 소비자의 지출과 구매 행동에 엄청난 영향을 미칠 수 있다. 예를 들어 2008~2009년의 대불황과 그 여파는 미국 소비자에게 큰 타격을 주었다. 20여 년간의 과소비 후 닥친 새로운 경제 현실은 소비자에게 소비를 수입과 일치시키고 구매 우선순위를 재고하도록 강요했다.

불황이 지난 지금, 소비 지출이 다시 증가세로 돌아섰다. 하지만 경기가 살아났음에도 불구하고 미국인은 예전의 자유로운 소비 방식으로 되돌아가기보다는 절약에 대한 열정을 유지하고 있다. 각 세대는 재정적 어려움에 직면해 있다. 예를 들어 베이비붐 세대는 은퇴 계좌를 주시하고 있고, X세대는 가족을 부양하고, 자녀를 대학에 보내고, 나이 든 부모를 부양하는 재정적인 책임을 짊어지고 있으며, 밀레니얼 세대는 학자금 대출을 갚고 새 집을 구입하는 비용을 부담하고 있다.

그 결과 소비자는 향후 몇 년 동안 지속될 것 같은 자신의 생활양식과 소비 패턴에 대해 기본으로 돌아가는 쪽을 선택했다. 새롭고 더 검소한 지출 가치가 사람들이 빈곤한 삶에 스스로 체념했음을 의미하는 것은 아니다. 경기가 좋아지면서 소비자는 좀 더 합리적으로 다시 사치품과 더 큰 금액의 구매를 하고 있다. 그들은 구매하는 물건에서 더 큰 가치를 찾고 있다. 이에 따라 타깃과 같은 할인점부터 렉서스와 티파니 같은 럭셔리 브랜드에 이르기까지 모든 산업의 기업은 자신이 공급하는 제품과 마케팅 활동에서 비용, 실용성, 내구성에 초점을 맞추고 있다.

● 예를 들어 할인 소매업체 타깃은 수년간 '더 많이 기대하고 덜 지불하세요(Expect More. Pay Less.)'라는 가치 제안 중 '더 많이 기대하는' 측면에 더욱 초점을 두었다. 치밀하게 만들어진 '상류층의 할인점' 이미지는 월마트의 더 실제적인 '최저가' 포지션과의 차별화에 성공했다. 그러나 경기가 나빠지고 구매자가 아마존처럼 가격이 저렴하고 편리한 온라인 소매업체로 옮겨가면서 많은 소비자는 타깃의 트렌디한 제품 구색이나 최신 유행에 밝은 마케팅이 가격 상승으로 이어질 것을 우려했다. 이에 타깃은 슬로건의 '덜 지불하는' 측면으로 균형을 이동하여 가격 수준은 명확히 월마트를 따르고 이를 고객에게 알렸다. 여전히 세련되고 트렌디하지만 타깃의 마케팅은 이제 실용

● 경제적 환경: 소비자는 자신의 생활양식과 소비 패턴에 대해 기본으로 돌아가는 쪽을 선택했다. 재정상 더욱 절약하는 구매자의 입맛에 맞추기 위해 타깃과 같은 기업은 가치 제안의 '덜 지불하는' 측면을 강조하고 있다.
M Spencer Green/AP/Shutterstock

적인 가격과 절약에 소구하는 것을 강조하고 있다. '소비자의 비용 이상'을 제공하는 것이 타깃의 사명에서 중요한 위치를 차지한다. "우리는 당신의 예산과 당신이 타깃에서 쇼핑할 때마다 어떻게 최고의 가치를 줄 것인가에 대해 많이 생각한다"고 타깃은 말한다.[43]

경기에 적응하기 위해 마케팅 예산을 삭감하고 가격을 인하하여 고객이 지갑을 열도록 유인하려는 기업도 있다. 그러나 비용을 절감하고 엄선된 할인을 제공하는 것이 중요한 마케팅 전략일 수도 있지만, 현명한 마케터는 잘못된 부분에서의 할인이 장기적인 브랜드 이미지와 고객 관계에 해가 될 수 있음을 알고 있다. 도전 과제는 브랜드 가치 제안을 현재 상황에 균형을 맞추는 동시에 장기적으로 자산 가치를 향상하는 것이다. 따라서 불확실한 경제 상황에서 마케터는 가격을 인하하기보다는 가격 방침을 유지하면서 자사 브랜드가 왜 그럴 만한 가치가 있는지를 설명한다.

마케터는 소득, 생활비, 저축과 대출 패턴 등 시장에 미치는 영향이 큰 주요 경제 변수의 변화에 주목해야 한다. 기업은 경기 예측을 이용하여 이러한 변수를 주시하고 예상한다. 기업이 경기 침체로 전멸하거나 호황에 허덕일 필요는 없다. 적절히 주의함으로써 경제적 환경의 변화를 이용할 수 있다.

저자 코멘트 | 오늘날 깨달은 바가 있는 기업은 지구가 무한정 지원할 수 있는 세계 경제를 만들기 위해 환경적으로 지속가능한 전략을 개발하고 있다.

자연환경과 기술적 환경

학습목표 3-3 기업의 자연환경과 기술적 환경의 주요 동향을 파악한다.

자연환경

자연환경
마케터가 투입 요소로 활용하거나 마케팅 활동의 영향을 받는 물리적 환경과 천연자원

자연환경(natural environment)은 마케터가 투입 요소로 활용하거나 마케팅 활동의 영향을 받는 물리적 환경과 천연자원으로 이루어져 있다. 가장 기본적인 수준에서 날씨와 자연재해 등 자연환경의 예기치 못한 변화는 기업과 마케팅 전략에 영향을 미칠 수 있다. 예를 들어 [미국에서 북극 소용돌이(polar vortex)라는 용어가 돌풍을 일으켰던] 최근의 추운 겨울 동안 꽃 가게, 자동차 딜러, 레스토랑, 항공사, 관광지 등 광범위한 기업의 매출이 악화되었다. 반면 혹독한 날씨는 소금, 제설기, 겨울옷, 자동차 수리점의 수요를 증가시켰다.

기업은 이러한 자연현상을 예방할 수는 없지만 이에 대처할 준비를 해두어야 한다. 예를 들어 페덱스(FedEx)와 UPS 같은 운송 회사는 전 세계의 정시 배달을 저해하는 기상 조건을 예측하기 위해 기상학자를 직원으로 고용했다. UPS의 기상학자는 다음과 같이 말한다. "방콕에서 소포를 기다리는 사람은 켄터키주 루이빌에 눈이 오는 것을 염두에 두지 않는다. 그는 자기 물건이 도착하기만 바랄 뿐이다."[44]

보다 광범위한 수준에서 환경적 지속가능성에 대한 우려는 과거 수십 년 동안 지속적으로 증가해왔다. 세계 많은 도시의 공기와 수질 오염은 위험한 수준에 도달했다. 지구 온난화 가능성에 대한 전 세계적인 우려가 커지고 있으며, 많은 환경보호론자는 우리가 스스로 쌓은 쓰레기 더미에 곧 묻힐 것이라고 두려워하고 있다.

마케터는 자연환경의 동향을 알아야 한다. 첫 번째로 중요한 동향은 **원자재의 지속적인 고갈**이다. 산림이나 식재료와 같은 재생 가능한 자원은 현명하게 사용해야 한다. 석유, 석탄 및 다양한 광물질과 같이 재생 불가능한 자원은 심각한 문제를 야기한다. 이러한 부족한 자원이 들어가는 제품을 만드는 기업은 자재를 계속 사용할 수 있다고 해도 큰 비용 증가에 직면한다. 또 다른 환경적 동향은 **오염 증가**이다. 산업은 거의 언제나 자연환경을 해칠 것이고, 기업은 이제 생산, 유통, 포장 및 기타 많은 분야에서 환경 발자국을 줄이기 위해 노력하고 있다.

세 번째 동향은 천연자원 관리에 대한 **정부의 개입 증가**이다. 현재 많은 나라의 정부는 마케팅 활동에 영향을 미치는 환경 품질 정책을 강력하게 추진하고 있다. 미국에서는 오염 기준을 만들어 시행하고 오염 연구를 수행하는 환경보호청(Environmental Protection Agency, EPA)이 1970년에 설립되었다. 앞으로 미국에서 사업을 하는 기업은 정부와 압력 단체의 강력한 통제를 지속적으로 받게 될 것이다. 많은 마케터는 규제에 반대하는 대신 현재 세계가 직면한 자원과 에너지 문제의 해결책 개발을 돕고 있다.

환경의 지속가능성
지구가 무한정 지원할 수 있는 세계 경제를 만드는 전략과 관행의 개발

자연환경에 대한 우려는 **환경의 지속가능성**(environmental sustainability)을 향한 움직임을 낳았다. 오늘날 깨달은 바가 있는 기업은 정부의 규정이 요구하는 것에서 더 나아가 지구가 무한정 지원할 수 있는 세계 경제를 만드는 전략과 관행을 개발하고 있다. 환경의 지속가능성은 차세대의 욕구를 충족할 수 있는 기량을 손상하지 않으면서 현재의 욕구를 충족하는 것을 의미한다.

많은 기업이 보다 환경적으로 책임 있는 제품으로 소비자의 수요에 대응하고 있다. 어떤 기업은 재활용이 가능하거나 생분해가 가능한 포장재, 재활용 자재나 부품, 더 나은 오염 통제, 에너지 효율이 더 높은 공정을 개발하고 있다. ● 한 예로 월마트를 살펴보자. 환경의 지속가능성 조치와 공급업체의 행동에 미치는 영향력을 발휘하여 월마트는 최근 몇 년 동안 세계 최고의 '에코내니(eco-nanny)'로 부상했다.[45]

오늘날 지속가능성에 관한 한 세계에서 월마트만큼 좋은 성과를 달성한 기업은 아마도 없을 것이다. 크고 무시무시한 월마트! 이 거대한 소매업체는 차세대를 위해 세상을 구원하겠다는 대의명분으로 이제 세상에서 가장 큰 운동가가 되었다. 우선 월마트의 새로운 고효율 매장은 기존 매장보다 더 많은 에너지를 절약하고 있다. 이러한 매장은 풍력 터빈으로 에너지를 생성하고, 매장에서 소비하는 에너지를 줄이기 위해 고출력 선형 형광 조명을 사용하며, 물과 비료를 줄이기 위해 자생 조경을 이용한다. 매장 난방 시스템은 델리프라이어에서 회수된 식용유, 타이어 및 윤활유 익스프레스 센터의 자동차 오일을 연소하여 운영된다. 농산물, 육류, 종이를 포함한 모든 유기 폐기물은 이를 정원의 뿌리 덮개로 만드는 회사로 보낸다. 월마트는 궁극적으로 모든 매장과 유통 센터에서 재생 가능 에너지를 100% 사용하고(현재 28%), 매립지에 쓰레기를 전혀 보내지 않기 위해(현재 19%까지 감소) 전념하고 있다.

● 자연환경: 환경의 지속가능성 조치와 공급업체의 행동에 미치는 영향을 통해 월마트는 최근 몇 년 동안 세계 최고의 '에코내니'로 부상했다.
grzegorz knec/Alamy Stock Photo; beboy/Shutterstock

월마트는 자기 소유의 사업체를 환경 친화적으로 만들 뿐 아니라, 광범위한 공급업체 네트워크로 하여금 자사 제품의 탄소 수명주기를 조사하고, 이러한 제품을 어떻게 공급·제조·포장·운송할 수 있는지 다시 생각해보라고 요청하여 공급업체 또한 월마트처럼 행동하도록 만들기 위한 에코법(eco-law)을 제시했다. 월마트는 공급업체가 자사 제품과 공급망의 지속가능

성을 이해하고, 모니터링하고, 개선할 수 있도록 지원하는 월마트 지속가능성 지수(Walmart Sustainability Index) 프로그램을 개발했다. 월마트는 기가톤(Gigaton) 프로젝트를 통해 공급업체와 협력하여 2015년부터 2030년까지 가치사슬 배출 가스를 10억 톤 줄였는데, 이는 1억 가구 또는 자동차 2억 1,100만 대가 1년 동안 배출하는 배출량과 맞먹는 수준이다. 그 결과 월마트 공급업체는 월마트 매장과 소비자뿐 아니라 자신을 위해 에너지, 물, 재료, 독성 성분 및 기타 투입 요소를 줄이면서 더 적은 폐기물과 배출 가스를 생성했다. 월마트는 자신의 엄청난 구매력으로 가장 강력한 공급업체도 겸허하게 만들 수 있다. 월마트가 공급업체에 자사의 환경적인 요구를 강요하는 것은 정부의 규제보다 영향력이 더 크다. EPA는 어느 정도의 명목상 벌금만 부과할 수 있지만 월마트는 공급업체의 사업을 위협할 수 있다.

기업은 고객의 웰빙과 지구촌에 바람직한 영향을 미치는 것이 또한 좋은 사업이 될 수 있음을 배우고 있다. 예를 들어 월마트의 환경부담금은 옳은 일을 하는 것 그 이상이다. 이는 또한 훌륭한 비즈니스 감각을 만든다. 효율적인 운영과 낭비가 덜한 제품은 환경에 좋을 뿐만 아니라 월마트의 돈을 절약해준다. 월마트의 지속가능성 책임자는 다음과 같이 말한다. "솔직한 관점에서 볼 때 에너지 효율과 같은 프로그램과 더 스마트하고 더 나은 시스템의 운영을 통해 얻을 수 있는 효율성 향상은 실질적인 재정 절감 효과를 낼 수 있다." 비용 절감은 결국 월마트가 항상 가장 잘해왔던 일(고객의 비용 절감)을 더 많이 할 수 있게 한다.

오늘날 많은 기업은 단순한 선행 이상의 것을 하고 싶어 한다. 점점 더 많은 기업이 환경의 지속가능성을 핵심 사명의 일부로 삼고 있다. 예를 들어 아웃도어 의류 및 장비 제조업체인 파타고니아는 연간 매출의 1%를 환경적 원인에 기부하고, 환경 구호에 '불필요한 해를 끼치지 않는 대의명분'을 집요하게 고수한다. 파타고니아는 단순히 지속가능성 관행을 실천하는 것 이상으로 '자연이 대체할 수 있는 것만을 취하는 세상을 재창조하려' 한다.

저자 코멘트 | 기술 발달은 오늘날의 마케팅 전략에 영향을 미치는 가장 강력한 힘일 것이다. 디지털 기술 마케팅에 미치는 엄청난 영향은 몇 년 사이에 폭발적으로 증가했다. 온라인, 모바일, 소셜미디어 마케팅 분야에서 급성장하고 있는 예를 각 장에서 살펴보고 14장에서는 이를 자세히 다룰 것이다.

기술적 환경

기술적 환경(technological environment)은 아마도 현재 우리의 세계를 형성하고 있는 가장 극적인 요인일 것이다. 기술은 항생제, 항공 여행, 인터넷, 스마트폰, 인공지능, 무인 자동차 같은 놀라운 것들을 선보였다. 또한 기술은 핵미사일과 돌격용 자동소총 같은 무서운 것들도 선보였다. 기술을 대하는 우리의 태도는 이를 경이로운 것으로 볼 것인지, 실책으로 볼 것인지에 달려 있다.

기술적 환경
새로운 기술을 창출하고 새로운 제품과 시장 기회를 창출하는 힘

디지털 기술과 사물 인터넷의 등장은 멋진 마케팅 세상을 만들어냈다. 끝이 없어 보이는 디지털 발전의 집중 공세는 소비자가 브랜드를 배우고, 쇼핑하고, 구매하고, 경험하는 방법의 모든 측면에 영향을 미치고 있다. 이에 따라 디지털 시대는 보다 직접적이고 의미 있는 방법으로 소비자를 이해하고, 새로운 제품을 만들며, 고객을 몰입시킬 수 있는 흥미로운 기회를 마케터에게 제공한다. 20년 전에는 천진난만한 미래학자도 오늘날의 디지털 세계를 상상하는 데 어려움을 겪었을 것이다.

디지털은 우리가 소비자로서 하는 모든 일에서 떼어놓을 수 없는 부분이 되었다. 핏비트, 애플워치 같은 웨어러블 기술부터 네스트 모니터, 소노스 무선 스피커, 구글 스마트홈 가젯 같은 사물 인터넷 스마트홈 장치, 짧은 거리는 자율주행이 가능한 테슬라 같은 디지털 중심 자동차에 이르기까지 우리가 구매하는 제품에서 디지털을 볼 수 있다. 매장 내 쇼핑부터 웹 및 모바일 쇼핑, 앱 및 챗봇에 대한 의존, 증강현실 및 기타 디지털 마법으로 향상된 브랜드 경험을 즐기는 방식까지 우리가 구매하는 방식에서 디지털을 볼 수 있다. 디지털 브랜드 커뮤니티, 웹 및 모바일 앱, 그리고 우리의 지속적인 동반자인 소셜미디어를 통해 우리가 브랜드와 교류하는 방식이 분명히 드러난다. 쇼핑 정보나 도움이 필요하다면 아마존의 알렉사 또는 애플의 시리에게 물어보거나 구매를 맡기면 된다. 오늘날 우리의 소비

자 생활(일반적인 생활)은 모든 디지털과 불가분의 관계이다. 댄 브라운(Dan Brown)의 소설 속에서 미래학자가 인간이 결국 반은 인간이고 반은 인공지능으로 작동하는 기계로 진화할 것이라고 예측했듯이 디지털은 우리의 일부가 되었다. 허구라고? 억지스럽다고? 하지만 누가 알겠는가.

디즈니는 월트디즈니월드리조트에서 마법 같은 고객 경험을 만들기 위해 디지털 기술의 모든 이점을 이용한다. 5년 전 디즈니는 고객이 리조트에 머무르는 동안 여행을 계획하고 방문을 실시간으로 관리할 수 있도록 도와주는 웹 및 모바일 앱인 'My Disney Experience'를 소개했다. ● 이 경험의 중심에는 RFID가 내장된 '매직밴드'라는 손목 밴드가 있다.[46]

● 마케팅 기술: 디즈니는 디지털 기술을 이용하여 월트디즈니월드리조트에서 마법 같은 고객 경험을 만들어낸다.
GREGG MATTHEWS/The New York Times/Redux

월트디즈니월드리조트에서 매직밴드를 착용하는 것은 유명한 디즈니 마법의 완전히 새로운 차원을 연다. 클라우드 기반의 마이매직+ 서비스에 등록한 후 매직밴드를 찍으면 놀이공원이나 명소에 들어갈 수도 있고, 저녁식사를 하거나 기념품을 살 수도 있고, 특정 명소에서 줄을 서지 않을 수도 있고, 호텔 객실 잠금 해제도 가능하다. 한편 디즈니는 고객의 경험을 개인화하기 위해 매직밴드의 잠재력을 이용하기 시작했다. 미래의 애플리케이션은 정말 마법 같을 것이다. 예를 들어 미키 마우스가 껴안아주거나 멋진 왕자의 인사를 받고 놀라워하는 아이들을 상상해보라. 이들은 아이들의 이름을 부르면서 환영하고 생일을 축하해준다. 미리 제공된 개별화된 정보를 바탕으로 가까운 곳에 있는 고객과 상호작용하는 캐릭터를 상상해보라. 가족이나 친구와 헤어졌더라도 전혀 문제가 없다. 근처에 있는 디렉터리에 매직밴드를 스캔하면 모든 동행인의 위치를 정확히 파악할 수 있다. 디즈니 전화 앱에 연결된 매직밴드는 놀이공원의 특징, 놀이기구 대기 시간, 패스트패스 체크인 알람, 예약 일정 등의 자세한 정보를 찾아낼 수 있다. 물론 매직밴드는 디즈니에 실시간 고객 활동과 이동에 관한 상세한 디지털 정보를 제공하여 고객 로지스틱스, 서비스 및 매출을 향상하는 데 도움이 된다. 만약 이 모든 것이 독재 국가처럼 보인다면 프라이버시 옵션을 이용하면 된다. 예를 들어 부모는 자녀의 이름을 알 수 있는 캐릭터 등을 선택할 수 있다. 전반적으로 이러한 디지털 기술은 고객과 기업 모두의 디즈니 경험을 풍부하게 해줄 것이다.

기술적 환경은 빠르게 변화하여 새로운 시장과 기회를 창출한다. 그러나 모든 새로운 기술은 오래된 기술을 대체한다. 트랜지스터는 진공관 산업에, 디지털 사진은 필름 산업에, 디지털 다운로드와 스트리밍은 DVD와 출판 산업에 타격을 주었다. 기존 산업이 새로운 기술에 맞서 싸우거나 이를 무시하면 그 산업은 쇠락의 길을 걷게 된다. 마케터는 기술적 환경을 주도면밀하게 관찰해야 한다. 이를 따라잡지 못하는 기업은 조만간 자사 제품이 낙후되었음을 깨닫게 되고 신제품과 시장 기회를 놓치고 말 것이다.

제품과 기술이 점점 복잡해짐에 따라 대중은 이러한 품목의 안전성에 대해 알 필요가 있다. 따라서 정부 기관은 조사를 통해 안전하지 않을 가능성이 있는 제품을 금지한다. 미국 식품의약국(Food and Drug Administration, FDA)은 신약 실험을 위한 복잡한 규정을 만들었으며, 소비자제품안전위원회(Consumer Product Safety Commission, CPSC)는 제품의 안전 기준을 제정하고 이에 못 미치는 기업에 불이익을 준다. 이러한 규제로 인해 기업은 더 많은 연구비를 지출하게 되

저자 코멘트 | 자유시장 경제를 가장 지지하는 추종자들조차도 이 시스템이 어느 정도의 규제하에 가장 잘 돌아간다는 데 동의한다. 그러나 대부분의 기업은 규제를 넘어 사회적 책임을 지려 한다. 20장에서 마케팅과 사회적 책임에 대해 자세히 살펴볼 것이다.

었고 신제품 아이디어를 내어 출시하기까지의 기간이 연장되었다. 마케터는 새로운 기술을 적용하고 신제품을 개발할 때 이러한 규제를 잘 숙지해야 한다.

정치·사회적 환경과 문화적 환경

학습목표 3-4 정치·사회적 환경과 문화적 환경의 주요 변화를 이해한다.

정치·사회적 환경

정치적 환경
그 사회에서 다양한 기관과 개인에게 영향을 미치거나 이들을 제한하는 법률, 정부 기관, 압력 단체 등

마케팅 의사결정은 정치적 환경의 변화로 인해 큰 영향을 받는다. **정치적 환경**(political environment)은 그 사회에서 다양한 기관과 개인에게 영향을 미치거나 이들을 제한하는 법률, 정부 기관, 압력 단체 등으로 구성된다.

사업을 규제하는 입법 조치

자유시장 경제를 가장 지지하는 추종자들조차도 이 시스템이 어느 정도의 규제하에 가장 잘 돌아간다는 데 동의한다. 잘 개발된 규제는 경쟁을 촉진하고 제품과 서비스의 공정한 시장을 보장한다. 따라서 정부는 사회 전체의 이익을 위해 사업을 제한하는 일련의 법률과 규제 같은 공공정책을 개발한다. 거의 모든 마케팅 활동은 광범위한 법률과 규제의 적용을 받는다.

전 세계의 비즈니스에 영향을 미치는 입법 조치는 과거 수년간 꾸준히 증가해왔다. 미국과 그 밖의 많은 나라에는 경쟁, 공정거래 관행, 환경보호, 제품 안전성, 광고의 진실성, 소비자의 프라이버시, 포장과 라벨링, 가격 및 기타 중요한 영역의 문제를 다루는 많은 법규가 있다(● 표 3.1 참조).

특정 마케팅 활동에 대한 공공정책의 함의를 이해하는 것은 간단한 일이 아니다. 미국에는 국가, 주, 지역 단위로 만들어진 많은 법률이 있으며 이러한 규정은 종종 중복된다. 예를 들어 댈러스에서 판매되는 아스피린은 미국 연방정부의 라벨 규제와 텍사스주의 광고 규제를 동시에 받는다. 게다가 규제는 끊임없이 변화한다. 작년에 허용된 것이 올해는 금지되기도 하고, 과거에 금지되었던 것이 지금은 허용되기도 한다. 마케터는 규제의 변화와 이에 대한 해석을 따라잡기 위해 부단히 노력해야 한다.

비즈니스에 관한 법률은 여러 가지 목적으로 제정되었다. 첫 번째 목적은 기업을 서로로부터 보호하는 것이다. 기업 경영자들은 경쟁을 옹호하지만 경쟁이 그들을 위협하는 경우 이를 완화하려 한다. 따라서 불공정 경쟁을 정의하고 이를 방지하기 위한 규제가 통과되었다. 미국에서는 연방거래위원회(Federal Trade Commission, FTC)와 법무장관 집무실의 독점금지부가 이러한 법률을 시행한다.

정부 규제의 두 번째 목적은 불공정한 사업 관행으로부터 소비자를 보호하는 것이다. 어떤 기업은 규제가 없으면 엉터리 제품을 만들고, 소비자의 사생활을 침해하고, 광고로 소비자를 오도하고, 포장과 가격으로 소비자를 속일 것이다. 불공정 행위를 정의하고 규제하는 규칙은 여러 기관에 의해 시행된다.

정부 규제의 세 번째 목적은 억제되지 않은 기업 행위로부터 사회의 이익을 보호하는 것이다. 수익성이 높은 사업 활동이 더 높은 삶의 질을 창출하는 것은 아니다. 규제는 기업의 생산 또는 제품에 수반되는 사회 비용에 대해 기업이 사회적인 책임을 져야 한다는 것을 확실히 하기 위해 생겨난다.

국제적인 마케터는 무역 정책과 규제를 시행하기 위해 설립된 수많은 기관과 마주치게 될 것이다. 미국 의회는 FTC, FDA, 연방통신위원회, 연방에너지규제위원회, 연방항공관리처, 소비자제품안전위원회, 환경보호청과 같은 연방정부 차원의 규제 기관을 설립했다. 이러한 정부 기관은 법률

표 3.1 | 마케팅에 영향을 미치는 미국의 주요 입법 조치

법률	목적
Sherman Antitrust Act(1890)	주 간 이루어지는 거래 또는 경쟁을 저해하는 독점행위와 활동(가격담합, 약탈적 가격결정)을 금지한다.
Federal Food and Drug Act(1906)	식품의약국(FDA)을 설립한다. 불량하거나 부정확하게 표시된 식품과 약품의 제조/판매를 금지한다.
Clayton Act(1914)	Sherman Act를 보완하여 가격 차별화, 독점공급, 끼워팔기(딜러에게 판매자의 제품라인 내 다른 품목을 추가로 취급하도록 요구하는 것)를 금지한다.
Federal Trade Commission Act(1914)	불공정거래 방법을 감독하고 규제하기 위한 연방거래위원회(FTC)를 설립한다.
Robinson-Patman Act(1936)	Clayton Act를 개정하여 가격 차별을 불법으로 규정한다. 수량 할인 한도를 설정하고, 일부 중개 수수료를 금지하며, 비율적으로 동일한 조건인 경우를 제외한 판촉수당을 금지할 수 있는 권한을 FTC에 부여한다.
Wheeler-Lea Act(1938)	경쟁의 피해와 관계없이 기만 광고, 오도 광고, 불공정한 광고 행위를 금지한다. 식품 및 의약품 광고에 대한 감독권을 FTC에 부여한다.
Lanham Trademark Act(1946)	고유한 브랜드명과 상표를 보호하고 규제한다.
National Traffic and Safety Act(1958)	자동차와 타이어의 필수 안전 기준을 규정한다.
Fair Packaging and Labeling Act(1966)	소비재의 포장과 라벨링을 규제한다. 제조업자는 패키지 내용물, 제작자, 내용물의 성분 함량을 명시해야 한다.
Child Protection Act(1966)	유해한 장난감과 물품의 판매를 금지한다. 어린이에게 안전한 포장 기준을 제정한다.
Federal Cigarette Labeling and Advertising Act(1967)	담뱃갑에 "경고: 미 위생국장은 흡연이 건강에 위험하다고 판단했습니다."라는 문구를 표시해야 한다.
National Environmental Policy Act(1969)	환경에 관한 국가 정책을 수립한다. 1970년 조직 개편안에 따라 환경보호청(EPA)이 설립되었다.
Consumer Product Safety Act(1972)	소비자제품안전위원회(CPSC)를 설립하며, 소비재에 대한 안전 표준을 세우고 해당 표준을 이행하지 않았을 때 규제할 수 있는 권한을 부여한다.
Magnuson-Moss Warranty Act(1975)	소비자 보증에 대한 규칙과 규정을 결정할 수 있는 권한을 FTC에 부여하고, 소비자가 집단소송과 같은 보상에 접근할 수 있도록 돕는다.
Children's Television Act(1990)	어린이 프로그램 방영 중의 광고 수를 제한한다.
Nutrition Labeling and Education Act(1990)	식품 라벨에 상세한 영양 정보를 표시한다.
Telephone Consumer Protection Act(1991)	원치 않는 전화 요청을 피하는 절차를 수립한다. 자동 전화 걸기 시스템과 인공적 음성 또는 사전 녹음된 음성의 사용을 제한한다.
Americans with Disabilities Act(1991)	공공시설, 교통 및 통신 등에서의 장애인 차별을 금지한다.
Children's Online Privacy Protection Act(2000)	웹사이트나 온라인 서비스 운영자가 부모의 동의 없이 자녀의 개인 정보를 수집하는 것을 금지하고, 자녀로부터 수집한 정보를 부모가 검토할 수 있도록 허용한다.
Do-Not-Call Implementation Act(2003)	국가 Do-Not-Call Registry의 구현과 시행을 위해 FTC에 판매자와 텔레마케터로부터 수수료를 징수할 수 있는 권한을 부여한다.
CAN-SPAM Act(2003)	요청하지 않은 상업적 이메일의 배포 및 내용을 규제한다.
Financial Reform Law(2010)	소비자금융보호국을 설치하여 소비자에 대한 금융 상품 규제를 기술하고 시행한다. 또한 이는 Truth-in-Lending Act, Home Mortgage Disclosure Act와 소비자를 보호하기 위해 마련된 다른 법률의 집행을 책임진다.

을 집행하는 데 어느 정도 재량권이 있기 때문에 기업의 마케팅 성과에 심각한 영향을 미칠 수 있다.

새로운 법규와 그 법제화는 계속 증가할 것이다. 기업의 임원은 제품과 마케팅 프로그램을 계획할 때 이러한 상황을 주시해야 한다. 마케터는 경쟁, 소비자, 사회를 보호하는 주요 법규를 알고 있어야 하며, 이러한 법규를 지역, 주, 국가 및 국제 수준에서 이해할 필요가 있다.

윤리와 사회적 책임 활동에 대한 관심 증가

문서화된 법적 규제는 모든 잠재적 남용을 통제하지 못하며, 기존 법규를 시행하기 어려운 경우도 흔히 있다. 그러나 문서화된 법규나 규제를 넘어서 기업은 사회규범과 직업윤리 규칙의 지배를 받는다.

사회적으로 바람직한 행동 앞서가는 기업은 자사 관리자들이 규제 시스템이 허용하는 것 이상을 보고 그저 '옳은 일을 하도록' 장려한다. 이처럼 사회적 책임을 수용하는 기업은 소비자와 환경의 장기적인 이익을 보호하기 위한 다양한 방안을 적극적으로 모색한다.

마케팅의 거의 모든 측면에는 윤리성과 사회적 책임이 포함된다. 그러나 이는 서로 상충되는 이해관계를 수반하기 때문에 선의를 가졌다 하더라도 주어진 상황에 적합한 행동이 무엇인지에 대해 솔직하게 동의하지 못할 수도 있다. 따라서 많은 산업 관계자와 전문적인 사업자 단체는 윤리 강령을 제안했다. 또한 점점 더 많은 기업이 복잡한 사회적 책임 문제에 대한 정책, 가이드라인 및 기타 대응책을 개발하고 있다.

온라인, 모바일, 소셜미디어 마케팅 붐은 새로운 사회·윤리적 문제를 불러일으켰다. 비평가들은 온라인 사생활 문제를 가장 걱정한다. 이용 가능한 개인 디지털 데이터의 양이 폭발적으로 증가했으며, 사용자 스스로 일부 개인 정보를 제공하기도 한다. 이들은 페이스북이나 링크드인과 같은 사회적 미디어 사이트 또는 PC나 스마트폰으로 누구나 쉽게 검색할 수 있는 인맥 쌓기 사이트에 많은 개인 정보를 올린다.

그러나 자사 고객에 대해 더 알고자 하는 기업이 정보의 상당 부분을 조직적으로 이용하고 있으며, 흔히 고객은 자신이 면밀하게 분석된다는 것을 모르고 있다. 합법적인 기업은 소비자의 온라인 검색 및 구매 행동을 추적하고, 자사 기기에 연결된 모든 이동 소비자로부터 디지털 데이터를 수집·분석하고 공유한다. 비평가들은 현재 이러한 기업이 너무 많다는 것을 알고, 소비자를 부당하게 이용하기 위해 디지털 데이터를 사용할지도 모른다며 우려한다.

대부분의 기업이 인터넷 개인 정보 보호 정책을 충분히 공표하고 자사 고객의 이익을 위해 데이터를 사용하려고 하지만 남용이 발생하기도 한다. 최근 페이스북, 야후, 신용 대행사 에퀴팩스(Equifax), 타깃, 우버, 소니, 메리어트 등 주요 기업의 소비자 정보 침해는 수억 명, 심지어 수십억 명의 프라이버시를 위협하고 있다.[47] 이에 기업은 정보 보안을 강화하고 공공정책 입안자는 소비자의 프라이버시를 보호하기 위해 행동을 취하고 있다. 4장과 20장에서 다양한 사회적 마케팅 이슈에 대해 보다 심층적으로 다룰 것이다.

대의명분 마케팅 기업은 사회적 책임을 수행하고 더 긍정적인 이미지를 구축하기 위해 종종 스스로를 가치 있는 대의명분과 연결 짓는다. 요즘 모든 제품은 어떤 명분에 연결되어 있는 것처럼 보인다. 예를 들어 스테이트팜(State Farm)은 보험 가입자가 자신의 지역사회에 있는 자선 단체에 자원봉사를 하도록 장려하는 '좋은 이웃(Neighborhood of Good)' 프로그램으로 '굿 네이버(Good Neighbor)'의 포지셔닝을 강화한다. P&G의 팸퍼스(Pampers)는 유니세프와 협력하여 58개국에서 신생아 파상풍 퇴치를 위한 백신을 제공하고, 질레트는 괴롭힘과 성희롱이라는 '유독한 남성성(toxic masculinity)'에 반대하는 광고를 내보내고 있다. 또한 월풀(Whirlpool)의 '케어 카운츠(Care Counts)' 프로그램은 위험에 처한 아이들이 깨끗한 옷을 입을 수 있도록 세탁기와 건조기를 학교에 비치하여 아이들의 자신감과 출석률을 모두 향상한다. 이 프로그램을 통해 참여 아동 중 91%의 출석률이 더 높아졌다.[48]

일부 기업은 대의명분 사명을 바탕으로 설립되었다. '가치 주도형 사업' 또는 '복지 자본주의' 개념하에 이러한 기업의 사명은 사업을 통해 더 좋은 세상을 만드는 것이다. ● 예를 들어 유니레버의 벤앤제리스는 공급업체부터 직원, 고객, 지역사회에 이르기까지 브랜드에 연결된 모든 사람을 위해 '연결된 번영'을 창출하는 '가치 주도형 산업'이라고 오랫동안 자부해왔다.[49]

● 대의명분 마케팅: 벤앤제리스의 세 영역에 걸친 사명은 환상적인 아이스크림을 만들고(제품 사명), 지속가능한 금융 성장을 위해 기업을 경영하며(경제적 사명), '세상을 더 나은 곳으로 만들기 위한 혁신적인 방법에' 회사를 이용한다(사회적 사명)는 것이다. 벤앤제리스와 그 제품은 '무엇인가를 더 좋게 만드는' 것이다.
Ben & Jerry's Homemade Inc.

벤앤제리스의 세 영역에 걸친 사명은 환상적인 아이스크림을 만들고(제품 사명), 지속가능한 금융 성장을 위해 기업을 경영하며(경제적 사명), '세상을 더 나은 곳으로 만들기 위한 혁신적인 방법에' 회사를 이용한다(사회적 사명)는 것이다. 벤앤제리스는 행동으로 사명을 뒷받침한다. 예를 들면 건강에 좋고, 자연적이며, 유전자 조작 농산물이 아닌 공정거래 인증 재료와 현지 농가에서 구입한 재료를 사용하려고 노력한다. 벤앤제리스는 풍력 에너지와 태양열, 탄소 배출 감소, 탄소 중립성에 투자하면서 '지구와 환경을 존중하는' 사업 관행을 채택하고 있다. 벤앤제리스의 케어링 데리(Caring Dairy) 프로그램은 농부가 농장에서 더 지속가능한 실천을 할 수 있도록 돕는다(케어링 데리는 행복한 소, 행복한 농부, 행복한 세상을 의미한다). 벤앤제리스재단은 전국 지역사회 봉사 단체와 지역사회 프로젝트에 매년 약 200만 달러의 풀뿌리 보조금을 지급한다. 또한 벤앤제리스는 지역사회에 기반을 둔 비영리 단체가 독자적으로 소유하고 운영하는 14개 파트너 매장을 운영하고 있으며, 이러한 매장의 표준 가맹점 수수료를 면제해준다.

대의명분 마케팅은 기업의 중요한 기부 형태가 되었다. 이 방식은 기업의 제품과 서비스 구매를 가치 있는 명분이나 자선 단체와 연결함으로써 기업이 '좋은 일을 잘할 수 있게' 해준다(마케팅 현장 3.1 참조). 더 높은 목적을 가진 브랜드는 더 좋은 사업 결과를 낳기도 한다. 최근 한 연구에 따르면 전 세계 소비자의 64%는 현재 사회의 이슈에 따라 브랜드를 선택하거나 기피하는 '신념 중심의' 구매자이다.[50] 따라서 대의명분 마케팅은 사회적으로 존경받는 것 이상으로 기업에 훌륭한 경제적 감각을 가져다줄 수 있다. 예컨대 가치 주도 사명에도 불구하고(그것 때문에 더 그럴지도 모르지만) 벤앤제리스는 연간 5억 달러에 가까운 매출을 올리는 브라이어스(Breyers)에 이어 미국에서 두 번째로 큰 아이스크림 브랜드이다. 한편 월풀의 케어 카운츠 프로그램은 학교 출석률을 높였을 뿐 아니라 기업의 이미지를 끌어올려 미디어 공감 3억 5,000만 건, 페이스북과 유튜브의 동영상 조회 수 1,200만 건 이상을 기록했으며 브랜드 구매 의도도 크게 향상했다.[51]

대의명분 마케팅은 약간의 논란을 일으키기도 했다. 비평가들은 대의명분 마케팅이 기부하기 위한 전략이라기보다는 판매하기 위한 전략(실제로는 명분을 활용하는 마케팅)에 가깝다고 걱정한다. 따라서 대의명분 마케팅을 활용하는 기업은 이미지 개선과 착취나 진심이 아니라는 인식 사이의 미묘한 줄타기를 하고 있다는 것을 깨닫기도 한다. 그러나 잘만 다룬다면 대의명분 마케팅은 기업과 대의명분 조직 모두에 큰 도움을 줄 수 있다. 기업은 보다 긍정적인 대중 이미지를 구축하면서 효과적인 마케팅 도구를 얻는다. 자선 단체나 대의명분 조직은 더 큰 가시성과 중요한 새로운 기금 및 지원의 원천을 얻는다. 미국에서 대의명분 관련 마케팅의 지출은 1990년 1억 2,000만 달러에서 2019년 22억 달러로 급증했다.[52]

마케팅 현장 3.1 | 대의명분 마케팅: 브랜드, 소비자, 대의명분의 연결

대의명분 관련 마케팅이 실제로 적용되는 것을 보기 위해 동네 소매점 계산대보다 더 멀리 갈 필요는 없다. 월마트나 샘스클럽에서 계산을 할 때 기적의 풍선 아이콘으로 1달러를 지불하면 전국의 아동기적네트워크병원(Children's Miracle Network Hospital)을 지원할 수 있다. 동물 복지와 입양 프로그램에 기금을 대기 위해서는 펫코(Petco)에 1달러나 2달러를 더 내면 된다. 베스트바이의 판매 시점 기부는 세인트주드아동연구병원에 도움이 된다. 또한 '자선을 위한 이베이(eBay for Charity)' 프로그램은 이베이의 커뮤니티 회원 1억 7,100만 명이 온라인 마켓 사이트에서 구매하거나 판매할 때 좋아하는 자선 단체에 쉽게 기부할 수 있게 해준다. 이러한 '체크아웃 자선' 프로그램은 가치 있는 대의명분을 위해 매년 수억 달러를 모금하는 동시에 소매업자와 그 직원을 위해 '이윤을 넘어선 목적'을 추가한다.

그러나 대의명분 마케팅은 소매업자를 넘어 점점 그 범위가 넓어지고 있다. 거의 모든 브랜드가 어떤 대의명분을 지지하는 것 같다. 그리고 대의명분과 관련된 노력은 단순히 자선 단체를 위해 기부금을 모으는 것보다 훨씬 더 강력하다. 훌륭한 대의명분 마케팅 프로그램은 모두에게 이익이 되는 진정성 있고 의미 있는 방법으로 브랜드, 대의명분, 소비자를 전략적으로 연결한다.

예를 들어 지난 몇 년 동안 안호이저부시(Anheuser-Busch) 소유의 벨기에 맥주 양조업체인 스텔라 아르투아(Stella Artois)는 비영리 단체인 Water.org와 협력하여 개발도상국 사람들에게 깨끗한 물을 제공하는 대의명분을 지원해왔다. 이 제휴는 'Buy a Lady a Drink(여성에게 물을 사주세요)'라는 캠페인으로 시작되었는데, 이는 깨끗한 물을 찾아다니는 전 세계 여성의 고충을 부각한 동영상 시리즈이다. 한 연구에 따르면 개발도상국의 여성은 매일 물을 길어 오기 위해 몇 킬로미터를 걷고, 학교를 빠지고, 공공 펌프에서 싸우기도 하고, 물을 얻지 못했을 때 빈손으로 돌아가는 시간까지 총 20만 시간을 소요한다.

이 동영상 시리즈는 물이 없는 삶의 비애뿐만 아니라 물과 함께하는 삶의 기쁨도 부각했다. 깨끗한 물이 있으면 여성은 가족을 보살필 수 있고, 이로 인해 가정에 소득이 생기고 꿈을 추구할 수 있다. 각 동영상은 시청자에게 한정판 스텔라 맥주잔을 구입하여 '더 많은 여성이 새로운 여행을 시작할 수 있도록 도와달라'고 촉구하면서 끝난다. 예술가들이 디자인한 각각의 맥주잔은 인도, 에티오피아, 멕시코, 페루 등 특정 국가의 문화유산에서 영감을 받았다. 맥주잔이 하나 판매될 때마다 스텔라 아르투아는 Water.org에 3달러 13센트를 기부했는데, 이는 한 사람에게 5년 동안 깨끗한 물을 제공할 수 있는 금액이다.

스텔라 아르투아는 지금도 맥주잔을 판매하고 있지만 소비자가 Water.org를 지원하는 방법을 더 확장했다. 예를 들어 최근의 #PourItForward 캠페인은 슈퍼볼 광고로 시작되었는데, 이 광고는 〈위대한 레보스키(The Big Lebowski)〉에서 두드 역을 맡았던 제프 브리지스와 〈섹스 앤드 더 시티(Sex and the City)〉에서 캐리 브래드쇼 역을 맡았던 세라 제시카 파커를 부활시켰다. 이 두 캐릭터는 호화로운 레스토랑에서 만나 스텔라 아르투아를 즐기며 "일상을 바꿔요"라고 말한다. 스텔라 아르투아는 맥주잔 구매에서 더 나아가 스텔라 아르투아의 모든 구매와 모든 소셜미디어에서 해시태그 #PourItForward를 사용하면 자사가 Water.org에 기부할 것이라고 광고에서 언급하며 다음과 같이 끝맺는다. "함께라면 우리는 더 많은 삶을 바꿀 수 있어요. 모두 #PourItForward를 답시다." 지금까지 스텔라 아르투아의 도움으로 Water.org는 안전한 물과 위생 시설에 지원하여 전 세계의 1,700만 명 이상을 긍정적으로 변화시켰다.

일부 대의명분 관련 마케팅의 노력은 매출을 올리고 특정 대의명분의 인지도를 높이는 데 그치지 않고 브랜드 포지셔닝과 정체성에 필수적인 부분이 되었다. 예를 들어 5년 전 아메리칸이글아웃피터스(American Eagle Outfitters)의 실내복과 수영복 브랜드인 에어리(Aerie)는 미디어, 마케터, 모델 산업에 의해 영속되고 있는 포토샵 처리된 여성 모델의 이미지가 미치는 악영향에 반대하는 견해를 취했다. 그리하여 광고, 매장, 온라인 및 소셜 마케팅 콘텐츠에 실제 여성의 수정하지 않은 이미지와 동영상만 사용하겠다는 캠페인인 #AerieREAL을 시작하고, 모든 체형과 인종의 여성을 등장시키는 데 전념했다. 이후 #AerieREAL은 모든 특성을 갖춘 신체 긍정과 포용성 운동으로 성장했다.

광범위한 #AerieREAL 캠페인의 일환으로 에어리는 미국섭식장애협회(National Eating Disorder Association, NEDA)와 파트너십을 맺었다. 에어리는 섭식장애 극복을 상징하는 궁극의 신체 긍정 활동으로 가득한 NEDA 웍스(NEDA Walks)의 공식 후원사이다. 95개 이상의 도시에 수천 명의 지지자를 둔 NEDA 웍스는 섭식장애 옹호, 연구, 교육 기금을 모금한다.

에어리는 현재 진행 중인 #AerieREAL 'Strong. Beautiful. Me.' 멀티미디어 캠페인으로 신체 긍정의 대의명분과 NEDA를 지원한다. 올해 캠페인에서는 플러스사이즈 모델 이스크라 로렌스라(Iskra Lawrence), 동성애자임을 공개한 사미라 와일리(Samira Wiley), 패럴림픽 스노보드 선수 브레너

에어리의 #AerieREAL 캠페인은 광고와 기타 마케팅 콘텐츠에 실제 여성의 수정하지 않은 이미지와 동영상만 사용할 것이라고 공약했다. 신체 긍정과 포용성이라는 대의명분은 브랜드 정체성의 필수적인 부분이다.
MediaPunch Inc/Alamy Stock Photo

허커비(Brenna Huckaby) 등 #AerieREAL의 롤 모델로 구성된 새로운 팀이 참여하여 각각 에어리의 옷을 입은 보정하지 않은 사진으로 자신의 개성을 드러냈다. 에어리는 NEDA를 위한 기금을 조성하기 위해 매출의 100%를 NEDA에 기부하는 한정판 'Strong. Beautiful. Me.' 티셔츠와 속옷을 판매한다. 에어리는 고객의 기부를 매칭할 뿐 아니라 고객이 보정하지 않은 수영복 사진을 @Aerie, #AerieREAL 태그를 붙여서 소셜미디어에 공유할 때마다 NEDA에 1달러를 기부한다.

체크아웃 자선이든, 대의명분 관련 비영리 단체를 지원하는 것이든, 대의명분을 브랜드 정체성의 필수적인 부분으로 만드는 것과 같은 것이든 대의명분 관련 마케팅이 브랜드의 번영에 기여하는 정도를 계산하기는 어렵다. 그러나 연구는 오늘날의 소비자가 목적을 가진 브랜드를 선호하는 경향이 있다고 밝혔다.

에어리의 경우 #AerieREAL 캠페인과 포지셔닝이 대의명분과 소비자 모두에게 좋은 일을 하고 있는 것처럼 보인다. NEDA의 CEO는 이렇게 말한다. "에어리는 신체의 다양성을 옹호함으로써 여성과 소녀가 진정하게 살도록 격려하고 있다. 우리는 모든 종류의 몸이 찬양받는 문화를 만드는 것을 도와준 에어리에게 감사한다." 대의명분과 소비자에게 좋은 것은 브랜드에도 좋다. 아메리칸이글과 에어리는 경쟁사인 애버크롬비(Abercrombie), 어번아웃피터스(Urban Outfitters), 갭(Gap)보다 지속적으로 더 나은 결과를 보이고 있다. 전통적인 쇼핑몰 의류 체인점이 쇠퇴하는 시점에 에어리는 번창하고 있다. 한편 한때 인기를 끌었던 마켓리더 빅토리아시크릿(Victoria's Secret)은 여전히 여성보다 남성을 겨냥한 헐벗은 모델의 지나친 성적 이미지를 특징으로 하고 있으며, 최근 몇 년 동안 매출과 시장 점유율이 계속 하락하여 한 분석가로부터 '브래지어의 시어스(the Sears of Brassieres)'라는 수치스러운 별명을 얻었다.[53]

저자 코멘트 | 문화적 요인은 사람들이 어떻게 생각하고 소비하는가에 큰 영향을 미치기 때문에 마케터는 문화적 환경에 많은 관심을 가지고 있다.

문화적 환경
한 사회의 기본 가치, 지각, 선호, 행동에 영향을 미치는 제도와 그 밖의 요인

문화적 환경

문화적 환경(cultural environment)은 한 사회의 기본 가치, 지각, 선호, 행동에 영향을 미치는 제도와 그 밖의 요인으로 구성된다. 사람들은 자신의 기본적 신념과 가치를 형성시키는 특정 사회에서 성장하며, 다른 사람들과의 관계를 정의하는 세계관을 몸에 익히게 된다. 다음과 같은 문화적인 특징은 마케팅 의사결정에 영향을 미칠 수 있다.

문화적 가치의 지속성

주어진 사회에서 사람들은 많은 신념과 가치를 가지고 있다. 그들의 핵심 신념과 가치에는 높은 수준의 지속성이 있다. 예를 들어 대부분의 미국인은 개인의 자유와 노력하고, 결혼하고, 성취하고, 성공하는 것이 옳은 신념이라고 생각한다. 이러한 신념은 일상생활에서 볼 수 있는 보다 구체적인 태도와 행동을 형성한다. 핵심 신념과 가치는 부모에게서 자녀로 전달되고 학교, 회사, 종교기관, 정부에 의해 강화된다.

이차적인 신념과 가치는 변화할 여지가 많다. 결혼에 대한 신념은 핵심 신념이고 일찍 결혼해야 한다는 신념은 이차적인 것이다. 마케터는 이차적인 가치를 변화시킬 수도 있으나 핵심 가치를 변화시킬 가능성은 거의 없다. 예를 들어 가족계획을 추진하는 마케터라면 결혼을 하지 말라고 하는 것보다 늦게 결혼해야 한다고 주장하는 것이 좀 더 효과적일 수 있다.

이차적인 문화 가치의 변화

핵심 가치는 잘 변하지 않지만 문화의 변동은 확실히 일어난다. 젊은 사람들의 머리 모양과 의상 규범에 영향을 미치는 인기 음악 그룹, 영화배우와 소셜미디어 인플루언서를 생각해보자. 마케터는 새로운 기회와 위협을 파악하기 위해 문화적 변화를 예측하고 싶어 한다. 한 사회의 주요 문화적 가치는 자신과 타인에 대한 사람들의 견해뿐 아니라 조직, 사회, 자연, 세계에 대한 그들의 관점으로 표현된다.

자신에 대한 견해 사람들은 자기 자신을 대하는 것과 타인을 대하는 것에 대한 중점에 차이가 있다. 어떤 사람들은 재미, 변화, 탈출을 원하면서 개인적인 즐거움을 추구한다. 또 어떤 사람들은 종교, 레크리에이션, 커리어나 삶의 다른 목표를 열렬히 추구함으로써 자아실현을 추구한다. 어떤 사람들은 자기 자신을 공유자와 가담자로 보고, 또 어떤 사람들은 자기 자신을 개인주의자로 본다. 사람들은 자기표현의 수단으로 제품, 브랜드, 서비스를 이용하며 자신의 관점에 맞는 제품과 서비

스를 구매한다.

마케터는 자사 브랜드를 특정한 자기관을 가진 세분시장에 어필하기 위해 포지셔닝할 수 있다. 예를 들어 에너지 드링크 레드불은 자신을 활동적이고, 모험적이고, 젊고, 대담하고, 위험을 감수하고, 재미있는 사람으로 생각하는 18~34세 운동선수, 바쁜 전문가, 대학생, 여행가를 목표로 한다. 이 브랜드의 에너지가 가득 찬 제품, 이벤트, 마케팅 콘텐츠는 '레드불은 날개를 달아준다'는 오랜 약속을 이행한다.

타인에 대한 견해 다른 사람에 대한 태도와 상호작용 방식은 시간이 지나면서 변화한다. 최근 몇 년 동안 일부 분석가들은 개인적으로 교류하기보다는 소셜미디어 페이지에 몸을 숨기거나 이메일 또는 문자를 보내면서 디지털 시대가 인간의 상호작용을 감소시킬 것이라고 우려했다. 하지만 오늘날의 디지털 기술은 사람들이 그 어느 때보다 더 많이 연결될 수 있게 하는 것 같다. 더 많은 사람이 온라인에서 만나고, 네트워크화하고, 문자를 보내고, 친해진다면 결국 그들은 현실 세계의 친구들과 팔로워로 만날 가능성이 더 커진다.

그러나 요즘에는, 심지어 다른 사람들이 함께 있을 때조차도 '혼자서 함께' 있곤 한다. ● 사람들 무리는 작은 화면과 키보드에 강하게 연결된 그들 자신의 작은 공간 속에서 앉거나 걸을 수도 있다. 한 전문가는 최근의 커뮤니케이션 스킬에 대해 다음과 같이 말한다. "누군가와 문자를 주고받는 동안 다른 사람과 눈맞춤을 유지한다. 이는 어렵지만 할 수 있는 일이다. 또한 기술은 우리가 있고 싶은 어디서건 연결된 '다른 곳에서' 다른 사람과 함께 있을 수 있게 한다."[54] 따라서 기술 주도의 의사소통이 축복이냐 저주이냐 하는 것은 큰 논쟁거리이다.

● 타인에 대한 견해: 요즘에는, 심지어 다른 사람들이 함께 있을 때조차도 '혼자서 함께' 있곤 한다.
Dmitriy Shironosov/123RF

이러한 새로운 상호작용 방법은 기업이 브랜드를 판매하고 고객과 의사소통하는 방식에 지대한 영향을 미친다. 소비자는 제품에 대해 배우고, 구매하고, 브랜드 경험을 형성하고 나누기 위해 친구 네트워크와 온라인 브랜드 커뮤니티를 디지털 방식으로 이용한다. 결과적으로 브랜드도 이러한 네트워크에 참여하는 것이 중요하다.

조직에 대한 견해 사람마다 기업, 정부 기관, 노동조합, 대학 및 기타 조직에 대한 태도가 다르다. 대체로 사람들은 기꺼이 주요 기관을 위해 일하려 하고, 그들이 사회적인 업무를 수행하기를 바란다.

지난 20년간 미국의 기업, 정치 단체, 기관에 대한 신뢰도와 충성도는 급격히 떨어졌다. 직장 내에서는 조직에 대한 충성도가 전반적으로 하락하고 있다. 기업의 인원 감축 물결은 냉소주의와 불신을 낳았다. 지난 10년간 주요 기업의 스캔들, 소비자 정보 침해, 월가 은행가의 탐욕과 무능에 관한 이야기, 그 밖에도 불안하게 만드는 활동은 대기업에 대한 신뢰를 더 무너뜨렸다. 오늘날 많은 사람은 직업을 만족의 원천이 아니라 여가를 즐기는 데 필요한 돈을 버는 수단으로 여긴다. 이러한 추세는 조직이 고객과 종업원의 신뢰를 얻을 수 있는 새로운 방법을 모색할 필요가 있음을 시사한다.

사회에 대한 견해 사람마다 사회에 대한 태도가 다르다. 애국지사는 사회를 방어하려고 하고, 개혁론자는 변화시키려고 하며, 불평분자는 떠나려고 한다. 사회에 대한 성향은 사람들의 소비 패턴과 시장에 대한 태도에 영향을 미친다.

미국인의 애국심은 지난 20년간 점진적으로 증가하고 있다. 한 연례 소비자 조사는 지프(Jeep), 리바이스트라우스(Levi Strauss), 디즈니, 코카콜라, 포드와 같은 일부 브랜드가 애국심과 밀접한 관련이 있다는 것을 밝혔다. 마케터는 'Made in America'라는 새로운 홍보와 애국적인 주제의 광고로 반응한다. 예를 들어 코카콜라는 7월 4일 연휴 무렵에 한정판 빨간색, 흰색, 파란색 깃발 캔을 출시했는데, 라벨에는 애국적인 노래 가사 '나는 미국인이라는 것이 자랑스럽다'가 쓰여 있다.

지프, 홈디포(The Home Depot), 버펄로와일드윙스(Buffalo Wild Wings), 내셔널지오그래픽(National Geographic) 등은 재향군인의 날, 슈퍼볼 선데이와 그 밖의 행사에 애국적인 광고와 홍보를 시행한다. 한 예로 지난해 슈퍼볼을 앞두고 디지털과 소셜 플랫폼을 통해 선보인 지프의 애국적인 광고 'More Than Just Words(단순한 단어 그 이상)'는 시청자에게 강렬하고 감성적인 화음을 울렸다. 밴드 원리퍼블릭(OneRepublic)이 미국 국가를 연주하는 동안 이 광고는 야구를 하는 아이들, 농부, 사고 현장의 응급구조원, 우주로 가는 우주비행사, 경례하는 노련한 노장 등 미국 국가의 단어와 조화된 현대적이고 역사적인 일련의 이미지를 보여준다. 2분짜리 동영상 광고는 유튜브에서 불과 두 달 만에 5,200만 건 이상의 조회 수를 기록했다. 한 기자는 "이 나라를 사랑하는 모든 사람에게 그것은 매 순간 볼 가치가 있다"고 말했다.[55]

이러한 대부분의 마케팅 노력은 매력적이고 호평을 받지만 빨강, 하양, 파랑 물결은 때로 교활한 것으로 간주되기도 한다. 깃발을 흔드는 프로모션은 진부하거나 국가의 감정을 이용하여 돈을 벌려는 것으로 보일 수 있다.

자연에 대한 견해 자연계를 대하는 사람들의 태도는 다양하다. 어떤 사람들은 자연계에 지배당하는 느낌을 받고, 어떤 사람들은 자연계와의 조화를 느끼며, 또 어떤 사람들은 자연계를 정복하려 한다. 장기적인 추세는 기술을 통해 자연에 대한 사람들의 지배력이 커진다는 것과 자연이 풍요롭다는 믿음이었다. 그러나 최근에 사람들은 자연이 인간의 활동으로 파괴되거나 훼손되는 등 자연이 유한하고 연약하다는 것을 인식했다.

● 천연 제품, 유기농 제품, 윤리적 제품 트렌드에 대한 대응: 유니레버의 러브뷰티앤드플래닛은 '당신을 더 아름답게 만들고 우리 지구에 작은 사랑을 주는 것'을 목표로 삼고 있다.
The Advertising Archives/Alamy Stock Photo

자연에 대한 새로운 사랑은 천연 제품, 유기농 제품, 영양 제품과 연비가 좋은 자동차, 대체 의약품 등 모든 것을 찾는 상당한 규모의 소비재 시장을 창출했다. 예를 들어 미국 유기농 식품 시장은 현재 연간 440억 달러의 소매 매출을 올리고 있으며, 2025년에는 700억 달러에 이를 것으로 예상된다. 또한 호황을 누리고 있는 유기농 제품, 천연 제품, 윤리적인 미용 및 개인 관리 제품 시장은 전체 시장이 2% 성장한 것에 비해 연간 약 10%의 성장률을 보이고 있다.[56]

그 결과 세포라의 퓨처 내추럴스(Future Naturals), 헨켈의 네이처 박스(Nature Box), 가르니에의 바이오(Bio), 로레알의 시드 파이토뉴트리언츠(Seed Phytonutrients)와 라 프로방살 비오(La Provençale Bio) 등 거의 모든 미용 및 개인 관리 제품 기업이 유기농 및 천연 브랜드를 출시했다. P&G는 최근 염료, 파라벤, 알코올, 황산염을 넣지 않고 알로에 잎 추출물, 페퍼민트 오일, 멘톨 등 진정 성분이 풍부하고 신선한 천연 향의 면도 라인인 퓨어 바이 질레트(Pure by Gillette) 면도 젤과 크림을 선보였다. ● 또한 유니레버는 헤어, 피부, 개인 관리 제품의 완전한 라인인 러브뷰티앤드플래닛(Love Beauty and Planet)을 시장에 내놓았다. 고품질의 천연 성분을 함유한 러브뷰티앤드플래닛 제품은 엄격하게 공급되고, 재활용이 가능한 플라스틱 용기에 담겨 판매된다. 이 제품은 실리콘, 파라벤, 염료를 사용하지 않고 비건 방식으로 만들어졌으며 동물 실험도 하지 않는다. 러브

뷰티앤드플래닛은 이렇게 말한다. “우리는 ‘당신을 더 아름답게 만들고 우리 지구에 작은 사랑을 주는 것’이라는 한 가지 목표에서 출발했다.”[57]

우주에 대한 견해 사람들은 우주의 기원과 그 안에서 자신들의 위치에 대해 다양한 믿음을 가지고 있다. 대부분의 미국인이 종교를 실천하고 있지만 종교적 신념과 실천은 해를 거듭할수록 줄어들고 있다. 최근 한 연구에 따르면 현재 미국인 4명 중 1명(24%)은 특정한 신앙을 가지고 있지 않다고 답했으며, 이 수치는 10년 전의 16%에서 증가한 것이다. 30세 미만 미국인 중 3분의 1 이상은 현재 특정한 종교에도 속해 있지 않다고 밝혔다.[58]

하지만 조직화된 종교 활동을 하지 않는다는 사실이 신앙을 버렸다는 것을 의미하는 것은 아니다. 일부 미래학자들은 새로운 내면의 목적을 위한 광범위한 탐색의 일환으로 영성에 대한 새로운 관심에 주목하고 있다. 사람들은 더 영구적인 가치(즉 가족, 공동체, 지구, 믿음)와 옳고 그름에 대한 더 확실한 이해를 추구하기 위해 물질주의와 치열하게 다투려는 야망에서 벗어나고 있다. 그들은 그것을 ‘종교’라고 하기보다는 ‘영성’이라고 부른다. 최근 한 설문조사에 따르면 미국인은 최근 몇 년 동안 신앙심이 적어졌지만 ‘우주에 대한 호기심’, ‘영적 평화와 웰빙’에 대해 깊은 의미를 두는 사람은 증가했다.[59] 이러한 영성주의의 변화는 소비자가 보는 TV 프로그램과 읽는 책, 구매하는 제품과 서비스 등 모든 것에 영향을 미친다.

저자 코멘트 | 기업은 단순히 마케팅 환경을 주시하고 대응하기보다는 선제적 조치를 취해야 한다.

시장 환경에 대한 대응

학습목표 3-5 기업이 마케팅 환경에 어떻게 대응해야 하는지 살펴본다.

이런 말이 있다. “세상에는 세 종류의 기업이 있다. 일을 성사시키는 기업, 일어나는 일을 지켜보는 기업, 무슨 일이 일어났는지 궁금해하는 기업이 그것이다.” 많은 기업은 마케팅 환경을 자신이 반드시 반응하고 적응해야 하는 통제 불가능한 요소로 보고 있다. 이러한 기업은 마케팅 환경을 수동적으로 받아들이고 그것을 바꾸려고 하지 않는다. 또한 환경이 제공하는 위협은 피하고 기회는 활용할 수 있게 환경을 분석하고 전략을 짠다.

마케팅 환경에 대해 상황을 앞서서 주도하는 기업도 있다. 이러한 기업은 전략적 선택권이 현재의 환경에 의해 제한된다고 가정하기보다는 환경을 변화시키는 전략을 개발한다. 기업과 그 제품은 종종 포드의 모델 T, 애플의 아이팟과 아이폰, 구글의 검색엔진, 아마존의 온라인 마켓과 같은 새로운 산업과 산업 구조를 만들어내고 구체화한다.

게다가 단순히 환경에서 일어나는 사건을 지켜보고 반응하는 것이 아니라 상황을 앞서서 주도하는 기업은 마케팅 환경에서 대중과 기타 요인에 영향을 주기 위해 공격적인 행동을 취한다. 이러한 기업은 산업에 영향을 미치는 법안 제정에 영향력을 행사하기 위해 로비스트를 고용하고, 언론의 호평을 얻기 위해 미디어 행사를 준비한다. 이들은 여론을 형성하기 위해 소셜미디어를 이용하고 블로그를 운영한다. 또한 경쟁업체와 보조를 맞추기 위해 소송을 제기하고 규제 당국에 제소하며, 유통경로를 더 잘 통제하기 위해 계약상의 협약을 맺는다.

기업은 행동을 취함으로써 흔히 통제 불가능한 것처럼 보이는 환경적 사건을 극복할 수 있다. 예를 들어 어떤 기업은 자사 제품에 대한 부정적인 소문을 무마하려고 하는 반면, 어떤 기업은 사전 대책을 마련하여 허위 정보에 대응한다. 뉴웰러버메이드(Newell Rubbermaid)의 슬로쿠커 브랜드인 크록포트(Crock-Pot)는 인기 TV 프로그램에서 잠재적으로 화재 위험이 있다고 잘못 묘사되었을 때 다음과 같이 행동했다.[60]

NBC의 인기 프로그램 〈디스 이즈 어스(This Is Us)〉의 한 에피소드에서 사랑받는 가장이 피츠버그의 자택에서 크록포트처럼 생긴 할머니의 오래된 슬로쿠커가 고장 나 발생한 화재로 사망했다. 이 사건이 입소문이 나면서 크록포트는 위기를 맞았다. 수천 명의 시청자는 트위터에 애도하는 동시에 집에 있는 크록포트를 버리겠다는 글을 올렸다. 한 팬은 트위터에 "#CROCKPOT 요리를 망쳐준 #thisisus에 감사합니다. 이제 내 것을 사용할 때마다 슬프고 두려울 거예요."라고 올렸다.

크록포트는 가만히 있지 않고 유머와 사실, 양방향으로 빠르게 대응했다. 크록포트는 첫 트위터 계정 CrockPotCares를 만들었고, 페이스북과 다른 소셜미디어 채널에 유머러스한 '스포일러 경고'를 게시했다. 여기에는 쪼개진 심장 이모티콘과 피츠버그 스틸러스 브랜드가 찍힌 크록포트가 등장하며, 다음과 같은 메시지를 담았다. "미국이 가장 좋아하는 아빠이자 남편은 더 나은 퇴장을 할 자격이 있고, 크록포트는 당신의 엄청난 상심에 공감합니다. 당신의 크록포트를 버림으로써 이 비극을 더 이상 가중시키지 마세요. (할머니는 그다지 기뻐하지 않을 거예요.)" 그 후 일주일 동안 크록포트는 온라인상에서 계속 듣고 응답하며 우려를 표명했지만 약간은 경솔하기도 했다(#CrockPotIsInnocent). 또한 크록포트는 사실을 덧붙였다. 언론 보도와 소셜미디어 게시물을 통해 "1억 개 이상의 크록포트가 판매된 거의 50년 동안 우리는 지난 밤 에피소드에서 묘사된 허구적인 사건과 유사한 소비자 불만을 받은 적이 없습니다"라고 밝혔다. '우리도 그가 그립지만 이것이 사실이다'라는 빠른 응답 덕분에 크록포트는 거의 혹은 전혀 장기적인 피해를 입지 않고 탈출했다.

마케팅 관리자가 항상 환경적 요인을 통제할 수는 없다. 많은 경우 단순히 환경을 지켜보고 반응하는 것으로 만족해야 한다. 예를 들어 기업은 지리적 인구 이동, 경제적 환경 또는 주요 문화적 가치에 영향을 미치려는 노력에 거의 성공하지 못할 것이다. 그러나 언제라도 가능하기만 하면 현명한 마케팅 관리자는 환경에 대한 **사후 대응적** 접근 방식보다는 **사전 예방적** 접근 방식을 택할 것이다(마케팅 현장 3.2 참조).

마케팅 현장 3.2 | 소셜미디어 시대: 대화가 저속해질 때

마케터는 인터넷과 소셜미디어가 고객을 관여시키고 고객 관계를 발전시키는 가장 좋은 방법이라고 환영했다. 그 결과 오늘날 더욱 강력한 소비자는 디지털 미디어를 사용하여 브랜드 경험을 기업 및 다른 사람들과 공유한다. 이와 같은 주고받기 과정은 기업과 고객 모두에게 도움이 된다. 그러나 때로는 대화가 지저분해질 수도 있다. 다음 예를 생각해 보자.

- KFC는 역사상 최악의 한 주를 보내고 있다. 닭고기가 다 떨어진 것이다. 그 실수로 인해 영국에 있는 900개 매장 대부분이 문을 닫게 되었다. 소셜미디어의 불똥이 번지면서 고객은 달가워하지 않았다. 뉴스 제작진은 화가 난 고객을 인터뷰하고 동영상을 인터넷에 올린 다음 가만히 앉아서 입소문이 나는 것을 지켜본다. 한 곳에서는 한 여자가 버거킹에서 먹으라고 강요받았다고 소리쳤다! 다른 곳에서는 한 소녀가 자기 뒤의 문 닫힌 KFC를 가리키며 이렇게 말한다. "저들을 봐. 저들은 그냥 빈둥대고 있어. 저들은 행복해. 미안하지만 난 몹시 화가 나."
- 홀푸드마켓(Whole Foods Market)은 온라인상에서 비싼 고급 음식을 원하는 사람들에게 낯설지 않다. 하지만 농산물 코너에서의 한 번의 시도는 상당한 바이러스성 파문을 일으킨다. 편의성을 추구하는 고객의 요구에 따라 식료품 체인점은 껍질을 벗긴 오렌지를 플라스틱 용기에 담고 파운드당 5달러 99센트라는 엄청난 가격을 붙였다. 그러나 단 하나의 트윗이 이곳을 주목하게 했다. 온라인 이미지 공유 커뮤니티 이머저(Imgur)에서 오렌지를 소중히 모셔놓은 사진을 본 고객 나탈리 고든(Nathalie Gordon)은 트위터에 그 사진을 인용하면서 "자연만이 오렌지를 감쌀 수 있는 방법을 찾을 수 있다면 오렌지에 그렇게 많은 플라스틱을 낭비할 필요가 없다"라고 했다. 홀푸드마켓에 대한 부정적인 무차별 사격과 밈으로 가득한 #OrangeGate라는 해시태그는 빠르게 퍼져나갔다.
- 항공 산업은 항공편의 예약 초과로 많은 돈을 벌었다. 그러나 오버부킹된 비행기 한 편은 유나이티드항공의 악몽이 되었다. 탑승 수속이 완료되면 모든 좌석은 승객으로 가득 찬다. 그런데 유나이티드항공(United Airlines)은 다른 항공편에 서비스하기 위해 이동하는 직원들이 앉을 좌석 4개가 필요했다. 승객 중 좌석을 포기할 자원자를 찾았지만 아무도 나서지 않자 유나이티드항공은 승객 4명에게 좌석을 비워달라고 통보했다. 67세의 의사는 다음 날 아침에 출근해야 한다면서 이 요청을 거절했다. 승무원이

공항 경찰을 불러 이 승객을 강제로 끌고 나가는 과정에서 승객이 상처를 입고 발로 차며 소리를 질렀다. 불과 몇 시간 만에 동료 승객이 올린 동영상이 퍼지면서 유나이티드항공의 이미지에 먹칠을 하고 말았다.

이러한 예가 극단적이라고 생각하는가? 그렇지 않다. 인터넷과 소셜미디어는 기업과 소비자 사이에 존재하던 전통적인 힘의 역학 관계를 바꾸어놓았다. 과거에 불만을 가진 소비자가 할 수 있었던 일은 서비스센터 직원에게 고함을 지르거나 길모퉁이에서 불만을 토로하는 것이 고작이었다. 하지만 오늘날 PC, 스마트폰, 태블릿으로 무장한 소비자는 불만을 꽉 움켜쥐고 소셜미디어 사이트, 블로그, 온라인 소셜네트워크, 또는 소비자가 싫어하는 회사만을 독점적으로 다루는 사이트에서 수백만 대중에 발표할 수 있다. 한 광고 대행사 임원은 이렇게 말한다. "소비자의 메가폰은 이제 브랜드보다 더 강력해졌다. 페이스북, 인스타그램, 트위터, 옐프(Yelp)나 기타 소셜포럼에서 자신의 경험과 의견을 공유하는 것만으로 거대한 기업을 굴복시킬 수 있다."

일부 온라인 공격은 해결해야 할 정당한 불만을 드러낸다. 그러나 그중 일부는 부당하게 브랜드와 기업의 명성에 흠집을 내는 익명의 악의에 찬 비난에 불과하다. 이러한 공격 중 어떤 것은 일시적인 잡음으로 그치지만 어떤 것은 진지한 관심을 불러일으키고 심각한 골칫거리가 되기도 한다.

기업은 온라인 공격에 어떻게 대응해야 하는가? 표적이 되어 곤경에 처한 기업이 이미 격화된 불에 기름을 붓지 않고 기업의 이미지를 보호하기 위해 어디까지 갈 수 있는지를 파악하는 것은 진정한 난제이다. 모든 전문가가 동의하는 한 가지 방안은 같은 방식으로 보복하지 말라는 것이다. 한 전문가는 이렇게 말한다. "폭탄을 불쏘시개에 투하하는 것은 좋은 생각이 아니다. 선제, 포용, 절충이 더 나은 방법이다." 그러한 비판은 흔히 실제 소비자의 우려와 해결되지 않은 분노에 바탕을 두고 있다. 따라서 가장 좋은 전략은 소비자가 표현하는 우려를 사전에 모니터링하고 성실하게 대응하는 것일 수 있다.

예를 들어 화가 난 영국 KFC 고객을 진정시키려고 올린 초기의 가벼운 트위터 게시물이 고객의 화를 더 돋운 후 KFC는 진지해졌고, 스스로 놀라운 샷을 던지며 고객과 합류했다. KFC는 회사명의 철자를 뒤섞어서 'FCK'라고 쓴 KFC의 빈 버킷을 담은 전면 광고를 내보냈다. 이 광고에는 겸손하고 진심 어린 사과가 담겨 있었다. "죄송합니다. 치킨이 없는 치킨집은 이상적이지 않습니다. 고객 여러분께 죄송하다는 말씀을 드립니다. … 저희와 함께해주셔서 감사합니다." 비록 이 광고는 많은 나라에서 큰 논란을 불러일으켰을지라도 영국의 유머 감각과 완벽하게 맞아떨어졌다. 이러한 그럴듯한 대응은 소셜미디어에서 높은 찬사를 받았고, 그다음 주에 KFC 매장이 다시 문을 열었을 때 환호하는 고객에게 다시 치킨을 제공할 수 있었다.

오늘날의 강력한 소비자: 껍질을 벗긴 오렌지를 플라스틱 용기에 담은 홀푸드마켓은 #OrangeGate 트윗의 바이러스성 폭풍을 일으켰다. 그러나 이 소매업체는 단시간 내에 유머러스하고 자기비판적인 소셜미디어 게시물을 올려 자사의 실수를 인정함으로써 잠재적인 PR 재앙을 피했다.
Kateryna Bibro/123RF

마찬가지로 홀푸드마켓은 몇 시간 내에 고객의 바이러스성 트윗에 대한 응답으로 #OrangeGate에 응답했다. "분명히 우리의 실수입니다. 이것들은 이미 뜯겼습니다. 우리는 당신의 말을 듣고 자연의 포장대로(껍질째로) 놔둘 것입니다." 다음 날 홀푸드마켓은 유머러스한 자기비판적인 밈을 게시하기도 했다. 유리병에 담긴 오렌지 4개의 이미지 위에 '이것이 바로 그 필링인가요?'라는 자막이 쓰여 있었다. 홀푸드마켓의 즉각적인 반응은 부정적인 #OrangeGate의 가속도를 벗어나게 했고 찬사를 받았다.

한편 승객을 강제로 내쫓은 일로 일어난 바이러스성 분노에 대한 유나이티드항공의 대응은 숙련되지도 않았고 좋은 평가를 받지도 못했다. 유나이티드항공의 CEO는 단지 "승객을 다시 태웠어야 했다"는 성의 없는 사과문을 발표하는 데 24시간이나 걸려 바이러스성 분노에 기름을 부었다. 고객이나 전문가는 그 사과문을 '냉정하고', '냉담하고', '극도로 나쁘고 알아듣기 힘든 반응'으로 보았다. 사건을 더 악화한 것은 CEO가 직원들에게 쫓겨난 승객에 대해 '지장을 주는', '적대적'이라고 표현한 내부 메모를 돌렸다는 것이다. 48시간도 안 되어 유나이티드항공의 사회적 감정은 160% 하락하고 주가가 급락했다.

오늘날 많은 기업은 온라인 대화를 모니터링하고 불만족 고객을 관여시키는 전문가로 구성된 팀을 만들었다. 예를 들어 사우스웨스트항공의 최첨단 소셜미디어 청취 센터에는 온라인상에서 연중무휴 24시간 고객을 대상으로 청취하고 대응하는 고객 서비스 전문가 40명이 상주하고 있다. 이들은 트위터 댓글을 추적하고, 페이스북 그룹을 감시하고, 블로거와 교류하고, 유튜브, 인스타그램, 플리커, 링크드인 등에서 자사의 상태를 확인한다. 만약 누군가가 온라인 댓글을 달면 개별적인 방법으로 즉시 대응한다.

얼마 전 사우스웨스트항공은 뉴욕발 댈러스행 비행기의 엔진이 폭발하고 창문에 파편이 튀어 회사 최초로 승객이 사망한 사건으로 인해 PR 역사에 기록될 만한 재앙으로 남을 뻔했다. 비상 대응 전략으로 유명한 사우스웨스트항공 청취 센터의 직원들은 사고가 발생한 지 불과 몇 분 후에 승객이 비행기에서 올린 동영상과 이미지, 트윗이 올라오는 그 순간에도 반응을 보였다. 그들은 진정성 있고 진심 어린 반응을 했으며, 비상 대응 노력을 돕기 위해 여러 부서 사람들에게 소셜미디어 게시물을 전송했다. 동영상을 올린 고객은 곧 사우스웨스트항공을 칭찬했다. 비행기에 타고 있던 한 소방관은 이렇게 말했다. "사우스웨스트항공은 훌륭한 회사이고 그들은 우리를 정말 잘 돌보았다. 나는 앞으로도 사우스웨스트항공을 이용할 것이다."

환경에서 통제 불가능한 것처럼 보이는 사건을 모니터링하고 능동적으로 대응함으로써 기업은 부정적인 것들이 통제 불능으로 소용돌이치는 것을 방지하거나 오히려 긍정적으로 바꿀 수 있다.[61]

학습목표별 요약

이 장과 4, 5장에서는 마케팅 환경과 기업이 시장과 소비자를 더 잘 이해하기 위해 환경 요인을 어떻게 분석하는지를 살펴볼 것이다. 기업은 기회 요인을 포착하고 위협 요인을 피하기 위해 마케팅 환경을 지속적으로 관찰하고 관리해야 한다. 마케팅 환경은 목표시장에서 효과적으로 사업을 시행할 수 있는 기업의 능력에 영향을 미치는 모든 요인으로 구성된다.

학습목표 3-1 기업의 고객 서비스 능력에 영향을 미치는 환경적 요인을 파악한다.

기업의 미시환경은 기업과 밀접하게 연관된 요인으로 이루어져 있어 기업의 가치전달 네트워크를 구성하거나 고객을 응대하는 능력에 영향을 미친다. 미시환경에는 마케팅 의사결정에 영향을 주는 기업의 내부 환경(여러 부서와 관리자 수준)이 포함된다. 마케팅 경로 회사(공급업체, 마케팅 중간상, 물적 유통 회사, 마케팅 서비스 대행사, 금융 중개업자)는 고객 가치를 창출한다. 경쟁자는 고객에게 더 나은 서비스를 제공하기 위해 기업과 경쟁한다. 다양한 공중은 기업의 목표 달성을 위한 능력에 실제적 또는 잠재적 관심을 가지거나 영향을 미친다. 또한 다섯 가지 유형의 고객 시장은 소비재 시장, 산업재 시장, 재판매 시장, 정부 시장, 국제 시장이다.

거시환경은 전체 미시환경에 영향을 미치는 더 큰 사회적 요인으로 이루어져 있다. 기업의 거시환경을 구성하는 여섯 가지 요인은 인구통계적 요인, 경제적 요인, 자연적 요인, 기술적 요인, 정치·사회적 요인, 문화적 요인이며, 이러한 요인은 기업에 기회와 위협을 제공한다.

학습목표 3-2 인구통계적 환경과 경제적 환경의 변화가 마케팅 의사결정에 어떤 영향을 미치는지 이해한다.

인구통계학은 인간의 특성에 대한 연구를 말한다. 오늘날의 인구통계적 환경은 연령 구조의 변화, 가족 구성원의 변화, 지리적 인구 이동, 고학력 전문직 인구의 증가, 다양성의 증가를 드러낸다. 경제적 환경은 구매력과 구매 패턴에 영향을 미치는 요소로 이루어져 있다. 경제적 환경은 더 큰 가치를 추구하는 검소한 소비자, 즉 좋은 품질 및 서비스와 적절한 가격의 조합이 특징이다. 이에 따라 많은 기업은 제품의 제공과 마케팅 홍보에서 가격, 실용성, 내구성에 대한 가치에 초점을 맞추고 있다.

학습목표 3-3 기업의 자연환경과 기술적 환경의 주요 동향을 파악한다.

자연환경의 세 가지 주요 동향은 특정 원자재의 고갈, 오염 증가, 천연자원 관리에 대한 정부의 개입 증가이다. 자연환경에 대한 우려는 이에 민감한 기업에 마케팅 기회를 제공한다. 기술적 환경은 기회와 도전을 함께 안겨준다. 디지털 발전의 집중 공세는 소비자가 브랜드를 배우고, 쇼핑하고, 구매하고, 경험하는 방법의 모든 측면에 영향을 미치고 있다. 이에 따라 디지털 시대의 마케터는 소비자를 이해하고, 새로운 제품을 만들며, 고객을 보다 직접적이고 의미 있는 방법으로 관여시킬 흥미로운 기회를 얻는다. 기술적 변화에 보조를 맞추지 못하는 기업은 신제품과 마케팅 기회를 놓치게 될 것이다.

학습목표 3-4 정치·사회적 환경과 문화적 환경의 주요 변화를 이해한다.

정치적 환경은 마케팅 활동에 영향을 미치거나 제한하는 법률, 정부 기관, 압력 단체로 구성된다. 정치적 환경은 전 세계적인 마케팅에 영향을 미치는 세 가지 변화를 거치고 있는데, 사업을 제한하는 입법 조치의 증가, 강력한 정부 기관의 법 집행, 윤리와 사회적 책임 활동에 대한 관심 증가가 그것이다. 문화적 환경은 사회의 기본 가치, 지각, 선호, 행동에 영향을 미치는 제도와 그 밖의 요인으로 구성된다. 문화적 환경의 추세는 기술 기반 커뮤니케이션, 기관에 대한 신뢰 감소, 애국심 증가, 자연에 대한 인식 향상, 영성주의의 변화, 더 의미 있고 지속적인 가치 추구이다.

학습목표 3-5 기업이 마케팅 환경에 어떻게 대응해야 하는지 살펴본다.

마케팅 환경을 자신이 적응하고 위협을 피하며 기회가 생겼을 때 이용해야 하는 통제 불가능한 요소로 보고 수동적으로 받아들이는 기업이 있는가 하면, 어떤 기업은 단순히 마케팅 환경에 대응하지 않고 그것을 변화시키기 위해 상황을 앞서서 주도하기도 한다. 가능하면 기업은 사후 대응보다는 사전 예방을 위해 노력해야 한다.

핵심용어

학습목표 3-1

미시환경 microenvironment
거시환경 macroenvironment
마케팅 중간상 marketing intermediary
공중 public

학습목표 3-2

인구통계학 demography
베이비붐 세대 baby boomer
X세대 Generation X
밀레니얼 세대(Y세대) millennials(Generation Y)
Z세대 Generation Z
알파 세대 Generation Alpha
경제적 환경 economic environment

학습목표 3-3

자연환경 natural environment
환경의 지속가능성 environmental sustainability
기술적 환경 technological environment

학습목표 3-4

정치적 환경 political environment
문화적 환경 cultural environment

토의문제

1. 마케팅 중간상이란 무엇이며, 왜 마케터에게 중요한가?
2. 마케팅 분야의 공중은 어떤 존재이며, 왜 마케터에게 중요한가? 공중에 적합한 특정 사업을 제안하라.
3. 마케터가 지리적 인구 이동에 관심을 가져야 하는 이유는 무엇인가?
4. 향후 마케팅 계획에 영향을 미칠 자연환경과 세 가지 동향에 대해 설명하라.
5. 마케터가 정치적 환경에 세심하게 주의를 기울여야 하는 이유는 무엇인가?
6. 자연에 대한 사람들의 견해가 음식 선택에 어떤 영향을 미칠 수 있는지 사례를 들어 설명하라.

4 고객 인사이트를 얻기 위한 마케팅 정보 관리

학습목표 4-1 시장과 고객에 대한 인사이트를 확보하는 데 정보의 중요성을 이해한다.
마케팅 정보와 고객 인사이트

학습목표 4-2 마케팅 정보 시스템을 정의하고 그 구성요소를 파악한다.
마케팅 정보 욕구 평가와 데이터 개발

학습목표 4-3 마케팅 조사의 역할과 마케팅 조사 과정의 단계를 개략적으로 설명한다.
마케팅 조사

학습목표 4-4 기업이 어떻게 마케팅 정보를 분석하고 사용하는지 이해한다.
마케팅 정보 분석 및 사용

학습목표 4-5 공공정책과 윤리 등 마케팅 조사자가 겪는 특별한 문제를 살펴본다.
마케팅 정보와 관련된 기타 고려 사항

개관 이 장에서는 마케터가 어떻게 시장과 소비자에 대한 인사이트를 얻는지 검토를 이어간다. 기업이 어떻게 시장 요소(예: 고객, 경쟁자, 제품, 마케팅 프로그램 등)에 대한 정보를 개발하고 관리하는지 살펴볼 것이다. 기업은 성공하기 위해 수많은 정보를 고객에 대한 인사이트로 전환해야 하는데, 이 인사이트는 기업이 고객에게 더 많은 가치를 제공하는 데 도움이 된다. 마케팅 정보와 조사 분야는 중요한 큰 변화를 맞이하고 있다. 이제 전통적인 마케팅 조사는 소비자와 시장에 대한 데이터를 분석·전달하고 인사이트를 확보하여 마케터 역량을 향상하는 새로운 디지털, 온라인, 모바일, 분석 기술의 맹공에 자리를 내주고 있다.

마케팅 조사와 소비자 인사이트를 잘 보여주는 사례로 이 장을 시작하겠다. 시장에 적합한 제품을 개발하기 위해 이탈리아의 초콜릿·제과 제조업체인 페레로(Ferrero)는 마케팅 정보를 통해 소비자와 시장에 관한 좋은 인사이트를 얻었다. 페레로의 정보 이용 능력과 지역 시장에 제품을 맞춤화하기 위한 개선된 의사결정이 인도와 같은 중요한 성장 마켓에서 페레로의 주요한 성공 요소가 되었다.

페레로: 마케팅 정보 관리와 고객 인사이트

이탈리아의 초콜릿·제과 제조업체인 페레로SpA는 세계적으로 3위 규모이다. 페레로는 피에트로 페레로(Pietro Ferrero)가 1946년 이탈리아 알바에서 설립하여 지금까지도 페레로 가족이 소유하고 있다. 페레로는 식음료 부문의 명성 있는 기업으로, 2017년 '평판연구소의 글로벌 평판 100(Reputation Institute's Global RepTrak 100)' 혁신(innovation), 거버넌스(governance), 시민성(citizenship) 부문에서 상위를 차지했다. 2017 회계연도의 매출액은 130억 달러로 전년 대비 1.5% 증가했으며, 전 세계적으로 3만 4,500명 이상의 직원을 고용하고 있다. 페레로는 혁신과 소비자를 중심으로 하는 지속적인 노력으로 여러 시장에서 경쟁사 대비 좋은 결과를 내고 있다.

페레로는 높은 기준을 충족하는 데 집중한다. 따라서 납품할 수 있다고 확신하는 장소에서만 제품을 제조하고 안전한 소매 공급망을 구축한다. 그리고 시장 선호를 이해하려고 노력하며, 마케팅 정보를 잘 관리하여 고객 인사이트를 성공적으로 얻었다는 검증된 실적도 가지고 있다. 대표적인 예로 페레로가 정교한 마케팅 분석

의 도움으로 인도에서 새로운 프리미엄 초콜릿 시장을 개척한 것을 들 수 있다.

페레로가 2004년 인도에 들어갔을 때 인도에는 프리미엄 초콜릿 시장이 존재하지 않았다. 인도는 가격에 매우 민감한 나라이고 대부분의 브랜드가 낮은 가격의 제품을 공급한다. 그러나 지역 시장에 대한 페레로의 정교하고 지속적인 분석은 그 지역에 새로운 제품 부문의 길을 텄다. 현재 프리미엄 초콜릿은 인도 시장의 27%를 차지하고 있으며, 페레로 말고도 캐드버리(Cadbury), 네슬레, 마스, 허시(Hershey), 린트(Lindt) 등이 이 부문에서 경쟁한다. 셀러브레이션스(Celebrations), 부르느빌(Bourneville), 실크(Silk) 브랜드를 보유한 캐드버리는 프리미엄 부문에서 60%, 전체 70% 이상을 점유한 시장 선두 주자이다. 그러나 불과 10년도 채 되지 않아 페레로는 인도 초콜릿 시장에서 7.8% 점유율을 기록했다. 더 눈에 띄는 것은 페레로가 프리미엄 부문을 개발한 공로를 인정받았다는 것이다. 페레로가 로셰(Rocher)를 출시했을 때 유일한 경쟁 브랜드는 캐드버리의 상자당 1.50~2.65달러짜리 초콜릿뿐이었다. 하지만 페레로는 12개들이 한 상자에 4.55달러짜리 초콜릿을 성공적으로 출시했다. 어떻게 이탈리아의 제과 대기업이 이렇게 할 수 있었을까?

페레로는 2007년에 로셰를 출시하고 2009년에는 틱택(Tic Tac)과 킨더조이(Kinder Joy)를 선보였다. 페레로는 로셰를 계속 수입하다가 2011년 10월 마하라슈트라주의 바라마티에 공장을 열었고, 여기서 매일 킨더조이 100만 개와 틱택 2,000만 알을 생산하여 그중 절반은 수출한다. 이제 인도는 페레로의 아시아 중심지가 되었고, 페레로는 타밀나두주의 첸나이에 이 지역의 요구와 기대를 해결하기 위한 지사를 설립했다.

2004년 페레로는 인도 소비자가 초콜릿에 프리미엄 가격을 지불할 의향이 있음을 확신했다. 적절한 마케팅 정보를 관리하고 고객 인사이트를 얻기 위해 페레로는 로셰의 테스트 마케팅을 할 때 마케팅 조사 회사를 고용하지 않고 직접 시장에 접근하여 인도 소비자를 더 잘 이해하려 했다. 페레로는 마케팅 조사의 중심이 되는 소비자 인사이트 팀을 만들었는데, 이 팀은 다양한 범위에서(예: 신제품 런칭, 패키징, 조리법, 이상적인 커뮤니케이션, 적절한 채널 찾기 등 모든 관련 측면에 걸쳐) 지역 시장에 대한 깊은 인사이트를 제공했다. 소비자의 습관과 욕구를 더 잘 이해하기 위해 페레로의 경영진과 소비자 인사이트 팀은 인도의 대도시와 작은 시장을 여행하고, 소비자의 습관과 열망을 이해하기 위해 소비자의 가정을 방문하기도 했다. 그 결과 페레로는 인도에 지역 키라나 매장(인도 아대륙의 동네 소매점)에서 판매한다 하더라도 프리미엄 초콜릿 시장이 존재한다는 것과, 전통적으로 단 것을 선물하는 축제 기간에는 소비자가 비싼 초콜릿을 주로 구입한다는 것을 알게 되었다.

페레로는 가격에 민감하여 저렴한 초콜릿만 판매되던 인도에서 프리미엄 초콜릿을 개발한 공로를 인정받고 있다.
Ekaterina Minaeva/Alamy Stock Photo

페레로는 1년 내내 현대적인 소매점에서 로셰를 공급하고 있다. 그러나 키라나 매장에서는 축제 기간(10월부터 3월까지)에만 초콜릿을 판매한다. 열악한 냉장 설비로 품질을 유지하기가 어렵기 때문에 페레로 유통업자는 여름 몇 달 동안 키라나 매장에 초콜릿 재고를 3~4상자 이상 쌓아두지 못하게 한다. 이러한 제한된 환경에도 불구하고 로셰는 2014년 상자 초콜릿 부문에서 14%의 점유율을 차지했다. 인도에는 지역별로 매우 다양한 단것과 조리법이 있음에도 페레로 초콜릿은 사람들 마음속에 럭셔리하고 독점적인 제품으로 자리 잡았고, 사람들은 축제 기간과 지역 특정 행사 때 이 초콜릿을 구매하여 선물하고 있다. 초콜릿 수입관세율이 30%임에도 불구하고 이루어낸 페레로의 성장은 주목할 만하다.

캐드버리와 네슬레도 프리미엄 브랜드를 판매하지만 주로 대중시장(mass-market) 제품에서 수익을 얻고 있다. 반면에 페레로는 값싼 변형을 만드는 대신 프리미엄 전략을 성공적으로 추구하고 있다. 구강 청정 캔디는 대부분이 1센트이지만 틱택은 15센트이다. 장난감이 들어 있는 달걀 모양 초콜릿 킨더조이는 엄마들에게 코코아보다 우유가 더 많이 함유된 건강한 대안으로서의 초콜릿임을 강조하고 있다.

페레로의 성공은 마케팅 정보를 관리하고 소비자 인사이트를 얻는 능력에서 비롯되었다고 볼 수 있다. 새로운 맛의 제품은 인도의 요건과 선호도를 철저히 조사한 후 출시했다. 페레로는 인도인의 입맛에 맞추기 위해 심층적인 마케팅 조사를 거쳐 2014년 후반 틱택에 인도의 맛을 가미한 '엘라이치 민트(Elaichi Mint)'를 성공적으로 선보였다. 이는 브랜드가 인도 소비자에게 지역의 맛을 제공한 첫 번째 사례이다. 강한 카르다몸(cardamom) 맛이 나는 이 새로운 틱택은 태그라인에 '데시 민트(The Desi

페레로는 마케팅 정보와 고객 인사이트를 성공적으로 분석하고 이용하여 지역 시장에 맞는 제품을 제공했다. 마케팅 정보를 통해 소비자와 시장을 이해한 페레로의 능력은 성공의 바탕이 되었다.

Mint)'라고 쓰여 있다. 인도에서 이 향신료는 건강에 유익하다고 알려져 있고 식후 구강 청결제로 널리 쓰인다.

2010~2020년에 인도 초콜릿 시장은 19% 이상 빠른 속도로 성장하고 있으며 앞으로 더 급격한 성장세를 보일 것으로 기대된다. 2018년 페레로의 목표는 18~24개월 이내에 유통망을 100만 개로 2배 늘리는 것이었다. 비록 네슬레와 캐드버리가 초콜릿 시장의 대부분을 차지하고 있지만, 페레로는 로셰와 킨더조이의 인기에 힘입어 향후 몇 년 이내에 네슬레를 추월할 것으로 예상된다. 고객 인사이트를 얻어 마케팅 정보를 잘 관리하고 이용하여 의사결정을 개선할 수 있는 기업의 능력은 귀중한 자산이 될 수 있다.[1]

페레로 로셰 사례는 훌륭한 제품과 마케팅 프로그램이 좋은 고객 정보와 인사이트에서 시작된다는 것을 보여준다. 기업은 경쟁업체, 재판매업자, 그 밖의 행위자와 시장에 관한 충분한 정보가 필요하다. 그러나 단순히 정보를 모으는 것을 넘어 마케터는 강력한 **고객 및 시장 인사이트**를 얻을 수 있는 정보를 사용해야 한다.

저자 코멘트 | 마케팅 정보 자체에는 가치가 거의 없다. 마케팅 정보에서 얻은 고객 인사이트와 마케터가 이러한 인사이트를 이용하여 더 나은 결정을 내리는 방법에 가치가 있다.

마케팅 정보와 고객 인사이트

학습목표 4-1 시장과 고객에 대한 인사이트를 확보하는 데 정보의 중요성을 이해한다.

고객을 위한 가치를 창출하고 고객과 의미 있는 관계를 창출하기 위해 마케터는 우선 고객의 욕구에 대한 참신하고 깊은 인사이트를 가져야 한다. 이러한 인사이트는 좋은 시장 정보에서 비롯된다. 기업은 고객 인사이트를 경쟁우위가 있는 제품을 개발하는 데 사용한다.

고객과 시장에 대한 인사이트가 고객 가치를 창출하고 고객과의 관계를 구축하는 데 매우 중요한 역할을 하는 데에도 불구하고 이러한 인사이트를 확보하기가 매우 어려울 수 있다. 대개 소비자는 자신이 무엇을 원하는지, 왜 구매하는지 이야기할 수 없기 때문에 고객 욕구와 구매 동기가 불확실한 경우가 흔하다. 마케터는 좋은 고객 인사이트를 확보하기 위해 다양한 종류의 정보원에서 나오는 마케팅 정보를 효과적으로 관리해야 한다.

마케팅 정보와 오늘날의 빅데이터

최근 정보통신의 폭발적인 발전으로 오늘날 기업은 엄청난 양의 정보를 만들어내고 있다. 마케팅 세계는 수많은 원천에서 쏟아져 나오는 정보로 가득하다. 기업의 정보는 기업의 마케팅 자료와 내부 고객 거래 데이터뿐만 아니라 소셜미디어 모니터링, 커넥티드 디바이스, 그 밖의 디지털 자원에서 수집된다.

더 나아가 이제 소비자는 스스로 수많은 양의 마케팅 정보를 시장으로 내보내고 있다. 소비자는 스마트폰, PC, 태블릿을 통한 온라인 검색, 블로깅, 앱과 소셜미디어, 텍스트 메시지와 동영상, 지리적 위치 데이터로 상향식(bottom-up) 정보 홍수의 물결을 만들어 기업과 다른 사람들에게 전하고 있다.

대부분의 기업 관리자는 부족한 정보 때문이 아니라 과부하가 걸린 데이터와 정보의 양에 짓눌려 힘들어한다. 이러한 문제는 **빅데이터**(big data)라는 개념으로 요약된다. 빅데이터는 세련된 정보 창출, 수집, 저장, 분석 기술에 의해 생성되는 방대하고 복잡한 데이터 세트를 의미한다. 이 세상의 사람들과 시스템은 매일 약 2.5조 바이트의 새로운 정보를 만들어낸다. 오늘날 전 세계 데이터의 대략 90%는 불과 지난 2년 동안 생성된 것이다.[2]

빅데이터
세련된 정보 창출, 수집, 저장, 분석 기술에 의해 생성되는 방대하고 복잡한 데이터 세트

빅데이터는 마케터에게 엄청난 기회와 도전을 안겨준다. 이 빅데이터를 잘 활용한다면 기업은 풍부한 고객 인사이트를 적기에 얻을 수 있을 것이다. 그러나 엄청난 양의 데이터를 확보하고 걸

러내기란 쉽지 않은 일이다. 예를 들어 코카콜라나 애플과 같은 기업은 트윗, 블로그, 소셜미디어 포스트 및 기타 정보 원천의 온라인 대화를 모니터링하여 하루에 600만 개, 1년에 20억 개 이상의 공개 대화를 찾아낸다. 이는 어떤 관리자도 소화해낼 수 없는 방대한 양이다.

따라서 마케터는 더 많은 정보를 필요로 하는 것이 아니라 더 좋은 정보를 원한다. 그리고 이렇게 확보한 정보를 더 잘 이용하려 한다. 한 데이터 전문가는 이렇게 말한다. "비가 온다고 그 빗물을 그대로 마셔서는 안 된다. 빗물을 모아 정제하고 병에 담아 소비자에게 전달해야 한다. 이와 마찬가지로 빅데이터는 중요한 단계가 빠져서 유용하지 않은 원시정보일 뿐이다."[3]

마케팅 정보 관리

고객 인사이트
고객 가치, 고객 인게이지먼트, 고객 관계를 창출하는 데 기반이 되는, 마케팅 정보에서 비롯되는 고객과 시장에 대한 신선한 이해

마케팅 조사와 마케팅 정보의 진정한 가치는 그 정보가 어떻게 사용되는지, 즉 그 정보가 제공하는 **고객 인사이트**(customer insight)에 달려 있다. 이러한 사고를 바탕으로 유니레버, 펩시코, 스타벅스, 맥도날드, 구글, 가이코 등은 지금 마케팅 조사 및 마케팅 정보 기능을 재설계하고 있다. 이러한 기업의 고객 인사이트 팀은 마케팅 정보로부터 실행 가능한 인사이트를 개발하고, 인사이트를 적용할 수 있도록 마케팅 의사결정자와 전략적으로 협업한다. 유니레버의 사례를 살펴보자.[4]

유니레버의 광범위한 마케팅 정보 활동은 소비자 및 시장 인사이트(Consumer & Market Insight, CMI) 그룹에서 수준 높게 관리된다. 단순한 마케팅 조사를 넘어 CMI는 '인사이트 엔진'으로 소비자 및 시장 행동을 깊이 이해하고, 실행 가능한 인사이트에 '영감'을 주며, 400개 이상 브랜드의 의사결정에 인사이트를 제공한다. CMI는 다양한 원천(표적집단 면접, 설문조사, 고객과 직접 어울리고 관찰하며 고객의 디지털과 소셜미디어 행동을 모니터링하는 잠재의식 방법 등)의 데이터와 인사이트를 수집·통합·관리·분석하기 위해 관리자와 긴밀하게 협력한다.

또한 CMI는 유니레버 마케터가 자사의 다양한 데이터베이스에서 인사이트를 얻을 수 있도록 지원한다. 예를 들어 인공지능을 이용한 피플월드(PeopleWorld)라는 CMI 프로그램은 마케터가 수만 건의 조사 보고서를 보유한 자사의 글로벌 데이터베이스, 소셜미디어 데이터, 수천 건 이상의 선행 프로젝트에서 정보와 인사이트를 찾을 수 있게 해준다. 한 분석가는 다음과 같이 말한다. "브랜드 관리자가 '인도의 중년 남성과 관련된 헤어 케어 문제는 무엇인지' 물어볼 수도 있다. 피플월드는 필요한 것을 직감하고 탈모와 비듬, 유사한 주제에 대한 방대한 정보를 검색하여 즉시 높은 수준의 개요를 제공한다." 추가적인 질문을 통해 관리자는 다양한 시장의 특정 소비자 집단에게 더 나은 서비스를 제공하는 방법에 대한 인사이트를 검색할 수도 있다.

마케팅 정보 시스템(MIS)
정보 욕구를 평가하고, 필요한 정보를 개발하며, 의사결정자가 실행 가능한 고객 및 마케팅 인사이트를 만들어내고 이를 검증하는 데 그 정보를 사용하도록 도와주는 사람과 과정

따라서 기업은 효과적인 마케팅 정보 시스템을 개발하여 관리자에게 적절한 정보를 적절한 형태로 적절한 시기에 제공하고, 그들이 이 정보를 이용하여 고객 가치를 창출하고 더 강력한 고객 관계를 구축할 수 있도록 도와주어야 한다. **마케팅 정보 시스템**(marketing information system, MIS)은 정보 욕구를 평가하고, 필요한 정보를 개발하며, 의사결정자가 실행 가능한 고객 및 마케팅 인사이트를 만들어내고 이를 검증하는 데 그 정보를 사용하도록 도와주는 사람과 과정으로 구성된다.

● 그림 4.1은 마케팅 정보 시스템이 시작되고 종료되는 과정에 정보 사용자(예: 마케팅 관리자, 내·외부 파트너, 마케팅 정보를 원하는 사람들)가 함께 참여하는 것을 보여준다. 첫째, 마케팅 정보 시스템은 정보 욕구를 평가하기 위해 정보 사용자와 상호작용한다. 둘째, 마케팅 정보 시스템은 내부 데이터베이스, 마케팅 인텔리전스 활동, 마케팅 조사를 통해 필요한 정보를 개발하려는 목적으로 마케팅 환경과 상호작용한다. 셋째, 마케팅 정보 시스템은 사용자가 고객 인사이트를 개발하고 의사결정을 내리며 고객 관계를 관리하려는 목적으로 정보를 분석하고 사용하는 것을 도와준다.

● 그림 4.1
마케팅 정보 시스템

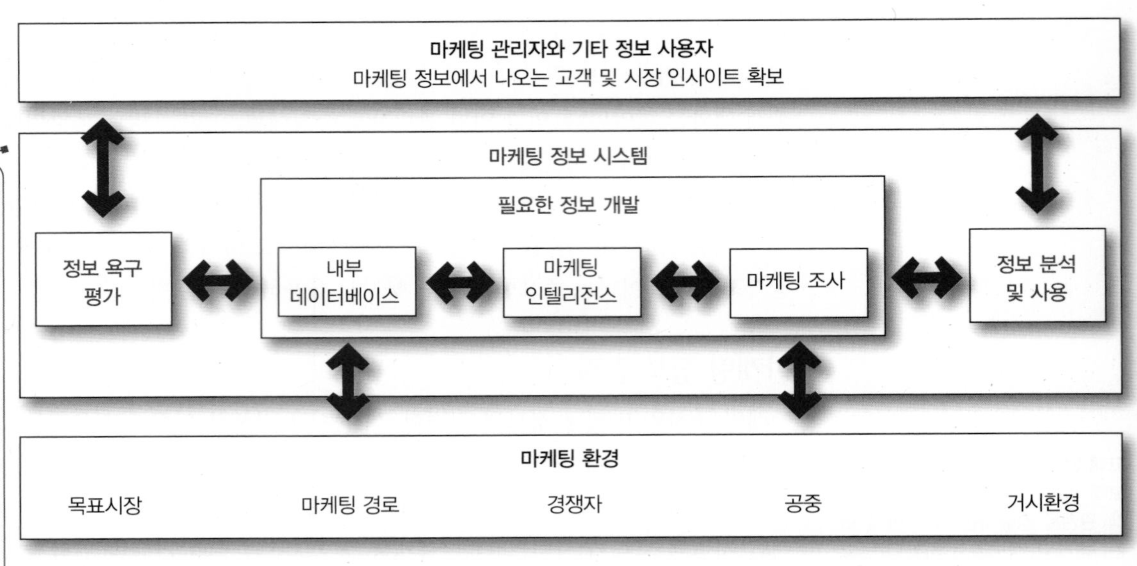

이 장에서는 고객 인사이트를 확보하기 위해 마케팅 정보를 관리하는 방법을 다룬다. 이 그림은 이 장 전체의 개요를 보여준다. 마케터는 사용자의 정보 욕구 평가를 시작으로 내부 데이터베이스, 마케팅 인텔리전스, 마케팅 조사 과정을 이용하여 필요한 정보를 개발한다. 그리고 사용자가 적절한 형태로 적시에 정보를 사용할 수 있게 해준다.

저자 코멘트 | 마케팅 정보 시스템은 사용자의 정보 욕구를 평가한 후 이를 충족하는 정보와 인사이트를 제공함으로써 사용자로 시작하여 사용자로 끝난다.

마케팅 정보 욕구 평가와 데이터 개발

학습목표 4-2 마케팅 정보 시스템을 정의하고 그 구성요소를 파악한다.

마케팅 정보 욕구 평가

마케팅 정보 시스템은 기업의 마케팅 부서와 기타 부서의 관리자를 도와준다. 그리고 공급업체, 재판매업자, 마케팅 서비스 대행사와 같은 외부 파트너에게 정보를 제공할 수 있다. 예를 들어 월마트의 리테일링크(RetailLink) 시스템은 주요 공급업체에 고객 구매 패턴과 재고 수준에 관한 정보를 제공하며, 이를 통해 공급업체는 과거 24시간 동안 어떤 매장에서 얼마나 많은 품목이 팔렸는지 파악할 수 있다.[5]

좋은 마케팅 정보 시스템은 정보 사용자가 얻고자 하는 정보와 그들이 정말 필요로 하는 정보, 그리고 제공할 수 있는 정보의 균형을 맞춘다. 어떤 관리자는 정말 필요한 것에 대해 심각하게 생각하지 않은 상태에서 수집할 수 있는 모든 정보를 요구한다. 그러나 너무 많은 정보는 너무 적은 정보만큼 해로울 수도 있다. 한편 어떤 관리자는 당연히 알아야 할 정보를 빠뜨리거나 반드시 파악해야 할 정보의 유형을 요청하지 않는다. 마케팅 정보 시스템은 의사결정을 하는 데 꼭 필요한 정보를 의사결정자에게 제공하기 위해 마케팅 환경을 추적한다.

한편 정보를 확보·처리·저장·분배하는 데 드는 비용이 매우 빠르게 증가할 수 있다. 기업은 추가적인 정보를 확보하는 데 따른 혜택이 그 정보를 획득하는 데 드는 비용만큼 가치가 있는지 판단해야 하는데, 이러한 가치와 비용을 평가하기 어려운 경우가 흔히 있다.

저자 코멘트 | 문제는 정보를 찾는 것이 아니다. 빅데이터 시대에 세상은 풍부한 원천에서 나온 정보가 가득하다. 진정한 도전은 내부와 외부 원천에서 올바른 정보를 찾아 고객 인사이트로 전환하는 것이다.

마케팅 정보 개발

마케터는 내부 자료, 마케팅 인텔리전스, 마케팅 조사에서 필요한 정보를 확보할 수 있다.

내부 데이터베이스
사내 네트워크의 자료 원천에서 얻은 소비자 및 시장 정보를 모아놓은 것

내부 자료

많은 기업은 사내 네트워크의 자료 원천에서 얻은 소비자 및 시장 정보를 모아놓은 광범위한 **내부 데이터베이스**(internal database)를 구축한다. 마케팅 부서는 고객 특성 및 선호도, 매장과 온라인

판매 거래 및 상호작용, 웹 및 소셜미디어 사이트 방문에 관한 정보를 제공한다. 고객 서비스 부서는 고객 만족 또는 서비스 문제에 대한 기록을 보관하고, 회계 부서는 매출, 비용 및 현금 흐름에 대한 상세한 기록을 제공하며, 생산관리 부서는 생산, 선적, 재고 관련 자료를 가지고 있다. 판매사원은 재판매업자의 반응과 경쟁사 활동에 대한 보고서를 작성하고, 마케팅 유통경로상의 협력업체는 판매 거래에 관한 자료를 제공한다. 이러한 정보를 개발하고 활용하면 강력한 고객 인사이트와 경쟁우위를 확보할 수 있다.

● 예를 들어 온라인 패션 소매업체인 스티치픽스(Stich Fix)는 방대한 내부 고객 데이터베이스를 잘 활용하여 많은 충성고객을 끌어모았다.[6]

● 내부 데이터: 스티치픽스는 고객 데이터베이스를 잘 개발하고 능숙하게 사용함으로써 높은 수준의 고객 만족도와 충성도를 얻었다.
Stitch Fix

스티치픽스는 늘 바쁜 사람들에게 온라인으로 저렴한 개인 스타일링 서비스를 제공하여 '개인 스타일링의 파트너'로 자리매김하고 있다. '개인 서비스'와 '온라인'은 얼핏 모순적으로 보이지만 스티치픽스는 2,000명 이상의 개인 스타일리스트와 80명 이상의 데이터 과학자로 팀을 구성하고, 심층적인 고객 데이터베이스를 구축 및 조사하여 각 고객의 고유한 스타일 감각을 파악한다. 스티치픽스의 고객은 "당신은 과시하고 뽐내는 것을 좋아하나요?", "당신은 픽스(Fix) 셀렉션에서 얼마나 과감하게 선택하고 싶나요?"와 같은 세부적인 스타일 퀴즈에 답하는 것에서 시작한다(답변의 예: "자주: 과감은 내 중간 이름이고, 당장 그렇게 하고 싶어!"). 고객은 다양한 패션 사진에 등급을 매기고 자신의 소셜미디어 링크를 제출할 수도 있다.

이처럼 풍부한 고객 데이터베이스와 많은 사람을 판단할 수 있는 정교한 알고리즘을 결합하여 스티치픽스는 고객에게 적합한 패션 '픽스'(고객 취향에 맞는 다섯 가지 의류나 액세서리를 담은 상자)를 조합하여 배송한다. 그러면 고객은 좋아하는 것은 구입하고 나머지는 상세한 피드백과 함께 반송한다. 초반에는 스타일리스트와 알고리즘이 배우는 과정을 거쳐야 했기 때문에 어려운 점이 있었으나 고객은 스티치픽스가 제공하는 서비스에 금방 중독되었다. 고객 데이터베이스를 능숙하게 사용하게 됨으로써 스티치픽스는 빠르게 성장하고 있으며, 현재 12억 달러 이상의 의류를 판매하고 연간 270만 명 이상의 고객에게 액세서리를 제공한다.

통상적으로 내부 자료는 다른 정보 원천보다 신속하고 저렴하게 수집할 수 있지만 한편으로는 문제점도 있다. 내부 자료는 때로 다른 목적으로 수집되기 때문에 의사결정에 이용하기에는 불완전하거나 잘못된 형태로 제공될 수도 있다. 또한 자료가 금세 진부해지기 때문에 데이터베이스를 최신 상태로 유지하기 위해 많은 노력을 기울여야 한다. 대기업이 만들어내는 방대한 정보를 관리하기 위해서는 매우 정교한 장비와 기술이 필요하다.

경쟁적 마케팅 인텔리전스

경쟁적 마케팅 인텔리전스
소비자, 경쟁사, 시장의 전개 상황에 대해 공개적으로 수집 가능한 정보를 체계적으로 수집하고 분석하는 것

경쟁적 마케팅 인텔리전스(competitive marketing intelligence)는 소비자, 경쟁사, 시장의 전개 상황에 대해 공개적으로 수집 가능한 정보를 체계적으로 수집하고 분석하는 것을 말한다. 마케팅 인텔리전스의 목적은 전략적 의사결정을 개선하고, 경쟁사의 활동을 추적하며, 기회와 위협에 대한 조기 경보를 제공하는 것이다. 마케팅 인텔리전스 기술은 고객을 직접 관찰하는 것, 사내 종업원에게 질문하는 것, 경쟁사 제품을 벤치마킹하는 것, 소셜 및 모바일 미디어를 실시간 모니터링하는 것 등 다양하다.

우수한 마케팅 인텔리전스는 소비자가 자사 브랜드에 대해 어떻게 이야기하고 자사 브랜드와 어떻게 연결되어 있는지에 관해 마케터가 인사이트를 얻는 데 도움을 줄 수 있다. 많은 기업은 잘 훈련된 관찰 팀이 소비자와 섞여 어울리는 과정에서 소비자가 자사 제품을 사용하고 어떻게 이야기하는지 관찰하게 한다. 어떤 기업은 실시간으로 브랜드와 관련된 온라인 소비자와 시장 상황을 모니터링하기 위해 최신 소셜미디어 통제 센터를 운영하고 있다.

● 예를 들어 마스터카드(MasterCard)의 '컨버세이션 스위트(Conversation Suite)'라는 디지털 인텔리전스 통제 센터는 이 세상의 수백만 가지 온라인 대화를 실시간으로 모니터링하고 분석하여 대응한다.[7]

● 경쟁적 마케팅 인텔리전스: 마스터카드의 '컨버세이션 스위트'라는 디지털 인텔리전스 통제 센터는 43개 시장에서 26개 언어로 브랜드 관련 대화를 실시간으로 모니터링하고 분석하여 대응한다.
Mastercard

마스터카드의 컨버세이션 스위트는 56개 시장에서 27개 언어로 브랜드 관련 대화를 모니터링한다. 컨버세이션 스위트는 마스터카드와 관련된 비평이 게재되는 소셜네트워크, 블로그, 온라인 및 모바일 동영상, 전통적인 미디어를 추적한다. 뉴욕 본사에 있는 마스터카드 구매 부서에서 컨버세이션 스위트 직원과 다양한 마스터카드 부서 및 사업부의 관리자들이 거대한 40피트 LED 화면 앞에 모여 있는데, 이 화면에는 전 세계의 브랜드 관련 대화가 요약되어 나타나고 이는 4분마다 갱신된다. 마케팅 및 고객 서비스 직원으로 이루어진 순환 그룹은 이 통제 센터에서 2~3시간 동안 보낸다. 마스터카드의 마케팅 책임자는 이렇게 말한다. "여기는 실시간 표적집단 면접이 이루어지는 곳이다. 우리는 자사 제품과 경쟁사에 관한 모든 것을 추적한다."

마스터카드는 컨버세이션 스위트가 보고 듣고 배우는 것을 이용하여 제품과 마케팅 활동을 개선하고, 브랜드 성과를 측정하며, 의미 있는 고객 대화와 관여를 이끌어낸다. 마스터카드는 사회적인 홍보대사와 안내원을 양성하는데, 이들은 온라인 대화에 참여하고 고객과 브랜드에 직접적으로 영향을 미치는 사람들과 관계를 맺는다. 한 관리자는 다음과 같이 말한다. "오늘날 우리가 하는 모든 것은 컨버세이션 스위트에서 얻는 인사이트를 바탕으로 한다. 그것은 우리의 사업 방식을 변화시킨다."

또한 기업은 적극적으로 경쟁사의 활동을 추적할 필요가 있다. 기업은 경쟁사의 웹사이트와 소셜미디어 사이트를 모니터링할 수 있다. 예를 들어 아마존닷컴의 경쟁력 '컴페티티브 인텔리전스(Competitive Intelligence)'는 경쟁사의 분류, 속도, 서비스 품질을 분석하고 비교하기 위해 정기적으로 경쟁사 웹사이트에서 제품을 구매한다. 기업은 인터넷으로 특정 경쟁사의 이름, 이벤트, 동향 등을 검색하고 어떤 결과가 나오는지 확인하기도 한다. 한편 경쟁 브랜드에 대한 소비자의 대화를 추적하면 자사 브랜드에 대한 대화를 추적하는 것만큼 많은 정보를 얻을 수 있다.

기업은 경쟁사의 움직임과 전략에 대한 정보를 얻고 경쟁적인 대응을 재빨리 준비하기 위해 경쟁적 마케팅 인텔리전스를 이용한다. 예를 들어 삼성은 자사의 스마트폰과 태블릿의 마케팅 반응(marketing response)을 신속하게 결정하기 위해 경쟁사인 애플의 아이폰, 아이패드 및 기타 기기와 관련된 소셜미디어 활동을 실시간으로 모니터링한다. 애플이 가장 기대되는 최신 제품을 발표했을 때 삼성의 마케팅 전략가들은 전략실의 스크린 앞에 둘러앉아 애플 기기의 기능뿐만 아니라 블로그와 소셜미디어에 넘쳐나는 온라인의 소비자 의견을 모니터링했다. 실시간으로 온라인상에서 소비자 및 경쟁사의 자료가 쏟아질 때마다 삼성 팀은 마케팅 대응을 마련했다. 애플의 신제품이 매장 진열대에 놓인 지 며칠 지나지 않아 삼성은 TV, 인쇄 매체, 소셜미디어를 통해 광고를 시작했다.[8]

경쟁사 인텔리전스의 대부분은 기업의 임원, 엔지니어와 과학자, 구매 대리인과 영업사원 같은 기업 내 사람들로부터 수집할 수 있다. 또한 공급업체, 재판매업자, 핵심 고객으로부터 중요한 인텔리전스 정보를 수집할 수도 있다. 인텔리전스를 탐색하는 사람들은 수천 개의 온라인 데이터베이스를 통해 자료를 수집하고 있다. 어떤 것은 무료이다. 예를 들어 미국증권거래위원회(U.S. Securities and Exchange Commission)의 데이터베이스는 상장된 경쟁사에 대한 방대한 재무 정보를 제공하고, 미국특허청(U.S. Patent Office and Trademark)의 데이터베이스는 경쟁사가 등록한 특허권을 공개하고 있다. 또한 기업은 후버스(Hoover's), 렉시스넥시스(LexisNexis), 던앤드브래드스트리트(Dun & Bradstreet)와 같은 3,000개 이상의 온라인 데이터베이스와 정보 검색 서비스에 비용을 내고 가입할 수 있다. 오늘날 마케터는 키를 몇 번 누르기만 하면 경쟁사의 방대한 정보를 확보하게 된다.

인텔리전스 및 모니터링 게임은 양방향으로 진행된다. 경쟁사가 필살의 각오로 임하는 마케팅 인텔리전스 노력에 대항하여 대부분의 기업은 자신의 정보를 보호하기 위한 조치를 취하고 있다. 기업은 잠재적으로 해를 끼칠 수 있는 정보 유출을 찾아 마케팅 인텔리전스 조사를 수행해야 한다. 정보를 캐내려고 하는 경쟁사가 접근할 수 있는 채용 공고, 법정 기록, 광고와 블로그, 웹페이지, 보도 자료, 온라인 기업 보고서, 고객과 직원이 올린 소셜미디어 포스팅 등 모든 것을 삭제하는 것에서 시작해야 한다.

마케팅 인텔리전스 이용의 증가는 여러 가지 윤리적인 문제를 야기한다. 일부 인텔리전스 수집 기법은 윤리적인 문제가 있을 수 있다. 기업은 공개적으로 수집 가능한 정보를 활용하고 자료를 훔치지 말아야 한다. 기업은 합법적으로 확보할 수 있는 인텔리전스 정보 원천을 가지고 있기 때문에 좋은 인텔리전스를 얻기 위해 법이나 행동강령을 위반할 필요가 없다.

저자 코멘트 | 마케팅 인텔리전스는 일반적인 마케팅 환경을 적극적으로 검색하는 것을 포함하는 반면, 마케팅 조사는 특정 마케팅 결정과 관련된 고객 인사이트를 얻기 위한 보다 집중적인 연구를 포함한다.

마케팅 조사

학습목표 4-3 마케팅 조사의 역할과 마케팅 조사 과정의 단계를 개략적으로 설명한다.

마케터는 마케팅 인텔리전스에서 나오는 일반 소비자, 경쟁업체, 시장 현황에 관한 정보에 더하여 특정 상황이나 의사결정에 필요한 고객 및 시장 인사이트를 제공하는 공식적인 조사를 필요로 한다. 예를 들어 스타벅스는 새로운 아침 메뉴에 소비자가 어떻게 반응할지 알고 싶어 한다. 구글은 변경된 사이트에 대해 온라인 및 모바일 검색자가 어떻게 반응할지 알고 싶어 한다. 삼성은 얼마나 많은 사람들과 어떤 종류의 사람들이 차세대 울트라신(ultrathin) TV를 구매할지 궁금해한다. 이 경우 마케팅 인텔리전스는 필요한 정보를 상세하게 제공하지 못하기 때문에 관리자는 마케팅 조사를 수행할 필요가 있다.

마케팅 조사
조직이 직면한 특정 마케팅 상황과 관련된 자료의 체계적인 설계, 수집, 분석, 보고와 관련된 활동

마케팅 조사(marketing research)는 조직이 직면한 특정 마케팅 상황과 관련된 자료의 체계적인 설계, 수집, 분석, 보고와 관련된 활동을 말한다. 기업은 다양한 상황에서 마케팅 조사를 활용한다. 예를 들어 마케팅 조사는 마케터에게 고객의 동기, 구매 행동, 만족에 대한 인사이트를 제공하고, 관리자가 시장의 잠재력과 시장 점유율을 평가하고 가격, 제품, 유통 및 촉진 활동의 효과성을 진단하는 것을 도와준다.

어떤 대기업은 조사 부서를 갖추고 있으며, 조사 부서는 마케팅 조사 프로젝트를 위해 마케팅 관리자와 함께 일한다. 여기에 더하여 이러한 기업은 중소기업과 마찬가지로 외부의 조사 전문가에

게 의뢰하여 특정 마케팅 문제점에 대한 자문을 받고 마케팅 조사 프로젝트를 진행한다. 때로 기업은 의사결정에 도움을 받기 위해 외부 기업이 수집한 자료를 구매하기도 한다.

전통적인 마케팅 조사의 변화

최근 새로운 디지털 수집 기술이 급속히 확산되면서 전통적인 마케팅 조사는 큰 변화를 겪고 있다. ● 설문조사나 표적집단 면접과 같은 전통적인 조사는 더 새롭고 민첩하고 즉각적이며 비용이 절감되는 디지털 데이터 수집 방법에 길을 내주고 있다. 실시간 소셜미디어, 웹사이트, 모바일 기기 추적에 대한 온라인 피드백 모니터링과 같은 새로운 접근은 전통적인 마케팅 조사에 위협이 되고 있다. 이 분야를 지켜본 어떤 사람은 다음과 같이 밝혔다. "우리가 수십 년 동안 알고 있었던 시장조사 산업이 사라지고 있다. 빠르게 변모하는 마켓 인텔리전스의 하위 분야에 흡수되고 있다."[9]

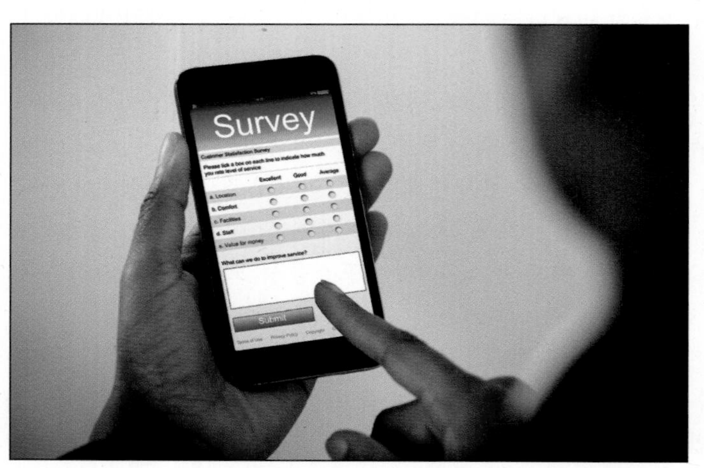

● 마케팅 조사의 변화: 설문조사와 같은 전통적인 조사가 여전히 유용하고 강력함에도 불구하고, 더 새롭고 민첩하고 즉각적이며 비용이 절감되는 디지털 데이터 수집 방법에 길을 내주고 있다.
Andriy Popov/123RF

오늘날의 빠르고 민첩한 의사결정에는 빠르고 민첩한 마케팅 정보와 조사(**저스트인타임 조사**라고 불림)가 필요하다. 이러한 상황에서 흔히 속도는 조사의 엄격함과 정확함보다 더 중요하다. 한 분석가는 다음과 같이 말한다. "만약 마케팅 관리자가 버튼 한 번에 탭, 보기, 클릭, 좋아요 및 공유, 새로운 광고 캠페인에 대한 반응(소셜미디어 코멘트의 성공에 따라 시끄러운지 조용한지)을 볼 수 있다면 왜 굳이 4주나 걸리는 시장조사 보고서의 막대그래프를 보려고 하겠는가? 전통적인 조사는 느릴 뿐만 아니라 다른 정보 원천보다 인사이트를 덜 얻을 수도 있다."[10] 따라서 마케팅 조사자는 새로운 정보의 흐름에 적응해야만 한다.

그러나 역할이 변화하더라도 전통적인 마케팅 조사는 여전히 많이 이용되고 있으며 중요하다. 많은 마케팅 의사결정에서 정보의 질과 엄격함은 속도나 편리함, 낮은 비용보다 더 중요하다. 전통적인 조사 접근은 더 많은 시간과 비용이 들 수도 있지만, 특히 소비자가 보이는 태도와 행동의 이유에 대한 더 깊고 집중적인 조사가 가능하다.

새로운 조사 플랫폼의 성장은 마케팅 조사 산업에 엄청난 기회를 제공한다. 전통적인 조사와 새로운 디지털 접근 조사의 결합은 소비자와 시장에 관한 데이터를 수집·분석·커뮤니케이션하고 인사이트를 얻는 마케터의 능력을 크게 향상할 수 있다.

마케터의 핵심은 기존의 접근 방식과 새로운 접근 방식을 결합하여 마케팅 정보 시스템을 통합하고, 민첩하지만 깊고 완전한 마케팅 정보와 인사이트를 제공할 수 있도록 하는 것이다. 새로운 디지털 접근은 소비자 구매 활동의 요구, 시기, 장소, 방법에 대한 실시간 데이터에 즉각적이고 경제적으로 다가갈 수 있게 한다. 그럼으로써 새로운 디지털 접근은 전통적인 마케팅 조사가 왜 현실에서 그러한 일이 일어나는지에 관해 더욱더 깊고 엄격하게 파고들 수 있게 한다. 한 분석가는 이렇게 말한다. "디지털 접근 방식을 기존 방식의 대체물로 볼 것이 아니라, 기존 방식을 보완하고 향상하는 새로운 접근 방식으로 보아야 한다. 지금처럼 마케팅 조사 전문가가 되기에 좋은 때는 없다. 그러나 이러한 기회에 부응하기 위해 조사자는 전반적인 동향, 도구, 산업을 형성하는 기술을 잘 다루어야 한다."[11]

마케팅 조사 과정은 ● 그림 4.2와 같이 4단계(문제와 조사 목적 정의, 조사 계획 수립, 조사 계획 실행, 결과 해석과 보고서 작성)로 진행된다.

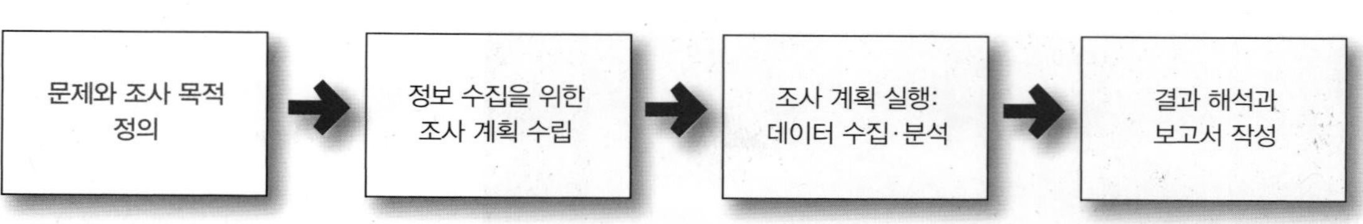

● 그림 4.2
마케팅 조사 과정

첫 번째 단계는 아마도 가장 어렵지만 가장 중요하다. 첫 번째 단계는 전체 조사 과정을 안내한다. 비싼 조사 프로젝트를 마쳤을 때 잘못된 문제를 다루었음을 알게 된다면 매우 당황스러울 것이다.

문제와 조사 목적 정의

마케팅 관리자와 조사자는 문제를 정의하고 조사 목적을 공유하기 위해 서로 긴밀하게 협조해야 한다. 조사자는 마케팅 조사 및 정보 수집 방법을 가장 잘 알고 있는 반면, 관리자는 의사결정을 위해 필요한 정보가 무엇인지를 가장 잘 알고 있다. 문제와 조사 목적을 정의하는 것은 조사 과정에서 가장 어려운 단계이다. 관리자는 구체적인 원인이 무엇인지는 모를지라도 무엇이 잘못되었는지는 알 수 있다.

요즘 같은 빅데이터 시대에 마케터는 문제와 인사이트를 찾기 위해 단순히 데이터 과학자를 방대한 빅데이터에 풀어놓고 싶을 수도 있다. 그러나 효과적인 조사는 올바른 방향의 분석과 개방적인 분석을 잘 조화하여 사용해야 한다. 한편으로 데이터 분석은 잘 고려된 문제를 향할 때 더욱 효과적이다. 데이터 전문가는 이렇게 말한다. "마케팅 조사자가 먼저 현명한 질문을 한 다음 관련 데이터를 잘 섞어서 인사이트를 발견해야 한다." 반면에 다른 전문가는 이렇게 말한다. "열린 마음으로 접근하고 새로운 인사이트를 포용해야 한다. 그중 대부분은 약점을 찾는 것에 관한 것이며 놀라움의 찰나를 찾는 것이다. 거기에 마법이 있다."[12]

탐색적 조사
문제를 정의하고 가설을 세우는 데 도움이 되는 기초 자료를 수집하는 것

기술적 조사
제품의 시장 가능성, 제품을 구매하는 소비자의 인구통계적 특성, 태도 등과 같은 사실을 기술하는 것

인과관계적 조사
인과관계에 대한 가설을 검증하는 것

관리자는 조사 문제를 주의 깊게 정의 내린 다음 조사 목적을 수립해야 한다. 마케팅 조사 프로젝트는 그 목적에 따라 세 가지 유형으로 구분된다. **탐색적 조사**(exploratory research)의 목적은 문제를 정의하고 가설을 세우는 데 도움이 되는 기초 자료를 수집하는 것이다. **기술적 조사**(descriptive research)의 목적은 제품의 시장 가능성, 제품을 구매하는 소비자의 인구통계적 특성, 태도 등과 같은 사실을 기술하는 것이다. **인과관계적 조사**(causal research)의 목적은 인과관계에 대한 가설을 검증하는 것이다. 예를 들어 사립대학에서 등록비 10% 인하가 등록률을 증가시켜 감소된 등록비를 보전할 수 있을까? 흔히 관리자는 탐색적 조사를 먼저 시작하고 그 결과를 토대로 기술적 조사나 인과관계적 조사를 진행한다.

문제와 조사 목적을 기술한 것은 전반적인 조사 과정의 지침이 된다. 관리자와 조사자는 조사 목적과 기대되는 결과에 대한 동의를 확실히 하기 위해 이와 관련된 문서를 작성할 필요가 있다.

조사 계획 수립

조사 문제와 조사 목적을 정의한 후 조사자는 필요한 정보를 정확히 결정하고 이를 효율적으로 수집하기 위한 계획을 개발하여 관리자에게 제시해야 한다. 조사 계획에는 기존 자료의 정보 원천을 요약하고, 새로운 자료를 수집하는 데 사용할 조사 방식, 응답자 접촉 방법, 표본 계획, 자료 수집 도구 등을 기술한다.

조사 목적은 구체적인 정보 욕구로 전환되어야 한다. ● 예를 들어 유럽에 400개 이상의 프랜차이즈를 보유한 독일의 해산물 체인 노르지(Nordsee)는 개발 중인 비건피시(vegan fish) 메뉴에 소비자가 어떻게 반응할지 알고 싶었다. 독일에는 약 800만 명의 베저테리언(vegetarian)과 130만 명의 비건(vegan)이 있다. 통계에 따르면 약 2,000명의 베저테리언과 200명의 비건이 매일 증가하고 있다. 그러나 패스트푸드 체인점의 비건 제품은 보통 감자튀김이나 치즈 없는 샐러드 같은 사이드 메뉴뿐이다. 따라서 노르지는 비건 제품을 추가하는 것이 새로운 고객을 유치하고 비건 제품

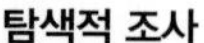

'비건피시'를 추가하려는 노르지의 결정에는 구체적인 정보를 제공하는 마케팅 조사가 필요할 것이다.
Toni Genes/Shutterstock

을 주도하는 데 도움이 될 것이라고 생각했다. 이에 따라 제안된 연구 결과는 다음과 같은 구체적인 정보를 필요로 한다.[13]

- 현재 노르지 고객의 인구통계적·경제적 특징과 라이프스타일의 특징: 현재 고객 중 생선을 먹지 않는 가족이 있는가? 노르지는 새로운 고객층을 공략해야 하는가?
- 패스트푸드와 패스트캐주얼 식당을 이용하는 계층의 특징과 이용 패턴: 그들이 이러한 식당에서 필요로 하고 기대하는 것은 무엇인가? 어디서, 언제, 어떻게 이용하는가? 기존의 품질, 가격, 서비스 수준을 중요하게 여기는가? 새로운 노르지 제품은 혼잡한 패스트푸드 시장에서 강력하고 적절하며 특색 있는 포지셔닝을 차지해야 할 것이다.
- 노르지 고객 경험에 대한 영향: 비건피시는 유명한 피시버거의 품질과 일치하는가?
- 비건피시에 대한 직원의 반응: 식당 직원은 이러한 비전통적인 제품을 구매할까? 그들은 비건피시를 잘 준비하여 고객에게 제공할 수 있는가?
- 비건피시 판매 및 수익 예측: 비건피시는 지속적으로 수익성 있는 메뉴가 될 만큼 판매될 것인가?

노르지의 마케터는 비건피시를 도입해야 할지, 그리고 비건피시를 어떻게 소개할지 결정하기 위해 앞에서 언급한 정보와 그 밖의 정보가 필요할 것이다.

조사 계획은 제안서 형태로 제시되어야 한다. 조사 프로젝트의 규모가 크고 복잡할 때 또는 외부 회사가 이를 수행할 때 특히 제안서가 중요하다. 제안서에는 경영상의 문제점, 조사 목적과 수집할 정보, 조사 결과가 관리자의 의사결정에 도움을 주는 방식 등을 기술하고 조사 비용도 포함해야 한다.

1차 자료
당면한 특정 목적을 위해 수집되는 정보

2차 자료
다른 목적으로 이미 수집되어 어디엔가 존재하는 정보

관리자의 정보 욕구를 충족하기 위해 조사 계획에는 **1차 자료**(primary data), **2차 자료**(secondary data) 또는 둘 다 수집이 필요할 수 있다. 2차 자료는 다른 목적으로 이미 수집되어 어디엔가 존재하는 정보이고, 1차 자료는 당면한 특정 목적을 위해 수집되는 정보이다.

2차 자료 수집

대개 조사자는 2차 자료를 수집하면서 조사를 시작한다. 기업의 내부 데이터베이스는 좋은 출발점이 되지만 다양한 종류의 외부 정보 원천을 이용할 수도 있다.

기업은 외부 제공자로부터 2차 자료를 구매하기도 한다. 예를 들어 닐슨(Nielsen)은 전 세계 90만 개 이상의 참여 매장으로부터 얻은 쇼핑객 인사이트 정보를 판매한다. 소비자 조사 전문 기관인 익스피리언시먼스(Experian Simmons)는 미국 소비자에 대한 광범위한 관점을 제공하는 전 영역의 소비자 연구를 진행한다. 칸타퓨처스(Kantar Futures)가 제공하는 U.S. MONITOR 서비스는 중요한 사회적 동향과 라이프스타일 추세에 관한 정보를 판매한다. 칸타의 Cultural Streetscapers는 마케터에게 광범위한 사회적 변화와 독특한 소비자 부문의 획기적인 변화 등 현재와 미래의 시장을 형성하고 있는 광범위한 관점을 제공한다. 여러 조사 회사는 다양한 마케팅 정보 욕구에 맞

춘 고품질의 자료를 공급한다.[14]

마케팅 조사자는 상업적 온라인 데이터베이스(commercial online database)를 이용하여 2차 자료 원천에 대한 탐색을 직접 운영할 수 있다. 프로퀘스트(ProQuest), 렉시스넥시스와 같은 일반 데이터베이스 서비스는 엄청난 양의 정보를 마케팅 의사결정자의 키보드에 올려놓는다. 돈을 받고 정보를 제공하는 상업적인 웹사이트 말고도 거의 모든 산업의 협회, 정부 산하 기관, 사업 간행물, 뉴스 매체는 자신의 웹사이트나 앱을 열심히 탐색하는 사람들에게 무료로 자료를 제공한다.

인터넷 검색엔진(internet search engine)은 적절한 2차 자료 정보 원천을 확인하는 데 큰 도움이 된다. 그러나 웹 검색엔진은 실망스럽고 비효율적일 수도 있다. 예를 들어 칙필레의 마케터가 구글에서 '패스트푸드 비건 치킨'을 검색한다면 5만 개의 결과를 보게 될 것이다. 그러나 잘 구조화되고 고안된 웹 탐색은 여전히 어떤 마케팅 조사 프로젝트라도 좋은 출발점이 될 수 있다.

2차 자료는 1차 자료보다 더 빨리 그리고 저렴한 비용으로 수집할 수 있다. 또한 2차 자료 정보원천은 때때로 각 기업이 자체적으로 수집할 수 없는 정보를 제공하기도 한다. 이러한 자료는 각 기업이 입수하기 어려울 수도 있고 수집하는 데 너무 많은 비용이 들 수도 있다. 예를 들어 코카콜라나 타이드 같은 소비재 마케팅 관리자가 경쟁사 브랜드의 시장 점유율, 가격, 진열 등을 파악하기 위해 직접 소매상 조사를 수행하려면 상당히 큰 비용을 들여야 한다. 그러나 이들은 미국 시장의 10만 개 이상 소매상의 데이터 정보를 제공하는 IRI 그룹으로부터 판매 및 회계 데이터를 구입할 수 있다.[15]

한편 2차 자료는 필요한 정보가 없을 수도 있다는 문제점도 있다. 즉 조사자가 2차 자료를 통해 원하는 모든 자료를 확보할 수 없는 경우도 있다. 예를 들어 칙필레는 패스트푸드 시장에서 비건 치킨텐더의 소비자 반응에 관한 정보를 찾지 못할 수도 있다. 설령 그러한 자료가 발견되더라도 사용 가치가 없을 수도 있다. 조사자는 2차 자료를 주의 깊게 평가하여 그 자료가 적절한지(조사 프로젝트의 욕구에 맞는가), 정확한지(신뢰성 있게 수집되었는가), 최신인지(의사결정에 적합한 최신 정보인가), 왜곡되지 않았는지(객관적으로 수집되고 보고되었는가) 확인해야 한다.

1차 자료 수집

2차 자료는 조사를 위한 좋은 출발점이 되고 조사 문제와 조사 목적을 정의하는 데 도움을 준다. 그러나 대부분의 경우 기업은 1차 자료를 수집한다. ● 표 4.1은 1차 자료 수집 계획을 설계하는 데 조사 방식, 접촉 방법, 표본계획, 조사 도구 등의 의사결정이 필요하다는 것을 보여준다.

조사 방식

1차 자료를 수집하기 위한 조사 방식(research approach)에는 관찰조사, 설문조사, 실험조사가 있다. 이러한 방식을 각각 자세히 살펴보자.

● 표 4.1 | 1차 자료 수집 계획

조사 방식	접촉 방법	표본추출 계획	조사 도구
관찰조사	우편	표본추출 단위	설문지
설문조사	전화	표본 크기	기계 장치
실험조사	대인 면접	표본추출 절차	
	온라인		

관찰조사
적절한 사람, 행동, 상황을 관찰함으로써 1차 자료를 수집하는 것

관찰조사 **관찰조사**(observational research)는 적절한 사람, 행동, 상황을 관찰함으로써 1차 자료를 수집하는 것이다. 예를 들어 피자 거물인 도미노피자의 새로운 메뉴는 고객의 특별 요청을 관찰하고 그에 따라 기존 제품을 조정하는 프랜차이즈 매장에서 나오며, 테스트 주방은 새로운 메뉴 아이디어를 받아 12개의 감각 부스(sensory booth)를 통해 테스트한다. 각 부스에는 조각 피자에 맞는 슬롯과 제품 외관, 맛, 선호도에 관한 피드백을 받을 수 있는 기기가 설치되어 있다. 신제품 테스트 외에도 도미노피자는 기존 제품의 개선 사항과 신규 공급업체의 재료에 대한 반응을 관찰하기 위해 관찰 부스를 사용한다.[16]

마케터는 소비자의 행동뿐만 아니라 소비자가 하는 이야기도 관찰한다. 앞서 언급했듯이 마케터는 블로그, 소셜네트워크, 웹사이트상의 소비자 대화를 정기적으로 청취한다. 이와 같이 자연스럽게 일어나는 피드백을 관찰함으로써 보다 구조적이고 공식적인 조사 방식에서 얻을 수 없는 자료를 확보하게 된다.

에스노그래픽 조사
잘 훈련된 관찰 전문가가 '자연 그대로의 환경'에서 소비자를 관찰하고 상호작용하는 조사 방식

많은 기업은 잘 훈련된 관찰 전문가가 '자연 그대로의 환경'에서 소비자를 관찰하고 상호작용하는 **에스노그래픽 조사**(ethnographic research)를 이용한다. 여기서 관찰자는 잘 훈련된 인류학자, 심리학자 또는 기업의 연구원과 관리자이다. 한 예로 터보택스(TurboTax)와 퀵북스(QuickBooks) 파이낸셜 소프트웨어 제조사인 인튜이트(Intuit)를 살펴보자.[17]

● 에스노그래픽 조사: 인튜이트의 '팔로 미 홈' 프로그램하에 잘 훈련된 팀은 고객의 집과 사무실을 방문하여 자사 제품을 실제로 어떻게 사용하는지 지켜본다.
Pixel-Shot/Shutterstock

대부분의 기업은 고객과 친해지고 싶어 하는데 그중 인튜이트는 더욱 특별하다. ● 인튜이트의 '팔로 미 홈(follow-me home)' 프로그램하에 잘 훈련된 직원들로 구성된 소규모 팀이 고객의 집과 사무실을 방문하여 자사 제품을 실제로 어떻게 사용하는지 지켜본다. 이 팀은 고객을 인터뷰하지 않고 단순히 관찰만 한다. 이렇게 방문할 때마다 팀이 즉시 '전체 그림을 더 빨리 볼 수 있도록' 보고한다고 인튜이트의 CEO인 브래드 스미스(Brad Smith)는 말한다. 인튜이트는 매년 약 1만 시간의 팔로 미 홈 방문을 수행하고 스미스 또한 1년에 60~100시간을 여기에 할애한다. 한 관찰자는 "근본적인 현실은 고객의 말을 [항상] 믿을 수는 없다는 것"이라고 말한다. 스미스는 이에 동의하며 다음과 같이 말한다. "고객의 행동은 진실하다. 팔로 미 홈에서 얻는 것을 데이터 스트림에서는 얻을 수 없다. 누군가의 눈을 보고 그 감정을 직접 느껴야 한다."

관찰조사와 에스노그래픽 조사는 전통적인 설문조사나 표적집단 면접에서 파악하기 어려운 상세한 정보를 제공하곤 한다. 전통적인 양적 조사 방식은 설정된 가설을 검증하고 잘 정의된 제품 또는 전략적 문제에 대한 답을 얻고자 하는 반면, 관찰조사는 소비자가 제공하려 하지 않거나 제공할 수 없는 새로운 고객 및 시장에 대한 인사이트를 제공한다. 이 방식은 소비자의 무의식적인 행동, 억제된 욕구와 감정에 대한 창구 역할을 한다.

그러나 태도, 동기나 사적인 행동과 같은 것은 단순히 관찰할 수 없다. 오랜 기간 또는 자주 하지 않는 행동도 관찰하기 어렵다. 또한 관찰된 것은 해석하기가 매우 어려울 수도 있다. 이러한 단점 때문에 조사자는 관찰과 함께 다른 자료 수집 방법을 사용하기도 한다.

설문조사
사람들에게 지식, 태도, 선호, 구매 행동에 관한 질문을 하여 1차 자료를 수집하는 것

설문조사 1차 자료를 수집하기 위해 가장 많이 사용하는 수단인 **설문조사**(survey research)는 기술적인 정보(descriptive information)를 수집하는 데 적합하다. 사람들의 지식, 태도, 선호 또는 구매 행동을 파악하려는 기업은 종종 대상자에게 직접 질문할 수 있다.

설문조사의 주요 장점은 다양한 상황에서 다양한 정보를 얻기 위해 사용할 수 있는 유연성에 있다. 거의 모든 마케팅 질문과 의사결정을 다루는 설문조사는 전화, 우편, 대인 면접, 온라인을 통해 진행된다.

그러나 설문조사는 문제점도 가지고 있다. 때로 사람들은 자신이 한 행동 또는 행동을 한 이유를 기억할 수 없거나 전혀 생각해본 적이 없기 때문에 설문조사의 질문에 답을 할 수 없는 경우도 있다. 또한 잘 모르는 면접자에게 답하기를 꺼리기도 하고, 개인적인 질문에 답하기를 꺼리기도 한다. 응답자는 보다 현명하고 지식이 많은 것처럼 보이기 위해 잘 모르는 것에 대해 답하기도 한다. 게다가 면접자를 돕기 위해 면접자가 원하는 답을 하기도 한다. 그리고 바쁜 사람은 시간을 내주지 않거나 자신의 사생활이 침범당하는 것을 불쾌하게 여길 수도 있다.

실험조사
잘 구분된 실험과 집단을 선발한 다음 집단별로 다른 처치를 제공하고, 관계없는 요인을 통제하면서 집단별 반응의 차이를 확인하여 1차 자료를 수집하는 것

실험조사 관찰조사는 탐색적 조사에, 설문조사는 기술적 조사에 적합하다면 **실험조사**(experiment research)는 인과관계적 조사에 가장 적합하다. 실험조사는 잘 구분된 실험과 집단을 선발한 다음 집단별로 다른 처치(treatment)를 제공하고, 관계없는 요인을 통제하면서 집단별 반응의 차이를 확인하는 것이다. 따라서 실험조사는 원인과 결과의 관계를 설명하려 한다.

예를 들어 메뉴에 새로운 샌드위치를 추가하기 전에 맥도날드는 두 가지 가격 대안의 매출 효과를 점검하기 위해 실험조사를 진행할 수 있다. 즉 한 도시에서 특정 가격으로 새로운 샌드위치를 판매하고, 다른 도시에서는 다른 가격으로 판매한다. 만약 두 도시가 비슷하고 가격을 제외한 모든 마케팅 노력이 두 도시에서 비슷한 수준으로 진행된다면 두 도시의 매출 차이는 책정된 가격 차이와 관계가 있다고 주장할 수 있을 것이다.

온라인 통제 실험은 간단하고 비용이 적게 들며, 즉각적으로 나타나는 결과를 실행할 수 있다. ● 예를 들어 검색엔진 빙(Bing)의 디스플레이 광고 헤드라인을 변경할지 알아보기 위해 마이크로소프트는 'A/B 실험' 또는 '분할 실행 테스트(split-run test)'를 수행했다. 한 집단에는 기존의 헤드라인 형태인 A 버전을 보여주고 다른 집단에는 새로운 헤드라인 형태인 B 버전을 보여주었는데, 몇 시간 만에 새로운 헤드라인이 사용자 경험을 해치지 않으면서 12%라는 놀라운 광고 수익 증가를 가져온다는 것을 알게 되었다. 당연히 마이크로소프트는 새로운 형태를 채택했다. 오늘날 마이크로소프트, 아마존, 구글, 페이스북과 같은 기업은 사용자 수백만 명이 포함된 수천 개의 통제된 실험을 진행한다.[18]

● 실험조사: 온라인 실험은 간단하고 비용이 적게 든다. 예를 들어 마이크로소프트의 검색엔진 빙을 위한 온라인 'A/B 실험'은 몇 시간 만에 실적을 향상하는 결과를 산출했다.
One photo/Shutterstock

접촉 방법

정보는 우편, 전화, 대인 면접, 온라인을 통해 수집되며 각 접촉 방법은 강점과 약점이 있다.

우편, 전화, 대인 면접 우편 설문지(mail questionnaire)는 응답자당 적은 비용으로 많은 양의 정보를 수집하기 위해 사용할 수 있다. 응답자는 잘 모르는 면접자와 개인적으로 또는 전화로 대답하는 경우보다 우편 설문지로 응답할 때 개인적인 질문에 대해 보다 정직하게 답할 수 있다. 또한 응답을 왜곡할 수 있는 면접자도 없다.

그러나 우편 설문지는 모든 응답자가 정해진 순서에 따라 같은 질문에 답해야 한다는 측면에서 유연성이 떨어진다. 우편 설문조사는 통상적으로 자료를 수집하는 데 시간이 많이 걸리고 응답률

(완성된 설문지를 반송하는 사람의 비율)이 낮다. 이러한 단점 때문에 마케터는 보다 빠르며 유연성이 있고 비용이 적게 드는 이메일, 온라인, 모바일 설문조사로 전환하고 있다.

전화 면접은 정보를 빨리 수집할 필요가 있을 때 가장 좋은 방법으로, 우편 설문지보다 유연성이 더 많다. 면접은 어려운 질문을 설명해줄 수 있고, 피면접자의 응답에 따라 일부 질문을 생략하거나 다른 것을 질문할 수도 있다. 대개 응답률이 우편 설문지보다 높으며, 면접자는 원하는 특징을 갖춘 응답자와 통화하고 싶다고 요청할 수도 있고 이름을 확인하고 질문할 수도 있다.

그러나 전화 면접은 우편 설문지를 이용하는 경우보다 응답자당 비용이 높다. 또한 개인적인 문제에 대해 면접자와 말하고 싶어 하지 않는 사람도 있다. 전화 면접에는 면접자가 말하는 방식, 질문하는 방식이나 그 밖의 차이점이 응답에 영향을 미치는 면접자 편견(bias)이 작용할 수 있다. 게다가 소비자가 전화 받기를 거부하고 프로모션에 지쳐버린 오늘날 잠재적인 조사 응답자는 점점 더 전화 면접자와 대화하려 하지 않고 전화를 끊어버리기도 한다. 따라서 전화 면접은 여전히 중요한 마케팅 조사 방법임에도 불구하고 사용이 점차 감소하는 추세이다.

대인 면접(personal interviewing)에는 두 가지 형태, 즉 개인 면접(individual interviewing)과 집단 면접(group interviewing)이 있다. **개인 면접**은 집, 직장, 길거리, 쇼핑몰과 같은 곳에서 사람들과 만나 이야기를 나누는 것으로 매우 유연하게 전개된다. 훈련된 면접자가 면접의 지침을 제공하고, 어려운 질문에 대해 설명하며, 특정 상황의 이슈를 탐색할 수 있다. 면접자는 응답자에게 실제 제품이나 광고, 패키지를 보여주고 응답자의 행동과 반응을 관찰한다. 한편 개인 면접은 전화 면접보다 비용이 3~4배 더 든다.

표적집단 면접 집단 면접은 훈련된 사회자(moderator)가 소집단을 초대하여 제품, 서비스나 기관에 대해 이야기를 나누는 것이다. 일반적으로 참가자는 참석에 대한 사례비를 받는다. 집단 구성원의 상호작용이 실제의 감정과 생각을 끌어내므로 사회자는 자유롭고 편안한 토론이 이루어지도록 분위기를 조성한다. 또한 사회자가 토론의 초점을 맞추기 때문에 **표적집단 면접**(focus group interviewing)으로 불리게 되었다.

표적집단 면접
훈련된 사회자가 소집단을 초대하여 제품, 서비스나 기관에 대해 이야기를 나누는 것으로, 사회자는 중요한 문제에 토론의 초점을 맞추는 역할을 함

전통적인 표적집단의 경우 조사자와 마케터는 일방향 창문(one-way mirror)을 통해 표적집단 면접이 진행되는 것을 관찰하고 후속 연구를 위해 비디오로 녹화한다. 멀리 떨어진 곳에 있는 마케터는 화상회의용 모니터와 인터넷 기술을 이용하여 표적집단 면접을 보고 들을 수 있다.

관찰조사와 함께 표적집단 면접은 소비자의 생각과 느낌에 대한 새로운 인사이트를 얻을 수 있는 주요 정성적 마케팅 조사 중 하나이다. 표적집단 면접 시 조사자는 소비자의 아이디어나 의견을 들을 수 있을 뿐만 아니라 표정, 몸의 움직임, 집단 상호작용, 대화의 흐름 등도 관찰할 수 있다. 그러나 표적집단 면접에는 몇 가지 문제점도 있다. 이 방식은 대개 시간과 비용을 줄이기 위해 적은 수의 표본을 사용하기 때문에 그 결과를 일반화하기가 어려운 경우도 있다. 또한 표적집단에 속한 소비자가 다른 사람들 앞에서 자신의 진짜 느낌과 행동을 솔직하게 드러내지 않을 수도 있다.

이러한 문제점을 극복하기 위해 많은 조사자는 표적집단 면접의 설계와 씨름하고 있다. 일부 기업은 환경을 바꾸어 소비자가 편안하게 느끼고 보다 솔직히 응답할 수 있도록 도와준다. 예를 들어 렉서스는 최근 고객의 집에서 고급 대형 승용차 고객 집단과 저녁식사 자리를 마련하고 왜 렉서스를 구입했는지, 왜 구입하지 않았는지 알아보는 시간을 가졌다. 몇몇 기업은 **관여된 집단**(immersion group)을 선호하는데, 이는 사회자 없이 소집단 참여자들이 제품 디자이너와 비공식적으로 대화를 나누는 형식이다.

● 조사와 혁신 자문 회사인 맘콤플렉스(The Mom Complex)는 관여된 집단을 이용하여 유니레버, 존슨앤드존슨, 월마트, 킴벌리클라크(Kimberly-Clark), 플레이스쿨(Playskool), 켈로그(Kellogg)

● 표적집단 면접: 맘콤플렉스는 '맘 몰입 세션'을 활용하여 브랜드 마케터가 '엄마 소비자'를 이해하고 그들과 브랜드의 중요한 이슈를 직접 나누도록 연결해준다.
caia image/Alamy Stock Photo

의 브랜드 마케터가 '엄마 소비자'와 연결되어 이해하도록 돕는다.[19]

맘콤플렉스에 따르면 미국에서는 8,000만 명의 엄마가 2조 4,000억 달러의 가계 구매 중 85%를 담당하지만 엄마 4명 중 3명은 마케터가 엄마에 대해 모른다고 말한다. 이러한 상황을 바꾸기 위해 맘콤플렉스는 브랜드 마케터가 2시간 동안 100달러의 사례비를 받은 엄마 집단과 직접적으로 교류할 수 있는 '맘 몰입 세션(Mom Immersion Session)'을 마련했다. 이는 마케터가 일방향 창문 뒤에서 브랜드에 관해 이야기하는 엄마들을 일방적으로 관찰하는 표적집단 면접이 아니라 마케터가 엄마 참가자들과 한 방에 앉게 한다. 토론 진행자의 도움으로 엄마들은 마케터에게 엄마(motherhood)에 대한 현실적이면서도 감추고 싶은 진실을 알려준다. 또한 엄마와 마케터는 신제품 아이디어, 기존 제품의 문제점, 브랜드의 포지셔닝과 커뮤니케이션 전략 등 특정 브랜드 이슈에 대해 이야기 나누고 해결하기 위해 애쓴다. 이 세션의 목표는 '모성애의 도전을 브랜드의 성장 기회로 바꾸는 것'이다.

대인 면접과 표적집단 면접은 숫자 중심의 빅데이터 기반 조사와 달리 감정적 접촉을 더할 수 있으며, 이는 수치와 분석 뒤에 숨겨진 동기와 느낌에 대한 풍부한 인사이트를 제공한다. 이러한 것들은 사람들과 직접 말하고 들을 때 드러난다. 따라서 표적집단 면접은 여전히 가장 널리 이용되는 정성적 조사 방법이다.

온라인 마케팅 조사
인터넷 및 모바일 설문조사, 온라인 표적집단 면접, 소비자 추적, 실험, 온라인 패널, 브랜드 커뮤니티 등을 통해 1차 자료를 수집하는 것

온라인 마케팅 조사 인터넷 및 모바일 설문조사, 온라인 표적집단 면접, 소비자 추적, 실험, 온라인 패널, 브랜드 커뮤니티 등 **온라인 마케팅 조사**(online marketing research)를 통해 1차 자료를 수집하는 조사자가 점점 증가하고 있다.

온라인 조사의 형태는 여러 가지이다. 기업은 인터넷이나 모바일 기술을 조사 매체로 활용할 수 있다. 즉 웹사이트나 소셜미디어 사이트에 설문지를 올려놓거나, 이메일 또는 모바일 기기를 이용하여 사람들이 질문에 응답하도록 요청하거나, 정기적인 피드백을 제공하는 온라인 패널을 만들거나, 실황 토론 또는 온라인 표적집단 면접을 진행하는 것이다. 또한 조사자는 온라인 실험을 진행할 수도 있다. 기업은 여러 웹사이트에서 다양한 가격을 실험하거나, 다른 광고 헤드라인을 올려놓거나, 다른 제품 기능을 제공하거나, 같은 제안을 다른 시기에 올려놓음으로써 상대적인 효과를 비교할 수 있다. 가전제품이나 마케팅 프로그램을 점검하는 가상 쇼핑 환경을 만들 수도 있다. 또한 기업은 소비자가 특정 웹사이트를 방문하고 다른 웹사이트로 이동하는 움직임을 추적함으로써 온라인 소비자의 행동을 알 수 있다.

온라인 및 모바일 채널은 시장조사를 하고 자료를 수집하는 정량적 조사에 특히 적합하다. 미국인의 90% 이상은 인터넷을 사용하고 77% 정도는 스마트폰을 가지고 있기 때문에 온라인은 광범위한 소비자층에 다가가는 데 효율적인 채널이다.[20] 전통적인 조사 방식의 응답률이 감소하고 비용이 증가함에 따라 인터넷은 우편과 전화를 빠르게 대체하면서 유용한 자료 수집 방법으로 자리잡고 있다.

인터넷 기반의 설문조사는 전통적인 전화, 이메일, 대인 면접 조사에 비해 여러 가지 이점이 있다. 가장 뚜렷한 장점은 빠른 속도와 저렴한 비용이다. 온라인상에서 조사자는 이메일을 통해 또는 미리 선정한 웹사이트, 소셜미디어, 모바일 사이트에 올려놓음으로써 인터넷 설문지를 수천 명의

● 온라인 조사: 스냅서베이와 같은 조사 서비스 덕분에 기업은 규모와 관계없이 몇 분 만에 자신만의 맞춤 설문지를 만들어 공개·배포할 수 있다.
스냅서베이의 허락하에 복제. www.snapsurveys.com

응답자에게 빠르게 저렴한 비용으로 전달할 수 있다. 거의 즉각적으로 응답이 이루어질 수 있으며, 응답자가 정보를 기입하기 때문에 조사자는 정보를 받자마자 이를 집계 및 검토하고 공유할 수 있다.

일반적으로 온라인 조사는 우편, 전화, 대인 면접을 통한 조사보다 비용이 훨씬 덜 든다. 인터넷 설문조사의 경우 다른 조사 방법에서 쓰이는 우송료, 전화비, 인건비, 진행비 등의 비용을 대부분 절약할 수 있다. 또한 표본의 크기나 지역도 비용에 거의 영향을 미치지 않으며, 설문지가 완성되면 응답자가 10명이든 만 명이든 비용의 차이가 거의 없다.

이처럼 비용이 저렴하기 때문에 거의 모든 사업자는 규모와 관계없이 온라인 조사를 이용할 수 있다. 과거에는 조사 전문가만의 영역이었던 것이 인터넷과 모바일의 등장으로 이제는 거의 모든 조사자가 이용할 수 있게 되었다. ● 소규모의 능숙하지 않은 조사자도 스냅서베이(Snap Survey), 퀄트릭스(Qualtrics), 서베이멍키(SurveyMonkey), 서베이기즈모(SurveyGizmo)와 같은 온라인 조사 서비스를 통해 몇 분 만에 자신만의 맞춤 설문지를 만들어 공개·배포할 수 있다.

온라인 및 모바일 설문조사는 전통적인 전화 또는 우편 조사보다 더 상호작용적이고, 참여적이고, 완성하기 쉽고, 덜 강압적이므로 응답률이 더 높게 나타난다. 인터넷은 접촉하기 어려운 10대, 독신, 부유층, 고학력자에 접근하기에 아주 좋은 매체이다. 또한 바쁘게 살아가는 워킹맘부터 회사 중역에 이르기까지 접촉할 수 있다. 이들은 온라인을 자주 이용하고 자신의 공간에서 편한 시간에 응답할 수 있다.

정량적 설문조사와 자료 수집을 위해 인터넷을 경쟁적으로 사용했듯이 마케팅 조사자는 이제 온라인 표적집단 면접, 블로그, 소셜네트워크와 같은 웹 기반의 정성적 조사를 도입하고 있다. 인터넷은 정성적인 고객 인사이트를 확보할 수 있는 빠르고 저렴한 방법을 제공한다.

온라인 표적집단 면접
훈련된 사회자가 온라인상에서 소집단을 모아 제품, 서비스나 기관에 대해 이야기를 나누어 소비자 태도와 행동에 관한 정성적 인사이트를 확보하는 것

온라인 기반의 주요 정성적 조사 방식은 **온라인 표적집단 면접**(online focus group)이다. ● 예를 들어 온라인 조사 회사인 포커스비전(FocusVision)은 인터뷰(InterVu) 서비스를 통한 웹 콘퍼런스를 활용하여 전 세계 어디서든 언제나 참가자들과 함께 표적집단 면접을 진행하고 있다. 인터뷰 참가자는 웹캠을 이용하여 실시간 대면 상황에서 서로 보고 듣고 반응할 수 있다.[21] 이러한 표적집단 면접은 어떤 언어로 진행되든 동시통역이 제공되며, 저렴한 비용으로 다른 나라에 있는 사람들을 모으는 데 적합하다. 조사자는 여행비, 숙박비, 시설비를 절약하면서 어디서나 실시간으로 온라인 표적집단 면접을 볼 수 있다. 또한 온라인 표적집단은 사전에 일정 계획을 세워야 하지만 결과는 거의 즉각적이다.

온라인 마케팅 조사의 이용이 급속도로 증가하고 있지만 한편으로 정량적·정성적 온라인 조사는 단점도 가지고 있다. 가장 중요한 문제는 누가 온라인 표본에 포함될지 통제하기 어렵다는 것이다. 보지 않은 상태에서 응답자가 누구인지를 알기는 어렵다. 이러한 샘플과 상황의 문제를 극복하기 위해 많은 온라인 조사 회사는 옵트인(opt-in) 커뮤니티와 응답자 패널을 이용한다.

현재 많은 기업은 자체적으로 '인사이트 커뮤니티'를 운영하여 고객 피드백과 인사이트를 얻는다. 예컨대 ESPN은 패노그래피(FANography)라는 디지털 인사이트 커뮤니티를 운영하고 있다.[22]

● 온라인 표적집단 면접: 포커스비전의 인터뷰 서비스는 멀리 떨어진 참가자들이 실시간으로 서로 보고 들을 수 있게 해준다.
단순하고 정교한 정성적·정량적 프로젝트를 위한 소프트웨어 제공업체 포커스비전 제공

ESPN의 패노그래피는 마케팅과 광고 캠페인, 프로그램 콘텐츠 등 광범위한 주제에 대해 지속적으로 피드백을 제공하는 ESPN 팬 1만 2,000명으로 이루어져 있다. ESPN은 패노그래피 회원이 내부자로 느낄 수 있도록 노력한다. ESPN은 패노그래피 회원이 질문에 어떻게 반응하고 그들의 피드백이 어떻게 이용되었는지 알려주는 맞춤형 뉴스레터를 분기별로 보낸다. ESPN은 패노그래피 회원이 24시간 스포츠 대화와 기업 뉴스를 볼 수 있는 페이스북 그룹을 주최한다. ESPN의 브랜드 마케팅 임원은 이렇게 말한다. "인사이트 커뮤니티는 많은 ESPN 부서에 빠르고 심도 있는 고객 인사이트를 제공한다."

온라인 행동적·사회적 관측 및 표적화 오늘날 인터넷은 조사를 진행하고 고객 인사이트를 개발하는 중요한 수단이 되었다. 그러나 마케팅 조사자는 구조화된 온라인 설문조사, 표적집단, 인사이트 커뮤니티를 넘어 더 멀리 나아가고 있다. 이들은 웹상에 이미 존재하는, 구조화되지 않은 상향식의 풍부한 고객 정보를 캐면서 고객의 목소리를 경청하고 고객을 관찰하고 있다. 전통적인 마케팅 조사가 구조화되고 강압적인 질문에 대해 보다 이성적인 고객 반응을 제공하는 반면, 온라인으로 소비자를 경청한다는 것은 있는 그대로의 실시간 소비자 의견을 존중한다는 열정과 자발성을 보여준다.

온라인에서 고객을 추적하는 것은 아마존이나 베스트바이와 같은 기업의 브랜드 사이트나 쇼핑 사이트에 올라와 있는 고객의 검토나 의견을 검색하는 것처럼 단순할 수도 있다. 또는 블로그나 소셜미디어 사이트에서 발견되는 수많은 브랜드 관련 의견이나 메시지를 심도 있게 분석하기 위해 정교한 온라인 분석 기법을 사용하는 경우도 있다. 온라인상에서 고객의 목소리를 듣고 고객을 관찰하는 것은 고객의 이야기와 브랜드 느낌에 대한 유용한 인사이트를 제공할 수 있다. 많은 기업은 온라인상에서 경청하고, 신속하고 적절하게 대응하는 데 탁월하다.

고객이 인터넷이라는 방대한 곳에서 하고 있는 일(무언가를 탐색하고, 어딘가를 방문하고, 어떻게 쇼핑하고, 무엇을 구매하는가 등)은 마케터에게 광산과도 같다. 오늘날 마케터는 금을 채굴하느라 바쁘다. 마케터는 온라인 자료를 이용하여 광고를 표적화하고 특정 고객에게 물건을 제안하는데, 이를 **행동적 표적화**(behavioral targeting)라고 한다. 또한 이들은 표적 광고 및 마케팅 노력을 위한 개인 온라인 소셜네트워킹 활동을 캐내는 **사회적 표적화**(social targeting)를 이용한다.

행동적 표적화
특정 고객에게 광고 및 마케팅 제안을 표적화하기 위해 온라인 고객 추적 자료를 사용하는 것

온라인상에서의 고객 청취, 행동적 표적화와 사회적 표적화는 마케터가 인터넷에서 여기저기 떠돌아다니는 엄청난 양의 정보를 확보하는 데 도움이 된다. 그러나 마케터가 블로그, 소셜네트워크 및 기타 웹 도메인에서 낚시하는 데 더 능숙해지자 많은 전문가는 소비자의 사생활에 대해 우려하게 되었다. 어떤 지점에서 정교한 웹 조사는 소비자 스토킹이라는 선을 넘을 것인가? 지지자들은 행동적 표적화와 사회적 표적화가 소비자의 관심에 적합한 광고와 제품을 제공하기 때문에 소비자에게 혜택을 주는 측면이 더 많다고 주장한다. 그러나 많은 소비자와 대중 운동가는 온라인에서 소비자를 따라다니고 광고로 스토킹하는 것에 약간 소름끼치는 것 이상의 느낌을 갖는다(마케팅 현장 4.1 참조).

이에 규제 기관이 나서게 되었다. 연방거래위원회(FTC)는 추적 금지 시스템(수신 거부 목록에 해당하는 것으로, 자신의 행동이 온라인상에서 추적되는 것을 허락하지 않는 것)을 권장하고 있다.

마케팅 현장 4.1 | 행동적 표적화와 사회적 표적화: 정교한 마케팅? 소름끼치는 일?

웹 브라우징, 소셜미디어, 모바일 앱, 온라인 쇼핑 및 기타 인터넷 활동의 급성장으로 마케터에게 실시간 소비자 정보가 넘쳐나고 있다. 소비자가 인터넷을 항해할 때 어느 사이트에 방문하는지, 무엇을 검색하는지, 사용하는 앱은 무엇인지, 어떻게 쇼핑하는지, 무엇을 구매하는지, 누구와 연락하는지 등 모든 것이 드러난다.

마케터는 온라인 및 모바일 데이터의 정확한 세부 정보를 분석하기 위해 정교한 빅데이터 툴을 사용한다. 오늘날 인터넷상에서 모든 사용자는 당신이 누군지 알고 있다. 온라인과 오프라인을 결합하여 마케터는 당신의 나이, 성별, 거주지, 당신이 강아지를 사랑한다는 것, 당신이 최근 아마존에서 무엇을 구매했는지, 당신이 지난주 주말 아침 ESPN에서 대학 농구 기사와 성적을 1시간 21분 동안 검색했다는 것까지 알고 있다.

마케터는 이러한 모든 정보를 이용하여 당신이 인터넷에서 돌아다니는 모든 곳에 당신에게 맞춤화된 광고와 제품을 제공한다. 소비자의 온라인 행동을 추적하고 그들에게 맞춤화된 광고와 제품을 제공하는 것을 행동적 표적화라고 한다. 예를 들어 삼성 TV를 구매하려고 구글에서 검색했다면 그 이후 페이스북이나 당신이 좋아하는 쇼핑 사이트에서 TV 광고를 보게 될 것이다. 또는 월그린스(Walgreens)의 한 섹션에서 쇼핑을 한 후 이 매장의 다른 섹션에 대한 실시간 정보를 휴대전화로 받게 될 것이다.

이 모든 것이 충분히 놀랍겠지만, 웹 분석과 표적화는 행동적 표적화에서 사회적 표적화에 이르기까지 온라인 도청을 이용한다. 행동적 표적화는 온라인 사이트에서 이루어지는 소비자의 움직임을 추적하고, 사회적 표적화는 개인의 온라인 소셜미디어상에서 이루어지는 친구들과의 대화를 캐낸다. 연구에 따르면 소비자는 친구들과 비슷하게 쇼핑을 하고, 친구들이 이용하는 브랜드 광고에 5배의 반응을 보인다. 사회적 표적화는 소셜네트워킹 사이트로부터 고객 데이터와 사회적 관계 데이터를 연결한다. 최근에 당신이 운동화를 검색했다면 그냥 Zappos.com에 팝업 광고를 띄우는 것(행동적 표적화)이 아니라, 지난주에 당신의 인스타그램이나 트위터 친구가 Zappos.com에서 운동화를 샀다는(사회적 표적화) 광고를 띄운다.

사회적 표적화는 실시간 대화의 역동성까지 획득할 수 있다. 예를 들어 쉐보레는 스포츠와 자동차에 열광하는 24~26세 남성을 표적화하는 것을 넘어서 슈퍼볼 시즌에 트위터에서 축구에 관한 대화를 하는 소비자에게 더 적합한 광고 메시지를 만들었다. 표적화된 소비자는 앱을 확인했을 때 유튜브에서 셰비(Chevy)의 슈퍼볼 동영상을 보라고 알려주는 광고를 접하게 된다.

행동적 표적화와 사회적 표적화에는 정교한 분석이 필요하다. 그래서 많은 마케터는 타불라(Taboola), 펄스포인트(PulsePoint), 애드날리지(Adknowledge)와 같은 이국적인 이름의 특성화된 광고 네트워크 서비스를 이용한다. 이러한 디지털 광고 네트워크는 수백 수천 개의 웹사이트와 제휴하여 사용자 브라우징 데이터를 얻어 사용자 브라우징 히스토리, 웹 및 모바일 사이트 사용, 전자 쇼핑카트 내용물, 사용자가 어디서 언제 무엇을 하는가에 대한 상세한 데이터를 제공한다.

이러한 광고 네트워크는 비슷한 흥미, 욕구, 행동, 인터넷 습관을 가진 소비자를 확인하기 위해 고성능 빅데이터 분석을 적용한다. 이를 통해 마케터는 한 곳에서 광고를 집행하고 수집한 데이터와 다른 곳에서 광고를 집행하고 수집한 데이터를 결합한다. 이러한 정보로 무장하여, 네트워크는 광고주로 하여금 적절한 소비자를 표적으로 삼아 광고를 구매하게 한다. 그러니 잔디와 정원 사이트를 검색한 후 Weather.com에 접속했을 때 잔디 제품 광고를 보더라도 놀라지 말라. 또한 Edmunds.com 또는 nadaguides.com에서 자동차 구매 사이트를 찾아본다면 이후 구글 뉴스를 볼 때 자동차 관련 광고를 발견하게 될 것이다.

주요 소셜미디어도 행동적 표적화에 성큼 뛰어들었다. 페이스북, 구글, 트위터, 인스타그램, 스냅챗 등의 소셜미디어는 광고주가 더 정확하게 표적화할 수 있도록 돕기 위해 사용자 데이터를 깊이 파헤친다. 예를 들어 매달 무려 20억 명이 이용하는 페이스북은 정교한 분석을 바탕으로 광고주가 페이스북의 고객 집단 또는 개인 고객을 정확하게 표적화할 수 있도록 강력한 고객 선택 도구를 제공한다.

광고주는 인구통계적 요소(나이, 성별, 교육, 결혼 여부, 직책), 지역(거주지, 상점 주변 장소), 관심(취미, 엔터테인먼트), 행동(구매 물건, 기기 이용, 기타 활동)에 근거하여 페이스북 사용자를 겨냥한다. 페이스북은 광고주가 페이스북을 사용하는 기존 고객과 연락처를 찾아 접촉하게 함으로써 주요 목표고객을 창출하도록 돕는다. 광고주는 목표고객과 거의 비슷한 행동을 보이는 '비슷한 목표고객(lookalike audience)'을 창출할 수도 있다. 이처럼 정교한 표적화 덕분에 페이스북은 현재 전체 온라인 광고 비용의 40%를 점유한 구글에 이어

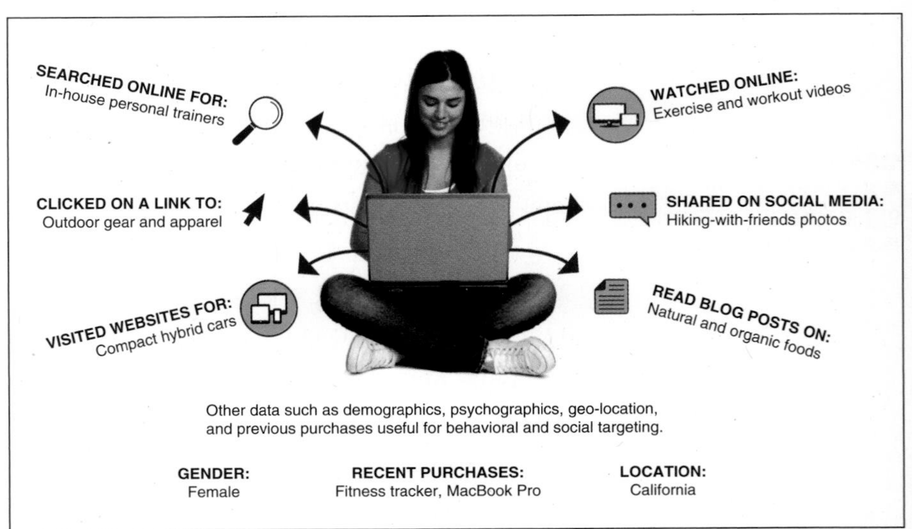

오늘날 인터넷상에서 정교한 분석을 통해 모든 사용자는 당신이 누군지 알고 있다. 마케터는 이러한 인사이트를 이용하여 맞춤화된 온라인 쇼핑 경험을 제공하는데, 이것은 정교한 마케팅일까? 소름끼치는 일일까?
Rido/Shutterstock

15%를 차지하고 있다.

온라인 분석, 행동적 표적화, 사회적 표적화는 모두 마케터가 인터넷에서 소용돌이치는 방대한 소비자 정보에서 소비자 인사이트를 찾는 데 유용하다. 그렇다면 가장 큰 문제는 무엇일까? 아마 짐작이 갈 것이다. 마케터가 웹과 모바일 사이트, 소셜미디어, 기타 디지털 도메인에 적응할수록 소비자의 사생활과 개인 정보 보호에는 무슨 일이 일어날까? 어느 지점에서 정교한 온라인 조사가 소비자의 사생활 침해로 이어질까?

지지자들은 행동적 표적화와 사회적 표적화가 소비자의 관심사와 맞아떨어지는 광고와 제품을 보여줌으로써 소비자에게 이득이 된다고 주장한다. 그러나 많은 소비자와 대중 운동가는 마케터가 온라인에서 소비자를 따라다니고 광고로 스토킹하는 것이 소름끼친다고 한다. 한 분석가는 이렇게 말한다. "마케터는 개인화(personalization)와 감시(surveillance) 사이의 적절한 지점을 찾아야 한다. 소비자는 브랜드가 자신을 친구처럼 아는 것과 스토커처럼 아는 것 간의 선을 넘을 때 도망갈 것이다."

이러한 염려에도 불구하고 행동적 표적화와 사회적 표적화는 계속 성장하면서 영리해지고 있다. 이는 적절한 보호를 통해 기업과 소비자 모두에게 도움이 될 수 있다. 마케터는 고객 데이터를 깊이 이해하고 선을 넘지 않으면서 의미 있고 가치 있게 반응해야 하는데, 여기에는 섬세한 균형이 필요하다. 스냅챗의 개인정보보호센터는 다음과 같이 밝힌다. "우리는 당신이 이해받는다고 느끼기를 바란다. 우리는 당신에게 적합한 것이 무엇인지 알고 싶고, 당신이 관심 있어 하는 것을 보여주고 싶다. 동시에 우리는 사생활이 침해받았다는 느낌을 주는 맞춤 광고를 제공하고 싶지 않다."[23]

미국에서는 이러한 법률 제정이 더디게 진행되고 있으나 최근 유럽연합(EU)은 전 세계 기업이 유럽연합 시민의 개인 데이터 수집·처리·보호 방법에 대한 엄격한 기준인 일반 데이터 보호 규칙(General Data Protection Regulation, GDPR)을 수립했다. GDPR은 기업의 기반이 어디든 상관없이 유럽연합 내 사람들의 데이터를 사용하는 많은 조직에 영향을 주고 있다. GDPR을 준수하지 않는 기업에는 전 세계 매출의 4% 또는 최대 2,000만 유로 중 더 큰 금액이 벌금으로 부과된다.[24]

표본추출 계획

표본
전체 모집단을 대표할 수 있도록 조사자가 선정한 세분시장

마케팅 조사자는 보통 전체 소비자 모집단에서 추출된 적은 수의 표본을 연구하여 대규모 소비자 집단에 대한 결론을 도출한다. **표본**(sample)은 전체 모집단을 대표할 수 있도록 조사자가 선정한 세분시장을 말한다. 이상적인 표본은 조사자가 큰 모집단 구성원의 생각과 행동을 정확히 추정할 수 있도록 모집단을 대표할 수 있어야 한다.

표본 설계에는 세 가지 의사결정이 필요하다. 첫째, 누구를 조사할 것인가(표본추출 단위 결정)이다. 이 질문에 대한 답이 항상 명확한 것은 아니다. 예를 들어 가족용 자동차 구매를 위한 의사결정 과정을 연구할 때 조사자는 남편, 부인, 그 외 가족 구성원, 자동차 딜러의 판매사원 중 누구를 인터뷰할 것인지 또는 모두를 인터뷰할 것인지 고민해야 한다.

둘째, 얼마나 많은 사람을 조사할 것인가(표본 크기 결정)이다. 표본의 크기가 크면 규모가 작은 표본보다 신뢰할 만한 결과를 얻을 수 있지만 그만큼 비용이 더 든다. 그리고 신뢰할 만한 결과를 얻기 위해 항상 전체 표적시장 또는 전체 시장의 상당 부분을 표본으로 선정할 필요는 없다.

셋째, 표본의 사람들을 어떻게 선정할 것인가[표본추출 절차(방법) 결정]이다. ● 표 4.2는 다양한 종류의 표본추출 방법을 보여준다. **확률적 표본**(probability sample)을 사용하면 각 모집단 구성원이 표본에 포함될 기회(확률)를 알 수 있으므로 조사자는 표본오차의 신뢰도 수준을 계산할 수 있다. 그러나 확률적 표본추출은 비용이 많이 들고 시간도 오래 걸리기 때문에 마케터는 표본오차를 계산할 수 없을지라도 **비확률적 표본**(nonprobability sample)을 사용하기도 한다. 표본을 추출하는 방법에 따라 비용과 정확성, 통계적 특성이 달라지는데, 어떤 방법이 최선인지는 조사 프로젝트의 요구에 달려 있다.

조사 도구

1차 자료를 수집할 때 조사자는 설문지와 기계 장치 중에서 선택할 수 있다.

표 4.2 | 표본추출 방법의 종류

확률적 표본	
단순 무작위 표본	모집단의 모든 구성원이 추출될 확률이 알려져 있고 동등함
층화 무작위 표본	모집단을 상호 배타적인 그룹으로 나누고(예: 나이에 따라 구분) 각각의 그룹에서 무작위로 표본을 추출함
군집(지역) 표본	모집단을 상호 배타적인 그룹으로 나누고 그중에서 조사자가 인터뷰할 그룹을 추출함
비확률적 표본	
편의 표본	조사자가 정보를 얻기에 가장 편리한 구성원을 모집단에서 선정함
판단 표본	조사자의 판단에 따라 정확한 정보를 줄 것으로 예상되는 모집단 구성원을 조사 대상으로 선정함
할당 표본	조사자가 응답자 범주별로 미리 정해진 수의 사람들을 추출하여 인터뷰함

설문지 설문지는 지금까지 가장 많이 사용해온 조사 도구로 대면 접촉, 전화나 이메일, 온라인을 통해 진행된다. 설문지는 질문 방법이 다양하다는 측면에서 융통성이 있다. 선택형(closed-ended) 설문지는 응답자에게 가능한 모든 응답을 제시하고 그중에서 하나를 선택하게 하는 질문 유형으로, 여기에는 객관식 질문(multiple-choice question)과 스케일 질문(scale question)이 포함된다. 개방형(open-ended) 설문지는 응답자가 원하는 방식으로 응답할 수 있는 유형이다. 항공사 이용자에 대한 설문조사에서 "사우스웨스트항공에 대한 당신의 의견은 무엇입니까?"라고 묻거나 "항공사를 선택할 때 가장 중요하게 고려하는 것은 ________"과 같이 문장을 완성하라고 요구할 수 있다. 이러한 개방형 질문은 응답자의 자유로운 응답을 허용하기 때문에 조사자는 (선택형 질문보다) 더 많은 정보를 얻을 수 있다.

개방형 질문은 탐색적 조사에서 특히 유용하게 사용할 수 있다. 즉 조사자가 얼마나 많은 사람이 특정 방식으로 생각하는지를 파악하려는 것이 아니라, 사람들이 어떤 생각을 하고 있는지를 파악하려고 할 때 유용하다. 반면 선택형 질문은 결과를 표로 만들기 쉽고 해석하기도 쉬운 답변을 제공한다.

조사자는 질문의 표현(wording)과 순서에 주의를 기울여야 한다. 질문은 단순하고 직선적(직접적)이며, 왜곡되지 않은 표현을 사용해야 한다. 또한 질문을 체계적인 순서에 따라 배치해야 한다. 가능하면 첫 번째 질문으로 응답자의 관심을 유도하고, 응답자가 방어적으로 답하지 않도록 하기 위해 어렵고 개인적인 문제에 대한 질문은 마지막에 해야 한다.

기계 장치 설문지가 가장 일반적인 조사 도구이지만 조사자는 소비자 행동에 관한 자료를 수집하기 위해 기계 장치를 사용하기도 한다. 예를 들어 닐슨미디어리서치(Nielsen Media Research)는 선정한 가정의 TV 세트에 피플미터(people meter)를 부착하여 누가 어떤 프로그램을 시청하는지를 기록한다. 또한 소매업체는 계산대에 설치된 스캐너를 사용하여 쇼핑객의 구매를 기록하고, 어떤 마케터는 매장 안이나 그 주변에서 소비자의 움직임을 추적하기 위해 휴대전화의 GPS 기술을 사용하기도 한다.

일부 조사자는 소비자가 어떻게 느끼고 반응하는지 알기 위해 뇌의 활동을 측정하는 **신경 마케팅**(neuromarketing)을 이용하고 있다. 신경 마케팅은 EEG와 MRI 기술로 소비자의 두뇌 전기 활동을 추적하여 소비자가 어떻게 느끼고 반응하는지 알 수 있다. 신경 마케팅은 심장박동, 호흡, 식은 땀, 표정과 눈의 움직임 같은 **바이오메트릭**(biometric)과 결합하여 소비자가 기업의 브랜드나 마케팅에 관심이 있는지 또는 없는지에 대한 인사이트를 제공한다.

● 생물학적·신경학적 측정: 온라인 여행 대기업 익스피디아의 '사용성 랩'은 생체 측정 및 관찰을 통해 고객이 여행 계획 동안 경험하는 긴장감과 즐거움을 파악한다.
ABO Photography/Shutterstock

● 온라인 여행사 익스피디아는 '사용성 랩(Usability Lab)'이라는 장비를 사용하여 여행 계획 동안 고객의 긴장과 즐거움을 파악한다.[25]

어느 가을 아침 메건이 벨리즈로 떠나는 가족 휴가 계획을 위해 온라인에 접속한다. 그녀는 온라인 여행사 익스피디아를 통해 이용 가능한 항공편을 확인한다. 검색을 하면서 메건은 불안이 점차 커졌고 가장 좋은 비행기의 가장 저렴한 좌석이 이미 예약되어 있다는 것을 알게 되었다. 8분 후 항공편을 결정하지 못하고 메건은 호텔을 찾아보았다. 그녀는 좋아 보이는 호텔을 발견하여 미소 지었다가 여행 날짜와 맞지 않는다는 것을 알아채고는 금세 미간을 찌푸리며 중얼거린다. "정말 속상해." 결국 메건은 노력과 인내로 적당한 비행기와 꽤 괜찮은 숙소를 찾아낸다. 그 순간 스피커를 통해 메건에게 끝났다는 말소리가 들려온다.

메건은 실제 여행을 계획하고 있었지만 익스피디아 본사에 있는 사용성 랩에서 하고 있었던 것이다. 스피커에서 들려온 목소리는 익스피디아의 사용자 경험 연구원의 것으로, 옆방에서 팀원들과 함께 쌍방향 거울을 통해 메건의 익스피디아 호텔 쇼핑 및 활동 예약을 관찰하면서 생체 인식 반응을 모니터링하고 있었다. 메건의 얼굴 근육, 눈 움직임의 작은 변화를 기록하는 센서가 연결되어 있어 메건이 익스피디아 화면을 탐색하는 동안 그 시선을 따라가고, 옆방에서 연구자들은 비슷한 화면을 통해 이를 확인한다. 노란색 선은 메건이 어디를 보고 있는지 알려주고, 초록색 선은 미소와 즐거움을, 빨간색 선은 긴장과 좌절을 암시하는 주름진 눈썹을 추적한다.

이러한 사용성 랩 결과를 통해 익스피디아의 마케터는 익스피디아와 호텔스닷컴(Hotels.com), 핫와이어(Hotwire), 트리바고(Trivago), 트립어드바이저(TripAdvisor) 등 광범위한 여행 계획 브랜드 포트폴리오 전반에 걸쳐 웹과 모바일 사이트를 사용하는 고객의 감정에 대한 더 깊은 인사이트를 얻는다. 이 인사이트는 사이트의 디자인을 개선하고 여행 계획의 긴장을 줄이면서 즐거움을 증가시키는 좋은 제품을 고안하는 데 도움이 된다. "사용성 랩의 목표는 익스피디아의 다양한 사이트와 모바일 앱을 더 효율적으로 만들 뿐 아니라, 항상 존재하는 휴가의 환상을 더 확장하는 것"이라고 한 분석가는 말한다.

신경 마케팅 기법은 소비자의 관여도와 감정적인 반응을 초 단위로 측정하지만 이러한 두뇌 반응을 해석하기가 어려울 수 있다. 따라서 대개 신경 마케팅은 소비자의 두뇌에서 일어나는 것을 보다 완벽하게 이해하기 위해 다른 조사 방식과 함께 사용한다.

오늘날과 같은 빅데이터 시대에 사물 인터넷(IOT) 세상은 인터넷과 연결된 기계 장치를 통해 엄청난 정보를 생산한다. 현재 세계적으로 컴퓨터와 휴대전화를 제외하고도 사물 인터넷에 연결된 기기가 260억 개 이상이다.[26] 여기에는 스마트 TV와 스마트홈 기기, 디지털카메라, 자동차 내비게이션 시스템, 로봇 진공청소기 등이 포함된다. 인터넷에 연결된 기기는 소비자의 움직임과 활동에 대한 데이터를 모으는 데 엄청난 잠재력을 제공한다. 미래에는 아마존의 알렉사, 스마트 TV, 대화형 상점 키오스크(kiosk), 라이브 상호작용 도구(live interactive tool)와 같은 새로운 기술이 오디오와 비주얼 단서로 사용자의 감정을 읽고 실시간으로 반응하는 엄청난 기회를 제공할 것이다. 사실 이미 그런 일이 일어나고 있다.[27]

조사 계획 실행

조사자는 수립한 계획을 실행에 옮겨야 한다. 이 과정에는 정보를 수집하고 처리하고 분석하는 것이 포함된다. 자료 수집은 조사 회사의 직원이나 외부 회사에 의해 이루어지는데, 마케팅 조사 과정 중 자료 수집 단계는 일반적으로 가장 많은 비용이 들고 오류가 발생할 가능성이 가장 높다. 조사자는 계획이 올바르게 진행될 수 있도록 그 과정을 주도면밀하게 관찰해야 한다. 이들은 자료를 수집하는 기법과 기술, 자료의 질, 적시성과 관련된 문제에 대한 대책을 수립해야 한다.

또한 조사자는 중요한 정보와 조사 결과를 도출하기 위해 수집된 자료를 처리하고 분석한다. 이들은 자료의 정확도와 완성도를 확인하고 분석을 위한 코딩 작업을 진행한다. 그런 다음 결과를 도표화하고 통계적인 측정치를 계산한다.

결과 해석과 보고서 작성

이제 조사자는 결과를 해석하고 결론을 도출하며, 관리자에게 그 결과를 보고한다. 조사자는 숫자와 멋져 보이는 통계 기법을 가지고 관리자를 압도하려고 해서는 안 된다. 대신 관리자의 주요 의사결정에 도움이 되는 중요한 결과를 제시해야 한다.

그러나 해석을 조사자에게만 맡겨서는 안 된다. 흔히 이들은 조사 설계와 통계의 전문가이지만 마케팅 관리자는 마케팅 문제와 내려야 할 의사결정에 대해 잘 알고 있다. 만약 관리자가 조사자의 잘못된 해석을 아무 생각 없이 받아들인다면 아무리 훌륭한 조사라도 의미가 없어진다. 한편 관리자는 편견을 가지고 그 결과를 받아들일 수도 있다. 관리자는 기대했던 것을 보여주는 조사 결과는 받아들이고, 기대하지 않았거나 원치 않는 결과를 거부하는 경향이 있다. 많은 경우 결과는 여러 가지 방식으로 해석될 수 있기 때문에 조사자와 관리자의 토론은 가장 훌륭한 해석을 이끌어내는 데 도움이 된다. 따라서 관리자와 조사자는 조사 결과를 해석할 때 긴밀하게 협조하고 조사 과정과 그에 따른 의사결정에 대한 책임을 공유해야 한다.

저자 코멘트 | 지금까지 넓은 의미인 고객 관계 관리에 대해 이야기했다. 그러나 여기서의 고객 관계 관리는 좁은 의미인 데이터 관리를 뜻한다. 이는 모든 정보 원천에서 수집한 고객 데이터를 사용하여 고객 상호작용을 관리하고, 고객을 참여시키고, 고객 관계를 구축하는 것을 의미한다.

마케팅 정보 분석 및 사용

학습목표 4-4 기업이 어떻게 마케팅 정보를 분석하고 사용하는지 이해한다.

기업 내부의 데이터베이스에서 얻은 정보, 마케팅 인텔리전스와 마케팅 조사를 통해 수집된 정보는 보통 더 많은 분석이 요구된다. 그리고 관리자가 그 정보를 마케팅 의사결정에 적용할 때 도움이 필요할 수도 있다. 이러한 도움에는 자료에 있는 변수 간의 관계를 더 정확히 파악하기 위한 보다 정교한 통계 분석이 포함된다. 또한 정보 분석에는 마케터가 더 좋은 의사결정을 내릴 수 있도록 도와주는 분석적 모델이 포함되기도 한다.

수집 및 분석된 정보는 적절한 의사결정자가 적시에 사용할 수 있도록 준비되어야 한다. 마케팅 정보의 분석과 사용에 대해 더 깊이 알아보자.

고객 관계 관리

어떻게 해야 개별 고객에 관한 자료를 가장 잘 분석하고 사용할 수 있냐는 질문은 특별한 문제를 제기한다. 오늘날의 빅데이터 시대에 대부분의 기업은 고객 정보에 싸여 있다. 실제로 현명한 기업은 각 고객과의 가능한 모든 접점에서 정보를 수집한다. 이러한 접점은 소비자 구매, 판매사원의 접촉, 서비스 및 지원에 대한 전화 요청, 웹사이트 방문, 만족도 조사, 신용 공여 및 지불과 관련된 상호작용, 시장조사 등과 같은 기업과 고객 간의 모든 접촉을 포함한다.

고객 관계 관리(CRM)
고객의 충성도를 극대화하기 위해 고객에 대한 상세한 정보와 고객 접점을 관리하는 것

안타깝게도 이 정보는 대개 조직 여기저기에 흩어져 있거나 별도의 데이터베이스에 깊이 파묻혀 있다. 따라서 많은 기업은 **고객 관계 관리**(customer relationship management, CRM)를 시도하는데, 이는 고객의 충성도를 극대화하기 위해 고객에 대한 상세한 정보와 고객 접점을 관리하는 것을 말한다.

CRM은 모든 정보 원천에서 얻은 정보를 통합하고, 이를 심도 있게 분석하며, 그 결과를 강력한 고객 관계 개발에 적용하는 정교한 소프트웨어와 분석 도구로 구성되는데, 이러한 도구는 오라클, 마이크로소프트, 세일즈포스(Salesforce), SAS와 같은 기업이 제공하고 있다. CRM은 판매 부서, 서비스 부서, 마케팅 부서가 개별 고객에 대해 아는 모든 것을 통합하여 고객 관계에 관한 완벽한 검토(관찰)를 제공한다. 예를 들어 메트라이프(MetLife)는 '메트라이프 월(The Metlife Wall)'이라는 CRM 시스템을 이용하고 있다.[28]

메트라이프의 영업 및 서비스 담당자가 맡은 가장 큰 고객 서비스 과제는 고객의 다양한 기록, 거래, 상호작용 등 회사 여기저기에 다양한 형식으로 저장된 정보를 신속하게 찾아 이용하는 것이다. 이러한 문제를 해결하는 메트라이프 월은 페이스북과 같은 인터페이스를 이용하여 메트라이프 고객 서비스 경험에 대한 통합적인 뷰를 제공한다. 혁신적인 이 CRM 시스템은 4,500만 건의 고객 계약과 1억 4,000만 건의 거래가 포함된 70개의 메트라이프 시스템에서 고객 데이터를 추출한다. 이는 주어진 고객의 모든 정보와 관련 링크를 거의 실시간으로 업데이트되는 단일 화면의 단일 레코드에 저장한다. 이제 영업 및 서비스 담당자는 메트라이프 월 덕분에 단 한 번의 클릭으로 특정 고객의 다양한 정책, 거래 및 청구 내역, 제출 및 지불과 관련된 완전한 정보를 볼 수 있다. 고객이 여러 접점에서 메트라이프와 가졌던 모든 상호작용을 간단한 타임라인에 담았다. 메트라이프 월은 메트라이프의 고객 서비스와 교차판매 노력에 큰 힘을 실어주었다. 메트라이프의 마케팅 담당 임원은 "메트라이프 월이 고객 만족에 큰 영향을 주었다"고 말한다.

기업은 고객을 잘 이해하기 위해 CRM을 활용하면서 더 높은 수준의 고객 서비스를 제공하고 깊은 고객 관계를 구축할 수 있다. 기업은 고부가가치 고객을 정확히 파악하여 보다 효과적으로 공략하고, 기업 제품을 교차판매하며, 특정 고객의 요구 사항에 맞는 맞춤형 제품을 제공하기 위해 CRM을 사용한다.

빅데이터, 마케팅 분석, 인공지능

앞에서 언급했듯 오늘날 빅데이터는 큰 결과를 가져올 수 있다. 그러나 많은 양의 데이터를 단순히 저장하는 것은 가치가 없다. 마케터는 고객 인사이트를 주는 보석을 캐내기 위해 수많은 데이터를 조사해야 한다. 한 마케팅 중역진은 다음과 같이 말한다. "그것은 빅데이터에서 큰 인사이트를 얻는 것이다. 실행 가능한 것을 찾기 위해 데이터의 99.999%를 버려야 한다." 또 어떤 데이터 전문가는 "올바른 데이터가 빅데이터를 앞지른다"고도 했다.[29] 이것이 바로 마케팅 분석가의 일이다.

마케팅 분석
빅데이터에서 고객 인사이트를 얻고 마케팅 실적을 측정하기 위한 의미 있는 패턴을 발견하는 분석 도구, 기술, 과정

마케팅 분석(marketing analytics)은 빅데이터에서 고객 인사이트를 얻고 마케팅 실적을 측정하기 위한 의미 있는 패턴을 발견하는 분석 도구, 기술, 과정으로 구성된다. 마케터는 웹·모바일·소셜미디어 추적, 소비자 거래 및 계약, 그 밖의 빅데이터에서 수집된 크고 복잡한 데이터 세트에 마케팅 분석을 적용한다.

● 예를 들어 넷플릭스(Netflix)는 정교한 빅데이터 분석을 통해 고객 인사이트를 얻고 이것을 가지고 고객이 원하는 것을 정확하게 제공할 수 있다.[30]

넷플릭스는 어떤 동영상 서비스보다 훨씬 많은 영화와 프로그램 콘텐츠를 스트리밍한다. 전 세계적으로 넷플릭스 유료 가입자는 1억 3,000만 명에 달하며 이들은 영화, TV 프로그램, 오리지널 넷플리

넷플릭스, 빅데이터와 CRM: 넷플릭서가 넷플릭스 영상을 시청하느라 바쁜 동안 넷플릭스 또한 이를 아주 가까이서 관찰하느라 바쁘다. 넷플릭스는 이러한 빅데이터에서 나오는 인사이트를 이용하여 고객이 원하는 것을 정확하게 제공한다.
OJO Images Ltd/Alamy Stock Photo (photo); dennizn/Shutterstock (logo)

스 콘텐츠를 매주 10억 시간 이상 시청한다. 열정적인 넷플릭서가 넷플릭스 영상을 시청하느라 바쁜 동안 넷플릭스 또한 이를 아주 가까이서 관찰하느라 바쁘다. 매일 넷플릭스는 수천만 개의 검색, 등급, 재생(play)에 대한 회원 데이터를 추적하고 분석한다. 넷플릭스의 데이터베이스에는 개별 가입자의 세부 정보(이들이 보는 드라마, 시간, 연결 기기, 위치, 심지어 일시 정지, 되감기, 빨리 감기 버튼 사용 여부를 포함한 실시간 데이터)가 들어 있다. 넷플릭스는 전문가를 고용하여 각 영상을 탤런트, 액션, 분위기, 장르, 색, 용량, 장면 등 다양한 특징으로 분류한다. 또한 이 방대한 데이터베이스를 보완하기 위해 닐슨, 페이스북, 트위터와 기타 정보 원천으로부터 정보를 구매한다.

이와 같은 풍부한 데이터를 활용하여 넷플릭스는 개별 구매 습관과 선호도에 관한 상세한 구독자 프로파일을 구축한다. 그리고 이러한 프로파일을 이용하여 각 고객의 시청 경험을 개별화한다. 넷플릭스에 따르면 1억 3,000만 개의 넷플릭스 버전이 있고 각각은 전 세계의 각 구독자를 위한 것이다. 넷플릭스의 마케터는 이렇게 말한다. "우리는 깊이 있는 자료를 이용하여 회원들이 넷플릭스에 구비된 것 중에서 어떤 것을 시청하고 싶어 하는지를 알아야 한다. 만약 당신이 계속 시청한다면 우리는 당신이 좋아하는 것을 추가하여 기록할 것이다."

인공지능(AI)
기계가 인간처럼 보고 느끼는 방식으로 학습하지만 인간보다 훨씬 더 뛰어난 분석 능력을 지닌 기술

이러한 분석에는 **인공지능**(artificial intelligence, AI)이 적용되는데, 이 기술은 기계가 인간처럼 보고 느끼는 방식으로 학습하지만 인간보다 훨씬 더 뛰어난 분석 능력을 가지고 있다. 인공지능은 폭풍처럼 마케팅과 그 밖의 것들을 장악했다. 현재 마케터는 빅데이터 분석은 물론이고 개인 맞춤형 광고와 판매 전략 등 모든 분야에 인공지능을 사용하고 있다. 아직 걸음마 단계이지만 인공지능은 마케팅에 엄청난 잠재력을 제공한다. 구글의 CEO는 "불이나 전기보다 인공지능의 파급력이 더 클 것"이라고 말한다. 이는 실로 대단한 일이다(마케팅 현장 4.2 참조).[31]

고객 관계 관리, 빅데이터 분석, 인공지능의 혜택에 비용이나 위험이 따르지 않는 것은 아니다. 가장 공통적인 실수는 CRM, 마케팅 분석, 인공지능을 단순히 기술로만 보는 관점이다. 관리자는 빅데이터의 세부 사항에 묻혀 큰 그림을 놓치거나 자기 스스로 생각하는 대신 기계가 결정하게 한다.

그러나 기술만으로는 수익성 있는 고객 관계를 구축할 수 없다. 기업은 단순히 새로운 소프트웨어와 분석을 설치하는 것만으로 고객 관계를 향상할 수 없으며, 마케터는 고객 관계 관리의 기초를 잘 다진 다음 첨단 기술의 데이터 및 분석 솔루션을 적용해야 한다. 즉 먼저 관계에 집중해야 한다. 이것이 바로 CRM의 전부이다.

마케팅 정보 유통 및 사용

마케팅 정보는 고객 인사이트를 확보하고 더 좋은 의사결정을 내리기 위해 사용되기 전에는 아무런 가치가 없다. 따라서 마케팅 정보 시스템은 의사결정을 내리거나 고객을 처리해야 하는 관리자 또는 관계자가 정보를 즉시 이용할 수 있도록 해주어야 한다. 경우에 따라서 이는 관리자에게 정기적인 성과 보고서, 인텔리전스 최신 정보, 연구 결과 보고서를 제공하는 것을 의미한다.

마케팅 현장 4.2 | 마케팅에서의 인공지능: 불이나 전기보다 더 큰 사건인가?

이른 아침 당신은 카페인을 들이켜고 싶은 충동을 느끼며 하루를 시작한다. 당신은 차에 타면서 휴대전화의 스타벅스 앱을 누르고 "평소대로"라고 주문한다. 스타벅스의 가상 바리스타는 친숙하고 명랑한 목소리로 "톨 사이즈 캐러멜라테 하나"라고 대답한 다음 아침 간식으로 버몬트 메이플 너트 머핀을 정중하게 추천한다. 당신은 이에 동의한다. "고맙습니다. 5~7분 후 대학가 지점에서 28번째로 주문 메뉴를 받으실 수 있습니다. 신용카드로 결제하시겠습니까?" 당신은 스타벅스 매장으로 가서 긴 줄을 그냥 지나쳐 주문한 메뉴를 받기만 하면 된다. AI의 세계에 온 것을 환영한다!

이것은 마케팅 현장에서 AI가 얼마나 폭발적으로 사용되고 있는지를 보여주는 한 예일 뿐이다. 스타벅스는 오래전부터 최첨단 기술을 이용해왔으며 전체 거래의 25%가 이미 스마트폰 앱을 통해 이루어지고 있다. 그러나 마이 스타벅스 바리스타는 단순한 주문 앱 그 이상이다. AI를 사용하여 맞춤화된 고객 경험을 창출하고 실시간으로 고객 상호작용, 고객의 과거 거래 및 선호는 물론이고 인구통계, 매장 동향, 재고, 지역 교통과 날씨 등 모든 것을 관리한다.

AI는 이제 세상을 휩쓸고 있다. AI는 인간이 보고 느끼는 방식으로 학습하고 생각하지만 인간보다 분석 능력이 훨씬 뛰어난 기계를 포함한다. AI가 폭발적인 성장을 이룬 원동력은 바로 빅데이터이다. 미가공 데이터(raw data)는 고객 거래 및 상호작용 데이터, 웹과 소셜미디어 데이터, 뉴스와 환경 데이터, 500억 개 이상의 연결 장치(예: 소비자 웨어러블, 가정용 온도 조절기, 세탁기, 자동차에 적용된 GPS 기술)로부터 얻은 데이터 등 얼마든지 있다. 기업은 모든 데이터를 소비자와 브랜드를 위해 이해할 필요가 있다.

인간은 오늘날의 과잉 빅데이터와 씨름할 수 없지만 기계는 가능하다. 기계는 데이터를 수집할 뿐만 아니라 산더미 같은 데이터를 표로 정리하며, AI가 번개 같은 속도로 분석하여 깊은 인사이트를 얻고 이것을 지정된 작업을 수행하는 데 적용한다. AI는 더 많은 데이터를 학습할수록 더 영리하고 정확해진다. AI 전문가는 이렇게 말한다. "AI는 우리가 향하는 행성이다. 기계학습(machine learning)은 우리를 그곳으로 데려다주는 로켓이고 빅데이터는 연료이다."

마케터는 소비자를 평가하고, 문제를 해결하고, 서비스를 제공하고, 판매하는 데 AI를 이용한다. AI는 소비자가 생활과 구매를 관리하는 데 도움을 준다. 또한 리프트(Lyft)의 채팅(페이스북 메신저나 슬랙)이나 가상 목소리(아마존 에코의 알렉사)를 통해 자동차 주문을 요청받을 수도 있다. 리프트의 챗봇은 차종, 자동차 등록 번호판의 사진과 함께 현재 기사의 위치도 알려줄 수 있다. IBM의 슈퍼컴퓨터 왓슨은 방대한 데이터를 가지고 고객과 시장에 대한 인사이트를 찾고 있을지도 모른다. 이는 마케터가 목표를 명확히 하고, 개별화된 고객 관계를 맺고, 신제품을 개발하고, 실시간으로 더 좋은 광고를 계획하는 것을 돕는다.

오늘날의 기계는 똑똑하다. 한 전문가는 이렇게 말한다. "IBM의 왓슨은 말이 많고 농담을 할 수도, 질문에 대답할 수도, 글을 쓸 수도 있다. 구글의 AI는 전문가보다 더 잘 읽어주고 몇 시간 안에 비디오게임도 마스터할 수 있다. MIT의 AI는 2초 전에 동영상의 행동을 예측할 수 있다. 테슬라의 AI는 혁신적인 자율주행 자동차에 힘을 실어준다."

아마존과 같은 기업은 AI를 통해 얻은 인사이트로 고객을 이해하고 서비스를 제공하는 데 익숙하다. 아마존 에코는 거의 5,000만 미국 가정에 알렉사의 AI 마법을 안겨주었다. 아마존 에코나 구글 홈과 같은 유사한 AI 기기는 가전제품 조정, 음악 통제, 쇼핑 목록 보관, 문자 메시지 전송, 특정 주제의 질문에 대한 대답 등과 같은 기본적인 기능뿐 아니라 음성에 기반한 개인 쇼핑 도우미 역할도 하고 있다. P&G, 크로락스(Clorox), 1-800-플라워스(1-800-Flowers)와 같은 기업은 주방에서 편안하게 음성에 기반한 쇼핑을 하는 에코 사용자를 공략하기 위해 최선을 다하고 있다.

아마존의 쇼핑과 동영상 사이트에서 AI는 소비자가 무엇을 살 것인지, 무엇을 볼 것인지 결정하는 데 도움을 주는 추천 사항을 제공한다. 한 분석가는 다음과 같이 말한다. "점점 아마존은 우리가 필요로 하지만 알지 못했던 것들을 팔게 될 것이다. 이는 우리가 무엇을 좋아하고 무엇을 사려고 했는지 학습하기 때문에 가능한 일이다." 아마존은 고객이 주문하지 않은 물건을 보내는 '예측 배송'에도 능숙하다. 만약 고객이 원치 않는다면 그냥 공짜로 간직할 수도 있다. 이러한 배송은 얼마간 중단될 수도 있지만 아마존은 AI 예측을 통해 창고의 재고를 적절히 보유하고 하루 이내, 심지어 1시간 이내 배송 약속을 지키려고 한다.

소매업체의 사장은 AI를 사용하여 서비스와 판매 방식을 개선한다. 예를 들어 주택 개량 소매업체 로우스는 로우봇(LoweBot)을 실험하고 있다. 키가 5피트 정도이고 AI가 탑재된 로우봇은 매장을 돌아다니면서 고객을 돕는 로봇이다. 로우봇은 도움이 필요한 고객을 찾아내어 목소리나 터치스크린을 통해 고객을 참여시킨다. AI 로봇은 매장과 외부 데이터를 이용하여 고객의 질문에 답하고 해결책을 제시하며 고객을 매장 내 상품으로 안내한다. 매장에 상품이 없으면 온라인으로 주문을 해주기도 한다. 로우봇은 심지어 텍스트 및 동영상 사용 지침서도 제공한다. 로우봇은 매장 데이터를 이용하여 고객의 쇼핑 패턴을 분석하기도 한다. 로우스의 혁신연구소 관리자는 로우봇이 "화요일 3시에 무슨 일이 일어날지와 같이 우리가 전에는 결코 알 수 없었던 것들까지 학습하고 있다"고 전한다.

AI는 단순히 고객에게 서비스를 제공하는 것 이상을 해낸다. AI는 마케팅 관리자가 마케팅 전략과 전술을 잘 세우도록 돕는다. 예를 들어 IBM은 왓슨 애드버타이징(Watson Advertising)이라는

인공지능: 마이 스타벅스 바리스타는 AI를 사용하여 맞춤화된 고객 경험을 창출하고 실시간으로 고객 상호작용, 고객의 과거 거래 및 선호는 물론이고 지역 교통과 날씨 등 모든 것을 관리한다.
Elias Stein Illustration

새로운 부서를 마련하고 AI 슈퍼컴퓨터 왓슨을 만들었다. 왓슨은 TV 퀴즈 프로그램 〈제퍼디(Jeopardy!)〉에서 인간을 제치고 우승을 차지함으로써 처음으로 대중의 인정을 받았다. 왓슨은 초당 수백만 페이지의 데이터를 흡수할 수 있다. 이제 IBM은 이러한 왓슨의 재능을 마케팅에 이용하려 한다. 예컨대 왓슨이 소비자의 감정, 어조, 언어, 구매 기록, 소셜미디어 상호작용을 고려하여 "몇 밀리초 안에 개인의 심리적 프로파일을 생성할 수 있다"고 IBM의 한 임원은 설명한다.

이러한 분석을 통해 왓슨은 마케터에게 실시간으로 정확한 고객 정보를 제공하고, AI를 이용한 데이터 분석과 실제 시청자를 대상으로 한 미디어 계획, 콘텐츠 제작 등에 관한 인사이트를 실행에 옮기게 한다.

예를 들어 토요타 캠페인의 일환으로 왓슨은 카피라이터가 되어 기술과 과학 분야의 빅데이터 분석에 근거한 미라이(Mirai) 모델을 위한 메시지를 만들었다. 또한 의사로 변신하여 독감에 대한 질문에 답하면서 테라플루(Theraflu)를 홍보했다. 캠벨의 경우에는 고객의 지역과 기호에 관한 데이터를 이용하여 맞춤화된 조리법을 개발하고 광고를 내보냈다. H&R 블록(H&R Block)과의 제휴를 위해 왓슨은 세금 전문가로 변신하여 고객의 세금 감면을 돕는 AI 스마트 어시스턴트를 배치했다.

IBM은 최근 더웨더컴퍼니(The Weather Company)를 인수하여 15분마다 22억 개 지역의 날씨를 예측함으로써 왓슨은 날씨가 소비자의 기분, 건강, 구매에 어떤 영향을 주는지 분석할 수 있게 되었다. 최근에는 다양한 시장에서 어떤 미디어를 언제 사용할지 의약품 제조업체에 조언하기 위해 날씨 데이터와 소비자 구글 검색의 조합을 이용했다.

이러한 놀라운 적용에도 불구하고 AI는 아직 초기 단계이다. 한 기술 전문가는 이렇게 말한다. "AI 도입은 아직 시작에 불과하다. 그것은 새로운 개척지이며 소비자와 브랜드의 관계를 재정립할 것이다." 전 세계적으로 AI의 연간 수입은 현재 81억 달러에서 2025년 1,050억 달러까지 증가할 것이다. 이는 AI가 발생시키는 수조 달러의 소매 판매를 포함하지 않은 수치이다. 로우스의 기술 담당자는 이렇게 말한다. "AI는 전기나 인터넷과 같을 것이다. 우리가 그동안 이룬 것을 모두 합한 것보다 더 좋아질 것이다." 또한 구글의 CEO는 AI가 "불이나 전기보다 더 엄청나다"고 간단히 설명한다.[32]

한편 마케팅 관리자가 특별한 상황과 현장에서의 결정을 위해 비정기적인 정보를 원하는 경우도 있다. 예를 들어 대규모 고객과의 거래에서 문제를 겪고 있는 관리자는 전년도의 판매 실적과 수익성에 대한 보고서를 필요로 할 수 있다. 또한 브랜드 관리자는 최근 시행한 광고 캠페인에 관한 온라인 구전을 많이 확보하고 싶을 것이다. 그러므로 오늘날 정보 유통에는 사용자가 적시에 편리한 방식으로 정보를 액세스할 수 있도록 하는 것도 포함된다. 많은 기업은 이 과정을 용이하게 하기 위해 인트라넷과 내부 CRM 시스템을 사용한다. 이러한 시스템은 내부 데이터, 인텔리전스, 마케팅 조사 정보, 고객 거래 및 경험 정보, 공유 보고서 및 문서 등에 대한 즉각적인 액세스를 제공한다.

이에 덧붙여 기업은 엑스트라넷(extranet)을 통해 주요 고객과 가치사슬상의 회원이 거래 계정 정보, 제품 정보, 기타 주문식 자료에 접속할 수 있게 해준다. 공급업자, 고객, 재판매업자와 선별된 네트워크 회원은 엑스트라넷에 접속하여 거래 계정을 갱신하고, 구매를 조정하고, 고객 서비스를 개선하기 위한 재고 대비 주문을 확인할 수 있다.

● 예를 들어 온라인 신발, 액세서리 소매업체인 자포스(Zappos)는 공급업체를 '자포스 가족의 일원'으로 여기고, 그들의 훌륭한 고객 서비스를 'WOW'를 전달하는 핵심 요소로 간주한다. 따라서 자포스는 공급업체를 정보를 공유하는 가치 있는 파트너로 대우한다. 수천 개의 공급업체는 ZUUL 엑스트라넷(Zappos Unified User Login)을 통해 브랜드 관련 재고 수준, 판매 수치, 심지어 수익성에 대한 완전한 정보 접근 권한을 부여받는다. 공급업체는 ZUUL을 이용하여 자포스 크리에이티브 팀과 상호작용할 수도 있고 자포스 구매자가 승인할 제안 주문을 입력할 수도 있다.[33]

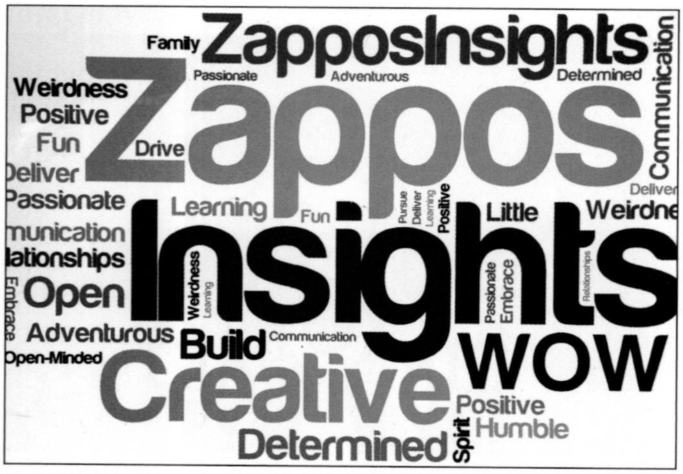

최신 기술 덕분에 오늘날의 마케팅 관리자는 언제 어디서나

● 엑스트라넷: 자포스는 ZUUL 엑스트라넷을 통해 공급업체와 마케팅 정보 및 인사이트를 공유한다. 자포스는 공급업체를 '자포스 가족의 일원'으로 여긴다.
Zappos

정보 시스템에 접속할 수 있다. 집이든 호텔이든 카페든 노트북이나 스마트폰을 이용할 수 있는 곳이면 어디서든 시스템에 접속할 수 있다. 이러한 시스템을 통해 관리자는 직접적이고 신속하게 필요한 정보를 얻고 이를 자신의 필요에 맞게 사용할 수 있다.

저자 코멘트 | 특별한 세 가지 마케팅 정보 관련 주제를 검토하면서 이 장을 마친다.

마케팅 정보와 관련된 기타 고려 사항

학습목표 4-5 공공정책과 윤리 등 마케팅 조사자가 겪는 특별한 문제를 살펴본다.

이 절에서는 두 가지 특별한 상황, 즉 소기업 및 비영리 단체와 국제 시장의 마케팅 정보에 대해 알아본다. 그리고 마케팅 정보와 관련된 공공정책과 윤리 문제도 살펴볼 것이다.

소기업과 비영리 단체의 시장조사

대기업과 마찬가지로 소기업도 시장조사가 필요하지만 작은 회사의 예산으로는 큰 규모의 조사를 감당할 수 없는 것이 사실이다. 그러나 이 장에서 설명한 많은 시장조사 기법은 소기업에서도 비공식적인 방식과 적은 비용으로 사용할 수 있다.

소기업은 많은 비용 없이 시장과 고객에 대한 유용한 인사이트를 얻을 수 있다. ● 이노센트드링크의 사례를 살펴보자.[34]

● 이노센트드링크의 창업자 애덤 발론, 리처드 리드, 존 라이트는 비공식적이고 합리적인 마케팅 조사를 실행했다.
Martin Lee/Alamy Stock Photo

> 1990년대 초 케임브리지대학 출신의 애덤 발론(Adam Balon), 리처드 리드(Richard Reed), 존 라이트(Jon Wright)는 함께 창업을 준비했다. 그들은 천연 과일 스무디가 건강에 좋고, 사람들이 간편하게 건강을 지키는 데 도움이 된다고 생각했다. 이 젊은이들은 매우 비공식적인 마케팅 조사를 시작했다. 긴 설문지를 사용한 것이 아니라 축제에서 사람들에게 자신들이 만든 첫 번째 스무디를 시음하게 하고 이 음료를 만들기 위해 직장을 그만둘 수 있을지 물었다. '예', '아니요'라고 적힌 단순한 통뿐이었고 하루가 끝날 무렵 '예'라고 적힌 통에는 빈병이 가득했다.
>
> 세 사람은 모두 다음 날 회사를 그만두었다. 그들은 맨 먼저 런던의 50개 상점에 스무디를 배달하고 소매점에 스무디를 무료로 제공했다. 그리고 스무디가 모두 판매되면 전화로 더 주문해달라고 요청했는데 약 45개의 소매점이 주문을 했다. 이 시장의 견인으로 이노센트드링크는 도매상으로 가서 사업을 키웠다. 오늘날 이노센트드링크는 유럽에서 가장 성공한 스무디 브랜드가 되었다.

이와 같이 소기업과 비영리 단체의 관리자는 작은 규모의 편의적 표본을 이용하여 관찰이나 비공식적인 설문조사를 실시함으로써 우수한 마케팅 정보를 얻을 수 있다. 또한 많은 협회, 지역 미디어, 정부 기관은 소기업에 특별한 도움을 준다. 예를 들어 미국중소기업청(U.S. Small Business Administration)은 무료 간행물 수십 개를 제공하고, 웹사이트(www.sba.gov)에서는 개업, 자금 조달, 소기업의 확장과 명암 주문 등 다양한 영역에 대한 조언을 해준다. 소기업을 위한 또 다른 우수한 웹 정보 원천으로 미국통계청(U.S. Census Bureau)과 경제분석국(Bureau of Economic Analysis) 등이 있다.

또한 소기업은 인터넷에서 매우 적은 비용으로 많은 정보를 수집할 수 있다. 즉 경쟁사와 고객의 웹사이트를 방문할 수도 있고, 특정 회사와 이슈를 조사하기 위해 인터넷 검색엔진을 사용할 수도 있다.

요약하면, 소기업은 적은 예산으로 2차 자료 수집, 관찰, 설문조사, 실험을 효과적으로 실시할 수 있다. 이러한 비공식적인 조사 방법은 덜 복잡하고 비용이 적게 들지만 매우 신중하게 진행해야 한다. 관리자는 조사의 목적을 신중하게 생각한 다음 미리 질문을 만들어보고, 작은 표본 크기와 덜 훈련된 조사자로 인한 오류를 파악하여 조사를 체계적으로 진행해야 한다.[35]

국제적 시장조사

국제적 마케팅 조사자는 국내 마케팅 조사자와 마찬가지로 조사 문제 정의, 조사 계획 수립, 결과 해석 및 보고서 작성 등의 단계를 밟는다. 그러나 국제적 마케팅 조사자는 더 많은 다른 문제에 직면하곤 한다. 국내 조사자는 한 나라 안에서 비교적 동질적인 시장을 다루는 반면, 국제 조사자는 많은 나라에서 이질적인 시장을 다룬다. 이러한 시장은 경제 발전의 수준, 문화와 관습, 구매 패턴이 매우 다르다.

국제 조사자는 대부분의 해외시장에서 우수한 2차 자료를 확보하는 데 어려움을 겪을 것이다. 미국의 마케팅 조사자는 수많은 조사 서비스 기관으로부터 믿을 만한 2차 자료를 얻을 수 있지만 조사 서비스를 전혀 제공하지 않는 나라도 많다. 가장 규모가 큰 국제 조사 서비스 업체 중 일부는 많은 나라에서 운영된다. ● 예를 들어 세계에서 가장 큰 마케팅 조사 기업인 닐슨은 샴버그, 일리노이에서 홍콩, 니코시아, 키프로스에 이르기까지 100개국 이상에서 지점을 운영하고 있다.[36] 그러나 대부분의 조사 회사는 몇 개국에서만 사업을 운영한다. 따라서 2차 자료를 확보할 수 있다 하더라도 그 자료는 나라별로 다른 정보원이 수집한 것이므로 통합하거나 비교하기가 어렵다.

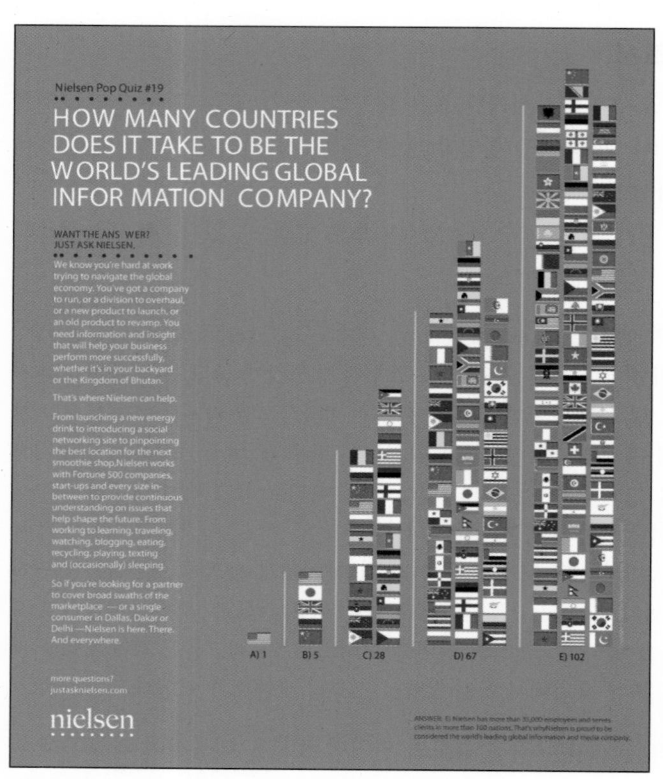

● 규모가 큰 조사 서비스 기업은 국제적인 대규모 조직을 가지고 있다. 닐슨은 100개국 이상에서 지점을 운영하고 있다.

우수한 2차 자료가 충분하지 않기 때문에 국제 조사자는 종종 1차 자료를 직접 수집한다. 그러나 1차 자료를 확보하기가 쉽지 않을 수도 있다. 예를 들어 좋은 표본을 얻기가 어려울 수 있다. 미국 조사자는 표본을 구축하기 위해 전화번호부, 이메일 목록, 인구 조사 자료와 다양한 사회·경제적 자료를 활용할 수 있지만 많은 나라의 경우 이러한 정보가 부족하다.

일단 표본을 확보하면 미국 조사자는 대개 전화, 우편, 온라인 또는 대인 면접, 소셜 및 모바일 미디어를 통해 대부분의 응답자와 쉽게 접촉할 수 있지만 다른 나라에서는 전화나 우편으로 응답자와 접촉하는 것이 쉽지 않을 수도 있다. 그 결과 설문조사가 국제적 마케팅 조사의 주요 수단이 되고 있다. 그러나 온라인 및 모바일 기술의 채택은 전 세계적으로 매우 다양하다. 예를 들어 인도나 아프리카 같은 신흥시장의 소비자는 대부분 모바일 기기로 인터넷에 접속한다. 비록 모바일 자체의 한계점도 있지만 이러한 시장의 설문조사는 모바일용으로 설계해야 한다.[37]

나라별 문화적 차이는 국제 조사자에게 또 다른 문제를 안겨준다. 언어는 극복하기 어려운 장애물이다. 예를 들어 설문지를 한 나라의 언어로 준비한 다음 조사를 실시하는 각 나라의 언어로 번역해야 하고, 응답도 마찬가지로 분석 및 해석을 위해 조사자의 언어로 번역해야 한다. 이러한 점 때문에 조사 비용이 커지고 오류의 위험성이 증가한다. 어떤 나라에서는 언어 자체가 문제가 될 수 있다. 예를 들어 인도에서 영어는 비즈니스에 사용되는 언어이지만 소비자는 14개의 모국어 중 하나와 사투리를 사용하기도 한다.

설문지를 다른 나라 언어로 번역하는 것은 결코 쉬운 일이 아니다. 나라마다 그 의미가 다른 관용구, 문구, 문장이 수없이 많다. 한 네덜란드 이사는 다음과 같이 지적했다. "당신이 영어를 번역한 것을 다른 번역자에게 다시 영어로 번역하게 하여 확인해보라. 아마 깜짝 놀랄 것이다. '보지 않으면 마음도 멀어진다(our of sight, out of mind)'가 '보이지 않는 것은 비정상적인 것이다(invisible things are insane)'로 번역되어 있을지도 모른다."[38]

또한 나라에 따라 마케팅 조사에 대한 소비자의 태도도 다를 수 있다. 어떤 나라 사람들은 기꺼이 응답하지만 어떤 나라에서는 사람들이 조사에 응하지 않는 것이 큰 골칫거리일 수 있다. 어떤 나라에서는 이방인과 대화를 나누는 것을 관습적으로 금기시하기도 한다. 특정 문화에서는 조사를 위한 질문을 너무 개인적이라고 생각하는 경우도 흔히 있다. 예를 들어 이슬람 국가에서 남녀가 섞여 표적집단 면접을 진행하는 것과 여성들로 이루어진 표적집단 면접을 비디오로 촬영하는 것은 금기시된다. 응답자가 기꺼이 응답한다고 해도 응답자가 문맹이라 설문조사를 진행하기 어려운 경우도 있다.

이러한 어려움에도 불구하고 최근 국제 마케팅의 성장으로 국제 마케팅 조사 또한 증가하고 있다. 글로벌 기업은 이러한 조사를 수행할 수밖에 없다. 국제적 마케팅 조사와 관련된 문제가 많더라도 조사를 하지 않을 때의 비용(예: 기회를 놓치거나 실수를 하는 것에 따른 비용)이 훨씬 더 크기 때문이다. 국제적 마케팅 조사와 관련된 문제는 잘 인식하기만 하면 대부분 극복하거나 피할 수 있다.

마케팅 조사의 공공정책과 윤리

대부분의 마케팅 조사는 기업과 고객에게 이득이 된다. 마케팅 조사를 통해 기업은 고객의 욕구를 더 잘 이해할 수 있으며, 그 결과로 더 만족스러운 제품과 서비스를 제공하고 더 강력한 고객 관계를 구축할 수 있다. 그러나 마케팅 조사를 잘못 이용하면 고객에게 해를 끼칠 수도 있다. 마케팅 조사에서 중요한 공중정책 및 윤리적 문제로는 소비자 사생활 침해, 소비자 정보 보안 및 보호, 조사 결과 오용을 꼽을 수 있다.

소비자 사생활 침해

많은 소비자는 시장조사에 대해 긍정적으로 생각하고 유용한 목적에 이용된다고 믿는다. 어떤 사람들은 인터뷰와 자신의 의견을 이야기하는 것을 즐기기도 한다. 그러나 어떤 사람들은 시장조사를 불쾌하게 여기거나 신뢰하지 않는다. 이들은 조사자가 끼어드는 것을 싫어하고, 마케터가 소비자의 개인 정보로 가득한 엄청난 데이터베이스를 구축하고 있다고 걱정한다. 또한 일부 소비자는 깊이 잠재되어 있는 자신의 감정을 파악하기 위해 조사자가 정교한 기법을 사용하고, 자신의 인터넷과 모바일 기기를 추적하고, 자신이 쇼핑하는 동안 뒤에서 관찰하고, 자신의 대화를 엿들어 이를 구매 조작에 사용할지도 모른다고 두려워한다.

예를 들어 타깃은 고객의 구매 기록을 이용하여 고객이 임신 중인지, 아이의 성별이 무엇인지, 출산 예정일이 언제인지를 놀랍도록 정확하게 추적하여 일부 고객을 불편하게 만들었다.[40]

> 타깃은 모든 고객에게 ID 번호를 주는데 여기에는 이름, 신용카드 번호, 이메일 주소가 들어 있다. 이것은 다른 정보 원천에서 나오는 인구통계적 요인에 관한 정보와 함께 고객의 구매 기록을 상세하게 추적한다. 아동 등록소에서 사인한 적이 있는 여성의 구매 기록을 조사하면서 타깃은 25개 제품군 카테고리의 구매 패턴을 바탕으로 임신 예측 점수를 개발할 수 있음을 확인했다. 타깃은 이 점수를 이용하여 예상되는 예비 부모에게 아기 관련 용품의 개별화된 쿠폰 책자를 보냈다.
>
> 이 전략은 마케팅 측면에서 먹힐 것처럼 보였다. 부모가 될 고객을 공략하여 충성고객으로 만들 수 있을 것 같았다. 하지만 매우 화가 난 남자가 타깃 매장에 나타나 고등학교에 다니는 딸에게 우윳병, 유모차, 임부복 쿠폰을 보내다니 자기 딸에게 임신하라고 권유하는 것이냐며 항의했을 때 이 전략은 골칫거리가 되었다. 타깃 매장 관리자는 사과했다. 그러나 며칠 후 다시 사과하려고 전화했을 때 타깃이 그 아버지보다 먼저 딸의 임신 상태를 파악했다는 것을 알게 되었다. 고객이 가족이나 친구에게

임신 소식을 전하기도 전에 타깃이 임신에 대해 알고 있다는 사실에 많은 고객은 깜짝 놀랐다. 그들은 타깃이 추적하고 프로파일링하는 것이 무엇인지 의문을 갖게 되었다. 한 기자는 다음과 같이 결론을 내렸다. "타깃 매장의 과녁 로고는 일부 쇼핑객을 세밀하게 추적하여 오싹하게 만들지도 모른다."

고객 정보를 캐낼 때 마케터는 사생활의 경계선을 넘지 않도록 조심해야 한다. 마케팅 조사와 개인 정보 보호에 관한 문제는 쉬운 해결책이 없다. 예를 들어 일부 소매업체에서 더 나은 서비스를 제공하기 위해 한쪽 눈에 카메라를 설치한 마네킹을 사용하여 고객의 인구통계적 요인과 쇼핑 행동을 추적하는 것은 좋은 일일까, 나쁜 일일까? 페이스북, 트위터, 인스타그램, 유튜브, 기타 소셜미디어의 소비자 게시물을 모니터링하는 회사에 박수를 쳐주어야 할까, 분개해야 할까? 마케터가 위치 기반 정보, 광고, 제품 안내를 제공하기 위해 소비자의 휴대전화 사용을 추적하는 것을 걱정해야 할까? 다음 사례를 살펴보자.[41]

SAP의 소비자 인사이트 365(Consumer Insight 365) 서비스는 공급업체가 '가입자 및 가입자의 모바일 중심 라이프스타일에 대한 데이터를 추출할 수 있도록' 지원한다. 모바일 가입자 2,000만~2,500만 명으로부터 하루에 최대 300건의 모바일 웹 서핑, 문자 메시지, 전화 통화 및 기타 모바일 이벤트를 수집한다. 이 데이터는 마케터에게 고객이 어디서 어디로 가는지 자세히 알려준다. 한 분석가에 따르면, 모바일 데이터와 다른 정보를 결합함으로써 이 서비스는 기업에 "쇼핑객이 휴대전화로 경쟁사 제품의 가격을 검색하고 있는지, 아니면 친구에게 이메일을 보내고 있는지 알려줄 수 있다. 이는 또한 오전 10시부터 정오 사이에 매장을 방문한 사람들의 연령대와 성별을 알려주고 쇼핑객의 웹 검색 기록을 위치 및 인구통계 데이터와 연결한다. 소매업체는 이러한 정보를 사용하여 하루 중 특정 시간에 특정 고객층을 겨냥하여 제품을 진열하거나, 어디에 새로운 매장을 열 것인지 결정할 수 있다." 이러한 정보는 마케터가 고객을 공략하는 데 도움이 되지만 소비자 개인 정보 보호 관점에서 보자면 '편안하기에는 너무 가까운' 것이기도 하다.

소비자의 개인 정보에 대한 관심 증가는 마케팅 조사 업계의 주요 문제가 되었다. 기업은 소비자의 신뢰를 유지하면서도 가치가 있지만 잠재적으로 민감한 소비자 자료를 발굴해야 하고, 동시에 소비자는 개별화와 사생활 사이의 이해관계와 씨름하고 있다. 소비자는 자신의 욕구에 맞는 적절한 맞춤형 제안을 받고 싶어 하지만 기업이 자신을 너무 세밀하게 분석하는 것에 대해서는 분개한다. 핵심적인 질문은 '기업이 고객 정보를 수집하고 사용함에 있어 언제 경계선을 넘는가?'이다.

개인 정보 보호 문제를 해결하지 못하면 기업은 화를 내고 덜 협조적인 소비자를 만나게 되고 정부의 개입도 증가하게 될 것이다. 마케팅 조사 산업은 이러한 개인 정보 보호 및 침해 문제에 대응하기 위해 여러 가지 대안을 고려하고 있다. 한 예는 마케팅조사협회(Marketing Research Association)의 'Your Opinion Counts(당신의 의견이 중요합니다)'와 'Respondent Bill Rights(응답자 권리 장전)'로, 이는 소비자에게 마케팅 조사의 이점 및 전화 판매나 데이터베이스 구축과 다르다는 것을 알려준다.[42]

페이스북, 애플, 마이크로소프트, IBM, 아메리칸익스프레스와 같은 주요 기업과 미국 정부는 기업과 관련된 소비자의 사생활을 보호하는 일을 맡는 개인 정보 관리 책임자(chief privacy officer, CPO)를 두고 있다. 만약 조사자가 수집한 정보에 대한 대가로 소비자에게 가치를 제공한다면 결국 소비자는 기꺼이 정보를 제공할 것이다. 예를 들어 아마존닷컴을 이용하는 소비자는 이 회사가 미래에 구매할 제품을 추천하기 위해 자신의 이전 구매에 대한 정보를 구축하는 것을 신경 쓰지 않는다. 시간을 절약하고 가치를 제공하기 때문이다. 가장 좋은 접근 방식은 조사자가 원하는 자료에 대해서만 물어보고, 고객 가치를 제공하기 위해 이 정보를 책임감 있게 사용하며, 고객의 허락 없이 정보를 공유하지 않는 것이다.

소비자 정보 보안 및 보호

오늘날의 대규모 소비자 데이터베이스는 기업에 심각한 정보 보안 문제를 야기할 수 있다. 대부분의 소비자는 기업이 수집한 개인 정보를 보호하기 위해 적절한 조치를 취할 것이라고 믿는다. 그러나 그렇지 않은 경우가 종종 있다. 지난 몇 년 동안 수십 개의 유명 기업과 브랜드는 소비자에게 영향을 미치는 엄청난 소비자 정보 보호 위반을 저질렀다.

예를 들어 최근 페이스북은 두 차례에 걸쳐 각각 8,700만 명, 5,000만 명의 사용자 개인 정보(성격, 소셜네트워크, 플랫폼 활동에 관한 정보 등)가 노출되었음을 밝혔다. 메이시스, 삭스피프스애비뉴(Saks Fifth Avenue), 타깃과 같은 소매업체는 수백만 고객의 결제 카드 정보가 손상되는 정보 보안상의 틈새를 보고하고, 신용 보고 기관 에퀴팩스는 1억 4,600만 명 이상의 민감한 개인 정보(여권 번호, 사회보장 번호, 운전면허 정보 등)가 노출된 사실을 보고했다. 몇 년 전 야후는 30억 개 이상의 야후 계정에 포함된 개인 정보에 영향을 미치는 최초의 정보 보안 위반을 보고했다.[43]

최근 메리어트인터내셔널은 해커들이 스타우드(Starwood) 예약 시스템에 침입하여 최대 5억 명 이상의 고객 정보를 유출했다고 밝혔다.[44]

메리어트 소유의 스타우드 호텔(쉐라톤, 웨스틴, W호텔, 세인트레지스, 알로프트 등)은 투숙객에 대한 정보를 수집하는데, 여기에는 이름, 주소, 전화번호, 이메일 주소, 신용카드 번호, 스타우드 선호 게스트(Starwood Preferred Guest) 계정 정보, 생년월일, 성별, 도착 및 출발 정보, 예약 날짜, 커뮤니케이션 선호 정보 등이 포함되며 여행 이력과 여권 번호가 포함된 경우도 많다. 최근의 정보 보안 위반은 2014년 초부터 2018년 9월까지 스타우드 호텔 브랜드에 예약한 고객이 해당한다. 메리어트는 이를 발견하고 즉시 당국과 고객 모두에게 알렸다. 하지만 메리어트의 평판에는 금이 갔다. 정보 보안 옹호자는 이렇게 말한다. "그들이 모든 보안 조치를 취했다고 말할 수 있더라도 4년 동안 눈치 채지 못한 채 해킹을 당했다면 그럴 수는 없다."

이러한 정보 보안 실패는 소비자에게 해를 끼칠 수 있고 기업과 브랜드에도 심각한 피해를 줄 수 있다. 예를 들어 에퀴팩스는 정보 보안 위반 사고로 4억 달러의 복구 비용이 발생했고, 메리어트 역시 복구 비용과 다수의 소송에 직면했다. 유럽연합의 일반 데이터 보호 규칙(GDPR)에 따라 막대한 벌금도 부과되었다. 이와 같은 사건은 훨씬 더 많은 정부의 개입을 불러올 것이다. ● 가장 중요한 점은 대규모 정보 보안 위반으로 소비자의 신뢰를 잃고 소비자와 브랜드의 관계에 악영향을 미친다는 것이다. 따라서 기업은 매우 신중하게 소비자 정보 보안을 다루어야 한다.

● 소비자 정보 보호: 소비자 정보 보안 위반은 어렵게 얻은 소비자의 신뢰를 허물어뜨린다. 기업은 소비자 정보 보안을 매우 신중하게 강화해야 한다.
Eyal Dayan Photography

조사 결과 오용

조사 보고서는 강력한 설득 도구가 될 수 있다. 흔히 기업은 광고와 촉진을 개발하기 위해 조사 결과를 사용한다. 그러나 오늘날 많은 조사 결과는 조사 후원자의 제품을 홍보하는 수단에 불과한 것처럼 보인다. 실제로 설문조사가 의도된 결과를 만들어내기 위해 기획되는 경우도 있다. 예를 들어 블랙 플래그(Black Flag) 설문조사는 다음과 같이 질문했다. "바퀴벌레 디스크는 … 바퀴벌레를 천천히 죽인다. 죽어가는 바퀴벌레는 둥지로 돌아가 죽고 다른 바퀴벌레의 먹이가 된다. 그 결과 바퀴벌레는 중독되어 죽는다. 당신은 이러한 유형의 제품이 바퀴벌레를 죽이는 데 얼마나 효과적이라고 생각합니까?" 79%가 효과적이라고 응답했는데 이는 당연한 결과이다.

그러나 공개적으로 조사 설계를 조작하거나 의도적으로 결과를 잘못 해석하는 광고주는 거의 없다. 대부분의 남용은 교묘하게 이루어지는 경향이 있다. 또는 조사 결과의 타당성과 용도에 대해 논쟁이 일어난다. 거의 모든 연구 결과는 연구자의 편견과 관점에 따라 다양하게 해석될 수 있다.

설문조사가 남용될 수 있음을 인식하여 미국마케팅협회, 마케팅조사협회, 미국조사기관위원회(Council of American Research Organizations, CASRO) 등은 조사의 윤리강령과 행동표준을 개발했다. 예를 들어 'CASRO의 설문조사를 위한 표준과 윤리강령(CASRO Code of Standards and Ethics for Survey Research)'에는 응답자 비밀 보장, 사생활 보호, 희롱 방지 등 응답자에 대한 조사자의 책임이 요약되어 있다. 여기에는 고객과 공중을 위한 보고서를 작성하는 조사자의 주요 책임도 포함되어 있다.[45]

그러나 비윤리적이거나 적절하지 않은 행위는 단순히 법으로만 규제할 수 없다. 각 기업은 마케팅 조사를 수행하고 조사 보고서를 작성할 때 소비자의 이익을 보호할 책임을 져야 한다.

학습목표별 요약

고객에게 가치를 제공하고 고객과 의미 있는 관계를 구축하기 위해 마케터는 먼저 고객의 욕구가 무엇인지에 대한 신선하고 깊이 있는 안목을 확보해야 한다. 이러한 인사이트는 좋은 마케팅 정보에서 나온다. 최근 빅데이터와 디지털 기술의 폭발적인 증가로 기업은 이제 상당한 양의 정보를, 때로는 너무 많은 정보를 확보할 수 있다. 소비자는 스스로 스마트폰, PC, 태블릿을 통한 온라인 브라우징, 앱과 소셜미디어 상호작용, 문자와 동영상, 지리적 데이터와 같은 엄청난 양의 상향식 정보를 생성하고 있다. 기회는 방대한 소비자 정보를 실행 가능한 고객 및 시장 인사이트로 전환하는 데 있다.

학습목표 4-1 시장과 고객에 대한 인사이트를 확보하는 데 정보의 중요성을 이해한다.

마케팅 프로세스는 시장과 고객의 욕구 및 필요를 완벽하게 이해하는 것에서 시작된다. 따라서 기업은 건전한 소비자 정보를 의미 있는 고객 인사이트로 전환하여 고객에게 탁월한 가치를 제공할 수 있어야 한다. 또한 기업은 경쟁사, 재판매업자 및 기타 시장 구성원과 영향 요인에 대한 정보를 필요로 한다. 점차 마케터는 정보를 더 나은 의사결정을 내리기 위한 투입 요인으로 볼 뿐 아니라 중요한 전략적 자산과 마케팅 도구로 간주하고 있다.

학습목표 4-2 마케팅 정보 시스템을 정의하고 그 구성요소를 파악한다.

마케팅 정보 시스템(MIS)은 정보 욕구를 평가하고, 필요한 정보를 개발하며, 의사결정자가 실행 가능한 고객 및 마케팅 인사이트를 만들어내고 이를 검증하는 데 그 정보를 사용하도록 도와주는 사람과 과정으로 구성된다. 잘 설계된 정보 시스템은 사용자에서 시작하여 사용자로 끝난다.

마케팅 정보 시스템은 먼저 정보 욕구를 평가한다. 마케팅 정보 시스템은 우선적으로 기업의 마케팅과 기타 관리자를 보조하지만 외부 협력자에게 정보를 제공하기도 한다. 다음으로 마케팅 인텔리전스 활동과 시장조사를 이용하여 내부 자료로부터 정보를 개발한다. 내부 자료는 기업의 운영과 부서에 대한 정보를 제공한다. 이러한 자료는 저렴한 비용으로 신속하게 수집할 수 있지만 종종 마케팅 의사결정을 위해 각색이 필요하다. 마케팅 인텔리전스 활동은 외부 마케팅 환경의 진행 과정에 대한 일일 정보를 제공한다. 마케팅 조사는 기업이 직면한 구체적인 마케팅 문제와 관련된 정보를 수집하는 것으로 구성된다. 또한 마케팅 정보 시스템은 사용자가 정보를 분석하고 사용하여 고객 인사이트를 개발하고, 마케팅 의사결정을 내리며, 고객 관계를 관리하는 데 도움이 된다.

학습목표 4-3 마케팅 조사의 역할과 마케팅 조사 과정의 단계를 개략적으로 설명한다.

최근 몇 년 동안 새로운 디지털 데이터를 모으는 기술이 등장하고 전통적인 마케팅 조사는 큰 변화를 겪었다. 설문조사나 표적집단 면접과 같은 전통적인 조사 방법은 여전히 널리 사용되고 강력하지만, 이제는 더 새롭고 민첩하고 즉각적이며 비용이 덜 드는 디지털 데이터 수집 방법에 자리를 내주고 있다. 그러나 그 역할이 바뀌고 있더라도 전통적인 마케팅 조사는 여전히 많이 이용되고 있으며 중요하기도 하다.

마케팅 조사 과정의 첫 번째 단계는 문제를 정의하고 조사 목적을 세우는 것인데, 조사의 종류에는 탐색적 조사, 기술적 조사, 인과관계적 조사가 있다. 두 번째 단계는 1·2차 자료를 수집하기 위한 조사 계획을 개발하는 것으로 구성되고, 세 번째 단계에서는 정보를 수집·처리·분석함으로써 시장조사 계획을 실행해야 하며, 네 번째 단계에서는 결과를 해석하고 보고서를 작성한다. 추가적인 정보 분석은 마케팅 관리자가 정보를 적용하는 것을 도와주고, 이들이 보다 정밀한 결과를 개발하는 데 정교한 통계 과정이나 모형을 제공한다.

내부와 외부 자료의 정보 원천은 종종 1차 자료 정보 원천보다 더 신속하게 저렴한 비용으로 정보를 제공하고, 기업이 자체적으로 수집할 수 없는 정보를 제공하기도 한다. 그러나 필요한 정보가 2차 자료에 없을 수도 있다. 조사자는 2차 자료가 적절하고 정확하며 최신 자료인지, 그리고 왜곡되지 않았는지 평가해야 한다.

1차 자료도 이러한 특징을 평가해야 한다. 1차 자료 수집 방법(관찰조사, 설문조사, 실험조사)은 각각 고유한 장단점을 가지고 있으며 다양한 접촉 방법(우편, 전화, 대인 면접, 온라인) 또한 고유한 장단점을 가지고 있다.

학습목표 4-4 기업이 어떻게 마케팅 정보를 분석하고 사용하는지 이해한다.

내부 데이터베이스에서 수집된 정보, 마케팅 인텔리전스와 시장조사를 통해 수집된 정보는 대개 추가적인 분석이 필요하다. 개별 고객 자료를 분석하기 위해 많은 기업은 고객 관계 관리(CRM)라는 특별한 소프트웨어와 분석 기법을 확보하거나 개발하여 고객을 완벽하게 파악하고 강력한 고객 관계를 구축하고 있다. 기업은 마케팅 분석과 인공지능을 통해 빅데이터에서 의미 있는 패턴을 발견하고 고객 인사이트를 얻어 마케팅을 실행한다.

마케팅 정보는 더 나은 의사결정을 내리기 위해 사용하지 않는다면 가치가 없다. 따라서 마케팅 정보 시스템은 마케팅 의사결정을 내리거나 고객을 다루는 관리자와 기타 관계자가 그 정보를 이용할 수 있어야 한다. 경우에 따라 이는 정기적인 보고서와 최신 자료를 제공하는 것을 의미하기도 하고, 비일상적인 정보를 특별한 상황과 현장에서의 의사결정에 사용할 수 있도록 만들어주는 것을 의미하기도 한다. 많은 기업은 이러한 과정을 활성화하기 위해 인트라넷과 엑스트라넷을 이용한다. 최신 기술 덕분에 오늘날의 마케터는 언제 어디서나 마케팅 정보 시스템에 접속할 수 있다.

학습목표 4-5 공공정책과 윤리 등 마케팅 조사자가 겪는 특별한 문제를 살펴본다.

일부 마케터는 소기업, 비영리 단체 또는 국제적인 상황에서의 조사와 같은 특별한 마케팅 조사를 시행해야 한다. 소기업과 비영리 단체라도 제한된 예산을 가지고 효과적으로 마케팅 조사를 진행할 수 있다. 국제적 마케팅 조사자는 국내 조사와 같은 단계를 거치지지만 다른 문제를 더 많이 겪기도 한다. 한편 모든 기관은 마케팅 조사를 둘러싼 중요한 공공정책, 윤리적인 문제(소비자 사생활 침해, 소비자 정보 보안 및 보호, 조사 결과 오용)에 대응해야 한다.

핵심용어

학습목표 4-1

빅데이터 big data
고객 인사이트 customer insight
마케팅 정보 시스템 marketing information system(MIS)

학습목표 4-2

내부 데이터베이스 internal database
경쟁적 마케팅 인텔리전스 competitive marketing intelligence

학습목표 4-3

마케팅 조사 marketing research
탐색적 조사 exploratory research
기술적 조사 descriptive research
인과관계적 조사 causal research
1차 자료 primary data
2차 자료 secondary data
관찰조사 observational research
에스노그래픽 조사 ethnographic research
설문조사 survey research
실험조사 experimental research
표적집단 면접 focus group interviewing
온라인 마케팅 조사 online marketing research
온라인 표적집단 면접 online focus group
행동적 표적화 behavioral targeting
표본 sample

학습목표 4-4

고객 관계 관리 customer relationship management(CRM)
마케팅 분석 marketing analytics
인공지능 artificial intelligence(AI)

토의문제

1. 마케팅 인텔리전스는 마케팅 조사와 어떻게 다른지 설명하라. 기업의 입장에서 무엇이 더 가치 있는가? 그 이유는 무엇인가?
2. 탐색적 조사, 기술적 조사, 인과관계적 조사의 차이점을 설명하라.
3. 마케팅 조사자가 표본을 선정할 때 필요한 세 가지 질문은 무엇인가? 마케팅 조사자는 언제 비확률적 표본을 사용해야 하는가? 확률적 표본과 비교하여 비확률적 표본의 약점은 무엇인가?
4. 행동적 표적화에 대해 설명하고 예를 들라. 행동적 표적화가 소비자를 스토킹하는 수단이라는 대중 옹호자의 주장에 기업이 어떻게 대응해야 할지 논의하라.
5. 마케팅 조사 과정에서 어떤 단계가 가장 중요하다고 생각하는가? 그 이유는 무엇인가?
6. 국내 마케팅 조사와 국제적 마케팅 조사의 유사점과 차이점은 무엇인가? 기업은 다양한 시장의 차이를 해결하기 위해 어떤 조사 방법을 사용해야 하는가?

5 소비자 시장과 소비자 구매 행동

학습목표 5-1 소비자 시장을 정의하고 소비자 구매 행동 모형을 구성한다.
소비자 행동 모형

학습목표 5-2 소비자 구매 행동에 영향을 미치는 4대 주요 요인을 이해한다.
소비자 행동에 영향을 미치는 특성

학습목표 5-3 구매 결정 행동의 주요 유형과 구매 결정 과정의 단계를 나열하고 정의한다.
구매 결정 행동과 구매 결정 과정

학습목표 5-4 신제품의 수용과 확산 과정을 이해한다.
신제품 구매 결정 과정

개관 앞 장에서는 마케터가 어떻게 정보를 획득·분석·사용하여 고객 인사이트를 얻고 마케팅 프로그램을 평가하는지 살펴보았다. 이 장에서는 마케팅 환경에서 가장 중요한 요소인 고객에 대해 자세히 알아볼 것이다. 마케팅의 목표는 고객과 관계를 맺고, 고객이 생각하고 행동하는 과정에 영향을 미치는 것이다. 고객의 구매 행동 유형, 구매 행동이 이루어지는 시점, 구매 행동이 이루어지는 과정에 영향을 미치기 위해 마케터는 구매 행동이 왜 일어나는지를 먼저 이해해야 한다. 이 장에서는 최종 소비자의 구매에 영향을 미치는 요인과 구매 과정에 대해 알아보고 다음 장에서는 비즈니스 고객의 구매 행동을 다룰 것이다. 이 장을 통해 구매 행동을 이해하는 것이 필수적이지만 몹시 어려운 과제라는 것을 깨닫게 될 것이다.

고객의 행동을 이해하는 것이 얼마나 중요한지 잘 이해할 수 있도록 세계 최고 PC 판매 회사인 레노보의 사례로 시작하려 한다. 아마도 독자는 레노보가 IBM의 컴퓨터 사업을 인수하기 전에는 레노보에 대해 들어본 적이 없을 것이다. 그러나 레노보만큼 고객의 열광적인 반응과 강한 충성심을 일으킨 브랜드는 많지 않다. 레노보의 사업 모델은 고객 만족, 혁신, 그리고 운영의 효율성에 기초하고 있다.

레노보: 고객을 이해하고 유익한 관계 구축하기

1984년 레노보의 문을 연 것은 중국 베이징 컴퓨터과학기술연구소(Computer Technology Research Institute)의 직원 11명이다. 류촨즈(柳傳志)와 10명의 기술자가 레전드라는 이름으로 시작한 회사는 2002년 회사명을 레노보로 바꾸고 세계 시장에 진출하기로 결정했다. 2005년에는 싱크패드(ThinkPad)와 태블릿 제품을 포함한 IBM의 PC 사업을 인수했다. 이 합병으로 레노보의 해외시장 접근이 빨라졌고 물량 면에서 레노보는 세계 3위의 컴퓨터 제조사가 되었다. 2018년에는 그해 출하 물량 면에서 HP와 델을 제치고 세계 1위의 PC 제조업체가 되었다. 스마트폰 시장에서 세계 3위인 이 중국 회사는 160개 국가에서 제품을 판매하고 있다.

레노보의 세계적인 성공은 고객에 대한 깊고 정확한 이해와 유익한 관계를 형성하는 능력에 따른 것이다. 사업 모델은 고객 만족, 혁신, 운영의 효율성에 바탕을 두고 레노보의 마케터는 고객과 그 구매 행동에 초점을 맞추고 있다. 고객은 누구인가? 무슨 생각을 하는가? 제품에 대해 어떻게 느끼는가? 무엇이 고객을 움직이는가? 이러한 질문에 대한 종합적인 답을 찾기 위해 레노보의 제품 설계 및 기술 팀은 전 세계의 소셜미디어와 포럼, 블로그, 팬클럽을 통해 고객의 소리를 듣는다. 레노보는 고객의 의견을 높게 평가하고 의견을 얻기 위해 따라간다. 예를 들어 2012년과 2013년 새로운 레노보 싱크패드 시리즈를 출시했을 때 고객은 인터넷 포럼에서 자판 아랫부분의 터치포인트에 있던 2개의 트랙포인트 버튼이 없어진 것에 대해 불평했다. 이 버튼은 마우스의 좌우 버튼에 해당하는 것으로 마우스나 터치포인트를 대신할 수 있었다. 늘 고객의 의견에 귀 기울이는 레노보는 곧바로 문제를 인지하고 큰 실수를 했다고 공개적으로 인정했으며, 곧 트랙포인트 버튼이 다시 등장했다.

레노보의 제품 개발은 언제나 전 세계 고객에 대한 깊은 이해에서 시작된다. 기업의 웹페이지는 고객이 어떤 식으로든 피드백을 제공할 때 시장에 반영될 다음 세대의 기술에 영향을 준다는 점을 강조한다. 끊임없이 고객에게 귀 기울이고 소통하면서 그들의 의견을 받아들여 제품 개발과 개선에 고려함으로써 레노보는 고객과 정서적 관계를 맺는 데 성공했다. 싱크패드를 다시 디자인한 경우에서 알 수 있듯이 레노보는 실수를 솔직하게 인정하며 고객과 좀 더 직접적으로 관여한다. 시간이 흐르면서 고객과 정서적 관계 맺기의 강조는 레노보에 단순한 컴퓨터 제조사 이상의 개인적인 느낌을 부여했다.

레노보는 고객의 의견을 경청하는 것에서 더 나아가 구매자와 비구매자의 온라인 구매 행동에 초점을 맞추고, 특히 홈페이지와 제품 페이지 방문자의 행동을 걸러내 분석했다. 이러한 조사를 통해 레노보는 사용자에게 맞는 메시지를 개발하고 전달하여 비구매자를 구매자로 바꿀 수 있었다. 레노보는 이 목표를 달성하기 위해 사용자의 디지털 심리에 대한 깊은 통찰을 주는 소위 '열지도(heat map)'를 통해 각 세분 고객의 페이지 행동을 지속적으로 시각화했다.

레노보는 고객 경험에서 개선점을 찾아내기 위해 계속해서 소비자 연구를 시행한다. 예를 들어 구매자는 홈페이지 배너와 유리한 가격에 이끌리지만 비구매자는 배너를 회피하고 대신 제품 이미지와 본문이 있는 영상을 선호한다는 것을 알아내고는 잠재고객을 유인하여 좀 더 관여시키기 위해 이미지와 본문이 있는 영상을 더 많이 사용했다.

또한 레노보는 자료를 통합하는 것에 초점을 맞추어 고객의 360도 모습을 만들어냈다. 이 목표를 달성하기 위해 레노보는 개발 과정에 통합할 수 있는 실제 팀과 실행 가능한 통찰력을 제공하는 구글 서베이 360을 이용했다. 예를 들어 설계 팀은 각각 특정 기능을 나타내는 아이콘의 여러 버전을 테스트하고자 했다. 설계 팀은 어떤 버전이 가장 직관적인지 몰라서 문제에 집중하여 기존의 연구조사보다 훨씬 빠른 답을 제공하는 구글 서베이 360을 이용했다.

레노버는 끊임없이 고객에게 귀 기울이고 소통하며 고객의 의견을 반영한다.
Lou-Foto/Alamy Stock Photo

레노보는 끊임없이 고객의 기대를 넘어 고객의 즐거움을 추구하기 때문에 고객에게 무엇이 중요한지 아는 것이 가장 중요하다. 예를 들어 블로그와 토론방의 PC, 태블릿 및 기타 전자제품에 관한 게시물에서 레노보는 오가는 대화를 이해하고 토론에 참여하는 데 많은 시간을 들였다. 그러고는 좀 더 깊이 관여하며 소비자를 더욱 이해하고 제품에 대한 토론을 선도하기로 했다. 이에 따라 레노보는 자체 토론 포럼을 만들어서 고객의 의견, 사용자 경험, 레노보 제품 사용 팁 등을 레노보의 제품, 설계, 개발 팀과 공유할 수 있도록 적극적으로 요청했다. 레노보는 이를 통해 고객과 더 잘 연결하고 더 좋은 고객 경험을 제공할 수 있었다.

결론적으로 말해 레노보는 고객 만족과 관여를 이룰 수 있는 특유의 능력을 갖추었다. 레노보는 고객에게 귀 기울이고 고객을 이해함으로써 그들이 인식하는 레노보의 브랜드 개성을 긍정적으로 만들고 영향을 주었다. 스마트폰에 길들고 인터넷에 의해 움직이는 오늘날의 소비자는 실시간으로 상호작용하는 브랜드가 있어야 한다. 레노보는 목표고객과 끊임없이 존중하는 양방향 대화를 통해 관계를 맺었다. 그 결과 레노보는 여러 만족도 조사에서 경쟁자들보다 훨씬 앞서고 있다. 예를 들어 '기업 IT 구매 행동 및 고객 만족(Corporate IT Buying Behavior and Customer Satisfaction)' 조사에서 컨설팅 회사인 테크놀로지비즈니스리서치(Technology Business Research)는 고객 만족 제공과 혁신 부문에서 레노보를 1위로 선정한 바 있다.[1]

레노버의 세계적인 성공은 고객에 대한 깊고 정확한 이해와 유익한 관계를 형성하는 능력에 따른 것이다. 사업 모델은 고객 만족, 혁신, 운영 효율성에 바탕을 두고 있다.

소비자 구매 행동
최종 소비자(개인적인 소비를 위해 제품과 서비스를 구매하는 개인과 가구)의 구매 행동

소비자 시장
개인적인 소비를 위해 제품과 서비스를 구매하거나 얻는 모든 개인과 가구

레노보 사례는 여러 차원에서 소비자 행동에 영향을 미치는 요인을 보여준다. 구매 행동은 전혀 단순하지 않지만 구매 행동의 이해는 마케팅 관리의 필수 불가결한 과제이다. **소비자 구매 행동**(consumer buyer behavior)은 최종 소비자(개인 소비를 위해 물건과 서비스를 구매하는 개인과 가구)의 구매 행동을 말한다. 최종 소비자를 모두 합하면 **소비자 시장**(consumer market)이 된다. 미국의 소비자 시장은 매년 13조 달러 이상의 제품과 서비스를 소비하는 3억 2,800만 명으로 이루어져 있는데, 이 시장은 세계에서 가장 매력적인 소비자 시장 중 하나이다.[2]

전 세계 소비자는 연령, 소득, 교육 수준, 취향에 매우 큰 차이가 있으며 믿기 힘들 정도로 가지각색의 제품과 서비스를 구매한다. 이처럼 다양한 소비자들이 서로, 그리고 그들을 둘러싼 주변 요소와 어떻게 관련을 맺는가는 제품, 서비스, 기업에 대한 그들의 선택에 영향을 미친다. 이 장에서는 소비자 행동에 영향을 미치는 요인을 살펴볼 것이다.

저자 **코멘트** | 그림 5.1은 단순해 보이지만 구매 행동이 왜 일어나는지를 이해하기란 매우 어렵다. 한 전문가에 따르면 "소비자의 마음은 혼란스럽게 빙빙 도는 뉴런이 이리저리 날뛰는 뒤섞인 무더기와 같다."

소비자 행동 모형

학습목표 5-1 소비자 시장을 정의하고 소비자 구매 행동 모형을 구성한다.

소비자는 매일 많은 구매 결정을 하고 이러한 구매 결정은 마케터의 노력에서 가장 중요한 부분을 차지한다. 대부분의 대기업은 소비자가 무엇을, 어디서, 어떻게, 얼마나, 언제, 왜 구매하는지에 대한 구체적인 답을 얻고자 소비자 구매 결정을 자세히 연구한다. 마케터는 소비자의 구매 과정을 이해하기 위해 엄청난 양의 빅데이터를 들여다본다. 그러나 소비자 구매 행동의 이유를 이해하기는 쉽지 않다. 그에 대한 해답이 대개는 소비자의 마음속 깊이 숨어 있고, 때로는 소비자 자신도 정확히 무엇이 자신의 구매에 영향을 미쳤는지 모르기 때문이다.

마케터에게 가장 핵심적인 질문은 기업이 사용하는 다양한 마케팅 노력에 소비자가 어떻게 반응하는가이다. 그 출발점은 ● 그림 5.1에 제시된 구매자 행동의 자극-반응 모형(stimulus-response model)이다. 이 그림은 마케팅 자극과 그 밖의 자극이 소비자의 '블랙박스(black box)'에 들어가서 어떤 반응을 일으키는지를 보여준다.

마케터는 이러한 자극 요소가 소비자의 블랙박스 안에서 어떻게 반응으로 변하는지 이해하고 싶어 하는데, 이 소비자의 블랙박스는 두 부분으로 나뉜다. 첫 번째는 구매자 특성으로, 이는 자극을 지각하고 반응하는 데 영향을 미친다. 이러한 특성은 다양한 문화적·사회적·개인적·심리적 요

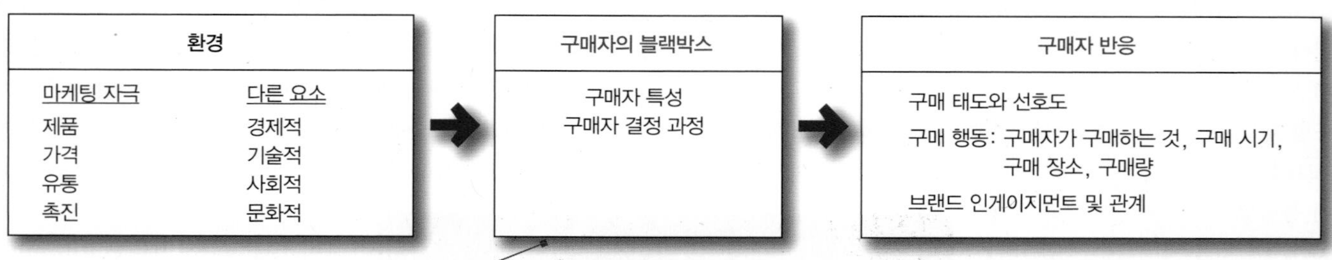

우리는 소비자 구매 행동이 어디서 언제 일어나는지를 측정할 수 있다. 그러나 소비자의 마음속에서 일어나는 것을 '보고' 구매 행동의 이유를 찾아내기는 매우 어렵다(그래서 블랙박스라고 불린다). 마케터는 왜 소비자가 그런 식으로 행동하는지를 이해하기 위해 많은 시간과 비용을 들인다.

● **그림 5.1**
구매자 행동 모형

인을 포함한다. 두 번째는 구매자의 의사결정 과정 자체로, 이는 구매자 행동에 영향을 미친다. 구매 결정 과정은 욕구 인식, 정보 탐색, 대안 평가, 구매 결정, 구매 후 행동이라는 5단계로 구성되며, 이는 실제 구매에 훨씬 앞서 시작되어 구매 후에도 오랫동안 지속된다. 먼저 구매자 특성이 구매자 행동에 어떤 영향을 미치는지 살펴본 다음 구매자 의사결정 과정에 대해 설명하겠다.

저자 코멘트 | 넓게는 문화적·사회적 요인부터 우리 깊숙이 자리한 동기, 믿음, 태도에 이르기까지 여러 단계의 요인이 구매 행동에 영향을 미친다.

소비자 행동에 영향을 미치는 특성

학습목표 5-2 소비자 구매 행동에 영향을 미치는 4대 주요 요인을 이해한다.

● 그림 5.2에서 보듯이 소비자 구매는 문화적·사회적·개인적·심리적 특성의 영향을 많이 받는다. 대개 마케터는 이러한 요소를 통제할 수 없지만 반드시 고려해야 한다.

문화적 요인

문화적 요인은 소비자 행동에 폭넓고 깊은 영향을 끼친다. 마케터는 구매자의 문화, 하위문화, 사회계층의 역할을 이해해야 한다.

문화

문화
사회 구성원이 가족과 중요한 기관으로부터 학습한 기본적인 가치관, 지각, 욕구, 행동의 조합

문화(culture)는 인간의 욕구와 행동의 가장 기본적인 동기(원인)이다. 인간의 행동은 대부분 학습된다. 우리는 사회의 울타리 안에서 자라며, 어린이는 가족과 중요한 기관으로부터 기본적인 가치관, 지각, 욕구, 행동을 배운다. 미국의 어린이는 대체적으로 평등, 개인주의, 단도직입적인 태도, 격식에 얽매이지 않는 태도, 성취와 성공, 활동과 참여, 시간의 중요성, 물질적 안락, 건강과 신체 단련 등의 가치에 노출된다. 모든 집단과 사회는 고유의 문화를 가지고 있으며, 문화가 구매 행동에 미치는 영향은 나라마다 다를 수 있다.

마케터는 항상 소비자가 원하는 새로운 제품을 발견하기 위해 문화적 추세의 변화를 알아내려고 한다. 예를 들어 건강과 신체 단련 쪽으로 문화적 추세가 이동하면서 건강과 신체 단련 서비스 업체, 운동 기구와 운동복, 유기농 식품과 갖가지 식이요법 등의 거대한 산업이 생겨났다.

● **그림 5.2**
소비자 행동에 영향을 미치는 요인

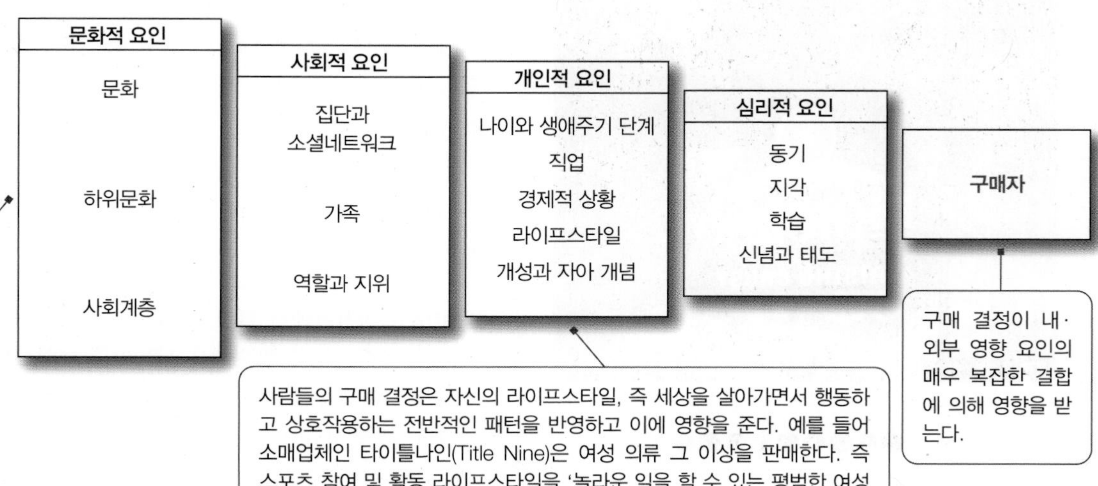

하위문화

하위문화
공통적인 인생 경험과 상황을 바탕으로 비슷한 가치관을 가진 사람들로 구성된 집단

각 문화에는 더 작은 **하위문화**(subculture)가 있으며, 하위문화는 공통적인 인생 경험과 상황을 바탕으로 비슷한 가치관을 가진 사람들로 구성된 집단으로 정의된다. 하위문화는 국적, 종교, 인종, 지리적 범위를 포함한다. 많은 하위문화는 중요한 세분시장을 이루고 있으며, 마케터는 세분시장의 필요에 맞게 제품과 마케팅 프로그램을 설계하곤 한다. 미국의 경우 중요한 하위문화의 예로 히스패닉계, 아프리카계, 아시아계 소비자를 들 수 있다.

히스패닉계 소비자 미국 히스패닉 시장은 규모가 크고 매우 빠르게 성장하고 있다. 5,900만 명 이상의 소비자로 이루어진 히스패닉 시장은 연간 구매력이 1조 7,000억 달러에 달하며, 미국의 히스패닉 인구는 2060년에 미국 전체 인구의 29%를 차지할 것이다. 이들은 상대적으로 젊은 세부시장으로 절반 이상이 29세 미만이다.[3] 히스패닉 시장에도 국적, 나이, 소득, 기타 요인 등을 기반으로 여러 하위 세분시장(subsegments)이 존재한다. 한 기업의 제품이나 메시지는 멕시코인, 코스타리카인, 아르헨티나인, 쿠바인과 같은 특정 국적의 사람들에게 더 적절할 수도 있다.

히스패닉계 소비자는 주류 소비자 집단과 특징과 행동에 유사한 면이 있으면서도 큰 차이점을 보인다. 이들은 매우 가족 지향적이고 쇼핑을 가족이 함께하는 일로 여겨서 어떤 브랜드 제품을 구매할지에 자녀의 의견이 크게 반영된다. 젊은 소비자답게 히스패닉계 소비자는 다른 세분시장에 비해 모바일 및 소셜네트워크 이용에 적극적이므로 이 세분시장에 도달하려면 디지털 기기를 활용하는 것이 효과적이다.

예를 들어 트위터 월 사용자 6,800만 명 중 2,400만 명은 히스패닉 소비자로 미국 인구의 18%보다 높은 35%를 차지한다. 최근 트위터는 빠르게 성장하는 미국 히스패닉 시장에 광고주가 접근하도록 돕기 위해 히스패닉 팀을 만들기도 했다. 엑스피니티(Xfinity) 등은 히스패닉 역사 기념월 동안 트위터의 새로운 이중 언어 리모컨에 관심이 있는 이중 언어 사용 표적고객 옵션을 사용했다. ● 또한 네슬레의 냉동 피자 브랜드인 디조르노(DiGiorno)는 트위터의 미국 히스패닉 팀, NFL(내셔널풋볼리그)과 함께 스페인어 트윗 캠페인을 벌이기도 했다.[4]

● 히스패닉 소비자 표적화: 네슬레의 디조르노는 트위터의 미국 히스패닉 팀, NFL과 함께 스페인어 트윗 캠페인을 벌였다.
Nestlé USA

토요타, P&G, 맥도날드, AT&T, 월마트, 스테이트팜, 구글, 아마존, 로레알 등의 기업도 급격히 성장하는 히스패닉 시장을 위해 특별 표적 활동을 개발하고 있다. 예를 들어 토요타는 전통적인 히스패닉 광고 에이전시인 코닐(Conill)과 함께 다수의 히스패닉 마케팅 캠페인을 개발하여 토요타를 히스패닉 구매자가 선호하는 브랜드로 만들었다. 2018년 FIFA 월드컵축구대회의 토요타 툰드라(Tundra) 캠페인을 한 예로 들 수 있다.[5]

2018년 러시아에서 열린 FIFA 월드컵축구대회 동안 미국 TV는 아주 이른 시간에 경기를 방송했으므로 미국 브랜드들은 그 시간대에 맞추어 광고 캠페인을 진행했다. 토요타도 히스패닉 시청자를 대상으로 아주 진한 커피, 즉 멕시코산 툰드라 파워 커피 푸에르테를 주제로 툰드라 픽업트럭 광고 캠페인을 내보냈다. 이는 졸린 눈을 한 히스패닉 소비자가 축구 경기를 보기 위해 일찍 일어났다가 다시 잠이 드는 우스꽝스러운 영상으로, "경기가 정말 일찍 치러질 거예요. 누군가 어떻게든 해야 해요!"라는 스페인어가 나온다.

해결책: 영상에서는 어두컴컴한 새벽에 툰드라 픽업트럭이 커피콩을 수확하러 머나먼 멕시코 어딘가로 가고 있다. "그래서 토요타 툰드라는 온종일 힘들게 일하는 트럭만큼 커피를 당신에게 드리기 위해 멕시코로 가는 것입니다." 또한 토요타는 히스패닉 소셜미디어에 가까운 툰드라 파워 모바일 커피숍에서 커피콩 샘플을 나누어주고 #TundraPower와 #Ad를 통해 주문도 할 수 있다는 것을 홍보했다.

아프리카계 소비자 부와 세련미를 갖춘 아프리카계 미국인이 늘어나고 있다. 4,700만 명 이상의 아프리카계 미국 소비자는 1조 5,000억 달러에 달하는 구매력을 지니고 있다. 이들은 다른 세분시장보다 가격에 민감하지만 품질이 좋고 엄선된 제품을 구입하며 브랜드를 중요하게 여긴다. 아프리카계 소비자는 디지털 및 소셜미디어를 많이 사용하기 때문에 다양한 마케팅 경로가 접근할 수 있다. 또한 전체 인구에 비해 이들은 기업이 사업을 더 잘하도록 요구하는 경향이 있다. 예를 들면 18~34세 아프리카계 소비자 중 38%(전체 소비자의 4%)는 자신이 구매하는 브랜드가 대의명분을 지지하기를 기대한다.[6]

포드, 토요타, 현대와 같은 자동차 제조사부터 P&G, 유니레버와 같은 소비재 제조사에 이르기까지 많은 기업은 아프리카계 미국인을 겨냥한 광고 소구와 마케팅 프로그램을 개발하고 있다. ● 예를 들어 P&G는 오랫동안 아프리카계 소비자 대상 광고의 선두 주자였으며, 더 나아가 'My Black Is Beautiful(내 블랙이 아름답다)' 운동을 지지하고 있다.[7]

몇십 년 전 P&G의 아프리카계 여성 직원들이 시작한 이 운동은 흑인 여성에 의한, 흑인 여성을 위한, 흑인 여성에 대한 국가적인 관심을 불러일으키기 위해 시작되었으며 긍정적인 변화를 가져올 운동의 촉매 역할을 하려고 한다. 최근의 캠페인은 차별 문제에 초점을 맞춘 'The Talk(이야기)'이다. 에미상을 수상한 이 동영상 광고는 흑인 부모가 자녀에게 앞으로 살아가며 겪게 될 편견에 관해 이야기하는 가슴 아픈 내용이다. 'My Black Is Beautiful' 웹사이트에 있는 그 밖의 'The Talk' 동영상은 실제로 흑인이 살아가면서 겪는 부정적인 편견에 어떻게 맞서는지를 보여준다. 각각의 동영상은 시청자들에게 'The Talk'에 대해 이야기하여 앞으로 더는 이야기할 필요가 없게 하자는 '모든 사람이 #TalkAboutBias를 할 때'로 끝맺는다. 'My Black Is Beautiful' 캠페인은 P&G 제품을 직접적으로 홍보하지는 않지만, 아프리카계 소비자와의 긍정적인 관계를 구축하는 데 도움이 되고 있다.

● 아프리카계 미국인 표적화: P&G의 'My Black Is Beautiful' 캠페인은 긍정적인 변화를 가져오기 위해 흑인 여성에 의해, 흑인 여성을 위해, 흑인 여성에 대한 대화를 일으키고자 시작되었다. 이 캠페인은 P&G와 아프리카계 소비자의 긍정적인 관계를 구축하는 데 일조했다.
Tasia Wells/Stringer/Getty Images

아시아계 소비자 아시아계 미국인은 미국 내 인구통계상의 세분시장 중 가장 부유하다. 교육 수준이 높은 이 세분시장은 2,000만 명 이상이고 연 구매력이 1조 달러에 이를 것으로 예상된다. 이들은 가장 빠르게 증가하는 세분시장이며, 다른 하위 세분시장과 마찬가지로 다양한 집단으로 이루어져 있는데 그중 가장 큰 집단이 중국계 미국인이고 다음으로 필리핀계, 인도계, 베트남계, 한국계, 일본계이다. 다양한 스페인어 방언을 사용하는 히스패닉계 소비자와 달리 아시아계 소비자는 일본어, 광둥어, 크메르어, 태글리쉬(필리핀 영어의 일종) 등 다양한 언어를 사용한다.[8]

아시아계 소비자는 다른 인종 집단보다 쇼핑을 자주 하고 브랜드에 가장 민감하게 반응한다. 이들은 브랜드에 매우 충성스러운데, 특히 자신들과 관계를 구축하는 데 애를 쓰는 브랜드에 더 그렇다. 이에 많은 기업은 이제 아시아계 미국인 세분시장을 목표로 삼고 있다. 예를 들어 보험 회사인 스테이트팜은 최근 성장하고 있는 아시아계 소비자를 대상으로 하는 디지털 플랫폼에서 광고 2편을 선보였다.[9]

첫 번째로 중국의 보통화를 이용한 'Smart Living(스마트리빙)'은 기술 발전에 민감하게 반응하고 스마트홈 기술을 앞장서서 수용하는 아시아계 소비자의 문화적인 면을 보여주는 유머러스한 광고이다. 광고는 젊은 아시아계 소비자 커플이 오작동하는 SAL이라는 스마트홈 시스템으로부터 위협을 당하는 상황을 보여준다. SAL이 차 위로 주차장 문을 닫아버리고, 실내 소화 시스템을 작동하고, 시끄러운 음악을 켜자 스테이트팜 보험설계사인 에이미 로(Amy Loh)는 스테이트팜이 SAL을 수리하지는 못하지만 집과 자동차의 피해는 보상해줄 것이라고 안심시킨다. 두 번째 광고인 'Intuition(직감)'은 인도계 소비자의 직감에 관한 이야기로, 인도계 젊은 커플의 부모가 방문하여 잔소리하는 상황을 재미있게 표현했다. 여기서는 스테이트팜 보험설계사인 아누 세티(Anu Sethi)가 비대면, 대면 방문을 통해 그들을 도와준다. 스테이트팜 광고 감독은 다음과 같이 말한다. "이처럼 창의적인 광고는 정보를 제공하는 동시에 문화적인 면을 이해한다는 것을 보여준다. 우리는 시청자가 자신을 보는 것처럼 유머가 이야기를 전달하기를 진심으로 바란다."

전체 마케팅 전략

전체 마케팅 전략
민족적 주제와 비교문화적 관점을 브랜드의 주류 마케팅 내에 통합하여 하위문화의 세분시장 간 소비자의 차이점보다는 유사점에 주목하는 것

많은 마케터는 히스패닉계, 아프리카계, 아시아계 미국인 세분시장별로 차별화된 마케팅 노력을 기울일 뿐 아니라 이제 **전체 마케팅 전략**(total marketing strategy), 즉 주류(정통) 마케팅 안에서 민족적 주제와 비교문화적 관점을 포함하는 마케팅 실행 방식을 채택하고 있다. 예를 들면 일반 대중을 대상으로 하는 치리오스와 이케아 등의 광고에는 다른 인종으로 이루어진 커플과 가족이 등장한다. 전체 시장적 접근은 하위문화 간 소비자의 차이점보다는 유사점에 주목한다.[10]

토요타는 특정 하위 세분시장을 겨냥한 광고와 비교문화적으로 일반 시장을 겨냥한 광고를 포함하는 전체 마케팅 전략을 사용한다.[11]

토요타 캠리(Camry)의 'Sensations(센세이션)' 마케팅 캠페인 중 일부는 민족적 광고를 전문으로 하는 광고 회사가 맡았으며 히스패닉계, 아프리카계, 아시아계 하위 세분시장을 대상으로 한다. 예를 들어 'Captivating(사로잡는)'이라는 광고는 신형 캠리의 짜릿한 첨단 기술 장비를 함께 경험하는 중국계 부녀 사이의 유대를 보여주면서 아시아계 소비자에게 가족과 첨단 기술의 중요성을 강조한다. 영어와 스페인어로 제작된 'Rebellious(반항적인)'는 빨간색 캠리를 탄 젊은 히스패닉계 청년이 엄마의 전화를 받을까 말까 고민하는 모습을 보여주는데, 이는 히스패닉 세대에 대한 통찰에 근거한 날카로운 접근이다. 또한 'Strut(과시하며 걷기)'는 주문한 피자를 찾으러 가는 일상적인 행동을 '쿨한 스타일'로 승화시키는 아프리카계 소비자를 보여준다. 광고 제작자는 "아프리카계 소비자에게 자동차를 볼 때 스타일이 가장 중요하다는 것을 알게 되었다"고 말한다.

동시에 'Sensations' 캠페인은 토요타의 일반 광고 회사가 제작한 주류시장을 아우르는 광고도 함께 제공하고 있다. 이러한 광고는 토요타의 국내 브랜드와 다문화 관리자가 '완전 초문화적 시장'이라고 일컫는 것을 공략한다. 즉 문화적 차이를 강조하기보다는 공통된 비교문화적 소비자의 가치에 초점을 맞춘 하나의 전체적인 주제 아래 다양한 인종과 환경을 채택하고 있다.

따라서 토요타는 종합적인 전체 마케팅 전략하에 모든 것을 다루고 있다. 토요타의 브랜드 담당자는 이렇게 말한다. "시청자들은 (주류) 광고에서 모든 소수 민족을 보고 싶어 한다. 오늘날 그들이 살고 있는 미국에서 보는 것이기 때문이다." 한편 소수 민족 대상 광고에서는 "어떤 소수 민족의 시청자가 자기 같은 사람이 나오는 광고를 찾고 있다면 캠리 캠페인의 다양성에서 그것을 볼 수 있을 것이다."

사회계층

사회계층
비슷한 가치관, 관심사, 행동을 공유하는 사람들로 구성된 비교적 영구적이고 계층적인 사회적 구분

거의 모든 사회는 어떠한 형태의 사회계층 구조로 이루어져 있다. **사회계층**(social class)은 비슷한 가치관, 관심사, 행동을 공유하는 사람들로 구성된 비교적 영구적이고 계층적인 사회적 구분을 말한다. 사회학자들은 미국의 사회계층을 높은 상위층, 낮은 상위층, 높은 중위층, 중위층, 노동 계층, 높은 하위층, 낮은 하위층으로 나눈다.

사회계층은 소득과 같은 한 가지 요인에 의해 결정된다기보다는 직업, 수입, 학력, 재산 및 기타 요인이 결합되어 결정된다. 어떤 사회 제도에서는 계층마다 특정 역할이 주어지고 계층을 바꿀 수 없다. 하지만 미국의 경우 사회계층을 나누는 명확한 선이 없으므로 사람들은 더 높은 계층으로 올라가거나 더 낮은 계층으로 내려갈 수 있다.

한 계층에 속한 사람들은 비슷한 구매 행동을 보이기 때문에 마케터는 사회계층에 관심을 갖는다. 사회계층은 의류, 가구, 여행과 레저 활동, 금융 서비스, 자동차 등의 영역에서 독특한 제품 및 브랜드 선호도를 드러낸다.

사회적 요인

소비자 행동은 소비자가 속한 집단과 소셜네트워크, 가족, 사회적 역할과 지위 같은 사회적 요인의 영향을 받기도 한다.

집단, 소셜네트워크와 인플루언서 마케팅

준거집단
개인의 태도와 행동을 형성하는 데 직접적·간접적 비교점 또는 기준점이 되는 집단

다양한 집단은 개인의 행동에 영향을 미친다. 개인에게 직접적인 영향을 주며 그 사람이 속해 있는 소집단을 회원 집단(membership group)이라고 한다. 이에 반해 **준거집단**(reference group)은 직접적·간접적 비교점 또는 기준점의 역할을 하여 개인의 태도와 행동을 형성한다. 마케터는 목표시장의 준거집단을 파악하려 한다. 준거집단은 사람들을 새로운 행동과 생활양식에 노출시키고, 태도와 자아 개념에 영향을 주며, 동조하도록 압력을 넣어 제품 및 브랜드 선택에 영향을 미친다.

오피니언 리더
준거집단의 일원으로 특별한 기술, 지식, 개성 등의 특성 때문에 타인에게 사회적인 영향력을 발휘하는 개인

집단 영향의 중요성은 제품과 브랜드에 따라 차이가 있는데, 소비자가 존중하는 타인에게 제품이 드러날 때 그 영향력이 가장 크게 나타난다. 집단 영향을 많이 받는 브랜드의 마케터는 **오피니언 리더**(opinion leader) — 준거집단의 일원으로 특별한 기술, 지식, 개성 등의 특성 때문에 타인에게 사회적인 영향력을 발휘하는 개인 — 에게 어떻게 접근할지를 파악해야 한다. 대부분의 마케터는 자사 브랜드의 오피니언 리더를 파악하여 그들을 대상으로 한 마케팅 활동을 하고 있다.

구전 영향
신뢰하는 친구, 가족, 동료와 다른 소비자의 사적인 말과 추천이 구매 행동에 미치는 영향

구전 영향(word-of-mouth influence)은 소비자 구매 행동에 큰 영향을 미칠 수 있다. 신뢰하는 친구, 가족, 동료와 다른 소비자의 사적인 말과 추천은 광고나 영업사원 같은 상업적 원천으로부터 얻는 정보보다 신뢰성이 더 크다. 대부분의 구전 영향은 자연스럽게 일어난다. 소비자는 자신이 사용하는 브랜드나 좋든 싫든 간에 강한 감정이 있는 브랜드에 대해 이야기하곤 하는데, 마케터는 이를 그냥 내버려두기보다는 자사 브랜드에 대한 긍정적인 대화가 되도록 지원할 수 있다.

인플루언서 마케팅
이미 활동하고 있는 인플루언서를 영입하거나 새로운 인플루언서를 발굴하여 자사 브랜드에 대한 구전을 퍼뜨리는 것

인플루언서 마케팅(influencer marketing)은 자사 브랜드에 대한 구전을 퍼뜨리기 위해 이미 활동하고 있는 인플루언서를 영입하거나 새로운 인플루언서를 발굴한다. ● 예를 들어 화장품 제조업체 커버걸은 이미 잘 알려지고 다양한 인종으로 구성되었으며 기존의 한계를 뛰어넘는 '센 언니(badass)' 이미지의 브랜드 인플루언서 팀을 이용하여 'I Am What I Make Up(나는 내가 만드는 것이다)'이라는 브랜드 슬로건을 잘 살린 광고 캠페인을 실행했다. 이 인플루언서 팀은 미국 드라마 〈인시큐어(Insecure)〉의 케이티 페리(Katy Perry)와 이사 레이(Issa Rae), 푸드네트워크(Food Network)의 호스트인 아이샤 커리(Ayesha Curry), 피트니스 전문가인 매시 아리아스(Massy Arias), 71세 모델인 메이 머스크(Maye Musk), 프로 모터사이클 경주자인 셸리나 모레다(Shelina

● 인플루언서 마케팅: 커버걸의 'I Am What I Make Up' 캠페인은 그 슬로건이 자신에게 어떤 의미가 있는지 내밀하고 진실한 언어로 설명하는 영향력 있는 브랜드 홍보대사로 구성된 팀을 이용한다.
Craig Barritt/Getty Images for Fast Company

Moreda) 등으로 이루어져 있다. 광고 캠페인에서 이들은 'I Am What I Make Up'이 자신에게 어떤 의미가 있는지를 내밀하고 진실한 언어로 설명한다.[12]

또한 마케터는 친교를 나누고 정보와 의견을 교환하는 온라인 커뮤니티인 **온라인 소셜네트워크**(online social network)를 통해 영향력을 발휘하려고 한다. 소셜네트워킹 매체에는 블로그(매셔블, 엔가젯, 기즈모도), 메시지 보드(크레이그리스트), 소셜미디어 사이트(페이스북, 트위터, 유튜브, 인스타그램, 링크드인), 쇼핑몰(아마존닷컴, 엣시) 등이 포함된다. 마케터는 자사 제품을 촉진하고 더 긴밀한 고객 관계를 구축하기 위해 이와 같은 새로운 소셜네트워크의 영향력을 활용하고 있다. 이들은 디지털, 모바일, 소셜미디어를 활용하여 소비자의 대화와 삶의 일부분이 되고자 한다.

온라인 소셜네트워크
블로그, 소셜미디어, 브랜드 커뮤니티와 기타 온라인 포럼 등 사람들이 사귀고 정보와 의견을 교환하는 온라인 소셜커뮤니티

인플루언서 마케팅 캠페인은 소셜미디어 유명인부터 블로거까지 이미 활약하고 있는 인플루언서와 함께 진행한다. 유명 브랜드를 적극적으로 미는 유명인을 포함하여 파타고니아 브랜드를 블로깅하는 등산가와 스키 선수, 할리데이비슨을 블로깅하는 모터사이클 애호가, 홀푸드마켓 또는 트레이더조(Trader Joe's)에 대해 쓰는 푸드 칼럼니스트를 독자도 본 적이 있을 것이다. 비결은 다수의 적절한 팔로워가 있고 믿을 만하며 브랜드와 잘 맞는 온라인 인플루언서를 찾는 것이다(마케팅 현장 5.1 참조).

마케팅 도구로서의 온라인, 소셜미디어는 17장에서 더 깊이 다룰 것이다. 최근의 인플루언서 마케팅에 대한 논의는 디지털, 모바일, 소셜미디어에 집중되어 있지만, 브랜드에 관한 소통은 여전히 전통적인 면대면에서 대부분 일어난다. 결국 목표는 고객이 브랜드에 관심을 가져 지지하게 하고, 브랜드에 대한 관심과 경험을 실세계와 가상의 세계에서 만나는 타인과 공유하게 하는 것이다.

가족

가족은 구매 행동에 큰 영향을 미친다. 가족은 사회에서 가장 중요한 회원 준거집단이자 소비자 구매 조직이다. 가족은 광범위하게 연구되었다. 마케터는 남편, 아내, 자녀가 제품과 서비스 구매에 끼치는 각자의 역할과 상대적 영향력에 관심을 가진다.

남편-아내의 구매 관여도는 제품 범주와 구매 과정의 단계에 따라 다르다. 구매 역할은 소비자 생활양식이 진화함에 따라 바뀐다. 미국에서는 전통적으로 아내가 가족의 식품, 가정용 제품, 옷의 구매를 도맡아왔다. 그러나 자녀를 둔 여성의 70% 이상이 밖에서 일을 하고 남편이 가족을 위한 구매 활동에 좀 더 참여함에 따라 최근에는 모든 것이 변화하고 있다. 최근의 설문조사에 따르면 남성의 3분의 1 이상이 대부분의 집 청소를 하고 43%는 식사 준비와 설거지를 한다. 또한 여성은 자동차, 전자제품, 주거 관리 제품 등 전통적으로 남성 제품이라고 여겨졌던 제품의 50% 이상을 구매한다.[13]

이러한 역할 변화는 새로운 마케팅의 현실을 보여준다. 전통적으로 여성(식료품, 개인 미용 제품 등) 또는 남성(자동차, 전자제품, 장난감)을 대상으로 판매한 여러 산업의 마케터는 이제 그 반대로 조심스럽게 남성 또는 여성을 목표로 하고 있다. 예를 들어 최근 타이드 광고는 아이들이 있는

마케팅 현장 5.1 | 인플루언서 마케팅: 인플루언서와 팔로워의 관계 조정하기

인플루언서 마케팅의 인기가 대단하다. 기업은 인플루언서 캠페인에 매년 1,000억 달러를 쓰고 있다. 인플루언서와 팔로워 사이에 이미 구축된 관계를 기반으로 하기 때문에 브랜드는 인플루언서 마케팅을 선호한다. 각종 정보로 가득한 디지털 미디어 세상에서 인플루언서 마케팅은 다른 마케팅 콘텐츠보다 덜 거슬리고 덜 무시당한다.

인플루언서 마케팅 캠페인은 적응하기도 쉬워서 작고 조용한 캠페인부터 크고 시끄러운 캠페인까지 종류도 다양하다. 또한 최근의 소셜미디어가 유명세를 민주화했기 때문에 브랜드는 킴 카다시안(Kim Kardashian)에게 100만 달러를 주고 패션 브랜드를 포스팅하게 하고, 비교적 평범한 10대에게 선호 화장품에 대해 포스팅하게 할 수도 있다. 어떤 형식이든 간에 인플루언서 마케팅이 효과를 발휘하려면 몇 가지 간단한 전략적 지침을 따라야 한다.

먼저 마케터는 자사 브랜드와 자연스럽게 잘 맞는 인플루언서와 동반자가 되어야 한다. 그리고 유명인의 게시물 하나에 모인 많은 팔로워를 대상으로 하기보다는 고객과 진정성 있게 소통하는 인플루언서와 장기적인 관계를 구축해야 한다. 즉 브랜드와 잘 맞고, 팔로워 수가 많으며, 팔로워들과 진정성 있게 연결할 수 있는 인플루언서를 찾아내는 것이 가장 바람직하다.

예를 들어 아디다스는 슈퍼모델이자 사교계의 유명인이고 리얼리티 TV 프로그램 출연자인 카다시안 가족의 막내 카일리 제너(Kylie Jenner)와 손을 잡았다. 갓 21세가 된 제너는 소셜미디어 통합 팔로워 2억 5,000만 명을 거느리고 있으며, 인스타그램 팔로워만 1억 3,200만 명에 달한다. 제너는 인스타그램에서 가장 수익이 높은 인플루언서로 게시물 하나에 100만 달러를 벌어들인다. 제너는 자신의 이름을 딴 카일리코스메틱(Kylie Cosmetics)에 관한 게시물과 일상 게시물로 팬들을 사로잡고 있다.

그러나 제너가 타 브랜드의 제품을 홍보할 때는 매우 까다롭다. 예전에는 퓨마 제품을 사용하던 제너가 몇 달 전부터 아디다스 스니커스를 신은 게시물을 올리기 시작했다. 그 후 아디다스는 제너의 게시물은 우연이 아니라 제너가 브랜드 대사로서 아디다스 제품인 팰컨(Falcon) 스니커스와 크롭후디, 트레이닝복, 티셔츠, 타이츠로 이루어진 코이지 컬렉션(Coeeze Collection)의 모델이 되었다고 밝혔다. 딸과 공원에 있든 롤스로이스 고스트(Ghost)를 타고 있든 아디다스를 입은 제너의 스타일은 팬들에게 영감을 주었고 브랜드의 포지셔닝과 잘 맞아떨어졌다.

제너와 아디다스의 동반자 관계는 인플루언서가 돈을 받고 홍보하는 제품을 실제로 사용해야 한다는 인플루언서 마케팅의 또 다른 지침을 잘 보여준다. 이는 당연한 것처럼 보이지만 이러한 지침을 소홀히 하여 악명 높은 인플루언서 마케팅 재난이 일어나기도 한다. 마이크로소프트의 서피스 컴퓨터 캠페인의 하나로 오프라 윈프리(Oprah Winfrey)는 다음과 같은 트윗을 올렸다. "서피스를 좋아할 수밖에 없네! 크리스마스 선물로 벌써 12대나 샀어요. #Favorite Things" 그런데 애플 아이패드의 트위터 앱을 이용하여 이 게시물을 올린 것이 문제가 되었다. 이러한 사례는 브랜드와 인플루언서 둘 다 진정성이 없어 보이게 함으로써 고객을 쫓는다.

인플루언서 캠페인은 카일리 제너나 오프라 윈프리 같은 초대형 유명인만 기용하는 것이 아니라 그 반대의 경우도 많다. 대다수 캠페인은 잘 알려지지 않은 일상인을 기용한다. 예를 들어 월마트, 맥도날드, 디즈니 등은 소셜미디어 엄마들을 브랜드 홍보대사로 이용하고 있다. 거대한 시장을 이루고 있는 미국의 엄마들은 소셜미디어의 주요 공유자이자 구매자이다. 소셜미디어를 이용하는 주부의 55%는 블로그나 기타 소셜미디어에서 발견한 개인의 사연이나 추천, 제품 후기를 보고 구매 결정을 내린다. 미국 엄마 1,420만 명이 블로그 활동을 하고 엄마 블로거 440만 명이 100만 명 이상의 팔로워에게 영향을 준다. 엄마들이 주로 방문하는 소셜미디어는 인스타그램, 페이스북, 트위터이지만 핀터레스트와 유튜브도 인기가 있다.

디즈니는 소셜미디어를 통한 엄마의 영향력과 엄마가 가족 여행을 계획하는 데 얼마나 중요한 역할을 하는지 익히 알고 있었다. 8년 전 디즈니는 조심스럽게 선택한 엄마(아빠도 일부 포함) 블로거, 여행 블로거 및 활동적으로 디즈니 관련 게시물을 싣는 사람들 1,300명으로 디즈니 소셜미디어 맘스(Disney Social Media Moms)를 구성했다. 디즈니는 브랜드의 가족 친화적 특성에 맞고 소셜미디어를 많이 사용하며 온라인·오프라인 커뮤니티에서 적극적으로 활동하는 영향력 있는 엄마들을 찾았다. 한 예로 두 자녀를 홈스쿨링하는 웬디 라이트(Wendy Wright)는 열심히 활동하는 블로거이다. 그녀는 고양이의 이름을 미키와 미니로 지은 '디즈니 광팬'으로서 디즈니 공원 방문 계획, 디즈니 테마의 파티 주최, 디즈니 영화 후기 등에 대한 조언으로 블로그를 하고 있다.

디즈니 소셜미디어 맘스는 돈을 받고 일하는 것이 아니라 디즈니에 대한 열정과 애정으로 참여한다. 그러나 그들은 디즈니로부터 특별한 교육적 관심, 내부 정보와 가끔씩 혜택을 받기도 한다. 예를 들어 디즈니는 매년 플로리다에서 나흘간 열리는 디즈니 소셜미디어 맘스 축제에 175~200명의 엄마와 가족을 큰 할인가격으로 초청한다. 이 축제

엄마 대 엄마 영향력 활용: 디즈니는 매년 플로리다에서 열리는 디즈니 소셜미디어 맘스 축제에 175~200명의 엄마와 가족을 초청한다. 이 축제는 엄마 인플루언서를 위한 PR 이벤트, 교육 회의, 가족 휴가 여행에 디즈니의 마법이 어우러진 행사이다.
Mindy Marzec

는 엄마 인플루언서를 위한 PR 이벤트, 교육 회의, 가족 휴가 여행에 디즈니의 마법이 어우러진 행사이다.

디즈니 소셜미디어 맘스는 디즈니에 대해 게시물을 올려야 할 법적 의무가 없으며, 디즈니가 어떤 내용을 올리라고 알려주지도 않는다. 하지만 최근의 축제는 탈것에 대한 후기, 디즈니 캐릭터와 찍은 영상, 무척 호의적인 후기로 가득한 트윗 2만 8,500건, 인스타그램 사진 4,900건, 블로그 게시물 88건을 발생시켰다. 디즈니 소셜미디어 맘스는 적은 비용으로 엄마 대 엄마의 영향력을 효과적으로 활용하여 주요 구매자에게 디즈니 마법 요정의 가루를 뿌리는 것을 도왔다.

팔로워 수는 적지만 진정성 있는 목소리를 내는 오피니언 리더를 이용한 인플루언서 캠페인을 펼치는 마케터도 있다. 예를 들어 존슨앤드존슨의 최근 캠페인은 인스타그램 팔로워가 500~1,500명인 10대들을 피부 관리 제품 클린앤드클리어(Clean & Clear)의 동영상 모델로 이용했다. 이 캠페인은 소셜미디어와 지역 신문에서 선발된 10대 300명 중 6명으로 시작했다. 그중 한 사람은 남부 캘리포니아에서 집 없는 10대의 옷을 수선해주는 비영리 단체를 운영하는 18세 딜런 아이스먼(Dillon Eisman)이다. 지난해에 《피플(People)》은 아이스먼을 '동네의 영웅(Hometown Hero)'으로 선정했으나 그는 자신이 인플루언서라고 여기지 않았다. 그의 인스타그램 팔로워 수는 고작 1,471명이기 때문이다. 그러나 그의 클린앤드클리어 동영상 유튜브 조회 수는 9개월 만에 320만 회를 기록했다. 10대들은 존슨앤드존슨 동영상에 자신이 만든 동영상을 게시하기도 했다.

존슨앤드존슨은 클랜앤드클리어 캠페인에 유명인을 기용하는 대신 '소위 유명세가 없더라도 다른 청소년들이 그들의 진정성에 반응하여 그들의 이야기를 듣고 거기서부터 브랜드와 제품을 구축할 수 있는 인플루언서'를 쓰기로 했다. 존슨앤드존슨의 마케팅 담당자는 이렇게 말한다. "우리가 제대로 하고 있다는 것을 안 시점은 우리가 제작한 동영상이 구독자의 게시물 때문에 멈췄을 때였다. 대부분은 그럴 때 '광고 좀 안 보고 싶다' 같은 댓글이 많이 달리는데, 이 경우에는 대부분의 댓글이 '얘는 누구지? 좀 더 알려면 어떻게 해야 하지?'였다."

클랜앤드클리어 인플루언서 캠페인은 9개월 만에 매출을 19%나 끌어올리는 데 도움을 주었다. 특히 고전을 면치 못하던 클랜앤드클리어 피지 흡수지의 매출은 50%나 증가했다. 존슨앤드존슨의 마케팅 담당자는 다음과 같이 밝혔다. "우리가 10대에게 준 제품은 그들이 정말 좋아하는 것이었고 그들은 훌륭한 콘텐츠를 만들었다. 그들은 그 제품을 항상 사용하고 있었다. 그래서 우리는 광고로 올렸고 결국 엄청나게 성공했다."[14]

집에서 울트라 옥시가 첨가된 타이드가 얼룩을 없애는 데 좋다고 하는 아빠를 보여준다. NFL 결승전의 90초짜리 바비 인형 광고는 아빠와 딸들이 바비 인형을 가지고 노는 훈훈한 장면을 보여준다. 이 광고는 "우리 딸의 상상의 세계에서 함께 보내는 시간은 실제의 투자입니다"라면서 끝난다.[15]

아이들 또한 가족의 구매 결정에 큰 영향을 미칠 수 있다. 30개국에서 자녀와 부모 4,000명을 대상으로 한 설문조사에 따르면, 자녀의 4분의 3이 가족의 구매 결정에 영향을 미치는데 이는 딸과 아들이 비슷한 것으로 나타났다. 그리고 한 연구는 10세 정도부터 영향력이 향상하며 여흥, 음식, 외식, 전자제품, 휴가에 관한 결정에 가장 영향력이 크다고 밝혔다.[16]

마케터는 다방면의 산업에서 가족의 영향력을 인지하고 있다. 예컨대 혼다 오디세이(Odyssey) 미니밴의 'Keep the Peace(평화를 지켜라)' 광고는 가족 모두를 만족시키는 혁신적인 기능을 자랑한다. 혼다의 마케팅 담당자는 이렇게 말한다. "아이들이 좋아하면 부모도 좋아한다. 그래서 새 광고 캠페인은 최신형 혼다 오디세이가 연결성, 기능성, 유연성, 운전의 즐거움을 제공하여 가족 모두를 기쁘게 해준다는 것을 전달한다."[17]

역할과 지위

우리는 가족, 동호회, 조직, 온라인 커뮤니티 등 많은 집단에 속해 있다. 각 집단에서 어떤 사람의 포지션은 그의 역할과 지위에 따라 정의될 수 있다. 역할은 어떤 사람이 수행할 것으로 주위 사람들이 기대하는 활동으로 이루어져 있다. 각 역할은 사회에 의해 그 역할에 상응하는 일반적인 존경심을 반영하는 지위를 수반한다.

사람들은 보통 자신의 역할과 지위에 맞는 제품을 선택한다. 워킹맘이 얼마나 많은 역할을 하는지 살펴보면, 직장에서는 브랜드 매니저라는 역할을, 가정에서는 아내와 엄마라는 역할을, 좋아하는 스포츠 경기에서는 열성적인 팬의 역할을 수행한다. 그녀는 브랜드 매니저로서 직장에서의 지위와 역할에 걸맞은 옷을 구매하고, 스포츠 경기에서는 자신이 좋아하는 팀을 지지하는 옷을 입을 것이다.

개인적 요인

구매자의 의사결정은 구매자의 직업, 나이와 생애주기 단계, 경제적 상황, 라이프스타일, 성격과 자아 개념 같은 개인적 특성의 영향을 받기도 한다.

직업

개인의 직업은 제품과 서비스를 구매하는 데 영향을 준다. 육체노동자는 튼튼한 작업복을, 회사 간부는 정장을 더 많이 사는 경향이 있다. 마케터는 제품과 서비스에 대해 평균보다 더 많은 관심을 보이는 직업 분야를 찾으려고 한다. 어떤 기업은 특정 직업에 종사하는 사람들의 필요에 맞는 제품을 전문적으로 생산하기도 한다. ● 예를 들어 세계적인 건설 장비 제조사인 캐터필러(Caterpillar)는 험한 작업 환경에 적합한 튼튼한 휴대전화를 제공한다. 건설, 중공업 같은 작업 현장에서 일반 스마트폰은 그다지 튼튼하지 않기 때문이다. 캐터필러에 따르면 이러한 직종의 근로자에게 휴대전화 파손은 자주 일어나는 일로 불필요한 추가 비용을 발생시키는데, 떨어뜨려도 잘 깨지지 않고 방진, 방수 기능이 있는 CAT S61 기종은 마른 장갑이나 젖은 장갑을 낀 채로 다룰 수 있고 열화상법, 실내 대기 측정 등의 특화된 기능을 제공하기도 한다.[18]

● 직업을 이용한 세분화: 캐터필러는 건설, 중공업 같은 험한 작업 환경에 적합한 튼튼한 휴대전화를 만든다.
B Christopher/Alamy Stock Photo

나이와 생애주기 단계

우리는 살아가는 동안 구매하는 제품과 서비스를 바꾼다. 음식, 옷, 가구, 레크리에이션 취향은 주로 나이와 관련이 있다. 또한 구매는 가족 생애주기 단계, 즉 시간이 지나면서 가족이 겪는 단계에 의해 이루어진다. 생애 단계는 보통 인구통계적 특성과 삶을 바꾸는 사건, 즉 결혼, 자녀의 탄생, 주택 구매, 이혼, 자녀의 대학 진학, 개인 소득의 변화, 이사, 은퇴 등에 의해 변화한다. 마케터는 주로 생애주기 단계에 따라 목표시장을 정의 내리고, 각 단계에 적합한 제품 및 마케팅 계획을 세운다.

선도적인 생애주기 단계 기반 세분화 시스템 중 하나는 Claritas PRIZM Lifestage Groups 시스템이다. PRIZM은 미국 가구를 부, 나이, 가족 특징을 토대로 11개의 주요 생애주기 단계 세분시장으로 나눈 후 68개의 생애주기 단계 기반 세분시장으로 재분류했다. 세분시장을 분류할 때는 나이, 교육 수준, 소득, 직업, 가족 구성, 인종, 주거 유형 등의 인구통계적 요인과 구매, 여가 활동, 매체 선호도 등의 행동적 요인 및 라이프스타일 요인을 고려했다.

주요 PRIZM 생애주기 단계 집단에는 '분투하는 독신(Striving Singles)', '중년의 성공(Midlife Success)', '젊은 성취자(Young Achievers)', '가족 유지하기(Sustaining Families)', '부유한 빈 둥지(Affluent Empty Nest)', '보수적인 고전파(Conservative Classics)' 등의 명칭을 붙이고, 각 생애주기 단계 집단은 다시 '밝은 불빛, 소도시(Bright Lights, Li'l City)', '아이들과 막다른 골목(Kids & Cul-de-Sacs)', '그레이 파워(Gray Power)', '빅 시티 블루스(Big City Blues)' 등의 하위 집단으로 구분했다. 예를 들어 '젊은 성취자' 집단은 대도시나 대도시 인근의 임대한 아파트에서 살며 최신 유행을 좇는 20대 싱글 젊은이로 구성된다. 이들은 소득 수준이 다양하지만 정치적으로 진보 성향을 띠고 얼터너티브 음악을 들으며 밤 문화를 즐긴다.[19]

생애주기 단계 기반 시장 세분화는 산업에 상관없이 마케터가 목표고객을 찾고, 이해하고, 이들을 참여시키는 노력을 더 잘하는 데 유용한 마케팅 도구가 된다. 마케터는 소비자의 생애주기 단계에 대한 데이터를 활용하여 사람들의 소비 방식과 브랜드, 주변 세상과 상호작용하는 방식을 기반으로 실행 가능하고 개인화된 캠페인을 개발할 수 있다.

경제적 상황

소비자의 경제적 상황 또한 소매점과 제품 선택에 영향을 미칠 것이다. 마케터는 소비, 개인 소득, 저축, 이자율의 추세를 관찰한다. 최근의 가성비 중시 시대에 부응하여 대다수 기업은 제품과 서비스를 재설계하고 재포지셔닝하며 가격을 재조정하는 조치를 취하고 있다. 예를 들어 고급 지향적인 할인점 타깃은 지난 10년간 '더 많이 기대하고 덜 지불하세요'라는 포지셔닝에서 '덜 지불하세요' 부분을 더 강조해왔다. 또한 아마존은 홀푸드를 인수한 후 홀푸드의 고가 정책을 손보고 있다. '홀푸드, 월급 다 쓰기(Whole Foods. Whole Paycheck.)' 이미지를 완화하기 위해 아마존은 홀푸드가 '누구나 살 수 있는 고품질의 자연적 유기농 식품'을 제공한다고 약속했다.[20]

라이프스타일

라이프스타일
행동, 관심, 의견을 통해 표현되는 개인의 삶의 방식

같은 하위문화, 사회계층, 직업군에 속한 사람들이라도 라이프스타일이 각자 다를 수 있다. **라이프스타일**(lifestyle)은 사이코그래픽(psychographics) 특성으로 표현되는 개인의 삶의 방식을 말한다. 라이프스타일은 소비자의 생활 유형을 나타내는 AIO(activity, interest, opinion)의 주요 차원, 즉 **활동**(일, 취미, 쇼핑, 스포츠, 사교 모임), **관심**(음식, 패션, 가족, 레크리에이션), **의견**(자기 자신, 사회적 이슈, 비즈니스, 제품)을 측정하여 정의한다. 라이프스타일은 그 사람의 사회계층이나 성격보다 더 많은 것을 대변하며 개인의 행동 및 세상과의 상호작용의 전반적인 패턴을 드러낸다.

라이프스타일이라는 개념을 잘 활용하면 마케터가 고객의 가치 체계 변화 및 그 변화가 구매 행동에 어떤 영향을 주는지를 이해하는 데 도움이 된다. 고객은 단순히 제품을 구매하는 것이 아니라 그 제품이 나타내는 가치와 라이프스타일을 구매한다. ● 더바디샵을 설립한 어니타 로딕(Anita Roddick)은 윤리적인 소비주의, 인권과 동물권, 환경보호를 강조했다. 비록 2017년 브라질의 화장품 기업 나투라(Natura)에 인수되었지만 사회와 환경에 헌신하는 더바디샵의 DNA는 바뀌지 않았다. 예를 들어 '플라스틱 재활용을 위한 커뮤니티 거래 계획(Community Trade recycled plastic)'에 따라 더바디샵은 2019년 제품 용기를 만들기 위해 인도로부터 재활용 플라스틱 250톤을 구매하기로 했다. 또한 플라스틱으로 인한 환경오염을 막고 인도의 재활용품 수거인을 지원하기로 했다.[21]

● 라이프스타일: 더바디샵은 단순한 화장품보다 훨씬 더 많은 것을 판다. 더바디샵의 화장품은 윤리적인 소비자주의의 라이프스타일을 담고 있다.
UK retail Alan King/Alamy Stock Photo

마케터는 특별한 제품이나 마케팅 접근 방식으로 충족할 수 있는 욕구를 가진 라이프스타일 세분시장을 찾는다. 이러한 세분시장은 가족의 특징, 바깥 생활에 관한 관심, 먹는 음식 등 다양한 기준을 토대로 정의될 수 있다.

개성과 자아 개념

개성
개인이나 집단을 구분하는 독특한 심리적 특성

개인의 독특한 개성은 구매 행동에 영향을 준다. 성격 또는 **개성**(personality)은 개인이나 집단을 구분하는 독특한 심리적 특성을 말한다. 개성은 보통 자신감, 우월감, 사교성, 자율성, 방어성, 적응성, 공격성 등의 특성으로 묘사된다. 이러한 개성은 특정 제품이나 브랜드의 선택과 관련된 소비자 행동을 분석하는 데 유용하다.

● 브랜드 개성: 미니는 차 자체처럼 '모험적·개인적이고, 열린 마음을 가지고 있으며, 창의적이고, 최신 기술에 밝으며, 마음만은 청춘인' 개성을 가진 세분시장을 대상으로 한다.
Used with permission of MINI Division of BMW of North America, LLC

브랜드도 개성을 가질 수 있고 소비자는 자신의 개성과 맞는 개성을 가진 브랜드를 선택한다. **브랜드 개성**(brand personality)은 특정 브랜드가 가질 것으로 여겨지는 인간 특성의 집합을 말한다. 한 연구자는 다섯 가지 브랜드 개성의 특성을 발견했다. 이는 **성실함**(현실적인, 정직한, 건전한, 쾌활한), **흥분**(모험적인, 생기 있는, 상상력이 풍부한, 최신의), **능력 있음**(믿을 수 있는, 지적인, 성공적인), **세련됨**(화려한, 상류층이고 매력 있는), **거침**(야외를 좋아하는, 터프한)이다.[22]

유명 브랜드는 대부분 특정 성격 특성과 강하게 연관되어 있다. 포드 F150은 '거침'과, 애플은 '흥분'과, 《워싱턴포스트(Washington Post)》는 '능력'과, 메서드(Method)는 '성실함'과, 구찌는 '세련됨'과 연관되어 있다. 많은 브랜드는 이러한 특성에 맞게 포지셔닝과 브랜드 서사를 개발한다. 예를 들어 급성장하고 있는 라이프스타일 브랜드 시놀라(Shinola)는 '진정한 디트로이트' 페르소나를 만들어 가장 핫한 미국 브랜드가 되었다.

많은 마케터는 성격과 관련된 개념인 개인의 **자아 개념**(self-concept) 또는 **자아 이미지**(self-image)를 사용한다. 자아 개념의 기본 전제는 사람들의 소유물이 자신의 정체성 형성에 이바지하고 정체성을 반영한다는 것이다. 즉 우리가 소비하는 것이 우리를 나타낸다. 그러므로 소비자 행동을 이해하기 위해 마케터는 먼저 소비자 자아 개념과 소유물 간의 관계를 파악해야 한다.

브랜드는 같은 개성의 특성이 높은 사람들을 유인할 것이다. ● 예를 들어 미니(MINI)는 순간적으로 재치 있고 대담하며 강한 소형차로 인식된다. 스스로를 미니악(MINIac)이라고 부르는 소유주들은 자신의 차와 강력한 감정적 유대를 가지고 있다. 미니는 특정 인구통계적 세분시장을 공략하기보다는 미니처럼 '모험적·개인적이고, 열린 마음을 가지고 있으며, 창의적이고, 최신 기술에 밝으며, 마음만은 청춘인' 결코 평균적이지는 않은 개성을 가진 세분시장에 소구한다.[23]

심리적 요인

사람들의 구매 선택은 네 가지 심리적 요인(**동기, 지각, 학습, 신념과 태도**)의 영향을 받는다.

동기

동기(동인)
만족을 적극적으로 추구하도록 강하게 압박하는 욕구

우리는 특정 시점에 많은 욕구를 가진다. 긴장 상태의 유발로 인한 배고픔, 목마름, 불편함 같은 생리적 욕구도 있고 인정, 존경, 소속 같은 심리적 욕구도 있다. 욕구가 충분한 수준에 도달했을 때 그 욕구는 동기가 된다. **동기**(motive) 또는 **동인**(drive)은 만족을 적극적으로 추구하도록 강하게 압박하는 욕구를 말한다. 심리학자들은 인간 동기 이론을 개발했다. 그중 가장 유명한 것은 지그문트 프로이트(Sigmund Freud)의 이론과 에이브러햄 매슬로(Abraham Maslow)의 이론인데, 두 이론은 소비자 분석과 마케팅에서의 의미가 아주 다르다.

지그문트 프로이트에 따르면 인간은 자신의 행동을 유발한 진정한 심리적 요인이 무엇인지 대체로 의식하지 못한다. 즉 구매자 자신도 완전히 이해할 수 없는 의식 수준 이하의 동기가 구매 결정에 영향을 미친다. 그러므로 스포티한 BMW 오픈카를 구매하는 베이비붐 세대는 단순히 숱이 적어지는 머리카락을 스치는 바람의 느낌이 좋아서라고 구매 이유를 설명할지도 모른다. 그러나 깊이 파고들면 자신의 성공을 과시하고 싶어서일 수도 있고, 더욱 깊이 파고들면 그 차를 구매함으로써 다시 젊음을 느끼고 독립적이 되고 싶어서일 수도 있다.

소비자는 흔히 자신의 행동 동기를 모르거나 설명할 수 없다. 그래서 많은 기업은 심리학자, 인류학자, 때로는 그 밖의 사회과학자로 이루어진 팀을 이용하여 브랜드에 대한 소비자의 감정과 행동 밑에 숨어 있는 무의식적인 동기를 캐내기 위해 **동기 조사**(motivation research)를 한다. 한 광고 대행사는 소비자 심리를 깊게 탐구하기 위해 일대일 심리치료 형식의 인터뷰를 일상적으로 실시한다. 어떤 기업은 여러 브랜드의 명성 수준을 평가하기 위해 소비자에게 매우 좋아하는 브랜드를 동물 또는 자동차(예: 벤츠 대 쉐보레)에 빗대어 설명하게 한다. 또 어떤 기업은 소비자의 어둡고 깊숙한 정신세계를 탐구하기 위해 최면, 꿈 치료법, 부드러운 조명과 무드 있는 음악 등에 의존한다.

이러한 투사적 기법(projective technique)이 바보 같아 보일 수도 있으며 어떤 마케터는 동기 연구를 말도 안 되는 것으로 여긴다. 하지만 많은 마케터는 소비자 마음속 깊이 감추어져 있는 감정이 드러나게 하는 방법(touchy-feely approach) 또는 **해석적 소비자 조사**(interpretive consumer research)를 사용하여 소비자의 심리를 더 파고들고 더 좋은 마케팅 방법을 개발한다.

에이브러햄 매슬로는 인간이 왜 특정 시점에 특정 욕구를 느끼는지를 설명하기 위해 노력했다. 왜 어떤 사람은 신변의 안전을 확보하기 위해 시간과 에너지를 소비하고, 또 어떤 사람은 존경을 얻기 위해 시간과 에너지를 소비하는 것일까? 매슬로의 답은 인간의 욕구가 ● 그림 5.3과 같이 가장 긴급한 것이 최하층이고 가장 긴급하지 않은 것이 최상층인 계층별로 구성되어 있다는 것이다.[24] 인간의 욕구에는 **생리적 욕구**(physiological needs), **안전 욕구**(safety needs), **사회적 욕구**(social needs), **존경 욕구**(esteem needs), **자아실현 욕구**(self-actualization needs)가 있다.

인간은 가장 중요하게 여기는 욕구부터 먼저 충족하려 한다. 그것이 충족되면 그 욕구는 더는 동기 요인이 되지 않을 것이며, 인간은 다음으로 중요하게 느끼는 욕구를 충족하려 할 것이다. 예를 들어 배고픈 사람(생리적 욕구)은 예술 세계의 최신 유행(자아실현의 욕구)이나 자신이 타인에게 어떻게 비추어지는지(사회적 욕구), 존경을 받고 있는지(존경 욕구), 자신이 깨끗한 공기를 마시고 있는지(안전 욕구)에 관심을 두지 않을 것이다. 하지만 각각의 중요한 욕구가 충족되면 다음으로 중요한 욕구가 작동하기 시작한다.

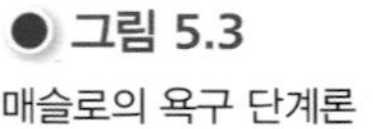
● **그림 5.3**
매슬로의 욕구 단계론

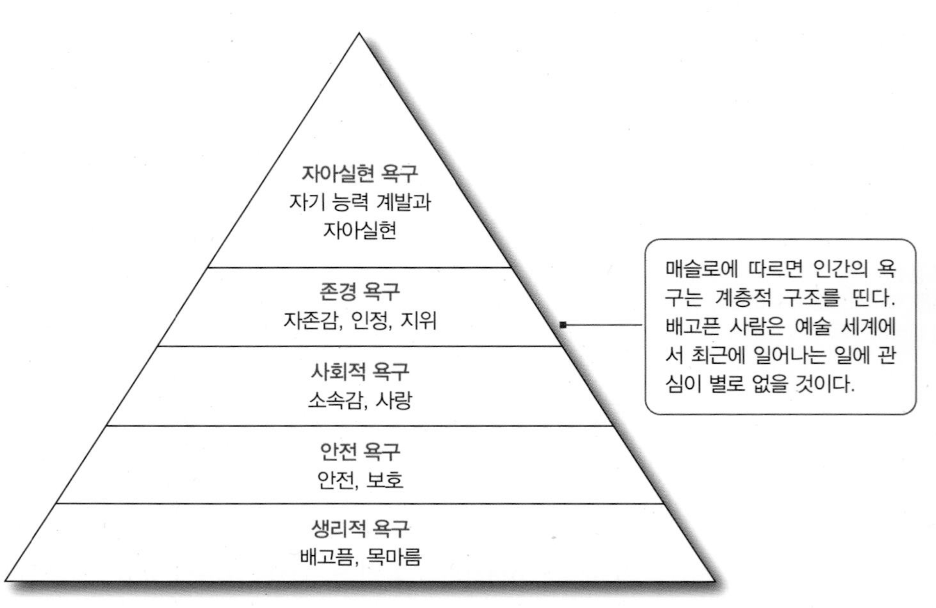

지각
사람들이 세상에 대한 의미 있는 그림을 형성할 수 있도록 정보를 선택하고 조직화하고 해석하는 과정

지각

동기부여가 이루어진 사람은 행동할 준비가 되어 있다. 사람이 어떻게 행동하는지는 그의 상황에 대한 주관적 지각의 영향을 받는다. 우리는 모두 오감(시각, 청각, 후각, 촉각, 미각)을 통해 정보를 학습한다. 하지만 우리는 이러한 감각 정보를 자신의 방식으로 받아들이고 조직화하고 해석한다. **지각**(perception)은 사람들이 세상에 대한 의미 있는 그림을 형성할 수 있도록 정보를 선택하고 조직화하고 해석하는 과정이다.

사람들은 세 가지 지각 과정(선택적 주의, 선택적 왜곡, 선택적 보유) 때문에 동일한 자극에 대해 각기 다르게 지각할 수 있다. 사람들은 매일 아주 많은 양의 자극에 노출된다. 예를 들면 한 분석가는 사람들이 TV, 잡지, 빌보드, 소셜미디어, 스마트폰 등을 통해 하루 평균 3,000~10,000개의 광고에 노출된다고 추정한다.[25] 개인이 이 모든 경쟁 자극에 주의를 기울이는 것은 불가능하다. **선택적 주의**(selective attention)는 노출된 정보 중 대부분을 걸러내는 성향을 말하는데, 이는 마케터가 소비자의 관심을 얻기 위해 특별한 노력을 기울여야 함을 의미한다.

노출된 자극도 언제나 마케터가 의도한 대로 받아들여지는 것은 아니다. 각 개인은 들어오는 정보를 기존의 사고방식에 따라 받아들인다. **선택적 왜곡**(selective distortion)은 사람들이 자신의 신념을 지지하는 방식으로 정보를 해석하는 성향을 말한다. 사람들은 자신이 학습하는 것 중 많은 부분을 망각한다. 사람들은 자신의 태도와 신념을 지지하는 정보만을 보유하는 성향이 있는데, 이러한 **선택적 보유**(selective retention) 때문에 소비자는 자신이 선호하는 브랜드의 장점은 기억하지만 그 브랜드 경쟁사의 장점은 기억하지 못하는 성향이 있다. 선택적 주의, 선택적 왜곡, 선택적 보유 때문에 마케터는 자신이 전하고자 하는 메시지가 소비자의 마음속에 도달하도록 열심히 노력해야 한다.

흥미롭게도 많은 마케터가 자신이 시도한 메시지를 소비자가 지각할지 걱정하는 한편으로 어떤 소비자는 잠재의식 광고나 **식역하 광고**(subliminal advertising)에 의해 자기도 모르는 사이에 마케팅 메시지의 영향을 받지 않을까 우려한다. 50년도 더 전에 한 연구자는 미국 뉴저지의 영화관 스크린에 5초마다 한 번씩 1/300초 동안 '팝콘을 먹어라(Eat Popcorn)', '코카콜라를 마셔라(Drink Coca-Cola)'라는 문구를 내보냈다. 연구원은 많은 관람자가 이러한 메시지를 의식적으로 인지하지는 못했지만 잠재의식 상태에서 그것을 받아들여 팝콘은 58%, 코카콜라는 18%를 더 구매했다고 밝혔다. 이러한 조사 결과에 따라 갑자기 광고 제작자와 소비자 보호 단체는 잠재의식 상태에서의 지각 또는 식역하 지각(subliminal perception)에 큰 관심을 보이기 시작했다. 나중에 그 연구자가 자료를 조작했다고 실토했으나 이 이슈는 여전히 수그러들지 않았다. 어떤 소비자는 아직도 잠재의식적 광고에 조종당할까 봐 두려워한다.

심리학자와 소비자 연구자가 실행한 다수의 연구에 따르면 잠재의식적 광고 메시지와 소비자 행동 간에 관계가 별로 없는 것으로 나타났다. 최근에 실시된 뇌파 연구에 따르면 특정 상황에서 우리의 뇌는 의식역 수준 이하의 메시지를 처리할 수 있지만, 의식역 수준 이하의 광고가 소비자 행동에 영향을 미칠 만큼 큰 영향력이 있는 것 같지는 않다.[26] ● 미국광고업협회(American Association of Advertising Agencies)의 한 고전적인 광고물에서는 다음과 같이 식역하 광고를 조롱했다. "소위 식역하 광고라는 것은 존재하지 않는다. 그러나 과도한 상상력은 확실히 존재한다."

흥미로운 점은 비록 식역하 광고가 소비자 행동에 영향을 주지는 못하지만 소비자가 모르는 사이에 스마트 기기에는 영향을 줄 수도 있다는 것이다. 최근 연구자들은 음악이나 배경 소음 사이로 애플의 시리, 아마존의 알렉사, 구글의 어시스턴트에게 사람은 듣지 못하는 명령을 할 수 있다고 밝혔다. 그들은 실험 환경에서 스마트스피커와 스마트폰의 인공지능을 비밀리에 구동하여 전화

를 걸거나 웹사이트를 열 수 있었다. 분석가는 "오용될 때 라디오에서 음악이 흐르는 동안 문을 열고, 돈을 이체하고, 온라인에서 구매할 수도 있다"고 말했다. 아직은 이러한 무단 침입이 연구실에서만 일어났지만 아마존, 구글과 그 밖의 스마트 기기 제조사는 디지털 시대의 식역하 명령으로부터 사용자를 보호하기 위해 조치를 취하고 있다.[27]

● 미국광고업협회의 한 고전적인 광고물에서는 다음과 같이 식역하 광고를 조롱했다. "소위 식역하 광고라는 것은 존재하지 않는다. 그러나 과도한 상상력은 확실히 존재한다."
American Association of Advertising Agencies

학습

사람들은 행동을 통해 학습한다. **학습**(learning)은 경험에 의한 개인 행동의 변화를 말한다. 학습 이론가들은 거의 모든 인간 행동이 학습된 것이라고 말한다. 학습은 동인, 자극, 단서, 반응, 강화(reinforcement)의 상호작용으로 일어난다.

동인은 행동을 불러일으키는 강렬한 내적 자극이다. 동인은 **특정 자극물**(stimulus object)로 유도되었을 때 동기로 변한다. 예를 들어 어떤 사람이 자아실현을 하려는 동인은 카메라를 구입하도록 동기화할 수 있다. 카메라를 구매하려는 생각에 대한 소비자의 반응은 주변 단서에 의해 조절되거나 조건화된다(conditioned). 단서(cue)는 사람이 언제, 어디서, 어떻게 반응하는지를 결정하는 데 영향을 주는 작은 자극 요소이다. 카메라 구매자는 상점의 창 너머로 몇 가지 종류의 카메라 브랜드를 발견하거나, 특별 할인가격에 대해 듣거나, 아마존 사이트에서 구매 후기를 보거나, 친구와 카메라에 관해 이야기를 나눌 수 있다. 이 모든 것은 제품 구매의 관심에 대한 소비자의 반응에 영향을 주는 단서이다.

학습
경험에 의한 개인 행동의 변화

소비자가 니콘 카메라를 구입하는 경우를 생각해보자. 이 구매 경험이 보람차다면 소비자는 그 카메라를 계속 사용할 것이고 그의 반응이 강화될 것이다. 다음에 카메라나 망원경 같은 것을 살 기회가 있을 때 그가 니콘 제품을 살 확률이 더 커질 것이다. 학습 이론이 마케터에게 전하는 실무적 중요성은 자사 제품을 강한 동인과 연계하거나, 동기를 유발하는 단서를 활용하거나, 긍정적 강화를 제공함으로써 제품 수요를 증진할 수 있다는 것이다.

신념과 태도

신념
사람이 무언가에 대해 가진 서술적 생각

사람들은 행동과 학습을 통해 신념과 태도를 습득하고, 이는 소비자의 구매 행동에 영향을 끼친다. **신념**(belief)은 사람이 무언가에 대해 가진 서술적 생각을 말한다. 신념은 실제 지식, 의견 또는 확신을 바탕으로 형성될 수 있으며, 감정이 개입될 수도 있고 그렇지 않을 수도 있다. 마케터는 사람들이 특정 제품 또는 서비스에 대해 형성하는 신념에 관심이 있는데, 이러한 신념이 합해져서 구매 행동에 영향을 끼치는 제품 및 브랜드 이미지를 형성하기 때문이다. 만약 일부 잘못된 신념이 자사 제품의 구매를 방해한다면 마케터는 이를 바로잡기 위한 캠페인을 시행할 것이다.

태도
대상 또는 아이디어에 대해 한 개인이 가지고 있는 비교적 일관된 평가, 느낌, 행동 성향

사람들은 종교, 정치, 옷, 음악, 음식 등 거의 모든 것에 대한 태도를 가지고 있다. **태도**(attitude)는 대상 또는 아이디어에 대해 한 개인이 가지고 있는 비교적 일관된 평가, 느낌, 행동 성향을 말한다. 태도는 사람들이 어떤 대상물을 좋아하거나 싫어하거나 가까이하려거나 멀리하려는 마음의 틀을 가지게 한다. 앞에서 언급한 카메라 구매자는 '최고를 사라', '전자제품은 일본이 제일 잘 만든다', '창의성과 자기표현은 삶에서 가장 중요한 것 중 하나이다'와 같은 태도를 보일 수 있다. 만약에 그

● 소비자의 태도와 신념을 바꾸기는 어렵다. 그러나 비욘드미트는 식물성 고기 제품으로 순조롭게 시작했다. 비욘드버거는 쇠고기 패티처럼 요리할 수 있다. 지글거리고 육즙이 배어 나온다. 알다시피 지글거려야 팔린다.
Beyond Meat

렇다면 니콘 카메라는 이 구매자의 현재 태도에 잘 맞을 것이다.

형성된 태도를 바꾸기는 어렵다. 사람의 태도는 패턴에 맞추어져 있고, 하나의 태도를 바꾸는 데에는 다른 많은 부분에서의 힘든 조정 노력이 필요할 수도 있다. 그러므로 기업은 소비자의 태도를 바꾸려 하기보다는 기존의 태도에 자신의 제품을 맞추기 위해 노력해야 할 것이다. 물론 예외도 있다. 재포지셔닝이나 브랜드 확장, 혁신적인 새로운 브랜드는 기존 사고와는 다른 태도의 변화가 필요하다. 예를 들어 혁신적인 여성용 보정 속옷 브랜드 스팽스(SPANX)는 여성과 소매상의 보정 속옷에 대한 오래된 태도를 바꿈으로써 성공할 수 있었다(마케팅 현장 5.2 참조). ● 또한 더 건강하고 환경 친화적인 쇠고기와 닭고기를 대신할 수 있는 식물성 고기를 생산하여 거대 식육 산업을 흔들려고 하는 비욘드미트(Beyond Meat)도 있다.[28]

비욘드미트는 쇠고기 같은 맛이 나는 채식 버거 비욘드버거(The Beyond Burger)를 발명했다고 주장한다. 비욘드미트는 동물성 단백질을 식물성 단백질로 대체하여 지구를 좀 더 잘 먹게 한다는 고귀한 사명을 가지고 있다. 이 사명은 사회적인 넓은 맥락에서 멋지게 들린다. 그러나 강하게 뿌리내린 소비자의 육식에 대한 태도를 바꾼다는 것은 엄청난 과제이다. 미국인은 고기를 좋아하여 세계적으로 인당 육류 섭취량이 가장 많은 편에 속한다.

하지만 맛이 그럴듯하다면 비욘드버거 같은 제품은 엄청난 시장 가능성이 있다. 그리고 제품의 맛은 많은 소비자의 태도 변화를 불러올 수 있다. 한 음식 평론가가 말하길, "만약 실험실에서 육즙이 흐르고 맛이 기막힌 채식 버거를 만든다는 것이 공상과학이라면 미래는 이미 도래했다." 또 다른 평론가는 이렇게 말한다. "쇠고기 패티처럼 요리할 수 있다. 지글거리고 육즙이 배어 나온다. 알다시피 지글거려야 팔린다." 비욘드미트는 멋지게 시작했다. 1년 만에 무육 고기를 홀푸드, 세이프웨이(Safeway) 등 5,000개 이상의 슈퍼마켓과 버거파이(BurgerFi), 칼스주니어(Carl's Jr), 서브웨이, 디즈니월드, TGI프라이데이에서 구매할 수 있게 되었다.

이제 우리는 소비자 행동에 영향을 미치는 다양한 요인을 이해할 수 있다. 소비자의 선택은 문화적·사회적·개인적·심리적 요인의 복합적 상호작용에 의한 결과이다.

저자 코멘트 | 실제 구매 결정은 욕구의 인식부터 구매 후 행동까지의 훨씬 방대한 구매 과정 중 일부이다. 마케터는 구매 결정의 전체 과정에 관여하고자 한다.

구매 결정 행동과 구매 결정 과정

학습목표 5-3 구매 결정 행동의 주요 유형과 구매 결정 과정의 단계를 나열하고 정의한다.

구매 결정 행동의 유형

구매 행동은 치약, 스마트폰, 금융 서비스, 자동차 등 제품에 따라 크게 다르다. 복잡한 결정일수록 더 많은 구매 참여자와 더 많은 신중함을 수반한다. ● 그림 5.4는 구매자의 관여도와 브랜드 간 차이 정도를 근거로 분류한 소비자 구매 행동의 유형을 보여준다.

복잡한 구매 행동

복잡한 구매 행동
소비자가 구매에 크게 관여하고 브랜드 간에 상당한 차이가 있다고 지각할 때 나타나는 구매 행동

소비자가 구매에 크게 관여하고 브랜드 간에 상당한 차이가 있다고 지각할 때 **복잡한 구매 행동**(complex buying behavior)을 한다. 소비자는 제품이 비싸고, 위험을 수반하고, 가끔 구매하고, 자기표현적 측면이 강할수록 구매에 크게 관여한다. 일반적으로 소비자는 제품 범주에 대해 많은 것

마케팅 현장 5.2 | 스팽스: 여성의 보정 속옷에 대한 생각 바꾸기

스팽스는 보디슈트, 캐미솔, 속치마, 스타킹 등 여성용 보정 속옷 분야의 선두 기업이다. 심지어 팔에 입는 스타킹도 있다. 브라렐루야(Bra-llelujah!)와 슬림코그니토(Slim Cognito) 같은 서브 브랜드를 거느린 스팽스는 속옷과 스타킹부터 수영복, 숏팬츠, 치마, 청바지에 이르기까지 모든 종류의 여성복 브랜드로 빠르게 성장했다. 기업의 사명은 '여성이 자기 자신과 자신의 가능성에 대해 기쁘게 느낄 수 있도록 돕기'이다. 그런데 스팽스가 망해가는 산업을 구해낸 기업이라는 것은 널리 알려지지 않았다. 스팽스는 어떻게 한 것일까? 속옷에 대한 여성의 태도를 바꾼 데에 답이 있다.

이 모든 것의 시작은 스팽스의 설립자 세라 블레이클리(Sara Blakely)가 20여 년 전 고급 정장 바지를 입었을 때로 거슬러 올라간다. 월급이 많지 않은 팩스기 영업사원이었던 블레이클리는 안감이 없는 우아한 크림색 정장 바지를 사는 데 꽤 부담스러운 돈을 썼다. 그러나 가장 좋아하는 바지였음에도 거의 입지 않았던 그녀는 이렇게 회상한다. "입을 때마다 속옷 자국이 비쳤기 때문이다. 일반 속옷은 팬티 자국이 보이고 티팬티도 역시 티가 나서 좋은 해결책은 아니었다. 그때만 하더라도 거들과 같은 보정 속옷은 너무 두껍고 꽉 끼었다." 두꺼운 허리 밴드로 울룩불룩해지고 볼썽사나운 다리 밴드는 자국을 남겼다.

블레이클리만 이러한 문제를 겪었던 것은 아니다. 모든 여성이 체형과 상관없이 흔히 비슷하게 느꼈다. 새로운 문제도 아니었다. 몇 세기 동안 여성은 유행하는 옷에 몸을 맞추기 위해 노력해왔다. 16세기의 코르셋부터 1900년대의 거들까지 매끈하고 균형 잡힌 몸매를 만들어주는 보정 속옷은 두껍고 불편했다. 패션 경향이 급격히 변화한 20세기에도 보정 속옷 산업은 놀랄 만큼 변화가 없었다.

블레이클리는 좋아하는 바지를 편하게 입을 수 있게 보정해주는 무언가가 필요했다. 그 순간 그녀는 계시와 같은 깨달음을 느꼈다. 스타킹을 싫어했지만 그녀는 직장 여성으로서 매일 배를 눌러주는 팬티스타킹을 입었다. 좋아하는 크림색 바지를 입을 때도 선을 매끈하게 정리해주는 팬티스타킹을 입었지만, 앞이 트인 구두를 신었을 때 보기 싫게 드러나는 스타킹 발끝의 선은 어쩔 수가 없었다. 블레이클리는 발 부분을 잘라내기로 했다. 치마에는 어울리지 않지만 바지에는 가장 좋은 방법이었다. 배는 잘 눌러주고 발 부분은 없는 보정 속옷을 왜 만들지 않는 것일까?

여성의 속옷 문제에 무관심한 의류 산업에서 그러한 혁신적인 제품이 없었던 터라 블레이클리는 직접 나서기로 했다. 자금을 모아 재봉틀을 한 대 사서 기적의 속옷 시제품을 만들고 포장을 디자인했다. 그리고 조금은 웃기고 야한, 엉덩이를 의미하면서도 그녀의 외향적인 성격이 반영된 '스팽스'(엉덩이를 찰싹 때린다는 의미의 'spank'를 응용)라는 브랜드를 만들었다. 블레이클리는 속옷 제조업체를 설득하여 끌어들이기 위해 최선을 다했다.

하지만 정말 어려운 일은 보정 의류에 대한 기존의 태도를 바꾸는 것이었다. 첫 번째 장애물은 소매점을 확보하는 것이었다. 고급 백화점 니먼마커스(Neiman Marcus)와의 첫 세일즈 미팅에서 블레이클리는 스타킹 부문 여성 책임자의 회의적인 태도로 진전이 없음을 느낄 수 있었다. 그래서 모험을 해보기로 마음먹고 책임자를 데리고 화장실로 갔다. 깜짝 놀란 책임자에게 블레이클리는 스팽스 착용 전과 후를 보여주고 싶다고 해명했다. 화장실에서 블레이클리는 크림색 바지에 스팽스 착용 전과 후의 모습을 보여주었다. 니먼마커스의 바이어는 그 자리에서 7개 매장에 내놓을 시험 주문을 했다.

고품질의 제품과 눈에 띄는 브랜드, 고급 소매점까지 갖추었으니 스팽스는 불티나게 팔릴 것 같았다. 각지의 여성들이 해결책을 간절히 원하고 있으니 말이다. 그러나 블레이클리는 소비자의 태도를 바꾸는 것이 제조업체나 소매점을 설득하는 것보다 더 어렵다는 사실을 깨달았다. 스팽스가 기존 의류의 어떤 분류에도 맞지 않는다는 것이 문제 중 하나였다. 니먼마커스는 스팽스 제품을 스타킹, 양말 매장의 진열 선반 밑에 배치했다. 가장 비싼 스타킹과 비교해도 훨씬 고가인 스팽스 제품은 옷장 안에 걸린 블레이클리의 크림색 바지처럼 진열대에 방치되었다.

스팽스의 성공을 위해서는 소매점과 보정 속옷에 대한 소비자의 기본적인 태도를 바꿔야만 했다. 변화가 일어나려면 여성이 옷을 입는 순간 속옷에 대해 생각해야 하는데, 그러한 일이 스타킹, 양말 매장에서 일어나지는 않을 터였다. 블레이클리는 허락도 받지 않고 스팽스 제품을 스타킹, 양말 매장에서 여성 기성복 매장의 계산대 근처로 옮기고 착용 전후 사진과 함께 진열했다. 스팽스 제품을 새로운 맥락에 접목한 결과 고객이 기존의 심리적 경계에서 벗어나게 됨으로써 매출이 급성장했다.

힘을 얻은 블레이클리는 태도를 바꾸기 위한 투쟁을 밀고 나갔다. 광고 비용이 없었기 때문에 모든 유명인에게 시제품을 보내고, 그중 스팽스를 사용해본 누군가가 브랜드에 관해 이야기하고 착용 결과를 보여주지 않을까 기대했다. 오프라 윈프리

스팽스는 여성 보정 속옷에 대한 기존의 태도를 바꾸고 셰이프웨어 혁명을 일으켰으며, 창업자 세라 블레이클리는 자수성가한 최연소 여성 억만장자가 되었다.
Brian To/Variety/Shutterstock

에게도 선물 바구니를 여러 개 보냈는데, 미용사가 의상실 의자에 걸쳐둔 스팽스를 입어본 오프라는 곧바로 애호가가 되었다. 수년간 체중 증가와의 사투에서 패한 바 있는 오프라는 스팽스를 입고 편안함과 자신감을 느꼈다. 그녀의 TV 프로그램에서 제품에 대한 칭찬을 계속하고, 심지어 그해의 가장 좋아하는 제품으로 선정하기도 했다. 한 온라인 소매점의 고위 간부는 다음과 같이 말했다. "오프라는 브래지어가 잘 맞는지를 남들 앞에서 이야기하는 것을 자연스럽게 만들었고, 보정 속옷은 10분 안에 찾을 수 있는 가장 빠른 해결책이다."

오프라의 인정 덕분에 스팽스는 큰 인기를 얻었다. 케이트 윈즐릿, 브룩 실즈, 줄리아 로버츠 등의 A급 유명인도 TV 프로그램에 출연할 때 스팽스를 자랑스럽게 입었고, 고급 디자이너 드레스를 입을 때 팬티 라인이 매끄럽다고 칭찬을 늘어놓았다. 귀네스 팰트로는 레드카펫 인터뷰에서 스팽스가 자신의 산후 몸매도 근사하게 보이게 해준다고 주장했다.

스팽스 혁명이 시작되었다. 한때는 아무도 언급하지 않았던 보정 속옷(이제는 셰이프웨어라고 불림)이 새로운 패션 흐름과 주제가 되었다. 스팽스는 태도를 변화시키고 한때 몰락해가던 산업에 새로운 활기를 불어넣었다. 전통적인 보정 의류 브랜드와 나이키, 언더아머(Under Armour) 같은 경쟁사들이 셰이프웨어를 출시하고 있다. 스팽스와 경쟁사들은 남성 제품도 제작하기 시작했다. 전문가에 따르면 2022년까지 전 세계 셰이프웨어 시장은 연간 55억 달러에 달할 것이다.

스팽스는 옷과 체형에 대한 남녀의 생각을 변화시켰다. 그 과정에서 혁신적인 제품이 여성의 옷장에 오랫동안 잠들어 있던 속옷에 새로운 생명을 불어넣고 보정 의류 산업에 현대화의 바람을 일으켰다. 《포브스(Forbes)》에 따르면 스팽스 혁명은 창립자 세라 블레이클리를 자수성가한 최연소 여성 억만장자로 만들어주었다. 블레이클리는 이렇게 밝혔다. "셰이프웨어는 빈 화폭이고 옷은 예술과 같다. 나는 느낌이 맞는 것이 옳다는 것을 안다."[29]

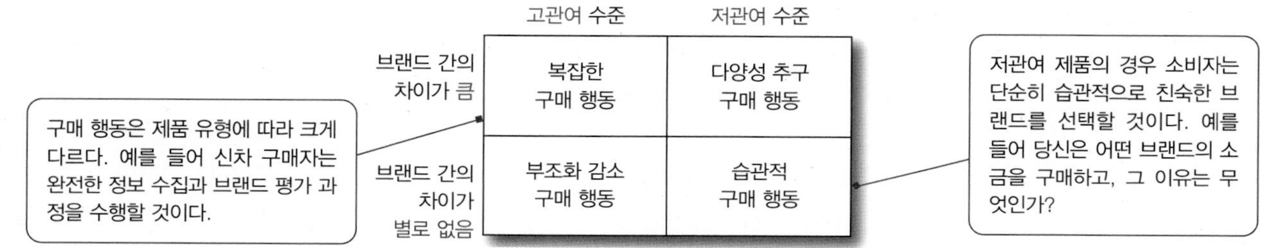

그림 5.4

구매 행동의 네 가지 유형
출처: Adapted from Henry Assael, *Consumer Behavior and Marketing Action* (Boston: Kent Publishing Company, 1987), p. 107. 저자의 허락하에 사용함.

을 학습해야 한다. 예를 들어 신차 구매자는 고려해야 할 모델, 속성, 액세서리 또는 가격대 등을 잘 모를 수 있다.

이러한 상황에서 구매자는 우선 제품에 대한 신념과 태도를 형성한 후 공들여 구매 선택을 하는 학습 과정을 거칠 것이다. 관여도가 높은 제품의 마케터는 고관여 소비자의 정보 수집 행동과 평가 행동을 이해해야 한다. 마케터는 구매자가 제품군의 속성과 각 속성의 상대적 중요성을 배울 수 있도록 도와주어야 한다. 또한 자사 브랜드의 특성을 차별화해야 하는데, 예컨대 인쇄물이나 심화 온라인 정보와 영상을 통해 브랜드의 편익을 설명하고 보여주는 방법도 있다. 마케터는 최종 브랜드 선택에 영향을 미치도록 매장 점원과 구매자의 지인을 자극해야 한다.

부조화 감소 구매 행동

부조화 감소 구매 행동
소비자의 관여도가 높지만 브랜드 간의 차이를 그다지 느끼지 못할 때 나타나는 구매 행동

부조화 감소 구매 행동(dissonance-reducing buying behavior)은 비싸고, 드물게 발생하며, 위험이 수반되는 구매로 인해 소비자가 크게 관여되어 있지만, 브랜드 간의 차이를 그다지 느끼지 못할 때 발생한다. 예를 들어 집 전체에 카펫을 깔고자 하는 소비자는 비용이 많이 들고 (타인에게) 취향을 보여주므로 높은 관여 수준이 된다. 그러나 구매자는 같은 가격 범위 내에서 대부분의 카펫 브랜드가 비슷할 것이라고 생각할 수 있다. 이 경우에는 지각된 브랜드 차이가 크지 않으므로 어떤 것이 있는지 알아보기 위해 여기저기 쇼핑하더라도 구매 결정을 빨리 할 것이다. 구매자는 주로 좋은 가격이나 편리한 구매 등에 근거하여 구매 결정을 내릴 것이다.

구매하고 난 후 자신이 구매한 카펫 브랜드의 단점을 발견하거나, 구매하지 않은 브랜드의 장점을 들었을 때 소비자는 구매 후 부조화(postpurchase dissonance), 즉 구매 후 심리적 불편함을 경험할 수도 있다. 이러한 부조화에 대처하기 위해 마케터는 구매 후 마케팅 커뮤니케이션에서 소비자

가 자사 브랜드의 선택에 대해 좋은 감정을 가질 수 있도록 돕기 위해 (제품 성능의) 증거와 (자사 브랜드를 선택한 것에 대한) 지지를 제공해야 한다.

습관적 구매 행동

습관적 구매 행동
소비자의 관여도가 낮고 브랜드 간의 차이가 적을 때 나타나는 구매 행동

습관적 구매 행동(habitual buying behavior)은 소비자의 관여도가 낮고 브랜드 간의 차이가 적은 상황에서 나타난다. 소금을 예로 살펴보자. 소비자는 관여도가 낮으므로 단순히 상점에 가서 아무 브랜드나 집어든다. 만약 계속해서 똑같은 브랜드를 구매한다면 그것은 강한 상표 충성도에 의한 것이라기보다는 습관 때문이다. 소비자는 자주 구매하는 저가 제품에 낮은 관여도를 보인다.

이러한 경우 소비자 행동은 일반적인 신념-태도-행동이라는 구매 결정 과정을 거치지 않는다. 소비자는 브랜드의 정보를 얻기 위해 광범위하게 조사하거나, 브랜드의 특성을 자세히 평가하거나, 어떤 브랜드를 구매할지 신중하게 결정하지 않는다. 또한 제품에 대한 관여가 높지 않기 때문에 구매 후에 자신의 선택을 평가하지도 않을 것이다. 그러므로 구매 과정은 수동적 학습(passive learning)에 의해 형성된 브랜드 신념에 이은 구매 행동으로 구성되며, 이 구매 행동은 평가될 수도 있고 그렇지 않을 수도 있다.

구매자가 어떤 브랜드에도 깊이 관여되어 있지 않기 때문에 구매 관여도가 낮고 브랜드 간의 차이가 크지 않은 제품을 취급하는 마케터는 제품의 구매를 자극하기 위해 가격할인이나 판매촉진을 자주 사용한다. 또 다른 대안으로 제품 특성이나 종류, 강화 요소를 추가하고 마케팅 콘텐츠를 더하여 자사 브랜드를 다른 브랜드와 차별화하고 관여 수준을 높일 수도 있다.

예를 들어 모턴솔트(Morton Salt)의 'Next Door Chef(옆집 요리사)' 캠페인은 겉보기와 달리 소금에는 무언가가 더 있다는 것을 소비자에게 보여줌으로써 브랜드 인게이지먼트를 높일 수 있었다. 30초 TV 광고 시리즈와 브랜드 사이트에 올린 좀 더 긴 영상물, 트위터와 페이스북 페이지를 통해 모턴솔트 캠페인은 가정 요리사와 식사 준비에 도움을 줄 수 있는 그 지역의 유명 요리사를 짝 지어주었다. 한 관찰자는 다음과 같이 밝혔다. "프로는 목적에 맞게 정확히 여러 종류의 모턴 소금을 사용한다. 간과 밑 준비에는 코셔 소금을, 정확한 풍미를 위해서는 고운 바다 소금을, 식감과 마무리를 위해서는 보통의 바다 소금을 사용한다." 가정 요리사에게는 자신만의 '홈 레스토랑' 이벤트를 한 후 모턴 코셔 소금이나 바다 소금을 사용한 음식의 사진과 조리법을 해시태그 #NextDoorChef를 사용하여 올리도록 권유한다. 이 캠페인은 특정 용도로 어떤 모턴 소금을 사용하는지에 따라 큰 차이가 있다는 것을 보여줌으로써 저관여 제품에 대한 관여를 높일 수 있었다.[30]

다양성 추구 구매 행동

다양성 추구 구매 행동
소비자 관여도가 낮지만 인지된 브랜드 간의 차이가 상당히 클 때 나타나는 구매 행동

소비자 관여도가 낮지만 인지된 브랜드 간의 차이가 상당히 큰 구매 상황에서 소비자는 **다양성 추구 구매 행동**(variety-seeking buying behavior)을 한다. 이러한 경우에 소비자는 브랜드를 자주 바꾼다. 예를 들어 쿠키를 살 때 소비자는 어떤 신념에 따라 많은 평가 없이 쿠키를 선택한 후 쿠키를 먹으면서 그 브랜드에 대해 평가한다. 하지만 다음번에는 싫증이 나거나 단순히 다른 것을 먹어보고 싶어서 다른 브랜드를 선택할 수도 있다. 브랜드 전환 행위는 불만보다는 다양성을 추구하려는 성향으로 나타난다.

이러한 특성의 제품 범주에서 마켓리더와 저점유율(minor) 브랜드는 마케팅 전략이 다를 수 있다. 마켓리더는 진열 공간을 독점하여 제품을 완전히 채워놓고 상기 광고(reminder advertising)를 자주 내보냄으로써 습관적 구매 행동을 조장하도록 노력해야 할 것이다. 반면에 저점유율 브랜드는 가격을 낮게 책정하거나, 특별 판매촉진, 쿠폰, 무료 샘플을 제공하거나, 새로운 것을 시도해야 하는 이유가 담긴 광고를 실행함으로써 다양성 추구를 조장해야 할 것이다.

구매자 의사결정 과정

구매자에게 영향을 미치는 요인을 짚어보았으니 이제 소비자가 구매 결정을 내리는 과정을 살펴볼 차례이다. ● 그림 5.5에서 보듯이 구매자 의사결정 과정은 5단계, 즉 **욕구 인식**, **정보 탐색**, **대안 평가**, **구매 결정**, **구매 후 행동**으로 구성된다. 구매 과정은 실제 구매가 이루어지기 훨씬 전에 시작되어 구매 후에도 오랫동안 지속된다. 마케터는 구매 결정에만 집중하기보다 구매 과정 전체를 이해하는 데 집중해야 한다.

그림 5.5는 모든 구매에서 소비자가 이 모든 5단계를 신중하게 거친다고 제안한다. 그러나 구매자는 구매 결정 단계를 빨리 또는 천천히 거치기도 한다. 더 일상적인 구매의 경우에는 흔히 5단계 중 일부를 건너뛰거나 단계의 순서를 바꿀 때도 있다. 구매자와 제품, 구매 상황에 따라 많은 것이 달라진다. 자신이 일상적으로 사용하는 브랜드의 치약을 구매하는 소비자는 욕구를 인식한 후 정보 탐색과 평가 단계를 건너뛰고 곧바로 구매 결정을 할 것이다. 하지만 그림 5.5와 같은 구매자 의사결정 과정 모형을 이용하는 이유는, 소비자가 새롭고 복잡한 구매 상황에 놓였을 때 고려하는 모든 것을 보여주기 때문이다.

욕구 인식

욕구 인식
구매자가 문제나 욕구를 인식하는 구매 결정 과정의 첫 단계

구매 과정은 구매자가 문제나 욕구를 인식하는 **욕구 인식**(need recognition)으로 시작한다. 욕구는 **내적 자극**(internal stimuli)에 의해 일어날 수 있는데, 허기나 갈증 같은 평범한 욕구 중 하나가 동인이 될 만큼 적당히 높은 수준에 도달하는 경우가 이에 해당한다. 욕구는 **외적 자극**(external stimuli)에 의해 일어날 수도 있다. 예를 들어 광고나 친구와의 대화로 새 차 구매에 대해 생각하도록 할 수도 있다. 이 단계에서는 마케터들이 어떠한 욕구나 문제가 일어나는지, 무엇이 이를 유도했으며, 어떻게 이러한 욕구가 소비자를 이 특정 제품으로 유도했는지에 대해 알기 위해 소비자들을 연구해야 한다.

정보 탐색

정보 탐색
소비자가 좀 더 많은 정보를 찾도록 동기가 유발되는 구매 결정 과정의 단계

관심 있는 소비자는 더 많은 정보를 탐색할 수도 있고 그렇지 않을 수도 있다. 만약 동인이 강하고 만족스러운 제품이 가까이 있다면 소비자는 그 순간에 그 제품을 구매할 것이다. 그렇지 않다면 소비자는 욕구를 기억에 저장하거나 욕구와 관련된 **정보 탐색**(information search)을 시작할 것이다. 예를 들어 누군가가 새로운 차를 구매할 필요가 있다고 생각한다면 아마도 자동차 광고, 친구의 차 또는 자동차 관련 대화에 더욱 주의를 기울일 것이다. 또한 적극적으로 자동차 브랜드와 온라인 구매 사이트를 검색하고 친구와 이야기하거나 다른 방법으로 정보를 수집할 것이다.

소비자는 다양한 정보 원천으로부터 정보를 얻을 수 있는데, 여기에는 **개인적 원천**(가족, 친구, 이웃, 지인), **상업적 원천**(광고, 매장 점원, 딜러, 제조사 사이트, 포장재, 전시), **공공적 원천**(대중매체, 소비자 평가 기관, 소셜미디어, 온라인 검색, 사용자 평가), **경험적 원천**(제품 검토 및 사용)이 포함된다. 각 정보 원천의 상대적 영향은 제품과 구매자에 따라 다르다.

전통적으로 소비자는 마케터에 의해 통제되는 상업적 원천으로부터 가장 많은 정보를 얻었다. 그러나 가장 효과적인 원천은 개인적인 경향이 있다. 상업적 원천은 보통 구매자에게 **정보**를 제공하지만, 개인적 원천은 구매자를 위해 제품 구매를 **정당화**하거나 제품 **평가**를 제공한다. 그 어떤 광

> 구매 과정은 실제 구매가 이루어지기 훨씬 전에 시작되어 구매 후에도 오랫동안 지속된다. 경우에 따라서는 구매하지 않기로 결정할 수도 있다. 따라서 마케터는 구매 결정에만 집중하기보다는 구매 과정 전체를 이해하는 데 집중해야 한다.

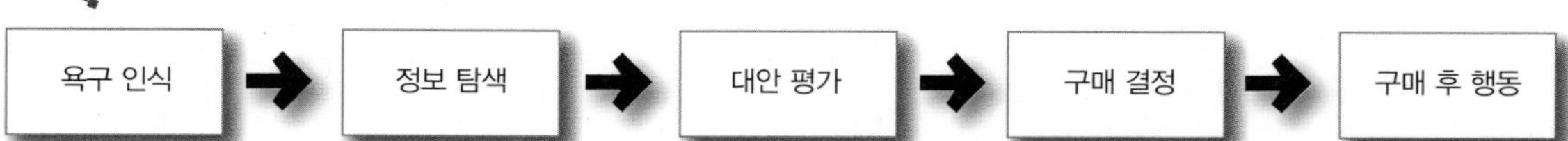

● **그림 5.5**
구매자 의사결정 과정

● 정보의 원천: 옐프의 목표는 사용자로부터 얻은 솔직한 사용 후기를 엄청나게 모아 검색할 수 있게 함으로써 '개인과 훌륭한 지역 비즈니스를 연결하는 것'이다. 옐프는 "당신이 원하는 모든 후기가 바로 여기에 있다"고 자신한다.
Yelp, Inc.

고 캠페인도 담장에 기댄 이웃이 제품에 대해 격찬하는 것만큼 효과적이지 못하다.

디지털 정보 원천이 점점 더 이웃집 담장의 역할을 하고 있다. 이제 소비자는 제품에 대한 의견, 이미지, 경험을 소셜미디어를 통해 자유롭게 나눈다. 또한 구매자는 아마존닷컴, 베스트바이를 비롯해 옐프, 트립어드바이저, 에피큐리어스(Epicurious) 등의 사이트에서 구매할까 고려 중인 제품에 대한 풍부한 사용 후기를 얻을 수 있다. ● 예를 들어 옐프의 목표는 사용자로부터 얻은 솔직한 사용 후기를 엄청나게 모아 검색할 수 있게 함으로써 '개인과 훌륭한 지역 비즈니스를 연결하는 것'이다. 옐프 사용자는 지난 10년간 전국 많은 도시의 식당, 가게, 서비스와 유흥 등에 대해 1억 7,100만 개의 사용 후기를 작성했다. 후기와 평가를 작성하기 위해 옐프의 모바일 사이트를 찾는 사람은 매달 7,500만 명에 달한다.[31] 옐프와 다른 사이트의 개인 사용 후기는 그 질이 매우 다양하지만 전체 사용 후기는 실제로 제품을 구매하여 경험해본 우리 같은 사람들이 직접 작성했다는 점에서 믿을 만한 제품 평가를 제공한다. 옐프는 "당신이 원하는 모든 후기가 바로 여기에 있다"고 자신한다.

더 많은 정보를 얻을수록 존재하는 브랜드와 그 특징에 대한 소비자의 인지도와 지식이 증가한다. 자동차 정보를 탐색하는 과정에서 당신은 몇 가지 브랜드를 알게 될 것이다. 그 정보는 특정 브랜드를 고려 대안에서 제외하는 데 도움이 될 수도 있다. 기업은 유망고객(prospect)이 자사 브랜드를 인지하고 자사 브랜드에 대한 지식을 갖도록 마케팅믹스를 계획해야 한다. 또한 신중하게 소비자의 정보 원천과 각 정보 원천의 상대적 중요성을 알아내야 한다.

대안 평가

대안 평가
소비자가 정보를 이용하여 선택 대안 중에서 평가하는 구매 결정 과정의 단계

소비자가 정보를 이용하여 최종 브랜드 선택 집단을 형성하는 과정을 살펴보았다. 다음으로 마케터는 **대안 평가**(alternative evaluation), 즉 소비자가 대안 브랜드 중에서 선택에 이르기 위해 정보를 처리하는 방법을 알아야 한다. 아쉽게도 소비자는 모든 구매 상황에 적용되는 단순하고 단일한 평가 과정을 사용하지 않는 것이 아니라 몇 가지 유형의 평가 과정을 사용한다.

소비자가 어떻게 대안을 평가하는지는 개인에 따라, 구체적인 구매 상황에 따라 달라진다. 어떤 경우에는 소비자가 신중한 계산과 논리적 사고를 동원한다. 또 어떤 경우에는 거의 또는 전혀 평가하지 않고 충동으로 구매하거나 직감에 의존한다. 때로는 소비자 스스로 구매 결정을 하고 때로는 친구, 온라인 후기, 판매원으로부터 조언을 구하기도 한다.

자동차 선택 대안을 세 종류로 좁혀놓고 가격, 스타일, 유지비, 성능이라는 제품 속성을 고려한다고 가정해보자. 이 시점에 이르려면 당신은 이미 각 브랜드의 개별 속성이 어떻게 평가될 것인지 신념을 형성했을 것이다. 하나의 대안이 명확히 모든 속성에서 최고로 평가되었다면 마케터는 당신이 그 차를 선택할 것이라고 예측할 수 있다. 하지만 각 브랜드는 속성의 상대적인 매력(소구점)이 서로 다를 것이다. 당신이 각 속성에 부여하는 중요성을 마케터가 알 수 있다면 당신의 선택을 예측하고 선택에 좀 더 확실하게 영향을 줄 수 있을 것이다.

마케터는 구매자가 실제로 브랜드 대안을 어떻게 평가하는지 알기 위해 구매자를 연구해야 한다. 어떤 평가 과정이 일어나는지 알게 된다면 구매자의 결정에 영향을 미치는 조처를 할 수 있을 것이다.

구매 결정

구매 결정
어떤 브랜드를 구매하는지에 관한 결정

평가 단계에서 소비자는 각 브랜드 대안의 순위를 매기고 구매 의도를 형성한다. 일반적으로 소비자의 **구매 결정**(purchase decision)은 가장 선호하는 브랜드를 구매하는 것이다. 하지만 구매 의도와 구매 결정 사이에 두 가지 요소가 개입된다. 첫 번째 요소는 타인의 태도이다. 자신에게 중요한 사람이 가장 저렴한 차를 사야 한다고 생각한다면 좀 더 비싼 차를 구매할 확률이 감소한다.

두 번째 요소는 예기치 않은 상황적 요인(unexpected situational factor)이다. 소비자는 기대 수입, 기대 가격, 기대 제품 편익 같은 요인을 바탕으로 구매 의도를 형성할 수도 있다. 하지만 예기치 않은 사건이 구매 의도를 바꾸기도 한다. 예를 들어 경기가 나빠질 수도 있고, 경쟁사가 값을 내릴 수도 있고, 선호하는 자동차에 대해 친구가 실망했다고 말할 수도 있다. 그러므로 선호와 구매 의도가 항상 실제 구매 선택으로 이어지는 것은 아니다.

구매 후 행동

구매 후 행동
소비자가 구매 후 만족 또는 불만족 경험을 바탕으로 행동하는 구매자 결정 과정의 단계

마케터의 책임은 고객이 제품을 구매한 시점에서 끝나는 것이 아니다. 제품 구매 후 고객은 만족 또는 불만족을 경험하고, 마케터의 관심 대상인 **구매 후 행동**(postpurchase behavior)이 나타날 것이다. 구매한 제품에 대한 만족/불만족 여부를 결정하는 것은 무엇인가? 그 답은 제품 구매 전의 기대와 제품 사용 후 지각된 제품 성과 간의 관계에 달려 있다. 만약 제품이 기대에 미치지 못하면 고객은 실망할 것이고, 제품이 기대를 충족하면 만족스러워할 것이다. 또한 제품이 기대보다 훨씬 나으면 고객은 매우 기뻐할 것이다. 기대와 실제 성과 간의 차이가 클수록 고객의 불만족이 커질 것이다. 이는 자사 브랜드가 보여줄 수 있는 만큼을 판매자가 약속해야만 구매자가 만족한다는 것을 시사한다.

인지 부조화
구매 후 심적 갈등으로 인한 구매자의 심리적 불편함

거의 모든 주요 구매는 구매 후 심적 갈등으로 인한 심리적 불편함, 즉 **인지 부조화**(cognitive dissonance)를 일으킨다. 구매 후 고객은 선택한 브랜드의 편익에 만족하고, 구매하지 않았던 브랜드의 단점을 피할 수 있어 기뻐한다. 하지만 모든 구매에는 타협이 포함된다. 고객은 자신이 선택한 브랜드의 단점을 얻고 구매하지 않은 브랜드의 편익을 상실하게 된 것에 불편함을 느낀다. 즉 고객은 모든 구매에서 어떤 형태든 간에 구매 후 부조화를 느끼는 것이다.

고객 만족은 왜 중요할까? 고객 만족은 수익성 있는 고객 관계를 구축하는 데, 다시 말해 고객을 유지·육성하고 고객 생애 가치를 얻는 데 핵심적이다. 만족한 고객은 제품을 다시 구매하고, 다른 사람들에게 제품에 대해 호의적으로 말하며, 경쟁 브랜드와 그 광고 활동에 관심을 덜 보이고, 해당 기업의 다른 제품도 구매한다. ● 많은 마케터는 단순히 고객의 기대에 맞추는 것에서 더 나아가 고객을 기쁘게 하는 것을 목표로 한다.

불만족한 고객은 만족한 고객과 다르게 반응한다. 나쁜 소문은 좋은 소문보다 더 멀리, 더 빠르게 퍼져나간다. 불만족은 기업과 그 기업의 제품에 대한 소비자의 태도에 순식간에 타격을 입힐 수 있다. 하지만 기업은 불만족한 고객이 자발적으로 불평할 때까지 기다릴 수 없다. 대부분의 불만족한 고객은 결코 기업에 문제를 제기하지 않기 때문에 기업은 고객 만족도를 정기적으로 측정해야 한다. 기업은 고객이 불평할 수 있는 시스템을 구축해야 자신이 얼마나 잘하고 있는지, 어떻게 하면 개선할 수 있는지를 배울 수 있다.

Customer Satisfaction
Excellent
Good
Average
Poor

● 구매 후 인지 부조화: 구매 후 고객 만족은 수익성 있는 고객 관계를 구축하는 데 핵심적이다. 대부분의 마케터는 단순히 고객의 기대에 맞추는 것에서 더 나아가 고객을 기쁘게 하는 것을 목표로 한다.
Dusit/Shutterstock

마케터는 전반적인 구매자 의사결정 과정을 학습함으로써 소비자가 의사결정을 하는 과정에 도움을 줄 수도 있다. 예를 들어 소비자가 제품에 대해 욕구를 느끼지 못하여 신제품을 구매하지 않고 있다면 마케터는 제품에 대한 욕구를 느끼게 하는 광고 메시지를 내보내고, 자사 제품이 소비자의 문제를 어떻게 해결해주는지를 보여줄 수 있다. 만약 소비자가 제품에 대해 알고는 있지만 제품에 대한 태도가 좋지 않아서 구매하지 않는다면 마케터는 제품을 변형하거나 소비자의 지각을 바꾸는 방법을 모색해야 한다.

고객 여정

고객 여정
고객이 브랜드에 대해 지닌, 계속 진행되는 경험의 총합으로서 장기간의 구매 행동, 관여, 브랜드 옹호 행동에 영향을 주는 것

많은 마케터는 구매 과정을 단순히 단계의 합으로 보기보다는 광범위한 **고객 여정**(customer journey), 즉 고객이 브랜드에 대해 지닌, 계속 진행되는 경험의 총합으로 본다. 고객 여정에 대한 대부분의 논의는 고객의 브랜드 인식에서 시작하여 고객이 브랜드를 타인에게 옹호하는 것으로 끝난다. 그러나 고객은 이러한 단계를 모두 일정하게 거치기보다는 브랜드 관계 구축의 여정에서 다양한 브랜드 경험의 목록을 취합한다. 고객은 접점에서 접점으로 옮겨가며, 때로는 빙빙 돌거나 정해진 길에서 아예 벗어나기도 한다. 마케터는 고객 여정의 개념에서 고객이 구매 과정의 각 단계와 접점에서 무엇을 하는가보다는 진화하는 고객 경험을 이해하고 형성하는 데 초점을 맞춘다.

● 고객 여정: 고객 여정을 이해함으로써 마케터는 장기간의 긍정적인 구매 행동, 관여, 브랜드 지지를 일으키는 브랜드 경험을 창출하도록 노력할 수 있다.
Rodrigo Reyes Marin/AFLO/Alamy Live News

고객 여정은 고객마다 다르다. ● 예를 들어 아마존닷컴에서 쇼핑을 하는 동안 고객은 개인용 디지털 도우미 '알렉사'가 탑재된 아마존 에코 스마트스피커 광고에 노출될 수 있다. 이상적인 상황이라면 고객은 즉시 관심을 보이고, 에코를 구매하고, 집에 설치하고, 긍정적인 경험을 하고, 아마존 사이트에 후기를 올려 다른 고객에게 제품을 옹호할 것이다. 그러나 어떤 고객은 에코 광고를 알아채지도 못하고 고객 여정을 마칠 것이다. 또한 광고를 보고 검색하도록 동기화되어 스마트스피커 브랜드를 비교해보고 나서 구글 홈 스마트스피커를 구매하는 고객도 있다. 어떤 고객은 광고를 놓쳤지만 친구 집에서 에코를 사용하는 것을 보고는 가지고 싶어 할 수도 있다. 에코 구매자의 사용, 충성도, 옹호 정도는 그들의 경험과 마찬가지로 다를 것이다.

고객 여정 동안 고객 경험의 합은 고객의 계속되는 행동과 브랜드에 대한 태도를 결정할 것이다. 마케터는 고객이 택하는 경로를 이해하는 것을 넘어서 더 깊이 들어가 왜 그 경로를 택했는지를 알아야 한다. 대부분의 마케터는 고객 여정에 대한 통찰을 얻기 위해 엄청난 양의 소비자 자료를 채굴한다. 예를 들어 에코를 구입했지만 옹호하는 단계에 이르지 않은 고객이 있는 경우, 아마존은 그러한 고객이 단지 알렉사가 해줄 수 있는 것을 배우지 못했고 어떻게 하는지를 모른다는 것을 알게 될 수도 있다. 그리고 아마존은 고객의 에코 경험을 향상하기 위해 새로운 기능과 새롭게 시도해볼 수 있는 것을 제안하는 '알렉사 새 소식'을 이메일로 매주 보낸다.

한 분석가는 다음과 같이 결론을 내렸다. "이상적으로 충성고객이 되기 위해 고객이 택하는 여정은 제품을 보고, 구입하고, 사용하고, 되풀이한다와 같이 쭉 뚫린 고속도로이다. 그러나 실제로 이 여정은 멈추고, 탐험하고, 토론하면서 가는 길이다. 이 모든 순간에 고객이 제품을 선택하고 다른 브랜드로 바꾸지 말고 계속 구입하도록 확신시켜야 한다."[32] 그러므로 마케터의 목적은 계속되

는 고객 여정을 깊이 이해하고 고객의 접점과 경험을 자세히 파악하는 것이다. 고객 여정을 이해함으로써 마케터는 장기간의 긍정적인 구매 행동, 관여, 브랜드 옹호를 일으키는 브랜드 경험을 창출하도록 노력할 수 있다.

저자 코멘트 | 이 절에서는 신제품 구매 결정에 대해 특별히 고려해야 할 사항을 알아본다.

신제품 구매 결정 과정

학습목표 5-4 신제품의 수용과 확산 과정을 이해한다.

신제품
잠재고객에게 새롭게 인식되는 물건, 서비스 또는 아이디어

수용 과정
개인이 혁신 제품에 대해 처음으로 학습하는 것에서부터 최종 수용에 이르기까지 거치게 되는 심리 과정

구매자가 신제품 구매에 어떻게 접근하는지 살펴보자. **신제품**(new product)은 잠재고객에게 새롭게 인식되는 물건, 서비스 또는 아이디어이다. 실제로 제품이 출시된 지 시간이 좀 흘렀을 수도 있지만, 여기서 우리가 관심을 두는 것은 소비자가 어떻게 제품을 처음으로 알게 되고 그것을 수용할지 결정을 내리는 과정이다. **수용 과정**(adoption process)은 개인이 혁신 제품에 대해 처음으로 학습하는 것에서부터 최종 수용에 이르기까지 거치게 되는 심리 과정으로 정의되며, 수용은 정규적인 제품 사용자가 되겠다는 개인의 결정을 말한다.[33]

수용 과정의 단계

소비자는 신제품을 수용하기까지 다음과 같은 5단계 과정을 거친다.

- 인지(awareness): 소비자가 제품의 존재를 인식하지만 이에 대한 정보가 부족하다.
- 관심(interest): 소비자가 제품에 대한 정보를 탐색한다.
- 평가(evaluation): 제품을 시험 삼아 써보는 것이 좋을지 고려한다.
- 시용(trial): 소비자가 제품의 추정 가치를 높이기 위해 소량의 신제품을 시용한다.
- 수용(adoption): 소비자가 신제품을 정규적으로 사용하기로 결정한다.

● 수용 과정: 주저하는 소비자가 구매 결정의 방지턱을 넘도록 비욘드미트는 '무료 체험' 쿠폰을 제공하여 무료로 시식할 수 있게 했다.
Beyond Meat

이 모형이 신제품 마케터에게 제시하는 바는, 소비자가 각 단계를 거치도록 어떻게 도와줄 수 있는지 생각해야 한다는 것이다. 만약 많은 소비자가 자사 제품을 고려하지만 구매를 주저한다면 기업은 가격할인이나 특별 홍보를 통해 결정의 다음 단계로 이동하도록 도울 수 있다. ● 예를 들어 비욘드미트는 처음 슈퍼마켓에 진출할 때 '무료 체험(Try Some Free)' 쿠폰을 제공하여 쇠고기와 닭고기 제품을 무료로 시식할 수 있게 했다. 이러한 홍보 활동은 소비자의 관심을 불러일으켜 시용 단계로 나아가도록 도왔다.

혁신의 개인차

사람들은 신제품을 시용하기 위한 준비성에 큰 차이가 있다. 각 제품 분야에는 소비 선도자(consumption pioneer)와 조기 수용자(early adopter)가 존재한다. 어떤 사람들은 한참 지난 후에 신제품을 수용한다. ● 사람들은 그림 5.6과 같은 수용자 범주로 구분할 수 있다.[34] 그래프에서 보듯이 신제품을 수용하는 사람들의 수는 서서히 시작되어 점점 증가한다. 잇따른 소비자 집단이 혁신을 수용하면 결국 누적적인 포화 상태에 이른다. 혁신자(innovator)는 새로운 아이디어를 수용하는 구매자 가운데 처음 2.5%(평균 수용 시간의 두 표준편차에서 벗어난 사람들)로 정의되고, 조기 수

● 그림 5.6
혁신 제품 수용 시점에 따른 수용자 범주

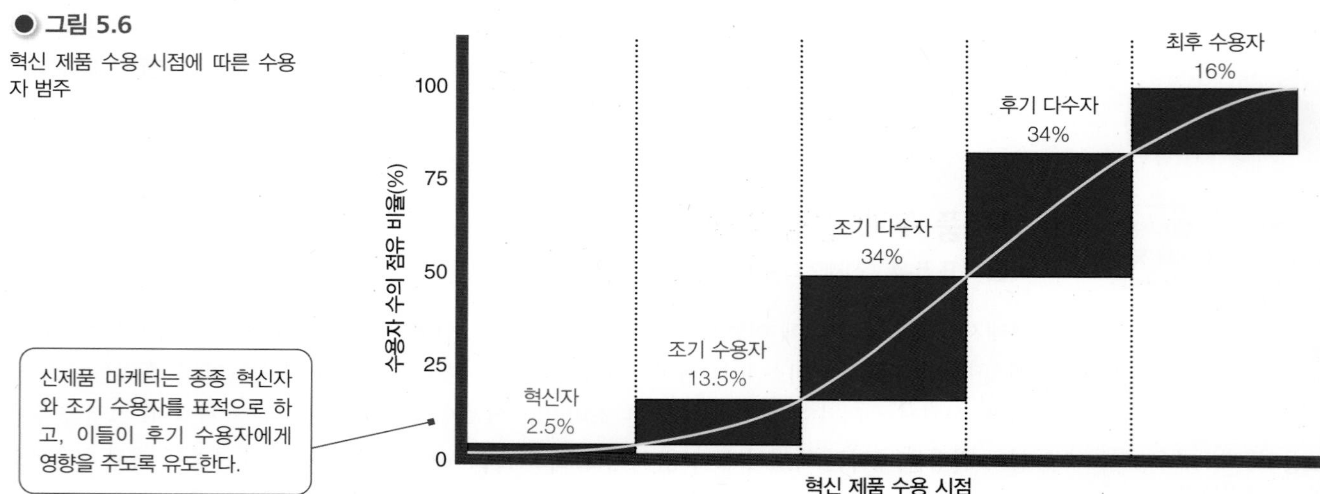

용자는 다음 13.5%(표준편차 1과 2 사이에 있는 사람들)를 차지하는 구매자를 말한다. 그다음에는 조기 다수자(early mainstream), 후기 다수자(late mainstream), 최후 수용자(lagging adopter) 순으로 신제품을 수용한다.

다섯 가지 수용자 집단은 서로 다른 가치관을 따른다. 모험적인 **혁신자**는 위험을 감수하고 새로운 아이디어를 시용한다. 존중을 바탕으로 행동하는 **조기 수용자**는 자신의 커뮤니티에서 여론 주도자이고 새로운 아이디어를 조기에, 그러나 신중히 수용한다. 신중한 **조기 다수자**는 리더는 아니지만 보통 사람들보다 빨리 새로운 아이디어를 수용한다. 회의적인 **후기 다수자**는 대다수가 시용해본 후에야 혁신을 수용한다. 전통에 묶여 있는 **최후 수용자**는 변화를 의심하고 혁신이 전통이 된 후에야 수용한다.

이러한 수용자 분류법이 제시하는 바는, 혁신 지향적인 기업은 혁신자와 조기 수용자의 특성을 연구하여 이들에게 직접적으로 접근할 수 있는 마케팅 노력을 기울여야 한다는 것이다.

제품 특성이 수용률에 미치는 영향

신제품의 특성은 수용률 또는 수용 속도에 영향을 준다. 어떤 제품은 거의 하룻밤 사이에 인기를 얻는다. 예를 들어 애플의 아이팟, 아이폰, 아이패드는 출시부터 놀랄 만한 속도로 팔려나갔다. 반면에 수용되는 데 오랜 시간이 걸리는 제품도 있다. 한 예로 전기자동차의 경우 2010년 닛산 리프(Leaf)와 테슬라 모델S(Model S) 등이 미국에서 출시되었다. 최근에는 매출이 늘고 있지만 전기자동차는 아직 미국 자동차 매출의 2%에 미치지 못하며, 수십 년이 지나야 내연기관 자동차를 대체할 수 있을 것이다.[35]

다음의 다섯 가지 제품 특성은 혁신 제품의 수용률에 영향을 미치는 데 특히 중요하다. 예를 들어 전기자동차의 특성을 수용률과 연결 지어 생각해보자.

- 상대적 이점(relative advantage): 혁신 제품이 현재의 제품에 비해 우수해 보이는 정도를 말한다. 전기자동차는 휘발유 대신 저렴한 청정 연료를 사용한다. 이러한 이점은 수용률을 끌어올리지만, 재충전까지의 운행 거리가 제한되고 초기 비용이 높다는 점은 수용률을 늦출 것이다.
- 양립성(compatibility): 혁신 제품이 잠재고객의 가치관과 경험에 맞는 정도를 말한다. 전기자동차는 일반 차와 같은 방식으로 운전할 수 있지만 현재의 주유소 네트워크와는 호환되지 않는다. 플러그인 충전소는 수가 적고 가까이 있지 않다. 수용률의 증가는 전국적인 충전소 네트

워크의 개발에 달려 있으며, 전국적인 충전소 네트워크를 개발하기까지는 상당한 시간이 걸릴 것이다.

- 복잡성(complexity): 혁신 제품을 사용하거나 이해하는 것이 얼마나 어려운지를 말한다. 전기자동차는 운전이 어렵거나 복잡하지 않으므로 수용률이 빨라질 수 있으나, 신기술의 개념적인 복잡성과 작동 방식에 대한 염려는 수용률을 늦출 것이다.
- 가분성(divisibility): 더 많은 혁신 제품이 한정된 조건에서 시용될 수 있는 정도를 말한다. 소비자는 전기자동차를 시운전해볼 수 있으며, 이는 수용률에 긍정적인 영향을 미친다. 그러나 현재의 높은 가격은 수용률을 늦출 것이다.
- 커뮤니케이션 가능성(communicability): 혁신 제품을 사용한 결과가 다른 사람들에게 드러나거나 전해질 수 있는 정도를 말한다. 전기자동차 사용에 관한 시범과 설명의 가능성이 높아지면 소비자의 수용률이 향상될 것이다.

초기 비용과 유지 비용, 위험과 불확실성, 사회적 승인 등의 특성도 수용률 또는 수용 속도에 영향을 준다. 신제품 마케터는 신제품과 이에 대한 마케팅 프로그램을 개발할 때 이러한 모든 요인을 연구해야 한다.

학습목표별 요약

매년 13조 달러가 넘는 상품과 서비스를 소비하는 3억 2,800만 명으로 구성된 미국 소비자 시장은 세계에서 가장 매력적인 소비자 시장 중 하나이다. 소비자는 문화적·사회적·개인적·심리적 특성이 매우 다르다. 이러한 차이가 소비자 구매 행동에 어떤 영향을 미치는지 이해하는 것은 마케터가 직면하는 가장 큰 도전 중 하나이다.

학습목표 5-1 소비자 시장을 정의하고 소비자 구매 행동 모형을 구성한다.

소비자 시장은 개인적 소비를 목적으로 재화와 서비스를 구매하거나 획득하는 모든 개인과 가구로 구성된다. 소비자 구매 행동 모형 중 가장 단순한 것은 자극-반응 모형이다. 이 모형에 따르면 마케터 자극(4P)과 그 밖의 주요 영향 요인(경제적·기술적·정치적·문화적 요인)은 소비자의 '블랙박스(마음속)'로 들어가 브랜드 선택, 장소와 시점, 브랜드 인게이지먼트와 같은 관찰 가능한 구매자 반응을 낳는다.

학습목표 5-2 소비자 구매 행동에 영향을 미치는 4대 주요 요인을 이해한다.

소비자 구매 행동은 주요 구매자 특성인 문화적 요인, 사회적 요인, 개인적 요인, 심리적 요인의 영향을 받는다. 이러한 요인 가운데 많은 부분은 마케터의 영향을 받지 않지만, 마케터가 관심을 보이는 구매자를 파악하고 소비자 욕구를 더 잘 충족하는 제품과 마케팅 소구점을 개발하는 데 유용할 수 있다. 문화는 개인의 욕구와 행동을 결정하는 가장 기본적인 요인이다. 하위문화는 서로 다른 가치와 생활양식을 지닌 '문화 내의 또 다른 문화'를 말하며, 이는 나이와 인종 등 다양한 분류 기준으로 구분할 수 있다. 마케터는 자신의 마케팅 프로그램을 히스패닉계, 아프리카계, 아시아계 소비자와 같은 문화적·하위문화적 세분시장의 특정 욕구에 맞춘다.

사회적 요인도 구매자의 행동에 영향을 준다. 한 개인의 준거집단(가족, 친구, 사회 조직, 인플루언서 등)은 제품과 브랜드 선택에 큰 영향을 미친다. 구매자의 나이, 생애주기 단계, 직업, 경제적 상황, 라이프스타일, 개성 및 기타 개인적 특성은 소비자의 구매 결정에 영향을 미친다. 예를 들어 세상을 살아가면서 행동하고 상호작용하는 전반적인 패턴을 말하는 소비자 라이프스타일은 구매 결정에 중요한 영향을 미친다. 또한 소비자 구매 행동은 주요 심리적 요인인 동기, 지각, 학습, 신념과 태도의 영향을 받는다. 각 요인은 구매자의 블랙박스가 어떻게 작용하는지를 이해하는 데 서로 다른 시각을 제공한다.

학습목표 5-3 구매 결정 행동의 주요 유형과 구매 결정 과정의 단계를 나열하고 정의한다.

구매 행동은 제품 유형과 구매 결정 유형에 따라 상당한 차이를 보인다. 소비자가 구매에 깊이 관여하고 브랜드 간에 상당한 차이가 있다고 지각하는 경우에는 복잡한 구매 행동을 취한다. 한편 소비자가 구매에 깊이 관여하지만 브랜드 간에 별 차이가 없다고 생각하면 부조화 감소 행동이 일어난다. 습관적 구매 행동은 소비자의 구매 관여 수준이 낮고 브랜드 간의 차이가 크지 않을 때 나타나는 구매 행동 유형이다. 반면에 소비자의 구매 관여 수준이 낮고 브랜드 간에 상당한 차이가 있다고 지각하는 경우 소비자는 다양성 추구 구매 행동을 보인다.

구매를 할 때 소비자는 욕구 인식, 정보 탐색, 대안 평가, 구매 결정, 구매 후 행동으로 구성된 구매 결정 과정을 거친다. 마케터는 각 단계에서 이루어지는 구매자의 행동과 이러한 행동에 영향을 미치는 요인을 이해해야 한다. 욕구 인식 단계에서 소비자는 제품 또는 서비스로 충족할 수 있는 문제나 욕구를 인식하게 된다. 욕구를 인식한 소비자는 더 많은 정보를 탐색하려는 의도로 정보 탐색 단계로 이동한다. 충분한 정보를 수집하면 소비자는 선택 대안 집합의 브랜드 대안을 평가하기 위해 수집된 정보를 사용하는 대안 평가 단계로 나아간다. 이 단계에서 소비자는 구매 결정을 내리고 실제로 제품을 구매한다. 구매 결정의 마지막 단계인 구매 후 행동에서 소비자는 구매한 제품에 대한 만족 또는 불만족에 따라 다양한 행동을 취한다.

마케터는 좀 더 폭넓게 고객 여정, 즉 소비자가 브랜드와 함께하는 지속적인 경험을 이해해야 한다. 고객 여정을 이해함으로써 마케터는 긍정적인 구매 행동, 관여, 브랜드 지지를 일으키는 브랜드 경험을 만들어낼 수 있다.

학습목표 5-4 신제품의 수용과 확산 과정을 이해한다.

제품 수용 과정은 인지, 관심, 평가, 시용, 수용으로 이루어진다. 신제품 마케터는 소비자가 이러한 5단계를 잘 거치도록 돕는 방법을 강구해야 한다. 신제품이 확산되는 과정에서 소비자는 소비자 특성과 제품 특성에 따라 다른 속도로 반응한다. 소비자는 혁신 소비자, 조기 수용자, 조기 다수자, 후기 다수자, 최후 수용자로 분류할 수 있으며, 각 집단에 대해 다른 마케팅 접근이 필요하다. 제조업체는 신제품을 출시할 때 잠재적인 조기 수용자, 특히 오피니언 리더의 주의를 끌기 위해 노력한다. 또한 몇 가지 제품 특성, 즉 상대적 이점, 양립성, 복잡성, 가분성, 커뮤니케이션 가능성 등도 수용률에 영향을 미친다.

핵심용어

학습목표 5-1

소비자 구매 행동 consumer buyer behavior
소비자 시장 consumer market

학습목표 5-2

문화 culture
하위문화 subculture
전체 마케팅 전략 total marketing strategy
사회계층 social class
준거집단 reference group
오피니언 리더 opinion leader
구전 영향 word-of-mouth influence
인플루언서 마케팅 influencer marketing
온라인 소셜네트워크 online social network
라이프스타일 lifestyle
개성 personality
동기(동인) motive(drive)
지각 perception
학습 learning
신념 belief
태도 attitude

학습목표 5-3

복잡한 구매 행동 complex buying behavior
부조화 감소 구매 행동 dissonance-reducing buying behavior
습관적 구매 행동 habitual buying behavior
다양성 추구 구매 행동 variety-seeking buying behavior
욕구 인식 need recognition
정보 탐색 information search
대안 평가 alternative evaluation
구매 결정 purchase decision
구매 후 행동 postpurchase behavior
인지 부조화 cognitive dissonance
고객 여정 customer journey

학습목표 5-4

신제품 new product
수용 과정 adoption process

토의문제

1. 소비자 구매 결정에 영향을 주는 특성은 무엇인가?
2. 전체 마케팅 전략은 무엇이며, 마케터가 이 전략을 사용하는 이유는 무엇인가? 전체 마케팅 전략을 이용한 최근의 제품 또는 서비스의 예를 들고, 그러한 전략을 효과적 또는 비효과적으로 만든 요인을 논의하라.
3. 소비자 행동에 영향을 미치는 네 가지 심리적 요인을 설명하라.
4. 복잡한 소비자 구매 행동과 소비자 관여 정도가 마케터에게 중요한 이유는 무엇인가?
5. 구매 결정 과정에서 욕구 인식은 어떻게 시작되는지 두 가지 촉발 요인의 예를 들어 설명하라.
6. 다양성 추구 구매 행동(낮은 소비자 관여, 높은 브랜드 차별성)이 높은 제품 범주에 속한 시장 선도 브랜드의 마케팅 전략은 시장 점유율이 낮은 브랜드의 전략과 어떻게 달라야 하는가?

6 산업재 시장과 산업재 구매자 행동

학습목표 6-1 산업재 시장을 정의하고 산업재 시장이 소비재 시장과 어떻게 다른지 설명한다.
산업재 시장

학습목표 6-2 산업재 구매자 행동에 영향을 주는 주요 요인을 파악한다.
산업재 구매자 행동

학습목표 6-3 산업재 구매 결정 과정의 단계를 이해한다.
산업재 구매 결정 과정

학습목표 6-4 온라인, 모바일, 소셜미디어가 B2B 마케팅을 어떻게 변화시켰는지 이해한다.
디지털 및 소셜 마케팅을 이용한 산업재 구매자 공략

학습목표 6-5 기관 시장과 정부 시장을 비교하고 기관 구매자와 정부 구매자가 어떻게 구매 결정을 내리는지 이해한다.
기관 시장과 정부 시장

개관 앞 장에서는 최종 소비자의 구매 행동과 그것에 영향을 미치는 요인을 다루었다. 이 장에서는 산업재 고객(business customer)의 구매 행동과 그것에 영향을 미치는 요인을 알아볼 것이다. 산업재 고객은 자신의 제품과 서비스를 생산하기 위한 용도로 또는 다른 이들에게 재판매하기 위한 용도로 제품과 서비스를 구매하는 고객을 말한다. 산업재 고객을 대상으로 마케팅을 하는 기업은 최종 구매자에게 판매할 때와 마찬가지로 우수한 고객 가치를 창출하기 위해 산업재 고객과 이득이 되는 관계를 구축해야 한다.

먼저 링크드인의 사례를 살펴보자. 링크드인을 전문 인력 네트워크로 알고 있는 독자가 많겠지만 사실 링크드인은 기업 간 거래(business-to-business, B2B) 마케터를 위한 매우 효과적인 운영체제이다. 마이크로소프트 산하인 링크드인은 회원 수가 수억에 달하고 산업재 고객을 효과적으로 찾을 수 있는 이상적인 장소이다. 그러나 링크드인의 서비스는 저절로 이루어진 것이 아니다. 링크드인의 성공은 링크드인을 사용하도록 기업을 설득한 데 있다. 링크드인은 뛰어난 B2B 마케팅 플랫폼을 넘어서 뛰어난 B2B 마케터가 되어야 한다.

링크드인: B2B를 위한 장소

최근 10년간 소셜셀링(물품이나 서비스 판매를 위해 관계를 발전시키는 과정)은 B2B 마케팅에서 가장 인기 있는 분야이다. 오늘날의 B2B 마케터는 수십 개의 디지털 및 소셜미디어를 이용하여 산업재 구매자를 참여시키고 그들에게 제품을 판매할 수 있다. 그중에서도 소셜셀링의 선두 주자인 링크드인은 전문 기업인들을 연결하여 사업과 진로를 개발할 수 있도록 돕는 소셜네트워크이다.

링크드인은 200개국 5억 9,000만 이상의 전문 기업인 회원을 자랑한다. 링크드인에 따르면 회원 5명 중 4명은 직접 경영 결정을 내리고, 44%의 회원은 매일 접속하여 사업 운영 방식을 바꿀 수 있는 내용을 검색한다. 링크드인의 콘텐츠 피드는 매주 90억이라는 놀라운 방문 횟수를 기록하고 있는데, 이는 연 단위로 보자면 4,680억 회에 달한다.

B2B 마케터는 다른 소셜네트워크와 비교할 수 없는 링크드인의 정확성을 이용하여 사업 의사결정자를 공략할 수 있다. 즉 링크드인에서는 성별, 나이, 수입, 지역 등 기본적인 인구통계적 요인을

비롯해 산업 분야, 기업의 규모와 연고, 직위, 직무, 연공서열, 근무 연수, 기술, 다양한 교육 경력 등을 이용하여 목표를 설정할 수 있다.

덕분에 링크드인은 B2B 고객이 마케팅하기에 최적의 장소가 되었다. "링크드인을 통한 마케팅 활동은 전문가를 사로잡아 당신의 사업과 연결될 수 있도록 도와준다"는 링크드인의 주장에 B2B 마케터도 동의한다. 소셜미디어를 이용하는 B2B 기업 중 94%가 링크드인의 회원이다.

그러나 링크드인의 장점은 저절로 생겨난 것이 아니다. 링크드인의 성공은 링크드인을 사용하도록 기업을 설득하고, 링크드인을 효율적으로 사용하도록 돕는 데 있다. 링크드인은 훌륭한 B2B 마케팅 플랫폼이자 훌륭한 B2B 마케터이기도 하다. 이 거대한 전문가 소셜네트워크는 자신이 고객을 사로잡는 이상적인 장소라는 것을 기술적으로 알린다. 또한 링크드인의 마케터는 링크드인에서 일어나는 소셜셀링이 쉽고 효과적일 수 있도록 최선을 다한다.

링크드인의 비즈니스 솔루션 그룹은 산업재 고객과 손잡고 그들이 링크드인을 이용하여 강력한 B2B 마케팅 캠페인을 만들고, 실행하고, 추적 관찰할 수 있도록 돕는다. 링크드인은 고객이 링크드인의 거대한 전문 회원을 활용하여 판매 가능성을 찾고, 웹사이트 방문을 늘리고, 브랜드 인지도를 높이고, 신제품을 출시하고, 고객 관계를 강화하고, 신입사원을 뽑는 방법 등을 알려준다.

링크드인은 산업재 고객에게 '관계를 동력으로 하는 성공'을 약속한다. 링크드인의 각종 비즈니스 솔루션은 링크드인을 이용한 **마케팅**(세계에서 가장 큰 전문 회원에게 마케팅하기), **판매**(소셜셀링 노력을 실시간 판매 정보로 보강하기), **고용**(세계에서 가장 큰 인재 집단에서 선발하기), **교육**(개별화된 e러닝으로 능력을 계발하고 현재 기술을 따라잡기) 방법을 단계적으로 알려준다.

링크드인을 이용한 마케팅 활동은 무료 링크드인 기업 페이지를 만드는 것에서 시작된다. 메인 기업 페이지는 링크드인 커뮤니티에서 브랜드 개발의 도구 역할을 하고 광고와 타 콘텐츠를 게시하는 곳이다. 마케터는 링크드인 쇼케이스 페이지를 통해 하위 페이지를 연결하고, 자사의 특정 브랜드에 초점을 맞추거나 관련 콘텐츠로 특정 고객층을 공략하는 등 페이지를 확장할 수 있다.

예를 들어 IBM의 메인 페이지에는 기업의 기본 정보와 IBM 링크, 구인 정보, IBM 제품, 프로그램, 발전 방향 등에 대한 흥미로운 정보가 있다. 또한 IBM 분과, IBM 애널리틱스, IBM 모바일, IBM 보안, IBM 연구, IBM 왓슨 IoT 등 IBM의 계획에 초점을 맞춘 여러 쇼케이스 페이지로 연결되는 링크도 있다. 링크드인에는 전 세계적으로 크고 작은 2,600만 개 기업의 페이지가 있다.

이러한 기업 페이지 외에도 링크드인은 B2B 마케터에게 기업 후원 콘텐츠, 전시 광고, 문자 광고, 기업 후원 인메일(Sponsored InMail) 메시지 시스템을 이용한 맞춤 메시지 등 다양한 형태의 광고 선택권을 제공한다. 링크드인은 고객이 링크드인 전문가의 도움을 받아 광고와 콘텐츠를 제작할 수 있는 도구를 제공한다. 링크드인의 비즈니스 솔루션 페이지는 마이크로소프트, SAP, 버라이즌, 아메리칸익스프레스와 같은 대기업부터 유타주립대학 같은 소규모 고객에 이르기까지 온갖 기업의 링크드인 광고 캠페인 추천 글과 성공담으로 가득하다.

B2B 소셜세일즈 플랫폼으로서 두각을 드러내고 있는 링크드인은 5억 9,000만 이상의 전문 기업인 회원을 자랑한다. B2B 마케터는 링크드인을 통해 중요한 사람에게 마케팅을 할 수 있다.
AlexandraPopova/Shutterstock

예를 들어 호주의 아메리칸익스프레스는 중소기업 경영자를 위한 소기업 펀딩 상품과 서비스에 링크드인을 이용했다. 아메리칸익스프레스는 기업 후원 콘텐츠, 기업 후원 인메일, 맞춤형 링크드인 전시 광고를 이용한 광고 캠페인을 제작했다. 아메리칸익스프레스의 디지털 마케터는 이렇게 말한다. "링크드인의 타깃팅 능력을 통해 우리는 적절한 고객을 찾아내어 적절한 때에 적절한 콘텐츠로 관심을 끌었으며, 유망한 잠재고객을 유지할 뿐만 아니라 잠재고객을 늘릴 수 있었다." 아메리칸익스프레스가 대중매체를 통해 얻은 잠재고객의 55%는 링크드인 캠페인으로 얻은 것이며 그중 22%가 고객으로 전환되었다.

또 다른 예로 유타주립대학은 대학원 과정에 우수 학생을 유치하는 데 링크드인의 인구통계를 이용한 타깃팅 능력을 활용했다. 링크드인 전시 광고, 기업 후원 인메일로 구성된 캠페인은 지역, 직위, 학부 학위 등으로 링크드인 회원을 표적화했다. 이 캠페인은 페이지 방문의 71%를 정보 요청으로 이끌었고 20:1의 투자 수익률을 얻었다. 유타주립대학의 마케터는 다음과 같이 말했다. "링크드인을 통해 지역, 전문성, 경력 등으로 표적화한 덕분에 우리가 원하는 정확한 목표 대상을 찾아내어 관심을 불러일으킬 수 있었다." 유타주립대학은 실시간 콘텐츠 피드와 쇼케이스 페이지를 계속 유지하고 있다.

온라인 소셜셀링의 선두 주자인 링크드인은 훌륭한 B2B 마케팅 플랫폼이자 훌륭한 B2B 마케터이다.

링크드인은 산업재 고객에게 캠

페인 매니저라는 또 다른 효과적인 도구를 제공한다. 캠페인 매니저는 산업재 고객의 링크드인 계좌 관리, 목표고객 선택, 콘텐츠 제작, 링크드인 캠페인 성과 관리를 돕는다. 링크드인 고객은 캠페인 매니저를 이용하여 캠페인을 보거나 성과 보고서를 출력하여 광고 노출 횟수, 광고의 인구통계적 자료, 클릭률, 클릭당 평균 비용과 같은 캠페인 성과 지표를 확인할 수 있다. 링크드인의 마케터는 성공만큼 고객의 충성도를 높이는 것은 없다는 사실을 알고 있다. 한편 캠페인 매니저의 수치는 고객 대부분이 링크드인의 사용을 정당화하는 데 충분한 이유가 된다.

따라서 링크드인은 B2B 마케팅을 두 가지 차원에서 이루어낸다. 첫 번째로 링크드인은 사업 의사결정자를 접촉할 수 있는 뛰어난 B2B 플랫폼이다. 두 번째로 링크드인은 그 자체가 뛰어난 B2B 마케터이다. 그 결과 링크드인의 가치는 모회사인 마이크로소프트의 디지털 왕국 안에서 비상하고 있다. 지난 2년간 링크드인의 회원 수는 26%나 증가했다. 그리고 작년에만 수익이 2배로 늘고 회원 활동 시간이 41% 증가했다. 링크드인은 B2B 마케팅을 위한 장이다.[1]

대부분의 대기업은 다양한 방법으로 다른 조직에 제품을 판매한다. 보잉(Boeing), 캐터필러, 듀퐁(DuPont), GE 등 수많은 기업이 자사 제품을 다른 기업에 팔고 있다. 심지어 최종 소비자가 사용하는 제품을 만드는 대형 소비재 기업도 자사 제품을 다른 기업에 판매한다. 예를 들어 제너럴밀스는 빅지(Big G) 시리얼, 제빵 제품, 스낵, 요플레(Yoplait) 요거트, 하겐다즈(Häagen Dazs) 아이스크림 등 많은 유명 소비자 브랜드 제품을 생산한다. 하지만 제너럴밀스는 자사 제품을 고객에게 판매하기 위해 먼저 도매업자와 소매업자에게 제품을 판매하고, 이들이 다음 단계로 소비재 시장에서 판매한다.

산업재 구매자 행동
타인에게 공급하고 빌려주고 판매할 제품과 서비스를 생산하기 위해 재화나 서비스를 구매하는 조직의 구매 행동

산업재 구매 과정
산업재 구매자가 구매가 필요한 제품과 서비스의 종류를 결정하고, 여러 공급자나 브랜드 중에서 찾아내고, 평가하고, 선택하는 과정

산업재 구매자 행동(business buyer behavior)은 타인에게 공급하고 빌려주고 판매할 제품과 서비스를 생산하기 위해 재화나 서비스를 구매하는 조직의 구매 행동을 말한다. 수익 창출을 목적으로 타인에게 재판매하거나 빌려주기 위해 재화를 구매하는 소매업체나 도매업체의 행위도 여기에 포함된다. **산업재 구매 과정**(business buying process)에서 산업재 구매자는 우선 구매가 필요한 제품과 서비스의 종류를 결정하고, 여러 공급자나 브랜드 중에서 찾아내고, 평가하고, 선택한다. B2B 마케터는 산업재 시장(business market)과 산업재 구매자 행동을 이해하는 데 최선을 다해야 한다. 그리고 최종 구매자에게 판매하는 업체처럼 산업재 고객을 끌어내고 우월한 고객 가치를 창출함으로써 산업재 고객과 수익성 있는 관계를 쌓아야 한다.

저자 코멘트 | 산업재 시장은 최종 소비자의 눈에 보이지 않는다. 소비자가 구매하는 모든 물건은 이미 많은 구매 과정을 거친 것이다.

산업재 시장

학습목표 6-1 산업재 시장을 정의하고 산업재 시장이 소비재 시장과 어떻게 다른지 설명한다.

산업재 시장은 거대하다. 실제로 산업재 시장은 소비재 시장보다 훨씬 더 많은 돈과 아이템을 포괄한다. 예를 들어 굿이어(Goodyear) 타이어 한 세트의 생산과 판매에 관련된 수많은 산업재 거래를 생각해보자. 다양한 공급자가 타이어 생산에 필요한 고무, 철, 장비, 그 밖에 필요한 재화를 굿이어에 판매한다. 이후 굿이어는 완제품 타이어를 소매상에게 판매하고, 소매상은 그 타이어를 소비자에게 판매한다. 즉 소비재 한 세트를 구매하는 데에는 여러 세트의 산업재 구매가 따른다. 또한 굿이어는 자동차 제조업체에는 주문자 상표 부착(original equipment) 형태로 타이어를 판매하고 소유 자동차, 트럭, 기타 운송 기구를 유지하는 기업에는 교체용 타이어를 판매한다.

어떤 면에서 산업재 시장은 소비재 시장과 비슷하다. 두 시장에는 구매 역할을 하는 사람, 욕구를 충족하기 위해 구매 결정을 하는 사람이 있다. 그러나 산업재 시장은 많은 부분이 소비재 시장과 다른데, 가장 중요한 차이점은 시장 구조와 수요, 구매 단위의 성격, 의사결정 종류와 의사결정 과정에 있다.

시장 구조와 수요

보통 산업재 마케터는 소비재 구매자보다 그 수는 **적지만 규모가 더 큰 구매자**와 거래를 한다. 큰 규모의 산업재 시장에서도 소수의 구매자가 대부분의 구매를 차지한다. 예를 들어 굿이어가 최종 소비자에게 교환용 타이어를 판매할 때도 잠재시장은 세계 전역에서 현재 자동차를 사용 중인 수많은 자동차 소유자를 포함한다. 그러나 산업재 시장에서 굿이어의 운명은 소수의 대규모 자동차 제조사로부터 받는 주문량에 달려 있다.

더욱이 많은 산업재 시장은 **수요가 비탄력적이고 변동이 심한 것**이 특징이다. 많은 산업재의 총수요는 가격 변화에 큰 영향을 받지 않으며, 특히 단기적 관점에서 이러한 현상이 두드러진다. 가죽 가격의 하락이 소비자의 신발 수요를 증가시킬 만큼의 신발 가격인하로 연결되지 않는 한, 신발 제조업자가 더 많은 가죽을 사게 되지는 않을 것이다. 그리고 많은 산업재와 서비스의 수요는 소비재와 서비스의 수요보다 더 많이, 더 빨리 변화하는 경향이 있다. 소비재 수요의 작은 증가는 산업재 수요를 많이 증가시킬 수 있다.

파생된 수요
궁극적으로 소비재 수요에서 파생된 산업재 수요

또한 산업재 수요는 **파생된 수요**(derived demand)이다. 즉 산업재 수요는 궁극적으로 소비재 수요에서 파생되는 것이다. ● 예를 들어 고어텍스(Gore-Tex) 원단의 수요는 고어텍스로 만들어진 아웃도어 브랜드 제품의 구매에서 비롯된다. 이러한 제품에 대한 소비자의 수요가 증가하면 고어텍스 원단의 수요가 증가할 것이다. 그러므로 고어텍스 수요를 늘리기 위해 고어(Gore)는 최종 소비자가 구매하는 고어텍스 원단의 장점을 알리는 광고를 한다. 고어는 자사의 웹 및 모바일 사이트를 이용하여 루카, 마모트, 노스페이스, 버튼, 엘엘빈부터 아디다스, 언더아머, 뉴발란스에 이르기까지 고어텍스 원단을 사용한 제품의 마케팅 활동을 펼친다. 그 결과 전 세계의 소비자들이 친숙한 고어텍스 상표를 확인하게 되었고 고어와 협력사는 상호 이익을 누린다.[2]

구매 단위의 성격

소비재 구매와 비교하여 산업재 구매에는 대개 더 많은 **의사결정 참여자**와 더 **전문적인 구매 노력**이 들어간다. 보통 산업재 구매는 더 나은 구매 조건을 전문으로 연구하는 훈련된 구매 관리자가 수행한다. 구매가 더 복잡할수록 의사결정 과정에 많은 사람이 관여할 가능성이 크다. 기술 전문가와 최고경영자로 구매 위원회를 구성하는 것은 주요 재화 구매에서 흔한 현상이다. 게다가 현재 B2B 마케터는 더 높은 수준의, 더 잘 훈련된 새로운 부류의 공급 관리자와 만나고 있다. 그리고 이 공급 관리자는 구매 대안을 탐색하고 선택하기 위한 최신 디지털, 모바일, 소셜미디어 기술에 능숙하다. 따라서 기업은 이렇게 잘 훈련되고 기술에 능숙한 구매자와 거래할 수 있는 숙련된 마케터, 판매

● 파생된 수요: 고어텍스 원단의 수요를 늘리기 위해 고어는 자사 제품과 기술을 이용하여 제품을 만드는 아웃도어와 스포츠 의류 브랜드의 구매자에게 직접 마케팅 활동을 펼쳤다. 이 광고에서는 고어텍스 기술이 사용된 러닝화를 신고 '오물을 밟아도 진흙을 밟아도 달리라'고 격려한다. 이러한 마케팅을 통해 고어와 협력사는 상호 이익을 누린다.
출처: Gore-Tex, Shine United, Eric Cook(art director), James Breen(copywriter), John Krull(creative director), Michael Kriefski(executive creative director), Mike Tittle(photographer), Scott Lanza(photographer)

● 산업재 구매자 결정 과정: 시스코는 단순히 산업재 고객에게 네트워크 장비와 시스템을 공급하는 것이 아니라 고객을 위한 가장 전략적인 동반자로서 고객이 성공하도록 돕는 데 초점을 맞추고 있다.
Kristoffer Tripplaar/Alamy Stock Photo

원, 디지털 지원 직원을 확보해야 한다.

의사결정 종류와 의사결정 과정

산업재 구매자는 소비재 구매자보다 보통 훨씬 더 복잡한 구매 결정을 마주하게 된다. 산업재 구매는 종종 많은 자금과 복잡한 기술적·경제적 고려 사항, 구매 조직에 속한 수많은 계층의 상호작용을 수반한다. 또한 산업재 구매 과정은 시간이 오래 걸리고 좀 더 공식화되어 있다. 큰 규모의 산업재 구매에서는 일반적으로 자세한 제품 규격, 문서로 된 주문서, 신중한 구매자 탐색, 공식적 승인이 있어야 한다.

산업재 구매 과정에서는 흔히 구매자와 판매자가 서로에게 더욱 의존한다. B2B 마케터는 고객이 문제를 파악할 수 있도록 도와주는 것부터 판매 후 운영 지원까지 구매 과정의 모든 단계에서 적극적으로 고객과 밀접하게 협력한다. 단기적으로 구매자는 필요한 제품과 서비스를 즉각 제공하는 공급자로부터 구매하겠지만, 장기적으로 B2B 마케터는 고객의 현재 욕구를 충족하고 고객의 문제 해결을 도와주는 파트너십을 형성함으로써 고객 관계를 유지한다. ● 예를 들어 디지털 네트워크의 거물인 시스코는 산업재 고객에게 네트워킹 하드웨어, 소프트웨어와 시스템을 파는 것에 그치지 않는다. 시스코는 장기적인 고객 성공이 가능하도록 고객과 함께한다.[3]

시스코는 산업재 고객이 회사 안팎에서 사람, 데이터, 컴퓨터 시스템, 디지털 네트워크를 연결할 수 있는 장비와 기술을 제공한다. 그러나 시스코는 단순히 연결 기술을 고객에게 판매하는 것이 아니라 고객이 자신의 고객에게 더욱 유익하도록 기술 사용을 도와주는 전략적 동반자라고 생각한다. 시스코의 CEO는 한 고객사의 사례를 드는 것을 좋아한다. 금융 기업이라기보다는 뛰어난 기술 기업으로 자사를 정의하는 이 재무 서비스 고객의 내부와 외부 디지털 네트워크는 제공하는 고객 경험의 질에 의해 제한되었다. 이에 하드웨어와 소프트웨어를 물리적으로 연결하는 것에서 벗어나 고객과 성공적으로 교감하고 싶어 했다. 시스코는 이러한 디지털 전환에서 장기적인 동반자가 되고자 했다.

이러한 산업재 고객을 위해 시스코는 현시대에 성공할 수 있도록 돕는 가장 전략적인 동반자가 되려고 한다. 시스코는 고객이 '가능성을 향한 다리'를 건설할 수 있도록 밀접하게 일한다. 시스코는 이렇게 말한다. "아직 연결되지 않은 것을 연결할 때 놀라운 일이 일어날 수 있다. 우리의 DNA는 고객과 장기적인 동반자 관계를 일구어 고객의 욕구를 파악하고 성공을 가져오는 해결책을 만들도록 함께 일하는 것이다."

최근 몇 년간 고객과 공급업체의 관계는 노골적인 적대적 관계에서 친밀한 관계로 변화했다. 사실 많은 기업 고객은 **공급자 개발**(supplier development)을 실행하고 있다. 공급자 개발이란 기업이 자사 제품을 만드는 데 사용하거나 다른 기업에 재판매할, 믿을 수 있는 제품 또는 원료 공급처를 확보하기 위해 공급자 파트너십 네트워크를 구조적으로 개발하는 것이다. 예를 들어 월마트에는 '구매 부서' 대신 '공급자 개발 부서'가 있다. 장기적인 관계가 아닌 임시 공급처에 의존할 수 없는 월마트는 매년 고객에게 판매할 수천억 원의 상품 공급을 돕는 거대한 공급자 파트너 네트워크를 유지하고 있다.

공급자 개발
공급자 개발이란 기업이 자사 제품을 만드는 데 사용하거나 다른 기업에 재판매할, 믿을 수 있는 제품 또는 원료 공급처를 확보하기 위해 공급자 파트너십 네트워크를 구조적으로 개발하는 것

저자 코멘트 | 산업재 구매 결정은 일상적인 결정부터 매우 복잡한 결정까지, 소수에 의한 결정부터 다수의 결정자와 영향력 발휘자에 의한 것까지 다양하다.

산업재 구매자 행동

학습목표 6-2 산업재 구매자 행동에 영향을 주는 주요 요인을 파악한다.

마케터는 산업재 구매자가 다양한 마케팅 자극에 어떻게 반응할지 알고 싶어 한다. ● 그림 6.1의 산업재 구매자 행동 모형에서 보듯이 마케팅 자극과 기타 자극은 구매 조직에 영향을 끼쳐 특정한 구매자 반응을 일으킨다. 적절한 마케팅 전략을 설계하기 위해 마케터는 조직 내에서 어떤 일이 일어나 자극이 구매 반응으로 바뀌는지를 이해해야 한다.

조직 내에서 구매 행동은 크게 두 부분으로 구성된다. 구매 결정에 관여하는 모든 사람으로 구성된 **구매 센터**와 **구매 의사결정 과정**이 그것이다. 구매자 행동 모형은 구매 센터와 구매 의사결정 과정이 외부의 환경 요인뿐만 아니라 조직 내부의 요인, 대인적 요인, 개인 요인의 영향을 받는 것을 보여준다.

그림 6.1의 모형은 산업재 구매자 행동에 관한 네 가지 질문을 제시한다. 산업재 구매자는 어떤 구매 의사결정을 하는가? 구매 과정에 누가 참여하는가? 구매자에게 영향을 미치는 주요 요인은 무엇인가? 산업재 구매자는 어떻게 구매 결정을 내리는가?

구매 상황의 주요 형태

단순 재구매
구매자가 변경 사항 없이 수행하는 일상적인 재주문

주요 구매 상황이 세 가지 있다.[4] **단순 재구매**(straight rebuy) 상황에서 구매자는 변경 없이 재주문을 한다. 구매 부서는 일상적으로 단순 재구매를 다룬다. 사업을 유지하기 위해 기존 공급자(in-supplier)는 제품과 서비스의 질을 떨어뜨리지 않으려고 노력한다. 선택되지 않은 공급자(out-supplier)는 구매자의 눈에 들기 위해 부가가치를 창출하는 새로운 방법을 찾거나 구매자의 불만족을 이용한다.

수정 재구매
구매자가 제품 규격, 가격, 조건, 공급자 등을 변경하는 재주문

수정 재구매(modified rebuy) 상황에서 구매자는 제품 규격, 가격, 조건, 공급자 등을 변경하고자 한다. 기존 공급자는 거래를 유지하기 위해 최선을 다해야 한다는 압박을 느끼고 긴장할 것이다. 선택되지 않은 공급자는 수정 재구매 상황을 구매자에게 더 나은 제안을 하고 새로운 사업을 얻는 기회로 볼 것이다.

신규 구매
기업이 제품 또는 서비스를 처음 구매하는 경우

신규 구매(new task) 상황은 기업이 제품 또는 서비스를 처음 구매하는 경우이다. 이때 비용이나 위험이 클수록 의사결정 참여자의 수가 늘어나고 정보 수집을 위한 노력도 커진다. 신규 구매 상황은 마케터에게 가장 큰 기회이자 도전이다. 마케터는 가능한 한 구매에 영향을 미치는 요소에 접근하기 위해 노력할 뿐 아니라 조력과 정보도 제공한다. 구매자는 단순 재구매 상황에서는 가장 적은 의사결정을 하고, 신규 구매 상황에서는 가장 많은 의사결정을 한다.

● **그림 6.1**
산업재 구매자 행동 모형

몇 가지 측면에서 산업재 시장은 소비재 시장과 비슷하다. 이 모형은 그림 5.1의 소비자 구매 행동 모형과 유사하다. 그러나 구매 단위의 성격, 의사결정 종류와 의사결정 과정에 주요 차이점이 있다.

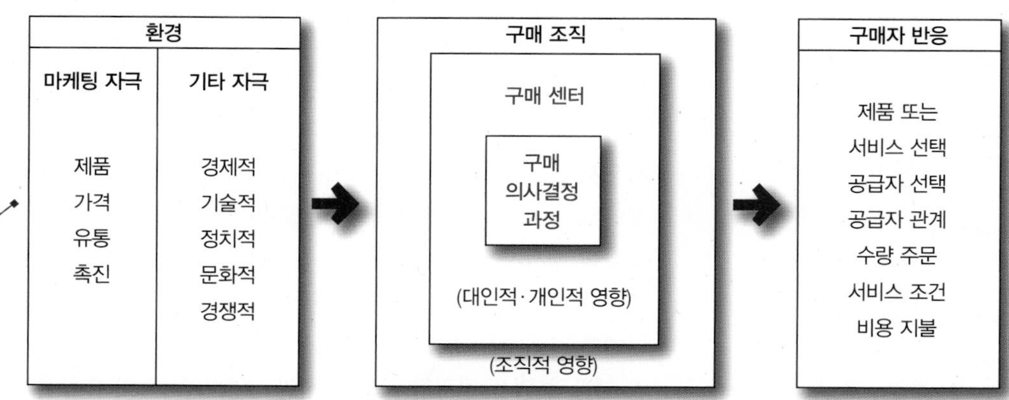

● 솔루션 판매: UPS는 온라인 소매상인 오버스톡닷컴을 위해 배송을 할 뿐 아니라 오버스톡닷컴의 복잡한 주문과 반송 과정을 효율적·고객 친화적으로 관리한다.
Ken James/Bloomberg via Getty Images

많은 산업재 구매자는 여러 공급자로부터 다양한 제품과 서비스를 구매하여 한데 모으기보다는 한 판매자로부터 종합 솔루션을 구매하는 것을 선호한다. 고객의 욕구를 충족하고 문제를 해결하는 가장 완벽한 시스템을 제공하는 곳이 결국 판매자로 선택된다. 따라서 **시스템 판매**(system selling) 또는 **솔루션 판매**(solution selling)는 계약을 따내고 유지할 수 있는 중요한 산업재 마케팅 전략이다. ● 그 예로 UPS와 고객사 오버스톡닷컴(Overstock.com)을 살펴보자.[5]

시스템 판매(솔루션 판매)
복잡한 구매 상황에서 개별적으로 구매하지 않고 한 판매자로부터 종합 솔루션을 구매하는 것

온라인 소매상 오버스톡닷컴은 매년 17억 달러 이상의 가구, 실내 장식용품, 침구류, 욕실 제품, 주방 용품, 주거 개선 용품을 수백만 고객에게 판매한다. 오버스톡닷컴은 280만 개가 넘는 제품의 재고를 판매한다. 그러나 이러한 판매 활동에는 배달이라는 골칫거리와 수십만 건의 반품이 따른다. 최근까지 오버스톡닷컴은 유타주 솔트레이크에 있는 자사 물류 창고에서 판매와 반품을 처리했다. 그러나 판매가 증가하면서 배송과 반송이 매우 복잡해지고 비용이 높아졌는데 이는 동부 해안 지역의 경우 더 심각했다.

이에 오버스톡닷컴은 다년간 오버스톡닷컴의 배송을 맡았던 UPS에 도움을 요청했다. UPS는 단순한 배송이 아닌 동부 해안 지역의 재고와 반송 운영 전반을 맡는 전체 시스템 솔루션을 제안했다. 현재 UPS는 운송과 물류 중심인 켄터키주 히브런에서 매달 수만 건의 반송을 효과적으로 처리하는 등 오버스톡닷컴의 배송과 반품을 위한 운송, 채용, 저장을 대부분 맡고 있다. UPS의 허브는 현재 동부 해안 78%와 전국 66%에서 고객이 선호하는 2일 배송 서비스를 제공한다. 오버스톡닷컴의 임원은 이렇게 말한다. "우리는 세계 수준의 반송 시스템을 개발했으며, UPS는 동반자로서 이 성공에 필수 불가결한 요소이다."

산업재 구매 과정의 참여자

기업 조직에 필요한 수조 달러의 재화와 서비스는 누가 구매하는가? 구매 조직의 의사결정 단위를 **구매 센터**(buying center)라고 한다. 구매 센터는 구매 의사결정 과정에서 특정 역할을 하는 모든 개인과 단위를 말한다. 구매 센터에는 제품 또는 서비스를 실제로 사용하는 사람, 구매 의사결정을 내리는 사람, 구매 의사결정에 영향을 미치는 사람, 실제 구매를 담당하는 사람, 구매 정보를 통제하는 사람이 포함된다.

구매 센터
구매 의사결정 과정에서 특정 역할을 하는 모든 개인과 단위

구매 센터는 구매 의사결정 과정에서 다음과 같은 역할을 담당하는 조직의 구성원으로 구성되어 있다.[6]

사용자
제품 또는 서비스를 사용할 조직의 구성원

영향력 행사자
제품 규격을 정하는 데 관여하고 대안 평가를 위한 정보를 제공하여 구매 결정에 영향을 주는 구성원

구매자
실제로 구매를 하는 구성원

- **사용자**(user)는 제품 또는 서비스를 사용할 조직의 구성원이다. 많은 경우에 사용자는 구매를 제안하고, 제품 규격을 정하는 데 도움을 준다.
- **영향력 행사자**(influencer)는 종종 제품 규격을 정하는 데 관여하고 대안 평가를 위한 정보를 제공한다. 특히 기술 부서 직원은 중요한 영향력 행사자이다.
- **구매자**(buyer)는 공급자를 선택하고 구매 조건을 조정하는 공적 권한을 가지고 있다. 구매자가 제품 규격을 결정할 수도 있지만 구매자의 핵심 역할은 판매자를 선택하고 협상하는 것이

의사결정자
최종 공급자를 선택하고 승인할 수 있는 공식적·비공식적 권한을 가진 구성원

정보 통제자
구매 센터에서 외부로 나가는 정보의 흐름을 통제하는 구성원

다. 좀 더 복잡한 구매 상황에서는 최고경영진이 구매 협상에 참여하기도 한다.

- **의사결정자**(decider)는 최종 공급자를 선택하고 승인할 수 있는 공식적·비공식적 권한을 가지고 있다. 일상적인 구매 상황에서는 구매자가 의사결정자 또는 적어도 승인자가 되기도 한다.
- **정보 통제자**(gatekeeper)는 외부로 나가는 정보의 흐름을 통제한다. 예를 들어 구매 관리자는 종종 판매자가 사용자나 의사결정자를 만나지 못하게 하는 권한을 가지고 있다. 다른 정보 통제자에는 기술 부서 직원이나 개인 비서가 포함된다.

구매 센터는 구매 조직 내에서 고정되어 공식적으로 규정된 단위가 아니라, 다양한 형태의 구매를 위해 여러 사람이 수행하는 구매 역할의 총합이다. 조직에서 구매 센터의 규모와 구성은 제품이나 구매 상황에 따라 달라진다. 다소 일상적인 구매 상황에서는 한 사람(예: 구매 담당자)이 구매 센터의 모든 역할을 맡고 모든 구매 결정을 한다. 그러나 대기업의 복잡한 구매 상황에서는 조직 내 다양한 계층과 부서의 직원 20~30명 이상이 구매 센터에 포함될 수 있다.

구매 센터의 개념은 중요한 마케팅 도전 과제를 시사한다. 산업재 마케터는 누가 의사결정에 참여하는지, 각 참여자의 상대적인 영향력이 어떠한지, 각 의사결정 참여자가 사용하는 평가 요소가 무엇인지 반드시 알아야 하지만 이는 어려운 일일 수도 있다.

일반적으로 구매 센터는 공식적으로 구매 의사결정에 관여하는 필수적인 참여자로 구성된다. 예를 들어 전용기 구입 의사결정에는 CEO, 수석 조종사, 구매 담당자, 법무 부서 직원, 최고경영진의 일원, 기타 공식적으로 이 구매 결정에 책임이 있는 사람이 포함된다. 또한 필수적이지는 않지만 비공식적 참여자도 포함되는데, 이들 중 몇몇은 실제로 의사결정을 내리거나 의사결정에 큰 영향을 미치기도 한다. 간혹 구매 센터의 사람이 모든 구매 참여자를 알지 못하는 경우도 있다. 예를 들어 비행에 관심이 있고 비행기를 많이 알고 있는 이사회의 한 사람이 실제로 어떤 전용기를 구매할 것인지 결정할 수 있다. 이 이사는 아마도 결정을 조종하기 위해 배후에서 움직였을 것이다. 많은 산업재 구매 의사결정은 상시 변하는 구매 센터 참여자들 간의 복잡한 상호작용에 따른 결과이다.

산업재 구매자에게 영향을 미치는 주요 요인

산업재 구매자는 구매 결정을 내릴 때 여러 가지 요인의 영향을 받는다. 어떤 마케터는 주요 요인이 경제성이라고 생각한다. 이들은 구매자가 가장 낮은 가격에 가장 좋은 제품, 많은 서비스를 제공하는 공급자를 선호할 것이라고 생각하며, 구매자에게 큰 경제적 이익을 제공하는 데 집중한다. 그러한 경제적 요인은 대부분 구매자에게 매우 중요하고 특히 불경기에는 더욱 중요해진다. 하지만 실제로 산업재 구매자는 경제적 요인과 개인적 요인 둘 다에 반응한다. 산업재 구매자는 냉정하고 계산적이며 비인격적이긴커녕 인간적이고 사회적인 존재이다. 이들은 이성과 감정에 반응한다.

오늘날 대부분의 B2B 마케터는 감정이 산업재 구매 의사결정에 중요한 역할을 한다는 것을 인정한다. 다음 사례를 보자.[7]

● USG는 건설과 리모델링 산업에 필요한 건축 자재를 생산하는 선도 기업이다. USG의 고객이 건설 하청업체, 건축가, 건설업자라는 점을 고려하면 USG의 B2B 광고가 강도, 내충격성, 설치의 용이성, 비용과 같은 기능적 장점에 초점을 맞추리라 기대할 것이고 실제로도 그렇다. 그러나 USG의 광고에는 감정적인 심상이 가득 담겨 있다. 예를 들어 USG의 콘크리트 구조 패널 마케팅은 상대적으로 무겁고 느리며 고가인 기존의 다지기 방식 콘크리트와 비교하여 내구성, 가벼운 무게, 설치의 용이성을 강조한다. 하지만 광고에서는 이러한 장점을 직접 언급하기보다는 작업자가 구형 콘크리트 바닥에서 나온 문어의 발에 휘감긴 극적인 장면을 보여준다. 그리고 "구형 콘크리트가 당신을 잡고 못 가

USG의 콘크리트 구조 패널 광고는 성과가 우선시되는 B2B 의사결정에서도 감정이 어느 정도 역할을 한다는 것을 보여준다.
USG

게 하나요?"라고 물으면서 USG 웹사이트에서 성능의 세부 정보를 비교해보라고 권한다. 이러한 USG의 광고는 성능이 중시되는 결정에도 감정이 큰 역할을 한다는 것을 보여준다.

그림 6.2는 산업재 구매자에게 영향을 미치는 환경적·조직적·대인적·개인적 요인을 보여준다. 산업재 구매자는 현재와 미래의 경제적 여건 요인, 즉 본원적 수요(primary demand), 경제 전망, 금리 등에 따라 큰 영향을 받는다. 또 다른 환경적 요인은 주요 원자재 공급이다. 또한 산업재 구매자는 기술적·정치적·경쟁적 환경의 영향을 받으며, 문화와 관습은 특히 국제적인 마케팅 환경에서 마케터의 행동과 전략에 대한 산업재 구매자의 반응에 큰 영향을 줄 수 있다(마케팅 현장 6.1 참조). 산업재 구매자는 이러한 요인을 관찰하여 구매자에게 어떤 영향을 미치는지 알아내고, 이러한 도전을 기회로 삼기 위해 노력해야 한다.

조직적 요인도 중요하다. 각각의 구매 조직에는 고유의 목표, 전략, 구조, 시스템, 절차가 있는데 산업재 마케터는 이러한 요인을 잘 이해해야 한다. 다음 질문을 해보자. 얼마나 많은 사람이 구매 결정에 관여하는가? 그들은 누구인가? 그들의 평가 요소는 무엇인가? 회사의 정책과 회사 구매자의 한계점은 무엇인가?

일반적으로 구매 센터에는 서로 영향을 미치는 다수의 참여자가 포함되므로 대인적 요인 또한 산업재 구매 과정에 영향을 준다. 그러나 그러한 대인적 요인과 집단 역학(group dynamics)을 평가하기는 어렵다. 구매 센터 참여자는 '핵심 의사결정권자' 또는 '영향력 없음'과 같은 꼬리표를 붙이고 있지 않다. 게다가 가장 높은 지위의 구매 센터 참여자가 항상 가장 많은 영향을 가진 것도 아니다. 참여자는 상벌을 통제하거나, 인기가 있거나, 특별한 전문 지식을 가지고 있거나, 다른 주요 참여자들과 특별한 관계를 맺고 있기 때문에 구매 결정에 영향을 줄 수 있다. 흔히 대인적 요인은 아주 미묘하다. 가능하다면 언제나 산업재 마케터는 이러한 요인을 이해하고 고려하여 전략을 수립하도록 노력해야 한다.

산업재 구매 의사결정 과정에서 각 참여자에게는 개인적 동기, 개인적 이해, 개인적 선호가 있다. 이러한 개인적 요인은 나이, 소득, 교육 수준, 전문 분야, 개성, 위험에 대한 태도 등과 같은 개인적 특성의 영향을 받는다. 또한 구매자는 구매 유형이 다르다. 어떤 구매자는 전문가적 성향이라

그림 6.2
산업재 구매자 행동에 영향을 주는 주요 요인

그림 5.2의 소비자 구매 결정과 마찬가지로 산업재 구매 결정은 매우 복잡한 환경적·대인적·개인적 요인의 영향을 받으며, 여기에 조직적 요인이 추가된다.

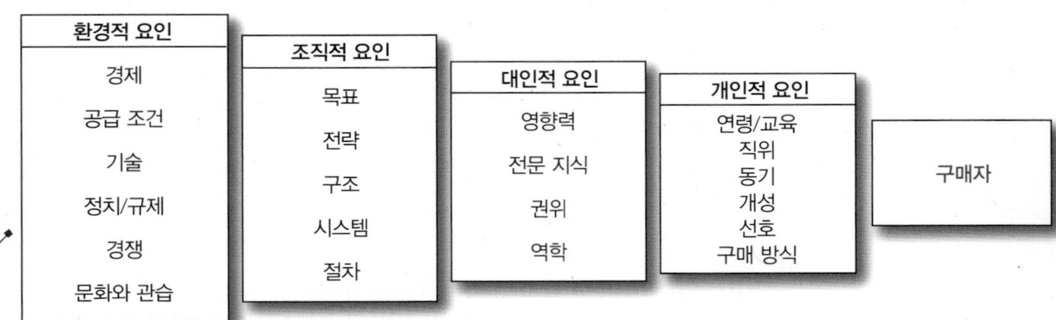

마케팅 현장 6.1 | 글로벌 마케팅 매너

컨설러데이티드어맬거메이션(Consolidated Amalgamation Inc.)은 두 세대 동안 미국 소비자에게 제공했던 고품질 제품을 이제 다른 나라의 고객도 즐길 때가 왔다고 생각한다. 이에 유럽, 아시아, 아프리카 지역을 조사하기 위해 해리 슬릭스마일(Harry E. Slicksmile) 부사장을 파견했다. 먼저 그는 런던에 가서 전화 통화로 은행가들과 접촉한 뒤 파리의 고객도 마찬가지로 어렵지 않게 처리했다. 예약해둔 레스토랑에서 슬릭스마일은 한 산업 엔지니어링 기업의 이사와 점심을 함께하며 "자크, 그냥 해리라고 불러주세요"라고 말했다. 독일에서 슬릭스마일은 대단한 실력을 발휘하며 재치 있는 농담으로 회의를 장악했다. 아이패드와 소형 프로젝터로 화려한 멀티미디어를 빠르게 선보이면서 조지아 출신 촌놈이 어떻게 돈을 버는지 알고 있다는 것을 보여주었다.

그다음에 슬릭스마일은 사우디아라비아에 들러 잠재고객에게 고급 돈피 바인더 안의 수백만 달러 제안서를 멋지게 발표했다. 모스크바로 향하는 비행기 안에서 그는 옆자리의 일본인 사업가와 대화를 나누었는데, 그가 중요 인사라는 것을 알아채고 그의 커프스단추에 대해 여러 번 칭찬을 했다. 헤어질 때 일본인 사업가는 커프스단추를 슬릭스마일에게 선물로 주었고, 명함을 두 손으로 주면서 허리 숙여 인사했다. 슬릭스마일은 진심 어린 감사를 표현하려고 그 남자의 등에 손을 얹고 그의 셔츠 주머니에 자기 명함을 넣어주었다.

슬릭스마일은 러시아 신생 기술업체의 CEO를 만나 완전히 사로잡았다. 러시아 경영자와 함께하는 편안한 분위기에서 슬릭스마일은 정장 상의를 벗고 상체를 뒤로 기대며 다리를 꼰 채 손은 주머니에 넣었다. 그다음 찾아간 베이징에서는 중국 경영자들과 점심을 먹으면서 사업과 관련된 이야기를 나누었다. 식사를 마친 후 그는 젓가락을 밥그릇에 꽂아놓은 채 함께 사업을 하고 싶다는 뜻에서 모두에게 우아한 티파니 시계를 선물했다.

이 장거리 여행은 많은 주문을 이끌어냈을까? 그렇지 않다. 6개월 후 컨설러데이티드어맬거메이션은 청구서 외에는 아무런 성과도 얻지 못했다. 슬릭스마일은 해외에서 전혀 인기를 얻지 못했다.

이는 과장된 가상의 이야기이며 이렇게까지 멍청한 사업가는 없을 것이다. 전문가는 글로벌 비즈니스의 성공이 해당 지역과 그곳 사람에 대해 잘 아는 데 달렸다고 말한다. 세계의 비즈니스 리더들은 영어를 배우고 여러 면에서 타협하면서 미국인에게 양보해왔다. 이와 대조적으로 미국인은 흔히 상대방이 자신에게 맞춰줄 것이라고 생각한다. 미국의 한 무역 전문가는 다음과 같이 말했다. "우리는 여행할 때 '미국식'으로 되길 바란다. 빨리, 편하고, 쉽게. 그렇게 우리는 타인이 변하길 원하며 '추악한 미국인'이 되어버린다. 만약 우리가 더 열심히 노력한다면 더 많은 거래가 성사될 것이다."

불쌍한 슬릭스마일은 노력했지만 모두 잘못된 방법이었다. 일반적으로 영국인은 미국인처럼 전화로 거래를 하지 않는다. 이는 문화의 차이라기보다는 접근법의 차이이다. 예의 바른 프랑스인은 초면에 빨리 친해지는 것을 좋아하지 않으며, 낯선 사람의 이름을 성을 빼고 부르지도 않는다. "딱한 자크 씨는 드러내지는 않았겠지만 아마 별로 기분이 좋지 않았을 것이다." 어느 프랑스식 사업 관행 전문가의 설명이다.

슬릭스마일의 화려한 프레젠테이션은 과장과 겉만 번지르르한 것을 싫어하고 사업에서의 농담을 부적절하게 여기는 독일인을 상대로는 실패작이었을 것이다. 그리고 사우디아라비아인에게 돈피 바인더는 용납할 수 없는 것이다. 실제로 돈피 바인더를 보여주었던 미국 판매원은 나라 밖으로 추방되었고 그 회사는 사우디 사업의 블랙리스트에 올랐다.

또한 슬릭스마일은 처음 만난 일본인에게 많은 실수를 저질렀다. 일본인은 다른 사람의 기분을 맞추려고 노력하기 때문에, 커프스단추가 좋다는 말을 들었던 일본인 사업가는 기꺼운 마음으로 커프스단추를 주었다기보다는 주어야 한다고 강요받는 느낌이었을 것이다. 게다가 슬릭스마일이 그의 등에 손을 얹은 것을 무례하고 건방져 보였을 것이다. 일본을 비롯한 여러 아시아 나라는 '접촉하지 않는' 문화로 악수조차도 꺼린다. 슬릭스마일이 명함을 가볍게 다룬 것도 상황을 더 악화시켰다. 일본인은 명함을 자기 자신의 일부이자 지위로 여기기 때문에 매우 소중히 다루며, 명함을 줄 때는 두 손으로 공손히 준다.

러시아에서도 실수가 이어졌다. 러시아 사업가는 검은색 정장과 구두로 보수적이고 전문적인 외양을 갖춘다. 어떤 협상에서든 상의를 벗는 것은 약하다는 표시이며, 주머니에 손을 넣는 것은 무례하고 신발 바닥을 보여주는 것은 혐오스러운 행동이다. 그리고 중국에서 밥그릇에 젓가락을 꽂아놓는 것은 죽음을 상징하는데, 슬릭스마일이 선물로 주었던 시계는 이러한 흉악한 의도에 쐐기를 박았다. '시계를 주는 것'은 중국어로 '그의 마지막을 배웅한다'는 의미이기 때문이다.

세계 시장에서 성공적으로 경쟁하기 위해, 자국 시장에서 국제적 기업과 효과적으로 대응하기 위해 기업은 관리자가 국제 산업재 구매자의 욕구, 관습, 문화를 이해하도록 도와야 한다. 일부 기업은 관리자가 해외여행 중에 난처한 실수를 하지 않도록 국제 여행 팁을 알려주는 스마트폰 앱을 제공한다. 마케터는 세계 곳곳의 문화 차이에 확실히 적응할 수 있어야 한다. 글로벌 비즈니스 전문가는 다음과 같이 조언한다. "다른 나라나 문화에서 사업을 할 때 어떤 것도 당연하게 생각하면 안 된다. 일일이 다 확인하고, 물어보고, 모든 세부 사항을 조사하라."[8]

국제 마케팅 예의: 세계 시장에서 성공적으로 경쟁하기 위해 기업은 관리자가 국제 산업재 구매자의 욕구, 관습, 문화를 이해하도록 도와야 한다.
Rawpixel.com/Shutterstock

공급자 선정에 앞서 경쟁 제안서를 꼼꼼히 분석한다. 또 어떤 구매자는 최고의 거래를 위해 능숙하게 판매자끼리 경쟁을 붙이는 직관력 있는 협상자이다.

저자 **코멘트** | 실제 산업재 구매 결정은 문제 인식부터 구매 후 성과 평가에 이르기까지 최종 소비자의 경우와 마찬가지로 훨씬 긴 구매 과정이다. B2B 마케터는 이러한 과정의 처음부터 끝까지 관여하려 한다.

산업재 구매 결정 과정

학습목표 6-3 산업재 구매 결정 과정의 단계를 이해한다.

● 그림 6.3은 산업재 구매 결정 과정의 8단계를 보여준다.[9] 신규 구매 상황의 구매자는 보통 구매 과정의 모든 단계를 거친다. 반면에 수정 재구매자나 단순 재구매자는 일부 단계를 건너뛰기도 한다. 전형적인 신규 구매 상황에서의 각 단계를 살펴보자.

문제 인식

문제 인식
산업재 구매 과정의 첫 단계로, 기업의 구성원 중 누군가가 특정 제품이나 서비스를 획득함으로써 해결될 수 있는 문제나 욕구를 인식하는 것

구매 과정은 기업의 구성원 중 누군가가 특정 제품이나 서비스를 획득함으로써 해결될 수 있는 문제나 욕구를 인식하는 것에서 시작된다. **문제 인식**(problem recognition)은 내부나 외부의 자극에서 출발한다. 내부 자극의 예로는 기업이 새로운 생산 장비와 재료가 필요한 신제품 출시를 결정한 경우 또는 기계가 고장 나서 새 부품이 필요한 경우를 들 수 있다. 구매 부서 관리자가 기존 공급자가 제공하는 제품의 질, 서비스, 가격에 불만족할 수도 있다. 외부 자극의 예는 구매자가 무역박람회에서 새로운 아이디어를 얻거나, 광고 또는 웹사이트를 보거나, 더 좋은 제품 또는 더 낮은 가격을 제공하는 판매원에게서 제의를 받는 경우 등이다.

사실 산업재 마케터는 광고에서 소비자의 잠재적인 문제를 환기한 뒤 자사 제품과 서비스가 어떻게 문제를 해결할 수 있는지 보여주곤 한다. ● 예를 들어 CRM 솔루션 기업인 세일즈포스의 '멋지게 날아요(Blaze your tail)' 광고는 세일즈포스가 어떻게 인튜이트와 같은 고급 고객의 문제를 해결해줄 수 있는지를 보여주면서 새로운 고객의 문제도 해결해줄 수 있다고 제안한다.[10] 세일즈포스 광고는 "어떻게 인튜이트는 고객을 더 잘 볼 수 있을까요?"로 시작해서 다음과 같이 끝난다. "수백만 명의 고객을 대상으로 사업을 운영하는 것은 항공 교통을 통제하는 것과 같습니다. 어떻게 하면 모두를 올바른 비행경로로 이끌 수 있을까요? 인튜이트는 세일즈포스와 함께하고 있습니다. 아인슈타인 AI를 이용한 고객 성공 플랫폼은 여러분의 직원이 좀 더 똑똑하게 일할 수 있는 통찰력을 제공합니다. 그리고 우리의 앱은 고객이 원하는 순간에 실시간 도우미와 연결합니다. 고객이 어디에 있든 따라갈 수 있다면 어떨까요?"

전반적 필요 기술서
산업재 구매 과정에서 구매자가 필요한 품목의 특징과 수량을 설명하는 단계

전반적 필요 기술서

필요를 인식한 후 구매자는 필요한 품목의 특징과 수량을 설명하는 **전반적 필요 기술서**(general need description)를 준비한다. 표준 품목일 때는 이 과정에서 거의 문제가 발생하지 않지만, 복잡한 품목이면 구매자는 품목을 결정하기 위해 엔지니어, 사용자, 컨설턴트와 논의한다. 또한 품목에

● **그림 6.3**
산업재 구매 결정 과정의 단계

일반적으로 구매자는 새롭고 복잡한 신규 구매 상황의 경우 이러한 단계를 모두 거치지만 재구매 과정에서는 일부 단계를 건너뛰기도 한다. 신규 구매이건 재구매이건 산업재 구매 과정은 보통 이와 같은 단순한 전개도가 보여주는 것보다 훨씬 더 복잡하다.

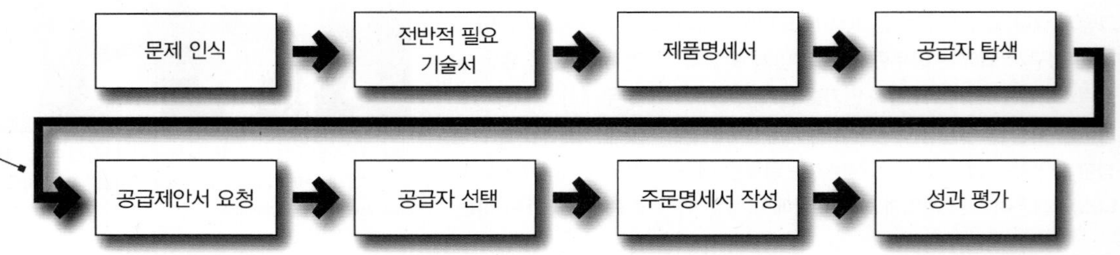

● 문제 인식: 세일즈포스의 '멋지게 날아요' 광고는 세일즈포스가 어떻게 인튜이트와 같은 고급 고객의 문제를 해결해주는지 보여주며, 새로운 고객의 문제도 마찬가지로 해결해줄 수 있다고 제안한다.
Salesforce.com, inc.

서 요구되는 신뢰도, 내구성, 가격, 기타 특징의 중요도 순서를 결정한다. 이 단계에서 민첩한 산업재 마케터는 구매자가 필요로 하는 것을 결정하는 데 도움을 주고, 다양한 제품 특성을 담은 가치 정보도 제공할 수 있다.

제품명세서

다음 단계로 구매 조직은 종종 가치 분석 엔지니어링팀의 도움을 받아 품목의 기술적인 **제품명세서**(product specification)를 만든다. 제품 가치 분석은 비용 절감 접근법으로, 부품을 재설계할 수 있는지, 표준화할 수 있는지, 좀 더 저렴한 생산 방법으로 만들 수 있는지 결정하기 위해 부품을 자세히 분석하는 기법이다. 구매 조직은 가장 좋은 제품 특징을 결정하고 그에 따라 명세서를 만든다. 판매자 역시 새로운 계약을 확보하기 위한 도구로 가치 분석을 사용할 수 있다. 외부 판매자는 구매자의 목적 달성을 위해 더 나은 방법을 구매자에게 제시함으로써 단순 재구매 상황을 새로운 사업 기회를 얻는 신규 구매 상황으로 바꿀 수 있다.

공급자 탐색

구매자는 가장 나은 공급자를 찾기 위해 **공급자 탐색**(supplier search)을 실행한다. 구매자는 업계 회원 명부를 살펴보거나, 온라인으로 탐색하거나, 타사의 추천을 받아 자격을 갖춘 소수의 공급자 리스트를 만들 수 있다. 오늘날에는 점점 더 많은 기업이 인터넷을 통해 공급자를 찾고 있다. 소규모 공급자든 대규모 공급자든 인터넷으로 얻는 이점이 동일하므로 마케터에게 인터넷은 공평한 경쟁의 장이 된다. 신규 구매일수록, 품목이 복잡하고 비쌀수록 구매자가 공급자를 탐색하는 데 걸리는 시간이 길어진다. 공급자는 핵심 구매자 명단에 올라가고, 온라인에서 확실한 존재감을 보여주고, 시장에서 좋은 평판을 얻어야 할 것이다. 판매원은 공급자 탐색 과정의 기업에 주의를 기울여 자사가 고려 대상이 되게 해야 한다.

제품명세서
산업재 구매 과정에서 구매 조직이 필요한 품목의 가장 좋은 제품 특징을 결정하는 단계

공급자 탐색
구매자가 가장 적합한 공급자를 결정하는 산업재 구매 과정 단계

공급제안서 요청
산업재 구매 과정에서 구매자가 자격을 갖춘 공급자에게 제안서 제출을 요청하는 단계

공급제안서 요청

공급제안서 요청(proposal solicitation) 단계에서 구매자는 자격을 갖춘 공급자에게 계획서를 제출할 것을 요청한다. 이에 대해 일부 공급자는 구매자에게 자사 웹사이트나 홍보 자료를 참조하라고 하거나 가능성을 알아보기 위해 판매원을 보낼 것이다. 그러나 품목이 복잡하거나 고가일 경우 구매자는 잠정적 공급자에게 자세한 서면 제안서나 공식적인 발표를 요청할 것이다.

산업재 마케터는 구매자의 제안서 요청에 부응하기 위해 숙련된 조사, 문서 작성, 발표 능력을 갖추어야 한다. 제안서는 마케팅 문서이지 기술적인 문서가 아니다. 또한 발표를 통해 신뢰감을 불러일으키고 경쟁자보다 우수한 기업으로 인식시켜야 한다.

공급자 선택

공급자 선택
산업재 구매 과정에서 구매자가 제안서를 검토하여 공급자를 선택하는 단계

이 단계에서 구매 센터의 구성원은 제안서를 검토하고 **공급자 선택**(supplier selection)을 한다. 구매 센터는 희망하는 공급자의 속성, 즉 제품과 서비스의 질, 평판, 정시 배달, 윤리적 기업 행동, 정직한 커뮤니케이션, 경쟁적인 가격 등의 상대적 중요성을 리스트로 만든다. 구매 센터의 구성원은 이러한 속성을 바탕으로 공급자를 평가하고 최상의 공급자를 선정한다.

구매자는 최종 공급자를 선택하기 전에 우선 선택된 공급자들(preferred suppliers)과 더 나은 가격 및 조건을 위해 협상을 시도하고, 최종적으로는 단 하나 또는 소수의 공급자를 선택한다. 많은 구매자는 다수의 공급자를 선택하여 한 공급자에게 전적으로 의존하는 것을 피하고 여러 공급자의 가격과 성과를 비교하는 것을 선호한다. 오늘날의 공급자 개발 관리자는 기업이 고객에게 더 많은 가치를 안겨줄 수 있도록 도와주는 강력한 공급자 동반자 네트워크를 개발하려고 한다.

주문명세서 작성

주문명세서 작성
산업재 구매 과정에서 구매자가 선택한 공급자(들)에게 제품의 기술 사양, 필요한 수량, 납기, 반품 정책, 품질 보증 등이 포함된 최종 구매서를 보내는 단계

이제 구매자는 **주문명세서 작성**(order-routine specification)을 준비한다. 주문명세서에는 선택한 공급자(들)와 제품의 기술 사양, 필요한 수량, 납기, 반품 정책, 품질 보증 등이 포함된다. 유지·보수, 수리, 운영용 품목의 경우 구매자는 주기적인 구매 주문보다는 일괄계약(blanket contract)을 하는 경향이 있다. 일괄계약은 정해진 기간 내에 정해진 가격으로 구매자가 요구할 때마다 계약 품목을 공급하는 장기적인 관계를 형성한다.

최근에는 공급자에게 주문과 재고 책임을 넘기는 **공급사 재고 관리**(vendor-managed inventory) 시스템을 시행하는 대규모 구매자가 많다. 이 시스템에서 구매자는 판매와 재고 정보를 주요 공급자와 직접 공유한다. 공급자는 재고 상태를 감시하고 자동으로 필요한 만큼 보충한다. 예를 들어 월마트, 타깃, 홈디포, 로우스 등 대형 소매점에 제품을 공급하는 대부분의 대형 공급사는 재고 관리 책임을 맡고 있다.

성과 평가

성과 평가
산업재 구매 과정에서 구매자가 공급자의 성과를 평가하여 계약을 유지할지, 조정할지, 중단할지를 결정하는 단계

이 단계에서 구매자는 공급자의 성과를 평가한다. 구매자는 사용자와 접촉하여 만족도를 평가할 것이다. **성과 평가**(performance review)를 통해 구매자는 공급자와의 계약을 계속 유지할지, 조정할지, 중단할지를 결정한다. 판매자는 구매자가 구매 시 사용한 선택 요인을 감시하여 자신이 약속했던 대로 구매자에게 만족을 주고 있는지 확인한다.

그림 6.3의 8단계 구매 과정 모형은 신규 구매 상황에서 벌어질 수 있는 산업재 구매 상황을 단순화한 것이다. 실제 과정은 대개 더 복잡하고, 수정 재구매나 단순 재구매 상황에서는 몇 단계가 축소 또는 생략될 수도 있다. 각 조직은 자신만의 방법으로 구매하며 각 구매 상황에는 독특한 요구 사항이 있다.

구매 센터의 참여자들은 아마도 구매 과정의 여러 단계에 관여할 것이다. 구매 과정의 특정 단계는 대부분 일어나지만 구매자는 늘 같은 순서로 되풀이하지 않으며 때로는 다른 단계가 일어나기도 한다. 흔히 구매자는 그 과정의 특정 단계를 반복하곤 한다. 그리고 고객 관계는 정해진 기간에 진행되는, 모든 구매 과정의 각 단계에 많은 다른 형태의 구매를 포함할 수 있다. 또한 산업재 고객의 경우는 장기적으로 지속적인 고객 관계의 틀에서 개별 구매가 이루어진다. 판매자는 단순히 개별 구매를 관리하기보다는 전체 고객 관계를 관리해야 한다.

저자 코멘트 | 산업재 고객이 급속히 디지털 구매로 전환하기 때문에 오늘날의 B2B 마케터는 다양한 디지털, 모바일, 소셜미디어 마케팅 접촉 방법을 이용한다.

디지털 및 소셜 마케팅을 이용한 산업재 구매자 공략

학습목표 6-4 온라인, 모바일, 소셜미디어가 B2B 마케팅을 어떻게 변화시켰는지 이해한다.

마케팅의 다른 분야와 마찬가지로 정보통신 기술, 온라인, 모바일, 소셜미디어의 급격한 성장은 B2B 구매와 마케팅 프로세스를 변화시켰다. 가장 중요한 기술 발전인 **전자조달과 온라인 구매, B2B 디지털 및 소셜미디어 마케팅**에 대해 알아보자.

전자조달과 온라인 구매

전자조달
인터넷을 이용한 구매자와 판매자의 전자 구매

정보 기술의 발전은 B2B 구매 과정의 외형을 바꾸어놓았다. ● 흔히 **전자조달**(e-procurement)이라 불리는 온라인 구매는 지난 몇 년간 급속히 성장했다. 20년 전까지만 해도 거의 알려지지 않았던 온라인 구매는 오늘날 대부분 기업에서 표준 방식이 되었다. 산업재 마케터는 고객과 온라인으로 연결되어 마케팅 정보를 공유하고, 제품과 서비스를 판매하고, 고객 지원 서비스를 제공하고, 지속적인 고객 관계를 유지해나갈 수 있다.

● 산업재 마케터가 고객과 온라인으로 연결되어 제품과 서비스를 판매하고, 고객 지원 서비스를 제공하고, 고객 관계를 유지하는 전자조달은 오늘날 대부분 기업에서 표준 방식이 되었다.
icetray/123RF

기업은 여러 가지 방법으로 전자조달을 할 수 있다. 온라인으로 구매 요구를 제시하고 공급자들이 산업재 입찰에 참여하게 하는 **역경매**(reverse auctions)를 할 수도 있고, 온라인 **거래 교환**(trading exchange)에 참여함으로써 기업들과 협력하여 거래 과정을 촉진할 수도 있다. 또한 자사의 **기업 구매 사이트**(company buying site)를 만들어 전자조달을 할 수도 있다. 예를 들어 GE는 기업 거래 사이트에 구매 요구를 올려서 입찰자를 모집하고, 조건을 협상하고, 주문을 한다. 기업은 주요 공급자와 **엑스트라넷 링크**(extranet link)를 만들 수도 있다. 예를 들어 델, 스테이플스(Staples)와 같은 공급자로부터 장비, 재료, 소모품을 직접적으로 구매하는 직접 조달 거래(direct procurement account)를 할 수도 있다. 스테이플스는 10인 기업부터 《포춘》 선정 상위 1,000대 기업에 이르기까지 사무실 소모품과 서비스를 제공하는 스테이플스 어드밴티지라는 B2B 조달 부서를 두고 있다.

B2B 전자조달은 많은 이점이 있다. 거래 비용을 줄이고 구매자와 공급자 모두에게 효율적인 구매가 되게 하며, 주문과 배달 사이의 시간을 단축한다. 온라인 기반 구매 프로그램을 통해 전통적인 청구서, 주문 절차와 관련된 문서 업무를 없애고, 조직이 모든 구매 상황을 더 잘 추적할 수 있다. 또한 전자조달은 비용과 시간을 절약해줄 뿐 아니라 힘들고 단조로운 일과 문서 업무에서 구매자를 해방해준다. 따라서 구매자는 더 나은 공급처를 찾고, 공급자와 협업하여 비용을 줄이며, 새로운 제품을 개발하는 등 좀 더 전략적인 이슈에 집중할 수 있다.

한편 전자조달 사용이 급속히 퍼짐으로써 몇 가지 문제가 대두되었다. 예를 들어 인터넷은 공급자와 고객이 비즈니스 데이터를 공유하고 제품 설계에 서로 협력할 수 있게 하지만, 동시에 수십 년 동안 유지된 고객과 공급자 관계를 서서히 약화했다. 많은 구매자가 이제는 인터넷의 힘을 이용하여 구매 건별로 공급자들이 서로 경쟁하게 만들고 더 나은 거래, 제품, 회전 시간을 찾고 있다.

B2B 디지털 및 소셜미디어 마케팅

오늘날의 산업재 구매자가 온라인 구매로 급격히 선회하는 데 대응하기 위해 B2B 마케터는 언제 어디서나 산업재 고객을 이끌고 고객 관계를 유지하기 위해 웹사이트, 블로그, 모바일 앱, e-뉴스레터, 전용 온라인 네트워크와 페이스북, 링크드인, 인스타그램, 유튜브, 트위터와 같은 주류 소셜미디어 등 다양한 디지털 및 소셜미디어 마케팅 접근법을 사용하고 있다.

B2B 디지털 및 소셜미디어 마케팅 디지털 및 소셜미디어 마케팅 접근법을 사용하여 언제 어디서나 산업재 고객을 관여시키고 고객 관계를 유지하는 것

B2B 디지털 및 소셜미디어 마케팅(B-to-B digital and social media marketing)은 단순히 성장하는 것이 아니라 폭발적으로 성장하고 있다. 디지털 및 소셜미디어 마케팅은 고객을 이끄는 새로운 공간이 되었다. ● 세계적인 컨테이너 운송사로 160개국의 374개 사무소에서 산업재 고객에게 서비스를 제공하는 머스크라인(Maersk Line)을 살펴보자.

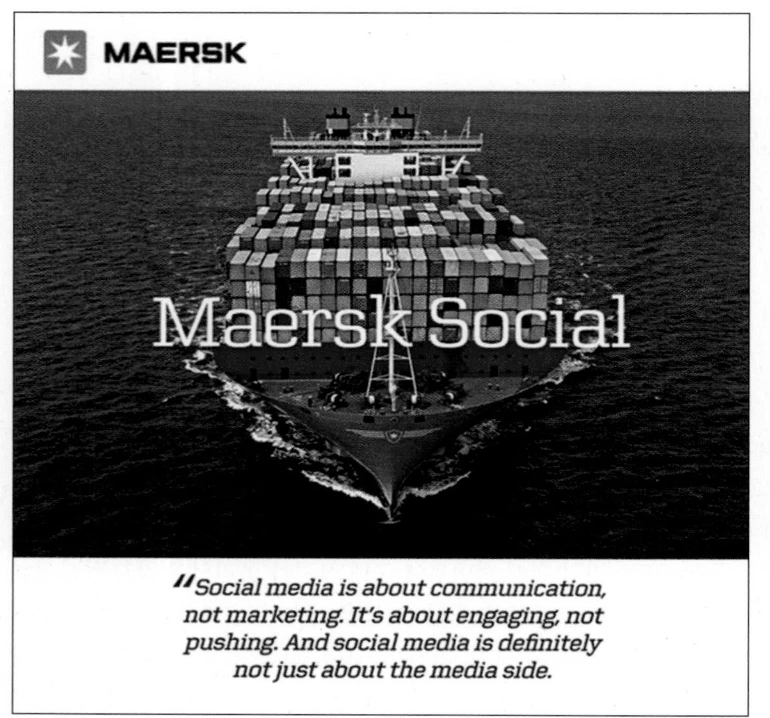

● 컨테이너 운송 거인인 머스크라인은 엄청난 디지털 및 소셜미디어를 이용하여 산업재 고객의 관심을 불러일으킨다. "목표는 고객과 가까워지는 것이다."
A.P. Møller-Mærsk A/S

오래된 컨테이너 운송사에서 새로운 마케팅 기법을 기대하기는 어렵겠지만 다시 한번 생각해보라. 머스크라인은 모든 산업에서 가장 선구적이고 성공적인 B2B 디지털 및 소셜미디어 마케터 중 하나이다. 머스크라인은 페이스북, 링크드인, 트위터, 유튜브 등 8개의 글로벌 계정을 이용하여 소셜미디어의 물결 속으로 전속력으로 항해했다. 페이스북 팔로워가 240만 명 이상인 머스크라인은 페이스북을 고객사와 자사에 관심 있는 기타 관련 회사를 참여시키는 플랫폼으로 만들고 있다. 인스타그램에서는 고객과 직원이 브랜드를 시각화하도록 돕는 이미지와 이야기를 공유하고 있다. 유튜브에는 자사의 활동, 서비스, 사람에 관한 정보와 교육 영상을 올린다. 트위터에는 7만 3,000명 이상의 팔로워 사이에서 이야깃거리와 소문을 만들기 위해 최신 뉴스와 이벤트를 올린다. 46만 6,000명 이상의 팔로워가 있는 링크드인 계정은 운송 및 배송 전문가와 정보를 공유하고 산업계의 문제와 기회에 대해 토론하는 고객, 오피니언 리더와 산업계 영향력 행사자의 관심을 유도한다. 왜 이렇게 소셜미디어에 많이 투자하는 것일까? 머스크라인은 이렇게 말한다. "목표는 고객과 가까워지기 위해 소셜미디어를 사용하는 것이다. 소셜미디어는 관심을 유도하는 것이지 억지로 밀어붙이는 것이 아니다."

전통적 미디어, 영업적 접근과 비교해보면 디지털 및 소셜미디어는 더 큰 고객 인게이지먼트와 상호작용을 만들 수 있다. B2B 마케터는 사업체를 목표고객으로 하는 것이 아니라 사업체 안에서 구매 결정에 영향을 주는 개인들을 목표고객으로 한다는 것을 알고 있다. 그리고 오늘날의 산업재 구매자는 컴퓨터, 태블릿 PC, 스마트폰 등의 디지털 기기를 통해 늘 연결되어 있다.

디지털 및 소셜미디어는 이처럼 항상 연결된 산업재 구매자를 개별적 영업만으로는 할 수 없는 방식으로 관여시키는 데 중요한 역할을 한다. 판매 담당자가 산업재 구매자의 일터로 찾아가거나 무역박람회에서 만나는 것 같은 옛 방식 대신에 새로운 디지털 방식은 구매와 고객사 내 다양한 사람들 간의 연결을 언제 어디서나 가능하게 한다. 디지털 방식은 판매자와 구매자 모두에게 정보에 대한 더 많은 통제력과 접근을 제공한다. B2B 마케팅은 사실 언제나 소셜네트워크 마케팅이었지만 오늘날의 디지털 환경은 새로운 네트워크 도구와 응용 방식을 제공한다.

어떤 B2B 회사는 오늘날의 디지털 및 소셜미디어가 주로 소비재 제품과 서비스 회사에 유용할 것이라고 잘못 생각한다. 그러나 어떤 산업에서든 디지털 플랫폼은 고객과 기타 주요 공중의 관심을 끄는 데 강력한 도구이다. 예를 들어 B2B 기술 거인인 IBM은 다양한 디지털 및 소셜미디어를 산업재 고객을 직접 관여시키고 지원하는 데에만 사용하는 것이 아니라, 설득력 있는 브랜드 이야기를 들려주고 자사를 의미 있고 현대적이며 접근 가능하게 유지하는 데에도 사용한다(마케팅 현장 6.2 참조).

마케팅 현장 6.2 | IBM: 디지털 및 소셜미디어 마케팅으로 민첩성과 관련성 유지하기

IBM은 누구나 다 아는 이름이다. 그러나 IBM의 명성은 최종 소비자에서 비롯된 것이 아니라 대기업과 기관 고객에서 비롯되었다. '빅 블루(Big Blue)'라고 불리는 IBM은 B2B 브랜드의 대표 주자이다. IBM은 거물 고객에게 복잡한 대형 솔루션을 판매한다. 790억 달러 규모의 거대 조직은 100년이 넘는 동안 번창했는데, 이는 《포춘》 선정 상위 25위의 기업 중 누구도 이루지 못한 업적이다.

격동의 산업에서 IBM이 이루어낸 장기적인 성공은 효과적으로 혁신과 변화를 한 결과이다. IBM의 최고경영자는 다음과 같이 말한다. "IBM은 104년 된 기업이다. IBM은 여러 차례 변신한 덕분에 104년이 넘도록 유일한 기술 기업으로 건재한 것이다." 20년 전 IBM은 최고의 메인프레임 컴퓨터와 소프트웨어에 집중했다. 그러나 오늘날의 고객은 컴퓨터와 소프트웨어만을 필요로 하지 않으며, 점점 더 복잡해지는 데이터, 정보, 분석적 문제의 완전한 해결책을 원한다.

급격히 변하는 고객의 욕구에 부응하기 위해 IBM은 데이터 애널리틱스, 클라우드 컴퓨팅, 사이버 보안, 소셜네트워킹, 모바일 기술과 디지털 시대의 다른 문제에 대한 고객 컨설팅으로 전환했다. 이렇게 전환한 IBM은 B2B 고객과 손잡고 데이터 애널리틱스 시스템의 평가, 계획, 설계, 시행 및 고객을 위한 시스템의 실제 운영과 결과 적용을 돕고 있다.

IBM 브랜드는 IBM 직원과 고객의 상호작용으로 만들어졌다. 수십 년에 걸쳐 IBM은 전설적인 영업사원을 이용하여 고객 관계를 양성해왔다. 그러나 IBM이 디지털 혁명의 욕구를 충족하기 위해 제품과 서비스 포트폴리오를 바꾸면서 고객과 관계를 맺는 방법도 변화해야 했다. 빅 블루는 가장 오래된 기업 중 하나이지만 젊고 민첩하고 영리하게 디지털과 소셜미디어를 파악했다.

IBM이 소셜미디어에서 명성을 날리게 된 것은 하루아침에 이루어진 일이 아니다. 처음에는 조정이나 관리 없이 직원들에게 서로, 또 고객에게 소셜미디어를 통해 이야기하는 것을 권장했고 직원들은 이를 따랐다. IBM 직원 수만 명은 내부 블로그, IBM 자체 페이스북 등의 네트워크와 개인 트위터, 인스타그램, 링크드인, 페이스북, 유튜브 등의 소셜미디어를 통해 IBM 브랜드의 중요한 옹호자가 되었다.

IBM이 주도한 소셜네트워킹은 IBM 직원, 고객, 공급자 사이에 엄청난 상호작용을 일으켰다. 그러나 당시는 혼란스럽고 초점이 없던 시기였고, 디지털 환경이 성숙하면서 IBM은 소셜미디어 전략을 중앙 집중화하여 고객에게 좀 더 초점을 맞추었다.

현재 IBM은 산업재 고객에게 직접 정보를 제공하고, 산업재 고객을 관여시키고, IBM 영업사원과 연결하고, 고객의 구매와 관계 형성을 진작하는 다양한 플랫폼을 통해 디지털의 기본적인 사항을 다루고 있다. 예를 들어 IBM의 각 부서는 B2B 고객에게 구매 솔루션, 제품 개요, 세부 기술 정보, 실시간 고객 지원을 포함한 수많은 개인 사이트와 시장 또는 산업 특화된 웹사이트를 제공한다. 또한 IBM은 판매 부서가 주요 소셜미디어의 활동을 통해 산업재 고객을 이끄는 것을 돕는다.

그러나 IBM은 디지털 및 소셜미디어 마케팅이 단지 매출을 올리는 것 이상이라는 것을 알고 있다. 다시 말해 디지털 및 소셜미디어 마케팅이 브랜드 구축, 브랜드 개성과 지속적인 관계 창출, 위대한 IBM의 혁신, 빅데이터, AI, 클라우드 컴퓨팅, 기술 컨설팅에 관해 이야기하는 것임을 알고 있다. 목표는 IBM 브랜드를 디지털 및 소셜미디어에 적합하도록 의미 있고 현대적이며 접근할 수 있게 만드는 것이다.

지난 몇 년간 IBM은 이 목표를 이루기 위해 놀라운 디지털 콘텐츠를 출시하여 모든 디지털 플랫폼에서 브랜드와 고객을 연결하고 현대의 기술 선도자로 자리 잡았다. 각 소셜미디어 플랫폼은 광범위하고 세심하게 짜인 마케팅 콘텐츠 프로그램으로 IBM의 이야기를 하는 특별한 역할을 했다.

예를 들어 IBM의 인스타그램 게시물은 시각적 창의성을 자랑하는 플랫폼이라는 특성에 걸맞게 눈을 사로잡는 색으로 가득한 흥미로운 내용을 제공한다. 게시물은 IBM의 제품 개발, IBM 기술의 창의적 활용, IBM의 역사에 관한 이야기 등을 전한다. 한 분석가가 '엄청나게 번쩍거리는 고급 B2B 광고 책자'라고 일컫는 IBM의 인스타그램 페이지는 혁신을 예술로 만들고 복잡한 기술을 쉽게 알려준다. IBM이 U.S. 오픈 테니스 챔피언전의 코트 안팎 데이터를 AI에 적용하여 고객 경험을 향상하고 선수와 코치의 게임 준비를 도와준 것에 관한 게시물도 있고, IBM의 왓슨이 유명한 해변 드라이브 길로 관광객을 안내하는 것에 관한 게시물도 있다. 또 어떤 게시물은 1981년에 IBM 5150 PC가 세계적인 컴퓨팅 표준을 수립하고 수십억 달러 산업을 시작한 것에 대해 이야기한다.

인스타그램 게시물은 판매를 위한 것이라기보다는 IBM의 제품, 우수성, 영향력을 전시하기 위한 것이다. 예를 들어 게시물은 IBM Z 메인프레임 서버와 같이 시선을 끄는 이미지로 꾸며지고 판매 문

IBM은 가장 오래된 기업 중 하나이지만 젊고 민첩하고 영리하게 디지털과 소셜미디어를 파악했다.
Courtesy of International Business Machines Corporation, © (2019) International Business Machines Corporation.

구와 같은 글이 거의 없다. 게시물에 댓글을 다는 누리꾼들이 알아서 할 테니 제품의 장점을 전달하지도 않는다. IBM 영업사원은 대화에 참여하여 관심 있는 사람을 정보의 장으로 안내한다.

IBM의 여러 트위터 피드(IBM 왓슨, IBM 클라우드, IBM 애널리틱스, IBM 리서치, IBM 뉴스룸 등)는 다른 역할을 수행한다. 트위터 게시물에도 멋진 이미지와 동영상 콘텐츠가 들어가지만 시각적 예술성보다는 최신 소식, 정보, 교육에 중점을 둔다. 각 게시물에는 IBM 웹사이트의 기사나 블로그로 연결되는 링크가 있어 고객이 블록체인 혁신, 왓슨의 새로운 AI 투자, 심지어 IBM의 최신 분기 수익 등 관심 있는 주제에 대해 좀 더 깊이 알아볼 수 있다. 매일의 트위터 게시물은 팔로워의 관심을 끌고 IBM의 관련성을 유지하는 풍부한 콘텐츠를 제공한다.

IBM은 페이스북을 이용하여 브랜드 커뮤니티를 구축한다. 인스타그램, 트위터의 피드와 많은 내용이 겹치기는 하지만 페이스북에는 사용자의 주의 집중 시간이 짧은 트위터 같은 매체에서 효과가 덜한 긴 동영상을 게시한다. IBM의 페이스북 페이지에는 동기부여와 영감을 주는 내용이 좀 더 많다. 예를 들어 최근 게시된 영상은 왓슨을 이용하여 피자 배달 로봇을 개발한 13세 개발자를 보여준다. IBM은 B2B 소셜미디어 마케팅에서 가장 인기가 높은 링크드인에서도 뛰어난 성과를 올리고 있다. IBM의 링크드인 피드는 사업 관련 콘텐츠에 집중한다. 링크드인 팔로워 수가 530만 명에 달하는 IBM은 링크드인에서 가장 많은 인기를 누리는 기업 중 하나이다.

종합하자면 IBM은 디지털 및 소셜미디어 마케팅을 효과적으로 이용하여 그 어떤 B2B 기업보다도 큰 성과를 이루었다. 디지털 시대에 걸맞게 제품과 서비스를 변화시켰을 뿐 아니라 고객 유치 접근 방식을 변화시켜 훨씬 젊은 기업보다도 민첩하고 의미 있는 기업이 되었다. 또한 IBM의 디지털 변신은 단순히 조회 수, 댓글, 좋아요, 클릭 수를 이끌어내는 데 그치지 않고 고객 인게이지먼트와 관계를 매출과 수익으로 전환하는 데 도움이 되었다. IBM은 오래된 기업이지만 B2B 브랜드 가치로는 마이크로소프트 다음으로 2위를 차지하고 있다.[12]

저자 **코멘트** | 비영리 조직 시장인 기관 시장과 정부 시장은 많은 기업에 매력적인 기회를 제공하지만 독특한 특성 때문에 특별한 주의가 필요하다.

기관 시장과 정부 시장

학습목표 6-5 기관 시장과 정부 시장을 비교하고 기관 구매자와 정부 구매자가 어떻게 구매 결정을 내리는지 이해한다.

기관 시장

기관 시장
대중에게 재화와 서비스를 제공하는 학교, 병원, 요양원, 교도소와 기타 기관으로 구성된 시장

기관 시장(institutional market)은 대중에게 재화와 서비스를 제공하는 학교, 병원, 요양원, 교도소와 기타 기관으로 구성되어 있다. 각 기관은 후원자와 조직의 목표를 가지고 있다. 예를 들어 미국의 커뮤니티헬스시스템(Community Health Systems)은 20개 주에서 영리 목적의 병원 115개를 운영하여 연간 150억 달러의 매출을 올리는 반면, 아동자선병원(Shriners Hospital for Children)은 아동을 위한 무료 의료 서비스를 제공하는 병원 22개를 운영하는 비영리 조직이고, 미국 정부가 운영하는 재향군인의료센터(Veteran Affairs Medical Center)는 퇴역 군인을 위한 특별 서비스를 제공한다.[13] 각 기관은 다양한 구매 욕구와 자원을 가지고 있다.

기관 시장은 매우 거대할 수 있다. 대규모인 데다 계속 확장되고 있는 미국의 교도소 경제를 살펴보자. 미국 교도소는 시설 운영비로 매년 800억 달러를 지출하는데 이는 144개국의 GDP보다 큰 액수이다.[14] 교도소 시장은 식품, 의료, 시설 유지, 교육, 기술, 보안과 같은 분야의 마케터에게 특수한 기회를 제공한다.

많은 기관 시장은 낮은 예산과 고정 고객을 특징으로 한다. 예를 들어 미국에만 10만 개의 공립학교가 있으며, 이러한 학교를 유지하는 데 매년 6,680억 달러, 즉 학생당 평균 1만 3,000달러가 든다.[15] 학생과 선생님은 도시락을 싸 오지 않는 이상 학교에서 제공하는 급식을 먹어야 한다. 교육구의 식자재 구매 담당자는 엄격한 영양 기준과 예산을 따라야 하므로 식자재 공급자는 구매자가 규정과 적절한 가격을 지키는 데 중요한 역할을 할 수 있다.

많은 마케터는 기관 구매자의 특성과 욕구를 충족하기 위한 별도의 부서를 만든다. ● 예를 들어 네슬레프로페셔널(Nestlé Professional)은 네슬레의 방대한 식음료 브랜드를 이용하여 기관 급식 서비스 고객이 창의적인 식단을 개발하는 데 도움을 준다. 또한 P&G의 프로페셔널 부서는 전문적인 청소, 세탁 방식 및 시스템을 학교, 병원 등의 기관과 상업적 고객에게 마케팅하고 있다.[16]

● 기관 시장: 네슬레프로페셔널은 네슬레의 방대한 식음료 브랜드를 이용하여 기관 급식 서비스 고객이 창의적인 식단을 개발하는 데 도움을 준다.
Nestlé Brands®

정부 시장

정부 시장(government market)은 대기업과 중소기업 모두에 많은 기회를 제공한다. 대부분의 나라에서 정부 조직은 재화와 서비스의 주요 구매자이다. 미국만 하더라도 연방·주·지방 정부는 매년 2조 3,000억 달러 이상의 재화와 서비스를 구매하는 수만 개의 구매 단위를 가지고 있다.[17] 정부 구매와 산업재 구매는 많은 면에서 비슷하지만, 정부에 제품과 서비스를 팔고자 하는 기업이 이해해야 하는 특별한 점도 있다. 판매자는 정부 시장에서 성공하기 위해 핵심 의사결정자를 찾아내고, 구매 행동에 영향을 미치는 요인을 밝혀내며, 구매 의사결정 과정을 이해해야 한다.

일반적으로 정부 조직은 공급자에게 입찰제안서를 제출할 것을 요구하고, 대개는 가장 낮은 가격을 제출한 곳과 계약을 맺는다. 때로는 공급자의 뛰어난 품질이나 기한 내에 일을 완료하는 평판을 참작하기도 한다. 또한 정부는 특히 높은 R&D 비용과 위험이 따르는 복잡한 프로젝트나 경쟁자가 거의 없는 상황에서는 협상한 계약을 기반으로 구매를 할 것이다.

정부 조직은 국외의 공급자보다는 자국의 공급자를 선호하는 편이다. 유럽에서 활동 중인 다국적 기업의 가장 큰 불만은 외국 기업이 더 월등한 조건으로 제공하는데도 자국 기업을 편애한다는 것이다. 유럽경제위원회(European Economic Commission)는 점차 이러한 편중을 없애고 있다.

정부 시장
정부의 주요 기능을 수행하기 위해 재화와 서비스를 구매하거나 임대하는 연방·주·지방 정부

소비재 및 산업재 구매자와 마찬가지로 정부 구매자도 환경적·조직적·대인적·개인적 요인의 영향을 받는다. 정부 구매의 특별한 점은 정부가 어떻게 납세자의 돈을 사용하는지에 관심이 있는 국회는 물론이고 다양한 형태의 민간단체에 이르기까지 외부 여론의 철저한 감시를 받는다는 것이다. 정부 조직의 지출 의사결정은 공개적인 검토를 받기 때문에 공급자에게 상당한 문서 업무를 요구하며, 공급자는 과도한 문서 업무, 관료주의, 규제, 의사결정 지연, 조달 부서의 빈번한 인사이동 등에 대해 불평을 하곤 한다.

이러한 비능률적인 관료주의에도 불구하고 왜 모든 기업은 정부와 거래하고 싶어 할까? 이유는 정말 간단하다. 예를 들어 미국 정부는 매년 4,500억 달러 이상 규모의 세계에서 가장 큰 제품 및 서비스 구매자이며, 정부가 발행한 수표는 부도가 나지 않는다. 정부는 양말부터 스텔스 폭격기까지 모든 것을 구매한다.

대부분의 정부 조직은 관심 있는 공급자에게 어떻게 하면 정부에 판매할 수 있는지 자세히 설명된 지침을 제공한다. 예를 들어 미국중소기업청은 정부와 계약할 기회를 찾는 중소기업을 위해 자세한 안내문을 웹사이트를 통해 제공한다(www.sba.gov/federal-contracting/contractingguide/how-win-contracts). 그리고 미국상무성(U.S. Commerce Department)의 웹사이트에는 국제무역 기회에 대한 정보와 안내문이 있다(www.commerce.gov/work-with-us/grants-and-contract-opportunities).

미국 GSA(General Services Administration)는 정부 기구가 구매하는 방식, 공급자가 따라야 할 단계, 현재 조달 기회를 잘 알려주는 비즈니스 서비스 센터를 미국 내 주요 도시에서 운영하고 있다. 다양한 업계 정보지와 협회는 학교, 병원, 공사, 기타 정부 기관의 관심권 내에 들어가는 방법에 대한 정보를 제공한다. 또한 정부 조직과 기관은 인터넷으로 최신 정보와 조언을 제공한다.

그러나 공급자는 특히 대규모 정부 구매 상황에 대처하기 위해 정부 시스템에 정통하고 관료주의를 극복할 수 있는 방법을 찾고 시스템에 익숙해져야 한다.

비경제적 요소도 정부 구매에 점점 더 큰 역할을 하고 있다. 정부 구매자는 소규모 기업, 소수 민족이 운영하는 기업, 인종·성별·연령 차별을 하지 않는 기업 등 부진한 기업이나 지역을 우선시해야 한다. 판매자는 정부 사업을 시도할 때 이러한 요인을 염두에 두어야 한다.

정부 대상 판매 기업이 여러 가지 이유로 마케팅 활동을 활발히 할 수 없는 경우도 있다. 전체 정부 지출은 선거에서 당선된 관료가 결정하는 것이지, 정부 시장을 개발하려는 마케팅 노력으로 결정되는 것이 아니기 때문이다. 정부 구매는 가격을 강조하기 때문에 공급자는 가격을 낮추기 위해 기술에 투자하게 된다. 제품의 속성이 구체적으로 명시되었을 때 제품 차별화는 마케팅 요인이 될 수 없다. 또한 공개 입찰의 경우 광고나 인적 판매는 입찰을 성공시키는 데 아무런 역할을 하지 못한다.

그러나 보잉, 굿이어, 레이시언(Raytheon) 등은 별도의 정부 마케팅 부서를 설립했다. 세계적인 보안 및 항공 기업인 록히드마틴(Lockheed Martin) 등은 주로 정부를 상대로 판매한다. 록히드마틴은 원청 또는 하청 계약으로 전체 매출의 69%를 미국 정부 판매에서 얻고, 나머지 30%는 미국 정부를 통한 해외 무기 판매에서 얻는다.[18] 이들은 정부의 요구와 프로젝트를 예상하고, 제품 설계서를 만드는 단계에 참여하고, 경쟁적으로 정보를 수집하고, 입찰서를 신중히 준비하고, 정부 구매센터와 함께 부가가치를 만드는 장기적인 관계를 쌓는다.

정부 구매자를 위해 맞춤 마케팅 프로그램을 만든 기업도 있다. 예를 들어 델은 연방·주·지방 정부 구매자의 욕구에 부응하기 위한 특별 비즈니스 부서를 두고 있다. 델은 연방·주·지방 정부별로 특별 가격, 온라인 구매, 서비스, 지원 내용을 포함한 맞춤형 프리미어 웹페이지를 제공한다.

지난 10년 동안 정부 구매의 상당량이 온라인으로 전환되었다. 미국 FBO(Federal Business Opportunities)의 웹사이트(www.fbo.gov)에서는 상업적 공급자와 정부 구매자가 전체 연방 계약 커뮤니티가 요청한 사업 기회를 게시하고, 검색하고, 조사하고, 출력할 수 있다. 미국 정부의 나머지 구매 기관 역할을 하는 3개의 연방 기관 역시 온라인 정부 구매 활동을 지원하는 웹사이트를 만들었다. 연방정부 총구매액의 4분의 1 이상을 차지하는 GSA는 GSA Advantage!라는 웹사이트(www.gsaadvantage.gov)를 개설했다. DLA(Defense Logistics Agency)는 미국의 병역 관련 구매를 위해 인터넷 입찰 게시판 시스템(www.dibbs.bsm.dla.mil)을 제공하고, VA(Department of Veterans Affairs)는 VA Advantage!(http://VAadvantage.gsa.gov)를 통해 전자조달을 촉진한다.

이러한 사이트를 통해 공인된 방위 단체와 민간 기관은 사무용품, 식자재, 정보 기술 장치, 건설 서비스 등 모든 것을 온라인으로 구매할 수 있다. GSA, DLA, VA는 웹사이트를 통해 저장 중인 제품을 판매할 뿐 아니라 구매자와 계약 공급자를 직접 연결해준다. 예를 들어 군부대에 16만 종류의 의약품을 판매하는 DLA의 한 지사는 주문을 브리스톨-마이어스 스퀴브(Bristol-Myers Squibb) 같은 공급자에게 직접 전달한다. 이러한 인터넷 시스템은 정부 구매를 처리하는 데 발생하는 혼란을 없애줄 것이다.[19]

학습목표별 요약

산업재 시장은 몇 가지 측면에서 소비재 시장과 비슷하다. 예를 들어 두 시장에는 구매 역할을 하는 사람, 욕구를 충족하기 위해 구매 결정을 하는 사람이 있다. 그러나 산업재 시장은 많은 부분이 소비재 시장과 다른데, 무엇보다도 산업재 시장은 소비재 시장보다 훨씬 규모가 크다. 미국만 하더라도 산업재 시장에는 연간 수조 달러 규모의 재화와 서비스를 구매하는 조직이 있다.

학습목표 6-1 산업재 시장을 정의하고 산업재 시장이 소비재 시장과 어떻게 다른지 설명한다.

산업재 시장은 다른 제품과 서비스의 생산 과정에 사용하기 위해 또는 수익 창출을 목적으로 재판매하거나 빌려주기 위해 재화와 서비스를 구매하는 모든 조직으로 이루어진다. 소비재 시장과 비교하여 산업재 시장에는 그 수는 적지만 규모가 더 큰 구매자가 있다. 산업재 수요는 소비재 수요보다 비탄력적이고 변동이 심한 파생된 수요이다. 일반적으로 산업재 구매 결정에는 더 많은 전문적 구매자가 관여한다. 산업재 구매자는 대개 더욱 복잡한 구매 결정을 내려야 하며, 구매 과정이 더 공식적이다. 산업재 구매자와 판매자는 흔히 서로에게 더 의존한다.

학습목표 6-2 산업재 구매자 행동에 영향을 주는 주요 요인을 파악한다.

산업재 구매자는 단순 재구매, 수정 재구매, 신규 구매에 따라 다른 의사결정을 내린다. 구매 조직의 의사결정 단위인 구매 센터에는 각자 다른 임무를 수행하는 여러 사람이 존재한다. 산업재 마케터는 다음과 같은 내용을 알고 있어야 한다. 주요 구매 센터 참여자는 누구인가? 그들은 어떤 의사결정에서 영향력을 행사하고, 또 어느 정도로 영향력을 행사하는가? 그들이 사용하는 평가 요소는 무엇인가? 또한 산업재 마케터는 산업재 구매 과정에 영향을 미칠 수 있는 주요 환경적·조직적·대인적·개인적 요인을 이해해야 한다.

학습목표 6-3 산업재 구매 결정 과정의 단계를 이해한다.

산업재 구매 결정 과정은 그 자체로 꽤 복잡한데 기본적으로 8단계(문제 인식, 전반적 필요 기술서, 제품명세서, 공급자 탐색, 공급제안서 요청, 공급자 선택, 주문명세서 작성, 성과 평가)로 이루어진다. 신규 구매 상황에 처한 구매자는 일반적으로 구매 과정의 모든 단계를 거치지만 수정 재구매자나 단순 재구매자는 일부 단계를 건너뛰기도 한다. 그러나 대부분의 B2B 구매는 넓은 의미의 장기적인 고객 관계의 틀에서 이루어져야 한다. 기업은 구매 의사결정 과정의 여러 단계에서 발생하는 수많은 의사결정을 포함하여 전반적인 고객 관계를 관리해야 한다.

학습목표 6-4 온라인, 모바일, 소셜미디어가 B2B 마케팅을 어떻게 변화시켰는지 이해한다.

정보 기술과 디지털 기술의 급격한 발전으로 산업재 구매자가 온라인을 통해 모든 종류의 제품과 서비스를 구매할 수 있는 전자조달이 탄생했다. 인터넷 덕분에 산업재 구매자는 새로운 공급자에게 접근하고 구매 비용을 낮출 수 있으며 빠른 주문과 배송이 가능하다. 오늘날의 산업재 마케터는 인터넷과 디지털, 모바일, 소셜미디어를 이용하여 고객을 끌어들이고, 정보를 공유하고, 제품과 서비스를 판매하고, 고객 지원 서비스를 제공하고, 지속적인 고객 관계를 유지하는 등 고객과 연결하고 있다.

학습목표 6-5 기관 시장과 정부 시장을 비교하고 기관 구매자와 정부 구매자가 어떻게 구매 결정을 내리는지 이해한다.

기관 시장은 대중에게 재화와 서비스를 제공하는 학교, 병원, 교도소와 기타 기관으로 구성되어 있다. 많은 기관 시장은 낮은 예산과 고정 고객을 특징으로 한다. 연방·주·지방 정부로 구성된 거대 규모의 정부 시장은 정부의 주된 기능을 수행하기 위해 재화와 서비스를 구매하거나 임대한다.

정부 구매자는 방위, 교육, 공공복지와 기타 공공의 필요를 위해 제품과 서비스를 구매한다. 정부 구매 행위는 매우 전문화되고 특화되어 있으며 대부분의 구매는 공개 입찰이나 협상된 계약을 통해 이루어진다. 정부 구매자는 국회와 다양한 민간단체의 철저한 감시를 받으면서 일하기 때문에 주문 시 많은 문서와 서명을 요구하며 좀 더 천천히 신중하게 대응한다.

핵심용어

산업재 구매자 행동 business buyer behavior
산업재 구매 과정 business buying process

학습목표 6-1

파생된 수요 derived demand
공급자 개발 supplier development

학습목표 6-2

단순 재구매 straight rebuy
수정 재구매 modified rebuy
신규 구매 new task
시스템 판매(솔루션 판매) systems selling(solutions selling)
구매 센터 buying center
사용자 user
영향력 행사자 influencer
구매자 buyer
의사결정자 decider
정보 통제자 gatekeeper

학습목표 6-3

문제 인식 problem recognition
전반적 필요 기술서 general need description
제품명세서 product specification
공급자 탐색 supplier search
공급제안서 요청 proposal solicitation
공급자 선택 supplier selection
주문명세서 작성 order-routine specification
성과 평가 performance review

학습목표 6-4

전자조달 e-procurement
B2B 디지털 및 소셜미디어 마케팅 B-to-B digital and social media marketing

학습목표 6-5

기관 시장 institutional market
정부 시장 government market

토의문제

1. 산업재 시장과 소비재 시장의 비슷한 점과 다른 점은 무엇인가?
2. 산업재 구매자의 단순 재구매와 수정 재구매를 간단히 설명하라. 비슷한 점과 다른 점은 무엇인가? 각각의 방법을 사용하기에 적절한 상황은 무엇인가?
3. 시스템 판매(솔루션 판매)는 무엇인가? 조직이 시스템 판매를 잘하려면 어떻게 해야 하는가? 고객은 공급자에게 무엇을 원하는가?
4. 산업재 구매 과정의 참여자는 누구인가? 구매 결정에 영향을 주는 요인은 무엇인가?
5. 산업재 구매자에게 영향을 주는 주요 요인을 설명하라.
6. B2B 전자조달의 장점은 무엇인가?

7 고객 가치 지향적 마케팅 전략: 목표고객을 위한 가치 창출

학습목표 7-1 시장 세분화, 목표시장 선정, 차별화, 포지셔닝 등 고객 가치 지향적 마케팅 전략을 설계하는 데 중요한 단계를 정의한다.
마케팅 전략

학습목표 7-2 소비재 시장과 산업재 시장을 세분화하기 위한 주요 변수를 열거하고 설명한다.
시장 세분화

학습목표 7-3 기업이 어떻게 매력적인 세분시장을 확인하고 시장 표적화 전략을 선택하는지 이해한다.
목표시장 선정

학습목표 7-4 기업이 시장에서 최대한 경쟁우위를 확보하기 위해 어떻게 제품을 차별화하여 자리매김하는지 이해한다.
차별화와 포지셔닝

개관 지금까지 마케팅이 무엇인지 그리고 고객과 시장 환경을 이해하는 것의 중요성을 배웠으니 이제 마케팅 전략과 전술을 깊이 탐구해보자. 이 장에서는 고객 가치 지향적 마케팅 전략에 관한 의사결정을 자세히 다루는데, 이러한 의사결정에는 어떻게 시장을 의미 있는 고객 집단으로 나누는지(시장 세분화), 그중 목표고객 집단을 어떻게 선택하는지(목표시장 선정), 목표고객을 가장 만족시키는 시장 제안을 어떻게 만드는지(차별화), 어떻게 고객의 마음속에 제공물을 자리매김(포지셔닝)하는지가 포함된다. 이어지는 장에서는 이렇게 만들어진 마케팅 전략을 실행에 옮기는 전술적 마케팅 도구인 4P에 대해 알아본다.

시장 세분화, 목표시장 선정, 차별화, 포지셔닝을 설명하기 전에 헹켈(Henkel)에 대해 알아보자. 헹켈은 140년이 넘도록 전 세계 고객의 특수한 욕구에 부응하는 다양한 제품으로 선도자의 영향력을 발휘해왔다. 헹켈의 퍼실(Persil)은 각 세분시장의 고객마다 특화된 가치 제안을 제공하는 제품라인으로 잘 짜인 시장 세분화와 목표시장 선정으로 중동 시장에 큰 변화를 몰고 왔다.

중동을 공략한 헹켈의 퍼실

소비재와 산업재 분야에서 활약하는 독일의 다국적 기업 헹켈은 1876년 독일 아헨에서 프리츠 헹켈(Fritz Henkel)이 설립했다. 처음 출시한 제품은 이산화규소로 만든 다목적 세제였으며, 그 이후 헹켈은 전 세계 다양한 고객의 다양한 욕구와 선호를 만족시키는 신제품과 끊임없는 혁신으로 성공했다. 오늘날 독일 뒤셀도르프에 본사를 두고 있는 헹켈은 《포춘》 선정 글로벌 2000 기업에 선정되었다. 헹켈은 2017년 회계연도에 227억 9,000만 달러의 매출과 34억 8,000만 달러의 영업이익을 올렸다. 컨설팅 회사 OC&C의 2016년 보고서 〈소비재 시장 동향 및 전략(Trends and Strategies on the Consumer-goods Market)〉에서 세계 소비재 제조사 50위에 선정된 유일한 독일 기업이기도 하다. 헹켈은 2018년 《포춘》의 '세계에서 가장 존경받는 기업'에서 4위를 차지하는 등 산업계의 위치를 공고히 했다.

전 세계의 헹켈 직원 5만 3,000명은 수많은 성공 브랜드, 특히 퍼실로 120개국에서 고객의 신뢰를 얻기 위해 열심히 일하고 있다. 1907년 발명된 퍼실은 눈부시게 깨끗한 세탁 전문가로 여겨진다. 퍼실은 품질과 믿음을 상징하며 독일에서 가장 신뢰받는 세제 브랜드가 되었다. 퍼실 제품라인은 1907년 시장에 출시된 후 수많은 성공작을 내놓으며 세탁 과정에 혁명적인 변화를 가져왔다. 규산나트륨과 과붕산나트륨을 결합한 이 제품은 세탁물을 삶을 때 미세 산소 입자를 발생시키는데, 이는 그동안 쓰이던 염소 표백제와 달리 천을 손상하지 않고 악취가 없는 표백제이다. 또한 빨래를 할 때 오랫동안 힘들게 문지르고 흔들고 비비던 수고를 덜어주었다. 퍼실은 최초의 자동 세제였다.

헹켈은 여러 브랜드와 기술로 선도자의 영향력을 발휘하여 소비자가 편리하고 더 나은 삶을 살 수 있도록 도왔다. 헹켈은 걸프협력회의(Gulf Cooperation Council, GCC)에 속한 사우디아라비아에서 세계 시장의 이해와 지역 시장의 구현을 조합하여 고객 중심의 '글로컬(glocal)' 마케팅 전략을 성공적으로 활용했다. 걸프협력회의에는 바레인, 쿠웨이트, 오만, 카타르, 아랍에미리트가 포함되는데, 각국은 자신의 문화에 바탕을 둔 상이한 욕구가 있기에 사우디아라비아는 헹켈의 마케팅 전략을 잘 보여주는 훌륭한 예이다.

설립 이래 엄청나게 성장한 헹켈 사우디아라비아는 현재 직원이 1,600명 이상이고 퍼실은 75%에 가까운 시장 점유율을 차지하고 있다. 헹켈 사우디아라비아의 전 마케팅 책임자인 아미타브 보세(Amitabh Bose)에 따르면 브랜드 자산 개발, 소비자에 대한 이해, 뛰어난 마케팅 캠페인에 중점을 두어 중동 시장을 혁신적으로 발전시킨 고급 세탁세제 퍼실의 성공은 헹켈의 브랜드 위상을 잘 보여준다. 몇 년 전 헹켈은 사우디아라비아 지역에서 두 가지 주요 목표시장, 즉 남성과 여성을 대상으로 여성용 퍼실 아바야 샴푸, 퍼실 화이트 액체 세제, 남성용 퍼실 스타치 스프레이를 출시하여 큰 성공을 거두었다.

이러한 제품의 출시는 지역 소비자의 선호도에 대한 대규모 시장조사에서 비롯되었다. 이 조사에 따르면 걸프협력회의 지역 소비자의 75% 정도는 세제와 표백제를 섞어서 전통 의상(이 지역 남성이 주로 입는 긴 흰색 옷)을 세탁하는데 시간이 지나면 흰색이 바랬고, 지역 소비자가 선호하는 정도로 빳빳하게 하는 스프레이식 풀이 세제 제품에 많이 없는 것으로 나타났다. 퍼실 화이트와 퍼실 스타치 스프레이는 걸프협력회의 지역 남성 고객을 겨냥한 첫 번째 제품으로, 출시 4개월 만에 예상의 90%를 웃도는 엄청난 시장 점유율과 매출을 달성했다. 지역 소비자의 욕구와 선호도에 대한 이해를 바탕으로 신제품이 성공을 거둔 것이다.

한편 이 지역 여성은 아바야라는 헐렁한 검은색 전통 의상을 입는다. 남성이 선명한 흰색과 빳빳함에 자부심을 느끼듯이 여성은 아바야의 검은색과 부드러움을 유지하기 위해 애쓴다. 유명 디자이너인 아말 무라드(Amal Murad)는 여성이 아바야의 맵시, 감촉, 색을 유지하는 데 매우 노력한다는 사실을 강조한다.

중동에서 퍼실이 거둔 성공은 지역 고객의 욕구와 선호도에 대한 깊은 이해에서 비롯되었다.
Newscast Online Limited/Alamy Stock Photo

이에 헹켈의 '검은색 보존' 신기술을 이용하여 검정색을 완전히 유지해주는 퍼실 아바야 샴푸(퍼실 블랙이라고도 함)가 개발되었다. 또한 아바야 샴푸는 옷감을 보호하고 오랫동안 꽃향기를 풍긴다. 지역 소비자 조사에 따르면 거의 50%의 소비자가 분말 세제, 섬유유연제, 심지어 모발 샴푸와 보디 워시 등 적절하지 않은 방법으로 아바야를 세탁했던 터라 퍼실 아바야 샴푸는 혁신적인 제품으로 자리매김했다.

헹켈의 마케팅 전략은 전 세계에서 사용되는 기술과 규모의 경제를 어떻게 지역 마케팅과 효과적으로 결합할 수 있는지를 보여주는 훌륭한 예이다. 퍼실 브랜드의 공통적인 제조법이 있지만 헹켈은 지역에 특화된 포장과 마케팅 커뮤니케이션을 이용했다. 퍼실 아바야는 걸프 지역에서 TV 광고와 매우 성공적인 온라인 바이럴 캠페인을 시행했다. 상호작용하는 웹사이트를 만들고, 전통 의상인 아바야가 개인의 패션과 개성을 나타낼 수 있음을 보여주기 위해 스와로브스키(Swarovski)와 협업하여 디자이너가 경쟁하는 리얼리티 TV 쇼를 후원했다. 헹켈은 시장 동향과 지역마다 다른 고객의 특화된 욕구를 이해하는 통찰력에 중점을 둠으로써 엄청난 성공을 거두었다. 헹켈의 마케팅 전략은 고객 지향적 전략의 성공적인 예로 꼽힌다.[1]

> 헹켈은 시장 동향과 지역마다 다른 고객의 특화된 욕구를 이해하는 통찰력에 중점을 둠으로써 중동 시장에서 엄청난 성공을 거두었다.

오늘날 기업은 시장 내 모든 소비자에게 소구할 수 없으며, 적어도 모든 소비자를 같은 방식으로 소구할 수 없다는 것을 인식하고 있다. 소비자가 너무 많고 널리 흩어져 있는 데다 그들의 욕구와 구매 방식이 매우 다양하다. 또한 각 세분시장을 대하는 기업의 능력도 매우 다르다. 기업은 자신이 가장 잘 다루고 가장 높은 수익을 낼 수 있는 세분시장을 찾아내고, 적절한 고객과 적절한 관계를 키워나갈 고객 지향적 마케팅 전략을 설계해야 한다.

빅데이터 분석, 디지털과 소셜미디어 등 오늘날의 신기술은 마케터가 개별화된 방식으로 고객을 이해하고 접근하는 역량을 확장하고 있다. 따라서 모든 기업은 대량 마케팅에서 벗어나 세분시장을 파악하여 그중 하나 이상의 목표시장을 정하고, 각 목표시장에 맞는 제품 및 마케팅 프로그램을 개발하는 **목표시장 마케팅(target marketing)**으로 전환했다.

저자 코멘트 | 시장 세분화는 먼저 마케팅에 관해 '어떤 고객을 대상으로 할 것인가?'라는 간단한 질문을 던진다.

마케팅 전략

학습목표 7-1 시장 세분화, 목표시장 선정, 차별화, 포지셔닝 등 고객 가치 지향적 마케팅 전략을 설계하는 데 중요한 단계를 정의한다.

● 그림 7.1은 고객 가치 지향적 마케팅 전략을 설계하는 가장 중요한 주요 단계를 보여준다. 1단계와 2단계에서 기업은 자신이 만족시킬 고객을 선정한다. **시장 세분화(market segmentation)**에는 시장을 독특한 욕구, 특징, 행동을 가진, 다양한 제품과 마케팅믹스를 필요로 하는 작은 고객 집단으로 구분하는 것이 포함된다. 기업은 시장을 세분화하는 여러 가지 방법을 파악하고 그에 따라 분류된 세분시장의 프로파일을 개발한다. **목표시장 선정(market targeting, targeting)**은 각 시장의 매력도를 평가하고, 진입할 하나 이상의 세분시장을 선정하는 것을 말한다.

3단계와 4단계에서 기업은 가치 제안(목표고객을 위한 가치를 어떻게 창출할 것인가)에 대해 결정한다. **차별화(differentiation)**는 경쟁사보다 우월한 고객 가치를 창출하기 위해 기업의 시장 제공물을 실제로 차별화하는 것을 말한다. 그리고 **포지셔닝(positioning)**은 목표고객의 마음속에 경쟁 제품과 비교하여 상대적으로 분명하고 독특하며 바람직한 위치를 차지하는 시장 제공물을 계획하는 것이다. 이제 각 단계를 차례대로 살펴보자.

시장 세분화
시장을 독특한 욕구, 특징, 행동을 가진, 다양한 제품과 마케팅믹스를 필요로 하는 작은 고객 집단으로 구분하는 것

목표시장 선정
각 시장의 매력도를 평가하고, 진입할 하나 이상의 세분시장을 선정하는 것

차별화
경쟁사보다 우월한 고객 가치를 창출하기 위해 기업의 시장 제공물을 실제로 차별화하는 것

포지셔닝
목표고객의 마음속에 경쟁 제품과 비교하여 상대적으로 분명하고 독특하며 바람직한 위치를 차지하는 시장 제공물을 계획하는 것

시장 세분화

학습목표 7-2 소비재 시장과 산업재 시장을 세분화하기 위한 주요 변수를 열거하고 설명한다.

어떤 시장이건 구매자에 따라 요구, 자원, 위치, 구매 태도 및 습관이 다르다. 기업은 시장 세분화를 통해 크고 이질적인 시장을 작은 세분시장으로 나눔으로써 각 세분시장의 독특한 욕구에 맞는 제품과 서비스로 보다 효율적·효과적으로 세분시장을 공략할 수 있다. 이 절에서는 소비재 시장의

● 그림 7.1
고객 가치 지향적 마케팅 전략의 설계

개념적으로 마케팅은 '어떤 고객을 대상으로 할 것인가?', '고객을 어떻게 섬길 것인가?'라는 질문으로 압축된다. 물론 가장 어려운 부분은 단순하게 들리지만 어려운 질문에 대한 좋은 답을 찾아내는 것이다. 목표는 대상으로 삼은 고객을 위해 경쟁사보다 더 좋은 가치를 창출하는 것이다.

표 7.1 | 소비재 시장을 위한 주요 세분화 변수

세분화 변수	사례
지리적 변수	국가, 지역, 주, 도시, 동네, 인구밀도(도시, 교외, 지방), 기후
인구통계적 변수	나이, 생애주기, 성별, 소득, 직업, 교육, 종교, 인종, 세대
심리묘사적 변수	라이프스타일, 개성
행동적 변수	상황, 혜택, 사용자 상태, 사용률, 충성도 수준

세분화, 산업재 시장의 세분화, 국제시장의 세분화, 효과적인 시장 세분화를 위한 조건 등 중요한 세분화 주제를 다룬다.

소비재 시장의 세분화

시장을 나누는 유일한 방법은 없다. 마케터는 시장 구조를 파악하는 최고의 방법을 찾기 위해 시장 세분화 변수를 각각 또는 함께 사용하여 세분화하는 시도를 해야 한다. 소비재 시장을 세분화하는 데 사용할 수 있는 주요 변수를 표 7.1에 요약했다. 여기서는 지리적·인구통계적·심리 묘사적·행동적 변수를 살펴보자.

지리적 세분화

지리적 세분화
국가, 지역, 주, 도시, 동네와 같은 지리적 단위로 시장을 구분하는 것

지리적 세분화(geographic segmentation)는 국가, 지역, 주, 도시, 동네와 같은 지리적 단위로 시장을 구분하는 것을 말한다. 기업은 하나 또는 여러 지리적 구역에서 사업을 할 것인지, 아니면 모든 지역에서 운영하지만 욕구와 필요의 지리적 차이에 주목할 것인지를 결정해야 한다. 또한 많은 기업은 오늘날 개별 지역, 도시, 동네의 욕구에 맞는 제품, 서비스, 광고, 촉진, 판매 노력을 지역에 따라 수정한다.

예를 들어 타깃과 월마트 같은 대형 상점부터 백화점 콜스(Kohl's), 사무용품 전문 회사 스테이플스에 이르기까지 대형 소매점은 대표적인 대형 교외 슈퍼점포와 달리 소규모 시장이나 대도시의 인구밀도가 높은 번화한 지역에 맞는 소형 매장을 열고 있다. 타깃은 앞으로 3년 동안 대학가와 인구밀도가 높은 도심지에 100개 이상의 소규모 매장을 차릴 예정이다.[2]

> 소규모 타깃 매장은 일반 매장의 3분의 1 크기이며, 개인적인 쇼핑 경험을 제공하기 위해 지역 고객에게 조심스럽게 맞춘 제한된 제품을 취급한다. 예를 들어 대학가 매장은 정신없이 바쁘고 가격에 민감한 대학생의 생활양식에 맞추어 설계했다. 각각의 소형 매장은 그에 맞는 구색을 갖추기 위해 고객의 특성, 구매, 의견을 분석한다. (남부 지역인) 플로리다주립대학의 매장과 (중부 지역인) 노스웨스턴대학의 매장은 매우 다를 것이다. 시카고 벨몬트 매장의 경우 근처에 있는 리글리 야구장과 게이 커뮤니티를 공략하기 위해 앞쪽 진열창에 시카고 컵스 열성 팬을 위한 제품과 게이 프라이드 배너가 진열되어 있다.

초지역사회 마케팅
지역사회 소비자를 표적으로 하기 위해 디지털 및 소셜미디어를 이용하는 마케팅

디지털 및 모바일 기술의 발달은 지역사회 소비자를 표적 대상으로 디지털 및 소셜미디어를 이용하는 **초지역사회 마케팅**(hyperlocal social marketing)의 증가를 가져왔다. 예를 들어 일본의 다국적 자동차 제조사인 마쓰다(Mazda)는 소비자가 일정 거리를 넘어서면 구매하기 위해 이동하지 않는 것을 알게 되었다. 따라서 수익을 극대화하고 소비자가 마쓰다 대리점의 일정 거리 내에 들어오면 작동하는 개인화된 모바일 광고를 시행하기 위해 지리적 데이터를 이용했다. 그 결과 전체 목표고객의 20%가 광고에 반응했으며, 마쓰다 대리점에 문의할 가능성이 53% 증가했다.[3]

● 초지역사회 마케팅: 마쓰다는 소비자가 마쓰다 대리점의 일정 거리 내에 들어오면 작동하는 개인화된 모바일 광고를 이용했다.
Car Collection/Alamy Stock Photo

한편 페이스북과 인스타그램 같은 주요 소셜미디어를 통해 광고주는 지리적 위치에 따라 목표고객을 선정한다. 구글 맵과 계약한 기업은 구글 검색에서 '내 가까이' 또는 '근방'에 자사 매장의 위치가 나타나게 한다. 예를 들어 '가까운 자동차 수리'를 검색하면 시어스 서비스 센터부터 동네 수리점까지 여러 개의 광고가 나온다. 만약 '뉴욕주 포킵시 호텔'을 검색하면 익스피디아, 부킹닷컴, 트립어드바이저, 카약의 광고가 상단에 나타나고 특정 호텔 명단과 링크, 위치를 보여주는 지도도 보일 것이다. 이러한 초지역 타깃팅을 통해 광고주는 마케팅 콘텐츠를 지역사회 소비자의 위치와 검색 의도에 따라 정교하게 조정할 수 있다.

인구통계적 세분화

인구통계적 세분화
나이, 생애주기, 성별, 소득, 직업, 교육 수준, 종교, 인종, 세대와 같은 변수로 시장을 구분하는 것

인구통계적 세분화(demographic segmentation)는 나이, 생애주기, 성별, 소득, 직업, 교육 수준, 종교, 인종, 세대와 같은 변수로 시장을 구분하는 것을 말한다. 인구통계적 변수는 고객 집단을 세분하는 데 가장 많이 사용되는 기준이다. 소비자의 욕구, 필요, 사용률 등이 인구통계적 변수와 밀접한 관련이 있으며, 인구통계적 변수는 다른 세분화 변수보다 측정하기가 쉽기 때문이다. 추구하는 혜택이나 행동과 같은 다른 세분화 변수를 사용하여 먼저 세분시장을 정의할 때도 마케터는 목표시장의 규모를 평가하고 효율적으로 접근하기 위해 세분시장의 인구통계적 특징을 알아야 한다.

나이와 생애주기 세분화
나이와 생애주기에 따라 시장을 구분하는 것

나이와 생애주기 소비자의 필요와 욕구는 나이에 따라 변한다. 어떤 기업은 **나이와 생애주기 세분화**(age and life-cycle segmentation)를 이용하여 각 고객 집단에 대해 각기 다른 제품을 제안하거나 다른 마케팅 접근 방식을 적용한다. 예를 들어 P&G의 크레스트 화이트 브릴리언스(Crest White Brilliance) 치약은 노인층을 대상으로 '노인 치아의 착색을 밝고 흰 미소로 바꾸는 것'을 도와주며, 〈겨울왕국〉과 〈스타워즈〉 캐릭터로 포장된 크레스트 프로헬스 주니어(Crest Pro-Health Jr.) 치약은 어린이를 대상으로 하고, 매직타이머 앱은 '양치질을 가장 싫어하는 어린이도 좀 더 오래 이를 닦도록' 도와준다.[4]

마케터는 나이와 생애주기 세분화를 이용할 때 고정관념의 영향을 받지 않도록 주의해야 한다. 예를 들어 같은 80대라도 수입이 적어서 집 안에만 있는 소비자도 있고 스키와 테니스를 즐기는 소비자도 있다. 또한 같은 40대 부부라도 자녀를 대학에 보낸 부부도 있고 결혼한 지 얼마 안 된 신혼부부도 있다. 따라서 나이는 개인의 생애주기, 건강, 일 또는 가정 상황, 욕구, 구매력을 예측하는 바람직한 지표가 될 수 없는 경우가 흔하다.

성별 세분화
성별에 따라 시장을 구분하는 것

성별 오래전부터 **성별 세분화**(gender segmentation)는 의류, 화장품, 개인 위생용품, 장난감, 잡지에 사용되었다. 예를 들어 P&G는 여성적인 이미지를 강화하기 위해 여성의 생리적 반응을 고려하여 특별히 제조·포장·광고된 탈취제 브랜드 시크릿(Secret)으로 성별 세분화를 사용한 최초의 기업 중 하나이다.

최근에는 남성 화장품 산업이 급성장하여 로레알, 니베아, 세포라, 유니레버의 도브(Dove) 등 전에는 주로 여성의 취향에 맞추었던 많은 화장품 기업이 남성용 제품을 성공적으로 판매하고 있다. 예를 들어 도브의 Men+Care는 '케어는 좀 더 강한 남자를 만든다'고 내세우면서 보디 워시, 보디 비누, 탈취제, 피부 케어, 헤어 케어 등 전 상품 라인을 출시했다.[5]

● 성별 세분화: 여성이 운동복을 평상복으로 입는 '애슬레저' 유행에 따라 딕스스포팅굿즈는 운동에 관심 있는 여성을 직접 겨냥하는 광고를 처음으로 시작했다.
DICK'S Sporting Goods

한편 전통적으로 남성을 대상으로 했던 브랜드가 이제는 여성을 목표로 삼고 있다. ● 예를 들어 '애슬레저(athleisure)' 유행에 따라 많은 여성이 운동복을 평상복으로 입고 있으며 나이키, 아디다스, 언더아머, 딕스스포팅굿즈(Dick's Sporting Goods) 등은 여성을 대상으로 마케팅을 펼치고 있다. 이제 여성은 모든 스포츠 용품 구매자의 절반을 차지한다.[6]

딕스스포팅굿즈는 'Who Will You Be?(당신은 누구인가요?)'라는 광범위한 캠페인의 일환으로 운동에 관심 있는 여성을 직접 겨냥하는 광고를 처음으로 시작했다. 광고에서는 운동 목표를 달성하기 위해 바쁜 일상을 조율하는 여성을 보여준다. 아이를 데리러 학교로 뛰어가는 엄마, 아기 모니터를 들으며 트레드밀에서 달리는 엄마가 등장하는 광고에서 이렇게 묻는다. "당신은 누구인가? 달릴 때마다, 운동할 때마다, 매일, 모든 선택에서, 계절마다 딕스스포팅굿즈로 시작합니다." 딕스스포팅굿즈의 마케팅 책임자는 "여성이 운동할 시간을 내기 위해 매일 해야 하는 선택을 우리가 이해한다"는 것을 여성이 알아주기를 바란다고 말한다.

소득 자동차, 의류, 화장품, 금융 서비스, 여행과 같은 제품과 서비스의 마케터는 오래전부터 **소득 세분화**(income segmentation)를 사용해왔다. 사치품과 편의 서비스를 취급하는 많은 기업은 부유층 소비자를 겨냥한다. 예를 들어 신용카드 회사는 부유한 소비자를 대상으로 고급스러운 특전을 제공하는 대신 연회비가 비싼 프리미엄 카드를 제공한다. 한 예로 아메리칸익스프레스를 살펴보자.[7]

소득 세분화
소득 수준에 따라 시장을 구분하는 것

연회비가 550달러인 아메리칸익스프레스 플래티넘 카드는 공항 특별 라운지 이용, 비행 마일리지, 우버 포인트, 호텔 및 렌터카 체인의 혜택 등을 제공한다. 그러나 정말 부유한 고객에게는 전 세계에서 가장 얻기 힘든 센투리언 블랙 카드(Centurion Black Card)를 제공한다. 이 카드는 연소득이 최소 100만 달러이고 연간 카드 지출액이 10만~45만 달러 이상인 개인 고객을 대상으로 한다. 초대를 받아야만 카드를 발급받을 수 있으며, 카드 소유자는 입회비 7,500달러와 연회비 2,500달러를 내야 한다. 블랙 카드 회원은 인기 있는 레스토랑과 공연 우선 예약, 이색적인 휴가 계획 등 일종의 개인 비서 서비스인 센투리언 컨시어지를 포함하여 플래티넘 카드 회원이 받을 수 없는 특권을 극비로 누린다. 물론 블랙 카드 회원은 다른 카드로는 얻을 수 없는 지위와 자랑할 권리를 갖는다.

그러나 소득 세분화를 이용하는 모든 기업이 부유층을 겨냥하는 것은 아니다. 예를 들어 달러제너럴, 패밀리달러(Family Dollar), 달러트리(Dollar Tree) 체인점과 같은 많은 소매업체는 저소득층과 중산층을 성공적으로 겨냥한다. 이들의 핵심 시장은 연소득이 5만 달러 이하인 가구이다. 패밀리달러의 부동산 전문가가 새로운 매장의 입지를 구할 때는 저렴한 신발을 신고 기름이 뚝뚝 떨어지는 낡은 자동차를 타고 다니는 중산층 이하가 거주하는 동네를 찾는다. 저소득층을 겨냥한 전략으로 달러 매장은 미국에서 가장 빠르게 성장하는 소매상이다.

심리묘사적 세분화

심리묘사적 세분화
소비자의 라이프스타일이나 개성과 관련된 특징에 따라 시장을 구분하는 것

심리묘사적 세분화(psychographic segmentation)는 소비자의 라이프스타일이나 개성과 관련된 특징에 따라 시장을 구분하는 것을 말한다. 같은 인구통계적 집단에 속하는 사람들이라 하더라도 심리묘사적 특징이 서로 매우 다를 수 있다.

● 라이프스타일 세분화: 파네라는 맛만 좋은 것이 아니라 몸에도 좋은 음식을 원하는 라이프스타일 세분시장에 맞춘다.
Panera LLC

5장에서는 사람들이 구매하는 제품이 어떻게 그들의 라이프스타일을 반영하는지를 살펴보았다. 그 결과 마케터는 종종 시장을 소비자의 라이프스타일에 따라 구분하고, 이를 바탕으로 라이프스타일에 소구하는 마케팅 전략을 세운다. 예를 들어 패스트캐주얼 식당인 파네라(Panera)는 맛만 좋은 것이 아니라 몸에도 좋은 음식을 원하는 라이프스타일 세분시장에 맞춘다. 건강 생활 라이프스타일 세분시장의 욕구를 잘 수용하기 위해 파네라는 최근 150개 이상의 인공 보존료, 감미료, 색소, 향미제를 사용하지 않겠다고 발표했다. ● 그리고 만족한 고객이 파네라에서 더 잘 먹는 것을 보여주는 'Food as it should be(당연한 음식)' 마케팅 캠페인을 시작했다. 한 광고에서는 "우리 제품 100%는 100% 깨끗하다"고 말한다. 파네라에 따르면 음식은 배를 채우는 것 이상이어야 한다. "음식은 맛이 좋고, 기분도 좋고, 몸에 좋고, 우리의 환경에도 좋아야 한다. 그것이 당연한 음식이다." 이러한 생각과 라이프스타일이 맞아떨어지는 사람들에게 파네라의 마케팅 책임자는 손짓한다. "어서 오세요. 그것이 우리가 존재하는 이유예요."[8]

마케터는 시장을 세분화하기 위해 개성 변수를 사용하기도 한다. 예를 들어 높은 수준의 개인적 서비스를 제공하는 고급 호텔 체인 로우스(Loews)는 '주말 탐험 커플', '자신만만한 비즈니스 여행자', '심각한 계획가', '럭셔리 부자 여행자'와 같은 개성 세분시장을 겨냥한다. 이 호텔 체인은 로우스 호텔의 계획 및 숙박 단계에 따라 세분시장별로 개별화된 서비스, 메시지, 광고 계획을 만드는데, 그들은 이를 '스마트 여행(SmartJourney)'이라고 부른다. 예를 들어 럭셔리 부자 여행자에 맞춘 광고 홍보는 특별 객실 업그레이드로 숙박 경험을 향상할 기회를 제공하는 이메일로 시작한다. 그다음은 고급 레스토랑 예약 같은 숙박 전 부가 서비스를 제공하는 모바일 앱 안내이다. 일단 호텔에 도착하면 고객은 특별한 '셰프의 맛보기 메뉴'나 스파와 같이 선호에 따른 세심한 배려와 관심을 받는다. 스마트 여행 서비스를 시작한 다음 해부터 로우스 고객의 이메일 관여도는 40%, 재예약은 20% 상승했다.[9]

행동적 세분화

행동적 세분화
소비자의 지식, 태도, 사용 상황, 제품에 대한 반응 등에 따라 시장을 구분하는 것

행동적 세분화(behavioral segmentation)는 소비자의 지식, 태도, 사용 상황, 제품에 대한 반응 등에 따라 시장을 구분하는 것을 말한다. 많은 마케터는 행동 변수가 시장을 세분화하는 데 가장 좋은 출발점이라고 믿는다.

사용 상황 세분화
소비자가 어떤 상황에서 제품을 구매해야겠다는 생각이 드는지, 실제로 구매하는지, 구매한 것을 사용하는지에 따라 시장을 구분하는 것

사용 상황 소비자가 어떤 상황에서 제품을 구매해야겠다는 생각이 드는지, 실제로 구매하는지, 구매한 것을 사용하는지에 따라 시장을 구분할 수 있다. **사용 상황 세분화**(occasion segmentation)는 기업이 제품의 용도를 개발하는 것을 도와준다. 예를 들어 캠벨은 추운 겨울에 수프를 더 많이 광고하고, P&G는 빅스나이퀼(Vicks Nyquil), 데이퀼(DayQuil), 베이포럽(VapoRub), 베이포드롭스(VapoDrops)를 감기와 독감 유행 철에 더 많이 광고한다. 스타벅스는 15년이 넘게 펌킨 스파이스 라테(Pumpkin Spice Latte)로 가을을 맞이하고 있다. 50개국 이상에서 가을에만 판매하는 펌킨 스파이스 라테는 스타벅스에서 가장 잘 팔리는 계절 음료이다.[10]

어떤 기업은 일상적이지 않은 상황에서의 이용을 촉진함으로써 소비를 진작하기 위해 노력한다. 예를 들어 연구, 교육, 홍보를 통해 달걀 수요를 촉진하려고 노력하는 미국 달걀 생산자의 연합인

미국달걀협회(American Egg Board, AEB)를 살펴보자. 소비자는 달걀을 아침식사용으로 생각하지만 AEB의 'How Do You Like Your Eggs?(달걀을 어떤 식으로 드실래요?)' 캠페인은 달걀을 아침식사 이상으로 보도록 만들고자 한다. 이 캠페인에서는 달걀 요리의 한 종류인 데빌드에그를 좋아하는 수녀, 크리스마스 전통 음료인 에그노그를 이용한 말장난인 'nogged' 달걀을 좋아하는 산타클로스처럼 재미있는 모델과 달걀 요리를 짝 지은 유머 광고를 시행했다. AEB의 마케팅 책임자는 "'달걀을 어떤 식으로 드실래요?'라는 질문에 틀린 답은 없다"고 말한다. 소비자가 달걀을 아침부터 저녁까지 즐길 방법을 개발하는 것을 돕기 위해 AEB는 광고와 디지털 콘텐츠뿐 아니라 새로운 달걀 요리법도 제공한다. "가능성은 끝이 없다."[11]

혜택(편익) 세분화
소비자가 제품을 통해 추구하는 혜택(편익)에 따라 시장을 구분하는 것

추구하는 혜택 시장 세분화의 강력한 형태는 소비자가 제품을 통해 추구하는 혜택(편익)에 따라 시장을 구분하는 것이다. **혜택(편익) 세분화**(benefit segmentation)의 경우 사람들이 제품군에서 추구하는 주요 혜택, 각 혜택을 추구하는 사람들의 유형, 그러한 혜택을 제공하는 주요 브랜드를 파악해야 한다. 예를 들어 자전거를 구매하는 사람들은 경쟁적인 경주, 스포츠 성적, 여가 활동, 운동, 여행, 교통수단, 단순한 재미 등 다양한 혜택을 추구한다. ● 슈윈(Schwinn)은 이처럼 다양한 혜택 선호에 맞추기 위해 주요 혜택 그룹(크루저, 하이브리드, 자전거 도로용, 산악용, 일반 도로용, 전기, 아동용)에서 적절한 가격의 품질 좋은 자전거를 제작한다. 자전거 도로용 자전거는 모든 지면에서 쉽고 편안하게 탈 수 있는 편리한 기능을 갖춘 자전거를 원하는 사람에게 적절하다.[12] 또한 산악용 자전거는 어디서든 안정된 튼튼한 자전거를 원하는 사람을 위한 것이고, 전기자전거는 아침 출근 시간에 또는 도심지에서 쉽게 탈 수 있다.

● 혜택(편익) 세분화: 슈윈은 모든 편익 세분시장을 위한 자전거를 만든다. 예를 들어 전기자전거는 아침 출근 시간에 또는 도심지에서 쉽게 탈 수 있다.

종합하자면 슈윈은 특정 혜택 세분시장이나 하위 세분시장에 맞게 고안된 수십 개의 자전거 라인을 생산한다. 예를 들어 250~340달러인 S 시리즈 크루저는 코스터 브레이크가 있는 철제 몸체의 고전적인 크루저 자전거로 대중 소매점에서 판매한다. "이렇게 쉽게, 이 가격에 자전거를 탈 수는 없었다." 한편 2,099달러인 고급 시커모어(Sycamore) 모델은 멋진 하이브리드 자전거로, 허브드라이브 전기모터와 5단계 e-어시스턴스가 장착되어 시속 20마일로 갈 수 있다. 슈윈은 이렇게 말한다. "어떤 종류를 찾건 슈윈에는 당신을 위한 자전거가 있다."

사용자 상태 제품 비사용자, 과거 사용자, 잠재 사용자, 첫 번째 사용자, 정기적 사용자로 시장을 구분할 수도 있다. 마케터는 정규 사용자를 강화·유지하고, 목표로 삼은 비사용자를 유혹하고, 과거 사용자와의 관계를 되살리고 싶어 한다. 잠재고객 집단에는 새로 부모가 된 소비자와 신혼부부처럼 인생의 새로운 전기를 맞아 대량 소비자로 바뀔 가능성이 있는 소비자가 포함된다. 예를 들어 P&G는 새로 부모가 된 소비자가 제대로 시작할 수 있도록 대부분의 미국 병원에서 신생아에게 팸퍼스 스와들러(Pampers Swaddler)를 사용하게 하고 '병원의 첫 번째 선택'으로 홍보한다.[13]

사용률 시장은 제품을 소비하는 양에 따라 소량 소비자, 보통 소비자, 대량 소비자로 구분되기도 한다. 대량 소비자는 전체 소비자에서 차지하는 비중이 작지만 전체 소비량에서는 큰 비중을 차지한다. ● 예를 들어 미국 남동부에서 급성장하고 있는 패스트푸드 체인 보쟁글스(Bojangles)는 주

● 대량 소비자 타깃팅: 미국 남동부에서 급성장하고 있는 패스트푸드 체인 보쟁글스는 주요 단골의 취향과 경향에 맞춘다.
Milesbeforelsleep/Shutterstock

요 단골의 취향과 경향에 맞춘다.[14]

보쟁글스는 자사의 프라이드치킨과 직접 만든 비스킷, 달콤한 아이스티에 열광하는 고객을 보퍼내틱(Bo Fanatic) 또는 보리버(Bo'liever)라고 부른다. 노스캐롤라이나 출신인 36세 농구 코치 브랜던 샌더스(Brandon Sanders)는 전형적인 보리버이다. 브랜던은 보쟁글스의 759개 매장 중 100곳 이상을 이용해보았다. 기자에 따르면 "브랜던은 프라이드치킨 전문가처럼 매장의 맛 차이를 알아챘다." 브랜던의 열정은 어린 시절의 가족 식사에서 비롯되었다. 친가 쪽은 정기적으로 보쟁글스 테이크아웃을 먹고 외가 쪽은 보쟁글스 매장에서 먹었으니 브랜던은 양쪽에서 다 먹은 셈이다. 성인이 되고는 좀 덜 먹어서 일주일에 2~3회 정도로 줄어들었다. KFC나 다른 프라이드치킨 가게에서 먹을 수도 있지만 브랜던은 "그런 곳은 영혼이 없다"고 말한다. 보쟁글스는 심지어 무릎 꿇은 보리버가 신에게 감사하며 천국을 향해 치킨 상자를 들고 있는 보모지(Bomoji)도 만들었다. 배고픈 보리버에게 보쟁글스의 오랜 슬로건은 이렇게 말한다. 언제 어디서든, 비가 오든 날이 개든, 아침이든 낮이든 밤이든 "It's Bo Time!"

충성도 수준 시장을 고객의 충성도에 따라 세분할 수도 있다. 브랜드(타이드), 소매점(타깃), 기업(애플)에 충성하는 고객을 충성도 수준에 따라 나눌 수 있다. 어떤 고객은 항상 한 브랜드만 구매하고 이를 다른 사람들에게 이야기하지 않고는 못 배긴다. 또 어떤 고객은 어느 정도 충성하여 주어진 제품군 내에서 2~3개의 브랜드에 충성하거나 한 브랜드를 선호하지만 때로는 다른 브랜드를 구입하기도 한다. 한편 어떤 브랜드에도 충성하지 않고 매번 다른 브랜드를 구매하거나 가격인하하는 것만 찾는 고객도 있다.

기업은 시장에서의 충성도 패턴을 분석함으로써 많은 것을 배울 수 있는데, 이는 충성고객을 연구하는 것부터 시작해야 한다. 충성고객은 입으로, 또 소셜미디어를 통해 브랜드를 홍보한다. 기업은 단지 충성고객을 대상으로 마케팅 활동을 하기보다는 그들을 완전히 끌어들여서 브랜드 개발과 브랜드 스토리 전파의 동반자로 만들어야 한다. 예를 들어 아랍에미리트의 선두 통신 회사는 고객이 사용량에 따라 데이터 요금제를 선택할 수 있는 젊은 층 대상 브랜드를 출시했다(마케팅 현장 7.1 참조).

어떤 기업은 실제로 충성고객이 자사를 위해 일할 수 있게 한다. 예를 들어 파타고니아는 자신들이 파타고니아 대사라고 부르는 가장 신뢰할 수 있는 고객에게 의존하는데, 이들이 엄혹한 환경에서 제품을 시험해보게 하고 '대사가 개발한' 의류와 제품에 대한 의견을 받아 공유한다.[15] 또한 기업은 충성도가 상대적으로 낮은 고객을 연구함으로써 가장 경쟁적인 브랜드를 알아낼 수 있다. 기업은 자사 브랜드에서 타사 브랜드로 전환하는 고객을 분석함으로써 마케팅의 약점을 발견하고 이를 개선하는 활동을 전개할 수 있다.

여러 세분화 변수의 복합적 사용

마케터가 시장 세분화 분석을 하나 또는 여러 개의 세분화 변수로 제한하는 경우는 거의 없다. 오히려 작고 잘 정의된 목표고객을 정의하기 위해 다수의 세분화 변수를 사용한다. 액시엄(Acxiom), 닐슨, ESRI, 익스피리언 등의 사업 정보 서비스 회사는 지리적·인구통계적·심리묘사적·행동적 데이터를 모은 다변량 세분화 시스템을 제공하여 기업이 시장을 우편번호, 동네, 가구 단위로 나눌

마케팅 현장 7.1 | 스와이프: 당신은 충분히 젊은가?

오랫동안 아랍에미리트(UAE)의 통신 분야는 정부가 주 투자자인 에티살랏(Etisalat)과 두(Du)가 독점했다. 2017년 아랍에미리트의 이동통신 가입자는 1,900만 명이었다. 에티살랏은 시장 점유율이 54.6%인 마켓리더이고 두는 45.4%로 그 뒤를 따랐다. 1982년에 이동통신 사업을 시작한 에티살랏과 그보다 훨씬 뒤인 2006년 시장에 진입한 두는 아랍에미리트를 디지털 연결 시대로 이끌어 왔다. 아랍에미리트의 이동통신 침투율은 최근 몇 년간 세계에서 가장 높은 편으로, 2017년의 연구에 따르면 전 세계에서 가장 높은 173%였다.

이렇게 된 데에는 부유한 소비자와 디지털 연결을 원하는 젊은 해외 파견 근로자라는 인구통계적 요인이 크게 작용했다. 2018년 아랍에미리트의 총인구는 954만 명이고 중위 연령은 30.3세로 추산된다. 해외 파견 근로자가 인구의 90%에 달하고 15세 이상 인구의 94%는 글을 읽고 쓸 수 있다. 또한 거주민의 평균 가계 소득은 4,500달러 이상이다.

이처럼 아랍에미리트는 전 세계에서 가장 높은 이동통신 침투율을 자랑하지만, 이 산업 부문은 최근 두 통신사가 진출하기까지 자유화나 외국 자본의 투자가 거의 이루어지지 않는 등 규제가 심했다. 그러다 2017년 9월 버진모바일(Virgin Mobile)이 진출하여 세 번째 이동통신사가 되면서 큰 파장을 일으켰다. 버진모바일 UAE는 두를 거느린 EITC (Emirates Integrated Telecommunications Company) 소속이다. EITC는 다른 세분시장을 공략하기 위해 버진모바일을 별개의 브랜드로 운영했다. 목표는 더 나은 서비스를 제공하는 여러 브랜드 전략으로 두와 에티살랏이 당면한 포화시장에서 소비자 제공물을 늘리는 것이었다.

버진모바일 UAE는 차별화된 서비스로 디지털 기술에 밝고 젊은 소비자를 겨냥했다. 서비스 중 하나는 모든 서비스가 버진모바일 UAE 앱을 통해 제공되는 다른 가입 기반 모델이다. 즉 고객은 매장에 갈 필요 없이 앱을 이용하여 번호를 선택하고, 개별화된 가입 조건을 만들고, 신분증을 스캔하면 1시간 안에 집 앞에서 심(sim)을 받아볼 수 있다.

버진모바일은 목표 세분시장의 흥미를 더욱 끌기 위해 장기 계약을 요구하지 않음으로써 고객은 월 사용량을 조정할 수 있었다. 또한 고객은 앱을 이용하여 실시간 데이터를 확인할 수 있다. 버진모바일은 데이터 1GB(무료 +1GB)와 50분/문자로 구성된 기본 플랜부터 7GB(무료 +7GB)와 300분/문자로 구성된 상위 플랜까지 다양한 플랜을 제공하여 소량 사용자와 대량 사용자를 둘 다 만족시켰다. 버진모바일은 젊은 층을 대상으로 하지만 모든 연령이 사용할 수 있으며 훨씬 광범위한 세분시장을 겨냥했다. 버진모바일은 한 달 무료 서비스 사용도 제공했다.

버진모바일이 아랍에미리트에 진출한 지 며칠 후 또 다른 이동통신 브랜드가 시장에 진입한다는 소식이 전해졌다. 에티살랏도 뒤처지지 않기 위해 젊은 층 대상의 스와이프(Swyp)를 출시했다. 아랍에미리트의 네 번째 이동통신 브랜드인 스와이프는 젊은이만을 위한 브랜드로, 심 카드를 얻는 데에는 15~29세라는 엄격한 나이 제한이 있다. 사용자는 심 카드를 수령할 때 신분증을 보여주어야 하지만 29세가 지나도 계속 사용할 수 있다.

스와이프는 가입 패키지의 일부로 다양한 제품의 프로모션과 할인 혜택을 통해 젊은 층에 대한 서비스를 확대했다. 가입 플랜에 상관없이 고객은 매월 1일에 식당, 가게, 놀이동산, 영화관 등의 상품권과 할인권을 받는다. 가장 기본적인 플랜은 소셜미디어 데이터 5GB를 포함한 월 14달러이고 음성통화, 문자, 데이터 등을 추가할 수 있다. 에티살랏 매장을 방문하면 스와이프에 가입할 수 있으며 앱을 통해서도 구입, 등록, 관리가 가능하다. 심 카드는 스와이프 앱으로 주문하여 배송받거나 에티살랏 매장에 직접 가서 받을 수 있다. 또한 가입자는 에티살랏의 네트워크로 연결된 시내의 스와이프 네트워크 와이파이 핫스팟을 이용할 수 있다.

스와이프의 광고는 밀레니얼을 대상으로 하고 데이터와 앱 사용에 중점을 둔다. 스와이프, 즉 'So, What's Your Plan?'은 광고의 주요 문구로 쓰인다. 젊은 층에게 좀 더 매력적으로 다가가기 위해 스와이프는 인스타그램과 스냅챗을 위한 특별 패키지도 개발했다.

진출한 지 1년이 지난 후 버진모바일 UAE는 심 카드를 1시간 안에 배달하며 앱 사용 면에서도 완전히 새로운 고객 경험을 제공한다고 주장한다. 가격 측면에서 스와이프 사용자는 일반 데이터를 구매하기 위해 추가로 지불해야 하지만 버진모바일은 기본으로 일반 데이터를 제공한다. 예를 들어 인터넷 사용이나 스트리밍을 위한 일반 데이터 1GB에 4달러를 내야 하므로 최종 가격이 올라간다. 그러나 버진모바일 UAE와 스와이프 둘 다 에티살랏과 두보다 1GB당 데이터 비용이 훨씬 저렴하다. 밀레니얼 시장에서 새로운 공급자로서 경쟁하는 버진모바일 UAE와 스와이프는 아랍에미리트의 이동통신 시장을 확실히 변화시켜 미래에 더 많은 하위 브랜드가 출시될 가능성과 젊은 층의 욕구에 부응하는 유연한 패키지의 가능성을 일구었다.[16]

스와이프는 15~29세의 젊은 소비자를 목표시장으로 삼고 있다.
Rawpixel.com/Shutterstock

● 마케터는 액시엄의 퍼소닉스 세분화 시스템을 이용하여 소비자가 어떤 사람들인지, 어떤 제품을 구매할 것인지 놀랄 만큼 정확하게 예측할 수 있다. 퍼소닉스의 군집은 '정상의 부동산', '스카이박스와 교외', '힘들게 사는 사람들', '장난감과 아기', '시골에 사는 미혼', '손주 키우기', '트럭 모는 멋쟁이', '농장 가족', '도시 거주자', '한 푼도 아끼는 주택 융자자', '만화영화 보여주며 아이들 카풀하기'와 같은 흥미로운 이름을 가지고 있다.
Acxiom Corporation

수 있도록 도와준다.

● 예를 들어 액시엄의 퍼소닉스 생애단계(Personicx Lifestage) 시스템은 미국 가구를 21개의 생애단계 집단 내 70개의 군집 중 하나로 분류한다.[17] 그리고 이러한 군집에는 '정상의 부동산(Summit Estates)', '스카이박스와 교외(Skyboxes and Suburbans)', '힘들게 사는 사람들(Hard Chargers)', '장난감과 아기(Toys and Tots)', '시골에 사는 미혼(Country Single)', '손주 키우기(Raisin' Grandkids)', '트럭 모는 멋쟁이(Truckin' and Stylin)', '농장 가족(Farmland Families)', '도시 거주자(Downtown Dwellers)', '한 푼도 아끼는 주택 융자자(Pennywise Morgagees)', '만화영화 보여주며 아이들 카풀하기(Cartoons and Carpools)'와 같은 흥미로운 이름을 붙였다.

각 세분시장은 각자의 인구통계적 특성, 라이프스타일, 호불호, 구매 행동을 가지고 있다. 마케터는 퍼소닉스 시스템을 이용하여 소비자가 어떤 사람들인지, 어떤 제품을 구매할 것인지 놀랄 만큼 정확하게 예측할 수 있다. 예를 들어 '만화영화 보여주며 아이들 카풀하기' 군집은 중위 소득, 기혼, 30대 중반, 아이가 있는 부부로 이루어져 있다. 이들은 수입, 교육, 주택 가격이 거의 중간에 위치하며 가족을 위한 지출 면에서 어렵지 않은 편이다. 이 군집에는 히스패닉과 블루칼라 직업이 몰려 있으며, 주로 미니밴과 픽업트럭을 몰고 자녀의 의류와 신발을 많이 구입하며 동물원, 놀이공원, 캠핑을 자주 간다.[18]

퍼소닉스와 기타 유사 시스템은 마케터가 소비자와 지역을 마케팅 활동을 위한 비슷한 성향의 집단으로 세분하는 것을 돕는다. 이와 같은 정교한 세분화는 모든 마케터에게 강력한 도구로서, 기업이 주요 고객을 찾아서 더 잘 이해할 수 있도록, 더 효율적으로 접근하도록, 고객의 특정 욕구에 제품과 정보를 맞출 수 있도록 돕는다.

산업재 시장의 세분화

소비재 시장과 산업재 시장의 마케터는 시장을 세분하기 위해 대체로 동일한 변수를 사용한다. 산업재 소비자는 지리적 요인, 인구통계적 요인(산업, 회사 규모) 또는 추구하는 혜택, 사용자 상태, 사용률, 충성도 수준에 따라 구분할 수 있다. 그러나 산업재 마케터는 고객의 **사업 운영상 특징, 구매 방식, 상황 요인, 개인적 특징** 등과 같은 변수를 추가로 사용한다.

대부분 기업은 어느 정도 산업재 시장을 상대하고 있다. 예를 들어 스타벅스는 대학, 정부, 군부대, 사무실 커피 등 다양한 상업 세분시장을 개발했다. 사무실과 자판기 시장을 위한 스타벅스 브랜디드 솔루션스(Starbucks Branded Solutions) 시스템은 모든 규모의 사업자에게 다양한 직장 커피 서비스를 판매하면서 직장인이 스타벅스 커피와 관련 제품을 구할 수 있도록 도와준다. 스타벅스는 이러한 산업재 소비자가 커피[스타벅스 또는 시애틀스 베스트(Seattle's Best), 토레파치오네 이탈리아(Torrefazione Italia)], 시럽, 브랜드가 표기된 종이 제품 및 제공 방식(끓인 커피, 프리미엄 셀프서비스, 완제품)을 비롯해 최고의 사무실 솔루션을 기획할 수 있도록 지원한다. 대학 시장에는 프리미엄 셀프서비스, 완제품, 라이선스 매장과 같은 다양한 스타벅스 제품을 제공한다. 스타벅스는 산업재 소비자를 위해 커피, 차, 종이 제품뿐 아니라 장비, 훈련, 마케팅과 제품 지원까지 제공한다.[19]

많은 기업은 대규모 또는 복수 지역의 소비자를 위해 별개의 시스템을 구축한다. 예를 들어 사무용 가구 제조업체인 스틸케이스(Steelcase)는 먼저 고객을 의료, 교육, 숙박, 법조계, 미국·캐나다 정부, 주·지방 정부, 건축과 디자인 등의 세분시장으로 나누고, 영업사원이 스틸케이스 딜러들과 협력하여 각 세분시장의 고객에 대처한다. 그러나 엑슨모빌(ExxonMobil)이나 IBM과 같은 전국적인 복수 지역 고객은 개별 딜러의 범위를 넘어서는 특별한 욕구를 가지고 있다. 그러므로 스틸케이스는 딜러 네트워크의 국내 및 국외 거래처 관리를 돕는 전국 거래 관리자를 운영한다.[20]

국제시장의 세분화

소수의 기업만이 세계 각국에서 사업을 운영할 수 있는 충분한 자원 또는 의지를 가지고 있다. 코카콜라나 유니레버와 같은 대기업은 200여 개국에서 제품을 판매하고 있지만 대부분의 글로벌 기업은 더 적은 국가에 초점을 맞춘다. 가까이 있는 나라라 할지라도 경제적·문화적·정치적 구성이 매우 다를 수 있다. 따라서 글로벌 기업은 국내시장에서와 마찬가지로 국제시장을 독특한 구매 욕구와 행동을 가진 세분시장으로 구분해야 한다.

기업은 국제시장을 변수 하나 또는 여러 변수의 조합으로 세분할 수 있다. 기업은 서유럽, 태평양 지역, 남아시아, 아프리카 등 지리적 위치에 따라 시장을 세분할 수 있다. **지리적 세분화**는 가까운 곳에 위치한 국가들이 공통된 특징과 행동을 많이 공유한다고 가정한다. 그러나 예외도 있다. 예를 들어 일부 미국 마케터는 중미와 남미 국가를 하나로 묶지만 이탈리아와 스웨덴이 서로 다르듯이 도미니카공화국과 브라질은 서로 매우 다르다. 포르투갈어를 사용하는 브라질 사람 2억 명과 다양한 토착어를 사용하는 수백만 명을 비롯해 많은 중남미 사람은 스페인어를 쓰지 않는다.

세계 시장은 **경제적 요인**에 따라서도 세분할 수 있다. 국민의 소득 수준, 전반적인 경제 개발 수준에 따라 국가를 구분할 수 있다. 국가의 경제 구조는 제품과 서비스에 대한 국민의 욕구를 형성하고 마케팅 기회를 제공한다. 예를 들어 많은 기업은 브라질, 러시아, 인도, 중국, 남아프리카와 같이 급속도로 증가하는 구매력을 바탕으로 빠르게 성장하는 BRICS 국가를 겨냥하고 있다.

정부의 형태와 안전성, 외국 기업 수용성, 금융 규제, 관료화의 정도 등과 같은 **정치적·법적 요인**에 따라 국가를 세분할 수 있다. **문화적 요인**도 세분화에 사용될 수 있는데, 이는 공통 언어, 종교, 가치와 태도, 관습, 행동 양식에 따라 시장을 세분화하는 것이다.

국제시장을 지리적·경제적·정치적·문화적 요인 및 기타 요인을 바탕으로 세분하는 것은 각 세분시장이 각기 다른 국가의 군집으로 묶인다고 가정한다. 그러나 마케터는 이제 소셜미디어, 휴대전화, 위성 TV 방송 같은 기술 덕분에 소비자가 어디에 살고 있든 상관없이 유사한 기호를 가진 소비자로 구성된 세분시장을 정의하여 접촉할 수 있다. 마케터는 **시장 간 세분화**(intermarket segmentation, cross-market segmentation)를 사용하여 서로 다른 국가에 속해 있을지라도 비슷한 욕구와 구매 행동을 가진 소비자들로 세분시장을 형성한다.

시장 간 세분화
서로 다른 국가에 속해 있을지라도 비슷한 욕구와 구매 행동을 가진 소비자들로 세분시장을 형성하는 것

● 예를 들어 전 세계에서 가장 큰 패스트패션 소매업체인 자라(Zara)는 패션에 관심이 많지만 가격에 민감한 96개국의 소비자를 겨냥한다. 2,250개 이상의 매장과 40개의 온라인 매장에서 멋진 스타일에 품질이 좋고 계속 변화하는 패션을 고급 브랜드의 몇 분의 1 가격에 제공함으로써 일종의 '역가격표 충격'을 주고 있다. 자라는 오늘날의 디지털 기술을 사용하여 비슷한 성향의 목표고객이 어디에 거주하든지 관여시킨다. 예를 들어 자라는 인스타그램 팔로워 3,000만 명, 페이스북

● 시장 간 세분화: 패스트패션 소매업체인 자라는 오늘날의 기술을 사용하여 고객이 어디에 거주하든 스타일을 중시하고 가격에 민감하며 성향이 비슷한 고객을 목표로 삼을 수 있다.
Eyal Dayan Photography

팔로워 2,700만 명, 핀터레스트 팔로워 63만 6,000명, 유튜브 구독자 7만 명을 보유하고 있다. 자라에 접속하면 지구상 어디에 있든 같은 유형의 고객을 대상으로 하는 동일한 흥미로운 것을 보게 될 것이다.[21]

효과적인 시장 세분화를 위한 조건

시장을 세분화하는 방법은 많지만 모든 세분화가 효과적인 것은 아니다. 예를 들어 소금 구매자를 금발과 갈색 모발로 구분할 수 있으나 머리카락 색깔이 소금 구매에 영향을 미치지 않는다는 것은 분명하다. 만약 모든 소금 구매자가 매달 같은 양을 구매하고, 모든 소금 제품이 같다고 믿으며, 같은 가격을 지불하고자 한다면 소금 회사는 시장 세분화를 할 필요가 없다.

시장 세분화를 마케팅 전략에 유용하게 사용하려면 세분시장이 다음과 같은 사항을 갖추어야 한다.

- 측정 가능성(measurable): 세분시장의 크기, 구매력, 특성을 측정할 수 있어야 한다.
- 접근 가능성(accessible): 세분시장은 효과적으로 접근하여 만족시킬 수 있어야 한다.
- 규모의 적정성(substantial): 세분시장은 공략할 만한 충분한 규모와 수익 가능성을 가지고 있어야 한다. 세분시장은 맞춤형 마케팅 프로그램을 추구할 가치가 있을 정도로 되도록 규모가 크면서도 동질적인 집단으로 구성되어야 한다. 예를 들어 키가 2미터 이상인 사람들을 위해 특별한 차를 개발하는 것은 가치가 없을 것이다.
- 차별화 가능성(differentiable): 세분시장은 개념적으로 구별되고, 다른 마케팅믹스 요소와 마케팅 프로그램에 다르게 반응한다. 만약 남성과 여성이 청량음료 마케팅에 비슷하게 반응한다면 이들을 같은 세분시장으로 구성한다.
- 실행 가능성(actionable): 세분시장을 끌어들이고 이들에게 서비스하기 위해 효과적인 프로그램을 기획할 수 있다. 예를 들어 작은 항공사가 세분시장을 7개로 구분하더라도 각 세분시장이 너무 작으면 항공사 관리자는 각 세분시장을 위한 각각의 마케팅 프로그램을 개발할 수 없을 것이다.

저자 코멘트 | 시장을 세분시장으로 구분했다면 그림 7.1에서 제기한 첫 번째 마케팅 전략 질문에 답할 차례이다. 어떤 고객을 대상으로 할 것인가?

목표시장 선정

학습목표 7-3 기업이 어떻게 매력적인 세분시장을 확인하고 시장 표적화 전략을 선택하는지 이해한다.

시장 세분화는 기업의 세분시장 기회를 보여준다. 이제 기업은 여러 세분시장을 평가하고, 얼마나 많은 세분시장과 어떤 세분시장을 가장 잘 공략할 수 있는지 결정해야 한다. 기업이 어떻게 세분시장을 평가하고 선정하는지 알아보자.

세분시장 평가

여러 세분시장을 평가할 때 기업은 각 세분시장의 규모와 성장성, 구조적 매력도, 자사의 목표와 자원 등을 살펴보아야 한다. 먼저 기업은 적정 규모와 성장 관련 특징을 가진 세분시장을 선정하고자 한다. 그러나 적정 규모와 성장은 상대적인 개념이다. 가장 크고 성장 속도가 빠른 세분시장이 항상 최선인 것만은 아니다. 소규모 기업은 큰 세분시장을 공략하는 데 필요한 기술과 자원이 부족할 수도 있고, 그 세분시장이 너무 경쟁적이라는 것을 알게 될 수도 있다. 이러한 기업은 절대적인 의미에서 더 작고 덜 매력적이지만 잠재적으로 수익 가능성이 큰 세분시장을 겨냥할 수 있다.

또한 기업은 장기적인 측면에서 세분시장의 매력도에 영향을 미치는 요인을 점검할 필요가 있다.[22] 만약 이미 시장에 강력하고 공격적인 경쟁자가 많다면 또는 새로운 경쟁자가 쉽게 세분시장에 진입할 수 있다면 이 세분시장은 매력적이지 않다. 그리고 실제 대체품이나 잠재적인 대체품이 많다면 이 세분시장에서 확보할 수 있는 가격과 수익을 제한할 것이다. 상대적인 구매자의 힘도 세분시장의 매력도에 영향을 미친다. 판매자에 비해 상대적으로 강한 교섭력을 가진 구매자는 가격을 낮추고, 더 많은 서비스를 요구하며, 경쟁자들이 서로 수익성을 훼손하면서 경쟁하도록 강요할 것이다. 마지막으로 공급 가격을 통제하거나 주문된 제품과 서비스의 품질과 양을 낮출 수 있는 강력한 공급업자들이 있다면 그 세분시장은 덜 매력적일 것이다.

세분시장이 적정 규모와 성장 가능성을 가지고 있고 구조적으로 매력적일지라도 기업은 자신의 목표와 자원을 고려해야 한다. 일부 매력적인 세분시장은 자사의 장기적인 목표와 부합되지 않으면 바로 고려 대상에서 제외된다. 기업은 매력적인 세분시장에서 성공하는 데 필요한 기술과 자원이 부족할 수도 있다. 예를 들어 자동차 시장의 소형차 세분시장은 규모가 크고 성장 중이지만 기업의 목적과 자원을 고려할 때 고급 성능의 차를 제조하는 메르세데스벤츠가 이 시장에 진입하는 것은 적절하지 않을 것이다. 기업은 경쟁사보다 우월한 가치를 제공하고 경쟁우위를 확보할 수 있는 세분시장에만 진입해야 한다.

목표시장 선정

여러 세분시장을 평가한 후 기업은 어떤 세분시장을 공략할지 그리고 얼마나 많은 세분시장을 공략할지 결정해야 한다. **목표시장**(target market)은 기업이 만족시키고자 하는 공통된 욕구와 특징을 공유하는 구매자의 집합으로 구성된다. 목표시장 선정은 다양한 수준에서 수행할 수 있다. ● 그림 7.2에서 보듯이 기업은 목표시장을 매우 넓게(비차별적 마케팅), 매우 좁게(미시 마케팅), 또는 이들의 중간(차별적 마케팅 또는 집중적 마케팅) 정도로 선정할 수 있다.

목표시장
기업이 만족시키고자 하는 공통된 욕구와 특징을 공유하는 구매자의 집합

비차별적(대량) 마케팅
기업이 세분시장 간의 차이를 무시하고 하나의 제공물로 전체 시장을 겨냥하는 시장 장악 전략

비차별적 마케팅

기업은 **비차별적 마케팅**(undifferentiated marketing) 또는 **대량 마케팅**(mass-marketing) 전략을 사용함으로써 세분시장 간의 차이를 무시하고 하나의 제공물로 전체 시장을 겨냥할 수 있다. 이러한 전략은 소비자의 욕구 차이보다는 공통된 부분에 집중한다. 기업은 다수의 소비자에게 소구할 수 있는 제품과 마케팅 프로그램을 설계한다.

앞에서 언급했듯이 오늘날 대부분의 마케터는 이러한 전략에 의구심을 지니고 있다. 모든 소비자를 만족시키는 한 가지 제품이나 브랜드를 개발하려 할 때 어려움이 발생한다. 게다가 대량 마케터는 특정 세분시장이나 틈새시장의 욕구를 더 잘 충족하는, 더 집중화된 전략을 사용하는 기업과 경쟁하는 데 어려움을 겪곤 한다. 그리고 마케터는 새로운 디지털 기술을 이용하여 다수의

● 그림 7.2
시장 표적화 전략

그림은 대량 마케팅(실질적으로 목표시장을 선정하지 않는 것)부터 개인 마케팅(개별 고객에 대해 제품이나 프로그램을 개별화하는 것)에 이르기까지 광범위한 목표시장 선정을 위한 전략을 보여준다. 우리는 mymms.com에서 작은 사탕에 자기 얼굴과 메시지를 담은 엠앤드엠스를 주문할 수 있다.

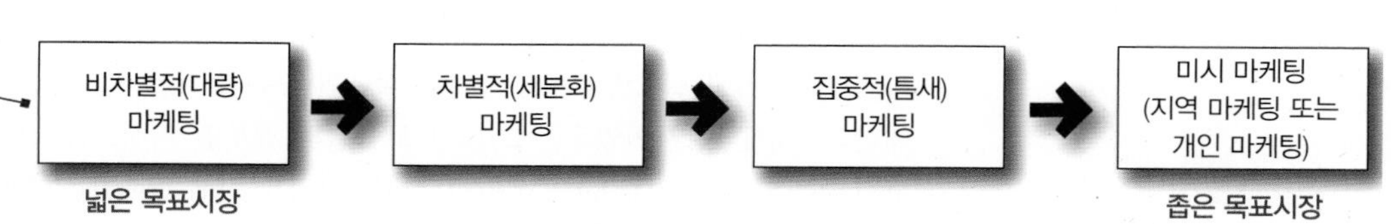

소비자에게 개별화된 마케팅 제공물과 정보를 제공할 수 있다.

차별적 마케팅

차별적(세분화) 마케팅
기업이 여러 세분시장을 공략하기로 하고 세분시장별로 각기 다른 제품을 기획하는 시장 장악 전략

차별적 마케팅(differentiated marketing) 또는 **세분화 마케팅**(segmented marketing) 전략을 사용하는 기업은 여러 세분시장을 공략하기로 하고 세분시장별로 각기 다른 제품을 기획한다. ● 예를 들어 메리어트인터내셔널은 최고급인 리츠칼튼과 세인트레지스, 고급인 웨스틴, 쉐라톤, 메리어트, 대중적인 코트야드, 레지던스인, 알로프트 등 30개 이상의 호텔 브랜드를 운영한다. 각 호텔 브랜드는 수십 개의 여행 세분시장을 대상으로 한다.

● 차별적 마케팅: 메리어트는 30개 이상의 호텔 브랜드로 호텔 산업을 장악하여 여행 시장에서 상당한 시장 점유율을 차지하고 있다.
Associated Press

예를 들어 리츠칼튼, 세인트레지스, W호텔은 럭셔리 세분시장을 대상으로 하고 메리어트, 쉐라톤, 웨스틴은 좀 더 대중적이지만 상류 여행객을 대상으로 한다. 코트야드바이메리어트는 기업 고객을 위한 좀 더 저렴한 객실에 중점을 두며, 레지던스인은 장기 투숙 기업 고객과 일반 고객을 대상으로 한다. 알로프트는 '기술에 능숙하고 사교적이며 열린 공간과 열린 사고, 열린 표현을 선호하는 여행객에게 적당한 가격의 대안'을 제공한다. 메리어트베이케이션클럽은 여행객에게 타임셰어(콘도미니엄 분양권)를 제공한다. 즉 메리어트 브랜드는 여행 세분시장마다 적절한 상품을 제공한다.[23]

기업은 세분시장에 따라 다양한 제품과 마케팅을 제안함으로써 각 세분시장에서 더 많은 매출과 더 강력한 위치를 기대할 수 있다. 여러 세분시장에서의 강력한 위치 개발을 통해 모든 세분시장을 겨냥하는 비차별적 마케팅보다 더 큰 총매출을 얻을 수 있다. 차별화된 방식으로 메리어트는 호텔 산업을 장악하여 여행 시장에서 상당한 시장 점유율을 차지하고 있다.[24]

그러나 차별적 마케팅을 이용하면 사업 운영 비용이 증가한다. 다시 말해 한 제품을 100개 만드는 것보다 10개의 제품을 각각 10개씩 만드는 데 드는 비용이 훨씬 크다. 또한 세분시장별로 각기 다른 마케팅 계획을 개발하는 데에는 추가적인 마케팅 조사, 판매 예측 분석, 매출 분석, 촉진 기획, 유통경로 관리가 필요하다. 각기 다른 광고로 각 세분시장에 접근하는 것은 촉진 비용을 증가시킨다. 또한 비슷한 브랜드가 너무 많으면 소비자가 혼란스러워하고 각자의 소비자를 잠식할 수도 있다. 예를 들어 메리어트의 경우 특정 세분시장에서 서로 경쟁하는 30개의 브랜드가 과연 필요할까? 따라서 기업은 얼마나 많은 브랜드를 운영하고 어떻게 차별화하는지에 대해 장단점을 따져보아야 한다.

집중적 마케팅

집중적(틈새) 마케팅
기업이 하나 또는 소수의 세분시장이나 틈새시장에서 큰 시장 점유율을 추구하는 시장 장악 전략

집중적 마케팅(concentrated marketing) 또는 **틈새 마케팅**(niche marketing) 전략을 사용하는 기업은 큰 시장에서 낮은 시장 점유율을 추구하기보다는 작은 시장이나 틈새시장에서 높은 시장 점유율을 추구한다. 예를 들어 의류 업계의 틈새시장을 공략하는 아메리칸자이언트(American Giant)를 살펴보자.[25]

아메리칸자이언트는 미국에서 생산한 제한된 종류의 기본 의류를 회사 웹사이트와 모바일을 통해 판매한다. 아메리칸자이언트는 2012년 고품질의 맨투맨 티셔츠(《슬레이트 매거진》이 '인간이 만든 최고의 후드티'라고 일컬음)를 온라인상에서 적정 가격에 판매하는 스타트업으로 시작했다. 아메리칸자

이언트는 사업 초기부터 기능성과 내구성을 개선하기 위해 어깨와 허리 부분에 이중 안감과 리브 패널 같은 신기술이 적용된 후드티 등 몇 가지로 제한된 고품질, 클래식한 미국 스타일 제품에 초점을 맞추었다. 아메리칸자이언트는 고품질의 직물과 의류를 생산하기 위해 미국 내의 목화 경작자 및 공장과 지속적인 관계를 맺고 있다.

제품을 티셔츠, 작업 셔츠, 스웨터, 폴로셔츠, 조끼, 재킷, 청바지 등으로 확장했지만 아메리칸자이언트는 여전히 단순함, 품질, 내구성, 가치라는 기본을 지향한다. 예를 들어 처음 출시된 218 일자 청바지는 호주머니가 5개에 넉넉한 클래식한 스타일로 색상도 한 종류, 모양도 한 종류이며 가격도 단일이다. 이 제품은 조지아주 트라이언에 있는 173년 된 마운트버넌 공장에서 생산된다. 아메리칸자이언트는 제품뿐 아니라 모든 면에서도 기본으로 접근한다. 한 분석가에 따르면 "아메리칸자이언트는 마케팅 활동을 거의 안 하고, 오프라인 매장도 없고, 유행을 따르지도 않으며, 중간대 가격에 최상의 품질을 생산하기 위해 근로자에게 최고의 대우를 해준다." 갭이나 리바이스와 비교하면 훨씬 작지만 아메리칸자이언트는 틈새시장에서 폭발적으로 성장하고 있다.

기업은 집중적 마케팅을 이용하여 틈새시장에서 얻은 고객 욕구에 대한 풍부한 지식과 축적된 특별한 명성으로 강력한 시장 위치를 확보할 수 있다. 기업은 주의 깊게 정의된 세분시장의 욕구에 맞게 제품, 가격, 홍보 프로그램을 조율함으로써 보다 효과적으로 제품을 판매할 수 있다. 또한 제품과 서비스, 채널, 커뮤니케이션 프로그램으로 자사가 가장 잘 만족시킬 수 있고 가장 많은 수익을 낼 수 있는 고객을 겨냥함으로써 보다 효율적으로 제품을 판매할 수 있다.

틈새시장 전략을 통해 소규모 기업은 대규모 경쟁자들이 중요하게 여기지 않거나 간과하는 틈새시장에 제한된 자원을 집중할 수 있다. 올바른 가치 제안을 선택하는 것은 중요하며, 이는 고객에게 브랜드의 독특한 차별점을 제공함으로써 고객과 연결되게 해준다. 예를 들어 이탈리아의 스포츠 브랜드 휠라(Fila)는 적절한 가격에 멋진 운동화를 제공함으로써 Z세대에 접근한다(마케팅 현장 7.2 참조).

많은 기업은 규모가 크고 자원이 풍부한 경쟁사에 대항할 수 있는 교두보를 마련하기 위해 틈새시장 메이커(nicher)로 사업을 시작하고, 어느 정도 성장하면 보다 넓은 시장에서 경쟁하게 된다. 예를 들어 사우스웨스트항공은 불필요한 서비스를 원하지 않는 주(州) 내 여행자와 통근자를 대상으로 사업을 시작했지만 지금은 미국에서 가장 큰 항공사 중 하나이다. 렌터카(Rent-A-Car)는 공항에 있는 허츠(Hertz)나 에이비스(Avis)와 경쟁하는 대신 동네 사무실 네트워크를 구축하면서 사업을 시작했지만 지금은 미국에서 가장 큰 자동차 대여 회사이다. 또한 아마존은 온라인에서 책을 팔며 시작했지만 지금은 미국의 가장 큰 온라인 백화점으로 모든 것을 판매하고 있다.

집중적 마케팅은 틈새 기업의 이점을 가지고 수익성이 매우 높을 수 있다. 동시에 집중적 마케팅은 평균보다 높은 위험을 수반하기도 한다. 하나 또는 몇 개의 세분시장에 모든 사업의 사활을 거는 기업은 그 세분시장이 악화되면 위기를 맞을 것이다. 또한 성공적인 틈새 기업에 위협을 느낀 대규모 경쟁자들이 더 풍부한 자원을 가지고 그 세분시장에 진입할지도 모른다. 또는 큰 기업이 시장을 지키기 위해 틈새 기업을 공격하거나 합병하려고 할 수도 있다. 해리스(Harry's)와 달러셰이브클럽(Dollar Shave Club)은 소비자에게 직접 면도기를 배송하는 사업에서 그러한 경험을 했다.

실제로 많은 대기업은 틈새 브랜드를 개발하거나 인수한다. 예를 들어 코카콜라의 벤처 & 신흥브랜드(Venturing & Emerging Brands) 부서는 틈새 음료를 판매하는데, 여기에는 어니스트티(Honest Tea: 전국 1위 유기농 완제품 차, 레모네이드, 청량음료 브랜드), 허버츠레모네이드(Hubert's Lemonade), 퓨즈(FUZE: 차, 과일 및 다른 향의 혼합), 수자(Suja: 유기농 및 착즙 주스 선도 브랜드), 페어라이프(Fairlife: 정제 우유) 외에도 여러 브랜드가 포함된다. 이러한 브랜드는

마케팅 현장 7.2 | 패션으로 돌아온 휠라

세계 많은 도시의 거리에서 요가나 필라테스 수업, 헬스클럽에 가는 것처럼(실제로는 가지 않지만) 운동 복장을 한 사람을 흔히 볼 수 있다. 운동복, 요가 바지, 운동화와 같은 스포츠 패션은 세계의 패션과 의류 산업의 주류가 되었다. 이러한 추세는 비전통적인 운동복 브랜드에 많은 기회를 제공했고, 사람들은 전에는 구매하지 않았을 브랜드를 실험적으로 구매하고 있다.

최근의 스포츠 패션 트렌드는 특히 운동화에서 새로운 스타일, 디자인, 혁신을 즐기는 사람들에게 다양한 가치 제안을 하는 새로운 세분시장을 만들고 있다. 운동화 시장은 각 목표집단을 위해 각기 다른 가치 제안을 하는 5개의 세분시장으로 구분할 수 있다.

- **스포츠 세분시장**은 전통적인 세분시장으로 체력 단련과 스포츠에 정기적으로 참가하는 소비자로 구성된다. 이들은 잘 알려진 고품질, 고가격 브랜드를 선호한다.
- **전문 스포츠 세분시장**에는 달리기, 자전거 타기, 농구 등 특정 스포츠에 전념하는 소비자가 있다. 이들은 정기적으로 훈련을 하고 특정 종목의 특별한 운동화를 찾는다. 구매는 고관여 활동이고 특정 브랜드에 충성하는 경향이 있다.
- **일상적으로 운동화를 신는 세분시장**은 평범한 운동화 사용자로 구성된다. 이들에게 운동화는 일상생활의 일부분이지만 어떤 종목에 한정되지 않는다. 운동화 선택의 주요 기준은 편안함과 가성비이며, 안전하고 위험 부담이 적은 구매라는 생각에 잘 알려진 브랜드를 선호한다.
- **성장하고 있는 패션 스포츠 세분시장**은 젊은 성인과 10대로 구성된다. 이들은 자신의 사회적 반영이자 자기 정체성의 반영인 스타일, 디자인, 브랜드 이미지를 위해 구매한다. 패션에 민감한 운동화를 원하지만 부모님이 신는 브랜드일 필요는 없다.
- **가격에 민감한 세분시장**은 저렴한 신발을 구매하는 소비자로 이루어져 있다. 이들은 저렴한 신발, 즉 대개는 품질이 낮고 스포티한 신발을 찾는다. 이 세분시장은 주로 가족, 은퇴자, 매일 신을 수 있는 캐주얼한 여벌의 신발을 찾는 소비자로 구성된다.

'애슬레저'로 불리는 패션 스포츠 시장은 빠르게 성장하는 세분시장이다. 건강에 관한 관심 같은 다양한 사회적·인구통계적 요인이 좀 더 활동적인 생활 습관을 추구하게 함으로써 운동 관련 제품이 인기를 얻게 되었다. 애슬레저 세분시장은 싼 가격으로 같은 혜택을 얻는다는 가치 제안, 즉 운동 관련 복장을 다용도로 입음으로써 일상적으로 활용할 수 있기 때문에 현재 특별한 인기를 누리고 있다. 언더아머, 룰루레몬, 뉴발란스, 컨버스, 반스, 휠라, 챔피언스 등의 기존 브랜드와 신진 브랜드 모두 스포츠 패션 시장에 있는 다양한 세분시장의 욕구를 반영하기 위해 제품의 폭을 넓히고 있다. 애슬레저 트렌드로 이익을 얻는 브랜드 중 하나는 특히 운동화 세분시장에서 다시 인기를 얻고 있는 이탈리아의 스포츠 용품 브랜드 휠라이다.

휠라는 1990년대에 인기가 있었으나 주요 스포츠 브랜드의 성장하는 지배력에 대부분의 시장 점유율을 잃었다가 2017~2018년에 가격을 인하하고 효과적인 브랜드 포지셔닝과 타깃팅 전략을 구사하여 다시 떠오르는 패션 브랜드가 되었다. 아디다스의 변화와 비슷한 방식으로 휠라는 패션과 스포츠의 교차점에 브랜드를 포지셔닝했다. 이는 휠라의 가치 제안이 트렌디하고 운동선수와 같은 모습을 원하는 젊은 소비자와 잘 맞았기 때문에 많은 가시성을 주었다.

영화, TV 드라마, 시리얼에 이르기까지 1990년대와 관련된 레트로 열풍이 일었다. 휠라는 그 당시에 매우 인기 있고 중요한 브랜드였으며, 그 시기의 부활은 트렌드를 잘 활용할 수 있는 좋은 기회가 되었다. 젊은 세분시장에서 특히 인기가 많은 디스럽터2(Disruptor2) 라인은 휠라가 시작한 것으로 발렌시아가(Balenciaga)와 펜디(Fendi) 같은 고급 패션 브랜드와 킴 카다시안 같은 유명인도 채택한 '어글리 슈즈' 유행의 일부이다. 휠라의 DNA 중 일부라고 주장하는 이 운동화는 순식간에 가장 인기 있는 스타일로 부상했고, 휠라를 유행 패션의 필수 브랜드로 만들어주어 휠라의 자부심을 나타내는 상징이 되었다. 그러나 휠라는 자사의 미래가 단지 과거의 전략과 현재의 트렌드를 보는 데 있는 것이 아니라 과거, 현재, 미래의 균형을 맞출 수 있는 스포츠 패션 브랜드가 되는 것을 목표로 한다고 밝혔다.

휠라의 재포지셔닝과 귀환은 목표고객의 주목을 끌어 성공을 거두었다. 1990년대의 인기부터 시장에서 자취를 감추었다가 시장에 다시 나타난 것까지 휠라는 투박한 운동화의 이야기를 하면서 브랜드 대화로 젊은 층에게 영감을 주기 위해 과거에 관한 이야기를 강화했다고 말한다. 휠라는 과거의 운동화가 다시 유행하기까지의 패션 이야기를 통해 고객에게 특별한 가치를 제공하려 하며, 신발 트렌드가 브랜드 포지셔닝뿐 아니라 스타일 좋고 트렌디한 스포츠화를 저렴한 가격에 제공한다는 가치 제안에 맞추기 위해 진화한다고 믿는다.

판매와 인기가 계속되어 휠라는 2018년 사사분기에 대략 6억 4,000만 달러의 수익을 올려 28%의 성장률을 보고했다. 휠라는 목표고객이 더 많은 가치와 진정성을 원하면서도 좀 더 트렌디한 패션을 원한다는 것을 알고 있다. 이에 고객에 더 가깝고, 따라서 운영 규모가 작고 더 유연하며 트렌드에 잘 대처하고 목표시장에 더욱 집중하는 중간 시장 브랜드로 포지셔닝한다. 휠라가 생각하기에 이것은 트렌드를 반영하는 데 시간이 더 걸리는 큰 규모의 기업보다 나은 이점이다. 밀레니얼과 Z세대는 캐주얼 복장을 선호하는데, 이는 앞으로도 스포츠 의류 시장을 견인할 것이다. 기성 브랜드는 분명 이점이 있지만 휠라처럼 뚜렷한 비전과 파괴적 개념을 가진 실험적인 브랜드는 젊은 층 시장에서 좀 더 환영받는 위치를 차지한다.[26]

휠라는 레트로 열풍뿐만 아니라 브랜드가 제품에 관한 이야기를 만들어내는 능력 덕분에 부활할 수 있었다.
sozon/Shutterstock

코카콜라가 작고 전문화된 시장에서 효과적으로 경쟁하게 해주며, 일부는 미래의 강력한 브랜드로 성장할 것이다. 결국 코카콜라의 벤처 & 신흥 브랜드 부서의 사명은 '수십억 달러의 잠재력이 있는 브랜드를 발견하고 키우기'이다.[27]

미시 마케팅

미시 마케팅
특정 개인과 지역 고객 세분시장의 기호를 만족시키기 위해 제품과 마케팅 프로그램을 맞추는 것

차별적 마케팅과 집중적 마케팅을 사용하는 마케터는 다양한 세분시장과 틈새시장의 욕구에 맞게 제공물과 마케팅 프로그램을 조정한다. 그러나 이들은 개별 소비자에 맞추어 제공물을 개별화하지는 않는다. **미시 마케팅**(micromarketing)은 특정 개인과 지역 고객 세분시장의 기호를 만족시키기 위해 제품과 마케팅 프로그램을 맞추는 활동을 말한다. 미시 마케팅은 개인마다 고객으로 보는 것이 아니라 고객마다 한 개인으로 본다. 이러한 미시 마케팅에는 지역 마케팅과 개인 마케팅이 포함된다.

지역 마케팅
도시와 동네, 심지어 특정 매장과 같은 지역 고객 집단의 욕구에 브랜드와 촉진 활동을 맞추는 것

지역 마케팅 **지역 마케팅**(local marketing)은 지역 고객 집단의 욕구에 브랜드와 촉진 활동을 맞추는 것이다. 예를 들어 메리어트의 르네상스호텔에는 전 세계 160개 이상의 라이프스타일 호텔에서 고객 경험을 초지역화하는 내비게이터 프로그램이 있다.[28]

● 지리적 세분화: 메리어트 르네상스호텔의 내비게이터 프로그램은 투숙객이 '각 호텔의 동네에 숨겨진 보물 같은 곳을 가장 잘 아는 사람의 눈을 통해' 경험할 수 있도록 돕는다. 르네상스 뉴욕 타임스퀘어호텔의 내비게이터인 제니퍼 프로투혼도는 '뉴욕에 살고 뉴욕을 숨 쉰다.'
Marriott International, Inc.

르네상스호텔의 내비게이터 프로그램은 각 지역의 식당, 쇼핑, 유흥, 문화 경험을 위한 '미시 지역' 추천을 통해 지점마다 개인적이고 지역적인 색채를 더한다. 이 프로그램은 르네상스호텔의 지점에 상주하는 '내비게이터'가 주도한다. 내비게이터는 해당 지역에 대해 매우 열정적이고 흔히 지역에 개인적 연줄이 있으며 잘 훈련받은 지역 주민이다. ● 르네상스 뉴욕 타임스퀘어호텔의 레스토랑 애호가인 제니퍼 프로투혼도(Jennifer Protuhondo)는 '뉴욕에 살면서 뉴욕을 숨 쉰다.' 개인적 경험과 조사에 더하여 강도 높은 훈련을 거친 내비게이터는 자신의 경험을 이용하여 고객이 동네의 숨겨진 보물 같은 경험을 할 수 있도록 돕는다.

르네상스호텔은 지역 주민이 소셜미디어를 통해 그 지역 내비게이터를 구독하고 각 지점의 옐프같이 자신이 선호하는 곳을 추천하도록 권유한다. 내비게이터는 제안된 아이디어를 선별하고 자신의 의견을 더하여 최선의 추천을 인터넷, 모바일, 소셜미디어 또는 호텔 로비나 지역 내비게이터 가이드 인쇄물에 공유한다. 또한 호텔은 투숙객이 '도시에서 숨겨진 보물 같은 곳을 발견할 수 있도록' R 내비게이터 전화 앱을 제공한다. "우리의 지역 내비게이터가 직접 고르고 계속 업데이트하는 곳에서 먹고 마시고 쇼핑하고, 그 이상도 가능하다."

통신 기술의 발달로 지역 기반 마케팅의 새로운 첨단 버전이 등장했다. GPS 기능을 갖춘 스마트폰과 태블릿의 폭발적 증가로 기업은 이제 고객의 행방을 정교하게 추적할 수 있고, 고객이 어디에 있든 지역적 홍보와 정보를 빠르게 제공할 수 있다. 홈디포, 스타벅스, 월그린스, 세포라 등의 소매업체는 초지역 마케팅에 뛰어들고 있다. 예를 들어 홈디포의 앱은 유행 정보와 제품 제안을 지역화하여 오리건 고객에 대한 추천과 플로리다 고객에 대한 추천이 다르다. 고객이 매장을 방문하면 홈디포의 앱은 '매장 모드'로 전환되어 제품의 위치를 알려준다. 어떤 매장은 웨이즈 내비게이션처럼 매장의 진열대를 안내한다.

지역 마케팅도 단점이 있다. 이 방식은 규모의 경제를 감소시켜 제조 비용과 마케팅 비용이 상승

한다. 또한 지역 시장의 다양한 요구 조건을 맞추려다가 물류상 문제가 발생할 수도 있다. 그러나 기업이 점점 더 분화된 시장에 직면하고 새로운 지원 기술이 개발됨에 따라 지역 마케팅의 장점은 단점을 능가하곤 한다.

개인 마케팅
제품과 마케팅 프로그램을 개별 고객의 욕구와 선호에 맞추는 것

개인 마케팅 극단적인 수준에서 미시 마케팅은 개별 고객의 욕구와 선호에 제품과 마케팅 프로그램을 맞추는 **개인 마케팅**(individual marketing)이 된다. 개인 마케팅은 일대일 마케팅(one-to-one marketing), 대량 개별(고객)화(mass customization), 일인 마케팅(markets-of-one marketing)으로 불리기도 한다.

대량 마케팅의 광범위한 사용은 과거 몇 세기 동안 소비자가 개별 고객으로 서비스를 받아왔다는 사실을 잊게 만들었다. 재단사는 맞춤 양복을 만들었고, 구두 수선공은 한 사람을 위한 신발을 디자인했고, 목수는 주문을 받아 가구를 만들었다. 오늘날 새로운 기술은 많은 기업이 개별화된 마케팅으로 돌아갈 수 있게 한다. 상세한 데이터베이스, 로봇 생산과 유연 생산 방식, 스마트폰, 인터넷, 소셜미디어와 같은 상호작용식 기술을 통해 브랜드는 고객을 개인적으로 응대하고 서비스를 제공할 수 있다.

요즘 기업은 음식, 미술 작품, 이어폰, 운동화부터 고급 사치품까지 초개별화하고 있다. 심지어 초콜릿 애호가는 mymms.com에서 개인적인 문구나 사진이 새겨진 엠앤드엠스를 구입할 수 있다. 나이키 ID 온라인에서는 자기만의 운동화를 주문할 수 있다. 제리하비오디오(Jerry Harvey Audio)는 최적화된 모양과 양질의 음질, 안전한 음질을 제공하기 위해 고객의 귀 모양을 토대로 이어폰을 만든다. 또한 작은 이어폰에 레이저로 그림을 새겨주는데, 어떤 사람은 자녀를, 어떤 사람은 반려견을 새긴다.

● 개인 마케팅: 롤스로이스의 비스포크 디자인 팀은 개별 고객과 밀접하게 작업하여 고객만의 독특한 롤스로이스를 만들 수 있도록 돕는다.
WENN Ltd/Alamy Stock Photo

한편으로 '비스포크(주문 제작)' 사치품도 있다. 돈만 있다면 에르메스나 구찌의 비스포크 패션과 장신구, 애스턴마틴이나 롤스로이스의 비스포크 자동차를 구입할 수 있다. ● 롤스로이스 구매자의 95%는 어떤 식으로든 차를 개별화한다. 고객은 도색, 가죽, 목재 전문가로 구성된 롤스로이스의 비스포크 팀과 이미지, 소재 등으로 가득한 라운지에서 자신만의 롤스로이스를 디자인할 수 있다. 심지어 한 고객은 최근 자기 사유지에서 쓰러진 나무로 차 내부를 꾸미고 싶어 했다. 이에 롤스로이스 장인이 목재 표본을 분석한 후 적당하다고 판단하여 그 나무는 주문 제작된 롤스로이스의 계기판과 문짝으로 영원히 남게 되었다.[29]

마케터는 제품을 개별화할 뿐 아니라 광고 문안, 마케팅 제안, 서비스 접점도 일대일로 한다. 오늘날의 데이터 분석 기술을 통해 거의 모든 고객 접촉을 개별 고객의 개성, 선호도, 행동에 정교하게 맞출 수 있다.

목표시장 전략 선정

기업은 시장 표적화 전략 또는 목표시장 전략(market targeting strategy)을 선정할 때 많은 요인을 고려해야 한다. 어떤 전략이 가장 좋은지는 기업의 자원에 달려 있다. 자원이 제한적이라면 집중적 마케팅이 합리적일 것이다. 가장 좋은 전략은 제품의 가변성(product variability)에 따라서도

좌우된다. 비차별화 마케팅은 자몽이나 강철처럼 균일한 제품에 적합하다. 자동차나 패션처럼 디자인에 차이가 많은 제품은 차별화나 집중화가 적합하다. 제품수명주기도 고려해야 한다. 기업이 신제품을 출시할 때는 한 버전을 시판하는 것이 실용적이고, 비차별적 마케팅이나 집중적 마케팅 전략이 합리적일 것이다. 그러나 제품수명주기상 성숙 단계일 때는 차별적 마케팅이 더 효과적이다.

또 다른 요인은 **시장의 가변성**(market variability)이다. 만약 모든 소비자의 기호가 동일하고, 같은 양을 구입하며, 마케팅 활동에 대해 같은 방식으로 반응한다면 비차별적 마케팅이 적절하다. 또한 **경쟁사의 마케팅 전략**도 고려해야 한다. 경쟁사가 차별적 마케팅이나 집중적 마케팅을 사용하는 경우 비차별적 마케팅은 자살 행위나 다름없다. 반대로 경쟁사가 비차별적 마케팅을 사용할 때 기업은 특정 세분시장의 욕구에 초점을 맞춘 차별적 마케팅이나 집중적 마케팅으로 경쟁우위를 확보할 수 있다.

사회적 책임을 고려한 목표시장 마케팅

현명한 목표시장 전략을 통해 기업은 가장 잘 만족시킬 수 있고 수익성이 높은 세분시장에 집중하여 효과적·효율적으로 운영할 수 있다. 목표시장 전략으로 기업은 고객의 욕구를 만족시킬 수 있도록 잘 맞춰진 제공물로써 특정 고객 집단에 접근할 수 있으므로 고객에게도 이득이 된다. 그러나 목표시장 마케팅은 때때로 논란과 우려를 초래한다. 가장 큰 이슈는 보통 논쟁의 여지가 있거나 잠재적으로 해를 끼칠 수 있는 제품으로 취약하거나 사회적 약자인 소비자를 표적으로 하는 경우이다.

예를 들어 패스트푸드 체인은 도심 빈민가에 거주하는 소수 집단 소비자를 표적화하는 시도 때문에 수년간 논란에 휩싸였다. 이들은 대량 소비자가 될 가능성이 큰 저소득 도심 거주자에게 고지방과 고염분 제품을 권한다고 비난을 받았다. 이와 마찬가지로 큰 은행과 대출 기관은 가난한 도심지 소비자를 실제로는 감당할 수 없는 매력적인 주택 저당으로 유혹한 것에 대해 비판을 받았다.

아동은 특별히 취약한 소비자로 여겨진다. 시리얼, 청량음료, 패스트푸드부터 장난감, 패션, 소셜 미디어에 이르기까지 다양한 범위의 산업에서 마케터는 아동을 겨냥한 마케팅 노력에 대해 심하게 비판을 받았다. 비평가는 유혹적인 추가 제공물과 광고가 아동의 방어막을 무력화하는 것을 우려한다. 예를 들어 유튜브는 장난감, 놀이공원, 운동화 광고가 아동용 동영상에 등장하는 '광고로 가득한 디지털 놀이터'로 아이들을 유혹하여 이익을 취한다고 소비자 단체로부터 비난을 받고 있다. 유튜브의 이용 약관은 13세 미만 아동의 이용을 막고 있지만 대부분의 아이들은 이 사실을 알지 못하거나 무시한다. 아동 보호 운동가가 밝히기를, 유튜브의 모회사인 "구글은 아동 대상 프로그램에 광고를 묶어 이익을 얻는다."[30]

이러한 디지털 기술은 어린이가 표적화된 마케팅 메시지에 더 취약하게 만든다. 전통적인 아동 대상 TV와 인쇄 광고들은 통상적으로 부모들이 쉽게 감시하고 통제할 수 있다. ● 그러나 디지털 미디어의 마케팅 활동은 교묘하게 콘텐츠에 포함되어 아이가 혼자서 보는 작은 스크린에 나타나기 때문에 주의 깊은 부모의 눈에도 잘 띄지 않는다.

● 사회적 책임을 고려한 목표시장 마케팅: 디지털 기술로 인해 아동은 자신을 겨냥하는 마케팅 메시지에 더 취약해질 수 있다.
subbotina/123RF

인터넷, 스마트폰, 주의 깊게 목표시장을 선정할 수 있는 다이렉트 미디어(direct media)의 빠른 성장은 목표시장 전략의 남용 가능성이라는 새로운 걱정거리를 안겨준다. 인터넷 및 모바일 마케팅을 통해 더 정확하게 목표시장을 선정할 수 있어, 문제 있는 제품을 만드는 사업자나 기만적인 광고를 하는 사업자는 가장 취약한 사람들을 더 쉽게 겨냥할 수 있다. 부도덕한 마케터는 의심하지 않는 수많은 소비자에게 맞추어진 기만적인 이메일 메시지를 보내기도 한다. 예를 들어 FBI의 인터넷범죄신고센터(Internet Crime Complaint Center) 웹사이트는 작년에 30만 건의 불만 신고를 접수받았다.[31]

오늘날의 마케터는 소비자의 디지털 움직임을 파악하고 매우 개인적인 정보가 포함된 구체적인 소비자 프로파일을 구축하는 정교한 분석 기법을 사용하고 있다. 이러한 프로파일은 개별화된 브랜드 메시지와 제안을 가지고 개별 고객을 겨냥하는 데 사용되기도 한다. 그러나 이러한 타깃팅 방법을 이용하는 마케터는 고객을 위한 서비스 제공과 스토킹 사이의 중간에 있다고 볼 수 있다.

> 당신의 스마트폰은 당신을 얼마나 잘 알까? 당신의 노트북은 당신에 대해 무슨 이야기를 할까? 당신이 일, 놀이, 친목 활동, 쇼핑 등 무엇을 하든 간에 당신의 전화, 태블릿 PC, 노트북, 데스크톱은 늘 행동의 한 부분이다. 이러한 기기는 당신과 함께하고, 즐겁게 해주고, 친구와 연결해주고, 웹서핑과 쇼핑으로 인도하고, 뉴스와 정보를 제공하고, 당신의 가장 내밀한 목소리, 문장, 이메일을 듣고 접한다. 그리고 당신의 개인 정보를 마케터와 공유한다. 이제 기업은 고객에 대한 은밀한 통찰을 얻을 수 있는 마법에 가까운 정교한 분석을 개발했다.
>
> 마케터는 이러한 개인 정보를 이용하는 것이 고객과 기업에 이익이 된다고 주장한다. 고객은 자신을 잘 이해하고 자신이 관심을 둔 브랜드로부터 관련 정보와 마케팅 제안을 받는다. 그러나 많은 소비자와 개인 정보 보호 옹호자는 부도덕한 마케터의 손에 들어간 개인 정보가 해를 끼칠 수 있다고 걱정한다. 이들은 빅데이터와 초타깃팅을 소비자에게 이득이 되는 것이 아니라 '스토킹'과 '프로파일링'이라고 생각한다. 대부분의 소비자가 더 나은 서비스와 제품을 위해 어느 정도의 개인 정보를 공유할 용의가 있더라도 많은 소비자는 마케터가 너무 앞서갈까 봐 염려하고 있다.

따라서 목표시장 마케팅의 이슈는 **누구**를 표적으로 하느냐가 아니라 **어떻게** 무엇을 위해 하느냐이다. 마케터가 표적이 된 세분시장의 희생으로 이익을 얻으려고 시도할 때, 즉 마케터가 취약한 세분시장을 부당하게 목표시장으로 삼거나 의심스러운 제품 또는 전술을 제공할 때 논란이 일어난다. 사회적으로 바람직한 마케팅에는 기업뿐만 아니라 고객에게도 이익을 가져다줄 수 있는 시장 세분화와 목표시장 선정이 필요하다.

저자 코멘트 | 기업은 '어떤 고객을 대상으로 할 것인가?'라는 첫 번째 질문에 답하는 동시에 '고객을 어떻게 섬길 것인가?'라는 두 번째 질문에도 답해야 한다.

차별화와 포지셔닝

학습목표 7-4 기업이 시장에서 최대한 경쟁우위를 확보하기 위해 어떻게 제품을 차별화하여 자리매김하는지 이해한다.

어떤 세분시장을 목표시장으로 할지 결정한 후 기업은 가치 제안, 즉 어떻게 목표 세분시장을 위해 차별화된 가치를 만들고, 그 세분시장에서 어떤 위치(포지션)를 점유할 것인가에 대한 의사결정을 해야 한다. **제품 포지션**(product's position)은 주요 속성을 근거로 소비자가 제품을 정의하는 방식을 말한다. 즉 소비자의 마음속에서 어떤 제품이 경쟁 제품과 비교하여 상대적으로 차지하는 위치이다. 제품은 공장에서 만들어지지만 브랜드는 소비자의 마음속에서 만들어진다.

제품 포지션
주요 속성을 근거로 소비자가 제품을 정의하는 방식. 즉 소비자의 마음속에서 어떤 제품이 경쟁 제품과 비교하여 상대적으로 차지하는 위치

자동차 시장에서 혼다 피트(Fit)와 닛산 베르사(Versa)는 경제성으로, 메르세데스와 캐딜락은 고급스러움으로, 포르셰와 BMW는 성능으로 포지셔닝되어 있다. 비자카드는 '당신이 있고 싶은 곳 어디서나', 아메리칸익스프레스는 '우리 카드 없이 살지 마세요', 질레트는 '남자가 가질 수 있는 최

포지셔닝: 소노스는 단순히 스피커를 파는 것 이상을 한다. 소노스는 '세상의 모든 음악을 당신의 집 어디서나 무선으로' 제공한다.
The Advertising Archives/Alamy Stock Photo

상의 것', 달러셰이브클럽은 '셰이브 타임. 셰이브 머니.(Shave time. Shave money.)'라고 내세운다. 보스(Bose)는 '연구를 통한 더 나은 소리'를 제공하지만 소노스는 '세상의 모든 음악을 당신의 집 어디서나 무선으로'로 대응한다. 이와 같은 단순한 문장은 브랜드 가치 제안의 중심이 된다.

소비자는 제품과 서비스에 대한 과중한 정보에 치이고 있다. 제품을 구매할 때마다 제품을 재평가할 수 없다. 구매 과정을 단순화하기 위해 소비자는 제품, 서비스, 회사를 카테고리로 묶은 다음 자기 마음속에 자리매김한다. 제품 포지션은 경쟁 제품과 비교하여 어떤 제품에 대해 소비자가 지닌 지각, 인상, 느낌의 복잡한 조합이다.

소비자는 마케터의 도움이 있건 없건 간에 제품을 자리매김한다. 그러나 마케터는 제품의 포지션이 운에 좌우되게 내버려두지 않는다. 마케터는 선정된 목표시장에서 자사 제품에 최상의 우위를 제공할 수 있는 포지션을 기획하고, 이러한 포지션을 만들기 위한 마케팅믹스를 설계한다.

포지셔닝 맵

차별화와 포지셔닝 전략을 기획할 때 마케터는 종종 구매 차원상에서의 자사 브랜드와 경쟁사 브랜드에 대한 소비자의 지각을 보여주는 **지각적 포지셔닝 맵(perceptual positioning map)**을 준비한다. 그림 7.3은 미국의 대형 고급 SUV 시장에 대한 포지셔닝 맵이다.[32] 각 원의 위치는 가격과 제품 지향성(고급 대비 성능)이라는 가장 중요한 차원에서 각 브랜드의 지각된 포지션을 나타내고, 각 원의 크기는 브랜드의 상대적 점유율을 의미한다.

따라서 고객은 시장 선두 주자인 캐딜락 에스컬레이드(Escalade)를 다른 고급 SUV에 비해 가격과 성능이 조화를 이룬 중간 가격대의 대형 고급 SUV로 생각한다. 에스컬레이드는 도심형 고급차로 포지셔닝되어 있고, 이 경우 성능은 아마도 파워와 안전에 관한 것을 의미할 것이다. 그러므로 에스컬레이드 광고에서는 비포장도로를 달리라고 권하는 문구를 볼 수 없을 것이다.

그림 7.3
대형 고급 SUV에 대한 포지셔닝 맵

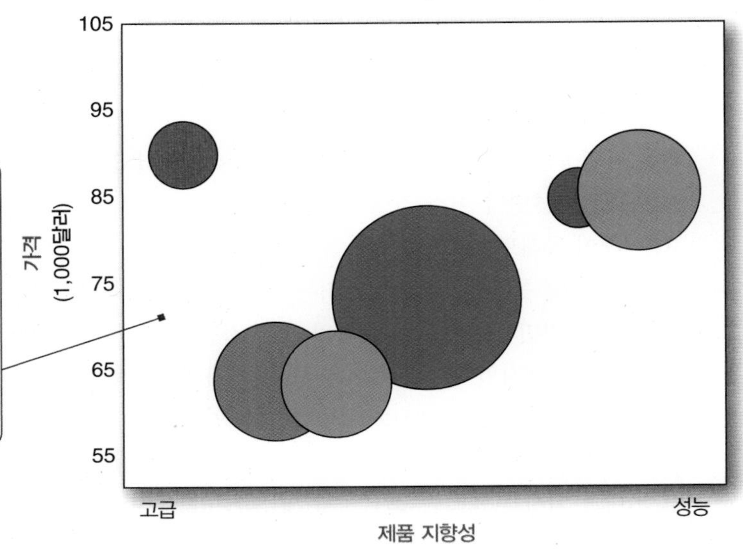

차별화 전략과 포지셔닝 전략의 선택

어떤 기업은 차별화 전략과 포지셔닝 전략을 쉽게 선택할 수 있다. 예를 들어 특정 세분시장에서 품질로 잘 알려진 기업은 새로운 세분시장에서 품질을 추구하는 소비자가 충분히 있다면 그 포지션을 고수할 것이다. 그러나 둘 이상의 경쟁사가 동일한 포지션을 추구하는 경우가 많을 것이다. 그러면 각 기업은 자신을 구별 짓는 다른 방법을 찾아야 한다. 즉 각 기업은 세분시장에서 어느 정도 이상의 규모를 갖춘 고객 집단에 소구할 수 있는 혜택(편익)의 조합을 만들어 자신의 제공물을 차별화해야 한다.

어떤 경우에도 브랜드 포지셔닝은 잘 정의된 목표시장의 욕구와 선호를 충족해야 한다. 예를 들어 던킨과 스타벅스는 커피와 스낵을 파는 곳이지만 카페에서 매우 다른 것을 원하는 매우 다른 고객을 대상으로 한다. 그런데도 둘 다 고유한 고객층을 위한 적절한 가치 포지셔닝을 만들기 때문에 성공적이다. 스타벅스는 고급의(집과 직장 사이의) '제3의 장소' 포지셔닝으로 평균 이상의 전문층을 목표시장으로 삼는 반면, 던킨은 '미국은 던킨도너츠로 돌아간다' 같은 포지셔닝으로 평범한 보통 사람을 목표시장으로 삼는다. 이 두 브랜드는 독특한 고객을 위한 적절한 가치 제안을 만들어 성공을 거두었다.

차별화와 포지셔닝 과업은 세 단계, 즉 포지션 구축의 기반이 될 경쟁우위를 제공하는 차별적 고객 가치의 조합을 파악하는 단계, 올바른 경쟁우위를 선택하는 단계, 전반적인 포지셔닝 전략을 선정하는 단계로 구성된다. 기업은 선정된 포지션을 고객에게 효과적으로 전달해야 한다.

차별적 가치와 경쟁우위 확인

경쟁우위
낮은 가격이나 높은 가격을 정당화할 수 있는 더 많은 이점을 제공하여 더 큰 고객 가치를 제공함으로써 얻을 수 있는 경쟁자에 대한 우위

목표고객과 수익성 있는 관계를 구축하기 위해 마케터는 경쟁사보다 고객의 욕구를 더 잘 이해하고 더 많은 고객 가치를 전달해야 한다. 기업은 탁월한 가치를 제공함으로써 자신을 차별화하고 포지셔닝할 수 있는 수준까지 **경쟁우위**(competitive advantage)를 획득한다.

그러나 확고한 포지션은 공허한 약속으로만 구축될 수 없다. 만약 자사 제품을 가장 우수한 품질과 서비스를 제공하는 것으로 자리매김한다면 약속한 품질과 서비스를 전달할 수 있도록 실제로 제품을 차별화해야 한다. 기업은 광고 슬로건으로 자신의 포지션을 큰 소리로 알리는 것 이상을 해야 한다. 기업은 먼저 그 슬로건을 실천해야 한다. 예를 들어 클로록스(Clorox)는 글래드(Glad) 쓰레기봉투를 '글래드: 가장 튼튼한 쓰레기봉투'라고 포지셔닝했는데, 만약 제품이 그에 못 미친다면 이 포지셔닝은 헛소리일 것이다. 따라서 이 포지셔닝을 증명하기 위해 글래드는 가정주부가 글래드 포스 플렉스 플러스(Glad Force Flex Plus) 주방 쓰레기봉투에 옷 등을 가득 채우고 여행 가방처럼 미국의 주요 공항 7곳에서 짐을 부치는 'Torture Test(고문 시험)' 캠페인을 시행했다. 90초 분량의 광고에서는 쓰레기봉투가 여행하는 동안 가차 없는 짐꾼들에게 겪은 고난을 몰래카메라로 찍은 동영상을 보여준다. 결국 쓰레기봉투는 아무 탈 없이 도착했다. 이 광고는 봉투가 성공했다고 결론 내린다. "만약 이런 것들도 견딜 수 있다면 당신의 쓰레기도 잘 처리할 수 있어요! 기뻐하세요. 이것이 글래드입니다."[33]

차별화 요소를 찾기 위해 마케터는 자사의 제품과 서비스에 관한 고객의 모든 경험을 생각해보아야 한다. 기민한 기업은 고객과의 모든 접점에서 자신을 차별화하는 방법을 발견할 수 있다. 기업은 어떤 구체적인 방법으로 자사 또는 자사의 시장 제공물을 차별화할 수 있을까? 기업은 **제품, 서비스, 유통경로, 사람, 이미지**로 차별화할 수 있다.

제품 차별화를 통해 브랜드는 기능, 성능, 또는 스타일과 디자인으로 차별화될 수 있다. 따라서 고급 오디오 회사인 보스는 고객에게 제공하는 혁신적인 고품질 청음 경험으로 제품을 포지셔닝한

● 서비스 차별화: 퀴큰론스의 로켓 모기지 부서는 담보 대출만 제공하는 것이 아니라 온라인 인터페이스를 통해 사용자가 몇 분 내로 대출 승인을 받을 수 있게 해준다.
Quicken Loans

다. 보스는 연구를 통해 더 좋은 소리를 들려주겠다고 약속한다. 또한 BMW는 운전의 즐거움을 위해 설계된 궁극의 운전 기계로 포지셔닝한다.

기업은 제품 유형을 차별화하는 것을 넘어서 제품에 수반되는 서비스도 차별화할 수 있다. 어떤 기업은 신속하고 편리한 서비스를 통한 **서비스 차별화**(service differentiation)를 확보한다. ● 퀴큰론스(Quicken Loans)의 로켓 모기지(Rocket Mortgage) 부서는 담보 대출만 제공하는 것이 아니라 온라인 또는 모바일 앱 인터페이스를 통해 사용자가 재무 정보를 쉽게 업로드하고 몇 분 내로 대출 승인을 받을 수 있게 해준다. 최고 수준의 고객 서비스를 약속하는 기업도 있다. 예를 들어 항공사 서비스 만족도가 계속 떨어지는 시기에도 싱가포르항공은 특별한 고객 서비스와 품위 있는 승무원으로 차별화했다.

유통경로 차별화(channel differentiation)를 실행하는 기업은 경로의 범위, 전문성, 성과를 설계하는 방식을 통해 경쟁우위를 획득한다. 예를 들어 아마존과 가이코는 매끄럽게 운영되는 직접 경로를 기반으로 차별화를 추구했다. 기업은 **인적 차별화**(people differentiation), 즉 경쟁사보다 더 우수한 인력을 고용하고 교육함으로써 강력한 경쟁우위를 확보할 수도 있다. 인적 차별화의 경우 고객 대면 직원을 신중하게 선발하여 잘 교육할 필요가 있다. 동부 해안 지역의 슈퍼마켓 체인인 웨그먼스(Wegmans)는 추종에 가까운 고객 충성심을 거느린 고객 서비스 승자로 알려졌다. 웨그먼스의 뛰어난 고객 서비스는 웨그먼스가 고객에게 한 약속인 '매일 당신은 우리의 최선을 얻습니다(Everyday you get our best)'를 실천하는 직원을 통해 이루어진다. 이러한 직원은 신중하게 선발되어 최상의 훈련을 받았으며 자신의 직장에 만족스러워한다. 예를 들어 웨그먼스의 출납원은 40시간 동안 교육을 받기 전에는 고객 응대를 할 수 없다. 웨그먼스의 점장은 이렇게 말한다. "우리는 식품에 열정적이며 배우고 성장할 준비가 된 직원을 뽑기 위해 최선을 다한다."

경쟁사의 제안이 같아 보일지라도 소비자는 기업 또는 브랜드의 **이미지 차별화**(image differentiation)에 따른 차이를 지각하기도 한다. 기업 이미지나 브랜드 이미지는 제품의 고유한 혜택과 포지션을 전달해야 한다. 강력하고 고유한 이미지를 개발하기 위해서는 창의성과 노력이 필요하다. 기업은 단지 몇 개의 광고를 집행하여 하룻밤 사이에 대중의 마음에 이미지를 만들어낼 수 없다. 예를 들어 리츠칼튼호텔이 품질을 의미한다면 호텔이 말하고 행하는 모든 것이 이러한 이미지를 지원해야 한다.

맥도날드의 금빛 아치, 구글의 알록달록한 로고, 트위터의 새, 나이키의 스우시 로고, 애플의 사과 로고 같은 상징도 강력한 기업 또는 브랜드 인지와 이미지 차별화를 불러올 수 있다. 기업은 나이키가 마이클 조던과 르브론 제임스 농구화와 의류를 가지고 했던 것처럼 유명 인사를 통해 브랜드를 키울 수 있다. 한편 코카콜라(빨간색), IBM(파란색), UPS(갈색)처럼 색깔로 연상되는 기업도 있다. 상징, 캐릭터, 기타 이미지 요소는 기업 또는 브랜드의 개성을 보여주는 광고를 통해 전달되어야 한다.

올바른 경쟁우위 선정

경쟁우위가 될 수 있는 몇 가지 잠재적인 차별화 요소를 발견한 운 좋은 회사가 있다고 가정해보

자. 이제 이 회사는 포지셔닝 전략을 구축하는 데 토대가 되는 것들을 선정해야 한다. 즉 몇 가지 차별점을 홍보할 것인지, 어떤 차별점을 홍보할 것인지를 결정해야 한다.

몇 가지 차별점을 홍보할 것인가 많은 마케터는 기업이 목표시장에서 단 하나의 혜택(편익)을 알려야 한다고 생각한다. 예를 들어 유명한 광고인인 로서 리브스(Rosser Reeves)는 기업이 각 브랜드를 위한 고유 판매 제안(unique selling proposition, USP)을 개발하고 이를 고수해야 한다고 말했다. 각 브랜드는 한 속성을 선정하고 그 속성에서 자신이 최고임을 홍보해야 한다. 소비자는 커뮤니케이션 정보가 넘치는 환경에서 일등 브랜드를 더 잘 기억하는 경향이 있다. 따라서 월마트는 경쟁사가 따라올 수 없는 낮은 가격을 홍보하고, 버거킹은 개인적인 선택, 즉 '마음대로 하세요(Have it your way)'를 홍보한다.

● 다수의 경쟁우위로 포지셔닝하기: 토요타는 랜드크루저를 '비포장도로에서의 주행 성능과 포장도로에서의 편안함, 비교할 수 없는 정제미의 세련된 조화'로 포지셔닝하고 있다.
David Hare/Alamy Stock Photo

어떤 마케터는 기업이 하나 이상의 차별점으로 포지셔닝해야 한다고 생각한다. 만약 2개 이상의 기업이 같은 속성에서 자신이 최고라고 주장한다면 이러한 방식은 필수적이다. ● 예를 들어 토요타는 랜드크루저를 고급스러움과 비포장도로에서의 주행 성능으로 포지셔닝한다. 랜드크루저는 1951년 험난한 지형과 기후를 극복할 수 있는 지프와 비슷한 사륜구동 차량으로 출시되었다. 최근에는 모험과 성능 포지션을 그대로 유지하면서 고급스러움을 추가했다. 랜드크루저 웹사이트에서는 '비포장도로에서의 주행 성능과 포장도로에서의 편안함, 비교할 수 없는 정제미의 세련된 조화로 시간을 초월한 아이콘'이라고 자랑한다.[35] 토요타가 당면한 문제는 한 브랜드가 고급스러움과 비포장도로에서의 주행 성능을 갖추고 있다고 소비자를 설득하는 것이다.

오늘날 대량시장이 다수의 세분시장으로 쪼개질 때 기업과 브랜드는 더 많은 세분시장에 소구하기 위해 포지셔닝 전략을 넓히려고 한다.

어떤 차별점을 홍보할 것인가 모든 브랜드 차별점이 의미 있거나 가치 있는 것은 아니며, 각 차별점은 고객에게 혜택이 될 뿐만 아니라 기업의 비용을 발생시킬 가능성이 있다. 차별점은 다음과 같은 기준을 충족할 때 추진할 가치가 있다.

- 중요성(important): 차별점이 목표고객에게 매우 중요한 혜택을 제공한다.
- 독특성(distinctive): 경쟁사가 차별점을 제공하지 않거나 자사가 경쟁사보다 더 독특한 방법으로 차별점을 제안할 수 있다.
- 우월성(superior): 고객이 같은 혜택을 얻을 수 있는 다른 방법보다 차별점이 우월하다.
- 의사소통 가능성(communicable): 차별점이 고객에게 전달될 수 있고 눈에 띈다.
- 선점 가능성(preemptive): 경쟁사가 차별점을 쉽게 모방할 수 없다.
- 구매 가능성(affordable): 고객이 차별점에 대해 지불할 수 있다.
- 수익 가능성(profitable): 기업이 이익을 내면서 차별점을 소개할 수 있다.

많은 기업은 이러한 기준 중 한두 가지가 충족되지 않은 상태에서 차별화를 도입했다. 싱가포르에 있는 웨스틴스탬포드호텔(Westin Stamford Hotel)은 한때 세계에서 가장 높은 호텔이라고 광고했지만 그것은 대부분의 여행자에게 중요하지 않은 차별점이었고, 실제로 많은 여행자가 싫어했다. 또한 코카콜라의 역사적인 실패 제품인 '뉴코크(New Coke)'는 핵심 코카콜라 고객의 우월성 및 중요성 테스트를 통과하지 못했다.

광범위한 블라인드 맛 조사에서 모든 청량음료 소비자 중 60%는 기존의 코카콜라보다 더 달콤한 새로운 코카콜라 배합을 선택했고 52%는 펩시보다 좋다고 밝혔다. 그래서 코카콜라는 기존의 콜라를 없애고 더 달콤하고 부드러운 맛의 뉴코크를 선보이면서 널리 알렸다. 그러나 이 조사에서 코카콜라는 과거 130년간 코카콜라의 인기를 만들어준 많은 무형 자산을 간과했다. 충성고객에게 기존 제품은 야구, 애플파이, 자유의 여신상과 함께 미국을 상징하는 것이었다. 나중에 확인되었듯이 코카콜라는 맛뿐만 아니라 전통으로 차별화했던 것이다. 오리지널 콜라를 없앰으로써 코카콜라는 있는 그대로를 좋아했던 충성고객의 감성을 짓밟아버렸다. 결국 코카콜라는 3개월 후 기존 제품을 다시 생산했다.

따라서 제품이나 서비스를 포지셔닝하는 데 근간이 되는 경쟁우위를 선정하는 것이 어려울 수도 있지만 그러한 선택은 성공에 결정적인 영향을 미친다. 적절한 차별점을 선택함으로써 브랜드가 경쟁 제품과 구별될 수 있다.

전반적인 포지셔닝 전략 선정

가치 제안
브랜드가 차별화되고 포지셔닝되는 데 근간이 되는 혜택의 조합

브랜드의 전반적인 포지셔닝은 브랜드의 **가치 제안**(value proposition)이라고 불리는데, 이는 브랜드가 차별화되고 포지셔닝되는 데 근간이 되는 혜택의 조합을 말한다. 가치 제안은 소비자가 왜 그 브랜드를 구매해야 하는가에 대한 기업의 대답이다. BMW의 가치 제안인 '궁극적인 운전 기계/운전의 즐거움을 위해'는 성능에만 매달리지 않고 고급스러움과 스타일링도 추구하는데, 여기에 지불하는 금액은 평균 이상이지만 이러한 혜택의 조합을 고려하면 정당해 보인다.

● 그림 7.4는 기업이 제품을 포지셔닝하는 데 사용 가능한 가치 제안을 보여준다. 그림에서 5개의 녹색 칸은 경쟁에서 이길 수 있는 가치 제안, 즉 기업에 경쟁우위를 제공하는 차별화와 포지셔닝이다. 아래 왼쪽의 붉은색 칸은 패배하는 가치 제안이고, 가운데의 노란색 칸은 잘해도 한계가 있는 가치 제안이다. 기업이 제품을 포지셔닝하는 데 사용 가능한 이길 수 있는 가치 제안을 자세히 살펴보자.

비싼 가격에 더 많은 혜택(more for more) 최고급 제품이나 서비스를 제공하고 높은 비용을 감당하기 위해 더 비싼 가격을 매기는 포지셔닝이다. 더 많은 마케팅 제안이 우월한 품질을 제공할 뿐만 아니라 고객에게 특별한 명성도 안겨준다. 이러한 제품은 지위와 고상한 라이프스타일을 상징한다. 포시즌스 호텔, 파테크필리프 시계, 스타벅스 커피, 루이뷔통 핸드백, 메르세데스 자동차, 서

● **그림 7.4**
가능한 가치 제안

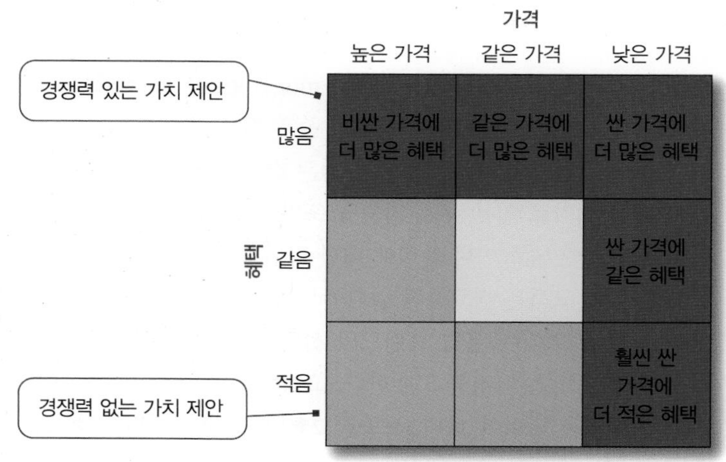

비싼 가격에 더 많은 혜택 포지셔닝: 하츠온파이어 다이아몬드는 '세계에서 가장 완벽하게 세공한 다이아몬드 — 더 많은 것을 기대하고 더 높은 가격을 지불할 수 있는 사람들을 위한 것'이라는 틈새시장을 만들었다.
Hearts On Fire

브제로(Sub-Zero) 주방 가전은 뛰어난 품질, 장인 정신, 내구성, 성능, 스타일 등을 내세우고 이에 상응하는 가격을 매긴다.

이와 유사하게 하츠온파이어(Hearts On Fire) 다이아몬드의 마케터는 '세계에서 가장 완벽하게 세공한 다이아몬드'라는 포지셔닝으로 비싼 가격에 더 많은 혜택을 위한 틈새시장을 만들었다. 하츠온파이어 다이아몬드는 독특한 하트와 화살을 디자인하여 아래에서 확대해보면 8개의 하트로 구성된 완벽한 원 모양이 나타나고, 위에서 보면 완벽한 빛의 불꽃 모양이다. 이 회사는 이렇게 말한다. "하츠온파이어 다이아몬드는 모든 사람을 위한 것이 아니다. 더 많은 것을 기대하고 더 높은 가격을 지불할 수 있는 사람들을 위한 것이다." 하츠온파이어 다이아몬드는 경쟁사의 다이아몬드보다 가격이 15~20% 높다.[36]

일반적으로 '비싼 가격에 더 많은 혜택' 전략은 수익을 낼 수 있지만 취약할 수도 있다. 이러한 전략은 더 저렴한 가격에 같은 품질을 주장하는 모방 제품의 시장 진입을 유도하기 때문이다. 예를 들어 '비싼 가격에 더 많은 혜택'을 추구하는 스타벅스는 던킨, 맥도날드, 동네 카페 등 고메이(gourmet) 커피 경쟁자들과 부딪히고 있다. 또한 호황기에 잘 팔리는 고가 제품은 경기 침체기에 소비자가 지출을 망설일 때 어려움을 겪는다.

같은 가격에 더 많은 혜택(more for the same) 기업은 더 저렴한 가격에 경쟁사와 비슷한 수준의 품질을 또는 같은 가격에 더 많은 혜택을 제공함으로써 '비싼 가격에 더 많은 혜택' 전략을 사용하는 경쟁사를 공격할 수 있다. 예를 들어 고급 할인점으로 포지셔닝한 타깃은 매장 분위기, 서비스, 세련된 상품, 전통적인 브랜드 이미지 측면에서 경쟁사보다 더 많은 것을 제공하지만 월마트, 콜스 등과 같은 가격대를 제안한다.

싼 가격에 같은 혜택(the same for less) 이 전략은 매우 강력한 가치 제안이 될 수 있다. 모두 가치 있는 제품을 좋아하기 때문이다. 월마트 같은 할인점과 코스트코, 펫스마트(PetSmart), DSW 슈즈(DSW Shoes) 등의 카테고리 킬러(전문 할인점)도 이러한 포지셔닝을 사용한다. 이들은 다르거나 더 좋은 것을 제공한다고 주장하는 것이 아니라, 우월한 구매력과 더 낮은 운영비를 바탕으로 백화점과 전문점에서 취급하는 브랜드를 할인된 가격에 제공한다. 어떤 기업은 마켓리더의 고객을 빼앗기 위해 더 저렴한 가격의 유사 브랜드를 개발한다. 예를 들어 아마존의 킨들파이어(Kindle Fire) 태블릿은 애플 아이패드나 삼성 갤럭시 태블릿보다 40% 정도 저렴하다.

훨씬 싼 가격에 더 적은 혜택(less for much less) 시장에는 더 적은 혜택을 제공하기 때문에 원가도 덜 드는 제품이 존재한다. 가장 좋은 것을 구매하려는 사람이나 가장 좋은 것을 구매할 능력이 있는 사람은 얼마 되지 않는다. 많은 소비자는 최선이 아닌 제품으로 기꺼이 만족하거나 싼 가격에 대한 대가로 일부 부가 기능을 포기한다. '훨씬 싼 가격에 더 적은 혜택' 포지셔닝은 훨씬 싼 가격에 더 낮은 성능이나 품질에 대한 소비자의 요구 수준을 맞추는 것이다.

예를 들어 고객은 식료품점 알디에서 무척 낮은 가격을 지불하지만 제한된 선택과 서비스에 만족해야 한다. 알디는 유명 브랜드의 선택 폭이 좁으며 촉진 가격이나 경쟁사 가격에 맞추지 않고 자사가 정한 낮은 가격을 고수한다. 고객은 쇼핑백을 가져와야 하고(알디에서 유료로 구매 가능), 스스로 물건을 담아야 하며, 보증금 25센트를 돌려받기 위해 쇼핑카트를 제자리에 가져다놓아야 한다. 알디는 '부가 서비스는 먹을 수 없는 것인데 왜 돈을 내겠느냐'는 입장이다.

싼 가격에 더 많은 혜택(more for less) 물론 이길 수 있는 가치 제안은 싼 가격에 더 많은 혜택을 제안하는 것이다. 많은 기업이 이를 실행한다고 주장하고, 일부는 실제로 이와 같은 포지셔닝을 단기적으로는 달성할 수 있다. 예를 들어 홈디포는 처음 사업을 시작할 때 동네 철물점 및 기타 주거 개선 제품 체인과 비교하여 가장 좋은 구색, 가장 좋은 서비스, 가장 낮은 가격 정책을 제시했다.

그러나 장기적으로 기업은 양쪽 다 좋은 이러한 포지셔닝을 유지하는 데 어려움을 겪는다. 더 많은 것을 제공하는 데에는 보통 비용이 더 많이 들기 때문에 '싼 가격'이라는 약속을 지키기가 어렵다. 예를 들어 로우스 매장과의 경쟁에 직면한 홈디포는 우월한 서비스나 저렴한 가격 중 무엇으로 경쟁할지 결정해야 한다.

결국 각 브랜드는 목표시장의 욕구와 필요에 맞추어 설계된 포지셔닝 전략을 도입해야 한다. '싼 가격에 더 많은 혜택'은 특정 목표시장을, '훨씬 싼 가격에 더 적은 혜택'은 다른 목표시장을 공략할 수 있을 것이다. 어떤 시장이든 많은 기업이 각각 성공적으로 각기 다른 포지션을 차지할 수 있는 공간이 존재한다. 중요한 점은 각 기업이 목표고객에게 특별하게 자리매김할 수 있는 자신만의 성공적인 포지셔닝 전략을 개발해야 한다는 것이다.

포지셔닝 선언문 개발

포지셔닝 선언문
'특정 대상(목표 세분시장과 욕구)에게 우리의 (브랜드)는 (어떤 차이)를 가져다주는 (콘셉트)이다'라는 형식으로 기업 또는 브랜드의 포지셔닝을 요약한 문장

기업과 브랜드의 포지셔닝은 **포지셔닝 선언문**(positioning statement)으로 요약되어야 한다. 포지셔닝 선언문은 '특정 대상(목표 세분시장과 욕구)에게 우리의 (브랜드)는 (어떤 차이)를 가져다주는 (콘셉트)이다'라는 형식을 띤다.[37] 한 예로 온라인 소매점 브랜들리스(Brandless)의 포지셔닝 선언문은 다음과 같다. "브랜들리스는 책임감 있는 방법으로 더 많은 사람에게 더 나은 제품을 좋은 가격에 편리하게 제공하는 온라인 식품과 가정용품 소매점이다."

브랜들리스의 포지셔닝은 첫째, 어떤 제품군에 속하는지를 정의(온라인 식품과 가정용품 소매점)하고, 둘째, 그 제품군에 속한 다른 구성원(경쟁사)과의 차이점(가치와 편리함을 추구하는 소비자에게 책임감 있는 방법으로 더 많은 사람에게 더 나은 제품을 좋은 가격에 편리하게 제공)을 보여준다. 분석가가 '온라인 트레이더조'라고 비유한 브랜들리스는 온라인으로 유기농 및 특수 제품을 비롯한 350개 이상의 자체 상표 제품을 3달러라는 놀라운 가격에 제공한다. 브랜들리스는 "더 나은 제품을 몇 달러라도 저렴하게. 간단하죠."라고 말한다. 또한 브랜들리스는 지역사회에 돌려주는 일을 신봉한다. '실제의 친절함(Tangible Acts of Kindness)' 계획은 '미국 먹여 살리기(Feeding America)'와 함께 누구든 브랜들리스에서 계산할 때마다 굶주린 이들에게 식사를 기부한다.[38]

브랜드를 특정 제품 범주에 설정하는 것은 브랜드와 그 범주의 다른 제품이 공유할 수 있는 유사점을 나타낸다. 그러나 브랜드의 우월성은 브랜드의 차별점을 기반으로 만들어진다. 예를 들어 U.S. 우편서비스(U.S. Portal Service)는 UPS, 페덱스처럼 선적하지만 편리하고 저가인 정액 포장 상자와 봉투로 빠른 우편(Priority Mail)과 그 밖의 것을 구별한다. U.S. 우편서비스는 "상자에 들어가면 부칠 수 있다(If it fits, it ships)"고 약속한다.

선택된 포지션을 알리고 실제로 실행하기

일단 포지션을 선정하면 기업은 자신이 선택한 바람직한 포지션을 목표고객에게 전달하기 위해 강력한 조치를 취해야 한다. 기업의 모든 마케팅믹스 노력은 포지셔닝 전략을 지원해야 한다.

기업을 포지셔닝하는 데에는 단순히 말이 아니라 구체적인 행동이 필요하다. 더 좋은 품질과 서비스라는 포지션을 구축하기로 했다면 기업은 먼저 그 포지션을 실행해야 한다. 제품, 가격, 유통,

촉진과 같은 마케팅믹스를 설계하는 것에는 포지셔닝 전략의 구체적 전술을 실행하는 것이 포함된다. 따라서 '비싼 가격에 더 많은 혜택' 포지션을 추구하는 기업은 반드시 최고 품질의 제품을 생산하고, 가격을 높게 책정하고, 고품질 제품을 취급하는 딜러를 통해 제품을 유통하고, 고품격 미디어를 통해 광고해야 한다. 또한 많은 서비스 직원을 선발하여 훈련하고, 서비스가 우수하다는 명성을 가진 소매상을 찾고, 우월한 제공물을 지지하는 판매 및 광고 메시지를 개발해야 한다. 이것이 일관성 있고 믿을 만한 '비싼 가격에 더 많은 혜택' 포지션을 구축하는 유일한 방법이다.

기업은 포지셔닝 전략을 실행에 옮기는 것보다 기획하는 것이 상대적으로 더 쉽다는 것을 깨닫곤 한다. 포지션을 구축하거나 바꾸는 데에는 시간이 오래 걸린다. 반면 구축하는 데 오랜 시간이 걸린 포지션이라도 금방 잃을 수 있다. 일단 기업이 원하는 포지션을 구축했다면 일관성 있는 성과와 커뮤니케이션을 통해 이를 유지하기 위해 주의를 기울여야 한다. 기업은 고객의 욕구와 경쟁사의 전략 변화에 맞추기 위해 계속 포지션을 추적하고 적응시켜야 한다. 그러나 고객을 혼란스럽게 만들 수 있는 갑작스러운 변화를 피해야 하며, 제품의 포지션이 항상 변화하는 마케팅 환경에 적응해가면서 점진적으로 진화해야 한다.

학습목표별 요약

이 장에서는 고객 가치 지향 마케팅 전략의 주요 요소인 시장 세분화, 목표고객 선정, 차별화, 포지셔닝에 대해 살펴보았다. 마케터는 시장에서 모든 소비자에게 소구할 수 없으며, 적어도 모든 소비자를 같은 방식으로 소구할 수 없다는 것을 알고 있다. 따라서 오늘날 모든 기업은 세분시장을 확인하고, 그중 일부를 선정하며, 각 세분시장에 맞는 제품과 마케팅믹스를 개발하는 목표시장 마케팅을 실행한다.

학습목표 7-1 시장 세분화, 목표시장 선정, 차별화, 포지셔닝 등 고객 가치 지향적 마케팅 전략을 설계하는 데 중요한 단계를 정의한다.

고객 가치 지향적 마케팅 전략은 어떤 고객을 섬길지 선정하고, 목표고객을 가장 잘 섬기는 가치 제안에 대해 결정하는 것으로 시작하는데, 이는 네 단계로 구성된다. 시장 세분화는 시장을 독특한 욕구, 특징, 행동을 가진, 다양한 제품과 마케팅믹스를 필요로 하는 작은 고객 집단으로 구분하는 활동이다. 일단 고객 집단을 확인하면 각 세분시장의 매력도를 평가하여 공략할 하나 이상의 세분시장을 선정한다. 차별화는 우월한 고객 가치를 창출하기 위해 시장 제안을 실제로 차별화하는 것을 말한다. 포지셔닝은 목표고객의 마음속에 시장 제안을 자리매김하는 것으로 구성된다. 고객 가치 지향적 마케팅 전략은 적합한 고객과 적절한 관계를 구축하는 것이다.

학습목표 7-2 소비재 시장과 산업재 시장을 세분화하기 위한 주요 변수를 열거하고 설명한다.

시장을 나누는 유일한 방법은 없다. 따라서 마케터는 시장 세분화 기회를 가장 잘 제공하는 것을 파악하기 위해 다양한 변수를 검토한다. 소비재 마케팅을 위한 주요 시장 세분화 변수는 지리적·인구통계적·심리묘사적·행동적 요인이다. 지리적 세분화에서는 국가, 지역, 주, 도시, 동네와 같은 지역적 단위로 시장을 구분한다. 인구통계적 세분화에서는 나이, 성별, 생애주기, 소득, 직업, 교육 수준, 종교, 민족, 세대와 같은 변수로 시장을 구분한다. 심리묘사적 세분화에서는 소비자의 라이프스타일이나 개성과 관련된 특징에 따라 시장을 구분한다. 행동적 세분화에서는 소비자의 지식, 태도, 사용 상황, 제품에 대한 반응 등에 따라 시장을 구분한다.

산업재 마케터는 시장을 세분하기 위해 대부분 같은 변수를 사용한다. 그러나 산업재 시장은 사업 고객의 인구통계적 요인(산업, 회사 규모), 운영상 특징, 구매 방식, 상황 요인, 개인적 특징에 따라서도 구분될 수 있다. 세분화 분석의 효과성은 세분시장에서 측정 가능성, 접근 가능성, 규모의 적정성, 차별화 가능성, 실행 가능성을 발견할 수 있는가에 달려 있다.

학습목표 7-3 기업이 어떻게 매력적인 세분시장을 확인하고 시장 표적화 전략을 선택하는지 이해한다.

가장 좋은 세분시장을 목표로 삼기 위해 기업은 먼저 각 세분시장의 규모와 성장 관련 특징, 구조적 매력도, 자사의 목표와 자원의 적합성을 평가한 후 네 가지 마케팅 목표시장 전략(매우 넓은 수준부터 매우 좁은 수준까지) 중 하나를 선정한다. 비차별화 마케팅(대중 마케팅)을 이용하여 세분시장 간의 차이를 무시하고 목표시장을 넓게 선정하는 것은 모든 고객에게 같은 방식으로 같은 제품을 대량 생산·유통·촉진하는 것을 포함한다. 또는 여러 세분시장을 위해 각기 다른 시장 제안을 개발하는 차별화 마케팅을 채택할 수도 있다. 집중적 마케팅(또는 틈새 마케팅)은 하나 또는 몇 개의 세분시장에 초점을 맞추는 것이다. 미시 마케팅은 특정 개인과 지역 고객 세분시장의 기호를 만족시키기 위해 제품과 마케팅 프로그램을 맞추는 활동이다. 미시 마케팅에는 지역 마케팅과 개인 마케팅이 포함된다. 어떤 목표시장 전략이 가장 좋은지는 기업의 자원, 제품의 가변성, 제품수명주기, 시장의 가변성, 경쟁사의 마케팅 전략에 달려 있다.

학습목표 7-4 기업이 시장에서 최대한 경쟁우위를 확보하기 위해 어떻게 제품을 차별화하여 자리매김하는지 이해한다.

어떤 세분시장에 진입할 것인지를 결정하고 나면 차별화와 포지셔닝 전략을 결정해야 한다. 차별화와 포지셔닝 임무는 세 단계, 즉 포지션 구축의 기반이 될 경쟁우위를 제공하는 차별적 고객 가치의 조합을 파악하는 단계, 올바른 경쟁우위를 선택하는 단계, 전반적인 포지셔닝 전략을 선정하는 단계로 구성된다.

브랜드의 포지셔닝은 가치 제안(브랜드가 포지셔닝되는 데 근간이 되는 혜택의 조합)이라고 불린다. 일반적으로 기업은 자신의 제품을 포지셔닝하는 데 다섯 가지 가치 제안(비싼 가격에 더 많은 혜택, 같은 가격에 더 많은 혜택, 싼 가격에 같은 혜택, 싼 가격에 더 많은 혜택, 훨씬 싼 가격에 더 적은 혜택) 중 하나를 선택할 수 있다. 기업과 브랜드 포지셔닝은 목표 세분시장과 욕구, 포지셔닝 콘셉트, 특정 차이점을 설명하는 포지셔닝 선언문으로 요약된다. 다음으로 기업은 선정된 포지션을 시장에 효과적으로 의사소통하고 전달해야 한다.

핵심용어

학습목표 7-1

시장 세분화 market segmentation
목표시장 선정 market targeting(targeting)
차별화 differentiation
포지셔닝 positioning

학습목표 7-2

지리적 세분화 geographic segmentation
초지역사회 마케팅 hyperlocal social marketing
인구통계적 세분화 demographic segmentation
나이와 생애주기 세분화 age and life-cycle segmentation
성별 세분화 gender segmentation
소득 세분화 income segmentation
심리묘사적 세분화 psychographic segmentation
행동적 세분화 behavioral segmentation
사용 상황 세분화 occasion segmentation
혜택(편익) 세분화 benefit segmentation
시장 간 세분화 intermarket(cross-market) segmentation

학습목표 7-3

목표시장 target market
비차별적(대량) 마케팅 undifferentiated(mass) marketing
차별적(세분화) 마케팅 differentiated(segmented) marketing
집중적(틈새) 마케팅 concentrated(niche) marketing
미시 마케팅 micromarketing
지역 마케팅 local marketing
개인 마케팅 individual marketing

학습목표 7-4

제품 포지션 product position
제품 포지션 product position
가치 제안 value proposition
포지셔닝 선언문 positioning statement

토의문제

1. 차별화와 포지셔닝의 주요 차이점은 무엇인가? 기업은 두 가지 기법을 모두 사용하는가?
2. 인구통계적 세분화는 소비재 시장에서 어떻게 사용되는가? 마케터가 인구통계적 세분화를 사용한 사례를 제시하라.
3. 세계 시장에서 시장 간 세분화의 가치는 무엇인가?
4. 마케터가 국제시장의 세분화를 할 때 당면하는 문제를 설명하라.
5. 차별적 마케팅과 비차별적 마케팅의 차이를 설명하라. 기업은 두 전략을 모두 효과적으로 사용할 수 있는가?
6. 가치 제안이란 무엇인가? 기업이 제품을 포지셔닝할 때 사용하는 다섯 가지 가치 제안을 설명하고 각각의 예를 제시하라.

8 제품, 서비스, 브랜드: 고객 가치 구축

학습목표 8-1 제품을 정의하고 제품과 서비스의 주요 유형 분류를 파악한다.
제품이란 무엇인가

학습목표 8-2 기업이 개별 제품과 서비스, 제품라인, 제품믹스에 대해 내리는 의사결정을 이해한다.
제품과 서비스에 대한 의사결정

학습목표 8-3 서비스 마케팅에 영향을 미치는 네 가지 특성과 서비스 마케팅에서 고려해야 할 추가적 요인을 알아본다.
서비스 마케팅

학습목표 8-4 브랜딩 전략, 즉 기업이 브랜드를 구축·관리하기 위해 내리는 결정을 이해한다.
브랜딩 전략: 강력한 브랜드 구축

개관 앞 장에서 고객 가치 지향적 마케팅 전략을 다루었으니 이제 마케터가 전략을 실행하고 고객을 끌어들이며 우월한 고객 가치를 전달하기 위해 사용하는 전술적 도구인 마케팅믹스에 대해 자세히 살펴보자. 이 장과 다음 장에서는 기업이 제품, 서비스와 브랜드를 개발·관리하는 과정을 다루고, 이어지는 장에서는 가격결정, 유통, 마케팅 커뮤니케이션을 다룰 것이다. 제품과 브랜드는 마케팅에서 맨 먼저 가장 기본적으로 고려해야 하는 것이다. 이 장은 '제품은 무엇인가?'라는 단순해 보이는 질문으로 시작한다. 그러나 답은 결코 단순하지 않다.

이 장을 시작하기에 앞서 놀랄 만한 브랜드 이야기를 살펴보자. 마케팅은 고객과 깊이 연결되는 브랜드를 구축하는 노력이다. 최고 브랜드라고 하면 무엇이 가장 먼저 떠오르는가? 아마도 코카콜라, 나이키, 맥도날드 같은 전통적인 메가브랜드(megabrand)나 구글, 페이스북, 애플 같은 트렌디한 테크 브랜드일 것이다. 그러나 가구로 범위를 좁히면 아마도 이케아를 떠올릴 것이다.

이케아: 컬트 브랜드 만들기

이케아는 놀랄 만한 열성 고객을 보유하고 있다. 2018년 9억 5,700만 명 이상이 이케아 매장을 찾았고 인도의 첫 번째 매장을 포함하여 19개 매장을 새로 열었다. 이케아가 크로아티아에 첫 번째 매장을 열었을 때는 첫 나흘 동안 6만 8,000명이 방문했다. 스페인 발렌시아에 새로 여는 매장 구인 광고에는 10만 명이 넘게 지원하는 바람에 서버가 다운되기도 했다.

이케아는 소비자에게 첨단 스칸디나비안 디자인을 매우 낮은 가격에 제공하는 독특한 가치 제안으로 성공할 수 있었다. 이케아가 이렇게 낮은 가격을 매길 수 있는 것은 제품 대부분이 상자에 들어 있고 고객이 집에 가져가서 조립해야 하기 때문이다. 이렇게 함으로써 운송 비용을 절약하고 공간을 더 효과적으로 사용할 수 있다. 또한 이케아는 경쟁사처럼 소수로부터 제품을 공급받는 것이 아니라 전 세계 다수로부터 공급받아 최저가를 실현한다. 가격이 좀 나가는 제품도 있지만 그래도 적당한 가격이 되게 한다. 이케아는 모든 제품에 걸쳐 매년 평균 2~3% 낮추는 것을 목표로 한다.

오늘날의 소비자는 구매할 때 어지러울 정도로 많은 선택에 둘러싸여 있지만 이케아는 취향이 있고 가성비를 따지는 비슷한 생각을 가진 사람들을 위한 장소를 제공한다. 이러한 이상적인 목표는 제품명에도 반영된다. 예를 들면 고객은 보클록(BoKlok) 집의 레크스비크(Leksvik) 침대에서 브룬스카라(Brunskara) 누빔이불을 덮고 잔다. 난독증이 있었던 창립자 잉바르 캄프라드(Ingvar Kamprad)는 제품의 일련번호보다는 제품명을 기억하기가 더 쉽다고 믿었기 때문에 침대에는 노르웨이의 도시명을 붙이고 침구에는 꽃과 식물명을 붙였다. 이러한 전략이 제대로 작용하여 이케아는 진출국의 가구 시장에서 5~15%의 점유율을 차지하고 있다.

이케아는 세계적으로 고객이 열광하는 컬트 브랜드를 만드는 데 성공했다. 12년 동안의 계획과 인도 진출 계획을 밝힌 지 6년 후인 2018년, 이케아는 인도 하이데라바드에 첫 번째 매장을 열었다. 하이테크시티의 13에이커 규모 단지에는 7,500개가 넘는 제품라인의 전시장이 있다. 이케아의 팀은 새로운 인도 고객을 이해하기 위해 다양한 소득 수준과 생활양식의 1,000가구를 방문했다. 하이데라바드 매장은 2025년까지 인도 전역에서 개장할 25개 중 첫 번째 매장이며, 2019년에는 뭄바이를 거점으로 첫 번째 온라인 사이트를 열었다. 이케아는 판매를 지원하는 주문 처리, 배달, 지역 조립 서비스를 하는 도시에서 온라인 운영을 시작할 것이다. 개장일에만 4만 명이 넘는 고객이 찾을 정도라 이케아는 인도에서 대성공을 거둘 것으로 보인다. 이케아는 가격을 계속적으로 인하하며 세계 가구 시장에서 최고 수준인 약 10%의 운영 이윤을 맞추면서 이러한 성과를 유지하고 있다.

성장을 유지하기 위해 이케아는 전 세계적으로 매장당 평균 8,000만~1억 달러의 비용으로 매년 20개의 매장을 꾸준히 늘리고 있다. 가장 빨리 성장하는 미국, 러시아, 중국 시장에서 그 위상을 높이고 있는데, 미국의 경우 2005년 25개에서 2018년 48개로 매장 수가 증가했다. 이케아는 크로아티아, 슬로베니아, 우크라이나와 같은 신흥시장에도 투자하고 있다.

이러한 신규 매장의 주요 성공 요인은 이케아가 불러일으키는 강한 열정이다. 전 세계의 쇼핑객을 단결시키고 매혹하는 것은 이케아가 운영하는 공통된 고객 경험인 매장 방문이다. 이케아는 평균 30만 제곱피트(2만 7,871제곱미터)에 이르는 푸른색과 노란색 빌딩에서 독특한 쇼핑 경험을 제공한다. 엄청난 수의 제품 자체가 주요 이점이다. 매장은 시내 중심지에서 평균 25마일 정도 떨어져 있어 토지 비용과 세금이 낮다. 고객과 더 가까워지기 위해 이케아는 매장의 네트워크를 확대한다고 발표했다. 예를 들어 이케아 입장에서 가장 중요한 나라 중 하나인 독일에서는 2025년까지 20개의 매장을 늘릴 계획이다. 이와 더불어 이케아는 고객이 온라인으로 미리 주문한 제품을 받을 수 있는 픽업 지점을 설치하는 것을 포함한 온라인 계획을 시작했다.

고객에게 이케아 매장 방문은 단순한 쇼핑이라기보다는 재미있고 흥미로운 외출이고 브랜드의 강점과 고객의 충성에 대한 증언과도 같다. 많은 매장은 창문이 있는 큰 상자와 닮았고 문은 스웨덴의 국기 색깔인 밝은 노란색과 파란색이다. 이케아에서의 쇼핑은 다른 소매점과 다른 경험을 안겨준다. 고객은 아이를 입구 근처의 놀이방에 맡기고 좀 더 여유로운 쇼핑을 즐길 수 있다.

이케아 매장은 고객이 전체 매장을 둘러보면서 다양한 제품에 이끌리도록 설계되어 있다.
Chih-Chung Johnny Chang/Alamy Stock Photo

그리고 한 방향으로 된 평면 배치로 고객이 표시된 통로를 따라 전시 공간을 다니면서 전체 매장을 구경할 수 있다. 또한 고객에게 영감을 주어 구매가 늘어나도록 완벽한 소품과 함께 가구가 진열되어 있다. 고객은 연필부터 액자까지 전략적으로 배치된 제품에 계속 주목하게 된다. 이케아는 매년 제품라인을 3분의 1씩 교체하므로 쇼핑 경험은 계속 놀라움을 준다. 매장 중앙의 식당에서 고객은 부피가 큰 제품이 납작하게 포장되어 있는 창고로 이동하기 전에 잠깐 휴식을 취할 수도 있다.

이케아는 브랜드가 상징하는 것의 명확한 포지셔닝을 만들어냈다. 이케아는 단순한 가성비의 DIY 가구와 가정용품 그 이상이다. 즉 이케아는 고객에게 완전한 생활양식의 해결책을 제공한다. 이케아는 경쟁사와 다른 방식으로 일한다. 먼저 제품에 맞는 가격을 결정하고 디자이너가 그 가격에 맞추어 아름답게 디자인하여 제품을 만들어낸다. 이렇게 함으로써 이케아는 비용 중점과 강한 디자인 문화를 결합해냈다. 가성비뿐만 아니라 탁월한 디자인과 재료로 부유한 고객도 끌어들이고 있다.

또한 이케아는 고객을 알고 그들이 사고 싶어 하는 물건을 판매함으로써 제품을 고객에 맞춘다. 예를 들어 닭띠 해를 맞아 중국 시장용 플라스틱 식탁 매트 25만 개를 만들어 3주 만에 완판했다.

이케아에서 쇼핑하는 팬을 보면 회사를 위해 일하는 팬도 있는 것 같다. '이케아 정신(IKEA Spirit)'은 직원들이 서로 돌보고 격려하게 한다. 이케아의 직원들은 자율성, 거의 없는 듯한 위계질서, 가족적인 분위기를 즐긴다. 또한 그들은 이케아의 근검 정신과 디자인의 가치를 받아들이는데, 이는 페이스북, 트위터, 인스타그램, 핀터레스트 등의 소셜미디어 플랫폼에 의해 강화된다. 이케아는 판촉, 할인, 특별 증정품, 행사, 뉴스 등을 끊임없이 게시하고 자사 콘텐츠를 공유하는 플랫폼으로 이용한다. 이

이케아는 단순히 가구를 낮은 가격에 판매하는 것 이상, 즉 고객에게 적절한 가격으로 모든 것을 아우르는 생활양식을 제공한다는 것을 깊이 이해함으로써 성공을 거두었다.

에 더하여 이케아는 늘 팔로워에게 반응하고 고객의 불만에 발빠르게 대응한다. 그 결과는 페이스북 팔로워 2,700만 명, 미국 인스타그램 계정의 팔로워 200만 명, 독일 핀터레스트 계정의 매달 방문자 1,000만 명을 보유한 컬트 같은 브랜드 이미지이다. 이케아 그룹은 세계적인 컬트 브랜드를 성공적으로 구축했을 뿐 아니라 계속 이를 활용하고 있으며, 더 많은 추종자가 적절한 가격으로 생활할 수 있게 해준다.[1]

이케아 사례에서 보듯이 고객 관계를 만드는 여정에서 마케터는 고객과 연결하는 제품과 브랜드를 구축해야 한다. 이 장은 아주 단순해 보이는 질문 '**제품은 무엇인가?**'로 시작한다. 이 질문의 답을 알아본 다음 소비재 시장과 산업재 시장의 제품 분류 방식을 설명한다. 그리고 개별 제품, 제품라인, 제품믹스에 대한 중요 의사결정을 다루고, 제품의 특별한 형태인 서비스의 특징과 이를 마케팅하기 위해 고려해야 할 사항을 살펴본다. 끝으로 마케터가 어떻게 제품 및 서비스 브랜드를 구축하고 관리하는가에 대한 중요한 문제를 짚어본다.

저자 코멘트 | 이 질문은 아주 단순해 보이지만 그 답은 매우 복잡하다. 예를 들어 서두의 이케아 사례에서 이케아의 '제품'은 무엇인가?

제품이란 무엇인가

학습목표 8-1 제품을 정의하고 제품과 서비스의 주요 유형 분류를 파악한다.

제품
필요나 욕구를 충족할 수 있으므로 주의, 획득, 사용 또는 소비를 위해 시장에 제공되는 모든 것

제품(product)은 필요나 욕구를 충족할 수 있으므로 주의, 획득, 사용 또는 소비를 위해 시장에 제공되는 모든 것으로 정의된다. 제품에는 자동차, 의류, 스마트폰 같은 유형재(tangible object) 이상이 포함된다. 좀 더 넓게 정의하면 제품은 서비스, 행사, 사람, 장소, 조직, 아이디어 또는 이것들의 결합물 등으로 이루어진다. 이 책에서는 이러한 것들을 모두 아우르는 의미로 제품이라는 용어를 사용한다. 따라서 애플 아이폰, 토요타 캠리, 스타벅스 카페모카는 물론이고 라스베이거스 여행, 슈와브(Schwab) 온라인 투자 서비스, 당신의 인스타그램 계정, 의사의 조언 등도 모두 제품이다.

서비스
무형이고 소유할 수 없다는 특징을 가진 구매를 위해 제공되는 활동, 편익 또는 만족

서비스는 세계 경제에서 차지하는 중요성이 크기 때문에 특별히 주의 깊게 살펴볼 것이다. 제품의 한 형태인 **서비스**(services)는 무형이고 소유할 수 없다는 특징을 가진 구매를 위해 제공되는 활동, 편익 또는 만족을 말하며 은행 서비스, 호텔, 항공 여행, 소매업, 무선통신 서비스, 집수리를 예로 들 수 있다. 이 장 후반부에서 서비스에 대해 자세히 살펴볼 것이다.

제품, 서비스와 경험

제품은 시장 제공물의 핵심 구성요소이다. 마케팅믹스에 대한 계획 수립은 목표고객에게 가치 있는 제공물을 구성하는 것으로 시작되는데, 이 제공물은 수익성 있는 고객 관계를 구축하는 데 기반이 된다.

기업의 시장 제공물에는 보통 유형재와 서비스가 포함된다. 한쪽 끝의 시장 제공물은 서비스가 전혀 없는 순수 유형재(pure tangible goods)로 비누, 치약, 소금 등이 그 예이다. 또한 반대편 끝에는 주로 서비스로 구성된 순수 서비스(pure services)가 있는데, 의사의 진료와 금융 서비스 등이 그 예이다. 그리고 이 양 끝 사이에는 수많은 유형재와 서비스의 조합이 있다.

오늘날 제품과 서비스가 일상화됨에 따라 기업은 고객 가치를 창출하기 위해 새로운 단계로 이동하고 있다. 제공물의 차별화를 위해 기업은 단순히 제품과 서비스를 전달하는 것에서 한 걸음 더 나아가 자사 제품 또는 자사와의 경험을 창출·관리하고 있다.

일부 기업에게 경험은 중요한 마케팅 요소였다, 오랫동안 영화와 테마파크를 통해 꿈과 추억(경험)을 생산해온 디즈니는 테마파크 구성원들이 모든 방문객에게 수천 번의 '작은 경이로움'을 전달

● 고객 경험 창출: 버펄로와일드윙스는 닭 날개와 맥주만 제공하는 것이 아니라 궁극의 '닭 날개, 맥주, 스포츠' 팬 경험을 제공한다.
Buffalo Wild Wings, Inc.

하기를 바란다. 오래전에 나이키도 "우리의 사업은 신발이 아니라 신발이 당신을 데려가는 곳"이라고 선언한 바 있다. 그러나 오늘날에는 모든 유형의 기업이 경험을 창출하기 위해 전통적인 제품과 서비스를 재조명하고 있다. ● 예를 들어 버펄로와일드윙스(Buffalo Wild Wings)는 닭 날개와 맥주만 제공하는 것이 아니라 궁극의 '닭 날개, 맥주, 스포츠' 팬 경험을 제공한다.[2]

'닭 날개, 맥주, 스포츠'는 버펄로와일드윙스 식당 체인의 오래된 좌우명이다. 열성 팬에게는 B-Dubs로 알려진 이 체인은 음식과 스포츠, 그리고 그 사이의 모든 것에 집중한다. B-Dubs는 닭 날개와 맥주 부문에서 기대 부응 이상을 한다. 엄청난 종류의 닭 날개와 지점마다 30종류 이상의 맥주를 판매하는 B-Dubs에서는 배고프거나 목마를 일이 없다.

그러나 버펄로와일드윙스의 성공 비결은 닭 날개와 맥주를 팔아 이익을 내는 것 이상이다. 고객이 계속 찾아오게 만드는 것은 바로 B-Dubs 경험이다. 고객은 경기를 보고 욕을 하고 자신의 스포츠 팀을 응원하고 옛 친구를 만나고 새 친구를 만들기 위해, 즉 먹고 사회적 경험을 하기 위해 B-Dubs에 온다. 버펄로와일드윙스는 이렇게 말한다. "우리는 우리의 사업이 닭 날개를 파는 것 이상임을 깨달았다. 우리의 사업은 스포츠 팬 경험을 부추기는 것이다." 버펄로와일드윙스는 고객 경험을 충족함으로써 큰 이익을 얻고 있다. B-Dubs는 현재 미국에서 첫째가는 닭 날개와 생맥주 판매점이다.

제품과 서비스의 수준

제품 기획자는 ● 그림 8.1과 같은 세 단계에서 제품과 서비스를 생각해야 한다. 단계마다 부가적인 고객 가치를 더한다. 가장 기본적인 단계는 '소비자가 진정으로 구매하려는 것이 무엇인가?'라는 질문의 답인 핵심 고객 가치(core customer value)이다. 제품을 설계할 때 마케터는 먼저 소비자가 추구하는 핵심적인 문제 해결 편익, 서비스, 경험이 무엇인지 정의해야 한다. 립스틱을 구매하는 여성은 입술 색깔 그 이상을 구매한다. 일찍이 이를 간파한 레블론(Revlon)의 찰스 레브슨(Charles

● 그림 8.1
제품의 세 단계

가장 기본적인 단계에서 기업은 '소비자가 진정으로 구매하려는 것이 무엇인가?'라는 질문을 한다. 예를 들어 할리데이비슨을 구매하는 사람들은 단순히 모터사이클을 구매하는 것이 아니라 자유, 독립성, 권력, 진실성과 같은 할리 경험을 구매하는 것이다.

● 핵심 제품: 할리데이비슨을 구매하는 사람들은 모터사이클 이상을 구매한다. 이들은 자기 표현, 생활양식, 열망, 꿈을 구매한다.
John Powell Photographer/Alamy Stock Photo

Revson)은 "공장에서는 화장품을 만들지만 매장에서는 희망을 판다"고 말했다. ● 한편 할리데이비슨을 구매하는 사람은 A라는 장소에서 B라는 장소로 이동하는 기계 이상을 구매하는 것이다.[3]

> 할리 열성 팬의 헬멧과 가죽 의상을 벗겼을 때 어떤 사람일지는 예측할 수 없다. 문신에 산발 머리를 한 남자일 수도 있고 CEO, 투자가, 요리사일 수도 있다. 오늘날의 구매자는 12% 이상이 여성이다. 할리데이비슨의 마케팅 책임자는 다음과 같이 말한다. "할리는 온갖 계층의 사람들을 모은다. 신경외과 의사와 경비원이 함께 이야기하고 함께 라이딩하는 것을 볼 수도 있다. 모두 가족이다."
>
> 고객이 누구든 할리데이비슨 추종자는 브랜드에 대한 깊은 공통적 유대를 공유한다. 할리데이비슨의 핵심 매력은 자유로움, 독립심, 힘, 진정성이다. 할리데이비슨은 영혼을 일깨우고 자유와 독립성을 선언한다. 한 분석가는 이렇게 말한다. "경험이 모든 것이다. 헤비메탈에서 만들어지고 자유롭게 살면서 66번 도로를 내달리는 경험은 중년 회계사가 징 박힌 검은색 가죽옷을 입고 빚과 신용을 잠시라도 잊게 해준다."

두 번째 단계에서 제품 기획자는 핵심 편익을 **실제 제품**(actual product)으로 전환한다. 제품 기획자는 제품과 서비스의 특징, 디자인, 품질 수준, 브랜드명, 포장 등을 개발해야 한다. 예를 들어 할리데이비슨 모터사이클은 실제 제품이다. 브랜드명, 스타일링, 제품의 특징, 소리, 부품과 기타 속성이 신중하게 결합되어 자유와 독립성이라는 핵심 고객 가치를 실제로 전달한다.

마지막 단계에서 제품 기획자는 추가적인 고객 서비스와 편익을 제공함으로써 핵심 편익과 실제 제품을 지원하는 **확장 제품**(augmented product)을 구축한다. 즉 고객이 모터사이클을 구입하면 할리데이비슨과 영업사원은 부품과 공정에 대한 품질 보증, 필요시 긴급 수리 서비스, 각종 부속으로 가득한 쇼룸, 문제나 의문점이 있을 때 이용할 수 있는 웹과 모바일 사이트를 제공한다. 할리소유자모임(Harley Owners Group, H.O.G.)은 도로 서비스, H.O.G. 집회와 이벤트, H.O.G 소식, 제품 정보, 주행 이야기 등으로 가득한《HOG》잡지 같은 추가 혜택을 제공한다.

소비자는 제품을 자신의 욕구를 충족하는 편익의 묶음이라고 생각한다. 따라서 제품을 개발할 때 마케터는 먼저 소비자가 제품을 통해 얻고자 하는 **핵심 고객 가치**를 파악해야 한다. 다음으로 실제 제품을 설계하고 고객 가치와 풍부하고 만족스러운 브랜드 경험을 창출하기 위해 제품을 보완하는 방법을 마련해야 한다.

제품과 서비스의 분류

제품과 서비스는 이를 사용하는 소비자의 유형에 따라 크게 **소비용품**과 **산업용품**으로 구분된다. 넓은 의미에서 제품은 경험, 조직, 사람, 장소, 아이디어 등 마케팅 활동이 이루어지는 모든 대상물을 포함한다.

소비용품

소비용품
최종 소비자가 개인적으로 소비하기 위해 구매하는 제품과 서비스

소비용품(consumer product)은 최종 소비자가 개인적으로 소비하기 위해 구매하는 제품과 서비스를 말한다. 마케터는 이러한 제품과 서비스를 소비자가 어떻게 구매하는가에 따라 다시 **편의품**,

표 8.1 | 소비용품 유형별 마케팅 고려 요인

	소비용품의 유형			
마케팅 고려 요인	**편의품**	**선매품**	**전문품**	**미탐색품**
소비자 구매 행동	• 자주 구매함 • 구매 계획을 하지 않고 대안 비교 노력이나 쇼핑 노력을 기울이지 않음 • 고객의 관여 수준이 낮음	• 덜 자주 구매함 • 상당한 구매 계획과 쇼핑 노력을 기울임 • 가격, 품질, 스타일 등을 바탕으로 브랜드 대안을 비교함	• 강한 브랜드 선호도와 충성도 • 특별한 구매 노력 • 브랜드 대안을 비교하지 않음 • 가격 민감도가 낮음	• 제품에 대한 인지도와 지식이 별로 없음
가격	• 저가격	• 고가격	• 고가격	• 다양함
유통	• 광범위한 유통 • 편리한 점포 위치	• 비교적 소수의 소매점을 통한 선별적 유통	• 판매 지역별로 하나 또는 몇 개의 점포에 의한 전속적 유통	• 다양함
촉진	• 제조업체에 의한 대량 촉진	• 제조업체와 유통업체에 의한 광고와 인적 판매	• 제조업체와 유통업체가 특정 고객층을 겨냥하여 신중하게 수행하는 촉진 활동	• 제조업체와 유통업체에 의한 적극적인 광고와 인적 판매
예	• 치약, 잡지, 세탁세제	• 주요 내구재, TV, 가구, 의류	• 롤렉스 시계, 고급 크리스털 제품 등의 사치품	• 생명보험, 적십자 헌혈

선매품, 전문품, 미탐색품으로 분류한다. 각 제품 유형은 소비자가 이를 구매하는 방법과 기업이 이를 마케팅하는 방법에 차이가 있다(표 8.1 참조).

편의품
소비자가 자주, 즉시, 그리고 최소한의 대안 비교와 구매 노력으로 구매하는 소비용품

편의품(convenience product)은 소비자가 자주, 즉시, 그리고 최소한의 대안 비교와 구매 노력으로 구매하는 제품과 서비스로 세탁세제, 사탕, 잡지, 패스트푸드 등을 예로 들 수 있다. 편의품은 대개 가격이 낮고, 고객이 필요시 쉽게 구매할 수 있도록 곳곳에서 판매한다.

선매품
고객이 선택과 구매 과정에서 욕구에 부합한지, 품질, 가격, 스타일 등을 신중하게 비교하는 소비용품

선매품(shopping product)은 자주 구매하지 않는 제품과 서비스로, 고객은 욕구에 부합한지, 품질, 가격, 스타일 등을 신중하게 비교한다. 소비자는 선매품 구매 과정에서 정보 수집과 대안 비교에 상당한 시간과 노력을 들이며, 선매품의 예로는 가구, 의류, 주요 가전, 호텔 서비스 등이 있다. 선매품은 대체로 선별된 소수의 유통점에서 취급하지만 고객의 대안 비교 과정을 돕기 위해 충분한 판매 지원을 제공한다.

전문품
구매에 상당한 노력을 들이는 일정 수의 고객 집단이 있으며 독특한 특징 또는 브랜드 정체성을 가진 소비용품

전문품(specialty product)은 구매하는 데 상당한 노력을 들이는 일정 수의 고객 집단이 있으며 독특한 특징 또는 브랜드 정체성을 가진 제품과 서비스이다. 특정 브랜드의 자동차, 고가의 사진기기, 디자이너 의류, 고급 음식, 의료 및 법률 서비스 등을 예로 들 수 있다. 전문품의 한 예인 람보르기니 자동차의 경우 소비자는 이를 구매하기 위해 온갖 애를 쓴다. 소비자는 대안을 비교하지 않으며, 자신이 원하는 제품을 취급하는 영업사원을 찾는 데 시간을 투자한다.

미탐색품
소비자가 제품의 존재를 모르거나 알고 있더라도 통상적으로 이를 구매하려고 생각하지 않는 소비용품

미탐색품(unsought product)은 소비자가 제품의 존재를 모르거나 알고 있더라도 통상적으로 이를 구매하려고 생각하지 않는 소비용품이다. 새로운 혁신 제품은 대부분 소비자가 광고를 보고 그 존재를 알기 전까지는 미탐색품에 해당한다. 존재를 알고는 있으나 구매를 고려하지 않는 제품과 서비스의 예로는 생명보험, 장례 상조 서비스, 적십자사를 통한 헌혈 등이 있다. 미탐색품은 그 성격상 상당한 촉진 활동, 인적 판매, 기타 마케팅 노력이 필요하다.

산업용품

산업용품
추가로 가공하기 위해 또는 사업상의 용도로 구매하는 제품

산업용품(industrial product)은 추가로 가공하기 위해 또는 사업상의 용도로 구매하는 제품이다. 따라서 소비용품과 산업용품은 제품의 구매 목적에 따라 구분된다. 만약 소비자가 집에서 사용하기 위해 잔디깎이를 구매하는 경우라면 소비용품이지만 조경 사업을 위해 구매하는 잔디깎이는

산업용품이다.

산업용품은 크게 원자재와 부품(materials and parts), 자본재(capital items), 소모품과 서비스(supplies and services)로 구분된다. **원자재와 부품**은 원재료, 가공재, 부품 등을 말하며, **자본재**는 구매자의 제품 생산에 도움을 주는 산업용품으로 설비와 부속 장비 등이 이에 해당한다. **소모품**에는 업무용 및 유지·보수용 소모품이 있고, **비즈니스 서비스**에는 유지·보수 서비스와 비즈니스 자문 서비스가 포함된다.

조직, 사람, 장소, 아이디어

마케터는 제품의 개념을 확대하여 유형 제품과 서비스뿐 아니라 조직, 사람, 장소, 아이디어 등의 다양한 시장 제공물을 제품에 포함했다.

많은 경우 조직은 조직 그 자체를 판매하기 위한 활동을 수행한다. **조직 마케팅**(organization marketing)은 조직에 대한 목표고객의 태도와 행동을 만들고 유지하고 바꾸기 위해 행하는 활동을 말한다. 영리 조직과 비영리 조직은 둘 다 조직 마케팅을 실행한다. 기업은 자사, 자사의 이미지와 이상을 마케팅하기 위해 PR 활동을 후원한다.

예를 들어 아웃도어 의류와 용품을 판매하는 파타고니아는 특정 제품을 위한 광고를 거의 하지 않는 대신, 책임 있는 소비주의에 대한 인쇄 광고든 지구의 공유지를 보호하기 위한 활동가의 소셜미디어 캠페인이든 환경에 대한 자사의 목적의식과 가치를 홍보한다. 파타고니아의 유럽 마케팅 책임자는 이렇게 말한다. "누군가가 파타고니아 제품을 구매할 때 우리는 고객이 파타고니아의 존재 이유를 이해하는지, 우리가 제품을 구현하기 위해 선택하는 방법 및 고객이 제품을 사용하는 데 필요한 사항, 우리의 지원을 통해 고객이 어떻게 제품을 간수하는가를 이해하는지 확실히 하고 싶다." 파타고니아의 마케팅은 제품을 파는 것 그 이상으로, 파타고니아가 지역사회와 공유하는 가치를 바탕으로 '대중 운동을 만드는 일'에 관한 것이다.[4]

사람도 제품으로 간주할 수 있다. **사람 마케팅**(person marketing)은 특정인에 대한 태도나 행동을 만들고 유지하고 바꾸기 위해 행하는 활동으로 구성된다. 대통령, 연예인, 스포츠 선수, 의사, 변호사, 건축가 등 다양한 사람들이 명성을 구축하기 위해 사람 마케팅을 이용한다. 또한 사업체, 자선 단체와 그 밖의 조직도 자신의 제품이나 공익을 판매하는 데 도움을 얻기 위해 유명인을 이용한다. 예를 들어 테니스 슈퍼스타 겸 사업가인 세리나 윌리엄스(Serena Williams)는 나이키, 게토레이, 비츠(Beats), JP모건체이스를 홍보하여 연간 2,000만 달러를 벌어들인다. 사실 그녀 자체가 시장성 있는 브랜드가 되었다. 최근 윌리엄스는 자신의 여성성, 강인함, 진정성에서 영감을 얻은 세리나라는 패션 브랜드를 내놓았다.[5]

장소 마케팅(place marketing)은 특정 장소에 대한 태도나 행동을 만들고 유지하고 바꾸기 위해 행하는 활동을 말한다. 도시, 주, 지역, 국가 등은 관광객, 새로운 거주자, 컨벤션, 사무실, 공장 등을 유인하기 위해 서로 경쟁한다. 예를 들어 디트로이트시의 웹사이트는 디트로이트가 '미국의 위대한 부활 도시'라면서 먹을 곳, 할 것, 볼만한 이벤트를 홍보한다. 또한 아일랜드관광청은 여행객에게 다음과 같이 전한다. "당신의 심장을 아일랜드로 꽉 채우세요. 가슴을 따뜻하게 만드는 순간과 놀랄 만한 경치를 발견하세요." 한편 기업에는 "아일랜드, 멋진 장소, 멋진 시간 — 우리의 인적 자원과 당신의 사업은 성공하는 조합"이라고 알린다.[6]

사회적 마케팅
개인과 사회의 복지를 향상하는 행동을 권장하기 위해 전통적인 상업 분야의 마케팅 개념과 도구를 활용하는 것

아이디어 역시 마케팅의 대상이 될 수 있다. 어떻게 보면 양치질의 중요성을 알리는 일반적인 아이디어든 크레스트 치약이 '당신의 미소를 더 건강하게' 같은 구체적 아이디어든 모든 마케팅은 아이디어에 대한 마케팅이다. 여기서는 사회적인 아이디어에 대한 마케팅에 초점을 맞춘다. 이 분야는 **사회적 마케팅**(social marketing)으로 불리는데, 이는 개인과 사회의 복지를 향상하는 행동을 권장

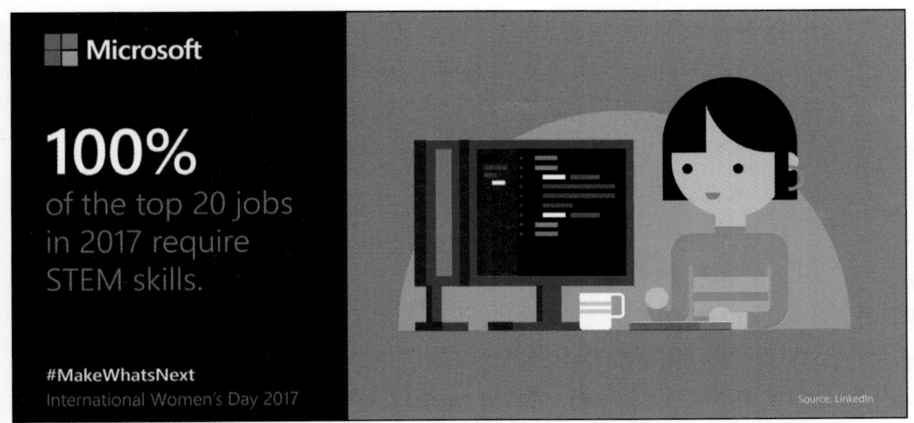

● 아이디어 마케팅: 마이크로소프트의 'Make What's Next' 캠페인은 여자 아이들이 기술과 과학 분야에 진출하는 것을 장려한다.
Microsoft Corporation

하기 위해 전통적인 상업 분야의 마케팅 개념과 도구를 활용하는 것이다.

많은 기업은 자신이 믿는 이상을 지원하기 위해 사회적 마케팅에 참여한다. ● 마이크로소프트의 'Make What's Next(다음에 올 것 만들기)' 캠페인은 여자 아이들이 기술과 과학 분야에 진출하는 것을 장려한다. 마이크로소프트는 영감이 넘치는 광고, 소셜미디어 동영상, 이벤트와 지정 웹사이트를 통해 이 프로그램을 홍보한다. 웹사이트는 전문적인 링크드인을 이용한 진로 탐색기(Career Explorer)라는 체험 도구를 제공하여 여자 아이들이 특정 분야에 대한 열정과 기술을 개발할 수 있는 방법을 보여준다. 마이크로소프트는 이렇게 말한다. "우리가 여자 아이들에게 과학, 기술, 공학, 수학(STEM) 분야에 진출하도록 장려하는 것은 문제 해결을 위한 잠재력을 2배로 만드는 것이다. 만약 그들이 STEM을 계속한다면 세상을 바꾸는 사람이 될 수도 있다."[7]

사회적 마케팅 프로그램은 다양한 이슈를 다룬다. 예를 들어 미국광고협의회(The Ad Council of America)는 건강, 교육, 환경의 지속가능성부터 10대 왕따 예방과 성희롱 대항까지 수십 개의 사회적 광고 캠페인을 개발했다. 그러나 사회적 마케팅이 단순히 광고에만 국한되는 것은 아니다. 사회적 마케팅은 사회에 도움이 되는 변화를 추구하기 위해 광범위한 마케팅 전략과 마케팅믹스 도구를 사용한다.[8]

저자 코멘트 | '제품은 무엇인가?'에 대한 답을 확인했으니 다음으로 기업이 제품과 서비스를 계획하고 마케팅할 때 반드시 해야 하는 특별한 결정을 깊이 알아보자.

제품과 서비스에 대한 의사결정

학습목표 8-2 기업이 개별 제품과 서비스, 제품라인, 제품믹스에 대해 내리는 의사결정을 이해한다.

마케터는 세 단계, 즉 개별 제품에 대한 의사결정, 제품라인에 대한 의사결정, 제품믹스에 대한 의사결정에서 제품과 서비스에 대한 의사결정을 한다. 각각의 의사결정을 자세히 살펴보자.

개별 제품과 서비스에 대한 의사결정

● 그림 8.2는 개별 제품과 서비스를 개발하고 마케팅하는 과정에서 내려야 할 주요 의사결정을 보여준다. 제품 속성, 브랜딩, 포장, 라벨과 로고, 제품 지원 서비스에 대한 의사결정을 중점적으로 다룰 것이다.

제품과 서비스 속성

제품이나 서비스 개발에는 그것이 제공할 편익을 정의하는 것이 포함되는데, 이러한 편익은 품질, 특징, 스타일, 디자인 등의 제품 속성에 의해 소통 및 전달된다.

● 그림 8.2
개별 제품에 대한 의사결정

제품 품질
표현된 고객 욕구 또는 암시적인 고객 욕구를 만족시키는 제품이나 서비스 특성

제품 품질 **제품 품질**(product quality)은 마케터가 제품 포지셔닝에 이용하는 주요 도구이다. 품질은 제품이나 서비스 성과에 영향을 주기 때문에 고객 가치와 고객 만족에 밀접하게 연결된다. 좁은 의미의 품질은 '불량'이 없는 것으로 정의할 수 있으나 대부분의 마케터는 이러한 협의의 정의를 벗어나서 품질을 고객 가치와 만족을 창출하는 것으로 본다. 미국품질협회(American Society for Quality)는 품질을 표현된 고객 욕구 또는 암시적인 고객 욕구를 만족시키는 제품이나 서비스 특성으로 정의한다. 지멘스도 이와 유사하게 정의를 내리면서 "우리에게 품질은 제품은 되돌아오지(반품되지) 않지만 고객은 돌아오는 것이다"라고 말한다.[9]

기업은 제품 품질에 대한 여러 접근 중에서 무엇이든 고를 수 있다. 전사적 품질관리(total quality management, TQM)는 기업의 모든 구성원이 제품, 서비스, 비즈니스 프로세스의 품질을 끊임없이 향상하는 데 참여하는 접근법이다. 대부분의 선도 기업에서 고객 지향적 품질은 사업을 하는 데 기본이 된다.[10] 오늘날 기업은 품질을 투자로 보고 품질을 유지하기 위한 지속적 노력을 주요 성과 지표로 간주하는 품질 수익률(return-on-quality, ROQ) 접근을 택하고 있다.

제품 품질에는 품질 수준과 품질 일관성이라는 두 가지 차원이 있다. 제품 개발 과정에서 마케터는 먼저 제품 포지셔닝을 지원할 품질 수준을 선택해야 하는데, 여기서 품질 수준이란 제품이 기능을 제대로 수행할 능력, 즉 성능 품질(performance quality)을 의미한다. 예를 들어 롤스로이스는 쉐보레보다 우수한 성능 품질, 즉 부드러운 승차감, 강한 내구성, 훌륭한 수공예 기술, 맞춤 제작, 고급스러움, '육체적 안락함' 등을 제공한다. 그러나 롤스로이스 자동차, 바이킹 레인지, 롤렉스 시계 등과 같이 매우 높은 수준의 품질을 제공하는 제품을 원하거나 구매할 여력이 있는 고객이 많지 않기 때문에 최고의 성능 품질 수준을 제공하려고 하는 기업은 많지 않다. 그러므로 기업은 목표시장의 욕구와 경쟁 제품의 품질 수준에 부합하는 품질 수준을 선택한다.

제품 품질에는 높은 품질 수준뿐 아니라 높은 품질 일관성도 포함된다. 즉 제품 품질은 불량이 없는 것과 목표로 삼은 성능 수준을 일관되게 전달하는 것을 포함하는 품질 일치성(conformance quality)을 의미한다. 모든 기업은 높은 수준의 품질 일치성을 갖추기 위해 노력해야 한다. 이러한 의미에서 보면 쉐보레 자동차는 롤스로이스와 대등한 품질이 될 수 있다. 쉐보레는 롤스로이스 수준의 성능은 아니더라도 고객이 지불하는 가격과 기대에 상응하는 품질을 일관성 있게 전달할 수 있다.

이와 마찬가지로 칙필레 패스트푸드 체인은 고급 식사 경험을 제공하려고 하지는 않지만 고객의 품질 기대를 뛰어넘어 고객을 즐겁게 해주는 데 능숙하다. 또한 빠르게 성장하는 저가 호텔 체인인 아메리카스베스트밸류인(Americas Best Value Inn)은 리츠칼튼 같은 호화로운 경험을 제공하지는 않지만 고객과의 약속인 '고객의 돈으로 얻을 수 있는 최고'를 안겨준다. 지역별로 운영하는 이 체인은 '정직한 숙박과 믿을 수 있는 서비스'를 제공한다. 일관성 있게 고객의 품질 기대를 맞추고 기대를 뛰어넘은 아메리카스베스트밸류인은 미국 내 저가 호텔 중 고객 만족 J.D. 파워 최고상을 받았다. 아메리카스베스트밸류인은 이렇게 말한다. "만족스러운 숙박에는 복잡한 공식이 있는 것이 아니다. 우리는 편안한 침대, 매일 아침 무료 식사, 멋진 하루에 초점을 맞춘다. 간단하다."[11]

제품 특성 제품은 다양한 특성을 제공할 수 있다. 즉 기본 모델을 비롯해 더 많은 특성을 추가한 고급 모델을 제공할 수 있다. 특성은 자사 제품을 경쟁사의 것과 차별화하기 위한 경쟁 도구인데, 가치 있는 새로운 특성을 처음으로 도입한 제조업체가 되는 것은 가장 효과적인 경쟁 방식 중 하나이다.

기업은 어떻게 새로운 특성을 파악하고 그중 무엇을 제품에 추가할지 결정할 수 있을까? 기업은

제품을 사용해본 구매자를 대상으로 정기적으로 설문조사를 실시하여 제품이 어떤지, 가장 좋아하는 제품 특성은 무엇인지, 제품을 향상하기 위해 어떤 특징을 추가할지 등을 물어보아야 한다. 이러한 질문에 대한 구매자의 응답은 특성에 대한 풍부한 아이디어를 제공한다. 기업은 각 특성이 고객에게 주는 가치와 발생하는 비용을 평가할 수 있으며, 비용 대비 고객이 높은 가치를 부여하는 특성을 제품에 추가해야 한다.

제품 스타일과 디자인 고객 가치를 추가하는 또 다른 방법은 독특한 **제품 스타일과 디자인**을 이용하는 것이다. 디자인은 스타일보다 더 넓은 개념이다. **스타일**은 단순히 제품의 외양을 서술하는 것이다. 스타일은 소비자의 눈을 끌거나 지루함을 유발하기도 한다. 놀랄 만한 스타일은 주의를 끌고 미적 즐거움을 줄 수 있지만 제품 **성능**을 더 우수하게 하지는 않을 수도 있다. 스타일과 달리 **디자인**은 제품에 더 깊이 관여한다. 좋은 디자인은 제품의 외관과 유용성에 영향을 미친다.

좋은 디자인은 새로운 아이디어를 얻기 위한 브레인스토밍과 제품 모형 만들기로 시작하지 않는다. 디자인은 고객을 관찰하여 욕구를 깊이 이해하고, 고객의 제품 사용 경험을 형성하는 것으로 시작된다. 제품 디자이너는 제품 속성과 기술적 명세보다는 고객이 제품을 어떻게 사용하고 어떤 편익을 얻게 될 것인지를 더 많이 생각해야 한다. 예를 들어 팝소케츠(PopSockets)를 살펴보자.[12]

> 어디서나 볼 수 있는, 스마트폰 뒤에 부착된 버튼 팝소케츠는 큰 회사의 디자인 연구실에서 만들어진 것이 아니다. 팝소케츠는 한 철학 교수의 아이폰 이어버즈가 주머니 안에서 계속 엉키자 줄을 묶어두려던 것에서 시작되었다. 그는 다른 사람들도 스마트폰을 사용할 때 비슷한 문제를 겪는 것을 깨닫고 저축했던 돈을 투자하여 3D 디자인 소프트웨어 사용법을 배우고 해결책을 찾으면서 100번을 시도한 끝에 마침내 팝소케츠를 만들어냈다. 누르면 납작해지는 동전 크기의 버튼은 색깔이 다양하고 디자인이 멋질 뿐만 아니라 줄을 고정할 수 있고 스마트폰을 잡을 때도, 핸즈프리 사용 시 세워놓을 때도, 셀카를 찍을 때도 유용하다. 사용자 중심의 디자인 덕분에 팝소케츠는 매년 몇천만 개 이상 팔리고 있다.

브랜딩

브랜드
제품 또는 서비스의 제조업자나 판매업자가 누구인지를 파악할 수 있는 이름, 용어, 사인, 상징, 디자인 또는 이것들의 결합

전문성을 가진 마케터가 보유한 가장 돋보이는 기술 중 하나는 브랜드를 구축하고 관리하는 능력이다. **브랜드**(brand)는 제품 또는 서비스의 제조업자나 판매업자가 누구인지를 파악할 수 있는 이름, 용어, 사인, 상징, 디자인 또는 이것들의 결합을 말한다. 소비자는 브랜드를 제품을 구성하는 중요한 부분으로 간주하며, 브랜딩은 제품에 가치를 더할 수 있다. 소비자는 브랜드에 의미를 부여하고 브랜드 관계를 개발한다. 브랜드는 제품의 물리적 속성 그 이상의 의미가 있다.

● 저가 신발 소매점 페이리스는 고객의 지각을 형성하는 브랜드의 영향력을 극적으로 보여주었다. 패션 인플루언서들은 40달러 미만으로 판매하는 팔레시를 645달러를 주고 구입하기도 했다.
Collective Brands Inc.

● 저가 신발 소매점 페이리스(Payless)는 고객의 지각을 형성하는 브랜드의 영향력을 극적으로 보여주는 깜짝 이벤트를 했다.[14]

> 자사 브랜드에 대한 고객의 지각을 변화시키기 위한 바이럴 광고 캠페인의 목적으로 페이리스와 마케팅 에이전시 DCX그로스액셀러레이터(DCX Growth Accelerator)는 가짜 럭셔리 브랜드 팔레시(Palessi)를 만들어냈다. 그들은 고급 쇼핑몰에서 아르마니 매장이 있던 자리에 가짜 브랜드 이름을 내걸었으며, 페이리스에서 19.99~39.99달러에 팔던 제품을 진열

마케팅 현장 8.1 | 나이키 프로 히잡: 브랜딩과 혁신적인 디자인의 결합

세계적인 브랜드가 충분히 만족하지 않는 세분시장에 잘 디자인한 혁신적인 제품을 공급한다면 이미 성공한 셈이나 다름없을 것이다. 2017년에 출시된 나이키 프로 히잡(Pro Hijab)은 그 이상을 해냈다. 히잡은 아랍어로 옷의 '장벽' 또는 '칸막이'라는 뜻으로 이슬람 여성이 머리에 쓰는 머리 가리개이다. 런던의 디자인박물관(Design Museum)이 올해의 디자인 중 하나로 선정한 나이키 프로 히잡은 스포츠에 참가하는 이슬람 여성을 혁명적으로 바꿀 가능성으로 극찬받았으며, 심사위원들은 잘 늘어나는 고기능성 홑겹 히잡에 매료되었다. 디자인 기능성에 주목한 한 심사위원은 중요한 문제를 간단하고 세련된 방식으로 해결한 프로 히잡을 보자마자 깊은 인상을 받았다고 말했다.

나이키가 프로 히잡을 출시하기로 결정한 것은 육상 선수 세라 아타르(Sarah Attar)가 2012년 올림픽에서 사우디아라비아 국가대표 선수로 출전하고 많은 이슬람 여성이 경쟁 스포츠에 참가하게 된 2012년으로 거슬러 올라간다. 2016년 리우데자네이루 올림픽에서는 이슬람 여성 선수 14명이 메달을 땄고, (코로나19로 연기된) 2020년 올림픽에는 사상 최대 규모의 이슬람 여성 선수들이 참가할 것으로 예상되었다. 머리를 덮고 경기를 해야 하는 이슬람 여성 선수는 과거에는 전통적인 소재로 만든 히잡을 착용할 수밖에 없었으나 이러한 소재는 운동을 하기에 적합하지 않았다. 예를 들어 면 소재는 수분을 흡수하고 발산하지 않기 때문에 땀에 젖어 축축해진다.

나이키는 스포츠 히잡의 디자인과 스타일에 특별히 중점을 두고 완성하는 데 13개월 이상이 걸렸다. 아랍에미리트 여성 선수들과 협력한 나이키는 히잡이 가볍고 통기가 잘되어야 한다는 것을 깨달았다. 그러므로 고객 가치를 제공하는 것은 나이키 프로의 다른 제품처럼 눈에 띄지 않으면서 제2의 피부같이 가볍고 부드러운 소재를 사용하는 것이었다. 또한 이슬람 국가마다 고유의 히잡 스타일이 있으므로 문화적 선호 차이를 반영하는 디자인을 만들어야 한다는 것을 알게 된 나이키는 지역사회에 문의하여 시제품 디자인이 각 시장의 문화적 규범에 맞는지 확인했다.

최종 제품은 쉽게 뒤집어쓸 수 있는 홑겹의 천으로 만들어졌다. 여기에 사용된 소재는 나이키에서 가장 통기성이 뛰어난 경량 폴리에스테르 메시로, 이는 불투명도를 유지하면서도 바람이 잘 통하도록 미세한 구멍이 전략적으로 배치되어 있다. 또한 히잡의 뒷부분은 더 길게 만들어져서 빠져나오지 않는다. 프로 히잡의 또 다른 특징은 땀을 문지를 때 생길 수 있는 자극을 최소화하는 푹신한 소재의 실밥이다. 그리고 XS/S, M/L 크기가 있어 잘 맞게 골라 쓸 수 있고 색상 종류는 검은색, 흰색, 회색, 남색이다.

디자인, 품질, 브랜드, 로고와 같은 제품 속성은 특정 세분시장에 초점을 맞추며 성공적인 출시에 이바지할 수 있다. 나이키의 히잡 디자이너들은 운동선수들의 피드백을 바탕으로 스우시 로고를 왼쪽 귀 위쪽에 배치하여 히잡의 성능 기준과 나이키의 브랜드 가치를 강조했다. 브랜드 메시지와 이미지는 광고 캠페인에도 충분히 통합되었다. 프로 히잡은 'What Will They Say About You?(그들이 당신에 대해 뭐라고 할까?)' 캠페인 및 사회가 여성에게 요구하는 한계에 도전하는 몇몇 스포츠 분야의 유명한 아랍 여성 선수 5명이 출연한 광고와 함께 출시되었다. 나이키는 프로 히잡이 자신의 한계에 도전하는 'just do it' 정신과 일맥상통하며, 좀 더 많은 여성이 스포츠에 참가하는 문화적 변화의 일부분이라고 말한다. 광고는 오랫동안 브랜드와 연관된 직접적이고 단순한 명령조 언어로 브랜드 가치를 전달하고 강조했다.

프로 히잡의 출시는 나이키의 사명, 비전과 잘 맞으며 나이키의 다음 단계가 되었다. 제품명의 '프로'라는 말은 나이키 프로 쇼츠, 나이키 프로 레깅스와 비슷한 제품군임을 드러낸다. 프로 라인은 내구성이 뛰어나고 신축성이 있는 드라이핏(DRI FIT) 원단을 사용하여 땀과 수분을 잘 흡수하기 때문에 경기력에 더욱 집중할 수 있어 많은 프로 선수가 선호한다. 골프 선수를 위해 처음 개발되어 상표 등록을 한 드라이핏은 1991년에 처음 소개되었으며 육상, 풋볼, 기타 종목의 선수를 위해서도 사용되고 있다.

프로 히잡의 포장은 히잡을 착용한 여성 선수의 얼굴이 있는 단순한 검은 상자로, 상자의 앞면에서는 제품의 주요 특징과 브랜드 메시지를 강조한다. 상자의 오른쪽 위에는 굵은 글씨로 'performance'라고 쓰여 있고, 오른쪽 아래에는 스우시 로고, 브랜드명, 그리고 다른 나이키 제품에도 사용되는 드라이핏 기술이 표시되어 있다. 브랜드의 한 요인인 로고는 소비자와 연결될 수 있도록 돕고 브랜드의 연상을 구축하므로 나이키 로고를 포장 앞면의 두 군데에서 볼 수 있다. 또한 포장 뒷면에는 사용자에게 가장 중요한 제품의 주요 특성, 즉 땀을 증발시키는 소재, 숨 쉬는 섬유, 머리와 목을 다 가린다는 내용이 있다.

21세기 들어 이슬람 세계가 급격히 현대화되면서 나이키는 전 세계의 이슬람교도에게 접근하여 그들의 충성심을 얻고 있다. 나이키는 프로 히잡에 대해 언급하면서 무슬림 여성을 위해 특별히 만든 제품을 소개하는 것은 이슬람 세계의 여성과 소녀에게 영감을 주고 봉사하기 위함이라고 밝혔다. 나이키 프로 히잡은 그 첫 번째 제품으로 인기가 계속 상승하고 있다. 전 세계에서 가장 큰 패션 조사 플랫폼인 리스트(Lyst)에 따르면 나이키 프로 히잡은 2019년 가장 인기가 있는 의류 제품 중 하나였다. 2019년 5월에 리스트는 제품 수요가 분기 동안 125%나 증가했다고 발표했다.[13]

나이키는 첫 스포츠 히잡의 디자인과 스타일을 개발하기 위해 아랍 운동선수들과 협력했다.
Independent Photo Agency Srl/Alamy Stock Photo

하고 가짜 브랜드 개장 파티에 패션 VIP 인플루언서 60명을 초대했다. 패셔니스타들은 자신이 저가 제품을 보고 있다는 사실을 알지 못한 채 팔레시의 디자인과 만듦새를 칭찬하면서 한 켤레에 645달러까지 내고 구입했다. 한 쇼핑객은 저가의 스틸레토 힐에 대해 "눈부시게 우아하고 세련되다"고 말했다. 페이리스는 높은 매출을 달성했지만 나중에 인플루언서들에게 받은 돈을 돌려주었고, 사실을 알게 된 인플루언서들의 반응과 '몰카' 순간이 캠페인 광고에 포착되었다. 페이리스의 마케팅 책임자는 "페이리스의 스타일과 가격이 절묘한 조화를 이룬다는 사실을 쇼핑객에게 상기시키는 것이 캠페인의 목표였다"고 밝혔다. 한 분석가는 "이 캠페인은 오늘날의 사회에서 브랜드의 힘이 얼마나 큰지를 보여준다"고 말했다.

오늘날 브랜딩의 힘은 아주 막강하여 브랜드가 없는 제품이 거의 없다. 소금도 브랜드가 부착된 패키지로 판매되고, 볼트와 너트에도 유통업체의 이름을 붙여서 판매하며, 점화 플러그·타이어·필터 같은 자동차 부품에도 자동차 제조업체 브랜드와 다른 별도의 브랜드가 붙어 있다. 심지어 과일, 채소, 축산물도 큐티스(Cuties) 귤, 돌 클래식(Dole Classic) 샐러드, 원더풀(Wonderful) 피스타치오, 퍼듀(Perdue) 치킨, 에그랜즈 베스트(Eggland's Best) 달걀 등으로 브랜드화되었다.

브랜딩은 여러 측면에서 소비자에게 도움이 된다. 브랜드명은 소비자가 자신이 원하는 편익을 제공할 제품을 파악하는 데 도움을 준다. 또한 브랜드는 제품 품질의 수준과 일관성에 관한 정보를 제공하는데, 늘 같은 브랜드를 구매하는 소비자는 구매할 때마다 동일한 특징, 편익, 품질을 얻는다는 것을 안다. 브랜딩은 판매업자에게도 여러 가지 이점이 있다. 판매업자의 브랜드명과 등록상표는 경쟁자가 모방할 수도 있는 자사의 독특한 제품 특징에 대한 법적 보호를 제공한다. 브랜딩은 시장을 세분하는 데 도움을 주기도 한다. 예를 들어 토요타는 모든 소비자를 대상으로 하나의 제품을 판매하는 것이 아니라 렉서스, 토요타, 사이언 브랜드와 각 브랜드 내에서 아발론, 캠리, 코롤라, 프리우스, 야리스, 툰드라, 랜드크루저 같은 하위 브랜드를 내놓는다.

또한 브랜드명은 제품의 특별한 품질에 관한 스토리를 담을 수 있는 토대가 된다. 예를 들어 멕시코의 아보카도 생산자, 미국의 수입업체와 포장업체를 대표하는 비영리 단체인 아보카도스프롬멕시코(Avocados From Mexico)의 목표는 아보카도가 꼭 필요한 식품(과카몰레 없이는 경기 관람도 없다!)이라고 미국 소비자를 설득하는 것이다. 이 단체는 아보카도스프롬멕시코 브랜드가 즐거운 시간, 좋은 음식, 좋은 건강을 상징한다는 것을 소비자에게 알리려 한다. 브랜드를 판촉하기 위해 아보카도스프롬멕시코는 네 번 연속 슈퍼볼 대형 광고를 포함하여 광고에만 매년 2,000만 달러를 쓴다. 작년의 슈퍼볼 경기 동안 아보카도스프롬멕시코는 인스타그램과 트위터에서 가장 많이 언급된 광고주였고 #Guacworld는 가장 많이 언급된 해시태그였다. 이러한 브랜드 구축 전략의 결과로 미국 내 아보카도 매출은 지난 몇 년간 두 자릿수 성장을 이루었고, 아보카도스프롬멕시코 브랜드는 미국 아보카도 총매출의 80% 이상을 차지한다.[15] 브랜딩 전략에 대해서는 뒤에서 자세히 살펴볼 것이다.

포장

포장
제품을 담는 용기나 포장재를 디자인하고 생산하는 것

포장(packaging)은 제품을 담는 용기나 포장재를 디자인하고 생산하는 것을 말한다. 전통적으로 포장의 주요 기능은 제품을 담고 보호하는 것이었으나 최근 들어 포장은 중요한 마케팅 도구로 부상되었다. 격화된 경쟁과 소매점 진열대의 수많은 경쟁 브랜드로 인한 주의 분산 때문에 포장은 고객의 관심 유발, 브랜드 포지셔닝에 대한 소통, 구매 결정 등과 같은 판매 기능을 수행해야 한다. 모든 소비자가 브랜드 광고, 소셜미디어, 기타 마케팅 콘텐츠를 보지는 않지만, 제품을 구매하고 사용하는 모든 소비자는 제품 포장과 정기적으로 상호작용을 한다.

기업은 고객의 즉각적인 브랜드 인지를 이끌어내는 좋은 포장의 능력을 깨닫고 있다. 예를 들어 슈퍼마켓은 평균적으로 3만 개 품목을 취급하고 평균적인 월마트 슈퍼센터는 14만 2,000개 품목을 취급한다. 최근 연구에 따르면 쇼핑객의 55%는 쇼핑 중에 어떤 브랜드를 구매할지 결정하고, 81%는 포장 때문에 새로운 제품을 구매해본 적이 있다고 한다. 이처럼 경쟁이 치열한 마케팅 환경에서 포장은 판매자가 소비자에게 영향을 주기 위해 사용할 수 있는 가장 좋은 최후의 수단이 된다. 그러므로 포장 그 자체가 중요한 촉진 수단으로 부상하고 있다.[16]

기업의 입장에서 혁신적인 포장은 경쟁자보다 유리한 이점을 얻고 매출을 높일 수 있다. 눈에 띄는 포장은 브랜드 정체성의 중요한 부분이 될 수도 있다. 예를 들어 평범한 갈색 상자에 인쇄된 휘어진 화살 같은 아마존닷컴의 로고, 즉 'a to z'나 웃는 얼굴처럼 보이는 로고는 누가 당신의 현관 앞에 배달했는지를 알려준다. 그리고 눈에 띄는 티파니의 푸른 상자는 고급 장신구 소매점의 역사와 포지셔닝을 구현한 것이다. 티파니는 "번화가에서 눈에 띄거나 손바닥 위에 놓인 티파니의 푸른 상자는 심장을 더 빨리 뛰게 하고 티파니의 우아함, 독점적인 배타성, 흠잡을 데 없는 장인 정신이라는 위대한 유산의 완벽한 본보기"라고 말한다.[17]

잘못 설계된 포장은 소비자의 두통을 유발하고 기업의 매출을 감소시킨다. 손가락을 찢는 철사 끈이나 포장 분노(wrap rage)를 유발하는 밀봉 플라스틱 용기처럼 매년 수천 명에게 상처를 입히는 뜯기 힘든 포장을 생각해보라. 또 다른 문제는 지나치게 큰 판지와 플라스틱 디스플레이 패키지로 포장된 작은 USB 플래시를 커다란 골판지 상자에 담아 배송하는 것 같은 과대 포장이다. 과대 포장은 엄청난 쓰레기가 되어 환경을 염려하는 사람들을 실망시킨다.

● 혁신적인 어린이 보호 안전 포장으로 P&G의 타이드 파즈와 다른 낱개 포장 브랜드는 실패의 늪을 무사히 빠져나왔다.
Gary Armstrong

포장에 대한 의사결정을 내릴 때 기업은 환경에 관한 관심이 증가하는 추세에 주의를 기울여야 한다. 다행스럽게 많은 기업이 포장 크기를 축소하고 환경 친화적인 포장재를 사용함으로써 그린 마케팅을 실천하고 있다. 최근 들어 제품 안전도 중요 포장 관심사가 되고 있다. ● P&G의 낱개 포장 세탁세제인 타이드 파즈(Tide Pods)를 예로 살펴보자. 어린이가 알록달록한 사탕인 줄 알고 먹는 것을 막기 위해 P&G는 3년에 걸쳐 어린이 보호 포장과 용기를 만들어냈다. 이 같은 포장의 혁신으로 P&G의 타이드 파즈와 다른 낱개 포장 브랜드는 실패의 늪을 무사히 빠져나왔다.[18]

라벨링과 로고

라벨은 제품에 부착되는 단순한 꼬리표에서부터 포장의 한 부분인 복합적 그래픽에 이르기까지 그 범주가 넓다. 라벨은 여러 가지 기능을 수행하는데, 가장 기본적인 기능은 자사 제품이나 브랜드를 확인시키는 것이다. 또한 라벨은 제조업자, 제조 연월일, 성분, 사용법, 사용 시 주의점 등 제품에 대한 정보를 담고 있으며, 제품을 촉진하고 고객을 관여시킨다. 라벨과 로고는 광의의 마케팅 캠페인에서 중요한 요인이다.

로고는 정기적으로 다시 디자인해야 한다. 기업은 브랜드를 빨리 알아볼 수 있고 긍정적인 소비자 연상을 유발하는 단순하고 알아보기 쉬운 로고를 개발하는 데 많은 노력을 기울여왔다. 그러나 오늘날의 디지털 세상에서 브랜드 로고는 그 이상의 역할을 해야 한다. 로고는 더는 인쇄물, 포장,

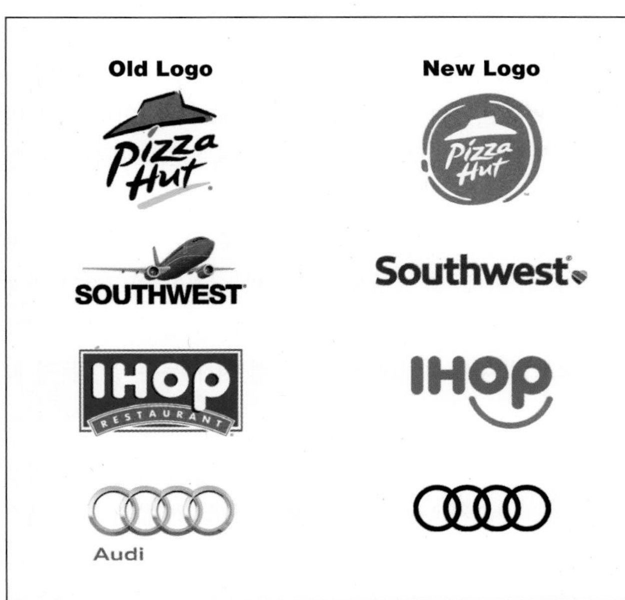

● 브랜드 로고 다시 만들기: 많은 기업은 빠르게 진화하는 디지털 시대에 발맞추어 로고를 다시 디자인하고 있다.
Pizza Hut, Inc.; Southwest Airlines; International House of Pancakes, LLC, and Audi of America.

TV 광고, 매장 진열대에 고정된 상징이 아니다. 오늘날의 로고는 더욱더 다양해진 매체의 요구에 부응해야 한다. ● 따라서 많은 브랜드는 새로운 디지털 기기와 모바일 앱, 소셜미디어처럼 상호 작용하는 플랫폼의 요구에 맞추어 적응하고 있다. 구글, 우버, 사우스웨스트항공, 피자헛, 아우디 등은 로고를 새것으로 바꾸었다.

대부분의 로고 변경은 디지털 화면과 플랫폼에 잘 표현되는 단순하고 밝고 좀 더 현대적인 디자인을 만드는 데 초점을 두고 있다. 피자헛의 새 로고는 빨간 피자 모양에 브랜드명과 익숙한 지붕 상징이 흰색으로 표시되어 있다. 사우스웨스트항공은 점보제트기 아래의 검은색 대문자에서 밝은 푸른색 글자와 회사의 상징인 무지개색 하트 아이콘으로 이루어진 로고로 바뀌었다. IHOP(International House Of Pancakes)의 옛 로고는 파란 바탕에 흰색 글자와 'RESTAURANT'라고 적힌 붉은 현수막이었는데 흰 바탕에 파란색 글자로 바뀌어 대부분의 웹, 모바일, 소셜미디어에서 잘 보인다. 옛 로고의 'RESTAURANT' 현수막은 울상이었다면 새 로고에는 붉은 곡선을 더하여 행복한 느낌의 웃는 얼굴처럼 보인다.

오늘날에는 글자도 브랜드명도 없이 브랜드 상징만 사용한 로고가 많다. 애플, 트위터, 나이키, 에어비앤비를 생각해보라. 아우디는 최근 로고를 다시 디자인하면서 붉은색 글자를 없애고, 입체적인 4개의 크롬 링을 평면적인 검은색으로 바꾸어 링 자체를 로고로 만들었다. 새 로고는 단순해 보이지만 덜 제한적이어서 차 내부의 화면, 아우디 웹사이트, 모바일 앱, 웨어러블 기기에 이르기까지 오늘날의 디지털 포맷에서 사용하기에 좋다.

기업은 브랜드 로고를 바꿀 때 주의를 기울여야 한다. 고객은 브랜드의 상징물인 로고에 강한 애착을 보이곤 한다. 구글, 코카콜라, 트위터, 애플, 나이키 등의 로고가 불러일으키는 느낌을 생각해보라. 고객은 좋아하는 브랜드 상징의 변화에 크게 반응할 것이다. 게다가 이러한 변화에는 큰 투자가 필요하다. 예를 들어 사우스웨스트항공은 로고를 다시 디자인함으로써 회사 운영 전반에 걸친 변화가 필요했다. 로고가 들어간 광고, 웹, 소셜미디어 활동, 비행기의 그래픽, 공항 게이트의 디자인, 회사 전용 편지지 등 모든 것에 새 로고를 반영해야 하는데, 이 과정에 자원이 필요할 뿐만 아니라 전략적인 정확성을 가지고 시행해야 한다.

라벨링과 포장은 긍정적인 면도 있지만 법률 차원의 우려에 대한 역사도 깊다. 1914년에 제정된 연방거래위원회법(Federal Trade Commission Act)은 허위, 오도, 기만적 라벨이나 포장이 불공정 경쟁을 낳는다고 주장했다. 라벨은 소비자를 오도하고, 주요 성분이 표시되지 않거나 안전에 관한 경고 문구가 포함되지 않을 수도 있으므로 일부 연방법과 주법은 라벨링을 규제한다. 그 대표적인 예는 1966년에 제정된 공정한 포장 및 라벨링에 관한 법률(Fair Packaging and Labeling Act)로, 이는 라벨에 포함해야 할 항목을 의무화하고, 자발적인 업계 포장 표준을 권장하며, 정부 기관이 특정 산업 분야에 대한 포장 규제안을 도입하도록 했다. 1990년에 제정된 영양 표시 및 교육에 관한 법률(Nutritional Labeling and Educational Act)은 판매업자가 식품의 영양 정보를 자세히 제공하도록 의무화하고, 미국 식품의약국(FDA)이 최근에 취한 일련의 조치는 저지방, 저열량, 고식이섬유, 유기농 등의 건강 관련 용어 사용을 규제한다. 따라서 판매업자는 자사 제품의 라벨에 정부가 요구하는 정보를 포함해야 한다.

제품 지원 서비스

고객 서비스는 제품 전략의 또 다른 구성요소이다. 통상적으로 기업의 제공물에는 지원 서비스가 포함되는데, 이는 전체 제공물 중에서 사소한 부분이거나 중요한 부분일 수도 있다. 이 장의 후반부에서 서비스 자체가 제품인 경우에 대해 설명할 것이니 여기서는 실제 제품을 보완하는 기능인 경우를 살펴보자.

지원 서비스는 고객의 전반적 브랜드 경험에서 중요한 부분을 차지한다. 렉서스는 훌륭한 마케팅이란 판매로 끝나지 않는다는 것을 알고 있다. 판매 후 고객을 만족시키는 것이 영속적인 관계를 구축하는 열쇠이다. 렉서스는 고객에게 기쁨을 주고 계속해서 기쁘게 한다면 평생 고객이 된다고 믿기 때문에 전국의 렉서스 영업사원은 고객이 다시 찾아오도록 만들기 위해 무슨 일이든지 할 것이다.[19]

Lexus Covenant

Lexus will enter the most competitive, prestigious automobile race in the world. Over 50 years of Toyota automobile experience has culminated in the creation of Lexus cars. They will be the finest cars ever built.

Lexus will win the race because Lexus will do it right from the start. Lexus will have the finest dealer network in the industry. Lexus will treat each customer as we would a guest in our home.

If you think you can't you won't...
If you think you can, you will! We can, we will.

● 고객 서비스: 렉서스의 최고급 지원 서비스는 타의 추종을 불허하는 자동차 소유 경험을 안겨주었으며, 그 결과로 가장 만족하는 자동차 소유자들이 생겨났다.
Toyota Motor Sales, USA, Inc.

처음부터 렉서스는 자동차 소유 경험에 혁명을 가져오려고 했다. ● '렉서스 계약'을 통해 렉서스는 '만들어진 자동차 중에서 가장 훌륭한 자동차', 즉 수리가 거의 필요 없는 고품질의 자동차를 만들기로 맹세했다. 한편 계약은 고객을 중요한 개인으로 대우하고 '각 고객을 우리 집의 손님처럼 대접하려는' 명세이기도 했다. 그래서 수리가 필요할 경우 고객이 어려움을 겪지 않게 하려고 최선을 다했다. 많은 영업사원이 차를 수거하고 수리가 끝나면 돌려주었다. 심지어 공장에서 처음 출고되었을 때처럼 만들기 위해 문짝의 흠을 손보기도 했다. 렉서스는 모든 면에서 야심적인 고객 만족에 대한 약속을 지켰으며, 그 결과로 세계에서 가장 만족하는 자동차 소유자들이 생겨났다. 렉서스는 미국과 전 세계의 고객 만족 평가에서 최고점을 받고 있다.

지원 서비스 계획의 첫 단계는 주기적으로 고객 설문조사를 하여 기존 서비스의 가치를 측정하고 새로운 서비스에 대한 아이디어를 얻는 것이다. 그런 다음 문제점을 고치고, 고객을 기쁘게 하며, 기업에 이익을 가져올 수 있는 새로운 서비스를 추가하는 단계를 밟는다.

많은 기업이 과거에는 불가능했던 지원 서비스를 제공하기 위해 전화, 이메일, 온라인, 소셜미디어, 모바일, 상호작용하는 음성과 데이터 기술의 조합을 활용한다. 예를 들어 주택 리모델링 소매업체인 로우스는 고객이 더 쉽게 쇼핑하도록 해주고, 고객의 질문에 답하고, 문제를 다루기 위해 매장과 온라인에서 다양한 고객 서비스를 제공한다. 고객은 전화, 이메일, 웹사이트, 모바일 앱, 트위터 등을 통해 로우스의 다양한 고객 지원 서비스에 접속할 수 있다. 로우스 웹 사이트와 모바일 앱은 구매 안내서와 사용법 도서관에 연결된다. 로우스는 매장 직원에게 주문 제작 앱과 부가 하드웨어가 장착된 전화기를 제공하여 고객 옆에서 인근 점포의 재고를 확인하고, 고객의 구매 이력을 찾아보고, 사용법 동영상을 공유하고, 경쟁사 가격을 확인하는 등의 서비스 업무를 수행할 수 있게 한다.

제품라인 의사결정

제품라인
유사한 기능을 수행하거나, 같은 고객 집단에 판매되거나, 같은 유통경로로 판매되거나, 비슷한 가격대에서 판매되기 때문에 서로 밀접하게 관련된 제품의 집합

제품 전략은 개별 제품과 서비스에 대한 의사결정뿐 아니라 제품라인의 구축과 관련된 의사결정을 포함한다. **제품라인**(product line)은 유사한 기능을 수행하거나, 같은 고객 집단에 판매되거나, 같은 유통경로로 판매되거나, 비슷한 가격대에서 판매되기 때문에 서로 밀접하게 관련된 제품의 집합을 말한다. 예를 들어 나이키는 운동화와 의류의 몇 가지 제품라인을 생산·판매한다. 구글 산하의 네스트(Nest)는 스마트 온도 조절기, 화재 탐지기부터 홈 안전 카메라, 비디오 초인종, 디지털 자물쇠까지 스마트홈 제품라인을 제공한다.

제품라인의 주요 의사결정 중에는 제품라인에 포함된 품목의 수인 **제품라인 길이**(product line length)가 있다. 품목을 추가함으로써 이익을 증대할 수 있다면 제품라인 길이가 너무 짧은 것이고, 품목을 제거함으로써 이익을 증대할 수 있다면 제품라인 길이가 너무 긴 것이다. 제품 관리자는 제품라인 내 각 품목의 매출과 이익을 평가하기 위해 정기적으로 제품라인을 분석하고 각 품목이 제품라인의 성과에 어느 정도 공헌하는지를 파악해야 한다.

기업은 **라인 채우기 전략**과 **라인 늘리기 전략**으로 제품라인 길이를 늘릴 수 있다. **제품라인 채우기 전략**(product line filling)은 제품라인의 현재 범위 내에서 더 많은 품목을 추가하는 것으로, 이러한 전략을 추구하는 이유는 추가 이익 창출, 유통업체를 만족시킴, 초과 생산 능력 활용, 시장 선도적인 완전 제품라인 기업이 되기 위함, 경쟁자의 진입을 막기 위해 빈 곳을 채우는 것 등이다. 그러나 제품라인 내의 품목들끼리 동일 소비자를 상대로 경쟁하는 동일 시장 잠식화와 고객의 혼란이 발생한다면 지나치게 채운 것이다. 기업은 추가된 새 품목이 기존 품목과 두드러지게 다른 제품인지 확인해야 한다.

제품라인 늘리기 전략(product line stretching)은 현재의 가격대 이상으로 제품라인 길이를 늘리는 것으로, 기업은 하향 늘리기, 상향 늘리기, 쌍방향 늘리기를 할 수 있다. 고급 시장을 대상으로 사업을 하는 기업은 제품라인을 **하향 늘리기**할 수 있다. 새로운 시장의 빈 곳을 채우기 위해 또는 경쟁사의 고급 시장 진출에 대응하기 위해 하향 늘리기를 추구할 수도 있다. 또는 처음 제품을 구매하는 고객을 유인하기 위해 저가 제품을 제품라인에 추가하기도 한다. 예를 들어 네스트는 가격에 민감한 처음 구매자를 끌어오기 위해 네스트 서모스탯 E(Nest Thermostat E) 모델로 하향 늘리기를 했다. 이 모델은 기존 네스트 러닝 서모스탯(Nest Learning Thermostat)의 특징을 거의 갖춘 데다 디자인이 단순하고 화면 해상도가 낮으며 가격이 30% 저렴하다. 또한 기업은 제품라인을 상향할 수도 있다. 기업은 기존 제품에 고급스러움을 더하거나 높은 마진을 취하기 위해 **상향 늘리기**를 하기도 한다. 차량 공유 서비스를 제공하는 우버는 우버블랙(UberBLACK: 전문 기사가 제공하는 고급 운행 서비스)으로 상향 늘리기를 했다. 한편 경쟁사인 리프트는 리프트 럭스(Lyft Lux: 승차감에 약간의 고급스러움을 더하고 멋있게 도착하기)를 추가했다.

많은 기업이 성장하고 확대하며 제품라인을 늘리고 채운다. ● BMW의 경우를 살펴보자.[20]

● 제품라인 늘리기와 채우기: BMW는 잘 만들어진 늘리기 및 채우기 전략을 통해 프리미엄 포지션을 잘 유지하면서 부유한 소비자, 엄청나게 부유한 소비자, 부유해지길 바라는 소비자에게 성공적으로 소구하고 있다.
dpa picture alliance archive/Alamy Stock Photo

지난 세월 동안 BMW 그룹은 단일 브랜드, 5개 모델 자동차 제조사에서 3개 브랜드, 14개의 '시리즈'와 수십 개의 독특한 모델을 가진 거대 기업으로 변신했다. BMW는 미니쿠퍼 라인으로 하향 늘리기를, 롤스로이스로 상향 늘리기를 했다. BMW 라인은 저가부터 고가까지, 그 중간에도 많은 모델이 있다. 브랜드의 7개 '시리즈' 라인은

시작 단계인 1시리즈 소형부터 중간 단계인 5시리즈 세단, 고급 풀사이즈인 7시리즈로 이루어져 있으며, 그 사이에는 X1, X3, X5, X6의 SUV, M시리즈 고성능 모델, i3, i8 하이브리드가 있다. 그러므로 BMW는 잘 만들어진 늘리기 및 채우기 전략을 통해 프리미엄 포지션을 잘 유지하면서 부유한 소비자, 엄청나게 부유한 소비자, 부유해지길 바라는 소비자에게 성공적으로 소구하고 있다.

제품믹스 의사결정

제품믹스(제품 포트폴리오)
특정 판매업자가 판매용으로 시장에 제공하는 제품라인과 품목

몇 개의 제품라인을 보유한 기업에는 제품믹스가 있다. **제품믹스**(product mix) 또는 **제품 포트폴리오**(product portfolio)는 특정 판매업자가 판매용으로 시장에 제공하는 제품라인과 품목으로 구성되어 있다. 예를 들어 콜게이트파몰리브(Colgate-Palmolive)는 치약과 구강용 제품으로 잘 알려져 있지만 다수의 유명 제품라인과 브랜드로 구성된 제품믹스를 제조하고 판매하는 155억 달러 가치의 소비재 기업이다. 콜게이트파몰리브는 전체 제품믹스를 주요 라인 4개, 즉 구강 제품, 개인위생 제품, 가정용품, 반려동물 사료로 구분하며, 각 제품라인은 많은 브랜드와 품목으로 이루어져 있다.[21]

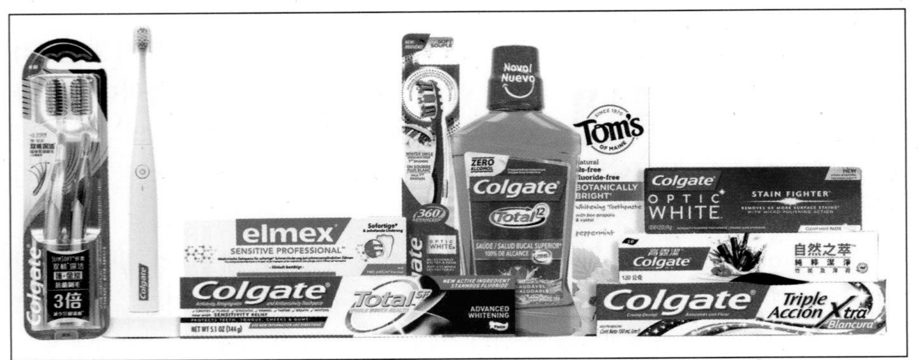

● 제품믹스: 콜게이트파몰리브의 일관성 높은 제품믹스는 '매일 당신이 자신과 사랑하는 사람을 보살피기 위해 믿고 사용하는 콜게이트 월드 오브 케어(Colgate World of Care)'를 구성하는 브랜드로 이루어져 있다.
Used with permission of Colgate-Palmolive Company

기업의 제품믹스는 너비, 길이, 깊이, 일관성이라는 차원을 가지고 있다. **제품믹스 너비**(product mix width)는 기업이 보유한 제품라인의 수를 말한다. ● 예를 들어 콜게이트파몰리브는 '매일 당신이 자신과 사랑하는 사람을 보살피기 위해 믿고 사용하는 콜게이트 월드 오브 케어(Colgate World of Care)'를 구성하는 브랜드로 이루어진 꽤 넓은 제품믹스를 판매한다.

제품믹스 길이(product mix length)는 각 제품라인을 구성하는 품목의 총수를 말한다. 콜게이트파몰리브는 라인마다 여러 개의 브랜드를 유지한다. 예를 들어 개인위생 제품라인은 소프트소프(Softsoap) 액체비누와 보디워시, 톰스오브메인(Tom's of Maine), 아이리시스프링(Irish Spring) 고체비누, 스피드스틱(Speed Stick) 탈취제, 아프타(Afta), 콜게이트 면도 제품 등이다. 가정용품 라인에는 파몰리브와 AJAX 식기세척기용 세제, 수아비텔(Suavitel) 섬유유연제, 머피오일소프(Murphy Oil Soap) 세제가 포함되고, 반려동물 사료 라인에는 힐스사이언스다이어트(Hill's Science Diet)가 있다.

제품믹스 깊이(product mix depth)는 제품라인의 각 제품이 제공하는 품목의 종류 수를 말한다. 콜게이트 치약은 콜게이트 토털, 콜게이트 옵틱화이트, 콜게이트 치석 제거, 콜게이트 민감 치아, 콜게이트 에나멜 건강, 콜게이트 프레비덴트, 콜게이트 어린이 치약 등 여러 종류가 있으며, 각각은 다양한 형태와 제조법으로 만들어진다. 예를 들어 콜게이트 토털의 경우 기본, 깨끗한 박하향, 특별 미백, 심화 청정, 토털 데일리 리페어, 2in1 액체 등이 제공된다.

마지막으로 **제품믹스 일관성**(product mix consistency)은 다양한 제품라인이 최종 용도, 생산 요건, 유통경로 등에서 얼마나 밀접하게 관련성이 있는지를 말한다. 콜게이트파몰리브의 제품라인은 주로 소비재이며 같은 유통경로를 통해 판매된다는 점에서 일관성이 있으나, 제품라인이 구매자에게 제공하는 기능이 서로 다른 점에서는 덜 일관적이다.

이러한 제품믹스 차원은 제품 전략의 기본 방향을 결정하는 근간이 된다. 기업은 네 가지 방법으로 사업을 확대할 수 있다. 첫 번째는 새로운 제품라인을 추가하여 제품믹스의 폭을 넓히는 것이다. 이 방법으로 다른 라인의 기업 명성에 기대 새 라인을 구축할 수 있다. 두 번째는 기존 제품라인의 길이를 늘려서 완전한 제품라인을 갖춘 기업이 되는 것이다. 세 번째는 각 제품의 종류를 늘려서 다양한 품목을 추가함으로써 제품믹스를 더욱 깊게 만드는 것이다. 마지막 네 번째는 한 사업 영역에서 강력한 명성을 추구하는 경우 제품라인 간의 일관성을 더욱 강화하거나, 복수의 사업 영역에서 명성을 추구한다면 일관성을 약화하는 제품 전략을 추구하는 것이다.

때에 따라 기업은 성과가 신통치 않은 제품라인을 정리하고 시장에 맞추기 위해 제품믹스를 간소화할 필요가 있다. 예를 들어 GM은 SUV, 크로스오버, 해치백, 트럭으로 바뀌는 자동차 구매자의 선호에 대응하기 위해 뷰익 라크로스, 캐딜락 CT6, 캐딜락 XTS, 쉐보레 크루즈, 쉐보레 임팔라 같은 장수 모델을 중단했다. 시장이 전기차로 전환하자 GM은 플러그인 전기 하이브리드 세단인 셰비 볼트를 단종하고 셰비 볼트와 다른 전기차 모델에 집중하기로 했다.

저자 코멘트 | 앞에서 언급했듯이 서비스도 무형의 '제품'이다. 따라서 지금까지 다룬 제품에 관한 주제는 유형의 제품은 물론이고 서비스에도 적용된다. 그러나 이 절에서는 서비스를 제품과 구분 짓는 특성과 마케팅 필요에 초점을 둘 것이다.

서비스 마케팅

학습목표 8-3 서비스 마케팅에 영향을 미치는 네 가지 특성과 서비스 마케팅에서 고려해야 할 추가적 요인을 알아본다.

최근 들어 서비스가 급성장했다. 서비스는 미국 국내 총생산의 80% 정도를 차지한다. 세계 경제에서는 서비스 산업이 더욱 빠른 성장률을 보여서 세계 총생산의 63%를 차지한다.[22]

서비스 산업은 매우 다양하다. **정부**는 법원, 고용 서비스, 병원, 군대, 경찰, 소방서, 우체국, 학교 등을 통해 서비스를 제공한다. **사설 비영리 단체**도 박물관, 자선 단체, 교회, 대학, 재단, 병원 등을 통해 서비스를 제공한다. 수많은 **영리 단체**도 서비스를 제공하는데 항공사, 은행, 호텔, 보험 회사, 컨설팅 회사, 부동산 회사, 소매업체, 병원, 법률 회사, 엔터테인먼트 회사, 통신사, 디지털 및 소셜 미디어 플랫폼 등이 이에 해당한다.

서비스의 성격과 특징

서비스 무형성
소비자가 서비스를 구매하기 전에는 보거나, 맛보거나, 느끼거나, 소리를 듣거나, 냄새를 맡을 수 없다는 것

기업은 마케팅 프로그램을 설계할 때 서비스의 차별적 특성인 무형성, 비분리성, 변동성, 소멸성을 고려해야 한다(● 그림 8.3 참조).

서비스 무형성(service intangibility)은 소비자가 서비스를 구매하기 전에는 보거나, 맛보거나, 느끼거나, 소리를 듣거나, 냄새를 맡을 수 없다는 것을 의미한다. 예를 들어 성형수술을 받는 사람

● **그림 8.3**
서비스의 네 가지 특징

서비스는 일반적 의미에서는 제품이지만 특별한 특징을 가지고 있으며 차별화된 마케팅이 요구된다. 가장 큰 차이점은 서비스는 기본적으로 무형적이며 고객과의 직접적 상호작용을 통해 창출된다는 사실에서 비롯된다는 것이다. 항공사 또는 구글과 나이키 또는 애플에서의 경험을 생각해보라.

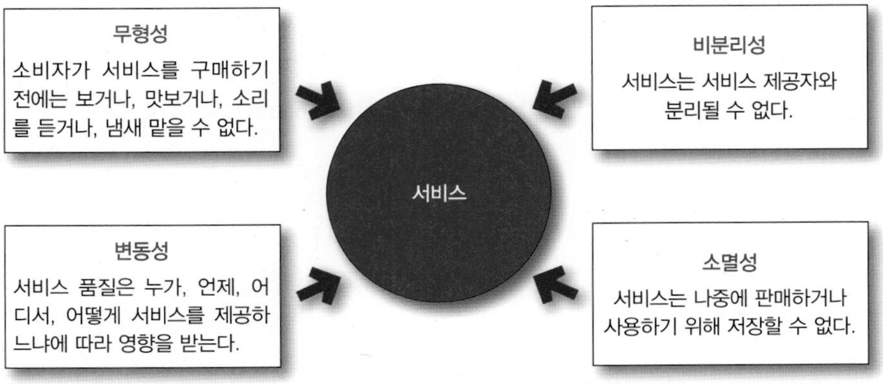

무형성
소비자가 서비스를 구매하기 전에는 보거나, 맛보거나, 소리를 듣거나, 냄새 맡을 수 없다.

비분리성
서비스는 서비스 제공자와 분리될 수 없다.

서비스

변동성
서비스 품질은 누가, 언제, 어디서, 어떻게 서비스를 제공하느냐에 따라 영향을 받는다.

소멸성
서비스는 나중에 판매하거나 사용하기 위해 저장할 수 없다.

● 오스카보험회사는 매우 복잡하고 탐색하기 어려운 건강보험 산업에서 의료 서비스를 인간적으로 구체화했다. 이 젊은 기업의 사업은 급성장하고 있다.
Oscar Health Insurance

은 구매 전에 결과를 볼 수 없고, 항공사 이용객은 짐과 함께 도착 예정지에 안전하게 도착할 것이라는 약속과 비행기표만 손에 쥔다. 무형성으로 인한 불확실성을 줄이기 위해 소비자는 서비스 품질을 알려주는 신호를 탐색한다. 소비자는 눈으로 직접 볼 수 있는 장소, 가격, 장비, 커뮤니케이션 등을 통해 품질을 추론한다. 따라서 서비스 제공자의 과제는 서비스를 유형화하는 방안을 찾는 것과 품질에 관한 올바른 신호를 보내는 것이며, 오스카보험회사(Oscar Insurance Corporation)는 이를 잘 실천하고 있다.[23]

대부분의 사람들에게 전통적인 건강보험 회사는 비인간적인 회사에 지나지 않는다. 그리고 직장 건강보험이 없는 사람들에게 맨땅에서 건강보험을 구매하는 것은 복잡하고 불확실한 과정이다. 미국의 경우 전 국민에게 제공되는 국민건강보험이 없는데, ● 급성장 중인 오스카보험회사는 이 모든 것을 바꾸고 있다. 오스카보험회사는 "혼란스러운 보험을 단순하게 만들어준다"고 말한다. 오스카보험회사는 '골치 아프지 않고 혹시 두통이 있다면 해결해주는' 보험을 제공한다.

인터넷을 기반으로 한 오스카보험회사는 젊고 디지털 기술에 능숙한 소비자에게 간단하고 저렴한 보험으로 다가간다. 오스카보험회사는 사용자 경험을 좀 더 개별적이고 유형화하는 첨단 기술 성능을 제공한다. 예를 들어 각 가입자는 지정된 오스카 담당 팀에 배정되어 매번 같은 직원과 통화하기 때문에 필요할 때 개별화된 도움을 받을 수 있다. 오스카의 혁신적인 웹사이트와 모바일 앱을 통해 가입자는 자신의 보험 계획을 손쉽게 유지할 수 있다. 가입자는 병력과 계좌 정보 확인부터 의사 찾기, 무료 가상 방문, 진단서 발부까지 모든 것을 앱으로 할 수 있다. 또한 연중무휴 24시간 무료 의사 상담과 원격 진료 서비스도 제공한다. 오스카보험회사는 앱을 사용하기가 엄청 쉽다고 자신한다. 오스카 앱을 열어 의사의 전화를 요청하고 10분 안에 의사의 전화를 받는다. 증상의 사진을 보낼 수도 있다.

사용자 경험을 개별화·유형화함으로써 오스카보험회사는 성공을 거두었다. 거대 건강보험 회사들이 개인 보험을 줄일 때 오스카보험회사는 급성장하여 지난 3년간 가입자가 4만 명에서 25만 명으로, 매출이 2억 달러에서 10억 달러로 증가했다.

서비스 비분리성
서비스는 생산과 소비가 동시에 일어나며 제공자와 분리될 수 없다는 것

유형재는 생산, 저장, 판매, 소비 과정을 거치지만 서비스는 판매가 먼저 이루어진 후 생산과 소비가 동시에 일어난다. **서비스 비분리성**(service inseparability)이란 서비스 제공자가 사람이든 기계든 서비스는 제공자와 분리될 수 없음을 말한다. 서비스 담당 직원이 서비스를 제공한다면 그 직원은 서비스의 한 부분이다. 그리고 고객은 단순히 구매하고 이용하는 것이 아니라 서비스 전달 과정에 적극적으로 참여한다. 고객 공동 제작은 서비스 마케팅의 차별적 특징인 **제공자-고객 상호작용**(provider-customer interaction)을 만들어낸다. 서비스 제공자와 고객 둘 다 서비스 산출물에 영향을 미친다.

서비스 변동성
누가, 언제, 어디서, 어떻게 서비스를 제공하느냐에 따라 서비스 품질이 달라진다는 것

서비스 변동성(service variability)은 누가, 언제, 어디서, 어떻게 서비스를 제공하느냐에 따라 서비스 품질이 달라진다는 것을 의미한다. 예를 들어 메리어트 같은 호텔은 다른 호텔보다 우수한 서비스를 제공한다고 알려져 있다. 그러나 같은 메리어트호텔에서도 어떤 예약 담당자는 상냥하고 일을 잘하지만 바로 옆의 다른 직원은 짜증을 부리고 업무 처리가 느릴 수도 있다. 게다가 같은 직원이라도 고객 접점마다 컨디션과 마음가짐에 따라 서비스 품질이 달라지기도 한다.

서비스 소멸성
나중에 판매하거나 사용하기 위해 서비스를 저장할 수 없다는 것

서비스 소멸성(service perishability)은 나중에 판매하거나 사용하기 위해 서비스를 저장할 수 없다는 의미이다. 진료 서비스의 가치는 예약 시간에만 존재하며 제시간에 환자가 나타나지 않으면 그 가치가 사라지기 때문에 어떤 의사는 진료 예약을 지키지 않은 환자에게 진료비를 부과한다. 서비스 소멸성은 수요가 안정적일 때는 큰 문제가 되지 않는다. 그러나 수요가 변동적이라면 서비스 기업은 어려움을 겪게 된다. 예를 들어 연말 연휴에 아마존은 UPS, 페덱스, USPS 같은 배송 회사와 함께 배송량을 늘려야 한다. 수요의 증가를 맞추기 위해 아마존은 수천 명의 임시 운전사를 고용하고 차량을 제공하여 배송을 돕는다. 다른 서비스 업체도 수요와 공급을 맞추기 위해 생산 전략을 계획한다. 호텔과 리조트는 더 많은 고객을 유인하기 위해 비수기에 가격을 낮추고, 레스토랑은 가장 바쁜 시간대에 시간제 종업원을 고용한다.

서비스 기업의 마케팅 전략

훌륭한 서비스 기업은 제조업체와 마찬가지로 선택한 목표시장에서 강력한 포지션을 구축하기 위해 마케팅을 사용한다. 엔터프라이즈렌터카(Enterprise Rent-A-Car)는 다음과 같이 말한다. '당신은 운전만 하세요. 나머지는 우리가 할게요.' 지프카(Zipcar)는 '자동차 임대의 대안'을 제공하고, CVS 약국은 '건강이 모든 것'이라고 하며, 월그린스 약국은 '행복과 건강의 교차점에서' 고객을 만난다. 또한 세인트주드아동연구병원은 '치료책을 찾아 어린이의 생명을 구한다.' 이러한 서비스 기업은 전통적인 마케팅믹스 활동을 토대로 포지션을 구축한다. 그러나 서비스 제품은 유형재와 다르기 때문에 보통은 추가적인 마케팅 접근 방식이 필요하다.

서비스-이익 연쇄

서비스 산업에서 고객과 현장 서비스 직원은 서비스를 함께 창출하기 위해 상호작용을 한다. 효과적인 상호작용은 현장 서비스 직원의 기술과 이들을 지원하는 지원 과정에 달려 있다. 그러므로 성공적인 서비스 기업은 고객과 직원 모두에 주의를 기울인다. 성공적인 서비스 기업은 수익을 직원 및 고객 만족과 연계하는 **서비스-이익 연쇄**(service-profit chain)를 이해한다. 이러한 서비스-이익 연쇄는 다섯 가지 요소로 구성된다.[24]

서비스-이익 연쇄
서비스 기업의 수익을 직원 및 고객 만족과 연계하는 것

- 내부 서비스 품질: 우수한 직원 선발과 훈련, 좋은 작업 환경, 고객과 접촉하는 직원에 대한 전폭적 지원 ⇨
- 만족하고 생산성이 높은 서비스 직원: 만족하고 회사에 충성하며 열심히 일하는 직원 ⇨
- 더 큰 서비스 가치: 보다 효과적·효율적인 고객 가치 창출, 관여, 서비스 전달 ⇨
- 만족하고 충성하는 고객: 만족함으로써 회사에 충성하고, 반복 구매를 하고, 다른 고객에게 추천하는 고객 ⇨
- 건실한 이익과 성장: 탁월한 기업 성과 창출

● 예를 들어 고객 서비스 챔피언인 슈퍼마켓 체인 웨그먼스는 직원을 우선으로 하여 열렬한 충성 고객을 얻었다.[25]

● 서비스-이익 연쇄: 영원한 고객 서비스 챔피언 웨그먼스는 '쇼핑하기 좋은 곳이 되려면 먼저 일하기 좋은 곳이 되어야 한다'는 사실을 알고 있다.
Wegmans Food Markets Inc.

웨그먼스 고객은 웨그먼스를 좋아한다. 최근 한 설문조사에 따르면 웨그먼스는 잘 알려진 브랜드 100개 중 고객 인식 면에서 아마존 다음이다. 다른 설문조사에서는 가장 사랑받는 브랜드 순위에서 디즈니에 이어 2등이다. 한 고객은 "웨그먼스에서 쇼핑할 때마다 매장은 쇼핑으로 행복해하는 사람들로 가득하다"고 말한다. 어떤 고객은 "나는 웨그먼스가 아닌 다른 곳에서는 절대로 쇼핑하지 않는다"고 한다.

웨그먼스가 열성적인 충성고객을 얻은 비법은 무엇일까? 웨그먼스의 마케팅 책임자는 "쇼핑하기 좋은 곳이 되려면 먼저 일하기 좋은 곳이 되어야 한다"고 밝혔다. 탁월한 고객 경험은 훈련을 잘 받고 행복한 직원에서 비롯된다. 그 목표를 달성하기 위해 웨그먼스는 매년 직원 개발에 5,000만 달러와 장학금으로 500만 달러를 투자한다. 또한 유연한 작업 환경과 경력 개발 기회를 제공한다. 'Open Door Days, Huddles, 포커스 그룹, 양방향 Q&A 블로그'를 통해 직원의 목소리에 귀 기울이고 그들의 피드백에 대해 행동한다. 웨그먼스는 다음과 같이 말한다. "직원이 번창하고 발전하는 문화를 만드는 것은 일회성이 아니다. 매일 열심히 노력해야 한다." 웨그먼스의 고객 만족도가 높고 《포춘》이 선정한 일하기 좋은 회사 100대에 21년째 이름을 올린 데다 올해는 2위라는 것은 당연한 결과이다.

서비스 마케팅은 4P를 사용하는 전통적 외부 마케팅 이상의 노력을 해야 한다. ● 그림 8.4는 서비스 마케팅에 외부 마케팅뿐 아니라 내부 마케팅과 상호작용 마케팅이 필요하다는 것을 보여준다. **내부 마케팅**(internal marketing)은 서비스 기업이 고객 접촉점에 있는 직원과 지원 서비스 종사자가 고객 만족을 제공하기 위해 하나의 팀으로 일하도록 유도하고 동기부여를 하는 노력을 말한다. 마케터는 모든 조직 구성원이 고객 중심적이도록 해야 한다. 사실 외부 마케팅보다 내부 마케팅이 선행되어야 한다. 예를 들어 웨그먼스는 올바른 사람을 채용하고 이들이 탁월한 고객 서비스를 제공하려는 마음가짐을 갖도록 고취하는 것부터 시작한다. 직원 자신이 브랜드를 믿도록 함으로써 진정성을 가지고 웨그먼스의 약속(매일 우리는 최선을 다한다)을 고객에게 전달하게 한다.

내부 마케팅
서비스 기업이 고객 접촉점에 있는 직원과 지원 서비스 종사자가 고객 만족을 제공하기 위해 하나의 팀으로 일하도록 유도하고 동기부여를 하는 노력

상호작용 마케팅(interactive marketing)은 서비스 품질이 서비스 접점에서 구매자-판매자 상호작용의 품질에 달려 있음을 의미한다. 제품 마케팅의 경우 어떻게 고객이 제품을 얻는지에 따라 제품 품질이 그다지 영향을 받지 않지만, 서비스 마케팅의 경우 서비스 전달자와 서비스 전달 활동의 품질에 따라 서비스 품질이 달라진다. 따라서 서비스 마케터는 상호작용 마케팅 기술을 완벽하게 습득해야 한다. 이에 웨그먼스는 자사의 문화에 맞는 사람만 고용하여 고객의 모든 욕구를 만족시킬 수 있도록 고객과의 상호작용을 중점적으로 훈련한다.

상호작용 마케팅
고객의 욕구를 만족시키기 위해 고객과 상호작용을 하는 서비스 직원을 훈련하는 것

경쟁과 비용이 증가하고 생산성과 품질이 감소하는 오늘날에는 더욱 세련된 서비스 마케팅이 요구된다. 서비스 기업은 **서비스 차별화, 품질, 생산성 강화**라는 주요 마케팅 과업을 해결해야 한다.

서비스 차별화 관리

치열한 가격 경쟁이 벌어지는 오늘날의 시장에서 서비스 마케터는 경쟁사와 차별화된 서비스를

● 그림 8.4
세 가지 유형의 서비스 마케팅

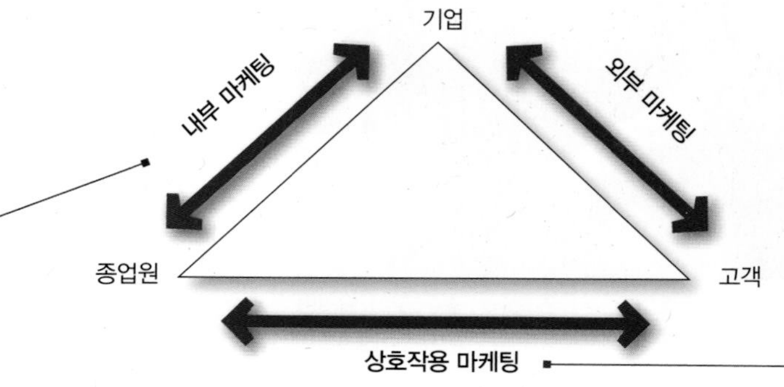

● 서비스 차별화: 에미레이트항공의 보잉 777기에는 문에서 천장까지의 미닫이문, 옷을 걸 수 있는 옷장, 2,500개 채널이 있는 태블릿, 32인치 TV, 개인용 미니바, 습윤 기능 파자마와 피부 보호 제품이 포함된 '인스퍼레이션 키트'를 자랑하는 일등석 스위트가 있다.
Christian Charisius/picture-alliance/dpa/AP Images

제공해야 하는 어려움을 토로하곤 한다. 고객이 여러 서비스 기업이 제공하는 서비스가 비슷하다고 지각한다면 누가 서비스를 제공하는가보다는 가격에만 신경을 쓸 것이다. 가격 경쟁의 해결책은 차별화된 서비스 제공물, 서비스 전달, 이미지를 개발하는 것이다.

차별화된 서비스 제공물은 자사의 제공물을 경쟁사와 멀리 떼어놓는 혁신적 특성을 포함할 수 있다. ● 예를 들어 에미레이트항공은 최근 보잉 777기에 문에서 천장까지의 미닫이문, 옷을 걸 수 있는 옷장, 2,500개 채널이 있는 태블릿, 32인치 TV, 개인용 미니바, 습윤 기능 파자마와 피부 보호 제품이 포함된 '인스퍼레이션 키트(inspiration kits)'를 자랑하는 일등석 스위트를 더했다. 어떤 소매점은 자신이 제공하는 제품을 훨씬 넘어서는 제공물로 차별화한다. 대형 REI 매장에서 소비자는 산악용 자전거 등산길, 제품 시험장, 거대한 암벽 등반 벽, 모의 소나기를 이용하여 제품을 구매하기 전에 직접 체험해볼 수 있다.

서비스 기업은 더 능력 있고 신뢰할 만한 고객 접촉 담당자 확보, 서비스 제품이 전달되는 탁월한 물리적 환경 개발, 탁월한 서비스 전달 과정의 설계를 통해 서비스 전달의 차별화를 추구할 수 있다. 예를 들어 최근 많은 식료품 체인은 운전, 주차, 줄 서서 기다리기, 구매한 식료품을 집으로 나르는 것보다 나은 방법으로 주문 후 매장 픽업 서비스와 가정배달을 제공하고 있다. CVS헬스는 자사 매장과 타깃 매장에 있는 미니트클리닉을 통해 빠르고 편리하며 예약이 불필요한 의료 서비스를 제공하여 고객이 예방주사, 간단한 치료 등을 위해 굳이 병원에 가지 않아도 된다. 미니트클리닉은 '고객의 일정에 맞춘 의료 서비스'를 제공한다.

또한 서비스 기업은 상징물과 브랜딩을 통해 이미지 차별화를 추구할 수 있다. 인지도가 높은 서비스 캐릭터와 상징물로는 가이코의 도마뱀, 프로그레시브보험회사(Progressive Insurance)의 플로(Flo), 맥도날드의 황금색 아치, 올스테이트(Allstate)의 '굿 핸즈(good hands)', 트위터의 새, 웬디스(Wendy's)의 빨간색 머리의 주근깨투성이 소녀 등이 있다. KFC의 커널(Colonel)은 팝 문화의 유명인으로서 과거 수년간 롭 로(Rob Lowe), 조지 해밀턴(George Hamilton), 놈 맥도널드(Norm McDonald), 컨트리 가수 레바 매킨타이어(Reba McEntire) 같은 연예인이 광고에서 그 역할을 했다.

서비스 품질 관리

서비스 기업은 경쟁사보다 더 높은 품질을 일관성 있게 전달함으로써 차별화할 수 있다. 과거에 제조업체들이 그랬듯이 이제 대부분의 서비스 산업도 고객 지향적 품질 운동을 전개하고 있다. 제품 마케터와 마찬가지로 서비스 기업은 목표고객이 서비스 품질에서 기대하는 것이 무엇인지 파악할 필요가 있다.

아쉽게도 서비스 품질은 제품 품질보다 정의를 내리고 판단하기가 더 어렵다. 예를 들자면 헤어드라이어의 품질보다 커트의 품질을 판단하기가 더 어렵다. 고객 유지는 서비스 품질을 측정하는 최고의 척도일 수 있는데, 서비스 기업의 고객 유지 능력은 고객에게 얼마나 일관성 있게 가치를 전달하느냐에 달려 있다.

최고의 서비스 기업은 높은 서비스 품질 표준을 설정한다. 자사와 경쟁사의 서비스 성과를 주의 깊게 살펴보고, 단순히 좋은 서비스에 만족하지 않고 100% 무결점 서비스를 지향한다. 98% 성과

● 서비스 품질: 훌륭한 서비스 회복은 분노한 고객을 충성고객으로 전환할 수 있다. 스타벅스는 직원에게 LATTE 방식을 교육한다.
B.O'Kane/Alamy Stock Photo

기준은 그럴듯해 보이지만 이러한 표준을 채택한다면 미국 우체국의 우편물 분실이나 오배송은 시간당 41만 2,000건에 달할 것이며, 미국의 약국은 매주 220만 건 이상 처방약을 잘못 조제할 것이다.[26]

모든 것이 완벽해질 때까지 기계 설비와 재료를 조정할 수 있는 제품 제조업체와 달리 서비스 품질은 직원과 고객 간의 상호작용에 따라 항상 달라질 수 있다. 최선을 다하는 최고의 서비스 기업이라 하더라도 때로는 배달 지연, 탄 스테이크, 무뚝뚝한 직원이 있을 수 있다. 그러나 훌륭한 서비스 회복은 분노한 고객을 충성고객으로 전환할 수 있다. 실제로 훌륭한 서비스 회복은 처음에 잘하는 것보다 더 많은 구매와 더 높은 고객 충성도로 이어진다. 예를 들어 메리어트는 고객 조사에서 비즈니스 반복 고객을 문제점이 발생하지 않은 집단, 문제가 있었지만 호텔 측에서 문제를 해결한 집단, 문제 발생 시 호텔이 해결하지 않은 집단으로 구분했는데, 각 집단의 호텔 재방문 의사는 89%, 94%, 69%였다. 즉 재방문 의사가 가장 높은 것은 메리어트가 부정적인 결과를 긍정적으로 바꾼 경우였다.[27]

많은 기업은 고객 대면 직원에게 서비스 회복을 교육한다. ● 예를 들어 스타벅스의 바리스타는 불만족한 고객을 알아채고 긍정적으로 대응하는 LATTE 방식을 배운다. LATTE는 Listen(고객에게 귀 기울이기), Acknowledge(불만 인정하기), Take action(행동 취하기), Thank them(고객에게 감사하기), Explain(왜 문제가 발생했는지 설명하기)의 머리글자를 딴 것이다. 스타벅스의 직원은 고객의 이야기를 듣고 긍정적인 행동을 취함으로써 언짢아하는 고객의 기분을 풀어준다.[28]

오늘날 페이스북, 인스타그램, 트위터 등의 소셜미디어는 서비스에 대한 고객 불만족을 시작부터 발견하여 해결하는 데 도움이 되기도 한다. 4장에서 설명했듯이 기업은 이제 고객의 문제를 재빨리 감지하고 실시간으로 대응하기 위해 디지털 공간을 추적 관찰할 수 있다. 예를 들어 사우스웨스트항공은 페이스북과 트위터에 올라오는 매월 8만 건의 게시물에 대응하는 29명으로 구성된 조직을 두고 있다. 사우스웨스트항공을 비롯한 항공사들은 소셜미디어의 질문과 지적에 신속하게 대응하는 데 능숙해지고 있다. 최근의 연구에 따르면 사우스웨스트항공이 고객의 트위터에 대응하는 시간은 평균 6분 36초이다. 빠르고 사려 깊은 응답은 불만족한 고객을 브랜드 옹호자로 바꿀 수 있다.[29]

서비스 생산성 관리

서비스 기업은 급속한 비용 상승으로 인해 서비스 생산성 향상에 대한 압박을 많이 받고 있다. 서비스 생산성은 여러 가지 방법으로 향상할 수 있다. 기존 직원을 더 잘 교육하거나 더 열심히, 더 요령 있게 일하는 직원을 새로 채용할 수도 있다. 아니면 서비스 품질을 어느 정도 희생하면서 서비스 생산량을 늘릴 수도 있다. 또한 서비스 제공자는 기술의 힘을 사용할 수도 있다. 보통은 기술의 힘이 제조업체의 시간과 비용을 절감한다고 생각하지만 기술은 서비스 산업을 좀 더 효율적·생산적으로 만들어주기도 한다. 예를 들어 라스베이거스에 있는 브다라호텔 & 스파(Vdara Hotel and Spa)는 룸서비스에 로봇을 이용한다. 강아지같이 생긴 배달 로봇 페치(Fetch)와 제트(Jett)는 원격으로 엘리베이터를 호출하고, 호텔의 카페에서 고객의 방까지 음식을 배달하고, 고객이 도착하기 전에 자동 전화 메시지로 고객에게 알려주기도 한다.[30]

그러나 기업은 생산성을 높이는 데 너무 집착한 나머지 서비스 품질을 저하하면 안 된다. 서비스

능률화와 비용 절감 노력은 단기적으로 서비스 기업의 효율성을 높일 수 있으나 이러한 노력은 혁신 추구, 서비스 품질 유지, 고객 욕구 대응 등의 장기적 역량을 감소시킬 수 있다. 예를 들어 브다라호텔은 프런트를 없애고 체크인을 전화로 하도록 기술을 사용하는 것을 계획하고 있는데, 그러한 고객 서비스를 자동화함으로써 호텔의 인간적 접촉을 줄인다면 위험할 수도 있다. 브다라호텔을 관리하는 MGM리조트인터내셔널(MGM Resorts International)의 마케팅 책임자는 그와 같은 일이 일어나지는 않을 것이라고 한다. 좀 더 효율적인 체크인은 좀 더 개별적인 서비스를 가능하게 한다. 그는 이렇게 말한다. "프런트에서 일하는 직원은 여전히 있다. 그들은 고객의 여행을 개별화하기 위해, 차에서 내리는 고객을 환영하기 위해, 고객을 방으로 안내하고 고객이 원하는 것이 모두 있는지 확인하기 위해 존재한다. 이러한 것은 바꿀 수가 없다."[31]

따라서 서비스 생산성을 향상하려는 기업은 자신이 어떤 식으로 고객 가치를 창출·전달하는지 반드시 명심해야 한다. 서비스에서 서비스를 빼지 않도록 조심해야 한다. 실제로 기업은 서비스 품질을 향상하기 위해 서비스 생산성을 의도적으로 낮추고 높은 가격과 이윤을 유지할 수도 있다.

> **저자 코멘트** | 브랜드는 제품이나 서비스가 고객에게 의미하는 모든 것을 나타낸다. 그러므로 브랜드는 기업에 가치 있는 자산이다. 예를 들어 코카콜라라는 말을 들었을 때 당신은 무엇을 생각하고, 느끼고, 기억하는가? 타깃이나 인스타그램은 또 어떤가?

브랜딩 전략: 강력한 브랜드 구축

학습목표 8-4 브랜딩 전략, 즉 기업이 브랜드를 구축·관리하기 위해 내리는 결정을 이해한다.

어떤 분석가는 브랜드를 기업의 특정 제품과 설비보다 수명이 긴 주요 기업 자산으로 본다. 퀘이커오츠의 CEO였던 존 스튜어트(John Stewart)가 말하길, "우리 사업이 쪼개진다면 나는 당신에게 토지, 벽돌, 석회를 주고 나는 브랜드와 등록상표를 갖겠다. 그래도 나는 당신보다 더 나은 것을 가진 셈이다." 또한 맥도날드의 전 CEO는 다음과 같이 밝혔다. "우리가 소유한 모든 자산, 건물, 설비가 끔찍한 자연재해로 파괴되더라도 브랜드의 높은 가치 덕에 우리는 모든 복구 자금을 신속히 대출받을 수 있을 것이다. 브랜드는 이러한 자산을 모두 합한 것보다 더 가치가 있다."[32]

브랜드는 신중하게 개발·관리해야 할 강력한 자산이다. 이러한 브랜드를 구축·관리하기 위한 핵심 전략을 살펴보자.

브랜드 자산과 브랜드 가치

브랜드는 브랜드명과 상징물 그 이상이다. 브랜드는 기업과 고객의 관계에서 핵심 요소이다. 브랜드는 제품과 제품 성과에 대한 고객의 지각과 느낌, 즉 제품이나 서비스가 고객에게 의미하는 모든 것을 나타낸다. 마지막 분석에서 브랜드는 고객의 머릿속에 존재한다. 어떤 저명한 마케터는 "제품은 공장에서 만들지만 브랜드는 마음에서 만들어진다"라고 말했다.[33]

> **브랜드 자산**
> 브랜드명을 안다는 것이 제품과 그 제품의 마케팅에 대한 고객 반응에 미치는 긍정적인 차별적 효과

강력한 브랜드는 높은 브랜드 자산을 가지고 있다. **브랜드 자산**(brand equity)은 브랜드명을 안다는 것이 제품과 그 제품의 마케팅에 대한 고객 반응에 미치는 긍정적인 차별적 효과를 말한다. 브랜드 자산은 고객 선호도와 충성도를 얻는 브랜드 능력의 한 척도이다. 소비자가 브랜드가 없는 제품보다 브랜드가 있는 제품에 더 호의적인 반응을 보인다면 그 브랜드는 긍정적 브랜드 자산을 지닌 것이다. 반대로 브랜드가 없는 제품보다도 덜 호의적인 반응을 보인다면 그 브랜드는 부정적 브랜드 자산을 가진 것이다.

브랜드에 따라 시장에서의 영향력과 가치가 다르다. 코카콜라, 나이키, 디즈니, 애플, 맥도날드, 할리데이비슨 등은 오랜 세월 동안 시장에서 영향력을 유지해온 전설적 아이콘 같은 브랜드가 되었다. 아마존, 구글, 인스타그램, 에어비앤비, 우버, 웨이즈 같은 브랜드는 고객에게 신선한 흥분감과 충성심을 안겨주었다. 이러한 브랜드는 단순히 독특한 편익이나 믿을 수 있는 서비스를 전달하

● 소비자와 브랜드의 관계: 인스타그램 열성 사용자에게 인스타그램 브랜드는 사진과 동영상 공유 서비스 그 이상이다. 인스타그램 브랜드는 바로 그 순간의 경험을 공유하면서 친구, 가족과 가까워지는 것을 뜻한다.
Eyal Dayan Photography

여 시장에서 우위를 차지한 것이 아니라 고객과 깊은 상호 관계를 구축했기 때문에 성공을 거두었다.

소비자는 브랜드와 관계를 맺는다. ● 예를 들어 전 세계의 인스타그램 사용자 8억 명에게 인스타그램 브랜드는 사진과 동영상 공유 서비스 그 이상이다. 인스타그램은 중요한 순간을 바로 그때 친구들과 공유하는 것이다. 인스타그램은 새 반려견이든, 결혼이든, 아이의 첫 번째 걸음마든, 하와이의 쌍무지개든 바로 그 순간의 경험을 공유하면서 친구, 가족과 가까워지는 것을 뜻한다.[34]

광고 회사 영앤드루비컴(Young & Rubicam)의 브랜드 자산 평가(BrandAsset Valuator) 모형은 네 가지 고객 지각 차원, 즉 **차별성**(브랜드를 다른 제품보다 두드러지게 하는 것), **관련성**(브랜드가 자신의 욕구를 얼마나 잘 충족하는지 고객이 느끼는 정도), **지식**(고객이 브랜드에 대해 얼마나 많이 알고 있는가), **존경**(고객이 브랜드를 얼마나 존중하는가)을 바탕으로 브랜드의 강점을 측정한다. 강력한 브랜드 자산을 가진 브랜드는 네 가지 차원 모두에서 높은 평가를 받는다. 브랜드는 다른 브랜드와 달라야 하며, 그렇지 않다면 소비자가 굳이 그 브랜드를 선택해야 할 이유가 없을 것이다. 그러나 브랜드의 차별성이 크다고 해서 무조건 소비자가 그 브랜드를 구매하는 것은 아니다. 브랜드는 소비자의 욕구와 관련된 점에서 차별화되어야 한다. 그러나 차별화되고 관련성이 높은 브랜드라고 해서 판매가 보장되는 것은 아니다. 브랜드에 반응하기 전에 먼저 소비자가 브랜드를 알고 이해해야 한다. 그리고 이러한 친숙함이 강력하고 긍정적인 소비자-브랜드 연결로 이어져야 한다.[35]

브랜드 가치
브랜드의 재무적 가치의 총합

따라서 긍정적인 브랜드 자산은 소비자가 브랜드에 대해 지닌 느낌과 관계에서 비롯된다. 강력한 브랜드 자산을 보유한 브랜드는 기업에 매우 가치 있는 자산이다. **브랜드 가치**(brand value)는 브랜드의 재무적 가치의 총합이다. 브랜드 가치를 추정하기는 어렵지만 한 추산에 따르면 애플의 브랜드 가치는 3,160억 달러, 구글은 3,130억 달러, 아마존은 2,790억 달러, 마이크로소프트는 2,150억 달러, 페이스북은 1,610억 달러, AT&T는 1,060억 달러이다. 미국에서 가장 가치 있는 브랜드에는 비자, IBM, 맥도날드도 포함된다.[36]

높은 브랜드 자산은 기업에 많은 경쟁우위를 제공한다. 강력한 브랜드는 높은 수준의 브랜드 인지도와 고객 충성도를 가지고 있다. 소비자는 매장에 특정 브랜드가 있을 것이라고 기대하기 때문에 브랜드 소유 기업은 유통업체와의 거래 조건 협상에서 우위를 점한다. 브랜드 자산이 높은 브랜드명은 신뢰성이 크기 때문에 신규 제품라인과 브랜드 확장 제품을 쉽게 출시할 수 있다. 강력한 브랜드는 치열한 가격 경쟁, 타사와의 경쟁 마케팅에서 보호막을 제공한다.

무엇보다도 파워 브랜드는 강력하고 수익성이 있는 고객 인게이지먼트와 관계를 구축하는 데 토대가 된다. 브랜드 자산 형성에서 가장 근간이 되는 것은 브랜드에 의해 창출된 고객 관계의 가치인 **고객 자산**(customer equity)이다. 기업 입장에서 파워 브랜드가 중요하기는 하지만 강력한 브랜드의 참된 시사점은 이익을 낳는 충성고객 집단이 있다는 것이다. 마케팅이 전력을 기울여야 할 영역은 브랜드 관리를 중요한 마케팅 수단으로 삼아 고객 자산을 구축하는 것이다. 기업은 제품 포트폴리오를 구성·관리하는 것이 아니라 고객 포트폴리오를 구성·관리한다고 생각해야 한다.

강력한 브랜드 구축

브랜딩을 할 때 마케터는 힘든 의사결정을 내려야 한다. ● 그림 8.5는 브랜드 포지셔닝, 브랜드명 선정, 브랜드 소유권자(후원자) 결정, 브랜드 개발 등 브랜드 전략의 주요 의사결정 영역을 보여준다.

브랜드 포지셔닝

마케터는 목표고객의 마음속에 자사 브랜드를 명확하게 심어야 한다. 기업은 세 가지 수준(제품 속성, 제품 편익, 고객 신념과 가치) 중에서 자사 브랜드를 포지셔닝할 수 있다.[37] 가장 하위 수준에서 이루어지는 브랜드 포지셔닝은 **제품이나 서비스 속성**에 기반을 둔다. 예를 들어 페덱스는 택배 배송 속도, 신뢰성, 품질, 편리성 같은 속성에 포지셔닝할 수 있다. 그러나 일반적으로 제품 속성 기반은 가장 매력도가 떨어지는 브랜드 포지셔닝이다. 제품 속성은 경쟁사가 쉽게 모방할 수 있기 때문이다. 더 중요한 점은 고객은 제품 속성이 아니라 그 제품 속성이 자신에게 주는 것에 관심이 있기 때문이다.

더 나은 브랜드 포지셔닝은 브랜드명을 고객이 바라는 **편익**과 연결하는 것이다. 페덱스의 경우 제품 속성을 뛰어넘어 택배가 제시간에 정확한 장소에 도착한다는 것을 아는 데에서 비롯되는 마음의 평화와 같은 편익에 포지셔닝할 수 있다. 페덱스는 '택배가 꼭 제시간에 그곳에 도착해야 할 때(When it absolutely, positively has to be there on time)'라는 슬로건으로 포지셔닝을 구축하고 있다. 성공적으로 편익에 포지셔닝한 또 다른 브랜드로는 월마트(절약)와 인스타그램(순간을 포착하여 함께 나눈다)이 있다.

최고의 파워 브랜드는 제품 속성이나 편익에 기반한 포지셔닝에 머무르지 않고 강력한 **고객 신념, 가치, 감정**에 따라 브랜드를 포지셔닝하여 고객을 깊은 정서적 수준에서 사로잡는다. 예를 들어 최근 페덱스의 'What we deliver by delivering(우리가 배달하며 전해주는 것)' 캠페인은 실용적인 속성과 편익 그 이상을 이야기한다. 이 캠페인은 페덱스가 효율적인 택배 이상이라는 것, 즉 택배 서비스가 보내고 받는 사람들에게 어떤 의미인지를 보여준다. 예를 들어 감정을 자극하는 'The Tortoise & The Hare(거북이와 토끼)'라는 광고는 가족 여행 중 깜빡하고 모텔에 두고 온 사랑하는 거북이 인형을 페덱스로 돌려받은 어린 소녀의 기쁨을 담고 있다. 또한 'Memories(추억)'라는 광고에서는 한 청년이 오래된 가족사진 앨범을 페덱스로 받고 이민자 조부모의 1920년대 유럽식 결혼 잔치로 소환된다. 페덱스는 이렇게 말한다. "우리에게 페덱스는 단순한 배달물이 아니다. 페덱스는 우리가 사람들과 지역사회에 무엇을 하느냐에 관한 것이다."[38]

마음속 깊이 정서적 수준에서 고객과 연결되는 브랜드는 충성심을 불러일으킨다. 디즈니, 애플, 나이키, 코카콜라, 스타벅스 등은 많은 고객을 통해 그러한 지위를 얻었다. 고객은 이러한 브랜드를 좋아하는 데에서 그치지 않고 정서적으로 강하게 연결되고 조건 없이 애정을 쏟는다. ● 한 예로 디즈니를 살펴보자. 월트디즈니월드리조트를 자주 찾는 한 고객은 다음과 같이 말한다. "나는

● 그림 8.5
브랜드 전략의 주요 의사결정

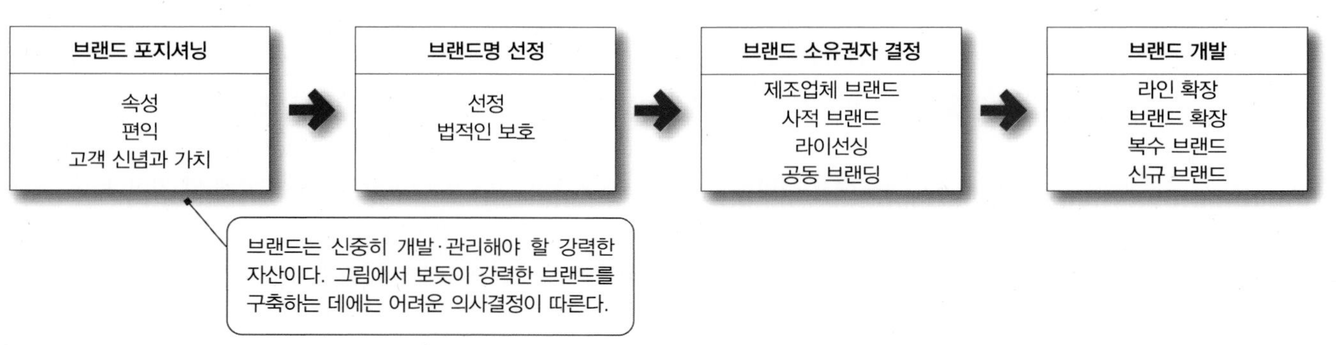

● 브랜드 포지셔닝: 디즈니 같은 브랜드는 고객과 강렬한 정서적 교감을 형성한다. 월트디즈니월드리조트의 한 단골고객은 "나는 디즈니의 모든 것에서 깊은 사랑과 유대를 느낀다"고 말한다.
Art of Drawing/Alamy Stock Photo

디즈니의 모든 것에서 깊은 사랑과 유대를 느낀다. 메인스트리트를 걷고 신데렐라의 궁전을 보면 늘 가슴이 뛴다. 언제나 그럴 것이다. 내가 무슨 일을 겪든 간에 갑자기 세상은 마법과 경이로움, 가능성이 넘쳐나고 행복의 파도가 내게 밀려든다고 느껴지며 내 얼굴에는 강요나 각색이 아닌 자연스러운 웃음이 피어난다. 진짜 미소이다."[39]

마케터는 브랜드를 포지셔닝할 때 브랜드 사명과 브랜드가 지향하고 실행에 옮기는 방향인 브랜드 비전을 설정해야 한다. 브랜드는 특정 제품 특성, 편익, 서비스, 경험의 묶음을 일관성 있게 고객에게 전달하겠다는 기업의 약속과 마찬가지이다. 브랜드 약속은 명확하고 단순하면서 정직해야 한다. 예를 들어 모텔6(Motel 6) 체인은 깨끗한 객실, 저렴한 가격, 우수한 서비스를 제공하지만 값비싼 치장이나 넓은 화장실을 약속하지는 않는다. 이와 반대로 리츠칼튼은 호화로운 객실과 기억에 남는 경험을 제공하지만 저렴한 가격을 약속하지는 않는다.

브랜드명 선정

좋은 브랜드명은 제품이 성공하는 데 상당한 부가적 가치를 제공할 수 있다. 그러나 최선의 브랜드명을 찾는 것은 어려운 과제이다. 브랜드명 선정 작업은 제품, 제품 편익, 목표시장, 제안된 마케팅 전략을 세심하게 검토하는 것에서 시작한다. 그 후에 이루어지는 브랜드명 개발은 반은 과학, 반은 예술의 경지이며 직관적으로 이루어진다.

브랜드명이 지녀야 할 바람직한 특징은 다음과 같다. ① 브랜드명은 제품의 편익과 품질에 대해 말해야 한다(뷰티레스트, 슬림패스트, 페이스북, 에어비엔비). ② 발음과 재인, 기억이 쉬워야 한다(아이패드, 비츠, 젤리벨리, 트위터, 제트블루). ③ 두드러져야 한다(파네라, 스위퍼, 자포스, 네스트). ④ 다른 제품 영역으로 확장할 수 있어야 한다(온라인 서점으로 시작한 아마존닷컴은 다른 제품 범주로 사업 확장이 가능한 브랜드명을 선택했다). ⑤ 브랜드명은 외국어로 쉽게 옮길 수 있어야 한다(코카콜라는 중국어로 '맛있는 재미'라는 뜻의 'Ke Kou Ke Le'이다). ⑥ 등록과 법적 보호가 가능해야 한다. 기존 브랜드명을 침해하면 브랜드명으로 등록할 수 없다.

새로운 브랜드명을 선택하는 것은 힘든 작업이다. 지난 수십 년간 기발한 브랜드명(야후, 구글)의 시기와 등록상표를 걱정할 필요가 없는 인위적으로 조합된 브랜드명(노바티스, 아벤티스, 액센처) 시기를 거친 후 오늘날에는 실질적 의미를 가진 브랜드명을 선택하는 추세이다. 예를 들어 실크(두유), 메서드(가정용 세제), 스마트워터(음료), 스냅챗(사진 메시지) 같은 이름은 단순하면서 직관적이다. 그러나 등록상표 출원이 엄청나게 늘어남에 따라 사용 가능한 새로운 이름을 짓기가 어려울 수도 있다. 직접 이름을 지어보라. 한 제품을 선택하여 현재 이름보다 더 나은 브랜드명을 지을 수 있는지 생각해보라. Moonshot? Tickle? Treehugger? Avocado? Simplicity? Mindbender? Bearhug? 구글에서 이러한 이름을 검색해보면 이미 등록되었다는 것을 알게 될 것이다.

선택한 브랜드명은 반드시 보호해야 한다. 많은 기업이 궁극적으로 해당 제품 범주와 동일시되는 브랜드명을 구축하려고 한다. 크리넥스, 젤로, 밴드에이드, 스카치테이프, 벨크로, 포마이카, 매직마커, 포스트잇, 지퍼락은 그렇게 해서 성공을 거두었다. 그러나 이러한 성공이 기업의 브랜드

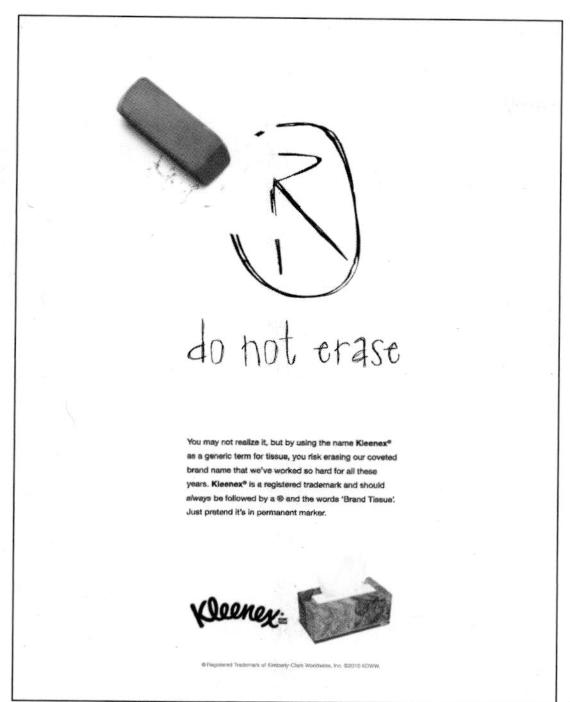

● 브랜드명 보호: 크리넥스 광고는 광고 회사에 크리넥스라는 이름 뒤에 항상 등록상표 기호, 'Brand Tissue'라는 말을 넣어야 한다고 권고하며, 그동안 힘들게 일해서 일궈놓은 브랜드명을 깎아내리지 않도록 도움을 청한다.
©Kimberly-Clark Worldwide, Inc. 허락하에 재인쇄함.

사용권을 위협할 수 있다. 셀로판, 아스피린, 나일론, 케로신, 리놀륨, 요요, 트램펄린, 에스컬레이터, 써모스 등은 이제 모든 판매업체가 사용할 수 있는 일반명(generic name)이 되었다.

마케터는 브랜드를 보호하기 위해 브랜드라는 단어를 사용하거나 등록상표 기호를 사용할 때 주의해야 한다. ● 예를 들어 최근의 크리넥스 광고는 광고 회사에 크리넥스라는 이름 뒤에 항상 등록상표 기호, 'Brand Tissue'라는 말을 넣어야 한다고 권고한다. 크리넥스 광고는 이렇게 말한다. "아마 의식하지 못하겠지만 티슈를 가리켜 크리넥스라는 이름을 사용할 때 당신 회사는 우리가 그동안 힘들게 일해서 일궈놓은 브랜드명을 깎아내릴 수도 있습니다."

기업은 브랜드명과 브랜드 상징물을 보호하기 위해 갖은 애를 쓴다. 예를 들어 보험 회사인 트래블러스(Travelers)는 자사의 친숙한 트레이드마크인 빨간 우산을 조금이라도 이용하는 타사를 추적한다. 한번은 휴먼리로스엄브렐러(Human Resource Umbrella)라는 작은 컨설팅 업체가 회사명의 'll' 위에 우산을 사용했다는 이유로 법적 조치를 취하겠다고 위협하기도 했다. 이러한 행동은 불필요해 보이지만 트래블러스 입장에서는 심각한 문제이다. 트래블러스 소속 변호사는 "메리 포핀스도 변호사를 준비할 필요가 있다"고 농담처럼 말한다.[40]

브랜드 소유권자 결정

제조업체는 브랜드 소유권에 대해 네 가지 대안을 가지고 있다. 제품을 제조업체 브랜드(또는 내셔널 브랜드)로 출시할 수 있는데, 삼성과 켈로그가 제조업체 브랜드명의 삼성 갤럭시 태블릿, 켈로그 프로스티드 플레이크(Kellogg's Frosted Flakes)를 사용하여 제품을 판매하는 경우를 예로 들 수 있다. 다른 대안은 제조업체가 유통업체를 통해 판매하되 유통업체의 브랜드명을 붙이는 것이다(이를 **사적 상표**, **소매점 브랜드**, **유통업체 브랜드**라고 한다). 대부분의 제조업체는 자신의 브랜드명을 개발하지만 일부 제조업체는 라이선스 브랜드(licensed brand)를 판매한다. 브랜드 소유권의 또 다른 대안은 두 기업이 제휴하여 **공동 브랜드** 제품을 판매하는 것이다. 각 대안을 자세히 살펴보자.

유통업체(사적) 브랜드
제품 또는 서비스 유통업체가 만들고 소유한 브랜드

제조업체 브랜드와 유통업체 브랜드 제조업체 브랜드(manufacturers' brands)가 주로 제품 시장을 지배했으나 최근 들어 소매업체와 도매업체가 **유통업체 브랜드**(store brand) 또는 **사적 브랜드**(private brand)를 도입하는 빈도가 늘어나고 있다. 유통업체 브랜드는 수십 년간 경쟁력을 확보해 왔지만 최근 들어 큰 인기를 끌고 있다.

다수의 대형 유통업체는 다양한 종류의 유통업체 브랜드 제품을 기술적으로 마케팅하고 있다. 예를 들어 크로거의 유통업체 브랜드인 크로거 하우스 브랜드, 프라이빗셀렉션(Private Selection), 헤리티지팜(Heritage Farm), 심플트루스(Simple Truth), 프스트(Psst), 체크디스아웃(Check This Out) 등은 연간 매출액이 거의 230억 달러로 이 거대 식료품 체인 매출의 25%를 차지하고 있다. 저가 식료품 체인인 알디는 매출의 90% 이상을 베이커스초이스(Baker's Choice), 프렌들리팜스(Friendly Farms), 심플리네이처(Simply Nature), 마마코치스피자치킨(Mama Cozzi's Pizza Kitchen) 같은 자체 상표에서 올린다. 심지어 온라인 소매점인 아마존은 아마존 베이식스(Amazon Basics), 아마존 엘리먼츠(Amazon Elements), 스트레스우드(Strathwood), 굿스레즈

● 유통업체 브랜드: 프라이빗셀렉션부터 심플트루스까지 크로거의 유통업체 브랜드는 이 식료품 체인 매출에서 25%를 차지한다. 심지어 크로거는 다음과 같이 제안한다. "시도해보세요. 마음에 들 거예요. 혹시 그렇지 않으면 제조업체 브랜드를 무료로 드릴게요."
Al Behrman/AP Images

(GoodThreads), 디날리(Denali) 등의 자체 브랜드를 개발해왔다.[41]

유통업체 브랜드는 한때 일반(generic) 브랜드 혹은 '노네임(no-name)' 브랜드로 불렸다. 온라인 소매점 브랜들리스는 여전히 일반 브랜드로 포지셔닝하고 있는데, 이 회사는 고객이 브랜드세, 즉 브랜드 개발과 촉진에 드는 비용을 내고 싶어 하지 않는다고 주장한다.[42] 그러나 오늘날의 유통업체 브랜드는 내셔널 브랜드 제품의 싸구려 복제품이라는 이미지를 벗고 있다. 유통업체 브랜드는 이제 더 넓은 상품 구색을 제공하면서 제조업체 브랜드 수준의 제품 품질을 갖추고 있다. 실제로 타깃, 트레이더조 같은 소매업체는 경쟁자인 유명 제조업체 브랜드들보다 훨씬 혁신적이다. ● 심지어 크로거는 다음과 같은 크로거 브랜드 보장을 제공한다. "시도해보세요. 마음에 들 거예요. 혹시 그렇지 않으면 제조업체 브랜드를 무료로 드릴게요." 그 결과 소비자는 가격 이외의 요인 때문에 유통업체 브랜드에 충성도를 보인다. 최근 조사 결과에 따르면 쇼핑객 중 80%는 유통업체 브랜드의 품질이 제조업체 브랜드와 대등하거나 더 낫다고 믿고 있다. 어떤 경우에는 소비자가 고급 제품으로 포지셔닝된 유통업체 브랜드에 더 많은 돈을 쓰려고 한다. 고객 경험은 가격과 가치를 떠나서 유통업체 브랜드의 성공을 설명해줄 수 있는 중요한 동기가 되었다(마케팅 현장 8.2 참조).

제조업체 브랜드와 유통업체 브랜드 간에 벌어지는 소위 **브랜드 전쟁**에서 소매업체는 유리한 점이 많다. 그들은 어떤 제품을 취급하고, 제품을 어디에 진열하고, 소매가격을 얼마로 책정하고, 지역 광고에 어떤 제품을 실을지 통제한다. 소매업체는 유통업체 브랜드의 가격을 이와 유사한 수준의 제조업체 브랜드보다 낮게 책정하고, 진열대에 표시된 가격 비교 정보를 통해 가격 차이를 강조하곤 한다. 유통업체 브랜드는 기반 구축이 어렵고 재고 관리와 촉진에 비용이 들 수 있지만 소매업체에 더 많은 마진을 제공한다. 그리고 유통업체 브랜드는 경쟁 매장에서 구매하기 어려운 독점적 제품을 소매업체에 제공하기 때문에 매장 방문 빈도와 충성도를 높여준다. 빠르게 성장하는 소매업체인 트레이더조는 자체 브랜드를 90% 정도 취급하면서 고객에게 최선을 다하기 위해 브랜드를 만들고 관리하는 것을 제조업체에 맡기지 않고 자체 브랜드의 운명을 스스로 관리한다.

제조업체 브랜드는 더 알뜰해진 오늘날의 소비자에게 소구할 때 유통업체 브랜드와 경쟁하기 위해 자신의 가치 제안을 더욱 명확하게 해야 한다. 많은 제조업체 브랜드는 시장 점유율을 방어하기 위해 더 많은 가격할인과 쿠폰을 제공함으로써 반격하고 있다. 그러나 장기적으로 볼 때 시장 선도 제조업체 브랜드는 신규 브랜드, 새로운 제품 특성 개발, 품질 향상을 위해 투자함으로써 차별화에 기반한 경쟁을 추구해야 한다. 또한 높은 브랜드 인지도와 선호도를 위해 강력한 광고 프로그램을 개발해야 한다. 나아가 물류의 규모의 경제와 물류업체/제조업체 공동 성과의 향상을 모색하기 위해 주요 물류업체와 협력 관계를 구축하는 방안을 찾아야 한다.

라이선싱 대부분의 제조업체는 자기 소유의 브랜드명을 만드는 데 많은 세월과 엄청난 비용을 투입한다. 그러나 어떤 기업은 다른 제조업체가 이미 만들어놓은 이름이나 상징물, 유명인의 이름, 인기 영화와 서적의 캐릭터 등을 라이선싱한다. 수수료만 내면 이러한 것들이 증명된 브랜드명을 얻을 수 있다.

의류와 액세서리 판매업자는 블라우스, 넥타이, 침구류, 가방 등의 제품에 캘빈 클라인(Calvin

마케팅 현장 8.2 | 유통업체 브랜드: 가격보다 더 중요한 고객 경험

유통업체 브랜드가 급성장하면서 식료품, 의류부터 가정용품, 가전제품, 연장 종류에 이르기까지 제조업체 브랜드의 시장 점유율을 빼앗고 있다. 이렇게 된 데에는 절약도 한몫을 했다. 그러나 유통업체 브랜드가 싸구려 복제품에 불과하던 시절은 지나갔다. 오늘날의 유통업체 브랜드는 제조업체 제품의 품질에 버금가고, 제조업체 브랜드의 명성보다 더 나을 수도 있는 소매점의 명성으로 보장된다. 예를 들어 당신은 크래프트(Kraft)와 트레이더 조 중 어디와 더 친밀한가? 랭글러(Wrangler)와 타깃의 경우는 어떤가?

대형 소매점은 가성비 이상의 것, 즉 제조업체가 제공할 수 없는 쇼핑의 편리와 다양한 종류의 제품을 제공한다. 유통업체 브랜드는 쉽게 구매할 수 있게 해준다. 오늘날의 쇼핑객은 너무 많은 선택에 질려버리곤 한다. 유통업체 브랜드는 선택을 하는 데 드는 시간과 정신적 노력을 줄여준다. 예를 들어 코스트코(Costco)는 대성공을 거두고 있는 브랜드인 커클랜드(Kirkland)를 식품, 의류, 건강과 미용, 가정용품, 청소용품, 사료 등 수십 가지 제품 종류에 부착했다. 세탁세제, 아기용 물티슈, 유기농 닭 육수, 다림질이 필요 없는 셔츠를 살 때 코스트코에서의 브랜드 선택은 훨씬 쉽다.

이와 마찬가지로 타깃 매장에 들어서면 아처팜스(Archer Farms), 마켓팬트리(Market Pantry), 어뉴데이(A New Day), 심플리밸런스드(Simply Balanced), 스레숄드(Threshold), 룸에센셜스(Room Essentials), 굿펠로앤드코(Goodfellow & Co), 조이랩(JoyLab), 캣앤드잭(Cat & Jack), 업앤드업(Up&Up) 등 다양한 유통업체 브랜드를 볼 수 있다. 만약 타깃을 좋아하는 사람이라면 이러한 자체 브랜드도 좋아할 확률이 높을 것이다. 비록 타깃이 최근 몇 년 동안 지지부진한 소매 시장에서 애를 먹기는 했지만 타깃의 자체 브랜드는 앞길을 보여주는 등댓불이었다. 타깃은 현재 30개 이상의 자체 브랜드를 자랑하며 그중 몇 개는 연매출이 수십억 달러에 달한다. 예를 들어 어뉴데이는 출시된 지 1년 만에 10억 달러 이상의 브랜드가 되었고, 캣앤드잭 아동 의류는 연매출 20억 달러의 대형 브랜드로 성장했다.

초기와 달리 고객은 제품을 구매하는 소매상을 믿듯이 주요 유통업체 브랜드를 믿게 되었다. 예를 들어 트레이더조로 몰려드는 고객은 인기 있는 모든 유통업체처럼 트레이더조가 판매하는 자체 상표 때문에 그곳에 찾아간다. 트레이더조는 다른 곳에서는 팔지 않는, 가성비 있고 이유 없이 환불이 가능한 매장 정책을 가진 브랜드를 판매한다.

그렇다면 트레이더조의 브랜드가 제조업체 브랜드만큼 좋을까? 많은 경우 같은 제조업체가 제품을 생산한다. 트레이더조는 판매하는 브랜드의 극히 일부만을 자체 생산하며, 대부분은 트레이더조 상표를 달고 판매하는 데 동의한 제3의 제조업체와 협력하여 생산한다. 트레이더조는 공급자의 정체를 함구하지만 분석가는 제품의 제조업체를 짐작할 수 있다. 그러나 트레이더조의 열성 고객은 제품이 하청 업체에서 조달된 것이라고 생각하지 않는다. 한 분석가는 이렇게 말한다. "고객은 트레이더조의 제품이고 여기서만 판다고 생각한다."

브랜드 마케팅과 관련하여 소매상은 유명 브랜드 마케터보다 유리한 점이 있는데, 직접적인 고객 접촉과 고객 경험에 대한 통제가 그것이다. 아마존보다 이 점을 더 잘 아는 소매상은 없을 것이다. 아마존은 첫 번째 유통업체 브랜드인 핀존(Pinzon) 침구와 목욕 용품을 10여 년 전에 출시했다. 그 이후로 아마존은 상상할 수 있는 거의 모든 제품 종류를 자체 브랜드로 출시했다. 오늘날 아마존은 100개 이상 브랜드의 제품 4,600종류를 판매하고 있다. 아마존닷컴에 접속한 고객은 구매 불확실성을 줄이고 쇼핑카트를 훨씬 쉽게 채워주는 다양한 아마존 자체 브랜드를 접하게 된다. (고객 후기를 보고) 아마존 베이식스 케이블, 전지, 목욕 수건을 사면 고품질과 가치를 얻을 수 있는데 왜 수많은 브랜드를 평가하느라 시간을 쏟겠는가?

아마존 베이식스는 아마존의 가장 평범한 자체 브랜드로 전자제품 부속물과 전지부터 침대 시트, 목욕 수건, 식도 세트, 요가 매트에 이르기까지 일상적인 가전제품과 가정용품을 아우른다. 한편 아마존 에센셜스는 기본 의류를 취급하고, '고급품, 확실한 원산지, 아마존 전용 판매'인 아마존 엘리먼츠는 비타민, 영양 보충제와 기타 건강 관련 제품을 취급한다.

그러나 이제 아마존은 베이식스, 에센셜스, 엘리먼츠에서 벗어나 좀 더 화려하고 멋진 유통업체 브랜드로 나아가려 한다. 아마존이 최근 출시한 자체 브랜드는 라크앤드로(Lark & Ro), 메이(Mae), 프랭클린테일러드(Franklin Tailored), 버튼드다운(Buttoned Down), 굿스레즈, 스카우트+로(Scout+Ro), 프레스톨(Prestol), 웨그(Wag), 마마베어(Mama Bear), 해피벨리(Happy Belly)이다.

아마존의 자체 브랜드는 역사가 오래되지 않았음에도 성공적이다. 작년에 아마존의 자체 브랜드는 2년 전의 3배인 75억 달러의 매출을 올렸다. 아마존 베이식스 건전지는 듀라셀(Duracell)을 제치고 전체 시장 매출의 30%를 차지하고 있다. 아마존 엘리먼츠의 아기용 물티슈는 팸퍼스와 하기스를 곧 제칠 것으로 보인다. 아마존의 자체 브랜드는 아마존이 기대하지 못했던 제품 범주를 지배하는 것도 돕고 있다. 예를 들어 전문가들은 아마존이 2020년까지 의류 판매 850억 달러를 달성하고 곧 미국 제일의 의류, 신발류 소매상이 되어 월마트를 앞지를 것이라고 예측한다. 이러한 의류 판매의 시장 점유율 중 상당 부분은 아마존의 자체 브랜드가 차지할 것이다.

아마존의 자체 브랜드가 극적으로 성장한 것은 베이식스, 에센셜스, 엘리먼츠 같은 브랜드명을 보

유통업체 브랜드: 아마존은 상상할 수 있는 거의 모든 제품 종류를 자체 브랜드로 출시했다. (고객 후기를 보고) 아마존 베이식스 케이블, 전지, 목욕 수건을 사면 고품질과 가치를 얻을 수 있는데 왜 수많은 브랜드를 평가하느라 시간을 쏟겠는가?
Gary Armstrong

면 쉽게 이해된다. 소비자는 신뢰하는 아마존 브랜드가 붙은 일상품을 보면 적절한 가격에 좋은 품질의 제품을 산다고 믿게 된다. 아마존 프라임은 몇 시간 내 또는 며칠 내로 문 앞까지 배달하고, 만약 제품에 문제가 있다면 아마존이 묻지도 따지지도 않고 해결해준다.

그러나 아마존이라는 브랜드가 붙어 있지 않은 자체 브랜드의 경우라면 아마존도 고객의 신뢰, 만족, 지지를 구축해야만 한다. 아마존은 자체 브랜드의 경우에도 고객 경험을 단기 이익보다 우선시한다. 한 예로 아마존은 최근 패션 디자이너 재키 윌슨(Jackie Wilson)을 만나 아마존의 자체 브랜드로 판매할 여성용 니트 상의 제작을 의논했다. 윌슨이 나중에 밝히기를 아마존의 품질 기준은 유명 브랜드 의류 판매자와 같은 수준이라고 한다. 콜스(Kohl's) 백화점, 아메리칸이글아웃피터스(American Eagle Outfitters), JC페니(JCPenny)에 납품하는 윌슨은 이렇게 말했다. "그들은 얼마나 많이 팔릴지, 마진이 얼마인지에 전혀 관심이 없었다. 그들은 고객 만족을 염려했고 5점 만점의 고객 평가를 원했다."[43]

Klein), 토미 힐피거(Tommy Hilfiger), 구찌, 아르마니 등 유명 패션 디자이너의 이름이나 머리글자를 붙이기 위해 많은 수수료를 낸다. 아동 용품 판매자는 의류, 장난감, 학용품, 침구류, 인형, 도시락통, 시리얼 등의 제품에 수많은 캐릭터의 이름을 부착한다. 라이선싱된 캐릭터 이름은 세서미 스트리트, 디즈니, 스타워즈, 스쿠비두, 헬로키티, 스펀지밥, 닥터 수스부터 최근의 꼬마 의사 맥스터핀스, 몬스터 하이, 겨울왕국, 미니언즈까지 다양하다. 현재 가장 잘 팔리는 장난감 중 많은 수가 TV 드라마와 영화를 바탕으로 만들어진 제품이다.

● 영화 〈스머프〉가 개봉한 후 등장 캐릭터와 TV 드라마, 게임, 장난감, 학용품, 의류 등 브랜드를 이용한 제품의 인기가 높아졌다.
Moviestore collection Ltd./Alamy Stock Photo

이름과 캐릭터의 라이선싱은 최근 들어 빠른 속도로 성장했다. 전 세계에서 라이선싱된 제품의 연 소매 매출액은 1977년 40억 달러에서 1987년 550억 달러, 그리고 현재 3,000억 달러 규모로 성장했다. 라이선싱은 많은 기업에 매우 수익성이 높은 사업일 수 있다. ● 스머프는 버섯 안에 사는 작고 파란 캐릭터에 관한 벨기에의 TV 브랜드이다. 1958년 명랑만화 시리즈로 시작하여 오늘날 스머프 브랜드로 비디오게임, 장난감, 잡지, 학용품 같은 제품을 판매하는 수백만 달러의 라이선싱 기업이다. 2011년에는 스머프와 라이선싱 제품의 인기를 되살리는 영화 〈스머프〉가 나오기도 했다.[44]

공동 브랜딩
두 기업이 각자 가지고 있는 2개의 브랜드명을 한 제품에 함께 사용하는 것

공동 브랜딩 **공동 브랜딩**(co-branding)은 두 기업이 각자 가지고 있는 2개의 브랜드명을 한 제품에 함께 사용하는 것이다. 공동 브랜딩은 여러 가지 장점이 있다. 각 브랜드가 서로 다른 제품 범주이므로 공동 브랜드는 더 광범위한 소비자에게 소구하고 브랜드 자산을 높일 수 있다. 예를 들어 우버는 스포티파이(Spotify)와 협업하여 고객이 우버를 이용하는 동안 들을 음악을 정할 수 있게 했다. 페인트 제조업체인 셔윈윌리엄스(Sherwin-Williams)와 가구 판매점인 포터리반(Pottery Barn)은 함께 포터리반 가구와 잘 맞는 색의 셔윈윌리엄스 페인트 컬렉션을 만들었다. 타코벨과 도리토스는 도리토스 로코스 타코스(Doritos Locos Tacos)를 공동 개발했다. 타코벨은 출시 후 첫 10주 만에 1억 개 이상의 타코를 판매했고 곧바로 쿨랜치(Cool Ranch)와 파이어리(Fiery) 변형 제품을 추가하여 10억 개 이상을 판매했다. 이들은 단순히 공동 브랜드를 만든 것이 아니라 '코메이킹(co-making)'을 했다고 볼 수 있다.

공동 브랜딩은 두 브랜드의 상호 보완성을 이용할 수 있다. 또한 기업이 기존 브랜드로 혼자 진출하기 어려운 분야로 확장할 수 있게 해준다. 예를 들어 자물쇠 회사인 예일(Yale)과 네스트는 열쇠가 필요 없이 네스트 앱을 통해 연결되어 어디서나 잠그고 열 수 있는 네스트×예일이라는 자물

쇠 공동 브랜드를 만들었다. 이러한 관계는 예일을 스마트홈 시장으로 이끌었고, 예일의 오랜 자물쇠 전문성과 신뢰받는 브랜드명으로 네스트의 제품 포트폴리오에 또 다른 제품이 추가되었다.

한편 공동 브랜딩은 몇 가지 한계점도 있다. 이러한 제휴 관계는 통상 복잡한 법적 계약과 라이선스를 수반한다. 또한 공동 브랜드 참여자는 자신의 광고, 판촉, 기타 마케팅 노력을 조심스럽게 조정해야 한다. 그리고 공동 브랜딩 참여자는 상대 파트너가 자사 브랜드에 대해 많은 신경을 쓸 것이라는 믿음이 있어야 한다. 만약 한 브랜드의 명성이 망가진다면 이는 공동 브랜드에도 타격을 줄 수 있다.

브랜드 개발

기업은 브랜드 개발과 관련하여 네 가지 선택 대안, 즉 **라인 확장**, **브랜드 확장**, **복수 브랜드**, **신규 브랜드**를 고려할 수 있다(● 그림 8.6 참조).

라인 확장
기업이 기존 브랜드명을 기존 제품 범주의 새로운 형태, 색, 크기, 원료, 맛 등으로 확장하는 것

라인 확장 라인 확장(line extension)은 기업이 기존 브랜드명을 기존 제품 범주의 새로운 형태, 색, 크기, 원료, 맛 등으로 확장하는 것을 말한다. 예를 들어 KFC는 수년에 걸쳐서 원래의 뼈 있는 닭튀김을 확장했다. 이제 KFC는 구운 치킨, 뼈 없는 프라이드치킨, 치킨텐더, 핫윙, 치킨바이트, 치킨팝콘너깃, 치킨샌드위치, 이동 중에 먹을 수 있는 자동차 컵 받침용 치킨인 KFC 고 컵스(KFC Go Cups) 등을 제공한다.

기업은 신제품을 출시하는 저비용, 저위험 방안으로 라인 확장을 도입할 수 있다. 또는 다양성에 대한 고객 욕구를 충족하기 위해, 과잉 생산 능력을 활용하기 위해, 소매점의 진열 공간을 더 많이 차지하기 위해 라인 확장을 사용하기도 한다. 그러나 라인 확장에는 위험이 따를 수도 있다. 지나치게 확장된 브랜드명은 소비자의 혼란을 초래하거나 원래의 특별한 의미를 잃을 수도 있다.

어느 시점에 이르면 추가된 제품이 제품라인에 부가가치를 전혀 제공하지 못할 수도 있다. 예를 들어 오리지널 도리토스 토르티야칩(Doritos Tortilla Chips)은 이제 미국 내에서 20가지 유형의 맛과 칩, 해외시장에서 수십 가지 제품을 판매한다. 맛은 나초치즈, 타코 맛부터 타파티오, 스파이시스위트칠리, 살사베르데 등이 있다. 일본에서 파는 스파이시치킨 맛의 레이트나이트(Late Night)나 갈릭슈림프 맛 로열(Royal)은 어떤가? 도리토스는 미국에서 레이스(Lay's)에 이어 2위 스낵 브랜드이지만 오리지널 도리토스 칩은 이제 브랜드 중 하나로 느껴진다.[45] 또 다른 향을 추가한 신제품은 도리토스 기존 제품과 경쟁 제품 중 어디서 더 많은 매출을 빼앗을까? 가장 효과적인 라인 확장은 자사 내 다른 품목의 매출을 잠식하지 않고 경쟁 브랜드의 매출을 빼앗아오는 경우이다.

브랜드 확장
현재의 브랜드명을 새로운 제품 범주의 신제품이나 수정 제품으로 확장하는 것

브랜드 확장 브랜드 확장(brand extension)은 현재의 브랜드명을 새로운 제품 범주의 신제품이나 수정 제품으로 확장하는 것이다. 예를 들어 대부분의 소비자는 버켄스톡(Birkenstock)을 고전적인 고급 샌들과 신발 브랜드로 알고 있다. 버켄스톡이 의류와 양말, 벨트, 가방 등을 제품라인에 더한 것은 놀랄 일이 아니다. 그러나 최근 들어 버켄스톡은 천연 화장품과 침대를 비롯해 흥미로운 새

● **그림 8.6**
브랜드 개발 전략

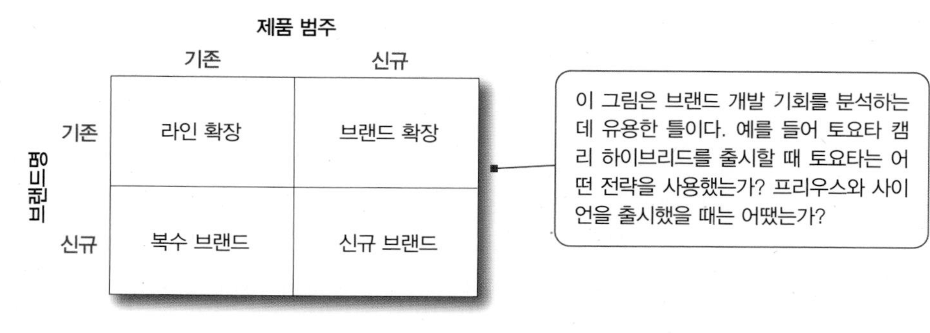

● 브랜드 확장: 전통적인 신발 브랜드 버켄스톡은 침대로 브랜드 확장을 했다. "인체공학적인 신발 바닥에서 인체공학적인 침대로 한발 더 나아간 좋은 아이디어이다." dpa picture alliance/Alamy Stock Photo

로운 제품 범주로 확장했다. ● 어떤 이들은 버켄스톡 침대가 생뚱맞다고 생각할 수도 있지만 버켄스톡 신발 포지셔닝의 자연스러운 확장으로 보고 있다. 샌들과 신발을 기능적인 '발의 안식처(footbeds)'로 포지셔닝해온 버켄스톡은 이렇게 말한다. "인체공학적인 신발 바닥에서 인체공학적인 침대로 한발 더 나아간 좋은 아이디어이다. 버켄스톡 신발처럼 해부학적으로 잘 설계된 수면 시스템도 우리의 신체 모양에 맞춰진다. 매트리스, 프레임과 침대는 누웠을 때 이상적으로 몸의 긴장이 풀리도록 도와주어 최대한 편안하게 잠들 수 있다."[46]

요즘에는 대부분의 신제품이 이미 성공적인 브랜드의 확장이다. 신규 브랜드를 구축하는 것과 비교했을 때 브랜드 확장은 즉각적인 친숙함과 수용을 낮은 개발 비용으로 성취할 수 있다. 예를 들면 이것은 보통의 모바일 기기용 무선 충전 매트가 아닌 듀라셀 파워매트(Duracell Powermat)이다. 그리고 이것은 그저 그런 수면 유도제가 아니라 빅스 지퀼(Vicks ZzzQuil)이다. 이러한 제품은 기존 브랜드의 가치와 잘 연결되고 기존 브랜드의 장점을 바탕으로 한 것이다.

그러나 브랜드 확장은 위험을 수반한다. 확장 제품은 주력 제품의 이미지를 혼란스럽게 만들 수 있다. 예를 들어 (라이터 브랜드인) 지포 향수나 (속옷 브랜드인) 프루트오브더룸(Fruit of the Loom) 세탁세제는 어떤가? 치토스 립밤, (케첩으로 유명한) 하인즈 사료, 콜게이트 즉석식품과 (사탕 브랜드인) 라이프세이버스(Life Savers) 껌은 일찌감치 망했다.[47] 뿐만 아니라 어떤 브랜드명은 제품이 잘 만들어지고 만족스럽더라도 특정 신제품에 어울리지 않을 수도 있다. (술집 체인 브랜드인) 후터스 항공을 이용하거나 에비앙 생수를 넣은 뽕브래지어를 입어볼 생각이 드는가?(둘 다 실패했다) 즉 기업은 유명 브랜드를 그냥 가져다 다른 제품 범주에 갖다 붙일 수 없다. 성공적인 브랜드 확장은 기존 브랜드와 잘 맞아야 하고, 기존 브랜드는 새로운 제품 범주의 확장에 경쟁우위를 제공해야 한다.

복수 브랜드 기업은 보통 동일 제품 범주 내에서 여러 개의 브랜드를 도입한다. 예를 들어 펩시코(PepsiCo)는 미국 시장에서 최소 10개 이상의 청량음료 브랜드(펩시, 시에라미스트, 마운틴듀, 맨저니타솔, 미린다, 트로피카나트위스터, 머그루트비어, 파소데로스토로스, 스터번소다, 케일럽스콜라), 2개의 에너지 음료(마운틴듀 AMP, AMP 에너지오가닉), 6종의 즉석 차와 커피(립턴, 브리스크, 퓨어리프, 소베, 타조, 스타벅스), 7종의 생수(아쿠아피나, H2OH!, PACt, 프로펠, 소베, 버블리, 오션스프레이), 9종의 과일 음료(브리스크, 돌, 이지, 로자, 오션스프레이, 트로피나카 등)를 판매한다. 각 브랜드는 수많은 하위 브랜드를 거느리고 있다. 예를 들어 펩시코의 즉석커피는 스타벅스와 협업하여 레귤러, 콜드브루, 리프레셔, 프라푸치노, 아이스커피, 더블샷, 아이스라테, 아이스에스프레소클래식을 제공한다.

복수 브랜딩(multibranding)은 각기 다른 구매 동기를 가진 세분시장에 맞추어 각기 다른 특성의 제품을 제공하고, 소매점에서 더 넓은 진열 공간을 확보하며, 더 높은 시장 점유율을 차지한다. 예를 들어 펩시코의 많은 청량음료 브랜드는 슈퍼마켓 진열대를 차지하기 위해 서로 경쟁하기도 하지만, 복수 브랜드들을 합한 전체 시장 점유율은 단일 청량음료만으로 얻을 수 있는 것보다 훨씬 높다. 이와 마찬가지로 복수 세분시장에 맞추어 복수 브랜드를 도입함으로써 펩시의 10종 청량음료 브랜드를 모두 합한 점유율은 단일 브랜드만으로 얻을 수 있는 점유율보다 훨씬 높다.

복수 브랜딩의 주요 단점은 각 브랜드의 시장 점유율이 낮고 그중 어떤 것도 수익을 내지 못할 수 있다는 것이다. 복수 브랜딩은 수익성이 높은 소수의 브랜드를 키우는 대신 마케팅 자원을 여러 브랜드에 분산하는 결과를 초래할 수도 있다. 이러한 결과를 얻은 기업은 제품 범주 내 기존 브랜드의 수를 줄이고 신규 브랜드를 출시하는 데 더 엄격한 선별 기준을 설정해야 한다.

신규 브랜드 기업은 기존 브랜드명의 힘이 약해져서 새로운 브랜드명을 도입할 필요가 있다고 판단하기도 한다. 또는 새로운 제품 범주로 진출하는데 신제품에 사용할 적절한 기존 브랜드명이 없을 때 새로운 브랜드명을 개발할 수도 있다. 예를 들어 토요타는 고급 자동차 소비자를 대상으로 렉서스 브랜드를 개발했다.

복수 브랜딩의 단점과 마찬가지로 너무 많은 신규 브랜드를 도입하는 것은 기업의 한정된 자원을 분산하는 결과를 초래할 수 있다. 소비용품과 같은 일부 산업의 경우, 소비자와 소매업체는 별 차이가 없는 너무 많은 브랜드가 이미 나와 있다고 우려를 표한다. 이에 따라 P&G, 펩시코, 크래프트, GA 등 대형 소비용품 기업은 경쟁력이 약한 브랜드를 철수시키고 각 제품 범주에서 성장 전망이 좋고 점유율 1, 2위의 포지션을 성취할 수 있는 브랜드에 마케팅 비용을 집중하는 메가브랜드 전략을 추구하고 있다.

예를 들어 지난 10여 년간 P&G는 지프 땅콩버터, 크리스코 쇼트닝, 폴저스 커피, 프링글스 스낵, 서니딜라이트부터 녹세마 화장품, 라이트가드 탈취제, 알리브 진통제, 듀라셀 건전지, 커버걸과 맥스팩터 화장품, 웰라와 클레롤 모발 제품, 아이앰스 등의 사료 브랜드까지 수십 개의 브랜드를 매각했다. 이러한 전략을 통해 P&G는 230억 달러의 브랜드를 비롯해 대부분의 매출과 이익을 가져오는 65개 주요 브랜드에 투자와 에너지를 집중할 수 있다. P&G의 CEO는 "적은 것이 더 많을 수 있다"고 말한다.

브랜드 관리

기업은 브랜드를 신중하게 관리해야 한다. 첫째, 기업은 소비자에게 브랜드 포지셔닝을 지속적으로 알리고 소통해야 한다. 주요 브랜드는 브랜드 인지도를 창출하고 소비자의 선호도와 충성도를 구축하기 위해 엄청난 광고비를 지출한다. 예를 들어 코카콜라는 전 세계에 걸쳐 수많은 브랜드를 광고하기 위해 연 40억 달러를 지출하며, 구글은 51억 달러, 유니레버는 85억 달러, P&G는 무려 105억 달러를 지출한다.[48]

이와 같은 광고 캠페인은 높은 브랜드 인지도와 브랜드 지식, 나아가 브랜드 선호도를 창출하는 데 도움을 줄 수 있다. 그러나 브랜드는 광고가 아닌 브랜드에 대한 고객 **인게이지먼트**와 고객의 **브랜드 경험**에 의해 유지된다. 오늘날의 소비자는 고객 여정에서 광범위한 접촉점을 통해 브랜드를 알게 되며, 이러한 접촉점은 광고뿐 아니라 브랜드에 대한 개인적 경험, 구전, 소셜미디어, 기업 웹페이지, 모바일 앱 등 다양하다. 기업은 광고 제작에 기울이는 노력만큼 브랜드 접촉점을 관리하는 데 많은 신경을 써야 한다. 디즈니의 고위 간부는 이렇게 말한다. "브랜드는 생명력을 가진 개체이며 시간이 흐름에 따라 점점 더 풍요로워지거나 쇠락한다. 브랜드는 수천 개의 미세한 행동이 누적된 산물이다."[49]

브랜드 포지셔닝은 기업의 모든 구성원이 브랜드를 체화해야만 제대로 유지될 수 있다. 따라서 기업의 구성원이 고객 중심적이 되도록 훈련해야 한다. 더 나은 방식은 종업원이 브랜드 약속을 이해하고 열정적이 될 수 있도록 내부 브랜드 구축을 실행하는 것이다. 많은 기업은 한 걸음 더 나아가 유통업체와 영업사원이 자사 고객을 더 잘 대하도록 훈련하고 격려한다.

최종적으로 기업은 브랜드의 강점과 약점을 정기적으로 감사할 필요가 있다. 기업은 '소비자가 진정으로 가치 있게 생각하는 편익을 자사 브랜드가 잘 전달하는가? 브랜드의 포지션이 적절한가? 고객 접촉점이 브랜드 포지셔닝을 지원하는가? 소비자에게 제공할 자사 브랜드의 의미를 브랜드 관리자가 이해하고 있는가? 브랜드가 적절하고 지속적인 지원을 받는가?' 등을 자문해야 한다. 브랜드 감사는 더 많은 지원이 필요한 브랜드, 제거해야 할 브랜드, 고객 선호의 변화와 신규 경쟁자 진입으로 브랜드 리뉴얼이나 재포지셔닝이 필요한 브랜드 등을 파악할 수 있게 한다.

학습목표별 요약

제품은 유형적 특성의 단순한 조합 그 이상이다. 고객에게 제공되는 각 제품이나 서비스는 세 가지 수준에서 살펴볼 수 있다. 핵심 고객 가치는 제품을 구매하는 고객이 추구하는 핵심적인 문제 해결 편익으로 구성된다. 실제 제품은 핵심 제품을 구체화한 것으로서 품질 수준, 특성, 디자인, 브랜드명, 포장 등을 포함한다. 확장 제품은 실제 제품에 다양한 서비스의 편익을 추가한 것으로서 보증, 무료 배달, 설치, 유지·보수 등을 포함한다.

학습목표 8-1 제품을 정의하고 제품과 서비스의 주요 유형 분류를 파악한다.

제품을 광범위하게 정의 내리면, 필요나 욕구를 충족할 수 있으므로 주의, 획득, 사용 또는 소비를 위해 시장에 제공되는 모든 것을 말한다. 제품에는 물리적 대상물, 서비스, 행사, 사람, 장소, 조직, 아이디어, 또는 이것들의 결합물 등이 포함된다. 서비스는 은행, 호텔, 세금 신고, 집수리 서비스 등 무형이고 소유할 수 없다는 특징을 가진 구매를 위해 제공되는 활동, 편익 또는 만족을 말한다.

제품과 서비스는 이를 사용하는 소비자의 유형에 따라 소비용품과 산업용품으로 구분된다. 최종 소비자가 구매하는 제품인 소비용품은 소비자의 쇼핑 습관에 따라 편의품, 선매품, 전문품, 미탐색품으로 분류된다. 추가로 가공하기 위해 또는 사업상의 용도로 구매하는 산업용품은 원자재와 부품, 자본재, 소모품과 서비스로 이루어진다. 조직, 사람, 장소, 아이디어 등 시장성 있는 다른 대상물도 제품으로 간주할 수 있다.

학습목표 8-2 기업이 개별 제품과 서비스, 제품라인, 제품믹스에 대해 내리는 의사결정을 이해한다.

개별 제품에 대한 의사결정은 제품 속성, 브랜딩, 포장, 라벨링, 제품 지원 서비스 등과 관련된 것이다. 제품 속성에 관한 결정은 제품 품질, 제품의 특성, 스타일과 디자인 등에 관한 것이다. 브랜딩 결정은 브랜드명을 선정하고 브랜드 전략을 개발하는 것을 말한다. 포장은 제품보호, 경제성, 편의성, 촉진 등과 같은 핵심 편익을 제공한다. 포장 결정은 종종 제품의 존재를 확인하고, 제품 내용을 설명하고, 나아가 촉진 기능을 수행하는 라벨을 설계하는 것을 포함한다. 또한 기업은 고객 서비스, 고객 만족, 경쟁자의 공격에 대한 보호막을 강화하는 고객지원 서비스를 개발한다.

대부분의 기업은 단일 제품보다는 제품라인을 생산한다. 제품라인은 기능, 고객의 구매 욕구, 유통경로 등이 서로 연관된 제품의 집합이다. 특정 판매자가 고객에게 제공하는 모든 제품라인과 품목을 합한 제품믹스는 제품믹스의 너비, 길이, 깊이, 일관성이라는 차원으로 설명될 수 있다. 이러한 차원은 기업의 제품 전략을 개발하기 위한 도구로 사용된다.

학습목표 8-3 서비스 마케팅에 영향을 미치는 네 가지 특성과 서비스 마케팅에서 고려해야 할 추가적 요인을 알아본다.

서비스의 주요 특성은 무형성, 비분리성, 변동성, 소멸성이다. 각각의 특성은 마케팅상의 문제를 일으키므로 이에 맞는 마케팅 활동이 요구된다. 마케터는 서비스의 유형성을 높이기 위해, 서비스 제공 시점에 서비스 제품과 분리될 수 없는 서비스 제공자의 생산성을 증대하기 위해, 변동성이 높은 서비스 품질을 표준화하기 위해, 수요 시점의 이동과 공급 능력 확대를 통해 서비스의 소멸성을 극복하기 위해 여러 가지 방안을 강구해야 한다.

훌륭한 서비스 기업은 고객과 직원 모두에게 주의를 기울인다. 이러한 기업은 수익이 직원 만족과 고객 만족으로 연결되는 서비스-이익 연쇄를 이해한다. 서비스 마케팅 전략에서는 고객을 대상으로 한 외부 마케팅뿐만 아니라 직원의 동기부여를 위한 내부 마케팅, 서비스 제공자의 서비스 전달 기술을 창출하기 위한 상호작용 마케팅을 함께 수행해야 한다. 서비스 마케터는 성공을 거두기 위해 경쟁적 차별화를 창출하고, 높은 서비스 품질을 제공하며, 서비스 생산성을 증대하는 방안을 생각해야 한다.

학습목표 8-4 브랜딩 전략, 즉 기업이 브랜드를 구축·관리하기 위해 내리는 결정을 이해한다.

어떤 분석가는 브랜드를 기업이 보유한 지속성 있는 주요 자산 중 하나로 간주한다. 브랜드는 브랜드명과 상징물 그 이상으로, 제품 또는 서비스가 소비자에게 전달하려는 의미를 구현하는 모든 것이다. 브랜드명을 안다는 것이 제품과 그 제품의 마케팅에 대한 고객 반응에 미치는 긍정적인 차별적 효과를 말한다. 강력한 브랜드 자산을 가진 브랜드는 매우 가치 있는 무형 자산이다.

브랜드를 구축할 때 기업은 브랜드 포지셔닝, 브랜드명 선정, 브랜드 소유권자 결정, 브랜드 개발 등에 관한 의사결정을 내려야 한다. 가장 강력한 브랜드 포지셔닝은 강한 고객 신념과 가치를 바탕으로 구축된다. 브랜드명 선정은 제품 편익, 목표시장, 제안된 마케팅 전략을 신중히 검토하여 최선의 브랜드명을 찾는 것이다. 제조업체는 네 가지 브랜드 소유권자 유형을 고려할 수 있다. 즉 제조업체 브랜드(내셔널 브랜드)를 출시하거나, 유통업체 브랜드를 사용하는 소매업체를 통해 판매하거나, 라이선스 브랜드를 이용하거나, 다른 기업과 제휴하여 공동 브랜드를 출시할 수 있다. 또한 기업은 브랜드를 개발할 때 네 가지 선택 대안, 즉 라인 확장, 브랜드 확장, 복수 브랜드, 신규 브랜드를 고려할 수 있다.

기업은 브랜드를 신중하게 구축하고 관리해야 한다. 기업은 소비자에게 브랜드 포지셔닝을 지속적으로 알리고 소통해야 하는데, 이를 위해 광고를 이용할 수 있다. 그러나 브랜드는 광고가 아닌 브랜드 경험에 의해 유지된다. 소비자는 광범위한 접촉과 상호작용을 통해 브랜드를 알게 된다. 기업은 광고 제작 못지않게 소비자의 브랜드 접촉점을 관리하는 데에도 많은 신경을 써야 한다. 또한 기업은 정기적으로 브랜드의 강점과 약점에 대해 감사해야 한다.

핵심용어

학습목표 8-1

제품 product
서비스 service
소비용품 consumer product
편의품 convenience product
선매품 shopping product
전문품 specialty product
미탐색품 unsought product
산업용품 industrial product
사회적 마케팅 social marketing

학습목표 8-2

제품 품질 product quality
브랜드 brand
포장 packaging
제품라인 product line
제품믹스(제품포트폴리오) product mix(product portfolio)

학습목표 8-3

서비스 무형성 service intangibility
서비스 비분리성 service inseparability
서비스 변동성 service variability
서비스 소멸성 service perishability
서비스-이익 연쇄 service profit chain
내부 마케팅 internal marketing
상호작용 마케팅 interactive marketing

학습목표 8-4

브랜드 자산 brand equity
브랜드 가치 brand value
유통업체 브랜드(사적 브랜드) store brand(private brand)
공동 브랜딩 co-branding
라인 확장 line extension
브랜드 확장 brand extension

토의문제

1. 소비재를 정의하라. 소비재 종류의 특성을 설명하고 각각의 예를 들라.

2. 마케터가 개별 제품과 서비스를 개발하고 마케팅할 때 꼭 해야 할 다섯 가지 주요 의사결정에 대해 설명하라.

3. 제품믹스란 무엇인가? 제품믹스는 어떻게 구성되는가? 제품믹스를 만들기 위해 무엇을 결정해야 하는가?

4. 서비스-이익 연쇄에 대해 설명하고 예를 들라.

5. 기업을 위한 네 가지 중요 브랜드 전략을 설명하고 각각의 예를 들라.

6. 브랜드를 개발할 때 기업의 네 가지 선택 대안을 설명하고 각각의 예를 들라.

9 신제품개발과 제품수명주기 관리

학습목표 9-1 기업이 어떻게 신제품 아이디어를 찾고 개발하는지 이해한다.
신제품개발 전략

학습목표 9-2 신제품개발 프로세스의 단계와 각 단계의 주요 고려 사항을 파악한다.
신제품개발 프로세스

학습목표 9-3 제품수명주기 단계와 각 단계별 마케팅전략의 변화를 이해한다.
제품수명주기 전략

학습목표 9-4 두 가지 추가적인 제품이슈, 즉 제품 결정에 따른 사회적 책임, 제품과 서비스의 국제마케팅에 대해 알아본다.
제품, 서비스와 관련된 추가 고려사항

개관 앞 장에서는 마케터가 제품과 브랜드를 어떻게 관리하고 개발하는지를 살펴보았다. 이 장에서는 신제품을 어떻게 개발하고, 제품수명주기의 각 단계에 따라 제품을 어떻게 관리하는지를 살펴볼 것이다. 기업의 입장에서 신제품은 생명의 근원이나 마찬가지이다. 하지만 신제품개발에는 위험이 따르며, 실제로 많은 신제품이 시장에서 사라져버린다. 그러므로 이 장의 첫 번째 절에서는 성공적인 신제품을 찾아내고 성장시키기 위한 전반적인 프로세스를 상세히 살펴보려고 한다. 신제품이 출시되면 마케터는 그 제품이 오랫동안 고객에게 사랑받기를 바란다. 두 번째 절에서는 제품수명주기의 단계별로 필요한 마케팅전략과 마케팅전술에 대해 알아본다. 끝으로 제품 의사결정에서의 사회적 책임과 글로벌 환경의 마케팅을 다루면서 제품에 대한 논의를 마무리할 것이다.

가장 혁신적인 세계적 기업 중 하나인 구글의 사례로 시작하려 한다. 구글은 눈을 떼려야 뗄 수 없는 신기술과 신제품, 신서비스를 끊임없이 시장에 내놓고 있다. 구글의 기업문화는 혁신을 장려하고 지원하며 보상한다. 구글과 그 모회사인 알파벳(Alphabet)에게 혁신은 단순한 프로세스가 아니다. 그들에게 혁신은 다름 아닌 정신이다.

구글: 신제품을 달에 쏘아 올리는 공장

구글은 극도로 혁신적이다. 지난 10년 반 동안 구글은 가장 혁신적인 기업 순위에서 항상 5위 안에 들었다. 구글은 현상에 만족하기를 거부하며, 지속적으로 혁신하고 새로운 시장에 뛰어들며 새로운 경쟁자들과 겨룬다.

구글은 '전 세계의 정보를 조합하여 누구나 접근 가능하고 유용하게 만든다'는 미션을 가지고 온라인 검색 회사로 시작했다. 이러한 사명에 비추어보았을 때 구글은 엄청난 성공을 거두었다. 거대한 마이크로소프트, 야후, 중국의 바이두(Baidu)와의 치열한 경쟁에도 불구하고 구글이 전 세계 온라인 검색에서 차지하는 비율이 90%에 육박한다. 'Google-opoly'라는 말이 생길 법도 하다. 모바일 검색 지배력은 94%로 훨씬 높다. 구글은 지난해 매출 1,360억 달러에서 대부분을 차지했던 유료 검색 관련 광고 수익도 우위를 점하고 있다. 구글은 지난 4년 동안 매출이 2배 이상 증가하며 무서운 속도로 성장 중이다.

그러나 구글은 이제 온라인 검색과 광고 회사 그 이상이다. 구글의 관점에서 정보는 일종의 천연자원으로, 이를 조직화하고 보편적으로 접근 가능하게 하며 유용하게 만든다. 이러한 폭넓은 관점으로 구글의 엔지니어와 개발자에게는 텅 빈 캔버스와 큰 브러시, 그리고 혁신에 대한 많은 인센티브가 제공된다. 많은 기업의 경우 신제품개발은 몇 년에 걸쳐 여러 단계를 거치면서 신중하게 전개된다. 이와 대조적으로 구글의 자유로운 신제품개발 과정은 빛과 같은 속도로 전개된다. 경쟁자가 신제품이나 서비스의 초기 아이디어를 수정하고 승인하는 데 걸리는 시간에 구글은 이미 신제품 개발을 끝낸다.

정신없기로 유명한 구글 혁신 프로세스의 결과로 다양한 제품이 끊임없이 출시되었으며, 제품 대부분이 해당 제품범주에서 시장을 이끌고 있다. 다양하지만 이러한 혁신 중 상당수는 구글의 인터넷 관련 정보와 어떤 식으로든 연결되어 있다. 구글의 메가히트에는 이메일 서비스(지메일), 지도 제작 및 탐험 프로젝트(구글 맵, 구글 어스), 디지털 미디어 스토어(구글 플레이), 온라인 결제 서비스(구글 페이), 사진 공유 서비스(구글 포토), 모바일 운영 시스템(구글 안드로이드), 클라우드 컴퓨팅 서비스(구글 클라우드), 클라우드 친화적 인터넷 브라우저(크롬) 등이 있다.

구글은 전통적으로 소프트웨어 기반의 혁신에 초점을 맞추었으나 이제는 스마트폰, 태블릿, 노트북(픽셀), 인공지능 가상 비서(구글 홈), 커넥티드 스마트홈 기기(네스트), 최첨단 가상현실 헤드셋(데이드림 VR), 소형 무선 스마트 카메라(구글 클립스)와 같은 하드웨어 분야에서도 강한 입지를 다지고 있다. 구글은 정교한 알고리즘과 인공지능을 하드웨어에 장착하여 하드웨어와 정보 세계를 연결한다. 예를 들어 구글 픽셀 폰은 전경 피사체를 제외한 모든 것을 흐리게 처리함으로써 표준 스냅숏을 아름다운 인물 사진으로 바꿀 수 있다. 픽셀 버즈는 단순한 무선 헤드폰 그 이상이다. 구글 어시스턴트(인공지능 비서)와 구글 번역기가 탑재됨으로써 그 기능을 이용하여 사람들끼리 다양한 언어로 대화를 할 수 있다. 구글 클립스는 인공지능이 탑재된 핸즈프리 카메라이다. 표정이나 조명, 프레임 등 구도가 좋을 때는 인공지능이 알아서 자동으로 인식하고 자연스러운 이미지를 캡처한다.

사물 인터넷(IoT) 시대로 진입하면서 구글은 네스트랩스(Nest Labs)를 인수했다. 네스트의 스마트홈은 빠르게 성장했으며, 구글 홈과 구글 어시스턴트의 후속 개발로 스마트홈에 음성 제어와 인공지능 기술까지 추가했다. 지금 네스트는 다른 회사의 '웍스 위드 네스트(Works with Nest)' 스마트 제품과 함께 스마트하고 세련된 홈 제어 및 모니터링 장치의 자체 확장 포트폴리오를 망라하고 있다. 네스트는 곧 소비자가 자신의 집 전체를 관리하는 데 도움을 줄 수 있을 것이며, 이 시장은 엄청난 잠재력을 지닌 시장이 될 것이다.

구글의 눈부신 혁신 프로세스는 자율주행 자동차에서 지구 영상 인공위성, 심지어 인간의 수명 연장에 이르기까지, 원래 기업의 주요 사명이었던 정보 분야에서 훨씬 더 나아가 방대한 사업의 길로 기업을 이끌었다. 이렇게 벤처사업과 혁신사업이 점점 다양해지면서 구글은 모든 사업 영역을 담기 위해 알파벳이라는 모회사인 지주회사를 만들었다.

구글과 그 모회사 알파벳은 매우 혁신적이다. 알파벳은 미래지향적인 장기적 신 프로젝트 '문샷'을 내놓았는데, 만약 이 프로젝트가 성공한다면 사람들이 살아가는 방식을 완전히 바꿔놓을 것이다.
VovanIvanovich / Shutterstock

구글은 현재 알파벳의 가장 큰 자회사로, 정보와 인터넷 관련 소프트웨어와 하드웨어 제품을 계속 취급하고 있다. 그러나 알파벳은 구글의 광범위한 프로젝트와 사업에 대해 독립성을 부여하고 있다. 알파벳이 '문샷(moonshots)'이라고 부르는 미래지향적이고 상상을 뛰어넘는 프로젝트 또한 그러한데, 만약 이 프로젝트가 성공한다면 사람들이 살아가는 방식을 완전히 바꿔놓을 것이다. 문샷 프로젝트를 육성하기 위해 알파벳은 X를 만들었다.

이 X로 말할 것 같으면 비밀의 혁신 연구소이자, 아무리 알파벳이라 해도 대담하기 짝이 없는 개발 작업으로 가득 찬 괴짜 천국 같은 연구소이다. 알파벳의 혁신 연구소 X는 장기적으로 스스로 대가를 치르건 그렇지 않건 간에 세계를 그야말로 떠들썩하게 만들 프로젝트를 위한 알파벳의 인큐베이터라고 할 수 있다. X에서 청신호를 얻으려면 프로젝트는 수백만 명 아니 수십억 명에게 영향을 미치는 거대한 문제를 해결하고 근본적인 해결책을 제시해야 하며, 그 해결책을 이끌어내기 위한 획기적인 기술이 필요하다. 목표는 새로운 구글들을 부화하는 것이다. 문샷 프로젝트의 수장이자 X의 책임자는 이러한 엄격한 요구 때문에 "우리는 아이디어의 99% 이상을 포기하게 된다"고 말한다. 알파벳은 X 산하에 용융염 열에너지 저장 시스템 몰타(Malta), 우주공간광학통신(Free Space Optical Communications), 공중 풍력 발전소 마카니(Makani) 등 수많은 이색적인 프로젝트를 두고 있다.

많은 X 프로젝트는 이미 알파벳 산하 회사가 되었다. 자율주행 자동차 프로젝트인 웨이모(Waymo)는 사람과 물건을 쉽고 안전하게 이동하기 위한 것이다. 의료 기술 프로젝트인 베릴리(Verily)는 암세포를 식별하는 데 도움이 되는 포도당 모니터링 콘택트렌즈와 같은

> 정신없기로 유명한 구글 혁신 프로세스의 결과로 다양한 제품이 끊임없이 출시되었다. 하지만 구글에서 혁신은 프로세스 그 이상의 것이며 기업 DNA의 일부이다. "구글의 혁신은 구글 어디서나 일어나는 일이다."

헬스케어 기구를 만든다. 지난해에는 X 연구소에서 3개의 큰 프로젝트가 등장했다. 그중 하나인 크로니클(Chronicle)은 사이버 범죄가 발생하기 전에 미리 예측하고 대응할 수 있는 정교한 분석 도구를 사용한다. 프로젝트 룬(Loon)은 와이파이 보급용 고고도 열기구 네트워크로, 전 세계의 서비스 부족 지역으로 와이파이를 운반한다. 또한 프로젝트 윙(Wing)은 곧 핀란드에서 드론 배달 서비스를 시작할 예정이다.

잘 알려지지 않은 알파벳의 자회사로는 투자회사인 GV(과감한 신생 기업을 위한 자금 지원), 캐피탈지(CapitalG: 장기적인 기술 프로젝트 자금 지원), 캘리코(Calico: 노화 수반 질병 퇴치 및 수명 연장 연구), 딥마인드(DeepMind: 인공지능 연구 및 응용) 등이 있다. 구글 공동 창업자인 래리 페이지(Larry Page)에 따르면 알파벳의 목표는 "구글을 비롯한 우리 회사들에 현재 존재하는, 그리고 앞으로 존재할 수도 있는 특별한 기회를 놓치지 않고 전력을 다하여 포커스를 계속 맞춰나가는 것"이라고 한다.

결국 구글과 모회사 알파벳에서 혁신은 프로세스 그 이상의 것이며 기업 DNA의 일부이다. 구글의 혁신은 어디서 일어나는가? "구글 어디서나 일어나는 일"이라고 구글의 연구원은 말한다.

> 구글의 다양한 계층 및 부서의 직원과 이야기를 나누다 보면 다음과 같은 강력한 주제가 부각된다. 그들은 자신이 하는 일이 세상을 바꿀 수 있다고 생각한다. 구글의 놀라운 점은 직원에게 계속해서 창의적인 대담무쌍함과 야망을 불어넣는 능력이다. 구글의 채용 예정자는 "구글의 자원을 이용하여 세상을 바꿀 수 있다면 무엇을 만들겠는가?"라는 질문을 받곤 한다. 그러나 이는 어리석은 질문도 아닐뿐더러, 그렇다고 이론적인 질문도 아니다. 구글은 그 규모를 생각하고 구축하는 것이 구글이 하는 일이기 때문에 알고 싶어 하는 것이다. 혁신 문제에서 구글은 다르다. 그러나 차이는 보이는 것이 아니라 공기 중에 그리고 정신 속에 있다.[1]

구글 사례에서 알 수 있듯이 신제품을 개발하고 관리하는 데 뛰어난 기업은 큰 보상을 받는다. 모든 제품에는 수명주기가 있다. 모든 제품은 태어나서 몇 단계를 거치다가 더 새롭고 고객에게 더 큰 가치를 제공하는 제품이 등장하면서 결국 쇠퇴한다.

이러한 제품수명주기와 관련하여 두 가지 중요한 과제가 있다. 첫째, 모든 제품은 결국 쇠퇴하게 마련이다. 기업은 오래된 제품을 대체할 수 있는 신제품을 개발하는 데 능해야 한다('**신제품개발**' 과제). 둘째, 기업은 제품수명주기 단계에 따른 취향, 기술, 경쟁의 변화에 대응하기 위한 마케팅전략을 개발하는 데에도 능해야 한다('**제품수명주기 단계별 전략 개발**' 과제). 이 장에서는 신제품개발 과정에서 일어날 수 있는 문제를 파악한 후 제품수명주기에 따라 신제품을 어떻게 성공적으로 관리할 것인지를 살펴볼 것이다.

저자 코멘트 | 기업의 입장에서 신제품은 생명의 근원이나 마찬가지이다. 기업은 오래되어 사라지는 제품의 자리를 대신할 신제품을 개발해야 한다. 예를 들어 아이폰과 아이패드는 출시된 지 10년이 넘었지만 현재 애플에서 가장 잘 팔리는 제품이다.

신제품개발 전략

학습목표 9-1 기업이 어떻게 신제품 아이디어를 찾고 개발하는지 이해한다.

신제품개발
기업이 자체 연구개발 노력으로 독자적인 제품이나 개량 제품, 보완 제품, 새로운 브랜드를 개발하는 것

기업이 신제품을 개발하는 방법에는 두 가지가 있다. 첫째는 인수를 통한 방법이다. 이 방법은 다른 기업을 통째로 인수하거나 제품 특허 또는 라이선스를 구입하여 관련 해당 제품을 신제품으로 생산하는 것이다. 예를 들어 구글은 네스트를 인수함으로써 스마트홈 시장에 진출하고 웨이즈를 인수하여 모바일 내비게이션에 진출했다. 또 다른 방법은 기업이 자체적으로 **신제품개발**(new product development)을 하는 것이다. 여기서 신제품이란 기업이 자체 연구개발 노력으로 만들어 낸 독자적인 제품이나 개량 제품, 보완 제품, 새로운 브랜드를 말한다. 대부분의 구글 제품과 서비스는 이러한 형태로 개발되었다. 이 장에서는 신제품개발에 대해 집중적으로 살펴볼 것이다.

신제품은 고객에게도 중요하고 고객을 응대하는 마케터에게도 중요하다. 신제품은 고객의 삶에 새로운 해결책과 다양성을 가져다주는 한편, 기업에는 성장의 핵심 원천이다. 오늘날 환경이 빠르게 변화하고 많은 기업이 성장의 대부분을 신제품에 의존하고 있다. 예를 들어 최근 몇 년 동안 애

플은 신제품을 통해 거의 완벽하다고 할 만큼 변화해왔다. 아이폰과 아이패드는 출시된 지 10년이 넘었지만 현재 애플에서 가장 잘 팔리는 제품이며, 아이폰의 매출은 애플 전 세계 매출의 63%를 차지하고 있다. 또한 애플은 경쟁력을 유지하기 위해 신제품 및 기존 제품의 새 버전을 지속적으로 출시하고 있다.[2]

아직 혁신은 비용이 많이 들고 위험도도 높다. 신제품은 난관에 봉착하곤 한다. 예를 들어 매년 출시되는 3만 개 이상의 신제품 중 95%는 실패하는 것으로 추산된다.[3] 왜 그렇게 많은 신제품이 실패하는 것일까? 몇 가지 이유가 있다. 아이디어가 뛰어나더라도 기업이 시장 규모를 과대평가하는 경우가 있다. 또한 실제 제품의 설계가 미흡한 경우도 있다. 또는 잘못 포지셔닝되거나, 제품 출시 시기가 적합하지 않았거나, 가격이 너무 높거나, 광고가 미흡한 경우도 있을 수 있다. 마케팅 조사 결과가 좋지 않았음에도 불구하고 고위직 임원이 선호하는 아이디어라 어쩔 수 없이 밀어붙이기도 한다. 때때로 제품개발 비용이 예상했던 것보다 더 높을 수도 있고, 경쟁자를 상대하기가 예상보다 더 어려울 수도 있다.

이러한 이유로 기업은 어려움에 직면하게 된다. 신제품을 개발해야 하지만 의외의 상황이 성공에 몹시 불리하게 작용하기도 한다. 성공적인 신제품을 만들기 위해 기업은 소비자, 시장, 경쟁자를 이해하고, 고객에게 더 나은 가치를 제공하는 제품을 개발해야 한다.

저자 코멘트 | 기업은 좋은 신제품을 우연히 발견하기를 바라고만 있을 수 없다. 체계적인 신제품개발 프로세스를 개발해야 한다.

신제품개발 프로세스

학습목표 9-2 신제품개발 프로세스의 단계와 각 단계의 주요 고려 사항을 파악한다.

기업은 신제품을 운에 맡길 것이 아니라, 강력한 신제품 계획을 수립하여 신제품을 발굴하고 성장시킬 수 있는 체계적이고도 고객지향적인 **신제품개발 프로세스**를 확립해야 한다. ● 그림 9.1은 신제품개발 프로세스의 주요 8단계를 보여준다.

아이디어 창출

아이디어 창출
신제품 아이디어의 체계적인 탐색

신제품개발은 **아이디어 창출**(idea generation)에서 출발하는데, 이는 신제품 아이디어의 체계적인 탐색을 말한다. 기업은 일반적으로 수백, 수천 가지 아이디어를 찾아내야만 그중에서 단 몇 가지 아이디어를 발굴할 수 있다. 신제품 아이디어의 주요 원천으로는 내부 원천과 소비자, 경쟁자, 유통업자, 공급업자 등의 외부 원천이 있다.

● 그림 9.1
신제품개발의 주요 단계

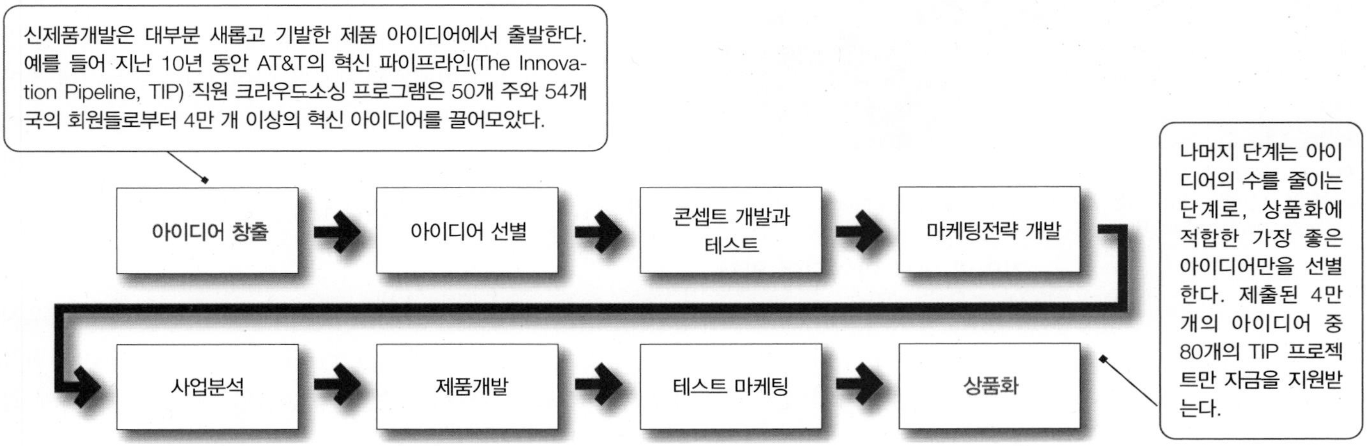

신제품개발은 대부분 새롭고 기발한 제품 아이디어에서 출발한다. 예를 들어 지난 10년 동안 AT&T의 혁신 파이프라인(The Innovation Pipeline, TIP) 직원 크라우드소싱 프로그램은 50개 주와 54개국의 회원들로부터 4만 개 이상의 혁신 아이디어를 끌어모았다.

아이디어 창출 → 아이디어 선별 → 콘셉트 개발과 테스트 → 마케팅전략 개발 → 사업분석 → 제품개발 → 테스트 마케팅 → 상품화

나머지 단계는 아이디어의 수를 줄이는 단계로, 상품화에 적합한 가장 좋은 아이디어만을 선별한다. 제출된 4만 개의 아이디어 중 80개의 TIP 프로젝트만 자금을 지원받는다.

기업 내부의 아이디어 원천

기업은 공식적으로는 R&D와 같은 내부 원천을 이용하여 새로운 아이디어를 발굴할 수 있다. 예를 들어 포드는 실리콘밸리에서 기술자, 앱 개발자, 과학자가 참여하는 혁신 모빌리티 센터를 운영하고 있는데, 이를 통해 소비자가 가정용 난방, 조명, 가전제품을 차량에서 제어할 수 있는 무인 자동차부터 '웍스 위드 네스트' 앱에 이르기까지 모든 것을 연구하고 있다. 칙필레는 대형 혁신 센터 3개를 설립했다. 그 첫 번째인 해치(Hatch)는 칙필레 직원과 파트너가 음식, 디자인, 서비스에 대한 새로운 아이디어를 탐구하는 곳이다. "이곳은 새로운 음식과 레스토랑에 대한 아이디어를 부화하고 생명을 불어넣기 위해 미래를 탐험하고 상상하는 곳이다."[4]

꼭 기업 내부의 R&D 프로세스가 아니더라도 기업은 임원부터 영업사원, 과학자, 엔지니어, 제조사원에 이르기까지 자사 직원의 두뇌를 활용할 수 있다. 많은 기업은 직원이 신제품 아이디어를 개발하도록 장려하는 성공적인 내부 소셜네트워크 및 사내 기업가 프로그램을 가지고 있다. 한 예가 구글의 '에리어 120(Area 120)'이다.[5]

> 구글은 직원들에게 오랫동안 '20%의 시간'을 제공하여 나중에 자사에 이익이 될 프로젝트에 근무 시간의 최대 5분의 1을 할애할 수 있게 했다. 이 프로그램으로 지메일, 구글 뉴스, 카드보드 VR(Cardboard VR) 헤드셋 등 매우 성공적인 혁신이 많이 탄생했다. 그러나 점점 더 일상 업무의 부담이 커지자 많은 직원은 개인 프로젝트에 소비하는 시간이 오히려 정상적인 근무 시간을 더 늘리는 격이라는 사실을 알게 되었다. 즉 '20%의 시간'이 '120%의 시간'이 되어버린 것이다. 그래서 구글은 2년 전 지속적인 내부 혁신을 장려하기 위해 엄선된 직원들이 자기 꿈의 프로젝트에 전념할 수 있는 사내 혁신 인큐베이터인 '에리어 120'을 설립했다. 구글 직원은 자신의 프로젝트 아이디어를 에리어 120 간부에게 제안한다. 만약 아이디어가 채택되면 그 직원은 원래의 부서를 떠나 재정 전반 및 구글 전반에 걸친 기술 전문 지식을 전수받고 자신의 아이디어를 실제 사업으로 전환하게 된다. 에리어 120이 얼마나 성공할지 판단하기는 아직 이르다. 지금까지 1,000개 이상의 프로젝트 제안을 받아 그중 50개가 받아들여졌고 25개는 아직 진행 중이다.

● 기업 내부의 신제품 아이디어: 페이스북 등의 많은 기업은 직원들의 두뇌를 활용하여 혁신적인 아이디어를 얻기 위해 해커톤을 적극 추진하고 있다.
Hero Images Inc./Alamy Stock Photo

많은 기업이 정기적으로 '해커톤(hackathon)'을 주관하여 직원이 하루나 일주일 동안 일상 업무에서 벗어나 새로운 아이디어를 개발할 수 있도록 지원하고 있다. ● 페이스북의 해커톤은 전설적이다. 페이스북의 해커톤 때는 "엔지니어 수백 명이 밤새 이어지는 코딩 세션에서 재능을 발휘하고, 종종 몇 주 안에 사이트의 내부와 외부 버전을 강타하는 제품을 결국에는 생산해낸다"고 한 직원은 말한다. 이 소셜미디어 거대 조직의 해커톤은 '좋아요' 버튼과 친구 태그 같은 주요 혁신을 만들어냈다. 이러한 이벤트는 새로운 아이디어를 만들어낼 뿐만 아니라 직원의 사기를 진작하고 관여를 높일 수 있다. 직원에 따르면 "해커톤의 동지애와 생산성, 그리고 이따금씩의 광기가 지금의 페이스북을 만드는 원동력이 되었다."[6]

기업의 외부 아이디어 원천

기업은 수많은 외부 원천으로부터도 우수한 신제품 아이디어를 얻을 수 있다. 예를 들어 **유통업자**나 **공급업자**로부터 아이디어를 얻을 수도 있다. 소비자를 가장 가까이서 만나는 유통업자는 소비자가 겪고 있는 문제와 신제품 기회에 대한 정보를 전달해줄 수 있다. 공급업자는 신제품개발에 활용할 만한 새로운 콘셉트, 기술, 재료에 대한 정보를 줄 수 있다.

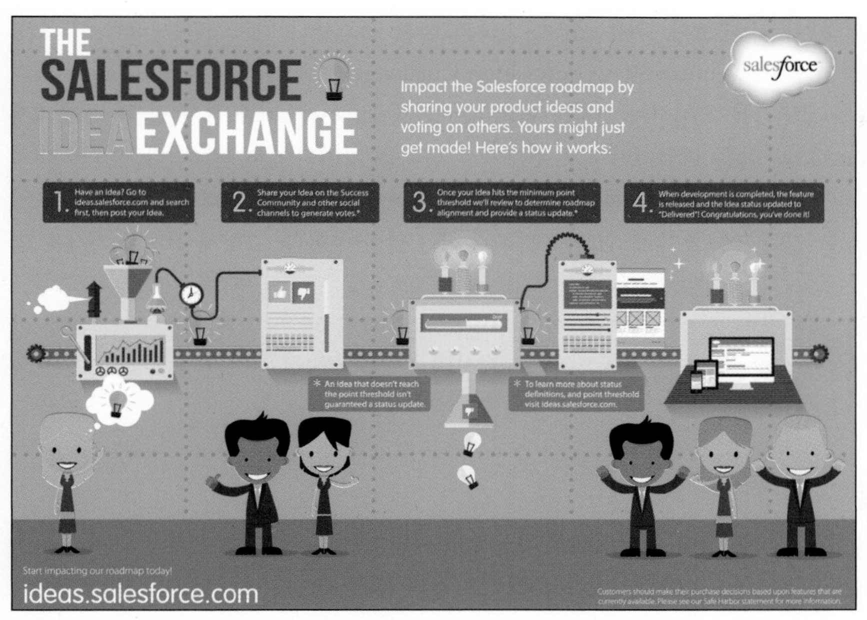

● 고객의 신제품 아이디어: 세일즈포스의 아이디어익스체인지에서 고객은 새로운 소프트웨어 기능과 제품개선 사항을 제안하고 토론과 투표도 할 수 있다. 지난 10년 동안 고객은 6만 개 이상의 아이디어를 제출하고 수백만 번 투표를 했다.
Salesforce Inc.

경쟁사는 또 다른 중요한 원천이다. 기업은 경쟁사의 광고에서 신제품에 관한 실마리를 얻기도 한다. 경쟁제품을 사다가 분해하여 어떻게 작동하는지 살펴보기도 하고, 경쟁제품의 판매 추이를 분석하여 자사의 신제품을 출시해야 할지 결정하기도 한다. 그 밖의 아이디어 원천으로는 업계 잡지, 무역박람회, 웹사이트, 세미나, 정부 산하 기관, 광고회사, 마케팅조사 회사, 대학 연구소나 민간 연구소, 발명가 등이 있다.

신제품 아이디어의 가장 중요한 원천은 아마도 고객일 것이다. 기업은 고객의 문의 사항과 만족하지 못한 부분을 분석하여 문제점을 잘 해결하는 신제품 아이디어를 찾아낼 수 있다. 또는 고객을 초대하여 의견과 아이디어를 들을 수도 있다. ● 예를 들어 최고의 고객관계 관리(CRM) 솔루션 회사인 세일즈포스는 온라인 아이디어익스체인지(IdeaExchange)를 호스팅하며, 이곳에서 고객은 새로운 소프트웨어 기능과 제품개선 사항을 제안하고 토론과 투표도 할 수 있다. 지난 10년 동안 고객은 6만 개 이상의 아이디어를 제출하고 수백만 번 투표를 했다. 흔히 최상의 결과는 초기 아이디어보다 뒤에 이어지는 협업 및 브레인스토밍에서 더 많이 나온다. 세일즈포스의 한 임원이 추산한 바에 따르면 제품관리 팀이 내놓는 생각의 3분의 1은 아이디어익스체인지의 영향을 받는다. 이 시스템은 고객경험을 크게 향상하기도 한다. 이 시스템으로 고객과 기업의 쌍방향 관계가 구축되며, 고객은 기업이 자신의 말에 귀 기울여주고 있고, 자신의 행동이 가치가 있다고 생각하게 된다.[7]

크라우드소싱
고객, 직원, 독립적인 과학자, 연구자, 일반 대중에 이르기까지 폭넓은 사람들의 커뮤니티를 신제품 혁신 과정에 참여시키는 것

크라우드소싱

이제 많은 기업은 **크라우드소싱**(crowdsourcing) 또는 개방형 혁신 신제품 아이디어 프로그램을 더욱 폭넓게 개발하고 있다. 크라우드소싱을 통해 고객, 직원, 독립적인 과학자, 연구자, 일반 대중에 이르기까지 폭넓은 사람들의 커뮤니티를 신제품 혁신 과정에 초대한다. 기업 내부와 외부의 광범위한 원천을 이용하여 뜻밖의 기발한 아이디어를 얻을 수 있다.

모든 산업 분야에서의 크고 작은 기업은 자사의 R&D 연구실에만 의존하기보다는 크라우드소싱을 이용하여 필요한 신제품 혁신을 만들어낸다. 예를 들어 벤앤제리스는 'Do the world a Flavor(세상 맛보기)' 캠페인을 진행했는데, 이 캠페인에서 팬들은 온라인 비디오게임으로 벤앤제리스의 웹사이트와 소셜미디어를 통해 새로운 아이스크림 맛을 만들고 이름을 붙였다. ● 플라스틱 주방용품 거대 기업인 타파웨어(Tupperware)는 최근 미래의 스마트 주방용기에 사물 인터넷 기술을 통합하기 위한 아이디어를 찾는 크라우드소싱 대회 '똑똑한 주방용기 챌린지(Clever Container Challenge)'를 주관했다. 이 대회에서는 주방에서든 이동 중이든 저장 및 폐기물 방지에 실질적인 가치를 제공하는 저렴하고 재사용 가능한 용기를 만들기 위해 '사용하기 쉽지만 기술

● 크라우드소싱: 플라스틱 주방용품 거대 기업인 타파웨어는 미래의 스마트 주방용기에 사물 인터넷 기술을 통합하기 위한 아이디어를 찾는 '똑똑한 주방용기 챌린지'를 주관했다.
Giddy Io. Inc

적으로 진보된' 디자인을 요구했다. 의류, 신발, 스포츠 용품 제조사인 언더아머는 크라우드소싱 대회인 '미래 쇼 혁신 챌린지(Future Show Innovation Challenge)'를 매해 주관하고 있다. 이 대회는 전국의 기업가와 발명가를 초청하여 신제품 아이디어를 제출받는데, 최종 결선 진출자들은 〈샤크 탱크(Shark Tank)〉와 같은 리얼리티 TV 무대에서 신제품 아이디어를 선보인다. 언더아머의 혁신 책임자는 이렇게 말한다. "축구를 하는 어떤 아이가 우연히 더 좋은 아이디어를 가질 수도 있고, 이로 인해 위대한 일이 일어날 수도 있다는 것을 우리는 알아야 한다. 그렇게 겸허한 자세로 임해야 한다."[8]

이처럼 진정으로 혁신적인 기업은 신제품 아이디어를 얻기 위해 한 가지 원천에만 의존하지 않는다. 직원과 고객, 외부 혁신가 등등 가능한 모든 원천에서 아이디어와 영감을 포착하기 위한 광범위한 혁신 네트워크를 개발한다.

아이디어 선별

아이디어 선별
좋은 아이디어는 골라내고 좋지 않은 아이디어는 제거하는 것

아이디어 창출 단계의 목적이 많은 아이디어를 내는 것이라면, 아이디어 선별 단계의 목적은 아이디어의 수를 줄이는 것이다. 좋은 아이디어는 골라내고 좋지 않은 아이디어는 되도록 빨리 제거하는 **아이디어 선별**(idea screening) 단계를 거침으로써 아이디어 수를 축소해나간다. 이후 단계부터 제품 개발 비용이 크게 상승하므로 기업은 수익성 있는 제품이 될 만한 아이디어만을 추진하고자 한다.

많은 기업은 관리자에게 신제품 아이디어를 정해진 양식에 맞게 보고서 형태로 작성할 것을 요구하고 이 보고서는 후에 신제품 위원회가 검토한다. 보고서에는 제품과 목표시장, 경쟁자 정보를 기술하고, 대략적인 시장규모와 제품가격, 개발 소요 시간과 비용, 제조비용, 수익률 정보도 포함해야 한다. 보고서를 제출하면 위원회는 전반적인 기준을 토대로 아이디어를 평가한다.

한 마케팅 전문가는 세 가지 질문을 던지는 R-W-W(real, win, worth doing) 신제품 선별 프레임워크를 제안한다.[9] 첫째, 현실적인가? 그 제품을 실제 필요로 하고 원하는 소비자, 구입할 소비자가 있을까? 명확한 제품콘셉트가 있고 그 제품이 시장을 만족시킬 수 있는가? 둘째, 이길 수 있는가? 그 제품이 지속가능한 경쟁적 이점을 제공하는가? 기업이 그 제품을 성공시킬 자원을 가지고 있는가? 셋째, 할 만한 가치가 있는가? 그 제품이 기업의 전반적인 성장 전략과 부합하는가? 충분한 잠재 수익을 제공하는가? 기업은 신제품 아이디어 개발을 더 진행하기 전에 R-W-W 질문에 "예"라고 답할 수 있어야 한다.

콘셉트 개발과 테스트

제품콘셉트
그 제품이 왜 소비자에게 의미 있는지를 표현하는 용어로 서술된 아이디어의 세부 버전

매력적인 아이디어는 **제품콘셉트**(product concept)로 발전되어야 한다. 제품아이디어와 제품콘셉트, 제품이미지를 구별하는 것은 중요하다. 제품 아이디어는 회사가 시장에 내놓을 만하다고 판단한 제품 발상이고, 제품콘셉트는 그 제품이 왜 소비자에게 의미 있는지를 표현하는 용어로 서술된 아이디어의 세부 버전이다. 또한 제품이미지는 실제 제품 또는 잠재적 제품에 대한 소비자의 주관적인 지각을 말한다.

콘셉트 개발

배터리로 움직이는 전기 전용 자동차를 개발하는 자동차 제조사가 있다고 가정해보자. 초기 모델은 세련되고 스포티한 로드스터 컨버터블로 10만 달러 이상에 판매되었고, 뒤이어 풀사이즈 스포츠 세단이 7만 8,000달러로 출시되었다.[10] ● 하지만 이제 닛산 리프, 쉐보레 볼트 EV, 기아 소울 EV 등 하이브리드 전기자동차나 전기 전용 자동차와 경쟁할 수 있는 보다 저렴하고 대중적인 시

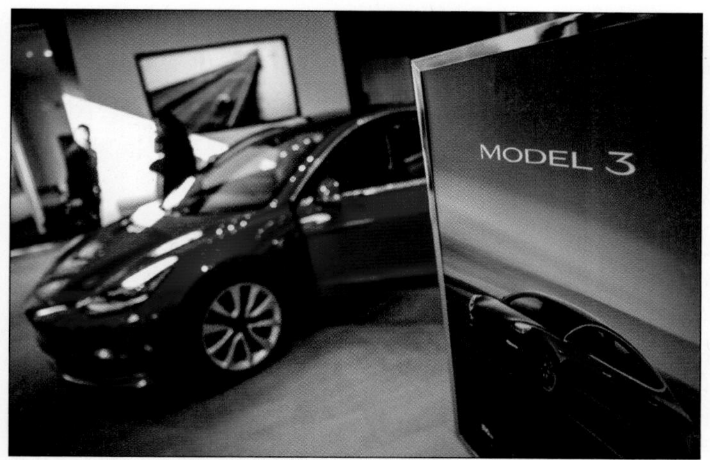

● 전기 전용 자동차: 테슬라의 초기 전기 전용 풀사이즈 세단이다. 최신 모델 3 콤팩트는 한 번 충전하면 최대 310마일을 주행하며 마일당 1페니 정도의 전력 비용이 든다.
Salwan Georges/The Washington Post via Getty Images

장을 겨냥한 콤팩트한 버전을 선보일 계획이다. 이 100% 플러그인 전기자동차는 5초 안에 시속 60마일로 가속되고, 한 번 충전하면 최대 310마일을 주행하며, 120볼트의 일반 전기 콘센트로 2시간 만에 재충전되고, 마일당 1페니 정도의 전력 비용이 든다.

마케터가 수행해야 할 과제는 이 신제품에 가장 적합한 제품콘셉트를 개발하는 것이다. 몇몇 콘셉트 대안을 개발하여 각각의 콘셉트가 소비자에게 얼마나 매력적인지를 분석한 뒤 가장 좋은 콘셉트를 선택해야 한다. 이 전기자동차의 경우 다음과 같은 제품 콘셉트를 생각할 수 있을 것이다.

- **콘셉트 1**: 집안 심부름이나 지인 방문 등 시내 주행을 주목적으로 하는 두 번째 패밀리카로 설계된 저가격의 소형차
- **콘셉트 2**: 젊은 독신이나 커플을 겨냥한 중간 정도 가격의 스포티한 소형차
- **콘셉트 3**: 실용적이고 저공해 교통수단을 원하는, 환경에 관심이 많은 사람들을 겨냥한 친환경의 일상용 자동차
- **콘셉트 4**: SUV의 널찍한 공간을 좋아하지만 SUV의 낮은 연비를 아쉬워하는 사람들을 겨냥한 소형 크로스오버 SUV

콘셉트 테스트

콘셉트 테스트
목표고객을 대상으로 신제품 콘셉트를 시험해보는 것

콘셉트 테스트(concept test)는 목표고객을 대상으로 신제품 콘셉트를 시험해보는 것을 말한다. 콘셉트는 소비자에게 상징적으로 혹은 구체적이고 유형적인 형태로 제시될 수 있다.

> 효율적이고 운전하기 즐거운 배터리 구동의 5인승 소형차. 100% 전기 동력인 이 놀라운 차는 실용적이고 믿을 만한 성능의 무공해 자동차이다. 한 번 충전하면 310마일을 갈 수 있고 운행하는 데 마일당 몇 푼이면 되는 차이다. 오늘날 공해를 유발하는 연료 소비가 많은 자동차에 대한 합리적이고 책임 있는 대안이다. 가격은 풀옵션의 경우 3만 5,000달러이다.

많은 기업은 신제품을 실제로 제조하기에 앞서 일상적으로 소비자를 대상으로 신제품 콘셉트를 테스트한다. 콘셉트 테스트는 글이나 그림으로 서술해도 충분할 수 있지만, 콘셉트를 구체적이고 유형적인 형태로 제시하면 콘셉트 테스트의 신뢰도가 높아질 것이다. 테스트에서 소비자는 콘셉트에 노출된 후 ● 표 9.1과 같은 유형의 질문에 응답하도록 요청받는다.

● 표 9.1 | 배터리식 전기자동차의 콘셉트 테스트를 위한 질문

1. 배터리식 전기자동차의 콘셉트가 이해되나요?
2. 차의 성능에 대한 주장을 믿나요?
3. 기존 일반 자동차에 비해 배터리식 전기자동차가 좋은 점은 무엇일까요?
4. 하이브리드 가스-전기 자동차에 비해 어떤 이점이 있다고 생각하나요?
5. 차의 외관을 개선한다면 어떤 점을 제안하고 싶나요?
6. 기존 일반 자동차에 비해 배터리식 전기자동차를 어떤 용도로 더 좋아하나요?
7. 차를 충전하는 가격은 얼마 정도가 적당하다고 생각하나요?
8. 누가 이 차를 구입할까요? 누가 운전하게 될까요?
9. 이 차를 구매할 의향이 있나요? (확실히 구매함, 구매할 것 같음, 구입하지 않을 것 같음, 절대로 구입하지 않음)

소비자 응답은 기업이 시장에서 어떤 콘셉트를 가장 강력하게 어필할지 결정하는 데 도움이 된다. 예를 들어 마지막 질문은 소비자에게 제품을 구매할 의향이 있는지를 묻는데, 소비자 중 2%가 확실히 구매할 것이라고 응답하고 5%는 구입할 것 같다고 응답했다고 가정하자. 기업은 이 비율을 목표시장 전체에 투영하여 판매량을 추정해볼 수 있을 것이다. 그러나 사람들이 늘 자신이 말한 대로 행동하는 것은 아님을 염두에 두어야 한다.

마케팅전략 개발

마케팅전략 개발
제품콘셉트를 토대로 신제품의 초기 마케팅전략을 설계하는 것

자동차 제조업자가 전기자동차 테스트를 통해 콘셉트 3을 가장 최선의 콘셉트로 판단했다고 가정하자. 다음 단계는 **마케팅전략 개발**(marketing strategy development)로, 이 단계에서는 해당 자동차를 시장에 출시하기 위해 초기 마케팅전략을 설계한다.

마케팅전략 기술서는 크게 세 부분으로 구성된다. 첫 번째 부분에는 목표시장, 어떤 가치를 제안할 것인가, 그리고 목표로 하는 처음 몇 년간의 매출, 시장점유율, 이익에 대해 서술한다.

> 목표시장은 실용적이고 친환경적인 차를 원하는 젊고 세련되고 교육 수준이 높은 중산층 독신자, 부부나 3~4인 가족이다. 이 차는 현재 사용되는 내연 엔진 자동차나 하이브리드 자동차보다 더 즐겁게 운전할 수 있고, 오염이 더 적으며, 더 뛰어난 기술을 사용한 차로 포지셔닝될 것이다. 회사는 첫해에 5만 대를 판매하고 손실이 1,500만 달러를 넘지 않는 것을 목표로 하며 그다음 해에는 9만 대를 판매하고 2,500만 달러의 이익을 달성하는 것을 목표로 한다.

마케팅전략 기술서의 두 번째 부분에는 예정 제품가격, 유통, 첫해의 마케팅 예산 개요를 서술한다.

> 배터리식 전기자동차의 색상은 빨간색, 흰색, 파란색이며 풀옵션을 기본으로 출시할 것이다. 소매가격 3만 5,000달러에 판매할 예정이며, 자동차 딜러에게는 정가에서 15% 할인된 가격으로 공급한다. 한 달에 10대 이상을 판매하는 딜러에게는 그 달에 판매하는 각 차량마다 추가로 5% 할인을 제공한다. 마케팅 예산 5,000만 달러는 전국 공중파 미디어 캠페인, 온라인/소셜미디어 마케팅, 지역 이벤트 마케팅에 30:40:30으로 할당할 예정이다. 광고와 웹 및 모바일 사이트, 그 외 다양한 소셜미디어 콘텐츠에서는 차가 주는 즐거움과 첨단 기술, 고품격, 낮은 배출량을 강조할 것이다. 첫해에는 누가 차량을 구입하고 어느 부분에 만족하는지를 파악하기 위한 마케팅조사에 20만 달러가 소요될 예정이다.

마케팅전략 기술서의 세 번째 부분에서는 장기 매출 계획, 이익 목표, 마케팅믹스 전략 등에 대해 서술한다.

> 우리는 장기적으로 전체 자동차 시장에서 시장점유율 3%, 세후 투자수익률 15%를 목표로 한다. 이를 달성하기 위해 제품의 품질은 출시부터 높은 수준으로 설정할 것이며, 시간이 갈수록 품질을 더욱 향상할 것이다. 경쟁 및 경제 상황이 허용한다면 가격을 2~3년째에 인상할 것이다. 총광고예산은 1년에 약 10%씩 상향 조정할 예정이다. 마케팅조사 예산은 첫해 이후에는 매년 6만 달러씩 줄일 예정이다.

사업분석

사업분석
신제품에 예상되는 비용, 판매량, 순이익이 기업의 목적을 충족할 만한 것인지 검토하는 것

관리자가 일단 제품콘셉트와 마케팅전략을 확정하고 나면 제안된 신제품의 사업매력도를 평가할 수 있다. **사업분석**(business analysis)은 신제품에 예상되는 비용, 판매량, 순이익이 기업의 목적을 충족할 만한지 검토하는 것이다. 긍정적인 평가를 받으면 제품개발 단계로 넘어가게 된다.

판매 예측을 위해 기업은 유사한 기존 제품의 판매 추이를 분석하고 설문조사를 실시하기도 한다. 또한 제품개발에서 발생할 수 있는 리스크의 정도를 가늠해보기 위해 최저 판매와 최고 판매를 추정할 수도 있다. 판매예측 자료가 준비되면 경영진은 마케팅 비용, R&D 비용, 제조공정 비용, 회계 비용, 재무 비용 등 예상되는 제품 총비용과 총이익을 추정할 수 있다. 그런 다음 기업은 예상되는 판매와 비용 정보를 토대로 신제품의 재무매력도(financial attractiveness)를 분석한다.

제품개발

제품개발
제품 아이디어가 시장성 있는 상품으로 전환될 수 있도록 제품콘셉트를 토대로 물리적 제품을 개발하는 것

신제품 콘셉트의 경우 제품을 단지 말로 기술하거나 그림, 개략적인 실물 모형 등으로 표현하는 경우가 많다. 제품콘셉트가 사업 평가를 통과하면 **제품개발**(product development) 단계로 넘어간다. R&D 또는 기술 부서는 제품콘셉트를 토대로 물리적 버전의 제품을 개발한다. 그러나 제품 개발 단계는 막대한 재정 투자가 필요하다. 이 단계에서 제품 아이디어가 실제 시장성 있는 상품으로 전환될 수 있는지 알게 될 것이다.

R&D 부서는 제품콘셉트의 하나 또는 그 이상의 물리적 버전을 개발하고 테스트한다. R&D 부서는 소비자를 만족시키고 설레게 하는 시제품을 설계하고 예산에 맞는 비용으로 신속하게 생산할 수 있기를 바랄 것이다. 성공적인 시제품을 만드는 데 어쩌면 며칠, 몇 주, 몇 달, 아니 몇 년이 걸릴 수도 있다.

제품이 안전하고 잘 기능하는지, 소비자가 제품의 가치를 쉽게 알 수 있는지를 확인하기 위해 종종 엄격한 검사를 실시하기도 한다. 기업은 자체적으로 제품 테스트를 하거나 전문적인 업체에 테스트를 위탁하기도 한다.

마케터는 제품을 개발하고 테스트하는 데 소비자를 참여시키기도 한다. ● 예를 들어 고성능 러닝 장비 및 의류 제조업체인 브룩스(Brooks)는 제품을 테스트하기 위해 랩 래츠(Lab Rats)와 웨어 테스터스(Wear Testers)라고 불리는 유저 부대를 활용했다. 본사의 생체역학연구소(Biomechanics Lab)에서 브룩스 장비를 착용시킨 랩 래츠를 트레드밀에 올려놓고 작동 과정을 지켜본다. 브룩스 제품의 성능에 문제가 없는지 파악하고 성능을 더 향상하기 위한 실험이다. 착용 테스트 대상자(웨어 테스터스)는 필드에서 브룩스의 운동화와 기어를 사용해보고 핏, 디자인, 스타일, 기능에 대해 보고한다. 브룩스는 다음과 같이 말한다. "꽤 간단합니다. 우리가 장비를 보내드리니 사용하시면 됩니다. 아침 근무할 때, 경주하는 날, 햇빛 내리쬐는 날에도, 눈길에서도 사용하십시오. 언제 어디서나 사용해본 다음 어떻게 작동했는지(또는 작동하지 않았는지) 알려주시면 됩니다. 귀하의 피드백은 당사의 모든 미래 제품의 적합성, 기능, 디자인을 결정하는 데 도움이 됩니다."[11]

● 제품 테스트: 브룩스는 제품을 테스트하기 위해 랩 래츠와 웨어 테스터스라고 불리는 유저 부대를 활용했다. "귀하의 피드백은 당사의 모든 미래 제품의 적합성, 기능, 디자인을 결정하는 데 도움이 됩니다."
Brooks Sports Inc.

신제품은 필요로 하는 기능적 특징을 잘 갖춰야 할 뿐 아니라 기업이 의도한 심리적 특징도 잘 전달해야 한다. 예를 들어 배터리식 전기자동차의 경우 잘 만들어졌고 편안하며 안전하다는 인식을 소비자에게 심어주어야 한다. 경영진은 차를 잘 만들었다고 소비자가 평가하는 이유가 무엇인지

파악해야 한다. 어떤 소비자는 자동차의 문이 '꽉 찬 소리'로 닫힐 때 잘 만든 차라고 생각한다. 다른 소비자에게는 이것이 안전 테스트에서 심한 충격을 견딜 수 있음을 의미하기도 한다. 이를 고려하여 기업은 소비자가 직접 시험 주행을 해본 후 자동차의 속성을 평가하는 소비자 테스트를 실행하기도 한다.

테스트 마케팅

테스트 마케팅
제품과 마케팅 프로그램을 실제 시장 상황에 도입해보는 신제품개발 단계

만약 제품이 콘셉트 테스트 단계와 제품 테스트 단계를 통과한다면 **테스트 마케팅**(test marketing) 단계로 나아간다. 테스트 마케팅은 제품과 마케팅 프로그램을 좀 더 실제적인 시장 상황에 도입해보는 단계이다. 이는 마케터에게 고비용이 소요되는 본격적인 신제품 출시 이전에 제품을 실제로 마케팅해보는 경험을 제공한다. 테스트 마케팅 기간 동안 기업은 제품 자체뿐만 아니라 목표시장 선정 및 포지셔닝 전략, 광고, 유통, 가격, 브랜드와 포장, 예산 등을 포함한 해당 제품의 마케팅 전체 프로그램을 테스트해볼 수 있다.

테스트 마케팅이 필요한 정도는 신제품의 종류에 따라 다르다. 신제품을 출시하기 위해 막대한 투자가 요구될 때, 위험도가 높을 때, 경영진이 제품 또는 마케팅 프로그램에 확신이 없을 때 기업은 테스트 마케팅을 수차례 실시한다. 예를 들어 타코벨은 현재 자신의 역사에서 가장 성공적인 제품인 도리토스 로코스 타코스를 출시하기 전에 3년의 시간을 들였고 45개의 시제품을 만들었다. 그리고 스타벅스는 스타벅스 비아(VIA) 인스턴트커피(위험 부담이 가장 컸던 신제품 출시 중 하나)를 개발하는 데 20년이 걸렸고, 전국적으로 출시하기 전에 시카고와 시애틀의 매장에서 몇 달 동안 테스트를 거쳤다. 스타벅스 비아는 지금 가장 잘 팔리는 커피 브랜드가 되었다.[12]

그러나 테스트 마케팅에는 많은 비용이 소요될 수 있으며, 테스트로 인해 오히려 시장 기회를 놓치거나 경쟁사에게 이점을 줄 만큼 많은 시간이 걸릴 수도 있다. 기업은 신제품개발과 출시 비용이 낮은 경우나 경영진이 신제품에 자신감이 있을 때 테스트 마케팅을 짧게 하거나 아니면 전혀 진행하지 않기도 한다. 예를 들어 단순히 제품라인을 확장하거나 경쟁사의 성공적인 제품을 카피하는 경우에는 시장성을 테스트하는 일이 많지 않다.

또한 급변하는 시장 전개에 직면하면 테스트를 짧게 하거나 생략하기도 한다. 예를 들어 ● 스타벅스는 디지털 및 모바일 트렌드를 활용하기 위해 완성도가 좀 떨어지는데도 모바일 결제 앱을 우선 선보이고 6개월 동안 관련 결함을 해결했다. 스타벅스 모바일 주문과 유료 앱은 현재 미국 스타벅스 매출의 20% 이상을 차지하고 있다. 스타벅스의 디지털 담당 책임자는 이렇게 말한다. "완벽하지 않아도 괜찮다고 생각하지는 않는다. 하지만 우리는 혁신할 용의가 있으며, 완벽한 성능을 100% 보장할 수 있는 시장 선점에 속도를 낼 것이다."[13]

● 스타벅스가 대성공을 거둔 모바일 결제 앱처럼 기업은 빠르게 변화하는 시장 국면을 기회로 활용하기 위해 테스트 마케팅을 간소화하거나 생략하기도 한다.
SamaraHeisz5/Shutterstock

광범위하고 비용이 많이 드는 표준시험시장(standard test market)에 대한 대안으로 기업은 통제시험시장(controlled test market)이나 모의시험시장(simulated test market)을 사용할 수도 있다. **통제시험시장**에서 신제품과 마케팅전술은 통제된 소비자 및 매장 패널 내에서 테스트된다. 각 실험 대상 소비자의 구매 정보를 소비자

의 인적 정보, TV 시청 정보와 결합함으로써 기업은 매장과 집에서의 자사 마케팅 활동의 영향력을 평가할 수 있다. 모의시험시장을 이용하는 경우, 연구자는 실험 매장이나 모의 온라인 쇼핑 환경에서 신제품과 마케팅전술에 대한 소비자의 반응을 측정한다. 통제시험시장과 모의시험시장은 테스트 마케팅 비용을 줄이고 과정을 신속하게 진행하도록 해준다.

상품화

상품화
신제품을 시장에 출시하는 것

테스트 마케팅은 경영진에게 신제품을 출시할 것인지 아닌지 최종 결정을 내리는 데 필요한 정보를 제공한다. 만약 기업이 어떤 신제품을 시장에 출시하는 **상품화**(commercialization)를 진행하기로 했다면 많은 비용이 필요할 것이다. 기업은 제조 공장을 세우거나 빌려야 하고, 주요 소비재 신제품의 경우 출시된 첫해의 광고, 판매촉진, 그 밖의 마케팅 노력에 수억 달러가 소요될 것이다. 예를 들어 닌텐도는 닌텐도 스위치(Nintendo Switch) 콘솔/휴대용 하이브리드 게임 시스템을 출시하기 위해 TV 광고에만 한 달에 약 1,800만 달러를 지출했다. 또한 타이드는 경쟁이 치열한 미국 세탁세제 시장에서 타이드 파즈를 출시하기 위한 캠페인에 1억 5,000만 달러를 지출했다. 한편 마이크로소프트는 오리지널 서피스 태블릿을 출시하기 위해 TV, 인쇄, 라디오, 옥외, 인터넷, 이벤트, PR, 샘플링 등 대공세를 펼치는 데 거의 4억 달러를 썼다.[14]

신제품을 출시하는 기업은 먼저 그 시기를 결정해야 한다. 만약 신제품이 자사의 다른 제품을 잠식한다면 도입 시기를 미룰 수도 있다. 만약 신제품을 더 개선할 수 있거나 경제가 더 나빠진다면 다음 해로 출시를 연기할 수도 있다. 그러나 경쟁업체가 이미 경쟁제품 도입을 준비하고 있다면 기업은 제품 출시를 서두르기도 한다.

다음으로 기업은 어디서 신제품을 출시할 것인지, 즉 국내 한 지역에 국한하여 출시할 것인지, 국내시장 전체를 대상으로 출시할 것인지, 세계 시장을 겨냥할 것인지를 결정해야 한다. 어떤 기업은 신규 모델을 전국적 단위의 시장에 출시할 것이고, 전 세계적인 유통 시스템을 갖춘 기업은 신제품을 신속하게 세계 시장에 선보일 것이다. 가장 빠른 글로벌 출시의 예를 들자면, 애플은 같은 날 55개국에서 아이폰 X를 동시에 출시했다.[15]

신제품개발 관리

저자 **코멘트** | 신제품개발은 무엇보다 고객가치 창출에 초점을 맞추어야 한다. 삼성의 고위 경영진은 이렇게 말한다. "우리는 시장에서 아이디어를 얻는다. 시장이 원동력이다."

그림 9.1을 보면 신제품개발 과정이 신제품 아이디어를 찾고, 개발하고, 출시하는 데 필요한 일련의 활동으로 이루어진다는 것을 알 수 있다. 그러나 신제품개발에는 이러한 일련의 단계를 거치는 것 이상이 필요하다. 기업은 총체적인 관점에서 신제품개발 과정을 관리해야 한다. 성공적인 신제품개발을 위해서는 고객중심적이고 팀 기반의 체계적인 노력이 필요하다.

고객 중심의 신제품개발

고객 중심의 신제품개발
신제품개발 시 고객 문제를 해결하고 고객만족 경험을 창출하는 방법을 모색하는 데 초점을 맞추는 것

신제품개발은 무엇보다도 고객중심적이어야 한다. 신제품 아이디어를 찾고 개발할 때 기업은 R&D 부서의 기술 연구에 지나치게 의존하는 경향이 있다. 그러나 마케팅 활동의 다른 요소와 마찬가지로 성공적인 신제품개발은 소비자가 필요로 하는 것과 소비자가 원하는 가치를 완전히 이해하는 것에서부터 출발한다. **고객 중심의 신제품개발**(customer-centered new product development)은 고객 문제를 해결하고 더 많은 고객 만족 경험을 창출하는 새로운 방법을 찾는 데 초점을 맞춘다.

한 연구에 따르면 가장 성공적인 신제품은 타 제품과 차별화되며, 고객의 주요 문제를 해결하고 매력 있는 고객가치를 제안하는 제품이라고 한다. 또 다른 연구는 신제품 혁신 과정에 자사 고객을 직접 참여시킨 기업이 그렇지 않은 기업에 비해 2배의 자산 이득과 3배의 판매수익 성장을 거

● 고객 중심의 신제품개발: 완구 제조업체인 레고는 고객의 소리에 귀 기울이고 신제품 아이디어를 얻기 위해 사용자 커뮤니티를 적극적으로 활용하여 '장난감계의 애플'이라는 말을 듣기도 한다.
Photo by S. Clyde/U.S. Department of Transportation, Federal Highway Administration

두었다고 밝혔다. 고객 참여는 신제품개발 과정과 제품 성공에 긍정적인 효과를 가져온다는 것을 알 수 있다.

● 선도적 완구 제조업체인 레고그룹(The LEGO Group)은 고객 중심의 신제품개발을 강력하게 주도해왔다.[16]

15년 전 레고그룹은 인터넷 시대, 비디오게임, 모바일 기기, 하이테크 장난감이 레고 브릭과 같은 전통적인 장난감을 옷장 뒤로 밀어내면서 파산 위기에 몰렸다. 이에 레고그룹은 노후화된 제품군을 재구축하기 시작했다. 그러나 레고의 변신은 디자인 연구소에서 일하는 엔지니어들과 함께 시작된 것이 아니었다. 고객의 말을 경청하고 고객의 관여를 이끄는 것에서부터 시작되었다.

레고그룹은 조사원과 조사 대상 자녀의 가족을 조사에 참여시켰다. 놀이하는 아이들을 관찰하고, 부모들을 인터뷰하고, 고객들과 함께 쇼핑을 했다. 이 조사는 '아하!'의 순간을 많이 탄생시켰다. 예를 들어 레고그룹은 창의력을 키울 것으로 생각되는, 틀이 정해지지 않은 건축물 조립 세트만을 오랫동안 제공해왔다. 그러나 오늘날과 같이 기술이 풍부한 세상에서 아이들은 쉽게 지루해하며 보다 체계적인 놀이 경험을 좋아한다는 것을 알게 되었다. 이제 아이들은 소방차, 헬리콥터, 닌자성 등 다양한 테마의 전문 키트를 선택할 수 있게 되었다. 정교한 설계도와 설명서가 있어서 만들어내지 못하는 물건이 없게 되었다. 레고그룹이 실시한 조사의 결과는 오늘날의 어린이에게는 디지털 세계와 물리적 세계가 하나로 융합된다는 것을 드러낸다. 이러한 통찰력으로 레고그룹의 '원 리얼리티(One Reality)'가 탄생했다. 이는 디지털 세계와 현실 세계의 플레이 경험을 결합한 제품으로, 스마트폰이나 태블릿 앱에서 실행되는 소프트웨어로 레고를 즐길 수 있다.

또한 레고그룹은 새로운 고객 인사이트와 아이디어를 얻기 위해 열정적인 사용자 커뮤니티를 적극적으로 활용한다. 예를 들어 일종의 킥스타터(Kickstarter) 버전인 레고 아이디어 웹사이트에서는 고객이 제품 아이디어를 제안하기도 하고 다른 사람들의 아이디어를 평가하거나 투표를 하기도 한다. 이와 같은 방식으로 고객과 공동으로 만든 가장 인기 있는 제품은 레고 마인드스톰(REGO MINDSTORMS)이다. 이 제품은 스마트폰 앱에서 프로그래밍을 통해 각자 원하는 로봇을 만들 수 있고, 그 로봇이 코딩하는 대로 움직일 수 있도록 하드웨어와 소프트웨어로 완성된 조립 세트이다. 고객 중심의 신제품개발 덕분에 레고는 이제 세계 최대의 장난감 제조업체인 마텔(Mattel)과 어깨를 나란히 하고 있다.

이와 같이 오늘날의 혁신적인 기업은 연구실 밖으로 나와 고객의 욕구를 충족할 수 있는 새로운 방법을 찾기 위해 고객과 접촉한다. 고객 중심의 신제품개발은 고객을 이해하고, 그 과정에 고객을 참여시키는 것으로 시작하고 끝이 난다.

팀 기반의 신제품개발

신제품개발을 성공적으로 수행하려면 전사적인 관점에서 각 부서 간의 노력이 필요하다. 어떤 기업은 그림 9.1의 순서대로 신제품을 개발한다. 즉 아이디어 창출에서 시작하여 상품화로 끝을 맺는 절차를 밟는다. 이러한 **순차적 제품개발** 방식의 경우 각 부서가 개별적으로 일을 진행하고, 한 부서가 자신이 수행한 개발 업무를 다음 단계를 맡고 있는 다른 부서로 넘기는 식으로 일을 완성해 나간다. 이렇게 잘 정리된 단계적인 과정은 복잡하고 위험한 프로젝트를 통제하는 데 도움이 되지만 위험할 만큼 느리다. 느리지만 정해진 절차대로 확실하게 진행하는 제품개발 방식은 빠르게 변화하고 경쟁이 치열한 시장에서는 제품 실패, 판매 하락, 이익 하락, 시장포지션 추락 등을 초래할 수 있다.

팀 기반의 신제품개발
신제품개발을 여러 부서의 사람들로 구성된 교차업무 팀에서 서로 긴밀하게 협조하며 진행하는 방식. 시간 절약과 효율성 제고를 위해 두 가지 이상의 단계가 동시에 진행되기도 함

신제품을 시장에 좀 더 빨리 출시하기 위해 많은 기업은 **팀 기반의 신제품개발**(team-based new product development) 방식을 이용한다. 이 방식의 경우 여러 부서에서 온 소수의 사람으로 구성된 교차업무 팀에서 서로 긴밀하게 협조하며, 시간을 절약하고 효율성을 높이기 위해 제품개발 과정에서 두 가지 이상의 단계가 동시에 진행되기도 한다. 신제품을 이 부서에서 저 부서로 넘기는 것이 아니라, 다양한 부서의 사람들로 팀을 구성하여 신제품개발의 처음부터 끝까지 공동으로 작업한다. 이 팀은 대개 마케팅, 재무, 디자인, 제조, 법률 부서 사람들로 구성되며 공급업자와 유통업자가 포함되기도 한다. 순차적 제품개발 방식은 한 단계에서 병목 현상이 발생하면 전체 신제품 프로젝트가 심하게 늦어질 수도 있으나, 팀 기반 방식은 한 곳에서 문제가 발생하면 팀이 함께 움직이면서 문제를 해결할 수 있다.

팀 기반의 접근법은 몇 가지 한계도 있다. 예컨대 때에 따라 순차적 제품개발 접근법보다 조직적 긴장과 혼란을 더 자주 일으키기도 한다. 그러나 갈수록 제품수명주기가 짧아지는 등 산업이 급박하게 변화하는 현실에서는 빠르고 유연한 제품개발에서 오는 보상이 그 위험성보다 훨씬 크다. 고객 중심의 접근법과 팀 기반의 신제품개발 방식을 함께 활용하는 기업은 적절한 신제품을 시장에 보다 빠르게 내놓음으로써 경쟁우위를 획득할 수 있을 것이다.

체계적인 신제품개발

신제품개발은 개별적으로 진행하거나 무계획적으로 되는 대로 진행하는 것이 아니라 전체적인 관점에서 체계적으로 진행해야 한다. 그렇지 않으면 1~2개의 새로운 아이디어는 부상할지 몰라도 많은 좋은 아이디어가 순간 반짝했다가 바로 사장될 수 있기 때문이다. 이러한 일을 방지하기 위해 기업은 신제품 아이디어를 수집·검토·평가·관리하는 혁신 관리 시스템(innovation management system)을 운용하기도 한다.

기업은 존경받는 최고참을 기업의 혁신 관리자로 임명할 수 있다. 웹을 기반으로 하는 아이디어 관리 소프트웨어를 구축하고 직원, 공급업자, 유통업자, 딜러 등 모든 회사의 이해관계자들을 신제품 아이디어를 찾고 발전시키는 데 관여하도록 만들 수 있다. 또한 여러 부서의 직원들로 구성된 혁신관리위원회를 배치하여 제안된 신제품 아이디어를 평가하고 좋은 아이디어를 상품화하는 일을 돕도록 할 수 있다. 그리고 가장 좋은 아이디어를 낸 사람에게 상을 주는 시상 프로그램을 도입할 수도 있다.

혁신 관리 시스템 접근 방식은 두 가지 바람직한 결과를 이끌어낸다. 첫째, 혁신지향적인 기업문화를 만들 수 있다. 최고경영진이 혁신을 지지하고 장려하며 포상을 제공하는 것에서 이러한 문화를 엿볼 수 있다. 둘째, 많은 신제품 아이디어 중에서 특히 더 뛰어난 아이디어를 골라낼 수 있다. 이 접근 방식은 새롭고 뛰어난 아이디어를 더 체계적으로 발전시킬 것이고, 이는 더 많은 신제품 성공을 가능하게 할 것이다. 고위층의 지지가 없어서 뛰어난 아이디어가 사장되는 일이 더 이상 없을 것이다.

그러므로 신제품 성공에는 단순히 1~2개의 좋은 아이디어를 생각해내고, 그 아이디어를 상품화하고, 소비자를 찾는 것 그 이상의 노력이 필요하다. 신제품을 성공시키기 위해서는 신제품 아이디어를 도출하고 선별하는 것부터 소비자가 만족할 만한 제품을 출시하기까지의 전 과정에서 가치 있는 고객경험의 창출을 위한 통합적인 접근법이 요구된다.

뿐만 아니라 성공적인 신제품개발은 기업 전체의 몰입을 필요로 한다. 구글, 삼성, 애플, 3M, P&G와 같이 뛰어난 신제품개발로 잘 알려진 기업들을 보면 전반적인 기업문화가 혁신을 장려하

마케팅 현장 9.1 | 네슬레: 식품업계 리더가 신제품개발과 혁신을 활용하는 법

네슬레는 1905년 앙글로스위스(Anglo-Swiss) 연유 회사와 패린락테앙리네슬레(Farine Lactée Henri Nestlé)의 합병으로 설립된 스위스의 글로벌 식음료 기업이다. 앙리 네슬레가 창업한 이래 매출 기준으로 세계 최대의 식품 회사가 되었으며, 2017년《포춘》이 선정한 글로벌 500대 기업의 상위 100대 중 34위에 올랐다.

네슬레는 끊임없이 변화하는 환경에 대응하기 위해 새로운 시장을 규정하고 추진해야 했기 때문에 늘 혁신과 신제품개발을 가장 중요하게 여겼다. 이는 네슬레의 광범위한 연구개발 역량 없이는 불가능했을 것이다. 2018년에 네슬레연구센터(Nestlé Research Center)와 네슬레건강과학연구소(Nestlé Institute of Health Sciences, NHS)를 스위스에 기반을 둔 네슬레연구소(Nestlé Research)로 통합하고 800명을 고용할 것이라고 발표했다. 이러한 조치는 개발부터 시장 출시까지의 과정을 가속화하기 위한 것이었다. 네슬레의 제품마다 과학자, 엔지니어, 영양사, 설계자, 규제 전문가, 소비자 관리 담당자로 구성된 팀이 있다. 최근에는 영양, 건강, 웰빙 회사가 되는 데 주력해왔다. 네슬레의 비전에는 제품을 더 맛있게 만들고 더 건강한 선택을 제공하는 것이 포함되어 있다.

영국의 예를 살펴보자. 마기-내추럴초이스(Maggi-A Natural Choice)는 대규모 시장 분석과 고객 분석을 실시하여 영국 내 고객만을 대상으로 개발된 네슬레의 새로운 브랜드이다. 영국에서 마기는 음식의 맛을 더하기 위해 부용(고기나 뼈를 끓여 만든 국물), 수프, 양념, 소스 등 다양한 요리 보조 제품으로 구성되어 있다. 네슬레는 영국 식품서비스 시장의 경쟁이 치열할 뿐만 아니라 엄격한 식품 안전 및 라벨링 법률을 준수하기 위해서는 기업이 제품 및 영양 성분에 엄격한 법적 기준을 적용해야 한다는 사실을 알게 되었다. 더욱이 음식에 대한 두려움이 확산되고 음식 알레르기가 자주 발생하면서 전 세계 소비자는 음식에 관한 지식을 점점 더 쌓고 자신이 먹는 음식을 일일이 따지게 되었다. 이러한 경향은 더욱 엄격한 제품 사양으로 이어지고 있다.

영국에서 마기 브랜드는 건조된 형태의 제품과 맛 때문에 따분하고 구식으로 인식되면서 판매가 감소했다. 이에 네슬레는 신선한 맛의 요리 보조 제품에 대한 고객의 요구 사항을 충족하고 시장점유율을 되찾기 위해 행동하기로 결정했다. 네슬레의 혁신 및 신제품개발 프로세스에서 핵심 요소는 고객을 혁신 운동의 핵심에 두는 것이다. 마기는 먼저 셰프 및 소비자의 견해와 태도를 측정하기 위해 대면 질적 조사를 의뢰했다. 조사 결과 고객은 신선함이 최고라고 생각한다는 것을 알게 되었다.

그러나 셰프의 견해와 태도는 달랐다. 일반 고객은 모든 것을 처음부터 만드는 것(기본 재료로 만드는 것)을 선호한다고 했지만 셰프는 이렇게 할 시간과 돈이 없다고 했다. 셰프는 요리 시간과 비용을 절약해주되 되도록 신선한 맛을 내는 요리 보조제품이 있다면 그것을 이용하여 고객을 만족시키고자 했다. 결과적으로 이러한 셰프에게 상당한 시장 잠재력이 있음이 드러났다. 시장 조사 결과에 따라 네슬레는 리얼하고 신선한 재료의 좋은 맛과 요리 보조제품의 시간 및 비용 절약 효과를 결합한 브랜드 제안을 가지고 마기-내추럴초이스 브랜드를 출시했다.

네슬레는 셰프와 고객을 외부 아이디어 원천이자 혁신 및 신제품개발의 원동력으로 삼았다. 그리하여 신제품이 보다 자연스러운 맛, 비용 대비 가치를 제공해야 한다고 결정했다. 신제품개발 프로세스에 이은 첫 번째 단계는 새로운 브랜드 제안을 기반으로 한 마기 공장을 위해 제품 브리프를 상세하게 작성하는 것이었다. 이 제품 브리프는 포괄적인 제품 사양, 특정 식이요법 요건(예: 글루텐 프리), 최종 가격 범위를 제공한다. 마기의 식품기술자는 다양한 시제품을 개발하여 셰프와 고객을 포함한 미각 전문가 패널 앞에 선보인다. 세 번째 단계에서는 변경이 필요한 사항이 추가 시제품에 반영되도록 쌍방향 회전식 프로세스의 프레임워크에서 제품 테스트를 하고 그 결과를 보고한다. 제품개발 프로세스의 마지막 단계는 가격, 샘플에 대한 계약이 확인되는 최종 승인이며, 이후 마기 공장은 생산을 시작한다. 이와 동시에 성공적인 제품 출시를 위해 전면 라벨을 디자인하고, 제품 사진을 의뢰하고, 레시피 설명서를 제작하고, 판매 발표자가 제품 출시를 브리핑한다.

마기-내추럴초이스 제품군에서 개발·출시된 최종 제품은 소금 함량을 낮추고 해바라기유를 사용하여 만들어졌다. 포장에 적힌 영양 정보와 알레르기 경고를 보고 셰프는 고객에게 이를 알려줄 수 있다. 제품 출시를 위해《케이터링 업데이트(Catering Update)》,《케이터러와 호텔 경영자(Caterer and Hotelkeeper)》같은 업계 미디어에 광고 및 홍보 자료도 전달했다.

또한 새로운 브랜드 제안을 홍보하기 위해 8쪽 분량의 보충 자료를 제작하고 셰프와 사용자에게 다이렉트메일로 발송했다. 한편 마기는 네슬레 토크 도르(Nestlé Toque d'Or) 대회처럼 마기-내추럴초이스 제품을 사용하는 셰프를 위한 이벤트를 후원하고 있다. 라이브 요리 경기장에서 여러 팀이 시간을 다투며 대결하는 이 대회는 영국 요리 인재들의 최고 이벤트가 되었다. 마기는 주요 식품서비스 도매업체, 대형 할인매장 사업자와 긴밀히 협력하고 출시에 맞추어 신제품 홍보 자료를 제공한다.

고객 중심의 신제품개발을 배경으로, 네슬레는 더 건강한 음식을 제공하기 위해 신제품개발 범위와 접근방식을 계속해서 개선·확장해나가고 있다. 태국에서 네슬레 브랜드 밀로(Milo)는 저당 RTD (ready-to drink) 음료를 출시했다. 이와 함께 6~12세 어린이의 균형 잡힌 식생활과 활동적인 생활습관 장려를 목표로 하는 스포츠 프로그램도 운영하고 있다. 2018년 이 프로그램은 1,000개 학교에 걸쳐 100만 명 이상의 어린이가 참여할 만큼 성장했다. 또한 네슬레는 생체 강화(bio-fortification) 분야에서도 매우 활동적이다. 이는 수백만 명의 영양을 지속가능한 방식으로 개선하는 것을

마기-내추럴초이스의 브랜드 제안은 리얼하고 신선한 재료의 좋은 맛과 요리 보조제품의 시간 및 비용 절약 효과를 결합한 것이다.
Shebeko/Shutterstock

돕는 수단으로 작물의 영양 가치를 높이기 위한 GM의 접근법이다. 2017년 네슬레는 국제식품정책연구소(International Food Policy Research Institute, IFPRI)와 협력하여 이 장기 프로젝트의 진행을 가속화했다.

네슬레는 2016년 4월 옥스팜(Oxfam)의 'Behind the Brands' 스코어에서 세계 10대 소비자 식음료 기업 중 식품 안전과 지속가능성 향상을 위한 정책과 노력에서 2위에 올랐다.[17]

고 지지하며 그에 대해 포상한다. 예를 들어 세계적인 식품업체이자 세계에서 가장 혁신적인 기업 중 하나인 네슬레의 경우 모든 일의 중심에 혁신이 있었다(마케팅 현장 9.1 참조).

저자 코멘트 | 생물처럼 기업의 제품은 태어나고, 성장하고, 성숙하고, 쇠퇴한다. 생명을 유지하기 위해 기업은 지속적으로 신제품을 개발하고 제품수명주기 전반에 걸쳐 제품을 효과적으로 관리해야 한다.

제품수명주기 전략

학습목표 9-3 제품수명주기 단계와 각 단계별 마케팅전략의 변화를 이해한다.

신제품을 출시한 후 경영진은 제품이 오랫동안 행복한 삶을 누리기를 바란다. 제품이 영원토록 팔릴 것이라고 기대하지는 않더라도, 적어도 제품 출시를 위해 들인 노력과 위험을 충분히 보상받을 만큼의 적절한 이익을 거두기를 원한다. 경영진이 특정 제품이 지닌 수명주기의 정확한 형태나 길이를 미리 알기는 어렵지만, 각 제품에는 수명주기가 있다는 사실은 잘 알고 있다.

제품수명주기
제품이 시장에 출시되어 사라질 때까지의 기간 동안 매출과 이익의 변화를 주기별로 나타낸 것

● 그림 9.2는 전형적인 **제품수명주기**(product life cycle, PLC)를 보여준다. 한 제품이 수명주기를 거치는 동안 매출과 이익이 변한다. 제품수명주기는 다섯 단계로 구성되고 단계마다 독특한 특징이 있다.

1. 제품개발기: 기업이 신제품 아이디어를 발견하고 개발하는 단계이다. 제품개발 단계에는 매출이 없고 기업의 투자 금액이 증가한다.
2. 도입기: 제품이 출시되어 서서히 매출이 늘어나는 시기이다. 제품 출시에 필요한 막대한 비용 때문에 순이익이 발생하지 않는다.
3. 성장기: 매출이 급격히 증가하면서 이익이 증대하는 시기이다.
4. 성숙기: 대부분의 잠재구매자들이 이미 제품을 사용하고 있기 때문에 매출이 둔화되는 단계이다. 경쟁이 치열해짐에 따라 마케팅 비용이 증가하고, 이로 인해 이익이 현 상태를 유지하거나 감소하기 시작한다.
5. 쇠퇴기: 매출이 하락하고 이익이 감소하는 단계이다.

모든 제품이 이러한 5단계를 반드시 거치는 것은 아니다. 어떤 제품은 출시되자마자 사장되기도 하고, 어떤 제품은 성숙기에 오랫동안 머물기도 한다. 어떤 제품은 쇠퇴기에 들어선 후에도 강력한

● **그림 9.2**
제품수명주기 단계별 매출과 이익

어떤 제품은 빨리 사라지고 어떤 제품은 아주 오랫동안 성숙기에 머무른다. 예를 들어 크레욜라의 크레용(Crayons) 제품은 115년 이상 우리 주변에 있었다. 그러나 크레욜라는 브랜드를 젊게 유지하기 위해 아이들이 만화에 색칠하고 스캔한 다음 앱을 통해 애니메이션으로 볼 수 있는 컬러얼라이브(Color Alive)와 같은 신제품을 지속적으로 내놓고 있다.

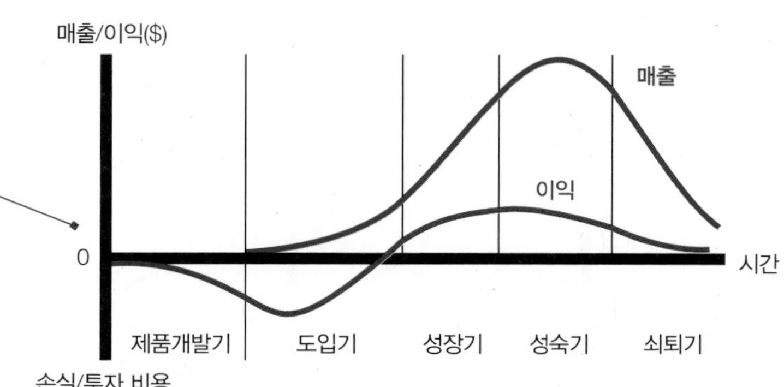

프로모션과 재포지셔닝을 통해 성장기로 다시 회귀하기도 한다. 잘 관리된 브랜드는 영원히 살아남을지도 모른다. 예를 들어 코카콜라, 질레트, IBM, 아메리칸익스프레스, 웰스파고, 리바이스, 크레욜라, 퀘이커와 같은 유서 깊은 브랜드는 100년 이상 강세를 유지하고 있다. 150년 된 타바스코(TABASCO) 소스 브랜드는 "150년이 넘었지만 여전히 당신의 엉덩이를 완전히 휘저을 수 있다"고 자랑한다.

제품수명주기의 개념은 **제품계열**(product class, 예: 가솔린 자동차), **제품형태**(product form, 예: SUV), **브랜드**(예: 포드 이스케이프)에도 사용될 수 있다. 각 경우마다 제품수명주기 개념이 다르게 적용되는데, 제품계열은 다른 것에 비해 수명주기가 가장 길다. 많은 제품계열의 매출이 성숙기에 오랫동안 머무른다. 반면에 제품형태는 표준적인 PLC 형태를 띤다. 다이얼식 전화기, 비디오테이프, 필름 카메라와 같은 제품형태는 통상적으로 도입기, 급속한 성장기, 성숙기, 쇠퇴기를 거쳤다.

특정 브랜드의 수명주기는 경쟁자의 공격과 반응에 따라 빠르게 변화한다. 예를 들어 세탁세제(제품계열)는 꽤 긴 수명주기를 향유했지만 세탁 제품형태와 특정 브랜드의 수명주기는 무척 짧았다. 가루 세제(제품형태)는 점점 액체 세제와 캡슐 세제로 대체되었다. 오늘날 미국에서 세탁세제 시장의 선도브랜드는 타이드와 게인(Gain)이지만 100년 전에는 펠스나프타(Fels-Naptha)와 옥타곤(Octagon)이었다.

제품수명주기의 개념을 스타일, 패션, 유행에도 적용할 수 있다. ● 그림 9.3은 스타일, 패션, 유행의 수명주기를 보여준다. **스타일**(style)은 각각의 사람이나 사물마다 가지고 있는 기본적인 표현 모양을 의미한다. 예를 들어 스타일은 주택(식민지풍, 농장형, 이동형), 복장(정장, 캐주얼), 예술(사실주의, 초현실주의, 추상파) 등에서 나타난다. 한 번 스타일이 고안되면 유행을 넘나들면서 흔히 세대를 넘어 존속한다. 스타일은 대개 쇠퇴기에 접어들었다가 다시 관심을 받아서 부활하는 주기를 갖는다.

스타일
각각의 사람이나 사물마다 가지고 있는 기본적인 표현 모양

패션(fashion)은 특정 분야에서 현재 널리 수용되고 있거나 인기가 있는 스타일을 의미한다. 예를 들어 사무직에 어울리는 복장으로 1980년대와 1990년대에는 형식을 갖춘 '비즈니스 정장'이 유행했으나 2000년대와 2010년대에는 '비즈니스 캐주얼'이 그 자리를 차지했다. 패션은 천천히 성장하고 한동안 인기를 유지하다가 천천히 쇠퇴하는 주기를 갖는다.

패션
특정 분야에서 현재 널리 수용되고 있거나 인기가 있는 스타일

유행(fad)은 단기간 동안 많은 소비자의 추종을 받아 일시적으로 판매가 급증하는 현상이다. 최근 포커칩이나 액세서리 판매가 급증하는 경우를 보면 유행은 또 다른 유형의 평범한 수명주기 중 하나일 수 있다. 아니면 유행은 브랜드나 제품의 수명주기 단계를 그대로 거치기도 한다.

유행
단기간 동안 많은 소비자의 추종을 받아 일시적으로 판매가 급증하는 현상

● 한 예로 스트레스를 풀거나 그냥 재미로 한 손에 쥐고 튕겨서 회전시키는 피젯 스피너(세 갈래의 작은 볼 베어링 장치)를 들 수 있다. 'Z세대의 훌라후프'라고 불리는 피젯 스피너는 2017년 초에 청소년 시장을 장악했다. 그해 5월 초까지 이 간단한 장난감은 일일 온라인 장난감 판매의 17%를 차지했다. 하지만 대부분의 유행처럼 매출이 급격히 뒷걸음질 치기 시작했다. 6월이 되자 월마트와 타깃 같은 대형 할인점에서 피젯 스피너가 널리 판매되면서 너무 보편화되어 청소년에

● **그림 9.3**
스타일, 패션, 유행

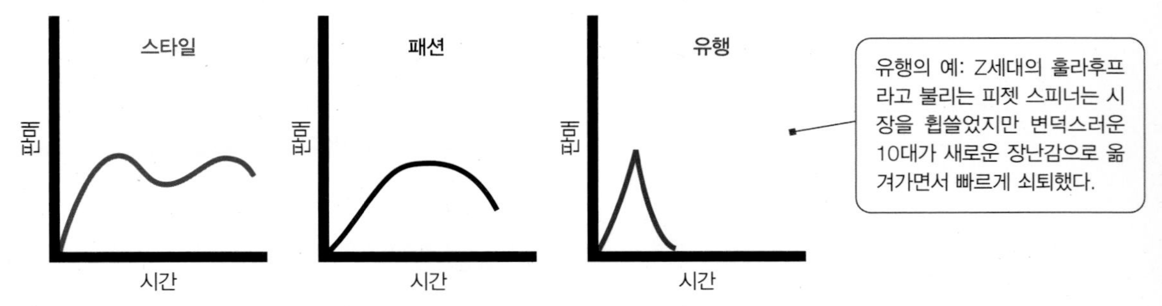

● 'Z세대의 훌라후프'라고 불리는 피젯 스피너는 청소년 시장을 폭풍으로 몰아넣었다. 그러나 대부분의 유행과 마찬가지로 변덕스러운 10대가 새 장난감으로 옮겨감에 따라 피젯 스피너의 판매는 급락했다.
3Baboons/Shutterstock

게 식상한 장난감이 되었다. 학교에서 장난감 사용을 금지하기 시작한 것도 한몫을 했다. 변덕스럽기로 악명 높은 10대는 흥미를 잃고 다른 새로운 장난감으로 옮겨갔다. 이러한 유행의 또 다른 예로는 셀카봉, 실리밴드, 포켓몬고 등이 있다.[18]

마케터는 제품수명주기의 개념을 제품과 시장이 어떻게 움직이는지 설명하는 유용한 틀로 삼을 수 있다. 제품수명주기의 개념을 잘 사용하기만 한다면 수명주기 단계별로 적절한 마케팅전략을 개발하는 데 도움이 된다. 하지만 제품의 성과를 예측하고 마케팅전략을 수립하기 위해 제품수명주기의 개념을 사용하는 데에는 몇 가지 실질적인 문제점도 있다. 예를 들면 실제로 제품수명주기 각 단계의 매출, 각 단계의 기간, 곡선의 모양 등을 미리 예측하는 것은 어려운 일이다. 마케팅전략이 제품수명주기의 원인이자 결과일 수도 있기 때문에 제품수명주기의 개념을 이용하여 마케팅전략을 수립하는 것은 쉬운 일이 아니다. 그러나 어떤 제품이 현재 제품수명주기의 어느 위치에 있는지는 어떤 마케팅전략을 수립해야 할지를 시사한다. 그리고 이렇게 수립된 마케팅전략은 제품이 다음 단계로 이행하더라도 제품 성과에 영향을 미친다.

더 나아가 마케터는 모든 제품이 전형적인 제품수명주기의 단계를 밟을 것이라고 맹신하면 안 된다. 마케터는 수명주기의 '법칙'에 도전하고 제품을 예상치 못한 방식으로 포지셔닝 또는 재포지셔닝할 필요가 있다. 이렇게 함으로써 마케터는 제품을 성숙기나 쇠퇴기에서 구해내어 성장기로 되돌려놓을 수 있다. 또한 소비자의 신제품 수용을 늦추는 장애물이 있더라도 이를 극복하여 신제품을 곧바로 성장기로 끌어올릴 수 있다.

제품수명주기의 교훈은 기업이 계속 혁신해야 하며, 그렇지 않으면 퇴출의 위기를 맞는다는 것이다. 성장하기 위해 기업은 고객에게 새로운 가치를 제공하는 신제품을 꾸준히 개발해야 한다. 현재의 제품라인업이 얼마나 성공적이든 상관없이 기업은 현 제품의 미래 성공을 위해 능숙하게 수명주기를 관리해야 한다. 금융 소프트웨어 제조업체인 인튜이트는 이를 잘 수행하고 있다. 성공적인 제품에 집착하기보다는 경쟁자가 할 수 있기 전에 체계적으로 전략을 다시 수립한다. 인튜이트의 제품은 영구적인 성장기에 머물러 있으며 성숙기로 옮겨가거나 쇠퇴기로 추락하지 않는다.

이제 제품수명주기의 각 단계별로 적절한 전략을 살펴보자.

도입기

도입기
신제품이 처음 시장에 출시되고 판매가 가능해지는 제품수명주기 단계

도입기(introduction stage)는 신제품이 처음 시장에 출시될 때부터 시작된다. 도입에는 시간이 걸리고 판매가 더디게 증가한다. 냉동식품과 HDTV와 같이 잘 알려진 제품도 매출이 빠르게 증가하는 성장기로 접어들기까지 수년이 걸렸다.

다른 단계와 달리 도입기는 낮은 판매와 높은 유통 비용, 프로모션 비용으로 인해 적자이거나 이익이 매우 낮다. 또한 유통업자를 확보하고 재고 시스템을 구축하는 데 많은 비용이 들기도 한다. 소비자에게 신제품을 알리고 사용해보도록 권장하는 프로모션 비용도 상대적으로 높다. 일반적으로 도입기에는 제품을 개선할 수 있는 시장 여건이 갖추어지지 않아 기업과 경쟁사는 기본 버전의 제품을 생산한다. 이 시기에 기업은 구매할 가능성이 가장 높은 소비자를 대상으로 판매 활동을 한다.

특히 시장개척기업은 최초에 의도한 제품 포지셔닝에 부합되는 출시전략을 구사해야 한다. 초기

마케팅 현장 9.2 | 로레알의 제품수명주기 관리: 메이크업 그 이상의 것

1909년에 설립된 로레알은 한 세기 동안 아름다움이라는 사업에만 헌신해왔다. 파리 근교의 클리시에 본사를 두고 있으며, 전 세계 130개국에서 글로벌 브랜드 44개를 운영 중이다. 그 모태인 로레알 파리는 세계 1위의 뷰티 브랜드이다.

점점 더 역동적인 화장품 산업 환경에서 로레알은 새로운 가치를 지향하고 고객에게 어필하기 위해 제품과 서비스의 수명주기를 지속적으로 정교하게 관리해야 했다. 메이크업 시장은 전통적으로 메이블린 뉴욕, 맥스팩터와 같은 매스마케팅 브랜드가 주도해왔다. 또한 고객에게 직접 판매하는 에이본(Avon) 등의 브랜드, 에센스(Essence)와 키코(Kiko) 등의 저가 브랜드로 인해 경쟁이 치열한 상황이다. 경쟁이 치열하고 도전적인 가운데 메이크업 시장은 빠르게 성장하고 있다. 이러한 성장은 맥(MAC), 베니피트(Benefit), 보비브라운(Bobby Brown)과 같은 이른바 메이크업 아티스트 브랜드가 주도하고 있다. 시세이도(Shiseido), 샤넬, 이브생로랑(Yves Saint Laurent)과 같은 향수 또는 고급 기성복 브랜드명의 메이크업 브랜드도 많다.

로레알의 메이크업 브랜드 로레알 파리는 현재 에스티로더(Estee Lauder)에 이어 세계 시장 2위이다. 글로벌 메이크업 시장은 2012년 550억 달러에서 꾸준한 성장하여 2024년에는 850억 달러 규모가 될 것으로 예상된다. 로레알의 메이크업 브랜드는 시장점유율 확대로 좋은 성적을 거두었지만, 메이크업 아티스트 브랜드들은 로레알의 성적을 능가하고 있었다. 로레알의 메이크업 브랜드는 경쟁이 치열하고 매출이 둔화되며 고객이 고령화되면서 제품수명주기의 성숙기에 근접했다. 시장과 경쟁자에 대한 초기 분석에 따르면 가장 빠르게 성장하는 두 종류의 브랜드(메이크업 아티스트 브랜드와 저가 브랜드)는 매우 다양한 색상으로 고객에게 어필한다는 공통점이 있었다. 로레알의 메이크업 브랜드는 여전히 실적을 내고 있었지만 로레알은 앞으로 이 성장이 경쟁사와 경쟁할 만큼 지속가능하지 않을 수도 있다는 것을 깨달았다. 전통적으로 로레알은 파운데이션과 마스카라에 특히 강했지만 컬러의 다양성과 선택이라는 유행에 민감한 부분에 점점 더 많은 도전을 받고 있었다.

글로벌 제품 개발 수석 부사장인 얀 조프레도(Yann Joffredo)는 전통적인 시장이 바뀌었고, 오늘날 여성은 제품이 아니라 '외모'를 쇼핑한다고 강조해왔다. 인터넷 판매, 크로스채널 구매자, 커넥티드 뷰티(connected beauty, IT와 결합하는 화장품 산업의 신경향)의 새로운 시대에 기존의 전통적 채널은 더 이상 유일한 열쇠가 아니다. 로레알은 2011년 니베아처럼 출구 전략을 찾고 메이크업 시장에서 중도 하차하는 것이 아니라 메이크업 브랜드를 계속 구축하고 쇠퇴기를 피하고 싶었다.

이러한 목표를 달성하기 위해 로레알은 다양한 시장조사 보고서를 검토하고 일련의 테스트를 실시했다. 유럽에서 실시된 한 연구에서는 로레알 파리가 여성에게 자존감을 주면서 우아하게 아름다움을 키워주고, 매우 효과적이고 혁신적이며 신뢰감이 높은 브랜드로 평가받았다고 한다. 반면 이 연구 결과, 로레알이 업계에서 가장 역동적이고 트렌디한 브랜드로 평가받지는 않는다는 것도 발견했는데, 특히 로레알이 제대로 된 색조를 제공하지 않는다고 응답한 젊은 세대의 반응이 더욱 그랬다. 이에 로레알은 기업의 문화와 가치는 고수하되 경쟁 및 마케팅 환경에 대응하는 적절한 전략을 수립하기 위해 모든 조사 결과를 자세히 분석했다.

로레알은 저가 브랜드와 다른 포지셔닝을 선택하기로 결정했다. 3,800명 이상의 연구진을 거느리고 있는 저가 브랜드와의 비용 싸움에서 이기기는 어려울 것이라고 판단했다. 결국 메이크업 아티스트 브랜드의 성공을 배우기로 결정하고, 브랜드를 재포지셔닝하고 젊은 소비자에게 어필할 수 있는 혁신적인 색상 표현을 개발하기로 했다. 로레알 파리는 일반 브랜드(generalist brand, 다방면에서 두루 사용되는 브랜드)에서 멀티 전문 브랜드(multi-specialist brand)로 전환하는 새로운 전략 플랫폼을 구축하고, 2014년에는 브랜드명을 로레알 메이크업 디자이너 파리(L'Oréal Makeup Designer Paris)로 변경했다.

고객에 대한 가치 제안은 최고의 메이크업 아티스트와 홍보대사가 제품을 개발하고 보증하는 것으로 정하고, 브랜드를 3개의 축, 즉 룩의 예술(L'Art du Regard), 피부의 아키텍처(L'Architecture du Teint), 컬러의 강박(L'Obsession de la Couleur)으로 포지셔닝했다. 제품을 제안하는 것에서 경험을 제공하는 것으로 진화하기 위해 오프라인은 물론이고 온라인상의 모든 고객 접점에서 고객과 상호작용적인 관계를 형성해야 했다. 새로운 포지셔닝과 전략을 추진하고, 이에 따라 고객이 자신의 외모를 즉시 쉽게 '쇼핑'할 수 있는 기능이 있는 스마트폰 iOS 앱인 메이크업 지니어스(Makeup Genius)를 개발했다.

혁신적인 이 앱은 머리와 표정을 추적하는 기능, 피부결 3D 분석 기능이 있어 사용자는 실시간 대화형 거울을 통해 자신의 외모를 설계할 수 있다. 또한 로레알은 소비자에게 가치 있는 서비스를 제공하고, 대화를 장려하며, 소셜미디어 플랫폼을 통해 관계를 구축하기 위해 완전히 통합된 디지털 접근 방식을 개발했다. 2014년 5월 프랑스, 미국, 중국에서 캠페인을 진행했다. 로레알 파리 인터내셔널의 총괄 책임자인 시릴 샤푸이(Cyril Chapuy)는 이 전략이 로레알을 창의성과 패션의 선봉에 올려놓았다고 말했다. 그 결과 로레알은 지난 5~6년 동안 페이스북 팔로워를 3,500만 명으로 늘릴 수 있었다, 메이크업 지니어스는 세계 최초의 뷰티 앱으로 2014년 5월 이후 2,000만 번 이상 다운로드되었다. 이후 로레알의 매출은 크게 향상되었다.

로레알은 제품수명주기를 효과적으로 관리함으로써 메이크업 브랜드의 재포지셔닝과 재출시에 성공했다. 메이크업 지니어스 앱을 통해 디지털 뷰티의 새로운 시대를 연 로레알은 미래의 뷰티 서비스를 만들겠다는 포부를 성공적으로 실현했다.[19]

로레알은 트렌디한 브랜드로 평가하지 않는 젊은 세대의 인식과 맞서야 했다.
ITAR-TASS News Agency/Alamy Stock Photo

전략이 신제품의 전체 제품수명주기 동안 펼쳐질 웅대한 마케팅 계획에서 단지 첫걸음임을 잊어서는 안 된다. 시장개척기업이 '경쟁자를 퇴출하는' 전략을 선택한다면 단기 수익을 위해 장기 수익을 희생하는 결과를 초래할 수도 있다. 처음부터 전략을 잘 수립한다면 개척기업이 시장 리더십을 구축하고 유지할 가능성이 매우 높다.

성장기

성장기
제품의 매출이 급격히 증가하는 제품수명주기 단계

신제품이 시장을 만족시키면 **성장기**(growth stage)로 접어들고, 이 단계에서는 매출이 급격히 증가한다. 초기수용층이 계속해서 제품을 구매하고 이어서 일반 소비자도 구매하기 시작하는데, 특히 입소문이 좋으면 이러한 현상이 더욱 두드러진다. 이익을 낼 수 있는 기회라는 생각에 새로운 경쟁자가 시장에 진입할 것이다. 경쟁자는 신제품의 새로운 제품 특징을 많이 소개하고 이에 따라 시장이 더욱 확대된다. 경쟁자가 늘어날수록 유통 매장의 수도 늘어나며 소매점의 재고 증가로 매출이 큰 폭으로 올라간다. 가격은 그대로 유지되거나 조금 하락하는 현상이 나타난다. 기업은 판매촉진을 위한 비용을 그대로 유지하거나 좀 더 올리기도 한다. 시장에 제품을 알리는 것이 아직까지 중요한 목표이기는 하나 경쟁과 대면해야 하는 시기이기도 하다.

성장기 동안 프로모션 비용이 늘어나기는 하지만 생산량이 증가하면서 1개를 생산하는 데 드는 비용이 줄어들어 이윤이 커진다. 기업은 시장에서의 빠른 매출 성장을 되도록 오래 유지하기 위해 여러 가지 전략을 사용한다. 기업은 제품 품질을 높이고 새로운 제품 특징과 모델을 추가한다. 또한 목표 세분시장을 확대하고 새로운 유통경로를 구축한다. 처음에는 제품을 알리는 데 집중했던 광고가 제품에 대한 확신과 구매를 유도하는 쪽으로 바뀐다. 더 많은 소비자가 제품을 구매할 수 있도록 적절한 시기에 가격을 낮춘다.

성장기에 기업은 높은 시장점유율과 높은 이익 간의 상충 관계에 직면하게 된다. 기업은 제품개선과 촉진 활동, 유통 등에 많은 비용을 투자함으로써 시장에서 지배적인 포지션을 차지할 수 있다. 그러나 이렇게 하면 현재의 최대 이익을 포기하고 다음 단계에서 만회하기를 바랄 수밖에 없다.

성숙기

성숙기
제품의 매출 성장률이 정체되거나 둔화되는 제품수명주기 단계

제품의 매출 성장세가 둔화되면 제품은 **성숙기**(maturity stage)에 진입한 것이다. 성숙기는 대개 이전 단계보다 오래 유지되는 경향이 있으며, 마케팅 관리자에게 강력한 도전 과제를 안겨준다. 대부분의 제품이 이러한 성숙기에 머물러 있으므로 마케팅 관리자는 대개 성숙기 제품을 취급한다.

매출 성장률의 둔화로 인해 판매해야 할 많은 제품을 껴안고 있는 생산자가 늘어나 결과적으로 과잉 생산 상황은 치열한 경쟁을 불러일으키는 주요 원인이 된다. 경쟁자는 가격을 할인하고, 광고와 판매촉진 비용을 늘리며, 더 나은 버전을 개발하기 위해 제품개발 예산을 늘리기 시작하는데, 이러한 노력은 이익 감소를 초래한다. 결국 약한 경쟁자는 시장에서 퇴출되어 시장에는 확고부동한 경쟁자만 남게 된다.

성숙기에 있는 많은 제품이 오랜 시간 변하지 않는 것 같지만, 성공한 제품의 대부분은 변화하는 고객 욕구의 변화에 부응하기 위해 진화를 거듭한다. 제품 관리자는 이미 성숙한 제품을 유지하거나 방어하는 것 이상의 무언가를 해야 한다. 공격이 최선의 방어이기 때문이다. 이 시기에는 목표시장과 제품, 마케팅믹스 수정을 고려해야 한다.

목표시장을 수정할 때 기업은 해당 브랜드의 새로운 세분시장을 찾아내어 소비를 증가시키려고 한다. 예를 들어 여성 미용 분야의 오랜 선두 주자인 로레알은 남성을 겨냥한 새로운 제품을 만들

어냈다. 탈취제와 샤워젤, 스킨케어, 헤어케어, 수염 관리 제품에 이르기까지 남성 전문 그루밍 제품 전 라인을 내놓았다. 남성 피부의 특성에 맞게 과학적으로 맞춤 제작된 라인에는 하이드라 에너제틱 리차징 티슈 마스크(Hydra Energetic Recharging Tissue Mask), 하이드라 에너제틱 웨이크업 부스트 워시(Hydra Energetic Wake Up Boost Wash), 하이드라 센서티브 수딩 버치 새프 모이스처라이저(Hydra Sensitive Soothing Birch Sap Moisturizer), 비타 리프트 안티링클 앤드 퍼밍 모이스처라이저(Vita Lift Anti-Wrinkle & Firming Moisturizer) 등이 있다. 로레알의 남성 전문 제품은 "남성을 염두에 두고 제작되었다."[20]

기업은 기존 고객의 사용량을 증가시킬 방법을 찾을 수도 있다. 예를 들어 캠벨은 식사 아이디어와 레시피를 제공하여 사람들이 자사의 수프와 기타 제품을 더 많이 사용하도록 권장한다. 캠벨의 키친 웹사이트 또는 전화 앱(www.campbell.com/kitchen/)을 이용하여 레시피를 검색하거나 교환하고, 자신만의 레시피 상자를 만들고, 건강한 식사법을 배우고, 식사 비용을 계산하고, 매일 또는 매주 식사 메일(Meal Mail) 프로그램에 등록할 수도 있다. 또한 소비자는 캠벨의 페이스북, 핀터레스트, 트위터 사이트에서 키친 커뮤니티 대화에 참여하고 공유할 수 있다.

기업은 **제품 수정**을 꾀하기도 한다. 즉 기존 고객을 유지하거나 새로운 사용자를 유인하기 위해 품질이나 특성, 스타일, 포장, 기술 플랫폼 같은 제품 특징을 바꿀 수 있다. 예를 들어 대부분의 가전제품 제조업체는 블루투스와 카메라가 장착된 주방 가전부터 음성 작동식 수도꼭지에 이르기까지 모든 것을 갖춘 제품으로 오늘날의 스마트홈 환경에 빠르게 적응하고 있다. 삼성의 셰프 컬렉션(Chef Collection) 빌트인 가전은 모두 와이파이와 블루투스가 지원되어 사용자가 집에서는 물론이고 외출 중에도 스마트폰 앱으로 가전제품을 모니터링하고 제어할 수 있다. 소비자는 어디서든 뷰인사이드 카메라를 통해 냉장고 안을 볼 수 있다. 냉장고에는 앱 버튼을 누르면 냉장고에서 냉동고로 전환되는 플렉스존(FlexZone) 칸도 있다. 식기세척기는 세척이 끝나면 벨이 울리고 자동으로 문이 열리면서 건조 시간을 앞당긴다. 셰프 컬렉션 앱을 사용하면 원격으로 오븐을 예열하고 정확한 조리 온도를 설정할 수도 있다. 더 좋은 점은 오븐의 스마트쿠킹 알고리즘이 자동으로 오븐에 무엇이 들어 있는지 감지하여 기계가 알아서 온도와 조리 시간을 설정한다는 것이다.[21]

● 제품수명주기 관리: 140년 된 퀘이커는 나이와 동떨어진 행동을 하고 있다. '귀리 실험'을 통해 현대적인 신제품으로 가득한 주방 캐비닛과 완전히 현대적인 마케팅 접근 방식을 전개했다.
Provided courtesy of The Quaker Oat Company.

기업은 매출 증대를 꾀하기 위해 **마케팅믹스 요소를 수정**할 수도 있다. 기업은 새로운 서비스나 개선된 서비스를 구매자에게 제공할 수 있다. 미사용자와 경쟁사 고객을 유인하기 위해 가격을 인하하기도 한다. 더 효과적인 광고캠페인을 전개하거나 공격적인 판매촉진을 전개하기도 한다. 가격 전략과 프로모션 외에도 기업은 새로운 사용자를 지원하기 위해 새로운 유통경로로 이동할 수도 있다.

펩시코는 모든 시장, 제품, 마케팅믹스를 수정해나감으로써 자사의 유서 깊은 퀘이커오츠 브랜드를 지속적으로 활성화했다.[22]

● 140년 된 퀘이커는 나이와 동떨어진 행동을 하고 있다. 최근에 퀘이커는 유서 깊은 오트밀 제품의 범위를 훨씬 뛰어넘는 현대적인 신제품으로 가득한 주방 캐비닛과 완전히 현대적인 마케팅 접근 방식을 전개했다. 퀘이커는 자사의 신제품개발을 '귀리 실험(oatsperiments)'이라고 부른다. 최근의 말레이시아 광고에서는 다음과 같이 말했다. "우리는 귀리를 가지고 놀았습니다. 우리는 귀리의 맛을 더 좋게 했습니다. 140년 동안 귀리로 실험한 결과, 하루

종일 힘을 주는 아침식사용 제품을 만들 수 있었습니다." 이러한 목적을 가지고 퀘이커는 에너지 가득한 냉온 시리얼, 스낵바, 쿠키를 끊임없이 진화시켰으며, 현대 가족에게 건강한 라이프스타일을 제안하는 제품도 시장에 내놓고 있다.

퀘이커는 단순히 신제품을 추가하는 데 그치지 않고 브랜드의 다른 모든 요소를 현대화하여 활력을 유지하고 있다. 예를 들어 목표고객층인 젊은 가족의 모바일 위주 연결형 라이프스타일에 단지 상징적으로 맞추려는 것에서 탈피하려 했다. 최근 퀘이커의 마케팅 캠페인은 모바일 광고, 광범위한 소셜미디어 콘텐츠 및 정보로 가득한 커뮤니티 웹사이트 등 디지털 미디어를 효과적으로 통합하여 전개되고 있다.

쇠퇴기

대부분의 제품 형태와 브랜드의 매출은 결국 내리막길을 걷는다. 우표나 대형 컴퓨터의 경우처럼 그 속도가 느릴 수도 있고, 비디오테이프의 경우처럼 그 속도가 빠를 수도 있다. 매출이 0으로 급락하거나 수년 동안 낮은 수준으로 계속 떨어지기도 하는데, 이러한 상태의 시기를 **쇠퇴기**(decline stage)라고 한다.

쇠퇴기
제품의 매출이 감소하는 제품수명주기 단계

기술적 진보, 소비자 취향의 변화, 경쟁 강화 등 다양한 이유로 매출이 감소한다. 어떤 기업은 매출과 이익 감소로 시장에서 퇴출되며, 남아 있는 기업도 제품 품목을 줄인다. 너무 작은 세분시장과 그다지 이익을 내지 못하는 유통경로를 포기하거나 촉진예산을 삭감하고 가격을 더 인하하기도 한다.

시장성이 떨어지는 제품을 계속 유지하는 것은 이익 문제를 떠나 비용 측면에서 큰 부담이 된다. 추가적인 간접비용이 많이 든다. 시장성이 떨어지는 제품의 경우 관리자가 이를 관리하는 데 많은 시간이 소요되고 잦은 가격 변동과 재고 정리가 필요하다. 시장성 있는 제품의 이익을 내는 데 이용되어야 할 광고와 영업력이 쇠퇴기의 제품을 유지하는 데 낭비될 수 있다. 추락하는 제품의 명성은 기업과 다른 제품에까지 악영향을 끼치기도 하며, 이는 미래에 더 큰 비용을 초래할 수 있다. 시장성이 떨어지는 제품을 계속 유지하다 보면 대체품을 탐색하는 시점이 늦어지고, 불균형적인 제품 믹스가 만들어지고, 현재 수익을 저해하며, 기업의 미래 거점 확보에 악영향을 끼칠 수 있다.

따라서 쇠퇴기에 있는 제품을 파악하여 그것을 유지할 것인지, 수확할 것인지, 철수할 것인지를 결정해야 한다. 물론 관리자가 제품수명주기의 성장기로 되돌려놓을 수 있다는 바람으로 해당 브랜드를 재포지셔닝 또는 재활성화하고 유지하기로 결정할 수도 있다. ● 100년의 역사를 지닌 빨간색 장난감 왜건 제조업체 라디오플라이어(Radio Flyer)가 그렇게 했다.[23]

20여 년 전 라디오플라이어는 쇠퇴하는 데다가 수익성이 없었다. 그러나 제품수명주기에 굴복하지 않고 반전을 꾀했다. 자사 디자이너를 전국의 가정, 놀이터, 길거리로 내보내어 아이들이 라디오플라

● 상징적인 브랜드에 활력 불어넣기: 100년의 역사를 지닌 라디오플라이어는 고객 중심의 신제품개발 덕분에 또다시 성장하면서 수익을 내고 있다.
Courtesy of Radio Flyer, Inc.

이어의 왜건과 세발자전거 등을 어떻게 사용하는지 직접 확인하게 했다. 본사에서는 테스트 트랙 도로가 있는 놀이연구소(Play Lab)를 만들고 아이들이 타는 모습을 비디오로 촬영하고 그 부모들도 연구했다. 라디오플라이어의 CEO는 이렇게 말했다. "우리는 엄마들에게 '왜건을 가져다 트렁크에 넣어 달라'고 말하고 그 모습을 지켜본다. 그 행동이 서투른지 어색한지를 보는 것이다."

이러한 고객 중심의 신제품개발은 성과를 거두었다. 예를 들어 아이들이 장난감을 타는 것을 지켜본 후 라디오플라이어 팀은 더 넓은 갑판, 2개의 앞바퀴, 덜 흔들리는 승차감의 스쿠터를 고안할 수 있었다. "이 범주에 속하는 제품이 없는 상태에서 어린이용 스쿠터로 최고의 브랜드가 되었다"고 CEO는 말한다. 몇몇 제품의 성공 덕분에 라디오플라이어는 이제 다시 수익을 올릴 수 있게 되었고, 최근 《포브스》가 선정한 미국 최고의 중소기업 리스트에 오르는 쾌거를 이루었다.

관리자는 판매가 유지될 것이라는 바람으로 다양한 비용(공장과 설비, 유지·보수, R&D, 광고, 영업 등)을 삭감하고 제품을 **수확**하기로 결정할 수도 있다. 만약 성공한다면 기업의 이익이 단기간에 상승할 것이다. 반대로 관리자는 제품을 해당 제품라인에서 **철수**하기로 결정할 수도 있다. 제품을 다른 기업에 판매하거나 단순히 잔존 가치로만 청산할 수도 있다. 몇 년간 포드는 머큐리, 볼보 등 몇 가지 주요 브랜드를 매각하거나 단종했다. 그리고 최근 시장 변화에 대응하기 위해 포커스(Focus), 피에스타(Fiesta), 한때 가장 많이 팔렸던 토러스(Taurus) 등 포드 브랜드 세단 모델의 대부분을 폐기했다. 포드는 침체된 모델을 폐기함으로써 현재 미국 신차 판매량의 상당 부분을 차지하고 있는 SUV, 크로스오버, 픽업에 집중할 수 있게 되었다.

● 표 9.2에 제품수명주기 각 단계의 특징, 마케팅 목표와 전략을 요약했다.[24]

● 표 9.2 | **제품수명주기의 단계별 특징, 마케팅 목표, 전략**

	도입기	성장기	성숙기	쇠퇴기
특징				
판매량	낮음	급속 성장	판매 최고조에 이름	감소
제품 원가	고객 일인당 고비용	고객 일인당 보통 수준	고객 일인당 저비용	고객 일인당 저비용
이익	적자 또는 낮은 이익	점차 증대	높음	감소
고객층	혁신층	조기수용층	다수수용층	지각수용층
경쟁자	소수	증가	다수(감소 시작)	감소
마케팅 목표				
	제품인게이지먼트와 시용 창출	시장점유율 확대	시장점유율 유지, 이익 극대화	비용 절감과 수확
전략				
제품	기본 형태의 제품	제품 확장, 서비스 향상, 품질 보증	브랜드와 모델의 다양화	취약 제품 철수
가격	원가가산가격	시장침투가격	경쟁자 대응 가격	저가격
유통	선택적 유통	집약적 유통	집약적 유통 강화	선택적 유통(수익성이 낮은 유통경로 폐쇄)
광고	조기수용층과 중간상의 인지도 구축	소비자 대중의 인게이지먼트와 관심 형성	브랜드 차이와 편익 강조	충성고객 유지만을 위한 최소한의 광고
판매촉진	시용구매 유도를 위한 강력한 판촉	수요 성장에 따라 감소	자사 브랜드로 전환하기 위한 판촉 증대	최저 수준으로 감소

출처: Based on Philip Kotler and Kevin Lane Keller, *Marketing Management*, 15th ed. (Hoboken, NJ: Pearson Education, 2016), p. 358.

저자 코멘트 | 규제 및 사회적 책임, 국제마케팅 문제 등 제품과 관련된 몇 가지 중요한 주제에 대해 더 살펴보자.

제품, 서비스와 관련된 추가 고려사항

학습목표 9-4 두 가지 추가적인 제품이슈, 즉 제품 결정에 따른 사회적 책임, 제품과 서비스의 국제마케팅에 대해 알아본다.

마지막으로 제품과 서비스에 대한 두 가지 추가 고려사항을 살펴보자. 하나는 제품 결정에 따른 사회적 책임이고, 또 하나는 제품과 서비스의 국제마케팅 이슈이다.

제품 결정과 사회적 책임

마케터는 제품 인수나 단종을 둘러싼 문제, 특허권, 제품의 품질과 안전, 품질 보증과 같은 공공정책 이슈와 규제에 각별한 주의를 기울여야 한다.

정부는 기업이 경쟁을 약화할 우려가 있는 인수를 통해 신제품을 추가 판매하는 것을 규제할 수 있다. 제품을 단종하는 기업은 해당 제품과 이해관계가 있는 공급업자, 유통업자, 소비자에게 법적 의무가 있다는 사실을 인지해야 한다. 또한 기업은 신제품을 개발할 때 특허법을 따라야 한다. 타사의 기존 제품과 비슷하게 불법적으로 신제품을 개발하면 안 된다.

제조업자는 제품의 품질과 안전에 관한 특별법을 준수해야 한다. 미국의 식품, 의약품, 화장품에 관한 법률(Federal Food, Drug, and Cosmetic Act)은 안전하지 않고 품질이 떨어지는 식품, 의약품, 화장품으로부터 소비자를 보호하기 위해 제정된 것이다. 육류와 가금류 가공업의 위생 상태 검열을 위한 다양한 조항도 마련되었다. 안전에 관한 법률은 섬유, 화학약품, 자동차, 장난감, 의약품, 독극물을 규제하기 위해 통과되었다. 미국에서는 1972년 제정된 소비자제품안전법(Consumer Product Safety Act)에 따라 잠재적 위험이 있는 제품을 규제하고, 법을 위반했을 때는 중한 벌금을 부과할 권한이 부여된 소비자제품안전위원회(CPSC)가 설립되었다.

제품 결함 때문에 부상을 입은 소비자는 제조업자나 판매업자를 고소할 수 있다. 제조사의 최근 조사에 따르면 노동과 고용 관련 소송 건에 이어 두 번째로 소송이 크게 우려되는 건은 제조물 책임이다. 수만 건의 제조물 책임 소송이 매년 미국 지방법원에 제기되고 있다. 제조물 책임 소송 사건에서 제조사의 책임이 인정될 확률이 아주 낮기는 하지만, 만약 제조사의 유죄가 인정된다면 손해배상액이 평균 1,000만 달러, 심지어 수억 달러에 이르고 집단소송의 경우 수십억 달러에 달하는 경우도 있다. 예를 들어 폴크스바겐은 배기가스 테스트를 속이기 위해 디젤 엔진 자동차를 조작했다는 사실을 인정한 후 미국에서만 40억 달러 이상의 벌금을 내기로 합의하고, 다른 집단소송에서는 250억 달러로 합의했으며, 미국 소비자로부터는 자사의 디젤차 60만 대를 되사기로 했다. 게다가 기타 벌금과 소송도 잇따라 예상되고 있다.[25]

이러한 소송 현상으로 제조물 책임 보험료가 크게 인상되었는데, 일부 산업에서는 이로 인해 큰 문제가 발생하기도 한다. 어떤 기업은 제품가격을 인상함으로써 보험료율을 소비자에게 전가하기도 한다. 어떤 기업은 위험이 큰 제품라인을 아예 중단하기도 한다. 그리고 어떤 기업은 제품의 잠재적 문제점을 적극적으로 탐색하여 제품 폐해로부터 소비자를 보호하고 제조물 책임으로부터 기업을 보호하는 제품 관리인을 고용한다.

제품과 서비스의 국제마케팅

제품과 서비스의 국제마케팅 담당자는 특수한 도전 과제에 직면한다. 먼저 어느 나라에 어떤 제품과 서비스를 도입할 것인지를 결정해야 한다. 그 후 나라마다 제품과 서비스를 얼마나 현지화할 것인지, 표준화할 것인지를 결정해야 한다.

기업은 제품이나 서비스를 표준화하는 것을 더 선호할 수도 있다. 표준화는 기업이 세계적으로 이미지의 일관성을 유지하는 데 도움을 준다. 또한 다양한 제품을 시장에 내놓을 때 제품 디자인, 제조, 마케팅 비용을 줄여준다. 한편 세계 곳곳의 시장과 소비자는 각기 다르기 때문에 기업은 각국의 시장에 맞게 제품을 현지화함으로써 소비자나 시장의 차이점을 극복할 수도 있다.

예를 들어 맥도날드는 음식 선호도가 매우 다양한 100개국 이상에서 운영하고 있다. 전 세계 대부분의 지역에서 시그니처 버거와 감자튀김을 주문할 수 있지만, 각 체인점에서는 현지 고객의 독특한 입맛을 충족하는 메뉴를 추가했다. 노르웨이에서는 연어버거, 중국에서는 매시트포테이토버거, 일본에서는 새우버거, 태국에서는 사무라이돼지고기버거, 말레이시아에서는 치킨죽, 하와이에서는 스팸에그버거를 판매하고 있다. 독일 맥도날드에서는 뉘른버거(소시지 3개를 통째로 부드러운 롤빵에 얹은 다음 머스터드소스를 듬뿍 곁들인 버거)를, 이스라엘에서는 맥팔라펠(파넬레, 토마토, 오이, 치즈 위에 타히니를 얹고 라파로 싼 것)을 주문할 수 있다. 터키 메뉴에는 초콜릿오렌지프라이드파이가 있다(브라질에서는 바나나를, 이집트에서는 토란을, 하와이에서는 파인애플을 추가했다). 프랑스 소비자는 바게트를 좋아하여 프랑스 맥도날드에서는 신선한 바게트를 구워 프랑스 맥바게트 샌드위치를 판매한다.[26]

● 글로벌 제품현지화: 맥도날드는 프랑스 소비자의 니즈와 선호도, 문화에 맞추어 메뉴와 운영을 현지화했으며, 이로써 프랑스를 전 세계에서 두 번째로 수익성 높은 시장으로 만들었다.
PRM/SIPA/Newscomo

글로벌 시장에서 맥도날드는 메뉴뿐만이 아니라 그 이상을 현지에 맞게 조정한다. 매장 디자인과 사업 운영을 조정하기도 하는데, ● 파리의 맥도날드가 처음에는 시카고의 맥도날드처럼 보였을지 모르지만 프랑스인의 라이프스타일에 맞게 사업 운영을 신중하게 조정했다. 예를 들어 프랑스의 식사 시간은 더 긴 편이고 좌석당 더 많은 음식을 소비하므로 맥도날드는 고객이 머무르고 싶고 커피나 디저트를 추가로 주문할 수 있는 편안하고 친근한 매장 환경을 만들기 위해 인테리어를 개선했다. 맥도날드는 심지어 테이블사이드 서비스도 제공한다. 이러한 메뉴 및 운영 조정 덕분에 맥도날드는 프랑스를 두 번째로 큰 세계 시장으로 만들 수 있었다.[27]

서비스 마케터 또한 세계 시장에 진출할 때 주의를 기울여야 한다. 몇몇 서비스 산업은 오랜 역사의 글로벌 운영 경험을 가지고 있다. 예를 들어 상업은행 산업은 국제적으로 성장한 첫 번째 산업에 속한다. 은행은 해외에서 영업하고자 하는 자국 기업을 위한 외환, 신용 보증 등의 글로벌 서비스를 수행해왔다. 최근에 많은 은행은 말 그대로 글로벌화하고 있다. 예를 들어 독일의 도이체방크(Deutsche Bank)는 70개국 이상 2,400개 지점에서 2,000만 명 이상의 고객에게 서비스를 제공하고 있다. 전 세계로 도약하려는 세계 곳곳의 고객을 위해 도이체방크는 프랑크푸르트뿐만 아니라 취리히, 런던, 파리, 도쿄, 모스크바에서도 영업을 하고 있다.[28]

소매상은 서비스 업체 중에서 가장 늦게 해외시장에 진출했다. 자국 시장이 점차 포화 상태에 이르자 월마트, 사무용품 전문점인 오피스디포(Office Depot), 삭스피프스애비뉴 백화점과 같은 미국 소매상은 빠르게 성장하는 해외시장으로 진출했다. 예를 들어 월마트는 현재 27개국에 1만 1,700개 이상의 매장을 가지고 있으며, 해외시장 부문의 매출이 전체 매출의 24%를 차지한다. 다른 나라의 소매상도 비슷한 행보를 보이고 있다. 아시아 소비자는 프랑스 자본의 소매업체인 까르푸(Carrefour)에서 미국 상품을 구매한다. 세계 9위의 소매상인 까르푸는 현재 30개국 이상에서 1만 2,000개가 넘는 매장을 운영하고 있다. 까르푸는 유럽, 브라질, 아르헨티나에서 소매업계의 선두 주자이고 중국에서는 가장 큰 규모의 외국 소매상이기도 하다.[29]

글로벌 서비스기업의 성장 추세는 한동안 계속될 것으로 전망된다. 특히 은행, 항공, 텔레커뮤니케이션, 기타 전문 서비스 분야에서 더욱 두드러질 것이다. 서비스기업은 더 이상 그들의 제조업 고객이 걸어왔던 길을 단순히 그대로 따라가지는 않는다. 이제 그들은 글로벌 사업확장을 주도하고 있다.

학습목표별 요약

기업의 제품은 수명이 제한적이므로 새로운 제품으로 교체되어야 한다. 그러나 신제품도 실패할 수 있다. 혁신적 시도에는 위험이 따르지만 성공했을 때의 보상이 그만큼 크다. 신제품개발의 성공은 고객지향적이고 전사적인 노력, 강력한 계획 수립, 체계적인 신제품개발 프로세스에 달려 있다.

학습목표 9-1 기업이 어떻게 신제품 아이디어를 찾고 개발하는지 이해한다.

기업은 다양한 원천을 통해 신제품 아이디어를 찾고 발전시킨다. 많은 신제품 아이디어를 기업 내부에서 얻는데, 기업은 공식적인 R&D 과정을 거치거나, 직원 중에서 인재를 뽑아 신제품 아이디어를 구상하고 발전시키게 한다. 기업은 외부에서 아이디어를 얻기도 한다. 경쟁사의 제품을 관찰하여 아이디어를 얻기도 하고, 고객과 가장 밀접하게 접촉하는 유통업자와 공급업자로부터 고객이 겪는 문제와 신제품 기회에 대한 정보, 아이디어를 얻기도 한다.

신제품 아이디어의 가장 중요한 원천은 아마도 고객일 것이다. 기업은 고객을 관찰하기도 하고, 그들의 아이디어와 제안을 구하기 위해 초청하기도 하고, 신제품개발 프로세스에 그들을 직접 참여시키기도 한다. 이제 많은 기업은 크라우드소싱 또는 개방형 혁신 신제품 아이디어 프로그램을 개발하여 고객, 직원, 독립적인 과학자, 연구자, 일반 대중에 이르기까지 폭넓은 사람들의 커뮤니티를 신제품 혁신 과정에 참여시키고 있다. 진정으로 혁신적인 기업은 신제품 아이디어를 얻기 위해 한 가지 원천에만 의존하지 않는다.

학습목표 9-2 신제품개발 프로세스의 단계와 각 단계의 주요 고려사항을 파악한다.

신제품개발 프로세스는 순차적인 여덟 단계를 거친다. 첫 번째 단계는 아이디어 창출이고, 그다음 단계는 기업 고유의 기준을 토대로 아이디어의 수를 줄이는 아이디어 선별이다. 선별 단계를 거친 후에는 아이디어의 자세한 버전이 소비자와 관련된 의미 있는 용어로 서술되는 제품콘셉트 개발 단계로 나아간다. 이 단계에서는 신제품 콘셉트가 소비자에게 호소력이 있는지 알아보기 위해 목표고객을 대상으로 테스트를 실시한다. 신제품의 초기 마케팅전략은 이 제품콘셉트를 토대로 개발된다. 사업분석 단계에서는 신제품이 기업의 목표를 충족할 수 있는지 판단하기 위해 매출, 비용, 예상 이익 등을 재검토한다. 여기서 긍정적인 결과를 얻는다면 아이디어는 제품개발과 테스트 마케팅을 통해 더욱 구체화되고, 마침내 상품화를 거쳐 출시된다.

신제품개발은 단순히 일련의 단계를 모두 거친다고 해서 완성되는 것이 아니다. 체계적이고 전사적인 접근 방식으로 프로세스를 관리해야 한다. 신제품개발은 고객지향적이고 팀 중심으로 실시되며 체계적인 노력이 이어질 때 성공을 거둘 것이다.

학습목표 9-3 제품수명주기 단계와 각 단계별 마케팅전략의 변화를 이해한다.

제품에는 수명주기가 있고 수명주기 단계마다 기회와 문제가 뒤따른다. 일반적으로 제품 매출은 5단계로 구성된 S자 곡선 모양의 주기를 거친다. 제품수명주기는 기업이 신제품 아이디어를 발견하고 개발하는 제품개발 단계로 시작된다. 도입기에는 제품이 시장에 유통되면서 느린 성장과 낮은 이윤이라는 특징을 보인다. 만약 성공적이라면 판매가 급성장하고 이익이 증대하는 성장기로 접어들게 된다. 다음 단계인 성숙기에는 판매 성장이 둔화되지만 수익이 안정적으로 발생한다. 끝으로 제품은 판매와 수익이 줄어드는 쇠퇴기로 접어드는데, 이 단계에서 기업은 제품을 유지할 것인지, 수확할 것인지, 철수시킬 것인지를 결정해야 한다. 이러한 제품수명주기의 단계별로 다른 마케팅전략과 전술이 필요하다.

학습목표 9-4 두 가지 추가적인 제품이슈, 즉 제품 결정에 따른 사회적 책임, 제품과 서비스의 국제마케팅에 대해 알아본다.

마케터는 제품에 대해 두 가지 사항을 추가로 고려해야 한다. 첫 번째는 사회적 책임 문제로, 마케터는 제품 인수나 단종을 둘러싼 결정, 특허보호, 품질과 안전, 제품보증과 관련된 공공정책과 규제를 고려해야 한다. 두 번째는 제품과 서비스의 국제마케팅 담당자가 직면하는 문제로, 마케터는 해외시장에 제품을 출시할 때 어느 정도 표준화할 것인지, 현지화할 것인지를 결정해야 한다.

핵심용어

학습목표 9-1

신제품개발 new product development

학습목표 9-2

아이디어 창출 idea generation
크라우드소싱 crowdsourcing
아이디어 선별 idea screening
제품콘셉트 product concept
콘셉트 테스트 concept test
마케팅전략 개발 marketing strategy development
사업분석 business analysis
제품개발 product development
테스트 마케팅 test marketing
상품화 commercialization
고객 중심의 신제품개발 customer-centered new product development
팀 기반의 신제품개발 team-based new product development

학습목표 9-3

제품수명주기 product life cycle (PLC)
스타일 style
패션 fashion
유행 fad
도입기 introduction stage
성장기 growth stage
성숙기 maturity stage
쇠퇴기 decline stage

토의문제

1. 기업은 신제품을 어떻게 개발하는가? 이 과정이 기업과 고객에게 중요한 이유는 무엇인가?
2. 많은 신제품이 실패하는 이유는 무엇인가?
3. 신제품개발 프로세스의 테스트 마케팅 단계에서는 어떤 활동이 진행되는가? 기업은 이 활동을 어떻게 수행하는가?
4. 기업이 신제품개발에 고객중심적인 접근 방식을 채택하는 이유는 무엇인가?
5. 제품수명주기 프로세스에서 시장전략의 수정과 마케팅믹스 전략의 수정은 어떻게 다른가?
6. 제품과 서비스의 국제마케팅 담당자가 직면하는 특별한 문제는 무엇인가?

10 가격결정

고객 가치 이해와 포착

학습목표 10-1 '가격이란 무엇인가?'라는 질문에 답하고, 오늘날 빠르게 변화하는 환경에서 가격결정의 중요성을 이해한다.
가격이란 무엇인가

학습목표 10-2 가격의 정의와 세 가지 주요 가격결정 전략을 알아본다. 그리고 가격을 설정할 때 고객 가치 인식, 회사 비용, 경쟁자 전략에 대한 이해의 중요성을 설명한다.
주요 가격결정 전략

학습목표 10-3 기업의 가격결정에 영향을 미치는 기타 중요한 내·외부 요인을 파악한다.
가격결정에 영향을 미치는 기타 내·외부 고려 사항

개관 이 장에서는 마케팅믹스의 두 번째 주요 도구인 가격에 대해 살펴볼 것이다. 효과적인 제품 개발, 촉진, 유통이 사업 성공을 위해 씨를 뿌리는 것이라면, 효과적인 가격결정은 수확을 거두는 것이다. 다른 마케팅믹스 활동을 통해 고객 가치를 창출하는 데 성공한 기업이라 하더라도 창출된 가치의 일부를 가격을 통해 얻어야 한다. 이 장에서는 가격결정의 중요성을 이해하고, 세 가지 주요 가격결정 전략과 가격 의사결정에 영향을 주는 내·외부 요인을 살펴본다. 다음 장에서는 추가적인 가격결정 고려 요인과 가격결정 접근 방식을 다룰 것이다.

도입 사례에서는 애플의 가격결정 전략을 살펴보자. 항상 애플은 최고가 전략을 펴는 경쟁사의 가격보다 훨씬 높은 가격을 설정했다. 애플의 비전은 혁신적인 디자인으로 프리미엄 가격을 가능하게 하고, 애플 제품을 탐내는 고객의 마음에 우수한 사용자 경험을 항상 제공하는 것이다. 그러나 최근 애플이 저가 브랜드와의 글로벌 경쟁 심화에 직면함에 따라 일부 고객은 이 상징적인 브랜드에 얼마나 더 지불할 의향이 있는지에 의문을 가질 수도 있을 것이다.

애플: 프리미엄 가격에 그만한 가치가 있을까?

애플은 전형적으로 프리미엄 가격을 설정하고 있다. 고객은 아이폰, 아이패드, 맥북, 애플워치 등을 경쟁사의 기기보다 비싼 가격에 구매하고 있다. 예를 들어 애플 아이폰의 작년 평균 판매가격은 산업 전체 평균 가격보다 3배나 높은 800달러를 상회했다. 마찬가지로 표준 맥북 프로는 비교할 만한 델 또는 HP의 노트북보다 수백 달러나 비싸다.

그러나 하늘 높은 줄 모르는 가격에도 불구하고 애플 제품은 수십 년 동안 날개 돋힌 듯 팔렸다. 열렬한 고객은 최신 모델이 매진되기 전에 손에 넣기 위해 줄을 서서 기다려야만 했다. 이러한 현상 덕분에 애플은 남들이 부러워하는 위치를 차지했다. 최고가를 설정하고 대부분의 제품 범주에서 시장을 선도하는 수익 점유율(revenue shares)을 획득하고 있는 애플은 어떻게 이러한 결과를 이끌어냈을까?

애플의 입장에서 성공은 결코 가격에 관한 것이 아니라 애플 사용자 경험에 관한 것이었다. 많은 기술 회사는 단지 공간을 차지하고 당면한 과제를 해결하는 제품을 만들지만 애플은 '기분 좋은 삶'의 경험을 창출한다. 애플 사용자에게 물어보면 애플 기기는 간단하게 작동하고 사용하기도 더 쉽다고 말한다. 또한 이들은 애플의 깔끔하고 심플한 디자인을 좋아한다.

처음부터 애플은 혁신적인 리더였으며, 애플의 포트폴리오에 있는 다양한 제품과 함께 매끄럽게 작동하는 첨단 제품을 연이어 만들어냈다. 자신이 원하는 것이 무엇인지 고객이 알기도 전에 고객이 원하는 제품을 만드는 것은 애플 주도의 혁명을 불러왔다. 애플은 인간의 욕구를 기술로 아름답게 포장하는 천재성을 고객이 군중 앞에 돋보이게 하는 방식으로 발휘해왔다. 결국 열렬한 애플 애호가로 이루어진 거대한 군단이 생성되었고, 40년 이상 동안 애플 고객은 논쟁의 여지 없이 애플을 모든 것을 멋지게 유지하는 기업으로 인정했다. 이러한 열정과 지원은 가격 제한을 넘어 애플 제품에 대한 수요를 창출한다. 애플 팬은 더 많은 돈을 기꺼이 지불할 뿐만 아니라 자신이 받는 가치가 높은 가격만큼이나 충분히 값어치가 있다고 믿는다.

애플의 프리미엄 가격 경쟁력을 보여주는 가장 좋은 예 중 하나는 애플워치이다. 애플은 스마트워치의 선구자로 보기 어렵다. 수십 개의 회사가 이미 광범위한 가격대의 웨어러블 기기를 판매하고 있었다. 애플워치 출시 전해에 경쟁사들은 680만 개의 스마트워치를 평균 189달러에 팔았다. 애플은 세 가지 버전으로 스마트워치를 선보였는데, 가장 저렴한 기본형 애플워치 스포츠는 업계 평균 가격의 거의 2배인 349달러였다. 가장 고가의 버전은 단단한 18캐럿 금과 사파이어 크리스털 글라스로 만들어진 초프리미엄 애플워치 에디션으로, 풀옵션이 무려 1만 7,000달러였다. 애플워치의 가격이 시리즈마다 상승하는데도 불구하고 애플은 작년에 3,000만 개 이상을 팔았고, 급성장 중인 스마트워치 시장의 50% 이상을 점유했다.

높은 가격을 매길 수 있는 애플의 능력은 놀라운 수익을 낳았다. 예를 들어 스마트폰 부문에서 애플은 전 세계 단위 시장 점유율이 15%로, 삼성의 21%에 이어 2위이다. 하지만 훨씬 더 높은 가격과 이윤 덕분에 작년 사사분기에 전 세계 스마트폰 수익에서 삼성의 15.7%에 비해 애플은 51%의 인상적인 점유율을 차지했다. 또한 전 세계 스마트폰 수익에서 삼성의 10%에 비해 애플은 거의 9배에 달하는 87%를 벌어들였다. 애플은 노트북과 다른 제품에서도 비슷한 수익을 올리고 있다.

이제 애플은 세계에서 가장 크고 가치 있는 기업 중 하나가 되었다. 지난 4년 동안 애플의 매출은 45% 증가한 2,660억 달러를 기록했고, 《포춘》이 선정한 500대 기업 중 3위에 올랐다. 더욱 주목할 것은 다른 어떤 기업보다도 높은 애플의 기록적인 이익(590억 달러)이다. 한편 브랜드 조사 기관인 인터브랜드(Interbrand)는 애플을 6년 연속 세계에서 가장 가치 있는 브랜드로 평가했다.

그러나 이 모든 성공에도 불구하고 많은 분석가는 초고가인 애플 제품에 대한 과열된 수요가 식는 중일 수 있다는 징후를 발견하고 있다. 애플은 지난해 사상 최대 수익과 이익을 올렸지만 연말 주가 폭락으로 전체 가치의 35%가 사라져버렸다. 이는 애플의 연간 수익에서 60%나 차지하는 아이폰을 중심으로 한 애플 제품의 매출 성장 둔화 때문이었다.

스마트폰의 매출 성장은 세계 경제가 어려움을 겪고 휴대전화 소유자가 많은 시장에서 포화 상태에 이르면서 둔화되었다. 더욱이 애플은 혁신의 칼날이 무뎌지고 있는 것처럼 보인다. 심지어 낮은 가격대의 경쟁자들조차 기술 격차를 줄이고 있다. 애플의 프리미엄 가격은 빠르게 성장하는 세계 신흥시장과 같은 동적인 시장에서 특히 취약하다. 심지어 가정에서도 아이폰 충성파는 오래된 애플 폰을 더 오래 가지고 있는 듯하다. 새로 출시되는 모델의 가격은 계속 오르는데 그 가격을 정당화할 만큼 달라 보이지는 않는다.

열렬한 애플 팬은 애플이 모든 것을 멋지게 유지하는 기업이라고 인정하며, 자신이 받는 가치가 높은 가격만큼이나 충분히 값어치가 있다고 믿는다.
Mark Lennihan/AP/Shutterstock

애플의 가격 딜레마는 세계 신흥시장에서 가장 두드러진다. 세계에서 가장 큰 스마트폰 시장이자 애플의 입장에서 미국에 이어 두 번째로 큰 시장인 중국의 경우, 한때 중국에서 가장 많이 팔렸던 아이폰은 급성장하고 있는 화웨이와 샤오미에 밀려 이제 5위가 되었다. 중국 시장의 선두 주자인 화웨이는 최근 몇 년 동안 전 세계적으로 급부상했으며, 삼성에 이어 두 번째로 큰 스마트폰 생산자인 애플과 어깨를 나란히 하고 있다. 화웨이 스마트폰은 아이폰과 유사하게 광범위한 종류에 다양한 특징을 지니고 있지만 가격이 훨씬 저렴하다.

한편 샤오미는 지난 몇 년 동안 애플 제품을 모방한 저렴한 스마트폰, 노트북 등의 기기를 생산하여 이제는 샤오미 제품을 어디서나 볼 수 있다. 샤오미는 아이폰보다 매우 저렴한 스마트폰에 강력한 기술과 놀라운 디자인을 담고 있다. 예를 들어 보급형 아이폰은 중국에서 약 900달러에 팔리고 있는 데 반해 보급형 샤오미 스마트폰은 150달러에 불과하다. 한 기술 블로거가 말하길, 샤오미는 "최고 수준의 애플이나 삼성 폰을 살 여유가 없지만 기술 지향적이고 괴짜 같은 젊은 층"을 스마트한 디자인과 저렴한 가격으로 공략하려 한다. 이러한 소비자는 중국뿐만 아니라 애플이 스마트폰 시장의 2%만을 점유하고 있는 인도와 같은 신흥시장에서 가장 빠르게 부상하고 있는 기술 세분시장을 구성하고 있다.

> 애플은 항상 경쟁사보다 훨씬 높은 가격을 설정하여 높은 수익을 올렸다. 그러나 저가 브랜드와의 글로벌 경쟁이 심화되면서 일부 고객은 애플에 얼마나 더 지불할 의향이 있는지에 의문을 가질 수도 있을 것이다.

지금까지 애플은 샤오미, 화웨이

와 기타 저렴한 브랜드를 성장시키는 소비자 유형에 대한 적절한 대응책을 가지고 있지도 않았고, 또 그러한 대응책을 마련할 의도도 없었다. 저가형 제품은 단순히 애플의 운영 방식이나 프리미엄 포지셔닝과 맞지 않다. 또한 애플은 아마도 지금으로서는 높은 가격에 어울리는 높은 이윤을 포기하기를 꺼리는 것 같다.

그럼에도 불구하고 경쟁적인 압박감과 최근의 부진한 판매 증가를 느끼면서 이제 애플은 최소한 약간은 가격을 완화했다. 미국에서 애플은 사용 후 반납 시 최대 300달러를 공제해주는 최신 보급형 폰을 내놓았다. 그리고 이례적으로 애플은 최근 미국 이외의 시장에서 일부 주력 폰의 가격을 인하했는데, 이러한 일괄적인 가격 인하는 아이폰의 12년 역사상 두 번째이다.

일부 기술 분석가는 애플이 국내외에서 아이폰 전체 제품라인의 가격을 영구 인하할 것을 요구하고 있다. 심지어 어떤 이들은 삼성처럼 저가 폰을 만들어 세계 시장에서 저렴한 브랜드와 경쟁할 것을 촉구하고 있다. 프리미엄 가격의 오랜 승자였던 애플로서는 내리기 어려운 결정이지만, 어떤 결정을 내리든 애플은 혁신적인 우위를 되찾고 유지해야 하며, 고객이 어떤 대가를 치르더라도 완전한 가치를 추구할 것이라는 확신을 가져야 한다. 진정한 프리미엄 제품만이 프리미엄 가격을 받을 수 있다.[1]

가격결정: 경제 상황이 어떻든 기업은 가격이 아니라 가치를 팔아야 한다.
magicoven/Shutterstock.com

오늘날의 기업은 격렬하고 급변하는 가격결정 환경에 처해 있다. 스마트폰을 잘 활용하면서 가치를 추구하는 고객은 많은 기업의 가격결정에 압력을 가하고 있다. 최근의 경제 불황, 인터넷의 가격결정력, 월마트나 아마존 같은 가치 지향적인 소매업체의 영향으로 오늘날의 소비자는 보다 검소한 소비 전략을 추구하고 있다. 거의 모든 기업은 이에 대응하여 가격을 낮출 방법을 찾고 있는 듯하다.

그러나 가격을 내리는 것은 종종 최선의 해결책이 아니다. 가격인하는 불필요한 이윤 상실과 피해를 입는 가격 전쟁을 초래한다. 또한 브랜드가 제공하는 고객 가치보다 가격이 더 중요하다는 것을 고객에게 드러냄으로써 브랜드를 싸구려로 보이게 할 수도 있다. 경기가 호황이든 불황이든 기업은 가격이 아니라 가치를 팔아야 한다. 가치를 판다는 것은 어떤 경우에는 최저가로 더 적은 제품을 파는 것을 의미한다. 그러나 대부분의 경우 고객이 특정 브랜드에 더 높은 가격을 지불하는 것은 고객이 얻는 더 큰 가치에 의해 정당화된다고 설득하는 것을 의미한다.

가격이란 무엇인가

학습목표 10-1 '가격이란 무엇인가?'라는 질문에 답하고, 오늘날 빠르게 변화하는 환경에서 가격결정의 중요성을 이해한다.

가격
제품이나 서비스에 대해 부과된 화폐량, 또는 고객이 제품이나 서비스의 소유 또는 사용으로 얻게 될 편익과 교환하는 가치의 합

가장 좁은 의미로 **가격**(price)은 제품이나 서비스에 대해 부과된 화폐량을 말하고, 좀 더 넓은 의미로는 제품이나 서비스의 소유 또는 사용으로 얻게 될 편익을 위해 고객이 포기해야 할 모든 가치의 합을 의미한다. 오랫동안 가격은 소비자의 선택에 영향을 주는 주요 요인이었다. 최근 수십 년에 걸쳐 비가격 요인의 중요성이 상대적으로 커지고 있다. 그럼에도 불구하고 가격은 여전히 기업의 시장 점유율과 수익성을 결정짓는 가장 중요한 요소 중 하나이다.

가격은 마케팅믹스 가운데 수익*을 낳는 유일한 요소이고, 마케팅믹스의 나머지 구성요소는 비용을 발생시킨다. 또한 가격은 마케팅믹스 요소 중 가장 유연성이 높다. 제품 특성, 유통경로 이행사항 등과 달리 가격은 곧바로 변경할 수 있다. 이와 동시에 가격은 많은 마케팅 책임자가 골머리를 앓는 첫 번째 문제 영역이며, 실제로 많은 기업은 가격결정을 잘 다루지 못한다. 일부 관리자는 가격결정을 큰 골칫거리로 여겨 마케팅믹스의 다른 구성요소에만 신경을 쓰고 싶어 한다.

* 역자 주: 'revenue'는 '수익', 'profit'는 '이익'으로 번역했으나 'profitability'는 '수익성'으로 번역했다.

그러나 현명한 관리자는 고객 가치를 창출하고 획득하는 데 중요한 전략 도구로 가격을 활용한다. 가격은 기업의 재무 성과에 직접적인 영향을 미친다. 약간의 가격 개선은 상당한 수준의 수익성 증가를 초래할 수 있다. 더욱 중요한 점은 가격이 기업의 전반적 가치 제안의 한 부분을 차지하여 고객 가치의 창출과 고객 관계의 구축에서 핵심적인 역할을 한다는 것이다. 실력 있는 마케터는 가격결정 문제를 회피하기보다는 중요한 경쟁 자산으로 받아들인다.[2]

저자 코멘트 | 적절한 가격 설정은 마케터의 가장 어려운 작업 중 하나이다. 많은 요인이 작용하기 시작한다. 그러나 앞의 애플 사례에서 보듯이 적절한 가격결정 전략을 찾고 실행하는 것은 성공에 매우 중요하다.

주요 가격결정 전략

학습목표 10-2 가격의 정의와 세 가지 주요 가격결정 전략을 알아본다. 그리고 가격을 설정할 때 고객 가치 인식, 회사 비용, 경쟁자 전략에 대한 이해의 중요성을 설명한다.

기업이 설정한 가격은 수요를 창출하기에는 너무 높은 가격과 이익을 실현하기에는 너무 낮은 가격의 중간 어디쯤일 것이다. ● 그림 10.1은 가격결정 시의 주요 고려 사항을 보여준다. 고객의 제품 가치 지각은 가격 상한선이 된다. 고객은 제품의 가격이 제품의 가치보다 더 크다고 인식한다면 구매하지 않을 것이다. 한편 제품 원가는 가격 하한선이 되는데, 기업이 원가 이하로 가격을 설정한다면 이익을 얻지 못할 것이다. 기업은 두 극단 사이에서 가격을 설정할 때 기타 내·외부 요인을 고려해야 하는데, 여기에는 경쟁사의 전략과 가격, 전반적 마케팅 전략과 마케팅믹스, 시장과 수요의 본질 등이 포함된다.

그림 10.1은 세 가지 주요 가격결정 전략, 즉 고객 가치 기반 가격결정, 원가 기반 가격결정, 경쟁 기반 가격결정을 제시한다. 각각의 전략적 가격결정 접근 방법을 자세히 살펴보자.

저자 코멘트 | 마케팅의 다른 모든 것과 마찬가지로 좋은 가격결정은 고객과 고객의 가치 인식에서 시작된다.

고객 가치 기반 가격결정

최종적으로 고객이 제품 가격의 적절성을 결정할 것이다. 다른 마케팅믹스에 대한 의사결정과 마찬가지로 가격결정도 고객 가치에서 출발해야 한다. 고객은 제품을 구매할 때 가치 있는 어떤 것(제품을 사용함으로써 얻는 편익)을 얻기 위해 가치 있는 어떤 것(가격)을 지불한다. 효과적이고 고객 중심적인 가격결정이란 소비자가 제품을 통해 얻게 될 편익에 어느 정도의 가치를 부여하는지를 이해하고, 그 가치를 획득하는 수준에서 가격을 설정하는 것이다.

고객 가치 기반 가격결정
판매자의 원가보다는 구매자의 가치 인식에 바탕을 둔 가격 설정

고객 가치 기반 가격결정(customer value-based pricing)은 가격결정의 핵심 사항으로 구매자의 가치 인식을 활용한다. 가치 기반 가격결정은 마케터가 제품과 마케팅 프로그램을 먼저 설계한 다음 가격을 설정할 수 없다는 것을 의미한다. 가격은 마케팅 프로그램이 개발되기 전에 고객의 제품 가치 지각에 영향을 주는 다른 마케팅믹스 요소와 함께 고려해야 한다.

● 그림 10.2는 가치 기반 가격결정과 원가 기반 가격결정을 비교하여 보여준다. 원가는 가격

● **그림 10.1**
가격 설정 시 고려 사항

고객은 제품의 가격이 제품의 가치보다 더 크다고 인식한다면 구매하지 않을 것이다. 기업이 원가 이하로 가격을 설정한다면 이익을 얻지 못할 것이다. 두 극단 사이의 적절한 가격결정 전략은 고객에게도 가치를 제공하고 기업에도 이익을 안겨주는 전략이다.

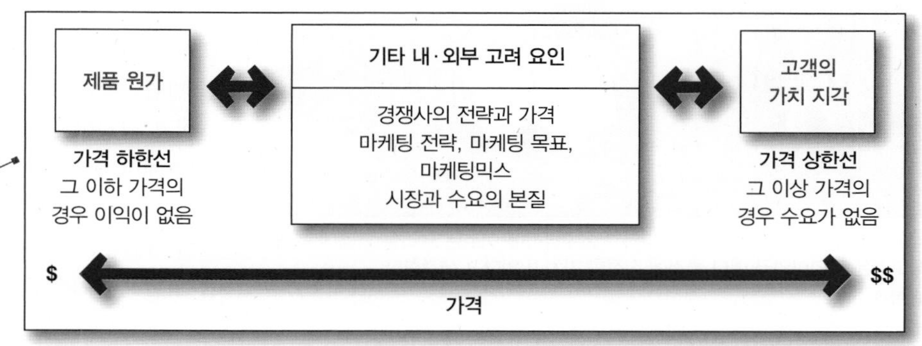

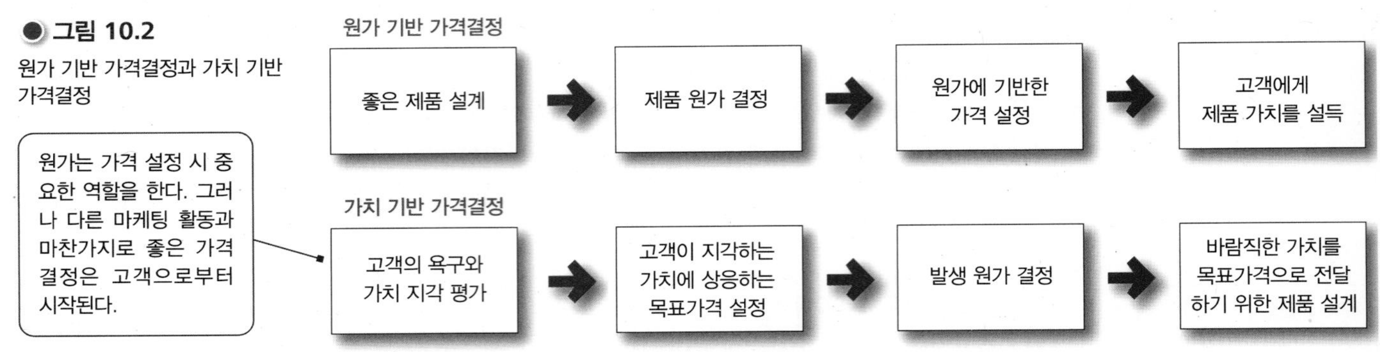

그림 10.2
원가 기반 가격결정과 가치 기반 가격결정

설정 시 주요 고려 사항이기는 하지만 원가 기반 가격결정은 종종 제품 중심적으로 가격을 설정한다. 기업은 좋은 제품을 설계한 후 그 제품을 생산하는 데 드는 원가에 목표이익을 합하여 가격을 설정한다. 그런 다음 기업은 마케팅을 통해 그 가격에 상응하는 가치가 있기 때문에 제품을 구매할 만하다는 것을 고객에게 확인시켜야 한다. 만약 고객이 가격이 너무 높다고 지각한다면 기업은 이익률을 낮추거나 매출 감소를 감수해야 하지만, 두 가지 해결책 모두 수익성을 감소시키는 실망스러운 결과를 낳는다.

가치 기반 가격결정은 이와 정반대의 결정 과정을 따른다. 기업은 먼저 고객의 욕구와 가치 인식을 평가한다. 그리고 고객의 제품 가치 지각을 바탕으로 목표가격을 설정한다. 그런 다음 목표로 삼은 제품 가치와 가격에 맞추어 소요되는 원가와 예상되는 제품 설계에 대한 의사결정 과정을 거친다. 따라서 가격결정은 고객의 욕구와 가치 지각을 분석하는 것에서 시작되며, 고객의 지각 가치와 부합되게 제품 가격이 설정된다.

'좋은 가치'가 '낮은 가격'과 같지 않다는 것을 명심하는 것이 중요하다. 예를 들어 일부 소비자는 눈이 휘둥그레지는 가격에도 프리미엄급 예티(YETI) 쿨러가 정말 저렴하다고 생각한다.[3]

쿨러(캠핑이나 야외 활동 시 식재료 등을 담아 갈 수 있는 단열 용기)의 가치는 무엇일까? 예티 쿨러라면 299달러부터 1,299달러(최고급 툰드라 모델)까지 지불해야 한다. 이처럼 높은 가격에 남아도는 공간과 박스형 디자인에도 불구하고 예티 쿨러는 아웃도어 애호가들, 건설 현장, 목장, 축구 경기장의 주차장, 심지어 군사 기지에서 거의 우상 취급을 받고 있다. 예티의 창립 슬로건 '예티 쿨러 — 거칠게 더 강하게. 얼음을 더 오래 보관하라!(YETI Coolers — Wildly Stronger. Keep Ice Longer!)'는 그 이유를 말해준다. 헌신적인 사용자는 팻월(FatWall) 디자인(경쟁사 2배의 단열 처리)과 냉기를 유지하는 개스킷을 마주 무는 뚜껑 시스템으로 내용물을 더 시원하게 유지한다고 말할 것이다. 또한 견고한 예티 쿨러는 경첩이 파손되거나, 걸쇠가 고장 나거나, 뚜껑이 함몰되지 않도록 제작되었다. 심지어 예티 쿨러는 정부 기관인 회색곰위원회(Interagency Grizzly Bear Committee)로부터 회색 곰 증명서를 발급받았다. 한 광고에서는 예티를 "당신이 항상 원하던 쿨러이자 당신이 필요로 하는 마지막 쿨러"라고 묘사한다. 그렇다면 예티 쿨러는 이글루(Igloo)나 러버메이드(Rubbermaid)가 만든 덜 비싼 쿨러와 비교해볼 때 프리미엄 가격의 가치가 있을까? 예티의 가격이 2배라 하더라도 많은 고객은 진정한 가치를 느낄 것이다.[4]

고객 가치 기반 가격: 299달러부터 1,299달러에 이르는 놀라운 가격에도 대부분의 고객은 프리미엄급 예티 쿨러에 진정한 가치가 있다고 생각한다.
Ty Sprague

가치 기반 가격결정 방식을 사용하는 기업은 고객이 자사 제품에 부여하는 가치를 측정하는 것이 어려운 일임을 흔히 알게 될 것이다. 예를 들어 우아한 식당에서 한 끼 식사에 드는 재료비를 계산하기는 비교적 쉽다. 그러나 음식의 맛, 환경, 기분 전환, 대화, 지위 등의 만족도에 부여하는 가치를 산정하기는 매우 어렵다. 여기에 부여하는 가치는 주관적이어서 사람에 따라 그리고 상황에 따라 달라질 것이다.

그럼에도 불구하고 소비자는 이러한 인식된 가치를 토대로 제품 가격을 평가할 것이므로 기업은 가치를 측정하기 위해 노력해야 한다. 때에 따라 기업은 소비자에게 기본 제품에 얼마의 가격을 지불할 것인지, 각각의 편익이 추가됨에 따라 얼마를 더 지불할 것인지를 소비자 조사를 통해 묻는다. 또 다른 측정 방법은 실험을 통해 각기 다른 제공물에 대한 지각 가치를 조사하는 것이다. 러시아 속담에 따르면, 모든 시장에는 두 가지 유형의 바보가 있는데 하나는 너무 많은 것을 요구하는 사람이고 또 하나는 너무 적게 요구하는 사람이다. 소비자가 인식한 가치보다 더 높은 가격을 설정한다면 판매자는 어려움을 겪을 것이다. 반대로 소비자가 인식한 가치보다 더 낮은 가격을 설정한다면 아주 잘 팔리겠지만, 소비자가 인식한 가치에 맞추어 가격을 설정하는 경우에 비해 수익이 적을 것이다.

이제 두 가지 유형의 가치 기반 가격결정 방식인 **좋은 가치 가격결정**과 **부가가치 가격결정**에 대해 자세히 알아보자.

좋은 가치 가격결정

좋은 가치 가격결정
품질과 좋은 서비스를 잘 결합하여 적정 가격에 제공하는 것

최근 몇 년 사이에 가격과 품질에 대한 소비자의 태도가 변하고 있다. 점점 더 소비자는 자신이 지불한 금액에 비해 좋은 가치를 얻고 있는지 알고 싶어 한다. 이에 대응하여 많은 기업은 변화하는 가격 및 가치 인식에 따라 가격결정 방식을 변경해왔다. 점점 더 많은 마케터가 **좋은 가치 가격결정**(good-value pricing) 전략을 채택하고 있는데, 이는 품질과 좋은 서비스를 잘 결합하여 적정 가격에 제공하는 것을 말한다.

많은 경우 이러한 가격결정 방식은 시장 기반이 확립된 유명 브랜드가 덜 비싼 버전을 내놓거나 더 낮은 가격대의 새로운 제품라인을 도입할 때 사용한다. 예를 들어 크로거는 저가 제품라인인 헤리티지팜, 체크디스아웃, 프스트를 보유하고 있는데, 이는 절약 정신이 투철한 고객에게 치킨, 화장지, 설탕과 같은 기본 식료품과 잡화를 최저가로 제공한다. 좋은 가치 가격은 상대적인 것으로, 프리미엄 브랜드라도 가치 버전을 출시할 수 있다. ● 메르세데스벤츠는 3만 1,500달러부터 시작하는 엔트리 레벨 모델인 CLA 클래스를 출시했다. 날개 모양의 계기판과 다이아몬드 블록 그릴, 208마력의 터보 직렬 4기통 엔진 등 CLA 클래스는 고객에게 "유혹적 기술을 인하된 가격으로" 선사한다.[5]

● 좋은 가치 가격결정: 프리미엄 브랜드라도 가치 버전을 출시할 수 있다. 메르세데스벤츠의 CLA 클래스는 고객에게 "유혹의 기술을 인하된 가격으로" 선사한다.

좋은 가치 가격결정 방식이 이용되는 또 다른 경우는 기존 가격으로 더 나은 품질을 제공하거나, 더 저렴한 가격으로 동일한 품질을 제공하도록 기존 브랜드를 재설계할 때이다. 심지어 어떤 기업은 적은 가치를 매우 낮은 가격으로 제공함으로써 성공을 거두고 있다. 예를 들어 슈퍼마켓 체인 알디는 매일 초저가로 품질 좋은 품목의 기본적인 구색을 갖춤으로써 인상적인 좋은 가치 가격결정 방식을 확립했다(마케팅 현장 10.1 참조).

소매 수준에서 좋은 가치 가격결정 방식의 대표적인

마케팅 현장 10.1 | 알디: 놀랄 만큼 저렴한 가격으로 제공하기 위해 '다르게' 일하기

세계에서 가장 큰 식료품 체인이라고 하면 세계에서 가장 큰 소매점인 월마트와 미국 최대의 식료품점인 크로거가 생각날 것이다. 아마도 떠오르지 않을 이름 중 하나는 독일에 기반을 둔 할인 식료품점 알디일 것이다. 하지만 놀랍게도 알디는 20개국 1만 1,000개 이상의 매장에서 연간 850억 달러 이상의 매출을 올리고 있으며, 세계에서 여덟 번째로 큰 소매업체이자 크로거에 이어 두 번째로 큰 식료품 전용 소매점이다. 또한 알디는 미국과 국외 시장을 강타하면서 큰 규모의 경쟁사보다 빠르게 성장 중이다.

알디의 성공 요인은 무엇일까? 성공 요인은 단순한데, 바로 고객에게 매일 좋은 품질의 기본 구색을 갖춘 식료품을 초저가로 제공하는 것이다. 오늘날 많은 식료품점이 저가로 판매한다고 떠벌리지만 알디는 절대적으로 이를 실천하고 있다. 빠르게 성장하고 있는 알디는 '다르게 쇼핑하라(Shop differentli)'면서 고객을 초대한다. 알디의 방식은 돈과 시간을 절약하면서 양질의 제품을 제공하는 독특한 쇼핑 경험을 약속하는 것이다. 알디는 비용을 절감하기 위해 식품 쇼핑 경험을 재설계하여 경쟁 슈퍼마켓에 비해 최고 50%까지 낮은 가격을 제시했다. 알디는 "놀라운 낮은 가격을 제시하기 위해 다르게 행동한다"고 말한다.

그러나 고객은 경쟁업체로부터 얻는 많은 혜택 대신 알디에서 초저가로 구입하기 위해 더 적은 혜택에 만족해야 한다. 예를 들어 고객은 선택의 폭이 줄어든다. 알디는 원가와 가격을 낮추기 위해 에너지 절약형 소규모 매장(일반 슈퍼마켓의 약 4분의 1 크기)을 운영하며, 회전율이 가장 빠른 식료품 약 1,400개(일반 슈퍼마켓의 경우 약 4만 개)만을 취급하고 있다. 알디는 취급 품목 중 90% 이상이 자체 개발한 유통업체 브랜드이고 소수의 제조업체 브랜드를 보유하고 있다(알디는 고객이 제조업체 브랜드의 광고와 마케팅 비용이 아닌 제품 자체에 대한 비용을 지불한다고 주장한다). 또한 알디는 프로모션 가격이나 경쟁자와의 가격 일치를 제공하지 않으며, 매일 효율적인 초저가를 고수할 뿐이다. 알디는 이렇게 말한다. "우리는 다른 가게의 가격과 일치시키지 않는다. 그렇게 하는 것은 우리의 가격을 인상하는 셈이기 때문이다."

원가를 절감하고 절감된 비용을 고객에게 돌려주기 위해 알디는 온갖 수단을 강구한다. 고객도 스스로 비용을 낮추기 위해 협조한다. 고객은 식료품을 담을 장바구니를 직접 가져오거나 돈을 조금 내고 알디에서 구입한다. 그리고 구매한 식료품을 스스로 장바구니에 담으며(알디에는 포장 도우미가 없음), 쇼핑카트를 직접 가져다놓고 보증금 25센트를 돌려받는다. 그러나 알디의 고객은 이처럼 비용을 절약하기 위한 노력이 가치 있다고 생각한다. 알디는 "거품 서비스는 먹을 수 없는 것인데 왜 돈을 쓰냐"고 말한다.

알디는 마른 수건을 짜듯이 매장 운영 비용을 절감하지만 품질에는 돈을 아끼지 않는다. 우수한 유통업체 브랜드를 가진 알디는 매장에 진열된 제품의 품질을 완벽하게 통제한다. 그리고 판매하는 모든 제품이 제조업체 브랜드의 품질을 충족하거나 능가하도록 확인하고 또 확인하겠다고 약속한다. 알디는 고객이 저가격 이상의 것을 얻는다고 확신할 수 있도록 자체 테스트 주방에서 연간 3만 개가 넘는 제품의 맛을 점검한다. 알디는 자사 제품이 제조업체 브랜드에 맞설 수 있다는 확신으로, 어떤 이유로든 100% 만족스럽지 않으면 제품을 교환하고 환불해주는 'Twice as Nice'라는 보증으로 모든 식료품을 보장하고 있다.

제품 구색의 품질을 개선하기 위해 알디는 가격 할인 식료품점과 별로 연관되지 않는 품목을 전향적으로 늘려가고 있다. 알디는 통조림, 박스 포장, 냉동된 기본 식료품은 물론이고 신선한 육류와 생선, 농산물, 구운 제품을 취급하며, 당일만 판매하는 한정 특매품도 내놓고 있다. 또한 유기농, 글루텐 프리, 채식주의 식품과 같은 광범위한 선별품을 제공한다. 알디 브랜드의 제품에는 인증된 합성색소, MSG, 부분 경화유가 전혀 들어 있지 않다. 많은 고객은 다른 곳에서는 구매할 수 없는 알디 제품에 열광한다. 이러한 품목과 깨끗하고 밝은 매장으로 알디는 저소득층뿐만 아니라 검소한 중산층과 중상위층 고객도 공략하고 있다.

수십 년간 알디를 애용한 독일 사람들은 이와 같은 알디의 시도가 낯설지 않다. 독일에서 알디는 4,200개 이상의 매장을 운영하며 12% 이상의 시장 점유율을 차지하고 있다. 같은 독일계 할인 식료품 경쟁업체인 리들(Lidl)과 네토(Netto)를 합치면 독일계 할인 식료품점은 더 많은 점유율을 차지하고 있다. 이는 월마트가 독일 시장에 진출했다가 9년 만에 포기하게 된 이유를 잘 설명해준다. 알디 같은 경쟁자와 비교하면 월마트가 책정한 저가격은 근검절약하는 독일 소비자에게 너무 비쌌다.

꼭 필요한 것만을 제공하는 알디의 운영 방식은 모든 소비자를 위한 것이 아니다. 어떤 쇼핑객은 저가격, 기본적인 상품 구색, 독점 매장 브랜드, 단순한 매장 분위기를 좋아하지만, 전통적인 식료품 체인이 제공하는 몇몇 고급 제품과 편의 시설이 필요한 쇼핑객도 있다. 그러나 알디에서 장을 보는 대다수 사람들은 곧바로 진정한 신봉자가 된다. 인터넷에는 알디로 전향한 고객이 올린 증언이 널려 있다. 한 고객은 이렇게 말한다. "내가 좋아하는 식료품점! 다른 곳보다 더 저렴한 가격이니 안심하세요." 알디의 열렬한 팬인 어떤 주부는 가계 예산이 빠듯하여 쿠폰을 찾느라 신문을 샅샅이 뒤지고 두세 군데 가게를 돌았었는데, 이제는 알디 한 곳에서 모든 것을 사고 남는 돈으로 장볼 목록에 없는 것도 살 수 있게 되었다. 그녀는 이렇게 말한다. "내가 얼마나 많이 절약했는지 믿을 수가 없어! 알디는 바로 내가 찾던 가게야! 나와 알디는 완벽한 한 팀이야."[6]

빠르게 성장하는 식료품 체인 알디는 비용을 절감하고 고객 가치를 창출하기 위해 식품 쇼핑 경험을 재설계한다.
AKP Photos/Alamy Stock Photo

● 부가가치 가격결정: 필립스는 조명 솔루션을 차별화하기 위해 낮은 가격 대신 연구개발과 혁신에 노력한다.
Sergiy Palamarchuk/Alamy Stock Photo

예는 항시 저가격 정책(everyday low pricing, EDLP)인데, 알디는 이를 훌륭히 수행하고 있다. EDLP는 일시적인 가격인하를 거의 실시하지 않고 항상 일정 수준의 저가격으로 판매하는 것이다. EDLP의 대표 주자인 월마트는 실무적으로 그 개념을 정립했다. 월마트는 매달 실시되는 몇 가지 세일 품목을 제외하고 일상적으로 모든 판매 품목을 저가격에 판매한다. 이와 대조적인 고-저 가격결정(high-low pricing)은 평상시 상대적으로 고가격을 설정하지만 잠정적으로 선택된 품목에 대해서는 촉진 활동을 자주 적용한다. 콜스와 JC페니(JCPenney) 같은 백화점은 빈번한 세일 기간, 조기 구매 할인, 백화점 신용카드 소지자에게 보너스 점수 제공 등을 통해 고-저 가격결정을 실시한다.

부가가치 가격결정

부가가치 가격결정
기업의 제공물을 차별화하기 위해 부가가치적 특성과 서비스를 추가하여 더 비싼 가격을 부과하는 것

가치 기반 가격결정은 단순히 고객이 지불하고 싶은 수준으로 가격을 부과하거나 경쟁에 대응하기 위해 저가격을 설정하는 것을 의미하지 않는다. 그 대신 많은 기업이 채택하는 **부가가치 가격결정**(value-added pricing) 방식은 경쟁사의 가격에 맞추어 가격인하를 추구하기보다는 기업의 제공물을 차별화하기 위해 품질과 서비스, 부가가치적 특성을 추가하여 더 비싼 가격을 정당화하는 것이다.

● 예를 들어 필립스(Philips)는 고객 인사이트에 기반한 치밀한 연구와 혁신에 투자하여 더 큰 가치를 제공해왔다. 그중에서도 필립스의 조명 부서는 가정과 사무실 사용자를 위한 에너지 효율적인 솔루션을 제공하는 일을 한다. 오늘날 세계 전체 전기의 20% 이상이 조명으로 사용되고 있으며, 현재 도시 조명의 75%는 에너지 효율이 떨어진다. 많은 나라의 공공 부문이 보다 에너지 효율적인 기술에 중점적으로 투자함에 따라 필립스는 혁신적인 조명 솔루션 부문에서 선두로 나서고 있다. 필립스의 최신 제품 중 하나는 연결된 LED 조명 시스템과 서비스이며, 이를 통해 에너지를 절약하고 고객이 보다 효율적이고 생산적으로 작업할 수 있다고 주장한다. 필립스는 전문 조명 시스템 시장에서 승리하기 위해 고객 중심적 사고로 혁신에 더욱 노력함으로써 준비하고 있다.[7]

저자 코멘트 | 원가에 의해 가격 하한선이 설정되지만 항상 원가를 최소화하는 것만이 목표는 아니다. 실제로 많은 기업은 더 높은 가격과 마진을 주장할 수 있도록 더 높은 원가에 투자한다(예티 쿨러와 보스 오디오를 떠올려보라). 핵심은 원가와 가격 간의 차이, 즉 기업이 전달하는 고객 가치에 대해 기업이 얼마를 벌어들일지를 관리하는 것이다.

원가 기반 가격결정

가격 상한선은 고객의 가치 인식으로 결정되고 가격 하한선은 원가에 의해 설정된다. **원가 기반 가격결정**(cost-based pricing)은 제품을 생산·유통·판매하는 데 드는 비용과 적정 수준의 마진, 즉 기업의 노력과 위험 부담에 대한 보상을 더하여 가격을 책정하는 것이다. 기업의 비용은 가격결정 전략의 주요 구성요소이다.

원가 기반 가격결정
제품을 생산·유통·판매하는 데 드는 비용과 기업의 노력, 위험 부담에 대한 적절한 보상을 더하여 가격을 설정하는 것

월마트나 알디 같은 일부 기업은 해당 업계에서 저원가 생산 기업이 되기 위해 노력한다. 상대적으로 원가가 낮은 기업은 경쟁사보다 낮은 가격을 책정함으로써 마진은 적지만 더 높은 매출과 이익을 실현할 수 있다. 그러나 애플, BMW, 스타인웨이(Steinway) 등의 기업은 가치를 부가하여 더 높은 가격과 마진을 요구할 수 있도록 의도적으로 더 높은 원가를 지불한다. 예를 들어 수작업으로 생산되는 스타인웨이 피아노는 야마하(Yamaha)가 생산하는 모델보다 원가가 더 든다. 그러나 더 높은 생산 원가는 결국 더 높은 품질로 이어져 평균 8만 7,000달러에 달하는 가격을 정당화한다. 스타인웨이를 구매하는 사람에게는 가격이 문제가 아니라 스타인웨이 경험이 중요할 뿐이다. 핵심은 원가와 가격의 차이를 관리하는 것, 즉 기업이 전달하는 고객 가치에 대해 얼마를 벌어들일지를 관리하는 것이다.

고정비(간접비)
생산 수준 또는 매출 수준에 따라 변동하지 않는 비용

변동비
생산 수준에 따라 바로 변동하는 비용

총비용
주어진 생산 수준을 달성하는 데 드는 고정비와 변동비의 합

원가 유형

기업의 원가는 고정비와 변동비로 구성된다. **고정비**(fixed cost) 또는 **간접비**(overhead)는 생산 수준이나 매출 수준에 따라 변동하지 않는 비용을 말한다. 예를 들어 기업은 생산 수준에 상관없이 매달 임대료, 난방비, 이자, 봉급 등을 지불해야 한다. **변동비**(variable cost)는 생산 수준에 따라 바로 변동하는 비용이다. 삼성이 생산하는 스마트폰이나 태블릿은 컴퓨터 칩, 전선, 플라스틱, 포장, 기타 투입 요소의 비용과 관련이 있다. 이러한 비용은 단위 생산당 동일한 경향이 있으나 생산량이 변화함에 따라 총비용이 달라지기 때문에 변동비라고 불린다. **총비용**(total cost)은 주어진 생산 수준을 달성하는 데 드는 고정비와 변동비를 합한 것이다. 경영자는 주어진 생산 수준을 달성하는 데 드는 총비용을 적어도 회수할 수 있는 수준에서 가격을 책정하고 싶어 한다.

기업은 원가를 주의 깊게 살펴야 한다. 동일한 제품을 생산·판매하는 데 드는 비용이 경쟁사보다 더 높다면 가격을 더 비싸게 책정하거나 이익의 감소를 감수할 필요가 있는데, 두 가지 경우 모두 경쟁열위를 가지게 된다.

생산 수준에 따른 원가 변동

현명하게 가격을 책정하기 위해 경영자는 생산 수준에 따라 원가가 어떻게 달라지는지를 알아야 한다. 예를 들어 레노버(Lenovo)가 하루에 태블릿을 1,000대 생산하는 공장을 세웠다고 가정하자. ● 그림 10.3A는 단기 평균 비용(short-run average cost, SRAC) 곡선의 전형적인 형태이다. 이 그림을 보면 레노버 공장이 하루에 몇 개만 생산한다면 태블릿 1대당 원가가 높지만, 생산량이 늘어나 하루 1,000대를 생산할 때까지 단위당 평균 비용은 계속 낮아진다. 많은 생산량에 고정비가 배분되어 각 단위 제품에서 고정비가 차지하는 비중이 낮아지기 때문이다. 레노버는 하루 1,000대 이상을 생산하기 위해 노력할 수 있으나 공장의 효율성이 떨어지기 때문에 평균 비용이 증가할 것이다. 기계 작업을 위해 작업자들이 대기하게 되거나, 기계가 더 자주 고장 나거나, 작업자들 간에 서로 방해가 된다.

만약 레노버가 태블릿을 하루에 2,000대 판매할 수 있을 것으로 판단한다면 더 큰 규모의 공장 건설을 고려해야 한다. 이 공장은 보다 효율적인 기계 설비와 작업 배치를 활용할 것이다. ● 그림 10.3B의 장기 평균 비용(long-run average cost, LRAC) 곡선을 보면 하루 2,000대를 생산하는 데 드는 단위당 비용이 하루 1,000대를 생산하는 데 드는 비용보다 낮다. 그림 10.3B에 따르면 실제로 하루 3,000대의 생산 능력을 가진 공장은 더욱 효율적이다. 그러나 하루 4,000대를 생산하는 공장은 규모의 비경제(예: 관리해야 할 종업원의 수가 너무 많거나 문서 처리 때문에 작업이 지체되는 것 등)로 인해 효율성이 떨어진다. 그림 10.3B에서 보듯이 생산 수준을 지탱할 만큼 수요가 충분하다면 하루 3,000대의 생산 능력을 가진 공장이 최적 규모이다.

그림 10.3
기간당 생산 수준에 따른 단위당 원가

비용 곡선의 시사점은 무엇인가? 원가는 가격 설정 시 중요한 요인이므로 기업은 원가를 잘 이해해야 한다.

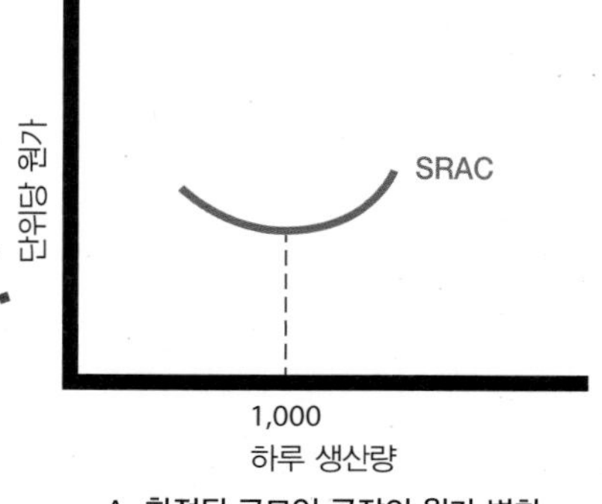

A. 한정된 규모인 공장의 원가 변화

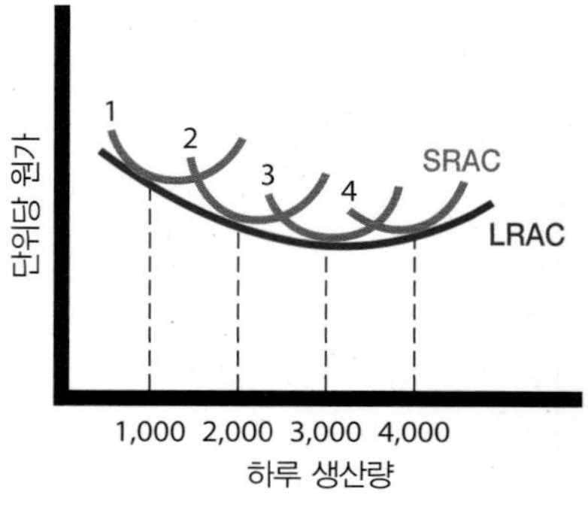

B. 규모가 각기 다른 공장의 원가 변화

● 그림 10.4
누적 생산량 함수로서의 단위당 원가 (경험 곡선)

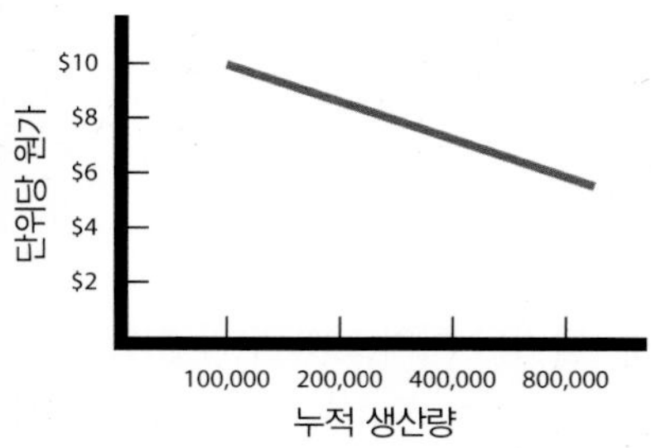

생산 경험 함수로서의 원가

레노버가 하루에 태블릿을 3,000대 생산하는 공장을 운영한다고 가정하자. 레노버는 태블릿 생산 경험을 축적함에 따라 작업을 더 잘하는 방법을 습득하게 된다. 작업자들은 효율적인 작업 방법을 배우게 되고 기계 설비를 다루는 것도 더 익숙해진다. 작업을 반복함에 따라 작업을 더욱 조직적으로 할 수 있기 때문에 레노버는 더 나은 장비와 생산 공정이 무엇인지 파악할 수 있다. 생산량이 많아지면서 레노버는 더욱 효율적이 되어 규모의 경제를 누리게 된다. 그 결과 생산 경험이 누적됨으로써 평균 원가도 하락하는 경향이 있다(● 그림 10.4[8] 참조). 따라서 최초 10만 대를 생산하는 데 드는 평균 원가는 태블릿 1대당 10달러이다. 생산량이 처음으로 20만 대에 도달하면 평균 원가는 8.5달러까지 하락하고, 다시 누적 생산 경험이 2배로 늘어나 40만 대가 되면 평균 원가는 7달러가 된다. 이와 같이 생산 경험이 누적됨에 따라 평균 원가가 하락하는 현상을 **경험 곡선**(experience curve) 또는 **학습 곡선**(learning curve)이라고 한다.

경험 곡선(학습 곡선)
생산 경험이 누적됨에 따라 단위당 평균 생산 원가가 하락하는 현상

만약 경험 곡선이 하향 기울기라면 이는 기업에 매우 의미 있는 시사점을 알려준다. 기업의 단위당 생산 원가가 하락할 뿐 아니라 기업이 주어진 기간 동안 더 많이 생산·판매한다면 생산 원가의 하락 속도가 더욱 빨라질 것이기 때문이다. 그러나 더 많은 생산량을 소화할 만큼 시장에 충분한 수요가 존재해야 한다. 경험 곡선의 이점을 활용하기 위해 레노버는 제품수명주기의 초기 단계에 높은 시장 점유율을 차지해야 하며, 이러한 목표를 실현하기 위해서는 다음과 같은 가격 전략이 필요할 것이다. 레노버는 태블릿의 가격을 낮게 책정한다. ⇨ 태블릿의 판매량이 증가할 것이다. ⇨ 생산 경험이 더 많이 축적됨에 따라 생산 원가가 하락할 것이다. ⇨ 가격을 더 낮출 수 있다.

일부 기업은 경험 곡선에 기반한 전략을 통해 성공을 거두었다. 그러나 원가를 낮추고 경험 곡선을 활용하겠다는 데 너무 집착하는 것이 항상 효과를 거두는 것은 아니다. 경험 곡선 기반의 저가격 전략은 몇 가지 위험을 수반한다. 공격적인 가격 전략은 저렴한 제품 이미지를 형성할 수 있으며, 이러한 전략은 경쟁사가 약하고 자사의 가격인하에 맞대응할 의지가 없을 것이라는 가정을 근거로 한다. 한편 기업이 특정한 하나의 기술을 바탕으로 대량 생산을 추구하는 동안 경쟁사는 더 낮은 원가를 실현할 신기술을 찾아내어, 과거의 경험 곡선을 고수하며 생산 활동을 벌이고 있는 마켓리더보다 더 낮은 가격으로 제품을 판매할 수도 있다.

원가가산 가격결정

원가가산 가격결정 (마크업 가격결정)
제품의 원가와 표준 마크업을 더하여 가격을 책정하는 것

가장 간단한 가격결정 방법은 **원가가산 가격결정**(cost-plus pricing) 또는 **마크업 가격결정**(markup pricing)으로, 이는 제품의 원가와 업계의 표준 마크업을 더하여 가격을 책정하는 것이다. 예를 들어 건설 회사는 건설 공사에 입찰할 때 추정된 총공사비와 업계의 표준 마크업을 더하여 견적서를 제출한다. 변호사, 회계사 등 전문직 종사자가 전형적으로 사용하는 가격 설정 방식도 사건 처리에 드는 비용에 표준 마크업을 더하는 것이다. 어떤 판매업체는 원가에다 특정 마크업을 가산하여 가격을 설정할 것이라고 고객에게 알려주는데, 항공기 제작 회사가 정부와 거래할 때 사용하는 가격 설정 방식이 이에 해당한다.

원가가산 가격결정 방법의 전형적인 형태인 마크업 가격결정의 예를 살펴보기 위해 원가와 기대 판매량이 다음과 같은 토스터 제조업체가 있다고 가정하자.

변동비	10달러
고정비	300,000달러
기대 판매량	50,000개

이 회사의 토스터 1대당 원가는 다음과 같다.

$$\text{단위당 원가} = \text{변동비} + \frac{\text{고정비}}{\text{판매량}} = 10\text{달러} + \frac{300{,}000\text{달러}}{50{,}000} = 16\text{달러}$$

이 회사가 20%의 마진을 얻으려 한다고 가정하면 마크업 가격*은 다음과 같다.[9]

$$\text{마크업 가격} = \frac{\text{단위당 원가}}{(1 - \text{마진})} = \frac{16\text{달러}}{1 - 0.2} = 20\text{달러}$$

이 회사는 딜러에게 토스터 1대당 20달러에 공급하고 1대당 4달러의 이익(20%의 마진)을 얻는다. 참고로 이 제조업체의 마크업은 25%이다[(20 – 16)/16]. 한편 딜러는 공급받은 토스터에 다시 자신의 마진을 더할 것이다. 만약 딜러가 20달러에 공급받아 50%의 마진을 얻으려 한다면 마크업 가격은 40달러[20/(1 – 0.5)]가 되는데, 이는 공급가격 20달러에다 자신이 원하는 마진 20달러(40달러 × 50%)를 가산한 것(20달러 + 40달러 × 50%)이다. 딜러의 판매가격(40달러)에서 공급가격(20달러)을 뺀 20달러의 마진은 100%의 **마크업**에 해당된다(마진 20달러/공급 원가 20달러).

가격을 책정하기 위해 표준 마크업을 사용한다는 것이 말이 될까? 일반적으로는 그렇지 않을 것이다. 수요와 경쟁자 가격을 무시하는 그 어떠한 가격결정 방법도 최선의 가격을 이끌어내지 못할 것이다. 그러나 여러 가지 이유로 마크업 가격결정 방법은 여전히 애용되고 있다. 첫째, 판매자는 수요보다는 원가에 대해 더 확실하게 안다. 가격을 원가와 결부 짓는 것은 가격결정 문제를 단순하게 만든다. 수요가 변할 때마다 가격을 자주 조정할 필요가 없기 때문이다. 둘째, 업계의 모든 기업이 이러한 가격결정 방법을 사용한다면 가격이 비슷해져서 가격 경쟁이 최소화된다. 셋째, 많은 사람은 원가가산 가격결정이 구매자와 판매자 모두에게 보다 공정하다고 느낀다. 판매자는 적정 수준의 투자 수익률(마진)을 얻고 있고, 수요가 많아진다고 해도 구매자를 이용해 먹지는 않는다고 생각한다.

손익분기 분석과 목표이익 가격결정

손익분기 가격결정(목표이익 가격결정)
제품의 제조와 마케팅에 드는 총비용에 대한 손실과 이익의 분기가 일어나는 수준 또는 목표이익을 실현하는 수준에서 가격을 설정하는 것

또 다른 원가 지향적 가격결정 방법으로 **손익분기 가격결정**(break-even pricing)과 이를 변형한 **목표이익 가격결정**(target return pricing)이 있다. 기업은 제품의 제조와 마케팅에 드는 총비용에 대한 손실과 이익의 분기가 일어나는 수준 또는 목표이익을 실현하는 수준에서 가격을 설정할 것이다.

목표이익 가격결정 방식은 손익분기 도표(break-even chart)의 개념을 활용하는데, 손익분기 도표는 각기 다른 판매량 수준에서 기대되는 총비용과 총수익을 보여준다. ● 그림 10.5는 앞에서 언급한 토스터 제조업체의 손익분기 도표를 보여준다. 고정비는 판매량에 상관없이 30만 달러이고, 이 고정비에 판매량 증가에 따라 늘어나는 변동비가 추가되어 총비용이 된다. 총수익 곡선은 0에서 시작하고 판매량이 증가함에 따라 상승한다. 총수익 곡선의 기울기는 단위당 20달러의 가격을 나타낸다.

총수익 곡선과 총비용 곡선은 생산량 3만 개에서 교차하는데, 이 교차점이 바로 손익분기 판매량(break-even volume)이다. 이 제조업체는 20달러의 가격에 최소 3만 개를 판매해야만 손익분기를 실현할 수 있다. 즉 총수익이 총비용을 충당하게 된다. 손익분기 판매량은 다음과 같은 공식으로

* 역자 주: 'markup price'는 '마크업 가격', 'markup on cost'는 '(원가 대비) 마크업', 'markup on sales'는 '(판매가격 대비) 마진'으로 번역했다. 마크업은 원가에 대한 이익의 비율[(판매가격 – 원가)/원가]이고, 마진은 판매가격에서 차지하는 이익의 비율[(판매가격 – 원가)/판매가격]이다. 마크업은 제품의 판매가격이 제조업체와 유통 단계를 거치면서 제조 원가 대비 몇 % 증가하는지를 관리하는 데 유용한 지표이고, 마진은 판매자가 수익과 이익을 관리하는 데 유용한 지표이다.

● 그림 10.5
목표이익을 실현하기 위한 손익분기 도표

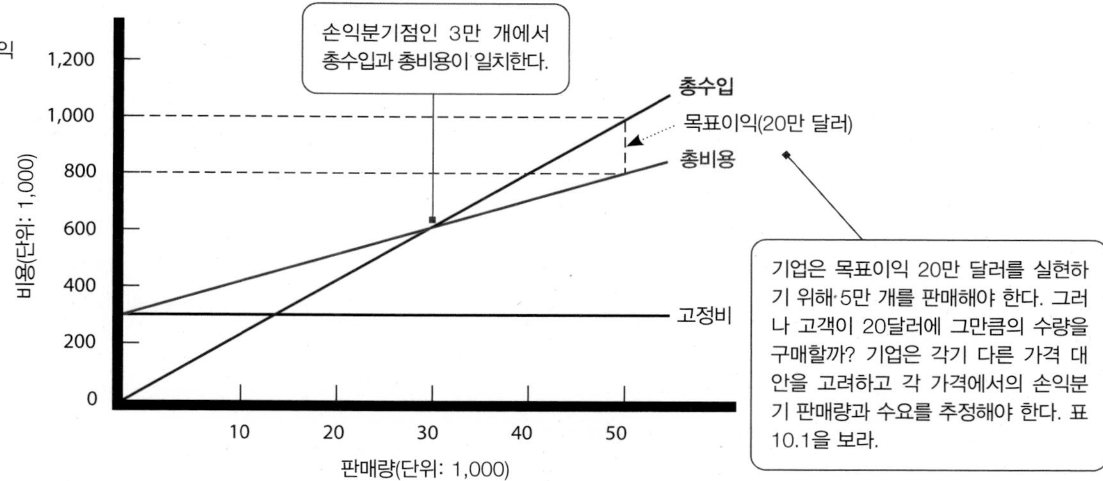

계산할 수 있다.

$$\text{손익분기 판매량} = \frac{\text{고정비}}{(\text{가격} - \text{변동비})} = \frac{300{,}000\text{달러}}{(20\text{달러} - 10\text{달러})} = 30{,}000$$

이익을 얻고 싶다면 이 제조업체는 단위당 20달러의 가격에 3만 개 이상을 판매해야 한다. 토스터 제조업체는 이 사업을 위해 100만 달러를 투자했고 이로부터 20%의 수익률(즉 20만 달러)을 얻을 수 있도록 가격을 책정하려 한다고 가정하자. 이 경우 단위당 20달러의 가격으로 최소 5만 개 이상을 판매해야 한다.* 만약 이 제조업체가 더 높은 가격을 책정한다면 목표이익을 실현하기 위해 5만 개 이상을 판매할 필요가 없을 것이다. 그러나 더 비싼 가격 때문에 기대했던 판매량보다 훨씬 덜 판매될 수도 있다. 기업이 실현하는 판매량의 많은 부분은 수요의 가격 탄력성과 경쟁사의 가격에 따라 영향을 받는다.

따라서 제조업체는 제품에 대한 여러 가지 가격 대안을 고려하여 각각의 손익분기 판매량, 예상 수요, 이익 등을 추정해야 한다. 이러한 분석은 ● 표 10.1과 같은 방법으로 이루어진다. 이 표를 보면 가격이 높아짐에 따라 손익분기 판매량이 낮아진다(2열). 그러나 가격이 높아짐에 따라 토스터에 대한 수요도 감소한다(3열). 이 제조업체는 14달러의 가격 수준에서 토스터 1대당 겨우 4달

● 표 10.1 | 다양한 가격에서의 손익분기 판매량과 이익(단위: 달러)

가격 (1)	손익분기에 필요한 수요량 (2)	주어진 가격에서 기대되는 예상 수요량(3)	총수익(4) (1)×(3)	총비용* (5)	이익 (4)−(5)
14	75,000	71,000	994,000	1,010,000	−16,000
16	50,000	67,000	1,072,000	970,000	102,000
18	37,500	60,000	1,080,000	900,000	180,000
20	30,000	42,000	840,000	720,000	120,000
22	25,000	23,000	506,000	530,000	−24,000

*고정비는 30만 달러이고 단위당 변동비는 10달러로 일정하다고 가정함.

* 역자 주: (고정비 300,000달러 + 목표이익 200,000달러)/(20달러 − 10달러)

러(14달러 – 변동비 10달러)만을 회수할 수 있으므로 손익분기를 달성하기 위해 토스터를 아주 많이 판매해야 한다. 이와 같이 낮은 가격은 많은 구매자를 끌어들일 수는 있지만 시장 수요가 높은 수준의 손익분기점에 미치지 못하여 손실을 볼 것이다. 또 다른 극단적인 가격 대안인 22달러 수준에서는 토스터 1대당 12달러를 회수할 수 있고, 손익분기를 실현하기 위해 2만 5,000개만을 판매하면 된다. 그러나 이렇게 높은 가격 수준에서는 소비자가 거의 구매하지 않기 때문에 이익이 발생하지 않는다. 표 10.1에 의하면 18달러의 가격 수준에서 가장 많은 이익을 실현할 수 있다. 어떤 가격 대안도 제조업체가 원하는 목표이익인 20만 달러를 실현하지 못한다는 것에 주목하라. 목표이익을 실현하기 위해 제조업체는 고정비나 변동비를 낮출 수 있는 방안을 모색하여 손익분기 판매량을 낮춰야 할 것이다.

저자 코멘트 | 가격을 결정할 때 기업은 경쟁사의 가격도 고려해야 한다. 경쟁사에 비해 높은 가격이든, 낮은 가격이든, 비슷한 가격이든 기업은 고객에게 해당 가격에 대한 탁월한 가치를 제공해야 한다.

경쟁 기반 가격결정

경쟁 기반 가격결정(competition-based pricing)은 경쟁사의 전략, 원가, 가격, 시장 제공물 등을 고려하여 가격을 설정하는 것이다. 소비자는 경쟁사가 유사한 제품에 대해 부과하는 가격을 가치 판단의 근거로 삼는다.

경쟁 기반 가격결정
경쟁사의 전략, 원가, 가격, 시장 제공물 등을 고려하여 가격을 책정하는 것

기업은 경쟁사의 가격 전략을 평가할 때 몇 가지 질문에 답해보아야 한다. 첫째, 고객 입장에서 자사의 시장 제공물은 경쟁사의 시장 제공물과 어떻게 비교되는가? 만약 자사의 제품이나 서비스가 더 큰 가치를 제공한다고 소비자가 지각한다면 기업은 더 높은 가격을 부과할 수 있다. 그러나 소비자가 경쟁사의 제품보다 가치가 적다고 지각한다면 기업은 경쟁사보다 낮은 가격을 부과하거나 높은 가격을 정당화할 수 있도록 고객의 지각을 바꾸어야 한다.

둘째, 현재 경쟁사는 얼마나 강하고 어떤 가격 전략을 채택하는가? 만약 가치에 비해 높은 가격을 부과한 다수의 소규모 경쟁사와 경쟁하고 있다면 그보다 낮은 가격을 부과하여 경쟁력이 약한 경쟁사를 시장에서 몰아낼 수 있을 것이다. 그러나 자사보다 규모가 크고 가격도 더 낮은 경쟁사들이 시장을 지배하고 있다면 기업은 틈새시장을 대상으로 부가가치 제품과 서비스를 더 높은 가격에 제공할 수도 있을 것이다.

중요한 점은 기업의 목표가 경쟁사의 가격에 맞추거나 가격 경쟁에서 이기는 것이 아니라 상대적인 가치에 따라 가격을 설정하는 것이다. 기업이 고객을 위해 더 큰 가치를 창출할 수 있다면 더 높은 가격이 정당화될 것이다. 예를 들어 캐터필러는 고품질의 건설 및 광산 중장비를 만든다. 캐터필러는 고마쓰(Komatsu)와 같은 경쟁사보다 더 높은 가격을 책정함에도 불구하고 업계를 지배하고 있다. 캐터필러 충성고객은 중장비를 구매하기 위해 선불로 더 지불하더라도 높은 품질과 뛰어난 딜러의 지원 덕분에 장기적으로 비용이 덜 든다는 사실을 알고 있다(마케팅 현장 10.2 참조).

경쟁사의 가격과 비교하여 자사의 가격에 대한 의사결정에 지침이 되는 원칙은 무엇일까? 개념상의 답은 간단하지만 실제로는 어려운 질문이다. 경쟁사에 비해 높은 가격이든, 낮은 가격이든, 비슷한 가격이든 기업은 고객에게 해당 가격에 대한 탁월한 가치를 제공해야 한다.

저자 코멘트 | 지금까지 세 가지 일반적인 가격결정 전략, 즉 가치, 원가, 경쟁 기반 가격결정을 살펴보았으니 가격결정에 영향을 미치는 다른 요인을 알아보자.

가격결정에 영향을 미치는 기타 내·외부 고려 사항

학습목표 10-3 기업의 가격결정에 영향을 미치는 기타 중요한 내·외부 요인을 파악한다.

기업은 고객의 가치 인식, 원가, 경쟁사의 전략뿐만 아니라 몇 가지 내·외부 요인을 추가로 고려해야 한다. 가격결정에 영향을 미치는 내부 요인은 기업의 전반적인 마케팅 전략, 목표, 마케팅믹스와 기타 조직적 고려 사항이고, 외부 요인은 시장의 특성과 수요, 기타 환경적 요인이다.

마케팅 현장 10.2 | 캐터필러: 가격 대비 부가가치로 우렁찬 엔진 소리를 계속 내는 빅캣

빅캣(big cat)이라는 별명을 지닌 캐터필러는 90년 이상 건설 중장비와 광산 장비 산업을 지배해왔다. 친숙한 노란색 트랙터, 크롤러, 로더, 불도저, 트럭은 전 세계 어느 공사장에서나 흔히 볼 수 있다. 오랜 세월이 흘렀어도 빅캣은 여전히 우렁찬 엔진 소리를 내고 있다. 캐터필러는 거의 200개국에서 다양한 수백 가지 제품을 판매하여 550억 달러의 연매출을 올리고 있다. 지난 2년간(2017~2018년) 고전하던 글로벌 건설업계가 안정세를 되찾으면서 캐터필러의 매출은 45%나 오르고 수익도 급증했다. 전 세계 중장비 사업에서 16.4%의 점유율을 차지하는 캐터필러는 점유율이 12%로 2위인 고마쓰를 크게 앞서고 있다.

건설 및 광산 장비는 산업재 시장의 고객이 엄청난 구매를 하는 대표적 품목이다. 매우 경쟁적인 이 산업에는 캐터필러, 고마쓰, 존디어, 히타치(Hitachi), 볼보와 같은 품질 좋은 경쟁사가 있으며, 고객은 고가의 건설 장비를 구매할 때 품질, 서비스, 가격을 철저히 분석하고 비교한다. 이처럼 치열한 경쟁 환경에서 놀랍게도 캐터필러는 경쟁사보다 높은 가격을 책정하고도 우위를 유지하고 있다.

하지만 캐터필러는 고객이 초기 구매가격보다 훨씬 더 많은 것을 고려한다는 것을 알고 있다. 고객은 장비의 유지 운용비, 즉 연료, 정기 유지·보수, 수리, 고장 시간과 같은 장기 정비 기간 동안 비용이 얼마나 드는지도 살펴본다. 캐터필러는 자사 장비의 수명 동안 발생하는 총비용이 가장 낮다고 오랫동안 강조해왔다. 이 주장은 강력하다. 한 추정치에 따르면 중간 크기 장비를 보유하는 데 드는 총비용은 초기 구입 가격의 2~3배이다. 수명이 아주 긴 더 크고 더 비싼 장비의 경우에는 이 비율이 훨씬 높아진다. 캐터필러의 충성고객은 선불로 더 지불하더라도 장기적으로 보면 비용이 덜 든다는 것을 알고 있다.

이 모든 것은 캐터필러의 신뢰성에서 비롯된다. 캐터필러는 혁신의 흐름인 고품질 제품을 다년간 꾸준히 생산해왔다. 캐터필러는 설계부터 제조에 이르기까지 자사의 모든 장비에 낮은 보유 비용을 철저히 적용한다. 하지만 더 중요한 점은 캐터필러가 뛰어난 독립 대리점 172개로 구성된 글로벌 네트워크를 개발하고 2,163개 지점에 15만 7,000명을 고용하여 고객이 장비를 유지하고 계속 작동하도록 지원한다는 사실일 것이다.

캐터필러의 전 CEO는 이렇게 말한다. "제품이 문을 나서면 딜러들이 인수한다. 그들은 제품이 수명을 다할 때까지 함께 사는 사람들이다. 고객이 만나는 것도 딜러이다. 딜러는 제품의 수명 동안 자주 서비스하고, 기계의 상태를 주의 깊게 모니터링하며, 수리 일정을 잡아 비용이 많이 드는 비가동 시간을 방지한다. 딜러는 전 세계 어디서나 제품 뒤에 서 있는 것이 아니라 제품과 함께 서 있는 기업의 이미지를 만들어낸다. 캐터필러의 딜러는 쇳덩어리를 사면 회사를 얻는 셈이라는 캐터필러의 모토가 빈말이 아닌 이유를 말해준다."

'쇳덩어리를 사면 회사를 얻는다는 것'은 강력한 가치 제안이다. 고객이 캐터필러 장비를 사면 캐터필러 가족의 일원이 된다는 뜻이다. 캐터필러와 딜러는 고객이 장비를 최대한 활용할 수 있도록 고객과 보조를 맞추어 긴밀하게 협력한다. 캐터필러의 대형 딜러 네트워크를 통해 고객은 부품과 서비스에 신속하게 접근하여 비가동 시간을 최소화하고 생산성을 극대화할 수 있다.

중장비 업계에서 비가동 시간은 큰 손실을 의미하기도 한다. 캐터필러의 뛰어난 서비스는 고객을 확보하고 유지하는 데 큰 도움이 된다. 페루에서 거대한 안타미나 구리와 아연 광산을 운영하는 BHP빌리턴(BHP Billiton)은 캐터필러의 고객이다. 길이가 1마일 이상 되는 이 광산은 페루 안데스 산맥의 해발 1만 4,100피트에 있다. 거대한 트럭, 기계 삽, 스크래퍼 등 괴물 같은 캐터필러 기계는 매일 매시간 엄청난 양의 광물을 땅속에서 파낸다. BHP는 안타미나에서 2억 달러 이상의 캐터필러 기계를 사용하고, 이러한 기계의 작업 수명 동안 수리하는 데 추가로 2억 달러를 사용한다고 한다. 그래서 장비가 고장 나면 BHP는 돈을 날리는 셈이다. BHP는 믿을 수 있는 기계와 서비스에 기꺼이 할증료를 지불한다. 또한 BHP는 캐터필러와 딜러 네트워크로부터 우수한 지원과 긴 기계 수명을 기대할 수 있다는 것도 알고 있다.

예를 들어 안타미나의 BHP 장비에는 250톤 초대형 캐터필러 793 트럭 시리즈가 49대나 포함되어 있다. 높이가 43피트인 이 트럭은 각각 수백만 달러의 비용이 들고 탱크보다 더 큰 힘을 가진 디젤 엔진으로 움직인다. 초기 품질과 캐터필러의 끊임없는 지원 덕분에 793 트럭은 내구성과 수명 면에서 필적할 수 없는 평판을 유지하고 있다. 캐터필러의 글로벌 생산 관리자는 "27년 전에 서비스를 시작한 최초의 793 트럭은 여전히 동급 최고 수준의 톤당 비용 서비스를 제공하고 있다"고 말한다. 가장 오래 운용 중인 793 트럭 중 하나는 운용 시간이 17만 3,000시간으로, 이는 거의 20년 동안 쉬지 않고 작동한 셈이다.

캐터필러 딜러의 탁월한 지원은 업계에서 가장 빠르고 신뢰할 수 있는 부품 배송 시스템도 아우른다. 캐터필러와 딜러는 전 세계 유통 센터와 서비스 시설로 구성된 방대한 네트워크를 통해 알래스카 툰드라부터 팀북투 사막까지 48시간 이내 부품 배달을 보증한다. 이와 대조적으로 경쟁사의 고객은 부품 하나를 4~5일 동안 기다리곤 한다.

따라서 캐터필러는 경쟁사의 가격에 맞추거나 낮추지 않으며 높은 가격을 정당화하는 더 큰 가치를 제공한다. 어떤 고객이 캐터필러 딜러에게 '동급 수준'의 고마쓰 불도저는 42만 달러인데 왜 캐터필러 불도저는 50만 달러냐고 물었을 때 딜러는 다음과 같은 유명한 분석을 제공했다.

경쟁사와 대조적인 가격결정: 캐터필러는 프리미엄 가격에도 불구하고 중장비 업계를 지배하고 있다. 고객은 캐터필러 기계의 수명 동안 그 가격보다 훨씬 더 많은 가치를 얻는다고 믿는다.
Kristoffer Tripplaar/Alamy Stock Photo

경쟁사 불도저와 동급 수준인 캐터필러 불도저의 가격 42만 달러
+ 캐터필러의 탁월한 신뢰성과 내구성에 의한 부가가치 5만 달러
+ 캐터필러의 탁월한 서비스에 의한 부가가치 4만 달러
+ 캐터필러의 낮은 평생 운용비에 의한 부가가치 4만 달러
+ 캐터필러의 장기 부품 보증에 의한 부가가치 2만 달러
= 캐터필러 불도저에 대한 총부가가치 가격 57만 달러
– 할인 7만 달러
= 최종 가격 50만 달러

즉 고객은 캐터필러 불도저에 8만 달러의 가격 프리미엄을 지불했지만 실제로 제품수명 동안 15만 달러의 부가가치를 얻었다. 고객은 캐터필러 불도저를 선택했다.[10]

전반적인 마케팅 전략, 목표, 마케팅믹스

가격은 기업의 광범위한 마케팅 전략 가운데 한 요소일 뿐이다. 그래서 기업은 가격을 설정하기 전에 제품이나 서비스에 대한 전반적인 마케팅 전략을 결정해야 한다. 어떤 기업이 목표시장과 포지셔닝을 신중하게 선택했다면 가격을 포함한 마케팅믹스 전략이 상당히 간단해질 것이다. 예를 들어 테슬라는 '지속가능한 교통수단의 도래를 가속화하는' 세련된 전기자동차를 가진 첨단 기술 지향 구매자를 목표시장으로 삼고 있다. 이처럼 높은 목표시장 설정과 포지셔닝은 프리미엄 가격을 부과하는 데 영향을 미친다.

때로 기업은 가격과 가치 이야기를 중심으로 전략을 수립하기도 한다. 예를 들어 최근 몇 년 동안 수십 개의 직거래 스타트업은 좋은 품질을 제공하는 것을 훌륭한 가치로 포지셔닝했다. 매트리스와 침구 온라인 판매업체인 캐스퍼(Casper)는 '더 나은 수면을 놀랄 만한 가치로' 제공한다. 면도용품 마케터 해리스는 "당신은 공정한 가격으로 훌륭한 면도를 할 자격이 있다"고 선언한다. 또한 잡화와 가정용품 온라인 소매업체인 브랜들리스는 다음과 같이 약속한다. "더 나은 제품을 몇 달러라도 저렴하게. 간단하죠."

● 스피릿항공은 가격에서 거품을 빼고 자사를 소위 '벌거벗은 요금(Bare Fare)' 가격결정으로 포지셔닝한다. 스피릿항공은 '더 적은 돈으로 더 많이 간다고' 약속한다.[11]

스피릿항공은 경쟁사보다 가격이 훨씬 낮은, 타의 추종을 불허하는 '초저가 항공사'로 최대 90%까지 저렴한 경우도 있다. 그러나 스피릿항공이 이러한 최저가 요금으로 돈을 벌 수 있도록 고객은 효익이 줄어드는 것을 수용해야 한다. 스피릿항공의 비행기표를 구매하면 오로지 목적지로 가는 비행기 좌석 하나만 얻을 수 있다. 더 원한다면 돈을 지불해야 한다. 예를 들어 대부분의 항공사는 무료 음료를 제공하지만 스피릿항공은 물 한 병이나 탄산음료 한 캔에 3달러를 받고 베개나 담요는 7달러에 제공한다. 좌석 배정을 받는 데에는 15달러, 체크인 대리인이 탑승권을 인쇄해주면 10달러가 더 들며, 풀사이즈 기내 가방 하나에는 37달러가 더 붙는다. 게다가 스피릿항공의 좌석은 훨씬 더 가깝게 붙어 있고(스피릿항공의 말로는 '좀 더 아늑한 자리') 등받이를 뒤로 젖힐 수도 없다. 만약 편히 숨 쉴 수 있는 공간을 원한다면 요금을 더 내고 출구 열이나 일등석 크기의 앞 열 좌석을 구매하면 된다. 일부 고객은 이 초저가 항공 서비스를 조잡한 싸구려로 보거나 불공평하고 기만적이라고 불평하기도 하지만, 스피릿항공은 '벌거벗은 요금' 접근법으로 번창하고 있다. 스피릿항공은 지불한 것과 지불하지 않은 것

● 가격에서 거품을 뺀 스피릿항공은 '벌거벗은 요금' 가격결정을 중심으로 전반적인 마케팅 전략을 수립한다. 스피릿항공을 이용하면 많은 서비스를 받지 못하지만, 받지 못한 서비스에 대해 지불하지도 않는다.
Larry MacDougal/AP Photo

에 대한 더 많은 통제권을 고객에게 준다고 주장한다. 스피릿항공을 이용하면 많은 서비스를 받지 못하지만, 받지 못한 서비스에 대해 지불하지도 않는다. 추가 서비스에 대한 비용을 지불하기 싫다면 스피릿을 선택하면 된다. 아니면 제일 비싼 요금을 온전히 다 내고 다른 항공사를 이용할 수밖에 없다.

가격결정은 여러 수준에서 기업의 목표를 달성하는 데 중요한 역할을 하기도 한다. 기업은 신규 고객을 유치하거나 기존 고객을 수익성 있게 유지하기 위해 가격을 책정할 수 있다. 경쟁자가 시장에 진입을 못하도록 가격을 낮게 책정하거나, 시장을 안정화하기 위해 가격을 경쟁자 수준으로 맞출 수도 있다. 재판매업자의 충성도와 지원을 유지하거나 정부의 개입을 회피하기 위해 가격을 유지할 수도 있다. 일시적으로 가격을 낮추어 브랜드의 흥을 돋울 수도 있다. 또는 한 제품의 가격을 제품라인 내 다른 제품의 판매에 도움이 되도록 책정할 수도 있다.

가격에 관한 의사결정은 일관되고 효과적인 통합 마케팅믹스 프로그램을 형성하기 위해 제품설계, 유통 및 촉진에 관한 의사결정과 함께 조정해야 한다. 여타 마케팅믹스 변수에 대한 의사결정은 가격결정에 영향을 미칠 수 있다. 예를 들어 제품을 고성능 품질로 포지셔닝하는 의사결정은 많은 비용을 충당하기 위해 판매자가 더 높은 가격을 매겨야 한다는 것을 의미한다. 그리고 재판매업자가 제품을 지원하거나 촉진할 것이라고 기대하는 생산업체는 보다 큰 재판매업자 마진을 가격에 반영해야 할 것이다.

흔히 기업은 가격을 기반으로 제품을 포지셔닝한 다음 자신이 부과하고 싶은 가격에 따라 다른 마케팅믹스 의사결정을 맞추곤 한다. 바로 이러한 이유로 가격은 제품의 시장, 경쟁 및 설계를 정의하는 중요한 제품 포지셔닝의 요인이 된다. 많은 기업은 **목표가격 실현 원가결정**(target costing)이라는 기법을 토대로 가격 기반 포지셔닝 전략을 수립한다. 목표가격 실현 원가결정은 먼저 새 제품을 설계하고 원가를 결정한 뒤 '그 원가로 판매할 수 있을까?'라고 묻는 일반적인 프로세스의 반대 과정을 거친다. 즉 고객 가치 고려 사항을 바탕으로 하는 이상적인 판매가격 설정에서 출발하고, 그 가격이 실현될 수 있는 원가를 목표로 한다. 예를 들어 혼다는 피트 모델을 설계할 때 1만 3,950달러의 기본 가격과 1갤런당 33마일의 고속도로 주행 효율성(1리터당 약 14킬로미터)을 염두에 두고 시작했다. 그 후 혼다는 목표고객에게 이러한 가치를 제공할 수 있는 원가 수준에서 멋있고 활기차며 귀여운 자동차를 설계했다.

목표가격 실현 원가결정
이상적인 판매가격으로 시작하여 가격이 실현될 수 있는 원가를 목표로 하는 가격결정

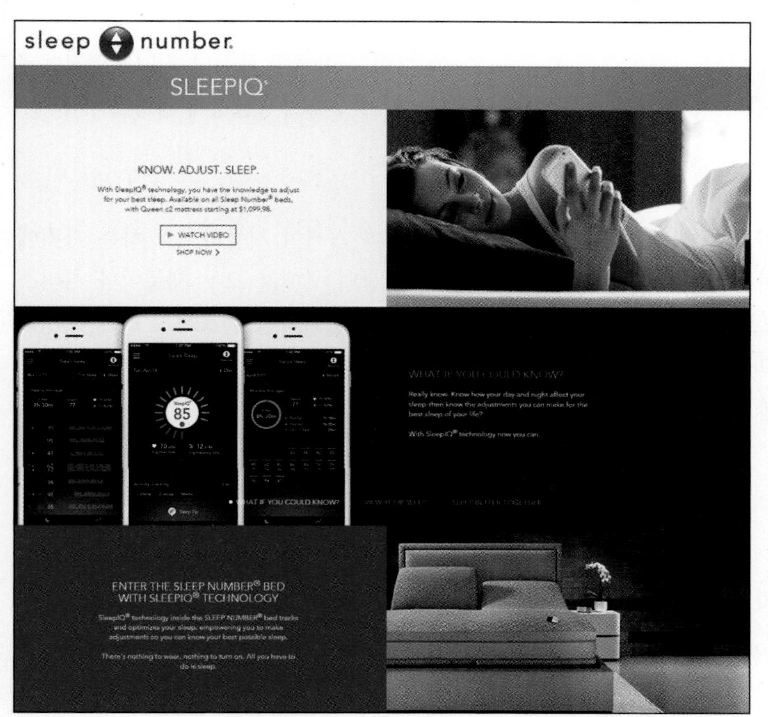

● 비가격 포지셔닝: 슬립넘버 침대는 기존 매트리스보다 가격이 더 비싸지만 브랜드 만족도가 높은 고객은 더 많은 것을 얻기 위해 기꺼이 많은 돈을 지불할 것이다. 훌륭한 수면에 가격을 매기기는 어렵다.
Select Comfort Corporation

한편 비가격 포지셔닝을 형성하기 위해 가격을 덜 강조하고 다른 마케팅믹스 도구를 활용하는 기업도 있다. 가장 좋은 전략은 최저 가격을 부과하는 것이 아니라 마케팅 제공물을 차별화하여 더 높은 가격을 받을 만한 가치가 있게 만드는 것인데 이러한 사례는 흔하다. ● 예를 들어 슬립넘버(Sleep Number)는 매트리스에 높은 가치를 부여하고 그 가치에 상응하는 더 높은 가격을 부과한다.

가장 기본적으로 슬립넘버는 매트리스의 각 면을 사용자가 원하는 이상적인 단단함과 각도로 조정할 수 있다. 슬립아이큐(SleepIQ) 기술을 추가하면 최상의 수면을 위해 추적하고 최적화할 수 있다. 슬립넘버는 "알려주며 조정

하고 수면을 취하게 해준다.(Know. Adjust. Sleep.)" 침대 내부의 슬립아이큐 기술은 편안한 수면 시간, 심박수, 호흡수, 움직임과 기타 요소를 모니터링하고, 슬립아이큐 앱은 사용자가 어떻게 잠을 잤는지 수면에 대한 슬립아이큐 점수를 보고한다. 이 앱은 잠을 더 잘 수 있도록 조정이 필요한 것을 추천한다. 슬립넘버의 유아용 매트리스 라인은 부모가 자녀의 수면 방법을 추적하는 데 도움을 준다. 자녀가 밤에 침대에서 일어나면 부모에게 알려주며, 숨이 막히지 않도록 머리 젖히기, 잠버릇에 대한 별표 보상, 영리한 '괴물 탐지기'도 포함되어 있다. 슬립넘버 침대 모델의 가격은 900~7,000달러 이상으로, 품질 좋은 전통적인 매트리스가 1,000달러나 그 이하인 것에 비하면 훨씬 비싸다. 하지만 슬립넘버에 만족한 고객은 더 많은 것을 얻기 위해 기꺼이 많은 돈을 지불할 것이다. 훌륭한 수면에 가격을 매기기는 어렵다.[12]

따라서 마케터는 가격을 설정할 때 마케팅 전략과 마케팅믹스를 종합적으로 고려해야 한다. 다시 말해 마케터가 가격을 특징으로 차별화할 때라도 고객이 가격만 보고 구매하지는 않는다는 것을 명심할 필요가 있다. 오히려 고객은 자신이 지불한 가격에 대한 대가로 받는 효익 측면에서 최상의 가치를 제공하는 제품을 찾는다.

조직적 고려 사항

경영진은 조직 내부의 어떤 구성원이 가격 설정을 책임져야 할지를 결정해야 한다. 기업은 다양한 방법으로 가격결정 문제를 다룬다. 소규모 기업에서는 마케팅 부서나 영업 부서보다는 최고경영자가 가격을 결정하는 경우가 흔하고, 대규모 기업에서는 사업부나 제품 관리자가 가격결정을 담당한다. 산업재 시장에서 영업사원은 일정한 범위 내에서 고객과의 가격 협상을 허용받기도 한다. 그럼에도 불구하고 최고경영진이 가격결정 목표와 정책을 수립하고, 하위 경영진이나 영업사원이 제안한 가격을 승인하는 경우가 많다.

가격결정이 핵심 요소인 산업(항공사, 항공우주, 철강, 철도, 석유)에서 흔히 기업은 최상의 가격을 설정하거나 도움을 주기 위해 가격결정 부서를 두고, 이 부서는 마케팅 부서나 최고경영진에게 보고한다. 그 밖에도 영업 관리자, 생산 관리자, 재무 관리자, 회계사가 가격결정에 영향을 미친다.

시장과 수요

앞에서 언급했듯이 좋은 가격결정은 고객의 가치 인식이 고객이 기꺼이 지불하고자 하는 가격에 어떻게 영향을 미치는지 이해하는 데에서 출발한다. 소비자와 산업 구매자 모두 제품이나 서비스의 가격과 그것을 소유함으로써 얻는 효익의 균형을 맞춘다. 따라서 가격을 설정하기 전에 마케터는 자사 제품에 대한 가격과 수요의 관계를 이해해야 한다. 이 절에서는 가격과 수요의 관계 및 그 관계가 다양한 시장 유형에 따라 어떻게 변화하는지를 자세히 살펴보고, 가격과 수요의 관계를 분석하는 방법을 설명한다.

다양한 시장 유형에서의 가격결정

판매자의 자유로운 가격결정권은 시장 유형에 따라 다르게 나타난다. 경제학자는 네 가지 유형의 시장을 인식하고 있으며, 각 시장은 각기 다른 가격결정 문제를 가지고 있다.

완전경쟁(pure competition)하에서 시장은 밀, 구리, 증권과 같은 생필품을 거래하려는 많은 구매자와 판매자로 구성된다. 어떠한 구매자나 판매자도 단독으로 시장 가격에 큰 영향을 미치지 않는다. 완전경쟁 시장에서 마케팅 조사, 제품 개발, 가격결정, 광고, 판매촉진은 거의 또는 전혀 역할을 발휘할 수 없다. 따라서 이러한 시장 환경에서 판매자는 마케팅 전략에 많은 시간을 들이지 않는다.

● 독점적 경쟁 시장의 가격결정: 구글은 픽셀 스마트폰을 가격이 아닌 브랜드 파워를 이용하고 차별화된 특징의 주체가 되게 함으로써 타사의 스마트폰과 구분 지으려고 한다. 픽셀 광고는 소비자에게 "당신의 휴대전화에 더 많은 것을 요구하라"고 말한다.
Google

독점적 경쟁(monopolistic competition)하에서 시장은 단일 시장 가격이 아닌 일정한 가격대에 걸쳐서 거래되는 많은 구매자와 판매자로 구성된다. 일정한 가격대가 발생하는 것은 판매자가 구매자에게 제안하는 제공물을 차별화할 수 있기 때문이다. 경쟁사가 많기 때문에 각 기업은 경쟁사의 가격 전략에 의한 영향을 덜 받는다. 판매자는 각기 다른 세분시장에서 차별화된 제공물을 개발하려고 노력하며, 자신의 제공물이 달리 보이도록 가격 외에도 브랜딩, 광고, 인적 판매 등을 자유롭게 사용한다.

● 따라서 구글은 픽셀 스마트폰을 가격이 아닌 브랜드 파워를 이용하고 차별화된 특징의 주체가 되게 함으로써 타사의 스마트폰과 구분 지으려고 한다. 픽셀 광고는 소비자에게 "당신의 휴대전화에 더 많은 것을 요구하라"고 말한다. 픽셀 폰은 훨씬 더 생생한 화면, 더 아름다운 인물 사진, 최고의 카메라, 더 빠른 배터리 충전, 방수, 무료 클라우드 저장, 구글 렌즈, 구글 어시스턴트의 더 많은 도움, 더 많은 재미, 더 많은 추억 등등 더 많은 것을 약속한다. 구글은 픽셀2를 소개하고 차별화된 특징을 납득시키기 위해 한 달 동안 TV 광고에만 거의 4,000만 달러를 썼다.[13]

과점적 경쟁(oligopolistic competition)하에서 시장은 소수의 대형 판매자로만 구성된다. 예를 들어 케이블/위성 TV 시장에서는 컴캐스트(Comcast), 스펙트럼(Spectrum), AT&T, 디시네트워크(Dish Network)와 같은 소수의 제공자만이 엄청난 점유율을 지배하고 있다. 판매자가 거의 없기 때문에 각 판매자는 경쟁사의 가격 전략과 마케팅 움직임을 경계하면서 대응한다. 가입자 모집 경쟁에서 가격은 주요 경쟁 수단이므로 경쟁사의 고객을 유인하기 위해 특별 할인, 무료 장비 업그레이드, 장기 우대 요금 등을 제공한다.

독점(pure monopoly)의 경우 한 판매자가 시장을 지배한다. 판매자는 정부 독점(미국 우체국), 민간 규제 독점(전력 회사), 민간 비규제 독점(다이아몬드를 생산·판매하는 드비어스) 등이며, 각 경우에 따라 가격결정을 다르게 처리한다.

가격과 수요의 관계 분석

수요 곡선
시장에서 다른 수준으로 부과되는 가격에 대해 주어진 기간 동안 구매되는 단위 수량을 나타낸 곡선

각 기업이 부과하는 가격은 각기 다른 수준의 수요를 초래할 것이다. ● 그림 10.6의 **수요 곡선**(demand curve)은 부과된 가격과 그 결과인 수요 수준의 관계를 보여준다. 수요 곡선은 시장에서 다른 수준으로 부과되는 가격에 대해 주어진 기간 동안 구매되는 제품이나 서비스의 단위 수량을 나타낸다. 일반적인 경우 수요와 가격은 반비례한다. 즉 가격이 높을수록 수요가 감소한다. 따라서 기업이 P_1에서 P_2로 가격을 올린다면 판매량은 Q_1에서 Q_2로 줄어들 것이다. 요컨대 한정된 예산을 가진 소비자는 가격이 너무 높으면 아마도 더 적은 양의 제품이나 서비스를 구매할 것이다.

● **그림 10.6**
수요 곡선

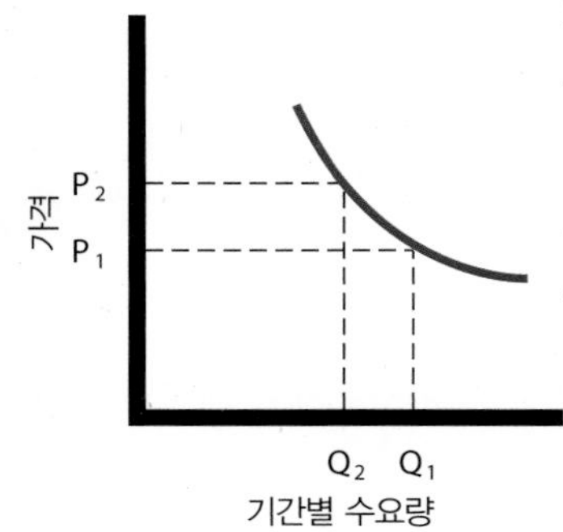

어떤 브랜드의 가격-수요 곡선을 이해하는 것은 바람직한 가격 의사결정에 매우 중요하다. 콘아그라푸즈(ConAgra Foods)는 뱅큇(Banquet) 브랜드의 냉동 저녁식사 가격을 결정할 때 다음과 같은 교훈을 얻었다.[14]

> 뱅큇은 1953년 설립된 이래 저녁 한 끼에 약 1달러를 부과해왔으며, 많은 고객은 여전히 그렇게 기대하고 있다. 1달러라는 가격은 브랜드 소구의 핵심 요소이다. 9년 전 콘아그라가 뱅큇 저녁식사 가격을 1달러에서 1달러 25센트로 올려서 상승한 식재료 원가를 보충하려 했을 때 고객은 오른 가격을

백안시했다. 매출이 뚝 떨어지자 콘아그라는 하는 수 없이 저녁 한 끼의 가격을 1달러로 다시 인하했다. 이 가격으로 수익을 얻기 위해 콘아그라는 1인분의 양을 줄이고 비싼 식재료 대신 더 저렴한 식재료로 대체하는 등 원가 관리를 잘하려고 노력했다. 하지만 식재료 원가가 계속 오르자 뱅큇은 1달러로는 도저히 괜찮은 저녁을 만들 수 없게 되었다. 그래서 조심스럽게 다시 가격을 올리고 있지만 몇 가지 소규모 식사의 가격은 1달러를 유지하고 있다. 예를 들어 치킨핑거 식사는 여전히 마카로니, 치즈를 함께 제공하지만 브라우니를 뺐으며, 솔즈베리 스테이크와 같은 대표적인 식사는 현재 1달러 29센트까지 올랐다. 또한 콘아그라는 뱅큇 선정 레시피(Banquet Select Recipes) 식사를 놀랍게도 1달러 50센트에, 그리고 양이 많은 메가(Mega) 식사와 요리를 2달러 이상의 가격에 내놓았다. 가격인상에도 불구하고 콘아그라의 냉동식품 매출은 조금씩 성장하고 있다. 콘아그라의 CEO는 다음과 같이 말한다. "뱅큇은 입문용 브랜드이지만 그렇다고 1달러와 결혼한 것도 아니다. 핵심 고객에게 최고의 가치일 필요는 있다." 그리고 시대가 변하고 있다. "냉동식품을 구매하는 밀레니얼 세대를 생각해보면, 그들은 88센트에 식사를 사려 하면서 '계산을 해보지 않는다'는 것이다. 왜냐하면 그들이 마시는 라테의 가격은 4달러 37센트나 하기 때문이다."

대부분의 기업은 다른 가격 수준에서의 수요를 추정함으로써 수요 곡선을 측정하려 한다. 시장의 유형에 따라 수요 곡선도 달라진다. 독점시장에서 수요 곡선은 다른 가격 수준에서 비롯되는 총 시장 수요를 나타낸다. 기업이 경쟁에 직면했을 때 다른 가격 수준에서 자사 제품의 수요는 경쟁사가 가격을 그대로 유지하는지, 아니면 자사 제품의 가격에 맞추어 변화하는지에 달려 있다.

수요의 가격 탄력성

가격 탄력성
가격 변화에 수반되는 수요의 민감도에 관한 척도

마케터는 가격 변화에 따른 수요의 변화를 나타내는 수요의 **가격 탄력성**(price elasticity)을 알아야 한다. 가격이 변하더라도 수요가 거의 변하지 않는 경우를 수요가 비탄력적(inelastic)이라고 하며, 가격 변화에 따라 수요가 크게 변하는 경우를 수요가 탄력적(elastic)이라고 한다.

판매자는 수요가 비탄력적일 때보다는 탄력적일 때 가격인하를 고려할 것이다. 낮은 가격은 더 많은 총수익을 창출할 것이기 때문이다. 더 많은 제품을 생산·판매하는 데 드는 추가 비용이 추가 수익을 초과하지 않는 한 이러한 관행은 설득력이 있다. 동시에 대부분의 기업은 자사 제품이 일용품화되는 이러한 가격결정 방법을 회피하고 싶어 한다. 하지만 최근 들어 인터넷, 모바일 등의 기술에 의해 가능해진 규제 완화와 즉각적인 가격 비교 등의 요인은 소비자의 가격 민감도를 증가시켰으며, 일부 소비자는 전화기, 컴퓨터, 새로운 자동차 등을 일용품으로 보게 되었다.

경제 상황

경제 상황은 기업의 가격결정 전략에 큰 영향을 미칠 수 있다. 호황이나 불황, 인플레이션, 금리와 같은 경제적 요인은 가격 의사결정에 영향을 미친다. 그러한 경제적 요인은 소비자 지출, 제품의 가격과 가치에 대한 소비자의 인식, 제품을 생산하고 판매하는 기업의 원가에 영향을 미치기 때문이다.

2008~2009년 대공황의 여파로 많은 소비자는 가격-가치 등식을 재고하게 되었다. 소비자는 허리띠를 졸라매고 가치를 더 의식하게 되었다. 경기가 회복된 후에도 소비자는 더욱 근검절약하는 방법을 지속하여 많은 마케터는 지불한 가격에 상응하는 가치(value-for-the-money)에 기반한 가격결정 전략에 중점을 두고 있다.

새로운 경제 현실에 대한 가장 확실한 대응 방안은 가격을 인하하고 할인을 제공하는 것으로, 수많은 기업은 이러한 노력을 해냈다. 낮은 가격은 제품 구입 가능성을 높여주고 단기 매출을 촉진하는 데 도움이 된다. 그러나 가격인하는 바람직하지 않은 장기적 결과를 초래할 수 있다. 낮은 가

● 가격결정과 경제 상황: 촘촘한 예산으로 비용에 민감한 고객의 욕구를 충족하기 위해 타깃은 업앤드업과 같은 저가 매장 브랜드를 선보였다. 업앤드업 광고는 "아름다운 것은 비쌀 필요가 없다"고 말한다.
Gary Armstrong

격은 낮은 마진을 의미한다. 많은 할인은 소비자의 눈에 싸구려 브랜드로 보이게 한다. 게다가 한 번 가격을 낮추면 경기가 회복되더라도 다시 가격을 올리기가 어렵다.

많은 기업은 주요 시장 브랜드의 가격인하보다는 가격 포지션을 유지하면서 가치 제안의 '가치'를 재정의한다. 어떤 기업은 '가격 계층'을 개발하고 그 세분시장에 대해 다양한 수단과 선호도에 걸쳐 보다 저렴한 라인뿐만 아니라 프리미엄 라인도 추가했다. 예를 들어 '더 많이 기대하고 덜 지불하세요'라는 슬로건에서 '덜 지불하는' 측면을 활성화하고 보다 촘촘한 예산으로 비용에 민감한 고객의 욕구를 충족하기 위해 타깃은 룸에센셜스(예산 친화적 가정용품)와 업앤드업(다양한 품목의 저가 생필품) 같은 저가 매장 브랜드를 선보였다. ● 업앤드업 광고에서는 이렇게 말한다. "품질과 가치는 영원한 친구가 될 수 있어요. 그리고 야생화, 웃음, 한 시간의 꿀잠과 같이 아름다운 것은 비쌀 필요가 없어요."

경제적으로 어려운 시기에도 소비자는 가격만 보고 구매하지는 않는다는 것을 명심해야 한다. 소비자는 지불하는 가격과 받는 가치의 균형을 맞춘다. 예를 들어 나이키는 신발 한 켤레를 200달러에 파는데도 불구하고 신발 부문에서 어떤 브랜드보다 높은 고객 충성도를 보유하고 있다. 고객은 나이키 제품의 가치와 나이키 소유 경험이 높은 가격을 받을 만하다고 인식한다. 따라서 낮은 가격이든 높은 가격이든 기업은 그 가격에 대해 탁월한 가치를 제공해야 한다.

기타 외부 요인

시장과 경제 상황 말고도 기업은 가격을 설정할 때 외부 환경의 몇 가지 요인을 고려해야 한다. 자사의 가격이 외부 환경의 당사자들에게 어떤 영향을 미칠지 알아야 한다. **재판매업자**는 다양한 가격에 대해 어떻게 반응할 것인가? 기업은 재판매업자에게 공정한 이익을 제공하고, 그들의 지원을 장려하며, 그들이 자사 제품을 효과적으로 판매하는 데 도움이 되는 가격을 설정해야 한다. **정부**는 가격 의사결정에 영향을 미치는 또 다른 중요한 외부 요인이다. 마지막으로 **사회 구성원의 관심사**도 고려해야 한다. 가격을 설정할 때 기업의 단기 매출, 시장 점유율, 목표이익은 더 광범위한 사회적 고려에 따라 완화될 필요가 있다. 11장 후반부에서 공공정책 이슈를 다룰 것이다.

학습목표별 요약

오늘날의 기업은 격렬하고 급변하는 가격결정 환경에 처해 있다. 가격 이외의 마케팅믹스 활동으로 고객 가치를 창출하는 데 성공한 기업은 이러한 가치의 일부를 수익이 되는 가격에 반영해야 한다. 이 장에서는 가격결정의 중요성, 일반적 가격결정 전략, 가격결정에 영향을 미치는 내·외부 고려 사항을 살펴보았다.

학습목표 10-1 '가격이란 무엇인가?'라는 질문에 답하고, 오늘날 빠르게 변화하는 환경에서 가격결정의 중요성을 이해한다.

가격은 좁게 정의하자면 제품이나 서비스에 대해 부과된 금액이고, 넓게 정의하자면 소비자가 제품이나 서비스를 소유하고 사용하는 효익을 위해 교환하는 가치의 합을 말한다. 가격결정 과제는 기업이 창출하는 고객 가치에 대한 대가를 지불함으로써 기업이 공정한 이익을 얻을 수 있는 가격을 찾는 것이다.

현대 마케팅 프로세스에서 비가격 요인의 역할이 증가했음에도 불구하고 가격은 마케팅믹스에서 여전히 중요한 요소이다. 가격은 수익을 창출하는 유일한 마케팅믹스 요소이며, 다른 모든 요소는 비용을 나타낸다. 더 중요한 점은 기업의 전반적인 가치 제안의 일부로서 가격은 고객 가치를 창출하고 고객 관계를 구축하는 데 핵심적인 역할을 한다는 것이다. 현명한 관리자는 고객 가치를 창출하고 획득하는 데 중요한 전략 도구로 가격을 활용한다. 더욱 중요한 점은 가격이 기업의 전반적 가치 제안의 한 부분을 차지하여 고객 가치의 창출과 고객 관계의 구축에서 핵심적인 역할을 한다는 것이다.

학습목표 10-2 가격의 정의와 세 가지 주요 가격결정 전략을 알아본다. 그리고 가격을 설정할 때 고객 가치 인식, 회사 비용, 경쟁자 전략에 대한 이해의 중요성을 설명한다.

기업은 고객 가치 기반 가격결정, 원가 기반 가격결정, 경쟁 기반 가격결정 중에서 선택할 수 있다. 고객 가치 기반 가격결정은 구매자의 가치 인식을 가격 설정의 기초로 활용한다. 좋은 가격결정은 제품 또는 서비스가 고객을 위해 창출하는 가치를 완벽하게 이해하고 그 가치를 포착하는 가격을 설정하는 데에서 시작된다. 제품의 가치에 대한 고객의 인식에 의해 가격 상한선이 설정된다. 고객은 제품의 가격이 가치보다 크다고 인식하면 제품을 구매하지 않는다.

기업은 두 가지 유형의 가치 기반 가격결정 가운데 하나를 추구할 수 있다. 좋은 가치 가격결정은 공정한 가격으로 품질과 좋은 서비스의 올바른 조합을 제공하는 것과 관련된다. 항시 저가격 정책(EDLP)은 이러한 전략의 한 예이다. 부가가치 가격결정은 기업의 제공물을 차별화하고 더 높은 가격을 부과할 수 있도록 부가가치적 특성과 서비스를 추가하는 것이다.

원가 기반 가격결정은 제품을 생산·유통·판매하는 데 드는 비용과 기업의 노력, 위험 부담에 대한 적절한 보상을 더하여 가격을 책정하는 것이다. 기업과 제품의 원가는 가격 설정 시 중요한 고려 사항이다. 가격 상한선은 고객의 가치 인식으로 결정되고 가격 하한선은 원가에 의해 설정된다. 그러나 원가 기반 가격결정은 고객 중심적이라기보다는 제품 중심적이다. 기업은 좋은 제품을 설계한 후 그 제품을 생산하는 데 드는 원가에 목표이익을 합하여 가격을 책정한다. 가격이 너무 비싸다고 판명되면 기업은 이익률을 낮추거나 매출 감소를 감수해야 하지만, 두 가지 해결책 모두 수익성을 감소시키는 실망스러운 결과를 낳는다. 만약 가격을 원가 이하로 설정하면 이익이 없을 것이다. 원가 기반 가격결정 방식에는 원가가산 가격결정과 손익분기 가격결정(목표이익 가격결정)이 있다.

경쟁 기반 가격결정은 경쟁사의 전략, 원가, 가격, 시장 제공물 등을 고려하여 가격을 책정하는 것이다. 소비자는 경쟁사가 유사한 제품에 대해 부과하는 가격을 가치 판단의 근거로 삼는다. 만약 자사의 제품이나 서비스가 더 큰 가치를 제공한다고 소비자가 지각한다면 기업은 더 높은 가격을 설정할 수 있다. 그러나 소비자가 경쟁사의 제품보다 가치가 적다고 지각한다면 기업은 경쟁사보다 낮은 가격을 설정하거나 높은 가격을 정당화할 수 있도록 고객의 지각을 바꾸어야 한다.

학습목표 10-3 기업의 가격결정에 영향을 미치는 기타 중요한 내·외부 요인을 파악한다.

가격 의사결정에 영향을 미치는 기타 내부 요인에는 기업의 전반적인 마케팅 전략, 목표, 마케팅믹스와 조직의 고려 사항이 포함된다. 가격은 기업의 광범위한 마케팅 전략 가운데 한 요소일 뿐이다. 어떤 기업이 목표시장과 포지셔닝을 신중하게 선택했다면 가격을 포함한 마케팅믹스 전략이 상당히 간단해질 것이다. 일반적인 가격결정 목표에는 고객 유지 및 수익성 높은 고객 관계 구축, 경쟁 방지, 재판매업자 지원 및 이들의 지원 확보, 정부 개입 방지 등이 포함될 수 있다. 가격에 관한 의사결정은 일관되고 효과적인 마케팅 프로그램을 형성하기 위해 제품 설계, 유통 및 촉진에 관한 의사결정과 함께 조정해야 한다. 또한 가격설정 목표와 의사결정을 조정하기 위해 경영진은 조직 내부의 어떤 구성원이 가격 설정을 책임져야 할지를 결정해야 한다.

가격결정에 영향을 미치는 기타 외부 고려 사항에는 시장의 특성과 수요 및 경제 상황, 재판매업자의 욕구, 정부 조치와 같은 환경 요인이 포함된다. 궁극적으로 소비자는 기업이 적절한 가격을 설정했는지를 결정한다. 소비자는 제품 사용 시의 인식된 가치와 비교하여 가격을 평가한다. 가격이 가치의 합을 초과한다면 소비자는 구매하지 않을 것이다. 따라서 기업은 수요 곡선(가격-수요 관계)과 가격 탄력성(가격에 대한 소비자의 민감도)의 개념을 이해해야 한다.

경제 상황은 가격 의사결정에 큰 영향을 미칠 수 있다. 대공황으로 소비자는 가격-가치 등식을 재고하게 되었고, 경기 회복과 상관없이 더욱 근검절약하는 방법을 지속하여 마케터는 지불한 가격에 상응하는 가치를 더욱 강조하면서 대응하고 있다. 그러나 경제 상황이 어떻든 소비자는 가격만 보고 구매하지는 않는다. 따라서 낮은 가격이든 높은 가격이든 기업은 그 가격에 대해 탁월한 가치를 제공해야 한다.

핵심용어

학습목표 10-1

가격 price

학습목표 10-2

고객 가치 기반 가격결정 customer value-based pricing
좋은 가치 가격결정 good-value pricing
부가가치 가격결정 value-added pricing
원가 기반 가격결정 cost-based pricing
고정비(간접비) fixed cost(overhead)
변동비 variable cost
총비용 total cost
경험 곡선(학습 곡선) experience curve(learning curve)
원가가산 가격결정(마크업 가격결정) cost-plus pricing(markup pricing)
손익분기 가격결정(목표이익 가격결정) break-even pricing(target return pricing)
경쟁 기반 가격결정 competition-based pricing

학습목표 10-3

목표가격 실현 원가결정 target costing
수요 곡선 demand curve
가격 탄력성 price elasticity

토의문제

1. 올바른 가격결정 전략을 찾고 시행하는 것이 기업의 성공에 중요한 이유는 무엇인가?
2. 원가 기반 가격결정이란 무엇인가? 기업은 원가 기반 가격결정 모델에서 고정비와 변동비를 어떻게 사용하는가?
3. 두 가지 유형의 원가는 원가 기반 가격결정에서 제품 가격 설정 시 총원가를 형성한다. 이 두 가지 원가는 무엇이며, 가격을 결정하는 데 가장 중요한 원가는 무엇인지 설명하라.
4. 기업이 가격 의사결정을 위해 고려해야 하는 네 가지 유형의 시장을 간략하게 설명하라. 이러한 시장은 모든 유형의 제품과 관련이 있는가?
5. 기업이 가격 의사결정을 위해 고려해야 하는 내부 요인을 열거하고 간략하게 설명하라. 이러한 요소가 얼마나 중요하다고 생각하는가?
6. 목표가격 실현 원가결정은 다른 가격결정 전략과 어떻게 다른가?

11 가격결정 전략

추가 고려사항

학습목표 11-1 신제품 가격을 결정하기 위한 주요 전략을 알아본다.
신제품 가격전략

학습목표 11-2 기업이 제품믹스 전체의 이익을 극대화하는 일련의 가격을 어떻게 도출하는지 이해한다.
제품믹스 가격전략

학습목표 11-3 기업이 다양한 유형의 고객과 상황을 고려하여 가격을 조정하는 방법을 이해한다.
가격조정 전략

학습목표 11-4 가격변화 주도, 가격변화 대응과 관련된 주요 문제를 파악한다.
가격변화

학습목표 11-5 가격결정에 영향을 미치는 주요 공공정책 문제와 법률적 문제를 파악한다.
공공정책과 가격결정

개관 앞 장에서는 가격이 고객가치를 창출하고 획득하는 데 중요한 마케팅 믹스 도구라는 것을 배웠다. 그리고 주요 가격결정 전략인 고객가치 기반, 원가 기반, 경쟁 기반 가격결정, 그 외 기업의 가격결정에 영향을 미치는 여러 내·외부 요인을 살펴보았다. 이 장에서는 신제품 가격결정 전략, 제품믹스 가격전략, 가격조정 전략, 가격변화 주도 및 대응 전략 등 마케터가 가격결정 시 추가로 고려해야 할 사항을 다루는데, 신제품 가격결정 전략, 제품믹스 가격전략, 가격조정 전략, 가격변화 주도 및 대응 전략이 이에 해당한다. 또한 공공정책과 가격결정의 관계에 대해서도 살펴볼 것이다.

먼저 업계를 발칵 뒤집어놓은 피트니스 스타트업 펠로톤(Peloton)에 대해 알아보자. 펠로톤은 인터넷 접속이 가능한 실내 자전거를 경쟁 제품보다 훨씬 높은 가격에 판매하고 있다. 그러나 펠로톤은 가격이 비싼 만큼 얻는 것도 많을 것이라고 생각하는 다수의 사용자를 재빨리 끌어들였고 추종자가 점점 늘어났다. 펠로톤 지지자에게 이는 펠로톤 자전거의 '가격'에 관한 것만이 아니었다. 영감, 스트리밍 콘텐츠, 그리고 비슷한 생각을 가진 스포츠 애호가들로 구성된 역동적이고 긴밀한 관계인 펠로톤 커뮤니티의 멤버십에 관한 것이었다.

펠로톤: 프리미엄 가격! 그러나 가격에 관한 이야기가 아니다

스포츠용품점에서 판매되는 일반 자전거의 가격은 대개 200~300달러에 불과하지만 펠로톤 가정용 실내 자전거는 무려 1,995달러에 판매되고 있다. 더욱이 펠로톤 자전거를 구입하는 데에는 250달러의 추가 배송료와 설치비가 붙고 매달 39달러의 회비도 내야 한다. 그러나 이러한 가격에도 불구하고 펠로톤의 판매는 그야말로 요동을 치고 있다. 펠로톤은 50만 대 이상의 자전거를 판매했으며, 연매출이 지난 2년 동안 매해 2배씩 증가하여 8억 달러에 육박한다. 6년 된 스타트업으로서는 놀라운 업적이 아닐 수 없다.

펠로톤 자전거의 가격이 매우 비싸게 느껴질 수 있지만 구매자는 가정용 피트니스 자전거보다 훨씬 더 많은 것을 얻을 수 있다. 구매자는 단순한 실내 자전거가 아니라 흥미진진한 라이프스타일, 그리고 같은 생각을 가진 스포츠 애호가들을 밀접하게 연결해주는 커뮤니티를 구입하는 셈이다. 이들은 펠로톤의 스튜디오에서 자전거의 태블릿으로 연동되는 온디맨드 수업이나 실시간 스트리밍 수업을 통해 함께 자전거를 즐긴다. 한 작가가 말했듯이 "아주 열성적인 강사가 '베이비!'라고 소리 지르며 격려하면 비욘세의 비트에 맞추어 땀을 뻘뻘 흘리며 신나게 질주하는 사이클링의 유혹"이다. 이 모든 것이 자기 집에서 편안하고 편리하게 벌어진다.

최근 들어 빠르게 성장하고 있는 피트니스 부티크는 '스피닝(spinning)'을 대중화했다. 스피닝은 고급 운동 스튜디오에서 인기 강사가 이끄는 고강도 실내 사이클링 교실을 말한다. 소울사이클(SoulCycle), 플라이휠(Flywheel), 리볼브(Revolve), 스워브(Swerve) 같은 이름의 스튜디오는 땀 흘리는 피트니스 체육관보다 화려한 사교 클럽을 연상시킨다. 예를 들어 소울사이클의 촛불을 켜놓은 어두운 조명의 '소울 스튜디오'에서 자전거를 타는 사람들은 강사가 진행하는 45분짜리 수업에 34달러나 지불한다. 하지만 소울사이클이 운동 이상으로 어필하는 것이 있다. "파워풀한 마음과 몸의 경험. 몸을 바꿔라. 영혼을 찾아라."

철인 3종 경기 선수였던 펠로톤 창립자 존 폴리(John Foley)는 스피닝을 즐겼다. 그러나 소울사이클 스피닝 열풍이 불면서 자신이 원하는 수업과 인기 강사를 예약하기가 점점 더 어려워졌다. 다른 사람들과 마찬가지로 시간에 쫓겨 살았던 그는 운동 스튜디오에 갈 수 없는 경우가 많았고, 운동할 때 프라이버시를 지키고 싶기도 했다. 그래서 폴리는 더 나은 방법을 찾았다. 바로 스피닝 수업을 받으러 가는 대신 스피닝 수업을 듣는 것이었다. 폴리는 엔지니어, 강사, 영업 팀과 함께 기술지향적이고 시간을 다투며 온디맨드형 라이프스타일인 오늘날의 소비자를 고려하여 펠로톤을 설계했다.

모든 프리미엄 펠로톤 자전거에는 대형 터치스크린 태블릿이 탑재되어 있어 사용자가 성과를 추적하거나, 펠로톤에서 콘텐츠를 스트리밍하거나, 펠로톤 온라인 커뮤니티에서 다른 사람과 상호작용할 수 있다. 펠로톤은 매일 하루 종일 실시간 콘텐츠를 스트리밍하며 8,000개 이상의 주문형 사이클링 수업과 요가, 팔다리 스트레칭, 코어 강화 등 그 밖의 수업도 제공하고 있다. 사용자는 강사, 수업 시간, 수업 유형, 심지어 음악 장르도 선택할 수 있으며, 실시간으로 다른 사용자들과 경쟁할 수도 있다. 이 모든 것을 편안하고 편리한 자기 집에서 할 수 있다.

펠로톤 얼리어답터는 높은 가입 비용을 상관하지 않을 만큼 부유하다. 펠로톤은 마크 저커버그, 리처드 브랜슨, 데이비드 베컴, 숀 존 콤스('디디'로 불림)에서 엘런 드제너러스, 미셸 오바마 등 많은 유명인을 포함한 부유한 추종자를 빠르게 늘려갔다. 펠로톤의 초기 프로모션 캠페인은 고급스러운 분위기에서 기능과 영감을 믹스하여 전달했다. 한 광고를 예로 들자면, 건강한 여성이 집에서 펠로톤 자전거를 타며 고강도 가상 수업을 듣는데 자전거의 사용자 인터페이스를 점점 확대하여 보여준다. 운동을 마친 후 그녀는 호화로운 집의 계단을 내려와 가족과 함께 아침식사를 한다.

펠로톤 지지자에게 이는 펠로톤 자전거의 '가격'에 관한 것만이 아니다. 역동적이고 긴밀한 관계인 펠로톤 커뮤니티의 회원이 됨으로써 얻을 수 있는 가치에 관한 것이다.
Peloton Interactive

한편 자체 네트워크를 통해 수집된 고객 데이터를 바탕으로 펠로톤은 덜 부유한 사용자들에게서 기회를 발견하게 되었다. 펠로톤 브랜드마케팅 책임자는 이렇게 말한다. "펠로톤 커뮤니티에서 대화를 통해 알게 되었는데, 2,000달러는 막대한 투자라고 생각하면서도 자신에게 그 제품이 너무나 중요하기 때문에 계속 구매하는 사람들이 있었고, 이는 펠로톤에 큰 기회임을 깨달았다." 그래서 펠로톤은 39개월 동안 월 이용료 97달러로 자전거 패키지로 제공하는 금융 옵션을 제공하기 시작했다. 이에 비해 경쟁사는 일주일에 두 번의 스튜디오 스피닝 수업료가 월 200~300달러이다. 뉴욕 스튜디오에서 일주일에 세 번 스피닝을 하면 한 달에 거금 500달러가 나가니 팬들 눈에는 펠로톤이 정말 저렴한 물건으로 보일 것이다.

그러나 다시 말하지만, 펠로톤 지지자에게 이는 펠로톤 자전거의 '가격'에 관한 것이 아니다. 펠로톤에 가입하면 독립형 자전거나 대면 스피닝 스튜디오에서는 얻을 수 없는 혜택, 즉 프리미엄 자전거 소유, 운동 및 스케줄링의 편의성, 양질의 콘텐츠 액세스, 역동적이고 활발한 커뮤니티의 멤버십 등을 누릴 수 있다. 펠로톤 수업에는 무제한의 인원이 참여할 수 있기 때문에 회사는 아낌없이 돈을 들여 최고의 강사가 가르치는 양질의 수업을 폭넓게 제작할 수 있다. 그리고 펠로톤은 미래의 콘텐츠 제품을 설계하는 데 도움이 되는 수많은 사용자 데이터를 수집한다. 일부 분석가는 이러한 펠로톤을 '피트니스계의 넷플릭스'라고 부른다.

피트니스 브랜드 그 이상인 펠로톤은 '미시문화적' 현상이다. 회원은 나이, 키, 직업, 위치, 강사 선호

펠로톤은 실내 자전거를 경쟁 제품보다 훨씬 높은 가격에 판매하고 있다. 그러나 펠로톤은 가격이 비싼 만큼 얻는 것도 많을 것이라고 생각하는 다수의 사용자를 끌어들였고 추종자가 점점 늘어났다.

도 및 기타 특성에 따라 페이스북에서 스스로 '부족(tribe)'을 찾는다. 펠로톤 부족은 가상의 놀이기구를 타기 위해 모이는 것이 아니라 놀이기구 사이에서 상호작용을 한다. 그들은 온라인으로 소통하면서 조언과 격려를 주고받으며 목표를 이루면 축하를 주고받는다. 그리고 전시장에서 만나 전국을 돌며 강사들과 함께 펠로톤 연례 홈커밍(3일간의 수업, 모임, 칵테일, 펠로톤 유명 인사와의 만남)에 참석한다. 어떤 펠로톤 회원이 펠로톤 홈페이지에 최근 구입한 자전거를 아내의 의료비를 충당하기 위해 판매한다는 글을 올리자 동료들이 48시간 만에 2만 5,000달러를 모금한 'GoFundMe' 페이지를 개설하기도 했다.

펠로톤은 현재 온라인 스토어와 미국, 캐나다, 영국 전역의 70개 쇼룸을 통해 전 세계 사람들을 대상으로 자전거와 서비스를 판매하고 있다. 소울사이클, 플라이휠 같은 경쟁업체는 펠로톤의 성공에 탄력을 받고 있다. 최근 펠로톤은 소울사이클을 제치고 가장 인기 있는 실내 운동용 사이클링 브랜드로 부상했으며, 지난해에는 서비스 가입자 수가 2배로 늘었다. 반면 소울사이클의 가입자 수는 10% 감소했다. 한편 두 라이벌 회사의 간부급 인사는 자전거 판매와 가정용 실내 제품도 포함되도록 사업을 재설계하고 있음을 밝혔다. 플라이휠은 업계 최초로 수업료 반액 할인을 '기간 한정'으로 제공하기도 했다.

이러한 모든 것은 펠로톤의 가격결정 전략을 흥미로운 연구 대상으로 만든다. 언뜻 보기에는 가격이 터무니없게 비싼 것 같지만 대부분의 고객은 자신이 얻는 것에 비하면 저렴하다고 생각한다. 사실 처음에 펠로톤은 더 많은 고객을 끌어오기 위해 가격을 낮게 책정했다. 그러나 가격을 올리자 수요가 증가했다. 폴리는 이렇게 말한다. "우리는 사람들의 흥미로운 심리를 기어이 알아냈다. 아주 초창기인 첫 두 달 동안 펠로톤 자전거의 가격을 1,200달러로 책정했는데 결국 어떤 일이 일어났는가 하면, 고객들로부터 1,200달러짜리 자전거라면 분명히 형편없이 만들어졌을 것이라는 말을 들었다. 이에 가격을 2,000달러로 책정하자 판매가 증가했고, 사람들은 '오, 좋은 자전거임에 틀림없어'라고들 말했다."

펠로톤의 광적인 추종자와 업계에서 최다 회원 기반을 가지게 된 심리학적 근거가 무엇이든 간에 펠로톤의 제품은 높은 가격이지만 그 금액 이상의 가치를 고객에게 제공하는 듯하다.[1]

펠로톤 사례가 시사하듯이, 그리고 앞 장에서 살펴보았듯이 가격 의사결정에는 기업, 환경, 경쟁력 등 복잡하고 다양한 요소가 영향을 미친다. 더욱 복잡한 문제는, 개별제품의 가격만을 결정하는 것이 아니라 제품라인의 다양한 품목을 고려한 **가격구조**도 결정해야 한다는 것이다. 가격구조는 제품수명주기의 각 단계가 이동함에 따라 변경된다. 기업은 원가와 수요의 변화를 반영하고 구매자와 상황의 변화를 고려하여 제품 가격을 조정한다. 경쟁 환경이 변함에 따라 기업은 가격변화를 주도하는 시점과 가격변화에 대응하는 시점 등을 고려한다.

이 장에서는 특수 가격결정 상황에서 그리고 상황 변화에 따라 가격을 조정하는 데 사용될 수 있는 추가적인 가격결정 접근 방식을 살펴본다. 이어서 제품수명주기상의 도입기에 있는 제품, 즉 **신제품 가격전략** 및 **제품믹스 가격전략**, 고객 간 차이와 상황 변화를 고려한 **가격조정 전략**을 다루고, 끝으로 **가격변화**를 주도하는 전략과 경쟁자의 **가격변화**에 대응하는 전략을 살펴본다.

> **저자 코멘트** | 신제품의 가격결정은 특히 까다로울 수 있다. 예를 들어 구글이 출시한 픽셀폰의 가격은 어떻게 책정된 것일까? 새 스마트폰의 가격을 책정할 때 고려해야 할 모든 요인을 생각해보라. 신제품 설계 과정 초기부터 가격결정을 위해 고려해야 하는 여러 요인을 다른 마케팅믹스 요소와 함께 따져보아야 한다.

신제품 가격전략

학습목표 11-1 신제품 가격을 결정하기 위한 주요 전략을 알아본다.

대체로 가격전략은 제품이 수명주기의 각 단계로 이동함에 따라 바뀌게 된다. 도입기는 특히 가격결정에서 도전적인 시기이다. 신제품을 개발한 기업은 '이 제품의 가격을 얼마로 출시해야 하는가'라는 도전 과제에 직면하는데, 대개 **초기고가전략**과 **침투가격전략** 중 하나를 선택할 수 있다.

초기고가전략
신제품에 높은 가격을 지불할 의사가 있는 세분시장을 대상으로 출시 초기에 높은 가격을 매긴 다음 시간이 흐름에 따라 점차 가격을 낮추는 전략. 초기에는 적은 수의 고객을 노리지만 결과적으로 이익 극대화를 목표로 함

초기고가전략

신제품을 개발한 많은 기업이 신제품을 기꺼이 구매하려는 고객을 대상으로 초기에 높은 가격을 책정함으로써 일찌감치 최고의 수익을 올리려고 하는 것을 **초기고가전략**(market-skimming pricing)

이라고 한다. 애플은 이 전략을 자주 활용한다. 아이폰, 아이패드, 맥북 등은 출시할 때마다 처음에 높은 가격을 책정했다가 다른 신모델을 내놓으면서 가격을 점점 내리는 것이다. 이러한 방식으로 애플은 여러 세분시장으로부터 최대의 매출과 이익을 얻어낼 수 있다. 스마트한 프리미엄 가격 책정을 통해 애플은 전 세계 스마트폰 이익의 60~87%를 빨아들이고 있다.[2]

초기고가전략은 다음과 같은 조건에서 효과적이다. 첫째, 제품의 품질과 이미지가 고가격을 받쳐주고, 그 가격대에도 제품을 사려는 충분한 수의 구매자가 있어야 한다. 둘째, 소량 생산으로 인한 비용이 고가격 책정의 이점을 상쇄할 정도로 높지 않아야 한다. 셋째, 경쟁사가 자사보다 저렴한 가격으로 시장에 쉽게 진입할 수 없어야 한다.

침투가격전략

침투가격전략
신제품이 처음 나왔을 때 아주 낮은 가격을 책정하는 전략. 많은 고객을 일찌감치 확보함으로써 초기부터 높은 시장점유율을 차지하는 것을 목표로 함

어떤 기업의 경우, 규모는 작지만 수익성이 높은 세분시장을 대상으로 초기에 높은 가격을 책정하기보다는 **침투가격전략**(market-penetration pricing)을 사용한다. 이는 처음부터 낮은 가격을 책정함으로써 빠른 속도로 시장에 깊이 침투하기 위한 전략으로, 많은 고객을 신속하게 확보하여 일찌감치 높은 시장점유율을 차지하려는 것이다. 또한 고객을 일단 자사 브랜드로 유치한 다음 충성스러운 장기고객으로 만들기 위해 이 전략을 사용하는 기업도 적지 않다.

아마존은 자사의 일부 디지털 제품과 서비스에 이 전략을 사용한다. 예를 들어 아마존은 디지털 도우미 알렉사가 탑재된 신제품 에코도트(Echo Dot) 스마트스피커를 50달러 미만의 침투가격으로 판매한다. 고객을 유치하여 자사의 IoT 플랫폼으로 끌고 오기 위함이다. 일단 에코 기기를 설치하면 고객은 구글, 삼성, 애플 등의 경쟁사 제품보다 아마존의 IoT 기기와 서비스를 추가로 구매할 가능성이 높다. 게다가 아마존의 스마트스피커를 가지고 있는 사람들은 다른 소비자보다 아마존닷컴에서 66% 더 많은 돈을 소비한다. ● 마찬가지로 아마존은 넷플릭스에 대항하기 위해 침투가격전략을 사용했다. 아마존 프라임을 구독하면 다양한 서비스를 받을 수 있는데, 아직 프라임 비디오 서비스가 제공되지 않는 240개국 이상에서 프라임 비디오 서비스에 대한 고객 기반을 구축하기 위해서였다. 넷플릭스의 월 요금이 10달러가 넘는 데 비해 아마존은 출시 기간인 6개월 동안 프라임 비디오를 월 2.99달러에, 그 이후에는 5.99달러에 제공했다.[3]

● 침투가격전략: 아마존은 240개국 이상에서 프라임 비디오에 대한 고객 기반을 구축하고 고가격의 넷플릭스에 대항하기 위해 침투가격전략을 사용했다.
BigTunaOnline/Shutterstock

침투가격전략은 다음과 같은 조건에서 효과적이다. 첫째, 시장이 가격에 매우 민감하여 저가격일수록 시장이 더욱 성장해야 한다. 둘째, 판매량이 증가함에 따라 생산원가와 유통비용이 하락해야 한다. 셋째, 저가격이 경쟁사의 진입을 막는 데 도움이 되어야 하며, 침투가격을 선택한 기업이 저가격 포지션을 계속 유지해야 한다. 그렇지 않다면 저가격으로 인한 우위가 일시적인 현상에 불과할 것이다.

저자 코멘트 | 어떤 제품이 특정 제품믹스의 구성요소인 경우, 제품믹스의 전체 이익을 극대화하는 방향으로 가격을 책정해야 한다. 예를 들어 질레트는 퓨전 면도기의 가격을 낮게 책정했지만, 고객이 퓨전 면도기를 구입하면 마진이 훨씬 더 높은 교체용 카트리지의 포로가 됨으로써 해당 제품믹스의 전체 이익이 극대화된다.

제품믹스 가격전략

학습목표 11-2 기업이 제품믹스 전체의 이익을 극대화하는 일련의 가격을 어떻게 도출하는지 이해한다.

어떤 제품이 특정 제품믹스의 구성요소일 때 그 제품에 대한 가격결정 전략은 자주 변경된다. 이러한 경우 기업은 제품믹스의 전체 이익을 극대화하는 방향으로 개별제품의 가격을 모색하기 때

● 표 11.1 | 제품믹스 가격전략

전략 유형	설명
제품라인 가격결정	제품라인을 구성하는 품목 간에 각기 다른 가격대 책정
사양제품 가격결정	주제품과 함께 판매되는 사양제품이나 부속제품에 대한 가격 책정
종속제품 가격결정	주제품과 반드시 함께 사용되는 제품에 대한 가격 책정
부산물 가격결정	폐기 처리되는 저가치의 부산물에 대한 가격 책정
묶음제품 가격결정	제품을 묶어서 함께 판매하는 경우의 가격 책정

문이다. 제품믹스를 구성하는 제품에 대한 가격결정이 어려운 것은 여러 제품의 수요와 원가가 서로 관련되어 있고 경쟁 수준이 제품마다 다르기 때문이다. 이 절에서는 다섯 가지 유형의 제품믹스 가격결정, 즉 제품라인 가격결정, 사양제품 가격결정, 종속제품 가격결정, 부산물 가격결정, 묶음제품 가격결정을 살펴보자(● 표 11.1 참조).

제품라인 가격결정

제품라인 가격결정
제품비용 차이, 다양한 제품특징에 대한 고객 지각각치, 경쟁자 가격 등을 고려하여 제품라인 내 다양한 제품에 책정될 몇몇 가격대를 설정하는 것

기업은 대체로 단일 제품을 개발하기보다는 제품라인을 개발한다. **제품라인 가격결정**(product line pricing) 시 경영진은 제품라인 내 다양한 제품에 책정될 몇 가지 가격대를 설정해야 한다. 가격대를 구분할 때는 제품라인 내 제품 간의 비용 차이를 고려해야 한다. 더 중요한 점은 제품특징에 대해 고객이 지각하는 가치의 차이를 고려해야 한다는 것이다.

예를 들어 마이크로소프트는 399달러부터 시작되는 울트라포터블 서피스 고 태블릿, 899달러부터 시작되는 서피스 프로 태블릿/노트북, 1,149달러부터 시작되는 서피스 북 콤비 노트북, 2,999달러부터 시작되는 서피스 스튜디오 올인원 PC 등 서피스 태블릿, 노트북, PC의 풀라인을 제공하고 있다. 그리고 각 라인에는 제품별로 선택한 구성에 따라 다양한 가격이 있다. 예를 들어 업그레이드된 서피스 고는 679달러이고, 모든 기능을 갖춘 서피스 스튜디오 2는 4,799달러나 된다. 마이크로소프트의 과제는 가격 차이에 상응하는 '지각가치'의 차이를 구축하는 것이다.

사양제품 가격결정

사양제품 가격결정
주제품에 추가로 제공되는 사양제품의 가격을 책정하는 것

많은 기업이 활용하는 **사양제품 가격결정**(optional-product pricing)은 주제품에 추가로 제공되는 사양제품의 가격을 책정하는 것을 말한다. 예를 들어 자동차 구매자는 원격 엔진 시동 시스템과 프리미엄 사운드 시스템을 선택 사양으로 구매할 수 있다. 또한 냉장고 제조업체는 얼음 제조 장치를 선택 사양으로 제공한다. PC 구매자는 프로세서, 드라이브, 도킹 시스템, 소프트웨어, 서비스 플랜 등 매우 다양한 선택사양을 구매할 수 있다. 각 사양제품의 가격결정은 쉽지 않은 문제이다. 기업은 어떤 품목을 기본가격에 포함하고 어떤 품목을 사양제품으로 제공할지 결정해야 한다.

종속제품 가격결정

종속제품 가격결정
면도기의 면도날, 비디오게임기용 게임 등 주제품과 함께 사용해야 하는 제품의 가격을 책정하는 것

주제품과 함께 사용되는 종속제품을 생산하는 기업은 **종속제품 가격결정**(captive-product pricing)을 내린다. 종속제품의 예로는 면도날 카트리지, 프린터 잉크 카트리지, 커피 캡슐, 전자책, 비디오게임 등을 들 수 있다. 주제품(면도기, 프린터, 커피 추출 머신, 전자책 단말기, 비디오게임기 등) 생산업체는 주제품의 가격을 낮게 책정하고 종속제품에는 높은 마진을 보장하는 가격을 책정하는 전략을 흔히 사용한다. ● 예를 들어 닌텐도는 스위치 비디오게임기로는 거의 수익을 내지

● 종속제품 가격결정: 닌텐도는 스위치 비디오게임기로는 거의 수익을 내지 못하지만 수익성이 높은 스위치 비디오게임으로 높은 이익을 얻고 있다.
Wachirawit Iemlerkchai/Alamy Stock Photo

못한다. 닌텐도는 스위치 비디오게임기를 만들기 위해 부품에만 257달러를 지출하고 소매점에서는 게임기를 299.99달러에 판매하는데, 이는 게임기 자체만으로는 손해를 볼 수 있음을 뜻한다. 대신에 판매 수량이 많고 마진이 높은 스위치 비디오게임으로 게임기의 낮은 마진을 만회할 수 있을 것으로 기대한다. 예를 들어 닌텐도는 작년에 스위치 게임기를 약 3,200만 대 판매했지만 수익성이 높은 게임은 1억 6,300만 개 이상을 판매했다.[4]

종속제품은 브랜드의 판매와 이익에서 상당한 비중을 차지할 수 있다. 예를 들어 질레트는 오래전부터 면도기를 저렴한 가격에 판매하는 대신 비싼 가격의 교체용 면도날 카트리지로 수익을 얻고 있다. 어떤 분석가는 이렇게 말한다. "면도기 사업은 모두 면도날에 관한 것이다. 한 면도기에 꽂힌 소비자는 수익성이 높은 리필용 면도날을 영원히 구매하게 될 것이다." 지난해 질레트는 카트리지당 5달러인 리필용 면도날을 5억 달러어치 넘게 팔아치웠다.

기업이 종속제품 가격을 결정할 때는 신중을 기해야 한다. 주제품 가격과 종속제품 가격의 적절한 균형을 찾는 것은 어려운 문제일 수 있다. 더군다나 값비싼 포로제품에 걸려든 고객이 자신을 포로로 만든 브랜드를 원망할 수도 있다. 예를 들어 질레트는 높은 가격에 질려버린 고객이 달러셰이브클럽과 해리스 같은 신생 저가 PB제품으로 이동함에 따라 시장점유율을 잃었다. 그러한 저가 제품과 경쟁하기 위해 최근 질레트는 카트리지 가격을 15~20% 일괄 인하할 수밖에 없었다.[5]

서비스 제품의 경우 흔히 종속제품 가격결정을 **이중요율 가격결정**(two-part pricing)이라고 한다. 서비스 제품의 가격은 기본요금과 같은 **고정가격**과 사용량에 따른 **변동가격**으로 구성된다. 예를 들어 식스플래그스(Six Flags)와 같은 놀이공원을 방문하는 고객은 일일 입장료나 자유이용권을 구입해야 하며, 그 밖에도 공원 내 시설을 이용할 때마다 추가 요금을 지불해야 한다.

부산물 가격결정

부산물 가격결정
부산물 폐기 비용을 상쇄하고 주제품의 가격경쟁력을 높이기 위해 부산물의 가격을 책정하는 것

제품과 서비스를 생산하면 종종 부산물이 발생한다. 만약 부산물이 아무 가치가 없고 처리하는 데 비용이 든다면 주제품의 가격결정에 영향을 미칠 것이다. **부산물 가격결정**(by-product pricing)을 하는 제조업체는 부산물 폐기 비용을 상쇄하고 주제품의 가격경쟁력을 높이기 위해 적합한 부산물 시장을 모색한다.

부산물 자체가 수익성이 있다고 판명되면 쓰레기를 현금으로 바꿀 수도 있다. 예를 들어 미국인은 1년에 약 90억 마리의 닭을 먹지만 닭발은 먹지 않는다. 반면에 중국인은 닭발을 별미로 즐긴다. 이러한 상황은 닭발을 공짜로 줄 수도 없고 심지어 닭발을 처분하기 위해 돈을 들여야 하는 퍼듀팜스(Perdue Farms) 같은 가금류 처리업체의 많은 문제를 해결해준다. 중국의 엄청난 수요 덕분에 이제 닭발은 거대한 이익을 낳고 있는 것이다. 퍼듀팜스는 다른 방도로는 가치가 전혀 없는 부산물을 매년 약 4,000만 달러를 받고 중국에 판매하고 있다. 흥미롭게도 돼지갈비의 경우는 그 반대이다. 유럽의 육류 가공업자는 돼지고기 제품의 대부분을 중국에 판매하지만 중국인은 돼지의 허리, 배와 같은 살코기만을 원하고 뼈에는 관심이 없다. 그래서 유럽의 육류 가공업자는 부산물로 돼지갈비를 미국의 식품 공급체인에 저렴한 가격을 받고 판매한다. 업계 관계자는 이렇게 말한다. "그들은 발을 좋아하고 우리는 뼈를 좋아한다. 우리 업계는 돌고 돌아간다."[6]

묶음제품 가격결정
몇 가지 제품을 묶어서 할인된 가격으로 판매하는 것

묶음제품 가격결정

묶음제품 가격결정(product bundle pricing)은 기업이 몇 가지 제품을 묶어서 할인된 가격으로 판매하는 것을 말한다. 예를 들어 패스트푸드점은 햄버거, 프렌치프라이, 청량음료를 묶어서 '콤보' 가격으로 판매한다. 마이크로소프트 오피스 365 구독 버전은 워드, 엑셀, 파워포인트, 아웃룩 등의 소프트웨어 제품을 한데 묶은 묶음제품이다. 컴캐스트, AT&T, 스펙트럼, 버라이즌 등의 통신 회사 또한 TV, 전화, 고속 인터넷 서비스를 묶어서 저렴한 가격으로 제공한다. 묶음가격은 묶음제품이 아니면 판매되지 않았을 제품의 판매를 촉진할 수 있으나 묶음가격은 묶음제품의 구매를 유도할 만큼 저렴해야 한다.

저자 코멘트 | 제품의 기본가격을 설정하는 것은 시작에 불과하다. 기업은 고객과 상황의 차이를 고려하여 가격을 조정해 나가야 한다. 권장소매가격으로 제품을 사본 것이 언제 적 일인가?

가격조정 전략

학습목표 11-3 기업이 다양한 유형의 고객과 상황을 고려하여 가격을 조정하는 방법을 이해한다.

기업은 고객에 따라 그리고 상황의 변화에 따라 기본가격을 조정한다. 이 절에서는 ● 표 11.2에 요약된 일곱 가지 가격조정 전략, 즉 할인 및 공제 가격결정, 차별적 가격결정, 심리적 가격결정, 촉진적 가격결정, 지리적 가격결정, 동태적/맞춤형 가격결정, 해외시장 가격결정을 살펴보자.

할인 및 공제 가격결정

대부분의 기업은 특정한 반응을 보이는 고객, 예컨대 구입대금을 일찍 지불하거나, 많은 수량을 구매하거나, 비수기에 구매하는 고객에게 보상하기 위해 기본가격을 조정한다. 이러한 유형의 가격조정을 할인과 공제라고 하며 여기에는 다양한 형태가 있다.

할인
명시된 기간 동안 구매하거나 더 많은 수량을 구매하는 경우 가격을 낮춰주는 것

할인(discount)의 여러 형태 가운데 현금할인은 구입 대금을 일찍 지불하는 구매자에게 가격을 할인해주는 것이다. '2/10, net 30'은 현금할인의 전형적인 예로, 'net 30'은 30일 내로 상환한다는 조건이고, 2/10은 10일 내로 상환하면 2% 대금을 할인해준다는 뜻이다. 수량할인은 대량으로 구매한 고객에게 가격을 할인해주는 것이다. 기능할인(functional discount)은 중간상할인(trade discount)이라고도 하는데, 판매, 저장, 거래 기록 등의 특정 기능을 수행한 중간상에게 구입 제품의 대금을 할인해주는 것이다. 계절할인(seasonal discount)은 비수기에 구매한 사람들에게 가격을 할인해주는 것이다.

공제
정가할인의 또 다른 유형으로, 신제품 구매 시 기존에 쓰던 제품을 가져오면 신제품의 가격을 할인해주는 보상판매 공제, 광고와 판매 지원 프로그램에 참여한 거래처에 보상하기 위해 할인해주는 촉진적 공제가 있음

공제(allowance)는 정가할인의 또 다른 유형이다. 예를 들어 보상판매 공제는 신제품 구매 시 기존에 쓰던 제품을 가져오면 신제품의 가격을 할인해주는 것으로, 이는 자동차 산업에서 가장 흔히

● **표 11.2 | 가격조정 전략**

전략 유형	설명
할인 및 공제 가격결정	대량 구매, 조기 결제, 제품 홍보와 같은 고객 반응을 보상하기 위한 가격인하
차별적 가격결정	고객, 제품, 위치의 차이에 따른 가격조정
심리적 가격결정	심리적 효과를 고려한 가격조정
촉진적 가격결정	단기 매출 증대를 위한 일시적인 가격인하
지리적 가격결정	고객의 지리적 위치를 고려한 가격조정
동태적/맞춤형 가격결정	개별고객의 특징과 니즈, 상황에 따른 지속적인 가격조정
해외시장 가격결정	해외시장에 대한 가격조정

볼 수 있는 형태이지만 그 밖의 내구재에도 활용된다. **촉진적 공제**(promotional allowance)는 광고와 판매 지원 프로그램에 참여한 거래처에게 보상하기 위한 가격할인을 말한다.

차별적 가격결정

차별적 가격결정
원가상 차이가 없는 동일한 제품이나 서비스를 고객마다 각기 다른 가격으로 판매하는 것

기업은 종종 고객 세분시장, 제품형태, 위치의 차이 등을 고려하여 기본가격을 조정한다. **차별적 가격결정**(segmented pricing)의 경우 기업은 원가상 차이가 없는 동일한 제품이나 서비스를 고객마다 각기 다른 가격으로 판매한다.

● 세분시장별 가격결정: 마이크로소프트 등의 전자제품 브랜드는 군인, 참전용사와 그 가족을 위한 전용 온라인 매장을 만들고 다양한 제품을 10% 이상 할인된 가격으로 제공하고 있다.
Microsoft Corporation

차별적 가격결정에는 다양한 형태가 있다. 그중 하나인 **세분시장별 가격결정**(customer segment pricing)은 동일한 제품을 고객 세분시장에 따라 각기 다른 가격으로 판매하는 것을 말한다. 예를 들어 박물관, 영화관, 소매점은 학생, 군인, 노인에게 더 낮은 가격을 받는다. ● 마이크로소프트, 애플, 삼성 등의 전자제품 브랜드는 군인, 참전용사와 그 가족을 위한 전용 온라인 매장을 만들고 다양한 제품을 10% 이상 할인된 가격으로 제공하고 있다. 또한 월그린스는 정기적으로 '어르신 할인 데이(Senior Discount Day)' 이벤트를 개최하여 AARP 회원과 55세 이상의 밸런스 리워즈(Balance Rewards) 회원에게 20% 가격할인을 해준다. 월그린스 광고에서는 "할머니랑 손잡고 쇼핑하러 오세요"라고 권한다.

제품형태별 가격결정(product form pricing)은 제품 버전의 차이에 따라 가격을 다르게 책정하는 것으로, 가격 차이가 원가상 차이에 따른 것이 아니다. 예를 들어 뉴욕-런던 간 왕복 이코노미석의 가격은 500달러이지만 같은 항공편의 비즈니스석은 6,000달러 이상이다. 비즈니스석 승객은 좀 더 여유로운 공간에서 편안한 좌석, 고급스러운 음식과 기내 서비스를 제공받지만, 두 좌석 간의 원가상 차이는 비즈니스석 승객에게 추가로 받는 가격에 비하면 훨씬 작다. 그러나 지불 여력이 있는 승객에게 안락함과 추가 서비스는 추가 비용을 지불할 만큼 가치가 있다.

위치별 가격결정(location-based pricing)은 위치에 상관없이 비용이 모두 동일한데도 위치에 따라 가격을 다르게 책정하는 것이다. 예를 들어 주립대학은 다른 주에 거주하는 학생에게 더 비싼 등록금을 부과하고, 극장은 관람객이 선호하는 좌석 위치별로 가격을 다르게 책정한다.

시간별 가격결정(time-based pricing)은 계절에 따라, 월에 따라, 주중/주말에 따라, 하루의 시간대에 따라 가격을 다르게 책정하는 것이다. 예를 들어 영화관은 하루의 이용 시간대에 따라 각기 다른 가격을 책정하고, 리조트는 주중과 비수기에 할인을 해준다.

차별적 가격결정이 효과를 거두려면 몇 가지 조건이 충족되어야 한다. 먼저 시장을 세분할 수 있고 각 세분시장의 수요 수준이 달라야 한다. 또한 시장을 세분하고 각 시장의 특징을 파악하는 데

드는 비용이 가격차별을 통해 얻는 추가 이익을 넘지 않아야 한다. 물론 차별적 가격결정이 합법적이어야 한다.

가장 중요한 점은 고객이 지각하는 가치의 차이를 차별적 가격에 반영해야 한다는 것이다. 더 비싼 가격으로 제품을 구매하는 고객은 자신이 지불한 것 이상의 대가를 얻는다고 느껴야 한다. 그렇지 않으면 차별적 가격결정 관행이 고객의 분노를 유발할 수도 있다. 예를 들어 뉴욕시 소비자보호국(Department of Consumer Affairs, DCA)의 조사 결과, 포장을 제외하고는 똑같은 제품인데도 여성용 제품에 남성용 제품보다 더 높은 가격이 부과되고 있다는 사실, 즉 여성이 이른바 '핑크 세금(pink tax)'을 지불하기도 한다는 사실이 드러나자 부정적인 반응이 나타났다.[7] DCA는 성인 의류, 개인 관리용품, 가정용품, 아동용 장난감, 아동 의류 등 거의 800개에 달하는 제품에 대해 남성용과 여성용의 가격을 비교했다. 조사 결과, 여학생과 성인 여성을 대상으로 하는 제품의 가격은 남학생과 성인 남성을 대상으로 하는 유사 품목보다 평균 7% 더 비쌌고, 일부 품목은 무려 13%나 더 비싼 것으로 나타났다. 성별에 따른 가격 차이를 금지하는 법은 없지만 이처럼 확연한 가격 차이는 브랜드의 신뢰성과 평판을 손상할 수 있다.

또한 기업은 낮은 가격으로 제품을 구매하는 고객을 이류 고객으로 취급하지 않도록 주의해야 한다. 그렇지 않으면 장기적으로 고객의 분노와 악감정을 유발하게 될 것이다. 가령 최근에 항공사들은 두 가격대의 승객 모두에게서 원성을 듣고 있다. 비싼 요금을 지불하고 비즈니스석이나 일등석을 이용하는 승객은 바가지를 쓴 것 같다는 느낌을 받는 동시에, 저렴한 가격대의 일반석을 이용하는 승객은 무시당하거나 형편없는 대우를 받는다고 느낀다.

심리적 가격결정
제품의 경제적 가치보다는 가격이 가진 심리적 효과를 고려한 가격결정. 가격을 통해 소비자에게 해당 제품이 어떤 제품인지를 알릴 수 있음

심리적 가격결정

가격은 제품과 관련된 어떤 정보를 소비자에게 전달한다. 예를 들어 많은 소비자는 가격을 품질 판단의 근거로 삼는다. 100달러짜리 향수 브랜드가 원가가 3달러 정도인 향을 병에 담은 것이라 하더라도 어떤 소비자는 그 가격에 상응하는 특별한 것을 가지고 있을 것이라 생각하여 100달러를 주저하지 않고 지불한다.

● 심리적 가격결정: 던킨의 S!p 커피 실험은 가격이 브랜드 지각에 영향을 줄 수 있다는 것을 여실히 보여주었다.
Dunkin' Brands

심리적 가격결정(psychological pricing) 방식을 활용하는 기업은 제품의 경제적 가치보다는 가격이 가진 심리적 효과를 고려한다. 예를 들어 소비자는 제품의 가격이 높을수록 고품질이라고 지각하는 경향이 있다. 제품의 품질을 검사하거나 과거의 경험을 근거로 품질을 판단할 수 있는 경우 소비자는 품질을 판단하는 데 가격에 덜 의존한다. 그러나 제품을 평가할 충분한 정보를 가지고 있지 않거나 전문 지식이 부족한 소비자는 품질을 판단하는 데 가격을 중요한 단서로 삼는다. 예를 들어 시간당 50달러를 부과하는 변호사와 500달러를 부과하는 변호사 중 누가 더 낫다고 생각하는가? 객관적인 답을 얻기 위해 두 변호사의 자격과 경력을 자세히 조사해야 할 테지만, 그렇게 하더라도 여전히 정확한 평가를 내리기 어려울 수 있다. 대다수 사람들은 단순히 비싼 가격을 책정한 변호사가 더 나을 것이라고 가정하기 때문이다.

● 던킨은 이러한 심리적 가격결정 포인트를 입증하기 위해 실험을 했다. 미국 메인주 포틀랜드에 'S!p'라는 간판을 단 힙한 고급 팝업 에스

프레소 카페를 열고 자사 에스프레소 제품을 S!p 패키지로 제공하며 반응을 살폈다. 그 결과 던킨의 동영상에는 고가로 추정되는 S!p가 실은 던킨의 새로운 수제 에스프레소 음료라는 사실을 모른 채 현지 미식가들이 그 커피의 품질에 열광하는 모습이 담겼다. 이 이벤트는 가격이 브랜드 지각(brand perception)에 어떤 영향을 미치는지를 여실히 보여주었다.[8]

준거가격
소비자가 가격이 싼지 비싼지를 판단하는 데 기준으로 삼는 가격. 소비자마다 준거가격이 다르게 형성될 수 있고, 준거가격을 가지고 있지 않은 소비자도 있을 수 있음

심리적 가격결정에 활용되는 개념으로 **준거가격**(reference price)이 있다. 준거가격은 소비자가 제품가격이 싼지 비싼지를 판단할 때 기준으로 삼는 가격으로, 소비자의 마음에 새겨지는 이 가격은 소비자마다 다르게 형성될 수 있다. 대개 구매자가 현재 가지고 있는 가격정보나 구매자의 과거 구매경험, 구매상황에 따라 다르게 형성된다. 판매자의 제품가격 책정은 소비자의 준거가격 형성에 영향을 미칠 수 있으며, 반대로 제품가격을 책정할 때 소비자의 준거가격을 고려할 수도 있다. 예를 들어 식료품 소매상은 3.79달러에 판매되는 켈로그의 레이즌브랜(Raisin Bran) 시리얼 제품 옆에 자사의 PB 시리얼 브랜드를 진열하고 2.49달러에 판매할 수 있다. 또는 기업은 자사의 고가 제품이 소비자에게 상대적으로 덜 비싸 보이도록, 잘 팔리지 않을 것을 알면서도 더 비싼 가격대의 제품을 내놓을 수도 있다. 예를 들어 윌리엄스소노마는 과거에 고급 제빵기를 279달러에 판매하면서 429달러짜리 모델을 추가했는데, 그 결과 429달러짜리 제품의 매출은 부진했으나 279달러짜리 제품의 매출은 2배 증가했다.[9]

대부분의 제품 구매에서 소비자는 자신이 제값을 지불하고 구매하는지 판단하는 데 필요한 스킬이나 정보를 가지고 있지 않다. 소비자는 구매하려는 품목마다 다양한 브랜드 또는 매장을 다 조사하고 가격을 비교하여 최상의 거래를 할 시간도 없거니와 그럴 능력도 의지도 없다. 대신에 소비자는 가격이 싼지 비싼지를 판단하는 데 도움이 되는 특정 단서에 의존하는 경향이 있다. 흥미로운 점은 '세일' 간판, 최저가격 보장, 특가품 가격 등의 가격 판단 단서를 흔히 판매자가 제공한다는 것이다.

작은 가격 차이라도 소비자에게는 제품 차이의 시그널이 될 수 있다. 9 또는 0.99 등으로 끝나는 가격은 가격이 할인되었다는 시그널로 사용되곤 한다. 타깃, 베스트바이, 오버스톡닷컴 같은 대형 할인점의 온라인 사이트를 둘러보면 거의 모든 가격이 9로 끝난다. 이와 달리 고급 소매점은 정수로 끝나는 가격을 선호한다(예: 6달러, 25달러, 200달러 등). 또 어떤 소매 기업은 정상가 제품의 경우 00센트로 끝나는 가격을 붙이고, 할인 제품의 경우 99센트로 끝나는 가격을 붙인다.

프리미엄 폰을 만드는 애플은 9로 끝나는 가격을 사용함으로써 시중에서 가장 비싼 휴대전화 가격에서 비롯되는 심리적인 따가움을 어느 정도 덜어내고 있다. 예를 들어 아이폰 X를 출시할 때 999달러로 책정하여 당시 주요 시장 기준치인 1,000달러 밑을 유지했다. 1달러 차이는 심리적인 측면에서 놀라울 정도로 크다. 흥미롭게도 영국에서는 아이폰 X의 출시가격을 999파운드(약 1,400달러)로 책정한 바 있다.[10]

실제 가격 차이는 작지만 이러한 심리적 가격 전술이 미치는 영향은 크다. 가령 최근의 한 조사에서는 사람들에게 수술비가 299달러인 라식 수술과 300달러인 라식 수술 중에서 어느 것을 선택할지 물었다. 실제 가격 차이는 1달러에 불과했지만 심리적 차이가 그보다 훨씬 크다는 것이 드러났다. 수술비가 300달러인 라식 수술에 대한 선호도 점수가 훨씬 높았던 것이다. 사람들은 수술비 299달러를 실제보다 훨씬 싸다고 지각하여 수술의 품질과 위험에 대해 더 많이 우려했다. 어떤 심리학자들은 아라비아 숫자의 상징성과 시각적 특징이 각기 다르므로 가격책정 시에 이를 고려해야 한다고 주장한다. 가령 8은 둥근 느낌이라 마음을 편안하게 하는 반면, 7은 각진 느낌이라 신경을 거슬리게 한다고 한다.[11]

촉진적 가격결정

촉진적 가격결정
구매로 인한 설렘과 빨리 구매해야 한다는 압박감을 느끼도록 일시적으로 제품가격을 정가나 원가 이하로 내리는 것

촉진적 가격결정(promotional pricing)은 구매로 인한 설렘과 빨리 구매해야 한다는 압박감을 느끼도록 일시적으로 제품가격을 정가나 원가 이하로 내리는 것을 말한다. 촉진적 가격결정에는 몇 가지 형태가 있다. 판매자는 단순히 매출을 늘리고 재고를 줄이기 위해 정상가에 대한 **할인**을 실시할 수 있다. 또한 판매자는 시즌에 맞추어 더 많은 고객을 끌어들이기 위해 **특별이벤트 가격**(special-event pricing)을 실시하기도 한다. 예를 들어 대형 TV와 기타 가전제품의 경우 휴일 쇼핑객을 끌어들이기 위해 11월과 12월에 가격 촉진 행사를 실시한다. 온라인 **번개세일**과 같은 **한정 판매**는 바로 구매해야 한다는 심리적 압박감을 주며, 할인가격으로 구입한 구매자는 운이 좋다고 느끼게 된다.

제조업체는 경우에 따라 특정 기간 내에 딜러로부터 제품을 구매한 고객에게 **현금 리베이트**(cash rebate)를 제공한다. 리베이트는 자동차, 휴대전화, 소형 가전제품 제조업체가 자주 사용하며 포장 소비재 제조업체도 이를 활용하고 있다. 어떤 제조업체는 소비자의 가격 부담을 덜어주기 위해 **저금리 자금 조달, 제품 보증기간 연장, 무상 유지·보수** 등을 제공한다. 이러한 정책은 자동차 산업에서도 애용되고 있다.

촉진적 가격결정은 고객이 구매의사결정 과정상의 난관을 극복하는 데 도움을 줄 수 있다. 예를 들어 소비자에게 윈도우10 운영체제로 전환하도록 장려하기 위해 마이크로소프트는 구매자에게 마이크로소프트 스토어에서 599달러 이상의 윈도우10 PC를 구매할 때 이전 PC를 반납하면 200달러를 되돌려주는 보상판매를 제공하는 '이지 트레이드업(Easy Trade-Up)' 프로모션을 실시했다. 애플 맥북이나 아이맥의 300달러 보상판매는 소비자의 구미를 더욱 당겼다. 과거에 마이크로소프트는 고객이 맥북 에어 보상판매로 서피스 프로를 구매할 때 최대 650달러를 되돌려주기도 했다. 이러한 공격적인 가격 프로모션은 소비자에게 강력한 구매 인센티브와 브랜드스위칭 인센티브를 제공한다.

그러나 촉진적 가격결정은 역효과를 낳을 수도 있다. 예를 들어 대부분의 연휴 기간 동안에는 세일 전쟁이 벌어진다. 마케터는 가격할인으로 폭격함으로써 소비자를 지치게 만들고 가격에 대한 혼란을 불러일으킨다. 너무 자주 할인을 하면 브랜드가치가 약화될 수 있다. 그리고 가격 프로모션을 너무 자주 사용하면 세일할 때까지 구매를 미루는 '판촉지향형' 고객을 양산할 수도 있다. ● 예를 들어 가정용품 소매업체인 베드배스앤드비욘드(Bed Bath & Beyond)에서 일반 쇼핑객에게 물어보면 대부분 20% 할인쿠폰이나 5달러 할인쿠폰이 수중에 없으면 절대 쇼핑하지 않는다고 말할 것이다. 한 기자는 "베드배스앤드비욘드에서 쿠폰을 들고 쇼핑하는 것이 특별한 대접이 아닌 당연한 일처럼 느껴지기 시작했고, 이는 체인점 수익에 나쁜 소식"이라고 말했다. 쿠폰 사용률이 높아짐에 따라 소매업체의 이윤이 점차 줄어드는 것은 사실이다.[12]

● 촉진적 가격결정: 일부 마케터는 소비자를 가격할인으로 폭격하여 브랜드 가치를 떨어뜨린다. "베드배스앤드비욘드에서 쿠폰을 들고 쇼핑하는 것이 특별한 대접이 아닌 당연한 일처럼 느껴지기 시작했다."
Keri Miksza

지리적 가격결정

기업은 국내 여러 지역 또는 세계 곳곳에 있는 고객을 상대로 제품 가격을 어떻게 책정할지 결정

해야 한다. 먼 거리에 있는 고객의 경우 높은 운송비를 상쇄하기 위해 더 비싼 가격을 책정해야 할까? 그들과의 거래를 잃는 위험을 감수하고라도 그렇게 해야 할까? 아니면 고객의 위치에 상관없이 모든 고객에게 동일한 가격을 부과해야 할까? 다음과 같은 가상 상황을 가정하고 다섯 가지 유형의 **지리적 가격결정**(geographical pricing) 전략을 살펴보자.

지리적 가격결정
국내 여러 지역 또는 세계 곳곳에 있는 고객에게 각각 어떤 가격을 부과할 것인지 결정하는 것

조지아주 애틀랜타에 위치한 피어리스페이퍼(Peerless Paper)는 미국 전역의 고객을 대상으로 종이 제품을 판매하고 있다. 운송비가 비싸기 때문에 운송비는 제지 생산업체의 원가에 영향을 미친다. 피어리스페이퍼는 지리적 가격결정 정책을 고려하고 있다. 세 지역의 고객, 즉 고객 A(애틀랜타), 고객 B(인디애나주 블루밍턴), 고객 C(캘리포니아주 컴튼)가 주문한 1만 달러 상당의 제품에 각각 어떤 가격을 부과할지 결정하려고 한다.

한 가지 대안은 애틀랜타 공장에서 고객의 지역까지 운송하는 데 드는 비용을 각 고객이 부담하게 하는 것이다. 세 지역의 고객은 동일하게 공장도가격 1만 달러를 지불하지만 추가로 고객 A는 100달러, 고객 B는 150달러, 고객 C는 250달러를 운송비로 지불해야 한다. 이러한 가격정책을 **FOB가격결정**(FOB-origin pricing)이라고 하며, 이 정책을 사용하는 경우 제조업체는 운송 수단에 주문 제품을 싣는 순간부터 제품에 대한 책임에서 자유로워진다. 선적 지역을 벗어나면 제품에 대한 소유권과 책임이 고객에게 넘어가 고객이 공장에서 목적지까지의 운임을 지불한다. 각 고객이 운송비를 스스로 책임지기 때문에 FOB가격결정 전략을 지지하는 사람들은 이 방식이 운송비를 책정하는 데 가장 공정하다고 생각한다. 그러나 이러한 가격결정 방식은 먼 거리에 있는 고객에게는 피어리스페이퍼가 고비용의 기업으로 인식된다는 것이 단점이다.

FOB가격결정
운송하는 데 드는 비용을 각 고객이 부담하게 하는 가격결정으로, 고객이 공장에서 목적지까지의 운임을 지불함

균일운송가격결정(uniform-delivered pricing)은 FOB가격결정과 정반대이다. 균일운송가격결정은 고객의 위치에 상관없이 모든 고객에게 동일한 운임으로 제품 가격을 부과하는 것이다. 이 방식에서 운임은 평균 운송비로 책정된다. 평균 운송비가 150달러라고 가정해보자. 균일운송가격결정의 경우 결과적으로 애틀랜타에 있는 고객에게는 더 비싼 운송비(100달러가 아니라 150달러)를 부과하는 셈이 되고, 컴튼에 있는 고객에게는 더 저렴한 운송비(250달러가 아니라 150달러)를 부과하는 셈이 된다. 애틀랜타에 있는 고객은 FOB가격결정 방식을 사용하는 다른 제지 회사의 종이를 구매하는 것을 선호하겠지만, 피어리스페이퍼는 캘리포니아주에 있는 고객을 확보할 가능성을 높일 수 있다.

균일운송가격결정
고객의 위치에 상관없이 모든 고객에게 동일한 운임으로 제품 가격을 부과하는 것

구역별 가격결정(zone pricing)은 FOB가격결정과 균일운송가격결정의 중간 형태이다. 기업은 구역을 2개 이상으로 나누고 구역별로 인도가격을 부과하며, 동일구역 내의 고객에게는 단일가격을 책정한다. 공장에서 구역까지의 거리가 멀수록 더 높은 가격이 책정된다. 예를 들어 피어리스페이퍼는 동부 구역, 중서부 구역, 서부 구역으로 나눈 뒤 동부 구역의 고객에게는 100달러, 중서부 구역의 고객에게는 150달러, 서부 구역의 고객에게는 250달러를 운송비로 부과할 수 있다. 이에 따라 특정 가격 구역 내의 고객은 그 구역 내의 다른 고객보다 가까운 곳에 위치하더라도 가격상의 혜택을 받을 수 없다. 예를 들어 애틀랜타에 있는 고객과 보스턴에 있는 고객은 동일한 가격을 지불한다. 따라서 애틀랜타에 있는 고객은 보스턴에 있는 고객이 지불해야 할 운송비의 일부를 자신이 떠맡는다고 불평할 수 있다.

구역별 가격결정
구역을 2개 이상으로 나누고 구역별로 인도가격을 부과하는 것으로, 동일구역 내의 고객에게는 단일가격을 책정함. 공장에서 구역까지의 거리가 멀수록 가격이 높아짐

기점가격결정(basing-point pricing)은 특정 도시를 기점으로 선정하고, 제품이 실제로 선적되는 도시가 어디든 상관없이 기점부터 고객 소재지까지의 운송비를 각 고객에게 부담시키는 것이다. 예를 들어 피어리스페이퍼는 시카고를 기점으로 정하고, 모든 고객에게 공장도가격 1만 달러에다 시카고에서 고객 소재지까지의 운송비를 포함하여 인도가격을 책정한다. 이러한 가격결정 방식은 제품이 애틀랜타에서 선적된다고 하더라도 애틀랜타의 고객은 시카고에서 애틀랜타까지의 운송비

기점가격결정
판매자가 특정 도시를 기점으로 선정하고 기점부터 고객 소재지까지의 운송비를 각 고객에게 부담시키는 것

를 지불해야 함을 의미한다. 모든 판매자가 동일한 도시를 기점으로 사용한다면 인도가격이 모든 고객에게 동일하며 가격경쟁이 사라질 것이다.

특정 지역의 고객과 거래하고 싶은 판매자는 원하는 거래를 성사시키기 위해 운송비의 전부 혹은 일부를 자신이 부담하는 **운송비흡수 가격결정**(freight-absorption pricing)을 사용할 수 있다. 판매자가 이러한 가격결정 방식을 사용하는 이유는, 그 고객과의 거래가 더 많이 이루어진다면 평균 비용이 하락하여 그 결과로 자신이 부담한 운송비 이상을 보상받을 수 있을 것이기 때문이다. 운송비흡수 가격결정은 시장침투전략을 추구하거나 경쟁이 더욱 치열해지는 시장에서 경쟁력을 유지하려 할 때 사용된다.

운송비흡수 가격결정
판매자가 원하는 거래를 성사시키기 위해 운송비의 전부 혹은 일부를 자신이 부담하는 것

동태적/맞춤형 가격결정

전통적으로 가격은 구매자와 판매자 간의 협상을 통해 결정되었다. 모든 구매자에게 단일가격을 책정하는 고정가격정책(fixed-price policy)은 19세기 말 대규모 소매업이 출현하면서 비교적 최근에 도입된 개념이다. 오늘날에는 대부분의 가격이 이러한 방식으로 책정된다. 그러나 디지털 기술의 발전에 따라 많은 기업이 고정가격 결정 추세를 거스르고 있다. 즉 기업은 시장의 조건과 상황 변화에 맞추어 가격을 계속 조정하는 **동태적 가격결정**(dynamic pricing)을 하고 있다.

동태적 가격결정
시장의 조건과 상황 변화에 맞추어 가격을 계속 조정하는 것

동태적 가격결정은 마케터에게 많은 이점을 제공한다. 소매업체, 항공사, 호텔에서 스포츠 팀에 이르기까지 다양한 서비스제품은 수요, 비용 또는 경쟁자 가격의 변화에 따라 매출을 증대하기 위해 특정 품목에 대해 매일, 매시간 또는 지속적으로 가격을 조정한다.

또한 오늘날의 디지털 환경 덕분에 마케터는 개별고객의 상황, 위치, 구매행동에 맞추어 실시간으로 가격을 조정하는 **맞춤형 가격결정**(personalized pricing)을 실행할 수 있다. 모든 판매자는 경쟁사가 매긴 가격과 고객이 지불하는 가격을 모두 파악할 것이다. 판매되고 있는 모든 제품과 그 가격도, 시시각각 단 한 푼의 변화까지도 다 파악할 것이다. 빅데이터 디지털 시대에 아마존, 엘엘빈, 애플 같은 온라인 판매자는 데이터베이스를 마이닝하여 특정 구매자의 욕구를 측정하고 경쟁업체의 가격을 확인하여 개별고객의 상황에 맞게 즉시 가격을 조정한다.

맞춤형 가격결정
개별고객의 상황, 위치, 구매행동에 맞추어 실시간으로 가격을 조정하는 것

요즘 온라인 할인과 가격은 고객이 무엇을 탐색하고 구매하는지, 다른 구매에는 얼마의 돈을 쓰는지, 어느 동네에 사는지, 더 많은 돈을 쓰려고 하는지, 돈을 쓸 여력이 있는지 등을 토대로 이루어지곤 한다. 예를 들어 최근 온라인으로 파리행 일등석 항공권을 구입했거나 신형 메르세데스 쿠페를 자신의 취향에 맞추어 주문한 부유한 지역의 거주자는 나중에 보스의 신형 웨이브 라디오(Wave Radio)를 더 높은 가격에 제시받을는지 모른다. 이에 반해 온라인 탐색과 구매 기록이 상대적으로 적은 덜 부유한 지역의 거주자는 동일한 라디오 제품에 대해 5% 인하된 가격과 무료 배송을 제시받을 수 있다.

동태적 가격결정은 온라인에서만 실시되는 것이 아니다. 소매상을 비롯해 많은 업체가 하루, 시간, 심지어 분 단위로 가격을 조정하고 있다. 예를 들어 콜스는 매장에서 전자 가격태그를 사용하여 공급과 수요, 매장 트래픽 요인에 따라 즉시 가격을 조정한다. 이제 콜스는 온라인 경쟁업체와 마찬가지로 며칠이 아닌 단 몇 시간 만에 판매를 진행할 수 있게 되었다.

우버와 리프트 같은 차량 공유 서비스는 느린 시간대나 피크타임에 역동적으로 요금을 조정하는데 이를 '할증가격결정(surge pricing)'이라고 한다. 또한 요즘 극장 티켓, 주차장과 골프장 요금에 이르기까지 모든 것이 수요와 공급에 따라 분 단위로 가격이 조정된다. 심지어 텍사스의 유료 도로는 교통량에 따라 5분마다 통행료를 변경한다. 예를 들어 11마일 구간의 요금이 교통 속도에 따라 94센트~8달러 38센트이다. 일부 소비자는 '고속도로 강도'가 따로 없다면서 언짢게 생각

한다.[13]

동태적/맞춤형 가격결정은 시장 원리와 소비자의 상황에 따라 가격을 조정하는 정책으로 다양한 상황에서 효과적이다. 그러나 잘못 활용하면 마진을 깎아먹는 가격전쟁을 유발하고 고객관계와 신뢰에 해를 끼칠 수 있다. 불공정한 가격결정 관행 또는 '가격 부풀리기'로 생각되면 고객이 분개할 것이다. 예를 들어 암트랙(Amtrak)의 치명적인 탈선 사고로 거의 일주일 동안 워싱턴 D.C.-뉴욕시 노선의 철도 서비스가 중단되었을 때 두 도시 간의 항공권 수요가 급증했다. 수요가 급증하자 항공사의 동태적 가격결정 로봇이 요금을 무려 5배까지 올리자 여행객이 격분하고 결국은 교통부의 조사로까지 이어졌다.

동태적 가격결정이 법적인 문제가 되는 이러한 극단적인 경우는 드물다. 그러나 동태적/맞춤형 가격결정이 제대로 실행되지 않으면 작은 과실에도 고객의 혼란과 불만, 더 나아가 불신을 초래할 수 있다(마케팅 현장 11.1 참조). 기업은 현명한 동태적 가격전략과 파괴적인 동태적 가격전략의 미묘한 경계선을 잘 파악하여 신중하게 사용해야 한다.

● 동태적 온라인 가격결정은 판매자와 구매자 모두에게 이득이 된다. 언제라도 즉시 가격 비교가 가능한 소비자라면 매장 안에서도 가격 협상을 할 수 있다.
Yakobchuk Viacheslav/Shutterstock

동태적/맞춤형 가격결정이 판매자에게 이득이 될 수 있듯이 소비자도 자신의 이득을 위해 이를 이용할 수 있다. ● 스마트폰을 사용하는 소비자는 이제 집, 매장, 그 외 어디서든 언제든 인터넷으로 가격을 비교할 수 있다. 숍새비(ShopSavvy), 아마존의 프라이스 체크(Price Check), 프라이스닷컴(Price.com)과 같은 모바일 앱에서 언제나 제품 및 가격 비교를 즉시 하고 가격 알림을 받을 수 있다. 사실 소매업체는 온라인 가격 비교 액세스가 소비자에게 너무 많은 우위를 제공한다는 사실을 알고 있다. 가격 정보를 통해 현명한 소비자는 판매자 사이에 자주 일어나는 가격 충돌을 이용하거나, 좋은 제품을 아주 낮은 가격에 구매하거나, 소매업체의 최저가 보장제를 활용하기도 한다.

이제 점포 소매상은 다양한 채널을 이용한 소비자의 가격 비교와 쇼핑에 대응하는 전략을 수립하거나 그것을 이점으로 전환하려는 움직임을 보이고 있다. 예를 들어 베스트바이는 같은 업태인 점포 소매상뿐 아니라 온라인 판매업자와의 가격 경쟁에 대응하기 위해 '최저가 보장제(Price Match Guarantee)'를 실시하고 있다. 베스트바이는 구매 요인인 가격에 대한 평가에 차이가 없다면 신속성, 편리한 위치, 잘 교육받은 직원의 개인별 지원, 온라인으로 상품 주문 후 매장에서 수령이나 반품이 가능한 점 등의 비가격 이점 때문에 온라인 쇼핑객을 매장 쇼핑객으로 전환할 수 있을 것이라고 판단한 것이다. 또한 베스트바이는 온라인 및 모바일 마케팅을 강화하고 있다.

해외시장 가격결정

해외시장에 진출하는 기업은 각 나라에서 가격을 얼마로 책정할지 결정해야 한다. 경우에 따라서는 모든 해외시장에서 동일한 가격을 책정할 수 있다. 가령 보잉은 판매 지역이 미국이든 유럽이든 제3세계든 어느 나라건 간에 제트기를 모두 동일한 가격으로 판매한다. 그러나 대부분의 기업은 현지 시장의 여건과 원가 등을 고려하여 가격을 조정한다.

나라별로 부과되는 가격은 경제적 여건, 경쟁 상황, 법과 규제, 도소매 시스템의 특징 등 다양한 요인의 영향을 받는다. 소비자 지각과 선호도 역시 나라별로 다를 수 있으므로 이를 고려하여 가

마케팅 현장 11.1 | 동태적/맞춤형 가격결정: 아슬아슬한 줄타기

오늘날 시장에서 경쟁력을 갖추려면 동태적 가격결정이 필수 요소이다. 집에서 온라인 쇼핑 중이든 이동 중이든 디지털 기기로 무장한 소비자는 판매자들이 제시한 최신 가격을 일상적으로 비교하고 확인한다. 대개 가장 좋은 가격의 제품이 판매된다. 요즘 같은 빅데이터 시대에 대부분의 판매업자는 공급과 수요, 경쟁자 가격, 나아가 개인구매자의 특성과 구매 상황에 따라 가격을 자동으로 그리고 지속적으로 조정한다.

온라인 거대 기업 아마존의 동태적 가격결정은 그야말로 '과학'이라고 할 수 있는 경지이다. 한 소식통에 따르면 아마존의 자동화된 AI 기반 동태적 가격결정 시스템은 수많은 시장 요인을 바탕으로 자사의 매머드 사이트에서 하루 동안 최대 8,000만 개 품목의 가격을 변경한다고 한다. 그 결과 아마존은 가격 면에서 매우 효과적으로 경쟁한다. 가장 최근의 블랙프라이데이 연휴 주말 동안 아마존의 가격은 월마트와 타깃을 포함한 경쟁 소매업체의 동일 제품 가격보다 평균 14% 가까이 낮았다.

그러나 동태적 가격결정은 프로세스가 복잡하고 항상 고객과 잘 맞는 것도 아니다. 잘못하면 고객의 혼란, 좌절, 심지어 분노까지 초래하여 어렵게 맺은 고객관계가 손상될 수 있다. 한 아마존 쇼핑객의 경험을 생각해보자.

낸시 플럼리(Nancy Plumlee)는 루미큐브와 유사한 중국의 타일 게임인 마작을 막 시작했다. 그녀는 아마존닷컴에서 여러 페이지의 옵션을 검토한 후 54.99달러짜리 한 세트를 구입하기로 마음먹었다. 그녀는 그것을 장바구니에 넣고 스코어카드와 게임 액세서리를 계속 쇼핑했다. 몇 분 후 장바구니를 살펴보니 54달러 99센트달러였던 것이 70달러 99센트로 오른 것을 알아차린 플럼리는 자기 정신이 어떻게 된 줄로만 알았다. 그래서 자신이 접속했던 페이지 기록을 확인해보았더니 게임의 원래 가격이 54달러 99센트였다. 플럼리는 장바구니를 깨끗이 비우고 다시 시도해보았는데 이번에는 게임의 가격이 59달러 99센트였다. "정직한 사업처럼 느껴지지 않는다. 창피한 줄 알아라, 아마존!" 플럼리는 아마존에 전화를 걸었고 5달러를 환불받기로 했다.

문제가 있는데도 불구하고 아마존은 동태적 가격결정 정책과 장바구니 가격결정(shopping cart pricing) 제도를 계속 유지하고 있다. 아마존은 고객이 장바구니에 상품을 무기한 보관할 수 있도록 해야 하며, 이를 위해서는 가격, 구입 기한, 배송 날짜 등의 구매 조건을 장바구니에 담을 때의 조건에 맞게 정기적으로 업데이트해야 한다. 하지만 아마존은 가격정책 웹페이지에서 다음과 같이 공지하고 있다. "장바구니에 있는 품목에는 항상 해당 품목의 제품 상세 페이지에 표시된 최신 가격이 반영됩니다. 따라서 상품을 장바구니에 담더라도 당시 표시된 가격으로 구매 예약이 된 것이 아닙니다." 상품이 장바구니에 있는 동안 가격이 변경된 경우, 아마존은 고객이 구매하려고 할 때 변경된 가격을 알려준다. 또한 상품을 장바구니에 넣은 후 가격이 떨어지면 더 낮은 가격으로 구매하게 된다고 말한다.

복수경로의 소매업체(온라인 매장과 오프라인 매장에서 판매하는 업체)는 동태적 가격결정과 관련된 추가 과제를 안고 있다. 아마존 등의 판매업자와 효과적으로 경쟁하기 위해 복수경로 소매업체는 경쟁자 가격을 지속적으로 모니터링하고, 자사의 웹과 모바일 매장에서도 동태적으로 대응해야 한다. 그러나 온라인 매장의 가격을 변경하는 것은 비교적 쉬운 반면 오프라인 매장의 가격을 지속적으로 조정하려는 시도는 큰 혼란을 야기할 수 있다. 한 전문가는 이렇게 말한다. "오프라인에서 동태적 가격결정의 문제는 비용이다. 모든 진열대의 가격표를 하나하나 다 바꿔야 한다."

오프라인 매장과 온라인 매장의 가격 불일치는 흔히 소비자에게 혼란과 불쾌감을 준다. 타깃의 한 충성고객은 고생을 좀 하고서야 이를 알게 되었다.

미란다 아츠(Miranda Artz)는 매장 내에 있는 타깃 앱에서 제모기를 검색해보았다. 그 결과 매장 가격이 앱 가격과 동일한 99달러 99센트였고, 그녀는 이 가격으로 제모기를 구입했다. 하지만 주차장에 도착했을 때 그녀는 이상한 점을 알아챘다. "내 앱은 계속 켜진 상태로 제모기 페이지였는데 차에 도착했을 때는 제모기의 가격이 69달러 99센트라고 적혀 있었다. 나는 좀 혼란스러웠다. 매장에서 뭔가 잘 못 읽은 것 같았다." 아츠는 매장으로 돌아가서 앱 가격과 매장 가격을 다시 확인해보았는데 둘 다 99달러 99센트였다. "차로 돌아가서 앱 가격을 다시 확인했더니 69달러 99센트였다. 그래서 그 화면을 캡처하여 매장으로 가서 69달러 99센트에 다시 구매할 수 있었다."

이러한 일은 몇 주 후에도 반복되었다. 아츠는 타깃 앱에서 텐트를 검색하다가 마음에 드는 텐트를 발견했는데 할인가격이 83달러 99센트였다. 이번에는 타깃 매장에 들어가기 전에 미리 화면을 캡처해두었고, 그녀의 직감이 빛을 발했다. 그녀가 매장 안에 들어서자마자 타깃 앱은 텐트 가격을 정가 119달러 99센트로 조정했다. 아츠는 타깃에 좀 실망했다. 그녀는 여전히 타깃을 좋아하기는 하지만 이제 현명한 구매자가 되었다.

비슷한 경험을 했다는 고객의 제보를 바탕으로 몇몇 뉴스 에이전시는 타깃의 '주차장 가격 전환'에 관한 자체 실험을 수행했다. 10~20개 품목의 매장 가격과 앱 가격을 비교한 결과 40~50%의 품목은 앱 가격보다 매장 가격이 더 높았다. 일부 품목의 경우 가격 차이가 작았다. 스콧(Scott) 화장지 24팩은 20센트 더 비싸고 리스테린(Listerine) 구강 세척제 1리터는 10센트 더 비쌌지만 다른 품목의 가격 차이는 놀랄 만큼 컸다. 그라코(Graco) 아동 카시트는 72달러 더 비싸고, 다이슨 사이클론 V10 모터헤드(Dyson Cyclone V10 Motorhead) 진공청소기는 148달러나 더 비쌌다.

타깃의 주차장 가격(앱 가격)과 매장 가격이 다른

경쟁력을 제고하기 위해서는 동태적 가격결정이 필수적이다. 하지만 타깃 사례가 말해주듯이 복수유통경로의 소매업자에게는 실행하기 어려운 측면이 있다.
Eyal Dayan Photography

데에는 어떤 이면이 있는 것일까? 타깃 앱은 모바일 위치 기반 서비스 데이터를 사용하여 고객이 어디에 있는지 확인하고 해당 고객에 대한 앱 가격을 결정한다. 한 소매업 분석가는 다음과 같이 말한다. "매장에 들어서는 순간 앱에 표시되는 모든 가격이 매장 가격과 비슷해진다. 매장 밖은 얘기가 다르다. 타깃은 미국 내 그리고 전 세계 다른 온라인 판매업체와 경쟁해야 한다. 그들의 가격은 타깃닷컴의 가격과 비슷한 수준이다."

타깃에 문의했더니 다음과 같이 답했다. "고객에게 가치를 제공하기 위해 최선을 다할 것이며, 온라인에서도 매장에서도 경쟁력 있는 가격을 책정할 것이다. 이를 위해 가격결정 방식과 프로모션의 재정비를 강구하고 있다." 타깃은 가격정책을 더 명확하게 하기 위해 앱을 일부 변경했다. 또한 "고객이 타깃의 어느 매장에서든 더 낮은 가격의 상품을 찾는다면 우리는 더 낮은 가격으로 일치시킬 것"이라며 가격 매칭 정책을 강조했다. 또한 고객이 타깃 앱의 위치정보 기능을 사용하지 않으면 위치정보를 제공하지 않음으로써 문제를 피할 수 있다고도 알려준다. 그러나 위치정보 기능을 사용하지 않으면 매장 내 제품의 위치, 매장 통로 내비게이션 매핑과 같은 앱의 유용한 기능 중 일부를 포기해야 한다.

대부분의 소비자는 기업의 동태적/맞춤형 가격결정으로 기쁨도 좌절도 직접 다 겪어보았다. 그리고 많은 소비자는 자신의 이익을 위해 마치 미로와도 같은 기업의 가격결정을 잘 탐색하고 이용하는 방법을 학습했다. 기업 입장에서는 잘만 하면 동태적 가격결정으로 경쟁우위를 창출할 수 있으나 신중하게 실행해야 할 것이다. 마케팅의 다른 모든 것과 마찬가지로 고객을 위한 가치를 창출하고 브랜드와 고객의 관계를 강화하는 데 활용해야 한다. 옳은 방향으로 가격결정 방식을 전개한다면 기업은 그 대가로 가치를 얻게 될 것이다.[14]

해외시장 가격결정: 기업은 나라마다 가격을 다르게 책정한다. 애플은 중국의 부유한 고객에게 자사의 최신 폰을 프리미엄 가격으로 판매한다. 하지만 향후 중국에서의 시장확대를 위해서는 수많은 중산층 중국인을 위한 저가 폰 개발이 시급하다는 압력을 받고 있다.
FRED DUFOUR/AFP/Getty Images

격을 다르게 책정하기도 한다. 또한 다양한 해외시장에서 각기 다른 마케팅목표를 수립할 수도 있으므로 마케팅목표가 다르면 가격전략도 달리할 수 있다.

예를 들어 애플은 프리미엄 가격전략을 사용하여 선진국의 성숙기 시장과 신흥시장의 부유한 소비자에게 세련되고 기능이 풍부한 프리미엄 스마트폰을 판매하고 있다. 이와 대조적으로, 규모는 크지만 덜 부유한 개발도상국 시장에서는 오래된 애플 폰이 저가 경쟁제품의 3~5배 가격에 팔리고 있는 실정인데, 현재 이러한 시장에서는 오래된 모델을 할인하라는 압력과, 저렴하고 기본적인 폰 모델을 개발해야 한다는 압력을 동시에 받고 있다. 중국에서는 애플의 최신 프리미엄 폰이 부유한 소비자에게 잘 팔리고 수익성도 좋다. 하지만 삼성과 화웨이, 샤오미 같은 중국의 대형 경쟁사들이 정교하지만 저렴한 폰을 경쟁이 치열한 중국 시장에 내놓으면서 애플은 시장점유율을 유지하기 위해 고군분투 중이다. 한 분석가는 이렇게 말했다. "애플이 향후 중국에서 아이폰 판매량을 늘리려면, 모든 기능을 갖춘 아이폰을 구매할 여력이 안 되는 수많은 중산층 소비자를 표적으로 삼되, 제품 가격을 높이지 말고 낮추어야 할 것이다."[15]

해외시장에서 판매가격을 책정하는 데에는 원가도 한몫을 한다. 해외 여행객은 자국 내에서 비교적 저렴하게 구매할 수 있는 제품이 다른 나라에서 매우 비싼 가격에 판매되는 것을 보고 놀라곤 한다. LA에서 54달러에 판매되는 리바이스 501 청바지가 파리에서는 118달러에, 뉴욕에서 5달러에 판매되는 맥도날드 빅맥이 취리히에서는 7달러에, 미국에서 2달러 49센트에 판매되는 오랄비 칫솔이 중국에서는 10달러에 판매되고 있을지도 모른다. 이와 반대로 밀라노에서 1,470달러에 판매되는 구찌 핸드백이 미국에서는 1,790달러에 판매될 수도 있다.

경우에 따라서는 이러한 두드러진 가격 차이가 판매전략 또는 시장여건의 차이에서 비롯된 것일 수도 있다. 그러나 대부분의 경우 이러한 가격 차이는 나라별로 판매 원가상의 차이 때문에 발생한다. 즉 제품 수정, 선적 및 보험, 환율 변동, 물류 등에 의해 추가적인 원가가 발생하는 것이다.

수입관세와 세금 또한 비용을 증가시킬 것이다. 예를 들어 인도 정부는 미국산 와인 수입품에 150%의 관세를 부과함으로써 미국산 와인의 가격을 국내산 와인보다 훨씬 높인다.[16]

상대적으로 덜 부유한 신흥시장에 진출하려는 기업의 경우에는 가격이 국제마케팅 전략의 핵심 요소가 되었다. 일반적으로는 경제 성장이 급속한 중국, 인도, 러시아, 브라질, 남아프리카와 같은 개발도상국으로 진출하며, 대부분 이러한 국가에서 폭발적으로 늘어나고 있는 중산층을 표적으로 하는 경우가 많았다. 그러나 최근에는 많은 기업이 이른바 '피라미드의 바닥(bottom of the pyramid)'이라 불리는 세계 최빈층의 거대한 미개척 시장으로 시선을 돌리고 있다.

얼마 전까지만 해도 소비재나 자동차, 컴퓨터, 스마트폰 등 많은 제품의 브랜드가 개발도상국 시장에서 선호했던 방법은 기존 모델에 새 현지 라벨을 붙여서 제품을 구매할 여력이 있는 소수의 특권층 소비자에게 높은 가격으로 판매하는 것이었다. 그러나 이러한 가격결정 방식으로 인해 많은 제품이 신흥시장에서 가난한 수천만 소비자들 눈 밖에 났다. 결국 많은 기업은 이러한 시장을 위해 더 작고 더 기본적이며 더 저렴한 제품 버전을 개발했다. 예를 들어 애플은 세계 시장에서 더욱 정교하고 값비싼 폰에 초점을 맞추고 있지만, 삼성은 인도와 중국 등 급성장하는 신흥시장에서 중저가 폰을 마케팅함으로써 전 세계 모든 경쟁자를 리드하고 있다.

대부분의 기업은 대규모 시장인 최빈층 소비자를 대상으로 이익을 내기 위해서는 기존 제품을 재포장하거나 기능을 줄여서 저렴한 가격에 판매하는 것 그 이상의 노력이 필요하다는 것을 알고 있다. 부유층 소비자와 마찬가지로 저소득층 소비자도 기능적이면서 야심 찬 제품을 원한다. 따라서 오늘날 기업은 대규모 시장인 최빈층 소비자를 대상으로 저렴하면서도 그들이 지불한 금액 이상의 가치를 제공하는 제품을 제공하기 위해 혁신을 거듭하고 있다. 예를 들어 현재 삼성은 이러한 시장에서의 입지를 더욱 다지기 위해 저렴한 가격으로 판매되는 중급 휴대전화에 최첨단 기술을 적용하고 있다.[17]

해외시장 가격결정은 많은 특수한 문제와 복잡성을 동반한다. 19장에서는 해외시장 가격결정과 관련된 이슈를 더 자세히 살펴볼 것이다.

저자 코멘트 | 기업은 언제 어떻게 가격을 변경해야 할까? 비용이 증가하여 이익에 문제가 생기면 어떻게 해야 할까? 경제가 침체되고 고객이 가격에 더 민감해지면 어떻게 해야 할까? 경쟁자가 가격을 올리거나 내리면 어떻게 해야 할까? 그림 11.1에서 보듯이 기업은 이러한 상황에 직면했을 때 다양한 선택지를 가지고 있다.

가격변화

학습목표 11-4 가격변화 주도, 가격변화 대응과 관련된 주요 문제를 파악한다.

가격결정 구조와 전략이 개발되더라도 기업은 종종 가격변화를 주도하거나 경쟁자의 가격변화에 대응해야 하는 상황에 직면한다.

가격변화 주도

경우에 따라 기업은 가격인하 또는 가격인상을 주도하는 것이 바람직하다는 판단을 내리기도 한다. 두 가지 경우 모두 기업은 소비자와 경쟁자의 반응을 예측해야 한다.

가격인하 주도

상황에 따라 기업은 가격인하를 고려할 수 있다. 이러한 상황 중 하나는 공급과잉이다. 또 다른 상황은 수요감소인데, 이로 인해 치열한 가격경쟁과 경기악화에 직면하게 된다. 이때 기업은 매출과 시장점유율을 늘리기 위해 공격적으로 가격을 인하하기도 한다. 그러나 최근 항공사, 패스트푸드, 자동차, 소매업 등의 산업에서 보았듯이 공급과잉 산업에서의 가격인하는 경쟁자들이 시장점유율을 유지하려고 하기 때문에 가격전쟁으로 이어질 수 있다.

기업은 원가 절감을 통해 시장을 지배할 목적으로 가격을 인하하기도 한다. 경쟁자보다 낮은 원가를 기반으로 가격을 인하할 수도 있고, 가격인하를 통해 시장점유율을 높임으로써 대량 생산에 따른 추가적인 원가 감소를 기대하고 가격인하를 주도할 수도 있다. 예를 들어 아지트글로벌(AGIT Global)은 웨이브스톰(Wavestorm) 서핑보드의 수요를 빠르게 증가시키기 위해 저가격 전략을 사용했다. 서퍼와 예비 서퍼들은 대개 지역 서핑매장에서 맞춤형 또는 고급 서핑보드를 구입했는데, 이러한 매장의 보급형 서핑보드는 일반적으로 800~1,000달러이다. 이에 아지트글로벌은 사람들이 쉽게 서핑을 접할 수 있도록 양질의 서핑보드를 대량 생산하여 대형 매장에서 매우 저렴한 가격에 판매하기 시작했다. 예를 들어 처음에는 코스트코에서 8피트 높이의 블루앤드화이트 웨이브스톰 서핑보드를 단돈 99달러 99센트에 판매했다. 12년이 지난 지금도 이 서핑보드는 코스트코에서 단 149달러 99센트에 판매되고 있다. 기존 브랜드에 비해 큰 가격인하 덕분에 웨이브스톰은 다른 대규모 서핑보드 브랜드보다 매출이 약 5배나 많은 마켓리더가 되었다.[18]

가격인상 주도

성공적인 가격인상은 이익을 크게 개선할 수 있다. 예를 들어 기업의 이익률이 매출의 3%일 때 가격인상으로 매출이 감소하지 않는다면 1%의 가격인상이 33%의 이익 증가를 가져올 수 있다. 가격인상에 영향을 미치는 주요 요인 중 하나는 비용 인플레이션이다. 비용 상승은 이익률을 압박하기 때문에 기업은 비용 상승을 고객에게 전가하려고 한다. 가격인상의 또 다른 요인으로 초과수요가 있다. 고객이 원하는 만큼 물량을 공급할 수 없을 때 기업은 가격을 인상하거나 제품을 제한적으로 공급한다. 혹은 이 두 가지 대안을 모두 사용하기도 한다.

가격인상을 시도할 때 기업은 소비자가 '바가지 씌우는 기업(price gouger)'으로 지각하지 않도록 주의해야 한다. 예를 들어 기름값이 급등할 때 분노한 소비자는 정유회사들이 소비자의 희생으로 자기 배를 불리고 있다고 비난하곤 한다. 소비자는 이를 잊지 않고 있다가 결국 과대 가격을 부과한다고 생각되는 기업들, 심지어는 해당 업계 전체에 등을 돌려버릴 것이다. 극단적으로는 부당하게 올린 가격에 대한 비난이 정부규제의 강화를 유발할 수도 있다.

이러한 문제를 피할 수 있는 방법이 몇 가지 있다. 그중 하나는 가격인상이 공정하다고 지각되게 하는 것이다. 가격인상 조치에는 가격인상의 이유를 소비자에게 이해시키는 커뮤니케이션이 수반되어야 할 것이다.

가능하면 기업은 가격을 인상하지 않고 원가 상승이나 수요 증가에 대처할 수 있는 방안을 고려해야 한다. 가령 기업은 제품을 생산·유통하는 데 드는 원가를 절감하기 위해 보다 효과적인 방안을 모색할 수 있다. 기업은 제품의 여러 편익, 예컨대 패키징, 서비스 등 기존에는 제품의 일부였던 요소를 제품에서 분리하여 이러한 요소마다 별도의 가격을 책정할 수도 있다. 가격인상 대신 제품의 크기를 줄이거나 더 저렴한 원료로 대체할 수도 있다. 이와 같이 제품의 가격은 그대로 두고 크기나 중량 등을 줄여서 실제로는 가격인상 효과를 노리는 전략을 '슈링크플레이션(shrinkflation)'이라고도 한다. 킴벌리클라크는 두루마리 휴지와 티슈의 양을 줄임으로써 크리넥스의 가격을 인상했다. ● 한편 몬델리즈(Mondelēz)는 최근 영국에서 인기 있는 토블레로네

● 브랜드는 가격인상을 할 때 주의를 기울여야 한다. 몬델리즈가 효과적인 가격인상을 한답시고 토블레로네 초콜릿바의 양을 줄였을 때 영국 소비자는 토블레로네의 상징적인 모양이 너무 두드러지게 바뀐 것을 참지 못하여 결국 온라인상에서 분노가 폭발했다.
DARREN STAPLES/REUTERS/Newscom

(Toblerone) 초콜릿바의 크기를 약 12% 줄였는데, 초콜릿바의 길이를 줄인 것이 아니라 이 초콜릿의 상징인 삼각형 사이의 공간을 늘렸다. 한 가격 전문가는 "실제로 많은 소비자가 무게 변화보다 가격변화에 더 민감하게 반응하기 때문에 슈링크플레이션은 꽤 성공적인 전술"이라고 말한다. 하지만 영국 소비자는 토블레로네의 상징적인 모양이 너무 두드러지게 바뀐 것을 참지 못하여 결국 온라인상에서 분노가 폭발했다.[19]

가격변화에 대한 소비자의 반응

소비자가 항상 가격변화를 단순하게 해석하는 것은 아니다. 일반적으로 판매량을 줄이기 위한 가격인상은 구매자에게 긍정적인 의미가 있을 수도 있다. 예를 들어 롤렉스가 최신 시계 모델의 가격을 인상한다면 사람들은 어떻게 생각할까? 어떤 사람은 훨씬 더 특권층의 시계가 되었다면서 더 잘 만들어졌다고 생각하는 반면, 어떤 사람은 롤렉스가 받을 수 있는 최대 수준에서 가격을 올렸다면서 욕심을 부린다고 생각할 것이다.

마찬가지로 가격인하에 대한 소비자의 생각도 다양할 것이다. 만약 롤렉스가 갑자기 가격을 인하한다면 사람들은 어떻게 생각할까? 어떤 사람은 구입하기 어려운 제품을 좋은 가격으로 구입할 수 있게 되었다고 생각하는 반면, 어떤 사람은 품질 수준이 떨어져서 브랜드의 고급 이미지가 손상되었다고 생각할 것이다. 브랜드의 가격과 이미지는 서로 밀접하게 관련된다. 가격변화, 특히 가격인하는 소비자의 브랜드 지각에 부정적인 영향을 줄 수 있다.

가격변화에 대한 경쟁자의 반응

가격변화를 추진하려는 기업은 소비자의 반응은 물론이고 경쟁자의 반응도 고려해야 한다. 경쟁자는 해당 업계에 진출해 있는 기업의 수가 적거나, 제품이 표준화되어 있거나, 소비자가 제품과 가격에 대한 지식이 많을 때 상대 기업의 가격변화에 민감한 반응을 보일 것이다.

기업은 경쟁자의 반응을 어떻게 예측할 수 있을까? 이 문제는 복잡하다. 소비자와 마찬가지로 경쟁자도 상대 기업의 가격인하에 대해 다양하게 해석할 수 있기 때문이다. 경쟁자는 상대 기업이 시장점유율을 늘리기 위해 혹은 매출 실적이 저조하여 매출을 진작하기 위해 가격인하를 감행했다고 생각할 수도 있다. 아니면 경쟁자는 상대 기업은 물론이고 해당 산업 전체가 같이 가격을 인하함으로써 총수요가 확대되기를 원한다고 생각할 수도 있다.

기업은 각 경쟁자가 어떤 반응을 보일지 미리 예측해야 한다. 만약 모든 경쟁자가 비슷하게 행동하는 경향이 있다면 대표적인 한 경쟁자의 반응만을 분석하면 될 것이다. 하지만 각 경쟁자가 다르게 행동할 것으로 판단되면(기업 규모, 시장점유율, 정책의 차이 때문에) 경쟁자를 개별적으로 분석해야 한다. 그러나 일부 경쟁자가 상대 기업의 가격변화에 대응한다면 나머지 경쟁자도 십중팔구 마찬가지일 것이다.

가격변화에의 대응

이 절에서는 경쟁자가 가격변화를 실행한다면 어떻게 대응해야 할지 알아보자. 기업은 다음과 같은 몇 가지 이슈를 고려해야 한다. 경쟁자는 왜 가격을 변경했는가? 가격변화가 일시적인가, 영구적인가? 자사가 이에 대응하지 않는 경우 자사의 시장점유율과 이익에 문제가 없는가? 다른 경쟁자들이 대응할 것으로 예측되는가? 이 외에도 기업은 자사의 상황과 전략, 가격변화에 따라 예상되는 소비자의 반응 등도 고려해야 한다.

● 그림 11.1은 경쟁자의 가격인하에 대한 대응방안을 보여준다. 경쟁자의 가격인하가 자사의 매출과 이익에 부정적인 영향을 미칠 것으로 판단했다고 가정하자. 그래도 기업은 현재의 가격을

● 그림 11.1
경쟁자의 가격변화에 대한 대응

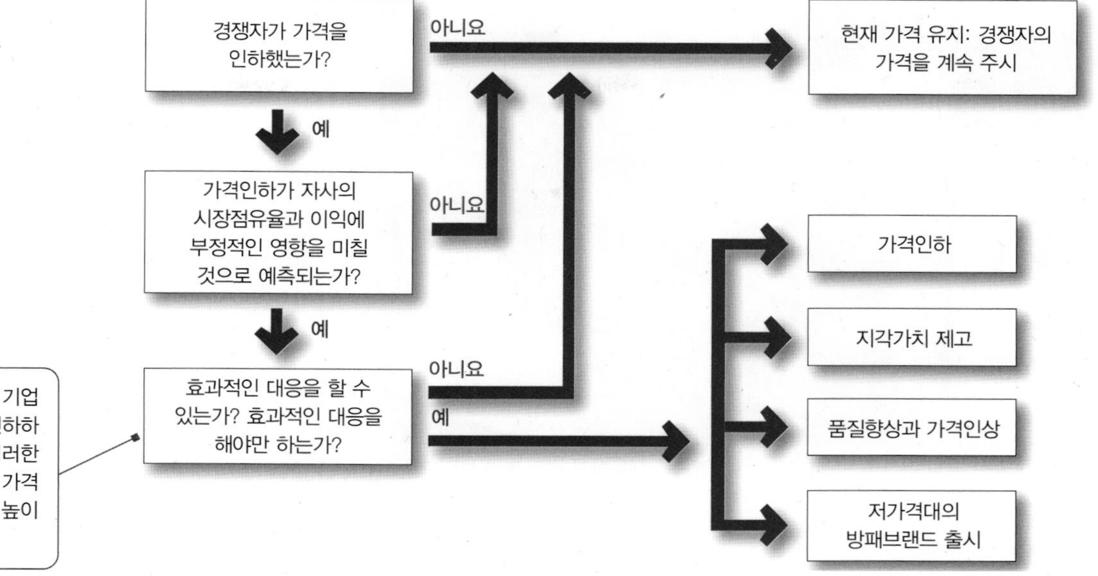

그대로 유지하겠다는 결정을 내릴 수 있다. 이는 경쟁자의 가격인하가 자사의 현재 시장점유율을 크게 떨어뜨리지 않을 것으로 판단하거나, 자사의 제품도 가격을 인하하면 이익이 크게 낮아질 것으로 판단하기 때문일 것이다. 또 다른 대안은 경쟁자의 가격인하가 미치는 영향에 대해 더 많은 정보를 얻을 때까지 일정 기간 기다린 후 대응하는 것이다. 그러나 행동 시기를 너무 미루면 경쟁자의 매출이 증대함으로써 더 강해지고 자신감을 키워주는 결과를 초래할 것이다.

기업이 효과적인 대응을 할 수 있고 해야만 한다고 결정을 내린다면 네 가지 대안 중 하나를 선택할 수 있다. 첫 번째 대안은 경쟁자의 가격에 맞추어 **가격인하**를 하는 것이다. 즉 기업은 시장이 가격에 민감하게 반응하기 때문에 경쟁자의 가격인하로 인해 자사의 시장점유율이 상당히 떨어질 것이라고 판단하면 가격을 인하할 수 있다. 이러한 가격인하는 단기적으로 기업의 이익을 감소시킬 것이다. 일부 기업은 이익률을 유지하기 위해 제품 품질, 서비스, 마케팅 커뮤니케이션 활동을 줄이지만 이러한 조치는 장기적으로 시장점유율에 부정적인 영향을 미칠 것이다. 따라서 기업은 가격을 인하하더라도 품질 수준을 계속 유지하기 위해 노력해야 한다.

두 번째 대안은 가격을 그대로 유지하되 **제품의 지각가치**(perceived value)를 높이는 것이다. 기업은 가격을 인하한 경쟁자의 저가격 제품보다 자사 제품의 상대적 가치가 높다는 것을 커뮤니케이션 전략을 통해 어필할 수 있다. 기업은 가격인하로 인한 이익률의 하락을 감수하기보다는 기존 가격을 유지하면서 제품의 지각가치를 향상하는 데 투자하는 것이 경제적이라고 판단할 수 있다.

세 번째 대안은 제품 품질을 향상하고 오히려 가격을 인상함으로써 자사 브랜드를 고가격-고가치 포지션으로 이동하는 것이다. **품질 향상**은 제품에 대한 고객의 지각가치를 높임으로써 **가격인상**을 정당하게 만들어준다. 결국 가격인상은 기업에 더 높은 마진을 안겨줄 것이다.

네 번째 대안은 **저가격의 '방패브랜드**(fighter brand)'를 출시하는 것이다. 즉 기존 제품라인에 보다 저렴한 품목을 새로이 추가하거나 별도의 저가 브랜드를 개발하는 것이다. 이러한 조치가 필요한 상황은 경쟁자의 가격인하로 잃게 될 특정 세분시장이 가격에 민감하고 고품질 여부를 둘러싼 논쟁에 별 반응을 보이지 않는 경우이다. 예를 들어 P&G는 PB 브랜드와 저가 브랜드에 대응하기 위해 몇몇 브랜드를 방패브랜드로 바꾸었다. P&G의 러브스(Luvs) 일회용 기저귀는 부모에게 '고가 브랜드보다 더 저렴한 가격으로 프리미엄 스트레치 기능과 울트라 방수 기능'을 제공한다. 또한

● 방패브랜드: P&G는 PB 브랜드와 저가 브랜드에 대응하기 위해 몇몇 브랜드를 방패브랜드로 바꾸었다. 차민에센셜스소프트는 '당신의 엉덩이와 예산을 부드럽게'라고 소구한다.
Kelly Tippett/Shutterstock

P&G는 자사의 주요 브랜드 제품과 함께 보다 저렴한 가격의 기본형 제품도 판매하고 있다. ● 차민에센셜스소프트(Charmin Essentials Soft) 화장지는 '당신의 엉덩이와 예산을 부드럽게', 바운티에센셜스(Bounty Essentials)는 '합리적인 가격의 선택'이라고 소구한다. 일반 타이드 세제보다 약 35% 저렴한 타이드 심플리클린앤드프레시(Tide Simply Clean & Fresh)는 '냄새에 강하고 지갑 걱정이 없는 세제'라고 강조한다. 그러나 기업은 방패브랜드를 도입할 때 주의를 기울여야 한다. 방패브랜드가 주력 브랜드의 이미지를 손상할 수도 있기 때문이다. 또한 방패브랜드는 저렴한 가격대의 경쟁제품으로부터 가격에 민감한 소비자를 빼앗아 올 수는 있지만 자사 고마진 브랜드의 매출을 잠식할 수도 있다.

저자 **코멘트** | 가격결정은 종종 사회적·법률적 이슈의 제약을 받는다. 한 예로 제약산업을 생각해보라. 급등하는 처방약 가격이 정당한가? 제약회사는 달리 대안이 없는 소비자를 속여 부당하게 돈을 벌고 있는 것일까? 정부가 나서야 할까?

공공정책과 가격결정

학습목표 11-5 가격결정에 영향을 미치는 주요 공공정책 문제와 법률적 문제를 파악한다.

가격 경쟁은 자유시장 경제를 특징짓는 핵심 요소의 하나이다. 그러나 대체로 기업이 원하는 가격을 자유롭게 책정하도록 허용하지 않는다. 즉 공정한 가격결정이 이루어지도록 규제하는 법규가 있다. 또한 기업은 가격결정에 대한 사회적 관심사도 고려해야 한다. 예를 들어 제약회사의 경우 의약품 개발비용과 회사 이익목표가 처방약 소비자의 생사와 관련된 니즈와 균형을 이루도록 가격을 책정해야 한다(마케팅 현장 11.2 참조).

셔먼 법, 클레이턴 법, 로빈슨-패트먼 법은 미국에서 가격결정에 영향을 미치는 가장 중요한 법규로, 그 초기 목적은 독점을 억제하고 자유로운 상거래를 부당하게 저해하는 사업 관행을 규제하는 데 있었다. 이러한 연방 법규는 각 주 사이의 상거래에만 적용되기 때문에 일부 주에서는 자기 주에서 사업을 하는 기업에 유사 법조항을 적용했다.

● 그림 11.2는 가격결정의 주요 공공정책 이슈를 보여준다. 동일한 유통경로레벨에 있는 구성원 간(예: 제조업자와 제조업자, 소매업자와 소매업자)에 발생하는 불공정가격 관행(가격고착화, 약탈적 가격결정)과 상이한 유통경로레벨에 있는 구성원 간(예: 제조업자와 소매업자)에 발생하는 불공정가격 관행(소매가격 유지, 가격차별, 기만적 가격결정)을 다루고 있다.[20]

● 그림 11.2

가격결정과 관련된 공공정책 이슈
출처: Adapted from Dhruv Grewal and Larry D. Compeau, "Pricing and Public Policy: A Research Agenda and Overview of the Special Issue," *Journal of Public Policy and Marketing*, Spring 1999, pp. 3–10.

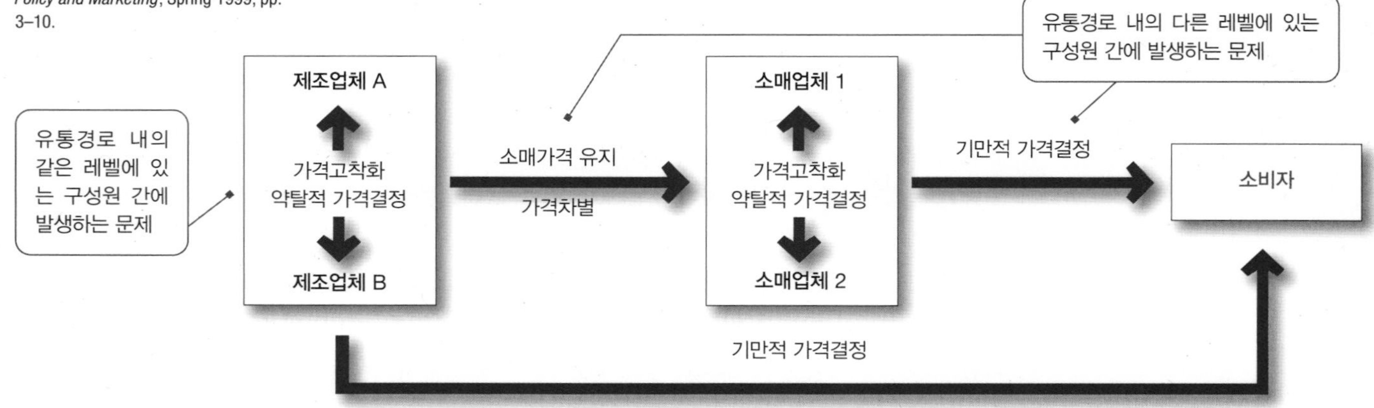

마케팅 현장 11.2 | 의약품 가격결정: 쉬운 답은 없다!

미국의 제약 산업은 역사적으로 미국에서 가장 수익성이 높은 산업 중 하나였다. 대부분의 경우에는 성과가 좋은 기업과 산업에 박수를 보내지만 제약회사에 관한 한 비평가들은 건강한 매출과 이익이 소비자에게는 그렇게 건강하지 않을 수 있다고 주장한다.

어찌된 일인지 존슨앤드존슨, 로셰(Roche), 화이자(Pfizer), 노바티스(Novartis), 머크(Merck), 글랙소스미스클라인(GlaxoSmithKline)과 같은 주요 제약회사가 큰 수익을 거두고 있다는 사실을 알게 되면 많은 소비자는 그러한 회사에 대해 나쁜 인상을 가지게 된다. 기름값이 급등할 때 석유회사들이 이익을 얻는다는 것을 알게 될 때와 마찬가지이다. 대부분의 소비자는 제약회사가 사람에게 이로운 약품을 꾸준히 만들어내는 것을 높이 평가하고 있지만 업계의 엄청난 성공이 말 그대로 소비자의 비용 덕분일지도 모른다고 걱정한다.

지난해 미국인은 처방약에 약 3,600억 달러를 지출했는데 이는 전년보다 6.5%가 증가한 수치이다. 수년간 처방전 가격이 빠르게 상승하고 의료비도 계속 급등하고 있다. 예를 들어 인기 브랜드 약품의 가격은 지난 10년 동안 190%나 뛰었다.

비평가들은 제약 시장에서 경쟁 요인이 잘 작동하지 않아 제약회사가 과도한 가격을 부과할 수 있다고 주장한다. 다른 소비재와 달리 의약품은 구매를 미룰 수 없다. 그리고 소비자는 대개 자신이 생각하는 최고의 약을 구매하는 것이 아니라 의사가 시키는 대로 주문한 약을 먹을 뿐이다. 처방전을 적어주는 의사는 추천하는 의약품에 대해 자신이 돈을 지불하는 것이 아니기 때문에 가격을 신경 쓸 필요가 없다. 더욱이 청구서 금액의 전부 또는 일부를 제삼자인 보험회사나 정부 의료 프로그램이 지불하곤 한다. 또한 특허 보호와 신약 개발 및 테스트를 위해 많은 투자와 시간이 필요하기 때문에 가격을 낮추려고 경쟁하는 브랜드가 많지 않다.

비평가들은 이러한 시장 요인으로 인해 제약회사가 독점 가격을 자유롭게 실행하고 때로는 불공정한 관행, 심지어 겉으로 보기에도 터무니없는 가격 조작 사례를 야기한다고 주장한다. 전형적인 사례를 들자면, 기업가인 마틴 슈크렐리(Martin Shkreli)와 그의 회사인 튜링제약(Turing Pharmaceuticals)이 에이즈 환자의 구명약인 62년 역사의 다라프림(Daraprim)을 인수했을 때 헤드라인을 장식했다. 튜링제약은 다라프림을 인수하자마자 가격을 알약당 13달러 50센트에서 5,000% 이상이나 인상하여 750달러에 팔았다. 그 알약 자체는 생산하는 데 드는 비용이 약 1달러에 불과했다.

주요 제약회사는 이러한 잔학 행위를 절대 저지르지 않을 것이다. 머크의 CEO인 튜링제약의 슈크렐리는 "그는 우리가 아니다"라고 말했다. 그럼에도 불구하고 주요 제약회사는 암, 당뇨병, 다발성 경화증, 콜레스테롤 감소 약품의 가격을 매년 10% 이상 인상하는데, 이는 인플레이션보다 훨씬 빠른 속도이다. 노바티스가 판매한 혈중암 치료제인 글리벡(Gleevec)을 한 예로 들 수 있다. 2001년 처음 출시될 당시 글리벡은 1년치 공급가가 약 2만 6,000달러로 상당히 비싼 가격이었다. 그러나 알려지지 않은 이유로 노바티스는 이후 글리벡의 가격을 4배로 인상했으며, 한 산업경제학자는 어떤 경제이론으로도 제약회사의 의약품 가격 설정 방법이나 인상 방법을 설명할 수 없다고 지적했다.

일부 새로운 구명약의 가격은 정말 터무니없이 비싸 보인다. 예를 들어 최근 승인된 항암제 바벤시오(Bavencio)를 사용하려면 연간 약 15만 6,000달러가 든다. 그리고 최근에 새롭게 출시된 근육 위축병 약물의 가격은 연간 30만 달러이다. 눈이 휘둥그레지는 가격이다. 오랜 기간 시판된 기존 의약품도 가격이 크게 올랐다. 알레르기 치료제인 40년 된 에피펜(EpiPen)의 가격을 생각해보라. 불과 5년 만에 가격이 400% 상승하여 대중의 공분을 샀다. 또한 미국 의회의 조사 결과 2002년과 2013년 사이에 인슐린의 가격이 3배나 증가했다는 사실이 밝혀졌다. 약에 어떤 변화가 있었던 것도 아니다.

설상가상으로 비평가들은 제약회사가 소비자에게 광고를 하는 데 연간 100억 달러 이상을 쏟아붓고 있으며, 이 밖에도 의사에게 마케팅을 하는 데만 200억 달러를 더 쓴다고 지적한다. 지지자들은 이러한 프로모션이 환자가 건강을 잘 관리할 수 있도록 정보를 제공하고 도움을 주는 것이라고 주장한다. 그러나 비평가들은 제약회사의 이러한 마케팅 활동이 고가 치료제의 수요를 부추기는 동시에 더 높은 가격을 초래한다고 비판한다. 더 나아가 일부 엄격한 비평가들은 대형 제약회사가 제품을 필요로 하는 많은 사람이 감당할 수 없을 정도의 가격을 매기고 홍보함으로써 인간의 생명을 희생시키면서까지 부당하게 이익을 얻고 있다고 비난한다.

그러나 의약품 가격 문제를 둘러싼 업계 쪽 입장은 다르다. 업계 지지자들은 제약회사가 수년간 인간의 삶을 향상하는 의약품을 꾸준히 개발해왔다고 지적한다. 그러한 신약 개발은 위험이 따르고 비용이 많이 든다. 많은 과학자의 참여와 값비싼 기술이 요구되고 성공의 기약도 없는 노력을 수년간 쏟아야 한다. 지난해 제약업계는 R&D에 1,720억 달러 이상을 지출했으며, 신약을 시판하기까지 평균 12~15년이 걸리고 6억 6,000만~27억 달러의 투자비용이 소요된다. 따라서 지지자들은 새로운 처방약의 가격이 비싼 것 같아 보이지만 중요한 미래 의약품 개발에 드는 비용을 지원하기 위해 필요한 조치라고 말한다. 최근의 화이자 광고에서는 다음과 같이 말한다. "화이자가 의약품 하나를 개발하는 데 평균 1,600명의 과학자가 모여서 12년 동안 연구합니다. 삶을 향상하는 의약품을 개발하기 위해 수많은 브레인파워가 모여서 헌신하고 있습니다." 글랙소스미스클라인은 이렇게 표현한다. "신약을 개발하는 것은 쉽지 않지만 그만한 가치가 있습니다. … 오늘의 의약품은 내일의 기적에 필요한 자금을 조달합니다."

논란은 계속되고 있다. 의약품 가격이 오르면 제약회사는 연방정부, 보험회사, 의료서비스업체, 소

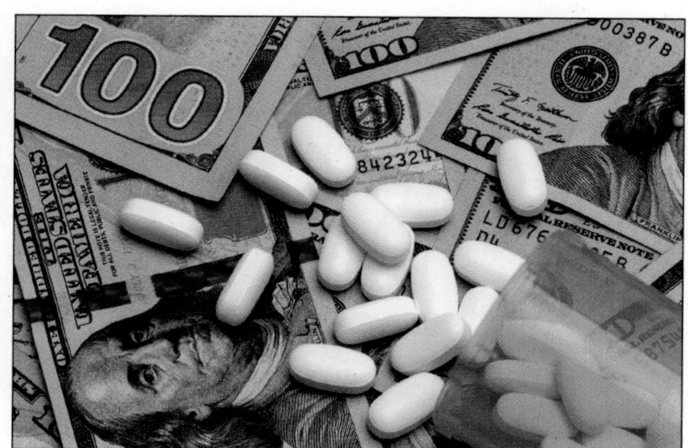

책임 있는 의약품 가격결정: 대부분의 소비자는 이로운 의약품에 대한 가격을 지불해야 한다는 것을 잘 알고 있다. 소비자는 단지 그 과정에서 공정하게 대우받기를 바랄 뿐이다.
pixelrobot/123RF

비자보호단체로부터 가격인상을 자제하라는 압력을 받게 된다. 많은 제약회사는 더 강력한 가격규제 법안이 도입되지 않도록 혹은 옳은 일을 하자는 취지에서 스스로 조치를 취하고 있다. 예를 들어 일부 제약회사는 의약품의 평균가격 상승을 인플레이션 이하로 유지하기로 했다. 어떤 제약회사는 각국의 지불능력에 따라 다양한 가격으로 약을 판매하는 계층형 가격결정(tiered pricing) 제도를 도입했다. 또한 현재 많은 제약회사는 처방약을 살 여력이 없는 사람들에게 무료 또는 저렴한 비용으로 약을 제공하는 환자 지원 프로그램을 후원하며, 전 세계의 재난 구호 활동에 부응하여 정기적으로 의약품을 무료로 기부하고 있다.

대체로 의약품 가격은 쉬운 문제가 아니다. 제약회사 입장에서는 매출과 이익 그 이상의 문제이다. 가격결정 시 단기적인 재무 목표는 보다 광범위한 사회적 고려 요인에 의해 완화되어야 한다. 글랙소스미스클라인의 사명은 '사람들이 더 많은 일을 하고, 더 기분이 좋아지며, 더 오래 살도록 돕는 것'이다. 이러한 사명을 달성하는 데에는 많은 비용이 들며 대부분의 소비자는 이를 이해한다. 소비자는 어쨌든 의약품 가격을 지불해야 한다는 것을 알고 있다. 그들이 진정으로 바라는 것은 그 과정에서 공정한 대우를 받는 것이다.[21]

동일한 유통경로레벨의 구성원 간 가격 문제

가격고착화(price-fixing)에 관한 미국 연방법에 따르면 판매자는 경쟁자들과의 의견 교환 없이 가격을 책정해야 한다. 그렇지 않으면 가격담합(price collusion) 혐의를 받게 된다. 가격고착화는 불법이기 때문에 정부는 이에 대한 어떠한 변명도 수용하지 않는다. 최근 들어 미국 연방정부와 주정부는 정유, 보험, 콘크리트, 신용카드, 컴퓨터 칩, 전자책 등 광범위한 산업에 걸쳐 가격고착화에 대한 규제를 강화하고 있다. 가격담합을 저지른 기업은 무거운 벌금을 부과받게 된다. 예를 들어 애플은 출판사와 전자책 가격을 책정하기 위해 공모한 것에 대해 4억 5,000만 달러의 벌금을 냈다. 미국의 4대 항공사(유나이티드항공, 델타항공, 사우스웨스트항공, 아메리칸항공)는 가격담합 관련 집단소송을 해결하기 위해 6,000만 달러를 지불하기로 합의했는데, 또 거액의 이익을 챙기기 위해 항공요금을 인위적으로 부풀리려 한 혐의로 미국 법무부의 조사를 받게 되었다. 그리고 비자와 마스터카드는 최근 부풀려진 카드 수수료 때문에 소매업체들이 제기한 가격담합 사건을 해결하기 위해 62억 달러를 지불하기로 합의했다.[22]

또한 판매자의 **약탈적 가격결정**(predatory pricing)도 금지되고 있는데, 이는 경쟁자에게 보복하거나 경쟁자를 몰아냄으로써 장기적으로 더 높은 이익을 실현하기 위한 의도로 원가 이하의 가격으로 판매하는 것을 말한다. 약탈적 가격결정은 불법으로, 대규모 판매업체가 영세 판매업체를 몰아내기 위해 일시적으로 혹은 특정 지역에 한해 원가 이하의 가격으로 제품을 판매하는 것을 법규로 막음으로써 영세 판매업체를 보호할 수 있다. 이러한 법규의 적용에서 가장 큰 문제점은 구체적으로 어떤 행위를 약탈적 가격정책 행위로 규정할 것인가이다. 과잉 재고를 처분하기 위해 원가 이하로 판매하는 것은 약탈적 가격정책으로 간주되지 않지만, 경쟁자를 몰아내기 위해 원가 이하로 판매하는 것은 약탈적 가격정책에 해당된다. 따라서 동일한 행위라 하더라도 그 의도에 따라 약탈적인 경우도 있고 그렇지 않은 경우도 있는데, 문제는 행위의 의도를 정확히 파악하거나 증명하기 매우 어려울 수 있다는 것이다.

최근 일부 대규모 시장지배 기업이 약탈적 가격정책의 혐의를 받았다. 그러나 이러한 비난을 법정 소송으로 끌어내는 것은 어려울 수도 있다. ● 예를 들어 많은 출판사와 서점은 아마존닷컴의 도서 가격 책정에서 벌어진 약탈적 가격결정에 대해 우려를 표명해왔다.[23]

● 약탈적 가격결정: 일부 업계 비평가들은 아마존이 경쟁 서점에 피해를 주는 할인가격으로 도서 가격을 책정했다고 비난했다. 아마존의 가격전략은 약탈적 가격결정인가, 아니면 단순한 경쟁적 마케팅인가?
imageBROKER/Alamy Stock Photo

많은 출판사와 서점은 아마존의 도서 가격결정 정책이 업계를 파괴하고 있다며 불만을 토로한다. 아마존은 정기적으로 가장 잘 팔리는 하드커버 책을 로스리더(loss leader) 상품으로 할인가격에 판매한다. 그리고 킨들과 태블릿의 판매를 늘리기 위해 전자책을 엄청나게 저렴한 가격으로 판매한다. 이처럼 매우 낮은 도서 가격은 경쟁 서점에 상당한 피해를 주었으며, 그중 상당수가 아마존의 가격정책을 약탈적 행위로 보았다. 일부 업계 단체는 이러한 관행에 대해 "미국 독자의 이익을 해치고 도서 산업 전체를 빈곤하게 만들며 우리 사회의 자유로운 아이디어의 흐름을 방해한다"고 주장한다. 그러나 아마존의 약탈적 가격결정에 대한 소송이 아직 제기된 적은 없다. 그러한 로스리더 가격전략이 단순한 경쟁적 마케팅이 아니라 고의적이면서 약탈적 가격임을 증명하기는 매우 어려울 것이다. 한 분석가는 이렇게 말한다. "비즈니스가 해야 할 일은 바로 가격을 낮추기 위해 경쟁하는 것 아닌가?"

상이한 유통경로레벨의 구성원 간 가격 문제

로빈슨-패트먼 법은 불공정한 **가격차별**을 금지하도록 규정하고 있으며, 판매자는 동일한 유통경로레벨의 구성원에게 동일한 가격 조건을 제공해야 한다. 예를 들어 소매업자는 아웃도어 전문매장 레이(REI)든 동네 자전거가게든 상관없이 특정 제조업자로부터 동일한 가격 조건을 제공받을 권리를 갖는다. 단, 제조업자가 소매업자에게 판매할 때 업체별로 원가가 다르다는 것을 입증할 수 있는 경우에는 가격차별이 허용된다. 동네 자전거가게에 자전거 몇 대를 파는 것보다 아웃도어 전문매장 레이에 대량의 자전거를 파는 것이 대당 원가가 더 낮은 경우를 예로 들 수 있다.

또한 제조업자인 판매자가 품질 차이가 있는 제품을 생산하여 각기 다른 품질의 제품을 소매업자에게 판매한다면 가격차별이 허용되기도 한다. 판매자는 이러한 가격 차이가 품질 수준에 비례한다는 것을 입증해야 한다. 또한 가격차별이 일시적이고 국지적이며, 공격적이 아니라 방어적인 경우에는 정당하게 경쟁에 대응하기 위해 가격차별을 사용할 수 있다.

소매가격(재판매가격)의 유지 또한 법으로 금지하는데, 이는 제조업자가 소매업자에게 자사 제품에 대해 특정 소매가격을 책정하도록 요구할 수 없다는 것이다. 제조업자는 소매업자에게 권장소매가격을 제시할 수는 있지만, 자율적으로 가격결정을 하는 소매업자가 자사의 소매가격 요구를 받아들이지 않는다고 해서 자사의 제품 판매를 거부해서는 안 되며, 제품 선적을 지연하거나 광고 지원을 끊는 등의 처벌을 해서도 안 된다. 예를 들어 미국 플로리다주 검찰청은 신발과 의류의 소매가격을 고정한 혐의로 나이키를 조사했다. 나이키가 가장 비싼 가격대의 운동화를 자사가 제시한 가격에 판매하지 않는 소매업자를 상대로 제품 공급을 통제할지도 모른다는 우려가 있었기 때문이다.

기만적 가격결정(deceptive pricing)은 소비자에게 실제로는 제공되지 않는 가격이나 가격 절감 정보로 소비자를 현혹하는 행위를 말하며, 소매업자가 인위적으로 정상가를 비싸게 책정하고 그 가격 옆에 세일 가격을 표시하는 등 거짓 준거가격(또는 비교가격)을 정보로 제시하는 경우를 예로 들 수 있다. 예를 들어 럭셔리 의류 및 액세서리 소매업체인 마이클코어스(Michael Kors)는 최근 아웃렛 매장에서 기만적인 가격결정을 했다는 혐의로 집단소송의 표적이 되었다가 이를 해결한 바 있다. 마이클코어스는 아웃렛 매장의 판매가격을 더 매력적으로 만들기 위해 허위로 '제조업체 권장소매가격'을 태그에 표시하여 제품에 부착한 혐의를 받았다. 이러한 거짓 비교가격 제시는 소매업계에 널리 퍼져 있다. 마이클코어스 외에도 TJ맥스(TJ Maxx), 콜스, JC페니, 자라, 니먼마커스 등 많은 소매업자는 이러한 문제에 대한 불만과 소송을 야기했다.[24]

소매점에서 제시되는 비교가격이 사실에 근거한 것이라면 불법이 아니다. 연방거래위원회(FTC)의 '기만적 가격결정에 대한 지침'은 다음 사항을 경고하고 있다. ① 정상소매가에서 인하된 가격이 아니면 가격할인임을 광고하지 말아야 한다. ② 판매가격이 실제로 공장도가격이나 도매가격이 아닌데 거짓으로 공장도가격이나 도매가격임을 광고하지 말아야 한다. ③ 불량품 할인가를

정상 제품을 할인한 가격인 것처럼 광고하지 말아야 한다.[25]

기만적 가격결정과 관련된 또 다른 이슈로 스캐너 조작(scanner fraud)이 있다. 제품의 가격을 스캐너를 사용하여 컴퓨터로 계산하는 추세가 확산됨에 따라 고객이 구입한 제품이 계산대에서 진열대의 가격보다 과대 계산된다는 비난이 늘고 있다. 이러한 과대 산정의 대부분은 관리의 미숙에서 비롯되는데, 정상 판매가격인지 세일 가격인지를 스캐너 시스템에 잘못 입력하는 것이 그 예이다. 그러나 때로는 의도적으로 과대 산정하는 경우도 있다.

미국 연방 및 주 법규는 기만적 가격결정 관행을 규제하고 있다. 예를 들어 자동차정보공개법(Automobile Information Disclosure Act)에 따르면 자동차 제조업체는 신규 자동차의 차창에 제조업체의 권장소매가격, 사양제품의 가격, 딜러 운송료 등이 적힌 문서를 붙여야 한다. 그러나 평판이 좋은 판매업자는 법이 요구하는 것 이상의 노력을 하고 있다. 고객을 공정하게 대하고 고객이 가격 및 가격결정 조건을 충분히 이해하도록 하는 것은 강력하고 지속적인 고객관계를 구축하는 데 중요하다.

학습목표별 요약

이 장에서는 신제품 가격결정, 제품믹스 가격결정, 가격조정, 가격변화의 주도와 대응, 가격 관련 공공정책 등 가격과 관련된 추가 고려사항을 살펴보았다. 기업은 단일가격이 아니라 제품믹스 전체를 포괄하는 가격결정구조를 가지고 있다. 이러한 가격결정구조는 제품이 수명주기를 거침에 따라 변화하게 된다. 기업은 비용과 수요의 변화를 반영하고 소비자와 상황의 변화를 고려하여 제품 가격을 조정한다. 경쟁 환경이 변함에 따라 기업은 언제 가격변화를 주도하고 가격변화에 대응할지 고려한다.

학습목표 11-1 신제품 가격을 결정하기 위한 주요 전략을 알아본다.

가격결정은 동태적인 과정이다. 기업은 자사의 모든 제품을 포괄하는 가격결정구조를 설계하며, 시간이 흐름에 따라 구조를 변경하고 다양한 고객과 상황을 고려하여 조정한다. 가격결정 전략은 대체로 제품수명주기의 각 단계에 맞추어 변경된다. 혁신적인 신제품의 가격을 결정할 때 기업은 다양한 세분시장에서 최대 수익을 뽑아내기 위해 초기에 높은 가격을 책정하는 초기고가전략을 선택할 수도 있다. 또는 시장에 깊이 침투하여 높은 시장점유율을 획득하기 위해 출시 초기에 가격을 낮게 책정하는 침투가격전략을 선택할 수도 있다.

학습목표 11-2 기업이 제품믹스 전체의 이익을 극대화하는 일련의 가격을 어떻게 도출하는지 이해한다.

어떤 제품이 특정 제품믹스의 일부분인 경우 기업은 제품믹스 전체의 이익을 극대화하는 방향으로 그 제품의 가격을 모색하게 된다. 제품라인 가격을 결정할 때 기업은 자사가 제공하는 모든 제품을 분류하는 몇몇 가격대를 결정한다. 또한 기업은 사양제품(주제품에 포함되는 사양제품 또는 액세서리 제품), 종속제품(주제품을 사용하는 데 필요한 제품), 부산물(주제품의 생산 과정에서 생성되는 폐기물이나 찌꺼기), 묶음제품(인하된 가격으로 판매되는 여러 제품의 조합)에 대한 가격결정을 내려야 한다.

학습목표 11-3 기업이 다양한 유형의 고객과 상황을 고려하여 가격을 조정하는 방법을 이해한다.

기업은 세분시장과 상황의 차이를 고려하여 다양한 가격조정 전략을 구사한다. 그중 하나가 가격할인과 공제이며, 기업은 현금할인, 수량할인, 기능할인, 계절할인이나 다양한 유형의 공제를 제공한다. 두 번째 유형의 가격조정 전략은 차별적 가격결정으로, 기업은 고객, 제품형태, 위치, 시기에 따라 동일한 제품을 각기 다른 가격으로 판매한다. 때로 기업은 가격결정 시 채산성 이상의 것을 고려하는데, 예를 들면 제품포지션을 고객에게 더 잘 커뮤니케이션하기 위해 심리적 가격결정을 활용한다. 촉진적 가격결정을 사용하는 기업은 특별이벤트로 가격을 할인하거나 일시적으로 정가 이하로 판매하는데, 때에 따라서는 고객을 유인하기 위한 로스리더 상품을 만들어 원가 이하로 판매하기도 한다. 또 다른 가격조정 전략은 지리적 가격결정으로, 기업은 가까운 거리나 먼 거리의 고객을 상대로 어떻게 가격을 책정해야 할지 결정한다. 동태적/맞춤형 가격결정에서 기업은 개별고객의 특성과 니즈, 상황에 대응하기 위해 지속적으로 가격을 조정한다. 마지막으로 해외시장 가격결정에서 기업은 다양한 세계 시장의 다양한 여건과 기대수준에 따라 제품 가격을 조정한다.

학습목표 11-4 가격변화 주도, 가격변화 대응과 관련된 주요 문제를 파악한다.

기업이 업계 최초로 가격변화를 시도하는 경우에는 소비자와 경쟁자의 반응을 고려해야 한다. 가격인하를 주도하는 경우와 가격인상을 주도하는 경우의 시사점은 다르다. 가격변화에 대한 유통업자 반응은 가격변화에 대해 소비자가 어떻게 생각하는지에 따라 다르고, 경쟁자는 사전에 정해진 대응 정책이나 상황에 대한 분석에 따라 반응을 보인다.

경쟁자의 가격변화에 대응할 때는 많은 요인을 고려해야 한다. 경쟁자가 주도한 가격변화에 처한 기업은 가격변화의 지속 기간과 영향력뿐만 아니라 경쟁자의 의도를 파악해야 한다. 신속한 대응이 바람직한 경우 기업은 경쟁자가 또다시 어떤 가격조치를 취한다면 어떻게 대응할 것인지를 사전에 계획해두어야 한다. 경쟁자의 가격변화에 직면했을 때 기업은 반응하지 않거나, 자사 제품의 가격을 인하하거나, 지각품질을 높이거나, 품질 향상과 이에 따른 가격인상을 추구하거나, 방패브랜드를 출시하는 등의 대안을 고려할 수 있다.

학습목표 11-5 가격결정에 영향을 미치는 주요 공공정책 문제와 법률적 문제를 파악한다.

가격 경쟁은 자유시장 경제의 핵심 요소이다. 그러나 대체로 기업이 원하는 가격을 자유롭게 책정하도록 허용하지 않는다. 마케터는 가격결정에 관한 연방·주·지방정부의 법규에 주의를 기울여야 한다. 나아가 기업은 가격결정에 대한 광범위한 사회적 관심사도 고려해야 한다. 가격결정과 관련된 주요 공공정책 이슈로는 동일한 유통경로레벨의 구성원 간에 발생하는 불공정가격 관행(가격고착화, 약탈적 가격결정)과 상이한 유통경로레벨의 구성원 간에 발생하는 불공정가격 관행(소매가격 유지, 가격차별, 기만적 가격결정)이 있다. 평판이 좋은 마케터는 법이 요구하는 것 이상의 노력을 한다. 고객을 공정하게 대하고 고객이 가격 및 가격결정 조건을 충분히 이해하도록 하는 것은 강력하고 지속적인 고객관계를 구축하는 데 중요하다.

핵심용어

학습목표 11-1

초기고가전략 market-skimming pricing(price skimming)
침투가격전략 market-penetration pricing

학습목표 11-2

제품라인 가격결정 product line pricing
사양제품 가격결정 optional-product pricing
종속제품 가격결정 captive-product pricing
부산물 가격결정 by-product pricing
묶음제품 가격결정 product bundle pricing

학습목표 11-3

할인 discount
공제 allowance
차별적 가격결정 segmented pricing
심리적 가격결정 psychological pricing
준거가격 reference price
촉진적 가격결정 promotional pricing
지리적 가격결정 geographical pricing
FOB가격결정 FOB-origin pricing
균일운송가격결정 uniform-delivered pricing
구역별 가격결정 zone pricing
기점가격결정 basing-point pricing
운송비흡수 가격결정 freight-absorption pricing
동태적 가격결정 dynamic pricing
맞춤형 가격결정 personalized pricing

토의문제

1. 두 가지 신제품 가격결정 전략을 제시하고, 각 전략에서 기업이 신제품을 성공적으로 출시하기 위해 충족해야 하는 조건을 설명하라.
2. 어떤 제품이 제품믹스의 일부분일 때 그 제품의 가격결정 전략을 변경해야 하는 이유는 무엇인가? 다섯 가지 제품믹스 가격전략을 제시하고 각각의 예를 들라.
3. 촉진적 가격결정이란 무엇인가? 기업이 촉진적 가격결정을 어떻게 사용하는지 예를 들라.
4. 기업이 가격인하를 주도하게 되는 몇 가지 상황을 설명하라.
5. 기업이 저가격의 방패브랜드를 도입하는 이유를 예를 들어 설명하라. 저가격의 방패브랜드를 출시할 때 어떤 점을 주의해야 하는가?
6. 동일한 유통경로레벨의 구성원 간에 발생하는 불공정가격 관행과 상이한 유통경로레벨의 구성원 간에 발생하는 불공정가격 관행에 관한 주요 공공정책 이슈를 설명하라.

12 마케팅 경로
고객 가치전달

학습목표 12-1 기업이 마케팅 경로를 사용하는 이유를 이해하고 이러한 경로가 수행하는 기능을 설명한다.
공급사슬과 가치전달 네트워크

학습목표 12-2 경로 구성원의 상호작용 방법과 경로 업무를 수행하기 위한 조직 방법을 이해한다.
경로 행동과 조직

학습목표 12-3 기업이 선택할 수 있는 주요 경로 대안을 알아본다.
경로 설계 의사결정

학습목표 12-4 기업이 경로 구성원을 선정하고 동기부여 및 평가하는 방법을 이해한다.
경로 관리 의사결정

학습목표 12-5 마케팅 로지스틱스 및 통합 공급사슬 관리의 특성과 중요성을 이해한다.
마케팅 로지스틱스와 공급사슬 관리

개관 이 장에서는 마케팅믹스의 세 번째 도구인 유통에 대해 알아본다. 고객 관계 맺기, 고객 가치 창출, 수익성 있는 고객 관계 구축 등을 기업이 단독으로 수행하는 경우는 거의 없다. 오히려 기업은 보다 큰 공급사슬과 마케팅 경로에서 하나의 연결 역할만을 할 뿐이다. 그러므로 각 기업의 성공은 마케팅 경로상 자사 역할 수행의 수월성뿐만 아니라 전체적 마케팅 경로가 경쟁사에 비해 얼마나 우수한가에 달려 있다. 이 장에서는 마케팅 경로의 특성과 마케터의 경로 설계 및 관리 의사결정을 살펴본 다음 중요성과 복잡성이 크게 증가한 물리적 유통(또는 로지스틱스) 영역을 파악한다. 다음 장에서는 경로상의 주요 중간상인 소매상과 도매상을 자세히 다룰 것이다.

넷플릭스 사례로 시작해보자. 넷플릭스는 혁신적 유통으로 세계에서 가장 큰 동영상 구독 서비스 기업이 되었다. 야구 실력보다는 함축적인 표현으로 더 유명해진 야구 선수 요기 베라의 말처럼 "미래는 과거와 다르다." 최고의 동영상 유통업계를 계속 유지하려면 넷플릭스는 빠른 속도로 계속해서 혁신해야 한다. 그렇지 않으면 옆으로 밀려날 위험에 처할 것이다.

넷플릭스: 과거를 버리고 미래를 찾다

넷플릭스는 동영상 엔터테인먼트 유통에서 1위를 하는 방법을 몇 번이나 혁신했다. 2000년대 초에 넷플릭스는 DVD를 우송하는 혁신적인 서비스로 가장 강력한 영화 대여점을 제외한 모든 상점을 퇴출시켰다. 2007년, 넷플릭스는 디지털 스트리밍 방식으로 전환하여 사람들이 영화나 다른 동영상 콘텐츠에 접근하는 방식에 다시 한번 혁명을 불러일으켰다. 이후 넷플릭스는 모든 디지털 및 모바일 기기를 통해 서비스를 이용할 수 있게 하고 오리지널 콘텐츠를 자체적으로 만들어 새로운 장을 계속 열어가고 있다. 넷플릭스가 선두를 달리는 가운데 동영상 유통업계는 이제 떠오르는 기술과 첨단 기술 경쟁자가 소용돌이치는 장이 되었는데, 이는 회심의 기회와 간담이 서늘한 위험을 동시에 제공하는 것이기도 하다.

한때 이 업계는 전통적 방식의 영화 대여 체인인 블록버스터(Blockbuster)가 휘어잡고 있었는데 DVD 우편 서비스 넷플릭스가 등장했다. 넷플릭스의 혁신적인 유통 모델은 처음에는 수천 명에서 시작하여 나중에는 수백만 명의 구독자를 끌여들였고, 시장을 선도하던 블록버스터의 허를 찔러 결국 무력하게 만들었다. 넷플릭스가 급부상하면서 한때 막강했던 블록버스터는 파산하고 말았다.

블록버스터의 흥망성쇠 이야기는 오늘날 동영상 유통 사업의 특징인 혼란 상황을 강조한다. 블록버스터의 종말 이후 10년 동안 영상물 접속 옵션의 과잉 공급이 구체화되었다. 넷플릭스가 증가하고 블록버스터가 급감함과 동시에 코인스타(Coinstar)의 레드박스(Redbox)가 느닷없이 나타나 하루에 1달러짜리 DVD 대여 키오스크로 구성된 새로운 전국 네트워크를 구축했다. 그 후 훌루(Hulu), 크래클(Crackle)과 같은 첨단 기술 회사는 광고 지원 무료 시청 모델을 통해 주문형 디지털 스트리밍을 추진하기 시작했다.

그동안 넷플릭스는 경쟁에서 앞서기 위해 과감하게 움직였다. 예를 들어 2007년까지 넷플릭스는 10억 번째 DVD를 발송했다. 하지만 넷플릭스와 CEO 리드 헤이스팅스(Reed Hastings)는 성공에 안주하지 않고 당시 혁신적인 동영상 유통 모델을 목표로 했다. 랩톱에서 인터넷 TV, 스마트폰, 기타 와이파이 지원 장치에 이르기까지 인터넷에 연결된 모든 화면에 넷플릭스를 제공하는 것이었다. 넷플릭스는 여전히 인기 있는 DVD 우송 사업을 희생하더라도, 월 이용료의 일부로 인터넷에 연결된 기기를 통해 영화를 스트리밍할 수 있는 '즉시 시청(Watch Instantly)' 서비스를 시작했다.

넷플릭스는 디지털 스트리밍을 개척하지는 않았지만 기술 향상과 최대 스트리밍 콘텐츠 라이브러리 구축에 자원을 쏟아부어 거대한 가입자 기반을 구축함으로써 매출과 이익이 급증했다. 거대한 DVD 라이브러리와 화면만 있으면 어디서나 접속할 수 있는 스트리밍 라이브러리가 늘어나면서 넷플릭스를 멈출 수 있는 것은 없는 듯 보였다.

하지만 넷플릭스의 놀라운 성공은 자원이 풍부한 많은 경쟁자를 끌어모았다. 구글의 유튜브, 애플의 아이튠즈(iTunes)와 같은 거대 동영상 회사는 영화 다운로드를 빌리기 시작했고, 훌루와 아마존은 자신의 라이브러리를 확장하고 훌루 플러스(Hulu Plus)와 아마존 프라임 비디오(Amazon Prime Video)로 구독 기반 스트리밍 서비스를 추가했다. 넷플릭스는 앞서 나가기 위해, 심지어 살아남기 위해서도 혁신 페달을 계속 밟아야 했다. 2011년 여름, 야심 차지만 위험하게도 헤이스팅스는 디지털 스트리밍에 모든 것을 걸었다. 그는 여전히 번창하고 있는 DVD 우송 서비스를 가입비를 받는 별도의 사업으로 분리했다.

일부 고객이 편승하면서 구독자 수가 일시적으로 줄어들었지만 헤이스팅스는 선견지명이 있는 움직임을 보였다. 넷플릭스는 여전히 우편으로 고전적인 DVD 서비스를 제공하지만 불과 수백만 명의 고객만이 우편함을 통해 비디오를 찾으며, 현재 유료 가입자 1억 3,900만 명 중 98%가 스트리밍 전용 고객이다. 넷플릭스 가입자는 영화와 TV 프로그램을 매주 10억 시간 스트리밍한다. 평균적으로 평일 밤 넷플릭스는 북미 가정의 모든 인터넷 트래픽 중 3분의 1을 장악하고 있다. 또한 전 세계적으로 190개국 이상으로 확장되었다.

넷플릭스의 혁신적인 유통 전략: DVD 우송부터 거의 모든 기기에서의 동영상 스트리밍으로 즉시 시청, 창의적인 오리지널 콘텐츠에 이르기까지 넷플릭스는 가장 잘하는 일, 즉 유통의 혁신과 혁명을 통해 치열한 선두 그룹에서 앞서 나가고 있다. 다음 단계는 무엇인가?
sitthiphong/Shutterstock

지속적인 성공에도 불구하고 넷플릭스는 유통 혁신 노력을 그만둘 수 없다는 것을 알고 있다. 경쟁은 점점 더 모호한 비율로 움직이고 있다. 예를 들어 아마존의 프라임 인스턴트 비디오(Prime Instant Video)는 프라임 회원에게 지속적으로 확장되는 영화와 TV 드라마의 라이브러리에 대한 스트리밍 접속을 추가 비용 없이 제공한다. 모회사 구글의 풍부한 자금 지원을 받는 유튜브의 프리미엄 구독 서비스는 광고가 없는 동영상과 회원 전용 오리지널 드라마, 영화를 제공한다. 넷플릭스가 코드커팅 추세(전통적인 케이블 TV와 위성 TV 서비스를 버리고 OTT 동영상 스트리밍을 선호)의 배후에 있는 주요한 힘이었지만, 전통적인 네트워크와 서비스는 몇몇 예를 들어 컴캐스트의 엑스피니티 스트림픽스(Xfinity Streampix), HBO 고(HBO Go), CBS 올액세스(CBS All Access), 다이렉TV 나우(DirecTV Now)가 하는 것처럼 자체 구독 스트리밍 옵션으로 맞서고 있다. 그리고 라이브 TV에 대한 접속은 코드커팅의 가장 큰 걸림돌이었지만, 오늘날 AT&T, 다이렉TV, 유튜브, 훌루와 많은 신규 업체를 포함한 다양한 서비스는 라이브 TV 스트리밍에 대한 유료 접속을 제공하고 있다.

몇 년 동안 동영상 업계의 주요 배송 모델로 스트리밍이 자리를 잡아나가자 넷플릭스는 단순히 배송이 아닌 콘텐츠가 동영상 유통 분야에서 앞서 나가는 핵심이라는 것을 알았다. 넷플릭스는 앞서 출발했기 때문에 콘텐츠 경쟁에서도 앞서고 있다. 그러나 더 많은 경쟁사가 대형 영화 및 TV 콘텐츠 제공업체와 계약을 맺기 위해 열심인 상황에서 콘텐츠 라이선스 거래는

넷플릭스는 동영상 엔터테인먼트 유통 분야에서 혁신을 거듭했다. 그러나 뜨겁게 요동치는 업계에서 살아남기 위해 넷플릭스는 유통 혁신 페달을 계속 밟아야 했다.

획득하고 유지하기가 더 어렵고 비용도 더 많이 든다.

그래서 넷플릭스는 외부에서 공급되는 콘텐츠 의존도를 낮추기 위해 또 다른 혁신적인 노력으로 자체 오리지널 콘텐츠를 무서운 속도로 제작하여 배포해왔다. 8년 전 넷플릭스가 비싸게 제의받은 HBO와 AMC에 1억 달러를 지불하고 〈하우스 오브 카드(House of Cards)〉 시즌 1, 2를 방송할 수 있는 독점권을 얻었을 때 업계에 충격을 주었다. 이 드라마는 큰 성공을 거두었고 넷플릭스는 〈오렌지 이즈 더 뉴 블랙(Orange Is the New Black)〉, 〈기묘한 이야기(Stranger Things)〉, 〈블랙 미러(Black Mirror)〉, 〈글로우: 레슬링 여인 천하(GLOW)〉, 〈버드 박스(Bird Box)〉 등의 오리지널 시리즈와 영화를 개발하기 위해 빠르게 움직였다.

스트리밍 경쟁사들이 자체 오리지널 콘텐츠를 만들어 다시 한번 선두를 따라잡았지만 넷플릭스는 여전히 우위를 점하고 있다. 또한 지난해 130억 달러라는 어마어마한 돈을 들여 단일 네트워크, 케이블 채널, 할리우드 스튜디오보다 더 많은 오리지널 시리즈 700편, 영화 80편을 제작했다. 새로운 넷플릭스 오리지널 콘텐츠를 보려면 1년 내내 매일 4시간 이상을 소비해야 한다. 넷플릭스 오리지널 콘텐츠는 호평을 받았는데, 예를 들어 공포 영화 〈버드 박스〉는 개봉 10일 만에 8,000만 명 이상이 관람했다. 또한 넷플릭스는 작년에 네트워크 중에서 에미상 후보에 가장 많이 올랐으며(112개) HBO의 17년 연속 수상 기록을 갈아치웠다.

이러한 노력은 나머지 산업계가 앞다투어 따라붙게 만들었다. 그리고 넷플릭스는 이제 막 시작하고 있다. 내년을 위해 넷플릭스는 어떤 해보다 오리지널 콘텐츠 개발에 더 많은 돈을 쓸 것이라고 발표했다. 유례없이 떠들썩한 동영상 환경에서 넷플릭스는 콘텐츠의 소유권을 제한함으로써 자신의 운명을 지배할 생각이다. 넷플릭스 오리지널 콘텐츠는 현재 방대한 동영상 라이브러리의 절반 이상을 차지하고 있다.

따라서 DVD 우송부터 즉시 시청, 거의 모든 기기에서의 동영상 스트리밍, 지배적인 오리지널 콘텐츠에 이르기까지 넷플릭스는 가장 잘하는 일, 즉 유통의 혁신과 혁명을 통해 치열한 선두 그룹에서 앞서 나가고 있다. 《패스트컴퍼니(Fast Company)》가 최근 선정한 가장 혁신적인 50대 기업 순위에서 넷플릭스는 애플에 이어 2위이다. 최근 2년 사이 넷플릭스의 가입자 기반은 58% 가까이 성장하고 수익은 80% 이상 급증했다.

다음 단계는 무엇인가? 아무도 모른다. 그러나 한 가지는 확실하다. 그다음으로 무엇이 오든 넷플릭스가 변화를 이끌지 못한다면 빠르게 뒤처질 위험에 처할 것이다. 빠르게 변화하는 산업에서 새로운 기술은 곧 낡은 것이 된다. 선두에 서려면 넷플릭스는 이 글의 제목처럼 과거를 버리고 미래를 찾아야 한다.[1]

넷플릭스 사례에서 보듯이 좋은 유통 전략은 강력한 고객 가치를 제공하고 기업에 경쟁우위를 안겨줄 수 있다. 그러나 기업 혼자서는 고객에게 가치를 제공할 수 없다. 기업은 더 큰 가치전달 네트워크에서 다른 기업들과 함께 긴밀히 협력해야 한다.

저자 코멘트 | 이는 정말 간단한 개념이지만 상당히 포괄적인 용어이다. 기업 혼자서는 고객 가치를 창출할 수 없다. 이 과업을 수행하려면 광범위한 파트너 네트워크 내에서 일해야 한다. 개별 기업과 브랜드가 경쟁하는 것이 아니라 전체 가치전달 네트워크가 경쟁한다.

공급사슬과 가치전달 네트워크

학습목표 12-1 기업이 마케팅 경로를 사용하는 이유를 이해하고 이러한 경로가 수행하는 기능을 설명한다.

제품이나 서비스를 생산하여 소비자가 이용할 수 있게 하려면 고객뿐만 아니라 기업의 **공급사슬**(supply chain) 내 주요 공급업체 및 재판매업체와도 관계를 구축해야 한다. 이 공급사슬은 상류 제휴업체(upstream partner)와 하류 제휴업체(downstream partner)로 구성된다. 기업으로부터 상류 제휴업체는 제품이나 서비스를 창출하는 데 필요한 원재료, 구성품, 부품, 정보, 재무, 전문지식을 공급하는 회사의 집합이다. 그러나 마케터는 전통적으로 공급사슬의 하류 제휴업체, 즉 고객을 바라보는 **마케팅 경로** 또는 **유통경로**에 초점을 맞추었다. 도매업체와 소매업체 같은 하류 마케팅 경로 제휴업체는 기업과 고객 사이에 중요한 연결 고리를 형성한다.

공급사슬이라는 용어가 너무 제한적일 수도 있다. 사업의 **제조와 판매**(make-and-sell) 관점을 취하기 때문이다. 이는 원재료, 생산적 투입, 공장의 생산 능력이 시장 계획의 출발점이 되어야 한다는 것을 시사한다. 더 나은 용어는 시장에 대한 **지각과 반응**(sense-and-respond) 관점을 제시하는 **수요사슬**(demand chain)일 것이다. 이러한 관점하에 시장 계획은 목표고객의 욕구를 파악하는 것에서부터 시작되며, 기업은 고객 가치 창출을 목표로 자원과 활동의 사슬을 조직함으로써 그 욕구

● 가치전달 네트워크: 토요타는 자동차 라인을 제작하고 마케팅할 때 브랜드의 '나아가자', '뛰어넘자'라는 포지셔닝을 제공하기 위해 협력하는 수천 개의 공급업체, 딜러, 마케팅 서비스 회사와 함께 사내의 거대한 인적 네트워크를 관리한다.
Pras Nazri/Shutterstock

에 반응한다.

그러나 기업에 대한 수요사슬 관점도 너무 제한적일 수 있다. 구매-생산-소비 활동을 단계적이고 선형적으로 보기 때문이다. 대신 오늘날 대부분의 대기업은 복잡하고 지속적으로 진화하는 가치전달 네트워크를 구축하고 관리하는 데 참여하고 있다. 2장에서 정의했듯이 **가치전달 네트워크**(value delivery network)는 전체 시스템의 성과를 향상하기 위해 서로 '파트너' 관계가 되는 기업, 공급업체, 유통업체 및 궁극적으로는 고객으로 구성된다. ● 예를 들어 토요타는 훌륭한 차를 만든다. 하지만 많은 라인 중 하나, 예컨대 가장 잘 팔리는 캠리 모델을 제작하고 마케팅하기 위해 토요타는 마케팅 및 영업 담당자부터 재무 및 생산운영 담당자까지 사내의 거대한 인적 네트워크를 관리한다. 또한 수천 개의 공급업체, 딜러, 광고 대행사 및 기타 마케팅 서비스 회사의 노력을 조정한다. 고객 가치를 창출하고 브랜드의 '나아가자(Let's Go Places)', '뛰어넘자(Let's Go Beyond)'라는 포지셔닝을 확립하기 위해 전체 네트워크가 함께 작동해야만 한다.

가치전달 네트워크
고객 가치를 전달하는 전체 시스템의 성능을 향상하기 위해 서로 파트너 관계를 맺는 기업, 공급업체, 유통업체 및 궁극적으로는 고객으로 구성된 네트워크

이 장에서는 가치전달 네트워크의 하류 쪽에 있는 마케팅 경로를 중점적으로 다룬다. 마케팅 경로와 관련된 다음 질문에 대해 알아본다. 마케팅 경로의 특성은 무엇이고, 그것이 중요한 이유는 무엇인가? 경로 기업은 어떻게 상호작용하고 조직하여 경로의 업무를 수행하는가? 기업이 경로를 설계하고 관리할 때 어떤 문제가 발생하는가? 물리적 유통 및 공급사슬 관리는 고객을 유치하고 만족시키는 데 어떤 역할을 하는가? 다음 장에서는 소매업체와 도매업체의 관점에서 마케팅 경로의 이슈를 살펴볼 것이다.

저자 코멘트 | 이 절에서는 가치전달 네트워크의 하류 쪽, 즉 기업과 고객을 연결하는 마케팅 경로 조직을 살펴본다. 마케팅 경로의 가치를 이해하기 위해 소매업체가 없는 삶, 예를 들어 식료품점이나 백화점이 없는 삶을 상상해보라.

마케팅 경로의 특성과 중요성

최종 소비자에게 직접 제품을 판매하는 생산자는 거의 없다. 대부분의 생산자는 제품을 시장에 제공하기 위해 중간상을 이용한다. 생산자는 **마케팅 경로**(marketing channel) 또는 **유통경로**(distribution channel)를 구축하는데, 마케팅 경로란 개인 소비자나 기업 고객이 제품 또는 서비스를 사용하고 소비할 수 있게 하는 상호 의존적인 조직의 집합을 말한다.

마케팅 경로(유통경로)
개인 소비자나 기업 고객이 제품 또는 서비스를 사용하고 소비할 수 있게 하는 상호 의존적인 조직의 집합

기업의 경로에 관한 의사결정은 다른 마케팅 의사결정에 직접적으로 영향을 미친다. 가격 의사결정은 기업이 할인점을 이용하는지, 고품질의 전문점을 이용하는지, 온라인으로 직접 판매를 하는지에 달려 있다. 기업의 판매 조직과 의사소통에 관한 의사결정은 그 기업의 경로 파트너가 얼마나 많은 설득, 훈련, 동기, 지원을 필요로 하는가에 달려 있다. 기업이 어떤 신제품을 개발하거나 획득할 것인지도 제품이 경로 구성원의 역량에 적합한가에 달려 있다.

기업은 종종 유통경로에 너무 신경을 쓰지 않으며 때로는 해로운 결과를 초래하기도 한다. 이와는 대조적으로 많은 기업은 경쟁우위를 점하기 위해 상상력이 풍부한 유통 시스템을 사용해왔다. 엔터프라이즈렌터카는 공항 밖에 영업소를 설치하여 렌터카 사업을 혁명적으로 바꾸었다. 애플은 인터넷상에서 아이튠즈를 통해 음악을 판매함으로써 음악 소매 시장의 흐름을 자사로 돌려놓았다. 페덱스는 창의적이고 인상적인 유통 시스템을 구축함으로써 특급 포장 배송의 선도자가 되었다. 우버와 에어비앤비는 공유 모델로 택시와 접객 사업을 잠식했다. 아마존은 매장 없이 무엇이든 온

라인으로 판매함으로써 소매점의 양상을 영원히 바꾸었다.

유통경로 의사결정은 다른 기업에 대한 장기적인 약속을 수반하기도 한다. 예를 들어 포드, 맥도날드, 나이키 등은 광고, 가격, 촉진 프로그램을 쉽게 바꿀 수 있다. 이들은 시장 취향의 수요에 따라 오래된 제품을 폐기하고 새로운 제품을 도입할 수 있다. 그러나 프랜차이즈 가맹점, 독립 딜러, 대형 소매점과의 계약을 통해 유통경로를 구축했을 때는 여건이 바뀌어도 경로를 자사 소유의 매장이나 온라인 사이트로 쉽게 대체할 수 없다. 따라서 경영진은 현재의 판매 환경과 미래의 판매 환경에 주목하여 경로를 신중하게 설계해야 한다.

경로 구성원은 어떻게 가치를 부가하는가

생산자는 왜 판매 업무를 유통업자에게 맡길까? 판매 업무를 맡기는 것은 제품이 어떻게, 누구에게 판매되는지에 대한 통제를 어느 정도 포기한다는 것을 의미한다. 그럼에도 불구하고 생산자가 중간상을 이용하는 것은 목표시장 고객에게 접근하는 데 효율성이 더 크기 때문이다. 중간상은 자신의 네트워크, 경험, 전문성, 운영 규모를 통해 생산자가 단독으로 성취할 수 있는 것 이상을 제공한다.

● 그림 12.1은 중간상을 이용하는 것이 왜 경제적인지를 보여준다. 그림 12.1A는 소비자 3명에게 접근하기 위해 생산자 3명이 직접 마케팅을 하는 경우로, 이 시스템에서는 아홉 번의 거래가 필요하다. 그림 12.1B는 소비자 3명과 접촉하는 한 유통업자를 생산자 3명이 이용하는 경우로, 이 시스템에서는 여섯 번의 거래가 필요하다. 이렇게 중간상은 소비자와 생산자가 해야 할 일을 줄여준다.

경제 시스템 관점에서 보면 마케팅 중간상의 역할은 생산자가 만든 제품 구색을 소비자가 원하는 제품 구색으로 바꿔주는 것이다. 생산자는 제품을 한정된 구색으로 대량 생산하지만 소비자는 다양한 구색으로 소량만을 원한다. 마케팅 경로 구성원은 많은 생산자로부터 대량으로 구매하여 소비자가 원하는 다양한 구색을 갖추어 소량으로 판매한다.

예를 들어 유니레버는 매주 수백만 개의 도브 뷰티바(Dove Beauty Bar) 비누를 만들지만 고객은 한 번에 비누 몇 개만 사고 싶어 한다. 그러므로 세이프웨이, 월그린스, 타깃과 같은 대형 식품점, 생필품점, 할인 소매점은 도브 비누를 트럭 분량으로 잔뜩 사다가 매장 진열대에 놓는다. 그러면 고객은 소량의 치약, 샴푸 등이 가득 담긴 쇼핑카트에 도브 비누 하나를 추가로 담는다. 즉 중간상은 수요와 공급을 연결하는 중요한 역할을 한다.

경로 구성원은 고객이 제품 및 서비스를 이용할 수 있도록, 제품 및 서비스와 그것을 사용하는

● 그림 12.1
유통업자는 어떻게 경로 거래를 줄이는가

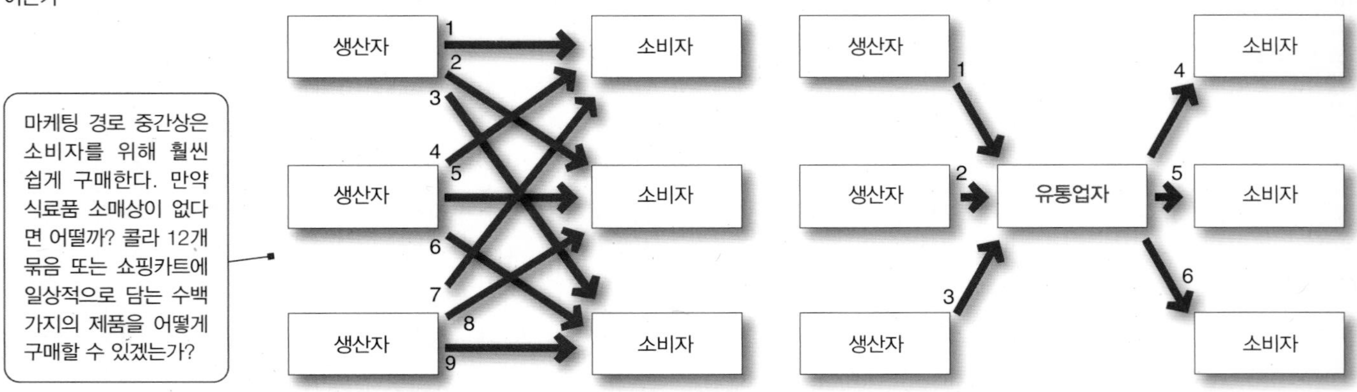

고객 사이를 분리하는 주요한 시간, 공간, 소유의 간극을 메우면서 부가가치를 창출한다. 마케팅 경로 구성원은 핵심적인 많은 기능을 수행하며, 다음과 같은 기능은 거래가 완성되는 데 도움을 준다.

- **정보**: 교환을 계획하고 지원하는 데 필요한 마케팅 환경 내의 소비자, 생산자, 기타 행위자와 영향력에 관한 정보 수집·배포
- **촉진**: 제공물에 관한 설득력 있는 의사소통 개발·확산
- **접촉**: 고객과 잠재 구매자 발견 및 참여 유도
- **일치**: 제조, 등급화, 조립, 포장 등의 활동을 포함한 구매자의 욕구를 충족하는 제안 형성
- **협상**: 제품의 소유권 또는 소유 이전을 위한 가격과 다른 조건에 대한 합의 도달

다음 기능은 성사된 거래가 이행되는 데 도움을 준다.

- **물적 유통**: 제품 운송·저장
- **자금 조달·융통**: 경로 활동에 따른 비용을 충당하기 위한 자금 획득·사용
- **위험 부담**: 경로 활동을 수행하는 데 발생하는 위험 부담

문제는 이러한 기능을 반드시 수행해야 하는지, 수행할 필요가 있는지가 아니라 누가 기능을 수행할 것인가이다. 생산자가 수행하면 생산 원가가 증가하고, 따라서 제품 가격이 높아진다. 기능 중 일부를 중간상에 위임하면 생산자의 원가와 제품 가격이 낮아지지만 중간상이 자신의 활동 비용을 충당하는 그 이상을 청구할 것이다. 따라서 경로 활동을 분배할 때는 비용 대비 최상의 가치를 창출할 수 있는 경로 구성원에게 다양한 기능을 할당해야 한다.

경로 수준의 수

경로 수준
제품과 그 소유권을 최종 소비자에게 전달하는 업무를 수행하는 각 마케팅 중간상의 계층

직접 마케팅 경로
중간상 계층이 없는 마케팅 경로

간접 마케팅 경로
하나 이상의 중간상 계층이 개입된 마케팅 경로

기업은 제품과 서비스를 소비자가 다양한 방식으로 구매할 수 있도록 유통경로를 설계한다. 제품과 그 소유권을 최종 소비자에게 전달하는 업무를 수행하는 각 마케팅 중간상의 계층(layer)을 **경로 수준**(channel level)이라고 한다. 생산자와 최종 소비자 역시 특정 활동을 하기 때문에 경로의 일부분이다.

경로 수준의 수는 경로의 길이를 나타내는데, ● 그림 12.2는 길이가 다른 소비재와 생산재의 경로를 보여준다. 그림 12.2A는 흔히 볼 수 있는 소비재 유통경로이다. **직접 마케팅 경로**(direct marketing channel)인 경로 1은 중간상 계층이 없는 경로로, 기업이 직접 소비자에게 제품을 판매하는 것이다. 예를 들어 팸퍼드셰프(Pampered Chef), 메리케이코스메틱스(Mary Kay Cosmetics), 암웨이(Amway)는 가정용·사무실용 판매 조직, 웹사이트, 소셜미디어를 통해 제품을 판매한다. 또한 가이코, 퀴큰론스, 캐스퍼 등은 인터넷, 모바일, 전화 경로를 통해 직접 판매를 한다. 그림 12.2A의 나머지 경로는 하나 이상의 중간상 계층이 개입된 **간접 마케팅 경로**(indirect marketing channel)이다.

그림 12.2B는 일반적인 산업재의 유통경로이다. 산업재 마케터는 자사의 판매 조직이나 인터넷을 이용하여 산업재 고객에게 직접 판매를 할 수 있다. 또는 다양한 유형의 중간상을 통해 판매할 수도 있는데, 이러한 중간상은 산업재 고객에게 판매한다. 더 많은 경로 수준을 가진 소비재와 산업재 마케팅 경로도 있지만 이는 매우 드물다. 생산자 관점에서 보면 경로 수준의 수가 많은 것은 통제력이 약해지고 경로가 더 복잡하다는 것을 의미한다. 또한 경로 내의 모든 유통 기관은 몇 가지 유형의 흐름, 즉 제품의 물적 흐름(physical flow), 소유권의 흐름(flow of ownership), 지불의 흐름(payment flow), 정보의 흐름(information flow), 촉진의 흐름(promotion flow)에 연결되어 있다. 이

그림 12.2
소비재와 산업재 마케팅 경로

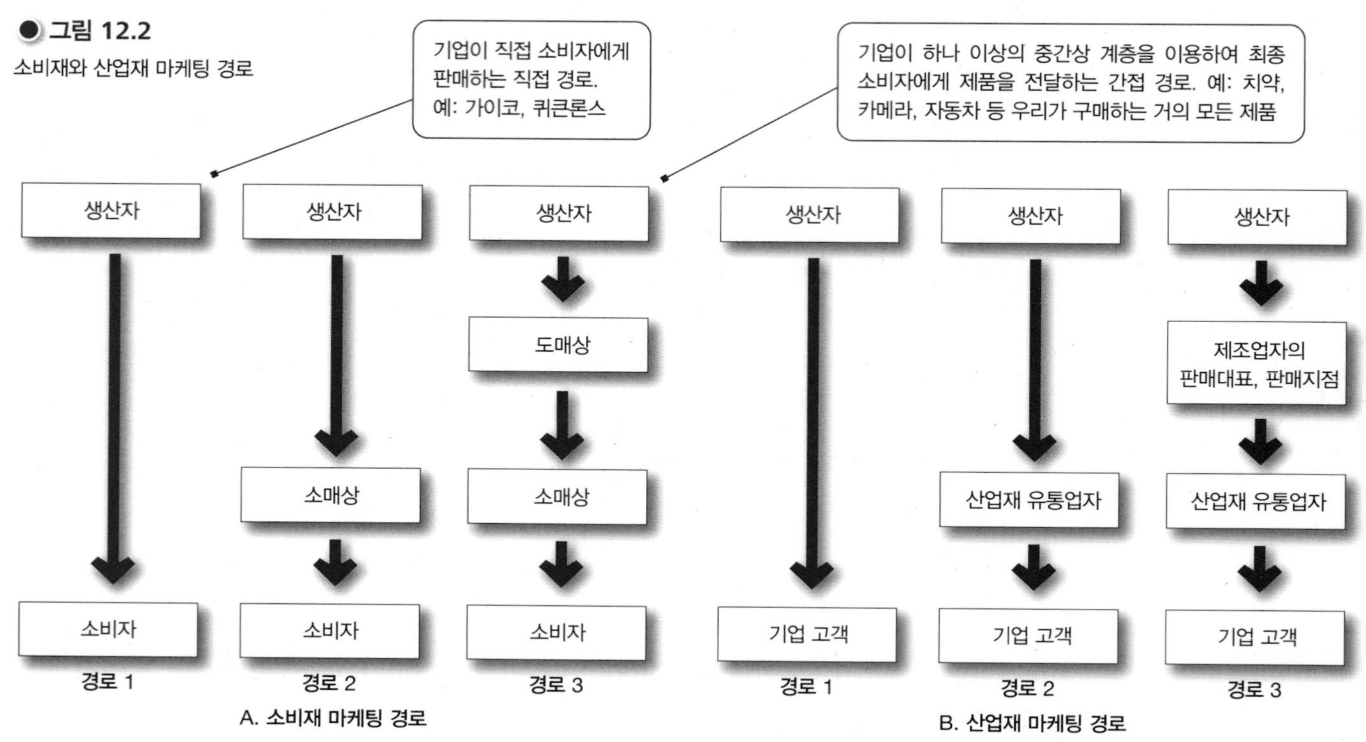

러한 흐름은 단 하나의 경로 수준으로 구성될 수도 있고, 매우 복잡한 몇 가지 경로 수준의 수로 구성될 수도 있다.

저자 코멘트 | 경로는 종이 위의 상자와 화살표 그 이상으로 구성된다. 경로는 개인 및 집단 목표를 달성하기 위해 상호작용하는 실제 회사와 사람들로 구성된 행동 시스템이다. 경로는 사람들로 이루어진 그룹처럼 함께 잘 일할 때도 있고 그렇지 않을 때도 있다.

경로 행동과 조직

학습목표 12-2 경로 구성원의 상호작용 방법과 경로 업무를 수행하기 위한 조직 방법을 이해한다.

유통경로는 다양한 유형의 흐름으로 결속된 기업들의 단순한 집합체 그 이상의 의미가 있다. 유통경로는 사람과 기업이 각자의 개인 목적, 기업 목적, 경로 목적을 달성하기 위해 상호작용하는 복잡한 행동 시스템이다. 어떤 경로 시스템은 느슨하게 조직된 기업 사이의 비공식적인 상호작용만으로 구성되고, 또 어떤 경로 시스템은 강력한 조직 구조로 관리되는 공식적인 상호작용으로 구성되기도 한다. 게다가 경로 시스템은 오래 유지되지 못한다. 즉 새로운 형태의 중간상이 출현하거나 완전히 새로운 경로 시스템이 개발되기도 한다. 이 절에서는 경로 행동 및 경로 구성원이 경로 활동을 수행하기 위해 조직을 구성하는 방법을 살펴보자.

경로 행동

마케팅 경로는 서로의 이익을 위해 협력하는 기업으로 구성되어 있다. 즉 각각의 경로 구성원은 다른 구성원에게 의존한다. 예를 들어 포드의 딜러는 고객의 욕구를 충족하는 자동차를 설계하는 포드에 의존한다. 마찬가지로 포드는 고객을 참여시키고, 포드 자동차를 구입하도록 설득하며, 판매 후 서비스를 제공하는 딜러에게 의존한다. 또한 각각의 딜러는 브랜드 명성을 높여줄 좋은 판매와 서비스를 제공하는 다른 딜러에게 의존한다. 사실 개별 딜러의 성공은 포드의 전체 마케팅 경로가 토요타, GM, 혼다와 같은 다른 자동차 제조업체의 경로와 얼마나 잘 경쟁할 수 있느냐에 달려 있다.

각 경로 구성원은 경로에서 전문화된 역할을 수행한다. 예를 들어 삼성의 역할은 소비자가 선호할 만한 전자제품을 생산하고 전국적인 광고를 통해 수요를 창출하는 것이다. 그리고 베스트바이의 역할은 삼성 제품을 알맞은 장소에 진열하고, 소비자의 질문에 답하며, 판매를 완료하는 것이다. 경로는 각 구성원이 가장 잘하는 임무를 맡을 때 가장 효과적이다.

개별 경로 구성원의 성공은 전체 경로의 성공에 달려 있기 때문에 모든 경로상의 기업은 원활하게 협력해야 한다. 이러한 기업은 자신의 역할을 이해하고 수용하며, 활동을 조정하고, 전체 경로의 목표를 달성하기 위해 협력해야 한다. 그러나 이처럼 거시적인 시각을 가진 경로 구성원은 좀처럼 드물다. 전체 경로 목표를 달성하기 위해 협력한다는 것은 때때로 개별 기업의 목표를 포기해야 함을 의미하기 때문이다. 경로 구성원은 서로 의존한다고 하더라도 자신의 단기적 최상 이익을 위해 독자적인 행동을 하기도 한다. 흔히 이들은 누가 어떤 일을 해야 하는지, 일에 대한 보상이 무엇인지에 관해 의견이 다르다. 목표, 역할, 보상에 대한 의견 불일치는 **경로 갈등**(channel conflict)을 초래한다.

경로 갈등
목표, 역할, 보상, 즉 누가 어떤 일을 해야 하는지, 일에 대한 보상이 무엇인지에 대한 마케팅 경로 구성원 간의 의견 불일치

수평적 갈등(horizontal conflict)은 경로상 수준이 같은 기업 사이에서 발생하는 갈등을 말한다. 예를 들어 시카고의 한 포드 딜러는 같은 도시의 다른 딜러들이 가격을 너무 낮게 책정하거나 지정된 지역 밖에까지 광고를 함으로써 자신의 고객을 빼앗아간다고 불평한다. 또는 햄프턴인(Hampton Inn) 프랜차이즈 가맹점은 다른 가맹점이 고객에게 숙박료를 과다하게 청구하거나 나쁜 서비스를 제공함으로써 전체 햄프턴인의 이미지를 손상한다고 불평한다.

수직적 갈등(vertical conflict)은 경로상 수준이 다른 기업 사이에서 발생하는 갈등으로, 이는 수평적 갈등보다 더 빈번하다. ● 예를 들어 최근 맥도날드와 약 3,100개의 독립 프랜차이즈 가맹점으로 구성된 조합 간의 갈등이 점점 커지고 있다.[2]

최근 맥도날드 가맹점주를 대상으로 한 설문조사에서 본사에 대한 가맹점주의 불만이 상당 부분 드러났다. 가장 기본적인 갈등은 재정적인 것이다. 맥도날드는 총 시스템 매출액에 따라 가맹점으로부터 로열티를 받아서 돈을 번다. 이와 대조적으로 가맹점은 이윤을 통해 돈을 버는데, 이는 곧 비용 지출 후 남는 금액이다. 맥도날드는 최근 몇 년 동안 꾸준히 감소하는 매출을 만회하기 위해 가치 메뉴 형태의 공격적인 할인을 강조했으나, 이는 기업의 매출은 증가하지만 결국 가맹점의 이익을 옥죄는 전략이 되어버렸다. 또한 가맹점주는 맥도날드의 매출액을 높여주지만 가맹점의 서비스 회전율이 느려지고 준비, 장비, 인건비가 더 많이 드는 맞춤형 버거, 신선한 쇠고기, 맥카페(McCafé) 음료, 하루 종일 주문 가능한 아침 식사 등 인기는 있지만 더 복잡한 메뉴를 추가하는 것에 대해 불평한다. 맥도날드는 가맹점주들이 고객에게 가치를 더 제공하지 않는다고 주장하면서 비용이 많이 드는 레스토랑급으로 격상하거나 전면 개조할 것을 요청했다. 결과적으로 많은 가맹점주는 큰 불만을 가지고 있다. 가장 최근의 조사에서 맥도날드와 가맹점주의 관계는 '좋다'부터 '나쁘다'까지의 5점 척도에서 사상 최저인 1.81로 평가되었다. 매장의 93%를 가맹점주가 운영하고 있는 맥도날드로서는 걱정스러운 일이다. 연구에 따르면 가맹점주의 만족도와 고객 서비스 사이에는 깊은 연관성이 있다고 한다.

● 경로 갈등: 가맹점주의 큰 불만은 맥도날드에게 골칫거리이다. 가맹점주의 만족도와 고객 서비스 사이에는 깊은 연관성이 있다.
Ratana21/Shutterstoc

경로상의 일부 갈등은 건전한 경쟁의 형태를 띠며 이러한 경쟁은 경로에 좋은 영향을 줄 수 있다. 그러한 경쟁이 없다면 경로가 수동적이고 비혁신적일 것이다. 예를 들어 맥도날드와 가맹점주의 충돌은 경로 파트너들이 각자의 권리를 정상적으로 주고받는 것을 나타내는 것일 수도 있다. 그러나 심각하거나 장기적인 충돌은 경로 효과를 방해하고 경로 구성원의 관계에 지속적으로 해를 끼칠 수 있다. 맥도날드는 오랫동안 지속된 경로 갈등을 잘 관리하여 통제 범위 안에 두어야 한다.

수직적 마케팅 시스템

경로 전체를 잘 운영하려면 각 경로 구성원의 역할을 명확하게 할당하고 경로 갈등을 관리해야 한다. 리더십을 발휘하고 역할을 할당하며 경로 갈등을 관리할 수 있는 통제력을 가진 기업, 대리 기관, 메커니즘을 포함한다면 경로가 더 잘 운영될 수 있을 것이다.

역사적으로 보면 리더십과 통제력이 결여된 **전통적 유통경로**는 해를 끼치는 경로 갈등과 바람직하지 못한 경로 성과를 종종 유발했다. 그러나 최근 가장 큰 경로 발전 중의 하나는 경로 리더십을 제공하는 **수직적 마케팅 시스템**의 출현이다. ● 그림 12.3은 두 가지 형태의 유통경로를 비교하여 보여준다.

전통적 유통경로
하나 이상의 독립적 생산자, 도매상, 소매상으로 구성되며, 각각은 경로 시스템 전체의 희생을 감수하더라도 자신의 이익 극대화를 추구하는 개별 사업 단위임

수직적 마케팅 시스템
생산자, 도매상, 소매상이 하나의 시스템으로 행동하는 경로 구조. 한 경로 구성원이 다른 구성원을 소유하거나, 그들과 계약을 맺거나, 그들 모두 협력하게 할 수 있는 강력한 영향력을 행사함

전통적 유통경로(conventional distribution channel)는 하나 이상의 독립적 생산자, 도매상, 소매상으로 구성된다. 각각은 경로 시스템 전체의 희생을 감수하더라도 자신의 이익 극대화를 추구하는 개별 사업 단위이다. 어떤 경로 구성원도 다른 구성원보다 더 많은 통제력을 가지고 있지 않으며, 역할을 할당하고 경로 갈등을 해결할 공식적인 수단도 없다.

이와 달리 **수직적 마케팅 시스템**(vertical marketing system, VMS)은 하나의 통일된 시스템으로 행동하는 생산자, 도매상, 소매상으로 구성된다. 한 경로 구성원이 다른 구성원을 소유하거나, 그들과 계약을 맺거나, 그들 모두 협력하게 할 수 있는 강력한 영향력을 행사한다. VMS는 생산자, 도매상, 소매상 누구든 지배할 수 있다.

이제 VMS의 세 가지 주요 유형(기업형, 계약형, 관리형)을 살펴보자. 각 유형은 경로에서 리더십과 힘을 확보하기 위해 각기 다른 수단을 사용한다.

● 그림 12.3
전통적 유통경로와 수직적 마케팅 시스템의 비교

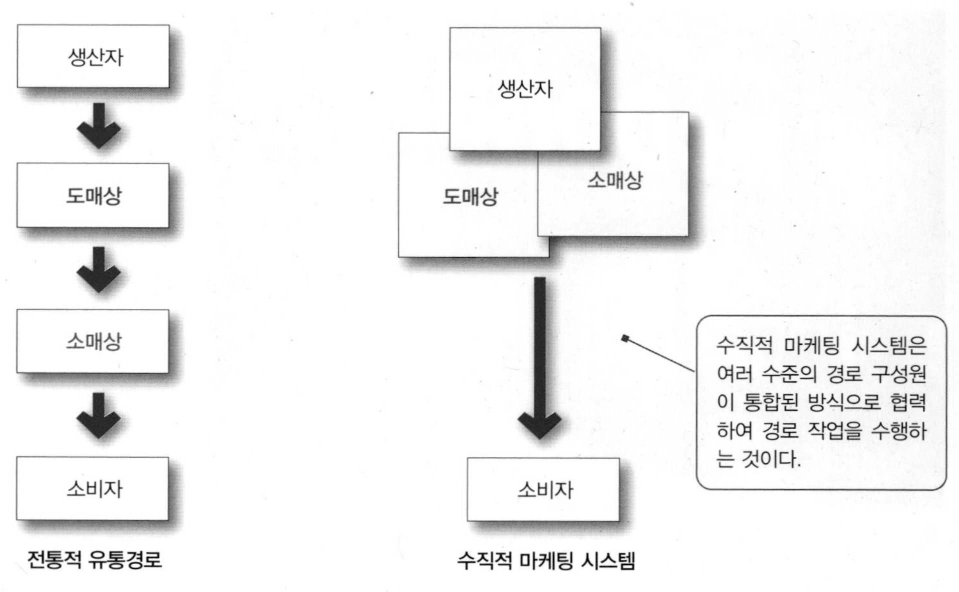

기업형 VMS

기업형 VMS
생산과 유통의 연속적인 단계를 하나의 소유권 아래로 통합한 수직적 마케팅 시스템으로, 공통의 소유권을 통해 경로 리더십이 형성됨

기업형 VMS(corporate VMS)는 생산과 유통의 연속적인 단계를 하나의 소유권 아래로 통합한다. 또한 조정과 갈등 관리가 정규적인 조직적 경로를 통해 이루어진다. 예를 들어 유럽의 안경류 제조업체인 에실로룩소티카(EssilorLuxottica)는 생산자부터 소비자까지 글로벌 안경류 경로를 확고히 장악하고 있다. 자사의 레이밴(Ray-Ban), 오클리(Oakley), 페르솔(Persol), 보그아이웨어(Vogue Eyewear) 같은 브랜드와 버버리, 샤넬, 폴로랄프로렌, 돌체앤드가바나, DKNY, 프라다, 베르사체, 마이클코어스 같은 라이선스 브랜드를 포함한 많은 유명 안경류 브랜드를 생산하고 있다. 또한 세계 처방 렌즈의 40% 이상을 생산하고 판매한다. 그리고 자사 소유의 세계 최대 광학 체인인 렌즈크래프터스(LensCrafters), 펄비전(Pearle Vision), 선글라스헛(Sunglass Hut), 타깃옵티컬(Target Optical) 등을 통해 이러한 브랜드의 유통을 통제하고 있다. 에실로룩소티카는 수직 통합을 통해 연간 10억 쌍에 가까운 렌즈와 프레임을 만들어 판매하고 있다.[3]

기업형 VMS는 기업에 더 많은 경로 통제와 유연성을 제공할 수 있다. ● 아마존을 생각해보자. 아마존은 페덱스, UPS, USPS 등 포장 배송업체에만 의존하지 않고 독자적인 포장 배송 능력을 개발하고 있다. 예를 들어 프라임 에어(Prime Air)라는 화물 비행기 편대를 소유하고 있으며, 우버 같은 아마존 플렉스(Amazon Flex)를 통해 일반인이 자기 차로 소포를 배달하고 시간당 비용을 받는다. 아마존은 아마존 브랜드를 부착한 밴 자동차를 타고 유니폼을 입으며 현지에서 소포를 배달할 독립적인 아마존 프라임 택배 파트너로 구성된 선단을 개발하는 프로그램도 시작했다. 또한 아마존은 자체 배송 네트워크를 개발함으로써 배송 비용을 억제하고 포장 배송 방법에 대해 더 많은 통제권을 얻으려 한다. 수직 통합은 아마존이 당일 배송 능력을 확장하여, 페덱스와 UPS는 할 수 없는 온라인 주문 및 점포 내 픽업 서비스를 제공하는 점포형 소매상과 보다 효과적으로 경쟁하는 데 도움이 될 것이다. 현재 아마존은 장기적으로 배송 드론, 무인 자동차, 소포 운반 로봇 등 미래형 기술로 자체 배송 서비스를 강화하는 방안을 검토하고 있다.[4]

● 기업형 VMS: 아마존은 배송 비용을 억제하고 포장 배송 방법에 대해 더 많은 통제권을 얻기 위해 독자적인 포장 배송 능력을 개발하고 있다.
KYLE JOHNSON/The New York Time s/Redux

계약형 VMS

계약형 VMS
생산과 유통의 각기 다른 계층에 있는 독립된 기업들이 계약을 통해 결합되는 수직적 마케팅 시스템

프랜차이즈 조직
가맹본점이라 불리는 경로 구성원과의 계약에 따라 생산과 유통의 여러 과정을 연결하는 수직적 마케팅 시스템

계약형 VMS(contractual VMS)는 생산과 유통의 각기 다른 계층에 있는 독립된 기업들이 계약을 통해 결합되어 구성되며, 독립된 기업은 독자적으로 달성할 수 있는 것보다 더 많은 경제성과 판매 효과를 얻을 수 있다. 경로 구성원은 계약상의 합의에 따라 역할을 조정하고 갈등을 관리한다.

프랜차이즈 조직(franchise organization)은 계약 관계의 가장 일반적인 유형이다. 이 시스템에서 가맹본점(franchisor)이라 불리는 경로 구성원은 생산과 유통 과정의 여러 단계를 연결한다. 미국에서만 거의 76만 개의 프랜차이즈 매장이 4,500억 달러 이상의 경제적 생산량을 차지하고 있다.[5] 모텔, 패스트푸드, 치과, 데이트 서비스, 웨딩 컨설턴트, 잡역부 서비스, 장례식장, 피트니스 센터, 이사 서비스, 미용실 등 거의 모든 종류의 사업이 프랜차이즈화되었다. 뛰어난 사업 개념을 가진 기업가는 그 사업을 프랜차이즈화함으로써 신속하고 수익성 있게 성장시킬 수 있다.

● 프랜차이즈 시스템: '게임에 머리를 담는' 스포트클립스헤어커츠는 프랜차이즈화를 통해 급속히 성장하여 현재 1,700개 이상의 지점이 있다.
Sport Clips, Inc.

● 예를 들어 스포트클립스헤어커츠(Sport Clips Haircuts)는 성인 남성과 남자 아이에게 어울리는 스포츠를 테마로 한 미용실로 '게임에 머리를 담는다(Get your hair in the game).' 1990년대 중반 이후 스포트클립스는 프랜차이즈화를 통해 급속히 성장하여 현재 미국과 캐나다 전역에 걸쳐 1,700개 이상의 지점이 있으며, 연간 시스템 전체 매출이 6억 달러 이상이다. 지난해 스포트클립스는 《앙트러프러뉴어(Entrepreneur)》 선정 500대 프랜차이즈 가맹 사업에서 상위 20위 안에 들어 피자헛, 에이스하드웨어(Ace Hardware), 세븐일레븐 등 프랜차이즈 업계 거물급의 바로 밑을 차지했다.[6]

프랜차이즈에는 세 가지 유형이 있다. 첫 번째 유형은 **제조업자 후원 소매상 프랜차이즈 시스템**(manufactures-sponsored retailer franchise system)으로, 포드의 독립 프랜차이즈 딜러 네트워크가 대표적인 예이다. 두 번째 유형은 **제조업자 후원 도매상 프랜차이즈 시스템**(manufactures-sponsored wholesaler franchise system)으로, 코카콜라를 대표적인 예로 꼽을 수 있다. 다양한 시장에서 도매상 역할을 수행하는 보틀러 사업자는 코카콜라로부터 허가를 받고 원액을 구입하여 완제품으로 만들어 지역 시장의 소매상에 판매한다. 세 번째 유형은 **서비스 회사 후원 소매상 프랜차이즈 시스템**(service-firm-sponsored retailer franchise system)이다. 예를 들어 소닉드라이브인(Sonic Drive-In)은 미국에서 3,600개가 넘는 프랜차이즈로 운영되는 레스토랑을 소유하고 있다. 허츠, 에이비스 등의 렌터카, 애슬리츠풋(Athlete's Foot), 플라토스클로젯(Plato's Closet) 등의 의류 소매상, 홀리데이인(Holiday Inn), 햄프턴인 등의 모텔, 헌팅턴러닝센터(Huntington Learning Center), 구몬 등의 보충 학습, 미스터핸디맨(Mr. Handyman), 그레이트클립스(Great Clips), 플래닛피트니스(Planet Fitness) 등의 개인 서비스도 이 유형에 해당한다.

대부분의 소비자가 기업형 VMS와 계약형 VMS의 차이를 말할 수 없다는 것은 계약형 조직이 얼마나 성공적으로 기업형 체인과 경쟁하고 있는지를 드러낸다. 13장에서 다시 다양한 계약형 VMS를 자세히 다룰 것이다.

관리형 VMS

관리형 VMS
한 곳 혹은 우월한 몇몇 경로 구성원의 규모와 힘에 따라 생산과 유통의 연속적 단계를 조정하는 수직적 마케팅 시스템

관리형 VMS(administered VMS)에서는 공동소유권이나 계약 관계에 의해서가 아니라 한 곳 혹은 우월한 몇몇 경로 구성원의 규모와 힘으로 리더십을 행사한다. 최고 브랜드의 제조업체는 재판매업자로부터 강력한 거래 협력과 지원을 얻을 수 있다. 예를 들어 P&G와 삼성은 전시, 진열대 공간, 촉진, 가격 정책과 관련하여 많은 재판매업자에게 특별한 협력을 명령할 수 있다. 거꾸로 월마트, 홈디포, 크로거, 베스트바이, 월그린스 등 대형 유통업체는 자신이 판매하는 제품을 공급하는 많은 제조업체에 강력한 영향력을 행사할 수 있다.

예를 들어 홈디포와 공급업체 사이의 일반적인 밀고 당기기에서는 미국 내 5위 소매업체이자 최대 규모의 주거 개선 상인인 홈디포가 대개 자기 뜻대로 의사결정을 한다. 특수 코팅 및 밀봉제 공급업체인 RPM인터내셔널(RPM International)을 예로 살펴보자. RPM인터내셔널은 들어본 적이 없겠지만 러스트올리엄(Rust Oleum) 페인트, 플라스틱우드(Plastic Wood)와 대프(Dap) 충전제, 모하크(Mohak)와 왓코(Watco) 마감재, 테스토스(Testors) 취미용 시멘트와 페인트 등 친숙한 DIY 브랜드는 사용해본 적이 있을 것이다. 이러한 것들은 홈디포 매장에서 구입할 수 있다. RPM 입장에서 홈디포는 매우 중요한 고객이며 소비재 매출의 상당 부분을 차지한다. 하지만 홈디포의

매출 1,000억 달러 이상은 RPM의 매출 53억 달러보다 20배 가까이 많다. 결과적으로 거대 소매업체인 홈디포는 이러한 구매력을 활용하여 RPM과 기타 수천 개의 소규모 공급업체로부터 경로 협력과 지원을 받을 수 있으며 이를 자주 이용한다.[7]

수평적 마케팅 시스템

수평적 마케팅 시스템
같은 경로 수준에 있는 둘 이상의 기업이 새로운 마케팅 기회를 추구하기 위해 결합하는 것

또 다른 경로 발전의 형태인 **수평적 마케팅 시스템**(horizontal marketing system)은 같은 경로 수준에 있는 둘 이상의 기업이 새로운 마케팅 기회를 추구하기 위해 결합한 것이다. 이러한 기업은 함께 일함으로써 단독으로 사업할 때보다 더 좋은 성과를 달성하기 위해 재무, 생산, 마케팅 자원을 결합한다.

● 수평적 마케팅 시스템: 타깃과 CVS, 고객 모두의 이익을 위해 타깃과 CVS헬스는 파트너 관계를 맺고 점포 내 점포를 운영한다.
CVS Caremark

기업은 경쟁사나 비경쟁사와 힘을 합칠 수 있다. 단기적 혹은 영구적으로 함께 일하며, 어떤 경우에는 새로운 별도의 기업을 설립하기도 한다. 예를 들어 유통업체인 타깃은 경쟁사가 아닌 스타벅스와 파트너 관계를 맺고 커피 스탠드를 매장에 배치한다. 스타벅스는 타깃의 엄청난 매장 이용객을 통해 혜택을 누리고, 타깃은 쇼핑객이 커피를 마시면서 쇼핑을 준비할 수 있게 한다. ● 또한 타깃은 CVS헬스와 파트너 관계를 맺고 점포 내 점포 형식으로 CVS 약국과 미니트클리닉을 운영한다. 이러한 파트너십을 통해 CVS헬스는 타깃 매장 내 좋은 위치에 1,700개 이상의 약국과 80개의 클리닉을 제공한다. 타깃은 고객이 원하는 전문 약국과 의료 서비스를 제공하는 동시에 자사의 핵심 제품 설계, 판매, 마케팅 강점에 더욱 자유롭게 집중할 수 있다.[8]

이러한 수평적 경로 배열은 국제적으로도 잘 작동한다. 예를 들어 세계 대부분의 주요 항공사는 스타얼라이언스(Star Alliance), 스카이팀(Skyteam), 원월드(Oneworld)와 같은 주요 글로벌 동맹체 중 하나에 가입했다. 스타얼라이언스는 '조화롭게 협력하는' 유나이티드항공, 에어캐나다(Air Canada), 루프트한자(Lufthansa), 중국국제항공공사(Air China), 터키항공(Turkish Airlines) 등 28개의 항공사로 구성되어 있다. 이러한 동맹체를 통해 전 세계 1,300개 이상의 공항에서 매일 1만 8,800번 이상 비행기를 띄우고 있다. 이러한 제휴로 개별 항공사는 대규모 전 세계 항공 여행 네트워크에 연결되어 공동 브랜딩 및 마케팅, 공항의 전용 터미널, 공동 운항 간 스케줄링 및 보다 원활한 글로벌 비행 환승, 보상 혜택 공유 및 회원 특권 등을 누린다.[9]

다채널 유통 시스템

다채널 유통 시스템
한 기업이 하나 이상의 고객 세분시장에 도달하기 위해 둘 이상의 마케팅 경로를 설정하는 유통 시스템

과거에 많은 기업은 하나의 시장이나 세분시장에 제품을 판매하기 위해 하나의 경로만을 이용했다. 그러나 오늘날 고객 세분시장과 경로 가능성이 늘어남에 따라 많은 기업은 **다채널 유통 시스템**(multichannel distribution system)을 이용하고 있다. 다채널 마케팅은 한 기업이 하나 이상의 고객 세분시장에 도달하기 위해 둘 이상의 마케팅 경로를 사용하는 경우에 발생한다.

● 그림 12.4는 다채널 유통 시스템을 보여준다. 생산자는 카탈로그, 온라인, 모바일을 이용하여 소비재 세분시장 1에 직접적으로 판매하고, 소매상을 통해 소비재 세분시장 2에 도달한다. 또한 생산자는 유통업자와 딜러를 통해 산업재 세분시장 1에, 자사의 판매 조직을 통해 산업재 세분시장 2에 각각 간접적으로 판매한다.

최근 대부분의 대기업과 중소기업은 다채널을 이용하고 있다. 예를 들어 존디어는 친숙한 초록

● 그림 12.4
다채널 유통 시스템

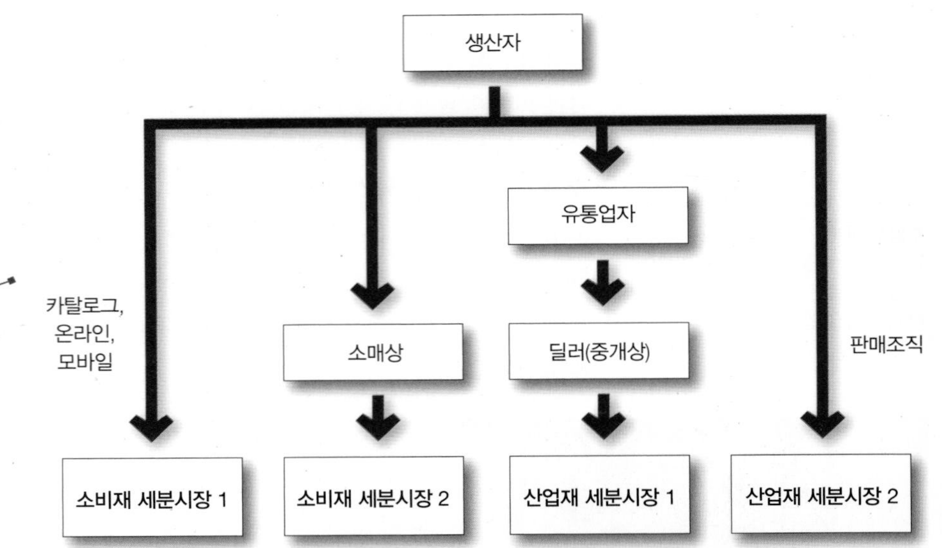

대부분의 대기업은 다채널을 통해 제품을 유통한다. 예를 들어 친숙한 초록색과 노란색의 존디어 잔디밭 트랙터를 근처에 있는 존디어 제품 딜러 혹은 로우스에서 구입할 수 있다. 대형 농장이나 산림기업은 보다 큰 존디어 장비를 프리미엄 풀 서비스를 제공하는 존디어의 딜러나 판매조직으로부터 구입할 것이다.

색, 노란색의 잔디밭·텃밭용 트랙터, 잔디깎이, 야외용 전자제품을 존디어 소매점, 주거 개선 용품점 로우스, 온라인 등의 유통경로를 통해 판매한다. 트랙터, 콤바인, 파종기와 그 밖의 농업용 기구는 프리미엄 존디어 딜러 네트워크를 통해 판매하고 서비스한다. 그리고 대형 건설 및 임업용 장비는 선별된 풀서비스를 제공하는 존디어 대형 딜러와 존디어 판매조직을 통해 판매된다.

다채널 유통 시스템은 규모가 크고 복잡한 시장을 상대로 하는 기업에 많은 이점을 제공한다. 각각의 새로운 경로를 통해 매출을 증가시키고, 시장 제공 범위를 확대할 수 있으며, 상이한 세분시장의 특별한 요구에 자사의 제품과 서비스를 맞추는 기회를 얻게 된다. 그러나 그와 같은 다채널 시스템은 통제하기 어렵고, 여러 경로가 서로 고객을 얻고 판매를 증진하기 위해 경쟁하므로 갈등이 발생할 수 있다. 예를 들어 존디어가 로우스에서 특정 소비재를 판매하기 시작했을 때 많은 독립 딜러는 거칠게 항의했다. 존디어는 온라인 마케팅 경로에서 유사한 갈등을 회피하기 위해 웹사이트상의 모든 판매 물품을 딜러에게 제공했다.

변화하는 경로 조직

기술의 변화, 직접 마케팅과 온라인 마케팅의 폭발적인 성장은 마케팅 경로의 본질과 설계에 큰 영향을 미치고 있다. 한 가지 중요한 추세는 명확한 메시지와 중요한 결과가 포함된 용어인 **디스인터미디에이션**(disintermediation)이다. 디스인터미디에이션은 제품 또는 서비스 생산자가 중간상을 배제하고 직접 최종 구매자에게 접근하거나 새로운 형태의 유통 중간상이 전통적인 경로를 급진적으로 대체함으로써 발생한다.

디스인터미디에이션
제품 또는 서비스 생산자가 중간상을 배제하거나 새로운 형태의 유통 중간상이 전통적인 경로를 급진적으로 대체하는 것

전통적인 오프라인 소매상의 역할을 온라인 마케터가 대체하는 사례에서 알 수 있듯이 많은 산업에서 전통적인 중간상이 바깥으로 밀려나고 있다. 예를 들어 아이튠즈, 아마존 등의 온라인 음악 다운로드 서비스는 전통적인 음악 점포 소매상을 거의 퇴출시켰다. 한편 스포티파이, 아마존 프라임 뮤직(Amazon Prime Music), 애플 뮤직(Apple Music)과 같은 스트리밍 음악 서비스는 현재 디지털 다운로드 서비스를 유통경로에서 배제하고 있다. 지난해 음악 다운로드는 24% 감소한 반면 주문형 오디오 스트리밍은 42% 증가했다.[10]

디스인터미디에이션은 생산자와 재판매업자에게 기회와 문제를 동시에 안겨준다. 경로에 가치를 더하는 새로운 방법을 찾은 경로 혁신가는 전통적인 소매상을 대체하고 보상을 얻었다. 예를

마케팅 현장 12.1 | 자라: 디스인터미디에이션으로 세계 패션의 정상에 우뚝 서다

스페인의 의류 및 액세서리 소매업체 자라는 경쟁사인 갭, 베네통(Beneton), H&M과 달리 제품의 설계, 제조, 유통뿐만 아니라 공급사슬의 단계를 대부분 관리하고 있다. 일부 경쟁사는 개발도상국, 특히 아시아에서 모든 생산품을 아웃소싱하고 있지만, 자라는 스페인과 포르투갈에 있는 자사 소유의 공장 12개에서 제품의 약 50%를 차지하는 최신 유행 제품을 생산하고 있다. 1975년 설립된 자라는 인디텍스(Inditex) 그룹의 대표 브랜드로서 96개국에서 뉴욕, 파리, 도쿄, 부에노스아이레스 등 선도적 도시에 전략적으로 7,400여 개 매장을 운영하고 있다. 2017 회계연도에 인디텍스는 288억 달러의 매출을 기록했는데 이는 9% 증가한 수치이다. 자라는 많은 경쟁사보다 훨씬 더 강하기 때문에 생산과 제조 전략에도 불구하고, 아니 그러한 전략 덕택에 세계 최대의 의류 소매업체가 되었다.

자라의 성공 비결은 수직적 통합 마케팅 시스템으로, 이는 단일 소유권 아래 생산과 유통의 연속 단계를 결합한 것이다. 디자인과 생산, 전 세계 유통망에 이르는 전체 유통 체인을 통제함으로써 자라는 세계에서 가장 빠르게 성장하는 소매업체가 되었다. 자라는 인건비가 싼 중국과 같은 아시아 국가에 생산을 배치하려는 유혹에 저항했다. 자라는 그러한 흐름에 역행하여 공급사슬을 장악할 수 있었다. 수직적으로 통합된 소매업체인 자라는 공급사슬에서 중간상을 제거하는 디스인터미디에이션 전략을 추구한다. 자라는 전통적인 유통경로를 거치지 않고 스스로 디자인하고 생산하고 유통하면서 모든 고객을 직접 상대한다.

디스인터미디에이션은 자라가 효율적이고 빠르기 위해 모든 프로세스를 명확하게 모니터링해야 함을 의미한다. 자라는 효과적인 디스인터미디에이션과 수직적 통합으로 경쟁사보다 더 빠르고 유연하며 효율적이다. 자라의 핵심적인 경쟁우위는 빠르게 변화하는 패션 트렌드에 맞추는 능력이다. 15일 이내에 새 라인을 만들 수 있으며, 최근 트렌드의 룩을 한 달도 채 되기 전에(업계 평균 6개월) 자라 매장에서 볼 수 있다. 생산 의류의 51~55%가 아시아가 아닌 스페인, 포르투갈, 터키, 모로코 등 비교적 가까운 곳에서 생산되기 때문에 프로세스에 속도를 낼 수 있는 것이다. 파리, 런던, 뉴욕, 도쿄 패션 디자이너의 최신 디자인 버전이 활주로에 모습을 드러낸 후 아주 짧은 시간 내에 자라 매장에 걸리는 것은 놀라운 일이 아니다. 자라의 가장 매력적인 점 중 하나는, 자라가 독창성이 부족함에도 불구하고, 아니 바로 그것 때문에 전 세계 쇼핑객이 저렴한 가격에 자라의 패션쇼 무대를 모방한 디자인을 사는 데 흥분한다는 것이다.

자라 매장은 도심 거리에 있고 회사 소유이기 때문에 이미지와 판매 데이터를 총체적으로 관리할 수 있다. 매장은 선호도, 스타일, 색상 등의 데이터를 수집하여 정교한 마케팅 정보 시스템을 통해 스페인 본사로 피드백을 보낸다. 매일 마감 시 판매 보조원이 해당 매장의 관리자에게 재고 수준을 보고하면 관리자는 즉시 자라의 디자인 및 유통 중앙 부서에 고객이 구매하고, 요구하고, 기피하는 것이 무엇인지를 알리고 이 모든 것을 기록해야 한다. 매장 관리자가 가장 잘 팔리는 품목을 요청하면 1~2일 이내에 매장에 도착한다. 이와 동시에 광고 팀은 디자이너와 연락하여 매장 데이터는 물론 패션쇼 무대를 기반으로 판매 추세를 파악한 뒤 신제품을 개발한다. 이러한 신제품은 비교적 소량 묶음으로 생산되기 때문에 실패하면 첫 소개 후에 바로 접고 새로운 인기 품목의 소량 묶음을 빠르게 생산할 수 있다. 자라는 소량 묶음으로 옷을 생산함으로써 고객이 더 자주 쇼핑할 수 있는 배타적인 분위기를 더한다. 실제로 쇼핑객은 1년에 평균 세 번 정도 스페인의 고급 상점가를 방문하지만 자라의 경우 열일곱 번까지 방문할 것으로 기대할 수 있다.

신규 재고는 자라 영업 전략의 핵심인 만큼 대부분의 경쟁사보다 빠른 주 2회 신규 디자인이 매장마다 입고된다. 이는 자라 매장의 제품 범위가 빠르게 변화한다는 것을 의미하며, 자라 매장에서는 한 시즌에 한 가지에 집중하기보다는 한 시즌에 네다섯 가지 디자인을 촉진한다. 따라서 매장에서는 제품의 약 60%가 유지되고 나머지 40%는 지속적으로 변한다. 그래서 자라는 경쟁사보다 훨씬 더 많은 제품을 제공할 수 있다. 자라가 연간 1만 개의 새로운 스타일을 출시하는 데 비해 주요 경쟁사는 2,000~4,000개 정도를 출시한다. 결과적으로 경쟁사가 철 지난 대량 재고 물량을 처분하기 위해 가격을 낮출 때 자라는 그럴 필요가 없다.

자라는 광고가 거의 또는 아예 없는 상태에서 성장했고 마케팅 부서조차 없다시피 했다. 다른 브랜드들은 TV 스폿 광고나 인쇄 광고에 돈을 쓰지만 자라는 그 대신 자사와 브랜드 이미지를 위한 최고의 전시이자 광고인 매장의 디자인, 소구, 위치에 투자한다. 자라의 유연성과 속도는 꾸준한 확장과 성장을 가져와 지난 몇 년간 매출액이 17%씩 증가했다. 자라는 향후 3~5년 동안 매년 8~10%씩 매장 공간을 확장하려 한다.

자라는 인상적인 경로 관리 시스템과 디스인터미디에이션 전략을 지속적으로 강화하고 있다. '패스트패션' 소매업계의 원형을 확립한 이 전략은 전 세계 수천 개의 패션 소매업체를 깜짝 놀라게 했다. LVMH투자펀드의 회장이자 루이뷔통, 지방시(Givenchy), 마크제이컵스(Marc Jacobs), 위블로(Hublot)와 같은 브랜드를 소유하고 있는 럭셔리 하우스의 패션 디렉터였던 대니얼 피에트(Daniel Piette)는 자라를 가장 혁신적이고 파괴적인 소매업체라고 묘사했다.

버버리그룹(Burberry Group)의 전 CFO인 스테이시 카트라이트(Stacey Cartwright)는 자라가 놀라운 속도로 제품을 상점에 들여놓는 방법에 대한 환상적인 사례 연구라고 말했다. 사실 버버리는 자라의 기술에 주목하고 있다. 소위 스페인 성공 신화는 고급 상점가 의류 매장에 대한 소비자의 기대를 바꿔놓았으며, 세계 최대 패션 소매업체 중 하나로 계속 번창할 것을 약속한다.[11]

자라의 핵심적인 경쟁우위는 빠르게 변화하는 패션 트렌드에 맞추는 능력이다.
Mira/Alamy Stock Photo

● 디스인터미디에이션: 슈퍼스토어 형식을 개척한 토이스알어스는 한때 장난감과 유아용품을 구입하는 최적의 장소였다. 그러나 장난감 시장 판매가 월마트와 같은 대형 할인점, 아마존과 같은 온라인 상점으로 옮겨가자 큰 타격을 입은 토이스알어스는 영업을 중단하고 매장을 폐쇄했다.
Sundry Photography/Shutterstock

들어 앱 기반 배차 서비스인 리프트와 우버는 저렴한 요금으로 더 나은 고객 경험을 제공함으로써 전통적인 택시와 전세 자동차(car-for-hire) 서비스를 배제하고 있다.

반대로 전통적인 중간상은 밀려나지 않기 위해 계속해서 혁신을 해야 한다. ● 예를 들어 슈퍼스토어 형식을 개척한 토이스알어스(Toys "R" Us)는 한때 장난감과 유아용품을 구입하는 최적의 장소가 되어 소규모 독립 완구점의 문을 닫게 했다. 그러나 최근 몇 년 동안 토이스알어스는 처음에는 월마트, 타깃과 같은 대형 할인점에 적응하지 못하고 그다음에는 아마존과 같은 온라인 상점에 적응하지 못하는 등 장난감 시장 판매의 주요 추세에 적응하는 데 실패했다. 현재 장난감과 유아용품의 약 28%는 온라인에서 팔리고 있으며, 온라인에서 토이스알어스는 크게 뒤처졌다. 아마존은 온라인 완구 판매에서 선두를 달리고, 월마트는 디지털 추세에 적응하느라 바쁘다. 결국 토이스알어스는 파산을 선언하고 미국과 영국 매장을 폐쇄했다.[12]

제품과 서비스 생산자는 재판매업자와 마찬가지로 경쟁력을 유지하기 위해 인터넷, 모바일 및 기타 직접 경로와 같은 새로운 경로 기회를 개발해야 한다. 그러나 새로운 경로 개발은 종종 자사의 확립된 경로와 직접 경쟁하는 상황을 초래하고 갈등을 불러일으킨다. 이러한 문제를 완화하기 위해 기업은 전체 경로에 대해 직접적인 효익을 제공할 수 있는 방법을 모색하기도 한다. 예를 들어 스탠리블랙앤드데커(Stanley Black & Decker)는 많은 고객이 전동 공구, 야외 전기 장비, 소형 가전제품을 온라인에서 직접 구입하는 것을 선호한다는 것을 알고 있다. 그러나 웹 및 모바일 사이트를 통해 직접 판매한다면 홈디포, 월마트, 아마존과 같은 중요하고 강력한 소매 파트너와 갈등이 발생할 것이다. 이에 스탠리블랙앤드데커는 웹사이트에서 자사 제품의 자세한 정보를 제공하지만 무선 드릴, 레이저 수평기, 낙엽 송풍기, 정원용 전기 전지가위, 막대 청소기 등을 팔지는 않는다. 대신 웹사이트에서 재판매업자의 사이트와 매장을 참조할 수 있다. 스탠리블랙앤드데커의 직접 마케팅은 자사와 경로 파트너 모두에게 도움이 된다.

저자 코멘트 | 마케팅의 다른 모든 것과 마찬가지로 좋은 경로 설계는 고객의 욕구 분석에서 시작된다. 마케팅 경로는 실제로 고객 가치전달 네트워크라는 것을 기억하라.

경로 설계 의사결정

학습목표 12-3 기업이 선택할 수 있는 주요 경로 대안을 알아본다.

제조업자가 부딪히는 몇 가지 경로 설계 결정 문제를 살펴보자. 마케팅 경로를 설계할 때 제조업자는 이상적인 것과 현실적으로 가능한 것 사이에서 고심하게 된다. 자본이 한정적인 신설 기업은 보통 한정된 시장 지역에서 판매를 시작한다. 이러한 경우 최상의 경로를 결정하는 것이 문제가 아니라, 자사의 제품라인을 취급하도록 역량 있는 중간상을 설득하는 것이 문제이다.

성공한 신설 기업은 기존 중간상을 통해 신규 시장으로 영역을 넓힐 수 있다. 시장 규모가 작은 경우에는 소매상에게 직접 판매할 수 있겠지만 규모가 큰 경우에는 유통업자를 통해 판매하게 될 것이다. 한 나라의 어떤 지역에서는 배타적 프랜차이즈에 판매권을 부여하고, 또 어떤 지역에서는 자사 제품을 취급하는 모든 가능한 매장(outlet)을 통해 판매하기도 한다. 그리고 매장에 접근하기 어려운 고객을 상대로 온라인 점포에서 직접 판매할 수도 있다. 이와 같이 경로 시스템은 종종 시장 기회와 시장 조건에 따라 진화한다.

그러나 최대의 효과를 내려면 경로 분석과 경로에 대한 의사결정 시 상위 목적에 부합해야 한다. **마케팅 경로 설계**(marketing channel design)에는 고객의 욕구를 분석하고, 경로 목적을 설정하며, 주요 경로 대안을 확인하고, 그러한 대안을 평가하는 작업이 필요하다.

마케팅 경로 설계
고객의 욕구를 분석하고, 경로 목적을 설정하며, 주요 경로 대안을 확인하고, 그러한 대안을 평가하여 효과적인 마케팅 경로를 설계하는 것

고객의 욕구 분석

앞에서 언급했듯이 마케팅 경로는 고객 가치전달 네트워크의 일부이다. 즉 각 수준의 마케팅 경로 구성원이 고객을 위해 가치를 부가하는 것이다. 따라서 기업은 경로를 설계할 때 목표고객이 그 경로로부터 어떤 가치를 원하는지 파악하는 것에서 시작해야 한다. 고객이 주거지 근처에서 제품을 구매하려 하는가, 아니면 멀리 떨어진 중심가까지 갈 용의가 있는가? 고객이 직접 또는 전화나 온라인으로 구매하려 하는가? 폭넓은 제품 구색이 가치 있다고 여기는가, 아니면 전문화된 제품 구색을 선호하는가? 많은 부가 서비스(배송, 설치, 수리)를 원하는가, 아니면 그러한 서비스를 다른 곳에서 받고자 하는가? 배송이 신속할수록, 제품 구색이 다양할수록, 부가 서비스를 더 많이 제공할수록 경로 서비스의 수준이 많아진다.

그러나 신속한 배송, 최대한의 제품 구색, 최상의 서비스는 불가능하고 비현실적이며 요구되지 않을 수도 있다. 기업과 경로 구성원은 고객이 바라는 모든 서비스를 제공하는 데 필요한 자원과 기술을 보유하고 있지 않을 수도 있다. 또한 더 높은 수준의 서비스를 제공하면 경로에 더 많은 비용이 발생하여 더 높은 가격을 부과하게 된다. 현대적 할인 소매업의 성공은 고객이 저렴한 가격을 내기 위해 낮은 수준의 서비스를 수용하기도 한다는 것을 보여준다. 예를 들어 월마트는 웨그먼스, 퍼블릭스(Publix), 크로거, 트레이더조, 홀푸드 등과 같은 식료품 소매업체와 비교하면 고객의 쇼핑 경험과 만족도 측면에서 전형적으로 최하위권에 가깝지만 미국 식료품 시장에서 26%의 점유율을 차지하고 있다.[13]

● 고객의 경로 서비스 욕구 충족: 포시즌스는 감동적이고 세심하게 배려하는 서비스 기술을 완벽하게 구현하고 있다. "천국이 있다면 포시즌스가 운영했으면 좋겠다."
Four Seasons Hotel Prague

그러나 많은 기업은 높은 수준의 서비스로 포지셔닝하고 고객은 기꺼이 높은 가격을 지불한다. ● 예를 들어 포시즌스는 고객의 기쁨을 창출하는 최고급 서비스에 많은 투자를 한다.[14]

> 포시즌스는 고급스럽고 세심하게 배려하는 서비스 기술을 완벽하게 구현하고 있다. 포시즌스 리조트 모리셔스의 열대섬 낙원이든 사하라 사막 이남에 있는 포시즌스 사파리 로지 세렌게티의 호화로운 '캠프'든 하룻밤에 1,000달러 이상을 지불하는 투숙객은 자신의 마음을 읽어주기를 기대한다. 포시즌스는 이들을 실망시키지 않는다. 포시즌스는 직원의 품질과 높은 수준의 서비스 제공에 소요되는 비용을 아끼지 않는다. 포시즌스는 최고의 인력을 고용하고, 높은 보수를 주고, 조심스럽게 방향성을 제시하고, 자부심을 심어주고, 우수한 서비스 행위에 대해 보상을 해준다. 한 여행 평가 조사에 따르면 모든 포시즌스의 인적·물적 요소는 "투숙객을 위해 매일 그 이상의 것을 하려고" 애쓴다. 포시즌스 마우이에서 묵은 한 투숙객은 매니저에게 "천국이 있다면 포시즌스가 운영했으면 좋겠다"고 말했다.

따라서 기업은 고객의 욕구와 그것을 충족할 수 있는 실현 가능성 및 비용뿐만 아니라 고객의 가격 선호도 간의 균형을 맞추어야 한다.

경로 목적 설정

기업은 고객 서비스에 대한 목표 수준의 관점에서 경로 목적을 분명히 밝혀야 한다. 대개 기업은 각기 다른 수준의 경로 서비스를 원하는 여러 세분시장을 확인할 수 있다. 즉 기업은 목표로 삼을 세분시장을 결정하고 그 세분시장에 가장 알맞은 경로를 결정해야 한다. 각 세분시장에서 기업은 고객이 원하는 서비스 요구 사항을 충족하는 데 소요되는 전체 경로 비용을 최소화하고자 한다.

또한 기업의 경로 목적은 기업의 특징, 제품, 마케팅 중간상, 경쟁사, 환경의 영향을 받는다. 예를 들어 기업의 규모와 재무 능력에 의해 자신이 담당할 마케팅 기능과 중간상에 넘겨야 할 기능이 결정된다. 쉽게 부패되는 제품을 판매하는 기업은 지연과 취급 횟수를 줄이기 위해 직접 마케팅을 필요로 한다.

어떤 경우에는 기업이 경쟁사의 제품을 취급하는 점포 안에서 또는 그 근처에서 경쟁하고자 한다. 예를 들어 메이태그(Maytag)와 기타 가전 제조업체는 고객이 비교 쇼핑을 할 수 있도록 경쟁사 브랜드 옆에 자사 제품을 진열하려 한다. 또 다른 예로 기업은 경쟁사가 이용하는 경로를 회피할 수도 있다. 팸퍼드셰프는 소매점의 부족한 자리를 차지하기 위해 다른 주방용품 제조업체와 정면으로 맞서기보다 전 세계 6만 명 이상의 컨설턴트 조직을 통해 고품질의 주방용품을 고객에게 직접 판매한다. 또한 가이코와 USAA는 대리점이 아니라 전화와 인터넷 경로를 통해 고객에게 직접 보험과 금융 상품을 판매한다. ● 프랜차이즈 대리점을 활용하는 경쟁 자동차 제조업체와 달리 테슬라는 자동차를 온라인으로 판매하는데, 고객이 샘플 차량을 보고 더 많은 정보를 얻을 수 있는 자사 소유의 테슬라 점포망 또는 '갤러리'가 이를 지원하고 있다.

● 경로 목적: 경쟁 자동차 제조업체와 달리 테슬라는 자동차를 온라인으로 판매하는데, 주요 도시 몇 군데에 자사 소유의 테슬라 점포망을 두어 고객이 샘플 차량을 보고 더 많은 정보를 얻을 수 있다.
Chon Kit Leong/Alamy Stock Photo

마지막으로 경제 상황과 법적 규제 같은 환경 요인도 경로 목적과 경로 설계에 영향을 미친다. 예를 들어 경기 침체기일 때 생산자는 더 짧은 경로를 사용하거나 제품의 최종 가격을 높이는 불필요한 서비스를 없애고 가장 경제적인 방법으로 제품을 유통하고자 할 것이다.

주요 경로 대안 확인

기업은 경로 목적을 설정한 뒤 중간상의 유형, 중간상의 수, 각 경로 구성원의 책임 등의 관점에서 주요 경로 대안을 확인해야 한다.

중간상의 유형

기업은 경로 업무를 수행하는 데 이용할 수 있는 경로 구성원의 유형을 확인해야 한다. 대부분의 기업은 많은 경로 구성원 선택지를 가지고 있다. 예를 들어 델은 처음부터 자사의 정교한 전화 및 온라인 마케팅 경로를 통해서만 최종 소비자와 기업 구매자에게 직접 판매했다. 또한 대기업, 기관, 정부 구매자에게는 판매조직을 통해 직접 판매했다. 그러나 더 많은 소비자에게 다가가고 삼성, 애플, HP와 같은 경쟁사와 대결하기 위해 델은 이제 베스트바이, 스테이플스, 월마트와 같은 소매상을 통해 간접적으로 판매하고 있다. 또한 델은 중소기업 고객의 특별한 요구에 맞추어 컴퓨터 시스템과 애플리케이션을 개발한 부가가치 재판매상(value-added reseller), 독립 유통업자, 대리점 등을 통해서도 간접적으로 판매하고 있다.

하나의 경로에서 다양한 재판매 유형을 활용하는 것은 이득도 있고 손실도 있다. 예를 들어 델은 자사의 직접 경로에 더하여 소매상이나 부가가치 재판매상을 통해 판매함으로써 더 많은 다양한 소비자에게 접근할 수 있다. 그러나 새로운 경로가 추가되면 관리와 통제가 더욱 어려워진다. 게다가 직접 및 간접 경로는 많은 동일한 고객층을 대상으로 서로 경쟁하여 잠재적인 갈등을 유발한다. 실제로 델은 소매상과의 경쟁에 대해 불평하는 직접 판매 대리인과, 직접 판매 대리인이 저가로 판매한다고 불평하는 부가가치 재판매상 사이에서 '어중간하게 낀' 상태가 되곤 한다.

마케팅 중간상의 수

기업은 유통경로의 각 수준에서 이용할 경로 구성원의 수를 결정해야 하는데, 이때 세 가지 전략, 즉 집중적 유통, 배타적 유통, 선별적 유통을 이용할 수 있다. 편의품 생산자와 일상적으로 자주 사용되는 원재료 생산자는 전형적으로 **집중적 유통**(intensive distribution), 즉 가능한 한 많은 점포에 제품을 공급하는 전략을 추구한다. 이러한 제품의 경우 소비자가 그 제품을 원하는 시간과 장소에서 구입할 수 있어야 한다. 예를 들어 치약, 사탕과 같은 제품은 상표 노출과 고객의 구매 편의성을 극대화하기 위해 100만 곳이 넘는 점포에서 판매된다. 크래프트, 코카콜라, 킴벌리클라크와 기타 소비재 기업은 이러한 방식으로 제품을 유통하고 있다.

집중적 유통
가능한 한 많은 점포에 제품을 공급하는 것

배타적 유통
제한된 수의 딜러에게 해당 지역에서의 독점적 유통권을 부여하는 것

선별적 유통
제품을 취급하고자 하는 모든 중간상의 수보다는 적지만 하나 이상의 중간상을 이용하는 것

한편 어떤 생산자는 자사 제품을 취급하는 중간상의 수를 의도적으로 제한하기도 한다. 이러한 사례의 극단적인 형태는 **배타적 유통**(exclusive distribution)으로, 생산자가 제한된 수의 딜러에게 해당 지역에서의 독점적 유통권을 부여한다. 배타적 유통은 호화 브랜드의 유통에서 찾아볼 수 있다. 예를 들어 '전문가를 위한 기구(Instruments for Professionals)'로 자리매김한 브라이틀링 시계는 5,000~10만 달러 이상의 가격으로 특정 장소에서 공인된 소수의 딜러를 통해서만 판매된다. 이 브랜드는 시카고에서는 한 보석상을 통해 판매되고, 일리노이주 전체에서는 여섯 군데의 보석상을 통해 판매된다. 배타적 유통은 브라이틀링의 독특한 포지셔닝을 증가시키고 딜러의 더 훌륭한 판매 지원과 고객 서비스를 가능하게 한다.

집중적 유통과 배타적 유통의 중간이라고 할 수 있는 **선별적 유통**(selective distribution)은 제품을 취급하고자 하는 모든 중간상의 수보다는 적지만 하나 이상의 중간상을 이용하는 것이다. 대부분의 TV, 가구, 가정용 가전제품이 이러한 방식으로 유통된다. ● 예를 들어 야외용 전동 장비 제조업체인 슈틸(STIHL)은 전기톱, 송풍기, 울타리 다듬는 기계 등을 로우스와 홈디포 같은 대량 유통업체를 통해 판매하지 않고 독립된 철물상, 잔디밭 및 정원 중개상으로 구성된 선별된 조직을 통해 판매한다. 슈틸은 선별적 유통을 통해 딜러와의 좋은 업무 관계를 개발하고 평균보다 나은 판매 노력을 기대할 수 있다. 선별적 유통은 슈틸 브랜드의 이미지를 높여주고, 더 큰 부가가치 딜러 서비스 제공에 따른 더 높은 마진을 얻게 해준다. 슈틸 광고는 이렇게 말한다. "우리는 매일 엄선된 딜러를 믿고 있으며 고객 여러분도 그렇게 할 수 있습니다."

● 선별적 유통: 슈틸은 독립된 철물상, 잔디밭 및 정원 중개상으로 구성된 선별된 조직을 통해 전기톱, 송풍기, 울타리 다듬는 기계 등을 판매한다. "우리는 매일 엄선된 딜러를 믿고 있으며 고객 여러분도 그렇게 할 수 있습니다."
STIHL Incorporated

경로 구성원의 책임

생산자와 중간상은 각 경로 구성원의 거래 조건과 책임에 합의할 필요가 있다. 각 당사자가 수행해야 할 가격 정책, 판매 조건, 지역 판매권, 특정 서비스

등에 합의해야 한다. 생산자는 정가표 가격과 중간상에게 제공될 적정 할인가격을 정해야 한다. 또한 각 경로 구성원의 판매 구역을 정해야 하는데, 해당 판매 구역에 새로운 중간상을 추가할 때는 신중을 기해야 한다.

상호 간의 서비스와 의무, 특히 프랜차이즈와 배타적 유통경로는 주의 깊게 기술해야 한다. 예를 들어 서브웨이 본점은 프랜차이즈 가맹점주에게 전매 공식과 운영 시스템에 대한 접근, 촉진 및 광고 지원, 집중 훈련, 입지 선정 지원, 일반 관리 지침을 제공하고 있다. 반대로 가맹점주는 서브웨이 본점에 물리적 시설과 음식 품질에 대한 회사 기준 충족, 요청된 정보 제공, 특정 식품 구입, 새로운 촉진 프로그램과 비용 및 광고 기금 회비에 대한 협력, 서브웨이에 8%의 로열티 지불을 이행해야 한다.[15]

주요 경로 대안 평가

한 기업이 여러 경로 대안을 확인했고 그중에서 자사의 장기 목표를 가장 잘 만족시키는 경로를 선택하려 한다고 가정하자. 각 대안은 경제성, 통제권, 적응성 등의 평가 기준을 토대로 평가해야 한다.

기업은 **경제적 기준**을 이용하여 여러 경로 대안에서 예상되는 판매액, 비용, 수익성을 비교한다. 각 경로 대안에 필요한 투자액은 얼마이고, 그 결과로 실현될 수익은 얼마인가? 또한 기업은 **통제권 문제**를 고려해야 한다. 일반적으로 중간상을 이용한다는 것은 중간상에게 제품 마케팅에 대한 일정 부분의 통제권을 부여하는 것을 의미하는데, 몇몇 중간상은 다른 중간상보다 더 많은 통제권을 가지고 있다. 다른 조건이 같다면 기업은 가능한 한 많은 통제권을 원한다. 마지막으로 기업은 **적응성 기준**도 고려해야 한다. 경로는 장기적인 약정을 맺곤 하는데, 기업 입장에서는 환경 변화에 적응할 수 있도록 경로를 탄력적으로 유지하길 원한다. 이러한 점을 고려한다면 장기적인 약정과 관련된 경로는 경제성과 통제권 측면에서 상당히 뛰어나야 한다.

국제 유통경로 설계

국제 마케팅 관리자는 경로를 설계할 때 추가로 여러 가지 복잡한 문제에 직면한다. 각 나라는 자국만의 독특한 유통경로 시스템을 가지고 있으며, 이는 오랜 시간 진화하면서 천천히 변화하고 있다. 이러한 경로 시스템은 나라마다 매우 다양하다. 따라서 국제 마케팅 관리자는 각국의 기존 구조에 맞추어 자사의 경로 전략을 적용한다.

각국의 시장에 서비스를 제공하는 중간상의 수와 유형, 그리고 이러한 중간상에게 서비스를 제공하는 운송 인프라에는 큰 차이가 있다. 예를 들어 미국 시장은 대규모 소매 체인이 지배하고 있는 반면, 다른 나라에서는 독립적인 소규모 소매상이 대부분의 소매업을 이끌어나간다. 인도나 인도네시아에서는 수백만 소매상이 작은 가게를 운영하거나 야외 시장에서 판매한다.

세계 시장에서는 유사한 유형의 판매자 내부에서도 소매 관행이 매우 다양할 수 있다. 예를 들어 중국의 주요 도시에서는 많은 월마트, 까르푸, 테스코(Tesco)와 기타 소매 슈퍼스토어를 볼 수 있다. 이러한 곳에서 판매되는 소비자 브랜드의 경우 서구 시장에서는 대부분 셀프서비스에 의존하지만, 중국에서는 견본을 나누어주고 각 고객에게 구매를 유도하기 위해 제복을 입은 '프로모터 걸' 또는 '푸시 걸'이라는 매장 내 프로모터를 고용한다. 주말이면 베이징의 월마트에서는 100명 이상의 프로모터가 크래프트, 유니레버, P&G, 존슨앤드존슨과 지역 경쟁사의 제품을 고객에게 알리고 있는 모습을 발견할 수 있다. 중국의 유통 마케팅 서비스 책임자에 따르면 "중국 소비자는 미디어를 통해 브랜드 이름을 알고 있다. 그러나 구매하기 전에 제품을 느끼고 자세한 이해를 얻고 싶어

● 국제 유통: 브라질 아마존강 유역의 유통 인프라 문제를 극복하기 위해 네슬레는 고객에게 직접 제품을 가져갈 수 있는 부양식 슈퍼마켓을 선보였다.
Marcia Zoet/Bloomberg via Getty Images

한다."[16]

기업은 신흥시장에서 영업을 할 때 유통 인프라와 공급 문제를 극복해야 한다. 예를 들어 나이지리아에서 도미노 피자는 깨끗한 물을 얻기 위해 우물을 파고 많은 매장 뒤에 정수 처리 공장을 설치해야 했다. 마찬가지로 버거킹은 남아프리카공화국에서 질 좋은 쇠고기를 조달하는 데 어려움을 겪은 후 지역 목축업자로부터 쇠고기를 구입하지 않고 해당 지역의 자사 소유 목장에 500만 달러를 투자했다.[17] ● 또한 네슬레는 좋은 도로망이 부족한 브라질 북동부의 아마존강 유역을 지원하기 위해 고객에게 직접 제품을 가져갈 수 있는 부양식 슈퍼마켓을 선보였다. 각 정류장에서 하루를 보내는 이 보트는 18개 강변 도시의 80만 소비자에게 300개의 제품을 공급했다.[18]

저자 코멘트 | 이제 선택한 경로 설계를 구현하고, 선정된 경로 구성원을 관리하고 동기부여를 하기 위해 그들과 협력해야 할 차례이다.

경로 관리 의사결정

학습목표 12-4 기업이 경로 구성원을 선정하고 동기부여 및 평가하는 방법을 이해한다.

기업은 경로 대안을 검토한 후 최적의 경로 설계를 결정하면 선택된 경로를 실행하고 관리해야 한다. 개별 경로 구성원의 선정, 관리, 동기부여, 기간별 성과 평가를 **마케팅 경로 관리**(marketing channel management)라고 한다.

마케팅 경로 관리
개별 경로 구성원의 선정, 관리, 동기부여, 기간별 성과 평가

경로 구성원 선정

생산자가 자격을 갖춘 마케팅 중간상을 모집하는 능력은 기업에 따라 다양하다. 어떤 생산자는 경로 구성원을 모집하여 계약하는 것이 어렵지 않다. 예를 들어 토요타는 렉서스 라인을 미국에서 처음 출시했을 때 새로운 딜러를 확보하는 데 어려움이 전혀 없었다. 오히려 수많은 딜러 후보자를 거절해야 했다.

이와 반대로 충분한 자격을 갖춘 중간상을 구성하기 위해 많은 노력을 기울여야 하는 생산자도 있다. 예를 들어 타이멕스(Timex)가 처음 일반 보석상을 통해 저렴한 시계를 팔려고 했을 때 대부분의 보석상이 이를 거부하여 대량 판매점에 시계를 들여놓았다. 이러한 의사결정은 대량 판매의 급속한 성장 덕분에 현명한 판단으로 판명되었다.

알려진 브랜드라 하더라도 특히 강력한 재판매자와 거래할 때는 희망하는 유통을 확보하고 유지하는 데 어려움을 겪을 수 있다. ● 예를 들어 아마존은 자사의 아마존 에코, 링(Ring) 등과 경쟁 관계라는 이유로 구글 제품라인의 네스트 스마트홈 제품이나 구글 홈 스마트 스피커 중 일부의 판매를 거부했다. 이에 구글은 아마존의 파이어 TV(Fire TV)와 에코 쇼/스폿 스트리밍 제품에서 유튜브를 삭제했다. 이러한 불화로 두 거대 기업은 중요한 유통 기회를 잃고 고객 또한 불편을 겪고 있다.[19]

● 경로 선정: 알려진 브랜드라도 원하는 경로를 확보하기 어려울 수 있다. 예를 들어 아마존은 구글과 네스트 제품의 판매를 거부했다.
BigTunaOnline/Shutterstock

중간상을 선정할 때 기업은 어떤 특성으로 더 나은 중간상을 구별

할 수 있는지를 결정해야 한다. 또한 각 경로 구성원의 사업 기간, 취급 제품라인, 위치, 성장 및 수익 기록, 협력과 평판을 평가해야 한다.

경로 구성원 관리와 동기부여

기업은 일단 선정된 경로 구성원이 최선을 다할 수 있도록 지속적으로 관리하고 동기부여를 해야 한다. 기업은 단순히 중간상을 통해 제품을 판매할 뿐만 아니라 중간상에게 그리고 중간상과 함께 판매해야 한다. 따라서 대부분의 기업은 중간상을 최일선의 고객이자 파트너로 인식한다. 기업은 경로 구성원과 장기적인 협력 관계를 맺기 위해 강력한 **파트너 관계 관리**(partner relationship management, PRM)를 실행한다. 이를 통해 기업과 마케팅 파트너 둘 다의 필요에 맞는 가치전달 시스템이 창출된다.

자사의 경로를 관리할 때 기업은 공급업자와 유통업자가 화합된 가치전달 시스템의 일부로 함께 협력함으로써 더욱 성공할 수 있다는 것을 확신시켜야 한다. 기업은 경로의 다른 구성원과 면밀하게 조화를 이루어 고객에게 가치를 제공할 더 나은 방법을 찾아야 한다. 예를 들어 마이크로소프트 애저(Azure) 클라우드 컴퓨팅 서비스 사업부의 성공은 고유한 파트너십 구축 기능에서 비롯된 것이다. 어떤 고객은 마이크로소프트가 "가장 좋은 파트너"라고 말한다(마케팅 현장 12.2 참조). 또한 자동차 제조사인 토요타는 상호 경쟁우위를 확보하기 위해 협력업체로 구성된 대규모 네트워크와 유익한 관계를 구축한다.[20]

공급업체와의 만족스러운 관계는 토요타가 이룬 놀라운 성공의 오랜 초석이었다. 역사적으로 토요타의 미국 경쟁사들은 자기 잇속만 차리고 고압적인 거래로 공급업체를 소외시키곤 한다. 이와 달리 토요타는 공급업체와 협력하고 그들이 매우 높은 기대에 부응하도록 돕는다. 토요타는 공급업체의 비즈니스에 대해 배우고, 공동 개선 활동을 수행하고, 공급업체 직원을 교육하고, 매일 성과 피드백을 제공하고, 공급업체의 우려를 적극적으로 색출한다. 연간 성과상을 받는 최고의 공급업체도 이를 인정한다.

그 결과 토요타는 지난 18년 중 16년 동안 '북미 자동차 공급업체 직무 관계 지수 연구'에서 최고의 공급업체 관계 점수를 받았다. 이 연구는 공급업체와의 금융 거래, 공급업체에 대한 가치 평가 및 공정한 대우, 개방적이고 정직한 커뮤니케이션, 수익 창출 기회 제공 등으로 기업을 평가하며, 이 연구는 토요타 공급업체들이 이 거대 자동차 회사와 진정한 파트너라고 생각한다는 사실을 시사한다. 만족스러운 공급업체를 창출한다는 것은 토요타가 더 저렴한 고품질 자동차를 생산하도록 돕고, 이는 결국 더 만족스러운 고객으로 귀결된다. 토요타는 자사의 공급업체 웹사이트에서 이렇게 밝히고 있다. "다양한 공급업체가 하는 모든 일이 쉽게 드러나는 것은 아니지만 … 그들이 하는 모든 것은 모든 토요타(제품)에서 드러난다."

현재 많은 기업은 통합 하이테크 파트너 관계 관리(PRM) 시스템을 설치하여 전체 경로상의 마케팅 노력을 조정하고 있다. 고객 관계 관리(CRM) 소프트웨어 시스템을 사용하여 중요한 고객과의 관계를 관리하는 것처럼 이제 기업은 PRM과 공급사슬 관리(SCM) 소프트웨어를 경로 파트너와의 관계에 대한 모집, 교육, 조직, 관리, 동기부여, 평가에 활용하고 있다.

경로 구성원 평가

기업은 판매 할당량의 달성 정도, 평균 재고 수준, 고객 배송 시간, 파손품과 분실품 처리, 기업의 촉진 및 훈련 프로그램에 대한 협력, 고객 서비스와 같은 기준을 가지고 정기적으로 경로 구성원의 성과를 평가해야 한다. 기업은 좋은 성과를 내고 고객에게 훌륭한 가치를 더하는 중간상을 파

마케팅 현장 12.2 | 마이크로소프트 애저: 클라우드에서 고객과 파트너 관계 맺기

아마존은 온라인 소매업은 물론이고 공용 클라우드 컴퓨팅 서비스 산업도 지배하고 있다. 아마존 자체의 놀라운 온라인 성공을 기반으로 아마존 웹 서비스(Amazon Web Services, AWS) 사업부는 기업 고객에게 인터넷(클라우드)에서 성공적인 운영을 지원하는 플랫폼, 서비스, 애플리케이션, 전문 지식을 제공한다. 공용 클라우드 제공사인 AWS는 고객에게 클라우드에 관한 모든 것을 제공하여 고객이 자체 데이터 센터를 구축하고 관리하는 데 드는 비용, 부담, 위험을 덜어준다. AWS는 이러한 종류의 클라우드 컴퓨팅 서비스를 선도했으며, 마이크로소프트, 구글, IBM 등 차세대 공용 클라우드 경쟁사 네 곳을 합친 것보다 더 큰 시장 점유율을 차지하고 있다. 한 분석가는 "[공용] 클라우드 비즈니스에는 아마존 웹 서비스가 있고, 그 밖의 기업이 있다"고 말한다.

그러나 AWS에도 경쟁사에게 문을 열어주는 몇 가지 취약성이 있다. 2위인 마이크로소프트는 애저를 가지고 기업이 마이크로소프트의 자체 데이터 센터를 통해 인터넷 경유의 애플리케이션과 서비스를 구축, 배치, 관리할 수 있도록 지원함으로써 경쟁의 문을 헤쳐나가고 있다. 한 가지 예로, 가장 큰 클라우드 서비스 고객 중 일부는 그 자체가 아마존의 경쟁 상대이기도 하다. 분석가는 이렇게 말한다. "공용 클라우드 컴퓨팅 비즈니스에서 소매업체, 식료품 회사 및 기타 클라우드 고객에게 구매를 권유할 때 '아마존은 아니다(Not Amazon)'는 강력한 포지셔닝이 된다. 줄지어 있는 [아마존의] 포켓이 되기보다는 [아마존과 직접 경쟁하는] 것을 선호하기 때문이다." 그 결과 월마트, 크로거, 월그린스, 앨버트슨스(Albertsons), 갭과 같은 주요 소매업체는 클라우드 솔루션을 위해 마이크로소프트 애저로 돌아서고 있다.

그러나 마이크로소프트 애저가 공용 클라우드 서비스에서 성공을 이룬 것은 단순히 아마존의 대안이었기 때문이 아니다. 애저의 가장 큰 장점은 파트너 관계 구축 능력에서 비롯된다. AWS는 주로 아마존 자체 클라우드 제품을 개조한 기성 클라우드 서비스를 제공하는 것으로 유명하다. 이러한 사용하기 쉬운 '셀프서비스' 접근 방식은 일부 기업에서는 잘 작동하지만 어떤 기업에서는 그렇지 않다. 클라우드 고객은 클라우드 솔루션을 사용자가 정의하고 관리할 수 있는 공급업자-파트너 관계를 점점 더 찾고 있다. 고객과의 파트너 관계 관리도 마이크로소프트보다 나은 곳은 없다.

마이크로소프트는 40년 이상 고객 관계 형성 기술을 미세 조정해왔다. 그리고 이미 3,000명 이상의 소프트웨어 엔지니어로 구성된 영업 팀이 배치되어 있다. 즉 AWS는 클라우드 서비스 판매에 일종의 독립적 셀프서비스 방식을 채택하고 있지만 애저는 보다 인간적인 파트너 관계를 채택하고 있다. 마이크로소프트는 판매 조직을 순회 클라우드 개발 및 관리 컨설팅으로 전환했으며, 고객이 애저와 계약을 체결하면 즉시 영업 팀에 액세스할 수 있고, 이를 통해 애저와 협력하여 클라우드 서비스를 최대한 활용할 수 있도록 지원한다.

예를 들어 대형 식료품 및 의약품 소매업체 앨버트슨스는 최근 마이크로소프트를 초빙하여 '고객 여정을 디지털로 전환하는' 클라우드 서비스를 개발하는 데 도움을 받았다. 앨버트슨스의 정보 책임자는 "우리는 고객이 모든 경로에서 우리와 소통하기를 원하는 방식으로 고객에게 서비스를 제공하기 위해 미래를 다시 구상하고 있다"고 말한다. 앨버트슨스는 마이크로소프트의 애저, 애저 AI, 애저 인지과학 사업부와 제휴하여 매장 내 및 디지털 방식으로 고객 경험을 개선하는 클라우드 솔루션을 개발하고 있다.

애저와 앨버트슨스의 파트너 관계는 이미 앨버트슨스의 주유소에서 새로운 원터치 퓨얼(One-Touch Fuel) 앱의 형태로 결실을 맺고 있다. 이 앱은 마이크로소프트 애저와 가상 울타리(geofencing)라는 위치 기반 기능을 사용하여 고객이 주유비 지불, 각종 보상 수집, 펌프 활성화 등 거의 모든 주유 작업을 전화 한 번으로 완료할 수 있게 해준다. 이 앱은 펌프에 표시되는 프롬프트의 번거로움을 없앰으로써 고객이 주유당 평균 90초를 절약할 수 있도록 서비스를 제공한다.

마이크로소프트 애저는 또 다른 파트너 이점을 제공한다. 이미 자사의 대표적인 윈도우, 오피스 소프트웨어 제품을 사용하는 기업과 오랜 관계를 맺고 있다. 오피스 클라우드 애플리케이션을 사용하고 있는 고객은 자신의 서버와 데이터 센터를 클라우드로 이전할 때 마이크로소프트를 이용할 가능성이 더 높다. 캔디 제조업체이자 반려동물 사료 회사인 마스가 최근 AWS가 아닌 마이크로소프트 애저를 택한 것도 이 때문이다. 마스의 기술 책임자는 다음과 같이 말한다. "우리의 철학은 이미 맺고 있는 파트너와의 관계를 더욱 깊게 하는 것이다. 우리는 AWS와 그러한 관계를 맺지 못했다."

마찬가지로 클라우드 파일 공유 회사와 드롭박스(Dropbox)의 경쟁사인 이그나이트(Egnyte)가 대부분의 서비스를 마이크로소프트 애저 클라우드로 이전한 것도 좋은 파트너 관계 때문이다. 두 회사는 현재 공동 클라우드 제품을 개발하기 위해 협력하고 있다. 이그나이트는 이전에 대부분의 클라우드 컴퓨팅 니즈를 구글 클라우드에 의존했다. 사실 이그나이트는 구글 벤처스(Ventures)로부터 초기 자금을 지원받았다. 그러나 대부분의 고객이 이미 마이크로소프트 클라우드 제품을 사용하고 있다는 점을 감안할 때 이제 마이크로소프트가 가장 적합한 제품으로 인식되고 있다. 이그나이트의 CEO는 이렇게 말한다. "우리 둘 다 하나의 통합 솔루션을 제공함으로써 승리하고 있다. 아마존(또는 구글)이 만든 통합 프로그램이나 시장 진입 프로그램 중에 우리 정도 수준으로 잘 통합된 것은 그렇게 많지 않다. 마이크로소프트는 최고의 파트너이다."

아마존의 AWS는 여전히 공용 클라우드 컴퓨팅 시장의 선두 주자이다. 최근의 성공에도 불구하고 마이크로소프트 애저는 AWS가 벌어들이는 클라

클라우드 서비스 고객은 클라우드 솔루션을 사용자가 지정하고 관리하는 데 도움이 될 수 있는 공급업자-파트너 관계를 원한다. 파트너 관계 관리와 관련하여 마이크로소프트 애저를 능가하는 것은 없다.
Piotr Swat/Shutterstock

우드 서비스 수익의 약 3분의 1 수준이다. 그러나 애저는 현재 2위 자리를 굳건히 지키고 있으며, 그 뒤를 쫓는 구글과 IBM이 차지한 시장 점유율의 2배나 된다. 또한 애저는 공급업자와 고객의 파트너 관계 구축 기술 덕분에 AWS와의 격차를 줄이기 위해 비약적으로 성장 중이다.

이에 대응하여 애저의 경쟁사들은 자체적인 관계 구축 능력을 강화하고 있다. 예를 들어 한 기술 담당 기자가 말하길, "AWS는 압박감을 느끼면서 최고경영진 및 CIO와의 관계를 구축하는 데 더 많은 시간을 할애하고 있다. 잠재고객과의 만찬을 개최하여 보다 친밀한 환경에서 고객의 우려를 설명하고 고객 관계에서 더 많은 인적 요소를 제공한다." 한편 구글은 이제 처음부터 자체 클라우드 영업조직을 구축하고 있다. 앞의 기자는 "기계가 할 수 있는 모든 일에 사람을 이용하는 점에 일반적으로 알레르기 반응을 보였던 구글조차도 인적 판매 조직을 보유하는 것의 가치를 알고 있다"고 덧붙였다.[21]

악하여 보상해야 한다. 한편 성과가 좋지 못한 중간상에게는 분발할 수 있도록 지원을 해주거나 최후의 수단으로 중간상을 대체해야 한다. 또한 기업은 경로 파트너의 욕구에 세심한 주의를 기울일 필요가 있다. 파트너를 소홀히 다루는 제조업자는 딜러의 지원을 잃을 뿐만 아니라 법적인 문제를 초래할 수도 있다. 다음 절에서는 기업 및 경로 구성원과 관련된 권리와 의무를 설명한다.

공공정책과 유통경로 의사결정

대부분의 경우 기업은 자사에게 적합한 유통경로 배열을 개발할 수 있는 합법적인 자유를 가지고 있다. 사실상 유통경로 관련 법규는 한 기업이 바람직한 경로를 사용하지 못하도록 하는 다른 기업의 배제 전술을 규제하려는 것이 목적이다. 대부분의 유통경로 법규는 일단 서로 관계를 맺고 있는 경로 구성원 간의 상호 권리와 의무를 다루고 있다.

많은 생산자와 도매상은 배타적 유통경로를 이용하고 싶어 한다. 제품 공급자가 특정 소매업자에게만 자사 제품을 취급하도록 허용하는 전략을 **배타적 유통**이라고 한다. 제품 공급자가 딜러에게 경쟁사의 제품을 취급하지 말 것을 요구한다면 **배타적 거래**(exclusive dealing)라고 한다. 이 경우에는 양 당사자인 공급자와 딜러가 배타적 계약으로 혜택을 얻을 수 있는데, 공급자는 더 충성스럽고 신뢰할 수 있는 소매점을 확보할 수 있고 딜러는 지속적인 공급원과 강력한 지원을 확보할 수 있다. 하지만 다른 생산자는 배타적 계약을 맺은 딜러에게 제품을 판매할 수 없다. 이러한 상황으로 인한 배타적 거래 계약은 1914년에 제정된 클레이턴 법의 규제 영역에 들어간다. 그러나 배타적 거래 계약으로 인해 실질적으로 경쟁이 저하된 바가 없거나, 독점을 형성할 의도가 없거나, 양측의 계약이 자발적으로 체결된 것이라면 합법적이다.

배타적 거래에는 **배타적 영업지역 계약**(exclusive territorial agreement)이 포함된다. 생산자는 특정 지역에서 다른 판매자에게 제품을 판매하지 않기로 합의할 수도 있으며, 판매자 또한 자신의 영업지역에서만 제품을 판매하기로 계약을 맺을 수도 있다. 첫 번째 관행은 프랜차이즈 시스템에서 판매자의 의욕과 몰입도를 증진하기 위한 방법으로서 문제가 되지 않는다. 또한 판매자는 자신이 원하는 곳 이상의 매장에서 판매할 법적인 의무가 없다. 그러나 두 번째 관행의 경우 생산자가 판매자로 하여금 자신의 영업지역 밖에서 판매하지 못하게 한다는 점에서 주요한 법적 문제를 일으킨다.

강력한 브랜드를 보유한 생산자는 판매자가 나머지 제품라인의 일부 또는 전부를 취급하는 조건으로 판매자에게 브랜드를 제공하기도 하는데, 이를 **전 품목 강요**(full-line forcing)라고 한다. 이러한 **끼워팔기 계약**(tying agreement)이 반드시 불법적인 것은 아니지만, 이 계약이 근본적으로 경쟁을 위축시키는 경향이 있다면 클레이턴 법에 위배된다. 그로 인해 소비자가 경쟁사들의 다른 브랜드 사이에서 자유롭게 선택할 수 있는 권리를 침해하기 때문이다.

또한 생산자는 제품을 취급할 판매자를 선정할 수 있는 자유가 있지만 거래를 종결하는 권리는 제한을 받는다. 일반적으로 생산자는 '계약 조항을 이유로' 판매자와의 관계를 끊을 수 있다. 그러나 생산자는 판매자가 배타적 거래나 끼워팔기 계약과 같이 법적 문제가 있을 수 있는 거래 계약에 협조하지 않았다고 해서 판매자와의 관계를 끊을 수 없다.

저자 코멘트 | 마케터들은 이것을 평범한 '물적 유통'이라고 일컬었다. 그러나 이 제목에서 알 수 있듯이 주제의 중요성, 복잡성, 정교함이 증가했다.

마케팅 로지스틱스와 공급사슬 관리

학습목표 12-5 마케팅 로지스틱스 및 통합 공급사슬 관리의 특성과 중요성을 이해한다.

오늘날의 글로벌 시장에서 제품을 판매한다는 것은 때로 고객에게 제품을 전달하는 것보다 더 쉽다. 기업은 고객이 적시적소에 적절한 구색으로 구매할 수 있도록 제품과 서비스를 저장하고, 취급하고, 옮기는 최상의 방법을 결정해야 한다. 로지스틱스의 효과성은 고객 만족과 기업의 비용에 막대한 영향을 미친다. 공급사슬에서 로지스틱스 관리의 본질과 중요성, 로지스틱스 시스템의 목표, 로지스틱스의 주요한 기능, 통합 공급사슬 관리의 필요성을 살펴보자.

마케팅 로지스틱스의 본질과 중요성

마케팅 로지스틱스(물적 유통)
고객의 요구 사항을 충족하기 위해 원산지에서 소비 지점까지 제품, 서비스, 관련 정보의 물적 흐름을 계획·집행·통제하는 것

어떤 관리자에게는 마케팅 로지스틱스가 트럭과 창고만을 의미하겠지만 현대의 로지스틱스는 그 이상이다. **물적 유통**(physical distribution)이라고도 하는 **마케팅 로지스틱스**(marketing logistics)는 적절한 이윤 아래 고객의 요구 사항을 충족하기 위해 원산지에서 소비 지점까지 제품, 서비스, 관련 정보의 물적 흐름을 계획·집행·통제하는 것을 말한다. 간단히 말하자면 적절한 제품을 적절한 고객에게 적시적소에 수익성 있게 전달하는 과정이다.

과거에 물적 유통은 전형적으로 공장에 있는 제품을 고객에게 가장 적은 비용으로 공급할 수 있는 방안을 모색하는 것이었다. 그러나 오늘날의 고객 중심 로지스틱스는 시장에서 시작하여 역으로 다시 공장으로, 심지어 공급처로 거슬러 과업을 수행한다. 마케팅 로지스틱스는 외향 로지스틱스(outbound logistics: 제품을 공장에서 재판매업자에게, 최종적으로 고객에게 전달하는 것)의 문제뿐만 아니라 내향 로지스틱스(inbound logistics: 제품과 원료를 공급자에서 공장으로 이동하는 것)의 문제, 역로지스틱스[reverse logistics: 고객이나 재판매업자가 보낸 재사용(reusing), 재활용(recycling), 재손질(refurbishing) 또는 파손품의 처분, 원치 않는 제품, 초과 제품이 반송되는 것]의 문제와도 관련이 있다. 즉 마케팅 로지스틱스는 전체적인 **공급사슬 관리**(supply chain management, SCM)를 의미하는데, 공급사슬 관리는 ● 그림 12.5에서 보듯이 공급자, 기업, 재판매업자, 최종 소비자 사이의 원재료, 최종 제품, 관련된 정보에 대해 상류 및 하류 부가가치의 흐름을 관리하는 것을 말한다.

공급사슬 관리
공급자, 기업, 중간상, 최종 소비자 사이의 원재료, 최종 제품, 관련된 정보에 대해 상류 및 하류 부가가치의 흐름을 관리하는 것

● 그림 12.5
공급사슬 관리

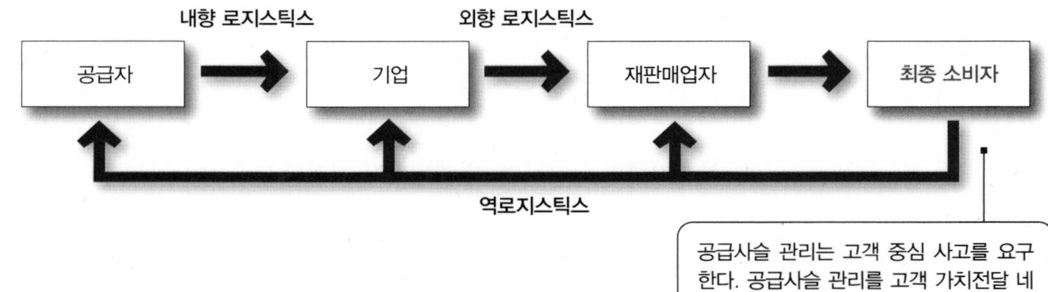

● 로지스틱스의 중요성: GM은 항상 수억 톤의 완성 차와 생산 부품을 운송하고 있어 연간 로지스틱스 비용이 80억 달러에 이른다. 따라서 로지스틱스 비용의 극히 일부라도 삭감하는 것은 상당한 비용 절감을 의미한다.
A.J. Mast

따라서 로지스틱스 관리 업무는 원료 공급자, 구매 대리인, 마케팅 관리자, 경로 구성원, 고객의 행위와 활동을 조정하는 것이다. 이러한 활동에는 예측, 정보 시스템, 구매, 생산 계획, 주문 처리, 재고, 창고 업무, 운송 계획이 포함된다. 오늘날 기업은 여러 가지 이유로 로지스틱스를 더욱 강조하고 있다. 첫째, 기업은 고객에게 더 나은 서비스 또는 더 저렴한 가격을 제공할 수 있는 향상된 로지스틱스를 이용함으로써 강력한 경쟁우위를 확보할 수 있다. 둘째, 향상된 로지스틱스는 기업과 고객 모두에게 상당한 비용 절감 효과를 안겨준다. 평균적으로 선적과 운송에만 제품 가격의 20% 정도가 소요된다.

미국 기업은 매년 1조 5,000억 달러(GDP의 약 7.7%)를 제품의 포장, 묶음, 적재, 하역, 분류, 재적재, 운송에 투자한다. 이는 전 세계 9개국을 제외한 모든 국가의 총 GDP보다 많은 수치이다. ● GM은 그 자체로 수억 톤의 완성 차, 생산 부품, 애프터마켓 부품 등을 운송하고 있어 연간 로지스틱스 비용이 80억 달러에 이른다. 따라서 로지스틱스 비용의 극히 일부라도 삭감하는 것은 상당한 비용 절감을 의미한다. 예를 들어 GM은 최근 북미에서만 2년 동안 거의 20억 달러를 절약할 수 있는 로지스틱스 개혁을 발표했다.[22]

셋째, 제품의 다양화가 폭증함에 따라 더 향상된 로지스틱스 관리가 필요하게 되었다. 예를 들어 1916년에 전형적인 식료품 매장 피글리위글리(Piggly Wiggly)는 고작 605개의 품목만 취급했으나 오늘날에는 매장 규모에 따라 2만~3만 5,000개에 달하는 품목의 재고를 취급하고 있다. 월마트 슈퍼센터는 14만 2,000개의 품목을 취급하는데 그중 3만 개가 식료품이다. 아마존은 1,200만 개의 제품, 아마존 마켓플레이스(Amazon Marketplace)의 판매자까지 포함한다면 거의 3억 5,300만 개의 제품을 취급하고 있다.[23] 이러한 다양한 제품을 주문, 선적, 재고 유지, 통제하는 것은 상당한 로지스틱스 문제를 야기한다.

정보 기술의 향상은 유통 효율성에 주요한 수익을 창출할 기회를 제공하기도 한다. 오늘날 기업은 세밀한 공급사슬 관리 소프트웨어, 인터넷 기반 로지스틱스 시스템, 계산대(POS) 스캐너, RFID 태그, 위성 추적, 주문 및 지불 데이터의 전자 전송 등을 활용하고 있다. 이러한 기술은 기업이 공급사슬을 통해 제품, 정보, 재무의 흐름을 신속하게 효율적으로 관리할 수 있게 해준다.

넷째, 로지스틱스는 어떤 마케팅 기능보다 환경과 기업의 환경적 지속가능성을 위한 노력에 더 큰 영향을 미친다. 기업의 환경 발자국에서 운송, 창고 보관, 포장과 기타 로지스틱스 기능은 전형적으로 공급사슬 중 가장 큰 유발 요인이다. 동시에 이는 비용 절감을 할 만한 가장 풍부한 영역이기도 하다. 이에 많은 기업은 현재 **그린 공급사슬**을 개발하고 있다.

지속가능한 공급사슬

기업은 공급사슬의 환경적 영향을 줄여야 하는 많은 이유를 가지고 있다. 만약 기업이 자발적으로 녹색화하지 않는다면 전 세계에서 제정된 많은 지속가능성 규정이 곧 그렇게 하라고 요구할 것이다. 또 다른 이유로, 월마트와 나이키부터 연방정부에 이르기까지 많은 대형 고객이 이를 요구하고 있다. 심지어 소비자도 이를 요구하는데, 한 조사에 따르면 밀레니얼 세대 중 73%가 지속가능한 제품에 더 많은 돈을 지불할 용의가 있다고 한다.[24] 따라서 환경적 지속가능성은 공급자 선정 및 성과 평가에서 중요한 요소가 되었다. 하지만 의무 사항보다도 더 중요한 것은 지속가능한 공급사슬을 설계하는 것이 그냥 합당하고 옳은 일이라는 것이다. 그것은 기업이 미래 세대를 위해 세상을 구하는 데 기여할 수 있는 또 하나의 방법이다.

그러나 모든 것이 꽤 골치 아픈 일이다. 밝혀진 바와 같이 기업이 공급사슬을 녹색화하는 데에는 더 즉각적이고 실용적인 이유가 있다. 지속가능한 경로는 전 세계에 좋을 뿐만 아니라 기업의 이익에도 도움이 된다. 운송, 창고 보관, 포장과 같은 환경 발자국에 가장 큰 영향을 미치는 바로 그 로지스틱스 활동이 로지스틱스 비용에서 차지하는 비중이 크다. 기업은 더 큰 효율성을 통해 공급사슬을 녹색화하고, 더 큰 효율성은 더 낮은 비용과 더 큰 수익성을 의미한다. 다시 말해 지속가능한 공급사슬을 개발하는 것은 환경적으로 책임지는 일일 뿐만 아니라 수익이 발생하는 일이다. ● 한 예로 리바이스를 살펴보자.[25]

● 그린 공급사슬: 리바이스의 Water<Less 혁신은 지구, 소비자, 회사의 이익에 이롭다. "지속가능성은 실제로 비용이 적게 들어야 한다."
Levi Strauss & Co.

물은 리바이스가 청바지를 만드는 과정의 모든 단계에서 필수적이다. 리바이스 청바지 한 벌을 만드는 데에는 물이 3,781리터 쓰이는데, 이는 미국의 한 가구가 약 3일 동안 사용하는 양과 맞먹는다. 물을 절약하기 위해 리바이스는 데님 끝부분의 마감 공정에서만 최대 96%의 물을 절약하는 'Water<Less'라는 혁신 기술을 개발했다. 지금까지 'Water<Less' 혁신은 20억 리터 이상의 물을 절약했다. 그런데 'Water<Less'는 지구에 이로운 것 이상으로 리바이스의 수익에도 좋은 영향을 미쳐서 160만 달러 이상이 절감되었다. 리바이스의 지속가능성 부사장은 이렇게 말한다. "지속가능성은 실제로 비용이 적게 들어야 한다. 정의상 만약 지속가능성이 높다면 자원을 덜 소비하게 되고, 이는 투입 비용이 적다는 것을 의미한다."

그러나 제조 외에도 청바지가 환경에 미치는 가장 큰 영향은 구매 후 관리에서 발생한다. 그래서 리바이스는 더 많은 물을 절약하기 위해 기계 세탁을 하지 않아도 되도록 특별히 제작된 'Water<Less' 라인 청바지를 출시했다. 리바이스는 청바지를 덜 빨고, 찬물에 빨고, 빨랫줄에 널어서 말리면 청바지의 전체 수명주기에 걸쳐 기후 변화에 주는 영향을 50%까지 줄일 수 있다고 단언한다. 다시 한번 말하지만 소비자에게 좋은 것은 리바이스에게도 좋다. 리바이스의 임원은 다음과 같이 말한다. "혁신적인 브랜드로 알려지게 된 것은 리바이스가 어려운 사업 시기를 헤쳐나가는 데에도 도움이 되었다. 결국 소비자는 지속가능한 회사를 좋아한다."

로지스틱스 시스템의 목표

일부 기업은 로지스틱스 목표를 최소 비용으로 최대 고객 서비스를 제공하는 것으로 명시하고 있다. 듣기 좋은 말이지만 불행히도 어떠한 로지스틱스 시스템도 고객 서비스를 극대화하고 유통 비용도 최소화할 수 없다. 최대 고객 서비스는 신속한 배송, 대규모 재고, 유연한 제품 구색, 자유로운 반품 정책과 기타 서비스를 요구하며, 이 모든 것은 결국 유통 비용을 증가시킨다. 이와 대조적으로 최소 유통 비용은 배송이 더 느리고, 재고가 더 적고, 선적 로트 단위가 더 크다는 것을 의미하며, 이는 전반적인 고객 서비스의 수준이 낮다는 것을 나타낸다.

마케팅 로지스틱스의 목표는 최소한의 비용으로 **목표** 수준의 고객 서비스를 제공하는 것이어야 한다. 기업은 고객에 대한 다양한 유통 서비스의 중요성을 먼저 조사한 다음 각 세분시장에 대해 원하는 서비스 수준을 설정해야 한다. 목표는 매출이 아니라 이익을 극대화하는 것이다. 따라서 더 높은 수준의 서비스를 제공함으로써 얻는 효익과 비용을 비교해야 한다. 일부 기업은 경쟁사보다 서비스를 덜 제공하고 가격을 낮게 책정하기도 한다. 또 어떤 기업은 서비스를 더 많이 제공하고 더 높은 비용을 충당하기 위해 더 높은 가격을 부과한다.

주요 로지스틱스 기능

로지스틱스 목표를 설정하고 나면 기업은 그 목표를 달성하는 데 드는 비용을 최소화할 수 있는 로지스틱스 시스템을 설계해야 한다. 중요한 로지스틱스의 기능에는 **창고 관리**, **재고 관리**, **운송**, **로지스틱스 정보 관리**가 있다.

창고 관리

생산주기와 소비주기가 일치하지 않는 경우가 많기 때문에 기업은 제품이 판매될 때까지 보관해야 한다. 예를 들어 스내퍼(Snapper), 토로(Toro) 등 잔디깎이를 제조하는 기업은 1년 내내 생산을 계속하지만 늦은 봄이나 여름 같은 판매 성수기를 위해 오랫동안 보관해둔다. 이렇게 보관함으로써 필요한 양과 시기 측면에서의 차이를 해소하여 고객이 제품을 구입할 준비가 될 때 구입 가능할 수 있다.

기업은 생산된 제품을 보관하는 데 필요한 **창고 수**, **창고 유형**, **창고 입지**를 결정해야 한다. 기업은 제품을 보관하기 위해 **저장창고**나 **물류센터**를 이용한다. 저장창고는 제품을 장기간 저장하는 데 적합한 반면, **물류센터**(distribution center)는 제품을 보관만 하는 것이 아니라 이동하기 위해 설계된 것이다. 물류센터는 여러 공장이나 공급자로부터 제품을 공급받고, 주문을 받고, 효율적으로 채우고, 고객에게 제품을 가능한 한 신속하게 배송할 수 있는 대형 자동화 창고를 말한다.

물류센터
여러 공장이나 공급자로부터 제품을 공급받고, 주문을 받고, 효율적으로 채우고, 고객에게 제품을 가능한 한 신속하게 배송할 수 있는 대형 자동화 창고

예를 들어 아마존은 미국 내에 150개 이상의 거대 물류센터를 운영하고 있는데, 충전센터(fulfillment center)라고 불리는 이곳에서는 온라인 주문을 받아 배송 상자에 채워넣고 반품을 처리한다. 충전센터는 거대하고 고도로 자동화되어 있다. 예를 들어 캘리포니아주 트레이시에 있는 충전센터의 면적은 120만 평방피트(축구장 27개 크기)이다. 이 센터에서는 3,000명의 직원이 2,100만 개 품목의 재고를 통제하고 있으며, 북부 캘리포니아와 태평양 북서부 일부 지역의 아마존 고객에게 하루 최대 70만 개의 포장을 발송하고 있다. 작년 추수감사절 주말 동안 고객은 아마존에서 1억 8,000만 개 이상을 주문했으며, 아마존 충전센터 네트워크는 전 세계적으로 초당 961개 이상의 비율로 고객 주문을 배송 상자에 채웠다.[26]

● 첨단 물류센터: 아마존은 슈퍼리트리버 팀인 데이글로오렌지 키바 로봇을 고용하여 충전센터의 활기를 유지하고 있다.
David Paul Morris/Bloomberg via Getty Images

다른 것과 마찬가지로 최근 들어 창고는 기술적인 면에서 극적인 변화를 보여주고 있다. 구식 자재 취급 방법은 더 적은 인원으로도 가능한 신형 자동화 시스템으로 점차 교체되고 있다. 컴퓨터와 스캐너가 주문서를 읽고, 상품을 집적하기 위해 리프트 트럭과 전기식 승강 장치, 로봇에 명령을 내리고, 상품을 적재 도크까지 운반시키고, 송장을 발행한다. ● 예를 들어 아마존은 방대한 충전센터의 효율성을 향상하기 위해 로봇 부대를 사용한다.[27]

아마존에서 구매하면 여전히 사람이 창고의 진열대에서 꺼내어 포장할 가능성이 높다. 그러나 현재 아마존 충전센터에서 사람은 쪼그려 앉는 의자(ottoman) 크기의 데이글로오렌지(Day-Glo-orange) 로봇의 도움을 받는다. 이 로봇은 디지털 거인 아마존의 로봇 부서가 개발한 것으로 10만 대 이상이 있다. 로봇이 상품을 실은 선반을 가져다주면 사람은 주문서에 따라 상자를 채운다. 로봇은 창고 일을 덜 지겹고 육체적으로 덜 지치게 하는 동시에 고객이 치실만큼 작은 것을 주문하고 2일 안에 받을 수 있는 효율성을 이끌어낸다. '마법의 선반'으로 불리는, 상품을 실은 로봇이 사람 앞에 갑자기 나타나서 집어야 할 물건을 레이저 포인터로 가리킨다. 그런 다음 로봇은 자리를 떠나고 새로운 선반이 나타난다. 엄청나게 효율적인 이 로봇은 지치지 않고 일주일에 7일, 하루 16시간을 일한다. 로봇은 업무량에 대해 불평하거나 임금을 올려달라고 하는 법이 없고 유지·보수 비용이 거의 들지 않는다. 아마존의 창고 관리자는 이렇게 말한다. "로봇은 하루 종일 같은 일을 할 것이다. 게다가 배가 고프다고 툴툴거리지도 않는다."

재고 관리

재고 관리 역시 고객 만족에 영향을 준다. 재고 관리자는 재고량이 너무 적은 것과 너무 많은 것 사이의 미묘한 균형을 유지해야 한다. 재고가 너무 적으면 고객이 구매하려 할 때 제품을 공급할 수 없는 위험이 따르고, 이를 해결하기 위해 상당한 비용이 드는 긴급 선적이나 긴급 생산을 해야 하는 경우도 있다. 반면에 너무 많은 재고를 보유하면 필요 이상의 재고 유지비와 재고 상품의 진부화가 발생할 수 있다. 따라서 기업은 많은 재고량을 유지하는 데 드는 비용과 많은 재고를 확보함으로써 창출되는 매출 및 이익이 균형을 이루도록 재고 관리를 해야 한다.

많은 기업은 JIT(just-in-time) 로지스틱스 시스템을 통해 재고량 및 그와 관련된 비용을 크게 절감하고 있다. 이 시스템을 이용하여 생산자와 소매상은 며칠분에 불과한 매우 적은 양의 부품 재고 또는 제품 재고만을 유지한다. 새로운 재고는 사용할 때까지 창고에 보관되는 것이 아니라 필요할 때 정확히 도착한다. JIT 시스템은 정확한 예측과 함께 필요할 때 신규 공급이 가능하도록 신속하고 빈번하며 유연한 배송이 필요하다. 그러나 이 시스템은 재고 유지와 처리 비용을 상당히 절감하는 효과가 있다.

재고 관리에 관한 한 월마트는 공급업체와 헛된 시간을 보내지 않는다. 월마트는 진열대에 재고가 충분하지만 너무 많지는 않아야 한다는 목표를 가지고 '정시, 시간 내 충전(On-Time, In-Full)' 배송을 공급업체(점포)에 요구한다. 지정된 배송 화면창을 놓친 공급업체는 대가를 치른다. 한 분석가는 이렇게 말한다. "이틀 늦었다고? 그러면 벌금이 부과된다. 하루 일찍? 그것도 벌금이다. 제때에 왔지만 제대로 포장되지 않았다면? 예상했겠지만 역시 벌금이다." 이러한 배달 정책이 심해 보이지만 월마트는 재고가 너무 적거나(판매 손실) 너무 많으면(재고 취급 비용) 막대한 대가를 치르게 된다. 월마트 운영 관리자는 "재고 변동성이 공급사슬에서 가장 큰 문제"라고 말한다.[28]

마케팅 관리자는 재고 관리를 더 효율적으로 하는 방법을 끊임없이 모색하고 있다. 예를 들어 많은 기업은 현재 몇몇 형태의 RFID나 '스마트태그' 기술을 사용하고 있다. 이 기술은 작은 송신기 칩을 꽃, 의류, 면도기, 타이어 등 모든 품목의 제품, 포장, 배송 팔레트에 내장하거나 부착한다. 스마트태그는 제품 비용의 75%에 달하는 전체 공급사슬을 지능화·자동화한다. 월마트, 메이시스, P&G, 크래프트, IBM 등 규모가 크고 자원이 풍부한 마케팅 기업은 RFID의 완벽한 구현을 위해 투자를 아끼지 않는다.

운송

기업이 선택한 운송 수단은 제품 가격, 배송 성능, 도착한 제품의 상태에 영향을 주는데, 이는 모두 고객 만족과 밀접한 관련이 있다. ● 기업은 제품을 실어 창고, 판매자, 소비자에게 배송할 때 트

● 운송: 기업은 제품을 실어 창고, 딜러, 소비자에게 배송할 때 트럭, 철도, 수상, 파이프라인, 항공 등 다양한 운송 수단 중에서 선택할 수 있다. 오늘날의 배송에는 여러 가지 운송 수단이 필요하다.
DigitalPen/Shutterstock

럭, 철도, 수상, 파이프라인, 항공 등 다섯 가지 주요 운송 수단과 함께 디지털 제품의 운송 대안인 인터넷 중에서 선택할 수 있다.

트럭은 꾸준히 운송 비중을 늘려 현재 미국에서 총 운송 톤의 65%를 차지하고 있다. 트럭은 노선 결정과 시간 계획이 매우 유연하며, 대개 철도보다 더 빠른 서비스를 제공할 수 있다. 트럭은 고가치 제품의 단기적 대량 물동량에 효율적이다. 트럭 운송 기업은 최근 몇 년 동안 글로벌 운송 서비스의 풀서비스 제공업체로 발전해왔다. 예를 들어 대형 트럭 운송 기업은 이제 위성 추적, 인터넷 기반 선적 관리, 로지스틱스 계획 소프트웨어부터 국경을 넘나드는 운송 업무에 이르기까지 모든 것을 제공한다.[29]

철도는 미국에서 총 운송 톤의 10%를 차지하고 있다. 철도는 부피가 크고 무거운 벌크 제품(석탄, 모래, 광물, 농산물, 임산물)을 장거리 운송하는 데 가장 비용 효율적인 방법 중 하나이다. 최근 몇 년 동안 철도는 특별한 범주의 상품을 취급할 새로운 장비를 설계하여 고객 서비스를 증가시키고 있는데, 트럭 트레일러를 철도(피기백)로 운반하기 위해 장물차(flat car)를 제공하거나, 적재된 제품의 운송 도중 목적지 변경, 운송 도중 제품의 처리와 같은 서비스를 제공하는 것이 그 예이다.

선박이나 바지선으로 해안과 내륙 수로를 통해 대량의 제품을 운송하는 수상 운송은 미국에서 총 운송 톤의 4%를 차지하고 있다. 수상 운송은 모래, 석탄, 곡류, 석유, 금광석과 같이 부피가 크고, 무겁고, 가치가 낮고, 부패하지 않는 제품을 선적하기에는 비용이 아주 저렴하지만 가장 느리고 기후의 영향을 받는다.

석유, 천연가스, 화학제품을 산지에서 시장으로 운송하는 데 특화된 수단인 파이프라인은 미국에서 총 운송 톤의 16%를 차지하고 있다. 대부분의 파이프라인은 소유주가 자사 제품만을 운송하는 데 사용된다.

항공 운송은 미국에서 총 운송 톤의 1% 미만을 차지하지만 매우 중요한 수단이다. 항공 화물의 비용은 트럭이나 철도에 비해 매우 비싸지만 속도가 빨라야 하거나 원거리 시장에 도달해야 할 때 이상적이다. 가장 빈번하게 항공으로 운송되는 것은 부패하기 쉬운 품목(신선한 생선, 자른 꽃), 고가이고 부피가 작으며 가벼운 품목(기술 기구, 보석) 등이다. 기업은 항공 화물 운송이 재고 수준, 포장비, 필요한 창고 수를 줄여준다는 것을 알고 있다.

인터넷은 디지털 제품을 생산자로부터 소비자에게 위성이나 케이블, 전화선, 무선 신호를 통해 운송한다. 소프트웨어 기업, 언론매체, 음악 및 영상 기업, 교육 기업은 디지털 제품을 배송하기 위해 인터넷을 활용한다. 인터넷은 제품 유통 비용을 더 낮출 수 있는 가능성을 보여준다. 항공, 트럭, 철도가 화물과 포장을 이송하는 반면 디지털 기술은 정보 비트를 이송한다.

결합운송
두 가지 이상의 운송 방식을 결합한 것

점차 화주도 두 가지 이상의 운송 방식을 결합한 **결합운송**(multimodal transportation)을 이용하고 있다. 피기백(piggyback)은 철도와 트럭의 결합 사용, 피시백(fishyback)은 수상과 트럭의 결합 사용, 트레인십(trainship)은 철도와 수상의 결합 사용, 에어트럭(airtruck)은 항공과 트럭의 결합 사용을 말한다. 이러한 결합 방식은 하나의 운송 방식으로는 얻을 수 없는 이점을 제공한다. 예를 들어 피기백은 트럭만을 이용했을 때보다 저렴할 뿐만 아니라 유연성과 편의성도 있다. 많은 로지스틱스 회사는 단일 출발지에 결합운송 솔루션을 제공한다.

로지스틱스 정보 관리

기업은 정보를 통해 공급사슬을 관리한다. 유통경로 파트너는 정보를 공유하고, 더 나은 로지스틱스 공동 의사결정을 위해 상호 연계되어 있는 경우가 많다. 로지스틱스의 관점에서 볼 때 고객 거래, 대금 청구, 선적, 재고 수준, 고객 데이터와 같은 정보의 흐름은 유통경로의 성과와 매우 밀접한 관련이 있다. 기업은 유통경로상의 정보를 획득·처리·공유하기 위해 간결하고, 접근성이 좋으며, 신속 정확하게 처리할 수 있는 프로세스를 필요로 한다.

여러 가지 방법으로 정보를 공유하고 관리할 수 있지만 가장 많은 부분을 차지하는 것은 인터넷 기반의 **전자 데이터 교환**(electronic data interchange, EDI)이다. 이는 조직 간의 디지털 데이터 교환으로 주로 인터넷을 통해 전송된다. 예를 들어 월마트는 10만여 개에 달하는 공급업체에 '리테일 링크(Retail Link)'라는 판매 데이터 시스템을 통한 EDI 연결을 요구한다. 신규 공급업체가 EDI를 갖추지 못했으면 월마트는 그 업체와 함께 필요한 도구를 찾아 실행하는 작업을 한다.[30]

어떤 경우에는 공급업체가 고객사(대형 소매업체)를 위해 주문을 생성하고 배송 일정을 조정한다. 예를 들어 P&G나 모엔(Moen) 같은 주요 공급업체는 **공급사 관리 재고 시스템**(vendor-managed inventory systems, VMI) 또는 **지속적 재고보충 시스템**(continuous inventory replenishment system)을 갖추고 월마트나 홈디포 같은 고객사와 긴밀한 협력 관계를 유지한다. 공급업체는 VMI를 사용함으로써 판매 및 현재 재고 수준에 관한 데이터를 고객사와 실시간으로 공유할 수 있다. 이에 따라 공급업체는 재고 관리와 배송에 관한 모든 책임을 진다. 일부 고객사는 재고비와 배송비를 공급업체에 이전하는 단계까지 발전하고 있다. 이러한 시스템은 구매자와 판매자의 긴밀한 협력을 요구한다.

통합 로지스틱스 관리

통합 로지스틱스 관리
전체 유통 시스템의 성능을 극대화하기 위해 기업 내부와 모든 마케팅 경로 조직 간의 팀워크를 강조하는 로지스틱스 개념

오늘날 점점 더 많은 기업이 **통합 로지스틱스 관리**(integrated logistics management) 개념을 채택하고 있다. 이 개념은 더 나은 고객 서비스를 제공하면서 유통 비용을 절감하려면 기업 내부와 모든 마케팅 경로 조직 간의 **팀워크**가 필요함을 인식하는 것이다. 기업 내부적으로는 각 부서가 긴밀히 협력하여 로지스틱스 성과를 극대화하고, 기업 외부적으로는 자사의 로지스틱스 시스템과 공급업체 및 고객사의 로지스틱스 시스템을 통합하여 전체 유통망의 성과를 극대화해야 한다.

기업 내부의 교차기능적 팀워크

대부분의 기업은 다양한 로지스틱스 활동에 대한 책임을 마케팅, 판매, 재무, 운영, IT, 구매 등 다양한 부서에 할당하고 있다. 각 부서가 다른 부서의 활동을 고려하지 않고 자신의 로지스틱스 성과만을 극대화하려고 노력하는 경우가 아주 흔하다. 그러나 운송, 재고, 창고 관리, 정보 관리 등의 로지스틱스 활동은 상호작용하며, 때로는 역방향으로 작용하기도 한다. 재고 수준이 더 낮아지면 재고 처리 비용을 절감할 수 있지만 고객 서비스 수준이 떨어지고 재고 부족, 이월 주문, 특별 생산 가동, 값비싼 고속화물 배송 등으로 인한 비용 상승이 초래된다. 유통경로 활동은 서로 깊은 상충 관계가 있기 때문에 여러 부서가 내리는 의사결정을 전체 로지스틱스 성과가 더 나아질 수 있도록 조정해야 한다.

통합 공급사슬 관리의 목표는 기업의 모든 로지스틱스 의사결정 사항을 조화롭게 하는 것이다. 부서 간 긴밀한 협조 체제는 몇 가지 방법으로 가능하다. 어떤 기업은 다양한 마케팅 로지스틱스 활동에 책임을 지는 관리자로 구성된 상설 로지스틱스 위원회를 두고 있다. 또 다른 방법은 기능

● 통합 로지스틱스 관리: 오라클의 공급사슬관리 소프트웨어 솔루션은 기업이 "기존 공급사슬을 통합가치사슬로 전환하여 지속가능한 이점을 얻고 혁신을 추진할 수 있도록 지원한다."
Oracle Corporation

별 로지스틱스 활동을 연결하는 공급사슬 관리직을 마련하는 것이다. 예를 들어 P&G의 경우 각 제품 범주에 모든 공급사슬 활동을 관리하는 공급 관리자가 있다. 많은 기업은 교차기능적 권한을 가진 로지스틱스 담당 부사장을 두고 있다.

또한 기업은 정교하고 범조직적인 공급사슬관리 소프트웨어를 도입할 수 있는데, 이는 SAP, 오라클, 로질리티(Logility) 등 크고 작은 광범위한 소프트웨어 기업이 제공하고 있다. ● 예를 들어 오라클의 공급사슬관리 소프트웨어 솔루션은 기업이 "기존 공급사슬을 통합가치사슬로 전환하여 지속가능한 이점을 얻고 혁신을 추진할 수 있도록 지원한다."[31] 그리고 가치사슬 협업에서 재고 최적화, 운송 및 로지스틱스 관리에 이르기까지 공급사슬의 모든 측면을 조정해준다. 중요한 점은 기업이 합리적인 비용으로 높은 시장 만족을 창출하기 위해 로지스틱스, 재고 투자, 수요 예측, 마케팅 활동 등을 조정해야 한다는 것이다.

로지스틱스 파트너 관계 구축

기업은 자체 로지스틱스를 개선하는 것 그 이상을 수행해야 하는데, 무엇보다 전체적인 유통경로를 개선하기 위해 다른 유통경로 파트너와 협력해야 한다. 마케팅 경로 구성원은 고객 가치를 창출하고 고객 관계를 구축하는 과정에서 서로 밀접하게 연결되어 있다. 어떤 기업의 유통경로 시스템은 다른 기업의 공급 시스템이다. 그러므로 각 경로 구성원의 성공은 전체 공급사슬의 성과에 따라 좌우된다. 예를 들어 가구 소매업체인 이케아는 세련되지만 합리적인 가격의 가구를 만들어 '이케아 라이프스타일'을 배송할 수 있는데, 이는 수천 명에 달하는 제품 디자이너, 공급업체, 운송업체, 창고업자, 서비스 제공자로 구성된 전체 공급사슬이 최고의 효율성과 고객에 초점을 맞추어 효과적으로 운영될 때만 가능하다.

현명한 기업은 고객 서비스의 향상과 유통비 절감을 위해 로지스틱스 전략을 조정하고 공급업체 및 고객사와 강력한 파트너 관계를 구축한다. 많은 기업은 **교차기능적**(cross-functional), **교차기업적**(cross-company) 팀 체제를 도입하고 있다. 예를 들면 네슬레의 퓨리나(Purina) 반려견 식품 사업부는 미국 아칸소주 벤턴빌에 있는 월마트 본사에서 직원 수십 명이 한 팀으로 일하고 있다. 퓨리나 월마트 팀의 구성원은 유통 시스템 비용을 절감할 수 있는 방법을 찾기 위해 월마트 담당자와 협력하고 있다. 이러한 협력 체제는 퓨리나와 월마트에 이득이 될 뿐만 아니라 최종 소비자에게도 혜택이 돌아간다.

어떤 기업은 **공유 프로젝트**를 통해 파트너 관계를 형성하기도 한다. 예를 들어 많은 대형 소매업체는 공급업체와 함께 매장 내 공동 프로그램을 수행한다. 홈디포는 주요 공급업체가 새로운 상품화 프로그램의 시험 장소로 자사의 매장을 사용할 수 있도록 허용한다. 공급업체는 홈디포 매장에서 자사 제품이 어떻게 판매되고 있는지, 고객이 어떻게 제품에 관심을 갖는지 관찰할 수 있다. 그 후 공급업체는 홈디포와 고객에게 특별히 맞춘 프로그램을 개발한다. 그러한 협력 관계는 확실히 공급업체와 고객 모두에게 이득이다. 중요한 점은 모든 공급사슬 구성원이 최종 소비자에게 가치를 제공하려는 명분 아래 협력해야 한다는 것이다.

제3자 로지스틱스

대부분의 대기업은 제품을 생산하고 판매하는 것을 좋아하지만 로지스틱스와 관련된 '힘든 업무'는 꺼리는 기업이 많다. 이러한 기업은 공장에 원자재를 공급하고 고객에게 제품을 보내기 위해 수행되는 묶음, 선적, 하역, 분류, 보관, 재선적, 운송, 세관 통과, 추적 등 일련의 과정을 좋아하지 않는다. 이들은 로지스틱스 업무가 싫어서 로지스틱스 업무의 일부 또는 전부를 외주한다(outsource). 즉 라이더(Ryder), 펜스크로지스틱스(Penske Logistics), BAX글로벌(BAX Global), DHL 로지스틱스(DHL Logistics), 페덱스로지스틱스(FedEx Logistics), UPS비즈니스솔루션스(UPS Business Solutions)와 같은 **제3자 로지스틱스 사업자**[third-party logistics(3PL) provider]에 맡기는 기업이 늘어나고 있다.

제3자 로지스틱스 사업자
고객의 제품을 시장에 출시하는 데 필요한 기능의 일부 또는 전부를 수행하는 독립 로지스틱스 제공업체

예를 들어 UPS는 로지스틱스가 많은 기업에 진정한 악몽이 될 수 있다는 사실을 알고 있다. 그러나 로지스틱스는 UPS가 가장 잘할 수 있는 일이기도 하다. UPS의 입장에서 로지스틱스는 오늘날 경쟁우위를 창출하는 가장 강력한 힘이다. 공급사슬 고객에게 UPS는 '(회사명인 United Parcel Service가 아니라) 연합 문제 해결사(United Problem Solvers)'를 의미한다. UPS는 어떤 한 수준에서 기업의 포장 배송을 간단히 처리할 수 있지만, 더욱 심층적인 수준에서 기업이 자체 로지스틱스 시스템을 개선하여 비용을 절감하고 고객에게 더 나은 서비스를 제공할 수 있도록 지원한다. 또한 훨씬 더 높은 수준에서는 기업의 로지스틱스 사업 전부 또는 일부를 인수하여 관리할 수 있다.

예를 들어 UPS는 온라인 소매업체인 오버스톡닷컴을 위한 패키지를 제공할 뿐만 아니라 오버스톡의 복잡한 반품 프로세스를 효율적이고 고객이 만족하는 방식으로 관리한다. 소비재 가전 제조업체인 도시바(Toshiba)의 경우 UPS가 랩톱 컴퓨터 수리 전 과정(LSB: 이것저것 모두)을 취급한다. 가까운 UPS 매장에 컴퓨터를 내려놓기만 하면 UPS의 월드포트(Worldport) 중앙 허브 옆에 있는 특별한 시설로 컴퓨터를 보내 수리한다. UPS-도시바 컴퓨터 수리 프로세스는 매우 효율적이기 때문에 받은 다음 날 고객에게 컴퓨터를 보낼 수 있다. UPS는 이렇게 말한다. "고객은 여러분에게서 세상을 기대하고 있습니다. 우리는 당신이 배송하는 것을 도울 수 있습니다."[32]

UPS와 같은 3PL 사업자는 고객사의 느리고 과밀된 공급사슬을 강화하고, 재고를 줄이며, 제품을 보다 빨리 안정적으로 고객에게 제공할 수 있도록 지원한다. 한 보고서에 따르면, 2001년 《포춘》이 선정한 500대 기업의 46%가 3PL[외주 로지스틱스(outsourced logistics) 또는 계약 로지스틱스(contract logistics)라고도 함]을 이용했으며 지금은 90%가 3PL을 이용하고 있다고 한다. GM, P&G, 월마트는 50개 이상의 3PL을 이용하고 있으며, 3PL 시장은 2025년까지 약 1조 5,000억 달러 규모로 성장할 것으로 예상된다.[33]

기업은 여러 가지 이유로 3PL 서비스를 이용한다. 첫째, 제품을 시장에 배송하는 것이 3PL의 핵심 활동이기 때문에 더 효율적이고 낮은 비용으로 업무를 수행할 수 있다. 둘째, 로지스틱스를 외주함으로써 기업이 자유롭게 본연의 핵심 사업에 더 집중할 수 있다. 셋째, 통합 로지스틱스 사업자는 복잡해지는 로지스틱스 환경을 이해하고 있다.

학습목표별 요약

일부 기업은 유통경로에 너무 관심을 기울이지 않지만 어떤 기업은 경쟁우위를 확보하기 위해 창의적인 유통 시스템을 사용해왔다. 기업의 경로에 대한 의사결정은 다른 모든 마케팅 의사결정에 직접적인 영향을 미친다. 따라서 경영진은 경로 의사결정을 신중하게 내리고 현재의 욕구와 미래의 판매 환경을 통합해야 한다.

학습목표 12-1 기업이 마케팅 경로를 사용하는 이유를 이해하고 이러한 경로가 수행하는 기능을 설명한다.

기업 혼자서는 고객 인게이지먼트와 가치 창출을 할 수 없다. 가치전달 네트워크인 전체 파트너와의 네트워크를 통해 이 임무를 수행하는 작업을 해나가야 한다. 개별 기업 및 브랜드가 경쟁하는 것이 아니라 가치전달 네트워크 전체가 경쟁한다.

대부분의 생산자는 제품을 시장에 제공하기 위해 중간상을 이용한다. 생산자는 마케팅 경로(유통경로)를 구성하는데, 마케팅 경로란 개인 소비자나 기업 고객이 제품 또는 서비스를 사용하고 소비하는 프로세스에 참여하는 상호 의존적인 조직의 집합을 말한다. 중간상은 접촉, 경험, 전문성, 운영 규모 등을 통해 기업이 혼자서 성취할 수 있는 것보다 더 많은 것을 제공한다.

마케팅 경로는 많은 주요 기능을 수행한다. 몇몇 기능은 교환을 계획하고 도움을 주는 데 필요한 정보 수집·배포, 제공물에 관한 설득력 있는 의사소통 개발·확산, 접촉 업무 수행(예상되는 구매자 탐색 및 의사소통), 일치(구매자의 욕구에 대한 제안 형성 및 조정), 제품의 소유권이 이전되도록 제안의 가격과 다른 조건에 대해 합의하도록 교섭하는 기능을 통해 거래가 완성되게 한다. 또 다른 기능은 물적 유통(제품 수송·저장), 자금 조달(경로 활동에 따른 비용을 충당하기 위한 자금 획득·사용), 위험 부담(경로 활동을 수행하는 데 발생하는 위험 부담) 기능을 제공함으로써 완성된 거래가 충전되는 데 도움을 준다.

학습목표 12-2 경로 구성원의 상호작용 방법과 경로 업무를 수행하기 위한 조직 방법을 이해한다.

경로는 각 구성원이 가장 잘 수행할 수 있는 분야의 과업을 맡을 때 가장 효과적이다. 원칙적으로 개별 경로 구성원의 성공은 전체 경로의 성공에 달려 있기 때문에 모든 경로 기업은 원활하게 협력해야 한다. 경로 구성원은 자신의 역할을 이해하고 수용하며, 활동과 목표를 조정하고, 전체 경로의 목표를 달성하기 위해 협력해야 한다. 이러한 협력을 통해 목표시장의 욕구에 더 효율적으로 대응하고 만족시킬 수 있다.

대기업에서는 공식적인 조직 구조에 따라 역할을 할당하고 통솔한다. 그러나 독립적인 기업으로 구성된 유통경로에서는 역할을 할당하고 경로 간의 갈등을 해결할 공식적인 수단이 없다. 때문에 전통적인 유통경로는 업무를 할당하고 갈등을 관리할 리더십이 결여되어 있다. 그러나 최근 들어 더 강력한 리더십과 향상된 경로 성과를 제공하는 새로운 유형의 경로 조직이 등장하고 있다.

학습목표 12-3 기업이 선택할 수 있는 주요 경로 대안을 알아본다.

경로 대안은 직접 판매부터 하나, 둘, 셋 또는 그 이상인 중간상 경로의 수준을 이용하는 방법까지 매우 다양하다. 마케팅 경로는 지속적으로 변화해왔고 때때로 극적인 변화도 겪었다. 가장 중요한 세 가지 경로 유형의 추세는 수직적 마케팅 시스템, 수평적 마케팅 시스템, 다채널 유통 시스템이다. 이러한 마케팅 경로 추세는 경로의 협력, 갈등, 경쟁에 영향을 미친다.

경로 설계는 고객의 경로 서비스에 대한 욕구, 기업의 경로 목적과 제약 요건 등을 평가하는 것에서 시작된다. 그 뒤 기업은 중간상의 유형, 중간상의 수, 각 경로 구성원의 책임 등의 관점에서 주요 경로 대안을 확인한다. 이렇게 확인된 각 경로 대안은 경제성, 통제권, 적응성 등의 기준에 따라 평가되어야 한다. 경로 관리는 자격을 갖춘 중간상을 선정하고 이들에게 동기부여를 하는 것이다. 개별 경로 구성원은 정기적으로 성과를 평가받아야 한다.

학습목표 12-4 기업이 경로 구성원을 선정하고 동기부여 및 평가하는 방법을 이해한다.

생산자가 자격을 갖춘 마케팅 중간상을 모집하는 능력은 기업에 따라 다양하다. 어떤 생산자는 경로 구성원을 모집하는 것이 어렵지 않지만, 충분한 자격을 갖춘 중간상을 모집하기 위해 많은 노력을 기울여야 하는 생산자도 있다. 기업은 각 경로 구성원의 자질을 평가하고 경로 목적에 가장 적합한 중간상을 선정해야 한다.

일단 선정하면 경로 구성원이 최선을 다할 수 있도록 계속 적극적으로 동기부여를 해야 한다. 기업은 제품을 중간상을 통해 판매할 뿐만 아니라 중간상에게도 판매해야 한다. 기업과 마케팅 파트너 모두의 욕구에 맞는 마케팅 시스템을 만들기 위해 경로 구성원과 강력한 관계를 형성해야 한다.

학습목표 12-5 마케팅 로지스틱스 및 통합 공급사슬 관리의 특성과 중요성을 이해한다.

마케팅 로지스틱스(물적 유통)는 잠재적으로 높은 비용 절감과 고객 만족 향상을 가져올 수 있는 영역이다. 마케팅 로지스틱스는 외향 로지스틱스뿐만 아니라 내향 로지스틱스, 역로지스틱스와도 관련이 있다. 즉 마케팅 로지스틱스는 전체적인 공급사슬 관리를 의미하며, 이는 공급자, 기업, 재판매업자, 최종 소비자 간 부가가치의 흐름을 관리하는 것이다. 그러나 고객 서비스를 극대화하는 동시에 유통 비용을 극소화하는 로지스틱스 시스템은 없다. 마케팅 로지스틱스의 목표는 최소 비용으로 목표로 정한 수준의 고객 서비스를 제공하는 것이어야 한다. 중요한 로지스틱스의 기능은 창고 관리, 재고 관리, 운송, 로지스틱스 정보 관리이다.

통합 공급사슬 관리는 기업 내부의 여러 기능 부서 간에, 공급사슬 안에서 다양한 조직 간에 서로 밀접하게 협력하는 팀워크가 필요하다는 것을 의미한다. 기업은 교차기능적 로지스틱스 팀, 통합적인 공급 관리 직무, 교차기능을 연결하는 권한을 가진 고위급 로지스틱스 임원진을 마련함으로써 기능 부서 간에 균형 잡힌 로지스틱스를 실현할 수 있다. 또한 팀 조직

체제, 공유 프로젝트, 정보 공유 시스템 형태를 취함으로써 경로 파트너 관계를 형성할 수 있다. 오늘날 일부 기업은 자사의 로지스틱스 기능을 3PL 사업자에 맡기는데, 이 같은 외주화로 비용을 절감하고 효율성을 증대하며 글로벌 시장에 더 빠르게 효율적으로 접근할 수 있다.

핵심용어

학습목표 12-1

가치전달 네트워크 value delivery network
마케팅 경로(유통경로) marketing channel(distribution channel)
경로 수준 channel level
직접 마케팅 경로 direct marketing channel
간접 마케팅 경로 indirect marketing channel

학습목표 12-2

경로 갈등 channel conflict
전통적 유통경로 conventional distribution channel
수직적 마케팅 시스템 vertical marketing system(VMS)
기업형 VMS corporate VMS
계약형 VMS contractual VMS
프랜차이즈 조직 franchise organization
관리형 VMS administered VMS
수평적 마케팅 시스템 horizontal marketing system
다채널 유통 시스템 multichannel distribution system
디스인터미디에이션 disintermediation

학습목표 12-3

마케팅 경로 설계 marketing channel design
집중적 유통 intensive distribution
배타적 유통 exclusive distribution
선별적 유통 selective distribution

학습목표 12-4

마케팅 경로 관리 marketing channel management

학습목표 12-5

마케팅 로지스틱스(물적 유통) marketing logistics(physical distribution)
공급사슬 관리 supply chain management
물류센터 distribution center
결합운송 multimodal transportation
통합 로지스틱스 관리 integrated logistics management
제3자 로지스틱스 사업자 third-party logistics(3PL) provider

토의문제

1. 가치전달 네트워크에 대해 설명하라. 공급사슬과 어떻게 다른가?
2. 마케팅 경로 또는 유통경로에서 중간상의 필요성과 이점은 무엇인가?
3. 배타적 유통과 선별적 유통을 어떻게 구분할 수 있는가?
4. 디스인터미디에이션을 정의하고, 그것이 마케팅 경로의 특성과 설계에 어떤 영향을 미치는지 설명하라.
5. 통합 로지스틱스 관리를 정의하고, 기업의 목표를 달성하는 데 그 중요성을 설명하라.
6. 기업이 제3자 로지스틱스(3PL) 사업자를 사용하는 세 가지 이유를 설명하라.

13 소매업과 도매업

학습목표 13-1 유통경로에서 소매상의 역할과 주요 유형을 파악한다.
소매업

학습목표 13-2 소매상이 오늘날 디지털로 연결된 소비자의 교차경로 쇼핑 행동을 충족하기 위해 옴니채널 소매업을 어떻게 활용하고 있는지 이해한다.
옴니채널 소매업: 매장 내, 온라인, 모바일, 소셜미디어 경로의 혼합

학습목표 13-3 소매점의 주요 마케팅 의사결정에 대해 알아본다.
소매점의 마케팅 의사결정

학습목표 13-4 소매업의 주요 추세와 발전에 대해 알아본다.
소매업의 추세와 발전

학습목표 13-5 도매상의 주요 유형과 마케팅 의사결정에 대해 알아본다.
도매업

개관 마케팅 경로에서 중간상의 중요한 기능인 소매상과 도매상을 자세히 살펴보자. 독자는 매일 다양한 규모와 형태의 소매점을 이용하기 때문에 소매업에 관해 어느 정도는 알고 있을 것이다. 그러나 현장 뒤에서 일하고 있는 수많은 유형의 도매상에 관해서는 아마도 알지 못할 것이다. 이 장에서는 다양한 종류의 소매점과 도매상의 특징, 그리고 이들이 해야 하는 마케팅 의사결정, 향후 추세를 알아본다.

아시아의 최고 의류 소매업체이자 세계적으로는 4위인 패스트리테일링(Fast Retailing)은 혁신적인 소매 경험을 만들고 발전시켜 소매 의류 산업에 혁명을 일으켰다. 패스트리테일링은 '모두를 위한 제품(Made for All)'이라는 신조에 부응하여 핵심 브랜드인 유니클로(Uniqlo)를 글로벌 브랜드로 탈바꿈시켰다. 유니클로는 원자재 제조업체와 장기적인 관계를 구축하고 그들과 협력하여 고품질의 제품을 합리적인 가격에 제공한다. 고객 서비스에 대한 유니클로의 특별한 관심은 글로벌 성공에 더욱 기여했다.

유니클로: 패션 소매업에서의 혁신적 노선

유니클로는 일본의 평상복 의류 디자이너이자 제조업체이며 소매업체이다. 2005년 이래로 유니클로는 패스트리테일링의 순수 자회사가 되었다. 유니클로 일본은 2018년 11월 말 현재 일본 의류 시장 점유율이 6.5%이고 1,241개 점포망을 보유한 일본 최대 의류 소매 체인으로, 2018년 8월 말 현재 연간 76억 6,000만 달러 이상의 순매출을 기록했다. 유니클로는 패스트리테일링 그룹 순매출에서 51% 이상을 기여하고 있다. 이를 기점으로 유니클로 인터내셔널은 일본 외 여러 나라에 매년 새로운 매장을 열며 패스트리테일링 그룹의 성장을 견인해왔다. 유니클로 인터내셔널은 2018년 8월 현재 호주, 방글라데시, 캐나다, 중국, 프랑스, 독일, 러시아, 영국 등 전 세계에 3,445개 이상의 매장을 보유하고 있다. 유니클로 인터내셔널의 수익은 2018년 처음으로 유니클로 일본을 추월했다. 이로써 패스트리테일링은 일본 국내 회사에서 아시아 최고를 넘어 최신 글로벌 기업으로 부상하여 인디텍스(자라)와 헤네스앤드마우리츠(H&M)에 이어 세계 3위의 의류 소매업체가 되었다.

사장 겸 대표이사인 야나이 다다시(柳井正)가 설립한 유니클로 1호점은 1984년 히로시마에서 남녀 공용 평상복을 판매하는 '독특한 의류 창고(unique clothing warehouse)'로 문을 열었고, 1991년에 기업명을 패스트리테일링으로 바꾸었다. 이때만 해도 패스트리테일링은 단순히 다른 제조업체로부터 구입한 의류를 재판매하고 있었지만 1997년에 가치사슬의 더 많은 요소를 맡아 자체 의류를 생산하기로 결정했으며, 이는 유니클로에 중요한 전환점이 되었다. 이로 인해 유니클로는 교외 평상복 의류 상점에서 일본 전국 제조업자 브랜드로 변신하고 일본 최초의 '유통 브랜드 의류 전문 소매상(specialty retailer of private label apparel, SPA)'이 되었다. 그 후로 유니클로는 비즈니스 모델을 개선하여 계획 및 설계부터 자재 조달 및 판매에 이르기까지 전체 비즈니스 프로세스를 정교하게 제어할 수 있게 되었다. 그 결과 유니클로는 비약적 발전과 세계 수준의 성과에 대해 세계소매협회(World Retail Congress)로부터 2014년 '올해의 소매업체'를 수상하고 글로벌 브랜드로 발전해나갔다. 야나이 다다시 사장은 유니클로의 발전과 성장이 멋있고 부담 없는 가격에, 편안하게 매일 입는 고품질의 옷을 의미하는 세계 유일의 '라이프웨어(lifewear)' 포지셔닝에 있다고 생각한다.

패스트리테일링은 어떻게 유니클로를 세계적인 패션 소매 브랜드로 변화시킬 수 있었을까? 유니클로는 '모두를 위한 제품'이라는 철학에 따라 고품질의 제품을 부담 없는 가격에 제공하는데, 대표적인 예로 청바지를 9달러에 구매할 수 있다. 유니클로의 원자재 개발 팀은 전 세계의 원자재 제조업체와 직접적인 관계를 맺고 대량 구매를 통해 저렴한 비용으로 고품질 재료를 조달할 수 있다. 또한 유니클로의 경험이 풍부한 기술 전문가인 타쿠미(たくみ: '장인'을 뜻함) 팀은 중국에 있는 유니클로 협력 공장에 직접 파견되어 기술 교육을 실시하고 경험을 공유한다. 상하이 사무소 생산부서 감독관도 매주 협력 공장을 방문하여 품질과 생산 진척을 점검한다.

또한 유니클로는 고객뿐만 아니라 제조업체, 공급업체와의 협업을 통해 기능성 소재를 지속적으로 혁신했다. 예를 들어 2003년 유니클로는 도레이(Toray)와 함께 히트텍(HEATTECH)으로 알려진 발열 소재를 출시했다. 히트텍은 체온을 유지해주는 독특한 고기능성 속옷 라인으로 많은 고객을 사로잡았다. 유니클로는 고객의 의견과 욕구에 최선을 다하여 응대해야 한다고 생각하므로 히트텍 제품의 최고 품질을 보장하기 위해 매년 고객의 의견(연간 약 10만 개)을 반영하여 품질을 끊임없이 발전시키고 있다.

유니클로는 저렴한 가격 외에 최신 유행의 디자인으로도 고객을 끌어모은다. 유니클로는 독일 디자이너 질 잔더르(Jil Sander)와 같은 전 세계 유명 예술가, 디자이너와 파트너 관계를 맺고 있다. 5년간 디자인 업계를 떠났다가 돌아온 질 잔더르는 유니클로를 위한 컬렉션 +J를 만들었는데, 이 컬렉션은 출시되자마자 첫 주에 대부분의 나라에서 매진되었다. 유니클로는 자사를 단순한 패션 브랜드가 아닌 사회적 기능 브랜드로 자리매김하기 위해 셰프 데이비드 장(David Chang), 텀블러를 만든 기술 혁신가 데이비드 카프(David Karp), 재즈 음악가 에스페란사 스폴딩(Esperanza Spalding), 프로 테니스 선수 노바크 조코비치(Novak Djokovic), 호주 골프 선수 애덤 스콧(Adam Scott) 등 영향력 있는 브랜드 홍보대사를 임명했다.

유니클로는 멋있고 부담 없는 가격에, 편안하게 매일 입는 고품질의 옷을 의미하는 세계 유일의 '라이프웨어' 브랜드로 포지셔닝하고 있다.
Pawan Kumar/Alamy Stock Photo

유니클로가 통합한 또 하나의 긍정적 특징은 세계적으로 유명한 일본인 특유의 배려가 담긴 고객 서비스이다. 유니클로 매장에는 고객이 원하는 것을 찾을 수 있도록 도와주고 매장을 항상 깨끗이 정리된 상태로 유지하는 어드바이저가 있다. 어드바이저는 고객과 소통하는 유니클로 방식을 반영하도록 교육을 받는다.

패스트리테일링은 혁신적인 소매 경험을 만들어내며 소매 의류 산업을 꾸준히 변혁하고 있다. 2013년 유니클로는 뉴욕 현대미술관(Museum of Modern Art, MoMA)과 협업하여 자사를 세계적으로 알릴 수 있었다. 당시 유니클로는 협업을 통해 앤디 워홀(Andy Warhol) 등 동시대의 예술가이면서 성공한 전문가들이 디자인한 최신 디자인의 스웨터와 티셔츠를 내놓았다. 2016년에는 파리의 디자이너인 크리스토프 르메르(Christophe Lemaire)와 협업하여 다양한 다용도 일상복을 개발했다. 이는 큰 성공을 거두어 2018년 7월 유니클로와 르메르는 협업을 5년 연장하겠다고 발표했다. 프랑스 사업에서 디자인 전문 지식과 재능이 필요했던 유니클로는 이를 위해 르메르 사업의 소수 지분을 취득했다.

> 값싸고 멋진 것이 보기에도 좋고 느낌도 좋다고 받아들여지는 글로벌 환경에서 유니클로는 직물 분야에서 가장 좋은 천 조각을 확실하게 찾았다.

패스트리테일링은 세계 최대 SPA 브랜드로 도약하기 위해 2020년까지 연간 20% 지속적으로 성장하여 그룹 통합 매출 612억 달러를 달성하는 것을 목표로 하고 있다. 값싸고 멋진 것이 보기에도 좋고 느낌도 좋다고 받아들여지는 글로벌 환경에서 유니클로는 직물 분야에서 가장 좋은 천 조각을 확실하게 찾았다.[1]

유니클로 사례에서는 오늘날 빠르게 변화하는 재판매업자의 환경을 엿볼 수 있다. 이 장에서는 소매업과 도매업을 다룬다. 첫 번째 절에서는 소매업의 본질과 중요성, 소매점의 주요 유형, 소매상의 의사결정, 소매업의 미래에 대해 알아보고, 다음 절에서는 동일한 주제를 가지고 도매상을 살펴볼 것이다.

소매업

저자 코멘트 | 우리는 이미 소매상에 대해 많이 알고 있다. 우리는 매일 점포형 소매상, 서비스 소매상, 온라인과 모바일 소매상, 기타 다양한 소매상과 거래를 한다.

학습목표 13-1 유통경로에서 소매상의 역할과 주요 유형을 파악한다.

소매업이란 무엇인가? 코스트코, 홈디포, 베스트바이, 트레이더조가 소매상이라는 것을 아는 독자는 많지만 아마존, 햄프턴인, 환자를 진찰하는 의사도 역시 소매상이라는 것은 잘 모를 것이다. **소매업**(retailing)은 개인적 목적 또는 비영리적 목적으로 사용하려는 최종 소비자에게 제품이나 서비스를 직접 판매하는 것과 관련된 모든 활동을 말한다. 제조업자, 도매상, 소매상과 같은 많은 기관이 소매업을 하고 있다. 하지만 대부분의 소매업은 **소매상**(retailer)이 수행하고 있으며, 이들의 매출은 주로 소매업을 통해 이루어진다. 소매업은 대부분의 마케팅 경로에서 매우 중요한 역할을 한다. 지난해 미국의 소매상은 최종 소비자를 대상으로 6조 달러 이상의 매출액을 기록했다.[2]

소매업
개인적 목적 또는 비영리적 목적으로 사용하려는 최종 소비자에게 제품이나 서비스를 직접 판매하는 것과 관련된 모든 활동

소매상
주로 소매업에서 매출을 올리는 사업

쇼핑객 마케팅
매장 내, 온라인, 모바일 쇼핑에 상관없이 소비자가 판매 시점에 다가갈수록 전체 마케팅 프로세스의 초점을 쇼핑객에서 구매자로 전환되는 데 맞추는 것

소매업: 브랜드와 소비자 연결하기

소매상은 모든 구매 과정은 물론이고 특히 구매 시점에 브랜드와 소비자를 연결한다. 사실 많은 마케터는 이제 **쇼핑객 마케팅**(shopper marketing) 개념을 받아들여 제품 및 브랜드 개발에서 로지스틱스, 촉진, 상품화(머천다이징)에 이르는 전체 마케팅 프로세스를 소비자가 판매 시점에 다가갈수록 쇼핑객에서 구매자로 전환되는 데 초점을 맞추고 있다. 물론 잘 설계된 모든 마케팅 노력은 소비자의 구매 행동에 초점을 맞추고 있으나, 쇼핑객 마케팅 개념과의 차이는 이러한 노력이 고객 구매 여정 자체의 주위에서 잘 조정되어야 한다는 제안이다.

쇼핑객 마케팅은 P&G가 오랫동안 '진실의 순간(First Moment of Truth)'이라고 일컫던 것을 중심으로 이루어진다. 진실의 순간이란 쇼핑객이 매장 진열대에 놓인 상품을 고려하는 3~7초를 말한다. 하지만 온라인 및 모바일 쇼핑의 극적인 성장으로 이제는 소매업의 진실의 순간이 매장 내에서만 일어나지 않는다. 진실의 순간 대신 구글은 '진실의 순간 제로(zero moment of truth)'와 '눈 깜짝할 순간(micro-moments)'을 이야기하는데, 이는 소비자가 무언가를 검색하고 학습하고 구매하려고 온라인이나 모바일 기기에 주의를 기울일 때 의사결정을 위해 쓰는 짧은 시간을 의미한다. 구글에 따르면 소비자는 눈 깜짝할 순간이 90% 지날 동안 어떤 브랜드도 마음에 두지 않으며, 소비자 중의 73%는 소매 구매 탐색이라는 눈 깜짝할 순간 동안 어떤 브랜드가 가장 유용한지를 기준으로 구매 의사결정을 내린다고 한다.[3] 그래서 요즘 쇼핑객 마케팅과 '구매 시점'의 중요성은 '매장 내 구매'를 훨씬 능가한다.

변화하는 소매업 모델

온라인 및 모바일 기술은 우리가 상품을 구매하는 방식과 장소에 큰 변화를 가져왔다. 오늘날의 소비자는 점점 **옴니채널(omni-channel) 구매자**가 되어간다. 옴니채널 구매자는 오프라인과 온라인을 구별하지 않으며, 또한 그들을 위해 다양한 경로를 교차하며 소매 구매를 하는 방법이 마련되고 있다.

그 어느 때보다도 소비자는 모바일 기기에서 구매 프로세스를 시작하거나 종료하는 '모바일을 우선시하는(mobile-first)' 쇼핑을 지향한다. 최근의 구매는 온라인에서 제품을 찾아보고 오프라인 매장에 발을 들여놓지 않은 채 온라인 매장에서 바로 상품을 구매하는 과정으로 이루어진다. 소비자는 비행기 안이든 매장 내 통로든 어디서나 원하는 제품을 찾기 위해 스마트폰을 사용하고 있을 것이다. 물론 현재 모든 구매의 90%가 여전히 오프라인 매장에서 이루어지지만, 최근 한 연구에서 밝힌 바에 따르면 모바일 기기를 통한 매출이 전체 소매 매출의 절반 이상을 차지한다. 지난 휴가철에는 온라인 구매의 46%가 모바일에서 이루어졌다. 한 소매 분석가는 "소매 고객의 여정은 불과 몇 년 전부터 거의 알아볼 수 없게 되었다"고 말한다.[4]

이처럼 급격한 구매 행태의 변화는 소매업계에 엄청난 격변을 불러일으켰다. 온라인 구매의 증가는 물리적 매장과 쇼핑몰의 필요성이 줄어든다는 것을 의미한다. 아마존을 비롯한 온라인 상인이 호황을 누리는 반면 전통 점포 상인은 고전을 면치 못하고 있다. 아마존은 지난 3년 동안 메이시스의 3배 이상 성장했다. 일부 분석가들이 '소매업체 대참사'라고 일컫는 이러한 상황 속에서 소매업체의 부도와 점포 폐쇄는 최근 기록적인 수준으로 치솟고 있다. 전반적인 소매 지출이 늘어남에도 불구하고 JC페니, 시어스, 메이시스, 콜스, 더리미티드(The Limited) 등 대표적인 소매업체는 매출이 정체되고 수익이 줄어들어 매장 문을 닫았다. 심지어 월마트, 타깃, 베스트바이와 같은 대형 소매업체 또한 디지털 연결 고객(connected customer)이라는 새로운 소매업 환경에 적응하기 위해 대대적인 수정을 가할 수밖에 없었다.[5]

옴니채널 소매업
매장과 온라인 및 모바일 쇼핑을 통합하여 경계가 없는 교차경로 구매 경험을 창출하는 것

이러한 소비자 구매의 놀라운 변화를 감안하여 일부 전문가들은 오늘날 우리가 알고 있는 것과 같은 소매업의 종식과 물리적 매장 전체의 종말까지도 예측하고 있다. 그러나 그런 일은 일어나지 않을 것이다. 세계적 규모의 아마존이 전통 방식의 소매업계를 집어삼킬 것 같지 않다. 사실 오늘날의 경쟁 구도는 더 이상 온라인 소매업체와 오프라인 소매업체의 대결이 아니다. ● 대신 미래의 성공적인 소매업체는 **옴니채널 소매업**(omni-channel retailing)을 채택하여 매장과 온라인 및 모바일 쇼핑을 통합하고 경계가 없는 교차경로 구매 경험을 창출해야 한다. 따라서 기존 오프라인 소매업체는 여러 경로를 오가며 상품을 구매하려 하는 소비자의 욕구를 충족하기 위해 전통적 운영 방식에 디지털, 온라인 및 모바일 쇼핑을 신속하게 도입하여 통합하고 있다. 또한 아마존, 와비파커, 글로시에(Glossier)와 같이 한때 온라인으로만 운영하던 많은 소매업체는 반대로 오프라인 매장을 마련하고 있다.

● 새로운 소매업 모델: 디지털 기술은 우리가 상품을 구매하는 방식과 장소에 큰 변화를 가져왔다. 오늘날의 소매상은 매장과 온라인 및 모바일 쇼핑을 통합한 옴니채널 소매업을 채택해야 한다.
Stanisic Vladimir/123RF

이 장 뒷부분과 17장에서는 온라인 및 옴니채널 소매업에 대해 자세히 설명할 것이다. 그러나 대부분의 소매가 여전히 오프라인 매장을 통해 이루어지기 때문에 다양한 종류의 점포형 소매상을 먼저 살펴보자.

점포형 소매상의 유형

소매상의 점포는 지역의 미용실, 가족이 운영하는 레스토랑, REI나 윌리엄스소노마 같은 전국적 단위의 전문 체인 소매점, 코스트코나 월마트 같은 초대형 할인점 등 그 규모와 형태가 매우 다양하다. 가장 중요한 소매점포의 유형을 ● 표 13.1에 정리했으며, 다음 절에서 이를 살펴보겠다. 소매점포의 유형은 제공하는 서비스의 양적 수준, 취급하는 제품라인의 폭과 깊이, 지불해야 하는 상대적 가격, 소매점 조직의 구성 방법 등 몇 가지 특성을 기준으로 분류할 수 있다.

서비스의 양적 수준

다양한 유형의 고객과 제품은 각기 다른 양적 수준의 서비스를 요구한다. 이러한 다양한 서비스 욕구를 충족하기 위해 소매점은 셀프서비스, 한정서비스, 완전서비스 등 세 가지 수준의 서비스 중 한 가지를 제공할 수 있다.

셀프서비스 소매점(self-service retailer)은 시간과 돈을 절약하기 위해 매장에 가서 직접 상품을 비교해보고 선택하려는 고객을 대상으로 한다. 셀프서비스는 모든 할인 영업의 기본이 되며, 편의품을 파는 소매점(예: 슈퍼마켓)과 제조업체 브랜드이면서 재고 회전이 빠른 선매품(선택 구매품)을 판매하는 소매점(예: 타깃, 콜스)에서 주로 이용하고 있다. 메이시스나 JC페니와 같은 **한정서비스 소매점(limited-service retailer)**은 고객이 정보를 필요로 하는 선매품을 많이 취급하기 때문에 더 많은 판매 지원 서비스를 제공한다. 따라서 운영비가 증가하여 셀프서비스 소매점보다 가격이 비싸다.

완전서비스 소매점(full-service retailer)은 최고급 전문점(예: 티파니, 윌리엄스소노마)이나 일류 백화점(예: 노드스트롬, 니먼마커스)처럼 쇼핑 과정의 모든 단계에서 고객을 지원한다. 완전서비스 소매점은 고객이 지원이나 조언을 필요로 하는 전문품을 많이 취급하므로 더 많은 서비스를 제공하며, 따라서 운영비가 크게 상승하고 한정서비스 소매점보다 더 비싼 가격이 고객에게 전가된다.

● 표 13.1 | 점포형 소매상의 주요 유형

유형	설명	예
전문점	의류점, 운동용품점, 가구점, 꽃집, 서점과 같이 취급하는 제품라인의 폭이 한정되나 해당 라인 내에서는 매우 다양한 상품 구색을 갖추고 있다.	REI, 선글라스헛, 세포라, 윌리엄스소노마
백화점	의류, 가정용 가구, 가정용품 등 다양한 제품라인을 취급하며, 각각의 제품라인을 전문 구매자나 상품화 담당자가 별도의 부서에서 관리·운영한다.	메이시스, 니먼마커스
슈퍼마켓	비교적 큰 규모, 저가격, 저마진, 대량 판매, 셀프서비스로 운영되며, 식료품과 가정용품에 대한 소비자의 전반적인 욕구를 충족하기 위한 소매점이다.	크로거, 세이프웨이, 슈퍼밸루, 퍼블릭스
편의점	주택가 인근에 위치한 소규모 점포로, 일주일 내내 늦은 시간까지 영업을 하고 회전율이 높은 편의품 등의 한정된 제품라인을 다소 비싼 가격에 판매한다.	세븐일레븐, 스피드웨이, 서클케이, 시츠
슈퍼스토어	일상적으로 구매하는 식료품과 비식료품에 대한 소비자의 모든 욕구를 충족하기 위한 대형 점포이다. 슈퍼마켓과 할인점을 결합한 형태인 슈퍼센터, 특별한 제품라인에 대해 매우 깊은 상품 구색을 갖추고 그 제품라인의 풍부한 지식을 가진 직원을 확보한 카테고리 킬러가 있다.	월마트 슈퍼센터, 슈퍼타깃, 마이어(할인점)/베스트바이, 펫코, 스테이플스, 베드배스앤드비욘드(카테고리 킬러)
할인점	표준화된 상품을 박리다매한다.	월마트, 타깃, 콜스
오프프라이스 소매점	정규 도매가격보다 낮은 가격에 구입하여 다른 소매점보다 낮은 가격에 판매한다. 제조업체가 직접 운영하는 제조업체 아웃렛, 독립 사업자가 소유하거나 대규모 소매업체의 한 사업부가 운영하는 독립 오프프라이스 소매점, 회비를 내는 회원을 대상으로 한정된 제품을 아주 싼 가격에 판매하는 창고형 소매클럽이 있다.	미카사(제조업체 아웃렛), TJ맥스(독립 오프라이스 소매점)/코스트코, 샘스클럽, 비제이스(창고형 소매클럽)

제품라인

전문점
제품라인의 폭이 한정되지만 해당 라인 내에서는 매우 다양한 상품 구색을 갖추고 있는 소매점

취급하는 제품라인(product line)의 폭과 깊이에 따라 소매점을 분류하기도 한다. **전문점**(specialty store)과 같은 소수의 소매점은 취급하는 제품라인의 폭이 한정되지만 해당 라인 내에서는 매우 다양한 상품 구색을 갖추고 있다. 윌리엄스소노마는 주방용품에 초점을 맞추고 있으며, REI는 다양한 아웃도어 의류와 장비를 선별해놓았다. 오늘날 시장 세분화, 시장 표적화, 제품 전문화가 증가함에 따라 특정 제품 및 세분시장에 초점을 맞춘 전문점의 필요성이 더욱 커져서 전문점이 번창하고 있다.

백화점
매우 다양한 제품라인을 취급하며, 각각의 제품라인을 전문 구매자나 상품화 담당자(머천다이저)가 별도의 부서에서 관리하는 소매점

이와 달리 **백화점**(department store)은 매우 다양한 제품라인을 취급한다. 최근 수년 동안 백화점은 보다 집중화되고 유연성 있는 전문점과 효율적이고 가격이 저렴한 할인점 사이에서 그 기반을 잃고 있다. 이에 많은 백화점은 할인이라는 위협에 맞서기 위해 촉진을 위한 가격결정을 실행하고, 일부 백화점은 전문점과 경쟁하기 위해 스토어브랜드(store brand)와 숍인숍 콘셉트의 싱글브랜드(single-brand) 사용을 강화했다. 노드스트롬, 삭스, 니먼마커스와 같은 최고급 백화점은 배타적 상품 구색과 고품질 서비스를 강조하고 있다.

한편 온라인 및 모바일 쇼핑의 증가는 백화점에 큰 타격을 주어 시어스, JC페니, 메이시스, 딜라드(Dillard) 등 많은 주요 체인점은 매장을 닫고 전략을 수정했다. 대부분의 주요 체인점은 직거래와 온라인 판매를 추가했지만 소매업계의 아마존을 따라잡으려면 아직 갈 길이 멀다. 점포형 소매업의 한 임원은 "세계는 백화점이 적응하는 것보다 더 빠르게 움직이고 있다"고 말했다.[6]

슈퍼마켓
큰 규모, 낮은 원가, 낮은 마진, 대량 판매, 셀프서비스로 매우 다양한 식료품과 가정용품을 취급하는 소매점

슈퍼마켓(supermarket)은 가장 자주 드나드는 소매점 유형이다. 그러나 최근 매출 성장률이 둔화되고 있는데, 이는 인구 성장의 둔화와 할인점(월마트, 코스트코, 달러제너럴), 전문 식품점(홀푸드마켓, 트레이더조, 알디, 스프라우츠, 리들)의 등장에 따른 경쟁 격화가 그 원인이다.

백화점처럼 슈퍼마켓 또한 아마존과 기타 온라인 쇼핑 서비스[블루에이프런(Blue Apron)과 헬로프레시(HelloFresh)의 음식, 레시피 배달 서비스]로 인해 어려움을 겪고 있다. 지난해 온라인 식료품 쇼핑은 연간 총 식료품 소매 매출의 5% 이상을 차지했고, 2025년에는 20%를 차지할 것으로 예상된다. 그리고 현재 모든 식료품 구매의 절반 이상은 소비자의 온라인 검색과 조사에 의해 영향을 받고 있다.[7]

점유율 경쟁에서 승리하기 위해 일부 슈퍼마켓은 원가 절감, 효율적 운영, 가격인하를 통해 코스트코와 월마트 같은 대형 할인점과 정면 승부를 벌이고 있다. 또 어떤 슈퍼마켓은 점포 환경을 개선하고 직접 만든 빵, 고급 조제 식료품 코너, 자연 유기농 식료품과 신선한 해산물 코너 등 고급 식료품 제공물을 공급하면서 그 규모를 키웠다. 가정 배송을 위한 온라인 주문, 매장 내 픽업, 갓길 배송(curbside pick-up)과 같은 온라인 구매 옵션을 추가하는 슈퍼마켓도 있다. 이들은 웹사이트, 모바일 앱을 이용한 쇼핑 목록 작성 기능, 조리법, 요리 관련 아이디어와 기타 특징으로 보강하고 있다.

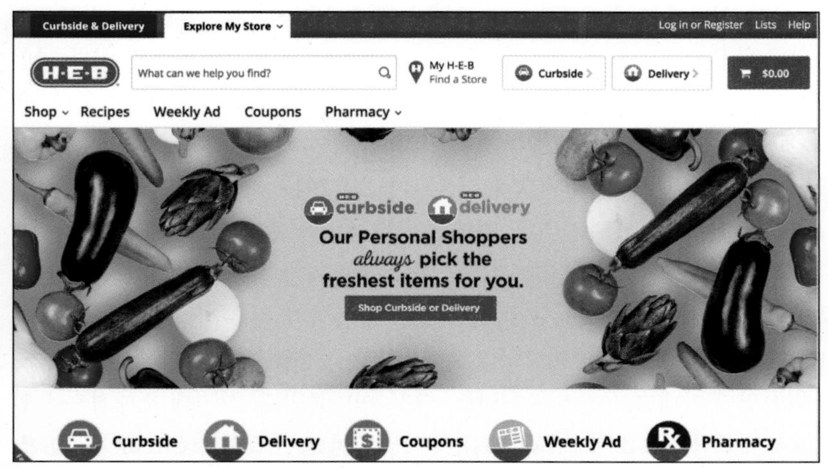

● 114년 역사의 H-E-B는 슈퍼마켓 업계를 휩쓸고 있는 디지털 및 배송 추세를 선도하기 위해 온라인 주문, 쇼핑 상담자, 주문형 배송, 갓길 배송 및 기타 옴니채널 서비스를 확장하고 있다. H-E-B는 '고객을 위한 최고의 디지털 경험'을 제공하고자 한다.
H-E-B

● 예를 들어 텍사스 슈퍼마켓 체인 H-E-B는 최근 식료품 소매업계를 휩쓸고 있는 디지털 및 배송 추세를 선도하기 위해 '고객을 위한 최고의

디지털 경험' 개발을 목적으로 하는 '세계 수준의' 기술 혁신 연구소를 설립했다. 연구소 내의 디지털 팀은 H-E-B의 온라인 주문, 쇼핑 상담자, 주문형 배송, 갓길 배송 및 기타 옴니채널 서비스를 확장하기 위한 기술과 전략을 개발하고 있다. H-E-B는 디지털 배송 제공물을 강화하기 위해 최근 혁신적인 주문형 배송 서비스인 페이버딜리버리(Favor Delivery)를 인수했다. 이러한 매수와 전략적 투자로 114년 역사의 H-E-B는 전통적 운영 방식을 기반으로 고객의 진화하는 욕구와 기대를 충족하면서 쇼핑 방법, 결제 방법, 배송 방법을 선택할 수 있게 하여 온라인상의 존재감을 키움으로써 성공을 구축하고 있다.[8]

편의점
일주일 내내 늦은 시간까지 영업을 하고, 회전율이 높은 편의품 등 제한된 제품라인을 취급하며, 주택가 인근에 위치한 소규모 소매점

편의점(convenience store)은 회전율이 높은 편의품 등 제한된 제품라인을 취급하는 소규모 소매점이다. 편의점은 줄어드는 담배 판매량과 휘발유 가격 상승으로 인해 과거 몇 년 동안 매출이 침체되었으나 최근 성장세를 보이고 있다. 많은 편의점 체인은 여성 쇼핑객을 유인하기 위해 매장을 다시 설계함으로써 주요 시장이었던 젊은 노동자층을 벗어나 시장을 확대해왔다. 편의점은 트럭이 멈추는 곳에서 남성이 휘발유, 맥주, 담배, 롤러그릴 위의 쪼그라든 핫도그를 사는 기존의 이미지에서 벗어나 신선한 음식과 깨끗하고 안전하며 더 큰 규모의 점포 환경을 제공하고 있다.

많은 편의점은 주요 식료품점 사이를 오가며 몇 가지 물건을 사려는 '장바구니 채우는(fill-in)' 쇼핑객을 끌어들이기 위해 제공물을 확장하고 있다. 예를 들어 미국 중서부에 위치한 편의점 체인인 퀵트립(Kwik Trip)은 고객이 서둘러 퇴근하여 저녁식사를 준비하는 데 도움이 되는 제품을 한 번에 빠르게 살 수 있는 퀵스톱(quick stop) 제공물을 확대했다.[9]

> 퀵트립에 들어서면 빵, 우유부터 샐러드, 신선한 고기 같은 신선품까지 모든 것을 살 수 있다. 다진 쇠고기, 돼지고기 소시지, 닭고기, 스테이크 등 웬만한 건 다 있다. 담배, 맥주, 복권을 파는 곳으로 잘 알려진 매장에서 신선한 식료품을 구매하라고 고객을 설득하기란 사실 쉬운 일이 아니다. 퀵트립은 고객이 저녁식사에 필요한 모든 것을 살 수 있는 장소를 의미하는 '인근 시장(neighborhood market)'으로 인식하도록 전략적으로 매장 정문 근처에 차가운 고기 박스, 신선한 채소, 과일 등을 놓아둔다. 퀵트립에 등록된 영양사 중 한 명은 "고객의 흥미를 유지하기 위해 기본적인 신선한 식료품뿐만 아니라 신선한 체리, 복숭아, 딸기와 같은 제철 과일도 제공한다"고 말한다. 퀵트립은 '장바구니 채우는' 접근 방법으로 성공했는데, 특히 시골 지역에서 식료품점의 쇠퇴로 인해 생긴 틈을 메우는 데 도움이 되었기 때문이다.

슈퍼스토어
일반적인 슈퍼마켓보다 규모가 크고 식료품과 비식료품, 서비스 등 광범위한 상품 구색을 갖춘 소매점

슈퍼스토어(superstore)는 일반적인 슈퍼마켓보다 규모가 크고 일상적으로 판매되는 식료품과 비식료품, 서비스 등 광범위한 상품 구색을 갖춘 소매점이다. 월마트, 타깃, 마이어 및 기타 할인 소매점은 식료품과 할인점이 대형으로 결합된 형태의 **슈퍼센터**(supercenter)를 운영하고 있다. 월마트 슈퍼센터의 평균 매출액은 전통적인 슈퍼마켓의 약 3배이다.[10]

카테고리 킬러
특정 제품라인에 한정하여 매우 깊이 있는 상품 구색을 갖춘 대형 전문점

베스트바이, 홈디포, 펫코, 베드배스앤드비욘드와 같은 슈퍼스토어는 대형 전문점이기도 하고 소위 **카테고리 킬러**(category killer)라고도 불린다. 카테고리 킬러는 특정 제품라인에 한정하여 매우 깊이 있는 상품 구색을 갖추고 비행기 격납고 크기의 매장을 운영한다. 카테고리 킬러는 전자제품, 주거 개선 용품, 도서, 가정용품, 스포츠 용품, 반려동물 용품까지 매우 다양한 제품 카테고리에서 발견된다. 카테고리 킬러는 1980~1990년대에 폭발적으로 성장했으며 그중 다수는 지금도 잘 운영되고 있다. 하지만 몇몇 카테고리 킬러는 월마트, 타깃, 아마존과 같은 거대 소매점으로 인해 힘든 시기를 맞이했다. 대표적으로 보더스(Borders), 토이스알어스, 서킷시티(Circuit City), 스포츠어소러티(Sports Authority), 블록버스터 등 한때 번창했던 카테고리 킬러들이 최근 몇 년간 문을 닫았다.

서비스 소매점
호텔, 항공사, 은행, 대학 등 제품라인을 실제로 하나의 서비스처럼 다루는 소매점

제품라인을 실제로 하나의 서비스처럼 취급하는 소매점도 있다. 이러한 **서비스 소매점**(service

retailer)에는 호텔과 모텔, 은행, 항공사, 레스토랑, 대학, 병원, 영화관, 테니스클럽, 볼링장, 수선점, 미용실, 세탁소 등이 포함된다. 미국에서는 제품 소매점보다 서비스 소매점이 더 빠르게 성장하고 있다.

상대적 가격

부과하는 가격에 따라 소매점을 분류할 수도 있다(표 13.1 참조). 대부분의 소매점은 정상적인 가격을 부과하고 평균적인 품질의 제품과 서비스를 제공하지만, 어떤 소매점은 고품질의 제품과 서비스를 비싼 가격에 팔기도 한다. 저렴한 가격이 특징인 소매점으로는 할인점과 오프프라이스 소매점이 있다.

할인점
박리다매를 채택하여 표준화된 상품을 낮은 가격에 판매하는 소매점

할인점 타깃, 콜스, 월마트와 같은 **할인점**(discount store)은 박리다매를 채택하여 표준화된 상품을 낮은 가격에 판매하고 있다. 초기의 할인점은 임대료가 싸지만 교통이 불편한 지역의 창고 같은 시설에서 운영하면서 고객에게 최소한의 서비스를 제공함으로써 비용을 절감했다. 오늘날의 할인점은 린 생산 방식과 효율적인 운영을 통해 가격을 낮게 유지하면서도 점포 환경을 개선하고 고객 서비스를 증가시키고 있다.

● 프랑스의 소규모 할인점을 주도하는 리더프라이스는 프랑스의 대규모 할인점을 저가격, 고품질 및 편의성으로 대응하고 있다.
GAUTIER Stephane/SAGAPHOTO.COM/Alamy Stock Photo

월마트, 타깃과 같은 선도적인 '대형' 할인점은 현재 소매업계에서 지배적인 위치를 차지하고 있다. 그러나 '소형' 할인점도 현재의 경제 환경에서 번성하고 있다. ● 예를 들어 프랑스의 대표적인 할인점으로 자리 잡은 리더프라이스(Leader Price)는 하이퍼마켓 대형 할인점인 까르푸에 맞서서 성공한 사례이다.

리더프라이스는 프랑스 소비자가 가치 지향적인 품목을 찾고, 사회적 책임을 느끼며 소비하기를 바라고, 소매점이 지구에 대한 책임을 다하기를 바란다는 것을 알고 있다. 리더프라이스의 핵심 가치 제안은 프랑스 가족에게 고품질의 제품을 낮은 가격에 제공하는 것이다. 그렇게 하기 위해 리더프라이스는 제품라인을 신중하게 선택하므로 소비자는 같은 가격에 더 나은 가치를 찾기 위해 다른 곳에 갈 필요가 없다. 리더프라이스는 회전율이 높은 소비재를 정기적으로 판매하지만 각 카테고리에서 제공하는 제품의 수를 제한한다. 일반적인 리더프라이스 매장은 약 4,000개의 제품을 취급하며, 그중 3,000개는 리더프라이스가 자체 생산하고 자체 브랜드를 부착함으로써 품질과 마진을 제어할 수 있고 소비자가 같은 가격으로 최상의 가치를 얻을 수 있도록 보장한다. 일부 소비자는 특정 브랜드를 좋아한다는 것을 인지한 리더프라이스는 가장 많이 팔리는 300개 브랜드(코카콜라 등)의 재고로 가지고 있으며 친환경, 유기농, 공정거래 제품을 제공한다. 모든 과일, 채소, 고기를 계절상품으로 제공하여 최상의 가격을 보장하고 일일 배달을 통해 품질을 보증한다. 리더프라이스는 간편하고 즐거운 쇼핑 경험을 제공하기 위해 노력하며, 고객이 쉽게 접근할 수 있도록 도시, 주차 지역 근처나 대중교통을 쉽게 이용할 수 있는 지역에 자리하고 매장도 매력적으로 설계했다.

오프프라이스 소매점
정상적인 도매가격보다 낮은 가격으로 구입하여 다른 소매점보다 싼 가격에 판매하는 소매점

오프프라이스 소매점 주요 할인점이 성과를 올리자 초저가, 다량 구매라는 틈을 메우는 새로운 흐름인 오프프라이스 소매점이 등장했다. 일반적인 할인점은 제품을 정상적인 도매가격으로 구입하여 저가격을 유지하기 위해 낮은 마진을 붙여 판매하지만, **오프프라이스 소매점**(off-price retailer)

은 정상적인 도매가격보다 낮은 가격으로 구입하여 다른 소매점보다 싼 가격에 판매한다. 오프프라이스 소매점은 식품, 의류, 전자제품, 부가 서비스가 없는 은행업, 할인중개업 등 거의 모든 분야에서 등장하고 있다.

오프프라이스 소매점에는 세 가지 유형, 즉 독립 오프프라이스 소매점, 제조업체 아웃렛, 창고형 소매클럽이 있다. **독립 오프프라이스 소매점**(independent off-price retailer)은 독립된 소매업체가 소유 및 운영하거나 대규모 소매업체의 사업부서가 운영한다. 가구, 실내장식, 침구류, 욕실 및 주방 용품, 주거 개선 용품을 취급하는 온라인 소매점 오버스톡닷컴이 대표적인 예이다. 오버스톡닷컴은 제조업체, 유통업체 및 기타 소매업체로부터 과잉 재고와 정리 제품을 구입하여 온라인에서 대폭 할인된 가격으로 재판매하는 서비스로 사업을 시작했다. 오버스톡닷컴은 여전히 과잉 재고와 정리 제품을 판매하지만 지금은 새로운 브랜드 제품도 저렴한 가격에 판매하고 있다. 많은 오프프라이스 소매점은 독립된 소매업체가 소유 및 운영하고 있지만, 대부분의 대형 오프프라이스 소매점은 규모가 더 큰 소매 체인점이 소유 및 운영하고 있다. 대표적으로 TJ맥스, 마샬스(Marshalls), 홈구즈(HomeGoods)는 모두 TJX 소유이다. TJ맥스는 백화점보다 20~60% 싼 가격으로 브랜드 제품과 디자이너 패션 제품을 판매한다.

독립 오프프라이스 소매점
독립된 소매업체가 소유 및 운영하거나 대규모 소매업체의 사업부서가 운영하는 오프프라이스 소매점

제조업체 아웃렛(factory outlet)은 제이크루(J.Crew), 갭, 리바이스트라우스 등과 같이 제조업체가 소유 및 운영하는 점포로, 이러한 직영점은 한곳에 집결되어 제조업체 아웃렛몰(factory outlet mall)과 가치-소매 센터(value-retail center)를 형성하고 있다. 이러한 몰과 센터에는 수십 개의 아웃렛 매장이 다양한 제품라인의 초과 물량, 할인 제품, 불규칙 상품을 소매가격의 50% 이하로 저렴하게 판매한다. 제조업체 아웃렛몰은 제조업체 직영점으로 이루어져 있는 반면, 가치-소매 센터는 제조업체 직영점이 오프프라이스 소매점, 백화점 재고 직영점과 결합된 형태로 이루어진다.

제조업체 아웃렛
제조업체가 소유 및 운영하며 일반적으로 제조업체의 초과 물량, 할인 제품, 불규칙 상품을 취급하는 오프프라이스 소매점

현재 아웃렛몰은 일반적으로 고급화 추세이며 명칭에서 '제조업체'를 지우고 있다. 코치, 폴로랄프로렌, 돌체앤드가바나, 조르지오아르마니, 버버리, 베르사체와 같은 고급 브랜드가 입점한 아웃렛몰이 증가하고 있다. 소비자가 가치 지향적으로 변해감에 따라 심지어 최상류층 대상의 소매점도 제조업체 아웃렛 전략을 강화하고 있으며, 노드스트롬 랙(Nordstrom Rack), 니먼마커스 라스트콜(Neiman Marcus Last Call), 블루밍데일스 아웃렛(Bloomingdale's Outlets), 삭스 오프 피프스(Saks Off 5th)와 같은 아웃렛몰에 더욱 신경을 쓰고 있다. 많은 기업이 이제는 아웃렛몰을 문제 있는 상품을 해결하는 방법이 아니라 새로운 상품에 대한 추가적인 사업 방법으로 바라보고 있다. 아웃렛몰의 고급 브랜드와 저렴한 가격의 결합은 특히 경제 상황이 좋지 않은 시기에 쇼핑객에게 강력한 소구점으로 작용한다.

창고형 소매클럽(warehouse club)은 도매클럽(wholesale club) 또는 회원제 창고소매점(membership warehouse)이라고도 불리며, 대표적인 예로 코스트코, 샘스클럽, 비제이스를 꼽을 수 있다. 창고형 소매클럽은 규모가 거대하고, 창고 같은 시설에서 최소한의 서비스만 제공한다. 뼈대만 갖춘 환경이지만 초저가를 제시하여 선별된 유명 상품을 엄청나게 싼 가격에 구매할 수 있다. 이러한 창고형 소매클럽은 기초 생필품을 특가로 찾는 저소득층 소비자뿐만 아니라 필수품부터 사치품까지 광범위한 종류의 제품을 구매하려는 쇼핑객도 끌어들이고 있다.

창고형 소매클럽
회비를 내는 회원을 대상으로 선별된 유명 식료품, 가전제품, 의류 및 기타 제품을 대폭 할인된 가격에 판매하는 오프프라이스 소매점

● 월마트 다음으로 세계에서 두 번째로 큰 창고형 소매클럽인 코스트코를 살펴보자. 저렴한 가격은 코스트코 방식의 중요한 요소이지만, 코스트코의 특별한 점은 취급하는 제품과 쇼핑객이 매장 경험에서 느끼는 긴박감을 들 수 있다.

코스트코는 저가와 고가 제품을 모두 대폭 할인된 가격에 판매하는 '소매 보물찾기'와 같다. 코스트코

● 창고형 소매클럽: 코스트코는 저가와 고가 제품을 모두 대폭 할인된 가격에 판매하는 '소매 보물찾기'이다.
Oleksiy Maksymenko Photography/Alamy Stock Photo

는 큰 병에 든 땅콩버터, 4개입 치약 세트, 2,250개들이 면봉 팩 등과 함께 고품질 제품, 심지어 사치품까지도 언제나 색다른 구색으로, 그것도 충동구매를 부추기는 정도의 낮은 마진으로 제공한다. 지난해 코스트코는 1억 1,000만 개 이상의 핫도그와 소다 세트를 팔았다(30년이 더 지났지만 아직도 1달러 50센트밖에 하지 않는다). 동시에 1캐럿당 10만 달러까지 하는 다이아몬드를 10만 캐럿 이상 팔았다. 코스트코는 미국에서 가장 거대한 가금류 조리업체일 뿐 아니라(4달러 99센트짜리 통닭을 연간 7만 마리, 휴가철에 칠면조 100만 마리를 판매) 고급 와인을 가장 많이 판매하는 곳이기도 하다. 애리조나의 한 코스트코는 한때 극히 한정판 상품인 매캘런 라리크(Macallan Lalique) 싱글몰트 스카치위스키 한 병을 1만 7,000달러(6,000달러 할인)에 팔았다. 또한 코스트코닷컴은 파블로 피카소의 그림을 단돈 12만 9,999달러 99센트에 제시한 적도 있다.

코스트코 매장은 구매의 긴박감과 흥분을 창출하는 소매의 극장과도 같은 곳이다. 코스트코는 일상의 중요한 물품과 함께 화려하고 끊임없이 바뀌는 일회성 특별 판매품을 섞어서 내놓는데, 앤드루마크(Andrew Marc), 캘빈클라인, 샤넬, 프라다, 브라이틀링 등 다른 어디서도 찾을 수 없는 조건의 상품이 있다. 실제로 코스트코에서 취급하는 품목 중 25%는 코스트코 용어로 '보물찾기 품목(treasure item)'으로 지정되어 있다. 수시로 바뀌는 상품 구색을 큰 폭의 가격할인으로 제안하는 거래가 순식간에 이루어지므로 고객은 구매할 준비가 된 상태로 매장을 계속 재방문하고 있다. 오프프라이스 소매점에서 손질이 덜 된 대량 상품을 아주 싼 가격에 구매하던 시절이 있었지만 코스트코는 이 모든 것을 바꿔놓았다. 푼돈을 아낄 필요가 없는 사람들마저 코스트코에서 쇼핑을 한다.

조직적 접근

많은 소매점포가 독립적으로 운영되고 있지만 회사형 또는 계약형 조직의 형태로 운영되는 경우도 있다. 주요한 소매 조직 유형인 **회사체인**, **임의체인**, **소매점 조합**, **프랜차이즈 조직**을 ● 표 13.2에 정리했다.

● 표 13.2 | 주요 소매 조직의 유형

유형	설명	예
회사체인	공동으로 소유 및 통제되는 2개 이상의 점포이다. 회사체인은 모든 유형의 소매 활동에서 볼 수 있지만 백화점, 할인점, 식품점, 약국, 레스토랑 등에서 가장 두드러지게 나타난다.	메이시스(백화점), 타깃(할인점), 크로거(식품점), CVS(약국)
임의체인	도매상이 후원하는 독립 소매점 집단으로, 단체 구입과 공동 상품화를 수행한다.	IGA, 웨스턴오토(자동차 부품 공급), 트루밸류(하드웨어)
소매점 조합	독립 소매점들이 결합하여 중앙 도매점을 구축하고 촉진 활동을 공동으로 수행한다.	식품연합, 에이스하드웨어
프랜차이즈 조직	프랜차이즈 가맹본점(제조업자, 도매상, 서비스 조직)와 프랜차이즈 가맹점(프랜차이즈 시스템 내에서 1개 이상의 단위점포에 대한 소유 및 영업권을 구입한 독립사업자) 간에 맺어진 계약에 의해서 형성된 조직이다.	맥도날드, 서브웨이, 피자헛, 지피루브, 마이네키머플러스, 세븐일레븐

회사체인
공동으로 소유되고 통제되는 2개 이상의 점포

회사체인(corporate chain)은 공동으로 소유 및 통제되는 2개 이상의 점포로, 독립 소매점에 비해 많은 이점이 있다. 우선 규모가 크기 때문에 저가로 대량 구매가 가능하고 촉진 비용을 경제적으로 절약할 수 있다. 또한 가격결정, 촉진, 상품화, 재고 관리, 판매 예측 등을 다루는 전문가를 고용할 수 있다.

회사체인이 큰 성공을 거둠에 따라 독립 소매점도 두 가지 형태의 계약형 제휴 관계로 결속하게 되었다. 첫 번째 계약형 제휴 관계는 임의체인(voluntary chain)으로, 이는 단체 구입과 공동 상품화를 수행하는 도매상이 후원하는 독립 소매점 집단이다. 대표적인 예로는 IGA(Independent Grocers Alliance), 웨스턴오토(Western Auto), 트루밸류(True Value) 하드웨어 점포가 있다. 두 번째 계약형 제휴 관계는 소매점 조합(retailer cooperative)이다. 이는 독립 소매점들이 결합하여 공동소유의 중앙 도매점을 구축·운영하고 상품화와 촉진 활동을 공동으로 수행하는 것으로, 식품연합(Associated Grocers)과 에이스하드웨어(Ace Hardware)가 그 예이다. 이러한 조직을 통해 독립 소매점은 구매와 촉진 활동에서 경제성을 달성하고 회사체인과 가격 경쟁을 할 수 있게 되었다.

프랜차이즈
제조업체, 도매상 또는 서비스 조직(프랜차이즈 가맹본점)과 프랜차이즈 시스템 내에서 하나 이상의 단위를 소유 및 운영할 권리를 구매하는 독립적 사업자(프랜차이즈 가맹점)의 계약적 제휴 관계

계약형 소매 조직의 또 다른 형태는 **프랜차이즈**(franchise)이다. 프랜차이즈 조직과 다른 계약적인 시스템(임의체인, 소매점 조합)의 차이점은 프랜차이즈 시스템의 경우 일반적으로 독특한 제품이나 서비스, 사업 방법, 상표명, 영업권 또는 프랜차이즈 가맹본점이 개발한 특허권에 바탕을 두고 있다는 것이다. 프랜차이즈는 패스트푸드점, 모텔, 헬스·피트니스 센터, 자동차 판매 및 서비스 취급점, 부동산 중개업 영역에서 두각을 나타내고 있다.

이처럼 프랜차이즈는 햄버거집이나 피트니스 센터를 비롯해 소비자의 욕구를 충족하는 어떤 분야에도 적용될 수 있다. 프랜차이즈 가맹본점인 매드사이언스그룹(Mad Science Group)은 학교, 스카우트 단체, 생일 파티에 과학 프로그램을 제공하고, 사커샤츠(Soccer Shots)는 돌봄 센터, 학교, 공원에서 2~8세 아이들에게 축구의 기본 기술을 가르쳐주는 프로그램을 제공한다. 또한 미스터핸디맨은 집주인을 위해 수리 서비스를 제공하고, 메리메이즈(Merry Maids)는 집을 정리해주며, 모스키토조(Mosquito Joe)는 마당의 모기를 제거하는 서비스를 제공한다. ● 한편 센추리21(Century21)은 주거용 부동산 판매 서비스를 제공하는데, 콜드웰뱅커(Coldwell Banker)라는 부동산 프랜차이즈를 소유하고 있는 프랜차이즈 대기업 리얼로지(Realogy)의 자회사인 센추리21은 80개국 9,400개 이상의 프랜차이즈 사무실에서 일하는 12만 7,000명 이상의 독립 중개인으로 구성되어 있다.[11]

● 프랜차이즈는 햄버거집이나 피트니스 센터를 비롯해 어떤 분야에도 적용될 수 있다. 센추리21은 80개국 9,400개 이상의 프랜차이즈 사무실에서 일하는 12만 7,000명 이상의 독립 중개인으로 구성되어 있다.
Century 21 Real Estate LLC

프랜차이즈는 현재 미국 전체 소매 판매량의 50%를 차지하고 있다. 미국에서 도심을 거닐거나 자동차를 타고 교외 도로를 달릴 때 맥도날드, 서브웨이, 지피루브(Jiffy Lube), 햄프턴인을 마주치지 않을 수 없다. 가장 잘 알려져 있는 프랜차이즈 중 하나인 맥도날드는 현재 100개국에 약 3만 7,000개 이상의 매장이 있다. 또한 하루에 6,900만 명의 고객을 맞이하며 전 조직이 연간 950억 달러 이상의 판매량을 올린다. 전 세계 맥도날드 매장의 90% 이상은 프랜차이즈 가맹점이 소유 및 운영하고 있다.[12]

저자 **코멘트** | 소매업 격변의 시대에 성공하기 위해 전통적인 소매업체는 오늘날 디지털로 연결된 고객들이 쇼핑하는 방식에 적응하고, 경계가 없는 교차경로 구매 경험을 제공해야 한다.

옴니채널 소매업: 매장 내, 온라인, 모바일, 소셜미디어 경로의 혼합

학습목표 13-2 소매상이 오늘날 디지털로 연결된 소비자의 교차경로 쇼핑 행동을 충족하기 위해 옴니채널 소매업을 어떻게 활용하고 있는지 이해한다.

이 장의 앞부분에서 언급했듯이 최근 몇 년 동안 소매 쇼핑 과정은 급격하게 변화했다. 얼마 전까지만 해도 쇼핑 과정의 대부분은 매장을 둘러보거나 카탈로그를 넘기면서 제품 정보를 수집하고 가격을 비교하며 제품을 구매하는 행동으로 이루어졌다. 그러나 웹사이트, 스마트폰, 모바일 앱, 소셜미디어 및 기타 디지털 시대의 쇼핑에는 일반적으로 채널과 플랫폼의 눈부신 집합체와 관련된다.

온라인 소매업이 번창하고 있다. 현재 온라인 소매 매출이 미국 전체 소매 매출의 약 10%밖에 되지 않지만, 온라인 구매는 다른 소매 구매보다 훨씬 빠른 속도로 증가하고 있다. 작년에 미국 전체 소매 매출은 약 5% 증가한 데 반해 온라인 소매 매출은 16.5% 증가했다. 온라인을 통한 직접 매출 외에도 소매업체 온라인 사이트, 모바일 앱, 소셜미디어 등은 매장 내 구매에 많은 영향을 미친다. 미국 전체 소매 매출의 절반 이상이 직접 온라인을 통해 거래되거나 온라인 탐색의 영향을 받는 것으로 추정된다.[13]

오늘날의 옴니채널 소비자는 온라인에서 쉽게 제품과 가격을 조사하고 집, 직장, 매장 내, 그 사이 어디서나 디지털 쇼핑을 한다. 또한 소비자는 구매 아이디어, 영감, 조언을 얻기 위해 소매업체의 웹사이트와 소셜미디어를 샅샅이 뒤진다. 그들은 매장에서 상품을 보고 온라인으로 주문하거나 온라인에서 상품을 보고 매장에서 살 수도 있다. 매장에서 상품을 픽업하거나 택배를 요청하기 위해 온라인에서 상품을 구매할 수도 있다. 최근 조사에 따르면 쇼핑객의 60%는 쇼핑을 할 때 스마트폰을 사용하고, 54%는 매장 내에 있는 동안 특별 제안을 보내는 소매업체와 쇼핑하기로 결정한다.[14]

고객의 쇼핑 방식 변화는 소재점의 영업 방식에 커다란 변화를 요구한다. 옴니채널 **구매**는 이용 가능한 모든 쇼핑 경로와 기기를 경계가 없는 고객 쇼핑 경험으로 통합하는 옴니채널 **소매**를 요구한다. 매장 내 소매업과 온라인 소매업의 경계가 빠르게 모호해지고 있다. 대부분의 고객에게 매장 내 또는 온라인 중 어디서 쇼핑할지 결정하는 것은 더 이상 문제가 되지 않는다. 오늘날 옴니채널 구매자는 구매 과정 전반에 걸쳐 온라인과 매장 내 경로를 경계 없이 교차 이동하고 있다. 이들은 언제 어디서나, 즉 매장 내든 온라인이든 이동 중이든, 심지어 매장 내 온라인이든 상관없이 상품을 탐색하고 구매하는 데 익숙해져 있다.

증가하는 온라인 매출의 점유율은 성공적으로 가상과 현실 세계를 융합한 옴니채널 소매업체가 차지하고 있다. 물리적 매장을 운영하는 기업은 웹사이트, 모바일 앱, 소셜미디어를 통해 디지털 세계로 영역을 확장하고 있다. 한편 아마존을 포함한 많은 온라인 상인은 쇼룸, 팝업숍, 자체 매장, 그리고 쇼핑객을 직접 만나는 다른 방법을 통해 물리적인 오프라인 영역으로 확장하고 있다.

소매점은 스마트폰을 가진 쇼핑객이 온라인으로 가격 확인 이상의 것을 하고 있음을 알게 되었다. 소비자는 이전보다 더 자주 정보 차이를 줄여나가고 있다. 야외용 장비 소매업체 REI의 마케팅 담당자는 이렇게 말한다. "고객이 지금보다 더 많은 정보를 알고 있었던 적은 역사상 없었고, 이러한 정보는 휴대전화에서 나온다. 우리는 스마트폰을 들고 매장에 들어오면서 이 텐트와 자전거를 원하니 그것을 찾도록 도와달라고 말하는 고객을 반긴다." 이러한 유형의 활동은 디지털과 점포 소매업이 함께 매출을 이끌어낼 수 있는 방법을 보여준다. 모바일 기기는 2022년까지 매장 내 매출의 40% 이상 영향을 미칠 것으로 추정된다.[15]

그러나 옴니채널 소매업은 매장 내 고객이 휴대전화를 이용하여 교차 쇼핑을 할 수 있도록 도움을 주는 것 이상의 역할을 할 것이다. 옴니채널 소매업은 구매 과정 중의 상품 발견에서 구매에 이르기까지 매장 내부와 외부 양쪽에서 사용 가능한 쇼핑 경로의 전체 범위를 신중하게 통합해야 한다. 이를 위해 대부분의 대형 소매업체는 현재 자체 온라인 및 디지털 판매 옵션을 활성화하여 오프라인 매장을 연결하고 있다.

예를 들어 월마트는 매장 내 픽업과 이틀 내 무료 배송에 중점을 두고 있다. 월마트는 고객이 월마트닷컴에서 주문할 수 있고, 당일에 해당 상품을 찾아갈 수 있으며, 배송비를 피할 수도 있고, 만족스럽지 않으면 쉽게 반품할 수도 있다고 알려준다. 고객은 현재 모든 월마트닷컴 구매의 절반을 매장 내 픽업으로 하며, 매장을 방문했을 때 추가로 상품을 구입하곤 한다. 이와 마찬가지로 타깃도 당일 배송 서비스인 시프트(Shipt)를 도입했다. 아마존의 프라임처럼 주요 도시 지역에 거주하는 타깃 고객은 연회비를 내고 온라인으로 주문한 상품을 당일 배송으로 받을 수 있다.

옴니채널 소매업체는 웹사이트 외에도 또 다른 디지털 쇼핑 경로를 통합하고 있다. 월마트, 타깃, 메이시스 및 기타 주요 소매업체는 편리한 모바일 앱을 제공하고 있다. 이 앱은 고객을 자사 웹사이트와 매장으로 끌어들이며, 고객은 이 앱을 이용하여 쇼핑 목록을 작성하고, 원하는 상품을 점포 안에서 정확히 찾고, 알림과 배타적 할인 혜택을 매일 휴대전화로 받을 수 있다. 최근 조사에 따르면 쇼핑객의 44%는 정기적으로 또는 가끔 스마트폰을 활용하여 오프라인 매장 내에서나 해당 웹사이트를 통해 구매한다. 모바일 기기를 통한 월마트 구매의 10%는 월마트 매장 내에서 이루어진다.[16]

소셜미디어 또한 옴니채널 소매업에서 중요한 역할을 한다. 최근 조사에서 응답자의 58%는 소셜미디어가 구매 결정에 영향을 미친다고 답했는데, 이는 불과 2년 전의 45%에 비해 약 13% 증가한 수치이다. 지난해 쇼핑객의 30%는 소셜미디어를 통해 구매했고, 44%는 소셜 네트워크를 통해 신제품을 찾았으며, 49%는 소셜미디어의 추천을 바탕으로 구매했다. 이에 대응하여 대부분의 대형 매장 소매업체는 소셜미디어를 광범위하게 사용하여 고객을 참여시키고, 커뮤니티를 구축하게 하며, 구매자를 자사 웹사이트와 오프라인 매장으로 연결한다.[17]

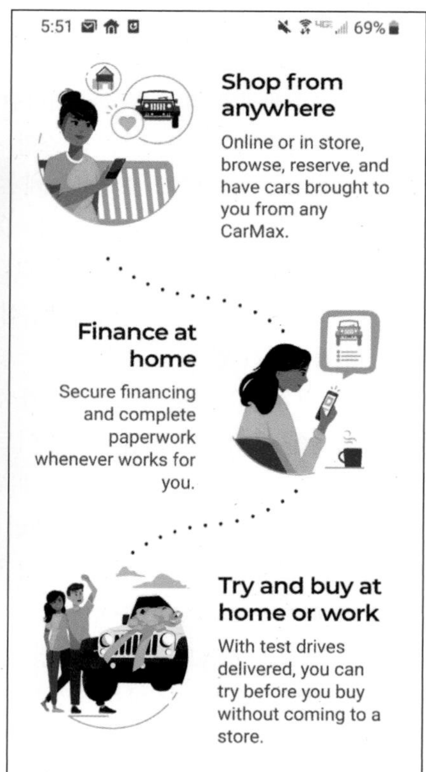

● 옴니채널 소매업: 대형 중고차 업체인 카맥스는 디지털 및 매장 쇼핑 경로를 교차하는 모든 중고차 구매 경험을 단순하고 원활하게 제공한다.

CarMax; pictures are representative of customer facing materials and may vary by location or season.

그러나 단순히 디지털 친화적인 매장, 고성능 웹사이트, 광범위한 소셜미디어 환경을 만든다고 해서 좋은 옴니채널 소매업이 되는 것은 아니다. 이러한 요소들을 통합하여 오늘날의 고객이 추구하듯이 완전히 경계 없이 언제 어디서나 옴니채널 경험을 창출하는 것이 핵심이다. 예를 들어 전자제품 슈퍼스토어 베스트바이는 아마존의 맹공과 디지털 소매점의 파고에도 굴하지 않고 매장 내 쇼핑과 온라인 쇼핑을 혼합하여 고객에게 최고의 종합 가치

마케팅 현장 13.1 | 베스트바이: 아마존 시대에 번창하기

소비재 가전제품 슈퍼스토어 베스트바이는 1960년대 말에 소매업계에 뛰어들었고 빠르게 성장하여 가전제품 시장을 장악했다. 위치가 좋은 베스트바이 매장은 많은 가전제품, CD, 비디오를 저렴한 가격에 제공했다. 1990년대 후반까지 베스트바이는 14개국에 3,900개의 슈퍼스토어를 두고 있는 미국 최대의 전자제품 체인점이었다.

그런데 아마존이 나타났다. 급성장하는 온라인 소매업체는 오프라인 소매업체보다 훨씬 더 많은 선별품, 뛰어난 쇼핑 편의성, 더 저렴한 제품을 제공했다. 베스트바이와 같은 점포 소매업체는 쇼룸 역할(showrooming)이라는 희생양이 되었다. 스마트폰으로 무장한 소비자는 일상적으로 매장에 들러 상품을 보고, 매장에 있는 동안 온라인으로 가격을 비교한 뒤 가격 일치를 요청하거나 매장에서 구매하지 않고 온라인을 통해 더 싼 가격의 동일 제품을 구매하곤 했다. 더 다양한 선별품, 더 저렴한 가격, 좋은 배송 시스템을 가진 아마존이 제품을 판매하는 동안 베스트바이는 매장 운영과 재고 부담 비용을 떠안을 수밖에 없었다.

2012년 초까지 베스트바이는 디지털 업계의 인수 압력에 당황스러워했다. 베스트바이의 전 CEO는 "많은 비즈니스가 동시에 더 나빠지고 빠르게 악화되었다"고 말했다. 한 분석가는 "매장이 황폐해지고, 직원들이 안일해지고, 매출이 급락하고, 주가가 하락했으며, 수익성을 어느 정도 유지하기 위해 베스트바이는 가격 경쟁을 포기할 수밖에 없었다"고 덧붙였다. 베스트바이는 국제 영업을 중단하고 미국 매장을 폐쇄하기 시작했다. 서킷시티, 컴프USA(CompUSA)와 같은 경쟁사가 완전히 퇴출되었고, 분석가들은 한때 강력했던 베스트바이 또한 서서히 몰락할 것이라고 예견했다. 베스트바이의 현 CEO가 말하길, "모든 사람은 우리가 죽을 것이라고 생각했다."

그러나 베스트바이는 죽지 않았다. 사실 베스트바이는 아마존 시대인 오늘날 번창하고 있다. 많은 점포 소매업체가 망하는 상황에서 베스트바이는 어떻게 성공할 수 있었을까? 답은 진정한 옴니채널 소매업에 있다. 베스트바이는 해결해야 할 진정한 도전 과제는 매장 내 쇼핑과 온라인 쇼핑의 대결에서 승리하는 것이 아니라, 이 두 가지를 모두 사용하여 최고의 종합적인 고객 쇼핑 경험과 가치를 제공하는 것임을 깨달았다. 매장 없이 온라인만으로 상품을 판매하는 온라인 전용 판매자의 경우 비용, 가격, 구색, 편의상 이점을 가지고 있지만, 점포 소매업체는 좋은 매장과 같은 자신만의 독특한 혜택을 제공할 수 있다. 또한 점포 소매업체는 온라인 전용 판매자가 만들어낼 수 없는, 매장 내 쇼핑과 온라인 쇼핑을 결합한 다채널의 이점을 소비자에게 제공할 수 있다. 따라서 점포 소매업체가 할 수 있는 최선의 전략은 쇼룸 역할과 디지털 구매에 대항하는 것이 아니다. 베스트바이는 쇼룸 역할과 디지털 구매의 이점을 받아들였다.

이러한 새로운 사고방식에 발맞추어 베스트바이는 '뉴 블루 구축(Building the New Blue)'이라는 광범위한 옴니채널 소매 전략을 내놓았다. 이 계획에는 매장 내 고객 경험을 개선하고, 자체 온라인 마케팅 기능을 구축하며, 매장 내와 온라인의 통합을 통해 오늘날의 소비자가 추구하는 옴니채널 쇼핑 경험을 창출하는 것이 포함된다.

현재 베스트바이는 매장에서 아마존을 비롯한 주요 온라인 상점이 제시하는 가격과 비슷하게 판매한다. 베스트바이는 일단 구매 요소인 가격을 중립화하면 즉시성, 편리한 위치, 잘 훈련된 직원의 지원, 손쉬운 반품과 같은 비가격적 장점으로 구경만 하고 가는 고객을 구매자로 전환할 수 있다고 판단했다. 베스트바이는 홈시어터, 스마트폰, 스마트홈 기술과 같은 신흥 가전 트렌드에 맞게 매장 배치와 상품 구색을 새롭게 하고 현대화했다.

베스트바이가 아마존보다 더 많이 갖춘 단 하나는 점포이며, 점포의 쇼룸을 최대한 유리하게 사용하고 있다. 베스트바이는 쇼루밍(showrooming)을 쇼케이싱(showcasing)이라고 부르길 바라지만, 쇼루밍은 더 이상 베스트바이에게 나쁜 요소가 아니다. 현재 베스트바이는 여러 기업과 긴밀하게 협력하여 그들의 브랜드를 위한 매장 내 쇼케이스를 만들고 있다. 베스트바이 매장에 들어서면 애플, 삼성, 마이크로소프트, 소니 및 기타 거대 브랜드만을 위한 독립적인 전시 공간을 하나 이상 볼 수 있다. 그리고 이러한 브랜드의 옆에는 해당 기업의 판매사원이나 특별 훈련을 받은 베스트바이 직원이 서 있을 것이다. 이러한 브랜드가 지불하는 공간 임차 비용은 개별 쇼루밍의 설치 및 운영 비용을 상쇄하는 데 도움이 된다.

베스트바이는 심지어 아마존과 구글에 미니스토어 공간을 제공하여 스마트홈 제품을 선보일 수 있도록 도와준다. 아마존과 구글은 서로 치열한 경쟁 상대이다. 아마존은 경쟁 관계에 있는 구글 홈과 구글 네스트 제품의 판매를 거부하고 있다. 베스트바이는 쇼핑객이 최신 아마존, 구글 기기를 애플, 삼성 제품과 함께 시험해볼 수 있는 중립적인 장소가 된다. 이는 기술 브랜드에 적합하며, 이러한 환경을 통해 베스트바이는 매력적인 원스톱 숍이 될 수 있다.

베스트바이는 이러한 매장 개선과 함께 '뉴 블루 구축'이라는 옴니채널 소매업 청사진에 맞추어 자체 온라인 및 모바일 마케팅을 발전시켰으며, 이를 통해 디지털 마케팅과 매장 운영을 꼼꼼하게 통합했다. 베스트바이는 온라인 제공물을 확장하고 온라인 구매 프로세스를 간소화했으며, 더 빠르고 효율적인 배송을 개발했다. 한때 배송은 베스트바이의 심각한 단점이었지만 현재는 아마존보다 더 많은 배송 옵션을 제공하고 있다. 베스트바이는 35달러가 넘는 온라인 주문 건에는 무료로 이틀 내 도착하도록 배송해주며, 또한 많은 도시에서 명목상의 요금으로 당일 배송을 해준다. 그리고 미국 인

베스트바이는 아마존을 비롯한 디지털 소매업체의 맹공에 대응하기 위해 '뉴 블루 구축'이라는 광범위한 옴니채널 전략을 내놓았다. 이는 매장 내와 온라인의 통합을 통해 오늘날의 소비자가 추구하는 옴니채널 쇼핑 경험을 창출하는 것이다.
Eyal Dayan Photography

구의 70%가 베스트바이 매장으로부터 15분 이내의 거리에 살고 있기 때문에 대부분의 고객은 온라인으로 매장 내 픽업을 주문할 수 있다. 베스트바이는 자사의 앱에 '온 마이 웨이(On My Way)' 기능을 탑재했는데, 이는 고객이 매장에 도착했을 때 주문 상품이 준비되어 픽업 대기 상태가 되도록 도와준다. 베스트바이의 온라인 서비스 개선은 배당금을 지불할 수 있을 정도의 성공을 가져다준다. 작년에 베스트바이는 60억 달러의 기록적인 온라인 매출을 올렸는데, 이는 전년보다 25% 증가한 수준이고 전체 매출의 14% 정도를 차지한다.

'뉴 블루 구축' 전략의 가장 중요한 부분은 오늘날과 같이 점점 복잡해지는 기술 환경에서 고객이 단순한 제품 이상의 것을 필요로 하고, 그들을 위한 조언과 해결책이 필요하다는 인식이다. 베스트바이의 마케팅 담당자는 "뉴 블루 구축 전략은 고객에게 서비스를 제공하는 데 더 적극적으로 다가가고 기술을 통해 삶을 변화시키는 데 도움이 되는 것"이라고 말한다. 또한 베스트바이는 최근 마케팅 캠페인 'Let's talk about what's possible(무엇이 가능한지 이야기해보자)'을 통해 자사를 소비자가 가전제품을 잘 살 수 있도록 영감을 주는 친구의 위치로 포지셔닝했다.

청색 셔츠를 입은 10만 명 이상의 직원이 매일 1,000개의 매장에서 고객을 직접 만나기 때문에 베스트바이는 어떤 온라인 경쟁사보다도 개인 맞춤형 고객 서비스를 제공할 수 있는 유리한 위치에 있다. 판매사원은 수수료 방식으로 보상받지 않기 때문에 그들의 주안점은 제품을 파는 것이 아니라 고객을 돕는 것이다. 베스트바이는 "매장 직원의 숙련도, 그리고 고객과 소통하고 고객의 목적을 이해하며 고객의 욕구를 충족하기 위한 해결책을 찾는 능력을 키울 수 있도록 지속적으로 투자하고 있다"고 말한다.

판매사원을 통한 도움 말고도, 현재 2만 명의 에이전트를 보유하고 있는 베스트바이의 기크스쿼드(Geek Squad)는 고객이 가정에서, 매장에서, 또는 전화나 온라인을 통해 수리, 설치, 기술 지원을 받을 수 있도록 지원한다. 베스트바이는 동영상 채팅 기능을 갖춘 새로운 앱을 포함하여 고객이 기크스쿼드 기술 전문가에게 빠르고 쉽게 접근할 수 있는 토털테크 지원(Total Tech Support) 플랫폼을 구축하고 있다.

개인 서비스를 새로운 차원으로 끌어올린 베스트바이는 이제 자택 상담자(in-home advisor)의 핵심을 개발하고 있다. 이들은 기술 중심의 개인 컨설턴트로, 고객이 모든 범위의 제품과 서비스에서 해결책을 찾을 수 있도록 무료로 자택에서 컨설팅을 제공한다. 고도로 훈련된 이 상담사들은 최신 TV와 음향 시스템, 스마트홈 보안 카메라, 초인종, 차고 문 열림, 연기 경보기, 그늘막, 조명, 온도 조절기 등 모든 기술적 사항에 대해 알려주는 전문가이기도 하다. 베스트바이의 판매사원과 마찬가지로 자택 상담자는 더 많은 제품을 판매하기보다는 고객이 '가능한 것에 대해 이야기할 수 있도록' 돕는 데 중점을 두며, 이들 역시 수수료가 아닌 급여를 받고 있다.

그 결과 베스트바이는 아마존이 일으키는 해일에 굴복하지 않고 번창하는 중이다. 지난해 매출이 7% 상승하고 연말연시 매출은 9% 증가하여 15년 만에 가장 큰 폭의 연말연시 기준 매출 상승을 보였다. 약 10년 전에는 아마존의 성공이 베스트바이의 파멸을 불러올 것이라고들 했지만, 현재 미국에서 가장 큰 점포형 가전제품 소매업체인 베스트바이와 가장 큰 온라인 소매업체인 아마존의 관계는 아주 잘 어울리는 것처럼 보인다. 베스트바이의 CEO는 다음과 같이 말한다. "아마존에 대해 나쁜 말을 하지 않을 것이다. 우리 둘 다 여지가 많다. 제로섬 게임이 아니다." 결국 베스트바이는 온라인 경쟁사인 아마존으로부터 존중받게 되었다. 아마존의 창립자이자 CEO인 제프 베이조스가 말하길, "베스트바이의 지난 5년은 괄목상대할 만하다."[18]

를 제공하는 옴니채널 경험으로 통합함으로써 번창하고 있다(마케팅 현장 13.1 참조). ● 또한 거대 중고차 업체인 카맥스(CarMax)도 살펴보자.[19]

중고차 업계의 거물인 카맥스의 마케팅 담당자와 디지털 담당자가 제품 관리자, 사용자 경험 디자이너, 소프트웨어 개발자, 데이터 과학자로 구성된 교차기능 팀에서 긴밀하게 협력하고 있다. 그들은 사무실도 함께 사용한다. 그들의 목표는 카맥스의 디지털 및 매장 내 쇼핑 경로를 교차하여 발생하는 중고차 구매 경험을 간단하고 경계 없이 원활하게 만드는 것이다. 카맥스의 홈페이지나 모바일 앱에서 고객은 관심 있는 중고차 모델을 조사하고, 개인별 맞춤 차량을 추천받고, 전시 중 차량의 인테리어를 360도 사진으로 보고, 사전 승인된 금융 지원을 신청하고, 타던 자동차를 인계하고 구입 금액에서 차감받는 보상판매에 대한 평가 제안을 받을 수 있다. 그 후 고객은 가장 가까운 카맥스를 방문하여 구매하려고 고려 중인 차를 타보고 서류에 서명한 다음 차를 몰고 갈 수 있다. 심지어 카맥스는 고객이 매장에 오지 않고 구매 전에 시승해볼 수 있도록 자택 배송 및 '집이나 직장에서의 시도와 구매' 옵션을 제공한다. 카맥스는 이렇게 말한다. "무엇을 사고 싶든 어떻게 사고 싶든 간에 마음대로 차를 사세요. 온라인 또는 매장 내에서 검색하고 예약한 후 원하는 카맥스 매장에서 차가 배송됩니다." 옴니채널 고객 여정을 교차하는 디지털 및 매장 내 경험을 매끄럽고 원활하게 혼합함으로써 카맥스는 지난해 188개 지역에서 72만 대 이상을 판매하며 170억 달러의 수익을 올리는 미국 내 최고의 중고차 업체로 성장했다.

저자 코멘트 | 당연하게도 소매상은 다른 기업의 마케터와 동일한 유형의 시장 세분화, 포지셔닝, 마케팅믹스에 관한 의사결정을 내려야 한다.

소매점의 마케팅 의사결정

학습목표 13-3 소매점의 주요 마케팅 의사결정에 대해 알아본다.

소매점은 고객을 끌어들이고 유지하기 위해 늘 새로운 마케팅 전략을 추구하고 있다. 과거에 소매점은 독특한 상품 구색과 양질의 다량 서비스로 고객을 유인했다. 그러나 오늘날 소매점의 상품 구색과 서비스는 점차 비슷해지고 있다. 대부분의 소비재 브랜드가 백화점뿐만 아니라 대용량 할인점, 오프프라이스 할인점, 인터넷에서 동시에 판매되고 있어 지금은 어떤 소매점이라도 독점적인 상품을 제공하기가 어려운 상황이 되었다.

소매점 간의 서비스 차별화 또한 퇴색되고 있다. 많은 백화점이 서비스를 줄여나가고 있는 반면 할인점은 서비스를 증가시키는 추세이다. 한편 고객은 과거보다 더욱 현명해지고 가격에 민감하다. 그들은 요즘처럼 서비스 차이가 줄어들고 있을 때 동일한 브랜드를 더 비싸게 구매할 이유가 없다고 생각한다. 이에 따라 오늘날 많은 소매점은 마케팅 전략을 재고(再考)하고 있다.

● 그림 13.1과 같이 소매점은 **시장 세분화와 목표시장 선정, 점포 차별화와 포지셔닝, 소매 마케팅믹스**에 관한 주요 마케팅 의사결정을 내려야 한다.

시장 세분화, 목표시장 선정, 차별화, 포지셔닝에 관한 의사결정

소매점은 먼저 시장을 세분화하고 목표시장을 정의한 후, 그 시장에서 어떻게 차별화하고 포지션을 구축할 것인지를 결정해야 한다. 고소득층, 중산층, 저소득층 중 누구에게 초점을 맞출 것인가? 목표시장의 쇼핑객은 상품의 다양성, 깊이 있는 상품 구색, 편리함, 저렴한 가격 중 무엇을 원하는가? 시장 정의와 그 시장의 특성 파악이 이루어져야 비로소 상품 구색, 서비스, 가격결정, 광고, 실내장식, 온라인 및 모바일 사이트 설계 등에 대한 일관성 있는 의사결정 또는 포지션을 지원할 수 있는 그 밖의 의사결정을 할 수 있다.

성공적인 소매업체는 목표시장을 잘 정의하고 자신을 확실하게 포지셔닝한다. 예를 들어 트레이더조는 '저렴한 미식가'라는 가치 제안을 확립했다. 월마트는 낮은 가격과 항상 낮은 가격이 고객에게 무엇을 의미하는지를 강력하게 포지셔닝하고 있다. 또한 성공적인 아웃도어 제품 소매업체 배스프로숍스(Bass Pro Shops)는 '(매장) 실내로 들어오는 만큼 거대한 자연(Great Outdoor)에 가까워지는 것!'이라고 강하게 주장한다.

● 그림 13.1
소매점 마케팅 전략

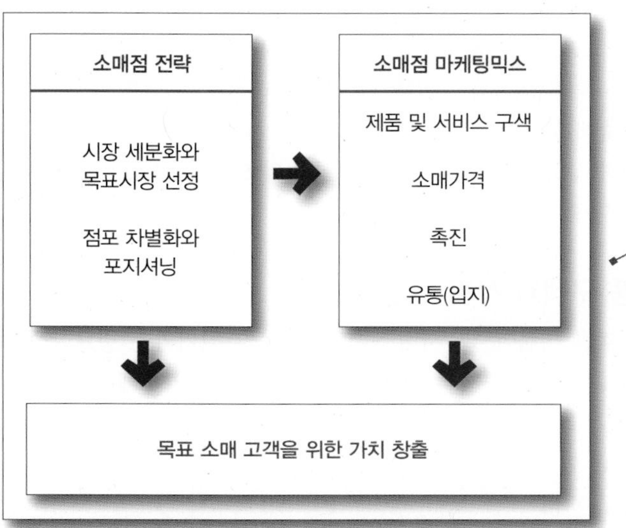

다른 마케터 유형과 마찬가지로 소매점을 위한 게임의 목표는 고객 중심의 마케팅 전략을 찾고, 고객을 위한 가치를 창출하는 고객 지향의 마케팅 전략과 마케팅믹스를 발견하고 그 대가로 가치를 획득하는 것이다. '돈을 절약하고 더 나은 삶을 살라'는 월마트의 가치 제안을 생각해보라. 또한 올리브가든(Olive Garden)의 가치 제안은 '당신이 여기에 있을 때 당신은 우리 가족(When you're here, you're family)'이다.

소매점의 목표시장 선정과 포지셔닝: 러시프레시핸드메이드코스메틱은 더 큰 경쟁사와 거리를 두는 포지셔닝으로 성공했다. 러시는 가장 신선한 천연 재료를 손으로 가공하여 프리미엄 미용 제품을 만든다.
LUSH Handmade Cosmetics Ltd

목표시장 선정과 포지셔닝을 잘하는 소매업체는 더 크고 강력한 경쟁업체와 효과적으로 경쟁할 수 있다. 예를 들어 작은 러시프레시핸드메이드코스메틱(Lush Fresh Handmade Cosmetics)의 제품을 세포라나 로레알과 같은 더 큰 경쟁 제품과 비교해보자. 러시는 전 세계에 900개의 화장품 매장을 두고 있으며, 연간 매출이 약 6억 6,000만 달러이다. 이와 대조적으로 훨씬 더 큰 세포라는 전 세계에 있는 2,300개 이상의 매장에서 매년 거의 70억 달러 상당의 화장품과 개인 생활용품을 판매한다. 그리고 화장품 산업의 선두 주자인 로레알은 150개국 수만 개의 아웃렛에서 연간 300억 달러 이상의 화장품, 스킨케어, 보디, 향수 등의 제품을 판매하고 있다. 러시는 화장품업계의 거인들과 어떻게 경쟁할까? 러시는 적어도 직접 경쟁하지 않는 대신 경쟁사와 거리를 두는 포지셔닝으로 성공할 수 있었다.[20]

러시는 가능한 한 가장 신선한 천연 재료를 손으로 가공하여 만든 프리미엄 미용 제품인 '프레시 핸드메이드 코스메틱'으로 유명하다. 러시는 'Flying Fox' 샤워젤, 'Angels on Bareskin' 클렌저, 'Honey I Washed the Kids' 비누 등 좋은 생각을 떠올리게 하는 이름의 제품을 판매한다. 그러나 러시는 단순히 이익을 위해 보디 케어 제품을 만들고 판매하는 것 이상의 일을 하며, 이는 고객, 직원, 환경, 사회가 자사를 옳은 일을 하는 기업으로 포지셔닝하게 한다. 러시의 선한 사명은 7개 항으로 이루어진, '무성한 삶: 우리는 믿는다(A Lush Life: We Believe…)'라는 제목의 포지셔닝 성명서에 명시되어 있다. 예를 들어 러시는 방부제나 포장을 거의 또는 전혀 사용하지 않는 신선한 유기농 과일과 채소로 자사의 제품을 발명하고 만드는 일이 가치가 있다고 믿는다. 러시는 동물 실험에 대한 엄격한 정책을 가지고 있고 공정무역과 지역 공동체 무역을 위한 노력을 지지한다. 러시는 매년 지속가능 문제를 다루는 계획에 많이 투자하고 풀뿌리 자선 단체에 지원하고 있다. 또한 러시는 직원들을 보살핀다. "우리는 행복한 비누를 만드는 행복한 사람들의 존재를 믿는다." 사실 러시는 모든 곳의 모든 사람을 위해 좋은 소원을 비는 것 같다. "우리는 촛불 조명의 여유 있는 목욕, 공유 샤워, 마사지, 세상을 향수로 가득 채우기, 그리고 실수해서 모든 것을 잃었지만 다시 시작할 권리의 존재를 믿는다." 러시는 마지막 신념 속에 이익을 언급하고 있다. "우리는 우리 제품이 좋은 가치를 지니고 있다고 믿고 있기 때문에 이익을 창출해야 하며, 고객은 항상 옳다." 강하고 독특한 포지셔닝 덕분에 러시는 봄철의 신선한 꽃처럼 번성하고 있다. 로레알의 매출은 연간 약 5%로 양호한 성장을 보이는 반면, 러시는 4년 평균 연간 36%의 매출 성장을 자랑하고 있다.

상품 구색과 서비스 결정

소매점은 상품 구색, 서비스 믹스, 점포 분위기라는 중요한 제품 변수에 대해 결정해야 한다. 무엇보다도 이러한 결정은 점포형 소매점이 온라인 소매점과 차별화될 수 있도록 도와주는 기능을 한다. 물론 점포형 소매점은 효과적인 웹 및 모바일 요소도 마케팅믹스에 더해야 한다. 또한 아마존이 따라올 수 없는 소매점 자체의 유통 브랜드, 맞춤형 서비스, 매장 경험 등의 자산을 지렛대로 활용해야 한다.

한 소매업 전문가는 다음과 같이 말한다. "거대한 아마존이 큰 걸음을 할 때 작은 소매상들은 반드시 다른 빈 곳을 찾아 움직여야 한다. 아마존의 규모가 커질수록 그것은 새롭고 지역적인 대안을 위한 더 많은 기회를 만들게 될 것이다. 아마존이 로봇으로 구동하는 효율성을 높일수록 따뜻하고 개별화된 서비스를 위한 공간이 늘어날 것이다. 고객은 아마존의 AI 기반 도우미 알렉사를 통해 교류할수록 동료 인간의 통찰력과 개인적 연결을 갈망하게 될 것이다."[21]

소매점의 **제품 구색**은 목표고객의 기대치를 충족하면서 차별화되어야 한다. 한 가지 전략은 고도로 표적화된 제품을 제공하는 것이다. 토리드(Torrid)는 10대와 젊은 성인을 위한 큰 사이즈의 옷을 판매하고, 파이브빌로(Five Below)는 좋은 제품을 모두 1~5달러에 판매한다. 또한 배터리디포(Battery Depot)는 상상할 수 있는 모든 종류의 배터리를 교체해준다. 다른 대안으로 소매점은 독점권을 가지고 있는 유통 브랜드나 제조업체 브랜드와 같이 다른 경쟁자가 가지고 있지 않은 제품을 제공함으로써 차별화를 꾀할 수 있다. 예를 들어 콜스는 베라 왕(Vera Wang)의 심플리베라(Simply Vera)와 푸드네트워크가 만든 브랜드의 주방용품, 조리 기구, 가전제품처럼 잘 알려진 브랜드를 취급할 수 있는 독점권을 가지고 있다. 콜스는 소노마(Sonoma), 크로프트앤드배로(Croft & Barrow), 캔디스(Candies), 에브리(EVRI), 아파트먼트나인(Apt. 9)처럼 자체 유통 브랜드를 보유하고 있는데, 유통 브랜드 상품의 연매출이 콜스의 연간 총매출의 절반 가까이를 차지한다.

또한 소매점은 **서비스믹스**(services mix)를 통해서도 차별화를 추구할 수 있다. 가령 몇몇 소매점은 고객을 초청하여 질문을 하기도 하고, 서비스 대표자를 직접 만나거나 전화 또는 태블릿을 통해 상담을 해주기도 한다. 홈디포는 DIY(do-it-yourselfers)를 세분하여 'how-to' 교실, 'do-it-herself', 유아용 워크숍부터 전용 신용카드에 이르기까지 다양한 서비스믹스를 제공한다. 노드스트롬은 최고의 서비스를 제공하면서 '어떤 대가를 치르더라도 고객을 보살피겠다'고 약속한다.

점포 분위기는 재판매업자가 제품의 매력도를 높일 수 있는 또 다른 중요한 요소이다. 소매업체는 목표시장에 적합하고 브랜드 포지셔닝을 강화하는 동시에 고객을 구매로 유도할 수 있는 독특한 매장 경험을 창출하려 한다. 많은 소매점은 **경험 소매업**(experiential retailing)을 실천하고 있다. ● 한 예로 뉴욕시 5번가에 있는 세계에서 가장 큰 아디다스 대표 매장을 살펴보자.[22]

거대한 4층짜리 아디다스 매장은 별도로 마련된 축구, 농구, 테니스, 야외 장비 구역에서 자사가 제공하는 남성용, 여성용, 아동용 제품을 거의 모두 판매하고 있다. 그러나 이 매장은 제품 판매 못지않게 고객 경험을 제공하는 데 주력하고 있다. 아디다스의 소매업 임원은 이렇게 말한다. "오늘날 고객은 반드시 제품만을 찾는 것은 아니다. 그들은 또한 경험을 사기 때문에 감정적인 애착을 만드는 것이 중요하다."

● 경험 소매업: 뉴욕시 5번가에 있는, 경기장 같은 아디다스 플래그십 스토어는 아디다스의 모든 제품을 취급한다. 그러나 이 매장은 제품 판매 못지않게 고객 경험을 제공하는 데 주력하고 있다.
Eyal Dayan Photography

뉴욕시 5번가에 있는 이 큰 매장은 스포츠 경기장을 모방한 아디다스 디자인 콘셉트를 선보인다. 고객은 터널 같은 입구를 통해 입장하여 시멘트 계단을 올라 다른 층에 가서 대형 스크린으로 생중계되는 게임을 시청하기 위해 관람석에 앉고, 구매한 것은 티켓 부스처럼 디자인된 역에서 계산한다. 이 매장은 고객이 맞는 신발을 구입하는지 확인하기 위해 시험 달리기나 보폭 분석을 할 수 있는 소형 러닝 트랙을 갖추고 있다. 다른 층에는 고객이 축구공, 케틀벨 및 기타 운동 기구를 테스트할 수 있는 잔디밭이 있다. 또한 매장 내에 맞춤 코너 네 곳이 마련되어 있어 쇼핑객이 직접 자신의 스니커스 운동화를 만들어볼 수도 있고, 자신에게 맞춘 옷을 인쇄해볼 수도 있다. 이 매장에서는 피트니스 컨설턴트, 각종 안내 서비스, 당일 호텔 배달까지 제공한다.

앞으로 이 아디다스 매장 디자인은 각 특정 장소의 특색에 맞게 전 세계의 다른 아디다스 매장에도 적용될 예정이다. 아디다스가 운영하는 소매점의 매출은 전체 매출의 거의 60%를 차지한다. 아디다스의 마케팅 담당자는 다음과 같이 말한다. "소매점은 해당 제품의 브랜드에 특히 중요하다. 고객에게 좋을 만한 경험을 우리가 제공할 수 있기 때문이다."

성공적인 소매업체는 고객 매장 경험의 거의 모든 측면을 주의 깊게 편성한다. 가전제품, 하드웨어, 식품, 고급 패션 등의 소매점에 가게 되면 멈추어 서서 주의 깊게 주변을 보라. 매장의 배치와 진열을 살펴보고 흘러나오는 음악을 들어보라. 색깔을 보고 냄새도 맡아보라. 배치부터 조명, 음악, 심지어 냄새에 이르기까지 매장 내에 있는 모든 좋은 기회가 고객의 쇼핑 경험을 형성하도록 돕고 지갑을 열도록 주의 깊게 연출되어 있다.

예를 들어 많은 대형 소매점은 자사 매장에서만 맡을 수 있는 특유의 향기를 개발했다.[23] 애니타임피트니스(Anytime Fitness)는 지점마다 동일한 향기가 나고 '체육관' 냄새를 가리도록 유칼립투스 향기를 '인스파이어(Inspire)'라는 용기에 넣어서 보낸다. 블루밍데일스(Bloomingdale's)는 매장마다 각기 다른 향기를 사용한다. 아동용품 매장은 베이비파우더의 부드러운 향기를, 수영복 코너는 코코넛 향기를, 속옷 코너는 라일락 향기를, 그리고 휴가 기간 동안에는 슈거쿠키와 상록수 향기를 풍긴다. 향기는 미묘하게 브랜드의 이미지와 포지셔닝을 강화할 수 있다. 유사한 예로 올랜도에 있는 하드록카페호텔(Hard Rock Café Hotel)은 로비에 바다 향기를 뿌려 (호텔이 해변에서 1시간 떨어져 있지만) 고객이 해변의 리조트에 온 것처럼 느끼게 만든다. 또한 이 호텔은 흔히 못 보고 지나치게 되는 호텔의 아이스크림 가게로 고객을 끌어들이기 위해 슈거쿠키 향기를 꼭대기층에 뿌리고 맨 아래층에는 와플콘 냄새를 풍겼는데, 그 뒤 6개월 동안 아이스크림이 45% 더 많이 팔렸다. 반대로 부정적인 냄새는 무신경하게 만들 수 있다. 10년 전 스타벅스는 에그샌드위치의 냄새가 커피 냄새를 압도했기 때문에 아침 샌드위치 판매를 중단했다.

이 같은 경험 소매업은 소매점포가 단지 제품을 늘어놓는 것만이 아님을 확실히 보여준다. 점포는 그곳에서 쇼핑하는 사람들이 경험하게 되는 환경이다.

가격 결정

소매점의 가격 정책은 목표시장과 포지셔닝, 제품과 서비스의 구색, 경쟁 상황, 경제적 요소에 맞게 수립되어야 한다. 모든 소매점은 높은 마진과 많은 판매량을 추구하지만 이 두 가지를 동시에 이루기는 어렵다. 따라서 대부분의 소매점은 높은 마진에 적은 판매량(대부분의 전문점)이나 낮은 마진에 많은 판매량(박리다매 소매점, 할인점) 중에서 하나를 추구한다.

120년 역사의 버그도프굿맨(Bergdorf Goodman)은 상류층을 대상으로 샤넬, 프라다, 에르메스, 지미추 같은 디자이너가 만든 의류, 신발, 보석을 판매한다. 버그도프굿맨은 개인 맞춤 쇼핑 상담사, 매장 내에서 칵테일과 전채 요리를 차려놓고 다음 시즌 트렌드를 선보이는 것과 같은 서비스를 제공하는 등 최선을 다해 고객을 보살핀다. ● 반대로 TJ맥스는 중산층을 대상으로 브랜드 의류를 할인가격에 판매한다. TJ맥스의 제품 구매 팀은 항상 시장 거래를 주시한다. TJ맥스는 이렇게 말한다. "디자이너가 과잉 생산하고 백화점이 과잉 구매할 때 우리 제품 구매 팀은 시장에 들어가 되도록 가장 낮은 가격으로 협상하여 제품을 구매하고 절약한 부분이 유지되도록 노력한다. 할

● 소매가격 포지셔닝: TJ맥스는 중산층을 대상으로 브랜드 의류를 항시 할인가격에 판매한다.
Matthew Staver/Bloomberg/Getty Images

인 판매도 없고 속임수도 없다. 단지 브랜드명과 당신을 위한 디자이너가 만든 패션일 뿐이다. 거기다 우리는 백화점보다 최대 60% 할인된 가격으로 제품을 제공한다."[24]

소매상은 어느 정도까지 판매촉진과 가격촉진을 할지 결정해야 한다. 어떤 소매상은 가격촉진을 전혀 하지 않는 대신 가격보다는 제품과 서비스의 질로 경쟁한다. 예를 들어 버그도프굿맨이 샤넬 핸드백을 1+1 할인 판매를 한다는 것은 경기 불황기라 할지라도 상상하기 어렵다. 반면에 월마트, 코스트코, 알디, 패밀리달러와 같은 소매점은 특판이나 할인이 거의 없이 지속적으로 매일 낮은 가격인 **항시 저가격 정책(EDLP)**을 실행한다.

여전히 다른 소매상은 **고-저 가격 정책(high-low pricing)**을 구사한다. 항시 상대적으로 높은 가격을 매기지만 가격 촉진을 자주 하여 고객 유입량을 늘리고 저렴한 소매점이라는 이미지를 형성하거나, 정상 가격(메이시스, 콜스, JC페니 등)으로 다른 상품을 구매할 소비자를 유인하는 것이 목적이다. 최근 온라인과 오프라인에서 소매점의 경쟁 과열로 인해 고-저 가격 정책이 남발되고 있는데, 이는 소매점이 할인 혜택을 찾아다니는 소비자를 매장으로 유인하기 위해 가격 삭감과 촉진에 매달리기 때문이다. 어떤 가격 전략이 최고의 전략인지는 그 소매점의 전반적인 마케팅 전략과 경쟁사의 가격결정 방식, 경제 상황에 따라 좌우된다.

촉진 결정

소매점은 소비자에게 접근하기 위해 광고, 인적 판매, 판매촉진, PR(public relations), 다이렉트 및 소셜미디어 마케팅 등의 프로모션 도구를 다양하게 조합하여 사용한다. 소매점은 신문, 잡지, 라디오, TV, 디지털 매체에 광고를 한다. 신문 삽입물과 카탈로그를 이용할 수도 있다. 매장 판매원은 고객을 맞이하고 고객의 욕구를 충족하며 관계를 형성한다. 판매촉진에는 매장 내 전시, 진열, 판매, 고객 보상 프로그램(loyalty program) 등이 포함된다. 소매점이 이용할 수 있는 PR 활동에는 개점 행사, 특별 행사, 소식지, 블로그, 가게 소식지, 공공 서비스 활동 등이 있다. 대부분의 소매점은 모바일 광고와 애플리케이션, 웹사이트와 디지털 카탈로그, 소셜미디어, 블로그, 이메일 등의 디지털 수단으로 소비자와 교류하고 있다. 크든 작든 상관없이 거의 모든 소매점이 소셜미디어를 충분히 활용하고 있다.

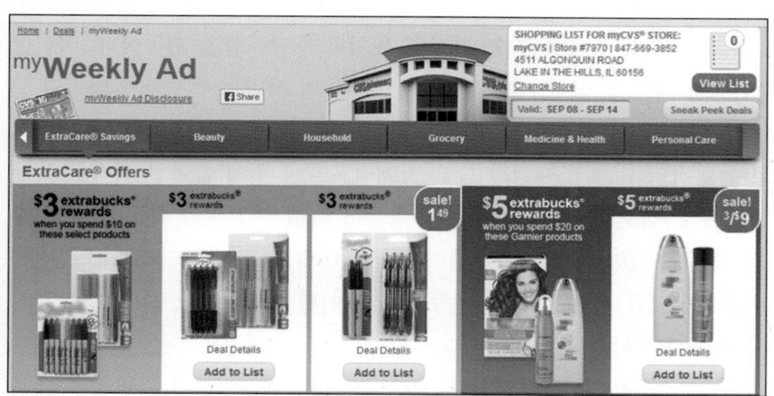

● 소매업체 프로모션: 대부분의 소매업체는 웹사이트와 디지털 카탈로그, 모바일과 소셜미디어, 기타 디지털 플랫폼을 이용하여 고객과 디지털 방식으로 상호작용을 한다. CVS 약국의 myWeekly Ad 프로그램은 엑스트라케어 고객 보상 프로그램에 가입한 고객에게 맞춤형 주간 광고 전단을 배포한다.
CVS Health

소매업체는 신중하게 표적화된 메시지를 디지털 프로모션을 통해 개별 고객에게 맞춤식으로 제안할 수 있다. ● 예를 들어 CVS 약국은 온라인에서 더 효과적으로 경쟁하기 위해 맞춤형 주간 광고 전단을 엑스트라케어(ExtraCare) 고객 보상 프로그램의 회원 8,000만 명에게 배포한다. 'myWeekly Ad'라고 불리는 이 광고 전단은 CVS.com에 로그인하거나 스마트폰으로 CVS 앱을 통해 볼 수 있다. 엑스트라케어 회원의 특성과 구매 기록을 토대로 맞춤형 프로모션은 할인 품목과 각 고객이 흥미를 가질 만한 특별 제안을 강조해서 알려준다. 예를 들어 고객이 어떤 샴푸를 구입하면 차후에 할인 행사가 있을 때 myWeekly Ad를 통해 해당 고객에게 그 샴푸를 강조 표시해서 보낸다. 또는 알레르기가 있는 고객은 자신이 사는 지역의 꽃가루 수치가 높을 때 CVS 앱을 통해 특별한 광고와 프로모션을 받을 수 있다. 맞춤형 디지털 프로모션을 받아보는 엑스트라케어 회원은 그렇지 않은 고객보다 비용을 3배 이상 절감하는 경향이 있다.[25]

입지 결정

점포 소매업체는 소매업의 성공을 결정하는 세 가지 필수적 요인으로 첫째도 입지, 둘째도 입지, 셋째도 입지라고 흔히 말한다. 즉 소매업체의 포지셔닝과 일치하는 지역의 목표고객이 접근하기 쉬운 곳에 점포 위치를 선정하는 것은 매우 중요하다. 예를 들어 애플은 최고급 쇼핑몰과 시카고의 미시간 애비뉴에 있는 매그니피센트마일이나 뉴욕 맨해튼 5번가 같은 최신 트렌드 쇼핑 지역에만 매장을 열고, 시내 변두리의 임대료가 싼 스트립몰에는 매장을 열지 않는다. 반대로 트레이더조는 원가를 낮게 유지하고 '저렴한 미식가' 포지셔닝을 지원하기 위해서 임대료가 싼 외곽에 매장을 연다. 소규모 소매업체의 경우에는 임대료를 감당할 만한 장소라면 어디든 정착해야 할지도 모른다. 그러나 대규모 소매업체는 일반적으로 입지를 선정하기 위해 선진 기법을 사용하는 전문가를 고용한다.

대부분의 점포는 집객력(customer pulling power)을 증가시키고 고객에게 원스톱 쇼핑의 편리함을 제공하기 위해 밀집되는 경향이 있다. 중앙 상업지구(central business district)는 1950년대까지 주요한 소매 밀집 형태였다. 모든 대도시와 도심에는 백화점, 전문점, 은행, 극장이 있는 중앙 상업지구가 있다. 그러나 사람들이 교외로 이주하기 시작하자 중앙 상업지구는 교통, 주차, 범죄 문제로 사업성을 잃게 되었다. 최근 들어 도심의 쇼핑 지역을 되살리기 위해 상인들과 협력하는 도시가 많지만 대개 부분적인 성공을 거두고 있다.

쇼핑센터
하나의 단위로 계획·개발·소유·관리되는 동일한 부지에 지어진 소매 사업체들의 집단

쇼핑센터(shopping center)는 하나의 단위로 계획·개발·소유·관리되는 동일한 부지에 지어진 소매 사업체들의 집단이다. **광역형 쇼핑센터**(regional shopping center) 또는 **광역형 쇼핑몰**(regional shopping mall)은 가장 큰 쇼핑센터로, 모든 제품라인을 취급하는 2개 이상의 백화점을 포함하여 50~100개 이상의 점포로 구성된다. 한 지붕 밑의 소규모 도심과 같은 이곳은 광범위한 지역의 고객을 끌어들인다. **지역사회형 쇼핑센터**(community shopping center)는 15~50개의 소매점포로 구성되며, 일반적으로 백화점 지점, 잡화점 지점, 슈퍼마켓, 전문점, 전문가 사무실과 간혹 은행이 입점해 있다. 그 외 대부분의 쇼핑센터는 5~15개의 점포로 이루어진 **근린형 쇼핑센터**(neighborhood shopping center)나 **스트립몰**(strip mall)로, 소비자와 가까이 위치하여 편리함을 제공한다. 이러한 쇼핑센터에는 슈퍼마켓, 할인점과 세탁소, 약국, 철물점, 레스토랑 등의 서비스 점포가 있다.[26]

파워센터(power center)는 월마트, 홈디포, 코스트코, 베스트바이, 마이클스(Michaels), 펫스마트, 오피스디포 등과 같은 크고 독립적인 대표 소매점과 함께 소매점포들이 길게 늘어선 거리로 이루어진 거대한 개방형 쇼핑센터이다. 각 점포는 해당 점포만 방문하고 싶은 고객이 바로 접근할 수 있도록 주차장을 갖춘 전용 입구가 있다. 한편 파워센터보다 상대적으로 작은 **라이프스타일센터**(lifestyle center)는 편리한 위치의 고급 점포, 그리고 운동장, 스케이팅 링크, 호텔, 식당, 영화관과 같은 판매 외적 활동 공간으로 구성된 야외형 쇼핑몰이다.

지난 몇 년은 쇼핑센터가 큰 어려움은 겪은 시기였다. 1970~2015년에 미국 내 쇼핑몰은 더욱 '과밀화'되었다. 미국의 쇼핑몰 수는 인구 대비 비율로 보았을 때 2배 가까이 증가했다. 최근에는 쇼핑객이 온라인 쇼핑으로 발길을 돌리고 있어 오프라인 쇼핑몰의 필요성이 줄어들었다. 그리고 궁지에 몰린 백화점과 전문 체인점이 기록적인 매장 폐쇄를 발표함에 따라 미국 내 밀폐된 쇼핑몰

(enclosed mall)의 공실률이 급증했다.

가장 크고 좋은 광역형 쇼핑몰은 여전히 번창하고 있는 반면 약하고 작은 지역사회형 쇼핑몰은 어려움을 겪고 있다. 파워센터는 입점해 있던 케이마트(Kmart), 서킷시티, 보더스, 스포츠어소러티, 머빈스(Mervyns), 토이스알어스, 리넨스엔싱스(Linens N Things)와 같은 대형 소매업체가 폐업하고 시어스, JC페니, 메이시스, 갭, 반스앤드노블(Barnes & Noble), 오피스디포 등이 매장의 수나 규모를 줄임으로써 특히 많은 타격을 받았다. 요컨대 한 예측에 따르면 미국 쇼핑몰 세 곳 중 하나는 매장 폐쇄의 결과로 인해 사라질 위험에 처해 있다고 한다.[27]

이러한 암울한 예측에도 불구하고 더욱 강한 쇼핑몰의 미래는 밝다. 전통적인 쇼핑몰은 변화하는 쇼핑객의 욕구를 충족하기 위해 스스로를 재창조하고 있다. 이들은 피트니스 센터, 레스토랑, 어린이 놀이 공간, 공용 구역, 멀티플렉스 영화관 등 라이프스타일 요소를 추가하여 보다 사교적이고 환영받을 만한 환경을 조성하고 있다. 결론적으로 오늘날의 쇼핑센터는 단순히 쇼핑하는 장소라기보다는 만나고 휴식하고 힐링하면서 시간을 보내는 장소에 가깝다.

저자 코멘트 | 소매업체는 반드시 지속적으로 자신의 마케팅 전략과 마케팅믹스를 오늘날 빠르게 변화하는 소매 환경에 적응시켜야 한다.

소매업의 추세와 발전

학습목표 13-4 소매업의 주요 추세와 발전에 대해 알아본다.

무섭고 빠르게 변화하는 환경은 소매점에 기회와 함께 위협을 안겨준다. 소비자의 인구통계 자료, 라이프스타일, 쇼핑 패턴이 급변하고 소매업 기술도 빠른 속도로 변화하고 있다. 소매점이 성공하려면 목표시장을 신중하게 선정하고 강력한 포지션을 구축할 필요가 있다. 또한 경쟁 전략을 계획하고 실행하기 위해 다음과 같은 소매업의 발전 추세를 고려해야 한다.

소비자 지출 압박

여러 해 동안의 경제 호황 이후 2008~2009년 대공황의 영향으로 비교적 자유롭게 소비하던 많은 소비자가 가치 추구형 소비자로 바뀌었다. 경기가 회복된다고 해도 소매점은 변화된 소비자의 지출 패턴이 미치는 영향을 미래에도 느끼게 될 것이다.

일부 소매점은 실제로 절약하는 소비자의 소비 패턴 덕분에 이익을 얻었다. 예를 들어 소비자가 지출을 줄이고 좀 더 낮은 가격으로 제품을 구매할 방법을 찾음으로써 코스트코와 같은 대형 할인점은 할인을 찾는 쇼핑객 대상의 신규 사업을 구축했다. 그리고 알디, 달러트리, 마샬스 등 가격 지향적이고 할인가격으로 판매하는 오프프라이스 소매점은 절약하는 소비자에 대한 점유율을 높이고 있다.

그러나 다른 소매점의 경우 가치 추구형 소비자의 증가는 마케팅 전략과 전술적 조정이 필요했다. 경제 상황은 호전되었지만 소비자가 절약하는 방식을 유지하면서 많은 소매점은 포지셔닝에 새로운 가치 창출을 추가하고 있다. 예를 들어 홈디포는 이전의 "당신은 할 수 있어요. 우리가 도울 수 있어요.(You can do it. We can help.)"라는 문구를 보다 검약적인 "더 아껴서 더 많은 것을 하세요.(More saving. More doing.)"로 바꾸었다. 월마트와 콜스부터 메이시스와 크로거에 이르는 소매점은 보다 경제적인 유통 브랜드(private-label)에 역점을 두었다. 또한 전통적인 좌식 레스토랑은 파네라브레드(Panera Bread)와 치폴레(Chipotle) 같은 패스트캐주얼 레스토랑의 유행과 경쟁하기 위해 자신만의 가치 있는 제공물을 추가했다. 예를 들어 애플비(Applebee)에는 20달러짜리 메뉴가 2개 있다. 두 가지 식사와 한 가지 애피타이저이며 모두 정확히 20달러에 제공된다. TGI프라이데이는 "맛있는 음료와 애피타이저로 선별된 메뉴를 각각 5달러에… 원하는 모든 조건

● 가치 포지셔닝: 오늘날 보다 가치 지향적인 소비자를 유혹하기 위해 TGI프라이데이는 "맛있는 음료와 애피타이저로 선별된 메뉴를 각각 5달러에… 원하는 모든 조건을 언제든, 늦은 밤에라도"라는 프라이데이스 5를 제공한다.

을 언제든, 늦은 밤에라도"라는 프라이데이스 5(Fridays 5)를 제공한다.

경제적 변화에 대응할 때 소매점은 반드시 단기적 행동이 장기적 이미지와 포지션에 해를 입히지 않도록 주의해야 한다. 예를 들어 원가 절감과 과감한 가격할인은 즉각적으로 매출을 올릴 수 있지만 브랜드 충성도에는 손해가 된다. 한 분석가는 이를 '할인에 의한 사망'이라고 하면서 이렇게 말한다. "최상위 소매업체와 최하위 소매업체 등 거의 모든 소매업체는 할인이 고객을 위한 추가 혜택이 아니라 고객의 기대치가 되는 매우 깊은 함정에 빠지게 되었다."[28] 지역 쇼핑몰을 거닐면 이러한 사실을 확인할 수 있다.

상징적인 소매상인 메이시스는 '할인에 의한 사망'에 빠졌다. 매출을 올리기 위해 메이시스는 이윤을 줄이면서까지 끝없는 할인을 제공했다. 그 결과 메이시스는 수익을 보전하기 위해 상품화를 중앙 집중화하고 판매사원을 줄임으로써 고객 서비스가 줄어들었다. 한 컨설턴트는 다음과 같이 한탄했다. "메이시스는 차별화 포인트인 '판매 도우미'를 없애기 위해 매우 열심히 노력했다. 고객을 알고 있던 판매 전문가들은 효율성이라는 명목하에 무용지물이 되어버렸다." 이러한 조치로 지난 몇 년 동안 메이시스의 매출과 이익은 꾸준히 감소하여 여러 지점을 폐쇄할 수밖에 없었다.[29] 메이시스를 비롯한 소매업체는 비용 삭감과 가격 인하에 의존하지 말고 장기적인 점포 포지셔닝 전략 내에서 더 큰 고객 가치를 창출하는 데 주력해야 한다.

새로운 소매 형태, 소매 수명주기의 단축, 소매 융합

새로운 상황과 소비자의 욕구에 대응하기 위해 새로운 소매 형태가 계속해서 등장하지만 그 수명주기는 더욱 짧아지고 있다. 백화점이 수명주기의 성숙기에 도달하기까지는 약 100년이라는 시간이 걸렸다. 그러나 최근 등장한 소매 형태인 창고형 점포(warehouse store)는 성숙기에 도달하는 데 걸리는 시간이 약 10년밖에 되지 않는다. 이러한 환경 속에서 겉으로 보기에는 탄탄한 것 같은 소매의 위상은 급격하게 무너질 수 있다. 월마트, 케이마트, 타깃, 콜스가 등장했던 해인 1962년의 상위 10개 할인 소매점 중 오늘날까지 존재하는 것은 하나도 없다. 심지어 가장 성공적인 소매점이라도 성공의 공식과 함께 안주할 수 없다. 지속적으로 성공하려면 끊임없이 환경에 적응해나가야 한다.

새로운 소매 형태는 항상 등장하고 있다. 언급한 바와 같이 가장 최근의 성공적인 소매업 추세 중 하나는 온라인 소매업으로, 온라인 전용 소매업 형태뿐만 아니라 점포형 소매상이 웹사이트, 모바일 앱, 소셜미디어를 활용하는 소매업 형태이기도 하다. 그러나 다른 혁신도 정기적으로 발생한다. 예를 들어 많은 소매점은 **한정 기간 팝업스토어**(limited-time pop-up store)를 시도하고 있다. 한정 기간 팝업스토어를 통해 소매점은 자사 브랜드의 제품을 시즌 고객에게 판촉하며, 바쁘고 임대료가 비싼 지역에서 소문을 만들어낸다.

쇼핑몰도 점포의 마케팅믹스를 참신하게 하기 위해 팝업 옵션을 도입하고 있다. 대형 쇼핑몰 운영자인 사이먼(Simon)은 뉴욕 지역 쇼핑몰 중 하나에 'The Edit @ Roosevelt Field'라는 팝업을

● 새로운 소매 형태: 줄릴리와 같은 반짝 세일 전용 사이트에서만 진행되는 온라인 및 모바일 반짝 세일은 재고를 소진하거나 떠들썩한 분위기를 조성하는 데 도움이 된다.
M4OS Photos/Alamy Stock Photo

위한 영구적인 공간을 도입했다. The Edit @ Roosevelt Field는 이 공간을 단기 임대(표준 5~10년 임대 대비)로 제공하면서 수많은 팝업을 개최하고 있는데, 실제로 제품을 보거나 만져보지 않은 채 온라인을 통해 구매하기를 주저하는 소비자에게 다가가기 위해 이러한 점포를 가지고 실험해보고 싶은 온라인 전용 소매상을 기본적인 대상으로 삼는다. The Edit @ Roosevelt Field에 입주하는 소매업체는 주기적으로 바뀐다. The Edit @ Roosevelt Field의 최근 팝업에는 브래지어 업체 라이블리(Lively), 벨트 업체 벨톨로지(Beltology), 수하물 취급 업체 레이든(Raden), 디저트 업체 자스(JARS), 화장품 업체 윙키럭스(Winky Lux)가 있었다.[30]

온라인 및 모바일상에서 팝업과 동일한 형태는 **온라인 반짝 세일(online flash sale)**이다. ● 원래 길트(Gilt), 줄릴리(Zulily)와 같은 반짝 세일 전용 사이트에서 진행되는 반짝 세일은 재고를 소진하거나 떠들썩한 분위기를 조성하는 데 도움이 된다. 예를 들어 타깃은 10월에 핼러윈 의상을 판매하는 등 특정한 날에 특정 제품에 한하여 반짝 세일을 진행한다. 아마존은 연중, 특히 휴가철에 번개 거래(Lightning Deal)라는 반짝 세일을 운영하고 있다. 번개 거래는 가용 재고가 바닥날 때까지 제한된 시간 동안 고객 한 사람당 제품 하나를 판매하는 것이다.[31]

다양한 유형의 소매업체가 부분적으로는 가격 투명성과 인터넷 제공의 덕택으로 같은 소비자를 대상으로 같은 제품을 같은 가격에 판매하고 있다. 예를 들어 유명한 가전제품은 같은 소비자를 놓고 경쟁하는 백화점, 할인점, 주거 개조 전문점, 오프프라이스 소매점, 전자제품 슈퍼스토어, 많은 온라인 사이트에서 구입할 수 있다. 만약 사고 싶은 전자오븐을 홈디포나 로우스에서 찾을 수 없다면 길 건너 타깃이나 베스트바이 매장에서 더 저렴한 가격에 구입할 수도 있다. 아니면 온라인의 아마존닷컴이나 빌드닷컴(Build.com)에서 주문해도 된다. 소비자, 제품, 가격, 소매점의 이러한 통합을 **소매 융합(retail convergence)**이라고 하며, 이는 소매점 사이의 거세진 경쟁 및 다양한 유형의 소매점이 상품 구색으로 차별성을 두기가 더 어려워졌음을 의미한다.

초대형 소매점의 부상

대량 거래하는 대형 상인과 전문품 슈퍼스토어의 부상, 수직적 마케팅 시스템(VMS)의 형성, 아마존과 같은 온라인 소매점의 빠른 성장, 무분별한 소매업의 인수와 합병은 초강력 초대형 소매점의 핵심을 만들어냈다. 이러한 거대 소매점은 규모와 구매력으로 소비자에게 더 나은 선별 상품, 좋은 서비스, 강력한 가격 절감을 제공한다. 그 결과 거대 소매점은 더 작고 약한 경쟁자를 흡수함으로써 보다 더 크게 성장했다.

초대형 소매점은 힘의 균형을 소매업체와 제조업체 사이로 옮겨놓았다. 이제는 소수의 작은 소매점이 엄청난 수의 소비자에게 다가가는 접근을 제어하고, 이러한 통제력은 제조사와의 거래에서 우위를 차지하는 데 도움이 된다. 예를 들어 미국 식료품 판매의 26% 이상을 점유하고 있는, 미국에서 가장 큰 식료품점인 월마트와 소비재 공급자가 교섭하는 경우 결국 거대한 월마트가 원하는 대로 된다. 한 예로 공급업체인 크로락스를 살펴보자. 크로락스의 강력한 소비자 브랜드 선호도는 상당한 협상력을 제공하지만 월마트는 더 많은 카드를 손에 쥐고 있다. 크로락스의 매출 중 월마트 의존율은 27%를 차지하는 반면 크로락스 제품은 월마트의 구매 중 단 0.33%에 불과하여 월마트는 단연 지배적인 파트너이다. 비슷한 예로, 에그랜즈 베스트라는 브랜드를 가진 칼메인푸즈(Cal-Maine Foods)는 매출의 거의 33%를 월마트에 의존하고 있지만 월마트 물량의 0.1%에 불과하다. 월마트의 영향력 아래 운영되는 것은 소규모 브랜드뿐만이 아니다. P&G는 연간 매출의 13.5%인 약 90억 달러를 월마트에 의존하나 이는 월마트 전체 매출의 1.75%에 불과하다.[32]

소매 기술의 중요성 증가

디지털과 옴니채널 쇼핑이 표준이 되면서 소매 기술은 경쟁적인 도구로서 매우 중요해지고 있다. 혁신적인 소매점은 발달한 정보통신 기술과 소프트웨어 시스템을 이용하여 더 정확하게 예측하고, 재고 비용을 통제하고, 공급자와 전자문서로 교환하고, 지점 간에 정보를 교류하고, 심지어 매장 안에 있는 고객에게 판매를 하기도 한다. 이들은 체크아웃 검사, RFID 재고 추적, 상품 처리, 정보 공유, 고객과의 상호작용을 위해 정교한 시스템을 도입했다.

소매 기술 가운데 가장 눈부신 발전은 소매업체가 고객을 평가하고 고객과 연결하는 방법과 관련된 것이다. 오늘날과 같은 빅데이터 시대에 소매업체는 규모에 상관없이 고객의 욕구와 행동에 대한 통찰력을 얻기 위해 수많은 매장 내 및 온라인 데이터에 고급 분석을 적용할 수 있다. 이들은 인공지능을 사용하여 개별 고객 프로필에 맞게 상품, 프로모션, 추천, 서비스를 맞춤화할 수 있다.

온라인과 모바일 쇼핑의 급증으로 소매 고객의 쇼핑 행동과 기대가 변화되고 있기 때문에 다양한 영역의 소매업체는 새로운 시대의 경험적 소매 환경을 조성하기 위해 물리적 세계와 디지털 세계를 융합하고 있다. ● 아마존은 미래 지향적인 아마존 고(Amazon Go) 매장에서 이러한 시도를 하고 있다.[33]

> "줄을 서서 기다리거나 지갑을 열지 않아도 되는 세상을 상상해보라. 당신에 대해 너무 많이 알고 있기 때문에 당신이 좋아할 만한 상품을 추천하고 당신을 바로 그 상품이 있는 곳으로 데려다준다." 한 소매 분석가의 말이다. 그러나 이러한 세상을 상상할 필요가 없어졌다. 빠르게 그 수가 증가하고 있는 계산대 없는 편의점 아마존 고에서는 이미 현실이 되었다. 고객은 앱을 켜고 아마존 고 매장에 들어가 진열대에서 상품을 꺼낸 뒤 줄을 서서 기다리지 않고 걸어 나오기만 하면 된다. 카메라와 센서가 고객이 무엇을 집어서 내려놓는지 추적하고, 개별 고객의 데이터를 토대로 추천이나 특별 제안을 하며, 고객이 떠날 때 구매 금액을 신용카드사로 자동 청구한다. 잠시 후 앱은 고객이 무엇을 샀는지, 얼마를 지불했는지, 심지어 매장에서 얼마나 시간을 보냈는지 등의 세부 정보를 담은 영수증을 제공한다. 아마존 고의 '저스트 워크아웃(just walk out)' 시스템은 고객이 쉽게 쇼핑할 수 있도록 해줄 뿐만 아니라, 운영 비용을 절감하고 재고 관리를 용이하게 하며 고객 데이터에서 매출에 도움이 되는 정보를 추출한다. 아마존은 앞으로 몇 년 안에 아마존 고 매장을 최대 3,000개로 늘릴 계획이라고 한다. 어떤 분석가는 "소매업의 미래를 엿보고 싶다면 아마존 고 매장을 둘러보라"고 말한다.

● 소매 기술: "소매업의 미래를 엿보고 싶다면 아마존 고 매장을 둘러보라."
Naum Chayer/Alamy Stock Photo

많은 첨단 기술이 매장의 전시장으로 진출하고 있다. 그중 하나는 고객이 매장에서 쇼핑을 할 때 스마트폰을 통해 맞이하고 참여시키는, 블루투스로 연결하는 비콘(beacon) 기술이다. 예를 들어 서비스에 동의한 특정 고객이 타깃 매장에 들어서면 비콘 신호가 스마트폰의 타깃 앱을 구동한다. 그러면 타깃 앱은 고객이 매장 내에서 움직일 때 지도상의 위치를 보여준다. 또한 쇼핑 목록에 있는 품목의 위치를 표시하고 근처의 할인 쿠폰(Cartwheel) 혜택을 확인해준다. 또한 비콘 기반 타깃 기술은 언젠가 고객이 선택한 품목을 단순히 추적하여 계산대를 거치지 않고 자동으로 신용카드로 청구하는 스캔 앤드 고(scan-and-go) 기능을 제공할 것이다. 이는 앞서 소개한 아마존 고와 유사하지만 좀 더 큰 규모에 해당한다. 타깃의 마케팅 담당자는 "우리는 고객이 원하는 것을 찾고, 새로운 제품을 발견하며, 알맞고 시기적절한 제안과 서비스를 받을 수 있도록 지원함으로써 고객이 시간과 비용을 절약하기를 바란다"고 말한다.[34]

다른 소매업체는 쇼핑 경험을 향상하기 위해 **증강현실**(AR)과 **가상현실**(VR)을 실험하고 있다. 예를 들어 맨해튼에 있는 노스페이스 매장에서는 고객이 VR 헤드셋을 사용하여 원격 하이킹, 등산, 낙하산 점프 장소로 이동하고, 노스페이스 장비를 사용하는 동안 420피트 절벽에서 뛰어내리는 대담한 경험을 해볼 수도 있다. 또한 메리어트 투숙객은 하와이나 런던과 같은 목적지의 근접 관광을 위해 VR 고글을 착용해볼 수 있다. 인텔은 특수 처리된 메모리 거울(Memory Mirror)이 설치된 '스마트' 드레스룸을 개발했는데, 쇼핑객은 여기서 AR을 이용하는 손짓 하나로 의상과 색상을 바꿀 수 있다. AR과 VR 기술은 현재 구현하기 어렵고 비용이 많이 들지만 미래에 대한 흥미로운 가능성이 있다(마케팅 현장 13.2 참조).[35]

친환경 소매업

오늘날 소매점은 환경적으로 지속가능한 실천을 점점 더 채택하고 있다. 매장과 운영 방식을 친환경적으로 만들고, 환경 친화적인 책임 있는 제품을 더욱 촉진하며, 더욱 책임 있는 소비자가 되도록 도움을 주는 프로그램을 시작함과 동시에 환경에 미치는 악영향을 줄이기 위해 유통경로 파트너와 협력한다.

가장 기본적인 수준에서 대부분의 대형 소매점은 지속가능한 건물 설계, 시공, 운영을 통해 매장을 더욱 환경 친화적으로 만들고 있다. ● 예를 들어 '사람과 지구에 친화적(People & Planet Positive)'이라는 지속가능성 전략하에 가정용 가구 소매업체 이케아의 장기적인 목표는 100% 지속가능해진다.[36]

> '사람과 지구에 친화적' 전략은 29개국의 355개 대형 매장을 에너지 독립적이고 효율적으로 만드는 것에서 시작된다. 이케아는 매장에 전력을 공급하기 위해 416개의 풍력 터빈을 소유 및 운영하기로 했으며, 미국 이케아 매장의 90%에 걸쳐 75만 개의 태양광 패널을 설치했다. 이케아는 현재 재생 가능한 에너지원을 사용하는 만큼 에너지를 생산한다. 이케아는 매장 내에 에너지 효율적인 LED 조명만을 사용한다. 대부분의 이케아 매장은 고객 식당에서 나오는 음식물 쓰레기를 분류하여 퇴비를 만들거나, 처리 센터로 보내 동물 사료나 자동차, 버스의 연료로 쓰이는 바이오 가스로 전환한다. 일부 이케아는 플라스틱, 종이, CFL 전구, 건전지, 심지어 수명이 다한 가전제품 등을 받는 고객 재활용 센터를 제공한다.

● 친환경 소매업: '사람과 지구에 친화적'이라는 지속가능성 전략하에 가정용 가구 소매업체 이케아의 장기적인 목표는 100% 지속가능해진다.
Used with the permission of Inter IKEA Systems B.V

소매업체는 상품 구색을 친환경적으로 변경하고 있다. 예를 들어 현재 이케아는 매장에서 LED 조명 제품만을 판매하며, 이케아가 판매하는 가정용 가구 중에서 지속가능하고 재생 가능한 면, 목재 및 기타 자원으로 만드는 비율이 증가하고 있다. 이케아의 공급업체는 지속가능성 표준인 소매업체의 아이웨이(IWAY) 공급자 행동 강령을 준수해야 한다. 이케아의 목표는 모든 가정용 가구를 재활용 가능, 재생 가능, 또는 재생된 재료로 만드는 것이다. 이케아는 "사람과 지구에 긍정

마케팅 현장 13.2 | 소매업에서의 AR과 VR: 쇼핑 경험의 확장과 증가

오래된 주방이나 화장실을 개조하는 것은 힘든 일이라 많은 고객은 그저 손을 내저으며 잊어버리라고 말한다. 이러한 고객의 딜레마를 해결하기 위해 주거 개선 소매업체 로우스는 홀로룸(Holoroom)이라는 VR 프로그램을 개발했다. 일부 매장의 고객은 이 프로그램을 이용하여 전동 공구를 시험하거나 벽을 허물지 않고 방 배치를 다시 해볼 수 있다.

'엄마들을 위한 마인크래프트'라고 불리는 홀로룸은 고객이 매장 내 태블릿 앱을 사용하여 주방 캐비닛, 조리대, 수도꼭지, 가전제품, 타일, 페인트 색상 등(모두 로우스의 제품)을 마음대로 선택하여 꿈의 방을 디자인할 수 있게 해준다. 또한 고객은 HTC Vive 헤드셋을 착용하고 3D 가상현실에서 새롭게 디자인된 공간의 한가운데에 서서 디자인을 미세 조정할 수 있으며, 그 디자인을 유튜브 360으로 내보내어 구글 카드보드(Cardboard)로 집에서 공유하거나 볼 수 있다.

AR과 VR이 급성장하는 소매업의 세계에 온 것을 환영한다. 소매업체는 고객의 쇼핑 경험을 확장 및 개선하기 위해 점점 더 정교한 디지털 기술을 사용하며, 외부 세계를 매장으로 들여오고 또 매장을 외부 세계로 드러내고 있다. 소매업체는 AI에 힘입은 AR과 VR을 활용하여 현실의 한계를 뛰어넘는, 개인화되고 몰입도 높은 소매 경험을 창출하고 있다.

AR은 디지털로 증강된 객체와 실제 이미지를 병합한다. AR은 고객이 제품을 구입하기 전에 제품을 설계 및 시험해보고 시각화하는 데 도움을 줄 수 있다. 예를 들어 세포라의 메이크업 앱 버추얼 아티스트(Virtual Artist)는 고객의 얼굴을 스캔하여 고객이 좋아하는 메이크업을 찾을 때까지 눈, 입술, 볼 메이크업의 다양한 조합을 실험해볼 수 있도록 도와준다. 또한 고객에게 메이크업을 적용하는 방법과 그 결과를 디지털로 고객의 얼굴에 덮어씌우는 방법을 보여주는 '가상 튜토리얼' 기능도 제공한다. 마찬가지로 셔윈윌리엄스 색채 시각화(Sherwin-Williams Color Visualizer) 앱은 실제 방의 이미지를 업로드하고 가상으로 페인트칠해보는 기능(Color It Before You Paint It!)을 지원한다. 이케아의 AR 앱인 이케아 플레이스(IKEA Place)는 고객이 가구를 구입하기 전에 가구를 배치했을 때의 모습을 미리 확인할 수 있도록 가상으로 고객의 집에 가구를 놓아볼 수 있게 해준다.

런던 소재 나이키아이디 다이렉트 스튜디오(NIKEiD Direct Studio)에서 고객은 증강 비디오 매핑을 통해 자신만의 나이키를 디자인하고 살아 움직이는 것처럼 볼 수 있다. 고객이 나이키 에어포스 1(Air Force 1) 흰색 버전을 나이키아이디 다이렉트 컨피규레이터(전시 공간으로 쓰이는 작은 부스)에 넣고 태블릿 인터페이스의 옵션에서 색깔, 재료, 패턴을 선택하면 신발에 실시간으로 투영된다. 이렇게 만들어진 최종 디자인은 나이키아이디 공장에 접수된다. 이러한 AR 앱은 고객의 쇼핑 경험을 더욱 풍부하게 하고 맞춤화할 수 있다.

AR이 고객의 기존 환경을 확장한다면, VR은 고객의 기존 환경을 완전히 새로운 가상 환경에 접목한다. 예를 들어 자동차 제조사인 아우디는 딜러 전시실 1,000곳에 VR을 설치했다. 고객은 태블릿을 사용하여 아우디 자동차의 모델을 선택하고 각종 요소를 지정한 뒤 헤드셋과 이어폰을 착용하고 실감 나는 가상현실에서 맞춤형 자동차의 모습과 소리를 체험할 수 있다. 차 바깥을 돌아다니며 트렁크와 문을 열어보고, 후드 밑을 확인하고, 운전석에 앉을 수도 있다. 미래 버전에는 가죽 장식의 시원한 느낌과 신차 냄새까지 더할지도 모른다.

소매업체는 VR을 사용하여 고객이 시뮬레이션 환경에서 제품을 경험하도록 지원할 수 있다. 예를 들어 월마트는 '상황별 쇼핑 경험'을 향상하는 VR 앱을 실험하고 있다. Store No. 8[창업자인 샘 월턴(Sam Walton)이 '실험'으로 기억하는 초기 월마트 매장에서 따온 이름]로 불리는 이 혁신 팀은 최근 고객이 가상으로 요세미티 국립공원에서 캠핑 장비를 사용해볼 수 있게 도와주는 VR 앱을 시연했다. Store No. 8의 관리자는 이렇게 말한다. "사용할 환경 안에 있는 텐트를 볼 수 있습니다. 입구를 열고 안으로 들어가 바닥에 누워서 '모르겠어? 너무 꽉 끼는데'라고 말한 후 손으로 쓸어내리면 다른 텐트를 펼쳐볼 수 있습니다." 월마트의 실제 매장에는 텐트 1~2개도 설치할 공간이 없지만 VR에서는 고객이 전체 상품을 경험해볼 수 있다. 월마트의 개발자는 "텐트의 원단이 어떤지, 어떤 종류의 지퍼를 사용했는지 등을 실제 경험할 수 있는 능력은 차세대 상품화 방법이 될 잠재력을 가지고 있다"고 덧붙였다.

VR을 이용하여 쇼핑객을 매장으로 끌어들이거나 쇼핑객에게 매장 밖에서의 경험을 제공하는 것 말고도 소매업체는 쇼핑객이 어디에 있든 상관없이 자신의 매장을 보여줄 수 있다. 예를 들어 작은 마을에는 나이키 매장이 없겠지만 나이키는 가상의 매장을 통해 고객을 도울 수 있다. 이러한 VR 매장은 고객이 매장을 탐색하는 동안 AI를 이용하여 고객의 인구통계, 선호도, 구매 이력 및 행동에 맞게 개인화된 상호작용형 경험을 제공할 수 있다. 일부 VR 장비는 사용자가 보는 것을 정확히 추적할 수 있기 때문에 가상 점포 앱은 AI를 이용하여 사용자가 가장 관심 있어 하는 것을 바탕으로 사용자의 경험에 적응할 수 있다. 한 분석가는 이렇게 말한다. "현재 매장은 맞춤화가 전혀 이루어지지 않고 있어 모든 사람에게 소구하려고 노력하는데,

소매업에서의 AR과 VR: 자동차 제조사인 아우디는 많은 전시실에 VR을 설치했다. 고객은 헤드셋과 이어폰을 착용하고 실감 나는 가상현실에서 맞춤형 자동차의 모습과 소리를 체험할 수 있다.
Audi of America

VR이 이를 해결해줄 것이다."

VR 미래학자들은 각 쇼핑객의 특성과 선호에 맞춘 AI 기반 영업사원들로 북적이는 가상 매장, 심지어 실제 매장을 상상한다. 매장이나 상황에 따라 어떤 고객은 남성 사원의 도움을 선호할 수도 있고, 또 어떤 고객은 여성 사원의 도움을 선호할 수도 있다. 어떤 사람은 특정한 외모나 지식을 가진 판매원을 원할지도 모른다. VR을 통해 실제 매장은 많은 영업사원을 고용할 수 있다. 또한 매장은 고객이 원하는 것은 무엇이든 만들어낼 수 있다. 예를 들어 나이키 매장으로 걸어 들어갔을 때 테니스 슈퍼스타이자 나이키 대변인인 세리나 윌리엄스의 홀로그램 형상이 접근한다고 상상해보라. 고객은 가상의 세리나 윌리엄스에게 무엇이든 물어볼 수 있고, 그 홀로그램은 진짜 세리나 윌리엄스처럼 개인적으로 이해하고 반응할 것이다.

AR과 VR은 아직 걸음마 단계이다. 하드웨어는 여전히 비싸고 어색한 데다 가상 앱이 쇼핑객에게 미치는 영향은 아직 검증되지 않았으며 불확실하다. 따라서 소매업체는 고객을 끌어들이는 강력한 기술에 대해 가능성만을 실험하고 있다. 하지만 대부분의 소매업체는 AI로 지원되는 AR과 VR을 미래의 물결로 보고 있다. 한 VR 컨설턴트는 "VR이나 AR 같은, 삼차원 세상과 인간을 복제할 수 있는 스마트한 [AI] 시스템을 결합하면 우리가 살아온 세상을 훨씬 뛰어넘고 앞선 경험을 하게 될 것"이라고 말한다.[38]

적인 영향을 미칠 수 있다는 확신을 주기 위해 지속가능성을 비즈니스의 핵심으로 삼고 있다"고 밝힌다.

또한 많은 소매업체는 소비자가 환경적으로 더 책임감 있는 결정을 내릴 수 있도록 돕는 프로그램을 시작했다. 스테이플스의 쉬운 지속가능성 프로그램(Easy Sustainability Program)은 고객이 매장에서 판매되는 친환경 제품을 식별할 수 있도록 도와주고 프린터 카트리지, 휴대전화, 컴퓨터 및 기타 사무용 기술 제품을 재생할 수 있도록 지원한다. 스테이플스는 매년 약 3,000만 개의 프린터 카트리지와 1,000만 파운드의 오래된 제품을 재생한다.[38]

많은 대형 소매업체는 공급업체, 유통업체와 협력하여 보다 지속가능한 제품, 포장 및 유통 시스템을 만들고 있다. 예를 들어 아마존은 포장을 줄이고 단순화하기 위해 판매하는 많은 제품의 생산자와 긴밀하게 협력한다. 그리고 월마트는 자신의 실질적인 지속가능성 계획을 벗어나 막대한 구매 협상력을 발휘하여 공급업체로 하여금 환경에 미치는 영향과 관행을 개선할 것을 촉구한다. 월마트는 공급업체를 평가하는 세계적인 지속가능 제품 지수(Sustainable Product Index)도 개발했다. 월마트는 고객의 지속가능한 구매 선택을 돕기 위해 지수를 단순한 등급으로 바꿀 계획이다.[39]

친환경 소매업(green retailing)은 손익계산서상의 매출과 이익 양쪽에 효익을 안겨준다. 지속가능한 관행은 환경 친화적인 판매자와 제품을 지원하고자 하는 소비자를 끌어들이면서 소매업체의 매출 수준을 끌어올린다. 또한 비용을 절감함으로써 이익 창출에 도움이 될 수 있다. 예를 들어 아마존의 포장 절감 노력은 포장 비용을 절감하는 동시에 고객의 편의성을 높이고 '포장 짜증(wrap rage)'을 없앤다. 또한 이케아의 에너지 효율적인 건물은 고객에게 소구할 뿐만 아니라 지구를 살리는 데에도 도움이 되고 운영 비용도 감소된다.

주요 소매업체의 세계적 확장

독특한 형식과 강력한 브랜드 포지셔닝을 가진 소매업체는 포화 상태인 미국 시장을 벗어나 국제적으로 시장을 확장하고 있다. 수년간 맥도날드, 월마트와 같은 거대한 미국 소매업체는 마케팅 능력으로 전 세계에 두각을 나타냈다.

그러나 대부분의 미국 소매업체는 세계적인 확장에서 아직까지 유럽과 아시아 기업에 상당히 뒤지고 있다. 세계 상위 20개 소매업체 중 10개가 미국 기업인데, 그중 5개(월마트, 홈디포, 월그린스, 아마존, 코스트코)만이 북미 이외의 지역에 매장을 두고 있다. 한편 세계 상위 20개 소매업체 중 미국 기업이 아닌 10개 중 8개가 적어도 10개국에 매장을 두고 있다. 세계적으로 확장 중인 외국 소매업체 중에는 프랑스의 까르푸, 그루프카지노(Groupe Casino), 그루프오샹(Groupe

Auchan), 독일의 메트로(Metro), 리들, 알디 체인, 영국의 테스코, 일본의 세븐앤드아이(Seven & I)가 있다.[40]

국제적인 소매업은 기회뿐만 아니라 도전을 나타낸다. 소매업체는 국가, 대륙, 문화를 가로질러 극적으로 다른 소매 환경을 경험하고 있다. 자국 내에서 잘 작동했던 운영 방식을 해외에 간단히 적용하는 것만으로는 성공하기에 충분치 않다. 소매업체는 해외에 진출할 때 그 지역 시장의 욕구를 이해하고 대응해야 한다.

저자 코멘트 | 소매상은 주로 개인 용도로 구매하는 최종 소비자에게 제품과 서비스를 직접 판매하는 반면, 도매상은 주로 재판매나 사업용으로 구매하는 소비자에게 판매한다. 도매상은 배후에서 영업하기 때문에 최종 소비자에게는 거의 알려지지 않았으나 기업 고객에게 매우 중요하다.

도매업

학습목표 13-5 도매상의 주요 유형과 마케팅 의사결정에 대해 알아본다.

도매업
재판매 또는 사업 목적으로 구입하는 고객에게 제품과 서비스를 판매하는 데 관련된 모든 활동

도매상
주로 도매업에 종사하는 기업

도매업(wholesaling)은 재판매 또는 사업 목적으로 구입하는 고객에게 제품과 서비스를 판매하는 데 관련된 모든 활동을 말한다. 이러한 도매 활동에 전적으로 종사하는 기업을 **도매상**(wholesaler)이라고 한다.

도매상은 주로 생산자로부터 제품을 구매하여 대개 소매상, 산업재 소비자, 다른 도매상에게 판매한다. 따라서 한 나라에서 규모가 가장 크고 영향력 있는 많은 도매상은 대개 최종 소비자에게 잘 알려져 있지 않다. 예를 들어 2,080억 달러 규모의 거대 건강관리 서비스 제공업자이자 미국 최고의 제약, 보건 및 미용, 가정 건강 돌봄, 의료품 공급 및 장비 제품 도매상인 매케슨(McKesson)에 대해 얼마나 알고 있는가? 아니면 12만 5,000개 이상의 주문자 상표 부착 생산업체(OEM)와 90개국 이상 465개 지점으로 구성된 글로벌 네트워크를 통한 상업 고객에게 컴퓨터 칩, 콘덴서, 기타 전자 및 컴퓨터 부품을 연간 300억 달러 공급하는 도매상 애로일렉트로닉스(Arrow Electronics)를 알고 있는가? ● 그리고 그레인저(Grainger)는 150개국 이상에서 320만 이상의 산업재 및 기관 고객에게는 아주 유명하고 인정받지만, 이 기업의 이름을 들어본 적이 없는 독자도 있을 것이다.[41]

그레인저는 독자가 들어보지 못한 시장 최대 선두업체일 것이다. 그레인저의 사업 규모는 104억 달러에 달하며, 5,000개 제조업체와 320만 고객에게 160만 개의 유지·보수·운영(maintenance, repair, operating, MRO) 제품을 공급하고 있다. 그레인저는 지점망, 서비스 센터, 영업사원, 카탈로그, 온라인과 소셜미디어 등을 통해 전구, 청소기, 진열장에서부터 볼트와 너트, 모터, 밸브, 전동 장비, 시험 장비, 안전용품에 이르기까지 고객이 설비를 순조롭게 운영하는 데 필요한 모든 공급품과 고객을 연결한다. 그레인저의 지점 600곳, 전략적으로 위치가 지정된 유통 센터 33곳, 2만 5,000명이 넘는 직원 및 혁신적인 웹과 모바일 사이트는 하루에 10만 건 이상의 거래를 처리한다. 그레인저의 고객은 공장, 차고, 식료품점, 학교, 군사기지 등 다양한 조직이다.

● 도매업: 그레인저와 같이 미국 최대이자 가장 중요한 도매상 중 다수가 최종 소비자에게는 알려지지 않았다. 하지만 이들이 지원하는 산업재 고객 사이에서는 아주 유명하고 그 가치를 인정받는다.
Kristoffer Tripplaar/Alamy Stock Photo

그레인저는 간결한 가치 제안 — 고객이 MRO에 필요한 공급품을 보다 쉽고 저렴하게 구입할 수 있도록 한다 — 을 바탕으로 경영을 한다. 이를 위해 그레인저는 설비를 유지하는 데 필요한 제품에 대해 원스톱 숍 운영을 기점으로 한다. 좀 더 넓은 수준에서 그레인저는 고객이 MRO와 관련된 전반적인 문제점을 해결하도록 도와줌으로써 고객과의 지속적인 관계를 구축한다. 그레인저의 영업사원은 컨설턴트처럼 행동하면서 고객의 공급사슬 관리 개선에서 재고 감축, 창고 운영의 간소화 등 모든 면에 도움을 준다. 그레인저는 "당신이 우리 세상을 만들고, 고치고, 움직이는 것

을 돕기 위해 우리가 있다"고 말한다.

어떻게 이러한 기업에 대해 들어본 적이 없는 것일까? 아마도 그들의 MRO 공급 업무가 눈에 띄는 화려한 업종이 아닌 데다, 기업에는 매우 중요하지만 일반 소비자에게는 그리 중요하지 않기 때문일 것이다. 즉 그레인저가 도매상이기 때문이다. 대부분의 도매상처럼 그레인저도 막후에서 기업에만 제품을 판매하기 때문이다.

도매상은 판매자에게 왜 중요한가? 예를 들어 생산자는 소매상이나 소비자에게 직접 판매하지 않고 왜 도매상을 이용하는가? 간단히 말하자면 도매상은 다음과 같은 유통경로 기능 중에서 하나 이상을 수행함으로써 가치를 부여하기 때문이다.

- **판매와 촉진**: 도매상의 영업조직은 제조업자가 저렴한 비용으로 많은 소규모 고객에게 도달할 수 있게 해준다. 도매상은 멀리 떨어져 있는 제조업자보다 구매자와 더 많이 접촉하고 구매자에게 더욱 신뢰를 받는다.
- **구매와 구색 맞춤**: 도매상은 품목을 선택하여 고객이 필요로 하는 구색을 맞춤으로써 많은 불편을 덜어준다.
- **대용량 분할**: 도매상은 차량 적재량 단위로 구매하고 대용량을 분할(대량으로 구입한 제품을 소량으로 분할)하여 판매함으로써 고객이 돈을 절약할 수 있게 해준다.
- **창고 관리**: 도매상은 재고를 보유함으로써 공급자와 고객의 재고 비용과 위험 부담을 줄여준다.
- **운송**: 도매상은 생산자보다 고객과 가까이 있으므로 신속한 배송이 가능하다.
- **자금 조달**: 도매상은 고객에게 신용 판매를 하고, 공급자에게는 미리 주문하고 제 날짜에 대금을 지불하는 자금 조달·융통 활동을 한다.
- **위험 부담**: 도매상은 제품에 대한 소유권을 갖고 도난, 파손, 변질, 진부화 등의 비용을 부담함으로써 위험을 감수한다.
- **시장 정보**: 도매상은 공급자와 고객에게 경쟁사의 활동, 신제품, 가격 변화 등에 관한 정보를 제공한다.
- **경영 서비스와 지도**: 도매상은 종종 소매상이 판매원을 교육·훈련하고, 점포 배치와 진열을 개선하며, 회계 및 재고 통제 시스템을 수립할 수 있도록 도움을 준다.

도매상의 유형

도매상은 세 가지 유형, 즉 상인 도매상, 중개인과 대리인, 제조업자 및 소매상의 지점과 사무소로 구분된다(● 표 13.3 참조). **상인 도매상**(merchant wholesaler)은 전체 도매업의 약 50%를 차지하는 최대 단독 도매상 집단이다. 상인 도매상은 완전기능 도매상과 한정기능 도매상으로 구분된다. 완전기능 도매상(full-service wholesaler)은 종합적인 서비스를 제공하지만 다양한 한정기능 도매상(limited-service wholesaler)은 공급자나 고객에게 몇 가지 한정된 서비스만 제공한다. 몇 가지 상이한 유형의 한정기능 도매상은 유통경로상에서 다양하고 전문화된 기능을 수행한다.

상인 도매상
자신이 취급하는 상품에 대한 소유권을 가진 독립적 소유의 도매 사업체

중개인
구매자와 판매자를 한자리에 모이게 하여 협상을 돕는 기능을 수행하는 도매상으로서 상품에 대한 권리는 갖지 않음

대리인
비교적 영구적인 기준으로 구매자나 판매자를 대표하는 도매상으로서 일부 기능만 수행하며 상품에 대한 권리를 가지지 않음

중개인과 대리인은 두 가지 관점에서 상인 도매상과 다르다. 중개인과 대리인은 제품의 소유권을 가지지 않으며 몇 가지 기능만을 수행할 뿐이다. 일반적으로 이들은 상인 도매상처럼 제품라인이나 고객의 유형에 따라 전문화되어 있다. **중개인**(broker)은 구매자와 판매자를 한자리에 모이게 하여 거래를 협상하도록 도와준다. **대리인**(agent)은 구매자나 판매자 중 한쪽을 대표하며 이들과 지속적인 관계를 유지한다. 제조업자 대리인(manufacturer's agent)은 대리 도매상 중에서 가장 일

표 13.3 | 도매상의 주요 유형

유형	설명
상인 도매상	자신이 취급하는 상품의 소유권을 가지고 있으며 사업체를 독립적으로 소유한다.
완전기능 도매상 (full-service wholesaler)	재고 유지, 영업조직 유지, 신용 제공, 배송 및 경영 지원과 같은 종합적인 서비스를 제공한다.
도매상인 (wholesale merchant)	주로 소매상에게 판매하고 완전한 서비스를 제공한다. 일반 상품 도매상인(general merchandise wholesaler)은 여러 상품라인을 취급하고, 일반 라인 도매상인(general line wholesaler)은 한두 가지 라인을 깊이 있게 취급하며, 전문품 도매상인(specialty wholesaler)은 한 라인 중 일부분만을 전문적으로 취급한다.
산업재 유통업자 (industrial distributor)	소매상보다는 제조업자에게 제품을 판매하며 재고 유지, 신용 제공, 배송 등 다양한 서비스를 제공한다. 폭넓게 여러 종류의 상품라인을 취급하거나 일반적인 라인 또는 전문품 라인을 취급한다.
한정기능 도매상 (limited-service wholesaler)	완전기능 도매상보다는 적은 서비스를 제공한다.
무배송 현금 도매상 (cash-and-carry wholesaler)	회전율이 높은 한정된 라인의 상품을 소규모 소매상에게 현금을 받고 판매하며 보통은 배송을 하지 않는다.
트럭 도매상 (truck wholesaler, truck jobber)	주로 판매와 배송 기능을 수행한다. 우유, 식빵, 간식류 등 변질되기 쉬운 상품을 한정적으로 취급하는데, 슈퍼마켓, 식료품점, 병원, 레스토랑, 구내식당, 호텔 등을 돌면서 현금을 받고 판매한다.
직송 도매상 (drop shipper)	재고를 유지하거나 제품을 취급하지 않는다. 주문을 받으면 고객에게 상품을 직송해줄 제조사를 선택한다. 주로 석탄, 목재, 중장비 등 부피가 큰 산업에서 이용된다.
선반 도매상 (rack jobber)	소규모의 잡화, 의약품 점포에 주로 비식품류를 제공한다. 상점까지 배송 트럭을 보내주고, 배송사원은 완구류, 서적류, 철물 제품, 건강 및 미용 보조 품목 등을 선반에 구성한다. 선반 도매상은 상품의 가격을 정하고 상품의 청결을 유지하며, 구매 시점 진열과 재고 기록도 구축한다.
생산자 협동조합 (producers' cooperatives)	농장을 소유한 회원들로 구성되며 지역 시장에서 판매할 농산물을 수집한다. 품질 향상을 시도하기도 하고, 선메이드 건포도, 선키스트 오렌지, 다이아몬드 땅콩과 같은 협동조합의 브랜드를 촉진하기도 한다.
우편주문(mail-order) 또는 웹 도매상(web wholesaler)	소매, 산업체, 기관 고객에게 보석, 화장품, 특산품 및 기타 품목에 대한 카탈로그를 발송하고 웹사이트를 유지한다. 외부 판매원은 고용하지 않으며, 이들의 주요 고객은 도시 외곽에 위치한 소규모 사업체이다.
중개인과 대리인	상품에 대한 소유권을 갖지 않는다. 이들의 주요 기능은 판매와 구매를 수월하게 해주는 것이며, 이에 대한 대가로 판매가격에 대한 수수료를 받는다. 일반적으로 제품라인이나 고객 유형에 따라 전문화되어 있다.
중개인(broker)	구매자와 판매자를 모이게 하여 거래 협상을 도와준다. 의뢰인으로부터 대금을 받지만 재고를 보유하지 않고 자금 조달에 관여하지 않으며 위험을 부담하지도 않는다. 식료품 중개인, 부동산 중개인, 보험 중개인, 증권 중개인 등이 그 예이다.
대리인(agent)	중개인보다 더 지속적인 관계를 기반으로 구매자와 판매자 중 한쪽을 대표한다. 대리인에는 네 가지 형태가 있다.
제조업자 대리인 (manufacturer's agent)	상호 보완적 제품라인의 둘 이상 제조업자를 대표하며 의류, 가구, 전자제품과 같은 라인에서 주로 이용된다. 스스로 영업력을 확보할 여력이 없는 소규모 제조업자나 새로운 시장을 개척하려는 제조업자, 전일제 영업사원을 확보할 수 없는 제조업자가 이들을 고용한다.
판매 대리인 (selling agent)	계약서상 제조업자의 전 산출물을 판매할 권리를 갖는다. 영업 부서의 역할을 수행하고 가격, 기간, 판매 조건 등 전반에 걸쳐 상당한 영향력을 미친다. 주로 섬유, 산업 기계 및 장비, 석탄, 콜라, 화학제품, 금속 등의 산업에서 찾아볼 수 있다.
구매 대리인 (purchasing agent)	일반적으로 구매자와 장기간의 관계를 유지하면서 구매자를 대신하여 상품을 구입하고 인수하고 검사하여 창고에 보관하며, 상품을 선적하여 구매자에게 보낸다. 이들은 최고의 상품을 적당한 가격에 구입한다.
수수료 상인 (commission merchant)	제품을 물리적으로 소유하고 판매 협상을 한다. 산출물을 직접 팔려고 하지 않는 농부의 농산물 마케팅에서 가장 많이 이용된다. 이들은 상품을 트럭에 싣고 중앙시장에 가서 좋은 가격에 판매하고 수수료와 비용 등을 제외한 나머지를 생산자에게 송금한다.

유형	설명
제조업자 및 소매상의 지점과 사무소	독립적인 도매상을 통하지 않고 판매자나 구매자가 직접 운영한다. 각 지점이나 사무소가 판매처나 구매처로 이용될 수 있다.
판매 지점(sales branch) 및 판매 사무소(sales office)	제조업자가 재고 관리, 판매, 촉진 등을 향상하고자 판매 지점과 판매 사무소를 세운다. 목재, 자동차 장비 및 부품 같은 산업에서 볼 수 있는 판매 지점은 재고를 유지한다. 건물류(乾物類)와 직물류 업종에서 주로 볼 수 있는 판매 사무소는 재고를 유지하지 않는다.
구매 사무소 (purchasing office)	중개인이나 대리인과 유사한 역할을 하지만 구매자 조직의 일부이다. 많은 소매상은 뉴욕, 시카고와 같은 주요 시장 센터에 구매 사무소를 설치한다.

제조업자 및 소매상의 지점과 사무소
독립 도매상을 통하지 않고 판매자나 구매자가 직접 도매함

반적인 형태이며, 제조업자 영업사원(manufacturer's representative)으로 불리기도 한다. 도매업의 세 번째 유형은 독립적인 도매상을 통하지 않고 판매자나 구매자가 직접 운영하는 **제조업자 및 소매상의 지점과 사무소**(manufacturer's and retailer's branch and office)이다.

도매상의 마케팅 의사결정

현재 도매상은 증가하는 경쟁 압력, 고객의 더 많은 요구, 새로운 기술, 대규모 산업체와 기관 및 소매 구매자 측면에서 더 많아진 직접구매 프로그램 등에 직면해 있다. 결과적으로 도매상은 자신의 마케팅 전략을 새롭게 살펴보고 있다. 소매점과 마찬가지로 도매상의 마케팅 의사결정에도 세분화와 목표시장 선정, 차별화와 포지셔닝, 제품 및 서비스 구색, 가격, 촉진, 유통과 같은 마케팅 믹스가 포함된다(● 그림 13.2 참조).

시장 세분화, 목표시장 선정, 차별화, 포지셔닝에 관한 의사결정

도매상은 소매상과 마찬가지로 전체 고객을 대상으로 할 수 없으므로 시장을 세분하고 목표시장을 정의하여 효과적으로 차별화하고 포지셔닝해야 한다. 즉 도매상은 고객 규모로(예: 대규모 소매점만), 고객 유형별로(예: 편의점만), 고객 서비스 욕구 수준별로(예: 신용 구매를 원하는 고객), 그리고 기타 요인으로 고객을 고려하여 목표집단을 선택할 수 있다. 도매상은 목표집단 내에서 보다 수익성 있는 고객을 찾아 더 강력한 제안을 설계하고 그들과 좋은 관계를 구축할 수 있다. 또한 자동 재주문 시스템을 제안하거나 경영 교육 훈련과 자문 시스템을 마련할 수도 있으며, 심지어

● 그림 13.2
도매상 마케팅 전략

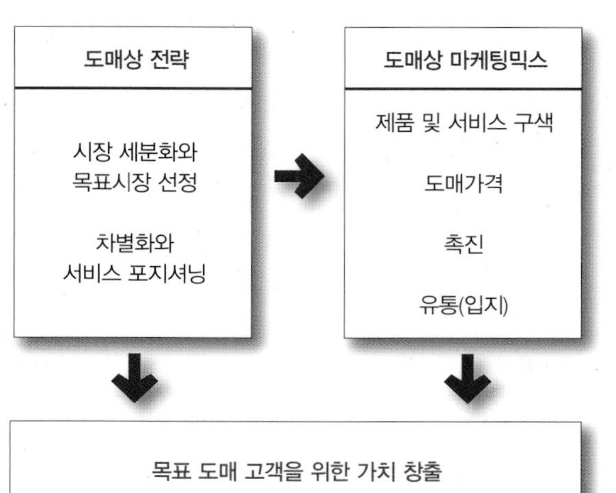

이 표는 왜 그림 13.1과 많이 비슷한가? 소매상과 마찬가지로 도매상은 고객을 위해 가치를 창출하고 그 대가로 가치를 얻는 고객 중심 마케팅 전략과 마케팅믹스를 개발해야 하기 때문이다. 예를 들어 그레인저는 기업 고객이 설비를 가동하고 운영할 수 있는 적절한 제품과 솔루션을 제공함으로써 시간과 비용을 절감할 수 있도록 지원한다.

소매점의 자발적 체인을 후원할 수도 있다. 도매상은 규모가 작은 고객에게는 대량 주문을 요구하거나 부가 서비스에 대한 요금을 청구함으로써 수익성이 낮은 고객을 줄일 수 있다.

마케팅믹스 의사결정

소매점과 마찬가지로 도매상도 제품 및 서비스 구색, 가격, 촉진, 입지에 대해 결정해야 한다. 도매상은 제공하는 **제품과 서비스**를 통해 부가적인 고객 가치를 창출한다. 도매상은 모든 제품라인을 취급하고 즉시 배송할 수 있도록 충분한 재고를 유지해야 한다는 상당한 압력을 받는다. 그러나 이러한 관행은 수익에 악영향을 끼칠 수 있다. 오늘날 도매상은 취급하는 제품라인의 수를 줄이고 더 수익성 있는 라인만을 선택하여 취급하고 있다. 도매상은 강력한 고객 관계를 구축하는 데 어떤 서비스가 가장 중요한지, 어떤 서비스를 제외하고 어떤 서비스를 유료화해야 하는지를 재검토하고 있다. 목표고객이 가장 가치 있다고 여기는 서비스믹스를 찾아내는 것이 관건이다.

가격도 도매상이 결정해야 하는 중요한 요소이다. 도매상은 일반적으로 제품의 원가 기준에 표준 비율을 적용하여 마크업을 정하며, 낮은 마진율 상태로 운영하고 있다. 증가하는 비용과 마진 압력에 처한 소매상과 산업재 고객은 도매상 쪽으로 눈을 돌려서 더 낮은 가격을 찾고 있다. 도매상은 결국 주요 고객을 유지하기 위해 어떤 제품라인의 경우 마진을 줄일 수도 있다. 또한 도매상은 공급자의 판매를 증가시킬 수만 있다면 공급자에게 특별한 가격 파괴를 요구하기도 한다.

촉진은 도매상의 성공에 중요한 요인이 될 수 있지만 대부분의 도매상은 촉진 지향적이지 않다. 즉 도매상은 거래 광고, 판매촉진, 인적 판매, PR을 무계획적으로 산만하게 수행한다. 다른 B2B 마케터처럼 도매상도 주요 고객을 위한 판매, 관계 구축, 서비스 제공 등을 위해 팀 단위로 노력할 필요가 있다. 도매상도 소매점이 사용하는 비개인적 촉진 기법 중 몇 가지를 사용해야 한다. 또한 전반적인 촉진 전략을 개발하고 공급자의 촉진 자료와 촉진 프로그램을 더욱 활용할 필요가 있다.

도매상의 촉진에서 디지털과 소셜미디어의 역할이 점점 더 중요해지고 있다. 예를 들어 그레인저는 페이스북, 유튜브, 트위터, 링크드인, 인스타그램에서 적극적인 활동을 이어가고 있으며, 다양한 기능을 가진 모바일 앱을 제공하기도 한다. 그레인저는 유튜브 채널에 기업 소개, 제품 및 서비스 안내, 재고 비용을 낮게 유지하는 방법 등 다양한 주제로 700여 개의 동영상을 올려놓았다.

마지막으로 **유통**(입지)도 중요하다. 도매상은 위치, 시설물, 관련 서비스의 위치를 신중하게 선택해야 한다. 도매상이 임대료가 싸고 세금이 낮은 지역에 자리를 잡고, 사무실이나 시설 및 관리 시스템에 거의 돈을 쓰지 않던 시대가 있었다. 그러나 기술이 발달한 지금 이렇게 하면 자재 취급, 주문 과정, 배송 시스템이 뒤처지게 된다.

오늘날 규모가 크고 혁신적인 도매상은 자동화 창고와 정보통신 시스템을 도입하여 원가 상승에 대응하고 있다. 소매상의 주문이 소매상의 시스템에서 바로 도매상의 컴퓨터에 입력되고, 주문 품목을 기계 장치가 픽업하여 적재판에 자동으로 운반한다. 대부분의 대형 도매상은 기술을 활용하여 회계, 계산서 발행, 재고 통제, 수요 예측 등을 실시한다. 현대적인 도매상은 서비스를 목표고객의 욕구에 맞추고 원가를 절감할 수 있는 사업 방법을 찾고 있다. 또한 그들은 더 많은 사업을 온라인으로 거래하고 있다. 예를 들어 전자상거래는 그레인저에서 가장 빠르게 성장하는 판매 경로이다. 온라인과 모바일 구매는 이제 전체 도매상의 판매량 중 절반 이상을 차지하고 있다.[42]

도매업의 추세

오늘날 도매상은 상당히 도전적인 문제를 겪고 있다. 도매 산업은 그 어느 때보다도 높은 효율성을 요구하는 지속적인 추세에 취약하게 노출되어 있다. 긴박한 경제 상황과 소매상의 문제는 훨씬 더 낮은 가격에 대한 요구, 원가와 품질을 바탕으로 부가가치를 창출하지 못하는 공급자를 걸러내

● 거대 식품 유통 도매상인 시스코는 고객이 스스로 할 수 있는 것보다 더 안정적이고 효율적이며 저렴하게 식품과 식품 서비스 공급품을 조달 및 배달함으로써 '좋은 것은 시스코에서 온다'는 모토에 부응하고 있다.
Sysco Corporation

려는 요구를 초래했다. 혁신적인 도매상은 목표고객과 공급자의 변화하는 욕구를 충족하기 위한 새로운 방법을 끊임없이 모색하고 있다. 그들은 자신의 유일한 존재 이유가 마케팅 경로 전체의 효율성과 효과성을 높여서 부가가치를 창출하는 것임을 인식하고 있다.

도매상은 다른 유형의 마케터와 마찬가지로 부가가치를 창출하는 고객 관계 형성을 목표로 한다. ● 예를 들어 시스코(Sysco)를 살펴보자. 시스코는 550억 달러 규모의 식품 유통 회사로, 집이 아닌 곳에서 식사를 준비하는 약 42만 5,000개의 식당, 학교, 병원, 대학 및 기타 상업적 고객의 배후에서 식품을 공급한다.[43]

휴스턴 릴라이언트 스타디움의 핫도그든, 저지마이크(Jersey Mike)의 이탈리아산 오리지널 서브샌드위치든, 힐튼호텔의 게살 케이크든, 병원 구내식당의 햄치즈샌드위치든 다양한 재료는 미국 최고의 식품 공급업체인 시스코가 공급했을 가능성이 높다. 시스코는 먹거리 시설을 운영하는 데 필요한 모든 것을 공급하는데, 여기에는 해산물·닭고기·쇠고기 상자, 25파운드짜리 쌀·파스타 봉지, 케첩·살사가 든 갤런 병, 비닐장갑 상자, 접시 세척세제 상자 등이 포함된다. 시스코의 매우 큰 가치는 시스코가 고객이 스스로 할 수 있는 것보다 더 안정적이고 효율적이며 저렴하게 이러한 공급품을 조달하고 배달한다는 것이다.

예를 들어 시애틀 파이크 플레이스 마켓의 상징적인 레스토랑인 로웰스(Lowell's)는 시스코 마켓 온라인 주문 시스템을 통해 거의 모든 제품을 편리하게 구매한다. 로웰스의 주문은 시스코의 자동 유통 센터에서 빠르고 정확하게 처리된다. 그러면 로웰스는 자체적으로 또는 시스코 영업 담당자 및 발송인의 도움을 받아 마이 시스코 트럭(My Sysco Truck) 프로그램으로 개별 배송 위치를 추적할 수 있다. 시스코는 지속가능성과 지역사회를 기반으로 사업을 포지셔닝한 고객의 욕구에 부응하기 위해 가치를 더하고 신뢰를 쌓는 새로운 방법을 지속적으로 모색하기 위해 안전을 위한 제품 추적에서부터 지역, 중소 농장, 목장, 가공업체를 통한 제품 조달에 이르기까지 다양한 시도를 하고 있다. 요컨대 시스코는 '좋은 것은 시스코에서 온다'라는 모토에 부응하고 있다.

대형 도매상과 대형 소매상의 구분이 날이 갈수록 애매해지고 있다. 많은 소매상이 여러 도매 기능을 수행하는 도매클럽이나 슈퍼센터 형태로 운영되고 있다. 한편 일부 대형 도매상은 자기 소유의 소매점을 운영하기 시작했다. 예를 들어 슈퍼밸류(SuperValu)는 미국에서 가장 큰 식품 도매상이자 가장 큰 식품 소매상으로, 매출 중 3분의 1 정도를 컵푸즈(Cub Foods), 팜프레시(Farm Fresh), 혼배처스(Hornbacher's), 숍엔세이브(Shop'n Save), 쇼퍼스(Shoppers)라는 매장에서 얻는다.[44]

도매상은 소매상에게 제공하는 서비스(소매 가격결정, 협력 광고, 마케팅 및 경영 정보 서비스, 회계 서비스, 온라인 거래 등)를 계속 늘릴 것이다. 그러나 보다 가치 중심적인 환경과 증가된 서비스에 대한 수요가 도매상의 이익을 압박하고 있다. 고객에게 가치를 전달하는 효율적인 방법을 찾지 못한 도매상은 곧 추락할 것이다. 다행히도 컴퓨터화, 자동화, 인터넷 기반 시스템 사용이 증가하면 도매상은 주문, 배송, 재고 유지 비용을 억제하여 생산성을 높일 수 있을 것이다.

학습목표별 요약

소매업과 도매업은 생산 시점부터 사용 시점에 이르기까지 제품과 서비스를 제공하는 많은 조직으로 구성된다. 이 장에서는 소매업의 본질과 중요성, 소매상의 주요 유형과 마케팅 의사결정, 소매업의 미래를 살펴보고 도매상에 대해서도 같은 주제를 가지고 설명했다.

학습목표 13-1 유통경로에서 소매상의 역할과 주요 유형을 파악한다.

소매업은 개인적 목적 또는 비영리적 목적으로 사용하려는 최종 소비자에게 제품이나 서비스를 직접 판매하는 것과 관련된 모든 활동을 말한다. 소매상은 구매 과정의 최종 단계에서 소비자와 브랜드를 연결해주는 중요한 역할을 한다. 쇼핑객 마케팅은 매장 내, 온라인, 모바일 쇼핑에 상관없이 소비자가 판매 시점에 다가갈수록 전체 마케팅 프로세스의 초점을 쇼핑객에서 구매자로 전환되는 데 맞추는 것이다.

연결된 소비자들의 쇼핑 및 구매 방식이 최근 들어 극적으로 변화함에 따라 소매업계에도 큰 변화가 일어나고 있다. 오늘날의 구매자는 쇼핑하면서 여러 채널을 넘나드는 옴니채널 소비자로, 구매 과정에서 소매점의 역할을 변화시키고 있다. 아마존을 비롯한 온라인 상인이 호황을 누리면서 전통적인 점포가 고전을 면치 못하고 있다. 미래의 성공적인 소매상은 옴니채널 소매업을 선택하여 매장 내, 온라인, 모바일 쇼핑을 통합하는 완벽한 옴니채널 구매 환경을 구축해야 한다.

소매점포는 규모나 형태가 매우 다양하여 새로운 형태의 소매점포가 계속해서 생겨나고 있다. 소매점포는 제공하는 서비스의 양(셀프서비스, 한정서비스, 완전서비스), 판매하는 제품라인(전문점, 백화점, 슈퍼마켓, 편의점, 슈퍼스토어, 서비스 소매점), 상대적 가격(할인점, 오프프라이스 소매점)에 따라 분류할 수 있다. 오늘날 많은 소매점은 기업형 또는 계약형 조직의 형태로 결합한다(회사체인, 임의체인, 소매점 조합, 프랜차이즈 조직).

학습목표 13-2 소매상이 오늘날 디지털로 연결된 소비자의 교차경로 쇼핑 행동을 충족하기 위해 옴니채널 소매업을 어떻게 활용하고 있는지 이해한다.

웹사이트, 스마트폰, 모바일 앱, 소셜미디어 및 기타 디지털의 시대에 소매 쇼핑 과정은 급격히 변화되었다. 오늘날 옴니채널 구매자는 구매 과정 전반에 걸쳐 온라인과 매장 내 경로를 경계 없이 교차 이동하고 있다. 이들은 온라인에서 손쉽게 제품과 가격을 조사하고, 집에서 디지털로 쇼핑하며, 직장이든 매장이든 어디서나 상품을 탐색한다. 고객의 쇼핑 방식 변화는 소재점의 영업 방식에 커다란 변화를 요구한다. 옴니채널 구매는 이용 가능한 모든 쇼핑 경로와 기기를 경계가 없는 고객 쇼핑 경험으로 통합하는 옴니채널 소매를 요구한다.

옴니채널 소매업은 단순히 매장 내 고객이 모바일 기기를 이용하여 상점을 넘나들며 쇼핑하도록 돕는 것을 넘어선다. 옴니채널 소매업은 소비자가 제품을 발견하는 단계부터 구매 단계에 이르기까지 매장 내 및 외부에서 이용 가능한 쇼핑 채널을 전체적으로 통합해야 한다. 또한 대부분의 대형 유통업체는 현재 온라인 및 디지털 판매 옵션을 활성화하고 온라인과 디지털을 오프라인 매장과 연계하고 있다. 핵심은 이러한 요소를 통합하여 오늘날의 고객이 추구하듯이 완전히 경계 없이 언제 어디서나 경험할 수 있는 옴니채널 쇼핑 환경을 조성하는 것이다.

학습목표 13-3 소매점의 주요 마케팅 의사결정에 대해 알아본다.

소매점은 항상 고객을 유인하고 붙잡아두기 위해 새로운 마케팅 전략을 찾고 있다. 소매점은 시장 세분화와 목표시장 선정, 점포 차별화와 포지셔닝, 소매 마케팅믹스에 관한 주요 마케팅 의사결정을 해야 한다.

소매점은 먼저 시장을 세분화한 뒤 목표시장을 정의하고, 그러한 시장에서 자신을 어떻게 차별화하고 포지셔닝할 것인지 결정해야 한다. '모든 사람을 위한 어떤 것'을 제공하려고 하면 결국 어떠한 시장도 제대로 만족시키지 못한다. 성공적인 소매점은 목표시장을 제대로 정의하고 자신을 강력하게 포지셔닝한다.

강력한 목표시장과 포지셔닝에 따라 소매점은 제품과 서비스 구색, 가격, 촉진, 입지라는 주요 마케팅믹스에 관한 의사결정을 해야 한다. 소매점은 단순한 상품 구색 그 이상이다. 오늘날 성공적인 소매점은 제공하는 상품과 서비스뿐만 아니라 고객 매장 경험의 모든 측면을 실제에 가깝게 주의 깊이 편성한다. 소매점의 가격 정책은 목표시장과 포지셔닝, 상품 및 서비스 구색, 경쟁 상황을 고려해야 한다. 소매점은 고객에게 도달하기 위해 광고, 인적 판매, 판매촉진, PR, 직접 마케팅 중 무엇이든 또는 모두를 사용한다. 소매점이 고객을 참여시키는 데 온라인, 모바일, 소셜미디어 도구의 역할이 더욱더 중요해지고 있다. 또한 자신의 포지셔닝과 일치하는 영역의 목표시장에 접근할 수 있는 입지를 선택하는 것도 매우 중요하다.

학습목표 13-4 소매업의 주요 추세와 발전에 대해 알아본다.

소매업은 위기와 기회를 동시에 안겨주는 냉혹하고 급변하는 환경에 처해 있다. 소매업이 호황을 누리던 시절이 있었으나 이제 소매업은 새로운 경제 현실과 더욱 검소해진 소비자에게 적응하고 있다. 새로운 소매 형태가 계속해서 생겨나는 동시에 다양한 형태의 소매점이 동일한 제품과 가격을 비슷한 고객에게 제공하고 있어(소매 융합) 차별화가 더욱 어려워졌다. 소매업의 또 다른 경향은 초대형 소매점의 부상, 소매업 관련 기술의 중요성 심화, 친환경 소매업의 급증, 주요 소매점의 세계적 확산 등이다.

학습목표 13-5 도매상의 주요 유형과 마케팅 의사결정에 대해 알아본다.

도매업은 재판매 또는 사업 목적으로 구입하는 고객에게 제품과 서비스를 판매하는 데 관련된 모든 활동을 말한다. 도매상은 세 그룹으로 나뉜다. 첫째, 상인 도매상은 제품의 소유권을 가지며 여기에는 완전기능 소매상(도매상인, 산업재 유통업자), 한정기능 소매상(무배송 현금 도매상, 트럭 도매상, 직송 도매상, 선반 도매상, 생산자 협동조합, 우편주문 또는 웹 도매상) 등이 포함된다. 둘째, 중개인과 대리인은 제품 소유권을 가지지 않으며 구매와 판매를 지원함으로써 수수료를 받는다. 셋째, 제조업자 및 소매상의 지점과 사무소는 비도매상이 도매상을 통하지 않고 도매업을 수행하는 곳이다.

소매상과 마찬가지로 도매상은 주의 깊게 목표시장을 선정하고 강력하게 자신을 포지셔닝해야 한다. 그리고 소매상처럼 상품 및 서비스 구색, 가격, 촉진, 입지를 결정해야 한다. 혁신적인 도매상은 목표고객과 공급자의 변화하는 욕구를 충족하기 위한 새로운 방법을 끊임없이 모색하고 있다. 그들은 자신의 유일한 존재 이유가 마케팅 경로 전체의 효율성과 효과성을 높여서 부가가치를 창출하는 것임을 인식하고 있다. 도매상은 다른 유형의 마케터와 마찬가지로 부가가치를 창출하는 고객 관계 구축을 목표로 한다.

핵심용어

학습목표 13-1

소매업 retailing
소매상 retailer
쇼핑객 마케팅 shopper marketing
옴니채널 소매업 omni-channel retailing
전문점 specialty store
백화점 department store
슈퍼마켓 supermarket
편의점 convenience store
슈퍼스토어 superstore
카테고리 킬러 category killer
서비스 소매점 service retailer
할인점 discount store
오프프라이스 소매점 off-price retailer
독립 오프프라이스 소매점 independent off-price retailer
제조업체 아웃렛 factory outlet
창고형 소매클럽 warehouse club
회사체인 corporate chains
프랜차이즈 franchise

학습목표 13-3

쇼핑센터 shopping center

학습목표 13-5

도매업 wholesaling
도매상 wholesaler
상인 도매상 merchant wholesaler
중개인 broker
대리인 agent
제조업자 및 소매상의 지점과 사무소 manufacturer's and retailer's branch and office

토의문제

1. 옴니채널 소매업을 정의하고 쇼핑객 마케팅과의 연관성을 설명하라.
2. 실행 가능한 소매업 마케팅믹스를 고안하는 과정을 설명하라.
3. 창고형 소매클럽과 제조업체 아웃렛을 비교하라. 각각의 차이점은 무엇인가?
4. 기업 활동에 대리인과 중개인이 필요한가?
5. 소매상과 소비자에게 가치를 더하는 도매상의 수행 기능을 나열하고 설명하라.
6. 도매상이 직면한 마케팅믹스 의사결정에 대해 설명하라. 현재 도매상이 직면한 문제는 무엇인가?

14 고객 인게이지먼트와 고객가치 커뮤니케이션

통합형 마케팅커뮤니케이션 전략

학습목표 14-1 고객가치를 제안하기 위한 다섯 가지 촉진믹스 수단을 알아본다.
촉진믹스

학습목표 14-2 커뮤니케이션 환경의 변화와 IMC의 필요성을 이해한다.
통합형 마케팅커뮤니케이션

학습목표 14-3 효과적인 마케팅커뮤니케이션을 개발하기 위한 커뮤니케이션 프로세스와 단계를 알아본다.
효과적인 마케팅커뮤니케이션 개발

학습목표 14-4 촉진예산 책정과 촉진믹스 개발에 영향을 미치는 요인을 파악한다.
촉진예산과 촉진믹스 설정

개관 이 장과 15~17장에서는 마케팅믹스 도구인 촉진을 살펴볼 것이다. 기업은 단순히 고객가치를 창출하는 것만으로는 충분하지 않다. 그 이상의 일을 해야 한다. 즉 기업은 고객가치를 명료하고 설득적으로 전달해야 한다. 촉진은 단일 수단이 아니라 여러 수단의 조합이다. 통합형 마케팅커뮤니케이션(integrated marketing communication, IMC) 관점에서 기업은 고객을 참여시키고 조직이나 제품에 대한 명료하고 일관되며 설득력 있는 메시지와 콘텐츠를 구축하기 위해 이러한 촉진믹스 수단을 신중하게 조정하고 통합해야 한다.

이 장에서는 다양한 촉진믹스 수단을 살펴본 후 급변하는 커뮤니케이션 환경(특히 디지털, 모바일, 소셜미디어의 출현)과 IMC의 필요성에 대해 논의할 것이다. 그리고 마케팅커뮤니케이션의 개발 단계와 촉진예산 책정 프로세스를 살펴볼 것이다. 이어지는 3개 장에서는 광고와 PR(15장), 인적판매와 판매촉진(16장), 다이렉트·온라인·모바일·소셜미디어 마케팅(17장) 등 구체적인 마케팅커뮤니케이션 도구를 다룰 것이다.

먼저 IMC를 성공적으로 전개하고 있는 버거킹을 살펴보자. 세계 2위의 버거 체인은 전통적인 미디어 채널과 최신 디지털, 모바일, 소셜미디어 플랫폼을 융합함으로써 소비자를 사로잡는 대담하고 엣지 있는 캠페인을 전개했다. '와퍼의 본고장(Home of the Whopper)'이라는 포지셔닝 전략의 일환이었던 이 캠페인으로 업계 수상의 영예를 안았으며, 오늘날 치열한 경쟁이 전개되고 있는 퀵서비스 푸드 산업에서 꾸준한 성장을 이루게 되었다.

버거킹: 전형적인 IMC 말고!

버거킹은 업계 선두인 맥도날드에 이어 세계에서 두 번째로 큰 패스트푸드 햄버거 체인점이다. 버거킹은 판매에서는 맥도날드보다 뒤지지만 혁신적이고 고객의 관심을 끌며 효과적인 마케팅커뮤니케이션을 전개하는 데에서는 맥도날드보다 항상 앞서 있다. 해마다 버거킹은 상상력을 자극하고 브랜드 팬과 대중의 참여를 유도하며 버거킹 브랜드를 신선하고 현대적 감각으로 유지해주는 대담하고 엣지 있는 프로모션과 함께 끝없는 수상 경력에 빛나는 일련의 캠페인을 전개한다.

버거킹의 엉뚱한 캠페인이 극성스럽다거나 심지어 무모하다고 생각하는 사람도 있을 테지만, 버거킹은 자사를 경쟁자와 차별화

* 역자 주: 최근 소비자들은 소셜미디어 활동을 통해 기업이나 브랜드 활동에 적극적으로 참여하고 있다. 예를 들어 특정 상품을 다른 사람들에게 알리거나 추천하기도 하고, 구전을 전파하기도 하고, 더 나아가 신제품의 아이디어 제공 등 브랜드나 기업의 활동에 참여하기도 한다. 고객인게이지먼트(customer engagement)란 이처럼 기업이나 브랜드의 활동에 고객이 참여하거나 관계를 맺는 정도를 말한다.

하는 오랜 포지셔닝 주제를 중심으로 모든 커뮤니케이션을 통합하여 운영하고 있다. '버거킹' 하면, 충성고객이 계속 찾게 만드는 '직화구이 100% 쇠고기'를 상징하는 '와퍼의 본고장'이다. 버거킹은 '원하는 방식대로' 와퍼를 먹을 수 있는 곳이다. 그리고 버거킹에는 '킹(The King)'이 있다. 킹은 세라믹 머리에 가운을 입은 좀 엉뚱한 마스코트로, 늘 예상치 못한 장소에서 모습을 드러낸다.

버거킹 캠페인은 뻔하거나 전형적이지 않으며, 버거킹 팬이 예상치 못한 일을 기대하게 만든다. 많은 캠페인이 도발적인 스턴트와 장난을 중심으로 만들어진다. 하지만 단순히 일회성의 스턴트 효과를 기대하는 것이 아니라, 그 이상의 효과를 극대화하기 위해 전통적인 미디어와 디지털 미디어를 통합하여 사용한다. 한 예로, 10년이 넘었지만 아직도 많이 기억되는 'Whopper Freakout(와퍼 공황상태)' 캠페인이 있다. 와퍼 50주년을 기념하기 위해 버거킹은 메뉴에서 갑자기 샌드위치를 '영원히' 없앤다면 어떤 일이 일어날지를 보여주었다. 실험 장소인 레스토랑에서 와퍼를 팔지 않고 몰래카메라로 실험 고객들의 실시간 반응을 담았다. 그 후 통합적이고 다각적인 촉진 캠페인에서 그 결과를 공유했다.

이 캠페인은 TV, 인쇄, 라디오 광고에서 시작되었다. "우리는 하루 동안 와퍼 판매를 중단하고 무슨 일이 벌어지는지를 확인했습니다. 무슨 일이 일어났냐면… 사람들이 기겁을 합니다!" 이 광고는 소비자를 whopperfreakout.com으로 이끌었고, 이 사이트에서는 전체 실험을 요약한 동영상 다큐멘터리를 제공했다. 이 다큐멘터리는 유튜브와 다른 소셜미디어에도 업로드되었다. 웹사이트를 찾는 사람들은 도무지 믿지 않고, 엄청 화를 내고, 일부는 욕설을 퍼붓는 등 각양각색의 반응이 담긴 '괴짜' 광고를 볼 수 있었다. 고객들 스스로 풍자하고 패러디를 만들어 유튜브에 게시하면서 캠페인이 확장되었다.

'Whopper Freakout'은 버거킹 역사상 가장 많이 기억되는 캠페인이 되었다. 또한 이 캠페인으로 버거킹은 마케팅 효율성에 대한 마케팅업계 최고의 상인 그랜드 에피(Grand Effie)를 수상했다. whopperfreakout.com은 불과 3개월 만에 400만 건의 조회 수를 기록했고, 이 캠페인은 매장 트래픽과 와퍼의 매출을 29%나 끌어올렸다.

버거킹은 광고 콘텐츠를 위한 수많은 상상력을 발휘했다. 예를 들어 최근에는 버거킹 앱에 있는 증강현실 기반의 카메라 기능을 사용하여 경쟁사의 광고를 '불태우는' 트위터 캠페인을 진행했다. 광고를 '불에 태우는 것'은 '버거킹은 직화 방식으로 굽는다'는 점을 강조하기 위한 것이었다. 버거킹 앱을 켜고 지면의 경쟁사 광고를 촬영하면 해당 부분이 불타면서 최종적으로 와퍼 무료쿠폰을 제공받는 형식이다. 프로모션은 "직화구이가 항상 더 옳다(Flame-grilled is always better)"로 끝맺는다. 버거킹은 작년 '선한 사마리아인의 날(Good Samaritan Day)'에 사막 고속도로변에서 불타고 있는 자동차(열린 보닛에서 연기가 뿜어져 나오는 빈티지 컨버터블과 도움을 청하는 운전자의 모습)를 보여주는 동영상을 게시했다. 이 동영상에서는 지나가는 사람들이 도움을 주기 위해 가까이 가서 보닛 속을 살펴보니 엔진이 있어야 할 곳에 불타는 그릴의 버거 패티를 뒤집는 버거킹이 있었다. 이 동영상은 입소문으로 퍼져나가 많은 언론 보도를 낳았다. 또 다른 '직화구이' 캠페인 'Burning Stores(불타는 매장)'는 화재로 불에 타는 버거킹 매장과 소방관의 인상적인 모습이 담긴 일련의 인쇄광고로 구성되었다. 아무런 카피도 없고 '1954년 이래 줄곧 직화구이(Flame-grilled since 1954)'라는 헤드라인만 작게 실려 있었다. 한 분석가의 표현에 따르면 이 광고 이미지와 헤드라인은 사람들에게 '아하!'의 순간, 즉 광고가 암시하는 바를 완벽하게 깨닫는 순간을 안겨준다. 이 'Burning Stores' 캠페인은 권위 있는 칸 그랑프리 광고상을 수상했다.

버거킹의 엉뚱한 캠페인이 극성스럽다거나 심지어 무모하다고 생각하는 사람도 있다. 하지만 버거킹은 충성고객이 계속 찾게 만드는 '직화구이 100% 쇠고기'를 상징하는 '와퍼의 본고장' 포지셔닝을 오랫동안 유지하면서 이를 토대로 통합형 마케팅커뮤니케이션을 전개하고 있다.
dpa picture alliance/Alamy Stock Photo

버거킹은 전통적 디지털 플랫폼과 새로운 시대의 디지털 플랫폼을 융합하는 기술과학에 도가 텄다. 예를 들어 짧지만 세련된 'Google Home of the Whopper(와퍼의 구글 홈)' 캠페인을 생각해보자. 이 캠페인은 버거킹의 한 직원이 광고시간이 너무 짧아서 와퍼가 왜 그리 맛있는지 설명할 시간이 없다고 얘기하는 15초짜리 TV광고로 시작된다. 그 직원이 카메라에 바짝 다가가서는 "오케이 구글, 와퍼 버거가 뭐야?"라고 물으며 광고가 끝난다. '오케이 구글'은 구글에서 만든 인공지능 스피커인 구글 홈을 깨우는 말이다. 이 질문은 TV, 노트북, 모바일 기기로 퍼져나갔고, 전국 구글 홈 기기의 구글 어시스턴트가 실행되어 위키피디아(Wikipedia)의 버거킹 와

해마다 버거킹은 상상력을 자극하고 브랜드 팬과 대중의 참여를 유도한다. 버거킹 브랜드를 신선하고 현대적 감각으로 유지해주는 대담하고 엣지 있는 프로모션과 함께 끝없는 수상 경력에 빛나는 일련의 캠페인을 전개한다.

퍼에 대한 설명을 소리 내어 읽었다.

구글은 신속하게 대응하여 광고 속 '오케이 구글'이라는 음성에 구글 홈이 반응하지 못하도록 차단하고 와퍼 검색을 중단시켰다. 그러나 버거킹은 구글 홈 기기를 겨냥한 또 다른 음성과 키워드를 사용하여 심야 토크쇼에 언제든 광고를 내보낼 준비가 되어 있었다. 구글이 차단했던 광고 속 음성과 거의 구분이 안 될 만큼 비슷하지만 다른 버전의 음성으로 광고를 만들어 재업로드했다. 간단한 캠페인이었지만 그 효과가 엄청났기 때문이다. 버거킹의 이 캠페인을 계기로, 미디어 헤드라인과 블로거, 소셜미디어는 빠르게 진화하는 디지털 환경에서의 프라이버시, 기술의 취약성, 광고의 역할에 대한 뜨거운 논쟁을 이어갔다. 천재적인 아이디어의 이 캠페인은 버거킹에 1억 3,500만 달러 상당의 언론 보도와 칸 최고의 크리에이티브상이라는 빛나는 수상의 영광을 안겨주었다.

한편 'Google Home of the Whopper' 캠페인은 처음에는 사람들의 신경을 거슬리게 하는 프로모션이 결국에는 가장 효과적인 프로모션이라는 통념을 뒷받침해주었다. 버거킹은 위험을 감수하는 마케팅 콘텐츠를 두려워하지 않는다. 사실 논란을 즐기는 것처럼 보이기도 한다. 예를 들어 팝아티스트 앤디 워홀이 테이블에 앉아 조용히 와퍼를 먹는 빈티지 영상으로 구성된 45초짜리 슈퍼볼 광고 'Eat like Andy(앤디처럼 먹기)'를 생각해보자. 버거킹은 슈퍼볼에 광고를 내보낸 데 이어 이 TV광고를 웹과 소셜미디어 채널에 4분 30초 분량의 동영상 버전과 함께 게시했다. 슈퍼볼과 같은 광고 쇼케이스에서 최고 중의 최고인 광고들과 함께 버거킹의 'Eat Like Andy'를 접한 대부분의 시청자는 머리를 긁적거렸다. 《USA 투데이(USA Today)》의 슈퍼볼 애드미터(Super Bowl Ad Meter)에서 이 광고는 최하위인 58위를 기록했다. 하지만 미디어 트래커인 에이스메트릭스(Ace Metrix)는 워홀 광고가 'Eerie'와 'WTF' 분야에서 2위를 차지했다고 밝혔다.

이에 버거킹의 마케팅 총책임자는 다음과 같이 말했다. "자랑스럽게 생각한다. 애드미터는 결코 우리가 목표하는 바가 아니었다. 모든 캠페인은 대화를 나누기 위한 것이다." 미션은 성공적이었다. 많은 사람이 #EatLikeAndy 태그, 밈, 동영상 등을 공유했고, 앤디 워홀이 아직 살아 있는 것은 아닌지, 그가 왜 와퍼를 먹고 있었는지 궁금해했으며, 진짜 앤디 워홀인지 아니면 그냥 배우인지에 대해서도 논쟁이 이어졌다. 초기의 혼란과 부정적인 반응에도 불구하고, 이후 설문조사에 따르면 광고를 본 사람들 사이에서 버거킹에 대한 긍정적인 구전이 전체적으로는 36%, 가장 매력적인 소비자층인 18~34세의 경우 52%로 급증했다. 또한 이 광고는 40억 번 이상이나 미디어에 노출되었다. 버거킹의 마케터는 "이 캠페인에 대한 반응처럼 브랜드지각 속성이 이렇게 크게 변하는 것을 본 적이 없다"고 말했다.

지난 2년 동안 버거킹의 통합형 마케팅커뮤니케이션 캠페인은 칸의 '올해의 크리에이티브 마케터' 상, 《애드버타이징에이지(Advertising Age)》의 '올해의 혁신가' 상, 《애드위크(Ad Week)》의 '그랜드 브랜드 천재' 상 등 광고업계 최고 권위의 상을 받아 트로피 캐비닛을 가득 채웠다. 맥도날드의 매출 성장이 최근 몇 년 동안 정체되고 있음에도 불구하고 버거킹은 수상 경력에 빛나는 프로모션 캠페인 덕분에 전체 매출이 연평균 9%씩 성장하고 있다. 더 건강하고 더 신선한 재료를 추구하는 패스트캐주얼 레스토랑, 그리고 스매시버거(Smashburger), 파이브가이스(Five Guys), 더해빗(The Habit) 등 마니아의 사랑을 받는 프리미엄 버거 체인으로 북적이는 경쟁 환경에서 그것은 엄청난 성과이다.[1]

좋은 고객관계를 구축하는 데에는 우수한 제품을 개발하고, 가격을 매력적으로 책정하며, 목표 고객이 구매하기 용이하도록 하는 것 이상이 필요하다. 기업은 고객에게 가치를 제안하고 그들의 참여를 이끌어야만 한다. 커뮤니케이션의 결과를 운에 맡겨서는 안 된다. 모든 커뮤니케이션 활동은 프로그램을 잘 계획하고 조합하여 통합되도록 해야 한다. 기업의 커뮤니케이션 활동은 어떤 유형의 관계이건 고객과의 관계를 구축하고 유지하는 데 중요하다고 할 수 있는데, 특히 고객을 참여시키고 수익성 있는 고객관계를 구축하는 데 핵심적인 요소라고 할 수 있다.

저자 코멘트 | 고객가치 전달, 고객참여 제고, 고객관계 구축을 위한 다양한 커뮤니케이션 수단을 통틀어 촉진믹스(마케팅커뮤니케이션믹스)라고 한다. 통합형 마케팅커뮤니케이션(IMC) 관점에서 다양한 커뮤니케이션 수단의 전략적인 역할을 검토하여 명확하고 일관성 있는 메시지가 전달되도록 이것들을 통합해야 한다.

촉진믹스

학습목표 14-1 고객가치를 제안하기 위한 다섯 가지 촉진믹스 수단을 알아본다.

촉진믹스(마케팅커뮤니케이션 믹스)
고객가치 전달, 고객참여 제고, 고객관계 구축을 위한 다양한 커뮤니케이션 수단들의 집합

광고, PR, 인적판매, 판매촉진, 디지털 및 다이렉트 마케팅 등 다양한 커뮤니케이션 수단을 통틀어서 **촉진믹스**(promotion mix) 또는 **마케팅커뮤니케이션 믹스**(marketing communications mix)라고 한다. 이러한 마케팅커뮤니케이션 수단은 고객가치를 전달하고 고객참여를 유도하며 고객관계

를 구축하기 위해 사용된다. 주요 촉진수단의 정의는 다음과 같다.[2]

광고
기업 등의 스폰서가 비용을 지불하고 비인적 매체를 통해 아이디어나 제품, 서비스에 대해 벌이는 모든 형태의 촉진 활동

판매촉진
제품 및 서비스의 구매를 촉진하기 위해 단기적 인센티브를 제공하는 활동

인적판매
고객의 참여를 유도하고 판매를 촉진하며 고객관계를 구축하기 위한 기업의 영업인력을 통한 잠재고객과의 상호작용 활동

PR
호의적인 기업평판과 기업이미지를 구축하고, 비호의적인 소문이나 이야기, 사건 등에 대해서는 피해가 최소화되도록 처리하고 방지함으로써 기업을 둘러싼 다양한 대중과 우호적인 관계를 구축하기 위한 활동

디지털 및 다이렉트 마케팅
표적 개별소비자와 고객커뮤니티로부터 즉각적인 반응을 얻고 지속적인 고객관계를 구축하기 위해 그들과 직접적으로 교류하는 활동

- **광고**(advertising): 기업 등의 스폰서가 비용을 지불하고 비인적 매체를 통해 아이디어나 제품, 서비스에 대해 벌이는 모든 형태의 촉진 활동
- **판매촉진**(sales promotion): 제품 및 서비스의 구매를 촉진하기 위해 단기적 인센티브를 제공하는 활동
- **인적판매**(personal selling): 고객의 참여를 유도하고 판매를 촉진하며 고객관계를 구축하기 위한 기업의 영업인력을 통한 잠재고객과의 상호작용 활동
- PR(public relations): 호의적인 기업평판과 기업이미지를 구축하고, 비호의적인 소문이나 이야기, 사건 등에 대해서는 피해가 최소화되도록 처리하고 방지함으로써 기업을 둘러싼 다양한 대중과 우호적인 관계를 구축하기 위한 활동
- **디지털 및 다이렉트 마케팅**(direct and digital marketing): 표적 개별소비자와 고객커뮤니티로부터 즉각적인 반응을 얻고 지속적인 고객관계를 구축하기 위해 그들과 직접적으로 교류하는 활동

이러한 촉진수단에는 고객과의 커뮤니케이션에 사용되는 구체적인 세부 촉진도구가 포함된다. 예를 들어 광고에는 방송광고, 인쇄광고, 온라인광고, 모바일광고, 옥외광고 등이 있고, 판매촉진 도구로는 할인, 쿠폰, 진열, 실연 등을 들 수 있다. 인적판매에는 판매 설명회, 무역 박람회, 인센티브 프로그램 등이 있으며, PR에는 보도자료, 스폰서십, 이벤트, 웹페이지 등이 있다. 또한 디지털 및 다이렉트 마케팅에는 다이렉트메일, 이메일, 카탈로그, 온라인미디어, 소셜미디어, 모바일 마케팅 등이 있다.

하지만 마케팅커뮤니케이션에는 이러한 특정 촉진수단이나 도구만 있는 것이 아니다. 제품 디자인, 가격, 패키지의 모양과 색상, 제품을 판매하는 매장 등 모든 것이 커뮤니케이션의 수단이 된다. 따라서 촉진믹스는 기업의 주요 인게이지먼트 및 커뮤니케이션 활동을 위한 수단들을 일컫지만, 가장 큰 커뮤니케이션 효과를 내기 위해서는 전체 마케팅믹스(프로모션 및 제품, 가격, 유통)가 조화를 이루어야 한다.

저자 **코멘트** | 요즘 통합형 마케팅커뮤니케이션(IMC)이 정말 핫한 화두이다. 마케팅의 어떤 영역도 이보다 더 빠르고 심오하게 변화하지는 않는다. 이는 온라인, 모바일, 소셜미디어 마케팅과 같은 디지털미디어를 통한 고객인게이지먼트가 급격히 확대되고 있기 때문이다.

통합형 마케팅커뮤니케이션

학습목표 14-2 커뮤니케이션 환경의 변화와 IMC의 필요성을 이해한다.

과거 수십 년간 마케터는 모든 소비자에게 동일한 제품을 판매하는 매스마케팅을 전개하고, 이러한 매스마케팅 전략을 지원하는 데 효과적인 매스미디어 커뮤니케이션 기술을 개발해왔다. 많은 대기업이 하나의 광고로 수천만 고객과 접촉할 수 있는 TV, 잡지 등의 매스미디어 광고에 수백만 또는 수억 달러를 정기적으로 투자해왔다. 그러나 오늘날 마케팅 관리자는 새로운 마케팅커뮤니케이션 현실에 직면하고 있다. 마케팅커뮤니케이션만큼 극심하게 변화하는 마케팅 영역도 없을 것이다. 이러한 변화는 마케팅 커뮤니케이터에게 흥미진진하면서도 도전적인 과제를 안겨준다.

새로운 마케팅커뮤니케이션 모델

오늘날의 마케팅커뮤니케이션의 양상은 몇몇 주요 요인에 의해 변하고 있다. 첫째, 소비자가 변하고 있다. 지금은 디지털로 연결된 모바일 시대로, 소비자는 더 많은 정보를 얻고 더 많은 커뮤니케이션 활동을 수행한다. 소비자는 마케터가 제공하는 정보에 의존하기보다는 스스로 정보를 얻기

위해 인터넷, 소셜미디어 등 다양한 정보원천을 사용한다. 이들은 다른 소비자와 쉽게 연결되어 브랜드 관련 정보를 서로 교환하기도 하고, 자신의 브랜드 메시지나 브랜드 경험을 주고받기도 한다.

둘째, **마케팅전략 환경**이 변화하고 있다. 대규모 시장이 세분화됨에 따라 마케터가 매스마케팅에서 그 방향을 전환하고 있다. 목표시장을 점점 더 좁게 선정하며 해당 세분시장의 고객을 참여시키고 관계를 구축하기 위한 집중적 마케팅 프로그램을 개발하고 있다.

셋째, **디지털 기술**의 획기적인 발전이다. 이는 기업과 고객이 서로 의사소통하는 방식에 놀라운 변화를 가져왔다. 디지털 시대는 스마트폰, 태블릿에서 브랜드 웹사이트, 이메일, 블로그, 스트리밍 콘텐츠, 소셜미디어, 온라인 커뮤니티, 모바일 웹에 이르기까지 수많은 새로운 정보 도구와 커뮤니케이션 도구를 탄생시켰다. 매스마케팅이 한때 매스미디어 커뮤니케이션의 새로운 시대를 열었듯이 디지털미디어와 소셜미디어는 세분시장에 보다 집중적이고, 사회적이며, 고객 인게이지먼트형 마케팅커뮤니케이션 모델을 탄생시켰다.

TV, 잡지, 신문 등 전통적인 대중매체가 여전히 중요하기는 하지만 점유율이 감소하고 있다. 광고주는 보다 개인화된 쌍방향 콘텐츠로 소규모의 고객커뮤니티의 참여를 이끌기 위해 전문적이고도 고도로 타깃팅된 다양한 매체를 추가하고 있다. 이 새로운 미디어는 전문 케이블TV 채널과 웹 동영상, 온라인, 이메일, 문자, 블로그, 모바일 카탈로그와 쿠폰, 소셜미디어에 이르기까지 다양하다. 이러한 새로운 미디어들이 마케팅을 강타했다.

심지어 광고업계 일부 전문가들은 기존의 대중매체 커뮤니케이션 모델이 쓸모가 없게 될 것이라고 예견한다. 대중매체 비용이 상승하고, 시청자가 줄어들며, 광고혼잡도가 더욱 높아지고 있다. 시청자는 방해가 되는 TV광고를 건너뛸 수 있는 스트리밍 콘텐츠 또는 DVR과 같은 기술로 메시지 노출을 통제하고 있다. 회의론자는 마케팅 담당자가 마케팅 예산의 상당 부분을 기존 대중매체에서 이제는 온라인, 소셜미디어, 모바일미디어로 이동하고 있다고 지적한다.

최근 몇 년 동안 TV는 여전히 강력한 광고매체이기는 하지만 TV광고 지출 증가율은 감소했다. 잡지, 신문, 라디오의 광고비는 심각한 수준으로 자리를 잃어가고 있다. 반면 디지털미디어 지출은 급등했다. 디지털 광고비 지출은 현재 미국 전체 광고비 지출의 50% 이상을 차지하고 있으며, 2023년에는 전체 광고비 지출의 67%로 증가할 것으로 예상된다. 특히 모바일 광고비는 디지털 광고비 지출의 거의 3분의 2를 차지하고 있으며, 모바일 광고비 하나만으로도 TV광고비 지출을 초과한다.[3]

● 새로운 마케팅커뮤니케이션 모델: 마케팅 담당자가 마케팅 예산의 상당 부분을 기존 대중매체에서 온라인, 소셜미디어, 모바일미디어로 이동시키고 있다. 아디다스는 이제 디지털 채널만으로 젊은 소비자들에게 다가가고 있다.
Dan Freebairn

나이키, P&G, 유니레버 등 점점 더 많은 대형 광고주가 자사의 브랜드를 구축하기 위해 '디지털 우선' 접근법으로 방향을 틀고 있다. 예를 들어 세계 최대 광고주 중의 하나인 유니레버는 현재 90억 달러가 넘는 글로벌마케팅 예산의 40%를 디지털미디어에 지출하고 있다.[4] 일부 마케터는 현재 거의 디지털과 소셜미디어에만 의존하고 있다. ● 예를 들어 아디다스는 이제 TV를 완전히 버리고 디지털 채널만으로 젊은 소비자들에게 다가가고 있다. 아디다스의 CEO는 "자사는 주로 모바일 기기를 통해 젊은 소비자와 접촉하고 있는 것이 사실"이라고 말한다.[5]

오늘날과 같은 마케팅커뮤니케이션 세계에서는 고객을 방해하고 대량 메시지를 강제로 제공하는 기존 접근방식이 아니라 새로운 미디어 포맷을 사용함으로써 더 매력적인 방식으로 소규모 고객커뮤니티에게 다가갈 수 있다. 한 예로 요즘 TV 시청을 생각해보자. 소비자는 이제 TV 화면뿐만 아니라 태블릿, 스마트폰, 노트북으로도 좋아하는 프로그램을 시청할 수 있다. 또한 광고 없이 언제 어디서나 프로그램을 볼 수 있다. 점점 더 많은 프로그램, 광고, 동영상이 온라인 시청만을 위해 제작되고 있다.

한편 디지털미디어로의 전환에도 불구하고 전통적인 대중매체는 여전히 주요 마케팅 기업의 홍보 예산 중 상당 부분을 차지하고 있다. 대부분의 마케터는 기존의 대중매체 모델이 완전히 붕괴되기보다는 기존의 대중매체와 모바일, 온라인, 소셜미디어가 결합된 형식으로 바뀔 것이라고 예측한다. 결국 커뮤니케이션 채널에 관계없이 핵심은 이러한 미디어를 고객과 가장 잘 결부하고 브랜드 메시지를 전달하며 고객의 브랜드경험을 향상하는 방식으로 통합하는 데 있다.

콘텐츠 마케팅
페이드, 온드, 언드, 셰어드 채널을 탄력적으로 결합하여 활용함으로써 브랜드메시지 및 고객과의 대화를 창출하고 장려하며 공유하는 것

마케팅커뮤니케이션 환경이 변화함에 따라 마케팅 커뮤니케이터의 역할도 변화할 것이다. 이제 많은 마케터는 스스로를 단순히 TV광고, 인쇄광고나 인스타그램 스토리를 만들고 배치하는 사람이 아니라 더 폭넓은 **콘텐츠 마케팅**(content marketing) 관리자로 보고 있다. 이들은 페이드 미디어(paid media), 온드 미디어(owned media), 언드 미디어(earned media), 셰어드 미디어(shared media) 등 다양한 유형의 커뮤니케이션 채널을 탄력적으로 결합하여 활용함으로써 브랜드메시지 및 고객과의 대화를 창출하고 장려하며 공유한다. 이러한 채널에는 기존의 전통적인 미디어와 새로운 미디어만 있는 것이 아니다. 통제 가능한 미디어와 통제 불가능한 미디어도 있다. 광고회사의 한 임원은 더 이상 단순히 광고가 아니라고 지적한다. "이제는 단순히 메시지 그 자체가 아니라 커뮤니케이션 콘텍스트와 채널에 관한 것이다. 고객과의 대화를 시작하기 위해 고객 여정을 매핑하는 것이다. 이 통합 여정에는 고객과의 다양한 접점이 있고, 각 접점에서 고객을 인게이지먼트, 구매, 브랜드애호도 및 브랜드옹호로 이끌어야 한다."(마케팅 현장 14.1 참조)[6]

통합형 마케팅커뮤니케이션의 필요성

보다 다양한 미디어와 콘텐츠 접근방식으로의 전환은 마케터에게 문제를 던져주고 있다. 오늘날 소비자는 너무나 많은 정보원천으로부터 너무나 다양한 브랜드 메시지의 폭격을 받고 있다. 그러나 기업은 다양한 커뮤니케이션 채널을 통합하지 못하는 경우가 매우 많다. 매스미디어 광고에서는 '이렇게' 말하는데 기업의 웹사이트, 소셜미디어 페이지 및 게시물, 동영상, 이메일에서는 '저렇게' 말한다.

문제는 마케팅 콘텐츠가 흔히 기업의 다른 부서에서 제공된다는 것이다. 광고 메시지는 광고부서나 광고대행사가 기획한다. 그 외 기업의 다른 부서나 대행사는 PR 메시지, 판촉이벤트, 그리고 웹, 모바일, 소셜미디어 콘텐츠를 기획한다. 하지만 소비자는 마케터들이 하는 것처럼 콘텐츠 소스를 구분하지 않는다. 소비자의 머릿속에서는 각기 다른 소스(슈퍼볼 광고든, 매장 내 디스플레이든, 모바일 앱이든, 친구의 소셜미디어 게시물이든)의 브랜드 관련 콘텐츠가 모두 브랜드나 기업에 대한 하나의 메시지로 합쳐진다. 이처럼 다양한 소스로부터 나온 콘텐츠의 상충된 메시지가 충돌하면 기업이미지, 브랜드 포지션, 고객관계에 혼란이 야기된다.

통합형 마케팅커뮤니케이션(IMC)
기업이나 브랜드에 대한 명확하고 설득적이며 일관성 있는 메시지를 전달하기 위해 다양한 커뮤니케이션 채널을 비교·검토하여 최대의 커뮤니케이션 효과를 거둘 수 있도록 이들을 조정하고 통합하는 것

한편 온라인, 모바일, 소셜미디어 마케팅의 소용돌이는 큰 도전이자 엄청난 기회를 제공한다. 즉 마케터가 고객을 이해하고 끌어들일 수 있는 강력한 새 툴이 등장한 것이다. 전체 마케팅커뮤니케이션 활동이 복잡해지고 각자도생하게 되는데, 문제는 이러한 커뮤니케이션 활동을 체계적으로 통합해야 한다는 것이다. 이를 위해 대부분의 기업은 **통합형 마케팅커뮤니케이션**(integrated marketing communication, IMC) 개념을 실천하려 한다. ● 그림 14.1에서 보듯이 기업은 기업이나 브랜드에 대한 명확하고 설득적이며 일관성 있는 메시지를 전달하기 위해 다양한 커뮤니케이션 채널을 비교·검토하여 최대의 커뮤니케이션 효과를 거둘 수 있도록 이들을 조정하고 통합한다.

마케팅 현장 14.1 | 광고라고 하지 마세요! 콘텐츠 마케팅입니다.

좋았던 시절에는 광고인들에게 삶은 매우 단순해 보였다. 브랜드가 광고캠페인이 필요하다고 하면 모두가 그것이 무엇을 의미하는지 알았다. 브랜드 팀과 광고회사는 창의적인 전략을 세우고, 미디어 플랜을 개발하고, TV광고와 잡지광고 또는 신문광고를 제작·배치하고, 언론에 기사화되기 위해 보도자료를 작성하여 배포하면 되었다. 그러나 요즘과 같은 디지털 시대에는 '광고캠페인'이라는 틀 안에서 '광고'를 너무나 뻔히 정해진 '매체'에 배치하곤 했던 오래 관행이 더는 통하지 않는다.

전통적인 광고와 새로운 디지털콘텐츠 사이의 경계선이 점점 모호해지고 있다. 관련성이 있으려면 오늘날의 브랜드메시지는 소셜, 모바일, 쌍방향 다중 플랫폼이어야 한다. 한 업계 관계자는 "오늘날의 미디어 환경은 방송, 케이블, 스트리밍, 온라인, 태블릿, 스마트폰, 동영상, 리치미디어, 소셜미디어, 브랜드 콘텐츠, 배너, 앱, 인앱 광고, 쌍방향 기술 제품 등 점점 더 다양해지고 있다"고 말한다.

새로운 디지털 환경은 광고의 정의 자체에 의문을 불러일으켰다. "어쨌든 광고란 무엇인가?" 한 자극적인 헤드라인은 이렇게 물었다. "충고 하나 하자면, 부르고 싶은 대로 부르되 그냥 광고라고는 하지 말라." 요즘 많은 마케터에 따르면 그것은 광고가 아니라 '콘텐츠 마케팅'이다. 이는 고객을 참여시키고, 그들 사이에 관계를 구축하며, 그들이 다른 사람들에게 브랜드 활동을 하고 옹호하도록 움직이게 만드는 다양한 매력적인 콘텐츠를 만들고 배포하는 것을 말한다. 오늘날의 디지털미디어와 소셜미디어에 대응하고 '상시적인' 고객 대화 체제를 유지하기 위해 브랜드는 전통적인 플랫폼뿐만 아니라 디지털 플랫폼에서도 다양한 새로운 콘텐츠를 끊임없이 공급해야 한다. 이제 많은 광고인과 마케터는 마케팅콘텐츠를 기획하고, 생성하고, 공유하고, 큐레이팅하는 콘텐츠 마케팅 관리자로 스스로를 더 폭넓게 인식하고 있다. 기존에 전통적으로 미디어를 분류해놓았던 것들을 이용하기보다는 마케팅콘텐츠를 스스로 제작·통제·배포하거나 사용자가 구축한 콘텐츠를 이용하기도 한다. 이제 미디어의 유형은 POES, 즉 페이드, 온드, 언드, 셰어드로 새롭게 분류되고 있다.

- **페이드 미디어**: 전통적 미디어(예: TV, 라디오, 인쇄, 옥외)와 온라인/디지털 미디어(예: 유료검색 광고, 웹 및 소셜미디어 디스플레이 광고, 모바일 광고, 이메일 마케팅) 등 마케터가 비용을 지불하는 프로모션 채널
- **온드 미디어**: 회사 웹사이트, 블로그, 소셜미디어 페이지, 회사 소유의 브랜드 커뮤니티, 판매인력, 이벤트 등 회사가 소유하고 관리하는 프로모션 채널
- **언드 미디어**: 회사가 소유하거나 지불하거나 관리하지는 않지만 시청자, 독자, 사용자의 관심으로 저절로 생산된 PR 미디어 채널
- **셰어드 미디어**: 소셜미디어, 블로그, 모바일미디어, 바이럴 채널, 그 외 전통적인 구전 등 소비자가 다른 소비자들과 공유하는 미디어

과거에 광고인은 전통적인 페이드 미디어(방송, 인쇄)나 언드 미디어(PR)에만 집중했다. 그러나 이제 콘텐츠 마케터는 새로운 디지털 세대의 미디어, 즉 온드 미디어(웹사이트, 블로그, 브랜드 커뮤니티)와 셰어드 미디어(온라인 소셜, 모바일, 이메일)를 빠르게 추가하고 있다. 성공적인 유료광고는 그 자체로 끝이곤 했지만, 이제 마케터는 모든 POES 채널의 결합된 파워를 위한 통합형 마케팅콘텐츠를 개발하고 있다. 많은 TV광고가 이제는 단순한 TV광고가 아니다. TV 화면뿐만 아니라 태블릿이나 폰에서도 볼 수 있는 '동영상 콘텐츠'이다. TV광고 외의 동영상 콘텐츠는 TV광고와 많이 비슷해 보이지만, 웹사이트나 소셜미디어에 게시된 온라인용 동영상이지 TV용으로 만들어진 동영상이 아니다. 마찬가지로 인쇄된 브랜드 메시지와 사진이나 그림은 잡지광고나 카탈로그에서만 볼 수 있는 것이 아니다. 다양한 소스로 만들어진 이러한 콘텐츠는 공식적인 광고나 온라인 브랜드 페이지, 모바일과 소셜미디어, 독립적인 블로그에 이르기까지 어느 곳에나 등장하곤 한다.

새로운 '콘텐츠 마케팅' 캠페인은 기존의 '광고' 캠페인과 많이 다를 것이다. 예를 들어 인튜이트의 경우를 생각해보자. 독자는 들어보지도 못했겠지만 최근까지 인튜이트는 가장 큰 소프트웨어 회사였다. 인튜이트의 터보택스(TurboTax), 민트(Mint), 퀵북스(QuickBooks)는 모두 유명 브랜드였지만 인튜이트는 자사 브랜드를 공통적이고 매력적인 기업 브랜드로 통합하고자 했다. 이를 위해 인튜이트는 대담한 촉진 캠페인을 개발했다. 오늘날과 같은 복잡한 미디어 환경에서 소비자를 참여시키기 위해 인튜이트는 기존의 전통적인 TV광고를 훨씬 뛰어넘는 캠페인을 전개했다. 전통적인 플랫폼과 디지털 플랫폼 전체를 아우르는 풍부한 콘텐츠의 캠페인을 만들었던 것이다.

초기 캠페인에는 슈퍼볼 광고도 있었지만 유튜브, 페이스북과 인튜이트 웹사이트에 올린 4분짜리 애니메이션 동영상이 중심이었다. 픽사(Pixar)처럼 애니메이션으로 제작된 'Giant Story(자이언트 스토리)'에서는 다양한 인튜이트 제품의 파워를 대변하는 거대한 호감형 로봇을 소개했다. 아름다운 영상에는 미래 세계에서 친구 피트가 꽃집을 운영하면서 경제적 부담으로 고군분투하는 모습을 지켜보는 엔지니어 패리의 이야기가 담겨 있다. 패리는 터보택스, 퀵북스, 민트의 힘을 활용하는 거대하지만 온화한 인튜이트 자이언트를 발명한다. 그리하여 피트가 소기업의 재정관리에 소요되는 시간을 줄이고 사업 번영에 도움이 되는 일을 하는 데 더 많은 시간을 할애할 수 있도록 돕는다.

콘텐츠 마케팅: 전통적인 광고와 새로운 디지털콘텐츠 사이의 경계가 급격히 모호해짐에 따라 이제 많은 마케터는 마케팅콘텐츠를 기획하고 생성하고 공유하고 큐레이팅하는 콘텐츠 마케팅 관리자로 스스로를 더 폭넓게 인식하고 있다. 마케팅콘텐츠를 스스로 제작·통제·배포하기도 하지만 사용자에 의해 구축되는 콘텐츠를 이용하기도 한다.
designer491/Shutterstock

이 캠페인은 큰 꿈, 그러나 상처받기 쉬운 꿈을 가지고 열심히 일하는 자영업자와 소기업을 주요 대상으로 했다. 인튜이트의 마케팅 책임자는 이렇게 말한다. "전 세계적으로 7억 5,000만 명이 열정적으로 일하면서 어렵게 재정관리를 하고 있다. 오늘날의 경제 상황, 그리고 시간과 돈을 관리해야 하는 압박감 때문에 재정이 그들에게 불리하게 작용할 가능성이 커 보인다. 그래서 바로 인튜이트가 존재하는 것이다." 'Giant Story' 캠페인은 터보택스, 퀵북스, 민트를 에코시스템(ecosystem)으로 포지셔닝했다. 재무관리 솔루션 생태계를 통해 고객을 대신해서 일하고 고객의 번영에 힘을 실어주는 제품임을 연상시키려 했다.

슈퍼볼을 비롯한 여러 TV광고 외에도 페이스북, 인스타그램, 트위터의 짧은 영상 등 Giant Story 콘텐츠가 쏟아져 나왔다. 인튜이트 스토리의 콤팩트한 버전을 선보이면서 유튜브에서 전체 동영상을 보라고 독려했다. "Giant Story가 여기 있습니다. 인튜이트 자이언트가 여러분을 위해 무엇을 할 수 있는지 잘 봐주세요."

POES 채널이 능숙하게 통합된 인튜이트의 'Giant Story' 캠페인은 놀라운 결과를 낳았다. 4분짜리 동영상이 처음 게시된 날, 페이드 미디어는 아직 시동을 걸기도 전인데 100만 회 이상의 조회 수를 달성했다. 이 동영상은 첫 3개월 동안 유튜브에서 2,200만 회의 조회 수를 기록했고, 페이스북에서는 300만 회의 조회 수를 기록했다. 더 중요한 점은 'Giant Story' 캠페인 이후 인튜이트의 광고 회상률이 26%, 브랜드 인지도가 17%, 브랜드 선호도가 27% 급증했다는 것이다.

인튜이트는 두 번째 자이언트 캠페인을 전개하면서 60초짜리 광고 'A Prosperity Story(번영 스토리)'를 선보였다. 루이사라는 젊은이가 디자인에 큰 관심을 가지고 있었는데, 인튜이트 자이언트는 그가 의류 매장의 오너로 성공하기까지 도움을 아끼지 않는다. 퀵북스를 통한 긍정적인 현금흐름, 터보택스를 통한 재무건전성 및 감세, 민트를 통한 재무관리가 다 인튜이트 자이언트의 도움 덕분이다. 이 캠페인은 또 다른 TV광고, 온라인, 그리고 고객이 인튜이트가 말하는 '번영'이 의미하는 바를 다른 사람들과 공유하는 소셜미디어 캠페인 등에 의해 지원되었다.

그래서 우리는 더 이상 그것을 '광고'라고 부를 수 없다. 급변하는, 때로는 혼란스러운 오늘날의 마케팅커뮤니케이션 환경은 단순히 기존의 통제적인 미디어 공간에 광고를 만들고 배치하는 것 이상을 요구한다. 오늘날의 마케팅 커뮤니케이터는 고객과의 브랜드 대화를 관리하고 다양한 채널을 통해 그 대화에 불을 지피는 마케팅콘텐츠 전략가, 크리에이터, 커넥터, 카탈리스트(촉매 역할을 하는 사람)가 되어야 한다. 무리한 주장일 수 있지만, 오늘날의 새로운 사고방식이라면 무엇이든 POES로 가능하다![7]

● 그림 14.1
통합형 마케팅커뮤니케이션

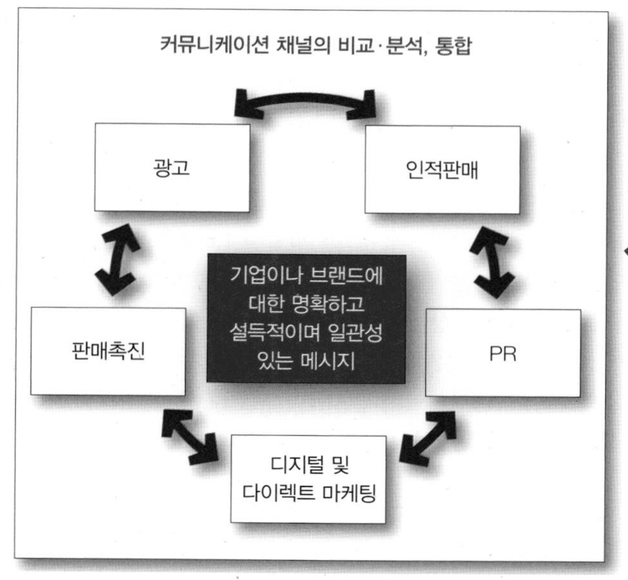

오늘날의 고객은 사방에서 브랜드콘텐츠의 폭격을 받고 있다. 예를 들어 고객이 나이키, 애플, 코카콜라와 같은 기업과 만나게 되는 모든 접점을 생각해보라. 통합형 마케팅커뮤니케이션이란 명확한 브랜드메시지를 전달하기 위해 모든 고객접점을 통합하고 조정하는 것을 의미한다.

다양한 미디어는 소비자를 끌어들이고 알리고 설득하는 데 각자 고유의 독특한 역할을 한다. 최근 한 연구에 따르면 광고주와 광고대행사의 3분의 2 이상이 TV, 디지털, 모바일, 소셜미디어 등 여러 시청 플랫폼에 걸쳐 동영상 광고 캠페인을 계획하는 것으로 나타났다. 이러한 **크로스플랫폼(cross-platform)** 캠페인은 TV의 핵심 강점(광범위한 도달범위)과 디지털의 강점(개별고객에의 접근용이성, 상호작용, 인게이지먼트)을 결합한다. 다양한 미디어와 그 역할은 통합형 마케팅커뮤니케이션의 계획에 따라 신중하게 조정되어야 한다.

● 성공적인 통합형 마케팅커뮤니케이션의 한 예로 자동차 제조업체인 랜드로버의 'Above and Beyond(한계 그 너머로)' 마케팅캠페인을 들 수 있다. 랜드로버는 이 캠페인으로 기존 미디어의

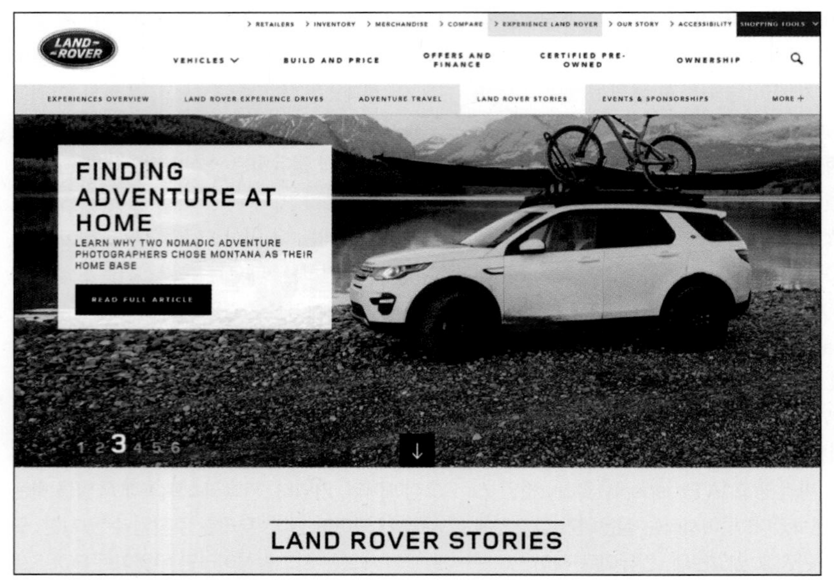

● 통합형 마케팅커뮤니케이션: 랜드로버의 'Above and Beyond' 마케팅캠페인은 기존 미디어의 강점인 광범위한 도달범위와 디지털 소셜미디어의 강점을 통합함으로써 고객인게이지먼트를 창출하고 강화하는 데 성공했다.
Jaguar Land Rover North America, LLC

강점인 광범위한 도달범위와 디지털 소셜미디어의 강점을 통합함으로써 고객인게이지먼트를 창출하고 강화하는 데 성공했다.[8]

70년 전통의 레인지로버 브랜드는 오랜 전통적 미디어를 많이 사용하는데, 최근 럭셔리한 고성능과 아웃도어 어드벤처 포지셔닝을 전달하는 고예산의 대규모 TV광고(슈퍼볼 광고 포함)를 전개하고 있다. 도달범위가 넓은 이러한 광고와 함께 AMC, ESPN, 푸드네트워크, NFL네트워크 등 고객선별성이 비교적 높은 매체의 방송광고, 그리고 《아키텍처럴 다이제스트(Architectural Digest)》, 《GQ》, 《와이어드(Wired)》, 《보그》, 《월스트리트 저널(The Wall Street Journal)》의 인쇄광고를 함께 집행하고 있다.

또한 레인지로버는 이러한 전통적 미디어와 연계하여, 전통적 미디어만으로는 불가능했던 고객경험을 풍부하게 하는 웹콘텐츠와 소셜미디어 콘텐츠도 통합적으로 아울러서 활용하고 있다. 예를 들어 브랜드 웹사이트의 '랜드로버 스토리' 섹션에는 모험 사진작가가 랜드로버와 함께한 험준하고 그림 같은 풍경 속의 개인적 경험을 이야기하는 여행기가 있으며, 각각의 스토리가 매우 아름다운 비주얼로 묘사되어 있다. 하지만 이것은 시작에 불과하다. 이 브랜드는 최근 랜드로버 디스커버리(Land Rover Discovery)로 유럽을 여행하는 부부와 어린 자녀의 모험을 담은 동영상 시리즈를 제작했다. 또한 제35회 아메리카 컵을 앞두고 버뮤다의 랜드로버 팀과 함께 항해할 수 있었던 관객들이 당시의 모습을 360도 동영상으로 제작하기도 했다.

랜드로버는 이러한 동영상 스토리와 신중하게 공들여 제작한 콘텐츠를 소셜미디어를 통해 브랜드 팬과 공유한다. 랜드로버는 페이스북 팔로워 1,600만 명, 유튜브 구독자 29만 명, 트위터 팔로워 72만 3,000명, 그리고 게시물마다 수천 명이 참여하는 인스타그램 팬 490만 명을 보유하고 있다. 경쟁사의 소셜미디어 팔로워는 상대적으로 보잘것없다(예: 토요타 랜드크루저의 페이스북 팔로워는 33만 6,000명, 인스타그램 팬은 8만 8,000명). 플랫폼이 무엇이든 상관없이 모든 콘텐츠(TV광고, 웹 동영상, 인스타그램)는 레인지로버의 'Above and Beyond' 럭셔리 어드벤처 만트라에 따라 신중하게 조정된다. 레인지로버의 통합형 마케팅 캠페인은 차량 판매가 아니라 고객경험과 고객인게이지먼트를 강화하는 데 더욱 중점을 두고 있다.

과거에는 다양한 촉진수단의 각 커뮤니케이션 역할을 고려하여 촉진믹스를 조정할 책임이 있는 사람이나 부서가 없었다. 그러나 이제는 통합형 마케팅커뮤니케이션을 구현하기 위해 많은 기업이 커뮤니케이션 활동을 총괄하는 마케팅커뮤니케이션 디렉터를 두고 있다. 이렇게 함으로써 커뮤니케이션의 일관성이 향상되고 판매 효과가 제고되기를 기대하는 것이다. 즉 끊임없이 확대되는 플랫폼 간 커뮤니케이션 활동을 통해 형성되는 기업 이미지를 통합하고 관리할 책임을 누군가의 손에 맡기고 있다.

저자 코멘트 | 효과적인 마케팅커뮤니케이션을 개발하려면 먼저 일반적인 커뮤니케이션 프로세스를 이해해야 한다.

효과적인 마케팅커뮤니케이션 개발

학습목표 14-3 효과적인 마케팅커뮤니케이션을 개발하기 위한 커뮤니케이션 프로세스와 단계를 알아본다.

커뮤니케이션 프로세스 모형

통합형 마케팅커뮤니케이션을 추구한다면 목표청중을 선정하고 그들의 바람직한 반응을 얻기 위해 촉진 프로그램을 효과적으로 구축해야 한다. 마케팅커뮤니케이션은 너무 자주 목표시장에서의 즉각적인 브랜드 인지도, 이미지, 선호도 목표에 초점을 맞추곤 했다. 그러나 이러한 커뮤니케이션 접근방식은 아주 근시안적이다. 오늘날 커뮤니케이션을 보는 관점은 지속적인 고객 인게이지먼트 강화와 기업 또는 브랜드와의 관계를 관리하는 데 초점을 맞추고 있다.

고객은 다 다르기 때문에 커뮤니케이션 프로그램은 특정 세분시장, 틈새시장, 심지어는 한 사람 한 사람을 위해 개발되어야 하는 것이다. 또한 오늘날의 쌍방향 커뮤니케이션기술 환경하에서 기업은 '어떻게 하면 고객과 관계를 맺을 수 있을까?'뿐만 아니라 '어떻게 고객이 우리 기업과 관계를 맺게 하고 고객들이 서로 관계를 맺게 할까?'를 고민해야 한다.

따라서 커뮤니케이션 프로세스는 목표고객이 기업 또는 브랜드와 만나는 모든 가능한 접점을 조사하는 것에서 시작되어야 한다. 예를 들어 새로운 이동통신 요금제를 이용하려는 사람은 다른 사람과 이야기해보거나, TV 또는 잡지광고를 보거나, 다양한 온라인 사이트에서 가격과 리뷰를 살펴보거나, 휴대전화 매장에서 요금제를 확인해볼 것이다. 마케터는 각각의 커뮤니케이션 경험이 구매과정의 여러 단계에서 어떤 영향을 미칠지 평가할 필요가 있다. 이러한 이해는 마케터가 커뮤니케이션 비용을 보다 효율적·효과적으로 할당하는 데 도움이 되기 때문이다.

효과적으로 커뮤니케이션 전략을 수립하기 위해 마케터는 커뮤니케이션이 어떻게 작동하는지를 이해해야 한다. ● 그림 14.2와 같이 커뮤니케이션은 아홉 가지 요소로 구성된다. 그중 두 가지는 커뮤니케이션의 당사자인 **발신자**와 **수신자**이고, 또 다른 두 가지는 커뮤니케이션을 가능하게 하는 수단인 **메시지**와 **미디어**이다. 나머지 중 네 가지는 커뮤니케이션 프로세스에서 일어나는 주요 단계인 **부호화**, **해독**, **반응**, **피드백**이고 마지막 요소는 시스템 내의 **잡음**이다. 각 요소에 대한 정의는 다음과 같으며, 그 예는 코카콜라의 'Taste the Feeling(이 맛, 이 느낌)' TV광고에 대입한 것이다.

● **그림 14.2**
커뮤니케이션 프로세스의 요소

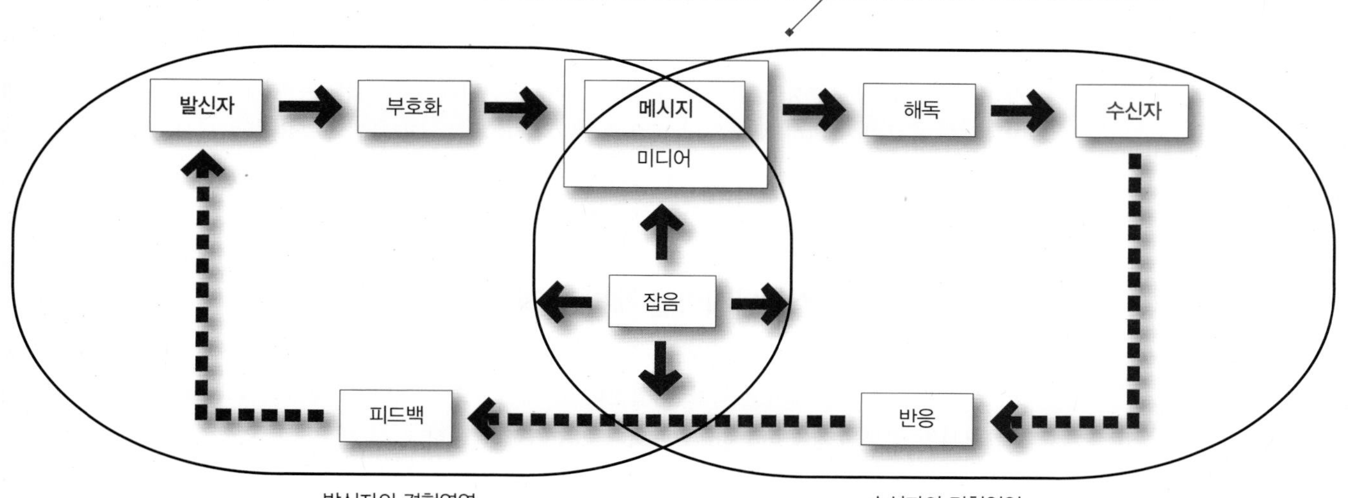

- 발신자(sender): 메시지를 보내는 주체(예: 코카콜라)
- 부호화(encoding): 전달하려는 생각을 문자, 그림, 말 등으로 상징화하는 것(예: 코카콜라의 광고대행사는 계획된 메시지를 전달하기 위해 단어, 사운드, 삽화를 조합하여 TV광고를 제작)
- 메시지(message): 발신자가 전달하는 상징의 조합(예: 실제 코카콜라 광고)
- 미디어(media): 메시지가 발신자에서 수신자로 전달되는 데 사용되는 커뮤니케이션 채널(예: 코카콜라가 선택한 TV와 특정 TV프로그램)
- 해독(decoding): 수신자가 발신자에 의해 부호화된 상징에 의미를 부여하는 과정(예: 소비자가 코카콜라 광고를 보고 그 광고에 담겨 있는 말과 이미지를 해석)
- 수신자(receiver): 메시지를 수신하는 주체(예: 코카콜라 광고를 보는 고객)
- 반응(response): 메시지에 노출된 후 수신자가 보이는 반응(예: 코카콜라를 더 좋아하게 되거나, 다음번에 코카콜라를 마셔보거나, 친구에게 코카콜라를 옹호하거나, 아무런 반응을 보이지 않는 경우 등 수백 가지 반응이 있을 수 있음)
- 피드백(feedback): 수신자의 반응 중에서 발신자에게 전달되는 것(예: 코카콜라의 연구에 따르면 고객은 광고를 보고 기억하거나, 코카콜라에 이메일을 보내거나, 광고 또는 광고제품을 칭찬하거나 비판하는 메시지를 소셜미디어 사이트에 게시)
- 잡음(noise): 메시지의 전달을 방해하는 요인으로, 발신자가 전달하려고 했던 메시지와는 다른 방향으로 메시지가 해석될 우려가 있음(예: 고객이 광고를 보는 동안 주의가 산만해져서 핵심 포인트를 놓침)

메시지가 효과적이려면 발신자의 부호화 과정이 수신자의 해독 과정과 어긋나면 안 된다. 가장 좋은 메시지는 수신자에게 익숙한 말과 상징으로 구성된 것이다. 발신자의 경험영역과 수신자의 경험영역이 겹칠수록 그 메시지는 더 효과적일 가능성이 높다. 즉 발신자와 수신자 사이에 공통분모가 많을수록 바람직하다. 그러나 마케팅 커뮤니케이터가 항상 고객의 경험영역을 공유하는 것은 아니다. 예를 들어 평범한 사회경제 수준의 광고 카피라이터가 자기와는 다른 수준의 부유한 사업주 고객을 위한 콘텐츠를 만들 수도 있다. 그러나 효과적인 커뮤니케이션을 위해 마케팅 커뮤니케이터는 고객의 경험영역을 이해해야만 한다.

커뮤니케이션 프로세스 모형에 의하면 커뮤니케이션 효과를 거두기 위해서는 몇 가지 사항에 주의해야 한다. 우선 발신자는 자신이 커뮤니케이션하려는 수신자가 누구인지, 그리고 수신자로부터 어떤 반응을 얻고자 하는지를 명확히 해야 한다. 또한 발신자는 메시지를 부호화할 때 수신자가 이를 해독하는 과정을 염두에 두어야 한다. 수신자가 주로 접하는 매체를 통해 메시지를 보내야 하고, 메시지에 대한 사람들의 반응을 평가할 수 있는 피드백 채널을 개발해야 한다. 또한 오늘날과 같은 쌍방향 미디어 환경에서 소비자가 전달하는 메시지를 잘 경청하고 대응할 수 있도록 커뮤니케이션 프로세스를 '거꾸로 뒤집을' 준비 또한 되어 있어야 한다.

저자 코멘트 | 커뮤니케이션이 작동하는 방식을 이해했으니 이제부터는 모든 촉진믹스 요소를 실제 마케팅커뮤니케이션 프로그램으로 전환해야 한다.

효과적인 마케팅커뮤니케이션 개발 단계

효과적인 통합형 커뮤니케이션과 촉진 프로그램을 개발하는 단계를 살펴보자. 마케터는 목표청중을 결정하고, 커뮤니케이션 목표를 설정하고, 메시지를 설계하고, 메시지를 전달할 매체를 선정하고, 메시지 정보원천을 선정하고, 피드백을 수집해야 한다.

목표청중 결정

마케팅 커뮤니케이터는 목표청중을 염두에 두고 일을 시작한다. 목표청중은 현재 사용자, 잠재적 구매자, 구매결정자나 구매에 영향을 미치는 사람일 수도 있고, 개인이나 그룹, 특별 공중이나 일반 대중일 수도 있다. 목표청중은 뒤에 이루어지는 결정에 많은 영향을 미친다. 즉 무엇을 말하고, 어떻게 말하고, 언제 어디서 말하고, 누가 말할 것인가에 대한 의사결정에 크게 영향을 미친다.

커뮤니케이션 목표 수립

일단 목표청중이 결정되면 마케터는 자신이 수신자로부터 어떤 반응을 얻고자 하는지를 명확히 해야 한다. 물론 대부분이 구매 반응을 원할 것이다. 그러나 고객이 구매결정을 내리는 과정은 매우 복잡하다. 5장에서 살펴본 바와 같이 브랜드에 대한 고객경험이 지속적으로 쌓이게 되는데, 구매결정이 언제 어디서 어떻게 이루어질지 모를 일이다. 따라서 구매결정은 보다 광범위한 고객경로(customer journey)의 일부분에 불과하다. 마케팅 커뮤니케이터는 고객경로의 다섯 가지 A를 통해 고객-브랜드 관계를 구축하고 고객을 의도한 방향으로 이끌어야 할 것이다. 여기서 **다섯 가지 A(5As)**란 Awareness(인지: 제품을 안다), Appeal(호감: 제품이 마음에 든다), Ask(질문: 제품에 대해 더 알고 싶고 자세히 알아보고 싶다), Act(행동: 제품을 구매하고 관계를 맺다), Advocacy(옹호: 다른 사람에게 제품을 알리다)를 말한다.[9] 목표는 고객을 브랜드 인지도 및 선호도, 그리고 브랜드를 구매하고 더 나아가 다른 사람들에게 브랜드를 옹호하는 방향으로 이끌 수 있는 콘텐츠 경험을 만드는 것이다.

다섯 가지 A(5As)
인지, 호감, 질문, 행동, 옹호로 이루어지는 고객경로 단계

마케팅 커뮤니케이터의 목표시장은 아직 브랜드를 전혀 모르고 있을 수도 있고, 브랜드를 알고는 있지만 적극적으로 고려하거나 관여하지 않고 있을 수도 있다. 이 경우 마케터는 먼저 고객의 인지도와 인게이지먼트를 제고하고 고객을 구매, 더 나아가 옹호로 옮겨야 한다. ● 예를 들어 대부분의 소비자는 103년 된 견과류 브랜드인 플랜터스(Planters)를 알고 있다. 그러나 지난 몇 년 동안 플랜터스는 변화하는 스낵푸드 시장에서 경쟁 브랜드들과 뒤얽혀 길을 잃곤 했다. 그리하여 플랜터스는 자사 브랜드의 인지도, 관여도, 선호도와 구매를 다시 일깨우기 위해 'Always There in Crunch Time(항상 크런치타임과 함께)'이라는 슬로건하에 멀티플랫폼 프로모션 캠페인을 시작했다.[10]

이 캠페인은 플랜터스의 사상 첫 슈퍼볼 광고로 시작되었다. 양키스의 전설 앨릭스 로드리게스(Alex Rodriguez)가 싱거운 케일칩을 먹으려는 순간 플랜터스의 마스코트인 미스터 피넛이 땅콩 모양의 너트모빌(Nutmobile)을 타고 달려가서 케일칩으로부터 그를 구해낸다. 슈퍼볼 경기가 진행되는 동안에 플랜터스는 고객 인게이지먼트를 높이기 위해 트위터에서 @MrPeanut을 팔로우하여 브랜드에 관여한 고객 중에 당첨된 사람들에게 깜짝 상품(로드리게스의 사인이 담긴 기념품, 일주일 동안 미스터 피넛을 너트모빌 개인 운전자로 부릴 수 있는 권한 등)을 제공하는 라이브 온라인 프로모션을 진행했다. 이 프로모션은 슈퍼볼 경기가 끝난 후에도 트위터 등 다양한 소셜미디어 콘텐츠를 통해 계속 진행되었다.

● 고객경로를 통한 고객 이동: 플랜터스는 'Crunch Time' 커뮤니케이션 캠페인을 통해 브랜드인지도, 고객인게이지먼트 및 구매의도를 높일 수 있었다.
The Kraft Heinz Company

슈퍼볼 캠페인의 성공을 기반으로 플랜터스는 곧 두 번째 'Crunch Time' 활동을 이어갔는데, 이는 밸런타인데이를 위한 쌍방향 소셜미디어 캠페인이었다. 이 캠페인에서 플랜터스는 사람들의 '관계'에 대한 질문에 답하는 것을 돕기 위해 유명한 분석가인 닥터 루스(Dr. Ruth)와 제휴했다. 한 트윗에서 미스터 피넛은 이렇게 말했다. "#ValentinesDay가 다가오면 공식적으로 #CrunchTime입니다! 하지만 걱정하지 마세요. 제가 도

와드릴게요. @AskDrRuth와 함께 당신의 '관계'에 대한 질문에 답하고 있습니다." 플랜터스의 'Crunch Time' 캠페인을 비롯한 브랜드콘텐츠 노력은 성과를 거두었다. 소비자의 광고인지도와 인게이지먼트가 사상 최고 수준에 이르며 구매의도가 크게 향상되었다.

물론 마케팅커뮤니케이션만으로 플랜터스 제품에 대한 인게이지먼트, 브랜드선호도, 구매율을 높일 수는 없다. 제품 자체가 고객에게 우수한 가치를 제공해야 한다. 사실 불량제품의 경우 뛰어난 마케팅커뮤니케이션이 오히려 그 제품의 종말을 가속화할 것이다. 잠재적인 구매자일수록 더 빨리 제품 결함을 알아차린다. 좋은 마케팅 커뮤니케이션에는 '좋은 행동에 이은 좋은 말'이 필요하다.

메시지 설계

목표청중 및 목표청중으로부터 얻고자 하는 반응이 결정되면 효과적인 메시지를 개발하는 단계에 들어간다. 메시지의 일관성을 고려하여 마케팅 커뮤니케이터는 무엇을 말하고(메시지 내용), 어떻게 말할 것인지(메시지 구조와 형식)를 결정해야 한다.

메시지 내용 마케터는 목표청중으로부터 원하는 반응을 끌어낼 수 있는 소구 유형과 주제를 모색해야 한다. 소구 유형에는 이성적 소구, 감성적 소구, 도덕적 소구가 있다. 이성적 소구(rational appeal)는 청중이 자신의 이익을 추구하는 성향에 주목한다. 이 소구 방식은 청중이 원하는 편익을 제품이 가지고 있다는 것을 보여준다. 제품의 품질, 경제성, 가치, 성능을 드러내는 메시지가 이에 해당한다. 예를 들어 알리브 광고에서는 다음과 같이 사실에 근거한 주장을 한다. "알약이 많을수록 통증이 더 완화되는 것은 아닙니다. 알리브는 타이레놀보다 적은 알약으로 하루 종일 등, 몸, 관절염 통증을 완화해줍니다." 그리고 최근 스프린트(Sprint)의 'Look Who Switched(누가 바꿨는지 보라)' 광고캠페인에서는 버라이즌에서 스프린트로 전환한 고객을 대상으로 이렇게 말한다. "신뢰성이 높은 네트워크를 이용할 수 있고 이동통신 요금이 50% 절약됩니다."[11]

감성적 소구(emotional appeal)는 구매동기 부여와 관계된 부정적 또는 긍정적 감정에 주목한다. 커뮤니케이터는 사랑, 즐거움, 유머, 공포, 죄책감 등 다양한 감정적 소구를 사용할 수 있다. 감성적 메시지를 옹호하는 사람들은 감성적 메시지가 주의를 더욱 끌고 스폰서와 브랜드에 대한 더 큰 믿음을 만든다고 주장한다. 설득은 본질적으로 감성적이라는 것이다.

● 예를 들어 구글의 최근 슈퍼볼 광고는 검색엔진이나 휴대전화, 스마트홈 기기의 뛰어난 성능이 아니라 12년 된 다국어 번역 앱인 구글 번역(Google Translate)을 광고하면서 감정에 초점을 맞추고 있다. 60초 분량의 TV광고인 '100 Billion Words(1,000억 단어: 사용자가 구글 번역을 통해 매일 처리하는 단어 수)'는 구글 번역이 전 세계 사람들이 언어장벽을 깨고 서로 가까워지는 데 큰 역할을 한다는 것을 감성적인 방식으로 소구했다. 다양한 언어로 된 일련의 감동적인 장면으로 이루어진 이 광고는 구글 번역이 어떻게 다양한 국적의 사람들을 이 제품의 공유된 경험을 통해 하나로 묶어주는지를 보여준다. 매일 1,000억 개 이상의 단어가 번역된다면서 광고는 이렇게 끝맺는다. "매일 세상에

● 구글의 '100 Billion Words' 광고는 구글 번역이 전 세계 사람들이 언어장벽을 깨고 서로 가까워지는 데 큰 역할을 한다고 소구했다.

서 가장 많이 번역되는 말은 '안녕하세요', '고마워요', … 그리고 '사랑해요'입니다."[12]

도덕적 소구(moral appeal)는 무엇이 옳고 참된 것인지에 대한 청중의 의식에 초점을 맞춘다. 이 소구방식은 더 깨끗한 환경이나 소외된 사람들에 대한 지원 등 사회적 대의를 지지하도록 촉구하기 위해 자주 사용된다. 예를 들어 콜게이트 광고캠페인은 물을 절약하기 위해 '양치하는 동안 수도꼭지를 잠그라'고 촉구한다. 이 캠페인의 한 광고는 머리에 물통을 이고 있는 개발도상국의 한 남자아이를 보여주면서 다음과 같이 말한다. "양치하는 2분 동안 당신이 낭비하는 물은 어린 소년의 가족이 하루에 필요로 하는 물입니다."

메시지 구조 마케터는 메시지 구조와 관련된 세 가지 이슈에 대해 결정해야 한다. 첫 번째는 결론을 제시할 것인가, 아니면 청중에게 맡길 것인가이다. 조사 결과에 따르면 많은 경우 광고주가 결론을 제시하는 것보다는 청중에게 질문을 던지고 스스로 결론을 내리도록 하는 것이 더 효과적이라고 한다. 두 번째는 가장 강력한 주장을 광고의 맨 처음에 제시할 것인가, 아니면 맨 마지막에 제시할 것인가이다. 맨 처음에 제시하면 처음부터 강력한 주의를 끌 수 있지만 종반부에 극적인 효과를 기대하기 어렵다.

메시지 구조와 관련된 세 번째 이슈는 일면적 주장(제품의 장점만을 주장)을 할 것인가, 아니면 양면적 주장(제품의 장점뿐만 아니라 단점도 제시)을 할 것인가이다. 통상적으로 일면적 주장은 판매 프레젠테이션에서 보다 효과적이다. 하지만 청중의 교육수준이 높거나, 반대되는 의견도 듣고 싶어 하거나, 커뮤니케이터가 극복해야 할 부정적인 연상을 가지고 있는 경우는 예외이다. 예를 들어 하인즈는 '하인즈 케첩은 천천히 맛있다(Heinz ketchup is slow good)'라는 메시지를, 리스테린은 '리스테린은 하루에 두 번 맛이 없다(Listerine tastes bad twice a day)'라는 메시지를 전개한 바 있다. 하인즈의 경우 한결 진해서 따르는 데 시간이 걸리지만 그래서 맛이 더 좋을 수밖에 없음을 어필하고, 리스테린의 경우 맛은 나쁘지만 하루에 두 번 꼭 리스테린을 사용하라고 어필한 것이다. 이러한 양면적 메시지는 오히려 광고주에 대한 신뢰도를 높이고, 자사 브랜드에 대한 경쟁자의 공격이 있더라도 구매자가 이에 덜 반응하게 만든다.

메시지 포맷 마케팅 커뮤니케이터는 강력한 메시지 포맷을 필요로 한다. 인쇄광고를 할 때 커뮤니케이터는 헤드라인, 카피, 일러스트레이션, 색상을 결정해야 한다. 주의를 끌기 위해 광고주는 독창성과 대비, 눈길을 끄는 사진과 헤드라인, 독특한 구성, 메시지 크기와 위치, 색상, 모양, 움직임 등을 고민하게 된다. ● 예를 들어 리스(Reese)의 피넛버터컵(Peanut Butter Cup) 광고는 대담하면서도 심플하다. 브랜드의 친숙한 주황색, 노란색, 갈색에 전형적인 사탕 이미지가 덧씌워진 텍스트가 특징이며, 다음과 같은 재치 있는 헤드라인이 담겨 있다. "초콜릿과 땅콩버터가 술집 안으로 걸어 들어갔어요. 나머지는 굳이 말할 필요가 없겠지요." "땅콩버터와 초콜릿이 교제하는 사이라, 땅콩버터가 젤리와 이야기를 나누고 있지만 그 관계가 매우 긴장됩니다."

● 메시지 포맷: 주의를 끌기 위해 광고주는 리스의 이 광고처럼 독창성과 대비, 눈길을 끄는 사진과 헤드라인, 독특한 포맷을 활용할 수 있다.
The Hershey Company

프리젠터는 처음부터 끝까지 모든 세부사항을 신중하게 계획해야 한다. 메시지가 TV 또는 동영상 콘텐츠로 전달되어야 하는 경우에 커뮤니케이터는 동작, 속도, 사운드를 다 고려해야 한다. 메시지가 제품이나 패키지를 통해 전달된다면 커뮤니케이터는 감촉, 향기, 색상, 크기, 모양을 고려해야 한다. 예를 들어 색상만으로도 브랜드메시지의 인식을 크게 향상할 수 있다. 타깃(빨간색), 맥도날드(노란색과 빨간색), 존디어(초록색과 노란색), 트위터(파란색), 홈디포(주황색)의 색상을 생각해보라. 효과적인 마케팅커뮤니케이션을 설계할 때 마케터는 색상과 그 밖에 대수롭지 않게 생각되는 세부사항도 신중하게 고려해야 한다.

커뮤니케이션 채널과 매체 선택

이제 커뮤니케이터는 커뮤니케이션 채널을 선택해야 한다. 커뮤니케이션 채널에는 크게 두 가지 유형이 있다.

인적 커뮤니케이션 채널
2명 이상이 서로 얼굴을 맞대고 이야기를 나누거나 전화, 우편이나 이메일, 문자나 채팅으로 직접 의사소통을 하는 채널

인적 커뮤니케이션 채널 **인적 커뮤니케이션 채널**(personal communication channel)에서는 2명 이상이 직접 의사소통을 한다. 이들은 서로 얼굴을 맞대고 이야기를 나누거나 전화, 우편이나 이메일, 문자나 채팅으로 이야기를 나눈다. 인적 커뮤니케이션 채널은 개인적인 답변이나 피드백이 허용되기 때문에 효과적이다.

일부 인적 커뮤니케이션 채널은 기업이 직접 통제한다. 회사 영업사원이 구매자와 접촉하는 경우가 그 예이다. 그러나 그 밖의 인적 커뮤니케이션은 회사가 직접 통제하지 않는 채널에 의한 것으로, 구매자에게 의견을 제시하는 독립적인 전문가(소비자보호단체, 블로거 등), 직접 만나서 대화를 하거나, 소셜미디어와 같은 쌍방향 채널을 통해 대화를 나누는 이웃, 친구, 가족, 동료 등을 들 수 있다. **구전**(word-of-mouth)이 많은 제품 분야에서 상당한 효과를 발휘한다는 것은 주지의 사실이다.

구전의 영향력
입에서 입으로 전해지는 구전의 경우 신뢰할 수 있는 친구, 가족, 동료 및 다른 소비자들의 말과 추천이 구매행동에 영향을 미침

인적 커뮤니케이션의 영향력은 고가이거나 리스크가 크거나 눈에 잘 띄는 제품의 경우 특히 중요하다. 한 설문조사에 따르면 친구와 가족의 추천이 전 세계 소비자에게 가장 큰 영향을 미치는 것으로 나타났다. 소비자의 83%는 친구나 가족으로부터 추천을 받으면 제품이나 서비스를 구매할 가능성이 더 높다고 말했다. 미국인의 50%는 정보원천을 하나만 선택해야 한다면 온라인 또는 오프라인 입소문을 선택하겠다고 한다.[13]

아마존닷컴과 같은 사이트에서 기존 사용자의 리뷰를 확인하지도 않고 고가의 제품을 구매하는 소비자는 거의 없을 것이다. 이렇게 말하면 놀라운 일일까? 다른 고객의 리뷰나 '이 제품을 구매한 고객이 구매한 제품' 섹션을 보고 제품을 구매했거나, 부정적인 고객 리뷰를 보고 구매하지 않기로 한 그 많은 사람은 대체 다 누구란 말인가?

기업은 인적 커뮤니케이션 채널이 자사를 위해 잘 작동되도록 필요한 단계를 밟을 수 있다. 예를 들어 5장에서 언급했듯이 기업은 오피니언 리더를 고용하거나, 인플루언서들에게 매력적인 조건으로 제품을 제공하거나 다른 사람들에게 잘 알릴 수 있도록 그들을 교육함으로써 자사 브랜드의 오피니언 리더로 만들 수 있다. 오피니언 리더를 육성하고 **버즈 마케팅**(buzz marketing)을 통해 이들이 제품이나 서비스에 대한 정보를 커뮤니티의 다른 사람들에게 전파하도록 할 수 있다.

버즈 마케팅
오피니언 리더를 육성하여 이들이 제품이나 서비스에 대한 정보를 커뮤니티의 다른 사람들에게 전파하게 하는 마케팅기법

예를 들어 레드불은 2,800명의 브랜드 홍보대사로 이루어진 '윙스팀(The Wings Team)'을 만들었다. 이들은 각종 이벤트에서 레드불 팬들과 소통하며, 서슴없고도 활동적인 라이프스타일을 수많은 사용자 생성 디지털콘텐츠에서 보여주고 있다. 윙스팀은 '레드불 브랜드의 얼굴'이다. 레드불은 윙스팀을 "매력적이고, 재미있는 일을 좋아하고, 기업가적 기질을 가지고 있으며, 역동적인 사람들"이라고 묘사한다. 이들은 레드불의 각종 이벤트에서 제품시용을 주도하고 판매지원 및 다양한 이벤트 업무를 수행하면서 고도로 개인화된 상호작용을 통해 고객의 마음을 사로잡고 있다.[14]

● 이와 비슷하게 스포츠의류 소매업체인 룰루레몬(Lululemon)은 1,600명 이상의 브랜드 홍보대사로 구성된 네트워크를 구축했다. 여기에는 글로벌 요가 홍보대사(경력강사 8명), 엘리트 홍보대사(축구, 사이클링 등 프로 선수 75명 이상), 민간 홍보대사(개인 트레이닝, 요가, 러닝 등 현지

● 인적 커뮤니케이션 채널: 룰루레몬의 브랜드 홍보대사들은 브랜드를 대표하고 지역사회에서 영향력을 키운다. 룰루레몬은 이들에게 "큰일을 하자"고 말한다.
fizkes/Shutterstock; Arne Beruldsen/Shutterstock

인플루언서 1,500명 이상) 등이 소속되어 있다. 룰루레몬은 이른바 '땀 흘리는 삶: 땀, 성장, 연결'에 헌신할 사람들을 모집한다. 룰루레몬은 홍보대사들에게 성장 경험과 제품시용, '같은 생각을 가진 사람들의 네트워크 및 거대한 응원단'을 아낌없이 지원해준다. 홍보대사들은 브랜드를 대표하고 지역사회에서 영향력을 키울 뿐만 아니라 룰루레몬에 귀중한 피드백을 제공한다. 룰루레몬은 이들에게 이렇게 말한다. "큰일을 합시다. 홍보대사는 우리 브랜드의 연장선이자 고객에게 영감을 주는 존재입니다."[15]

비인적 커뮤니케이션 채널

비인적 커뮤니케이션 채널 주요 매체, 분위기, 이벤트 등 대면적인 접촉이나 피드백 없이 메시지가 전달되는 매체

비인적 커뮤니케이션 채널(nonpersonal communication channel)은 대면적인 접촉이나 피드백 없이 메시지가 전달되는 매체로서 주요 매체, 분위기, 이벤트가 여기에 포함된다. 주요 매체로는 방송매체(TV, 라디오), 인쇄매체(신문, 잡지, 직접우편), 전시매체(전광판, 간판, 포스터), 온라인/디지털 매체(이메일, 웹사이트, 모바일, 소셜미디어)가 있다. 분위기(atmosphere)는 제품구매 의도를 창출하거나 강화하는 기획된 환경을 말한다. 예를 들어 변호사 사무실과 은행은 고객이 중요하게 생각하는 신뢰성이나 기타 질적 차원에 대해 좋은 인상을 심어주는 분위기로 디자인된다. 이벤트는 목표청중에게 특정 메시지를 전달하기 위해 개최되는 행사이며 브랜드 쇼, 전시회, 퍼블릭투어 등을 예로 들 수 있다.

비인적 커뮤니케이션은 구매자에게 직접적으로 영향을 미친다. 뿐만 아니라 대중매체를 통한 비인적 커뮤니케이션은 종종 인적 커뮤니케이션을 유발함으로써 간접적으로 구매자에게 영향을 미치기도 한다. 예를 들어 TV, 잡지 및 기타 대중매체를 통해 오피니언 리더에게 메시지를 전달했는데, 이 오피니언 리더가 다른 사람들에게 다시 메시지를 전달할 수도 있다. 이른바 인플루언서는 대중매체와 청중 사이를 오가면서 미디어에 덜 노출되는 사람들에게 메시지를 전달한다. 흥미롭게도 마케터는 광고나 기타 프로모션에 있어서 소비자 추천이나 구전을 활용함으로써 인적 커뮤니케이션을 대체하거나 활성화하기 위해 비인적 커뮤니케이션 채널을 사용하기도 한다.

메시지 원천 선택

인적 커뮤니케이션이든 비인적 커뮤니케이션이든 메시지가 목표청중에게 미치는 영향은 청중이 메시지 전달자를 어떻게 보느냐에 따라서도 달라진다. 신뢰도가 높거나 인기인인 정보원이 전달하는 메시지는 더 설득적이다. 그래서 많은 식품회사가 의사나 치과의사와 같은 전문가가 자사 제품을 환자에게 추천하도록 촉진활동을 전개하는 것이다. 또한 마케터는 자사의 메시지를 전달하기 위해 잘 알려진 스포츠 선수, 배우, 뮤지션과 같은 유명인, 심지어 만화 캐릭터를 고용하기도 한다. 많은 NBA 슈퍼스타는 나이키, 맥도날드, 코카콜라 등의 브랜드에 자신의 이미지를 빌려주고 있다. 여배우 소피아 베르가라(Sophia Vergara)는 커버걸, 스테이트팜, 컴캐스트, 룸스투고(Rooms to Go)의 브랜드 모델이면서 자신의 케이마트 의류라인을 소유하고 있다. 배우 조지 클루니(George Clooney)는 네슬레 네스프레소(Nestle Nespresso) 에스프레소 머신의 모델로, 테니스의 거장 세리나 윌리엄스는 게토레이(Gatorade), 나이키, 비츠바이드레(Beats By Dre)의 모델로 활약 중이다.

그러나 기업은 자사 브랜드를 대변할 유명인을 선정할 때 주의를 기울여야 한다. 광고 모델을 잘못 선정하면 난처한 상황과 이미지 손상을 초래할 수 있다. 예를 들어 나이키, 오클리, 앤하이저부

시(Anheuser-Busch), 트렉(Trek) 자전거, 지로(Giro) 헬멧 등 많은 빅브랜드는 랜스 암스트롱(Lance Armstrong)이 허용되지 않는 약물을 사용하여 투르드프랑스(Tour de France) 타이틀을 박탈당하고 영구 출전중지 징계를 받았을 때 당혹감을 감추지 못했다. 이러한 브랜드의 모델로 활약했던 당시 암스트롱은 1년에 약 2,000만 달러의 광고 수입을 올렸었다. 한 전문가는 "브랜드와 유명인의 중매결혼은 본질적으로 위험하다"고 빗대어 말한다. 또 다른 이는 이렇게 말한다. "유명인의 99%는 브랜드 파트너를 위해 열심히 일한다. 그런데 1%는 그렇지 않다."[16] 지금은 그 어느 때보다 브랜드에 맞는 유명인을 고르는 것이 중요하다.

피드백 수집

커뮤니케이터는 메시지나 기타 브랜드콘텐츠를 실행한 뒤 목표청중에게 미친 효과를 조사해야 한다. 즉 청중에게 그 콘텐츠를 기억하는지, 몇 번이나 그 콘텐츠를 보았는지, 어떤 점이 떠오르는지, 그 콘텐츠에 대해 어떻게 느꼈는지, 해당 브랜드와 기업에 대한 태도가 변화했는지 등을 묻는 조사를 실시한다. 또한 커뮤니케이터는 얼마나 많은 사람이 그 제품을 구매했는지, 다른 사람들에게 그 제품을 추천했는지, 매장을 방문했는지 등등 해당 콘텐츠에 노출된 후의 행동도 측정하고자 할 것이다.

마케팅커뮤니케이션 피드백의 결과에 따라 촉진 프로그램을 수정하거나 제품 자체를 수정할 수도 있다. 예를 들어 메이시스는 지역 소비자에게 매장, 서비스, 상품 이벤트를 알리기 위해 TV광고, 신문광고, 모바일광고를 실시했다. 피드백 조사 결과, 지역 소비자의 80%가 광고를 본 것을 떠올리고 판매상품과 세일을 알고 있었으며, 이러한 80%의 소비자 중 60%가 지난 한 달간 메이시스 매장을 방문했고, 이러한 60%의 소비자 중 20%만이 쇼핑 경험에 만족했다고 가정하자.

이러한 결과는, 비록 촉진이 소비자의 인지도를 끌어올릴 수는 있으나 메이시스 매장에 대한 소비자 만족도가 기대에 미치지 못한다는 것을 시사한다. 따라서 메이시스는 성공적인 커뮤니케이션 프로그램과 함께 쇼핑경험을 적극 개선할 필요가 있다. 한편 조사 결과, 지역 소비자의 40%만이 판매상품과 세일을 알고 있었으며, 이러한 40%의 소비자 중 30%만이 최근 매장에 들러 쇼핑하고 그들 중 80%가 다시 쇼핑하기 위해 매장을 찾았다고 가정하자. 이와 같은 경우라면 메이시스는 고객의 매장 만족도를 창출하는 힘을 더 활용하기 위해 촉진 프로그램을 더욱 강화해야 할 것이다.

저자 **코멘트** | 이 절에서는 촉진예산 책정 방법과 프로세스를 살펴보자.

촉진예산과 촉진믹스 설정

학습목표 14-4 촉진예산 책정과 촉진믹스 개발에 영향을 미치는 요인을 파악한다.

지금까지 목표청중 대상의 커뮤니케이션 개발 및 실행 단계를 살펴보았다. 그런데 기업은 어떻게 전체 촉진예산을 책정하고, 촉진믹스를 구성하는 촉진수단별로 어떻게 그 예산을 할당할까? 어떤 과정을 거쳐서 촉진수단을 결합함으로써 통합형 마케팅커뮤니케이션을 창출하는 것일까? 이제 이러한 질문에 대해 알아보자.

촉진예산 수립

기업이 직면하는 가장 어려운 마케팅 의사결정 중의 하나는 촉진에 얼마나 많은 예산을 쓸 것인가이다. 백화점 업계의 거물인 존 워너메이커(John Wanamaker)는 다음과 같이 말한 바 있다. "우리 회사 광고비의 반이 낭비되고 있다는 것을 알지만, 낭비되고 있는 그 반이 어떤 것인지를 모르겠다. 우리 회사는 광고비로 200만 달러를 썼는데, 그 반이면 충분했던 것인지 2배나 더 많이 쓴 것인지 잘 모르겠다." ● 예를 들어 펩시코는 자사 브랜드의 광고비로 매년 10억 달러 이상을 지출하

● 촉진예산 수립: 펩시코는 많은 브랜드를 소유하고 있고 이러한 브랜드의 촉진캠페인에 매년 10억 달러 이상을 지출한다. 최근의 'For the Love of IT(그 사랑을 위해)' 캠페인에서도 마찬가지이다. 그런데 이 정도의 촉진지출은 너무 적은 것일까, 적절한 수준일까, 아니면 너무 많은 것일까?
PEPSI, Pepsi Globe, FOR LOVE OF IT은 PepsiCo, Inc의 상표임. 허락하에 사용함.

고 있는데 이는 너무 적게 쓰는 것일까? 적절한 수준일까? 아니면 너무 많이 쓰는 것일까? 업계나 기업에 따라 촉진에 투입되는 예산이 천차만별인 것은 놀라운 일이 아니다. 촉진에 쓰이는 금액은 소비재의 경우 대개 매출의 10~12% 정도이고, 화장품의 경우 20%, 가전제품의 경우 단 1.9% 정도로 추산된다. 같은 업계에서도 촉진예산을 많이 쓰는 기업도 적게 쓰는 기업도 있다.[17]

기업은 어떻게 촉진예산을 수립할까? 일반적으로 사용되는 네 가지 방법은 **가용자원법**, **매출액비율법**, **경쟁자기준법**, **목표과업법**이다.

가용자원법

가용자원법
적절한 이익을 내는 데 지장이 없도록 촉진예산을 책정하는 방법

일부 기업은 **가용자원법**(affordable method)을 이용하여 기업이 감당할 수 있는 수준에서 촉진예산을 설정한다. 특히 소규모 기업은 자사의 여유자금 이상으로 광고에 비용을 지출할 수 없기 때문에 이 방법을 자주 사용한다. 가용자원법은 예상매출액과 여러 가지 예상비용을 기초로 예상이익을 구해보고, 적절한 이익을 내는 데 지장이 없도록 촉진예산을 책정하는 방법이다.

이 방법은 촉진이 매출에 미치는 영향을 고려하지 않는다. 가용자원법을 사용하면 광고가 기업이나 브랜드의 성공에 결정적인 영향을 미칠 수 있는 상황에서도 우선순위가 높은 다른 활동에 예산이 책정된 다음 마지막에 촉진예산을 책정하게 된다. 이 방법은 연간 촉진예산을 불확실하게 만들고, 그에 따라 장기적인 시장계획이 어려워진다. 가용자원법은 과다한 광고비 지출이라는 결과를 초래할 수도 있지만, 과소지출을 초래하는 경우가 훨씬 더 많다.

매출액비율법

매출액비율법
현재 또는 예상되는 매출액 중의 일정 비율을 촉진예산으로 책정하는 방법

어떤 기업은 현재 또는 예상되는 매출액 중의 일정 비율을 촉진예산으로 책정하는 **매출액비율법**(percentage-of-sales method)을 이용한다. 또는 단위당 판매가격의 일정 비율을 예산으로 설정하기도 한다. 매출액비율법은 간단하게 사용할 수 있고 촉진비용, 판매가격, 단위당 이익 간의 관계를 이해하는 데 도움이 된다.

그러나 이 방법의 단점은 촉진예산을 매출의 원인으로 보는 것이 아니라 매출의 결과로 잘못 본다는 것이다. 촉진예산과 브랜드 경쟁력 간의 긍정적인 상관관계를 밝힌 연구결과가 다수 존재한다. 긍정적인 상관관계란 촉진예산을 많이 쓰면 쓸수록 브랜드 경쟁력이 강화된다는 것인데, 종종 이러한 원인과 결과 관계가 뒤바뀌어서 시사되기도 한다. 즉 높은 매출을 자랑하는 경쟁력 있는 브랜드일수록 쓸 수 있는 광고예산이 더 많아진다는 것이다.

이와 같이 매출액비율법은 기회보다는 자금의 가용성을 근거로 하는 방식으로, 매출 감소를 반전시키는 데 필요한 예산 증가를 허용하지 않는다. 예산이 매년 매출규모에 따라 달라지기 때문에 장기적인 계획 또한 어렵다. 게다가 매출액비율법은 자사가 과거에 사용했던 비율이나 경쟁자가 사용하는 비율 외에는 비율을 몇 %로 할지에 대한 기준이 없다.

경쟁자기준법

경쟁자기준법
경쟁자의 매출액 대비 촉진예산의 비율에 맞추어 촉진예산을 책정하는 방법

경쟁자의 지출에 맞추어 촉진예산을 설정하는 **경쟁자기준법**(competitive-parity method)을 이용

하는 기업도 있다. 대개 경쟁자의 촉진활동을 모니터링하거나 간행물 또는 업계 협회로부터 업계 촉진지출 추정치를 받아 업계 평균을 기준으로 예산을 책정한다.

두 가지 주장이 이 방법을 지지한다. 첫째, 경쟁자들의 예산은 업계 전체의 지혜가 반영된 것이다. 둘째, 모든 경쟁자가 같은 비율을 쓴다면 촉진전쟁이 억제될 가능성이 있다. 하지만 이 두 주장 모두 근거가 확실치는 않다. 촉진예산을 설정할 때 자사보다 경쟁자가 더 좋은 아이디어를 가지고 있다고 믿을 만한 근거가 전혀 없다. 기업에 따라 상황이 다르고 기업마다 촉진이 필요하다고 느끼는 정도 또한 다르다. 또한 이 방법을 이용하면 촉진전쟁이 억제될 수 있다는 증거가 아직 없다.

목표과업법

목표과업법
촉진목표를 달성하기 위해 요구되는 과업을 결정하고 이러한 과업을 수행하는 데 필요한 예산을 추정하여 촉진예산을 책정하는 방법

가장 논리적인 예산책정 방법은 **목표과업법**(objective-and-task method)이다. 이는 촉진활동으로 달성하고자 하는 목표를 기반으로 촉진예산을 설정하는 방법으로서 다음과 같은 절차를 거친다. ① 구체적인 촉진목표 설정, ② 목표를 달성하는 데 필요한 과업 결정, ③ 이러한 과업들을 수행하는 데 필요한 예산 추정. 그리고 이러한 과업들을 수행하는 데 필요한 비용을 모두 합친 금액이 촉진예산안이 된다.

목표과업법의 장점은 지출비용 대비 프로모션 결과를 상세히 파악할 수 있다는 것이다. 그러나 이 방법은 설정된 목표를 달성하는 데 필요한 구체적인 과업을 파악하기 어렵기 때문에 사용하기 가장 어려운 방법이기도 하다. 예를 들어 삼성이 두 달간의 출시 기간 동안 최신 갤럭시 스마트폰의 95% 인지도 수준을 원한다고 가정해보자. 삼성은 이 목표를 달성하기 위해 어떤 광고메시지, 브랜드콘텐츠, 매체스케줄을 사용해야 하는가? 콘텐츠와 매체비용은 얼마나 드는가? 목표과업법을 사용하려면 이러한 질문들에 답할 수 있어야 한다.

저자 **코멘트** | 이 절에서는 마케터가 다양한 마케팅커뮤니케이션 수단의 전략적인 역할을 비교·분석하고, 최대의 커뮤니케이션 효과를 거둘 수 있도록 이러한 수단을 통합하는지 살펴보자.

촉진믹스 개발

통합형 마케팅커뮤니케이션(IMC) 개념은 어떤 촉진믹스 요소 하나에만 전적으로 의존하기보다는 촉진믹스 요소들을 주의 깊게 결합하여 함께 통합적으로 사용하는 것이 바람직하다고 제안한다. 그러나 촉진믹스 요소들을 어떻게 결합하여 함께 사용해야 할까? 같은 업종에 속한 기업이라도 촉진믹스의 설계에 큰 차이가 있다. 예를 들어 소비자 직거래 매트리스 제조업체인 캐스퍼는 주로 웹사이트와 소셜미디어 페이지에서 디지털콘텐츠를 통해 제품을 촉진하고 있다. 이와 달리 슬립넘버는 TV광고, 디지털콘텐츠, 매장 내 인적판매와 판촉 등 광범위한 촉진믹스 수단으로 매트리스와 침대 시스템을 촉진하고 있다. 여기서는 촉진수단의 선택에 영향을 미치는 요인을 살펴보자.

촉진수단의 유형별 특성

각 촉진수단은 고유한 특징이 있고 필요로 하는 비용도 각기 다르다. 마케터는 촉진믹스를 구성할 때 이러한 수단의 특성을 이해하고 있어야 한다.

광고 광고는 노출당 비용이 저렴한 편이고, 지리적으로 분산된 다수의 소비자에게 전달될 수 있으며, 판매자가 메시지를 여러 번 반복적으로 사용할 수 있다. TV광고는 수많은 청중에게 도달될 수 있다. 예를 들어 최근에 9,800만 명 이상의 미국인이 TV에서 슈퍼볼을 시청했고, 아카데미상 시상식 TV방송은 거의 3,000만 명의 미국인이 시청했다.[18]

더욱이 인기 있는 TV광고의 도달범위는 온라인과 소셜미디어를 통해 확대될 수 있다. 예를 들어 축구 팬의 42%는 제53회 슈퍼볼의 광고를 경기 전, 경기가 진행되는 동안, 경기가 끝난 후 유튜브를 통해 보았다고 한다. 24개의 소셜미디어 플랫폼(유튜브, 페이스북, 인스타그램, 트위터, 틱톡 등)에서 슈퍼볼 광고 28개를 추적·조사한 연구 결과, 슈퍼볼 경기가 시작되기 전 이틀 동안 광

고가 약 1억 500만 번 조회된 것으로 나타났다. 버라이즌의 'Team That Wouldn't Be Here(여기에 없었을 팀)' 광고는 생명을 위협하는 상황에 처한 NFL 스타 12명의 실제 이야기, 그리고 그들의 도움 요청에 최초로 응답한 사람들을 기리는 내용으로 구성되었는데, 이 광고는 슈퍼볼 경기가 진행되는 동안 거의 1억 명의 TV 시청자를 사로잡았고, 경기가 끝난 후 2주 동안 유튜브에서만 1,600만 회 이상의 조회 수를 기록했다.[19] 이처럼 많은 사람에게 다가가고 싶어 하는 기업의 경우 TV가 가장 좋은 매체라고 할 수 있다.

또한 대규모 광고는 그 자체만으로도 판매자의 규모나 인기, 성공 등에 관한 긍정적인 메시지를 전달한다. 광고의 공공성 때문에 소비자는 광고제품이 더 정당하고 합법적이라고 생각하는 경향이 있기 때문이다. 광고는 매우 고비용의 수단이기는 하지만 비주얼, 인쇄, 소리, 색상을 효과적으로 사용함으로써 제품을 효과적으로 각색할 수 있다. 게다가 광고는 코카콜라처럼 제품에 대한 장기적인 이미지를 구축하는 데에도 사용할 수 있다. 그리고 콜스의 주말 특집광고처럼 즉각적인 판매에도 효과가 있다.

한편 광고는 여러 가지 문제점도 안고 있다. 광고는 빠른 시간에 많은 사람에게 도달될 수 있지만, 대중매체 광고의 경우 비인적(非人的)이고 회사의 영업사원처럼 고객을 직접적으로 설득할 수 없다. 대부분의 경우 광고는 청중에게 일방적인 커뮤니케이션만을 수행하고, 청중이 광고에 주의를 기울이거나 반응해야 한다고 느끼지 않는 경향이 있다. 또한 광고에는 아주 많은 비용이 소요되기도 한다. 신문, 라디오, 온라인 광고 등은 적은 예산으로도 집행할 수 있지만 네트워크 TV광고와 같은 일부 광고형태는 막대한 예산을 필요로 한다. 예를 들어 아마존 에코의 90초짜리 슈퍼볼 광고 'Not Everything Makes the Cut(모든 것이 잘되는 것은 아냐)'은 제작비용을 제외하고 미디어 시간에만 1,600만 달러(시계가 한 번 '째깍' 할 때마다 17만 5,000달러 이상)가 들었다.[20]

인적판매 인적판매는 고객 구매의사결정 과정의 특정 단계, 특히 고객의 선호, 확신, 행동을 유도하는 데 가장 효과적인 촉진수단이다. 인적판매에는 개인 간 상호작용이 수반되므로 상대방의 요구와 특성을 관찰하고 신속하게 조정할 수 있다. 또한 인적판매 과정에서 사무적인 판매 관계나 개인적인 우정 등 다양한 형태의 고객관계가 싹틀 수 있다. 유능한 영업사원은 고객의 문제를 해결함으로써 고객과의 장기적 관계를 구축하기 위해 늘 고객의 관심사와 욕구를 파악하려고 한다. 다른 촉진수단에 비해 인적판매는 고객의 반응이 뒤따르는 편이다. 예를 들어 고객은 영업사원이 접촉해오면 대답 정도는 해야겠다고 느낀다. 정중하게 "아니요, 감사합니다"라고 대답할지라도 말이다.

그러나 이러한 인적판매 고유의 특징은 비용을 수반한다. 영업인력에는 광고보다 더 장기적인 투입이 필요하다. 광고는 상향 혹은 하향 조정이 수시로 가능하지만 영업인력의 규모는 변경하기가 어렵다. 미국 기업은 광고에 쓰는 비용의 최대 3배까지 인적판매에 지출한다.

판매촉진 판매촉진에는 쿠폰, 콘테스트, 할인, 프리미엄 등 다양한 종류의 수단이 있으며, 이는 각각 고유한 특징을 지니고 있다. 이러한 수단은 소비자의 관심을 끌고, 소비자를 끌어들이고, 참여에 강한 동기를 부여하며, 적극적으로 소비자에게 제품을 제안하고, 침체된 판매를 촉진하는 데 사용되곤 한다. 판매촉진은 즉각적인 반응을 유도하고 그 반응에 대해 보상을 제공한다. 광고는 '우리 제품을 사라'고 제안하지만 판매촉진은 '지금 당장 사라'고 제안한다. 그러나 판매촉진 효과는 대개 단기적이며, 장기적인 브랜드선호도 제고와 고객관계를 구축하는 데에는 광고나 인적판매만큼 효과적이지 못한 경우가 많다.

PR PR은 신뢰성이 매우 높다. 사람들은 뉴스거리, 특집기사, 스폰서십, 이벤트 등이 광고보다 진실되고 신뢰성이 있다고 인식한다. PR은 광고나 판매사원을 기피하는 많은 잠재고객에게 다가갈 수 있다. PR 메시지가 고객에게 판매지향적인 커뮤니케이션이 아니라 '뉴스와 이벤트'로 전달되기 때문이다. 또한 광고와 마찬가지로 PR은 기업이나 제품을 효과적으로 각색할 수 있다. 마케터는 PR을 적극적으로 활용하지 않거나 사후적으로 이용하는 경향이 있으나, 다른 촉진믹스 요소와 함께 PR 캠페인을 세심하게 계획하여 잘 사용한다면 매우 효과적이면서도 경제적이다.

디지털 및 다이렉트 마케팅 전통적인 다이렉트메일, 카탈로그, 텔레마케팅부터 보다 새로운 온라인, 모바일, 소셜미디어에 이르기까지 다양한 디지털 및 다이렉트 마케팅 형태가 있고 이는 모두 고유의 특징을 가지고 있다. 다이렉트마케팅은 보다 정밀한 타깃팅이 가능하며, 대개 특정 고객 또는 고객커뮤니티를 직접 겨냥한다. 다이렉트마케팅은 즉각적이고 개인화된 방식으로 진행된다. 콘텐츠를 신속하게(실시간으로도) 준비하고 개별고객 또는 브랜드그룹에 어필할 수 있도록 맞춤화할 수 있다. 또한 다이렉트마케팅은 상호작용적이다. 마케팅팀과 소비자 간의 대화가 가능하고 소비자의 반응에 따라 메시지를 변경할 수 있다. 이와 같이 디지털 및 다이렉트 마케팅은 고도로 타깃팅된 마케팅 활동, 고객인게이지먼트 창출, 일대일 고객관계 구축에 적합하다.

촉진믹스전략

제조업자가 사용하는 촉진전략은 크게 **푸시전략**과 **풀전략**으로 구분된다. ● 그림 14.3은 이 두 전략을 비교하여 보여준다. 촉진수단들의 상대적인 가중치는 푸시전략인지, 풀전략인지에 따라 달라진다. **푸시전략**(push strategy)은 유통업자로 하여금 최종소비자에게 제품을 '푸시'하게 하는 전략을 말한다. 다시 말해 제조업자는 유통업자를 대상으로 판매촉진과 인적판매 수단을 동원하여 촉진활동을 전개하고, 유통업자가 자사 제품을 단순히 취급하는 것에 그치지 않고 최종소비자에게 자사 제품을 촉진하도록 유도한다. 예를 들어 존디어는 잔디깎이 기계, 정원 트랙터 등 주거용 소비재 제품에 대한 촉진활동을 최종소비자에게는 거의 하지 않는다. 하지만 존디어의 판매사원은 로우스와 홈디포 등 독립적인 유통업자가 존디어 제품을 최종소비자에게 촉진하도록 유도한다.

푸시전략
제조업자가 유통업자를 대상으로 주로 판매촉진과 인적판매 수단을 동원하여 촉진활동을 하는 것

풀전략(pull strategy)의 경우 제조업자는 자사 제품에 대한 최종구매자의 관여도를 높이고 구매를 촉진하기 위해 이들을 대상으로 주로 광고와 판매촉진, 디지털 및 다이렉트 미디어콘텐츠 수단을 동원하여 촉진활동을 벌인다. 예를 들어 P&G는 TV광고, 인쇄광고, 웹사이트, 소셜미디어 등의 채널을 이용하여 타이드 세탁세제를 소비자에게 직접 촉진하고 있다. 풀전략이 효과적이면 소비자가 월마트, 타깃, 크로거, 월그린스, 아마존과 같은 소매점포에서 자사 제품을 찾을 것이고, 결국

풀전략
제조업자가 최종구매자를 대상으로 주로 광고와 판매촉진, 콘텐츠 수단을 동원하여 촉진활동을 하는 것

● **그림 14.3**
푸시전략 vs. 풀전략

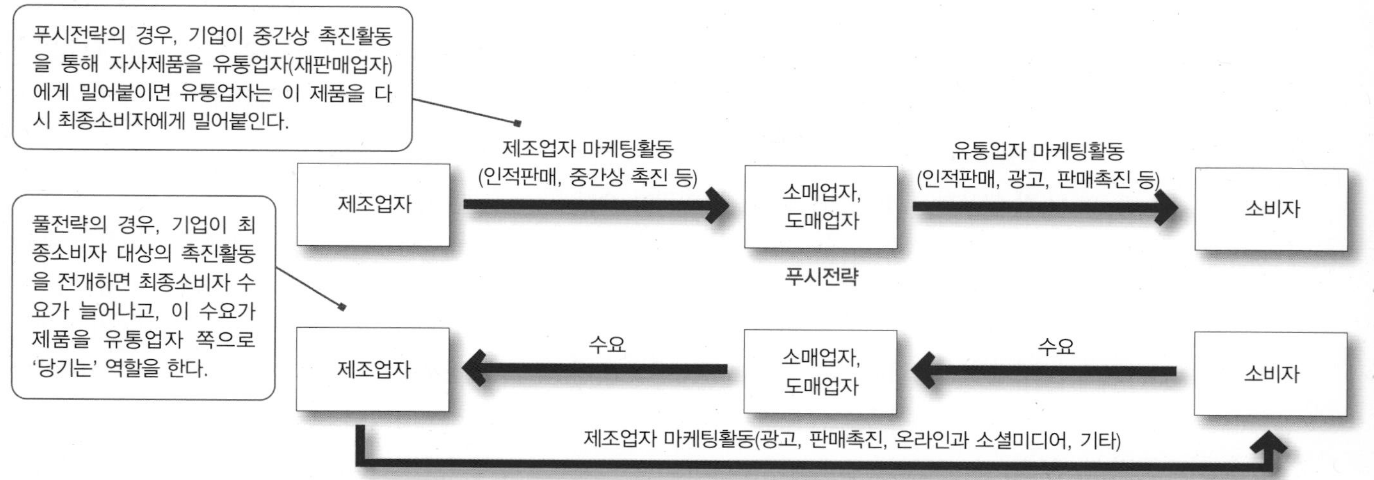

유통업자는 자사 제품을 취급할 수밖에 없을 것이다. 이와 같이 풀전략하에서는 소비자 수요가 제품을 유통업자 쪽으로 '당기는' 역할을 하게 된다.

일부 산업재 기업은 오로지 푸시전략만 사용하고, 일부 다이렉트마케팅 기업은 오로지 풀전략만 사용한다. 그러나 대부분의 대기업은 두 전략을 적절히 결합하여 사용한다. 예를 들어 P&G는 매년 미국 소비자를 대상으로 한 광고에 43억 달러 이상을 지출하고 있다.[21] 자사 브랜드의 선호도를 높이고 고객들로 하여금 매장에서 자사 제품을 찾게 하기 위함이다. 이와 동시에 P&G는 판매인력과 유통업자 판매촉진을 통해 유통업자가 최종소비자에게 자사 브랜드를 '푸시'하게 한다. 고객이 원할 때는 언제든 자사 제품을 매장 진열대에서 쉽게 찾고 구매할 수 있게 하려는 것이다.

기업은 촉진믹스 전략을 설계할 때 제품의 유형, 시장상황 등 많은 요인을 고려한다. 예를 들어 다양한 촉진수단의 상대적인 중요성은 소비재 시장이냐 산업재 시장이냐에 따라 다르다. B2C(business to consumer) 기업은 대개 풀전략을 사용하며 광고, 판매촉진, 인적판매, PR 순으로 촉진비용을 지출하는 편이다. 이와 달리 B2B(business to business) 기업은 대개 푸시전략을 사용하며 인적판매, 판매촉진, 광고, PR 순으로 촉진비용을 지출하는 편이다.

촉진믹스 통합

촉진예산을 책정하고 촉진믹스를 결정하면 이제 기업은 각 촉진믹스 수단들이 원활하게 통합될 수 있도록 해야 한다. 전반적인 커뮤니케이션 전략에 따라서 다양한 촉진요소가 함께 작동하여 고유의 브랜드메시지와 셀링포인트(selling point)를 전달해야 한다. 촉진믹스의 통합은 고객으로부터 시작된다. 광고든, 인적판매이든, 판매촉진이든, PR이든 디지털 및 다이렉트 마케팅이든 각 고객접점에서의 커뮤니케이션은 일관성 있는 메시지와 포지셔닝을 전달해야 한다. 또한 통합형 촉진믹스하에서는 커뮤니케이션 활동이 고객이 필요로 하는 시기, 장소, 방법으로 이루어져야 한다.

통합형 촉진믹스를 달성하려면 기업의 모든 기능이 협력하여 커뮤니케이션 노력을 공동으로 계획해야 한다. 뿐만 아니라 많은 기업은 심지어 고객, 공급업자 및 기타 이해관계자를 커뮤니케이션 계획 수립의 여러 단계에 동참시키기도 한다. 기업의 여러 부서에서 촉진활동을 별개로 분담하여 맡는 등 촉진활동이 분산되어 있으면 마케팅커뮤니케이션의 영향이 희석되고 포지셔닝에 혼란이 야기될 수 있다. 반면에 통합형 촉진믹스는 모든 촉진노력의 결합 효과를 극대화할 것이다.

사회적 책임과 마케팅커뮤니케이션

기업은 촉진믹스를 계획할 때 마케팅커뮤니케이션을 둘러싼 많은 법적·윤리적 이슈에 대해 잘 알고 있어야 한다. 대부분의 마케터는 소비자, 재판매업자와 투명하고 정직하게 소통하기 위해 열심히 노력한다. 하지만 여전히 오용이 있을 수 있고, 공공정책 입안자는 광고, 판매촉진, 인적판매, 다이렉트마케팅을 규제하기 위한 실질적인 법률과 규정을 개발해왔다. 이 장에서는 광고, 판매촉진, 인적판매와 관련된 이슈를 살펴보려 한다. 디지털 및 다이렉트 마케팅과 관련된 이슈는 17장에서 다룰 것이다.

광고와 판매촉진

법적으로 기업은 허위광고나 기만광고를 해서는 안 된다. 예컨대 광고주는 제품이 치료할 수 없는 질병인데도 치료할 수 있다고 제안하는 것과 같은 허위 주장을 해서는 안 된다. 실제로 속는 사람이 없다고 할지라도 광고주는 속일 가능성이 있는 광고를 해서는 안 된다. 어떤 자동차가 갤런당 32마일을 주행할 수 있다고 광고하려면 실제로 일반적인 조건에서 자동차의 연비가 그 수준이어야 한다. 다이어트용 빵의 두께가 얇아졌다는 것만으로 칼로리가 줄어들었다고 광고해서는 안 된다.

마케팅 현장 14.2 | 사회적 책임, 그것은 마땅히 해야 할 일이다!

오늘날 대부분의 기업은 사회적 책임을 기업 전략의 일부로 삼고 있으며, 광고와 마케팅을 통해 자사의 사회적 책임 실천과 관련된 프로그램, 행동, 아이디어를 알리고 있다. 오로지 이익에만 초점을 맞추기보다는 자사의 성공이 고객 및 고객을 둘러싼 사회복지와 밀접한 관련이 있다는 사실을 인식하고 있다.

현재 거의 모든 업계의 기업들이 광범위한 사회문제와 환경문제를 지원하고 알린다. 예를 들어 지난 두 시즌 동안 전체 슈퍼볼 광고의 약 20%는 자사 브랜드를 사회적 이슈와 연결 지은 것이었다. 지난 시즌에 마이크로소프트는 엑스박스 어댑티브 컨트롤러의 도움으로 게임의 정상에 오른 신체 및 인지 장애 아동들을 다룬 감동적인 광고를 전개한 바 있다. 마이크로소프트는 이렇게 말한다. "이 이야기는 우리 모두에게 기회를 제공하고 공평한 경쟁의 장이 되도록 접근성 기술을 구축하기 위해 마이크로소프트가 얼마나 헌신하고 있는지를 보여줍니다." 광고는 "누구나 모든 사람이 플레이할 수 있을 때 비로소 우리 모두는 승리하게 됩니다"라며 끝맺는다.

세계적인 맥주 기업인 앤하이저부시의 슈퍼볼 광고에는 버드와이저 달마티안이 등장한다. 잘생긴 달마티안이 화면을 꽉 채우며 나타난다. 개의 양쪽 귀가 바람에 펄럭이고, 버드와이저 클라이즈데일이 끄는 마차에 담긴 맥주통 위에서 바람을 음미하며 서 있다. 밥 딜런(Bob Dylan)의 〈Blowin' in the Wind〉가 배경음악으로 흐른다. "이처럼 좋은 바람은 없었습니다. 버드는 최고의 바람으로 만든 100% 풍력에너지로 양조되고 있습니다. 더 나은 내일을 위해 말입니다." 이렇게 광고는 끝난다.

점점 더 많은 기업이 단지 돈을 벌기 위해서가 아니라 마땅히 해야 할 일이기 때문에 광고와 마케팅을 통해 사회와 환경 문제에 대한 입장을 알리고 있다. 사회적 책임을 주제로 한 세 가지 성공적인 캠페인을 자세히 살펴보자.

구글: Made with Code

5년 전 구글은 어린 소녀들이 과학과 기술 직업을 꿈꾸도록 장려하는 'Made with Code(코드로 만들었다)' 마케팅과 광고캠페인을 시작했다. 구글은 여중생의 74%가 과학, 기술, 공학, 수학(STEM)에 관심을 가지고 있지만 1% 미만의 여고생만이 컴퓨터공학을 전공할 계획을 품는다는 것을 알게 되었다. 컴퓨터공학 분야의 일자리는 향후 10년 동안 가장 많은 보수를 받는 직업 중 하나가 될 것이다. 그러나 여성은 기술 실현을 위한 역할에서 과소평가되고 있다.

구글의 캠페인은 광고, 디지털, 소셜미디어 사이트, 이벤트, 수십 개 비영리 단체와의 제휴 등을 통해 어린 소녀들이 아주 좋아하는 스마트폰 앱, 패션, 영화 등 모든 것이 코드로 만들어진다는 사실을 홍보했다. "간단히 말해 코드는 기술로 이야기를 쓸 수 있게 해주는 도구"라고 구글은 말한다.

'Made with Code' 웹사이트는 아이들이 코딩하는 데 도움이 되는 자료, 코딩 프로젝트에 대해 토론하고 공유할 수 있는 커뮤니티, 코딩 멘토의 지원 등을 제공한다. 'Made with Code'의 트위터, 인스타그램, 텀블러 페이지에는 코딩에 생명을 불어넣는 이미지, 뉴스, 스토리가 가득하다. 구글은 다음과 같이 말한다. "소녀들은 처음에는 과학과 기술에 대한 사랑으로 시작하지만 도중에 열정을 잃어버린다. 그 열정을 북돋아주자."

월그린스: Red Nose Day

아동 빈곤을 종식하기 위한 전 세계적 기금모금 활동인 레드노즈데이(Red Nose Day)는 월그린스가 만든 것은 아니지만 미국에서 그날을 유명하게 만든 것은 월그린스이다. 자선단체인 코믹릴리프(Comic Relief) 미국 지부가 아동 건강, 교육, 복지에 쏟는 노력을 돕기 위해 월그린스는 5년 전 미국에서 레드노즈데이의 공식적인 단독 소매업체가 되었다. 매년 레드노즈데이(5월 넷째 목요일)까지 몇 주 동안 월그린스는 레드노즈데이의 상징적인 빨간 코를 온라인과 미국 내 9,000개 매장에서 홍보하고 판매한다. 월그린스는 빨간 코를 개당 1달러에 또는 60달러나 360달러짜리 상자로 팔아 모든 수익금을 레드노즈데이펀드(Red Nose Day Fund)에 기부한다. 월그린스는 빨간 코 판매 외에도 TV광고, 온라인 동영상, 웹사이트, 소셜미디어, 이벤트 등을 결합한 통합형 마케팅콘텐츠 캠페인을 통해 레드노즈데이를 홍보하고 지원한다. 예를 들어 레드노즈 챌린지 기간에는 어디의 누구든 모두가 소셜미디어 'get seriously silly(진지하게 바보 되기)'에 참여할 수 있으며, 사람들은 #NosesOn 해시태그와 함께 자신의 피드에 셀카 사진을 올리고 다른 사람들과 공유하기도 한다. '레드노즈 챌린지' 기간에는 소셜미디어에서 사람들의 개성 넘치는 빨간 코를 쉽게 볼 수 있다.

월그린스만이 미국에서 레드노즈데이를 지원하는 것은 아니다. 하지만 월그린스는 레드노즈데이 공식 코를 구매할 수 있는 유일한 매장이며, 촉진 콘텐츠를 추진하고 사람들의 기부를 유도하는 데

월그린스는 통합형 마케팅콘텐츠 캠페인을 통해 '레드노즈데이'를 적극 지원한다. 이를 통해 고객과 지역사회가 함께 아동빈곤 퇴치와 같은 가치 있는 대의에 동참하도록 강력한 기회를 제공한다.
Walgreen Co.

필수적인 역할을 하고 있다. 지난해 월그린스는 1억 8,000만 건의 미디어 노출, 레드노즈데이 행사에서 26만 7,000건의 고객참여를 기록했다. 더 중요한 것은 작년 한 해에 월그린스만이 레드노즈데이를 위해 2,800만 달러 이상을 모금했고, 5년 동안 총 1억 달러 이상을 모금했다는 사실이다. 월그린스의 한 임원은 다음과 같이 말한다. "우리는 고객과 지역사회가 아동 빈곤 퇴치와 같은 가치 있는 대의를 위해 함께 힘을 모을 수 있도록 지원하고 있다. 월그린스를 선택한다는 것은 도움이 필요한 어린이의 삶에 변화를 주기로 선택한 것과 마찬가지이다."

질레트: The Best Men Can Be

질레트는 수십 년 동안 남성적인 이미지와 밀접한 관계가 있었다. 그런데 최근에는 '사회 변화를 이끄는 동인'이라는 브랜드연상을 심어주려 하고 있다. 다름 아니라 #metoo 운동에 대응하여 질레트가 입장을 취한 것이다. 질레트가 말하길, "요즘 뉴스를 보면 남자가 최상의 상태가 아니라는 것을 쉽게 알 수 있다. 우리 같은 브랜드가 문화에 크게 영향을 미친다는 것을 인정하지 않을 수 없다. 그리고 남성이 최상의 모습이 되도록 장려해야 하는 회사로서 남성성이 의미하는 바를 긍정적이고 성취적이고 포용적이며 건강한 버전으로 고취할 책임이 있다." 그리하여 질레트는 30년 동안 슬로건이었던 'The Best a Man Can Get(남자가 가질 수 있는 최고의 것)'을 버리고 'The Best Men Can Be(당신이 될 수 있는 최고의 남성)'라는 슬로건을 담은 동영상 광고를 집행했다. 새 슬로건하에 만들어진 이 광고는 성희롱, 성차별, 집단 괴롭힘 등 '유해한 남성성'을 보여주면서 "이것이 남성이 가질 수 있는 최고냐"고 반문한다. 그리고 "우리 모두 더 나아지기 위해 노력하고, 서로가 더 나아지도록 돕기 위해" 긍정적인 변화가 필요하다고 남성에게 호소한다.

동시에 질레트는 새로운 브랜드 사이트인 TheBestMenCanBe.org를 출범했다. 이 사이트에서는 기업의 목표에 대해 자세히 설명하고, 질레트 브랜드와 사람들이 접촉하는 어디서든 '남성이 된다는 것이 무엇을 의미하는지'에 대한 고정관념과 오래된 통념에 적극적으로 도전할 것이라는 약속을 제시했다. 또한 모든 연령대의 남성이 다들 자기 자리에서 최선을 다하고 다음 세대를 위한 롤모델이 될 수 있도록 관련 프로그램을 제공하는 비영리단체에 매년 100만 달러를 기부할 것이라고 표명했다. 질레트는 이렇게 말한다. "우리는 할 일이 있다. 오늘부터 시작이다."

질레트의 'The Best Men Can Be' 캠페인은 여러 부문에서 찬사를 받았다. 그러나 사회적으로 뜨거운 문제에 대한 입장을 취하면 논란이 일곤 하는데, 질레트의 경우 48시간 만에 동영상 조회 수 2,000만 회를 기록했다. 또한 소셜미디어 멘션은 150만 건으로, 이는 지난주 같은 기간 동안의 단 1만 건에 비하면 폭발적으로 증가한 수치였다. 유튜브에서는 '좋아요'보다 '싫어요'가 2배 더 많았다. 대부분의 반대론자는 변화가 필요하다는 데에는 동의하지만 질레트가 민감한 문제를 양극화하고 모든 남성을 하나의 범주로만 묶어 설교한다고 비난했다. 한 저명한 방송사는 질레트가 이른바 '남성성에 대한 세계적인 공격'에 기여했다고 비난하기도 했다.

논란에도 불구하고 질레트는 캠페인을 지속하고 대의를 계속 고수했다. 질레트는 'The Best Men Can Be' 캠페인이 달갑지 않을 수 있지만 꼭 필요한 대화의 불꽃을 피우게 될 것으로 기대했다. 질레트의 마케터가 말하길, "오늘날 성공적인 브랜드는 유의미해야 하며 중요한 주제에 소비자를 참여시켜야 한다. 사람들이 지금 잠시 멈추어 반성하고, 자신의 행동이 자신의 진정한 모습을 반영하도록 스스로 도전하고 다른 사람들도 도전하게 한다면 이 캠페인은 성공한 셈이다."[22]

판매자는 허위로 소비자를 유인하는 속임수 광고를 해서도 안 된다. 예를 들어 한 대형 소매점에서 재봉틀을 179달러로 광고하여 소비자가 그 재봉틀을 사려고 하자, 판매자가 그것보다 더 비싼 재봉틀을 사도록 유도하기 위해 광고제품의 특성이 대단치 않다고 깎아 말하거나, 결함이 있는 제품을 쇼룸에 진열하거나, 제품의 성능을 축소하여 설명하는 것은 모두 비윤리적일 뿐만 아니라 비합법적이다.

중간상 판매촉진 활동도 엄격하게 규제된다. 예를 들어 로빈슨-패트먼 법에 따르면 제조업자는 특정 중간상을 우대하기 위해 중간상 판매촉진을 사용할 수 없다. 제조업자는 모든 중간상에게 비례적으로 동등한 조건에 촉진용 공제와 서비스를 제공해야 한다.

기업은 단순히 기만광고나 속임수 광고와 같은 법률문제를 피하는 데에서 그치지 않고 사회적으로 책임 있는 프로그램, 행동, 아이디어를 장려하고 촉진할 수 있다. 이제 거의 모든 업계에서 기업은 자사 브랜드와 관련된 광범위한 사회적·환경적 이슈와 원인에 대해 촉진활동을 전개하고 있다(마케팅 현장 14.2 참조).

그 예로 역대급이라는 찬사를 받은 도브 캠페인을 꼽을 수 있다. 'Dove Campaign for Real Beauty(진정한 아름다움을 위한 도브 캠페인)'는 글래머러스한 여배우나 마른 체형의 모델이 아니라 체형이 다양한 실제 여성들의 솔직하고 당당한 이미지를 담은 광고이다. 이 광고는 사람들의 아름다움에 대한 고정관념을 바꾸기 위해 기획된 캠페인이었다. "우리의 미션은 미(美)에 대한 정의를 넓힘으로써 매일 더 많은 여성이 아름다움을 느끼게 하는 것"이라고 도브는 말한다. 수년에 걸쳐 지속적으로 전개하고 있는 이 캠페인은 광고, 디지털 동영상 및 기타 콘텐츠로 구성되어 있으며, 여성이 자신의 피부에 대해 편안함을 느끼도록 하는 데 많은 도움을 주었다. 이 캠페인은 판매와 수익이 아닌 그 이상의 웅장한 대의를 가지고 기획된 것이었지만 도브의 성공에도 기여했다. 캠페인의 첫 10년 동안 도브 브랜드의 연간 수입은 25억 달러에서 40억 달러 이상으로 증가했다. 15년이 지난 지금도 'Dove Campaign for Real Beauty'는 여전히 활발히 전개되고 있다.[23]

인적판매

기업의 영업사원은 '공정한 경쟁'이라는 규칙을 준수해야 한다. 미국 대부분의 주에서는 기만적인 판매활동의 금지를 법제화했는데, 예를 들어 판매원은 소비자에게 거짓말을 하거나 특정 제품을 구매하면 얻게 될 이점에 대해 오도해서는 안 된다. 영업사원의 진술은 광고의 주장과 일치해야 하며, 일치하지 않을 때는 속임수 판매가 된다.

매장에 가서 제품을 구매하는 소비자와, 집에서 영업사원을 맞이하거나 판매자의 상설매장이 아닌 곳에서 구매하는 소비자에게는 서로 다른 법규가 적용된다. 후자의 경우 구매를 강요하는 판매기술에 매우 취약할 수 있으므로 연방거래위원회(FTC)는 '3일간의 냉각 규칙(three-day cooling-off rule)'을 제정하여 소비자를 보호하고 있다. 즉 영업사원의 집이나 직장, 기숙사 또는 임대 시설(호텔 객실, 컨벤션센터, 레스토랑 등)에서 25달러 이상을 구매하거나 계약한 소비자는 이유 여하를 불문하고 3일 이내에 계약이나 주문을 취소할 수 있고, 구매한 제품을 반환하면 지불한 금액을 돌려받을 수 있다.

학습목표별 요약

이 장에서는 기업이 고객가치를 전달하기 위해 어떻게 통합형 마케팅커뮤니케이션(IMC)을 활용하는지를 살펴보았다. 오늘날의 마케팅은 우수한 제품을 개발하고, 가격을 매력적으로 책정하며, 목표고객이 해당 제품을 쉽게 구매할 수 있도록 만들어줌으로써 고객가치를 창출하는 것 그 이상의 것을 요구한다. 또한 기업은 기존고객과 잠재고객에게 제품의 가치를 명확하고 설득력 있게 전달하고 인게이지먼트를 강화시킬 수 있어야 한다. 이를 위해 통합형 마케팅커뮤니케이션 전략을 잘 수립하고 이 전략에 따라 다섯 가지 촉진믹스 수단을 통합적으로 운영해야 한다.

학습목표 14-1 고객가치를 제안하기 위한 다섯 가지 촉진믹스 수단을 알아본다.

기업의 촉진믹스(마케팅커뮤니케이션 믹스)는 광고, 인적판매, 판매촉진, PR, 디지털 및 다이렉트 마케팅과 같은 커뮤니케이션 수단들의 조합으로 구성된다. 이러한 마케팅커뮤니케이션 수단은 기업이 고객을 참여시키고 고객가치를 제안하며 고객관계를 구축하는 데 사용된다. 광고는 기업 등의 스폰서가 비용을 지불하고 비인적 매체를 통해 아이디어나 제품, 서비스에 대해 벌이는 모든 형태의 촉진활동을 말한다. 반면 PR은 기업이 다양한 대중을 기업활동에 참여시키며 그들과 좋은 관계를 구축하고 유지하는 데 초점을 맞춘다. 인적판매는 고객참여를 유도하고 판매를 촉진하며 고객관계를 구축하기 위해 벌이는, 기업의 영업인력에 의한 잠재고객과의 상호작용 활동을 말한다. 기업은 제품과 서비스의 구매를 촉진하기 위해 여러 가지 단기적 인센티브를 제공하는 판매촉진을 사용하기도 한다. 또한 표적으로 삼은 개별소비자와 고객커뮤니티로부터 즉각적인 반응을 얻고 그들과 지속적인 고객관계를 구축하기 위해 그들을 직접 기업활동에 참여시키는 디지털 및 다이렉트 마케팅을 전개하기도 한다.

학습목표 14-2 커뮤니케이션 환경의 변화와 IMC의 필요성을 이해한다.

커뮤니케이션 기술의 급속한 발전과 고객커뮤니케이션 전략의 변화는 마케팅커뮤니케이션에 극적인 영향을 끼쳤다. 광고주는 보다 개인화된 쌍방향 콘텐츠로 소규모 고객커뮤니티의 참여를 이끌기 위해 전문적이고도 고도로 타깃팅된 다양한 매체(온라인, 모바일, 소셜미디어 등)를 광범위하게 추가하고 있다. 그러나 급속하게 다양해지고 세분화되는 미디어를 혼합하여 사용함으로써 소비자와의 커뮤니케이션에 문제가 생길 우려가 커졌으며, 이를 방지하기 위해 통합형 마케팅커뮤니케이션(IMC) 개념이 도입되었다. 통합형 마케팅커뮤니케이션 전략에 따라 다양한 촉진수단과 마케팅 콘텐츠의 전략적인 역할을 비교·검토하고, 각 수단의 활용 정도를 계획하며, 각 촉진활동과 주요 캠페인의 시기 등을 꼼꼼하게 조율한다.

학습목표 14-3 효과적인 마케팅커뮤니케이션을 개발하기 위한 커뮤니케이션 프로세스와 단계를 알아본다.

커뮤니케이션 과정은 아홉 가지 요소로 구성된다. 주요 당사자 2명(발신자, 수신자), 두 가지 커뮤니케이션 도구(메시지, 미디어), 네 가지 커뮤니케이션 기능(부호화, 해독, 반응, 피드백), 그리고 잡음이 그것이다. 효과적인 커뮤니케이션이 진행되도록 마케터는 이러한 요소들을 어떻게 조합하여 목표고객에게 전달할지를 이해해야 한다.

마케팅커뮤니케이션을 준비할 때 커뮤니케이터의 첫 번째 임무는 자신이 커뮤니케이션하려는 목표청중이 누구인지, 그들이 어떤 특징을 가지고 있는지를 파악하는 것이다. 그런 다음 커뮤니케이터는 커뮤니케이션 목표를 설정하고, 목표청중으로부터 어떤 반응을 얻고자 하는지를 명확히 해야 한다. 구매뿐만 아니라 마케팅 커뮤니케이터는 고객-브랜드 관계를 구축하고 Awareness(인지), Appeal(호감), Ask(질문), Act(행동), Advocacy(옹호)라는 다섯 가지 A를 통해 고객을 의도한 방향으로 이끌어야 한다. 이때 메시지는 효과적인 내용과 구조, 포맷으로 구성되어야 하며, 미디어는 인적 커뮤니케이션과 비인적 커뮤니케이션 채널을 둘 다 사용해야 할 것이다. 그리고 커뮤니케이터는 메시지를 전달하기 위한 매우 신뢰할 만한 정보원천(메시지원천)을 기용해야 한다. 또한 얼마나 많은 고객이 제품을 인지하고 시용하며 그 과정에서 만족하는지를 관찰함으로써 피드백을 수집해야 한다.

학습목표 14-4 촉진예산 책정과 촉진믹스 개발에 영향을 미치는 요인을 파악한다.

기업은 촉진에 얼마나 많은 예산을 지출할 것인지를 결정해야 하는데, 이때 가장 많이 사용되는 방법은 가용자원법, 매출액비율법, 경쟁자기준법, 목표과업법이다. 기업은 촉진예산을 촉진믹스의 주요 수단별로 할당한다. 기업은 푸시전략과 풀전략 혹은 둘의 조합으로 촉진전략을 수립하여 실행하곤 한다. 기업의 모든 구성원은 마케팅커뮤니케이션과 관련된 많은 법적·윤리적 문제를 잘 인지하고 있어야 한다. 기업은 고객, 재판매업자와의 투명하고 정직하며 만족스러운 커뮤니케이션을 위해 적극적으로 노력해야 한다.

핵심용어

학습목표 14-1

촉진믹스(마케팅커뮤니케이션 믹스) promotion mix(marketing communications mix)
광고 advertising
판매촉진 sales promotion
인적판매 personal selling
PR public relations
디지털 및 다이렉트 마케팅 direct and digital marketing

학습목표 14-2

콘텐츠 마케팅 content marketing
통합형 마케팅커뮤니케이션 integrated marketing communications(IMC)

학습목표 14-3

다섯 가지 A 5As
인적 커뮤니케이션 채널 personal communication channel
구전 word-of-mouth
버즈 마케팅 buzz marketing
비인적 커뮤니케이션 채널 nonpersonal communication channel

학습목표 14-4

가용자원법 affordable method
매출액비율법 percentage-of-sales method
경쟁자기준법 competitive-parity method
목표과업법 objective-and-task method
푸시전략 push strategy
풀전략 pull strategy

토의문제

1. 기업의 마케팅커뮤니케이션 믹스에 사용되는 다섯 가지 촉진수단을 제시하고 이에 대해 설명하라.
2. 점점 더 다양화·세분화되고 있는 디지털커뮤니케이션 환경에 대응하기 위해 마케팅 커뮤니케이터의 역할이 어떻게 바뀌었는가?
3. 통합형 마케팅커뮤니케이션(IMC)이란 무엇인가? 기업은 이를 어떻게 실천하고 있는가?
4. 주요 마케팅커뮤니케이션 목표와 목표청중으로부터 원하는 반응에 대해 설명하라.
5. 기업은 촉진예산을 어떻게 책정하는가?

15 광고와 PR

학습목표 15-1 촉진믹스에서 광고의 역할을 설명한다.
광고

학습목표 15-2 광고 프로그램 개발에 관련된 주요 의사결정을 이해한다.
주요 광고 의사결정

학습목표 15-3 촉진믹스에서 PR의 역할을 설명한다.
PR

학습목표 15-4 기업이 PR을 사용하여 공중과 커뮤니케이션하는 방법을 이해한다.
주요 PR 도구

개관 전반적인 통합형 마케팅 커뮤니케이션(IMC) 계획을 분석한 후 구체적인 마케팅 커뮤니케이션 도구를 자세히 알아보자. 이 장에서는 광고와 PR에 대해 살펴본다. 광고는 소비자에게 알리고 설득하고 상기시키기 위해 비용을 지불한 미디어를 사용하여 기업 또는 브랜드의 가치 제안에 관해 의사소통을 하는 것이다. PR은 소비자나 일반 대중에서부터 미디어, 투자자, 기부자, 정부 공공기관에 이르기까지 다양한 기업의 관계자와 우호적인 관계를 구축하기 위한 수단이다. 모든 촉진믹스 도구와 마찬가지로 광고와 PR은 통합형 마케팅 커뮤니케이션 프로그램과 연계되어야 한다. 16장과 17장에서 나머지 촉진믹스 도구인 인적 판매, 판매촉진, 디지털 및 다이렉트 마케팅 등을 다룰 것이다.

성공적인 광고 캠페인 사례로 이 장을 시작하려 한다. 유명 브랜드들이 생존하기 위해 치열한 경쟁을 벌이는 스낵 및 캔디 업계에서 영감을 주고 지속력이 있는 스니커스의 '출출할 때 넌 네가 아니야'는 브랜드에 새로운 생명을 불어넣은 콘텐츠 캠페인이다. TV든, 모바일이든, 친구의 게시물이든, 스니커스 캔디바의 포장지든 풍부한 상상력을 담은 이 캠페인은 관심을 끌고 기억에 남는 방법으로 '스니커스 만족'과 '출출할 때 넌 네가 아니야'를 명확하고 일관되게 인식시켜 스니커스를 세계적인 스낵의 반열에 올려놓았다. "좋은 광고는 정말로 중요하다." 이것이 바로 다음 사례의 메시지이다.

스니커스: 출출할 때 넌 네가 아니야!

이 모든 일은 2010년 슈퍼볼 광고에서 시작되었다. 당시 80대였던 인기 배우 베티 화이트(Betty White)는 이 광고에서 엄청 못 뛰는 풋볼 선수로 등장하는데, 스니커스 바를 먹은 후 젊은 풋볼 선수로 변신하여 필드를 펄펄 뛴다. 광고는 지금은 익숙해진 슬로건 '출출할 때 넌 네가 아니야'에 이어 태그라인 '스니커스 만족'으로 끝맺는다.

이 광고는 엄청난 화제를 불러일으키며 당시 침체되었던 스니커스 브랜드를 되살렸다. 마케팅 조사 기관인 닐슨에 따르면 그해 슈퍼볼의 '가장 사랑받은 스폿 광고'로 꼽혔고, 《USA 투데이》의 애드미터 순위에서 최고 점수를 받았다. 또한 입소문이 나 온라인에서 수천만 건의 조회 수를 기록하고 끊임없이 언론의 주목을 받았다. '출출할 때 넌 네가 아니야'라는 슬로건은 장기간에 걸쳐 대성공을 거둔 광고 커뮤니케이션 캠페인의 초석으로서 스니커스를 세계 제과 시장의 정상으로 끌어올리는 원동력이 되었다.

훌륭한 광고 캠페인은 모두 브랜드를 차별화하는 고유한 브랜드 메시지로 시작된다. 수십 년 동안 마스는 스니커스를 '스니커스 만족'이라는 최우선 브랜드 속성을 기반으로 포지셔닝해왔다. 스니커스는 초콜릿, 누가, 캐러멜에 땅콩의 단백질 파워를 겸비하여 보통의 캔디바보다 든든하며, '스니커스 만족'이라는 태그라인은 배를 채워주는 이러한 특성을 강조한다. 이 캠페인 이전의 스니커스는 젊은 운동선수에게 식사 대용으로 제시했다. 예를 들어 고전적인 한 인쇄 광고에서는 아들이 스니커스 바를 챙겨서 풋볼 연습을 하러 나가고 이를 본 엄마가 마음을 놓는 모습을 보여준다.

2000년대 초까지 스니커스는 형식적인 틀에 박혀 있었다. 포지셔닝이 점점 진부해져서 매출과 시장 점유율이 바닥세였다. 스니커스는 활력을 되찾고 시장의 소구를 확대할 수 있는 새로운 창의적인 개념이 필요했다. 그러나 마스는 확립된 포지셔닝을 포기하는 것이 아니라 '출출할 때 넌 네가 아니야'라는 새로운 주제로 확장했다. 다시 말해 브랜드의 기본적인 포지셔닝인 '스니커스 만족'을 유지하면서 영리하고 매력적인 방식으로 기존 포지셔닝에 생명력을 불어넣은 '출출할 때 넌 네가 아니야'라는 슬로건은 창의적인 '빅아이디어'이다.

이 슬로건은 강력하고 보편적인 '정서적 소구'에 속하는 배고픔을 이용한 것이라 더 넓은 시장까지 접근한다. 보통 사람들은 배가 고프면 어떻게 변할지에 공감하기 때문에 이 포지셔닝은 남녀노소는 물론이고 사무실 근로자, 공장 근로자, 학생에게도 강력한 영향을 미친다. 한마디로 전 세계 문화 전반에 작용한다. 또한 '넌 네가 아니야'라는 주제는 다양한 미디어 플랫폼에 걸쳐 창의적이고 재미있는 광고와 실행에 지속적으로 활용되고 있다.

베티 화이트가 등장한 슈퍼볼 광고 이후로 '출출할 때 넌 네가 아니야' 캠페인은 80여 개국에서 많은 창의적 광고를 탄생시켰다. 기억에 남는 한 TV 광고에서는 지금은 고인이 된 로빈 윌리엄스(Robin Williams)가 풋볼 코치로 분하여 동물 풍선과 찻주전자 뚜껑을 만들어서 '상대 팀을 친절하게 죽이라'고 지시한다. 그 후에 집행된 제49회 슈퍼볼의 'Snickers Brady Bunch(스니커스 브래디 번치)' 광고에서는 거친 남자 대니 트레조(Danny Trejo)가 고함을 치는 마샤(여자) 역을, 변덕스러운 스티브 부세미(Steve Buscemi)가 불만스러운 잰 역을 연기했다. 이 광고는 그해의 슈퍼볼 광고 중 3위에 올랐고, 광고의 아카데미상인 슈퍼 클리어(Super Clio)를 처음으로 수상했다. 제50회 슈퍼볼의 스니커스 광고는 하얀 드레스를 입고 지하철 환풍구 위에 서 있는 매릴린 먼로(Marilyn Monroe)의 상징적인 모습을 패러디했다. 심술궂은 얼굴의 윌렴 더포(Willem Dafoe)가 먼로로 분하여 환풍구 바람에 다리와 흰 팬티를 노출한 이 광고는 스니커스 유튜브 채널에서만 1,100만 회 이상의 조회 수를 기록했다.

'출출할 때 넌 네가 아니야' 캠페인은 인쇄 광고에서도 잘 사용된다. 한 인쇄 광고는 육상 트랙의 출발 위치에 있는 단거리 선수 3명 중 1명이 반대 방향을 향하고 있는 모습을 보여준다. 또 다른 광고에서는 프리킥을 막는 위치에 서 있는 축구 선수 3명이 손으로 중요한 신체 부위를 보호하고 1명은 웃도리를 얼굴에 뒤집어쓴 채 머리 위로 손을 들고 있다. 어떤 광고에서는 사람

'출출할 때 넌 네가 아니야'라는 슬로건은 강력하고 보편적인 '정서적 소구'에 속하는 배고픔을 이용한 것이다. 보통 사람들은 배가 고프면 어떻게 변할지에 공감한다.
Mars Incorporated

을 모델로 쓰지 않고 그 의미만을 전달하는데, 얼룩말과 사자의 역할이 바뀌어 얼룩말이 사자를 맹렬히 쫓는 모습을 보여준다. 각 광고의 심플한 이미지에는 스니커스 바를 자른 단면과 '출출할 때 넌 네가 아니야. 스니커스 만족'이라는 문구가 있다.

TV와 인쇄 광고뿐만 아니라 디지털, 모바일 광고 등 다양한 광고 매체에서는 '출출할 때 넌 네가 아니야'라는 슬로건의 소구가 잘 작동하고 있다. 예를 들어 #WhenYouAreHungry라는 해시태그로 배고플 때 어떻게 되는지를 묻는 트위터 글로벌 캠페인의 경우 일주일 만에 500만 개의 트윗을 기록했다. 또한 '스니커스 바를 활용한 셀카' 콘테스트에서는 스니커스의 페이스북 팔로워 1,100만 명 이상을 초대하여 '배고플 때 당신은 누구(who R U when U R hungry)'라는 주제로 사진을 공유했는데, 우승자는 상금 10만 달러와 자기만의 맞춤형 스니커스 바를 받았다.

'출출할 때 넌 네가 아니야'라는

> 스니커스의 '출출할 때 넌 네가 아니야' 캠페인은 관심을 끌고 기억에 남는 방식으로 '스니커스 만족'이라는 포지셔닝을 명확하고 일관되게 실행하여 스니커스를 세계적인 스낵의 반열에 올려놓았다.

창의적인 콘셉트는 캔디바의 포장지에도 적용된다. 스니커스는 '헝거바(Hunger Bar)' 포장지에 Cranky, Loopy, Spacey, Whiny, Snippy, Feisty, Grouchy, Drama Mama 등 배고플 때 나타나는 현상을 묘사하는 단어가 들어간 라벨을 붙여 직접적으로 캠페인 메시지를 강화한다. 이 영리한 실행 방법은 반대 방향으로 행동하려던 고객을 잘 들어맞는 라벨로 불러 세워 행동을 바꾸도록 촉구한다.

'출출할 때 넌 네가 아니야' 캠페인은 신제품라인으로도 잘 확장되었다. 예를 들어 스니커스는 최근 새로운 시리즈인 크리미 스니커스(전통 누가가 아닌 신선하고 부드러운 땅콩버터로 이루어진 바)를 발표하기 위해 오랜 슬로건을 살짝 변경했다. 제53회 슈퍼볼에 앞서 NFL 카운트다운 동안 내보낸 크리미 스니커스의 30초짜리 스폿 광고 'Heist(강도)'에서는 얼굴에 스타킹을 뒤집어쓴 강도 3명이 교통 정체에 갇힌 현금 수송차의 문을 폭파한다. 이 결정적인 순간에 강도 2명은 나머지 1명을 믿을 수 없다는 듯이 쳐다보는데, 그는 얼굴이 훤히 보이는 망사 스타킹을 뒤집어쓰고 있었다. "왜 이래? 팬티스타킹이라고 말했잖아?" 이때 뒤에서 한 여자가 망사 스타킹을 뒤집어쓴 남자를 향해 소리친다. "피트 자가린? 피트구나. 내가 사회학을 가르쳤지. 피트, 그런데 거기서 뭐 해?" 이 광고는 '출출할 때 넌 매끄럽지 않아(You're not smooth when you're hungry)'라는 태그라인으로 끝맺는다. '넌 매끄럽지 않아'라는 슬로건의 새로운 광고와 #SmoothItOver를 지지하는 많은 디지털 및 소셜미디어 콘텐츠는 일탈행동이 크리미 스니커스 덕분에 정상으로 돌아오는 모습을 보여준다.

인쇄, 포장, TV, 모바일 등 플랫폼이 무엇이든 상관없이 스니커스 캠페인은 산발적으로 흩어져 있는 영리한 콘텐츠 모음 이상의 의미를 띤다. 이 캠페인이 강력한 것은 모든 단편이 브랜드의 장기적인 포지셔닝인 '스니커스 만족'과 '출출할 때 넌 네가 아니야'로 신중하게 통합되기 때문이다. 즉 세계 어디에 있든, 어떻게 메시지를 받든 이 캠페인은 명확하고 일관된 브랜드 메시지를 전달한다.

10년이 지났어도 '출출할 때 넌 네가 아니야' 캠페인은 여전히 활기를 띠고 있다. 이 캠페인 전에 스니커스는 시장 점유율을 잃고 있었다. 그러나 베티 화이트가 등장한 슈퍼볼 광고 이후로 얼마 지나지 않아 자사의 엠앤드엠스를 능가하여 지구상에서 가장 많이 팔리는 캔디가 되었고 오늘날까지도 그 자리를 지키고 있다. 현재 크리미 스니커스, 스니커스 아몬드, 스니커스 & 헤이즐넛, 스니커스 크리스퍼, 스니커스 크런치 피넛버터, 스니커스 바이츠, 스니커스 아이스크림 등으로 확장한 수십억 달러 가치의 스니커스 브랜드는 거대한 마스의 연간 총수익 중에서 추정치로 10% 이상 공헌하고 있다. '출출할 때 넌 네가 아니야'라는 혁신적인 콘텐츠 캠페인에 힘입어 '스니커스 만족'이라는 스니커스의 오랜 주장은 회사나 고객 모두에게 그 어느 때보다도 진정성을 보여준다.[1]

앞 장에서 언급했듯이 기업은 단순히 고객 가치를 창출하는 것에서 나아가 더 많은 일을 해야 한다. 또한 목표고객을 참여시키고 그 가치를 명확하고 설득력 있게 전달해야 한다. 이 장에서는 마케팅 커뮤니케이션 도구 중 광고와 PR에 대해 자세히 살펴보자.

저자 코멘트 | 매일 광고에 노출되어 광고에 대해 이미 많이 알고 있겠지만, 여기서는 기업이 광고에 대한 의사결정을 어떻게 하는지 막후에서 살펴보자.

광고

학습목표 15-1 촉진믹스에서 광고의 역할을 설명한다.

광고
확인되는 후원자가 아이디어, 제품, 서비스에 대해 지불하는 유료 형식의 비인적 발표와 촉진

광고(advertising)는 기록된 역사의 초기로까지 거슬러 올라갈 수 있다. 지중해 주변 국가에서 일하는 고고학자들은 다양한 형태의 행사와 제안을 알리는 간판(sign)을 발굴하고 있다. 로마인은 격투 경기를 알리기 위해 벽에 페인트로 칠했고, 페니키아인은 상인 행렬이 지나가는 노선 근처의 큰 바위에 상품을 촉진하는 그림을 그렸다. 그리스 황금기에는 포고를 외치는 관리가 가축, 세공품, 화장품 판매를 알렸다. 초기의 노래하는 광고는 다음과 같다. "반짝이는 눈을 위해/여명과 같은 볼을 위해/소녀 시절이 지나가도 지속되는 아름다움을 위해/합리적인 가격을 위해, 아는 여성은/에스크립토스에서 온 화장품을 살 겁니다."

그러나 현대의 광고는 이러한 초기 형태와 많이 다르다. 미국 광고주는 측정되는 광고 매체에만 연간 광고비로 2,100억 달러 이상을 지출하는 것으로 추산되고, 전 세계적으로는 5,630억 달러 이상을 지출하는 것으로 추정된다. 세계에서 가장 큰 광고주인 P&G는 미국에서 광고비로 43억 달러를 썼고, 전 세계적으로 105억 달러 이상을 지출했다.[2]

● 그림 15.1
광고와 관련된 주요 의사결정

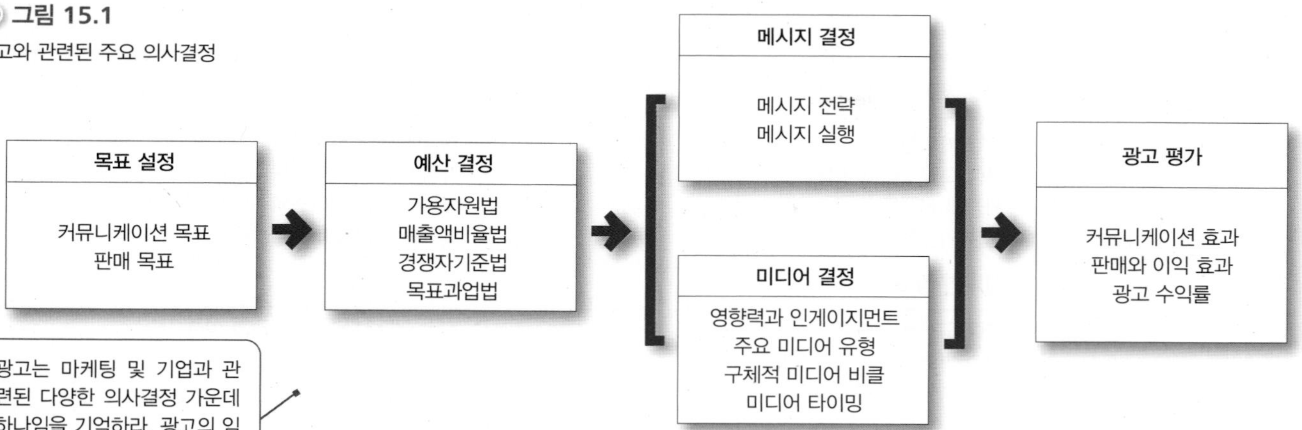

목표 설정	예산 결정	메시지 결정 / 미디어 결정	광고 평가
커뮤니케이션 목표 판매 목표	가용자원법 매출액비율법 경쟁자기준법 목표과업법	메시지 결정: 메시지 전략, 메시지 실행 미디어 결정: 영향력과 인게이지먼트, 주요 미디어 유형, 구체적 미디어 비클, 미디어 타이밍	커뮤니케이션 효과 판매와 이익 효과 광고 수익률

광고는 마케팅 및 기업과 관련된 다양한 의사결정 가운데 하나임을 기억하라. 광고의 임무는 목표고객에게 브랜드의 가치 제안을 전달하도록 돕는 것이다. 광고는 기타 촉진 및 마케팅믹스 의사결정과 조화를 이루어야 한다.

광고는 대부분 영리를 추구하는 기업이 사용하지만 비영리 단체, 전문직, 사회적 기관도 다양한 목표공중에게 명분을 촉진하기 위해 광고를 활용한다. 실제로 미국에서 46번째로 광고비를 많이 지출하는 기관은 다양한 방식으로 광고를 이용하는 비영리 단체인 미국 정부이다. 예를 들어 미 육군은 신병 모집에 연간 약 4억 달러를 지출하고 있다.[3] 광고는 그 목적이 전 세계에 코카콜라를 판매하는 것이든, 신병을 유치하는 것이든, 개발도상국 사람들이 더 건강한 삶을 살 수 있도록 교육하는 것이든 사람들을 참여시키고 정보를 제공하며 설득하는 좋은 방법이다.

마케팅 관리자는 광고 프로그램을 개발할 때 **광고 목표 설정, 광고 예산 결정, 광고 전략 개발(메시지 결정과 미디어 결정), 광고 효과 평가**에 관한 의사결정을 내려야 한다(● 그림 15.1 참조).

주요 광고 의사결정

학습목표 15-2 광고 프로그램 개발에 관련된 주요 의사결정을 이해한다.

광고 목표 설정

광고 프로그램 개발의 첫 번째 단계는 **광고 목표**를 설정하는 것이다. 목표는 목표청중, 포지셔닝, 마케팅믹스에 대해 이미 내린 의사결정을 기반으로 하며, 광고 목표 단계에서는 광고가 통합형 마케팅 커뮤니케이션(IMC) 프로그램에서 해야 할 일을 정의한다. 전반적인 광고 목표는 고객 가치에 관해 고객과 소통함으로써 고객을 참여시키고 고객 관계를 구축하는 것을 돕는 데 있다. 그렇다면 구체적인 광고 목표에 대해 알아보자.

광고 목표
특정한 목표청중을 대상으로 구체적인 기간 동안 성취해야 할 구체적인 의사소통 과업

광고 목표(advertising objective)는 특정한 목표청중을 대상으로 구체적인 기간 동안 성취해야 할 구체적인 의사소통 과업을 말한다. 광고 목표는 주요 목적에 따라 **정보 제공형, 설득형, 상기형** 등으로 구분할 수 있다. 세 가지 목표의 구체적인 예를 ● 표 15.1에 제시했다.

정보 제공형 광고(informative advertising)는 새로운 제품군을 소개할 때 많이 사용된다. 이 경우 목표는 일차적인 수요를 확보하는 것이다. 따라서 전기자동차의 초기 생산자는 신제품의 경제적 효익과 성능 효익에 관한 정보를 제공해야 한다. **설득형 광고**(persuasive advertising)는 경쟁이 치열해지면서 점점 더 중요해지고 있다. 이러한 광고에서 기업의 목적은 선별적인 수요를 창출하는 것이다. 예를 들어 전기자동차 시장이 구축되고 나면 GM은 자사의 셰비 볼트가 테슬라 모델 3나 닛산 리프보다 가격에 비해 더 나은 가치를 제공한다고 소비자를 설득하려 할 것이다. 이러한 광고는 고객을 참여시키고 브랜드 선호를 창출하고자 한다.

표 15.1 | 광고 목표의 예

정보 제공형 광고	
고객 가치전달 브랜드 및 기업 이미지 구축 시장에 신제품 소개 제품 기능에 대한 설명	제품에 대한 새로운 용도 제안 가격 변동에 관한 정보 제공 이용 가능한 서비스와 지원에 대한 설명 그릇된 인상을 바로잡음
설득형 광고	
브랜드 선호도 구축 자사 브랜드로의 전환 유도 제품 속성에 관한 소비자 지각의 변화	지금 구매하도록 소비자를 설득 고객 인게이지먼트 창출 브랜드 커뮤니티 구축
상기형 광고	
고객 관계 유지 조만간 해당 제품이 필요할지 모른다고 상기시킴	제품 구매 장소를 상기시킴 비수요기에도 브랜드를 기억시킴

어떤 설득형 광고는 비교 광고(comparative advertising)인데, 이를 공격형 광고(attack advertising)라고도 한다. 비교 광고는 한 브랜드를 경쟁 브랜드와 직접적 또는 간접적으로 비교하는 것이다. 비교 광고는 패스트푸드, 청량음료, 렌터카, 신용카드, 이동통신 요금제, 스마트폰 등 거의 모든 제품군에서 사용되고 있다. 예를 들어 삼성 갤럭시 광고는 오랫동안 애플 아이폰을 염치없이 공격했다. 지난 10년 동안 삼성의 광고 캠페인은 갤럭시와 아이폰을 직접적으로 비교했다. 이러한 광고는 아이폰 사용자가 자기 스마트폰에 실망하거나 최신 갤럭시 모델을 사용하는 사람들을 은근히 부러워하는 모습을 의기양양하게 묘사했다. 한 분석가는 이렇게 말한다. "삼성이 새로운 스마트폰을 마케팅하는 방식을 보면 애플을 때리는 데에만 집착하는 것 같다."[4]

또 다른 전형적인 광고 전쟁에서는 웬디스가 맥도날드의 냉동 쇠고기 햄버거를 직접적으로 비교했다.

오래전부터 웬디스는 '냉동하지 않은 신선한' 쇠고기로 햄버거를 만든다고 광고하고 있다. 그래서 맥도날드가 2017년 중반쯤 대부분의 매장에서 쿼터파운더(Quarter Pounder)를 신선한 쇠고기로 만들기 시작한다는 트윗을 올렸을 때 웬디스는 1~2시간 만에 "맥도날드는 모든 매장에서 대부분의 햄버거에 아직도 냉동 쇠고기를 사용하는구나?"라는 반응을 보였다. 이 트윗은 하루에 6억 회의 노출을 기록하며 웬디스 최고의 트윗 중 하나가 되었다. 웬디스의 '신선하지만 냉동하지 않은' 공격은 소셜미디어 콘텐츠로 지원한 제52회 슈퍼볼 광고와 함께 확대되었다. 웬디스는 맥도날드가 '신선한 고기를 갈아 그 풍미를 밀봉하기 위해 재빨리 냉동한(급속 냉동)' 쇠고기를 사용한다는 점을 밝히면서 이렇게 광고했다. "타이타닉호를 침몰시킨 빙산도 얼어 있었죠. 우리는 매일 모든 햄버거에 냉동하지 않은 신선한 쇠고기만을 사용합니다. 그러니 겨울왕국의 햄버거는 건너뛰세요." 웬디스의 마케팅 담당자가 "슈퍼볼의 영향이 굉장했다"고 말할 정도로 이 광고는 큰 관심을 끌었다. 이러한 성공에 힘입어 웬디스는 맥도날드의 냉동 패티 햄버거를 나열하는 새로운 광고를 계속했다. 결론적으로 비교 광고 캠페인은 웬디스의 '냉동하지 않은 신선한' 포지셔닝에 새로운 변화를 일으켰다.[5]

비교 광고: 맥도날드의 냉동 패티 햄버거를 직접 겨냥한 웬디스의 최근 광고는 '냉동하지 않은 신선한' 포지셔닝에 새로운 변화를 일으켰다.
rafapress/Shutterstock

비교 광고 캠페인은 종종 논란을 불러일으킨다. 비교 광고는 대개 논란의 야기를 이용한다. 확고한 위치의 마켓리더는 소비자의 선택 집합에서 다른 브랜드를 배제하고 싶어 하는 반면, 도전자들은 선택 집합을 뒤흔들고 자사 브랜드를 소비자의 대화에 주입하여 마켓리더와 동등한 위치에 서려고 한다. 따라서 광고주는 비교 광고를 신중하게 사용해야 한다. 모든 비교 광고는 경쟁사의 반응을 초래하여 결국 승자가 없는 광고 전쟁이 되는 경우가 아주 흔하다. 미국에서는 경쟁사가 자율규제 기관인 기업개선협의회(Council of Better Business Bureaus)의 국립광고부(National Advertising Division)에 민원을 제기하거나 허위광고 소송을 제기하는 등 보다 과감한 조치를 취하기도 한다. 비교 광고에 대한 경쟁사의 반응을 초바니(Chobani) 사례에서 확인할 수 있다.[6]

> 초바니 심플리 100(Chobani Simply 100) 요거트 광고에서는 한 여성이 요플레 그리크 100(Yoplait Greek 100) 용기에 붙은 라벨을 자세히 들여다본 후 바로 폐기하는 모습을 보여주며 "소르빈산칼륨?! 이건 벌레를 죽이는 데 사용하는 거야"라고 말한다. 이 광고는 초바니 심플리 100에는 방부제가 전혀 들어 있지 않다는 점을 드러냈다. 또 다른 광고에서는 수영장에서 한 여성이 다논 라이트앤드핏(Dannon Light and Fit) 용기를 쓰레기통에 버리는 모습을 보여준다. "수크랄로스?! 거기에는 염소가 첨가되어 있어. 초바니 심플리 100은 유일하게 천연 감미료를 사용한 100칼로리 요거트지." 이 도발적인 광고에 경쟁사들은 그냥 넘어가지 않았다. 요플레의 제조사인 제너럴밀스는 오해의 소지가 있는 광고라며 초바니를 상대로 소송을 제기했고, 다논의 변호인단은 초바니에게 광고 중단을 요청하는 편지를 보냈다. 결국 초바니는 자사 광고에 오해의 소지가 없음을 확인해달라며 법원에 다논을 고소했다. 두 소송에서 법원은 경쟁사에 관한 정보에 오해의 소지가 있다고 판단하여 초바니가 광고를 게재할 수 없다고 판결 내렸다.

상기형 광고(reminder advertising)는 고객 관계를 유지하는 데 도움이 되고 고객이 제품을 계속 생각하게 하기 때문에 제품수명주기상 성숙기인 제품에 중요하다. 예를 들어 최근 실크의 두유 광고 캠페인은 '실크가 소비자의 건강에 도움을 주는' 많은 이유를 상기시키면서 "두유와 다시 사랑에 빠져보라"고 말한다. 많은 비용을 들인 코카콜라 TV 광고는 정보 제공이나 단기적인 구매 설득보다는 브랜드와 고객의 관계를 구축하고 유지하는 데 그 목적이 있다.

광고의 목표는 소비자가 구매 과정의 각 단계를 이동할 수 있도록 도와주는 것이다. 어떤 광고는 사람들의 즉각적인 행동을 유발하도록 설계된다. 예를 들어 웨이트워처스(Weight Watchers)의 즉각 반응(direct-response) TV 광고는 소비자에게 바로 온라인에 접속하여 가입하라고 촉구하고, 주말 특별 행사를 촉진하는 월그린스의 모바일 광고는 당장 매장에 오라고 손짓한다. 그러나 그 밖의 많은 광고는 장기적인 고객 관계를 구축하거나 강화하는 데 초점을 맞춘다. 예를 들어 운동선수가 매일 나이키 장비를 갖추고 극한 도전에 임하는 나이키의 동영상 스폿 광고는 직접적으로 제품 구매를 요구하지는 않지만, 고객을 참여시키며 브랜드에 대해 생각하고 느끼는 방식을 어떻게든 변화시키는 데 그 목적이 있다.

광고 예산 설정

광고 예산
제품 또는 기업 광고 프로그램에 할당된 비용과 기타 자원

광고 목표를 결정하고 나면 다음 단계로 기업은 각 제품의 **광고 예산**(advertising budget)을 설정한다. 촉진예산을 설정하는 데 사용되는 네 가지 방법은 14장에서 설명했으니 여기서는 광고 예산을 세울 때 고려해야 할 구체적인 요인을 살펴보자.

브랜드의 광고 예산은 흔히 제품수명주기 단계에 좌우된다. 예를 들어 신제품은 대개 인지도를 구축하고 소비자의 시도를 유도하기 위해 상대적으로 많은 예산을 필요로 한다. 반면 성숙기의 브랜드는 일반적으로 매출에서 광고 예산이 차지하는 비율이 다른 단계에 비해 낮다. 또한 경쟁자가

마케팅 현장 15.1 | 모든 광고 이벤트의 어머니 격인 슈퍼볼: 그만한 가치가 있을까?

슈퍼볼은 모든 광고 이벤트의 어머니라고 할 수 있다. 매년 수십 개의 거대 광고주가 전 세계에 최고의 광고 작품을 선보인다. 그런데 이 모든 것은 그냥 이루어지는 것이 아니다. 작년에 주요 광고주는 30초당 평균 525만 달러(초당 17만 5,000달러)의 광고비를 턱 내놓았다. 편당 수백만 달러가 소요되는 광고 제작 비용을 투입하고, 심지어 슈퍼볼에 광고를 한 번만 게재하더라도 초고가의 제안이 되어버린다.

그래서 매년 큰 논쟁을 불러일으킨다. 슈퍼볼 광고에 그렇게 많은 돈을 들일 가치가 있을까? 앤하이저부시나 펩시코와 같이 매년 광고를 하는 슈퍼볼계의 거물들은 좋은 투자라고 생각할 것이다. 그러나 슈퍼볼에 투자하는 모든 대형 브랜드 중에는 수익률이 비용을 정당화하지 못한다고 여기는 경우도 많다.

반대론자들은 매우 신랄한 논쟁을 벌인다. 슈퍼볼 광고는 엄청나게 비싸다. 비용뿐만 아니라 슈퍼볼 기간 동안 관심을 끌기 위한 경쟁이 치열하다. 광고 하나하나가 깜짝 놀랄 만한 명장면을 만들기 위해 노력하는 마케팅 담당자의 피땀을 드러낸다. 많은 광고주는 붐비지 않는 장소에서 실물보다 더 큰 광고를 내보내니 투자한 것보다 더 많은 것을 얻을 수 있다고 생각한다.

슈퍼볼은 광고주에게 줄 것이 여전히 많다. 슈퍼볼 광고는 마음을 열고 있는 어마어마한 사람들 앞에 모습을 드러낸다. 게다가 지금까지 가장 많이 시청된 TV 방송 20개 중 19개는 슈퍼볼 경기이다. 전형적인 스포츠 경기는 1억 명 이상의 미국 시청자를 끌어들이지만, 슈퍼볼 기간 동안 광고는 전형적인 스포츠 경기와 같거나 훨씬 더 많은 시청자를 끌어들인다. 한 연구에 따르면 슈퍼볼 광고의 투자 수익은 최대 250개 정규 TV 광고의 투자 수익과 맞먹을 수 있다고 한다.

최근 들어 더욱 중요한 점은 슈퍼볼 광고 자체가 훨씬 더 큰 것의 중심 장식일 뿐이라는 것이다. 경기가 시작되기 훨씬 전부터 경기가 끝나고 한참 뒤까지 소비자, 광고 평론가, 미디어 전문가, 광고주는 프리뷰, 리뷰, 토론, 평가를 반복한다. 한 슈퍼볼 마케팅 담당자는 "경기 후 사무실 정수기 앞에서의 수다(water-cooler chat)를 포함하여 하루 동안 진행되던 이벤트가 이제는 8~13주간의 체험이 되었다"고 말한다. 디지털, 모바일, 소셜미디어 시대에 대부분의 광고주는 경기 중 대형 광고로 시청자들을 깜짝 놀라게 하는 것이 아니라 몇 주 전부터 기대감을 쌓기 시작한다. 그들은 관련 프로모션, 티저, 심지어 광고 전체 그 자체를 온라인 및 소셜미디어 채널에 쏟아붓는다.

예를 들어 제53회 슈퍼볼이 시작될 때까지 도리토스, 지프, 현대, 마이크로소프트, 아마존과 기타 37개 브랜드(경기 중 광고를 내보낸 브랜드의 64%)는 이미 소셜미디어에 관련 창작물 135개를 게시하여 1억 5,400만 회 이상의 조회 수를 기록했다. 버드와이저의 'Wind Never Felt Better(더할 나위 없이 좋은 바람)'는 버드와이저 달마티안이 버드와이저 클라이즈데일이 끄는 마차를 타고, 밥 딜런이 부르는 〈Blowin' in the Wind〉의 선율에 맞추어 풍력 터빈이 돌아가는 농장의 황금빛 들판을 가로지르면서 산들바람을 맞는 모습을 담은 훈훈한 광고이다. 슈퍼볼 경기가 시작되기 전에 이 광고는 이미 1,400만 회 이상의 조회 수와 2만 7,000회의 인게이지먼트를 기록했다.

엄청나게 비싼 슈퍼볼 경기 당일 광고에서 대박을 터뜨리는 것보다 예고편이 더 효과적인 것처럼 보인다. 한 연구에 따르면 역대 가장 많이 공유된 슈퍼볼 광고의 60%가 방영되기 전에 소개되었다. 경기 전 유튜브에 올라온 광고의 조회 수가 경기 당일 공개된 광고보다 3.4배 더 많았다. 소셜미디어의 입소문 덕분에 훌륭한 광고 하나로 화제를 모으는 것은 효과가 적은 일련의 광고에 같은 액수를 지출하는 것보다 훨씬 더 큰 효과를 기대할 수 있다.

많은 기업은 단순히 광고를 게재하고 예고편을 내보내는 것에서 벗어나 슈퍼볼 행사 전체를 포괄하는 촉진용 명장면을 구축한다. 예를 들어 애틀랜타에서 개최된 제53회 슈퍼볼에서는 35년 이상 NFL의 스폰서인 펩시코가 펩시, 도리토스, 버블리(Bubly) 광고를 내보냈다. 펩시코는 다른 광고주와 마찬가지로 흥행을 위해 경기 전 광고물을 게재하고, 더 많은 사람이 보는 펩시 하프타임 쇼의 타이틀 후원자 역을 다시 맡았다. 경기를 일주일 앞두고 가일층하여 펩시는 경쟁사인 코카콜라의 고향 애틀랜타를 펩시의 상징 색깔인 파란색으로 물들이고 간판과 재활용 쓰레기통, 기차역 벽 등에 350개 이상의 대형 광고를 붙였다. 코카콜라 박물관 근처의 한 광고판은 '애틀랜타의 펩시. 얼마나 상쾌한지.(Pepsi in Atlanta. How refreshing.)'라며 조롱하고, 또 다른 광고판은 '이봐 애틀랜타, 주최해줘서 고마워. 우리가 음료수를 가져다줄게.(Hey Atlanta, thanks for hosting. We'll bring the drinks.)'라고 거들었다. 펩시코의 포괄적인 슈퍼볼 캠페인은 코카콜라의 뒷마당에서 벌어진 콜라 전투에서 쉽게 승리하는 데 도움이 되고 있다.

최근 들어 슈퍼볼 광고주들은 경기 전 익살스러움에서 한발 더 나아가 경기 자체에 소비자를 대화식으로 참여시키는 광고를 만들기 위해 더욱 공을 들이고 있다. 광고에 해시태그, 프롬프트, 인센티브가 점점 더 삽입되어 온라인 브랜드 대화를 유발하고, 조회자를 브랜드의 웹, 모바일, 소셜미디어 사이트로 끌어들이고 있다. 이 모든 디지털 시도는 성과를 거두고 있다. 예를 들어 유튜브에서 작년 슈퍼볼 광고의 시청률은 그 전년도에 비해 전체 58%, 모바일의 경우 78% 증가했다. 한 자료에 따르면 경기 임박 시점과 경기 중 슈퍼볼 광고를 통해 온라인 조회 수는 총 4,800만 건, 소셜 활동 110만 건, 소셜미디어 노출 횟수는 29억 건이 발생했다.

대부분의 슈퍼볼 광고주를 위해 마케팅 콘텐츠를 생성하는 기계는 경기가 끝난 후에도 오랫동안 활발하게 움직인다. 경기 다음 날 슈퍼볼 광고에

광고 예산: 매년 수십 개의 광고주가 슈퍼볼 기간 동안 광고를 선보이기 위해 아낌없이 돈을 쓴다. 그런데 엄청난 비용만큼의 수익이 있을까?
Photoraidz/Shutterstock; CharacterFamily/Shutterstock; grzegorz knec/Alamy Stock Photo; h_f_a/Shutterstock

관한 사무실 정수기 앞 토론은 수십 년째 계속되고 있다. 슈퍼볼 광고에 대해 그들 나름대로 순위를 매기는 조직과 전문가가 많지만 경기가 끝난 후 화제를 최고조로 끌어올리는 것은 디지털, 모바일, 소셜미디어이다. 경기가 끝나고 나서 며칠 또는 몇 주 동안 온라인 소셜 채널은 광고 조회와 리뷰, 좋아요, 공유, 댓글로 활기가 넘친다. 이러한 온라인 대화와 공유는 슈퍼볼 경기 당일의 투자에 대한 수익을 크게 증가시킬 수 있을 것이다.

슈퍼볼 광고를 통한 의미 있는 브랜드 인게이지먼트는 시청자의 감상, 온라인상에서의 화제, 광고 인기로 나타날 수 있다. 그러나 마케터는 그 숫자 뒤에 있는 화제의 본질을 평가해야 한다. 모든 광고주는 인기 있고 효과적인 광고를 만들고 싶어 하지만 두 가지가 반드시 양립하는 것은 아니다. 즉 사람들의 입에 오르내리고 인기가 있지만 곧 잊히는 광고는 브랜드의 메시지나 포지셔닝에 거의 기여하지 않을지도 모른다. 반면 인기가 별로 없고 사람들의 입에 잘 오르내리지 않은 광고라 하더라도 적절한 사람들이 적절한 메시지에 대해 소문을 낸다면 오히려 매우 효과적일 것이다.

예를 들어 제53회 슈퍼볼의 버드와이저 광고 'Wind Never Felt Better'는 인기와 광고 효과라는 두 마리 토끼를 모두 잡아 《USA 투데이》 애드 미터에서 가장 인기 있는 광고 10위 안에 들었다. 그리고 소셜미디어에서의 인기가 사그라든 후에도 버드와이저는 100% 재생 에너지로 생산한다는 브랜드 메시지, 그리고 맞서서 나아가겠다는 브랜드의 의지로 온라인 대화는 강하게 유지되었다. 한편 데이트 주선 앱인 범블(Bumble)은 제53회 슈퍼볼 광고에서 테니스의 거장 세리나 윌리엄스가 여성들에게 "첫발을 내딛으라"고 말하여 적정 또는 중간 수준의 광고 시청률 반응을 얻었다. 그러나 범블은 그다음 주 내내 온라인상에서 큰 관심을 불러일으켜 앱 작동법, 다른 데이트 앱과의 비교가 대화의 주를 이루었다. 따라서 슈퍼볼 광고를 통해 비용만큼 가치를 얻으려면 단순히 소문을 일으키는 것 이상으로 효과적인 소문을 창출하는 것이 중요하다.

이제 원래 질문으로 돌아가 보자. 슈퍼볼 광고에 그렇게 많은 돈을 들일 가치가 있을까? 슈퍼볼은 확실히 모든 브랜드를 위한 것이 아니다. 그러나 제대로 된 브랜드, 광고를 올바르게 집행하는 브랜드의 경우라면 "예"라고 답할 수 있다. 이는 슈퍼볼 기간 동안 광고를 1~2개 게재하는 것에 관한 것만이 아니다. 수백만 소비자가 경기 전, 경기 중, 경기 후에 광고나 브랜드를 보고, 스트리밍하고, 공유하고, 댓글을 달고, 토론하고, 떠드는 것에 관한 것이다. "슈퍼볼은 광고 플랫폼이 아니라 극장"이라고 한 광고 임원은 말한다. 또 어떤 사람은 다음과 같이 말한다. "슈퍼볼은 참여하는 수많은 청중과 엄청난 가치가 있는 특별한 순간이다. 비용은 주저하게 만드는 이슈가 아니다. 가장 중요한 것은 멋진 콘텐츠를 만드는 것이다."[7]

많고 광고 혼잡도가 높은 시장에 진출한 브랜드는 경쟁 광고 속에서 소비자의 눈에 띄기 위해 더 많은 광고비를 지출해야 한다. 한 제품군 내에서 브랜드들이 엇비슷한 경우(예: 청량음료, 세제 등)에는 자사 제품을 차별화하기 위해 많은 광고비를 지출할 수밖에 없다. 만약 자사 제품이 경쟁사의 제품과 크게 다르다면 소비자에게 그 차이를 알려주기 위해 광고를 사용할 수 있다.

어떤 방법을 사용하든 광고 예산을 설정하기란 쉬운 일이 아니다. 기업이 적정 금액을 광고 예산으로 쓰고 있는지 또는 적절한 광고 콘텐츠와 미디어에 쓰고 있는지 어떻게 알 수 있을까? 심지어 전체 예산 내에서 특정 미디어 구매를 평가하기는 쉽지 않다. 예를 들어 매년 수십 개의 광고주가 세간의 이목을 끄는 슈퍼볼 광고에 아낌없이 돈을 쏟아붓는다. 그들은 막대한 투자만큼 수익률이 가치 있다고 느끼지만 그 효과를 정확히 측정하거나 증명하는 이는 거의 없다(마케팅 사례 15.1 참조).

따라서 광고는 경제 상황이 어려워질 때 삭감하기 가장 쉬운 예산 항목 중 하나이다. 브랜드 구축 광고의 삭감은 매출에 단기적인 피해를 거의 주지 않는 것처럼 보인다. 그러나 광고 지출 삭감은 브랜드의 이미지와 시장 점유율에 장기적인 손상을 입힐 수도 있다. 실제로 경쟁사가 광고비를 줄이는 동안 광고 지출을 유지하거나 오히려 늘린 기업은 경쟁우위를 획득할 수 있다.

예를 들어 대불황 동안 경쟁사들이 마케팅 및 광고 지출을 줄일 때 아우디는 오히려 늘렸다. 아우디의 광고 임원은 이렇게 말한다. "경쟁사들이 주저하고 있을 때 우리는 페달을 계속 밟았다. 업계가 일반적으로 브레이크를 걸어 잠그고 지출을 줄일 때 왜 우리가 후퇴해야만 하는가?" 그 결과 아우디의 브랜드 인지도와 구매자에 대한 배려가 대불황기에 최고치를 기록하여 BMW, 메르세데스, 렉서스를 앞섰고, 아우디는 불황 후 시대를 향한 자동차로 강력하게 포지셔닝되었다. 아우디는 이제 시장에서 가장 인기 있는 자동차 브랜드 중 하나이고, 세계 고급차 매출에서 BMW, 메르세데스와 막상막하의 경쟁을 벌이고 있다.[8]

광고 전략 개발

광고 전략
기업이 광고 목표를 달성하기 위한 전략으로, 광고 메시지 개발 및 광고 미디어 선정으로 구성됨

광고 전략(advertising strategy)의 주요 요소는 광고 메시지 개발과 광고 미디어 선정이다. 과거에 기업은 미디어 계획을 메시지 개발 과정의 부수적인 단계로 간주했다. 크리에이티브 부서가 먼저 좋은 광고를 만든 다음, 미디어 부서가 원하는 목표청중에게 그 광고물을 전달하는 데 최적의 미디어를 선정하고 구매했다. 이러한 과정은 때때로 크리에이티브 담당자와 미디어 기획자 간의 갈등을 촉발했다.

그러나 오늘날 증가하는 미디어 비용, 더욱 초점을 맞춘 표적 마케팅 전략, 새로운 온라인·모바일·소셜미디어의 홍수로 미디어 기획 기능의 중요성이 부각되고 있다. 광고 캠페인에 어떤 미디어(예: TV, 신문, 잡지, 모바일 기기, 웹사이트, 소셜미디어, 이메일 등)를 사용할 것인가에 관한 의사결정이 광고 캠페인의 크리에이티브 요소보다 더 중요해졌다. 또한 지금은 소비자와의 상호작용을 통해 브랜드 콘텐츠를 공동 제작하기도 한다. 그 결과 점점 더 많은 광고주가 소비자에게 전달하는 메시지와 미디어 간의 보다 긴밀한 조화를 조정하고 있다. 앞 장에서 언급했듯이 목표는 페이드(paid: 유료), 온드(owned: 소유), 언드(earned: 획득된), 셰어드(shared: 공유된) 미디어를 통해 브랜드 콘텐츠를 창출하고 관리하는 것이다.

광고 메시지와 브랜드 콘텐츠 창출

예산이 얼마든 광고는 소비자를 참여시키고 의사소통을 잘할 때 성공할 수 있다. 좋은 광고 메시지와 콘텐츠는 비용이 높고 혼잡한 오늘날의 광고 환경에서 특히 중요하다.

오늘날 미국의 일반 가정은 200개 이상의 TV 채널을 수신하고 소비자는 7,200개가량의 잡지 중에서 선택할 수 있다.[9] 라디오 방송국이 수없이 증가하고, 카탈로그·다이렉트 메일·옥외 광고·이메일·온라인·모바일이 쏟아져 나오며, 소셜미디어 노출이 늘어나면서 소비자는 집과 직장, 그 사이의 모든 장소에서 광고와 브랜드 콘텐츠에 둘러싸여 있다. 예를 들어 미국인은 1년에 5조 3,000억 건으로 추정되는 온라인 광고 화면, 매일 식사처럼 트윗 5억 개, 43만 2,000시간의 유튜브 동영상, 인스타그램의 공유 사진 9,500만 장, 핀터레스트의 핀 기사 500만 개, 페이스북의 공유 콘텐츠 47억 5,000만 개에 노출되어 있다.[10]

광고 혼잡 극복 광고 혼잡(advertising clutter)이 소비자를 괴롭힌다면 이는 마케팅 담당자에게도 큰 문제가 된다. 네트워크 TV 광고주가 직면한 상황을 생각해보자. 그들은 30초짜리 광고 한 편을 제작하는 데 평균 35만 달러를 쓴다. 그리고 황금 시간대 인기 프로그램의 30초 광고에 평균 12만 3,000달러를 지불한다. 만약 〈선데이 나이트 풋볼(Sunday Night Football)〉(66만 6,000달러), 〈디스 이즈 어스(This Is Us)〉(43만 4,000달러), 슈퍼볼(30초당 평균 525만 달러)과 같은 인기 프로그램이라면 광고주는 더 많은 비용을 지불해야 한다. 그래서 네트워크 TV 광고주의 광고는 다른 광고, 네트워크 안내, 기타 프로그램 이외의 자료 사이에 끼여 있으며, 황금 시간대 1시간의 거의 20분은 프로그램 외의 내용이 차지하고 평균적으로 6분마다 중간 광고가 나온다. TV와 기타 광고 미디어의 이러한 혼잡 상태는 점점 더 적대적인 광고 환경을 만들고 있다.[11]

과거의 TV 시청자는 광고주에게 사로잡힌 청중과 다를 바 없었다. 그러나 오늘날의 시청자는 인터넷, 동영상 스트리밍, 모바일 및 소셜미디어, 태블릿과 스마트폰 등 다양한 정보와 오락거리를 가지고 있다. 점점 더 많은 시청자가 광고 없는 인터넷이나 무선 스트리밍을 선호하여 케이블과 위성 TV 구독을 해약하는 코드커터(cord cutter)가 되고 있다. ● 오늘날 시청자는 보고 싶지 않은 TV 프로그램과 디지털 콘텐츠를 건너뛰거나 차단할 수 있으며, 광고를 보지 않는 옵션을 선택하고 있다.

● 광고 혼잡: 오늘날 시청자는 보고 싶지 않은 TV 프로그램과 디지털 콘텐츠를 건너뛰거나 차단할 수 있으며, 광고를 보지 않는 옵션을 선택하고 있다.
cgstock/Shutterstock

따라서 광고주는 사로잡힌 소비자에게 전통적인 미디어를 통해 판에 박힌 오래된 메시지와 콘텐츠를 강제로 주입할 수 없게 되었다. 단순히 시청자를 방해하거나 중단시키는 광고는 더 이상 먹히지 않는다. 참여적이거나, 유용하거나, 오락적인 내용을 제공하는 광고가 아니면 많은 시청자가 무시하고 건너뛸 것이다.

광고와 오락의 융합 많은 마케터가 광고 혼잡을 피하기 위해 광고와 오락을 융합하여 보다 매력적인 메시지를 전달할 수 있는 새로운 방법을 찾고 있다. 이러한 광고와 오락의 융합은 애드버테인먼트(advertainment: 광고의 오락화) 또는 브랜드 통합의 형태를 띤다. 애드버테인먼트의 목적은 사람들이 보고 싶어 할 정도로 광고와 브랜드 콘텐츠를 재미있고 유용하게 만드는 것이다. 일부러 광고를 볼 가능성이 없을까? 예를 들어 슈퍼볼은 광고를 진열하는 공개 행사로 발전해가고 있다. 매년 수많은 시청자가 슈퍼볼 경기만큼 재미있는 광고를 보려고 채널을 맞춘다. 그리고 슈퍼볼 경기 시작 전, 경기 중, 경기 후에 광고와 관련 콘텐츠가 수억 건의 조회 수를 올린다. 요즘은 TV에서 광고를 보기 훨씬 전에 유튜브로 재미있는 광고를 보고 그것을 친구들과 공유하곤 한다.

한편 광고주는 광고 같지 않고 단편영화나 드라마 같은 유형의 콘텐츠를 창출하고 있다. 웨비소드(webisode), 블로그, 장편 온라인 동영상, 소셜미디어 게시물 등 다양한 새로운 브랜드 메시지 플랫폼은 이제 광고와 기타 소비자 콘텐츠 사이의 경계를 허물고 있다. 예를 들어 피자헛은 최근 브랜드와 풋볼 팬 사이의 정서적 연결고리를 만들기 위해 다큐멘터리 형식의 'Hometown Heroes(고향의 영웅)' 동영상 시리즈를 제작했다.[12]

> 야후에서 집행된 'Hometown Heroes' 동영상 시리즈는 NFL의 최고 선수 2명이 지역사회에 환원하는 막후 장면을 보여주었다. 한 에피소드에서는 러닝백 포지션의 앨빈 카마라(Alvin Kamara)가 뉴올리언스의 나인스워드에서 새로운 장비와 피자헛 피자로 파티를 열어 청소년 풋볼 선수들을 놀라게 만드는 모습을 그렸다. 다른 에피소드에는 와이드 리시버 포지션의 타일러 로케트(Tyler Lockett)가 손에 피자를 들고 시애틀 지역 중학교에 들러 어린 시절의 일과 책, 독서, 상상력에 대해 이야기하는 장면을 담았다. 1억 2,000만 회 이상 노출된 이 'Hometown Heroes' 시리즈는 피자헛에 대한 직접적인 언급 없이 선수들과 그들의 이야기에 초점을 맞추었지만 브랜드와 풋볼, NFL의 연관성을 86%까지 끌어올렸다.

마케터들은 광고 혼잡을 극복하고 고객의 참여를 유도하기 위해 새로운 방법을 시험해보았다. 예를 들어 JC페니는 앞뒤 말이 안 맞는 트윗을 올려 사람들의 많은 관심을 끌었다. 심지어 JC페니의 미디어 담당자가 술에 취했거나 해킹을 당한 것이 아닌가 하는 추측으로도 이어졌다. 하지만 JC페니는 겨울 상품을 촉진하기 위해 벙어리장갑을 끼고 트윗을 올렸다고 전했다. 또한 P&G 차민 브랜드의 트위터 캠페인 #tweetfromtheseat는 다음과 같은 질문으로 고객의 참여를 유도하여 화제를 불러일으켰다. "차민이 묻는다: 스트리밍을 하고 있으면서 동시에 또 다른 스트리밍을 하는 것에 대해 어떻게 생각하나요?" "화장지가 없을 때 도와달라고 소리치거나, 엉덩이를 흔들어 말리거나, 누군가에게 도움을 요청하는 문자를 보내나요?"[13]

브랜드 통합(brand integrations, branded entertainment)은 브랜드를 오락이나 콘텐츠와 분리할 수 없는 부분으로 만드는 것과 관련되며, 가장 흔히 사용되는 형태는 브랜드를 다른 프로그램의 소품으로 끼워넣는 제품 배치(product placement, PPL)이다. 드라마 〈윌 앤드 그레이스(Will & Grace)〉에서 등장인물이 스타벅스 컵으로 음료수를 마시는 것, 〈영 셸든(Young Sheldon)〉의 한 장면에 나오는 지미딘(Jimmy Dean) 소시지, 〈빅뱅 이론(The Big Bang Theory)〉의 등장인물이 일하는 치즈케이크팩토리(Cheesecake Factory), 영화 〈어벤저스(Avengers)〉에서 블랙위도가 탄 할리데이비슨의 최초 전기 모터사이클을 예로 들 수 있다.

제품 배치는 영화나 TV 드라마의 대사로 삽입되기도 한다. 예를 들어 〈블래키시(Black-ish)〉에서는 드레와 보가 딸 조이를 위해 구입한 뷰익 앙코르(Buick Encore), 가족 구성원 간에 최악의 경쟁 본능을 야기하는 초경쟁 게임인 해즈브로(Hasbro)의 모노폴리(Monopoly)를 에피소드에 담았다. 또 다른 에피소드에는 드레의 광고 대행사가 P&G의 광고 캠페인에 대해 논의하면서 드레가 자신의 2형 당뇨병을 다루는 법을 배우는 장면이 나온다. 여기서는 거대 제약 회사 노보노디스크(Novo Nordisk)가 개발 및 판매한 트레시바 롱래스팅 인슐린(Tresiba Long-Lasting Insulin)과 당뇨병 관리 약물 빅토자(Victoza)가 등장한다. 또한 스테이트팜보험, 디즈니 등의 브랜드를 중심으로 이야기가 전개되는 에피소드도 있다.

처음에는 TV를 염두에 두고 만들어진 브랜드 통합은 오락 산업의 여러 분야에서 광범위하게 사용되고 있다. 자세히 살펴보면 영화, 비디오게임, 만화, 브로드웨이 뮤지컬, 심지어 대중음악에서도 제품 배치를 발견할 수 있다. 예를 들어 극찬을 받은 〈레고 무비(The LEGO Movie)〉는 상징적인 레고 건축 벽돌을 위한 100분짜리 PPL 영화이다. 한 작가는 이렇게 말한다. "관객은 영화 같은 세일즈 프레젠테이션을 보며 행복하게 앉아 있다. … 매우 개인적인 맥락에 배치되는 제품은 엄청난 다재다능함을 뽐낸다. … 이 영화는 PPL의 완결판이다." 〈레고 무비〉는 레고그룹이 문을 연 다음 해에 매출을 13%나 끌어올렸다. ● 후속작인 〈레고 무비 2〉는 다른 브랜드에도 PPL 기회를 제공했다. 최근 새롭게 디자인된 쉐보레 실버라도(Silverado) 모델의 레고 버전이 그 예이다. 쉐보레는 영화의 등장인물인 에밋과 루시가 레고 크기의 실버라도를 타는 모습을 담은 제휴 광고를 페이스북, 트위터, 인스타그램에 게재했다.[14]

● 극찬을 받은 〈레고 무비〉는 상징적인 레고 건축 벽돌을 위한 100분짜리 PPL 영화이다. 후속작인 〈레고 무비 2〉는 다른 브랜드에도 PPL 기회를 제공했다.
WENN Rights Ltd/Alamy Stock Photo; Barry King/Alamy Stock Photo

네이티브 광고
웹이나 소셜미디어 플랫폼에서 형식이나 기능상 주위의 원본과 유사해 보이는 광고 또는 브랜드가 제작한 온라인 콘텐츠

브랜드 통합과 관련된 또 다른 형식은 후원 콘텐츠(sponsored content)라고도 불리는 **네이티브 광고**(native advertising)이다. 이는 웹이나 소셜미디어 플랫폼에 배치될 때 '원본'인 것처럼 보이는 광고 또는 브랜드가 제작한 콘텐츠를 말한다. 허핑턴포스트(The Huffington Post), 버즈피드(BuzzFeed), 매셔블(Mashable) 또는 《뉴욕타임스(The New York Times)》, 《월스트리트저널》 등의 웹사이트에 게재된 기사처럼 기자가 쓴 것과 동일한 형식을 취하고 있지만 사실은 돈을 지불한 광고주가 작성한 기사이다. 또는 페이스북, 유튜브, 인스타그램, 핀터레스트, 트위터같이 소셜미디어에 통합된 브랜드가 제작한 동영상, 사진, 게시물, 페이지는 이러한 미디어상에서 네이티브 콘텐츠의 형식과 느낌이 일치할 수도 있다. 예를 들어 트위터가 촉진하는 트윗, 페이스북 스토리 광고, 버즈피드가 촉진하는 게시물, 인스타그램 스토리 광고 등이 대표적이다.

네이티브 광고는 점점 인기 있는 브랜드 콘텐츠 형식으로 자리 잡고 있다. 이를 통해 광고주는 브랜드와 소비자 콘텐츠 사이에 연관되는 연상 작용을 창출할 수 있다. 네이티브 광고는 광고 차

단을 우회할 수 있고 돌출 광고(pop-up ad)나 배너보다 덜 거슬려 보인다. 최근 한 연구는 시청자가 배너 광고보다 네이티브 광고에 53% 더 많은 관심을 기울인다는 것을 발견했다. 그 결과 네이티브 광고는 작년에 25% 이상 성장하여 지금은 디지털 디스플레이 광고비 전체의 약 3분의 2를 차지하고 있다.[15]

따라서 오늘날 광고 및 콘텐츠 마케터의 목표는 광고와 오락을 섞음으로써, 브랜드 메시지를 침해하거나 방해하는 것이 아니라 소비자 콘텐츠 및 대화라는 폭넓은 흐름의 일부로 만드는 것이다. 광고 회사 JWT는 "광고가 사람들의 관심을 방해하는 것을 멈추고, 사람들이 관심을 갖는 대상이 될 필요가 있다"고 말한다. 그러나 광고주는 새로운 콘텐츠 형식 자체가 너무 혼잡해지면 안 된다는 것에 주의해야 한다. 모든 새로운 브랜드 콘텐츠 형식과 통합으로 인해 광고와 오락의 융합은 광고주가 피하고자 했던 광고 혼잡을 더욱 유발할 수도 있을 것이다.

메시지 및 콘텐츠 전략 효과적인 광고 메시지를 창출하는 첫 번째 단계는 메시지 전략을 기획하는 것으로, 이는 소비자에게 전해야 할 전반적인 메시지를 결정하는 것이다. 광고와 콘텐츠의 목적은 소비자가 어떤 방식으로든 제품 또는 기업에 참여하거나 반응하게 만드는 것이다. 사람들은 어떤 혜택을 받을 것이라고 믿을 때만 참여하고 반응할 것이다. 따라서 효과적인 메시지 전략의 개발은 콘텐츠 소구로 사용될 수 있는 고객 혜택을 확인하는 데에서 시작된다. 이상적으로는 광의의 기업 포지셔닝과 고객 가치 창출 전략을 수립한 뒤 광고 메시지 전략을 수립하는 것이다.

크리에이티브 개념
독특하면서 기억에 남을 만한 방식으로 메시지 전략에 활기를 불어넣는 매력적인 '빅아이디어'

메시지 전략 선언문에는 광고주가 강조하고자 하는 혜택과 포지셔닝의 요점을 평범하고 직설적으로 요약하는 경향이 있다. 광고주는 다음 단계로 설득력 있는 **크리에이티브 개념**(creative concept) 또는 빅아이디어(big idea)를 개발하는데, 이는 독특하면서 기억에 남을 만한 방식으로 메시지 전략에 활기를 불어넣는 것을 말한다. 이 단계에서 간단한 메시지 아이디어가 대단한 광고 캠페인으로 발전된다. 크리에이티브 개념은 시각적 표현, 문구 또는 이것들의 조합으로 구현된다.

● 독특한 광고 소구: 울버린은 존경받는 브랜드인 캐터필러와의 제휴를 통해 자사의 캣어스무버스 신발을 차별화했다. 캣어스무버스 부츠는 "불도저에서 탄생했다."
Courtesy Young & Laramore and Cat Footwear

크리에이티브 개념은 광고 캠페인에 사용될 구체적 소구를 선택하는 데 안내 역할을 한다. **광고 소구**는 다음과 같은 특징을 지녀야 한다. 첫째, 광고 소구는 **의미** 있어야 한다. 의미 있는 광고 소구란 제품을 소비자에게 더 바람직하고 흥미로운 것으로 만드는 혜택을 지적하는 것이다. 둘째, 소구는 **믿을** 만해야 한다. 즉 제품이나 서비스가 약속한 혜택을 전달할 것이라고 소비자가 믿어야 한다.

그러나 가장 의미 있고 믿을 만한 혜택이 최고의 소구점은 아니다. 소구는 또한 **독특**해야 한다. 광고 소구는 자사 제품이 경쟁사의 제품보다 얼마나 더 좋은지를 말해야 한다. 예를 들어 손목시계의 가장 중요한 혜택은 정확한 시간을 지키는 것이지만 이를 강조하는 시계 광고는 거의 없다. 수년간 타이멕스는 '한 번 핥아주면 계속 똑딱거리는' 저렴한 시계였다. 반대로 롤렉스 광고는 '완벽에의 집착'이라는 브랜드 주제와 '롤렉스는 한 세기 이상 성능과 권위의 탁월한 상징이었다'는 사실에 대해 이야기한다.

마찬가지로 고품질 작업화의 가장 의미 있는 혜택은 견고함과 내구성이다. ● 그러나 울버린(Wolverine)은 유명한 건설 장비 브랜드인 캐터필러와의 제휴를 통해 자사의 캣어스무버스(Cat Earthmovers) 신발을 차별화했다. 캣어스무버스 부츠는 "불도저에서 탄생했다."[16] 이 브랜드는 다음과 같이 말한다. "캣풋웨어(Cat Footwear)는 산업 현장과 행동의 세계에서 탄생했다. 세상은 무엇이든 만들 수 있는 곳이다. 노력이 전부인 곳이다. 열심히 일한 보람을 느낄 수 있는 곳이다. 다른 사람들이 장애물을 보는 곳에서 우리는 기회를 본다. 우리는 어스무버이다."

메시지 실행 광고주는 크리에이티브 개념을 목표고객의 관심과 흥미를 끌어낼 실제 광고 실행으로 표현해야 한다. 크리에이티브 팀은 메시지를 실행에 옮기기 위해 가장 좋은 접근 방식, 스타일, 어조, 단어, 형식을 찾아내야 한다. 메시지는 다음과 같은 다양한 **실행 스타일**(execution styles)로 표현할 수 있다.

실행 스타일
광고 메시지를 실행하는 데 사용되는 접근 방식, 스타일, 어조, 단어, 형식

- 생활의 단편: 이 스타일은 정상적인 상황에서 제품을 사용하는 '전형적인' 한두 사람을 보여준다. 예를 들어 마이크로사이트와 인스타그램 게시물부터 인쇄 광고, 카탈로그, TV 광고에 이르기까지 이케아 콘텐츠는 이케아 가구와 생활용품이 구비된 방에 사는 사람들을 보여준다.
- 라이프스타일: 이 스타일은 어떤 제품이 특정한 라이프스타일과 조화를 잘 이룬다는 것을 보여준다. 예를 들어 애슬레타(Athleta) 활동복 광고는 어려운 요가 자세를 취하고 있는 여성을 보여주면서 "당신의 몸이 신전이라면 한 번에 하나씩 만들어가라"고 말한다.
- 환상: 이 스타일은 제품이나 그것의 사용과 관계된 환상을 창출한다. 예를 들어 네슬레 퓨어라이프(Pure Life) 생수 광고에서는 어린 소녀가 물이 가득한 환상의 땅에 다이빙하여 뛰어들고, 아이들이 곤돌라 리프트에서 비눗방울을 날리고, 구름 사이로 배를 저으면서 "지금 순수한 생수를 마시는 것에서부터 가능성이 가득한 미래가 시작된다"고 제시한다.
- 무드 또는 이미지: 이 스타일은 아름다움, 사랑, 호기심, 고요함, 자부심 등 제품이나 서비스와 관련된 무드 또는 이미지를 구축한다. 이때 어떤 제안을 하는 것 말고는 제품이나 서비스에 대한 주장을 하지 않는다. 예를 들어 HP는 휴대전화 크기 스프로킷(Sprocket) 프린터를 위해 따뜻하고 심금을 울리는 3분짜리 'Little Moments(작은 순간)' 광고를 만들었다. 이 광고에서는 아빠와 6학년이 되는 12세 딸의 사이가 좋아지는 것을 인쇄된 사진으로 포착하면서 "사랑하는 사람을 붙잡고 추억을 되살리라"고 강조한다.
- 뮤지컬: 이 스타일은 음악이나 춤을 이용하여 사람들을 브랜드에 참여시킨다. 예를 들어 애플은 시리가 탑재된 홈팟(HomePod)을 매력적인 4분짜리 뮤지컬 단편과 함께 선보였다. 이 영상에서 영국의 가수 겸 댄서 FKA 트위그스(FKA Twigs)는 힘든 하루 일과를 마치고 집에 돌아가 시리가 선별한 음악에 맞추어 춤을 추면서 심신을 북돋운다.
- 개성 심벌: 이 스타일은 제품을 상징하는 캐릭터를 창출한다. 캐릭터는 만화로 만들어질 수도 있고(미스터 클린, 가이코의 도마뱀, 트래블로시티 그놈) 실제 인물일 수도 있다(프로그레시브 보험의 대변인인 플로, KFC의 커널 샌더스, 로널드 맥도널드).
- 기술적 전문성: 이 스타일은 제품을 만드는 회사의 전문성을 보여준다. 예를 들어 보스턴비어컴퍼니(Boston Beer Company)의 짐 코크(Jim Koch)는 새뮤얼애덤스(Samuel Adams) 맥주 제조의 오랜 경험에 대해 이야기한다.
- 과학적 증거: 이 스타일은 자사 브랜드가 다른 브랜드보다 더 좋거나 선호된다는 설문조사나 과학적인 증거를 제시한다. 크레스트 치약은 경쟁사의 브랜드보다 우수한 충치 예방 효과를 고객에게 설득하기 위해 수년간 과학적 증거를 사용해왔다.
- 증언 또는 보증: 이 스타일은 제품을 보증하는 매우 믿을 만하고 호감 가는 정보원이 특징이다. 정보원은 특정 제품을 얼마나 좋아하는지 이야기하는 보통 사람일 수도 있다. 예를 들어 앤지스리스트(Angie's List)의 'It's Free(무료)' 마케팅 캠페인에서는 서비스를 보증하는 다양한 실제 고객을 보여준다. 또한 언더아머 광고에 나오는 드웨인 존슨(Dwayne Johnson), 펩시의 슈

퍼볼 광고에 나오는 스티브 카렐(Steve Carrell)과 카디 B(Cardi B) 같은 유명인일 수도 있다.

또한 광고주는 광고를 위한 **어조(tone)**를 정해야 한다. 항상 긍정적인 어조를 사용하는 P&G는 자사 광고에서 제품에 대해 매우 긍정적인 내용을 이야기한다. 광고 혼잡을 극복하기 위해 기발한 유머를 이용하는 기업도 있다. 도리토스, 버거킹, 버드와이저 광고는 유머를 활용하는 것으로 유명하다.

● 새로운 형식으로 광고를 돋보이게 할 수 있다. 퀴큰론스의 로켓 모기지 광고는 광고를 뒤집어서 읽게 하여 '바로 가라'는 메시지를 전한다.
Quicken Loans

광고주는 기억에 남고 관심을 끄는 **단어(word)**를 광고에 사용해야 한다. 예를 들어 렌즈크래프터스 광고에서는 처방전의 선글라스 렌즈가 눈을 보호하면서 멋져 보인다는 말보다 "자외선 차단제를 바른 모습은 좋지 않아"라고 말한다. 또한 BMW는 잘 만들어진 자동차라고 주장하기보다는 "궁극의 운전하는 기계"라는 창의적이고 임팩트 있는 표현을 사용하며, 달러셰이브클럽은 저렴한 면도 제품을 집으로 직접 배송해준다는 말 대신 "시간도 깎고 돈도 깎으라"고 한다.

마지막으로 광고물의 **형식(format)** 요소는 광고의 비용뿐만 아니라 영향력에도 차이를 가져온다. 광고 디자인의 작은 변화라도 그 효과가 크게 달라질 수 있다. 인쇄 광고와 디스플레이 광고에서 **일러스트레이션(illustration)**은 사람들이 알아차리는 첫 번째 요소이므로 관심을 끌 만큼 강력해야만 한다. 다음으로 **헤드라인(headline)**은 목표고객이 본문을 읽도록 효과적으로 유인해야 한다. 마지막으로 광고 글의 주요 부분인 **본문(copy)**은 간결하면서도 강하고 설득력이 있어야 한다. 더 나아가 이 세 가지 요소가 효과적으로 합쳐져서 고객을 참여시키고 고객 가치를 설득력 있게 전달하는 데 작용해야 한다. ● 예를 들어 최근 퀴큰론스의 로켓 모기지 인쇄 광고는 거꾸로 뒤집힌 헤드라인과 부제, 하늘에 떠 있는 사람을 보여준다. 호기심 많은 사람이라면 광고를 뒤집어서 헤드라인을 읽을 것이다. "시대에 뒤떨어진 주택담보대출 절차에 얽매이지 말고 주저 없이 바로 가세요. 신속하고 편리하게 승인을 받을 수 있도록 온라인으로 처리하세요."

고객 생성 콘텐츠 오늘날의 디지털 및 소셜미디어 기술을 활용하는 많은 기업은 이제 마케팅 콘텐츠, 메시지 아이디어, 심지어 실제 광고와 동영상 제작에 고객을 이용하고 있다. 그 결과가 탁월한 것도 있고 쉽게 잊히는 것도 있지만, 잘만 된다면 고객 생성 콘텐츠는 고객의 의견을 브랜드 메시지에 반영하여 고객의 참여를 유도할 수 있다.

가장 잘 알려진 고객 생성 콘텐츠를 위한 노력으로 펩시코의 도리토스 브랜드가 진행하는 연중행사 '크래시 슈퍼볼 챌린지(Crash the Super Bowl Challenge)'를 꼽을 수 있다. 고객이 직접 만든 30초짜리 동영상 광고 중에서 선정하여 현금을 상으로 주고, 이 광고는 슈퍼볼 시간에 방영된다.

고객 생성 콘텐츠를 통해 고객은 브랜드를 사용하는 일상의 한 부분이 된다. 예를 들어 수영복과 란제리 브랜드 에어리는 #AerieREAL 캠페인의 일환으로 소셜미디어에 고객 제공 콘텐츠를 포함하고 있다(마케팅 현장 3.1 참조). 에어리는 고객의 사진을 수정하여 마케팅에 사용하지 않겠다고 약속하고, 고객 자신의 무수정 사진에 해시태그를 캡션 처리하여 #AerieREAL에 제출하도록 초대한다. 그리고 제출된 사진 1장당 1달러를 미국섭식장애협회(NEDA)에 기부한다. 이러한 콘텐츠는 자연스럽게 에어리의 신체 긍정성과 포용성 포지셔닝을 선보이는 방식으로서 고객의 흥미와 참여를 이끌어낸다.[17]

마찬가지로 최신 트렌드 가구 제조업체 웨스트엘름(West Elm)은 #MyWestElm 캠페인을 운영하고 있다. 온라인에서 공유되고 있는 자사 제품 사용자 생성 사진을 수집하여 회사 웹사이트, 페이스북, 인스타그램, 핀터레스트의 촉진용 게시물로 사용하고, 온라인 스토어의 유사 제품과 링크되게 한다. 회사의 제품 페이지에도 사용자 생성 사진을 올려놓아 고객이 실제로 제품을 어떻게 사용하는지를 보여준다. 이러한 사용자 생성 사진은 전문적으로 제작된 기존 사진보다 클릭률(click-through rate, CTR)이 2.6배 더 높다.[18]

그러나 고객 생성 콘텐츠를 위한 노력이 모두 성공하는 것은 아니다. 많은 대기업이 학습했듯이 아마추어가 만든 광고는 아마추어답다. 그러나 고객 생성 콘텐츠는 제대로 기획하면 실제로 경험하는 고객의 관점에서 브랜드에 대한 창의적인 아이디어와 신선한 관점을 제공할 수 있다. 그러한 캠페인은 고객 인게이지먼트를 높여주고, 고객이 브랜드와 자신이 얻는 가치에 대해 계속 이야기하고 생각하게 만든다.

광고 미디어 선정

광고 미디어
표적으로 삼은 소비자에게 광고 메시지를 전달하는 수단

광고 미디어(advertising media)를 선정하는 과정의 주요 단계는 ① 도달률·노출 빈도·영향력·참여율 결정, ② 주요 미디어 유형 선택, ③ 구체적인 미디어 비클 선정, ④ 미디어 타이밍 선택으로 이루어진다.

도달률, 노출 빈도, 영향력, 참여율 결정 광고 미디어를 선정하려면 광고주는 광고 목표를 달성하는 데 필요한 도달률과 노출 빈도를 결정해야 한다. 도달률(reach)은 특정 기간 동안 광고 캠페인에 노출되는 목표시장에 속한 사람들의 비율을 나타내는 척도이다. 예를 들어 광고주가 캠페인 시작 후 3개월 동안 목표시장의 70%에게 메시지를 노출하려고 시도할 수 있다. 노출 빈도(frequency)는 목표시장에 속한 사람들이 메시지에 노출되는 평균적인 횟수를 말한다. 예를 들어 광고주는 평균 노출 빈도를 세 번으로 정할 수도 있다.

그러나 광고주는 정해진 수의 고객에게 특정 횟수만큼 단순히 접근하는 것 이상을 원한다. 또한 광고주는 원하는 수준의 미디어 영향력(media impact)을 결정해야 하는데, 이는 특정 미디어를 통한 메시지 노출의 질적 가치를 의미한다. 예를 들어 동일한 메시지라도 《트래블+레저(Travel+Leisure)》에 실린 메시지는 《내셔널인콰이어러(National Enquirer)》에 실린 것보다 신뢰도가 높을 것이다. 시연이 필요한 제품의 경우에는 시각, 청각, 동작을 사용하는 TV 광고나 동영상 콘텐츠가 인쇄나 라디오 메시지보다 더 큰 영향을 미칠 수 있다. 또한 고객이 디자인이나 브랜드 경험에 대한 의견을 제시하는 제품은 다이렉트메일보다 웹사이트나 소셜미디어에서의 촉진이 더욱 효과적일 수 있다.

● 올바른 미디어를 통한 올바른 고객 인게이지먼트: 보스턴 마라톤 캠페인 'Here to Create Legend'는 마라톤 참가자 3만 명을 위한 맞춤형 하이라이트 동영상을 제작했다. 이러한 초맞춤형과 고객 인게이지먼트는 디지털 및 소셜미디어에서만 가능한 일이다.
Marcio Jose Bastos Silva/Shutterstock

일반적으로 광고주는 단순히 소비자에게 접근하기보다 소비자를 참여시키는 미디어를 선택한다. 어떤 미디어를 이용하든 광고 콘텐츠와 소비자의 연관성은 그 미디어가 얼마나 많은 사람에게 도달하느냐보다 훨씬 더 중요하다. ● 예를 들어 아디다스는 열렬한 마라토너, 인플루언서와 개별적으로 연결하기 위해 'Here to Create Legend(여기서 전설은 만들자)'라는 보스턴 마라톤 캠페인을 시행하여 마라톤 참가자 3만 명을 위한 맞춤형 하이라이트 동영상을 제작했다.[19]

아디다스는 마라톤 참가자의 번호판에 RFID 칩을 붙여 생성한 데이터와 카메라 8대가 42.195킬로미터 코스를 따라가며 포착한 특수 영상을 활용하고, 맞춤형 하이라이트 장면과 경기 당일의 일반적인 모습, 영감을 주는 음악을 편집하여 마라톤 참가자 3만 명을 위한 독특한 영상을 만들었다. 참가자들은 경기를 마친 지 몇 시간 만에 아디다스의 'Here to Create Legend' 웹사이트에서 자신의 동영상을 검색하여 페이스북, 트위터, 인스타그램 및 기타 소셜미디어에 공유할 수 있었다. 이 캠페인은 TV 광고 캠페인처럼 많은 사람에게 전달하지는 못했지만 이러한 초맞춤형과 고객 인게이지먼트는 디지털 미디어에서만 가능한 일이다. 레이스를 완주한 참가자의 57% 이상이 자신의 동영상을 보았고, 4분의 1 이상은 페이스북에 동영상을 공유했다. 이 콘텐츠는 모든 소셜미디어에 걸쳐 수십만 건의 조회 수를 기록하여 결과적으로 아디다스의 온라인 매출이 1,200% 증가했다.

마케팅 조사 기관인 닐슨이 TV, 라디오, 소셜미디어의 미디어 인게이지먼트(media engagement) 수준을 측정하기 시작했지만 대부분의 경우 이러한 척도를 찾아보기 어렵다. 현재의 미디어 척도(media measure)에는 시청률(ratings), 구독자 총수(readership), 청취율(listenership), 클릭률 등이 있다. 그러나 인게이지먼트는 고객의 머릿속에서 일어난다. 광고 콘텐츠에 대한 참여의 깊이를 측정하는 것은 고사하고 특정 TV 광고, 동영상, 소셜미디어 게시물에 노출된 사람 수를 측정하기도 힘들다. 그럼에도 불구하고 마케터는 폭넓은 브랜드 관계의 한 부분으로서 고객과 광고 및 브랜드 아이디어가 어떻게 연결되어 있는지를 알아야 한다.

인게이지먼트형 고객은 더욱 브랜드 메시지를 기반으로 행동하고 이를 다른 사람들과 공유할 가능성이 높다. 따라서 코카콜라는 미디어 배치에 대한 소비자 **화면 노출**(consumer impression, IMPR), 즉 얼마나 많은 사람이 광고를 보고 듣고 읽는가를 단순히 추적하기보다는 소비자 **표현**(consumer expression, EXPR) 또한 추적하는데, 이는 결국 댓글을 올리거나, '좋아요'를 누르거나, 사진 또는 동영상을 올리거나, 소셜네트워크에 브랜드 콘텐츠를 공유하는 참여 행동을 말한다. 오늘날 자율권을 부여받은 소비자는 브랜드에 관한 메시지를 기업이 할 수 있는 것보다 더 많이 생성해낸다.

주요 미디어 유형 선택 ● 표 15.2와 같이 주요 미디어 유형은 TV, 디지털·모바일·소셜미디어, 신문, 다이렉트메일, 잡지, 라디오, 옥외로 구분된다. 각 미디어는 장점과 제약 조건을 가지고 있다. 미디어 기획자는 목표고객에게 광고 메시지를 효과적·효율적으로 전달할 미디어믹스(media mix)

● 표 15.2 | 주요 미디어 유형의 특징

미디어	장점	단점
TV	우수한 대량 마케팅 커버리지, 단위 노출당 적은 비용, 시각·청각·동작의 결합, 감각에의 호소	높은 절대 비용, 높은 광고 혼잡, 짧은 시간 노출, 낮은 청중 선별력
디지털, 모바일, 소셜미디어	높은 선별력, 저렴한 비용, 즉시성, 인게이지먼트 능력	잠재적으로 낮은 영향력, 콘텐츠 및 노출에 대한 높은 청중 통제
신문	유연성·적시성, 우수한 지역시장 커버리지, 높은 신뢰성	짧은 수명, 낮은 재생 품질, 낮은 독자 회람
다이렉트메일	높은 청중 선별력, 유연성, 동일 미디어 내의 광고 경쟁이 없음, 개인화 가능	상대적으로 높은 단위 노출당 비용, 스팸메일 이미지
잡지	높은 지리적·인구통계적 선별력, 신뢰와 권위, 고품질 재생, 긴 수명과 우수한 독자 회람	광고 구매 시점과 게재 시점 간의 긴 리드타임, 높은 비용, 게재 위치가 보장되지 않음
라디오	우수한 지역적 수용성, 높은 지리적·인구통계적 선별력, 낮은 비용	청각으로 제한됨, 짧은 시간 노출, 낮은 주의력(덜 들은 미디어), 분화된 청중
옥외	유연성, 높은 반복 노출, 낮은 비용, 우수한 위치 선별력	낮은 청중 선별력, 크리에이티브 제한성

를 선택하려 하므로 각 미디어의 영향력, 메시지 효과, 비용을 고려해야 한다.

이 장의 앞부분에서 설명했듯이 전통적 대중매체는 오늘날의 미디어믹스에서 상당 부분을 차지하고 있다. 그러나 대중매체의 비용이 상승하고 청중이 줄어듦에 따라 기업은 비용이 적게 들고 목표청중을 보다 효과적으로 지정할 수 있으며 소비자를 더 완전히 참여시킬 수 있는 디지털, 모바일, 소셜미디어를 더 많이 추가해왔다. 오늘날의 마케터는 목표고객에게 인게이지먼트형 브랜드 콘텐츠를 제작하고 전달하기 위해 **페이드, 온드, 언드, 셰어드 미디어**의 완전한 믹스를 구성하고 있다.

온라인, 모바일, 소셜미디어의 폭발적 증가와 더불어 케이블 TV와 위성 TV 시스템은 여전히 붐을 이루고 있다. 이러한 시스템은 주제의 범위를 좁힌 프로그램 형식을 가능하게 하며, 스포츠 전문, 뉴스 전문, 영양, 예술, 주거 개선 및 정원 가꾸기, 요리, 여행, 역사, 금융 등과 같은 선별된 집단을 표적으로 한다. 컴캐스트 등의 케이블 사업자는 특정 유형의 광고를 특정 지역의 TV 광고에 또는 특정 유형의 고객 개인에게 표적화할 수 있는 시스템을 테스트하고 있다. 예를 들어 스페인어 채널의 광고는 히스패닉계 지역에서만 방영되거나, 반려동물 식품 회사의 광고는 반려동물을 키우는 사람만 보게 된다.

또한 광고주는 소비자에게 다가가기 위해 보다 저렴하고 더욱 고도로 표적화된 방법을 구하려는 노력의 일환으로 다양한 **대안 매체**를 찾고 있다. 요즘 우리는 어디를 가든 무엇을 하든 간에 다음과 같은 새로운 형태의 광고를 만나게 된다.

● 마케터는 '무지개를 맛보세요'라고 쓰인 스키틀스 방수포와 같은 기발한 대안 매체를 찾아내고 있다.
Carolyn Kaster/AP Photo

쇼핑카트에 붙어 있는 작은 광고판이 팸퍼스를 사라고 권유하고, 그 지역 쉐보레 딜러의 광고가 매장 계산대의 컨베이어벨트 위에서 돌고 있다. 밖으로 나가면 글래드 쓰레기봉투 광고를 자랑스럽게 달고 있는 쓰레기차나 리틀시저(Little Caesar) 피자를 광고하는 스쿨버스가 돌아다니고 있다. 근처 소화전에는 KFC의 '불타는(fiery)' 치킨 날개 광고가 새겨져 있다. 야구장으로 도망가면 광고판 크기의 스크린에서 버드와이저 광고를 내보내고, 전자 메시지 표지판이 달린 소형 비행선이 머리 위에서 느릿느릿 원을 그린다. ● 천둥이 치고 비가 내리기 시작하면 야구장 관리인이 '무지개를 맛보세요(Taste the Rainbow)'라고 쓰인 화려한 스키틀스 방수포로 내야를 덮는다.

요즘은 어디서든지 광고를 찾아볼 수 있다. 택시에는 GPS 위치 센서에 연결된 전자 메시지 표지판이 달려 있어 돌아다니는 모든 지역의 매장과 레스토랑을 홍보할 수 있다. 주차장 티켓, 비행기 탑승권, 지하철 개찰구, 고속도로 톨게이트, 현금 인출기, 도심지의 쓰레기통, 경찰차, 의사 진찰대, 교회 게시판 등도 광고 공간으로 활용되고 있다. 한 회사는 레스토랑, 경기장, 쇼핑몰의 화장실에 무료로 설치해준 두루마리 휴지 케이스를 광고 공간으로 판매한다. 휴지 케이스에는 광고주의 로고, 쿠폰, 코드가 실려 있어 디지털 쿠폰을 다운로드하거나 광고주의 소셜미디어에 접속하려면 스마트폰으로 스캔하면 된다. 이쯤 되면 우리는 광고에 사로잡힌 셈이다.

이러한 대안 매체는 설득력이 없는 것처럼 보이고, 이 모든 것을 '지겨운 광고'라며 경멸하는 소비자들을 짜증 나게 할지도 모른다. 하지만 많은 마케터의 입장에서 이러한 매체는 비용을 절약할 수 있고, 선별된 소비자가 자연스럽게 살고, 쇼핑하고, 일하고, 노는 곳을 공략할 수 있는 방법이 된다.

미디어 선택에 영향을 미치는 또 다른 중요한 추세는 한 번에 둘 이상의 미디어를 사용하는 **다매체 사용자**(media multitasker)의 빠른 증가이다. TV를 보면서 스마트폰을 손에 들고 트윗을 하고, 친구들과 스냅 채팅을 하고, 구글에서 제품 정보를 추적하는 사람을 예로 들 수 있다. 한 보고서에 따르면 미국 소비자의 88%는 TV를 시청하는 동안 디지털 기기를 이용한다고 한다. 또 다른 보고서는 밀레니얼 세대와 X세대 소비자가 TV를 시청하는 동안 온라인 검색, 문자 메시지 전송, 이메일 읽기 등 평균 세 가지 미디어 활동을 추가로 한다고 밝혔다. 이러한 멀티태스킹의 일부는 TV에 나오는 제품 및 프로그램 정보를 찾아보는 것과 관련이 있지만 대부분은 시청 중인 프로그램이나 광고와 관계가 없는 것이다. 마케터는 광고에 사용할 미디어 유형을 선택할 때 이러한 미디어 상호작용을 고려해야 한다.[20]

구체적인 미디어 비클 선정 미디어 기획자는 이제 최선의 미디어 비클(media vehicle), 즉 일반적인 미디어 유형 내의 구체적인 미디어를 선택해야 한다. 예를 들면 TV 비클에는 〈모던 패밀리〉와 〈ABC 월드뉴스 투나이트(ABC WorldNews Tonight)〉가 포함되고, 잡지 비클에는 《피플》, 《베터 홈스 앤드 가든스(Better Homes and Gardens)》, 《ESPN 매거진》 등이 있으며, 온라인 및 모바일 비클은 트위터, 페이스북, 인스타그램, 유튜브 등이다.

미디어 기획자는 미디어 비클로 도달하는 1,000명당 비용을 계산해야 한다. 만약 전국으로 배포되는 《피플》에 실리는 1쪽 전면 컬러 광고가 40만 2,900달러라면 전체 독자가 340만 명일 때 1,000명 단위 그룹별로 도달하는 데 드는 비용은 약 119달러이다. 또한 《포브스》의 동일한 광고가 16만 9,988달러이지만 전체 독자가 65만 명에 불과하다면 1,000명 단위 그룹별로 도달하는 데 드는 비용은 약 262달러이다.[21] 미디어 기획자는 목표고객에게 도달하는 데 드는 1,000명당 비용이 낮은 잡지를 선호하기 때문에 1,000명당 비용을 기준으로 잡지의 순위를 매긴다. 그러나 마케터가 비즈니스 관리자를 표적으로 한다면 《포브스》의 독자 수가 더 적고 1,000명당 비용도 더 높더라도 가격 효과적인 구매 대상일 것이다.

또한 미디어 기획자는 미디어별로 광고 제작 비용도 고려해야 한다. 신문 광고는 제작 비용이 적게 들지만 화려한 TV 광고는 많은 비용이 든다. 온라인 광고는 대개 제작하는 데 많은 비용이 들지 않지만 웹 맞춤용이나 모바일 동영상 및 광고 시리즈를 제작하려면 비용이 증가할 수도 있다.

미디어 기획자는 구체적인 미디어 비클을 선정할 때 미디어 효과성과 관련된 요인을 고려한 미디어 비용의 균형을 유지해야 한다. 첫째, 미디어 기획자는 각 미디어 비클의 청중 품질을 평가해야 한다. 예를 들어 하기스 일회용 기저귀 광고의 경우 《패런츠(Parents)》는 노출 가치가 매우 높은 반면 남성 라이프스타일 잡지인 《맥심(Maxim)》은 노출 가치가 낮다. 둘째, 미디어 기획자는 청중 인게이지먼트를 고려해야 한다. 예를 들어 전통적으로 《보그》의 독자는 《피플》의 독자보다 광고에 더 많은 관심을 기울인다. 셋째, 미디어 기획자는 미디어 비클의 편집 품질을 평가해야 한다. 《피플》이나 《월스트리트저널》은 《스타(Star)》나 《내셔널인콰이어러》보다 믿을 만하고 권위가 있다.

미디어 타이밍 결정 광고주는 시간 경과에 따른 광고 일정도 결정해야 한다. 어떤 기업의 제품 판매가 12월에 최고점을 찍고 3월에 감소한다고 가정해보자(예: 겨울 아웃도어 장비). 이 기업은 계절 패턴을 따르거나, 계절 패턴의 반대 방향으로 가거나, 1년 내내 같은 방식으로 광고를 할 수 있다. 대부분의 기업은 계절 광고를 한다. 예를 들어 체중 감량 제품 및 서비스 기업의 마케터는 연말연시 연휴 동안 식욕으로 체중이 불어난 소비자를 대상으로 연초 이후에 광고를 많이 하는 경향이

● 핍스의 'Every Day Is Holiday' 캠페인은 밸런타인데이, 핼러윈, 추수감사절, 크리스마스와 그 밖의 휴가 기간에도 마시멜로 병아리와 토끼 캔디를 촉진한다.
Keith Homan/Alamy Stock Photo

있다. 예를 들어 웨이트워처스는 1월에 연간 광고 예산의 4분의 1 이상을 지출한다. ● 이와 대조적으로 부활절 시기에 애용되는 마시멜로 병아리와 토끼 캔디로 유명한 핍스(Peeps)는 브랜드 사업의 70%를 차지하는 부활절 수요를 확대하기 위해 'Every Day Is a Holiday(매일이 휴가)'라는 캠페인을 시작했다. 이 캠페인은 이제 밸런타인데이, 핼러윈, 추수감사절, 크리스마스와 그 밖의 휴가 기간에도 핍스를 촉진한다. 한편 오로지 계절 광고만 하는 마케터도 있다. 예를 들어 P&G는 독감 계절인 겨울에만 주로 감기약 빅스나이퀼을 광고한다.[22]

오늘날의 광고주는 온라인 및 소셜미디어를 통해 실시간으로 이벤트에 대응하는 광고를 만들 수 있다. 고전적인 예로 오레오는 제47회 슈퍼볼 경기 도중의 정전 사태에 반응하여 다음과 같은 트윗 광고를 적시에 내보냈다. "정전? 문제없어요. 어둠 속에서도 덩크슛을 할 수 있어요." 반응 속도가 빨랐던 이 광고는 단 15분 만에 수만 번 리트윗되거나 공유되어, 큰 예산이 소요되었던 오레오의 1분기 광고보다 더 많은 관심을 끌어모았다. 그러나 오늘날의 디지털 및 소셜미디어 환경에서 효과적인 실시간 마케팅은 자발적인 일회성 트윗 이상의 것을 의미한다. 실시간 마케팅은 잘 기획되어야 하며, 공정성이 구축된 캠페인과 그 순간에 소비자를 참여시키는 꾸준한 콘텐츠의 흐름을 요구한다(마케팅 현장 15.2 참조).

규모에 상관없이 브랜드는 실시간 마케팅의 즉각성과 표적화 품질의 활용에 관심을 갖는다. 예를 들어 레드루프인(Red Roof Inn)은 정기적으로 항공편 추적 서비스를 하는 플라이트어웨어(FlightAware)의 항공사 비행 데이터를 구글의 온라인 검색 광고와 연결하여 항공편 결항으로 발이 묶인 여행객에게 실시간 광고를 내보낸다. 예를 들어 시카고의 오헤어공항이 최근 항공편 결항 사태를 겪었을 때 레드루프인은 구글로 '오헤어공항 근처 호텔'을 검색한 결과의 4분의 3에서 최고의 광고 자리를 확보할 수 있었으며, 그 결과 검색에 의한 예약이 60%나 급증했다.[23]

광고 효과의 평가와 광고 투자 수익률

광고 투자 수익률
광고 투자로 유발된 순수익을 광고 투자 비용으로 나눈 값

광고 효과(advertising effectiveness)와 **광고 투자 수익률**(return on advertising investment)의 측정은 대부분의 기업에 핫이슈가 되었다. 많은 기업의 최고경영진은 마케팅 관리자에게 '자사가 광고에 적절한 금액을 지출하고 있는지 어떻게 알 수 있는가', '광고 투자에 대한 수익은 얼마인가'를 묻는다.

광고주는 커뮤니케이션 효과와 매출 및 수익 효과라는 두 가지 광고 결과를 정기적으로 평가해야 한다. 광고 또는 광고 캠페인의 커뮤니케이션 효과를 측정하면 광고와 미디어가 광고 메시지를 잘 전달하는지를 알 수 있다. 개별 광고는 실행 전이나 후에 테스트할 수 있다. 광고를 배치하기 전에 광고주는 소비자에게 보여주면서 이 광고를 좋아하는지 물어보고 메시지 회상이나 태도 변화를 측정할 수 있다. 광고를 집행한 후에는 소비자 회상이나 제품 인식, 참여, 지식, 선호도에 어떤 영향을 미치는지 측정할 수 있다. 커뮤니케이션 효과에 대한 사전·사후 평가는 전체 광고 및 콘텐츠 캠페인에서도 이루어질 수 있다.

광고주는 광고물과 광고 캠페인의 커뮤니케이션 효과를 잘 측정해왔다. 그러나 광고와 다른 콘텐츠의 매출 및 수익 효과는 측정하기가 훨씬 더 어렵다. 예를 들어 브랜드 인지율을 20%, 브랜드 선

마케팅 현장 15.2 | 실시간 마케팅: 바로 그 순간의 고객 인게이지먼트

뉴올리언스에서 열린 제47회 슈퍼볼 경기 중 재미난 일이 벌어졌다. 3쿼터 초반에 메르세데스벤츠 슈퍼돔의 불이 갑자기 꺼졌다. 7만 1,000여 명의 관중과 1억 600만 명의 시청자는 머리를 긁적이며 하염없이 기다릴 수밖에 없었다. 엔지니어들이 34분간 사투를 벌인 끝에 불이 다시 켜졌다. 이 블랙아웃은 슈퍼돔 경영진과 CBS스포츠에는 재앙이었고 선수와 팬에게는 짜증스러운 일이었지만 적어도 한 마케터는 이를 기회로 보았다. 정전이 된 직후 나비스코(Nabisco)의 오레오는 간단한 문장을 트위터에 올렸다. "정전? 문제없어요. 어둠 속에서도 덩크슛을 할 수 있어요."

불과 몇 분 만에 구상 및 승인된 이 짧은 트윗은 오레오의 1분기 광고보다 더 많은 관심을 받았다. '어둠 속의 덩크슛' 메시지가 1시간 만에 거의 1만 6,000번 리트윗되고 페이스북의 '좋아요'가 2만 개를 넘어 수천만 건의 호의적 노출을 불러일으켰다. 그다음 날 오레오는 언론의 엄청난 주목을 받고 '블랙아웃 볼에서 우승한 브랜드'라는 찬사를 들었다. 쿠키 제조사의 일회성 농담으로는 꽤 인상적인 결과였다.

오레오의 이 짧은 농담은 실시간 마케팅의 급증을 촉발했다. 각종 브랜드가 시기적절한 트윗, 동영상, 블로그, 소셜미디어 게시물 등을 통해 마케팅 콘텐츠를 실제 이벤트와 인기 토픽에 맞추면서 자신만의 '오레오 순간'을 만들기 시작했다. 하지만 몇 년이 지난 지금 자발적인 일회성 트윗은 흔한 일이 되었고, 빠른 콘텐츠가 많은 관심과 반응을 일으키는 일은 거의 없다. 요즘처럼 혼잡한 마케팅 콘텐츠 환경에서는 오레오의 '어둠 속의 덩크슛'이라도 크게 눈에 띄지 않을 것이다.

물론 실시간 마케팅의 규모가 그 어느 때보다 커졌다. 그러나 오늘날에는 브랜드가 디지털 및 소셜미디어의 미스터리를 터득함에 따라 실시간 소비자 상호작용은 하루 종일 끊임없이 이어지는 일이 되어버렸다. 요즘 실시간 마케팅의 성공은 잘 기획되어 자산으로 형성되는 캠페인과 브랜드를 실시간 고객 대화의 진정한 부분으로 만드는 순간 고객 인게이지먼트를 꾸준히 하는 데에서 비롯된다. 한 디지털 마케팅 전략가는 "이제는 병 속의 번개가 아니라 긴 게임에 가깝다"고 말한다.

예컨대 오레오의 자발적인 트윗과 달리 P&G의 제52회 슈퍼볼 실시간 마케팅 캠페인은 수개월에 걸친 치밀한 계획이었다. 타이드 브랜드 팀은 어떤 일이 일어나기를 기다리다가 반응하는 대신 스스로 순간을 만들어내고, 소비자의 소셜미디어 반응을 감시하며, 브랜드를 대화 속으로 매끄럽게 통합했다.

이 캠페인은 'It's a Tide Ad(그것은 타이드 광고예요)'라는 4개의 광고를 중심으로 진행되었다. 〈기묘한 이야기〉에 출연했던 데이비드 하버(David Harbour)가 등장하는 이 광고는 시청자가 경기 중에 본 모든 광고에 대해 의문을 갖게 했다. 시청자가 본 깨끗한 옷은 바로 타이드 광고였다. 1쿼터의 45초짜리 광고에서는 상황을 설정했다. 자동차, 맥주, 면도 등 다양한 티저 시나리오를 선보이며 이렇게 밝혔다. "아니요, 그것은 타이드 광고예요." 그것을 어떻게 알지? "저 깨끗한 옷 좀 보세요." 오프닝 광고는 이어서 보게 될 광고 중 어떤 것이 타이드 광고일지 시청자의 궁금증을 자아냈다.

이후 쿼트마다 광고는 의문을 유지하면서 P&G의 다른 브랜드를 함께 촉진하기도 했다. 아이제이아 무스타파(Isaiah Mustafa)가 말을 타고 나오는 광고는 분명히 올드스파이스(Old Spice) 광고일 거야. 그렇지? 아니요, 그것은 타이드 광고예요. 미스터 클린이 집을 청소하는 여자와 춤을 추는 광고는? 그것도 타이드 광고예요. 심지어 P&G는 앤하이저부시와 협업했는데, 4쿼터에 전파를 탄 광고에서는 버드와이저 클라이즈데일이 슬로모션으로 화면에 나타났다가 카우보이모자를 쓴 데이비드 하버에게 화면을 양보하는데, 그는 이것도 타이드 광고라고 강조한다.

이것이 바로 실시간 마케팅이 시작된 곳이다. 슈퍼볼 경기가 시작되자 타이드의 매디슨가(Madison Avenue: 미국 광고업계를 말함) 상황실이 활기를 띠었다. 브랜드 마케터, 소셜미디어 전문가, 광고 대행사 담당자, 트위터 영업 담당자 등으로 이루어진 타이드 팀은 쿼터마다 6~10개의 트윗과 페이스북, 유튜브에 게시할 추가 동영상을 미리 계획했다. 일이 벌어지면 애드리브를 할 준비도 갖추었다. 예를 들어 경기 도중 갑자기 TV가 먹통이 되자 오레오가 그랬던 것처럼 트윗을 올렸다. "깨끗한 옷은 어둠 속에서도 깨끗하다. 깨끗하다면 #TideAd이다." 타이드 팀은 재미 삼아 다른 브랜드를 찔러보기도 했다. 메르세데스 광고가 나가는 동안 "강건하고, 날렵하고, 믿을 수 있으며, 초기 고객 만족 1위"라는 글을 올렸다. 그리고 다음 날 "굿모닝" 메시지와 함께 데이비드 하버가 침대에 누워 있는 것을 보여주는 트윗을 올리는 대신, 타이드 팀은 의도한 대로 그날 밤 마지막 순간에 전화를 걸어 "좋은 꿈 꾸세요, 아름다운 청소부 여러분"이라는 이별 메시지와 함께 슈퍼볼 콘텐츠의 마지막 영상을 게시했다.

실시간 캠페인인 'It's a Tide Ad'는 슈퍼볼 쿠데타나 다름없었다. 1쿼터 광고가 나오자마자 몇 초 이내에 소셜미디어에는 다음과 같은 트윗과 리트윗이 넘쳐났다. "좋아, 이 #TideAd는 훌륭해." "모든 광고는 지금 #TideAd야." "이런, 타이드! #TideAd를 궁금해하는 사람들이 있어." 이 캠페

실시간 마케팅: 오레오의 유명한 트윗 "어둠 속에서도 덩크슛을 할 수 있어요"는 실시간 마케팅의 급증을 촉발했다. 요즘 실시간 마케팅의 성공은 잘 기획되어 자산으로 형성되는 캠페인과 브랜드를 실시간 고객 대화의 진정한 부분으로 만드는 순간 고객 인게이지먼트를 꾸준히 하는 데에서 비롯된다.
Sean Strong Photography/Shutterstock

인은 상업 광고 효과를 벗어나 "이 모든 경기가 타이드 광고야", "내 인생은 타이드 광고"와 같은 트윗으로 이어졌다. 그 후 며칠 동안 블로거, 저널리스트, 모닝쇼 진행자, 스포츠 캐스터는 이 캠페인에 대해 떠들어댔다. M&M부터 경쟁사인 퍼실에 이르기까지 브랜드들은 "이것은 타이드 광고가 아니에요"라면서 'It's a Tide Ad' 광고에 발을 담갔다.

소셜미디어에서 타이드 슈퍼볼 광고에 관한 언급은 16만 3,800건에 달했고 소셜미디어 참여율이 2,500%까지 치솟았다. 며칠 후 사태가 진정되었을 때 타이드는 36억 회라는 놀라운 미디어 화면 노출을 얻었고 35%의 판매고를 올렸다. 《타임(Time)》은 "타이드가 슈퍼볼에서 우승했다"고 선언하기도 했다.

타이드의 실시간 마케팅은 큰 성공을 거두었으나 이는 특정 대형 이벤트를 중심으로 구축된 한순간일 뿐이다. 이러한 일은 드물고 한 번 끝나고 나면 마술이 곧 사라진다. 따라서 실시간 마케팅이 지속적으로 성공하려면 브랜드 자체를 소비자의 사회적 공유의 일부로 만드는 광범위하고 신중하게 구상된 전략의 일부가 되어야 한다. 디지털 전략가는 다음과 같이 말한다. "[실시간] 상황실은 이제 텅 빈 야영지로 바뀌었다. 실시간 마케팅은 연중 기본 제공 전략이 되어야 한다."

한 예로 웬디스를 살펴보자. 이 버거 체인은 경쟁자들과 다른 포스터를 불러내는 재치 있는 트위터 놀리기로 잘 알려져 있는데, 이는 300만 명이 넘는 트위터 팬에게 큰 기쁨이다. 웬디스는 이렇게 말한다. "우리는 햄버거를 만드는 것과 같은 방식으로 트윗을 좋아한다. 우리의 트윗은 여타의 패스트푸드점에서 누구나 기대할 수 있는 것 이상으로 더 좋다." 한 트위터가 "웬디스에서 빅맥의 가격은 얼마인가요?"라고 묻자 웬디스는 "당신의 품격"이라고 답했다. 버거킹 팬이 "웬디스, 그냥 해보는 소리지만 여러분이 원한다면 내 믹스테이프를 사용하여 당신의 햄버거를 화염에 구워도 돼요"라고 올리자 웬디스는 "우리는 음식을 신선하고 뜨겁게 유지하는 것을 선호합니다"라고 답했다. 그리고 플랜터스의 미스터 피넛은 웬디스의 '내셔널 로스트 데이(National Roast Day)'를 두고 "좋아, 웬디스. 이 너츠를 구워봐!"라는 트윗으로 자극했다. 웬디스는 "견과류 섞인 간식(trail mix) 부문에서 최악이 된 것을 축하해"라고 빈정거렸다. 이러한 실시간 논평 덕분에 웬디스에 충실한 사람들은 더 많은 것을 보고 듣기 위해 계속 돌아오게 된다. 한 분석가가 말하길, "2013년에는 마케터들이 오레오가 되고 싶어 했지만 지금은 웬디스가 되고 싶어 한다. 사람들은 웬디스에서 트윗을 하고, 모든 사람은 이 햄버거 브랜드가 뭐라고 되받아칠지 숨죽이고 지켜본다."

웬디스와 마찬가지로 나이키, 스타벅스, 문파이(Moon Pie), 팝타츠(Pop Tarts) 등 대부분의 브랜드는 그 순간에 고객을 참여시키는 실시간 마케팅의 힘을 키우려고 노력하고 있다. 몇몇 브랜드는 잘하고 있고 어떤 브랜드는 아직도 배우고 있다. 제대로 하기만 한다면 실시간 마케팅은 브랜드와 소비자의 삶에서 일어나는 중요한 일들을 연결해 주고 대화가 지속되게 한다. 전략가는 이렇게 말한다. "예전에는 실시간 마케팅이 콘텐츠에 불과했다. 그러나 이제는 그 콘텐츠가 대화의 불꽃이 되어 브랜드가 팔로워들과 관계를 구축하도록 돕는다."[24]

호도를 10% 올려준 광고 캠페인은 어느 정도의 매출과 수익을 가져왔을까? 매출과 수익은 광고 이외에도 제품 특성, 가격, 입수(이용) 가능성 등과 같은 다양한 요인의 영향을 받는다.

광고의 매출 및 수익 효과를 측정하는 한 가지 방법은 과거의 매출 및 수익과 과거의 광고비를 비교하는 것이다. 다른 방법은 실험을 이용하는 것이다. 예를 들어 광고비 지출 수준의 차이에 따른 효과를 비교하기 위해 코카콜라는 각기 다른 시장에 광고비 지출을 달리하여 매출 및 수익의 차이를 측정했다. 기업은 광고물이나 미디어의 차이와 같은 다른 변수를 포함하여 더 복잡한 실험을 설계할 수 있다.

그러나 많은 요인(일부는 통제 가능하고 일부는 통제 불가능)이 광고 효과에 영향을 미치기 때문에 광고를 사전 테스트하고 광고비 지출의 결과를 측정하는 것은 아직까지 정확하지 못한 과학적 문제로 남아 있다. 예를 들어 관리자는 콘텐츠와 광고 성과를 평가할 때 정량적 분석과 함께 상당한 수준의 주관적 판단에 의존해야 한다. 많은 양의 광고와 다양한 콘텐츠가 가상공간에서 실시간 기반으로 제작되고 실행되는 대량 소비의 디지털 시대에는 특히 그렇다. 따라서 기업은 전통적으로 대규모 예산이 소요되는 미디어 광고를 실행하기 전에는 신중하게 사전 테스트를 하는 경향이 있는 반면 디지털 마케팅 콘텐츠는 테스트하지 않는 경우가 많다.

광고의 기타 고려 사항

광고 전략과 프로그램을 개발할 때 기업은 두 가지 질문을 추가로 던져야 한다. 첫째, 광고 및 콘텐츠 기능을 어떤 조직으로 구성할 것인가? 즉 누가 어떤 광고 업무를 수행할 것인가? 둘째, 광고 전략과 프로그램을 고려 사항이 많은 국제시장의 복잡성에 어떻게 적응시킬 것인가?

광고 조직

기업마다 광고를 처리하는 방법이 다르다. 소기업에서는 영업 부서의 직원이 광고를 담당하기도 한다. 대기업은 광고 부서를 운영하는데, 이 부서는 광고 예산을 설정하고, 광고 대행사와 함께 일하며, 광고 대행사가 수행하지 않는 광고 관련 일을 수행한다. 광고 대행사는 여러 가지 장점이 있기 때문에 대부분의 대기업은 외부의 광고 대행사를 이용하고 있다.

광고 대행사
광고 프로그램의 전체 또는 일부를 계획·준비·구현·평가하는 것을 돕는 마케팅 서비스 회사

광고 대행사(advertising agency)는 어떻게 일을 할까? 광고 대행사는 1800년대 중후반에 언론에서 일하던 영업사원과 브로커가 미디어를 대신하여 기업에 광고 공간을 판매하고 그 대가로 수수료를 받던 것이 그 시초이다. 시간이 흐르면서 영업사원은 기업 고객의 광고 제작을 돕기 시작했다. 결국 그들은 대행사를 설립했으며 언론사보다 광고주와 더 밀접해지게 되었다.

오늘날의 광고 대행사는 광고주의 광고 담당 직원보다 광고 관련 업무를 더 잘 처리하는 전문가를 고용한다. 광고 대행사는 다양한 상황에서 다양한 광고주와 일을 해본 경험이 풍부하고 외부인의 관점에서 광고주의 문제를 해결해줄 수 있다. 그래서 사내에 막강한 광고 부서를 갖춘 기업도 광고 대행사를 이용하고 있다.

일부 광고 대행사는 규모가 큰데, 미국에서 가장 큰 Y&R은 미국 내에서 연간 41억 달러의 수익을 올리고 있다. 최근 몇 년 동안 많은 광고 대행사가 다른 대행사를 인수·합병하는 방식으로 성장하여 거대한 광고 대행 지주회사를 설립했다. 이러한 방식의 거대 기업인 WPP는 여러 광고, PR, 디지털, 촉진 대행사를 보유하고 있으며, 세계 연간 결합 수익이 197억 달러 이상이다.[25]

대규모 광고 대행사는 광고주를 위해 광고 캠페인의 모든 단계(마케팅 계획 수립, 광고 및 콘텐츠 캠페인 개발, 광고 및 콘텐츠 준비, 배치, 평가 등)를 처리할 수 있는 전문 인력과 자원을 갖추고 있다. 대규모 브랜드 기업은 대중매체 광고 캠페인에서 고객 마케팅과 소셜미디어 콘텐츠 등 모든 것을 처리하기 위해 몇몇 대행사를 운영하고 있다.

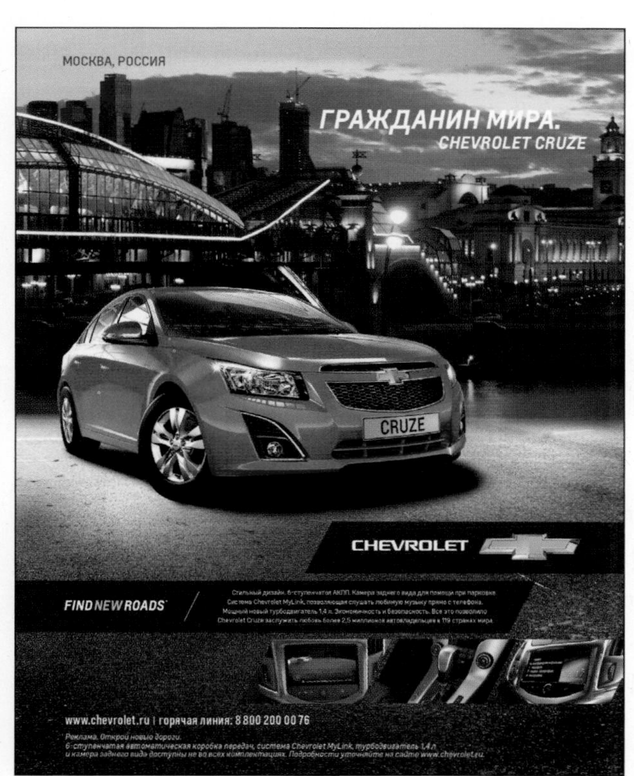

● 국제 광고: 쉐보레는 모든 시장에서 통하는 'Find New Roads'라는 주제로 글로벌 광고를 통합하고 있다.
General Motors

국제 광고 의사결정

국제 광고주는 국내 광고주가 겪지 않는 많은 복잡한 문제에 부딪히게 된다. 가장 기본적인 문제는 글로벌 광고가 각국 시장의 고유한 특성에 어느 정도로 적응되어야 하는가이다.

어떤 대기업 광고주는 매우 표준화된 광고를 전 세계적으로 집행함으로써 글로벌 브랜드를 후원한다. 즉 미국 볼티모어에 내보내는 광고를 방콕에서 집행하는 것이다. 예를 들어 코카콜라는 '원 브랜드(one brand)' 전략을 따르는데, 이 전략하에 'Taste the Feeling'이라는 글로벌 주제로 자사의 창조적 요소와 브랜드의 표현을 통합한다. 오레오의 'Open Up with Oreo(오레오로 열어보세요)'는 50개 글로벌 시장에서 '다른 사람에게 마음을 열면 비슷한 점을 발견할 수 있다'는 간단하고 보편적 메시지를 제공한다. ● 또한 5년 전 쉐보레는 미국 시장에서의 기존 주제인 'Chevy Runs Deep(셰비는 깊숙한 곳까지 달린다)'이라는 포지셔닝과 광고 주제를 좀 더 글로벌한 'Find New Roads(새로운 길 찾기)'로 바꾸었다. GM의 마케팅 담당자는 새로운 주제가 "모든 시장에서 통한다"면서 이렇게 덧붙인다. "이 주제는 미국처럼 성숙한 시장은 물론이고 지속적인 성장 잠재력이 가장 큰 러시아나 인도 같은 신흥시장에서도 의미가 있다." 좀 더 전 세계적으로 일관된 셰비 브랜드 메시지가 필요한 시기였다. 쉐보레는

140개국 이상에서 자동차를 판매하고 있으며, 10년 전에는 해외 판매량 비중이 약 3분의 1에 불과했으나 지금은 거의 3분의 2를 차지하고 있다.[26]

최근 몇 년 동안 온라인 마케팅과 소셜미디어 공유의 인기가 높아지면서 글로벌 브랜드에 대한 광고 표준화의 필요성이 커졌다. 연결된 소비자들은 이제 인터넷과 소셜미디어를 통해 국경을 쉽게 넘나들어 광고주가 통제되고 질서 있게 적응된 캠페인을 전개하는 것을 어렵게 만든다. 그 결과 적어도 대부분의 글로벌 소비재 브랜드는 웹사이트를 국제적으로 조정하고 있다. 예를 들어 코카콜라의 웹 및 소셜미디어 사이트는 호주, 아르헨티나, 프랑스, 루마니아, 러시아 등이 놀라울 만큼 통일되어 있다. 모든 특징은 친숙한 빨간색, 상징적인 콜라병 모양, 코카콜라의 음악과 'Taste the Feeling'이라는 주제를 드러낸다.

표준화된 광고는 낮은 광고비, 세계적으로 통일된 광고 활동, 보다 일관성 있는 글로벌 이미지 등 많은 이점이 있지만 또한 단점도 있다. 가장 중요한 것은 각 나라의 문화, 인구통계적 요인, 경제적 조건 등이 다르다는 사실을 무시한다는 점이다. 따라서 대부분의 국제 광고주는 '생각은 글로벌하게, 행동은 지역적으로' 하고자 한다. 그들은 세계적인 활동을 보다 효율적이고 일관성 있게 전개하기 위해 글로벌 광고 **전략**을 개발한다. 그런 다음 지역 시장 고객의 욕구와 기대에 부응하기 위해 광고 **프로그램**을 조정한다. 예를 들어 비자는 'Everywhere you want to be(당신이 원하는 어디든)'라는 주제를 세계적으로 전개하면서도 특정 지역의 광고에는 해당 지역의 언어와 이미지를 사용하여 주제와 지역 시장이 연관되게 한다.

글로벌 광고주는 몇 가지 특별한 문제에 직면하기도 한다. 예를 들어 광고 미디어의 비용과 이용 가능성이 나라마다 아주 다르고, 나라마다 광고 관행을 규제하는 정도도 다르다. 많은 나라는 광범위한 법체계를 갖추고, 한 회사가 광고에 쓸 수 있는 비용, 사용하는 미디어, 광고 배상청구권의 성격, 광고 프로그램의 기타 측면을 규제하고 있다. 이러한 규제 때문에 광고주는 각 나라의 사정에 맞게 광고 캠페인을 바꾸어야 한다. 따라서 광고주는 전반적인 광고 활동의 지침이 될 글로벌 전략을 수립하더라도 구체적인 광고 프로그램은 통상적으로 각 지역의 문화와 관습, 미디어 특징, 광고 규제를 따라야 한다.

저자 코멘트 | 얼마 전까지만 해도 PR은 마케팅 활용도가 제한적이어서 마케팅계의 의붓자식처럼 여겨졌다. 그러나 최근 몇 년 동안 PR의 브랜드 구축, 고객 인게이지먼트, 사회적 영향력을 인식한 마케터가 많아짐에 따라 상황이 빠르게 바뀌고 있다.

PR

학습목표 15-3 촉진믹스에서 PR의 역할을 설명한다.

또 다른 주요 촉진 도구인 PR(public relations)은 기업의 다양한 공중(public)을 참여시키고 그들과 우호적인 관계를 구축하기 위해 설계된 활동으로 구성된다. PR 관련 부서는 다음 기능 중 일부 또는 전체를 수행한다.[27]

PR
기업의 다양한 공중을 참여시키고 그들과 우호적인 관계를 구축하기 위해 설계된 활동

- 언론관계 또는 언론기관(press relations or press agency): 사람, 제품 또는 서비스에 관심이 모이도록 미디어에 뉴스가 될 만한 정보를 생성하고 배치하는 것
- 제품 및 브랜드 퍼블리시티(product and brand publicity): 특정 제품 및 브랜드를 공표하는 것
- 공중 문제(public affairs): 국가 또는 지역 공동체와의 관계를 구축하고 유지하는 것
- 로비 활동(lobbying): 입법과 규제에 영향을 미치는 입법 관계자 및 정부 관료와의 관계를 구축하고 유지하는 것
- 투자자 관계(investor relations): 금융 커뮤니티에 있는 주주 및 이해관계자와의 관계를 유지하는 것

• 개발(development): 재정적인 후원이나 자원봉사자의 도움을 얻기 위해 기부자나 비영리 단체의 구성원과 함께 일하는 것

제품, 사람, 장소, 아이디어, 활동, 조직, 심지어 국가를 촉진하는 데에도 PR이 이용된다. 기업은 소비자, 투자자, 언론, 지역사회와 좋은 관계를 구축하기 위해 PR을 활용한다. PR은 종종 널리 알릴 가치가 있는 기업의 행사와 행동에 대한 지원을 구축하는 데 사용된다. 예를 들어 몇 년 전 CVS헬스는 담배 관련 수익 20억 달러를 포기하고 담배와 퀄련 제품의 판매를 중단하겠다는 과감한 결정을 발표했을 때 그 결정이 대서특필될 것임을 알고 있었다. 그러나 이에 대한 전체 이야기를 전할 방법이 없었다. 이에 CVS헬스는 소비자, 월스트리트, 의료 커뮤니티에 'CVS Quits for Good(CVS가 선을 위해 그만두다)'이라는 PR 캠페인을 통해 이러한 결정이 고객과 자사 모두에 이익이 된다는 것을 알렸다.[28]

'CVS Quits for Good' PR 캠페인은 《뉴욕타임스》, 《월스트리트저널》, 《보스턴글로브(The Boston Globe)》의 전면 광고, 기타 주요 신문이 연이어 CVS 사장과 다른 기업 대표의 동영상 발표를 특집으로 다룬 멀티미디어 뉴스 보도 자료와 함께 시작되었다. 광고와 보도 자료는 담배 제품을 포기하는 것이 "고객과 기업을 위해 해야 할 올바른 일"이라며 "더 건강해지는 길을 가도록 도움을 주는 우리의 목적과 일치한다"고 설명했다. 또한 CVS는 많은 웹 및 소셜미디어 사이트에 자사의 결정을 알리는 해시태그 #cvsquit와 배너를 올리고, 정보가 가득한 cvsquits.com 웹사이트를 만들었다. 'CVS Quits for Good' 이야기를 주요 인쇄 매체와 방송 매체가 편집하여 약 2,557개의 방송 언급과 2억 1,800만 개 이상의 미디어 화면 노출을 기록했다. 이 뉴스는 온라인상에서도 입소문을 타 페이스북과 트위터에서 가장 인기 있는 주제가 되었고 20만 건의 소셜미디어 언급과 15만 2,000건의 공유를 생성했다.

그 결정이 발효된 날 CVS의 CEO는 뉴욕 증권거래소의 벨을 울렸고, CVS헬스의 임원들은 뉴욕시의 브라이언트파크에서 열린 행사에서 50피트 높이의 담배를 피웠다. 두 사건 모두 언론의 상당한 주목을 받았다. 마침내 CVS는 담배 제품을 접는 동시에 흡연자의 금연을 돕기 위해 전국적인 캠페인을 시작했으며, '사람들이 더 건강해지는 길을 가도록 도와준다'는 메시지를 확고히 하고 훨씬 더 긍정적인 뉴스를 만들어냈다.

'CVS Quits for Good' PR 캠페인은 인상적인 결과를 얻었다. 미 의회의 상원의원 8명, 하원의원 12명, 기타 영향력 있는 지도자들은 다른 소매업체에게 CVS의 전철을 밟도록 촉구하는 성명을 발표했다. CVS의 주가는 발표 후 3주 동안 9.2% 급등했다. 그리고 한 조사에 따르면 현재 CVS 약국에서 쇼핑을 하지 않는 소비자 4명 중 1명이 담배를 끊은 후 처방전 제출처를 CVS로 바꾸겠다고 말한 것으로 나타났다. 'CVS Quits for Good'은 올해의 'PR Week's' 캠페인으로 선정되었다. 한 판사는 다음과 같이 말했다. "이것은 PR의 새로운 표준이다. 주식 가치, 소비자 행동, 브랜드 평판에 실질적인 비즈니스 영향을 미치는 놀라운 PR 결과를 이끌어낸 훌륭한 비즈니스 의사결정이다."

PR의 역할과 영향력

다른 촉진 형태와 마찬가지로 PR도 고객을 참여시키고 브랜드를 고객의 생활과 대화의 일부분으로 만들 수 있는 힘을 지니고 있다. 그러나 PR은 광고보다 훨씬 저렴한 비용으로 강력한 영향력을 미칠 수 있다. 흥미로운 브랜드 스토리, 이벤트, 동영상 또는 기타 콘텐츠를 다양한 미디어가 다루거나 소비자가 입소문으로 공유할 수 있어 수백만 달러가 드는 광고와 동일한 영향력 또는 훨씬 더 큰 영향력을 미친다. ● 그러한 예로 월스트리트의 투자 회사인 스테이트스트리트글로벌어드바이저스(State Street Global Advisors)의 최근 PR 캠페인을 살펴보자.[29]

● PR의 영향력: 상상력이 풍부한 PR 캠페인이 뒷받침하는 거대한 메시지가 담긴 단순한 동상은 가장 기억에 남는 슈퍼볼 광고보다 더 크고 지속적인 영향력을 미쳤다.
AP/Shutterstock

2017년 세계 여성의 날(3월 8일) 전날, 스테이트스트리트는 뉴욕 금융가의 중심부에 4피트 높이의 작은 청동상을 미국 기업의 상징인 월스트리트의 '돌진하는 황소상(Charging Bull)' 맞은편에 놓았다. '두려움 없는 소녀(Fearless Girl)'라는 이름의 이 조각상은 '돌진하는 황소상'보다 훨씬 작지만 강력한 메시지를 전했다. 양손을 허리에 대고 턱을 높이 들며 당당하게 반항하는 소녀상은 고위 경영층 전반에 걸쳐 성 다양성이 높은 대기업에 투자하는 스테이트스트리트의 '성 다양성 지수(Gender Diversity Index)' 펀드를 알리려는 의도였다. 더 중요한 점은 스테이트스트리트 이사회에서 성 다양성에 대한 지원을 강조하는 'Fearless Girl' 캠페인을 시작했다는 것이다. 동상의 명판에는 이렇게 쓰여 있었다. "리더십 있는 여성의 힘을 알라. SHE가 차이를 만들어낸다."(SHE는 이 펀드의 나스닥 시세 표시의 상징이기도 하다.) 동상을 공개한 날 스테이트스트리트는 고객을 대신하여 투자하는 3,500개 이상 기업에 이사회의 여성 수를 늘리기 위한 조치를 취할 것을 요구했다.

'두려움 없는 소녀'는 곧바로 센세이션을 일으켰다. 뉴욕에 엄청난 인파가 몰렸고 6개 대륙에 걸쳐 100억이 넘는 소셜미디어, 인쇄 매체, 디지털 미디어의 화면 노출을 불러일으켜 기업 리더십에서 여성이 미치는 영향력에 대한 전 세계적인 대화를 촉발했다. 또한 이 캠페인은 전 세계 420개 이상의 기업에 전원 남성으로 이루어진 이사회에 여성 이사를 추가하도록 촉구했다. 당초 동상은 뉴욕시로부터 일주일만 허가를 받았으나 2018년 12월까지 유지되다가 '두려움 없는 소녀상'과 '돌진하는 황소상'은 뉴욕증권거래소와 마주 보는 장소로 옮겨졌다. 그리고 2019년 초 스테이트스트리트는 런던증권거래소와 마주한 파터노스터 광장에 '두려움 없는 소녀'를 복제한 동상을 설치했는데, 이는 여성이 리더십을 발휘하도록 하는 것이 사업에 좋다는 것을 끊임없이 상기시키는 역할을 한다. 교훈: 상상력이 풍부한 PR 캠페인이 뒷받침하는 거대한 메시지가 담긴 단순한 동상은 가장 기억에 남는 슈퍼볼 광고보다 더 크고 지속적인 영향력을 더 저렴한 비용으로 미쳤다.

잠재적인 강점에도 불구하고 PR은 때로 제한적으로 분산하여 사용하기 때문에 마케팅계의 의붓자식으로 묘사되기도 한다. PR 부서는 종종 기업 본사에 위치하거나 제3의 대행사가 담당한다. PR 부서의 직원은 주주, 직원, 입법자, 언론 등 다양한 공중을 상대하느라 너무 바빠서 제품 마케팅 목표를 지원하는 PR 프로그램이 등한시될 수 있다. 더욱이 마케팅 관리자와 PR 담당자가 항상 같은 언어를 사용하는 것도 아니다. 많은 PR 담당자가 자신의 업무를 단순히 의사소통하는 것으로 보는 반면, 마케팅 관리자는 광고와 PR이 브랜드 구축, 판매 및 수익, 고객 인게이지먼트 및 관계에 어떤 영향을 미치는지에 더욱 관심을 갖는 경향이 있다.

그러나 이러한 상황이 변하고 있다. PR은 여전히 많은 기업의 전체 마케팅 예산 중 일부에 불과하지만 강력한 브랜드 구축 도구가 될 수 있다. 특히 요즘 같은 디지털 시대에는 광고, PR, 기타 콘텐츠 간의 경계가 점점 모호해지고 있다. 예를 들어 브랜드 웹사이트, 블로그, 동영상 콘텐츠, 소셜미디어 활동이 광고 및 PR과 다를까? 모든 것이 마케팅 콘텐츠이다. 또한 언드·셰어드(획득 및 공유된) 디지털 콘텐츠의 사용이 빠르게 증가함에 따라 PR은 마케팅 콘텐츠 관리에서 더 큰 역할을 하고 있다.

어떤 부서보다 PR은 메시지를 퍼뜨리기보다는 소비자를 브랜드로 끌어들이는 관련 마케팅 콘텐츠를 작성하는 역할을 늘 해왔다. 한 전문가는 이렇게 말한다. "PR 전문가는 조직의 스토리텔러 명인이다. 한마디로 그들은 콘텐츠를 제공한다." 또 다른 관계자는 "소셜미디어의 등장은 PR 전문가를 뒷마당에서 벗어나 언론 보도 자료 작성, 이벤트 조직, 브랜드 개발, 고객 인게이지먼트의 최전선으로 옮기고 있다"고 말한다. "광고 담당자는 고객의 주의를 구매하는 반면 PR 담당자는 고객의 주의를 획득해야 하기 때문에 우위에 서 있다"고 PR 전문가들은 말한다.[30] 요점은 PR이 통합형 마케팅 커뮤니케이션 프로그램 내의 광고와 협력하여 고객 인게이지먼트와 관계를 구축해야 한다는 것이다.

주요 PR 도구

학습목표 15-4 기업이 PR을 사용하여 공중과 커뮤니케이션하는 방법을 이해한다.

PR은 몇 가지 도구를 사용하는데 주요 도구 중 하나는 **뉴스**이다. PR 전문가는 기업, 제품, 사람에 대한 호의적인 뉴스거리를 발견하고 만든다. 때로는 뉴스거리가 자연스럽게 생기기도 하고, 때로는 PR 담당자가 뉴스거리를 만드는 행사나 활동을 제안하기도 한다. 또 다른 일반적인 PR 도구는 **특별 행사**로 뉴스 콘퍼런스 및 연설, 브랜드 투어, 멀티미디어 설명회의 후원, 목표공중에게 도달하거나 흥미를 불러일으키기 위해 고안된 교육 프로그램 등이 이에 속한다.

PR 담당자는 목표시장에 접근하고 영향을 미치기 위한 **서면 자료**를 준비한다. 이러한 서면 자료에는 연례 보고서, 안내 책자, 기사, 회사 뉴스레터와 잡지 등이 포함된다. **동영상**은 의사소통 도구로 점점 더 많이 사용되고 있다. CI(corporate identity) **자료**도 공중이 즉각적으로 확인할 수 있는 기업 정체성을 창출하는 데 도움을 준다. 로고, 문구류, 안내 책자, 간판, 서류 양식, 명함, 건물, 유니폼, 회사 자동차와 트럭 등도 모두 매력적이고 독특하며 기억에 남을 만하다면 마케팅 도구가 될 수 있다. 또한 기업은 **공공 서비스 활동**에 돈과 시간을 기부함으로써 공공의 호의를 증진할 수 있다.

앞서 언급했듯이 웹과 소셜미디어는 이제 중요한 PR 채널이다. 웹사이트, 블로그, 소셜미디어는 더 많은 사람에게 다가갈 수 있는 새로운 방식을 제공하고 있다. 스토리텔링과 인게이지먼트는 PR의 핵심적인 강점이고 이는 온라인, 모바일, 소셜미디어의 사용과 잘 어울린다.

다른 촉진 도구와 마찬가지로 관리자는 제품의 PR 사용 시기와 방법을 고려할 때 PR 목표를 설정하고, PR 메시지와 비클을 선택하고, PR 계획을 실행하고, 그 결과를 평가해야 한다. 기업의 PR은 전반적인 통합형 마케팅 커뮤니케이션 노력 안에서 다른 촉진 활동과 조화를 잘 이루어야 한다.

학습목표별 요약

기업은 좋은 제품을 만드는 것 이상의 더 많은 일을 해야 한다. 즉 고객을 참여시키고, 그들에게 제품 혜택에 대해 설득적으로 알려주며, 고객의 마음에 제품을 신중하게 포지셔닝해야 한다. 이를 위해 기업은 광고와 PR을 잘 이해해야 한다.

학습목표 15-1 촉진믹스에서 광고의 역할을 설명한다.

광고(판매자가 유료 미디어를 사용하여 구매자에게 제품 또는 조직에 대해 알리고 설득하고 상기시키는 것)는 고객을 참여시키고 마케터가 고객을 위해 창출하는 가치를 전달하는 중요한 촉진 도구이다. 미국의 마케터는 매년 2,100억 달러 이상의 광고비를 지출하며, 전 세계적으로 5,630억 달러 이상을 지출하고 있다. 다양한 형태와 용도의 광고는 주로 영리를 추구하는 기업, 영리를 추구하지 않는 비영리 단체, 전문가가 이용하며, 사회적 기관도 다양한 목표공중에게 자신의 명분을 알리기 위해 광고를 활용한다. 기업의 다양한 공중을 참여시키고 그들과 관계를 구축하는 것을 의미하는 PR은 소비자의 인지도와 선호도를 구축할 수 있는 많은 잠재력에도 불구하고 주요 촉진 도구 중에서 가장 덜 사용되고 있다.

학습목표 15-2 광고 프로그램 개발에 관련된 주요 의사결정을 이해한다.

광고 의사결정에는 광고 목표, 예산, 메시지와 미디어, 결과에 대한 평가가 포함된다. 광고의 목적이 제품을 알리고, 소비자를 참여시키고, 설득하고, 상기시키는 것 중 무엇이든 명확한 목표, 임무, 타이밍 목표를 설정해야 한다. 14장에서 설명했듯이 광고의 목표는 고객 여정 단계에 따라 고객을 이동시키는 것이다. 일부 광고는 고객이 즉각적인 행동을 취하도록 기획된다. 하지만 오늘날 우리가 보는 많은 광고는 장기적인 고객 인게이지먼트와 관계를 구축하거나 강화하는 데 초점을 맞추고 있다. 광고 예산은 많은 요인에 따라 달라진다. 어떤 방법을 이용한다 하더라도 광고 예산 설정은 쉬운 일이 아니다.

광고 전략은 광고 메시지와 콘텐츠 창출, 광고 미디어 선정으로 이루어진다. 메시지에 관한 의사결정에는 메시지 전략 계획과 효과적인 실행이 요구된다. 좋은 광고 메시지와 콘텐츠는 오늘날과 같이 비용이 높고 혼잡한 광고 환경에서 특히 중요하다. 광고 메시지는 고객의 관심을 얻고 유지하기 위해 더 잘 기획되고, 더 잘 연상되며, 고객에게 더 많은 즐거움과 보상을 제공해야 한다. 실제로 많은 마케터는 광고 혼잡을 해결하기 위해 광고와 오락을 융합하고 있다. 미디어와 관련된 의사결정은 도달률, 노출 빈도, 영향력, 인게이지먼트 목표를 정의하는 것과 관련이 있는데, 여기에는 주요 미디어 유형, 미디어 비클, 미디어 타이밍을 선택하는 것이 포함된다. 메시지 및 미디어와 관련된 의사결정은 최대의 캠페인 효과를 달성하기 위해 주의 깊게 조정해야 한다.

광고를 평가하려면 광고 집행 전, 중, 후에 의사소통 및 매출 효과를 평가해야 한다. 광고의 (재무적) 책임은 대부분 기업에 중요한 문제이다. 최고경영진은 '자사가 광고에 적절한 금액을 지출하고 있는지 어떻게 알 수 있는가', '광고 투자에 대한 수익은 얼마인가'를 흔히 묻는다. 기타 중요한 광고 관련 이슈는 광고를 위한 조직을 구성하는 것과 국제 광고의 복잡성을 처리하는 것이다.

학습목표 15-3 촉진믹스에서 PR의 역할을 설명한다.

제품, 사람, 장소, 아이디어, 활동, 조직, 심지어 국가를 촉진하는 데에도 PR이 이용된다. 기업은 고객, 투자자, 미디어, 자사 커뮤니티를 참여시키고 호의적인 관계를 구축하기 위해 PR을 활용한다. PR은 광고보다 훨씬 저렴한 비용으로 공중의 인지에 강력한 영향을 미칠 수 있고, PR 활동은 종종 엄청난 결과를 가져다주기도 한다. 대개 PR은 기업의 전체 마케팅 예산 중 일부분을 차지하지만 브랜드 구축에서 점점 더 중요한 역할을 수행하고 있다.

학습목표 15-4 기업이 PR을 사용하여 공중과 커뮤니케이션하는 방법을 이해한다.

기업은 PR 목표를 설정하고, 메시지와 미디어 비클을 선택하고, 계획을 실행하고, 그 결과를 평가하는 등 공중과 의사소통하기 위해 PR을 이용한다. 이러한 목표를 이루기 위해 PR 전문가는 뉴스와 특별 행사 등을 사용한다. 또한 PR 전문가는 서면 자료, 동영상, CI 자료를 준비하고 공공 서비스 활동에 돈과 시간을 들인다. 웹사이트, 블로그, 소셜미디어가 더 많은 사람에게 다가갈 수 있는 재미있고 새로운 방법을 제공함으로써 인터넷은 점점 더 중요한 PR 채널로 자리 잡고 있다.

핵심용어

학습목표 15-1

광고 advertising

학습목표 15-2

광고 목표 advertising objective

광고 예산 advertising budget

광고 전략 advertising strategy

네이티브 광고 native advertising

크리에이티브 개념 creative concept

실행 스타일 execution style

광고 미디어 advertising media

광고 투자 수익률 return on advertising investment

광고 대행사 advertising agency

학습목표 15-3

PR public relations

토의문제

1. 마케팅 관리자가 광고 프로그램을 개발할 때 고려해야 할 주요 결정 사항은 무엇인가?
2. 네이티브 광고란 무엇이며, 네이티브 광고의 사용이 증가한 이유는 무엇인가?
3. '네이티브 광고'라는 용어는 무엇을 의미하는가?
4. 광고 소구가 지녀야 할 세 가지 특징은 무엇인가?
5. 인터넷이 어떻게 PR 활동의 핵심 영역이 되었는지 설명하라.
6. PR 팀이 관련 마케팅 콘텐츠를 의사소통하는 데 사용하는 주요 도구에 대해 설명하라.

16 인적 판매와 판매촉진

학습목표 16-1 고객 인게이지먼트, 고객 가치 창출, 고객 관계 구축에서 영업사원의 역할을 이해한다.
인적 판매

학습목표 16-2 여섯 가지 주요 영업 관리 단계를 파악한다.
영업 관리

학습목표 16-3 거래 지향 마케팅과 관계 마케팅을 구분하여 인적 판매 과정을 설명한다.
인적 판매 과정

학습목표 16-4 판매촉진 캠페인이 어떻게 개발되고 구현되는지 이해한다.
판매촉진

개관 14장과 15장에서는 통합형 마케팅 커뮤니케이션(IMC)을 통한 고객 인게이지먼트와 고객 가치전달, 광고와 PR이라는 촉진믹스 요소를 살펴보았다. 이 장에서는 인적 판매와 판매촉진이라는 또 다른 통합형 마케팅 커뮤니케이션 요소를 살펴볼 것이다. 인적 판매는 대면 접촉을 이용하는 마케팅 커뮤니케이션 도구로, 이를 통해 영업사원은 기존 고객 및 잠재고객과 상호작용하여 관계를 구축하고 판매를 유도한다. 판매촉진은 제품이나 서비스의 구매를 유도하기 위해 사용하는 단기적인 유인책이다. 이 장에서는 인적 판매와 판매촉진을 분리하여 제시하지만 이 두 가지 도구는 다른 촉진믹스와 신중하게 통합해야 한다.

영업사원이라고 하면 원치 않는 물건을 사게 만드는 화술이 뛰어난 사람을 떠올리는 독자도 있을 것이다. 하지만 이러한 고정관념은 오늘날의 영업사원과 맞지 않는다. 오늘날의 영업사원은 고객을 이용하는 것이 아니라 고객의 욕구에 귀 기울이고 해결책을 찾는 데 도움을 줌으로써 성공을 거둔다. 미국에서 고객 관계 관리 솔루션 업계의 최고 리더로 평가되는 세일즈포스를 살펴보자. 세일즈포스는 시장을 선도하는 영업 관리 소프트웨어 서비스를 생산할 뿐만 아니라 효과적인 인적 판매를 실천하는 데에도 탁월하다.

세일즈포스: 세일즈포스를 판매하려면 훌륭한 영업 인력이 필요하다

세일즈포스는 480억 달러 규모의 고객 관계 관리(CRM) 솔루션 시장에서 선두를 달리고 있다. 구름(클라우드) 이미지 안의 세일즈포스 로고는 매우 성공적인 클라우드 기반 컴퓨팅 모델(설치하거나 소유할 필요가 없는 소프트웨어)이라는 점을 강조한다. 지금은 클라우드 기반 시스템이 일반적이지만, 20여 년 전에 세일즈포스가 이 개념을 개척했을 때는 최첨단 시스템이었다. 그 후 세일즈포스는 선도적인 혁신가로 자리매김했다. 최신 온라인, 모바일, 소셜, 인공지능(AI), 클라우드 기술을 사용하여 고객사가 고객과 연결하고 영업 인력의 효율성을 달성하도록 하는 새로운 방법을 끊임없이 모색하고 있다.

세일즈포스는 기업이 '매출을 강화하도록' 지원한다. 판매, 마케팅, 전자상거래, 고객 서비스 전반에 걸쳐 다양한 클라우드 기반 고객 관계 관리 도구인 '고객 성공 플랫폼(Customer Success Platform)'을 제공한다. 세일즈포스의 아인슈타인 인공지능 시스템을 통해 고객은 자체 데이터 과학 팀 없이도 판매 데이터를 기반으로 고객 결과를 예측할 수 있게 되었다. 세일즈포스는 클라우드 내 홈에서 데스크톱, 노트북, 태블릿, 스마트폰 등 온라인 접속이 가능한 어떤 기기라도 언제 어디서나 이러한 모든 데이터와 분석을 쉽게 이용할 수 있도록 만들었다. 또한 기업용 페이스북의 일종인 세일즈포스 채터(Salesforce Chatter) 플랫폼에서 실시간으로 고객 참여와 협업을 제공한다.

세일즈포스의 혁신적인 제품은 마이크로소프트, 오라클, SAP,

IBM과 같은 우량 경쟁업체보다 앞서 세계 1위이자 가장 빠르게 성장하는 CRM 플랫폼을 만들었다. 세일즈포스의 지난해 매출은 133억 달러로 전년 대비 27% 증가했고 5년 전과 비교하면 3배 이상이다. 세일즈포스는 《포브스》가 선정한 세계 최고 혁신 기업으로 7년 연속 1~2위를 차지했다. 지속적인 디지털 전환으로 CRM 시장이 확장됨에 따라 세일즈포스는 2022년까지 연매출 230억 달러라는 과감한 목표를 설정했다.

혁신적인 제품과 플랫폼은 세일즈포스의 놀라운 성공에 중요한 역할을 했다. 하지만 아무리 좋은 제품이라도 알아서 팔리지는 않는다. 세일즈포스를 판매하려면 훌륭한 영업 인력이 필요하며, 기업은 효과적인 인적 판매를 통해 이를 실천한다. 서비스를 판매하는 회사와 마찬가지로 세일즈포스에도 영업 담당자가 있는데, 이들은 경험이 풍부하고 잘 훈련받았으며 동기부여가 높다. 여러 측면에서 세일즈포스의 자체 영업 인력은 판매하는 제품과 서비스의 모델 역할을 한다. 세일즈포스 클라우드만 사용하기 위함이 아니라 기업이 고객에게 약속하는 '강력한' 영업 인력 결과를 달성하기 위함이다.

세일즈포스의 뛰어난 영업 인력 개발은 최고 수준의 영업사원을 모집하고 채용하는 것에서 시작된다. 세일즈포스의 공격적이면서도 매우 선별적인 채용 프로그램은 글로벌 영업 담당자 후보군 상위권을 휩쓸고 있다. 경험이 중요하다. 세일즈포스는 중소기업 영업 담당자의 경우 최소 2년, 이전 영업 경험과 주요 계정에 할당된 영업 담당자의 경우 최대 20년의 경력을 요구한다. 세일즈포스는 높은 에너지 문화와 강력한 보상 패키지를 통해 경험 많고 성공적인 후보자들을 끌어들인다.

일단 채용되면 세일즈포스 영업사원은 모든 최첨단 판매 도구를 이용할 수 있다. 실제로 신입사원의 첫 번째 주요 임무는 판매뿐만 아니라 그가 사용할 세일즈포스 기술에 대해 자세히 알려주는 20시간 분량의 동영상으로 집에서 공부하는 것이다. 세일즈포스는 클라우드 마법사가 고객과의 연락 및 판매 프로세스를 최적화하도록 도와줄 수는 있지만 훌륭한 인적 판매 기술을 대신하지는 못한다는 사실을 가장 먼저 밝힌다. 따라서 자체 영업 인력을 교육하고 미세 조정하면서 기업 자체의 현대적 방식으로 검증된 판매의 기본 사항을 설명하는 것으로 시작한다.

세일즈포스에서 좋은 판매의 첫 번째 기본 사항은 듣고 배우는 것이다. 신입사원은 세일즈포스U에서 일주일 동안 진행되는 연수를 통해 교육을 받으면서, 탐색적 질문을 하고 고객이 대화를 하도록 유도함으로써 고객의 상황과 욕구의 모든 것을 이해하려고 노력하고 고객 관계를 구축해야 한다는 것을 알게 된다. 세일즈포스의 영업 임원은 "영업사원의 85%가 고객이 비즈니스를 제대로 이해할 수 있을 만큼 충분히 속도를 줄이지 않는다"고 말한다.

세일즈포스의 클라우드 기반 '고객 성공 플랫폼'은 고객이 '매출을 강화'하는 데 도움이 되는 다양한 고객 관계 관리 도구를 제공한다.
Salesforce.com Inc.

판매의 두 번째 기본 사항은 고객을 이해하는 것이다. 공감한다는 것을, 다시 말해 고객의 문제를 이해하고 고객의 고통을 느낀다는 것을 고객에게 알려야 한다. 감정이입은 친밀한 관계와 신뢰를 구축하며, 이는 장기적인 고객 관계를 구축하기 위한 중요한 단계이다. 즉 듣고 배우며 공감하는 것이 중요한 첫 단계이지만 더 많은 것이 필요하다. 세일즈포스의 영업 임원은 "만약 당신이 반응하고 도움이 된다면 그것은 관리 보조자에 불과하다"고 말한다.

따라서 다음 단계는 세일즈포스의 클라우드 기반 솔루션이 고객사가 자사 고객과 연결하고 영업 인력이 더 효과적·생산적으로 판매하도록 도움을 준다는 점을 보여주는 것이다. 세일즈포스가 생각하기에 가장 좋은 방법은 다른 고객사의 성공 이야기를 들려주는 것이다. 세일즈포스의 영업 생산성 관리자는 이렇게 말한다. "스토리텔링이 매우 중요하다. 이는 기업 홍보, 고객 및 잠재고객과의 상호작용의 토대가 될 수 있다." 세일즈포스는 '클라우드에 데이터를 저장하는 것을 신뢰하지 않는다', '현재 시스템이 제대로 작동하고 있다', '비용이 너무 많이 든다'와 같은 이의를 처리할 때 영업사원에게 스토리가 가장 강력한 도구가 될 수 있다고 말한다. 세일즈포스의 마케팅 관리자는 "반대에 부딪히는 경우 항상 고객의 이야기와 관련된다"고 말한다. 또 다른 관리자는 이렇게 말한다. "우리는 고객의 이야기 속에서 영웅이 아니다. 고객이 성공한 방법이지 고객을 구한 방법이 아니다."

세일즈포스의 영업사원은 경쟁사에 대해서만큼은 아주 맹렬하다. 그러나 이들은 경쟁사의 약점이 아닌 세일즈포스의 강점을 판매하기 위해 높은 역량을 발휘하도록 교육을 받는다. 세일즈포스는 빅데이터의 지원하에 인공지능 및 수많은 신기술과 결합된 업계 최고의

세일즈포스는 영업 인력 자동화와 고객 관계 관리 솔루션 시장을 선도한다. 하지만 세일즈포스의 혁신적인 제품이 알아서 팔리는 것은 아니다. 세일즈포스는 판매하기 위해 훌륭한 영업 인력이 필요하다는 것을 알고 있다.

영업과 고객 연결을 자랑하지만 영업 담당자는 예전의 판매 원칙에 계속 집중하고 있다. 세일즈포스에서 (또는 다른 곳에서도) 좋은 판매는 고객 인게이지먼트와 의견 수렴, 고객의 문제를 이해하고 공감하는 것, 상호 이익을 위한 의미 있는 솔루션을 제공함으로써 관계를 구축하는 것에서 시작된다. 이것이 바로 믿을 수 없을 정도로 성공적인 영업 인력과 세일즈포스를 구축하는 방법이다.[1]

이 장에서는 두 가지 촉진믹스 방법인 **인적 판매**와 **판매촉진**에 대해 알아볼 것이다. 인적 판매는 매출을 올리고 고객 관계를 유지하기 위해 고객 및 잠재고객과의 대인관계를 유지하는 활동으로 구성된다. 판매촉진은 고객의 구매, 재판매업자의 지지, 판매사원의 노력을 유도하기 위해 단기적인 인센티브를 사용하는 것과 관련된다.

저자 코멘트 | 인적 판매는 촉진믹스의 대인관계 부문이다. 기업의 영업 인력은 고객을 개인적으로 참여시키고 고객 관계를 구축함으로써 고객 가치를 창출하고 전달한다.

인적 판매

학습목표 16-1 고객 인게이지먼트, 고객 가치 창출, 고객 관계 구축에서 영업사원의 역할을 이해한다.

로버트 루이스 스티븐슨(Robert Louis Stevenson)이 말하길, "모든 사람은 무언가를 팔면서 살아간다." 전 세계 기업은 기업 고객과 최종 소비자에게 제품과 서비스를 판매하기 위해 영업사원을 이용한다. 그러나 영업사원은 다른 종류의 조직에서도 발견된다. 예를 들어 대학은 신입생을 모집하기 위해 모집 담당 직원을 고용한다. 박물관과 예술 관련 기관은 기부자를 확보하고 기금을 모으기 위해 기금 모금자를 고용한다. 정부 기관도 영업사원을 고용한다. 예를 들어 미국 우체국은 기업 고객에게 빠른우편과 기타 서비스를 판매하기 위해 영업사원을 이용한다. 이 절에서는 조직 내에서 인적 판매의 역할, 영업사원 관리에 관한 의사결정, 인적 판매 과정 등에 대해 알아본다.

인적 판매의 본질

인적 판매
매출을 끌어내고 고객 관계를 구축하기 위해 기업의 영업사원이 담당하는 개인적인 프레젠테이션

인적 판매(personal selling)는 세상에서 가장 오래된 직업 중 하나이다. 판매하는 사람은 영업사원, 판매 대리인, 에이전트, 지역 관리자, 거래처 담당자, 판매 상담가, 판매 엔지니어 등 다양한 명칭으로 불린다.

사람들은 영업사원에 대해 많은 고정관념을 가지고 있는데 그중 일부는 비호의적인 것이다. 영업사원이라는 말은 〈더 오피스(The Office)〉라는 TV 드라마에서 던더미플린의 신문 판매원으로 나오는, 상식과 사회적 기술이 모자라고 고집이 센 드와이트 슈루트의 이미지를 떠올리게 한다. 아니면 실제 TV 광고에 등장하여 플렉스 실(Flex Seal), 인새너티 워크아웃(INSANITY Workout), 파워 에어프라이어(Power Air Fryer) 등 모든 것을 팔기 위해 떠들어대는 호객꾼을 떠올릴 수도 있다. 그러나 대다수의 영업사원은 이와 같은 부정적인 고정관념과는 거리가 멀다.

● 전문적 영업 활동: 값비싼 비행기를 팔기 위해서는 유창한 말솜씨와 따뜻한 미소로는 부족하다. 보잉의 진짜 중요한 도전은 매일, 매년 고객과 파트너십을 구축함으로써 사업을 획득하는 것이다.
Stephen Brashear/Getty Images

도입부의 세일즈포스 사례를 통해 보듯이 대부분의 영업사원은 고객을 위해 가치를 더하고 장기적인 고객 관계를 유지하기 위해 노력하는, 잘 교육받고 훈련된 전문가이다. 그들은 고객의 이야기를 경청하고, 고객의 욕구를 평가하며, 고객 문제를 해결하기 위해 기업의 노력을 체계화한다. 가장 우수한 영업사원은 상호 이익을 위해 고객과 긴밀하게 일한다. ● 혼돈 속의 상업

용 항공기 시장에서 경쟁하는 항공우주 산업의 거인 보잉을 살펴보자. 값비싼 비행기를 팔기 위해서는 유창한 말솜씨와 따뜻한 미소로는 부족하다.

최첨단 비행기를 1억 2,500만 달러 또는 그 이상에 판매하는 것은 복잡하면서도 도전해볼 만한 일이다. 항공사, 항공화물 업체, 정부, 군대에 단 한 대만 팔아도 수십억 달러에 이른다. 보잉의 영업사원은 판매 및 서비스 기술자, 재무 분석가, 기획자, 엔지니어 등 자사 전문가들로 이루어진 팀으로서 거대 고객의 욕구를 만족시키는 방법을 찾기 위해 노력한다. 고객의 입장에서는 제트 여객기 묶음을 구매하는 데 여러 계층의 의사결정자 수십 또는 수백 명이 관련되어 있고 이들은 계층을 따라 영향을 미친다. 판매 과정은 신경에 거슬릴 만큼 느리게 진행되는데, 첫 번째 판매 설명회부터 계약이 공지되기까지 2~3년이 걸릴 수도 있다. 주문을 받으면 영업사원은 고객의 장비 욕구를 추적하기 위해 끊임없이 교류하고 고객을 확실히 만족시켜야 한다. 진짜 중요한 도전은 우수한 제품과 긴밀한 협력을 바탕으로 매일, 매년 그들과 파트너십을 구축함으로써 구매자의 사업을 획득하는 것이다.

영업사원
잠재고객 발견, 의사소통, 판매, 서비스 제공, 정보 수집, 관계 구축 등과 같은 활동을 수행하면서 기업을 대표하여 고객을 만나는 사람

영업사원(salesperson)이란 용어는 넓은 범위의 포지션을 아우른다. 한편에서는 **주문을 받아내는 사람**(order taker)으로서, 계산대 뒤에 서 있는 부서 매장 영업사원이 그 예이다. 다른 한편에서는 **주문 개척자**(order getter)인데, 이 위치는 기기, 산업용품, 항공기, 보험, IT 서비스 등 제품과 서비스를 위해 **창의적인 판매**와 **관계 구축**을 요구한다. 이 장에서는 보다 창의적인 판매 유형과 효과적인 판매 인력을 구축하고 관리하는 프로세스에 중점을 둔다.

영업사원의 역할

인적 판매는 대면적인 촉진믹스 도구이다. 여기에는 영업사원과 개별 고객 간의 대인 상호작용 및 인게이지먼트가 포함되며, 기존의 방식인 대면이나 전화, 최근에는 문자, 이메일, 동영상, 온라인 콘퍼런스 방식의 소셜미디어 등에 의한 것이다. 인적 판매는 복잡한 판매 상황에서 매우 효과적일 수 있다. 영업 담당자는 고객의 문제에 대해 자세히 알아본 다음 고객의 특별한 요구 사항에 맞는 마케팅과 제안을 할 수 있다.

인적 판매의 역할은 기업에 따라 다르다. 영업사원 없이 온라인이나 카탈로그를 통해서만 판매하는 기업도 있고 제조업체 대리인, 판매 대리인, 중개인을 이용하는 기업도 있다. 그러나 대부분의 기업에서는 영업사원이 중요한 역할을 수행한다. IBM, 듀퐁, 인텔, GE와 같이 산업용 제품이나 서비스를 판매하는 기업에서는 영업사원이 고객과 직접적으로 일한다. P&G나 나이키와 같은 소비재 기업에서는 영업사원이 배후에서 중요한 임무를 수행한다. 이들은 도매상과 중간상의 지원을 확보하기 위해 일하고, 도매상과 중간상이 제품을 보다 효과적으로 판매할 수 있도록 돕는다.

기업과 고객의 연결

영업사원은 기업과 고객의 중요한 연결고리 역할을 한다. 많은 경우 영업사원은 구매자와 판매자 모두를 위해 일한다. 첫째, 영업사원은 **고객을 상대로 자사를 대변한다**. 그들은 새로운 고객을 발견하여 자사 제품과 서비스에 대한 정보를 전달한다. 그들은 고객과 접촉하고, 제품에 대해 설명해주고, 고객의 이의에 답하고, 가격과 조건을 협상하고, 계약을 마무리 짓고, 거래처에 서비스를 제공하고, 거래 관계를 유지하는 과정을 통해 제품을 판매한다.

동시에 영업사원은 회사에서 고객의 관심사를 대변하고 구매자와 판매자 간의 관계를 관리하는 총책임자로서 고객을 위해 노력한다. 영업사원은 자사 제품과 활동에 대한 고객의 관심을 파악하여 이를 사내 관련 직원에게 전달한다. 그리고 더 큰 고객 가치를 개발하기 위해 고객의 욕구를 파악하고, 사내 마케팅 부서 및 기타 부서 사람들과 함께 일한다.

● 영업사원은 기업과 고객을 연결한다. 많은 고객의 입장에서 영업사원은 기업 그 자체이다.
dotshock/Shutterstock

● 사실 많은 고객의 입장에서 영업사원은 기업 자체이다. 즉 영업사원은 고객이 해당 기업에 대해 눈으로 직접 확인할 수 있는 대상물이다. 따라서 고객은 영업사원이 대표하는 기업과 제품뿐 아니라 영업사원에 대해서도 충성도를 보일 수 있다. 영업사원이 보유한 충성도는 영업사원의 고객 관계 구축 능력을 더욱 중요하게 만든다. 영업사원과의 강력한 관계 구축은 기업 및 제품과의 강력한 관계 구축을 끌어낼 것이다. 반대로 형편없는 관계 구축은 기업 및 제품과의 관계 구축을 형편없게 만들 것이다.

마케팅과 영업 조정

이상적으로 영업조직과 다른 마케팅 기능(마케팅 기획자, 브랜드 관리자, 조사원)은 서로 긴밀하게 일하면서 고객을 위한 가치를 창출해야 한다. 그러나 불행히도 일부 기업은 아직도 영업과 마케팅을 별개의 기능으로 간주한다. 이러한 경우 독립된 영업과 마케팅 집단이 서로 잘 어울리지 않을 것이다. 일이 잘못되면 마케터는 멋진 전략이라고 생각한 것을 영업사원이 실행하지 못한다고 책망할 것이다. 반대로 영업 팀은 고객에게서 일어나는 것을 이해하지 못한다고 마케터를 책망할 것이다. 두 집단 모두 다른 집단의 기여를 제대로 인정하지 않는 것이다. 이를 바로잡지 않으면 마케팅과 영업의 단절은 고객 관계와 기업 성과에 악영향을 미칠 수 있다.

기업은 마케팅과 영업 기능이 서로 긴밀하게 연결될 수 있도록 다양한 활동을 펼칠 수 있다. 가장 기본적인 수준에서는 조인트 미팅을 마련하고 의사소통 채널을 가동함으로써 두 집단 간의 의사소통을 증가시킬 수 있다. 기업은 영업사원과 마케터가 함께 일하게 함으로써 기회를 창출할 수 있다. 브랜드 관리자와 조사원이 영업사원의 방문에 따라갈 수 있고 판매 기획 회의에 참석할 수도 있다. 반대로 영업사원은 마케팅 기획 회의에 참석하여 고객에 관한 자신의 지식을 공유할 수 있다.

그리고 기업은 영업 팀과 마케팅 팀을 위한 공동 목표와 보상 체계를 구축하거나 마케팅과 영업의 연락사무소(영업사원과 함께 일하는 마케팅 출신 관리자가 마케팅 및 영업 프로그램과 노력을 조정하는 것)를 지정할 수 있다. 또한 기업은 마케팅과 영업을 총괄하는 고위직 마케팅 임원을 지명할 수도 있다. 이러한 임원은 마케터와 영업사원에게 고객 가치 창출이라는 공동의 목표를 가지고 일할 수 있도록 영향을 주기도 한다.

저자 코멘트 | 영업 관리에 대한 또 다른 정의는 '수익성 있는 고객 관계를 달성하기 위해 설계된 인적 접촉 프로그램을 계획하고, 구성하고, 이끌고, 통제하는 것이다.' 다시 한번 이야기하자면 모든 마케팅 활동의 목표는 고객 가치를 창출하고, 고객을 참여시키며, 수익성 있는 고객 관계를 구축하는 것이다.

영업 관리

학습목표 16-2 여섯 가지 주요 영업 관리 단계를 파악한다.

영업 관리
영업 활동을 분석, 기획, 실행, 통제하는 것

영업 관리(sales force management)는 영업 활동의 분석, 기획, 실행, 통제의 과정으로 정의된다. 이는 영업 전략과 영업 구조를 설계하고, 회사 영업사원의 모집, 선발, 훈련, 보상, 감독, 평가를 포함한다. 이러한 주요 영업 관리에서의 의사결정은 ● 그림 16.1에 정리되어 있으며 다음 절에서 다룬다.

영업 전략 및 구조 설계

마케팅 관리자는 영업 전략 및 설계와 관련하여 몇 가지 질문에 봉착한다. 영업사원과 그들의 과업을 어떻게 구성하는가? 영업사원의 규모는 어느 정도여야 하는가? 영업사원은 혼자서 판매해야

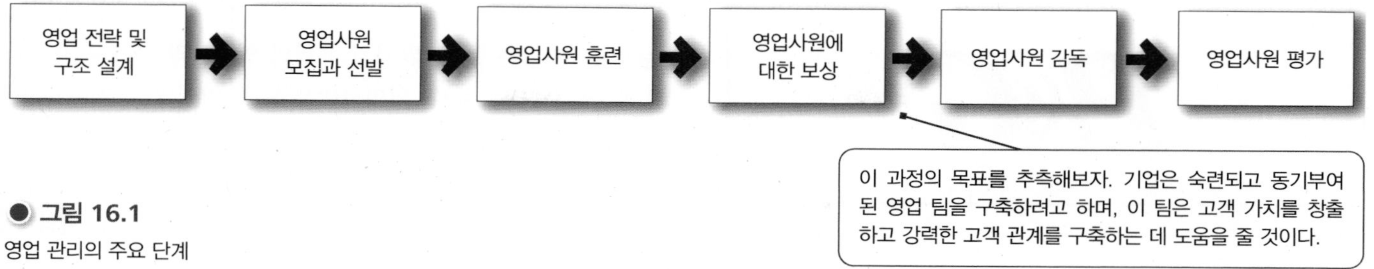

● **그림 16.1**
영업 관리의 주요 단계

하는가, 아니면 다른 사람들과 함께 팀을 이루어 판매해야 하는가? 영업사원은 현장에서 판매해야 하는가, 아니면 전화·온라인·소셜미디어를 통해 판매해야 하는가? 이에 대해 살펴보자.

영업 구조

기업은 판매의 책임을 여러 제품라인으로 나눌 수 있다. 한 가지 라인만 가지고 산업 내 여기저기에 있는 고객에게 판매하는 경우에는 의사결정이 간단하다. 이때는 **지역별 영업조직 구조**를 사용하면 된다. 그러나 많은 제품을 여러 유형의 고객에게 판매하는 경우에는 **제품별 영업 구조**, **고객별 영업 구조** 또는 둘을 결합한 조직 구조를 갖출 필요가 있다.

지역별 영업조직 구조
지리적 영역에 전속으로 배정된 영업사원이 자사의 모든 제품이나 서비스를 판매하는 영업조직

지역별 영업조직 구조(territorial sales force structure)에서 영업사원은 각 지리적 영역에 전속으로 배정되고, 그 지역에 있는 모든 고객에게 자사의 모든 제품이나 서비스를 판매한다. 이 조직은 각 영업사원의 임무와 책임을 명확하게 규정한다. 이는 지역별로 고객 관계를 개발하려는 영업사원의 욕구를 증가시켜 판매 효율성을 개선해준다. 또한 각 영업사원이 제한된 지역 내에서 돌아다니기 때문에 출장비가 상대적으로 적게 드는 편이다. 여러 단계의 판매 관리자층은 종종 지역별 영업조직을 지원한다. 예를 들어 개인별 구역 판매 대리인은 구역 관리자에게 보고하고, 구역 관리자는 다시 지역 관리자에게 보고하며, 지역 관리자는 다시 영업본부장에게 보고한다.

제품별 영업조직 구조
영업사원이 자사의 제품이나 라인 중 일부만 전담하여 판매하는 영업조직

복잡한 제품이 많은 경우에는 **제품별 영업조직 구조**(product sales force structure)를 도입할 수 있는데, 이때 영업사원은 특정 제품라인만 판매한다. 예를 들어 GE는 주요 사업 내 여러 제품 및 서비스 부서별로 영업사원을 채용한다. 즉 항공, 에너지, 운송, 건강관리 등의 제품과 기술을 담당하는 각각의 영업사원을 두고 있다. GE헬스케어(GE Healthcare) 사업에서는 진단 영상, 생명과학, 통합 IT 제품과 서비스를 담당하는 각각의 영업사원을 고용한다. 한 영업사원이 모든 제품의 전문가가 될 수 없으므로 제품 전문화가 필요하다. GE와 같이 크고 복잡한 기업은 다양한 제품과 서비스 포트폴리오를 담당하는 수십 개의 독립된 영업조직을 갖추고 있다.

고객별(시장별) 영업조직 구조
영업사원이 특정 고객이나 산업을 전담하여 판매하는 영업조직

기업은 **고객별(시장별) 영업조직 구조**[customer(market) sales force structure]를 사용하여 영업사원을 고객별 또는 업종별(산업별)로 구성하기도 한다. 산업별로 기존 고객과 신규 고객을 확보하기 위해 주요 거래처와 일반 거래처에 대해 별개의 영업조직을 구성할 수 있다. 고객을 중심으로 영업조직을 구성하면 중요한 고객과 보다 긴밀한 관계를 구축할 수 있다. 많은 기업은 규모가 큰 산업재 고객의 욕구를 충족하기 위해 특별 영업조직을 구성하기도 한다. 예를 들어 P&G 영업 담당자는 고객 비즈니스 개발(CBD) 팀에 통합된다. 각 CBD 팀은 월마트, 세이프웨이, CVS헬스 같은 주요 P&G 고객에 배정된다. ● P&G의 월마트 CBD 팀은 월마트의 고향인 아칸소주 벤턴빌에서 월마트 구매자와 긴밀히 협력하는 200명 이상의 P&G 직원으로 구성되어 있다. CBD 조직은 각 주요 고객의 완전한 요구 사항을 충족하는 데 중점을 둔다. 이를 통해 P&G는 "궁극적으로 소비자에게 제품을 판매하는 사람들과 함께 (단지 공급업체가 아닌) '전략적 파트너'로 일함으로써 비즈니스를 성장시킬 수 있다."[2]

● 고객별 영업조직 구조: P&G의 월마트 CBD 팀은 월마트의 고향인 아칸소주 벤턴빌에서 월마트 구매자와 긴밀히 협력하는 수백 명의 P&G 직원으로 구성되어 있다.
grzegorz knec/Alamy Stock Photo

광범위한 지역에서 다양한 고객 유형에게 다양한 제품을 판매하는 경우, 기업은 종종 몇 가지 유형의 영업조직 구조를 결합한 **복합 영업조직 구조**를 둔다. 영업사원은 고객·지역별로, 제품·지역별로, 제품·고객별로, 제품·고객·지역별로 특화될 수 있다. 예를 들어 P&G는 고객별(월마트, 세이프웨이, CVS헬스, 기타 대형 고객사별), 각 주요 고객 집단의 영역별(지역 CBD 담당자, 지역 관리자 등) 영업 인력을 전문화한다. 모든 기업과 상황에 딱 맞는 단일 구조는 없다. 각 기업은 고객의 요구에 가장 잘 부합하고 전반적인 마케팅 전략에 맞는 영업조직 구조를 선택해야 한다.

영업사원의 규모

영업조직 구조를 설정하고 나면 기업은 **영업사원의 규모**를 고려해야 한다. 영업사원의 규모는 몇 명부터 수만 명까지 다양하다. 어떤 기업은 영업사원의 규모가 어마어마하다. 예를 들어 AT&T는 4만 명, 펩시코는 2만 4,300명, 마이크로소프트는 1만 6,000명, IBM은 1만 4,000명을 영업사원으로 고용하고 있다.[3] 영업사원은 가장 생산적이면서 가장 비싼 기업 자산 중 하나이다. 따라서 영업사원의 수를 늘리면 매출과 비용이 함께 올라가게 된다.

기업은 영업사원의 규모를 정하기 위해 **작업량 접근 방식**(workload approach)과 같은 모형을 이용한다. 이 방식의 경우 먼저 거래처를 운영하는 데 필요한 일의 양과 관련된 요인(거래처의 규모, 거래처 상황, 기타 요인)에 따라 거래처를 구분한 뒤 거래처 집단별로 바람직한 방문 횟수를 토대로 필요한 영업사원의 수를 정한다.

기업은 다음과 같이 생각할 수 있다. A형 거래처 1,000개와 B형 거래처 2,000개가 있다고 가정하자. A형 거래처는 매년 36번의 방문해야 하고 B형 거래처는 매년 12번 방문해야 한다. 이 경우 영업사원의 작업량은 6만 번[(1,000 × 36) + (2,000 × 12)]이 된다. 한 영업사원이 한 해 평균 1,000번 방문할 수 있다면 60(60,000 ÷ 1,000)명의 영업사원을 확보해야 한다.

영업 전략 및 구조에 관한 기타 이슈

영업 관리자는 누가 판매 활동에 참여하고, 어떻게 영업사원과 지원 인력이 함께 일할지를 결정해야 한다.

외근 영업사원(현장 영업 인력)
현장에서 고객을 방문하기 위해 출장을 나가는 영업사원

내근 영업사원
전화, 인터넷, 잠재고객 방문 등을 통해 사무실에서 업무를 수행하는 영업사원

내근·외근 영업사원 기업은 **외근 영업사원**(outside sales force)[**현장 영업 인력**(field sales force)이라고도 함], **내근 영업사원**(inside sales force) 또는 둘 다를 이용할 수 있다. 외근 영업사원은 현장에서 고객을 방문하기 위해 출장을 나가고, 내근 영업사원은 전화, 온라인, 소셜미디어 상호작용, 구매자 방문 등을 통해 사무실에서 영업 업무를 수행한다. 내근 영업사원은 증가하는 외근 영업사원 비용과 온라인, 모바일, 소셜미디어 기술의 등장으로 최근 몇 년간 성장해왔다.

일부 내근 영업사원은 외근 영업사원을 지원함으로써 이들이 주요 고객에게 제품을 판매하는 데 또는 새로운 잠재고객을 확보하는 데 더 많은 시간을 쓸 수 있도록 도와준다. 예를 들어 **기술적 판매 지원 사원**은 기술 정보와 고객의 질문에 대한 답을 제공한다. 판매 보조원은 외근 영업사원을 위한 행정적 지원을 제공하는데, 이들은 고객에게 미리 전화를 걸어 약속을 확인하고, 배달을 지원하며, 외근 영업사원과 연락이 닿지 않는 경우 고객의 질문에 답해준다. 이러한 내근 및 외근 영업사원의 조합을 이용하면 중요한 고객에게 더 나은 서비스를 제공할 수 있다. 내근 영업 담당자는 상시 연결과 지원을 제공하고, 외근 영업 담당자는 대면 협업과 관계 구축을 맡는다.

다른 내근 영업사원은 지원을 제공하는 것 이상의 일을 한다. 텔레마케터와 온라인 판매자는 전화, 인터넷, 소셜미디어를 이용하여 새로운 잠재고객을 발견하고, 잠재고객을 평가하며, 거래처에 직접 판매하기도 한다. 텔레마케팅과 온라인 판매는 규모가 작거나 접근하기 어려운 고객에게 매우 효과적이고 상대적으로 비용이 덜 드는 판매 대안이기도 하다. 예를 들어 제품과 고객의 복잡성에 따라 텔레마케터는 하루에 20~33번 정도 의사결정자 접촉을 실행할 수 있다. 이는 외근 영업사원이 하루 평균 4회 정도 접촉할 수 있는 것과 비교된다. B2B 현장 방문의 평균 비용이 600달러에 가까운 반면, 일반적인 산업재 텔레마케팅이나 온라인을 통한 고객 접촉 비용은 25~75달러 정도이다.[4]

미국 연방정부가 입안한 수신 거부 목록(Do Not Call Registry) 제도는 소비자 대상 전화 판매에 제약을 가하지만, 여전히 텔레마케팅은 많은 B2B 기업의 주요 판매 도구이다. 소규모 기업의 경우 전화나 웹을 이용한 판매가 주요 판매 방식이 될 수 있다. 그러나 대규모 기업도 중·소규모 고객에게 제품을 직접 판매하기 위해 또는 규모가 큰 고객을 도와주기 위해 이러한 방법을 사용한다.

● 더 나아가 오늘날의 디지털, 모바일, 소셜미디어 환경에서 많은 고객은 과거에 필수적이었던 대면 접촉보다 전화 또는 온라인 접촉에 더 수용적이거나 심지어 이를 선호한다. 오늘날 많은 고객은 온라인에서 정보를 수집하는 경향이 있다. 한 연구에 따르면 대부분의 구매자는 구매 과정의 60% 정도를 혼자서 마친 다음에야 영업사원과 접촉한다. 이들은 전화, 온라인 미팅, 소셜미디어 상호작용을 통해 판매자와 접촉하여 구매를 마친다.

● 외부 및 내부 판매: 오늘날의 디지털, 모바일, 소셜미디어 환경에서는 내부 판매가 직접 판매보다 훨씬 빠르게 증가하고 있다. 또한 점점 더 많은 외부 판매 비율이 전화나 모바일 기기를 통해 이루어지고 있다.
LDProd/Shutterstock

이러한 추세의 결과로 전화 및 가상 판매는 대면 판매보다 훨씬 빠르게 성장하고 있다. 더욱이 외부 판매와 내근 판매의 경계가 모호해지면서 현장 판매 담당자와 내부 담당자 사이의 현대적 교차점인 새로운 유형의 '하이브리드 판매 담당자'가 생겨났다. 이들은 종종 고객과 연결할 때 가상으로 작업한다. 2,900명의 영업 전문가를 대상으로 한 최근 설문조사에 따르면 "전례 없는 연결 시대에 영업 담당자는 사무실에 갇히지 않고 컴퓨터 모니터를 통해 고객 또는 잠재고객과 채팅할 가능성이 점점 더 커지고 있다."[5]

팀 판매 제품이 더 복잡해지고 고객이 더 많은 것을 요구하면 영업사원 한 사람이 고객의 욕구를 모두 처리할 수 없다. 그래서 대부분의 기업은 규모가 크고 복잡한 거래처를 관리하기 위해 **팀 판매**(team selling) 방식을 이용한다. 판매 팀은 문제점을 발견하고, 해결책을 제시하며, 판매 기회를 포착하는 등 개별 영업사원이 할 수 없는 일을 수행한다. 이러한 팀은 판매, 마케팅, 기술 및 지원 서비스, R&D, 엔지니어링, 생산, 재무 등 기업의 다양한 부서에서 파견된 전문가로 구성된다.

팀 판매
규모가 크고 복잡한 거래처를 관리하기 위해 판매, 마케팅, 엔지니어링, 재무, 기술 지원 및 상위 관리자로 구성된 팀을 운영하는 것

많은 경우 팀 판매로의 전환은 고객의 구매 조직에서의 이와 유사한 변화를 따른 결과이다. 규모가 큰 많은 기업은 팀을 통해 구매하는 시스템을 구현해왔고, 그에 따라 마케터도 동등하게 팀을 중심으로 판매해야 한다. 규모가 크고 복잡한 거래처의 경우 한 영업사원이 고객의 모든 요구에 대한 전문가가 될 수 없다. 따라서 전략적인 거래처 팀이 판매를 맡고 선임 거래처 관리자나 고객 사업 관리자가 이를 지휘한다.

예를 들어 200명으로 구성된 P&G의 월마트 CBD 팀은 완전한 다기능 고객 서비스 부서이다.

이 팀에는 마케팅 전략, 제품 개발, 운영, 정보 시스템, 물류, 재무, 인적자원 전문가가 지원하는 CBD 관리자와 여러 CBD 계정 임원(각각 특정 P&G 제품 범주를 담당)이 포함된다.

팀 판매에는 여러 가지 단점도 있다. 예를 들어 판매 팀은 한 영업사원과 일하는 데 익숙한 고객을 혼란스럽게 하거나 압도할 가능성이 있다. 고객을 혼자서 개척하고 관리하는 데 익숙한 영업사원은 함께 일하고 팀 구성원을 신뢰하는 데 어려움을 겪을 수 있다. 또한 팀의 노력에 대한 개별 구성원의 기여도를 평가할 때의 어려움은 공정한 보상에 논란을 불러일으킬 수 있다.

영업사원 모집과 선발

영업조직 운영의 핵심은 좋은 영업사원의 모집과 선발에 있다. 일반적인 영업사원과 최고 영업사원의 성과 차이는 엄청나다. 전형적인 영업조직에서 영업사원의 상위 30%가 매출의 60%를 담당한다. 따라서 영업사원의 주의 깊은 선발을 통해 기업은 전반적인 영업 성과를 대폭 높일 수 있다.

영업사원을 잘못 선발하면 영업 성과에 차이를 가져올 뿐만 아니라 손실이 많은 이직을 초래한다. 한 영업사원이 퇴사하면 새로운 영업사원을 고용하고 훈련하는 데 들어가는 비용이 매우 높을 수 있다. 한 판매 컨설팅 회사는 나쁜 판매 고용의 12개월간 비용을 무려 38만 2,000달러로 계산했다.[6] 또한 새로운 영업사원으로 구성된 영업조직은 생산성이 낮고, 이직은 중요한 고객과의 관계에 나쁜 영향을 미친다.

무엇으로 우수한 영업사원과 그렇지 않은 영업사원을 구별할 수 있을까? 잘 알려진 갤럽 여론조사 기관의 한 디비전인 갤럽컨설팅(Gallup Consulting)은 우수한 영업사원의 프로파일을 찾기 위해 수십만 명의 영업사원과 면접을 진행했다. 조사 결과 내재적 동기부여, 훈련된 업무 스타일, 계약을 마무리하는 능력, 가장 중요한 고객과의 관계 구축 능력이 가장 우수한 영업사원들의 공통점으로 밝혀졌다.[7]

최고의 영업사원은 내부적인 것에서 동기부여된다. 즉 그들은 남보다 뛰어나고자 하는 끊임없는 욕망을 가지고 있다. 어떤 사원은 돈, 인정에 대한 욕구, 경쟁에서의 승리로 얻는 만족에 의해 동기부여되고, 또 어떤 사원은 서비스를 제공하고 고객 관계를 구축하려는 욕망에 의해 동기부여된다. 최고의 영업사원은 각각의 동기부여를 어느 정도씩 가지고 있다. 그러나 다른 분석에 따르면 가장 우수한 영업사원은 강한 목적의식에 의해 움직인다. 웅대한 목적을 가지고 판매하는 사람, 고객에게 무언가 다름을 전해주고자 하는 사람은 판매 목표와 보상에만 초점을 맞춘 사람보다 더 우수한 판매 실적을 기록했다. 이와 같이 고객과 관계된 목적의식을 가지고 판매하면 더 성공적일 뿐만 아니라 영업사원의 수익과 만족도도 올라간다.[8]

또한 최고의 영업사원은 잘 훈련된 업무 스타일을 가지고 있다. 그들은 자세하고 체계화된 계획을 세우고 시간에 맞추어 이를 실행에 옮긴다. 그러나 더 많은 판매를 종결하지 못하고 보다 나은 고객 관계를 구축하지 못한다면 동기부여와 훈련은 별 의미가 없다. 탁월한 영업사원은 주어진 일을 완수하는 데 필요한 기술과 지식을 쌓는다. ● 아마도 가장 중요한 점은 최고의 영업사원이 탁월한 고객 문제 해결자이자 관계 구축자라는 것이다. 최고의 영업사원이 갖춘 조건이 무엇인지 영업 임원들에게 물어보면 경청, 공감, 참을성, 배려, 잘 반응함 등의 항목을 언급할 것이다. 최고

● 훌륭한 영업사원: 최고의 영업사원은 내재적 동기, 체계적인 업무 스타일, 판매 성사 능력, 그리고 아마도 가장 중요한 점인 고객 관계 구축 능력을 가지고 있다.
nd3000/Shutterstock

의 영업사원은 구매자의 입장에서 고객의 눈으로 세상을 볼 수 있다. 이들은 단지 호감을 얻고자 하는 것이 아니라 고객에게 부가가치를 제공하고 싶어 한다.

말하자면 판매를 위한 정답은 없다. 성공적인 영업사원은 각자 자신만의 고유한 강점과 재능을 가장 잘 적용할 수 있는 접근 방식을 사용한다. 어떤 영업사원은 판매하는 과정에서 적극적인 판매의 전율을 즐기고, 또 다른 영업사원은 같은 목적으로 자신의 부드러운 재능을 적용할 것이다. 한 영업 컨설턴트는 "영업사원이 내재되어 있는 재능을 이용하여 자신만의 접근 방식을 개발하고 판매를 성사시키는 것이 핵심"이라고 말한다.[9]

신입사원을 모집할 때 기업은 해당 산업에서 성공적인 영업사원에게 요구되는 특성을 파악하기 위해 영업 업무 자체와 가장 성공적인 영업사원의 특징을 분석한 뒤 적절한 사람을 모집해야 한다. 인적자원 부서는 기존 영업사원, 고용 회사, 광고, 웹사이트 검색, 대학 취업센터를 통해 지원자를 찾는다. 또 다른 모집 원천은 다른 기업의 우수한 영업사원을 스카우트하는 것이다. 이미 검증된 영업사원은 많은 훈련을 받을 필요가 없고 당장 효율적으로 일할 수 있다.

기업은 모집을 통해 많은 지원자를 모으고 그들 가운데 가장 우수한 사람을 선발해야 한다. 선발 과정은 간단한 비공식 면접만 보는 경우, 긴 테스트와 면접을 거치는 경우 등 다양하다. 많은 기업이 영업사원 지원자들을 대상으로 공식적인 시험을 실시한다. 시험은 판매 적성, 분석적·조직적 기술, 성격 및 기타 특성을 측정한다. 그러나 시험 성적은 개인적 특성, 신원 보증인, 과거 근무 경력, 면접 결과 등을 포함한 지원자 정보 중 하나에 불과하다.

영업사원 훈련

새로운 영업사원은 몇 주, 몇 달 또는 1년 넘게 판매 교육을 받아야 할지도 모른다. 초기 영업 훈련이 끝나면 대부분의 기업은 세미나, 판매 미팅, 웹 이러닝을 통한 지속적인 훈련 프로그램을 제공하여 영업사원이 커리어를 쌓게 한다. 한 정보원에 따르면 미국 기업은 영업사원을 훈련하는 데 연간 880억 달러를 지출한다. 훈련에 많은 비용이 들기도 하지만 상당한 보상을 얻을 수 있다.[10]

훈련 프로그램의 목적은 다양하다. 첫째, 영업사원은 고객을 이해하고 어떻게 고객과 관계를 구축할 수 있는지를 알아야 한다. 그래서 훈련 프로그램은 고객의 유형과 그들의 욕구, 구매 동기, 구매 습관 등을 가르쳐주어야 한다. 그리고 고객을 대상으로 어떻게 효과적으로 판매할 수 있는지를 교육하고, 판매 과정의 기본을 훈련시켜야 한다. 영업사원은 자사뿐만 아니라 제품과 경쟁사를 제대로 알고 파악할 필요가 있다. 그러므로 효과적인 훈련 프로그램은 영업사원에게 자사의 목표, 조직 구조, 주요 제품과 시장, 주요 경쟁사의 전략에 대해 교육한다.

오늘날 많은 기업이 기존의 훈련 프로그램에 추가로 웹 기반 훈련 프로그램을 제공하고 있다. 온라인 훈련은 텍스트 기반의 간단한 제품 정보 제공에서부터 판매 기술을 익힐 수 있는 웹 기반 판매 훈련, 현장 판매 방문의 동태성을 구현한 매우 세련된 시뮬레이션 기법에 이르기까지 매우 다양하다. 또한 기업은 디지털 교육을 실시간 강의실 이벤트, 일대일 코칭과 결합하고 있다. 대부분의 온라인 교육은 웹 기반이지만 기업은 이제 거의 모든 모바일 기기 또는 기타 디지털 플랫폼을 통해 어디서든 요구에 따른(on-demand) 교육을 제공한다. 현장 교육을 대신하는 온라인 훈련은 여행 및 기타 훈련 경비를 절감하고 영업사원의 영업 활동 시간을 덜 빼앗는다.

영업사원에 대한 보상

좋은 영업사원을 영입하기 위해 기업은 매력적인 보상 계획을 갖추어야 한다. 보상에는 고정급여, 변동급여, 비용, 부대 혜택 등이 있다. 일반적으로 봉급(salary)이라고 불리는 고정급여는 영업사원

● 영업 인력 보상: 좋은 보상 계획은 영업사원에게 동기를 부여하고 활동을 자극한다.
Luca Bertolli/123RF

에게 안정적인 수입을 제공한다. 변동급여는 판매 성과에 따라 지급하는 수수료나 보너스로, 영업사원의 더 많은 노력과 성공에 대해 보상하는 것이다.

● 영업사원에 대한 보상 계획은 동기를 부여하고 그들의 활동에 영향을 미칠 수 있다. 보상은 영업사원이 전반적인 영업 목표와 마케팅 목표에 부응하는 활동을 하도록 유도해야 한다. 예를 들어 기업의 전략이 신규 사업을 인수하고 빠르게 성장하여 시장 점유율을 증대하는 것이라면 보상 계획으로 수수료 부분을 늘리고 신규 거래처 확보에 대한 보너스를 제공함으로써 영업사원의 높은 판매 성과와 신규 거래처 개발을 장려할 수 있다. 한편 목표가 기존 거래처의 수익성을 극대화하는 것이라면 기본급의 비중을 늘리고 기존 거래처의 매출과 고객 만족에 따라 추가적인 인센티브를 제공하는 것을 보상 계획에 포함할 수 있다.

실제로 점점 더 많은 기업이 높은 수수료 보상 정책을 채택하지 않고 있다. 이러한 보상 계획은 영업사원이 단기적인 이익을 추구하게 만들기 때문이다. 기업은 계약을 성사시키기 위해 거래처를 너무 밀어붙일 경우 고객 관계가 손상될 가능성을 우려한다. 이에 기업은 고객과의 관계를 구축하고 고객의 장기적인 가치를 높여주는 영업사원에게 더 많이 보상하는 보상 계획을 고안하고 있다.

경제 불황에 일부 기업은 판매 실적에 대한 보상액을 줄임으로써 비용을 절감하려고 한다. 그러나 사업 실적이 저조할 때 어떤 원가 절감 조치는 타당하지만 영업사원 보상 삭감은 통상적으로 마지막에 취해야 할 조치이다. 우수한 영업사원은 항상 필요하다. 이들에 대한 보상을 줄이면 필요할 때 이들이 없을 수도 있다. 만약 기업이 보상 비용을 줄여야 한다면 획일적인 삭감보다는 우수한 영업사원의 보상 금액을 유지하고 실적이 나쁜 영업사원을 정리하는 것이 나은 전략이다.

영업사원에 대한 감독과 동기부여

신규 영업사원은 판매 구역, 보상, 훈련 외에 감독과 동기부여도 필요하다. **감독**의 목적은 영업사원에게 적절한 방법으로 적절한 지시를 내림으로써 임무를 현명하게 수행할 수 있도록 도와주는 것이다. **동기부여**의 목적은 영업사원이 판매 목표를 달성하기 위해 열심히 일하도록 격려하는 것이다. 만약 영업사원이 현명하게 열심히 일한다면 자신뿐만 아니라 기업의 이익을 위해 최대 역량을 발휘하게 될 것이다.

영업사원 감독

어떻게 영업사원을 면밀히 감독하는지는 기업에 따라 다르다. 많은 기업은 영업사원이 목표고객을 확인하고 방문 규범을 세울 수 있도록 도와준다. 어떤 기업은 신규 고객을 개발하기 위해 영업사원이 얼마나 많은 시간을 써야 하는지를 구체적으로 지시하고 다른 활동의 시간 관리에 우선순위를 정해준다. 이를 위한 도구는 영업사원이 어떤 고객과 잠재고객을 방문해야 할지, 어떤 활동을 해야 할지 주간, 월간 또는 연간 **방문 계획표**(call plan)를 작성하게 하는 것이다. 다른 도구로는 **시간과 임무에 관한 분석**(time-and-duty analysis)이 있다.

영업 활동에 소요되는 시간 말고도 영업사원은 출장, 대기, 중간의 휴식, 행정적인 잡무에도 시간을 들인다. 평균적으로 판매하는 데 드는 시간은 놀랍게도 전체 시간의 34%에 불과하다.[11] 기업은 항상 영업사원의 시간을 절약할 수 있는 방법을 모색하고 있다. 즉 기록 작성 및 보관 업무를

● 영업 자동화: 기업은 영업사원이 언제 어디서든 보다 효율적·효과적으로 일할 수 있도록 정기적으로 노트북, 태블릿, 스마트폰, 무선 연결, 화상회의 기술, 고객 관계 관리 소프트웨어를 제공한다.
kantver/123RF

단순화하고, 더 좋은 판매 방문과 일정 계획을 개발하고, 더 많은 양질의 고객 정보를 제공하고, 출장 대신 전화·이메일·온라인·모바일 콘퍼런스를 이용한다.

많은 기업이 영업 자동화 시스템을 도입하고 있다. 이 시스템은 컴퓨터와 디지털을 이용하여 영업 업무를 처리하는 것으로, 영업사원이 언제 어디서든 보다 효과적으로 일할 수 있도록 도와준다. ● 기업은 정기적으로 영업사원에게 최신 장비(예: 노트북, 태블릿, 스마트폰, 화상회의 기술, 고객 접촉 및 관계 관리를 위한 소프트웨어 등)를 제공하고 있다. 이러한 첨단 장비로 무장한 영업사원은 보다 효과적·효율적으로 기존 고객 및 잠재고객에 관한 정보를 정리하고, 판매를 분석·예측하고, 방문 판매를 계획하고, 설명회를 준비하고, 판매·비용 보고서를 작성하고, 거래처 관계를 관리할 수 있다. 그 결과로 보다 나은 시간 관리, 향상된 고객 서비스, 더 낮아진 영업 비용, 더 높은 영업 성과 등이 가능해진다. 요컨대 기술은 영업사원이 임무를 수행하고 고객을 관여하게 만드는 방법을 개조해왔다.

영업사원 동기부여

영업 관리자는 영업사원을 감독해야 할 뿐만 아니라 이들에게 동기부여를 해야 한다. 어떤 영업사원은 관리자의 독려 없이도 최선을 다해 임무를 수행할 것이다. 그들에게는 영업이 세상에서 가장 멋진 직업일지도 모른다. 그러나 영업은 많은 갈등을 안겨줄 수도 있다. 영업사원은 때때로 혼자 일하고 집을 떠나 출장을 가야 한다. 또한 매우 능력 있는 동료 직원과 경쟁을 하고 까다로운 고객을 만나야 한다. 따라서 관리자는 영업사원이 최선을 다해 일하도록 특별한 격려를 제공해야 한다.

관리자는 조직적 분위기, 판매 할당량, 긍정적 인센티브 등을 이용하여 영업사원의 사기와 성과를 높일 수 있다. 조직적 분위기는 영업사원이 우수한 성과 실현의 기회, 가치와 보상에 대해 갖는 느낌을 의미한다. 어떤 기업은 영업사원을 별로 중요하게 취급하지 않음으로써 영업 성과가 떨어질 것이다. 어떤 기업은 영업사원을 매우 중요한 공헌자로 간주하고 무한대의 소득과 승진 기회를 제공하는데, 이러한 경우 영업사원의 우수한 성과와 낮은 이직률을 확보하게 된다.

판매 할당량
영업사원이 판매해야 할 양과 제품별로 할당되어야 할 판매량을 기술한 판매량의 표준치

많은 기업이 **판매 할당량**(sales quota), 즉 영업사원이 판매해야 할 양과 제품별로 할당되어야 할 판매량을 기술한 판매량의 표준치를 정함으로써 동기부여를 한다. 수수료는 영업사원이 판매 할당량을 얼마나 잘 완수하느냐와 관련이 있다. 또한 기업은 영업사원을 더 노력하도록 다양한 긍정적 인센티브를 사용한다. 판매 미팅은 영업사원에게 사회적 교류 시간, 일을 벗어난 휴식, 회사 사람들을 만나 이야기를 나눌 기회, 기분을 전환하고 회사에 대한 소속감을 확인할 수 있는 기회 등을 제공한다. 기업은 영업사원이 통상적으로 기대되는 것보다 더 노력하게 만들기 위해 판매 경진대회(sales contest)를 후원하기도 한다. 다른 인센티브로는 상장, 상품 또는 현금 보상, 여행, 이익 분배 계획 등이 있다.

영업사원 및 영업사원의 성과 평가

지금까지 영업사원이 무엇을 해야 하고 이들에게 어떻게 동기부여를 할 수 있는지를 설명했다. 영업 관리 과정은 좋은 피드백을 필요로 한다. 좋은 피드백이란 영업사원의 성과를 평가하기 위해

그들에 대한 정보를 정기적으로 수집하는 것을 의미한다.

관리자는 여러 가지 방법으로 영업사원에 대한 정보를 수집한다. 가장 중요한 정보 원천은 **판매 보고서**(sales report)로, 여기에는 주간·월간 활동 계획과 장기간에 걸친 할당 지역에 대한 마케팅 계획이 포함된다. 영업사원은 방문 계획에 대한 **활동 완료 보고서**(call report)를 작성하고, 일부 또는 전액을 환불받기 위한 **비용 보고서**(expense report)를 제출한다. 또한 기업은 영업사원에게 할당된 지역의 판매와 이익 성과를 확인하고 개인적 관찰, 고객 설문조사, 다른 영업사원과의 대화를 통해 추가적인 정보를 수집한다.

다양한 영업사원 보고서와 기타 정보를 이용하여 영업 관리자는 영업사원을 평가한다. 이들은 일을 계획하고 계획된 일을 수행하는 영업사원의 능력을 평가한다. 또한 영업사원에게 건설적인 피드백을 제공하고, 이들이 업무를 잘 수행할 수 있도록 동기부여를 한다.

보다 광범위한 수준에서 관리자는 전반적인 영업 성과를 평가해야 한다. 영업조직이 고객 관계, 판매, 이익 목표를 달성하고 있는가? 마케팅 부서 및 사내 다른 부서와 잘 협력하여 일하고 있는가? 결과에 부합하는 비용을 쓰고 있는가? 다른 마케팅 활동에서와 마찬가지로 기업은 영업사원에 대한 **투자 수익률**을 측정하고자 한다.

저자 **코멘트** | 오늘날의 다른 모든 것과 마찬가지로 판매도 디지털 기술의 영향을 크게 받는다. 오늘날의 영업 인력은 온라인, 모바일, 소셜미디어 도구를 사용하여 산업재 고객을 참여시키고 관계를 구축하며 판매를 달성하는 방법을 터득하고 있다.

소셜셀링: 온라인, 모바일, 소셜미디어 도구

소셜셀링
고객을 관여시키고 더 단단한 관계를 구축하며 판매 실적을 올리기 위해 온라인, 모바일, 소셜미디어를 사용하는 것

가장 빠르게 성장하는 영업 추세는 **소셜셀링**(social selling)이다. 영업사원은 온라인, 모바일, 소셜미디어를 사용하여 고객과 더 단단한 관계를 구축하고 판매 실적을 올릴 수 있다. 새로운 디지털 영업 기술은 디지털 및 소셜미디어 시대에 살고 있는 고객을 접촉하고 관여시키는 새로운 길을 트고 있다. 일부 분석가들은 궁극적으로 영업사원이 웹사이트, 온라인 소셜미디어, 모바일 앱, 화상회의 기술, AI 기반 판매 지원, 직접적인 고객 접촉을 가능하게 하는 기타 도구로 대체되기 때문에 인터넷이 대면 판매의 종말을 의미한다고 예측하기도 한다. 이러한 예측은 많이 과장된 것이다. 온라인 및 소셜미디어 기술이 영업사원을 쓸모없게 만들지는 않을 것이다(마케팅 현장 16.1 참조). 그러나 디지털 기술은 대면 판매의 역할을 빠르게 변화시키고 있다.

디지털 기술을 적절히 사용하면 영업사원의 생산성과 효율성을 높일 수 있다. 새로운 디지털 기술은 영업사원에게 잠재고객을 발견하고 학습하며, 고객을 관여시키고, 고객 가치를 창출하고, 구매를 종결하고, 고객 관계를 성숙시키는 강력한 도구를 제공한다. 소셜셀링 기술은 영업 인력에게 큰 조직적 이점을 제공할 수 있다. 영업사원의 귀중한 시간을 아껴주고, 출장 비용을 줄여주며, 영업사원에게 판매 및 서비스를 위한 새 차량을 제공하는 데 도움이 된다.

소셜셀링은 판매의 기본을 바꾸지는 않을 것이다. 영업사원은 고객과 접촉하여 관여시키고 고객 관계를 관리하는 일차적 책임을 가지고 있다. 요즘은 해야 할 일의 대부분을 디지털로 수행한다. 그러나 온라인 및 소셜미디어는 고객의 구매 과정을 극적으로 바꾸고 있다. 그 결과 영업사원은 판매 과정을 바꾸고 있다. 과거에는 많은 고객이 정보와 도움을 얻기 위해 영업사원에게 의존했지만 오늘날의 디지털 세상에서는 그렇지 않다. 특히 초기 구매 과정의 대부분을 스스로 진행한다. 영업사원을 만나기 전에 온라인 및 소셜미디어를 사용하여 자신의 문제와 해결책을 분석하고 주변에서 조언을 얻으며 구매 대안에 순위를 매기는 고객이 점점 더 많아지고 있다. 산업재 구매자를 대상으로 한 최근 보고서에 따르면 구매자의 68%는 온라인에서 독립적으로 조사하는 것을 선호하고, 62%는 공급자와 접촉하기 전에 선택 기준을 미리 정한다.[12]

따라서 오늘날 고객은 브로슈어, 가격, 제품 조언이 영업사원에 의해서만 가능했던 시절에 비하면 판매 과정을 더 많이 통제할 수 있게 되었다. 고객은 이제 기업의 웹사이트와 소셜미디어를 검

마케팅 현장 16.1 | B2B 영업사원: 디지털 및 소셜미디어 시대에 필요할까?

영업사원이 없는 세상은 상상하기 어렵다. 그러나 최근 몇 년간 감소하는 수를 바탕으로 일부 분석가들은 B2B 영업사원의 전국적인 규모가 향후 몇 년 동안 계속 줄어들거나 심지어 사라질 것이라고 예측한다. 인터넷, 모바일 기기, 소셜미디어, 고객을 기업과 직접 연결하는 다른 기술이 폭발적으로 증가하는 마당에 과연 누가 대면 판매를 필요로 할까?

의심하는 사람들은 다양한 판매 업무의 일자리가 웹사이트, 이메일, 모바일 앱, 블로그, 동영상 공유, 가상 무역박람회, 소셜미디어, 인공지능 기반의 판매 도우미, 기타 디지털 시대 상호작용 도구로 빠르게 대체되고 있다고 지적한다. 한 비관론자는 이렇게 말한다. "세계는 더 이상 영업사원을 필요로 하지 않는다. 판매는 죽어가는 직업이고 곧 석유램프나 다이얼 전화기처럼 유행에 뒤떨어진 구식이 될 것이다."

그렇다면 B2B 판매는 정말 죽어가고 있는 것일까? 인터넷, 모바일 기술, 소셜미디어, AI 담당자가 대면 판매의 오래된 기술을 대체할까? 대부분의 영업 분석가는 아니라고 대답한다. 한 영업 전문가가 말하길, "많은 사람이 영업 담당자의 몰락을 예측할 수 있다고 말한다. 나는 그런 말을 들을 때 '안 돼'라고 생각한다."

대부분의 전문가들은 기술이 판매 직업을 근본적으로 변화시키고 있다는 것에는 동의한다. 오늘날 사람들이 의사소통하는 방식의 혁신적인 변화는 비즈니스의 모든 측면에 영향을 미치고 있으며 판매도 예외는 아니다. 그러나 디지털 기술이 곧 개인 대 개인 구매와 판매를 대체하지는 못할 것이다. 기술은 판매 프로세스를 크게 향상할 수 있지만 판매원이 수행하는 많은 기능을 대체할 수는 없다. 어떤 영업 전문가는 다음과 같이 말한다. "인터넷은 주문을 받아 콘텐츠를 배포할 수 있지만 고객의 니즈를 파악하는 것은 불가능하다. 관계를 구축할 수도 없고 스스로 예측할 수도 없다." 또 다른 이는 "누군가는 회사의 가치 제안과 고유한 메시지를 정의하여 시장에 전달해야 하는데 그 사람이 바로 영업 담당자"라고 덧붙인다.

그러나 점점 심각해지는 것은 거래처 유지 관리 역할이다. 금요일에 고객 사무실에 들러 "저에게 줄 것이 있나요?"라고 묻는 주문 접수자 말이다. 마찬가지로 제품 및 서비스 정보를 단순히 전달하는 설명자나 담당자도 미래가 밝지 않다. 이러한 영업사원은 가치를 창출하지 않으면 자동화로 쉽게 대체될 수 있다. 그러나 신규 고객 확보, 관계 관리, 문제 해결, 기존 고객과의 거래 향상에는 우수한 영업사원이 항상 필요하다. 그리고 디지털 기술은 이러한 영업사원이 더 잘하도록 돕는다.

기술이 영업의 전문성을 변화시킨다는 것은 분명하다. 이제 고객은 기본 정보와 교육을 위해 영업사원에 의존하는 대신 웹사이트, 온라인 검색, 전화 앱, 소셜미디어 접촉 및 다른 경로를 통해 구매 전 조사를 충분히 할 수 있다. 최근 한 연구에 따르면 B2B 구매자의 91%가 소셜미디어에서 활동 중이며, 구매자의 75%가 디지털 및 소셜미디어 활동의 영향을 받는 것으로 나타났다. 많은 고객은 이제 온라인에서 판매 과정을 시작하고 첫 번째 판매 회의가 열리기 전에 문제, 경쟁 제품, 공급자를 파악하고 있다.

또 다른 연구에 따르면 산업재 구매자는 공급업체에 연락할 때까지 구매 과정의 최소 60% 이상에 도달한다. 기본 정보나 제품 교육이 필요한 것이 아니라 솔루션과 새로운 통찰력이 필요하다. 따라서 오늘날의 영업사원은 고객의 문제를 해결하고 관계를 구축하는 데 탁월해야 한다. 사실 향후 수년 내에 낮은 주문 판매 일자리가 사라지더라도 컨설턴트 유형의 판매 담당 일자리는 건강한 모습으로 성장할 것으로 기대된다.

판매 프로세스의 메커니즘뿐만 아니라 구매와 판매에는 감정적 교환과 거래 교환이 포함된다. 영업 인력 자동화에 인간과 흡사한 얼굴을 가미한 새로운 AI 애플리케이션을 사용하더라도 디지털 기술은 좋은 판매에 필수적인 공감, 본능, 이해와 같은 인간의 손길을 대체할 수 없다. 영업사원을 대체하는 것이 아니라 기술이 영업사원을 보강하는 것이다. 오늘날 최고의 영업사원은 근본적으로 새로운 일을 하지 않는다. 그들은 항상 고객 조사, 문제 해결, 소셜네트워킹, 관계 구축을 수행하는데, 여기에 첨단 디지털 도구 및 응용 프로그램의 새로운 키트를 사용하여 멋들어지게 해낼 뿐이다.

6장에서 언급했듯이 IBM은 강력한 영업 인력을 더욱 향상하기 위해 소셜셀링을 사용하는 방법의 바람직한 예를 보여준다. 100년이 넘는 기간 동안 IBM은 고객 관계 및 판매를 구축하기 위해 전설적인 영업 인력을 더 효과적으로 관리해왔다. 그러나 최근 몇 년 동안 IBM은 디지털 시대의 요구를 충족하기 위해 영업 인력이 B2B 고객과 소통하는 방식을 크게 변화시켰다. 디지털 시대에 IBM은 산업재 고객에게 직접 정보를 제공하여 참여시키고, 이를 영업사원과 연결하며, 고객 구매 및 관계를 증진하는 다양한 플랫폼을 채택하고 있다.

예를 들어 IBM의 다양한 부서는 수천 개의 개별 사이트 영역과 수만 개의 페이지가 포함된 수십 개의 시장 및 산업별 웹사이트를 제공한다. 고객은 웹사이트에 접속하여 필요에 따라 실시간 고객 지원을 통해 IBM의 제품 및 서비스 개요, 세부 기술 정보와 구매 세부 정보를 직접 조사할 수 있다. 고객은 포괄적인 디지털 및 소셜미디어 네트워크(모바일 앱, 트위터 채널, 링크드인 그룹, 페이스북과 인스타그램 페이지, 유튜브 채널 등)를 통해 IBM 커뮤니티와 더욱 깊게 대화식으로 연결할 수 있다. 여기서 서비스 검색·토론·평가를 할 수 있고 IBM 솔루션과 서비스도 구매할 수 있다.

그러나 IBM의 디지털 및 소셜미디어는 새로운 잠재고객을 끌어들이고 제품 검색 및 평가의 초기 단계를 거치지만 IBM의 영업 담당자를 대체하지는 못한다. 대신 영업 담당자의 범위와 효과를 확장한다. 디지털 및 소셜미디어를 통해 고객에게

웹사이트, 소셜미디어, 모바일 앱, AI 기반 판매 보조원 등 디지털 및 소셜셀링 기술은 인적 판매의 면모를 빠르게 바꿔놓았다. 그러나 이러한 노력은 영업사원을 대체하는 것이 아니라 영업사원의 범위와 효과를 확대해야 한다.
Gerd Altmann/Pixabay

IBM에의 보다 효과적인 접근을 제공할 뿐만 아니라 IBM의 영업 담당자가 보다 효과적으로 고객에게 접근할 수 있게 한다.

IBM 소셜셀링의 진정한 가치는 새로운 고객과 기존 고객에게 더욱 발전하는 판매 리드의 가치를 창출하는 것이다. 잠재고객이 IBM 솔루션을 온라인에서 발견하고 평가한 후 연락을 취하거나 제안을 요청하거나 협상 프로세스를 시작할 가능성이 높다. 이것이 바로 일대일 판매의 시작이다. 그리고 일단 판매 계약이 체결되면 디지털 및 소셜미디어는 IBM의 영업사원에게 장기적인 고객 관계를 유지하고 구축할 수 있는 풍부한 연결 도구를 제공한다.

이 모든 것은 B2B 판매가 죽어가는 것이 아니라 변화하고 있음을 암시한다. 미국 노동통계국(Bureau of Labor Statistics)에 따르면 B2B 영업 담당자의 전체 고용은 2026년까지 5% 증가할 것으로 예상되며, 이는 모든 직종의 평균 성장률과 동일하다. 그러나 그 어느 때보다 영업사원은 보다 전통적인 접근 방식과 새로운 디지털 경험을 결합해야 한다. 영업 인력이 디지털 판매와 소셜미디어 시대를 활용하고 적응함에 따라 도구와 기법이 달라질 수 있다. 그러나 B2B 마케터는 여전히 고객을 참여시키고, 고객의 니즈를 파악하고, 고객의 문제를 해결하고, 관계를 구축할 수 있는 영업사원으로 구성된 강력한 영업 팀을 필요로 한다. 특히 고액 B2B 판매의 경우 "모든 신기술이 고객과 강한 유대감을 형성하면 판매하기 쉬워질 수 있고, 거기에는 영업 담당자가 있을 것이다."[13]

색하여 판매원을 확인하고 적절한 사람을 정할 수 있다. 고객은 링크드인, 트위터, 페이스북에서 다른 사람들과 어울리며 경험을 공유하고, 해결책을 모색하고, 고려 중인 제품을 평가할 수 있다.

그 결과 영업사원이 구매 과정에 합류했을 때 흔히 고객은 영업사원이 제품에 대해 파악하고 있는 것만큼 알고 있다. 그리고 고객이 영업사원에게 전화할 때는 실시간 참여를 기대하면서 디지털 방식으로 하는 경우가 더 많다. 요즘 고객은 영업사원에게 제품과 가격 정보 이상의 것을 얻고자 한다. 즉 문제 해결과 해결책을 원한다.

디지털 구매 과정 환경에 대응하기 위해 판매자는 새로운 구매 과정을 중심으로 자신의 판매 과정을 재조정하고 있다. 이들은 초기에 고객과의 접점을 만들기 위해 고객이 있는 곳(소셜미디어, 웹 포럼, 온라인 커뮤니티, 블로그 등)으로 향한다. 고객과의 접점을 만드는 것은 언제 어디서 고객이 구매하는가에 관한 것이 아니라 고객이 구매할 제품에 대해 언제 어디서 학습하고 평가하는가에 관한 것이다.

영업사원은 정기적으로 디지털 도구를 이용하여 최신 경향을 추적하고 잠재고객을 확인하며, 고객이 어떤 제품을 사려고 하는지, 공급업체에 대해 어떻게 느끼는지, 판매를 위해 필요한 것이 무엇인지 파악하기 위해 소셜미디어상에 나타나는 내용을 조사한다. 그들은 온라인과 인사이드뷰(Inside View), 후버스(Hoovers), 링크드인 같은 소셜네트워킹 사이트를 활용하여 잠재고객 목록을 만들어낸다. 잠재고객이 영업 팀과의 실시간 대화를 통해 웹사이트와 소셜미디어 사이트를 방문할 때 그들은 잠재고객과의 대화를 창출한다. 또한 웹엑스(WebEx), 줌(Zoom), 고투미팅(GoToMeeting), 텔레프레전스(TelePresence)와 같은 인터넷 콘퍼런스 도구를 이용하여 제품과 서비스에 대한 고객과의 실시간 대화를 시도한다. 영업사원은 유튜브 채널과 페이스북 페이지에 동영상과 기타 정보를 올리기도 한다.

오늘날의 영업사원은 전 구매 과정에서 고객을 관여시키기 위해 디지털 콘텐츠와 소셜미디어를 자기만의 방식으로 사용한다. 최근 B2B 마케터를 대상으로 실시한 설문조사 결과에 따르면 B2B 마케터는 전통적 미디어와 이벤트 지출을 줄였지만 독점 온라인 고객 커뮤니티부터 웨비나(webinar), 소셜미디어, 모바일 앱에 이르기까지 디지털 콘텐츠에 대한 투자를 늘리고 있다. ● 금속 절단 및 가공 기술의 선두 제조업체인 마키노(Makino)를 살펴보자.[14]

요즘 유튜브에서 인기 있는 최신 동영상은 마키노 머신 툴 유튜브 채널에서 만든 것이다. 마키노 수직 가공 센터에서 기계가 새로운 산업용 부품을 제조할 때 금속 칩이 사방으로 튀면서 작동하는 모습을 보여준다. 신나는 소리일까? 누군가에게는 아닐 수도 있다. 그러나 올바른 산업 고객에게 이 동영

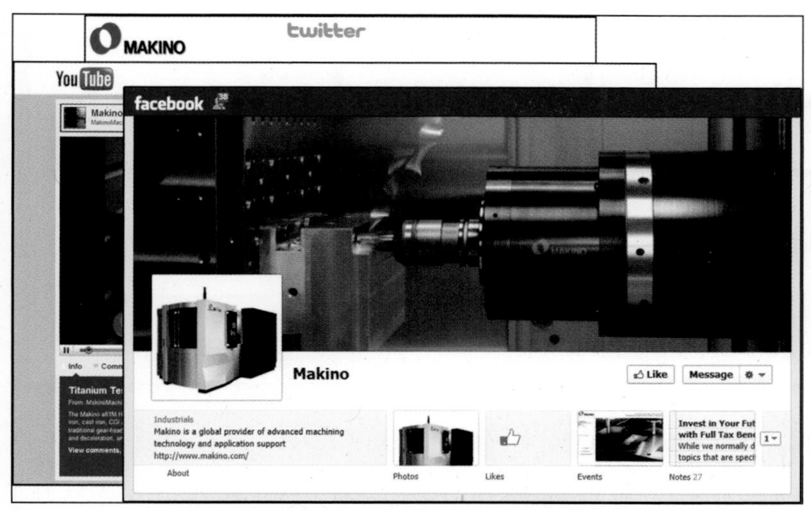

● 소셜셀링: 공작 기계 제조업체인 마키노는 광범위한 디지털 콘텐츠 및 소셜미디어를 통해 고객을 참여시키고 제품-고객 관계를 구축하기 위한 영업 인력을 보완한다.
Courtesy of Makino

상은 아주 매력적이다. 유튜브는 마키노가 영업사원을 보완하여 고객에게 알리고 고객 관계를 개선하기 위해 사용하는 다양한 소셜미디어 콘텐츠 이니셔티브 중 하나에 불과하다. 예를 들어 마키노는 업계의 선구자적인 사상가로 기업을 포지셔닝하기 위해 산업별 웨비나를 지속적으로 진행하고 있다. 마키노는 공작 기계를 최대한 활용하는 방법부터 금속 절삭 공정이 수행되는 방법에 이르기까지 다양한 주제에 대한 수백 개의 웨비나를 제작하여 보관하고 있다. 웨비나 콘텐츠는 항공우주나 의료와 같은 특정 산업에 맞게 조정되며 신중하게 타깃팅된 온라인 광고 및 이메일 초대장을 통해 홍보된다. 웨비나는 온라인으로 관련 정보를 제공하고 고객을 교육함으로써 마키노의 고객 데이터베이스 구축, 영업 기회 창출, 고객 관계 구축, 영업사원을 위한 길을 준비하는 데 도움을 준다. 또한 마키노는 페이스북, 유튜브, 트위터를 사용하여 고객과 잠재고객에게 마키노의 혁신과 이벤트, 기계가 작동하는 모습을 보여주며 최신 소식을 지속적으로 알린다. 이러한 디지털 콘텐츠와 소셜미디어는 절대 영업사원을 대체하지 못한다. 대신 영업사원이 훨씬 더 알찬 고객 관계를 구축할 수 있도록 지원한다. 요즘 B2B 판매에 관한 한 마키노는 소셜마케팅이 있어야 할 바로 그 공간이다.

궁극적으로 소셜셀링 기술은 영업사원이 더 효율적이고 비용을 절감하며 더 생산적으로 일할 수 있게 해준다. 기술은 영업사원을 도와 우수한 영업사원이 해왔던 일, 즉 고객의 문제를 해결함으로써 관계를 구축하는 것을 더 잘, 더 빨리, 더 저렴하게 할 수 있게 해준다.

한편 소셜셀링은 초보자에게 저렴하지 않다는 것이 단점이다. 게다가 온라인을 통해 보여주거나 가르칠 수 없는 것, 즉 개인적인 인게이지먼트, 통찰력, 상호작용이 요구되는 것도 있다. 이러한 이유로 기술 전문가는 영업 담당 임원에게 온라인과 소셜미디어 기술을 이용하여 잠재고객과 기회를 발견하고, 정보를 제공하고, 고객 연락을 유지하고, 예비 고객 영업 프레젠테이션을 만들 것을 권장한다. 그러나 큰 계약을 성사시킬 시점이 다가오면 구식인 대면 미팅을 권장한다.

저자 **코멘트** | 지금까지 영업 관리가 전반적인 영업 전략 및 프로그램을 개발하고 구현하는 방법을 살펴보았다. 이 절에서는 개별 영업사원과 영업 팀이 고객에게 판매하고 고객 관계를 구축하는 방법을 알아보자.

인적 판매 과정

학습목표 16-3 거래 지향 마케팅과 관계 마케팅을 구분하여 인적 판매 과정을 설명한다.

이제 영업 활동을 계획하고 관리하는 것에서 실제 인적 판매가 이루어지는 과정으로 주제를 전환하려 한다. **판매 과정**(selling process)은 영업사원이 수행해야 할 여러 단계로 구성된다. 이러한 단계는 신규 고객을 확보하고 그들로부터 주문을 받는다는 목표에 초점을 맞추고 있다. 그러나 대부분의 영업사원은 기존 거래처를 유지하고 장기적인 고객 관계를 구축하기 위해 많은 시간을 들인다. 후반부에서는 인적 판매의 관계적 측면도 살펴볼 것이다.

판매 과정
영업사원이 판매 시 따라야 할 단계로 잠재고객 발견 및 평가, 사전 접촉, 접촉, 설명과 시연, 이의 처리, 계약, 후속 조치 등으로 구성됨

판매 과정의 단계

● 그림 16.2에서 보듯이 판매 과정은 잠재고객 발견 및 평가, 사전 접촉, 접촉, 설명과 시연, 이의 처리, 계약, 후속 조치 등 일곱 단계로 구성된다.

● 그림 16.2

판매 과정의 단계

그림에서 보듯이 판매 과정의 단계는 거래 중심적으로 설정되어 고객과의 구체적인 판매를 끌어내는 데 목적이 있다.

그러나 결국 판매는 장기적인 고객 관계의 한 요소임을 기억해야 한다. 그래서 판매 과정의 단계는 수익성 있는 고객 관계 유지라는 보다 넓은 의미에서 이해해야 한다.

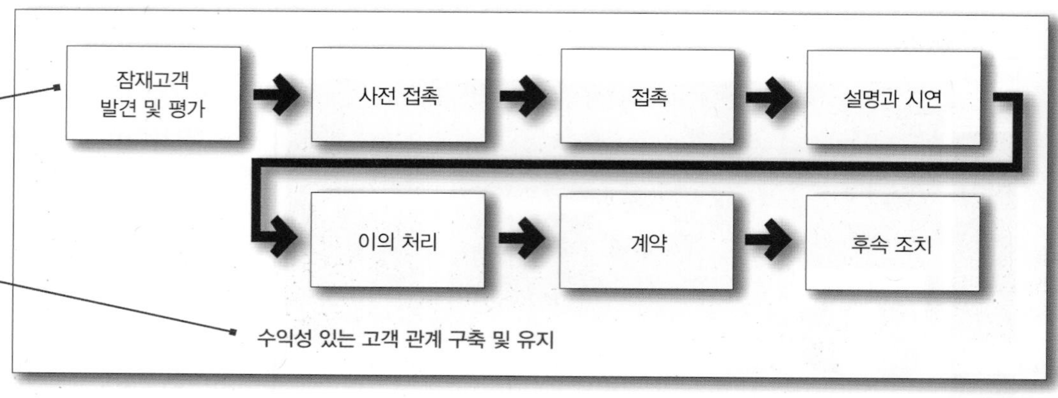

잠재고객 발견 및 평가

잠재고객 발견
장차 고객이 될 가능성이 있는 사람을 찾아내는 것

판매 과정의 첫 번째 단계는 **잠재고객 발견**(prospecting)으로, 장차 고객이 될 가능성이 있는 사람을 찾아내는 것이다. 가능성이 있는 고객과 접촉하는 것은 판매 성공의 결정적 요인이다. 영업사원은 모든 잠재고객을 방문하려고 하지 않는다. 자사의 가치 제안을 인정하고 그에 반응할 가능성이 높은 사람을 방문하고자 한다. 이러한 잠재고객은 모시기 수월하고 수익성이 있을 가능성이 높다.

흔히 영업사원은 약간의 매출을 얻기 위해 많은 잠재고객을 접촉해야 한다. 기업이 먼저 사전 고객 유인책을 제공한다고 할지라도 영업사원은 스스로 잠재고객을 발견하는 기술이 있어야 한다. 가장 좋은 정보원은 추천이다. 영업사원은 기존 고객에게 다른 사람을 추천해달라고 요청할 수도 있고, 공급업체, 딜러, 경쟁 관계가 아닌 영업사원, 은행원 등과 같은 다른 정보원을 개발할 수도 있다. 또한 전화번호부나 웹에서 잠재고객을 찾을 수도 있고, 전화나 다이렉트메일을 통해 첫 접촉을 할 수도 있다. 또는 사전 통보 없이 사무실을 찾아갈 수도 있다[즉석 방문(cold calling)이라는 영업 관행].

영업사원은 어떻게 잠재고객을 **평가**할지, 즉 잠재고객 가운데 가능성이 높은 고객과 가능성이 없는 고객을 구별하는 방법을 알아야 한다. 잠재고객은 재정적 능력, 사업 규모, 특별한 욕구, 입지, 성장 가능성을 근거로 평가할 수 있다.

기업은 점점 더 AI와 기타 고급 분석을 사용하여 판매 전망을 식별하고 평가하고 있다. 기업은 AI를 사용하여 잠재고객의 특성, 행동, 구매에 관한 방대한 데이터를 수집하고 선별하여 좋은 판매 리드를 생성하고 순위를 매긴다. 잠재고객의 요구 사항을 평가하고 영업사원이 새로운 비즈니스를 보다 효과적으로 시작할 수 있는 기업 솔루션을 제안하는 데에도 AI를 사용할 수 있다. 최근 한 분석가는 이렇게 말했다. "AI가 예측에서 규범으로 바뀌고 있다. 즉 판매로 이어질 가능성이 가장 높은 곳에 전화를 걸거나 성공적인 판매를 할 수 있도록 최상의 조합을 제안할 수 있다."[15]

사전 접촉

사전 접촉
영업사원이 방문하기 전에 잠재고객에 대해 가능한 한 많은 정보를 확보하는 영업 단계

영업사원은 잠재고객을 방문하기 전에 조직(무엇을 원하고 누가 구매에 관여하는가 등)과 그 조직 내의 구매자(특징과 구매 스타일 등)에 대해 가능한 한 많은 정보를 확보하여 이해해야 하는데, 이 과정을 **사전 접촉**(preapproach)이라고 한다. 성공적인 매출은 잠재고객의 사무실에 발을 들여놓기 훨씬 전부터 시작된다. 사전 접촉은 좋은 조사에서 시작된다. 영업사원은 회사에 대해 알기 위해 산업 및 온라인의 공식 원천, 면식이 있는 사람, 그 밖의 정보원에 접촉할 수 있다. 기업의 AI 활동은 데이터를 제공하고 잠재고객의 특성과 요구 사항을 분석할 수 있다. 그런 다음 영업사원은 수집한 조사 결과를 바탕으로 고객에게 적용할 전략을 세워야 한다.

영업사원은 **방문 목표**(잠재고객을 평가할 것인가, 정보를 수집할 것인가, 즉각적인 매출을 창출

할 것인가 등)를 설정해야 한다. 사전 접촉의 또 다른 과업은 직접 방문할 것인가, 전화를 할 것인가, 편지나 이메일, 문자를 보낼 것인가 등 최선의 접근 방식을 결정하는 것이다. 많은 잠재고객이 특정 시간에 가장 바쁠 수도 있으므로 방문 시간을 신중하게 고려해야 한다. 또한 영업사원은 거래처에 대한 전반적인 판매 전략도 생각해보아야 한다.

접촉

접촉
영업사원이 처음 고객과 만나는 영업 단계

접촉(approach) 단계에서 영업사원은 좋은 출발을 위해 상대방과 어떻게 만나고, 인사하고, 관계를 시작할 것인지 생각해보아야 한다. 이 단계에는 영업사원의 등장, 대화의 시작, 후속 관찰이 포함된다. 고객 관계의 시작부터 호감을 쌓기 위해 대화의 서두는 긍정적이어야 한다. 이어서 영업사원은 고객의 욕구를 더 잘 이해하기 위해 몇 가지 핵심 질문을 하거나 구매자의 주의와 호기심을 끌기 위해 진열품이나 샘플을 보여주기도 한다. 판매 과정의 모든 단계에서 고객의 말을 경청하는 것은 매우 중요하다.

설명과 시연

설명
영업사원이 자사의 제공물이 고객의 문제를 어떻게 해결해주는지를 보여주면서 제품의 가치에 대해 이야기하는 영업 단계

판매 과정의 **설명**(presentation) 단계에서 영업사원은 자사의 제공물이 고객의 문제를 어떻게 해결해주는지를 보여주면서 제품의 가치에 대해 이야기한다. 과거의 강압적 판매 방식이나 아첨식 고객 접근에 비하면 고객 솔루션 접근 방식은 관계 마케팅에 초점을 맞추는 요즘 추세와 더 잘 맞는다.

목표는 제품이나 서비스가 고객의 욕구에 잘 맞는다는 것을 보여주는 것이어야 한다. 오늘날 고객은 웃음이 아니라 인사이트와 해결책을 원하고, 야단법석보다는 결과를 원한다. 특히 요즘과 같은 경제 분위기에서는 고객이 기업의 제품이 자신의 비즈니스에 어떻게 가치를 추가하는지를 알고자 한다. 고객은 자신의 관심사에 귀 기울이고, 자신의 욕구를 이해하며, 올바른 제품과 서비스로 대응하는 영업사원을 원한다.

그러나 영업사원이 고객 솔루션을 제시하기 전에 그러한 솔루션부터 개발해야 한다. 솔루션 기반 판매 접근 방식은 훌륭한 경청과 문제 해결 기술을 필요로 한다. 고객이 가장 싫어하는 영업사원의 특성에는 강압적, 시간을 지키지 않음, 기만적, 준비되어 있지 않음, 비체계적, 너무 수다스러움 등이 포함된다. 한편 고객이 가장 좋아하는 영업사원의 특성은 훌륭한 경청, 공감적, 정직, 의지할 만함, 철두철미, 최종 마무리를 잘함 등이다. ● 훌륭한 영업사원은 판매하는 방법에 대해 잘 알지만, 그보다 더 중요한 것은 경청하고 강력한 고객 관계를 구축하는 방법을 아는 것이다. 한 영업 전문가는 이렇게 말한다. "우리는 두 귀와 입 하나를 가지고 있다. 그 수만큼 눈과 귀를 사용하라." 사무용품 제조업체 보이시캐스케이드(Boise Cascade)의 고전적인 광고는 경청을 강조한다. 이 광고는 귀가 커다란 보이시캐스케이드의 영업사원을 보여준다. 여기에는 다음과 같은 메시지가 담겨 있다. "보이시와 함께하면, 특히 우리 영업사원과 함께하면 그 차이를 곧 알게 될 것이다. 보이시의 거래처 담당자는 당신의 욕구에 귀 기울이는 독특한 능력을 지니고 있다."

● 훌륭한 영업사원은 판매하는 방법에 대해 잘 알지만, 그보다 더 중요한 것은 경청하고 강력한 고객 관계를 구축하는 방법을 아는 것이다.
Tony Garcia/The Image Bank/Getty Images

마지막으로 영업사원은 설명에 대한 계획을 세워야 한다. 효과적인 판매 설명이 이루어지기 위해서는 훌륭한 대인 의사소통 기술이 필요하다. 그러나 다양한 매체가 존재하는 혼잡한 의사소통

환경은 판매 발표자에게 새로운 도전 과제를 안겨준다. 정보가 넘쳐나는 오늘날의 고객은 보다 풍부한 발표 경험을 요구한다. 이제 발표자는 발표하는 동안 휴대전화, 문자 메시지와 다른 디지털 경쟁 요소 등 다양한 주의 분산 요소에 직면한다. 그러므로 영업사원은 더욱 고객의 마음을 끌고 강한 흥미를 불러일으키는 방식으로 메시지를 전달해야 한다.

오늘날의 영업사원은 단 한 사람이나 소수의 사람을 대상으로 완벽한 멀티미디어 기반 발표를 가능하게 만들어주는 첨단 프레젠테이션 기술을 사용하고 있다. 손으로 넘기는 형태의 차트는 정교한 발표용 소프트웨어, 온라인 발표 기술, 인터랙티브 화이트보드, 디지털 프로젝터로 대체되고 있다.

이의 처리

이의 처리
영업사원이 고객의 반대 의견을 찾아내고 확인하여 이를 해결하는 영업 단계

고객은 설명이 진행되는 동안 또는 주문을 할 때 항상 반대 의견을 갖는데, 이는 논리적일 수도 있고 감정적일 수도 있다. 때로는 고객이 반대 의견을 말하지 않는 경우도 있다. **이의 처리**(handling objection) 단계에서 영업사원은 긍정적인 사고를 가져야 한다. 숨어 있는 반대 의견을 찾아내고, 고객이 반대 의견을 가지고 있는지 확인하며, 반대 의견을 더 많은 정보를 제공할 수 있는 기회로 삼고, 그 반대 의견을 구매해야 하는 이유로 반전시킬 수 있어야 한다. 모든 영업사원은 반대 의견을 처리하는 기술을 훈련할 필요가 있다.

계약

계약
영업사원이 고객에게 주문을 요청하는 영업 단계

잠재고객의 반대 의견을 잘 처리한 영업사원은 이제 **계약**(closing)을 마치기 위한 시도를 한다. 어떤 영업사원은 계약할 기회를 찾지 못하거나 이를 잘 처리하지 못한다. 이들은 자신감이 결여되기도 하고, 주문 요청에 대해 미안하게 느끼기도 하며, 마지막 계약서에 도장을 찍는 적절한 시점을 인지하지 못하기도 한다. 영업사원은 고객의 종료 시그널(신체 동작, 코멘트, 질문 등)을 인지하는 방법을 알아야 한다. 예를 들어 고객이 앞으로 다가앉아 고개를 끄덕이거나 가격과 신용 조건에 대해 질문할 수도 있다.

영업사원은 몇 가지 종료 기법 중 하나를 사용할 수 있다. 주문을 요청하거나, 합의 사항을 점검하거나, 주문서 작성을 도와주거나, 어떤 모델을 원하는지 물어보거나, 지금 주문이 이루어지지 않으면 구매 기회를 잃어버릴 수 있다고 알려주기도 한다. 영업사원은 고객에게 계약을 해야 할 특별한 이유(예: 낮은 가격, 추가 비용 없이 여분 제공 등)를 제안할 수도 있다.

후속 조치

후속 조치
영업사원이 고객 만족과 관계 지속을 확실하게 하기 위해 수행하는 판매 후 조치

판매 과정의 마지막 단계는 **후속 조치**(follow-up)로, 이는 고객의 만족을 확실히 하고 관계 지속을 원한다면 꼭 필요한 단계이다. 계약이 이루어진 뒤 즉시 영업사원은 배달 시기, 구매 조건 및 기타 내용과 같은 세세한 것을 모두 매듭지어야 한다. 첫 번째 주문이 접수된 다음 영업사원은 적절한 설치, 교육, 서비스 등이 이루어졌는지를 확인하기 위한 후속 방문을 계획해야 한다. 이 방문으로 영업사원은 있을지도 모를 문제를 발견하고, 구매자에 대한 관심을 확인시키며, 판매 후에 일어날 수도 있는 문제를 줄이게 된다.

인적 판매와 고객 관계 관리

앞서 설명한 판매 과정의 단계는 거래 지향적이다. 즉 각 단계의 목적은 영업사원이 고객과의 구체적인 판매를 마칠 수 있도록 도와주는 것이다. 그러나 대부분의 경우 기업은 단순히 판매만을 지향하지 않는다. 기업은 오랜 기간 서로에게 이득이 되는 관계가 형성되도록 고객을 대할 수 있는

● 가치 판매: 영업 관리자의 도전 과제는 가격할인으로 고객을 옹호하는 것에서 가치 판매로 기업을 옹호하는 것으로 전환하는 것이다.
almagami/123RF

능력이 있음을 보여주고자 한다. 일반적으로 영업사원은 수익성 있는 고객 관계를 구축하고 관리하는 데 중요한 역할을 수행한다.

그림 16.2에서 보듯이 판매 과정은 고객과의 수익적인 관계를 구축하고 관리하는 관점에서 이해해야 한다. 더구나 앞 절에서 설명했듯이 요즘은 판매자를 만나기 전에 구매 과정의 초기 과정을 진행하는 고객이 늘고 있다. 영업사원은 자신의 판매 과정을 새로운 구매 과정에 맞추어야 한다. 이는 거래 관점이 아니라 관계 구축 관점에서 고객을 관여시켜야 함을 의미한다.

성공적인 영업조직은 거래처를 확보하고 유지하는 것이 좋은 제품을 만들고 영업사원이 많은 계약을 끌어낼 수 있도록 지휘하는 것보다 더 많은 것을 요구한다는 것을 알고 있다. 만약 기업이 판매 계약을 성사시키고 단기적인 사업으로 이득을 얻으려고만 한다면 단순히 경쟁 제품과 동일한 가격 또는 그 이하의 가격을 제시하는 것으로도 충분할 수 있다. 그러나 대부분의 기업은 영업사원이 가치 판매(value selling)를 하기를 바라는데, 이는 탁월한 고객 가치를 증명·전달하고 고객과 기업 모두가 공평한 수익률을 얻도록 하는 것이다.

안타깝게도 특히 판매가 성사되는 단계에서 영업사원은 가치를 판매하는 것이 아니라 가격할인이라는 보다 쉬운 방식을 택하곤 한다. ● 영업 관리자의 도전 과제는 가격할인으로 고객을 옹호하는 것에서 가치 판매로 기업을 옹호하는 것으로 전환하는 것이다. 한 예로 로크웰오토메이션(Rockwell Automation)이 가격이 아닌 가치와 관계를 판매하는 방법을 살펴보자.[16]

월마트의 가격인하 압력에 직면한 한 조미료 제조업체는 서둘러 로크웰오토메이션 영업사원 제프 폴리치키오(Jeff Policicchio)를 포함하여 경쟁 부품 공급업체 영업사원들을 불러서는 하루 동안 공장을 샅샅이 둘러보고 고객사의 운영 비용을 현저히 줄일 수 있는 방안을 찾아달라고 요청했다. 폴리치키오는 주요 문제가 32개 대규모 조미료 탱크에 부착된 펌프의 불량으로 인한 생산량 손실과 공장 비가동에서 비롯된다는 것을 곧바로 알게 되었다. 폴리치키오는 관련 비용과 사용 자료를 수집한 다음 고객사를 위한 최선의 펌프 솔루션을 만들어내기 위해 로크웰오토메이션의 랩톱 가치 평가 분석 도구를 사용했다.

다음 날 폴리치키오와 경쟁 부품 공급업체 영업사원들은 공장 관리 솔루션을 제시했다. 폴리치키오는 다음과 같이 가치 제안을 했다. "로크웰오토메이션 펌프 솔루션을 이용하는 경우 경쟁 협력사의 최선의 솔루션에 비해 공장 비가동 시간 감소, 조달 관리 비용 감소, 수선 부품 지출 비용 감소 등으로 펌프당 최소 1만 6,268달러를 절감하게 될 것입니다." 경쟁사의 제안과 비교할 때 폴리치키오의 솔루션은 최상의 가격을 제시했다. 그러나 다른 영업사원들은 원가 절감에 대한 애매모호한 약속 이상의 것을 제안하지 못했다. 그들은 단순히 가격을 낮추기만 했다.

공장 관리자는 폴리치키오의 가치 제안에 감동받아 솔루션 도입에 따른 초기 가격이 상대적으로 높은데도 불구하고 로크웰오토메이션의 펌프 솔루션 하나를 곧바로 시험 구매했다. 그런데 실제의 비용 절감이 예측치보다 훨씬 높은 것으로 나타나 나머지 펌프도 주문했다. 결과적으로 가격인하 중심의 접근 방식보다 폴리치키오의 가치 기반 영업 활동 방식이 초기 판매를 이끌어냈을 뿐 아니라 수익성 있는 장기적 고객 관계를 구축하는 토대를 마련했다.

따라서 가치 판매는 고객의 소리를 듣고, 고객의 욕구를 이해하며, 고객의 가치를 바탕으로 지속적인 관계를 구축하기 위해 기업의 노력을 주의 깊게 조정할 것을 요구한다.

저자 코멘트 | 판매촉진은 촉진 믹스 도구 중 가장 기간이 짧다. 광고나 인적 판매에서는 '구매'라고 하지만 판매촉진에서는 '지금 구매'라고 한다.

판매촉진

학습목표 16-4 판매촉진 캠페인이 어떻게 개발되고 구현되는지 이해한다.

판매촉진
제품과 서비스의 구매 또는 판매를 장려하기 위해 제공되는 단기적인 인센티브

인적 판매와 광고는 종종 다른 촉진 도구인 판매촉진과 밀접하게 연관되어 수행된다. **판매촉진**(sales promotion)은 제품과 서비스의 구매 또는 판매를 장려하기 위해 제공되는 단기적인 인센티브를 말한다. 광고가 제품이나 서비스를 사야 할 이유를 제시한다면 판매촉진은 지금 사야 할 이유를 제시한다.

● 판매촉진의 예는 여러 곳에서 발견된다. 일요신문에 삽입된 20쪽짜리 무료 전단지는 수백 개의 블랙프라이데이 미끼상품 거래를 제공한다. 룸스투고 삽입 광고는 특별 가격과 60개월 무이자를 제시한다. 쇼핑몰에서는 상점마다 계절 판매를 알리는 표지판이 가득하다. 한 매장은 고객이 20달러어치를 구매할 때마다 20달러를 현금으로 주고, 고객은 추가로 60% 할인된 금액으로 구매할 수 있다. 새로운 삼성 태블릿을 구입하고 무료로 메모리를 업그레이드받을 수 있다. 철물점 체인은 지역 신문에 광고하는 것을 동의하면 슈틸 전동 잔디깎이와 정원용 도구에 대해 10% 할인을 받는다. 판매촉진에는 더 빨리 또는 더 강력한 시장 반응을 자극하기 위해 고안된 다양한 촉진 도구가 포함된다.

● 판매촉진은 어디서나 볼 수 있다. 예를 들어 쇼핑몰에서는 상점마다 특별 판매를 알리는 표지판이 가득하다.
Gary Armstrong

판매촉진의 급속한 성장

판매촉진 도구는 제조업자, 유통업자, 소매업자, 비영리 단체 등 대부분의 조직체에서 사용된다. 이러한 도구는 최종 구매자(소비자 판촉), 소매상과 도매상(중간상 판촉), 기업 고객(사업체 판촉), 영업사원(영업사원 판촉)을 표적으로 삼는다. 추정치에 따르면 판매촉진 지출은 미국 전체 마케팅 지출의 약 20%를 차지한다.[17]

특히 소비재 시장에서는 여러 가지 요인이 높은 판매촉진의 급속한 성장에 기여해왔다. 첫째, 기업 내부적으로 제품 관리자는 현재의 판매를 증가시켜야 한다는 큰 부담을 가지고 있는데, 판촉은 단기적으로 사용할 수 있는 효과적인 판매 도구이다. 둘째, 기업 외부적으로 경쟁이 치열해지고 경쟁 브랜드 간의 차별화가 점점 희미해지고 있다. 판매촉진은 기업의 제품을 차별화하는 데 도움이 될 수 있다. 셋째, 비용 상승, 미디어 혼란, 법적 제약으로 인해 광고 효율성이 저하되고 있다. 넷째, 소비자가 매우 거래 지향적이 되고 있다. 소비자는 더 낮은 가격과 더 나은 거래를 요구한다. 판매촉진은 오늘날의 보다 가치 지향적인 소비자를 유치하는 데 도움이 될 수 있다.

과다한 판매촉진 비용은 광고 혼잡과 유사한 촉진 혼잡(promotion clutter)을 초래한다. 요즘 대부분의 제품은 촉진 행사를 한다. 이러한 상황에서 준비된 촉진 활동은 다른 촉진 활동의 홍수 속에 휩쓸려버려 즉각적인 구매를 자극하는 능력이 약화되는 위험 부담이 있다. 제조업체는 이제 더 큰 쿠폰 가치를 제공하거나, 보다 극적인 구매 시점 디스플레이를 생성하거나, 디지털, 모바일, 소셜미디어를 통해 프로모션을 제공하는 등 혼란을 극복할 수 있는 방법을 찾고 있다. 디지털 프로모션은 매장과 온라인 판매를 모두 촉진하는 데 도움이 될 수 있다.

판매 촉진 프로그램을 개발할 때 기업은 먼저 판매촉진 목표를 세운 다음 이를 달성하는 데 가장 적절한 도구를 선택한다.

판매촉진 목표

판매촉진 목표는 매우 다양하다. 판매자는 단기적으로 **소비자 판촉**을 사용하여 단기 고객 구매를 유도하거나 고객-브랜드 인게이지먼트를 강화할 수 있다. **중간상 판촉**의 목표는 소매상이 신규 품목을 취급하고, 재고를 유지하고, 미리 구매하고, 제품을 광고하거나 기업에 더 넓은 공간을 할당하도록 유도하는 데 있다. **사업체 판촉**은 기업 잠재고객을 개척하고, 구매를 자극하고, 고객에게 보상을 제공하고, 영업사원을 동기부여하기 위해 사용된다. **영업사원 판촉**의 목표는 기존 제품과 신제품에 대한 영업사원의 지원을 더 많이 확보하거나 영업사원이 신규 거래처를 개발하도록 유도하는 데 있다.

판매촉진은 광고, 인적 판매 또는 다른 촉진믹스 도구와 함께 사용하는 것이 일반적이다. 보통 소비자 판촉은 광고를 통해 소비자에게 알리며, 소비자를 흥분시키고 끌어당기는 힘을 광고에 추가할 수 있다. 중간상 판촉과 영업사원 판촉은 기업의 인적 판매 과정을 지원한다.

경기가 침체되고 판매가 저조할 때 소비자의 지출을 진작하기 위해 더 많은 촉진 할인을 제공하고 싶은 유혹이 생긴다. 일반적으로 판매촉진은 단순히 단기적인 매출이나 일시적인 브랜드 전환을 만들어내기보다는 제품의 포지션을 강화하고 장기적인 고객 관계를 구축하는 데 도움을 주어야 한다. 잘 설계된 판촉 도구는 단기적인 흥미 유발과 장기적인 고객 인게이지먼트 및 관계 구축을 실현하는 잠재력이 있다. 마케터는 단기간에 효과를 내는 가격 지향적인 판촉을 피하고 브랜드 자산을 구축하기 위해 고안된 판촉을 점점 더 선호한다. 다양한 **정규고객 우대 마케팅 프로그램**과 충성고객 카드가 그 예이다. 대부분의 호텔, 슈퍼마켓, 항공사는 이제 자주 찾는 정규고객(숙박객, 구매자, 승객)에게 보상을 제공하는 고객 충성 프로그램을 운영하고 있다. 이러한 판촉 프로그램은 가격할인보다는 부가가치를 통해 충성도를 구축할 수 있다.

● 예를 들어 이케아는 고객을 이케아 패밀리 로열티 클럽에 초대한다. 이케아 패밀리 회원은 구매 시 특별 할인 외에도 이케아 이벤트, 90일 가격 보호, 금융 옵션, 구매 기록, 장식 팁과 요령이 담긴 이케아 패밀리 매거진 구독권을 미리 볼 수 있다. 회원은 '보상과 영감'을 제공하는 이메일을 수신할 수 있다. 이케아 매장에서 멤버십 카드를 사용하면 회원은 매달 100달러 상당의 이케아 기프트 카드를 받을 수 있다. 또한 이케아 패밀리 프로필을 작성하는 회원은 이메일로 맞춤형 제안, 생일 축하 선물과 같은 특별 대우를 받는다. 이케아는 이렇게 말한다. "우리는 당신만을 위한 완벽한 이케아 경험을 만들기 위해 당신의 취향, 아이디어, 계획을 알고 싶습니다. 우리는 당신과 함께 우리의 아이디어를 실현합니다."[18]

● 고객 충성 프로그램: 이케아 패밀리 로열티 클럽의 회원은 특별한 혜택과 보상, 할인을 받는다. 더 중요한 점은 이케아가 그들만을 위해 디자인된 특별한 경험을 만들어줄 수 있다는 것이다.
Hadrian/Shutterstock

주요 판매촉진 도구

판매촉진 목표를 달성하는 데 많은 판촉 도구를 사용할 수 있다. 소비자 판촉, 중간상 판촉, 사업체 판촉에 사용하는 도구에 대해 알아보자.

소비자 판촉
단기적으로 고객의 구매와 참여를 유도하거나 장기적인 고객 관계를 향상하기 위해 사용되는 판매촉진

소비자 판촉

넓은 범위의 **소비자 판촉**(customer promotion) 도구에는 샘플, 쿠폰, 현금 환불, 가격할인 패키지, 프리미엄, 광고 판촉물, 단골고객에 대한 보상, 구매 시점 진열 및 시연, 콘테스트, 추첨, 이벤트 후

● 샘플은 강력한 도구가 될 수 있다. 세븐일레븐의 무료 슬러피 데이는 신규 고객을 매장으로 끌어들일 뿐만 아니라 충성도 높은 고객에게 보상을 제공하며, '아마도 시도해보지 않은 것을 시도하도록' 장려한다.
7-Eleven, Inc.

원이 포함된다.

샘플은 제품을 시험적으로 사용할 수 있는 양을 제공하는 것을 말한다. 샘플링은 신제품을 소개하거나 기존 제품에 대한 새로운 자극을 만들어내는 데 가장 효과적인(그러나 가장 비싼) 방법이다. 무료로 제공하는 샘플도 있고, 샘플을 만드는 데 들어간 비용을 일부 상쇄하기 위해 적은 금액을 고객에게 부담시키는 경우도 한다. 샘플은 호별 방문으로 배달하거나, 우편으로 보내거나, 매장에서 배포하거나, 다른 제품에 부착하거나, 광고·이메일·모바일에 포함하기도 한다. 때로는 몇 가지 샘플을 결합한 샘플 패키지를 제공하는데, 이는 다른 제품과 서비스를 촉진하는 데 사용될 수 있다. 샘플링은 매우 강력한 판촉 도구이다. ● 예를 들어 세븐일레븐은 매년 7월 11일에 무료로 슬러피(Slurpee)를 나눠줌으로써 자체적으로 세븐일레븐데이를 기념한다. 작년에는 약 900만 개의 냉동 간식을 제공했다. 무료 슬러피 데이에 이어 '7일 동안 7개의 딜' 프로모션이 실시된다. 이때는 세븐리워드 충성고객 클럽 회원과 세븐일레븐 앱 사용자에게 스니커스 바 구매 시 무료 빅걸프(Big Gulp) 청량음료 1개와 매주 다른 세븐일레븐 제품의 샘플 거래를 제공한다. 따라서 인기 있는 샘플링 프로그램은 신규 고객을 매장으로 끌어들일 뿐만 아니라 충성도 높은 고객에게 보상을 제공하며, '아마도 시도해보지 않은 것을 시도하도록' 장려한다. 이는 또한 브랜드에 대한 많은 입소문을 불러일으킨다.[19]

쿠폰은 명시된 제품을 구매할 때 구매자에게 할인을 제공한다는 증빙서이다. 대부분의 소비자는 쿠폰을 좋아한다. 미국 소비재 기업은 작년에만 쿠폰을 2,670억 개 정도 배포했고 소비자는 이 가운데 17억 개 이상을 상환했다. 쿠폰은 신제품의 초기 구매를 촉진하거나 성숙한 브랜드의 판매를 자극할 수 있다. 그러나 쿠폰 혼잡으로 인해 최근 몇 년간 상환율이 감소했다. 따라서 대부분의 주요 소비재 기업은 쿠폰을 적게 발행하고 목표고객을 선별하는 데 보다 신중을 기한다. 예를 들어 작년에 발행된 쿠폰 수는 11.7%나 감소했다.[20]

디지털 및 모바일 쿠폰은 오늘날 가장 빠르게 성장하는 쿠폰 분야이다. 디지털 쿠폰은 종이 쿠폰으로는 불가능한 방식으로 개별적으로 표적화·개인화할 수 있다. 집에서 인쇄하든, 카드에 탑재하든, 스마트폰이나 기타 모바일 기기를 통해 사용하든 디지털 쿠폰은 신문에 삽입된 기존의 쿠폰보다 훨씬 높은 사용률을 자랑한다. 소비자는 전통적인 쿠폰의 경우 0.28%만 사용하지만 디지털 및 가정에서 인쇄하는 쿠폰은 거의 8%를 사용한다. 이 사실은 전체 쿠폰의 감소를 설명해준다. 즉 마케터는 훨씬 적은 수의 쿠폰을 발행하지만 동일한 수준의 사용 결과를 얻을 수 있다.[21]

리베이트(현금 환불)는 가격할인이 구매한 장소가 아니라 구매가 이루어진 다음에 제공된다는 것을 제외하고는 쿠폰과 유사하다. 고객이 구매와 관련된 증빙서류를 보내면 회사는 구매한 금액의 일부를 우편으로 돌려준다. 예를 들어 토로는 제설차 모델의 시즌 전 판촉 프로그램을 시행했는데, 이 프로그램은 구매자 지역의 적설량이 평균 이하인 경우 리베이트를 제안했다. 사전 고지 기간이 너무 짧아서 경쟁사들은 이에 대응할 수 없었고 이 판촉은 큰 성공을 거두었다.

가격할인 패키지(가격할인 판촉)는 소비자에게 제품의 정상가격에서 할인을 제공한다. 제조업체는 라벨이나 패키지에 직접 할인된 가격을 표시한다. 가격할인 패키지는 한 제품을 할인된 가격으로 판매하거나(예: 제품 하나의 가격에 2개를 주는 것) 관련된 두 제품(예: 치약과 칫솔)을 묶어서 가격할인을 할 수도 있다. 가격할인 패키지는 단기적인 매출을 자극하는 데 쿠폰보다 훨씬 더 효과적일 수 있다.

프리미엄은 제품 구매에 대한 인센티브로 무료 또는 저렴한 가격에 제공하는 상품으로, 아동용 제품에 딸린 장난감부터 휴대전화 구매 시 제공하는 무료 마이크로메모리카드까지 다양하다. 프리미엄은 패키지 내부, 패키지 외부, 구매 시점의 크레디트 또는 우편을 통해 제공할 수 있다. 예를 들어 수년 동안 맥도날드는 숍킨스(Shopkins)부터 포켓몬(Pokémon) 캐릭터에 이르기까지 다양한 해피밀 프리미엄을 제공했다. 고객은 www.happymeal.com에 접속하여 게임을 하고, 전자책을 읽고, 해피밀 스폰서와 관련된 광고를 볼 수 있다.[22]

광고 판촉물(판촉용 제품)은 광고주의 이름, 로고, 메시지를 새겨서 고객에게 선물로 주는 유용한 물건을 말한다. 전형적인 광고 판촉물은 티셔츠, 펜, 머그잔, 달력, 열쇠고리, 마우스 패드, 성냥, 손가방, 쿨러, 골프공, 모자 등으로, 이러한 품목은 매우 효과적일 수 있다. 작년에 미국 마케터는 광고 판촉물에 230억 달러 가까이 지출했다. 많은 판촉물은 사용자의 마음에 브랜드명을 미묘하게 각인하여 몇 달 또는 그보다 오래 머무른다.[23]

구매 시점(point-of-purchase, POP) 판촉은 구매하는 시점에 제공되는 진열이나 시연을 말한다. 최근 방문한 코스트코, 월마트, 베드배스앤드비욘드를 생각해보라. 매장의 통로를 지나가면서 진열된 제품, 촉진용 사인, 셸프토커(shelf talker), 무료 시식을 제안하는 사람을 보았을 것이다. 그러나 많은 소매상은 이와 같은 판촉용 진열품, 사인, 포스터를 처리하는 것을 좋아하지 않는다. 제조업체는 이에 대처하기 위해 더 좋은 POP 자료를 제공하고 이를 설치해주며 TV, 인쇄, 온라인 메시지와 연계하여 운영한다.

콘테스트, 추첨, 게임은 소비자에게 운이나 추가적인 노력으로 현금, 여행, 제품 등을 받을 수 있는 기회를 제공한다. 콘테스트의 경우 소비자에게 신청서(CM송, 추측, 제안 등) 제출을 요구하고, 심사단이 신청서를 평가하여 가장 우수한 것을 선정한다. 추첨은 소비자에게 이름을 받아 상금을 주기 위한 추첨을 하는 것이다. 게임은 소비자가 제품을 구매할 때마다 빙고 숫자, 누락된 글자와 같은 것을 주는데, 이것은 상금을 타는 데 도움이 될 수도 있고 꽝일 수도 있다.

모든 종류의 기업은 추첨과 콘테스트를 이용하여 브랜드 관심을 유도하고 고객의 관여를 북돋는다. 예를 들어 가구 소매업체인 웨스트엘름은 자신과 자신의 공간을 보여주는 짧은 동영상으로 '$5,000 Room Redo Contest'를 진행하여 최대 5,000달러 상당의 원룸 개조 기회를 제공했다. 그리고 지난 몇 년간 구글의 'Doodle for Google' 콘테스트는 '어린 시절 나의 소망' 또는 '무엇이 나에게 영감을 주는가'와 같은 주제로 아이들에게 구글 로고 디자인을 받아 티셔츠와 태블릿, 3만 달러의 대학 장학금, 수상 학교나 단체에 5만 달러 상당의 기술 프로그램을 주었다.[24]

이벤트 마케팅(이벤트 후원)
브랜드 마케팅 이벤트를 개발하거나 다른 사람이 개발한 이벤트에 단독 또는 공동 후원자로 참여하는 것

마케터는 **이벤트 마케팅**(event marketing) 또는 **이벤트 후원**(event sponsorships)으로 브랜드를 촉진할 수도 있다. 그들은 자체적으로 브랜드 마케팅 이벤트를 개발하거나 다른 사람이 개발한 이벤트에 단독 또는 공동 후원자로 참여할 수 있다. 이벤트에는 모바일 브랜드 투어, 페스티벌, 정기 모임, 마라톤, 콘서트, 기타 후원 행사 등 모든 것이 포함된다. 이벤트 마케팅은 규모가 크고, 특히 불경기에 가장 빠르게 성장하는 판촉 영역일 수도 있다. 효과적인 이벤트 마케팅은 이벤트와 후원을 브랜드의 가치 제안에 연결한다. 그리고 오늘날 디지털 미디어의 공유의 힘 덕분에 지역 이벤트는 보다 넓은 범위에 영향을 미칠 수 있다. 예를 들어 델타포시트(Delta Faucet)는 물을 40% 덜 사용하지만 경쟁 고유량 모델과 동일하게 작동하는 H2Okinetic 저유량 샤워기 헤드를 건강 및 가족 중심 고객을 대상으로 홍보하기 위해 상상력이 풍부한 이벤트를 활용했다.[25]

델타포시트의 #HappiMess 프로모션 캠페인은 고객의 가장 행복한 순간 중 일부가 큰 혼란을 극복하

● 이벤트 마케팅: 델타포시트는 #HappiMess 캠페인의 일환으로 상상력이 풍부한 이벤트를 이용했다. 5K 진흙 달리기 경주 후 씻을 수 있는 샤워장을 만들어 저유량 샤워기가 매우 어려운 조건에서 얼마나 잘 작동하는지를 직접 목표고객에게 보여주었다.
Steven Mitchell/AP Images for Delta Faucet Company

는 데에서 비롯되었다는 통찰력을 기반으로 한다. 델타포시트는 저유량 샤워기가 매우 어려운 조건에서 얼마나 잘 작동하는지를 직접 목표고객에게 보여주기 위해 여름 동안 전국의 5K 진흙 달리기 경주를 후원한 워리어대시(Warrior Dash)와 제휴했다. ● 각 이벤트에서 델타는 184개의 델타 샤워기 헤드를 갖춘 거대한 맞춤형 샤워장을 만들었다. 진흙 범벅이 된 경쟁자들은 레이스를 마친 후 여기서 진흙을 씻어 낼 수 있었다. 델타포시트의 브랜드 관리자는 이렇게 말한다. "워리어대시는 사람들이 즐겁게 지저분해지는 장소의 좋은 예이다. 우리는 사람들이 그 즐거운 순간을 다시 깨끗하게 만드는 데 도움이 되는 제품이 있다는 확신을 가지고 즐거운 순간을 기념하고 싶다." 인디애나주의 한 행사에서는 331명이 샤워를 하기 위해 모여 이들 대부분이 동시에 샤워를 하는 기네스 세계 기록을 세웠다. 샤워기 헤드를 사용해본 후 조사 대상자의 75%가 샤워기 헤드 구입을 고려하겠다고 말했다. 이 샤워장에는 셀카를 찍는 장소도 마련되어 있어 델타포시트의 #HappiMess 캠페인에 관한 소셜미디어 활동이 85% 증가하고 브랜드 매출이 50% 상승했다.

모든 종류의 브랜드가 이제 행사를 열고 있다. 그러나 일회성 이벤트는 브랜드의 광범위한 홍보 및 포지셔닝과 연계되는 잘 계획된 이벤트 캠페인만큼 효과적인 경우가 드물다. 에너지드링크 제조업체인 레드불을 생각해보자. 한 경제부 기자가 "모든 이벤트 마케터의 어머니"라고 일컬은 레드불은 매년 전 세계에서 수백 개의 이벤트를 개최하고 있는데, 이는 애호가 커뮤니티에 레드불의 혈기 왕성한 세계를 끌어넣기 위한 것이다(마케팅 현장 16.2 참조).

중간상 판촉

중간상 판촉
재판매업자가 자사 제품을 취급하고, 진열 공간을 제공하고, 소매 광고를 통해 자사 제품을 촉진하고, 제품을 고객에게 적극적으로 판매하도록 설득하는 데 사용되는 도구

소비재 제조업체는 최종 소비자를 위한 소비자 판촉(consumer promotion)보다 소매상이나 도매상을 위한 중간상 판촉에 거의 4배의 비용을 지출한다.[26] **중간상 판촉**(trade promotion) 도구는 재판매업자가 자사 제품을 취급하고, 진열 공간을 제공하고, 소매 광고를 통해 자사 제품을 촉진하고, 제품을 고객에게 적극적으로 판매하도록 설득하기 위해 사용된다. 요즘은 진열 공간이 매우 부족하기 때문에 제조업체는 제품을 놓을 자리를 확보하고 유지하기 위해 소매상이나 도매상에게 가격을 인하해주고, 수당을 지급하고, 반품을 보장하고, 무료 제품을 제공해야 한다.

제조업체는 다양한 중간상 판촉 도구를 사용한다. 콘테스트, 프리미엄, 진열과 같이 소비자를 대상으로 사용하는 판촉 도구의 대부분을 중간상 판촉에도 사용할 수 있다. 또는 지정 기간 동안 구매한 각 제품의 구매 조건에 따라 다양한 형태의 제품 할인을 해줄 수 있다[가격할인(price-off), 송장가격할인(off-invoice), 정가할인(off-list)]. 또한 제조업체는 소매상이 자사 제품을 취급하기로 동의한 것에 대한 보상으로 수당(일반적으로 건당 일정액)을 줄 수도 있다. 광고 수당(advertising allowance)은 소매상이 제품을 광고하기 위해 지출한 금액을 상환하는 것이고, 진열 수당은 소매상이 특별 진열을 해준 것에 대해 보상하는 것이다.

제조업체는 특정한 양을 구매하거나 특정 향 또는 크기를 취급해준 재판매업자에게 무료 제품(추가적으로 상품 케이스를 무료로 제공하는 것)을 제공할 수도 있다. 또한 딜러나 딜러의 영업사원에게 현금, 선물과 같은 푸시 지원금(push money)을 주거나, 소매상에게 자사명이 새겨진 광고 판촉물(펜, 달력, 메모지, 손전등, 손가방 등)을 줄 수도 있다.

마케팅 현장 16.2 | 레드불: 모든 이벤트 마케터의 어머니

코카콜라와 펩시는 세계 음료 시장을 지배하고 있다. 둘은 탄산음료부터 고급 주스, 생수에 이르기까지 거의 모든 부문에서 선도적인 브랜드를 자랑한다. 작년에 코카콜라는 전 세계적으로 거의 320억 달러 상당의 음료를 팔았고 펩시는 거의 300억 달러로 확고한 2위였다. 두 기업 모두 정교한 마케팅과 광고 프로그램에 매년 수억 달러를 지출하고 있다. 그렇다면 소규모 기업은 어떻게 이러한 세계적인 기업과 효과적으로 경쟁할 수 있을까? 아직까지는 그럴 방법이 없다. 대신 독특한 마케팅 방식을 사용하고 큰 기업이 없는 곳에서 운영한다.

이것을 레드불이 해냈다. 30여 년 전 레드불이 에너지드링크를 처음 선보였을 때 지금과 같은 연간 63억 달러의 성공을 상상한 사람은 거의 없었다. 레드불은 코카콜라와 펩시 같은 거대 기업과의 정면 홍보전을 피함으로써 성공했다. 대신 고유한 제품, 브랜드 개성, 이벤트 마케팅 접근 방식으로 브랜드 팬들에게 활력을 불어넣었다.

1987년에는 에너지드링크가 존재하지 않았다. 빠른 회복을 원한다 해도 카페인이 들어간 청량음료나 오래된 커피 한 잔뿐이었다. 그러나 레드불은 타우린과 글루쿠로놀락톤 같은 잘 알려지지 않은 성분과 다량의 카페인이 함유된 새로운 음료를 제조했다. 맛이 끔찍했지만 힘이 솟아나고 정신이 맑아지는 효과가 있었다. 새로운 음료를 더욱 독특하게 만들기 위해 설립자들은 '레드불'이라는 독특한 이름을 지었고, 뚜렷한 빨간색·노란색 로고가 적힌 8.3온스짜리 파란색·은색 캔에 담았다. 그리하여 레드불이 유일한 주자로 나선, 완전히 새로운 에너지드링크라는 음료 카테고리가 탄생했다.

독특한 레드불 제품은 마찬가지로 독특한 브랜드 포지셔닝과 개성이 필요했는데, 그것은 레드불이 평범한 음료가 아니라는 선언이다. 레드불의 마케팅은 실망시키지 않았다. 브랜드의 첫 슬로건이자 유일한 슬로건 '레드불 날개를 펼쳐줘요(Red Bull Gives You Wings)'는 이 제품의 이점인 에너지 유발의 느낌을 고객에게 전달했다. 더욱 중요한 점은 브랜드의 좁은 세분시장(아드레날린이 분출되는 빠른 차선에서 삶을 추구하는 고객)을 움직이는 힘이었다.

레드불은 날개를 펼쳐준다는 브랜드 약속을 강화하고 새로운 브랜드의 빈약한 초기 재정에 맞추어 당시 음료 업계에서 흔했던 대규모 예산의 대중매체 광고를 피했다. 대신 혈기 넘치는 스포츠와 이벤트 마케팅에 집중했다. 그리하여 거대 음료 경쟁자들이 간과했지만 급증하고 있는 익스트림 스포츠 이벤트와 운동선수를 후원했다. 레드불의 목표고객, 스노보드와 프리스타일 모터크로스 같은 이벤트, 숀 화이트(Shaun White)와 트래비스 파스트라나(Travis Pastrana) 같은 운동선수들에게 인기를 끌었다.

그 후 몇 년 동안 레드불은 이벤트 마케팅을 과학으로 바꿔놓았다. 오늘날 이 브랜드는 전 세계 수십 개 스포츠에서 매년 수백 개 이벤트를 개최한다. 각 이벤트는 열정적인 애호가 커뮤니티에 레드불의 혈기 왕성한 세계를 끌어넣기 위해 고안된 오프더그리드(off-the-grid) 경험을 제공한다. 레드불은 포뮬러 원 자동차 경주 팀과 축구 클럽을 소유하고 있다. 레드불 크래시드 아이스월드 챔피언십(Red Bull Crashed Ice World Championship)과 매년 열리는 레드불 램페이지(Red Bull Rampage) 프리라이드 산악자전거 대회 같은 모든 이벤트에 이름이 도배되어 있다. 레드불은 스포츠 외에도 음악, 댄스, 패션, 예술 분야의 라이프스타일 이벤트를 후원한다.

레드불은 되도록 많은 시청자에게 다가가기 위한 대규모 홍보 이벤트로 잘 알려져 있다. 대표적인 예가 레드불 스트라토스(Red Bull Stratos) 프로젝트로, 익스트림 스카이다이버 펠릭스 바움가르트너(Felix Baumgartner)가 12만 8,000피트 상공의 헬륨 풍선에서 뛰어내리면서 음속 장벽과 그 과정에서 일어나는 수많은 기록을 깼다. 이 점프로 레드불은 소비자 브랜드 인게이지먼트 기록도 세웠다. 우주로 다이빙하는 바움가르트너와 '레드불 날개를 펼쳐줘요'라는 브랜드 메시지는 완벽하게 어울린다. 바움가르트너의 캡슐과 우주 시대 점프수트에는 레드불의 이름과 로고가 새겨져 있었다. 800만 명이 넘는 사람들이 40개의 TV 방송국과 130개의 디지털 채널을 통해 이 이벤트를 생중계로 지켜보았다. 이벤트 전후 몇 달 동안 바움가르트너는 레드불을 떼어놓고 따로 생각할 수 없었다. 한 조사에 따르면 전 세계 9,000만 명이 소셜미디어에서 이 캠페인을 팔로우했으며, 6,000만 명의 소비자에게 신뢰할 수 있는 브랜드라는 인상을 남겼다. 전통적인 매체라면 이와 같은 고객 인게이지먼트를 생각할 수 없다.

레드불은 엄청난 바이럴 히트로 유명하지만 끊임없는 작은 이벤트를 통해 알려졌다. 그리고 레드불이 시행하는 논스톱 이벤트의 가장 큰 목적은 다양한 소재의 거대한 동영상 라이브러리를 구축하는 것이다. 이 브랜드의 웹사이트(www.redbull.com)에서는 레드불 음료의 사진을 한 장도 발견하지 못할 것이다. 대신 이벤트, 운동선수, 분위기, 시즌별로 정리된 동영상 클립이 포함된, 깔끔한 디자인에 세심하게 선별된 동영상 쇼케이스를 볼 수 있다. 조금만 탐색하면 노르웨이 그림스타드에서 열린 레드불 클리프 다이빙(Red Bull's Cliff Diving Series)의 27미터 바다 절벽 다이빙부터 콜로라도 산봉우리에서 열린 레드불 콜드러시(Red Bull Cold Rush)의 과감한 프리스키, 익스트림 스포츠 영웅의 다큐멘터리, 멕시코 몬테레이에서 중국 후난성에 이르는 다양한 레드불 행사 등 모든 동영상을 볼 수 있다.

개별적으로 작은 이벤트와 동영상은 레드불 스

이벤트 마케팅: 레드불은 이벤트 마케팅을 과학으로 바꿔놓았다. 레드불은 애호가 커뮤니티에 레드불의 혈기 왕성한 세계를 끌어넣기 위해 매년 수백 개의 이벤트를 개최하고 있다.
Mi Pan/Shutterstock

트라토스 프로젝트 벽을 가득 채우지 못한다. 레드불이 만든 동영상은 평균적으로 첫 30일 동안 50만 회의 조회 수를 기록한다. 하지만 이러한 이벤트에 개인의 토렌트 영상은 엄청난 조회 수의 영향을 더한다. 최근 1년 동안 레드불은 4,331개의 동영상을 23개 채널에 올렸다. 이 동영상을 합치면 25억 회 이상의 조회 수와 5,000만 회 이상의 참여율로, 이는 매년 60회 이상의 우주 점프에 맞먹는다. 덕분에 레드불은 올해 12개월 중 9개월 동안 미국에서 가장 많은 조회 수를 기록한 브랜드로 자리 잡았다.

오늘날 레드불은 단순한 음료 회사 이상의 브랜드 커뮤니티가 되었다. 레드불의 이벤트 마케팅은 관련 방식으로 브랜드 팬의 관심을 끌고 그들을 즐겁게 하는 브랜드 콘텐츠를 지속적으로 만들어냈다. 지난 몇 년 동안 레드불의 미디어하우스 부서는 영화를 촬영하고, 〈레드불 시그니처 시리즈(Red Bull Signature Series)〉라는 쇼를 위해 NBC와 계약을 체결했으며, 유명 제작자와 리얼리티 TV 아이디어를 개발하는 가장 큰 제작자 중 하나가 되었다. 또한 오리지널 콘텐츠를 유튜브와 페이스북에 올리고, 고유한 콘텐츠 기능을 갖춘 자체 웹사이트와 모바일 사이트를 만들었다. 레드불 미디어하우스 부사장은 이렇게 말한다. "우리가 어떤 이벤트를 열거나, 운동선수와 계약하거나, 프로젝트를 진행할 때마다 모든 것을 필름에 담거나 사진으로 남겼다. 이러한 것이 우리 브랜드 DNA의 일부이다."

레드불은 코카콜라와 펩시 같은 고예산 브랜드와 직접적으로 경쟁할 수 없으며, 시도조차 하지 않는다. 하지만 레드불의 고객 인게이지먼트 깊이와 충성도를 고려할 때 코카콜라와 펩시는 에너지드링크 부문에서 레드불과 경쟁하기가 매우 어렵다는 것을 알게 되었다. 레드불은 코카콜라와 펩시가 만든 글로벌 에너지드링크 카테고리의 약 40%를 차지하고 있다.

결국 레드불 이벤트는 많은 인파와 언론 보도를 끌어모으지만 이는 이벤트에 관한 것이 아니라 고객 인게이지먼트에 관한 것이다. 이벤트 마케팅은 단순히 브랜드에 대해 읽거나 보는 것이 아니라 직접 브랜드를 느끼고 만지고 맛보고 체험할 수 있는 촉각적 참여를 만드는 것이다. 레드불은 단지 이벤트만 후원하는 것이 아니라 그 자체가 이벤트이다. 브랜드 경험은 종종 이벤트 자체만큼이나 많은 이야기를 담고 있다. 스마트 이벤트 마케팅을 통해 레드불은 고객에게 새로운 날개와 엄청난 에너지를 선사했다. 누군가의 말처럼 레드불은 "모든 이벤트 마케터의 어머니"이다.[27]

사업체 판촉

사업체 판촉
사전에 거래를 끌어내고, 구매를 자극하고, 기업 고객에게 보상하고, 영업사원을 동기부여하는 데 사용되는 도구

기업은 사업체 고객을 대상으로 판촉 활동을 수행하기 위해 매년 수십억 달러를 쓴다. **사업체 판촉(business promotion)**은 사전에 거래를 끌어내고, 구매를 자극하고, 기업 고객에게 보상하고, 영업사원을 동기부여하기 위해 사용한다. 소비자 판촉이나 중간상 판촉에 사용되는 도구의 대부분이 사업체 판촉에 포함된다. 여기서는 중요한 사업체 판촉 도구인 컨벤션과 무역박람회, 판매 콘테스트를 집중적으로 살펴본다.

많은 기업과 무역협회는 제품을 촉진하기 위해 **컨벤션과 무역박람회**를 개최한다. 기업에 제품을 판매하는 기업은 무역박람회에서 제품을 선보인다. 판매업자는 컨벤션을 통해 새로운 판매 기회를 발견하고, 고객과 접촉하고, 신제품을 소개하고, 새로운 고객을 만나고, 기존 고객에게 더 많이 판매하고, 간행물이나 시청각 자료를 이용하여 고객을 교육할 수 있는 기회를 확보한다. 또한 무역박람회는 기업이 영업사원을 통해 접촉하기 어려운 잠재고객을 만날 수 있는 자리이다.

● 일부 무역박람회는 규모가 매우 크다. 올해 바우마 광산 및 건설 장비 무역박람회에서는 58개국이 준비한 3,400여 개의 전시회가 210개국 이상에서 온 58만 3,000여 명에게 혁신 제품을 선보였다.
dpa picture alliance/Alamy Stock Photo

어떤 무역박람회는 규모가 매우 크다. 예를 들어 올해 열린 국제전자제품박람회(International Consumer Electronics Show)에는 4,400개 기업이 참가하고 18만 2,000명의 전문적 방문객을 유치했다. ● 독일 뮌헨에서 열린 바우마(Bauma) 광산 및 건설 장비 박람회는 더욱 인상적이었는데, 58개국의 3,400개 이상 기업이 210개국 이상에서 온 58만 3,000여 명의 참석자에게 최근 개발한 혁신 제품을 선보였다. 전시장의 넓이는 650만 평방피트로, 축구장 112개를 합한 것보다 더 크다.[28]

판매 콘테스트는 영업사원이나 딜러 간에 경쟁을 붙이는 것으로, 이를 통해 기업은 특정 기간 동안 판매 성과를 높이는 동기를 제공한다. 판매 콘테스트는 우수한 성과를 내

는 사원을 인정해주고 동기부여를 하는 것으로, 성과가 탁월한 사람은 여행, 현금 및 다양한 형태의 보상을 받는다. 판매 콘테스트는 측정 가능하고 달성 가능한 목표(예: 신규 거래처 확보, 거래가 끊긴 고객과의 재거래 유도, 거래처의 수익성 증가 등)와 연계될 때 가장 효과적이다.

판매촉진 프로그램 개발

마케터는 전반적인 판매촉진 프로그램을 설계할 때 사용될 판촉 유형을 선정하는 것 외에도 여러 가지 의사결정을 내려야 한다. 첫째, 더 많은 판매 반응을 유도할 수 있는 인센티브의 크기를 결정해야 한다. 판촉이 성공을 거두려면 최소한의 인센티브는 필수적이고, 더 많은 인센티브는 더 많은 판매 반응을 끌어낼 수 있다. 또한 마케터는 참여할 수 있는 조건을 정해야 한다. 인센티브를 모든 사람에게 제공할 수도 있고 선별된 그룹에게만 제공할 수도 있다.

마케터는 판매촉진 프로그램 자체를 어떻게 촉진하고 유통할 것인지를 결정해야 한다. 예를 들어 2달러짜리 쿠폰은 패키지, 매장, 광고, 인터넷, 모바일을 통해 배포할 수 있다. 각 유통 방법에 따라 도달 범위와 비용 수준이 달라진다. 점점 더 마케터는 여러 가지 미디어 유형을 묶어 하나의 캠페인 개념을 만들고 있다. 판촉 기간도 중요하다. 판촉 기간이 너무 짧으면 많은 잠재고객이 프로그램을 접하지 못하여 구매하지 않을 것이고, 판촉 기간이 너무 길면 프로그램은 고객의 즉각적인 행동을 유도할 수 있는 힘을 잃어버릴 것이다.

평가 또한 매우 중요하다. 많은 기업이 판매촉진 프로그램을 평가하지 않고, 어떤 기업은 피상적으로만 평가한다. 많은 마케터가 마케팅 활동의 투자 수익률을 평가하고 싶어 하는 것처럼 판매촉진의 투자 수익률을 측정하기 위해 노력해야 한다. 가장 일반적인 평가 방법은 촉진 전, 중, 후의 매출을 비교하는 것이다. 마케터는 다음과 같은 질문을 해야 한다. 이 판매촉진 프로그램은 새로운 고객을 유치했는가? 신규 고객을 유지하고 구매를 유도했는가? 촉진 활동에서 비롯된 장기적인 고객 관계와 판매 이익이 비용에 부합하는가?

판매촉진이 전체 촉진믹스에서 중요한 역할을 하는 것은 분명하다. 이를 잘 사용하기 위해 마케터는 판매촉진 목표를 정의하고, 가장 우수한 판촉 도구를 선정하고, 판매촉진 프로그램을 설계하고, 이를 실행에 옮기고, 그 결과를 평가해야 한다. 더 나아가 판매촉진은 전반적인 통합형 마케팅 커뮤니케이션 프로그램 내에서 다른 촉진믹스 도구와 조심스럽게 조정되어야 한다.

학습목표별 요약

이 장은 마지막 마케팅믹스 요소인 촉진을 다루는 4개의 장 가운데 세 번째 장이다. 앞 장에서는 통합형 마케팅 커뮤니케이션, 광고와 PR을 다루었고, 이 장에서는 인적 판매와 판매촉진을 살펴보았다. 인적 판매는 대면 커뮤니케이션 믹스 도구이고, 판매촉진은 제품과 서비스의 구매나 판매를 장려하기 위한 단기적인 인센티브로 구성된다.

학습목표 16-1 고객 인게이지먼트, 고객 가치 창출, 고객 관계 구축에서 영업사원의 역할을 이해한다.

대부분의 기업은 영업사원을 이용하고 이들에게 마케팅믹스에서의 중요한 역할을 부여한다. 영업사원은 산업재를 판매하는 기업을 위해 고객과 직접적으로 접촉하며 일한다. 영업사원은 자주 고객과 직접적으로 접촉하므로 고객은 영업사원을 기업을 대변하는 사람으로 간주한다. 반면 중간상을 통해 판매하는 소비재의 경우 고객은 영업사원을 만나지 않거나 알지도 못한다. 영업사원은 뒤에 숨어서 일하며, 도매상과 소매상의 후원을 확보하기 위해 노력하고 이들을 지원하면 자사 제품을 판매하는 데 도움이 된다.

촉진믹스의 한 요소인 영업사원은 특정 마케팅 목표를 달성하고 잠재고객 발견, 의사소통, 판매 및 서비스, 정보 수집과 같은 활동을 수행하는 데 효과적이다. 그러나 기업이 보다 시장 지향적일수록 고객에 초점을 맞춘 영업사원은 고객 만족과 기업 이윤을 동시에 달성하기 위해서도 노력해야 한다. 영업사원은 수익성 있는 고객 관계를 개발하고 관리하는 데 중요한 역할을 수행한다.

학습목표 16-2 여섯 가지 주요 영업 관리 단계를 파악한다.

높은 영업사원 비용은 여섯 단계로 구성된 효과적인 영업 관리 과정(영업 전략 및 구조 설계, 영업사원 모집과 선발, 영업사원 훈련, 영업사원에 대한 보상, 영업사원 감독, 영업사원 평가)을 필요로 한다.

영업 인력의 기획에서 영업 관리는 어떤 영업 구조(지역별, 제품별, 고객별, 복합적 구조)가 가장 효과적인지, 영업사원의 규모는 어느 정도여야 하는지, 누가 판매 과정에 관여해야 하는지, 다양한 영업사원 및 판매 지원자(내근 또는 외근 영업사원, 팀 판매 등)가 어떻게 함께 일할 것인지와 같은 전략적 이슈를 다루어야 한다.

영업사원은 신중하게 모집 및 선발해야 한다. 영업사원을 모집할 때 기업은 원하는 영업사원의 특성을 제안하기 위해 가장 성공적인 영업사원의 임무와 특성을 분석하기도 한다. 다음으로 기업은 기존 영업사원의 추천, 광고, 온라인 및 소셜미디어, 대학 취업센터를 통해 지원자를 모집할 수 있다. 선발 과정은 간단한 비공식 면접만 보는 경우, 긴 테스트와 면접을 거치는 경우 등 다양하다. 선발 과정이 완료된 다음의 훈련 프로그램은 신입사원이 판매 기술뿐만 아니라 기업의 역사, 제품과 정책, 시장과 경쟁자의 특징에 대해 친숙해지게 한다.

영업사원의 보상 시스템은 영업사원에게 보상하고, 동기를 부여하며, 지휘하는 데 도움을 준다. 영업사원은 많은 의사결정을 내려야 하고 많은 갈등을 경험하기 때문에 보상 외에도 감독과 지속적인 격려가 필요하다. 기업은 정기적으로 영업사원의 성과를 평가하여 더 좋은 성과를 낼 수 있도록 도와주어야 하다. 영업사원을 평가할 때 기업은 판매 보고서, 개인적 관찰, 고객 설문조사, 다른 영업사원과의 대화 등을 통해 수집된 정보를 활용한다.

가장 빠르게 성장하는 영업 추세는 판매에 온라인, 모바일, 소셜미디어를 이용하는 소셜셀링이다. 디지털 기술은 영업사원에게 잠재고객 식별 및 학습, 고객 인게이지먼트, 고객 가치 창출, 판매 성사, 고객 관계 육성을 위한 강력한 도구를 제공한다. 오늘날의 많은 고객은 영업사원이 제공하는 지원에 크게 의존하지 않는다. 대신 그들은 점점 더 온라인 및 소셜미디어 자원을 사용하여 자신의 문제를 분석하고, 해결책을 조사하고, 동료에게 조언을 얻고, 판매원과 이야기하기 전에 구매 옵션의 순위를 매긴다. 이에 대응하여 판매자는 새로운 고객 구매 프로세스를 중심으로 판매 프로세스의 방향을 조정하고 있다. 이들은 소셜미디어, 모바일 기기, 웹 포럼, 온라인 커뮤니티, 블로그 및 기타 디지털 도구를 사용하여 고객을 더 빠르고 완전하게 참여시키고 있다. 궁극적으로 온라인, 모바일, 소셜미디어 기술은 영업 인력을 보다 효율적으로 만들어줄 뿐 아니라 비용 효율성과 생산성을 높이는 데 도움이 된다.

학습목표 16-3 거래 지향 마케팅과 관계 마케팅을 구분하여 인적 판매 과정을 설명한다.

판매는 일곱 단계의 판매 과정, 즉 잠재고객 발견 및 평가, 사전 접촉, 접촉, 설명과 시연, 이의 처리, 계약, 후속 조치로 구성된다. 이 단계는 마케터가 특정 판매를 종료하는 데 도움이 되며 이런 점에서 판매 과정은 거래 지향적이다. 그러나 영업사원의 고객 처리는 관계 마케팅이라는 보다 광범위한 개념하에 진행되어야 한다. 기업의 영업사원은 우월한 고객 가치와 만족을 바탕으로 주요 고객과 수익성을 확보하면서 장기적인 관계를 개발하기 위해 기업의 전반적인 노력을 조율하는 데 도움을 주어야 한다.

학습목표 16-4 판매촉진 캠페인이 어떻게 개발되고 구현되는지 이해한다.

판매촉진 캠페인은 판매촉진 목표(일반적으로 판매촉진 목표는 고객 관계 구축)를 설정하고, 판매촉진 도구를 선정하고, 소비자 판촉 도구(쿠폰, 현금 환불, 가격할인 패키지, 프리미엄, 광고 판촉물, 단골고객에 대한 보상, 구매 시점 진열 및 시연, 콘테스트 등), 중간상 판촉 도구(가격할인, 수당, 무료 제품, 푸시 지원금), 사업체 판촉 도구(컨벤션, 무역박람회, 판매 콘테스트)뿐만 아니라 인센티브의 규모, 참가 조건, 촉진 패키지를 전달하는 방식, 촉진 기간 등에 관한 의사결정을 내림으로써 판매촉진 프로그램을 개발하고 실행할 것을 요구한다. 이러한 과정이 완료되면 기업은 판매촉진의 성과를 평가한다.

핵심용어

학습목표 16-1

인적 판매 personal selling

영업사원 salesperson

학습목표 16-2

영업 관리 sales force management

지역별 영업조직 구조 territorial sales force structure

제품별 영업조직 구조 product sales force structure

고객별(시장별) 영업조직 구조 customer(market) sales force structure

외근 영업사원(현장 영업 인력) outside sales force(field sales force)

내근 영업사원 inside sales force

팀 판매 team selling

판매 할당량 sales quota

소셜셀링 social selling

학습목표 16-3

판매 과정 selling process

잠재고객 발견 prospecting

사전 접촉 preapproach

접촉 approach

설명 presentation

이의 처리 handling objection

계약 closing

후속 조치 follow-up

학습목표 16-4

판매촉진 sales promotion

소비자 판촉 consumer promotion

이벤트 마케팅(이벤트 후원) event marketing(event sponsorship)

중간상 판촉 trade promotion

사업체 판촉 business promotion

토의문제

1. 인적 판매를 정의하고 기업의 촉진믹스에서의 역할을 설명하라.
2. 영업 관리의 주요 단계에 대해 설명하라.
3. 온라인 및 소셜미디어 자원이 영업사원을 대체하는 수준은 어느 정도인가?
4. '관계 마케팅'이라는 용어는 무엇을 의미하는가?
5. 고객 관계 구축에서는 어떤 활동을 할 수 있는가?
6. 소비자 판촉, 중간상 판촉, 사업체 판촉의 차이에 대해 설명하라. 각 판촉 캠페인에서 사용할 수 있는 다양한 판촉 도구의 예를 들라.

17 다이렉트, 온라인, 소셜 미디어, 모바일 마케팅

학습목표 17-1 디지털 및 다이렉트 마케팅을 정의하고, 디지털 및 다이렉트 마케팅의 급성장 및 고객과 기업에 주는 이점을 설명한다.
디지털 및 다이렉트 마케팅

학습목표 17-2 디지털 및 다이렉트 마케팅의 주요 형태를 정의하고 설명한다.
디지털 및 다이렉트 마케팅의 형태

학습목표 17-3 기업이 다양한 온라인 마케팅 전략으로 어떻게 디지털 시대에 대응하는지 이해한다.
디지털 시대의 마케팅

학습목표 17-4 기업이 고객을 참여시키고 브랜드 커뮤니티를 만들기 위해 어떻게 소셜미디어와 모바일 마케팅을 이용하는지 이해한다.
소셜미디어와 모바일 마케팅

학습목표 17-5 전통적 다이렉트 마케팅의 형태를 정의 및 설명하고, 다이렉트 마케팅이 야기하는 공공정책과 윤리적 문제를 이해한다.
전통적 다이렉트 마케팅의 형태

개관 14~16장에서 통합형 마케팅 커뮤니케이션(IMC)을 통해 고객 가치를 커뮤니케이션하는 것을 배웠고, 마케팅 커뮤니케이션 믹스의 네 가지 요소인 광고, 홍보, 인적 판매, 판매촉진에 대해 알아보았다. 이 장에서는 통합형 마케팅 커뮤니케이션의 마지막 요소인 다이렉트 마케팅과 다이렉트 마케팅 분야에서 가장 빨리 성장하는 사업 형태인 디지털 마케팅(온라인, 소셜미디어, 모바일 마케팅)을 살펴볼 것이다. 지난 10여 년 동안 스마트폰, 태블릿, 사물 인터넷 기기와 온라인, 모바일, 소셜미디어 등 디지털 기술의 급증으로 다이렉트 마케팅은 극적인 변화를 겪었다. 이 장에서는 다이렉트 마케팅과 디지털 마케팅을 별도의 도구로 살펴보겠지만, 이 둘은 서로 그리고 촉진믹스와 마케팅믹스의 다른 요소와도 정밀하게 통합되어야 함을 기억하자.

광고로 유명한 코카콜라 사례로 시작한다. 고전적인 대중매체 광고 캠페인은 수십 년 동안 여러 세대에 걸쳐 소비자에게 정보를 제공하고 즐거움을 주었다. 하지만 시대가 변하면서 오늘날의 디지털 시대에 코카콜라가 소비자와 소통하고 관여하는 방식도 바뀌었다. 코카콜라는 여전히 브랜드를 포지셔닝하고 브랜드 스토리를 전달하는 대규모 광고 캠페인에 크게 의존하고 있지만 디지털, 모바일, 소셜미디어에 익숙해져서 소비자를 직접 참여시키고 브랜드 대화를 촉발하며 브랜드를 소비자 삶의 일부로 만들어가고 있다.

코카콜라: 브랜드를 고객 이야기의 일부로 만들기

수십 년에 걸쳐 코카콜라는 대중매체 광고와 마케팅 분야에서 확실한 대가이다. 'The Pause That Refreshes(상쾌한 이 순간)', 'Things Go Better with Coke(코카콜라와 함께라면 문제없어요)', 'I'd Like to Teach the World to Sing(세상에게 노래를 가르치고 싶어요)', 'Have a Coke and a Smile(코카콜라와 함께 웃어요)', 그리고 현재의 'Taste the Feeling(이 맛, 이 느낌)' 등 고전적 슬로건을 중심으로 만들어진 인상적인 대규모 캠페인을 제작했다. 이 캠페인에는 마이클 조던부터 산타클로스와 상징적인 코카콜라 북극곰까지 기억에 남는 캐릭터가 등장한다. 현재 코카콜라는 매출의 10%인 연간 40억 달러를 전 세계 광고 시장에 쏟아붓고 있다.

거대 광고로 코카콜라는 세계적으로 가장 잘 알려진 브랜드 중 하나가 되었다. 한 소식통에 따르면 코카콜라라는 단어는 OK 다음으로, 즉 세계에서 두 번째로 인지도가 높은 단어라고 한다. 독자도 알고 있겠지만, 세상이 디지털로 크게 변화함에 따라 코카콜라도 변화하고 있다. 코카콜라는 여전히 대중매체 마케팅의 왕이지만 시대를 따라 첨단 디지털, 소셜미디어, 모바일 마케터의 선두주자로 발돋움했다.

예전에 코카콜라 광고의 목표는 대중매체 노출을 통해 브랜드 이미지와 포지셔닝을 구축하는 것이었다. 기업에서 소비자로 브랜드 메시지가 전달되었다. 슈퍼볼 광고 하나면 전 세계 수억 명의 소비자에게 감동을 줄 수 있었다. 이것은 여전히 중요하다. 그러나 오늘날의 디지털 미디어를 통해 브랜드는 고객 인게이지먼트를 한 단계 더 진전시킬 수 있다. 코카콜라는 감동을 주는 광고를 만드는 것 말고도 이제 소비자 '표현'을 만들고 댓글, 리트윗, 사진 업로드, 브랜드 옹호, 소셜미디어에서 브랜드 콘텐츠 공유 등의 대응을 모색하고 있다.

코카콜라는 오늘날 강력한 힘을 가진 소비자가 기업이 할 수 있는 것보다 더 많이 브랜드에 관한 콘텐츠를 생성한다는 사실을 알게 되었다. 코카콜라는 매년 유튜브에 올라오는 수억 건의 코카콜라 관련 콘텐츠 가운데 전체 조회 수로 따졌을 때 약 18%만이 코카콜라 자체 제작 콘텐츠인 것으로 추정한다. 나머지 82%는 참여도가 높은 소비자가 만든 콘텐츠이다. 그래서 많은 코카콜라 마케팅 캠페인은 단순한 감동보다는 브랜드와 관련된 소비자 표현을 자극하는 것을 목표로 한다.

예를 들어 'Share a Coke(마음을 전해요)' 캠페인은 20온스 코카콜라병에 있는 상징적인 로고를 미국에서 가장 인기 있는 1,000개 이상의 이름 중 하나로 바꾸는 활동으로, 코카콜라병을 친구, 가족과 함께 공유하도록 장려한다. 또한 소비자는 온라인에서 맞춤형 라벨의 멀티팩을 주문하거나 저장·게시·공유할 수 있는 가상의 맞춤형 콜라병을 만들 수 있다. 브랜드 웹사이트와 기업 광고판에 선정된 게시물, #ShareaCoke라는 해시태그를 사용하여 코카콜라 사진, 이야기, 경험을 온라인으로 공유할 수 있다.

이 캠페인은 코카콜라의 가장 성공적인 캠페인 중 하나가 되었다. 불과 1년 만에 50만 개 이상의 사진과 600만 개의 가상 콜라병이 온라인상에서 공유되었으며, 코카콜라 페이스북 팔로워 수는 2,500만 명 가까이 증가했다. 이제 6년째인 이 캠페인은 새로운 반전을 맞았다. 병의 'Share a Coke' 라벨이 쉽게 떼어 옷, 배낭, 전화기, 자동차 등 어디에든 붙일 수 있는 스티커가 되어 소셜미디어에서 브랜드 대화와 사진을 공유할 수 있는 많은 기회를 제공한다.

코카콜라는 '연결된 콜라'를 만들고 소비자 공동 창작과 브랜드 콘텐츠 공유를 촉진하려는 노력의 일환으로 거대한 디지털 설치 공간을 유지하고 있다. 이 브랜드는 전 세계의 수백 개 웹사이트 말고도 페이스북 페이지 70개, 트위터 핸들 35개, 인스타그램 계정 21개, 유튜브 채널 10개, 링크드인 계정 2개를 관리하고 있다. 페이스북은 1억 700만 명의 팬을 보유하고 있고 트위터 팔로워는 330만 명, 인스타그램 팔로워는 260만 명, 유튜브 구독자는 300만 명, 링크드인 팔로워는 200만 명이다. 코카콜라는 항상 켜져 있고 끝없이 연결된 웹사이트와 소셜미디어 페이지를 소비자와 브랜드를 연결하고 브랜드 경험을 공유하도록 고안된 대화형 콘텐츠로 채운다.

코카콜라의 디지털, 모바일, 소셜미디어 캠페인은 브랜드 대화를 촉진하고 브랜드 커뮤니티를 구축하며 브랜드를 소비자 삶의 일부로 만든다.
Barry Tuck/Stockimo/Alamy Stock Photo

예를 들어 몇 년 전 코카콜라는 자사 웹사이트를 '코카콜라 여행(Coca-Cola Journey)'이라는 역동적인 디지털 잡지로 전환했다. 고도의 저널리즘 사이트에는 매력적인 사진, 동영상, 오디오 형식으로 살아난 잡지 형식의 특집 스토리와 눈길을 사로잡는 그래픽인 '세상을 새롭게, 한 번에 하나의 스토리'가 담겨 있다. 언제든 기업의 사건, 신제품, 주요 최신 이슈에 대한 견해를 실시간으로 확인할 수 있다. 그리고 코카콜라 광고 슬로건의 역사와 이름이 담긴 콜라병을 주문하는 방법, 코카콜라에서 일하는 것, 심지어 코카콜라 케이크를 만드는 방법까지 다양한 주제에 대해 직원과 고객이 쓴 이야기도 발견할 수 있을 것이다.

> 고전적인 대중매체 광고 캠페인으로 오랜 세월 잘 알려진 코카콜라는 디지털 시대에 맞게 커뮤니케이션을 전환했다. 이제는 소비자를 직접 대화식으로 참여시키는 디지털, 소셜미디어, 모바일 콘텐츠도 마스터했다.

이 사이트에서는 방문자가 여정에 동참하고, 콜라와 함께하는 순간을 공유하고, 사진이나 동영상을 올려서 행복을 전파할 수 있다. 사이트는 이렇게 말한다. "강아지 눈… 숲 속의 산책… 친구와 함께 아이스크림과 웃음 나누기. 이는 코카콜라 여행 직원들이 가장 좋아하는 것 중 몇 가지예요. 그래서 우리는 무엇이 당신을 행복하게 만드는지 알고 싶어요!" 선정된 팬의 제출물은 코카콜라 여행에 소개된다. 전형적인 오래된 기업 웹사이트를 제외하고 코카콜라 여행에는 매력적이고 공유 가능한 브랜드 콘텐츠가 넘쳐난다.

또한 코카콜라는 모바일 마케팅을 광범위하게 이용한다. 예를 들어 주요 코카콜라 앱부터 코크 스튜디오(Coke Studio: 음악 스트리밍), 코카콜라 해피 숍메이트(Coca-Cola Happy Shopmate: 모바일로 흥미진진한 지역 콜라 거래, 특전, 경품 찾기 및 되사기), 심플리 테이스트(Simply Tasty: 매일 레시피와 '음식 모험' 제공), 코카콜라 프리스타일(Coca-Cola Freestyle: 고객이 좋아하는 콜라 혼합물을 섞고 저장한 후 현지 콜라 프리스타일 자판기에서 디지털 방식으로 주문할 수 있는 칵테일 기술 앱)에 이르기까지 자체적으로 12개 이상의 모바일 앱을 제공한다.

코카콜라는 시간에 쫓기며 이동성이 높은 요즘 소비자를 위해 '간단하면서도 휴대 가능한 콘텐츠'를 제공하도록 설계된 지속적인 모바일 캠페인 스트림을 제작한다. 예를 들어 몇 년 전에 시작된 'The Ahh Effect(아! 효과)' 캠페인은 코카콜라의 첫 디지털 주도 노력 중 하나이다. 모바일에 최적화된 'The Ahh Effect' 캠페인은 집중 시간이 짧은 10대의 관심을 끌기 위해 쉽게 이해되는 모바일 친화적인 콘텐츠를 제공했다. 디지털 마케팅 분석가는 "10대가 단 몇 초 만에 메시지를 얻고 2~3분짜리 간단한 게임을 할 수 있는 재미있는 동영상과 GIF를 생각해보라"고 말한다. 또한 코카콜라의 마케팅 임원은 이렇게 말한다. "그들은 빠져들고, 빠져나가고, 계속 나아갈 수 있다. 10대가 트위터 게시물과 포스트, 텍스트를 소비하는 방식을 보면 그것은 거의 그들의 행동이다." 'The Ahh Effect' 콘텐츠는 코카콜라뿐만 아니라 10대도 만들어냈다. 마케팅 임원에 따르면 콘텐츠는 "발견, 끊임없는 자극과 참신함에 대한 10대의 욕구를 지속적으로 활용하여" 정기적으로 업데이트되었다.

그리하여 코카콜라는 여전히 다작하는 전통적 대중매체 광고주이다. 코카콜라의 대규모 광고 캠페인은 브랜드를 포지셔닝하고 브랜드 스토리를 들려준다. 한편 코카콜라는 디지털, 소셜미디어, 모바일 콘텐츠를 만드는 데 선두 주자이기도 하다. 디지털 콘텐츠는 브랜드 스토리만 전달하는 것이 아니라 브랜드를 소비자 이야기의 일부로 만든다. 소비자와 직접적·개인적으로 소통하고 브랜드 대화를 촉진하며 브랜드를 소비자 삶의 일부로 만든다.[1]

지금까지 살펴보았던 수많은 마케팅 도구와 촉진 도구는 대량 마케팅 상황을 전제로 발전해왔다. 즉 표준화된 메시지와 제공물로 넓은 시장을 목표로 하며 중간상을 통해 유통된다. 그러나 오늘날에는 표적화 범위가 좁아지고 디지털 및 소셜미디어 기술이 급증하는 추세에 따라 많은 기업이 기본 마케팅 접근 방식 또는 다른 접근 방식의 보완 방식으로서 다이렉트 마케팅으로 전환하고 있다. 이 장에서는 폭발적으로 급증하는 다이렉트 마케팅 및 가장 빠르게 성장하고 있는 다이렉트 마케팅 형태인 디지털 마케팅의 세계를 파헤쳐보자. 디지털 마케팅은 온라인, 소셜미디어, 모바일 마케팅 경로를 이용한다.

저자 코멘트 | 대부분의 기업에서 디지털 및 다이렉트 마케팅은 보조 채널 또는 미디어이다. 그러나 오늘날 아마존, 가이코, 트래블로시티와 같은 기업에서 다이렉트 마케팅은 비즈니스를 수행하는 완전한 방법이다.

디지털 및 다이렉트 마케팅

학습목표 17-1 디지털 및 다이렉트 마케팅을 정의하고, 디지털 및 다이렉트 마케팅의 급성장 및 고객과 기업에 주는 이점을 설명한다.

디지털 및 다이렉트 마케팅
즉각적인 반응을 얻고 지속적인 고객 관계를 구축하기 위해 주의 깊게 표적화된 개별 고객 및 고객 커뮤니티 모두와 직접적으로 관련을 맺는 것

디지털 및 다이렉트 마케팅(direct and digital marketing)은 즉각적인 반응을 얻고 지속적인 고객 관계를 구축하기 위해 주의 깊게 표적화된 개별 고객 및 고객 커뮤니티 모두와 직접적으로 관련을 맺는 것을 뜻한다. 기업은 좁게 정의된 세분시장이나 개별 고객의 욕구와 관심에 따라 제품과 콘텐츠를 맞춤화하기 위해 다이렉트 마케팅을 이용한다. 기업은 이러한 방식으로 고객 인게이지먼트 브랜드 커뮤니티, 브랜드 지지, 판매를 끌어낸다.

예를 들어 아마존은 거의 모든 것을 온라인으로 찾고 구매하도록 도와주는 웹사이트나 모바일 앱을 통해 고객과 직접 소통한다. 가이코도 웹사이트나 스마트폰 앱, 페이스북, 트위터, 인스타그램, 유튜브 페이지를 통해 고객과 직접 소통하며 개별적인 브랜드 관계를 쌓고, 보험료 견적을 내

주고, 보험 증권을 판매하고, 고객의 계좌를 개설한다.

새로운 다이렉트 마케팅 모델

카탈로그 회사, 다이렉트메일 사업자, 텔레마케터와 같은 초기 다이렉트 마케터는 고객의 이름을 취합하여 우편과 전화로 상품을 판매했다. 그러나 지난 10년 동안 인터넷 사용과 구매의 급증 그리고 스마트폰, 태블릿, 기타 디지털 기기와 온라인 모바일 및 소셜미디어의 범람 등 디지털 기술의 급부상에 힘입어 다이렉트 마케팅은 극적인 전환기를 겪고 있다.

앞의 장들에서는 다이렉트 마케팅을 중간상 없는 마케팅 경로인 직접 판매로 다루었다. 이 장에서는 고객이 직접 참여하도록 독려하고 브랜드 커뮤니티를 창출하기 위한 접근으로서 촉진믹스가 가진 다이렉트 마케팅과 디지털 마케팅 요소를 살펴보려 한다. 실제로 다이렉트 마케팅은 이 두 가지 기능을 모두 수행하며 그 이상의 역할을 한다.

많이 기업이 여전히 다이렉트 마케팅을 기존 경로의 보충 역할을 하는 경로나 매체로 사용하고 있다. 그래서 메이시스나 콜스 등 대부분의 백화점은 대다수 상품을 매장 진열대에 놓고 판매하는 동시에 웹사이트, 온라인 카탈로그, 다이렉트메일, 모바일 및 소셜미디어를 통해 판매하기도 한다. 펩시의 마운틴듀는 주로 대중매체 광고와 소매 파트너의 경로를 이용하여 마케팅을 하지만, 또한 다이렉트 마케팅 경로로 보완하기도 한다. 예를 들어 마운틴듀는 최근 슈퍼볼에서 블록버스터 TV 광고를 방영했다. 또한 빅게임으로 이어지는 몇 주 동안 열정적으로 충성하는 팬층의 참여를 위해 디지털 미디어에 많은 비용을 지출했다. 펩시의 마케팅 담당자는 이렇게 말한다. “소비자와 대화를 나누는 곳이기 때문에 우리 투자의 거의 40%는 디지털에 대한 지출이다. 우리는 슈퍼볼 경기 당일에 큰돈을 썼다. 그러나 그것만으로는 소비자와 양방향 대화를 나누기에 충분하지 않다.”[2] 이에 마운틴듀는 웹사이트와 소셜미디어를 통해 디지털 방식으로 팬과 깊이 소통하려고 한다.

그렇지만 오늘날 디지털 및 다이렉트 마케팅은 많은 기업에서 보완적인 역할을 하는 마케팅 경로나 광고 매체 그 이상이다. 이는 비즈니스를 수행하는 데 완전한 모델이 된다. 온라인 거대 기업인 아마존, 넷플릭스, 가이코, 익스피디아 등은 디지털 및 다이렉트 마케팅을 기반으로 전반적인 시장 접근 방법을 성공적으로 구축하고 있다.

● 예를 들어 익스피디아그룹은 익스피디아, 트래블로시티, 호텔스닷컴, 핫와이어, 트리바고, 오비츠(Orbitz), 홈어웨이(HomeAway)와 같은 친숙한 브랜드를 비롯한 온라인 전용 여행 사업의 거대한 집합체이다. 2018년 총매출이 112억 달러에 달하는 이 그룹은 200개 이상의 여행 예약 사이트와 150개 이상의 모바일 웹사이트를 통해 사업을 하고 있다. 트래블로시티 부서는 고객이 여행사나 중개인의 도움 없이 여행 일정을 찾고 예약할 수 있는 최초의 온라인 여행사 중 하나이다. 이제 세계에서 가장 큰 여행 브랜드 중 하나인 트래블로시티와 유명한 로밍그놈(Roaming Gnome)은 고객이 ‘지혜롭게 방황하면서’ 간단하고 기억에 남는 여행 경험을 얻을 수 있도록 도와준다.[3]

● 새로운 다이렉트 마케팅 모델: 온라인 여행사인 익스피디아그룹은 디지털 및 다이렉트 마케팅을 중심으로 시장에 대한 전체 접근 방식을 성공적으로 구축했다. 트래블로시티닷컴과 유명한 로밍그놈은 고객이 ‘지혜롭게 방황하게’ 만든다.
Travelocity

디지털 및 다이렉트 마케팅 모델은 새로운 소규모 브랜드에 대한 기회를 제공한다. 최근 몇 년 동안 온라인 및 모바일 채널을 통해서만 소비자에게 직접 판매 및 배송함으로써 기존 브랜드와의 직접적인 경쟁

소비자 직거래(DTC) 브랜드 브랜드 온라인 및 모바일 채널을 통해서만 소비자에게 직접 판매·배송하여 기존 브랜드와의 직접적인 경쟁을 피하는 브랜드

을 피하는 **소비자 직거래(DTC) 브랜드**(direct-to-consumer brand)가 급증하고 있다. 성공적인 DTC 브랜드의 예로는 달러셰이브클럽과 해리스(면도기, 면도 제품), 펠로톤(피트니스 장비와 프로그램), 캐스퍼(매트리스, 침구) 등이 있다. DTC 기업은 중개업자를 제거함으로써 비용을 절감하고 가격을 낮추며, 더 큰 편의성을 제공하고, 고객과의 직접적인 관계를 구축하며, 보다 개인화된 서비스를 제공하게 되었다. 흥미롭게도 기존 판매자가 디지털 채널을 추가한 것처럼 DTC 브랜드도 기존 채널을 추가하고 있다. 예를 들어 소비자는 이제 대부분의 타깃 매장에서 해리스의 면도기와 캐스퍼의 매트리스를 구입할 수 있으며, 캐스퍼는 자체 캐스퍼 슬립숍(Casper Sleep Shop) 매장을 열고 있다.

디지털 및 다이렉트 마케팅의 급속한 성장

디지털 및 다이렉트 마케팅은 가장 빠르게 성장하는 마케팅 형태가 되었다. 그리고 다이렉트 마케팅이 계속해서 디지털로 이동함에 따라 디지털 및 다이렉트 마케팅은 마케팅 지출과 매출의 점유율이 급증하고 있다. 컴퓨터, 휴대전화, 태블릿, 기타 인터넷 연결 기기에 보이는 광고에 들어가는 총 디지털 광고 지출은 현재 미국 전체 광고 지출의 약 54%를 차지하고 있다. 매년 20% 이상씩 성장하면서 디지털은 2023년까지 전체 광고비의 3분의 2를 차지할 것으로 예상된다. 그리고 소비자가 태블릿과 스마트폰에 점점 더 많은 시간을 소비함에 따라 모바일 미디어에 대한 광고 지출이 폭발적으로 증가하고 있다. 현재 모바일 광고 지출은 미국 전체 광고 지출의 34%를 차지하고 있으며, 이는 TV 광고에 들이는 금액보다 2% 더 많은 비율이다.[4]

디지털 및 다이렉트 마케팅의 이점

소비자에게 디지털 및 다이렉트 마케팅은 편리하고, 쉽고, 비공개적이다. 이는 언제 어디서나 거의 무제한의 제품 및 구매 정보를 제공한다. 예를 들어 아마존은 웹사이트와 모바일 앱에 10위권 제품 목록, 광범위한 제품 설명, 소비자의 지난 검색 및 구매 기반 추천을 위한 전문가와 사용자의 평가에 이르기까지 대부분의 소비자가 소화할 수 있는 것보다 더 많은 정보를 제공한다.

소비자는 다이렉트 마케팅을 통해 원하는 정보, 제품이나 서비스의 종류를 선택하고 곧장 주문하기 위해 전화나 웹사이트, 모바일 앱으로 판매자와 소통할 수 있다. 또한 온라인, 모바일, 소셜미디어를 통한 디지털 마케팅은 소비자가 브랜드 정보와 경험을 다른 팬들과 공유할 수 있는 장소이기도 하다.

판매자에게 다이렉트 마케팅은 시장에 진출하기 위한 효율적이고 빠른 저가의 대안을 제공한다. 오늘날의 다이렉트 마케터는 소규모 집단이나 개별 소비자를 표적으로 삼는다. 다이렉트 마케팅의 일대일이라는 특성 때문에 기업은 소비자와 전화나 온라인을 통해 소통하면서 그들의 욕구를 알게 되고, 제품과 서비스를 특정 소비자 맞춤형으로 만든다. 결과적으로 소비자는 질문을 하고 자발적으로 피드백을 주게 된다.

디지털 및 다이렉트 마케팅은 판매자에게 커다란 유연성을 제공하기도 한다. 이를 통해 마케터는 가격과 프로그램을 조절하거나 즉각적이고 시의적절하며 개인적인 참여를 끌어내고 제품과 서비스를 제안한다. 예를 들어 주택 개조 소매업체인 로우스는 온라인 '하우토스 라이브러리(How-Tos Library)'를 통해 자세한 방법을 담은 동영상, 프로젝트 계획 가이드, 비용 계산기, 뒤뜰을 짓거나 잔디 스프링클러 시스템을 설치하는 것, 석고보드를 걸거나 쥐를 없애는 것 등 거의 모든 프로젝트에 대한 유용한 정보를 알려준다. 이 가이드는 프로젝트가 시작되면 언제든지 사용할 수 있으며, 근처 로우스 매장에서 판매하는 자세한 소모품 목록도 제공한다.[5]

● 디지털 및 다이렉트 마케팅: 문파이는 실시간 소셜미디어 마케팅을 능숙하게 활용하여 신선하고 관련성 높은 브랜드 개성을 창출하고 브랜드 팬의 지속적인 실시간 참여를 유도하는 것으로 유명하다.
Moonpie

특히 오늘날의 디지털 환경에서 다이렉트 마케팅은 브랜드를 고객 삶의 중요한 순간과 연결하는 실시간 마케팅 기회를 제공한다. 이러한 도구는 구매 과정을 통해 고객을 이동하거나 단순히 지속적인 고객 인게이지먼트, 커뮤니티 및 개인화된 관계를 구축하기 위한 강력한 도구이다. 온라인 및 소셜미디어는 브랜드를 중요한 트렌드 주제, 실세계 이벤트, 대의명분, 개인적인 행사 또는 기타 사건에 연결하여 고객을 참여시키는 데 이상적인 플랫폼을 제공한다. 온라인 및 소셜미디어는 고객의 참여를 확장하고 사람들이 브랜드에 대해 이야기할 흥미로운 기회를 제공한다. ● 예를 들어 스낵 브랜드 문파이(MoonPie)는 실시간 소셜미디어를 능숙하게 활용하여 브랜드 팬과 무엇이든 지속적으로 대화를 나누는 것으로 유명하다.[6]

한 디지털 분석가가 말하길, "베이비부머 세대를 비롯한 노년층은 통밀 크래커, 마시멜로, 초콜릿 맛 코팅이 어우러진 100년 된 이 회사를 완벽한 결합체로 기억하고 좋아한다. 반면에 밀레니얼 세대와 Z세대는 웬디스와 데니스(Denny's)의 이러한 면을 다루며 신랄하게 비난하는 트위터가 있다는 것을 안다." 트위터, 인스타그램, 페이스북에 게시된 문파이의 기발한 게시물은 팔로워에게 예상치 못한 것을 기대하도록 가르쳤는데, 이는 바로 문파이가 바라던 바이다. "예전에 'mooning'은 문파이를 친구에게 준다는 뜻이었지만, 누군가에 의해 그 의미가 망가졌다"고 어떤 트윗에 답글을 달았다. "내 얼굴에 문파이를 던지고 싶으면 그렇게 해. 어차피 그러려고 했으니까." 라는 트윗이 있었기 때문이다. 어린이의 고전적인 잠자리 이야기 〈굿나이트 문(Goodnight Moon)〉의 표지를 보여주는 또 다른 트윗은 '굿나이트 문파이'라는 제목으로 다음과 같이 쓰여 있다. "매일 아침 상사가 우리에게 읽어주는 책인데, ① 아침이고, ② 이것이 진짜 책이라고 생각하지 않는다." 실시간 소셜미디어의 성공은 문파이에게 신선하고 관련성 있는 개성을 부여하고 브랜드 메시지를 전파하는 데 도움이 되는 참여적이고 활동적인 커뮤니티를 만들어준다. 또한 많은 광고비를 지출하지 않고도 소셜브랜드가 끊임없이 전국적으로 퍼지게 함으로써 소매점뿐만 아니라 자체 브랜드 사이트와 아마존을 통해서도 판매가 증대된다.

저자 코멘트 | 다이렉트 마케팅은 다이렉트메일, 카탈로그와 같은 전통적인 도구부터 온라인, 모바일, 소셜미디어와 같은 최신 디지털 도구에 이르기까지 다양한 도구가 있다.

디지털 및 다이렉트 마케팅의 형태

학습목표 17-2 디지털 및 다이렉트 마케팅의 주요 형태를 정의하고 설명한다.

디지털 및 다이렉트 마케팅의 주요 형태는 ● 그림 17.1과 같다. 기존 다이렉트 마케팅의 주요 형태로는 인적(대면) 판매, 다이렉트메일 마케팅, 카탈로그 마케팅, 텔레마케팅, 직접반응 TV 마케팅, 키오스크 마케팅이 있다. 그러나 최근 몇 년 동안 온라인 마케팅(웹사이트, 온라인 광고 및 프로모션, 이메일, 온라인 동영상, 블로그), 소셜미디어 마케팅, 모바일 마케팅을 포함한 최신 디지털 및 다이렉트 마케팅 도구가 마케팅 현장에 등장했다.

많은 관심을 받고 있는 디지털 및 다이렉트 및 소셜미디어 마케팅 도구를 먼저 살펴본 다음, 여전히 많이 사용되고 매우 중요한 기존의 다이렉트 마케팅 도구를 살펴보겠다. 그러나 항상 그렇듯이 이러한 모든 도구(새로운 디지털 형식과 전통적인 형식)는 완전히 통합된 마케팅 커뮤니케이션 프로그램에 통합되어야 한다는 것을 기억해야 한다.

디지털 및 소셜미디어 마케팅
디지털 도구를 통해 때와 장소를 가리지 않고 소비자를 관여시키기 위해 웹사이트, 소셜미디어, 모바일 앱, 온라인 동영상, 이메일, 블로그 등의 디지털 마케팅 도구를 사용하는 것

앞서 말했듯이 **디지털 및 소셜미디어 마케팅**(digital and social media marketing)은 가장 빨리

● 그림 17.1

디지털 및 다이렉트 마케팅의 형태

흥미롭고 새로운 형태의 다이렉트 마케팅인 디지털 마케팅부터 시작하려고 한다. 그러나 전통적인 형태의 다이렉트 마케팅 또한 여전히 많이 사용되고 있다는 것을 알아두기 바란다. 따라서 다이렉트 마케팅의 효과를 극대화하려면 새로운 형태와 이전 형태의 다이렉트 마케팅을 통합해야 한다.

성장 중인 다이렉트 마케팅의 한 형태이다. 이는 웹사이트, 온라인 동영상, 이메일, 블로그, 소셜미디어, 모바일 광고 및 다른 디지털 플랫폼과 같은 디지털 마케팅 도구를 이용하여 소비자가 스마트폰, 태블릿, 인터넷 TV와 기타 디지털 기기를 통해 언제 어디서든 직접 참여하게 한다. 인터넷과 디지털 기술의 광범위한 사용은 소비자와 그들에게 서비스를 제공하는 마케터 모두에게 극적인 효과를 가져왔다.

저자 코멘트 | 요즘 디지털 및 다이렉트 마케팅과 소셜미디어 마케팅이 급증하고 헤드라인을 장악하고 있으니 이를 먼저 살펴보자. 그러나 전통적인 다이렉트 마케팅 도구도 여전히 많이 사용되고 있으며, 이는 이 장 후반부에서 자세히 살펴볼 것이다.

디지털 시대의 마케팅

학습목표 17-3 기업이 다양한 온라인 마케팅 전략으로 어떻게 디지털 시대에 대응하는지 이해한다.

오늘날 사람들은 거의 언제 어디서나 디지털로 정보, 브랜드, 다른 사람들과 연결한다. 사물 인터넷(IoT) 시대에는 곧 모든 것과 모든 사람이 디지털 방식으로 연결될 것이다. 디지털 시대는 편의성, 속도, 가격, 제품 정보, 서비스, 브랜드 상호작용에 대한 고객의 개념을 근본적으로 바꿔놓고 있다. 그 결과 마케터는 고객 가치를 창출하고, 고객을 참여시키며, 고객 관계를 구축할 수 있는 새로운 방법을 얻게 되었다.

디지털의 사용과 영향은 지속적으로 성장세를 이어가고 있다. 미국 성인의 90% 이상이 인터넷을 사용하며, 미국 평균 인터넷 사용자는 주로 모바일 기기를 통해 디지털 미디어를 사용하는 데 하루 4시간을 소비한다. 전 세계 인구의 55% 이상이 인터넷에 접속하며, 3분의 1은 모바일 인터넷에 접속한다.[7]

그 결과 현재 미국 전체 가구의 절반 이상이 정기적으로 온라인 쇼핑을 하고 있으며, 디지털 구매는 계속해서 두 자릿수의 성장률을 보인다. 지난해 미국의 온라인 소매 판매는 5,170억 달러로 추정되어 1년 동안 15% 증가하고 전체 소매 판매의 15%를 기록했다. 2027년까지 소비자가 계속해서 오프라인 매장에서 디지털 매장으로 지출을 옮겨감에 따라 온라인 매출은 1조 달러 이상으로 증가할 것으로 예상된다. 더 중요한 것은 미국 전체 소매 판매의 약 절반 이상이 온라인에서 직접 거래되거나 인터넷 조사의 영향을 받았다는 것이다.[8] 오늘날 옴니채널 소비자가 온라인, 모바일, 매장 내 쇼핑을 혼합하는 데 점점 더 익숙해지면서 디지털 채널 구매는 훨씬 더 많은 비율을 차지할 것이다.

이렇게 급성장하는 시장에 다가가기 위해 대부분의 기업은 현재 온라인 마케팅을 하고 있다. 일부 기업은 온라인으로만 운영하는데, 여기에는 인터넷을 통해 최종 구매자에게 제품과 서비스를 직접 판매하는 아마존, 퀴큰론스, 익스피디아닷컴과 같은 전자 소매업체, **검색엔진 및 포털**(예: 구글, 빙, 야후), **거래 사이트**[예: 이베이, 크레이그스리스트(Craigslist)], **콘텐츠 사이트**(예: 《뉴욕타임스》, ESPN.com, 위키피디아), **온라인 소셜미디어**(예: 페이스북, 트위터, 인스타그램, 유튜브, 스냅챗) 등 다양한 기업이 포함된다.

오늘날에는 온라인에 진출하지 않은 기업을 찾기가 힘들다. 전통적인 방식으로 운영되는 오프라인 기업들도 이제는 온라인 판매, 마케팅, 브랜드 커뮤니티 경로를 만들어놓고 있다. 사실 다채널 마케팅 기업은 온라인 전용 기업보다 더 온라인에서 성공을 거두고 있다. 전통적인 상점 소매업체의 경우 온라인 판매가 점점 더 많은 비중을 차지하고 있다. 예를 들어 월마트는 현재 온라인 매출이 연간 거의 160억 달러에 달하는, 미국에서 네 번째로 큰 전자 소매업체이다. 심지어 우버스토어(uber-store) 소매업 체인점인 노드스트롬도 온라인 매출이 30%를 차지한다.[9]

옴니채널 소매
매장, 온라인, 모바일 쇼핑을 통합하는 완벽한 채널 간 구매 환경을 구축하는 것

사실 **옴니채널 소매**(omni-channel retailing) 기업은 온라인 전용 경쟁사만큼이나 많은 온라인 성공을 거두고 있다. 예를 들어 주택 개조 소매업체인 홈디포는 북미에 거의 2,300개의 매장을 보유하고 있다.[10]

합판과 못은 온라인 판매 회사가 상상할 수 없는 품목이지만, 온라인 판매는 홈디포의 가장 뜨거운 성장 영역으로 지난 5년 동안 매년 거의 40%씩 성장하는 분야이다. 홈디포는 현재 일반 홈디포 오프라인 매장에서 판매되는 제품이 4만 개 정도인 데 비해 온라인 제품은 100만 개가 넘는 세계 10대 온라인 판매자 중 하나이다.

주택 개선 소매업체는 다양한 연락처와 배송 방법을 제공한다. 고객은 홈디포 매장에서 제품을 구입하거나 홈디포 웹사이트에서 장바구니에 물건을 담아 온라인으로 구입할 수 있다. 온라인으로 주문한 제품은 배송이 가능하지만 현재 온라인 주문의 40% 이상을 매장에서 수령할 수 있다. ● 전 세계 소매업체는 고객이 쇼핑 방식을 바꾸고 있음을 인식하고 있다. 호주의 백화점 마이어(Myer)와 의류 소매업체인 스포츠크래프트(Sportscraft)는 고객에게 매장이나 온라인에서 제품을 구매할 수 있는 옵션을 제공하며, 전통적인 우편 배송으로 제품을 제공한다. 두 소매업체 모두 '클릭 앤드 콜렉트(click and collect)' 옵션을 제공한다. 고객은 각 소매업체의 온라인 진열대에서 제품을 선택한 후 호주의 어느 소매점에서 제품 수령이 가능한지 확인할 수 있다. 제품을 선택할 수 있는 경우 온라인으로 거래가 완료되고 편한 시간에 선택한 매장에서 제품을 수령할 수 있어 고객은 추가 배송비를 절약하게 된다. 물론 지역 소매점에서 구입할 수 없는 제품은 집으로 배송받을 수 있다. 호주의 주요 슈퍼마켓인 울워스(Woolworth's)와 콜스(Coles)도 신선한 농산물과 냉동식품 등을 '클릭 앤드 콜렉트' 할 수 있다. 그들은 사실상 그들만의 개인 식료품 쇼퍼를 가지고 있는 셈이다.

● 옴니채널 소매: 홈디포의 목표는 '고객이 어디서 쇼핑하든 디지털 세상, 오프라인 매장, 가정 또는 작업 현장에서 원활하고 마찰 없는 경험'을 제공하는 것이다. "고객이 어디에 있든 우리가 그 자리에 있어야 한다."

다이렉트 디지털 및 소셜미디어 마케팅은 그림 17.1에 제시된 다양한 형태 중 무엇이든 취한다. 이러한 형태에는 온라인 마케팅, 소셜미디어 마케팅, 모바일 마케팅이 포함되는데 온라인 마케팅부터 차례대로 살펴보자.

온라인 마케팅

온라인 마케팅
기업의 웹사이트, 온라인 광고 및 프로모션, 이메일 마케팅, 온라인 동영상, 블로그를 통한 마케팅

온라인 마케팅(online marketing)은 기업의 웹사이트, 온라인 광고 및 프로모션, 이메일 마케팅, 온라인 동영상, 블로그를 통한 마케팅을 말한다. 소셜미디어 마케팅과 모바일 마케팅도 온라인에서 이루어지며, 다른 형태의 디지털 마케팅과 긴밀한 조화를 이루어야 한다. 그러나 특별한 특성

때문에 소셜미디어와 모바일 마케팅 접근법은 별도로 설명하겠다.

웹사이트와 브랜드화된 웹커뮤니티

대부분의 기업에서 온라인 마케팅의 첫 번째 단계는 웹사이트를 만드는 것이다. 웹사이트는 목적과 내용이 아주 다양하다. 일부의 **마케팅 웹사이트**(marketing website)는 소비자를 참여시키고 직접적인 구매나 다른 마케팅 성과로 연결되도록 설계된다.

마케팅 웹사이트
소비자가 직접구매 또는 기타 마케팅 결과에 더 가까이 다가가게 하는 웹사이트로, 이러한 상호작용을 통해 기업은 고객에게 직접적인 구매 또는 다른 마케팅 성과를 기대할 수 있음

예를 들어 가이코는 www.geico.com에 마케팅 웹사이트를 운영한다. 잠재고객이 방문하면 가이코는 지체 없이 조회가 판매로, 그다음에는 장기적 관계로 이어지게 한다. 선명한 헤드라인은 잠재고객에게 "절약을 위해 움직이세요. 견적서를 받으세요.(Steer your way to savings. Get a quote.)"라고 설득하고, 웹사이트는 고객이이 정확한 보험담보 범위, 보험료, 그리고 얼마나 저렴한지를 자동 보험 계산기로 확인할 수 있도록 도와주는 정보와 도구를 제공한다. 간단한 이 웹사이트는 고객이 계정과 보험증서를 관리하고, 차량을 추가하거나 교체하고, 보험료를 청구하거나 정보를 열람하는 일 등을 쉽게 할 수 있도록 해주는데, 친숙한 가이코 도마뱀이 지켜보는 가운데 이 모든 것이 이루어진다. 또한 고객은 가이코의 모바일 앱을 이용하여 청구 비용을 내고, 계정과 보장(coverage) 정보를 얻으며, 채팅을 할 수 있다.

브랜드 커뮤니티 웹사이트
브랜드가 제공하는 콘텐츠를 보여주는 웹사이트로, 소비자가 흥미를 느껴 브랜드와 관련된 커뮤니티를 생성할 만한 콘텐츠를 제공함

이와 달리 **브랜드 커뮤니티 웹사이트**(brand community website)는 단순히 제품을 판매하는 것 이상의 역할을 하며, 주요 목적은 고객 인게이지먼트를 유도하고 고객-브랜드 커뮤니티를 만드는 브랜드 콘텐츠를 제공하는 것이다. 이러한 웹사이트는 전형적으로 풍부하고 다양한 브랜드 정보, 동영상, 블로그, 활동과 다른 볼거리를 제공함으로써 밀접한 고객 관계를 구축하고 브랜드와 고객 간 인게이지먼트를 증진한다. ● 예를 들어 소니의 플레이스테이션 포럼(PlayStation Forums) 사이트에서는 아무것도 구입할 수 없다. 대신 플레이스테이션 PS4 게임 마니아를 위한 소셜허브로서, PS4 팬이 게임 트렌드를 따라가고 콘텐츠를 공유하며 다른 팬들과 실시간으로 소통할 수 있는 장소이다.[11]

● 브랜드 커뮤니티 웹사이트: 소니의 플레이스테이션 포럼 사이트는 플레이스테이션 PS4 마니아가 실시간으로 콘텐츠를 공유하고 다른 팬들과 소통할 수 있는 소셜허브 역할을 한다.
Christian Bertrand/Shutterstock

마찬가지로 Pampers.com에서는 기저귀를 구입할 수 없지만 임산부와 신생아, 영유아의 부모를 위한 자원이 풍부한 온라인 커뮤니티이다. 이 사이트는 신생아 이름 생성기, 임신 달력, 베이비샤워 플래너, 예비 부모를 위한 병원 가방 체크리스트, 신생아 치료, 치아 교정, 아기의 떼쓰기 등 다양한 주제에 대한 전문가의 기사 등 모든 것을 제공한다. Pampers.com에서 부모는 상상할 수 있는 거의 모든 육아 주제를 탐색하고 토론할 수 있으며, 전문가의 조언과 팁을 얻고 가이드와 기타 유용한 자료를 다운로드할 수도 있다.[12]

웹사이트를 구축하는 것과 사람을 방문하게 만드는 것은 별개의 문제이다. 기업은 방문자를 유인하기 위해 오프라인 인쇄물 광고와 방송 광고를 통해, 다른 사이트에 광고를 하거나 링크를 거는 등의 노력을 통해 웹사이트를 적극 홍보한다. 그러나 오늘날의 웹 사용자는 웹사이트가 충실하지 않다면 금세 버릴 것이다. 핵심은 웹사이트에 방문한 소비자가 곧바로 떠나지 않고 나중에 다시 방문하도록 충분한 가치와 흥미를 창출하는 것이다.

최소한 웹사이트는 사용하기 쉽고 매력적인 모습이어야 한다. 그러나 궁극적으로 웹사이트는 반드시 쓸모 있어야 한다. 대부분의 사람들은 웹서핑과 웹쇼핑을 할 때 스타일보다는 실속을 선호하

고 플래시보다는 기능을 선호한다. 예를 들어 Pampers.com은 화려하지 않고 내용이 꽉 차 있지만 소비자가 빠르고 효율적으로 육아 정보를 찾을 수 있다. 즉 효과적인 웹사이트는 깊이 있고 쓸모 있는 정보, 소비자가 관심을 가진 제품을 찾아서 평가하는 데 도움을 주는 대화식 도구, 다른 관련 사이트로의 연결, 계속 변화하는 판촉 활동, 적절한 흥미를 유발하는 오락적 요소 등을 포함한다.

온라인 광고

온라인 광고
디스플레이 광고와 검색 관련 광고를 비롯해 소비자가 웹을 탐색하는 동안 나타나는 광고

소비자가 점점 더 많은 시간을 인터넷에서 보내면서 많은 기업은 브랜드 구축을 위해 혹은 웹사이트, 모바일, 소셜미디어 사이트 등으로 유인하기 위해 더 많은 마케팅 비용을 **온라인 광고**(online advertising)로 이전하고 있다. 따라서 온라인 광고는 주요 프로모션 매체로 자리 잡아가고 있다. 온라인 광고의 주요 형태는 디스플레이 광고와 검색 관련 광고이다.

온라인 디스플레이 광고는 인터넷 사용자의 화면 어디서나 볼 수 있으며 현재 브라우징하고 있는 정보와 연관된다. 예를 들어 따뜻한 여름날 ESPN.com을 검색하는 동안 사용자는 RTIC 쿨러에 대한 대형 배너 광고가 화면 상단과 양쪽에 웹콘텐츠로 나타나 제품의 내구성과 얼음 유지 성능을 광고하는 것을 볼 수 있다. 배너를 클릭하거나 근처에 삽입된 디스플레이 광고를 클릭하면 브랜드 웹사이트로 이동한다.

디스플레이 광고는 최근 몇 년 동안 소비자의 관심을 끌고 구매 경로를 안내하는 측면에서 큰 진전을 이루었다. 오늘날의 풍부한 미디어 광고는 애니메이션, 동영상, 사운드, 상호작용을 구체화한다. 예를 들어 보잉은 최근 국제 우주정거장의 숨 막히는 회전 3D 보기를 포함한 디스플레이 광고를 선보였다. ● 한편 소닉(Sonic) 레스토랑은 여름 프로모션에 대한 인식과 기대를 불러일으키기 위해 오후 8시 이후 아이스크림을 반값으로 내린다는 것을 알리려고 실시간 일일 카운트다운 시계가 특징인 온라인 디스플레이 광고를 만들었다. 이 광고는 시계와 대화형 퀴즈를 결합하여 고객이 자신의 완벽한 맛을 미리 결정할 수 있도록 했으며, 매장 찾기 기능을 통해 가장 가까운 소닉 레스토랑도 찾을 수 있다. 소닉의 마케터는 다음과 같이 말한다. "소닉은 여름 간식을 반값에 내놓을 수 있다고 말할 수 있다."[13]

● 온라인 디스플레이 광고: 여름 프로모션에 대한 기대를 불러일으키기 위해 소닉은 "반값 여름 간식으로 '예!'라고 쉽게 말할 수 있는" 대화형 퀴즈와 실시간 카운트다운 시계를 결합했다.
Courtesy SONIC Drive-In

검색 관련 광고(문맥 광고)를 사용하면 텍스트 및 이미지 기반 광고와 링크가 구글, 야후, 빙과 같은 사이트의 검색엔진 결과를 보여주는 화면 상단이나 좌우에 나타난다. 예를 들어 구글에서 'LED TV'를 검색하면 검색 결과 목록의 상단과 측면에 삼성, 비지오(Visio), 베스트바이, 아마존, 월마트, 크러치필드(Crutchfield) 등 10개 이상의 광고가 나타난다. 작년에 구글의 1,370억 달러 매출 중 85%가 광고 판매에서 발생했다. 검색은 상시 작동하는 매체이며 결과를 쉽게 측정할 수 있다.[14]

검색 광고주는 검색 사이트에서 검색어나 키워드를 구매하고 소비자가 해당 사이트를 클릭할 때만 비용을 지불한다. 구글 검색 네트워크 키워드의 클릭당 평균 비용은 1~2달러 사이이다. 가장 비싸고 경쟁력 있는 키워드는 클릭당 50달러 이상이다. 검색 광고는 대부분의 브랜드 디지털 광고 믹스에서 큰 구성요소이다. 대형 소매업체는 유료 검색 광고에 매년 5,000만 달러 이상을 쉽게 지출할 수 있다. 검색 광고는 전체 디지털 광고 지출의 45%를 차지한다.[15]

이메일 마케팅

이메일 마케팅
고도로 표적화되고 밀접하게 개인화된 관계 형성 마케팅 메시지를 이메일로 보내는 것

성장하고 있는 **이메일 마케팅**(email marketing)도 중요한 디지털 마케팅 도구이다. 전 세계적으로 사람들은 매일 분당 4억 600만 개 이상의 이메일을 발송한다. 한 설문조사에 따르면 소비자의 50%는 다이렉트메일, 전화, 문자나 소셜미디어보다 이메일을 통해 브랜드와 소통하는 것을 선호한다. 그리고 76%의 소비자는 소매 브랜드가 자신의 쇼핑 선호도, 위치 또는 구매 이력이 정확하게 반영된 관련 이메일을 보낸다는 것에 동의한다. 이메일은 중요한 B2B 도구이다. 비즈니스 전문가의 86%는 비즈니스 목적으로 통신할 때 이메일을 사용하는 것을 선호하며, 이메일은 B2B 청중에게 세 번째로 영향력 있는 정보 원천이다. 이제 이메일은 이동 중 매체가 되어 전체 이메일의 55%를 모바일 기기에서 확인한다. 당연히 저렴한 비용과 목표 능력을 고려할 때 이메일은 매우 높은 투자 수익률을 얻을 수 있다.[16]

● 이메일 마케팅: 안경 브랜드 와비파커는 구매 및 구매 후 프로세스 전반에 걸쳐 개인 맞춤 이메일을 고객에게 보낸다. "와비파커 안경테를 1년 동안 사용하셨습니다. 생일 축하한다고 전해주세요!"
Courtesy of Warby Parker

적절하게 사용하면 이메일은 최고의 다이렉트 마케팅 매체가 될 수 있다. 유능한 마케터는 대부분 정기적으로 이메일을 사용하여 큰 성과를 올린다. 이러한 마케터는 고도로 표적화되고 밀접하게 개인화된, 관계 형성에 도움이 되는 메시지를 담아 이메일을 보낸다. 또한 오늘날의 이메일은 과거의 고루하고 텍스트만 가득한 메시지가 아니라 화려한 색상에 매력적이고 맞춤형이며 상호 소통적이다. 예를 들어 안경 브랜드 와비파커는 9개의 정보 및 프로모션 이메일을 고객에게 보낸다. 각각은 초기 등록 및 주문 확인부터 선택 지원 제공, 안경테 반환 지침에 이르기까지 평가 프로세스의 단계에 따라 개별적으로 다루어진다. 한 고객은 "마법 같은 부분은 와비파커가 프로세스 내내 나와 함께 있는 것처럼 느껴졌다는 것"이라고 말했다. 와비파커는 활기 찬 구매 후 후속 조치, 알림, 프로모션 이메일도 보낸다. ● 예를 들어 구매 1주년이 되는 날 고객에게 다음과 같은 메시지와 함께 맞춤형 이메일을 보낸다. "와비파커 안경테를 1년 동안 사용하셨습니다. 생일 축하한다고 전해주세요! 365일이 즐거웠기를 바랍니다." 고객이 더 많은 전통을 시작할 수 있도록 이메일에는 와비파커 웹 및 소셜미디어 사이트의 링크도 포함되어 있다.[17]

스팸
신청한 적이 없고 원치 않는 상업용 이메일 메시지

그러나 이메일 마케팅에는 안 좋은 면도 있다. **스팸**(spam)—신청한 적이 없고 원치 않는 상업용 이메일 메시지—의 급증으로 메일함이 넘치면서 소비자의 짜증과 불만을 유발하게 되었다. 한 소식통에 따르면 현재 스팸은 전 세계적으로 매일 발송되는 수십억 개의 이메일 중 55%를 차지한다고 한다. 미국 직장인은 하루 평균 200통의 이메일을 받으며, 이를 읽고 답하는 데 거의 2시간 반을 보낸다. 최근 한 연구에서는 소비자의 절반 이상이 브랜드 이메일을 열어보지 않고, 50% 이상은 삭제해버린다고 답했다.[18] 이메일 마케터는 소비자를 위해 가치를 더하는 것과 방해하고 짜증 나게 하는 것 사이에서 미묘한 줄타기를 하고 있다.

이러한 염려를 반영하여 대부분의 적법한 마케터들은 이제 허가에 따른 이메일 마케팅(permission-based email marketing)을 도입하여 '수신 동의'를 한 고객에게만 이메일을 발송한다. 많은 기업은 고객이 원하는 것을 선택할 수 있는 선별 가능한 이메일 시스템을 사용한다. 예를 들어 아마존은 수신 동의 고객을 대상으로 고객이 표시한 선호와 과거 구매 기록을 토대로 한정된 인원에게 '당신이 알고 싶어 할 만한 것'을 담은 메시지를 발송한다. 거부하는 경우는 거의 없고 상당수는 이러한 프로모션 메시지를 환영한다. 아마존은 더 높은 수익률을 통해 그리고 고객이 원치 않는 이메일을 받고 멀어지는 것을 피함으로써 이익을 얻는다.

온라인 동영상

온라인 마케팅의 또 다른 형태는 디지털 동영상을 브랜드의 웹사이트나 소셜미디어 사이트에 올리는 것이다. 일부 동영상은 기업이 주로 TV나 다른 미디어를 위해 만드는 광고이지만 광고 캠페인 전후에 범위와 영향력을 확장하기 위해 온라인에 게시한다. 특별히 웹과 소셜미디어를 위해 만드는 동영상도 있다. 이러한 동영상은 '입문용' 교육 동영상과 홍보물, 브랜드 프로모션, 브랜드 관련 엔터테인먼트 등 다양하다.

좋은 온라인 동영상은 소비자 수천만 명의 마음을 사로잡을 수 있다. 온라인 동영상 시청자가 급증하고 있다. 미국 인구 중 거의 72%가 온라인 동영상을 시청하고 있다. 유튜브 사용자는 분당 300시간 이상의 동영상을 업로드한다. 페이스북만 해도 전 세계적으로 하루에 600억 개 이상의 동영상 조회 수를 생성하는 것으로 추정된다. 한 추정치에 따르면 2022년까지 동영상이 전체 인터넷 트래픽의 82%를 차지할 것으로 예측된다. 한 분석가는 "지난 몇 년간 인터넷은 텍스트 기반 매체에서 새로운 TV로 발전했다"고 지적했다.[19]

많은 브랜드는 기존의 TV, 온라인, 모바일 미디어를 연결하는 다중 플랫폼 동영상 캠페인을 제작한다. 예를 들어 슈퍼볼 광고의 동영상 버전과 프로모션은 빅게임이 방송되기 전후에 많은 관객을 끌어들인다. 제52회 슈퍼볼의 아마존 광고 'Alexa loses her voice(알렉사가 목소리를 잃었다)'에서는 거물급 AI 비서가 목소리를 잃고 요청을 이행하지 못하자 유명인들이 대거 몰려든다. 이 90초짜리 광고는《USA 투데이》애드미터에서 1위를 차지했으며, TV 광고 노출 수 8,100만 회 이상, 경기 당일 온라인 조회 수 800만 회 이상을 기록했다. 그러나 짧은 형식의 티저 영상과 사전 출시 버전의 광고는 경기가 시작되기 전까지 온라인 조회 수가 2,000만 회 이상, 다음 날에는 수천만의 조회 수를 기록했다. 아마존 광고와 관련 동영상은 경기 전부터 온라인 '디지털 소문'에서 4위를 차지했다.[20]

바이럴 마케팅
구전 마케팅의 인터넷 버전으로 동영상, 광고 및 고객이 스스로 찾거나 친구에게 전달할 정도로 전염성이 강한 기타 마케팅 콘텐츠

아마존과 같이 마케터는 자사의 동영상 중 일부가 입소문이 나기를 바란다. 입소문 마케팅의 디지털 버전인 **바이럴 마케팅**(viral marketing)은 동영상, 광고 및 고객이 스스로 찾거나 친구에게 전달할 정도로 전염성이 강한 기타 마케팅 콘텐츠를 만드는 것을 포함한다. 고객이 콘텐츠를 찾아 전달하기 때문에 바이럴 마케팅은 비용이 매우 저렴할 수 있다. 그리고 친구로부터 콘텐츠를 받는 사람은 그것을 보거나 읽을 가능성이 훨씬 더 높다.

브랜드는 종종 제품을 촉진하고, 브랜드에 목소리를 주고, 긍정적인 브랜드 연관성을 만드는 것을 넘어 소비자를 참여시키기 위해 동영상을 사용한다. 게토레이의 동영상 캠페인을 살펴보자.[21]

> 10대까지 여학생이 남학생보다 50% 더 스포츠를 포기한다는 사실을 알게 된 게토레이는 6부작 동영상 시리즈 'Versus'를 만들었다. 여자고등학교 라크로스 선수들이 주연을 맡은 21분 분량의 이 에피소드에 대해 게토레이의 마케터는 이렇게 말한다. "여성을 게임에 계속 참여시키는 것의 중요성에 대한 대화를 솔직하게 불러일으키기 위해 고안되었다. 우리는 스포츠에 애정을 가진 소녀들이 계속해서 의욕을 갖게 할 수 있는 무언가를 찾고 싶었다." 이 동영상 시리즈는 세리나 윌리엄스 같은 프로 운동선수, 스포츠가 긍정적인 영향을 미쳤던 다른 유명한 여성들이 출연한 'Sisters in Sweat(땀 흘리는 자매들)' 캠페인과 함께 진행되었다. 'Versus'는 빠른 속도로 100만 회 이상의 조회 수를 기록하여 소녀의 스포츠 참여 신뢰도를 '두 자릿수 상승'으로 만들고 게토레이의 긍정적인 브랜드 연관성을 높였다. 또 다른 게토레이 마케터는 "우리 자신이 특별하고 감정적이며 생각을 자극하는 무언가를 손에 쥐고 있다는 것을 알고 있었다"고 말한다.

많은 바이럴 메시지의 성공에도 불구하고 마케터는 일반적으로 바이럴 메시지가 끝나는 위치를

거의 제어할 수 없다는 것에 유의해야 한다. 그들은 콘텐츠를 온라인으로 퍼뜨릴 수는 있지만 소비자가 메시지를 기억하지 못한다면 말짱 헛일이다. 한 크리에이티브 디렉터는 다음과 같이 말한다. "소비자가 좋아하지 않는다면 그것은 움직이지 않을 것이다. 소비자가 좋아한다면 그것은 조금 움직일 것이다. 소비자가 사랑한다면 그것은 순식간에 타오르는 불길처럼 할리우드 언덕을 관통해서 움직일 것이다."[22]

블로그와 기타 온라인 포럼

블로그
사람들과 기업이 일반적으로 제한적인 주제와 관련된 생각 및 기타 콘텐츠를 게시하는 온라인 포럼

브랜드는 특정한 관심을 지닌 집단과 브랜드 커뮤니티에 호소하는 다양한 디지털 포럼을 통해서도 온라인 마케팅을 진행한다. **블로그**(blog)는 사람들과 기업이 일반적으로 제한적인 주제와 관련된 생각 및 기타 콘텐츠를 게시하는 온라인 포럼이다. 블로그는 정치, 야구, 하이쿠, 자동차 정비, 브랜드, 최신 TV 시리즈에 이르기까지 모든 주제를 다룰 수 있다. 큰 영향력을 미치는 많은 블로거가 트위터, 페이스북, 텀블러, 인스타그램과 같은 소셜미디어를 이용하여 블로그를 홍보하고 있다. 이러한 범위는 특히 규모가 크고 헌신적인 팔로잉을 가진 블로그에 상당한 영향력을 줄 수 있다.

요즘 거의 모든 기업은 자체 브랜드와 관련된 블로그를 보유하고 있고 이 블로그는 고객 커뮤니티와 연결되어 있다. ● 예를 들어 'Oh My Disney(오 마이 디즈니)' 블로그는 디즈니 팬에게 '디즈니 퀴즈, 향수, 뉴스와 기타 디즈니 마법의 공식 여행지'를 제공한다. 최초의 스타벅스 매장 주소명을 따서 이름 지은 스타벅스의 '1912 Pike(1912년 파이크)'는 커피 애호가와 스타벅스 브랜드 팬에게 커피와 관련된 흥미로운 기사와 업계 뉴스, 조리법, 방법 가이드를 제공하는 '커피 교육 블로그'이다. 체이스은행의 'Chase News & Stories(체이스 뉴스 & 스토리)' 블로그는 첫 주택 구입, 대학 학자금 선계획, 식료품 구입 시 돈 절약과 같은 재정 관련 주제의 유용한 기사와 이야기를 통해 돈을 최대한 활용하도록 지원하는 데 초점을 맞춘다. 또한 파타고니아의 블로그인 'The Cleanest Line(더 클리니스트 라인)'은 환경 이야기를 공유하고 주요 문제에 대한 자사의 입장을 알려주며, 판매촉진 대신 '우리의 고향을 구하라'는 브랜드 메시지를 전달한다. 파타고니아는 인기 있는 소셜미디어, 특히 인스타그램(팔로워 380만 명 이상)을 이용하여 블로그의 긴 형식 스토리와 동영상으로 팬을 유도한다.[23]

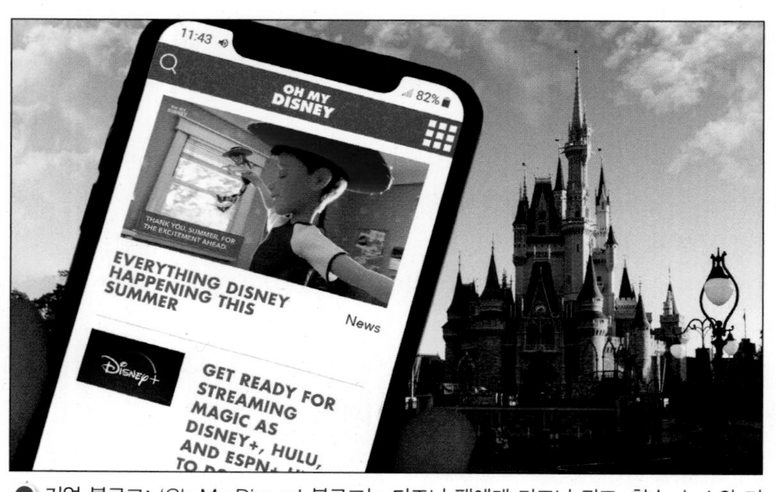

● 기업 블로그: 'Oh My Disney' 블로그는 디즈니 팬에게 디즈니 퀴즈, 향수, 뉴스와 기타 디즈니 마법의 공식 여행지를 제공한다.
Eyal Dayan Photography

많은 마케터는 자체 브랜드 블로그 외에도 타사 블로그를 사용하여 메시지를 전달한다. 예를 들어 일부 패션 블로거는 주요 패션 잡지의 블로그와 소셜미디어 계정보다 더 많은 팬을 기반으로 수백만 명의 팔로워를 보유하고 있다. 27세의 대니엘 번스타인(Danielle Bernstein)은 뉴욕 패션기술대학(FIT)을 다닐 때 패션 블로그 'We Wore What(우리는 무엇을 입었다)'을 시작했다. 블로그와 인스타그램 계정은 이제 200만 명 이상의 팬에게 매일 의상의 영감을 주는 원천이 되었다. 이러한 많은 팔로워 때문에 브랜드는 번스타인과 브라이언보이(BryanBoy), 더블론드샐러드(The Blonde Salad), 송오브스타일(Song of Style), 걸미츠글램(Gal Meets Glam)과 같은 다른 패션 블로그 인플루언서에게 몰려들고, 그들의 블로그와 페이스북, 인스타그램에 제품 이미지를 게시하고 태그하는 데 1만 5,000달러 이상을 지불한다. 번스타인은 슐츠슈즈(Schultz Shoes)와 리볼브클로

딩(Revolve Clothing) 같은 소규모 브랜드부터 나이키, 랑콤, 노드스트롬과 같은 대형 브랜드까지 후원 제품이 포함된 이미지를 게시한다.[24]

마케팅 도구로서 블로그는 몇 가지 장점이 있다. 블로그는 소비자를 온라인과 소셜미디어 대화로 끌어들이는, 신선하고 독창적이며 개인적이고 저렴한 방법이다. 그러나 블로그 세상은 어수선하고 통제하기가 어렵다. 그리고 기업이 소비자의 참여를 끌어내기 위해 간혹 유명 블로그와 의미 있는 관계를 맺더라도 블로그는 대체로 소비자가 제어하는 매체이다. 블로그에 적극적으로 참여하든 그렇지 않든 기업은 블로그를 모니터링하고 경청해야 한다. 마케터는 소비자 온라인 대화에서 얻은 통찰력을 사용하여 마케팅 프로그램을 개선할 수 있다.

저자 **코멘트** | 우리 삶의 다른 모든 영역과 마찬가지로 디지털 미디어와 모바일 기술은 마케팅 세계를 휩쓸었다. 그것은 몇 가지 놀라운 마케팅 가능성을 제공한다. 하지만 기실 많은 마케터는 그것을 가장 효과적으로 사용하는 방법에 대해 아직도 고민하고 있다.

소셜미디어와 모바일 마케팅

학습목표 17-4 기업이 고객을 참여시키고 브랜드 커뮤니티를 만들기 위해 어떻게 소셜미디어와 모바일 마케팅을 이용하는지 이해한다.

소셜미디어 마케팅

소셜미디어
사람들이 모여서 메시지, 의견, 사진, 동영상 등의 콘텐츠를 공유하는 독립적·상업적인 온라인 소셜네트워크

인터넷 사용과 디지털 기술 및 기기의 급증은 온라인 **소셜미디어**(social media)와 기타 디지털 커뮤니티의 눈부신 성장을 가져왔다. 사람들이 모여서 메시지, 의견, 사진, 동영상 등의 콘텐츠를 공유하는 독립적·상업적인 소셜네트워크가 수없이 많다. 최근 거의 모든 사람이 페이스북에서 친구가 되거나, 트위터를 확인하거나, 유튜브에서 가장 인기 있는 동영상을 시청하거나, 소셜스크랩북 사이트인 핀터레스트에 이미지를 고정하거나, 인스타그램·스냅챗·틱톡에서 사진을 공유하는 것 같다. 물론 소비자가 모이는 곳이라면 마케터는 반드시 따라갈 것이다.

마케터는 지금 거대한 소셜미디어의 물결을 타고 있다. 거의 모든 대기업과 중소기업이 하나 이상의 소셜미디어 채널을 사용한다. 대형 브랜드는 보통 엄청난 소셜미디어를 보유하고 있다. 한 조사에 따르면 나이키는 최소 108개의 페이스북 페이지, 104개의 트위터 핸들, 16개의 인스타그램 계정, 41개의 유튜브 채널을 유지하고 있다.[25]

흥미롭게도 마케터가 고객을 참여시키기 위해 소셜미디어의 사용을 마스터하고 있는 것처럼 소셜미디어는 소셜미디어 사용자와 브랜드 모두에게 이익이 되는 방식으로 그들의 커뮤니티를 마케팅 콘텐츠에 적합한 플랫폼으로 만드는 방법을 배우고 있다. 대부분의 소셜미디어, 심지어 가장 성공적인 소셜미디어도 여전히 수익화 문제—충성 사용자를 몰아내지 않고도 막대한 커뮤니티의 마케팅 잠재력을 활용하여 수익을 올릴 수 있는 방법—에 직면해 있다. 페이스북과 대규모로 성공한 페이스북 소유의 인스타그램은 예외이다(마케팅 현장 17.1 참조).

소셜미디어의 이용

마케터는 두 가지 방법으로, 즉 기존의 소셜미디어를 이용하거나 자체 소셜미디어를 만들어 소셜미디어에 참여한다. 물론 기존의 소셜미디어를 이용하는 것이 가장 쉬워 보인다. 따라서 크고 작은 대부분의 브랜드는 수많은 소셜미디어 사이트에 매장을 개설했다. 코카콜라, 나이키, 칙필레, 시카고 불스, 미국 산림청에 이르기까지 다양한 브랜드의 웹사이트를 방문하면 페이스북, 트위터, 인스타그램, 유튜브, 링크드인 및 기타 소셜미디어 페이지로 연결된 것을 볼 수 있다. 예를 들어 시카고 불스는 1,800만 이상의 페이스북 팬을, 코카콜라는 1억 800만 명의 페이스북 팬을 보유하고 있다.

주요 소셜네트워크 중 일부는 규모가 거대하다. 페이스북의 월 사용자 수는 미국 인구의 7배 이상인 24억 명에 달한다. 트위터의 월 사용자 수는 3억 2,600만 명 이상이며, 유튜브는 13억 명 이

마케팅 현장 17.1 | 인스타그램: 기업, 광고주, 인스타그램 사용자의 윈윈윈

소셜미디어 거인 페이스북은 7년 전 인스타그램이라는 신생 스타트업을 당시로서는 엄청난 금액인 10억 달러에 인수했는데, 이는 페이스북이 다른 기업 인수에 사용한 것보다 훨씬 큰 금액이었다. 전문가들은 충격을 받았고, 일부 비평가들은 페이스북의 정신이 온전하냐고 조롱했다. 당시 인스타그램은 수익이 전혀 없었고 사용자는 3,000만 명에 불과했으며, 어떻게 수익을 올릴지 전혀 몰랐다. 그러나 페이스북은 신생 인스타그램에서 큰 잠재력을 보았다.

세계가 빠르게 소셜 및 모바일로 바뀌면서 소셜네트워크가 큰 역할을 한다. 대규모 소셜미디어 플랫폼에 있든, 잘 알려지지 않은 틈새 사이트에 있든 간에 오늘날에는 어디서나 사람들이 기기를 손에 들고, 연결하고, 게시물을 올리고, 메시지를 보내고, 공유하는 모습을 흔히 볼 수 있다. 페이스북에서만 매일 전 세계 24억 명의 월 사용자 중 16억 명이 80억 개의 동영상을 시청하고, 57억 개의 '좋아요'를 생성하며, 48억 개의 콘텐츠를 공유한다.

그러나 소셜미디어 네트워크가 사용자 수와 순수한 콘텐츠 용량 측면에서 놀라운 성공을 거두었음에도 불구하고 지속적인 문제가 있었다. 그것은 바로 수익 창출이었다. 소셜미디어는 어떻게 하면 충성 사용자를 몰아내지 않고 거대한 커뮤니티의 마케팅 잠재력을 수익성 있게 활용할 수 있을까? 대부분의 소셜미디어는 아직도 이익을 내기 위해 고군분투한다. 작년에 트위터는 사상 처음으로 이익을 냈고, 스냅챗은 거의 13억 달러의 손실을 보았다.

페이스북은 수익성 문제를 해결한 최초의 소셜미디어였으며, 어쩌면 대규모로 그렇게 한 유일한 매체이다. 작년에 페이스북은 560억 달러를 약간 넘는 수익으로 220억 달러의 이익을 올렸는데 이는 무려 39%나 되는 차익이다. 페이스북은 불과 7년 전에 수익을 올리기 시작했지만 수익은 매년 평균 거의 50%, 이익은 연간 80%씩 증가했다. 다른 많은 소셜미디어가 여전히 수익 창출과 씨름하는 곳에서 페이스북은 어떻게 성공하는 것일까? 그 이유는 모두 광고에 있다. 페이스북은 기업이 관련 광고 및 기타 브랜드 콘텐츠로 거대한 사용자 커뮤니티를 타깃팅하고, 관련 광고 및 기타 브랜드 콘텐츠를 효과적으로 참여시킬 수 있는 방법을 제공함으로써 많은 돈을 벌고 있다.

이러한 수익화의 성공이 인스타그램보다 더 뚜렷하게 나타나는 곳은 아마도 없을 것이다. 2010년 개인 스타트업으로 출범한 인스타그램은 두 가지 방식으로 다른 앱과 차별화했다. 모바일 전용으로, 사진 공유라는 간단한 기능을 염두에 두고 설계되었다. 인스타그램의 단순함과 이미지를 통한 소통의 폭넓은 매력은 곧바로 히트를 쳤다. 사진 공유 앱은 빠른 속도로 당시 젊은 밀레니얼 세대가 부모의 걱정스러운 눈길에서 벗어나 친구들과 소통할 수 있는 소셜네트워크가 되었다.

인스타그램은 출시된 지 2년이 채 되지 않아 페이스북에 인수되었다. 인스타그램의 젊은 청중은 당시에는 작았던 페이스북의 노령층을 보완했다. 1년 후 인스타그램은 유료 광고를 도입했다. 결정은 논란의 여지가 있었다. 대부분의 소셜미디어 사용자와 마찬가지로 인스타그램 사용자는 디지털 커뮤니티의 무료 (및 상업성이 없는) 공유 문화를 소중히 여겼다. 비록 잘 구상되지는 않았지만 상업적 콘텐츠는 사용자를 멀어지게 하고 쫓아내는 원치 않는 침입이 될 수 있었다. 모든 소셜미디어와 마찬가지로 인스타그램의 과제는 커뮤니티의 역동성을 방해하지 않고 사용자 콘텐츠와 함께 브랜드 콘텐츠를 삽입하는 것이었다.

하지만 점점 더 많은 광고주가 인스타그램에 뛰어들었음에도 불구하고 인스타그램의 사용자 기반은 계속해서 폭발적으로 증가하고 있다. 사실 아직도 페이스북보다 훨씬 작지만 인스타그램의 성장률은 페이스북의 성장률과 비슷하다. 매일 11억 명의 인스타그램 사용자가 더 많이 공유한다. 1억 개 이상의 사진과 동영상을 공유하고 42억 번 이상 '좋아요'를 눌렀다. 또한 인스타그램의 광고주 기반은 사용자 기반과 조화를 이루며 성장했다. 인스타그램은 세계 최고의 디지털, 소셜미디어, 모바일 광고 채널 중 하나이며, 현재 나이키, 디즈니, P&G와 같은 마케팅 거물부터 현지 식당이나 피트니스센터에 이르기까지 매달 200만 광고주를 유치하고 있다.

인스타그램의 고유한 사용자 기반은 여러 브랜드의 콘텐츠 전략에 이상적이다. 인스타그램 커뮤니티는 18~29세 미국인의 71%가 이용할 만큼 크고 젊지만, 매우 정확한 타깃팅이 가능한 광범위한 인구통계적 범위에 걸쳐 있다. 인스타그램의 고객은 브랜드 충성도가 높다. 사용자의 80%는 앱에서 하나 이상의 브랜드를 팔로우하고, 60%는 새로운 제품을 발견한다고 답했다. 뿐만 아니라 인스타그램 사용자의 약 75%는 웹사이트 방문이나 쿠폰 같은 제공물을 확인하는 등 광고 게시물을 본 후 반응을 보인다.

인스타그램은 디자인을 통해 광고주의 브랜드 콘텐츠를 사용자 콘텐츠의 흐름과 자연스럽게 혼합할 수 있다. 결과적으로 브랜드 콘텐츠는 인스타그램 사용자의 경험을 방해하기보다는 향상하는 경우가 많다. 광고주는 자신의 인스타그램 피드 외에도 여러 콘텐츠 형식 중에서 선택할 수 있다. 광고주는 인스타그램의 가장 기본적인 광고 형식인 사진 광고를 앱의 '깨끗하고 단순하며 아름다운 창조적인 캔버스'에 효과적인 이미지로 게시할 수 있다. 동영상 광고는 최대 60초 길이의 브랜드 동영상에서 소리와 움직임에 힘을 불어넣는다. 회전식 광고는 사용자가 한 번의 광고를 손으로 쓸어 넘겨 추가 사진이나 동영상을 볼 수 있게 하여 깊이를 더한다. 또한 스토리 광고를 통해 광고주는 인스타그램 사용자가 스토리 기능을 사용하는 것과 동일한 방식으로 브랜드 콘텐츠를 제공할 수 있다. 즉

매우 성공적인 인스타그램은 사용자, 광고주와 자체적인 수익을 만족시키는 방법으로 광고를 소비자 콘텐츠와 통합하는 방법을 알아냈다.
ELF

사진과 동영상을 엮어서 만들 수 있으며, 텍스트와 기념일 로고를 사용하여 꾸미고, 24시간 동안 유지되는 전체 화면 슬라이드 쇼로 보여준다.

사진과 동영상을 공유하기 위해 설계된 인스타그램의 프레젠테이션 형식을 사용하면 오늘날의 모바일 세대에 걸맞게 보다 정서적인 영향을 미치면서 시각적 콘텐츠를 빠르고 효율적으로 처리할 수 있다. 인스타그램 광고 콘텐츠는 다른 소셜미디어에 비해 높은 수준의 고객 인게이지먼트를 유도한다. 예를 들어 가장 가까운 경쟁자인 스냅챗의 사라지는 콘텐츠는 브랜드-소비자 연결을 일시적으로 만드는 반면, 인스타그램의 형식을 사용하면 소비자가 자신의 시간 조건에 따라 스크롤하고 오래 머무르면서 콘텐츠를 공유할 수 있다.

최근 연구에 따르면 브랜드는 트위터보다 인스타그램에서 30배 더 많은 참여를 얻고, 페이스북보다는 3배 더 많은 참여를 얻은 것으로 나타났다. 한 예로 메르세데스는 최근 새로운 A클래스 해치백의 세계 초연을 위해 소셜미디어 티저를 게시했다. 이 게시물은 페이스북에서 1만 개의 '좋아요'를 받았으나 인스타그램에서는 15만 개의 '좋아요'를 받았다. 즉 인스타그램은 더 오래되고 더 많은 텍스트 기반 소셜미디어와 비교할 수 없는 정도로 참여도가 높다.

영향력 있는 브랜드 콘텐츠로 소비자를 끌어들이는 능력만 있는 것이 아니라 이제 인스타그램은 고객 여정의 다음 단계인 구매를 목표로 하고 있다. 브랜드는 인스타그램에 상점을 만들 수 있으며, 여기서 사용자는 브랜드의 웹 또는 모바일 사이트를 클릭하여 주문할 수 있다. 인스타그램에서 최근 출시한 컬렉션 광고를 통해 사용자는 광고에서 직접 제품을 구매할 수 있다. 게다가 인스타그램은 이제 결제도 가능하기 때문에 사용자가 네트워크를 벗어나지 않고도 결제를 할 수 있다.

페이스북이 인스타그램을 돈벌이로 만드는 데에는 오랜 시간이 걸리지 않았다. 페이스북이 인스타그램 재무 정보를 별도로 보고하지는 않지만 한 추정치에 따르면 인스타그램의 올해 광고 수익은 140억 달러로, 이는 작년의 2배이다. 인스타그램은 스토리 광고만으로도 스냅챗보다 더 많은 수익을 창출한다. 또 다른 분석은 독립 실행형 회사로서 인스타그램의 가치를 1,000억 달러 이상으로 평가하는데, 이는 페이스북이 7년 전에 지불한 비용의 100배이다. 요컨대 이제는 페이스북의 인스타그램 인수를 아무도 조롱하지 않는다.

인스타그램은 모든 사람을 만족시키는 방식으로 소비자 콘텐츠와 광고를 통합하는 방법을 알아냈기 때문에 급상승하고 있다. 많은 인스타그래머는 브랜드 콘텐츠가 거슬린다고 원망하기는커녕 이를 환영하는 것처럼 보이며, 소셜미디어 광고를 인스타그램, 광고주, 사용자 커뮤니티의 윈윈윈(win-win-win)으로 생각하고 있다.[26]

● 수많은 틈새시장과 관심 기반 소셜미디어는 같은 생각을 가진 사람들의 커뮤니티를 지원한다. 굿리즈는 '다음으로 좋아하는 책을 만나고' 다른 사람들과 토론할 수 있는 소셜네트워크이다.
Sharaf Maksumov/Shutterstock

상의 사용자가 매일 분당 300시간 분량의 동영상을 업로드한다. 또한 인스타그램의 활성 사용자는 1억 8,600만 명, 링크드인은 5억 명, 틱톡은 5억 명, 핀터레스트는 2억 5,000만 명, 스냅챗은 1억 8,600만 명에 이른다.[27]

이렇게 규모가 큰 소셜미디어 네트워크에 온통 관심이 집중되고 있는 가운데 수많은 틈새 소셜미디어와 관심 기반 소셜미디어가 등장했다. 이러한 틈새 소셜미디어 네트워크는 생각이 비슷한 사람들이 모이는 작은 커뮤니티의 이해에 부합하며, 특정 관심을 공유하는 집단을 표적화하려는 마케터에게는 이상적인 수단이다. 거의 모든 관심 분야, 취미 또는 그룹을 위해 적어도 하나 이상의 소셜미디어 네트워크가 있다. ● 굿리즈(Goodreads)는 6,500만 명의 열렬한 독자가 '다음으로 좋아하는 책을 만나고' 다른 사람들과 토론할 수 있는 소셜네트워크이다. 한편 엄마들은 카페맘에서 조언과 위로를 공유한다. 독시미티(Doximity)에서는 의사, 간호사, 약사 등 100만 명 이상의 의료 전문가가 동료들과 네트워킹하고 의료 뉴스와 취업 기회를 공유한다. 퍼스널스(PURRsonals)는 '고양이 애호가들이 만나고 인사하는' 곳이다. 파머스온리닷컴(FarmersOnly.com)은 '푸른 하늘을 즐기고, 넓고 열린 공간에서 자유롭고 평화롭게 생활하며, 동물을 기르고, 자연을 감상하는 시골 사람들'을 위한 온라인 데이트를 제공한다.[28]

소셜미디어 마케팅의 장점과 어려움

소셜미디어 이용에는 장점과 어려움이 있다. 장점으로는 소셜미디어가 **표적화·개별화**된다는 것을 꼽을 수 있다. 소셜미디어에서 마케터는 맞춤형 브랜드 콘텐츠를 만들고 개별 소비자 및 커뮤니티와 공유한다. 소셜미디어는 **상호작용적**이라서 소비자와의 대화를 시작하고 참여하며 피드백에 귀

● 제트블루항공은 소셜미디어의 응답 속도와 품질로 유명하다. 제트블루항공의 소셜미디어 팀은 모든 트위터 멘션을 10분이라는 인상적인 평균 응답 시간 안에 읽고 응답한다.
JetBlue

기울이는 데 이상적인 도구이다. 또한 소셜미디어는 **즉각적이고 시의적절**하다. 브랜드 행사와 활동에 관해 적시에 적절한 마케팅 콘텐츠를 통해 언제 어디서나 소비자와 상호작용할 수 있다. 이 장 앞부분에서 언급했듯이 소셜미디어 이용의 급격한 증가로 실시간 마케팅이 급증하여 마케터가 상황이나 사건 발생 시 소비자 대화를 만들고 참여할 수 있게 되었다. 한 예로 제트블루항공을 살펴보자.[29]

> 한 남자가 공항에서 기다리는 동안, 더 일찍 비행기를 탔는데 왜 50달러가 청구되었는지 제트블루항공에 묻는 트윗을 올렸다. 제트블루항공은 몇 분 만에 그 트윗에 응답했고 고객은 만족한 듯 보였다. 하지만 제트블루항공 소셜미디어 담당자는 거기서 멈추지 않았다. 공항에 있는 제트블루항공 직원에게 교환서를 전달했다. 공항 직원은 그 남자의 트위터 프로필 사진을 확인한 후 직접 후속 조치를 취하기 위해 그를 찾을 때까지 공항을 돌아다녔다. 또 다른 경우로 제트블루항공 승객이 보스턴에 도착했을 때 게이트에서의 '환영 퍼레이드'를 기대한다는 농담을 트위터에 올렸다. 그녀가 목적지에 도착했을 때 공항에 있는 제트블루항공 직원은 군악대 음악과 손수 제작한 사인, 팡파르로 환영해주었다.
>
> 물론 제트블루항공이 이런 식으로 모든 고객을 놀라게 할 수는 없다. ● 그러나 제트블루항공은 소셜미디어의 응답 속도와 품질로 유명하다. 매일 2,500~2,600건의 트위터 멘션을 받는 제트블루항공 소셜미디어 팀은 10분이라는 인상적인 평균 응답 시간 안에 일일이 읽고 응답한다. 이러한 소셜미디어 상호작용은 고객 인게이지먼트를 올리고 행복하게 해줄 뿐만 아니라 귀중한 고객 피드백을 제공한다. 제트블루항공의 고객 담당 책임자는 이렇게 말한다. "우리는 고객 때문에 존재한다. 소셜미디어에 있는 것은 이러한 기술의 자연스러운 확장이다."

소셜미디어는 상당히 **비용 효과적**일 수 있다. 소셜미디어 콘텐츠의 제작과 관리에 비용이 많이 들더라도 소셜미디어 이용은 무료이거나 저렴한 경우가 많다. 따라서 소셜미디어 투자 수익률은 TV나 인쇄물과 같이 값비싼 전통적인 미디어와 흔히 비교된다. 소셜미디어는 드는 비용이 적기 때문에 고예산 마케팅 캠페인을 감당하기 어려운 작은 사업체와 브랜드도 접근하기 쉽다.

소셜미디어의 가장 큰 장점은 아마도 **인게이지먼트와 사회적 공유 능력**일 것이다. 소셜미디어는 특히 소비자가 브랜드와 관계를 맺고, 또 소비자끼리 관계를 맺을 수 있도록 인게이지먼트를 끌어내고 커뮤니티를 만드는 데 적합하다. 다른 어떤 경로보다 소셜미디어는 브랜드 콘텐츠와 경험, 정보, 아이디어를 구체화하고 공유하는 데 소비자를 더 잘 참여시킬 수 있다.

예를 들어 '모든 수제품을 사고파는' 온라인 공예 시장 엣시(Etsy)를 살펴보자. 엣시는 자사의 웹 및 모바일 사이트와 소셜미디어를 이용하여 엣시 라이프스타일 커뮤니티를 만들고, 여기서 구매자들은 핸드메이드, 빈티지 제품과 관련 주제에 대해 배우고, 탐색하고, 교환하고, 아이디어를 공유한다. 엣시는 활발한 페이스북, 트위터, 유튜브 외에도 엣시 커뮤니티가 창의적인 아이디어와 프로젝트의 사진을 공유하는 인스타그램에 200만 명의 팔로워를 보유하고 있다. 또한 소셜스크랩북 사이트인 핀터레스트의 팔로워는 약 120만 명이며, 여기에는 'DIY Projects(DIY 프로젝트)', 'Entertaining(엔터테이닝)', 'Stuff We Love(우리가 좋아하는 콘텐츠)', 'Etsy Weddings(엣시 웨딩스)',

'Yum! Recipes to Share(냠냠! 공유 레시피)' 등 다양한 주제의 게시판이 있다. 엣시는 레시피에 들어가는 재료를 거의 판매하지 않지만 모든 것이 엣시 라이프스타일의 일부이다. 광범위한 온라인 및 소셜미디어 존재를 통해 엣시는 전 세계 3,940만 명의 쇼핑객과 210만 명의 판매자로 구성된 적극적이고 참여도 높은 전 세계 커뮤니티 '우리가 함께 만드는 시장(The marketplace we make together)'을 만들었다.[30]

소셜미디어 마케팅에는 어려움도 따른다. 예를 들어 이러한 소셜네트워크는 대부분 사용자가 통제한다. 기업이 소셜미디어를 사용하는 목적은 브랜드를 소비자의 대화와 삶의 한 부분으로 만드는 것이다. 그러나 마케터가 소비자의 디지털 상호작용 속에 무턱대고 끼어들 수는 없다. 그들은 그곳에 있을 정당한 명분을 얻어야 한다. 마케터는 침범하기보다 매력적인 콘텐츠의 꾸준한 개발로 온라인 경험의 가치 있는 일부가 되어야 한다.

한편 소비자가 소셜미디어 콘텐츠를 너무 많이 통제할 수 있기 때문에 무해한 소셜미디어 캠페인도 역효과를 낼 수 있다. 코카콜라는 2016년 초 러시아의 가장 인기 있는 소셜미디어 플랫폼인 VK에서 소비자가 새해에 복을 많이 받기를 바라는 마음뿐이었다. 그러나 불행히도 만화 지도에 크림 반도가 생략되어 있어 러시아 소비자가 분노했다. 코카콜라는 크림 반도가 포함된 지도로 대체했지만, 이는 러시아의 합병에 이의를 제기하는 우크라이나 소비자를 불쾌하게 만들었다. 두 번째 지도에는 쿠릴 열도도 포함되어 있어 섬에 대한 소유권을 주장하는 일본 소비자를 화나게 했다. 온라인에서 폭풍처럼 번진 불은 마침내 코카콜라의 사과로 진정되었다. 2016년 알디 오스트레일리아는 트위터 사용자에게 '처음 __________를 맛보았을 때 알디 애호가가 되었다'와 같은 #tellus를 요청했다. 그런데 이 캠페인은 고객이 선호하는 알디 브랜드의 예상 목록만 생성하는 데 그치지 않았다. 해시태그는 불만을 품은 고객이 슈퍼마켓 체인을 성적으로 조롱하는, 무례한 복수의 해시배시태그로 바뀌었다.

명확한 메시지가 있다. 한 소셜 마케터는 다음과 같이 경고한다. "소셜미디어를 통해 소비자의 뒷마당으로 이동하게 된다. 그곳이 그들의 장소이다. 소셜미디어는 압력솥이다. 수십만 또는 수백만 명이 당신의 아이디어를 가져갈 것이고, 그들은 그것을 파쇄하거나 찢어서 약하거나 어리석은 부분을 찾아내려 할 것이다."[31]

통합형 소셜미디어 마케팅

소셜미디어 이용은 브랜드의 페이스북이나 트위터에 게시물을 올리고 홍보하는 것만큼 혹은 유튜브, 인스타그램, 핀터레스트에 있는 동영상이나 이미지를 통해 브랜드 인지도를 높이는 것만큼 단순한 일일 수도 있다. 그러나 대부분의 대기업은 이제 브랜드의 마케팅 콘텐츠 전략 및 전술의 다른 요소들을 조합하고 그것을 뒷받침하는 총체적 소셜미디어 활동을 설계하는 중이다. 소셜미디어를 잘 이용하는 기업은 '좋아요'와 리트윗을 추구하고 산발적으로 노력하는 것 이상으로 브랜드 관련 사회적 공유, 참여, 고객 커뮤니티를 창출하기 위해 다양한 미디어를 통합하고 있다.

브랜드의 소셜미디어 활동을 관리하는 것은 주요 프로젝트가 될 수 있다. 예를 들어 스타벅스는 세계에서 가장 성공적인 소셜미디어 마케터 중 하나이다. 핵심 소셜미디어 팀은 5개의 소셜플랫폼에서 87개의 계정을 통해 팬과 연결된다. 프라푸치노 음료만으로도 페이스북, 트위터, 인스타그램에 1,400만 명 이상의 팔로워가 있다. 모든 소셜미디어 콘텐츠를 관리하고 통합하는 것은 어렵지만 그 결과를 보면 투자할 만한 가치가 있다. 매장에 발을 들여놓지 않고도 수천만 명의 고객이 디지털 방식으로 스타벅스를 이용할 수 있다. 최근 조사에 따르면 스타벅스 페이스북과 인스타그램의 고객 인게이지먼트는 가장 가까운 경쟁업체인 던킨의 17배로 나타났다.[32]

스타벅스의 소셜미디어 활동은 온라인 참여와 커뮤니티를 창출하는 데 그치지 않고 고객을 매장으로 끌어들인다. 예를 들어 몇 년 전 첫 번째 소셜미디어 프로모션에서 스타벅스는 아침 음료 구매 시 무료 페이스트리를 제공하여 수많은 사람이 매장을 찾았다. 최근에는 #Tweetacoffee와 친구의 트위터 계정을 동시에 트윗하면 친구에게 5달러 쿠폰을 선물할 수 있는 'Tweet-a-Coffee' 프로모션을 시행한 뒤 한 달도 되지 않아 18만 달러의 매상을 올렸다. 또한 스타벅스는 소용돌이치면 색깔이 변하는 기간 한정 음료인 유니콘 프라푸치노를 선보였는데, 이는 일주일 만에 18만 장의 사진을 올린 인스타그램 사용자의 관심을 끌 수 있도록 완벽하게 만들어졌다. 유니콘 프라푸치노는 일주일 동안 제공되었지만 많은 스타벅스 매장에서 빠른 속도로 바닥났다. 스타벅스의 글로벌 디지털 마케팅 책임자는 이렇게 말한다. "소셜미디어는 단순히 참여하고 이야기를 전달하고 연결하는 것이 아니다. 소셜미디어는 비즈니스에 중대한 영향을 미치고 실질적인 성과를 가져다줄 수 있다."[33]

모바일 마케팅

모바일 마케팅
모바일 기기를 통해 소비자에게 전달되는 마케팅 메시지, 프로모션과 기타 콘텐츠

모바일 마케팅(mobile marketing)은 항상 모바일 기기를 손에 들고 대기 중인 소비자에게 마케팅 메시지와 판매촉진을 제공하는 것이 특징이다. 마케터는 구입 과정과 관계 구축 과정에서 언제 어디서든 고객과 상호 교류하고 다가가기 위해 모바일 마케팅을 이용한다. 모바일 기기의 폭넓은 적용과 모바일 웹트래픽의 급증으로 모든 브랜드는 모바일 마케팅을 반드시 해야 하는 것으로 받아들인다.

최근 스마트폰과 태블릿의 확산으로 미국의 모바일 기기 보급률은 100%를 넘어섰다(많은 사람이 모바일 기기를 하나 이상 가지고 있다). 미국 인구의 75% 이상이 스마트폰을 가지고 있으며, 전체 미국 가구의 절반 이상은 현재 유선 전화가 없는 모바일 전용 가구이다. 10년이 채 되지 않은 모바일 앱 시장은 전 세계적으로 폭발적으로 성장했다. 이용할 수 있는 앱이 수백만 개에 달하며, 스마트폰 소유자는 평균적으로 하루에 9개의 앱을 사용한다.[34]

대부분의 사람들은 스마트폰에 애착을 보이고 의존도가 매우 높다. 미국인은 평균적으로 하루에 80번 스마트폰을 확인하고 하루에 5시간을 앱, 대화, 문자 전송, 웹 검색 등 모바일 기기를 이용하는 데 소비한다. 여전히 TV가 사람들의 삶에서 큰 부분을 차지하지만 모바일이 '첫 화면'으로 빠르게 자리 잡고 있다. 모바일은 집에서 떨어져 있는 유일한 화면이다.[35]

● 스마트폰이나 태블릿은 편리한 쇼핑 동반자가 될 수 있다. 이동 중에 제품 정보, 가격 비교, 다른 소비자의 조언과 리뷰, 즉각적인 거래 접근성, 빠르고 편리한 구매 방법을 제공한다. 최근 한 연구에 따르면 스마트폰을 가진 쇼핑객의 90% 이상이 쇼핑 중에 스마트폰을 사용했으며, 51%는 모바일 기기를 통해 구매했다. 18~34세의 61%가 지난 한 달 동안 모바일 구매를 한 적이 있다. 이제 모바일 구매는 전체 전자상거래 매출의 3분의 1 이상을 차지하고 있다.[36]

● 스마트폰이나 태블릿은 편리한 쇼핑 동반자가 됨으로써 모바일 광고 지출이 급증하고 있다.
George Rudy/Shutterstock

모바일은 모바일 광고, 쿠폰, 텍스트, 앱 및 모바일 웹사이트 등 다양한 도구를 사용하여 구매 과정을 거치면서 소비자가 더욱 깊이 관여할 수 있는 풍부한 플랫폼을 제공한다. 그 결과 미국에서는 모바일 광고 지출이 급증하고 있다. 이제 모바일 기기는 전체 디지털 광고 지출의 약 3분의 2를 차지한다. 모바일 광고 지출만이 TV 광고 지출을 초과하고,

마케팅 현장 17.2 | 모바일 마케팅: 중요한 순간의 고객 인게이지먼트

요즘에는 무엇을 하고 싶든 '그것을 위한 앱이 존재한다.' 모바일 앱 시장은 최근 몇 년 동안 폭발적으로 성장했다. 애플의 앱스토어는 현재 180만 개의 앱을 자랑하고, 구글 플레이스토어는 210만 개 이상의 앱으로 선두를 달리고 있다. 오늘날 모바일은 특히 젊은 소비자에게 매력적인 브랜드를 위한 새로운 마케팅 개척지가 되었다. 모바일 기기는 매우 개인적이고, 항상 존재하며, 24시간 켜져 있다. 고객이 개별화되고 시간에 민감한 제안에 신속하게 대응할 수 있는 이상적인 매체이다. 브랜드는 모바일 마케팅을 통해 중요한 순간에 소비자를 참여시킬 수 있다.

일부 모바일 앱은 브랜드에 따라 다르며, 소비자가 브랜드의 제품, 서비스, 특별 행사, 커뮤니티를 탐색할 수 있도록 도와준다. 예를 들어 세포라 앱은 'Makes Beauty Mobile'을 통해 '일상적인 영감, 독점 제공 등을 즉시 이용할 수 있는' 기능을 제공한다. 칙필레 앱은 고객에게 더 쉽게 주문하고, 줄을 서지 않고 스캔으로 결제하고, 선호하는 메뉴를 기억하고, 특별 대우로 보상하는 'Endless Awesome'을 제공한다. 레드박스 키오스크가 너무 느리다면 레드박스 앱을 다운로드하여 모바일 기기로 DVD를 찾아 예약하고 키오스크에서 대기할 수 있다.

다른 앱은 소비자가 시장을 탐색하고 기업의 제안에 접근하도록 도와준다. 앤지스리스트 앱은 지붕 수리공, 배관공, 정비사부터 의사, 치과의사에 이르기까지 최고의 지역 서비스를 제공하는 업체의 목록, 평가, 리뷰에 대한 상시 접근을 제공한다. 쿠폰 정리를 도와주는 플립(Flipp) 앱은 소비자가 쇼핑하는 동안에도 주간 매장 전단지를 제공하고, 어워드월릿(AwardWallet) 앱은 사용자가 한곳에서 모든 보상 계정에 있는 포인트와 보상을 추적하고 관리하도록 도와준다.

오늘날의 복잡한 모바일 환경에서 성공적인 모바일 마케팅은 단순히 쿠폰이나 구매 링크를 문자로 보내는 것을 넘어 브랜드 관계와 구매 경험을 향상하는 관련 기능과 제안으로 고객 인게이지먼트를 유도한다. 구글의 웨이즈 앱은 사용자가 A 지점에서 B 지점으로 이동하고 길을 따라 현지 정류장을 찾는 데 도움을 주는 것 이상의 기능을 한다. 또한 '커뮤니티 중심' 내비게이션 앱은 교통체증, 사고, 과속 단속, 연료 가격을 실시간으로 정확히 찾아내며, 185개국에서 1억 1,000만 명의 사용자가 충실히 업데이트한다. REI에는 하이킹, 등산, 산악 자전거 타기, 트레일 러닝, 스키, 스노보드 등 다양한 산악 스포츠를 다루는 전체 앱 제품군으로 가득하다. 각 앱은 지도, GPS 경로, 실시간 날씨와 지형 조건, 리뷰, 팁, 포럼을 제공한다. 또한 단터프(Darn Tough) 하이킹 양말이나 2인용 허버허버(Hubba Hubba) 텐트 없이는 살 수 없다고 결심했을 때 REI의 쇼핑 앱을 이용할 수 있다.

소비자는 아마존과 같은 거대 마케팅 기업에 마찰 없는 모바일 구매 경험을 기대하게 되었다. 그러나 모바일 기능의 급속한 발전으로 점점 더 많은 기업이 해당 산업의 아마존이 되고 있다. 예를 들어 여행사 트립어드바이저는 호텔과 레스토랑 리뷰 웹사이트로 시작했으나 지금은 '최후의 여행 동반자'가 되었다. 트립어드바이저의 모바일 앱은 사용자가 언제 어디서나 포괄적인 리뷰, 사진과 동영상, 지도, 호텔, 레스토랑, 항공 여행 옵션, 세계 곳곳의 볼거리 등에 대한 설명 정보를 이용할 수 있도록 '군중의 지혜'를 제공한다. 사용하기 쉬운 앱에는 여행하면서 근처의 관심 지점을 호출하는 스마트폰 잠금 화면 알림과 같은 유용한 기능이 많이 포함되어 있다. 그리고 호텔·레스토랑 예약 옵션, 항공편은 항상 탭 한 번이면 가능하다.

한 사용자는 트립어드바이저 앱을 정통한 여행 전문가로서 모든 휴가 여행 준비를 도와주는 가장 친한 친구에 비유하기도 한다. 그녀는 개인 여행 가이드인 독자와 함께 여행하면서 여행지에 대한 올바른 정보를 공유하고, 먹기 좋은 곳을 찾고 리뷰하며, 목적지를 찾는 데 도움이 되는 디지털 지도를 제공한다. 결과적으로 트립어드바이저는 여행 및 숙박 관련 브랜드가 여행 중 또는 여행을 계획 중인 월 4억 9,000만 명의 참여 및 접속 여행객과 연계하기 좋은 장소이다. 트립어드바이저는 작년에 모바일 광고와 예약으로 16억 달러의 수익을 올렸다.

브랜드는 모바일 마케팅을 통해 프로모션을 개인화하고 관련성 있는 일상적 고객 경험으로 엮을 수 있도록 지원한다. 예를 들어 킵(Kiip)은 브랜드가 일상 활동을 기반으로 적시에 적절한 보상을 고객에게 제공하도록 돕는 데 특화된 모바일 보상 네트워크이다. 킵은 자신의 기술을 비디오게임 앱에 내장하여 새로운 게임 레벨에 도달하거나 다른 목표를 달성한 게이머에게 코카콜라 등 좋아하는 브랜드의 쿠폰으로 보상을 제공하는 것으로 시작했다. 이제 다양한 카테고리의 브랜드는 모바일 보상을 사용하여 주요 브랜드 관련 순간에 고객 인게이지먼트를 유도할 수 있다. 킵은 코카콜라, 크래프트, 존슨앤드존슨, 맥도날드, BMW, 제너럴밀스를 비롯한 수백 개의 브랜드와 협업했으며, 현재 수천 개의 모바일 앱에 포함되어 있다.

킵은 브랜드와 협력하여 소비자가 브랜드 인게이지먼트와 메시지를 가장 잘 받아들이는 시기인 '필요로 하는 순간(demand moments)'을 계획할 수 있도록 도와준다. 그리고 '지금 여기(here-and-now)' 기능을 사용하여 필요로 하는 순간에 브랜드가 바로 그곳에 있게 한다. 맵마이런(MapMyRun)과 같은 피트니스 앱, 애니두(Any.do)와 같은 생산성 앱의 경우 킵은 실제 성과에 대한 보상을 제공한다. 펩시코는 킵을 사용하여 피트니스 활동을 위해 앱을 사용하거나, 음악을 듣거나, 영화를 보는 순간과 같은 모든 브랜드의 앱 관련 수요 순간을 매핑하여 누가 게토레이에 목말라 하거나 도리토스에 굶주려 하는지를 파악한다. 또한 적절한 시기에 앱을 통해 브랜드 관련 메시지, 보상, 프로모션을 제공한다.

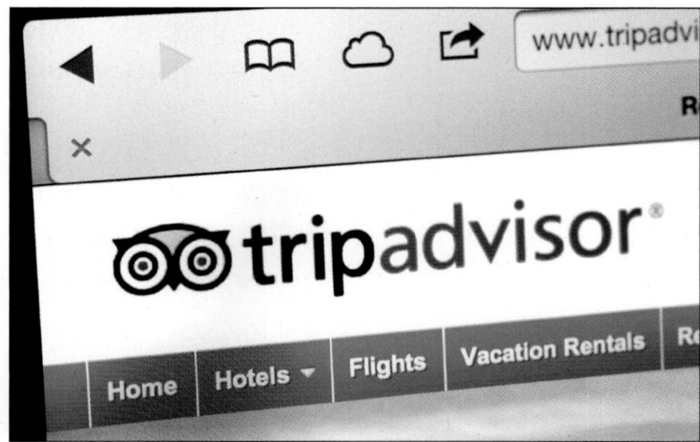

모바일 마케팅: 트립어드바이저의 모바일 앱은 '최후의 여행 동반자'로서 여행 시 사용자가 호텔, 레스토랑, 가야 할 장소, 전 세계 볼거리에 대한 군중 기반 정보에 접근할 수 있게 해준다. 또한 예약 옵션은 항상 바로 이용할 수 있다.
Ian Dagnall/Alamy Stock Photo

캡은 책임감 있는 음주를 장려하면서 소비자를 브랜드와 연결하기 위해 고안된 기업 책임 캠페인을 통해 주류 회사 캄파리아메리카(Campari America)를 도왔다. 킵은 소비자가 모바일 검색으로 해피아워를 검색하거나, 칵테일 레시피를 참조하거나, 스포츠 바에 있는 동안 경기 점수를 확인하는 등 술을 마실 수 있는 기회를 파악했다. 그리고 캄파리는 사용자가 안전하게 집으로 돌아갈 수 있도록 배차 서비스인 리프트의 할인 또는 무료 승차 쿠폰을 제공했다.

일반적인 배너 광고, 팝업 또는 이메일과 달리 킵의 제안은 사용자의 일상적인 활동을 방해하지 않고 강화한다. 킵의 창립자에 따르면 킵은 "실시간 마케팅이 아니라 실시간 요구 사항 해결에 더 가깝다." 사실 그는 킵이 모바일 광고 사업을 하는 것이 아니라 행복 사업을 하는 것이라고 주장한다. 그는 이렇게 말한다. "우리는 행복을 활용하고 싶다. 행복할 때 모든 게 더 좋다." 모바일 적시성, 관련성, 행복은 소비자 반응 측면에서 성과를 거둔다. 전체 네트워크에서 킵의 평균 참여율(보상을 청구하거나 클릭하거나 이와 관련된 동영상을 시청하는 사람)은 10%이지만 최대 50%에 이를 수 있다. 일반적인 앱 광고의 참여율이 1% 미만이라는 점을 감안할 때 인상적이다.

많은 소비자는 여전히 모바일 마케팅에 대해 회의적이다. 그러나 모바일 서비스가 유용하고 즉시 이용할 수 있는 브랜드, 쇼핑 정보, 재미있는 콘텐츠, 시기적절한 쿠폰, 할인가격을 제공한다면 종종 생각을 바꾼다. 대부분의 모바일 노력은 자발적으로 앱을 선택하거나 다운로드하는 소비자만을 대상으로 한다. 그러나 오늘날의 어수선한 모바일 마케팅 공간에서 소비자는 실제 가치를 보지 못하는 한 그렇게 하지 않을 것이다. 마케터의 과제: 소비자가 찾고 싶게 만드는 가치 있는 모바일 제안, 광고, 앱을 개발한다.[39]

2022년까지 TV 광고 지출의 2배로 늘어날 것으로 예상된다.[37] 나이키, P&G, 노드스트롬부터 지역 슈퍼마켓, 적십자 같은 비영리 단체에 이르기까지 거의 모든 주요 마케터가 모바일 마케팅을 직접 마케팅 프로그램에 통합하고 있다.

기업은 모바일 마케팅을 사용하여 즉각적인 구매를 촉진하고, 쇼핑을 더 쉽게 만들며, 브랜드 경험을 풍부하게 한다. 이를 통해 마케터는 소비자가 관심을 표명하거나 구매할 가능성이 가장 높은 시점에 정보, 인센티브, 선택 사항을 제공할 수 있다(마케팅 현장 17.2 참조). 오늘날의 리치미디어 모바일 광고는 상당한 참여와 영향력을 창출할 수 있다. 예를 들어 게토레이는 최근 슈퍼볼에서 모바일 마케팅의 시기적절한 참여 가능성을 유용하게 활용했다.[38]

> 게토레이는 상징적인 게토레이 덩크 순간을 재현하고 싶었다. 다시 말해 큰 승리를 거둔 후 얼음처럼 차가운 게토레이를 코치에게 끼얹는 것이 전통이지만 경기 중과 경기 후에는 개별 팬이 즐기고 공유할 수 있는 개인적인 순간으로 만들고 싶었다. 그래서 스냅챗과 협력하여 팬들이 백그라운드에서 응원하는 동안 스포츠 음료의 시원함이 사용자의 머리 위로 쏟아지는 것처럼 보이도록 스냅챗 필터를 만들었다. 결과는 어땠을까? 팬들은 48시간 만에 1억 6,500만 회 이상의 조회 수를 올리고 820만 개가 넘는 동영상을 만들었다. 이러한 동영상은 TV에 나온 적은 없지만 슈퍼볼 광고와 함께 가장 많은 조회 수를 기록하고 상호작용하는 광고였다. 게토레이 마케터는 다음과 같이 말한다. "경기 중에 일어나는 자연스러운 순간이기 때문에 우리는 덩크를 상대로 활동하는 것을 항상 주저했다. 하지만 경기장에서 일어나는 일이 아니라 팬들이 참여할 수 있기 때문에 좋은 기회라고 생각했다."

대부분의 마케터는 자사만의 온라인 모바일 사이트를 만들었다. 소비자에게 브랜드를 알리고 쇼핑을 돕기 위해 유용하거나 재미있는 모바일 앱을 만든 기업도 있다. 예를 들어 벤저민무어 컬러 캡처(Benjamin Moore Color Capture) 앱으로는 다채로운 물체의 사진을 찍은 다음 3,500개의 벤저민무어 페인트 색상을 적용해볼 수 있다. 스타벅스 모바일 앱을 사용하면 휴대전화를 스타벅스 결제 카드로 사용하여 빠르고 쉽게 구매할 수 있다. 핏피트 모바일 앱으로는 걸음 수를 계산하고, 피트니스 활동을 기록하고, 친구와 연결하여 경쟁할 수 있다. 또한 찰스슈와브(Charles Schwab) 모바일 앱을 통해 고객은 최신 투자 소식을 접하고, 계좌를 모니터링하며, 언제 어디서나 거래를 할 수 있다. 즉 '돈에 관한 연결 유지'에 도움이 된다.

그러나 다른 형태의 다이렉트 마케팅과 마찬가지로 기업은 모바일 마케팅을 책임 있게 사용해야 한다. 사람들은 광고로 방해받는 것을 꺼리기 때문에 마케터는 모바일로 사람들을 참여시키는 문제를 영리하게 풀어야 한다. 핵심은 정말 유용한 정보를 제공하고 소비자가 참여하고 싶게 만드는 것이다. 그리고 마케터는 사전 동의를 받은 경우에만 모바일 광고를 시행하는 경우가 많다.

결국 온라인 마케팅은 미래를 위한 원대한 약속과 많은 도전을 동시에 안겨준다. 가장 열렬한 신봉자들은 인터넷과 온라인 마케팅이 정보와 구매의 원천으로서 잡지, 신문, 심지어 매장을 대체할 때를 고대하고 있다. 그러나 대부분의 마케터는 보다 현실적인 시각을 견지한다. 대부분의 기업에서 온라인 마케팅은 충분히 조합된 마케팅믹스 속에서 다른 접근법과 함께 작동하는 중요한 시장 접근법 중 하나로 남을 것이다.

저자 코멘트 | 오늘날 온라인, 소셜미디어, 모바일 다이렉트 마케팅이 큰 관심을 받고 있지만 전통적인 다이렉트 미디어는 여전히 많은 다이렉트 마케팅 화물을 운반한다. 자주 채워지는 우편함을 생각해보라.

전통적 다이렉트 마케팅의 형태

학습목표 17-5 전통적 다이렉트 마케팅의 형태를 정의 및 설명하고, 다이렉트 마케팅이 야기하는 공공정책과 윤리적 문제를 이해한다.

빠르게 성장하는 디지털, 소셜, 모바일 마케팅 도구가 최근 헤드라인을 거의 차지하고 있지만 전통적 다이렉트 마케팅 도구는 여전히 매우 유용하고 많이 사용된다. 그림 17.1의 오른쪽에 제시된 전통적 접근 방식에 대해 알아보자.

전통적 다이렉트 마케팅의 주요 형태는 인적(대면) 판매, 다이렉트메일 마케팅, 카탈로그 마케팅, 텔레마케팅, 직접반응 TV(direct-response television, DRTV) 마케팅, 키오스크 마케팅이다. 16장에서 인적 판매를 자세히 다루었으니 여기서는 인적 판매 이외의 전통적 다이렉트 마케팅을 살펴보겠다.

다이렉트메일 마케팅

다이렉트메일 마케팅
제안이나 짧은 메시지, 기념품, 기타 품목을 한 개인의 특정 주소로 발송하는 것

다이렉트메일 마케팅(direct-mail marketing)은 제안, 공지, 독촉장, 그 밖의 것을 특정 주소로 발송하는 것이다. 다이렉트 마케터는 고도로 선택된 메일 주소 목록을 활용하여 해마다 수백만 통의 우편물을 발송한다. 이 우편물에는 편지, 카탈로그, 광고, 홍보 소책자, 샘플, 동영상, 판매원의 이력이 기록된 명함 등이 포함된다. 미국의 마케터는 지난해 440억 달러를 다이렉트메일(카탈로그와 카탈로그 아닌 우편물 포함)에 지출했는데, 이는 전체 마케팅 지출의 12%를 차지한다.[40]

다이렉트메일은 직접적인 일대일 커뮤니케이션에 적합하다. 고도로 표적화된 시장을 선택할 수 있고, 개인화할 수 있으며, 유동적이고, 결과 측정이 용이하다. 다이렉트메일은 1,000명당 매체 도달 비용이 TV나 잡지와 같은 대중매체보다 더 높지만, 다이렉트메일을 받은 사람들은 훨씬 더 높은 확률의 잠재고객이 된다. 다이렉트메일은 모든 종류의 제품(책, 보험, 여행, 선물용 아이템, 고급 음식, 의류, 기타 소비재 제품과 모든 종류의 산업재 제품) 판매를 촉진하는 데 성공적인 것으로 증명되었다. 자선 단체도 매년 수십억 달러의 돈을 모으기 위해 엄청난 양의 다이렉트메일을 이용한다.

일부 분석가는 마케터가 이메일, 온라인, 소셜미디어, 모바일 마케팅과 같은 새로운 디지털 형태로 전환함에 따라 향후 몇 년 안에 전통적인 형태의 다이렉트메일이 사라질 것이라고 예측한다. 새로운 형태의 디지털 및 다이렉트 마케팅은 미국 우체국의 '보통우편'과 비교했을 때 놀라운 속도와 저렴한 비용으로 메시지를 전달한다.

지난 10년 동안 전통적인 다이렉트메일의 양이 줄었지만 대부분의 마케터는 여전히 다이렉트메일을 많이 사용하고 있다. 우편물 마케팅은 디지털 방식에 비해 몇 가지 뚜렷한 이점이 있다. 우편물은 사람이 직접 만져볼 수 있고 샘플도 보낼 수 있다. 한 분석가는 이렇게 말한다. "우편물은 실

● 다이렉트메일 마케팅: 가이코는 보험 광고의 혼란을 없애기 위해 좋은 다이렉트메일을 많이 사용한다.
모든 텍스트와 이미지는 가이코의 허락하에 재사용됨.

감이 난다. 우편물은 고객과의 정서적 관계를 형성하지만 디지털은 그렇지 않다. 고객은 우편물을 보관하고 살펴보면서 온라인 경험과는 완전히 다른 방식으로 대한다." 반대로 이메일과 기타 디지털 양식은 쉽게 무시하고 거르며 폐기한다. 요즘에는 스팸필터와 광고 차단 기능이 이메일과 모바일 광고를 걸러내기 때문에 "때로는 우표 몇 개를 붙여야 할 때도 있다"고 다이렉트 마케터는 말한다.[41]

전통적인 다이렉트메일은 보다 광범위하게 통합된 마케팅 캠페인의 구성요소로서 효과적으로 활용될 수 있다. 예를 들어 가이코는 광범위한 고객 인식 및 포지셔닝을 구축하기 위해 TV 광고에 크게 의존하고 있다. 하지만 TV 보험 광고의 과잉을 타개하기 위해 구식 다이렉트메일도 많이 사용한다. 가이코는 geico.com을 방문하거나, 1-800-947-AUTO로 전화하거나, 지역 가이코 대리점에 연락하여 자동차 보험료를 줄이려는 고객을 신중하게 표적화하여 초대하는 다이렉트메일을 보낸다. 가이코는 다이렉트메일 발송용 봉투를 TV나 디지털 광고만큼 건너뛸 수 없게 만든다. ● 예를 들어 잠재고객은 봉투 앞면에 '절약' 메시지와 스캔 가능한 코드가 포함된 개인 주소 메일을 받아 내부를 보거나 스마트폰으로 코드를 스캔하게 된다. 코드를 스캔하면 추가 정보와 클릭 유도 문안을 받을 수 있는 가이코의 모바일 사이트로 직접 연결된다.

관심이 없는 사람에게 다이렉트메일이 배달된다면 **정크메일**이나 스팸이 될 수 있다. 때문에 똑똑한 마케터는 다이렉트메일을 신중하게 표적화하여 자사의 돈과 받는 사람의 시간이 낭비되지 않게 한다. 마케터는 전자메일을 받고자 하는 사람에게만 다이렉트메일을 보내기 위해 동의를 기반으로 하는 프로그램을 설계하고 있다.

카탈로그 마케팅

카탈로그 마케팅
엄선된 고객에게 우편으로 발송하거나, 매장에서 제공하거나, 온라인으로 제공하는 인쇄, 동영상, 디지털 카탈로그를 통한 다이렉트 마케팅

기술 진보가 개인화된 일대일 마케팅으로의 전환을 가져옴으로써 **카탈로그 마케팅**(catalog marketing)에도 많은 변화가 있었다. 《카탈로그 에이지(Catalog Age)》는 카탈로그를 '다양한 제품을 판매하고 직접주문 메커니즘을 제공하는, 적어도 8쪽 이상의 묶인 인쇄물'이라고 정의했는데, 이 정의는 이제 시대에 맞게 수정되었다.

인터넷과 디지털 마케팅이 폭발적으로 확대되면서 점점 더 많은 카탈로그가 디지털 및 모바일화되고 있다. 다양한 온라인 전용 카탈로그 사업자가 등장했으며, 대부분의 인쇄 카탈로그 작성자는 웹 기반 카탈로그와 모바일 카탈로그 앱을 마케팅믹스에 추가했다. 예를 들어 메이시스, 앤트로폴로지(Anthropologie), 엘엘빈, 윌리엄스소노마, 레스토레이션하드웨어(Restoration Hardware), 제이크루, 웨스트엘름과 같은 소매업체의 카탈로그는 모바일 기기에서 손가락으로 쓸어 넘기면 된다.

디지털 카탈로그는 인쇄와 발송 비용을 절감할 수 있다. 또한 실시간 상품화도 가능하다. 인쇄 카탈로그는 시간이 지나면 고정되는 반면, 디지털 카탈로그는 판매자의 필요에 따라 제품과 기능을 추가하거나 제거하고 수요에 맞게 가격을 바로바로 조정할 수 있다. 또한 인쇄 카탈로그는 공간이 제한적이지만 온라인 카탈로그는 거의 무제한의 상품을 제공할 수 있다.

고객은 매장에서 쇼핑할 때도 어디를 가든 디지털 카탈로그를 휴대할 수 있다. 디지털 카탈로그

● 디지털 카탈로그의 급성장에도 불구하고 인쇄 카탈로그는 여전히 번성하고 있다. 왜 그런지 실제 카탈로그의 페이지를 넘기는 것은 디지털 이미지로는 불가능한 방식으로 고객 인게이지먼트를 이끌어낸다.
Hadrian/Shutterstock

는 상호작용할 수 있으며 검색, 동영상, 증강현실(AR)을 비롯한 다양한 프레젠테이션 형식을 제공할 수 있다. 예를 들어 이케아의 카탈로그 앱은 3D와 증강현실 기능을 제공하여 고객이 실내 디자인과 색상을 선택하고 집 안에서 가구와 기타 이케아 제품을 가상으로 배치해보고 소셜미디어를 통해 다른 사람들과 공유할 수 있다.

디지털 카탈로그의 장점에도 불구하고 꽉 찬 우편함을 통해 알 수 있듯이 인쇄 카탈로그는 여전히 번성하고 있다. 미국의 다이렉트 마케터는 지난해 거의 100억 개의 카탈로그를 발송했다.[42] 이는 10년 전에 발송된 카탈로그의 절반에도 못 미치지만 여전히 많다.

종이 카탈로그는 즉각적인 판매를 유도할 수 있는 능력을 넘어 고객과의 정서적인 관계를 형성한다. ● 왜 그런지 실제 카탈로그의 페이지를 넘기는 것은 디지털 이미지로는 불가능한 방식으로 고객 인게이지먼트를 이끌어낸다. 예를 들어 이케아의 첨단 디지털 카탈로그에도 불구하고 소매업체가 60년 이상 유지해온 연간 인쇄 책자 발송을 중단하면 많은 고객이 반발할 가능성이 높다. 오늘날 대부분의 인쇄 카탈로그는 제품 사진과 가격으로만 가득한 책 그 이상이다. 앤트로폴로지는 카탈로그를 '저널'이라고 부르고 라이프스타일 이미지로 채운다. 소매업체는 디지털 마케팅을 확장하고 있지만 앤트로폴로지의 마케터는 "아름다운 이미지의 책을 손에 들고 있는 것에는 특별한 무언가가 있다"고 말한다. 또 다른 다이렉트 마케터는 다음과 같이 말한다. "몇 년 전 판매 도구였던 카탈로그는 이제 영감을 주는 자료가 되었다. 우리는 고객이 촉각적인 경험을 좋아한다는 것을 알고 있다."[43]

중요한 점은 인쇄 카탈로그가 매장 내, 온라인, 모바일 판매를 촉진하는 가장 좋은 방법 중 하나라는 것이다. 예를 들어 가구 소매업체인 레스토레이션하드웨어는 '원천 서적(source book)'이라는 카탈로그가 '웹사이트와 소매점을 통한 판매의 주요 동인'이라고 말한다. 소매 컨설턴트는 이렇게 말한다. "나는 카탈로그가 예술 작품이라고 생각한다. 아주 고급스럽다. 페이지에 담긴 제품의 아름다움에 사람들은 [매장에서] 제품을 보고 싶어 하게 된다." 카탈로그와 온라인 판매는 레스토레이션하드웨어 매출의 45%를 차지한다. 그리고 소매업체가 디지털 카탈로그로 눈을 돌리듯이 일부 디지털 마케터는 인쇄 카탈로그를 추가하고 있다. 예를 들어 디지털 방식의 아마존조차 지난 휴가철을 앞두고 최초로 인쇄 카탈로그를 발송했다. QR 코드가 있는 크리스마스 장난감 카탈로그는 고객이 온라인 사이트에서 항목을 찾을 수 있도록 도와준다. 따라서 오늘날 카탈로그 마케팅의 핵심은 카탈로그를 온라인 및 매장 마케팅 활동과 신중하게 통합하는 것이다.[44]

텔레마케팅

텔레마케팅
고객에게 직접 판매하기 위해 전화를 사용하는 것

텔레마케팅(telemarketing)은 소비자와 기업 고객에게 직접 판매하기 위해 전화를 사용하는 것을 말한다. 사람들은 소비자를 직접 겨냥한 전화 마케팅에 매우 익숙하다. 그러나 B2B 마케터 역시 텔레마케팅을 광범위하게 사용하고 있다. 마케터는 소비자와 기업체에 직접 판매하기 위해 발신(outbound) 전화 마케팅을 이용한다. 수신(inbound) 전화 마케팅에 쓰이는 수신자 부담 번호는 TV, 인쇄 광고, 다이렉트메일, 카탈로그, 웹사이트, 스마트폰 앱에서 주문을 받는 데 이용된다.

올바르게 기획되고 표적화된 텔레마케팅은 구매 편의, 풍부한 제품과 서비스 정보 등을 비롯한 많은 혜택을 제공한다. 그러나 수십 년 동안 폭발적으로 증가한 불필요한 발신 전화 마케팅은 거의 매일 '정크 전화'를 받는 소비자를 성가시게 했다. 2003년 미국 국회의 연방거래위원회(FTC)는 국가공인 발신전화금지목록(National Do Not Call Registry)을 만들어 이에 대응하고 있다. 이 법은 목록에 등록된 전화번호의 텔레마케팅을 금지하고 있다(하지만 사람들은 여전히 비영리 단체, 정치인, 최근 사업을 시작한 기업의 전화를 받고 있다). 이 법을 반기는 사람들은 열광적으로 환영했다. 지금까지 2억 3,500만 개 이상의 집 전화번호와 휴대전화 번호가 www.donotcall.gov나 888-382-1222에 등록되었다.[45] 발신전화금지법을 위반한 사업체는 건당 4만 달러의 벌금을 내야 하며, 결과적으로 이는 큰 성공을 거두었다.

발신전화금지법에도 불구하고 소비자는 낮은 신용카드 수수료와 부채 경감 서비스, 자동차 보증과 주택 보안 시스템 등 모든 것에 대한 불법 스팸 로보콜(robocall)이 만연한 상황에 처해 있다. 지난해 미국 소비자는 전해보다 46% 증가한 263억 건의 원치 않는 전화를 받은 것으로 추산된다.[46] 이러한 남용은 발신전화금지법 및 전화를 걸러내는 데 널리 사용되는 발신자 번호 표시와 함께 합법적인 소비자 해외 텔레마케팅 산업에 상당한 피해를 입혔다.

그러나 텔레마케팅의 주요 형태인 수신 소비자 텔레마케팅과 발신 B2B 텔레마케팅은 여전히 강력하며 꾸준히 성장하고 있다. 흥미롭게도 텔레마케팅은 비영리 단체와 정치 단체에는 아직도 중요한 모금 활동 도구이다. 발신전화금지법은 몇몇 다이렉트 마케터에게 피해를 주기보다는 도움이 되는 것 같다. 다이렉트 마케터는 고객이 원치 않는 전화 대신 '옵트인(opt-in)' 전화 시스템을 개발하고 있으며, 기업은 이를 통해 전화나 이메일로 접촉해도 좋다고 허락한 고객에게만 유용한 정보나 제공물을 보낸다. 마케터에게 옵트인 모델은 무조건 접근하는 오래된 모델보다 유용성이 더 뛰어난 것으로 입증되고 있다.

직접반응 TV 마케팅

직접반응 TV(DRTV) 마케팅
제품을 설득력 있게 설명하고 고객에게 무료 전화번호나 주문을 위한 온라인 사이트를 제공하는 TV를 통한 다이렉트 마케팅

다이렉트 마케터는 **직접반응 TV(DRTV) 마케팅**(direct-response television marketing)을 사용하여 60초 또는 120초 길이의 TV 광고를 통해 제품을 설득력 있게 설명하고 고객에게 무료 전화번호나 주문을 위한 온라인 사이트를 제공하기도 한다. 또한 단일 제품에 대한 **인포머셜**(infomercial)이라고 불리는 총 30분 이상의 광고 프로그램도 있다.

성공적인 DRTV 광고는 큰 매출을 올릴 수 있다. 예를 들어 잘 알려지지 않은 인포머셜 제조업체인 거시렝커(Guthy-Renker)는 프로액티브(Proactiv) 여드름 치료제, 크레프이레이스(Crepe Erase), 미닝풀뷰티(Meaningful Beauty) 및 기타 '변형적인' 미용 제품을 수백만 달러 규모의 파워 브랜드로 발전시키는 데 도움을 주었다. 거시렝커는 DRTV와 페이스북, 핀터레스트, 트위터, 유튜브를 사용하는 소셜미디어 캠페인을 결합하여 고객 인게이지먼트와 구매를 구축하는 강력한 통합형 다이렉트 마케팅 채널을 만든다.

DRTV 광고는 가끔 세제, 녹 제거제, 주방용품, 운동을 많이 하지 않고 살 빼는 방법 등 다소 논란과 의문의 여지가 있는 상품을 다룬다. 예를 들어 최근 몇 년 동안 앤서니 설리번(Anthony Sullivan)이나 빈스 오퍼(Vince Offer)와 같이 TV에서 소리 지르며 판매하는 판매원은 'TV에서 본' 제품군의 매출을 수십억 달러까지 끌어올리고 있다. 옥시클린(OxiClean), 샴와우(ShamWow), 스너기(Snuggie) 같은 브랜드는 DRTV의 인기 있는 고전이 되었다. 그리고 다이렉트 마케터 비치보디(Beachbody)는 P90X, T-25, 인새너티(Insanity), 힙합Abs(Hip Hop Abs) 등 다양한 셰이크와 운동 영상물로 매년 10억 달러 이상을 벌어들이는데, 이는 전후의 이야기, 워크아웃 동영상, 제작자의 격려를 활용하여 TV에 광고하고 있다.[47]

최근 몇 년 동안 P&G, AT&T, 가이코, 로레알 등 많은 대기업은 인포머셜을 이용하여 온라인,

모바일, 소셜미디어 사이트에서 제품을 판매하거나, 고객을 소매업체에 의뢰하거나, 회원을 모집하거나, 구매자를 유치해왔다. DRTV는 새로운 브랜드를 출시하거나 디지털 및 소셜미디어 채널을 넘어서려는 브랜드를 구축하는 데에도 효과적일 수 있다. 펠로톤, 달러셰이브클럽, 추이(Chewy)와 같은 많은 소비자 직거래 브랜드는 빠른 성장을 촉진하기 위해 대량 보급형 DRTV의 힘을 성공적으로 사용했다.[48]

TV와 다른 화면의 경계가 점차 모호해지면서 TV뿐만 아니라 모바일, 온라인, 소셜미디어 플랫폼에서도 직접반응 광고와 인포머셜이 등장하여 TV와 같은 양방향 다이렉트 마케팅 장소가 더욱 늘어나고 있다. 또한 요즘 대부분의 TV 광고에는 웹, 모바일, 소셜미디어 링크가 포함되어 있어 멀티스크린 소비자는 실시간으로 연결하여 광고 브랜드에 대한 더 많은 정보를 얻고 공유할 수 있다.

키오스크 마케팅

소비자가 디지털과 터치스크린 기술에 점점 더 익숙해짐에 따라 많은 기업이 정보 제공 및 주문 기기인 키오스크를 상점, 공항, 호텔, 대학 캠퍼스 등에 설치하고 있다. 최근에는 셀프서비스 호텔, 항공사의 체크인 기계, 상점의 무인 제품 정보 키오스크, 상점에 없는 제품을 주문할 수 있는 상점 내부에 설치된 주문 키오스크 등을 흔히 볼 수 있다. 현대식 '스마트 키오스크'는 대개 무선이고, 어떤 기기는 성별과 나이를 추측하여 이를 바탕으로 제품을 추천하는 얼굴 인식 소프트웨어도 활용할 수 있다.

일본에서는 날치수프, 셀프 냉동 콜라, 속옷, 살아 있는 강아지까지 키오스크를 통해 구매할 수 있다. 소비자는 독일 기차역에서 레고 컬렉션을 확장하고, 런던의 카나비스트리트에서 최신 트레이너를 구하고, 미국에서 방금 간 원두커피를 마시고, 싱가포르에서 으깬 감자를 먹고, 중국 지하철역에서 살아 있는 게를 구입할 수 있는데, 이 모든 것은 연중무휴 24시간 개방된 키오스크를 통해 이루어진다. 심지어 금화와 골드바를 지급하는 ATM 기계를 운영하는 골드투고(Gold to Go)는 독일에서 시작하여 현재 중동 전역으로 확장하고 있다.

소매업체도 매장 내에서 키오스크를 사용하여 고객의 쇼핑 경험을 개선하거나 영업사원을 지원할 수 있다. ● 예를 들어 홈디포 매장에는 제품 찾기 가상 인벤토리 키오스크가 있다. 가전제품은 크기가 비교적 크기 때문에 고객은 브랜드와 기능 선호도를 결정하기 위해 온라인으로 조사하다가 홈디포에 와서 구매하는 경우가 많다. 그러나 홈디포 매장은 판매하는 가전제품의 약 5%만 비축할 수 있기 때문에 고객이 원하는 것을 찾지 못할 수도 있다. 홈디포의 제품 찾기 키오스크는 고객이 원하는 제품을 현장에서 찾고 구매할 수 있도록 도와준다. 고객은 홈디포의 전체 카탈로그를 디지털 방식으로 탐색하고, 사진과 동영상이 포함된 정보 콘텐츠를 보고, 자신에게 맞는 제품 범위를 좁힌 다음 선택한 제품의 배송료를 지불하고 설정할 수 있다. 또한 판매 담당자는 판매 도구로 키오스크를 사용할 수 있다. 제품 찾기 기능을 갖춘 홈디포 매장의 가전제품 매출은 10~12% 증가했다.[49]

● 키오스크 마케팅: 홈디포 매장에 있는 제품 찾기 키오스크는 고객이 원하는 제품을 현장에서 찾고 구매할 수 있도록 도와준다. 또한 판매 담당자는 판매 도구로 키오스크를 사용할 수 있다.
Image Manufacturing Group

저자 **코멘트** | 모든 것이 그렇듯 디지털 및 다이렉트 마케팅에도 어두운 면이 있다. 마케터와 소비자는 모두 자극적이거나 유해한 디지털 및 다이렉트 마케팅의 관행을 경계해야 한다.

다이렉트 마케팅과 디지털 마케팅에서의 공공정책 문제

일반적으로 다이렉트 마케터와 소비자는 서로 보상하는 관계를 즐기지만 어두운 면을 드러내기도 한다. 일부 다이렉트 마케터의 공격적이고 때로는 수상한 전술이 소비자를 괴롭히거나 피해를 입혀 산업 전체의 평판에 부정적인 영향을 끼친다. 이는 소비자를 짜증 나게 하는 단순한 지나침부터 불공정한 행위나 노골적인 기만과 사기에까지 남용의 범위가 광범위하다. 또한 다이렉트 마케팅 산업은 점점 커지는 사생활 침해 문제에 직면해 있으므로 온라인 마케터는 인터넷 보안 문제에 대처해야 한다.

성가심, 불공정, 기만, 사기

과도한 다이렉트 마케팅은 때로 소비자를 귀찮게 하거나 기분을 상하게 한다. 대부분이 너무 시끄럽고, 너무 길고, 너무 강요하는 직접반응 TV 광고 방송을 싫어한다. 우편함은 원치 않는 정크메일로, 전자메일함은 원치 않는 스팸으로, 컴퓨터·스마트폰·태블릿 화면은 원치 않는 팝업·팝언더 광고, 온라인 또는 모바일 전시 광고로 가득하다.

소비자를 귀찮게 하는 것을 넘어 일부 다이렉트 마케터는 충동적이거나 순진한 소비자를 부당하게 이용하여 비난을 받고 있다. TV에 중독된 쇼핑객을 표적으로 삼는 TV 쇼핑 채널과 TV 프로그램 길이의 인포머셜은 최악의 범죄자처럼 보인다. 이들은 판매에 대한 저항이 크지 않은 소비자를 자극하기 위해 구매 마감 시간과 독보적인 구매의 편리함을 계속 이야기하면서 부드럽게 말하는 호스트, 공들여 연출한 시연, 과감한 가격인하, 급매를 특징으로 내세운다.

투자 사기나 자선 사업을 위한 가짜 모금과 같은 사기 사건 또한 최근 몇 년 동안 증가했다. 신분 도용과 금전적 사기를 포함한 **인터넷 사기**도 심각한 문제이다. ● 인터넷범죄신고센터(Internet Crime Complaint Center)에 따르면 2005년부터 인터넷 신용 사기 신고는 매년 30만 건 이상으로 3배 이상 증가했다. 신용 사기 신고로 인한 금전상 손실은 지난해 14억 달러를 넘어섰다.[50]

● 최근 몇 년 동안 인터넷 사기가 급증했다. FBI의 인터넷범죄신고센터는 의심스러운 위반 사항을 소비자가 당국에 알릴 수 있는 편리한 방법을 제공한다.
FBI

인터넷 사기의 흔한 유형 중 하나는 **피싱(phishing)**으로, 이는 거짓 내용의 이메일과 사기성 웹 및 온라인 모바일 사이트를 이용하여 사용자가 개인 정보를 누설하게 만드는 일종의 신분 도용이다. 예를 들어 고객은 은행이나 신용카드 업체가 보낸 것으로 보이는 이메일을 받는데, 이러한 이메일은 계정 보안이 위태로울 수 있다. 발신자는 제시한 웹 주소로 이동하여 계정번호, 비밀번호, 심지어 주민번호까지 입력하도록 요구하고, 사용자가 이에 따르면 정보가 사기 기술자에게 넘어간다. 지금은 많은 소비자가 이러한 사기를 알고 있지만 피싱의 그물에 걸린 사람은 큰 손실을 입는다. 또한 디지털 상호작용에 대한 사용자의 신뢰를 쌓기 위해 노력해온 합법적인 온라인 마케터의 브랜드 정체성에도 해를 끼친다.

많은 소비자는 **온라인 및 디지털 보안**을 걱정한다. 비도덕적인 정탐꾼이 온라인 거래와 소셜미디어 게시물을 엿보고 개인 정보나 금융 정보를 가로채는 것을 두려워한다. 온라인 및 모바일 쇼핑이 지금은 아주 자연스럽지만, 한 조사는 70%의 참여자가 여전히 신용 도용을 염려하고 있다고 밝혔다. 이러한 우려는 소매업체, 소셜미디어, 통신 서비스, 은행, 병원, 정부 등의 조직에 의한 대규모 소비자 정보 침해의 시대에 정당화되는 경우가 많다. 한 소식통에 따르면 작년 한 해에만 미국에서 1,200건 이상의 주요 정보 보안 침해가 발생했다.[51]

또 다른 인터넷 마케팅에 대한 걱정거리는 공격에 취약하거나 권한이 없는 집단이 접근하는 것이다. 예를 들어 성인물 및 이와 관련된 사이트의 마케터는 미성년자의 접근을 제한하기가 어렵다는 것을 알게 되었다. 페이스북, 트위터, 인스타그램, 기타 소셜네트워크에서는 13세 미만의 아동이 프로필을 가질 수 없도록 되어 있지만 모두 상당수의 미성년 사용자가 있다. 어린 소셜미디어 사용자는 특히 개인 정보 노출, 부정적인 경험 및 기타 온라인 위험에 취약할 수 있다. 이를 우려하는 미국 연방 의원과 주 의원은 현재 온라인에서 아동을 더 잘 보호할 수 있는 법안을 놓고 논쟁 중이지만 불행히도 기술 개발이라는 해법을 필요로 하고, 페이스북이 말한 것처럼 그렇게 쉬운 일이 아니다.[52]

소비자 사생활

사생활 침해는 아마도 지금 다이렉트 마케팅 산업이 맞서고 있는 가장 다루기 힘든 공공정책 논쟁일 것이다. 소비자는 종종 데이터베이스 마케팅으로 이득을 얻는다. 이들은 자신의 관심사와 매우 일치하는 마케팅 제공물을 더 많이 받는다. 그러나 많은 비판자는 마케터가 소비자의 삶을 너무 많이 알고 있고, 마케터가 이러한 지식을 소비자를 부당하게 속이는 데 사용할지도 모른다고 걱정한다. 동시에 데이터베이스의 과도한 사용은 소비자의 사생활을 침해한다고 주장한다. 소비자 역시 사생활에 대해 걱정한다. 이제 디지털 및 소셜미디어를 통해 개인 정보를 마케터와 더 자발적으로 공유한다고 해도 소비자는 여전히 불안해한다. 최근 설문조사에 따르면 미국 소비자의 77%가 개인 정보 보호에 대해 매우 우려하고 있는 것으로 나타났다. 또 다른 조사에서는 68%의 미국인이 정부가 정보 보호를 위해 더 많은 일을 해야 한다고 생각하는 것으로 나타났다.[53]

요즘 같은 '빅데이터' 시대에는 소비자가 소셜미디어에 글을 올리거나, 트윗을 보내거나, 웹사이트를 방문하거나, 경품 행사에 응모하거나, 신용카드를 신청하거나, 전화 또는 온라인으로 상품을 주문할 때마다 이름, 프로필, 행동 등이 기업의 데이터베이스로 들어간다. 정교한 빅데이터 분석을 통해 다이렉트 마케터는 이러한 데이터베이스를 채굴하여 판매 노력을 '미세 타깃팅'할 수 있다. 예를 들어 SAP의 컨슈머 인사이트 365(Consumer Insight 365)는 모바일 사업자가 제공하는 휴대전화 사용 데이터를 사용하여 2,000만~2,500만 명의 모바일 가입자를 대상으로 각각 하루 최대 300건의 모바일 통화, 웹서핑, 문자 메시지 이벤트에서 고객 인사이트를 수집하고 판매한다.[54]

대부분의 마케터는 온라인과 오프라인 모두에서 상세한 소비자 정보를 수집하고 분석하는 데 매우 능숙해졌다. 전문가들조차 마케터가 얼마나 많은 것을 배울 수 있는지를 알고 놀라곤 한다. 예를 들어 구글 계정이 있는가? 구글만 당신에 대해 알고 있을 것 같은지 생각해보라.[55]

> 구글은 당신이 모든 기기에서 검색한 모든 것을 알고 있다. 휴대전화를 켤 때마다 사용자의 위치를 저장한다. 어떤 앱을 언제, 얼마나 자주 사용하는지 알고 있다. 또한 당신이 보고 있는 유튜브는 기록을 저장하는데, 당신의 가족, 지위, 종교, 좋아하는 스포츠, 정치적 성향, 또한 최근에 식기세척기를 수리하는 방법을 찾았다는 사실을 수집할 수 있다. 구글은 당신의 위치, 나이, 성별, 관심사, 직업, 수입, 기타 많은 변수를 바탕으로 당신의 광고 프로필을 생성한다.
>
> 구글은 google.com/takeout에서 저장한 모든 데이터를 다운로드할 수 있다. 한 기자는 자신의 다운로드 파일이 5.5기가바이트(약 30만 개의 워드 문서)라는 사실에 놀랐다. "이 링크에는 북마크, 이메일, 연락처, 구글 드라이브 파일, 유튜브 동영상, 휴대전화로 찍은 사진, 구글을 통해 구매한 업체 및 제품이 포함되어 있다. 구글은 캘린더의 데이터, 구글 행아웃 세션, 위치 기록, 듣는 음악, 구입한 구글 도서, 현재 있는 구글 그룹, 당신이 만든 웹사이트, 소유했던 전화기의 페이지, 공유한 페이지, 하루에 걷는 걸음 수까지 가지고 있다." 그는 다음과 같이 결론을 내린다. "다른 사람의 구글 계정에 대한 접근 권한을 얻을 수 있을까? 완벽히 그렇다. 그 사람이 한 모든 일에 대한 일기를 가지고 있다."

지난 몇 년간 자주 보안이 뚫린 페이스북도 비슷한 프로필을 만들 수 있다. 그리고 아마존과 대부분의 다른 판매자는 소비자 온라인 검색과 구매 거래의 세부 사항을 추적한다. 최근 보안망이 뚫린 에퀴팩스(Equifax)와 같은 신용 보고 기관이 보유한 데이터를 추가하면 소비자 남용 가능성은 무섭게 느껴질 수 있다.

대책의 필요성

과도한 다이렉트 마케팅을 억제하기 위해 미국의 여러 정부 기관은 발신전화금지목록뿐만 아니라 우편물 수신 거부 목록, 온라인 추적 거부 목록, '스팸 규제' 법제화 등에 투자하고 있다. 온라인 사생활 자유와 보안 우려에 대한 대응으로 연방정부는 웹, 온라인, 소셜미디어, 모바일 운영자가 소비자의 정보를 수집하고 사용하는 방식을 규제하기 위해 수많은 법제화 시도를 해왔다. 유럽연합(EU)은 최근 빅데이터 시대에 유럽인의 개인 정보 보호권을 위해 강력한 새 개인 정보 보호법인 일반 데이터 보호 규정(General Data Protection Regulation, GDPR)을 통과시켰다. GDPR은 유럽연합에 거주하는 사람들에 대한 개인 정보를 수집하고 보호하기 위한 엄격한 요구 사항을 설정하고, 유럽 소비자로부터 수집되는 항목과 사용법에 대해 더 많은 제어 권한을 부여한다. 많은 미국 의원과 소비자 사생활 옹호자는 유사한 미국 법안을 요구하고 있다.[56] 또한 연방거래위원회는 온라인 사생활을 단속하는 것에 대해 적극적인 역할을 하고 있다.

이러한 우려는 사적 자유 침해를 감시하고 막기 위해 법적 조치가 이루어지기 전에 마케터에게 강력한 자구책을 요구하는 것이다. 예를 들어 정부의 규제를 막기 위해 미국광고업협회, 미국광고연맹(American Advertising Federation), 전미광고인연합(Association of National Advertisers), 전국광고주협회(Association of National Advertisers), 데이터및마케팅협회(Data & Marketing Association), 쌍방향광고국(Interactive Advertising Bureau) 등 6개 광고주 단체는 디지털광고연합(Digital Advertising Alliance)을 통해 일련의 온라인 광고 원칙을 발표했다. 이 원칙 중에서도 자율규제 원칙은 온라인 데이터를 수집하거나 관심 기반 광고의 대상으로 삼을 경우 온라인 및 모바일 마케터가 소비자에게 투명성과 선택권을 알릴 것을 요구한다. 광고업계는 **광고 옵션 아이콘**(삼각형 안의 작은 'i')을 사용하여 행동 지향적인 온라인 광고에 추가하여 소비자에게 특정 광고를 탈퇴할 수 있는 이유를 알려준다. 이 아이콘은 방문자에게 특정한 광고가 보이는 이유와 옵트아웃(opt out) 방법을 알려준다.

아동의 사생활 권리도 특별한 관심사이다. 1998년 미국 의회는 아동 온라인 사생활 보호법(Children's Online Privacy Protection Act, COPPA)을 통과시켰고, 이 법은 아동을 겨냥한 웹사이트 운영자에게 사생활 정책을 게시하도록 요구했다. 또한 수집하는 정보에 대해 부모에게 통지해야 하고, 13세 미만 아동으로부터 개인 정보를 수집하기 전에 부모의 동의를 얻어야 한다. 온라인 소셜네트워크, 이동전화, 기타 신기술이 계속 생겨나면서 사생활 보호 단체는 이제 COPPA에 새로운 기술과 10대를 모두 포함할 것을 미국 상원에 촉구하고 있다. 소셜네트워크 자체의 미비한 사생활 보호 정책뿐 아니라 그로부터 제삼자가 수집하는 데이터의 양이 주된 염려 사항이다.[57]

많은 기업이 소비자의 사생활 및 보안 문제에 대해 자신만의 조치로 대응하고 있다. 그러나 어떤 기업은 산업 전역에서 사용하는 접근법을 취하고 있다. 예를 들어 비영리 자율규제 기관인 트러스트아크(TrustArc)는 기업의 사생활과 보안 대책을 감시하고 소비자가 웹상에서 안전하게 돌아다닐 수 있도록 돕기 위해 마이크로소프트, 야후, AT&T, 페이스북, 디즈니, 애플 등 많은 대기업 후원자와 일하고 있다. 소비자를 안심시키기 위해 트러스트아크는 자신의 사생활 및 보안 기준에 부합하는 웹사이트, 모바일 앱, 이메일 마케팅, 기타 온라인 및 소셜미디어 채널에 TRUSTe 사생활 보호 인장을 부여한다.[58]

다이렉트 마케터는 다이렉트 마케팅 남용으로 인해 이러한 문제를 거들떠보지 않은 채 내버려 둔다면 소비자의 태도가 점점 더 부정적이 되고 응답과 참여율이 낮아지며, 주·연방 법률이 규제를 더욱 강화하는 쪽으로 바뀔 것임을 알고 있다. 대부분의 다이렉트 마케터는 소비자가 원하는 것과 똑같은 것을 원한다. 그것은 기업의 마케팅 제공물을 고맙게 생각하고 이에 응답할 소비자만 목표로 하는, 정직하고 정교하게 계획된 마케팅 제공물이다. 다이렉트 마케팅은 그것을 원치 않는 소비자에게 낭비하기에는 비용이 너무 많이 든다.

학습목표별 요약

이 장은 마케팅믹스의 마지막 요소인 촉진을 다루는 4개 장 중 마지막 장이다. 앞 장들에서는 통합형 마케팅 커뮤니케이션, 광고, 홍보, 인적 판매, 판매촉진을 다루었고 이 장에서는 온라인, 소셜미디어, 모바일 마케팅을 포함하여 급성장하고 있는 디지털 및 다이렉트 마케팅을 살펴보았다.

학습목표 17-1 디지털 및 다이렉트 마케팅을 정의하고, 디지털 및 다이렉트 마케팅의 급성장 및 고객과 기업에 주는 이점을 설명한다.

디지털 및 다이렉트 마케팅은 세심하게 표적화된 개별 소비자 및 소비자 커뮤니티와의 직접적인 연결을 수반하며, 즉각적인 반응과 지속적인 고객 관계를 얻기 위한 것이다. 기업은 자신이 제공하는 것과 콘텐츠를 좁게 정의된 세분시장이나 개별 구매자의 필요와 관심에 맞추기 위해 다이렉트 마케팅을 이용하며, 이를 통해 직접적인 고객 인게이지먼트, 브랜드 커뮤니티, 판매를 구축한다. 오늘날 인터넷 이용 및 구매의 급증으로 인해, 그리고 스마트폰, 태블릿과 기타 디지털 기기, 온라인 소셜 및 모바일 미디어의 범람으로 인해 다이렉트 마케팅은 극적인 변화를 겪었다.

소비자에게 디지털 및 다이렉트 마케팅은 쉽고 편리하며 개인적이다. 디지털 및 다이렉트 마케팅을 통해 소비자는 가정이나 어디서든 다양한 제품과 정보를 쉽게 접할 수 있다. 또한 쌍방향이고 즉각적이어서 소비자는 원하는 정보와 제품, 서비스의 조합을 정확히 만들어낼 수 있고, 더 나아가 이렇게 조합된 것을 즉시 주문할 수 있다. 마지막으로 디지털 마케팅은 원하는 소비자에게 온라인, 모바일, 소셜미디어를 통해 브랜드 인게이지먼트와 커뮤니티(브랜드 정보를 공유하고 다른 브랜드 팬들과 경험을 나누는 장소)를 제공한다. 판매자에게 디지털 및 다이렉트 마케팅은 고객 인게이지먼트를 끌어낼 뿐만 아니라 밀접한 맞춤형의 대화형 고객 관계를 구축하는 강력한 도구이다. 또한 디지털 및 다이렉트 마케팅은 판매자에게 커다란 유연성을 제공한다. 이를 통해 마케터는 가격과 프로그램을 조절하거나, 즉각적이고 시의적절하며 개인적인 공지와 제안을 만들어내게 된다.

학습목표 17-2 디지털 및 다이렉트 마케팅의 주요 형태를 정의하고 설명한다.

디지털 및 다이렉트 마케팅의 주요 형태에는 전통적 다이렉트 마케팅 도구와 새로운 다이렉트 디지털 마케팅 도구가 있다. 전통적 다이렉트 접근 방식은 인적(대면) 판매, 다이렉트메일 마케팅, 카탈로그 마케팅, 텔레마케팅, DRTV 마케팅, 키오스크 마케팅이 있다. 이러한 전통적인 도구는 대부분 기업의 다이렉트 마케팅에서 여전히 빈번하게 사용되고 있으며 매우 중요하다. 그러나 최근 온라인 마케팅(웹사이트, 온라인 광고와 홍보, 이메일, 온라인 동영상, 블로그), 소셜미디어 마케팅, 모바일 마케팅을 비롯한 디지털 및 다이렉트 마케팅 도구가 급작스럽게 마케팅계로 진입했다.

학습목표 17-3 기업이 다양한 온라인 마케팅 전략으로 어떻게 디지털 시대에 대응하는지 이해한다.

인터넷과 디지털 시대는 편리함, 속도, 가격, 제품 정보, 서비스, 브랜드 상호작용에 대한 소비자의 생각을 근본적으로 바꿔놓았다. 그 결과 마케터가 전혀 새로운 방법으로 고객 가치를 창조하고 고객을 참여시키며 고객 관계를 형성하게 되었다. 놀랍게도 인터넷은 총판매의 50%에 영향을 미치고 있는데, 여기에는 온라인 거래와 검색을 통해 이루어지는 매장 내 판매가 모두 포함된다. 급부상하는 이 시장에 진출하기 위해 이제 대부분의 기업은 온라인으로 마케팅을 한다.

온라인 마케팅은 기업의 웹사이트, 온라인 광고와 홍보, 이메일 마케팅, 온라인 동영상, 블로그 등 다양한 형태를 띤다. 소셜미디어 마케팅과 모바일 마케팅 또한 온라인에서 시행된다. 그러나 그 특수한 성질 때문에 급성장하는 디지털 마케팅 접근을 별도의 부분으로 나누어 논의할 것이다. 대부분의 기업에서 온라인 마케팅을 시행하는 첫 번째 단계는 웹사이트를 만드는 것이다. 성공적인 웹사이트의 핵심은 소비자가 사이트에 방문하고, 머물고, 다시 방문하도록 충분한 가치와 참여의 기회를 만들어내는 것이다.

온라인 광고는 주요 홍보 매체가 되었다. 온라인 광고의 주요 형태는 디스플레이 광고와 검색 관련 광고이다. 이메일 마케팅도 디지털 마케팅의 주요 형태이다. 이메일을 적절하게 사용할 경우 마케터는 고도로 표적화된, 단단한 맞춤형의 관계 구축 메시지를 보낼 수 있다. 온라인 마케팅의 또 다른 주요 형태는 디지털 동영상 콘텐츠를 브랜드의 웹사이트나 소셜미디어에 게시하는 것이다. 마케터는 자사의 동영상이 입에서 입으로 전해져서 수백만 소비자를 움직이기를 바란다. 또한 기업은 고객 커뮤니티에 접근하는 효과적인 방법으로 블로그를 이용하기도 한다. 기업은 자체 블로그를 만들어 광고를 하거나 콘텐츠를 만들 수 있다.

학습목표 17-4 기업이 고객을 참여시키고 브랜드 커뮤니티를 만들기 위해 어떻게 소셜미디어와 모바일 마케팅을 이용하는지 이해한다.

디지털 시대에는 수많은 독립적·상업적 소셜미디어가 생겨나면서 소비자가 온라인에서 모이고 어울리며 생각과 정보를 교환하는 장소가 마련되었다. 대부분의 마케터는 이제 거대한 소셜미디어의 물결에 올라타고 있다. 브랜드는 기존의 소셜미디어를 이용하거나 자체 소셜미디어를 만든다. 물론 기존의 소셜미디어를 이용하는 것이 가장 쉬워 보인다. 따라서 규모에 상관없이 대부분의 브랜드는 소셜미디어 사이트에 매장을 만든다. 주요 소셜미디어 네트워크 중 몇몇은 규모가 방대하다. 다른 틈새 소셜미디어 네트워크는 생각이 비슷한 사람들이 모이는 작은 커뮤니티의 이해에 부합한다. 독립적인 소셜미디어뿐만 아니라 많은 기업은 자체 온라인 브랜드 커뮤니티를 만들기도 한다. 대부분의 기업은 '좋아요'와 트윗을 추구하고 산발적으로 노력하는 것 이상으로 브랜드 관련 사회적 공유, 참여와 고객 커뮤니티를 창출하기 위해 다양한 미디어를 통합하고 있다.

소셜미디어 이용에는 장점과 어려움이 모두 있다. 장점으로는 소셜미디어가 표적화되고 개별화되며, 상호작용적이고, 즉각적이고 시의적절하며, 비용 효과적이라는 것을 들 수 있다. 소셜미디어의 가장 큰 장점은 아마도 고객 커뮤니티를 만들기 위한 토대로서의 참여와 사회적 공유 능력일 것이다. 한편 소셜미디어 콘텐츠에 대한 소비자의 통제가 소셜미디어를 관리하기 어렵게 만드는 것이 단점이다.

모바일 마케팅은 항상 모바일 기기를 손에 들고 대기 중인 소비자에게 마케팅 메시지와 판매촉진을 제공하는 것이 특징이다. 마케터는 구입 과정과 관계 구축 과정에서 언제 어디서든 고객과 상호 교류하고 다가가기 위해 모바일 마케팅을 이용한다. 모바일 기기의 폭넓은 적용과 모바일 웹트래픽의 급증으로 대부분의 브랜드는 모바일 마케팅을 반드시 해야 하는 것으로 생각하며, 거의 대부분의 주요 마케터는 이제 모바일 마케팅을 다이렉트 마케팅 프로그램에 통합하고 있다. 많은 마케터가 자체 모바일 온라인 사이트를 만든다. 다른 마케터는 유용하거나 재미있는 모바일 앱을 만들어 소비자를 브랜드로 끌어들이고 쇼핑을 돕는다.

학습목표 17-5 전통적 다이렉트 마케팅의 형태를 정의 및 설명하고, 다이렉트 마케팅이 야기하는 공공정책과 윤리적 문제를 이해한다.

최근 급성장하는 디지털 마케팅 도구가 화제가 되고 있음에도 불구하고 전통적 다이렉트 마케팅 도구를 여전히 자주 사용하고 있다. 전통적 다이렉트 마케팅 도구의 주요 형태는 인적(대면) 판매, 다이렉트메일 마케팅, 카탈로그 마케팅, 텔레마케팅, 직접반응 TV 마케팅, 키오스크 마케팅이다.

다이렉트메일 마케팅은 제공되는 제품의 목록, 공지, 그 밖의 것을 특정 주소로 발송하는 것이다. 어떤 마케터는 소비자에게 우편으로 발송하거나, 매장에 비치하거나, 온라인으로 볼 수 있는 카탈로그를 이용한 카탈로그 마케팅에 의존한다. 텔레마케팅은 전화로 소비자에게 직접 판매하는 것이다. 직접반응 TV 마케팅은 제품을 설득력 있게 설명하고 소비자에게 무료 전화번호나 주문을 위한 온라인 사이트를 제공하는 TV 광고를 포함한다. 키오스크는 다이렉트 마케터가 상점, 공항, 호텔, 기타 장소에 설치하는 정보 제공 및 주문 기기이다.

다이렉트 마케터와 소비자는 서로 보상하는 관계를 즐기지만 어두운 면을 드러내기도 한다. 일부 다이렉트 마케터의 공격적이고 때로는 수상한 전술이 소비자를 괴롭히거나 피해를 입혀 산업 전체의 평판에 부정적인 영향을 끼친다. 이는 소비자를 짜증 나게 하는 단순한 지나침부터 불공정한 행위나 노골적인 기만과 사기에까지 남용의 범위가 광범위하다. 또한 다이렉트 마케팅 산업은 점점 커지는 사생활 침해 문제와 인터넷 보안 문제에 직면해 있다. 이러한 문제는 다이렉트 마케팅의 남용을 막기 위한 마케터와 공공정책 입안자의 강력한 조치를 요구한다. 결국 대부분의 다이렉트 마케터는 소비자가 원하는 것과 똑같은 것을 원한다. 그것은 기업의 마케팅 제공물을 고맙게 생각하고 이에 응답할 소비자만 목표로 하는, 정직하고 정교하게 계획된 마케팅 제공물이다.

핵심용어

학습목표 17-1

디지털 및 다이렉트 마케팅 direct and digital marketing
소비자 직거래(DTC) 브랜드 direct-to-consumer brand

학습목표 17-2

디지털 및 소셜미디어 마케팅 digital and social media marketing

학습목표 17-3

옴니채널 소매 omni-channel retailing
온라인 마케팅 online marketing
마케팅 웹사이트 marketing website
브랜드화된 커뮤니티 웹사이트 branded community website
온라인 광고 online advertising
이메일 마케팅 email marketing
스팸 spam
바이럴 마케팅 viral marketing
블로그 blog

학습목표 17-4

소셜미디어 social media
모바일 마케팅 mobile marketing

학습목표 17-5

다이렉트메일 마케팅 direct-mail marketing
카탈로그 마케팅 catalog marketing
텔레마케팅 telemarketing
직접반응 TV(DRTV) 마케팅 direct-response television marketing

토의문제

1. 새로운 다이렉트 마케팅 접근 방식과 전통적 다이렉트 마케팅 접근 방식을 비교하여 설명하라.
2. 마케팅 웹사이트의 주요 목적은 무엇인가?
3. 바이럴 마케팅은 어떻게 작용하는가? 효과가 있는가? 비즈니스로 통제 불가능한 측면이 있는가?
4. 온라인이 지배적인 상황에서 아직 카탈로그 마케팅이 가능한 곳이 있는가?
5. 전통적인 형태의 다이렉트 마케팅이 어떻게 계속 중요한 촉진 도구가 되는지에 대해 설명하라.
6. 일반 데이터 보호 규정(GDPR)은 데이터 수집 및 보호에 어떤 영향을 미치는가?

18 경쟁우위 창출

학습목표 18-1 경쟁자 분석을 통해 고객과 더불어 경쟁자를 파악해야 할 필요성을 이해한다.
경쟁자 분석

학습목표 18-2 고객가치 창출을 기반으로 한 경쟁적 마케팅전략의 기본원리를 파악한다.
경쟁전략

학습목표 18-3 진정한 시장지향적 기업이 되기 위해 고객지향성과 경쟁지향성의 균형을 유지해야 하는 이유를 이해한다.
고객지향성과 경쟁지향성의 균형

개관 앞에서는 마케팅의 기본원리를 살펴보았다. 마케팅의 목적은 고객을 참여시키고 고객을 위한 가치를 창출하며, 그 대가로 고객으로부터 가치를 획득하는 것임을 배웠다. 마케팅에 뛰어난 기업이라면 고객의 니즈를 파악하고, 고객가치 중심의 마케팅전략을 설계하며, 가치전달 마케팅 프로그램을 구축할 것이다. 고객을 참여시키고 고객과의 마케팅 파트너 관계를 구축함으로써 고객을 획득하고 유지하며 확대해나갈 것이다. 이 책 마지막 3개 장에서는 경쟁우위 창출, 글로벌 마케팅, 사회 및 환경적 마케팅 지속가능성이라는 특수 영역을 살펴보려 한다.

먼저 고객경험 창출에서 타의 추종을 불허하는 유명한 고급 백화점 노드스트롬의 경쟁적 마케팅전략을 살펴보자. 노드스트롬의 핵심 전략은 바로 '고객 친밀감'이다. 고객이 계속 재방문하도록 그야말로 고객을 애지중지한다(이 경쟁전략의 자세한 내용은 이 장의 뒷부분을 참조하라). 약 120년 전 시애틀에서 신발가게로 시작한 노드스트롬은 '무슨 일이 있어도 고객 챙기기'에 강박적일 만큼 충실한 기업이다.

노드스트롬: 무슨 일이 있어도 고객 챙기기

노드스트롬은 감동적인 고객서비스로 가히 전설적이다. 고객이 쇼핑을 좀 더 하는 동안 직원이 고객 집 앞에 구매한 상품을 내려준다거나, 추운 겨울날 고객이 떠날 즈음 미리 차 시동을 걸고 히터를 켜서 따뜻해지게 해준다거나, 양쪽 발 크기가 다른 남성 고객이 왼발, 오른발 각각 다른 사이즈의 신발을 구매할 수 있게 해준다거나, 그날 오후 중요한 회의가 있는 고객을 위해 새로 산 셔츠를 다림질해준다거나··· 노드스트롬 백화점 직원의 감동적인 고객서비스 일화는 넘쳐난다. 또 다른 예로, 한 남성이 노드스트롬에 타이어를 반품하러 왔다. 노드스트롬에서 구매한 타이어라고 주장했지만 노드스트롬에서는 타이어를 판매하지 않았다. 그 남성이 제시한 영수증에는 분명히 다른 곳이 적혀 있었지만 노드스트롬 직원은 자기 지갑에서 돈을 꺼내 영수증의 타이어 값을 환불해주었다. 그 후 점심시간에 그 직원은 타이어와 영수증을 가지고 영수증에 적힌 가게로 가서 타이어를 반품하고 돈을 돌려받았다고 한다.

사실이든 허구이든 이러한 일화는 노드스트롬의 실제 고객경험에 뿌리를 두고 있다. 노드스트롬에서 정기적으로 쇼핑을 하는 거의 모든 사람은 노드스트롬의 고객서비스에 대한 좋은 이야깃거리를 가지고 있는 듯하다. 한 저널리스트는 고객서비스 명예의 전당 목록 최상위에 있는 업체를 확인하고는 이렇게 말했다. "오래되었다. 노드스트롬이나 그 전설적인 고객서비스나." 그러나 그러한 이야기는 노드스트롬에서는 결코 오래된 옛날이야기가 아니다. "노드스트롬은 고객이 결코 잊지 못할 방식으로 기대 이상을 추구한다"고 한 소매업체 전문가는 말한다.

탁월한 고객서비스는 120년 가까이 된 노드스트롬의 DNA에 깊이 뿌리박힌 것으로, '무슨 일이 있어도 고객을 챙겨야 한다(Take care of customers no matter what it takes)'라는 기업사명에도 명시되어 있다. 많은 기업이 유사한 기업사명을 두고 있고 또 그에

경의를 표하는 바이지만, 노드스트롬은 실제로 그 사명을 실현하기 위해 노력하며, 실제로 실현하고 있다. 노드스트롬의 다음과 같은 고객만족 사례를 통해서도 잘 알 수 있다.

- 한 남자의 아내가 노드스트롬 충성고객이었는데 노드스트롬 계정에 1,000달러를 남겨놓고 사망했다. 노드스트롬은 그 아내의 계좌를 정산해주고 장례식에 꽃을 보냈다.
- 한 여성이 딸과 함께 샌디에이고에 있는 노드스트롬의 호화로운 호턴플라자에서 쇼핑을 하고 있었다. 여기저기 둘러보다가 그녀는 주위에 아무도 없는 줄 알고 지친 한숨을 내뱉으며 "닥터페퍼 한잔 마시면 딱 좋겠다!"라고 큰소리로 말했다. 그런데 몇 분 만에 노드스트롬 직원이 닥터페퍼 아이스캔을 들고 난데없이 나타났다.
- 11월 말에 한 여성이 남편에게 줄 크리스마스 선물로 스웨터를 구입하기 위해 노드스트롬에 들렀다. 하지만 원하는 색깔과 사이즈의 스웨터가 없었는데 노드스트롬 지배인은 걱정하지 말라고 말했다. 지배인은 휴가 기간 그 스웨터를 찾을 수 있을 것이라고 생각했다. 크리스마스 일주일 전, 그 여성 고객이 걱정하기 시작할 무렵 지배인은 아름답게 포장된 스웨터를 집으로 직접 가져다주었다. 이것만으로도 충분히 놀라운데 여기에는 뒷이야기가 있었다. 사실 지배인은 그 스웨터를 구하지 못하여 자기 아내에게 조언을 구했다. 그런데 마침 아내가 남편에게 줄 크리스마스 선물로 바로 그 스웨터를 준비해두었고, 지배인과 아내는 그 스웨터를 고객에게 양보하기로 동의했다.

어떻게 노드스트롬은 고객의 기대에 일관되게 부응할 수 있는 것일까? 첫째로, 타인에게 봉사하는 것을 진정으로 즐기는 사람들을 고용한다. 둘째로, 이들에게 고객관리의 복잡한 과정을 철저히 교육한 후 자유롭게 내버려둔다. 노드스트롬은 어떤 절차나 규정으로 직원을 구속하지 않으며, 직원이 상황에 따라 올바른 판단을 내릴 수 있다고 항상 믿는다. 그 유명한 노드스트롬 직원용 '핸드북'은 다음과 같이 74개의 스펠링으로만 이루어진 양면 카드이다. "우리의 단 하나의 규칙: 모든 상황에서 스스로 최선의 판단을 내릴 것. 추가 규칙은 없음.(Our one rule: Use good judgment in all situations. There will be no additional rules.)" 노드스트롬에서는 직원용 핸드북을 리허설 대본처럼 암송하는 직원과 마주칠 일이 없는 것이 바로 이 때문이다. 저 간단한 단 하나의 규칙은 노드스트롬 직원이 진정으로 고객과 연결되고 서비스를 제공하게 한다. 노드스트롬의 한 임원은 이렇게 말한다. "저 규칙은 직원에게 고객을 챙기는 일에 완전한 자유를 준다는 뜻이다. 그리고 직원이 만에 하나 실수할 경우 반드시 고객에게 유리하게 대처하라고만 한다."

직원에게 더 많은 동기를 부여하기 위해 노드스트롬은 고객서비스 영웅

'무슨 일이 있어도 고객 챙기기'라는 경쟁적 마케팅전략은 노드스트롬의 DNA에 깊은 뿌리를 두고 있다. "우리의 단 하나의 규칙: 모든 상황에서 스스로 최선의 판단을 내릴 것. 추가 규칙은 없음."
Michael Gordon/Shutterstock

이야기를 모아서 활용한다. 모든 노드스트롬 매장의 카운터에는 고객이 좋은 경험을 공유할 수 있도록 펜과 종이를 제공하고 있다. 또한 매일 아침 각 매장의 메인로비에서 관리자가 전날 최고의 고객 사례를 공유하고 관련 직원의 선행에 대해 보상한다. 기분 좋은 이야기는 매장의 모든 직원에게 영감을 준다. 고객을, 그리고 고객을 돌보는 일을 특별하게 느끼게 하며 고객서비스의 활력을 끊임없이 높여주는 것이다.

1901년 스웨덴의 이민자 존 W. 노드스트롬(John W. Nordstrom)이 설립한 이 기업은 현재 노드스트롬 가문 4세대인 피트와 에릭이 공동대표로 있다. 그들은 설립자인 증조할아버지의 고객중심 경영방식을 고수하면서 운영하고 있다. 증조할아버지가 그들을 자랑스럽게 여길 방식으로 말이다. 단, 이 4세대 대표들의 리더십은 노드스트롬의 무구한 경영철학에 현대기술을 접목하고 있다. 예를 들어 매장의 구매관리시스템과 재고관리시스템을 완전히 재구성하여 태블릿을 사용하는 일선 직원이 고객이 원하는 품목을 신속하게 찾을 수 있게 했다. 시스템이 가동되자 곧바로 매출이 급증했다. 그러나 더욱 중요한 점은 고객서비스가 획기적으로 개선되었다는 것이다.

또한 노드스트롬은 디지털 세계와 오프라인 매장 사이의 경계를 허물고 있다. 예를 들어 인스타그램이나 핀터레스트에서 보는 제품을 스마트폰을 몇 번 터치하여 구매할 수 있다. 노드스트롬의 텍스트스타일(TextStyle) 앱을 통해 고객은 자기 동료나 스타일리스트와 대화하고, 그들에게 제품을 추천받고, 이동 중에 제품을 구입할 수도 있다. 그리고 노드스트롬은 자체 온라인 쇼핑 플랫폼에 막대한 투자를 하여 웹사이트와 모바일사이트를 업데이트하고 보다 빨리 배송하고 있다. 노드스트롬 매출의 30%는 이제 디지털이다. 매장의

노드스트롬의 전설적인 고객서비스는 강력한 경쟁우위를 부여한다. 노드스트롬은 '무슨 일이 있어도 고객 챙기기'에 집착한다.

혁신적인 고객데이터 활용 덕분에 고객을 더 잘 이해하게 되고 고객은 옴니채널 경험을 할 수 있게 되었다. 노드스트롬은 다음과 같이 말한다. "고객이 어떤 쇼핑방법을 선택하든 간에 우리의 목표는 원활한 '원 노드스트롬(One Nordstrom)' 고객경험 환경을 구축하는 것이다. 오프라인이든 온라인이든 직원이 고객 개개인의 상황이나 조건에 따라 고객과 연결되게 하며, 모든 고객이 자신의 상황에 따라 편리하게 쇼핑경험을 제공받게 한다."

고객만족 창출은 지난 수년간 노드스트롬의 총매출과 순이익에 긍정적인 영향을 미쳤다. 지난 5년 동안 수많은 대형 소매업체를 파산시켰던 소매업 몰락 현상에도 불구하고 노드스트롬의 매출은 27% 이상 성장한 155억 달러를 기록했다. 또한 많은 라이벌 백화점이 거의 또는 전혀 성장하지 못했지만 노드스트롬은 10년 연속 성장하면서 시장점유율을 계속 유지하고 있다.

노드스트롬 연례회의에서 에릭 노드스트롬은 주주들에게 이러한 좋은 소식을 공유하면서 다음과 같은 고객만족 이야기를 전했다. 노스캐롤라이나에 사는 한 여성 고객은 최근 노드스트롬 매장에서 옷을 입어보다가 결혼반지의 다이아몬드를 잃어버렸다. 매장 보안요원은 그녀가 매장 바닥을 기어 다니는 것을 보고는 수색에 동참했다. 그러나 이들은 결국 다이아몬드를 찾지 못했다. 이에 경비 직원이 건물 용역 직원 2명의 도움을 받아서 주변을 진공청소기로 샅샅이 청소한 후 진공청소기로 빨아들인 것을 꼼꼼히 뒤져서 결국 다이아몬드를 찾아냈다. 당시 기뻐하던 고객의 모습이 담긴 동영상을 주주들에게 보여준 뒤 에릭은 큰 박수와 함께 그 세 직원을 소개했다. 에릭은 세 사람에게 손을 내밀며 "어떤 상황에서든 고객을 먼저 챙길 때 우리의 위상이 올라간다"고 말했다.[1]

오늘날 기업은 이제껏 가장 치열한 경쟁상황에 처해 있다. 앞의 장들에서는 오늘날의 치열한 경쟁 시장에서 기업이 성공하려면 제품 및 판매 철학에서 고객 및 마케팅 철학으로 바뀌어야 한다고 공부했다.

이 장에서는 기업이 고객을 획득하고 유지하고 확대해나가는 데 있어 어떻게 경쟁자보다 더 뛰어난 성과를 낼 수 있는지를 자세히 살펴보려 한다. 오늘날의 치열한 경쟁 시장, 복잡한 마케팅 환경하에서 승리하려면 기업은 단순히 제품 관리만 잘해서는 안 되고 고객관계 관리도 잘해야 한다. 고객을 이해하는 것이 중요하나 그것만으로는 충분치 않다. 고객과 유익한 관계를 구축함으로써 **경쟁우위**(competitive advantage)를 확보해야 하는데, 이를 위해 기업은 경쟁자보다 더 많은 가치와 만족을 고객에게 제공해야 한다. 고객은 경쟁우위를 고객우위로 볼 것이고, 그렇게 되면 기업은 경쟁자보다 우위에 설 수 있을 것이다.

경쟁우위
고객에게 더 큰 가치를 제공함으로써 경쟁자보다 더 유리한 위치에 있는 것

경쟁자 분석
주요 경쟁자를 식별하고, 그들의 목표, 전략, 강점과 약점, 반응 패턴을 분석하며, 공격하거나 피해야 할 경쟁자를 선택하는 것

경쟁적 마케팅전략
경쟁자 대비 강력한 포지션을 구축하고 가능한 한 최고의 경쟁우위를 구축하기 위한 전략

이 장에서는 경쟁적 마케팅전략에 대해 알아볼 것이다. 즉 기업이 어떻게 경쟁자를 분석하고, 고객인게이지먼트와 고객관계 구축을 기반으로 어떻게 성공적인 고객가치를 개발하는지를 살펴본다. 첫 번째 단계는 **경쟁자 분석**(competitor analysis)으로, 이는 주요 경쟁자를 식별하고, 평가하고, 선별하는 단계이다. 두 번째 단계는 경쟁자 대비 강력한 포지션을 구축하고, 가능한 한 가장 강력한 전략적 우위를 제공하는 **경쟁적 마케팅전략**(competitive marketing strategy)을 개발하는 것이다.

저자 코멘트 | 경쟁우위 창출은 경쟁자 전략에 대한 철저한 이해에서 시작된다. 그러나 기업은 경쟁자를 분석하기 전에 먼저 경쟁자를 식별해야 하는데 이는 보기보다 간단하지 않다.

경쟁자 분석

학습목표 18-1 경쟁자 분석을 통해 고객과 더불어 경쟁자를 파악해야 할 필요성을 이해한다.

효과적인 마케팅전략을 계획하기 위해 기업은 경쟁자와 관련된 모든 것을 파악해야 한다. 즉 자사의 마케팅전략, 제품, 가격, 유통, 촉진을 가장 치열한 경쟁자의 그것과 끊임없이 비교·분석해야 한다. 이렇게 해야만 자사의 어떤 부분이 잠재적으로 경쟁우위에 있는지, 경쟁열위에 있는지를 알 수 있다. ● 그림 18.1에서 보듯이 경쟁자 분석은 먼저 경쟁자를 식별하고 평가한 후 어떤 경쟁자를 공격하거나 회피할 것인지를 선택하는 과정으로 진행된다.

경쟁자를 식별하는 것은 생각만큼 쉽지 않다. 예를 들어 코닥은 다른 카메라 필름 제조업체를 주요 경쟁자로 생각했으나 실제 경쟁자는 필름이 필요 없는 디지털카메라였다. 코닥은 디지털 시대의 경쟁자들에게 밀려 낙오자가 되고 말았다.

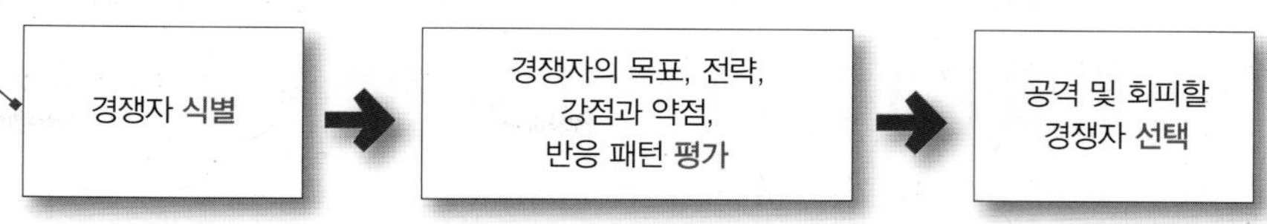

그림 18.1
경쟁자 분석 단계

경쟁자 식별

경쟁자를 식별하는 것이 간단해 보일지도 모르지만 결코 그렇지 않다. 가장 좁게 한정한다면 경쟁자는 자사와 동일한 세분시장을 대상으로 자사와 비슷한 제품과 서비스를 비슷한 가격대로 공급하는 다른 기업으로 규정할 수 있다. 이러한 관점에서 자라는 H&M을 주요 경쟁자로 볼 수 있겠지만 노드스트롬이나 타깃은 자라의 경쟁자가 될 수 없다. 리츠칼튼은 포시즌스를 주요 경쟁자로 볼 수 있겠지만 홀리데이인, 햄프턴인 또는 아침식사를 제공하는 전국의 수천 개 숙박시설을 경쟁자로 보지는 않을 것이다.

그러나 실제로 기업은 더 넓은 범위의 경쟁자와 마주하게 된다. 기업은 동일한 제품형태나 제품계열에 속하는 제품을 모두 경쟁자로 규정할지도 모른다. 예를 들어 리츠칼튼은 다른 모든 호텔과 경쟁관계에 있다고 생각할지도 모른다. 경쟁범위를 훨씬 더 넓게 잡으면 자사 제품과 동일한 서비스를 제공하는 제품을 모두 경쟁자로 볼 수 있을 것이다. 리츠칼튼은 다른 호텔뿐만 아니라 에어비앤비와 민간 숙박시설 등 바쁜 여행객에게 숙박을 제공하는 크고 작은 기업과도 경쟁을 벌일 수 있다. 더 광범위하게는 고객의 예산과 비슷한 가격대의 제품을 모두 경쟁자로 볼 수도 있다. 리츠칼튼의 경우 크루즈와 여름 별장부터 해외여행에 이르기까지 여행·레저 제품 및 서비스와 경쟁을 벌일 수도 있다.

기업은 '근시안적 경쟁'을 피해야 한다. 기업은 현재의 경쟁자보다 잠재적인 경쟁자로 인해 '매장될' 가능성이 더 크다. 예를 들어 코닥은 후지(Fuji)와 같은 동일 제품형태의 경쟁자에게 패배한 것이 아니라 필름과 전혀 상관없는 디지털카메라 제조업체에게 함락당했다(마케팅 현장 18.1 참조). 한때 인기 절정이었던 비디오 대여점 블록버스터 또한 자사와 동일한 전통적 오프라인 비디오 소매상 때문에 파산한 것이 아니라 다이렉트 마케터 넷플릭스, 키오스크 마케터 레드박스와 같은 예상치 못한 경쟁자의 희생양이 되었다. 새로운 디지털 동영상 스트리밍 서비스와 기술의 제물이 된 것이다. 블록버스터가 뜻밖의 이 경쟁자들을 알아채고 대응하려 했을 때는 이미 너무 늦어버렸다.

기업은 **업계** 관점에서 경쟁자를 식별할 수도 있다. 기업은 자사를 석유업계나 제약업계, 음료업계에 종사하는 기업이라고 생각할 수 있다. 자사가 속한 업계에서 '유능한 선수'가 되려면 해당 업계의 경쟁패턴을 잘 이해해야 한다. 또한 기업은 **시장** 관점에서 경쟁자를 식별할 수도 있다. 자사와 동일한 고객욕구를 대상으로 하거나 동일한 고객층을 대상으로 고객관계 구축을 목표로 하는 기업이라면 자사의 경쟁자로 규정할 것이다.

업계 관점에서라면 구글은 동일한 검색엔진 공급업자인 야후나 마이크로소프트의 빙을 경쟁자로 규정할 것이다. 하지만 이제 구글은 디지털 세계로의 온라인 및 모바일 액세스에 대한 고객욕구를 충족하는 데 매우 광범위한 관점을 취하고 있다. 시장을 넓게 봄으로써 구글은 애플, 삼성, 마이크로소프트, 아마존, 페이스북 등 한때는 예상치도 못했던 경쟁자와 경쟁하고 있다.

일반적으로 경쟁을 시장 관점에서 보면 더 넓은 범위의 실제 경쟁자와 잠재적인 경쟁자를 파악할 수 있다. 예를 들어 업계 관점에서 시나본(Cinnabon)은 오랫동안 자사를 쇼핑몰과 공항을 기반으로 하는 신선한 베이커리 체인업체로 정의했었다. 그러나 시장 관점을 채택하면 포장소비재로까지 경쟁무대가 훨씬 더 광범위하게 확대된다.[2]

마케팅 현장 18.1 | 코닥: 경쟁자를 제대로 파악하지 못한 대가를 치르다

유서 깊은 브랜드 '코닥'은 전 세계 여러 세대에 걸쳐 누구나 다 아는 이름이었다. 한 세기가 넘도록 사람들은 '코닥의 순간'(후세를 위해 공유하고 기록해야 할 중요한 개인행사나 가족행사)을 포착하기 위해 코닥 제품을 사용했다. 할리우드 영화 산업은 코닥 기술을 중심으로 발전했다. 1972년에 폴 사이먼(Paul Simon)은 코닥 제품이 사람들의 삶에 미치는 정서적인 역할을 가사로 표현한 '코다크롬(Kodachrome)'이라는 2위 히트 싱글을 만들기도 했다.

그러나 코닥은 2012년에 파산했다. 한때 소비자 사진산업을 독점하여 모든 카메라 판매량의 85%, 거대한 영화시장의 90%를 차지했던 이 브랜드는 이제 더 이상 카메라와 필름을 판매하지 않는다. 한때 최고 우량주였고 돈을 많이 벌었던 코닥은 완전히 감소한 매출과 매년 이어지는 손실로 고전했다.

이 유명한 브랜드는 어떻게 하루아침에 추락한 것일까? 코닥은 마케팅 근시안의 희생물이었다. 고객의 니즈와 새롭게 부상하는 시장의 원동력보다는 현재의 동일한 제품형태에 속해 있던 경쟁자에게만 초점을 맞추었기 때문이다. 코닥을 무너뜨린 것은 경쟁적인 필름 시장이 아니라 코닥이 빨리 알아차리지 못한 경쟁자(디지털포토와 필름을 전혀 사용하지 않는 카메라)였다. 코닥은 내내 최고의 필름을 만들었다. 그러나 점점 더 디지털화되는 세상에서 고객은 필름을 필요로 하지 않았다. 기존 제품에 매달린 코닥은 디지털로의 전환 과정에서 경쟁자에게 뒤처졌다.

1880년에 조지 이스트먼(George Eastman)은 건판(乾板) 촬영방식을 기반으로 코닥을 설립했다. 1888년에 그는 이미지 캡처에 유리판을 사용한 코닥 카메라를 도입했다. 시장을 확장하기 위해 이스트먼은 차세대 필름과 혁신적인 소형 코닥 브라우니(Brownie) 필름 카메라를 개발했다. 그는 카메라를 단 1달러에 팔았지만 사진 인화에 필요한 필름 판매로 엄청난 수익을 올렸다. 코닥은 의료서비스와 출판 등 많은 산업을 위한 혁신적인 이미징 기술을 개발했지만 20세기 내내 카메라와 필름은 코닥의 거대한 자금줄이었다.

흥미롭게도 코닥의 엔지니어들은 1975년에 최초의 디지털카메라(흑백의 거친 색조를 포착하는 토스터 크기의 이미지 센서)를 발명했다. 하지만 코닥은 디지털포토의 대중 시장잠재력을 인식하지 못하고 디지털 기술이 자사의 귀중한 필름사업을 방해할 것을 우려하여 디지털 프로젝트를 보류했다. 코닥 경영진은 필름이 없는 세상을 상상하지 못했다. 그래서 코닥은 필름을 고수하여 더 나은 필름을 만들고 다른 필름 제조업자를 능가하는 데 혁신과 경쟁 에너지를 집중했다. 코닥이 잘못을 깨달았을 때는 이미 너무 늦어버렸다.

필름에 집착하는 바람에 눈이 먼 코닥은 이미지 캡처 및 공유와 관련된 새로운 경쟁 트렌드를 보지 못했다. 코닥의 문화는 그 역사와 그에 수반되는 향수에 묶여 있었다. 한 분석가는 다음과 같이 말한다. "시간에 갇힌 회사였다. 그들의 역사는 그들에게 너무나도 중요한 것이었다. 놀라운 많은 것을 만들어내고 큰돈을 벌었던 그들의 찬란하고 부유했던, 세기에 걸친 그 역사 말이다. 하지만 그 역사가 걸림돌이 되고 말았다."

1990년대 후반 코닥이 포켓용 디지털카메라를 출시할 무렵에는 소니, 캐논, 니콘, 삼성 등 10여 개 카메라 제조사의 디지털 제품이 시장에 널려 있었다. 완전히 새로운 범주의 경쟁자가 등장한 것인데, 점점 더 많은 사람들이 휴대전화 등의 모바일 기기를 터치하고 클릭하여 문자메시지, 이메일, 온라인, 소셜네트워크를 통해 사진을 즉시 공유하기 시작했다. 디지털 경쟁에 너무 늦게 합류한 코닥은 이제 과거의 유물이 되었으며, 10~20년 전에는 존재하지도 않았던 새로운 디지털 시대의 많은 경쟁자에게 밀려 낙오자가 되어버렸다.

그 과정 어딘가에서 한때 성공으로 부풀어오르던 코닥은 고객의 니즈와 경쟁자 역학관계에서 기술을 강조했던 창립자 조지 이스트먼의 선견지명에 부응하지 못했다. 조지 이스트먼의 전기를 집필한 작가에 따르면 이스트먼의 유산은 필름이 아니라 혁신이었다고 한다. "이스트먼은 절대 뒤돌아보지 않았다. 그는 당시 시장에서 최고를 기록했더라도 자신이 이룬 것보다 더 나은 일을 할 수 있기를 항상 바랐다." 만약 이스트먼의 철학이 유지되었다면 코닥은 디지털기술의 선두주자가 되었을 것이다. 그랬다면 아마 우리는 코닥 디지털카메라와 스마트폰으로 '코닥의 순간'을 포착하여 소셜미디어와 코닥의 온라인사이트에서 사진을 공유하고 있을지도 모른다.

코닥이 파산하면서 카메라 제조가 중단되고 그 유명한 코다크롬 컬러필름도 단종되었다. 다만 즉석 프린트카메라와 디지털 포토프레임, 베이비 모니터에 이르기까지 다양한 기기를 만드는 제조업자에게 '코닥'이라는 브랜드명을 라이선싱 체결하에 빌려주고 있다. 현재 거의 모든 수익은 그래픽아트, 상업인쇄, 출판, 포장, 전자 디스플레이, 엔터테인먼트, 상업영화 분야의 산업재 고객을 위한 상업용 이미징 및 인쇄 제품·서비스에서 발생하고 있다. 그리하여 코닥의 찬란했던 운명과 함께 그 유명한 '코닥의 순간'은 역사 속으로 사라졌다.[3]

경쟁적 근시안: 코닥을 무너뜨린 것은 당시 경쟁하던 필름 제조업체들이 아니었다. 코닥은 필름이 필요 없는 디지털포토와 디지털카메라에 의해 무너졌다.
© Finnbarr Webster/Alamy

● 시장기반의 경쟁자 규정: 시나본은 시장관점에서 경쟁을 파악했다. '거부할 수 없는 욕구충족'을 판매함으로써 경쟁무대가 훨씬 더 광범위하게 확대되었다. 글로벌 오프라인 베이커리 사업이 여전히 핵심사업이기는 하지만 시나본은 현재 전체 소비자 매출의 약 72%를 제휴 푸드서비스와 소비재에서 얻고 있다.
FOCUS Brands

시나본은 주로 지역쇼핑몰이나 공항에서 매혹적인 시나본 향을 발산하는 거대한 시나몬롤로 오랫동안 이름을 떨쳤다. 그러나 시장을 넓게 본 시나본은 자사가 단지 쇼핑몰에서 시나몬롤을 판매하는 것이 아니라 '향기', '부드러움', '탐스러움' 속성을 지닌 '거부할 수 없는 욕구 충족'을 판매한다는 것을 깨달았다. "시나본 팬은 다양한 장소에서 시나본 맛을 원했다"고 CEO는 말한다. 그리하여 시나본은 필스버리(Pillsbury), 그린마운틴커피(Green Mountain Coffee), 타코벨, 에어윅(Air Wick), 피너클(Pinnacle) 보드카 등 다양한 기업과의 라이선싱 파트너십을 통해 소비재 제품으로 확장했다. 이제 각 파트너 기업은 '거부할 수 없는 시나본 맛과 향을 담은' 제품을 만들고 있다. 글로벌 오프라인 베이커리 사업이 여전히 핵심사업이기는 하지만 시나본은 현재 전체 소비자 매출의 약 72%를 제휴 푸드서비스와 소비재에서 얻고 있다.

경쟁자 평가

주요 경쟁자를 식별한 뒤 마케팅 관리자는 경쟁자를 다음과 같은 점에서 분석하고 평가해야 한다. 경쟁자의 목표는 무엇인가? 각 경쟁자는 시장에서 무엇을 추구하고 있는가? 각 경쟁자의 전략은 무엇인가? 각 경쟁자의 강점과 약점은 무엇이며, 우리 기업의 활동에 대해 그들이 어떻게 대응할 것으로 예측되는가?

경쟁자의 목표 파악

경쟁자는 다양한 목표를 가지고 있다. 기업은 수익흐름, 시장점유율, 현금흐름, 기술리더십, 서비스리더십 등 경쟁자가 각각의 목표에 부여하는 상대적 중요성을 알고자 할 것이다. 이를 파악하면 경쟁자가 현재 상황에 만족하는지, 경쟁자들의 활동에 어떻게 대응할 것인지를 예측할 수 있다. 예를 들어 주로 원가리더십을 추구하는 기업은 경쟁자의 광고 증대보다 경쟁자의 원가절감 제조혁신에 훨씬 더 강력하게 대응할 것이다.

또한 기업은 다양한 세분시장에서 경쟁자의 목표를 주시해야 한다. 만약 경쟁자가 새로운 세분시장을 개발했음을 포착한다면 이는 기회가 될 수도 있다. 만약 현재 자사가 표적으로 하는 세분시장에 경쟁자가 진출하려는 움직임이 포착된다면 사전에 경각심을 준다거나 공격에 미리 대비할 수 있을 것이다.

경쟁자의 전략 파악

전략군
한 산업 내에서 동일하거나 비슷한 전략을 구사하는 기업들의 집단

비슷한 전략을 쓰고 있는 기업끼리는 더욱 치열한 경쟁이 전개된다. 특정 표적시장에서 동일하거나 비슷한 전략을 구사하는 기업들의 집단을 **전략군**(strategic group)이라고 한다. 예를 들어 주요 가전업계에서는 월풀, 메이태그, LG가 같은 전략군에 속해 있다. 세 기업 모두 우수한 서비스를 지원하는 중간 가격대의 전 제품라인을 생산하고 있다. ● 한편 서브제로와 바이킹은 앞의 세 기업과 다른 전략군에 속한다. 두 기업은 한정된 라인의 고품질 가전제품을 생산하고, 높은 수준의 서비스를 제공하며, 프리미엄 가격을 부과하고 있다. 바이킹은 이렇게 말한다. "셰프가 바이킹 제품으로 막 요리를 하려고 할 때처럼 바이킹은 제품을 만드는 데 열정적이다. 우리는 혁신한다. 우리는 모든 것이 뼛속까지 기술적이다. 가장 강력한 최고의 제품을 만들기 위해 고급 고사양 부품을 사용한다. 철이 그저 조립 라인에 들어 있는 것이라고? 바이킹에서는 철 그 이상의 것이다. 이것이 바로 우리의 자부심이다."[4]

● 전략군: 바이킹은 높은 수준의 서비스를 지원하는 한정된 라인의 프리미엄 품질 가전제품 전략군에 속한다.
Viking Corporate Offices Location

자사가 속한 전략군을 파악함으로써 몇 가지 중요한 통찰력이 생길 것이다. 예를 들어 자사가 특정 전략군에 속한다면 같은 전략군에 속해 있는 기업이 주요 경쟁자가 될 것이다. 만약 월풀, 메이태그, LG와 같은 전략군에 속해 있다면 이 세 브랜드에 대한 전략적 우위를 키워야만 성공할 수 있을 것이다.

동일 전략군에 속한 기업들끼리 가장 경쟁이 치열하겠지만 상이한 전략군에 속한 기업들끼리도 경쟁이 치열해질 수 있다. 첫째, 다른 전략군에 속한 기업인데도 표적시장이 동일한 경우이다. 예를 들어 전략의 유형에 상관없이 모든 주요 가전업체는 아파트나 주택 건설업체 세분시장을 공략하려고 할 것이다. 둘째, 각기 다른 전략군의 기업이 제공하는 편익의 차이를 고객이 잘 인식하지 못할 수도 있다. 또한 LG 제품과 월풀 제품의 품질이 별로 다르지 않다고 생각할 수도 있다. 셋째, 특정 전략군에 속한 기업이 다른 전략군의 표적 세분시장에 진출할 수도 있다. 예를 들어 LG의 시그니처(Signature) 제품군은 바이킹, 서브제로와 프리미엄 품질, 프리미엄 가격 부문에서 경쟁하고 있다. LG는 시그니처를 통해 '본질의 미학(The Art of Essence)'을 경험하게 될 것이라고 어필하고 있다.[5]

그렇다면 어떻게 전략군을 식별할 수 있을까? 기업은 해당 업계에 존재하는 전략군을 식별하는 모든 차원을 살펴볼 필요가 있다. 각 경쟁자가 어떻게 고객에게 가치를 전달하는지를 이해해야만 한다. 각 경쟁자의 제품품질, 제품특성, 제품믹스, 고객서비스, 가격정책, 유통커버리지전략, 판매원전략은 물론 광고, 디지털, 모바일, 소셜미디어 콘텐츠 프로그램을 파악해야 한다. 그리고 각 경쟁자의 R&D, 제조, 구매, 재무 및 기타 전략의 세부사항을 파악해야 한다.

경쟁자의 강점과 약점 분석

경쟁자가 무엇을 할 수 있는지 알기 위해 마케터는 경쟁자의 강점과 약점을 자세히 분석해야 한다. 그 첫 단계로, 기업은 지난 몇 년간 경쟁자의 목표, 전략, 성과에 대한 데이터를 모아야 한다. 물론 얻기 어려운 정보도 있다. 예를 들어 B2B 마케터는 경쟁자의 시장점유율을 추정하기가 어렵다. 포장소비재 기업이 사용하곤 하는 신디케이트 데이터(syndicated data: 리서치회사가 제공하는 유료 데이터) 서비스를 이용할 수 없기 때문이다.

기업은 보통 2차 자료, 개인적 경험, 구전을 통해 경쟁자의 강점과 약점을 파악한다. 또한 고객, 공급업자, 판매업자를 대상으로 1차 마케팅조사를 수행하기도 하고, 경쟁자의 온라인, 소셜미디어 사이트를 조사하기도 한다. 또는 다른 기업을 **벤치마킹**(benchmarking)함으로써 자사의 제품과 프로세스를 경쟁자 또는 다른 업계 선도기업의 그것과 비교·분석함으로써 제품의 품질과 성과를 개선할 방법을 모색할 수 있다. 벤치마킹은 기업의 경쟁력을 높일 수 있는 강력한 도구이다.

벤치마킹
자사의 제품과 프로세스를 경쟁자 또는 다른 업계 선도기업의 그것과 비교·분석함으로써 제품의 품질과 성과를 개선할 방법을 모색하는 것

경쟁자의 반응 예측

기업은 경쟁자가 무엇을 할지도 예측할 수 있어야 한다. 경쟁자의 목표, 전략, 강점과 약점은 경쟁자의 미래 행동을 예측하는 데 큰 도움이 된다. 또한 가격인하, 촉진 증대, 신제품 출시 등과 같은 자사의 움직임에 대해 그들이 어떻게 대응할지를 예측하는 데에도 도움이 된다. 게다가 경쟁자는 사업철학, 사내문화, 신념체계를 가지고 있다. 마케팅 관리자는 경쟁자가 어떻게 행동할지 혹은 어떻게 반응할지를 예상하기 위해 경쟁자의 사고방식을 깊이 이해해야 한다.

경쟁자마다 다르게 반응한다. 일부 기업은 경쟁자의 움직임에 그다지 빨리 반응하지 않고, 또 강력하게 반응하지도 않는다. 이러한 기업은 자사 고객이 애호도가 높다고 생각할지도 모른다. 아니면 경쟁자의 움직임을 뒤늦게 인지했을 수도 있고, 경쟁자의 움직임에 대응할 만한 자금이 충분하지 않을 수도 있다. 특정 움직임에만 반응하고 다른 움직임에는 반응하지 않는 경쟁자도 있다. 일부 경쟁자는 어떤 움직임에도 신속하고 강력하게 반응한다. 한 예로 P&G는 경쟁자가 자사의 표적 세분시장에 쉽게 진출하지 못하게 한다. P&G가 자사 영역에의 도전에 강력하게 대응한다는 것을 아는 많은 기업은 P&G와의 직접 경쟁을 피하고 더 쉬운 경쟁상대를 찾는다. 주요 경쟁자의 반응을 미리 파악하면 경쟁자를 공격하는 최선의 방법 또는 자사의 현재 포지션을 방어하는 최선의 방법에 대한 단서를 얻을 수 있다.

일부 업계에서는 경쟁자들이 동반자적 관계로 상생한다. 또 어떤 업계에서는 경쟁자들이 공공연히 치열하게 싸운다. ● 예를 들어 라이벌인 펩시와 코카콜라는 수년간 광고로 서로를 공격했다. 대개는 아주 재미있는 광고였지만 때로는 공격양상이 너무 가열되기도 했다.[6]

● 경쟁자 대응: 펩시와 코카콜라는 수년간 광고로 서로를 공격했다. 제53회 슈퍼볼이 코카콜라의 고향 애틀랜타에서 개최되었을 때 조롱 섞인 거대한 펩시 광고가 애틀랜타 곳곳을 뒤덮었다.
David J Phillip/AP/Shutterstock.

펩시의 공격은 오랫동안 전개된 'Pepsi Challenge(펩시 챌린지)' 캠페인으로 시작되었다. 이는 쇼핑몰과 기타 공공장소에서의 블라인드 맛 테스트 결과를 보여주는 광고로, 사람들은 코카콜라 맛보다 펩시 맛을 항상 더 선호했다. 그 이후로도 펩시는 비교광고를 정기적으로 집행했다. 예를 들어 코카콜라 광고에 오랫동안 산타클로스가 등장했기 때문에 '코카콜라' 하면 사람들이 산타클로스를 연상하는 것에 착안하여 산타클로스가 휴양지에서 펩시 콜라를 마시는 광고, 코카콜라 배달 트럭 기사가 코카콜라 캔에 펩시 콜라를 몰래 따르는 광고 등 경쟁자인 코카콜라를 자극하는 광고를 꾸준히 내보냈다. 코카콜라 본사가 있고 코카콜라의 고향이라 불리는 애틀랜타가 제53회 슈퍼볼을 주최했을 때는 펩시가 광고판은 물론이고 재활용 쓰레기통, 기차역 벽까지 애틀랜타의 모든 곳에 350개 이상의 거대 광고를 설치하고 급기야 도시를 펩시의 파란색으로 뒤덮었다. 한 분석가가 "펩시 광고는 어마어마할 뿐만 아니라 엉망진창"이라고 말할 정도였다. 코카콜라 박물관이 있는 거리의 한 광고판에는 '애틀랜타의 펩시. 얼마나 상쾌한지.(Pepsi in Atlanta. How refreshing.)'라고 적혀 있었다. 이러한 광고는 펩시 팬 사이에서 큰 인기를 끌었다. 펩시의 브랜드마케팅·디지털 책임자는 이렇게 말한다. "좋아하는 파란색과 빨간색이 같이 있는 것을 보는 것만큼 팬의 관심을 끄는 것도 거의 없다. 과거에 좋은 결과를 가져왔고, 그냥 우리가 다 잘 알고 있는 일인 데다 그들이 보고 싶어 하는 것이다."

경우에 따라서 경쟁적 대결은 소비자에게는 유용한 정보를, 해당 브랜드에는 경쟁우위를 제공한다. 하지만 업계 전체에 불리하게 작용하는 경우도 있다.

공격할 경쟁자와 회피할 경쟁자 선택

목표고객 선정, 포지셔닝, 마케팅믹스 전략 수립과정에서 주요 경쟁자 파악을 끝낸 상태라면 그중 어떤 경쟁자와 가장 치열한 경쟁을 펼칠지 결정해야 한다.

강한 경쟁자와 약한 경쟁자

기업은 여러 경쟁자 중에서도 한 경쟁자에만 집중할 수 있다. 대부분의 기업은 약한 경쟁자와 경쟁하는 것을 선호한다. 약한 경쟁자와의 경쟁에는 비교적 적은 자원과 시간이 들지만 이 과정에서 기업이 얻는 것이 매우 적다. 혹자는 기업의 능력을 갈고닦기 위해 강한 경쟁자와 경쟁해야 한다고 주장할 수도 있다. 때로 기업은 가장 강한 경쟁자와 마주하기도 한다. 그러나 아무리 강한 경쟁자라도 약점이 있게 마련이고, 이러한 경쟁자와의 경쟁에서 이길 경우 돌아오는 대가가 크다.

고객가치 분석
목표고객이 가치 있게 생각하는 편익이 무엇인지와 경쟁제품의 상대적 가치를 어떻게 평가하는지를 파악하기 위해 수행하는 분석

고객가치 분석(customer value analysis)은 경쟁자의 강점과 약점을 평가할 수 있는 유용한 도구이다. 고객가치 분석의 목표는 목표고객이 가치 있게 생각하는 편익이 무엇인지, 그리고 경쟁제품의 상대적 가치를 어떻게 평가하는지를 파악하는 데 있다. 고객가치 분석을 할 때 기업은 먼저 고객이 가치 있게 생각하는 주요 속성을 확인하고, 고객이 이러한 속성에 대해 얼마나 중요하게 생각하는지 그 중요도를 파악해야 한다. 그런 다음 고객이 중요하게 생각하는 속성에 대해 경쟁자 대비 자사 제품의 성과를 평가한다.

경쟁우위를 확보하려면 각 세분시장에서 자사 제품이 주요 경쟁자의 제품과 어떻게 비교되는지를 조사해야 한다. 기업은 경쟁자가 충족해주지 못하는 고객의 욕구를 찾고 싶을 것이다. 만약 자사 제품이 중요 속성에서 경쟁자보다 더 큰 가치를 제공한다면 경쟁자보다 더 높은 가격을 부과하여 더 높은 수익을 얻을 수 있고, 아니면 동일한 가격을 부과하여 더 높은 시장점유율을 얻을 수 있을 것이다. 그러나 자사 제품이 중요 속성에서 주요 경쟁자보다 가치가 낮다면 그러한 속성을 강화하거나 선두가 될 만한 다른 중요 속성을 찾아야 할 것이다.

좋은 경쟁자와 나쁜 경쟁자

기업은 경쟁자를 필요로 한다. 그리고 경쟁자가 존재하면 이로운 점이 많다. 경쟁자의 존재로 인해 얻는 전략적 이득도 있다. 경쟁자는 시장개발이나 제품개발 비용을 분담하기도 하고 신기술의 합법화를 돕기도 한다. 덜 매력적인 세분시장을 경쟁자가 맡을 수도 있고, 경쟁자의 존재가 제품차별화의 기회를 더 많이 만들어주기도 한다. 경쟁자로 인해 시장규모가 더 확대되고 총수요가 증대되기도 한다.

예를 들어 세계 주요 자동차 회사가 너도나도 전기전용자동차 개발에 전속력으로 달려드는 것이 전기자동차 개척기업인 테슬라에는 좋지 않은 일이라고 생각될 수 있다. ● 업계 리더인 폴크스바겐만 해도 2028년까지 폴크스바겐, 아우디, 포르셰, 벤틀리, 슈코다(Skoda) 등 자사 브랜드의 70개 신형 전기자동차 모델을 선보이고 2,800만 대를 판매할 계획이다. 이 밖에도 주요 자동차 브랜드가 대거 뛰어드는 상황에서 테슬라는 경쟁력을 갖추기 위해 계속 혁신하고 개선해야 할 것이다. 그러나 테슬라는 경쟁이 치열해지는 것을 환영한다. 경쟁자가 많아지고 치열해질수록 전기자동차를 주류시장으로 옮기는 데 도움이 되며, 자사 전기자동차 모델의 수요 또한 증가할 것이라고 보기 때문이다. 한 분석가는 "기업이 하고 있는 일을 정당화하기 위해서는 함께하는 기업이 어느 정도는 있어야 한다"고 말한다. 또 다른 분석가는 이렇게 말한다. "혼자 정상에 있으면 외로울 수 있다. 전기자동차에 투자하는 회사가 많을수록 더 좋다."[7]

● 좋은 경쟁: 폴크스바겐 등 경쟁자들이 너도나도 전기자동차에 달려들고 있다. 경쟁자들이 전기자동차에 더 많이 투자할수록 전기자동차의 선구자인 테슬라에게는 오히려 좋은 일이다.
Kyodo/AP Images

그러나 기업이 모든 경쟁자를 유익하다고 보는 것

은 아니다. **좋은 경쟁자**가 있는가 하면 **나쁜 경쟁자**도 있다. 좋은 경쟁자는 업계 룰에 따라 행동하고 나쁜 경쟁자는 업계 룰을 따르지 않는다. 나쁜 경쟁자는 주당이익을 고려하기보다는 주식을 매입하려 하고, 큰 위험이 따르는 일을 하며, 업계 룰이 아니라 자신의 룰에 따라 행동한다. 예를 들어 많은 항공사는 초저비용 항공사인 스피릿항공을 나쁜 경쟁자로 본다. 스피릿항공은 편안함, 서비스, 편의시설, 정시 출발과 같은 업계 표준척도로 경쟁하기보다는 이를 다 무시하고 오로지 최저가격으로만 경쟁하려 들기 때문이다. 스피릿항공의 최저가격은 경쟁 항공사들의 가격보다 무려 90%나 낮다. 스피릿항공은 좌석 마일당 최저비용으로 최저가격을 책정하여 업계 최고의 이익마진을 거두고 있다. 업계에 반하는 스피릿항공의 가격책정은 이러한 저가에 도저히 필적할 수 없고 업계 경쟁의 룰을 지켜가며 온당하게 마진을 유지하고 있는 경쟁자들에게는 골칫거리이다.

경쟁 없는 시장 공간 찾기

경쟁자와 정면으로 경쟁하는 것을 좋아하는 기업은 별로 없다. 그보다는 경쟁이 없는 시장 빈자리를 선호한다. 많은 기업은 맞상대가 없는 제품시장이나 서비스시장을 창출하고자 한다. '블루오션 전략'이라고 불리는 이 전략의 목표는 해당 시장을 경쟁과 무관하게 만드는 것이다.[8]

기업은 자사의 이익 추구를 위해 오랫동안 경쟁자들과 정면 승부를 벌여왔다. 경쟁우위를 확보하기 위해 싸우고, 시장점유율을 차지하기 위해 싸우고, 경쟁자들과 차별화를 겨뤄왔다. 그러나 오늘날과 같은 산업과밀화 상황에서 정면 경쟁은, 줄어드는 이익 풀(profit pool)을 놓고 싸우게 되는 라이벌들 간의 피비린내 나는 '레드오션'을 초래할 뿐이다. 기업전략 교수들이 저술한 《블루오션 전략(Blue Ocean Strategy)》에서는 대부분의 기업이 레드오션에서 경쟁하고 있지만, 그러한 전략이 미래에 수익성 있는 성장을 창출하지는 않을 것이라고 주장한다. 미래의 선도기업은 경쟁이 우글거리는 시장이 아니라 더 많은 가치를 창출하기 위해 경쟁이 없는 '블루오션'을 창조함으로써 성공을 거둘 것이다. 이러한 전략적 움직임('가치혁신'이라고 함)은 기업과 구매자 모두에게 가치의 비약적 증진을 가능케 함으로써 완전히 새로운 수요를 창출하고 다른 기업과 경쟁할 필요가 없게 만든다. 블루오션을 창출하고 점유함으로써 경쟁자를 완전히 배제할 수 있는 것이다.

애플은 완전히 새로운 제품범주를 창조한 아이팟, 아이폰, 아이패드 같은 제품을 먼저 선보이면서 블루오션 전략을 오랫동안 실행해왔다. 마찬가지로 레드박스는 DVD 대여 카테고리에서 편리한 장소에 있는 키오스크를 통해 블루오션을 창출했다. 그리고 큐리그(Keurig)는 해밀턴비치(Hamilton Beach), 미스터커피(Mr. Coffee) 등 커피를 포트로 추출하는 전통적인 커피메이커 브랜드와 경쟁하기보다는 한 컵씩 캡슐로 커피를 추출하는 혁신적인 방식을 통해 커피 추출 프로세스를 재창조했다. 그 결과 큐리그는 연간 40억 달러 이상의 커피메이커 및 포드 매출을 달성했으며, 미국 일인용 시장의 30%를 차지하고 있다. 스타벅스, 던킨, 카리부커피(Caribou Coffee), 에이트어클락(Eight O'Clock), 폴저스, 맥스웰하우스(Maxwell House) 등과 같은 브랜드와의 라이선싱 및 제조 파트너십을 포함하면 큐리그는 K컵 포드 시장에서 점유율 80%를 차지하고 있다.[9]

블루오션 경쟁자의 또 다른 예는 최근 급증한 소비자직거래(DTC) 브랜드이다. DTC 브랜드는 소매점 시장에서 기존 경쟁자와 정면 경쟁하기보다는 온라인 및 모바일 채널을 통해 소비자에게 직접 판매·배송함으로써 새로운 시장영역을 창출했다. DTC 브랜드는 미용, 생활용품, 의류, 식품, 가정용 가구, 피트니스 등 다양한 제품카테고리에서 성공을 거두었는데, 그 예로는 달러셰이브클럽(면도기, 면도제품), 펠로톤(피트니스 장비와 프로그램), 캐스퍼(매트리스, 침구), 보노보스(Bonobos: 남성의류), 올버즈(Allbirds: 친환경 신발), 바크박스(BarkBox: 애견 장난감) 등이 있다. DTC 기업은 중간상을 배제함으로써 비용을 절감하여 가격을 낮추고, 더 큰 편의를 제공하며, 보다 긴밀한 직접적인 고객관계를 구축할 수 있다.

● 블루오션 전략: 캐스퍼와 같은 DTC 브랜드는 온라인 및 모바일 채널을 통해 고객에게 직접 판매·배송함으로써 새로운 시장영역을 창출했다.
Yana Paskova/For The Washington Post via Getty Images

많은 DTC 브랜드는 새로운 시장영역을 개척하여 큰 성공을 거두었다. ● 예를 들어 5년 만에 연간 5억 달러에 가까운 매트리스와 침구류를 고객에게 직접 판매하고 있는 캐스퍼의 가치는 11억 달러로 추산된다. '자연스러운 편안함'을 제공하는 신발회사 올버즈의 가치는 불과 2년 만에 14억 달러가 되었다. DTC 브랜드의 급성장에 대응하여 기존 브랜드는 자체 DTC 운영체계를 구축하거나 DTC 브랜드를 인수하는 움직임을 보이고 있다. 예를 들어 월마트는 보노보스를 인수하고 유니레버는 달러셰이브클럽을 인수했으며, P&G는 자체 'Gillette on Demand DTC' 사이트를 구축했다.[10]

경쟁정보시스템 설계

기업이 경쟁자에 대해 필요로 하는 주요 정보유형을 살펴보았다. 기업은 이러한 정보를 수집하고 해석하고 분배하고 활용해야 한다. 이 경쟁정보를 모으는 데에는 많은 시간과 비용이 들기 때문에 기업은 비용효율적인 경쟁정보시스템(competitive intelligence system)을 설계하는 것이 바람직하다.

경쟁정보시스템은 먼저 필수적인 경쟁정보 유형을 파악하고 그 정보의 가장 좋은 원천을 파악해야 한다. 그런 다음 현장자료(판매사원, 유통업자, 공급업자, 마켓리서치 회사, 인터넷/소셜미디어 사이트, 온라인 모니터링, 업계 협회)와 공개자료(정부 출판물, 연설문, 온라인 데이터베이스)를 통해 계속 정보를 수집한다. 다음으로 시스템은 정보의 타당성과 신뢰성을 확인하고 해석하며 적절한 방법으로 정보를 구성·정리한다. 마지막으로 의사결정자에게 관련 정보를 보내고 경쟁자에 대한 경영관리자의 질의에 응답한다.

이 시스템을 통해 기업 관리자는 보고서와 평가서, 게시판 게시물, 뉴스레터, 이메일, 모바일 알림 등의 형태로 경쟁자에 대한 정보를 적시에 받을 수 있다. 또한 경쟁자의 갑작스러운 움직임을 해석하거나, 경쟁자의 약점과 강점을 파악하거나, 자사가 계획하고 있는 움직임에 경쟁자가 어떻게 반응할지를 파악할 때 경쟁정보시스템을 활용할 수 있다.

저자 **코멘트** | 경쟁자를 파악하고 분석했으면 이제 경쟁우위를 확보하기 위한 전략을 설계할 차례이다.

경쟁전략

학습목표 18-2 고객가치 창출을 기반으로 한 경쟁적 마케팅전략의 기본원리를 파악한다.

주요 경쟁자를 파악하고 분석한 기업은 이제 경쟁우위를 확보할 수 있는 광범위한 마케팅전략을 설계해야 한다. 기업은 경쟁에 대응하여 어떤 마케팅전략을 사용할 수 있을까? 자사 혹은 자사의 다양한 사업단위, 자사 제품에 가장 적합한 전략은 무엇일까?

마케팅전략 접근방식

어느 기업에나 최고인 전략은 없다. 각 기업은 업계에서의 자사 위치와 목표, 기회, 자원을 고려하여 가장 적절한 전략을 결정해야 한다. 같은 기업이어도 사업단위나 제품에 따라 다른 전략이 필요할 수 있다. 존슨앤드존슨은 밴드에이드, 타이레놀, 리스테린, J&J 아기용품 등 소비재 시장에서 꾸준히 업계 1위인 자사 브랜드의 경우 동일한 단일 마케팅전략을 사용하며, 모노크릴(Monocryl) 외과수술용 봉합제품, 뉴플렉스(NeuFlex) 손가락 관절 이식용 임플란트 등 하이테크 보건의료 사업과 제품의 경우 다른 마케팅전략을 사용하고 있다.

전략을 계획·수립하는 프로세스 또한 기업에 따라 다르다. 많은 대기업은 경쟁에 대응하기 위해 특정 형식에 따라서 마케팅전략을 개발하고 실행한다. 하지만 형식에 치우치지 않으면서도 체계적으로 마케팅전략을 개발하는 기업도 있다. 레드불, 시놀라, 스팽스 등 일부 기업은 마케팅전략의 많은 룰을 깨뜨림으로써 성공을 거두었다. 이러한 기업은 대규모 마케팅부서를 두고 있는 것도 아니고, 고비용의 마케팅조사를 실시하여 정교한 경쟁전략을 수립하는 것도 아니며, 광고에 막대한 돈을 쏟아붓지도 않는다. 대신에 때를 봐가며 그때그때 전략을 세우고, 제한된 자원을 탄력적으로 운영하며, 항상 고객 가까이에 있으면서 고객의 니즈에 대한 보다 만족스러운 솔루션을 개발하곤 했다. 구매자 클럽을 만들고, 버즈 마케팅을 이용하고, 고객을 참여시키고, 고객애호도를 높이는 데 주력했다. 모든 기업이 P&G나 맥도날드, 마이크로소프트와 같은 거대 기업의 마케팅 전철을 밟아야 하는 것은 아니다.

그런데 마케팅전략과 실행 접근방식은 종종 세 단계를 거친다. 기업가형 마케팅, 정형화된 마케팅, 독립채산제형 마케팅이 그것이다.

● 기업가형 마케팅: 보스턴비어컴퍼니 설립자인 코크는 마케팅을 하기 위해 자신이 만든 맥주를 술집에 들고 다니면서 홍보하고, 자신의 이야기를 들려주면서 고객에게 품질과 성분에 대해 알려주었으며, 사람들이 맥주를 맛볼 수 있게 하고, 맥주를 판매하도록 바텐더를 설득했다. 이 회사는 현재 미국 최고의 크래프트 맥주회사이다.
Kelvin Ma/Bloomberg via Getty Images

- 기업가형 마케팅(entrepreneurial marketing): 대부분의 기업은 기지가 뛰어난 개인에 의해 시작된다. 이들은 기회를 가시화하고, 능수능란하게 유연한 전략을 세우며, 관심을 끌기 위해 모든 문을 두드린다. ● 새뮤얼애덤스보스턴라거는 보스턴비어컴퍼니 설립자인 짐 코크가 1984년 가족의 맥주 레시피에 따라 부엌에서 맥주를 만들기 시작한 것을 계기로 지금은 미국에서 가장 잘 팔리는 크래프트 맥주가 되었다. 코크는 마케팅을 하기 위해 자신이 만든 맥주를 술집에 들고 다니면서 홍보하고, 자신의 이야기를 들려주면서 고객에게 품질과 성분에 대해 알려주었으며, 사람들이 맥주를 맛볼 수 있게 하고, 맥주를 판매하도록 바텐더를 설득했다. 10년 동안 그는 광고를 할 여유가 없었다. 그는 서민을 대상으로 홍보를 하면서 맥주를 직접 판매하러 다녔다. 코크는 이렇게 말한다. "게릴라 마케팅밖에 할 수 없었다. 대기업이 너무 강해서 우리는 그런 획기적인 일이라도 해야 했다." 그러나 오늘날 그의 사업은 연간 거의 10억 달러의 매출을 기록하고 있으며, 1,000개가 넘는 경쟁기업을 제치고 현재 업계의 리더가 되었다.[11]
- 정형화된 마케팅(formulated marketing): 작은 기업이 성공을 거두면 아무래도 정형화된 마케팅으로 옮겨가는 경우가 대부분이다. 이러한 기업은 정형화된 마케팅전략을 개발하고 이를 그대로 실행에 옮긴다. 보스턴비어컴퍼니는 현재 대규모 영업 인력을 고용하고, 시장조사를 수행하고 전략을 계획하는 마케팅 부서를 두고 있다. 이 기업은 550억 달러 규모의 초대형 경쟁자인 안호이저부시 인베브보다야 훨씬 덜 정형화되고 덜 정교하지만 전문적인 마케팅회사에서 사용되는 정형화된 기존 마케팅 툴을 일부 그대로 도입하여 사용하고 있다.
- 독립채산제형 마케팅(intrapreneurial marketing): 굴지의 많은 대기업은 정형화된 마케팅의 타성에 젖어 있다. 이들은 최근의 닐슨 수치를 검토하고, 시장조사 보고서를 스캔하며, 경쟁전략과 프로그램을 세부적으로 조정하기도 한다. 이러한 기업은 창업할 때 가졌던 마케팅 창의성과 열정을 잃어버리곤 한다. 그래서 마케팅 독창성을 찾고 처음에 성공을 거두었던 정신과 행

동을 일부 회복하기 위해서는 직원 모두가 기업가이고 경영자인 독립채산제를 구축해야 한다. 실제 일부 기업은 핵심 마케팅 업무를 위해 독립채산제를 구축하고 있다. 예를 들어 IBM은 모든 직위의 직원이 블로그, 소셜미디어 및 기타 플랫폼을 통해 고객과 직접 상호작용하도록 장려하고 있다. 구글의 이노베이션 타임오프(Innovation Time-Off) 프로그램은 모든 엔지니어와 개발자가 독창적이고 획기적인 신제품 아이디어를 개발하는 데 업무시간의 20%를 할애하도록 장려한다. 구글 뉴스, 지메일, 구글 맵, 애드센스(AdSense) 등 구글의 많은 히트작은 여기서 탄생한 것이다. 그리고 페이스북은 정기적으로 '해커톤'을 후원하는데, 이 기간 동안 내부 팀들이 기업가적인 아이디어를 준비하고 발표하도록 장려한다. 페이스북 역사상 가장 중요한 혁신 중의 하나인 '좋아요' 버튼은 이 해커톤에서 비롯되었다.[12]

요점은 효과적으로 경쟁에 대응하기 위한 마케팅전략을 개발하는 데에는 많은 접근법이 있다는 것이다. 마케팅의 정형화된 측면과 창의적인 측면 사이에는 끊임없는 갈등이 있을 것이다. 이 책에서 관심의 대부분을 차지하는 것은 마케팅의 정형화된 측면일 것이다. 하지만 기업의 규모에 상관없이, 또한 신생기업이든 오래된 기업이든 상관없이 시장에서 이룬 성공의 근저에는 마케팅 창의성과 열정이 있다는 것을 잘 알 수 있다. 이제 경쟁에 대응하기 위해 기업이 사용할 수 있는 다양한 마케팅전략에 대해 살펴보자.

본원적 경쟁전략

30여 년 전 마이클 포터(Michael Porter)는 기업이 취할 수 있는 네 가지 본원적 경쟁전략을 제시했는데, 세 가지는 '승리' 전략이고 한 가지는 '패배' 전략이다.[13] 세 가지 '승리' 전략은 다음과 같다.

- **원가우위 전략(cost leadership strategy)**: 이 전략을 사용하는 기업은 최저생산비용과 최저유통비용을 달성하기 위해 많은 노력을 기울인다. 저렴한 비용으로 경쟁자보다 제품가격을 낮춤으로써 시장점유율을 높일 수 있다. 월마트, 레노버, 스피릿항공은 이 전략의 선두주자이다.
- **차별화 전략(differentiation strategy)**: 이 전략을 사용하는 기업은 고도의 차별화된 제품라인과 마케팅프로그램을 만드는 데 집중하며, 이렇게 함으로써 업계 리더로 인식되게 한다. 대부분의 고객은 가격이 너무 높지 않다면 이러한 브랜드를 소유하는 것을 선호한다. 나이키와 캐터필러는 각각 의류, 건설중장비에서 이 전략을 취하고 있다.
- **집중화 전략(focus strategy)**: 이 전략을 사용하는 기업은 전체 시장을 대상으로 하는 것이 아니라 소수의 세분시장에 서비스를 제공하는 데 집중한다. 예를 들어 리츠칼튼은 기업고객과 레저 여행객의 상위 5%에게만 집중하고 있다. 보스는 보다 선명한 사운드를 구현하는 고품질 전자제품에 집중하고, 검색엔진 덕덕고(DuckDuckGo)는 인터넷 트래킹 및 개인정보 보호에 관심이 있는 사용자 세분시장에 중점을 둔다.

위의 세 가지 전략 중 확실하게 어느 하나를 추구하는 기업이 좋은 성과를 거둘 것이다. 그 전략을 가장 잘 수행하는 기업이 가장 많은 이익을 낼 것이다. 그러나 이도 저도 아닌 중간 정도의 전략을 추구하는 기업은 최악의 상황에 처할 수도 있다. 시어스, 리바이스트라우스, 홀리데이인은 가장 낮은 비용도 아니고, 지각된 가치가 가장 높지도 않고, 몇몇 목표시장에서 최고로 인식되지도 않았기 때문에 어려운 시기를 맞이했다. 이도 저도 다 추구하는 기업은 다 잘하려고 노력은 하지만 결국에는 한 가지도 잡지 못하고 다 놓치고 만다.

마케팅 컨설턴트인 마이클 트리시(Michael Treacy)와 프레드 비에르세마(Fred Wiersema)는 경쟁적 마케팅전략에 대해 보다 고객중심적으로 분류할 것을 제안했다.[14] 그들은 고객에게 우수한 가치를 제공하는 기업만이 선도적 지위를 확보할 수 있다고 주장했다. 기업은 우수한 고객가치를 제공하기 위해 '가치기율(value disciplines)'이라는 다음 세 가지 전략 중 하나를 추구할 수 있다.

- **운영의 탁월성**(operational excellence): 가격과 편의성 면에서 업계를 선도하여 우수한 가치를 제공한다. 비용을 절감하고 효율적인 가치전달시스템을 구축한다. 신뢰할 수 있는 양질의 제품이나 서비스를 원하지만 저렴하고 쉽게 구매하기를 원하는 고객을 표적으로 한다. 월마트, 이케아, 자라, 사우스웨스트항공, 트레이더조를 예로 들 수 있다. 예를 들어 트레이더조는 '운영의 탁월성'을 통해 가격-가치 등식을 제공했고, 이로써 미국에서 가장 실적이 높고 가장 인기 있는 식료품 체인점 중 하나가 되었다(마케팅 현장 18.2 참조).
- **고객친밀성**(customer intimacy): 시장을 정밀하게 세분하고 목표시장 고객의 니즈에 정확히 부합하도록 제품 또는 서비스를 조정함으로써 탁월한 가치를 제공한다. 긴밀한 고객관계와 풍부한 고객지식을 통해 고객의 니즈를 충족하는 데 필요한 전문역량을 갖추고 있으며, 직원이 고객의 니즈에 신속히 대응하게 한다. 이 전략은 원하는 것을 얻기 위해 기꺼이 프리미엄을 지불하려는 고객을 대상으로 장기적인 고객애호도 구축과 고객생애가치 제고를 목표로 한다. 대표적인 예로 노드스트롬, 아마존, 세일즈포스, 렉서스, 리츠칼튼 등을 들 수 있다.
- **제품리더십**(product leadership): 최첨단 제품 또는 서비스를 지속적으로 제공함으로써 탁월한 가치를 제공한다. 이를 위해 자사의 기존 제품이나 경쟁자 제품을 의도적으로 진부화한다. 제품리더는 새로운 아이디어에 개방적이고, 끊임없이 새로운 솔루션을 추구하며, 신제품을 시장에 빠르게 출시하기 위해 노력한다. 가격이나 신제품 사용에 따른 불편함을 개의치 않는 고객에게 최첨단 제품과 서비스를 제공한다. ● 제품리더의 한 예로 애플을 들 수 있다.[15]

● 제품리더십: 애플이 최첨단 제품을 잇따라 출시하면서 애플과 '연애'하는 고객이 많아졌고 세계에서 가장 가치 있는 기업 중 하나가 되었다.
Malcolm Haines/Alamy Stock Photo.

애플은 처음부터 최첨단 제품을 잇따라 출시했다. 이 모든 것은 그래픽 사용자 인터페이스와 마우스를 갖춘 최초의 개인용 컴퓨터인 매킨토시(Macintosh)로 시작되었다. 그 뒤를 이어 아이팟, 아이튠즈, 아이폰, 아이패드와 같은 획기적인 애플 제품이 이전에 존재하지 않았던 완전히 새로운 카테고리를 만들어내면서 애플 주도의 혁명이 뒤따랐다. 더 최근에는 최신 아이폰 모델이 계속해서 사용자들을 놀라게 하고, 애플의 무선 에어팟(AirPods)은 전 세계적으로 필수품이 되었으며, 애플워치 시리즈 3 피트니스 시계는 베스트셀러이다. 애플은 그야말로 뼛속까지 혁신이다. 예를 들어 애플은 회사의 운영체제, 디스플레이, 카메라, 앱에 최적화된 정교한 프로세서 칩을 자체적으로 설계하고 만든다.

애플의 제품리더십은 고객을 자극하는 요소가 무엇인지를 먼저 이해한 다음, 고객을 대중의 선두에 서게 하는 최첨단 제품을 꾸준히 개발한 결과이다. 기술과 관련된 많은 기업은 단순히 어떤 공간이 있고 그 안에서 작동이 되는 제품을 만들 뿐이다. 이와 달리 애플은 고객의 상상력을 자극하고 고객이 원하는(종종 고객 스스로 원하는 바를 알기도 전에) '기분 좋은 삶'을 느끼게 하는 제품을 만드는 데 천재적이다. 이러한 제품리더십은 고객이 애플에 대해 열광하게 만들었다. 그 결과 애플은 수년에 걸쳐 놀라운 판매와 수익을 창출하고, 세계에서 가장 가치 있는 기업이라는 타이틀을 놓고 마이크로소프트, 아마존과 치열한 경쟁을 벌이게 되었다.

일부 기업은 둘 이상의 가치기율을 동시에 성공적으로 추구하려 한다. 예를 들어 페덱스는 운영의 탁월성과 고객친밀성에서 모두 우수하다. 그러나 이러한 기업은 드물다. 하나 이상의 분야에서 동시에 최고가 될 수 있는 기업은 거의 없다. 모든 가치기율에서 잘하려고 하다 보면 대개 어느 분

마케팅 현장 18.2 | 운영의 탁월성: 트레이더조의 '치프 고메이' 가치 포지셔닝

어느 7월 초 아침, 열성적인 사람들이 벌써부터 가득 모여 있다. 트레이더조가 새로운 매장을 막 오픈하려는 참이었다. 기다리고 있는 사람들이 이웃과 함께 최신 트렌드의 소매점포가 생긴 것에 대해 기쁨을 나누고 있다. 트레이더조는 식료품점 그 이상의 '문화 체험' 공간이다. 트레이더조의 진열대는 이국적인 사치품과 값싼 제품으로 가득 차 있다. 유기농 크리미 발렌시아 땅콩버터도, 방목하여 키운 닭의 달걀도, 태국산 라임앤드칠리 캐슈도, 벨기에산 버터와플쿠키도 트레이더조 매장에서만 볼 수 있다.

새로운 매장이 문을 연 지 몇 분 만에 고객이 쇄도하여 통로를 찾기가 거의 불가능해졌다. 얼마 지나지 않아 트레이더조의 10개 계산대 앞마다 고객이 길게 늘어서 있다. 고객의 카트마다 트레이더조 독점가 2달러 99센트짜리 일명 '투벅척(Two-Buck Chuck: 1병에 2달러)' 와인이라 불리는 찰스쇼(Charles Shaw) 와인, 이 밖에도 도저히 믿을 수 없는 저렴한 가격으로 트레이더조에서만 파는 고급 식자재가 가득 담겨 있다. 이 모든 현상은 트레이더조를 미국에서 가장 핫한 소매상 중 하나로 만들었다.

사실 트레이더조는 미식가가 찾을 정도의 고급 식자재 매장이 아니다. 할인식품 매장도 아니다. 사실은 둘 다 약간씩이다. 트레이더조는 일명 '치프 고메이(cheap gourmet)'라는 자사만의 식품 가격 책정 방식인 가격-가치 등식에 운명을 걸었다. 치프 고메이는 미식가나 찾을 법한 프리미엄 수준의 특산품을 헐값에 제공하며, 쇼핑을 재미있게 만드는 축제나 휴가 같은 분위기에서 모든 품목을 제공한다는 뜻이다. 어떻게 정의하든 트레이더조의 독창적인 가격-가치 포지셔닝은 고객을 열렬한 추종자로 만들었다.

트레이더조는 스스로를 '가치, 모험, 맛있는 보물이 매일 발견되는 낙원의 섬'이라고 묘사한다. 향나무 판자가 늘어선 벽과 가짜 야자나무 사이에서 쇼핑객이 분주하게 움직이고, 웅성거리는 소리도 이따금씩 들린다. 계산대에 서면 가끔씩 배의 종소리가 울리면서 특별 공지사항을 알리는 방송이 흐른다. 변함없이 서로 도움을 주고받는 쾌활한 직원들은 고객과 날씨, 저녁 파티 메뉴 등에 관한 수다를 떨고 있다. 최근 오픈한 매장에서는 직원이 고객에게 하이파이브를 하고 공짜 쿠키를 나눠주면서 맞이했다. 고객은 트레이더조에서 단순히 쇼핑을 하는 것이 아니라 트레이더조를 '경험'한다.

진열대에는 다양한 종류의 고급 식료품이 가득하다. 트레이더조의 취급품목은 약 4,000개로 제한되어 있고(일반 식료품점은 약 4만 5,000개) 품목 수를 늘리지 않는다. 신제품 입고 시에는 인기 없는 제품을 진열대에서 빼버린다. 트레이더조의 제품구색은 고급 포장식품과 소스, 바로 먹을 수 있는 수프, 신선한 냉동 앙트레, 스낵, 디저트 등 모두 인공적인 색, 맛, 방부제가 없는 트레이더조만의 제품으로 이루어져 있다.

트레이더조를 찾는 고객의 즐거움은 유기농 브로콜리 슬로, 크리미 발렌시아 땅콩버터, 공정무역 커피, 옥수수, 토마토가 들어 있지 않은 칠리살사, 트리플 생강 스냅 등 모든 것을 다 갖추고 있는 것에서 비롯된다. 트레이더조 제품을 특별하게 만드는 또 다른 점은 대부분의 제품을 다른 곳에서는 구할 수 없다는 것이다. 예를 들어 진저캐츠 쿠키, 퀴노아, 검은콩 토르티야 칩, 망고 코코넛 팝콘을 다른 가게에서 찾아보라. 이 매장의 브랜드 중 80% 이상이 트레이더조가 독점적으로 판매하는 PL(private label) 제품이다. 거의 모든 고객은 자기에게 꼭 필요하면서 트레이더조에서만 구입 가능한 품목을 줄줄이 댈 수 있을 것이다. 매장에서 취급하는 품목 수가 적기 때문에 고객이 매장에 머무르는 시간도 짧다. 매장에 들어온 사람들은 좋아하는 정해진 품목만 담기 때문에 재빨리 카트를 채운다.

특별한 매장 분위기, 이곳에서만 구매할 수 있는 제품, 도움이 되는 세심한 직원… 이 모든 것은 고가격을 책정하기 위한 레시피처럼 들린다. 그러나 트레이더조는 예상을 깬다. 홀푸드마켓과 같은 고급 경쟁업체는 유기농식품을 다루는 만큼 높은 가격(Whole Foods, Whole Paycheck)을 청구하지만 트레이더조는 비교적 저렴한 가격이라 고객을 놀라게 한다. 가격이 절대적으로 낮다고 할 수는 없지만 다른 곳과 같은 수준의 품질, 신선함에 비하면 가격이 정말 저렴하다. 트레이더조는 이렇게 말한다. "우리는 훌륭한 식품만큼이나 가치도 중요하게 생각한다. 트레이더조에서는 큰 돈을 들이지 않고도 신나는 경험을 즐길 수 있다."

트레이더조는 어떻게 프리미엄급 제품을 저가격으로 유지할 수 있을까? 트레이더조는 운영의 탁월성을 통해 전사적인 가격-가치 전략을 위해 비가격 요소를 신중하게 결정한다. 우선 트레이더조의 비밀은 운영에 있다. 그리고 비용을 절약하는 데 모든 관심을 집중한다. 비용을 낮추기 위해 트레이더조는 일반적으로 교외 스트립몰과 같이 임대료가 저렴하고 사람들의 통행이 거의 없는 곳에 매장을 배치한다. 항상 꽉 찬 주차장으로 악명이 높지만 트레이더조는 넓은 주차장은 더 큰 부동산을 필요로 하고 비용이 많이 든다고 지적한다. 트레이더조 매장은 외딴 곳에 자리하고 제품구색을 제한함으로써 시설과 재고 비용을 절감한다. 또한 비용이 많이 드는 농산물 코너, 매장 내 베이커리, 정육점, 조제식품, 해산물 코너도 없앴다. 그리고 자사 PL 브랜드의 경우 공급업자로부터 직접 구매하고 가격협상을 한다.

매우 검소하고 운영이 탁월한 트레이더조는 광고를 거의 하지 않음으로써 비용을 절감할 뿐 아니라 쿠폰이나 할인카드, 특별 프로모션 등도 제공하지 않는다. 트레이더조만의 독특하고 기발한 상품과 낮은 가격의 조합은 너무 많은 구전과 빨리 구매하지 않으면 안 된다는 긴박감을 유발하기 때문에 광고나 가격 홍보가 필요 없다. 공식 프로모션

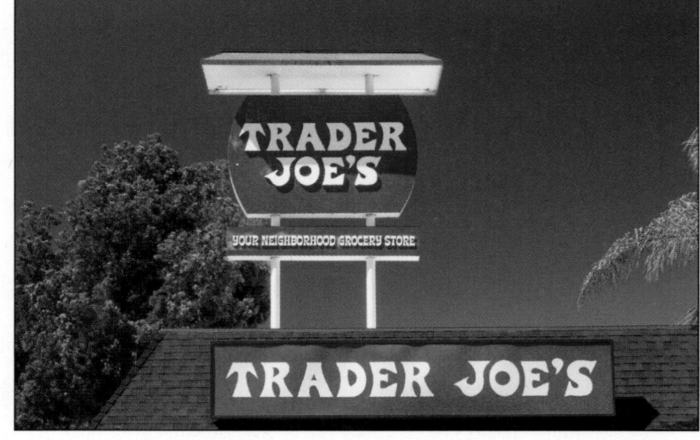

트레이더조는 '치프 고메이'라는 가격-가치 포지셔닝에 자사의 운명을 걸었다.
Ken Wolter/Shutterstock

에 가장 가까운 것은 기업 웹사이트, 모바일 앱, '피어리스 플라이어(The Fearless Flyer)'라는 월간 e-뉴스레터이다. 트레이더조의 가장 강력한 촉진 무기는 열렬한 추종자 집단이다. 트레이더조 고객은 심지어 www.traderjoesfan.com과 같은 팬 웹사이트와 소셜미디어 사이트를 만들어 새로운 제품과 매장에 대해 논의하고, 레시피를 교환하며, 가장 좋아하는 트레이더조 스토리를 주고받는다.

트레이더조는 가격-가치 포지셔닝을 통해 미국 내에서 최고의 성과를 올리고 가장 인기 있는 식료품점 중 하나가 될 수 있었다. 현재 48개 주의 504개 이상 매장이 연간 133억 달러의 매출을 올리고 있는데, 이는 10년 전 매출의 4배가 넘는다. 트레이더조 매장은 슈퍼마켓 업계 평균 2배 이상의 평방피트당 매출을 올리고 있다. 또한 트레이더조는 매년 재무성과 부문과 고객선호도 부문에서 식료품 소매업체 목록의 상위권에 오르고 있다.

이 모든 것은 가치와 가격에 관한 것(지불한 것 대비 얻는 가치)이다. 어느 날 아침 일찍 오리건주 벤드에 있는 트레이더조 매장을 둘러보고 있는 단골고객 크리시 라이트(Chrissi Wright)에게 한번 물어보자. 라이트는 트레이더조에서 2달러 99센트의 인기제품 찰스쇼 와인 8병을 구매하려고 한다. 라이트는 이렇게 말한다. "나는 트레이더조를 좋아한다. 내 돈을 다 쓰지 않아도 여피족(도시에 사는 젊고 세련된 고소득 전문직 종사자)처럼 먹을 수 있게 해 주기 때문이다. 트레이더조 제품은 미식가나 찾을 법한 프리미엄 수준의 특산품인 데다 친환경적이고 훌륭하다. 그리고 우리 시대의 가장 위대한 혁신이라 할 수도 있는 투벅척이 있다."[16]

야에서도 최고가 되지 못한다.

따라서 대부분의 우수한 기업은 단일 가치기율에 집중하고 나머지 두 분야는 업계 표준을 충족하는 수준으로 한다. 이러한 기업은 전체 가치전달 네트워크를 설계함으로써 자사가 선택한 한 가지 가치기율을 전사적인 관점에서 지원한다. 예를 들어 월마트는 고객친밀성과 제품리더십이 중요하다는 것을 잘 알고 있다. 다른 대형할인점과 비교했을 때 비교적 좋은 고객서비스와 우수한 제품구색을 제공하는 편이다. 하지만 고객친밀성을 추구하는 노드스트롬이나 윌리엄스소노마보다는 의도적으로 고객서비스와 제품구색의 정도를 낮춘다. 대신에 월마트는 운영의 탁월성에 집중함으로써 비용절감 및 주문·배송 프로세스 효율화를 통해 고객이 가장 저렴한 가격에 필요한 제품을 편리하게 구입할 수 있도록 하고 있다.

경쟁전략을 가치기율로 유형화하는 것은 일리가 있다. 가치기율 관점에서 효과적인 마케팅전략은 자사가 가장 잘 수행할 수 있는 한 가지 가치 분야에 전력투구하는 것이다. 각 가치기율마다 지속적인 고객관계를 구축하기 위한 구체적인 방법이 존재한다.

경쟁적 지위

동일한 목표시장에서 경쟁을 하더라도 기업마다 목표와 자원이 다르다. 어떤 기업은 규모가 크고 어떤 기업은 규모가 작다. 어떤 기업은 많은 자원을 가지고 있고 어떤 기업은 자원이 제한적이다. 어떤 기업은 설립된 지 오래되었고 어떤 기업은 막 창업한 신생기업이다. 어떤 기업은 시장점유율의 빠른 확대를 목표로 하고 어떤 기업은 장기적인 이익을 목표로 한다. 그리고 기업마다 해당 목표시장에서 서로 다른 경쟁적 지위를 갖는다.

마켓리더
업계에서 가장 큰 시장점유율을 차지하는 기업

이제 목표시장에서 기업의 경쟁적 지위(마켓리더, 마켓챌린저, 마켓팔로워, 마켓니처)에 따른 경쟁전략을 알아보자. ● 그림 18.2를 보면 여러 기업이 있고 그중에서 **마켓리더**(market leader)가 40%의 가장 큰 시장점유율을 차지하고 있다. 그다음은 시장점유율 확대를 위해 다른 경쟁자들을

● 그림 18.2
경쟁적 시장 지위와 역할

각 시장지위는 서로 다른 경쟁전략을 필요로 한다. 예를 들어 마켓리더는 총수요를 확대하고 자사의 시장점유율을 유지하거나 높이길 바란다. 마켓니처는 주요 경쟁업체가 관심을 갖기에는 작지만 수익을 내기에는 충분한 세분시장을 찾는다.

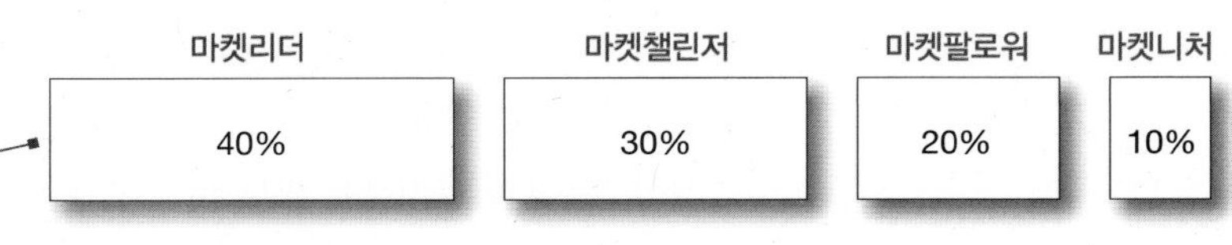

● 표 18.1 | 마켓리더, 마켓챌린저, 마켓팔로워, 마켓니처의 전략

마켓리더의 전략	마켓챌린저의 전략	마켓팔로워의 전략	마켓니처의 전략
시장규모 확대	정면공격	바짝 따라가기	단일틈새시장 추구
시장점유율 유지	측면공격	멀리 따라가기	다중틈새시장 추구
시장점유율 확대			

마켓챌린저
마켓리더 다음으로 큰 시장점유율을 차지하는 기업으로, 경쟁자 공략을 통해 시장점유율 확대를 꾀하려는 기업

마켓팔로워
시장판도를 흔들지 않고 현재의 시장점유율을 유지하려는 기업

마켓니처
업계의 다른 기업들이 관심을 가지지 않을 만큼 규모가 작은 시장을 대상으로 하는 기업

공략하는 **마켓챌린저**(market challenger)가 30%로 2위이다. 다음은 시장판도를 흔들지 않고 현재의 시장점유율을 유지하려는 **마켓팔로워**(market follower)가 20%를 차지하고 있다. 그리고 다른 기업들이 관심을 가지지 않을 만큼 작은 시장을 대상으로 하는 **마켓니처**(market nicher)가 나머지 10%를 차지하고 있다.

마켓리더, 마켓챌린저, 마켓팔로워, 마켓니처가 각각 취할 수 있는 마케팅전략을 ● 표 18.1에 제시했다.[17] 그러나 이러한 분류는 기업의 모든 제품군에 적용되는 것은 아니고 특정 업계의 시장지위에만 적용될 수 있다는 것을 간과해서는 안 된다. 아마존, 마이크로소프트, 구글, P&G, 디즈니와 같은 대기업은 일부 시장에서는 마켓리더이지만 다른 시장에서는 마켓니처가 될 수도 있다. 예를 들어 아마존은 온라인 소매시장을 이끌고 있지만 스마트폰과 태블릿의 경우 애플과 삼성에 도전하는 기업이다. P&G는 세탁세제, 샴푸 등 여러 부문에서 선두를 달리고 있지만 핸드워시 비누의 경우 유니레버에 도전하고 티슈의 경우 킴벌리클라크에 도전하는 기업이다. 기업은 자사의 사업단위나 제품별로 경쟁상황에 맞는 다른 전략을 사용한다.

마켓리더의 전략

대부분의 업계에는 누구나 인정하는 마켓리더가 있다. 이 마켓리더는 가장 큰 시장점유율을 차지한다. 그리고 대개의 경우 가격변화, 신제품도입, 유통커버리지, 촉진지출 등에서 다른 기업을 선도하며, 마켓리더의 최강자 자리를 다른 기업들이 인정한다. 경쟁자들은 마켓리더를 도전하거나 따라 하거나 피해야 할 대상으로 본다. 가장 잘 알려진 마켓리더는 월마트(소매), 아마존(온라인 소매), 맥도날드(패스트푸드), AT&T(통신), 코카콜라(음료), 보잉(항공우주), 나이키(운동화, 운동복), 메리어트(호텔, 리조트), 구글(인터넷 검색) 등이다.

마켓리더의 삶은 쉽지 않다. 다른 기업들이 마켓리더의 강점에 끊임없이 도전하고 약점을 찾아내어 이용하려 하기 때문에 지속적으로 시장을 주시해야 한다. 마켓리더가 시장의 상황이나 변화를 포착하지 못한 채 2위나 3위로 미끄러지는 것은 순식간이다. 다른 기업이 제품혁신을 등에 업고 마켓리더의 자리를 위협하기도 한다(예: 넷플릭스의 다이렉트 마케팅과 동영상 스트리밍이 당시의 마켓리더인 블록버스터를 몰아냈을 때, 애플이 아이팟과 아이튠즈를 개발하면서 휴대용 오디오 시장에서 소니의 워크맨을 추방했을 때). 마켓리더는 오만해지거나 안일해져서 경쟁자를 오판할 수도 있다(예: 시어스가 월마트에 선두자리를 빼앗겼을 때). 새롭고 활기찬 경쟁자에 비해 마켓리더는 낡은 구식으로 비쳐질 수도 있다(예: 애버크롬비앤드피치가 자라, H&M, 포에버21과 같이 스타일리시하고 저렴한 브랜드에 밀려 설 자리를 잃었을 때).

마켓리더는 시장지위를 유지하기 위해 세 가지 방안 중 하나를 선택할 수 있다. 첫째는 시장규모의 확대를 통해 전체 수요를 늘리는 방법이다. 둘째는 적절한 방어전략과 공격전략을 통해 현재의 시장점유율을 유지하는 방법이다. 셋째는 현재의 시장규모 안에서 경쟁자의 고객을 자사 브랜드로 끌어들임으로써 시장점유율을 확대하는 방법이다.

시장규모 확대

전체 시장규모가 커지면 대개는 마켓리더가 가장 많은 이익을 얻게 된다. 만약 지금보다 더 많은 미국인이 패스트푸드를 먹는다면 맥도날드가 가장 많은 이익을 얻게 될 것이다. 맥도날드는 서브웨이, 버거킹, 타코벨과 같은 경쟁자들보다 패스트푸드 시장점유율이 더 높기 때문이다. 지금보다 더 많은 미국인에게 패스트푸드야말로 최고의 외식이라고 납득시킬 수만 있다면 맥도날드는 경쟁자들보다 큰 혜택을 얻을 것이다.

마켓리더는 새로운 사용자 또는 새로운 용도를 개발하고 제품 사용량을 늘림으로써 시장을 확대할 수 있다. **새로운 사용자**나 미사용자 세분시장을 찾기는 그리 어렵지 않을 것이다. ● 예를 들어 이케아는 뉴욕, 런던, 파리, 모스코바와 같이 인구밀도가 높은 도시에서 신규고객을 유치하기 위해 '이케아 플래닝 스튜디오(IKEA Planning Studio)'라는 소규모 매장을 개점하고 있다.[18]

● 신규고객 유치: 이케아는 신규고객을 유치하기 위해 뉴욕과 같이 인구밀도가 높은 도시의 작은 아파트에 거주하는 소비자의 니즈를 충족하기 위해 소규모 매장 이케아 플래닝 스튜디오를 운영하고 있다.
Associated Press

맨해튼에 위치한 미국 최초의 이케아 플래닝 스튜디오는 일반 이케아 슈퍼매장의 약 20분의 1의 크기이다. 이는 작은 아파트에 사는 많은 뉴요커의 요구에 부응하기 위해 고안되었다. 대부분 자동차가 없는 이들은 자신의 예산에 맞게 가구를 구입하려고 하지만 그러려면 큰 이케아 슈퍼매장에 가야 하는데, 거기까지 가기도 어렵거니와 가구를 구입하더라도 집으로 가져가기가 어려웠다. 이케아 플래닝 스튜디오 매장에서는 집으로 가구를 가져가는 고객을 보기 힘들다. 대신에 자신이 살고 있는 아파트처럼 정밀하게 구성된 집을 아이패드로 보면서 이케아 직원과 상담하는 고객의 모습을 볼 수 있다. 욕조가 딸린 333평방피트 거실을 보면서 그 공간에 맞게 이케아 가구와 붙박이, 장식품을 맞춤 구성하여 구매하면 제품이 고객의 집으로 배송된다. 이케아 마케터는 "플래닝 스튜디오는 뉴요커의 생활방식과 생활공간, 니즈에 맞게 특별히 설치되고 디자인되었다"고 말한다. 한 소매업 분석가는 "도심가 매장 덕분에 이케아가 새로운 고객층에게 접근할 수 있게 되었다"고 덧붙였다.

기업은 제품의 **새로운 용도**를 개발하고 촉진함으로써 시장을 확대할 수 있다. 예를 들어 WD-40 컴퍼니(WD-40 Company)는 몇 년 전 제품의 새로운 용도를 찾는 고객조사를 실시하여 자사 제품을 미국 가정 대부분의 필수 생존 품목으로 만들었다. 제품용도를 조사한 결과 회사 웹사이트에 제품용도에 대한 제안사항이 2,000개가 넘게 게시되었다.[19] 고객들은 버드나무 의자가 삐걱거리는 것을 막거나, 끼여서 꼼짝 않는 레고블록을 빼내거나, 크레용 자국을 닦는 등 비교적 간단하고 실용적인 사용법을 제안했다. 그러나 어떤 사람들은 꽤 특이한 용도를 제안했다. 많은 사람이 WD-40를 새 모이통에서 다람쥐를 미끄러지게 하는 데 사용한다고 했다. 어떤 남자는 WD-40로 의안을 닦는다고 했고, 의족을 제거하는 데 사용한다는 사람도 있었다. 그리고 혹시 덴버의 한 카페 통풍구에 몸을 숨겼다가 갇힌 누드 강도 용의자 이야기를 들어본 적이 있는가? 소방서는 다량의 WD-40로 그를 통풍구에서 빼냈다. WD-40를 사용하여 성난 곰을 물리 친 미시시피 해군장교의 이야기도 있다. 이 기업의 결론은 다음과 같다. "인생에 필요한 것은 접착테이프와 WD-40입니다. 움직이는 것을 움직이지 않게 하려면 접착테이프를 사용하세요. 움직이지 않는 것을 움직이게 하려면 WD-40를 사용하세요."

끝으로 마켓리더는 사람들이 제품을 더 자주 사용하게 하고 한 번 사용할 때마다 더 많이 사용하도록 설득함으로써 제품 사용량을 더 제고시킬 수 있다. 예를 들어 캠벨은 새로운 레시피를 담은 광고를 전개함으로써 사람들이 자사의 수프와 그 밖의 제품을 더 자주 먹도록 유도한다. 캠벨의 키친 웹사이트(www.campbellskitchen.com)에서는 방문객이 레시피를 검색하거나 주고받고, 자신만의 레시피 박스를 만들고, 더 건강하게 먹는 방법을 배우고, 일일 또는 주별 식단 프로그램을 메일로 제공받을 수 있다. 캠벨의 페이스북, 핀터레스트, 트위터 사이트에서 캠벨의 키친 커뮤니티 대화에 참여하고 공유할 수도 있다.

시장점유율 유지

마켓리더는 전체 시장규모를 확대하는 동시에 경쟁자의 공격으로부터 시장지위를 방어할 필요가 있다. 월마트는 아마존, 타깃, 코스트코에 꾸준히 대비해야 하고, 맥도날드는 웬디스와 버거킹에, 나이키는 아디다스에 대비해야 한다.

마켓리더는 시장지위를 유지하기 위해 무엇을 할 수 있을까? 첫째, 경쟁자에게는 기회가 될 수 있는 자사의 약점을 미리 방지하거나 보완해야 한다. 마켓리더는 항상 고객과 약속한 가치를 실현해야 하며, 강력한 고객관계를 구축하고 유지하기 위해 끊임없이 노력해야 한다. 제품의 가격은 고객이 해당 브랜드에 대해 지각하는 가치와 일치하도록 유지해야 한다. 마켓리더는 경쟁자가 파고들지 못하도록 '새는 구멍'을 막아야 한다.

그러나 최선의 방어는 공격이고, 최선의 대응은 지속적인 혁신이다. 마켓리더는 현상에 안주하지 않고 신제품, 고객서비스, 유통의 효율성, 판촉 및 비용절감에서 업계를 리드한다. 고객에 대한 경쟁력과 가치를 지속적으로 높이고, 마켓챌린저의 공격을 받으면 단호하게 대응한다. ● 예를 들어 580억 달러 규모의 글로벌 일회용 기저귀 시장에서 팸퍼스와 러브스 브랜드를 가진 마켓리더인 P&G는 마켓챌린저인 킴벌리클라크의 하기스가 가한 공격에 가차 없이 대응해왔다.[20]

일회용 기저귀는 P&G 전체 매출의 약 14%를 차지한다. P&G 육아 리서치 매니저에 따르면 P&G는 '전혀 새지 않고, 하루 종일 뽀송뽀송하며, 몸에 밀착되어 편안하고, 마치 속옷과 같은 최상의 기저귀'를 만들기 위해 일회용 기저귀와 육아 R&D에 막대한 자원을 투자하고 있다고 한다. 전 세계 5개 육아센터에서 P&G 연구원들이 경쟁자인 마켓챌린저에 대비하여 기술적 우위를 유지하기 위해 과학과 스타일의 한계에 도전하고 있다. P&G 육아사업부는 현재 5,000개 이상의 기저귀 특허를 취득 혹은 출원 중이다. 속옷처럼 입을 수 있는 신축성이 최고인 만능 기저귀 팸퍼스 프리미엄 케어 팬츠(Pampers Premium Care Pants)는 현재 중국에서 가장 인기 있는 기저귀이다. 최근에 출시된 팸퍼스 퓨어(Pampers Pure)는 현재 가장 잘 팔리는 천연 기저귀이다. P&G가 추구하는 기저귀 혁신의 다음 단계는 스마트기저귀이다. 이는 센서가 내장된 기저귀로, 기저귀가 젖었을 때 스마트폰 앱을 통해 부모에게 알리거나, 기저귀를 착용한 아기가 어떤 질병에 걸린 것을 감지하면 앱을 통해 부모에게 알려준다. P&G는 기술적 우위를 추구할 뿐만 아니라 엄청난 마케팅 영향력을 발휘하여 고객인게이지먼트를 강화하며 자사 기저귀가 아기에게 가장 좋다고 설득한다. 끊임없는 혁신과 브랜드 구축 덕분에 미국 P&G는 마켓챌린저인 킴벌리클라크의 시장점유율 35% 대비 43%를

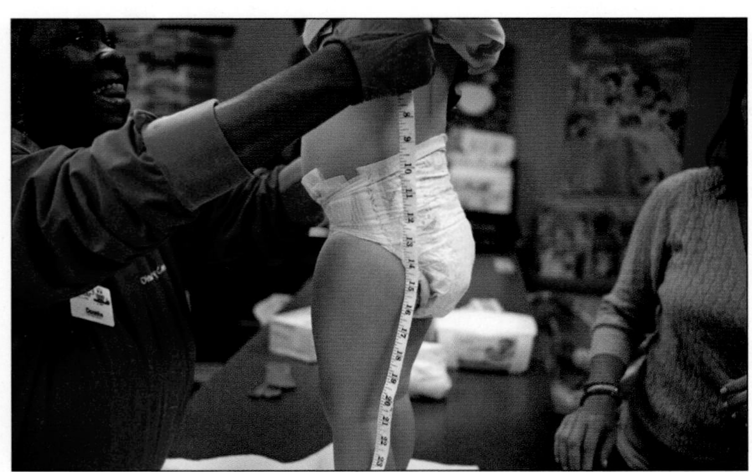

● 시장점유율 유지: 일회용 기저귀 시장에서 P&G는 마켓챌린저보다 기술우위를 선점하기 위해 과학과 스타일의 한계에 도전하고 있다. 끊임없는 혁신과 브랜드 구축을 통해 압도적인 시장점유율을 유지하고 있다.
Luke Sharrett/Bloomberg/Getty Images

차지하고 있다. 거대한 중국 기저귀 시장에서는 킴벌리클라크의 점유율이 22%인 데 비해 P&G는 27%를 차지하고 있다.

시장점유율 확대

마켓리더는 시장점유율을 확대함으로써 성장을 꾀할 수 있다. 대부분의 업계에서 시장점유율의 증대는 그 수치가 작아 보여도 실제로는 매우 큰 판매 성장을 의미한다. 예를 들어 미국 헤어케어 시장에서 시장점유율 1% 상승은 연매출이 1억 2,800만 달러 늘었다는 의미이고, 탄산음료 시장의 경우 시장점유율 1% 상승은 총판매액이 19억 달러 늘었다는 의미이다.[21]

많은 연구가 시사하는 바와 같이 평균적으로 시장점유율이 상승함에 따라 이익도 증가한다. 이러한 연구결과에 따라 많은 기업은 이익을 제고하기 위해 시장점유율을 높이는 방법을 추구해왔다. 예를 들어 최근 몇 년 동안 P&G는 점유율이 높은 수십억 달러 이상 규모의 소수 브랜드에만 자원을 집중하기 위해 점유율이 낮은 수십 개 브랜드를 없앴다. 현재는 P&G 브랜드의 3분의 1 이상이 메가브랜드 범주에 속한다.

일부 연구에 따르면 많은 업계에는 아주 높은 이익을 내는 한 개 또는 극히 소수의 대기업과 높은 이익을 내는 특정분야에 집중적인 몇몇 기업, 그리고 낮은 이익을 내는 다수의 중형 규모 기업들이 포진해 있다. 이익은 자사 브랜드의 목표시장에서 경쟁자보다 점유율이 높아짐에 따라 증가한다. 예를 들어 렉서스는 전체 자동차 시장에서는 점유율이 낮지만 고성능 자동차 세분시장에서는 마켓리더로서 높은 이익을 올리고 있다. 고품질 제품 생산, 우수한 서비스 경험 창출, 긴밀한 고객관계 구축 등으로 목표 세분시장에서 높은 시장점유율을 달성하고 있다.

그러나 기업은 시장점유율을 늘리면 이익이 자동적으로 향상될 것이라고 생각해서는 안 된다. 시장점유율을 높이기 위한 전략에 따라 달라진다. 시장점유율이 높지만 이익이 낮은 기업, 시장점유율이 낮지만 이익이 높은 기업도 많다. 시장점유율을 높이는 데 드는 비용이 수익을 훨씬 초과할 수도 있다. 시장점유율이 높아지면서 단위당 비용이 하락하거나, 고품질 제품의 경우 제품을 제공하는 데 드는 비용을 상쇄하고도 훨씬 남는 프리미엄 가격을 부과할 때만이 높은 시장점유율과 함께 높은 이익을 내는 경향이 있다.

마켓챌린저의 전략

펩시코, 포드, 로우스, 허츠, 타깃과 같이 업계에서 2~3위이거나 그 아래인 기업도 상당히 큰 대기업인 경우가 적지 않다. 이러한 기업은 대개 두 가지 경쟁전략 중 하나를 택한다. 즉 시장점유율을 높이기 위해 마켓리더와 다른 경쟁자들을 공략하거나(마켓챌린저), 경쟁자들과 공존하면서 현 상황을 그대로 유지하려고 할 수 있다(마켓팔로워).

마켓챌린저는 먼저 어떤 경쟁자를 공략할 것인지를 결정하고 전략목표를 세워야 한다. 마켓챌린저는 마켓리더를 공략할 수 있다. 이는 다소 위험하기는 하나 잠재적으로 높은 성과를 기대할 수 있다. 이때의 목표는 시장주도권을 장악하는 것일지도 모른다. 아니면 마켓챌린저의 목표가 단순히 시장점유율을 더 확보하는 것일 수도 있다.

마켓리더가 가장 많은 이점을 가지고 있는 것처럼 보일 수도 있으나 마켓챌린저도 나름의 이점이 있다. 일부 전략가들이 말하는 소위 '후발주자의 이점'이 그것이다. 마켓챌린저는 마켓리더가 성공한 이유를 관찰하고 그것을 능가하는 방법을 찾는다. 예를 들어 홈디포는 주택 수리용품 슈퍼스토어를 처음 창안했다. 그러나 2위 기업인 로우스는 홈디포의 성공을 지켜본 뒤 그보다 더 밝은 매장, 더 넓은 통로, 더 도움이 되는 직원을 갖추고 '빅 배드 오렌지(Big Bad Orange: 홈디포의 색깔이 오렌지임)'의 대안으로 포지셔닝했다. 지난 10년 동안 로우스는 홈디포의 매출과 시장점유율을 상당히 따라잡았다.

마켓챌린저는 시장을 처음 개척한 기업의 아이디어를 모방하고 개선함으로써 마켓리더가 되기도 한다. 예를 들어 맥도날드는 화이트캐슬(White Castle)이 처음 개척한 패스트푸드 시스템을 모방하여 마침내 해당 업계의 리더가 되었다. 월마트 설립자인 샘 월턴은 월마트가 할인점 개척자인 솔프라이스(Sol Price)의 페드마트(FedMart)와 프라이스클럽(Price Club) 체인에서 운영방법을 따와 그것을 완벽하게 만들어서 결국 오늘날 소매시장에서 압도적인 우위를 차지하게 되었음을 인정했다.

다른 대안으로 마켓챌린저는 마켓리더를 피하고 대신 자사와 규모가 비슷하거나 더 작은 지역기업을 공략할 수 있다. 이러한 소규모 기업은 자금조달이 부족할 수도 있고, 고객에게 서비스를 잘 제공하지 못할 수도 있다. 만약 마켓챌린저가 작은 지역기업을 공략한다면 그 기업을 폐업시키는 것이 목표일 수도 있다. 중요한 점은, 마켓챌린저는 상대를 신중하게 선택해야 하며, 명확하고 달성 가능한 목표를 가지고 있어야 한다는 것이다.

어떻게 하면 마켓챌린저는 선택한 경쟁자를 가장 잘 공격하여 전략적 목표를 달성할 수 있을까? 경쟁자의 제품, 광고, 가격, 유통에 대해 전면적인 **정면공격**을 가할 수 있다. 경쟁자의 약점이 아니라 강점을 공격하는 것이다. 결과는 누가 더 큰 힘과 지구력을 가지고 있느냐에 달려 있다. 펩시코는 코카콜라에, 포드는 토요타에, 스프린트는 AT&T에 정면공격을 가했다.

● 마켓챌린저의 전략: 미국 시장에 진출한 레드불은 마켓리더인 코카콜라와 펩시를 직접 공격하기보다는 파격적인 마케팅 접근방식을 통해 간접적인 측면공격을 전개했다.
Eyal Dayan Photography

그러나 마켓챌린저가 경쟁자보다 더 적은 자원을 가지고 있다면 정면공격은 바람직한 전략이 아니다. 이러한 이유로 신규진출기업은 마켓리더가 광고 공세나 가격 전쟁 등의 수단으로 얼마든지 보복할 수 있다는 것을 알고 정면공격을 피한다. 정면으로 승부하기보다는 경쟁자의 약점이나 시장커버리지의 틈새를 공략하는 등 **측면공격**을 가할 수 있다. 기존의 리더가 대응하는 데 어려움을 겪거나 리더가 무시할 만한 전술을 구사하기도 한다.

● 예를 들어 마켓리더인 코카콜라와 펩시코를 상대로 미국 청량음료 시장에 진출한 레드불을 살펴보자. 레드불은 기존 기업의 방식과 다른 판로를 통해 고가의 틈새제품을 판매함으로써 마켓리더의 측면을 공략했다. 처음에 레드불은 젊은이들이 밤새도록 카페인을 들이키면서 흥청거리는 나이트클럽과 바 같은 파격적인 판로를 통해 제품을 판매하기 시작했다. 일단 핵심 고객기반을 구축한 뒤 기존의 음료 브랜드처럼 전통적인 매장으로 판로를 확장했고, 이제는 코카콜라와 펩시 가까이에 레드불이 진열되어 있다. 또한 레드불은 마켓리더가 사용하는 고비용의 전통적 미디어 대신 게릴라 마케팅을 적극적으로 구사했다. 레드불의 측면공격 방식은 효과적이었다. 미국 에너지음료 시장의 경쟁이 치열한 가운데 레드불은 현재 42%의 시장점유율을 차지하고 있으며, 명실상부 73억 달러 규모의 브랜드이다. 참고로 에너지음료 시장에서 코카콜라와 펩시코의 시장점유율은 아주 미미한 수준이다.[22]

마켓팔로워의 전략

2위 주자라고 해서 다 마켓리더에 도전하는 것은 아니다. 또한 마켓리더는 경쟁자의 도전을 결코 가볍게 여기지 않는다. 마켓챌린저가 더 낮은 가격, 개선된 서비스나 추가 기능으로 고객을 유혹하면 마켓리더는 그것을 자사 제품에도 신속하게 적용함으로써 공격을 무력화할 수 있다. 게다가 마켓리더는 고객을 쟁취하기 위한 총력전에서 더 많은 힘을 가지고 있다. 예를 들어 몇 년 전 시어스 소유의 케이마트가 한때 성공적이었던 저가격 '블루라이트 스페셜' 캠페인을 재개하면서 월마트의 '상시 저가 판매'에 정면으로 도전했다. 도저히 이길 수 없는 가격 전쟁을 일으켰던 것이다. 월마트는 케이마트의 도전을 막아내는 데 별 어려움이 없었던 반면, 케이마트는 이전보다 상황이 더 악화되어 본전도 못 건졌다. 월마트나 아마존 같은 소매업체 리더에 효과적으로 도전할 경쟁전략이 없었던 케이마트는 이제 퇴출 위기에 처해 있다. 이러한 이유로 많은 기업은 마켓리더에 도전하기보다는 따르기를 선호하는 것이다.

마켓팔로워에게도 여러 가지 이점이 있다. 마켓리더는 신제품과 신시장을 개발하고, 유통망을 넓히고, 신제품에 대해 고객을 교육하는 데 엄청난 비용을 감당해야 한다. 반면 마켓챌린저와 마찬가지로 마켓팔로워는 마켓리더의 경험을 통해 얻는 것이 많다. 마켓리더보다 훨씬 적은 투자로 마켓리더의 제품이나 프로그램을 모방하거나 취약점을 개선할 수 있다. 마켓팔로워가 마켓리더를 앞지르지는 않겠지만 종종 그에 상응하는 이익을 내는 경우도 많다.

마켓팔로워가 수동적이라거나 마켓리더를 단순히 모방한다는 것이 아니다. 마켓팔로워 또한 신규고객을 획득하고 고객을 유지하는 방법을 알아야 한다. 마켓리더로부터 고객을 빼앗아올 수 있을 만큼 가까이 따라가는 동시에 마켓리더의 보복을 피할 수 있을 만큼 거리는 유지해야 한다. 각각의 마켓팔로워는 목표시장에서 유통경로나 서비스, 합리적인 가격 등 차별적인 우위를 확보해야 한다. 마켓팔로워는 종종 마켓챌린저의 공격 대상이 되기 때문이다. 따라서 마켓팔로워는 생산비용을 절감하여 가격을 낮추거나, 고가격을 책정하는 경우에는 보다 고품질의 제품, 우수한 서비스로 고객가치를 제안·유지해야 한다. 새로운 시장이 개척되면 마켓팔로워도 그 시장에 진입해야 한다.

마켓니처의 전략

거의 모든 업계에는 틈새시장만을 대상으로 하는 마켓니처가 있다. 이러한 기업은 전체 시장이나 더 큰 세분시장을 공략하는 대신 하위 세분시장을 표적으로 삼는다. 마켓니처는 제한된 자원을 가진 소규모 기업인 경우가 많다. 그러나 대기업에서도 작은 사업단위로 틈새시장전략을 추구할 수 있다. 전체 시장점유율이 낮은 기업은 아주 효과적으로 틈새시장전략을 전개함으로써 높은 성공과 이익을 거둘 수 있다.

작은 틈새시장을 대상으로 과연 이익을 낼 수 있을까? 이익을 낼 수 있다. 마켓니처는 목표고객층을 아주 잘 알고 있어서 어쩌다가 그 틈새시장을 대상으로 하는 다른 기업보다 고객의 니즈를 더 잘 충족해주기 때문이다. 틈새시장은 부가가치로 인해 제품비용 대비 상당한 가격을 책정할 수 있다. 대규모 시장을 대상으로 하는 마케터는 많은 거래량을 달성할 수 있지만, 틈새시장은 거래량이 적은 반면 마진이 높다.

마켓니처는 안전하고 수익성이 좋은 하나 이상의 틈새시장을 찾으려고 한다. 이상적인 틈새시장은 수익성과 성장잠재력이 있는 시장이다. 이는 무엇보다 기업이 효과적으로 대상으로 삼을 수 있는 시장인지에 달려 있다. 주요 경쟁자가 틈새시장에 별로 관심이 없다는 것이 아마도 가장 중요할 것이다. 틈새시장이 성장하고 시장매력도가 더 높아지는 것에 대비하여 마켓니처는 주요 경쟁자를 방어할 수 있는 스킬을 구축하고 고객호의를 제고해야 한다.

틈새시장을 대상으로 하는 경우 핵심 아이디어는 전문화(specialization)이다. 마켓니처는 잘 겨냥한 고객층의 특수 니즈를 충족함으로써 번창한다. 예를 들어 구글은 미국 온라인 검색 시장에서 63%라는 엄청난 시장점유율을 차지하고 있다. 또 다른 거대 기업인 마이크로소프트의 빙과 야후

니치마케팅: 덕덕고는 세계적인 구글도 흉내 낼 수 없는 진정한 프라이버시를 고객에게 제공함으로써 거대한 검색엔진 경쟁자들의 그늘에서 벗어나 빠르게 성장하고 있다.
Duck Duck Go, Inc.

가 34%를 점유하고 있다. 3%가 비었다. 이 3%는 시장 발판을 마련하려는 기타 많은 검색엔진에게는 그야말로 소중한 한 가닥 줄기이다. 그렇다면 소규모 검색엔진은 어떻게 글로벌 강자와 경쟁할 수 있을까? 적어도 직접적인 경쟁은 하지 않는다. 대신 독특한 시장 틈새를 찾아서 거물급 기업이 대상으로 하지 않는 부문을 전문으로 한다. 이것이 바로 특수 틈새시장을 개척하고 있는 용감한 검색엔진 스타트업 덕덕고의 전략이다.[23]

덕덕고는 구글과 같은 거대 기업과 정면충돌하는 대신 세계적인 구글이라도 간단하게 흉내 낼 수 없는 자신만의 차별화된 특징 '리얼 프라이버시(real privacy)'로 강력한 포지션을 구축하고 있다. 덕덕고의 아이콘인 나비넥타이 오리로 의인화된 브랜드개성과 사용자 커뮤니티로 자사의 표적 틈새시장에 활력을 불어넣는다. 구글의 전체 모델은 고객을 위한 개인화와 광고주를 위한 타깃마케팅을 중심으로 구축되었다. 이를 위해서는 사용자 및 검색에 대한 데이터를 수집하고 공유해야 한다. 구글에서 검색하면 구글은 사용자가 누구인지, 무엇을 검색했는지, 언제 검색했는지를 자세히 알고 그것을 보관한다.

반면에 덕덕고는 덜 침입적이고 덜 오싹하다. 사용자가 누군지 모른다. 사용자 IP 주소를 기록하거나, 쿠키를 사용하여 사용자를 추적하거나, 사용자 검색 기록을 저장하지 않는다. 아마도 가장 중요한 것은 사용자가 덕덕고의 검색 결과에 나타난 링크를 클릭하면 연결된 웹사이트가 검색엔진에서 생성된 정보를 수신하지 않는다는 점일 것이다. 덕덕고는 이렇게 약속한다. "개인정보를 저장하지 않는다. 광고로 귀찮게 하지 않는다. 검색 기록을 남기지 않는다. 절대로." 덕덕고는 온라인 개인정보 보호를 소중히 여기는 사람들이 선호하는 검색엔진으로서 현재 빠르게 성장하고 있다.

덕덕고는 지금은 틈새시장에서 살아남는 정도가 아니라 폭발적으로 고객이 늘어나고 있는 상황이다. 물론 구글의 거의 2조에 가까운 검색량에 비해 덕덕고는 검색량이 연평균 약 120억으로 상대적으로 고객규모가 작다. 그러나 덕덕고의 일일 검색량은 지난 3년 동안 거의 4배나 급증한 반면 구글의 검색량 증가율은 다소 둔화되었다. 여러 가지 면에서 덕덕고는 구글이라는 골리앗에 대항하는 다윗처럼 보인다. 그러나 다윗과 달리 덕덕고는 골리앗을 죽이려고 하지 않는다. 구글과 정면으로 경쟁할 수 없다는 것을 잘 알고 있다. 하지만 덕덕고가 온라인 검색시장의 작은 구석에서 제공하는 고객인게이지먼트와 애호도의 깊이를 생각해보면 구글이나 다른 거대 검색엔진 기업도 개인정보 보호를 중요하게 생각하는 사용자가 대상인 경우 덕덕고와 경쟁하기 어려워질 수 있다.

마켓니처는 다양한 시장이나 고객, 제품, 마케팅믹스 분야에서 한 가지 요소에만 초점을 맞추어 **최종사용자**를 대상으로 전문화할 수 있다. 로펌이 형사나 민사, 비즈니스 법률 시장만을 전문으로 하는 경우를 예로 들 수 있다. 마켓니처는 주요 기업이 소홀히 하는 작거나 중간 크기인 **시장규모**에 속한 고객을 전문으로 다룬다.

어떤 니처는 하나 혹은 소수의 **특정고객** 세분시장에 초점을 맞추고 자사 제품 전체를 월마트나 제너럴모터스 같은 한 기업에만 판매한다. **지역시장**에 초점을 맞추어 세계의 특정 지역만을 대상으로 제품을 판매하는 니처도 있다. 예를 들어 베지마이트(Vegemite)는 주로 호주에서 판매되고 소비된다. **품질-가격** 니처는 저품질/저가 또는 고품질/고가 시장을 대상으로 한다. 예를 들어 마놀로 블라닉(Manolo Blahnik)은 고품질·고가의 여성 신발을 전문으로 취급한다. **서비스 니처**는 다른 기업이 제공하지 않는 서비스를 전문으로 제공한다. 예를 들어 렌딩트리(LendingTree)는 온라인 대출 및 부동산 서비스를 제공하고 있다. 이는 주택 구매자와 판매자를 고객 유치를 위해 경쟁하는 모기지 대출기관 및 부동산업자 전국 네트워크와 연결해주는 서비스이다. 이 기업은 '대출업자들이 경쟁할 때 이긴 사람은 당신'이라고 홍보한다.

틈새시장전략을 추구하는 데에는 몇 가지 위험이 따른다. 예컨대 틈새시장이 고갈될 수도 있고, 대규모 기업을 시장으로 끌어들일 정도로 크게 성장할 수도 있다. 많은 기업이 복수의 틈새시장을 대상으로 하는 것도 이러한 연유에서이다. 2개 이상의 틈새시장을 개발함으로써 자사의 생존가능성을 높이는 것이다. 일부 대기업조차 전체 시장을 대상으로 하는 것보다 다중 틈새시장전략을 선호한다. 예를 들어 신발 제조업체인 울버린월드와이드(Wolverine World Wide)는 아동용, 캐주얼용, 운동용, 작업용 등 다양한 라이프스타일 브랜드를 출시하고 있다. 예를 들어 오래된 스트라이드라이트(Stride Rite) 브랜드는 아이들을 위한 튼튼한 신발을 특징으로 한다. 서코니(Saucony) 브랜드는 러너를 위한 운동화이다. 케즈(Keds) 브랜드는 캐주얼 스니커스와 여성을 위한 가죽신발을 내놓고, 허시퍼피스(Hush Puppies) 브랜드는 유행을 타지 않는 편안함을 특징으로 한 캐주얼화, 부츠, 샌들을 제공한다. 또한 베이츠(Bates)와 캣(CAT) 브랜드는 내구성이 강한 작업용 신발로 건설, 경찰, 군인 시장을 겨냥하고 있다. 각 틈새시장마다 별개의 브랜드를 가지고 있는 울버린은 지금 24억 달러 규모의 신발 회사가 되었다. 상징적으로 비유하자면 세상은 이제 울버린의 발아래에 있다.[24]

고객지향성과 경쟁지향성의 균형

학습목표 18-3 진정한 시장지향적 기업이 되기 위해 고객지향성과 경쟁지향성의 균형을 유지해야 하는 이유를 이해한다.

마켓리더든 마켓챌린저든 마켓팔로워든 마켓니처든 기업은 경쟁자를 면밀하게 주시하면서 가장 효과적으로 자사 브랜드를 포지셔닝할 수 있는 경쟁적 마케팅전략을 개발해야 한다. 또한 빠르게 변화하는 경쟁상황에 전략을 지속적으로 대응시켜야 한다. 그런데 여기서 한 가지 의문이 생긴다. 경쟁자를 추적하는 데 너무 많은 시간과 에너지를 쏟으면 자사가 추구하는 고객지향성에 문제가 생기는 것은 아닐까? 그렇다. 경쟁자에 지나치게 집중하다 보면 더 중요한 것, 즉 자사의 소중한 고객관계를 유지하는 데 집중하지 못할 수도 있기 때문이다.

경쟁자중심 기업
경쟁자의 행동과 반응에 따라 움직이는 기업

경쟁자중심 기업(competitor-centered company)은 대부분의 시간을 경쟁자의 움직임과 시장점유율을 추적하고 대응전략을 찾는 데 쓰는 기업을 말한다. 이러한 접근방식은 장점과 단점이 있다. 긍정적인 면은 기업이 전투지향적이 되어 자사 포지션의 약점을 살피면서 경쟁자의 약점을 찾아낸다는 것이다. 부정적인 면은 기업이 너무 수동적이 되어 자발적으로 고객관계 전략을 수행하기보다는 경쟁자의 움직임에 따라 자신의 움직임을 결정한다는 것이다. 그 결과 더 큰 고객가치를 창출할 수 있는 혁신적인 새로운 방법을 모색하기보다는 항상 단순히 업계의 관행에 맞추거나 업계의 관행 수준보다 좀 더 확대하는 데 불과한 경우가 많다.

고객중심 기업
마케팅전략을 설계하고 우수한 고객가치를 제공하는 데 있어 고객개발에 집중하는 기업

반면에 **고객중심 기업**(customer-centered company)은 전략을 수립할 때 고객개발에 집중한다. 새로운 기회를 포착하고 유의미한 장기 전략을 수립하는 데에는 고객중심 기업이 더 유리하다. 고객의 니즈가 변화하는 양상을 지켜봄으로써 어떤 고객층을 대상으로 할 것인지, 새롭게 떠오르는 니즈 가운데 자사가 충족해야 할 가장 중요한 니즈가 무엇인지를 결정할 수 있다. 그리하여 목표고객에게 우수한 가치를 제공하는 데 자사의 자원을 집중할 수 있다.

시장중심 기업
마케팅전략을 설계하는 데 있어 고객과 경쟁자 모두를 주시함으로써 고객지향성과 경쟁지향성의 균형을 유지하는 기업

현실적으로 볼 때 오늘날의 기업은 고객과 경쟁자 모두를 주시하는 **시장중심 기업**(market-centered company)이어야 하지만, 경쟁자를 주시하느라 고객에 집중하는 데 눈이 멀어서는 안 된다.

● 그림 18.3
기업의 전략적 지향성의 유형

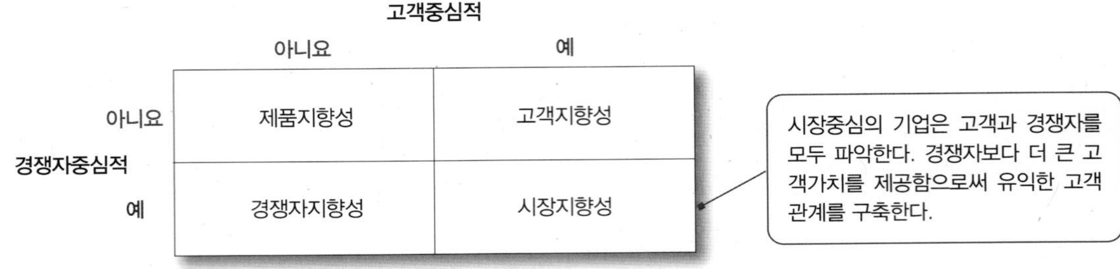

● 그림 18.3은 기업의 전략적 지향성의 네 가지 유형을 보여준다. 첫째는 제품지향성(product orientation)으로, 제품지향적인 기업은 고객이나 경쟁자에게 거의 관심을 기울이지 않는다. 둘째는 고객지향성(customer orientation)으로, 고객지향적인 기업은 고객에게만 주로 관심을 기울인다. 셋째는 경쟁자지향성(competitor orientation)으로, 경쟁자지향적인 기업은 경쟁자에게만 주로 관심을 기울인다. 그러나 오늘날 기업은 시장지향성(market orientation)을 추구해야 한다. 즉 고객과 경쟁자 모두에게 주의를 기울여야 한다. 단순히 경쟁자를 경계하고 기존의 사업방식을 고수하며 경쟁에서 이기려고 하기보다는 고객을 주시하고 경쟁자보다 더 큰 가치를 제공함으로써 효과적인 고객관계를 구축할 수 있는 혁신적인 방법을 찾아야 한다.

학습목표별 요약

오늘날 기업은 가장 치열한 경쟁에 직면해 있다. 고객을 이해하는 것은 강력한 고객관계를 구축하는 데 중요한 첫 단계이지만 그것만으로는 충분치 않다. 경쟁우위를 확보하기 위해 고객에 대한 이해를 바탕으로 기업은 동일한 고객을 유인하려는 경쟁자의 가치보다 더 큰 가치를 제공할 수 있도록 제품을 설계해야 한다. 이 장에서는 경쟁자를 분석하고 효과적인 경쟁적 마케팅전략을 설계하는 방법을 살펴보았다.

학습목표 18-1 경쟁자 분석을 통해 고객과 더불어 경쟁자를 파악해야 할 필요성을 이해한다.

기업은 효과적인 마케팅전략을 수립하기 위해 고객뿐 아니라 경쟁자도 분석해야 한다. 유익한 고객관계를 구축하려면 경쟁자보다 목표고객의 니즈를 더 잘 충족해야 한다. 기업은 지속적으로 경쟁자를 분석하고, 경쟁자에게 효과적으로 대응하며, 가능한 한 가장 강력한 경쟁우위를 창출할 수 있는 경쟁적 마케팅전략을 개발해야 한다.

기업은 업계를 기반으로 하는 경쟁자 분석과 시장을 기반으로 하는 경쟁자 분석을 모두 사용하여 자사의 주요 경쟁자를 먼저 식별해야 한다. 그런 다음 경쟁자의 목표, 전략, 강점과 약점, 반응 패턴에 대한 정보를 수집한다. 이러한 정보를 통해 공격할 경쟁자와 피해야 할 경쟁자를 선택할 수 있다. 기업은 경쟁정보는 지속적으로 수집·해석·분배해야 한다. 기업의 마케팅 관리자는 의사결정에 영향을 미칠 수 있는 경쟁자에 대한 신뢰할 만한 다각적 정보를 획득하고 파악해야 한다.

학습목표 18-2 고객가치 창출을 기반으로 한 경쟁적 마케팅전략의 기본원리를 파악한다.

어떤 경쟁적 마케팅전략이 가장 효과적인지는 기업이 속한 업계에 따라, 그리고 자사 브랜드가 마켓리더인지, 마켓챌린저인지, 마켓팔로워인지, 마켓니처인지에 따라 다를 것이다. 마켓리더는 시장규모를 확대하거나, 시장점유율을 유지하거나, 시장점유율을 확대하기 위한 전략을 수립해야 한다. 마켓챌린저는 마켓리더나 마켓팔로워, 소규모 기업을 공략하여 시장점유율 확대를 적극적으로 시도하는 기업이다. 마켓챌린저는 여러 가지 정면공격이나 측면공격 전략을 구사할 수 있다.

마켓팔로워는 얻을 수 있는 것보다 잃을 것이 더 많다는 두려움에서 시장 판도를 흔들지 않으려는 기업이다. 그렇다고 해서 마켓팔로워에게 전략이 없는 것은 아니며 시장 성장을 위해 자사 고유의 역량을 활용하려고 한다. 업계 리더보다 더 높은 수익률을 얻는 마켓팔로워도 있다. 마켓니처는 대기업이 거의 관심을 기울이지 않는 소규모 기업이다. 마켓니처는 제품용도, 고객규모 범주, 특정 고객층, 지리적 영역 또는 서비스 부문에서 전문기업이 되는 경우가 많다.

학습목표 18-3 진정한 시장지향적 기업이 되기 위해 고객지향성과 경쟁지향성의 균형을 유지해야 하는 이유를 이해한다.

오늘날과 같은 시장에서는 경쟁지향성이 중요하다. 하지만 지나치게 경쟁자에게만 집중해서는 안 된다. 기업은 기존 경쟁자들보다 새로운 고객의 니즈와 새로운 경쟁자의 출현으로 타격을 입을 가능성이 더 크다. 고객지향과 경쟁지향 사이의 균형을 유지하는 시장중심 기업이야말로 진정한 시장지향성을 실천하는 기업이라고 할 수 있다.

핵심용어

경쟁우위 competitive advantage
경쟁자 분석 competitor analysis
경쟁적 마케팅전략 competitive marketing strategies

학습목표 18-1

전략군 strategic group
벤치마킹 benchmarking
고객가치 분석 customer value analysis

학습목표 18-2

마켓리더 market leader
마켓챌린저 market challenger
마켓팔로워 market follower
마켓니처 market nicher

학습목표 18-3

경쟁자중심 기업 competitor-centered company
고객중심 기업 customer-centered company
시장중심 기업 market-centered company

토의문제

1. 경쟁우위란 무엇이며, 기업은 경쟁우위를 어떻게 확보할 수 있는가?
2. 마케팅 관리자는 주요 경쟁자를 식별한 다음 이들의 어떤 점을 분석하고 평가해야 하는가?
3. 마켓팔로워의 전략과 마켓팔로워가 마켓리더에게 도전하지 않는 이유를 설명하라.
4. 경쟁우위를 유지하기 위한 마켓리더의 전략에 대해 설명하라.
5. 기업의 전략적 지향성 유형을 비교하여 설명하라.

19 글로벌 마케팅

학습목표 19-1 국제무역 시스템과 경제적, 정치적·법률적, 문화적 환경이 기업의 글로벌 마케팅 의사결정에 어떤 영향을 미치는지 이해한다.
오늘날의 글로벌 마케팅

학습목표 19-2 해외시장에 진입하는 세 가지 방법을 알아본다.
해외시장 진입 방법 결정

학습목표 19-3 기업이 해외시장에서 마케팅 전략과 마케팅믹스를 어떻게 적용하는지 이해한다.
글로벌 마케팅 프로그램 수립

학습목표 19-4 글로벌 마케팅 조직의 세 가지 유형을 파악한다.
글로벌 마케팅 조직의 구성

개관 지금까지 고객 가치를 창출하고 지속적인 고객 관계를 구축하기 위한 경쟁력 있는 마케팅 전략을 개발하는 방법을 학습했다. 이 장에서는 지금까지 배운 내용을 글로벌 마케팅에 적용해본다. 이미 앞 장에서 글로벌 주제에 대해 다루었고 국제적인 이슈가 포함되지 않는 마케팅 분야가 거의 없으므로 이 장에서는 특히 기업이 브랜드를 전 세계적으로 판매할 때 직면하게 되는 고려 사항을 중점적으로 다룰 것이다. 커뮤니케이션, 운송, 디지털 기술의 발달로 세계 시장이 더욱 좁아지고 있다. 이에 따라 오늘날 거의 대부분의 기업은 규모가 크든 작든 글로벌 마케팅 이슈에 직면하고 있다. 그러므로 이 장에서는 마케팅 관리자가 전 세계적으로 마케팅 활동을 하는 데 필요한 여섯 가지 주요 의사결정 사항을 살펴볼 것이다.

글로벌 마케팅을 탐구하기 위해 프랑스 화장품 및 미용 업계의 거물 로레알의 사례를 살펴보자. 로레알과 그 브랜드는 범위와 매력이 매우 세계적이다. 그러나 이 기업의 탁월한 국제적 성공은 로레알이라는 잘 알려진 브랜드를 현지 요구에 맞게 조정하고 차별화하는 동시에 글로벌 효과를 최적화하기 위해 전 세계 시장을 아우르는 글로벌과 로컬의 균형에서 비롯된다. 글로벌과 로컬의 균형은 '개인을 위한 아름다움'을 제공함으로써 '모두를 위한 아름다움'을 제공한다는 사명을 가진 기업 조직의 근원에 있다.

로레알: 모두를 위한 아름다움, 개인을 위한 아름다움

어떻게 프랑스 기업이 호주 시장에서 프랑스 브랜드 이름을 가지고 한국인 피부 화장품의 미국 버전으로 성공했을까? 매년 300억 달러어치 이상의 헤어케어 제품, 스킨케어 혼합물, 향수를 150개국에서 판매하고 있는 세계 최대의 화장품 판매업체 로레알에게 물어보라. 로레알은 특정 지역 시장에서 다양한 문화적 아름다움에 어떻게 어필할 수 있는지를 파악하여 전 세계에 브랜드를 판매하고 있다. 그리고 글로벌 영향에 맞게 브랜드를 표준화하는 것과 현지 요구, 갈망에 맞게 브랜드를 조정하는 것 사이에서 최상의 균형을 찾아낸다.

로레알은 전 세계에 사무실이 분산되어 있고 매출의 절반 이상을 유럽과 북미 이외의 시장에서 얻는 글로벌한 기업이다. 로레알의 34개 유명 브랜드는 프랑스(로레알 파리, 가르니에, 랑콤), 미국(메이블린, 키엘, 소프트신카슨, 랄프로렌, 어번디케이, 클라리소닉, 레드켄), 이탈리아(조르지오아르마니), 일본(슈에무라) 등 다양한 문화권에서 유래했다. 기타 많은 유명 브랜드와 함께 로레알의 글로벌 마케터는 메이크업, 스킨케어, 헤어컬러링 분야에서 경쟁상대가 없는 세계적인 리더이며, 헤어케어 분야에서는 P&G에 이어 2위이다.

로레알의 세계적인 지배력은 매우 다양한 문화를 가진 관리자 집단에서 시작된다. 이 기업은 다양한 문화의 깊은 배경을 가진 관리자들로 세계적인 브랜드 팀을 구성하는 것으로 유명하다. 전 세계 로레알 관리자는 독일인, 미국인, 중국인 또는 그들 모두인 것처럼 다양한 문화적 관점에서 로레알의 브랜드를 바라본다. 동남아시아에서 남자 스킨케어 라인을 출시한 팀의 일원인 인도·미국계 프랑스인 관리자는 이렇게 말한다. "나는 한 가지 방식으로 생각하지 않는다. 영어, 힌두어, 프랑스어 등 다양한 언어로 작성된 참고 자료가 있다. 나는 3개의 언어로 책을 읽고, 여러 나라 사람들을 만나고, 다양한 문화의 음식을 먹는다."

예를 들어 프랑스·아일랜드계 캄보디아인 스킨케어 관리자는 유럽에서 페이스 크림은 '색조'(메이크업을 말함) 아니면 '리프팅'(스킨케어를 말함) 경향이라는 것에 주목했다. 그러나 아시아에서 대부분의 페이스 크림은 그 두 가지 속성을 합친 것을 의미한다. 유럽에서 아시아 뷰티 트렌드의 인기가 성장하는 데 힘입어 그들은 성공적으로 증명된 제품인 색조 리프팅 크림을 프랑스 시장에서 발전시켰다.

세계적인 로레알의 사명은 전 세계에 '모두를 위한 아름다움'을 제공하여 아름다움을 보편화하는 것이다. 하지만 보편화가 획일성을 의미하는 것은 아니다. 반대로 로레알은 다음과 같이 말한다. "우리는 단일화된 아름다움이나 독특한 모델이 존재하지는 않지만 시대와 함께 문화, 역사, 개인을 통해 변화하는 무한한 다양성이 존재한다는 것을 확신한다." 따라서 로레알은 '모두를 위한 아름다움'을 얻기 위해 '개인을 위한 아름다움'의 제공을 추구한다.

그래서 로레알은 세계 각지에 있는 소비자의 아름다움이 어떤 의미인지 이해하기 위해 깊이 파고든다. 모든 주요 경쟁사를 능가하는 R&D 분야와 더불어 특정 지역의 뷰티와 개인 관리 행동을 면밀히 연구한다. 로레알은 '지리적 화장품'이라 불리는 지역적 관찰 접근을 완벽하게 하기 위해 전 세계에 R&D 센터를 설립했다. '지리적 화장품'에는 가정 방문, 최첨단 기기를 갖춘 '욕실 실험실'에서의 관찰 등 모든 것을 통해 얻은 통찰력이 가득 담겨 있다. 로레알의 연구진은 습도와 온도 등 제품 사용에 영향을 미치는 제약과 지역적 조건, 지역적 아름다움, 위생 관념에 관한 정보를 꼼꼼히 만든다.

로레알은 현지 시장에서 브랜드를 위한 포지셔닝과 제품을 창조하는 면밀한 통찰력을 사용한다. 중국에서 일하는 로레알 임원이 말하길, "아름다움은 규모가 작을수록 하나로 모든 것을 맞출 수 있다. 당신은 매우 다른 욕구를 위한 대답을 가지고 있어야 한다." 예를 들어 로레알 상하이 연구센터에서 일하는 260명 이상의 과학자들은 중국의 입맛에 맞추기 위해 립스틱, 허브 클렌저, 오이 토너 등 다양한 범위의 제품을 조정하고 있다.

글로벌과 로컬의 균형: 화장품 및 뷰티케어 대기업인 로레알은 현지 브랜드 반응과 글로벌 브랜드 영향력의 균형을 유지하며, '개인을 위한 아름다움'과 '모두를 위한 아름다움'을 제공한다.
TY Lim/Shutterstock

동시에 현지 고객 행동의 상세 사항을 이해하는 것은 특별한 시장의 욕구에 반응하는 데 도움이 되고, 세계 문화를 관통하여 브랜드를 통합함으로써 세계적인 규모를 이룰 수 있게 한다. 예를 들어 브라질 여성의 특별한 헤어 문제를 해결하기 위해 리우데자네이루의 로레알 실험실에서 처음으로 개발된 헤어케어 라인 제품인 엘세베토털헤파라상(Elséve Total Reparação)을 살펴보자. 습기가 많은 브라질의 기후와 많은 햇빛 노출, 잦은 샴푸, 스트레이트 시술로 브라질 여성의 반 이상은 길고, 건조하며, 윤기 없고, 매우 곱슬거리는 머리를 가지고 있다. 엘세베토털헤파라상은 브라질에서 곧바로 인기를 끌었고 다른 남아메리카, 라틴아메리카 시장에 빠르게 공급되었다. 로레알은 브라질 여성과 비슷한 헤어케어 의식과 기후 특성을 가진 다른 글로벌 지역을 추적했다. 결과적으로 유럽, 인도, 동남아시아 시장에서 비슷한 특성을 가진 열성적인 소비자의 반응에 힘입어 로레알은 엘세베토털리페어(Elséve Total Repair) 브랜드를 런칭했다.

이러한 변형은 여러 로레알 브랜드를 거쳐 진행되며, 이는 앞서 언급한 호주에서 프랑스 브랜드로 판매되는 한국인 피부 화장품을 떠올리게 한다. 상처치료크림(Blemish Balm Cream: BB 크림)은 한국 로레알 피부과 전문의가 작은 결점을 숨기고 피부를 진정시키기 위해 만들었으며, 이는 빠르게 고공 행진하는 한국의 브랜드가 되었다. 그러나 로레알은 전 세계적으로 피부색과 트리트먼트, 메이크업에 대한 깊은 지식을 적용하여 미국 시장(BB가 'beauty balm'의 줄임말인 곳)에서 피부색과 타입에 맞춘 성공적인 새로운 세대의

화장품과 뷰티케어 대기업인 로레알과 그 브랜드는 진정한 글로벌 기업이자 글로벌 브랜드이다. 로레알의 국제적 성공은 브랜드를 현지 시장에 맞게 조정하면서 전 세계적으로 영향을 최적화하는 글로벌과 로컬의 균형에서 비롯된다.

BB 크림을 개발했으며, 이것을 메이블린 뉴욕 브랜드로 런칭했다. 아직 완성되지는 않았지만 로레알은 가르니에 브랜드로 유럽에서 다른 현지판을 만들어 호주를 비롯한 다른 세계 시장에도 소개했다.

로레알은 전 세계적으로 제품 제형만 조정하는 것이 아니다. 브랜드 포지셔닝과 마케팅 또한 세계적인 수요와 기대에 따라 적용한다. 예를 들어 25년 전보다도 더 시장 가치가 없는 미국 메이크업 생산업체인 메이블린을 인수한 이후 브랜드를 글로벌화하고 새로운 활기를 불어넣기 위해 본사를 테네시에서 뉴욕으로 옮기고 라벨에 '뉴욕'을 더했다. 결과적으로 도시적이고 거리 친화적인 뉴욕의 이미지는 전 세계적으로 평범한 메이크업 브랜드의 중간 가격 포지셔닝과 잘 어울렸다. 메이블린의 변신은 서유럽에서 20%의 시장 점유율을 빠르게 차지했다. 트렌디한 메이블린 뉴욕이 프랑스 화장품 대기업 로레알의 것이라는 사실을 거의 알지 못하는 아시아에서도 젊고 도시적인 포지셔닝이 주목을 받았다.

최근 로레알은 개인에게 아름다움을 주기 위한 노력의 일환으로 가정용 염색약에 자신만의 머리카락 색깔을 제공하는 소비자 직거래 브랜드인 컬러앤드코(Color&Co)를 런칭했다. 체험 제품은 브랜드 홈페이지에서 신청할 수 있으며, 고객은 퀴즈를 풀고 전문 헤어 컬러리스트에게 실시간 화상 상담을 받는다. 컬러리스트는 각 고객의 머리카락 유형, 민족성, 자연스러운 언더톤(염색을 할 때 머리카락 색의 바탕이 되는 색), 선호도와 기타 요소에 따라 완벽한 머리카락 색조를 얻을 수 있는 개인화된 공식을 알고리즘에 적용한다. 며칠 이내에 고객은 맞춤 제작된 공식, 개인화된 지침, 사용법 동영상이 포함된 컬러앤드코 컬러박스를 받아볼 수 있다. 앞으로 컬러앤드코는 전 세계 어디서나 개인화된 뷰티 솔루션을 제공하기 위한 궁극적인 기술 플랫폼의 출발점을 로레알에 제공할 것이다.

로레알과 그 브랜드는 전 세계 화장품 시장의 약 30%를 차지하는 진정한 글로벌 기업이자 브랜드이지만, 그들의 세계적 성공 비결은 글로벌 시장에서 브랜드 효과를 최적화하면서 현지 시장에 맞게 브랜드를 조정하고 차별화하는 글로벌과 로컬의 균형을 달성한 데 있다. 로레알은 현지 브랜드 반응성과 글로벌 브랜드 통합을 모두 달성한 몇 안 되는 기업 중 하나이다. 로레알의 CEO는 이렇게 말한다. "우리는 전 세계 소비자 간의 차이를 존중한다. 우리는 글로벌 브랜드를 보유하고 있지만 현지와 개별 요구에 맞게 브랜드를 조정해야 한다."[1]

과거에 미국 기업은 국제무역에 거의 관심을 두지 않았다. 만약 수출로 추가 매출을 올릴 수 있다면 그것으로 되었다고 생각했다. 국내시장이 충분히 크고 기회가 넘쳤기 때문이다. 또한 국내시장은 매우 안전할 뿐만 아니라 경영자가 외국어를 배울 필요도 없고, 변화무쌍한 통화를 다룰 필요도 없으며, 정치적·법률적 불확실성에 직면하거나 다양한 고객의 욕구와 기대에 맞추어 제품을 적응시킬 필요도 없기 때문이다. 그러나 오늘날의 상황은 완전히 달라졌다. 코카콜라, 애플, 나이키, 구글, 에어비앤비, NBA 등 모든 형태의 기업이 전 세계로 나가고 있다.

저자 코멘트 | 급변하는 글로벌 환경은 기회와 위협을 동시에 안겨준다. 오늘날 글로벌 발전의 영향을 받지 않는 마케터를 찾아보기 어렵다.

오늘날의 글로벌 마케팅

학습목표 19-1 국제무역 시스템과 경제적, 정치적·법률적, 문화적 환경이 기업의 글로벌 마케팅 의사결정에 어떤 영향을 미치는지 이해한다.

더 빨라진 커뮤니케이션, 수송, 금융 흐름으로 세계가 급격히 좁아지고 있다. 맥도날드 햄버거, 넷플릭스 동영상 서비스, 삼성 전자제품, 자라 패션, 캐터필러 건설 장비, 독일의 BMW, 페이스북 소셜네트워킹과 같이 어떤 나라에서 생산된 제품을 다른 나라에서 적극적으로 받아들이고 있다. 독일 기업가가 이탈리아제 옷을 입고 일본 식당에서 영국 친구를 만나고, 집에 돌아와서는 러시아제 보드카를 마시면서 〈디스 이즈 어스〉의 최신 에피소드를 시청하는 동안 전 세계 친구들이 올린 페이스북 게시물을 읽는다 해도 전혀 놀랍지 않을 것이다.

이처럼 국제무역은 지난 30년간 계속 증가해왔다. 1990년 이래로 세계 다국적 기업의 수가 급증했고 그중 다수는 어마어마한 규모이다. 사실 세계에서 가장 큰 150개 기업 중 절반 정도만이 본국에서 수익을 내며 나머지 절반은 다국적 기업이다. 세계에서 가장 큰 기업인 월마트의 한 해 수익은 세계 25위권 국가의 전체 GDP를 넘어선다.[2] 지난해 제품과 서비스의 국제무역은 23조 달러

● 많은 미국 기업은 이제 세계를 그들의 시장으로 만들고 있다. KFC의 커널 샌더스는 중국 상하이나 일본 도쿄에서도 미국 아이다호주의 보이시에서만큼 친숙하다.
Gary Armstrong

이상으로 평가되고, 이는 전 세계 GDP의 약 27%이다.[3]

● 많은 미국 기업이 오랫동안 글로벌 마케팅에서 성공했다. 코카콜라, 맥도날드, 스타벅스, 나이키, 넷플릭스, 아마존, 구글, 캐터필러, 보잉 등 많은 미국 기업은 세계를 그들의 시장으로 만들고 있다. 또한 토요타, 삼성, 네슬레, 이케아, 아디다스와 같은 이름이 아주 친숙해졌다. 미국 제품인 듯한 제품이나 서비스도 실제로는 외국 기업이 생산하거나 외국 기업 소유이다. 벤앤제리스 아이스크림, 버드와이저 맥주, 퓨리나 반려동물 식품, 세븐일레븐, 유니버설스튜디오, 모텔6 등 상당수가 그렇다. 프랑스의 타이어 제조사인 미쉐린(Michelin)은 현재 사업의 36%를 북미에서 행하고 있으며, 반창고와 베이비 샴푸 같은 철저히 미국적인 제품을 만드는 J&J도 사업의 50%를 해외에서 운영한다. KFC의 커널 샌더스는 중국 상하이나 일본 도쿄에서도 미국 아이다호주의 보이시에서만큼 친숙하다. 그리고 전 세계적으로 500개 이상의 브랜드를 보유하고 있는 코카콜라는 이제 소비자들이 200개국 이상에서 하루에 19억 번 이상 '느낌을 맛볼 수' 있게 한다.[4]

그러나 국제무역이 증가하는 만큼 세계적인 경쟁도 치열해지고 있다. 외국 기업이 새로운 해외시장에 공격적으로 진출하고 있으며 국내시장도 이제는 더 이상 기회가 풍부하지 않다. 이제 거의 모든 산업이 외국 기업과의 경쟁을 피할 수 없다. 만약 기업이 국제화를 미룬다면 서유럽과 동유럽, 중국, 동남아, 러시아, 인도, 브라질 등 성장하고 있는 시장에서 봉쇄당하는 위험에 처할 것이다. 신중을 기하기 위해 국내에만 머무르는 기업은 다른 시장에 진출할 수 있는 기회를 잃을 뿐만 아니라 국내시장도 빼앗기는 위험을 감수해야 한다. 외국 경쟁자를 전혀 생각하지 않는 국내 기업은 시장에서 이러한 경쟁자를 갑작스럽게 발견하고 당황할 수밖에 없다.

아이러니하게도 오늘날은 과거에 비해 해외 진출의 필요성이 커졌지만 위험 또한 증가했다. 해외로 진출한 기업은 매우 불안정한 해외 정부와 통화, 정부의 규제 조치, 높은 무역 장벽 등에 직면하게 된다. 최근 약화된 세계 경제 환경도 전 세계적 도전을 초래하고 있다. 부패 또한 큰 문제인데, 몇몇 국가의 공무원은 최적의 입찰자가 아니라 뇌물을 가장 많이 주는 기업에 사업을 허가하기도 한다.

글로벌 기업
둘 이상의 국가에서 활동함으로써 순수하게 국내시장에서 경쟁하는 기업이 이용할 수 없는 마케팅, 생산, R&D, 재무적 이점과 우위를 획득하는 기업

글로벌 기업(global firm)은 둘 이상의 국가에서 활동함으로써 순수하게 국내시장에서 경쟁하는 기업이 이용할 수 없는 마케팅, 생산, R&D, 재무적 이점과 우위를 획득하는 기업을 말한다. 글로벌 기업은 세계를 하나의 시장으로 보고 있다. 이러한 기업은 국경을 중요하게 생각하지 않고 글로벌 브랜드를 개발한다. 또한 기업이 최상으로 활동할 수 있는 곳이라면 어디서든 자본을 끌어오고 원자재를 조달하며 생산 및 판매한다.

예를 들어 세계에서 가장 큰 엘리베이터 제조사인 미국 기업 오티스엘리베이터(Otis Elevator)는 미국 코네티컷주 파밍턴에 본사가 있지만, 세계 200개국 이상에서 엘리베이터와 에스컬레이터를 팔거나 설치하며 매출의 73% 이상을 미국 밖에서 거둬들이고 있다. 이 회사는 프랑스에서 엘리베이터 문 시스템을, 스페인에서 소형 기어 부품을, 독일에서 전자제품을, 일본에서 특수 모터 드라이브를 조달하며, 아메리카·유럽·아시아에서는 조립만 하고 미국·오스트리아·브라질·중국·체코·프랑스·독일·인도·이탈리아·일본·한국·스페인에는 엔지니어링 및 테스트 센터를 두고 있다. 결과적으로 오티스엘리베이터는 세계 상업 및 우주항공 산업의 거인인 유나이티드테크놀로지코퍼

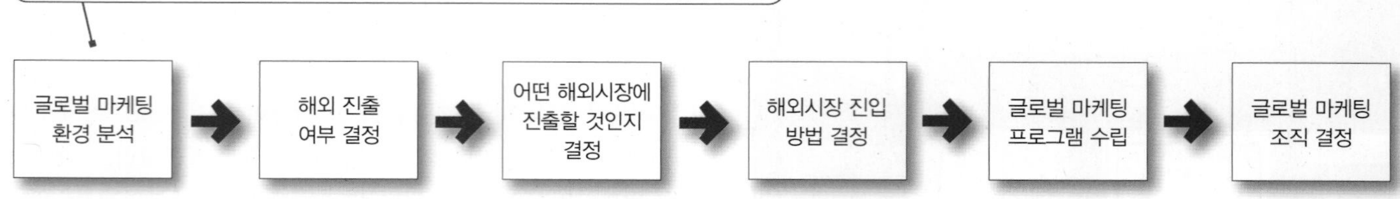

그림 19.1

글로벌 마케팅의 주요 의사결정 사항

레이션(United Technologies Corporation)이 100% 출자한 자회사이다.[5] 오늘날 많은 다국적 기업은 그 규모와 상관없이 진정으로 국경 없는 회사가 되어가고 있다.

이는 모든 중소기업이 성공하기 위해 수십 개국에서 활동해야 함을 의미하는 것은 아니다. 중소기업은 전 세계의 틈새시장을 노려야 할 것이다. 그러나 세계는 점차 좁아지고, 그 규모가 크든 작든 글로벌 산업에서 활동하는 기업은 세계 시장에서 입지를 확보해야 한다.

기업이 글로벌화를 신속하게 실행하기 위해서는 몇 가지 기본적인 문제 해결책이 있어야 한다. 그 국가에서, 그 국가가 속한 경제 지역에서 전 세계적으로 어떤 시장 위치를 확립해야 하는가? 자사의 글로벌 경쟁자는 누구이며, 그들의 전략과 자원은 무엇인가? 어디서 제품을 생산하고 원료를 조달해야 하는가? 세계 곳곳에 있는 다른 기업과 어떤 전략적 제휴를 맺어야 하는가?

그림 19.1에서 보듯이 기업은 글로벌 마케팅을 수행하면서 여섯 가지 주요 의사결정에 직면하게 된다. 이 장에서는 이러한 의사결정 사항을 자세히 다룰 것이다.

저자 **코멘트** | 기업 자체 경계 내에서의 운영이 충분히 어렵지 않은 것처럼 글로벌 진출에는 많은 복잡성이 추가된다. 예를 들어 코카콜라는 전 세계 200개국에서 제품을 판매하는데 각 시장의 다양한 무역, 경제, 문화, 정치 환경을 이해해야 한다.

글로벌 마케팅 환경의 요소

어떤 기업이든 국제적으로 활동하기 위해서는 글로벌 마케팅 환경에 대한 철저한 이해가 선행되어야 한다. 글로벌 마케팅 환경은 최근 몇십 년 동안 급격하게 변화했으며, 그 결과 새로운 기회와 문제가 대두되고 있다.

국제무역 시스템

기업이 해외로 진출하려면 **국제무역 시스템**을 잘 이해해야 한다. 기업이 해외에 제품을 판매할 때는 국가 간 무역에 대한 각종 규제에 직면하게 된다. 정부는 재정 수입을 증가시키기 위해서 혹은 자국의 기업을 보호하기 위해 특정 수입품에 **관세**를 부과할 수 있다. 관세는 타국 기업의 유리한 무역 행위를 강제하는 데 흔히 사용된다.

예를 들어 미국은 매년 증가하는 대규모 대중 무역적자를 억제하고 보다 유리한 무역 조건을 협상하기 위해 최근 돼지고기, 콩, 와인부터 철강, 알루미늄 및 다양한 산업, 기술, 운송, 의료, 섬유·패션 제품에 이르는 중국 수입품에 관세를 부과하기 시작했다. 중국은 미국산 제품에 대한 자국의 관세보복에 대해 몇 차례 열띤 무역협상을 벌였다. 그러한 국가 간 무역 분쟁은 더 넓은 국제역학 관계의 일부이지만, 이러한 문제가 국경을 넘어 제품을 판매하는 기업에 큰 어려움을 야기할 수 있다.[6]

정부는 쿼터(quota)를 실시하기도 하는데, 이는 특정 제품군에서 수입할 수 있는 수입품의 양을 제한하는 것을 말한다. 쿼터의 목적은 자국의 외환보유고를 유지하고 자국의 산업과 고용을 보호하는 데 있다. 또한 외환통제(exchange control)에 의한 규제도 가능한데, 외환통제는 외환의 사용량과 환율에 제한을 가하는 것을 말한다.

● 비관세장벽: 인도의 거대한 전자상거래 시장에서 아마존은 외국인 소유의 온라인 판매자에 대한 규제라는 큰 장벽에 부딪혔다.
REBECCA CONWAY/The New York Times/Redux

그리고 기업은 외국 기업을 입찰에서 차별하거나, 외국 기업의 제품에 제한을 가할 수 있는 제품 표준을 설정하거나, 과도한 국내 규제와 같은 정부의 비관세장벽(nontariff trade barriers)에 부딪힐 수도 있다. ● 예를 들어 인도는 소매 매출 1조 1,000억 달러 중 88%를 점유하고 있는 자국의 소매업자를 보호하기 위해 비관세장벽을 포기한 것으로 악명이 높다.[7] 인도는 최근 아마존이나 월마트의 플립카트(Flipkart) 사업부와 같은 외국 소유의 온라인 회사가 그들의 사이트에서 소비자에게 직접 제품을 판매하는 것을 금지하는 새로운 전자상거래 규제를 내렸다. 아마존의 경우 에코, 킨들, 파이어 TV와 같은 제품, 배터리와 패션, 가정용품에 이르기까지 점점 더 많은 개인 브랜드 제품이 포함되어 있다. 이러한 새로운 규제하에서 아마존과 플립카트는 독립적인 구매자와 판매자를 연결하는 시장으로서의 역할만 제공한다. 새로운 규정은 주요 판매자와 독점 거래를 맺고 할인을 제공하는 것도 금지한다. 인도 현지 상점과 외국계 대기업 사이의 가격 경쟁력과 재고로부터 온라인 소매업자를 보호하기 위해 고안된 이러한 규제는 인도의 대형 전자상거래 시장에 진출하기 위해 최근 몇 년간 막대한 투자를 해온 아마존과 월마트에 큰 장벽이 되었다.[8]

한편 어떤 규제는 국가 간 무역에 도움을 주기도 한다. 세계무역기구와 다양한 지역 간 자유무역 협정이 그 예이다.

세계무역기구 1947년에 발효되고 1994년에 재조정된 관세와 무역에 관한 일반협정(The General Agreement on Tariffs and Trade, GATT)은 관세를 인하하고 기타 국제무역 장벽을 줄임으로써 세계 무역을 촉진하기 위해 마련되었다. 그리고 1995년에 GATT를 대체하여 GATT가 원안대로 이행되는지 감독하기 위한 세계무역기구(The World Trade Organization, WTO)가 출범했다. WTO와 GATT 회원국(현재 164개국)은 무역 장벽을 재조정하고 새로운 국제무역 규칙을 만들기 위해 여덟 번의 라운드 협상을 가졌다. 또한 WTO는 세계적 무역 분쟁을 중재하고 무역 제재를 가한다. 이러한 활동은 생산적이다. 처음 일곱 번의 라운드 협상에서는 제조 상품에 부과한 세계 평균 관세를 45%에서 5%까지 인하하기도 했다. 현재까지 WTO의 무역 분쟁 메커니즘은 광범위하게 사용되었는데, 지난 20년 동안 회원국은 500건 이상의 분쟁을 제기했으며 그중 대부분은 WTO의 틀 안에서 해결되었다.[9]

경제 공동체
국제무역 규제에서 동일한 목표 달성을 위해 협동하고자 결성한 국가들의 집단

지역적 자유무역지대 어떤 국가는 자유무역지대(free trade zone) 또는 **경제 공동체**(economic community)를 형성하고 있다. 경제 공동체는 국제무역 규제에서 동일한 목표 달성을 위해 협동하고자 결성한 국가들의 집단이며, 유럽연합이 그 예이다. 1957년에 결성된 유럽연합(European Union, EU)은 회원국 간에 제품, 서비스, 금융, 노동을 자유롭게 이동하기 위한 일환으로 장벽을 줄이고 비회원국과의 무역 정책을 개발함으로써 하나의 유럽 시장을 조성하기 위해 설립되었다. 현재 EU는 세계에서 가장 거대한 단일 시장 중 하나이다. ● EU에는 5억 1,300만 명가량의 소비자를 포함한 28개 회원국이 속해 있으며, 세계 수출량의 20% 이상을 차지한다.[10] EU는 미국과 비유럽계 기업에 엄청난 무역 기회를 제공했다.

지난 20년간 19개 EU 회원국은 유로화를 공동통화로 채택했다. 유로의 광범위한 채택으로 유럽에서의 경영 활동과 관련된 많은 통화 위험이 줄어들고, 과거에 취약한 통화를 이용하던 회원국이 더 매력적인 시장으로 부각되고 있다. 그러나 공동통화 채택에 따른 문제는 최근 독일, 프랑스와

경제 공동체: EU는 세계에서 가장 거대한 단일 시장 중 하나이다. 5억 명 이상의 소비자를 보유하고 있으며 세계 수입 및 수출의 거의 20%를 차지한다.
Paul Grecaud/123RF

같은 유럽의 경제 강국이 그리스, 포르투갈, 키프로스와 같은 경제 약국을 지원하기 위해 개입해야만 하는 상황이 생기면서 불거지기 시작했다. 최근까지 진행 중인 '유로 위기'로 인해 유로존의 붕괴 가능성을 예견하는 분석이 나오기도 했다. 그럼에도 불구하고 유로는 이전에 많이 겪었던 비슷한 예측에서 살아남았다.[11]

EU가 2,000년의 전통을 깨트리고 '유럽의 미국화(United States of Europe)'가 될 가능성은 거의 없다. 24개 이상의 다양한 언어와 문화, 그리고 때때로 제한된 관계의 역사를 가진 공동체는 완벽한 통합이 어렵고 단일의 독립체로 활동하기도 쉽지 않다. 예를 들어 2016년 국민투표에서 영국 사람들은 '브렉시트(Brexit)'라 불리는 유럽연합 탈퇴에 투표했다. 영국은 남아 있는 EU 국가들과 함께 포스트 브렉시트 관계의 원활함을 위해 '전환 기간'을 가지고 2019년에 EU를 탈퇴할 예정이다. 하지만 협상이 지속되었고 브렉시트의 정확한 성격과 시기가 여전히 불투명하다. 브렉시트가 유럽과 전 세계에 여파를 일으키면서 미래 유럽의 경제적·정치적 통합에 대한 우려가 커지고 있다. 그럼에도 불구하고 브렉시트 이후 연간 GDP가 17조 달러가 넘는 상황에서 결과와 관계없이 EU는 강력한 경제 공동체로 남을 것이다.[12]

1994년 북미자유무역협정(North American Free Trade Agreement, NAFTA)은 미국, 멕시코, 캐나다 간에 자유무역지대를 설립했다. 이 협정은 매년 24조 달러 이상의 제품과 서비스를 생산하고 소비하는 4억 5,000만 명으로 구성된 단일 시장을 조성했다. 지난 25년간 NAFTA는 3개국 사이의 무역 장벽과 투자 제한을 제거해왔다. NAFTA 국가 간 전체 무역량은 1993년 2,880억 달러에서 한 해에 1조 3,000억 달러 이상으로 거의 3배나 증가했다.[13]

또 다른 주요 세계 무역협정은 포괄적·점진적 환태평양경제동반자협정(Comprehensive and Progressive Agreement for Trans-Pacific Partnership, CPTPP)이다. 최근에 체결된 CPTPP는 11개 환태평양 국가(호주, 브루나이, 캐나다, 칠레, 일본, 말레이시아, 멕시코, 뉴질랜드, 페루, 싱가포르, 베트남) 간의 무역 장벽을 낮추고 경제 협력을 증진하기로 약속했다. 이러한 주요 무역협정은 중요하며, 때로는 논란의 여지가 있는 경제적·정치적 영향을 미칠 것이다. CPTPP의 11개국은 인구가 4억 9,500만 명에 달하며 세계 GDP의 13.5%를 차지하고 있다.[14]

나라마다 반드시 이해해야 할 특성이 있게 마련이다. 따라서 외국 기업의 입장에서 진출국의 상이한 제품 및 서비스에 대한 수용 수준과 시장 매력도는 그 나라의 경제적 환경, 정치적·법률적 환경, 문화적 환경에 따라 결정된다.

경제적 환경

글로벌 마케팅 관리자는 반드시 각국의 경제 상황을 파악해야 한다. 해외시장으로서 특정 국가의 매력도는 산업 구조와 소득 분포의 영향을 받는다.

한 국가의 산업 구조는 제품과 서비스에 대한 욕구, 소득 수준, 고용 수준 등을 결정한다. 예를 들어 생계형 경제에서는 대부분의 사람들이 단순한 농업에 참여하고, 생산량의 대부분을 소비하며, 나머지는 단순한 제품 및 서비스와 교환한다. 이러한 경제 체제에서는 시장 기회가 거의 제공되지 않지만 특별한 마케팅 노력이 필요하며, 많은 아프리카 국가가 이 범주에 속한다. 다른 극단에서는 산업 경제가 제조업 재화와 서비스의 주요 수입국이자 수출국이다. 여기서는 다양한 제조

마케팅 현장 19.1 | 타타스틸: 잠재력이 높은 국제시장에 진출하기

타타그룹(Tata Group)의 일부인 타타스틸(Tata Steel)은 세계에서 가장 큰 철강 제조업체 중 하나이다. 1907년 인도에서 설립된 타타스틸은 오늘날 주요 사업부가 네덜란드와 영국에서 활동하고 있다. 제조 사업부가 유럽, 호주, 남아프리카, 아시아, 중동에 퍼져 있는 이 회사는 주로 다른 사업체와 협업하여 2018년 98억 달러 이상의 매출액을 달성했다. 국내시장과 신흥시장에서 성장이 둔화된 글로벌 경제에 대응하여 타타스틸은 '피라미드의 바닥(bottom of the pyramid, BoP)'인 인도, 나이지리아, 중국, 인도네시아, 남아프리카 시장을 뚫고 있다. 다양한 소비 패턴과 시장 잠재력이 있는 이러한 나라들은 철강 제조 사업이 수익을 얻기에 좋은 곳이다.

새로운 목표에 접근하고 새로운 시장에 진출하기 위해 타타스틸은 다양한 법적·정치적·경제적 문제를 해결해야 한다. 예를 들어 국제무역 시스템은 수천 개의 일방, 양자, 지역, 다자 간 규칙과 협약, 200개국 이상 간의 합의로 구성된다. 타타스틸은 3개 대륙에 50개 이상의 생산지가 있는 175개국 이상에서 운영하기 때문에 수출입 제한, 관세, 할당량, 비관세장벽을 고려해야 한다. 게다가 일부 BoP 국가는 유럽보다 광고와 인적 판매에 훨씬 덜 수용적이다. 다국적 기업인 타타스틸은 BoP 시장에 대한 결정을 내릴 때 이 모든 것을 고려해야 한다.

2013년 영국인도비즈니스협의회(UK India Business Council, UKIBC) 협약의 일환으로 타타스틸은 2022년까지 숙련된 5억 명을 교육하고 성장, 투자, 일자리 창출, 개선된 수요 확대를 지원하기 위한 계획에 투자했다. 이러한 투자는 결국 그 제품의 어떤 기능이 지속가능성에 도움이 되고 그러한 제품이 혁신 내에서 도움이 될 수 있기 때문에 매력적이다. UKIBC 협약의 일환으로 타타스틸은 BoP 소비자를 위한 저렴한 제품을 개발했다. 그리고 기술이 앞선 서구의 생산자와 경쟁하기 위해 현지 원자재와 생산 기법을 사용하는 방법 등의 마케팅 접근 방식으로 BoP 소비자에게 다가갔다. 타타스틸은 인도 오디샤주의 칼링가나가르에 있는 녹지 철강 프로젝트에 34억 달러 이상을 투자했으며 추가 확장 계획도 가지고 있다. 그러나 이 프로젝트는 일부 지역 주민의 적대감에 부딪혔고, 타타스틸은 현지인, 심지어는 본국 사람들과의 관계 구축이 중요하다는 것을 인정할 수밖에 없었다.

타타스틸은 현재 포장, 자동차, 건설, 엔지니어링 시장에서 사업을 운영하고 있다. 광물 매장량과 원자재 소유권 덕분에 타타스틸은 시장 내에서 매우 강력한 위치를 차지하고 있으며, 세계의 어떤 철강 업체보다 저렴한 비용으로 철강을 생산할 수 있다. 완전히 새로운 국제시장에 진입할 가능성은 무궁무진하다. 그러나 티센크루프(Thyssenkrupp)와의 합병이 2019년 EU의 독점 금지 집행 기관에 의해 무산되었는데, 이는 EU 내의 완전경쟁을 저해하고 자동차 제조업체와 포장재용 특수강의 경쟁을 감소시킬지도 모른다는 우려 때문이었다. 또한 타타스틸과 티센크루프는 EU의 우려를 해결할 수 있는 충분한 해결책을 제시하지 못했다. 이와 같은 정치적·경제적 상황은 세계 최대 철강 기업이 되려는 타타스틸의 야망에 흠집을 냈다.

복잡하고 새로운 환경에 적절히 대응하는 데 어려움이 있음에도 불구하고 타타스틸은 다른 다국적 기업을 인수하여 새로운 시장을 개척하는 방법에 대한 좋은 예를 보여준다. 예를 들어 타타스틸은 2007년 코루스(Corus)를 인수함으로써 연간 2,500만 톤의 철강을 생산할 수 있는 세계 5위의 철강 생산업체가 되었다. 또한 유럽 시장에 진출하여 새롭게 취득한 기술로 이익을 올릴 수 있었다. 실제로 타타스틸은 코루스의 우수한 전략과 재정적 건정성에 깊은 인상을 받아 원래 생각했던 입찰가보다 더 많은 금액을 코루스에 지불했다.

인도 내 저가 업스트림(upstream) 생산과 유럽 내 코루스의 고급 다운스트림(downstream) 가공 시설을 결합하여 유럽 내의 사업 경쟁력을 높이는 제조, 조달, R&D, 물류, 백오피스 운영에 시너지 효과를 낸 것도 이 합병의 긍정적인 결과이다. 인수 덕분에 타타스틸은 저렴한 비용으로 원자재를 얻고 고성장 신흥시장에 진출하는 동시에 선진국 시장에서 가격 안정성을 확인하게 되었다. 타타스틸은 모든 통합 문제가 해결되기까지 코루스의 최고경영진을 유지하고 추후 구조조정을 검토하기로 결정했다.

타타스틸은 2019년 4월 우샤마틴(Usha Martin)을 인수하고 2018년 5월 부샨스틸(Bhushan Steel)을 인수하여 시장 입지와 글로벌 입지를 강화하는 방법을 찾았음을 보여주었다. 타타스틸이 기업을 인수하는 이유는 이뿐만이 아니다. 그중 하나로, 타타스틸은 진출하고자 하는 시장에 부채가 있더라도 유명세가 있는 기업을 더 쉽게 구매한다. 새로운 시장의 기업을 인수하면 실패의 위험과 비용을 낮추고 진입 장벽을 우회할 수 있다. 그러나 진정한 혜택을 누리려면 해당 기업이 제대로 운영되는 상태여야 한다.

다른 국가에서의 인수합병은 엄청난 기회를 가져올 수 있지만 문화적으로 해결해야 할 문제도 있다. 사실 일부 추정치에 따르면 인수합병의 거의 70%가 실패로 돌아갔다. 예를 들어 2007년 신용평가 기관인 스탠더드앤드푸어(Standard & Poor)는 인도 기업이 특히 기업 문화 및 고용 규칙과 관련하여 국제 인수 경험이 부족하다는 사실 때문에 '부정적인 영향(negative implications)'으로 발표했다(이 등급은 기관이 실적이나 국제시장 동향에 따라 기업의 신용 점수를 낮추려 했음을 의미한다). 실제로 2000년 영국 음료 회사인 테틀리(Tetley)를 인수하면서 영국 직원과 인도 관리자가 문화적 장벽에 부딪혔다. 이러한 문제는 2007년 영국·네덜란드 철강 회사인 코루스와 합병할 때도 발생했다. 또한 타타스틸의 경영진은 영국에서 저비용 인도 시장으로의 생산 이전 가능성을 분석하는 동안 새로운 법인에 대한 유럽 직원의 불확실성

타타스틸은 해외시장에 진출하면서 다양한 법적·정치적·경제적 어려움에 직면했다.
Volodymyr Plysiuk/Shutterstock

에 대응해야 했다. 이러한 상황을 확인하지 않고 방치하면 사기가 떨어져서 생산성이 저하될 수도 있었다.

넓은 의미에서 이러한 어려움을 타개하는 데 도움이 되도록 타타스틸은 전 세계 사업장에서 동등한 기회를 주고 인종, 카스트, 종교, 피부색, 혈통, 성별, 결혼 여부, 성적 취향, 나이, 국적, 민족, 장애 등에 따른 차별을 용납하지 않겠다고 선언했다. 또한 타타스틸은 전적으로 성과에 기초하여 승진, 보상, 인정 등을 결정하는 방식으로 직원 정책 및 관행을 관리하고 있다.[15]

활동과 대규모 중산층이 모든 종류의 제품을 위한 풍요로운 시장인데 그 예로 미국, 일본, 서유럽 국가를 들 수 있다.

신흥경제에는 급속한 경제 성장과 산업화를 경험하는 국가가 포함된다. BRICS 국가(브라질, 러시아, 인도, 중국, 남아프리카)와 MENA 국가(중동, 북아프리카)가 그 예이다. 산업화는 전형적으로 새로운 부유층을 만들고 중산층을 성장시키며 새로운 유형의 제품과 서비스의 수요를 창출한다. 이미 개발된 시장의 정체가 심화되고 경쟁이 치열해지면서 많은 마케터는 이제 신흥시장에서의 성장 기회를 목표로 하고 있다.

두 번째 경제적 요인은 각국의 소득 분배이다. 산업화된 국가는 저·중·고소득층이 공존하는 반면 자급경제 국가는 대부분의 가구가 소득 수준이 매우 낮은 편이다. 한편 소득 수준이 매우 낮은 저소득층과 소득 수준이 매우 높은 고소득층만이 존재하는 국가도 있다. 심지어 빈곤 국가나 신흥경제 국가도 모든 제품의 매력적인 시장이 될 수 있다. 최근 몇 년 동안 국내와 신흥시장의 성장이 둔화됨에 따라 많은 기업은 세계에서 가장 가난한 소비자로 구성된 거대한 미개발 시장인 소위 '경제 피라미드의 바닥'으로 눈을 돌렸다.

최근 자동차, 컴퓨터, 청량음료 등 폭넓은 산업 영역의 기업들이 생계형 및 신흥경제의 중산층 또는 저소득층을 목표로 하는 경우가 증가하고 있다. 예를 들어 북미와 유럽에서 청량음료 판매가 활기를 잃으면서 코카콜라는 야심 찬 성장 목표를 달성하기 위해 다른 곳을 찾았다. 그래서 유망하지만 도전적인 장기적 성장 기회를 가지고 있는 아프리카로 눈을 돌렸다. 많은 서구 기업은 아프리카를 빈곤, 정치적 불안정, 신뢰할 수 없는 교통, 신선한 물과 기타 필수 자원의 부족에 시달리고 있는 길들여지지 않은 마지막 경계선으로 간주한다. 그러나 코카콜라는 위험을 정당화할 수 있는 많은 기회를 발견했다. 아프리카 대륙의 인구는 13억 명이 넘고, 막 떠오르고 있는 중산층이며, 5조 달러의 GDP와 소비력을 가지고 있다. 게다가 세계에서 가장 빠르게 성장하는 시장의 약 절반이 아프리카에 있다.[16]

● 성숙한 시장에서 판매가 정체되자 코카콜라는 야심 찬 성장 목표를 달성하기 위해 아프리카와 같은 신흥시장을 찾고 있다. 아프리카 유통망은 뒤떨어졌지만 효과적이다.
John Wollwerth/Shutterstock

코카콜라는 1929년부터 아프리카에서 영업을 시작하여 아프리카와 중동에서 펩시보다 압도적인 시장 점유율을 차지하고 있다. 그러나 성장할 여지가 여전히 많다. 예를 들어 콜라와 기타 청량음료의 연간 일인당 소비량은 북미보다 아프리카가 약 13배 적다. 그러나 아프리카에서의 마케팅은 선진국에서의 마케팅과 매우 다르다. 코카콜라는 아프리카 대도시의 전통적인 채널을 통한 마케팅을 벗어나 풀뿌리 전술로 소규모 커뮤니티를 침범했다.

● 작은 가게는 코카콜라가 아프리카에서 성장하는 데 큰 역할을 한다. 대륙 전역에 있는 수많은 빈민촌의 혼잡한 거리에는 코카콜라의 빨간색을 칠한 가게가 줄지어 있

으며, 코카콜라가 제공하는 냉장고를 두고 저렴한 코카콜라 병 제품을 판매한다. 이러한 가게는 코카콜라 유통업체의 뒤떨어졌지만 효과적인 네트워크를 통해 제품을 공급받는데, 일꾼이 손수레를 이용하거나 코카콜라 상자를 머리에 이고 배달한다. 열악한 도로 사정 때문에 사람 손으로 옮길 수밖에 없는 경우가 허다하다. 코카콜라의 첫 번째 규칙은 제품을 '차갑게 닫힌' 상태로 유지하는 것이다. 코카콜라 남아프리카의 사장은 "트럭으로 제품을 운반할 수 있는 도로가 없다면 보트, 카누, 손수레를 사용할 것"이라고 말한다. 예를 들어 나이지리아의 마카코 지구(라고스 라군의 미로 같은 수상가옥)에서는 여성들이 카누를 타고 수로를 가로질러 주민에게 직접 코카콜라를 판매한다.

정치적·법률적 환경

나라마다 정치적·법률적 환경에 큰 차이가 있다. 특정 국가에서 사업을 할지 여부를 결정하려면 해당 국가의 해외 구매에 대한 태도, 정부의 관료주의, 정치적 안정, 정부의 통화 규제 등과 같은 요인을 고려해야 한다.

외국 기업에 대해 매우 호의적인 국가가 있는가 하면 비호의적인 국가도 있다. 예를 들어 인도 정부는 수입 할당제, 통화 규제, 외국 투자 제한 등으로 경영 활동을 어렵게 한다. 이와 달리 싱가포르, 베트남, 태국과 같은 이웃 국가들은 외국 투자자를 적극적으로 유치하며, 인센티브를 비롯해 유리한 기업 운영 조건을 쏟아붓고 있다. 정치 규제의 안정성 또한 중요한 문제이다. 예를 들어 러시아는 정부가 통제하기 어렵다고 판단한 부패와 관료주의에 잠식되었기 때문에 현지 사업의 위험 부담이 증가하고 있다. 최근에는 유럽, 미국 및 다른 국가들과의 지정학적 충돌로 인해 러시아에서 사업을 하기가 더욱 어렵고 위험해졌다.[17]

기업은 해당 국가의 통화 규제를 고려해야 한다. 수출 기업은 자신에게 가치 있는 통화로 이익을 실현하려고 한다. 이상적으로 수입업자는 판매자 국가의 통화나 세계적으로 통용되는 통화로 구매 대금을 지불할 수 있다. 그러나 이러한 통화로 대금 지불을 할 여건이 안 될 경우 수출 기업은 봉쇄통화(blocked currency)로 대금을 받을 수도 있는데, 봉쇄통화란 수입국으로부터의 화폐 이동이 수입국 정부에 의해 규제되는 통화를 말한다. 그러나 수출 기업은 수입국에서 자신이 필요로 하는 다른 재화를 구입할 수 있거나 다른 국가에 판매하여 필요한 통화를 획득할 수 있을 때만 봉쇄통화를 받아야 할 것이다. 통화 제한 조치뿐만 아니라 변동환율제 또한 수출 기업의 위험 부담을 높인다.

대부분의 국제 거래는 현금 거래를 수반한다. 그러나 많은 국가는 외국에서 구매한 제품에 대해 지불할 경화(hard currency)를 거의 보유하고 있지 않다. 따라서 현금 대신 다른 품목으로 대금을 지불하기를 원한다. **바터**(barter)는 상품과 서비스의 직접적인 교환을 의미한다. 예를 들어 인도네시아는 최근 커피, 차, 고무, 야자유를 러시아의 군용기와 교환했다. 그리고 한국은 사과를 베트남의 커피와 교환함으로써 급증하는 커피 수요에 대비하고 자국의 사과 흑자 균형을 맞추었다.[18]

문화적 환경

나라마다 나름의 풍속, 규범, 금기 사항이 있다. 따라서 기업은 글로벌 마케팅 프로그램을 수립할 때 각국의 문화가 소비자 반응에 어떤 영향을 미치는지를 검토해야 한다. 또한 자사의 전략이 현지 문화에 어떻게 영향을 미치는지도 알아야 한다.

문화가 마케팅 전략에 미치는 영향 판매 기업은 마케팅 프로그램을 수립하기 전에 각국의 소비자가 특정 제품에 대해 생각하고 이를 사용하는 방식을 이해해야 한다. 가끔은 놀라울 정도의 차이가 있다. 예를 들어 평균적인 프랑스 남성은 자기 아내보다 화장품과 미용 보조품을 2배가량 많이 사용한다. 독일인과 프랑스인은 유명 브랜드의 포장된 스파게티를 이탈리아인보다 더 즐겨 먹는다.

● 문화와 마케팅 전략: 메리어트인터내셔널은 자사 웹사이트에 티베트, 홍콩, 마카오, 대만을 '국가'로 등재한 일로 중국에서 타격을 입었다. 중국 정부는 일주일 넘게 메리어트의 중국 홈페이지와 앱을 폐쇄했다.
Imagine China/Newscom

서양에서는 시계가 좋은 선물이지만 중국에서는 죽음, 장례와 관련된 부적절한 선물이다. 대부분의 미국 여성은 잠 잘 때 머리를 풀고 화장을 지우지만 일부 중국 여성은 잠 잘 때 머리를 세팅하고 심지어 화장도 한다.[19]

문화적 규범과 차이를 위반하는 기업은 엄청난 비용이 따르는 황당한 실수를 범할 수 있다. 다음 두 가지 예는 이를 잘 보여준다.[20]

나이키는 르브론 제임스가 중국에서 문화적으로 숭배하는 수많은 형상을 부수는 쿵후를 주제로 한 TV 광고를 내보냈다가 의도치 않게 중국 공무원의 감정을 상하게 했다. 중국 정부는 광고가 국가 존엄을 지키고 '모국의 문화'를 존중해야 하는 규정을 위반했으므로 수백만 달러가 들어간 해당 광고의 방영을 금지한다고 밝혔다. 망신을 당한 나이키는 중국에 공식 사과했다.

● 메리어트인터내셔널은 최근 자사 웹사이트에 티베트, 홍콩, 마카오, 대만을 '국가'로 등재하여 중국에서 위기를 맞았다. 공식적으로 티베트, 홍콩, 대만은 중국의 '자치지역'이고 홍콩과 마카오는 '특별행정지역'이다. 또한 중국은 대만을 불법 정부가 통제하는 '탈퇴한 지방'으로 간주한다. 중국에서 124개의 대규모 부동산을 운영하는 메리어트는 단순한 실수처럼 보였던 해당 이슈에 대해 가혹한 처벌을 받았다. 메리어트가 사과하고 오류를 바로잡았음에도 중국 정부는 일주일 넘게 메리어트의 중국 홈페이지와 앱을 폐쇄했고, 그 기간 동안 중국에서 온라인 판매와 예약이 불가능했다.

상관습과 상행위 또한 나라마다 다르다. 예를 들어 미국 경영자는 바로 요점으로 들어가서 빠르고 강경하게 대면 협상하기를 좋아한다. 그러나 일본이나 다른 아시아 국가 사업가는 종종 이와 반대되는 행동을 하는 경우가 있다. 이들은 협상 시 예의상 가벼운 대화로 시작하고 직접적인 표현을 사용하는 일이 거의 없다.

또 다른 예로 대부분의 서구 국가에서는 악수가 평범한 인사이지만 일부 중동 국가에서는 제안을 거절하는 행위이다. 마이크로소프트의 설립자 빌게이츠는 한국의 대통령과 오른손으로 악수하면서 왼손을 바지 주머니에 넣고 있었다는 이유로 국제적으로 논란을 불러일으켰다. 한국 사람들은 이를 엄청난 결례라고 생각한다. 어떤 나라에서는 식사를 할 때 음식을 남기는 것이 별로 맛이 없다는 의미이지만, 어떤 나라에서는 깨끗이 먹어치우는 것이 음식을 충분히 주지 않았다는 뜻이라 주인이 다소 모욕적으로 받아들일 수 있다. 그리고 대부분의 나라에서는 비즈니스 회의 중 미소가 화기애애한 분위기를 조성하지만 이는 러시아에서 불안을 암시한다.[21] 미국 사업가는 다른 나라에서 사업을 하기 전에 이와 같은 미묘한 문화적 차이를 이해할 필요가 있다.

문화적 차이를 이해하는 기업은 국제적으로 제품을 포지셔닝할 때 이것을 자사의 강점으로 이용할 수 있다. 예를 들어 영국의 의류 소매업체 마크스앤드스펜서(Marks & Spencer)가 최초의 단독 란제리·뷰티 매장을 열기로 결정했을 때 놀랍게도 파리, 런던, 뉴욕 대신 선택한 곳은 사우디아라비아였다. 사우디아라비아에서 사업을 운영하려면 중요하면서도 가치 있는 문화적 조정이 필요하다.[22]

사우디아라비아 소매 시장은 호황을 누리고 있으며, 사우디아라비아에는 빠르게 성장하는 부유한 소비자 계층이 있다. 그러나 보수적인 이슬람 왕국에서 제한적인 문화, 특히 여성 소매업과 관련된 종교적인 규칙은 끝이 없다. 사우디아라비아에서 여성은 공공장소에 나갈 때 아바야라는 검은 망토형 의상을 입으며 보통 친척인 남성 보호자가 반드시 동행해야 한다. 그러나 일반적으로 집에서나 해외여행을 할 때는 서구적인 옷을 입기 때문에 서구 스타일 패션 매장은 아주 인기가 많다.

사우디아라비아 여성에게 판매할 때 마크스앤드스펜서는 엄격하게 시행되는 종교적·문화적 제한을 준수해야 한다. 예를 들어 정부 법령에 따르면 란제리 매장은 여성 판매원만을 고용해야 한다. 사우디아라비아에서는 여성이 얼굴을 보여줄 수 없고 특정한 공공 복장이 금지되기 때문에 마크스앤드스펜서는 매장 내에서 별도의 사진 촬영을 요구하는 마케팅 사진과 동영상 디스플레이를 이용한다. 사우디아라비아는 쇼핑몰과 상점에서 음악을 트는 것을 금지하므로 마크스앤드스펜서는 일반적인 매장 음악을 없앴다. 다수의 상이한 문화적 적응 덕분에 사우디아라비아는 마크스앤드스펜서가 가장 높은 수익을 올리는 신흥시장 중 하나가 되었고, 사우디아라비아는 시장을 운영하는 데 드는 추가 비용에 비해 충분한 가치가 있다. 마크스앤드스펜서는 현재 사우디아라비아에 백화점 16개, 란제리·뷰티 매장 6개를 가지고 있다. 심지어 속옷을 전시하기 위해 머리도 얼굴도 없는 여자 마네킹을 사용하기도 한다. 마크스앤드스펜서의 마케터는 "안타깝게도 마네킹조차 얼굴을 비출 수 없다"고 말한다.

따라서 기업은 문화적 전통, 선호도, 구매 행동 등을 이해함으로써 황당한 실수를 피하고 비교문화적 기회를 이용할 수 있다.

마케팅 전략이 문화에 미치는 영향 어떤 마케터는 자사의 글로벌 마케팅 전략에 문화가 미치는 영향을 염려하는 반면에 어떤 마케터는 마케팅 전략이 전 세계 문화에 미치는 영향을 생각한다. 예를 들어 사회비평가들은 맥도날드, 코카콜라, 스타벅스, 나이키, 구글, 디즈니, 페이스북과 같은 미국의 다국적 기업이 그들의 브랜드를 '글로벌화'한 것이 아니라 전 세계 문화를 '미국화'했다고 주장한다.

미국 문화의 또 다른 요소는 이제 전 세계로 스며들었다. 한 예로 미국에서 영어로 말하는 사람보다 중국에서 영어를 공부하는 사람이 더 많다. 만약 브라질, 독일, 중국에서 온 사업가들이 모이면 아마도 영어로 거래를 할 것이다. 한 관찰자는 세계의 10대를 글로벌 커뮤니티로 묶어놓을 수 있는 것에 대해 이렇게 썼다. "몇 가지는 음악, 할리우드 소식, 전자 게임, 구글, 페이스북, 미국 소비자 브랜드와 같은 미국 문화일 것이다. 그 나머지 세계는 [심지어 더욱더] 우리와 비슷해지고 있다. 좋은 쪽으로든 나쁜 쪽으로든."[23]

비평가들은 전 세계 국가가 '맥도날드의 지배(McDomination)' 아래에서 개별 국가의 문화적 정체성을 잃고 있다고 우려한다. 터키의 10대는 미국 영화를 시청하고, 페이스북과 트위터를 통해 전 세계의 사람들과 소통하며, 부모에게 더 서구적인 옷, 미국 팝 문화와 가치관의 상징물을 사달라고 한다. 유럽의 작은 시골마을에 사는 할머니들은 이제 저녁식사 재료를 사려고 아침마다 그 지역의 정육점, 빵집, 식료품 시장을 돌아다니느라 시간을 낭비하지 않는다. 그들은 월마트에서 쇼핑한다. 사우디아라비아 여성은 미국 영화를 보고, 자신들의 사회적 역할에 대해 이의를 제기하며, 자국 내에 증가하고 있는 빅토리아시크릿 부티크에서 쇼핑을 한다. 또한 스타벅스가 중국 시장에 들어오기 전까지 대부분의 중국인은 커피를 마시지 않았다. 그러나 현재 중국 소비자는 새로운 종류의 라이프스타일을 보여주는 상징인 스타벅스로 몰려가고 있다. 또한 중국에서 맥도날드는 2022년까지 매장을 2,500개에서 4,500개로 확장할 계획이며, 중국 아이들의 절반가량은 맥도날드 체인을 국내 브랜드로 알고 있다.[24]

때로는 이 같은 우려가 미국의 글로벌화에 대한 격렬한 반발을 일으키기도 한다. 유명한 미국 브랜드는 일부 해외시장에서 불매운동과 항의의 표적이 되기도 한다. 미국 자본주의의 상징인 코카콜라, 맥도날드, 나이키, KFC와 같은 기업은 특히 반미 감정이 최고조일 때 전 세계 분쟁 지역 시위자와 정부의 표적이 된다. 예를 들어 러시아의 크림반도 합병과 그로 인한 서방의 제재에 따라 러시아 당국이 맥도날드 가맹점(대부분 러시아 소유임에도 불구하고)에 대한 단속을 개시하여 일부는 불투명한 이유로 문을 닫게 되었다. 모스크바에 있는 맥도날드의 플래그십 스토어는 러시아 식품안전청에 의해 몇 주 동안 문을 닫았다. 크림반도에 있는 맥도날드 세 곳은 영구히 폐쇄되었고, 그중 한 곳은 '차르 치즈버거(Czar Cheeseburger)'를 제공하는 민족주의적 체인점인 러스버거(Rusburger) 매장이 되었다.[25]

이러한 문제에도 불구하고 글로벌화 옹호자들은 미국화에 대한 우려와 미국 브랜드가 주는 잠재적인 피해가 과장된 것이라고 주장한다. 미국 브랜드는 국제적으로 매우 성공하고 있다. 밀워드 브라운(Millward Brown)이 가장 최근에 내놓은 글로벌 소비자 브랜드의 브랜드 가치 조사에서 상위 25개 중 19개 브랜드가 미국인 소유로, 그중에는 구글, 애플, IBM, 마이크로소프트, 코카콜라, 아마존과 같은 거대 기업이 포함되어 있다.[26]

상징적인 많은 미국 브랜드가 전 세계적으로 번창하고 있다. 예를 들어 대부분의 해외시장은 미국식 패스트푸드를 갈망한다. 일본에 있는 KFC를 생각해보자. KFC가 일본의 한 식당에서 베이컨, 치즈, 그리고 치킨 패티 두 장 사이에 '비밀 소스'를 넣은 충격적인 더블다운 샌드위치를 선보인 날 애호가들은 그것을 맛보기 위해 길게 줄을 서고 길가에서 잠을 잤다. KFC인터내셔널의 CMO가 말하길, "마치 아이폰 같았다. 사람들이 미쳤었다." 미국 한정 상품은 이후 캐나다에서 호주, 필리핀, 말레이시아에 이르기까지 전 세계적으로 큰 성공을 거두었다. ● 좀 더 광범위하게 KFC는 일본에서 자체적으로 문화 기관이 되었다. 예를 들어 KFC를 상징하는 커널 샌더스가 일본에서는 일종의 크리스마스 아버지로 자리매김하면서 이 브랜드는 오랫동안 일본의 크리스마스 식사 전통이 되었다.[27]

● 다른 문화권의 미국 브랜드: KFC를 상징하는 커널 샌더스가 일본에서는 일종의 크리스마스 아버지로 자리매김하면서 이 브랜드는 오랫동안 일본의 크리스마스 식사 전통이 되었다.
Anthea Freshwater

일본의 KFC 크리스마스 전통은 40여 년 전 일본에서 'Kentucky for Christmas' 광고 캠페인을 집행하면서 시작되었다. 이제 켄터키프라이드 치킨을 먹는 것은 가장 인기 있는 명절 전통 중 하나가 되었다. 각 KFC 매장에는 끝부분이 모피로 장식된 빨간 옷과 산타 모자를 입은 실물 크기의 커널 샌더스 형상이 전시되어 있다. 한 달 전부터 일본 고객들은 와인과 케이크, 프라이드치킨이 특별 케이스에 담긴 40달러 정도의 크리스마스 식사를 주문한다. 약 360만 일본 가정은 매년 KFC 크리스마스 축제를 연다. 예약 주문을 하지 않은 사람들은 줄을 서거나, KFC가 추천하는 열한 가지 허브와 향신료의 조합을 맛볼 수 없는 위험을 감수해야 한다. 일본 KFC에게 크리스마스이브는 1년 중 최고의 날이며, 12월 한 달 판매량이 다른 달보다 무려 10배나 많다.

더 근본적으로, 대부분의 연구는 문화적 교류가 쌍방향으로 진행된다는 것을 보여준다. 즉 미국이 문화적 영향을 줄 뿐만 아니라 문화적 영향을 받기도 한다는 것이다. 할리우드가 전 세계 영화 시장에서 우위를 차지하고 있는 것은 사실이지만, 영국 TV는 〈아메리칸 아이돌(American Idol)〉, 〈댄싱 위드 더 스타스(Dancing with the Stars)〉, 〈헬스 키친(Hell's Kitchen)〉과 같은 히트 프로그램을 미국화했다. 중국과 러시아의 젊은이들이 NBA 슈퍼스타의 유니폼을 걸치고 있기는 하지만 미국의 축구 인구가 계속 늘어나는 것은 국제적인 뿌리가 깊다.

심지어 미국인의 유년기는 유럽과 아시아에서 유입되는 문화의 영향을 점점 더 받고 있다. 대부분의 아이들은 헬로키티, 포켓몬, 닌텐도나 세가(Sega)의 게임 캐릭터와 같은 수입품에 대해 잘 알고 있다. 그리고 J. K. 롤링(J. K. Rowling)이 쓴 매우 영국적인 《해리 포터(Harry Potter)》는 그 마력에 빠진 미국의 수백만 노인은 말할 것도 없고 미국 어린이 세대의 사고를 형성하고 있다. 또한 사이버 공간에서는 영어가 지배적인 언어이기 때문에 웹을 이용한다는 것은 제3세계 젊은이들이 미국의 인기 있는 문화를 더 많이 접할 수 있음을 의미한다. 미국에서 공부하는 동유럽 학생은 이러한 기술을 통해 폴란드, 루마니아, 벨라루스의 인터넷 뉴스 방송과 음악을 들을 수 있다.

따라서 글로벌화는 양방향 도로이다. 세계가 빅맥을 먹고 코카콜라를 마신다는 것은 삼성 스마트폰으로 대화하고, 이케아에서 가구를 사고, 토요타 캠리를 운전하고, LG OLED TV로 영국풍 프로그램을 시청한다는 것을 의미한다.

해외 진출 여부 결정

모든 기업이 생존하기 위해 위험을 무릅쓰고 국제시장에 진출할 필요는 없다. 예를 들어 대부분의 지역 사업체는 그 지역 시장에서만 사업을 잘 수행하면 된다. 국내에서 사업을 하는 것이 더 쉽고 안전하다. 즉 경영자가 다른 나라의 언어와 법률을 공부할 필요가 없다. 또한 불안정한 통화를 다룰 일이 없고, 정치적·법률적 불확실성에 처할 일도 없으며, 상이한 고객의 기대를 충족하기 위해 제품을 변경할 필요도 없다. 그러나 자사의 글로벌 포지션이 특정 시장에서의 전략적 포지션에 강력한 영향을 미치는 글로벌 산업에서 경영 활동을 하는 기업이라면 성공을 위해서는 전 세계적으로 경쟁해야 한다.

기업이 국제적인 활동 무대로 진출할 수밖에 없는 요인은 여러 가지이다. 세계적인 경쟁 기업이 더 좋은 제품이나 더 낮은 가격으로 국내시장을 공격할 수도 있다. 그러면 국내시장의 기업은 자원을 빼앗기지 않기 위해 국내시장에서 해외 경쟁 기업을 반격하려고 한다. 기업의 고객이 해외로 활동 범위를 확장하여 국제적인 서비스 제공이 필요할 수도 있다. 더 간단하게는 국제시장이 단지 성장을 위한 더 나은 기회를 제공할 수도 있다. 예컨대 앞서 언급했듯이 코카콜라는 최근 몇 년간 미국의 청량음료 매출 정체 또는 감소를 상쇄하기 위해 국제적인 성장을 강조해왔다. 오늘날 북미 이외 지역에서의 판매가 총매출의 80%를 차지하고 있으며, 중국·인도·아프리카 대륙 전체와 같은 신흥시장으로 대대적인 진출을 추진하고 있다.[28]

해외시장에 진출하기에 앞서 기업은 여러 가지 위험 정도를 측정하여 자사가 전 세계적으로 경영 활동을 할 수 있는 능력이 되는지 진단해야 한다. 다른 나라 소비자의 기호와 구매 행동을 이해할 수 있는가? 매력적인 제품을 다른 기업에 비해 경쟁력 있게 제공할 수 있는가? 다른 나라의 경영 문화에 적응하고 외국 기업과 효과적으로 거래할 수 있는가? 자사의 경영자가 국제적인 경험을 갖추고 있는가? 경영자가 다른 나라의 규제와 정치 환경의 영향을 고려하고 있는가?

진출할 해외시장 선정

해외시장에 진출하기에 앞서 기업은 글로벌 **마케팅의 목표와 정책**을 설정해야 한다. 먼저 기업은 희망하는 해외 매출의 크기를 결정해야 한다. 대부분의 기업이 진출 초기에는 해외 매출의 크기를 작게 설정한다. 심지어 어떤 기업은 자사 사업에서 해외 사업의 비중을 작게 보고 해외 매출을 계속해서 작은 크기로 계획한다. 그러나 어떤 기업은 해외 사업을 국내 사업과 동등하게 혹은 더 중요하게 생각하여 해외 매출을 국내보다 더 크게 계획한다.

다음으로 기업은 **얼마나 많은** 나라에 진출할 것인지를 결정해야 한다. 기업은 진출 국가의 수를 너무 적게 설정하거나 성급하게 너무 많은 나라에서 경영 활동을 함으로써 버거워지지 않도록 주의해야 한다. 그런 다음 진출할 시장 국가의 **유형**을 결정해야 한다. 특정 국가의 매력도는 제품과 지리적 요인, 소득 수준과 인구, 정치적 환경, 기타 고려 사항 등에 의해 결정된다. 최근 새로운 주

● 새로운 글로벌 시장 진출: 넷플릭스의 인도 진출 결정은 당연해 보인다. 하지만 이는 매우 크고 복잡한 사업이기도 하다.
ABHISHEK CHINNAPPA/REUTERS/Newscom

요 시장이 많이 부상함에 따라 기회와 더불어 위협적인 도전 과제가 생겨나고 있다.

또한 기업은 진출 가능한 해외시장을 파악하고 각국을 신중하게 평가해야 한다. 각국을 평가할 때는 많은 요인을 고려해야 한다. ● 예를 들어 미국 시장이 포화 상태에 이르면서 넷플릭스는 해외시장 성장을 기대하고 있다. 그러나 진출 결정은 더 이상 쉬운 일이 아닌 것 같다. 넷플릭스는 총 스트리밍 매출의 절반 이상을 차지하는 유럽, 남미, 기타 글로벌 시장에서 이미 선전하고 있다. 인도의 경우 인구가 14억 명으로 미국 인구의 4배가 넘고, 유럽의 거의 2배에 달하는 거대한 잠재력을 가지고 있다. 현재 세계 2위의 인터넷 시장인 인도의 온라인 동영상 시장은 향후 4년 내에 3배가 될 것으로 예상된다.[29]

그러나 넷플릭스가 인도 시장에 새로이 진출하려 한다면 몇 가지 중요한 문제에 답을 해야 한다. 현지 경쟁업체와 효과적으로 경쟁할 수 있는가? 인도 소비자의 다양한 문화적 차이와 구매 차이를 극복할 수 있는가? 인도의 환경과 규제 장벽에 잘 대응할 수 있는가? 까다로운 인프라 문제를 극복할 수 있는가?

넷플릭스는 인도 진출 과정에서 많은 어려움에 봉착했다. 예를 들어 인도에는 아마존 프라임 비디오와 인도의 디지털 및 모바일 엔터테인먼트 플랫폼인 핫스타(Hotstar: 디즈니 인도 소유)를 비롯한 강력한 경쟁업체가 가득하다. 이에 더해 지난 몇 년간 약 35개의 현지 온라인 스트리밍 서비스가 생겨났다. 1억 5,000만 명의 월 사용자를 보유하고 있는 핫스타는 인도의 주문식 로컬 스트리밍 서비스 시장의 약 70%를 점유하고 있다. 반면에 넷플릭스는 현재 100만 명 미만의 인도 가입자를 보유하고 있다.

넷플릭스는 가격 문제에도 직면해 있다. 프리미엄 요금제 플랜은 월 500루피(약 8달러)로 핫스타나 현지 케이블 TV 가입비의 약 2배에 달하며, 이는 많은 저소득 인도 가정이 이용할 수 없는 가격이다. 넷플릭스는 현재 월 4달러의 모바일 전용 요금제를 시험 운영 중이다. 콘텐츠는 또 다른 주요 고려 사항이다. 넷플릭스는 방대한 양의 국제적 콘텐츠를 보유하고 있다. 그러나 넷플릭스가 인도에서 서비스하는 대부분의 타이틀은 영어로 되어 있는 반면 시장은 힌디어나 타밀어로 된 영화를 선호한다. 따라서 넷플릭스는 〈신성한 게임(Sacred Games)〉, 〈델리 크라임(Delhi Crime)〉, 〈사랑은 아파트를 타고(Love Per Square Foot)〉와 같은 넷플릭스 인도 오리지널을 통해 현지 제작자의 인도 오리지널 콘텐츠 개발에 투자하고 있다. 현지와 관련된 우수한 넷플릭스 콘텐츠는 프리미엄 가격을 청구하는 데 핵심적인 부분이다.

넷플릭스의 인도 진출 결정은 사실 당연한 일이다. 또한 그것은 매우 크고 복잡한 사업이다. 그러나 어려움에도 불구하고 넷플릭스 CEO인 리드 헤이스팅스는 앞으로 1억 명의 고객을 인도에서 얻을 것이라고 예측하면서 이렇게 말한다. "전 세계에서 가장 경이로운 기회이다."

시장 크기, 시장 성장률, 사업 비용, 경쟁우위, 위험 수준 등의 기준을 토대로 진출 가능한 세계 시장의 순위를 매겨야 한다. ● 표 19.1에 제시한 지표를 이용하여 각 시장의 잠재력을 파악하는 것이 목표이다. 그런 다음 마케터는 장기적으로 가장 큰 투자 수익률을 가져다줄 시장을 선택해야 한다.

● 표 19.1 | 시장 잠재력 지표

인구통계적 특성	교육 수준, 인구 규모와 증가율, 연령 구성
사회문화적 요인	소비자 라이프스타일·신념·가치관, 사업 규범과 접근 방식, 문화적·사회적 규범, 언어
지리적 특성	기후 조건, 나라 크기, 인구밀도(도시, 지방), 수송 구조 및 시장 접근성
정치적 · 법률적 요인	국가 정책적 우선순위, 정치적 안정성과 양립 가능성, 국제무역에 대한 정부의 태도, 정부의 관료주의, 통화 및 무역 규제
경제적 요인	GDP 규모와 성장률, 소득 분포, 산업 인프라, 천연자원, 재무적·인적 자원

저자 코멘트 | 단순히 제품을 수출하는 것, 외국 기업과 함께 일하는 것, 자체적으로 해외 기반 사업을 설립하는 것 등 기업이 국제시장에 진출할 수 있는 여러 가지 방법이 있다.

해외시장 진입 방법 결정

학습목표 19-2 해외시장에 진입하는 세 가지 방법을 알아본다.

일단 기업이 제품을 해외시장에 판매하기로 결정했다면 이제 최적의 시장 진입 방법을 결정해야 한다. 진입 전략에는 수출, 합작투자, 직접투자가 있으며, ● 그림 19.2는 세 가지 진입 전략과 진입 전략별로 구체적인 대안을 보여준다. 그림을 통해 알 수 있듯이 수출, 합작투자, 직접투자 순으로 통제 정도와 잠재적 이익뿐만 아니라 개입 정도와 위험이 커진다.

수출

수출
기업이 자국에서 생산한 제품을 별로 수정하지 않고 판매함으로써 해외시장에 진입하는 것

해외시장에 진출하는 가장 단순한 방법은 **수출**(exporting)이다. 기업은 때때로 잉여생산물을 소극적으로 수출하거나, 특정 시장으로 수출을 확대하기 위해 적극적으로 개입하기도 한다. 어떤 경우든 기업은 자국에서 모든 제품을 생산하는데, 제품을 수출 시장에 맞게 수정할 수도 있고 그렇지 않을 수도 있다. 수출의 경우 기업의 제품라인, 조직, 투자, 사명 등을 거의 변경하지 않는다.

일반적으로 기업은 독립적인 글로벌 마케팅 중개상을 통한 **간접수출**(indirect exporting)로 수출을 시작한다. 간접수출은 기업이 해외 마케팅 조직이나 네트워크를 갖출 필요가 없으므로 투자 비용이 적다. 또한 간접수출은 글로벌 마케팅 중개상이 모든 노하우와 서비스를 제공하므로 판매자가 범할 수 있는 실수를 줄여주기 때문에 해외 진출에 따르는 위험도가 낮다. 판매자는 결국 스스로 수출을 담당하는 **직접수출**(direct exporting)을 하게 된다. 이 전략의 경우 투자 비용과 위험이 다소 커지지만 그만큼 잠재적인 수익도 증가한다.

합작투자

합작투자
외국 기업과 협력하여 제품 또는 서비스를 생산하거나 판매하는 것

해외시장에 진출하는 두 번째 방법은 합작투자이다. **합작투자**(joint venturing)는 외국 기업과 협

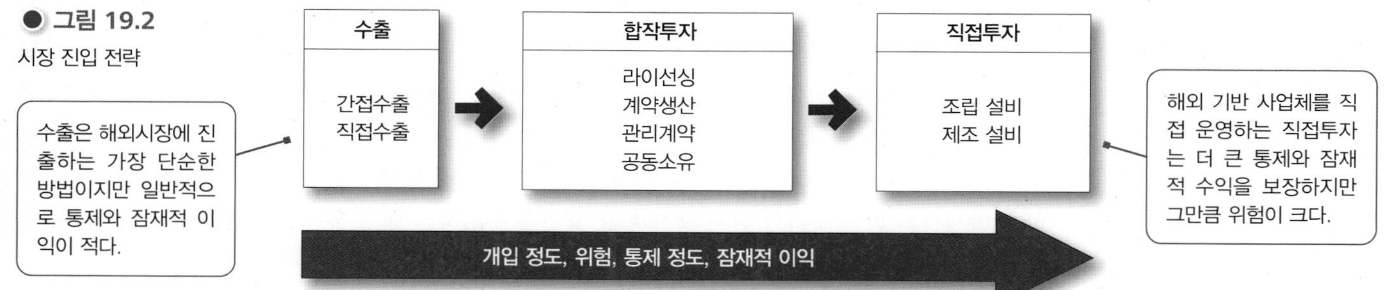

● 그림 19.2
시장 진입 전략

력하여 제품 또는 서비스를 생산하거나 판매하는 것을 말한다. 합작투자는 해외에서 제품을 판매하기 위해 현지 파트너와 합작 관계를 형성한다는 점에서 수출과 다르고, 해외에 있는 누군가와 제휴한다는 점에서 직접투자와 다르다. 합작투자의 유형에는 **라이선싱**, **계약생산**, **관리계약**, **공동소유**가 있다.

라이선싱

라이선싱
기업이 해외시장에 있는 기업과 계약을 맺음으로써 해외시장에 진입하는 방법

라이선싱(licensing)은 제조업자가 국제 마케팅에 개입하는 비교적 단순한 방법이다. 기업은 해외시장에 있는 기업(licensee)과 계약을 맺는다. 공여기업이 자사의 제조공정, 등록상표, 특허권, 거래 비밀, 기타 가치 있는 자산에 대한 사용권을 판매하고 그 대가로 로열티를 받는다. 따라서 기업은 낮은 위험 부담으로 해외시장에 진출할 수 있는 동시에 공여기업은 생산의 전문성 또는 유명한 제품이나 브랜드를 자체 개발 없이 이용할 수 있다는 것이 이점이다.

일본에서 버드와이저 맥주는 기린(Kirin) 맥주 공장에서 나오고, 미즈칸(Mizkan)이 선키스트(Sunkist) 과일 주스, 음료, 디저트 제품을 생산한다. 코카콜라는 전 세계의 탄산음료 제조업자에게 라이선스를 부여하고 제품을 생산하는 데 필요한 원액을 공급함으로써 해외시장에 진출한다. 코카콜라의 글로벌 파트너는 이탈리아, 그리스, 나이지리아, 러시아 등 28개국의 6억 500만 명을 대상으로 197개의 코카콜라 브랜드를 생산 및 판매하는 사우디아라비아의 코카콜라 보틀링컴퍼니(Coca-Cola Bottling Company)부터 유럽의 코카콜라 헬레닉(Coca-Cola Hellenic)까지 다양하다.[30] ● 또한 도쿄디즈니리조트(Tokyo Disney Resort)는 월트디즈니컴퍼니(Walt Disney Company)로부터 라이선스를 받은 오리엔탈랜드컴퍼니(Oriental Land Company: 일본 개발 회사)가 소유 및 운영한다. 이 45년짜리 라이선스로 디즈니는 라이선스 수수료, 입장료의 일정 비율, 음식과 상품 판매의 일부에 대한 권리를 갖는다.

● 국제 라이선싱: 도쿄디즈니리조트는 월트디즈니컴퍼니로부터 라이선스를 받은 오리엔탈랜드컴퍼니가 소유하고 운영한다.
David Harding/Alamy Stock Photo

그러나 라이선싱에도 잠재적인 단점이 존재한다. 우선 공여기업이 경영 활동을 독자적으로 하는 것보다 통제력이 약해진다. 더욱이 수여기업이 성공하여 많은 이윤을 획득하는 경우에도 공여기업은 그 이윤을 포기해야 하고, 계약 만료 시 수여기업이 새로운 경쟁자로 등장할 수도 있다.

계약생산

계약생산
제품을 생산하거나 서비스를 제공하기 위해 외국 제조업자와 계약을 체결하는 것

합작투자의 또 다른 유형인 **계약생산**(contract manufacturing)은 제품을 생산하거나 서비스를 제공하기 위해 외국 제조업자와 계약을 체결하는 것을 말한다. 예를 들어 P&G는 9개 계약 생산 부지의 도움으로 인도 전역에 걸쳐 6억 5,000만 명의 소비자에게 제품과 서비스를 제공한다. 그리고 폴크스바겐은 러시아에서 가장 큰 자동차 제조업체인 GAZ그룹(GAZ Group)과 계약을 맺고 러시아 시장을 위해 폴크스바겐 제타(Jetta)를 생산하며, 슈코다(Škoda: 폴크스바겐의 체코공화국 자회사) 옥타비아(Octavia)와 예티(Yeti) 모델까지 현지에서 판매한다.[31] 계약생산의 문제점은 제조공정에 대한 통제가 줄어든다는 것과 잠재적 제조 이익의 손실이다. 반면 장점은 빨리 시작할 수 있고, 위험 부담이 적으며, 파트너십을 맺거나 지역의 생산업체를 인수할 기회가 있다는 것이다. 또한 계약생산은 현지 국가의 현지 생산 필요 요건을 충족하는 데 도움을 주는 동시에 공장 투자, 운송, 관세 비용을 낮출 수 있다.

관리계약

관리계약
기업이 제품 생산 또는 서비스 제공을 위해 해외시장의 제조업자와 계약을 맺는 합작투자

관리계약(management contracting)은 기업이 자본을 투자하는 외국 기업에 자사의 관리 노하우를 제공하는 것을 말한다. 즉 기업이 제품이 아닌 관리 서비스를 수출하는 것이다. 힐튼은 세계 각국의 호텔을 운영하는 데 이 방법을 사용하고 있다. 예를 들어 이 호텔 체인은 영국, 이탈리아, 페루, 코스타리카, 중국, 러시아, 탄자니아 등에서 더블트리 바이 힐튼(DoubleTree by Hilton)을 개점했는데, 자산은 현지에서 소유하되 세계적으로 잘 알려진 접객 전문성을 바탕으로 호텔을 운영한다.[32]

관리계약은 해외시장에 진출하는 데 위험 부담이 적은 방법이며 초기부터 수익이 발생한다. 이는 나중에 기업이 현지 기업 주식의 일부분을 매입할 수 있는 권리가 부여되는 경우에 특히 매력이 있다. 그러나 기업이 희소한 관리 능력을 더 나은 용도에 보다 잘 활용할 수 있거나 독자적으로 투자하여 더 큰 이익을 얻을 수 있다면 관리계약은 좋은 방법이 아니다. 또한 계약 기간 동안은 현지 기업이 자체적으로 그 사업을 할 수 없다.

공동소유

공동소유
기업이 해외 투자자와 결합하여 현지 국가에 기업을 설립하고 공동소유와 통제로 운영하는 형태

공동소유(joint ownership)는 기업이 해외 투자자와 결합하여 현지 국가에 기업을 설립하고 공동소유와 통제로 운영하는 형태이다. 기업이 현지 기업의 주식을 매입하거나 두 기업이 하나의 새로운 기업을 신설하기도 한다. 이 방법은 경제적·정치적 이유 때문에 사용되기도 한다. 기업이 단독으로 투자하기에는 자금이나 자원 또는 관리 능력이 부족한 경우, 현지 국가의 정부가 공동소유를 시장 진출 허용 조건으로 내세우는 경우가 그것이다. 디즈니의 홍콩 디즈니랜드와 상하이 디즈니랜드는 모두 중국 정부 소유의 상하이센디그룹(Shanghai Shendi Group)과 공동소유이다. 디즈니는 상하이 리조트의 43%를, 상하이센디그룹은 57%를 소유하고 있다.[33]

기업은 상호 보완적인 강점을 합쳐 글로벌 마케팅 기회를 개발하기 위해 공동소유 회사를 설립하기도 한다. ● 예를 들어 월마트가 인도의 선도적인 온라인 시장인 플립카트에 대한 지분을 81% 보유한 덕분에 미국에 본사를 둔 소매업체는 인도의 엄격한 외국인 투자 제한을 극복할 수 있었다. 이 합의는 월마트가 인도의 시장 점유율과 온라인 소매 전문 지식 면에서 아마존보다 크게 앞서는 결과를 가져왔다. 플립카트는 월마트의 풍부한 자금과 유통 경험도 활용할 수 있었다. 비슷한 방식으로 공동소유 벤처인 켈로그가 서아프리카의 신흥시장에 빠르고 강력하게 진출하는 데에도 도움을 주었다. 켈로그는 나이지리아와 가나에서 포장식품의 선두 제조업체인 톨라람아프리카푸즈(Tolaram Africa Foods)와 해당 국가에서 가장 큰 식품 유통업체인 멀티프로(Multipro)의 지분 50%를 매입했다. 공동소유권 투자는 켈로그가 서아프리카 소비자를 더 잘 이해하고 그 지역의 복잡한 유통 환경을 파악하고 숙달하는 데 도움이 될 것이다.[34]

● 공동소유권: 인도 최고의 온라인 시장인 플립카트에 대한 월마트의 공동소유권은 소매업체가 인도의 엄격한 외국인 투자 제한을 헤쳐나갈 수 있도록 도와준다.
grzegorz knec/Alamy Stock Photo (Walmart); Farbentek/123RF (Flipkart)

공동소유에도 몇 가지 단점이 있다. 먼저 투자, 마케팅, 기타 정책에서 두 기업의 의견이 일치하지 않을 수 있다. 그리고 많은 외국 기업은 성장을 위해 수익을 재투자하기를 원하지만 현지 기업은 수익을 벌어들이는 것만 선호한다. 또한 외국 기업은 마케팅에 큰 비중을 두는 반면 현지 기업은 판매에만 의존한다.

직접투자

직접투자
해외에 조립 또는 생산 설비를 두고 해외시장에 진입하는 것

해외시장에 뛰어드는 가장 많은 형태는 **직접투자**(direct investment)이다. 이는 해외에 조립 또는 생산 설비를 두고 사업을 전개하는 방법이다. 예를 들어 미국의 반도체 제조업체인 인텔은 이스라엘에 있는 자체 제조 및 연구 시설에 상당한 투자를 했다. 최근 이스라엘 남부에 위치한 키리아트 가트 공장의 용량 확장에 50억 달러를 지출하고, 이스라엘의 자동 초점 반도체칩 및 기술 회사인 모빌아이(Mobileye)를 인수하기 위해 150억 달러를 추가로 지출했다. 그리고 이스라엘 남부의 새로운 공장에 1,100만 달러를 더 투자할 계획을 발표했다. 인텔 이스라엘의 반도체 수출 상당 부분이 중국으로 이동함에 따라 최근 미국과 중국 간의 무역 관계가 때때로 경색되는 상황에서 이스라엘에 대한 직접투자의 증가는 인텔이 성장하고 있는 대규모 중국 반도체칩 시장에 더 나은 서비스를 제공할 수 있게 해주었다.[35]

기업이 수출을 통해 많은 경험을 축적했고 해외시장의 규모가 충분히 크다면 해외에 생산 시설을 갖추는 것은 많은 이점이 있다. 우선 기업은 현지 시장의 저렴한 노동력과 원자재, 외국 정부의 투자 인센티브, 운송비 절감 등을 통해 비용을 줄일 수 있다. 또한 현지 국가에서 고용을 창출하기 때문에 기업 이미지를 제고할 수 있다. 일반적으로는 기업이 현지 정부, 고객, 공급업자, 유통업자 등과 밀접한 유대 관계를 형성하고 현지 시장에서 제품을 더 잘 적응시키는 데 도움이 된다. 그리고 기업은 투자에 대한 완전한 통제력을 갖기 때문에 자사의 장기적인 국제 목표에 부합하는 제조 및 마케팅 전략을 개발할 수 있다.

직접투자의 주요 단점은 통화 봉쇄나 평가 절하, 시장 악화, 정부의 변화와 같은 많은 위험에 직면할 수 있다는 것이다. 경우에 따라서는 현지 국가에서 경영 활동을 하기 위해 이러한 위험을 감수하는 것 말고는 달리 대안이 없기도 하다.

저자 **코멘트** | 주요 글로벌 마케팅 결정은 일반적으로 다음과 같이 요약된다. 기업이 마케팅 전략과 프로그램을 현지 시장에 맞게 조정해야 한다면 얼마나 해야 할까? 보잉과 맥도날드의 대답은 어떻게 다를까?

글로벌 마케팅 프로그램 수립

학습목표 19-3 기업이 해외시장에서 마케팅 전략과 마케팅믹스를 어떻게 적용하는지 이해한다.

표준화된 글로벌 마케팅
전 세계적으로 동일한 마케팅 전략 접근법과 마케팅믹스를 사용하는 표준화된 글로벌 마케팅 전략

현지화된 글로벌 마케팅
마케팅 전략과 마케팅믹스 요소를 각각의 국제 목표시장에 맞추어 조정하는 글로벌 마케팅 전략으로, 비용이 많이 들지만 시장 점유율과 수익이 증가함

하나 혹은 그 이상의 해외시장에서 경영 활동을 하는 기업은 자사의 마케팅 전략과 프로그램을 현지 상황에 어느 정도 적응시킬 것인지를 결정해야 한다. 극단적인 방법으로 전 세계적으로 동일한 마케팅 전략 접근법과 마케팅믹스를 사용하는 **표준화된 글로벌 마케팅**(standardized global marketing) 전략이 있다. 또 다른 극단적인 방법은 마케팅믹스 요소를 각각의 목표시장에 맞추는 **현지화된 글로벌 마케팅**(adapted global marketing) 전략인데, 이는 비용이 많이 들지만 시장 점유율과 수익이 증가한다.

마케팅 전략과 프로그램을 현지화하느냐 표준화하느냐 하는 문제는 최근 수년 동안 많은 논쟁을 불러일으켰다. 한 글로벌 마케터는 기술 발전으로 세계가 점차 좁아짐에 따라 소비자의 욕구가 전 세계적으로 더욱 비슷해지고 있다고 생각한다. 이러한 생각이 글로벌 브랜드와 표준화된 글로벌 마케팅을 만들어낸다. 글로벌 브랜딩과 표준화를 통해 기업은 더 강력한 브랜드 파워를 구축하고 규모의 경제를 통한 비용 절감 효과를 누릴 수 있다.

한편 마케팅 콘셉트는 마케팅 프로그램을 각 목표고객 집단의 독특한 욕구에 맞출 때 그 프로그램이 효과적일 수 있다고 제안한다. 만약 이 콘셉트가 한 국가에서 적용된다면 이것은 국제적인 시장에서 더 많이 적용되어야 한다. 전 세계의 집중화(global convergence)에도 불구하고 여러 국가의 소비자는 아직도 매우 다양한 문화적 환경 속에 있다. 따라서 여전히 각국의 소비자는 욕구와 요구, 구매력, 제품 선호도, 쇼핑 패턴에 상당한 차이를 보인다. 이러한 것은 쉽게 변하지 않기

때문에 대부분의 마케터는 각국 소비자의 욕구에 자사의 제품, 가격, 유통, 촉진을 맞추고 있다.

그러나 글로벌 표준화는 표준화를 하느냐 하지 않느냐의 문제가 아니라 정도의 문제이다. 많은 글로벌 마케터는 기업이 '생각은 세계적으로, 행동은 지역적으로' 해야 한다고 말한다. 다시 말해 글로벌 브랜드 인지도를 활용하지만 특정 시장에 적합한 마케팅과 운영 방식을 적용하며 표준화와 현지화 간의 균형을 추구해야 한다는 것이다.

스칸디나비아의 가구와 가정용품 소매업체인 이케아를 살펴보자. 거대 이케아는 52개국 이상에서 420개 이상의 지점을 성공적으로 운영하며 다양한 수단, 언어, 문화를 아우르는 소비자를 사로잡고 있다. 이케아는 일반인이 부담할 수 있는 저렴한 가격에 고품질의 기능성 가구를 만들기 위해 고안된 고도로 표준화된 국제 운영 모델을 따르고 있다. 전 세계 어느 이케아 지점에 가든 거대한 매장, 친숙한 파란색·노란색의 브랜드 로고와 간판, 다양한 현대적 스칸디나비아 디자인 가구와 저렴한 가격을 만날 수 있다. 또한 이케아는 다양한 글로벌 시장에서 고객의 고유한 욕구를 충족하기 위해 자사의 제품 구색, 매장 운영, 마케팅을 신중하고 세심하게 조정한다.[36]

● 전 세계 어느 이케아 지점에 가든 거대한 매장, 친숙한 파란색·노란색의 로고, 다양한 스칸디나비아 디자인 가구와 저렴한 가격을 만날 수 있다. 또한 이케아는 특정 글로벌 시장에서 고객의 고유한 요구에 맞게 제품과 마케팅을 세심하게 조정한다.
Lou Linwei/Alamy Stock Photo

이케아는 전 세계 제품 디자인과 제품 구색을 현지 고객의 독특한 욕구와 취향을 충족하기 위해 정기적으로 조정한다. ● 예를 들어 중국의 이케아 매장은 다른 지역에서 볼 수 있는 것과 동일한 품목을 많이 취급하지만 밥솥과 젓가락에 많은 비중을 둔다. 중국인은 품질이 좋고 단단한 매트리스를 좋아하기 때문에 더 딱딱한 매트리스를 판매한다. 그리고 붐비는 중국 도시의 평균 생활공간이 유럽이나 미국보다 훨씬 작기 때문에 중국 이케아는 공간을 절약하고 집을 정리할 수 있는 소형 가전제품과 제품을 갖추고 있다.

하지만 이케아가 가격을 올리지 않고 제품 디자인과 제품 구색을 조정하는 데에는 한계가 있다. 따라서 자사의 표준 제품이 고객의 삶과 문화에 어떻게 부합하는지 보여주기 위해 마케팅과 판매 방식을 조정한다. 예를 들어 이케아의 웹사이트와 많이 배포되는 카탈로그(매년 2억 개 이상 인쇄)는 현지화된 설정에서 표준 이케아 제품을 보여주기 위해 맞춤 제작한다.

또한 이케아는 지역 문화적 뉘앙스를 경쟁우위로 전환하기 위해 기본 매장 운영을 조정한다. 예를 들어 중국어로 이케아는 이지아(宜家)로 알려져 있다. 이는 '편안한 집'이라는 뜻으로, 매년 중국 이케아 매장 20곳 중 한 곳을 방문하는 수백만 명의 고객이 문자 그대로 사용한 것을 받아들이는 개념이다. 관찰자는 "고객은 가족과 함께 와서 전시용 침대에서 낮잠을 자고 장식물과 함께 스냅 사진을 찍으며 몇 시간 동안 시간을 보내면서 에어컨 바람과 무료 음료수 리필을 즐긴다"고 말한다. 보통 토요일 오후 중국 이케아 매장의 전시용 침대와 기타 가구는 모든 연령대의 고객으로 북적댄다. 미국이나 다른 서구 시장에서는 이것이 탐탁지 않은 단순한 배회로 여겨질 수 있지만 중국 이케아 관리자들은 이러한 행동을 장려하는데, 매장에 익숙해지면 나중에 구매하게 될 것이라고 생각하기 때문이다.

종합하면, 지역 브랜드는 여전히 압도적으로 소비자 구매의 다수를 차지하고 있다. 대부분의 소비자는 어디에 살든 매우 지역적인 삶을 영위하고 있다. 그러므로 글로벌 브랜드는 문화를 존중하고 그 일부가 되어 지역적 수준에서 소비자의 관심을 끌어야 한다.

● 그림 19.3

다섯 가지 글로벌 제품 및 커뮤니케이션 전략

이 그림을 통해 다음과 같은 실질적 질문을 도출해볼 수 있다. 기업은 어느 정도로 표준화하거나, 제품과 마케팅을 세계 시장에 어느 정도로 적응시켜야 하는가?

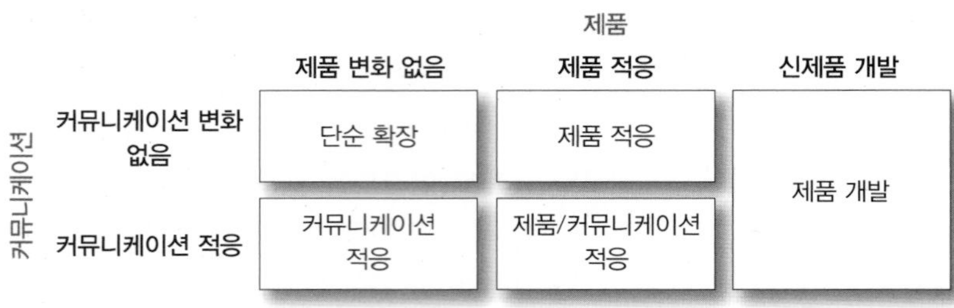

제품

글로벌 시장에서의 제품과 마케팅 커뮤니케이션 전략은 다섯 가지가 있다(● 그림 19.3 참조).[37] 먼저 세 가지 제품 전략을 살펴본 다음 두 가지 커뮤니케이션 전략에 대해 설명하겠다.

단순 제품 확장
제품을 전혀 변경하지 않고 해외시장에 판매하는 것

단순 제품 확장(straight product extension) 전략은 제품을 전혀 변경하지 않고 해외시장에 판매하는 것이다. 최고경영자는 마케팅 담당자에게 "제품을 그대로 가져가서 제품에 맞는 고객을 찾으라"고 말한다. 그러나 이 전략의 첫 번째 단계는 현지 소비자가 그 제품을 사용할 것인지 여부와 어떤 형태를 선호하는지를 파악하는 것이다.

단순 제품 확장 전략은 경우에 따라서는 성공할 수도 있지만 실패한 예도 많다. 애플 아이패드, 질레트 면도기, 블랙앤드데커 공구는 동일한 제품 형태로 전 세계에서 성공적으로 판매되고 있다. 그러나 제너럴푸즈(General Foods)는 표준화된 파우더형 젤로(JELL-O)를 영국 시장에 도입하고 나서 뒤늦게 영국 사람들이 딱딱한 웨이퍼형이나 케이크형을 선호한다는 사실을 알게 되었다. 이와 마찬가지로 일본에서 필립스는 일본의 작은 부엌 크기에 맞게 제품 크기를 줄이고, 면도기도 일본인의 작은 손에 맞게 줄인 후에야 수익을 올릴 수 있었다. 또한 중국에서 파나소닉(Panasonic)의 냉장고 매출은 중국의 좁은 부엌에 맞추어 너비를 15% 줄인 바로 다음 해에 10배로 증가했다.[38] 단순 제품 확장 전략은 제품 개발비, 제조 설비 변경비, 새로운 촉진비와 같이 부가적인 비용이 발생하지 않기 때문에 매력적으로 보이지만, 해당 제품이 특정 글로벌 시장에서 현지 소비자를 만족시키지 못한다면 장기적으로 값비싼 대가를 치르게 된다.

제품 적응
제품을 현지 상황이나 요구에 맞게 변경하는 것

제품 적응(product adaption) 전략은 제품을 현지의 필요나 상황, 요구에 맞게 변경하는 것이다. ● 예를 들어 미국에서 아마존의 에코 기반 가상 음성 비서 알렉사는 부드럽고 정확한 미국 영어 버전을 사용한다. 알렉사는 독립기념일이 7월 4일이고 미국인이 추수감사절에 칠면조를 좋아한다는 것을 알고 있다. 하지만 알렉사가 글로벌화된다면 어떨까? 아마존의 에코 스피커와 알렉사는 각 글로벌 문화의 세부 사항에 신중하게 적응해야 한다. 인도에서의 에코를 살펴보자.[39]

● 제품 적응: 아마존은 에코 기반의 가상 음성 비서 알렉사를 새로운 글로벌 문화에 맞게 신중히 조정한다. 인도에서 알렉사는 힌디어와 영어가 혼합된 힝글리시를 뚜렷한 인도 억양으로 구사한다.
Zapp2Photo/Shutterstock

알렉사를 인도에 소개하기에 앞서 언어학자, 음성과학자, 개발자로 이루어진 팀은 알렉사에 확실히 지역적인 변화를 가했다. 인도에서 알렉사는 힌디어와 영어가 혼합된 힝글리시(Hinglish)를 뚜렷한 인도 억양으로 구사한다. 한 기자는 이렇게 말한다. "알렉사는 독립기념일이 7월 4일이 아니라 8월 15일이라는 것을 알고 있으며, '행복한 디왈리와 새해 복 많이 받으세요!'라고 기원한다. 또한 거실을 '드로잉 룸'이라고 하며, 쇼핑 목록에 지라(쿠민), 할디(강황), 아타(밀가루)를 추가할 수 있다." 또 다른 기자는 알렉사의 많은 '기술'이 "크리켓 열성 팬을 위한 구호, 가야트리 만트라(Gayatri Mantra)

의 암송, 일일 운세, 발리우드 퀴즈, 인도 플루트 음악, 지금은 고인이 된 유명 셰프 탈랄 달랄(Tarla Dalal)의 레시피를 바탕으로 한 요리 지도까지" 광범위한 인도 관심사를 다루고 있다고 말한다.

힝글리시를 마스터하는 것이 중요하다. 많은 인도인이 영어와 힌디어를 모두 이해하지만 인도인이 말하는 것 같은 알렉사를 더 편안하게 느낀다. 아마존이 인도의 대도시를 넘어 확장함에 따라 알렉사가 힝글리시와 지역 하위문화의 미묘한 점을 이해하는 것은 특히 중요하다. 시골 인도인의 비율이 높을수록 힌디어 또는 다른 현지 언어만 사용하며, 읽고 쓰는 능력이 떨어지는 것은 더 많은 사람이 입력보다 음성 제어를 선호한다는 것을 의미한다. 아마존의 인도 지역 관리자 알렉사 스킬스(Alexa Skills)는 다음과 같이 말한다. "알렉사는 며칠 동안 인도에 머물렀다가 돌아갈 미국인 방문객이 되지는 않을 것이다. 그녀는 인도 사람이다."

제품 개발
해외시장에 맞게 새로운 제품을 만들어내는 것

제품 개발(product invention) 전략은 특정 국가의 소비자 욕구를 충족하기 위해 새로운 제품을 만들어내는 것이다. 시장이 세계화됨에 따라 가전제품, 자동차 제조업체부터 사탕, 청량음료 제조업체까지 다양한 기업은 개발도상국 저소득 소비자의 특별한 구매 욕구에 맞는 제품을 개발해왔다.

예를 들어 중국 가전제품 제조업체 하이얼은 최근 아프리카, 인도 및 신흥시장의 시골 사용자를 위한 세탁기를 개발했다. 농부가 옷뿐만 아니라 채소도 씻기 때문에 종종 진흙으로 막히는 경량 세탁기밖에 없었기 때문이다. P&G는 심각한 물 부족에 직면한 남아프리카 소비자를 위해 물이 필요 없는 워터리스 샴푸와 다른 헤어케어 제품라인을 개발했다. 또한 태양광 제조업체 디라이트솔라(d.light Solar)는 합리적인 가격의 가정용 태양광 시스템을 개발했는데, 이는 소매 전력을 사용할 수 없는 수많은 개발도상국 사람들을 위한 것이다. 디라이트솔라의 전등과 휴대용 랜턴에는 태양 말고는 다른 에너지원이 필요하지 않으며 한 번 충전하면 15시간까지 유지된다. 디라이트솔라는 이미 62개국에서 약 2,000만 개의 태양광 및 전력 제품을 판매하여 8,200만 명의 사용자를 보유하고 있다.[40]

촉진

기업은 자국 시장에서 사용하던 커뮤니케이션 전략을 동일하게 사용하거나 각각의 현지 시장에 맞게 변경할 수 있다. 광고 메시지를 생각해보자. 몇몇 글로벌 기업은 전 세계 각지에서 표준화된 광고 주제를 사용한다. 예를 들어 코카콜라는 'Taste the Feeling'을 중심으로 글로벌 광고를 통합한다. 물론 고도로 표준화된 커뮤니케이션 캠페인에서도 언어와 문화적 차이에 약간의 조정이 필요할 수 있다. 코카콜라의 'Taste the Feeling' 캠페인 광고는 전 세계적으로 비슷하지만 다양한 글로벌 시장에서 현지 소비자, 언어, 유명인, 이벤트를 특징으로 각색되어 있다.

많은 글로벌 기업은 언어 장벽을 넘는 데 어려움을 겪고 있다. 그 결과 기업은 당황스러운 경험을 하거나 심지어 철저한 실패를 맛보기도 한다. 겉보기에는 아무렇지 않은 브랜드명이나 광고 문구가 외국어로 번역되고 나면 예기치 못한 의미를 띨 수도 있다. 예를 들어 프로작(Prozac)과 아큐라(Acura) 같은 잘 알려진 브랜드를 만들어낸 인터브랜드오브런던(Interbrand of London)은 '수치의 전당' 리스트를 공개했는데, 여기에는 현지 크로거 슈퍼마켓에서 이제는 볼 수 없을 것 같은 크라프(Krapp) 두루마리 휴지(덴마크), 플로프(Plopp) 초콜릿(스칸디나비아), 크랩시프루트(Crapsy Fruit) 시리얼(프랑스), 푸(Poo) 카레 가루(아르헨티나), 프시트(Pschitt) 레모네이드(프랑스)와 같은 외국 브랜드가 포함되어 있다.

마찬가지로 광고 주제도 가끔 번역 과정에서 잘못되는 경우가 있다. 중국에서는 KFC의 슬로건 '손가락을 빨 만큼 맛있다'가 '손가락을 뜯어먹어라'로 잘못 해석되었다. 모토롤라(Motorola)의 '헬로모토(Hellomoto)' 벨소리는 인도에서 '안녕, 뚱보'로 들린다. 마케터는 이러한 실수를 하지 않기

마케팅 현장 19.2 | 아주 중요하지만 악명 높게 까다로운 중국 브랜드명의 지역화

긴 하루 일과를 마친 베이징의 일반적인 고소득층은 집으로 가서 편한 Enduring and Persevering을 입고, 펑 소리를 내면서 Tasty Fun의 캔 뚜껑을 따고, Galloping Speed에 올라타 선술집으로 가서 친구들과 Happiness Power 한 잔을 마신다. 번역이 필요한가? 이 단어들은 중국에서 각각 나이키, 코카콜라, 메르세데스, 하이네켄의 브랜드명이다.

서구인에게는 이러한 이름이 우습게 들리겠지만 세계에서 가장 크고 급성장하는 소비재 시장인 중국에서 사업을 하고 있는 브랜드로서는 그렇지 않다. 아마도 전 세계 다른 곳에서보다 중국의 브랜드명은 깊은 뜻을 담고 있을 것이다. 적절한 이름을 찾아내야 브랜드를 알릴 수 있다. 세계적인 브랜드 이미지 분석가는 "중국에서 한 기업의 가장 중요한 마케팅 결정은 이름을 지역화하는 일인 경우가 흔하다"면서 그것이 "악명 높게 까다로운 일"이라고 덧붙인다.

올바른 브랜드명, 로고, 심벌을 개발하는 것은 국내시장에서도 어려운 일이다. 그러나 중국에서는 문어와 구어의 복잡성 때문에 특히 더 어렵다. 중국의 브랜드명 개발은 글로벌 브랜딩 컨설턴트, 컴퓨터 소프트웨어, 언어 분석 및 광범위한 소비자 테스트를 포함하여 예술이라기보다는 과학이 되었다. 한 브랜드 컨설턴트는 "대부분의 명명 프로젝트에서 최종 이름은 수백 개의 후보 중에서 선택되는데, 그중에서 가장 좋은 것을 고르기 위해 세심한 가지치기가 필요하다"고 말한다.

이상적으로는 전 세계적 일관성을 유지하기 위해 중국식 이름은 원래 이름과 비슷하게 들려야 하고, 동시에 의미 있는 상징적인 단어로 브랜드의 장점을 전달해야 한다. 나이키의 중국 브랜드명 Nai ke는 이를 잘 따르고 있다. 중국어로 비슷하게 들릴 뿐 아니라 '지속과 인내'는 세계 어디서나 통용되는 나이키의 슬로건 'Just Do It'의 핵심을 잘 압축하고 있다. 비슷한 예로 P&G의 타이드는 중국에서 Taizi이며 '더러운 것으로부터 벗어나다'라는 뜻을 지니고 있는데, 이는 때가 잘 빠지는 세제에 완벽한 이름이다. 코카콜라의 중국식 이름 Ke kou ke le는 1928년에 만들어졌다. 이는 원래의 이름과 비슷하게 들릴 뿐만 아니라 '입에 담긴 행복'이라는 뜻으로서 코카콜라의 현재 포지셔닝인 'Taste the Feeling'과도 잘 맞는다. 브랜드의 핵심을 전달하면서도 중국인의 귀에 잘 들리는 또 다른 예로는 레이(Lay)의 과자 Le shi(행복을 전해주는 것), 리복의 Rui bu(빠른 걸음), 콜게이트의 Gau lu jie(탁월한 세정력을 드러내다) 등이 있다.

서양 기업이 중국어로는 의미가 없어도 원래의 이름과 비슷한 브랜드명을 만들던 시절도 있었다. 예를 들어 캐딜락은 명품 브랜드에 위상을 안겨준 무의미한 소리의 집합인 Ka di la ke를 사용했다. 하지만 의미가 없는 이름은 종종 중국인의 상상력을 불러일으키지 못한다. 더 나쁜 것은 음성 이름이 의도하지 않은 의미를 띨 수도 있다는 것이다. 예를 들어 코카콜라가 상징적인 음료를 중국에 처음 가져갔을 때는 Ko kä kö la라는 이름으로 불렸다. 코카콜라처럼 들리지만 대략 중국어로 '밀랍 올챙이를 물다'로 번역된다.

일부 브랜드명은 자연스럽게 번역된다. 예를 들어 가르니에가 중국에서 클리어 샴푸를 출시했을 때는 운이 좋았다. 'clear'를 나타내는 중국어 단어인 Qing은 많은 브랜드명에서 사용되는 흔치 않게 긍정적인 연관성을 가진 몇 안 되는 중국어 단어 중 하나이다. 가르니에는 '날다' 또는 '바람에 흩어지는'을 의미하는 yang을 추가했다. 가르니에의 브랜드 컨설팅 책임자에 따르면 Qing Yang이라는 브랜드명은 브랜드가 의도한 대로 '매우 가볍고, 건강하고, 행복한, 공기 중의 머리카락을 생각해보라'는 의미를 담고 있다. 브랜드명에서 흔히 볼 수 있는 보편적으로 긍정적인 중국어 단어로는 le와 xi(행복), li(힘), ma(말), fu(행운) 등이 있다. 기아자동차는 중국에서 Qian li ma(천리마)라는 모델을 시판하여 심상치 않은 강세를 보이고 있다.

중국의 브랜드명은 서구적 시각으로는 짐작할 수 없는 숨은 뜻을 전달할 수 있다. 예를 들어 'Dashing Speed(근사한 속도)'는 메르세데스와 같이 상류층을 위한 자동차 브랜드에 적절해 보인다. BMW의 이름인 'Bao Ma(귀중한 말)'도 마찬가지이다. 그러나 중국에서는 '귀중한'이 여성적인 함의를 담고 있고 '근사한 속도'는 좀 더 남성적이다. 이는 중국의 상류층 중에서도 각기 다른 성별을 겨냥하는 두 회사의 의도와 잘 맞는다. 예를 들어 BMW는 부유한 중국 여성들 사이에서 자동차 시장을 선도하고 있다.

많은 글로벌 브랜드명은 신중하게 재고할 필요가 있다. 예를 들어 마이크로소프트는 중국에서 검색엔진 빙(Bing)을 도입한 것을 재고해야 했다. 'bing'이라고 발음되는 문자의 가장 일반적인 번역은 디지털 제품과의 좋은 연관성이 아니라 결함이나 바이러스와 같은 단어이기 때문이다. 마이크로소프트는 중국에서의 브랜드명을 Bi ying으로 바꾸었는데, 이것은 중국에서 '매우 확실한 결과'를 의미한다. 그럼에도 불구하고 이 브랜드는 원래 이름과의 유사성을 떨쳐내는 데 어려움을 겪고 있다.

중국에서 브랜딩은 만다린 문자와 브랜드의 마크 또는 로고의 시각적 연관성을 포함할 때 더욱 복잡해진다. 트립어드바이저와 친숙한 올빼미 로고를 예로 들 수 있다. 트립어드바이저의 중국 브랜드명은 중국 시장에 진출할 때 핵심을 사로잡을 것으로 생각되는 dào dào(arrive arrive)였다. 하지만 중국인 여행객은 이 브랜드의 핵심적인 가치와 연결하지 못했다. 그래서 트립어드바이저는 중국 브랜드명을 수정하기 위해 브랜딩 대행업체에 의뢰했다. 철저한 개발 후에 연구 팀은 문자 그대로 '고양이머리독수리'를 의미하지만 일반적으로 '올빼미'로 번역되는 māo tóu yīng을 생각해냈다. 브랜드명을 더 재미있게 만들고 트립어드바이저의 브랜드 속성에 더 잘 맞추기 위해 '머리(tóu)'를 '여

코카콜라의 중국식 이름 Ke kou ke le는 원래의 이름과 비슷하게 들릴 뿐만 아니라 '입에 담긴 행복'이라는 뜻으로서 코카콜라의 현재 포지셔닝인 'Taste the Feeling'과도 잘 맞는다.
Sumeth Anu/Shutterstock

행(tú)'을 의미하는 문자로 대체하여 문자 집합을 변경했다. 두 가지 캐릭터 모두 매우 긴밀한 발음을 공유하며, 새로운 이름은 트립어드바이저의 상징적인 부엉이 로고의 시각적 아이덴티티와 이 브랜드의 여행 계획 관련성이 모두 담겨 있다.

많은 외국 브랜드가 번잡한 중국 시장에 진출한 지금, 현지 브랜드로 붐비는 상황에서 적절한 브랜드명을 선택하는 것은 매우 중요하다. 만약 중국 소비자가 브랜드명을 발음할 수 없거나 브랜드명이 무엇을 의미하는지 모른다면 그것을 구매하거나 직접 또는 소셜미디어에서 다른 사람들과 이야기할 가능성이 훨씬 적다. 기업은 일부 작업을 통해 구매자를 끌어들일 수 있는 이름을 생각할 수 있다. 중국에서는 서브웨이가 아니라 Sai bai wei(100가지 맛보다 더 나은)이다. 세계 어느 곳에서든 브랜딩은 브랜드와 소비자에게 제공하는 가치 사이에 의미 있고 긍정적인 연관성을 만들어내는 문제이다. 이는 특히 중국에서 중요하지만 악명 높을 만큼 까다롭기도 하다.[41]

위해 브랜드명과 메시지를 특정 글로벌 시장에서 현지화할 때 매우 주의를 기울여야 한다. 중국과 같이 문화가 다른 나라에서는 적절한 이름을 찾아내야 브랜드를 알릴 수 있다(마케팅 현장 19.2 참조).

커뮤니케이션 적응
광고 메시지를 현지 시장에 완전히 적응시키는 글로벌 커뮤니케이션 전략

기업은 광고를 전 세계적으로 표준화하기보다 광고 메시지를 현지 시장에 적응시키는 **커뮤니케이션 적응**(communication adaption) 전략을 수행한다. 예를 들어 미국과 대부분 서구 국가의 부모는 놀이를 어린이의 발달과 창의력에 유익하다고 생각한다. 하지만 중국 부모는 놀이를 학습과 발전에 기여하지 않고 학교 공부를 방해하는 것으로 생각하여 부정적으로 보는 경향이 있다. 중국 인구는 미국 인구의 거의 5배에 달하지만 중국 부모는 미국 부모가 장난감을 사는 데 쓰는 비용의 절반도 소비하지 않는다.

이러한 도전 과제를 해결하기 위해 미국 장난감 제조업체는 중국 커뮤니케이션 캠페인을 조정하여 놀이가 어린이의 지식, 기술, 창의력을 향상하여 삶에서 성공하는 데 어떻게 도움이 되는지를 강조한다. ● 예를 들어 '당신은 무엇이든 될 수 있다(You can be anything)'라는 브랜드 주제를 바탕으로 한 마텔 바비의 아시아 동영상은 바비 인형과 함께 노는 방법을 보여줌으로써 놀이가 시간 낭비라는 중국의 고정관념에 맞서고 있다. 이 캠페인에서는 더 자신감 있고 창의적이며 감성적이고 지능적인 소녀들을 보여준다. 동영상은 750만 회의 조회 수를 기록했다. 마찬가지로 레고는 아들에게 수학을 가르치기 위해 레고 브릭을 활용하는 실리콘밸리 엔지니어인 아버지를 보여주는 위챗(WeChat) 게시물을 공유했다. 크레욜라의 캠페인은 어린이들이 '예술뿐만 아니라 아이디어, 제품, 과학적 진보를 창조하는' 방법을 보여주는 가상 어린이 미술관을 선보였다. 또한 마텔 캠페인은 핫휠스(Hot Wheels)가 어린이들에게 물리학을 가르치는 방법을 보여줌으로써 놀이의 가치를 재구성했다.[42]

● 커뮤니케이션 적응: 놀이에 대한 중국의 부정적인 고정관념에 맞서기 위해 마텔은 바비 인형을 가지고 노는 소녀들의 더 자신감 있고 창의적이며 감성적이고 지능적인 모습을 보여주는 캠페인을 만들었다.
Eugene Hoshiko/AP Photo

미디어 가용성과 규정이 나라마다 다르기 때문에 미디어 역시 국제적으로 조정해야 한다. 미국에서는 TV 광고에 대한 규제가 거의 없지만 유럽에서는 TV 광고 시간이 매우 제한적이다. 예를 들어 프랑스는 소매업체의 TV 광고를 금지하며, 스웨덴은 어린이를 대상으로 한 TV 광고를 금지한다. 휴대전화 광고는 미국보다 유럽과 아시아에서 훨씬 더 널리 사용되고 있다. 영국에서는 신문이 전국적이고, 스페인에는 지역 신문만 있으며, 독일에서는 신문이 주요 광고 매체이다. 인도에는 거의 300개의 신문이 있지만 종이가 부족하여 광고를 하려면 6개월 전에 미리 예약을 해야 한다.[43]

가격

기업은 국제 가격을 책정할 때 많은 문제에 직면한다. 예를 들어 마키타(Makita)는 공구 가격을 전 세계적으로 어떻게 책정할까? 세계 각지에서 동일한 가격을 매길 수 있지만, 그럴 경우 후진국에서는 너무 높은 가격이고 선진국에서는 너무 낮은 가격일 것이다. 반대로 나라별로 소비자가 부담할 수 있는 가격을 책정할 수도 있다. 그러나 이 전략은 각국의 실제 원가 차이를 무시한 것이다. 마지막으로 모든 나라에서 자사의 비용에 표준 이윤폭을 적용할 수도 있다. 그러나 이 방법 역시 생산 원가가 높은 몇몇 나라에서는 지나치게 높은 가격이 책정될지도 모른다.

기업이 제품 가격을 어떤 식으로 책정하든 아마도 해외 가격이 국내 가격보다 높을 것이다. 미국에서 799달러에 판매되는 11인치 아이패드가 영국에서는 995달러이다. 왜 그럴까? 애플은 **가격의 급상승화**(price escalation) 문제에 직면해 있다. 해외에서 판매하는 경우 제품의 공장도가격에 운송비, 관세, 수입상 마진, 도매상 마진, 소매상 마진이 추가되므로 국내와 같은 이익을 내려면 2~5배 높은 가격으로 판매해야 한다.

● 국제 가격 책정: 삼성은 신흥경제 국가에서 저가형 경쟁업체와 경쟁하기 위해 갤럭시의 이름과 스타일은 갖추었지만 고급 기능이 거의 탑재되지 않은 저가형 갤럭시J 라인을 개발했다.
rawpixel/123RF

신흥시장에서 저소득 소비자를 대상으로 판매하면서 이 문제를 극복하기 위해 많은 기업은 자사 제품을 저가에 판매할 수 있는 더 단순하거나 작은 버전을 만들어낸다. ● 예를 들어 삼성은 인도네시아, 인도, 파키스탄 및 기타 신흥경제 국가의 저가형 경쟁업체와 경쟁하기 위해 저가형 갤럭시J 라인을 개발했다. 150달러 미만의 J 모델은 갤럭시의 이름과 스타일을 갖추었지만 고급 기능이 거의 탑재되지 않았다. 또는 기업은 제품을 현지에서 제조함으로써 가격을 낮출 수 있다. 예를 들어 모토롤라와 샤오미는 인도에서 생산하는 휴대전화를 인도 시장에 제공한다. 현지에서 휴대전화를 생산하면 높은 수입관세를 피할 수 있고, 더 낮은 가격을 책정하여 고객에게 더 낮은 제조 비용을 지울 수 있다. 현재 인도에서 판매되는 스마트폰 2대 중 1대는 모토롤라나 샤오미이다.[44]

최근 세계적 가격 책정에까지 경제적·기술적 영향력이 미치고 있다. 예를 들어 인터넷은 나라 간의 가격 차이를 확연히 보여준다. 기업이 인터넷을 통해 제품을 판매하는 경우 고객은 다른 나라에서 얼마에 판매되는지 확인할 수 있다. 심지어 고객은 가장 낮은 가격을 제공하는 기업이나 판매상에게서 직접 제품을 구매할 수 있기 때문에 기업은 더 표준화된 국제 가격을 책정할 수밖에 없다.

유통경로

전체 경로 관점
효과적인 글로벌 가치전달 네트워크를 구축하고 전체적인 글로벌 공급망과 마케팅 경로를 고려하여 국제적 경로를 설계하는 것

국제적인 기업은 최종 소비자에게 제품을 유통하는 문제에서 **전체 경로 관점**(whole-channel view)을 가져야 한다. ● 그림 19.4는 판매자와 최종 소비자 사이에 2개의 주요 경로 단계가 존재한다는 것을 보여준다. 첫 번째 경로 단계는 국가 간 경로(channels between nations)로, 이 경로에서 기업은 생산 지점에서 제품을 판매할 국가의 국경까지 제품을 옮긴다. 두 번째 경로 단계는 국가 내 경로(channels within nations)로, 이는 시장 진입 단계에서 최종 소비자에게 제품을 전달하는 과정이다. 전체 경로 관점은 전체적인 글로벌 공급망과 마케팅 경로를 고려한다. 국제적으로 잘 경쟁하기 위해 기업은 반드시 전체적인 글로벌 가치전달 네트워크를 설계하고 관리해야 한다.

일부 시장에서는 유통 시스템이 복잡하고 경쟁적이며 침투하기 어렵다. 예를 들어 많은 서구 기

유통경로는 전 세계적으로 크게 다를 수 있다. 예를 들어 미국에서 코카콜라는 정교한 소매 경로를 통해 제품을 유통하지만 저개발 국가에서는 손수레와 당나귀 등 모든 것을 사용하여 제품을 배달한다.

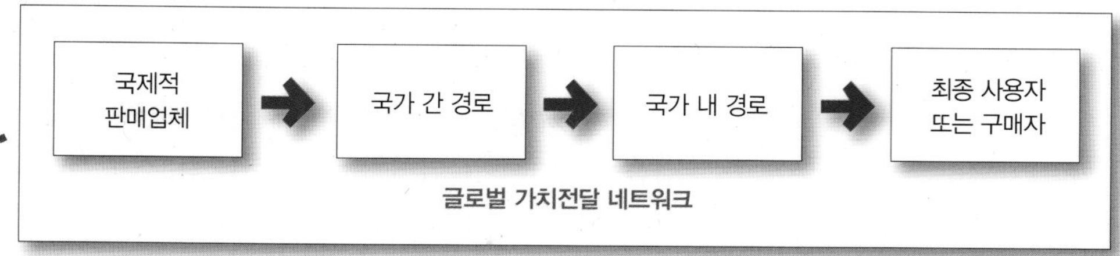

● 그림 19.4

글로벌 마케팅의 전체 경로 개념

업은 인도의 유통 시스템을 탐색하고 진출하는 것을 어려워한다. 대형 할인점, 백화점, 슈퍼마켓 소매업체가 거대한 인도 시장에서 차지하는 비중은 여전히 미미하다. 인도에서는 대부분의 쇼핑이 키라나(kirana)라고 불리는 작은 동네 상점에서 이루어지는데, 이는 주인이 운영하고 개인 서비스와 신용을 제공하기 때문에 인기가 있다. 또한 서구의 대형 소매업체는 인도의 복잡한 정부 규정과 열악한 인프라를 처리하는 데 어려움을 겪고 있다.

개발도상국의 유통 시스템은 분산되어 있거나, 비효율적이거나, 완전히 부족한 경우도 있다. 예를 들어 중국의 시골 시장은 매우 분산되어 있는데, 각각 고유한 하위문화를 가진 많은 개별 하위시장으로 구성됨으로써 고도로 분산되어 있다. 그리고 불충분한 유통 시스템 때문에 대부분의 기업은 부유한 도시에 사는 중국 인구의 극히 일부에만 수익성 있게 접근할 수 있다. 중국의 유통 시스템은 너무 단편화되어 있어 제품 포장, 묶음, 적재, 하역, 분류, 재적재, 운송에 드는 물류 비용이 다른 나라보다 훨씬 높으며, 그 비율이 중국 GDP의 거의 15%에 달한다(비교하자면 미국의 물류 비용은 미국 GDP의 약 7.5%를 차지한다).[45]

● 맥딜리버리: 혼잡한 도로와 높은 부동산 비용 때문에 드라이브 스루가 불가능한 아시아와 아프리카의 대도시에서는 수많은 맥도날드 오토바이 배달 기사가 전화 주문한 고객에게 빅맥과 감자튀김을 가져다준다.
Sorbis/Shutterstock

때로는 현지 상황이 글로벌 시장에서 제품을 유통하는 방법에 큰 영향을 미치기도 한다. 예를 들어 고객이 슈퍼마켓에 접근할 수 없는 브라질의 저소득 지역에서 네슬레는 냉장 카트를 가지고 집집마다 다니면서 제품을 판매하는 자영업 판매원이 유통을 보완한다. ● 또한 혼잡한 도로와 높은 부동산 비용 때문에 드라이브 스루가 불가능한 아시아와 아프리카의 대도시에서 맥도날드와 KFC 같은 패스트푸드점은 배달 서비스를 제공한다. 화려한 유니폼을 입은 수많은 오토바이 배달 기사가 전화로 주문한 고객에게 빅맥과 치킨을 가져다준다. 맥도날드는 작년에 전 세계적으로 10억 달러 이상의 배달 매출을 올렸다.[46]

따라서 국제 마케터는 다양한 경로 대안에 직면해 있다. 다양한 국가 시장 간에 효율적이고 효과적인 경로 시스템을 설계하는 것은 어려운 과제이다.

저자 **코멘트** | 이제 많은 대기업은 '본국'에 관계없이 자사를 진정한 글로벌 조직으로 생각한다. 이들은 전 세계를 하나의 국경 없는 시장으로 본다. 예를 들어 보잉은 시카고에 본사를 두고 있지만 아메리칸항공과 다름없이 루프트한자나 중국국제항공공사에 비행기를 편안하게 판매하고 있다.

글로벌 마케팅 조직의 구성

학습목표 19-4 글로벌 마케팅 조직의 세 가지 유형을 파악한다.

기업이 글로벌 마케팅 활동을 관리하는 방법에는 최소 세 가지가 있다. 대부분의 기업이 처음에는 수출 부서를 두고, 그 후 국제사업부를 설립하며, 결국에는 글로벌 조직 형태가 된다.

기업은 일반적으로 제품을 선적하는 단순한 활동으로 글로벌 마케팅을 시작한다. 해외 매출이 증가하면 기업은 판매 관리자와 몇 명의 사원으로 구성된 **수출 부서**를 조직한다. 매출액이 증가함에 따라 해외 사업을 적극적으로 추진하게 되고, 수출 부서는 다양한 마케팅 서비스를 제공할 수 있도록 그 규모를 확장한다. 만약 기업이 합작투자나 직접투자 단계에 이르게 되면 이제 수출 부서만으로는 해외 마케팅 활동이 어려워진다.

그리고 기업은 수많은 해외시장을 대상으로 다양한 진출 방식을 추구하게 된다. 즉 어떤 나라에는 수출을 하고, 다른 나라에는 라이선싱을 하고, 또 다른 나라에서는 합작투자를 하거나 해외에 자회사를 소유하는 직접투자를 할 수도 있다. 이렇게 되면 기업은 모든 국제 활동을 담당하는 **국제사업부**나 자회사를 설립한다.

국제사업부는 다양한 형태를 띤다. 국제사업부의 직원은 마케팅, 제조, 리서치, 재무, 기획, 인사 전문가로 구성된다. 이들은 여러 영업 단위별 계획을 수립하고 서비스를 제공하는데, 영업 단위는 세 가지 방법으로 조직된다. 첫째, **지역별 조직**의 경우 국가 관리자가 자신이 담당한 각국에 있는 판매원, 판매지사, 유통업자, 라이선스 수여기업을 관리한다. 둘째, **제품별 국제 조직**은 자신이 맡은 다양한 제품군의 전 세계 판매를 관리한다. 셋째, **국제 자회사**는 자신의 판매와 수익을 관리한다.

많은 기업은 국제사업부 단계를 넘어서 완전한 **글로벌 조직**이 된다. 예를 들어 로레알은 프랑스에서 탄생했음에도 명확하게 정의된 국내시장을 가지고 있지 않다. 본사 직원도 없다. 대신 로레알은 여러 문화권의 배경을 가진 관리자를 중심으로 글로벌 브랜드 팀을 구축하는 것으로 유명하다. 전 세계의 로레알 관리자는 브랜드에 대한 다양한 문화적 관점을 가지고 있다.

글로벌 조직은 스스로를 해외에 제품을 판매하는 국내 기업으로서가 아니라 범세계적인 기업으로 생각한다. 본사의 최고경영자와 직원은 제조 설비, 마케팅 정책, 자금 흐름, 물류 시스템을 세계적 관점에서 계획한다. 세계 도처에 있는 영업 단위는 국제사업부의 책임자를 거치지 않고 직접 최고경영자 또는 이사회에 보고한다. 경영자의 교육 훈련은 국내적 또는 국제적으로 실시되는 것이 아니라 세계 도처의 영업 단위에서 실시된다. 글로벌 기업의 관리자는 여러 국가에서 고용되고, 최소한의 비용으로 부품을 조달하며, 제품을 공급하고, 예상되는 수익이 가장 높은 시장에 투자한다.

오늘날 경쟁에서 살아남고자 하는 기업은 보다 더 글로벌화되어야 한다. 외국 기업이 국내시장에 성공적으로 진입함에 따라 기업은 더욱 적극적으로 해외시장에 진출해야 한다. 기업은 국제적인 사업을 부차적으로 보는 태도를 버리고 세계를 국경 없는 단일 시장으로 보는 시각을 가져야 할 것이다.

학습목표별 요약

오늘날 기업은 국내시장의 규모가 어떻든 국내시장에만 머무를 수 없다. 많은 산업이 글로벌화됨에 따라 전 세계적으로 경영 활동을 하는 기업은 비용 절감과 높은 브랜드 인지도를 달성하고 있다. 이와 동시에 글로벌 마케팅은 변동이 심한 환율, 불안정한 정부, 관세, 무역 장벽, 기타 여러 가지 요인으로 인해 위험에 처할 수 있다. 기업이 글로벌 마케팅 활동을 하는 데에는 많은 기회와 함께 위험이 따르므로 글로벌 마케팅 의사결정을 위해서는 체계적인 방법이 필요하다.

학습목표 19-1 국제무역 시스템과 경제적, 정치적·법률적, 문화적 환경이 기업의 글로벌 마케팅 의사결정에 어떤 영향을 미치는지 이해한다.

기업은 글로벌 마케팅 환경을 철저히 이해해야 한다. 우선 국제무역 시스템, 각국 시장의 경제적, 정치적·법률적, 문화적 특성에 대한 철저한 이해가 선행되어야 한다. 이를 통해 기업은 해외시장 진출 여부를 결정한 다음 원하는 해외 매출의 크기, 얼마나 많은 국가에 진출할지, 어떤 시장에 진출할지를 결정한다. 이러한 의사결정을 할 때 기업은 해외 진출 시 직면할 수 있는 위험도에 비해 장기적으로 가장 큰 투자 수익률을 가져다줄 시장을 선택해야 한다.

학습목표 19-2 해외시장에 진입하는 세 가지 방법을 알아본다.

기업은 진출하기로 결정한 해외시장에 어떻게 진입할 것인지를 결정해야 한다. 진입 방법에는 수출, 합작투자, 직접투자가 있다. 많은 기업은 수출로 시작하여 합작투자로 전환하며 최종적으로 해외시장에 직접투자를 한다. 수출은 글로벌 마케팅 중개상(간접수출) 또는 자사의 국내 수출 부서나 해외 판매 지점(직접수출)을 통해 제품을 해외에 판매하는 것이다. 합작투자는 외국 기업과 협력하여 제품 또는 서비스를 생산하거나 판매하는 것을 말한다. 합작투자의 유형 중 하나인 라이선싱은 기업이 해외시장에 있는 기업과 계약을 맺는 형태로, 공여기업이 자사의 제조공정, 등록상표, 특허권, 거래 비밀 또는 기타 가치 있는 자산에 대한 사용권을 수여기업에 제공하고 그 대가로 로열티를 받는다.

학습목표 19-3 기업이 해외시장에서 마케팅 전략과 마케팅 믹스를 어떻게 적용하는지 이해한다.

기업은 자사의 마케팅 전략과 제품, 촉진, 가격, 마케팅 경로를 해외 현지 상황에 어느 정도 적응시킬지 결정해야 한다. 극단적인 방법은 글로벌 기업이 전 세계적으로 표준화된 글로벌 마케팅 전략을 사용하는 것이다. 또 다른 극단적인 방법은 마케팅 전략과 마케팅믹스 요소를 각 목표시장에 맞추는 현지화된 마케팅믹스 전략으로, 이는 비용이 많이 들지만 시장 점유율과 수익이 증가한다. 그러나 글로벌 표준화가 전부 아니면 전무라는 식은 아니다. 이것은 정도의 문제이다. 대부분의 국제 마케터는 기업이 '생각은 세계적으로, 행동은 지역적으로' 해야 한다고 제안한다. 즉 국제적으로 표준화된 전략과 지역에 적응한 마케팅믹스 전술 사이에서 균형을 찾아야 한다는 말이다.

학습목표 19-4 글로벌 마케팅 조직의 세 가지 유형을 파악한다.

기업은 효율적인 글로벌 마케팅 조직을 구성해야 한다. 대부분의 기업은 처음에 수출 부서를 두었다가 나중에 국제사업부를 설립한다. 일부 기업은 국제사업부 단계를 넘어 기업의 최고 관리자들이 범세계적으로 마케팅을 계획하고 관리하는 글로벌 조직이 되는데, 이러한 글로벌 조직은 세계를 국경이 없는 단일 시장으로 본다.

핵심용어

학습목표 19-1

글로벌 기업 global firm
경제 공동체 economic community

학습목표 19-2

수출 exporting
합작투자 joint venturing
라이선싱 licensing
계약생산 contract manufacturing
관리계약 management contracting
공동소유 joint ownership
직접투자 direct investment

학습목표 19-3

표준화된 글로벌 마케팅 standardized global marketing
현지화된 글로벌 마케팅 adapted global marketing
단순 제품 확장 straight product extension
제품 적응 product adaptation
제품 개발 product invention
커뮤니케이션 적응 communication adaptation
전체 경로 관점 whole-channel view

토의문제

1. 세계무역기구(WTO)에 대해 간략히 설명하라. 세계 무역에서 세계무역기구가 하는 역할은 무엇인가?
2. 해외시장 진출 시 국제 마케터가 고려해야 하는 환경 요인은 무엇인가?
3. 새로운 글로벌 시장에 진입하려는 기업에 라이선스가 어떻게 작용하는지 설명하라. 라이선스는 다른 유형의 합작투자와 어떻게 다른가?
4. 해외시장에서 기업은 언제 표준화된 마케팅 전략 또는 현지화된 마케팅 전략을 사용해야 하는가?
5. 국제 사업이 신흥시장에서 입지를 다질 때 직면하는 주요 어려움을 간략히 설명하라.
6. 유니레버는 선실크 헤어케어 제품에 대해 표준화된 국제 가격을 사용해야 하는가? 그렇게 생각하는 이유는 무엇인가?

20 지속가능한 마케팅

사회적 책임과 윤리

학습목표 20-1 지속가능한 마케팅을 정의하고 그 중요성을 이해한다.
지속가능한 마케팅

학습목표 20-2 마케팅에 관한 주요 사회적 비판을 확인한다.
마케팅에 대한 사회적 비판

학습목표 20-3 소비자보호주의와 환경보호주의를 정의하고 어떻게 마케팅 전략에 영향을 미치는지 이해한다.
지속가능한 마케팅을 촉진하는 소비자 행동

학습목표 20-4 지속가능한 마케팅의 원리를 알아본다.
지속가능한 마케팅을 향한 기업 행동

학습목표 20-5 마케팅에서 윤리의 역할을 알아본다.
마케팅 윤리와 지속가능한 기업

개관 마지막 장에서는 사회적·환경적으로 책임 있는 마케팅 행동을 통해 소비자, 기업, 사회의 (현재와 미래) 요구를 만족시키는 지속가능한 마케팅 개념을 살펴본다. 지속가능한 마케팅의 개념을 먼저 정의한 다음 마케팅에 대한 몇 가지 공통적인 비판을 살펴볼 것이다. 이는 개인 소비자와 지속가능한 마케팅을 옹호하는 공적 행동에 영향을 미친다. 끝으로 개인 소비자뿐만 아니라 사회 전체를 위한 가치를 실현하고자 지속가능한 마케팅 행위를 적극적으로 지향하는 기업이 이러한 활동을 통해 어떤 실질적 이익을 얻을 수 있는지를 살펴볼 것이다. 지속가능한 마케팅이 단순히 옳은 일임을 넘어서 기업에 이익이 되는 일임을 알 수 있을 것이다.

먼저 지속가능한 마케팅의 실천 사례로 세계에서 세 번째로 큰 소비재 기업인 유니레버를 살펴보자. 지난 20년간 다우존스는 유니레버를 식음료 업계의 지속가능성 리더로 선정했다. 약 10년 전에 유니레버는 규모를 2배로 늘리면서 동시에 환경에 대한 영향을 줄이고 자사의 활동으로 생기는 사회적 이익을 증대하는 야심 찬 목표인 10년 지속가능한 삶 계획을 시작했다.

유니레버: 매일 더 나은 미래 만들기

폴 폴먼(Paul Polman)이 10년 전 유니레버의 CEO로 취임할 당시 식품, 가정용품, 개인 위생용품 제조업체인 유니레버는 잠자는 거인이었다. 도브, 액스(Axe), 녹스제마(Noxzema), 선실크(Sunsilk), 오모(OMO), 헬먼스(Hellmann's), 노르(Knorr), 립턴(Lipton), 벤앤제리스와 같은 인기 있는 브랜드를 총망라한 안정성에도 불구하고 유니레버는 10여 년 동안 판매와 수익 감소를 경험했으며, 다시 새로워진 에너지와 목표가 필요했다. 폴먼은 "세상을 원래 상태로 되돌려놓으려면 왜 우리가 여기에 있는지를 알아야 한다"고 말했다.

폴먼은 '왜 여기에 있는지'라는 질문에 대답하고 활력 넘치는 사명감을 찾기 위해 매출 신장, 수익성, 주주의 가치 실현이라는 기업의 평범한 목표를 뛰어넘어야 하며, 기업의 성장은 사회적·환경적으로 광범위한 임무를 수행한 결과라고 주장했다. 또한 그는 이렇게 덧붙였다. "유니레버는 소비자를 위해 존재하는 것이지 주주를 위해 존재하는 것이 아니다. 우리가 고객의 욕구와 우리가 활동하는 환경의 추세에 맞춘다면, 그리고 우리가 사회에 미치는 영향에 대해 책임을 다한다면 주주 또한 보상을 받게 될 것이다."

지속가능성 영향에 대해 평가하고 노력을 들이는 것은 유니레버에게 새로운 일이 아니다. 폴먼에 앞서 유니레버는 자사 제품과 운영의 영향을 관리하기 위해 이미 다양한 프로그램을 진행하고 있었다. 그러나 기존 프로그램과 결과가 좋았어도 그것만으로는 부족했다. 2010년에 유니레버는 지속가능한 삶 계획을 발표했는데, 이는 자본주의를 다음 단계로 발전시키는 공격적인 장기 계획이다. 이 계획 아래 유니레버는 '지속가능한 삶을 기업이 행하는 모든 일의 핵심으로 삼고 모두가 지구 자연의 한계 내에서 잘 살 수 있는 세상을 만드는 것을 돕기' 시작했다. 폴먼에 따르면 유니레버가 오랫동안 상업적으로 성공하느냐는 사회와 환경에 영향을 미치는 기업 활동을 얼마나 잘 관리하느냐에 달려 있다.

지속가능한 삶 계획은 세 가지 중요한 사회적·환경적 목표를 설정했다. ① 건강과 삶의 질 개선을 위해 10억 명 이상의 자구책 찾기 지원하기, ② 제품 제조와 사용에서 환경 발자국 절반으로 줄이기, ③ 사업이 성장한 만큼 수백만 명의 생계 향상하기. 지속가능한 삶 계획은 유니레버가 이미 해왔던 모든 작업에 함께 참여하고, 야심 찬 새로운 지속가능성 목표를 세우는 것이다. 이러한 목표는 기업이 원료를 구하는 방법부터 고객이 제품을 사용하고 폐기하는 방법에 이르기까지 전체적인 가치사슬을 포괄한다. "목표는 우리의 기업 활동을 좀 더 지속가능하도록 만들고, 고객과 공급업체 등도 같이 실천하도록 독려하는 것"이라고 유니레버는 설명한다.

'상위 흐름 공급 측면'에서 유니레버 원료의 반 이상은 농산물이며, 자사의 사회적·환경적 영향에 대한 높은 기대치에 부합하는 지속가능한 농업 활동을 개발하도록 원료 공급자를 돕는다. 또한 두 가지 기준으로 원료 공급자를 평가하는데, 첫 번째는 유니레버 공급자 규정(Unilever Supplier Code)이다. 이것은 인권, 노동 행위, 제품 안전, 환경보호를 고려한 사회적 책임 실천을 요구한다. 두 번째는 특히 농산물 원료 공급자를 위한 유니레버 지속가능한 농업 규정(Unilever Sustainable Agriculture Code)인데, 여기에는 유니레버의 지속가능한 농업 활동에 대한 요구 조건이 상세히 설명되어 있다. 따라서 유니레버와 원료 공급업체는 지속가능성 여정에 함께 전념할 수 있다.

그러나 유니레버의 지속가능한 삶 계획은 단순히 공급과 분배 사슬에 대해 더 많은 사회적 책임을 지는 것 이상이다. 유니레버 제품의 경우 전체 온실가스 발자국의 약 68%, 물 발자국의 약 50%가 구매 후 고객의 제품 사용 과정에서 발생한다. 그러므로 제품 사용 과정에서의 사회적·환경적 영향 문제를 개선하기 위해 고객과도 협력한다. 전 세계 190여 개 시장에서 약 25억 명이 특정일에 400여 개가 넘는 유니레버 브랜드 중 하나를 사용한다. 유니레버는 일상에서 고객의 작은 실천이 큰 차이를 낳을 수 있다는 것을 다음 식으로 요약해서 보여준다. '유니레버 브랜드 × 매일의 작은 실천 × 수십억 명의 고객 = 큰 차이'

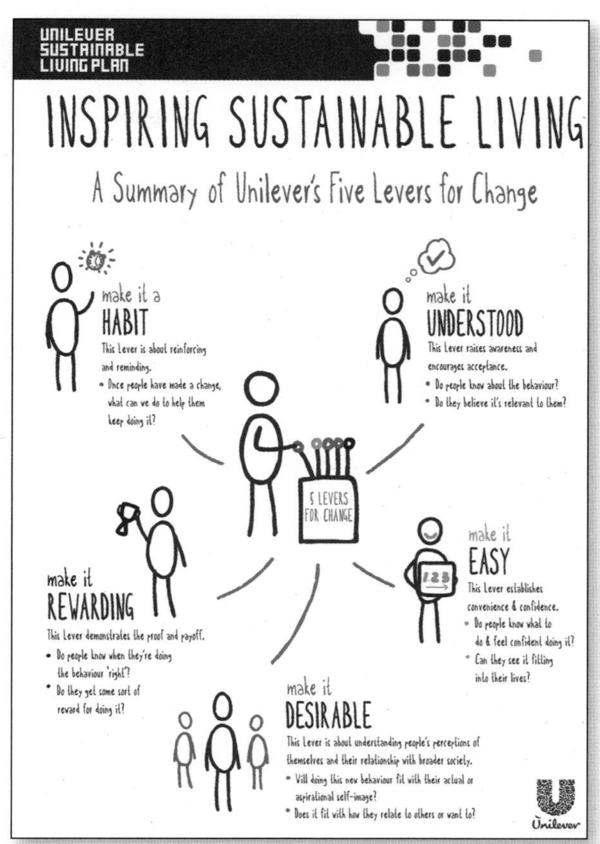

유니레버는 지속가능한 삶 계획에 따라 자사 제품의 사회적·환경적 영향을 개선하기 위해 전 세계 수십억 명의 고객과 협력하고 있다. '작은 행동으로 큰 차이를 만든다.'

예를 들어 전 세계 가구의 3분의 1이 매년 약 1,250억 번 빨래를 하면서 유니레버 세탁 제품을 사용한다. 그러므로 지속가능한 삶 계획에 따라 유니레버는 보다 친환경적인 세탁 제품을 개발하고, 고객이 세탁 습관을 개선하도록 동기부여를 하는 것이다.

전 세계적으로 유니레버는 고객이 저온에서 정확한 세제 정량을 사용하여 세탁하도록 권장하고 있다. 오모와 퍼실 스몰앤드마이티(Persil Small & Mighty) 같은 유니레버 제품은 운송 과정에서의 오염을 줄이고, 가격도 낮추기 위해 포장을 줄였다. 더 중요한 것은 고객이 저온에서 효율적으로 세탁을 하고 에너지 사용량을 줄이는 것이다. 유니레버의 또 다른 제품인 컴포트원린스(Comfort One Rinse) 섬유유연제는 물 공급이 부족한 개발도상국 시장이나 신흥경제국 시장을 위한 손세탁 의류용으로 개발되었다. 이러한 혁신적인 제품은 양동이 3개가 아닌 1개 정도의 물만 필요한데, 이로써 한 번 세탁에 들어가는 소비자의 시간과 노력, 30리터의 물을 아낄

> 지속가능한 삶 계획 아래 유니레버는 '전 세계 사람들의 매일 더 나은 미래를 만들기' 위해 나선다. 유니레버가 오랫동안 상업적으로 성공하느냐는 사회와 환경에 영향을 미치는 기업 활동을 얼마나 잘 관리하느냐에 달려 있다.

수 있다.

이러한 에너지와 물 절약은 유니레버의 손익계산서상에는 나타나지 않지만 사람들과 지구에는 매우 중요하다. 마찬가지로 제품 영양과 고객 식습관의 작은 변화는 건강에 놀라울 정도로 큰 영향을 미칠 수 있다. 유니레버는 "궁극적으로 전 세계 모든 사람에게 매일 작은 실천을 하도록 영감을 주고, 그것이 세상에 큰 변화를 가져다줄 수 있다면 우리는 성공한 것"이라고 설명한다. 이러한 목표를 달성하기 위해 유니레버는 '변화를 위한 다섯 가지 수단(Five Levers for Change)'을 규정했는데, 이는 마케터가 사람들에게 구체적인 지속가능한 행동에 적응하도록 영감을 주는 것이다. 이 모델은 마케터가 변화의 장벽과 도화선을 규정하게 해준다. 변화를 위한 수단은 이해하기, 쉽게 하기, 바람직하게 하기, 보상하기, 습관화하기이다.

유니레버의 지속가능한 삶 계획은 기업에 어떤 결과를 가져왔을까? 지금까지는 매우 좋았다. 유니레버는 '지속가능한 삶을 평범한 일로 만들기'라는 과제와 적극적인 지속가능한 삶 계획의 79가지 목표에서 큰 진전을 이루었다. 유니레버는 이미 26개의 특수한 목표를 이루었으며 52개의 목표를 추진하는 중이다. 그리고 세계 시장의 변덕에도 불구하고 유니레버의 매출과 이익은 계속해서 성장 중이다. 지난 3년 동안은 수익이 약간 감소했지만 이익은 2배 가까이 되었다. 더 나아가 지속가능한 생활 브랜드는 이제 유니레버의 상위 40개 브랜드 중 26개나 된다. 이러한 브랜드는 유니레버의 나머지 사업 영역보다 46% 빠르게 성장하여 전체 성장의 70%를 차지하고 있다.

폴먼은 지속가능성 계획이 사람과 환경만을 위해 옳은 것이 아니라 유니레버에도 옳다고 항상 주장해왔다. 지속가능성 추구는 에너지 사용을 줄이고 낭비를 최소화함으로써 비용을 절약하고 혁신을 촉진하여 새로운 제품과 새로운 고객 혜택, 새로운 시장 기회를 창출한다. 유니레버 매출의 절반 이상이 지속가능성 문제에 직면한 개발도상국에서 발생한다.

유니레버의 수장을 10년간 맡았던 폴먼은 최근 CEO 자리에서 물러났다. 그러나 그의 지속가능성 유산은 남아 있다. 그의 신념하에 이익은 2배가 되었고 유니레버는 총 주주 수익률 290%를 달성했다. 은퇴하기 전에 폴먼은 지속가능성 계획이 유니레버의 성장을 돕고 있으며, 환경오염을 늘리지 않으면서 수십억 명을 위한 더 나은 미래를 만들 수 있음을 재확인했다. "우리는 지속가능성과 수익성 증가가 서로 충돌한다고 믿지 않는다. 소비재를 만들고 판매하는 일상의 활동은 경제적·사회적 진보를 이끈다. 비누, 샴푸, 차 등의 제품이 매일 제공하는 더 나은 삶의 질을 누릴 수 있는 수십억 명이 전 세계에 존재한다. 지속가능한 삶이란 몽상이 아니다. 그것은 이룰 수 있는 것이고, 단점이 거의 없다."[1]

책임감 있는 마케터는 소비자가 무엇을 원하는지 찾아내고 그것을 시장에 제공함으로써 소비자가 원하는 가치를 창출하고 소비자로부터 돌아오는 가치를 얻는다. 마케팅 개념은 고객 가치와 상호 이득의 철학이다. 그리고 이것을 실천함으로써 보이지 않는 손에 의해 움직이는 경제는 변화하는 수많은 소비자의 욕구를 만족시킨다.

그러나 모든 마케터가 마케팅 개념을 따르는 것은 아니다. 사실 미심쩍은 마케팅 활동을 하는 기업도 있다. 소비자의 욕구보다는 기업의 욕구를 추구하는 것이다. 심지어 일부 소비자의 현재 욕구를 만족시키는 선의의 마케팅이라 할지라도 당장에 또는 미래에 다른 소비자나 사회에 피해를 줄 수 있다. 책임 있는 마케터는 자신의 행동이 장기적 관점에서 지속가능한지 고려해야 한다.

이 장에서는 지속가능한 마케팅과 사적인 마케팅 활동이 사회적·환경적으로 미치는 영향을 살펴보려 한다. 먼저 '지속가능한 마케팅은 무엇이고, 그것은 왜 중요한가?'라는 질문으로 시작한다.

저자 코멘트 | 마케터는 즉각적인 고객 만족과 비즈니스 성과를 넘어 미래 세대를 위해 세상을 보존하는 지속가능한 전략을 생각해야 한다.

지속가능한 마케팅

학습목표 20-1 지속가능한 마케팅을 정의하고 그 중요성을 이해한다.

지속가능한 마케팅
사회적·환경적으로 책임 있는 행동을 촉구하는 것으로서 소비자와 기업의 현재 욕구를 충족하는 동시에 미래 세대가 자신의 욕구를 충족할 능력을 보존하거나 증진하는 것

지속가능한 마케팅(sustainable marketing)은 사회적·환경적으로 책임 있는 행동을 촉구하는 것으로서 소비자와 기업의 현재 욕구를 충족하는 동시에 미래 세대가 자신의 욕구를 충족할 능력을 보존하거나 증진하는 것이다. ● 그림 20.1은 지속가능한 마케팅 개념을 앞 장들에서 살펴본 마케팅 개념과 비교하여 보여준다.

● 그림 20.1
지속가능한 마케팅

마케팅 개념은 소비자와 기업 모두의 현재 욕구를 충족하는 것을 의미하며, 때로는 소비자와 기업 모두의 미래와 타협하는 것을 의미하기도 한다.

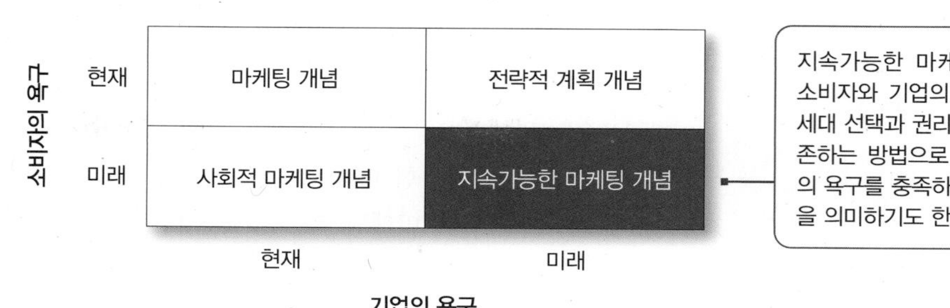

지속가능한 마케팅은 소비자와 기업의 미래 세대 선택과 권리를 보존하는 방법으로 현재의 욕구를 충족하는 것을 의미하기도 한다.

마케팅 개념은 조직이 경쟁자보다 훨씬 효과적·효율적으로 목표집단 고객의 현재 욕구를 파악하고 그것을 충족함으로써 하루하루 성장해나가는 것이다. 고객이 당장 원하는 것을 제공하여 기업의 단기 매출, 성장, 수익을 충족하는 데 초점을 맞춘다. 그러나 고객의 즉각적 필요와 욕구를 충족하는 것이 항상 고객 또는 기업의 미래 이익을 가장 잘 만족시키는 것은 아니다.

예를 들어 맥도날드는 초기에 맛은 있지만 지방분과 염분이 가득한 패스트푸드를 내놓아 즉각적인 고객 만족을 끌어내고 기업의 매출과 수익도 거두었다. 그러나 맥도날드와 다른 패스트푸드 체인이 장기적으로는 전국적인 비만을 유행시키고 소비자의 건강을 해치며 국가 보건 체계에 짐을 지운다는 비판이 제기되었다. 그들은 맥도날드의 해피밀이 아이들의 잘못된 식습관을 조성하여 노년까지 이어지지 않을까 걱정했다. 이에 따라 많은 소비자가 몸에 더 좋은 식품을 찾기 시작하면서 패스트푸드 산업의 매출과 수익이 급락했다.

윤리적 행동과 사회복지 이슈를 넘어 맥도날드는 광대한 전 세계적 활동에 따른 상당한 규모의 환경발자국 때문에도 비판을 받았다. 쓰레기로 가득한 포장, 고체 폐기물 발생, 매장 내 비효율적 에너지 사용 등 모든 것이 비판의 대상이 되었다. 즉 맥도날드의 전략은 소비자와 기업의 이익 양 측면에서 모두 지속가능하지 않았다.

그림 20.1에서 확인한 **사회적 마케팅 개념**은 소비자의 미래 복지를 고려하고, **전략적 계획 개념**은 기업의 미래 필요를 고려하며, **지속가능한 마케팅 개념**은 이 둘을 모두 고려한다. 지속가능한 마케팅은 고객과 기업의 즉각적인 욕구와 미래의 욕구를 충족하는, 사회적·환경적으로 책임 있는 행동을 요청한다.

● 지속가능성: 맥도날드는 샐러드, 과일, 구운 닭고기, 저지방 우유 및 더 간단한 재료로 보다 균형 잡힌 식사를 제공하는 해피밀 등의 기타 건강식으로 다양화함으로써 지속가능성 문제에 대응했다.
Michael Neelon(misc)/Alamy Stock Photo

예를 들어 10년 이상 맥도날드는 샐러드, 과일, 구운 닭고기, 저지방 우유와 기타 건강식으로 다양화하는 보다 지속가능한 전략으로 이러한 과제에 대응해왔다. 또한 소비자가 균형 잡히고 활동적인 생활방식의 핵심을 더 잘 이해할 수 있도록 주요 교육 캠페인을 후원했다. ● '개선된 영양 선택권 제공을 위한 노력' 목록을 발표했고, 더 간단하고 건강한 재료로 더 균형 잡힌 식사를 제공하도록 해피밀을 개선하기 위해 '더 건강한 세대를 위한 연합(Alliance for a Healthier Generation)'과 협력하고 있다. 맥도날드는 기본 치즈버거부터 과일과 메이플이 들어간 오트밀, 에그화이트딜라이트맥머핀, 아이스캐러멜마키아토에 이르기까지 전국 메뉴에 있는 품목의 80%가 400칼로리를 넘지 않는다고 말한다.[2]

맥도날드의 지속가능성 이니셔티브는 환경 문제도 다룬다. 이는 식품 공급 지속가능성이며, 환경적으로 지속가능한 포장, 재사용 및 재활용, 보다 책임감 있는 매장 설계를 요구한다. 예를 들어 맥도날드는 재생 가능 자원, 재활용 자원 또는 인증된 자원으로 모든 포장을 조달하고 2025년까지 모든 장소에서 재활용을 선택할 수 있게 하겠다고 약속했다.[3] 따라서 현재 맥도날드는 수익 면에서 지속가능한 미래를 위해 포지셔닝을 잘한 것이다.

진정으로 지속가능한 마케팅에는 소비자, 기업, 공공정책 입안자, 그 밖의 사람들이 사회적·환경적으로 책임 있는 마케팅 행동을 실현하기 위해 함께 일할 수 있는, 유연하게 기능하는 마케팅 시스템이 필요하다. 그러나 불행히도 마케팅 시스템은 언제나 유연하게 작동하지 않는다. 다음 절에서는 몇 가지 지속가능성 관련 질문을 다룬다. 마케팅에 대한 가장 빈번한 사회적 비판은 무엇인가? 마케팅의 해악을 제한하기 위해 개인 시민이 한 일은 무엇인가? 지속가능한 마케팅을 장려하기 위해 법률가와 정부 기관이 해온 일은 무엇인가? 개별 소비자와 사회 전체 양쪽에 지속가능한 가치를 창출하는, 사회적으로 책임 있고 윤리적인 마케팅을 실행하기 위해 깨어 있는 기업이 해온 일은 무엇인가?

저자 **코멘트** | 대부분의 경우에 우리 모두는 마케팅 활동을 통해 큰 혜택을 얻는다. 그러나 인간의 노력이 대부분 그렇듯 마케팅에도 결함이 있다. 여기서는 마케팅에 대한 가장 일반적인 비판의 양면을 제시한다.

마케팅에 대한 사회적 비판

학습목표 20-2 마케팅에 관한 주요 사회적 비판을 확인한다.

마케팅은 많은 비판을 받고 있다. 이러한 비판의 일부는 해명할 수 있는 것도 있지만 대부분은 그렇지 않다. 사회비평가는 어떤 마케팅 활동이 개인 고객과 사회 전체, 다른 사업체에 해를 끼친다고 주장한다.

마케팅이 개별 소비자에게 미치는 영향

소비자는 미국 마케팅 시스템이 자신의 이익에 얼마나 잘 부합하는지에 대해 많은 우려를 하고 있다. 설문조사는 일반적으로 소비자가 마케팅 관행에 대해 혼재되거나 약간 불리한 태도를 가지고 있음을 보여준다. 소비자 지지자, 정부 기관과 기타 비평가들은 마케팅이 높은 가격, 기만행위, 강압판매, 불량이거나 유해하거나 안전하지 않은 제품, 계획된 진부화, 사회적으로 소외된 소비자에 대한 서비스 소홀로 소비자에게 해를 끼친다고 비난했다. 이러한 의심스러운 마케팅 관행은 장기적인 소비자 또는 기업 복지 측면에서 지속가능하지 않다.

높은 가격

많은 사회비평가는 마케팅 시스템에서 정해진 가격이 '더 현명한' 시스템에서의 가격보다 훨씬 높게 책정되어 있다고 말한다. 이러한 높은 가격은 특히 경제가 하락 국면을 맞이할 때 받아들이기 힘들다. 비판 지점은 높은 유통 비용, 높은 광고 비용과 촉진 비용, 과도한 이윤 책정이다.

탐욕스러운 마케팅 구성원은 자신이 제공하는 가치 이상으로 가격을 더 높게 책정한다. 결과적으로 유통 비용이 너무 상승하고 소비자가 이 과도한 비용을 높은 가격이라는 형태로 지불하게 된다. 중간상은 중간 판매상이 제조사나 소비자의 일을 대신해준다고 주장한다. 가격에는 소비자가 원하는 더 편리하고 규모가 큰 매장과 다양한 제품 종류, 서비스와 긴 개점 시간, 반품의 편리성 등이 반영된다. 사실 중간상은 소매업 경쟁이 너무 치열하여 실제 마진이 매우 낮다고 주장한다. 월마트, 코스트코, 기타 할인점과 같은 소매점은 효율적인 운영과 저가 정책으로 경쟁업체를 압박한다.

현대 사회에서 마케팅에 대한 또 다른 비판은 과도한 광고와 판매촉진에 사용된 많은 비용이 높은 가격으로 전이된다는 것이다. ● 예를 들어 과도하게 판매촉진을 한 제조업체 브랜드가 사실상 동일한 소매점 브랜드보다 더 많이 판매된다. 이러한 판촉 활동과 포장의 많은 부분은 기능적인 가치가 아니라 심리적인 가치만 더한다는 것이 비판의 내용이다. 마케터는 광고가 제품 비용을 상

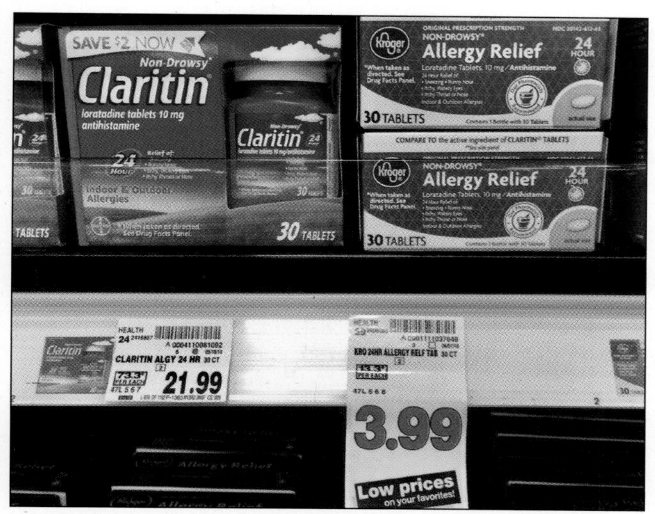

과도하게 판매촉진을 한 제조업체 브랜드가 소매점 브랜드나 상표가 없는 제품보다 더 많이 팔린다. 사회비평가는 촉진이 제품의 심리적인 가치만 높일 뿐 기능적으로는 아무런 가치를 더하지 않는다고 주장한다.
Keri Miksza

승시키기는 하지만 잠재적 구매자에게 브랜드의 유용성과 가치에 대한 정보를 주는 이점도 있다고 응수한다. 브랜드명을 가진 제품은 더 비쌀 수 있으나 일관된 품질을 보장한다. 게다가 소비자는 일반적으로 기능만 강조하는 제품의 경우 낮은 가격으로 구매하고, 심리적 이득을 제공하는, 즉 자신을 부유한 것처럼, 매력적인 것처럼, 특별한 것처럼 느끼게 만드는 제품에는 좀 더 많은 돈을 지불하고 싶어 하며, 기꺼이 그렇게 한다.

사회비평가는 어떤 기업이 제품 가격을 과도하게 높게 책정한다고 주장한다. 제약 산업의 경우 원가가 5센트인 알약 한 알이 소비자에게 2달러에 팔린다는 것, 자동차 수리 등에 비싼 서비스 비용을 책정한다는 것이 비판의 내용이다. 마케터는 대부분의 기업이 소비자와 좋은 관계를 맺고, 앞으로도 사업을 계속하기 위해 소비자와 공정하게 거래하려고 노력한다고 응수한다. 또한 그들은 대부분의 소비자가 왜 높은 소비자 가격이 책정되는지 잘 이해하지 못한다고 말한다. 예를 들어 제약 회사 제품의 높은 소비자 가격은 기존 약품의 원자재 구매, 촉진, 유통 비용뿐만 아니라 신약을 제조하고 테스트하는 데 드는 높은 R&D 비용을 만회할 수 있도록 책정된다. 제약 회사인 글랙소스미스클라인은 자사 광고에서 이렇게 말한다. "오늘의 의약품은 내일의 기적에 필요한 자금을 조달합니다."

기만행위

가끔 마케터는 소비자가 실제보다 더 많은 가치를 얻고 있다고 믿게 함으로써 소비자를 우롱한다고 비난받는다. 이러한 기만행위(deceptive practice)는 가격, 촉진, 포장에서 일어난다. **기만적 광고 촉진**은 제품의 특성이나 성능의 허위 광고, 이미 품절된 제품을 세일이라고 광고하여 소비자를 상점으로 유혹하는 행위 등을 포함한다. **포장과 관련된 기만행위**는 미묘한 디자인 조작으로 포장의 내용물을 과장한다거나, 라벨을 오도한다거나, 오도할 수 있는 용어로 크기를 표시하는 것 등이다.

기만적 가격 표시는 '공장도가격'이나 '도매가격'을 마치 실제 가격인 것처럼 광고하거나, 허위로 표시한 비싼 소매 판매가격에서 많이 할인해주는 것처럼 표기하는 것이다. 일례로 JC페니, 콜스, 니먼마커스, 노드스트롬 등의 소매업체는 가격을 부풀려서 책정했다는 이유로 소송을 당했다. 로스스토어스(Ross Stores)에 대한 집단소송은 소매업체가 '다른 판매자가 판매하는 동일한 제품에 대해 거짓 또는 오해의 소지가 있는 비교가격'으로 고객을 속였다고 비난했다. 로스스토어스는 490만 달러의 합의금을 지불했다. 그리고 오버스톡닷컴은 최근 캘리포니아 8개 카운티의 검찰총장들이 캘리포니아 법정에 제기한 소송에서 사기성 가격 표시로 680만 달러의 벌금을 선고받았다. 소송은 오버스톡닷컴이 항상 가격을 '정가'보다 낮게 광고했다는 혐의로 제기되었으며, 오버스톡이 정가가 999달러인 파티오(patio) 세트를 449달러에 판매한 것을 그 예로 들었다. 그 제품이 배달되었을 때 소비자들은 247달러라는 월마트 스티커가 붙어 있는 것을 발견했다.[4]

기만행위는 입법 조치와 소비자 보호 행위를 이끈다. 실례로 1938년 의회가 휠러-리 법을 발효함으로써 연방거래위원회(FTC)는 '불공정하고 기만적인 행동'을 규제할 힘을 가지게 되었다. 그 후 연방거래위원회는 기만행위를 설명하는 몇 가지 지침을 출판했다.

새 법규에도 불구하고 몇몇 비평가는 유명한 브랜드도 여전히 일반적으로 기만행위를 행하고 있다고 말한다. 예를 들어 신원 도용 방지 회사인 라이프록(LifeLock)은 최근에 기만 광고의 공정위 혐의와 관련하여 1억 달러를 지불했다. 연방거래위원회는 '당신의 신원을 끊임없이 보호한다'

● 기만적 광고: 연방거래위원회는 라이프록이 '당신의 신원을 끊임없이 보호한다'는 내용의 허위 광고를 했다고 비난했다.
FOOTAGE VECTOR PHOTO/Shutterstock

고 말하는 라이프록이 금융 기관과 동일한 높은 수준의 보호 장치로 소비자의 민감한 데이터를 보호한다고 허위 광고를 했으며, 문제가 있다는 알림을 수신한 '즉시' 경고를 하는 소비자 신원 보호를 24시간 제공한다는 주장이 거짓이라고 비난했다. 한 기자는 이렇게 말한다. "개인 정보가 도난당할까 봐 걱정해야 하는 상황이 안타깝다. 이제 데이터를 보호해야 할 기업이 제 역할을 하지 못할 것을 걱정해야 한다."[5]

가장 어려운 문제는 '기만적'을 정의하는 것이다. 예를 들어 껌이 '당신의 세계를 뒤흔들 것'이라는 광고 문구는 문자 그대로를 뜻하는 것이 아니라 하나의 '과장'으로서 순수하게 효과를 과장한 것이다. 그러나 어떤 사람은 과장과 유혹적인 이미지가 미묘한 방식으로 소비자에게 피해를 입힌다고 주장한다. 유명하고 오래된 마스터카드 'Priceless' 광고를 생각해보자. 광고에서는 비용에 상관없이 자신의 귀중한 꿈을 만끽하는 소비자의 모습을 보여주고, 신용카드가 이것을 가능하게 한다고 제안한다. 그러나 비판자들은 신용카드 회사의 이러한 이미지화가 소비자의 카드 과다 사용을 불러오는 선지출·후지불 태도를 부추긴다고 말한다.

마케터는 모든 기업이 기만행위를 피하려 한다고 주장한다. 그러한 행위는 장기적으로 사업에 악영향을 끼치고 지속가능하지도 않기 때문이다. 유익한 고객 관계는 가치와 믿음의 기반 위에 세워진다. 만약 소비자가 원하는 것을 얻지 못한다면 좀 더 믿을 만한 제품으로 바꾸어 구매할 것이다. 게다가 소비자는 대개의 경우 기만행위로부터 스스로를 보호한다. 생각보다 많은 소비자가 마케터의 판매 의도를 인식하고 있으며, 구매할 때 많은 주의를 기울인다. 심지어 나머지 제품에 대한 정직한 주장을 믿지 못하는 경우도 있다.

강압판매

판매원이 소비자가 살 생각이 없었던 물건을 사도록 설득하는 강압판매(high-pressure selling)를 한다는 비판도 있다. 보험, 부동산, 중고차는 **사는** 것이 아니라 **팔린다**고 한다. 판매원은 구매를 유도하기 위해 판에 박힌 부드러운 말을 전달하는 훈련을 받는다. 대개 가장 많이 판매한 사원에게 인센티브를 주기 때문에 판매량을 늘리는 데 열심이다. 이와 비슷하게 TV 인포머셜(정보성 광고) 판매원은 '소리 지르고 팔기'를 통해 가장 강력한 의지를 가진 사람만이 저항할 수 있을 정도로 소비자에게 긴급함을 알리는 방법을 사용한다.

그러나 대개의 경우 강압판매는 마케터에게 그다지 도움이 되지 않는다. 단기간의 수익을 노리는 일회성 판매 상황에서는 괜찮을지 몰라도 대부분의 판매 상황은 소중한 장기적 고객 관계 구축을 필요로 한다. 강압적 혹은 기만적 판매 행위는 이러한 관계에 심각한 손상을 줄 수 있다. P&G의 회계부장이 월마트의 구매 부서에 P&G 제품을 구매하라고 압력을 넣으려 한다거나 IBM의 판매원이 GE의 정보기술 부장을 위협하여 제품을 강매하려 한다고 생각해보라. 전혀 말도 안 되는 일이다.

불량이거나 유해하거나 안전하지 않은 제품

어떤 비평가들은 제품의 품질이나 기능의 결함에 대해 우려한다. 너무 자주 들리는 불만 중 하나는 제품이 잘 만들어지지 않았거나 성능이 형편없다는 것이다. 두 번째 불만은 제품 안전에 관한 것이다. 제품 안전이 문제가 되는 이유는 기업의 무관심, 제품 복잡성 증가, 품질 관리 소홀 등이다. 세 번째 불만은 제품이 편익을 별로 제공하지 않고 심지어 해롭다는 것이다.

● 유해한 제품: 청량음료 산업이 신흥시장에서 유해한 제품을 홍보하는 것은 무책임한 일일까? 아니면 단지 소비자의 욕구를 충족하고 소비자가 소비 선택권을 행사하도록 한 것일까?
Center for Science in the Public Interest

예를 들어 청량음료 산업을 생각해보자. 수년 동안 업계 비평가들은 미국의 비만과 기타 건강 문제를 두고 설탕이 함유된 고칼로리 청량음료의 과잉 공급을 비난해왔다. 그들은 탐욕스러운 음료 마케터가 취약한 소비자를 이용하여 돈을 벌고 미국을 빅걸퍼(Big Gulper)의 나라로 만든다고 생각하며 섣부르게 비판한다. 미국의 청량음료 소비는 최근 몇 년 동안 감소했지만 지금 음료 회사들은 성장을 위해 새로운 시장을 찾고 있다. ● 공익과학센터(Center for Science in the Public Interest, CSPI)의 보고서 〈세계의 탄산화(Carbonating the World)〉에 따르면 2008년에는 중국, 인도, 멕시코와 같은 신흥시장이 전 세계 청량음료 소비의 절반 이상을 차지했다. 그러나 지금은 청량음료의 70%가 이러한 시장에서 판매되고 있다. CSPI는 음료 회사가 담배 산업과 매우 비슷하게 행동하며, 의료 서비스를 제공하기 위해 고군분투하고 있는 나라에 유해한 제품을 마케팅한다고 비난한다.[6]

청량음료 산업이 미숙하고 부주의한 소비자에게 공격적으로 지나치게 판매촉진 활동을 한 것이 사회적으로 무책임한 일일까? 아니면 단지 소비자의 구미를 당기게 하는 제품을 제공하여 소비자의 욕구를 충족하고 소비자가 소비 선택권을 행사하도록 한 것일까? 산업이 해야 할 일은 대중의 입맛을 지키는 것일까? 사회적 책임과 관련한 많은 문제에서 무엇이 옳고 그른지는 견해의 차이일 수 있다. 어떤 분석가들은 산업을 비판하지만 또 어떤 분석가들은 그것에 대한 책임이 소비자에게 있다고 주장한다. 아마도 기업은 빅걸프(Big Gulp)를 판매하지 말아야 할 것이다. 그러나 어느 누구도 그것을 사거나 마시라고 강요하지 않는다.

많은 제조업체는 우수한 품질의 제품을 만들고자 한다. 기업이 어떤 방법으로 제품의 품질과 안전 문제에 대응하느냐에 따라 그 기업의 명성에 해가 되기도 하고 도움이 되기도 한다. 품질이 좋지 않거나 안전하지 않은 제품을 파는 기업은 소비자 단체나 단속 기관과의 분쟁에 휘말릴 위험을 감수해야 한다. 안전하지 않은 제품은 제조물 책임 소송에서 큰 벌금을 부과받기도 한다. 더 근본적으로는 기업이 제공하는 제품에 만족하지 못한 소비자가 미래의 구매를 기피하고 다른 소비자에게도 구매하지 말 것을 권장한다. 따라서 품질의 결함은 지속가능한 마케팅과 함께 갈 수 없다. 오늘날 마케터는 좋은 품질이 고객 가치와 만족을 가져오고, 결과적으로 지속가능한 고객 관계를 형성한다는 것을 알고 있다.

계획적 진부화

어떤 제조업체는 제품이 실질적으로 교체되어야 할 필요를 느끼기도 전에 그 제품을 구식으로 만드는 **계획적인 진부화** 프로그램을 진행한다고 비난받는다. 일부 제품이 예정보다 더 빨리 고장 나고, 닳고, 녹슬고, 부패하는 물질이나 부품을 사용한다는 것이다. 한편 제품 자체가 빨리 닳지 않으면 **의도적 진부화**를 통해 지속적으로 소비자 수용 스타일 콘셉트를 바꿈으로써 더 많이 그리고 더 빨리 구매하도록 만드는 기업도 있다. 분명한 사례는 낭비적인 일회용 의류 문화를 만들어낸다고 비판받는, 끊임없이 바뀌는 의류 패션이다. 한 디자이너는 다음과 같이 한탄한다. "너무 많은 옷이 결국 쓰레기 매립지로 갈 수밖에 없다. 그 옷은 불필요한 것으로 간주되고, 몇 년 더 입을 수 있음에도 시즌이 끝나면 폐기된다."[7]

또 다른 기업은 계획된 신제품 라인을 출시함으로써 구식 모델을 진부하게 만들고, 소비자를 '연

● 계획된 진부화: 최근 애플은 고객이 최신 모델로 업그레이드하도록 장려하기 위해 소프트웨어 업데이트를 통해 구형 아이폰을 의도적으로 느리게 만들었다는 비난을 받았다.
Neil Godwin/Future Publishing/Shutterstock

속 구매자'로 만든다고 비난받는다. 비판자는 이러한 일이 가전 산업에서 발생한다고 말한다. 평범한 사람이라면 휴대전화, 카메라, 아이팟, 플래시 드라이브 등 어제까지 가장 인기 있었지만 오늘은 화석이 되어버린 기술 제품이 서랍에 있을 것이다. 1~2년 정도면 가망 없이 낡은 것으로 여겨진다. ● 최근 애플은 고객이 최신 모델로 업그레이드하도록 장려하기 위해 소프트웨어 업데이트를 통해 구형 아이폰을 의도적으로 느리게 만들었다는 비난을 받았다. 애플은 일부 휴대전화의 속도가 느리다는 것을 인정했지만 노후 배터리 휴대전화의 '수명 연장'을 위해 그렇게 한다고 밝혔다.[8]

마케터는 소비자가 스타일의 변화를 좋아한다고 말한다. 소비자는 오래된 제품을 없애고 새로운 패션 상품을 원한다고 말이다. 또는 기존 모델이 잘 작동하더라도 최신의 최첨단 혁신 제품을 원한다고 말한다. 아무도 신제품을 사야 할 필요가 없고 신제품을 살 사람이 거의 없다면 그냥 실패하고 말 것이다. 한편 대다수의 기업은 소비자를 경쟁업체에 빼앗기고 싶지 않기 때문에 자사 제품이 빨리 고장 나도록 설계하지 않는다. 대신에 제품이 끊임없이 소비자의 기대를 만족시키거나 초월하도록 쉼 없이 개선점을 찾는다.

소위 계획적 진부화의 많은 부분은 자유시장에서의 경쟁력이나 기술력의 원동력이 되며, 제품과 서비스를 계속 개선해나가도록 유도하는 수단이 되기도 한다. 예를 들어 삼성이 10년 동안 사용 가능한 갤럭시 스마트폰이나 태블릿을 생산하는 것을 원하는 소비자는 거의 없을 것이다. 대신 소비자는 최신 기술 혁신을 원한다. 이러한 관점에서 볼 때 진부화는 브랜드가 소비자에게 강요하는 것이 아니라 소비자가 요구하는 것이다.

사회적으로 소외된 소비자에 대한 서비스 소홀

미국 마케팅 시스템은 사회적으로 소외된 소비자를 푸대접하고 있다고 비난받는다. 사회비평가들은 도시의 빈민이 대부분 질이 떨어지는 제품을 취급하는 도시의 작은 상점에서 비싼 가격으로 물건을 살 수밖에 없다고 주장한다. 전국 체인망의 대형 소매점이 저소득층 지역에 위치한다면 가격을 낮추는 데 일조할 수 있을 것이다. 그러나 주요 소매 체인점은 사회적으로 소외된 사람들이 살고 있는 동네에 빨간 줄을 그어놓고 그 지역에서의 체인점 설립을 꺼리는 '특정 경계지구 지정'을 하고 있다고 비난받는다.

예를 들어 미국의 빈민 지역에는 부유한 지역보다 슈퍼마켓이 30% 적다. 그 결과 많은 저임금 소비자는 '식품 사막'에 살고 있다. 냉동 피자, 치토스, 문파이, 콜라가 넘쳐나지만 신선한 과일과 채소, 생선이나 닭고기는 구하기 어려운 작은 상점뿐이다. 미국 농무부(U.S. Department of Agriculture, USDA)는 미국의 시골과 도시 지역에서 6,500곳 이상의 식량 부족 지역을 확인했다. 현재 1,700만 명 이상의 미국인(인구의 5.6%)은 슈퍼마켓이 도시 지역에서 1마일 이상 떨어져 있고 농촌 지역에서 20마일 떨어진 저소득 지역에 살고 있다. 결과적으로 건강하고 저렴한 신선식품에 대한 접근성 부족은 이러한 지역에 살고 있는 소외된 소비자의 건강에 부정적인 영향을 미친다.[9]

월마트, 월그린스, 슈퍼밸루 같은 전국적 소매 체인점은 최근에 소외된 지역에 영양이 풍부하고 신선한 식품을 제공할 수 있는 매장을 더 많이 열고 확장하기로 합의했다. 어떤 소매업체는 책임감 있게 행동하고 다른 업체가 경시하는 저소득 영역에 집중함으로써 수익을 창출할 수 있음을 발견했다. 예를 들어 스타벅스는 현재 저소득 지역에 매장을 열고 있다(마케팅 현장 20.1 참조).

● 식량 부족 문제를 완화하기 위해 USDA는 최근 뉴욕주에서 보조영양지원 프로그램(Supple-

마케팅 현장 20.1 | 스타벅스: 소외된 사람들을 위한 서비스

스타벅스는 고가의 프리미엄 커피와 전문가를 대상으로 한 고급 '스타벅스 경험'으로 오랫동안 유명했다. 미국의 스타벅스 매장 중 80% 이상이 주로 백인 중산층 또는 그 이상의 커뮤니티에 자리하고 있다. 소수 민족이 거주하는 미국 내 최저 소득 지역에는 현저히 적은 수의 스타벅스 매장이 있다. 그러나 최근 몇 년 동안 스타벅스는 이렇게 소외된 지역을 대상으로 실험을 하고 있다. 부분적으로 이 계획은 스타벅스의 오랜 사회적 책임 사명에서 비롯된 것이다. 하지만 스타벅스는 이러한 매장을 위해 좋은 기회를 제공하는 것뿐만 아니라 성장과 수익을 위한 좋은 기회도 제공한다고 믿는다.

소외된 지역사회로의 이동은 1990년대 중반에 은퇴한 LA 레이커스 농구 스타 어빈 '매직' 존슨(Earvin 'Magic' Johnson)과 연결되면서 시작되었다. 존슨은 침체된 도시 지역에 대기업을 옮기는 사명을 열심히 수행하는 중이었다. 그는 단순히 '보답'하려는 자선적 시도뿐만 아니라 대형 브랜드가 무시하는 도심의 '상업 사막'에서 진정한 마케팅 기회를 보았다. 그는 펩시 병입 공장 몇 군데에서 시작하여 쇼핑센터와 영화관 단지로 확장했다.

존슨은 곧 스타벅스의 창립자이자 명예회장인 하워드 슐츠(Howard Schultz)에게서 동지애를 찾았다. 존슨이 나중에 밝힌 바에 따르면 그는 슐츠에게 다음과 같이 말했다고 한다. "하워드, 라틴계와 흑인들을 보세요. 우리(라틴계와 흑인)도 커피를 좋아해요." 존슨의 도시 영화관이 이룬 성공을 본 슐츠는 소외된 저소득 지역사회에 진출하는 것이 사업적으로 좋은 생각이라는 데 동의했다. 두 사람은 도시 지역에 스타벅스 매장을 짓기 위해 50-50 스타벅스-존슨 벤처에 대한 계약을 체결했다.

도시의 소비자를 타깃팅하기 위해서는 메뉴부터 매장 음악에 이르기까지 스타벅스 모델을 개조해야 했다. 존슨이 말하길, "스타벅스에서 스콘을 빼고 고구마파이와 삭잇투미(sock-it-to-me) 케이크 등을 준비해야 했다." 이후 12년 동안 스타벅스는 105개의 매직존슨엔터프라이즈 매장을 세웠고 미완의 성공을 거두었다. 존슨이 몇 년 전 자신의 사업 지분을 청산했을 때 스타벅스는 105개 전 점포의 소유권에 대한 대가로 상당한 금액을 지불했다.

스타벅스-존슨 매장은 스타벅스에 큰 도움이 되지 않았다. 초창기부터 이 매장은 사회적 책임이라는 강력한 기업 문화를 유지했다. 슐츠는 '선행을 하는 것'을 '잘하는 것'의 필수 전제 조건으로 보았다. 그는 "이익, 사회적 영향, 도덕적 의무 사이의 취약한 균형을 이루는 것"이 절실히 필요하며, 기업은 "우리 직원과 지역사회의 삶을 개선해야 한다"고 말한다. 그리고 기업이 강해지는 가장 좋은 방법은 강력한 사회적 영향이 기업의 재무 성과를 달성하게 하는 것이다.

스타벅스는 서비스 약자를 위해 이스트 볼티모어, 뉴욕의 자메이카 퀸스, 시카고의 사우스사이드 엥글우드 등 저소득층 도심 지역에 15개의 '커뮤니티 매장'을 열기로 약속했다. 스타벅스 커뮤니티 스토어 이니셔티브는 세인트루이스의 일부인 미주리주 퍼거슨에서 발생한 2014년 폭동 이후 시작되었다. 슐츠는 인구의 70%가 아프리카계 미국인이고, 거주자의 22%가 빈곤선 이하로 살며, 흑인 청년 실업률이 50%에 육박하는 도시 공동체인 퍼거슨으로 스타벅스 경영진을 이끌고 와 동네를 살펴보았다. 슐츠는 경영진에게 다음과 같이 말했다. "우리는 이 커뮤니티에 없습니다. 하지만 우리에게는 이곳에 책임과 동시에 기회가 있습니다."

퍼거슨에 매장을 연 것은 사회적 책임의 관점에서 볼 때 타당했다. 그러나 비즈니스 관점에서 볼 때 대부분의 전문가는 회의적이었다. 전문가들은 퍼거슨을 도시경제 사각지대로 보았다. 폭동은 상황을 더 악화시켰다. 37개 사업체가 피해를 입었는데 그중 17개는 완전히 파괴되었다. 증가하는 위험 속에서 스타벅스는 현지에서 상당한 저항을 받았다. 스타벅스의 글로벌 책임 대표가 말하길, "많은 사람이 우리에게 '여기서 당신들이 할 역할은 없다'고 했다." 결과적으로 퍼거슨 매장은 그해 스타벅스가 개장한 수백 개의 신규 매장 중 최고 실적을 기록한 매장 중 하나였으며, 2년 차에는 15%의 판매 성장을 기록했다. 오늘날 스타벅스는 퍼거슨 매장을 '미래를 위한 청사진'으로 고려하고 있다.

대부분의 기업이 절대 발을 들이지 않는 곳에서 스타벅스는 어떻게 성공했을까? 매장에 가보면 이유를 알 수 있다. 벽에는 'WE LOVE ALL OF FERGUSON(우리는 퍼거슨의 모든 것을 사랑한다)'이라고 적힌 액자가 걸려 있다. 21세의 바리스타 디드릭 쿡(Diedric Cook)은 1년 전까지만 해도 주로 노숙 생활을 했지만 지금은 스타벅스에서 일하고 있다. 점심시간 무렵에는 매장의 지정된 커뮤니티 룸에서 12명의 남녀가 모여 도시연맹(Urban League) 회원이 이끄는 무료 직업 기술 교육을 받는다. 이 룸은 커뮤니티 센터 역할을 하여 취업박람회, 교육위원회 회의와 시 낭독회를 주최한다. 녹색 앞치마를 입은 젊은 직원들은 밝고 긍정적인 성격과 거리에서의 삶에 대한 확고한 지식을 결합하여 고객과 자연스럽게 상호작용하는 환경을 만든다.

퍼거슨 매장의 직원은 평온해 보이지만 더 깊이 들여다보면 그들이 일을 계속하기 위해 얼마나 애쓰고 있는지를 알 수 있다. 길 건너 비디오게임 가게에서 영입한, 몸에는 문신을 하고 모호크족처럼 머리를 깎은 매니저 코델 루이스(Cordell Lewis)는 쿡만 노숙 생활을 했던 것은 아니라고 말한다. 루이스 자신이 어렸을 때 그랬다. 루이스는 전날 밤 월마트 주차장에 있는 자신의 차 안에서 잔 적이 있는 또 다른 젊은 직원을 언급하면서 이렇게 말한다. "어떻게 그 사람에게 '당신은 늦었어요. 당신은 복장이 잘못됐어요'라고 할 수 있겠는가? 그런 직원들이 곤경에 처했다면 내가 처리했을 것이다. 스타벅스가 알아서 처리해줄 것이다."

아이러니하게도 이 직원들 대부분이 처한, 다른 회사에 '취업할 수 없는 상황'은 도심 스타벅스를

소외 계층을 위한 서비스: 스타벅스는 다른 대기업이 간과하기 쉬운 저소득 지역에 새로운 매장을 열고 있다. "여기에는 단순한 커피보다 더 큰 목적이 있다."
Jahi Chikwendiu/The Washington Post via Getty Image

작동하게 하는 핵심 요소이다. 쿡은 "매니저가 당신을 많이 신경 써준다면 직장에 오는 것을 좋아하게 된다"고 말한다. 또 다른 직원은 이렇게 말한다. "그는 이곳에서 아빠와 같은 존재이다. 이곳은 우리의 고향이다." 이러한 직원 헌신을 통해 현지의 고객도 집처럼 편안함을 느낄 수 있게 되었다.

스타벅스는 소외된 지역사회에 처음으로 매장을 연 기업 중 하나로서 다른 기업이 이러한 선례를 따르도록 영감을 주었다. 스타벅스가 퍼거슨 매장을 연 후 다른 41개 사업체가 그 뒤를 이어 더 강력한 경제적 기반을 만들었다. 한 지방 시의원은 다음과 같이 말한다. "한 사람이 군중 밖으로 나가면 다른 사람들이 따라올 것이다. 스타벅스는 '퍼거슨으로 갈 것이다. 우리는 이 지역사회가 회복하는 것을 도울 것이다'라고 말했고, 스타벅스가 군중 밖으로 나오자 모두가 따라 하기 시작했다."

15개의 스타벅스 커뮤니티 매장은 전 세계의 잘 나가는 지역사회에 있는 스타벅스 지점의 거대한 네트워크를 거의 손상하지 않는다. 앞서 105개의 매직존슨 매장도 마찬가지이다. 하지만 이것은 시작에 불과하다. 그리고 스타벅스의 급속한 확장은 많은 시장에서 포화 상태에 이르게 했다. 매년 7%의 새로운 매장 성장 목표를 가지고 스타벅스는 새로운 기회를 찾아야 한다. 향후 5년 내에 개점할 1만 개의 신규 매장을 어디에 배치할지 고민하는 스타벅스의 커뮤니티 매장 성공은 소외된 지역사회에 서비스를 제공함으로써 좋은 일을 할 수 있고, 또 잘할 수 있음을 보여준다. 뉴욕 브루클린의 베드퍼드-스타이브샌트 지역에 있는 새로운 커뮤니티 스토어의 매니저는 "여기에는 커피보다 더 큰 목적이 있습니다."라고 말한다.[10]

● 소외된 소비자에 대한 서비스: USDA는 최근 저소득 SNAP 소비자가 온라인으로 주문할 수 있는 시범 프로그램을 시작하여 경쟁력 있는 가격에 훨씬 더 광범위한 식품 옵션을 제공한다.
Food & Nutrition Service; Ronstik/123RF

mental Nutrition Assistance Program, SNAP) 참가자(정부 상품권을 받아 슈퍼마켓과 농산물 직거래 장터에서 식료품을 구매할 수 있는 사람들)가 온라인으로 음식을 구매할 수 있게 하는 시범 프로그램을 시작했다. '건강한 음식을 가까이에 두기' 프로그램에 따라 아마존과 숍라이트(ShopRite)는 뉴욕시의 SNAP 쇼핑객에게 서비스를 제공할 것이다. 월마트는 뉴욕 북부 쇼핑객에게 서비스를 제공할 예정이다. 온라인 구매 프로그램은 저소득 SNAP 참가자에게 슈퍼마켓에서 이용할 수 없는 경쟁력 있는 가격에 훨씬 더 광범위한 식품 옵션을 그들의 집 안에서 제공한다. 시범 프로그램이 성공한다면 USDA는 이를 전국의 소매업체로 확장하여 4,000만 명의 미국인을 대상으로 연간 600억 달러의 SNAP 혜택을 받도록 할 계획이다.[11]

더 나은 마케팅 시스템은 혜택을 받지 못하는 소비자에게 서비스를 보장할 수 있어야 한다. 사실 많은 마케터가 실제 가치를 창출하는 합법적 제품과 서비스를 소외된 소비자에게 제공함으로써 이익을 얻는다. 마케터가 채우지 못하는 공백은 정부가 채워줄 것이다. 실제로 연방거래위원회가 거짓된 가치를 광고한 판매업자, 특정 소비자에게 서비스를 거부한 업체, 소외된 소비자에게 바가지를 씌운 업체 등에 제재를 가한 예가 있다.

사회 전체에 미치는 마케팅의 영향

미국의 마케팅 시스템은 미국 사회에 사회악(과도한 물질주의, 너무 적은 공공재, 범람하는 문화적 오염 등)을 더하고 있다고 비난받는다.

거짓 욕망과 과도한 물질주의

사회비평가들은 마케팅 시스템이 물질 소유에 너무 많은 관심을 가지게 만들며, 세속적인 소유에 대한 미국인의 열광이 지속가능하지 않다고 비판해왔다. 우리는 자신이 어떤 사람인가보다는 무엇을 소유하고 있는가로 자주 평가받곤 한다. 비평가들은 물질에 대한 관심이 자연스러운 마음 상태가 아니며 마케팅으로 인해 만들어진 거짓된 욕망이라고 말한다. 그들의 주장에 따르면 마케터는 제품에 대한 사람들의 욕망을 자극하고 좋은 삶에 대한 물질주의적 모델을 만들어낸다. 즉 마케터는 '아메리칸 드림'의 왜곡된 해석에 기초한 대량 소비의 끝없는 순환 고리를 만들어냈다는 것이다.

이러한 관점에서 마케팅의 목적은 소비를 촉진하는 것이며, 성공적인 마케팅의 불가피한 결과는 지속불가능한 과소비이다. 비평가들은 많이 소비하는 것이 항상 좋은 것은 아니라고 말하며, 일부는 우려를 대중에게 직접 밝히기도 했다. 예를 들어 뉴드림(New Dream)은 개인, 커뮤니티, 조직이 사람과 지구를 위해 소비하는 방식을 변화시킬 수 있도록 힘을 실어주겠다는 사명을 띠고 설립된 비영리 조직이다. 이 단체는 교육 목적의 동영상, 서비스, 그리고 'More fun! Less stuff!(즐거움은 더 많이! 물건은 더 적게!)'와 같은 마케팅 캠페인을 통해 문화적 상업화에 맞서고 상품이 생산 및 소비되는 방식에 긍정적인 변화를 촉진한다.[12]

마케터는 이러한 비판에 대해 필요를 창출하는 사업의 힘을 과장해서 표현하는 것이며, 사람들은 광고와 다른 마케팅 도구에 대해 강한 방어 의식을 가지고 있다고 말한다. 마케팅은 새로운 욕구를 만들어내기보다는 기존의 욕구에 소구할 때 더 효과적이다. 게다가 사람들은 중요한 구매 결정을 내릴 때 스스로 정보를 찾고 한 가지 정보에만 의존하지 않는다. 심지어 광고의 영향을 받을 수 있는 비교적 덜 중요한 제품조차 소비자의 기대를 충족해야만 반복 구매로 이어질 수 있다. 또한 시장에서 신제품의 높은 실패율은 기업이 수요를 통제할 수 없다는 것을 보여준다.

보다 깊은 차원에서 우리의 욕구와 가치는 마케터뿐만 아니라 가족, 동료, 종교, 문화적 배경, 교육 등의 영향을 받기도 한다. 만약 미국인이 심각하게 물질적이라면 이러한 가치는 마케팅이나 대중매체가 만들어낼 수 있는 것을 넘어선 더 깊은 수준의 기본적인 사회화 과정에서 비롯된다. 또한 소비 패턴과 태도는 경제와 같은 큰 힘에 예속된다.

오늘날 소비자는 기업의 환경 및 사회적 지속가능성 노력에 더 많은 지지를 보내고 있다. 결과적으로 많은 마케터는 오늘날의 보다 현명하고 양심적인 소비자가 과소비나 낭비를 하도록 장려하는 대신 더 작은 가치를 가지고 더 큰 가치를 찾도록 돕기 위해 노력하고 있다. 예를 들어 파타고니아의 '의식 있는 소비' 캠페인은 실제로 고객에게 구매를 줄이도록 촉구하면서 "필요하지 않은 것은 사지 마세요", "무언가를 사기 전에 다시 생각해보세요"라고 말한다. ● 마찬가지로 REI는 수년 동안 블랙프라이데이에 문을 닫고 #OptOutside 캠페인을 펼치면서 고객에게 쇼핑 대신 야외 활동을 즐기라고 장려했다. 또한 엘엘빈의 'When' 캠페인은 고객이 항상 새 제품을 구매하는 것이 아니라 오래 지속되는 제품을 구매하고 보유하도록 권장하면서 이렇게 묻는다. "언제 일회용품이 기본 옵션이 되었나요?" 그리고 엘엘빈은 이렇게 답한다. "엘엘빈에서는 그런 경우가 없습니다. 고객이 엘엘빈에서 무언가를 살 때 우리는 고객이 오래 지속되는 것을 좋아하길 바랍니다."[13]

● 물질주의: 일부 마케터는 '의식 있는 소비'를 촉구한다. REI는 블랙프라이데이에 문을 닫고 고객에게 야외 활동을 권유한다.
Alex Milan Tracy/Sipa USA/NEWscom

너무 적은 공공재

기업은 공공재의 희생으로 너무 많은 사적 재화를 팔고 있다고 비난받는다. 사적 재화가 증가할수록 이용할 수 있는 공공 서비스가 더 많이 필요하다. 자동차(사적 재화) 소유자가 늘어날수록 더 많은 고속도로, 신호등, 주차장, 경찰 서비스(공공재)가 필요하다. 사적 재화의 과잉 판매는 사회비용을 발생시킨다. 자동차의 경우 교통 혼잡, 대기 오염, 휘발유 부족 등이 사회비용이다. 예를 들어 미국의 통근자들은 평균적으로 연간 97시간을 교통체증으로 허비하는데, 이로 인해 미국은 연간 870억 달러(통근자 1명당 1,348달러) 이상의 손실을 입는다. 또한 미국의 통근자들은 매년 31억 갤런의 휘발유를 교통체증으로 낭비하고 있다.[14]

사적 재화와 공공재 사이의 균형을 회복하기 위한 길이 필요하다. 첫 번째 방안은 제조업체가 모든 사회비용을 부담하는 것이다. 정부는 자동차에 더 효율적인 엔진과 오염 방지 장치를 탑재할 것을 요구하고 있다. 이에 따라 자동차 제조업체는 비용을 회수하기 위해 가격을 올릴 수 있다. 그러나 소비자가 자동차의 가격이 너무 비싸다고 생각한다면 이 모델은 시장에서 사라질 수도 있을 것이다. 수요는 사적 재화와 공공재 간의 균형을 잘 지킬 수 있는 제조업체로 움직일 것이다.

두 번째 방안은 소비자에게 사회비용을 부과하는 것이다. 세계의 많은 도시에서는 교통 혼잡을 감소시키기 위한 노력으로 혼잡통행료를 징수한다. 뉴욕시는 최근 중앙기업지역(Central Business District) 통행료를 구축했다. 이는 운전자가 맨해튼의 가장 혼잡한 지역에 진입할 때 추가 요금을 부과하는 것으로, 교통량과 교통체증 감소뿐만 아니라 도시의 노후 대중교통 시스템을 개선하기 위한 비용으로 매년 10억 달러 이상을 축적할 수 있을 것으로 예상된다.[15]

문화적 오염

사회비평가들은 마케팅 시스템이 **문화적 오염**을 만들어낸다고 비난한다. 진지한 TV 프로그램 중간에 삽입되는 상업 광고, 너무 많은 페이지에 광고가 실린 잡지, 자연 경관을 해치는 광고판, 이메일에 가득 쌓인 스팸 광고 등 우리는 마케팅과 광고의 공격을 끊임없이 받는다. 게다가 이러한 방해물은 우리의 마음을 물질주의, 성, 권력, 사회적 지위의 메시지로 물들인다. 일부 사회비평가는 전면적인 변화를 촉구한다.

마케터는 이러한 '상업적 소음'과 관련하여 다음과 같이 말한다. 첫째, 마케터는 광고가 우선적으로 목표청중에게 도달하길 바란다. 그러나 공중파 채널의 이용 때문에 제품에 관심이 없는 사람들에게까지 일부 광고가 노출되고, 그래서 사람들이 지겨워하고 짜증 내는 것이다. 자신이 좋아하는 잡지를 사는 사람이나 이메일로 정보를 받거나 모바일 마케팅 프로그램을 선택한 사람은 자신이 관심을 가진 제품이나 서비스에 대한 내용이 포함되어 있기 때문에 광고에 불만이 거의 없다.

둘째, 광고 때문에 많은 TV 프로그램, 라디오, 웹사이트가 사용자에게 무료로 제공될 수 있고, 신문과 잡지 가격도 내려간다. 많은 사람은 광고를 보는 것이 이러한 혜택을 얻기 위해 지불하는 작은 비용이라고 생각한다. 소비자는 TV 광고에서 재미를 얻고 일부러 찾아보기도 한다. 예를 들어 슈퍼볼 기간에는 광고 시청자가 경기 시청자 수와 비슷하거나 더 많기도 하다.

셋째, 오늘날의 소비자에게는 대안이 있다. TV를 시청할 때 상업 광고를 건너뛰고 시청할 수 있고, 케이블이나 위성 채널, 온라인 스트리밍 채널을 이용하여 광고를 통째로 보지 않을 수도 있다. 그러나 광고주는 소비자의 주의를 끌기 위해 광고를 더 재미있고 유익하게 만들고 있다.

마케팅이 다른 사업에 미치는 영향

기업의 마케팅 행위는 다른 기업에 해를 주고 경쟁을 둔화시킬 수 있다. 경쟁업체와의 합병, 진입장벽을 만드는 마케팅 행위, 불공정 마케팅 경쟁 행위가 이와 관련된다.

비판가들은 기업이 자사에서 신제품을 개발하는 대신 경쟁업체를 합병하여 사업을 확장하고자 할 때 다른 기업에 해를 끼치고 경쟁이 감소한다고 주장한다. 과거 수십 년 동안 일어났던 많은 합병과 빠른 속도의 산업 통합은 시장에 갓 진입한 경쟁업체가 얼마 못 가 대기업에 흡수되어 경쟁을 감소시키는 것이 아니냐는 우려를 불러일으켰다. 상점 및 온라인 소매업, 엔터테인먼트, 금융서비스, 유틸리티, 교통, 자동차, 통신, 의료 등 거의 모든 산업에서 주요 경쟁업체의 수가 줄어들고 있다.

인수합병은 복잡한 문제이다. 하지만 가끔 사회에 도움이 되는 인수합병도 있다. 합병하는 기업은 규모의 경제를 얻음으로써 비용을 절약하고 가격을 낮출 수 있다. 잘 관리된 기업은 관리가 안된 기업을 합병하여 효율성을 높일 수 있다. 합병 후 그다지 경쟁력이 없었던 산업이 경쟁력을 회복할 수도 있다. 그러나 합병은 해가 되는 경우도 있다. 따라서 정부는 항상 규제의 시선을 거두지 말아야 한다.

마케팅 관행이 신생 기업의 시장 진입을 제한한다는 비난도 있다. 대기업은 특허와 많은 촉진 비용을 이용하여 원자재 공급업체나 딜러를 묶어둠으로써 경쟁업체의 접근을 제한하거나 봉쇄할 수 있다. 이러한 독과점 규제를 우려하는 기업은 진입 장벽의 일부를 대규모로 사업을 운영함으로써 얻는 경제적 우위의 자연스러운 결과로 인식한다. 또 다른 장벽은 이미 존재하거나 새롭게 제정될 법률로 견제할 수 있다. 가령 주요 진입 장벽인 판매 원가의 역할을 낮추기 위해 광고비에 누진세를 매기자는 의견도 나오고 있다.

● 경쟁력 있는 마케팅 관행: 유럽연합 집행위원회는 최근 구글이 검색 우위를 이용하여 구글 쇼핑 검색 비교 서비스의 결과를 조작하여 경쟁업체들을 희생시키면서 자사의 쇼핑 서비스를 유리하게 만든 것에 대해 높은 벌금을 부과했다.
Alexandros Michailidis/Shutterstock

또한 어떤 기업은 실제로 다른 기업에 손상을 입히거나 파괴하려는 의도로 불공정 마케팅 행위를 하기도 한다. 비용보다 더 낮게 가격을 책정하기도 하고, 거래하지 않겠다고 공급업자를 위협하기도 하고, 경쟁업체의 제품 구매를 방해하기도 한다. 많은 법안이 이러한 약탈적 경쟁을 방지하기 위해 존재한다. 그러나 실제로 그러한 의도나 행위가 약탈을 목적으로 하는지 아닌지를 밝혀내기란 쉬운 일이 아니다. 대개는 약탈적 관행과 효과적인 경쟁 전략 및 전술을 구별하기가 어렵다.

최근 몇 년 동안 검색 대기업 구글은 소규모 경쟁업체를 희생시키면서 약탈 행위를 사용했다는 비난을 받았다. ● 예를 들어 유럽연합 집행위원회(European Commission)는 구글이 검색 우위를 이용하여 구글 쇼핑 검색 비교 서비스의 결과를 조작하여 경쟁업체들을 희생시키면서 자사의 쇼핑 서비스를 유리하게 만든 것에 대해 유죄 판결을 내리고 구글에 27억 달러의 벌금을 부과했다. EU의 경쟁 집행위원은 다음과 같이 말했다. "구글은 우리의 삶에 변화를 준 많은 혁신적 제품과 서비스를 내놓았고 이는 좋은 일이다. 하지만 구글의 비교 쇼핑 서비스 전략은 경쟁업체보다 자사 제품을 더 잘 만들어서 고객을 끌어들이는 것이 아니다. 구글은 검색 결과에서 자체 비교 쇼핑 서비스를 홍보하고 경쟁업체의 제품을 격하함으로써 검색엔진으로서의 시장 지배력을 남용했다. 이는 EU 독점금지법하에서 불법이다." 구글은 자사의 웹 검색과 모바일 운영이 소비자의 이익을 최대화하는 공정하고 효과적인 경쟁이라고 주장하며 이러한 판결에 항소했다.[16]

저자 **코멘트** | 지속가능한 마케팅은 기업과 정부만 하는 것이 아니다. 소비자보호주의와 환경보호주의를 통해 소비자 자신이 중요한 역할을 할 수 있다.

지속가능한 마케팅을 촉진하는 소비자 행동

학습목표 20-3 소비자보호주의와 환경보호주의를 정의하고 어떻게 마케팅 전략에 영향을 미치는지 이해한다.

지속가능한 마케팅은 기업과 소비자 모두에게 더 책임 있는 행동을 요구한다. 기업이 경제와 사회에 해악을 끼치는 요인이 될 수 있다고 보는 시각 때문에 기업을 바로잡자는 풀뿌리 운동이 일어났는데, 주요한 두 가지 운동은 소비자보호주의와 환경보호주의이다.

소비자보호주의
소비자의 권리를 보호하고 판매자와의 관계에서 구매자의 힘을 신장하려는 시민과 정부 기관의 조직적인 움직임

소비자보호주의

소비자보호주의(consumerism)란 소비자의 권리를 보호하고 판매자와의 관계에서 구매자의 권리와 힘을 신장하려는 시민과 정부 기관의 조직적인 움직임을 말한다. 전통적인 판매자의 권리는 다음

과 같다.

- 개인위생과 안전에 위험하지 않다면 어떤 크기나 스타일로 아무 제품이나 출시할 수 있는 권리. 만약 위해(hazardous) 상품인 경우 적절한 경고문과 통제 방법을 포함하면 된다.
- 비슷한 종류의 구매자 간에 차별을 하지 않는다면 제품에 대해 어떤 가격이든 부과할 수 있는 권리
- 불공정 경쟁이 아니라면 제품을 촉진하기 위한 비용을 얼마든지 사용할 수 있는 권리
- 내용이나 실행에 오도(misleading)나 부정(dishonest)이 없다면 제품에 관한 어떤 내용이든 광고에 사용할 수 있는 권리
- 불공정하거나 오도하지 않는 한 어떠한 구매 유인 자극 프로그램이든 사용할 수 있는 권리

전통적인 **구매자의 권리**는 다음과 같다.

- 세일하는 물건을 사지 않을 수 있는 권리
- 제품이 안전할 것이라고 기대할 수 있는 권리
- 제품이 제대로(판매자가 주장한 대로) 기능할 것이라고 기대할 수 있는 권리

이 권리를 비교해보면 힘의 균형이 판매자에게 기울어져 있음을 알 수 있다. 구매자에게 사지 않을 권리가 있는 것은 사실이다. 그러나 구매자는 정보가 너무 없고, 교육받지 못했으며, 정교하게 무장한 판매자를 만났을 때 현명한 결정을 내릴 수 있도록 보호받지 못했다. 소비자 보호 단체는 다음과 같은 소비자 권리를 추가할 것을 요구한다.

- 제품의 중요한 속성에 대해 충분히 알 권리
- 의문스러운 제품이나 마케팅 행위에 대해 보호받을 수 있는 권리
- '생활의 질'을 향상할 수 있는 방향으로 제품과 마케팅 행위에 영향을 끼칠 수 있는 권리
- 미래 세대의 소비자를 위해 세계를 보존할 수 있는 방법으로 소비할 권리

● 소비자가 더 많은 정보를 요구함에 따라 포장 라벨에 원재료와 영양 성분, 재활용 방법, 원산지 정보 등 유용한 정보가 담기게 되었다.
Jon Schulte/Shutterstock

발의된 각각의 권리는 소비자보호운동가와 정부의 소비자 보호 활동으로 인해 더 자세한 제안문으로 이어졌다. ● 알 수 있는 권리에는 융자금의 실제 이자액을 알 수 있는 권리(대여물의 진실성), 한 상표의 실제 단위 원가(단위 가격), 제품의 재료(성분 표시), 식품의 영양 정보(영양 성분 표시), 제품의 신선도(유통 기한 표시), 제품의 실제 편익(광고의 진실성)이 포함된다.

소비자 보호법의 발의에는 기업의 기만적 행위와 재정 보호로부터 소비자 권리의 강화, 제품 안전 규제의 강화, 개인 정보 보호의 보장, 정부 기관에 대한 더 많은 권한 부여가 포함된다. 삶의 질과 관련된 제안은 제품과 포장의 재료를 통제하는 것, 광고 '소음'의 수준을 줄이는 것 등이다. 미래의 소비를 위해 세계를 보존하는 제안에는 지속가능한 자원의 사용, 고체 폐기물의 재활용과 재사용, 에너지 소비 조절 등이 포함된다.

지속가능한 마케팅은 소비자뿐 아니라 기업과 정부에도 적용된다. 소비자는 권리와 함께 정부나 그 밖의 다른 이에게 이러한 기능을 전가하지 말고 자기 자신을 보호할 의무도 가지고 있다. 불공정거래라고 생각하는 소비자는 해당 기업 또는 미디어에 연락하거나 연방정부, 주정부, 지역 단체 등에 고발하거나 소액재판소에 출두할 수 있다. 또한 소비자는 좋은 소비 선택을 해야 한다. 책임 있는 행동을 한 기업은 보상하고 그렇지 않은 기업은 벌하는 것이다. 분명한 사실은 무책임한 소비에서 지속가능한 소비로의 이동이 소비자의 손에 달려 있다는 것이다.

환경보호주의

환경보호주의
인간이 현재 살고 있는 환경을 보호하고 개선하려는 의식을 가진 시민, 기업, 정부 조직의 조직적인 움직임

소비자보호운동가는 마케팅 시스템이 효율적으로 소비자의 욕구를 충족하는지를 생각하는 반면 환경보호운동가는 마케팅이 환경에 미치는 영향과 소비자의 욕구와 필요를 충족하는 데 드는 비용을 우려한다. **환경보호주의**(environmentalism)란 인간이 현재 살고 있는 환경을 보호하고 개선하려는 의식을 가진 시민, 기업, 정부 조직의 조직적인 움직임을 말한다.

환경보호운동가는 마케팅과 소비에 반대하는 것이 아니다. 그들은 소비자와 기업이 환경을 더 많이 배려하면서 일해주기를 바랄 뿐이다. 지속가능성 옹호자이면서 유니레버의 CEO인 폴먼은 이렇게 말한다. "웰빙에 이르는 길은 소비를 줄임으로써 가능한 것이 아니다. 더욱 책임 있는 소비를 통해 가능한 것이다."[17] 그러나 환경보호운동가는 마케팅 시스템의 목적이 소비, 소비자 선택, 소비자 만족을 최대화하는 것이 되어서는 안 되며 삶의 질을 최대화하는 것이어야 한다고 주장한다. 삶의 질에는 소비 제품 및 서비스의 양과 질뿐만 아니라 현재와 미래 세대를 위한 환경의 질도 포함된다.

환경보호주의는 지구 온난화, 자원 고갈, 독성 폐기물과 고체 폐기물, 쓰레기, 신선한 물의 이용 가능성, 그 밖의 문제가 생태계에 미치는 악영향을 우려한다. 또 다른 이슈로는 나쁜 공기, 오염된 수질, 화학적으로 처리된 음식물로 인한 건강 문제의 증가, 휴양지 감소가 있다.

지난 수십 년 동안 이러한 우려는 환경에 영향을 주는 산업적·상업적 활동을 통제하는 연방·주 차원의 법과 규제로 이어졌다. 몇몇 기업은 이와 같은 환경적 규제에 대해 크게 분개하고 저항했으며, 너무 많은 비용으로 인해 산업의 경쟁력이 떨어질 것이라고 주장했다. 소비자 환경에 대한 관심에 어떤 기업은 새로운 규제만 간신히 피해 가거나 환경보호자를 억압함으로써 대응하려 한다.

그러나 최근 대부분의 기업은 환경에 해를 끼치지 않는 것을 당연한 책임으로 여기고 있다. 기업이 항의자에서 예방자로, 규제당하는 입장에서 책임지는 입장으로 변신했다. 점점 더 많은 기업이 **환경적 지속가능성**(environmental sustainability) 정책을 받아들이고 있다. 간단하게 말하면 환경적 지속가능성은 지구를 보호하는 동시에 기업의 이윤을 창출하는 것이다. 오늘날 깨친 기업은 누군가가 하라고 해서 하거나 단기간 수익을 올리기 위해 하기보다는 그것이 옳은 일이기 때문에 행한다. 고객의 웰빙, 기업의 웰빙, 지구 환경의 미래를 위한 일이기 때문이다.

환경적 지속가능성
지구를 보호하는 동시에 기업의 이윤을 창출하는 것

● 그림 20.2는 기업의 환경적 지속가능성 진보 수준을 측정하는 데 사용할 수 있는 척도를 보여준다. 단기적으로 기업과 환경에 보상을 가져올 내부적·외부적 **환경 친화** 활동과 장기적으로 보상을 가져올 **환경 친화 그 이상의** 활동을 모두 포함한다.

가장 기본적인 단계로 기업은 **공해 방지 노력**을 할 수 있다. 이는 생성된 폐기물을 깨끗이 처리하는 것, 즉 공해를 통제하는 것 그 이상이다. 공해 방지는 폐기물이 생성되기 전에 미리 제거하거나 최소화하자는 것으로, 공해 방지를 강조하는 기업은 내부적으로 '그린 마케팅' 프로그램을 통해 이

● 그림 20.2
환경적 지속가능성 척도
출처: Based on Stuart L. Hart, "Sustainable Value," www.stuartlhart.com/sustainablevalue.html, October 2016.

	오늘날: 환경 친화	미래: 환경 친화 이상
내부	**공해 방지** 폐기물을 제거하거나 발생하기 전에 줄이기	**새로운 청정 기술** 새로운 환경적 기술과 역량 개발하기
외부	**제품 책임주의** 전체적인 제품수명주기를 통해 환경적 영향 최소화하기	**지속가능성 비전** 미래의 지속가능성을 위한 전략적 골자 설정하기

이 그림은 단순한 자연환경 문제 그 이상을 해결해준다. 또한 환경적으로 지속가능한 전략과 실천을 통해 시장과 기업을 위한 지속가능한 가치를 창출할 수 있는 기회를 제시한다.

● 환경적 지속가능성: 아디다스는 지속가능한 제품과 운영에 대한 야심 찬 목표를 정립했다. 팔리 신발과 의류는 세계 해변과 해안 지역에서 수거한 플라스틱 폐기물을 재활용하여 만든 원사로 제작된다.
adidas

에 대응하고 있다. 그린 마케팅은 환경적으로 안전한 제품, 재활용이 가능하고 미생물 작용으로 분해 가능한 포장 용기, 더 나은 오염 통제 장치, 연료 효율을 높이는 방법 등을 설계하고 개발하는 것을 말한다.

● 예를 들어 운동화와 의류 제조업체 아디다스는 새로운 제품을 생산하기 전에 환경적 영향을 고려한다. 그 결과로 제품 성능과 지속가능성 이익을 창출하는 듀라모(Duramo) 신발과 같이 폐기물이 적은 신발과 의류가 제작되었다. 자재, 폐기물, 에너지 사용을 줄여서 만든 듀라모는 4개의 가죽으로 이루어진 단순한 디자인의 경량 신발로, 운동선수에게 보다 자연스러운 착용감을 선사한다. 더 넓은 범위에서 아디다스는 제품 설계 및 제조에 대한 제한 물질 목록(PVC 없음, 개체를 위험에 빠뜨리거나 개체에 위협적인 물질 없음, 지속불가능한 자원 거의 없음)을 개발했다. 그리고 최근에는 팔리 포더오션스(Parley for the Oceans)와 공동으로 세계 해변과 해안 지역에서 수거한 플라스틱 폐기물을 재활용하여 만든 원사로 팔리 라인의 신발과 의류를 제작했다. 또한 아디다스는 사업장에서 온실가스 배출과 에너지, 물, 종이 소비를 줄이기 위한 야심 찬 내부 목표를 정립했다.[18]

다음 단계로 기업은 **제품 책임주의**를 실행할 수 있다. 제품 책임주의란 제조공정과 제품 디자인의 공해를 최소화할 뿐만 아니라 전체 제품수명주기 동안 비용을 줄이는 동시에 환경에 미치는 영향을 최소화하려는 노력을 말한다. 많은 기업이 **환경 친화적 디자인**(design for environment, DFE)과 **요람에서 요람으로**(cradle-to-cradle) 제도를 도입하고 있다. 이는 재생, 재사용, 재활용, 사용 후 자연 상태로 되돌아가 생태학적 순환의 한 부분이 되었을 때의 안전 문제 등을 제품 설계에 앞서 고려하는 것이다. 환경 친화적 디자인과 요람에서 요람으로는 환경을 보호하는 것은 물론이고 기업에도 상당히 유익한 제도이다.

예를 들어 IBM은 글로벌 자산 복구 서비스(Global Asset Recovery Services) 사업을 개시했다. 이는 회수된 컴퓨터 본체와 기타 기기의 부품 재사용·재활용을 설계하는 사업이다. 작년에 IBM은 전 세계의 폐기 전 제품과 폐기된 제품 쓰레기 5,850만 파운드 이상을 처리하면서 쓸 만한 것을 골라내어 칩과 값비싼 금속으로 재생했다. IBM은 1995년부터 23억 톤 이상의 기계, 부속품, 자재를 이렇게 처리하고 있다. IBM은 처리 대상의 99% 이상을 사용할 수 있고 매립지나 소각지로 보내는 비율이 1%도 안 된다는 것을 알게 되었다. 환경적 노력으로 출발한 일이 이제는 전 세계 22개 지역에서 전자 기기를 수익성 있게 재활용하는 수십억 달러 규모의 IBM 사업부로 성장했다.[19]

오늘날 **환경 친화** 활동은 기업이 환경을 보호하기 위해 이미 하고 있는 일을 더 향상하는 데 초점을 맞춘다. 그림 20.2의 **환경 친화 이상**은 미래를 바라보는 것이다. 우선 내부적으로 기업은 **새로운 청정 기술**을 계획한다. 많은 기업의 환경적 지속가능성 정책상 진전은 기술력 때문에 여전히 제한적이다. 충분히 환경 친화적인 정책을 개발하려면 혁신적인 신기술을 개발해야 한다. 예를 들어 거대 에너지 기술 기업인 지멘스는 2030년 내 완전한 탄소 중립을 선언했는데 이를 실현하기 위해서는 많은 혁신이 필요하다.[20]

전 세계 200개국에 37만 9,000명 이상의 직원을 둔 150년 역사의 지멘스는 '연소'에서 '전기화'로 전환함으로써 탄소 발자국을 줄이고 있다. 한 예로 인도 칼라와에 있는 50년 된 생산 시설에서는 현재 6,000개의 태양광 패널을 사용하여 전력 사용량의 25%를 공급하고 있다. 이는 새로 심은 나무 6만

2,000그루와 맞먹는 양이다. 생수병 소비를 줄이기 위해 도시 물을 추가로 세척하여 음용수로 만들어 공장 주변 50곳에 나누어주는 첨단 정수 시설을 설치함으로써 연간 200만 개 이상의 일회용 플라스틱 물병을 절약했다. 수도 시설은 공장의 모든 공업용수를 처리하고 거리와 화장실 정화부터 녹지 구역 물 공급에 이르기까지 모든 용도로 재활용된다. 또한 공장의 최첨단 폐기물 분리 저장소는 폐기물을 45개의 범주로 구분하여 재활용업자가 잘 처리할 수 있게 준비한다. 지멘스의 탄소 중립성 혁신은 환경보호에 도움이 될 뿐만 아니라 기업의 비용도 절약해줄 것이다. 이 기술 프로젝트는 단 5년 만에 투자 비용을 회수하고 그 후 연간 2,000만 달러의 절감 효과를 창출할 것이다.

끝으로 기업은 미래를 위한 지침이 되는 **지속가능성 비전**을 개발할 수 있다. 이것은 기업의 제품과 서비스, 운영 과정, 정책이 어떻게 진화해야 하고, 이러한 목표를 달성하기 위해 어떤 신기술을 개발해야 할지를 알려준다. 이러한 지속가능성 비전은 기업과 다른 이들이 따라야 할 공해 방지, 제품 책임주의, 새로운 환경 기술을 운용하는 방법에 관한 틀을 제공한다. 이는 자연환경에서 겪는 어려움뿐만 아니라 기업과 시장에 지속가능한 가치를 창조해내려는 환경 전략을 이용할 기회도 다룬다.

오늘날 많은 기업은 그림 20.2에 제시한 사분면상의 공해 방지에만 지나치게 투자한다. 미래를 내다보는 기업은 제품 책임주의를 실천하고 새로운 환경 기술을 개발한다. 그러나 지속가능성 척도의 한두 분면만 강조하는 것은 근시안적인 태도이다. 지속가능성 척도의 왼쪽 분면에 투자하는 경우 현재 환경에서는 입지를 구축할 수 있지만 미래 환경에서는 취약해질 것이다. 반대로 지속가능성 척도의 오른쪽 분면만 지나치게 강조하는 기업은 환경적 비전을 가졌지만 그것을 수행해나갈 기술이 부족할 수 있다. 그러므로 기업은 반드시 지속가능성 척도의 네 가지 차원을 모두 골고루 개발해야 한다.

예를 들어 노스페이스는 자체적인 환경 지속가능성 조치와 공급업체 및 소비자의 행동에 미치는 영향을 통해 지속가능성을 추구한다.[21]

● 지속가능성 비전: 노스페이스의 지속가능성은 단순히 옳은 일을 하는 것이 아니라 기업 입장에서도 가치가 있다. 'Clothes the Loop' 프로그램과 같은 지속가능성 노력은 기업, 고객, 환경에 좋은 영향을 미친다.
VF Corporation

캘리포니아 앨러미다에 있는 노스페이스 본사 건물에는 그 건물에서 사용하는 것보다 더 많은 전기를 생산하는 태양 전지판과 풍력 터빈이 완비되어 있다. 건물은 배기가스가 많이 나오는 냉각제가 필요 없는 증발식 냉각 시스템을 사용한다. 다른 지역에 있는 본사와 유통 센터에도 태양열 또는 물 절약 기능이 마련되어 있다. 제조 분야에서 노스페이스는 의류 라인의 80% 이상을 차지하는 폴리에스테르의 대체물로 100% 재활용된 재료를 이용하는 방안을 두고 공급업체와 긴밀히 협력하고 있다. 노스페이스는 공급업체와 협력하여 공장 폐기물, 화학물질, 물, 에너지 사용량을 줄이고 있다. 2010년 이후 노스페이스의 공급업체는 제조공정에서 유조선 트럭 212대 이상 분량의 화학물질과 올림픽 수영장 470개 이상 규모의 물을 없앴다.

또한 노스페이스는 오늘날 패션 유행이 급변하는 시대에 발생하는 폐기물을 줄이기 위해 집중 전략을 펼쳐 평생 의류 및 장비 보증으로 연간 9만 개 이상의 제품을 회수하고 수선한다. ● 한편 노스페이스가 운영하는 'Clothes the Loop' 프로그램은 재활용이나 리폼을 위해 고객의 중고 의류를 수집한다. 수거함에 있는 품목은 재활용 센터로 보내어 신중하게 분류한 뒤 재활용하여 수명을 연장하거나 다른 제품을 만드는 데 사용하기 위해 원자재로 재활용한다. 이 프로그램의 수익금은 공유지와 휴양지를 보호하기 위해 지역사회 기반 캠페인에 자금을 지원하는 보존연합(Conservation Alliance)을 후원하는 데 이용된다.

환경적으로 지속가능하다는 것은 노스페이스에게 매우 가치 있는 일이다. 이는 기업 입장에서도 의미가 있다. 보다 효율적인 운영과 낭비가 적은 제품은 환경에 이로울 뿐만 아니라 노스페이스의 비용을 절약하여 고객에게 더 많은 가치를 제공하는 데에도 도움이 된다. 노스페이스는 이렇게 말한다. "노스페이스의 중심에는 환경에 대한 지속적인 관심 및 보존과 관계된 세계적인 운동을 장려하는 사명이 있다. 우리는 비즈니스의 성공이 근본적으로 건강한 세상을 이루는 것과 관련이 있다고 생각한다."[22]

마케팅을 규제하려는 사회운동

마케팅 관행에 대한 사람들의 우려는 종종 대중적 관심과 입법안으로 이루어진다. 전 세계적으로 사업에 영향을 미치는 법률이 수년간 꾸준히 증가했다. 미국과 여러 국가에는 경쟁, 공정거래 관행, 환경보호, 제품 안전, 광고 진실, 소비자 개인 정보 보호, 포장 및 라벨링, 가격결정, 판매 및 기타 중요한 영역과 같은 문제를 다루는 많은 법률이 존재한다.

다양한 마케팅 활동이 공공정책에 미치는 영향을 이해하기란 쉽지 않다. 미국에는 국가, 주, 지역 수준에서 만들어진 복잡한 법률이 많고, 이러한 법률이 상충되는 경우도 있다. 마케팅에 영향을 미치는 법률은 3장에서 다루었으며, 마케팅 전략, 경쟁 관계, 마케팅 조사, 제품, 가격, 판촉, 유통 경로에 대한 결정을 내릴 때 마케팅 의사결정자가 이해하는 언어로 이러한 법률을 번역하는 것이 과업이다.

저자 코멘트 | 결국 마케터가 지속가능한 마케팅에 대한 책임을 져야 한다. 이는 소비자에게 즉각적인 미래의 가치를 제공하기 위해 책임감 있고 윤리적인 방식으로 운영하는 것을 의미한다.

지속가능한 마케팅을 향한 기업 행동

학습목표 20-4 지속가능한 마케팅의 원리를 알아본다.

처음에 많은 기업은 소비자보호주의와 환경보호주의, 기타 지속가능한 마케팅 요소에 반대했다. 소비자나 환경에 대한 관심이 중요하지 않거나 부당하다고 생각했기 때문이다. 그러나 지금은 대부분의 기업이 지속가능한 마케팅 원칙을 많이 강조하며, 현재와 미래의 고객 가치를 창출하고 고객 관계를 강화하는 방법으로 받아들이고 있다.

지속가능한 마케팅 원칙

지속가능한 마케팅 개념하에 기업의 마케팅은 마케팅 체계에서 최선의 장기적 실행을 지원해야 한다. 이는 소비자 지향적 마케팅, 고객 가치 창출 마케팅, 혁신적 마케팅, 사명의식 마케팅, 사회 지향적 마케팅이라는 다섯 가지 지속가능한 마케팅 원칙을 따라야 한다.

소비자 지향적 마케팅

소비자 지향적 마케팅
자신의 마케팅 활동을 소비자의 관점과 입장에서 바라보고 조직하는 것

소비자 지향적 마케팅(consumer-oriented marketing)은 기업이 자신의 마케팅 활동을 소비자의 관점과 입장에서 바라보고 조직하는 것을 말한다. 정의된 고객 집단의 현재와 미래 욕구를 모두 인식하고, 서비스하고, 만족시키기는 어려울 것이다. 이 책에서 이야기하는 좋은 마케팅 활동을 하는 모든 기업의 공통점은 고객에게 최상의 가치를 전달하려는 열정을 가지고 있다는 것이다. 이렇듯 세상을 고객의 눈으로 보려는 노력만이 지속가능하고 수익성 있는 고객 관계를 구축하는 데 도움이 된다.

고객 가치 창출 마케팅

고객 가치 창출 마케팅
기업의 많은 자원을 고객 가치를 창출하는 마케팅 활동에 투자하는 것

고객 가치 창출 마케팅(customer value marketing)은 기업의 많은 자원을 고객 가치를 창출하는 마케팅 활동에 투자하는 것을 말한다. 일회성 판매촉진, 화장품 포장 용기의 변화, 직접반응 광고와 같이 마케터가 많이 하는 활동은 단기간 판매량을 늘릴 수는 있지만 고객 가치 측면에서 보면 제품의 질, 특성, 편의성을 증진하는 것만큼의 효과를 거두지 못한다. 계몽 마케팅은 기업의 마케팅 활동으로 고객이 얻을 수 있는 가치를 지속적으로 향상하여 장기적인 고객 충성도와 관계 형성을 유도한다. 고객을 위한 가치를 창출함으로써 기업도 고객으로부터 되돌아오는 가치를 얻을 수 있다.

혁신적 마케팅

혁신적 마케팅
제품과 마케팅의 개선점을 찾아볼 것을 요구하는 것

혁신적 마케팅(innovative marketing) 원칙은 기업으로 하여금 제품과 마케팅의 개선점을 끊임없이 찾아볼 것을 요구한다. 새롭고 더 나은 방법을 찾아보는 것을 간과하는 기업은 결국 더 나은 방법을 찾아낸 경쟁사에게 고객을 빼앗기고 말 것이다.

● 혁신적 마케팅: 아마존은 당일 배송, 심지어 1시간 내 배송을 제공하는 아마존 프라임 나우와 같은 새로운 고객 가치 창출 방법을 끊임없이 모색하고 있다.
creativep/Alamy Stock Photo

혁신적 마케터는 고객 가치를 창출할 수 있는 새롭고 더 나은 방법을 지속적으로 찾는다. 예를 들어 빠르고 신뢰할 수 있는 배송은 온라인 쇼핑객에게 매우 중요하다. 따라서 아마존은 50달러 이상 주문 시 무료 배송으로 혁신을 가장 먼저 수행함으로써 고객을 만족시켰다. 하지만 아마존은 거기서 멈추지 않았다. 그다음 전략으로 고객이 추가 비용 없이 2일 이내에 또는 약간의 추가 비용을 내고 하루 만에 배송받을 수 있는 아마존 프라임을 도입했다. ● 더 나아가 아마존은 주요 대도시의 수만 개 품목에 대해 매우 빠른 당일 배송(또는 1시간 내 배송)을 제공하는 아마존 프라임 나우로 혁신을 취했다. 배송 시간을 단축하기 위해 탐구하면서 아마존은 드론, 무인 차량, 로봇 연구에 많은 투자를 했으며 앞서 언급한 전략과 더불어 끊임없는 혁신적 전략이 존재한다. 아마존 마켓플레이스, 전자책 리더기 킨들, 아마존 클라우드 서비스에 대한 고객 리뷰와 원클릭 주문 기능은 아마존이 고객의 쇼핑 경험을 개선하고 온라인 쇼핑 시장 영역을 장악하도록 도와주었다.

사명의식 마케팅

사명의식 마케팅
기업이 사명을 정의할 때 제품 중심으로 좁게 서술하기보다는 사회적 역할을 고려하여 광의로 서술해야 한다는 지속가능한 마케팅 원칙

사명의식 마케팅(sense-of-mission marketing)이란 기업이 사명을 정의할 때 제품 중심으로 좁게 서술하기보다는 사회적 역할을 고려하여 광의로 서술해야 함을 말한다. 기업이 사회적 역할을 고려하여 기업 사명을 정의하면 직원이 자기 일에 자부심을 느끼고 정확한 목표의식을 가질 수 있다. 광의적 기업 사명과 연관된 브랜드는 브랜드와 소비자 모두의 이익에 장기적으로 기여할 수 있다.

예를 들어 페디그리는 질 좋은 개 사료를 만드는데, 이것만으로 이 브랜드를 다 설명할 수는 없다. 페디그리는 개를 사랑하고 돌보는 데 중점을 둔다. 개가 사람들의 장점을 이끌어내고 삶에 중요한 영향을 미친다고 주장하는 페디그리는 개에게 제대로 된 사료를 먹임으로써 긍정적인 결과를 창출하기를 바란다. 이러한 광범위한 브랜드 철학과 더불어 영양가 있는 개 사료를 만드는 것 말고도 페디그리는 어려움에 처한 개를 지원하기 위한 실질적인 노력을 강구한다. 'You buy. We give.(당신은 구매하고 우리는 드립니다)' 프로그램을 통해 고객이 제품을 구매할 때마다 보호소에 있는 개를 위해 건강한 사료를 기부한다. 그리고 브랜드 사명을 더 이행하기 위해 "우리는 모든 개가 안전하고, 보살핌을 잘 받고, 잘 먹고, 사랑받는 날을 고대한다"고 선언한 페디그리재단을 설립

했다. 페디그리재단은 보호소에 있는 개들이 좋은 가정을 찾도록 돕기 위해 수백만 달러를 모금했다. 사명의식 마케팅은 페디그리를 세계 제일의 개 사료 브랜드로 만들어주었다.[23]

몇몇 기업은 전체 기업 사명을 광의적인 사회적 역할로 규정하기도 한다. 예를 들어 톰스(TOMS)는 하나를 사면 하나를 주는 모델을 통해 영리는 물론이고 세상을 더 나은 곳으로 만드는 것을 추구한다. 따라서 톰스의 경우 '이로움'과 '성공'은 밀접한 연관성이 있다. 톰스는 사회 변화라는 임무를 실현하기 위해 돈을 번다. 동시에 이 브랜드의 사회적 임무는 소비자에게 구매해야 할 강력한 이유를 부여한다.

그러나 가치와 이윤이라는 두 마리 토끼를 잡는 것은 쉬운 일이 아니다. 몇 년 동안 파타고니아, 벤앤제리스, 팀버랜드, 더바디샵 등 '이윤 이전에 원칙'을 강조하는 것으로 유명하고 존경받던 기업들이 신통치 않은 재정적 결실로 어려운 시기를 거쳤다. 그러나 최근에는 사회적 기업의 새로운 세대가 부상하고 있는데, 이들은 '선행'을 하기 위해 우선 '제대로 할 것', 즉 수익성 있는 사업 운영을 해야 한다는 것을 알고 있는 잘 훈련된 사업 관리자들이다.

더 나아가 오늘날 사회적으로 책임 있는 사업은 더 이상 작고 사회적으로 의식 있는 기업가들만의 영역이 아니다. 월마트, 나이키, 스타벅스, 코카콜라 등 수많은 대기업과 브랜드가 사회적·환경적 책임 사명을 도입했다. 오히려 수익과 이익에 중점을 두는 것보다 목표 지향적인 사명이 기업을 움직이게 할 수 있다.

사회 지향적 마케팅
기업이 소비자의 요구, 기업의 필요, 소비자의 장기적 이익, 사회의 장기적 이익을 고려하여 의사결정을 해야 한다는 지속가능한 마케팅 원칙

결함이 있는 제품
즉각적 만족이나 장기적 편익을 모두 제공하지 못하는 제품

즐거움을 주는 제품
즉각적 만족도가 높지만 장기적으로 고객에게 해가 될 수 있는 제품

유익한 제품
당장은 별로 주의를 끌지 못하지만 장기적으로 고객에게 편익을 제공하는 제품

바람직한 제품
즉각적 만족도와 장기적 편익이 모두 높은 제품

사회 지향적 마케팅

사회 지향적 마케팅(societal marketing)의 원칙에 따르는 기업은 소비자의 요구, 기업의 필요 요건, 소비자의 장기적 이익, 사회의 장기적 이익을 고려하여 마케팅 결정을 내린다. 소비자와 사회의 장기적 이익을 무시하는 기업은 소비자와 사회에 피해를 준다는 것을 알아야 한다. 영리한 기업은 사회 문제를 기회로 보는 시각을 가지고 있다.

지속가능한 마케팅은 제품이 즐거움뿐만 아니라 유익함을 제공할 것을 요구한다. ● 그림 20.3은 두 가지 기준의 차이를 보여준다. 제품은 즉각적 고객 만족과 장기적 고객 편익의 정도에 따라 분류된다.

맛없는 음식, 비효율적인 기계와 같은 **결함이 있는 제품**(deficient product)은 즉각적 만족이나 장기적 편익을 모두 제공하지 못한다. **즐거움을 주는 제품**(pleasing product)은 즉각적 만족도가 높지만 장기적으로 고객에게 해가 될 수 있는데, 담배나 정크푸드가 대표적인 예이다. **유익한 제품**(salutary product)은 당장은 별로 주의를 끌지 못하지만 장기적으로 고객에게 편익을 제공하는데, 자전거 헬멧이나 일부 보험 상품을 예로 들 수 있다. **바람직한 제품**(desirable product)은 즉각적 만족도와 장기적 편익이 모두 높은 제품으로, 맛도 있고 영양가도 있는 패스트푸드 등이 그 예이다.

● **그림 20.3**
사회 지향성 수준에 따른 제품 분류

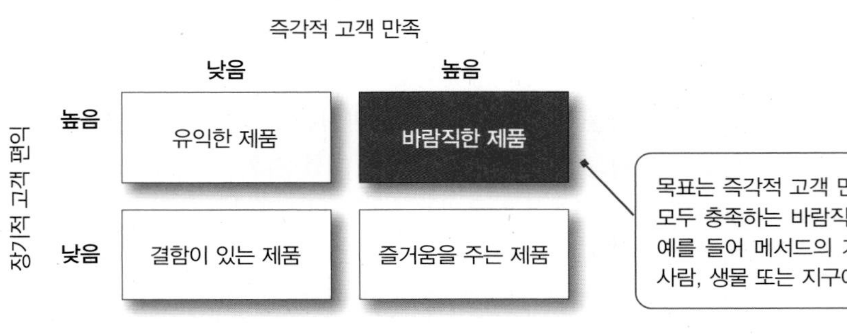

마케팅 현장 20.2 | 웨이트로스: 본인 가방을 가져오세요

테스코와 까르푸는 2019년 1월 다보스에서 열린 세계경제포럼(World Economic Forum)에서 재활용이 아닌 리필이 가능한 온라인 쇼핑 서비스를 시범 운영하겠다고 밝혔다. 실험은 세면 도구, 아이스크림, 시리얼과 같은 품목으로 제한되었지만 영국 슈퍼마켓 체인인 웨이트로스는 한발 더 나아갔다. 용기를 가져온 고객이 파스타, 시리얼, 쌀과 같은 농산물을 사고 다시 채울 수 있는 서비스에 대한 시범 계획을 발표하고 곧 커피와 와인으로까지 범위를 확대했다. 또한 웨이트로스는 '픽앤드믹스(pick and mix)' 냉동 과일을 제공했다. 이러한 이니셔티브는 회사를 지속가능하게 만들 뿐만 아니라 보다 지속가능한 미래를 향한 쇼핑 행동에 잠재적으로 영향을 미친다.

목표는 쇼핑객이 플라스틱 포장을 덜 사용하도록 하는 것이었고, 어떤 면에서는 고객이 재사용 가능한 직조 쇼핑백을 구매하도록 권장한 웨이트로스의 'Bag for Life' 프로젝트에 상응한다. 현재까지 웨이트로스의 자체 브랜드 제품 포장에는 1만 8,400톤의 플라스틱이 포함되어 있지만 이 포장재의 70%는 광범위하게 재활용 가능하며, 웨이트로스는 이를 2020년까지 80%, 2023년까지 100%로 늘리기로 했다. 그리고 2023년까지 모든 자체 브랜드 포장재를 광범위하게 재활용, 재사용 또는 가정용 퇴비로 사용하겠다는 목표를 설정했다. 한편 웨이트로스의 비포장 리필스테이션 제품은 최대 15% 더 저렴하며, 맥주와 와인 또는 미네랄 성분으로 만든 식물성 에코버(Ecover) 제품 외에는 고객이 직접 가져온 용기를 이용할 것을 권장한다.

영국 전역에 300개 이상의 매장을 보유하고 있는 웨이트로스앤드파트너스(Waitrose & Partners)는 50개국 이상에 제품을 수출하며, 엘리자베스 2세 여왕과 찰스 왕세자에게 식료품, 와인과 주류를 공급할 수 있는 왕실 창구(royal warrant)를 가지고 있다. 이 시장 부문에서 고객은 각 매장의 제품이 동일하기 때문에 가장 편리한 장소와 최저가로 식품을 구매하는 경향이 있다. 웨이트로스는 고소득 고객을 대상으로 하기 때문에 더 넓은 인구통계에 맞추어 시장 점유율을 크게 확대할 수 없다. 그럼에도 불구하고 2019년 5월 기준 점유율이 5.1%로 시장 내 8위를 차지했다. 웨이트로스의 온라인 스토어는 2018년 한 해 동안 10% 이상의 성장을 보였으며, 이는 웨이트로스의 같은 해 매출 64억 유로에 크게 기여했다. 세인스버리스(Sainsbury's), 테스코, 그리고 특히 고소득 고객을 대상으로 하는 마크스앤드스펜서를 포함한 다른 시장 업체들과 비교했을 때 웨이트로스의 식료품 시장 점유율은 수년 동안 5%를 조금 넘었다. 대부분의 소매점이 가격 경쟁을 벌이고 로열티 제도를 통해 경쟁우위를 확보하는 것에 비해 웨이트로스는 차별화된 고품질 제품을 제공하여 브랜드 충성도를 높이는 데 중점을 둔다.

웨이트로스 전략 중에서 환경주의는 분명하고 필수적인 부분이며, 웨이트로스는 환경을 보호하고 개선하기 위해 노력하는 관련 시민, 기업, 정부기관의 조직적인 운동의 일환으로 자리매김하고 있다. 고객은 원하는 제품의 지속가능성에 대한 구매 선택을 더 의식하게 되었고 웨이트로스의 고소득 고객은 환경주의에도 관심이 아주 많다. 웨이트로스는 기존 고객을 유지하고 신규 고객을 유치하기 위한 지속가능한 마케팅의 중요성을 잘 알고 있으며, 이를 반영하고 있다. 예를 들어 수산물 제품에는 책임감 있는 어업 정책에 따라 어획했음을 고객이 확인할 수 있는 라벨이 붙어 있다.

웨이트로스는 영국산 제품에 중점을 두고 현지 농장과의 합작투자를 통해 제품을 공급한다. 이것은 지역 사업과 지역에서 재배된 제품을 지원할 뿐만 아니라 환경에 미치는 영향도 줄인다. 매년 웨이트로스의 사회적 책임 보고서는 공급망, 원자재, 농업, 재사용 정책, 탄소 감축 측면에서의 지속가능성 노력과 성과를 대중에게 공개하고 있다. 웨이트로스는 2019년 말까지 제과 코코아의 100%를 공정거래하는 목표를 설정했으며, 영국 'Better Jobs Programs'에 공장을 등록하고, 웨이트로스앤드파트너스재단을 세네갈과 감비아로 확대했다. 웨이트로스는 농장 및 동물 복지에 관한 비즈니스 벤치마크에서 계층 1에 자리하며, 제삼자 인증 어획량도 91.2%로 증가했다. 웨이트로스는 시장을 선도하는 새로운 닭 복지 공약과 더불어 젖소 농장의 소들이 최소 100일간 목초지에서 풀을 뜯게 하기로 약속했다.

웨이트로스는 원자재 관리를 개선하기 위해서도 노력한다. 예를 들어 팜유의 100%가 지속가능한 공급원에서 공급되며, 보다 지속가능한 목화 재배를 위해 노력하는 BCI(Better Cotton Initiative)에도 서명했다. 웨이트로스는 2020~2021년까지 자체 브랜드 제품의 목재와 종이를 100%를 신뢰할 수 있는 출처에서 생산하는 것을 목표로 한다. 다른 이니셔티브에는 500개 이상의 목재 공급원에 대한 공급망 매핑 연습이 포함되며, 그중 38%는 책임감 있고 지속가능하다.

〈웨이트로스앤드파트너스 식품과 음료 보고서 2018/19(Waitrose and Partners Food and Drink Report 2018/19)〉에 따르면 우리는 엄격한 '채식 혁명' 속에 살고 있으며, 비건의 60%, 베저테리언의 40%는 지난 5년 이내에 그러한 라이프스타일을 채택했다. 웨이트로스는 이러한 고객의 편의를 위해 다양한 비건, 채식 품목과 같은 지속가능하고 건강하며 환경 친화적인 제품을 제공함으로써 건강·친환경 제품의 증가하는 수요에 대응한다.

웨이트로스는 2016년에 재생 가능 전력의 조달을 늘렸고 영국 소매업체로는 처음으로 바이오메탄으로만 운영되는 전용 가스 트럭을 사용했다. 운송은 웨이트로스의 운영 탄소 배출량의 40% 이상을 차지하므로 2045년까지 무탄소 운송 차량을 보유하고 2028년까지 대형 차량 전체에서 바이오메탄 트럭에 투자하여 전기 전용 차량으로 전환할 계획을 세우고 있다.

지속가능성은 웨이트로스의 마케팅 전략의 핵심이며, 웨이트로스는 더 나은 미래를 향한 더 큰 움직임의 일환으로 포지셔닝하고 있다.
Kumar Sriskandan/Alamy Stock Photo

웨이트로스는 소매 부문 전체가 직면한 과제에도 불구하고 기업의 책임 강화를 위한 노력을 더하고 있다. 지속가능성 목표를 실현하려면 전 세계 환경 동향에 대응해야 하며, 이를 위해 기업은 마케팅 전략을 지속적으로 변경해야 한다. 여기에 보조를 맞추기 위해 웨이트로스는 '윤리적 거래 이니셔티브 기본 코드(Ethical Trading Initiative Base Code)'의 개정과 연계된 '책임 있는 소싱 실행 규정(Responsible Sourcing Code of Practice)'을 정기적으로 업데이트한다. 웨이트로스의 목표는 단순히 기준을 충족하는 것이 아니라 더 나은 세상을 위해 헌신하는 브랜드로서 고객 사이에서 더 나은 입지를 차지하는 것이다.[24]

기업은 모든 제품을 바람직한 제품으로 만들려고 노력해야 한다. 즐거움을 주는 제품의 도전 과제 중 하나는 아주 잘 팔리지만 결국에는 고객에게 해를 끼칠 수 있다는 것이다. 그러므로 기회를 살리려면 현 제품이 제공하는 즐거움의 질을 손상하지 않고 장기적 편익을 보완해야 한다. 유익한 제품의 도전 과제는 즐거움을 주는 어떤 속성을 더하여 고객의 마음속에 더 바람직하게 인식되도록 만드는 것이다.

가정 및 개인 청소 제품을 주력으로 하며 '더러움에 맞서는' 메서드를 살펴보자. 효과적인 가정용 세척 제품에는 대부분 사람과 환경에 해로울 수 있는 화학물질이나 독성 성분이 포함되어 있다. 그러나 메서드의 제품은 자연에서 파생된 생분해성, 무독성 성분으로 제조된다. 메서드는 "우리는 화학 원료가 아닌 식물에서 나온 재료를 선호한다"고 말한다. 메서드는 시카고의 제조 시설에 전력을 공급하기 위해 풍력 터빈, 태양열 나무와 같은 재생 에너지원을 사용한다. "우리 제품은 사람, 생물, 지구에 해를 끼치지 않는다"고 메서드는 말한다. 메서드의 공동 설립자이자 환경 부서 최고 관리자는 다음과 같이 말한다. "아름다운 디자인과 환경에 대한 책임은 제품을 만들 때 똑같이 중요하며, 우리는 지속가능성을 위해 제품의 기능을 바꾸지 않아도 된다."[25]

마케팅 윤리와 지속가능한 기업

학습목표 20-5 마케팅에서 윤리의 역할을 알아본다.

마케팅 윤리

선한 윤리는 지속가능한 마케팅의 초석이다. 장기적으로, 비윤리적 마케팅은 고객과 사회 전체에 해를 끼친다. 더 나아가 결국에는 기업의 생존 자체를 위태롭게 하면서 평판과 효과성을 손상한다. 그러므로 장기적인 소비자 및 기업 복지를 위한 지속가능한 마케팅 목표는 윤리적 마케팅 수행을 통해서만 이루어질 수 있다.

세심한 마케터는 많은 윤리적 딜레마에 직면한다. 많은 경우 불확실한 상태에서 어떻게 하는 것이 가장 좋은 결정일지 판단해야 한다. 모든 경영자가 훌륭한 윤리 감각을 지닌 것은 아니므로 기업은 조직의 모든 사람이 반드시 따라야 하는 광범위한 지침인 **기업 마케팅 윤리 방침(corporate marketing ethics policy)**을 개발할 필요가 있다. 이러한 방침은 유통업자와의 관계, 광고 기준, 고객 서비스, 가격 정책, 제품 개발, 일반적인 윤리 기준을 포괄한다.

어떤 세밀한 지침도 마케터가 마주하는 모든 윤리적 상황을 해결해주지는 못한다. 마케터가 부딪힐 수 있는 어려운 윤리적 이슈를 ● 표 20.1에 정리했다. 만약 마케터가 이러한 상황에서 즉각적인 판매를 촉진하는 행동을 한다면 그 행동은 부도덕하거나 심지어 비도덕적이라고 할 수 있을 것이다. 또한 마케터가 나열된 것 중 어떠한 매출 유발 행동도 수행하지 않는다면 끊임없이 윤리적이어야 한다는 긴장감 때문에 마케팅 관리자로서 비효과적이고 불행할 수 있다. 마케팅 관리자는 각 상황에서 윤리적인 중요성을 파악하는 데 도움이 될 원칙을 정하고, 양심상 떳떳하게 할 수

표 20.1 | 마케팅에서 도덕적 판단이 어려운 몇 가지 상황

- 회사의 R&D 부서에서 최근 제품을 조금 변형했다. 솔직히 '개량된 신상품'이라고 말할 수 있는 수준은 아니다. 그렇지만 당신은 그러한 문구를 제품과 광고에 사용한다면 판매가 증가된다는 것을 알고 있다. 어떻게 하겠는가?
- 고객을 매장으로 유인하기 위해 광고할 수 있는 저렴한 기본 모델을 제품라인에 추가하라는 지시를 받았다. 제품의 질이 그다지 좋지 않지만 판매원은 고객이 좀 더 고가의 제품을 사도록 유도할 것이다. 당신은 이러한 기본 모델을 추가하는 정식 허가를 종용받고 있다. 어떻게 할 것인가?
- 당신은 최근 경쟁사를 그만둔 제품 관리자를 고용하려고 한다. 그 제품 관리자는 아마도 경쟁사의 내년 계획을 모두 알려줄 것이다. 어떻게 할 것인가?
- 실적이 좋았던 중요 지역의 딜러 중 한 사람이 최근 집안일 때문에 실적이 많이 떨어졌다. 그가 집안일을 해결하는 데에는 시간이 꽤 많이 걸릴 듯하다. 그 사이에 매출액이 많이 떨어졌다. 실적을 이유로 그를 해고하고 다른 사람을 고용한다 해도 법적으로 문제가 되지는 않는다. 어떻게 하겠는가?
- 당신이 자신과 회사 모두에 의미 있는 매우 중요한 계약을 따낼 수 있는 기회가 왔다. '선물'을 준비하면 구매자의 결정에 좋은 영향을 줄 수 있을 것이라고 구매부 직원이 살짝 알려주었다. 당신의 부하는 대형 TV를 구매자의 집으로 보내라고 권유한다. 어떻게 하겠는가?
- 당신은 최근 경쟁사가 판매에 많은 영향을 줄 수 있는 새로운 특징의 제품을 개발했다는 소식을 들었다. 곧 열리는 연례 무역박람회의 개인 딜러 회의에서 신제품을 시연할 것이라고 한다. 당신은 어렵지 않게 누군가를 보내 경쟁사 신제품의 특징을 알아낼 수 있다. 어떻게 하겠는가?
- 당신은 광고 대행사가 결정한 3개의 광고안 중 1개를 선택해야 한다. 첫 번째 안인 ⓐ는 점잖고 정직하게 정확한 정보를 전하는 광고이다. 두 번째 안 ⓑ는 제품의 장점을 약간 과장하고 성적 호기심을 자극하는 방법을 사용했다. 세 번째 안 ⓒ는 시끄럽고 약간 짜증 나게 하는 광고물이지만 소비자의 관심을 확실히 끌 것 같다. 사전 조사에서는 ⓒ, ⓑ, ⓐ의 순서로 광고 효과가 나타났다. 어떤 광고를 선택하겠는가?
- 판매원을 뽑으려고 능력 있는 한 여성 지원자를 면접 보는 중이다. 이 여성은 조금 전에 면접을 본 남성보다 더 자질이 있어 보인다. 그러나 당신은 주요 고객 중 일부가 남성 판매원을 선호한다는 사실을 잘 알고 있고, 만약 여성을 채용한다면 판매가 감소할지도 모른다. 누구를 채용하겠는가?

있는 일이 어디까지인지 결정할 필요가 있다.

그런데 어떤 원칙이 기업과 마케팅 관리자에게 마케팅 윤리와 사회적 책임 문제에 대한 지침이 될 수 있을까? 첫 번째 철학은 자유시장과 법률 체계에 따르는 것이다. 이 원칙에 의하면 기업과 관리자는 도덕적 판단을 할 의무가 없다. 기업은 양심적으로 시장과 법률이 허락하는 한도 내에서 일하면 된다. 그러나 합법적이지만 매우 무책임한 기업 행동의 예는 역사적으로 무수히 많다.

두 번째 철학은 사회 제도가 아닌 개별 기업과 관리자에게 그 책임을 돌리는 것이다. 이것은 좀 더 진보된 철학으로, 기업이 사회적 양심을 가질 것을 요구한다. 기업과 관리자가 높은 기준의 윤리와 도덕성을 갖추고 '사회 제도가 허락하는 정도'에 상관없이 자신의 기준에 따라 기업의 의사결정을 하는 것이다.

각 기업과 마케팅 관리자는 사회적으로 책임 있고 윤리적인 기업 행동을 해야 한다. 사회적 마케팅 개념을 가진 관리자는 합법적으로 허락된 기준 외에도 개인적 성실성, 기업 양심, 장기적인 소비자 복지에 기반을 둔 기준을 개발해야 한다.

열려 있고 솔직 담백한 방식으로 윤리와 사회적 책임 이슈를 다루는 것은 정직과 신뢰를 바탕으로 강력한 고객 관계를 형성하는 데 도움이 된다. 한 예로 CVS를 살펴보자.[26]

마케팅 윤리와 사회적 책임: CVS헬스는 사람들이 더 나은 건강을 향유할 수 있도록 돕는 임무를 수행하고 있다. 이를 위해 사업에 경제적 가치를 창출하면서 매일 사람들에게 적합한 것을 제공한다.
CVS Caremark Corporation

2014년에 CVS는 담배와 담배 관련 제품의 판매를 중단하기로 과감한 결정을 내렸다. 이는 위험을 감수한 결정이었다. 담배 관련 제품 판매 중단으로 연간 20억 달러라는 즉각적인 손실이 발생했고, CVS를 이용하는 흡연 고객 중 상당수가 담배를 계속 판매하는 월그린스, 월마트, 크로거와 같은 경쟁업체로 이동했다. 하지만 CVS의 입장에서 담배 판매 중단은 어려운 일이 아니었다. CVS는 '사람들이 더 건강해지는 길을 가도록 도와준다'는 중요한 사명을 띠고 있었다. 담배를 팔면서 사람들의 건강 증진을 위해 돕는다는 것은 어불성설이었다. 그래서 CVS의 진열대에서 담배 제품이 사라졌으며, CVS는 담배 제품 판매를 영원히 중단한다고 발표하면서 이는 옳은 결정이라고 밝혔다. 담배 판매 중단은 CVS로서는 획기적인 순간이었다. 그러나 이는 사회적 책임 중시로 전환하는 첫 단계에 불과했다. 담배 판매를 중단함과 동시에 회사명을 CVS헬스로 바꾸었다. 이제 이 회사는 사람들이 더 건강한 삶을 영위할 수 있도록 도와주는 모든 범위의 제품과 서비스를 제공한다.

그렇다면 CVS헬스에서는 사명의식 마케팅이 어떻게 운영되고 있을까? 담배 판매를 중단한 지 1년 만에 점포 매출이 줄었지만 전체 매출은 10% 가까이 늘었다. 그리고 그다음 해에는 수익이 10% 더 증가했다. 결과적으로 담배 판매 중단에 따른 손실은 담배 판매를 중단하기로 결정한 결과를 포함하여 새로운 제품군에 대한 수익으로 상쇄되었다. 새로운 매출은 담배 판매 중단이라는 결정에 깊은 인상을 받은 신규 금연 고객과 흡연자를 통해 창출되었다. CVS헬스는 흡연자가 담배를 끊을 수 있도록 돕기 위해 'Let's Quit Together(함께 끊어요)' 지원 프로그램을 시작했으며, 시작 첫해 말까지 금연 제품 판매가 63%까지 증가했다.

전반적으로 목적과 이익의 균형을 맞추는 것은 CVS의 명성과 수익 모두에 도움이 되었다. CVS의 최고 마케팅 담당자는 이렇게 말한다. "회사가 옳은 일이라고 생각하는 것을 위해 20억 달러의 수익 포기를 결정한 사례는 드물다. 이것은 놀라운 일이며, 우리를 통해 증명되었다. 또한 CVS헬스에서 성공이란 사업에 경제적 가치를 창출하면서 매일 사람들에게 적합한 것을 제공하는 것을 의미한다."

환경보호주의의 등장으로 윤리적 문제는 국제 마케터에게 특별한 도전이 되었다. 기업의 기준과 관행이 나라마다 너무 다르기 때문이다. 미국에서는 뇌물과 리베이트 등이 불법이며, 뇌물과 부패에 반대하는 수많은 조약이 체결되고 60개국 이상에서 비준되었다. 그러나 많은 나라에서는 아직도 그것이 사업의 기본 관행이다. 국제통화기금(International Monetary Fund, IMF)에 따르면 전 세계적으로 한 해에 지불되는 뇌물의 총액이 2조 달러에 달한다고 한다.[27] 한 가지 질문이 생긴다. 윤리 기준이 낮은 나라에서 효과적으로 경쟁하기 위해 기업은 자사의 윤리 기준도 낮추어야 할까? 그렇지 않다. 기업은 전 세계적으로 공유할 수 있는 공통 기준을 세우기 위해 노력해야 한다.

많은 산업협회와 전문가협회가 윤리강령을 제시하고 많은 기업이 자체 강령을 채택하고 있다. 예를 들어 마케팅 관리자와 학자의 국제적 협회인 미국마케팅협회는 다음과 같은 윤리강령을 개발하고, 마케터가 이를 도입할 것을 요구했다.[28]

- **해가 되는 것을 하지 않는다.** 이것은 자신의 선택에 대해 높은 도덕적 기준을 적용하고 적용 가능한 법과 규제를 따름으로써 의식적으로 해가 되는 행동을 피하거나 배제하는 것을 뜻한다.
- **마케팅 시스템에 대한 신뢰를 키운다.** 이것은 높은 믿음과 공정한 거래로 교환 과정의 효율에 기여할 뿐 아니라 제품 디자인, 가격결정, 소통, 유통에서 기만행위를 피하는 것을 뜻한다.
- **윤리적 가치를 수용한다.** 이것은 정직, 책임, 공정성, 존경, 투명성, 시민 의식 등의 핵심 가치를 담는 진실한 마케팅에 대한 고객 관계를 형성하고 신뢰를 강화하는 것을 뜻한다.

또한 기업은 관리자에게 중요한 윤리 문제에 적절하게 대응하는 방법을 가르치는 프로그램을 개발하고 있다. 윤리경영 워크숍과 세미나 등을 열고 윤리위원회를 설치했다. 나아가 미국의 주요 기업은 직원이 직면하는 윤리 문제의 해결을 돕고 극복할 수 있도록 상위 수준의 윤리경영 임원을 임명한다. 또한 대부분의 기업은 그들만의 윤리강령을 제정했다.

● 예를 들어 언더아머의 윤리강령은 모든 직원(팀 동료)에게 윤리 및 사회적 책임 문제와 관련하여 '고객을 보호하고 올바른 사명감을 가질 것'을 촉구한다. 언더아머의 직원들은 매일 브랜드 증진에 영향을 미칠 수 있는 결정을 강구한다. 세부 핵심 메시지인 '이것은 말처럼 간단하다(It's as simple as it sounds)'는 언더아머의 윤리강령을 내포하는데, '문제의 크기와 관계없이 의사결정

● 마케팅 윤리: 언더아머의 윤리강령은 모든 직원에게 윤리 및 사회적 책임 문제와 관련하여 '고객을 보호하고 올바른 사명감을 가질 것'을 촉구한다. "이것은 말처럼 간단하다."
IgorGolovniov/Shutterstock

을 해야 할 때는 항상 윤리적으로 옳은 일만 해야 하며 언제나 법을 준수해야 한다'는 의미를 담고 있다.

언더아머의 윤리강령은 선물, 뇌물죄, 정직 및 공정한 거래 등 광범위한 주제를 자세히 다룬다. 하지만 모든 문제를 다룰 수는 없기 때문에 직원들은 "상황에 민감해야 하며 윤리강령에 어긋나는 상황을 즉각 알아차려야 한다"고 강조한다. 윤리강령을 위반할 수 있는 상황을 보거나 관련 사항을 들은 직원은 경영진 또는 인사 조직의 고위 책임자에게 보고하거나 언더아머의 글로벌 윤리 및 규정 준수 팀에 속한 사람에게 직접 알려야 한다. 또는 언더아머에 전화하거나 웹사이트에 익명으로 문제를 알릴 수도 있다. 언더아머의 CEO이자 창립자인 케빈 플랭크(Kevin Plank)는 윤리강령 소개에서 다음과 같이 설명했다. "우리는 공격적인 브랜드이며 앞으로도 계속 그럴 것이다. 우리 모두 시장을 선점하길 원한다. 그것이 우리가 존재하는 이유이다. [하지만] 올바른 방법으로 시장을 장악하기 위해 최선을 다하고 있다."[29]

그러나 서면 강령과 윤리 프로그램은 윤리적 행동을 보장하지 않는다. 윤리와 사회적 책임은 기업의 완전한 헌신을 요구한다. 그것은 전체 기업 문화의 구성 요소여야 한다.

지속가능한 기업

마케팅의 근간에는 고객의 필요와 욕구를 채우는 기업이 번성하게 될 것이라는 믿음이 깔려 있다. 고객의 욕구를 충족하지 못하는 기업, 의도적이거나 비의도적으로 고객이나 사회의 다른 구성원 또는 미래 세대에게 해를 입히는 기업은 소멸할 것이다.

한 연구자는 "지속가능성은 전화와 대량 생산 같은 부상 중인 기업의 대세로서 기업의 경쟁력과 심지어 생존 문제에도 근본적으로 영향을 미치게 될 것"이라고 말한다. 또 다른 연구자는 이렇게 말한다. "점점 더 기업과 기업의 리더는 단기적인 결과에 의한 평가가 아니라 그들의 행동이 사회복지에 궁극적으로 어떤 영향을 미쳤는지에 따라 평가받게 될 것이다. 이러한 흐름이 몇 년 동안은 작았지만 이제는 거세지고 있다. 공정무역 커피를 담은 재활용 컵을 들고 대비해야 한다."[30]

지속가능한 기업은 사회적·환경적·윤리적으로 책임 있는 행동을 통해 고객에게 가치를 창출하는 기업이다. 지속가능한 마케팅은 오늘날 고객의 필요와 욕구를 채우는 것 그 이상이다. 이는 내일의 고객을 고려하는 것으로 기업, 이해관계자, 직원 그리고 그들 모두가 살아갈 더 넓은 세상의 생존과 성공을 약속하는 일이다. 이는 공유 가치와 경제, 사회, 환경이라는 트리플 보텀 라인(triple bottom line)을 추구하는 것을 의미한다. 지속가능한 마케팅은 고객을 위한 가치를 창출함으로써 현재와 미래에 되돌아오는 가치를 획득하기 위해 고객을 참여시키고 수익성 있는 관계를 구축할 수 있는 환경을 제공한다.

학습목표별 요약

이 장에서는 개별 고객, 다른 기업, 사회 전체에 미치는 마케팅의 광범위한 영향과 관련된 중요한 지속가능한 마케팅 개념을 살펴보았다. 지속가능한 마케팅은 현시대의 소비자와 기업만이 아니라 미래 세대와 사회 전체에 가치를 전달하는 사회적·환경적·윤리적으로 책임 있는 행동을 요구한다. 지속가능한 기업은 고객에게 가치를 제공하여 현재와 미래에 고객으로부터 돌아올 가치를 획득하기 위해 책임 있게 행동하는 기업을 말한다.

학습목표 20-1 지속가능한 마케팅을 정의하고 그 중요성을 이해한다.

지속가능한 마케팅은 소비자와 기업의 현재 욕구를 충족하면서 미래 세대가 자신의 욕구를 충족할 능력을 보존하거나 향상할 것을 요구한다. 마케팅 개념은 기업이 당장의 고객 욕구를 채움으로써 번성한다고 말하는 반면, 지속가능한 마케팅은 고객과 기업의 현재와 미래 욕구를 충족할 사회적·환경적으로 책임 있는 행동을 촉구한다. 진정으로 지속가능한 마케팅은 책임 있는 마케팅 행동을 보장하기 위해 소비자, 기업, 공공정책 입안자, 그 밖의 사람들과 협력할 수 있는 기능적으로 유연한 마케팅 체계를 요구한다.

학습목표 20-2 마케팅에 관한 주요 사회적 비판을 확인한다.

마케팅은 높은 가격, 기만행위, 강압판매, 불량이거나 유해하거나 안전하지 않은 제품, 계획된 진부화, 사회적으로 소외된 소비자에 대한 서비스 소홀로 소비자에게 해를 끼친다고 비난받는다. 또한 사회에 미치는 마케팅의 영향이 거짓 욕망과 과도한 물질주의, 너무 적은 공공재, 문화적 오염 등을 초래한다고 비난받는다. 한편 비평가들은 다른 사업에 미치는 마케팅의 영향, 즉 경쟁자에 해를 가하거나 합병, 진입장벽을 만드는 관행, 불공정 마케팅 경쟁 행위 등으로 경쟁을 감소시키는 것을 비난해왔다. 이러한 우려 중 일부는 납득할 수 있지만 일부는 그렇지 않다.

학습목표 20-3 소비자보호주의와 환경보호주의를 정의하고 어떻게 마케팅 전략에 영향을 미치는지 이해한다.

마케팅 시스템에 대한 우려는 시민운동으로 이어졌다. 소비자보호주의는 판매자에 비례하여 소비자의 권리와 능력을 강화할 목적으로 조직화된 사회운동이다. 현명한 마케터는 이러한 운동을 소비자에게 더 많은 정보와 교육, 보호를 제공함으로써 더 좋은 서비스를 제공할 수 있는 기회로 생각한다. 환경보호주의는 조직화된 사회운동으로 환경과 삶의 질에 해악을 끼치는 마케팅 행위를 최소화하려는 것이 목적이다. 대부분의 기업은 이제 환경적으로 피해를 주지 않는 책임감을 받아들이고 환경적 지속가능성, 즉 환경 보존과 기업 수익 창출이라는 두 가지 전략을 개발하는 정책을 도입하고 있다. 소비자보호주의와 환경보호주의 모두 지속가능한 마케팅의 중요한 요소이다.

학습목표 20-4 지속가능한 마케팅의 원리를 알아본다.

많은 기업은 원래 사회운동과 법률에 반대하는 입장이었다. 그러나 지금은 대부분의 기업이 소비자 정보와 교육, 보호에 대한 필요를 긍정적으로 받아들이고 있다. 지속가능한 마케팅 개념에 따르면 기업 마케팅은 장기적으로 마케팅 시스템이 가장 좋은 성과를 낼 수 있도록 지원해야 하며, 지속가능한 마케팅의 다섯 가지 원칙인 소비자 지향적 마케팅, 고객 가치 창출 마케팅, 혁신적 마케팅, 사명의식 마케팅, 사회 지향적 마케팅을 따라야 한다.

학습목표 20-5 마케팅에서 윤리의 역할을 알아본다.

점점 더 많은 기업이 관리자가 마케팅 윤리에 대한 질문에 답할 수 있도록 기업 정책이나 지침을 제공할 필요성을 느끼고 노력을 기울이고 있다. 물론 어떤 좋은 지침이라도 개인이나 기업이 내려야 하는 어려운 윤리적 결정을 다 해결해줄 수는 없다. 그러나 마케터가 선택할 수 있는 몇 가지 원칙이 있다. 첫 번째는 이러한 문제가 자유시장과 법 제도 안에서 결정되어야 한다는 것이다. 두 번째이자 좀 더 향상된 다른 원칙은 책임이 제도에 있는 것이 아니라 개별 기업과 관리자의 손에 있다고 본다. 각 기업과 마케팅 관리자는 사회적으로 책임감 있고 윤리적인 행위를 한다는 철학을 실행해야 한다. 지속가능한 마케팅 개념하에서 관리자는 합법적으로 허락된 기준 외에도 개인적 성실성, 기업 양심, 장기적인 소비자 복지에 기반을 둔 기준을 개발해야 한다.

핵심용어

학습목표 20-1

지속가능한 마케팅 sustainable marketing

학습목표 20-3

소비자보호주의 consumerism

환경보호주의 environmentalism

환경적 지속가능성 environmental substantiality

학습목표 20-4

소비자 지향적 마케팅 consumer-oriented marketing

고객 가치 창출 마케팅 customer value marketing

혁신적 마케팅 innovative marketing

사명의식 마케팅 sense-of-mission marketing

사회 지향적 마케팅 societal marketing

결함이 있는 제품 deficient product

즐거움을 주는 제품 pleasing product

유익한 제품 salutary product

바람직한 제품 desirable product

토의문제

1. 지속가능한 마케팅이란 무엇이며, 왜 중요한가?

2. 어떻게 마케팅이 소비자에게 부정적인 영향을 미치는 것으로 인식될 수 있는지 설명하라.

3. 소비자보호주의와 환경보호주의를 범주와 영향 측면에서 어떻게 구분할 수 있는가?

4. 제품 책임주의에 참여하는 기업을 알아보고, 이러한 기업은 오로지 공해 방지만 실행하는 기업과 어떤 차이가 있는지 설명하라.

5. 사명의식 마케팅이란 무엇이며, 사업에 어떤 영향을 미치는가?

6. 기업은 마케팅 윤리 정책을 개발할 때 어떤 원칙을 따라야 하는가?

참고문헌

Chapter 1

1. "Emirates Launches New Global Brand Platform—'Hello Tomorrow'," Emirates website, April 2, 2012, http://www.emirates.com/english/about/news/news_detail.aspx?article=839087, assessed August 18, 2015; "BBC Advertising Helps Emirates Take Off as a Lifestyle Brand," *BBC Worldwide*, http://advertising.bbcworldwide.com/home/casestudies/compendium/emirates; Joan Voight, Emirates Is the World's Most Glamorous Airline, *Adweek*, October 12, 2014, http://www.adweek.com/news/advertising-branding/emirates-worlds-most-glamorousairline-160714; "Case Study: Emirates Facebook Page Attracts More than 300,000 Fans within 3 Weeks of Launch," Digital Strategy Consulting, June 17, 2012, http://www.digitalstrategyconsulting.com/intelligence/2012/06/case_study_emirates_facebook_p.php; "Hello Tomorrow—Transforming Travel," Dubai Lynx 10, http://www.dubailynx.com/winners/2013/media/entry.cfm?entryid=647&award=101&keywords=&order=0&direction=1; "Annual Report 2014-15: Keeping a Steady Compass," downloaded from The Emirates Group website, http://www.theemiratesgroup.com/english/facts-figures/annual-report.aspx; Emirates Group website, https://www.emirates.com/media-centre/emirates-brand-value-grows-17-to-reachus77-billion#, accessed April 1, 2017; The Brand Finance Group, "Emirati Brands Are Jewel in the Crown of Middle East," January 22, 2019, https://brandfinance.com/news/press-releases/emirati-brands-are-jewel-in-the-crown-of-middle-east/.
2. See http://newsroom.fb.com/company-info/; www.facebook.com/pg/Amazon/about/; and www.starbucks.com/about-us/company-information/mission-statement, accessed August 2019.
3. See Philip Kotler and Kevin Lane Keller, *Marketing Management*, 15th ed. (Hoboken, NJ: Pearson Education, 2016), p. 5.
4. The American Marketing Association offers the following definition: "Marketing is the activity, set of institutions, and processes for creating, communicating, delivering, and exchanging offerings that have value for customers, clients, partners, and society at large." See https://marketing-dictionary.org/m/marketing/, accessed September 2019.
5. See Leah Fessler, "Airbnb Is Defined by Its CEO's Obsessive Perfection," *Quartz*, February 21, 2018, https://work.qz.com/1214411/airbnb-ceo-brian-chesky-wants-to-do-home-visits-to-check-your-wifi/; and Cahterine Clifford, "The Brilliant Business Lesson behind the Emails Jeff Bezos Sends to His Amazon Executives with a Single '?,'" *CNBC*, May 8, 2018, www.cnbc.com/2018/05/07/why-jeff-bezos-still-reads-the-emails-amazon-customers-send-him.html.
6. See and Tim Nudd, "The 10 Best Ads of 2017," *Adweek*, December 10, 2017, www.adweek.com/creativity/the-10-best-ads-of-2017.
7. See Theodore Levitt's classic article, "Marketing Myopia," *Harvard Business Review*, July–August 1960, pp. 45–56. For more recent discussions, see Roberto Friedmann, "What Business Are You In?" *Marketing Management*, Summer 2011, pp. 18–23; Al Ries, "'Marketing Myopia' Revisited: Perhaps a Narrow Vision Is Better Business," *Advertising Age*, December 4, 2013, http://adage.com/print/245511; and Amy Gallo, "A Refresher on Marketing Myopia," *Harvard Business Review*, August 22, 2016, https://hbr.org/2016/08/a-refresher-on-marketing-myopia.
8. See "Apple Stores: Keep Track of Apple's Retail Stores Worldwide," *MacRumors*, February 6, 2019, www.macrumors.com/roundup/apple-retail-stores/; "How Online Retailers Are Creating Immersive Brand Experiences in the Real World," *Advertising Age*, March 25, 2015, www.adage.com/print/297750; Barbara Farfan, "Apple's Retail Stores around the World," *The Balance Small Business*, December 27, 2018, www.thebalancesmb.com/apple-retail-stores-global-locations-2892925; and www.apple.com/retail/ and www.apple.com/retail/learn/, accessed September 2019.
9. Erin Ollila, "4 Brands That Mastered the Omnichannel Customer Experience," *SmarterCX*, March 13, 2019, https://smartercx.com/4-brands-that-mastered-the-omnichannel-customer-experience/; Nikki Gilliland, "How Disney World Has Mastered Customer Experience," *Econsultancy*, September 28, 2017, https://econsultancy.com/how-disney-world-has-mastered-customer-experience/; "Why I Love Walt Disney World," https://ithoughtyouwereshorter.wordpress.com/2012/11/15/why-i-love-walt-disney-world/, accessed July 2019; Bruce Jones, "3 Principles Disney Uses to Enhance Customer Experience," *Harvard Business Review*, February 28, 2018, https://hbr.org/sponsored/2018/02/3-principles-disney-uses-to-enhance-customer-experience; "Walt Disney World Statistics," https://magicguides.com/disney-world-statistics/, accessed July 2019, "Best Customer Service Moment at WDW," *WDWMagic*, https://forums.wdwmagic.com/threads/best-customer-service-moment-at-wdw.845821/, accessed September 2019; and www.disneyinstitute.com and https://disneyworld.disney.go.com, accessed September 2019.
10. "Steve Jobs: Quotable Quotes," *Goodreads*, www.goodreads.com/quotes/988332-some-people-say-give-the-customers-what-they-want-but, accessed September 2019.
11. See Michael E. Porter and Mark R. Kramer, "Creating Shared Value," *Harvard Business Review*, January–February 2011, pp. 63–77; Marc Pfitzer, Valerie Bockstette, and Mike Stamp, "Innovating for Shared Value," *Harvard Business Review*, September 2013, pp. 100–107; and "About Shared Value," Shared Value Initiative, http://sharedvalue.org/about-shared-value, accessed September 2019.
12. Julie Sygiel, "How the Visionary Founder behind Jeni's Splendid Churned Her Ice Cream Dreams into Reality," *Forbes*, February 28, 2018, www.forbes.com/sites/juliesygiel/2018/02/28/jenibrittonbauer/#79fc3eaa58bf; Kara Stiles, "How Jeni's Splendid Ice Creams Flavor-Finessed Its Way to the Top," *Forbes*, December 15, 2017, www.forbes.com/sites/karastiles/2017/12/15/how-jenis-splendid-ice-creams-flavor-finessed-its-way-to-the-top/#1c6472694807; Hanna Snyder, "Community, Quality and Creativity: Jeni's Splendid Ice Cream Founder Shares the Scoop on Her B-Corp Business," *Yellow/Co.*, December 29, 2017, https://yellowco.co/blog/2017/12/29/jenis-ice-cream-b-corp-business/; and https://jenis.com/about/, accessed September 2019.
13. See Megan Willett, "How Swiss Watchmaker Patek Philippe Handcrafts Its Famous $500,000 Watches," *Business Insider*, July 12, 2013, www.businessinsider.com/how-a-patek-philippe-watch-is-made-2013-7; Stacy Perman, "Patek Philippe Crafts Its Future," *Fortune*, June 16, 2014, pp. 37–44; and www.patek.com/contents/default/en/values.html, accessed September 2019.
14. Based on information from www.llbean.com/llb/shop/516917?lndrNbr=516884&nav=leftnav-cust and other pages at www.llbean.com, accessed September 2019. Also see "L.L. Bean Beats Amazon.com, Once Again, for Best Customer Service," *Forbes*, August 3, 2017, www.forbes.com/sites/forbesinsights/2017/08/03/l-l-bean-beats-amazon-com-once-again-for-best-customer-service/#7923b45050f6; and Shep Hyken, "L.L. Bean Discontinues Lifetime Guarantee," *Forbes*, February 18, 2018, www.forbes.com/sites/shephyken/2018/02/18/l-l-bean-discontinues-lifetime-guarantee/#5a149cd3714d.

15. Stephen Diorio, "How Leading Brands Are Winning the 'Direct-to-Customer' Conversation," *Forbes*, http://www.forbes.com/sites/forbesinsights/2016/06/07/how-leading-brands-are-winning-the-direct-to-customer-conversation/; Hilton, "Hilton Honors History," Honors Global Media Center, http://news.hiltonhhonors.com/index.cfm/page/9013; Hilton, "Hilton's Loyalty Program—Hilton HHonors—Again Achieves Top Ranking from J.D. Power for Excellence in Customer Satisfaction," Honors Global Media Center, http://news.hiltonworldwide.com/index.cfm/newsroom/detail/30410; Hilton, "Hilton Launches Its Largest Campaign Ever with Exclusive Room Rates Not Found Anywhere Else," Honors Global Media Center, http://news.hiltonworldwide.com/index.cfm/news/hilton-launches-its-largest-campaign-ever-with-exclusive-room-rates-not-found-anywhere-else; Hilton, "Hilton Honors Fact Sheet," Honors Global Media Center, http://news.hiltonhhonors.com/index.cfm/page/9001; Hilton, "Hilton Honors App," http://hhonors3.hilton.com/en/hhonors-mobile-app/index2.html?cid=OM,MB,CORE9974x_52c31.3658.c6cbdb0.6c3b88c8_All,MULTIPR,Interact, Multipage, SingleLink; https://www.accomnews.com.au/2016/09/program-retooling-focusses-on-personalisation/; BigDoor, "Top 5 Hotel Loyalty Programs," http://bigdoor.com/blog/2014/03/11/top-5-hotel-loyalty-programs/; "Kundenbindungsprogramme Hilton HHonors" Tophotel.de, http://www.tophotel.de/kundenbindung/5355-kundenbindungsprogramme-hilton-hhonors.html.
16. See https://www.innocentdrinks.co.uk/, accessed August 2019.
17. See https://mondelez.promo.eprize.com/myoreocreation/and https://ideas.starbucks.com/, accessed September 2019.
18. See Tim Nudd, "Tesla Crowned This Commercial as the Winner of Its Fan-Made Ad Contest," *Adweek*, July 31, 2017, www.adweek.com/brand-marketing/tesla-crowned-this-commercial-as-the-winner-of-its-fan-made-ad-contest/; Darrell Etherington, "Tesla's Top 10 Project Loveday Videos Reveal Truly Dedicated Fans," *Tech Crunch*, July 26, 2017, https://techcrunch.com/2017/07/26/teslas-top-10-project-loveday-videos-reveal-truly-dedicated-fans/; and www.youtube.com/watch?v=oSnoYEzZnUg and www.tesla.com/project-loveday, accessed September 2019.
19. See "#Bashtag: Avoiding User Outcry in Social Media," *WordStream*, March 8, 2013, www.wordstream.com/blog/ws/2013/03/07/bashtag-avoiding-social-media-backlash; "What Is Hashtag Hijacking?" *Small Business Trends*, August 18, 2013, http://smallbiztrends.com/2013/08/what-is-hashtag-hijacking-2.html; "HBD #Hashtag! What Brands Can Learn from a Decade of Hashtagging," *Social Media Week*, August 23, 2017, https://socialmediaweek.org/blog/2017/08/hashtag-ten-years-old/; and "Hashtags Turned Bashtags: When Marketing Goes Wrong," *Search Engine People*, January 27, 2017, www.searchenginepeople.com/blog/150240925-epic-hashtag-fails.html.
20. See www.stewleonards.com/how-it-all-began/, accessed September 2019.
21. See Mai Erne, "Calculating Customer Lifetime Value," HaraPartners, www.harapartners.com/blog/calculating-lifetime-value/, accessed September 2018. For more on calculating customer value, see V. Kumar, "A Theory of Customer Valuation: Concepts, Metrics, Strategy, and Implementation," *Journal of Marketing*, January 2018, pp. 1–19.
22. See Carl Richards, "4 Steps to Manage Your Desire for Instant Gratification," *The Motley Fool*, April 24, 2013, www.fool.com/investing/general/2013/04/24/4-steps-to-manage-your-desire-for-instant-gratific.aspx; Dennis Green, "Prime Members Spend Way More on Amazon Than Other Customers—and the Difference Is Growing," *Business Insider*, October 21, 2018, www.businessinsider.com/amazon-prime-customers-spend-more-than-others-2018-10; and www.amazon.com/prime, accessed September 2019.
23. For more discussions on customer equity, see Roland T. Rust, Valerie A. Zeithaml, and Katherine N. Lemon, *Driving Customer Equity* (New York: Free Press, 2000); Roland T. Rust, Katherine N. Lemon, and Valerie A. Zeithaml, "Return on Marketing: Using Customer Equity to Focus Marketing Strategy," *Journal of Marketing*, January 2004, pp. 109–127; Christian Gronroos and Pekka Helle, "Return on Relationships: Conceptual Understanding and Measurement of Mutual Gains from Relational Business Engagements," *Journal of Business & Industrial Marketing*, Vol. 27, No. 5, 2012, pp. 344–359; and V. Kumar, "A Theory of Customer Valuation: Concepts, Metrics, Strategy, and Implementation," *Journal of Marketing*, January 2018, pp. 1–19.
24. This example is based on one found in Rust, Lemon, and Zeithaml, "Where Should the Next Marketing Dollar Go?" *Marketing Management*, September–October 2001, pp. 24–28; with information from Grant McCracken, "Provocative Cadillac, Rescuing the Brand from Bland," *Harvard Business Review*, March 4, 2014, http://blogs.hbr.org/2014/03/provocative-cadillac-rescuing-the-brand-from-bland/; "Cadillac Is Reinventing Its Entire Lineup after Years of Losing US Market Share," *CNBC*, March 23, 2018, www.cnbc.com/2018/03/23/cadillac-is-reinventing-its-lineup-after-years-of-lost-us-market-share.html; "GM Reports Another Strong Year of Earnings," GM Media, February 2019, https://media.gm.com/content/dam/Media/gmcom/investor/2019/feb/GM-Q4-2018-Press-Release-PDF.pdf; and www.dare-greatly.com, accessed September 2019.
25. Based on Werner Reinartz and V. Kumar, "The Mismanagement of Customer Loyalty," *Harvard Business Review*, July 2002, pp. 86–94. Also see Chris Lema, "Not All Customers Are Equal—Butterflies & Barnacles," April 18, 2013, http://chrislema.com/not-all-customers-are-equal-butterflies-barnacles/; Jill Avery, Susan Fournier, and John Wittenbraker, "Unlock the Mysteries of Your Customer Relationships," *Harvard Business Review*, July–August 2014, pp. 72–81, "Telling Customers 'You're Fired,'" Sales and Marketing.com, September/October 2014, p. 8; and Michele McGovern, "6 Rules for Firing a Customer," *Customer Insight Experience*, January 6, 2016, www.customerexperienceinsight.com/6-rules-for-firing-a-customer/.
26. Khadeeja Sadar, "How Your Returns Are Used against You at Best Buy, Other Retailers," *Wall Street Journal*, March 13, 2018, www.wsj.com/articles/how-your-returns-are-used-against-you-at-best-buy-other-retailers-1520933400.
27. Pew Research Center, "Mobile Face Sheet," February 5, 2018, www.pewinternet.org/fact-sheet/mobile/; and "Internet Usage Statistics," *Internet World Stats*, www.internetworldstats.com/stats.htm; accessed September 2019.
28. Lee Raine, "About 6 in 10 Young Adults in U.S. Primarily Use Online Streaming to Watch TV," *Pew Research*, September 13, 2017, www.pewresearch.org/fact-tank/2017/09/13/about-6-in-10-young-adults-in-u-s-primarily-use-online-streaming-to-watch-tv/; Amanda Kooser, "Sleep with Your Smartphone in Hand? You're Not Alone," *CNET*, June 30, 2015, www.cnet.com/news/americans-like-to-snooze-with-their-smartphones-says-survey/; and Justin Smith, "Mobile eCommerce Stats in 2018 and the Future Online Shopping Trends of mCommerce," *Outerbox*, December 19, 2018, www.outerboxdesign.com/web-design-articles/mobile-ecommerce-statistics.
29. See "Fitbit Community Grows to More Than 25 Million Active Users," *BusinessWire*, January 8, 2018, www.businesswire.com/news/home/20180108005763/en/Fitbit-Community-Grows-25-Million-Active-Users; Danielle Kosecki, "New Fitbit Community Makes It Easier to Find Friends, Join Groups & Share Inspiration," *Fitbit Blog*, January 5, 2017, https://blog.fitbit.com/fitbit-community-announcement/; and https://community.fitbit.com and https://help.fitbit.com/articles/en_US/Help_article/2187, accessed September 2019.
30. See www.statista.com; https://newsroom.fb.com/company-info/, www.cafemom.com, www.newgrounds, and ravelry.com, accessed September 2019.
31. See www.redbull.com, https://twitter.com/redbull, and www.facebook.com/redbull, accessed September 2019.

32. John Koetsier, ""Mobile Advertising Will Drive 75% of All Digital Ad Spend in 2018: Here's What's Changing," *Forbes*, February 23, 2018, www.forbes.com/sites/johnkoetsier/2018/02/23/mobile-advertising-will-drive-75-of-all-digital-ad-spend-in-2018-heres-whats-changing/#b7eece4758be; and "U.S. Mobile Retail Commerce Sales as a Percentage of Retail E-commerce Sales from 2017 to 2021," *Statista*, www.statista.com/statistics/249863/us-mobile-retail-commerce-sales-as-percentage-of-e-commerce-sales/, accessed September 2019.
33. Lauren Johnson, "Taco Bell's Mobile Ads Are Highly Targeted to Make Users Crave Its Breakfast Menu," *Adweek*, March 14, 2016, www.adweek.com/print/170155; and Johnson, "Taco Bell Beefs Up Mobile Advertising Play to Drive In-Store Foot Traffic," *Mobile Marketer*, www.mobilemarketer.com/ex/mobilemarketer/cms/news/advertising/13229.html, accessed March 2019.
34. Andrew Martin, "Show Me the Data: 4 Ways You Can Win Customers with Data and Not Just Tell Stories," *EContent*, February 21, 2019, www.econtentmag.com/Articles/Column/Marketing-Master-Class/Show-Me-the-Data-4-Ways-You-Can-Win-Customers-with-Data-and-Not-Just-Tell-Stories-130081.htm; Emily Abrams, "7 Surprising Facts Every Snickers Lover Should Know," *Swirled*, February 14, 2018, https://swirled.com/snickers-facts/; Erik Oster, "Clemenger BBDO Melbourne Programs 'Hungerithm' for Snickers," *Adweek*, May 26, 2016, www.adweek.com/agencyspy/clemenger-bbdo-melbourne-programshungerithm-for-snickers/110055; T. L. Stanley, "How Snickers Used Social Media Outrage to Fuel the Year's Most Innovative Media Plan," *Adweek*, September 17, 2017, p. 14; Karlene Lukovitz, "Snickers Brings 'Hungerithm' to the U.S.," *Mediapost*, November 27, 2017, www.mediapost.com/publications/article/310600/snickers-brings-hungerithm-to-the-us.html; "7-Eleven & Snickers Bring Back 'Hungerithm' Holiday Promotion," *Convenience Store News*, November 13, 2018, https://csnews.com/7-eleven-snickers-bring-back-hungerithm-holiday-promotion; and www.mediacom.com/en/work/hungerithm, accessed August 2019.
35. Information from www.stjude.org/media-resources/media-tools/facts.html, accessed September 2019; and various pages at www.stjude.org, accessed September 2019. Finding Cures. Saving Children®, Up 'Til Dawn®, St. Jude Dream Home® Giveaway, and St. Jude Thanks and Giving® are registered trademarks of St. Jude Children's Research Hospital.
36. See "United States Advertisers/Agencies," *Ad Brands*, www.adbrands.net/us/top-us-advertisers.htm, accessed September 2019.
37. See https://corporate.mcdonalds.com/corpmcd/about-us/our-business-model.html and www.nikeinc.com, accessed September 2019.
38. See Jason Del Rey, "Warby Parker Is Valued at $1,75 Billion after a Pre-IPO Investment of $75 Million," *Recode*, March 14, 2018, www.recode.net/2018/3/14/17115230/warby-parker-75-million-funding-t-rowe-price-ipo; Tom Foster, "Warby Parker Grew to $250 Million in Sales through Disciplined Growth. Now It's Time to Get Aggressive," *Inc.*, June 2017, www.inc.com/magazine/201706/tom-foster/warby-parker-eyewear.html; and www.warbyparker.com, www.warbyparker.com/history, and www.warbyparker.com/buy-a-pair-give-a-pair, accessed September 2019.
39. Argos "About Argos," Affiliate Program, http://www.argos-affiliates.co.uk/blog/resources/about-argos; Argos, "Finding Your Perfect Dog Breed," Argos Pet Insurance, https://www.argospetinsurance.co.uk/we-talk-pet/finding-perfect-dog-breed; Argos, "Welcome to Argos, Part of Home Retail Group", http://www.argos.co.uk/static/StaticDisplay/includeName/AboutArgos.htm; Argos, "Our History: A Major British Company," https://argosforbusiness.co.uk/about-us/story; S. Farrell, "Argos Owner Home Retail Backs Sainsbury's 1.4bn Takeover Bid," *The Guardian*, April 1, 2016, https://www.theguardian.com/business/2016/apr/01/home-retail-backs-sainsburys-argos-takeover-bid; A. Armstrong, "Argos Exec John Walden: 'When I First Joined, People Didn't Think Argos Had a Future At All'," *The Telegraph*, August 20, 2016, http://www.telegraph.co.uk/business/2016/08/20/sunday-interview-john-walden—when-i-first-joined-people-didnt; M. Price, "Further Argos Integration Promised by Sainsbury's", ShopSafe, November 11, 2016, http://www.shopsafe.co.uk/news/further-argos-integration-promised-by-sainsburys/11725; G. Bowden, "Sainsbury's Exec Appointed Commercial Bosses Following Argos Acquisition," *RetailWeek*, September 21, 2016, https://www.retail-week.com/topics/people/sainsburys-execs-appointed-commercial-bosses-following-argos-acquisition/7012309.article; J. Taylor, "Sainsbury's to Open Argos Branch inside Every One of Its Supermarkets," *The Mirror*, October 11, 2016, http://www.mirror.co.uk/news/uk-news/sainsburys-open-argos-branch-inside-9023091; J. Rodger, "Tesco to Take on Argos as Supermarket Vows to Price Match Best Selling Toys This Christmas," *Birmingham Mail*, October 21, 2016, http://www.birminghammail.co.uk/whats-on/shopping/tesco-take-argos-supermarket-vows-12055229; K. Hope, "Why Does Sainsbury's Want to Buy Argos?", *BBC News*, February 1, 2016, http://www.bbc.co.uk/news/business-35290161; J. Kollewe, "Argos Sales Boom Fuelled by Top-end TVs and Tablets," *The Guardian*, June 9, 2016, https://www.theguardian.com/business/2016/jun/09/argos-salesboom-fuelled-by-top-end-tvs-and-tablets; H. Crouch, "Early Christmas Present: Argos Creates 10,000 Jobs in Time for Christmas," *The Sun*, September 29, 2016, https://www.thesun.co.uk/news/1879858/argos-creates-10000-jobs-in-time-for-christmas; J. Easton, "What the Argos-Sainsbury's Deal Means for the Channel," PCR, September 12, 2016, http://www.pcr-online.biz/news/read/what-the-argos-sainsburys-deal-means-for-the-channel/038698; S. Butler, "Argos Boss Plans Whirlwind Shop Four to Boost Catalogue Retailer," *The Guardian*, November 13, 2016, https://www.theguardian.com/business/2016/nov/13/argos-boss-plans-whirlwind-shop-tour-to-boost-catalogueretailer; B. Stevens, "Mike Coupe Defends £1.4 Billion Argos Acquisition," *Retail Gazette*, October 18, 2016, http://www.retailgazette.co.uk/blog/2016/10/mike-coupe-defends-1-pounds-4-pence-billion-argosaquisition; Argos, "Argos Launches Same-day UK-wide Home Delivery Service," Post and Parcel, October 7, 2015, http://postandparcel.info/68489/news/argos-launches-same-day-uk-wide-home-deliveryservice.

Chapter 2

1. George Belch and Michael Belch, Advertising and Promotion: An Integrated Marketing Perspective (New York: McGraw Hill-Irwin, 2009); J. Dobrian, "A Century of Watches," *National Jeweler*, Vol. 100, No. 20, 2006, pp. 40–44; "The History of Rolex," 2009, in-terwatches.com, accessed October 2015; K. James, "Rolex Watch Company History," www.thewatchguy.com; K. Heine, "The Concept of Luxury Brands," 2011, www.conceptofluxurybrands.com; P. Kotler, "Distribution and Channels: Kotler on Marketing," Marketing Insights from A to Z: 80 Concepts Every Manager Needs to Know, 2003, http://www.wiley.com; Robert Klara, "How Rolex Runs on Autopilot," *Adweek*, April 3, 2013, http://www.adweek.com/news/advertising-branding/how-rolexruns-autopilot-148233; "The World's Most Valuable Brands: #65 Rolex," *Forbes*, http://www.forbes.com/companies/rolex/; "Brand Finance Best Retail Brands 2015," Ranking the Brands, http://www.rankingthebrands.com/The-Brand-Rankings.aspx?rankingID=236&year=917; "Branding Case Study: Purchasing a Rolex Sports Watch," *International Branding*, http://www.internationalbranding.org/en/branding-case-study; Stephen Pulvirent, "Rare Tiffany-Branded Rolexes to Be Sold at Sotheby's Bunny Mellon Auction," *Bloomberg*, November 20, 2014, http://www.bloomberg.com/news/articles/2014-11-19/rare-tiffany-branded-rolexes-to-be-sold-at-sotheby-s-bunny-mellon-auction; "Rolex Amplifies

30-Year Wimbledon Sponsorship with Digital Content," Digital Training Academy, http://www.digitaltrainingacademy.com/casestudies/2013/07/rolex_amplifies_30year_wimbledon_sponsorship_with_digital_content.php; Eli Epstein, "Rolex: How a 109-Year-Old Brand Thrives in the Digital Age," *Mashable*, April 18, 2014, http://mashable.com/2014/04/17/rolex-marketing-strategy/#O2FKcQHWRGqs; Hitesh Bhasin, "Marketing Mix of Rolex — Rolex Marketing Mix," *Marketing* 91, November 30, 2016, http://www.marketing91.com/marketing-mix-of-rolex/; "Rolex Branding Strategy," *Finance Maps of World*, http://finance.map-sofworld.com/brand/value/rolex.html; Tim Fleschner, "Rolex, Coca-Cola Use Content Marketing to Support Brand Legacy," *Content Standard*, June 11, 2014, http://www.skyword.com/contentstandard/enterprise-marketing/rolex-coca-cola-use-content-marketing-to-support-brandlegacy/; http://rolexpassionreport.com/5207/new-rolex-strategy-after-mr-heiningers-2009-departure-from-branding-manager-guru-daniel-gaujac/; all internet sources accessed October 2015.

2. See www.ritzcarlton.com/en/about/gold-standards, accessed September 2019. For more mission statement examples, see https://www.missionstatements.com/fortune_500_mission_statements.html, accessed September 2019.
3. Information about CVS Health and its mission and activities from www.cvshealth.com/about, www.cvshealth.com/about/our-story, www.cvs.com/minuteclinic/visit/about-us/history, and www.cvshealth.com/about/our-offerings, accessed September 2019.
4. Deanna Ting, "Airbnb's Response to Booking.com? We've Got More Listings," *Skift*, March 1, 2019, https://skift.com/2019/03/01/airbnbs-response-to-booking-com-weve-got-more-listings/; Leigh Gallagher, "How Airbnb Found a Mission and a Brand," *Fortune*, January 1, 2017, pp. 56–62; Max Chafkin, "Airbnb Opens Up the World?" *Fast Company*, February 2016, pp. 76–95; Leigh Gallagher, "Here's How 'Experiences' Are Doing So Far," *Fortune*, October 23, 2017, http://fortune.com/2017/10/23/airbnb-ceo-experiences-new-york/; Theodore Schleifer, "Airbnb Sold Some Common Stock at a $35 Billion Valuation, but What Is the Company Really Worth?" *Recode*, March 29, 2019, www.recode.net/2019/3/19/18272274/airbnb-valuation-common-stock-hoteltonight; and additional information from www.airbnb.com and https://blog.atairbnb.com/belong-anywhere/, accessed September 2019.
5. See www.mars.com/global, http://cis.mars.com/global/doing-our-part/principles-in-action/business-segment-highlights, www.mars.com/about/five-principles, and www.mars.com/global/about-us, accessed September 2019.
6. The following discussion is based in part on information found at www.bcg.com/documents/file13904.pdf, accessed September 2019.
7. See http://espnmediazone.com/us/espn-inc-fact-sheet/, www.espn.com, and www.thewaltdisneycompany.com/wp-content/uploads/2019/01/2018-Annual-Report.pdf, accessed July 2019.
8. H. Igor Ansoff, "Strategies for Diversification," *Harvard Business Review*, September–October 1957, pp. 113–124.
9. Information about Starbucks in this section is from "Starbucks CEP Kevin Johnson Unveils Innovative Growth Strategy at 2018 Annual Meeting," March 21, 2018, https://news.starbucks.com/press-releases/starbucks-unveils-innovative-growth-strategy-at-2018-annual-meeting; Sarah Whitten, "Starbucks Opens First Princi Location, Teases More to Come in 2018," *CNBC*, November 7, 2017, www.cnbc.com/2017/11/07/starbucks-opens-first-princi-location-teases-more-to-come-in-2018.html; Luis Sanchez, "Why Starbucks Is Betting Big on China," *The Motley Fool*, February 8, 2019, www.fool.com/investing/2019/02/08/why-starbucks-is-betting-big-on-china.aspx; and various pages at www.starbucks.com, accessed September 2019.
10. See Michael E. Porter, *Competitive Advantage: Creating and Sustaining Superior Performance* (New York: Free Press, 1985); and Michael E. Porter, "What Is Strategy?" *Harvard Business Review*, November–December 1996, pp. 61–78. Also see "The Value Chain," www.quickmba.com/strategy/value-chain, accessed September 2019; and Philip Kotler and Kevin Lane Keller, *Marketing Management*, 15th ed. (Hoboken, NJ: Pearson Education, 2016), Chapter 2.
11. Blake Morgan, "When the CMO Owns the Customer Experience: 10 Top CMOs Share Their POV," *Forbes*, August 29, 2017, www.forbes.com/sites/blakemorgan/2017/08/29/when-the-cmo-owns-customer-experience-10-top-cmos-share-their-pov/#65afabf469d2.
12. Seewww.gapinc.com/content/gapinc/html/aboutus/ourbrands/gap.html, accessed September 2019.
13. Minda Smiley, "Adidas's 'Impossible Is Nothing' Campaign Starring Muhammad Ali Wins Top Marketing Moment," *The Drum*, March 31, 2016, https://www.thedrum.com/news/2016/03/31/adidas-s-impossible-nothing-campaign-starring-muhammad-ali-wins-top-marketing-moment; "Huawei Makes It Possible through Innovation," *NetMag Pakistan*, June 13, 2016, https://netmag.pk/huawei-makes-it-possible-through-innovation/; BMW Group, "40 Years of Sheer Driving Pleasure—Anniversary Celebrations for the BMW and MINI Driving Experience," September 21, 2017, https://www.press.bmwgroup.com/global/article/detail/T0274648EN/40-years-of-sheer-driving-pleasure-%E2%80%93-anniversary-celebrations-for-the-bmw-and-mini-driving-experience?language=en.
14. Cathy Siegner "Consumers Reveal Why They Buy Plant-Based Dairy Alternatives," Food Dive, February 15, 2015; https://www.fooddive.com/news/consumers-reveal-why-they-buyplant-based-dairy-alternatives/516702/; Katarina Gustaffsson, "Oatly Riles Big Dairy," Bloomberg Business Week, May 14, 2015, https://www.bloomberg.com/news/articles/2015-05-14/swedishoat-milk-producer-benefits-from-dairy-industrylawsuit; Jaclyn London, "The Best Milk Alternatives to Pour in Your Coffee, Cereal, and Smoothies, According to a Dietitian," Good House Keeping, September 18, 2019, https://www.goodhousekeeping.com/health/diet-nutrition/g27128821/best-milk-alternative-substitutes/; Gillian Phair, "Europe and U.S. See Significant Rise in Non-Dairy Milk Substitutes," Futures Center, May 19, 2015, https://thefuturescentre.org/articles/3774/europe-and-us-see-significant-rise-non-dairymilksubstitutes; Innova Market Insights, "Global Plant Milk Market to Top US $16 Billion in 2018: Dairy Alternative Drinks Are Booming, Says Innova Market Insights," PR Newswire, June 13, 2017, https://www.prnewswire.com/newsreleases/global-plant-milk-market-to-top-us-16-billionin-2018—dairy-alternative-drinks-are-booming-says-innovamarket-insights-300472693.html; PBN Contributor, "EU Court Says Plant-Based Products Cannot Have 'Dairy-Style' Names," Plant Based News, June 15, 2017, https://www.plantbasednews.org/post/dairy-like-names-banned-for-veganproducts-within-eu; Katie Morley, "Is Carbonated Milk the Next Sparkling Water?", The Telegraph, September 23, 2017, https://www.telegraph.co.uk/news/2017/09/23/fizzy-milkcould-hit-supermarket-shelves-boost-milk-sales/.
15. Wayne Friedman, "TV Stations Hear the Ford Blues: Ad Cuts for Carts," *MediaPost*, September 13, 2018, www.mediapost.com/publications/article/325036/tv-stations-hear-the-ford-blues-ad-cuts-for-cars.html.
16. The four Ps classification was first suggested by E. Jerome McCarthy, *Basic Marketing: A Managerial Approach* (Homewood, IL: Irwin, 1960). The four As are discussed in Jagdish Sheth and Rajendra Sisodia, *The 4 A's of Marketing: Creating Value for Customer, Company and Society* (New York: Routledge, 2012); and Philip Kotler and Kevin Lane Keller,

Marketing Management, 15th ed. (Hoboken, NJ: Pearson Education, 2016), p. 26.

17. Blake Morgan, "When the CMO Owns the Customer Experience: 10 Top CMOs Share Their POV," *Forbes*, August 29, 2017, www.forbes.com/sites/blakemorgan/2017/08/29/when-the-cmo-owns-customer-experience-10-top-cmos-share-their-pov/#65afabf469d2. Also see Sonal Jaiswal, "Under the Microscope—Who Is a Chief Customer Officer?" *Customer Think*, September 5, 2018, http://customerthink.com/under-the-microscope-who-is-a-chief-customer-officer/.
18. For more on marketing dashboards and financial measures of marketing performance, see Jim Hopkins, "6 Sales Management Dashboards Every Leader Needs," *Salesforce Blog*, January 16, 2019, www.salesforce.com/blog/2019/01/sales-management-dashboards.html; and "Marketing Dashboard Examples," *Klipfolio*, www.klipfolio.com/resources/dashboard-examples, accessed September 2019.
19. For a full discussion of this model and details on customer-centered measures of marketing return on investment, see Roland T. Rust, Katherine N. Lemon, and Valerie A. Zeithaml, "Return on Marketing: Using Customer Equity to Focus Marketing Strategy," *Journal of Marketing*, January 2004, pp. 109–127; Roland T. Rust, Katherine N. Lemon, and Das Narayandas, *Customer Equity Management* (Upper Saddle River, NJ: Prentice Hall, 2005); Roland T. Rust, "Seeking Higher ROI? Base Strategy on Customer Equity," *Advertising Age*, September 10, 2007, pp. 26–27; Andreas Persson and Lynette Ryals, "Customer Assets and Customer Equity: Management and Measurement Issues," *Marketing Theory*, December 2010, pp. 417–436; and Kirsten Korosec, "'Tomato, Tomäto'? Not Exactly," *Marketing News*, January 13, 2012, p. 8.
20. Molly Soat, "More Companies Require Revenue-Focused Marketing ROI Measures, Study Finds," *Marketing News Weekly*, www.ama.org/publications/eNewsletters/Marketing-News-Weekly/Pages/more-companies-require-revenue-focused-marketing-roi-measures.aspx, accessed September 2019.
21. Steve Hanley, "Dyson Doubles Down on Plan to Build an Electric Car (That Doesn't Suck)," *Clean Technica*, August 31, 2018, www.cleantechnica.com/2018/08/31/dyson-doubles-down-on-plan-to-build-an-electric-car-that-doesnt-suck/; Paul Eisentstein, "Vacuum-Maker Dyson Releases Patents for New Electric Vehicle Line Set to Debut in 2021," *CNBC*, May 11, 2019, www.cnbc.com/2019/05/10/vacuum-maker-dyson-releases-patents-for-new-ev-line-to-debut-in-2021.html; Eamon Barrett, "Dyson Has Big Electric Car Plans. But Unlike Tesla, the Road Doesn't Go through China," *Fortune*, February 26, 2019, http://fortune.com/2019/02/26/singapore-shanghai-dyson-tesla/; Alicia Kirby, "A Day in the Life of James Dyson," *Wall Street Journal*, December 5, 2013, www.online.wsj.com/news/articles/SB10001424052702303914304579192123334228460; and information found at www.dyson.com, accessed September 2019.

Chapter 3

1. See Klint Finley, "Microsoft Wants Cortana to Play Nice with Amazon and Google," *Wired*, January 18, 2019, www.wired.com/story/microsoft-wants-cortana-play-nicely-amazon-and-google/; Bob Evans, "#1 Microsoft Beats Amazon in 12-Month Cloud Revenue," *Forbes*, October 29, 2018, www.forbes.com/sites/bobevans1/2018/10/29/1-microsoft-beats-amazon-in-12-month-cloud-revenue-26-7-billion-to-23-4-billion-ibm-third/#1d1709a52bf1; Matt Weinberger, "Microsoft CEO Satya Nadella's Genius Plan: To Swap One Monopoly for Another," *Business Insider*, August 29, 2015, www.businessinsider.com/microsoft-ceo-satya-nadella-focus-on-office-2015-8; Tom Vander Ark, "Hit Refresh: How a Growth Mindset Culture Tripled Microsoft's Value," *Forbes*, April 18, 2018, www.forbes.com/sites/tomvanderark/2018/04/18/hit-refresh-how-a-growth-mindset-culture-tripled-microsofts-value/#4904470652ad; and www.microsoft.com and www.microsoft.com/en-us/investor/, accessed September 2018.
2. See www.ikea.cn/ms/en_CN/about_ikea/the_ikea_way/our_business_idea/a_better_everyday_life.html, www.ikea.com/gb/en/this-is-ikea/people-planet/people-communities/suppliers/, and https://preview.thenewsmarket.com/Previews/IKEA/DocumentAssets/525318.pdf, accessed September 2019.
3. "Apple Authorized Service Provider Program," https://support.apple.com/en-lamr/aasp-program, accessed February 13, 2017; Dylan Love, "An Inside Look at Apple's Secret Weapon in Retail: Authorized Resellers," *Business Insider*, February 17, 2012, http://www.businessinsider.com/apple-reseller-asheville-citymac-2012-2?IR=T, accessed February 13, 2017; Negar Salek, "My Mac Pioneers Apple's Premium Reseller Program," Connecting the Australian Channel, October 8, 2010, https://www.crn.com.au/news/my-mac-pioneers-apples-premium-reseller-program-234602, accessed February 13, 2017.
4. Susannah Birkwood, "NatWest Sets Up £2.5m Fund to Give Grants to Charities, Social Enterprises and Community Groups," Third Sector, May 12, 2015, http://www.thirdsector.co.uk/natwest-sets-25m-fund-give-grants-charities-social-enterprises-community-groups/finance/article/1346687, accessed February 13, 2017; Graham Martin, "New £2.5 Million Fund for Charities," Third Force News, May 12, 2015, http://thirdforcenews.org.uk/tfn-news/new-2.5-million-fund-for-charities#xiA1ljGBlJerFHa2.99, accessed February 13, 2017; Natwest Bank, "About Us: Sustainability," http://jobs.natwest.com/pages/sustainability, accessed February 13, 2017; Prince's Trust, "Natwest," https://www.princes-trust.org.uk/about-the-trust/success-stories/natwest, accessed February 13, 2017.
5. U.S. and World POP Clock, U.S. Census Bureau, www.census.gov/popclock/, accessed September 2019. This website provides continuously updated projections of the U.S. and world populations.
6. See "Population Projections for the United States from 2015 to 2060," *Statista*, www.statista.com/statistics/183481/united-states-population-projection/, accessed September 2019.
7. "U.S. Population," *Worldometers*, www.worldometers.info/world-population/us-population/, accessed September 2019.
8. Population numbers in this section are based on "The Generations Defined," *Pew Research*, January 17, 2019, www.pewresearch.org/fact-tank/2018/03/01/millennials-overtake-baby-boomers. Financial numbers are based on Paul Davidson, "The Economy Is Still About—Who Else?—Boomers," *USA Today*, July 17, 2017, www.usatoday.com/story/money/2017/07/17/economy-still-all-who-else-boomers/476908001.
9. "Generational Marketing: Tips for Reaching Baby Boomers," July 16, 2015, www.mayecreate.com/2015/07/generational-marketing-tips-for-reaching-baby-boomers/; Janet Morrissey, "Baby Boomers to Advertisers: Don't Forget about Us," *New York Times*, October 15, 2017, www.nytimes.com/2017/10/15/business/media/baby-boomers-marketing.html?mtrref=undefined; Chloe Aiello, "Tech Companies Will Increasingly Look to Aging Baby Boomers for Growth, Says Evercore Analyst," *CNBC*, January 26, 2018, www.cnbc.com/2018/01/26/tech-companies-will-increasingly-look-to-aging-baby-boomers-for-growth.html; and Larissa Faw, "Report: Brands Need to Rethink Attitudes about Consumers and Aging," *MediaPost*, July 18, 2018, www.mediapost.com/publications/article/322391/report-brands-need-to-rethink-attitudes-about-con.html.
10. See Alexandra Jardine, "After the Rise of 'Femvertising,' Is 'Oldvertising' the Next Big Thing?" *Advertising Age*, April 5, 2017, http://adage.com/article/creativity/fem-vertising-vertising/308527/.

11. See Mark Bradbury, "The Tide of Boomer Marketing Continues to Turn," *MediaPost*, August 16, 2017; and www.youtube.com/watch?v=xVkv0NCHi5s and www.youtube.com/watch?v=xMj0w6r4GPA, accessed September 2019.

12. The specific date ranges for the generations varies by source. The ones used here are from the Pew Research Center. See www.pewresearch.org/fact-tank/2019/01/17/where-millennials-end-and-generation-z-begins/ft_19-01-17_generations_2019/.

13. Colby Graff, "Gen X: 'The Forgotten Generation' by Name, by Advertisers in Real Life," *Marketing Insider*, March 30, 2018, www.mediapost.com/publications/article/316885/gen-x-the-forgotten-generation-by-name-by-adve.html.

14. Robert Klara, "5 Reasons Marketers Have Largely Overlooked Generation X," *Adweek*, April 4, 2016, www.adweek.com/brand-marketing/5-reasons-marketers-have-largely-overlooked-generation-x-170539/; Richard Fry, "Millennials Projected to Overtake Baby Boomers as America's Largest Generation," *Pew Research*, March 1, 2018, www.pewresearch.org/fact-tank/2018/03/01/millennials-overtake-baby-boomers/; and Colby Graff, "Gen X: 'The Forgotten Generation' by Name, by Advertisers in Real Life," *Marketing Insider*, March 30, 2018, www.mediapost.com/publications/article/316885/gen-x-the-forgotten-generation-by-name-by-adve.html.

15. See Michelle Markelz, "Why You Should Be Marketing to Gen X," American Marketing Association, www.ama.org/publications/eNewsletters/Marketing-News-Weekly/Pages/why-you-should-be-marketing-to-gen-x.aspx, accessed September 2018; www.lowes.com/mobile, www.lowes.com, www.youtube.com/watch?v=zbFX7p6ZGTk, and www.pinterest.com/lowes/, accessed September 2019.

16. Carrie Cummings, "Blue Ribbon Millennials," *Adweek*, April 11, 2018, p. 13.

17. See Emma Brazilian, "Millennial Movers," *Adweek*, February 27, 2017, p. 9. Also see "Millennials," Pew Research Center, www.pewresearch.org/topics/millennials/, accessed September 2019.

18. See Fred Ulrich, "Venmo, Chime and the Adulting of Millennial Financial Apps," *Business 2 Community*, January 24, 2019, www.business2community.com/finance/venmo-chime-and-the-adulting-of-millennial-financial-apps-02161835; Tim Parker, *The Balance*, "Chime Bank Review: Everything You Need to Know," January 17, 2019, www.thebalance.com/chime-bank-review-4580300; and www.chimebank.com, accessed September 2019.

19. See Sarah Perez, "US Mobile Bank Chime Raises $200 Million, Valuing Its Business at $1.5 Billion." *TechCrunch*, March 5, 2019, https://techcrunch.com/2019/03/05/u-s-mobile-bank-chime-raises-200-million-valuing-its-business-at-1-5-billion/, accessed September 2019.

20. The specific date ranges for this generation vary by source. The one used here are from the Pew Research Center. See www.pewresearch.org/fact-tank/2019/01/17/where-millennials-end-and-generation-z-begins/ft_19-01-17_generations_2019. For other data listed, see Josh Perlstein, "Engaging Generation Z: Marketing to a New Brand of Consumer," *Adweek*, November 27, 2017, www.adweek.com/digital/josh-perlstein-response-media-guest-post-generation-z/; Libby Kane, "Meet Generation Z, the 'Millennials on Steroids' Who Could Lead the Change in the US," *Business Insider*, December 4, 2017, www.businessinsider.com/generation-z-profile-2017-9; and "The Power of Gen Z Influence," Barkley Report, January 2018, www.millennialmarketing.com/wp-content/uploads/2018/01/Barkley_WP_GenZMarketSpend_Final.pdf.

21. See "GenZ: Digital in Their DNA"; Shannon Bryant, "'Generation Z' Children More Tech-Savvy; Prefer Gadgets, Not Toys," *Marketing Forecast*, April 3, 2013, www.ad-ology.com/tag/tech-savvy-children/#.U5d9avldV8E; Brett Relander, "How to Market to Gen Z," *Entrepreneur*, November 4, 2014, www.entrepreneur.com/article/238998; Josh Perlstein, "Engaging Generation Z: Marketing to a New Brand of Consumer," *Adweek*, November 27, 2017, www.adweek.com/digital/josh-perlstein-response-media-guest-post-generation-z/; and "Redesigning Retail for the Next Generation," Accenture, www.accenture.com/us-en/insight-redesigning-retail-next-generation, accessed September 2019.

22. Carrie Cummings, "Infographic: Here's How Gen Z Girls Prefer to Shop and Socialize Online," *Adweek*, May 8, 2016, www.adweek.com/brand-marketing/infographic-heres-how-gen-z-girls-prefer-shop-and-socialize-online-171328/; and "13 Strategies for Marketing to Generation Z," *Forbes*, February 22, 2018, www.forbes.com/sites/forbesbusinessdevelopmentcouncil/2018/02/22/13-strategies-for-marketing-to-generation-z/#2f6cf90731c3.

23. Erica Sweeney, "American Eagle Hands Creative Control to Gen Zers for Spring Campaign," Marketing Dive, January 28, 2019, www.marketingdive.com/news/american-eagle-hands-creative-control-to-gen-zers-for-spring-campaign/546938/.

24. For this and other quotes, examples, and data in this section, see Adrianne Pasquarelli and E.J. Schultz, "Move Over Gen Z, Generation Alpha Is the One to Watch," *Advertising Age*, January 22, 2019, https://adage.com/article/cmo-strategy/move-gen-z-generation-alpha-watch/316314/; Daniel Lavell, "Move Over Millennials and Gen Z, Here Comes Generation Alpha," *The Guardian*, January 11, 2019, www.theguardian.com/society/shortcuts/2019/jan/04/move-over-millennials-and-gen-z-here-comes-generation-alpha; and Nina Lentini, "Crest's 'Chompers' Keeps Kids Attuned to Brushing," *Media Post*, January 24, 2019, www.mediapost.com/.../crests-chompers-keeps-kids-attuned-to-brushing.html.

25. For statistics on family composition, see U.S. Census Bureau, "Family by Presence of Own Children Under 18," Table FM1, www.census.gov/data/tables/time-series/demo/families/families.html, accessed September 2019; and U.S. Census Bureau, "Households by Type, Age of Members, Region of Residence, and Age of Householder: 2018," Table H2, www.census.gov/data/tables/2018/demo/families/cps-2018.html, accessed September 2019.

26. "Interracial Marriage across the U.S. by Metro Area," *Pew Research*, May 18, 2017, www.pewsocialtrends.org/interactives/intermarriage-across-the-u-s-by-metro-area/; Mona Chalabi, "What's Behind the Rise of Interracial Marriage in the US," *Guardian*, February 21, 2018, www.theguardian.com/lifeandstyle/2018/feb/21/whats-behind-the-rise-of-interracial-marriage-in-the-us; and U.S. Census Bureau, "Table 1. Household Characteristics of Opposite-Sex and Same-Sex Couple Households," www.census.gov/data/tables/time-ries/demo/same-sex-couples/ssc-house-characteristics.html, accessed September 2019.

27. See Department of Labor, "Facts over Time: Women in the Labor Force," www.dol.gov/wb/stats/newstats/facts.htm, accessed September 2019; Katica Roy, "Breadwinner Moms Are the New Norm," *Medium*, June 28, 2018, https://medium.com/@katicaroy/breadwinner-moms-are-the-new-norm-heres-what-you-should-know-d992e1cc7386; U.S. Census Bureau, "America's Families and Living Arrangements: 2016," Table FG1, www.census.gov/hhes/families/data/cps2015FG.html, accessed September 2019; and U.S. Census Bureau, "Parents and Children in Stay at Home Parent Family Groups: 1994 to Present," Table SHP-1, www.census.gov/hhes/families/data/families.html, accessed September 2019.

28. See T.L. Stanley, "Angel Soft Continues to Build Ads around Quiet, Relatable Moments in People's Lives," *Adweek*, January 11, 2017, www.adweek.com/creativity/angel-soft-continues-build-ads-around-quiet-relatable-moments-peoples-lives-175479/; "Best of Dad Ads," *Ad Forum*, www.adforum.com/creative-work/best-of/13299/best-of-dad-ads/

play#34540302, accessed September 2019; and www.youtube.com/watch?v=nKXYc7lHs3s, accessed September 2019.

29. See Cord Jefferson, "Cheerios Ad Starring Interracial Family Predictably Summons Bigot Wave," *Gawker*, May 30, 2013, http://gawker.com/cheerios-ad-starring-interracial-family-predictably-sum-510591871; Jessica Wohl, "Campbell Soup Shows 'Real, Real Life' in New Brand Campaign," *Advertising Age*, October 5, 2016, http://adage.com/print/300750; and www.youtube.com/watch?v=yNkCp5vjYzs and www.youtube.com/watch?v=5qkJHgkUzDA, accessed September 2019.
30. Tim Henderson, "Americans Are Moving South, West Again," Pew Charitable Trusts, January 8, 2016, www.pewtrusts.org/en/research-and-analysis/blogs/stateline/2016/01/08/americans-are-moving-south-west-again; U.S. Census Bureau, "Declining Mover Rate Drive by Renters, Census Bureau Reports," November 15, 2017, www.census.gov/newsroom/press-releases/2017/mover-rates.html; and U.S. Census Bureau, "Migration/Geographical Mobility," www.census.gov/topics/population/migration/data.html, accessed September 2019.
31. See U.S. Census Bureau, "Metropolitan and Micropolitan Statistical Areas," www.census.gov/programs-surveys/metro-micro.html, accessed September 2019; William H. Frey, "US Population Disperses to Suburbs, Exurbs, Rural Areas, and 'Middle of the Country' Metros," *Brookings*, March 26, 2018, www.brookings.edu/blog/the-avenue/2018/03/26/us-population-disperses-to-suburbs-exurbs-rural-areas-and-middle-of-the-country-metros/; and "List of Micropolitan Statistical Areas," *Wikipedia*, http://en.wikipedia.org/wiki/List_of_Micropolitan_Statistical_Areas, accessed September 2019.
32. Niraj Chokshi, "Out of the Office: More People Are Working Remotely, Survey Finds." *New York Times*, February 15, 2017, www.nytimes.com/2017/02/15/us/remote-workers-work-from-home.html.
33. See www.slack.com, accessed September 2019.
34. Erik Schmidt, "For the First Time, 90 Percent Completed High School More," July 31, 2018, www.census.gov/library/stories/2018/07/educational-attainment.html; and U.S. Census Bureau, "Educational Attainment," www.census.gov/data/tables/2017/demo/education-attainment/cps-detailed-tables.html, accessed June 2019.
35. See U.S. Department of Labor, "Employment Projections: 2016–2026 Summary," www.bls.gov/news.release/ecopro.nr0.htm, accessed September 2019.
36. See U.S. Census Bureau, "Projections of the Size and Composition of the U.S. Population: 2017 to 2060," www.census.gov/data/tables/2017/demo/popproj/2017-summary-tables.html, accessed September 2019; "Multicultural Consumers by the Numbers," *Advertising Age*, April 6, 2015, p. 20; U.S. Census Bureau, "The Nation's Older Population Is Still Growing, Census Bureau Reports," June 22, 2017, www.census.gov/newsroom/press-releases/2017/cb17-100.html; and Census Quick Facts, www.census.gov/quickfacts/fact/table/US/PST045217, accessed September 2019.
37. See Brielle Jaekel, "Marriott Celebrates Latino Love of Travel in Social Media Campaign," *Mobile Marketer*, www.mobilemarketer.com/ex/mobilemarketer/cms/news/advertising/21118.html, accessed September 2018; Parker Morse, "3 Hispanic Marketing Campaigns That Are Awesome," *Media Post*," December 6, 2017, https://www.mediapost.com/publications/article/311189/3-hispanic-marketing-campaigns-that-are-awesome.html; and http://lovetravelswithme.com/, accessed September 2019.
38. Jeff Green, "LGBT Purchasing Power Near $1 Trillion Rivals other Minorities," *Bloomberg*, July 20, 2016, www.bloomberg.com/news/articles/2016-07-20/lgbt-purchasing-power-near-1-trillion-rivals-other-minorities; and Tim Fitzsimons, "A Record 4.5 Percent of U.S. Adults Identify as LGBT, Gallup Estimates," *NBC News*, May 25, 2018, www.nbcnews.com/feature/nbc-out/record-4-5-percent-u-s-adults-identify-lgbt-gallup-n877486.
39. For more discussion, see Jacob Passy, "Wells Fargo: Ad with Gay Couple Reflects 'Demographic Reality,'" *American Banker*, June 23, 2015, www.americanbanker.com/news/consumer-finance/wells-fargo-ad-with-gay-couple-reflects-demographic-reality-1075043-1.html; Kristina Monllos, "Doritos Has Launched Limited-Time Rainbow Chips in Support of the LGBT Community," *Adweek*, September 17, 2015, www.adweek.com/brand-marketing/doritos-has-launched-limited-time-rainbow-chips-support-lgbt-community-166983/; and https://www.youtube.com/watch?v=DxDsx8HfXEk, accessed September 2019.
40. Ashley Welch, "1 in 4 U.S. Adults Has a Disability, CDC Says," *CBS News*, August 16, 2018, www.cbsnews.com/news/1-in-4-u-s-adults-has-a-disability-cdc-says/; "What Is the Disability Market," http://returnondisability.com/disability-market/, accessed September 2018; and "Disability Travel Generates $17.3 Billion in Annual Spending," *PR Newswire*, July 31, 2015, www.prnewswire.com/news-releases/disability-travel-generates-173-billion-in-annual-spending-300121930.html; and Michelle Yin, Dahlia Shewitz, Cynthia Overton, and Deeze-Mae Smith, "A Hidden Market: The Purchasing Power of Working-Age Adults with Disabilities," American Institutes for Research, April 17, 2018, www.air.org/resource/hidden-market-purchasing-power-working-age-adults-disabilities.
41. See Michelle Diament, "Microsoft Spotlights Adaptive Device In Holiday TV Commercial," *Disability Scoop*, December 11, 2018, www.disabilityscoop.com/2018/12/11/microsoft-adaptive-commercial/25800/; and www.microsoft.com/en-us/accessibility and www.xbox.com/en-US/xbox-one/accessibility, accessed September 2019.
42. Katie Richards, "Toyota Is Betting on the Olympics with 7 New Pieces of Creative for Its First Global Campaign," *Adweek*, February 9, 2018, www.adweek.com/brand-marketing/toyota-is-betting-big-on-the-olympics-with-7-new-pieces-of-creative-for-its-first-global-campaign/; "Toyota Rolls Out 'Start Your Impossible' Global Campaign That Reflects the Olympic and Paralympic Spirit of Encouragement, Challenge and Progress," Toyota Newsroom, February 9, 2018, https://newsroom.toyota.co.jp/en/corporate/21064838.html; and www.youtube.com/watch?v=38PMmAbR_e4, accessed September 2019.
43. See "Purpose & Beliefs," https://corporate.target.com/about/purpose-beliefs, accessed September 2019.
44. Drew Harwell, "Meet the Secret Army of Meteorologists Who Keep Your Holiday Deliveries on Time," *The Washington Post*," December 8, 2014, www.washingtonpost.com/business/economy/meet-the-secret-army-of-meteorologists-who-keep-your-holiday-deliveries-on-time/2014/12/08/2d9d3c82-759d-11e4-9d9b-86d397daad27_story.html; and Steve Banker, "Using Weather Data to Improve Supply Chain Resiliency," *Forbes*, June 29, 2016, www.forbes.com/sites/stevebanker/2016/06/29/using-weather-to-improve-supply-chain-resiliency/#5da581be23f2.
45. See Joel Makower, "Walmart Sustainability at 10: An Assessment," *GreenBiz*, November 17, 2016, www.greenbiz.com/article/walmart-sustainability-10-assessment; Luna Atamian, "Why Is Walmart a Sustainability Leader?" *Huffington Post*, December 14, 2017, www.huffingtonpost.com/entry/why-is-walmart-a-sustainability-leader_us_5a329da5e4b00caf3d59eae8; and http://corporate.walmart.com/global-responsibility/sustainability/and https://corporate.walmart.com/global-responsibility/global-responsibility-report, accessed September 2019.
46. See "A $1 Billion Project to Remake the Disney World Experience, Using RFID," www.fastcodesign.com/1671616/a-1-billion-project-to-remake-the-disney-world-experience-using-rfid#1; and Arthur Levine, "Disney Park Upgrades Make Visiting More Convenient," *USA Today*, February 27, 2018, www.usatoday.com/story/travel/experience/america/theme-parks/2018/02/27/disney-parks-magicbands-fastpasses-app/374588002/.

47. See, for example, Taylor Armerding, "The 17 Biggest Data Breaches of the 21st Century," *CSO*, January 26, 2018, www.csoonline.com/article/2130877/data-breach/the-biggest-data-breaches-of-the-21st-century.html; Sarah Frier, "Facebook Just Doubled the Number of People Exposed in Data Breach," *Time*, April 4, 2018, time.com/money/5228277/facebook-cambridge-analytica-data-breach-numbers/; Kate O'Flaherty, "Breaking Down Five 2018 Breaches—and What They Mean for Security in 2019," *Forbes*, December 19, 2018, www.forbes.com/sites/kateoflahertyuk/2018/12/19/breaking-down-five-2018-breaches-and-what-they-mean-for-security-in-2019/; and Gavin O'Malley, "Facebook Faces New Accusations of Data, Privacy Breaches," *MediaPost*, January 2, 2019, www.mediapost.com/publications/article/329965/facebook-faces-new-accusations-of-data-privacy-br.html.

48. See Hal Conick, "How Brands and Nonprofits Can Work Together on a Cause," *Marketing News*, March 2019, pp. 16–17; and https://carecounts.whirlpool.com/, accessed September 2019.

49. See www.benjerry.com/values, www.benandjerrysfoundation.org, and www.unilever.co.uk/brands/food-and-drink/ben-and-jerrys.html, accessed September 2019.

50. See Larissa Faw, "Report: Majority of Global Consumers Are 'Belief-Drive' Buyers," *MediaPost*, October 2, 2018, www.mediapost.com/publications/article/325911/report-majority-of-global-consumers-are-belief-d.html; and Hal Conick, "How Brands and Nonprofits Can Work Together on a Cause," *Marketing News*, March 2019, pp. 16–17.

51. See David Gianatasio, "A New Cycle," *Adweek*, September 11, 2017, p. 13; and "Top Ice Cream Brands of the United States," *Statista*, www.statista.com/statistics/190426/top-ice-cream-brands-in-the-united-states/, accessed July 2019.

52. See "Social Impact Statistics You Should Know," http://engageforgood.com/guides/statistics-every-cause-marketer-should-know/, accessed September 2019.

53. "Sarah Jessica Parker Joins Stella Artois and Water.org to 'Pour it Forward®' and Help End the Global Water Crisis," *PR Newswire*, January 22, 2019, www.prnewswire.com/news-releases/sarah-jessica-parker-joins-stella-artois-and-waterorg-to-pour-it-forward-and-help-end-the-global-water-crisis-300782004.html; "Aerie Continues to Accelerate Growth, Expands #AerielReal Role Model Family," January 31, 2019, http://investors.ae.com/news-releases/news-releases-details/2019/Aerie-Continues-to-Accelerate-Growth-Expands-AerieREAL-Role-Model-Family/default.aspx; David Hessekiel, "Donating at Checkout Remains High amidst Retail Slump," *Forbes*, June 20, 2017, www.forbes.com/sites/davidhessekiel/2017/06/20/charity-checkout-champions/; Janet Freund, "A Stumbling Victoria's Secret Could Become the 'Sears of Brassieres,'" *Bloomberg*, May 10, 2018, www.bloomberg.com/news/articles/2018-05-10/victoria-s-secret-weak-pink-sales-has-l-brands-deeper-in-the-red; Elizabeth Segran, "Move Over, Victoria's Secret: Aerie Is Winning with Gen-Z," *Fast Company*, February 1, 2019, www.fastcompany.com/90300687/aeries-radically-diverse-campaign-gives-me-hope-for-genz; and information from www.water.org/partners/stella-artois/, www.water.org/stellaartois/, and www.stellaartois.com/en_us/water.html.

54. See Sherry Turkle, "The Flight from Conversation," *New York Times*, April 22, 2012, p. SR1; and Turkle, "Stop Googling. Let's Talk," *New York Times*, September 27, 2015, p. SR1; and Jenny Anderson, "In the Age of Screens, Families Are Spending More Time 'Alone-Together,'" *Quartz*, March 16, 2019, https://qz.com/1573329/are-families-spending-less-time-together-due-to-screens/.

55. See "Jeep Has One of the Most Patriotic Ads You'll Ever Watch," *Lifezette*, February 3, 2019, www.lifezette.com/2019/02/jeep-has-one-of-the-most-patriotic-ads-youll-ever-watch/; Erica Sweeney, "Jeep Racks Up 106M Online Views without Running Super Bowl Ad," *Marketing Dive*, February 6, 2019, www.marketingdive.com/news/jeeps-digital-only-super-bowl-spot-racks-up-106m-views-breaks-company-rec/547740/'; and www.youtube.com/watch?v=msllMWcmC08, accessed September 2019.

56. See U.S. Organic Food Market Size Worth $70.4 Billion by 2025," *PR Newswire*, July 18, 2018, www.prnewswire.com/news-releases/u-s-organic-food-market-size-worth-70-4-billion-by-2025-hexa-research-894007633.html; and "Natural and Organic Cosmetics 2019 Global Market Expected to Grow at CAGR 9.4 % and Forecast to 2025," *MarketWatch*, January 4, 2019, www.marketwatch.com/press-release/natural-and-organic-cosmetics-2019-global-market-expected-to-grow-at-cagr-94-and-forecast-to-2025-2019-01-04.

57. See www.lovebeautyandplanet.com and https://gillette.com/en-us/products/pre-and-post-shave/shaving-creams-gels-and-foams/pure-natural-shave-gel-shaving-cream, accessed September 2019.

58. "America's Changing Religious Landscape," May 12, 2015, www.pewforum.org/2015/05/12/americas-changing-religious-landscape/; Daniel Cox and Robert P. Jones, "America's Changing Religious Identity," PRRI, September 6, 2017, www.prri.org/research/american-religious-landscape-christian-religiously-unaffiliated/; Michael Sheremer, "The Number of Americans with No Religious Affiliation Is Rising," *Scientific American*, April 1, 2018, www.scientificamerican.com/article/the-number-of-americans-with-no-religious-affiliation-is-rising/; and www.pewforum.org/religious-landscape-study/, accessed July 2019.

59. For more discussion, see David Masci and Michael Lipka, "Americans May Be Getting Less Religious, but Feelings of Spirituality Are on the Rise," Pew Research Center, January 21, 2016, www.pewresearch.org/fact-tank/2016/01/21/americans-spirituality/; and "Rising Spirituality in America," Pew Research Center, March 7 2018, www.pewtrusts.org/en/research-and-analysis/articles/2018/rising-spirituality-in-america.

60. See Gini Dietrich, "5 Crisis Lessons from Crock-Pot and 'This Is Us,'" *PR Daily*, February 19, 2017, www.prdaily.com/mediarelations/Articles/5_crisis_lessons_from_CrockPot_and_This_Is_Us_23990.aspx; Amy George, "Crock-Pot's Response to Its Tragic Role in 'This Is Us' Is a Lesson in Smart PR," *Inc.*, January 29, 2018, www.inc.com/amy-george/crock-pots-response-to-angry-this-is-us-fans-shows-why-every-company-needs-a-pr-crisis-plan.html; and Dan Snierson, "One Year after Jack's Death on *This Is Us*, the Slow Cooker Defends Itself," *Entertainment Weekly*, February 4, 2019, https://ew.com/tv/2019/02/04/this-is-us-jack-death-anniversary-slow-cooker/.

61. David Kerley, "Behind the Scenes with Southwest Airlines' Social Media 'Listening Center,'" *ABC News*, November 21, 2017, http://abcnews.go.com/US/scenes-southwest-airlines-social-media-listening-center/story?id=51297908; Conor Shine, "Southwest's Heavy Heart: How the LUV Airline Is Responding to the Worst Accident in Its History," *Dallas News*, April 22, 2018, www.dallasnews.com/business/southwest-airlines/2018/04/22/southwests-heavy-heart-luv-airline-responded-worst-accident-history; Sherry Smith, "United Airlines and the 'Re-Accommodation' Debacle," *Clarity*, November 30, 2017, http://clarity.pr/best-worst-2017s-pr-disasters-2-united-airlines-re-accomodation-debacle/; David Angelo, "CMOs, Agencies: It's Time to Live Your Brands," *Advertising Age*, October 2, 2013, https://adage.com/article/agency-viewpoint/turn-consumers-social-media-advocates/244524; Alanna Petroff, "United Airlines Shows How to Make a PR Crisis a Total Disaster," *CNN Money*, April 11, 2017, http://money.cnn.com/2017/04/11/news/united-passenger-pr-disaster/index.html; Jennifer Earl, "Whole Foods Responds to $6 Pre-Peeled Orange Twitterstorm," *CBS News*, March 8, 2016, www.cbsnews.com/news/whole-foods-responds-to-6-pre-peeled-orange-twitterstorm/; Chris Matyszczyk, "Many KFCs Are Still Closed Because They Have No Chicken," *Inc.*, February 18, 2018, www.inc.com/chris-matyszczyk/kfc-is-still-short-of-chicken-one-customer-just-let-colonel-know-how-big-of-a-mistake-hes-made.html; Robbie Abed, "KFC Just Handled a Public Relations Crisis Perfectly

with a Single Picture," *Inc.*, February 23, 2018, www.inc.com/robbie-abed/kfc-just-handled-a-public-relations-crisis-perfectly-with-a-single-picture.html; and Hal Conick, "The Best Way to Respond to Social Fury? It's Still Up in the Air," *Marketing News*, October 2018, pp. 10–12.

62. Rupert Jones, "Insurance Body Calls for 'Easy Comparison' Renewal Quotes," *The Guardian*, July 10, 2014, http://www.theguardian.com/money/2014/jul/10/insurance-car-home-renewal-quotes-premium

63. Based on information from Harry McCracken, "Square Is One of the Most Innovative Companies in the World Because It Provides a More Elegant Way to Pay," *Fast Company*, February 19, 2019, www.fastcompany.com/90298939/squaremost-innovative-companies-2019; "Squaring the Circle That Is Square," PYMNTS, April 17, 2017, www.pymnts.com/mpostracker/2017/square-jack-dorsey-cash-capitalfirst-data-vantiv-paypal-uk-apples-pay-debit-pymntsmpos-tracker-mobile-payments-mobile-point-of-sale/; Harry McCracken, "Square Takes on the Clunky Old-SchoolPayment Terminal," *Fast Company*, October 18, 2018, www.fastcompany.com/90253151/square-takes-on-the-clunkyold-school-payment-terminal; and information from www.squareup.com/us/en, accessed May 2019.

Chapter 4

1. Klaus Kneale, "World's Most Reputable Companies," *Forbes*, May 6, 2009, http://www.forbes com; "Ferrero Financial Results 2014," Confectionerynews.com, http://www.confectionerynews.com/Manufacturers/Ferrero-financial-results-2014; "Research and Markets: India Chocolate Market Overview 2015–2021—Milk Chocolate Accounts for Majority of the Revenues," Morningstar, April 11, 2015, http://www.morningstar.com/news/business-wire/BWIPREM_20151104006553/research-and-markets-india-chocolate-market-overview-20152021-milk-chocolate-accounts-for-majority-of-the-revenues.html; "Tic Tac Goes Desi and Introduces 'Elaichi' Flavour," Media4Growth, December 23, 2014, http://www.media4growth.com/retail/article.html?aid=1907_Tic_Tac_goes_desi_and_introduces_%E2%80%98Elaichi%E2%80%99_flavour; Ajita Shashidhar, "Unwrapped," *Business Today*, March 30, 2014, http://www.businesstoday.in/magazine/features/confectionary-firm-ferrero-in-india-premium-chocolate-market/story/204086.html; Sohini Sen, "'We Have Faced More Difficult Marketing Challenges for Nutella Elsewhere Than in India': Emanuele Fiordalisi, Marketing Head, Ferrero India," Afaqs!, May 14, 2015, http://www.afaqs.com/interviews/in-dex.html?id=456_We-have-facedmore-difficult-marketing-challenges-for-Nutella-elsewhere-than-in-India-Emanuele-Fiordalisi-marketing-head-Ferrero-India; Oliver Nieburg, "Ferrero to Tap into Rapid Indian Chocolate Growth with New Production Site—Analysts," Confectionerynews.com, October 27, 2011, http://www.confectionerynews.com/Manufacturers/Ferrero-to-tap-into-rapid-Indian-chocolate-growth-with-new-production-site-analysts; http://www.ferrero.com.au; http://www.floweradvisor.com, all internet sites accessed November 2015; Reputation Institute, "2016 Global RepTrak®100 The World's Most Reputable Companies," March 22, 2016, https://www.rankingthebrands.com/PDF/Global%20RepTrak%20100%20Report%202016,%20Reputation%20Institute.pdf, accessed November 22, 2019; Ferrerro website, "Key Figures: Group Growth in 2014/2015," http://www.ferrero.com/the-ferrero-group/business/business/key-figures, accessed April 1, 2017; "Chocolate Maker Ferrero Reports 1.5 Percent Rise in Revenue in 2017," *Reuters*, March 23, 2018, https://www.reuters.com/article/us-ferreroresults/chocolate-maker-ferrero-reports-1-5-percent-rise-in-revenue-in-2017-idUSKBN1GY2PM, accessed February 5, 2019.

2. See Bernard Marr, "How Much Data Do We Create Every Day? The Mind-Blowing Stats Everyone Should Read," *Forbes*, May 21, 2018, www.forbes.com/sites/bernardmarr/2018/05/21/how-much-data-do-we-create-every-day-the-mind-blowing-stats-everyone-should-read/#1ec7ce0760ba; and "Big Data," *Wikipedia*, http://en.wikipedia.org/wiki/Big_data, accessed September 2019.

3. See Jordan Bitterman, "Let's Clear Up the Data Forecast," *Adweek*, December 12, 2016, p. W1.

4. Based on information from Frank van den Driest, Stan Sthanunathan, and Keith Weed, "Building an Insights Engine," *Harvard Business Review*, September 2016, https://hbr.org/2016/09/building-an-insights-engine; "Unilever's PeopleWorld Case Study, July 15, 2017, www.marketlogicsoftware.com/unilevers-peopleworld-case-study/; and www.unilever.com, accessed September 2019.

5. See https://corporate.walmart.com/suppliers, accessed September 2019; and "What Is Retail Link For?" 8th & Walton, https://blog.8thandwalton.com/2015/08/what-is-retail-link-for//.

6. Katrina Lake, "Stitch Fix's CEO on Selling Personal Style to the Masses," *Harvard Business Review*, May-June 2018, https://hbr.org/2018/05/stitch-fixs-ceo-on-selling-personal-style-to-the-mass-market; Calvin Claveria, "3 Companies That Have Mastered the Art of Using Customer Data," *Vision Critical*, www.visioncritical.com/master-use-customer-data/, accessed September 2019, and https://investors.stitchfix.com/ and www.stitchfix.com, accessed September 2019.

7. See, "Mastercard Conversation Suite Video," http://newsroom.mastercard.com/videos/mastercard-conversation-suite-video/, accessed September 2019; Sheila Shayon, "Mastercard Harnesses the Power of Social with Innovative Conversation Suite," *brandchannel*, May 7, 2013, www.brandchannel.com/home/post/2013/05/07/Mastercard-Conversation-Suite-050713.aspx; "Mastercard's, Conversation Suite: Bringing Insights and Analytics to Social," http://shortyawards.com/7th/mastercards-conversation-suite-bringing-insights-and-analytics-to-social, accessed September 2019; and "MasterCard Conversation Suite Video," https://newsroom.mastercard.com/videos/mastercard-conversation-suite-video/, accessed September 2019.

8. See "Samsung: Growing Up," www.theverge.com/2017/11/6/16611758/samsung-mocks-iphone-x-commercial, November 6, 2017; and Mike Murphy, "Samsung's Strategy for Keeping Up with Apple Is to Be Mean," *Quartz*, August 18, 2018, https://qz.com/1358333/samsungs-strategy-for-keeping-up-with-apple-is-to-be-mean/.

9. Michael Brereton and Diane Bowers, "The 2017 AMA Gold Global Top 25 Market Research Firms," *Marketing News*, October 1, 2017, www.ama.org/publications/MarketingNews/Pages/2017-ama-gold-global-report.aspx. Also see Zach Brooke, "The Market Research Arms Race," *Marketing News*, July 2018, pp. 79-85.

10. Patrick Young, "Embracing an Era of Just-in-Time Research," *Marketing*, October 19, 2017, www.marketing-interactive.com/embracing-an-era-of-just-in-time-research/. Also see Michael Beebe, "Disruption Is Coming to Marketing Research," *MTA Martech Advisor*, September 3, 2018, www.martechadvisor.com/articles/interactive-marketing/disruption-is-coming-to-marketing-research/.

11. Amanda Lacey, "The New Age of Market Research Is Here," *CMO Magazine*, May 4, 2016, www.theceomagazine.com/business/the-new-age-of-market-research-is-here/; and Kelvin Claveria, "5 Marketing Research Trends to Watch in 2018," *Vision Critical*, www.visioncritical.com/market-research-predictions-2018/.

12. Kristen Meyer, "Data Science and the Art of Persuasion," *Harvard Business Review*, January–February 2019, pp. 127–137; Dan Tynan, "Winners' Playbook," *Adweek*, December 2, 2018, pp. 21–22.

13. Stacy Roman, "7 European Fast-Food Chains to Check Out," Stripes Europe, March 22, 2018, https://europe.stripes.com/lifestyle/7-europeanfast-food-chains-check-out; "Vegan-Trend: Daten und Fakten zum Veggie-Boom," VEBU, https://vebu.de/veggie-fakten/entwicklung-in-zahlen/vegan-trend-fakten-zum-veggie-boom/; "Flensburg Holm," Nordsee website, https://www.nordsee.com/de/filialen/detail/store/nordsee-flensburgholm-278/; "Nordsee Franchise," World Franchise, http://worldfranchise.eu/franchise/nordsee.

14. For more on research firms that supply marketing information, see Michael Brereton and Diane Bowers, "The 2018 AMA Gold Global Top 50 Report," *Marketing News*, May 31, 2018, www.ama.org/publications/MarketingNews/Pages/2018-ama-gold-top50-report.aspx. Other information from www.nielsen.com/us/en/solutions/measurement/retail-measurement.html and www.kantarfutures.com/products/us-monitor, accessed September 2019.
15. See www.iriworldwide.com, accessed September 2019.
16. Kai Ryssdal and Tommy Andres, "Domino's CEO Patrick Doyle: Tech with a Side of Pizza," *Marketplace*, September 24, 2015, www.marketplace.org/2015/09/24/business/corner-office/dominos-ceo-patrick-doyle-tech-side-pizza; and Nathaniel Meyersohn, "Why Domino's Is Winning the Pizza Wars," *CNN Business*, March 6, 2018, https://money.cnn.com/2018/03/06/news/companies/dominos-pizza-hut-papa-johns/index.html.
17. See Geoff Colvin, "How Intuit Reinvents Itself," *Fortune*, November 12, 2017, pp. 76–82.
18. Ron Kohavi and Stefan Thomke, "The Surprising Power of Experiments," *Harvard Business Review*, September-October 2017, pp. 74–82. Also see Daniel Burstein, "The Top 3 A/B Testing Challenges That Prevent Marketers from Getting Big Lifts," *Target Marketing*, September 19, 2018, www.targetmarketingmag.com/article/the-top-3-a-b-testing-challenges-that-prevent-marketers-from-getting-big-lifts/.
19. See Rebecca Greenfield, "How the Deepest, Darkest Secrets of Moms Shape the Products in Aisle 6," *Fast Company*, December 19, 2014, www.fastcompany.com/3039798/most-creative-people/how-the-deepest-darkest-secrets-of-moms-shape-the-products-in-aisle-6?utm_source; Christine Michel Carter, "Meet the Company Decoding How to Market to Millennial Moms," Forbes, May 1, 2017, www.forbes.com/sites/christinecarter/2017/05/01/marketing-to-millennial-moms-where-there-is-pain-there-is-profit/#2fc67df35201; and www.momcomplex.com, accessed September 2019.
20. See "Mobile Fact Sheet," Pew Research Center, February 5, 2018, www.pewinternet.org/fact-sheet/mobile/; "Internet World Stats," www.internetworldstats.com/stats14.htm#north, accessed September 2019.
21. For more information, see www.focusvision.com/products/intervu/, accessed September 2019.
22. See Giselle Tsirulnik, "ESPN Is Mobile Publisher of the Year," *Mobile Marketing*, www.mobilemarketer.com/ex/mobilemarketer/cms/news/media/7846.html, accessed September 2019; and Vision Critical, "ESPN: How the Sports Media Company Delivers What Fans Want—and Saves Resources," www.visioncritical.com/customer-stories/espn/, accessed September 2019.
23. See Hal Conick, "Where Does Convenience Turn Creepy?" *Marketing News*, April/May 2017, p. 10; Lara O'Reilly, "Snapchat Is About to Introduce Something Advertisers Have Been Wanting for Ages: Behavioral Targeting," *Business Insider*, August 26, 2016, www.businessinsider.com/snapchat-to-launch-behavioral-targeting-for-advertisers-2016-8; "Data Suggest Surprising Shift: Duopoly Not-All-Powerful," *eMarkter*, March 19, 2018, www.emarketer.com/content/google-and-facebook-s-digital-dominance-fading-as-rivals-share-grows; and "Choose Your Audience," www.facebook.com/business/products/ads/ad-targeting, accessed September 2019.
24. For more discussion, see "S.2404 (114th): Do Not Track Online Act of 2015," January 17, 2018, www.govtrack.us/congress/bills/114/s2404; Jeff John Roberts, "The GDPR Is in Effect: Should U.S. Companies Be Afraid?" *Fortune*, May 25, 2018, http://fortune.com/2018/05/24/the-gdpr-is-in-effect-should-u-s-companies-be-afraid/; Nate Lord, "What Is GDPR (General Data Protection Regulation)? Understanding and Complying with GDPR Data Protection Requirements," *Digital Guardian*, September 19, 2018, https://digitalguardian.com/blog/what-gdpr-general-data-protection-regulation-understanding-and-complying-gdpr-data-protection; and "Do Not Track Legislation," http://en.wikipedia.org/wiki/Do_Not_Track_legislation, accessed September 2019.
25. Based on information from Drake Bennett, "Getting to Know You: Expedia Has Bet Everything on Understanding the Psyche of the Modern Traveler," *Bloomberg Businessweek*, February 29, 2016, pp. 45–49; Jeremy Kahn, "Expedia Reads Your Mind (and Face) to Beat Rivals," *Bloomberg Businessweek*, January 19, 2017, www.bloomberg.com/news/articles/2017-01-19/expedia-reads-your-mind-and-face-to-beat-rivals; Rob Loveitt, "Inside Expedia's Usability Lab, Consumer Behavior Provides Insights," *PhocusWire*, May 23, 2016, www.phocuswire.com/Inside-Expedia-s-Usability-Lab-consumer-behavior-provides-insights; and "This New Experiment by Expedia Might Give It a Significant Competitive Advantage," *Forbes*, February 1, 2017, www.forbes.com/sites/greatspeculations/2017/02/01/this-new-experiment-by-expedia-might-give-it-a-significant-competitive-advantage/#6ca49b821830.
26. "Internet of Things (IoT) Connected Devices Base Worldwide from 2015 to 2025 (in Billions)," *Statista*, www.statista.com/statistics/471264/iot-number-of-connected-devices-worldwide/, accessed September 2019.
27. For example, see Katie Baron, "Rewiring Storytelling: Neuroanalytic Brand Boosting from the Startup That Predicted the Trump Win," *Forbes*, October 22, 2018, www.forbes.com/sites/katiebaron/2018/10/22/rewiring-storytelling-neuro-brand-boosting-from-the-startup-that-predicted-the-trump-win/#2749e5c46625.
28. See Jennifer Alsever, "At MetLife, Technology Is the Best Policy," *Fortune*, November 18, 2013; "MetLife Wall—Customer Focus by Leveraging Big Data," KPMG, www.the-digital-insurer.com/dia/metlife-wall-customer-focus-by-leveraging-big-data/, accessed September 2019; and "Rethinking the Customer Experience at MetLife," MongoDB, www.mongodb.com/customers/metlife, accessed September 2019.
29. Andrew Nusca, "Despite High Tech, the Future of Marketing Is Exactly the Same: Focus on Customers," *Fortune*, July 15, 2014, http://fortune.com/2014/07/15/big-data-future-marketing-customer-focus; and Carl F. Mela and Christine Moorman, "Why Marketing Analytics Hasn't Lived Up to Its Promise," *Harvard Business Review*, May 30, 2018, https://hbr.org/2018/05/why-marketing-analytics-hasnt-lived-up-to-its-promise.
30. See Kate Jones, "What Can Associations Learn from Netflix about Member Analytics?" *Informz*, November 9, 2016, www.informz.com/blog/associations/associations-learn-member-analytics/; Danny Vena, "Netflix Subscribers Could More Than Double by 2023," *The Motley Fool*, September 24, 2018, www.fool.com/investing/2018/09/24/netflix-subscribers-could-more-than-double-by-2023.aspx; Craig Smith, "135 Amazing Netflix Statistics and Facts," *Expanded Ramblings*, accessed January 2019; and www.netflix.com, accessed September 2019.
31. "Google CEO: AI Is a Bigger Deal Than Fire or Electricity," *Fast Company*, January 19, 2018, www.fastcompany.com/40519204/google-sundar-pichai-ai-is-a-bigger-deal-than-fire-or-electricity; and Vijay Chittoor, "Five Predictions for AI in Marketing 2019," *Forbes*, January 15, 2019, www.forbes.com/sites/forbestechcouncil/2019/01/15/five-predictions-for-ai-in-marketing-in-2019/.
32. "Google CEO: AI Is a Bigger Deal Than Fire or Electricity," *Fast Company*, January 19, 2018, www.fastcompany.com/40519204/google-sundar-pichai-ai-is-a-bigger-deal-than-fire-or-electricity; Hal Conick, Brian Dumaine, "It Might Get Loud," *Fortune*, November 2, 2018, pp. 113-128; "The Past, Present, and Future of AI in Marketing," *Marketing News*, December 29, 2016, pp. 27–35; Erik Wander, "Welcome to the Machine," *Adweek*, December 4, 2017, p. 16; Marty Swant, "As IBM Ramps Up Its AI-Powered

Advertising, Can Watson Crack the Code of Digital Marketing," *Adweek*, September 25, 2017, pp. 19–23; Lauren Johnson, "5 Bleeding-Edge Brands That Are Infusing Retail with Artificial Intelligence," *Adweek*, January 2, 2017, www.adweek.com/digital/5-bleeding-edge-brands-are-infusing-retail-artificial-intelligence-175312/; "Software For Hardware: How Artificial Intelligence Is Helping Lowe's Customers," *Forbes*, July 17, 2018, https://www.forbes.com/sites/insights-intelai/2018/07/17/software-for-hardware-how-artificial-intelligence-is-helping-lowes-customers/#7901c4534286; "Artificial Intelligence Software Market to Reach $105.8 Billion in Annual Worldwide Revenue in 2025," *Tractica*, August 20, 2018, www.tractica.com/newsroom/press-releases/artificial-intelligence-software-market-to-reach-105-8-billion-in-annual-worldwide-revenue-by-2025/; and "AI for Advertising," www.ibm.com/watson-advertising, accessed September 2019.

33. See Daryl Travis, "The Best Omni-Channel Brands Look More Like a Cause Than a Business," *The Hub*, August 2014, www.hubmagazine.com/the-hub-magazine/zappos-omnivalues-082014/; and https://zuul.zappos.com/zuul, accessed September 2019.

34. John Simmons, "These Men Are Innocent . . . ," *The Guardian*, February 18, 2007, https://www.theguardian.com/business/2007/feb/18/theobserver.observerbusiness12; "Building England's Ethical, Healthy, and Slightly Cheeky Beverage Brand," Inc., https://www.inc.com/articles/2010/07/building-englands-favorite-smoothie-company.html; Richard Wray, "Peach of an Idea," *The Guardian*, August 7, 2004, https://www.theguardian.com/business/2004/aug/07/1.

35. For some good advice on conducting market research in a small business, search "conducting market research" at www.sba.gov or see "Researching Your Market," *Entrepreneur*, www.entrepreneur.com/article/43024-1, accessed September 2019.

36. See "The 2017 AMA Gold Global Top 25 Report," *Marketing News*, October 2017, pp. 36+; and www.nielsen.com/us/en/about-us.html and www.nielsen.com/us/en/about-us.html, accessed September 2019.

37. See Zach Brooke, "When Surveys Get Lost in Translation," *Marketing News*, October 2017, pp. 12-13; and "Why Mobile Is Great for Marketing Research," *MMRA*, www.mmra-global.org/, accessed September 2018.

38. Subhash C. Jain, *International Marketing Management*, 3rd ed. (Boston: PWS-Kent, 1990), p. 338. For more discussion on international marketing research issues and solutions, see Warren J. Keegan and Mark C. Green, *Global Marketing*, 8th ed. (Upper Saddle River, NJ: Pearson, 2015), pp. 170–201.

39. For more on problems and solutions in international marketing research, see Caitlin Sanford, "Tips for Market Research in Emerging Markets," *Medium*, August 1, 2017, https://medium.com/facebook-research/tips-for-market-research-in-emerging-markets-695bed660517; and Zack Brooke, "3 Common Pitfalls of International Market Research (and How to Avoid Them)," *Marketing News*, October 1, 2017, www.ama.org/publications/MarketingNews/Pages/3-common-pitfalls-of-international-market-research-and-how-to-avoid-them.aspx.

40. See Charles Duhigg, "Psst, You in Aisle 5," *New York Times*, February 19, 2012, p. MM30; Kashmir Hill, "How Target Figured Out a Teen Girl Was Pregnant before Her Father Did," *Forbes*, February 16, 2012, www.forbes.com/sites/kashmirhill/2012/02/16/how-target-figured-out-a-teen-girl-was-pregnant-before-her-father-did/; "7 Big Data Blunders You're Thankful Your Company Didn't Make," Umbel, October 22, 2014, www.umbel.com/blog/big-data/7-big-data-blunders/?utm_content=buffer6a719&utm_medium=social&utm_source=twitter.com&utm_campaign=buffer; and Leslie K. John, Tami Kim, and Kate Barasz, "Ads That Don't Overstep," *Harvard Business Review*, January–February 2018, pp. 62–69.

41. See Kate Kaye, "The $24 Billion Data Business That Telcos Don't Want to Talk About," *Advertising Age*, October 26, 2015, pp. 12–14; and "Mobile Data Analysis with SAP Consumer Insight 365," https://experience.sap.com/designservices/work/mobile-data-analysis-with-sap-consumer-insight-365, accessed September 2019.

42. See "Respondent Bill of Rights," www.marketingresearch.org/issues-policies/best-practice/respondent-bill-rights, accessed September 2019.

43. See Dennis Green and Mary Hanbury, "If You Shopped at These 16 Stores in the Last Year, Your Data Might Have Been Stolen," *Business Insider*, August 22, 2018, www.businessinsider.com/data-breaches-2018-4; Mike Isaac and Sheera Frenkel, "Facebook Security Breach Exposes Accounts of 50 Million Users," *New York Times*, September 28, 2018, www.nytimes.com/2018/09/28/technology/facebook-hack-data-breach.html; and "Learn More about the Latest Data Breaches," *Fraud!Org*, www.fraud.org/latest_breaches?page=1, accessed September 2018.

44. See Nicole Perlroth, Amie Tsang, and Adam Satariano, "Marriott Hacking Exposes Data of Up to 500 Million Guests," *New York Times*, November 30, 2018, www.nytimes.com/2018/11/30/business/marriott-data-breach.html; and Seena Gressin, "The Marriott Data Breach," *Federal Trade Commission: Consumer Information Blog*, December 6, 2018, www.consumer.ftc.gov/blog/2018/12/marriott-data-breach.

45. See www.insightsassociation.org/issues-policies/casro-code-standards-and-ethics, accessed September 2019.

46. Ben Goldacre, "When Data Gets Creepy: The Secrets We Don't Realise We're Giving Away," *The Guardian*, December 5, 2014, http://www.theguardian.com/technology/2014/dec/05/when-data-gets-creepysecrets-were-giving-away.

47. Oliver Maier, "Bayer AG Capital Markets Day," December 5, 2018, https://www.investor.bayer.com/securedl/16668 (accessed August 2019); Luis H. Tobler Garcia, "Big Data for Best Results," Bayer: Crop Science, https://www.cropscience.bayer.com/en/blogs/corporate-blog/2017/luis-tobler-garcia-big-data-for-best-results; Bayer, "Corporate Policy 'Responsible Marketing & Sales'," https://www.bayer.com/downloads/bayer-responsible-marketing-and-sales-policy.pdfx; Bayer AG, "Privacy Statement," November 26, 2019, https://www.bayer.com/en/privacy-statement.aspx; Bayer AG, "Bayer's Annual Report 2017: Marketing and Distribution," https://www.annualreport2017.bayer.com/management-report-annexes/about-the-group/sustainable-conduct/marketing-and-distribution.html; Ruth Bender, "How Bayer-Monsanto Became One of the Worst Corporate Deals—in 12 Charts," *Wall Street Journal*, August 28, 2019, https://www.wsj.com/articles/how-bayer-monsanto-became-one-of-the-worst-corporate-dealsin-12-charts-11567001577; T. Buck, "Bayer Keen to Shift Attention from Monsanto Woe to Tech Vision," *Financial Times*, 2019, https://www.ft.com/content/63942794-1b32-11e9-9e64-d150b3105d21; Business and Human Rights Resource Center, "Bayer: Business & Human Rights Resource Centre," n.d., https://www.business-humanrights.org/en/bayer-0; L. Chao, "Big Data Brings Relief to Allergy Medicine Supply Chains," *The Wall Street Journal*, May 26, 2015, https://www.wsj.com/articles/big-data-brings-relief-to-allergy-medicine-supply-chains-1432679948; J. Dye, "U.S. Set to Approve Bayer-Monsanto Deal with Divestitures," *Financial Times*, May 29, 2018, https://www.ft.com/content/8c3d51d0-6349-11e8-90c2-9563a0613e56; A. Green, "Sustainable Agriculture," *The Economist*, December 1, 2016, https://eiuperspectives.economist.com/sustainability/food-sustainability-index-2016/infographic/sustainable-agriculture; FAO, IFAD, UNICEF, WFP, and WHO, 2019, The State of Food Security and Nutrition in the World 2019, "Safeguarding against Economic Slowdowns and Downturns," Rome, FAO, https://www.unicef.org/reports/state-of-food-security-and-nutrition-2019; Life Sciences Trainers & Educators Network, "Training's Vital Role in the Patient-Focused Transformation of Customer Engagement

at Bayer Pharma," 2019, https://www.ltenconference.com/sessions/trainings-vital-role-in-the-patient-focused-transformation-of-customer-engagement-at-bayer-pharma/; National Health Policy Forum, *Pharmaceutical Marketplace Dynamics*, Issue Brief, 2000, Washington. https://www.nhpf.org/library/issue-briefs/IB755_RxMarketplace_5-31-00.pdf; PTI, Bayer Pharmaceuticals Committed to India Growth; to Push for More R&D, March 15, 2018, https://economictimes.indiatimes.com/industry/healthcare/biotech/pharmaceuticals/bayer-pharmaceuticals-committed-to-india-growth-to-push-for-more-rd/articleshow/63317722.cms; Reuters, "Factbox: Challenges Facing German Pharmaceutical Company Bayer," September 4, 2018, https://www.reuters.com/article/us-bayer-development-factbox/factbox-challenges-facing-german-pharmaceutical-company-bayer-idUSKCN1LK171; E. Reuter, "Bayer Targets Animal Health Marketing in a World 'Awash' in Data," *Kansas City Business Journal*, https://www.bizjournals.com/kansascity/news/2016/12/08/bayer-animal-health-marketing-big-data-changes.html; Statista, "Bayer AG's Total Revenue from 1995 to 2018 (in Million Euros)," 2019, https://www.statista.com/statistics/263778/revenue-of-bayer-ag-since-1995/; Matej Mikulic, "Bayer - Statistics & Facts," *Statista*, February 28, 2019, https://www.statista.com/topics/4292/bayer-ag/; Martine Vesco, "How Bayer Pharmaceuticals Found the Right Prescription for Clinical Data Access," Talend, January 31, 2019, https://www.talend.com/blog/2019/01/31/how-bayer-pharmaceuticals-found-the-right-prescription-for-clinical-data-access/.

Chapter 5

1. Asiaweek, June 13, 1997; "High Scores for Lenovo for Business, Continues to Edge Competitors in TBR Study," FidelityIT, http://fidelityit.com/lenovo-continues-to-impress-in-business-world-gets-highest-marks-in-tbr-study; "Lenovo Receives #1 Spot for Customer Satisfaction from TBR," Insight, https://au.insight.com/en_AU/learn/content/130646645/lenovo-receives-1-spot-for-customer-satisfaction-from-tbr/; Melissa Barker, Krista E. Neher, Nicholas F. Bormann, and Donald I. Barker, *Social Media Marketing: A Strategic Approach* (Cengage South-Western 2012); "Happy 1st Birthday Lenovo!," *Lenovo Blog*, December 1, 2008, http://blog.lenovo.com/en/blog/happy-1st-birthday-lenovo-forum, accessed September 8, 2015; "Lenovo: Behavioral Differences between Purchasers & Non-Purchasers," Clicktale, https://www.clicktale.com/casestudies/lenovobehavioral-differences-between-purchasers-non-purchasers; Lindsay Stein, "Lenovo to Build 'Brand Personality' in US," *PR Week*, January 30, 2012, http://www.prweek.com/article/1280283/lenovo-build-brand-personalityus; "4 Tips to Becoming '2015 Marketer of the Year'," *Marketing*, March 3, 2015, http://www.marketing-interactive.com/features/mmsg-jan-feb-futurist-2015-lenovo/; Lenovo forums, https://forums.lenovo.com/t5/General- Discussion/Thinkpads-without-trackpoint-buttons/td-p/1007847 and https://forums.lenovo.com/t5/Welcome-FAQs/bd-p/Hello; all Internet sites accessed November 2015; Google Marketing Platform, "Google Surveys 360 Helps Lenovo Innovate by Understanding Their Customers," https://marketingplatform.google.com/about/resources/google-surveys-360-helps-lenovo-innovate-and-understand-customers/; "Creating Customer Value by Harnessing Data," *Harvard Business Publishing*, August 9, 2016, https://hbr.org/sponsored/2016/08/creating-customer-value-by-harnessing-data.

2. Consumer expenditure figures from "United States Consumer Spending Forecast," *Trading Economics*, https://tradingeconomics.com/united-states/consumer-spending/forecast, accessed September 2019. Population figures from the World POPClock, U.S. Census Bureau, www.census.gov/popclock, accessed September 2019. This website provides continuously updated projections of U.S. and world populations.

3. "Advertising Age Hispanic Fact Pack," August 13, 2018, https://adage.com/article/hispanic-marketing/hispanic-fact-pack-2018/314518/; Parker Morse, "Six Facts about the Hispanic Market that May Surprise You," *Forbes*, January 9, 2018, www.forbes.com/sites/forbesagencycouncil/2018/01/09/six-facts-about-the-hispanic-market-that-may-surprise-you/#51ddbf25f307; and "Buying Power of Hispanic Consumers in the United States," *Statista*, www.statista.com/statistics/251438/hispanics-buying-power-in-the-us/, accessed September 2018.

4. See Ilyse Liffreing, "Inside Twitter's Push to Connect Advertisers with Its Hispanic Audience," *Digiday*, October 12, 2018, https://digiday.com/marketing/inside-twitters-push-connect-advertisers-hispanic-audience/.

5. See Alexandria Jardine, "Toyota Made a Super-Strong Coffee for Early-Rising Hispanic World Cup Fans," *Advertising Age*, June 28, 2018, https://adage.com/creativity/work/tundra-power-world-cup-coffee/54919; and "Tundra Power," www.adsoftheworld.com/media/film/toyota_tundra_power, accessed September 2019.

6. See Nielsen, "Black Impact: Consumer Categories Where African Americans Move Markets," February 15, 2018. www.nielsen.com/us/en/insights/news/2018/black-impact-consumer-categories-where-african-americans-move-markets.html; Bill Chappell, "Census Finds a More Diverse America, as Whites Lag Growth," *NPR*, June 22, 2017, www.npr.org/sections/thetwo-way/2017/06/22/533926978/census-finds-a-more-diverse-america-as-whites-lag-growth; and U.S. Census Bureau, "U.S. Population Projections," www.census.gov/topics/population.html, accessed September 2019.

7. See Charlotte McEleny, "P&G's 'The Talk' for My Black Is Beautiful Wins the Outstanding Commercial Emmy Award," *The Drum*, September 28, 2018, www.thedrum.com/news/2018/09/18/pg-s-the-talk-my-black-beautiful-wins-the-outstanding-commercial-emmy-award; Ann-Christine Dias, "P&G's 'The Taslk' Wins Film Grand Prix at Cannes," *Advertising Age*, June 22, 2018, https://adage.com/creativity/work/talk-full-length/52300; and www.pgeveryday.com/tag/mbib-all-together-beautiful and www.pgeveryday.com/tag/mbib-about-us, accessed September 2019.

8. See Nielsen, "Asian-America Consumers Are Predictive Adopters of New Media Platforms, Online Shopping and Smartphone Use," May 8, 2018, www.nielsen.com/us/en/press-room/2018/asian-american-consumers-are-predictive-adopters-of-new-media-platforms.html; and Gustavo Lopez, Neil G. Ruiz, and Eileen Patten, "Key Facts about Asian Americans, a Diverse and Growing Population," Pew Research, September 8, 2017, www.pewresearch.org/fact-tank/2017/09/08/key-facts-about-asian-americans/.

9. See "State Farm Launches New Asian Creative Across Multiple Channels," August 1, 2018, https://newsroom.statefarm.com/new-state-farm-asian-market-commercials/; Shannon Miller, "See a Smart Home Go Rogue in New State Farm Campaign," *Adweek*, August 2, 2018, www.adweek.com/creativity/see-a-smart-home-go-rogue-in-new-state-farm-campaign/; and www.youtube.com/watch?v=MS9Uz5iOkh8 and www.youtube.com/watch?v=8Tgfl2A_42c, accessed September 2019.

10. See Yuriy Boykiv, "What Leaders Need to Know about the 'Total Market' Approach to Diverse Audiences," *Inc.*, November 10, 2014, www.inc.com/yuriy-boykiv/what-leaders-need-to-know-about-the-total-market-approach-to-diverse-audiences.html; Laurel Wentz, "Welcome to the Multicultural Mainstream," *Advertising Age*, April 6, 2015, pp. 18+; and "Total Market," Culture Marketing Council, http://culturemarketingcouncil.org/Market-Research/Total-Market, accessed September 2019.

11. See ANA, "Totally Sold on Total Marketing?" 2017 ANA Multicultural Thought Leadership Supplement, www.portada-online.com/wp-content/uploads/2017/guides/2017-ANA-MULTICULTURAL/docs/17-POR-003_Issue_FINAL_singles.pdf; Sapna Maheshwari, "Different Ads, Different Ethnicities,

Same Car," *New York Times*, October 12, 2017, www.nytimes.com/interactive/2017/10/12/business/media/toyota-camry-ads-different-ethnicities.html; and "All-New Toyota Camry Ignites the Senses," September 1, 2017, http://toyotanews.pressroom.toyota.com/releases/all+new+toyota+camry+ignites+senses.htm.

12. Nicole Laporte, "How CoverGirl Built an Ad Campaign around Multicultural Badassness," *Fast Company*, October 30, 2017, www.fastcompany.com/40485716/how-covergirl-built-an-ad-campaign-around-multicultural-badassness; Kelsey Castanon, "CoverGirl Is Getting a Makeover—& These Women Are Leading the Charge," *Refinery29*, October 10, 2017, www.refinery29.com/2017/10/175599/covergirl-new-slogan-no-easy-breezy-beautiful; and Elana Gross, "CoverGirl Just Dropped Its 'Easy, Breezy, Beautiful, CoverGirl' Slogan," *Allure*, October 10, 2017, www.allure.com/story/covergirl-drops-easy-breezy-beautiful-covergirl-slogan; and Droga5, "CoverGirl: I Am What I Make Up," https://droga5.com/work/covergirl/, accessed September 2019.
13. Nielsen, "Females Are Queens of Clean, but Men Are Sharing Some of the Load," April 5, 2016, www.nielsen.com/us/en/insights/news/2016/females-are-queens-of-clean-but-men-are-sharing-some-of-the-load.html; "American Time Use Survey," December 20, 2016, www.bls.gov/tus/charts/household.htm; and Girl Power Marketing, "Statistics on the Purchasing Power of Women," https://girlpowermarketing.com/statistics-purchasing-power-women/, accessed September 2019.
14. Hal Conick, "How to Win Friends and Influence Millions: The Rules of Influencer Marketing," *Marketing News*, August 2018, pp. 36–45; Fabian Gorsler, "Here's How Much 10 of the World's Biggest Celebrities Make on Instagram per Post," *Business Insider*, July 26, 2018, www.businessinsider.com/how-much-celebrities-make-on-instagram-2018-7; Declan Eytan, "Kylie Jenner Joins Adidas as Latest Brand Ambassador," *Forbes*, August 29, 2018, www.forbes.com/sites/declaneytan/2018/08/29/kylie-jenner-joins-adidas-as-latest-brand-ambassador/#48cf96211e91; Lisa Richwine, "Disney's Powerful Marketing Force: Social Media Moms," *Reuters*, June 15, 2015, www.reuters.com/article/us-disney-moms-insight-idUSKBN0OV0DX20150615; Neil Patel, "9 Things We Can Learn from the Mom Blog Industry," *Forbes*, November 3, 2016, www.forbes.com/sites/neilpatel/2016/11/03/9-things-we-can-learn-from-the-mom-blog-industry/#1ac630062181; Jack Neff, "Clean Break: "Why J&J Is Enlisting Teens with Modest Followings as Influencers," *Advertising Age*, October 1, 2018, pp. 30–32; and "Social Media Moms," https://twitter.com/disneymoms?lang=en, accessed September 2019.
15. See Alissa Fleck, "Infographic: What Marketers Should Know about Marketing to Fathers," *Adweek*, June 13, 2018, www.adweek.com/creativity/infographic-fathers-present-unique-targets-for-advertisers/; and www.youtube.com/watch?v=CsroaCfdiCY and www.youtube.com/watch?v=KgDT49BMBvA, accessed September 2019.
16. Anna Noel Taylor, "Around the World, Kids Exert a Powerful Influence on Household Decisions," October 18, 2017, https://insights.viacom.com/post/around-the-world-kids-exert-a-powerful-influence-on-household-decisions/.
17. Tanyua Gazdik, "Honda Odyssey Helps 'Keep the Peace,'" *Marketing Daily*, June 13, 2017, www.mediapost.com/publications/article/302750/honda-odyssey-helps-keep-the-peace.html.
18. Curtis Silver, "The CAT S61 Is Bold, Tough Proof That Phones Can Be True Tools of Any Trade," *Forbes*, July 10, 2018, https://www.forbes.com/sites/curtissilver/2018/07/10/cat-s61-review/#5485d6d436d2; additional information from http://www.catphones.com/, http://www.caterpillar.com/ and https://bullitt-group.com/.
19. For more on the Claritas PRIZM, visit https://claritas360.claritas.com/mybestsegments/?ID=0&menuOption=home&pageName=Home#, accessed September 2019.
20. Daniel B. Kline, "Are Whole Foods' Prices Really Lower under Amazon?" *The Motley Fool*, September 4, 2018, www.fool.com/investing/2018/09/14/are-whole-foods-prices-really-lower-under-amazon.aspx.
21. Sarah Lyall, "Anita Roddick, Body Shop Founder, Dies at 64," *The New York Times*, September 12, 2007, http://www.nytimes.com/2007/09/12/world/europe/12roddick.html; Michael McCarthy, "How Anita Changed the World," *The Independent*, September 12, 2007, http://www.independent.co.uk/news/people/profiles/how-anita-changed-the-world-402108.html; The Body Shop website, https://www.thebodyshop.com/en-gb/; Sarah Young, "The Body Shop buys 250 tonnes of recycled plastic in bid to tackle pollution," *The Independent*, May 10, 2019, https://www.independent.co.uk/life-style/body-shop-plastic-pollution-recycling-waste-india-a8907811.html.
22. See Jennifer Aaker, "Dimensions of Measuring Brand Personality," *Journal of Marketing Research*, August 1997, pp. 347–356; and Philip Kotler and Kevin Lane Keller, *Marketing Management*, 15th ed. (Upper Saddle River, New Jersey: Pearson Publishing, 2016), p. 163.
23. Deborah Malone, *The Reinvention of Marketing* (New York: The Internationalist Press, 2014), Kindle location 142; and "Which Mini Cooper Persona Are You?" June 9, 2016, www.schompmini.com/mini-cooper-persona/.
24. See Abraham H. Maslow, "A Theory of Human Motivation," *Psychological Review, 50* (1943), pp. 370–396. Also see Maslow, *Motivation and Personality*, 3rd ed. (New York: HarperCollins Publishers, 1987); Michael R. Solomon, *Consumer Behavior*, 12th ed. (Hoboken, NJ: Pearson Publishing, 2017), pp. 156–157; and Kendra Cherry, "The Five Levels of Maslow's Hierarchy of Needs," *Very Well Mind*, November 11, 2018, www.verywellmind.com/what-is-maslows-hierarchy-of-needs-4136760.
25. See Jon Simpson, "Finding Brand Success in the Digital World," *Forbes*, August 25, 2017, https://www.forbes.com/sites/forbesagencycouncil/2017/08/25/finding-brand-success-in-the-digital-world/#40ecfced626e; and Joshua Saxon, "Why Your Customers' Attention Is the Scarcest Resource in 2017," www.ama.org/partners/content/Pages/why-customers-attention-scarcest-resources-2017.aspx, accessed November 2017.
26. See Ian Zimmerman, "Subliminal Ads, Unconscious Influence, and Consumption," *Psychology Today*, June 2014, www.psychologytoday.com/blog/sold/201406/subliminal-ads-unconscious-influence-and-consumption and "Does Subliminal Advertising Actually Work?" *BBC*, January 20, 2015, www.bbc.com/news/magazine-30878843.
27. See Craig S. Smith, "Alexa and Siri Can Hear This Hidden Command. You Can't.," *New York Times*, May 10, 2018, www.nytimes.com/2018/05/10/technology/alexa-siri-hidden-command-audio-attacks.html.
28. See Larissa Zimberoff, "New-Wave Veggie Burgers," *Rachael Ray Every Day*, May 30, 2017, www.rachaelraymag.com/food/new-wave-veggie-burgers; Leanna Garfield, "Leonardo DiCaprio Just Invested in the Bill Gates-Backed Veggie Burger That 'Bleeds' Like Beef—Here's How It Tastes," *Business Insider*, October 17, 2017, www.businessinsider.com/review-leonardo-dicaprio-beyond-meat-veggie-plant-burger-2017-10; Sami Grover, "Beyond Meat's Veggie Burger Produces 90% Fewer Greenhouse Gas Emissions Than Cow-Based Burgers," *Treehugger*, October 16, 2018, www.treehugger.com/green-food/beyond-meats-veggie-burger-produces-90-fewer-greenhouse-gas-emissions-cow-based-burgers.html; Amanda Capritto, "Where to Get the Beyond Burger," *CNET*, July 24, 2019, www.cnet.com/news/where-to-get-the-beyond-burger/; and www.beyondmeat.com/products/view/beyond-burger, accessed September 2019.
29. Fiza Pirani, "Founder of Atlanta-Based SPANX Makes Forbes' America's Richest Self-Made Women 2018," *Atlanta Journal-Constitution*, July 12, 2018, www.ajc.com/blog/buzz/founder-atlanta-based-spanx-makes-forbes-america-richest-self-made-women-2018/WB1SWiafqAfBwZOWTWrQUK/; Danielle Wiener-Bronne, "She Was Too Short to Play Goofy. Then She Invented SPANX. Now She's a Billionaire," *CNN Money*, April 2, 2018, http://money.cnn.com/2018/04/02/news/companies/

sara-blakely-rebound/index.html; Guy Raz, "SPANX: Sara Blakely," *How I Built This*, September 11, 2016, https://one.npr.org/?sharedMediaId=493169696:493311384; Lynn Yaeger, "The Bottom Line: A Profile on SPANX Founder Sara Blakely," *Vogue*, March 19, 2012, www.vogue.com/article/the-bottom-line-spanx-founder-sara-blakely; Ali Montag, "How an Embarrassing Moment Led to SPANX Billionaire Sara Blakely's Huge Success," *CNBC*, August 15, 2017, www.cnbc.com/2017/08/15/billionaire-sarah-blakelys-embarrassing-moment-led-to-spanx-success.html; "Compression Wear and Shapewear Market to Reach $5,576 Million, Globally, by 2022," *Allied Market Research*, www.alliedmarketresearch.com/press-release/compression-wear-shapewear-market.html, accessed June 2019; and www.spanx.com, accessed September, 2019.

30. See Karlene Lukovitz, "Morton Salt Helps Home Chefs Open Pop-Up Restaurants," MediaPost, November 11, 2016, www.mediapost.com/publications/article/288870/morton-salt-helps-home-chefs-open-pop-up-restaurant.html; "Morton: Next Door Chef," and www.mortonsalt.com/nextdoorchef/, accessed September 2019.

31. See www.yelp.com, www.yelp.com/about, and www.yelp.com/factsheet, accessed September 2019.

32. Stuart Hogg, "Customer Journey Mapping: The Path to Loyalty," *Think with Google*, February 2018, www.thinkwithgoogle.com/marketing-resources/experience-design/customer-journey-mapping/. For more on the customer journey, see Adam Richardson, "Using Customer Journey Maps to Improve Customer Experience," *Harvard Business Review*, November 15, 2010, https://hbr.org/2010/11/using-customer-journey-maps-to; "Customer Journey Analysis," Bain & Company, April 2, 2018, www.bain.com/insights/management-tools-customer-journey-analysis/; and Paul Talbot, "Deciphering the Customer Journey," *Forbes*, July 30, 2018, www.forbes.com/sites/paultalbot/2018/07/30/deciphering-the-customer-journey/.

33. The following discussion draws from the work of Everett M. Rogers. See his *Diffusion of Innovations*, 5th ed. (New York: Free Press, 2003).

34. Based on Rogers, *Diffusion of Innovation*, p. 281. For more discussion, see http://en.wikipedia.org/wiki/Everett_Rogers, accessed September 2019.

35. See "EV Market Share," evadoption.com/ev-market-share/, accessed January 2019; *Bloomberg Businessweek*, June 7, 2017, www.bloomberg.com/ and "Plug-In Vehicle Tracker: What's Coming, When," www.pluginamerica.org/vehicles, accessed September 2019.

36. Avie Schneider, "Kraft, Oscar Mayer Brands Take a Massive Hit as Tastes Shift," *NPR*, February 22, 2019, www.npr.org/2019/02/22/696984494/kraft-heinz-stock-drops-after-announcement-of-big-loss-sec-probe; Paul La Monica, "What Went Wrong at Kraft," *CNN*, February 22, 2019, www.cnn.com/2019/02/22/investing/kraft-heinz-stock-strategy/index.html; Jessi Devenyns, "Food Companies Struggle to Adapt to Quickly Changing Consumer Tastes," *Grocery Dive*, June 7, 2019, www.grocerydive.com/news/grocery-food-companies-struggle-to-adapt-to-quickly-changing-consumer-tastes/533954/; Alina Selyukh, "From Campbell's to Kellogg's, Classic Brands Are Feeling the Crunch," *NPR*, January 1, 2019, www.npr.org/2019/01/01/677390110/from-campbells-to-kellogg-s-classic-brands-are-feeling-the-crunch.

Chapter 6

1. Yana Nirshberg, "How to Get the Most Out of LinkedIn for Middle-Market B2B Managers," *Forbes*, August 20, 2018, www.forbes.com/sites/forbesagencycouncil/2018/08/20/how-to-get-the-most-out-of-linkedin-for-middle-market-b2b-marketers/#737685011273; Jordan Novet, "Microsoft Is Now Tying Satya Nadella's Pay to LinkedIn's Performance," *CNBC*, October 19, 2018, www.cnbc.com/2018/10/19/microsoft-is-now-tying-satya-nadellas-pay-to-linkedins-performance.html; Mansoor Iqbal, "LinkedIn Usage and Revenue Statistics," *Business of Apps*, November 12, 2018, www.businessofapps.com/data/linkedin-statistics/; "Utah State University attracts quality graduate students with targeted LinkedIn campaign," https://business.linkedin.com/content/dam/me/business/en-us/marketing-solutions/resources/pdfs/linkedin-utah-state-university-case-study-en-us.pdf, accessed September 2019; "Adobe Raises Brand Awareness and Captures the Attention of Hard-to-Reach Marketers with LinkedIn Sponsored Content," https://business.linkedin.com/content/dam/me/business/en-us/marketing-solutions/case-studies/pdfs/LIAdobeCaseStudy5-19-16.pdf, accessed September 2019; and https://business.linkedin.com/ and https://business.linkedin.com/marketing-solutions, accessed September 2019.

2. See Scott Lanza, "Shine United, Gore-Tex Ads," January 24, 2017, www.scottlanza.com/posts/shine-united-gore-tex-ads/; and www.gore-tex.com, accessed September 2019.

3. See Chuck Robbins, "Why Cisco Is the Most Strategic Digital Partner," *Cisco Blogs*, October 5, 2015, https://blogs.cisco.com/news/why-cisco-is-the-most-strategic-digital-partner; and www.cisco.com/c/en/us/about.html, https://newsroom.cisco.com/overview, and www.cisco.com/c/dam/en_us/about/annual-report/2018-annual-report-full.pdf, accessed September 2019.

4. This classic categorization was first introduced in Patrick J. Robinson, Charles W. Faris, and Yoram Wind, *Industrial Buying Behavior and Creative Marketing* (Boston: Allyn & Bacon, 1967). Also see Philip Kotler and Kevin Lane Keller, *Marketing Management* (Hoboken, NJ: Pearson Publishing, 2016), pp. 192–193.

5. See "Moving Returns Forward with Overstock.com," www.ups-scs.com/solutions/case_studies/cs_Overstock.pdf, accessed September 2019; and http://investors.overstock.com/phoenix.zhtml?c=131091&p=irol-irhome, accessed September 2019.

6. See Frederick E. Webster Jr. and Yoram Wind, *Organizational Buying Behavior* (Upper Saddle River, NJ: Prentice Hall, 1972), pp. 78–80. Also see Philip Kotler and Kevin Lane Keller, *Marketing Management*, 15th ed. (Hoboken, NJ: Pearson Publishing, 2016), pp. 193-197.

7. See "USG Corporation: Structural Panels—Octopus," *Ads of the World*, Juley 18, 2017, www.adsoftheworld.com/media/print/usg_corporation_structural_panels_octopus; and USG Structural Solutions, "A New Level of Performance," http://info.usg.com/structuralpanels.html, accessed September 2019.

8. Portions adapted from Susan Harte, "When in Rome, You Should Learn to Do What the Romans Do," *The Atlanta Journal-Constitution*, January 22, 1990, pp. D1, D6. Additional information and examples can be found in Jeanette S. Martin and Lillian H. Cheney, *Global Business Etiquette* (Santa Barbara, CA: Praeger Publishers, 2013); "A Quick Guide to Business Etiquette around the World," *Business Insider*, May 12, 2015, www.businessinsider.com/a-guide-to-business-etiquette-around-the-world-2015-5; Adam C. Uzialco, "15 International Business Customs That Could Make or Break a Deal," *Business News Daily*, April 4, 2018, www.businessnewsdaily.com/5176-unusual-international-business-customs.html; and "International Business Etiquette, Manners, & Culture," www.cyborlink.com, accessed September 2019.

9. Robinson, Faris, and Wind, *Industrial Buying Behavior*, p. 14. Also see Kotler and Keller, *Marketing Management*, pp. 198–204.

10. See Simon Mulcahy, "Behind the Scenes: The Making of Salesforce's New Ad Campaign," *Salesforce Blog*, March 23, 2017, www.salesforce.com/blog/2017/05/behind-the-scenes-salesforce-new-ad-campaign; and www.salesforce.com/campaign/blaze-your-trail/, accessed September 2019.

11. See David Moth, "Q&A: How Maersk Line Created a Brilliant B2B Social Media Strategy," September 9, 2015, https://econsultancy.com/blog/66901-q-a-how-maersk-line-created-a-brilliant-b2b-social-media-strategy; Zsolt Katona and Miklos Katona Sarvary, "Maersk Line: B2B Social Media—It's Communication, Not Marketing," University of California Berkeley, Spring 2014; and www.maerskline.com/ar-sa/social/our-social-media, accessed September 2019.

12. "World's Top 20 B2B Brands Revealed," *B2B Marketing*, June 4, 2018, www.thinkmediaconsult.com/think-media-consulting-blog/social-media-case-study-series-ibm; Lydia Patton, "Social Media Case Study Series: IBM," *Think Media Consulting*, January 25, 2018, www.thinkmediaconsult.com/think-media-consulting-blog/social-media-case-study-series-ibm; Christopher Heine, "How IBM Got 1,000 Staffers to Become Brand Advocates on Social Media and Then Take Home a Big Award," *Adweek*, July 1, 2015, www.adweek.com/digital/how-ibm-got-1000-staffers-become-brand-advocates-social-media-165664/; Erin O'Gara, "Five B2B Brands That Are Taking Over Social Media," *Red Brand Media*, February 22, 2017; https://redbranchmedia.com/blog/5-b2b-brands-taking-social-media/; "Three Examples of Great B2B Social Media Campaigns," *Target Internet*, December 19, 2018, www.targetinternet.com/3-examples-of-great-b2b-social-media-campaigns/; and www.ibm.com, www.instagram.com/ibm, www.facebook.com/IBM/, www.twitter.com/IBM, and www.linkedin.com/company/ibm/, accessed September 2019.
13. Information from www.shrinershospitalsforchildren.org; and www.chs.net/investor-relations/annual-reports/, accessed September 2019.
14. See Aimee Picchi, "The High Price of Incarceration in the United States," *CBS News*, May 8, 2014, www.cbsnews.com/news/the-high-price-of-americas-incarceration-80-billion/; and "List of Countries by GDP," *Wikipedia*, https://en.wikipedia.org/wiki/List_of_countries_by_GDP_(nominal), accessed September 2019.
15. National Center for Education Statistics, https://nces.ed.gov/fastfacts/, accessed September 2019.
16. See www.pgpro.com and www.nestleprofessional.us, accessed September 2019.
17. Niraj Chokshi, "There's About One 'Government Unit' for Every 3,566 People in the U.S.," *Washington Post*, September 4, 2013, www.washingtonpost.com/blogs/govbeat/wp/2013/09/04/theres-about-one-governmental-unit-for-every-3566-people-in-the-u-s/; and "State & Local Government Finances," www.census.gov/programs-surveys/gov-finances.html, accessed September 2019.
18. See Lockheed Martin annual reports at www.lockheedmartin.com/en-us/news/annual-reports.html?_ga=2.5297339.963821565.1530553440-464839600.1498153874, accessed September 2019.
19. See "GSA Organization Overview," www.gsa.gov/portal/content/104438, accessed September 2019; "Defense Logistics Agency: Medical Supply Chain," www.dscp.dla.mil/sbo/medical.asp, accessed September 2019; and Department of Veterans Affairs Office of Acquisition & Material Management, www.va.gov/oal/business/dbwva.asp, accessed September 2019.
20. Megan Simpson, "Shopify Reaches Milestone, Surpassing $1 Billion in Total Revenue in 2018," *Betakit*, February 12, 2019, www.betakit.com/shopify-reaches-milestone-surpassing-1-billion-in-total-revenue-in-2018/; Amira Zubairi, "How Harley Finkelstein Went from Lawyer to COO of Shopify," *Betakit*, March 19, 2019, www.betakit.com/how-harley-finkelstein-went-from-lawyer-to-coo-of-shopify/; Shareen Pathak, "Network Effect: How Shopify Is the Platform Powering the DTC Brand Revolution," *Digiday*, September 24, 2018, www.digiday.com/marketing/network-effect-shopify-platform-powering-dtc-brand-revolution/; Natalie Robehmed, "How 20-Year-Old Kylie Jenner Built a $900 Million Fortune in Less Than 3 Years," *Forbes*, July 11, 2018, www.forbes.com/sites/forbesdigitalcovers/2018/07/11/how-20-year-old-kylie-jenner-built-a-900-million-fortune-in-less-than-3-years/#5a0b1824aa62; Stephen Baldwin, "The Invisible Selling Machine," *Fortune*, March 15, 2017, www.fortune.com/2017/03/15/shopify-ecommerce-revolution/; and information from www.shopify.com/about, www.fastcompany.com/most-innovative-companies/2019, accessed September 2019.

Chapter 7

1. http://mid-east.info/news/company-news/p/persil/, accessed September 2015; PRLOG, "Persil Abaya Shampoo Leaves Abayas as Black as New," February 21, 2013; www.prlog.org/12084469-persil-abaya-shampoo-leaves-abayas-as-black-as-new.html; PRLOG, "Henkel Launches Persil Abaya Shampoo Anaqa; Adds a Touch of Elegance to the World of Abayas," November 28, 2010, www.prlog.org/11106530-henkel-launches-persil-abaya-shampoo-anaqa-adds-touchof-elegance-to-the-world-of-abayas.html; PRLOG, "Persil Liquid Detergent Now with Oud Fragrance," May 20, 2012, http://www.prlog.org/11879511-persil-liquid-detergent-now-with-oud-fragrance.html; "Extend Lifespan of Your Abayas by Giving It the Persil Abaya Shampoo Wash," Mid East Information, September 24, 2014, http://mid-east.info/extend-lifespan-of-your-abayas-by-giving-it-thepersil-abaya-shampoo-wash-27772/; Vjmedia Work Team, "GLOCAL Shoppers' Perspective—Global Understanding with Local Implementation," Media4Growth, February 2, 2013, http://www.media4growth.com/retail/shopper-marketing-detail.html?id=1_GLOCAL_Shoppers%E2%80%99_Perspective_%E2%80%93_Global_Understanding_with_local_implementation and information from http://www.henkel.com and http://www.persil.com, accessed September 2015; Henkel website, "Investors & Analysts," http://www.henkel.com/investors-and-analysts/strategy-and-facts, accessed April 1, 2017; "World's Most Admired Companies," *Fortune*, http://fortune.com/worlds-most-admired-companies/henkel-100000/, accessed April 1, 2017; Henkel website, "Henkel Is the Only German Company in FMCG-Top 50," August 25, 2016, http://www.henkel.com/newsroom/2016-08-25-henkel-is-the-only-german-company-in-fmcgtop-50/705918, accessed April 1, 2017.
2. Corinne Ruff, "How Target Is Using Small-Format Stores to Score with Younger Shoppers," *Retail Dive*, August 24, 2017, www.retaildive.com/news/how-target-is-using-small-format-stores-to-score-with-younger-shoppers/503362/; Tonya Garcia, "Target's Small-Format Stores Are Turning into a Big Winner for the Retailer," August 19, 2017, www.marketwatch.com/story/targets-small-format-stores-are-turning-into-a-big-win-for-the-retailer-2017-08-16; "Here's What Makes Our Small-Format Stores Stand Out in a Big Way," *A Bullseye View*, July 20, 2018, https://corporate.target.com/article/2018/07/small-format-stores; and Bill Schiffner, "Target to Open Columbus Circle Small-Format Stored in 2019," *Chain Drug Review*, October 29, 2018, www.chaindrugreview.com/target-to-open-columbus-circle-small-format-store-in-2019/.
3. "Mazda Digital Certified Program," http://mazdadigitalcertified.com/DealerWebsite/DealerOn; Ben Grubb, "Geo-targeting: Hyundai Case Study of Targeted Advertising," Crikey, July 09, 2018, https://www.crikey.com.au/2018/07/09/youre-never-alone-no-matter-where-you-goor-what-you-do-there/; Mazda Marketing Targeting Maps, December 27, 2009, https://de.slideshare.net/CardinaleMazda/mazda-marketing-targeting-maps; Johnathan Dane, "7 Retargeting Case Studies That'll Boost Your Current Campaigns," CXL, February 7, 2019, https://conversionxl.com/blog/ppc-retargeting-case-studies/; Tracy Vides, "How Geographical Targeting Can Supercharge Your Marketing," UserTesting Blog, December 22, 2015, https://www.usertesting.com/blog/geographical-targeting/.
4. See www.dove.com/us/en/men-care.html, accessed September 2019.
5. Michael McCarthy, "Ad of the Day: Dick's Sporting Goods Goes the Extra Mile in Its First Campaign for Women," April 30, 2015, www.adweek.com/print/164418; Alana Vagianos, "'Who Will You Be?' Campaign Celebrates the Raw Strength of Women's Bodies," *Huffington Post*, May 8, 2015, www.huffingtonpost.com/2015/05/08/

who-will-you-be-campaign-dicks-sporting-goods_n_7242320.html; and www.youtube.com/watch?v=Mf0_G1FS0l4, accessed September 2019.

6. See "American Express Centurion Card Best 'Black Card' 2019," *Best Business Credit*, November 29, 2018, https://businesscreditcards0.wordpress.com/2018/11/29/american-express-centurion-card-best-black-card-2019/; Johnny Jet, "American Express Centurion Black Card Review," *Forbes*, July 28, 2017, www.forbes.com/sites/johnnyjet/2017/07/28/american-express-centurion-black-card-review/#2a3e997d7055; "What Super Rich People Do to Show Their Status in Style?" *LinkedIn*, November 4, 2017, www.linkedin.com/pulse/what-super-rich-people-do-show-status-style-property-find; and Bryan Kelly, "Travel Secrets of the World's Most Exclusive Travel Card," *Travel+Leisure*, www.travelandleisure.com/travel-tips/points-miles/american-express-black-card, accessed September 2019.

7. See Andrew McMains, "Ad of the Day: Panera Gets into Lifestyle Branding with Manifesto about Healthy Living," *Adweek*, June 15, 2015, and www.panerabread.com/en-us/our-beliefs/food-as-it-should-be-nopt.html; and www.panerabread.com/en-us/our-beliefs/our-food-policy/clean-ingredients.html, accessed September 2019.

8. "Loews, Elicit, Spotify Win People-Based Marketing Awards," *Media Daily News*, September 25, 2017, www.mediapost.com/publications/article/307818/loews-elicit-spotify-win-people-based-marketing.html.

9. Julia Glum, "People in This State Drink the Most Pumpkin Spice Lattes in the Country," *Money*, October 3, 2018, http://time.com/money/5412045/pumpkin-spice-latte-most-popular-state/

10. See "From Deviled to Divorciados—The Incredible Egg Asks How Do You Like Your Eggs?" *PRNewswire*, November 15, 2017, www.prnewswire.com/news-releases/from-deviled-to-divorciados-the-incredible-egg-asks-how-do-you-like-your-eggs-300556149.html; and http://energybbdo.com/en/work/5a846b16f1e61dfc7d2d9319, www.aeb.org, and www.aeb.org/about-aeb/about, accessed September 2019.

11. See www.schwinnbikes.com/usa/bikes/, accessed September 2019.

12. See www.pampers.com/Diapers/Swaddlers, accessed September 2019.

13. See Jeremy Markovich, "The Bo-lievers," *Our State*, April 2017, pp. 114-122; and http://investing.bojangles.com/financial-information/annual-reports and www.bojangles.com, accessed September 2019.

14. See www.patagonia.com/us/ambassadors, accessed September 2019.

15. Hal Conick, "A Night in the Life of the Chicago Bulls Digital Media Team," *Marketing News*, April 2018, pp. 24–35; Darren Heitner, "How the Chicago Bulls Are Making Digital Strategy a Priority for Growth," *Inc.*, April 4, 2018, www.inc.com/darren-heitner/how-chicago-bulls-are-making-digital-strategy-a-priority-for-growth.html; Bailey Knecht, "Chicago Bulls Strive to Digitally Innovate While Honoring Their Past," *Front Office Sports*, December 13, 2018, https://frntofficesport.com/chicago-bulls-digitally-innovate/; and https://twitter.com/chicagobulls, www.facebook.com/chicagobulls/, www.instagram.com/chicagobulls, and www.nba.com/bulls/, accessed September 2019.

16. Market Insight, "Emirati Telco Du Launches UAE's New Mobile Brand as Rival Etisalat Unveils Plans to Follow Suit," *IHS Markit*, September 13, 2017, https://technology.ihs.com/595430/emirati-telco-du-launches-uaes-new-mobile-brand-as-rival-etisalat-unveils-plans-to-follow-suit; Mike Priest, "There's Now a Fourth Mobile Provider in the UAE, but It Comes with a Catch," *What's On*, September 12, 2017; http://whatson.ae/dubai/2017/09/theres-now-fourth-mobile-provider-uae-comes-catch/; Ammara Rounaq, "How to Choose the Right Mobile and Data Plan in the UAE," *Techradar*, July 2, 2018; https://www.techradar.com/news/how-to-choose-the-right-mobile-plan-in-the-uae; "Etisalat Launches New SIM Aimed at Millennials," *Arabian Business*, September 10, 2017, http://www.dubaiweek.ae/families/30798/swyp-new-sim-card-phone-etisalat/; Vanisha Rajesh "There's a New SIM Card in Town but You Need to Be a Millennial to Use It," Dubaiweek.ae, September 16, 2017; http://www.dubaiweek.ae/families/30798/swyp-new-sim-card-phone-etisalat/.

17. See http://c.ymcdn.com/sites/dema.site-ym.com/resource/resmgr/Member_Resources/Lifestage_Clustering.pdf and https://isapps.acxiom.com/personicx/personicx.aspx, accessed September 2019.

18. See www.starbucks.com/business and https://solutions.starbucks.com, accessed September 2019.

19. For examples, see www.steelcase.com, www.steelcase.com/discover/information/government/, www.steelcase.com/discover/information/education/, www.steelcase.com/discover/information/health/, www.steelcase.com/discover/information/architects-and-designers/, www.steelcase.com/research/articles/topics/collaboration/a-new-legal-brief/, and www.steelcase.com/research/articles/topics/coworking/work-hospitality/, accessed September 2019.

20. See Pamela N. Danziger, "Why Zara Succeeds: It Focuses on Pulling People In, Not Pushing Product Out," Forbes, April 23, 2018, www.forbes.com/sites/pamdanziger/2018/04/23/zaras-difference-pull-people-in-not-push-product-out/#30b78b1723cb; and www.zara.com, www.instragram.com/zara, ans www.facebook.com/Zara, accessed September 2019.

21. See Michael Porter, *Competitive Advantage* (New York: Free Press, 1985), pp. 4–8, 234–236. For a more recent discussion, see Philip Kotler and Kevin Lane Keller, *Marketing Management*, 15th ed. (Hoboken, NJ: Pearson, 2016), pp. 263–264.

22. See "Marriott International Brand Fact Sheets," Marriott News Center, http://news.marriott.com/p/marriott-international-brand-fact-sheets-2/, accessed September 2019; Deanna Ting and Greg Oates, "Every One of Marriott's 30 Hotel Brands, Explained," Skift, September 21, 2016, https://skift.com/2016/09/21/every-one-of-marriotts-30-hotel-brands-explained/; and "Powerful Brand Advantage," Marriott, https://hotel-development.marriott.com/brands/, accessed September 2019.

23. See Halah Touryalai, "World's Largest Hotels 2018: Marriott Dominates, Hyatt & Accor Rise," *Forbes*, June 6, 2018, www.forbes.com/sites/halahtouryalai/2018/06/06/worlds-biggest-hotels-2018/#57f4715247c7.

24. See Dorothy Crouch, "American Giant Enters the Made-in-America Denim Segment," *Apparel News*, September 13, 2018, www.apparelnews.net/news/2018/sep/13/american-giant-enters-made-america-denim-segment/; Robert Klara, "American Giant, Maker of the Famous Hoodie, Is Getting into the Jeans Business," *Adweek*, September 6, 2018, www.adweek.com/brand-marketing/american-giant-maker-of-the-famous-hoodie-is-getting-into-the-jeans-business/; and www.american-giant.com, accessed September 2019.

25. Myelle Lansat and Richard Feloni, "A Startup CEO Who's Raised Nearly $500 Million Says Business Strategy Isn't What You Do—It's What You Don't," *Business Insider*, November 1, 2018, www.businessinsider.com/harrys-jeff-raider-business-strategy-2018-10; Burt Helm, "With Flamingo, Shaving Pioneer Harry's Branches into Women's Grooming," *Fast Company*, October 16, 2018, www.fastcompany.com/90244932/with-flamingo-shaving-pioneer-harrys-branches-into-womens-grooming; Kaitlyn Tiffany, "The Absurd Quest to Make the Best Razor," *Vox*, December 11, 2018, www.vox.com/the-goods/2018/12/11/18134456/best-razor-gillette-harrys-dollar-shave-club; Bernhard Warner, "The New Industrialists," *Inc.*, May 2016, pp. 46-56; "Startups Shook Up the Sleepy Razor Market. Here's What's Next," *CNBC*, September 26, 2018, www.cnbc.com/2018/09/26/startups-shook-up-the-sleepy-razor-market-whats-next.html; Alexandria Olson, "Schick Owner Buys Harry's in New Shaving Alliance," *Post Register*, www.postregister.com/

business/schick-owner-buys-harry-s-in-new-shaving-war-alliance/article_a5b5e5fd-7993-594a-bdab-43246e92a1bf.html; and www.harrys.com; https://ondemand.gillette.com/; www.dollarshaveclub.com, accessed September 2019.

26. David Turner, "How Fila Sneaked Back into Favor," *The New Yorker*, October 8, 2018, https://www.newyorker.com/culture/on-and-off-the-avenue/how-fila-snuck-back-into-favor; Brett Hershman, "How Changing Trends Resurrected FILA as a Fashion Brand," Benzinga, November 24, 2017, https://www.benzinga.com/news/17/11/10813099/how-changing-trends-resurrected-fila-as-a-fashion-brand; Jon Keehn, "Athletic Wear Is Leading the Pack in the Apparel Industry," *Quarterly Insights*, Spring 2017, https://www.capitalgroup.com/pcs/latest-perspectives/athletic-wear-leading-pack.html; Cam Wolf, "The Fila Disruptor 2 Is a Chunky High-Fashion Shoe for Everybody," *GQ*, November 14, 2018, https://www.gq.com/story/fila-disruptor-2-sneaker-of-the-week.
27. See https://renaissance-hotels.marriott.com/, http://renaissance-hotels.marriott.com/navigators, and www.marriott.com/renaissance-hotels/mobile-apps.mi, accessed September 2019.
28. Alanis King, "This Oddball Rolls-Royce Could Be the Most Expensive Ever," *Jalopnik*, May 27, 2017, https://jalopnik.com/this-oddball-rolls-royce-could-be-the-new-most-expensiv-1795605881, Harvey Briggs, "For Rolls-Royce the Future Is Bespoke," *Purist*, http://pursuitist.com/for-rolls-royce-the-future-is-bespoke/, accessed September 2018; and www.rolls-roycemotorcars.com/en-US/bespoke.html, accessed September 2019.
29. "YouTube Targets Young Kids with Ads, Say Privacy Advocates, Urging FTC to Investigate," *Los Angeles Times*, April 9, 2018, www.latimes.com/business/hollywood/la-fi-tn-youtube-kids-privacy-20180409-story.html.
30. See "2017 Internet Crime Report," May 7, 2018, www.fbi.gov/news/stories/2017-internet-crime-report-released-050718.
31. SUV sales data furnished by www.WardsAuto.com, accessed September 2019. Price data from www.edmunds.com, accessed September 2019.
32. Kyle O'Brien, See "Glad Touts Strength of New Trash Bag by Sending It Through Airline Luggage System," *The Drum*, February 26, 2018, www.thedrum.com/news/2018/02/26/glad-touts-strength-new-trash-bag-sending-it-through-airline-luggage-system; and www.youtube.com/watch?v=cHlOtiJnFsI, accessed September 2019.
33. "Apply Now: Wegmans Begins Hiring and Training Full-Time Employees for First North Carolina Store," Wegmans News & Media," January 8, 2019, www.wegmans.com/news-media/press-releases/2019/apply-now-wegmans-begins-hiring-and-training-full-time-employee.html; and www.wegmans.com and https://jobs.wegmans.com/diversity, accessed September 2019.
34. See www.toyota.com/landcruiser/, accessed September 2019.
35. See www.heartsonfire.com, accessed September 2019.
36. See Bobby J. Calder and Steven J. Reagan, "Brand Design," in Dawn Iacobucci, ed., *Kellogg on Marketing* (New York: John Wiley & Sons, 2001), p. 61. For more discussion, see Philip Kotler and Kevin Lane Keller, *Marketing Management*, 15th ed. (Hoboken, NJ: Pearson, 2016), Chapter 10.
37. See Joanna Fantozzi, "The New Website Where Everything Costs $3 Is Not Worth It—Here's Why," *Insider*, July 15, 2017, www.thisisinsider.com/new-website-where-everything-costs-3-not-worth-it-2017-7; Dennis Green, "Brandless, the Online Store that Sells Everything for $3, Just Got $2490 Million to Take on Amazon," *Business Insider*, July 321, 2018, www.businessinsider.com/review-brandless-store-sells-everything-for-3-dollars-2017-8; and https://brandless.com/about, accessed September 2019.
38. "Do 5-Hour Energy Shots Actually Work?", *Stack*, June 29, 2018, www.stack.com/a/do-5-hour-energy-shots-actually-work; Clare O'Connor, "The Mystery Monk Makes Billions with 5-Hour Energy," *Forbes*, February 8, 2012, www.forbes.com/sites/clareoconnor/2012/02/08/manoj-bhargava-the-mystery-monk-making-billions-with-5-hour-energy/#30b89c0927ae; Robert Klara, "How This Tiny, Caffeine-Packed Bottle Became the Boost of Choice for 7 Million Americans," *Adweek*, October 3, 2016, pp. v35-36; and information from https://5hourenergy.com, www.caffeineinformer.com/the-15-top-energy-drink-brands, and https://one.npr.org/?sharedMediaId=519514841:519712175, accessed March 2019.

Chapter 8

1. Maja Zuvela, "IKEA Mulls Joint Venture with Bosnia Furniture Maker," Reuters.com, January 8, 2008, http://www.reuters.com/article/2008/01/08/idUSL0861625720080108; Carsten Dierig: "IKEA baut Filialen im 'Mini'-Format," Die Welt, December 14, 2015, p. 21; Kerry Capell, "IKEA: How the Swedish Retailer Became a Global Cult Brand," *Business Week*, November 14, 2005, p. 96, "Need a Home to Go with That Sofa?" *Business Week*, November 14, 2005, p. 106; Ellen Ruppel Shell, "Buy to Last," *Atlantic*, July/August 2009; Jon Henley, "Do You Speak IKEA?" *The Guardian*, February 4, 2008; Laine Doss, "IKEA Miami Opens Today: Here's What to Expect (Photos)," *Miami New Times*, August 27, 2014, http://www.miaminewtimes.com/restaurants/ikea-miami-opens-todayheres-what-to-expect-photos-6570691; "IKEA Group Yearly Summary 2014," http://money.howstuffworks.com/ikea2.htm; "IKEA," *Bloomberg*, November 13, 2005, http://www.bloomberg.com/bw/stories/2005-11-13/ikea; Ken Bernhardt, "IKEA Crafted Itself into a Cult Brand," *Atlanta Business Chronicle*, November 23, 2005, http://www.bizjournals.com/atlanta/stories/2005/11/28/smallb2.html; "IKEA Reports Sales Development Financial Year 2014: Sales Up and Consumer Spending Continues to Increase," September 9, 2015, http://www.ikea.com/us/en/about_ikea/newsitem/090914-IKEA-sales-report-fy14; and information from www. Ikea.com; "IKEA India Launches First Online Store in Mumbai," *Business Today*, August 19, 2019, https://www.businesstoday.in/current/corporate/ikea-india-launches-first-online-store-in-mumbai/story/373679.html; "IKEA Is Now Open for Business in India: Here's What It Offers," *The Economic Times*, August 10, 2018, https://economictimes.indiatimes.com/industry/services/retail/ikea-opens-its-first-india-store-tomorrow-heres-what-it-offers/articleshow/65319086.cms; Michael Jarrett Quy and Nguyen Huy, "IKEA's Success Can't Be Attributed to One Charismatic Leader," *Harvard Business Review*, February 2, 2018, https://hbr.org/2018/02/ikeas-success-cant-be-attributed-to-one-charismatic-leader.
2. See www.22squared.com/work/project/buffalo-wild-wings; http://ir.buffalowildwings.com/financials.cfm, http://worldwidewingsus.com/default.aspx?Page=About, and www.buffalowildwings.com/en/, accessed September 2019.
3. See Rich Duprey, "12 Motorcycle Statistics That Will Floor You," *The Motley Fool*," March 5, 2017, Susanna Hamner, "Harley, You're Not Getting Any Younger," *New York Times*, March 22, 2009, p. BU1; www.fool.com/investing/2017/03/05/7-motorcycle-statistics-thatll-floor-you.aspx; Tim Clark, "Harley-Davidson Goes Whole Hog with Customer Insight," *Forbes*, www.forbes.com/sites/sap/2011/06/29/harley-davidson-goes-whole-hog-with-customer-insight/#3803c03250eb; and various pages at www.harley-davidson.com, accessed September 2019.
4. See Charlotte Rogers, "Patagonia on Why Brands Can't Reverse into Purpose through Marketing," Marketing Week, July 18, 2018, www.marketingweek.com/2018/07/18/patagonia-you-cant-reverse-into-values-through-marketing; and www.patagonia.com/save-our-public-lands.html?zoom=3¢er=40.317756,-94.421097 and www.patagonia.com/environmentalism.html, accessed September 2019.
5. Ron Stodghill, "Brand Visionary: Serena Williams," *Adweek*, November 5, 2018, pp. 21-26.

6. See https://visitdetroit.com, www.ireland.com/en-us/, and www.idaireland.com, accessed September 2019.
7. See Lindsey Stein, "Microsoft's New 'Makes What's Next' Ad Shows Girls How to Pursue STEM Careers," *Advertising Age*, March 7, 2017, http://adage.com/article/cmo-strategy/microsoft-s-make-ad-shows-pursue-stem/308189/; and www.microsoft.com/en-us/philanthropies/make-whats-next, accessed September 2019.
8. For more on social marketing, see Nancy Lee and Philip Kotler, *Social Marketing: Changing Behaviors for Good*, 5th ed. (Thousand Oaks, CA: SAGE Publications, 2015); and www.adcouncil.org and www.i-socialmarketing.org, accessed September 2019.
9. Quotes and definitions from Philip Kotler, *Marketing Insights from A to Z* (Hoboken, NJ: Wiley, 2003), p. 148; and www.asq.org/glossary/q.html, accessed September 2019.
10. For more on TQM, see "What Is Total Quality Management?" *ASQ*, https://asq.org/quality-resources/total-quality-management, accessed September 2019.
11. See "Award Recipient: Americas Best Value Inn," J.D. Power, www.jdpower.com/ratings/study/North-America-Hotel-Guest-Satisfaction-Study/2572ENG/Economy/2672, accessed September 2018; and www.americasbestvalueinn.com, accessed September 2019.
12. See Christine Lagorio-Chafkin, "This Philosophy Professor Turned the Answer to One of Life's Big Questions into a $169 Million Business," *Inc.*, August 2018, www.inc.com/christine-lagorio/2018-inc5000-how-popsockets-became-a-169-million-dollar-business.html; and Amit Chowdhry, "PopSockets: The Story behind How It Went from a Simple Concept to Selling Tens of Millions of Units," *Forbes*, February 14, 2018, www.forbes.com/sites/amitchowdhry/2018/02/14/popsockets/.
13. Emily Dawling, "the Sports Hijab Dividing Opinions," January 10, 2018, *BBC*, http://www.bbc.com/culture/story/20180110-the-sports-hijab-dividing-opinions; Teresa Kerr, "Nike Pro Hijab: One of the World's Most Popular Clothing Item," *Morocco World News*, May 17, 2019, https://www.moroccoworldnews.com/2019/05/273344/nike-pro-hijab/amp/; Danielle Wightman-Stone, "Nike's Pro Hijab among Design of the Year Winners," *Fashion United*, January 29, 2018, https://fashionunited.uk/news/fashion/nike-s-pro-hijab-among-design-of-the-year-winners/2018012927882; "Nike Strengthens Ties with Muslim Market with New 'Pro Hijab' Line," Marketing-Interactive.com, August 3, 2017, https://www.marketing-interactive.com/nike-strengthens-ties-with-muslim-market-with-new-pro-hijab-line/; "What Will They Say about You?: Nike Releases Empowering Ad for the Pro Hijab Designed for Muslim Athletes," *DNA*, https://www.dnaindia.com/world/report-what-will-they-say-about-you-nike-releases-empowering-ad-for-the-pro-hijab-designed-for-muslim-athletes-2346398.
14. See Megan Cerullo, "Payless Sold Discount Shoes at Luxury Prices—and It Worked," *CBS News*, November 29, 2018, www.cbsnews.com/news/payless-sold-discount-shoes-at-luxury-prices-and-it-worked/; and T. L. Stanley, "Payless Opened a Fake Luxury Store, 'Palessi,' to See How Much People Would Pay for $20 Shoes," *Adweek*, November 28, 2018, www.adweek.com/brand-marketing/payless-opened-a-fake-luxury-store-palessi-to-see-how-much-people-would-pay-for-20-shoes/.
15. See Michael Castillo. "The Most Talked About Super Bowl Advertiser Online Was Avocados From Mexico," *CNBC*, February 5, 2018, www.cnbc.com/2018/02/05/the-most-talked-about-super-bowl-ad-online-was-about-avocados-.html; Patrick Coffee, "Avocados From Mexico Puts Its Account in Review Ahead of 4th Straight Super Bowl Campaign," *Adweek*, February 1, 2018, www.adweek.com/agencyspy/avocados-from-mexico-goes-into-review-ahead-of-4th-straight-super-bowl-campaign/142907; and https://avocadosfrommexico.com/, accessed September 2019.
16. See "FMI—Supermarket Facts," www.fmi.org/our-research/super market-facts, accessed September 2019; Christina Ng, "The Drivers behind Shoppers' Purchasing Decisions," *Project Nosh*, April 30, 2015, www.projectnosh.com/news/2015/the-drivers-behind-shoppers-purchasing-decisions; "2018 Packaging Matters," Westrock, www.westrock.com/-/media/images/insights/packaging-matters-2018/westrock-packaging-matters-2018-whitepaper.pdf; and "Our Retail Divisions," http://news.walmart.com/news-archive/2005/01/07/our-retail-divisions, accessed September 2019.
17. See www.tiffany.com/WorldOfTiffany/TiffanyStory/Legacy/BlueBox.aspx, www.luxury24-7.com/blog/2016/08/the-historyof-tiffany-co/, www.luxury24-7.com/blog/2016/08/the-historyof-tiffany-co/accessed September 2019.
18. See "Keep Your Home and Loved Ones Safe," P&G, https://tide.com/en-us/safety, accessed September 2019.
19. Bennett Bennett, "Lexus Gets Conceptual, Create Perceptual Origami Art to Celebrate Customer Service," The Drum, March 8, 2018, www.thedrum.com/news/2018/03/08/lexus-gets-conceptual-createsperceptual-origami-art-celebrate-customer-service; and www.lexuslearn.com/covenant accessed September 2019.
20. See www.bmwgroup.com/com/en/brands/bmw.html and www.bmw.com/en, accessed September 2019.
21. Information on the Colgate-Palmolive product mix is from www.colgatepalmolive.com/en-us/brands, accessed September 2019.
22. See CIA World Fact Book, www.cia.gov/library/publications/the-world-factbook, accessed September 2019; and "List of Countries by GDP Sector Composition," https://en.wikipedia.org/wiki/List_of_countries_by_GDP_sector_composition, accessed September 2019.
23. See Bruce Japson, "Oscar Health's Obamacare Enrollment Surges Past 250K," *Forbes*, December 21, 2017, www.forbes.com/sites/brucejapsen/2017/12/21/oscar-healths-2018-obamacare-enrollment-surges-past-250k/#5ef8520b2fff; "10 Things to Know about Oscar Health Insurance: Will It Be the Uber of Health Plans," *Becker's Healthcare Review*, August 4, 2015, www.beckershospitalreview.com/payer-issues/10-things-to-know-about-oscar-health-insurance-will-it-be-the-uber-of-health-plans.html; Sarah Buhr, "Oscar Health Expects to Generate $1 Billion in Revenue and Sign Up 250,000 Members in 2018," *Tech Crunch*, December 21, 2017, https://techcrunch.com/2017/12/21/oscar-health-expects-to-generate-1-billion-in-revenue-and-sign-up-250000-members-in-2018/; Morgan Haefner, "Oscar Health Posts $5M Profit: 4 Things to Know," *Becker's Hospital Review*, August 25, 2018, www.beckershospitalreview.com/payer-issues/oscar-health-posts-5m-profit-4-things-to-know.html; and www.hioscar.com/about, accessed September 2019.
24. See James L. Heskett, W. Earl Sasser Jr., and Leonard A. Schlesinger, *The Service Profit Chain: How Leading Companies Link Profit and Growth to Loyalty, Satisfaction, and Value* (New York: Free Press, 1997); and Heskett, Sasser, and Schlesinger, *The Value Profit Chain: Treat Employees Like Customers and Customers Like Employees* (New York: Free Press, 2003). Also see Jay Doerksen, "How Employee Satisfaction Drives the Service-Profit Chain and Improves the Customer Experience," *Vision Critical*, May 11, 2017, www.visioncritical.com/employee-satisfaction-service-profit-chain/; and The Service-Profit Chain Institute, http://serviceprofitchain.com/, accessed September 2019.
25. See Pamela N. Danziger, "Why Wegmans Food Markets Gets the Love of Customers," *Forbes*, March 3, 2018, www.forbes.com/sites/pamdanziger/2018/03/03/why-wegmans-food-markets-gets-the-love-of-customers/; "Fortune 100 Best: Wegmans," http://fortune.com/best-companies/wegmans-food-markets/, accessed September 2019; and "It's the Actions That Count: Find Out Why Our Employees Enjoy Coming into Work Every Day," https://jobs.wegmans.com/employee-satisfaction-at-wegmans, accessed September 2019.
26. See IQVIA Institute for Data Science, "Medicine Use and Spending in the U.S.," www.iqvia.com/institute/reports/medicine-use-and-spending-in-the-us-review-of-2017-outlook-to-2022, April 19, 2018, chart 9, p. 13; and "Postal Facts," http://about.usps.com/who-we-are/postal-facts/welcome.htm, accessed September 2019.
27. Ira Kalb, "Corporate Image: The Foundation for Your Brand's Success," *Huffington Post*, September 3, 2017, www.

huffingtonpost.com/entry/corporate-image-the-foundation-for-your-brands-success_us_59ab8e09e4b0c50640cd600c.

28. Micah Solomon, "Thanks a Latte: How to Fix a Customer Service Failure, per Starbucks, Marriott, and Me," *Forbes*, November 29, 2017, www.forbes.com/sites/micahsolomon/2017/11/19/thanks-a-latte-how-to-fix-a-customer-service-failure-per-starbucks-marriott-and-me/#4a1a1873462a.
29. See Martha White, "Lost Bags, at 140 Characters, and Airlines Respond," *New York Times*, October 20, 2015, p. B6; and Leslie Josephs, "Between Five Minutes and Five Hours: How Long Airlines Take to Respond to Your Complaint on Twitter," *CNBC*, January 9, 2018, https://www.cnbc.com/2018/01/09/how-long-airlines-take-to-respond-to-your-complaints-on-twitter.html.
30. See Lulu Garcia-Navarro, "The Robots Are Coming to Las Vegas," NPR, October 7, 2018, www.npr.org/2018/10/07/652363255/the-robots-are-coming-to-las-vegas.
31. Garcia-Navarro, "The Robots Are Coming to Las Vegas," *NPR*.
32. See "McAtlas Shrugged," *Foreign Policy*, May–June 2001, pp. 26–37; and Philip Kotler and Kevin Lane Keller, *Marketing Management*, 15th ed. (Upper Saddle River, NJ: Pearson Publishing, 2016), p. 316.
33. See "For Sale: Hessian, a Brand without a Product," *Fast Company*, February 12, 2013, www.fastcodesign.com/1671819/for-sale-hessian-a-brand-without-a-product.
34. See Kevin Systrom, "On Instagram's Big Moves," *Fast Company*, March 3, 2018, www.fastcompany.com/3069066/kevin-systrom-on-instagrams-big-moves-its-almost-riskier-not-to-disrupt-yo; and www.instagram.com/about/us/, accessed September 2019.
35. For more on BrandAsset Valuator, see Kotler and Keller, *Marketing Management*, Chapter 11; and "BrandAsset Valuator," www.yr.com/BAV, accessed September 2019.
36. See Kantar Millward Brown, "BrandZ Top 100 Most Valuable U.S. Brands," http://www.millwardbrown.com/brandz, accessed September 2019; and "BrandZ Top 100 Most Valuable U.S. Brands 2019," http://online.pubhtml5.com/bydd/doqx/#p=102, accessed September 2019.
37. See Scott Davis, *Brand Asset Management*, 2nd ed. (San Francisco: Jossey-Bass, 2002). For more on brand positioning, see Kotler and Keller, *Marketing Management*, Chapter 10.
38. See Avi Dan, "FedEx's New Campaign Delivers," *Forbes*, November 5, 2018, www.forbes.com/sites/avidan/2018/11/05/fedex-new-campaign-delivers/; Katie Baron, "Rewiring Stroytelling," *Forbes*, October 22, 2018, www.forbes.com/sites/katiebaron/2018/10/22/rewiring-storytelling-neuro-brand-boosting-from-the-startup-that-predicted-the-trump-win/; and "What We Deliver By Delivering," www.fedex.com/en-us/possibilities.html, accessed September 2019.
39. "Why I Love Walt Disney World," https://ithoughtyouwereshorter.wordpress.com/2012/11/15/why-i-love-walt-disney-world/, accessed September 2019.
40. Leslie Scism, "Travelers Doesn't Want to Share Its Umbrella Logo," *Wall Street Journal*, May 25, 2015, www.wsj.com/articles/travelers-doesnt-want-to-share-its-umbrella-logo-1432598794.
41. See Alexander Coolidge, "The Simple Truth: Private Selection, and Other Kroger Brands Drive Sales," *Cincinnati Enquirer*, July 26, 2017, www.cincinnati.com/story/money/2017/07/27/kroger-gins-up-own-goods-win-thrifty-consumers/472740001/; "Courtney Regan, "Grocer Aldi Targets Nearby Rivals in Its Bid to Boost Its US Footprint," *CNBC*, August 9, 2018, www.cnbc.com/2018/08/08/grocer-aldi-targets-nearby-rivals-in-bid-to-its-boost-its-us-footprint.html.
42. See https://brandless.com/about, accessed September 2019.
43. Thomas Franck, "Amazon Will Dethrone Walmart as the No. 1 Retailer of Apparel This Year, Predicts Wells Fargo," *CNBC*, September 10, 2018, www.cnbc.com/2018/09/10/amazon-to-usurp-walmart-as-top-apparel-retailer-in-2018-wells-fargo.html; Nathaniel Meyersohn, "Who Needs Brand Names? Now Amazon Makes the Stuff It Sells," *CNNBusiness*, October 8, 2018, www.cnn.com/2018/10/08/business/amazon-private-label-brands/index.html; Tonya Garcia, "Amazon's Apparel Business Could Grow to as Much as $85 Billion in Sales by 2020," *Market Watch*, December 10, 2017, www.marketwatch.com/story/amazons-apparel-business-could-to-grow-to-as-much-as-85-billion-in-sales-by-2020-2017-12-05; Matthew Boyle, "How Private Labels Caught the Public Eye," *Bloomberg BusinessWeek*, December 18, 2017, pp. 13–14; Alex Moazed, "How Amazon's Marketplace Supercharged Its Private-Label Growth," *Inc.*, November 11, 2018, www.inc.com/alex-moazed/what-brands-need-to-know-about-amazons-private-label-growth-how-to-respond.html; Amanda Harding, "These Are the Real Brands behind Your Favorite Trader Joe's Snacks," *Cheatsheet*, June 16, 2018; www.cheatsheet.com/culture/these-are-the-real-brands-behind-your-favorite-trader-joes-snacks.html/; Phil Wahba, "How Target Keeps Its 'Tar-Zhay' Luster," *Fortune*, August 22, 2018, http://fortune.com/2018/08/22/target-private-label/; and www.amazon.com/stores/AmazonBasics/AmazonBasics/page/947C6949-CF8E-4BD3-914A-B411DD3E4433, www.amazon.com/Amazon-Elements-Premium-products-Transparent-origins-Exclusive-to-Prime/b?ie=UTF8&node=10166275011, and www.amazon.com/stores/AmazonEssentials/AmazonEssentials/page/F8FB6F3C-F896-455C-BC52-7879F4CEF0CF, accessed September 2019.
44. "Top 150 Global Licensors 2018," *Global License*, April 2018, www.licenseglobal.com/resource/top-150-global-licensors-2018.
45. See "Sector Trend Analysis–Savoury Snacks in the United States," Agriculture and Agri-Food Canada; October 2018, www5.agr.gc.ca/eng/industry-markets-and-trade/international-agri-food-market-intelligence/sector-trend-analysis-savoury-snacks-in-the-united-states/?id=1537469466763#e; and www.fritolay.com/our-snacks/doritos.html, accessed September 2019.
46. See www.birkenstock-group.com/de/en/products/bed-collection/, www.birkenstock-group.com/de/en/products/bed-collection/, www.birkenstock.com/gb/sleep-systems/, and www.birkenstock.com/us, accessed September 2019.
47. For interesting lists of good and bad brand extension candidates, see "12 Brand Extensions the World Would Like to See," *Attest*, November 13, 2017, http://insights.askattest.com/12-brand-extensions-consumers-would-love-to-see; and Geoffrey James, "18 Insane Brand Extensions (2 Were Huge Successes)," *Forbes*, December 5, 2018, www.inc.com/geoffrey-james/18-insane-brand-extensions-2-were-huge-successes.html.
48. "Ad Age World's Largest Advertisers," *Advertising Age*, December 3, 2018, p. 10.
49. Stephen Cole, "Value of the Brand," *CA Magazine*, May 2005, pp. 39–40. Also see "The Power of Customer Service," *Fortune*, December 3, 2012, www.timeincnewsgroupcustompub.com/sections/121203_Disney.pdf; and "Customer Engagement," http://thewaltdisneycompany.com/citizenship/community/consumer-engagement, accessed September 2019.
50. Minhea Radu, "306 HP 2020 Mini John Cooper Works Clubman, Countryman Revealed," *Autoevolution*, May 14, 2019, www.autoevolution.com/news/306-hp-2020-mini-john-cooper-works-clubman-countryman-revealed-134451.html; Kyle Hyatt, "Mini's Got a New Boss, and It's Barreling Towards a More Electric Future," *CNet*, April 19, 2019, www.cnet.com/roadshow/news/mini-new-boss-bmw-group-2019/; Jonathan Bacon, July 8, 2015, "Mini: Reinventing a Brand Icon," *Marketing Week*, July 8, 2015, www.marketingweek.com/2015/07/08/how-mini-is-reinventing-itself-to-remain-iconic/; Hannah Elliott, "Fifty Years of Mini Love," *Forbes*, July 29, 2009, www.forbes.com/2009/07/29/bmw-mini-cooper-lifestyle-vehicles-mini-car-50.html#2a21eb2ccb74; and information from www.miniusa.com/, accessed May 2019.

Chapter 9

1. See Nina Zipkin, "Eight of the Coolest Projects to Come Out of X, Google's Moonshot Factory," *Entrepreneur*, January 23, 2019, www.entrepreneur.com/article/326836; Alex Davies, "Inside X,

the Moonshot Factory Racing to Build the Next Google," *Wired*, January 11, 2018, www.wired.com/story/alphabet-google-x-innovation-loon-wing-graduation/; David Pierce, "One Man's Quest to Make Google's Gadgets Great," *Wired*, February 8, 2018, www.wired.com/story/one-mans-quest-to-make-googles-gadgets-great/; Chuck Salter, "Google: The Faces and Voices of the World's Most Innovative Company," *Fast Company*, March 2008, pp. 74–88; Jeff Desjardins, "How Google Retains More Than 90% of Market Share," *Business Insider*, April 23, 2018, www.businessinsider.com/how-google-retains-more-than-90-of-market-share-2018-4; and https://abc.xyz/and http://investor.google.com, accessed September 2019.

2. See "Apple 2018 10-K Filing," https://s22.q4cdn.com/396847794/files/doc_financials/quarterly/2018/Q4/10-K-2018-(As-Filed).pdf, accessed September 2019; and Todd Haselton, "Here's What We're Expecting Apple to Launch This Year," *CNBC*, January 2, 2019, www.cnbc.com/2019/01/02/apple-product-service-expectations-in-2019.html.
3. Marc Emmer, "95 Percent of the New Products Fail," *Inc.*, July 6, 2018, www.inc.com/marc-emmer/95-percent-of-new-products-fail-here-are-6-steps-to-make-sure-yours-dont.html.
4. See Michael Martinez, "Ford Opens Silicon Valley Innovation Center," *The Detroit News*, January 22, 2015, www.detroitnews.com/story/business/autos/ford/2015/01/22/ford-silicon-valley/22165837/; "Chick-fil-A Goes High Tech at Tech Square," March 8, 2017, https://thechickenwire.chick-fil-a.com/News/Chick-fil-A-Goes-High-Tech-at-Tech-Square; and http://corporate.ford.com/innovation/research-and-innovation-center.html, accessed September 2019.
5. See Harry McCracken, "Google's 100% Solution," *Fast Company*, December 2018/January 2019, pp. 22-26.
6. See "Dominic Powell, "Want to Run Your First Hackathon? Here Are Some Tips from KPMG," *Smart Company*, August 15, 2017, www.smartcompany.com.au/startupsmart/advice/want-run-first-internal-hackathon-tips-kpmg/; Matt Weinberger, "'There Are Only Two Rules'—Facebook Explains How 'Hackathons,' One of Its Oldest Traditions, Is Also One of Its Most Important," *Business Insider*, January 11, 2017, www.businessinsider.com/facebook-hackathons-2017-6; and www.facebook.com/hackathon/, accessed September 2019.
7. Blake Morgan, "Customer Collaboration with Salesforce's Mike Rosenbaum," *Forbes*, January 3, 2017, www.forbes.com/sites/blakemorgan/2017/01/03/customer-collaboration-with-salesforces-mike-rosenbaum/#464b47ce7403; Erica Kuhl, "4 Tips to Turn Customer Feedback into Action," *Salesforce Blog*, December 15, 2016, www.salesforce.com/blog/2016/12/4-tips-to-turn-customer-feedback-into-action.html; and Salesforce IdeaExchange, https://success.salesforce.com/ideaSearch, accessed September 2019.
8. See Bonnie Cad, "Ben & Jerry's Taste for Crowdsourcing," *Digital Initiative*, December 29, 2018, https://digital.hbs.edu/platforms-crowds/ben-jerrys-taste-crowdsourcing/; Jeff Beer, "Why Under Armour's Future Show Is Key to Its Brand Innovation Strategy," *Fast Company*, October 14, 2015, www.fastcocreate.com/3052298/why-under-armours-future-show-is-key-to-its-brand-innovation-strategy#13; Michael Wolf, "With New Contest, Tupperware Looks to Discover the Future of Food Containers," *The Spoon*, December 7, 2018, https://thespoon.tech/with-new-contest-tupperware-looks-to-discover-the-future-of-food-containers/; Beau Muniz, "The Tupperware Clever Container Challenge," *Giddy Blog*, December 6, 2018, https://blog.giddy.io/2018/12/06/the-tupperware-clever-container-challenge/; and http://ideahouse.ua.com/shows#future-show, accessed September 2019.
9. See George S. Day, "Is It Real? Can We Win? Is It Worth Doing?" *Harvard Business Review*, December 2007, pp. 110–120.
10. This example is based on Tesla Motors and information obtained from www.teslamotors.com and www.tesla.com/model3, accessed September 2018; and "Electric Car," *Wikipedia*, http://en.wikipedia.org/wiki/Electric_car, accessed September 2019.
11. See www.brooksrunning.com/en_us/programs/beta-runners, accessed September 2019.
12. See Maureen Morrison, "Marketer of the Year: Taco Bell," *Advertising Age*, September 2, 2013, pp. 15–16; Susan Berfield, "Baristas, Patrons Steaming over Starbucks VIA," *Bloomberg BusinessWeek*, November 13, 2009; and Tamara Walsh, "Starbucks Makes a Big Bet on New Product Mix in 2014," *The Motley Fool*, January 8, 2014, www.fool.com/investing/general/2014/01/08/starbucks-makes-a-big-bet-on-new-product-mix-in-20.aspx.
13. See Alex Samuely, "Mobile Ordering, Payments Responsible for 20pc of Starbucks' October Transactions," *Retail Dive*, www.retaildive.com/ex/mobilecommercedaily/mobile-ordering-payments-made-up-20pc-of-october-transactions-starbucks, accessed February 2019; Austin Carr, "Starbucks Leap of Faith," *Fast Company*, June 2013, pp. 46–48; and www.starbucks.com/coffeehouse/mobile-apps, accessed September 2019.
14. See Jack Neff, "P&G Reinvents Laundry with $150 Million Tide Pods Launch," *Advertising Age*, April 26, 2011, www.adage.com/print/227208/; Sheila Shayon, "Microsoft Unleashes Global Marketing Blitz for Windows 8, New Devices," *BrandChannel*, October 25, 2012, www.brandchannel.com/home/post/2012/10/25/Microsoft-Global-Windows-8-Launch-102512.aspx; and Thomas Whitehead, "Nintendo of America Spent Big on Switch Advertising in March," *Nintendo Life*, May 2, 2017, www.nintendolife.com/news/2017/05/nintendo_of_america_spent_big_on_switch_tv_advertising_in_march.
15. "iPhone X Available for Pre-Order on Friday, October 27," October 24, 2017, www.apple.com/newsroom/2017/10/iphone-x-available-for-pre-order-on-friday-october-27/; and Daniel Eran Dilger, "Apple and the Aggressive Rollout of Its iPhone XS Vision for the Future," *Apple Insider*, September 13, 2018, https://appleinsider.com/articles/18/09/13/apple-and-the-aggressive-rollout-of-its-iphone-xs-vision-for-the-future.
16. Jonathon Ringen, "When It Clicks, It Clicks," *Fast Company*, February 2015, pp. 72–78+; Andrew Jack, "How LEGO Took to Anthropology," *Financial Times*, February 26, 2014, www.ft.com/cms/s/0/b071990c-9d4c-11e3-a599-00144feab7de.html#axzz3N8u6XIPH; Christian Madsbjerg and Mikkel B. Rasmussen, "An Anthropologist Walks into a Bar...," *Harvard Business Review*, March, 2014, pp. 80–88; Jeff Beer, "The Secret of Lego's Social Media Success Is in the Creative Power of Crowds," *Fast Company*, June 20, 2017, www.fastcompany.com/40432685/the-secret-to-legos-social-media-success-is-in-the-creative-power-of-crowds; and https://ideas.lego.com/dashboard and www.lego.com/en-us, accessed September 2019.
17. "Nestlé Toque d'Or: Top Students Line Up for Culinary Battle," NZ Chefs, http://www.nzchefs.org.nz/NewsEvents/Nestl+Toque+dOr.html; Nestlé UK and Ireland, http://www.nestle.co.uk/csv2013/nhw/consumersandourproducts; "Competition and Prize 2016," Nestlé Toque d'Or, https://www.nestle-toquedor.co.uk/Home/Competition; "Nestle, or How Consumer Insights Can Lead Product Development," Instantly Blog, https://blog.instant.ly/blog/2012/07/nestle-or-how-consumer-insights-can-leadproduct-development/; "Company Scorecard," Behind the Brands, http://www.behindthebrands.org/en/company-scorecard; "Nutrition, Health & Wellness—New Product Development at Nestlé," Business Case Studies, http://businesscasestudies.co.uk/nestle/nutrition-health-wellnessnewproduct-development-at-nestle/introduction.html#axzz3qcCRzjad; "Final Design of Consistent Nutritional Labelling System Given Green Light," GOV.UK, https://www.gov.uk/government/news/final-design-of-consistent-nutritional-labelling-system-given-green-light; and information from http://www.nestle.com, all Internet sites accessed November 2015; "Nestlé Financials and News Global 500," *Fortune*, http://beta.fortune.com/global500/nestle-66, accessed April 1, 2017; Behind the Brands, "Company Scorecard," http://www.behindthebrands.org/en/companyscorecard, accessed April 1, 2017.

18. See Lisa Fu, "The Fidget Spinner Trend Is Ending and You Missed It," *Fortune*, June 13, 2017, http://fortune.com/2017/06/13/the-fidget-spinner-trend-is-ending-and-you-missed-it/; and www.crazyfads.com, accessed September 2019.
19. "Euromonitor Makeup Sell-in CA Net 2012 vs 2003," www.euromonitor.com; "Worldwide Value Market Shares Full Year 2014," www.euromonitor.com; www.loreal.com, accessed October 2015; the authors would like to thank Moïra Taillefer and the L'Oréal Paris International Development Makeup team for their contribution to this case.
20. See www.lorealparisusa.com/products/skin-care/brand/men-expert.aspx, accessed September 2019.
21. See Erin DeJesus, "CES's Kitchen of the Future Is Sort of a Nightmare," *Eater*, January 8, 2019, www.eater.com/2019/1/8/18173843/ces-2019-kitchen-tech-ge-samsung-whirlpool; and www.samsung.com/us/explore/chef-collection/features/, accessed September 2019.
22. See www.quakeroats.com and www.quaker.com.my, accessed September 2018.
23. See Andrea Darlas, "A Look Inside Radio Flyer's Chicago Headquarters," *WGN TV*, November 17, 2018, https://wgntv.com/2018/11/17/a-look-inside-radio-flyers-chicago-headquarters/; Sheila Marikar, "How One Iconic American Brand Got Back on a Roll," *Inc.*, March 2016, p. 32; Robert Klara, "How an Immigrant Cabinetmaker Accidentally Invented the Toy That Defined America," *Adweek*, March 21, 2017, www.adweek.com/brand-marketing/how-an-immigrant-cabinetmaker-accidentally-invented-the-toy-that-defined-american-childhood/; and www.radioflyer.com/content/about-us/, accessed September 2019.
24. For more discussion of marketing strategies over the course of the PLC, see Philip Kotler and Kevin Lane Keller, *Marketing Management*, 15th ed. (Hoboken, NJ: Pearson Education, 2016), pp. 358.
25. See Andrew J. Hawkins, "Volkswagen Settles Diesel Emissions Lawsuit Right before Trial Set to Begin," *The Verge*, February 26, 2018, www.theverge.com/2018/2/26/17053928/volkswagen-diesel-emissions-lawsuit-settled; "$10.4-Billion Lawsuit over Diesel Emissions Scandal Opens against Volkswagen," *Los Angeles Times*, September 10, 2018, www.latimes.com/business/la-fi-volkswagen-trial-20180910-story.html; and Neal E. Boudette, "Fiat Chrysler Is Expected to Pay Nearly $650 Million in Emissions Case," *New York Times*, January 9, 2019, www.nytimes.com/2019/01/09/business/fiat-chrysler-justice-settlement-emissions.html.
26. See "McDonald's Food You Can't Get Here," *Chicago Tribune*, www.chicagotribune.com/business/ct-biz-mcdonalds-food-around-the-world,0,5168632.photogallery, accessed September 2019.
27. Henry Samuel, "French Island Loses High 'Steaks' Fight to Keep McDonald's off Its Shores," *The Telegraph*, October 12, 2018, www.telegraph.co.uk/news/2018/10/12/french-island-loses-high-steaks-fight-keep-mcdonalds-shores/; and www.mcdonalds.fr/#happymeal, accessed September 2019.
28. Information from www.db.com, accessed September 2019.
29. See "Global Powers of Retailing 2018," https://www2.deloitte.com/content/dam/Deloitte/at/Documents/about-deloitte/global-powers-of-retailing-2018.pdf; "Walmart Corporate International," http://corporate.walmart.com/our-story/locations, accessed September 2019; and information from www.walmart.com and www.carrefour.com, accessed September 2019.
30. N. E. Boudette, "Can Prius Set The Pace Again?", *Automotive News*, September 21, 2014, https://www.autonews.com/article/20140921/RETAIL03/309229993/can-prius-set-the-pace-again; Toyota Motor Corporation, "75 Years of TOYOTA: Total Quality Management (TQM): Changes and Innovations," 2012, https://www.toyota-global.com/company/history_of_toyota/75years/data/company_information/management_and_finances/management/tqm/change.html; Campaign, "A Collection of Toyota's Best Ads," https://www.campaignlive.co.uk/the-work/advertiser/toyota/7997; Toyota Motor Corporation, "Electric Vehicles," https://global.toyota/en/mobility/toyota-brand/toyota-design/gallery/ev/; Rudi Halbright, "Case Study: The Toyota Prius Lessons in Marketing Eco-Friendly Products," Max Dunn's Website, March 3, 2010, https://www.maxdunn.com/storage/www.maxdunn.com/PMBA:%20Presidio%20MBA%20Home/Prius_Marketing_Case_Study.pdf; Zack Hicks, "Steal This Idea: Toyota's Secret to Innovation,"' CIO, February 8, 2016, https://www.cio.com/article/3030990/steal-this-idea-toyota-s-secret-to-innovation.html; Fred Lambert, "Toyota Unveils Images of Upcoming All-electric Cars, Accelerates EV Plans by 5 Years," June 7, 2019, https://electrek.co/2019/06/07/toyota-electric-car-images-accelerate-plan/; M. May, *The Elegant Solution. Toyota's Formula for Mastering Innovation* (New York: The Free Press, 2007); James Morgan and Jeffrey K. Liker, *The Toyota Product Development System: Integrating People, Process and Technology* (New York: Productivity Press, 2006); James M. Morgan and Jeffrey K. Liker, "The Toyota Product Development System: Integrating People, Process and Technology" *Journal of Product Innovation Management*, 24(3) (2007): 276–278, https://doi-org.nlhhg.idm.oclc.org/10.1111/j.1540-5885.2007.00250_1.x; Anmol Rajpurohit, "Interview: Brian Kursar, Toyota on Big Data & Advanced Analytics—Cornerstones of Innovation," https://www.kdnuggets.com/2015/07/interview-brian-kursar-toyota-big-data-advanced-analytics.html; Shmula.com, "The Toyota Product Development System Principles" (2007), https://www.shmula.com/the-toyota-product-development-system/344/; "History of the Toyota Prius," The Official Blog of Toyota GB, February 10, 2015, https://blog.toyota.co.uk/history-toyota-prius; The Official Blog of Toyota GB, "The Five Processes of Toyota Design," May 7, 2014, https://blog.toyota.co.uk/history-toyota-prius; Toyota Europe, "An Electrified Route to Cleaner City Mobility," 2019, https://www.toyota-europe.com/world-of-toyota/feel/environment/better-air/electric-vehicle; Toyota Global, "Toyota Develops New Magnet for Electric Motors Aiming to Reduce Use of Critical Rare-Earth Element by up to 50%," https://global.toyota/en/newsroom/corporate/21139684.html; Toyota Global, "Guiding Principles at Toyota," 2019, https://www.toyota-global.com/company/history_of_toyota/75years/data/conditions/philosophy/guiding_principles.html; Toyota UK, "About. History of Toyota," 2019, https://www.toyotauk.com/about-toyota/history-of-toyota.html; Toyota Press Room, "2010 Third-Generation Prius Marketing Campaign," https://pressroom.toyota.com/album/2010-third-generation-prius-marketing-campaign/; "Toyota's Mobility Arm to Ease Bengaluru's Traffic Woes," *The Hindu Business Line*, January 16, 2018, https://www.thehindubusinessline.com/specials/auto-focus/toyotas-mobility-arm-to-ease-bengalurus-traffic-woes/article9440679.ece; J. Voelker, "Toyota Prius Hybrid Sales Have Tanked: Here Are 4 Reasons Why," Green Car Reports, February 9, 2018, https://www.greencarreports.com/news/1115184_toyota-prius-hybrid-sales-have-tanked-here-are-4-reasons-why; Durward K. Sobek, IIJeffrey Liker, and Allen C. Ward, "Another Look at How Toyota Integrates Product Development," *Harvard Business Review*, July–August 1998, https://hbr.org/1998/07/another-look-at-how-toyota-integrates-product-development.

Chapter 10

1. See Tripp Mickle, "Apple May Need New Plan for China," *Wall Street Journal*, January 31, 2019, p. B3; Dave Smith, "Apple Should Give the iPhone XS and iPhone XR a Permanent Price Cut," *Business Insider*, January 21, 2019, www.businessinsider.com/apple-should-give-iphone-xs-xr-permanent-price-cut-2019-1; Manish Singh, "Apple Says It's Struggling to Sell iPhones in India, but It's Really Not Trying," *VentureBeat*, November 3, 2018, http://venturebeat.com/2018/11/03/apple-says-its-struggling-to-sell-iphones-in-india-but-its-really-not-trying/; Daisuke Wakabayashi,

"Can Apple's Tim Cook Keep the iPhone Buzzing in China?" *Wall Street Journal*, January 25, 2016, www.wsj.com/articles/can-apples-tim-cook-keep-the-iphone-buzzing-in-china-1453775120; Chuck Jones, "No Surprise That Apple's iPhone Dominates Smartphone Profits," *Forbes*, November 20, 2017, www.forbes.com/sites/chuckjones/2017/11/20/no-surprise-that-apples-iphone-dominates-smartphone-profits/#5c9bd1ecbf8c; Mike Wuerthele, "Apple Grabs 86% of Global Smartphone Profits, iPhone Alone Seizes 35%," *Apple Insider*, April 17, 2018, https://appleinsider.com/articles/18/04/17/apple-grabs-86-of-smartphone-profits-globally-iphone-x-alone-seizes-35; "Apple to Cut iPhone Prices Outside the U.S. for Second Time in 12 Years," *The Economic Times*, January 30, 2019, economictimes.indiatimes.com/magazines/panache/apple-to-cut-iphone-prices-outside-u-s-for-the-second-time-in-12-years/articleshow/67749333.cms; and www.apple.com and http://investor.apple.com/financials.cfm, accessed September 2019.

2. For more on the importance of sound pricing strategy, see Thomas T. Nagle and Georg Muller, *The Strategy and Tactics of Pricing: A Guide to Growing More Profitably*, 6th ed. (New York: Routledge, 2018), Chapter 1.
3. See "Bear-Resistant Products," Interagency Grizzly Bear Committee, http://igbconline.org/bear-resistant-products/, accessed September 2019; "YETI," Scales, www.scalesadvertising.com/work.html, accessed September 2019; and https://stories.yeti.com/story/our-story and www.yeti.com/en_US/hard-coolers#, accessed September 2019.
4. See "Bear-Resistant Products," Interagency Grizzly Bear Committee, http://igbconline.org/bear-resistant-products/, accessed September 2019; "YETI," Scales, www.scalesadvertising.com/work.html, accessed September 2019; and https://stories.yeti.com/story/our-story and www.yeti.com/en_US/hard-coolers#, accessed September 2019.
5. See www.mbusa.com/mercedes/vehicles/class/class-CLA/bodystyle-CPE, accessed October 2019.
6. Marianne Wilson, "Study: ALDI a Growing Competitive Force," *Chain Store Age*, January 30, 2019, www.chainstoreage.com/news/study-aldi-a-growing-competitive-force/; Russell Redman, "ALDI Set to Kick Off National Ad Campaign," *Supermarket News*, September 13, 2018, www.supermarketnews.com/marketing/aldi-set-kick-national-ad-campaign; "Top 250 Global Powers of Retailing 2018," Deloitte, p. 16, www2.deloitte.com/content/dam/Deloitte/at/Documents/about-deloitte/global-powers-of-retailing-2018.pdf; Jessica Tyler, "Here's How ALDI's Explosive Growth Transformed It from a Corner Store in Germany to One of the Biggest Supermarket Chains in the World," *Business Insider*, August 12, 2018, www.businessinsider.com/aldi-store-growth-history-2018-8; Courtney Reagan, "Grocer ALDI Targets Nearby Rivals in Its Bid to Boost Its U.S. Footprint," *CNBC*, August 9, 2018, www.cnbc.com/2018/08/08/grocer-aldi-targets-nearby-rivals-in-bid-to-its-boost-its-us-footprint.html; and www.aldi.us/en/, accessed September 2019.
7. "Royal Philips, http://www.philips.com/a-w/about/company/our-heritage.html"; Borderless Brand Management by Ciarlone and Dalrymple, http://gilbane.com/case_studies_pdf/Case-Study-Philips-6-1-09.pdf; Philips Lighting, http://www.lighting.philips.nl/home; Philips Healthcare, http://www.usa.philips.com/healthcare/country-selector; Philips Annual Report 2015; http://www.philips.com/corporate/resources/annualresults/2015/PhilipsFullAnnualReport2015_English.pdf.
8. Accumulated production is drawn on a semilog scale so that equal distances represent the same percentage increase in output.
9. The arithmetic of markups and margins is discussed in Appendix 2: Marketing by the Numbers.
10. See "Caterpillar Looks to 'Rewrite the Rules'," *Demolition and Recycling International*, February 5, 2019, www.khl.com/demolition-and-recycling-international/caterpillar-looks-to-rewrite-the-rules/136845.article; Donald V. Fites, "Make Your Dealers Your Partners," *Harvard Business Review*, March–April 1996, pp. 84–95; "Caterpillar Grows Service and Repair Choices," *Lift and Access*, December 12, 2017, www.liftandaccess.com/article/caterpillar-grows-service-and-repair-choices-including-launch-yellowmark%E2%84%A2-parts; Jon Markman, "This Is What You Should Know about Caterpillar," *Fortune*, April 26, 2018, www.forbes.com/sites/jonmarkman/2018/04/26/this-is-what-you-should-know-about-caterpillar/#50b9c4d93e43; "Caterpillar Continues Margin Expansion in 2018; FVE Reduced on Less Ebullient Outlook for 2019," *Morningstar*, January 30, 2019, http://analysisreport.morningstar.com/stock/research; and www.statista.com and www.caterpillar.com, accessed September 2019.
11. See Kim Renfro, "I Finally Caved and Flew on the 'Worst Airline in America'—Here's What It Was Like," *Business Insider*, December 6, 2019, www.thisisinsider.com/spirit-airlines-flight-review-food-photos-2018-6; Adam Levine, "Could Rising Fuel Prices Lift Spirit Airlines in 2018?" *The Motley Fool*, January 2, 2018, www.fool.com/investing/2018/01/02/could-rising-fuel-prices-lift-spirit-airlines-2018.aspx; and www.spirit.com, accessed September 2019.
12. See www.sleepnumber.com, accessed September 2019.
13. "Watch the Newest Ads on TV from Amazon, Honda, Google, and More," *Advertising Age*, December 12, 2017, http://adage.com/article/media/watch-newest-tv-ads-amazon-honda-google/311610/; and https://store.google.com/us/product/pixel_2?hl=en-US, accessed September 2019.
14. See Jessica Wohl, "ConAgra's Banquet Raises Prices, Brings Back Commercials," *Advertising Age*, December 9, 2015, www.adage.com/print/301684. Joseph Weber, "Over a Buck for Dinner? Outrageous," *BusinessWeek*, March 9, 2009, p. 57; Tom Mulier and Matthew Boyle, "Dollar Dinners from ConAgra's Threatened by Costs," *Bloomberg Businessweek*, August 19, 2010, www.businessweek.com; and Angelica LaVito, "ConAgra's Bet on Frozen Foods Appears to Be Paying Off," *CNBC*, November 15, 2017, www.cnbc.com/2017/11/15/conagras-bet-on-frozen-food-appears-to-be-paying-off.html.
15. Nathaniel Meyersohn, "Gillette Is Selling a $200 Luxury Razor That Heats Up to 122 Degrees," *CNN*, May 2, 2019, www.cnn.com/2019/05/02/tech/gillette-heated-razor/index.html; Tiffany Kary, "Edgewell Deal for Harry's Razors Will Only Nick Gillette—At First," *Bloomberg*, May 9, 2019, www.bloomberg.com/news/articles/2019-05-09/edgewell-and-harry-s-deal-will-only-nick-gillette-at-first; Barrett Brunsman, "Should P&G Exit the Shaving Business?" *Cincinnati Business Courier*, April 23, 2019, www.bizjournals.com/cincinnati/news/2019/04/23/should-p-g-exit-the-shaving-business.html; and information from www.gillette.com/en-us/our-history, accessed September 2019.

Chapter 11

1. See Bethany Biron, "Competition Has Flywheel and SoulCycle Spiraling into an Identity Crisis," *Vox*, January 11, 2019, www.vox.com/the-goods/2019/1/11/18176929/flywheel-soulcycle-peloton-spinning-bubble-cycling-class; Sara Ivry, "The Cult of Peloton," *Adweek*, May 28, 2018, www.adweek.com/brand-marketing/peloton/; JP Mangalindan, "Peloton CEO: Sales Increased after We Raised Prices to $2,245 per Bike," *Yahoo! Finance*, September 12, 2018, https://finance.yahoo.com/news/peloton-ceo-says-sales-increased-raised-prices-2245-exercise-bike-132256225.html?guccounter=1; Alexandra Bruell, "How Peloton Is Marketing a $2,000 Bike beyond the Rich," *Wall Street Journal*, January 19, 2019, www.wsj.com/articles/peloton-shifts-gears-with-more-attainable-marketing-plan-1508959554; and www.onepeloton.com, accessed September 2019.
2. See Mike Wuerthele, "Apple Grabs 86% of Global Smartphone Profits, iPhone Alone Seizes 35%," *Apple Insider*, April 17, 2018, https://appleinsider.com/

articles/18/04/17/apple-grabs-86-of-smartphone-profits-globally-iphone-x-alone-seizes-35; and Daniel Morial, "Apple Leads Global Smartphone Profits for Q2 2018," *Gadget Match*, September 20, 2018, www.gadgetmatch.com/apple-samsung-huawei-global-smartphone-profits-q2-2018/.

3. See Jacob Passy, "Amazon Rolls Out More Echo Devices, but They Could Make You Spend More Money," *Marketing Watch*, September 23, 2018, www.marketwatch.com/story/your-amazon-echo-could-be-making-you-spend-more-money-2018-01-03; "Amazon Is Extending Prime Video's Introductory, Discounted Pricing Globally," *Gadgets 360*, June 28, 2017, https://gadgets.ndtv.com/entertainment/news/amazon-prime-video-introductory-price-offer-extended-1717819; and www.amazon.com/All-new-Echo-Dot-3rd-Gen/dp/B0792KTHKJ, accessed July 2019.
4. See Charlie Hall, "Japanese Site Estimates Nintendo Spends $257 to Make One Switch," *Polygon*, April 5, 2107, www.polygon.com/2017/4/5/15195638/nintendo-switch-component-cost-estimate; and "Dedicated Video Game Sales Units," www.nintendo.co.jp/ir/en/finance/hard_soft/index.html, accessed September 2019.
5. "Harry's Shaving Club Shook Up the Razor Market. What's Next?" *Trib Live*, September 26, 2018, https://triblive.com/business/headlines/14118900-74/harrys-shaving-club-shook-up-the-razor-market-whats-next; and "Sales of the Leading Cartridge Razor Blade Brands in the United States," *Statista*, www.statista.com/statistics/276535/leading-men-s-cartridge-razor-blade-brands-sales/, accessed September 2019.
6. See Lucy Hornsby, "China's Love of U.S. Chicken Feet Proves a Recipe for Perfect Trade," *Financial Times*, August 14, 2017, www.ft.com/content/90ebf59a-80bb-11e7-a4ce-15b2513cb3ff; Matthew Philips, "The Economics of Chicken Feet... and Other Parts," *Freakonomics*, December 9, 2011, http://freakonomics.com/2011/12/09/the-economics-of-chicken-feet-and-other-parts/; and Pan Demetrakakes, "The Rib Bone Connects to the Foot Bone," *Food Processing*, November 20, 2018, www.foodprocessing.com/blogs/thescoop/the-rib-bone-connects-to-the-foot-bone/.
7. See Anne-Marcelle Ngabirano, "'Pink Tax' Forces Women to Pay More Than Men," *USA Today*, March 27, 2017, www.usatoday.com/story/money/business/2017/03/27/pink-tax-forces-women-pay-more-than-men/99462846/; and Karen Duffin, "The Problem with the Pink Tax," *NPR*, November 13, 2018, www.npr.org/sections/money/2018/11/13/667539767/the-problem-with-the-pink-tax.
8. See Alexandra Jardin, "Dunkin' Fooled Portland Foodies with an Espresso Pop-Up," *Advertising Age*, December 6, 2018, https://adage.com/creativity/work/dunkin-espresso-popup/962656; and "How We Fooled Portland Foodies into Trying a New Espresso," Dunkin' Newsroom, December 4, 2018, https://news.dunkindonuts.com/blog/how-we-fooled-portland-foodies-into-trying-a-new-espresso.
9. For this and other examples and explanations, see Peter Coy, "Why the Price Is Rarely Right," *Bloomberg Businessweek*, February 1 & 8, 2010, pp. 77–78; and Utpal Dholakia, "What Shoppers Should Know about Reference Prices," *Psychology Today*, September 8, 2015, www.psychologytoday.com/blog/the-science-behind-behavior/201509/what-shoppers-should-know-about-reference-prices.
10. See Emmie Martin, "There's a Sneaky Reason Why the New iPhone X Costs $999 Instead of $1,000," *CNBC*, September 13, 2017, www.cnbc.com/2017/09/13/why-iphone-x-costs-999-instead-of-1000.html; and "Subdued Sales May Force Apple to Call Time on the iPhone X," *The Times*, January 24, 2018, www.thetimes.co.uk/article/subdued-sales-may-force-apple-to-call-time-on-the-iphone-x-3wzbtxd2d.
11. See Anthony Allred, E. K. Valentin, and Goutam Chakraborty, "Pricing Risky Services: Preference and Quality Considerations," *Journal of Product and Brand Management*, Vol. 19, No. 1, 2010, p. 54; Kenneth C. Manning and David E. Sprott, "Price Endings, Left-Digit Effects, and Choice," *Journal of Consumer Research*, August 2009, pp. 328–336; Bouree Lam, "The Psychological Difference between $12.00 and $11.67," *The Atlantic*, January 30, 2015, www.theatlantic.com/business/archive/2015/01/the-psychological-difference-between-1200-and-1167/384993/; and Darian Kovacs, "4 Psychological Techniques That Can Improve Your Product Pricing," *Entrepreneur*, November 15, 2017, www.entrepreneur.com/article/304687.
12. Sarah Halzack, "The Trouble with Those 20 Percent Off Coupons from Bed Bath & Beyond," *Washington Post*, September 30, 2015, www.washingtonpost.com/news/business/wp/2015/09/30/the-trouble-with-those-20-percent-off-coupons-from-bed-bath-beyond/; and Wayne Duggan, "Bed Bath & Beyond Struggles to Adapt," *US News*, December 21, 2017, https://money.usnews.com/investing/stock-market-news/articles/2017-12-21/bed-bath-beyond-inc-bbby.
13. Alex Samuels, "Texans Drive Mad as Tolls Burn Holes in Their Wallets," *Texas Tribune*, November 17, 2017, www.texastribune.org/2017/11/17/texans-driven-mad-tolls-burn-holes-their-wallets/; David Schaper, "Are $40 Toll Roads the Future?" *NPR*, December 12, 2017, www.npr.org/2017/12/12/570248568/are-40-toll-roads-the-future; and Lori Aratani, "Dulles Toll Road Upgrade Could Foreshadow Congestion-Priced Tolling," *Washington Post*, March 31, 2018, www.washingtonpost.com/local/trafficandcommuting/dulles-toll-road-upgrade-could-foreshadow-congestion-priced-tolling/2018/03/31/2f07cbe2-329f-11e8-8bdd-cdb33a5eef83_story.html?noredirect=on&utm_term=.df7b0527a53f.
14. Dennis Green, "Target Changed Its App after an Investigation Found Prices Went Up for Shoppers Using It in Stores—but It Hasn't Changed the Practice," *Business Insider*, February 9, 2019, www.businessinsider.com/target-app-prices-different-in-stores-2019-2; "How Far Can Dynamic Prices Go in 2019," *PYMNTS.com*, December 20, 2018, www.pymnts.com/news/ecommerce/2018/dynamic-pricing-holiday-shopping-amazon/; Laura Gunderson, "Amazon's 'Dynamic' Prices Get Some Static," *The Oregonian*, May 5, 2012, http://blog.oregonlive.com/complaintdesk/2012/05/amazons_dynamic_prices_get_som.html; Kathy Kristof, "How Amazon Uses Surge Pricing Just Like Uber," *CBS News*, July 24, 2017, www.cbsnews.com/news/a; Chris Hrapsky, "Target Changes App after KARE 11 Investigation," *KARE11*, February 7, 2019, www.kare11.com/article/money/consumer/target-changes-app-after-kare-11-investigation/89-40ee0e76-9a0f-425d-93b0-b0eb89150f6c; and "About Shopping Cart Prices," www.amazon.com/gp/help/customer/display.html?nodeId=201895490, accessed September 2019.
15. Ralph Jennings, "Why Apple Will Lose China Marketing Share in 2018, despite the Success of the iPhone X," *Forbes*, February 25, 2018, www.forbes.com/sites/ralphjennings/2018/02/25/why-apple-despite-the-iphone-x-will-lose-china-market-share-in-2018/#7a927675462e; and Benjamin Mayo, "iPhone Prices Discounted by Up to 20% at Chinese Retailers," *9TO5Mac*, January 11, 2019, https://9to5mac.com/2019/01/11/iphone-prices-discounted-by-up-to-20-at-chinese-retailers/.
16. See "International Trade Policy," The Wine Institute, accessed at www.wineinstitute.org/international_trade_policy, September 2019.
17. See Peter Sarnoff, "Samsung Is Shifting Its Focus to Mid-Range Smartphones," *Business Insider*, September 5, 20918, www.businessinsider.com/samsung-strategy-mid-range-smartphones-2018-9; and Panos Mourdoukoutas, "Samsung Beats Apple in the Global Smartphone Market as Chinese Brands Close In," *Forbes*, September 13, 2018, www.forbes.com/sites/panosmourdoukoutas/2018/09/13/samsung-beats-apple-in-the-global-smartphone-market-as-chinese-brands-close-in/.
18. See David Sax, "Hang $99.99," *Bloomberg Businessweek*, November 2–8, 2015, pp. 43–44; Chris Ahrens, "The Advantage

of a Custom Board," *San Diego Reader*, January 2, 2018, www.sandiegoreader.com/news/2018/jan/02/waterfront-advantage-custom-board/#; "The 7 Best Beginner Surfboards Reviewed & Rated [2018]," *Outside Pursuits*, accessed March 2018; and www.wavestormboards.com/about-us/, accessed July 2019.

19. See Katy Allen, "Shrinking Sweets? 'You're Not Imagining It,' ONS Tells Shopper," *The Guardian*," July 24, 2017, www.theguardian.com/business/2017/jul/24/sweets-are-shrinking-youre-not-imagining-it-ons-tells-shoppers; and David Brown, Daniele Palumbo, Mark Bryson, and Luke Keast, "Biscuits and Chocolates Take the 'Shrinkflation' Test," *BBC News*, February 1, 2018, www.bbc.com/news/uk-42864685.
20. For discussions of these issues, see Dhruv Grewal and Larry D. Compeau, "Pricing and Public Policy: A Research Agenda and Overview of the Special Issue," *Journal of Public Policy and Marketing*, Spring 1999, pp. 3–10; Walter L. Baker, Michael V. Marn, and Craig C. Zawada, *The Price Advantage* (Hoboken, NJ: John Wiley & Sons, 2010), Appendix 2; and Thomas T. Nagle, and Georg Muller, *The Strategy and Tactics of Pricing: A Guide to Growing More Profitably*, 6th ed. (New York, NY: Routledge, 2017),chapter 12.
21. Joshua Cohen, "Pouring Billions of Dollars into Marketing of Drugs," *Forbes*, February 7, 2019, www.forbes.com/sites/joshuacohen/2019/02/07/pouring-billions-of-dollars-into-marketing-of-drugs/#39eb2c2e3282; "Trends in Retail Prices of Brand Name Prescription Drugs," *AARP Bulletin*, September 2018, www.aarp.org/content/dam/aarp/ppi/2018/09/trends-in-retail-prices-of-brand-name-prescription-drugs-year-end-update.pdf; Joyce Frieden, "Senator's Probe 'Enormous' Insulin Price Spikes," *MedPage Today*, May 8, 2018, www.medpagetoday.com/endocrinology/type1diabetes/72771; Benjamin Siegel and Mary Bruce, "Former Pharma Big Martin Shkreli Boasted '$1 Bn Here We Come,' Documents Say," *ABC News*, February 2, 2016, http://abcnews.go.com/Politics/pharmabig-martin-shkreli-boasted-bn-documents/story?id=36671216; "Fact Check: Trump's 2019 State of the Union Address," *ABC News*, February 6, 2019, www.abc7chicago.com/politics/fact-check-2019-state-of-the-union-address/5122821/; Tori Marsh, "Generic EpiPen Is Still Expensive," *GoodRx*, December 13, 2018, www.goodrx.com/blog/generic-epipen-is-still-expensive-heres-how-you-can-save/; Joshua Cohen, "The Curious Case of Gleevec Pricing," *Forbes*, September 12, 2018, www.forbes.com/sites/joshuacohen/2018/09/12/the-curious-case-of-gleevec-pricing/#4bcd73b254a3; facts and statistics from www.statista.com, accessed February 2019; and "Our Mission and Strategy," www.gsk.com/en-gb/about-us/our-mission-and-strategy/, accessed September 2019. For more on the biopharmaceutical industry viewpoint, see www.goboldly.com, accessed September 2019.
22. See "Visa and Mastercard Will Pay $6 Billion to End a Massive Price-Fixing Lawsuit," *Fortune*, September 18, 2018; http://fortune.com/2018/09/18/visa-mastercard-6-billion-price-fixing-lawsuit/; and Russel Lee, "Southwest, American Agree to Pay $60M in Price-Fixing Lawsuit," *Aerotime News*, October 24, 2018, www.aerotime.aero/ruta.burbaite/22016-southwest-american-agree-to-pay-60m-in-price-fixing-lawsuit.
23. Roger Lowenstein, "Why Amazon Monopoly Accusations Deserve a Closer Look," *Fortune*, July 23, 2015, http://fortune.com/2015/07/23/why-amazon-monopoly-accusations-deserve-a-closer-look/; and Emily Stewart, "Happy Prime Day! Experts Worry Amazon Is Building a Dangerous Monopoly," *Vox*, July 17, 2018, www.vox.com/2018/7/17/17583070/amazon-prime-day-monopoly-antitrust.
24. Jonathan Stempel, "Michael Kors Settles U.S. Lawsuit Alleging Deceptive Price Tags," *Reuters*, June 12, 2015, www.reuters.com/article/us-michaelkors-settlement-idUSKBN0OS2AU20150612; and Daphne Howland, "Ross to Settle $4.9 Million Lawsuit Over 'Deceptive' Price Tags," *Retail Dive*, October 3, 2018, www.retaildive.com/news/ross-to-settle-49m-lawsuit-over-deceptive-price-tags/538768/.
25. "FTC Guides against Deceptive Pricing," www.ecfr.gov/cgi-bin/text-idx?c=ecfr&sid=dfafb89837c306cf5b010b5bde15f041&rgn=div5&view=text&node=16:1.0.1.2.16&idno=16, accessed September 2019.
26. Amy Feldman, "Dozens of Upstart Companies Are Upending the $15-Billion Mattress Market," *Forbes*, May 2, 2017, www.forbes.com/sites/amyfeldman/2017/05/02/dozens-of-upstart-companies-are-upending-the-15-billion-mattress-market/#1f08c3e07da3; Jeff Andrews, "Why There Are So Many Mattress-in-a-Box Companies," *Curbed*, March 28, 2018, www.curbed.com/2018/3/28/17164898/bed-in-a-box-online-mattress-brands-why-so-many; Noah Higgins-Dunn, "Billion-Dollar Mattress Start-Up Casper Could Prove to Be a Hot IPO," *CNBC*, May 26, 2019, www.cnbc.com/2019/05/24/why-casper-kylie-jenners-mattress-could-be-an-ipo-market-sleeper.html; Andria Chang, "Casper, with Competition Growing, Wants to Be More Than a Mattress Company," *Forbes*, May 7, 2019, www.forbes.com/sites/andriacheng/2019/05/07/casper-facing-growing-competition-wants-to-take-care-of-your-entire-sleep-business/#4050129afb11; Jonathan Ringen, "Why Casper Is the $750 Million Startup That Just Can't Rest," *Fast Company*, August 7, 2017, www.fastcompany.com/40438355/why-casper-is-the-750-million-startup-that-just-cant-rest; Tom Huddleston Jr., "How Casper's Founders Built a Billion-Dollar Mattress Start-up," *CNBC*, April 5, 2019, www.cnbc.com/2019/04/05/how-caspers-founders-built-a-billion-dollar-mattress-start-up.html.

Chapter 12

1. Kamila Rivero, "How Many People Use Netflix," *CheatSheet*, February 8, 2019, www.cheatsheet.com/entertainment/how-many-people-use-netflix.html/; Josef Adalian, "How Netflix Broke HBO's 17-Year Emmy's Streak," *Vulture*, July 12, 2018, www.vulture.com/2018/07/emmys-2018-nominations-netflix-hbo.html; Rian Barrett, "Netflix Is Turning 20—but Its Birthday Doesn't Matter," *Wired*, August 29, 2017, www.wired.com/story/netflix-20th-anniversary/; "The World's Most Innovative Companies—2018," *Fast Company*, February 21, 2018, www.fastcompany.com/most-innovative-companies/2018; Dana Feldman, "Netflix's Content Budget Is Updated to $13B for 2018," *Forbes*, July 9, 2018, www.forbes.com/sites/danafeldman/2018/07/09/netflixs-content-budget-is-updated-to-13b-in-2018/#4613a36e2b8c; Ronald Grover and Cliff Edwards, "Can Netflix Find Its Future by Abandoning the Past?" *Bloomberg Businessweek*, September 22, 2011, www.bloomberg.com/news/articles/2011-09-22/can-netflix-find-its-future-by-abandoning-the-past; Ashley Rodriguez, "Keeping Up with Netflix Originals Is Basically a Part-Time Job Now," *Quartz*, January 1, 2019, https://qz.com/1505030/keeping-up-with-netflix-originals-is-basically-a-part-time-job-now/; Sara Salinas, "Netflix Beats on Subscriber Growth but Misses Slightly on Revenue," *CNBC*, January 17, 2019, www.cnbc.com/2019/01/16/netflix-earnings-q4-2018.html; and www.netflix.com, accessed September 2019.
2. See Sarah Whitten, "Owners of McDonalds Aren't Happy with Headquarters as Promotions Pick Up and Remodeling Costs Rise," *CNBC*, January 23, 2018, www.cnbc.com/2018/01/23/owners-of-mcdonalds-arent-happy-with-headquarters.html; Nancy Luna, "Tension Escalates between McDonald's and Franchisees over Remodels," *Nation's Restaurant News*, January 9, 2019, www.nrn.com/franchising/tension-escalates-between-mcdonald-s-and-franchisees-over-remodels; and "McDonald's Reports

Good Results, to Continue Growth in 2019," *Forbes*, February 4, 2019, www.forbes.com/sites/greatspeculations/2019/02/04/mcdonalds-reports-good-results-to-continue-growth-in-2019/.

3. See Sam Knight, "The Spectacular Power of Big Lens," *Guardian*, May 10, 2018, www.theguardian.com/news/2018/may/10/the-invisible-power-of-big-glasses-eyewear-industry-essilor-luxottica; and www.luxottica.com/en/company/quick_view, September 2019.
4. See Joseph Pisani, "Amazon Orders 20,000 Vans to Build Delivery Fleet, Quadrupling Its Original Purchase," *USA Today*, September 5, 20-18, www.usatoday.com/story/tech/news/2018/09/05/amazon-quadruples-order-vans-new-delivery-fleet-now-20-000/1204619002/; and "Forget Drones, Amazon Needs People," *Bloomberg Businessweek*, December 24, 2018, pp. 245-26.
5. "Franchise Business Economic Outlook for 2018," January 2018, www.franchise.org/sites/default/files/Franchise_Business_Outlook_Jan_2018.pdf.
6. See "2019 Franchise 500 Ranking," *Entrepreneur*, www.entrepreneur.com/franchise500/2019, accessed September 2019; and www.sportclipsfranchise.com/facts-stats/no1-haircare-franchise/and https://sportclips.com/about-us/our-story, accessed September 2019.
7. See "Stores Top Retailers 2018," *Stores*, https://stores.org/stores-top-retailers-2018/; and www.rpminc.com/leading-brands/consumer-brands, www.rpminc.com/reports-and-filings/financial-reports/, http://ir.homedepot.com/financial-reports/annual-reports/recent, accessed September 2019.
8. Daphne Howland, "Why Target Sold Out to CVS," *Retail Dive*, February 11, 2016, www.retaildive.com/news/why-target-sold-out-to-cvs/413432/; and www.cvs.com/target-pharmacy, accessed September 2019.
9. See www.staralliance.com, www.oneworld.com, and www.skyteam.com, accessed September 2019.
10. Amy X. Wang, "Album Sales Are Dying as Fast as Streaming Services Are Rising," *Rolling Stone*, January 3, 2019, https://www.rollingstone.com/music/music-news/album-sales-dying-as-fast-as-streaming-services-rising-774563/.
11. "Zara," *Intidex*, http://www.inditex.com/en/brands/zara; Rupal Parekh, "How Zara Ballooned into a Multi-Billion Dollar Brand without Advertising," *Advertising Age*, August 19, 2013, http://adage.com/article/cmo-strategy/zara-grew-a-multi-billion-dollar-brand-sans-ads/243730/; Kevin O'Marah, "Zara Uses Supply Chain to Win Again," March 9, 2016, https://www.forbes.com/sites/kevinomarah/2016/03/09/zara-uses-supply-chain-to-win-again/#1f7de0411256; "Zara on the World's Most Valuable Brands," *Forbes*, May 2015, http://www.forbes.com/companies/zara/; Walter Loeb, "Zara Leads in Fast Fashion," *Forbes*, March 30, 2015, http://www.forbes.com/sites/walterloeb/2015/03/30/zara-leads-in-fast-fashion/; Svend Hollensen and Marc Opresnik, *Marketing: A Relationship Perspective*, 2nd ed. (Vahlen 2015); "The Best 100 Brands," Interbrand, http://www.bestglo-balbrands.com/2014/zara/; Graham Ruddick, "How Zara Became the World's Biggest Fashion Retailer," *The Telegraph*, October 20, 2014, http://www.telegraph.co.uk/finance/newsbysector/retailandconsumer/11172562/How-Inditex-became-the-worlds-biggest-fashion-retailer.html; "Zara: Managing Chain of Value and Driving CSR with Consumers," *JL Nueno*, http://www.jlnueno.com/wordpress/index.php/2011/07/29/gestionando-la-cadena-de-valor-y-accionando-la-rsc-con-los-consumidores/?lang=en; *The Economist*, "Chain Reaction," February 2, 2002, pp. 1–3; C. Roux, "The Reign of Spain," *The Guardian*, October 28, 2002, pp. 6–7; "Store Wars: Fast Fashion, The Monet," *The Money Programme*, BBC, February19, 2003, television; A. Mitthell, "When Push Comes to Shove, It's All about Pull," *Marketing Week*, January 9, 2003, pp. 26–27; K. Capell, "Zara Thrives by Breaking All the Rules," *Business Week*, October 20, 2008, p. 66; M. Johnson and A. Falstead, "Inditex Breaks New Ground for Season in the South," *Financial Times*, May 2011, p. 17; http://www.inditex.com/en/investors/investors_relations/finan-cial_data, accessed April 1, 2017.
12. See Dennis Green and Mike Nudelman, "Why Amazon Is Still Such a Threat to Toys R Us, in One Chart," *Business Insider*, September 20, 2017, www.businessinsider.com/amazon-beat-toys-r-us-online-sales-2017-9; Joan Verdon, "Toys R Us Said to Be Preparing for Liquidation," March 9, 2018, www.usatoday.com/story/money/business/2018/03/08/toys-r-us-preparing-liquidation-sources-say/408975002/; and Lauren Hirsch, "Toys R Us Tries for a Comback Year after Going Out of Business," *CNBC*, February 11, 2019, www.cnbc.com/2019/02/11/toys-r-us-executives-plot-retailers-comeback-with-tru-kids.html.
13. Adam Levy, "Walmart's Lead in Groceries Could Get Even Bigger," *Motley Fool*, October 11, 2018, https://www.fool.com/investing/2018/10/11/walmarts-lead-in-groceries-could-get-even-bigger.aspx; and "Benchmarks by Industry: Supermarkets," *ACSI*, www.theacsi.org/index.php?option=com_content&view=article&id=147&catid=&Itemid=212&i=Supermarkets, accessed September 2019.
14. "Four Seasons Hotels and Resorts Receives Record Number of Forbes Travel Guide Five-Star Awards for Fourth Year Running," Four Seasons Press Room, February 20, 2019, https://press.fourseasons.com/news-releases/2019/record-number-of-forbes-five-star-hotels/; Jeffrey O'Brien, "A Perfect Season," *Fortune*, February 1, 2008, http://archive.fortune.com/2008/01/18/news/companies/fourseasons.fortune/index.htm; and www.fourseasons.com/about_us/, accessed September 2019.
15. See "Subway Franchise Cost & Fees," www.franchisedirect.com/directory/subway/ufoc/915/, accessed September 2019.
16. Anita Chang Beattie, "Catching the Eye of a Chinese Shopper," *Advertising Age*, December 10, 2012, pp. 20–21.
17. Drew Hinshaw, "Burgers Face a Tough Slog in Africa," *Wall Street Journal*, December 10, 2013, www.wsj.com/articles/SB10001424052702304607104579214133498585594.
18. See Leanna Garfield, "Nestle Sponsored a River Barge to Create a 'Floating Supermarket' That Sold Candy and Chocolate Pudding to the Backwoods of Brazil," *Business Insider*, September 17, 2017, www.businessinsider.com/nestl-expands-brazil-river-barge-2017-9.
19. Richard Nieva, "Nest's Hello Doorbell, Other New Devices, Won't Be Sold on Amazon," *CNET*, March 14, 2018, www.cnet.com/news/nests-hello-doorbell-other-new-products-wont-be-sold-on-amazon/.
20. "Five Out of Six N.A. Automakers' Scores Drop in Annual Supplier Working Relations Study," *PRNewswire*, May 14, 2018, www.prnewswire.com/news-releases/five-out-of-six-na-automakers-scores-drop-in-annual-supplier-working-relations-study-300647418.html; and www.toyotasupplier.com, https://toyotasupplierdiversity.com/, and www.loreal.com/_en/_ww/html/suppliers/, accessed September 2019.
21. See Julie Bort, "Amazon Web Services Is Bigger Than Its Next 4 Competitors Combined," *Business Insider*, February 6, 2019, www.businessinsider.com/aws-market-share-dominates-70-billion-cloud-market-2019-2; "Microsoft Narrows Amazon's Lead in the Cloud, but the Gap Remains Large," *CNBC*, April 27, 2018, www.cnbc.com/2018/04/27/microsoft-gains-cloud-market-share-in-q1-but-aws-still-dominates.html; Dina Bass, "Google May Have to Get Used to Third Place in the Cloud," *Bloomberg Businessweek*, November 13, 2018, www.bloomberg.com/news/articles/2018-11-13/google-may-have-to-get-used-to-third-place-in-the-cloud; Dina Bass, "The Cloud: How to Catch Amazon," *Bloomberg Businessweek*, November 13, 2017, pp. 45–46; "Albertsons Companies to Transform Experiences for Shoppers with Microsoft Cloud and AI," *PR Newswire*, February 22, 2019, www.prnewswire.com/news-releases/albertsons-companies-to-transform-experiences-for-shoppers-with-microsoft-cloud-and-ai-300800184.html; Rosalie Chan, "Google Ventures-Backed Cloud Storage Company Egnyte Explains Why It's Betting Big on Microsoft, 'The Best Partner There Is,'" *Business Insider*, February 21, 2019, www.businessinsider.com/egnyte-microsoft-azure-2019-2?IR=T&_ga=2.245147975.334175892.1550861913-

507802238.1550861913; and https://azure.microsoft.com/en-us/, accessed September 2019.

22. See Marcus Williams, "Cutting Logistics Costs Key to GM Profit Targets," *Automotive Logistics*, October 2014, http://automotivelogistics.media/news/cutting-logistics-costs-key-to-gm-profit-targets; and "29th Annual State of Logistics Report: Carriers Take the Wheel," July 9, 2018, https://www.logisticsmgmt.com/article/29th_annual_state_of_logistics_report_carriers_take_the_wheel.
23. Andy Brack, "Piggly Wiggly Center Offers Info-Packed Field Trip," *Charleston Currents*, January 4, 2010, www.charlestoncurrents.com/issue/10_issues/10.0104.htm; "How Many Products Does Amazon Carry?" *Retail Touch Points*, www.retailtouchpoints.com/resources/type/infographics/how-many-products-does-amazon-carry, accessed March 2019; and information from http://en.wikipedia.org/wiki/Piggly_wiggly and http://corporate.walmart.com/_news_/news-archive/2005/01/07/our-retail-divisions, accessed September 2019.
24. Sarah Landrum, "Millennials Driving Brands to Practice Socially Responsible Marketing," *Forbes*, March 17, 2017, www.forbes.com/sites/sarahlandrum/2017/03/17/millennials-driving-brands-to-practice-socially-responsible-marketing/#2c2d4dc94990. See also Nielsen, "Sustainability Sells: Linking Sustainability Claims to Sales," October 16, 2018, https://www.nielsen.com/us/en/insights/news/2018/sustainability-sells-linking-sustainability-claims-to-sales.html.
25. "Levi's How Can 'Clean' Begin with 'Design?'" IPE, August 16, 2017, http://wwwen.ipe.org.cn/GreenSupplyChain/BrandStoryDetail.aspx?id=20; Gaylen Davenport, "Levi's Water Conservation Efforts Actually Save the Company Money," *Worldwide Energy*, February 24, 2015, www.worldwideenergy.com/levis-water-conservation-efforts-actually-save-company-money/; Anna Sanina, "Levi's Asks People Not to Wash Their Jeans," *Popsop*, March 22, 2012, http://popsop.com/2012/03/levis-asks-people-not-to-wash-their-jeans/; and www.levistrauss.com/sustainability/products/waterless/, http://store.levi.com/waterless/index.html; and www.levi.com/US/en_US/features/sustainability#process, accessed September 2019.
26. Lydia DePillis, "Watch How Amazon Spread Across the US," *CNN*, October 4, 2018, www.cnn.com/interactive/2018/10/business/amazon-distribution-map/index.html; "Inside a Tracy Amazon Fulfillment Center on Cyber Monday," *KCRA3*, November 26, 2018 www.kcra.com/article/inside-a-tracy-amazon-fulfillment-center-on-cyber-monday/25312342; and "Tour an Amazon Fulfillment Center," http://amazonfctours.com/, accessed October 2019.
27. See Nick Wingfield, "As Amazon Pushes Forward with Robots, Workers Find New Roles," September 10, 2017, www.nytimes.com/2017/09/10/technology/amazon-robots-workers.html; Andrea Cheng, "Amazon's Robot-Filled New York Fulfillment Center Gives Rivals Another Reason to Worry," *Forbes*, December 10, 2018, www.forbes.com/sites/andriacheng/2018/12/10/amazons-first-new-york-fulfillment-center-should-give-rival-retailers-another-cause-for-worry/#378cfe2a614c; and www.amazonrobotics.com, accessed September 2019.
28. Matthew Boyle, "Walmart Cracks the Whip on Suppliers," *Bloomberg Businessweek*, July 24, 2017, pp. 14-15.
29. Bureau of Transportation Statistics, "Pocket Guide to Transportation," https://s3-us-west-2.amazonaws.com/dot-concept-menus/menu/accordion.html, accessed September 2019.
30. See Walmart's supplier requirements at http://corporate.walmart.com/suppliers, accessed September 2019.
31. www.oracle.com/webfolder/assets/infographics/value-chain/index.html, accessed September 2019.
32. For this and other UPS examples and information, see "Moving Returns Forward with Overstock.com," www.ups-scs.com/solutions/case_studies/cs_Overstock.pdf, accessed October 2018; Daniel Goure, "United Parcel Service Is on the Forefront of the Revolution in Healthcare," Lexington Institute, September 14, 2017, www.lexingtoninstitute.org/united-parcel-service-forefront-revolution-healthcare/; and www.ups-scs.com/solutions/and https://solvers.ups.com/, accessed September 2019.
33. Jennifer McKevitt, "Fortune 500 Companies Are Using 3PLs More, Study Finds," *Supply Chain Dive*, May 30, 2017, www.supplychaindive.com/news/third-party-logistics-3pl-increase-large-companies-2017/443710/; and Adam Robinson, "Trends Driving Growth of 3PL in 2019," *Cerasis*, February 6, 2019, https://cerasis.com/growth-of-3pl.
34. "In Grocery Delivery Apps Market, Instacart Continues to Experience Strongest Growth Trajectory," *Edison*, February 14, 2019, www.medium.com/edison-discovers/in-grocery-delivery-apps-market-instacart-continues-to-experience-strongest-growth-trajectory-58702e41f87a; "Walmart Expands Its Grocery Delivery Service Providers," January 17, 2019, www.news.walmart.com/2019/01/17/walmart-expands-its-grocery-delivery-service-providers; Anne D'Innocenzio, "Walmart Prepares to Roll Out Online Same-Day Grocery Delivery to 100 Cities," *Chicago Tribune*, March 14, 2018, www.chicagotribune.com/business/ct-walmart-online-same-day-grocery-delivery-20180314-story.html; Sarah Berger, "How This 32-Year-Old High School Dropout Built a Business That Sold to Target For $550 Million," *CNBC*, March 29, 2018, www.cnbc.com/2018/03/29/how-bill-smith-founded-shipt-and-sold-it-to-target.html; Dennis Green, "Amazon's Struggles with Its Fresh Grocery Service Show a Huge Liability for Prime," *Business Insider*, July 1, 2018, www.businessinsider.com/amazon-fresh-struggles-show-a-huge-liability-in-prime-2018-7; and information from www.shipt.com/about/, accessed September 2019.

Chapter 13

1. Chloe Halley, "UNIQLO: On a Global Expansion Spree," Chloe's Portfolio, http://chloehalley.com/2014/01/20/case-study-onuniqlo-on-a-global-expansion-spree/; Chauncey Zalkin, "Made in Japan: The Culture behind the Brand," http://www.brandchan nel.com; Andrea Graelis, "Japan Clothes Giant Uniqlo Takes On World's Fashion Capital," Agence France Presse, September 30, 2009, accessed at http://www.factiva.com, Kana Inagaki, "Uniqlo Aims 7-Fold Rise in Group Sales to 5 Trillion Yen by 2020," *Kyodo News*, September 2, 2009, accessed at http://www.factiva.com; Kim Yoon-mi, "Asian Market Is Uniqlo's No. 1 Priority," *The Korea Herald*, September 24, 2009, accessed at http://www.factiva.com; Stuart Elliott, "Retailers Summon Optimism as They Enter a Critical Season," *The New York Times*, September 5, 2011; and Michiyo Nakamoto, "Japanese Shoppers Break with Tradition," *Financial Times*, September 9, 2009, accessed at http://www.factiva.com; Tara Shen, "Fashion Retailers Leverage Technology to Maintain Lead in the Market: Case Studies of Uniqlo and Topshop," February 6, 2014, http://tarashen.com/fashion-retailers-leverage-technology-tomaintain-lead-in-the-market-case-studies-of-uniqlo-and-topshop/; Annual Report 2014, http://www.fastretailing.com/eng/ir/library/pdf/ar2014_en.pdf; and information from http://www.uniqlo.com and http://www.fastretailing.com, accessed October 2015; http://www.fastretailing.com/eng/ir/financial/past_5yrs.html, accessed April 1, 2017; http://www.uniqlo.com/uk/corp/corp_about.html, accessed April 1, 2017.
2. See "Monthly and Annual Retail Trade," U.S. Census Bureau, www.census.gov/retail/, accessed September 2019.
3. See Chris Chang, "5 Reasons We're Seeing a Resurgence of Google's Zero Moment of Truth," *Adweek*, February 6, 2019, www.adweek.com/digital/5-reasons-were-seeing-a-resurgence-of-googles-zero-moment-of-truth/; and *Think with Google*, www.thinkwithgoogle.com/marketing-resources/micro-moments/zero-moment-truth/and www.thinkwithgoogle.com/

marketing-resources/micro-moments/, accessed September 2019.

4. Hal Conick, "The End of Retail (as We Knew It)," *Marketing News*, September 27, 2017, pp. 38–47; and Dan Alaimo, "Mobile to Drive 60% of Holiday e-Commerce Traffic," *Retail Dive*, September 17, 2018, www.retaildive.com/news/mobile-to-drive-68-of-holiday-e-commerce-traffic/532468/.
5. For more on the current struggles of traditional retailers, Phil Wahba, "The Death of Retail Is Greatly Exaggerated," *Fortune*, June 25, 2017, pp. 33–34; Steve Dennis, "Retail 2018: Now Comes the Real Reckoning," *Forbes*, January 12, 2018, www.forbes.com/sites/stevendennis/2018/01/12/retail-2018-now-comes-the-real-reckoning/#46bed5a55f54; and Steve Dennis, "Out on a Limb: 14 Predictions for Retail in 2010," *Forbes*, January 10, 2019, www.forbes.com/sites/stevendennis/2019/01/10/out-on-a-limb-my-14-predictions-for-retail-in-2019/.
6. Phil Wahba, "Everything Must Go," *Fortune*, March 1, 2017, pp. 95–100; Lauren Thomas, "Another Wave of Retail Store Closures Coming. 'No light at the End of the Tunnel,'" *CNBC*, February 13, 2019, www.cnbc.com/2019/02/13/another-wave-of-retail-store-closures-coming-no-light-at-the-end-of-the-tunnel.html; and Doug Whiteman, "These Chains Are Closing Tons More Stores in 2019," *MoneyWise*, February 19, 2019, https://moneywise.com/a/retailers-closing-stores-in-2019.
7. Daniel B. Kline, "Grocery Stores Are Facing a New Challenge and It's Not Just Amazon," *Business Insider*, September 14, 2017, www.businessinsider.com/grocery-stores-are-facing-a-new-challenge-and-its-not-just-amazon-2017-9; Pamela Danziger, "Online Grocery Sale to Reach $100 Billion in 2025; Amazon Is Current and Future Leader," *Forbes*, January 18, 2018, www.forbes.com/sites/pamdanziger/2018/01/18/online-grocery-sales-to-reach-100-billion-in-2025-amazon-set-to-be-market-share-leader/#683ed44462f3; and Jessica Dumont, "Report: Online Grocery Reaches 5.5% of Total Sales," *Grocery Dive*, August 1, 2018, www.grocerydive.com/news/grocery-report-online-grocery-reaches-55-of-total-sales/533805/.
8. Russell Redmon, "H-E-B to Build New Tech Innovation Lab," *Supermarket News*, February 22, 2019, www.supermarketnews.com/online-retail/h-e-b-build-new-tech-innovation-lab; "H-E-B and Favor Delivery to Join Forces," H-E-B, February 15, 2018, www.heb.com/static-page/article-template/heb-and-favor-delivery-to-join-forces; and www.heb.com, accessed September 2019.
9. Mike Tighe, "Kwik Trip Aims to Fill Grills with Fresh Meat Offerings," *LaCrosse Tribune*, May 16, 2014, http://lacrossetribune.com/news/local/kwik-trip-aims-to-fill-grills-with-fresh-meat-offerings/article_0d23f455-1c56-5b94-884f-013d22b78fa9.html; Amanda Baltazar, "C-Stores Challenge Perceptions about Grocery," *CSP Magazine*, October 2017, www.cspdailynews.com/print/csp-magazine/article/c-stores-challenge-consumer-perceptions-about-grocery; "Kwik Trip Named Convenience Store Decisions' 2018 Chain of the Year," *Convenience Store Decisions*, June 27, 2018, https://cstoredecisions.com/2018/06/27/kwik-trip-named-convenience-store-decisions-2018-chain-of-the-year/; and www.kwiktrip.com, accessed September 2019.
10. "Store Productivity—Walmart US," *eMarketer*, https://retail-index.emarketer.com/company/data/5374f24d4d4afd2bb4446614/5374f3094d4afd2bb444a93c/lfy/false/wal-mart-stores-inc-walmart-us, accessed September 2019; and "Supermarket Facts," www.fmi.org/research-resources/supermarket-facts, accessed September 2019.
11. See www.realogy.com/news/company-facts, www.realogy.com/assets/docs/Fact-Sheets/CB_Facts_FINAL.pdf, and www.realogy.com/assets/docs/Fact-Sheets/C21_Facts_FINAL.pdf, accessed September 2019.
12. Company and franchising information from "Top 200 Franchise Systems," *Franchise Times*, September 26, 2018, www.franchisetimes.com/October-2018/Newcomers-Heavy weights-Ranking-franchisings-biggest-500/; www.azfranchises.com/quick-franchise-facts, accessed September 2019; and www.aboutmcdonalds.com/mcd/our_company.html, accessed October 2019.
13. See Marsha Kaplan, "Ecommerce Briefs: Holiday Sales, Retail Chains, 2019 Predictions," *Practical Ecommerce*, January 17, 2019, www.practicalecommerce.com/ecommerce-briefs-holiday-sales-retail-chains-2019-predictions.
14. Dan O'Shea, "Shopping Is Going Mobile, In-Store and Out," *Retail Dive*, March 13, 2018, https://www.retaildive.com/news/shopping-is-going-mobile-in-store-and-out/518876/.
15. See Sameer Sarnat, "The 3 New Realities of Local Retail," *Think with Google*, October 2014, www.thinkwithgoogle.com/marketing-resources/3-new-realities-of-local-retail/; and Nicole Genchur, "Five Consumer Trends to Watch in 2019," *GroundTruth*, January 1, 2019, www.groundtruth.com/insight/consumer-trends-to-watch/.
16. Erik Wander, "Meet the Omnishopper," *Adweek*, September 12, 2017, p. 10.
17. "Online or In-Store? How about a Little of Both?" *Washington Post*, November 28, 2014, p. A01; and "Social Media 2018: It's Influence in the Path to Purchase," *eMarketer*, December 18, 2017, www.emarketer.com/Report/Social-Commerce-2018-Its-Influence-Path-Purchase/2002175; and "SUMO Heavy's Retail Consumer Survey Reveals Shoppers Have Mixed Views on Social Commerce," *PR Newswire*, September 20, 2018, www.prnewswire.com/news-releases/sumo-heavys-retail-consumer-survey-reveals-shoppers-have-mixed-views-on-social-commerce-300716292.html.
18. Susan Berfield and Matthew Boyle, "Best Buy Should Be Dead, but It's Thriving in the Age of Amazon," *Bloomberg Businessweek*, July 19, 2018, www.bloomberg.com/news/features/2018-07-19/best-buy-should-be-dead-but-it-s-thriving-in-the-age-of-amazon; Adrianne Pasquarelli, "Best Buy Unveils Rebranding that Was a Year in the Making," *Advertising Age*, May 9, 2018, https://adage.com/article/cmo-strategy/buy-rebrands-plans-hire-house-creative-team/313425/; Panos Mourdoukoutas, "Best Buy Is Still in Business—and Thriving," *Forbes*, March 2, 2019, www.forbes.com/sites/panosmourdoukoutas/2019/03/02/best-buy-is-still-in-business-and-thriving/#46eb55fc6774; and information from www.bestbuy.com, accessed September 2019.
19. See Dan Tynan, "Meet the New Chief Collaboration Officer: The CMO," Adweek, October 7, 2018, www.adweek.com/digital/meet-the-new-chief-collaboration-officer-the-cmo/; and www.carmax.com and http://investors.carmax.com/financial-reports/annual-reports-and-other-financial-information/default.aspx, accessed September 2019.
20. Se Josh Morris, "Lush Made Up after Posting Record Results," *Insider Media Limited*, April 12, 2018, www.insidermedia.com/insider/southwest/Lush-hails-record-turnover; and www.loreal-finance.com/eng, www.lushusa.com, and https://uk.lush.com/article/lush-life-we-believe, accessed September 2019.
21. Austin Carr, "The Future of Retailing in the Age of Amazon," *Fast Company*, December 2017–January 2018, pp. 84–101.
22. See Jean E. Palmieri, "Adidas Fifth Avenue Flagship Centered Around Experiences," *WWD*, November 30, 2016, https://wwd.com/business-news/retail/adidas-fifth-avenue-flagship-claire-midwood-10714929/; Corinne Ruff and Cara Salpini, "22 Experiential Stores NYC Has to Offer," *Retail Dive*, June 21, 2018, www.retaildive.com/news/22-experiential-stores-nyc-has-to-offer/525669/; and "The Adidas Store," www.nycgo.com/shopping/the-adidas-store, accessed September 2019.
23. See Alexandra Maryanne Wilson, "Study: Music, Visuals and Scent Critical to In-Store Experience," *Chain Store Age*, January 15, 2019, www.chainstoreage.com/store-spaces/study-music-visuals-and-scent-critical-to-in-store-experience/; Sifferlin, "My Nose Made Me Buy It," *Time*, December 16, 2013, http://healthland.time.com/2013/12/16/my-nose-made-

me-buy-it-how-retailers-use-smell-and-other-tricks-to-get-you-to-spend-spend-spend/; Kimberly Mas, "How Marketers Target Your Nose," *Vox*, September 2018, www.vox.com/the-goods/2018/9/26/17907002/scent-marketing-branding-nose; and www.scentair.com, accessed September 2019.

24. "How We Do It," http://tjmaxx.tjx.com/store/jump/topic/how-we-do-it/2400087, accessed September 2019.

25. Elyse Dupre, "Personalization at the Heart of CVS's ExtraCare Loyalty Program," *DMN*, May 9, 2017, www.dmnews.com/multichannel-marketing/personalization-is-at-the-heart-of-cvss-extracare-loyalty-program/article/656057/; and www.cvs.com, accessed September 2019.

26. For definitions of these and other types of shopping centers, see "Dictionary," *American Marketing Association*, www.ama.org/resources/Pages/Marketing-Dictionary.aspx, accessed September 2019.

27. Kate Taylor, "These Haunting Photos of the Retail Apocalypse Reveal a New Normal in America as Sears Clings On after Closing Hundreds of Stores," *Business Insider*, January 16, 2019, www.businessinsider.com/the-american-retail-apocalypse-in-photos-2017-3; and Sarah Mulholland, "Why Some Shopping Malls May Be in Deeper Trouble Than You Think," *Bloomberg*, January 8, 2018, www.bloomberg.com/news/articles/2018-01-08/why-some-shopping-malls-may-be-in-deeper-trouble-than-you-think.

28. Jennifer Reingold and Phil Wahba, "Where Have All the Shopper Gone?" *Fortune*, September 3, 2014, http://fortune.com/2014/09/03/where-have-all-the-shoppers-gone/.

29. See Mary Hanbury, "Macy's Is Clsoing Eight Stores Early This Years—Here's a Full List," *Business Insider*, January 10, 2019, www.businessinsider.com/macys-stores-closing-list-2019-1; Susan Berfield, "Shop Today," *Bloomberg Businessweek*, November 27, 2017, pp. 46–51, Phil Wahba, "Macy's Make-or-Break Christmas," *Fortune*, December 1, 2017, pp. 79–84; Marshall Fisher, Santiago Gallino, and Serguei Netessine, "Retailers Are Squandering Their Most Potent Weapons," *Harvard Business Review*, January-February 2019, pp. 73-80; and http://investors.macysinc.com/phoenix.zhtml?c=84477&p=irol-reportsannual, accessed September 2019.

30. See Laia Garcia, "The Edit at Roosevelt Field Mall Brings Your URL Favs IRL," *Refinery*, November 30, 2017, www.refinery29.com/the-edit-store-experience-roosevelt-field-mall; Daniel Keyes, "Malls Look to Pop-Up Shops to Boost Their Appeal," *Business Insider*, December 1, 2017, www.businessinsider.com/malls-look-to-pop-up-shops-to-boost-their-appeal-2017-12; and www.simon.com/the-edit, accessed September 2019.

31. See www.gilt.com, www.zulily.com, www.target.com, and www.amazon.com/gp/help/customer/display.html?nodeId=201134080, accessed September 2019.

32. See Barrett J. Brunsman, "P&G Brand Director of Walmart Joins C-Suite of E-commerce Strategy Firm," *Cincinnati Business Courier*, January 3, 2019, www.bizjournals.com/cincinnati/news/2019/01/03/p-g-brand-director-for-walmart-joins-c-suite-of-e.html; Eric Platt, "22 Companies That Are Addicted to Walmart," *Business Insider*, June 13, 2012, www.businessinsider.com/22-companies-who-are-completely-addicted-to-walmart-2012-6#; Ben Levisohn, "Colgate, Clorox & Procter: The Uninvestable," *Barron's*, April 19, 2017, www.barrons.com/articles/colgate-clorox-procter-the-uninvestable-1492615711; Adam Levy, "Walmart's Lead in Groceries Could Get Even Bigger," *Motley Fool*, October 11, 2018, www.fool.com/investing/2018/10/11/walmarts-lead-in-groceries-could-get-even-bigger.aspx; Cal-Maine Foods Annual Reports, http://calmainefoods.com/investors/financial-reports/, accessed September 2019.

33. See Andria Cheng, "Why Amazon Go May Soon Change the Way We Shop," *Forbes*, January 13, 2019, www.forbes.com/sites/andriacheng/2019/01/13/why-amazon-go-may-soon-change-the-way-we-want-to-shop/; and Russell Redman, "Report: Amazon Go Could Become $4 Billion Business," *Supermarket News*, January 7, 2019, www.supermarketnews.com/retail-financial/report-amazon-go-could-become-4-billion-business.

34. Sarah Perez, "Target Rolls Out Bluetooth Beacon Technology in Stores to Power New Indoor Maps in Its App," *Tech Crunch*, September 20, 2017, https://techcrunch.com/2017/09/20/target-rolls-out-bluetooth-beacon-technology-in-stores-to-power-new-indoor-maps-in-its-app/; Keith Wright, "Say Hello to Our Little Friends: How New Beacons May Save Old Retail," *Marketing Insider*, January 3, 2018, www.mediapost.com/publications/article/312422/say-hello-to-our-little-friends-how-new-beacons-m.html; and Chantal Tode, "Target Innovates In-Store Beacon Marketing with Newsfeed-Like Content Stream," *Retail Dive*, August 5, 2018, www.retaildive.com/ex/mobilecommercedaily/target-innovates-in-store-beacon-marketing-with-newsfeed-like-content-stream.

35. See Nikki Baird, "In Retail, AR Is for Shoppers and VR Is for Business," *Forbes*, April 26, 2017, www.forbes.com/sites/nikkibaird/2017/04/26/in-retail-ar-is-for-shoppers-and-vr-is-for-business/#2197c621618f; and Carolanne Mangies, "Is Marketing Ready for VR/AR in 2018?" *Smart Insights*, January 11, 2018, www.smartinsights.com/digital-marketing-platforms/video-marketing/is-marketing-ready-for-vr-ar-in-2018/.

36. "Green MashUP: 7 Trends Transforming Retail Sustainability," *The Fifth Estate*, February 17, 2015, www.thefifthestate.com.au/business/trends/green-mashup-7-trends-transforming-retail-sustainability/71455; "The IKEA Group Yearly Summary FY2017 Report," www.ikea.com/ms/en_US/pdf/yearly_summary/IKEA_Group_Yearly_Summary_2017.pdf, accessed October 2018; and "The IKEA Group Approach to Sustainability," www.ikea.com/ms/en_US/pdf/sustainability_report/group_approach_sustainability_fy11.pdf, accessed September 2019.

37. See Dennis O'Shea, "Virtual Reality for Retail Marketing Could Hit $1.8 Billion in 2022," *Retail Dive*, January 28, 2019, www.retaildive.com/news/virtual-reality-for-retail-marketing-could-hit-18b-in-2022/546962/; Nick Carvell, "The New Nike iD Direct Studio Is the Future of Customized Kicks," *GQ*, February 1, 2018, www.gq-magazine.co.uk/article/nike-id-london; Ben Lang, "Audi Has Deployed 1,000 VR Showrooms in Dealerships Worldwide," *Road to VR*, December 9, 2018, www.roadtovr.com/audi-has-deployed-1000-vr-showrooms-in-dealerships-worldwide/; Dan Tynan, "Find Your Virtual Intelligence," *Adweek*, December 4, 2017, pp. 18–19; Carolanne Mangies, "Is Marketing Ready for VR/AR in 2018?" *Smart Insights*, January 11, 2018, www.smartinsights.com/digital-marketing-platforms/video-marketing/is-marketing-ready-for-vr-ar-in-2018/; Suman Bhattacharyya, "Lowe's Is Using VR and AR to Get People into Stores," *DigiDay*, July 25, 2018, https://digiday.com/retail/lowes-using-vr-ar-get-people-stores/; and Sangeeta Singh-Kurtz, "Brands from Warby Parker to Sephora Have Actually Found Sensible Uses for AR," *Quartz*, February 5, 2019, https://qz.com/quartzy/1541585/warby-parkers-virtual-try-on-app-could-change-the-way-people-buy-glasses/.

38. See www.staples.com/sbd/cre/marketing/sustainability-center/, accessed September 2019.

39. See www.walmartsustainabilityhub.com/sustainability-index, accessed September 2019.

40. See "Global Powers of Retailing 2019," *Deloitte*, January 2019, accessed at www2.deloitte.com/global/en/pages/consumer-business/articles/global-powers-of-retailing.html.

41. Grainger facts and other information are from the http://pressroom.grainger.com/phoenix.zhtml?c=194987&p=irol mediakit and www.grainger.com, accessed September 2019.

42. Bill Briggs, "E-commerce Accounts for 56% of 2017 Revenue for Grainger," *Digital Commerce 360*, January 24, 2018; and www.grainger.com, accessed September 2019.

43. See http://investors.sysco.com/~/media/Files/S/Sysco-IR/documents/quarterly-results/1q18-factsheet.pdf and www.sysco.com/, accessed September 2019.
44. See www.supervalu.com, accessed September 2019.
45. Walter Loeb, "Why Ulta Beauty Is Winning Customers and Keeps Growing Rapidly," *Forbes*, March 18, 2019, www.forbes.com/sites/walterloeb/2019/03/18/why-ulta-beauty-wins-customers-and-keeps-growing-rapidly/#3f962f82664a; Jennifer Braunschweiger, "How Mary Dillon Turned Ulta Beauty into the Leading Cosmetics Retailer," *Fast Company*, March 20, 2017, www.fastcompany.com/3068653/how-mary-dillon-turned-ulta-beauty-into-the-leading-cosmetics-retailer; Bethany Biron, "How Ulta Overhauled Its Business to Edge Out Sephora," *Digiday*, August 17, 2017, https://digiday.com/marketing/ulta-overhauled-business-edge-sephora/; Helen Edwards and Dave Edwards, "The One Retailer that Amazon Can't Seem to Destroy Is in Cosmetics," *Quartz*, May 28, 2018, https://qz.com/1282750/ulta-beauty-is-proving-that-amazon-isnt-destroying-all-brick-and-mortar/; Pamela Danziger, "In the Battle for Beauty Shoppers, Ulta Is Pulling Ahead of Sephora and Amazon," *Forbes*, March 19, 2019, www.forbes.com/sites/pamdanziger/2019/03/19/ulta-puts-more-distance-from-sephora-and-amazon-in-the-number-of-people-who-prefer-to-shop-there/#4aabe2836f45; and information from www.ulta.com/company/about-us/#ourStory, accessed June 2019.

Chapter 14

1. See Jessica Wohl, "Burger King Has It Its Way," *Advertising Age*, February 18, 2019, p. 7; Tim Nudd, "Burger King Staged a Car Fire on a Highway, and Surprised Those Who Stopped to Help," *Adweek*, March 13, 2018, www.adweek.com/brand-marketing/burger-king-staged-a-car-fire-on-a-highway-and-surprised-those-who-stopped-to-help/; Tim Nudd, "Why Burger King's 'Burning Stores' Are the Perfect Print Ads for the Social Media Age," *Adweek*, June 19, 2017, www.adweek.com/creativity/why-burger-kings-burning-stores-are-the-perfect-print-ads-for-the-social-media-age/; "Integrated Campaigns," *Advertising Annual 2008*, Communication Arts, pp. 72–73; Emily Bryson, "Whopper Freakout Wins Grand Effie," *Advertising Age*, June 4, 2009, https://adage.com/article/news/whopper-freakout-wins-grand-effie-burger-king-crispin/137066; Peter Adams, "Campaign of the Year: Burger King's 'Google Home of the Whopper,'" *Marketing Dive*, December 4, 2017, www.marketingdive.com/news/campaign-of-the-year-burger-kings-google-home-of-the-whopper/510770/; Hal Conick, "OK, Google, How Did Burger King Create the Longest 15-Second Ad in History?" *Marketing News*, February 2018, pp. 12-13; and www.youtube.com/watch?v=pcOh161hpn4, www.youtube.com/watch?v=8fIfPKpY7HQ, www.rbi.com/Annual-Reports, and www.bk.com/about-bk, accessed September 2019.
2. For other definitions, see https://marketing-dictionary.org, accessed October 2019.
3. See Greg Sterling, "Report: Digital Now Makes Up 51% of US Ad Spending," *Marketing Land*, September 20, 2018, https://marketingland.com/report-digital-now-makes-up-51-of-us-ad-spending-248617; and Jasmine Enberg, "Digital Ad Spending 2019: U.S.," *eMarketer*, March 28, 2019, www.emarketer.com/content/us-digital-ad-spending-2019.
4. Julia Kollewe, "Marmite Maker Unilever Threatens to Pull Ads from Facebook and Google," *The Guardian*, February 12, 2018, www.theguardian.com/media/2018/feb/12/marmite-unilever-ads-facebook-google.
5. Karen Gilchrist, "Adidas Steps Away from TV Advertising as It Targets $4 Billion Growth," *CNBC*, March 15, 2017, www.cnbc.com/2017/03/15/adidas-steps-away-from-tv-advertising-as-it-targets-4-billion-growth.html; Daphne Howland, "Adidas Ditching TV Ads to Reach Generation Z on Mobile," *Marketing Dive*, March 16, 2017, www.marketingdive.com/news/adidas-ditching-tv-ads-to-reach-generation-z-on-mobile/438291; and "Adidas Goes All In on Digital Advertising," *Digital Stand*, November 28, 2018, https://digitalstand.com/digital-advertising.
6. See Lesley Bielby, "The 'A' Word—Does Advertising Still Exist?" *Advertising Age*, April 22, 2016, www.adage.com/print/303678; Michael Strober, "We Interrupt This Interruption for an Important Message," *Advertising Age*, September 25, 2018, pp. 62–63; and Lilach Bullock, "2019 Content Marketing Strategy: Here Are 5 Content Marketing Trends That You Can't Ignore This Year," *Forbes*, January 30, 2019, www.forbes.com/sites/lilachbullock/2019/01/30/2019-content-marketing-strategy-here-are-5-content-marketing-trends-that-you-cant-ignore-this-year/#69ae11105618.
7. See Kerry Flynn, "Inside Intuit's First Ad Campaign," *Digiday*, May 29, www.digiday.com/marketing/inside-intuits-first-ever-ad-campaign/; Evelyn Timson, "Understanding Paid, Owned, Earned and Shared Media," *Business West*, February 7, 2018, www.businesswest.co.uk/blog/understanding-paid-owned-earned-and-shared-media; Randall Rothenberg, "What Is Advertising Anyway?" *Adweek*, September 16, 2013, p. 15; Gini Dietrich, "Why and How PR Pros Should Adopt the PESO Model," *PR Daily*, January 23, 2018, www.prdaily.com/mediarelations/Articles/Why_and_how_PR_pros_should_adopt_the_PESO_model_23870.aspx; Kyle O'Brien, "Intuit Promotes Its Suite of Products with Engaging Entrepreneurial Animation," *The Drum*, February 8, 2019, www.thedrum.com/news/2019/02/08/intuit-promotes-its-suite-products-with-engaging-entrepreneurial-animation; and www.youtube.com/watch?v=ktafrbsKeZw, www.youtube.com/watch?v=jUPGpJ4NRkg, and www.youtube.com/watch?v=Irpdx1gRhe0, accessed October 2019.
8. See "The NewsCred Top 50 Awards," *NewsCred*, https://insights.newscred.com/best-content-marketing-brands/#about, accessed October 2018; and www.landroverusa.com/experiences/stories/index.html, www.instagram.com/landrover/, www.youtube.com/user/landrover, www.facebook.com/landrover/, and https://twitter.com/LandRover?ref_src=twsrc%5Egoogle%7Ctwcamp%5Eserp%7Ctwgr%5Eauthor, accessed October 2019.
9. See Philip Kotler, Hermawan Kartajaya, and Iwan Setiawan, *Marketing 4.0: Moving from Traditional to Digital* ((Hoboken, NJ: Wiley, 2016); and Michael Krauss, "Marketing 4.0 Argues the Marketplace Has Changed, and the Customer Is in Control," *Marketing News*, April/May 2017, pp. 26–27.
10. See Maxx Hall, "Planters' Social Media Brings Mr. Peanut to New Audience," *Medium*, February 15, 2019, https://medium.com/@zoomph.inc/planters-social-media-brings-mr-peanut-to-new-audience-e6d0bb00f42e; Erica Sweeney, "Planters Boosts Ad Awareness, Purchase Consideration Ahead of the Holidays, Analysis Finds," *Marketing Dive*, December 19, 2018, www.marketingdive.com/news/planters-boosts-ad-awareness-purchase-consideration-ahead-of-the-holidays/544712/; Lindsay Stein, "Planters' Super Bowl Ad Get Nuttier with Charlie Sheen," *Campaign*, January 29, 2019, www.campaignlive.com/article/planters-super-bowl-spot-gets-nuttier-charlie-sheen/1524212?dcmp=emc-conthecampaignfix&bulletin=the-campaign-fix; and www.youtube.com/watch?v=0BTYEXLlFdQ, accessed September 2019.
11. See "Sprint Launches New Advertising Campaign," Sprint Newsroom, https://newsroom.sprint.com/presskits/sprint-launches-new-advertising-campaign.htm, accessed April 2019.
12. See Patrick Coffee, "Google Translate's Emotional Super Bowl Ad Focuses on the Unifying Power of Language," *Adweek*, February 3, 2019, www.adweek.com/brand-marketing/google-translates-emotional-super-bowl-ad-focuses-on-the-unifying-power-of-language/; and www.youtube.com/watch?v=Vq7tHjEXTJg, accessed September, 2019.
13. See Convince and Convert, "Chatter Matters: The 2018 Word of Mouth Report," http://partners.convinceandconvert.com/i/1014284-chatter-matters-research-fall2018/0?, accessed October 2019; and Sammy Nickalls, "Talking Heads," *Adweek*, September 24, 2018, p. 14.

14. See "5 Successful Brand Ambassador Program Examples," Duel, November 22, 2018, https://duel.tech/5-successful-ambassador-programs/; and https://jobs.redbull.com/za/en-GB/wings, accessed September 2019.
15. See https://shop.lululemon.com/story/ambassador-program, accessed September 2019.
16. See T. L. Stanley, "Dancing with the Stars," *Brandweek,* March 8, 2010, pp. 10–12; Chris Isidore, "Lance Armstrong: How He'll Make Money Now," *CNNMoney,* January 18, 2013, http://money.cnn.com/2013/01/16/news/companies/armstrong-endorsements/; and Alissa Fleck, "8 High-Profile Celebrity Endorsements that Backfired," *Adweek*, August 23, 2018, www.adweek.com/brand-marketing/8-high-profile-celebrity-endorsements-that-backfired/. Also see "Topic: Celebrity Endorsements," *Adweek,* www.adweek.com/?s=celebrity+endorsements&orderby=date, accessed October 2019.
17. For more on advertising spending by company and industry, see "200 Leading National Advertisers 2018 Fact Pack," *Advertising Age,* June25, 2018.
18. See Don Reisinger, "Super Bowl LIII Was a Disappointment for TV Ratings," *Fortune*, February 5, 2019, http://fortune.com/2019/02/05/super-bowl-ratings/; and Joe Otterson, "Oscars 2019 Ratings Rise From Last Year to 29.6 Million Viewers," *Variety,* February 25, 2019, https://variety.com/2019/tv/news/oscars-ratings-2019-1203144417/.
19. See Marty Swant, "These Were the Most Viewed and Searched Super Bowl Ads and Moments on YouTube," *Adweek,* February 4, 2019, www.adweek.com/digital/these-were-the-most-viewed-and-searched-super-bowl-ads-and-moments-on-youtube/; Nelson Granados, "2019 Super Bowl Ads Were Viewed Massively Online before and after the Game," *Forbes,* www.forbes.com/sites/nelsongranados/2019/02/08/2019-super-bowl-ads-were-viewed-massively-online-before-and-after-the-game/; and www.youtube.com/watch?v=j5MQUWRXTRE, accessed September 2019.
20. Joe McGauley, "How Much Do Super Bowl Commercials Cost in 2019?" *Thrillist*, February 3, 2019, www.thrillist.com/news/nation/super-bowl-commercials-cost-2019.
21. "Marketing Fact Pack 2019," *Advertising Age,* December 2018, p. 8.
22. Jacqueline Fernandez, "Gillette Generates 1.5 Million Mentions from New Campaign," *a.list*, January 16, 2019, www.alistdaily.com/lifestyle/gillettes-new-campaign/; Broede Carmody, "Gillette Defends Controversial Short Film 'The Best Men Can Be,'" *Sydney Morning Herald*, January 16, 2019, www.smh.com.au/entertainment/tv-and-radio/gillette-defends-controversial-short-film-the-best-men-can-be-20190116-p50rrl.html; Andrew Cave, "Gillette's Close Shave: A Victory for #MeToo or Toxic Masculinity," *Forbes*, January 22, 2019, www.forbes.com/sites/andrewcave/2019/01/22/gillettes-close-shave-a-victory-for-metoo-or-toxic-masculinity/#2d4030f077f5; Tanya Dua, "Here's the Full List of All the Super Bowl Commercials That Ran This Year," *Business Insider,* February 4, 2019, www.businessinsider.com/super-bowl-commercials-2019-list-2019-1; Tim Johnson, "Google Event Encourages Girls to Look at Computer Science Careers," *Daily Nonpareil*, December 7, 2018, www.nonpareilonline.com/news/education/google-event-encourages-girls-to-look-at-computer-science-careers/article_2a08d2dd-b48d-54cf-8c41-c5c91a8ade7e.html; "Noses On! Walgreens Welcomes Red Nose Day Back to America as the Exclusive Retailer of the New Sparkle Red Nose," Walgreens Newsroom, April 2, 2018, https://news.walgreens.com/press-releases/general-news/noses-on-walgreens-welcomes-red-nose-day-back-to-america-as-the-exclusive-retailer-of-the-new-sparkle-red-nose.htm; "Red Nose Day Campaign Returns to NBC on May 23, 2019," December 13, 2018, rednoseday.org/news/red-nose-day-campaign-returns-nbc-on-may-23-2019; and www.madewithcode.com/about/, https://shortyawards.com/2nd-socialgood/rednose-day-at-walgreens, gillette.com/en-us/the-best-men-can-be, and www.walgreens.com/topic/promotion/rednoseday.jsp, accessed October 2019.
23. See "Dove Ads with 'Real' Women Get Attention," *NBC News,* August 3, 2005, http://www.nbcnews.com/id/8757597/ns/business-us_business/t/dove-ads-real-women-get-attention/#.XLTPiehKiw4; and www.dove.com/us/en/stories/campaigns.html and www.dove.com/us/en/stories/about-dove/our-vision.html, accessed October 2019.
24. Adsoftheworld, "Kit Kat: Free No-WiFi Zone," December 1, 2012, https://www.adsoftheworld.com/media/ambient/kit_kat_free_nowifi_zone; Blue Star Direct, "10 Awesome Direct Marketing Examples," August 7, 2019, https://www.bluestardirect.com.au/10-awesome-direct-marketing-examples/; H. Bhasin, "Marketing Mix of Nestlé—4 Ps of Nestlé—Nestlé Product Marketing Mix," August 1, 2019, https://www.marketing91.com/marketing-mix-nestle/; Ellen Milligan, "Nestle's Japanese Green Tea KitKats Are Finally Coming to Europe," *Bloomberg,* February 19, 2019, https://www.bloomberg.com/news/articles/2019-02-19/nestle-s-taste-of-japan-is-coming-to-europe-with-kitkat-launch; M. Adelere, "Planning Process of Nestle PLC as a Tool for Strategic Decision Making," https://www.academia.edu/28789815/PLANNING_PROCESS_OF_NESTLE_PLC_AS_A_TOOL_FOR_STATEGIC_DECISION_MAKING; N. Cameron, "CMO Interview: 5 Learnings from Nestlé on Modern Marketing and Communications," CMO, September 5, 2016, https://www.cmo.com.au/article/606255/cmo-interview-how-marketing-communications-changing-Nestlé/?pp=2; Ricki Green, "KitKat Launches New 'Snap Out of It' Creative Campaign via J. Walter Thompson, Sydney," Campaign Brief, August 1, 2019, https://campaignbrief.com/kitkat-launches-new-snap-out-o/?fbclid=IwAR33avFb0aKxjm1l94dU6TFEA9C49eSHfHoqSjLp_whVlD2NwVLI-bz4Rl4; Consumer Goods, "Nestlé Brand Launches Integrated Marketing Campaign," May 18, 2017, https://consumergoods.com/Nestle-brand-launches-integrated-marketing-campaign; J. Conway, "Nestlé Group's Sales Worldwide in 2018, by Product Category," https://www.statista.com/statistics/413559/global-sales-of-Nestle-by-product-category/; Curve Interactive, "Kit Kat's Latest Integrated Marketing Campaign," November 2, 2012, http://curve-interactive.com/kit-kats-latest-integrated-marketing-campaign/; A.-C. Diaz, "These KitKat Billboards Will Give You a Massage," October 27, 2015, https://adage.com/creativity/work/massage-billboard/43936; Digital Training Academy (n.d.), "Kitkat Boosts Local Audience in India with Instagram Campaign," http://www.digitaltrainingacademy.com/casestudies/2016/09/kitkat_boosts_local_audience_in_india_with_instagram_campaign.php; "Digital Acceleration Team | The European Commission's Digital Cities Challenge," August 1, 2019, https://www.digitallytransformyourregion.eu/good-practices/digital-acceleration-team; Douglas Yu, "Nestlé Brings Green Tea-Flavored KitKat to Europe," February 25, 2019, https://www.forbes.com/sites/douglasyu/2019/02/25/nestle-brings-green-tea-flavored-kitkat-to-europe/?fbclid=IwAR0TV0j7Z4oEbw7MsxuKjUzW9B4DaabsqjoOoxzvLaALqfg53Wn9J_cTBqw#6997f2ab692f; "Häagen-Dazs® Brand Captures the Essence of 'La Dolce Vita' with Integrated Marketing Campaign for New Häagen-Dazs Gelato," April 18, 2013, https://www.nestleusa.com/media/pressreleases/hdladolcevita; Leonie Roderick, "KitKat Talks Up 'Moment Marketing' Drive as It Celebrates Growing Sales," *Marketing Week,* December 2, 2015, https://www.marketingweek.com/kit-kat-talks-up-moment-marketing-drive-as-it-celebrates-growing-sales/; Ellen Milligan, "Nestle's Japanese Green Tea KitKats Are Finally Coming to Europe," February 19, 2019, https://www.bloomberg.com/news/articles/2019-02-19/nestle-s-taste-of-japan-is-coming-to-europe-with-kitkat-launch; "Nestlé Digital and Social Media Marketing Strategies—Branding & Targeting Strategy, May, 2015, https://www.marketresearch.com/Socintel360-v4016/Nestl%C3%A9-Digital-Social-Media-Strategies-9013827/; "Nestlé Deals with Public Concerns Using Effective Social Media Engagement—Social Media for Business Performance,"

October 24, 2014, http://smbp.uwaterloo.ca/2014/10/Nestle-deals-with-public-concerns-using-effective-social-media-engagement/; Tim Nudd, "KitKat's Christmas Commercial Is 30 Seconds of Blankness, the Ultimate Ad Break," *Adweek*, December 4, 2015, https://www.adweek.com/creativity/kitkats-christmas-commercial-30-seconds-blankness-ultimate-ad-break-168459/; Tejal Rao, "In Japan, the Kit Kat Isn't Just a Chocolate. It's an Obsession," *The New York Times*, October 24, 2018, https://www.nytimes.com/interactive/2018/10/24/magazine/candy-kit-kat-japan.html; David Court, Dave Elzinga, Susan Mulder, and Ole Jørgen Vetvik, "The Consumer Decision Journey," McKinsey Quarterly, June 2009, https://www.mckinsey.com/business-functions/marketing-and-sales/our-insights/the-consumer-decision-journey; D. Seifert, "Nestle and Google Rebrand KitKat to YouTube Break in the UK because Everything Is Terrible," *The Verge*, May 12, 2015, https://www.theverge.com/2015/5/12/8592067/nestle-google-kitkat-youtube-break-packaging-rebrand-uk.

Chapter 15

1. See Gianfranco Arena and Peter Kain, "How Snickers Transformed a Basic Biological Need into Super Bowl Success," *Adweek*, January 27, 2019, www.adweek.com/brand-marketing/how-snickers-transformed-a-basic-biological-need-into-super-bowl-success/; Robert Williams, "Snickers Preps #SmoothItOver Campaign for After Valentine's Day," *Mobile Marketer*, February 7, 2019, www.mobilemarketer.com/news/snickers-preps-smoothitover-campaign-for-after-valentines-day/547872/; Robert Klara, "How Snickers Fired a Quarterback, Hired a Zebra, and Tweaked One of Advertising's Most Famous Tag Lines," *Adweek*, February 27, 2014, www.adweek.com/print/155873; and www.candyindustry.com/2018-Global-Top-100-candy-companies-Part-4, and www.mars.com, www.youtube.com/channel/UCDviI62w0VbD_9oRNkV1Uig; https://www.youtube.com/watch?v=SycY-XjZmG8; and www.snickers.tumblr.com/, accessed October 2019.
2. For these and other advertising spending facts, see "Marketing Fact Pack 2019," *Advertising Age*, December 17, 2018, p. 4.
3. See "200 Leading National Advertisers 2018 Fact Pack," *Advertising Age*, June 25, 2018, p. 7; Patrick Coffee, "U.S. Army Audit Claims 'Ineffective Marketing Programs' Have Wasted Millions in Taxpayer Dollars Each Year," *Adweek*, January 3, 2018, www.adweek.com/agencies/u-s-army-audit-claims-ineffective-marketing-programs-have-wasted-millions-in-taxpayer-dollars-each-year/.
4. See Mike Murphy, "Samsung's Strategy for Keeping Up with Apple Is to Be Mean," *Quartz*, August 18, 2018, https://qz.com/1358333/samsungs-strategy-for-keeping-up-with-apple-is-to-be-mean/; and Malcolm Owen, "Samsung Continues Attacking iPhone and Apple Stores in Ad Campaign," *Apple Insider*, July 20, 2018, https://appleinsider.com/articles/18/07/20/samsung-continues-attacking-iphone-and-apple-stores-in-ad-campaign.
5. See Minda Smiley, "Wendy's Calls Out McDonald's Frozen Beef in Super Bowl Ad," *The Drum*, January 31, 2018, www.thedrum.com/news/2018/01/31/wendy-s-calls-out-mcdonald-s-frozen-beef-super-bowl-ad; Jessica Wohl, "Why Wendy's Is Lovin' Its Attack Ads on McDonald's," *Advertising Age*, September 10, 2018, p. 5; Kristina Monllos, "How Wendy's Cooked Up Its Killer Frozen Beef Tweet to McDonald's," *Adweek*, March 31, 2017, www.adweek.com/brand-marketing/how-wendys-cooked-up-its-killer-frozen-beef-tweet-to-mcdonalds/; and www.nfl.com/videos/nfl-super-bowl-commercials/0ap3000000913990/Wendy-s-fresh-beef-burgers, accessed September 2019.
6. See Michael Addady, "General Mills Sues Chobani for Advertising That Yoplait Contains 'Bug Spray,'" *Fortune*, January 12, 2016, http://fortune.com/2016/01/12/general-mills-sues-chobani/; Christine Birkner, "'Scare Tactics' Used in Its Ads: Spots Imply Yoplait and Dannon Contain Pesticides, Chlorine," *Advertising Age*, January 20, 2016, www.adweek.com/print/169107; "United States Courts Opinions: United States District Court Eastern District of New York: Chobani, LLC, Plaintiff, v The Dannon Company, Inc., Defendant," April 25, 2016; Graig Giammona, "Why Big Brands Couldn't Stop Chobani from Winning the Yogurt War," *Bloomberg*, March 9, 2017, www.bloomberg.com/news/articles/2017-03-09/yogurt-war-exposes-big-food-s-flaws-as-chobani-overtakes-yoplait; and "Comparative Advertising Pitfalls—Consumers Shouldn't Have to Do the Math," *JD Supra*, February 12, 2019, www.jdsupra.com/legalnews/comparative-advertising-pitfalls-61692/.
7. Nicole Ortiz, "Super Bowl Stardom Requires an Endless Well of Creativity and an Understanding of What You're Getting Yourself Into," *Adweek*, February 1, 2019, www.adweek.com/brand-marketing/super-bowl-stardom-requires-an-endless-well-of-creativity-and-an-understanding-of-what-youre-getting-yourself-into/; Aaron Lewis, "Beyond the Buzz: Online Anthropology Reveals the True Post-Super Bowl Brand Winners," *LRW Online*, February 15, 2019, https://lrwonline.com/perspective/beyond-the-buzz-online-anthropology-reveals-the-true-post-super-bowl-brand-winners/; Stuart Elliott, "Super Bowl Ads Get Their Own Pregame Show," *New York Times*, January 17, 2014; Amy Gesenhues, "Which Super Bowl Advertisers Won the Digital Game?" *Marketing Land*, February 4, 2019, https://marketingland.com/which-super-bowl-advertisers-won-the-digital-game-verizon-bud-light-pepsi-256377; Delaney Strunk, "The Biggest Rivalry in Atlanta on Super Bowl Weekend, Has Nothing to Do with Football," *CNN*, January 29, 2019, www.cnn.com/2019/01/29/media/super-bowl-2019-coke-pepsi-trnd/index.html; and Rob Salkowitz, "These Are the Ads Everyone Is Talking About Ahead of Super Bowl LIII," *Forbes*, February 1, 2019, www.forbes.com/sites/robsalkowitz/2019/02/01/these-are-the-ads-everyone-is-talking-about-ahead-of-super-bowl-liii/#20856315235e.
8. See Jean Halliday, "Thinking Big Takes Audi from Obscure to Awesome," *Advertising Age*, February 2, 2009, http://adage.com/print/134234; "Luxury Vehicles Market 2019 Share, Size, Business Growth, Opportunities, Worldwide Trends, Regional Demand, Vehicle Type, Services and Industry Overview, Statistics 2024," *Reuters*, March 13, 2019, www.reuters.com/brandfeatures/venture-capital/article?id=90486.
9. "Who's Watching How Many TV Channels?" *Marketing Charts*, October 3, 2018, www.marketingcharts.com/television-71258; and "Number of Magazines in the United States from 2002 to 2017," *Statista*, www.statista.com/statistics/238589/number-of-magazines-in-the-united-states/, accessed October 2019.
10. Kelsey Libert and Kristen Tynski, "Research: The Emotions That Make Marketing Campaigns Go Viral," *HBR Blog Network*, October 24, 2013, http://blogs.hbr.org/2013/10/research-the-emotions-that-make-marketing-campaigns-go-viral/; and data from YouTube, Facebook, Instagram, and Twitter, accessed October 2019.
11. "Figuring Out a Production Budget These Days Is Complicated," *Advertising Age*, May 1, 2015, http://adage.com/lookbook/article/production-companies/figuring-a-production-budget-days-complicated/298390/; Maggie Aland, "TV Advertising Costs and How to Advertise on a Budget," *FitSmallBusiness.com*, November 28, 2017, https://fitsmallbusiness.com/tv-advertising/; and "Cost for a 30-Second Commercial," Marketing Fact Pack 2019, *Advertising Age*, December 17, 2018, p. 18.
12. See "Pizza Hut Hometown Heroes," Shorty Awards, https://shortyawards.com/11th/marketing-director-2, accessed April 2019; and www.facebook.com/YahooSports/videos/122530858663651/, accessed October 2019.
13. See Lindsay Kolowich, "Funny Tweets and Social Media Examples from 17 Real Brands," Hubspot, February 4, 2016, http://blog.hubspot.com/blog/tabid/6307/bid/33488/14-Funny-Brands-You-Can-t-Help-But-Follow-in-Social-Media.aspx; and https://twitter.com/hashtag/tweetfromtheseat?src=hash, accessed September 2019.

14. "Why *The Lego Movie* Is the Perfect Piece of Product Placement," *A.V. Club*, February 11, 2014, www.avclub.com/article/why-the-lego-movie-is-the-perfect-piece-of-product-201102; Katarina Gustafsson, "LEGO Movie Helps Full-Year Revenue Growth Beat Rivals," *Bloomberg Business*, February 25, 2015, www.bloomberg.com/news/articles/2015-02-25/lego-movie-helps-toymaker-s-full-year-sales-growth-beat-rivals; and E. J. Schultz, "Chevy Has Product Placement Deal with New LEGO Movie," *Advertising Age*, January 28, 2019, https://adage.com/article/cmo-strategy/chevy-product-placement-deal-lego-movie/316402.
15. See Timothy Nichols, "How to Get the Best Visibility with Native Ads," *Forbes*, February 8, 2018, www.forbes.com/sites/forbesagencycouncil/2018/02/08/how-to-get-the-best-visibility-with-native-ads/#1db31d54766f; Joshua Keller, "Native Advertising: The New Pillar of Digital," *Forbes*, January 24, 2019, www.forbes.com/sites/forbesagencycouncil/2019/01/24/native-advertising-the-new-pillar-of-digital/#74eeba115e0e; and Nicole Perrin, "US Native Advertising 2019," *eMarketer*, March 20, 2019, www.emarketer.com/content/us-native-advertising-2019.
16. See www.adsoftheworld.com/media/print/cat_footwear_go_ahead_look_up and www.wolverineworldwide.com/our-brands/cat/, accessed October 2019.
17. See Nikki Gilliland, "Six New and Creative Examples of User-Generated Content," Econsultancy, February 7, 2019, https://econsultancy.com/creative-examples-user-generated-content-marketing/; and www.instagram.com/aerie/?hl=en, accessed September 2019.
18. Christopher Heine, "West Elm Is Lifting Sales by Using Customer's Instagram Photos in Facebook Carousel Ads," *Adweek*, June 17, 2016, www.adweek.com/digital/west-elm-lifting-sales-using-customers-instagram-photos-facebook-carousel-ads-172076/; Daniela Forte, "West Elm's Pinterest Style Finder Lets Customers Aid in Design," *Multichannel Merchant*, August 25, 2017, http://multichannelmerchant.com/marketing/west-elms-pinterest-style-finder-lets-customers-aid-design/; and www.instagram.com/explore/tags/mywestelm/, accessed September 2019.
19. See Peter Adams, "Technology of the Year: Adidas' 'Here to Create Legend,'" *Marketing Dive*, December 3, 2018, www.marketingdive.com/news/technology-of-the-year-adidas-here-to-create-legend/541534/.
20. See "Multitasking Is Changing Media Consumption Habits," *Screen Media Daily*, April 8, 2016, http://screenmediadaily.com/multitasking-is-changing-media-consumption-habits; and "Juggling Act: Audiences Have More Media at Their Disposal and Are Using Them Simultaneously," *Nielsen*, December 12, 2018, www.nielsen.com/us/en/insights/news/2018/juggling-act-audiences-have-more-media-at-their-disposal-and-are-using-them-simultaneously.html.
21. *Forbes* and *People* cost and circulation data found online at www.forbes.com/forbes-media/advertising/and https://static.people.com/media-kit/assets/peop2019_ratecard.pdf, accessed October 2019.
22. Natalie Tadena, "With the New Year Approaching, Weight Loss Ad Barrage Has Commenced," *Wall Street Journal*, December 30, 2014, http://blogs.wsj.com/cmo/2014/12/30/with-the-new-year-approaching-weight-loss-ad-barrage-has-commenced/; and T. L. Stanley, "Popular at Easter, Peeps Candy Extends to the Quirky Holidays," *New York Times*, June 18, 2014, www.nytimes.com/2014/06/19/business/media/popular-at-easter-peeps-candy-extends-to-the-quirky-holidays.html.
23. For these and other examples, see "Marketing in the Moments, to Reach Customers Online," *New York Times*, January 18, 2016, p. B5; and Tanya Dua, "You Can Still Dunk in the Dark, but You Don't Need a War Room," *Digiday*, February 4, 2016, http://digiday.com/agencies/super-bowl-war-room-rip/.
24. Diana Bradley, "The Thrill Is Gone from Real-Time Marketing," *PRWeek*, March 1, 2019, www.prweek.com/article/1577621/thrill-gone-real-time-marketing; Mick Jacobs, "20 Savage Tweets that Prove Wendy's Twitter Is the Best Twitter," *Ranker*, www.ranker.com/list/the-best-of-wendys-twitter/mick-jacobs?page=4, accessed April 2019; Tanya Dua, "You Can Still Dunk in the Dark, but You Don't Need a War Room," *Digiday*, February 4, 2016, http://digiday.com/agencies/super-bowl-war-room-rip/; Lauren Johnson, "Tide's Spotless Super Bowl Campaign, as Seen from Inside the Brand's War Room," *Adweek*, February 5, 2018, www.adweek.com/digital/tides-spotless-super-bowl-campaign-as-seen-from-inside-the-brands-war-room/; and www.youtube.com/watch?v=IIW3l-ENHdA, www.youtube.com/watch?v=M4VKspkvWlU, and https://twitter.com/Wendys/, accessed October 2019.
25. See "Marketing Fact Pack 2019," *Advertising Age*, December 17, 2018, pp. 24-25.
26. E. J. Schultz, "Marketing A-List 2018: Coca-Cola," *Advertising Age*, December 28, 2018, https://adage.com/article/cmo-strategy/marketer-a-list-coca-cola/315796; Jeffrey N. Ross, "Chevrolet Will 'Find New Roads' as Brand Grows Globally: Aligns around the World behind Singular Vision," January 8, 2013, http://media.gm.com/media/us/en/gm/news.detail.html/content/Pages/news/us/en/2013/Jan/0107-find-new-roads.html; and Dale Buss, "Chevy Wins at Sochi by Giving Dimension to 'Find New Roads,'" *Forbes*, February 24, 2014, www.forbes.com/sites/dalebuss/2014/02/24/chevrolet-wins-at-sochi-as-find-new-roads-theme-gets-traction/.
27. Based on Glen Broom and Bey-Ling Sha, *Cutlip & Center's Effective Public Relations*, 11th ed. (Upper Saddle River, NJ: Prentice Hall, 2013), Chapter 1.
28. See "Healthcare Campaign of the Year 2015," *PR Week*, March 20, 2015, www.prweek.com/article/1337832; "CVS Health: CVS Quits for Good Campaign," *(add)ventures*, www.addventures.com/cvs-quits-good-campaign, accessed October 2018; and www.cvs.com/quit-smoking/, accessed October 2019.
29. See "Fearless Girl," State Street Global Advisors, March 6, 2019, www.ssga.com/content/ssga/pages/en/articles/investment-topics/environmental-social-governance/2018/03/wall-street-meet-fearless-girl.html; "PRWeek U.S. Awards 2018: The Winners," *PRWEEK*, March 16, 2019, www.prweek.com/article/1458806/prweek-us-awards-2018-winners; and www.ssga.com/global/en/about-us/who-we-are/fearless-girl.html, accessed September 2019.
30. Quotes from Sarah Skerik, "An Emerging PR Trend: Content PR Strategy and Tactics," January 15, 2013, http://blog.prnewswire.com/2013/01/15/an-emerging-pr-trend-content-pr-strategy-tactics/; Mary Teresa Bitti, "The New Mad Men: How Publics Relations Firms Have Emerged from the Shadows," *Financial Post*, December 28, 2014, http://business.financialpost.com/entrepreneur/the-changing-role-of-public-relations-firms; and Nelson Granados, "How Public Relations Agencies Are Becoming Top Creators of Digital Video Content," *Forbes*, January 9, 2018, www.forbes.com/sites/nelsongranados/2018/01/09/how-public-relations-agencies-are-becoming-top-creators-of-digital-video-content/#540e1b986626.
31. Lisa Green, "The Top 10 Largest Auto Insurance Companies in 2019," *NerdWallet*, March 15, 2019, www.nerdwallet.com/blog/insurance/car-insurance-basics/largest-auto-insurance-companies/; David Griner, "How GEICO Became the One Advertiser It's OK to Love," *Adweek*, February 5, 2019, www.adweek.com/agencies/how-geico-became-the-one-advertiser-its-ok-to-love/; Charles Taylor, "What Makes Flo from Progressive Effective? Lessons for Using Humor in Advertising," *Forbes*, March 15, 2019, www.forbes.com/sites/charlesrtaylor/2019/03/15/what-makes-flo-from-progressive-effective-lessons-for-using-humor-in-advertising/#165f53f65216; Patty Odell, "The Amazing Brands That Rank Tops in Viral Sharing," *Chief Marketer*, May 7, 2019, www.chiefmarketer.com/the-amazing-brands-that-rank-tops-in-viral-sharing/; Victoria Moran, "Leo Burnett Chicago Wins Best of Show Gold ADDY Award for Allstate's #MayhemSale Campaign,"

Advertising Age, June 8, 2016, www.adage.com/print/304370; Ashley Rodriguez, "How Allstate's Mayhem Disrupted the Chatter Around Insurance," *Advertising Age*, June 10, 2015, www.adage.com/print/298779; E.J. Schultz, "Allstate's Mayhem Joins Twitter…Now What," *Advertising Age*, October 14, 2013, p. 28; and advertisements and other information accessed at www.allstatenewsroom.com and www.youtube.com/user/Allstate, September 2019.

Chapter 16

1. Based on information from Ron Miller, "Salesforce at 20 Offers Lessons for Startup Success," *Tech Crunch*, March 8, 2019, https://techcrunch.com/2019/03/08/salesforce-at-20-offers-lessons-for-startup-success/; Bob Evans, "Why Salesforce Is Soaring in the Cloud," *Forbes*, March 5, 2018, www.forbes.com/sites/bobevans1/2018/03/05/20-eye-popping-stats-from-salesforce-com-as-it-soars-on-digital-transformation-boom/#554a7baf1412; David Whitford, "Salesforce.com: The Software and the Story," *Inc.*, September 2014, pp. 113–117; Whitford, "Selling, the Story: Four Strategies Salesforce.com Uses to Stay on Top," *Inc.*, September 2014, p. 116; Dan Gallagher, "Salesforce Won't Let Age Slow It Down," *Wall Street Journal*, November 9, 2017, www.wsj.com/articles/salesforce-wont-let-age-slow-it-down-1510240677; George P. Siefo, "Salesforce," *Advertising Age*, December 8, 2018, p. 26; The World's Most Innovative Companies," *Forbes*, www.forbes.com/innovative-companies/list/, accessed October 2019; and information from www.statista.com and www.salesforce.com, accessed October 2019.
2. See www.pg.com/vn/careers/our_functions/customer_business_development.shtml, accessed October 2019.
3. "Selling Power 500 Largest Sales Forces (2018)," *Selling Power*, www.sellingpower.com/resources/2018/selling-power-500, accessed October 2019.
4. See Gabe Larsen, "Inside vs. Outside Sales: How to Structure a Sales Team for Success," *HubSpot*, March 21, 2018, https://blog.hubspot.com/sales/inside-vs-outside-sales; Dan McDade, "How Much Leads Cost," Pointclear, January 4, 2018, www.pointclear.com/blog/how-much-leads-cost; and "What Is the Real Cost of a B2B Sales Call?" www.marketing-playbook.com/sales-marketing-strategy/what-is-the-real-cost-of-a-b2b-sales-call, accessed October 2019.
5. See "Virtual Sales Is on the Rise. Research Tells Us Why," *Salesforce Blog*, October 6, 2018, www.salesforce.com/blog/2018/10/virtual-sales-research.html; and "The State of Sales, 3rd Edition," Salesforce, pp. 20–21, www.salesforce.com/form/pdf/state-of-sales-3rd-edition?d=7010M000000ucatQAA&nc=7010M000001yovqQAA, accessed October 2019.
6. James Meincke, "The True Cost of a Bad Sales Hire and How to Avoid It," *CloserIQ*, February 13, 2019, https://blog.closeriq.com/2019/02/cost-bad-sales-hire/.
7. For this and more information and discussion, see www.gallupaustralia.com.au/consulting/118729/sales-force-effectiveness.aspx, accessed October 2012; Heather R. Morgan, "The Most Successful Salespeople All Have This One Thing in Common," *Forbes*, January 26, 2018,www.forbes.com/sites/heathermorgan/2018/01/16/the-most-successful-salespeople-all-have-this-one-thing-in-common/#bb4b8256d221; and Lisa Stancu, "Salesperson Skills of Top Performers," *Inside Sales*, January 17, 2019, https://blog.insidesales.com/sales-management/sales-skills-best-performers/.
8. See Steve Denning, "The One Thing the Greatest Salespeople All Have," *Forbes*, November 29, 2012, www.forbes.com/sites/stevedenning/2012/11/29/the-one-thing-the-greatest-sales-people-all-have/; and Lisa Stancu, "Salesperson Skills of Top Performers," *Inside Sales*, January 17, 2019, https://blog.insidesales.com/sales-management/sales-skills-best-performers/.
9. "Strengths Based Selling," www.gallup.com/press/176651/strengths-based-selling.aspx, accessed October 2019.
10. "2018 Training Industry Report," *Training Magazine*, https://trainingmag.com/sites/default/files/trn-2018-industry-report.pdf, accessed October 2019.
11. See "The State of Sales, 3rd Edition," Salesforce, p. 9, www.salesforce.com/form/pdf/state-of-sales-3rd-edition?d=7010M000000ucatQAA&nc=7010M000001yovqQAA, accessed October 2019.
12. See Lori Wizdo, "The Ways and Means of B2B Buyer Journey Maps," Forrester, August 21, 2017, https://go.forrester.com/blogs/the-ways-and-means-of-b2b-buyer-journey-maps-were-going-deep-at-forresters-b2b-forum/.
13. Regis Crawford, "What Is Social Selling and How Does It Work?" *Salesforce*, April 2, 2019, www.salesforce.com/blog/2017/08/guide-to-social-selling.html; Shelley Cernel, "5 Ways B2B Sales Reps Should Be Using Social Selling," *Salesforce.com*, March 29, 2017, www.salesforce.com/blog/2017/03/b2b-sales-reps-using-social-selling.html; Ian Altman, "Are Salespeople Becoming Obsolete," *Forbes*, May 16, 2017, www.forbes.com/sites/ianaltman/2017/05/16/are-sales-people-becoming-obsolete/#198567e03e93; Andy Hoar, "The Death of a (B2B) Salesman," Forrester, May 11, 2017, https://go.forrester.com/what-it-means/ep12-death-b2b-salesman/; Robert McGarvey, "All About Us," *SellingPower*, March 7, 2011, p. 48; Lain Chroust Ehmann, "Sales Up!" *SellingPower*, January/February, 2011, p. 40; Shep Hykin, "57% of Sales Reps Missed Their Quotas Last Year," *Forbes*, September 2, 2019, www.forbes.com/sites/shephyken/2018/09/02/77-of-sales-reps-missed-their-quotas-last-year/#5fe3705952e4; and www.bls.gov/ooh/sales/wholesale-and-manufacturing-sales-representatives.htm, accessed October 2019.
14. See "The Secret of Creating Effective Sales Content vs. Influential Marketing Content," *Sales for Life*, February 2, 2018, www.salesforlife.com/blog/the-secret-of-creating-effective-sales-content-vs.-influential-marketing-content; and Neil Davey, "Using Social Media Marketing in B2B Markets," *Smart Insights*, February 16, 2015, www.smartinsights.com/b2b-digital-marketing/b2b-social-media-marketing/b2bsocialmediamarketing/. For more on Makino's social networking efforts, see www.facebook.com/MakinoMachine, www.youtube.com/user/Makino MachineTools, and http://twitter.com/#!/makinomachine, accessed October 2019.
15. See William Flaiz, "How to Leverage AI to Aid Prospecting and Sales," *Forbes*, November 5, 2019, www.forbes.com/sites/forbescommunicationscouncil/2018/11/05/how-to-leverage-ai-to-aid-prospecting-and-sales/; and Ron Miller, "AI Has Become Table Stakes in Sales, Customer Service, and Marketing," *Tech Crunch*, March 19, 2019, https://techcrunch.com/2019/03/19/ai-has-become-table-stakes-in-sales-customer-service-and-marketing-software/.
16. Example based on information from James C. Anderson, Nirmalya Kumar, and James A. Narus, "Become a Value Merchant," *Sales & Marketing Management*, May 6, 2008, pp. 20–23; and "Business Market Value Merchants," *Marketing Management*, March/April 2008, pp. 31+. For more discussion and examples, Larry Myler, "B2B Sales Insights for Commoditized Markets," *Forbes*, November 7, 2017, www.forbes.com/sites/larrymyler/2017/11/07/b2b-sales-insights-for-commoditized-markets/#7d74b1d8b63d; and Eric Almquist, Jamie Cleghorn, and Lori Sherer, "The B@B Elements of Value," *Harvard Business Review*, April 2018, https://hbr.org/2018/03/the-b2b-elements-of-value.
17. "200 Leading National Advertisers 2018 Fact Pack," *Advertising Age*, June 2018, p. 18, https://adage.com/article/datacenter/200-leading-national-advertisers-2018-index/313794/.
18. See "Welcome to IKEA Family!" https://info.ikea-usa.com/family/en-us/aboutfamily, accessed October 2019.
19. See "It's 7-Eleven Day!" 7-Eleven press release, July 10, 2018, https://corp.7-eleven.com/corp-press-releases/07-10-2018-it-s-7-eleven-day; and Stacy Fisher, "Free Slurpee Day at 7-Eleven,"

The Spruce Eats, March 17, 2019, www.thespruceeats.com/free-slurpee-day-at-7-eleven-1357341.

20. "Couponing in Crisis? Companies and Consumers Both Lose Interest in Coupons," *Coupons in the News,* February 11, 2019, http://couponsinthenews.com/2019/02/11/couponing-in-crisis-companies-and-consumers-both-lose-interest-in-coupons/.
21. "Digital Coupons Continue to be the Fastest Growing Method of Redemption Due to Shoppers' Increased Demand for Convenience," Inmar Press Release, February 13, 2019, www.globenewswire.com/news-release/2019/02/13/1724510/0/en/Digital-Coupons-Continue-to-be-the-Fastest-Growing-Method-of-Redemption-Due-to-Shoppers-Increased-Demand-for-Convenience.html.
22. See www.happymeal.com, accessed October 2019.
23. See "2017 a Huge Year for Promo Sales," *PPAI,* https://pubs.ppai.org/ppb-magazine/2017-a-huge-year-for-promo-sales.
24. See www.infinitesweeps.com/sweepstake/155913-West-Elm-The-5000-Room.html and https://doodles.google.com/d4g/, accessed October 2019.
25. Rachael Kirkpatrick, "Delta Sets Record with Mass Shower at Warrior Dash," *Event Marketer,* July 10, 2015, www.eventmarketer.com/-article/delta-sets-new-world-record-331-person-shower-warrior-dash/; "Mud Shower Station," *Adweek,* September 7, 2015, p. 38; and "Delta Faucet Embraces Muddy Mess Makers, Celebrates Shower Singers," *PR Newswire,* August 2, 2017, www.prnewswire.com/news-releases/delta-faucet-embraces-muddy-mess-makers-celebrates-shower-singers-300303609.html.
26. Cadent Consulting Group, "2017 Marketing Spending Industry Study," http://cadentcg.com/wp-content/uploads/2017-Marketing-Spending-Study.pdf.
27. Mack Collier, "The Power of Being Second: How Red Bull Is Winning the (Content) Marketing Wars," *MackCollier.com,* February 1, 2018, www.mackcollier.com/red-bull-content-marketing/; Greg Jarboe, "How Red Bull Quietly Changed Its Video Marketing Strategy," *Tubular Insights,* January 13, 2017, http://tubularinsights.com/red-bull-video-marketing-strategy/; Richard Parket, "Storytelling Is So Passé – Welcome to the Age of Story-Making," *B&T Magazine,* March 15, 2017, www.bandt.com.au/opinion/storytelling-passe-welcome-age-story-making; Bruce Weinstein, "Do Not Dump: Make Your Marketing Strategy Story-Based, Not Fact-Based," *Forbes,* April 4, 2018, www.forbes.com/sites/bruceweinstein/2018/04/04/do-not-dump-make-your-marketing-strategy-story-based-not-fact-based/#2bef49bd5427; and www.coca-colacompany.com/investors, www.pepsico.com/investors, www.redbullmediahouse.com, and www.redbull.com, accessed October 2019.
28. See "CES Attendee Audit Summary Results," https://www.ces.tech/About-CES/CES-by-the-Numbers.aspx, accessed October 2019; "The Greatest and Most Fascinating Show on Earth," www.bauma.de/trade-fair/information/about-bauma/index.html, accessed October 2019.
29. Based on information from numerous P&G managers; Erin Caproni, "P&G Products Named Best in Nation," *Cincinnati Business Courier,* February 8, 2019, www.bizjournals.com/cincinnati/news/2019/02/08/p-g-products-named-best-in-nation.html; with additional information from "Selling Power 500 Largest Sales Forces (2018)," *Selling Power,* www.sellingpower.com/resources/2018/selling-power-500, www.pginvestor.com/CustomPage/Index?keyGenPage=1073748359, and www.pg.com/vn/careers/our_functions/customer_business_development.shtml, accessed October 2019.

Chapter 17

1. See Alex Samuely, "Coca-Cola Uses Snackable Mobile Content for Refreshing Marketing Approach," *Mobile Marketer,* www.mobilemarketer.com/ex/mobilemarketer/cms/news/content/22824.html, accessed October 2019; David Feinleib, "Coca-Cola's Digital Transformation: How eCommerce Is Shaping the Future of this Iconic Brand," *The Drum,* September 14, 2019, www.thedrum.com/opinion/2018/09/14/coca-colas-digital-transformation-how-e-commerce-shaping-the-future-iconic-brand; Christine Champagne, "Coca-Cola Goes Full Digital in Multisite Campaign to Reach Teens," *Fast Company,* April 23, 2013, www.fastcompany.com/1682843/coca-cola-goes-full-digital-in-multi-site-campaign-to-reach-teens; Joe Tripodi, "Coca-Cola Marketing Shifts from Impressions to Expressions," *Harvard Business Review,* April 27, 2011, https://hbr.org/2011/04/coca-colas-marketing-shift-fro; "A Deep Dive into the Social Media Habits and Performance of Coca-Cola," *Unmetric,* https://unmetric.com/brands/coca-cola, accessed October 2018; Larissa Faw, "Coca-Cola Adds New Features to 'Share a Coke' Campaign," *MediaPost,* May 10, 2018, www.mediapost.com/publications/article/319083/coca-cola-adds-new-features-to-share-a-coke-camp.html?edition=108997; "Marketing Fact Pack 2019," *Advertising Age,* December 17, 2018, p. 9; and www.coca-colacompany.com, http://uploader.coca-colacompany.com/jump-in-ugc-image-uploader, www.coca-colacompany.com/our-company/about-coca-cola-journey, and www.coca-colacompany.com/tags/share-a-coke, https://buy.shareacoke.com/, accessed October 2019.
2. Lauren Johnson, "Q&A: PepsiCo's CMOs on Why 40% of Its Super Bowl Budget Is Going to Digital," *Adweek,* January 28, 2018, www.adweek.com/digital/qa-pepsicos-cmos-why-40-its-super-bowl-budget-going-digital-169270/.
3. See www.expediagroup.com, www.expediagroup.com/about, www.expediagroup.com/brands/travelocity/, and www.travelocity.com/inspire/, accessed October 2019.
4. See Greg Sterling, "Report: Digital Now Makes Up 51% of US Ad Spending," *Marketing Land,* September 20, 2018, https://marketingland.com/report-digital-now-makes-up-51-of-us-ad-spending-248617; and Jasmine Enberg, "Digital Ad Spending 2019," *eMarketer,* March 28, 2019, www.emarketer.com/content/us-digital-ad-spending-2019.
5. See www.lowes.com/how-to-library, accessed October 2019.
6. See Deborah Sweeney, "What MoonPie's Social Strategies Can Teach Brands about Engaging with Fans," Social Media Today, January 13, 2018, www.socialmediatoday.com/news/what-moonpies-social-strategies-can-teach-brands-about-engaging-with-fans/514645/; David Griner, "MoonPie Followed Up Its Bizarre, Fake Super Bowl Ad Scripts by Actually Filming Them," Adweek, February 4, 2019, www.adweek.com/agencies/moonpie-followed-up-its-bizarre-fake-super-bowl-ad-scripts-by-actually-filming-them/; and https://twitter.com/MoonPie, accessed October 2019.
7. See "Time Flies: U.S. Adults Now Spend Nearly Half a Day Interacting with Media," *Nielsen,* July 31, 2018, www.nielsen.com/us/en/insights/news/2018/time-flies-us-adults-now-spend-nearly-half-a-day-interacting-with-media.print.html; "Internet Usage Statistics," *Internet World Stats,* www.internetworldstats.com/stats.htm; accessed October 2019; "Mobile Phone Users Worldwide," *Statista,* www.statista.com/statistics/330695/number-of-smartphone-users-worldwide/, accessed October 2019.
8. See "U.S. Online Retail Sales Likely to Surpass $1 Trillion by 2027," *Reuters,* October 17, 2017, www.reuters.com/article/us-usa-retail-internet/u-s-online-retail-sales-likely-to-surpass-1-trillion-by-2027-fti-idUSKBN1CM1LW; and U.S. E-commerce Sales Grow 15.0% in 2018," *Internet Retailer,* February 28, 2019, www.digitalcommerce360.com/article/us-ecommerce-sales/.
9. See "Amazon Now Has Nearly 50% of US Ecommerce Market," *eMarketer,* July 16, 2018, www.emarketer.com/content/amazon-now-has-nearly-50-of-us-ecommerce-market; Phil Wahba, "Inside Nordstrom's Laboratory," *Fortune,* June 3, 2018, pp. 195-199; and John Ballard, "Walmart Is Making Big Strides in E-Commerce," *The Motley Fool,* January 10, 2019, www.fool.

com/investing/2019/01/10/walmart-is-making-big-strides-in-e-commerce.aspx.

10. James Risley, "Internet Retailer: The Home Depot," *Digital Commerce 360*, February 27, 2019, www.digitalcommerce360.com/2019/02/27/half-of-home-depots-online-orders-are-picked-up-in-stores/; "Amazon Now Has Nearly 50% of US Ecommerce Market," *eMarketer*, July 16, 2018, www.emarketer.com/content/amazon-now-has-nearly-50-of-us-ecommerce-market; Demitrios Kalogeropoulos, "Call It Reverse Showrooming: These Companies Are Cashing In on Their Physical Stores," *Motley Fool*, March 19, 2019, www.fool.com/investing/2019/03/19/call-it-reverse-showrooming-these-companies-are-ca.aspx; and Home Depot annual reports and other information found at http://ir.homedepot.com/financial-reports/annual-reports/recent, accessed October 2019.
11. See https://community.playstation.com/, accessed October 2019.
12. See www.pampers.com, accessed October 2019.
13. See "IAC Internet Advertising Competition," www.iacaward.org/iac/winner/17152/21st-century-fox-truex-sonic-wins-2018-iac-award-for-sonic.html, accessed October 2019.
14. Alphabet annual reports, https://abc.xyz/investor/, accessed October 2019.
15. Greg Sterling, "Report: Digital Now Makes Up 51% of U.S. Ad Spending," *Marketing Land*, September 20, 2018, https://marketingland.com/report-digital-now-makes-up-51-of-us-ad-spending-248617; Dan Shewan, "How Much Does Google Ads Cost," *Word Stream*, November 8, 2018, www.wordstream.com/blog/ws/2015/05/21/how-much-does-adwords-cost.
16. See Allen Finn, "35 Face-Melting Email Marketing Stats for 2018," *WordStream*, November 13, 2018, www.wordstream.com/blog/ws/2017/06/29/email-marketing-statistics; Jess Nelson, "Majority of Emails Read on Mobile Devices," *MediaPost*, July 21, 2017, www.mediapost.com/publications/article/304735/majority-of-emails-read-on-mobile-devices.html; Michael Guta, "Consumer Email Use Up 17% over Last Year, Is Your Business Engaging?" *Small Biz Trends*, August 30, 2018, https://smallbiztrends.com/2018/08/consumer-email-statistics.html; "2017 Consumer Email Habits Report: What Do Your Customers Really Want?" *Campaign Monitor*, www.campaignmonitor.com/resources/guides/insights-research-report/, accessed October 2019; and The Radicati Group, "Email Statistics Report 2019–2023," https://www.radicati.com/wp/wp-content/uploads/2018/12/Email-Statistics-Report-2019-2023-Executive-Summary.pdf, accessed October 2019.
17. See Joe Putnam, "How Warby Parker Creates Magical Moments with Email," Rejoiner, http://rejoiner.com/resources/case-study/warby-parker-magical-moments-email/, accessed October 2019; Grace Miller, "Positively Good Marketing: Warby Parker," December 12, 2018, www.campaignmonitor.com/blog/email-marketing/2018/12/positively-good-marketing-warby-parker/; and "Really Good Emails: Warby Parker," Really Good Emails, accessed October 2019.
18. Anabel Acton, "How to Stop Wasting 2.5 Hours on Email Every Day," *Forbes*, July 13, 2017, www.forbes.com/sites/annabelacton/2017/07/13/innovators-challenge-how-to-stop-wasting-time-on-emails/#7ca30e049788; Symantec Security Response Publications, www.symantec.com/security-response/publications/monthlythreatreport.jsp, accessed October 2019; and Sammy Nickalls, "Cutting Through the Clutter," *Adweek*, March 43, 2019, p. 10.
19. James G. Brooks, "Here's How Social Video Will Evolve in 2018," *Venture Beat*, November 19, 2017, https://mashable.com/2017/12/05/how-facebook-watch-will-overtake-youtube-as-biggest-video-platform/#CkdhCWfv35qG; Brendan Gahan, "Facebook Watch Will Overtake YouTube as the Biggest Video Platform." *Mashable*, December 5, 2017, https://mashable.com/2017/12/05/how-facebook-watch-will-overtake-youtube-as-biggest-video-platform/#CkdhCWfv35qG; Salman Aslam, "Snapchat by the Numbers," Omnicore Agency, February 13, 2018, www.omnicoreagency.com/snapchat-statistics/; Aaron Smith and Monica Anderson, "Social Media Use in 2018," Pew Research, March 1, 2018, www.pewinternet.org/2018/03/01/social-media-use-in-2018/; and "Cisco Visual Networking Index: Forecast and Trends, 2017-2022," Cisco White Paper, February 27, 2019, www.cisco.com/c/en/us/solutions/collateral/service-provider/visual-networking-index-vni/white-paper-c11-741490.html.
20. "Being Heard: The Top 10 Super Bowl Ads by Digital Share of Voice," *Advertising Age*, February 5, 2018, http://adage.com/article/special-report-super-bowl/top-10-super-bowl-ads-digital-share-voice/312257/; "Amazon Rolls Out Celebs for 90-Seconde Alexa Super Bowl Commercial," *Seattle Times*, February 2, 2018, www.seattletimes.com/business/amazon/amazon-rolls-out-celebs-for-90-second-alexa-super-bowl-commercial/; and "2018 Ad Meter Results," http://admeter.usatoday.com/results/2018.
21. See "The Year's 23 Best Media Plans Sparked Conversation with Next-Level Innovation and Creativity," *Adweek*, September 16, 2018, www.adweek.com/brand-marketing/2018s-23-most-effective-media-plans-used-next-level-innovation-and-creativity-to-reach-consumers/8/; and www.youtube.com/watch?v=4ea59Myyjr4, accessed October 2019.
22. Troy Dreier, "The Force Was Strong with This One," *Streaming Media Magazine*, April/May 2011, pp. 66–68. Also see "Why Certain Things Go Viral," *HBR Video*, January 2016, https://hbr.org/video/4698519638001/why-certain-things-go-viral; and Christine DesMarais, "Want Your Video to Go Viral? The Rules Have All Changed," *Inc*, February 5, 2018, www.inc.com/christina-desmarais/5-steps-to-a-viral-video-according-to-a-guy-behind-youtubes-number-one-ad-of-decade.html.
23. For these and other examples, see Megan Hendrickson, "Blog Your Way to an Awesome Reputation: The 10 Best Company Blogs," *DreamHost*, January 16, 2019, www.dreamhost.com/blog/best-company-blogs/; and https://ohmy.disney.com/, www.blog.google, https://flipboard.com/@starbucks/1912-pike-blog-cndc4g24z; www.chase.com/news, and www.patagonia.com/blog/, accessed October 2019.
24. Claire Coghlan, "How 'We Wore What' Blogger Danielle Bernstein Went from Sophomore to 6 Figures in Under 6 Years," *Forbes*, August 23, 2017, www.forbes.com/sites/clairecoghlan/2017/08/23/how-we-wore-what-blogger-danielle-bernstein-went-from-sophomore-to-seven-figures-in-under-6-years/#415d42275843; Eddie Roche, "Danielle Bernstein Gets Real About Money and the Power of Influence," *The Daily Front Row*," February 11, 2019, https://fashionweekdaily.com/danielle-bernstein-fashion-influencer/; and http://weworewhat.com/, accessed October 2019.
25. "A Deep Dive into the Social Media Habits and Performance of Nike," *Unmetric*, https://unmetric.com/brands/nike, accessed October 2019.
26. Ryan Holmes, "As Facebook Shifts, Instagram Emerges as a New Home for Brands," *Forbes*, February 1, 2018, www.forbes.com/sites/ryanholmes/2018/02/01/as-facebook-shifts-instagram-emerges-as-a-new-home-for-brands/#567780a37834; Todd Clarke, "22+ Instagram Stats That Marketers Can't Ignore This Year," *Hootsuite*, March 5, 2019, https://blog.hootsuite.com/instagram-statistics/; Tony Tran, "How To Advertise on Instagram: A 6 Step Guide to Using Instagram Ads," *Hootsuite*, April 24, 2019, https://blog.hootsuite.com/instagram-ads-guide/#types; Mary Lister, "Instagram Is Worth Over $100 Billion," Mediakix, http://mediakix.com/2017/12/how-much-is-instagramworth-market-cap/#gs.unG4ykE; Peter Jackson, "Instagram Engagement Is Killing It—20X More Than Twitter!" *Foreign Policy*, December 20, 2018, https://foreignpolicyi.org/instagram-engagement-is-killing-it-20x-more-than-twitter/; Adam Levy, "Instagram Stories Will Generate More Ad Revenue Than All of Snap This Year," *Motley Fool*, March 17, 2019, www.fool.com/investing/2019/03/17/

instagram-stories-more-ad-revenue-than-snap-2019.aspx; Evan Niu, "Instagram Could Bring In $14 Billion in Revenue This Year," *Motley Fool*, January 22, 2019, www.fool.com/investing/2019/01/22/instagram-could-bring-in-14-billion-in-revenue-thi.aspx; Sara Salinas, "Instagram Now Lets You Store Payment Info and Buy Products Directly in the App," *CNBC*, May 3, 2018, www.cnbc.com/2018/05/03/instagram-launches-payments-allowing-users-to-buy-products-in-the-app.html; and https://investor.fb.com/financials/default.aspx, accessed October 2019.

27. See David Cohen, "Controversies Galore Didn't Impact Facebook's Revenue in Q1 2019," *Adweek*, April 26, 2019, www.adweek.com/digital/controversies-galore-didnt-impact-facebooks-revenue-in-q1-2019/; and http://newsroom.fb.com/company-info, www.youtube.com/yt/press/statistics.html, and www.statista.com/statistics/282087/number-of-monthly-active-twitter-users/, accessed October 2019.

28. For these and other examples, see www.goodreads.com, www.farmersonly.com, www.birdpost.com, and www.cafemom.com, accessed October 2018.

29. See Mary Blackiston, "Why JetBlue Is the Best Example of Customer Service," *Success Agency Growth HQ Blog*, October 18, 2017, www.successagency.com/growth/2017/10/18/jetblue-best-customer-service/; and Lindsay Kolowich, "Delighting People in 140 Characters: An Inside Look at JetBlue's Customer Service Success," *Hubspot*, https://blog.hubspot.com/marketing/jetblue-customer-service-twitter, accessed October 2019.

30. Seewww.instagram.com/etsy/,www.pinterest.com/etsy/,https://investors.etsy.com/financials/annual-reports-and-proxy/default.aspx; and www.etsy.com/about, accessed October 2019.

31. Michael Bourne, "Sailing of 14 Social Cs," *Mullen Advertising*, February 13, 2012.

32. David Cohen, "What Dunkin' Donuts Can Learn from Starbucks' Social Strategy," *Adweek*, April 3, 2018, www.adweek.com/digital/what-dunkin-donuts-can-learn-from-starbucks-social-strategy/; and https://unmetric.com/brands/starbucks, accessed October 2019.

33. Kate Taylor, "The Unicorn Frappuccino Completely Revolutionized How Starbucks Invents New Drinks," *Business Insider*, July 2, 2017, www.businessinsider.com/starbucks-new-unicorn-frappuccino-inspired-era-2017-6; Todd Wassermann, "Starbucks 'Tweet-a-Coffee' Campaign Prompted $180,000 in Purchases," *Mashable*, December 13, 2013, http://mashable.com/2013/12/05/starbuckss-tweet-a-coffee-180000/; and www.facebook.com/Starbucks and https://twitter.com/Starbucks, accessed October 2019.

34. Facts in this paragraph are from "Why Nearly 46 Percent of Households Still Have Landlines," *Associated Press*, May 4, 2017, https://nypost.com/2017/05/04/why-nearly-46-percent-of-household-still-have-landlines/; Sara Perez, "Report: Smartphone Owners Are Using 9 Apps per Day, 30 per Month," *Tech Crunch*, May 4, 2017, https://techcrunch.com/2017/05/04/report-smartphone-owners-are-using-9-apps-per-day-30-per-month/; and "Mobile Fact Sheet," *Pew Research Center*, February 5, 2018, www.pewinternet.org/fact-sheet/mobile/.

35. Sarah Perez, "U.S. Consumers Now Spend More Time in Apps Than Watching TV," *Tech Crunch*, September 10, 2015, http://techcrunch.com/2015/09/10/u-s-consumers-now-spend-more-time-in-apps-than-watching-tv/; "Americans Check Their Phones 80 Times a Day," *New York Post*, November 8, 2017, https://nypost.com/2017/11/08/americans-check-their-phones-80-times-a-day-study/; and Chris Klotzbach and Lali Kesiraju, "Flurry State of Mobile 2017: With Captive Mobile Audiences, New App Growth Stagnates," *Flurry Blog*, January 10, 2018, http://flurrymobile.tumblr.com/post/169545749110/state-of-mobile-2017-mobile-stagnates.

36. Justin Smith, "Mobile eCommerce Stats in 2018 and the Future Trends of mCommerce," *OuterBox Blog*, January 11, 2018, www.outerboxdesign.com/web-design-articles/mobile-ecommerce-statistics; and Drake Droesch, "Smartphones Will Account for More than One-Third of Ecommerce Sales in 2019," *eMarketer*, April 4, 2019, www.emarketer.com/content/smartphones-will-account-for-more-than-one-third-of-ecommerce-sales-in-2019.

37. See "Mobile Ad Spending to Surpass All Traditional Media Combined by 2020," *eMarketer*, October 16, 2018, www.emarketer.com/content/mobile-ad-spending-to-surpass-all-traditional-media-combined-by-2020; Greg Sterling, "Report: Digital Now Makes Up 51% of U.S. Ad Spending," *Marketing Land*, September 20, 2018, https://marketingland.com/report-digital-now-makes-up-51-of-us-ad-spending-248617; and Jasmine Enberg, "Digital Ad Spending 2019," *eMarketer*, March 28, 2019, www.emarketer.com/content/us-digital-ad-spending-2019.

38. See "Check Out the 26 Boldly Inventive Campaigns That Won This Year's Project Isaac Awards," *Adweek*, August 21, 2016, www.adweek.com/brand-marketing/check-out-26-boldly-inventive-campaigns-won-years-project-isaac-awards-173060/; Lauren Johnson, "How Brands Are Using Instagram and Snapchat for Their Super Bowl Campaigns," *Adweek*, February 5, 2017, www.adweek.com/digital/how-brands-are-using-instagram-and-snapchat-for-their-super-bowl-campaigns/; and "Gatorade Super Bowl Dunk," www.jeffschroer.com/filter/Cannes/Gatorade-Super-Bowl-Dunk, accessed October 2019.

39. See Ameya Dusane, "Kiip Partners with Purchase Decision Network, Provides Mobile Targeting Across Shopping Apps," *Martech Advisor*, January 15, 2019, www.martechadvisor.com/news/interactive-marketing/kiip-partners-with-purchase-decision-network-provides-mobile-targeting-across-shopping-apps/; "Kiip CEO: Engage Consumers in the Moments that Matter," *Wall Street Journal*, January 9, 2018, http://deloitte.wsj.com/cmo/2018/01/09/kiip-ceo-engage-consumers-in-the-moments-that-matter/; and information from www.statista.com/statistics/276623/number-of-apps-available-in-leading-app-stores/, www.rei.com/mobile; www.kiip.me/brands/#, and www.tripadvisor.mediaroom.com/us-about-us, accessed October 2019.

40. See Bruce Biegel, "Outlook for Data Drive Marketing: First Look 2019," Winterberry Group, January 17, 2019, https://www.winterberrygroup.com/our-insights.

41. See Julie Liesse, "When Times Are Hard, Mail Works," *Advertising Age*, March 30, 2009, p. 14; and Steve Olenski, "An Appreciation for an Old Friend: Direct Mail," *Forbes*, August 17, 2018, www.forbes.com/sites/steveolenski/2018/08/17/an-appreciation-for-an-old-friend-direct-mail/#267212322c94.

42. Joseph Myers, "Amazon Is Mailing a Print Catalog, Are You?" *Promo Marketing*, November 8, 2018, https://magazine.promomarketing.com/article/amazon-is-mailing-a-print-catalog-are-you/.

43. Molly Soat, "In the Mood to Peruse," *Marketing News*, July 2015, pp. 41–49; and Ronald D. White, "The Old-Fashioned Mail-Order Catalog Is Making a Comeback," *Los Angeles Times*, November 23, 2017, www.latimes.com/business/la-fi-catalogs-return-20171123-story.html.

44. Ronald White, "The Old-Fashioned Mail-Order Catalog Is Making a Comeback," *Los Angeles Times*, November 23, 2017, www.latimes.com/business/la-fi-catalogs-return-20171123-story.html; Joseph Myers, "Amazon Is Mailing a Print Catalog—Are You?" *Promo Magazine*, November 8, 2018, https://magazine.promomarketing.com/article/amazon-is-mailing-a-print-catalog-are-you/; and "Data & Marketing Association Direct Mail Statistics," https://thedma.org/marketing-insights/marketing-statistics/direct-mail-statistics/, accessed October 2019.

45. See Federal Trade Commission, "FTC Release FY 2018 National Do Not Call Registry Data Book and Mini Site," December 6, 2018, www.ftc.gov/news-events/press-releases/2018/12/ftc-releases-fy-2018-national-do-not-call-registry-data-book-mini.

46. See Corky Siemaszko, "In an Era of Endless Robocalls, Why Telemarketers Persist," *NBC News*, December 9, 2018, www.nbcnews.com/news/us-news/era-endless-robocalls-why-telemarketers-persist-n943831; and Stephanie Mlot, "FTC Shutters

Four Groups Responsible for Billions of Illegal Robocalls," *Geek*, March 28, 2018, www.geek.com/tech/ftc-shutters-four-groups-responsible-for-billions-of-illegal-robocalls-1780462/.

47. Lauren Debter, "Inside Beachbody's Billion Dollar Fat Burning Empire," *Forbes*, April 30, 2018, www.forbes.com/sites/laurengensler/2018/04/10/beachbody-carl-daikeler-shakeology/#65277ad47960.

48. Bill Cogar, "Why Direct Response TV Marketing Is Still Effective," *Smart Brief*, October 23, 2018, www.smartbrief.com/original/2018/10/why-direct-response-tv-marketing-still-effective.

49. See "The Home Depot Appliance Finder," Image Manufacturing Group, http://imgarchitectural.com/case-studies/2014/3/26/the-home-depot-appliance-finder; and "Customer Experience Is the New Marketing," August 21, 2017, Momentum Worldwide, www.momentumww.com/news/2017/8/16/customer-experience-is-the-new-marketing.

50. See Internet Crime Complaint Center, www.ic3.gov, accessed October 2019.

51. See Generali Global Assistance, "Three-Quarters of Americans Concerned about Identity Theft During Holiday Shopping Season," November 28, 2018, www.prnewswire.com/news-releases/nearly-three-quarters-of-americans-concerned-about-identity-theft-during-holiday-shopping-season-300756518.html; and "2018 Date Breach Report," *Identity Theft Resource Center*, https://www.idtheftcenter.org/surveys-studys/, accessed October 2019.

52. See Jenny Anderson, "When Will Social Media Companies Get Serious about Their Effect on Young Kids," *Quartz*, January 15, 2018, https://qz.com/1179894/when-will-social-media-companies-like-facebook-and-snapchat-get-serious-about-their-effect-on-young-kids/; and "21 Completely Insane Social Media Statistics," *Content Factory*, www.contentfac.com/more-people-own-cell-phone-than-toothbrush-10-crazy-social-media-statistics/, accessed October 2019.

53. See "Consumer Privacy Survey Shows 70% Want Personal Data to Stay on Mobile Phones," *BusinessWire*, November 13, 2018, www.businesswire.com/news/home/20181113005171/en/Consumer-Privacy-Survey-Shows-70-Personal-Data; and "SAS Survey: 67 Percent of US Consumers Think Government Should Do More to Protect Data Privacy," December 10, 2018, www.sas.com/en_us/news/press-releases/2018/december/data-management-data-privacy-survey.html.

54. See https://experience.sap.com/designservices/work/project/mobile-data-analysis-with-sap-consumer-insight-365, accessed October 2019.

55. Dylan Currin, "Are You Ready? Here Is All the Data Facebook and Google Have on You," *The Guardian*, March 28, 2018, www.theguardian.com/commentisfree/2018/mar/28/all-the-data-facebook-google-has-on-you-privacy; and Ben Popken, "Google Sells the Future, Powered by Your Personal Data," *NBC News*, May 10, 2018, www.nbcnews.com/tech/tech-news/google-sells-future-powered-your-personal-data-n870501.

56. See Kelsey Sutton, "The Age of Consent," *Adweek*, January 7, 2019, p. 8; and David Meyer, "In Privacy We Trust," *Fortune*, December 1, 2018, pp. 38–39.

57. See Richard Byrne Reilly, "Feds to Mobile Marketers: Stop Targeting Kids, or Else," *Venture Beat*, March 27, 2014, http://venturebeat.com/2014/03/27/feds-to-mobile-marketers-stop-targeting-kids-or-else-exclusive/; and www.business.ftc.gov/privacy-and-security/childrens-privacy, accessed October 2019.

58. Information on TrustArc and Truste at www.trustarc.com/products/enterprise-privacy-certification, accessed October 2019.

59. "Average Time Spent per Day with Facebook, Instagram and Snapchat by US Adult Users of Each Platform, 2014–2019 (minutes)," *eMarketer*, March 29, 2019, www.emarketer.com/Chart/Average-Time-Spent-per-Day-with-Facebook-Instagram-Snapchat-by-US-Adult-Users-of-Each-Platform-2014-2019-minutes/211521; Sarah Perez. "Local Marketplace OfferUp Takes on EBay with Launch of Nationwide Shipping," *TechCrunch*, May 1, 2018, techcrunch.com/2018/05/01/local-marketplace-offerup-takes-on-ebay-with-launch-of-nationwide-shipping/; Jason Del Rey, "OfferUp Went Head to Head with Craigslist to Build a Following. Now It's Going After Ebay to Build a Business," *Recode*, May 1, 2018, www.recode.net/2018/5/1/17305648/offerup-shipping-feature-ebay-letgo-facebook-marketplace; and Ryan Mac, "Can Craigslist Be Killed? These Startups Are Taking Aim," *Forbes*, May 2, 2017, www.forbes.com/sites/ryanmac/2017/05/02/offerup-letgo-killing-craigslist/#5ed619256ff7, and information from https://about.offerup.com/ and https://we.letgo.com/, accessed September 2019.

Chapter 18

1. See Jennifer Overstreet, "Nordstrom Sets the Standard for Customer Service. Again and Again," RTF, March 4, 2019, https://nrf.com/blog/nordstrom-sets-standard-customer-experience-again-and-again; Stacy Conradt, "21 of the Best Customer Service Stories Ever," *Mental Floss*, January 12, 2016, http://mentalfloss.com/article/73540/21-best-customer-service-stories-ever; Amy Martinez, "Tale of Lost Diamond Adds Glitter to Nordstrom's Customer Service," Seattle Times, May 11, 2011; Garrett Pierson and Scott Brandley, The Trust Factor (eBookit.com, 2013), Chapter 7; Carol Toller, "How Nordstrom Built the World's Best Customer-Service Machine," *Canadian Business*, March 5, 2015, www.canadianbusiness.com/innovation/secrets-of-nordstrom-customer-service/; Blake Morgan, "The 10 Keys to Nordstrom's Digital Transformation," *Forbes*, March 26, 2019, www.forbes.com/sites/blakemorgan/2019/03/26/the-10-keys-to-nordstroms-digital-transformation/; and http://shop.nordstrom.com/c/company-history and www.investor.nordstrom.com, accessed October 2019.

2. Maureen Morrison, "Cinnabon's Recipe for Expansion: Licensing and Co-branding," *Advertising Age*, February 19, 2014, http://adage.com/article/news/cinnabon-expands-licensing-vodka-air-fresheners/291726/; and "New Tricks: How Old Brands Can Still Surprise Customers," *Knowledge@Wharton*, May 5, 2015, http://knowledge.wharton.upenn.edu/article/new-tricks-how-old-brands-can-still-surprise-consumers/; Allecia Vermillion, "Scents from a Mall: The Sticky, Untold Story of Cinnabon," *Seattle Met*, October 23, 2017, www.seattlemet.com/articles/2017/10/23/scents-from-a-mall-the-sticky-untold-story-of-cinnabon; and www.cinnabon.com, accessed October 2019.

3. "Eastman Kodak Company Earnings: KODK Stock Sinks as 2018 Sales Down 4%," *NASDAQ*, April 1, 2019, www.nasdaq.com/article/eastman-kodak-company-earnings-kodk-stock-sinks-as-2018-sales-down-4-cm1123113; Ernest Scheyder, "Focus on Past Glory Kept Kodak from Digital Win," *Reuters*, January 19, 2012, www.reuters.com/article/2012/01/19/us-kodak-bankruptcy-idUSTRE80I1N020120119; Dawn McCarty and Beth Jink, "Kodak Files for Bankruptcy as Digital Era Spells End to Film," *Bloomberg Businessweek*, January 25, 2012, www.-businessweek.com/news/2012-01-25/kodak-files-for-bankruptcy-as-digital-era-spells-end-to-film.html; Kyle O'Brien, "Kodak Captures Special Moments in Its Latest Campaign," *The Drum*, September 21, 2017, www.thedrum.com/news/2017/09/21/kodak-captures-special-moments-its-latest-campaign; and www.kodak.com/ek/us/en/corp/aboutus/heritage/milestones/default.htm, http://investor.kodak.com/investor-relations, and www.kodak.com, accessed October 2019.

4. See www.masterchefappliancecenter.com/manufacturers/viking/, accessed October 2019.

5. See www.lg.com/us/lg-signature, accessed October 2019.

6. See Brian Steinberg, "Coke, Pepsi Go to Super Bowl Battle Armed with Similar Pitches," *Variety*, February 1, 2018, http://variety.com/2018/tv/news/super-bowl-commercials-coca-cola-pepsi-advertising-1202684017/; E. J. Schultz, "Pepsi Ads Take Shot at Share-A-Coke, Polar Bears," *Advertising Age*, June 15, 2015, www.adage.com/print/298985; and Delaney Strunk, "The Biggest Rivalry in Atlanta on Super Bowl Weekend Has Nothing to Do with Football," *CNN Business*, January 29, 2019, www.cnn.

com/2019/01/29/media/super-bowl-2019-coke-pepsi-trnd/index.html.

7. See Jill Kransy, "Why Competition May Be the Best Thing for Your Business," *Inc.*, November 13, 2013, www.inc.com/magazine/201311/jill-krasny/more-competition-is-better-for-start-ups.html; and Charles Riley, "Volkswagen Is Betting Its Future on Electric Cars," *CNN Business*, March 12, 2019, www.cnn.com/2019/03/12/business/volkswagen-electric-cars/index.html.
8. Adapted from information found in W. Chan Kim and Renée Mauborgne, *Blue Ocean Strategy, Expanded Edition: How to Create Uncontested Market Space and Make Competition Irrelevant* (Boston: Harvard Business Press, 2015). For other discussion, see Kim and Mauborgne, "Red Ocean Traps," *Harvard Business Review*, March 2015, pp. 68–73; and "Blue Ocean Strategy," www.blueoceanstrategy.com, accessed October 2019.
9. See "Market Share of the Leading Single-Cup Coffee Vendors in the United States in 2017," www.statista.com/statistics/586731/market-share-single-cup-coffee-vendors-in-the-united-states/, accessed October 2019; and https://investors.keurigdrpepper.com/ and www.keurig.com/, accessed October 2019.
10. See Steve Olenski, "Why Traditional Brands Are Moving to DTC Model," *MediaPost*, February 27, 2019, www.mediapost.com/publications/article/332494/why-traditional-brands-are-moving-to-dtc-model.html; Kate Clark, "Mattress Startup Casper Valued at $1.1B with New Funding," *Tech Crunch*, March 27, 2019, https://techcrunch.com/2019/03/27/mattress-startup-casper-said-to-be-valued-at-1-1b-with-new-funding/; Cameron Albert-Deitch, "Comfy Shoes Helped Allbirds Become a $1.4 Billion Company, but It's Never Been Just about Shoes," *Inc.*, December 4, 2018, www.inc.com/cameron-albert-deitch/allbirds-2018-company-of-the-year-nominee.html, and www.casper.com, accessed September 2019.
11. See Dinah Eng, "Samuel Adams's Beer Revolution," *Fortune*, April 8, 2013, pp. 23–26; and www.bostonbeer.com/overview and www.bostonbeer.com/investor-relations/earnings-releases, accessed October 2019.
12. For these and other examples, see Harry McCracken, "Google's 100% Solution," *Fast Company*, December 2018/January 2019, pp. 22–26; Dominic Powell, "Want to Run Your First Hackathon? Here Are Some Tips from KPMG," *Smart Company*, August 15, 2017, www.smartcompany.com.au/startupsmart/advice/want-run-first-internal-hackathon-tips-kpmg/; Matt Weinberger, "'There Are Only Two Rules'—Facebook Explains How 'Hackathons,' One of Its Oldest Traditions, Is Also One of Its Most Important," *Business Insider*, January 11, 2017, www.businessinsider.com/facebook-hackathons-2017-6; and www.facebook.com/hackathon/, accessed October 2019.
13. Michael E. Porter, *Competitive Strategy: Techniques for Analyzing Industries and Competitors* (New York: Free Press, 1980), Chapter 2; and Porter, "What Is Strategy?" *Harvard Business Review*, November–December 1996, pp. 61–78. Also see "Porter's Generic Strategies," www.quickmba.com/strategy/generic.shtml, accessed October 2019.
14. See Michael Treacy and Fred Wiersema, "Customer Intimacy and Other Value Disciplines," *Harvard Business Review*, January–February 1993, pp. 84–93; Treacy and Wiersema, *The Discipline of Market Leaders: Choose Your Customers, Narrow Your Focus, Dominate Your Market* (New York: Perseus Press, 1997); and Wiersema, *Double-Digit Growth: How Great Companies Achieve It—No Matter What* (New York: Portfolio, 2003). Also see Elaine Cascio, "Fast, Cheap, or Good—Pick Two," *Inter@ction Solutions*, January/February 2012, p. 8; Joe Weinman, "How Customer Intimacy Is Evolving to Collective Intimacy, Thanks to Big Data," *Forbes*, June 4, 2013, www.forbes.com/sites/joeweinman/2013/06/04/how-customer-intimacy-is-evolving-to-collective-intimacy-thanks-to-big-data/; and "Value Disciplines: Customer Intimacy, Product Leadership and Operational Excellence," *Business-to-You*, October 23, 2018, www.business-to-you.com/value-disciplines-customer-intimacy/.
15. See "Most Innovative Companies 2019," *Fast Company*, www.fastcompany.com/most-innovative-companies/2019/sectors/consumer-electronics, accessed October 2019; and Lauren Feiner, "Apple Is Once Again the Most Valuable Company in the World," *CNBC*, February 6, 2019, www.cnbc.com/2019/02/06/apple-is-once-again-the-most-valuable-public-company-in-the-world.html.
16. See "Trader Joe's Repeats as Top U.S. Grocery Retailer in the Dunnhumby Retailer Preference Index," *Business Wire*, January 9, 2019, www.businesswire.com/news/home/20190109005221/en/Trader-Joe's-Repeats-Top-U.S.-Grocery-Retailer; Jack Houston, "A Psychologist Explains How Trader Joe's Gets You to Spend More Money," *Business Insider*, February 19, 2019, www.businessinsider.com/trader-joes-how-gets-you-spend-money-psychologist-2019-1; Anna Sowa, "Trader Joe's: Why the Hype?" *McClatchy-Tribune Business News*, March 27, 2008; Megan McArdle, "What's Not to Love About Trader Joe's," *Washington Post*, March 30, 2018, www.washingtonpost.com/blogs/post-partisan/wp/2018/03/30/whats-not-to-love-about-trader-joes/?noredirect=on&utm_term=.cd7f8ae8939d; Alan Liddle, "2019 Top 75—Sales Overview," *Supermarket News*, February 19, 2019, supermarketnews.com/rankings-research/top-75-retailers-wholesalers; and www.traderjoes.com, accessed October 2019.
17. For more discussion, see Philip Kotler and Kevin Lane Keller, *Marketing Management*, 15th ed. (Hoboken, NJ: Prentice Hall, 2016), Chapter 12.
18. See Katharine Schwab, "You Can't Take Anything Home from IKEA's New Store," *Fast Company*, April 10, 2019, www.fastcompany.com/90332083/i-went-to-ikeas-first-small-store-and-it-answered-all-my-prayers; Aine Cain, "I Visited IKEA's New Manhattan Location—and It Was Like Nothing Else I've Seen from a Retailer," *Business Insider*, April 10, 2019, www.businessinsider.com/ikea-nyc-store-planning-studio-tour-2019-4; and www.ikea.com/ms/en_US/expansion/planning-studio/upper-east-side-nyc/, accessed October 2019.
19. See "2000+ Uses," www.wd40.com/uses-tips/and www.wd40.com/img/WD-40_2000_uses.pdf, accessed October 2019.
20. Tamara Walsh, "Is This Procter & Gamble's Secret Weapon?" *The Motley Fool*, July 7, 2015, www.fool.com/investing/general/2015/07/07/is-this-procter-gambles-secret-weapon.aspx; "Race to Win Over a New Generation of Consumers in Asia," *Nonwoven Industries*, February 18, 2016, www.nonwovens-industry.com/issues/2016-02-08/view_features/race-to-win-over-a-new-generation-of-consumers-in-asia; Lauren Coleman-Lochner, "P&G Studies 'Pee Points' to Maintain Edge in Diaper Wars," *Bloomberg*, March 24, 2014, www.bloomberg.com/news/articles/2014-03-04/p-g-studies-pee-points-to-maintain-edge-in-diaper-wars; "Pampers vs Huggies: Innovations in Diaper Technology Creates Fierce Competition," *Technavio*, March 5, 2018, www.technavio.com/blog/pampers-or-huggies-innovations-in-diaper-technology-creates-fierce-competition; Nathaniel Meyersohn, "Why Diapers Are in Trouble: Americans Are Having Fewer Babies," *CNN*, June 14, 2018, https://money.cnn.com/2018/06/14/news/companies/pampers-huggies-diapers/index.html; and "Global Diaper Market Is Projected to Reach $84,317.6 Million by 2023, According to P&S Intelligence," September 2018, https://www.psmarketresearch.com/press-release/diaper-market.
21. See "Hair Care—United States," *Statista*, www.statista.com/outlook/70040000/109/hair-care/united-states, accessed October 2019; and "Marketing Size of Soft Drinks in the United States," *Statista*, www.statista.com/statistics/422532/united-states-soft-drink-market-size/, accessed October 2019.
22. "Top Selling Energy Drink Brands," *Caffeine Informer*, www.caffeineinformer.com/the-15-top-energy-drink-brands, accessed October 2019; and www.redbull.com/us/en, accessed October 2019.

23. See Matt Southern, "DuckDuckGo Hits a Record 1 Billion Monthly Searches in January 2019," *Search Engine Journal*, February 4, 2019, www.searchenginejournal.com/duckduckgo-hits-a-record-1-billion-monthly-searches-in-january-2019/291609/#close; and https://duckduckgo.com, accessed October 2019.
24. See www.wolverineworldwide.com and www.wolverineworldwide.com/about-us/, accessed October 2019.
25. Rebecca Jennings, "TikTok, Explained," *Vox*, July 12, 2019, https://www.vox.com/culture/2018/12/10/18129126/tiktok-app-musically-meme-cringe; Michael Wade and Jialu Shan, "TikTok: The World's Most Valuable Startup That You've Never Heard of," *The Conversation*, January 8, 2019, http://theconversation.com/tiktok-the-worlds-most-valuable-startup-that-youve-never-heard-of-109302; Arjun Kharpa, "TikTok Owner ByteDance Is a $75 billion Chinese Tech Giant—Here's What You Need to Know about It," *CNBC*, May 29, 2019, https://www.cnbc.com/2019/05/30/tiktok-owner-bytedance-what-to-know-about-the-chinese-tech-giant.html; Mansoor Iqbal, "TikTok Revenue and Usage Statistics (2019)," Business of Apps, February 27, 2019, https://www.businessofapps.com/data/tik-tok-statistics/; Sarah Perez, "It's Time to Pay Serious Attention to TikTok," *The Tech Crunch*, January 30, 2019, https://techcrunch.com/2019/01/29/its-time-to-pay-serious-attention-to-tiktok/; Shannon Liao, "Facebook Quietly Launches a TikTok Competitor App Called Lasso," *The Verge*, November 9, 2018, https://www.theverge.com/2018/11/9/18080280/facebook-lasso-tiktok-competitor-app; Salvador Rodriguez, "TikTok Is Showing That It's Possible to Beat Facebook with Hot App Teens Love," CNBC, February 27, 2019, https://www.cnbc.com/2019/02/27/tiktok-is-staying-way-ahead-of-facebooks-lasso.html; Alyssa Bereznak, "Memes Are the New Pop Stars: How TikTok Became the Future of the Music Industry," *The Ringer*, June 27, 2019, https://www.theringer.com/tech/2019/6/27/18760004/tiktok-old-town-road-memes-music-industry.

Chapter 19

1. See Ann-Marie Alcántara, "L'Oréal Debuts a Personalized Direct-to-Consumer Hair Color Brand," *Adweek*, May 8, 2019, www.adweek.com/brand-marketing/loreal-debuts-a-personalized-direct-to-consumer-hair-color-brand; "Our Mission Is 'Beauty for All,' Says L'Oréal Global CEO Jean-Paul," *The Economic Times*, January 30, 2015, www.articles.economictimes.indiatimes.com/2015-01-30/news/58625572_1_l-oreal-loreal-jean-paul-agon; Hae-Jung Hong and Yves Doz, "L'Oréal Masters Multiculturalism," *Harvard Business Review*, June, 2013, pp. 114-119; "A Worldwide Approach to Beauty Rituals," www.loreal.com/research-innovation/when-the-diversity-of-types-of-beauty-inspires-science/a-world-wide-approach-to-beauty-rituals.aspx, accessed October 2019; and www.loreal.com/group/who-we-are/our-mission, www.lorealusa.com/research-and-innovation/when-the-diversity-of-types-of-beauty-inspires-science/stories-of-multicultural-innovations, www.lorealusa.com/group/who-we-are/our-ambition, and www.loreal-finance.com/eng/annual-report, accessed October 2019.
2. Data from www.walmart.com, accessed October 2019; United Nations Conference on Trade and Development, "World Investment Report 2018: Key Messages and Overview," https://unctad.org/en/PublicationsLibrary/wir2018_overview_en.pdf, accessed April 2018; and "List of Countries by GDP: List by the CIA World Factbook," *Wikipedia*, http://en.wikipedia.org/wiki/List_of_countries_by_GDP_(nominal), accessed October 2019.
3. See "World Trade Statistical Review 2018," *WTO*, https://www.wto.org/english/res_e/statis_e/wts2018_e/wts18_toc_e.htm; and "Gross Domestic Product (GDP) at Current Prices from 2012 to 2022," *Statista*, www.statista.com/statistics/268750/global-gross-domestic-product-gdp/, accessed October 2019.
4. Information from www.michelin.com/eng/finance/financial-results/2017-annual-results, www.jnj.com, www.coca-colacompany.com, and www.coca-colacompany.com/our-company/infographic-coca-cola-at-a-glance, accessed October 2019.
5. See https://www.otis.com/en/us/about/ and UTC Annual Report, www.utc.com/Investors/Pages/Annual-Reports-and-Proxy-Statements.aspx, accessed October 2019.
6. Max Bouchet and Joseph Parilla, "How Trump's Steel and Aluminum Tariffs Could Affect State Economies," *Brookings*, March 6, 2018, www.brookings.edu/blog/the-avenue/2018/03/06/how-trumps-steel-and-aluminum-tariffs-could-affect-state-economies/; Rishi Iyengar, "US-China Trade Battle: How We Got Here," *CNN*, April 4, 2018, http://money.cnn.com/2018/04/04/news/economy/trump-china-us-tariffs-trade-timeline/index.html; "China Hits Back at Trump with Tariffs on $60bn of US Goods," *BBC News*, September 18, 2018, www.bbc.com/news/business-45555749; and Natashe Bach, "Trump's Plan to Reduce Trade Deficit Falters as It Hits an All-Time High Instead," *Fortune*, March 6, 2019, http://fortune.com/2019/03/06/us-trade-deficit-record-high/.
7. "Retail Industry in India," India Brand Equity Foundation, www.ibef.org/industry/retail-india.aspx, accessed October 2019.
8. See Saritha Rai, "India's E-commerce Crackdown," *Bloomberg Businessweek*, February 11, 2019, pp. 17–19; and Saheli Roy Choudhury, "If You Own Amazon Shares, Here's What You Need to Know about India's E-commerce Law," *CNBC*, February 4, 2019, www.cnbc.com/2019/02/05/amazon-how-india-ecommerce-law-will-affect-the-retailer.html;
9. See James McBride, "What's Next for the WTO?" Council on Foreign Relations, March 23, 2018, www.cfr.org/backgrounder/whats-next-wto; and "What Is the WTO?" www.wto.org/english/thewto_e/whatis_e/whatis_e.htm, accessed October 2019.
10. "The EU at a Glance," http://europa.eu/about-eu/index_en.htm; "EU Statistics and Opinion Polls," http://europa.eu/documentation/statistics-polls/index_en.htm; and "EU Position in World Trade," http://ec.europa.eu/trade/policy/eu-position-in-world-trade/, all accessed October 2019.
11. See Alan Crawford, "The EU and Euro Keep Defying the Doomsayers," *Bloomberg Businessweek*, January 3, 2019, www.bloomberg.com/news/articles/2019-01-03/the-eu-and-euro-keep-defying-the-doomsayers; and "European Union: The Euro," http://europa.eu/about-eu/basic-information/money/euro/, accessed October 2019.
12. "Brexit Timeline: Key Dates in the Divorce from the EU," *Financial Times*, April 12, 2019, www.ft.com/content/64e7f218-4ad4-11e7-919a-1e14ce4af89b; CIA, *The World Factbook*, www.cia.gov/library/publications/resources/the-world-factbook/index.html, and "The Economy," https://europa.eu/european-union/about-eu/figures/economy_en, accessed October 2019.
13. Statistics and other information from "How NAFTA Changed U.S. Trade with Canada and Mexico," *New York Times*, August 15, 2017, www.nytimes.com/interactive/2017/business/nafta-canada-mexico.html; and CIA, *The World Factbook;* and "NAFTA's Economic Impact," www.cfr.org/backgrounder/naftas-economic-impact, accessed October 2019.
14. "Eleven Asia-Pacific Countries Signed a Trans-Pacific Partnership in Chile," *Merco Press*, March 9, 2018, http://en.mercopress.com/2018/03/09/eleven-asia-pacific-countries-signed-a-trans-pacific-partnership-in-chile; and Government of Canada, "Comprehensive and Progressive Agreement for Trans-Pacific Partnership (CPTPP)," https://international.gc.ca/trade-commerce/trade-agreements-accords-commerciaux/agr-acc/cptpp-ptpgp/index.aspx?lang=eng, accessed October 2019.
15. Euromonitor, "Top 5 Bottom of the Pyramid Markets: Diverse Spending Patterns and Future Potential," https://blog.euromonitor.com/top-5-bottom-pyramid-markets-diverse-spending-patterns-future-potential/; Kimberly Freeman, Suresh Gopalan, and Jessica Bailey, "Achieving Global Growth through Acquisition: Tata's Takeover of Corus," *Journal of Case Research in Business and Economics*, https://www.aabri.com/

manuscripts/09198.pdf; Prashant Kale, Harbir Singh, and Anand Raman, "Don't Integrate Your Acquisitions, Partner with Them," *Harvard Business Review*, December 2009, https://hbr.org/2009/12/dont-integrate-your-acquisitions-partner-with-them; P. R. Sanjai, "Tata Steel to Further Expand Kalinganagar Steel Plant in Odisha," *Mint*, July 13, 2016, https://www.livemint.com/Industry/H4LsIlKuXXaIM0qFF2fHAL/Tata-Steel-to-further-expand-Kalinganagar-steel-plant-in-Odi.html; Valentina Pop, "EU Blocks Merger of Steelmaking Units of Tata, Thyssenkrupp," *The Wall Street Journal*, June 11, 2019, https://www.wsj.com/articles/eu-blocks-merger-of-steelmaking-units-of-tata-thyssenkrupp-11560251203; "Tata Steel Business Model & Corporate Strategy for Business Growth," https://www.tatasteel.com/corporate/our-value-chain/business-model-strategy/; "Tata Steel—Financial Capital," August 2, 2019, https://www.tatasteel.com/investors/integrated-report-2018-19/financial-capital.html; Tata Steel Europe, "Our Strategy," https://www.tatasteeleurope.com/en/about%E2%80%93us/strategy; Tata Steel Europe, "Markets," https://www.tatasteeleurope.com/en/markets; Tata Steel, "Our Work Culture | Tata Steel Careers," https://www.tatasteel.com/careers/culture-at-tata-steel/culture-tata/; "Tata Steel to Focus on India as Global Markets Face Headwinds," *The Hindu Business Line*, July 29, 2017, https://www.thehindubusinessline.com/companies/tata-steel-to-focus-on-india-as-global-markets-face-headwinds/article9793630.ece; TNN, "Tata Steel to Adopt Corus Technology for New Units," *The Economic Times*, September 8, 2007, https://m.economictimes.com/industry/indl-goods/svs/steel/tata-steel-to-adopt-corus-technology-for-new-units/articleshow/2349060.cms; PTI, "Tata Steel to Focus on Turning around European Operations and Not to Raise More Debt This Fiscal," *The Economic Times*, July 19, 2019, https://economictimes.indiatimes.com/industry/indl-goods/svs/steel/tata-steel-to-focus-on-turning-around-european-operations-and-not-to-raise-more-debt-this-fiscal/articleshow/70297685.cms; PTI Washington, "Tata Steel, Shining Example of Job Creation in USA through FDI," *The Hindu BusinessLine*, November 12, 2017, from https://www.thehindubusinessline.com/companies/%60Tata-Steel-shining-example-of-job-creation-in-USA-through-FDI%E2%80%99/article20327774.ece; D. V. R. Seshadri and Arabinda Tripathy, "'Reinventing a Giant Corporation: The Case of Tata Steel," *Vikalpa: The Journal for Decision Makers*, 31(3) (2006): 131–46, https://doi.org/10.1177/0256090920060309; "UNCTAD | The International Trading System and Trade Negotiations," https://unctad.org/en/Pages/DITC/TNCD/International-trading-system.aspx.

16. See Zeenat Moorad, "The Coca-Cola Company: Tapping Africa's Fizz," *Financial Mail*, May 4, 2015, www.financialmail.co.za/coverstory/2015/04/30/the-coca-cola-company-tapping-africas-fizz; Annaleigh Vallie, "Coke Turns 125 and Has Much Life Ahead," *Business Day*, May 16, 2011, www.bdlive.co.za/articles/2011/05/16/coke-turns-125-and-has-much-more-life-ahead; Kate Taylor, "Coca-Cola Has Discovered an Untapped Market to Save the Soda Business," *Business Insider*, February 7, 2016, www.businessinsider.com/africa-is-the-future-of-coca-cola-2016-2; Yinka Adegoke, "Africa Will Have Some of the World's Fastest-Growing Economies in 2019—and a Looming Debt Crisis," *Quartz*, January 13 2019, https://qz.com/africa/1522126/african-economies-to-watch-in-2019-and-looming-debt; and www.imf.org/external/datamapper/PPPSH@WEO/OEMDC/ADVEC/WEOWORLD/AFQ/WEQ and Coca-Cola annual reports and other information from www.thecoca-colacompany.com, accessed October 2019.

17. See "2018 Investment Climate Statement—Russia," U.S. Bureau of Economic and Business Affairs, May 2018, www.state.gov/e/eb/rls/othr/ics/investmentclimatestatements/index.htm?year=2018&dlid=281629; and "Russia County Commercial Guide," www.export.gov/article?series=a0pt0000000PAulAAG&type=Country_Commercial__kav, accessed October 2019.

18. See "Indonesia Barters Coffee and Palm Oil for Russian Fighter Jets," *Bloomberg*, August 7, 2017, www.bloomberg.com/news/articles/2017-08-07/indonesia-barters-coffee-palm-oil-for-russian-fighter-jets; "South Korean Organization Proposes Coffee-Barter Trade with Vietnam," *International Comunicaffe*, March 14, 2018, www.comunicaffe.com/south-korean-organisation-proposes-coffee-barter-trade-with-vietnam/; and Nick Fouriezos, "To Avoid Trump's Sanctions, Countries Turn to Stone Age Bartering," *Ozy*, January 9, 2019, www.ozy.com/politics-and-power/to-avoid-trumps-sanctions-countries-turn-to-stone-age-bartering/91467.

19. For these and other examples, see Emma Hall, "Do You Know Your Rites? BBDO Does," *Advertising Age*, May 21, 2007, p. 22; Michael R. Czinkota and Ilkka A. Ronkainen, *International Marketing* (Cincinnati, OH: South-Western College Publishing, 2013), Chapter 3; and "13 Unusual International Customs You Never Knew Existed," *Reader's Digest*, www.readersdigest.ca/travel/travel-tips/13-unusual-international-customs-you-never-knew-existed/, accessed October 2019.

20. Mason Hinsdale, "International Brands," *Jing Daily*, January 13, 2018, https://jingdaily.com/marriotts-blunder-a-warning-in-dealing-with-beijings-understanding-of-history/; Jamie Bryan, "The Mintz Dynasty," *Fast Company*, April 2006, pp. 56–61; Sui-Lee Wee, "Marriott to China: We Do Not Support Separatists," *New York Times*, January 11, 2018, www.nytimes.com/2018/01/11/business/china-marriott-tibet-taiwan.html, and Britt Morse, "The 7 Most Embarrassing Branding Mistakes of 2018," *Inc.*, January 9, 2019, www.inc.com/brit-morse/2018-biggest-marketing-branding-fails.html.

21. For these and other examples, see Bill Chappell, "Bill Gates' Handshake with South Korea's Park Sparks Debate," *NPR*, April 23, 2013, www.npr.org/blogs/thetwo-way/2013/04/23/178650537/bill-gates-handshake-with-south-koreas-park-sparks-debate; and "Worst Mistakes You Can Make during Overseas Business Meeting," *smallbusiness.co.uk*, October 5, 2017, https://smallbusiness.co.uk/worst-mistakes-overseas-business-meeting-2540989/.

22. See Rory Jones, "Foreign Retailers Bend to Conform to Saudi Religious Rules," *Wall Street Journal*, June 16, 2015, www.wsj.com/articles/foreign-retailers-bend-to-conform-to-saudi-religious-rules-1434421369; and www.marksandspencer.com, accessed October 2019.

23. Andres Martinez, "The Next American Century," *Time*, March 22, 2010, p. 1.

24. Emily Feng, "McDonald's to Double Number of China Restaurants," *Financial Times*, August 8, 2017, www.ft.com/content/ae5b2e96-7c1c-11e7-9108-edda0bcbc928; and Clarissa Wei, "Why China Loves American Chain Restaurants So Much," *Eater*, March 20, 2018, www.eater.com/2018/3/20/16973532/mcdonalds-starbucks-kfc-china-pizza-hut-growth-sales.

25. See Ben Miller, "McDonald's Is Succeeding in Russia by Going Local," *Chicago Business Journal*, November 9, 2018, www.bizjournals.com/chicago/news/2018/11/09/mcdonalds-is-succeeding-in-russia-by-going-local.html; Adam Chandler, "How McDonald's Became a Target for Protest," *The Atlantic*, April 16, 2015, www.theatlantic.com/business/archive/2015/04/setting-the-symbolic-golden-arches-aflame/390708/; "McDonald's Set for Russia Expansion," *New Europe Investor*, August 26, 2015, www.neweuropeinvestor.com/news/mcdonalds-set-for-russia-expansion10522/. Also see "Russia Could Ban US Imports," *Reuters*, April 4, 2018, www.newshub.co.nz/home/world/2018/04/russia-could-ban-us-imports.html.

26. "2018 BrandZ Top 100 Global Brands," Millward Brown, https://brandz.com/report/global/2018.

27. See Rachael Tepper, "Yum! Brands' International Product Strategy: How the Double Down Went Global," *Huffington Post*, March 11, 2013, www.huffingtonpost.com/2013/03/11/yum-brands-international-product-strategy_n_2814360.html; Molly

Osberg, "How Colonel Sanders Became Father Christmas in Japan," *TPM*, December 23, 2014, http://talkingpointsmemo.com/theslice/kfc-christmas-in-japan-colonel-sanders-history-12-23-2014; Kate Taylor, "How KFC Made Christmas All about Fried Chicken—in Japan," *Business Insider*, December 25, 2017, www.businessinsider.com/how-kfc-became-a-christmas-tradition-in-japan-2016-12?r=UK&IR=T; and "Episode 19: Kentucky Fried Christmas," *Household Name*, December 19, 2018 https://podcasts.apple.com/us/podcast/19-kentucky-fried-christmas/id1413374332?i=1000426105857.

28. See annual reports and other financial and review data from www.coca-colacompany.com/our-company/ and www.coca-colacompany.com/our-company/infographic-coca-cola-at-a-glance/, accessed October 2019.

29. For this and other information in this section on Netflix in India, see Lucas Shaw, "Can Netflix Beat Bollywood?" *Bloomberg Businessweek*, July 2, 2018, pp. 16–18; Manish Singh, "Netflix and Amazon Are Struggling to Win Over the World's Second-Largest Internet Market, *CNBC*, July 5, 2018, www.cnbc.com/2018/07/05/netflix-and-amazon-are-struggling-to-win-over-indian-viewers.html; Ananya Bhattacharya, "Netflix Dangles a $4 Bait to Tap New Users in India," *Quartz*, March 27, 2019, https://qz.com/india/1581601/netflixs-4-plan-to-rival-amazon-hotstar-eros-zee5-in-india/; Noah Higgins-Dunn, "Netflix Isn't Concerned about Lower Prices as Disney Streaming Starts, Except in One Huge Market," *CNBC*, April 17, 2019, www.cnbc.com/2019/04/17/netflix-not-concerned-about-lower-prices-except-in-one-huge-market.html; and www.netflixinvestor.com/financials/annual-reports-and-proxies/default.aspx, accessed October 2019.

30. See Kate Taylor, "Coca-Cola Has Discovered an Untapped Market to Save the Soda Business," *Business Insider*, February 7, 2016, www.businessinsider.com/africa-is-the-future-of-coca-cola-2016-2; and https://coca-colahellenic.com/en/about-us/coca-cola-hbc-at-a-glance/, accessed October 2019.

31. See "Volkswagen Group Rus and GAZ Group Extend Their Cooperation in Russia," June 15, 2017, www.volkswagen-media-services.com/en/detailpage/-/detail/Volkswagen-Group-Rus-and-GAZ-Group-extend-their-cooperation-in-Russia/view/5145928/7a5bbec13158edd433c6630f5ac445da?p_p_auth=kiEFZdL3; and www.pg.com/en_IN/company/pg-india.shtml, accessed October 2019.

32. See "HOTEL Announces the Signing of the Management Contract for the DoubleTree by Hilton Toluca," *MarketWatch*, September 10, 2018, www.marketwatch.com/press-release/hotel-announces-the-signing-of-the-management-contract-for-the-doubletree-by-hilton-toluca-2018-09-10; and http://en.wikipedia.org/wiki/Doubletree, accessed October 2019.

33. Rick Munarriz, "Shanghai Disney Hits a Few Hiccups," *The Motley Fool*, March 28, 2016, www.fool.com/investing/general/2016/03/28/shanghai-disney-hits-a-few-hiccups.aspx; and Seth Kubersky, "Who Owns the Disney Parks around the World," *Attractions Magazine*, February 12, 2017, http://attractionsmagazine.com/owns-disney-parks-around-world/; and www.shanghaidisneyresort.com/en/, accessed September 2019.

34. See Adam Levy, "3 Reasons Walmart's Flipkart Acquisition Is Its Most Important Yet," *The Motley Fool*, May 15, 2018, www.fool.com/investing/2018/05/15/3-reasons-walmarts-flipkart-acquisition-is-its-mos.aspx; "Walmart Raises Stake in Flipkart to 81.3%," *Hindu BusinessLine*, November 20, 2018, www.thehindubusinessline.com/companies/walmart-raises-stake-in-flipkart-to-813/article25550934.ece; "Kellogg Tops Profit Estimates, Makes West Africa Investment," *Reuters*, May 3, 2018, www.reuters.com/article/us-kellogg-results/kellogg-tops-profit-estimates-makes-west-africa-investment-idUSKBN1I41E9; and Steve Symington, "Why Kellogg Just Sold a Smorgasbord of Beloved Brands," *The Motley Fool*, April 3, 2019, www.fool.com/investing/2019/04/03/why-kellogg-just-sold-a-smorgasbord-of-beloved-bra.aspx.

35. See Erik Sherman, "Intel Plans an $11 Billion Expansion in Israel," *Fortune*, January 29, 2019; http://fortune.com/2019/01/29/intel-11-billion-expansion-israel/; and Tova Cohen and Steven Scheer, "Exclusive: Israel's Chip Sales to China Jump as Intel Expands," *Reuters*, March 19, 2019, www.reuters.com/article/us-israel-china-tech-exclusive/exclusive-israels-chip-sales-to-china-jump-as-intel-expands-idUSKCN1R00DF.

36. See Anna Molin, "Ikea Plans to Expand to a Dozen New Markets in Coming Years," *Bloomberg Businessweek*, October 10, 2018, www.bloomberg.com/news/articles/2018-10-10/ikea-plans-to-expand-to-a-dozen-new-markets-in-coming-years; Tim Nudd, "11 Ikea Ads That Show What a Brilliant Year the Brand Had Creatively," *Adweek*, December 8, 2017, www.adweek.com/creativity/11-ikea-ads-that-show-what-a-brilliant-year-the-brand-had-creatively/; Beth Kowitt, "It's IKEA's World," *Fortune*, March 15, 2015, pp. 166-175; Michael Wei, "In IKEA's China Stores, Loitering Is Encouraged," *Bloomberg Businessweek*, November 1, 2010, pp. 22–23; David Pierson, "A Beijing Theme Park with Futons," *Los Angeles Times*, August 25, 2009, p. A1; Emily Raulhala, "No, IKEA Hasn't Banned Customers from Sleeping in Its Chinese Stores," *Time*, April 10, 2015, http://time.com/3814935/ikea-china-customers-sleeping/; Anne Quinto, "How the IKEA Catalogue Cracked What 'Domestic Bliss' Means in Different Cultures," *Quartzy*, July 25, 2017, https://quartzy.qz.com/1036380/ikea-catalogue-2017-defining-domestic-bliss-in-different-cultures; and https://highlights.ikea.com/2017/facts-and-figures, accessed October, 2019.

37. See Warren J. Keegan and Mark C. Green, *Global Marketing*, 9th ed. (Hoboken, NJ: Pearson, 2017), pp. 322–329.

38. Toshiro Wakayama, Junjiro Shintaku, and Tomofumi Amano, "What Panasonic Learned in China," *Harvard Business Review*, December 2012, pp. 109–113.

39. See Saritha Rai, "Amazon Teaches Alexa to Speak Hinglish. Apple's Siri Is Next," *Bloomberg Businessweek*, October 30, 2017, www.bloomberg.com/news/articles/2017-10-30/amazon-teaches-alexa-to-speak-hinglish-apple-s-siri-is-next; J. Vignesh, "Amazon Intent on Making Alexa 'As Indian as It Gets,'" *Economic Times*, March 29, 2018, https://economictimes.indiatimes.com/small-biz/startups/newsbuzz/for-amazon-alexa-shines-new-light-on-india/articleshow/63525866.cms; and Astha Viaywargiya, "Smart-Speaker Must Get the Local Tongue," *Hindu BusinessLine*, April 21, 2019, www.thehindubusinessline.com/news/smart-speakers-must-get-the-local-tongue/article26904627.ece.

40. See Barrett J. Brunsman, "P&G Launches First New Hair Care Brand in Four Years," *Cincinnati Business Courier*, March 4, 2019, www.bizjournals.com/cincinnati/news/2019/03/04/p-g-launches-first-new-hair-care-collection-in.html; and www.dlight.com/and www.dlight.com/about-us, accessed October 2019.

41. See Arnold Ma, "The Importance of Having a Chinese Version of Your Brand: It's Much More Than Just a Name," *The Drum*, October 11, 2018, www.thedrum.com/opinion/2018/10/11/the-importance-having-chinese-version-your-brand-it-s-much-more-just-name; Benjamin Cost, "Lost in Translation? Pick Your Chinese Brand Name Carefully," *Shanghaiist*, May 5, 2018, www.shanghaiist.com/2014/03/28/hutong-school-pick-your-chinese-brand-name-carefully.php; Michael Wines, "Picking Brand Names in China Is a Business Itself," *New York Times*, November 12, 2011, p. A4; Carly Chalmers, "12 Amazing Translations of Chinese Brand Names," *todaytranslations*, August 27, 2013, www.todaytranslations.com/blog/12-amazing-translations-of-chinese-brand-names/; Arnold Ma, "Why Choosing a Chinese Name for Your Western Brand Will Increase Sales in China," *The Drum*, October 16, 2018, www.thedrum.com/opinion/2018/10/16/why-choosing-chinese-name-your-western-brand-will-increase-sales-china-0; and Thomas O'Neill, "From Biting the Wax Tadpole to Rushing towards Death, Why

It's Important to Get Your Chinese Name Right," *The Drum*, February 9, 2019, www.thedrum.com/news/2019/02/09/biting-the-wax-tadpole-rushing-towards-death-why-its-important-get-your-chinese-name.

42. For these and other examples, see "How Crayola Used WeChat and Alibaba to Grow Sales in China," *Advertising Age*, May 30, 2016, p. 27; and Angela Doland, "How to Sell Toys in a Culture Where Play Is Viewed Negatively," *Advertising Age*, March 20, 2017, http://adage.com/article/cmo-strategy/sell-toys-a-culture-parents-playtime/308340/.
43. See Warren J. Keegan and Mark C. Green, *Global Marketing*, 9th ed. (Hoboken, NJ: Pearson Publishing, 2017), pp. 423–424.
44. See Gordon Gottsegen, "Samsung Makes the Cheap Galaxy J5 and J7 Official," CNET, June 6, 2017, www.cnet.com/news/samsung-unveils-galaxy-j5-j7-2017/; Rishi Iyengar, "How China's Xiaomi Took India's Smartphone Market by Storm," *CNN Business*, May 1, 2018, https://money.cnn.com/2018/04/30/technology/xiaomi-india-smartphone-manu-jain/index.html; and Rishi Iyengar, "Apple Needs a Cheap iPhone to Crack India," *CNN Business*, January 4, 2019, www.cnn.com/2019/01/04/tech/india-smartphone-market-iphone-apple/index.html.
45. See "China's Logistics Sector Continues to Grow in 2016," *Xinhuanet.com*, March 9, 2017, http://news.xinhuanet.com/english/2017-03/09/c_136115835.htm; and "Total US Logistics Spend Dipped in 2016, Says CSCMP," *Transport Topics*, June 20, 2017, http://www.ttnews.com/articles/total-us-logistics-spend-dipped-2016-says-cscmp.
46. See http://corporate.mcdonalds.com/mcd/investors/financial-information/annual-report.html, accessed October 2019.
47. Vlad Sayoy, "Huawei's Phone Sales Are Ballooning While Apple and Samsung's Slump," *The Verge*, May 1, 2019, https://www.theverge.com/circuitbreaker/2019/5/1/18525034/huawei-apple-samsung-smartphone-market-share-idc-2019; Lucy Hooker and Danile Palumbo, "Huawei: The Rapid Growth of a Chinese Champion in Five Charts," *BBC News*, May 20, 2019, https://www.bbc.com/news/business-46480208; Martin Roll, "Huawei—Transforming a Chinese Technology Business to A Global Brand," *Business and Brand Leadership*, February 2018, https://martinroll.com/resources/articles/strategy/huawei-transforming-chinese-technology-business-global-brand/; Christian Edwards, "A Timid Huawei Has Emerged from Its Global PR Storm to See What's Left to Salvage," *Business Insider*, December 18, 2018, https://www.businessinsider.com/huawei-whats-next-after-global-public-relations-storm-us-china-2018-12; "Huawei Is Ready to Meet Challenges Ahead: CEO, *Gulf Times*, May 23, 2019, https://www.gulf-times.com/story/632213/Huawei-is-ready-to-meet-challenges-ahead-CEO; Mathieu Rosemain, "Huawei Targets the European Market with Lower-Priced Smartphone," January 22, 2019, https://www.theglobeandmail.com/business/technology/article-huawei-targets-european-market-with-lower-priced-honor-view2/; David de Cremer, "Lessons from Huawei: When Chinese Companies Go Global," *London Business School*, April 16, 2018, https://www.london.edu/lbsr/lessons-from-huawei-when-chinese-companies-go-global; Ashish Kumar Sen, "The Huawei Challenge," *The Atlantic*, May 1, 2019, https://www.atlanticcouncil.org/blogs/new-atlanticist/huawei-china-technology.

Chapter 20

1. See Jeff Beer, "Why Brand Purpose Marketing Isn't Working with Young People," *Fast Company*, May 10, 2019, www.fastcompany.com/90347311/why-brand-purpose-marketing-isnt-working-with-young-people; "Unilever Named Industry Leader in Dow Jones Sustainability Index," September 13, 2018, www.unilever.com/news/press-releases/2018/unilever-named-as-an-industry-leader-in-djsi.html; Andrew Saunders, "Paul Polman of Unilever," *Management Today*, March 2011, pp. 42–47; Adi Ignatius, "Captain Planet," *Harvard Business Review*, June 2012, pp. 2–8; Dale Buss, "Unilever's Sustainable Living Brands," *Brand Channel*, May 10, 2018, www.brandchannel.com/2018/05/10/unilever_sustainable_living_brands_good_business/; Sarah George, "Unilever Reveals Mixed Progress towards Sustainable Living Plan Goals," *Edie.net*, April 17, 2019, www.edie.net/news/7/Unilever-reveals-mixed-progress-towards-Sustainable-Living-Plan-goals/; and www.unilever.com/sustainable-living/; www.unilever.com/investor-relations/annual-report-and-accounts/; and www.unilever.com/about/who-we-are/about-Unilever/, accessed October 2019.
2. See "McDonald's Announces Global Commitment to Support Families with Increased Focus on Happy Meals," February 18, 2018, http://news.mcdonalds.com/news-releases/news-release-details/mcdonalds-announces-global-commitment-support-families-0; and www.mcdonalds.com/us/en-us/about-our-food/quality-food.html; https://corporate.mcdonalds.com/corpmcd/scale-for-good/using-our-scale-for-good.html; and www.mcdonalds.com/us/en-us/about-our-food/nutrition-calculator.html, accessed October 2019.
3. Melissa Locker, "If McDonald's Keeps Its Promise, Your Happy Meal Could Be Green within Seven Years," *Fast Company*, January 16, 2017, www.fastcompany.com/40517145/mcdonalds-promises-to-start-recycling-its-packaging-by-2025; and https://corporate.mcdonalds.com/corpmcd/scale-for-good/packaging-and-recycling.html#goals, accessed October 2019.
4. David Streitfeld, "It's Discounted, but Is It a Deal? How List Prices Lost Their Meaning," *New York Times*, March 6, 2016, p. A1; and Paul Tassin, "Overstock Must Pay $6.8 Million Penalty in 'Compare At' Pricing Lawsuit," Top Class Actions, June 7, 2017, https://topclassactions.com/lawsuit-settlements/lawsuit-news/722412-overstock-must-pay-6-8m-penalty-compare-pricing-lawsuit/, and Daphne Howland, "Ross to Settle $4.9M Lawsuit over 'Deceptive' Price Tags," *Retail Dive*, October 3, 2018, www.retaildive.com/news/ross-to-settle-49m-lawsuit-over-deceptive-price-tags/538768/.
5. Jonathan Vanian, "LifeLock Pays Big to Settle FTC Suit over Weak Data Security," *Fortune*, December 17, 2015; and "LifeLock to Pay $100 Million in FTC Settlement," *Practical Law*, January 21, 2016, https://content.next.westlaw.com/Document/I02f47330a46e11e598dc8b09b4f043e0/View/FullText.html?originationContext=document&transitionType=DocumentItem&contextData=(sc.Default).
6. Dan Mitchell, "Americans Don't Buy Enough Soda—Here's the New Targets," *Fortune*, February 19, 2016, http://fortune.com/2016/02/19/soda-emerging-nations-sales/; Trefis Team, "How Coca-Cola Plans to Make India Its Third Largest Market," *Forbes*, September 7, 2017, www.forbes.com/sites/greatspeculations/2017/09/07/how-coca-cola-plans-to-make-india-its-third-largest-market/#5114de2e848b; "Cola-Cola Faces Shareholder Activism on Sugar's Health Risks," *Bloomberg LP*, February 11, 2019, https://news.bloomberglaw.com/corporate-law/cola-cola-faces-shareholder-activism-on-sugars-health-risks-7; and Center for Science in the Public Interest, "Carbonating the World," www.cspinet.org/carbonating/, accessed October 2019.
7. Brian Clark Howard, "Planned Obsolescence: 8 Products Designed to Fail," *Popular Mechanics*, www.popularmechanics.com/technology/planned-obsolescence-460210#slide-5, accessed September 2015. Also see Linda Simpson, "Is There a Cure for Society's Affluenza?" *Huffington Post*, January 10, 2018, www.huffingtonpost.ca/linda-simpson/is-there-a-cure-for-our-societys-affluenza_a_23329763/.
8. "Apple Apologizes for Slowing Older iPhones Dawn," *Reuters*, December 29, 2018, www.bbc.com/news/technology-42508300; "Apple Investigated by France for 'Planned Obsolescence,'"

BBC, January 8, 2018, www.bbc.com/news/world-europe-42615378; and Chance Miller, "Apple Filing Shows Company Plans to Pay for iPhone Throttling Issues," *9TO5Mac*, February 4, 2019, https://9to5mac.com/2019/02/04/iphone-throttling-lawsuits-apple/.

9. See Alana Rhone, Michele Ver Ploeg, Chris Dicken, Ryan Williams, and Vince Breneman, "Low-Income and Low-Supermarket-Access Census Tracts, 2010–2015," *Economic Information Bulletin*, January 2017, p. 12, www.ers.usda.gov/webdocs/publications/82101/eib-165.pdf?v=0; and U.S. Department of Agriculture, "Food Access Research Atlas: Documentation," www.ers.usda.gov/data-products/food-access-research-atlas/documentation/, accessed October 2019.

10. Michaela Winberg, "The Year in Starbucks: How the Coffee Giant Has Remained in the Local Spotlight," *Billy Penn*, April 12, 2019, www.billypenn.com/2019/04/12/the-year-in-starbucks-how-the-coffee-giant-has-remained-in-the-local-spotlight/; Tanya Mohn, "Howard Schultz, Starbucks, and a History of Corporate Responsibility," *New York Times*, November 15, 2017, www.nytimes.com/2017/11/15/business/dealbook/howard-schultz-starbucks-corporate-responsibility.html; Biz Carson, "The Vital Lesson Magic Johnson Taught Starbucks CEO Howard Schultz," *Business Insider*, February 9, 2016, www.businessinsider.com/magic-johnson-nba-star-to-businessman-2016-2; Kate Taylor, "As the American Middle Class Shrinks, Starbucks Sees Ferguson Store as a Blueprint for the Future," *Business Insider*, April 27, 2017, www.businessinsider.com/starbucks-in-ferguson-is-a-blueprint-for-the-future-2017-4; Chris Isidore, "Starbucks Says Ferguson Store Is One of Its Top New Locations," *Money*, September 7, 2016, www.money.cnn.com/2016/09/07/news/companies/ferguson-starbucks-schultz/index.html; Karen Valby, "Starbucks Is Bringing Hope—and Profit—to the Communities America's Forgotten," *Fast Company*, July 31, 2017, www.fastcompany.com/40438365/starbucks-is-bringing-hope-and-profit-to-the-communities-americas-forgotten; Marianne Wilson, "Starbucks Hits Milestone," *Chain Store Age*, March 18, 2019, www.chainstoreage.com/store-spaces/starbucks-hits-milestone/; www.starbucks.com/responsibility/community; and www.starbucks.com/responsibility, accessed October 2019.

11. See Nevin Cohen, "SNAP is Going Online. Will the Term 'Food Desert' Soon Be Obsolete?" *Civil Eats*, May 19, 2019, https://civileats.com/2019/05/01/snap-is-going-online-will-the-term-food-desert-soon-be-obsolete/; and Emily Moon, "SNAP Participants Can Buy Groceries Online for the First Time," *Pacific Standard*, April 19, 2019, https://psmag.com/news/snap-participants-can-buy-groceries-online-for-the-first-time.

12. See www.newdream.org/ and www.newdream.org/about/mission, accessed October 2019.

13. See "How REI Is Keeping the #OptOutside Magic Alive on Black Friday," *Fast Company*, November 11, 2018, www.fastcompany.com/90271139/how-rei-is-keeping-the-optoutside-magic-alive-on-black-friday; Kevin Moss, "Don't Read This Article: How Ads against Consumerism Help Sustainability," *World Resources Institute*, February 5, 2018, www.wri.org/blog/2018/02/dont-read-article-how-ads-against-consumerism-help-sustainability; and www.facebook.com/llbean/videos/when-did-disposable-become-our/10153921325967415/ and www.rei.com/opt-outside, accessed October 2019.

14. See "INRIX: Congestion Costs Each American 97 House, $1,348 a Year," February 11, 2019, http://inrix.com/press-releases/scorecard-2018-us/; and Texas Transportation Institute, "Urban Mobility Scorecard," https://mobility.tamu.edu/ums/, accessed October 2019.

15. Allison Griswold, "New York Will Be the First U.S. City to Charge Drivers to Enter Its Busiest Areas," *Quartz*, March 31, 2019.

16. See Natasha Lomas, "Google Fined $2.7BN for EU Antitrust Violations over Shopping Searches," *Tech Crunch*, June 27, 2017, https://techcrunch.com/2017/06/27/google-fined-e2-42bn-for-eu-antitrust-violations-over-shopping-searches/; Terry Collins, "Google Appeals Record $2.7 Billion EU Antitrust Fine," *CNET*, September 11, 2017, www.cnet.com/news/google-is-appealing-record-2-7-billion-eu-antitrust-fine/; and James Vincent, "Google Hit with 1.5 Euro Billion Anti-Trust Fine by EU," *The Verge*, March 20, 2019, www.theverge.com/2019/3/20/18270891/google-eu-antitrust-fine-adsense-advertising.

17. See Philip Kotler, "Reinventing Marketing to Manage the Environmental Imperative," *Journal of Marketing*, July 2011, pp. 132–135; and Kai Ryssdal, "Unilever CEO: For Sustainable Business, Go against 'Mindless Consumption,'" *Marketplace*, June 11, 2013, www.marketplace.org/topics/sustainability/consumed/unilever-ceo-paul-polman-sustainble-business.

18. "Adidas Group Sustainable Materials," www.adidas-group.com/en/sustainability/products/materials/#/recyceltes-polystyrol/sustainable-better-cotton/pvc-and-phthalates/, accessed October 2018; Sarah Mahoney, "Adidas Steps Up Ocean-Trash Efforts, Aims to Make 22M Shoes," *MediaPost*, January 22, 2019, www.mediapost.com/publications/article/330911/adidas-steps-up-ocean-trash-efforts-aims-to-make.html; and www.adidas-group.com/en/sustainability/managing-sustainability/general-approach/ and www.adidas-group.com/en/sustainability/products/sustainability-innovation/, accessed October 2019.

19. See Alan S. Brown, "The Many Shades of Green," *Mechanical Engineering*, January 2009, http://memagazine.asme.org/Articles/2009/January/Many_Shades_Green.cfm; www.ibm.com/ibm/environment/products/recycling.shtml, accessed October 2019.

20. See "Decarbonization," www.siemens.com/global/en/home/company/sustainability/decarbonization.html, and "Green, Greener Kalwa," www.siemens.com/global/en/home/company/about/businesses/real-estate/green-greener-kalwa.html, accessed October 2019.

21. Information from "Sustainability Is Opportunity for the North Face," *Clean Technica*, August 27, 2018, https://cleantechnica.com/2018/08/27/sustainability-is-opportunity-for-the-north-face-an-interview-with-james-rogers-director-of-sustainability; and www.thenorthface.com/about-us/responsibility.html, accessed October 2019.

22. See www.thenorthface.com/about-us/responsibility.html, accessed October 2019.

23. See www.pedigree.com/why-pedigree/about-us and www.pedigreefoundation.org/about-us-2/, accessed October 2019.

24. S. Butler, "Appetite Grows for Vegan Products at UK Supermarkets," *The Guardian*, June 8, 2018, https://www.theguardian.com/business/2018/jun/08/appetite-grows-vegan-products-uk-supermarkets-waitrose-iceland; "Bring Your Own Containers, Says Waitrose," *BBC*, June 4, 2019, https://www.bbc.com/news/business-48498346; Government UK, Modern Slavery Act 2015, The National Archives, http://www.legislation.gov.uk/ukpga/2015/30/section/54/enacted; John Lewis Partnership, "Corporate Responsibility Report 2018/19," https://www.johnlewispartnership.co.uk/content/dam/cws/pdfs/Juniper/jlp_cr_report_1819.pdf; lovemoney.com, "Waitrose: The Story of How It Started and Why It's Become a British High Street Favourite," https://www.lovemoney.com/gallerylist/80196/waitrose-the-story-of-how-it-started-and-why-its-become-a-british-high-st; F. McKevitt, "Supermarket Sales Suffer by Comparison with Last Year's Summer Highs," https://uk.kantar.com/consumer/shoppers/2019/supermarket-sales-suffer-by-comparison-with-last-year%E2%80%99s-summer-highs/; "UK's Waitrose Plans 1 Billion Pound Online Grocery Business," *Reuters*, May 16, 2019, https://www.reuters.com/article/us-waitrose-internet/uks-waitrose-plans-1-billion-pound-online-grocery-business-idUSKCN1SM1TT; A. Voinea, "John Lewis Report Highlights Corporate Responsibility Achievements," *Co-operative News*, May 17, 2017, https://www.thenews.coop/118274/sector/john-lewis-report-highlights-corporate-responsibility-achievements/; Waitrose & Partners,

"The Waitrose Food & Drink Report," https://www.waitrose.com/home/about_waitrose/the-waitrose-fooddrinkreport.html; Waitrose & Partners, "We're Fishing Responsibly," https://www.waitrose.com/home/inspiration/about_waitrose/the_waitrose_way/responsible_fishing.html; Waitrose & Partners, "We're Backing British," https://www.waitrose.com/home/inspiration/about_waitrose/the_waitrose_way/the_origin_of_our_food.html; Waitrose & Partners, "The Corporate Responsibility Report 2018/19," https://www.johnlewispartnership.co.uk/content/dam/cws/pdfs/Juniper/jlp_cr_report_1819.pdf; Waitrose & Partners, "Sustainability," https://www.waitrose.com/ecom/shop/featured/groceries/sustainability.

25. See "Leading Cleaning Products Company Method Commits Majority of Its Product Lineup to Cradle to Cradle Product Certification," April 9, 2014, www.c2ccertified.org/news/article/leading_cleaning_products_company_method_commits_majority_of_its_product_li; and https://methodhome.com/ and https://methodhome.com/about-us/our-story/ accessed October 2019.

26. See Bruce Japsen, "CVS Kicks In Another $50 Million for Anti-Tobacco Push," *Forbes*, March 10, 2016, www.forbes.com/sites/brucejapsen/2016/03/10/cvs-kicks-in-another-50m-to-anti-tobacco-push/#41c6eb5f11f3; Phil Wahba, "She Thanks You for Not Smoking," *Fortune*, September 11, 2015, http://fortune.com/2015/09/11/cvs-health-helena-foulkes/; Kristina Monllos, "CVS Health's Marketing Chief on Turning the Pharmacy Brand into a Healthcare Player," *Adweek*, March 28, 2016, www.adweek.com/print/170437; and information from www.cvs.com/shop/health-medicine/stop-smoking, www.cvs.com/minuteclinic/resources/smoking-cessation, cvshealth.com/about/facts-and-company-information, http://investors.cvshealth.com, and https://cvshealth.com/about/purpose-statement, accessed October 2019.

27. See International Monetary Fund Staff Team from the Fiscal Affairs Department the Legal Department, "Corruption: Costs and Mitigating Strategies," May 2016, www.imf.org/external/pubs/ft/sdn/2016/sdn1605.pdf; and Rhoda Weeks-Brown, "Corruption Disintegration," International Monetary Fund, November 29, 2018, www.imf.org/en/News/Articles/2018/12/04/sp112918-corruption-disintegration#_ftn1, Also see Michael Montgomery, "The Cost of Corruption," *American RadioWorks*, http://americanradioworks.publicradio.org/features/corruption/, accessed October 2019.

28. See www.ama.org/codes-of-conduct/, accessed October 2019.

29. See "Protect This House: The Under Armour Code of Conduct. Make the Right Call," www.uabiz.com/static-files/fdd4d03e-a31e-49a4-9500-88c4a0abcb80, accessed October 2019.

30. David A. Lubin and Daniel C. Esty, "The Sustainability Imperative," *Harvard Business Review*, May 2010, pp. 41–50; and Roasbeth Moss Kanter, "It's Time to Take Full Responsibility," *Harvard Business Review*, October 2010, p. 42.

31. Better Cotton Initiative, "H&M 'Making Sustainability Fashionable'," April 16, 2015, https://bettercotton.org/hm-making-sustainability-fashionable/; Nitin Bhalla, "H&M Says Working to Improve Labor Conditions in India, Cambodia Factories," May 21, 2016, https://www.reuters.com/article/us-india-cambodia-hennes-mauritz-idUSKCN0YC0SD; Hayley Peterson, "How H&M Churns Out New Styles in Just 2 Weeks," *Business Insider*, September 13, 2014, https://www.businessinsider.com/hm-produces-new-fashions-in-two-weeks-2014-9?international=true&r=US&IR=T; Kelly-Leigh Cooper, "Fast Fashion: Inside the Fight to End the Silence on Waste," *BBC News*, July 31, 2018, https://www.bbc.com/news/world-44968561; Edge, "Fashion Industry Waste Statistics," https://edgexpo.com/fashion-industry-waste-statistics/; Ethisphere, "Ethisphere Recognizes 128 World's Most Ethical Companies for 2019," February 26, 2019, https://ethisphere.com/128-worlds-most-ethical-companies-for-2019/; European Union (2019), Nikolina Šajn, "Environmental Impact of the Textile and Clothing Industry What Consumers Need to Know," European Parliamentary Research Service, https://www.europarl.europa.eu/RegData/etudes/BRIE/2019/633143/EPRS_BRI(2019)633143_EN.pdf; R. L. Ferla, "'Cheap Chic' Draws Crowds on 5th Ave.," *The New York Times*, April 11, 2000, https://www.nytimes.com/2000/04/11/style/cheap-chic-draws-crowds-on-5th-ave.html; James Hitchings-Hales, "Hundreds of H&M and Gap Factory Workers Abused Daily, Report Says," Global Citizen, https://www.globalcitizen.org/en/content/hm-gap-factory-abuse-fast-fashion-workers/; H&M, *The H&M Way*, Sustainability Reports (2018), https://sustainability.hm.com/en/sustainability/downloads-resources/reports/sustainability-reports.html; H&M, "How H&M Gives Back to the Community," http://sites.mediaplanet.com/holidayshoppingguide/winterfashion/how-hm-gives-back-to-the-communityHitchings-Hales; Human Rights Watch, "'Work Faster or Get Out': Labor Rights Abuses in Cambodia's Garment Industry," August 17, 2018, https://www.hrw.org/report/2015/03/11/work-faster-or-get-out/labor-rights-abuses-cambodias-garment-industry; J. M. Radparvar and J. M. Radparvar, "Behind the Label: H&M's Conscious Collection," December 7, 2017, https://www.huffpost.com/entry/h-and-m-conscious-collection_b_1261082; Reuters, "H&M Says Working to Improve Labour Conditions in India, Cambodia Factories after Reports of Forced Overtime and Loss of Job If Pregnant," *South China Morning Post*, July 20, 2018, https://www.scmp.com/news/asia/southeast-asia/article/1950478/hm-says-working-improve-labour-conditions-india-cambodia; Lara Robertson, "How Ethical Is H&M?", September 4, 2019, https://goodonyou.eco/how-ethical-is-hm/; S. Young, "H&M Launches Conscious Exclusive 2018 Collection," *The Independent*, April 28, 2018, https://www.independent.co.uk/life-style/fashion/hm-conscious-exclusive-2018-collection-sustainable-organic-a8322011.html.

찾아보기

한글

영문

기업 · 브랜드